労働契約法

第3版

土田道夫

有斐閣

第3版はしがき

　本書第2版を上梓してから，約8年が経過した。

　この間，雇用社会は激動の時代を迎えた。とりわけ2020年，新型コロナウイルス（COVID-19）が全世界において未曽有の雇用危機をもたらし，日本では，労働移動政策の不十分さや非典型労働者のセーフティネットの脆弱性等の課題が浮き彫りとなった。一方，新型コロナ危機は，テレワークやジョブ型雇用をはじめ，雇用社会に大きな変革をもたらす契機ともなり，ジョブ型雇用は，企業のグローバル人事戦略として注目される一方，不十分と認識された労働移動政策は新たな労働政策の柱に位置づけられ，ともに，2023年の労働市場改革政策に盛り込まれた（「経済財政運営と改革の基本方針2023」［骨太の方針2023］）。

　また，この間，雇用社会の激動を背景に，多くの労働立法が整備・改正され，雇用社会における「法の支配」を推進している。2018年，長年の懸案であった働き方改革推進法が成立し，時間外労働の上限規制（労基法改正）や非典型労働者の均衡待遇（パート・有期法制定）を中心に，日本の雇用社会に変革をもたらしつつある。その後も，労働施策総合推進法改正（2019年：パワハラ防止措置義務の導入），公益通報者保護法改正（2020年），労働者協同組合法制定（同年），女性活躍推進法省令改正（2022年：男女間賃金格差への対応），特定受託事業者取引適正化法制定（2023年），労基法施行規則改正（同年：労働条件明示義務事項の追加），裁量労働制指針改正（同年），出入国管理法等改正（2024年：外国人育成就労制度の創設）などの立法が登場している。

　一方，司法の動向を見ると，雇用社会の変化を反映した新たな論点を含めて夥しい数の裁判例が示され，重要な最高裁判例が登場している。

　そこで，雇用社会の変化や新たな立法・裁判例に応えるため，第3版を刊行することとした。今回の改訂では，学説の展開をフォローし，判例・裁判例を補充するとともに，新立法・法改正に対応する作業を行い，私見についても，新たな論点や重要論点について考察し，必要な見直しを行った。

　特に注力したテーマを掲げると，「ビジネスと人権」「労働者概念の再検討」「フリーランスの法的保護」（第1章），「テレワーク命令・出社命令」「兼職・副業」「労働者の人格的利益尊重義務／職場環境配慮義務」「トランスジェンダ

ーの人格的利益」「就労請求権」「パワー・ハラスメント」「労働者の経済的利益保護義務」「労働条件決定と合意原則の機能」「労働者の損害賠償責任・逆求償権」（第2章），「中途採用社員の試用期間」（第3章），「既履行分の報酬請求権」「人事考課・年俸制」（第4章），「割増賃金に係る諸問題（固定残業代制・割増賃金の算定基礎）」「裁量労働制の適用除外（解除）」「テレワークにおける労働時間管理」「年次有給休暇に関する重要裁判例」（第5章），「職種・勤務地限定社員の配転」「育児休業に関する裁判例」（第6章），「2020年改正公益通報者保護法」「公務員の懲戒処分」（第7章），「労使間合意に基づく就業規則変更・労働条件変更」（第9章），「継続雇用制度と労働条件」「職種・勤務地限定社員の能力不足解雇・整理解雇」「解雇の金銭救済制度」「退職後の競業避止義務の根拠・要件／独占禁止法との関係」（第10章），「セクシュアル・ハラスメントに関する使用者の責任の法的構成」（第11章），「有期契約労働者の雇止めに係る不更新条項・更新限度条項」「非典型労働者の均衡待遇」（第12章），「準拠法に関する裁判例」「越境リモートワーク」「外国人労働者の労働契約」（第13章）などである。

　こうして，今回の改訂は本書全体に隈なく及び，頁数も大幅に増加したが，本書の執筆方針自体に変化はない。すなわち，労働契約を基軸に据えて労働法に切り込み，判例法理を含め，労働契約の成立・展開・終了をめぐる法（労働契約法）の全体像を理論的に描き出すこと，企業人事・法務の適正な設計・運用のための指針を提供すべく努力すること，企業法（ビジネス・ロー）としての労働法の位置づけに留意しつつ，隣接法分野との関連性を重視し，その知見を盛り込んで叙述すること（そのため，民法［債権法］，会社法，不正競争防止法，特許法，個人情報保護法，倒産法，独占禁止法，法の適用に関する通則法などの隣接法分野との交錯論点について論述している）などである。裁判例は，「労働判例」誌1313号，「労働経済判例速報」誌2556号，「労働判例ジャーナル」誌150号までを対象としたが，判例集未登載の最新裁判例も取り上げている。

　本改訂に際しては，畏友・岡村優希氏（NTT社会情報研究所（日本電信電話株式会社）研究員）に校正原稿を読んでいただき，貴重なアドバイスをいただいた。岡村氏のアドバイスによって本書の内容が改善された点は数多い。記して感謝申し上げる。また，弁護士法人淀屋橋・山上合同に所属される弁護士の先生方と議論する機会を数多くいただき，多くの貴重な知見を得ることができた。記して感謝申し上げる。

また，本改訂に際しては，有斐閣の五島圭司氏に大変行き届いたお世話をいただいた。五島氏は，スケジュール管理から始まり，校正段階・校了段階に至るまで，実に丁寧なサポートをして下さった。五島氏のご尽力なくして本書はない。心よりお礼申し上げる。

　法令・文献・裁判例照合やミスのチェック等については，同志社大学大学院法学研究科博士後期課程谷川葉純氏，同前期課程（現在は修了生）五坪秀太氏，川宮侑大氏，小林航太郎氏，松原楓氏，宮川尚大氏，中島有紀氏，関将生氏，山田美来氏，吉田夏子氏，同前期課程安達駿氏，早藤未貴氏，平野雄大氏，石原若奈氏，河野絢菜氏，幸野朔太郎氏，南姫奈氏，西尾黎玖氏，長田真武氏，杉本健太朗氏，竹田梨紗氏，竹縄朱優氏，聴講生佐藤菜々花氏にお世話になった。また，本改訂に際しては，同志社大学大学院法学研究科労働法演習・法学部労働法演習における議論から示唆を得た点が少なくない。記して謝意を表したい。

　2024 年 10 月

京都・同志社にて

土 田 道 夫

第 2 版はしがき

　本書初版を上梓してから，約 8 年が経過した。
　この間，雇用社会の激動を背景に，多くの労働立法が整備された。特に非典型雇用については，2012 年の労契法（労働契約法）改正によって有期労働契約法制が導入され，2014 年にはパートタイム労働法が改正され，2015 年には労働者派遣法が改正された。一方，2015 年には，労働時間法制の改正を中心とする労基法改正法案が国会に提出された（ただし，2016 年現在，審議未了のまま継続審議中）。さらに，2016 年には，政府の「働き方改革実現会議」が発足し，「長時間労働の是正」や「同一労働同一賃金の原則」等に取り組む方針を示し，労働立法政策は新たな段階を迎えている。
　一方，この間，労働契約法をめぐる新たな重要論点が次々に登場している。パワー・ハラスメント，労働者の個人情報の保護，労働者の守秘義務・競業避止義務，使用者の労働時間管理・把握義務，労働災害における取締役の責任，労使間の個別的合意に基づく労働条件・就業規則の変更，会社分割・事業譲渡に伴う労働契約承継・労働条件の規律，能力不足を理由とする解雇の有効性，有期契約労働者の不合理な労働条件の規律，国際的労働契約の規律など，枚挙に暇がない。
　第 2 版では，以上のような労働法の変化を洩れなく収録しつつ，労働契約法の最新の全体像を描き直すこととした。そこで，新たな論点を盛り込んで内容を充実させるとともに，解説内容を全面的に見直し，私見についても相当の補正を行うなど，本格的な改訂作業を行った。裁判例は，「労働判例」誌 1139 号，「労働経済判例速報」誌 2287 号，「労働判例ジャーナル」誌 54 号収録のものまでを対象としている。
　こうして，今回の改訂は本書全体に及び，頁数も増加しているが，本書の執筆方針自体には些かも変化はない。すなわち，労働契約を基軸に据えて労働法に切り込み，労働契約の成立・展開・終了をめぐる法（労働契約法）の全体像を理論的に描き出すこと（そこで本書では，立法としての労働契約法については「労契法」と略称して，本書が対象とする労働契約法と区別している），企業人事・法務の適正な設計・運用のための指針を提供すべく努力すること，企業法（ビジネス・ロー）としての労働法の位置づけに留意しつつ，隣接法分野との関連性を重視し，その知見を盛り込んで叙述すること（そのため，民法［債権法］，会社法，特許法，不正競争防止法，個人情報保護法，法の適用に関する通則法などの立法・改正内容を盛り込んでいる）などである。
　改訂に際しては，有斐閣の中野亜樹氏，青山ふみえ氏，伊丹亜紀氏，高橋均氏に大変行き届いたお世話をいただいた。とりわけ，中野氏は，終盤の校正段階に至るまで，実に丁寧なサポートをして下さった。心よりお礼申し上げる。さらに，表記の過誤等について丁寧にチェックして下さった校閲者の方々にもお礼申し上げたい。

また，改訂に際しては，畏友・白石浩亮弁護士（弁護士法人淀屋橋・山上合同）に校正原稿を読んでいただき，実務的な観点を中心に貴重なアドバイスをいただいた。記して感謝申し上げる。法令・文献の照合や事項索引の作成等については，同志社大学特別任用助手河野尚子氏，同志社大学大学院法学研究科博士後期課程岡村優希氏，同前期課程（現在は修了生）安間早紀氏，江藤美佳氏，藤澤佑介氏，池尻奈央恵氏，金子修平氏，宮崎なつみ氏，大西紗都乃氏，齋藤守氏，綿世斗輝氏，同前期課程新居あすか氏，加納知昭氏，国本陽奈氏，宮崎了汰氏，長田拓之氏にお世話になった。記して謝意を表したい。

2016年11月

京都・同志社にて

土 田 道 夫

初版はしがき

　本書は、労働契約法の全体像を理論的・体系的に描き出すことを目的に執筆した書物である。その意味で、本書はいわゆる体系書に属する。

　労働法は、個々の労働者と使用者を当事者とする雇用関係法（個別的労働関係法）、労働組合を一方当事者とする集団的労働法、雇用保障法（労働市場法）および公共部門労働法の4領域に分類される。本書が対象とするのは、このうち雇用関係法である。つまり、本書にいう「労働契約法」とは、雇用関係法と同義であり、労働契約の成立・展開・終了をめぐる法全般を意味する。この点、2007年に、立法としての「労働契約法」が成立し（平19法128）、施行（2008年3月1日）されたが、本書は、同法の解説のみを目的とするものではない（本書の中核部分であることはいうまでもないが）。そこで本書では、両者の混同を避けるため、立法としての労働契約法は「労契法」と略称している。

　本書のタイトルを『労働契約法』としたのは、労働法について、労働契約を中心に考察することを意図したことに基づく。すなわち、本書は、労働契約を基軸に据え、労働契約という視点から労働法に切り込み、考察することを執筆方針とした。企業における雇用関係の展開は、労働者と企業の間の労働条件・雇用・人事処遇をめぐる決定・変更・調整のプロセスであり、両者間の交渉関係（契約関係）を意味する。私の基本的な立場は、労働契約法は、この労働契約の自主的かつ適正な運営を促進する法であるべきだ、というものである。この観点から、労働契約の成立・展開・権利義務・終了はどのように解されており、また解されるべきか、また、労働法の立法・制度・規制・政策や集団的労使自治は労働契約にどのように関わり、また関わるべきなのかという点に重点を置いて執筆した。労働基準法等の法令についても、単なる法令解説ではなく、労働契約との関係を重視して解説している。さらに、集団的労働法の中でも、労働協約法については、労働契約と密接に関係することから詳細に解説し、集団的労働法の基本的考え方も、労働契約に関係する限りで随所で参照している。

　本書の執筆方針について、4点記しておく。第1に、労働契約法をめぐる法律問題をできるだけ網羅し、詳細な論点を含めて取り上げるよう努めた。その上で、細かな議論の中で見失いがちなマクロの視点（上述した「労働契約の自主的かつ適正な運営を促進する規制」）を一貫させ、私なりの見解を打ち出すよう心がけた。

　第2に、できるだけ高い水準の法理論を提供するよう努力した。学説の展開と到達点を学びつつ、裁判例を最新のものまでフォローし、労働契約法の蓄積と最先端を描き出すよう心がけた。可能な限り自説を展開したのも、労働法における議論を喚起し、理論形成に寄与する書としたいと願ってのことである。裁判例は、「労働判例」誌953号収録のものまでを対象とした。

第3に，企業人事・法務を意識して叙述した。労働契約法は，企業の人事管理を律する法であるとともに，様々な場面で企業運営に関わり，企業法（ビジネス・ロー）の一環を形成する。したがって，企業人事・法務から乖離した法理論を展開しても意味はなく，むしろ労働契約法は，企業人事・法務の適正な設計・運用のための指針を提供し，そのインセンティブを付与するものであることが望ましい。こうした観点から，企業人事・法務において生起する問題の発見と解決に寄与するよう努めた。随所において，【労働法コンプライアンスと法的リスク管理】というコラムを設けたが，これは，上記の方針に基づいている。

　第4に，隣接法領域との関連性を重視した。もともと労働法は，憲法を父とし，民法を母として誕生した法であり，特に労働契約法の場合，民法（契約法）を基礎とすることはいうまでもない。また，労働契約法は企業運営に関わる法であるため，会社法との整合性を考慮すべき場面が多い。さらに，守秘義務・競業避止義務，職務発明など，労働契約法と知的財産法が交錯する場面が増加しているほか，労働契約法は民事手続法と交錯し，国際取引法の重要な領域を形成するなど，「先端法学」「応用法学」としての性格が強い。本書では，これら交錯領域における論点を取り上げ，労働契約法が先端的法分野として有する重要性を明らかにするよう心がけた。

　本書は，恩師の菅野和夫先生（東京大学名誉教授，明治大学法科大学院教授），元有斐閣の大橋將氏（現・日本赤十字九州国際看護大学教授）とともに企画し，両氏のお薦めによって執筆したものである。刊行まで長期間を要したが，その間，お二人からは暖かく，かつ厳しい激励をいただいた。改めて感謝申し上げたい。

　本書の執筆・刊行については，有斐閣の伊丹亜紀氏と，辻南々子氏に並々ならぬお世話になった。校正段階まで際限なく修正を繰り返す私に根気よく付き合って下さったことには感謝の言葉もない。とりわけ，伊丹氏は，早い段階から本書の編集を担当され，スケジュール管理から資料の提供，執筆に関する助言，校正に至るまで，実に丁寧なサポートをして下さった。お二人なくして本書はない。心よりお礼申し上げる。

　さらに，本書については，首都大学東京准教授天野晋介氏（2008年3月まで同志社大学大学院法学研究科博士後期課程），駿河台大学専任講師石田信平氏（2008年3月まで同上），関西外国語大学専任講師篠原信貴氏（2008年3月まで同上），同志社大学大学院法学研究科博士後期課程坂井岳夫氏，同前期課程北川桃子氏，北山宗之氏，三崎義尚氏，渦原泰平氏，山本陽大氏に，法令・文献の照合や事項索引の作成等の作業をお願いした。記して謝意を表したい。

　最後に，私を支えてくれている両親と妻 理恵子にも一言お礼を言いたい。

2008年4月

京都・同志社にて

土 田 道 夫

目　次

第1章　労働契約法の基本的考え方　*1*

第1節　労働契約法の意義　*1*
1　労働契約・労働契約法・労働法 …………………………………………*1*
2　労働契約法の意義 ……………………………………………………*4*
　(1)　労働契約法の重要性　*4*　　(2)　企業における労働契約の適正な運営と労働契約法　*6*

第2節　労働契約と労働契約法　*7*
1　労働契約とは何か ……………………………………………………*7*
　(1)　労働契約の概念　*7*　　(2)　労働契約の特色　*9*　　(3)　労働契約の存在意義　*12*
2　労働契約法の理念・目的 ……………………………………………*14*
　(1)　労働契約の自主的かつ適正な運営の促進　*14*　　(2)　労働契約法と合意原則　*20*　　(3)　雇用社会の変化と労働契約法　*24*　　(4)　労働法コンプライアンス・労働CSRの推進　*31*　　(5)　労働契約法の性格──私法としての労働契約法　*34*　　(6)　労働契約法の性格──企業法（ビジネス・ロー）としての労働契約法　*38*　　(7)　労働契約法の体系　*45*

第3節　立法としての労働契約法──労契法の意義と概要　*53*
1　労契法制定の意義 ……………………………………………………*53*
2　労契法の基本的内容 …………………………………………………*54*
　(1)　概要・性格　*54*　　(2)　労契法の基本理念・目的　*55*
3　労契法の将来 …………………………………………………………*59*

第4節　労働契約の当事者　*60*
1　労　働　者 ……………………………………………………………*60*
　(1)　問題の所在　*60*　　(2)　「労働者」性の判断基準　*61*　　(3)　具体的事例　*73*
2　使　用　者 ……………………………………………………………*89*
　(1)　意義　*89*　　(2)　使用者概念の拡張　*90*　　(3)　使用者概念の拡張──社外労働者受入れのケース　*90*　　(4)　使用者概念の拡張──支配会社・分社化のケース　*95*

第5節　労働契約法の実効性確保システム　*100*

1　労働基準法の実効性確保システム……………………*100*
　　(1)　適用単位――事業　*100*　　(2)　労働基準法の効力　*101*
2　労契法の実効性確保システム…………………………*106*

第6節　労働憲章・均等待遇　*107*

1　労働契約・労働条件に関する基本原則………………*107*
　　(1)　労働条件のあり方　*107*　　(2)　労働条件対等決定の原則　*107*
2　強制労働の禁止・中間搾取の排除・公民権行使の保障……*109*
　　(1)　強制労働の禁止　*109*　　(2)　中間搾取の排除　*109*　　(3)　公民権行使の保障　*110*
3　契約期間の制限…………………………………………*111*
　　(1)　意義　*111*　　(2)　上限規制の意義と効果　*112*
4　賠償予定の禁止…………………………………………*113*
　　(1)　趣旨　*113*　　(2)　留学・研修費用返還制度の適法性　*114*
5　均等待遇の原則…………………………………………*119*
　　(1)　意義　*119*　　(2)　「差別的取扱い」の理由　*119*　　(3)　「労働条件」「差別的取扱い」の意義　*121*　　(4)　均等待遇原則違反の効果　*122*

第2章　労働契約における権利義務　*129*

第1節　権利義務の構造　*129*

1　基本的内容………………………………………………*129*
　　(1)　労働の提供と賃金支払の関係　*129*　　(2)　労務指揮権・人事権と企業秩序　*130*　　(3)　誠実・配慮の関係　*130*
2　労働者の義務……………………………………………*131*
　　(1)　労働義務　*131*　　(2)　労働義務――職務と無関係の行動の規制　*142*　　(3)　労務指揮権・人事権・業務命令権　*145*　　(4)　付随義務――概説　*148*　　(5)　誠実義務　*150*　　(6)　兼職避止義務　*151*　　(7)　守秘義務――不正競争防止法　*154*　　(8)　守秘義務――労働契約上の守秘義務　*159*　　(9)　競業避止義務　*162*
3　使用者の義務……………………………………………*164*
　　(1)　賃金支払義務　*164*　　(2)　付随義務（配慮義務）――概説　*164*　　(3)　労働者の人格的利益を尊重する義務／職場環境配慮義務　*165*　　(4)　パワー・ハラスメント　*171*　　(5)　プライバシー・個人情報の保護　*183*　　(6)　個人情報保護法と個人情報保護義務　*185*　　(7)　労働受領義務（労働者の就労請求権）　*190*　　(8)　労働者の経済的利益保護義務　*194*　　(9)　職務発明と相当の利益　*200*

x 目　次

第 2 節　権利義務の設定　209

1　個別的合意 …………………………………………………………………… 209
　　(1)　個別的合意の意義　209　　(2)　個別的合意の機能　210

2　就業規則 …………………………………………………………………… 212
　　(1)　就業規則の意義　212　　(2)　就業規則の作成　213　　(3)　就業規則の効力　215　　(4)　就業規則と労働契約の関係──権利義務を設定する根拠　217　　(5)　労契法 7 条の規律──契約内容補充効　220

3　労働協約 …………………………………………………………………… 234
　　(1)　意義　234　　(2)　当事者・要式・期間　234　　(3)　規範的効力の内容　237　　(4)　規範的効力の限界　241　　(5)　労働協約の拡張適用　245　　(6)　労働協約の終了　247

4　労使協定 …………………………………………………………………… 249
　　(1)　意義　249　　(2)　要件・効果　249　　(3)　終了　251

5　労使慣行 …………………………………………………………………… 251
　　(1)　根拠・要件・効果　251　　(2)　具体的検討　253

第 3 節　権利義務の効果　255

1　概　説 ……………………………………………………………………… 255

2　労働者の義務違反 ………………………………………………………… 256
　　(1)　労働義務違反と賃金請求権・履行の強制　256　　(2)　損害賠償請求　256

第 3 章　労働契約の成立　265

第 1 節　募集・職業紹介・労働者供給　265

1　募　集 ……………………………………………………………………… 266

2　職業紹介 …………………………………………………………………… 266
　　(1)　意義　266　　(2)　職業紹介の法規制　266　　(3)　募集・採用時の年齢制限　270

第 2 節　採　用　271

1　採用の自由 ………………………………………………………………… 271
　　(1)　「採用の自由」の意義　271　　(2)　「採用の自由」の内容　272

2　採用内定 …………………………………………………………………… 276
　　(1)　採用内定の意義　276　　(2)　採用内定の法的性質　277　　(3)　内定取消の適法性　279　　(4)　中途採用者の採用内定・内定取消　282　　(5)　採用内内定　285

第3節　労働条件の明示と確定　*287*

1　労働条件明示義務 ……………………………………………………………… *287*
　　（1）　労働条件明示義務の意義　*287*　　（2）　明示義務違反の効果　*288*

2　労働条件明示義務違反と履行請求・損害賠償請求 …………………………… *290*
　　（1）　履行請求　*290*　　（2）　損害賠償請求　*292*

3　労契法の規律──労働契約内容の理解の促進 ………………………………… *294*

第4節　試用期間　*296*

1　試用期間の意義・法的性質 …………………………………………………… *296*
　　（1）　概説　*296*　　（2）　検討　*297*

2　本採用の拒否・試用期間中の解雇（留保解約権の行使）…………………… *298*
　　（1）　要件　*298*　　（2）　効果　*303*

3　試用期間と雇用期間 …………………………………………………………… *304*

第4章　労働契約の展開──賃　金　*307*

第1節　賃金の意義と体系　*307*

1　賃金の意義 ……………………………………………………………………… *307*

2　賃金制度と体系 ………………………………………………………………… *308*
　　（1）　日本の賃金制度　*308*　　（2）　賃金制度の変化　*310*

3　賃金の定義 ……………………………………………………………………… *312*
　　（1）　「賃金の定義」の意義　*312*　　（2）　要件　*313*

第2節　賃金請求権　*317*

1　賃金請求権の発生 ……………………………………………………………… *317*
　　（1）　一般理論　*317*　　（2）　不就労と賃金請求権　*321*　　（3）　休業と賃金・休業手当　*326*

2　賃金請求権の決定 ……………………………………………………………… *329*
　　（1）　個別的合意　*329*　　（2）　最低賃金法　*331*

3　賃金請求権の変動・消滅 ……………………………………………………… *333*
　　（1）　賃金の引上げ　*333*　　（2）　賃金の引下げ　*334*　　（3）　賃金請求権の消滅　*341*

第3節　労基法による賃金の保護　*343*

1　賃金支払の法的規律 …………………………………………………………… *343*
　　（1）　通貨払の原則　*343*　　（2）　直接払の原則　*344*　　（3）　全額払の原則　*345*
　　（4）　毎月1回以上定期払の原則　*350*　　（5）　出来高払の保障給　*350*

2 倒産時の賃金債権の保護 ………………………………………………………… *352*
  (1) 民商法上の規律 *352* (2) 倒産における賃金債権の保護 *353*

第 4 節 賞与・退職金・企業年金　*356*

1 賞　与 ……………………………………………………………………………… *356*
  (1) 賞与の意義 *356* (2) 賞与請求権 *357* (3) 支給日在籍要件 *359*
  (4) 企業業績連動型賞与 *362*

2 退職金・企業年金 ………………………………………………………………… *364*
  (1) 退職金の意義 *364* (2) 退職金請求権とその性格 *364* (3) 退職金の不支給・減額 *365* (4) 役員兼務従業員の退職金 *371* (5) 企業年金 *373*

第 5 節 成果主義賃金・人事と法　*376*

1 成果主義賃金・人事の意義 ……………………………………………………… *376*
2 人事考課と「公正な評価」 ……………………………………………………… *378*
  (1) 人事考課制度 *378* (2) 「公正な評価」の法的構成 *378* (3) 「公正な評価」の法的枠組み *381*

3 年　俸　制 ………………………………………………………………………… *390*
  (1) 意義 *390* (2) 労基法上の論点 *390* (3) 年俸制と労働契約 *391*

第 5 章　労働契約の展開──労働時間・休日・休暇　*395*

第 1 節 労働時間法のシステム　*395*

1 労働時間と労働契約 ……………………………………………………………… *395*
2 労働時間法の概要 ………………………………………………………………… *397*
  (1) 労働時間規制の概要 *397* (2) 労働時間法と労働契約法 *398*

3 労働時間の原則・計算 …………………………………………………………… *399*
  (1) 原則 *399* (2) 労働時間の通算制 *400*

4 労働時間の概念 …………………………………………………………………… *402*
  (1) 労基法上の労働時間 *402* (2) 具体的事例 *405* (3) 労基法上の労働時間と賃金 *412*

第 2 節 休憩・休日　*413*

1 休　憩 ……………………………………………………………………………… *413*
  (1) 休憩と労働契約 *413* (2) 休憩自由利用の原則 *415*

2 休　日 ……………………………………………………………………………… *415*
  (1) 休日と労働契約 *415* (2) 休日振替 *417*

第3節 時間外労働・休日労働 *419*

1 時間外・休日労働の意義と実情 ································· *419*
　(1) 時間外・休日労働の意義 *419*　(2) 時間外・休日労働の実情 *419*

2 法定時間外・休日労働 ·· *421*
　(1) 時間外・休日労働協定（三六協定）*421*　(2) 時間外・休日労働義務 *423*

3 法定内時間外・法定外休日労働義務 ································· *427*

4 割増賃金 ··· *428*
　(1) 割増賃金支払義務の意義・対象 *428*　(2) 割増賃金の計算方法・算定基礎 *430*

5 労働時間管理・把握義務 ·· *444*
　(1) 実労働時間の管理 *444*　(2) 労働時間管理・把握義務の法的構成 *446*

第4節 変形労働時間制・事業場外労働のみなし制 *448*

1 概　説 ·· *448*

2 1か月単位の変形労働時間制 ·· *449*
　(1) 意義・要件 *449*　(2) 効果 *451*

3 1年以内の期間の変形労働時間制 ······································ *452*
　(1) 意義・要件 *452*　(2) 効果 *454*

4 事業場外労働のみなし制 ·· *455*
　(1) 意義 *455*　(2) 労働時間みなし制の要件 *455*　(3) 効果 *459*

第5節 自律的な働き方と労働時間制度 *459*

1 フレックスタイム制（労基32条の3）································· *460*
　(1) 意義・形態 *460*　(2) 要件・効果 *461*　(3) 労働契約上の問題 *462*

2 裁量労働のみなし制──意義 ·· *464*

3 専門業務型裁量労働制（労基38条の3）······························ *465*
　(1) 要件 *465*　(2) 効果 *468*　(3) 労働契約上の問題 *468*

4 企画業務型裁量労働制（労基38条の4）······························ *470*
　(1) 意義 *470*　(2) 要件・効果 *470*　(3) 労働契約上の問題 *473*

第6節 適用除外・特例 *481*

1 適用除外 ··· *481*
　(1) 管理監督者，機密事務取扱者 *481*　(2) 監視・断続的労働従事者（労基41条3号）*487*

2 特例（恒常的例外）·· *490*

第7節 年次有給休暇 *490*

1 意　義 ·· *490*
　(1) 年休制度の概要 *490*　(2) 年休と労働契約 *491*

xiv 目　次

　2　年休権の成立と消滅 ……………………………………………………*492*
　　　(1)　成立要件　*492*　　(2)　年休権の消滅　*494*
　3　年休権の法的構造 ………………………………………………………*495*
　　　(1)　二分説の展開　*495*　　(2)　検討　*496*
　4　時季指定権・時季変更権 ………………………………………………*498*
　　　(1)　時季指定権　*498*　　(2)　時季変更権　*500*　　(3)　使用者の年休時季指定付与義務　*511*
　5　計画年休 …………………………………………………………………*514*
　　　(1)　意義・要件　*514*　　(2)　効果　*515*
　6　年休の利用目的 …………………………………………………………*515*
　7　年休取得と不利益取扱い ………………………………………………*518*

第 6 章　労働契約の展開──人 事　*519*

第 1 節　企業人事と労働契約法　*519*
　1　企業人事の意義・人事権の意義 ………………………………………*519*
　　　(1)　企業人事の意義　*519*　　(2)　人事権の意義　*520*
　2　企業人事の変化と人事権 ………………………………………………*521*

第 2 節　能力開発・教育訓練　*522*
　1　能力開発・教育訓練の意義 ……………………………………………*522*
　2　能力開発と労働契約 ……………………………………………………*523*
　　　(1)　能力開発・教育訓練を命ずる権利　*523*　　(2)　能力開発・教育訓練を受ける権利　*524*

第 3 節　昇進・昇格・降格　*526*
　1　昇進・昇格 ………………………………………………………………*526*
　　　(1)　昇進・昇格の意義　*526*　　(2)　昇進差別・昇格差別の法規制　*528*
　2　降　格 ……………………………………………………………………*530*
　　　(1)　降格の意義　*530*　　(2)　職能資格制度における降格──職位の引下げ　*531*
　　　(3)　職能資格制度における降格──資格の引下げ　*534*

第 4 節　配置転換（配転）　*538*
　1　配転の意義 ………………………………………………………………*538*
　2　配転命令権の法的根拠・性質 …………………………………………*539*
　　　(1)　学説・裁判例　*539*　　(2)　検討　*541*

3 配転命令の限界——労働契約による規律 ……………………………………542
   (1) 労働契約の解釈——概説 *542*　(2) 就業規則の配転条項の効力 *543*
   (3) 職種・勤務地限定の合意 *545*
4 配転命令の限界——配転命令権の濫用 ……………………………………553
   (1) 緒説 *553*　(2) 業務上の必要性，不当な動機・目的 *555*　(3) 労働者の不利益 *558*　(4) 配転手続 *563*
5 配転命令の効果 ……………………………………………………………564

第5節　出向・転籍　*570*

1 出向・転籍の意義・概念 ……………………………………………………570
   (1) 出向・転籍の意義 *570*　(2) 出向・転籍の概念 *570*
2 出向命令権の法的根拠・性質 ………………………………………………573
   (1) 法的根拠 *573*　(2) 出向命令権の法的性質 *576*
3 出向命令権の要件・効果 ……………………………………………………576
   (1) 労働契約の規律 *576*　(2) 出向命令権濫用規制——労契法14条 *577*
   (3) 出向命令の効果 *579*
4 出向後の労働関係・労働条件 ………………………………………………580
   (1) 出向後の労働関係（出向労働関係）の法的性格 *580*　(2) 労働契約上の権利義務 *581*　(3) 出向元への復帰・出向の延長 *587*
5 転　籍 …………………………………………………………………………588
   (1) 法的根拠 *588*　(2) 転籍後の労働条件・法律関係 *590*

第6節　休職・休業　*592*

1 休　職 …………………………………………………………………………592
   (1) 意義・種類 *592*　(2) 休職の成立 *593*　(3) 休職中の法律関係 *596*
   (4) 休職の終了 *596*
2 休　業 …………………………………………………………………………601
   (1) 意義 *601*　(2) 休業と労働契約 *601*　(3) 休業と不利益取扱い *602*
   (4) 育児休業・介護休業 *604*

第7章　労働契約の展開——企業秩序と懲戒　*611*

第1節　企業秩序　*611*

1 意　義 …………………………………………………………………………611
2 企業秩序の権利義務 …………………………………………………………612
   (1) 判例——企業秩序論 *612*　(2) 検討 *613*

第 2 節 懲　戒　*614*

1 懲戒の意義・法的根拠・要件・効果 …………………………………… *614*
（1） 意義　*614*　（2） 懲戒権の法的根拠・性格　*615*　（3） 懲戒権の要件・効果　*618*

2 懲戒の種類 …………………………………………………………………… *623*
（1） 譴責・戒告　*623*　（2） 減給　*624*　（3） 出勤停止　*626*　（4） 降格　*629*　（5） 懲戒解雇・諭旨解雇　*630*

3 懲戒事由 ……………………………………………………………………… *635*
（1） 概説　*635*　（2） 経歴詐称　*635*　（3） 職務懈怠　*636*　（4） 業務命令違反　*639*　（5） 職場規律違反　*640*　（6） 企業内政治活動・組合活動　*644*　（7） 企業外の行動　*645*　（8） 内部告発・内部通報・公益通報　*648*

4 懲戒処分の相当性・懲戒手続 ……………………………………………… *661*
（1） 処分の相当性──懲戒権の濫用　*661*　（2） 制裁罰たる性格に基づく規制　*664*　（3） 適正手続　*666*

5 懲戒処分の効果 ……………………………………………………………… *667*

第 *8* 章　労働契約の展開──労働者の健康と安全　*673*

第 1 節　健康と安全の保護──労働安全衛生法　*673*

1 労働安全衛生法の意義・基本概念 ………………………………………… *673*

2 労働安全衛生法の内容 ……………………………………………………… *674*
（1） 安全衛生管理体制　*674*　（2） 具体的措置　*675*

3 労働契約との関係 …………………………………………………………… *678*
（1） 労安衛法と労働契約──安全配慮義務の根拠づけ　*678*　（2） 労安衛法と安全配慮義務の関係　*679*　（3） 労安衛法違反の業務命令と就労拒絶　*681*

第 2 節　安全配慮義務　*682*

1 安全配慮義務の意義 ………………………………………………………… *682*
（1） 意義　*682*　（2） 概念・法的根拠・法的性質　*684*

2 基本的内容 …………………………………………………………………… *688*

3 具体的内容 …………………………………………………………………… *688*
（1） 事故・災害型のケース　*689*　（2） 職業性疾病のケース　*691*　（3） 過重労働に起因する疾病・死亡のケース──裁判例・学説　*692*　（4） 過重労働に起因する疾病・死亡のケース──検討　*699*　（5） 会社法の規律──取締役の対第三者責任　*702*　（6） 安全配慮義務と不法行為構成　*711*

4 因果関係・帰責事由 ………………………………………………………… *713*

(1) 因果関係 *713*　　(2) 帰責事由 *715*
　5　安全配慮義務違反の立証責任 ……………………………………………………*717*
　6　効　果 …………………………………………………………………………………*718*
　　　(1) 損害賠償請求権 *718*　　(2) 労務給付拒絶権・履行請求権 *723*
　7　安全配慮義務の適用範囲 ……………………………………………………………*726*

第9章　労働契約の変動　*729*

第1節　就業規則による労働条件の変更　*729*
　1　労働条件の変更の意義とタイプ ……………………………………………………*729*
　2　就業規則による労働条件の変更——問題の所在 ………………………………*730*
　3　学　説 …………………………………………………………………………………*731*
　4　判例法理 ………………………………………………………………………………*732*
　5　労契法の規律 …………………………………………………………………………*734*
　　　(1) 概説 *734*　　(2) 「合理性」の判断基準 *736*　　(3) 就業規則の「変更」・労働条件の「変更」の意義 *748*　　(4) 就業規則の届出・意見聴取の意義 *749*　　(5) 就業規則変更の効果 *750*　　(6) 特約優先規定 *751*　　(7) 労契法の評価 *752*　　(8) 成果主義賃金制度の導入 *756*
　6　労使間合意に基づく就業規則の変更 ………………………………………………*760*
　　　(1) 学説・裁判例 *760*　　(2) 考察 *762*

第2節　労働協約による労働条件の変更　*766*
　1　規範的効力 ……………………………………………………………………………*766*
　　　(1) 問題の所在 *766*　　(2) 規範的効力の内在的限界 *766*　　(3) 不利益変更の限界 *767*　　(4) 考察 *770*
　2　拡張適用（一般的拘束力）…………………………………………………………*772*
　　　(1) 問題の所在 *772*　　(2) 未組織労働者への拡張適用 *773*

第3節　個別的合意による労働条件の変更・変更解約告知　*775*
　1　個別的合意による労働条件の変更 …………………………………………………*775*
　　　(1) 概説 *775*　　(2) 考察 *777*
　2　変更解約告知 …………………………………………………………………………*783*
　　　(1) 変更解約告知の意義 *783*　　(2) 変更解約告知の要件・効果 *785*

第4節　企業組織の変動と労働契約　*789*
　1　会社解散と労働契約 …………………………………………………………………*790*
　　　(1) 真実解散と労働契約 *790*　　(2) 偽装解散と労働契約 *792*

xviii 目　次

　　2　合併と労働契約 …………………………………………………………793
　　3　事業譲渡と労働契約 ……………………………………………………793
　　　　(1)　意義　793　　(2)　事業譲渡と労働契約の承継　795　　(3)　事業譲渡と労働条件　802　　(4)　事業譲渡と労働者の同意　803
　　4　会社分割と労働契約 ……………………………………………………804
　　　　(1)　会社分割法制の概要　804　　(2)　労働契約承継法の趣旨　806　　(3)　労働契約承継のルール　807　　(4)　労働契約承継の手続　810　　(5)　労働契約承継と労働条件・解雇　815　　(6)　労働協約・労使協定の承継　816

第10章　労働契約の終了　819

第1節　退　職　819

　　1　労働契約の合意解約 ……………………………………………………820
　　2　一方的退職（辞職） ……………………………………………………820
　　　　(1)　概説　820　　(2)　退職の自由の制限　822
　　3　非自発的退職の法的規律 ………………………………………………823
　　　　(1)　退職の意思表示の瑕疵──労働契約の継続　823　　(2)　退職と損害賠償　826

第2節　定年制　830

　　1　定年制の意義・法的性格・適法性 ……………………………………830
　　　　(1)　意義・機能　830　　(2)　法的性格・適法性　830
　　2　定年年齢の規律──高年齢者雇用安定法 ……………………………831
　　　　(1)　概説　831　　(2)　高年齢者雇用確保措置　832
　　3　継続雇用制度──再雇用制度・雇用延長制度 ………………………834
　　　　(1)　継続雇用制度の内容　834　　(2)　継続雇用の対象者選定　835　　(3)　継続雇用制度と労働条件　837　　(4)　継続雇用後の雇止め　841

第3節　解雇法制総論　844

　　1　解雇の自由とその制限 …………………………………………………844
　　2　法令による規制 …………………………………………………………845
　　　　(1)　解雇の時期的制限──解雇制限期間（労基19条）　846　　(2)　解雇の手続的規制──解雇予告制度（労基20条）　848
　　3　労働協約・就業規則による規律 ………………………………………851
　　4　解雇権濫用規制の内容 …………………………………………………854
　　　　(1)　概説　854　　(2)　解雇権濫用規制の立法化　855

第4節　解雇権濫用規制の具体的内容──要件・効果　*860*

1　解雇の要件──解雇の合理的理由 ··· *860*
(1)　概説　*860*　　(2)　傷病・健康状態　*861*　　(3)　能力不足・成績不良・適格性の欠如　*863*　　(4)　職務懈怠　*872*　　(5)　職場規律違反・不正行為・業務命令違反　*876*　　(6)　企業外の行動　*879*

2　解雇の要件──解雇権濫用・解雇手続 ·· *882*
(1)　解雇権の濫用　*882*　　(2)　解雇手続　*886*

3　解雇の効果 ··· *889*
(1)　解雇の無効　*889*　　(2)　解雇と賃金　*891*　　(3)　解雇と不法行為　*895*

第5節　整理解雇　*901*

1　整理解雇の意義 ·· *901*

2　整理解雇の4要素 ·· *904*
(1)　人員削減の必要性　*904*　　(2)　解雇回避努力義務　*908*　　(3)　被解雇者選定の相当性　*911*　　(4)　説明・協議義務　*914*　　(5)　評価　*916*

第6節　労働契約終了後の権利義務　*925*

1　退職後の守秘義務 ·· *926*
(1)　不正競争防止法の規律　*926*　　(2)　契約上の守秘義務　*926*

2　退職後の競業避止義務 ·· *929*
(1)　意義　*929*　　(2)　法的根拠　*929*　　(3)　要件　*932*　　(4)　効果　*942*　　(5)　労働者の引抜き　*947*

第11章　女性労働者の労働契約　*949*

第1節　男女の雇用平等と労働契約　*949*

1　男女同一賃金の原則 ·· *950*
(1)　意義　*950*　　(2)　要件　*950*　　(3)　効果　*953*

2　男女雇用平等の法理 ·· *955*
(1)　男女の雇用差別と公序　*955*　　(2)　昇格・昇進差別の規制　*956*

第2節　雇用機会均等法と労働契約　*958*

1　雇用機会均等法──1985年法から1997年法，2006年法へ ············· *958*
(1)　1985年法・1997年法　*958*　　(2)　2006年法　*959*

2　差別禁止規定 ·· *963*
(1)　募集・採用　*963*　　(2)　配置・昇進・降格・教育訓練　*964*　　(3)　職種の変更・雇用形態の変更　*968*　　(4)　退職勧奨・定年・解雇・労働契約の更新　*969*

xx　目　次

　　　(5)　婚姻・妊娠・出産等を理由とする不利益取扱いの禁止　*970*
　3　間接差別の規制 ………………………………………………………………*978*
　4　ポジティブ・アクション ……………………………………………………*980*
　5　セクシュアル・ハラスメント ………………………………………………*982*
　　　(1)　意　義　*982*　　(2)　セクシュアル・ハラスメントの法的責任　*982*
　　　(3)　雇用機会均等法の規律　*991*
第3節　女性保護・母性保護　*994*
　　　(1)　女性保護の撤廃　*994*　　(2)　母性保護　*994*

第12章　非典型労働者の労働契約　*997*

第1節　有期契約労働者の労働契約　*998*
　1　意　義 …………………………………………………………………………*998*
　2　雇止めの法的規律 ……………………………………………………………*999*
　　　(1)　雇止めの法的規律──解雇規制の類推適用　*999*　　(2)　雇止めの適法性　*1006*
　3　労契法における立法化（労契法19条）……………………………………*1013*
　　　(1)　意義・要件　*1013*　　(2)　契約更新の申込み・契約締結の申込み　*1016*
　　　(3)　効　果　*1017*　　(4)　不更新条項・更新限度条項　*1018*　　(5)　無期契約転換回避目的の雇止め　*1023*
　4　有期労働契約の中途解約 …………………………………………………*1026*
　　　(1)　中途解約の意義　*1026*　　(2)　解約事由　*1027*
　5　無期労働契約への転換（労契法18条）……………………………………*1029*
　　　(1)　意義・趣旨　*1029*　　(2)　同一の使用者　*1032*　　(3)　無期転換申込権の発生と行使　*1033*　　(4)　無期契約転換労働者の労働条件・雇用保障　*1036*
　6　不合理な労働条件・待遇相違の禁止（パート・有期法8条／旧労契法20条）……*1039*
　　　(1)　意　義　*1039*　　(2)　要　件　*1042*　　(3)　効　果　*1049*　　(4)　具体的判断　*1052*　　(5)　再雇用社員類型　*1060*
第2節　パート・有期法における労働契約　*1065*
　1　概　説 ………………………………………………………………………*1065*
　　　(1)　意　義　*1065*　　(2)　基本理念　*1066*
　2　短時間・有期雇用労働者の労働契約 ……………………………………*1067*
　　　(1)　労働条件の明示・就業規則　*1067*　　(2)　賃金・待遇　*1067*　　(3)　パート・有期法8条　*1069*　　(4)　パート・有期法9条──通常の労働者と同視すべき短時間・有期雇用労働者の差別的取扱いの禁止　*1071*　　(5)　その他の労働条件・

目　次　xxi

雇止め等 *1073*　　(6)　説明義務 *1074*　　(7)　紛争処理システム *1076*

第3節　派遣労働者の労働契約　*1078*

1　意　義 ··· *1078*
(1)　労働者派遣の意義 *1078*　　(2)　労働者派遣事業 *1081*　　(3)　派遣労働の成立 *1082*

2　派遣期間 ··· *1083*
(1)　派遣期間の制限 *1083*　　(2)　労働者派遣契約の中途解除 *1084*

3　派遣労働の展開 ··· *1086*
(1)　派遣元・派遣先の義務 *1086*　　(2)　労働契約関係 *1089*

4　派遣労働の終了 ··· *1093*
(1)　労働契約終了からの保護 *1093*　　(2)　派遣終了後の直接雇用 *1094*

第13章　国際的労働契約法　*1099*

第1節　労働契約の準拠法　*1099*

1　準拠法決定のルール ··· *1099*
(1)　当事者自治の原則 *1099*　　(2)　法選択がない場合のルール──最密接関係地法 *1100*　　(3)　類型的検討 *1102*

2　当事者自治の限界──強行規定の適用 ······························· *1111*
(1)　通則法上の強行規定 *1111*　　(2)　絶対的強行法規 *1112*　　(3)　具体的適用関係 *1112*　　(4)　類型的検討 *1114*

3　労働法の域外適用（地域的適用範囲） ································· *1118*
(1)　問題の所在 *1118*　　(2)　学説の展開 *1119*

第2節　外国人労働者の労働契約　*1122*

1　外国人の就労 ··· *1122*

2　外国人労働者の労働契約 ·· *1125*
(1)　労働契約の効力 *1125*　　(2)　募集・採用・労働条件の明示 *1126*　　(3)　就業規則 *1127*　　(4)　均等待遇原則 *1127*　　(5)　労働条件 *1129*　　(6)　解雇 *1132*

第3節　労働契約の国際裁判管轄　*1133*

1　判例法理 ··· *1133*

2　改正民事訴訟法 ··· *1134*
(1)　概説 *1134*　　(2)　類型的検討 *1135*

第14章　労働契約紛争処理法　*1139*

第1節　労働契約紛争処理のあり方　*1139*
　1　労働契約紛争の現状と特色 …………………………………………*1139*
　　　(1)　労働契約紛争の現状　*1139*　　(2)　労働契約紛争の特色　*1141*
　2　労働契約紛争処理のスキーム ………………………………………*1142*

第2節　企業内紛争処理システム　*1143*
　1　企業内紛争処理システムの意義 ……………………………………*1143*
　2　企業内紛争処理システムの現状と課題 ……………………………*1144*
　　　(1)　現状　*1144*　　(2)　方向性　*1144*

第3節　裁判外紛争処理——個別労働紛争解決促進法　*1145*
　　　(1)　個別労働紛争解決促進法の意義　*1145*　　(2)　個別労働紛争解決促進法の仕組み　*1146*

第4節　司法的紛争処理（1）——労働審判制度　*1147*
　1　労働審判法の意義 ……………………………………………………*1147*
　2　労働審判制度 …………………………………………………………*1149*
　　　(1)　労働審判制度の特色と内容　*1149*　　(2)　労働契約紛争処理法の役割分担　*1153*

第5節　司法的紛争処理（2）——労働訴訟法上の諸問題　*1155*
　1　裁判管轄 ………………………………………………………………*1155*
　2　別訴（前訴）との関係・不当訴訟等 ………………………………*1156*
　　　(1)　別訴（前訴）との関係　*1156*　　(2)　不当訴訟等　*1157*
　3　訴訟要件——訴えの利益 ……………………………………………*1159*
　　　(1)　確認の訴え　*1159*　　(2)　給付の訴え——賃金請求事件　*1167*
　4　立　証 …………………………………………………………………*1168*
　　　(1)　解雇・高齢者雇用・雇止め　*1169*　　(2)　人事　*1171*　　(3)　企業組織の変動　*1173*　　(4)　懲戒　*1173*　　(5)　労働条件の不利益変更　*1174*　　(6)　賃金・退職金　*1176*　　(7)　労働時間　*1178*　　(8)　安全配慮義務　*1179*　　(9)　労働者性　*1179*　　(10)　差別事件　*1179*

□判例索引　*1183*
□事項索引　*1255*

目　次　xxiii

■ コラム目次 ■

第1章
【1-1】ビジネスと人権　32
【1-2】労働契約の権利義務構成　36
【1-3】ソフトロー・アプローチ　37
【1-4】企業法における労働法（労働契約法）の特質　44
【1-5】労働契約と雇用契約　47
【1-6】債権法改正と労働契約法　48
【1-7】労組法上の労働者との異同　72
【1-8】グレーゾーンの法的処理　80
【1-9】労働者協同組合法／組合員の労働者性　87
【1-10】規範的解釈論　94
【1-11】適用除外　101
【1-12】「労働条件」の意義　108
【1-13】前借金相殺の禁止　118
【1-14】障害者の雇用平等　123

第2章
【2-1】報告義務　138
【2-2】テレワーク命令・出社命令　139
【2-3】業務命令権　148
【2-4】労働法コンプライアンスと法的リスク管理——守秘義務契約・守秘義務規程　158
【2-5】労働施策総合推進法上のパワハラ／パワハラ防止措置義務の私法的意義　178
【2-6】トランスジェンダーの人格的利益　180
【2-7】職務著作と労働法　208
【2-8】労契法7条と就業規則の法的性質論　221
【2-9】労契法7条の立法論的検討　222
【2-10】就業規則の合理性審査の正当化根拠　230
【2-11】就業規則の効力発生要件　231
【2-12】契約のひな形としての就業規則と合理性審査　231
【2-13】労働協約の法的性質　236
【2-14】労組法16条の「労働契約」の意義　240
【2-15】規範的効力の履行の確保　241
【2-16】少数組合員への拡張適用　246

第3章
【3-1】労働者供給　269
【3-2】身元保証契約　275
【3-3】内定辞退　284
【3-4】内定中の法律関係　284
【3-5】新規採用以外の場面における労働条件明示義務　289
【3-6】試用期間の長さ・延長・満了　303

第4章
【4-1】職務給制度・職務等級制度　312
【4-2】平均賃金　316
【4-3】賃金請求権の発生要件をめぐる議論　320
【4-4】調整的相殺　349
【4-5】合意相殺に関する判例法理の当否　349
【4-6】賃金の支払の確保等に関する法律（賃確法）　355
【4-7】既履行分の報酬請求権の保障（民624条の2）との関係　361
【4-8】人事考課に関する最近の裁判例　388
【4-9】紛争処理　389
【4-10】労働法コンプライアンスと法的リスク管理——年俸制と退職・解雇　394

第5章
【5-1】労働契約上の労働時間　412
【5-2】変形週休制　416
【5-3】勤務間インターバル制度　427
【5-4】労働法コンプライアンスと法的リスク管理——年俸制と割増賃金　443
【5-5】1週間単位の変形労働時間制　454
【5-6】労働時間の清算（貸借制）　463
【5-7】労働法コンプライアンスと法的リスク管

xxiv 目次

　　理——裁量労働制と安全配慮義務　474
【5-8】労使委員会決議に違反する措置の効力　474
【5-9】労働法コンプライアンスと法的リスク管理——裁量労働制の適用除外（解除）　475
【5-10】テレワークにおける労働時間管理　478
【5-11】高度プロフェッショナル制度（特定高度専門業務・成果型労働時間制）　487
【5-12】年休権の法的構成　498
【5-13】労働法コンプライアンスと法的リスク管理——年休の完全消化に向けた長期的配慮義務　508

■ 第6章 ■
【6-1】リ・スキリング　525
【6-2】職務等級制度における降格　536
【6-3】ジョブ型雇用　549
【6-4】職種・勤務地限定社員の配転　550
【6-5】社内公募制・社内FA制と労働契約　552
【6-6】労働法コンプライアンスと法的リスク管理——育児・介護休業法上の配慮義務　565
【6-7】遠隔地転勤・転居を伴う転勤の見直しと課題　566
【6-8】配転の内示　567
【6-9】職務等級制度における配転　568
【6-10】出向と転籍の区別　572
【6-11】出向時の個別的合意の法的規律　579
【6-12】出向先の賃金支払義務に関する私見　585
【6-13】出向先労働条件の合理性　585
【6-14】労働保護法上の責任主体　586
【6-15】転籍合意の法的規律　591
【6-16】その他の措置　610

■ 第7章 ■
【7-1】労働法コンプライアンスと法的リスク管理——懲戒処分と人事措置の関係　622
【7-2】自宅待機命令　627
【7-3】公益通報者保護法　654
【7-4】労働法コンプライアンスと法的リスク管理——内部通報制度の設計と運用　659
【7-5】公務員の懲戒処分　669

■ 第8章 ■
【8-1】ストレスチェック制度　678
【8-2】健康診断の受診義務　681
【8-3】安全配慮義務と履行補助者　690
【8-4】労働時間管理・把握義務と安全配慮義務　707
【8-5】労働法コンプライアンスと法的リスク管理——メンタルヘルス・マネジメントのあり方と法的課題　708

■ 第9章 ■
【9-1】労働条件の「不利益変更」の意義　745
【9-2】非典型労働者の待遇改善を契機とする就業規則の変更　746
【9-3】登録型派遣労働者に係る就業規則変更と労契法10条の適用　747
【9-4】労契法10条の立法論的検討　754
【9-5】労使慣行の破棄・変更　756
【9-6】少数組合員への拡張適用　775
【9-7】「労働者の自由意思に基づく同意」要件の意義・射程　779
【9-8】例外的内容規制の正当性　782
【9-9】事業譲渡に関する立法政策　803
【9-10】一部譲渡と労働契約の承継　804
【9-11】「主として」の判断　809
【9-12】5条協議に関する具体的判断　812
【9-13】通知義務違反の効果　814

■ 第10章 ■
【10-1】「準解雇」の法理　829
【10-2】グループ企業における継続雇用　842
【10-3】早期退職者優遇制度（選択定年制）　843

【10-4】有期労働契約等と解雇予告制度　850
【10-5】解雇権濫用規制の法的評価　856
【10-6】解雇要件の構造　859
【10-7】管理職・高度専門職・ジョブ型中途採用社員の解雇　867
【10-8】信頼関係の破壊と解雇　881
【10-9】労働法コンプライアンスと法的リスク管理──解雇の承認　890
【10-10】不当解雇の効果の再検討──解雇の金銭救済制度　898
【10-11】整理解雇の概念　904
【10-12】配転・出向の拒否と解雇　918
【10-13】新型コロナ禍における整理解雇　918
【10-14】再建型手続における整理解雇　919
【10-15】ジョブ型社員・勤務地限定社員の整理解雇　922
【10-16】停止条件付解雇の合意　923
【10-17】補論──合理性審査論および根拠・要件二分論について　943
【10-18】競業と不法行為　944
【10-19】退職後の守秘義務・競業避止義務と独占禁止法　945

第11章

【11-1】マタハラ防止措置義務・マタハラ指針　977
【11-2】福利厚生　978
【11-3】女性活躍推進法　981
【11-4】セクシュアル・ハラスメントに関する職場環境配慮義務の内容　989
【11-5】雇用機会均等法の紛争処理・行政救済システム　993

第12章

【12-1】雇止めの法的性質と効果　1025
【12-2】使用者の変更と雇止め規制　1025
【12-3】契約期間の長さの下限　1026
【12-4】無期転換申込権の放棄　1034
【12-5】無期転換5年ルールの特例　1035
【12-6】同一労働同一賃金ガイドラインの意義　1076
【12-7】業務処理請負における労働契約　1080
【12-8】労働者特定行為の規制　1082
【12-9】紛争処理・実効性確保措置　1092
【12-10】紹介予定派遣　1098

第13章

【13-1】法例下の解釈　1101
【13-2】最密接関係地法の適用範囲　1110
【13-3】絶対的強行法規と「特定の強行規定」の関係　1117
【13-4】越境リモートワーク　1120
【13-5】海外勤務の法的根拠　1121
【13-6】対外国民事裁判権法　1137

第14章

【14-1】審判内容の限界　1153
【14-2】労働審判における口外禁止条項　1154
【14-3】文書提出命令　1181

凡　例

1　法令名等の略記

■ 本文中で略記した法令名は，以下の通り。なお，（　）内の法令名は原則として，有斐閣『六法全書』巻末の「法令名略語」によった。

育児・介護休業法（育介法）→ 育児休業，介護休業等育児又は家族介護を行う労働者の福祉に関する法律
高年齢者雇用安定法 → 高年齢者等の雇用の安定等に関する法律
個別労働紛争解決促進法 → 個別労働関係紛争の解決の促進に関する法律
雇用機会均等法（均等法）→ 雇用の分野における男女の均等な機会及び待遇の確保等に関する法律
最賃法 → 最低賃金法
障害者雇用促進法 → 障害者の雇用の促進等に関する法律
障害者差別解消法 → 障害を理由とする差別の解消の推進に関する法律
職安法 → 職業安定法
女性活躍推進法 → 女性の職業生活における活躍の推進に関する法律
通則法 → 法の適用に関する通則法
パートタイム労働法（短時間労働者法）→ 短時間労働者の雇用管理の改善等に関する法律
パート・有期法 → 短時間労働者及び有期雇用労働者の雇用管理の改善等に関する法律
働き方改革推進法 → 働き方改革を推進するための関係法律の整備に関する法律
不競法 → 不正競争防止法
労安衛法 → 労働安全衛生法
労基法 → 労働基準法
労協組法 → 労働者協同組合法
労契法 → 労働契約法
労災保険法 → 労働者災害補償保険法
労組法 → 労働組合法
労働契約承継法 → 会社分割に伴う労働契約の承継等に関する法律
労働時間等設定改善法 → 労働時間等の設定の改善に関する特別措置法
労働施策総合推進法 → 労働施策の総合的な推進並びに労働者の雇用の安定及び職業生活の充実等に関する法律
労働者派遣法 → 労働者派遣事業の適正な運営の確保及び派遣労働者の保護等に関する法律

■ 行政解釈に関する略記は，以下の通り

労　告　　労働大臣が発する告示
厚労告　　厚生労働大臣が発する告示
発　基　　（厚生）労働事務次官が各都道府県労働局長宛に発する通達
基　発　　（厚生）労働省労働基準局長が各都道府県労働局長宛に発する通達
基　収　　各都道府県労働局長からの法令解釈に関する疑義に対して（厚生）労働省労働基準局長が回答として発する通達
雇児発　　厚生労働省雇用均等・児童家庭局長が各都道府県労働局長宛に発する通達

2 主要文献略語

荒木	荒木尚志『労働法〔第5版〕』（有斐閣・2022） ＊第5版以外は，荒木〔○版〕と記した。
荒木＝菅野＝山川	荒木尚志＝菅野和夫＝山川隆一『詳説労働契約法〔第2版〕』（弘文堂・2014）
大内	大内伸哉『人事労働法』（弘文堂・2021）
解雇と退職の法務	野田進＝野川忍＝柳澤武＝山下昇『解雇と退職の法務』（商事法務・2012）
片岡ほか	片岡曻ほか『新労働基準法論』（法律文化社・1982）
川口	川口美貴『労働法〔第8版〕』（信山社・2024）
基コメ労基・労契	西谷敏＝野田進＝和田肇＝奥田香子編『労働基準法・労働契約法〔第2版〕』（新基本法コンメンタール）（日本評論社・2020）
現代講座(1)～(15)	日本労働法学会編『現代労働法講座 全15巻』（総合労働研究所・1980～1985）
講座再生(1)～(6)	日本労働法学会編『講座労働法の再生 全6巻』（日本評論社・2017）
講座21世紀(1)～(8)	日本労働法学会編『講座21世紀の労働法 全8巻』（有斐閣・2000）
厚生労働省・労基法（上）（下）	厚生労働省労働基準局編『令和3年版労働基準法（上・下）』（労務行政・2022）
下井	下井隆史『労働基準法〔第5版〕』（有斐閣・2019）
条文	土田道夫＝山川隆一＝島田陽一＝小畑史子『条文から学ぶ労働法』（有斐閣・2011）
菅野	菅野和夫『労働法〔第12版〕』（弘文堂・2019） ＊第12版以外は，菅野〔○版〕と記した。
菅野＝山川	菅野和夫＝山川隆一『労働法〔第13版〕』（弘文堂・2024）
菅野ほか・労働審判制度	菅野和夫ほか『労働審判制度〔第2版〕』（弘文堂・2007）
争点	土田道夫＝山川隆一『労働法の争点』（新・法律学の争点シリーズ）（有斐閣・2014）
大系(1)～(5)	石井照久＝有泉亨編『労働法大系 全5巻』（有斐閣・1963）
注解労基Ⅰ・Ⅱ	青木宗也＝片岡曻編『労働基準法Ⅰ・Ⅱ』（注解法律学全集）（青林書院・1994・1995）
注釈労基(上)(下)	東京大学労働法研究会編『注釈労働基準法（上・下）』（有斐閣・2003）
注釈労基・労契(1)～(3)	荒木尚志＝岩村正彦＝村中孝史＝山川隆一編『注釈労働基準法・労働契約法 全3巻』（有斐閣・2023・2024）
注釈労働時間	東京大学労働法研究会編『注釈労働時間法』（有斐閣・1990）
土田	土田道夫『労働法概説〔第5版〕』（弘文堂・2024） ＊第5版以外は，土田〔○版〕と記した。
土田編・企業法務と労働法	土田道夫編『企業法務と労働法』（商事法務・2019）

土田編・債権法改正と労働法	土田道夫編『債権法改正と労働法』（商事法務・2012）
土田＝豊川＝和田	土田道夫＝豊川義明＝和田肇編著『ウォッチング労働法〔第4版〕』（有斐閣・2019）
土田＝山川編	土田道夫＝山川隆一編著『成果主義人事と労働法』（日本労働研究機構・2003）
土田・労務指揮権	土田道夫『労務指揮権の現代的展開――労働契約における一方的決定と合意決定との相克』（信山社・1999）
西谷	西谷敏『労働法〔第3版〕』（日本評論社・2020）
西谷・個人と集団	西谷敏『労働法における個人と集団』（有斐閣・1992）
西谷＝根本編	『労働契約と法』（旬報社・2010）
野川	野川忍『新訂労働法』（商事法務・2010）
百選	村中孝史＝荒木尚志編『労働判例百選〔第10版〕』（有斐閣・2022） ＊第10版以外は，百選〔○版〕と記した。
水町	水町勇一郎『詳解労働法〔第3版〕』（東京大学出版会・2023）
山川	山川隆一『雇用関係法〔第4版〕』（新世社・2008） ＊第4版以外は，山川〔○版〕と記した。
山川・紛争処理法	山川隆一『労働紛争処理法〔第2版〕』（弘文堂・2023） ＊第2版以外は，山川・紛争処理法〔初版〕と記した。
類型別実務Ⅰ・Ⅱ	佐々木宗啓ほか編著『類型別 労働関係訴訟の実務Ⅰ・Ⅱ〔改訂版〕』（青林書院・2023）
労働関係訴訟Ⅰ・Ⅱ	山川隆一＝渡辺弘編著『労働関係訴訟Ⅰ・Ⅱ』（青林書院・2018）
労働関係訴訟の実務	白石哲編著『労働関係訴訟の実務〔第2版〕』（商事法務・2018）
労働判例精選	岩村正彦＝中山慈夫＝宮里邦雄『実務に効く 労働判例精選〔第2版〕』（ジュリスト増刊）（有斐閣・2018）

3 判例集・雑誌等略語

■ 判例集

民 集	最高裁判所民事判例集		判 タ	判例タイムズ
刑 集	最高裁判所刑事判例集		労経速	労働経済判例速報
知的裁集	知的財産権関係民事・行政裁判例集		労 判	労働判例
			労 民	労働関係民事裁判例集
判 時	判例時報		ジャーナル	労働判例ジャーナル

■ 雑誌

季 労	季刊労働法		重判解	重要判例解説
金 判	金融・商事判例		ジュリ	ジュリスト
金 法	金融法務事情		論ジュリ	論究ジュリスト
自 正	自由と正義		曹 時	法曹時報

日労協	日本労働協会雑誌	法　時	法律時報
日労研	日本労働研究雑誌	民　商	民商法雑誌
判　自	判例地方自治	労　旬	労働法律旬報
法　協	法学協会雑誌	労　政	労政時報
法　教	法学教室	労　働	日本労働法学会誌

■ その他

　最判解　　最高裁判所判例解説

著者紹介

土田 道夫（つちだ　みちお）

同志社大学法学部・大学院法学研究科教授
弁護士法人淀屋橋・山上合同 弁護士

1987年　東京大学大学院法学政治学研究科博士課程修了（法学博士）
　　　　獨協大学法学部教授を経て，現職。

〈主要著書〉

『労務指揮権の現代的展開』（信山社・1999）
『労働法概説〔第5版〕』（弘文堂・2024，初版・2008）
『基本講義 労働法』（新世社・2010）
講座21世紀の労働法（1）『21世紀労働法の展望』（共編著，有斐閣・2000）
『成果主義人事と労働法』（共編著，日本労働研究機構・2003）
『先端法学入門』（共編著，信山社・2003）
『ウォッチング労働法〔第4版〕』（共編著，有斐閣・2019，初版・2005）
『ケースブック労働法〔第8版〕』（共編著，弘文堂・2014，初版・2005）
『ケースブック労働法〔第4版〕』（共著，有斐閣・2015，初版・2005）
『条文から学ぶ労働法』（共著，有斐閣・2011）
『債権法改正と労働法』（編著，商事法務・2012）
『労働法の争点』（共編著，有斐閣・2014）
『企業変動における労働法の課題』（共編著，有斐閣・2016）
講座労働法の再生（6）『労働法のフロンティア』（共編著，日本評論社・2017）
『企業法務と労働法』（編著，商事法務・2019）

第1章
労働契約法の基本的考え方

第1節　労働契約法の意義
第2節　労働契約と労働契約法
第3節　立法としての労働契約法——労契法の意義と概要
第4節　労働契約の当事者
第5節　労働契約法の実効性確保システム
第6節　労働憲章・均等待遇

第1節　労働契約法の意義

1　労働契約・労働契約法・労働法

　本書は，労働契約の成立・展開・終了を規律する法，すなわち「労働契約法」について体系的に解説することを目的とする。
　労働契約は，労働者が使用者の指揮命令の下で労働を提供し（労働義務），使用者がその対価として賃金を支払う（賃金支払義務）ことを内容とする契約である。企業において人が労働し，その対価として報酬を得る関係（雇用関係）は，社会を機能させる上で最も基本的な関係の一つであるが，労働契約は，この雇用関係を基礎づける契約として重要な意味をもつ。雇用労働者の数は現在，約6760万人に達しており，労働契約は，社会における多様な法律関係の中でも，特に重要な契約の一つということができる。
　労働契約法は，このような労働契約の成立・展開・終了を規律する法である。労働者から見れば，それは，人が営む職業生活（キャリア）全般をカバーする法であり，企業から見れば，人事制度全体を規律する法である。ところで，労

働契約法は従来，労働基準法（労基法）等の労働保護法を基礎に，裁判例を中心に展開してきたが（判例法理），これとは別に，2007年，立法としての労働契約法が成立した（平19法128）。つまり「労働契約法」としては，本書が対象とする労働契約全般に関する法と，立法としての「労働契約法」が存在することになる。この立法としての「労働契約法」は，労働契約に関する最初の本格的立法であり，労働基準法，労働組合法と並んで労働法の基本法に位置する。

　もっとも，立法としての「労働契約法」は，労働契約法の広範な領域の中から，立法過程において関係者のコンセンサスが得られた少数の（しかし重要な）事項を抜き出して制定されたものである。そして，それら事項以外の労働契約法は判例法理に委ねられている。そこで本書は，立法としての「労働契約法」のみならず，膨大な学説・裁判例の蓄積を踏まえて，労働契約法の全体像を対象に解説する。なお本書では，広義の労働契約法と立法としての「労働契約法」を区別するため，後者については「労契法」という略称を用いる（労契法の全体像は，本章第3節で解説する）。

　では，労働契約法は労働法全体においてどのように位置するのか。まず，この点を確認し，労働契約法の対象を確定しておこう（**図表1-1参照**）。

　労働法は，「人が雇用されて働く上で発生する問題を法的に解決するためのシステム」と定義することができる。もともと労働契約は契約の一種であるため，その成立・内容・終了は当事者の自由な合意に委ねられるというのが市民法の原則である（私的自治の原則・契約自由の原則）。しかし，労働者・使用者（企業）間において存在する交渉力・情報格差を考えれば，これら原則は，もっぱら契約内容が労働者の不利に決定される結果をもたらす。また，労働契約のような継続的契約について認められる解約自由の原則は，使用者による恣意的解雇を容認する機能を果たしてきた。こうした経験を踏まえて，今日，多くの国で労働法が成立し，市民法が放置してきた労働契約の諸側面に介入し，様々な法的規律を行っている。労働契約は今日，当事者の全くの自由に委ねられた契約ではなく，以上のような労働法の枠づけと規律の下に存在しているのである。労働法はさらに，労働契約法，集団的労働法，雇用保障法の3領域に大別される。

　労働契約法は，個々の労働者と使用者との間の労働契約（雇用関係）を規律する法であり，本書はこの領域を対象とする。労働契約法はさらに，①国が種々の労働保護立法によって労働契約に介入し，労働条件（契約内容）の最低

図表 1-1　労働法の体系

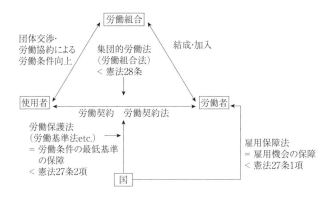

基準を設定する領域と，②最低基準を上回る労働条件の決定・変更を規律し，労働契約の成立・終了を規律する領域に分かれる。①は労働保護法ともいい，憲法上の労働条件法定主義（憲27条2項）を基礎に，労働基準法，労働安全衛生法，最低賃金法等の労働保護法が制定され，労働条件の最低基準を定めている。また，この①の領域に勝るとも劣らない重要性を有するのが②である（以下，「狭義の労働契約法」ともいう）。ここでは，労基法等の実定法の規制は後退し，労働契約当事者による契約関係の自主的運営が中心となるが，そこで発生する労使間紛争を解決し，労働契約の適正な運営を促進するための多数の法的ルールが裁判例によって設定されている。こうして，判例法理は，労働契約法の中心的地位を占めている（その一部を立法化したのが労契法である）。

次に，集団的労働法は，労働者の団結体である労働組合を一方当事者とする領域であり，団結権・団体交渉権・団体行動権の保障（憲28条）の下，労働組合法が基本法として制定されている。労働法は，このような労働組合と使用者との団体交渉によって労働条件が維持改善されることを期待する趣旨に立っている。本書では，この領域は直接扱わないが，労働協約による労働条件の決定は，労働契約法においても重要な意味をもつため，詳細に解説する。

雇用保障法は，憲法27条1項の勤労権の保障を基礎に，労働市場における労働者の雇用の安定と保障を目的とする法領域をいう（雇用保険法，職業安定法，労働者派遣法，職業能力開発促進法など）。労働契約の展開と関連する論点については，労働契約法の一環として適宜取り上げる。

このほか，労働法の第4の領域として，公務員・公共部門労働者の勤務関係

に関する公共部門労働法があるが（国家公務員法，地方公務員法，特定独立行政法人等の労働関係に関する法律など），本書では，特に必要な場合を除いて取り上げない。すなわち，本書が対象とするのは，民間企業における雇用関係である。

2　労働契約法の意義

(1)　労働契約法の重要性

労働契約法は今日，その重要性を飛躍的に高めている。雇用社会と企業運営のルールが大きく変化する中，労働契約の適正な運営を促進し，労働契約紛争（個別労働紛争）を解決するための法規範のニーズが高まっているからである。

まず，労働契約紛争の現状を見ると，民事通常訴訟事件は，2021年には3645件に上り，1991年（1054件）の3倍超に達しており，労働審判事件も3609件に達している。しかも，この数字は氷山の一角に過ぎず，都道府県労働局が取り扱う総合労働相談件数は，年間124万件超に上っている。また紛争の内容を見ても，解雇・雇止め・賃金不払という伝統的紛争のほか，労働条件の不利益変更，人事考課・配転・出向等の人事紛争，企業再編に伴う雇用・処遇，女性の雇用平等，各種ハラスメント（パワー・ハラスメント，セクシュアル・ハラスメント，マタニティ・ハラスメント），退職勧奨・退職強要，自己都合退職，退職後の守秘義務・競業避止義務，内部告発・内部通報など，雇用社会の変化を反映した紛争が登場している。

個別労働紛争の激増の背景には，雇用社会それ自体の変化がある。かつての高度成長期には，長期雇用制度（正社員の定年までの雇用を保障し，解雇を避ける慣行），年功賃金（年齢・勤続年数・性別を基本とする人事処遇制度），企業別組合を中心に，日本型の長期安定雇用システムが形成されていた。また，特に大企業では，「従業員共同体」とも称される安定的労使関係が形成され，雇用の尊重を基本とし，従業員（正社員・企業別組合）の利益を重視する経営が行われてきた。そこでは，労使間の紛争は相対的に少なく，発生した紛争も，基本的には企業内部で企業のルールによって解決されてきた。

しかし今日，このシステムが大きく変化している。すなわち，①年功賃金から成果主義賃金・人事への転換など，人事制度・賃金体系が抜本的に改編され，個別的人事管理が進展している（社内公募・FA制，職種・勤務地限定制度等の多様キャリア制度，フレックスタイム制・裁量労働制等）。また，②企業再編（M&A，合併，分社，事業譲渡）に伴う雇用・労働条件の変化，③転職による自発的労働

移動の活発化（雇用の流動化），④人員削減に伴う解雇・退職等の非自発的労働移動の増加，⑤女性の職場進出に伴う雇用平等の動き，⑥非典型労働者（有期契約労働者・パートタイマー・派遣労働者等）の急増に伴う長期雇用のスリム化（雇用の多様化），⑦企業活動の国際化に伴う雇用関係の国際的展開などが進行している。一方で，労働組合の組織率は年々低下し（2019年6月末で16.7％），労働条件規制機能の低下をもたらしている。

　また，企業運営のルールの変化という背景も重要である。今日，企業活動・株式市場はかつてなくグローバル化し，国内外の企業間競争の激化をもたらしている。それに伴い，企業統治（コーポレート・ガバナンス）のルールとしては，株主利益を重視するアメリカ型のガバナンス（株主価値モデル）が主流となり，商法改正・会社法制定によって，株主の権利の強化や，経営戦略決定の迅速化に向けた再編が行われている（株主代表訴訟，委員会設置会社，社外取締役の増加等）。この結果，企業は株主・投資家の利益を尊重する経営行動に傾き，雇用の尊重と従業員利益の重視を基本としてきた日本型経営（日本型コーポレート・ガバナンス）は後退を余儀なくされている。上述した企業再編や人事制度改革の加速は，コーポレート・ガバナンスの変化と無縁ではない。

　こうして，雇用関係・人事管理が個別化・多様化し，個別労働紛争が増加すればするほど，労働契約と労働契約法の重要性が高まる。長期雇用システムと企業コミュニティの下，企業内部で解決されてきた労使紛争は急激に外部化し，「法」という公共空間における解決を求めるようになる。そして，これを社会における「法の支配」の潮流（司法制度改革）が後押しする[*1]。かくして，最近の労働契約立法の整備には目覚ましいものがある。まず，労働紛争処理法の分野では，2001年，裁判外紛争処理（ADR）として個別労働紛争解決促進法が成立し，2004年には，裁判所における迅速な紛争処理を目的とする労働審判法が成立した。また実体法の分野でも，労働保護法の枠組みを超えた労働契約法制のニーズが高まり，2003年労基法改正による解雇法制の導入（労基18条の2），雇用機会均等法の抜本改正（1997年・2006年），労働契約承継法制定（2000年），公益通報者保護法制定（2004年），パートタイム労働法抜本改正

[*1] 司法制度改革の集大成として公表された「司法制度改革審議会意見書――21世紀の日本を支える司法制度」（2001）は，21世紀の日本社会のビジョンとして「法の支配」を説き，その理念を「公平な第三者が適正な手続を経て公正かつ透明な法的ルール・原理に基づいて判断を示す」ことに求め，司法の役割の重要性を説いている。

(2007年・2014年) などが実現した。さらに、2007年には、立法としての労働契約法（労契法）が制定され、2012年には、同法に有期労働契約法制が導入された。そして、こうした立法および法改正を集大成するかのように、2018年の通常国会において、働き方改革推進法（働き方改革を推進するための関係法律の整備に関する法律）が成立した。労働契約法は、判例法理の世界から立法の世界へとその場を移しつつある（詳細は、53頁参照）。

(2) 企業における労働契約の適正な運営と労働契約法

しかし、労働契約も契約である以上、本来は、契約当事者が自主的に運営すべきものであるという要諦を忘れてはならない。すなわち、労働契約においては労使自治の原則が妥当する。もちろん労働契約は、契約一般に対する特質（労使間の交渉力・情報格差、労働の他人決定性）を有することから、労働契約法の規律が必要となるが、それはあくまで、労使が自主的に労働契約の適正な運営に取り組むことを促進する規律でなければならない。労働裁判・労働審判等の紛争処理法の運用に際しても、労使自治の尊重は基本的前提であるし、何よりも、労使が自主的かつ適正に労働契約を運営することを促し、紛争を防止することに契約法の要諦がある[*2]。

こうして、労働契約法の目的は、労働契約の適正な運営を促進する規律を提供し、労使間の最適な利益調整を追求することにある。規範（ルール）というものの性格から見れば、労働契約法は、労働契約紛争を事後的に解決するための規範（裁判規範）であると同時に、労働契約の日々の運営に寄与する規範（行為規範）を意味するのである。

また、労働契約法は、企業人事・法務の適正な運営を促進し、企業の適正な運営に貢献するという意義を有している。労働契約の適正な運営は、企業の人事管理を適正に進めることにほかならないが、そのためには、労働契約法の正しい理解が不可欠である。のみならず、適正な人事管理を通して紛争を未然に防止することは、広い意味での企業法務の重要な役割であり、労働契約法は、企業のコンプライアンスと法的リスク管理にとって有意義である。さらに、企

[*2] 大内14頁は、伝統的労働法が依拠してきた企業性悪論という企業像を批判しつつ、人事管理論（HRM [Human Resource Management]）との接合を重視する見地から、適切な法の仕組みを設けることにより、企業が従業員の利益を考慮した経営（良き経営）をするよう誘導することは十分可能であると説く。同感である。

業法・企業法務の伝統的な領域においても，労働契約法に関する知見は必須となる（38頁）。この意味で，労働契約法は企業法（ビジネス・ロー）を構成する法である。

さらに，労働契約法は個別的労働契約のみを対象とする法ではなく，企業の人事制度と集団的規範（就業規則・労働協約）を対象とする法である。上記のとおり，労働契約法は企業人事と密接に関連するが，その人事制度は，多数労働者を対象とする就業規則において設計・運営され，労働組合が存在する企業では，基本的な労働条件は労働協約で規定される。個別労働契約は，こうして形成される企業の人事制度を個別労使間の法律関係に反映させるための不可欠の受け皿にほかならない。上述した個別労働紛争も，個別労使を当事者とするという意味では「個別」紛争であるが，労働協約・就業規則の運用をめぐって発生するという意味では集団的性格を備えている。したがって，本書における「労働契約法」とは，このような集団的制度・規範（就業規則・労働協約）を含めた広い意味での「労働契約法」を意味する。

第2節　労働契約と労働契約法

労働契約法の目的と任務は，以下の3点に求めることができる。すなわち，①労働契約の自主的かつ適正な運営を促進するための法的規律を提供すること，②雇用社会の変化とビジョンを適切に摂取して法的規律を行うこと，③上記の規律を通して，企業の労働法コンプライアンス・労働CSRを推進し，企業人事・法務の適正な運営に寄与すること，の3点である。本節では，労働契約と労働契約法の基本的考え方について解説する。

1　労働契約とは何か

(1)　労働契約の概念

労働契約は，労働の提供と賃金の支払を基本的要素とする契約である。そして，ここにいう「労働の提供」とは，「使用者の指揮命令の下の労働」を意味する。まず，労基法は労働契約の定義規定を置いていないが，同法9条は，労働者を「事業又は事務所……に使用される者で，賃金を支払われる者をいう」と定義しており，「使用される」こととは，労働者が使用者の指揮命令に服し

て労働することを意味する*3。また民法は、労働法の成立以前から雇用契約を設け、「雇用は、当事者の一方が相手方に対して労働に従事することを約し、相手方がこれに対してその報酬を与えることを約することによって、その効力を生ずる」と定めているが（民623条）、この「労働に従事すること」も、労働者が使用者の指揮命令に服して労働することを意味すると解されている（労働契約と雇用契約との関係については後述する。47頁）。さらに、労契法6条は、「労働契約の成立」として、「労働契約は、労働者が使用者に使用されて労働し、使用者がこれに対して賃金を支払うことについて、労働者及び使用者が合意することによって成立する」と規定するが、これは、実質的には労働契約の定義規定であるとともに、労基法9条を継承したものと解される。

要するに、労働契約は、「使用者の指揮命令（労務指揮権）の下の労働」（労働の他人決定性）を特色とする契約であり、それによって、独立労働を対象とする請負（民632条）・委任（同643条）両契約から区別される。この点を踏まえると、労働契約は、「労働者が使用者の指揮命令に従って労働を提供し、使用者がその対価として賃金を支払う契約」と定義することができる。

そこで、労働契約のこの特色を、請負・委任と対比して説明すると*4、請負が仕事の完成（労働の成果）を目的とし、委任が統一的な事務処理を目的とする契約であるのに対し、労働契約は、労働それ自体の提供を目的とする契約である。請負や委任であれば、仕事の完成や統一的な事務処理が契約目的となるため、労務を提供する側（請負人・受任者）が労働内容を自主性・独立性をもって決定することができる。これに対して、労働契約において労働者が負う義務は、仕事の完成や統一的な事務処理ではなく、仕事を行うこと（労働）それ自体である（一種の手段債務といえる）。したがって、労働者の労働をどのように利用して経営目的を達成するかは使用者の権限（労務指揮権）となり、ここから労働者は労働力を自由に利用する地位を失うことになる（労働の他人決定性＝使用従属関係［63頁］）。また、労働契約の内容は抽象的内容にとどまるのが常であり、労働協約や就業規則ですべてカバーすることはできない（たとえば、

---

*3 菅野＝山川176頁、下井28頁、荒木53頁、西谷10頁、山川23頁、野川143頁、注釈労基(上) 145頁［橋本陽子］など。

*4 以下の詳細は、土田・労務指揮権275頁以下参照。私見に近い見解を示す裁判例として、日本相撲協会事件・東京地決平成23・2・25労判1029号86頁、キュリオステーション事件・東京地判平成25・7・17労判1081号5頁、ミヤイチ本舗事件・東京高判平成30・10・17労判1202号121頁がある。

ある日にどこでどういう仕事をするかを予め決めておくことはできない)。この意味で，労働義務は不特定債務の一種であり，その内容を特定するための権限(労務指揮権)が使用者に認められ，労働の他人決定性が生ずる。なお，労働の他人決定性の前提には，労働者が労働力を売る以外に生活手段がなく，その結果，使用者との労働条件の交渉上不利な地位に置かれ，使用者との間で顕著な交渉力格差に服さざるをえないという労働契約の特質(経済的従属性)があるが，この点については後述する(47頁，68頁)。

では，このように労働契約内容の一方的決定権(裁量権)が使用者(企業)側に認められる実質的根拠は何か。この点は，労働契約における責任・危険負担状況に求めることができる。すなわち，企業経営において事業遂行の権限と責任を負い，事業遂行に伴う危険を負担するのは使用者である。もちろん労働者も，事業や経営が危機に陥った場合には解雇や賃金切下げという経済的危険を負担するが，それを回避し，労働者の安定した雇用と労働条件を確保できるか否かは，第一に使用者の経営判断に依存する。こうした状況を踏まえると，法的に見ても，労働義務・労働条件の決定に関して，企業の経営責任を負う使用者に一定の裁量権(労務指揮権)を認めることが当事者間の衡平に合致する。以下，これを「裁量権尊重の要請」と呼ぶことにする[*5]。

以上を踏まえて，労働契約法をその対象の面から定義すれば，労働の他人決定性(使用従属関係)の下で就労する労働者の利益の保護を基本としつつ，「裁量権尊重の要請」を含めて労使間の適切な利益調整を行い，労使間の実質的対等関係を確立するとともに，雇用社会の安定と公正を追求することを目的とする法と定義することができる。

(2) 労働契約の特色

次に，労働契約をその法的性格(特色)に即して定義すると，「企業における雇用に関する継続的・組織的契約」と定義することができる。

(ア) **債権契約** 第1に，労働契約は「契約」(債権契約)である。すなわち，労働契約は，労働の提供と賃金支払との交換関係を基本的内容とする，有償・諾成・不要式の双務契約である。当事者の基本的義務は，労働者の労働義務と

[*5] 「裁量権尊重の要請」については，土田・労務指揮権280頁，土田道夫「労働法における労使自治の機能と限界」労働100号(2002)41頁，同「成果主義人事と労働契約・労働法」土田＝山川編45頁参照。

使用者の賃金支払義務であり，それぞれ使用者の労務給付請求権・労務指揮権と労働者の賃金請求権とに対応し，さらに種々の付随的義務を伴う。労働契約は，このような双務契約の一種として，労働者・使用者が対等の立場に立って締結する債権契約である。

この点，労基法2条1項は，「労働条件は，労働者と使用者が，対等の立場において決定すべきものである」として労働条件対等決定の原則を定め，労契法3条1項は，「労働契約は，労働者及び使用者が対等の立場における合意に基づいて締結し，又は変更すべきものとする」として合意原則を規定している。これらの規定は，労働契約が法的には当事者対等の契約（債権契約）であることを示したものである。

(イ) **継続的契約** 第2に，労働契約は継続的契約である。労働契約は，長期にわたって継続するのが常であり，期間の定めのない契約の形をとることが多く，そこでは，契約関係の継続という法的要請（労働法上は「雇用保障の要請」）が働く。この結果，民法が定める解約自由の原則（民627条1項）のうち，使用者による解約（解雇）は制限され，「合理的理由のない解雇は権利の濫用として無効となる」との解雇権濫用規制が確立している（労契16条）。反面，この契約関係継続の要請を機能させるためには，労働契約の展開過程で生ずる事情の変更に対応して契約内容を柔軟に変更・調整することが必要となる。それができなければ，事情の変化に応じた契約内容の変更が成就しない場合の解決策は労働契約の解約しかなく，それは労働契約の継続の要請に反すると同時に，解雇として労働者側に不利に作用するからである。人事権に基づく柔軟な人事異動や，就業規則による労働条件の一方的変更が認められるのはこのためである。要するに，労働契約は「継続性の要請」と「柔軟性の要請」を内在すると同時に，雇用保障の要請と，裁量権尊重の要請を内在する契約である[*6]。

また，労働契約は継続的契約として労使間の人的な結合関係を内容とする法律関係を成立させる。この結果，当事者間の信頼関係（誠実・配慮の関係）が重視され，信義誠実の原則（労契3条4項）が重要な機能を営む。使用者の安全配慮義務や，労働者の誠実義務・競業避止義務のような付随的義務の根拠は信義則に求められる。

[*6] 内田貴『契約の時代』（岩波書店・2000）89頁以下は，労働契約を含む継続的契約に内在する原理として，関係的契約のモデルを基礎に「継続性原理」と「柔軟性原理」を抽出している。

(ウ) **組織的契約**　第3に，労働契約は組織的契約である。労働契約が企業組織を舞台として展開される以上，それは，使用者が編成する労働組織への編入と企業秩序の遵守を当然の内容とする。また，組織の本質は，組織を編成し統率する者に一定の裁量権を認める点にあるが，企業組織を舞台とする労働契約において，このような裁量権を有するのは，企業の経営責任を負担するとともに，雇用と労働条件の保障責任を負う使用者以外にありえない。この結果，使用者に企業組織の効率的運営に関する裁量権限（労務指揮権，人事権）が認められ，労働の他人決定性と裁量権尊重の要請をもたらすことになる*7。

　企業組織のもう一つの要素は，労働契約に集団的性格を与えるということである。労働契約自体は個々の労使間の契約であるが，企業が多数労働者の雇用によって成立する以上，労働契約は孤立的な契約にとどまることはできず，企業における集団的雇用関係・企業秩序の影響を受けざるをえない。

　この結果，労働契約においては，労働条件の画一的・集合的処理が要請され，労働協約・就業規則といった集団的規範の機能が重要となり，労働契約はそれら規範の適用を通して定型化・画一化される。すなわち，労働契約は附合契約化し，その労働条件形成機能が後退する。この点は，特に労働条件の集団的決定・変更において顕著であり，就業規則による労働条件の決定・変更（労契7条・9条・10条）・労働協約の規範的効力（労組16条）双方について，労働条件の集団的規律（集合的・統一的決定）の要請が働き，個別労働契約の機能が後退するとともに，労働条件の決定・変更に関する労働者の公平な取扱いの要請が生じ，特定労働者（グループ）の突出した有利・不利な取扱いが規制される*8。一方，そこでは，個々の労働者の交渉可能性の欠如（個別労使間の交渉力格差）に起因する集団的規範の内容規制が正当化される。

---

*7　労働経済学によれば，企業組織は，外部労働市場を用いた市場型規制（複雑な条件付き契約，短期契約の反復）を用いるより，指揮命令系統・長期雇用・内部昇進システムを用いる点で取引費用を削減でき，意思決定の面で効率的だという理由で発展してきたと説明される（中馬宏之『労働経済学』［新世社・1995］205頁以下）。これによれば，法的にも，企業組織を基盤に展開される労働契約は必然的に組織的性格を帯び，使用者の裁量権尊重の要請が生ずることになる。

*8　なお，今日の雇用関係は，一企業にとどまらない広がりを示しており，企業間人事異動（出向・転籍），合併・事業譲渡・会社分割等の企業再編，企業グループにおける親会社・持株会社と子会社・事業会社従業員の関係，株式取得型M&Aにおける買収企業と被買収企業従業員の関係等をめぐる法律問題が生じている。労働契約法は，このような広い意味での「企業」を対象とする法である。

(エ) **人格的契約**　第4に、労働契約は人格的性格を有する。労働契約に基づいて労働者が負う労働義務は、労働という無形のもの（精神的・肉体的能力）を提供する債務であり、「なす債務」（行為債務）を意味する。そこでは、労働の提供と労働者の身体・人格が不可分に結びつくため、労働者の生命・身体や人格的利益（名誉・プライバシー等）の保護が要請される。使用者の安全配慮義務は、前述した信義則の要請であると同時に、この人格的性格から生ずる義務でもある。

(オ) **交渉力・情報の非対等性**　第5に、労働契約は、労使間の交渉力・情報の非対等性を特質とする。外部労働市場において特別の能力を有し、十分な取引能力を擁する一部の労働者を除けば、労働者の多くは労働力を売る以外に生活手段がなく、その結果、使用者との労働条件の交渉上不利な地位に置かれ、使用者との間で顕著な交渉力・情報格差の下に置かれている。使用者への裁量権の帰属、指揮命令系統を中核とする組織的・集団的性格、労働条件の画一的・集合的処理（労働契約の附合契約化）といった労働契約の特質は、労働条件交渉に関する労働者の交渉力を減じ、契約当事者としての労働者のポジションを低下させる。また、企業の経営情報や人事情報は使用者が一手に握っており、労働者がそれにアクセスすることは容易ではない。加えて、使用者は労働者の義務違反や非違行為に対する責任追及手段として解雇権という強大な権利を有しており、労働者は解雇によって失業（職場の喪失）という不利益を被ることから、労働条件交渉を躊躇せざるをえない。

　こうして、労働契約は、当事者間の交渉力・情報の非対等性を構造的に内在しており、労働条件（契約内容）の対等決定には限界がある（労働法理論では「労働の従属性」とも呼ばれる。47頁）。しかし一方、次に述べるとおり、この特質は、労働契約をめぐる様々な局面で、使用者の権利行使や契約内容の形成を規制することを正当化する根拠ともなる。

(3) 労働契約の存在意義

　このように見てくると、労働契約は契約（債権契約）でありながら、「契約」としての把握と相反する多くの特質を備えている。すなわち、労働契約は当事者の交渉力・情報格差と労働の他人決定性を基本的性格とし、労働条件の多くは使用者の裁量権や就業規則・労働協約といった他律的規範によって決定され、労働契約の機能は多くの場合、雇用関係（労働者の地位）の設定という面に限

られている。そこでは，個々の労働者の意思は形骸化し，労働契約は観念的な存在に化しているかのようである。

　しかし，このことから直ちに労働契約の意義を否定したり，過小評価することは適切でない。就業規則も労働協約も，それ自体として労働者・使用者を拘束するものではなく，いったん労働契約上の権利義務内容となることを要するのであり，この意味では，労働条件を決定する根拠は依然として労働契約にある。また，職種や勤務場所のように個人ごとに決定される労働条件については，個別的合意が重要な意味を有するし（たとえば，配転命令の範囲は，全国勤務か現地勤務かという個別的合意によって違ってくる），近年における成果主義人事や個別的雇用管理の進展によって個別交渉の機会が増加し，労働契約の重要性が増している。こうして労働契約は，雇用関係の設定という形式面のみならず，労働条件の形成という実質的な側面でも，労働法の礎石（corner stone）としての意義を有しているのである[*9]。

　労働契約のこのような意義に応じて重要となるのが，労基法上の労働条件対等決定の原則（2条1項）および労契法上の合意原則（1条・3条1項）である。もともと近代法の下では，労働者と使用者は対等な法的人格として把握され，契約は当事者間の合意によって決定されるべきものであるが，これら2原則は，こうした近代法の原則を確認するにとどまらず，労働者が実質的な意味において使用者と対等の立場で労働条件の決定に関与すべきであることを宣言したものである[*10]。

　すなわち，労働条件対等決定の原則および合意原則は，労働契約における当事者の交渉力・情報格差を前提に，労働条件の交渉・決定が当事者の対等交渉による決定から乖離することのないよう規律し，労働契約の適切な運営を促進することを目的とする。仮に，労働契約が純然たる当事者の自由・対等な契約であるとすれば，その法的規律は契約内容への不当な介入として許されないが，労働契約は，労働の他人決定性と交渉力・情報格差を内在する契約であるため，そこから生ずる使用者の裁量権濫用を規律することが要請される。すなわち，これら2原則は，使用者の裁量権行使の場面では，当該権利行使に労働者が対

---

*9　労働契約の存在意義については，西谷13頁，西谷・個人と集団256頁以下，秋田成就「労働契約論」沼田還暦『労働法の基本問題』（総合労働研究所・1974）492頁，土田・労務指揮権326頁以下参照。

*10　労働条件対等決定の原則の意義については，土田・労務指揮権302頁，326頁以下参照。

等の立場で関与することを促進する（手続的規律）とともに，決定権の行き過ぎによって当事者対等の合意による決定から乖離しないよう規制する機能（実体的規律）を営む。また，労使間合意に基づく労働条件の決定の場面では，労働者・使用者が実質的に対等の立場に立って合意を形成することを促進する（手続的規律）とともに，合意内容が対等合意による決定から乖離しないよう規制する機能（実体的規律）を営む。こうして，労働条件対等決定原則・合意原則は，労働契約を労使間の実質的対等関係として確立することを意図しており，労働契約法の基本規範に位置するのである（合意原則の詳細は，20頁以下参照）。

したがってまた，労働者を労働の他人決定性と交渉力・情報格差の下に呻吟する弱者（保護の客体）としてのみ把握することも適切でない。労働者については，こうした状況に置かれつつも，自己の労働条件に関する交渉を行い，労働契約の運営に関与する主体として捉えるのが対等決定原則・合意原則の趣旨であり，労働契約法はそれをサポートする役割を営む。こうして，今日の労働者は，「使用者に従属しつつも，それを克服すべく主体的に努力する人間」として把握されなければならない*11。

2 労働契約法の理念・目的

労働契約に関しては今日，労働条件対等決定の原則・合意原則を基礎に，労働法独自の契約規制（労働契約法）が展開されている。労働契約の締結（採用，採用内定，試用期間）に始まり，労働契約の展開をめぐる多様な法律問題（労働義務・賃金支払義務の規律，人事考課，配転・昇進・昇格・降格・出向・転籍等の人事異動，企業再編に伴う異動，賃金・労働時間等の労働条件の決定・変更，服務規律・懲戒，当事者の付随義務［使用者の安全配慮義務，労働者の守秘義務・競業避止義務］，非典型労働者の雇用・処遇等々）を経て，労働契約の終了（退職，定年制，解雇）に至るまで，労働契約独自の契約法規範が形成されている（その一部を抜き出して立法化したものが労契法である）。その目的・理念，性格は以下のとおりである。

(1) 労働契約の自主的かつ適正な運営の促進

(ア) 意 義　労働契約法の第1の理念・目的は，労働契約の自主的かつ適正な運営を促進するための法的規範を提供することにある。すなわち，労働契

---

*11　西谷・個人と集団69頁，西谷敏『規制が支える自己決定』（法律文化社・2004）234頁参照。このような労働者像に関しては，西谷教授の分析によるところが大きい。

約法は，労働契約における雇用保障の要請・労働条件の柔軟な調整の要請を踏まえつつ，労働契約の特質から生ずる使用者の裁量権の行き過ぎを規律し，労働者・使用者が実質的に対等の立場で労働契約を運営することを促進することを任務とする。

　前記のとおり，労働契約は，労働の他人決定性および継続的性格を有しており，後者の面からは，雇用保障の要請と労働条件の柔軟な調整の要請が生ずる。また，労働契約の他人決定性および組織的性格は，使用者の裁量権尊重の要請，労働条件の集団的規律の要請，労働者の公平取扱いの要請をもたらす。要するに，労働契約法は，継続的・組織的な雇用の取引をめぐる法であり，そこでは，雇用保障（労働契約の継続）を尊重しつつ，使用者の裁量権を前提に問題を考察することが基本的要請となる。

　一方，労働契約は契約（債権契約）であり，対等当事者間の法律関係であって，それを支える理念が労働条件対等決定の原則（労基2条1項）および合意原則（労契3条1項）である。労働契約も契約である以上，本来は契約一般に妥当する契約自由の原則が妥当するが，これを万能視し，労働契約の運営を当事者の契約の自由（裸の交渉）に委ねると，労働契約の上記諸特質のほか，労働契約に内在する労使間の交渉力・情報格差によって契約の運営が労働者に著しく不利となるため，対等決定原則・合意原則に基づく労働契約の規律（労働契約法）が要請される。すなわち，労働契約法は，多様な実体的規律・手続的規律によって，使用者の裁量権の濫用や契約内容の不当な決定を是正し，労働契約の本旨である労使対等の契約関係の運営を促進することを任務とする。それは一方では，契約自由の原則を修正しつつ，労働契約内容の適正さを確保し，労働条件対等決定の原則・合意原則から乖離しないよう規律する機能を営み（以下「適正契約規範」という），他方では，労働者・使用者が，それら契約規範を拠り所として対等の立場に立って具体的契約規範を創出し，労働契約の自主的運営に取り組むことを促進する機能を営む（以下「交渉促進規範」という）。こうして，労働契約法は，労使が実質的に対等の立場で労働契約を運営することを促進する規範として機能するのである[*12]。

　もっとも，同じく労働契約の契約関係たる性格を踏まえると，労働契約法の規律を過剰に認め，労使自治による自主的運営や企業における多様な人事制度

---

　*12　詳細は，土田道夫「労働契約法の意義と課題」労働115号（2010）5頁以下参照。

を過度に規制することは適切でない。労働契約は本来，企業と労働者間の契約関係であり，特に近年には個別化・多様化が進行している（4頁）。また，労働契約法の規範は，企業人事を律するルールでもあるが，その企業人事は各企業の経営政策に応じて多様であり，労使間の集団的交渉・個別交渉を踏まえて自主的に設計・運営されている。したがって，労働契約法は，労働契約の全面的な規制ではなく，労使が自主的かつ適正に労働契約を運営することを可能とする契約規範（適正契約規範・交渉促進規範）の創出という観点に立って構想されるべきである。すなわち，労働契約法の規範を画一的・硬直的に解したり，過度に細かな規範を設けることは適切でなく，基本的規範を設定した上，その履行に際して企業・労使が自ら適正な契約ルールを創出できるような解釈論・立法論を構築する必要がある*13（36頁）。また，労働契約法の規律の手法としても，刑罰と行政指導を中心とする公法的規制を改め，契約法の技術を駆使した私法的規律に移行すべきである（35頁以下）。

　以上の観点からは，労働契約法を構成する法領域は，次のように再構成されるべきである。

(イ) 労働保護法　第1に，労働条件の最低基準を定める労働保護法は，その多くが罰則付きの強行法規であり，労使自治（契約自由）を直接制限するため，一見，労働契約の自主的かつ適正な運営を促進する規律とは無縁のように見える。

　しかし，労働保護法は，労働条件に関する使用者の恣意的決定を排斥し，労働条件の最低基準を確保することによって，労働契約の適正な運営を促進する役割を営む。すなわち，労働保護法は，労働者が保護法規制をバックに，より

---

*13　土田・前掲論文（＊5・労働）50頁，土田・前掲論文（＊12）5頁以下参照。パート・有期法8条の解釈につき，本書1057頁参照。私は，本文に述べた立場（企業・労使が自ら適正な契約ルールを創出できるような解釈論・立法論を構築する必要がある）を踏まえて，立法論としては，労働契約上の権利義務を任意法規として整備し，そこから著しく乖離する契約条項の効力を否定する立法構想を検討すべきであり，また，そのような任意法規を設ければ，労使がそれに依拠して，実質的交渉と合意によって適切な契約ルールを創出し，労働契約を自主的かつ適切に運営することが可能となると考えている（土田・前掲論文［＊12］7頁，14頁以下）。

　これに対し，大内33頁は，こうした手法（契約内容に標準的に盛り込むことが望ましいものをデフォルト［任意規定］として設定するタイプ）とは別に，情報を多くもつ当事者（企業）に不利な内容のデフォルト（ペナルティ・デフォルト）を設定し，情報を開示させ，従業員の納得同意を得るよう誘導するタイプを提唱し，労働契約のように情報格差が構造的に存在する場合は，後者のタイプが有用と説く。

よい労働条件を個別的・集団的合意を用いて追求することを可能とする基盤を成すという意味では，労働契約の適正契約規範であると同時に，交渉促進規範を提供する法と解しうる*14。ただし，労働保護法の役割は，労働条件の最低基準の法定（労基法，最低賃金法等）や，労働者の生命・健康といった根元的価値の保護（労働安全衛生法等）にとどまるべきものであろう。

(ｳ) **集団的労働法**　第2に，憲法28条を基礎とする集団的労働法は，労働契約の交渉促進規範という性格がより明確である。労働組合が存在する企業においては，労働組合との交渉が基本となるが，法は，このような労働組合の重要性を認識して，組合の結成・団体交渉・労働協約に関して特別の助力を提供している（労働組合法）。労使間の交渉力・情報格差を是正するためには，労働者の集団的交渉力を強化し，集団的交渉関係を促進することが最も効果的であるから，集団的労働法は，まさに交渉促進規範の中核に位置づけられる*15。その代わり，労働組合が存在する企業では，労使間の集団的自治を尊重し，国家法（立法・司法）の介入を抑制すべきである。すなわち，集団的労働条件の決定はもとより，個々の労働者に関わる労働条件の決定・変更についても，できるだけ労使の集団的意思に即した解釈を行う必要がある。

(ｴ) **狭義の労働契約法**　第3に，労働契約法の中心を成す狭義の労働契約法においては，裁判例が労働契約の締結・展開・終了の全ステージにわたって創造的な判例法理を展開している。労働契約の自主的かつ適正な運営を促進する規律という観点からは，次のように再構成できよう。

　　a)　**実体的規律**　まず，狭義の労働契約法の中心を成すのは，労働契約の実体的内容を規律する規範（実体的規律）である。中でも，人事権濫用法理，懲戒権濫用法理，解雇権濫用法理等の権利濫用規制は，企業の人事権・裁量権を前提としつつ，その行き過ぎを規制する法理であり，労働契約の適正な運営を促進する規律の典型に位置する。それは，使用者の権利行使の規制を通して労働契約を規律し，契約ルールの適正さを確保するという側面を有するが

---

*14　土田道夫「労働保護法と自己決定」法時66巻9号（1994）57頁参照。西谷・個人と集団87頁も，労働保護法は一面では自己決定を否定しつつ，真の自己決定が実現しうる基盤を提供するものと評価する。西谷敏「労働者保護法における自己決定とその限界」松本博之＝西谷敏『現代社会と自己決定権』（信山社・1997）238頁も参照。

*15　集団的労働法のこのような意義については，土田370頁以下，土田・前掲論文（＊5・労働）44頁も参照。西谷・個人と集団83頁は，自己決定論の観点から，労働者の自己決定の実質的保障のための主たる制度として集団的労働法を重視する。

（適正契約規範），同時に，労使が労働契約を適正に運営するための拠り所となるルールを提供し，労使交渉と合意を促進する規範（交渉促進規範）としても機能する。

　また，労働契約法の規範の中には，使用者の権利行使の規律にとどまらず，契約内容（権利義務）それ自体の規律（内容規制）に及ぶものもある。特に，就業規則による労働条件決定・変更の拘束力に関しては，判例は，使用者が一方的に作成する就業規則の拘束力を認めつつ，規定内容の合理性を要件とする理論を確立し，実体的内容審査を肯定してきた*16。また，個々の権利義務についても，内容規制が問題となることは少なくない（22頁参照）。これら内容規制は，使用者の裁量権を前提とする濫用規制（権利行使規制）にとどまらず，労働契約上の権利義務内容の実体的要件を定める点でより介入的な規制であり，適正契約規範としての性格を強固に有している。しかし，それは，権利濫用法理と同様，労働者・使用者が，各内容規制規範を拠り所として契約ルールを創出し，労働契約の自主的運営に取り組むことを促進するという意味では，交渉促進規範としての性格も有している。

　労契法は，これら実体法的規律のうち，いくつかの重要な規律を抜き出して立法化した（権利濫用の禁止［3条5項］，安全配慮義務［5条］，出向命令権濫用規制［14条］，懲戒権濫用規制［15条］，解雇権濫用規制［16条］，就業規則の合理性要件［7条・10条］，雇止め規制［19条］，有期雇用労働者の不合理な労働条件の禁止［旧20条］）。これら立法の目的もまた，判例法理と同様，労働契約の自主的かつ適正な運営の促進にあると解すべきである（14頁）*17。

　b）　手続的規律　　次に，労働契約の実体的規律と対比されるべき規律は，労使間の協議・交渉を促進するための規律（手続的規律）である。労働契約の適正な運営を促進する規制という観点からは，それは労使間の自主的な交渉を尊重しつつ，交渉プロセスにおける交渉力・情報格差を是正し，労働条件

---

*16　就業規則による労働条件の決定につき，日立製作所事件・最判平成3・11・28民集45巻8号1270頁，労働条件の変更につき，秋北バス事件・最大判昭和43・12・25民集22巻13号3459頁，第四銀行事件・最判平成9・2・28民集51巻2号705頁。

*17　なお，労働契約の実体的規律の法的根拠は労働条件対等決定の原則（労基2条1項）および合意原則（労契1条・3条1項）に求められるが，憲法レベルでは，勤労条件法定主義を定めた憲法27条2項も重要である。この規定は，労基法等の最低基準規制の基礎と理解されがちであるが，それを超える労働契約法の実体的規律の憲法的基礎ともなると考えるべきである（土田道夫「労働基準法とは何だったのか？」労働95号［2000］177頁参照）。

対等決定の原則（労基2条1項）・合意原則（労契3条1項）に適合させるための規律（交渉促進規範）を意味する。

この点，立法上は，労基法の労働条件明示義務（15条）や，就業規則の意見聴取義務（90条）が重要であり，労契法上は，合意原則（3条1項・8条），信義則（3条4項）および労働契約内容の理解促進の責務（4条1項）が挙げられる（50頁，224頁）。また，解釈論上も，手続的規律は様々に登場する。たとえば，配転・出向等の人事異動に関しては，人事異動に関する説明・情報提供の有無・程度を人事権濫用の要素として考慮する裁判例が確立しているが（第6章），これは，人事異動に関する労使交渉を促進する規制に位置づけることができる。また，労使間の個別的合意に基づく賃金・労働条件の決定・変更，人事考課，人事異動（配転・出向・転籍），懲戒・解雇，企業変動時の労働契約承継，守秘義務・競業避止義務の設定など多くの領域において，使用者による説明・情報提供を要件とする法理が登場しており，これも交渉促進規範に位置づけられる（その実定法上の根拠は，上述した労契法の諸規定に求められる）。

さらに，労使間の集団的交渉という点では，判例は，就業規則による労働条件の変更に関して，多数組合との交渉・協議を重視し，その合意を合理性の「一応の推測」の根拠に位置づける理論を展開し，労使間の実質的交渉を促進する立場を採用している（労契10条参照）[*18]。集団的労働法は，それ自体が労働契約の交渉促進規範を意味するが，就業規則の変更という労働契約法固有の問題に関しても，集団的労働法の趣旨を十分考慮する必要がある。

(オ) **労働契約法の機能**　以上のとおり，労働契約法は，労働契約に関する基本的法規範を提供し，労働契約当事者の行為規範を明確化することによって，労働契約の自主的かつ適正な運営を促進することを任務とする。すなわち，労働契約法は，労働契約の締結・展開・終了の全ステージにわたって契約内容や使用者の権利行使の適正さを確保する機能を営む（適正契約規範）と同時に，労働契約当事者がそれら規範を拠り所として契約規範を創出し，労働契約の自主的運営に取り組むことを促進する役割を営む（交渉促進規範）。法規制の性格としては，実体的規律と手続的規律に分かれるが，上記二つの機能を営む点で変わりはない。

また，このような労働契約法の機能は，企業人事・法務の適正な運営の促進

[*18] 前掲・第四銀行事件（*16）。本書743頁。

にも及ぶ。前記のとおり，労働契約の運営は企業人事の運営にほかならないが，労働契約法によって労働契約の基本的ルールが明示されれば，企業として「できること・できないこと」（行為規範）が明確となり，企業人事の適正な運営に取り組むことができる。またそれは，企業法務の基本であるコンプライアンスと法的リスク管理を雇用の領域で実行することを意味する。この点，労働契約法のルールは，企業経営の桎梏と理解されがちであるが，決してそうではなく，むしろ企業の適正な運営に寄与する役割を営むのである（6頁）。

(2) 労働契約法と合意原則
(ア) **合意原則の意義**　a)　前記のとおり（13頁），労契法は，同法の基本理念として，労働契約に関する合意原則を定めている。すなわち，労契法は，目的規定（1条）において「合意の原則」を宣言するほか，3条1項において，「労働契約は，労働者及び使用者が対等の立場における合意に基づいて締結し，又は変更すべきものとする」と規定する。これは，労働契約の締結・変更に関する合意原則を宣言するとともに，労基法の労働条件対等決定原則（2条1項）を継承したものである。また，8条は，労働条件の変更については，改めて「労働者及び使用者は，その合意により，労働契約の内容である労働条件を変更することができる」と規定する。これら3か条から成る合意原則は，労働契約が当事者の自主的交渉および合意によって運営されるべきことを宣言した規定であり，きわめて重要である。すなわち，合意原則は，労働者・使用者が実質的に対等の立場に立って労働契約を締結・変更することを促進する理念であり，労働契約法が有する二つの機能（適正契約規範・交渉促進規範）を基礎づける理念である。この意味で，労契法は，（広義の）労働契約法と同様，労働契約の自主的かつ適正な運営を促進する規制を目的とする法と解される（14頁）。

　b)　この結果，合意原則は，労契法および労働契約の解釈一般（労働契約法）について，次のような重要な意義を認められる[19]。

　まず，合意原則（労契3条1項・8条。特に8条）は，労働契約上の合意の成立要件として機能する。すなわち，労使間の個別的合意に基づく労働条件の決

---

[19]　土田・前掲論文（＊12）5頁以下，土田道夫「労働条件の不利益変更と労働者の同意——労働契約法8条・9条の解釈」西谷古稀『労働法と現代法の理論（上）』（日本評論社・2013）324頁，同「労働条件の集団的変更と労働者の同意」労働126号（2015）48頁，同「労働契約法総則3規定の意義と課題」ジュリ1507号（2017）40頁以下参照。

定・変更の場面では，労使間合意が実質的に行われたか否かが問題となる場面が多々生じうる。合意原則は，労働者・使用者が「対等の立場における合意」に基づいて労働契約を締結・変更すべきことを定めた原則であるから，信義則・労働契約内容の理解促進の責務（同4条1項）とともに，労使間における実質的合意の有無を審査する根拠となるものと解される。

具体的には，労働条件の決定・変更に関する使用者の説明・情報提供を労使間合意の成立要件に位置づけ，そうした実質的手続を経由しない労使間合意については，合意原則にてらして効力を否定すべきである。この点，判例は，労使間の個別的合意に基づく就業規則の不利益変更（退職金減額）について，労働者の同意が自由意思に基づいてされたものと認められる合理的理由が客観的に存在することを要件と解し，労使間合意の成否を慎重に判断している（761頁）[20]。この「労働者の自由意思に基づく同意」要件は，合意原則の普遍的意義を踏まえれば，労使間合意に基づく労働条件の決定・変更一般の成立要件として肯定すべきものであり，合意原則を具体化・実質化する規律（手続的規律）として機能する[21]。

すなわち，使用者は，労働条件の決定・変更に際して，決定・変更の必要性や内容について十分な説明・情報提供を行い，労働者が決定・変更内容を適切に理解できる状況を提供した上で同意を得る必要があり，そうした状況がないまま行われた合意は，「労働者の自由意思に基づく同意」要件を欠くものとして合意の成立を否定すべきである。他方，上記要件を充足して労使間合意が成立すれば，その存在は尊重されるべきであり，当事者は原則として同合意に拘束される。こうして，合意原則は，労使間の実質的な労働条件決定・変更合意を要請する（実質的合意の要請）とともに，そうした交渉を経由して成立した合意の尊重を要請する（合意尊重の要請）という二つの意義を有する[22]。

c）次に，合意原則は，労務指揮権等の使用者の権利や，就業規則による

---

[20] 山梨県民信用組合事件・最判平成28・2・19民集70巻2号123頁。

[21] 詳細は，本書779頁参照。私見に近い見解として，西谷179頁以下，西谷＝根本編127頁［根本到］。奥田教授は，立法論として，労働者の同意の自由を尊重するとの観点から，事前コントロール手続を合意の成立要件として立法化すべきことを説き，具体的には，労契法において，労働条件の不利益変更や合意解約時に使用者が労働者との面談交渉および情報提供・説明を行うこと，合意内容を書面化すること，労働者に熟慮期間ないし撤回可能期間を保障することを明記すべきことを説く（奥田香子「労働契約における合意」講座再生(2) 35頁以下）。

[22] 土田・前掲論文（＊19・西谷古稀）324頁，土田・前掲論文（＊19・労働）48頁。パート・有期法14条が創設した使用者の説明義務につき，1074頁参照。

労働条件の一方的決定を規律する規範としても機能する。この点，労契法は，使用者が作成する就業規則による労働条件の決定・変更を認め（7条・10条），使用者の一方的権利を前提とする濫用規制を定める（14条～16条）など，合意原則を一貫していない。換言すれば，合意原則は，あらゆる労働条件について常に労使間の個別的合意を要求するような法原則ではない。労働契約が「労働の他人決定性」（指揮命令下の労働）を基本とする契約である（7頁）以上，これは当然の帰結であり，合意原則は，あくまで労働契約の上記特質を前提とする法原則と解すべきである。しかし同時に，合意原則の意義を踏まえれば，これらの規定に関しても，同原則を十分考慮して解釈する必要がある[*23]。

　まず，使用者の一方的権利の法的根拠については，これを労使間合意（労働契約）に求めることが合意原則に整合的である。また，労働契約において労働者の義務内容が特定的に合意されていれば，使用者の一方的権利は排除され，合意による決定が優先する（労契7条但書参照）。

　また，合意原則は，使用者の権利の内容についても，それが当事者対等の合意による決定から著しく乖離しないよう規制する機能を営む（労働契約の実体的規律［内容規制・権利濫用規制］）。すなわち，合意原則は，信義則（労契3条4項）・権利濫用禁止規定（同3条5項）とともに，これら実体的規律の根拠となり，労働契約内容が当事者間合意による決定から乖離しないよう規制する規範（適正契約規範）として機能する（15頁）。権利濫用規制（権利行使規制）は，使用者のあらゆる権利行使の場面で登場し（労契3条5項のほか，14条・15条・16条），内容規制も，労務指揮権，配転命令権，出向命令権，時間外労働命令権等の多くの場面で，使用者の権利内容を適正化する規範として機能する。さらに，就業規則による労働条件の一方的決定・変更の拘束力（契約内容補充効・変更効）については，規定内容の合理性が要件として規定されており（労契7条・10条），労働条件の決定・変更に関する適正契約規範として機能する。

　一方，合意原則は，使用者による権利行使の過程に労働者が対等の立場で関与することを促進する理念でもあるから（交渉促進規範），信義則・労働契約内容の理解促進の責務（労契4条1項）とともに，使用者の説明・情報提供義務の根拠となり，これが権利濫用の要素として考慮される（労契3条5項）。

　(イ)　**実体的規律と手続的規律の関係**　　a)　上記のとおり，労契法を含む

[*23] 土田・前掲論文（*12）11頁。

労働契約法においては，実体的規律と手続的規律が車の両輪を成すが，両者の関係についてはどのように考えるべきか。この点については，使用者が一方的権利を行使し，または一方的な規範設定によって契約内容を形成する場合と，労使間合意によって契約内容を形成する場合に分けて考察する必要がある。

　b)　まず，使用者による一方的権利行使・一方的規範設定の場面では，実体的規律が中心となる。すなわち，ここでは，人事権濫用規制（労契3条5項・14条），懲戒権濫用規制（同15条），解雇権濫用規制（同16条）等の権利濫用規制が行われ，また，使用者の権利内容自体の規律（内容規制）が行われる。また，就業規則による労働条件の一方的決定・変更に関しては，労契法7条・10条が規定内容の合理性要件を定めており，実体的合理性審査が行われる。こうした一方的契約内容形成の場面では，使用者が合理的利益調整を欠いたまま労働者に不利益を及ぼし，合意原則から乖離する契約内容を形成する危険が高いことから，実体的規律が中心となることは当然であり，労働契約法は，適正契約規範としての機能を発揮する。一方，この場合も，手続的規律は一定の役割を営むのであり，人事異動や懲戒・解雇に関しては，使用者による説明・情報提供が権利濫用の要素とされ（労契3条5項），就業規則による労働条件の変更（同10条）に関しては，使用者・多数組合間の合意が「合理性の一応の推測」の根拠に位置づけられ，交渉促進規範としての機能を営む。

　c)　これに対し，労使間合意に基づく契約内容の形成に関しては，手続的規律が中心となる。前記のとおり（21頁），労使間合意に基づく労働条件の変更に関しては，使用者による説明・情報提供を要件とする法理（「労働者の自由意思に基づく同意」要件）が形成されており，労働契約法の交渉促進規範として機能する。

　問題は，労使間合意が上記の手続的規律に即して成立した場合も，なお内容規制（実体的規律）を肯定すべきか否かである。難問であるが，合意原則（労契3条1項・8条・9条）に基づき，例外的な範囲で肯定すべきであろう[*24]。すなわち，労使間に厳然として存在する交渉力格差（12頁）を踏まえると，使用者がいかに説明・情報提供を尽くし，情報格差を是正したとしても，労働者が合意の内容に異議を唱えることができず，自由意思によるとはいえ著しく不合理な労働条件を受け容れる事態が生じうる。しかし，こうした事態は，当事者対

---

　*24　労使間合意の例外的内容規制については，土田・前掲論文（*19・西谷古稀）338頁以下，363頁以下，土田・前掲論文（*19・労働）51頁参照。本書764頁，778頁も参照。

等の合意に基づく労働条件決定から乖離し，合意原則（実質的合意の要請）と矛盾する結果をもたらす。労使間合意の内容規制は，こうした場合に備えて，合意内容が著しく合理性を欠き，合意原則から乖離する事態を是正する必要性と正当性があることから肯定される。

内容規制の法的根拠は，合意原則のほか信義則（労契3条4項）に求められ（就業規則による労働条件の決定・変更に関する合意については，労契7条・10条の類推適用。232頁，764頁），労使間合意の要件としては，同合意の成立要件ではなく，合意の成立を前提に行われる効力要件に位置づけられる。内容規制の準則は，労働者集団を対象に行われる労使間合意の場合は，労契法10条が労働条件変更の合理性に関して定める諸要素に求められ，人事異動など，個々の労働者を対象に行われる労使間合意の場合は，各措置に関する使用者の一方的決定権の内容規制（出向・転籍等）の準則に求められる（詳細は各箇所で解説する）。他方，労使間合意については，それが「労働者の自由意思に基づく同意」要件を充足して成立した以上，その存在を基本的に尊重すべきであり（合意尊重の要請），内容規制は，合意内容が著しく合理性を欠く場合に例外的に介入する規制に位置づけるべきである（23頁など）。

(3) 雇用社会の変化と労働契約法

(ア) **労働法制・労働契約法の動向**　　労働契約法の第2の理念・目的は，雇用社会と企業運営ルールの変化（4頁以下）を適切に摂取して法的規律を行うことにある。ここでは，そうした変化の様相をより詳しく見るとともに，労働契約法の方向性について解説しよう[*25]。

まず，雇用管理・人事管理の個別化に伴う労働契約法の強化としては，2007年，労働契約の基本的ルールをカバーする立法（労契法）が制定され，労働立法の中心に位置するに至った。また，企業再編（会社分割）に伴う労働契約承継の法的ルールとして，2000年，労働契約承継法が制定された。企業の法令遵守（コンプライアンス）との関係では，2004年，公益通報を行った労働者の保護を内容とする公益通報者保護法が制定され，2020年，通報者保護を強化し，内部通報体制の整備を促進する方向で改正された（654頁）。

[*25] 雇用システムと労働法制の相互作用の変遷を詳細に分析した上，今後の展望を行った必読文献として，菅野和夫「雇用システムと労働法制——長期雇用システムの補強から改造へ」曹時73巻10号（2021）1847頁参照。

次に，多様で柔軟な働き方を促進する法制度としては，労働時間法の面で，企画業務型裁量労働制の導入（1998年）と規制緩和（2003年）が行われた（労基38条の4）。また，雇用期間については，2003年，有期雇用の規制緩和（従来の原則1年を3年へ。労基14条）が行われて以降，動きがなかったが，2012年の労契法改正により，①有期労働契約が5年を超える場合の無期労働契約への転換（18条），②雇止め法理の立法化（19条），③有期契約労働者の不合理な労働条件の禁止（旧20条）という重要な改正が実現した。また，労働者派遣に関しては，労働者派遣の対象業務の自由化を柱とする労働者派遣法の規制緩和が行われたが（2003年），2012年，違法派遣の場合の直接雇用みなし規定の導入等，派遣労働者の保護を中心とする改正が行われた。パートタイマーの公正処遇に関しては，2014年の改正パートタイム労働法によって，パートタイマーの不合理な待遇の禁止（8条）や，通常の労働者と同視すべきパートタイマーに関する差別的取扱いの禁止（9条）が盛り込まれ，均衡待遇の規律が強化された。

一方，①長時間労働・過労死・過労自殺問題や②少子・高齢社会の到来を背景に，「仕事と生活の調和」（ワーク・ライフ・バランス）の重要性が認識され，いくつかの法改正が行われている。①については，2008年，労基法37条の割増賃金につき，2割5分増を原則としつつ，時間外労働が1か月60時間を超える場合は5割増とし，代替休暇の付与を認める等の改正が行われた（ただし，これは微温的な改正にとどまり，抜本的な時間外労働規制は，後述する2018年の働き方改革推進法［労基36条改正］を待たなければならなかった）。また，②については，育児・介護休業法の逐次改正によって，育児・介護休業の対象者の拡大，取得要件の緩和，転勤時の配慮義務の整備等が進められている。

雇用平等の領域では，2006年，雇用機会均等法が改正され，女性の差別のみならず，性差別一般を禁止する男女雇用平等立法として再出発した（959頁参照）。また，障害者雇用に関しては，2013年，使用者に対して，障害者に対する差別の禁止や，障害者でない労働者との間の均等な機会の確保を図るための措置（「合理的配慮」）を義務づけること等を内容とする障害者雇用促進法の改正が実現した。さらに，少子・高齢社会への対応としては，高年齢者雇用安定法の2004年・2012年・2020年改正により，65歳までの雇用確保措置が強化されている（65～70歳は努力義務）。雇用のセーフティネットの整備としては，最低賃金法の改正（2007年）や雇用保険法の改正（2009年）が行われている。

個別労働紛争の急増に備えた労働紛争処理法の充実も急である。2001年，

裁判外紛争処理法（ADR）として個別労働紛争解決促進法が成立したが、より重要な立法は、2004年に成立した労働審判法であり、迅速な司法的紛争処理を可能とする制度として期待されている（1146頁参照）。

そして、こうした立法および法改正を集大成するかのように、2018年の通常国会において、働き方改革推進法（働き方改革を推進するための関係法律の整備に関する法律）が可決・成立した。この法律は、主に7法の改正から成り、①労基法改正（時間外労働の上限規制［36条］、年休制度の改正＝使用者の時季指定付与義務の創設［39条］、フレックスタイム制の改正［32条の3］、高度プロフェッショナル制度の導入［41条の2］）、②労働時間等設定改善法の改正（勤務間インターバル制度［休息時間制度］の導入［ただし努力義務］）、③労働安全衛生法改正（産業医・産業保健機能の強化等）、④パートタイム労働法改正（短時間労働者及び有期雇用労働者の雇用管理の改善等に関する法律［パート・有期法］への改正＝雇用形態にかかわらない公正な待遇の確保［いわゆる同一労働同一賃金］）、⑤労働者派遣法改正（同上）、⑥労働契約法改正（上記④に伴う不合理な労働条件相違の禁止規定［20条］の削除およびパート・有期法への移行）、⑦労働施策の総合的な推進並びに労働者の雇用の安定及び職業生活の充実等に関する法律の制定（雇用対策法の改正［働き方改革の基本方針を策定するための法令］）を内容としている。また、2024年現在、厚生労働省に設置された「労働基準関係法制研究会」において、働き方改革関連法附則12条1項・3項に基づき、また、「新しい時代の働き方に関する研究会報告書」（2023年10月）を踏まえて、今後の労働基準関係法制の法的論点の整理等に関する検討が行われている。

働き方改革推進法の多くは、政府の働き方改革実現会議が2017年に公表した「働き方改革実行計画」をベースとするものであるが、①労基法改正のうち、年休制度の改正、フレックスタイム制の改正、高度プロフェッショナル制度の導入は、2015年に国会に提出され、継続審議となっていた労基法改正法案を成立させたものである。個々の内容を見ればもとより問題点は少なくないが、特に、①労基法改正中、時間外労働の上限規制および使用者の年休時季指定付与義務の創設と、④パート・有期法制定・施行（雇用形態にかかわらない公正な待遇の確保）は重要な意義を有する。詳細は、第5章・第12章で解説する。

また、2020年には、労働者の多様な働き方の促進（就労機会の創出）に応える立法として、労働者協同組合法が制定された（施行は2022年10月1日）。同法については、便宜上、「労働者」の箇所で解説する（87頁）。

さらに，2023年，政府は「経済財政運営と改革の基本方針2023」（骨太の方針2023）および「三位一体の労働市場改革の指針」を公表し，労働市場改革政策として，「リ・スキリングによる能力向上支援」，「個々の企業の実態に応じた職務給の導入」（ジョブ型人事），「成長分野への労働移動の円滑化」の3点を三位一体改革の柱として位置づけている。このうち，「成長分野への労働移動の円滑化」では，①失業給付制度の見直し（自己都合で離職する場合の失業給付要件の緩和［失業給付の申請前にリ・スキリングに取り組んでいた場合に会社都合の離職の場合と同じ扱いにするなど］），②勤続20年超を優遇する退職所得課税制度の見直し，③自己都合退職の場合の退職金減額といった労働慣行の見直しに向けた「モデル就業規則」の改正，④副業・兼業の奨励等を掲げており，労働契約法への影響も予想される。リ・スキリングおよびジョブ型人事については，それぞれ525頁，549頁を参照されたい。

以上のほか，労働法と関連する領域としては，雇用関係の国際的展開に関して，法例を抜本改正した法の適用に関する通則法（2006年）に，労働契約に関する準拠法規定が設けられ（12条），2011年には，国際裁判管轄法制（改正民事訴訟法）に労働契約規定が盛り込まれた（3条の4第2項・第3項，3条の7第6項）。また，労働法と知的財産法の交錯領域に関しては，職務発明に関する特許法35条の改正（2004年，2015年）や，営業秘密の保護の強化を目的とする不正競争防止法の逐次改正が実現している。

(イ) **労働契約法の方向性**　a）以上の労働立法の動向を概観すると，1990年代後半から2003年頃までは，市場経済のグローバリゼーションに対応するための労働市場の規制緩和政策が中心を占めていたのに対し，2004年頃以降は，労契法，労働審判法，雇用機会均等法改正のように，労働契約のルールを明確化する立法や，最低賃金法改正や労働者派遣法改正のように，規制を強化する立法が増加している。その背景には，二つの要因があると思われる。

第1は，2008年以降に噴出した非正社員の大量リストラが象徴するように，1990年代後半以降の市場競争主義と規制緩和政策の行き過ぎがもたらした歪みを修正し，必要な規制を充実させることによって雇用社会の安定と公正を目指そうとする方向性である。2012年の労契法・労働者派遣法改正，2014年のパートタイム労働法改正は，いずれもこの方向性を体現している。

労働立法の制定・改正を促進した第2の要因は，「法の支配」である。近年における企業不祥事の多発は，企業価値の低下と企業存立の危機に直結し，法

令遵守(コンプライアンス)の重要性を企業に教えている。また，それと前後してスタートした司法制度改革は，2003年の司法制度改革審議会報告書に結実し，社会各層における「法の支配」(「公平な第三者が適正な手続を経て公正かつ透明なルール・原理に基づいて判断を示すこと」)を促している。この観点からは，特に労契法と労働審判法の制定が重要であり，これら2法は，雇用社会における「法の支配」の浸透を促進する立法という意義を有している。

では，労働契約法の基本的方向性をどのように考えるべきか。この点，労働契約法は，日本の雇用社会を律する法であるから，雇用社会のビジョンを適切に組み込む必要があるが，その第1のビジョンは，雇用保障の要請に求めるべきであろう。それは，雇用の安定に資するとともに，長期雇用による人材の長期的育成を通して企業の利益に貢献し，社会の安定にも寄与しうるビジョンといえるからである[*26]。また，雇用保障の要請を重視する以上，それを機能させるための労働条件の柔軟な調整(人事権，就業規則による労働条件の決定・変更)も考慮する必要がある。

b) 一方，雇用社会は様々に変化しており，そうした変化のビジョンを反映させることも重要な課題である。雇用社会において考慮すべき価値は一様ではなく多様であり，雇用保障等の伝統的利益に加えて，雇用社会の変化を反映した新たな利益が登場し，政策的課題をもたらしている。具体的には，労働者のキャリア形成[*27]，仕事と生活の調和(ワーク・ライフ・バランス)[*28]，多様・柔軟な働き方と雇用・処遇の公正さの確保[*29]，ジョブ型雇用・勤務地限

[*26] この点については，土田道夫「解雇権濫用法理の正当性——『解雇には合理的理由が必要』に合理的理由はあるか?」大内伸哉=大竹文雄=山川隆一編『解雇法制を考える〔増補版〕』(勁草書房・2004)100頁以下参照。

[*27] 2001年の職業能力開発促進法改正により，労働者のイニシアティブによるキャリア形成の支援を包括する法理念として「職業生活設計」の理念が盛り込まれ(2条4項・3条の2)，ここから，労働者の「キャリア権」の議論も生じている(諏訪康雄『雇用政策とキャリア権——キャリア法学への模索』(弘文堂・2017)144頁以下。本書523頁も参照。

[*28] 内閣府「仕事と生活の調和(ワーク・ライフ・バランス)憲章」(2007)は，仕事と生活の調和に関する総合的な政策指針を提示し，同「仕事と生活の調和推進のための行動指針」は，この政策を推進するための多様な政策的提言を行っている。厚生労働省「仕事と生活の調和に関する検討会議報告書」(2004)，「ニッポン一億総活躍プラン」も参照。最近の理論的研究として，名古道功「ワーク・ライフ・バランスと労働法」講座再生(4) 237頁。

[*29] 前記のとおり(26頁)，2012年労契法改正による有期労働契約法制の導入，2018年パート・有期法の制定による均衡処遇の強化が行われている。理論的分析として，野川忍「雇用・就労モデルの変化と労働者像の多様化をめぐる労働法の課題」野川忍ほか編著『変貌する雇用・就労モデルと労働法の課題』(商事法務・2015)3頁，荒木尚志「労働者像の変化と法政

定社員など正社員雇用の多様化*30，自発的・非自発的な雇用の流動化への対応，少子高齢社会への対応（育児・介護休業法の逐次改正，高年齢者雇用安定法の改正等），雇用平等法制の新たな課題（障害者雇用［123 頁］，トランスジェンダー雇用［180 頁］），多種多様なハラスメント問題，テレワークをめぐる法的課題（139 頁，478 頁），フリーランス・プラットフォームワーカーなど雇用によらない自営的就労の法的保護（65 頁以下），外国人労働者問題，雇用関係の国際化に伴う法的ルールの明確化（第 13 章）など，課題は山積している。また，企業人事においては，企業と従業員の結び付きの高さを示す概念であるエンゲージメント（組織の目標と従業員の成長の方向性が一致し，従業員の働きがい・働きやすさを高める職場環境を整備する中で，組織や仕事に主体的に貢献する意欲・姿勢を示す概念）をいかに実現するかが重要な課題とされている*31。

　以上を踏まえ，雇用社会における多様な利益を摂取しつつ，企業の利益（企業財産・企業秩序）・市場の利益（株主・投資家の利益を含む）も考慮して，労働契約の自主的かつ適正な運営を促進することが労働契約法の任務となる*32。中でも，雇用によらない自営的就労の法的保護の問題は，伝統的な労働者概念の見直しをめぐる活発な議論が進展しており（65 頁以下），その帰趨によっては，労働法・労働契約法の対象の見直しをもたらす可能性を有している*33。

　　　策のあり方――法学の立場から」同 33 頁，櫻庭涼子「非正規雇用の処遇格差規制」講座再生（4）157 頁など。
＊30　久本憲夫『正社員ルネサンス』（中央公論社・2003），土田道夫「非典型雇用とキャリア形成」日労研 534 号（2004）43 頁参照。池田悠「正社員の多元化をめぐる課題――労働法の観点から」日労研 655 号（2015）24 頁など参照。ジョブ型雇用については，前記のとおり，「三位一体の労働市場改革の指針」等が労働市場の三位一体改革の主柱に位置づけている。また，経団連は，「2021 年版 経営労働政策特別委員会報告」（経団連事業サービス）において，今後の人事制度の方向性として，各企業がウィズコロナ・ポストコロナ時代を見据えつつ，メンバーシップ型雇用とジョブ型雇用を最適に組み合わせた自社型雇用システムを作り上げることが重要と説いた後，ジョブ型雇用の対象を新卒採用にも拡大することを提案した上，ジョブ型雇用の導入・活用に向けた論点・留意点を整理している。
＊31　日本経済団体連合会（経団連）は，エンゲージメント向上施策として，従業員の働きがいを高める施策（企業理念の働き手との共有，自律的・主体的な業務遂行，従業員の自律的キャリア形成の支援，公正な人事・賃金制度の構築等）と，働きやすさを高める施策（時間・場所にとらわれない働き方，ダイバーシティの推進，健康確保［長時間・過重労働の防止］，育児・介護・病気治療と仕事の両立支援，AI などデジタル技術の活用等）を掲げている。日本経済団体連合会「2021 年版経営労働政策特別委員会報告」（経団連出版・2021）5 頁以下参照。
＊32　なお，2020 年に全世界を襲った新型コロナウイルスは，社会経済全体に多大な影響を及ぼしつつ，上記のテレワークやジョブ型正社員など雇用社会の変革を促すとともに，労働法・労働契約法についても新たな課題を提示している。各所で解説する。

c）さらに，最近では，労働法・労働契約法の方向性に関するより包括的な提言も行われている。たとえば，①労契法を含めて，労使間の集団的コミュニケーションの仕組みを取り入れ，手続の公正さを強化すべきとの提言[*34]，②労働者の自己決定は多様な法規制に支えられてはじめて確保されるとの観点から，労働契約法を含む労働法規制システムの再構築の必要性を説く見解[*35]，③「標準的労働関係モデルに基づく労働法のパラダイム転換」の観点から立法政策を展開する見解[*36]，④政策法学としての労働法学と理念法学としての労働法学を機能的に連携させることを理念とした上，社会的存在としての労使自治（集団的労使自治）を重視しつつ，その再構築への展望を模索する見解[*37]，⑤AI時代の到来を見据えて，長期雇用制度下の正社員を念頭に置く従来型の労働法（労働契約法）の限界を示した上，雇用の流動化に向けた労働市場政策の改革や，知的創造的働き方に向けた改革を説き，さらには，増加する自営的就労を広く対象に収めた新たな労働法（あるいはその終焉）を展望する見解[*38]等々である。各見解から学ぶべきものは多く，本書でも，これら見解から学びつつ，労働法・労働契約法の方向性を提示すべく努力したい[*39]。

[*33] 最近の厚生労働省「新しい時代の働き方に関する研究会報告書」（2023年10月）は，今後の労働基準関係法制に関する検討テーマとして，「労働基準法制における基本的概念が実情に合っているかの確認」を掲げ，厚生労働省「労働基準関係法制研究会」（26頁）は，上記検討テーマを踏まえ，今後の労働基準関係法制に関する重要論点として，①労働時間法制，②労基法の「事業」，③労基法上の「労働者」，④労使コミュニケーションを掲げて検討を進めている（第12回資料［2024年9月4日］No.1「労働基準法における『労働者』について」）。

[*34] 水町勇一郎「新たな労働法のグランド・デザイン——5つの分野の改革の提言」水町・連合総研編『労働法改革』（日本評論社・2010）。

[*35] 西谷・前掲書（[*11]・規制が支える自己決定）。同『労働法の基礎構造』（法律文化社・2016）も参照。

[*36] 和田肇『労働法の復権』（日本評論社・2016）。同『人権保障と労働法』（日本評論社・2008）も参照。

[*37] 野川忍「はしがき」（土田道夫「書評　野川忍著『労働法』」季労262号［2018］224頁参照）。

[*38] 大内伸哉『AI時代の働き方と法——2035年の労働法を考える』（弘文堂・2017）109頁以下。同『デジタル変革後の「労働」と「法」——真の働き方改革とは何か？』（日本法令・2020），大内266頁以下も参照。

[*39] 以上のほか，行政レベルでは，厚生労働省から前掲[*33]「新しい時代の働き方に関する研究会報告書」が公表され，今後の労働基準法制度に係る検討の視点として「守る」と「支える」の二つの視点を掲げた上，具体的提言として，①変化する経済社会の下でも変わらない考え方の堅持，②働く人の健康確保，③働く人の選択・希望の反映が可能な制度・労使コミュニケーションの確保，④シンプルでわかりやすく実効的な制度，⑤労働基準法制における基本的概念が実情に合っているかの確認，⑥従来と同様の働き方をする人が不利にならないように検

（4）労働法コンプライアンス・労働 CSR の推進

　労働契約法の第3の理念・目的は，労働契約の自主的かつ適正な運営の促進を通して，企業の労働法コンプライアンスと労働 CSR を推進することにある。

　周知のとおり，企業経営においては，コンプライアンス（法令遵守）が重要な課題となっている。この点は，労働法においても同様であるが，現実には，サービス残業，不当人事，過労死など，企業が法令遵守を怠り，個別労働紛争を惹起する例が後を絶たない。この点，労働契約法は，労働契約の基本ルールを提供し，企業の行為規範を明確化することによってコンプライアンスの認識を高め，個別労働紛争の防止に寄与する法として機能する。のみならず，近年の大きな流れとしては，「法の支配」の下，労契法等の立法が整備され（5頁），労働法コンプライアンスの対象の拡大と複雑化をもたらしている。こうして，労働契約法は，それ自体がコンプライアンスの対象となるとともに，企業のコンプライアンスを推進することを主要な目的とする[*40]。

　たとえば，企業が労働時間・休日・休暇に関する法令遵守を徹底し，成果をアピールすることは，労働法コンプライアンスの実行を意味し，労働者の雇用環境の改善，モチベーションの向上を可能とするとともに，企業価値を向上させ，良い人材を獲得する結果をもたらす。同様に，成果主義人事の適正な運営を促進すること，従業員のキャリア形成支援（キャリアコンサルティング，社内公募・FA 制）を進めること，ワーク・ライフ・バランス支援（休暇制度，育児・介護休業，短時間正社員，育児・介護終了後の女性再雇用制度等）を進めること，雇用機会均等法・女性活躍推進法・「女性活躍・男女共同参画の重点方針2022（女性版骨太の方針2022）」や，コーポレートガバナンス・コード原則2-4「女性の活躍促進を含む社内の多様性の確保」に即してダイバーシティ経営を進めること（961頁参照）は，労働法コンプライアンスの実行を意味し，企業価値の向上をもたらしうる。すなわち，労働法コンプライアンスの実行は，投資家や消費者・取引先・従業員・求職者から評価され，企業の市場価値を高めるという意義を有するのである[*41]。また，こうした労働法の機能は，労働 CSR（Cor-

---

　　討すること，⑦労働基準監督行政の充実強化を提言している。また前記のとおり（26頁），2024年現在，この報告書等を踏まえて，「労働基準関係法制研究会」において，今後の労働基準関係法制の法的論点の整理等に関する検討が開始されている。

　[*40] 労働法コンプライアンスの重要性については，土田道夫「企業法と労働法学」講座再生（6）241頁，同「企業法・企業法務と労働法」土田編・企業法務と労働法241頁，石田信平「コンプライアンス体制の構築と労働法」同331頁など参照。

porate Social Responsibility＝企業の社会的責任）を推進する上でも重要であり，それは結果的に企業価値の向上をもたらしうる*42。こうして，労働契約法は，労働法コンプライアンスや労働 CSR のインセンティブともなり，それを通して，適正な企業運営を推進する法規範として機能するのである【1-1】。

> 【1-1】 ビジネスと人権　近年には，労働法コンプライアンス・労働 CSR の促進と関連して，国および企業において，「ビジネスと人権」が重要な取組課題となっている*43。すなわち，グローバルな企業活動の展開に伴い，企業活動が社会にもたらす負の影響に関する社会的関心が高まり，特にグローバルな活動を行う企業が責任ある行動を強く求められるようになりつつある。これに伴い，国連「ビジネスと人権に関する指導原則」（2011 年）や OECD「責任ある企業行動のための OECD デュー・ディリジェンス・ガイダンス」（2018 年）等，企業活動における人権尊重のあり方に関する国際文書が発出されている。
> 　こうした動向を踏まえて，日本政府も，2020 年 10 月，国別行動計画（National Action Plan: NAP）として「『ビジネスと人権』に関する行動計画（2020-2025）」を策定している*44。具体的な行動計画のうち，雇用労働分野に係る横断的事項としては，①ディーセント・ワーク（働きがいのある人間らしい仕事）の促進（ⓐ雇用の促進，ⓑ社会的保護の方策の展開および強化，ⓒ社会対話の促進，ⓓ労働におけ

---

*41　労働法コンプライアンスの意義につき，従業員のモチベーション向上施策（従業員のパフォーマンス向上に向けたモチベーション，働きやすい環境の提供に基づくモチベーション施策）を促進する上で有意義であることを論じたものとして，土田道夫「従業員のモチベーションをめぐる法的課題」日労研 684 号（2017）37 頁参照。

*42　労働 CSR とは，企業は株主，顧客・消費者，従業員，国・地域という多様な利害関係人（stakeholder）と関わりながら事業を展開するため，事業活動によって利益を追求しつつ，社会の信頼を得て責任を果たさなければならないという議論である。またそれは，企業の社会的責任を肯定するためだけの概念ではなく，労働 CSR の実行が投資家や消費者・取引先・従業員・求職者から評価され，企業の市場価値を高めるという意味も有している。労働法・労使関係と労働 CSR の相互関係については，稲上毅＝連合総合生活開発研究所編『労働 CSR──労使コミュニケーションの現状と課題』（NTT 出版・2007）が詳しい。近年の理論的考察として，小畑史子「CSR（企業の社会的責任）・コンプライアンスと労働法」土田編・企業法務と労働法 43 頁参照。社会保険労務士総合研究機構編『労働 CSR ガイドブック』（中央経済社・2022）も参照。

*43　土岐将仁「労働法と『ビジネスと人権』」季労 276 号（2022）2 頁ほか同号所収の諸論考，日本弁護士連合会国際人権問題委員会編『詳説ビジネスと人権』（現代人文社・2022），羽生田慶介『すべての企業人のためのビジネスと人権入門』（日経 BP・2022），畠中裕史『ビジネスと人権──人権デュー・ディリジェンスの進め方』（クロスボーダーコンサルティング・2022），社会保険労務士総合研究機構編・前掲書（*42）51 頁以下，田中竜介「SDGs と企業・労働関係実務」ジュリ 1566 号（2022）93 頁，注釈労基・労契(1) 114 頁以下［井川志郎］参照。

*44　土岐・前掲論文（*43）8 頁以下参照。

る基本的原則および権利の尊重，促進および実現等），②ハラスメント対策の強化，③外国人労働者・外国人技能実習生等を含む労働者の権利の保護・尊重を示すほか，④新しい技術の発展に伴う人権保障（ヘイトスピーチ・ネット上の名誉毀損・プライバシー侵害等への対応），⑤AIの利用と人権に関する議論の推進，⑥法の下の平等の促進（障害者雇用の促進・女性活用の推進，性的指向・性自認に関する理解・受容の促進），雇用の分野における平等取扱いの促進を提示している。

また，「『ビジネスと人権』に関する行動計画」を踏まえて，経済産業省は2022年9月，「責任あるサプライチェーンにおける人権尊重のためのガイドライン」を公表したが，そこでは，企業による人権尊重の取組の全体像として，人権方針の策定，人権デュー・ディリジェンス（人権DD［人権への負の影響の特定，防止・軽減，取組の実効性評価，具体的対処に関する説明・情報開示］）の実施，自社が人権への負の影響を惹起しまたは助長している場合の救済を掲げた上，雇用労働分野の「人権」として，強制労働・児童労働に服さない自由，結社の自由，団体交渉権，雇用・職業における差別を受けない自由，居住移転の自由，人種・障害の有無・宗教・社会的出身・ジェンダーによる差別を受けない自由等を掲げる。そして，企業による人権への負の影響として，ⅰ企業がその活動を通して自ら負の影響を引き起こす場合（たとえば，自社工場の作業員を適切な安全装備なしで危険な労働環境において労働させる場合），ⅱ企業がその活動を通して直接または外部機関を通して間接に負の影響を助長する場合（たとえば，過去の取引実績から考えると実現不可能なリードタイム［納品期間］であることを知りながらサプライヤーに納品を依頼した結果，当該サプライヤーの従業員が極度の長時間労働を強いられる場合），ⅲ企業自身は負の影響を惹起せず助長もしていないものの，取引関係によって事業・製品・サービスが人権への負の影響に直接関連する場合（たとえば，小売業者が衣料品の刺繍を委託したところ，受託者であるサプライヤーが児童労働者に刺繍を作成させている業者に再委託する場合）の3類型を提示する。さらに，企業が自社による人権への負の影響を惹起または助長していることを認識した場合の救済として，たとえば，自社において性別を理由とした差別が行われているとの苦情が寄せられた場合に，自社の労働組合に依頼して差別に関する懸念について情報提供を受けるとともに，労使間の対話を通して，差別が今後生じないための予防策を検討・実施することを掲げている。

以上のように，「『ビジネスと人権』に関する行動計画」や人権デュー・ディリジェンスにおいては，雇用労働分野が重視されており，労働契約法の諸テーマを検討する際にも，「ビジネスと人権」は不可欠の視点となろう。たとえば，職場における民族差別文書（ヘイト文書）の大量配布の違法性（168頁）については，「『ビジネスと人権』に関する行動計画」中の横断的事項③（外国人労働者・外国人技能実習生等を含む労働者の権利の保護・尊重）が必須となるし，トランスジェンダ

ーの人格的利益の保護（たとえば女性用トイレの使用制限の適法性。180頁）については，横断的事項⑥（性的指向・性自認に関する理解・受容の促進）が重要となる。

　労働契約法の観点からは，「『ビジネスと人権』に関する行動計画」も，「責任あるサプライチェーン等における人権尊重のためのガイドライン」（人権DD）もともに法的拘束力をもたないソフトローであるところ，上記⑪⑫については，サプライチェーンにおける子会社・取引先会社等による人権侵害について親会社・中核企業に対し，人権DD違反についていかなる法的責任を課しうるかが解釈論上の課題となる*45。雇用社会・企業社会のグローバルな変化に伴う労契法の重要な課題ということができる。私は，上記⑪⑫における中核企業の法的責任（民事責任）については，中核企業が人権尊重責任を果たすという企業方針を確立しつつ，法令遵守体制整備の一環として，グループ会社の従業員が法令遵守に関する事項を相談できる窓口を設置しているケースにおいて，⑪の従業員や⑫の児童労働者ないし保護者が中核企業の相談窓口に相談を寄せたにもかかわらず，中核企業が当該相談を放置したり全く対応していない場合は，信義則上の職場環境配慮義務ないし就業環境相談対応義務（165頁）への違反を認めることで，人権DDというソフトロー違反に係る中核企業の民事責任を肯定するというアプローチは可能であると考える*46が，引き続き検討していきたい。

(5)　**労働契約法の性格**——**私法としての労働契約法**

　㋐　**現代契約法としての労働契約法**　　以上のように，労働契約法の理念・目的は多様であるが，法的性格としては，明らかに私法に属する。「契約法」である以上，これは自明の理のようであるが，かつての労働法は，刑罰と行政的取締りによって労使自治に介入する最低基準立法（労働保護法）を中心としており，公法としての性格が濃厚であった。しかし，企業において日常的に生起するのは，このような最低基準規制を超えた労働条件と人事処遇の決定・変更・調整プロセスであり，それは法的には，企業と労働者という私人間の交渉関係（契約関係）を意味する。労働契約法は，このような契約関係を律する法であり，契約法（私法）に属する。

---

*45　土岐・前掲論文（*43）8頁以下参照。

*46　近年の判例（イビデン事件・最判平成30・2・15労判1181号5頁）は，企業グループ全体で本文のような法令遵守体制を設けているケースにつき，雇用契約上の使用者のみならず，使用者でない親会社（グループ統括会社）が，信義則上の付随義務として就業環境相談対応義務（就業環境に関して労働者の相談に応じて適切に対処すべき付随義務）を負う場合があることを肯定している（168頁参照）。本文の見解については，西尾和奏氏（同志社大学大学院法学研究科）はじめ同研究科大学院生との議論から示唆を得た。

もっとも，労働法の中核を担う労働契約法を純然たる契約法（私法）と同一視できないことは当然である。まず，労働契約法は，企業における継続的・組織的契約（労働契約）の法として，古典的契約法にはない様々な規律と仕組みを備えており，その中には私法的サンクションだけでなく，公法的サンクションも組み込まれている（労働保護法における刑罰の活用のほか，行政機関の活用が顕著である――労基法等における労働基準監督行政，個別労働紛争解決促進法・雇用機会均等法に関する紛争調整委員会など）。しかし，このような私法と公法の融合現象は，多くの現代私法領域において，法の実効性確保のために多用されている手法であり，私法としての基本的性格を損なうものではない[*47]。

　また，古典的契約法がもっぱら契約自由の原則（国家の不介入）を理念とする法であったとすれば，現代の契約法は，契約当事者間の交渉力・情報格差を埋め，当事者の実質的対等関係を樹立するための種々の規律を設けている（消費者契約法や，2017年改正民法が規定する定型約款規定［特に組入れ除外規定。50頁参照］が典型である）[*48]。この点，労働契約法は，使用者の裁量権を前提に，それが対等交渉を前提とする契約内容を逸脱しないようチェックするための規律（手続的規律・実体的規律）を内容としており，まさに現代型契約法に位置づけられる。もちろん労働契約法は，企業組織における労働力の取引（労働契約）を取り扱う法であるため，交渉力格差を是正するための実体的規律がより重要となり，また，集団的労働法システムを組み込んでいる点で他の契約法とは質的に異なる。しかし，それは同時に，他の現代契約法が進むべき方向性を示唆しているということもできる[*49]。

(イ)　**労働契約法の規律の手法**　　では，私法としての労働契約法の規律の手

[*47]　たとえば，会社法における取締役等の特別背任罪（960条以下），金融商品取引法における公告・不正取引行為罪（197条以下）が典型である。不正競争防止法においても，2003年以降の改正により，営業秘密保護の手段として刑事制裁が導入された（営業秘密の不正使用・開示罪としては，21条1項4号・5号・6号・7号）。121頁参照。

[*48]　消費者契約法は，企業の情報提供義務（3条），消費者契約の申込み・承諾の取消規定（4条），不当条項無効規制（8条〜10条）等の規定を設け，消費者・企業間の交渉力・情報格差の是正に着目した法的規律を行っている。また，2017年改正民法が規定する定型約款に関する法的規律（約款の組入要件，組入除外規定規制）も同様の考え方に基づく規律といえる。

[*49]　民法（債権法・契約法）と労働法の関係については，山川隆一「債権法改正と労働法」安永正昭＝鎌田薫＝能見善久監修『債権法改正と民法学Ⅰ　総論・総則』（商事法務・2018）124頁以下，同「民法と労働法」講座再生(1) 47頁参照。私見については，土田道夫「民法（債権法）改正と労働法」季労267号（2019）112頁参照。

法はどうあるべきか。この点，労働契約法が労働契約における労使間の交渉力・情報格差と労働の他人決定的性格を前提に，労働契約内容が対等当事者間の合意による決定から乖離しないよう規制する規範（適正契約規範）として機能すること（22頁）を踏まえれば，労働契約法の重要な規範は，私法的強行法規範（当事者の特約による逸脱を許さない強行法規規範）として設定すべきである。

労基法・労契法の規定の多くはこうした強行法規であるが，労契法が直接カバーしない契約規範（人事考課権濫用法理，配転・降格・休職命令権濫用法理［労契3条5項］，個々の権利義務の内容規制）も強行法規たる性格を有する。また，労働条件の決定・変更に関する手続的規律の中核を担う「労働者の自由意思に基づく合意」要件も強行法的性格を有する規範である。一方，労働契約法の交渉促進規範としての性格からは，これら私法的強行法規範の内容を過度に拘束的なものとせず，企業・労使が自ら当該規範を拠り所として適正な契約ルールを創出できる内容のものとすべきであろう。その場合，労働契約法の基本的規範を具体化し，自主的な契約ルール創出の拠り所となる指針（ガイドライン）を設けることも課題となる（労契法につき，59頁参照）。

一方，労働契約法の規範の中でも，労使自治による交渉に委ねるのに適した事項については，私法的・任意法的規制を基本に考えるべきである。それは，労働契約に関する基本的法規範を設定しつつ，労使自治による適切な利益調整や逸脱の余地を認める手法である。たとえば，出向義務の根拠について，労働者の同意を原則としつつ，労働協約・就業規則において出向の合理的制度設計が行われれば根拠として肯定する見解（575頁）は，労使自治に基づく合理的利益調整による合意原則からの逸脱を許容するルールといいうる。また，就業規則による労働条件の不利益変更に関しては，集団的労使自治に基づく労使間の利益調整の存否が「変更の合理性」という実体的判断を左右する重要な要素とされている（743頁）。今後は，このように，労使自治の多面的機能（集団的労使自治・個別的契約自治）を適切に組み入れた規律を基本に考えるべきであろう（労契法につき59頁参照）【1-2】【1-3】[*50]。

> 【1-2】 **労働契約の権利義務構成** 労働契約の権利義務構成に関しては，安全配慮義務（労契5条）のように確立された義務のほか，学説上，信義則に基づく使用者の多様な義務（付随義務）を肯定する提案が行われている。これら債務不

[*50] 土田・前掲論文（＊5・労働）51頁，土田・前掲論文（＊12）17頁参照。

履行構成の多くは，人事権濫用構成や不法行為構成など，使用者の権利を基本とする構成を修正し，使用者責任を加重する意義を有しており，労働者の人格的利益に関する職場環境配慮義務，人事考課における公正評価義務，年休の時季変更時の配慮義務，能力開発に関する職業的能力配慮義務，転勤時の私生活配慮義務等，多様である。また，労働条件変更時の手続的規律として，説明義務・情報提供義務が確立している。

このうち，職場環境配慮義務や年休に関する配慮義務は有益な構成と解される（167頁，502頁以下）。また，労働条件変更時の説明義務・情報提供義務は，労使間の個別的合意による労働条件変更の場面（使用者の権利行使の要素がない場面）では，使用者の義務としての構成が可能かつ適切であり，労働条件変更に関する中核的要件を担う（19頁）。

一方，上記以外の債務不履行構成の提案には疑問が多い。たしかに，債務不履行構成は，使用者の行為規範を明確化する上では有意義であるが，裁量権尊重の要請を内在する労働契約の特質とは整合しない。たとえば，人事考課の場合，人事考課が賃金という企業の資源配分に直結する手続である以上，それは公正評価義務ではなく，企業経営に責任を負う使用者の権利（人事考課権）と構成すべきであるし，雇用保障の責任を使用者に課しつつ，人事考課まで義務化することは疑わしい[*51]。職業的能力配慮義務や私生活配慮義務も同様であり，労働者のキャリアや私生活への配慮は，人事権を前提に，その濫用に影響する要素として考慮すべきであろう。また，労働条件変更時の説明義務・情報提供義務についても，人事権行使が問題となる場面（配転命令・出向命令等）では，債務不履行構成ではなく，やはり人事権濫用の判断を左右する手続的要素と考えるべきである。

【1-3】 **ソフトロー・アプローチ** 労働契約法の規制手法の問題と関連して，近年，ソフトロー・アプローチに関する議論が行われている。ソフトローとは，努力義務，配慮義務，計画策定義務による規制手法をいうが，特に，努力義務のうち，強行的立法規制（ハードロー）に関するコンセンサスが得られないために採用された類型が議論の対象とされている。努力義務は，女性の活躍，仕事と家庭の両立，パートタイム労働，高齢者雇用，障害者雇用等，構成員の価値観が対立しやすい事項の規制手段として採用されることが多く，法による直接的な介入（ハードロー）を控えつつ，価値観の漸進的転換や新たな価値観の定着を図る機能を営んでいる。他方，努力義務は，それに反する行為を違法・無効とする効果を有するものではなく，当事者の任意の履行に期待するルールにとどまる。

このようなソフトロー・アプローチについては賛否両論あるが[*52]，労働契

[*51] 土田道夫「成果主義人事と人事考課・査定」土田＝山川編86頁。
[*52] ソフトロー・アプローチを積極的に評価する見解として，荒木尚志「労働立法における努力義務規定の機能——日本型ソフトロー・アプローチ？」中嶋還暦『労働関係法の現代的展

法としては、ソフトロー・アプローチが過渡的・規制猶予的ルールとして有する意義を認めつつ、可能な限り強行規定（ハードロー）に移行し、または、ソフトローの中でもより実効的な配慮義務・措置義務に改め、私法的効果を確保する手法に移行することが適切であろう。そうした例は、募集・採用時の年齢制限に関する労働施策総合推進法9条（努力義務を義務規定に改正）、男女の雇用差別の規制に関する雇用機会均等法の諸規定（努力義務規定を強行規定に改正）、パートタイマーの不合理な待遇格差を禁止するパート・有期法8条（努力義務を禁止規定に改正）等、多数見られる。また、努力義務規定の解釈としても、努力義務という一事をもって機械的に私法的効果を否定すべきではなく、不法行為（民709条）や権利濫用（労契3条5項）の考慮要素として私法上の意義を肯定する解釈を模索すべきである。雇用機会均等法上の昇格差別規制規定が努力義務規定であった時期（1997年改正前）の事案につき、努力義務といえども、使用者が男女差別の現状を維持・拡大する措置をとることは均等法の趣旨に反し、不法行為を成立させると判断する裁判例は、そうした解釈を提示する優れた判断例である[*53]。

(6) 労働契約法の性格——企業法（ビジネス・ロー）としての労働契約法

(ア) 概説　労働契約法は、企業法（ビジネス・ロー）としての意義も有する。企業法については、一般に、企業活動を規律し、企業が事業を運営する上で遵守すべき諸法と定義することができる。民法、商法、会社法、知的財産法、金融商品取引法、独占禁止法、倒産法、個人情報保護法、租税法、国際私法がここに属する。そして、労働法・労働契約法は、労働関係・労使関係の側面で企業の適正な運営を規律・促進する法として機能し、企業法の一環を形成するものと解される[*54]。

第1に、労働者（従業員）は、企業の主要な構成員であり、利害関係者（stakeholders）である。したがって、労働者・使用者（企業・会社）間の法律関係を規律する労働契約法は、企業法の一翼に位置づけられる。「あらゆる制度

開』（信山社・2004）19頁がある。逆に、消極評価する見解として、和田肇「労働法におけるソフトロー・アプローチについて」渡辺追悼『日本社会と法律学——歴史、現状、展望』（日本評論社・2009）723頁、同「ソフトローによる労働法規範の柔軟化・再考」和田古稀『労働法の正義を求めて』（日本評論社・2023）63頁以下がある。

[*53]　昭和シェル石油事件・東京高判平成19・6・28労判946号76頁。「ビジネスと人権」に係るソフトロー解釈のあり方につき、34頁参照。

[*54]　労働法と企業法の関係については、土田・前掲論文（*40・講座再生(6)）231頁、同・前掲論文（*40・企業法務と労働法）2頁参照。また、「特集 労働法と隣接法の交錯領域における法的課題」論ジュリ28号（2019）所収の諸論文参照。

を支えるのは人であ」り（知的財産推進計画2004），「人」の中心が労働者（従業員）である以上，これは当然のことである。

　第2に，労働契約法は，広く企業法の一翼を担い，企業経営を監視しつつ支援する役割を担う。まず，労働契約法は，法令遵守（コンプライアンス）の主要な領域を構成し，企業価値に大きく影響しうる。周知のとおり，労働法コンプライアンスの欠如が内部告発や公益通報を通して外部化し，企業価値に影響を及ぼす例はきわめて多い。したがって，労働法について法令遵守体制（法令等の周知徹底，従業員研修，内部通報制度）を確立し，実行することは，企業法にとってきわめて重要な課題である。紛争処理システムの観点からは，労働審判法をはじめとする企業外紛争処理が整備されつつある今日，公正かつ効率的な企業内紛争処理システムを整備して紛争の外部化を防ぐことは急務の課題といえる。この意味で，労働法は，それ自体が企業法の一翼を担う法である。

　また，企業が適正な労働時間管理，労働安全衛生体制・安全配慮義務履行体制の確立，ハラスメント対策，従業員のキャリア支援，ワーク・ライフ・バランス支援，男女雇用平等・ダイバーシティ人事の促進等の先進的な人事施策を進めることは，労働法コンプライアンスと労働CSRの実行を意味するとともに，社会へのアピールを高め，企業価値を高める戦略となりうる（31頁参照）。逆に，企業がこうした施策を怠り，労働紛争を招くことは，企業価値の低下に直結し，ひいては企業の存立に影響しうる。したがって，企業が労働契約法に即してこれら人事施策を実行することは，企業法の観点からも重要である。

　第3に，労働契約法は，伝統的な企業法の課題においても重要な意義を有する。まず，会社法との関係では，企業組織の変動（事業取得型M&A＝合併，事業譲渡，会社分割）や企業買収（株式取得型M&A）における組織再編の規律は会社法の役割であるが，労働関係・人事管理の規律（労働契約の承継，労働条件の変更）は労働法の役割であり，人事管理を適切に行うためには，労働契約法が必須となる[*55]。また，近年には，使用者の悪質な労働法令違反（労働災害，割増賃金不払，会社解散，解雇等）について，一般的不法行為（民709条）とは別に，会社法上の取締役の対第三者責任規定（会社429条）を適用して判断する裁判例が急増し，労働法と会社法の新たな接点を示している[*56]。

　　　[*55] 事業組織の再編・M&Aにおいて労働法が有する意義については，土田道夫「M&Aと労働法の課題——株式取得型M&Aを中心に」野川忍＝土田道夫＝水島郁子編『企業変動における労働法の課題』（有斐閣・2016）257頁参照。

また，知的財産法分野では，営業秘密（不正競争2条6項）・守秘義務，競業避止義務，職務発明（特許35条）等の多くのテーマについて労働契約法との交錯が生じ，その正しい理解が求められている[*57]。さらに，各種の倒産法制においても，労働債権の保護，整理解雇の有効性，労働者代表の関与のあり方等が重要な論点となり，「倒産労働法」と呼ぶべき法分野を形成しつつある[*58]。法令遵守（コンプライアンス）に関しては，法令遵守体制と内部通報制度の構築によって着実に実行する必要があるが，そのためには，労働法（公益通報者保護法）の理解が不可欠となる。企業がグローバルな事業活動を展開する上では，国際的雇用・人事管理（外国人社員の雇用管理，海外勤務管理）が必須となるところ，その法的規律としては，法の適用に関する通則法において労働契約に関する準拠法規定が設けられ（12条），民事訴訟法においても，労働契約に関する国際裁判管轄規定（3条の4）が設けられた結果，「国際労働関係法」と呼ぶべき法分野が形成されている（本書第13章参照）。

　こうして，企業が直面する法的課題を適切に解決するためには，労働契約法の正しい理解が不可欠となっている。その意味で，企業法としての労働契約法の重要性は日々増しているといえよう（企業法と労働契約法の交錯論点については，各箇所で解説する）【1-4】。

　(イ)　**コーポレート・ガバナンスと労働契約法**　a)　労働契約法は，コーポレート・ガバナンス（Corporate Governance）との関連性も有している。コーポレート・ガバナンスとは，狭義には，会社経営が適法かつ合理的に行われるようにする仕組み（経営監視の仕組み）をいい，広義には，会社を統治する者（主権者）は誰かという問題を意味するが，ここでは後者を中心に考える。また，コーポレート・ガバナンスという場合，法的概念としてのコーポレート・ガバナンスと，実質的意義におけるコーポレート・ガバナンスを区別して考える必要がある[*59]。

[*56]　この点については，天野晋介「会社法と労働法③——取締役の責任」土田編・企業法務と労働法156頁参照。本書702頁参照。

[*57]　土田道夫「知的財産法と労働法①——営業秘密の管理・競業避止義務」土田編・企業法務と労働法208頁，同「知的財産法と労働法②——職務発明・職務著作」同231頁参照。

[*58]　山本陽大「倒産労働法」土田編・企業法務と労働法183頁参照。

[*59]　労働法学におけるコーポレート・ガバナンス論の基本文献として，荒木尚志「日米独のコーポレート・ガバナンスと雇用・労使関係——比較法的視点から」稲上毅＝連合総合生活開発研究所編『現代日本のコーポレート・ガバナンス』（東洋経済新報社・2000）209頁，河合塁「物言う株主時代の労働者保護法理——投資ファンド買収の問題を中心に」労働113号（2009）

まず，法的概念としてのコーポレート・ガバナンスについては，会社法学上は，株主価値モデル（shareholders model）が採用されている。それによれば，会社法は，経営者に対し，剰余権者である株主の長期的な利益を最優先させることを求めており，そのことが，会社に法令・社会規範を遵守させつつ，その富の最大化による社員への分配の実現に資するものとされる[*60]。会社法学上は，多元主義モデル（株主とともに，従業員を含む利害関係者の利益を重視する考え方＝stakeholders model）も見られるものの，株主価値モデルが主流を成しているといえよう。また，東京証券取引所が2015年に公表した上場会社を対象とする「コーポレートガバナンス・コード」（2018年・2021年改訂）も，基本原則1として「株主の権利・平等性の確保」を謳い，「上場会社は，株主の権利が実質的に確保されるよう適切な対応を行うとともに，株主がその権利を適切に行使することができる環境の整備を行うべきである」としている。株主の権利擁護が第一の原則であることを示唆するものといえよう。

　一方，実質的意義におけるコーポレート・ガバナンスを見ると，日本では，高度成長期以降，企業経営における従業員の発言力が相対的に強く，企業経営は，従業員を含む利害関係者の利益を重視して行われてきた（多元主義モデル）。その結果，企業は経営者と労働者が価値を共有する共同体としての性格を帯び，長期安定雇用と安定的労使関係が形成されてきた。しかし，1990年代以降のグローバリゼーションに伴い，実質的意義における日本型コーポレート・ガバナンスは，法的概念としてのコーポレート・ガバナンス（株主価値モデル）への接近を余儀なくされる。その画期となったのは，2005年にアメリカ法を参考に制定された会社法であり，その後も，株主価値モデルに立脚した改正が進行している（株主代表訴訟［847条］，監査役制度の強化［335条3項］，会社分割等の企業組織再編法制の整備，委員会設置会社制度［2条12号］等）。それは必然的に，コーポレート・ガバナンスにおける労働者の位置づけを低下させる可能性を有しているが，これに対抗する立法政策は進展していない。日本の多元主義モデルは，堅牢な法制度（たとえば，ドイツの企業法制［共同決定法：Mitbestimmungs-

---

40頁参照。問題状況の概観として，河合塁「コーポレート・ガバナンスと労働法」争点250頁。

[*60]　落合誠一『会社法要説〔第2版〕』（有斐閣・2016）46頁以下。同旨，江頭憲治郎『株式会社法〔第9版〕』（有斐閣・2024）22頁以下。田中亘「会社法制と企業統治——企業所有の比較法制度分析」中林真幸＝石黒真吾編『企業の経済学——構造と成長』（有斐閣・2014）67頁以下も参照。

gesetz］）に依拠するものではなく，あくまで一種の「慣行」として成立したにとどまり，脆弱な面を有している*61。また，日本の多元主義モデルを支えてきた労働組合の組織率は継続的に低下しており（2022年には16.5％），その影響力が低下してきたことも，上記の傾向に拍車をかけている。

　　b）　こうした状況を踏まえると，労働法・労働契約法からのコーポレート・ガバナンスへのアプローチとしては，以下の3点が重要と考えられる。

　第1に，コーポレート・ガバナンスの変化（株主利益の最大化と労働者利益の軽視）への対抗軸となる解釈論を，労働契約法上の労働条件変更法制（労契9条・10条）・解雇権濫用規制（同16条）を中心とする現行労働契約法によって構築する必要がある*62。たとえば，企業買収・企業組織変動の場面では，買収当事者が買収を契機に労働条件の不利益変更や解雇を強行したり，譲渡当事者が特定労働者の労働契約の承継を恣意的に拒否するなど，企業の長期的発展や労働者の利益を犠牲にして短期的利益を追求するケースが見られるが，労働契約法は，こうした短期的・機会主義的行動を制御する機能を営みうる*63。

　第2に，より重要な課題は，会社法ないし株主価値モデルへの対抗軸となる立法を整備することである。この点，労働契約法（2007年制定）が解雇権濫用規制（16条）を規定したことについては，コーポレート・ガバナンスの観点から，随意的雇用原則（employment at will）を維持しているアメリカのように，労働者が経済状況において自由に量的調整の対象となる存在ではないことを確認し，多元主義モデル（stakeholders model）の根拠を明示した意義があると指摘されている*64。また，先に紹介した近年の労働立法の制定・改正や，それを集大成した観のある2018年の働き方改革推進法は，雇用社会における「法の支配」の促進を意味するとともに，コーポレート・ガバナンスの観点からは，

---

*61　荒木・前掲論文（＊59）259頁参照。

*62　詳細は，土田・前掲論文（＊55）295頁，土田・前掲論文（＊40・企業法務と労働法）8頁以下参照。

*63　裁判例では，株式取得型M&Aの事例において，債務超過解消後の買収から半年も経過しない時点で被買収企業が買収企業の主導の下で実行した労働条件変更の合理性を否定した例（クリスタル観光バス事件・大阪高判平成19・1・19労判937号135頁）や，事業譲渡事案において，譲受会社が再雇用後の労働条件変更に同意しない労働者の再雇用を拒否したことにつき，当該契約内容を公序（民90条）違反により無効と判断した上，残余の労働契約承継合意によって労働契約の承継を肯定した例（勝英自動車学校［大船自動車興業］事件・東京高判平成17・5・31労判898号16頁）があるが，これら裁判例は，労契法がこうした対抗軸としての機能を発揮した象徴的な事例である。

*64　荒木尚志「労働契約法の10年——制定・展開と課題」ジュリ1507号（2017）36頁。

株主と対置されるべき多様な利害関係者（stakeholder＝従業員，顧客，取引先，債権者，社会）の中でも，顧客・取引先に比べて劣位に置かれてきた従業員（労働者）の地位を法的に再認識し，その法的地位を強化する意義を有している。それは，労働法の側から多元主義モデル（stakeholders model）を提示する意義を有するものと解される。

第3に，会社法における労働者（従業員）の位置づけを明確化し，会社法の規範について労働者利益の保護を内容とする解釈論を提示する必要がある。そうした解釈論としては，特に，企業の法令違反行為に関する取締役の第三者責任規定（会社429条）・取締役会の内部統制システム構築義務（同362条）をめぐる解釈論が挙げられる。これら会社法規範は，労働法を含む法令違反の防止体制の構築・運用が取締役・取締役会の任務となることを示しており，会社法が労働者を利害関係者として位置づけ，その利益を保護する法規範として機能しうることを示している（702頁以下参照）。

また，会社法における多元主義モデル（stakeholders model）の可能性を示す動きとして，前述したコーポレートガバナンス・コードが挙げられる。すなわち，コーポレートガバナンス・コードは，前掲基本原則1（「株主の権利・平等性の確保」）に続く基本原則2として，「株主以外のステークホルダーとの適切な協働」を掲げ，「上場会社は，会社の持続的な成長と中長期的な企業価値の創出は，従業員，顧客，取引先，債権者，地域社会をはじめとする様々なステークホルダーによるリソースの提供や貢献の結果であることを十分に認識し，これらのステークホルダーとの適切な協働に努めるべきである」と述べる。コーポレートガバナンス・コード自体は，法的拘束力をもたないソフト・ローであるが，上場会社の行動を規律する原則を網羅した規範として重要な意義を有する。そのコーポレートガバナンス・コードが，従業員を筆頭とする多様なステークホルダーとの協働を第2の基本原則として謳ったことは，会社法上，株主価値モデルが堅持されつつも，多元主義モデルが部分的に摂取されつつある状況を示していると思われる[*65]。

第4に，株主価値モデルの対抗軸となりうるコーポレート・ガバナンス論

[*65] コーポレートガバナンス・コード・基本原則2の意義については，中村直人＝倉橋雄作『コーポレートガバナンス・コードの読み方・考え方〔第3版〕』（商事法務・2021）93頁以下参照。土田・前掲論文（*55）297頁も参照。なお，多様な利害関係者（stakeholder）の中でも，従業員（労働者）が顧客・取引先・債権者に比べて劣位に置かれてきたこと，近年の労働立法の整備がこうした状況を是正する意義を有することについても前述した。

（多元主義モデル）については，引き続き労働法学の立場から探求することが重要な課題であることはいうまでもない。多彩な議論が展開されているが，現実性を有する立論として注目されるのは，労働者代表との労使協議の活性化によって多元主義モデルの将来を展望する見解である[*66]。日本型多元主義モデルを支えてきた労働組合の組織率が低下する中，労働組合を補完する労使協議や従業員代表制の制度化は，改めて喫緊の検討課題となりつつある[*67]。

【1-4】 **企業法における労働法（労働契約法）の特質**　前記のとおり，労働法は企業法の一翼を形成するが，他方，以下の点で大きな特質を有する。労働法の特質としては，①労働者・労働組合が企業の利害関係者であると同時に，多くの場合に企業（使用者）との間で対抗関係にあること，②個々の労働者と企業（使用者）との間では労働の他人決定性（使用従属関係）および厳然たる交渉力・情報格差が存在し，ここから労働者保護の要請が基本的要請となること，③①②を前提に，労働者・労働契約保護を内容とする制定法・判例法理が発展するとともに，④労使自治の原則が労働法の基本理念とされ，個別的労働関係においては合意原則（労契3条1項）および労働条件対等決定の原則（労基2条1項）が重要となり，企業・労働組合間では集団的労使自治が基本となること等が挙げられる。

　労働法のこうした特質を踏まえると，企業法・労働法の交錯領域においては，労働法が保護しようとする法益が不当に侵害されないよう解釈論・立法論を展開する必要がある。前記のとおり，労働法は，多くの領域で伝統的企業法と交錯するが，それは同時に，多くの領域において企業法の保護法益と労働法の保護法益が対立する状況をもたらすため，両者の適切な調整が必須となるのである。典型例として，ⅰ企業組織再編における迅速な企業再編の要請・株主利益最大化原則の要請と労働契約・労働条件保護の要請の対立（第9章），ⅱ取締役の対第三者責任規定（会社429条）における経営判断原則と労働者保護の要請の対立（第8章），ⅲ営業秘密の保護・守秘義務・競業避止義務における企業秘密・情報保護の要請と労働者の情報利用の自由・職業選択の自由の対立（第2章・第10章），ⅳ職務発明における企業の安定的な特許運用の利益と発明従業者の権利・利益の対立（第2章），ⅴ倒産労働法における迅速な企業再生の要請・更生計画等の実行の必要性と労働者保護の要請の対立（第10章），ⅵ国際労働関係法における準拠法選択の自由・裁判管轄選択の自由と労働者保護の要請の対立（第13章）が挙げられる。

[*66] 大内伸哉「コーポレート・ガバナンス論の労働法学に問いかけるもの——従業員利益を守るとはどういうことか？」日労研507号（2002）28頁。労働法学におけるコーポレート・ガバナンス論については，土田・前掲論文（*55）295頁以下の概観を参照）。

[*67] 菅野和夫「『労働法の未来』への書き置き」労経速2439号（2021）20頁以下，土田道夫「新型コロナ危機と労働法・雇用社会(2)」曹時73巻6号（2021）1043頁以下参照。

詳細は，各箇所で解説するほか，別稿で詳細に考察したので，参照されたい*68。

また，労働法と企業法の関係性については，労働法の規律と企業法の規律が対抗関係に立ち，調整が必要となる場合（第1類型）のほか，以下の3類型が存在する。すなわち，第2類型（労働法の規律と隣接企業法の規律が競合し，調整が必要となる場合），第3類型（労働法の規律と隣接企業法の規律が協働関係に立つ場合），第4類型（労働法の規律が及ばない領域において，隣接企業法の規律が機能する場合）の3類型（合計で4類型）である。第2類型としては，営業秘密・守秘義務，競業避止義務，職務発明について，知的財産法と労働法の規律が競合する場合が挙げられる（第2章）。第3類型としては，労働災害・解雇等について，労働法の規律とともに，会社法が定める取締役の対第三者責任規定（会社429条1項）が適用される場面（第8章）や，労働者の内部通報体制の整備・運用が会社法上の内部統制システム構築義務（同362条4項6号）を構成する場面（第7章・第8章）が典型である。第4類型としては，国際労働関係法における労働契約の準拠法規定（法適用12条）および国際裁判管轄に関する労働契約規定（民訴3条の4・3条の7）が，労働法とは別に労働者保護規範として機能する場面（第13章）や，フリーランスの法的保護として，労働法の規律に代わって，競争法の規律（独占禁止法［優越的地位の濫用］・特定受託事業者に係る取引の適正化等に関する法律［いわゆるフリーランス保護法］）が機能する場面（84頁）が挙げられる。これらについても各箇所で解説するほか，別稿で詳細に考察したので，参照されたい*69。

(7) 労働契約法の体系

労働契約法の体系についてはすでに触れたが，若干補足しておこう。

(ア) **労働保護法**　憲法27条2項は，「賃金，就業時間，休息その他の勤労条件に関する基準は，法律でこれを定める」と規定し，勤労条件（労働条件）法定の原則を宣言する。この憲法上の授権に基づいて，多くの労働保護法が制定されており，労働基準法を中心に，最低賃金法，労働安全衛生法，育児・介護休業法，労働者災害補償保険法，労働者派遣法，賃金支払確保法，高年齢者雇用安定法などが挙げられる。

(イ) **労働契約法**　これに対して，近年の労働立法は，最低基準（労働保護法）の域を脱して，労働契約の基本的ルールを定める立法（労働契約立法）が多

---

*68　土田・前掲論文（*40・講座再生(6)）233頁以下，同・前掲（*40・企業法務と労働法）4頁以下参照。

*69　土田道夫「労働法の規律のあり方について――隣接企業法との交錯テーマに即して」野川忍編『労働法制の改革と展望』（日本評論社・2020）267頁。

い。その最大の成果が労契法であるが，雇用機会均等法や労働契約承継法も労働契約法に属する。また，個別労働紛争解決促進法や労働審判法は，労働契約紛争の解決のための手続法（紛争処理法）として労働契約法を形成する。

(ウ) **判例法理**　第3に，実定労働法規が規制していない事項（労働契約の成立・展開・終了）に関しては，裁判例において多数の法的ルール（判例法理）が形成されている。前記のとおり，判例法理は，労働契約法の実質的法源を形成しており，労働契約紛争を事後的に解決する（裁判規範）と同時に，労働者の行動や企業人事を規律し，紛争を防止する規範（行為規範）としても機能する。判例法理の中には，解雇権濫用法理や懲戒権濫用法理のように強行法規的性格を有するもの（今日では労契15条・16条）と，採用内定・試用期間の法理のように任意法規的性格を有するものがある。

(エ) **労働協約・就業規則**　労働保護法の最低基準を上回る労働条件は，労働契約，労働協約，就業規則といった労使間の自主的ルールによって決定される。特に，企業において展開される労働契約を規律する上で重要な役割を果たすのが，労使間の集団的規範（労働協約・就業規則）である。

労働協約は，労働組合・使用者間の団体交渉の成果として締結される協定であり，労働契約を規律する規範的効力を認められる（労組16条）。就業規則は，使用者が一方的に作成するルールであるが，労働条件の明確化や集団的規律の要請から，労働契約内容を補充・規律する効果を認められる（労契7条・10条）。ともに労使自治の主要な手段を形成する規範であるが，個々の労働者が直接関与する規範ではないことから，労働契約との関係をめぐって多くの法律問題が生じ，労働契約法の難問の一つとなっている。

(オ) **当事者の合意**　労働契約の内容は，以上の諸規範によって規定されない限り，契約当事者である労働者と使用者との合意によって決定される（労契3条1項・8条）。前記のとおり（13頁），労使間の個別合意は重要性を増しており，労働契約の機能が高まっている。また，明示の合意が存在しない場合は，契約内容を補充する上で，黙示の合意や労使慣行が基準となることがある。

(カ) **民法の雇用規定**　労契法等の労働法令に規定されていない事項については，雇用契約に関する民法の雇用規定（623条〜631条）が労働契約に適用され，労働契約法の一翼を担う。特に，報酬の支払時期に関する規律（624条），権利義務の一身専属性に関する規律（625条），期間の定めのない労働契約における労働者の退職の自由の保障（627条1項），有期雇用契約における解除事由

要件(「やむを得ない事由」要件。628条)が重要である。雇用規定については,2015年以降の民法改正によって一部規定の改正が行われた(民法改正については,48頁参照)。また,民法改正の検討に伴い,労契法との関係が議論されているほか,各雇用規定の起草・立法趣旨を含めた包括的な研究も公表されている[*70]【1-5】【1-6】。

> 【1-5】 **労働契約と雇用契約**　日本の労働法理論は,労働契約の特質を踏まえて「労働の従属性」を認め,民法上の労務供給契約(雇用・請負・委任)と峻別する立場に立ってきた。「労働の従属性」の内容としては,①労働者が使用者の指揮命令に服して労働すること(人的従属性),②労働者が労働力を売る以外に生活手段がなく,その結果,使用者との労働条件の交渉上不利な地位に置かれ,顕著な交渉力・情報格差の下に置かれること(経済的従属性),③労働者が使用者の労働組織に組み込まれて労働すること(組織的従属性)などが挙げられる。本書にいう労働の他人決定性(=①),交渉力・情報格差(=②),組織的性格(=③)に相当するといいうる(7頁以下)。なお私は,経済的従属性(②)それ自体は労働契約概念の要素と考えないが,労働者が使用者に経済的に従属しており,顕著な交渉力・情報格差の下に置かれるがゆえに使用者の労働条件決定に服さざるをえない(労働の他人決定性=人的従属性[①])という意味で,経済的従属性は労働契約の特質を成すとともに,労働の他人決定性の前提となるものと考える(68頁)。
>
> 　理論的には,労働契約と雇用契約(民623条)との関係が問題となる。つまり雇用は,独立労働に関する請負・委任と異なり,「労働に従事すること」(労働それ自体)を目的とする契約であり,「指揮命令下の労働」を特色とする(8頁)ため,労働契約における「労働の従属性」とどのように異なるのかが問題となるのである。学説上は,雇用契約があくまで自由・平等な当事者間の契約であるのに対し,労働契約における「労働の従属性」は単なる「指揮命令下の労働」以上の支配的・身分的要素を含む概念であるとして,両者を峻別する立場(峻別説)が有力である[*71]。しかし,労働契約は当事者対等の契約関係としての構成を基本としており(9頁),その内容として使用者の権力や労使間の支配従属関係を観念する余地はない。たしかに,労働契約は,労務指揮権とそれに基づく労働の他人決定性(人的従属性)を基本とするが,それは文字どおり,使用者による労働義務・労働条件の一方的決定という権利義務関係の特質(労働の他人決定性)を意味しており,労契法6条が定める「使用され」ることの法意もここにある。そして,この特質は,雇用契約における「指揮命令下の労働」と異なるところはない。

[*70]　土田編・債権法改正と労働法第1章「雇用規定の検討」参照。
[*71]　片岡曻「労働契約の法的性質」片岡ほか86頁以下。

したがって，契約の法的性格（類型）としては，労働契約と雇用契約は同一の契約と解すべきである（同一説）*72。もちろん，労使を形式的に自由・平等な法的人格者と理解した民法と異なり，労働法は，上記従属性（人的従属性・経済的従属性・組織的従属性）の認識を踏まえた多様かつ独自の立法規制を備えており，また，労働条件対等決定原則（労基2条1項）を基礎とする判例法理の規律も，この点の認識によって正当化される。したがって，労働契約が法の規制理念の面で雇用契約と異質の存在であることは当然である。しかし，両者は契約類型としては同一であるから，雇用契約＝労働契約は，民法の雇用契約規定および労働法の双方の適用を受けると考えるべきである*73。

【1-6】 債権法改正と労働契約法 近年，経済社会の大変動に応じて，民法の債権法・契約法関係規定を改正する機運が生じ，活発な検討が行われてきた。特に，2006年以降，民法研究者を中心とする民法（債権法）改正検討委員会が精力的な検討を行い，2009年，「債権法改正の基本方針」（以下，「基本方針」）がとりまとめられた*74。そして，2009年10月以降，法務省に法制審議会民法（債権関係）部会が設置され，「民法（債権関係）の改正に関する中間的な論点整理」（2011年4月［以下「中間的論点整理」］），「民法（債権関係）の改正に関する中間試案」（2013年2月［以下「中間試案」］）*75 を経て，2015年2月，「民法（債権関係）の改正に関する要綱案」（以下，「要綱案」）が取りまとめられ，同年の通常国会に提案されたが成立せず，継続審議となって一時停滞したが，2017年の通常国会において成立した。以下，労働契約法の観点から重要な論点を俯瞰する*76（賃金

---

*72 下井86頁，荒木48頁，水町69頁等。

*73 土田・労務指揮権314頁以下，土田・前掲論文（＊49）94頁以下参照。ただし，労働契約は，雇用契約以外の民法上の労務供給契約を含むという意味では，雇用契約より広い概念である。西谷教授も，雇用契約と労働契約の契約類型としての関係性をどう解するかということと，両契約に対していかなる法理念に基づいて法規制を加えるべきかということは別次元の問題であると捉えた上，両契約を契約類型としては同一と解しつつ，労働契約に対する労働法の規整に独自性を認めるべきことを論じている（西谷敏『労働法の基礎構造』［法律文化社・2016］70頁以下）。

*74 民法（債権法）改正検討委員会編『債権法改正の基本方針』（商事法務・2009：別冊NBL No.126），同編『詳解 債権法改正の基本方針Ⅰ～Ⅴ』（商事法務・2009, 2010）参照。

*75 中間的論点整理については，商事法務編『民法（債権関係）の改正に関する中間的な論点整理の補足説明』（商事法務・2011［以下「中間的論点整理補足説明」］）を，中間試案については，商事法務編『民法（債権関係）の改正に関する中間試案の補足説明』（商事法務・2013［以下「中間試案補足説明」］）を参照。

*76 債権法改正と労働法に関する研究として，山川・前掲論文（＊49・債権法改正と民法学Ⅰ）123頁，山本豊編『新注釈民法（14）』（有斐閣・2018）18頁以下［山川隆一］，土田・前掲論文（＊49）93頁参照。債権法改正段階における労働法の観点からの包括的研究として，土田編・債権法改正と労働法，荒木＝菅野＝山川252頁以下，「シンポジウム 債権法改正と労働法」労働123号（2014）88頁以下等参照。

請求権の消滅時効［労基 115 条］および生命・身体の侵害による損害賠償請求権の消滅時効改正［民 167 条］については、それぞれ 341 頁、684 頁を参照されたい）。

(1) **労契法と民法の雇用規定の関係**　中間的論点整理は、雇用規定を労契法に取り込んで統合する方向性と、逆に、労契法を民法の雇用規定に取り込む方向が考えられるところ、当面は現状を維持して雇用規定を民法に置きつつ、見直しの要否を検討することを提案していた。改正民法も、現状維持の立法政策を採用した。なお、中間的論点整理は、安全配慮義務（労契 5 条）および解雇権濫用規制（同 16 条）に相当する規定を民法に設けることを検討事項としていたが、実現に至らなかった。

(2) **雇用契約規定**　改正民法は、雇用契約規定を基本的に維持しているが、いくつかの重要な改正点を含んでいる[*77]。改正点は、①労働者が労働に従事できなくなった場合の既履行分の報酬請求権に関する規律の新設（624 条の 2）、②期間によって報酬を定めた場合の解約申入れは次期以後についてなしうる旨の規定（改正前民 627 条 2 項）および、6 か月以上の期間により報酬を定めた場合は、3 か月前の解約申入れが可能である旨の規定（同条 3 項）の対象を、使用者による解約申入れ（解雇）に限定し、労働者による解約申入れ（退職）を対象から削除して、その予告期間を 627 条 1 項の 2 週間に統一したこと（同条 2 項・3 項）、③有期雇用契約の解除につき、雇用期間が 5 年（商工業見習の雇用契約については 10 年）を超え、または当事者の一方もしくは第三者の終身の間継続すべきときは、当事者の一方はいつでも契約を解除できる旨定めていた（改正前民 626 条 1 項）のを、雇用期間が 5 年を超え、または終期が不確定である場合に解除できる旨の規定に改正したこと（商工業見習の雇用契約に関する例外は削除）、④契約解除の予告期間を労使双方ともに 3 か月前とする規定（同条 2 項）を、使用者である場合は 3 か月前、労働者である場合は 2 週間前に改めたこと（626 条 1 項・2 項）の 4 点である。②③④は、労働者の退職の自由を考慮した改正であり、労働契約法上、重要な意義を有している。詳細は、関係各箇所で解説する。

(3) **危険負担**　民法の危険負担規定（536 条 2 項前段）は、労働契約法上、解雇等が無効とされた場合の未払賃金請求権の根拠として多用されている。この点、中間的論点整理は、同条の実質的内容（債権者の帰責事由によって債務が履行不能となった場合は、債務者は、反対給付を受ける権利を失わないとの規律）については、労働契約における有用性から維持すべきことを述べ、改正民法も同条同項を維持している。ただし、危険負担と解除の関係を整理する観点から、民法 536 条全体を通して改正前民法の当然消滅構成を履行拒絶権構成に改め、2 項前段についても、「債務者は、反対給付を受ける権利を失わない」との規定から、「債権者は、反対

[*77]　雇用契約規定の改正については、山本編・前掲書（*76）18 頁以下［山川隆一］、土田・前掲論文（*49）94 頁以下参照。

給付の履行を拒むことができない」との規定に改めている。なお、536条2項後段の利益償還規定は維持されている。

(4) **定型約款・組入れ除外規定** 労働契約法（特に、就業規則の法的規律、就業規則をひな形とする労働条件の規律）について特に重要な意義を有するのは、定型約款・組入れ除外規定である。すなわち、改正民法は、定型約款の法的規律として、①定型約款を定型取引（ある特定の者が不特定多数の者を相手方として行う取引であって、その内容の全部または一部が画一的であることがその双方にとって合理的なもの）において、「契約の内容とすることを目的としてその特定の者により準備された条項の総体」と定義した上、②定型約款の契約内容への組入れの要件・効果（みなし合意の要件・効果）として、「定型約款を契約の内容とする旨の合意をしたとき」（定型取引合意）または、定型約款準備者が「あらかじめその定型約款を契約の内容とする旨を相手方に表示していたとき」は、「定型約款……の個別の条項についても合意をしたものとみなす」と規定する（以上、548条の2第1項1号・2号）。また、③定型約款の内容の表示に関する規律として、定型約款準備者が定型取引合意の前または定型取引合意の後、相当の期間内に相手方から請求があった場合は、原則として遅滞なくその定型約款内容を示すべき義務を規定する（548条の3第1項）。その上で、④組入れ除外規定として、②の規定にかかわらず、約款条項のうち、「相手方の権利を制限し、又は相手方の義務を加重する条項であって、その定型取引の態様及びその実情並びに取引上の社会通念に照らして〔民法〕第1条第2項に規定する基本原則に反して相手方の利益を一方的に害すると認められるものについては、合意をしなかったものとみなす」と規定する（548条の2第2項）。

この点、基本方針および中間的論点整理は、a）約款の契約内容への組入要件として、労契法7条の周知に相当する開示の要件に加えて合意要件を設けるとともに、中間試案は基本方針を踏まえて、b）不当条項規制として、a）によって「契約の内容となった契約条項は、当該条項が存在しない場合と比し、約款使用者の相手方の権利を制限し、又は相手方の義務を加重するものであって、……相手方に過大な不利益を与える場合には、無効とする」との規定を提案していた。これと比較すると、改正民法の②は、定型約款が定型約款準備者の一方的表示によって契約内容に組み入れられること（合意によらずに契約内容となること）を認める点で合意要件を緩和し、③は、定型約款の事後開示義務を認めつつ、事前開示要件を排除する点で開示要件を緩和し、④は、中間試案に盛り込まれていた不意打ち条項規制と不当条項規制を統合して規定しつつ、中間試案までの二元的構成（a）約款条項が契約内容に組み入れられることを前提に、当該条項が不当条項と認められる場合は、b）無効とするとの構成）を改め、一元的構成（約款条項が不当条項と認められる場合は、そもそも当事者が合意しなかったものとみなすとの構成）を規定する点で大

きく異なっている。特に②は、現代私法の大原則である合意原則・私的自治の原則を実質的に大きく後退させたものであり、立法政策としては疑問がある*78。

　定型約款については、上記のとおり、定型約款が定型取引を対象とする一方、就業規則は、多数労働者の労働条件の集合的・画一的規律を目的とする規律であり、類似する側面があるため、就業規則が定型約款に該当し、改正民法の適用対象となるか否かが問題となる。しかし、この点は否定すべきであろう。民法改正の経緯を見ると、就業規則の契約内容補充効については、特別法として労契法7条および10条が存在するため、この領域への民法（一般法）の規制の適用は否定すべきであるとの考慮を背景に、上述の不特定多数要件が設けられたという経緯があることから、就業規則の定型約款該当性は否定されるべきである*79。

　しかし一方、組入れ除外規定（不当条項規制）の趣旨を就業規則の契約内容補充効（労契7条）に係る解釈に摂取することは可能かつ適切と解される。上記のとおり、組入れ除外規定においては、相手方の権利の制限または義務の加重に関する判断基準は不明確な状況にあるが、その場合も、まずは任意法規（デフォルト・ルール）を参照するものとされ、そうした任意法規としては、当該条項がなかったとすれば適用されえた明文の任意規定や判例によって承認された種々の解釈準則が挙げられている*80。この点、労契法7条が規定する労働条件の合理性（「合理的な労働条件」）は抽象度の高い概念であり、かつ、同法10条が就業規則による労働条件の不利益変更の要件として規定する労働条件の合理性（「合理的なもの」）に比べて緩やかな概念と理解されている（第2章*267参照）。また、現実の就業規則には、不当条項と理解される可能性がある相当数の条項（使用者に広範な契約内容決定・変更権限を認める条項）が含まれている（一方的賃金減額条項、時間外・休日労働義務条項、包括的出向・休職条項、兼職禁止・兼職許可制、包括的競業避止義務条項、退職金不支給条項、賞与の支給日在籍条項等）。

　こうした状況を踏まえつつ、不当条項規制の趣旨を摂取すれば、労働契約に関する判例法理を任意法規（デフォルト・ルール）に位置づけ、そこから著しく乖離する就業規則条項の合理性を否認し、拘束力（契約内容補充効）を否定するアプローチが可能と解される。さらに、就業規則は、労契法7条とは別に、労働契約のひな形として機能し、労働者の同意を経て契約内容に組み込まれることがあるが、定型約款と就業規則の類似性を踏まえれば、ひな形としての就業規則が労働者の

---

*78　以上、土田・前掲論文（*49）100頁以下参照。民法学からの批判として、特に、河上正二「『約款による契約』と『定型約款』」消費者法研究3号（2017）21頁、山本敬三「改正民法における『定型約款』の規制とその問題点」同書50頁以下参照。

*79　山川・前掲論文（*49・債権法改正と民法学Ⅰ）148頁以下、土田・前掲論文（*49）102頁参照。

*80　山本豊「定型約款の新規定に関する若干の解釈問題」ジュリ1511号（2017）50頁。大澤彩「不当条項規制の現状と課題」消費者法研究6号（2019）210頁も参照。

包括的同意によって直ちに契約内容となると解すべきではなく、定型約款に関する不当条項規制の趣旨を考慮して、7条の類推適用によって合理性審査を肯定すべきであろう（231頁参照）*81。

(5) **債務引受・契約上の地位の移転**　改正民法は、従来は規定のなかった債務引受および契約上の地位の移転に関する規定を新設した。すなわち、改正民法は、併存的債務引受の意義（470条1項）・要件（債権者・引受人間の合意［2項］、債務者・引受人間の合意および債権者の承諾［3項］）・効果（第三者のためにする契約の規律によること［4項］）等を規定するほか、免責的債務引受についても、その意義・要件・効果を規定している（472条）。出向における出向元・出向先の賃金支払義務の規律に際して重要な意義を有する規定である（584頁参照）。また、契約上の地位の移転について、改正民法は、契約の一方当事者が第三者との間で契約上の地位を譲渡する旨の合意をした場合は、他方当事者の承諾を要件に契約上の地位が第三者に移転する旨を規定する（539条の2）。転籍・事業譲渡における使用者の地位の移転に関して重要な意義を有する規定である（第9章＊172）。

(6) **その他の論点**　以上のほか、基本方針・中間的論点整理・中間試案には、労働契約法の制度・解釈用に多大な影響を及ぼしうる事項が含まれていた。すなわち、中間的論点整理は、現代社会における種々のサービス給付契約に関する新たな概念として「役務提供契約」の概念を提唱しており、ここでは雇用契約・労働契約との関係が重要な課題とされていた。また、中間試案の段階では、総則規定である公序良俗について、暴利行為に関する準則を規定することが提案され（第1）、契約に関する基本原則として付随義務・保護義務が提案され（第26）、契約交渉段階に関する規律として説明・情報提供義務が提案され（第27）、さらに、事情変更の法理（第32）や継続的契約（第34）が提案されていた。これらの提案は、労働契約法に対してきわめて多様な課題を提起するものであったが、改正民法には結実しなかった。もとより、今後も検討を継続すべき重要な課題であり、別稿で検討しているので、参照されたい*82。

---

*81　土田・前掲論文（＊49）103頁参照。岡村優希「債権法改正と労働法」土田編・企業法務と労働法73頁以下も参照。

*82　土田・前掲論文（＊49）107頁、以下参照。債権法改正段階の研究として、水町勇一郎「民法623条」土田編・債権法改正と労働法22頁以下（役務提供契約）、土田道夫「約款、事情変更制度、継続的契約」土田編・債権法改正と労働法193頁以下（事情変更法理、継続的契約）、荒木尚志「不当条項、契約締結過程の説明義務・情報提供義務、申込みに変更を加えた承諾（留保付承諾）、時効」土田編・債権法改正と労働法228頁以下（説明・情報提供義務）など参照。民法学からの検討として、山本敬三「民法の現代化と労働契約法」労働115号（2010）56頁、大村敦志「債権法改正と労働法」前掲（＊76・労働）88頁参照。

第3節　立法としての労働契約法──労契法の意義と概要

2007年，本書が対象とする労働契約法の一部について，立法としての労働契約法（労契法）が成立した（平19法128。2012年に改正＝平24法56）。本節では，この労契法の意義と概要について解説する。

1 労契法制定の意義

労働契約法は，労働契約が特質とする労使間の交渉力・情報格差を是正し，使用者による裁量権濫用を規制することによって，労使が労働契約を自主的かつ適正に運営することを促進する法の総体である。第2節で解説したとおり，こうした契約規範は従来，判例法理として展開してきたが，労働契約の適正な運営を促進する観点からも，企業の行為規範を明確化して労働法コンプライアンスを推進する観点からも，これら契約規範を立法化して社会に浸透させることはきわめて重要である。

この観点に立って，2004年以来，政府において，労働契約の基本的ルールを定める立法（労働契約法制）が検討され，2005年9月，「今後の労働契約法制の在り方に関する研究会報告書」（2005年9月＝以下「報告」ともいう）[83]を経て，2006年12月，「今後の労働契約法制及び労働時間法制の在り方について（報告）」が公表され，2007年1月には「労働契約法案要綱」が諮問された。この「労働契約法案要綱」をベースに，2007年の国会に労契法案が提出され，可決・成立した。こうして，労契法は，日本の労働法史上，最初の労働契約立法として成立し，労働契約に関する基本法（法源）を提供する法となった。また，労働審判法との関係では，労契法は，個別労働紛争を解決するための手続法（労働審判法）の拠り所となる実体的規範を提供する実体法である[84]。なお，労契法は，国家公務員・地方公務員および同居の親族のみを使用する場合の労働契約には適用されない（21条）。

---

[83] http://www.mhlw.go.jp/shingi/2005/09/s0915-4.html
[84] 労契法制定の意義については，菅野和夫「講演・雇用システムの変化と労働法の課題」，荒木ほか・前掲パネルディスカッション（＊13），「特集　労働契約法の10年とこれから」ジュリ1507号（2017）所収の論稿・座談会，注釈労基・労契(2) 234頁［矢野昌浩］など参照。労契法全体については，荒木＝菅野＝山川が詳しい。

2 労契法の基本的内容[*85]

(1) 概要・性格

労契法は，労働契約法制の本格的・包括的構想を提案した上記「報告書」に対し，審議過程における労使双方の意見の調整を重視した小型の立法（全19条）として制定されたが，2012年改正により，3か条が追加された。

労契法の主要な内容を掲げると，まず，第1章「総則」において，①目的規定（1条）と②労働者・使用者の定義規定（2条）を置いた上，③労働契約の原則（3条）として，労働契約の締結・変更に関する合意原則（1項），信義誠実の原則（4項），権利濫用の禁止（5項）等を定め，④労働契約内容に関する理解促進の責務（4条）と，⑤安全配慮義務を規定する（5条）。

次に，第2章「労働契約の成立及び変更」では，⑥労働契約の基本的内容を規定（6条）した上，⑦就業規則が内容の合理性と労働者への周知を要件に労働契約内容を補充すること（7条）を定める。また，「労働契約の内容の変更」として，⑧合意原則を謳った（8条）上，「就業規則による労働契約の内容の変更」として，⑨再び合意原則を宣言しつつ（9条），⑩変更の合理性と労働者への周知を要件に，労働条件は変更後の就業規則によること（10条）を規定し，⑪変更手続は労基法89条・90条によること（11条），⑫就業規則の最低基準効（12条），⑬就業規則と法令・労働協約との関係（13条）を規定する。このうち，⑫は，労基法93条を移行させたものであり，⑬は，労基法92条の内容（就業規則と法令・労働協約の関係）を労契法の立場から規定したものである。

さらに，労契法は，第3章「労働契約の継続及び終了」において，⑭出向に関する権利濫用の場合の無効（14条。出向命令権濫用規制），⑮懲戒に関する権利濫用の場合の無効（15条。懲戒権濫用規制）および⑯解雇に関する権利濫用の場合の無効（16条。解雇権濫用規制）を規定する。最後に，第4章「期間の定めのある労働契約」として，⑰期間途中の解雇はやむをえない事由を要することを規定する（17条1項）。この第4章は，2012年改正によって拡充され，⑰有期労働

[*85] 労契法の解釈に関しては，厚生労働省が発した「労働契約法の施行について」（平成20・1・23基発0123004号。以下，「施行通達」として引用）および2012年改正法に関する「労働契約法の施行について」（平成24・8・10基発0810第2号。以下，「改正法施行通達」として引用）が参考となる。労契法の制定経緯については，注釈労基・労契(2) 234頁以下［矢野昌浩］参照。労契法の解釈に関する私見については，土田道夫「労働契約法の解釈」季労221号（2008）4頁参照。

契約が5年を超える場合の無期労働契約への転換（18条），⑱雇止めの法規制（19条），⑲有期契約労働者の不合理な労働条件相違の禁止（20条）が追加された（ただし，20条は，2018年の働き方改革推進法の一環としてのパート・有期法8条の創設に伴い，2020年4月1日をもって削除）。

労契法は，労働契約の基本ルールを定める立法として，純然たる民事法規と位置づけられ，私法的効力のみを予定し，罰則や行政監督（公法的効力）を予定していない。すなわち，労契法は，労働契約に関する民法の特別法であり，そうであるからこそ，労働条件の最低基準立法である労基法とは別の立法として制定する必要があったといいうる。なお，労契法に立法化されなかった判例法理も数多いが，それらは，労契法とともに，または労契法を補完して労働契約を規律する契約規範として機能し続ける。

労契法の規定の多くは，労働契約の法的規律に関する判例法理を立法化したものである。しかし，それは，労働契約の規律を裁判所任せにせず，明確な法規範（立法）として確立しようとする法であり，「法の支配」を雇用社会に反映させるという意義を有している。すなわち，「法の支配」の理念（5頁）の下では，労働契約の日々の運営や発生した紛争に関して，公正・透明なルール（立法）に依拠して行うことが要請されるのであり，労契法は，まさに労働契約における「法の支配」の機能を担う。また，立法規制は，労働契約の適正な運営の促進という観点から見ても有意義であり，労働契約の基本規範が立法で明示されれば，労使はこのルールを拠り所として適切な契約ルールを創出し，労働契約を適正に運営することができる。こうして，立法としての労働契約法は，労使自治（労使の自主的決定）への介入度が高い法規範（適正契約規範）であると同時に，労使が対等の立場で労働契約を運営することを促進するという意味では，交渉促進規範として労使自治を実質化する機能を営むのである。

労契法各条の解説は本書各箇所に譲り，ここでは，総則規定を中心に，同法の基本理念と基本概念について解説しておこう[86]。

(2) 労契法の基本理念・目的

労契法の理念・目的に関しては，目的規定（1条），労働契約の原則（3条），

---

[86] 労契法の総則規定（3条［労働契約の原則］，4条［労働契約の内容の理解の促進］，5条［安全配慮義務］）については，土田・前掲論文（*19・ジュリ）40頁，注釈労基・労契(2) 256頁［河野奈月］も参照。

労働契約の成立（6条）が特に重要である。

　(ア)　**目　的**　まず、労契法1条は、「目的」として、「この法律は、労働者及び使用者の自主的な交渉の下で、労働契約が合意により成立し、又は変更されるという合意の原則その他労働契約に関する基本的事項を定めることにより、合理的な労働条件の決定又は変更が円滑に行われるようにすることを通じて、労働者の保護を図りつつ、個別の労働関係の安定に資することを目的とする」と規定する。要するに、労使の自主的交渉と合意の原則を基本としつつ、労働契約に関する基本的・実体的規範を設けることで、労働条件の合理的決定・変更を促進し、労働者保護および個別労働関係の安定を図ることが労契法の基本目的である。

　前記のとおり（15頁）、（広義の）労働契約法は、労働契約内容の適正さを確保し、当事者対等の合意による決定から乖離しないよう規制する（適正契約規範）とともに、労働者・使用者が実質的交渉によって労働条件を決定することを促進する（交渉促進規範）法であり、労契法における合意原則も、労働契約法のこうした性格・機能を基礎づける理念である。労契法1条が定める「目的」も、労働契約法の上記性格・機能と一致するものと解される[*87]。

　(イ)　**合意原則**　労契法の第2の理念・目的としては、労働契約に関する合意原則（労契3条1項・8条・9条）が挙げられる。労契法が規定する最も重要な法原則であるが、すでに解説したところ（20頁以下）に譲る。

　(ウ)　**労働契約と就業規則の関係**　労契法の第3の目的は、労働契約と就業規則の関係を明確化することであり、同法は、この点の規律に全7条（7条～13条）を割いている。もともと就業規則は、企業における労働契約の現実の展開を規律する基本的ルールであり、必然的に労働契約との関係が問題となるが、労基法は、就業規則の作成手続（89条・90条）や労働条件の最低基準効（93条）しか規定しておらず、労働契約との関係は判例法理に委ねられてきた。

　そこで、労契法は、この判例法理を踏まえて、就業規則が内容の合理性と周知を要件に労働契約内容を補充すること（契約内容補充効＝7条）や、就業規則による労働条件の変更につき、使用者による一方的変更を原則として禁止しつつ（9条）、就業規則が合理性と周知を要件に契約内容を補充すること（契約内容変更効＝10条）を定め、それを通して労働条件の合理的決定・変更を促進し、労働者保護と個別労働関係の安定を実現することとした。

[*87]　土田・前掲論文（*12）6頁参照。

(エ) **労働契約，労働者，使用者** 労契法が対象とする労働契約の定義について，6条は，「労働契約の成立」と題して，「労働者が使用者に使用されて労働し，使用者がこれに対して賃金を支払うことについて」労働者・使用者が合意することによって成立すると規定する。この規定は，第1には，労働契約の成立要件規定であり，労働契約が労働の提供と賃金支払の交換関係を内容とする有償・諾成・不要式の契約であることを明らかにした規定である。したがってまた，6条の下では，労働契約締結時に労働条件が詳細に合意されていなくても，契約自体は有効に成立し，契約の空白部分は，事後的に法令，労働協約・就業規則，個別的合意等によって補充されることになる。

第2に，労契法6条は，実質的には労働契約の定義規定を意味する。前記のとおり（8頁），労働契約は，労働者が使用者の指揮命令に従って労働し，使用者がその対価として賃金を支払う契約であるが（労働の他人決定性［使用従属性］），6条は，「労働者が使用者に使用されて労働し」と規定することにより，労働契約のこの特質を明確化した規定である。したがって，ある労務供給契約の実質がこのようなものである限り，契約形式が請負（民632条）・委任（同643条）・業務委託契約であっても労働契約に該当する。また，労働契約と民法上の雇用契約（民623条）との関係については，両契約を契約類型としては同一と解する見解（同一説）に立つ限り，労働契約は，民法の雇用契約と同一の契約ということになる。すなわち，労契法6条は，民法の特別法として，同法623条と同一の契約類型を労働契約として規定したものである【1-5】（47頁）。労契法2条は，この労働契約の当事者である「労働者」と「使用者」について規定しているが，これらについては後述する（60頁以下）。

(オ) **信義則・権利濫用規定** 労契法3条は，「労働契約の原則」として，前記の合意原則・労働条件対等決定原則に引き続き，信義則および権利濫用の禁止を規定する。すなわち，「労働者及び使用者は，労働契約を遵守するとともに，信義に従い誠実に，権利を行使し，及び義務を履行しなければならない」（3条4項）。また，「労働者及び使用者は，労働契約に基づく権利の行使に当たっては，それを濫用することがあってはならない」（同5項）。民法の大原則である信義則（民1条2項）および権利濫用の禁止（同3項）を労働契約に関して具体化したものであり，きわめて重要な意義を有する。

前記のとおり，労働契約は，継続的・人格的・組織的性格を有する契約であるため，信義則が重要な機能を営む（10頁）。信義則は，労働者・使用者の権

利義務の解釈基準となる（誠実労働義務，労働条件の決定・変更時の説明・情報提供義務等）とともに，労働者・使用者の多様な付随義務（労働者の誠実義務・守秘義務・競業避止義務，使用者の安全配慮義務・労働者の人格的利益の尊重義務）を創設する機能を営む。一方，権利濫用の禁止については，使用者の裁量権の行き過ぎ（濫用）をチェックする上での基本規範であることは再三述べたとおりである（17頁，22頁）。要するに，信義則および権利濫用の禁止は，労働契約法の最も重要な法規範であり，これらが労契法の原則として規定されたことの意義は特筆すべきものがある。この結果，労働契約法全般にわたって，両規範を踏まえた適切な解釈が要請されることになる。

　(カ)　**雇用社会のビジョンの摂取**　前記のとおり，労働契約法は，日本の雇用社会のビジョンを適切に摂取することを求められ，その第1のビジョンは雇用保障の要請と労働条件の柔軟な調整の要請に求められる（28頁）。この点は，立法としての労働契約法（労契法）にも妥当する要請であるが，労契法は，解雇権濫用規制（16条）によって雇用保障の要請に応え，就業規則による労働条件の決定・変更規制（特に7条・10条）を組み込むことで労働条件の柔軟な調整の要請を考慮しており，妥当と解される。

　一方，雇用社会の新たなビジョン（28頁）については，総則中の3条2項が「労働契約は，労働者及び使用者が，就業の実態に応じて，均衡を考慮しつつ締結し，又は変更すべきものとする」と規定し（均衡考慮の原則），また，3項が「労働契約は，労働者及び使用者が仕事と生活の調和にも配慮しつつ締結し，又は変更すべきものとする」と規定している（仕事と生活の調和への配慮の原則）。ともに訓示規定にとどまるが，労働契約法上の諸問題の解釈や立法政策に際して考慮されるべき規定である。特に，「均衡考慮の原則」は，2012年労契法改正における有期契約労働者の不合理な労働条件相違の禁止（20条）および2018年に制定されたパート・有期法における短時間・有期雇用労働者に係る不合理な待遇相違の禁止（8条）に継承され具体化されている。

　(キ)　**実体的規制と手続的規制**　労働契約法は，労働契約の実体的内容を規制するルール（実体的規制）と，労使間交渉を促進するためのルール（手続的規制）から構成される（17頁以下）。この観点から労契法を見ると，その多くは実体的規定によって占められている（第1章の5条，第2章の6条～10条・12条・13条，第3章の14条～19条）。これら実体的規定は，当事者間の特約による逸脱を許さない強行規定であるが（36頁参照），就業規則の契約内容補充効規定（7条）

および契約内容変更効規定（10条）は，労働者に有利な合意（特約）による逸脱を認める限りで，任意規定としての性格を有する。

一方，手続的規制としては，労働契約の締結・変更に関する合意原則（3条1項・8条・9条。ただし前記のとおり，手続的規制以上の重要な意義を有する）のほか，就業規則の変更手続を定める11条と，労働契約内容の理解促進の責務・書面による契約内容確認の責務を規定する4条（ただし訓示規定）が挙げられる。しかし，労契法は，「報告書」が提案していた多様な個別的・集団的手続規制のほとんどを削除しており，立法として問題が残る。特に，労使委員会制度の提案を削除した点は疑問がある。労使間の構造的な交渉力・情報格差を是正し，労働契約の適正な運営を促進する上で，労使委員会制度は有意義であり，労契法の立法政策としてはもちろん，集団的労使自治の強化やコーポレート・ガバナンス（43頁）の観点からも，引き続き検討する必要がある[*88]。

3 労契法の将来

労契法は，全21条の小型立法にとどまるほか，内容面でも，「報告書」が提案した実体的規定の多くを削除し（特に，整理解雇の4要素規制の削除，採用内定・試用期間・配転・転籍や付随義務に関する規律の削除，非自発的退職の立法的規制の削除等），労使委員会等の手続的規制を削除するなど，本格的労働契約立法にはほど遠い立法となった。しかし，労働立法を「小さく産んで大きく育てる」ことが可能であることは，1985年に誕生し，「ザル法」と酷評された雇用機会均等法が1997年・2006年改正によって本格的雇用平等立法に成長したことを見れば明らかである。今後とも，労契法の改善に向けて，真剣な議論と建設的な提案を継続していくべきである（2012年労契法改正に基づく有期労働契約法制の導入は，その実例である）。特に，労働契約に関する実体的規定のカタログの豊富化，労契法の抽象的規範を具体化し，労使による自主的かつ適正な契約ルールの創出を促進するための指針（ガイドライン）の導入，労使委員会を含む個別的・集団的手続規定の整備，「雇用と自営の中間的働き方」に対する労契法の適用の拡大などが課題となろう。

なお本書では，以上に指摘した「報告書」の意義に鑑み，立法論として検討に値する事項や提案はそのつど注記する。

[*88] この点については，荒木＝菅野＝山川265頁，土田・前掲論文（*12）6頁参照。

第 4 節　労働契約の当事者

1　労 働 者

(1)　問題の所在

労働契約は，労働者と使用者との間で締結される契約であるため，その当事者たる労働者の概念（範囲）を明らかにすることは，労働契約法の適用対象を画定する上で重要である。たとえば，ある労務提供者が労務提供契約を解約された場合，その者が「労働者」であれば，契約の解約は解雇となり，解雇権濫用規制（労契16条）を適用されるが，逆に否定されれば，この保護は及ばない。こうして，労働者概念は，労働契約法の最も基本的な論点を意味する[*89]。

労基法9条は，労働者について，「職業の種類を問わず，事業又は事務所……に使用される者で，賃金を支払われる者をいう」と定義する。この定義は，最低賃金法（2条1号），労働安全衛生法（2条2号），労災保険法（1条），雇用保険法（4条1項）等の関連法規の適用対象たる「労働者」を画定する概念としても用いられる。そして，労契法は，労働契約当事者としての「労働者」について，労基法の定義をほぼ継承して，「使用者に使用されて労働し，賃金を支払われる者をいう」と定義し（2条1項），労働契約の定義規定（6条）も同旨を規定している（8頁）。労基法上の労働者と労契法上の労働者は，基本的には同一の概念と解されている[*90]。

[*89]　最新の文献として，皆川宏之「労働法における労働者」講座再生(1) 73頁，注釈労基・労契(1) 163頁［島田陽一］，國武英生『労働契約の基礎と法構造』（日本評論社・2019）。

[*90]　同旨，NHK神戸放送局事件・神戸地判平成26・6・5労判1098号5頁，医療法人一心会事件・大阪地判平成27・1・29労判1116号5頁。ただし，労基法上の労働者性は，当事者間の合意にかかわらず，就労実態に即して客観的に判断される（同旨，類設計室事件・京都地判平成27・7・31労判1128号52頁）のに対して，労契法上の労働者性については，労働契約の当事者としての労働者性が問題となることから，両者の関係性が問題となる。この点については，労基法上の労働者概念と労契法上の労働者概念は，理論的には区別できるものの，実質的には同義と解すべきものと考える。すなわち，労基法上の労働者概念は，上記のとおり，当事者の合意にかかわらず就労実態に即して判断されるのに対し，労契法上の労働者概念は，理論的には，合意原則（労契3条1項・6条）に基づき，一方当事者が他方当事者の指揮命令に服して労働義務を負う旨の意思表示を行い，他方当事者が一方当事者に対して賃金支払義務を負う旨の意思表示を行い，かつ，双方の意思表示の合致があることを要件とするものと解しうるのであり，この点に労基法上の労働者との理論的相違点が存在する（労契法6条は，労働契約

(2) 「労働者」性の判断基準

(ア) 労基法・労契法上の労働者の要件は、「使用され」ることと、「賃金を支払われる」ことである。このうち、「使用され」ることは、「労働者が使用者の指揮命令に服して労働すること」を意味し、「使用従属性」または「労働の他人決定性」とも呼ばれる（8頁）。「労働者」性の判断は、これら要件（使用従属性、報酬の労務対償性）を適用して、就業実態によって判断される。したがって、契約形式は請負・委任・業務委託契約であっても、当事者間に使用従属関係の実態が認定されれば、その労務供給者は「労働者」と認められ、その労務供給契約は労働契約と解される[*91]。

は、労働者が使用者に使用されて労働し、使用者がこれに対して賃金を支払うことについて、「労働者及び使用者が合意することによって成立する」と規定する）。

しかし、契約の一方当事者が他方当事者の指揮命令に服して労働義務を負う旨の意思表示および他方当事者が一方当事者に対して賃金支払義務を負う旨の意思表示は、結局、当該事案の客観的事実関係（就労実態）に即して認定されるため、客観的就労実態が重要となることから、両概念は実質的には同義と解すべきものと考える。裁判例では、「特定の当事者間に指揮監督下における労働の関係が事実上存在することは労働契約の成立を推認させうる一応の事情であるが、労働契約も当事者間の合意、すなわち意思の合致で成立するから……、明示又は黙示の意思表示として一方が他方に労働義務を負う意思を、他方が一方に対する賃金支払義務を負う意思をそれぞれ表示していると推認するに足りる事情を要する」との一般論を述べた上、当該事案の事実関係に即して労働契約性を否定した例（エコファースト事件・東京地判平成28・10・28ジャーナル58号27頁）、塾講師の出向契約につき、当事者の意思を踏まえて労働契約としての性質決定に慎重な姿勢を示しつつも、結論としては、使用従属性の実態を重視して労働契約と認定した例（河合塾事件・福岡高判平成21・5・19労判989号39頁）、当事者の意思および使用従属の実態双方から判断して労働者性を否定した例（AGORA TECHNO事件・東京地判平成28・8・19判タ1433号186頁）があるが、いずれも、上記のような当事者意思（合意）の認定方法を示唆する判断といいうる。

また、労契法上の労働者については、合意原則に鑑み、実態として使用従属関係があるにもかかわらず、当事者間の合意によって労働者性を排除できるかという問題もあるが、否定すべきである。かかる事例においては、労働者性排除に係る当事者間の合意を重視すべきではなく、当事者は、使用従属関係の実態を有する契約（労働契約［労契6条］）について合意したものと解すべきだからである。これに対し、かかる場合にも、当事者間合意に係る労働者の同意が自由意思に基づいてされたものであると認めるに足る合理的理由が客観的に存在することや、自由意思に基づく取扱いが法令違反や法の趣旨に反する脱法的効果をもたないこと等の厳格な要件を課した上で労働者性を排除できることを説く見解として、柳屋孝安『現代労働法と労働者概念』（信山社・2005）364頁以下がある。

なお、対外国民事裁判権法9条1項所定の「労働契約」も、労契法上の労働契約と同一の概念と判断される（イタリア共和国外務・国際協力省事件・大阪地判令和5・3・22ジャーナル138号24頁）。1138頁参照。

[*91] 労契法上の「労働者」につき、「施行通達」（第2の2(2)イ）も同旨。菅野＝山川209頁、荒木59頁、野川162頁、土田道夫「『労働者』性判断基準の今後——労基法・労働契約法上の

(イ)　「労働者」性の判断は，使用者の指揮命令下で行われる定型的労働については比較的容易である。しかし近年，サービス産業の急増・情報化の進展や，それを背景とする就業形態のいわば「非雇用化」現象（「雇用」形態から「個人請負・業務委託」形態への切替え）によって就業形態が多様化し，労働者か否かの割り切りが難しい事例が増えている。これら労務提供者は，企業との間で業務委託契約名目の契約を締結し，業務上の具体的指揮命令や勤務時間・場所の拘束が少なく，報酬も成績に比例して支払われる（歩合制，出来高制）など，一見，自己の計算と責任において事業を遂行していると見られることが多い。しかも，こうした事例は今後さらに増加するものと推測される。

そこで，こうした限界的事例については，「指揮監督下の労働」および「報酬の労務対償性」を具体化するとともに，事業者性等の要素も加味して労働者性を判断する必要がある。この点，1985年の労働基準法研究会報告「労働基準法の『労働者』の判断基準について」[*92]は，労働者性の判断基準を，「使用従属性に関する判断基準」と，「労働者性の判断を補強する要素」に大別し，「使用従属性」に関する判断基準を，さらに①指揮監督下の労働に関する基準と，②報酬の労務対償性に関する判断基準に分けた上，①については，ⓐ仕事の依頼，業務従事の指示に対する諾否の自由，ⓑ業務遂行上の指揮監督，ⓒ場所的・時間的拘束性，ⓓ代替性を判断要素として掲げ，②については，報酬の

『労働者』性を中心に」ジュリ1426号（2011）50頁参照。裁判例として，新宿労基署長事件・東京高判平成14・7・11労判832号13頁，NHK盛岡放送局事件・仙台高判平成16・9・29労判881号15頁，新国立劇場運営財団事件・東京高判平成19・5・16労判944号52頁，国・西脇労基署長事件・神戸地判平成22・9・17労判1015号34頁，船橋労基署長事件・東京地判平成23・5・19労判1034号62頁，福生ふれあいの友事件・東京地立川支判平成25・2・13労判1074号62頁，大阪西公共職業安定所長事件・福岡高判平成25・2・28判時2214号111頁，文化シヤッター事件・さいたま地判平成26・10・24判時2256号94頁，前掲・医療法人一心会事件（*90），類設計室事件・大阪地判令和元・5・30ジャーナル90号24頁，NHK堺営業センター事件・大阪地判平成27・11・30労判1137号61頁，ワイアクシス事件・東京地判令和2・3・25労判1239号50頁，津山労基署長事件・大阪地判令和2・5・29ジャーナル102号28頁，エアースタジオ事件・東京高判令和2・9・3労判1236号35頁，サンフィールド事件・大阪地判令和2・9・4労判1251号89頁，リコオテクノ事件・東京地判令和3・7・19ジャーナル116号24頁，ハイスタンダードほか1社事件・大阪地判令和5・10・26ジャーナル143号24頁等。また，この判断方法によれば，逆に契約形式は労働契約（雇用契約）であっても，使用従属関係の実態がなければ労働者性を否定される（岡地事件・東京地判令和2・1・15労経速2419号23頁）等。

*92　労働省労働基準局編『労働基準法の問題点と対策の方向――労働基準法研究会報告』（日本労働協会・1985）53頁。

算定方法や支払方法を判断要素として掲げる。また、「労働者性の判断を補強する要素」としては、③事業者性（機械・器具の負担関係、報酬額、他人労働力利用の可否）や専属性を掲げている。その後の裁判例は、おおむねこの判断基準を採用し、各判断要素を総合して労働者性を判断してきた[*93]。要するに、労働者概念の判断基準を整備して内容を柔軟化し、そこに多くの限界的事例を包摂することによって対処するアプローチである。

　雇用形態・就業形態の多様化に鑑みれば、この総合判断アプローチは妥当といえる。しかし、労基法・労契法上の労働者を決する要件である「使用従属性」の中心的判断基準はやはり「指揮監督下の労働」（①）に求めるべきであろう[*94]。前記のとおり（8頁）、労働契約と、独立労働に関する請負（民632条）・委任（民643条）・業務委託の違いは、後3者の場合、労務供給者（請負人・受任者）が自己の計算と危険負担によって労働を遂行し、労働の内容・時間・場所・種類・態様といった基本的要素を自ら決定できるのに対し、労働契約は、労働それ自体の提供を目的とする契約であるため、労働義務の基本的要素を決定する権限（労務指揮権）は、事業遂行の権限を有し責任を負う使用者に帰属し、労働者は自己の労働力を自由に利用する地位を失うという点にある（労働の他人決定性）。つまり、労働契約は、労働者が労働力利用の自由を喪失する点を基本的特質とする契約であり、これが「指揮監督下の労働（使用従属性）」の意味にほかならない。したがって、労契法・労基法上の労働者性の判断に際しては、「指揮監督下の労働」を中心的基準に位置づけるべきである[*95]。

[*93] 大塚印刷事件・東京地判昭和48・2・6労判179号74頁、関西医科大学［未払賃金］事件・大阪高判平成14・5・9労判831号28頁、前掲・新宿労基署長事件（*91）、前掲・新国立劇場運営財団事件（*91）、磐田労基署長事件・東京高判平成19・11・7労判955号13頁、ソクハイ事件・東京地判平成22・4・28労判1010号25頁、前掲・船橋労基署長事件（*91）、前掲・大阪西公共職業安定所長事件（*91）、東陽ガス事件・東京地判平成25・10・24労判1084号5頁、前掲・NHK堺営業センター事件（*91）、戸田建設事件・宇都宮地判平成28・9・15ジャーナル57号19頁、前掲・類設計室事件（*91）、ワーカーズ・コレクティブ轍・東村山事件・東京高判令和元・6・4労判1207号38頁、イヤシス事件・大阪地判令和元・10・24労判1218号80頁、前掲・エアースタジオ事件（*91）、前掲・津山労基署長事件（*91）、前掲・ワイアクシス事件（*91）、前掲・リコオテクノ事件（*91）、前掲・ハイスタンダードほか1社事件（*91）等。

[*94] 土田・労務指揮権284頁以下参照。同旨、皆川・前掲論文（*89）87頁以下。私見に近い見解を示す裁判例として、前掲・日本相撲協会事件（*4）、前掲・キュリオステーション事件（*4）、前掲・類設計室事件（*91）、前掲・ミヤイチ本舗事件（*4）、日本代行事件・大阪地判令和2・12・11労判1243号51頁、ケイ・エル・エム・ローヤルダッチエアーラインズ事件・東京地判令和4・1・17労判1261号19頁。

(ウ)　もっとも，「指揮監督下の労働」は，業務遂行上の具体的指揮監督としては，専門性の高い業務に従事する労働者（専門業務従事者）について後退することが多い。しかしその場合も，労働者が事業組織において業務の基本的目標・内容等に関する指示を受け，遵守すべき期限・ノルマについて指示を受け，諾否の自由を有していない場合や，会社から電子機器利用時間を制限され，時間利用の自由を失っている場合は，基本的・包括的指揮監督関係が存在することから，指揮監督下の労働が肯定され，労働者性が肯定される（研究者・技術者・裁量労働者［労基38条の3・38条の4］が典型である）*96。また，このような基本的・包括的指揮監督関係を「事業組織への組入れ」と把握し，これを指揮監督下の労働の構成要素として理解することも可能である（71頁参照）*97。

---

*95　「使用従属性」要件を構成する「指揮監督下の労働」（本文の①）および「報酬の労務対償性」（②）のうち②については，労基法11条が「労働の対償として」使用者が労働者に支払うものと規定していることから，労働者性の実質的な決め手は「指揮監督下の労働」の有無に求めるべきものと考える。同旨裁判例として，前掲・NHK神戸放送局事件（＊90）。前掲・日本相撲協会事件（＊4），ジャストリース事件・東京地判平成24・5・25労判1056号41頁，前掲・キュリオステーション事件（＊4），前掲・ミヤイチ本舗事件（＊4）も参照。

　　また，「指揮監督下の労働」（①）の中でも，「仕事の依頼・業務従事の指示に対する諾否の自由の欠如」（本文の①ⓐ）および「業務遂行上の指揮監督」（①ⓑ）については，労働契約と独立労働に関する請負・委任を区別する観点から「使用従属性」を肯定する上で必須の要素と考えるが，同時に，本文で詳述する多様な指揮監督ツールを含めて，実質的かつ柔軟に解釈すべきものと考える。一方，「場所的・時間的拘束性」（①ⓒ）については，裁量労働者（労基38条の3・38条の4）のように，時間配分の拘束性がない労働者が存在することからも明らかなとおり，重要ではあるものの，必須の要素とまではいえないと考える（生命保険契約確認業務の性質上，場所的・時間的拘束が乏しいことを重視すべきではないと判断した例として，前掲・大阪西公共職業安定所長事件［＊91］）。他方，「事業者性」（③）については，労務供給者が自己の計算と危険負担によって労働を遂行することを示す要素であり，「使用従属性」の判断に際して重視すべきものと考える。各要素の位置づけについては，今後さらに検討していきたい。

*96　ほぼ同旨，島田陽一「専門職者の労働者性判断基準の検討」道幸哲也ほか編著『社会法のなかの自立と連帯』（旬報社・2022）133頁以下。

*97　菅野＝山川212頁は，専門的裁量的労務供給者（医師・弁護士・一級建築士等）は，特定事業主の事業組織に組み込まれ，しかし労務遂行自体については具体的指揮命令を受けないで独立して労務を供給する場合も，職務内容や質量において指揮命令の下で労務を供給し報酬を得ているという関係にあれば，労働者といえると説く。また，荒木57頁は，裁量労働者は，企業組織に組み入れられて就業規則や企業秩序に服し，企業秩序違反に対しては懲戒処分もありうるという点で指揮命令下の就労と評価できると解し，島田・前掲論文（＊96）141頁以下は，専門業務従事者について業務上の指揮監督や時間的・場所的拘束性を機械的に適用して労働者性を判断することを戒め，これら要素が乏しい場合は，労組法上の労働者性に係る要素である事業組織への組入れを補強要素として判断すべきことを説く。橋本陽子「弁護士事務所カウンセルの労法上の労働者性」労旬2057号（2024）12頁参照。

また近年には，長期雇用制度の変化，IT の進展による外部人材活用の増加等を背景として就業形態が多様化し，フリーランスやプラットフォームワーカーなど雇用（労働契約）によらない自営的就労者が増加しているところ，これら自営的就労者についても，業務遂行上の具体的指揮監督が行われないことが多い。しかし，ここでは，具体的指揮監督に代わる指揮監督のツールは様々に登場しているのであり（業務遂行方法に係るマニュアル，日常的教育・指導・要請，情報通信技術を利用した指示・監視，アルゴリズム AI による指示，業務に係る報告等），それらツールによって業務上の指揮監督の存在を肯定すべきである[*98]。

　裁判例・労委命令を見ても，そうした指揮監督のツールは様々に登場しており，① NHK の受託業務従事者（地域スタッフ）の労基法・労契法上の労働者性につき，NHK が地域スタッフに対して行う指導や要請に相当の強制力を認め，業務遂行上の指揮監督としての効力を肯定した例（前掲・NHK 神戸放送局事件［*90］。74 頁参照），② Uber Eats の配達パートナーの労組法上の労働者性についてであるが，会社（Uber Japan）が配達パートナーの配達業務遂行（配達準備・配達の基本的流れ・配達中のトラブル対応等の配達業務手順等）について広範かつ詳細に規定した「配達パートナーガイド」を作成・手交していることから「広い意味での指揮監督下の労務提供」を肯定した例[*99]，③ タレントの労基法上の労働者性につき，事務所の指示どおりに業務を行わない場合に 200 万円の違約金の支払義務が発生することを重視して，業務従事に対する諾否の自由の欠如や業務上の指揮監督の存在を肯定した例[*100]，④ コピーライターの労基法・労契法上の労働者性につき，会社代表者等からの具体的な指示は少ないものの，月 2 回の定例会議における業務の進捗状況の確認を受けていること等から業務上の指揮監督関係を肯定した例（前掲・ワイアクシス事件［*91］），⑤ 劇団員の労基法上の労働者性につき，公演への出演について形式的には諾否の自由があるものの，実際上は受けた仕事は最優先で遂行するものとされ，事実上従わざるをえない状況にあったとして諾否の自由を否定した例（前掲・エ

[*98]　橋本陽子『労働者の基本概念——労働者性の判断要素と判断方法』（弘文堂・2021）375 頁以下参照。

[*99]　Uber Japan ほか 1 社事件・東京都労委命令令和 4・10・4 労判 1280 号 19 頁（Uber Eats の配達パートナーの労基法・労契法上の労働者性については後述する［82 頁］）。同旨，NOVA 事件・名古屋高判令和 2・10・23 労判 1237 号 18 頁，前掲・大阪西公共職業安定所長事件（*91）（専門職スタッフの雇用保険法上の労働者性に関する判断）も参照。

[*100]　違約金請求事件・大阪地判令和 5・4・21 判タ 1514 号 176 頁。

アースタジオ事件［＊91］)，⑥受験予備校と業務委託契約書を締結して稼働する講師の契約につき，予備校が同人の非違行為に対し，自らの行為を「深く反省」し，予備校の「方針に従い，忠実に業務を行うことを誓約」し，「違反した場合には，違反に相応する処分に従う」旨の確認書を提出させたこと等から，業務委託契約における委託者の指示を超える指揮命令権を行使していたとして雇用契約と判断した例＊101 等がある。

　以上の諸事例において登場する指揮監督のツール（①業務上の指導・要請，②「配達パートナーガイド」，③高額の違約金，④定例会議における業務の進捗状況の確認，⑤公演出演に係る劇団の方針，⑥確認書の提出要求）は，労働者を使用しコントロールする強力な効果を有しており，専門業務従事者における基本的・包括的指揮監督関係をさらに上回る拘束性を示すものである。いずれのツールも，企業が指示する業務従事を余儀なくさせる強力な拘束力を有しており，自営的就労者をして労働力利用の自由を失わせ，使用従属性（指揮監督下の労働）を基礎づけるに足りる拘束性を意味すると評価することができる。

　(エ)　ところで，労組法上の労働者（3条）に関する労使関係法研究会報告書「労働組合法上の労働者性の判断基準について」（2011年）は，判例の分析を踏まえて，①事業組織への組入れ・②契約内容の一方的決定・③報酬の労務対価性を基本的判断要素と解しつつ，労基法・労契法上の労働者に係る基本的判断要素である使用従属性（④業務の依頼に応ずべき関係・⑤広い意味での指揮監督下の労務提供，一定の時間的場所的拘束）を補充的判断要素に位置づけた上，⑤について，判例においては，必ずしも労基法上の労働者性を肯定すべき程度に至らないような広い意味での指揮監督下における労務供給や，労務供給の日時・場所に係る一定の拘束であっても，労組法上の労働者性を肯定的に評価する要素として勘案されていると分析している。

　しかし，同報告書が参照した判例（INAXメンテナンス事件）＊102 において上記⑤と評価された判断は，会社との間で業務委託契約を締結して商品修理サービスを提供するカスタマー・エンジニア（CE）が，会社が指定した担当地域内において，会社の依頼に係る顧客先での修理補修等業務を行い，原則として業務日の午前8時半から午後7時までは会社から発注連絡を受けていたとの事実や，CEとしての心構え・役割・接客態度等までが記載された各種のマニュアルの

＊101　ウインダム事件・東京地判令和5・2・3労経速2527号21頁。
＊102　最判平成23・4・12労判1026号27頁。

配布を受けて業務の遂行を求められていたとの事実を認定した上で、会社の指揮監督の下に労務提供を行い、時間的・場所的に一定の拘束を受けていたと判断したものであり、この判断は、今日では、もはや労基法・労契法上の労働者性を肯定すべき程度に至らない広い意味での指揮監督や一定の時間的・場所的拘束性にとどまらず、優に前述した新たな指揮監督のツールとして評価すべきものと考える[*103]。換言すれば、フリーランス・プラットフォームワーカー等の自営的就労者の急増およびその労働者性をめぐる紛争の増加という雇用社会の変化を踏まえれば、労使関係法研究会報告書が労組法上の労働者について「⑤広い意味での指揮監督下の労務提供、一定の時間的場所的拘束」と位置づけた事情をもって、労基法・労契法上の労働者性を肯定すべき拘束性（使用従属性［指揮監督下の労働］を基礎づけるに足りる拘束性）と解すべきである[*104]。こうした解釈によって、使用従属性要件を実質的かつ柔軟に解釈し、雇用社会の激変を労働者概念の解釈に適切に反映させる必要がある[*105]。

[*103] 同様に、会社との間で業務委託契約を締結して商品修理サービスを提供する個人代行店の労組法上の労働者性を肯定した判例（ビクターサービスエンジニアリング事件・最判平成24・2・21民集66巻3号955頁）は、本文の⑤について、原則として営業日には毎朝業務開始前に会社サービスセンターに出向いて出張訪問カードを受け取った上で会社が指定した業務担当地域に所在する顧客宅に順次赴き、親会社作成のサービスマニュアルに従って所定の出張修理業務を行うとの事実や、毎夕の業務終了後も原則としてサービスセンターに戻って伝票処理や修理進捗状況等の入力作業を行うとの事実を認定した上で、会社の指揮監督の下に労務提供を行い、時間的・場所的に一定の拘束を受けていたと判断しており、この判断も、本文で述べた新たな指揮監督のツールと理解することができる。

[*104] この点、前掲・NHK堺営業センター事件（＊91）は、NHKの地域スタッフについて、前掲・NHK神戸放送局事件（＊90）と異なり、使用従属性を否定して労契法上の労働者性を否定しつつ、地域スタッフはNHKの業務従事地域の指示（仕事の依頼）に対して諾否の自由を有しないこと、NHKは地域スタッフに対し、請負や委任では見られない手厚い報告・指導体制を敷いていること等から、NHKとの間に広い意味での指揮監督関係がある等として、労契法上の労働者に準ずる程度に従属して労務を提供していると判断し、同法17条1項（中途解雇の規制）を類推適用している。しかし、今日では、こうした事情は、本文に述べた労組法上の労働者に係る⑤と同様、端的に使用従属性の要素（指揮監督下の労働）と解し、前掲・NHK神戸放送局事件と同様、労契法の類推適用ではなく直接適用を肯定すべきであろう。以上、秋山じゅん氏（同志社大学大学院法学研究科）との議論から示唆を得た。

[*105] ドイツでも、連邦労働裁判所（BAG）は、ガソリンスタンドの商品販売等管理を行うプラットフォーマーから業務を委託されて稼働していたクラウドワーカーの労働者性（解雇制限法上の労働者性）が争われた事案につき、2017年に労働契約・労働者概念に関する判例法理を明文化する形で立法化されたBGB611a条1項（「労働契約によって、労働者は、他人に使用されて、指揮命令に拘束された、他人決定の労働を、人的従属性において提供する義務を負う」と規定）を前提に、⓵業務の遂行過程が発注書により厳格に定められていたこと、⓰委託を引き受けるかどうかは自由であるものの、いったん引き受けた業務は2時間以内に行わなけ

(オ) このように，使用従属性要件（指揮監督下の労働）および労働者概念を実質的かつ柔軟に解釈すべきことの理論的根拠は，労働契約の前提的特質を成す経済的従属性およびそこから発生する労働の他人決定性（使用従属性）において労働者を保護すべき必要性に求められる。前記のとおり（47頁），労働契約は，労働者が労働力を売る以外に生活手段がなく，その結果，使用者との間で顕著な交渉力・情報格差の下に置かれ（経済的従属性），またそれゆえに使用者の指揮監督下の労働に服さざるをえないこと（労働の他人決定性＝使用従属性）を特質とする。そして，労働法（労働契約法）は，経済的従属性ゆえに労働の他人決定性（使用従属関係）の下で就労する労働者の利益の保護を基本とし，労使間の実質的対等関係および雇用社会の安定・公正を追求することを目的とする法である（9頁）。

このような労働契約の特質および労働法の目的を踏まえれば，使用従属性要件については，従来の解釈を墨守するのではなく，自営的就労者や専門業務従事者の増加という雇用社会の変化に即して実質的かつ柔軟に判断する必要がある[106][107]。特に，自営的就労者は，まさに使用者に対する顕著な経済的従属

ればならなかったこと等から人的従属性を肯定し，また，⑬プラットフォーマーが一方的に定めた詳細な就労条件によって，クラウドワーカーに対し，具体的な指示を行うことなくその行動を操作（コントロール）できたこと等から他人決定性を肯定し，労働者性を肯定する判断を示している（BAG1.12. 2020, NZA 2021, 552）。

このうち⑬は，本文に述べた Uber Eats の配達パートナーの業務遂行に係る「配達パートナーガイド」や，カスタマーエンジニアの業務遂行に係るマニュアルに類似しており，講学上，「先取りされた指揮命令」と評価されている（ロルフ・ヴァンク［橋本陽子訳］「連邦労働裁判所のクラウドワーカー判決」季労 278 号［2022］93 頁）ところ，このような拘束性も，本文記載の指揮監督の新たなツールとして，就労者の労働力利用の自由を失わせるほどの拘束性を有し，使用従属性を基礎づける要素と評価することができる（本判決については，橋本陽子「ドイツ法」石田信平ほか『デジタルプラットフォームと労働法──労働者概念の生成と展開』［東京大学出版会・2022］42 頁以下参照）。

*106　私は，経済的従属性は労働契約・労働者概念それ自体の要素と考えないが，労働者が使用者に経済的に依存しており，それゆえに使用従属労働（他人決定労働）に服さざるをえないため，その是正が必要であるとの要請（労働法の目的）を，使用従属性要件を実質的かつ柔軟に解釈する根拠と解するものである。

この点，労基法制定に深く関わった末弘嚴太郎博士は，「要するに食わんがために他人に使われ〔使用され〕ているもの，従って放任して置くとこの法律が全般的に心配しているような搾取的弊害に陥り易いものはすべて労働者であると思えば間違ない」と述べていた（末弘嚴太郎「労働基準法解説（一）」法時 20 巻 3 号［1948］11 頁）。「使われ〔使用され〕る状況（使用従属性）にあるのは，生活をするため（「食わんがため」［経済的従属性］）にあるとの趣旨であり，労働者が経済的従属性ゆえに使用従属関係に服さざるをえないことを，使用従属性要件を実質的かつ柔軟に解釈する根拠と解する私見と同旨と考える。また，前掲・大阪西公共職

性ゆえに他人決定労働に服さざるをえず，それゆえに労働法によって保護すべき必要性が高い典型的労務提供者ということができる。他方，これら労務供給者を労働者として労働法の保護対象と理解しないと，はるかに恵まれた労働条件で働き，かつ，使用従属性が緩やかな労務供給者（裁量労働者［労基38条の3・38条の4］・管理監督者［同41条2号］・高度プロフェッショナル制度適用者［同41条の2］・従業員兼務取締役［78頁］）が労基法・労契法上の労働者として保護されることとの均衡を著しく欠き，労使間の実質的対等関係の確立および雇用社会の安定・公正の追求という労働法の目的に反する結果をもたらすため，適切でない[*108]。

　(カ)　ところで，学説では，以上の考察をさらに進めて，「指揮監督下の労働」を基礎づける拘束性と，業務・契約の性質上生ずる拘束性を区別することは無理であるとともに無意味であると批判し，両者を合わせて「事実上の拘束」として位置づけて重視すべきことを説く見解がある[*109]。その基礎にある考え方は，私見と軌を一にするものであって賛成するが，上記提案自体には賛成できない。前記のとおり，労働契約は，労働者が労務指揮権によって労働力利用の自由を喪失することを特質とする契約であるから，ⅰ「指揮監督下の労働」についても，労働力利用の自由を失わせるほどの強度の拘束性に達していると認められることを要する一方，ⅱ業務の性質または業務委託契約から当然に生ずる拘束性というものは存在するのであって，ⅱが業務委託契約に基づく成果に

　　　業安定所長事件（*91）は，生命保険契約確認業務に従事する専門職スタッフの雇用保険法上の労働者性（4条1項）を前掲労基研報告の判断基準に依拠して判断するに当たり，雇用保険法の基本趣旨（失業者が新たな職に就くまでの生計維持や新たな職に就くための支援を行うこと）を明示した上，その趣旨に照らして同法上の保護を与えるのに相当な関係があれば足りると判断しており，失業者が経済的従属性に置かれてることを，使用従属性要件を実質的かつ柔軟に解釈する根拠と解する点で，私見と共通する判断と考える。
  [*107]　厚生労働省「労働基準関係法制研究会」（26頁）は，労基法上の労働者概念に関する重要検討課題として「アルゴリズムによる使用者の指揮等新しい労働者概念」を掲げ，上司部下の関係ではなく，アルゴリズムによる指揮や顧客の評価などが組み込まれ，指揮監督関係が複雑化していることを踏まえて検討すべきという意見があったことを紹介しており（前掲・労働基準関係法制研究会資料［*33］），雇用社会の変化に即した労働者概念の検討の必要性を示している。規制改革推進会議「規制改革推進に関する答申」（2024年5月）も参照。
  [*108]　また，前述した多様な指揮監督のツール（65頁）は，使用者（企業）が経済的に優越した地位にあることから容易に導入・操作でき，経済的従属性に置かれた労務供給者は常にそうしたツールによる拘束を受ける地位にあるところ，この観点からも，使用従属性要件を実質的かつ柔軟に判断する必要があると考える。
  [*109]　橋本・前掲書（*98）390頁，橋本陽子『労働法はフリーランスを守れるか——これからの雇用社会を考える』（筑摩書房・2024）237頁。

向けられるものであるのに対し，ⅰは労働遂行の過程に向けられるものと解することができる*110。具体的には，前記①ⓐⓑⓒの各要素（62頁）について，労務供給者が受ける指示や拘束のうちⅰとⅱを区別した上，問題となる指示や拘束が前者に当たると評価するためには，それが労働力利用の自由を失わせるほどの拘束性に達していることを要すると解すべきである。

そこでたとえば，傭車運転手が運送業務の性質上必要な運送物品・運送先や納入時刻の指示を受ける以外は指揮監督下になく，時間的・場所的拘束が緩やかな場合は，①が否定され，高額のトラックを所有するなど事業者性が強いこと（③）と相まって，労働者性が否定される*111。また，商工会議所で就業する中小企業診断士が，中小企業支援部門における窓口相談等業務の遂行について時間的・場所的拘束を受けるとしても，それが窓口相談という業務の性質上当然に生ずる制約である一方，業務遂行の段取りについて同人に裁量がある場合について①ⓑⓒが否定され，労働者性が否定される*112。

---

*110　すなわち，請負契約や業務委託契約は，仕事の完成ないし業務に係る成果の提供を目的とする契約であるため，運送物品・運送先および納入時刻に係る指示は仕事の完成という契約目的の達成に必要な指示（業務・契約の性質上生ずる拘束性）にとどまり，労働契約上の指揮命令とはいえない一方，発注者が運転経路や運転方法についてまで指示を行っていれば，それはまさに労働遂行の過程における労働力利用の自由を失わせるほどの拘束性を意味し，指揮監督下の労働を基礎づけるに足りる拘束性を意味すると解される（この観点からの労働者性の肯定例として，前掲・津山労基署長事件［＊91］，否定例として，前掲・日本代行事件［＊94］）。ドイツの前掲判例（BAG1.12. 2020［＊105］）も，本文の基準によって両者の指示を区別している（ドイツの判例法理に対する批判として，橋本・前掲書［＊98］391頁注73）。

　　　これに対し，橋本・前掲書390頁以下は，後掲・横浜南労基署長事件（＊111）を批判し，判旨は傭車運転手について運送物品，運送先および納入時刻についてのみ指示があり，運転経路や方法に係る指示がなかったことを労働者性否定の理由としていることから，運転経路・方法に指示が及んでいた場合は労働契約における指揮命令と見る余地があると判断したと理解した上，運送先と納入時刻が指示されれば，出発時刻は自ずから定まり，運転経路や方法まで指示することは通常考えられないと指摘する。しかし，運送先と納入時刻が確定的に指示された場合も，運転経路や運転方法は多様であり，それらに係る指示が行われることはありうると考える。そして，発注者がそのような指示を行っていれば，それはまさに労働力利用の自由を失わせるほどの拘束性（指揮監督下の労働）を意味すると考える。

*111　横浜南労基署長事件・最判平成8・11・28判時1589号136頁。

*112　名古屋商工会議所事件・名古屋地判平成24・8・21労経速2159号27頁。最近の同旨裁判例として，アイグラフィックサービス事件・東京地判令和5・3・2労経速2538号3頁（＊134参照）。冠婚葬祭請負等を営む会社との間で業務執行委託契約を締結し，従業員を雇用して代理店事業を営む個人事業主（代理店主）の労働者性（商業使用人性）につき，会社が代理店主に対して相当程度強い統制を及ぼしてきた事実を認定しながら，その多くは事業を全国的に展開するという代理店契約の趣旨ないし性質から導かれるものであり，指揮命令と評価できるほど強固なものではないとして労働者性（商業使用人性）を否定した例として，ベルコ事

これに対し，映画カメラマンが映画撮影に伴い映画監督の指揮監督に服し（①ⓑ），映画撮影に伴う時間的・場所的拘束を受け（①ⓒ），個々の業務従事に対する諾否の自由がなく（①ⓐ），報酬が撮影の労務提供の対価と評価される場合（②）は，労働者と判断される（前掲・新宿労基署長事件［＊91］）。また，バイクで信書や品物を輸送するバイク便メッセンジャーも，業務従事の指示を拒否する実態がなく（①ⓐ），会社の配車センターの指示に従って配送・待機を行い（①ⓑ），出勤日・勤務時間を指定・管理され（①ⓒ），報酬は完全歩合制であるものの，欠勤した場合は減額される（②）ケースでは，労働者性が肯定される＊113。いずれも，労務供給者に加えられる拘束性が，労働力利用の自由を失わせるほどの拘束性（前記ⅰ）に達していると評価できる事案と解される。さらに，前記ⅱ業務・契約の性質上生ずる拘束性であっても，当該拘束違反に対してペナルティが科される場合や，当該拘束に随伴して労務遂行過程に向けられた指示・拘束が行われ，労務供給者が当該指示に従わざるをえない場合は，①指揮監督下の労働を基礎づける拘束性の要素となりうる。裁判例では，業務委託契約で稼働する英会話学校講師に対する時間的・場所的拘束性（①ⓒ）につき，レッスン時間・レッスン校舎が予め契約によって決められていることは，業務の性質によるものとも解されうるとしつつも，講師が併せて校舎での販促業務や清掃業務等に従事すべきものとされていたことから，指揮監督関係を肯定する方向に働く一事情となると判断した例がある＊114。

　(キ)　研究者・技術者等の専門業務従事者について述べたとおり（64頁），労基法・労契法上の労働者概念については，事業組織への組入れを「指揮監督下の労働」に含めて理解し，労働者概念の要素に位置づけることも可能である。ここにいう「事業組織への組入れ」は，事業組織への事実上の編入ではなく，労働者が事業組織において業務の基本的目標・内容・期限等について指示されて諾否の自由がないなど基本的・包括的指揮監督関係の下に置かれ，労働力を自由に利用する地位を喪失していると評価されることをいう。学説が説く事業組織への組入れについても，同様に理解することができる＊115。

　　　件・札幌地判平成30・12・25労判1197号25頁がある。
　＊113　平成19・9・27基発0927004号。他方，前掲・ソクハイ事件（＊93）は，当該事案の具体的評価に基づき，バイク便メッセンジャーの労基法上の労働者性を否定している。
　＊114　前掲・NOVA事件（＊99。水町勇一郎［判批］ジュリ1567号［2022］127頁）。
　＊115　菅野＝山川212頁，荒木57頁，島田・前掲論文（＊96）145頁。裁判例として，前掲・大阪西公共職業安定所長事件（＊91）。

また，判例（前掲・INAX メンテナンス事件［＊102］）は，労組法上の労働者について，前記⑤広い意味での指揮監督下の労務提供を肯定する（66頁）とともに，事業組織への組入れについても，CE をライセンス制度やランキング制度の下で管理し，また，全国の担当地域に配置して修理補修等の業務に対応させ，CE と調整しつつその業務日や休日を指定し，日曜日や祝日についても交替で業務を担当するよう要請していたことから，CE は，会社の「事業の遂行に不可欠な労働力として，その恒常的な確保のために……組織に組み入れられていた」と判断している。この判断は，CE が業務委託契約の外形にもかかわらず，会社の基本的・包括的指揮監督に服して就労するとともに，時間的・場所的拘束や業務内容・態様の指定によって労働力利用の自由を喪失していることを示すものであるところ，こうした事象を「事業組織への組入れ」と称するのであれば，それは指揮監督下の労働（使用従属性）と一体を成す要素として，労基法・労契法上の労働者性の判断要素を構成すると解することができる。ただし，「事業組織への組入れ」に以上のような意義を認める場合も，それ自体は労働力の恒常的確保を意味するにとどまり，労基法・労契法上の労働者性に係る独自の判断要素を成すものではなく，指揮監督下の労働（使用従属性）を構成・補完する要素と理解した上で労基法・労契法上の労働者性の判断要素に位置づけるべきものと考える【1-7】【1-8】＊116。

> 【1-7】 **労組法上の労働者との異同** 労基法・労契法上の労働者に対し，労組法は，同法上の労働者を「職業の種類を問わず，賃金，給料その他これに準ずる収入によって生活する者」と定義する（3条）。この定義は，団体交渉を中心とする労組法の保護を及ぼすべき者はいかなる者かという観点からの定義であり，労基法・労契法上の労働者より広い。この点，近年には，上述した労働者と事業者のグレーゾーンに位置する人々の労組法上の労働者性が争われる事案が増加しているが，判例は，前述したカスタマー・エンジニアや個人代行店（67頁）について，使用従属性および報酬の労務対償性に加え，事業組織への組入れおよび契約

＊116　土田・前掲論文（＊91）57頁参照。このほか，前掲・労働基準法研究会報告（＊92）が，「管弦楽団員，バンドマンの場合のように，業務の性質上……具体的な指揮命令になじまない業務については，それらの者が……当該事業の遂行上不可欠なものとして事業組織に組み入れられている点をもって，『使用者』の一般的な指揮監督を受けていると判断する裁判例」を参考とすべきと述べていたことも参考となる。労基研報告のいう「事業組織への組入れ」についても，労働者が事業組織の一員として組み込まれ，使用者の基本的・包括的指揮監督下の下で就労していることを意味するものと解すべきである（島田・前掲論文［＊96］145頁参照）。

内容の一方的決定の要素を重視して判断し，労組法上の労働者性を肯定している*117。労組法上の労働者についてこれら2要素が重視されるのは，それら要素が存在すれば，団体交渉によって上記就業者の就労条件引下げ等の問題を解決すべき関係が存在するといえるため，労組法上の労働者性を肯定する方向に働く重要な要素を意味するからである*118。

これに対して，労基法・労契法上の労働者については，事業組織への組入れおよび契約内容の一方的決定は，必ずしも重要性をもたない。前記のとおり，労基法・労契法上の労働者は，労働契約を締結することによって労働力利用の自由を喪失し，使用者の指揮命令の下で労働してその対価たる賃金（報酬）を受領すること（指揮監督下の労働＝労働の他人決定性）をメルクマールとするところ，事業組織への組入れ・契約内容の一方的決定の要素は，それぞれ，事業に不可欠な労働力の恒常的確保および当事者間の交渉力・経済力格差に起因する要素であり，かつ，労基法・労契法上の労働者であれば通常認められる要素である*119一方，労働の他人決定性と異なり，就業者の労働力利用の自由の喪失をもたらす性質のものではないからである。もっとも，事業組織への組入れについては，使用従属性（労働の他人決定性）と一体を成す要素として労基法・労契法上の労働者性の判断要素を構成するものと解するが，その場合も，前記のとおり（72頁），あくまで使用従属性（労働の他人決定性）を構成・補完する要素として理解すべきものと考える。この結果，上記2要素は，労基法・労契法上の労働者性の判断を補強する要素にとどまり，労基法・労契法上の労働者はより限定的な概念となる*120。こうして，労基法・労契法上の労働者と労組法上の労働者は異なる概念であり，「労働者」概念は相対的性格を有することになる。

(3) 具体的事例*121

(ア) **外勤勤務者** 証券会社・保険会社の外務員，電力・ガス会社の検針

---

*117 前掲・INAXメンテナンス事件（*102），前掲・ビクターサービスエンジニアリング事件・（*103），ギグワーカー（Uber Japan ㈱の配達員）の労組法上の労働者性を肯定した前掲・Uber Japanほか1社事件（*99）も参照。

*118 土田381頁，土田・前掲論文（*91）55頁参照。

*119 橋本・前掲書（*98）388頁，同・前掲書（*109）80頁参照。

*120 土田・前掲論文（*91）56頁。同旨，古久保正人「労働基準法・労働契約法上の労働者概念」労働関係訴訟Ⅰ16頁。ただし，事業組織への組入れは，労働者性が問題となる就業者の業務内容・態様・方法が会社によって指定され，時間的・場所的拘束が行われているとの事実に対する法的評価として用いられることもある（前掲・INAXメンテナンス事件［*102］）。この意味における事業組織への組入れについては，労働の他人決定性（指揮監督下の労働）と一体を成し，または補完する要素として，労基法・労契法上の労働者性の判断要素を構成するものと解しうる（土田・前掲論文［*91］57頁）。

員・集金員等の外勤労働者は，請負または業務委託形式で契約を結ぶのが通例であり，勤務形態としても労働時間・勤務場所の拘束が少なく，報酬も歩合給制・出来高制で支払われることが多い。しかし，これら外勤勤務者も，担当ルートや地区の指定を受け，業務遂行過程で自由裁量が乏しく，出退勤時間を拘束され，会社の指示に従って就労している場合は労働者とされる[122]。

一方，NHKと委託契約を締結して受信料の集金等に従事する受託業務従事者（地域スタッフ）の労働者性については，否定判断が定着しているが[123]，近年の裁判例は，地域スタッフの担当区域や目標値はNHKが一方的に決定しており，地域スタッフには諾否の自由がないこと，NHKが行う指導や要請には相当の強制力があり，指揮命令関係が存在すること，地域スタッフに支払われる事務費は出来高方式であるものの，固定された基本給的部分（運営基本額）を含んでいること等の理由から労働者性を肯定している[124]。妥当な判断と解される[125]。

(イ) **専門業務従事者**　　研究者・技術者・専門資格者のように，専門的知識や能力を擁して業務に従事する者は，業務遂行上広範な裁量を認められ，具体的指揮命令が欠ける場合が多い。しかし，これらの者も，業務内容（商品企画・製品開発等）に関する基本的指示を受けて拘束されたり，会社から電子機

---

*121　具体的事例については，注釈労基・労契(1) 163頁以下［島田陽一］，水町43頁以下参照。プラットフォームワーカーについては，叙述の便宜上，【1-8】(82頁) で解説する。

*122　九州電力事件・福岡地小倉支判昭和50・2・25判時777号93頁。営業社員につき，前掲・サンフィールド事件（*91），前掲・ハイスタンダードほか1社事件（*91）。歩合登録外務員の労働者性を否定した例として，前掲・岡地事件（*91）。

*123　NHK西東京営業センター事件・東京高判平成15・8・27労判868号75頁，前掲・NHK盛岡放送局事件（*91），NHK千葉放送局事件・東京高判平成18・6・27労判926号64頁。

*124　前掲・NHK神戸放送局事件（*90）。

*125　竹内（奥野）寿［判批］平成26年度重判解（2015）225頁，土田道夫「NHK受託業務従事者の労働契約法上の労働者性」同志社法学67巻2号（2015）61頁以下，土田「NHK受託業務従事者の労契法・労組法上の労働者性」季労246号（2014）74頁参照。これに対し，同事件控訴審（大阪高判平成27・9・11労判1130号22頁）は，1審判決（*90）を覆し，NHK受託業務従事者の労働者性を否定したが，業務従事の指示に対する諾否の自由を肯定し，業務遂行上の指揮監督および場所的・時間的拘束性を否定する判断の理由づけは不十分であり，1審がこれら判断基準に関して示した丁寧な判断を覆すに足りる十分な理由を示したものとはいい難い。一方，前掲・NHK堺営業センター事件（*91）は，労契法の類推適用論によってより事案に即した判断を示したものと評価できる（ただし，同事件の控訴審＝大阪高判平成28・7・29労判1154号67頁はこの判断を取り消し，労契法の類推適用を否定したが，この判断には疑問がある）。

器利用時間を制限されて時間利用の自由を失っている場合は,「指揮監督下の労働」にあるものとして労働者性が認められる*126。

　裁判例では,嘱託の研究者が労働時間の拘束を受け,それに応じた賃金の支払を受けている場合に労働者と認めた例*127,大学病院の研修医について,研修医が臨床研修の一環として医療行為等に従事する場合は,当該医療行為等は「病院の開設者のための労務の遂行という側面を不可避的に有する」ため,研修医が病院開設者の指揮監督の下にこれを行ったと評価することができる限りは労基法9条所定の労働者に該当するところ,その実態が認められるとして労働者性を肯定した最高裁判例*128,コピーライターにつき,業務の性質上,会社代表者等から具体的な指示は少ないものの,仕事の依頼・業務指示等に対する諾否の自由はなく,時間的・場所的拘束性も相当程度あり,同人に支払われる固定報酬の実質は労務提供の対価の性格を有している等として労働者性を肯定した例*129,客室乗務員としての訓練契約につき,教育的性格を有する一方,訓練生が客室乗務員として乗務するには本件訓練を修了するほかないことから,本件訓練の内容について諾否の自由はなく,時間的・場所的に拘束され,会社の指揮監督下において本件訓練に従事していた一方,会社が支払う訓練手当は訓練への従事という労務の提供に対する対償といえること等から労働契約と判断した例*130がある*131。

---

*126　前記のとおり（64頁）,専門業務従事者については,具体的指揮監督が乏しいことが多いが,その場合も,同一または類似の業務に従事する雇用労働者も同様の状況にあり,かつ,使用者の基本的・包括的指揮監督の下で就労していれば,当該専門業務従事者の労働者性を推認する事情となるものと解される。島田・前掲論文（*96）134頁参照。裁判例として,前掲・大阪西公共職業安定所長事件（*91）,前掲・NOVA事件（*99）,前掲・津山労基署長事件（*91）等。

*127　パピルス事件・東京地判平成5・7・23労判638号53頁。

*128　関西医科大学［未払賃金］事件・最判平成17・6・3民集59巻5号938頁（前掲*93の上告審）。関西医科大学［損害賠償］事件・大阪高判平成14・5・10労判836号127頁も参照。医療法人の創設者でもある医師に関する労働者性否定例として,桜希会事件・大阪地判平成30・3・29ジャーナル76号38頁。

*129　前掲・ワイアクシス事件（*91）。

*130　前掲・ケイ・エル・エム・ローヤルダッチエアーラインズ事件（*94）。

*131　労働者性の肯定裁判例として,妙應寺事件・東京地判平成22・3・29労判1008号22頁（僧侶）,ジョブアクセスほか事件・東京地判平成22・5・28労判1013号69頁（損害保険査定業務従事者）,前掲・福生ふれあいの友事件（*91［住み込み介護ヘルパー］）,前掲・キュリオステーション事件（*4［パソコン教室の店長］）,前掲・医療法人一心会事件（*90［看護師・介護ヘルパー］）,アド装飾事件・東京地判平成28・3・31ジャーナル55号37頁（インテリアコーディネーター）,前掲・戸田建設事件（*93［施工図作成業務者］）,美容院A事件・

他方，労働者性否定例として，医師が担当患者の治療方針・診療計画および診療報酬の算定を自らの責任において決定し，報酬も診療報酬額に比例した完全歩合制によって得ているケースでは，請負契約ないし業務委託契約として労働者性が否定され*132，中小企業診断士や登録手話通訳者に課される時間的・場所的拘束が業務の性質から生ずる拘束であり，業務の裁量性が高いケースでは，「指揮監督下の労働」が否定され，労働者性が否定される*133。

(ウ) **個人請負・業務委託契約者**　個人就業者が企業との間で請負契約・業務委託契約を締結しつつ，当該企業に専属して下請作業を受注し，その指図を受けて作業に従事するケースも見られる。ここでは「指揮監督下の労働」に加えて，下請業者が独立事業者としての体裁を整えていることから，その事業者性や専属性がポイントとなる。したがって，傭車運転手の事業者性が強いケースでは労働者性が否定され（前掲・横浜南労基署長事件［*111］。70頁参照），バイク便メッセンジャーについても，業務従事の指示に応ずるか否かの自由を有し，業務上の指示や時間的・場所的拘束性がもっぱら受託業務の性質によるものであり，報酬が完全歩合制で労務対償性に乏しい場合は労働者性を否定され

　　東京地判平成28・10・6ジャーナル58号37頁（美容師），前掲・イヤシス事件（*93［整体マッサージ店員］），住吉神社事件・福岡地判平成27・11・11労判1152号69頁（神社の神職），前掲・類設計室事件（*91［学習塾の講師］），信愛学園事件・横浜地判令和2・2・27労判1226号57頁（幼稚園園長），前掲・NOVA事件（*99［英会話の講師］），前掲・津山労基署長事件（*91［バイクのテストライダー］），GT-WORKS事件・大阪地判令和4・5・20ジャーナル126号14頁（工事施工管理業務者），前掲・ウインダム事件（*101［予備校講師］）等がある。

*132　医療法人社団市橋会事件・東京地判平成28・8・24ジャーナル57号37頁。他方，医師であっても勤務医として医院で稼働し，医院との間に使用従属性がある場合は，労働者性を肯定される（メディカルプロジェクト事件・東京地判平成30・9・20ジャーナル84号48頁）。

*133　前掲・名古屋商工会議所事件（*112［中小企業診断士］），さいたま労基署長事件・東京地判平成23・1・20労経速2104号15頁（登録手話通訳者）。その他の労働者性否定例として，S特許事務所事件・東京地判平成22・12・1労経速2104号3頁（弁理士），前掲・日本相撲協会事件（*4［力士］），リバース東京事件・東京地判平成27・1・16労経速2237号11頁（セラピスト），NHK［フランス語担当者］事件・東京地判平成27・11・16労判1134号57頁（NHKと業務委託契約を締結して稼働するアナウンサー――ただし，業務委託契約の中途解除・契約更新拒絶については不法行為と判断），弁護士法人甲野法律事務所事件・横浜地川崎支判令和3・4・27労判1280号57頁（勤務弁護士），臺灣新聞社事件・東京地判令和3・8・19ジャーナル118号46頁（記者），東京FD事件・東京地判令和3・11・11ジャーナル122号50頁（プログラマー），東京芸術大学事件・東京地判令和4・3・28労経速2498号3頁（大学の非常勤講師――この判断には疑問がある［小西康之［判批］ジュリ1589号（2023）146頁参照］）等。

る*134。

　これに対し，傭車運転手について，「指揮命令下の労働」の要素（業務指示，指示に対する諾否の自由の欠如，時間的・場所的拘束，服務規律の適用等）が整い，トラックの単独保有が傭車契約の特殊性に基づくもので，必要経費を除く報酬が一般社員と異ならないようなケースでは，事業者性が否定され，労働者と認められる*135。

　(エ)　芸術・芸能関係者　　映画製作スタッフ，オーケストラ団員，芸能人，モデル等の芸術・芸能関係者は，委任（出演委託）契約の形式をとり，業務従事の諾否の自由の欠如や時間的・場所的拘束は業務の性質上生ずる拘束という面があるため，労働者性の判断は微妙となる。そこでたとえば，合唱団の契約メンバーが個別公演出演辞退を理由に不利益扱いや制裁を科されることがなく，実際上も出演依頼に対する諾否の自由が認められ，音楽監督等との間の指揮監

---

*134　前掲・ソクハイ事件（＊93），ソクハイ事件・東京高判平成26・5・21労判1123号83頁。労働者性の否定例として，藤沢労基署長事件・最判平成19・6・28労判940号11頁（大工），末棟工務店事件・大阪地判平成24・9・28労判1063号5頁（OAフロア工事等の個人事業者），昭栄運輸事件・大阪地判平成25・11・8ジャーナル23号20頁（トレーラー運転手），セルティ事件・東京地判平成26・7・16ジャーナル31号31頁（車両回送業務運転手），前掲・文化シヤッター事件（＊91［倉庫製品管理業務等］），前掲・AGORA TECHNO事件（＊90［営業支援業務］），エビス企画事件・東京地判平成28・10・26ジャーナル58号29頁，Premier事件・大阪地判平成28・11・11ジャーナル60号90頁（会社の送迎ドライバー），前掲・日本代行事件（＊94［運転代行ドライバー］），フロンティア事件・大阪地判平成28・11・24ジャーナル61号34頁（宅配業者との間で個人宅配業務契約を締結して稼働するスタッフ），前掲・ベルコ事件（＊112），ベルコ事件・札幌地判平成30・9・28労判1188号5頁（代理店主），国・横浜西労基署長事件・大阪地判令4・12・21ジャーナル133号24頁（太陽光パネル設置工事従事者），前掲・アイグラフィックサービス事件（＊112［紫外線硬化装置設置等業務従事者］）。アイグラフィックサービス事件の判断については，業務従事者について報酬の労務対償性が認められることを軽視し，設置・補修等業務の方法について発注者である会社担当者の指示に服していた事実を適切に評価していないとの疑問がある。

*135　北浜土木砕石事件・金沢地判昭和62・11・27労判520号75頁，アサヒ急配事件・大阪地判平成18・10・12労判928号24頁。傭車運転手以外の労働者性肯定例として，前掲・国・西脇労基署長事件（＊91［シルバー人材センター登録者］），前掲・東陽ガス事件（＊93［LPガスボンベ配送・保安点検業務者］），丸相建設工業事件・東京地判平成28・11・24ジャーナル59号16頁（機材解体業務），TWS Advisors事件・東京地判令4・3・23労経速2507号28頁（不動産取引業務），エル・シー・アール国土利用研究所事件・東京地判令5・5・17ジャーナル146号46頁（不動産鑑定士のアシスタント業務）。業務委託契約を締結して稼働し，労働者性を否定されることの多い運転代行ドライバーも，勤務時間や職務専念義務等が規定される書面に署名押印させられ，仕事開始時間や待機の場所等について具体的に指示されるなど会社の包括的な指揮監督に服し，会社が作成するシフト表について諾否の自由が認められない等の事情の下では労働者性を肯定される（前掲・ミヤイチ本舗事件［＊4］）。

督関係や稽古・練習上の時間的・場所的拘束性も，オペラという舞台芸術の集団性から必然的に生ずるものと評価される場合は労働者性を否定される[*136]。他方，楽団員が演奏回数・日時・場所等について一方的決定に服し報酬額に関して交渉の自由をもたず，演奏を降板した場合は違約金を支払うなど労務提供と報酬に対価性がある場合は，労働者と認められることがある[*137]。

　また，劇団の劇団員につき，大道具・小道具等の裏方業務，演出・稽古等の業務について劇団の指揮命令に従い，時間的・場所的拘束を受けながら労務を提供しているほか，公演への出演についても，事実上は従わざるをえない状況にあったとして諾否の自由を否定し，労働者性を肯定した例があり，準従属的自営的就労者に関する労働者性肯定例として注目される[*138]。このほか，芸能マネジメント会社の専属タレントや専属モデルについても，使用従属性の要素が整えば，労働者性を肯定される[*139]。

　(オ)　**従業員兼務取締役・執行役員**　取締役は本来，会社の機関として業務執行を決定する取締役会の構成員であり（会社362条），会社との関係では委任契約関係にある（同330条）。しかし，日本では，取締役などの役員が業務執行以外の事務や労務を担当し，役員報酬以外の報酬を支払われることが少なくない。このような従業員兼務取締役が，従業員としての職務に従事する一方，取締役としての業務執行権限を有していない場合や，会社代表者の包括的指示の下で業務を執行するにすぎない場合であって，報酬がその対価と認められる場合は，労働者にあたる。この場合，取締役としての委任契約と，労働者として

[*136]　前掲・新国立劇場運営財団事件（[*91]）。
[*137]　チボリ・ジャパン事件・岡山地判平成13・5・16労判821号54頁。
[*138]　前掲・エアースタジオ事件（[*91]）。
[*139]　J社ほか1社事件・東京地判平成25・3・8労判1075号77頁（芸能プロダクションと専属芸術家契約を締結して役務を提供するモデルの労働者性を肯定），元アイドル事件・東京地判平成28・7・7労判1148号69頁（芸能マネジメント会社と所属契約を締結して役務を提供するタレントの労働者性を肯定），前掲・違約金請求事件（[*100]）（同上）。他方，会社と専属マネジメント契約を締結し，会社が提供するトレーニングを受けながら，各種イベントに参加してタレント活動を行っていたタレントにつき，同人はイベントの9割程度に参加していたものの，イベントへの参加を強制されることはなく，就業時間に関する定めもないこと，メンバーに対する報酬は，タレント活動による収益の配分にとどまるため労務対償性が乏しいことを理由に労働者性を否定した例もあるが（Hプロジェクト事件・東京高判令和4・2・16 [LEX/DB25593268]［最決令和4・9・7ジャーナル131号31頁で確定]），もっぱらタレント活動に係る諾否の自由に関する判断に終始しており，総合判断アプローチの観点からは疑問の残る判断である。

の労働契約が併存することになる*140。

裁判例では、定款や取締役会における業務執行権限付与の事実がなく、取締役が代表者の指示の下で業務を担当している場合に労働者性を認めた例*141 と、常務や代表取締役として業務執行を行ってきた者につき、会社経営を統括する業務執行と指揮監督を行い、報酬もそれに見合うものとして高額に設定されていることを理由に労働者性を否定した例*142 があるが、結論の違いは、もっぱら業務執行権限の有無・範囲に関する事実認定に基づく。有限会社の有限責任社員として会社代表者の職務を代行する者（専務取締役）も、代表者の指揮命令下で職務を遂行するにすぎない場合は労働者とされる*143。

企業における執行役員は、取締役のような会社の機関の一員ではなく、会社代表者等の指示の下で業務を遂行する者（「重要な使用人」。会社 362 条 4 項 3 号）に当たる。したがって、執行役員は原則として労働者であり、労働法の適用を受ける。ただし、執行役員の法的地位に関する会社法の規律は乏しいことから、委任契約を締結することも可能であるが、委任としての実態（業務遂行の自主性・独立性）を備えない限り、契約形式とは無関係に労働者（その契約関係は労

---

*140 住建事件・長野地判松本支判平成 8・3・29 労判 702 号 74 頁。
*141 バベル事件・東京地判平成 11・11・30 労判 789 号 54 頁。同旨、大阪中央労基署長事件・大阪地判平成 15・10・29 労判 866 号 58 頁、アンダーソンテクノロジー事件・東京地判平成 18・8・30 労判 925 号 80 頁、前掲・ジャストリース事件（＊95［代表取締役］）、萬世閣事件・札幌地判平成 23・4・25 労判 1032 号 52 頁、前掲・美容院 A 事件（＊131［美容院の共同経営者］）、クリエイト・ジャパン事件・東京地判平成 29・5・29 ジャーナル 72 号 48 頁（取締役兼務従業員）、佐世保配車センター協同組合事件・福岡高判平成 30・8・9 労判 1192 号 17 頁（協同組合の職員として勤務後、常務理事に就任した者）、鑑定ソリュート大分事件・大分地判令和 2・3・19 労判 1231 号 143 頁（取締役として登記されて稼働してきた不動産鑑定士）、加藤美蜂園本舗事件・東京地判令和 2・3・11 判時 2486 号 89 頁（従業員が取締役就任時に特別の手続がなく、取締役就任後も創業者長男の指揮監督下で業務に従事してきた者）、パチンコ店経営会社 A 社事件・横浜地判令和 4・4・14 労判 1299 号 38 頁、ビットウェア事件・東京地判令和 4・12・23 ジャーナル 135 号 52 頁（システムエンジニア）、学究社事件・東京地判令和 5・6・29 労経速 2540 号 24 頁（執行役業務管理本部長）、日生米穀事件・大阪地判令和 6・3・14 ジャーナル 148 号 14 頁（取締役就任後も会社の指揮監督の下で労務を提供してきた者）等。裁判官による詳細な検討として、冨田美奈「取締役と労働者の区別」労働関係訴訟Ⅰ 18 頁。
*142 美浜観光事件・東京地判平成 10・2・2 労判 735 号 52 頁。同旨、東京ブリエ事件・東京地判平成 24・10・23 ジャーナル 11 号 7 頁、サンランドリー事件・東京地判平成 24・12・4 労経速 2168 号 20 頁等。
*143 興栄社事件・最判平成 7・2・9 判時 1523 号 149 頁。正社員は全員取締役に就任するという特異な経営形態を採用する会社の所員につき、法令上の業務執行権限が付与されていない反面、業務実態によれば会社の指揮監督に服して稼働していたとして労働者性を肯定した例もある（前掲・類設計室事件［＊91］）。

働契約）と判断される。裁判例では，一般従業員を退職して退職金を支払われた後に執行役員に就任した者につき，執行役員就任後の業務は一般従業員（管理職）相当の業務であり，執行役員としての独自の権限も有していないことから，労災保険法上の労働者に当たると判断した例がある【1-9】*144。

【1-8】 **グレーゾーンの法的処理**　以上のとおり，労働者概念の外延には限界があるが，現状は，労働者か労働者でないかで労働法の適用が極端に異なる状況（All or Nothing）となっており，非労働者とされた人々の法的保護について問題がある。また前記のとおり（64頁），近年には，フリーランスやプラットフォームワーカー等の自営的就労者が増加しており，その法的保護のあり方が課題となる。解釈論・立法論に分けて解説しよう*145。

　（1）　解釈論——**労働法アプローチ**　まず，解釈論による対応としては，労働者性を満たす自営的就労者に対して労働法（労基法・労契法）を適用することが考えられる。後述するとおり（64頁），フリーランスの保護に係る立法政策としては，競争法の適用が進行しており，2021年に「フリーランスとして安心して働ける環境を整備するためのガイドライン」（フリーランス・ガイドライン）を経て，2023年には，フリーランスを対象として，特定受託事業者に係る取引の適正化等に関する法律（以下「特定受託事業者取引適正化法」）が成立した。とはいえ，後述のとおり，競争法の規律は，取引条件に関する規律や就業環境整備の規律にとどまっており，労働法による手厚い保護には比肩すべくもない。そこで，労働者性（使用従属性）を充足する自営的就労者については，労基法上の労働者性（9条）および労契法上の労働者性（2条1項）を肯定し，労働法を適用する必要がある。その内容は前述したとおりであり（64頁以下），労働者性の有無は，労務供給者の就労実態によって判断されるため，フリーランス等の自営的就労者であっても，使用従属関係が認められれば労働者性を肯定されることは当然である。最近の裁判例においても，準従属的フリーランス（劇団員・専属タレント・美容師・運転代行従事者・コピーライター・バイクテストライダー等）について労働者性を肯定し，労働法の保護を肯定する例は少なくない*146*147。

---

*144　前掲・船橋労基署長事件（*91）。このほか，執行役員の法律関係を労働契約と性質決定した上で，執行役員からの解任を違法と判断した例（前掲・萬世閣事件［*141］）や，同じく執行役員を労働者と認定した上で退職後の競業避止義務を公序違反により無効と判断した例（アメリカン・ライフ・インシュアランス・カンパニー事件・東京地判平成24・1・13労判1041号82頁）等がある。他方，労働者性否定例として，前掲・リコオテクノ事件（*91），米八グループ事件・東京地判令和3・7・14ジャーナル116号28頁がある。

*145　本項については，土田・前掲論文（*67）1086頁以下も参照。

*146　劇団員につき，前掲・エアースタジオ事件（*91），専属タレントにつき，前掲・元アイドル事件（*139），前掲・違約金請求事件（*100），講師につき，前掲・NOVA事件（*99），

(2) 労働法直接適用アプローチ　　以上の労働法アプローチは，使用従属性を満たす自営的就労者に対して労働法（労基法・労契法）を直接適用しつつ，その範囲を外れる就労者については競争法を適用するアプローチであり，労働者性の要件として，当事者間における使用従属関係の存在を求める伝統的理解（61 頁）を前提としている。しかし，これに対しては，そうした判断手法自体を批判し，使用従属関係要件からの決別ないしその修正を説く見解が有力に説かれている。代表的見解として，使用従属性要件を批判し，経済的従属性に着目した上，労基法上の労働者を「自ら事業者に有償で労務を供給する自然人で，独立事業者でない者（失業者を含まない）」と定義する見解（川口 70 頁）や，使用従属性要件の下ではプラットフォームワーカー等の法的保護が不十分となるとの認識を踏まえて，労基法・労契法上の労働者をより広い概念である労組法上の労働者に引き寄せる形で統一的に理解し，「相手方の業務遂行に不可欠な労働力として利用され，その対価として収入を得て生活する自然人」と定義してクラウドワーカー等の労働者該当性を肯定する見解[*148]等がある。

　労働法直接適用アプローチの特色は，使用従属性要件の見直しを通して労基法・労契法上の労働者概念を拡大・再構成することで，自営的就労者について労働者性を広く肯定すべきことを説く点にある。問題は，いうまでもなく，自営的就労者の増加という大きな変化の中で，使用従属性という基本的要件を維持すべきか，あるいは維持するとしてもどのように理解すべきかという点にある。私自身は，前記のとおり（67 頁），使用従属性要件を堅持しつつ，上記変化を踏まえて，就業実態に即して使用従属性要件を実質的かつ柔軟に判断すべきものと考えており[*149]，これによって相当程度自営的就労者の労働者性を肯定することは可能と考える。同箇所で述べたとおり，これら自営的就労者の増加に伴い，労働者を使用しコントロールするためのツールは変化し多様化しているのであり，そうした新たなツールを含めて労働力利用の自由を失わせるほどの拘束性と把握し，使用従属性要件の充足を肯定すべきものと考える。

　(3) Uber 型ワーカーの労働者性　　そこで次に，プラットフォームワーカ

　　前掲・ウインダム事件（＊101），運転代行従事者につき，前掲・ミヤイチ本舗事件（＊4），コピーライターにつき，前掲・ワイアクシス事件（＊91），バイクテストライダーにつき，前掲・津山労基署長事件（＊91）参照。
＊147　このほか，自営的就労者に対して労契法を類推適用することが考えられる。労契法は，労基法と異なり，純然たる私法（民事法）であることから，このような類推適用が可能と解される（土田・前掲論文［＊67］1095 頁参照）。
＊148　浜村彰『『曖昧な雇用関係』をめぐる労働法上の解釈論的・政策論的課題」浜村彰＝石田眞＝毛塚勝利編著『クラウドワークの進展と社会法の近未来』（労働開発研究会・2021）444 頁以下。毛塚勝利「個人就業者をめぐる議論に必要な視野と視座とは」同 408 頁以下も参照。
＊149　土田・前掲論文（＊67）1090 頁以下参照。前掲＊146 掲載の裁判例参照。

ーのうち Uber 型ワーカーの労基法・労契法上の労働者性について検討しておきたい。プラットフォームワーカーとは，プラットフォーム（オンライン環境下において，様々な情報を集めたり交換したりする仮想上の『場』）を介して労働力を提供する者をいう[*150]。前記のとおり，プラットフォームワーカーの登場は，労働者概念の再検討をめぐる議論における最大の焦点となっている。プラットフォームワークは，Uber 型とクラウドソーシング（CS）型に大別され[*151]，双方について労働法の適用が想定されると解されている[*152]。ここでは，Uber Eats の配達パートナーの労組法上の労働者を肯定した労委命令の事案（前掲・Uber Japan ほか1社事件［*99］）に即して，配達パートナーの労基法・労契法上の労働者性について検討しよう。

　私は，配達パートナーの労基法・労契法上の労働者性を肯定することは可能と考える。すなわち，①仕事の依頼に対する諾否の自由については，個々の仕事の依頼に対して断る自由があるとしても，アプリをオンした状態で仕事を断ると，次の配達依頼が入らなくなる可能性があり，アカウントの利用が停止されることがある場合は，諾否の自由があるとは評価できないこと[*153]，②業務遂行上の指揮監督については，会社が配達業務の遂行について広報かつ詳細に記載した配達パートナーガイドを提供する（前述した指揮監督の新たなツール［65頁］ないし「先取りされた指揮命令」［*105］）とともに，同ガイド上，配達業務を正しく遂行することが困難な個人事業主との契約を解消する可能性がある旨記載していることや，配達パートナーは，会社の評価制度やアカウント停止措置により，配達パートナーガイド記載の詳細な業務手順に従わざるをえない状況に置かれていることから，これを肯定できること[*154]，③時間的・場所的拘束性については，配達パートナーは，業務の時間帯・場所について拘束を受けていないため否定されるものの，この要素は，使用従属性を肯定する上で必須の要素とまではいえないこと（*95），④報酬の労務対償性については，配達業務に係る配送料中の基本料金は，飲食店で飲食物を受領した件数に応じて計算される受取料金，注文者に飲食物を渡した件数に応じて計算される受渡料金および飲食店から配達先までの距離に応じて計算される距離料金によって構成され，いずれも配達パートナーが注文者に飲食物を配達する業務量に基づいて算出されること等から，これを肯定できること，⑤事業者性については，配達パートナーが事業者としての裁量を有して事業

[*150] 沼田雅之「プラットフォームエコノミーが現代企業に与えるインパクトと社会法上の課題」労働135号（2022）4頁。
[*151] 沼田・前掲論文（*150）6頁。
[*152] Uber 型につき，鈴木俊晴「プラットフォームワーカーに対する個別法上の保護」前掲・労働（*150）20頁。
[*153] 橋本・前掲書（*98）390頁，鈴木・前掲論文（*152）23頁参照。
[*154] 鈴木・前掲論文（*152）24頁参照。

を遂行しているとは評価できないことから，労組法上の労働者性のみならず，労基法・労契法上の労働者性を肯定できるものと考える*155。

　(4)　**立法政策**　ⓐ　**労働法**　次に，立法政策としては，自営的就労者について，労働保護法の適用の拡大を検討すべきであろう。前掲・新宿労基署長事件（*91）は，映画カメラマンの労災保険法上の労働者性が問題となった事例であり，この種の就業者が同法の特別加入制度（27条［平成13年改正前。現33条］）に含まれていないことから問題となったが，この点については，労災保険法の特別加入制度の拡大を検討すべきである*156。フリーランスについては，2023年11月，特別加入の対象事業として，特定受託事業者取引適正化法（85頁）上の特定受託事業者が業務委託の相手方である業務委託事業者から業務委託を受けて行う事業または業務委託事業者以外の者から委託を受けて行う特定受託事業と同種の事業であって，厚労省労働基準局長が定めるものを規定することを内容とする労災保険法施行規則の改正が行われ（令和6年厚生労働省令22号），相当数のフリーランスの特別加入が実現することとなった。

　また，自営的就労者の激増に伴い，その労基法・労契法上の労働者性を明確化することはより重要な課題であるが，この観点からは，本書で繰り返し論じた使用従属性要件の実質的かつ柔軟な解釈の内容，特に自営的就労者に関する多様な指揮監督のツール（業務遂行方法に係るマニュアル，情報通信技術を利用した指示・監視・モニタリング，日常的教育・指導・要請等［65頁以下］）が使用従属性要件を充足することを，国が指針・ガイドライン等で明示し，自営的就労者の労働者性を明確化することが立法政策上の課題となる。その際，上記多様な指揮監督のツールが，労組法上の労働者に係る補充的判断要素として示された使用従属性（業務の依頼に応ずべき関係，広い意味での指揮監督下の労務提供，一定の時間的場所的拘束）に相当すること（66頁）にも留意して指針等を策定すべきであろう。

　この点，現行の労働者性判断基準（1985年労基研報告［62頁］）は，フリーランス・プラットフォームワーカーの登場以前に形成されたものであり，就業形態の多様化という変化との間に齟齬が生じていること，労働者性判断基準は諸要素の

＊155　Uber Eats の配達パートナーの労基法・労契法上の労働者性が肯定されても，Uber Japan 等のプラットフォーマーと配達パートナー間の契約関係が肯定されなければ，両者間の労働契約は肯定されない（Uber Japan 等の企業は，自身は顧客とプラットフォームワーカーを仲介する仲介者にすぎないと主張）ところ，この点については，両者間に飲食店から注文者に飲食物を配達することを内容とする労務供給契約が締結されていると構成した上，配達パートナーの労働者性を肯定することで，当該労務供給契約を労働契約と性質決定することが可能と考える。詳細は，他日を期したい。なお，厚生労働省「労働基準関係法制研究会」（26頁）は，プラットフォーマーなどでは，使用者が誰なのか，誰に対する労務提供なのかが判然とせず複雑化しており，責任の所在のあり方も課題となるという意見があったことを紹介している（前掲・労働基準関係法制研究会資料［*33］）。

＊156　同旨，柳屋・前掲書（*90）412頁以下。

総合判断となっており，当事者にとって予見可能性が低いこと，個々の裁判例における労働者性の判断は，当該事案に即した個別判断であり，普遍性に乏しいことを考えると，使用従属性要件の実質的かつ柔軟な解釈の内容を指針等で明示することは，自営的就労者の激増およびその法的保護の必要性（62頁）という雇用社会の変化を適切に反映した立法政策として重要な意義を有するとともに，立法の促進という点で，「法の支配」（5頁）の観点からも要請される政策であると考える。またそれは，厚生労働省「労働基準関係法制研究会」が課題として提示した「アルゴリズムによる使用者の指揮等新しい労働者概念」（*107）を具体的に進展させることを意味しており，有意義な立法政策と解される*157。

　ⓑ　競争法　　日本では，具体的立法政策として，自営的就労者に対する競争法の適用が進行しつつある（独占禁止法・下請法［下請代金支払遅延等防止法］・特定受託事業者取引適正法）。この点，公正取引委員会が2018年に公表した「人材と競争政策に関する検討会報告書」*158 は，雇用によらない働き方に対する独禁法の法的保護の可能性について検討していたが，その後公表されたフリーランス・ガイドラインは，独禁法および下請法を用いてフリーランスの法的保護を図る方向性を打ち出した。同ガイドラインは，フリーランス（実店舗がなく，雇人もいない自営業主等であって，自身の経験や知識，スキルを活用して収入を得る者）に対する独禁

---

*157　加えて，より長期的には，EU指令や米国の一部州で採用されている労働者性の推定規定制度の導入について検討する必要がある。たとえば，EU指令「プラットフォーム労働における労働条件の改善」（欧州議会2024年4月24日可決）は，「デジタル労働プラットフォーム」「プラットフォーム労働」の定義規定を設けた上，雇用関係の法的推定について，デジタル労働プラットフォームと，当該プラットフォームを通じてプラットフォーム労働に従事する者との間の契約関係は，加盟国で効力を有する法律，労働協約または慣行に従い，かつ，欧州司法裁判所の判例法を考慮し，支配および指示を示す事実が認められる場合，雇用関係が法的に推定され，法的推定に異議がある場合，挙証責任はプラットフォーム側に課されること（5条1項），加盟国は，プラットフォーム労働従事者の利益となる手続上の便宜を図り，有効かつ反証可能な雇用の法的推定を設けること（同条2項），法的推定は，プラットフォーム労働の雇用上の地位の適正な決定が関わるすべての行政上・司法上の手続において適用されること等を規定した上，加盟国に国内法化を求めている。本文で述べたとおり，現行の労働者性判断基準が諸要素の総合判断として当事者にとっての予見可能性が低いことを考えると，こうした推定規定を設けることは有意義と考えられる。また，労働者該当性に係る主張立証責任は労務供給者側が負う（1179頁）ことから，主張立証責任の軽減という点でも有意義である。
　問題は，いうまでもなく，労働者性の推定要素を何に求めるかであり，私見と同様，伝統的な使用従属性理論を堅持しているドイツがどのように対応するかを含め，今後の動向を注視するとともに，日本法についても検討を深める必要がある。推定規定制度に関する基本文献として，橋本陽子「労働者性の推定規定の可能性」浜村古稀『社会法をとりまく環境の変化と課題』（旬報社・2023）45頁参照。
*158　「人材と競争政策に関する検討会報告書」については，土田道夫「人材獲得市場における労働法と競争法の機能」ジュリ1523号（2018）48頁，土田・前掲論文（*40・企業法務と労働法）41頁以下参照。

法の保護の根拠を優越的地位の濫用（2条9項5号）に求め、①事業者に対し、フリーランスに対する発注時の取引条件を明確化した書面の交付を求めつつ、②事業者の行為類型ごとに、独禁法上の優越的地位の濫用または下請法上の事業者の禁止事項に該当しうる場合を詳細に明示・整理している。②における事業者の行為は、ⓐ報酬、ⓑ発注、ⓒ成果物の取扱い、ⓓ不当な要求、ⓔ守秘義務・競業避止義務・専属義務の一方的設定等とかなり幅広く及んでおり、事業者がその優越的地位を利用してこうした行為を行い、フリーランスが取引への影響等を懸念して受け入れざるを得ない場合は、優越的地位の濫用として競争法上問題となるとしている。

　また、2023年の第211回国会において、特定受託事業者に係る取引の適正化等に関する法律（特定受託事業者取引適正化法）が成立した。その基本的内容は、フリーランスの取引を適正化し、個人がフリーランスとして安定的に働くことのできる環境を整備するため、他人を使用する事業者が、フリーランスに業務を委託する際の遵守事項等を定めるというものであり、フリーランス・ガイドラインを継承するとともに、就業環境整備のための規律（ハラスメント対策や出産・育児・介護への配慮）を盛り込んでいる（施行は2024年11月1日。なお、就業環境の整備に係る事項は、競争法ではなく労働法の規律に位置づけられる）。

　具体的には、①フリーランス（特定受託事業者）を、業務委託の相手方である事業者（個人であって従業員を使用しないものまたは一定の法人であって従業員を使用しないもの[2条1項]）と定義し、フリーランスとの間の業務委託（同条3項）の相手方である「業務委託事業者」を、特定受託事業者に業務委託をする事業者と定義する（同条5項）。その上で、業務委託事業者の遵守事項として、ⓐ業務委託の開始・終了に関する義務（ⅰ特定受託事業者の給付内容その他の事項の書面等による明示[3条]・ⅱ契約の中途解約・不更新の際の事前予告[16条]）、ⓑ報酬の支払に関する義務（役務提供を受けた日から60日以内の支払義務[4条1項]――報酬支払に係る詳細な付随規定が設けられている[同条2項～6項]）、ⓒ特定業務委託事業者（業務委託事業者であって、個人であり従業員を使用するものまたは、法人であり2以上の役員があり、または従業員を使用するもの[2条6項]）の遵守事項として、フリーランスに帰責理由がないにもかかわらず受領を拒否すること（5条1項1号）、報酬を減額すること（同項2号）、返品を行うこと（同項3号）、通常相場に比べ著しく低い報酬の額を不当に定めること（同項4号）、正当な理由もなく指定する物を強制購入させ、役務を強制して利用させること（同項5号）を禁止事項として定めるともに、フリーランスの利益を不当に侵害する行為として、自己のために金銭・役務その他の経済上の利益を提供させること（同条2項1号）およびフリーランスに帰責理由がないにもかかわらず給付をやり直させること（同項2号）を掲げる。また、ⓓ就業環境の整備として特定業務委託事業者が取り組むべき事項として、業務委託の

募集に関する義務（ⓐ募集の際の的確表示［12条］），フリーランスに対する各種ハラスメントの防止措置義務（14条）および妊娠・出産もしくは育児または介護に対する配慮義務（13条）を定めている。

さらに，特定受託事業者取引適正化法は，事業者による法違反に対する行政的履行確保措置として，前記ⓐⓑに係る業務委託事業者による違反行為に関するフリーランスの申告権（6条1項）およびフリーランスの申告を理由とする事業者の不利益取扱いの禁止（同条3項）および同申告があったときの公正取引委員会および中小企業庁長官による調査ならびに適当な措置（同条2項），特定受託事業者の給付内容等の書面等による明示義務（3条）違反，特定業務委託事業者の遵守事項（5条1項）違反，フリーランスの利益不当侵害行為（同条2項）および不利益取扱い禁止に係る公正取引委員会の勧告権限（8条）ならびに特定業務委託事業者が正当な理由なく当該勧告に係る措置を取らなかった場合の命令および事業者名公表（9条）を規定し，また，ⓓに係る業務委託事業者による違反行為についても，厚生労働省を主体とする同様の行政的履行確保措置を規定している（17条～19条）。さらに，フリーランスの相談に関する国の対応体制整備についても規定する（21条）。

以上のとおり，特定受託事業者取引適正化法は，労働法の保護がないことからほぼ無保護状態にあったフリーランスに対して，取引条件の規制を中心に，就業環境の整備を含め，一定の法的保護を提供するものと評価できる[*159]。もっとも，特定受託事業者取引適正化法の中心を成すⓒ特定業務委託事業者の遵守事項（5条）を見ると，業務委託を政令で定める期間以上の期間行うもの（当該業務委託に係る契約の更新により当該政令で定める期間以上継続して行うこととなるものを含む）に限定しているため，たとえばデリバリー従事等のギグワーカーのように時間単位で業務委託契約を締結する者には適用を予定しないといった限界がある[*160]。こ

[*159] 特定受託事業者取引適正化法については，2024年5月に，関係下位法令が示されている（「公正取引委員会関係特定受託事業者に係る取引の適正化等に関する法律施行規則」，「厚生労働省関係特定受託事業者に係る取引の適正化等に関する法律施行規則」，「特定業務委託事業者が募集情報の的確な表示，育児介護等に対する配慮及び業務委託に関し行われる言動に起因する問題に関して講ずべき措置等に関して適切に対処するための指針」等）。小西康之「フリーランス法の内容と提示する課題」ジュリ1589号（2023）59頁，滝澤紗矢子「フリーランス法の意義と特徴」同53頁，荒木尚志「労働法の視点から見たフリーランス法の意義と課題」公正取引878号（2023）16頁，和久井理子「労働者と経済法──近時の発展と残る課題」同4頁等参照。

[*160] もっとも，本文に述べたとおり，特定受託事業者取引適正化法5条は，業務委託について，当該業務委託に係る契約の更新により政令で定める期間以上継続して行うこととなるものを含む旨規定しているところ，基本契約を締結した上で本文のように時間単位の個別業務委託契約を締結するケースについては，公正取引委員会・厚生労働省「特定受託事業者に係る取引の適正化等に関する法律の考え方」（2024年5月）が，「特定業務委託事業者が，特定受託事

のため，特定受託事業者取引適正化法に係る衆議院附帯決議では，「本法の適用対象とならない仲介事業者に対する規制の必要性について検討すること」を定めており，今後の立法政策が注目される。また，ⓒ特定業務委託事業者の遵守事項（5条）の要件を充足しないフリーランスについては，少なくとも前掲フリーランス・ガイドラインの適用を認めて保護することが考えられる。

【1-9】　**労働者協同組合法／組合員の労働者性**　2022年，労働者の多様な働き方の促進（就労機会の創出）に応える立法として，労働者協同組合法が制定された（施行は2022年10月1日）。従来，労働者協同組合と組合員間の関係の法的性格や組合員の法的性質は不明確であったが，労働者協同組合法（以下「労協組法」）の特色は，協同組合と組合員間の関係を労働契約と規定し，組合員を労働者と位置づけたことにある。すなわち，労協組法の基本原理は，組合員が出資し，それぞれの意見を反映して組合の事業を行い，組合員自らが事業に従事することに求め

業者との間で，業務委託に係る給付に関する基本的な事項についての契約（以下「基本契約」という。）を締結する場合には，当該基本契約が1か月以上の期間であれば，当該基本契約に基づき行われる業務委託は本条の対象となる」こと，また「基本契約は，特定業務委託事業者と特定受託事業者との間で，当該基本契約に基づき行うことが予定される業務委託の給付の内容について，少なくともその概要が定められている必要がある」一方，「名称は問わず，また契約書という形式である必要はない」ことを指摘し，また，契約の更新により継続して取引を行うケースについては，「特定業務委託事業者が，特定受託事業者に対して複数の業務委託を連続して行うことが契約の更新により継続して行うこととなる場合に該当し，業務委託を通算して1か月以上継続して行うこととなる場合は，更新後の業務委託は本条の対象となる」こと，また「特定業務委託事業者が，特定受託事業者との間で基本契約を締結する場合であって，契約の更新により継続して行うこととなる場合に該当し，通算して1か月以上継続して行うこととなるときには，それ以降当該基本契約（当該基本契約が更新された契約を含む。）に基づき締結される業務委託は，本条の対象となる」ことを指摘している。また，第211回国会衆議院内閣委員会の議論（2023年4月5日）を見ても，上記業務委託契約への法の適用に関する宮本悦子政府参考人の答弁があり，個々の業務委託契約とは別に個別契約に共通する事項を基本契約として定めているケースがあり，その場合は，「基本契約で給付の内容や報酬など主要の取引条件を定めているのであれば，業務委託契約の一部をなしているものとして，基本契約の契約期間が政令で定める期間以上であるかどうかを判断して」同法の規定を適用することを想定しているとしている。本文のケースも，このような場合に該当すれば，同法が適用される可能性が存在する。今後想定される指針等における明確化が必須の課題といいうる。

関連裁判例として，業務委託契約に基づく受託者が会社との間で締結した合意（会社から依頼ないし指示を受けた日時・場所において業務に従事し，その対価として一定の報酬を支払う旨の合意［一種の基本契約］）につき，業務委託に係る包括的かつ基本的な大綱を合意したにとどまり，同合意から直ちに具体的な報酬請求権が形成されるものとはいい難く，それら具体的な債権債務関係は事後の業務依頼に応じて個々に締結される黙示の業務委託契約によって初めて具体化するものと判断し，上記合意に基づく受託者の報酬請求を斥けた例がある（前掲・アイグラフィックサービス事件［＊112］）。特定受託事業者取引適正化法の施行に伴い，今後この種の紛争が増加することが予想されるが，この判断の当否についても，前掲「特定受託事業者に係る取引の適正化等に関する法律の考え方」等に照らした検討が必要であろう。

られ（1条），労働者協同組合は，組合員による出資と事業運営を組織原理とするが，組合と組合員間の関係については，組合は，組合の業務を執行または理事の職務のみを行う組合員および監事組合員を除いて，「組合員……との間で，労働契約を締結しなければならない」（20条1項）と規定する。その趣旨は，労働者協同組合の名を借りた労働者の搾取の防止を図ることにあるとされる。また，労協組法は，組合と労働契約を締結して事業に従事する組合員が議決権の行使等組合員資格に基づく行為をしたことを理由とする解雇その他の不利益取扱いを禁止し（21条），組合からの脱退が労働契約の終了を意味しないことを明記している（20条2項）。20条2項の趣旨は，労働契約を終了させる目的で恣意的に特定の組合員を脱退させることを防ぐことにある（労働者協同組合及び労働者協同組合連合会の適正な運営に資するための指針［令和4年厚労告188号］第4・4（3））。

　この結果，組合員は労基法・労契法上の労働者および労組法上の労働者に該当し，労働法を全面適用されることになる。この点，労協組法以前の裁判例では，企業組合（ワーカーズ・コレクティブ）でトラック運転手として稼働する組合員につき，企業組合と組合員の関係は民法上の組合契約（667条）によって規律されるところ，理事長を含むメンバー全員が同等の立場で組合の運営に関与しているとして事業者性を肯定し，組合員の労働者性を否定した裁判例が存在したが[161]，この判断は労協組法の下では妥当しないものとなる。

　もっとも，労協組法1条が規定する組合員の基本的役割（組合に出資し，組合員自らが事業に従事すること）は，組合員が資本を提供するとともに事業を経営することを意味するため，組合員の労働者としての位置づけ（労協20条1項）との間で矛盾する側面を有することは否定できず，理論的検討が求められる[162]。また，労働者協同組合の運営が労働契約・労働者（同20条1項）の枠組みを逸脱して行われ，組合との間の使用従属性が乏しい反面，組合員が実質的に対等の立場で組合の事業を運営し，組合員に高度の事業者性（63頁の③）が認められる場合は，法の建前にもかかわらず，組合員の労働者性が否定される可能性がある。

　この点，指針は，「組合員の性質」と題して，労協組法1条に規定する「『組合員自らが事業に従事する』の趣旨は，組合員が事業者であることを意味するものではなく，組合が事業者であり，個々の組合員は組合と労働契約を締結して組合の事業に従事する者であることに留意すること」と念押し的に記載しており（第4・1），それ自体は有意義であるが，労働者性・労働契約性が契約形式ではなく就業実態によって判断される（61頁）以上，上記の可能性は排除できないものと考える。なお指針は，組合員に対して労基法・最賃法・労組法「等の労働関係法令が基本的に適用されることとなるが，これらの具体的な適用に当たっては，具

---

*161　前掲・ワーカーズ・コレクティブ轍・東村山事件（*93）。
*162　濱口桂一郎「労働者協同組合のパラドックス」季労273号（2021）218頁参照。

体的な個々の実態に応じて，各労働関係法令に定める労働者に該当するか否か等が判断されるものであること」とするが（第4・4(一)。傍線筆者），その意義は必ずしも明確でない。上記のとおり，個々の就業実態に応じて組合員が労働者性を否定される場合があることを示唆するようにも見えるが，ミスリーディングの可能性もあるので，国には，より明確な指針を発出することを望みたい。

2 使用者

(1) 意　義

　労働者との間で労働契約を締結する当事者が「使用者」である。使用者は，個人企業の場合は企業主自身，法人企業の場合は法人それ自体をいう。近年における就業形態の多様化や企業変動・企業再編に伴い，「使用者」概念の拡張が問題となるケースが増えている。

　労基法10条は，「使用者」を「事業主又は事業の経営担当者その他その事業の労働者に関する事項について，事業主のために行為をするすべての者」と定義する。「事業主」は労働契約上の使用者と一致するが，労基法の定義は「事業主」以外の者を含む広い定義となっている。これは，職場において実際に労働者を指揮監督し，労務管理を行う者（管理職）も「使用者」と解し，労基法上の責任を負わせる趣旨に基づいている。したがって，これら労基法上の使用者は，取締役を除けば，「事業主」（企業）との関係では，同時に労働契約上の「労働者」となり，労働者としての法的保護を受ける。

　労基法上の使用者のうち，「事業の経営担当者」とは，企業経営一般について権限と責任をもつ者をいい，法人代表者，取締役，支配人などをいう。また「労働者に関する事項」とは，人事，給与，福利厚生などの労働条件の決定や労務管理，業務命令の発令などの一切の事項を含み，これら事項について「事業主」から一定の権限と責任を付与されている者は「事業主のために行為をする」者として「使用者」に当たる（昭和22・9・13発基17号参照）。したがって，これらの者が労基法に違反すれば「使用者」として罰則を適用されるが，それによって事業主が法違反の責任を免れる事態は不公平なので，いわゆる両罰規定が設けられている（労基121条1項。102頁）。

　これに対し，労契法は，労働契約を規律する法であることから，使用者を労働契約当事者としての使用者に限定し，同法上の「労働者」と相関的に，「その使用する労働者に対して賃金を支払う者をいう」と定義している（労契2条

2項)。労働契約法においては，この定義の方が重要である*163。

(2) 使用者概念の拡張

このように，「使用者」は，基本的に労働契約の一方当事者をいうが，例外的にそれ以外の者が使用者とされることがある。まず，使用者としての権利義務が部分的に第三者に帰属する場合が挙げられる。たとえば，出向の場合は，包括的な労働契約関係は出向元との間にあるものの，労働契約上の部分的権利義務が出向先・労働者間に成立するため，出向先は，このような部分的契約関係の当事者という限りで「使用者」となる（580頁）。また，安全配慮義務については，出向先，派遣先，業務処理請負における受入会社が義務の主体とされ，その限りで「使用者」と認められる（726頁以下）。

問題は，このような部分的権利義務関係を超えて，第三者企業が労働契約上の使用者（労契2条2項）たる地位に立つ場合があるか否かであり，これが「使用者概念の拡張」という問題である。労契法上は，特に，賃金支払義務（6条）と，解雇（16条。労働契約上の地位の確認）に関して問題となる。

(3) 使用者概念の拡張──社外労働者受入れのケース

(ア) **黙示の労働契約の成否**　第1に，企業が自己の雇用する労働者以外の労働者を受け入れて就労させる場合が挙げられる。たとえば，企業（注文企業）が請負企業と業務請負契約を締結して労働者を受け入れている場合，請負企業から解雇された労働者は，受入企業との労働契約を主張できるであろうか（**図表1-2参照**）。

業務処理請負の形式を見る限り，この点は原則として否定される。業務処理請負においては，労働者が明示的に労働契約を締結している相手方は請負企業であるし，指揮命令を行う主体についても，これを請負企業とすることが要件とされているからである（この要件を欠くと，違法な労働者供給［職安44条］となる）。ただし実際には，この建前が形骸化し，受入企業が作業上の指揮命令を行う場合がある。そこで学説では，このような事実上の使用従属関係（指揮命

---

*163　労働契約上の使用者については，野川167頁以下，水町83頁以下，本久洋一「労働契約上の使用者」講座再生(1) 95頁，基コメ労基・労契355頁［毛塚勝利］，田近年則「黙示の労働契約・法人格否認」労働関係訴訟 I 33頁，渡辺弘「使用者性」労働関係訴訟の実務21頁，注釈労基・労契(2) 249頁［水町勇一郎］参照。

図表 1-2 使用者概念の拡張

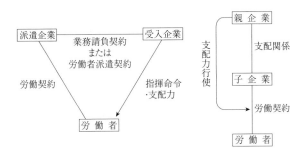

令関係）を根拠に，注文企業との労働契約を認める見解が見られる*164。

しかし，裁判例は，こうした立場を斥け，労働契約も契約である以上，その成立には当事者間の合意（意思の合致）を要するものと解し，事実上の使用従属関係を労働契約に直結させることを否定している。

まず，労働契約は，諾成・不要式の契約であるから，当事者間の明示の合意のみならず，黙示の合意によっても成立することは異論なく肯定される。しかし同時に，労働契約は，労働の提供と賃金支払の対価関係を内容とする契約であるから（労契6条），そのような対価関係が整ったと認められることが要件（同時に使用者［労契2条2項］の要件）となる。すなわち，指揮命令関係（使用従属関係）の存在に加えて，労働者が注文企業に対して労働義務を負い，かつ，注文企業が労働者に対する賃金支払義務を負担していると評価するに足りるだけの事実関係の存在が求められる（黙示の労働契約説）*165。

---

*164　①使用従属関係が認められれば，当事者の意思の合致を要することなく労働契約の成立が認められると説く見解（本多淳亮『雇用調整と人事問題』［ダイヤモンド社・1978］204頁）や，②労働契約の成立には意思の合致を要するとしつつも，使用従属関係自体から労働契約締結の黙示の意思を客観的に推認できると説く見解（萬井隆令『労働契約締結の法理』［有斐閣・1997］251頁）が見られる。

*165　学説では，和田肇「労働契約における使用者概念の拡張」北沢還暦『現代株式会社法の課題』（有斐閣・1986）248頁，菅野＝山川217頁，荒木63頁以下。裁判例として，サガテレビ事件・福岡高判昭和58・6・7判時1084号126頁，大阪空港事業事件・大阪高判平成15・1・30労判845号5頁，マイスタッフ［一橋出版］事件・東京高判平成18・6・29判時921号5頁，積水ハウスほか事件・大阪地判平成23・1・26労判1025号24頁，三菱電機事件・名古屋高判平成25・1・25労判1084号63頁，済生会事件・大阪地判平成30・1・31ジャーナル74号60頁，竹中工務店ほか2社事件・大阪地判令和4・3・30労判1274号5頁等。私見については，土田道夫「労働法の解釈方法についての覚書——労働者・使用者概念の解釈を素材として」渡辺古稀『労働法が目指すべきもの』（信山社・2011）165頁以下も参照。

具体的には、①注文企業が指揮命令権以外に採用・人事管理や配置の権限を有して労働者を管理していること（労務提供関係）と、②注文企業が請負企業に支払う業務委託料を事実上、一方的に決定し、かつ、同委託料が賃金と自動的に連動するなど、受入企業が賃金を実質的に決定していること（賃金支払関係）が黙示の労働契約の成立要件となる。このように、労務提供と賃金支払の双方について注文企業が実質的に関与していることが要件とされる結果、多くの裁判例は、注文企業・労働者間の指揮命令関係を認めつつも、請負企業が賃金を独自に決定していること[*166]や、請負企業が独自に人事管理を行っていること[*167]から黙示の労働契約を否定している。また、冠婚葬祭の請負等を業とする会社との間で業務執行委託契約を締結して代理店事業を営む個人事業主（代理店主）に雇用されていた労働者が会社との間の黙示の労働契約の成立を主張した事案につき、代理店は従業員の採用や互助会契約に関する業務上の指示、葬儀施行業務に関する指揮命令、従業員の労務管理や評価、人事権の行使、給与の額の決定や支払を行う一方、会社の関与はこれらの点に及んでいないとして黙示の労働契約の成立を否定した例もある[*168]。他方、この立場を前提に、付添婦紹介所から派遣された病院付添婦と病院との間の労働契約の成立を肯定した裁判例もあるが、少数にとどまる[*169]。

(イ) **偽装請負事例** 近年には、いわゆる偽装請負（実態は労働者派遣であるが、業務処理・請負を偽装して行われる就労）に関して、請負企業を解雇された労働者が注文企業との間の黙示の労働契約の成立を主張する事案が増加している。

この点について、判例は、上記①②の要件の充足を否定し、黙示の労働契約の成立を否定している（パナソニックプラズマディスプレイ事件）[*170]。すなわち、

[*166] 前掲・サガテレビ事件（[*165]）。

[*167] 前掲・大阪空港事業事件（[*165]）。

[*168] ベルコほか事件・札幌地判令和4・2・25労判1266号6頁——代理店が商業使用人であることを前提とする労働契約成立の主張も斥けられている（代理店主の労働者性については、前掲[*112]参照）。最近では、派遣労働者・派遣元・派遣先の関係につき、派遣元が派遣労働者の業務状況や労務時間等を把握して賃金を計算する一方、派遣先が派遣労働者の労働時間を管理し、労働者の賃金額を決定していた事実はないから、派遣労働者と派遣先との間に事実上の使用従属関係や賃金支払関係等が成立していたとも認めることはできないとして黙示の労働契約を否定した例がある（前掲・竹中工務店ほか2社事件［[*165]］）。

[*169] 安田病院事件・大阪高判平成10・2・18労判744号63頁（最判平成10・9・8労判745号7頁で確定）。このほか、センエイ企業事件・佐賀地武雄支決平成9・3・28労判719号38頁、ウップスほか事件・札幌地判平成22・6・3労判1012号43頁。

[*170] 最判平成21・12・18民集63巻10号2754頁。本件については、土田道夫［判批］私法

判例は，注文企業・請負企業労働者間の労働契約の成否について黙示の労働契約説を採用しつつ，注文企業が実質的に労働者の賃金を決定していたと判断して注文企業・労働者間の賃金支払関係を認め，黙示の労働契約を肯定した原審*171 を破棄し，注文企業が請負企業による労働者の採用に関与していたとは認められず，労働者が請負企業から支給されていた給与額を注文企業が事実上決定していたともいえず，むしろ，請負企業は労働者の配置を含む具体的な就業態様を決定しうる地位にあったと述べ，黙示の労働契約の成立を否定している。一般論を展開しているわけではないが，判旨が掲げる判断要素（労働者の採用，賃金決定，就業態様の決定への注文企業の関与の有無・程度）から見て，黙示の労働契約説を継承し，黙示の労働契約の成立要件として，指揮命令関係（使用従属関係）に加え，労働者と注文企業との間に実質的な労務提供関係・賃金支払関係が存在することを求める立場といえよう。その後の裁判例も，同判例を踏襲して黙示の労働契約を否定する例が多い*172*173【1-10】。

判例リマークス43号（2011）50頁参照。
*171　大阪高判平成20・4・25労判960号5頁。
*172　東レリサーチセンターほか事件・大津地判平成22・2・25労判1008号73頁，日本化薬事件・神戸地姫路支判平成23・1・19労経速2098号24頁，前掲・積水ハウスほか事件（*165），日本トムソン事件・大阪高判平成23・9・30労判1039号20頁，パナソニックエコシステムズ事件・名古屋高判平成24・2・10労判1054号76頁，前掲・三菱電機事件（*165），日産自動車ほか事件・東京高判平成27・9・10労判1135号68頁，資生堂［アンフィニ］事件・横浜地判平成26・7・10労判1103号23頁，パナソニック［旧PEDJ］ほか1社事件・名古屋高金沢支判平成25・5・22労判1118号62頁，日本精工［控訴］事件・東京高判平成25・10・24労判1116号76頁，DNPファインオプトロニクスほか事件・東京高判平成27・11・11労判1129号5頁（労働者・注文企業間の指揮命令関係も否定）等。なお，2012年の労働者派遣法改正により導入された偽装請負に関する直接雇用みなし規定については，後述する（1095頁）。
*173　これに対し，前掲・パナソニックプラズマディスプレイ事件最判（*170）の判断枠組みを用いつつ，注文企業・労働者間の黙示の労働契約を肯定した裁判例として，マツダ防府工場事件（山口地判平成25・3・13労判1070号6頁）がある。本判決は，上記最判が前提的判断として請負企業・労働者間の労働契約を有効と判断しつつ，例外的に「特段の事情」があれば無効と解すべきことを判示していたところ，この「特段の事情」を肯定して両者間の労働契約を無効と判断した上，使用従属関係・労務提供関係・賃金支払関係の3点から注文企業・労働者間の黙示の労働契約を肯定しており，注目されるが，賃金支払関係を肯定するにはなお足りないと解される（山本陽大［判批］労働122号［2013］167頁参照）。
　　一方，前掲・日産自動車ほか事件（*172）は，注文企業が労働者の賃金額決定に相当程度影響力を及ぼしていたと認定された事案であるが（労働者が賃金額に不満を抱いて請負企業に賃金増額を要請し，請負企業が注文企業にこれを伝え，注文企業が業務の見直しを行った結果，注文企業が請負企業に支払う派遣料金が増額され，賃金も大幅に増額された），判決は，請負企業が利益率を増減させるなど独自の判断で賃金を決定していたと判断し，注文企業による賃

【1-10】 規範的解釈論　　学説では、偽装請負のような労働者派遣法の脱法的事案における黙示の労働契約の成否に関して、直接雇用原則という規範的要素を組み入れて意思解釈を行い、労働契約の成立を肯定する見解が見られる（規範的解釈論）。たとえば、労働者が受入企業との雇用契約を望む限り、受入企業に対する労務の提供と受入企業による業務委託料の支払によって労務提供・賃金支払関係を認め、労働契約締結の黙示の合意を認めることが直接雇用原則に合致すると解し、規範的解釈の妥当性を説く見解がある*174。

しかし、労働契約を含めて、およそ契約の成立にとっては当事者間の合意（意思の合致）が必須の要件となるのであり、そこに直接雇用原則といった規範的要素を組み込むことは適切でない。もとより労働契約に関する黙示の合意を問題とする以上、労務提供・賃金支払関係という当事者間の客観的関係を基礎に労働契約の成立を肯定する余地はあるが、これはあくまで当事者意思を推認する作業であり、かつ、当該労務提供の事実関係から導き出されるべきものである。規範的解釈論は、こうした客観的関係（特に賃金支払関係）が存在しない事例（前掲・パナソニックプラズマディスプレイ事件［＊170］等）において、これを補う要素として直接雇用原則という契約外的要素（規範的要素）を主張するが、当事者の意思解釈のアプローチとしては問題がある。たしかに、偽装請負は雇用のあり方として不適切であると同時に重大な法令違反行為であり、注文企業に相応のサンクションがあって然るべきであるが、だからといって、契約にとって必須の成立要件である当事者間の合意要件を軽視することは適切でない*175。

では、偽装請負に対するサンクションとしてはいかなる対応が可能かといえば、不法行為法（民709条）による対応が可能である。この点、前掲・パナソニックプラズマディスプレイ事件（＊170）およびそれ以後の裁判例は、注文企業・労働者間の黙示の労働契約を否定しつつ、注文企業による不法行為を積極的に肯定する傾向にあり、偽装請負に対するサンクションという観点から妥当な判断と評価できる。この点、近年の裁判例の中には、①注文企業は、派遣労働者との社会的接触関係に基づいて、信義則に沿って対応すべき条理上の義務を負い、労働者の

───────────

金決定への関与および黙示の労働契約を否定している。しかし、上記の事実関係によれば、黙示の労働契約の成否について、より踏み込んだ検討を行う必要があったように思われる（土田道夫＝豊川義明「使用者の範囲」土田＝豊川＝和田55頁以下も参照）。

＊174　豊川義明「違法な労務供給関係における供給先と労働者との黙示の労働契約の成否──規範的解釈の妥当性」甲南法学50巻4号（2010）225頁。毛塚勝利［判批］労判966号（2008）5頁も参照。

＊175　土田・前掲論文（＊165）169頁。大内伸哉［判批］ジュリ1402号（2010）150頁も参照。これに対し、本久・前掲論文（＊163）108頁は、裁判例が前記①②の要素によって黙示の労働契約を認定していること（91頁）について、当事者意思の認定作業にすぎないと解しつつも、労働法規によって客観的に定められた「型」に従って当該取引関係の法的性質を決定するという側面を有しており、その限りで規範的性格を有していると説く。

勤労生活を著しく脅かす行為が認められるときは不法行為責任を負うと判断し，または，②注文企業は労働者の雇用の維持・安定に対する合理的期待をいたずらに損なうことがないよう一定の配慮をすべきことを信義則上要請されていると判断して，注文企業の損害賠償責任を肯定する例があり*176，不法行為法による労働者の適切な保護を志向する立場と解される。これに対しては，派遣法はあくまで行政上の取締法規であり，個々の派遣労働者の利益の保護を目的とする法ではないことを理由に派遣先企業の不法行為責任を否定する裁判例もあるが*177，適切でない。

(4) 使用者概念の拡張——支配会社・分社化のケース

(ア) **問題の所在** 第2は，支配会社・分社化のケースである。親会社等の支配会社が子会社や関連会社を経営面・資金面で実質的に支配している場合に，支配会社が経営計画や資金計画の策定を通して，従属会社の労働条件や雇用に影響を及ぼすことは少なくない。特に，支配会社が従属会社に影響力を行使して解散させ，従属会社従業員の解雇をもたらしたケースでは，それら従業員が支配会社を使用者（労契2条2項）として労働契約上の地位を主張できるかが問題となる（**図表1-2**[91頁]参照）。この場合，社外労働者受入れのケースと異なり，支配会社と従属会社従業員との間に直接の使用関係がないため，社外労働者のような形で労働契約の成立を考えることはできない。しかしここでも，法人格否認の法理によって契約関係を認める余地がある。

(イ) **法人格否認の法理——要件** 法人格否認の法理とは，ある会社の独立の法人格を認めることが法人制度の目的に照らして著しく正義・衡平に反する場合に，特定の法律関係における独立の法人格を否定し，その背後にある支配会社の法的責任を追及しようとする理論である。もともと商法（会社法）の分野で発展した法理であるが*178，労働契約についても，子会社解散に伴う解雇

---

*176 ①の例として，前掲・パナソニックエコシステムズ事件（＊172），日本精工事件・東京地判平成24・8・31労判1059号5頁，②の例として，前掲・三菱電機事件（＊165）。
*177 前掲・日本トムソン事件（＊172）。同旨，前掲・パナソニック［旧PEDJ］ほか1社事件（＊172）。日産自動車事件（東京地判平成27・7・15労判1131号52頁）も不法行為の否定例。なお，前掲・日本精工［控訴］事件（＊172）は，本文に述べた①の立場を採用する1審判決（前掲・日本精工事件［＊176］）を基本的に支持しながら，偽装請負形態での派遣労働者の就労および労働者派遣契約の解消の双方について，派遣労働者の権利または法律上の利益が侵害されたとはいえないとして不法行為の成立を否定し，これを肯定した1審を覆している。しかし，この判断は，注文企業・労働者間の社会的接触関係に基づいて生ずる信義則上の義務違反の判断としては厳格に過ぎ，適切でないと考える。

の事例等に関して適用される。法人格否認の法理は,「法人格の形骸化」と,「法人格の濫用」に分かれる(荒木64頁以下参照)。

　(ウ)　**法人格の形骸化**　法人格の形骸化とは,実態が支配会社の一部門にすぎない従属会社について,その事実のみを根拠に法人格を否認し,支配会社に包括的雇用責任を帰責する理論である。したがって,法人格の形骸化の要件は厳格に判断される。具体的には,支配会社による従属会社の実質的支配に加え,財産の混同,取引・業務活動の混同の反復・継続,株主総会・取締役会の不開催などの事情を要すると解されており,否定例が多数を占める*179。

　(エ)　**法人格の濫用**　法人格の濫用とは,会社の背後にあって支配する者が違法・不当な目的で法人格を利用する場合に法人格濫用を認め,特定の法律関係について支配会社に帰責する理論である。法人格濫用の要件としては,支配会社が従属会社を意のままに道具として支配・利用しているという客観的要件(支配の要件)と,それについて違法または不当な目的を有しているという主観的要件(目的の要件)を要するが,支配の要件は,目的の要件が加重されるため,形骸化事例ほど厳密に解する必要はなく,従属会社に対する支配会社の強固な支配関係があれば足りるとされている*180。また,目的の不当性としては,不当労働行為の禁止(労組7条)の脱法目的のほか,解雇規制や就業規則変更の合理性規制の回避目的が含まれる。

　そこでたとえば,子会社の役員,従業員の人事,財政経理,営業方針等企業活動全般にわたって親会社が子会社を支配管理している場合に,親会社が子会社の組合を壊滅させる目的で子会社を解散させ子会社従業員を解雇させた場合は法人格の濫用が肯定される*181。これに対し,子会社に対する親会社の支配

---

*178　最判昭和44・2・27民集23巻2号511頁,最判昭和48・10・26民集27巻9号1240頁。詳細は,江頭・前掲書(＊60)42頁以下参照。

*179　否定例として,前掲・大阪空港事業事件(＊165),大阪証券取引所事件・大阪高判平成15・6・26労判858号69頁,第一交通産業事件・大阪高決平成17・3・30労判896号64頁,日本航空・JALエンジニアリング事件・東京地判平成26・9・22労経速2228号3頁。肯定例として,黒川建設事件・東京地判平成13・7・25労判813号15頁,北九州空調事件・大阪地判平成21・6・19労経速2057号27頁。

*180　中本商事事件・神戸地判昭和54・9・21判時955号118頁。

*181　前掲・中本商事事件(＊180)。また,サカキ運輸ほか事件(福岡高判平成28・2・9労判1143号67頁)は,事業譲渡事案であるが,譲渡会社が労働者を解雇し,それら労働者との雇用関係を除いた事業を支配下にある譲受会社に承継させたことにつき,譲渡会社から組合員を排除する目的をもって事業を廃止し,組合員を解雇したことは法人格を濫用した不当労働行為(労組7条1号)に当たるとして無効と判断した上,譲受会社は信義則上,譲渡会社と別法人

が通常の親子会社において通常見られる株式所有・人事交流等による支配を超えるものでない場合は、支配の要件を欠くものとして法人格濫用が否定され[*182]、また、会社解散が親会社のイニシアティブで進められるなど支配の要件を充足する場合も、子会社の解散の原因が経営状況の悪化にあるなど、解散目的に不当性が認められない場合は、目的の要件を欠くものとして法人格濫用が否定される[*183]。

なお裁判例では、支配の要件をより厳格に解し、支配会社が従属会社と実質的に同一である必要はないにせよ、従属会社と同視できる程度に雇用や労働条件について決定できる支配力を有していることを要件と解する例がある（前掲・大阪空港事業事件 [*165]）。しかし、この要件は本来、会社が社外労働者を業務請負等によって受け入れ、直接使用する場合の受入会社の使用者性（しかも労組法上の使用者性）に関する要件であり[*184]、そうした直接的使用関係がない支配会社のケースに転用することは適切でない。上記の解釈は、支配の要件に異なる要素を持ち込み、労働者保護を欠く結果となると解される。

(オ) **法人格否認の法理——効果** 法人格の濫用が肯定された場合、従属会社の法人格否認の効果として、その従業員が支配会社に対して未払賃金・退職金の支払を請求できることに異論はない（これこそが「特定の法律関係に関する支配会社への帰責」の意味である）[*185]。問題は、これに加えて、支配会社を使用者（労契2条2項）として、包括的な労働契約関係の存在を主張できるか否かである。多数説・裁判例は肯定説に立つ[*186]が、従属会社の解散が真実解散として

であることを主張できないとして、労働者による譲受会社における地位確認請求を認容している。同じく事業譲渡事案について、譲渡会社と譲受会社の実質的同一性を肯定して、譲受会社の従業員は未払賃金・割増賃金について譲渡・譲受両社のいずれに対しても請求できると判断した例として、エヌアイケイほか事件（大阪高判令和5・1・19労判1289号10頁）がある。

[*182] ワイケーサービス[九州定温輸送]事件・福岡地小倉支判平成21・6・11労判989号20頁。前掲・ベルコほか事件（*168）。

[*183] 前掲・大阪証券取引所事件（*179）は、証券取引所による証券会社の解散につき、支配の要件（客観的要件）の充足を認めつつ、不当労働行為意思（主観的要件）の充足を否定して法人格の濫用を否定している。他方、経営状況の悪化と不当目的（反組合的動機、解雇規制回避目的等）が併存するケースでは、目的の不当性を肯定すべきである。この点、前掲・大阪空港事業事件（*165）は、会社解散の理由の一端が支配会社の反組合的動機にあることを認定しながら、法人格濫用に直結しないとして簡単に斥けているが、疑問がある。

[*184] 朝日放送事件・最判平成7・2・28民集49巻2号559頁。土田450頁以下参照。

[*185] 布施自動車教習所・長尾商事事件・大阪高判昭和59・3・30判時1122号164頁。最近では、前掲・エヌアイケイほか事件（*181）。

[*186] 菅野＝山川216頁、西谷636頁など。裁判例として、前掲・中本商事事件（*180）。

有効であれば解雇も有効となると説く否定説もある[*187]。

　否定説は次のように説く。一般に，会社解散が真実解散である限り，反組合的動機など不当目的からなされたとしても，営業廃止の自由（憲22条）の観点から有効であり，それに伴う解雇も原則として有効と解されている[*188]。そうだとすれば，従属会社とは別法人である支配会社については，その影響力行使の点を考慮しても，労働契約承継という包括的責任を肯定することはできない，と。また，法人格否認の法理は本来，特定の法律関係（未払賃金・退職金請求権）に関する支配会社への例外的帰責という性格を有するところ，支配会社の包括的雇用責任を肯定することは，この法理とも整合しないと指摘される[*189]。

　否定説によれば，法人格否認の法理の効果は，未払賃金請求権のほか，解雇規制回避や不当労働行為による不法行為責任（民709条）に求められることになる。労働者保護の面では肯定説より後退するが，一方，前述した法人格濫用の要件の厳格化の背景には，法人格の否認が包括的雇用責任という重大な効果をもたらすことへの配慮があると思われる[*190]。この点を踏まえると，否定説に立って法人格否認の効果を不法行為責任に限定しつつ，支配の要件を柔軟に解釈し，法人格否認の範囲を拡大することも十分考慮に値する。今後さらに検討すべき課題といえよう[*191]。

　(カ) 偽装解散の場合　　以上の真実解散に対し，会社が解散して労働者を解雇後，実際には別会社により事業を承継することを偽装解散という（水平型偽装解散）。支配会社が従属会社を解散後，自ら事業を承継する場合（垂直型偽装解散。**図表1-2**［91頁］参照）や，支配会社が従属会社を解散後，別会社に事業を承継させる場合（複合型偽装解散）も同じである。これらの場合は，会社また

　　[*187]　前掲・布施自動車教習所・長尾商事事件（[*185]），前掲・第一交通産業事件（[*179]），前掲・ワイケーサービス［九州定温輸送］事件（[*182]）。学説として，梅本弘「不当労働行為意思に基づく会社解散と労働関係」判タ566号（1985）46頁。
　　[*188]　三協紙器製作所事件・東京高決昭和37・12・4労民13巻6号1172頁。
　　[*189]　前掲・ワイケーサービス［九州定温輸送］事件（[*182]）。
　　[*190]　法人格濫用の否定例である前掲・大阪空港事業事件（[*165]）も，法人格濫用の要件の厳格解釈を採用する理由として，法人格否認によって，支配会社・従属会社労働者間に「雇用関係という継続的かつ一定程度包括的な法律関係の存在」を認める結果となることを挙げている。
　　[*191]　この点，水町87頁は，否定説が説く理由づけ（会社解散が真実解散である限りは有効であり，それに伴う解雇も原則として有効）に対して，解散と解雇は別の行為であり，解散が有効だからといって解雇も有効となるわけではないとして批判する。解散の有効性と解雇の効力を別に考えるべきという点では私見も同旨であるので（791頁），この観点から否定説を批判的に検証する必要性はあると考える。

は支配会社が不当な目的（労働組合の壊滅，解雇回避目的等）をもって自社または従属会社を解散し（目的の不当性＝主観的要件），実質的に同一事業を承継している（新旧会社の実質的同一性＝客観的要件）ため，法人格の濫用が認められる。法人格濫用の効果としても，解散会社の事業を承継する別法人が存在するため，解散会社による解雇が無効とされれば（通常は，会社解散の必要性・人員削減の必要性を欠くことから無効とされる），承継会社による労働契約承継を肯定すべきである。裁判例では，支配会社が賃金体系の変更に頑強に抵抗していた労働組合を排除し，新賃金体系を導入するという不当な目的で従属会社を解散したケースにつき，従属会社の事業を承継した会社の労働契約承継を肯定した事例がある[*192]。また，偽装解散とは事案がやや異なるが，支配会社が労働者に対して負担する未払賃金債務を免れる目的で自らを倒産させ，従属会社に事業を承継させたケースにつき，債務免脱を目的とする会社制度の濫用であるとして，承継従属会社の雇用責任を肯定した事例がある[*193]。

　もっとも，支配会社が偽装解散を誘導したケースにおける労働契約の承継責任については議論があり，裁判例の中には，解散会社の法人格否認の責任を負うべき主体は支配会社であるとして，上記2要件の充足による雇用責任および不法行為責任を肯定しつつ，承継会社については，解散会社との間の高度の実質的同一性がある場合にのみ雇用責任を肯定する余地があると説く例が見られる[*194]。帰責の面からは一理あるが，労働契約承継の解釈としては，支配会社による法人格の濫用がなければ，労働契約が承継されるべき先は承継会社であるから，承継会社に雇用責任を課す方が自然と解される。なお，支配会社が法人格の濫用に基づく不法行為責任を負う場合があることは当然である[*195]。

[*192]　前掲・第一交通産業事件（[*179]）。
[*193]　日本言語研究所ほか事件・東京高判平成23・10・26労判1049号71頁。同旨，ヒューマンコンサルティング事件・横浜地判平成26・8・27労判1114号143頁。類似事案として，メルファインほか事件（京都地判平成28・4・15労判1143号52頁）は，会社代表者が従業員に対する賃金支払債務を免れるために会社を倒産させて従業員を解雇した上，関連会社によって事業を継続させた場合につき，会社代表者や関連会社等の共同不法行為責任を肯定している。
　一方，ネクスト・セキュリティ事件（東京地判令和4・10・7［LEX/DB25594776］）は，会社の従業員が会社破産および新設会社への事業譲渡は会社の債務の免脱を目的としてされた会社制度の濫用であるとして法人格否認の法理の適用を主張した事案につき，会社・関連会社の実質的同一性を否定するとともに，債務免脱目的も否定して地位確認請求を棄却している。
[*194]　第一交通産業［佐野第一交通］事件・大阪高判平成19・10・26労判975号50頁（結論としては支配会社の責任のみ肯定）。
[*195]　荒木68頁，田近・前掲論文（[*163]）51頁参照。前掲・第一交通産業事件（[*179]）は，

第5節　労働契約法の実効性確保システム

1　労働基準法の実効性確保システム[*196]

（1）　適用単位——事業

　労働契約法の基本法である労基法は、いうまでもなく企業を適用対象とする。ただし、労基法の場所的適用単位とされるのは、企業ではなく、その一部を構成する「事業」（事業場ともいう）である。たとえば、就業規則の作成義務の単位となるのは事業場であるし（89条）、時間外・休日労働協定（三六協定）の締結単位となるのも事業場である（36条1項）。そして、労基法9条は、同法を適用される労働者に関して、「事業又は事務所」に使用される者と規定している。労基法は、原則としてすべての事業に適用される（事業ごとに適用される若干の特例に関しては、事業の分類が別表1に規定されている）。

　「事業」とは、「一定の場所において相関連する組織のもとに業として継続的に行われる作業の一体をい」い、「経営上一体をなす支店、工場等を総合した全事業を指称するものではない」（昭和22・9・13発基17号）。すなわち、企業イコール事業ではなく、労基法は個々の事業を単位に適用される。具体的には、支店・営業所など、組織の存在する場所が主な基準となり、同一の場所にあるものは原則として一個の事業となるが、場所的に分散しているものは原則として別個の事業となる。したがって、本社が東京にあり、支店・営業所が大阪、名古屋にあるときは、それぞれ別個の事業となる[*197]。海外事業への労基法の適用については後述する（1118頁以下）【1-11】。

　　　支配会社による子会社解散が法人格濫用に当たる場合も、それが真実解散にあたる場合は支配会社の雇用責任は生じないと判断しつつ、子会社従業員の雇用機会喪失に起因する不法行為責任については、真実解散か偽装解散かにかかわらず支配会社に帰責すべきことを述べる。ほぼ同旨、前掲・ワイケーサービス［九州定温輸送］事件（*182）。水町87頁以下は、上記裁判例と同様、支配会社への帰責を肯定する立場に立つ。

[*196]　文献として、鎌田耕一「労働法の実効性確保」講座再生(1) 225頁、注釈労基・労契(1) 49頁［浜村彰］。

[*197]　ただし、同一の場所にあっても、労働の態様や人事管理が明確に異なる部門があれば、独立の事業として扱われる（工場内の診療所、食堂等）。一方、場所的に分散していても、著しく小規模で独立性がないもの（小規模の出張所等）は、直近上位の組織と一括して一事業として扱われる。注釈労基（上）160頁［山川隆一］参照。

第5節　労働契約法の実効性確保システム　101

【1-11】　適用除外　①　労基法による適用除外　労基法によって適用が除外されるのは，同居の親族のみを使用する事業および家事使用人である（労基116条2項）*198。また船員については，海上労働の特殊性を考慮して船員法（昭22法100）が制定されており，総則規定を除いて労基法の適用が除外される（116条1項）。

②　特別法による適用除外　一般職の国家公務員については，労基法は全面的に適用除外され（国公附則16条），一般職の地方公務員についても，一定の規定が適用除外とされる（地公58条3項）。民間企業との決定的な違いであり，その代わり，国家公務員法，地方公務員法が制定されている。これに対し，印刷，造幣の三現業の国家公務員に関しては，労基法は全面的に適用される（行執労37条によって，国公附則16条が適用除外）。また，地方公営企業法の適用を受ける地方公営企業職員および単純労務職員にも労基法が適用される（地公企39条1項）。行政執行法人の職員についても同様である（行執労37条）。

(2)　労働基準法の効力

労働保護法は，歴史的には行政的取締法規や刑罰法規から出発しており，もともと公法としての性格が濃厚であった。日本でも，戦前の工場法はこのような性格を有していた。これに対し，戦後の労働基準法は，刑事罰や行政的監視機構を備えつつも，次に述べる13条の規定によって私法的効力を備え，労働契約上の私法的権利義務を規律する法律に発展している。すなわち，労基法は，民事・刑事・行政の3面から成る規制システムを備えている。

⑺　**私法的効力**　労基法13条は，「この法律で定める基準に達しない労働条件を定める労働契約は，その部分については無効とする。この場合において，無効となつた部分は，この法律で定める基準による」と規定する。前段は，労基法の労働条件基準の強行的効力を宣言した規定である。その対象は，法文上は労働契約であるが，使用者が行う一方的法律行為（解雇・配転・懲戒等）や，労働協約・就業規則にも及ぶ（菅野＝山川218頁，下井11頁）。

＊198　裁判例では，ある事業を「同居の親族のみを使用する事業」と解した上，同事業で就労する者（親族）が作業中に負傷したことにつき，労災保険法（労基法）上の労働者性を否定して療養補償給付の対象となることを否定した例（国・瀬峰労基署長事件・東京地判平成30・5・31ジャーナル80号52頁）や，家政婦兼訪問介護ヘルパーとして登録されていた者が死亡したことにつき，介護ヘルパーとしての業務は会社業務に当たる一方，家政婦としての家事業務は訪問介護対象者の息子との契約によるものであるとして家事使用人該当性を肯定し，労災保険法上の業務起因性判断の対象とならないと判断した例（国・渋谷労基署長事件・東京地判令和4・9・29労判1285号59頁）がある。

次に，13条後段は，労基法の基準が契約内容を直接規律すること（直律的・補充的効力）を明らかにしたものである。民法によれば，法律行為の一部が強行法規に違反して無効となった場合，任意法規や慣習によって補充されれば残余部分は効力を保つが，そうでない限り法律行為全体が無効となる（一部無効の理論）。しかし，この理論の下では，労働契約全体が無効となれば，労働者は職場を失う結果となるし，無効な契約の下で労働したことによる逸失利益を回復するためには，不当利得返還請求（民703条）によらざるをえないなど，法律関係を複雑化させ，労使間の利益調整にも欠ける結果となる。本条の直律的効力は，この点を立法的に解決したものであり，諸外国に例を見ない日本独自の規定である。

この結果，たとえば，1日10時間の労働時間を定めた労働契約は，その部分について無効となり，1日8時間の基準（労基32条2項）によって補充される[*199]。また，使用者が一定の金員等の給付義務を課す規定に違反した場合は，使用者は直律的効力によって法定基準に従った給付義務を課され，労働者は当該給付の請求権を取得する（労基34条1項違反の場合の休憩付与請求権，37条違反の場合の割増賃金請求権など）。

(イ) **公法的効力——罰則**　労基法は，1章を設けて罰則を定め（13章），同法違反に対する刑罰を定めている。このような刑罰制裁は，使用者の労働法コンプライアンスを高める上で重要な役割を果たしている。

労基法における法違反の責任者（罰則の責任主体）は「使用者」であり，事業主，事業の経営担当者その他労働者に関する事項について，事業主のために行為をするすべての者をいう（労基10条）。前記のとおり（89頁），これは現実に労基法違反行為を行った自然人を指すが（行為者処罰主義），その多くは管理職など事業主との関係では「労働者」であり，行為者の処罰によって事業主が法違反の責任を免れる事態は不公平となる。そこで，労基法は，いわゆる両罰規定を設け，事業主の刑事責任の追及の途を開いている（労基121条1項）。すなわち，労基法の違反行為をした者が，事業主のために行為した代理人，使用人その他の従業者である場合は，事業主も罰金刑を科される。また，事業主が違

[*199] ただし，13条によって修正されるのは，労働契約のうち労基法に違反する部分に限られる。そこでたとえば，労働者が1日10時間労働，日給8000円という労働契約を締結した場合，労働時間は本条によって1日8時間に修正されるが，賃金は8000円のままであり，労働時間に連動して減額修正されるわけではない。しんわコンビ事件・横浜地判令元・6・27労判1216号38頁参照。

反行為を知りながらその是正措置を講じなかった場合，または違反を教唆した場合は，事業主も行為者として処罰される（労基121条2項）。

　(ウ)　付加金　　使用者が，解雇予告手当（労基20条），休業手当（同26条），時間外・休日・深夜労働の割増賃金（同37条），年休手当（同39条）の支払義務に違反した場合は，裁判所は，労働者の請求により，使用者の支払うべき未払金のほか，これと同一額の付加金の支払を命ずることができる[*200]。付加金の請求は，違反のあったときから2年以内に行う必要があるとされてきたが，2020年の労基法消滅時効規定改正により，付加金請求期間も5年（ただし，当分の間は3年）に改められた（同114条但書・143条2項）[*201]。この期間は，除斥期間と解されている。

　付加金は，労働者にとって特に重要な賃金・手当につき，支払義務に違反した使用者に制裁を科すことによって，義務の履行を確実なものとする趣旨の制度であり，労基法違反行為に対する民事上の制裁に位置づけられる[*202]。この点について，最高裁は，①労働者保護の観点から労基法114条が掲げる各規定に違反し支払義務を履行しない使用者に対し一種の制裁として経済的な不利益を課すこととし，その支払義務の履行を促すことにより上記各規定の実効性を高めるとともに，②使用者から労働者に対して直接支払うよう命ずべきものとされていることを踏まえて，支払義務の不履行によって労働者に生ずる損害の塡補という趣旨も併せ有すると判断している[*203]。①は，従来からの理解を継承する判断であるが，②は，付加金について一種の損害賠償的な性質を有することを認めたものといえよう[*204]。

　付加金は，使用者の労基法違反によって当然に発生するものではなく，裁判

[*200]　付加金については，注釈労基・労契(2) 176頁［中内哲］参照。
[*201]　2020年労基法改正前の事案に関する裁判例として，テレビ東京制作事件・東京地判令和5・6・29ジャーナル144号42頁。
[*202]　最高裁判例（新井工務店事件・最判昭和51・7・9判時819号91頁）は，付加金の支払義務は労働契約に基づき発生するものではなく，労基法が使用者に課した義務の違背に対する制裁として裁判所の命令により発生すると判断している。同様の観点から，付加金に係る損害の塡補としての性質を否定し，未払割増賃金の弁済という実体法上の原因によって付加金支払義務は消滅しないと判断した例として，損保ジャパン日本興亜事件・東京地判平成28・10・14労判1157号59頁。民事上の制裁と把握する見解として，山川18頁。
[*203]　最決平成27・5・19民集69巻4号635頁。ここから判決は，付加金の請求が労基法114条所定の未払金請求訴訟において同請求とともにされる場合は，民訴法9条2項にいう訴訟の附帯の目的である損害賠償または違約金の請求に含まれると判断している。
[*204]　須賀康太郎「最高裁時の判例」ジュリ1490号（2016）105頁参照。

所の裁量を待って支払が命じられる制裁であり，その支払義務も裁判所の命令によってはじめて発生する。裁判所は，使用者による労基法違反の程度・態様，労働者の不利益の性質・内容，使用者の対応等諸般の事情を考慮して支払義務の存否および額を決定すべきものとされ，付加金支払義務は，重大・悪質な労基法違反の場合に発生する*205。そこでたとえば，使用者が恒常的な長時間労働を行わせる一方，割増賃金支払義務を遵守する姿勢がない等の悪質なケースでは，割増賃金と同額の付加金全額の支払が命じられる*206。これに対し，使用者が労基署の調査や労働者による訴訟提起後，法違反改善措置を講じているケース*207，使用者が割増賃金支払義務を争うことに合理的理由があるケース*208，未払割増賃金が僅少なケース*209では，付加金支払義務は否定される。

---

*205 菅野＝山川220頁。先例は，松山石油事件・大阪地判平成13・10・19労判820号15頁。近年の裁判例として，コーダ・ジャパン事件・東京高判平成31・3・14労判1218号49頁，アートコーポレーション事件・東京高判令和3・3・24労判1250号76頁，三誠産業事件・東京地判令和3・6・30ジャーナル116号40頁，シャプラ・インターナショナル事件・東京地判令和3・8・19ジャーナル118号44頁，システムメンテナンス事件・札幌高判令和4・2・25労判1267号36頁。

*206 仁和寺事件・京都地判平成28・4・12労判1139号5頁，東京港運送事件・東京地判平成29・5・19労判1184号37頁，KUNEN事件・東京地判平成30・7・10ジャーナル83号64頁，大島産業ほか事件・福岡高判令和元・6・27労判1212号5頁，新栄不動産ビジネス事件・東京地判令和元・7・24労経速2401号19頁，前掲・しんわコンビ事件（＊199），社会福祉法人千草会事件・福岡地判令和元・9・10労経速2402号12頁，狩野ジャパン事件・長崎地大村支判令和元・9・26労判1217号56頁，前掲・アートコーポレーション事件（＊205），ライフデザインほか事件・東京地判令和2・11・6労判1263号84頁，スマートグリッドホーム事件・東京地判令和2・12・21ジャーナル109号20頁（解雇予告手当の不払），前掲・三誠産業事件（＊205［年休手当の不払］），andeat事件・東京地判令和3・1・13ジャーナル111号46頁，アルデバラン事件・横浜地判令和3・2・18労判1270号32頁。このほか，前掲・イヤシス事件（＊93），未払賃金等支払請求事件・東京地判令和4・1・19ジャーナル123号20頁（最低賃金法違反），前掲・シャプラ・インターナショナル事件（＊205［解雇予告手当の不払］），前掲・GT-WORKS事件（＊131），酔心開発事件・東京地判令和4・4・12労判1276号54頁，前掲・エヌアイケイほか事件（＊181），前掲・ビットウェア事件（＊141），PEEES事件・大阪地判令和5・6・23ジャーナル139号18頁，前掲・テレビ東京制作事件（＊201），サカイ引越センター［控訴］事件・東京高判令和6・5・15［LEX/DB25620518］，社会福祉法人さざんか会事件・東京高判令和6・7・4判例集未登載等多数。

*207 前掲・松山石油事件（＊205），前掲・コーダ・ジャパン事件（＊205），三村運送事件・東京地判令和元・5・31労経速2397号9頁，北九州市営バス事件・福岡地判令和元・9・20労経速2397号19頁，スター・ジャパン事件・東京地判令和3・7・14ジャーナル117号42頁等。

*208 レガシィほか1社事件・東京高判平成26・2・27労判1086号5頁，京彩色中嶋事件・京都地判平成29・4・27ジャーナル68号64頁（退職届の撤回に伴う賃金不払［割増賃金不払については全額支払命じ］），コナミスポーツクラブ事件・東京高判平成30・11・22労判1202号70頁，オークラ事件・大阪地判令和4・1・18ジャーナル124号50頁，三井住友トラスト・

さらに，使用者に付加金の支払を命ずる場合も，裁判所はその裁量により減額することが可能との判断を前提に，割増賃金不払事案について，使用者の対応や法違反の程度を考慮して一部減額した額の支払を命ずる例も少なくない[*210]。

また，付加金の上記性格によれば，使用者が訴訟係属までの間に賃金等の支払を完了して違反状態が消滅すれば，労働者は付加金を請求できず，裁判所もその支払を命ずることはできない[*211]。さらに，訴訟係属後についても，判例は，裁判所が使用者に付加金の支払を命ずるまで（訴訟手続上は事実審の口頭弁論終結時まで）に使用者が割増賃金の支払を完了し，違反状態を解消した場合は，裁判所は付加金の支払を命ずることはできないと判断している[*212]。この結果，第1審が付加金支払を命じた後，事実審（控訴審）の口頭弁論終結時までに使用者が割増賃金の支払を完了した場合は，裁判所は付加金支払を命ずることはできない。

(ェ) **労働基準監督制度**　a）　使用者の労基法違反を事前に防止し，法の実効性を確保するためには，専門的行政機関による指導・監督が重要となる。このため，厚生労働省に労働基準主管局が置かれ，各都道府県に都道府県労働局が，各都道府県管内に労働基準監督署が設置されている（労基97条1項）。各監督機関には労働基準監督官が配置され（同97条1項），その長は労働基準監督官をもって充てられる（同97条2項）。一方，女性労働者に関する雇用問

　　アセットマネジメント事件・東京高判令和4・3・2労判1294号61頁，未払賃金等請求事件・釧路地帯広支判令和5・6・2ジャーナル140号32頁。

[*209]　HGホールディングス事件・東京地判平成29・7・19ジャーナル71号36頁，ヒサゴサービス事件・東京地判平成31・1・23ジャーナル89号54頁，前掲・三村運送事件（[*207]），前掲・類設計室事件（[*91]）等。

[*210]　アクティリンク事件・東京地判平成24・6・29ジャーナル7号10頁，鳥伸事件・大阪高判平成29・3・3ジャーナル68号67頁，イクヌーザ事件・東京高判平成30・10・4労判1190号5頁，インサイド・アウト事件・東京地判平成30・10・16ジャーナル85号50頁，ドリームスタイラー事件・東京地判令和2・3・23労判1239号63頁，前掲・システムメンテナンス事件（[*205]）等。他方，使用者の労基法違反を理由に直ちに付加金支払を命ずる裁判例も一定数見られる（H会計事務所事件・東京地判平成22・6・30労判1013号37頁，田口運送事件・横浜地相模原支判平成26・4・24判時2233号141頁，B・pro事件・東京地判平成27・3・18ジャーナル40号20頁，前掲・類設計室事件（[*91]）。

[*211]　細谷服装事件・最判昭和35・3・11民集14巻3号403頁。同旨，前掲・新井工務店事件（[*202]），クルーガーグループ事件・東京地判平成30・3・16労経速2357号3頁，母子愛育会事件・東京高判令和元・12・24労判1235号40頁。

[*212]　ホッタ晴信堂薬局事件・最判平成26・3・6判時2219号136頁。前掲・損保ジャパン日本興亜事件（[*202]），前掲・アルデバラン事件（[*206]）も参照。

題（雇用機会均等法等）を取り扱う機関として，厚生労働省に女性主管局が置かれ，都道府県労働局に雇用均等室が設置されている。

　労働基準監督署は，日常的に生起する雇用問題を解決するために必要な権限を付与されている。すなわち，労働基準監督署長は，臨検，尋問，許可，認定，審査，仲裁の権限を有し（同99条3項），労働基準監督官は，事業場の臨検，帳簿・書類の提出要求，尋問の権限を有する（同101条1項）ほか，逮捕・捜索などの刑事訴訟法に規定する司法警察官の職務を執行することができる（同102条）。他方，使用者は，監督行政システムの一環として，労働者名簿の調製（同107条），賃金台帳の調製（同108条），記録の保存（同109条），報告出頭（同104条の2）等の義務を負う。なお，労働時間規制の適用除外（同41条3号）のように，許可に関する法定基準が設けられている場合はそれを遵守すべきことは当然であり，基準を満たさないケースについて許可を行ったときは，労働者に対する国の損害賠償責任（国賠1条）が生じうる*213。

　b）労働者は，労基法または同法に基づく命令に違反する事実がある場合には，その事実を監督機関に申告することができる（労基104条1項）。使用者は，この申告を理由として解雇その他の不利益取扱いをしてはならない（同条2項）*214。労働法コンプライアンスを確保するために不可欠の規定である。ただし，この申告によって労基署等の監督機関に調査等の措置をとるべき職務上の作為義務が生ずるかについては，労基法104条が申告手続や監督機関の対応に関する規定を設けていないことを理由に否定されている*215。

2　労契法の実効性確保システム

以上に対して，労契法は，労働契約の基本ルールを定める立法として純然た

---

*213　中央労基署長事件・東京地判平成15・2・21労判847号45頁は，診療所における宿日直勤務の許可がその許可基準（労基41条3号，労基則23条）を満たしていないのに行われたとして違法と判断している。奈良県事件・大阪高判平成22・11・16労判1026号144頁も参照。

*214　本条違反の不利益取扱いの否定例として，日立コンサルティング事件・東京地判平成28・10・7労判1155号54頁。

*215　池袋労基署事件・東京高判昭和53・7・18判時900号68頁。また，監督機関が労働災害の防止等に関して監督権限を行使しなかった場合の国の損害賠償責任（国賠1条）についても，監督権限の行使は監督機関の裁量に委ねられ，違法の問題を生じないのが原則であり，監督機関の権限行使以外の方法によっては危険の発生を防止できないなど，権限不行使が著しく合理性を欠く場合にのみ国家賠償責任が発生しうると解されている（大東マンガン事件・大阪高判昭和60・12・23判時1178号27頁）。

る民事法規と位置づけられるため，その効力は私法的効力に限定されるとともに，罰則や行政監督を設けていない。その全体像についてはすでに解説したので（53頁以下），ここでは繰り返さない。

第6節　労働憲章・均等待遇

　労基法は，第1章「総則」および第2章「労働契約」において，労働契約のあり方に関する基本原則を規定している。「労働憲章」と称されるが，内容上，①労働契約および労働条件に関する基本原則を宣言した規定（1条・2条），②均等待遇原則の規定（3条・4条），③雇用関係における反現代的な弊害を除去し，労働者の人権を擁護するための規定（5条～7条・14条・16条～18条）に大別される。これらは，労基法のみならず，労働契約に関する基本原則を宣言し，労働契約法の基本的枠組みを定めたものである。

1　労働契約・労働条件に関する基本原則

（1）　労働条件のあり方

　労働条件は，「労働者が人たるに値する生活を営むための必要を充たすべきものでなければならない」（労基1条1項）。憲法25条が定める生存権の保障を，労働条件のあり方に即して宣言した規定であり，憲法25条と同じ趣旨に立つ。ただし，法律効果としては，契約当事者に対する訓示規定にとどまる。

　労基法に定める労働条件の基準は最低基準であるから，労働関係の当事者は，この基準を理由に労働条件を低下させてはならず，またその向上を図るよう努めなければならない（労基1条2項）。これは，憲法27条2項に定める勤労条件（労働条件）法定主義を具体化するとともに，その趣旨が没却されないよう，労働条件の低下の禁止と向上の努力義務を謳ったものである。ただし，本項も，強行規定ではなく訓示規定にとどまる。

（2）　労働条件対等決定の原則

　(ア)　労基法2条1項は，「労働条件は，労働者と使用者が，対等の立場で決定すべきものである」と定め，労働条件対等決定の原則を明らかにする。労働契約においては，労使間に顕著な交渉力・情報格差が存在し，使用者が事実上

優越的地位に立って労働条件を押しつける状況が存在することから，これを是正し，労使が対等の立場において労働条件を決定すべきことを宣言した規定である。したがって，本条は，単なる労働条件決定のあり方に関する規定にとどまらず，労働者と使用者が法的には対等の立場に立つとの理念を宣言したものと解される。しかも本条は，近代市民法が宣言した法的人格の自由・平等を確認するにとどまらず，労働者が実質的な意味において使用者と対等な立場で労働条件を決定すべきであるとの理念を謳った規定である。労基法が労働条件の決定を契約自由（私的自治）に委ねることなく，契約関係に介入して労働条件の強行法的基準を設定するのは，この理念に基づくものであり，法はこうした規制を通して，労使間の実質的対等を保障しようとしているのである[*216]。

この結果，労働条件対等決定の原則は，労使間の交渉力・情報格差を前提に，労働条件の決定が当事者の対等決定から乖離することがないよう規制し，労働契約の適正な運営を促進する規範（適正契約規範・交渉促進規範）として機能する。法律効果としては，労基法2条1項も訓示規定にとどまるが，その重要性は以上の点から明らかであろう（13頁参照）【1-12】。

(イ) 労働者と使用者は，労働協約，就業規則および労働契約を遵守し，それぞれ誠実にその義務を履行しなければならない（労基2条2項）。労働契約については当然であるが，労働協約・就業規則についても，労働契約法を構成する重要な規範である以上，労使双方が契約当事者としてそれらの遵守義務を負うとの当然の事理を確認した規定である。なお，本項も訓示規定にとどまる。

> 【1-12】「労働条件」の意義　　労基法は，労働憲章のほか，労働条件明示義務（15条）などの規定において「労働条件」という用語を用い，労契法も，労働契約の成立・変更について「労働条件」の語を用いている（7条～10条・12条）。
> 　「労働条件」の定義規定は置かれていないが，解釈論上は，「労働契約関係における労働者の待遇の一切」と定義されている[*217]。したがって，そこには，賃金，労働時間はもとより，安全衛生，災害補償，福利厚生，教育訓練・能力開発，人事異動，服務規律などの広範な条件が含まれる。また「労働条件」は，労働者の

[*216] 土田・労務指揮権303頁，311頁参照。本条の立法趣旨を見ても，労基法の起案に関与した厚生省労政局労働保護課が示した本条の立案趣旨は，本文と同様の理解を示している（厚生省労政局「労働基準法案解説および質疑応答」渡辺章編集代表『日本立法資料全集・労働基準法［昭和22年］(3)(上)』(信山社・1997) 129頁）。土田・前掲論文（*17）173頁も参照。

[*217] 菅野＝山川278頁，注釈労基(上) 93頁［両角道代］など。「職場環境」との関係につき，121頁参照。

待遇に関する条件・基準のみを指す狭い概念ではなく、それら条件・基準に基づいて現実に行われる措置を含む。解雇も「労働条件」に含まれ、解雇基準が定められた場合はもとより、基準によらない解雇も「労働条件」に当たる。この結果、およそ労働契約における労働者の待遇であれば、労基法の規制に服することになる。労契法上の「労働条件」(7条~10条)についても同様であるが、退職後(労働契約終了後)の競業避止義務等については議論の余地がある(226頁参照)。

　最近問題となっているのは、労働法以外の法令で定められた労働者の処遇(権利義務)が「労働条件」に当たるか否かである。未だ検討は少ないが、「労働条件」を広く捉える上記の考え方によれば、それら処遇も労働法上は「労働条件」を意味すると解される(会社法上のストック・オプション〔会社2条21号・236条以下〕につき315頁、職務発明と相当の利益〔特許35条〕につき204頁参照)。

2　強制労働の禁止・中間搾取の排除・公民権行使の保障

(1)　強制労働の禁止

　使用者は、暴行、脅迫、監禁その他精神または身体の自由を不当に拘束する手段によって、労働者の意思に反して労働を強制してはならない(労基5条)。労働契約は、労使の自由な合意によって締結されるべきものであり、労働者の自由意思に基づく労働は、労働契約法を貫く基本理念の一つである(奴隷的拘束および意に反する苦役を禁止する憲18条も参照)。

　本条は、戦前の日本で見られた暴行・脅迫等の手段による強制労働の悪弊(「タコ部屋」「芸者置屋」等)を除去するために強制労働を禁止したものであり、本条違反に対しては、労基法上最も重い刑罰が科される(117条。1年以上10年以下の懲役または20万円以上300万円以下の罰金)。なお、本条にいう「精神又は身体の自由を不当に拘束する手段」とは、精神の作用または身体の行動が何らかの形で妨げられる状態をいうため、損害賠償の予定(労基16条)、前借金の相殺(同17条)、強制貯金(同18条)等も、その具体的態様から労働者の意思に反して労働を強制する程度のものに達していれば、不当な拘束手段に該当し、本条違反が成立する(昭和63・3・14基発150号)。

(2)　中間搾取の排除

　何人も、法律に基づいて許される場合のほか、業として他人の就業に介入して利益を得てはならない(労基6条)。第三者が労働者の就業に介入して中間搾取や人身売買的な就業斡旋を行い、労働者を継続的に支配するという悪弊を除

去するための規定である。「業として」とは，営利を目的として同種の行為を反復継続することをいい（1回の行為であっても反復継続して利益を得る意思があれば足りる），「他人の就業に介入」とは，労働者・使用者の間に介入し，労働関係の開始や存続について媒介・斡旋を行うなど，何らかの因果関係を有する関与を行うことをいう。

この種の行為については，職業安定法が有料職業紹介の許可制（30条），労働者募集による報酬の受領規制（40条・41条），労働者供給事業の禁止（44条）などの規制を定めており，これらに違反する行為を利益を得て行えば，職安法違反と同時に労基法6条違反が成立する。一方，業務処理請負や労働者派遣（822頁，824頁）は，労働者と請負人または派遣元企業との間に労働契約が成立しており，受入企業との間には成立していないので，「他人の就業」に介入したことにはならず，中間搾取には該当しない。

(3) 公民権行使の保障

使用者は，労働者が労働時間中に，選挙権その他公民としての権利を行使し，または公の職務を執行するために必要な時間を請求した場合においては，拒んではならない。ただし，権利の行使または公の職務の執行に妨げがない限り，請求された時刻を変更することができる（労基7条）。民主主義社会において不可欠な労働者の公的活動を保障しようとする規定である。「公民としての権利」（公民権）とは，公職選挙法上の選挙権・被選挙権，最高裁判所裁判官の国民審査（憲79条），特別法の住民投票（同95条），地方自治法による住民の直接請求権の行使などをいう（訴権は，原則として公民権に当たらない）。公の職務（公職）としては，各種議会の議員，労働委員会の委員，検察審査員，裁判所の証人などが挙げられる。

公職就任について使用者の承認を要件とし，それに反して公職に就任した者は懲戒解雇するとの就業規則は，労基法7条の趣旨に反し無効となり，懲戒解雇も無効となる[218]。これに対し，長期の公職就任によって業務・職務の遂行が著しく阻害される場合，それを理由に普通解雇や休職措置を行うことは許される[219]。また，公民権行使等に要する時間について賃金を支払うか否かは労

---

[218] 十和田観光電鉄事件・最判昭和38・6・21民集17巻5号754頁。

[219] 社会保険新報社事件・東京高判昭和58・4・26労民34巻2号263頁，パソナ事件・東京地判平成25・10・11労経速2195号17頁。これに対し，公職と容易に両立しうる業務への配

使自治に委ねられるが，従来は有給扱いであったにもかかわらず，これを改めて不支給扱いとする旨の就業規則の不利益変更には合理性審査（労契10条）が及ぶ*220。

3 契約期間の制限

(1) 意　義

(ア)　労働契約に期間の定めを設ける場合，一定の事業の完了に必要な期間を定めるもののほかは，3年（後述する①～③の場合は5年）を超える期間について締結してはならない（労基14条）。

労働契約には，期間の定めのない契約と，期間の定めのある契約（有期労働契約）がある。民法上，有期労働契約の期間途中の解約は「やむを得ない事由」がある場合にのみ許される（同628条）。しかし，これは当事者双方を不当に拘束し，特に労働者については，その意に反した労働の強制をもたらしやすい。そこで，民法は，雇用の最長期間を5年と定め，労使双方について長期の拘束関係の防止を図ってきた（同626条）。そして，労基法は，労働者の拘束防止（退職の自由の確保）の趣旨を徹底して民法の規律を修正し，労働契約の最長期間を1年に短縮してきた。

(イ)　しかし近年，長期間雇用の弊害が減少する一方，専門的能力を有する労働者の有期雇用のニーズが高まり，また高齢社会の到来により，高齢者雇用が重要な社会的要請になっている。そこで，2003年の改正労基法において，有期雇用を多様な雇用機会の一つに位置づける趣旨から，有期労働契約の規律が緩和された。

その第1の柱は，従来の期間上限の原則である1年を3年に延長する旨の改正である（ただし，労働者は民法628条にかかわらず，期間の1年経過後は自由に退職できるという暫定措置が設けられている［137条］）。第2の柱は，以上の原則に対する特例の創出である。すなわち，①「専門的な知識，技術又は経験……であって高度のものとして厚生労働大臣が定める基準に該当する専門的知識等を有する労働者……との間に締結される労働契約」および②「満60歳以上の労

置転換が可能な場合は，それを行わずに行った解雇は解雇権濫用となりうる（菅野＝山川288頁）。

＊220　全日本手をつなぐ育成会事件（東京地判平成23・7・15労判1035号105頁）は，本文の就業規則変更につき，労働者が有給扱いの下で公民権を行使する地位・権利に多大な影響を与えうるとして合理性を否定している。

働者との間に締結される労働契約」については，雇用の最長期間を 5 年とすることが認められる（同 14 条 1 項 1 号・2 号）。ただし，本条にいう「専門的知識等」を有する者とは，①博士の学位を有する者，②公認会計士，医師，弁護士，一級建築士などの高度の資格を有する者，③システムエンジニア，デザイナー等の一定の学歴および実務経験を有し，かつ，年収が 1075 万円以上の者などとされ，高度の専門的労働者に限定されている（平成 15 年厚労告 356 号参照）。有期雇用の弊害に鑑み，特例の対象を，使用者との交渉上劣位に立たない者に限定する趣旨である。

(2) 上限規制の意義と効果

(ア) 意 義　a) 以上の要件を満たせば，いかなる理由で有期労働契約を締結するかは労使の自由である。また 3 年（特例 5 年）以内の期間であれば，その長さをどのように設定するかも自由である。

これに対して，3 年（特例 5 年）を超える期間を定めた有期労働契約は労基法 14 条違反となる。ただし，このような労働契約であっても，当該期間経過後は身分保証期間（使用者は原則として解約できないが，労働者はいつでも解約できる期間）であることが明確な場合は，人身拘束のおそれがないことから，14 条違反は成立しない。前記のとおり，14 条の目的は，労働者の退職の自由の確保にあり，退職の自由が確保されている限り，上限規制を超える契約期間を規制する趣旨ではないからである[*221]。いわゆる任期制（労働契約期間とは別に「期間○年」と定め，その任期中の所定の労働契約期間［たとえば 3 年］を更新する制度）も，その間の労働者の解約の自由が保障されている限りは適法である。さらに，期間満了時に双方から異議がなければ当然に契約が更新される旨の自動更新の約定を設けることも適法である。

b) 有期労働契約の更新については，期間 3 年以内の労働契約の場合，更新の制限はなく，3 年以内の期間を設けて更新することができる。特例 5 年の有期労働契約についても，5 年以内の期間で更新することが可能である（有期労働契約の更新拒絶の問題［労契 19 条］については，999 頁以下参照）。

c) 労働契約で一定の事業の完了に必要な期間を定める場合には，例外的に 3 年を超える期間を定めることが許される。たとえば，4 年間で完了する土

---

*221　厚生労働省・労基法（上）234 頁，菅野〔6 版〕185 頁参照。

木工事において，技師を 4 年契約で雇い入れるような場合である。この場合，「4 年ないし 4 年半」といった定め方でもよいが，「本工事が完了するまで」というように，期間を具体的に確定しない定め方は許されない。

(イ) **契約期間制限違反の効果**　労基法 14 条違反の効果について，通説・裁判例は，当時の期間の上限である 1 年を超える期間は労基法 13 条によって無効となり，1 年に短縮されると解しつつ，期間満了後も労働者が引き続き労働し，使用者が異議を述べないときは，黙示の更新（民 629 条 1 項）によって期間の定めのない契約として存続すると解している（絶対的無効説）[*222]。これに対しては，1 年を超える期間の労働契約も労働者にとっては有効で，使用者の側から 1 年を超える期間の拘束関係を主張できないだけであり，労働者は当該期間の雇用保障を受ける反面，期間の満了により契約は終了するとの見解も有力である（片面的無効説）[*223]。14 条の上記趣旨からは，片面的無効説が妥当と解される[*224]。

4　賠償予定の禁止

(1)　趣　旨

使用者は，労働契約の不履行について違約金を定め，または損害賠償額を予定する契約をしてはならない（労基 16 条）。契約期間の途中で退職した場合の

---

*222　荒木 542 頁，注釈労基・労契(1) 235 頁［岩永昌晃］。裁判例として，旭川大学事件・札幌高判昭和 56・7・16 労民 32 巻 3 = 4 号 502 頁，自警会東京警察病院事件・東京地判平成 15・11・10 労判 870 号 72 頁など。奥田香子 = 篠原信貴「民法 629 条」土田編・債権法改正と労働法 118 頁以下参照。一方，雇用期間 1 年の黙示の更新を認める例として，東京アメリカンクラブ事件・東京地判平成 28・4・27 ジャーナル 53 号 29 頁。民法 629 条に基づく更新の否定例として，アンスティチュ・フランセ日本事件・東京地判令和 4・2・25 労経速 2487 号 24 頁。
*223　菅野［5 版補正 2 版］182 頁，注解労基 I 210 頁［諏訪康雄］，下井［2 版］67 頁。
*224　ただし，労基法 14 条は，3 年を超える期間を定めた労働契約の締結自体を禁止する規定であるから，これに違反する労働契約（たとえば 4 年の期間を定めた契約）は，同法 13 条によって無効となり，3 年に短縮されると解すべきであり，この点では絶対的無効説が妥当である（行政解釈も同旨。平成 15・10・22 基発 1022001 号）。問題は，同説が，黙示の更新の効果として期間の定めのない契約への転化を認める点にある。もともと期間を定めて締結された労働契約が，14 条違反のゆえに直ちに期間の定めのない契約に転化するのは不自然であるし，14 条は労働者の退職の自由の確保を趣旨とする規定であるから，その効果として，期間の定めのない契約への転化を認める理由はない。また，民法 629 条との関係でも，同条 1 項は，黙示の更新が「従前の雇用と同一の条件で」なされると規定しており，この「同一の条件」には期間の定めが含まれるため，有期労働契約が黙示的に更新された場合は，同一期間を定めた有期契約として更新されると解すべきである。注釈労基(上) 274 頁［大内伸哉］も参照。

違約金を定めたり，使用者に損害を与えた場合の損害賠償額をあらかじめ労働者や身元保証人との間で約定しておくと，労働者は自己の意思に反して雇用関係の継続を強制されることになる。民法は，こうした約定も契約自由の範囲内として許容するが（420条），本条はこれを修正して一般的に禁止したものであり，労働者の退職の自由の確保を趣旨としている。

　違約金とは，債務不履行に際して債務者が債権者に支払うべきことを約束した金銭をいい，民法はこれを損害賠償額の予定と推定している（420条3項）*224a。損害賠償額の予定とは，債務不履行による賠償額を，実際の損害いかんにかかわらず一定の金額として定めておくことをいい，損害の事実や損害額を正確に証明し算定する手数を省くことを目的とする。これに対し，現実に生じた損害の賠償を請求することはもちろん可能であり（256頁），その旨約定することも本条違反ではない。

(2)　留学・研修費用返還制度の適法性

　㈰　概　説　　近年問題となっているのは，使用者が費用を負担して研修・留学の機会を与えた後，一定期間勤続すれば費用返還を免除するが，そうでない場合には費用を返還させる旨の契約・就業規則（留学・研修費用返還制度）が労基法16条に違反するか否かである。労働者のキャリア支援と人的資源開発を図りつつ，それに要した費用を回収する目的の制度であり，多くの企業に普及しているが，雇用の流動化に伴い，留学・研修後短期で退職する労働者に対する費用返還請求をめぐる紛争が増えている。

　留学・研修費用返還制度は，違約金支払を無条件で義務づけるものではないから，直ちに本条違反とはいえないが，実質的に労働者の足止め策として機能する場合は16条違反となる。①16条違反が成立する典型例は，使用者が留学・研修と称して業務に従事させ，その費用を負担しつつ，研修等終了後の勤続を義務づける場合であり，これは本来，使用者が負担すべき費用を労働者に負担させ，退職の自由を拘束するものであるから，違約金ないし賠償予定の実質を有すると解される。これに対し，②留学・研修が労働者の任意に委ねられ，本来労働者本人が負担すべき費用を使用者が貸与しつつ，勤続とは無関係に消費貸借契約によって返済方法を定め，ただ一定期間勤続した者について特に返

---

*224a　違約金の肯定事例として，パスポート不返還損害賠償請求事件・横浜地判令和6・4・25労旬2063号47頁。第13章＊68参照。

還債務を免除する旨の制度（免除特約付消費貸借契約）であれば，直ちに16条違反にならない。それは，退職の自由の拘束度が低い反面，教育訓練費用を確保する手段として合理性を有するからである*225。要するに，研修・留学が業務遂行の実質を有するか否かに着目して，その費用が本来使用者が負担すべき費用か，それとも契約によってどちらが負担するかを決めることが可能な費用かを決定し，前者であれば違約金の定めに当たるとして16条違反により無効であるが，後者であれば有効という整理が可能である。

もっとも，①と②の区別は実際には微妙であり，免除特約付消費貸借契約の形式を整えたからといって，直ちに本条違反が否定されることにはならない。そこで，留学・研修費用返還制度の実態に即して，それが労働者の意思に反して雇用の継続を強要する機能を営んでいないかどうかを判断する必要がある。具体的には，ⓐ留学・研修後の勤続期間の長短（長ければ長いほど①に近づく），ⓑ返済免除の範囲・基準の明確さ（不明確であれば①に近づく），ⓒ研修の業務性の有無・程度（研修内容・資格内容と業務との関連性が強く，研修テーマや科目選択の拘束度が高ければ①に近づくが，逆に自由度が高ければ②に近づく），ⓓ労働者本人にとっての利益の有無（留学・研修が本人のキャリア形成に有益と認められれば②に近づく），ⓔ研修に際しての自由意思の有無（業務命令であれば①に，労働者の自由意思によるものであれば②に近づく）を勘案して個別的に判断される*226。

裁判例を見ると，16条違反の否定例としては，勤続5年を返還免除要件とする制度につき，海外研修の任意性が高く（形式的には業務命令だが，実際には本人が希望していた），業務性が弱い（留学後の科目選択や行動について会社が干渉せず，本人に委ねていた）反面，労働者本人の能力を高める趣旨の制度であったとして16条違反を否定し，会社からの費用返還請求を認めた例*227や，同じく勤続5

---

*225 河合楽器製作所事件・静岡地判昭和52・12・23労判295号60頁。最近では，独立行政法人製品評価技術基盤機構事件・東京地判令3・12・2労経速2487号3頁。免除特約付消費貸借契約ないしそれに類似する契約の成立自体を否定した例として，川久保企画事件・横浜地判令5・11・15ジャーナル144号20頁（外国人労働者の就労準備費用返還請求を棄却）。

*226 注釈労基・労契(1) 257頁以下［細谷越史］参照。これに対し，双日事件（東京地判令4・8・30ジャーナル134号38頁）は，労基法16条は労働契約の不履行に係る違約金や損害賠償の予定を禁止する規定であるから，労働契約に基づかない行為（使用者の業務外の行為）について同条を適用（類推適用）することは困難とした上，一般論として，使用者が労働者に対し業務外事項について金銭を貸し付ける際に5年程度の勤続を条件に債務を免除し，それ以前の退職者には返還を求める合意をすることが退職の自由を不当に制約するとはいえないと判断し，免除特約付消費貸借契約に基づく留学・研修費用返還制度に対する同条の適用を否定する判断を示しているが，疑問がある。

年を要件とする制度につき、留学への応募が本人の自由意思に委ねられ、留学先や履修科目も労働者が自由に選択できるなど業務性を有するものではなく、労働者個人の利益となる部分が相当程度大きいこと、留学費用に係る債務免除までの期間が不当に長いとまではいえないこと等から16条違反を否定した例がある[*228]。

一方、16条違反の肯定例としては、留学の応募自体は労働者の意思に委ねているものの、留学決定後は留学派遣を命じ、専攻学科も業務に関連する学科を定め、留学後の業務は留学中に取得した学位を活かしうる業務であったというケースにつき、留学後の勤務を確保する目的の制度として16条違反と判断し、返還請求を斥けた例[*229]や、独立行政法人が退職した職員に対し、長期派遣研修制度により米国に派遣した際に支出した研修費用の返還を求めたケースにつき、本件研修の派遣先や研修内容については法人の意向が相当程度反映され、研修を通じて得られた知見や人脈は本件研修終了後の法人における業務に生かしうるものであった一方、法人や関係省庁以外の職場での有用性は限定的なものであったことや、法人の所長や経産省等の所管省庁職員らが元職員に対して行った頻繁な調査依頼は、法人および所管省庁の本来業務にほかならず、本件研修は主として法人の業務として実施されたものと評価するのが相当であること等から16条違反を認めた例[*230]がある[*231]。

[*227] 野村證券事件・東京地判平成14・4・16労判827号40頁。同旨、長谷工コーポレーション事件・東京地判平成9・5・26労判717号14頁。

[*228] みずほ証券事件・東京地判令和3・2・10労判1246号82頁。同旨、大成建設事件・東京地判令和4・4・20ジャーナル129号50頁。その他の16条違反否定例として、明治生命保険事件・東京地判平成16・1・26労判872号46頁、明治生命保険[留学費用返還請求第2]事件・東京地判平成15・12・24労判881号88頁、東急トランセ事件・さいたま地判令和5・3・1労経速2513号25頁、勝英自動車学校事件・東京地判令和5・10・26労経速2554号31頁。

[*229] 新日本証券事件・東京地判平成10・9・25労判746号7頁。

[*230] 前掲・独立行政法人製品評価技術基盤機構事件（*225）。

[*231] このほか、医療法人が退職した看護師に対し、在職中に貸し付けた看護学校就学費用の返還を求めたケースにつき、看護師の退職の自由を不当に制限するか否かの判断に際して返還免除条件である勤続期間を重視し、労基法14条が契約期間を原則として3年と定めていることに着目して3年を基準とすべきと述べた上、本件における勤続期間要件が3年の倍に当たる6年であることを重視して労基法16条違反を認めた例がある（杏祐会事件・広島高判平成29・9・6労判1202号163頁）。その他の16条違反肯定例として、ダイレックス事件・長崎地判令和3・2・26労判1241号16頁。セミナー受講費用）があるほか、P興産事件（大阪高判令和2・1・24労判1228号87頁）は、従業員が退職後、不動産取引に関して会社に生じた損金を補填する旨を合意したことにつき、労基法16条の趣旨に反するとともに公序に反し無効と判断

(イ) **考察** 思うに，留学・研修費用返還制度を16条違反として厳格に規制することは，企業が労働者に対して教育訓練投資を行うインセンティブを奪う結果となり，労使双方にとって望ましくない。雇用の流動化が進展し，労働者のキャリア設計の利益が重視される今日，労働者の能力開発やキャリア形成にとっては企業のサポートが不可欠であるが（職業能力開発法上，企業は労働者のキャリア設計を支援・促進する責務を負う。525頁），上記のような規制は，そうしたサポートのインセンティブを抑制してしまうからである。また，社会的見地から見ても，国際性・汎用性のある高度の職業能力を有する人材を企業の負担で育成することは望ましいことであり，企業がそうした投資を行うインセンティブを抑制しないよう配慮する必要がある（大内44頁参照）。

したがって，留学・研修費用返還制度については，労働者の不当な足止め策として作用しないよう企業が合理的な制度設計を行い，労働者に十分な説明・情報提供を行って契約を締結している限り，本条違反を否定すべきである。すなわち，①労働契約とは別個に免除特約付消費貸借契約を締結していること（同契約の形式としては，労働契約とは別の契約である以上，誓約書等の個別的合意が必須である），②費用返還制度の内容（返還債務免除の基準・条件，返還方法・返還額等）が明確化され十分説明されること（上記ⓑ），③労働者の自由意思が実質的に確保されること（同ⓔ）*232，④研修後の勤続が不当に長過ぎないこと（同ⓐ）の各要件が整えば，留学・研修費用返還制度は適法と解すべきである。この場合，留学・研修が企業の能力開発制度の一環を成す以上，一定の業務性を伴うのは当然であるから，業務性の要素（同ⓒ）を考慮すべきではない。すなわち，留学期間中に会社業務への従事が命じられ，実質的には通常の業務遂行と同視できるような場合*233はともかく，研修・資格内容が業務と関連する内容を含むことや，研修内容と研修後の業務との関連性を16条違反の判断に際して考慮すべきではない*234。また，免除特約付消費貸借契約の締結とは別に，

している（キャバクラ運営A社従業員事件・大阪地判令和2・10・19労判1233号103頁も参照）。

*232 前掲・大成建設事件（*228）は，留学費用返還に係る消費貸借契約の締結（誓約書の提出）に際して，会社による説明や質疑応答に係る事実認定を踏まえて，同人が制度内容を十分に理解した上で誓約書に署名押印したものとして同契約の成立を認めている。

*233 富士重工業事件・東京地判平成10・3・17労判734号15頁がこのケースである。

*234 換言すれば，留学・研修の実態が「業務」そのものであったのか，「業務性」を有するものであったのかを厳密に区別すべきである。前者であれば，16条違反の評価は免れないが，後者であれば，16条違反の評価に反映させることには疑問がある。

就業規則における明確な制度化を行うことが望ましい。

　その代わり，使用者は，就業規則等で留学・研修費用返還制度に関する合理的な制度設計を行い，労働者に対して十分な説明と情報提供を行った（②）上で，免除特約付消費貸借契約に関する労働者の同意を得る必要がある（①・③）。この場合，労働者の同意は，その自由意思に基づいてされたものと客観的に認められることを要するのであり（211頁），そのためには，上記の合理的制度設計と説明と情報提供が必須であって，単なる就業規則の周知・誓約書への署名のみでは足りない*235。また，研修・留学後の勤続期間については，退職の自由の確保の趣旨（民626条参照）からも，訓練費用の回収の観点からも5年を限度とすべきであり（企業の大勢は5年），5年超の期間を定める制度や，不確定期限を定めた制度は違法と解すべきである*236。以上の結果，労働者に対する多額の留学費用の返還請求が認容されるケースが生じうるが，それは契約に違反して退職した労働者の自己責任と考えるべきである*237【1-13】。

> 【1-13】　**前借金相殺の禁止**　使用者は，前借金その他労働することを条件とする前貸の債権と賃金とを相殺してはならない（労基17条）。「前借金」とは，使用者が労働契約の締結に際して労働することを条件に労働者や親権者に貸し付け，その後の賃金で弁済することを約する金銭をいい，「労働することを条件とする前貸の債権」とは，前借金への追加給付などを指す。また，17条が直接禁止するのは使用者による一方的相殺であるが，合意による相殺や，労働者による一方的相殺も，実質的に使用者の強制によるものであれば，脱法行為として17条違

---

*235　この点，前掲・明治生命保険事件（*228）は，費用返還制度を定めた誓約書について使用者が説明を行っていなかったとしても，誓約書に同制度が明記されていた以上，消費貸借合意の効力を左右しないと断定しているが，疑問がある。なお，留学・研修費用返還制度を構成する免除特約付消費貸借契約の締結は，厳密には労働条件ではないが，留学・研修費用返還制度に組み込まれることによって実質的には「労働条件の決定」を意味するので，労働者の自由意思同意要件を適用できるものと考える。

*236　「一定期間」の制度を適法とした前掲・長谷工コーポレーション事件（*227）には疑問がある。これに対し，勤続期間による拘束性の程度を重視して判断した前掲・杏祐会事件（*231）および前掲・みずほ証券事件（*228）は，妥当な判断と解される。最近の裁判例においても，研修・留学後勤続期間5年とする制度を適法と判断する例が多い（前掲・みずほ証券事件［*228］，前掲・独立行政法人製品評価技術基盤機構事件［*225］，前掲・大成建設事件［*228］，前掲・双日事件［*226］）。

*237　ただし，留学費用の返還義務の範囲については，留学・研修の実態や留学後の労働者の企業貢献度に応じて，信義則によって一定の制限を図るべきであろう（256頁以下参照）。このように解した上で労働者の責任制限を否定した例として，前掲・長谷工コーポレーション事件（*227），前掲・双日事件（*226）がある。

反となる。一方，17条の趣旨は，労働者の身分的拘束の防止にあるので，使用者の人的信用に基づく貸付金で，身分的拘束を伴わないもの（労働者が会社から住宅ローンを借り入れ，賃金と相殺する場合等）は同条違反とはならない。

5 均等待遇の原則

(1) 意　義

労基法3条は，「使用者は，労働者の国籍，信条又は社会的身分を理由として，賃金，労働時間その他の労働条件について，差別的取扱をしてはならない」と規定し，均等待遇の原則を定める。憲法14条は，国民の法の下の平等を宣言し，人種，信条，性別，社会的身分または門地による差別を禁止するが，国家と国民の関係を律するにとどまり，直接私法関係には適用されない。そこで，労基法は，労働契約に関する規定として3条を設け，4条において，性別を理由とする賃金差別を禁止する規定を設けた（4条については，950頁参照）。

(2) 「差別的取扱い」の理由

(ア) 国　籍[238]　「国籍」とは，人種や出身国を含み，外国人・日本人間のみならず，外国人間の労働条件格差にも適用される。労基法3条は，外国人・日本人が同一（価値）労働に従事していることを差別の要件としていない。しかし一方，同一（価値）労働への従事の事実があれば，差別を推認させる重要な間接事実となることは当然であり，この場合，使用者は，本条違反の評価を免れるためには，当該格差を正当化するに足りる合理的な理由を立証する必要がある（他の差別禁止事由についても同様である）[239]。

裁判例では，本名・国籍を秘匿して応募した在日朝鮮人が同事実を理由に採用内定を取り消されたケースにつき，問題の虚偽申告は内定取消を正当化するほど重大なものではなく，その決定的理由は同人の国籍にあったとして労基法3条との抵触を認め，公序（民90条）違反により無効と判断した例がある[240]。一方，外国人研修生・技能実習生に関する判断であるが，日本人従業員との間の約26％の賃金格差の適法性が争われた事案につき，使用者は，研修生・技

---

[238] 本項については，土田道夫「外国人労働者の就労と労働法の課題」立命館法学357＝358号（2015）1662頁以下も参照。
[239] デーバー加工サービス事件・東京地判平成23・12・6労判1044号21頁。
[240] 日立製作所［採用取消］事件・横浜地判昭和49・6・19労民25巻3号277頁。

能実習生受入れのために1名当たり約180万円の費用を負担し，寮の整備にも多額の費用を支出するなど有形無形の負担をしていることとして賃金格差の合理的理由を認め，本条違反を否定した例もある*241。なお，外国人が従事する職種・雇用形態に起因する賃金格差は「国籍」による差別に当たらない。そこでたとえば，外国人語学教員を雇用する際，終身雇用を前提とする給与体系では高額の処遇が困難であることから有期雇用とすることは，均等待遇原則に違反しない*242。

(イ) 信条　「信条」とは，信仰，思想，信念その他，人の精神的活動や考え方を意味し，宗教的信条・政治的信条その他の考え方を含む*243。「信条」は，それが労働者の内心にとどまる限り，使用者が一切介入できない事項であり，絶対的な保障を受ける。この意味で，本条は信条の自由（憲19条）を保障する意義も有する。また「信条」は，こうした内面的活動のみならず，特定の宗教活動・宗教団体への参加・不参加や特定政党への所属も含み，これらの点を理由とする差別的取扱いは本条違反となる。

これに対して，特定の政治的信条に基づく具体的行動が企業秩序を乱すような態様でなされた場合，使用者がそれを理由に不利益な取扱いをすることは労基法3条に違反しない。ただし，「信条」と「行動」は密接な関係にあるから，不利益取扱いが適法とされるためには，当該行動がそれを正当化するほどに重大なものであることを要する。そうした重大性がないにもかかわらず不利益取扱いを行えば，結局はその行動に現れた労働者の信条を理由とする差別として均等待遇原則違反が成立しうる（菅野＝山川279頁）。そこでたとえば，企業内

＊241　前掲・デーバー加工サービス事件（＊239［ただし，使用者が住宅費・光熱費の負担額を日本人従業員より高額としていることについては，労基法3条違反を肯定］）。このほか，地方公務員に関してであるが，地方公共団体（東京都）が管理職昇任のための資格要件として日本の国籍を有することを定め，韓国籍の外国人に管理職選考試験を受験させなかったことにつき，公権力の行使に当たる行為を行うこと等を職務とする地方公務員の管理職任用制度の適正な運用という合理的理由に基づく区別であると判断し，労基法3条および憲法14条1項（法の下の平等）違反を否定した判例がある（東京都事件・最大判平成17・1・26民集59巻1号128頁）。

＊242　東京国際学園事件・東京地判平成13・3・15労判818号55頁。同旨，ジャパンタイムズ事件・東京地判平成17・3・29労判897号81頁。外国人間の差別に関する事例として，三菱電機事件・東京地判平成8・3・25労経速1592号25頁。注釈労基・労契(1) 131頁［武井寛］参照。

＊243　昭和22・9・13発基17号。政治的信条につき，倉敷紡績事件・大阪地判平成15・5・14労判859号69頁，フジ住宅事件・大阪高判令和3・11・18労判1281号58頁。

で政治活動・宗教活動をしないとの特約を結んで雇用された労働者が特約に違反して政治活動等を行った場合，それを理由とする不利益取扱いが直ちに適法とされるわけではなく，労働者の活動が企業秩序を侵害し，またはその具体的危険があったか否かを審査する必要がある。

(ウ) **社会的身分**　「社会的身分」は，生来的身分のみならず，後発的理由によるものであっても，自らの意思によって左右できない固定的な地位を含む（例，破産者，受刑者）。これに対し，パートタイマーや臨時工といった職種上の地位は，本人が自らの意思で選んだ地位であるため，「社会的身分」には該当しない。したがって，パートタイマーの賃金格差を3条によって規制することはできない（1068頁）[*244]。

(3) 「労働条件」「差別的取扱い」の意義

(ア) 「労働条件」の意義については前述したが（108頁），労基法3条との関係では，「採用」が含まれるか否かが特に問題となる。学説は分かれるが，判例は，3条は「雇入れ後における労働条件についての制限であって，雇入れそのものを制約する規定ではない」と述べて否定説に立つ[*245]。たしかに，均等待遇原則は「労働者」の差別的取扱いを禁止するものであり，この原則を，労働者になる前の段階である応募者の採用行為に適用することには問題がある。採用の自由を保障する現行法の立場（272頁）からも，「労働条件」は，あくまで労働者が使用者との労働契約関係に入ったことを前提とする概念と解すべきであろう。ただし，採用差別の司法救済が一切不可能というわけではなく，信条等による差別であることが明らかな場合は，公序（民90条）違反による不法行為（同709条）が成立しうる（273頁参照）。

また，民族差別を内容とする文書（ヘイト文書）が職場において大量に配布された事案では，「職場環境」が「労働条件」に含まれるか否かも問題となるところ，裁判例は，労基法3条違反について罰則が適用されること（労基119条1号）を理由に否定しているが，この判断については検討の余地があろう[*246]。

[*244] 通説である。菅野＝山川280頁，荒木100頁，注釈労基(上) 96頁［両角道代］など。裁判例として，日本郵便逓送事件・大阪地判平成14・5・22労判830号22頁。

[*245] 三菱樹脂事件・最大判昭和48・12・12民集27巻11号1536頁。

[*246] 前掲・フジ住宅事件（*243）。判旨は，労基法3条（均等待遇原則）の「労働条件」に「職場環境」が含まれるとの原告従業員の主張に対し，同条違反について罰則が適用されることを踏まえると，「労働条件」の意義を広範に解することには慎重であるべきとして斥けた上，

(イ) 「差別的取扱い」とは、労働条件について他の労働者と区別して異なる取扱いをすることをいい、不利益取扱いのみならず、有利な扱いも含む。信条等を理由とする差別であることの主張立証責任は労働者側が負うが、これに対して使用者は、労働者の服務規律違反や能力不足を不利益取扱いの理由と主張することが多い。この場合、本条違反の成否は、いずれの理由が不利益取扱いの真の理由ないし決定的動機であるかによって判断される[*247]。

(4) 均等待遇原則違反の効果

使用者が労基法3条（均等待遇原則）に違反する差別的取扱いをした場合、処罰される（労基119条1号）。私法的には、差別的取扱いが法律行為（差別的賃金規定、配転、懲戒処分、解雇等）であれば、強行規定違反として無効となる。人事考課上の差別、監視行為、施設利用上の差別等の事実行為であれば、強行法規違反の不法行為となり、使用者の損害賠償責任を発生させる（民709条）。近年には、3条違反による裁量権逸脱の違法行為と構成する例もある[*248]。問題は、昇給・昇格差別について、損害賠償請求権でなく、差額賃金や昇給・昇格自体の請求を認めうるか否かであるが、労基法13条の強行的・直律的効力によって肯定することが可能と解される（この点については、男女同一賃金原則［労基4条］に関する解説参照。954頁）。

信条を理由とする昇給・昇格差別や賃金の査定差別の場合、人事考課（査定）という使用者の裁量行為が介在し、賃金格差や昇格の違いが信条によるものか、能力評価によるものかの判定が難しいため、3条違反の立証が困難となるケースが多い。このため、査定の違法性と損害との因果関係に関する立証責任ルールが争点となる。近年の裁判例は、被害者（労働者）が立証責任を負うとの不法行為の立証責任ルールを前提としつつも、人事考課の実態に即してこ

職場における差別的言動を禁止し、差別的思想が醸成されないよう配慮する義務を職場環境配慮義務として肯定し、ヘイト文書等配布行為について会社等の不法行為責任（民709条）を肯定している（詳細は、168頁）。職場環境配慮義務に関する判断は妥当であるが、均等待遇原則に関する判断については、「職場環境」が「労働条件」に含まれると解することが何ゆえ罰則適用との関係で「労働条件」の意義を不当に広範に解することになるのかは明確でなく、疑問がある。

[*247] 注釈労基(上) 98頁［両角道代］。反対、浅倉むつ子「均等待遇」現代講座(9) 189頁（信条等の事由が処分決定に際して優越的かつ決定的と認められる必要はないと説く）。

[*248] 前掲・倉敷紡績事件（[*243]）は、「信条を理由として差別的な処遇を行うことは、人事に関する裁量権の逸脱であり、違法である」と判断している。

の規律を修正し、労働者の立証責任の軽減を図る判断を示している＊249【1-14】。

【1-14】 **障害者の雇用平等**　日本の障害者雇用政策は、一定率の障害者の雇用を事業主に義務づける政策（雇用率制度）を基本に展開されてきた。しかし、国際的には、1990年代以降、障害を理由とする差別を禁止することで雇用促進を図るアプローチ（差別禁止アプローチ）が開始され、2011年の国連「障害者権利条約」に結実した。日本においても、このアプローチの下、2013年に障害者雇用促進法の改正および障害者差別解消法の制定が行われ、改正障害者雇用促進法に差別禁止および合理的配慮の基本ルールが盛り込まれた（障害者権利条約は、2014年1月に批准された）。こうした差別禁止アプローチの意義に鑑み、以下、均等待遇原則に関連するテーマとして、改正障害者雇用促進法の概要と労働契約法上の論点について概説する＊250。

　(1) **障害者の定義**　改正障害者雇用促進法上、障害者は、「身体障害、知的障害、精神障害（発達障害を含む。……）その他の心身の機能の障害……があるため、長期にわたり、職業生活に相当の制限を受け、又は職業生活を営むことが著しく困難な者」と定義される（2条1号）。この定義は、発達障害を含むなど広範な定義であり、雇用率制度の対象者より広い概念である。

　(2) **差別禁止**　事業主は、労働者の募集・採用に際して、「障害者に対して、非障害者と均等な機会を与えなければならない」（34条）。また、採用後も、「賃金の決定、教育訓練の実施、福利厚生施設の利用その他の待遇について、労働者

＊249　すなわち、裁判例は、因果関係の認定について問題となる要件（ⓐ使用者の差別意思、ⓑ考課査定の低位さ＝賃金格差、ⓒ格差を合理化する理由の存在［勤務成績の悪さ］、ⓓ標準者との勤務成績の同等性）のうち、ⓐとⓑを原告労働者側の立証事項としつつ、長期の人事労務政策から差別的意思（ⓐ）が立証され、統計的資料によって平均的処遇における差別（ⓑ）が立証されれば、賃金格差が差別的査定によるものであること（主要事実）を推定できると解し、この推定を覆すためには、使用者側がⓒの合理的理由を立証する必要があるとする。そして、ⓒの立証がない限りは差別的取扱いを認め、ⓓ（勤務成績の同等性）については、使用者がⓒを立証しえた場合にのみ要求している。東京電力［群馬］事件・前橋地判平成5・8・24判時1470号3頁、東京電力［千葉］事件・千葉地判平成6・5・23判時1507号53頁、中部電力事件・名古屋地判平成8・3・13判時1579号3頁。最近では、日本原子力研究開発機構事件・水戸地判令和6・3・14ジャーナル148号16頁。

＊250　障害者雇用促進法の改正については、長谷川珠子「障害者雇用促進法の改正」法教398号（2013）52頁、同「障害者雇用の法政策」争点34頁、富永晃一「改正障害者雇用促進法の障害者差別禁止と合理的配慮提供義務」論ジュリ8号（2014）、永野仁美「障害者雇用政策の動向と課題」日労研646号（2014）4頁参照。「特集・障害者雇用法制の新展開」季労243号（2013）、「特集1　障害者権利条約の批准と国内法の課題」前掲・論ジュリ8号も参照。改正法に関する包括的研究として、永野仁美＝長谷川珠子＝富永晃一『詳説障害者雇用促進法［増補補正版］』（弘文堂・2018）。概説として、注釈労基・労契(3) 509頁以下［長谷川珠子、永野仁美］。

が障害者であることを理由として，障害者でない者と不当な差別的取扱いをしてはならない」(35条)。法36条に基づく指針(障害者差別禁止指針[2015年3月25日])は，主に雇用機会均等法の指針(雇均指針。961頁)に倣い，禁止される差別の内容を明示している。すなわち，募集・採用については，障害者であることを理由として募集・採用の対象から排除すること，障害者に対してのみ不利な条件を付すこと，採用基準を満たす者の中から非障害者を優先して採用することを掲げ，賃金については，障害者であることを理由として一定の手当等の賃金の支払をしないこと，配置については，一定の職務への配置に際して，障害者であることを理由としてその対象を障害者のみとすることまたは対象から障害者を排除すること，昇進については，障害者であることを理由として役職への昇進の対象から排除すること，教育訓練については，障害者であることを理由として教育訓練を受けさせないこと，退職勧奨・解雇については，障害者であることを理由としてこれら措置の対象とすること，雇止めについては，障害者であることを理由として労働契約の更新をしないこと等々，詳細な規律を定める。

　なお，積極的差別是正措置として，障害者を有利に取り扱うこと，合理的配慮を提供し，労働能力などを適正に評価した結果，異なる取扱いを行うこと，合理的配慮の措置を講ずること（その結果，障害者でない者と異なる取扱いとなること）等は，障害者差別に該当しないものとされている。

　(3) **合理的配慮**　合理的配慮とは，不作為義務である差別禁止とは別に，障害者の雇用平等を実質的に実現するための積極的作為措置（義務）を指す。改正法によれば，事業主は，労働者の募集・採用について，障害者と非障害者との均等な機会の確保の支障となっている事情を改善するため，障害者の申し出により，当該障害者の障害の特性に配慮した必要な措置（合理的配慮）を講じなければならない(36条の2)。また事業主は，採用後も，障害者について，非障害者との均等な待遇の確保または障害者の有する能力の有効な発揮の支障となっている事情を改善するため，障害者の特性に配慮した職務の円滑な遂行に必要な施設の整備，援助者の配置その他必要な措置（合理的配慮）を講じなければならない(36条の3)。ただし，合理的配慮が事業主に対して過重な負担を及ぼす場合は，事業主は合理的配慮の義務を免れる(36条の2但書・36条の3但書)。事業主は，合理的配慮を講ずる際，障害者の意向を十分尊重しなければならず(36条の4第1項)，また，障害者の相談に応じ，適切に対応するための体制の整備その他の雇用管理上必要な措置を講じなければならない(同2項)。

　法36条の5に基づく指針（合理的配慮指針[2015年3月25日]）は，基本的考え方として，「合理的配慮は，個々の事情を有する障害者と事業主との相互理解の中で提供されるべき性質のものであること」等を掲げた上，その内容として，多くの事業主が対応できると考えられる措置の例を「別表」として記載している。

それによれば，募集・採用時は，募集内容を音声等で提供すること（視覚障害），面接を筆談等により行うこと（聴覚・言語障害），面接時に就労支援機関の職員等の同席を認めること（知的障害，精神障害，発達障害）等が掲げられている。また，採用後は，拡大文字・音声ソフト等の活用により業務が遂行できるようにすること（視覚障害），業務指示・連絡に際して筆談やメール等を利用すること（聴覚・言語障害），机の高さを調節する等作業を可能にする工夫を行うこと（肢体不自由），本人の習熟度に応じて業務量を徐々に増やしていくこと（知的障害）等が掲げられるほか，全障害を通して，業務指導や相談に関する担当者を定めること，出退勤時刻・休暇・休憩に関し，通院・体調に配慮すること，本人のプライバシーに配慮の上，他の労働者に対して障害内容や必要な配慮等を説明することが掲げられている。また，合理的配慮が過重な負担に当たるか否かについて，事業主は，①事業活動への影響の程度，②実現困難度，③費用・負担の程度，④企業の規模，⑤企業の財務状況，⑥公的支援の有無次の要素を総合的に勘案しながら個別に判断すべきものとされ，過重な負担に当たると判断した場合は，その旨およびその理由を障害者に説明するとともに，障害者の意向を十分に尊重した上，過重な負担にならない範囲で，合理的配慮の措置を講ずるものとされている。

(4) **実効性確保措置**　障害者雇用促進法の実効性確保措置としては，事業主が上記規定に違反した場合の厚生労働大臣による助言・指導・勧告（36条の6）のほか，紛争処理制度として，苦情処理（74条4），都道府県労働局長による助言・指導・勧告（74条の5・74条の6第1項）および個別労働紛争解決促進法上の紛争調整委員会による調停（74条の7第1項）が設けられている。

(5) **労働契約法上の論点**　障害者雇用促進法は，事業主（使用者）に公法上の義務を課す法律であるため，直ちに私法上の効果を有するわけではない。そこで，同法上の差別禁止規定および合理的配慮規定は，私法上の一般条項（公序［民90条］，信義則［労契3条4項］，権利濫用［労契3条5項］，不法行為［民709条］等）を介して私法上の意義と効果を有するものと解される＊251。

ⓐ **差別禁止規定**　まず，差別禁止規定については，差別禁止指針が禁止の内容を明確化したことと相まって，上記の私法規範に反映させることが可能である。たとえば，障害者であることを理由とする解雇や雇止めは，それぞれ，労契法16条・19条所定の「合理的理由」を充足しないものと評価されることになろう。また，障害者・非障害者で異なる賃金水準を定めるなど，障害者であることを理由とする賃金差別は，公序（民90条）違反の不法行為（民709条）として差額賃金相当額の損害賠償責任を発生させるものと解される。昇進差別・昇格差別も同様であり，ここでは，雇用機会均等法6条の解釈（965頁）が参考となろう＊252。さらに，障害者であることを理由とする降格・配転・出向は，それぞれ

＊251　長谷川・前掲解説（＊250・法教）57頁，富永・前掲解説（＊250）31頁。

権利濫用規定（労契3条5項・14条）の規律に服するものと解される。障害者であることを理由とする退職勧奨も、退職勧奨の不法行為法上の違法性（826頁）を基礎づける根拠となる。なお、差別禁止指針が掲げる禁止の内容は、事項によっては相当に限定的であるが（たとえば、賃金については、手当に言及するのみで、上記のような基本給の格差には言及していない）、それ以外の差別（基本給の格差等）についても、法35条が構成する公序違反として無効と解すべきである。他方、事業主が障害者雇用のために障害者枠を設け、非障害者より低い賃金を設定することは、職務遂行能力の違いによる合理的区別であると同時に、障害者差別禁止指針が掲げる積極的差別是正措置（124頁）に該当するため、違法な差別とはいえない[*253]。

ⓑ　合理的配慮規定　　次に、合理的配慮規定は、差別禁止規定と異なり、積極的作為義務を意味するが、やはりまずは上記私法上の一般条項の適用が問題となる。そこでたとえば、障害者に対する合理的配慮を欠いたまま行われた解雇や雇止めは、労契法16条・19条所定の「合理的理由」を充足しないと評価されるものと解される。この点、障害者雇用促進法改正以前の裁判例を見ると、うつ病罹患者の能力不足を理由とする雇止めを適法と判断した裁判例は、会社が同人の病状に配慮して比較的簡易な職務に従事させ、業務指導担当者を配置し、本人希望に沿って定時に帰宅させる等の配慮を行っていたとの認定を前提に、それにもかかわらず本人の業務が改善されなかったことを重視して判断しており[*254]、改正法の下でも、事業主が「合理的配慮」を履行していたとして雇止め適法と評価される事例と解される。一方、歯科衛生士が頸椎症性脊髄障害症のため、起立して児童の口腔内把握ができないことから、職務遂行に支障があるとして解雇された事案では、裁判所は、児童の口腔内把握のために歯科衛生士と児童が起立することは不可欠ではなく、双方が着席して行う方法もあるものの、当該方法は、児童が着席する椅子を複数用意するなど事前の相応の準備が必要である等と述べ、事業主がそうした方法を提供する必要性を否定して解雇有効と判断したが[*255]、改正法の下では、こうした事情が事業主の過重な負担に該当するかは疑問であり（指針が指摘する「机の高さを調節する等作業を可能にする工夫を行うこと」［125頁］の範疇に含まれるものと解される）、合理的配慮を欠く解雇として合理的理由を否定される可能性が高い（第10章*111参照）。

[*252]　使用者が障害者を主事に昇格させなかったことにつき、職務遂行能力の評価によるものであり、違法な障害者差別に当たらないと判断した裁判例として、S社［障害者］事件・名古屋高判平成27・2・27労経速2253号10頁。同旨、ジヤトコ事件・京都地判平成26・3・31ジャーナル27号14頁。

[*253]　同旨、長谷川・前掲解説（*250・法教）58頁。

[*254]　藍澤證券事件・東京高判平成22・5・27労判1011号20頁。本判決は、本文のように判断して、改正前5条所定の事業主の雇用管理努力義務違反を否定している。

[*255]　横浜市学校保健会事件・東京高判平成17・1・19労判890号58頁。

一方，改正法施行後の裁判例を見ると，障害者雇用促進法上の合理的配慮規定が直接問題となった事例ではないが，アスペルガー症候群である大学教員の問題行動を理由とする解雇につき，合理的配慮規定（障害雇用 36 条の 3）の趣旨を参酌して，解雇以外に雇用を継続するための努力（ジョブコーチ等の支援）を含め，障害者関連法令の理念に沿う具体的方策を検討しないまま強行したとして解雇権濫用と判断した例*256 や，視覚障害を有する准教授に対して学園が行った，授業を割り当てず学科事務のみを担当させる旨の職務変更命令につき，学園が同命令の必要性として指摘する点は，授業内容の改善の取組や補佐員による視覚補助により解決可能であり，そうした対応が障害者に対する合理的配慮の観点から望ましいことから必要性があるとはいえない一方，准教授は著しい不利益を被ると評価して権利濫用と判断した例*257 があり，ともに合理的配慮規定の観点から注目される判断である。

他方，傷病休職を終了した労働者が，復職に際して使用者に合理的配慮義務の履行を求めるケースが複数登場しているが，裁判例は，合理的配慮義務をやや消極に解する傾向にある。たとえば，アスペルガー症候群に罹患して休職した労働者が復職後，従事可能と主張した対人交渉の少ないプログラミング業務が外注化により存在しないとして退職扱いされた事案につき，同労働者が合理的配慮規定（同 36 条の 3）の趣旨を考慮すべき旨を主張したのに対し，合理的配慮の提供は事業主に過度な負担を伴う義務を課すものではなく，「障害のある労働者のあるがままの状態を，それがどのような状態であろうとも，労務の提供として常に受け入れることまでを要求するものとはいえない」として斥けた例*258 等がある*259。合理的配慮規定に関する解釈は，なお揺れ動いているといえよう。

なお，合理的配慮の履行請求権を肯定できるか否かも問題となるところ，学説では，合理的配慮の内容が個々の事案によって異なり一義的でないことや，合理的配慮が公法上の義務であることを理由とする否定説が示されている*260。一般

---

*256 　O 公立大学法人事件・京都地判平成 28・3・29 労判 1146 号 65 頁。
*257 　学校法人原田学園事件・広島高岡山支判平成 30・3・29 労判 1185 号 27 頁。
*258 　日本電気事件・東京地判平成 27・7・29 労判 1124 号 5 頁。
*259 　このほか，業務外負傷による休職期間満了後の退職扱いにつき，労働者が在宅勤務による労務提供が可能であるとの主張したのに対し，会社には在宅勤務制度がないことから，会社が直ちに在宅勤務に応ずるべき義務を負うとはいえないとして斥けた例（日東電工事件・大阪高判令和 3・7・30 労判 1253 号 84 頁）や，大学教員の脳出血による休職後の復職につき，大学が同人の休職事由が消滅していないと判断する一方，直ちに解任するのではなく，休職を延長するとともに，復職の可否を見極めるために模擬授業の実施を提案したにもかかわらず，同人が拒否したという事案につき，合理的配慮義務違反を否定した例（早稲田大学事件・東京地判令和 5・1・25 労経速 2524 号 3 頁［この判断は妥当といいうる］）がある（休職後の復帰可能性に係る判断については，598 頁参照）。
*260 　長谷川・前掲解説（*250・法教）58 頁。

論としてはたしかにそうであろうが，合理的配慮指針の内容を具体化した配慮措置が就業規則や労働協約において制度化され，その内容が特定可能な場合は，当該措置が労働契約内容となり，障害者が当該措置の履行を請求できると解することに妨げはないと考える（安全配慮義務につき724頁参照）[261]。

　以上のほか，障害者については多様な裁判例が登場しており，障害者に対してその能力・意欲からかけ離れた程度の低い業務に従事させる状態を継続すること（パワーハラスメント中の「過小な要求」に当たる［172頁参照］）につき，事業主は，障害者基本法所定の適正な雇用管理に基づき，障害者から業務量の増加等に関する申出があれば，業務上の合理的な裁量によって可能な範囲で対応する義務を負うと判断した例[262]や，NPO法人との間で指定就労継続支援（非雇用型）を受けて就労する障害者が法人理事からセクハラ行為を受けたことにつき，法人の職場環境配慮義務を肯定し，理事の行為について同義務違反を認めて損害賠償責任を肯定した例[263]がある。

---

[261] 長谷川聡「労働者の心身状態に関する勤務配慮法理と合理的配慮提供義務の相互関係」山田古稀『現代雇用社会における自由と平等――24のアンソロジー』（信山社・2019）124頁は，労働者が心身状態により就労が困難な場合の勤務配慮法理（休職につき，598頁参照）についてであるが，合理的配慮規定の趣旨を踏まえて，労使間の話し合いに応じた勤務配慮の履行請求権を肯定できる旨を説く。

[262] 食品会社A社事件・札幌地判令和元・6・19労判1209号64頁。

[263] NPO法人B会ほか事件・福岡高判平成30・1・19労判1178号21頁。藍住町事件・徳島地判平成31・3・18ジャーナル88号28頁も参照。

第2章
労働契約における権利義務

第1節　権利義務の構造
第2節　権利義務の設定
第3節　権利義務の効果

第1節　権利義務の構造

1　基本的内容

　労働契約は，労働者と使用者を当事者とする有償の双務契約であるので，当事者双方に権利と義務を発生させる。本章では，労働契約の展開過程における権利義務を取り上げ，その内容・構造，設定の根拠および基本的な法律効果について解説する。

(1)　労働の提供と賃金支払の関係

　労働契約の最も基本的な内容は，労働の提供と賃金支払の関係である。すなわち，労働者は，労働契約の締結に基づいて労働義務を負い，使用者はその対価として賃金を支払う義務を負う（労契6条）。また使用者は，労働義務に対応して労務給付請求権を取得し，賃金支払義務は労働者の賃金請求権と対応する。労働義務・賃金支払義務は給付義務（主たる義務）であり，労働契約の締結によって当然に発生し，特段の合意による根拠づけを必要としない。したがってまた，これら義務のいずれかまたは双方を欠く契約（たとえば，賃金支払義務を欠くボランティアの契約）は，労働契約ではない。

　なお，労働の提供と賃金支払の関係は，労働契約における労働の成果物と報

酬に係る権利義務という観点からは，労働者が使用者の指揮命令下の労働（労働義務の履行）によって生み出す成果がすべて使用者に帰属する一方，その対価として労働者に賃金請求権が帰属するとの原則（一般雇用原則［知的財産法における創作者主義の対概念］）が妥当する関係と把握することができる[*1]。

(2) 労務指揮権・人事権と企業秩序

労働契約は，企業という組織体を基盤に展開されるため，必然的に組織的・集団的性格を帯びる。この結果，労働者は他の労働者との共同作業（労働組織）に組み込まれ，その規律に従って労働する義務を負う一方，使用者は個々の労務給付を組織的労働として編成することが必要となる。そのためには，労働者の配置・職務の決定・格付け・人事異動等の人事管理を柔軟に行うための権利が不可欠となり，これが労務指揮権・人事権として承認される。また，組織的労働を効率的に運営するためには，企業内の秩序・規律を定めるとともに，それら規律に違反した労働者の責任を追及するための権限（懲戒権）も必要となる。一方，これら権利は包括的権利として強大な機能を発揮するため，その濫用（行き過ぎ）をチェックし，労働契約の適正な運営を促進する法的規律を行うことが労働契約法の重要な課題となる（17頁以下）。

(3) 誠実・配慮の関係

労働契約は，継続的・人格的性格をもつ契約であるため，労使間の信頼関係が重要となり，上記の給付義務に付随して，信義誠実の原則（労契3条4項）を根拠とする多くの義務が発生する。付随義務の代表例は，使用者側の安全配慮義務，職場環境配慮義務，労働者側の誠実義務，守秘義務，競業避止義務である。

[*1] 一般雇用原則については，横山久芳「職務上作成される創作物の権利の帰属について──『創作者主義』と『一般雇用原則』の二つの視点からの検討」日本工業所有権法学会年報39号（2016）186頁，上野達弘「知的財産法と労働法」論ジュリ28号（2019）36頁，土田道夫「職務発明・職務著作と労働法の規律──労働法と知的財産法の交錯問題に関する一考察」労働132号（2019）54頁参照。この点，知的財産法においては，創作物に関する権利が創作者に帰属することを原則としており（創作者主義），一般雇用原則は，創作者の権利の規律という観点から見れば，知的財産法の原則である創作者主義と好対照を成している。

2 労働者の義務

(1) 労働義務

以下，労働者の基本的義務である労働義務について，まず労働者の義務の側から解説し，ついで，使用者の権利の側から解説する。

(ア) **労働義務の意義・性質** 労働者が労働契約に基づいて負う基本的義務（給付義務）は，労働義務である。労働義務は，労働契約の締結によって生ずる義務であるから，その内容は，労基法や労働安全衛生法等によって最低基準を設定される（たとえば週40時間・1日8時間制［労基32条］）ほかは，労働契約の解釈によって決定される[*2]。具体的には，労働協約，就業規則，労働契約上の合意，労使慣行が労働義務の決定要因となり，労働者はその範囲内においてのみ労働義務を負う。また，労働契約の範囲内で労働義務を具体的に決定する手段として，使用者の労務指揮権・人事権が認められる。

労働義務の性質としては，次の3点が重要である。

第1に，労働義務は不特定債務という性格をもつ。すなわち，労働契約は，長期にわたって存続する契約（継続的契約）であるため，労働義務内容を詳細にわたって特定しておくことはできない。このため，労働義務内容は抽象的・一般的内容にとどまるのが常であり，この点は，労働協約や就業規則でいかに詳細な規制を設けても同じである（たとえば，ある日に具体的にどういう仕事をするかということを予めこれら規定で決めておくことはできない）。この意味で，労働義務は不特定債務の一種であり，その内容は労働契約の展開過程において補充され，特定されなければならない[*3]。この結果，使用者の労務指揮権（指揮命令権）が肯定され，労働義務（労働契約）は他人決定労働という性格を帯びる（8頁）。したがって，労働者が適法な指揮命令を拒絶すれば，懲戒処分や解雇の理由となりうる。また，労働者が適法な指揮命令に反する労働を提供した場合，現実に労務を提供したとしても，債務の本旨に従った労務の提供（民493条）とはいえず，賃金請求権は発生しない[*4]。

第2に，労働義務は労働それ自体を目的とするという性質を有する。この点は，請負（民632条）や委任（民643条）に見られない労働契約の特質であり，

　[*2] 電電公社帯広局事件・最判昭和61・3・13労判470号6頁。
　[*3] 山口浩一郎『労働契約』（日本労働研究機構・1998）51頁参照。
　[*4] 水道機工事件・最判昭和60・3・7労判449号49頁。247頁参照。

やはり労働義務の他人決定的性格をもたらす。すなわち，労働契約の場合は，労働それ自体が契約の目的とされることから，労働者は仕事の完成（請負）や統一的な事務処理（委任）の義務を負わない。つまり労働義務は，一定の結果の達成を目的とする債務（結果債務）ではなく，その結果達成のために必要な行為をする債務（手段債務）である。そこで，契約の目的である事業遂行のために労働者の労務をどのように利用するかは，事業遂行に伴う責任や危険を負担する使用者の任務となり，使用者は，労務指揮権を行使して労働の時間・場所・種類・態様といった基本的要素を決定・変更することができる。反面，労働者が指揮命令に従って誠実に労働していれば，指示された結果を達成できなくても，直ちに労働義務違反となるわけではない（257頁参照）。

第3に，労働義務は労働という無形のもの（人間の精神的・肉体的能力）を提供する債務であり，「なす債務」（行為債務）という性格を有する。この点は，売買契約における物の引渡義務のような「与える債務」との違いであり，ここから二つの特質が生ずる。一つは，「与える債務」のように給付の目的物を予め特定できないことであり，労働義務はこの意味でも不特定債務を意味し，労務指揮権を発生させる。二つは，労務の提供と労働者の身体・人格が不可分に結びつくこと（人格的性格）であり，この結果，労働者の生命・身体や人格的利益の保護の要請が生ずる（使用者の安全配慮義務等）。

このように，労働義務は，労務指揮権に服して労働すること（労働の他人決定性）を内容としており，義務内容の決定手段として労務指揮権が重要な位置を占める。しかし同時に，労働義務・労務指揮権はあくまで労働契約に基づいて発生する権利義務であるから，労働契約の予定する範囲内に限定され，労働者はその範囲を超える命令に従う義務を負わない。また，労務指揮権が労働契約の予定する範囲内で行使された場合も，それが労働者に過度に不利益を及ぼす場合は権利の濫用とされ，効力を否定される（労契3条5項）。

(イ) **労働義務の内容——誠実労働義務**　労働者は，労働契約の範囲内で，使用者の指揮命令に従って，誠実に労働する義務を負う。すなわち労働義務は，単なる機械的労働に尽くされるものではなく，給付に際して使用者の利益を不当に侵害しないよう配慮して行動する義務を含む（誠実労働義務）。義務の履行に際して相手方の信頼を裏切らないよう誠実に行動すべきことは，信義則（労契3条4項，民1条2項）の基本的内容として契約一般に妥当する原則であるが[*5]，継続的契約である労働契約においては特に重要な意味をもつ。

「誠実労働」は，次の3点に具体化される。第1は，使用者の指揮命令に従って労働する義務を負うということであり，その法的意義は前述したとおりである。第2は，労働の遂行に際して必要な注意を払い，使用者の利益に配慮して労働する義務（注意義務）を含むということである[*6]。労働遂行自体には支障がなくても，労働者が過失によって使用者に損害を与えた場合は債務不履行に基づく損害賠償責任を負うことがあるが（機械の損傷，取引上の損害等。260頁），これは，労働義務が上記のような注意義務を付随する構造をもつからである。第3に，特に指揮命令がなくても，職務に関連する事項について報告する義務（作為義務）を負うことがある。

　(ウ)　**労働義務の規律**　労働義務（誠実労働義務）の範囲は，労働契約の解釈によって決定されるが，通常は広い範囲に及ぶ（労働の他人決定性）。その中心を成すのは，本来の業務（日常的な労働の遂行）であるが，能力開発，短期の出張，短期間の自宅待機命令（627頁）などにも及び，使用者は，労務指揮権を行使して労働義務内容を一方的に決定することができる。裁判例では，部下に対する叱責・反省書提出の指示[*7]，非違行為等があった場合の事情聴取の指示[*8]，教育訓練従事の指示（523頁），勤務時間中の私用メールの規制[*9]，本来の業務に付随する業務の指示[*10]，本人が希望しない業務従事の指示[*11]，従業

[*5]　民法上の議論については，奥田昌道＝佐々木茂美『新版債権総論』（判例タイムズ社・2020）23頁以下，民法（債権法）改正検討委員会編『詳解債権法改正の基本方針Ⅱ』（商事法務・2009）10頁以下，法務省「民法（債権関係）の改正に関する中間試案の補足説明」（2013年4月）第26-3参照。

[*6]　このように，労働義務が単純な給付義務にとどまらず，使用者の利益に配慮して行動する義務（注意義務）を含む義務であることを示す典型は，ハイリスク商品に関する説明義務のケースである。裁判例では，変額保険やワラント等のハイリスク商品取引を扱う企業（保険会社，証券会社等）は，顧客に対する説明義務を負い，その違反により損害賠償責任を負うところ，証券会社の外務員は，会社の履行補助者として同様の説明義務を負うとともに，使用者（証券会社）に損害賠償責任を負担させることがないよう説明義務を履行することを，使用者たる証券会社に対する雇用契約上の労務提供義務として負うと判断した例がある（つばさ証券事件・東京高判平成14・5・23労判834号56頁。結論としては，証券会社が求償の根拠とした就業規則上の損害賠償請求規定の「重大な過失」を否定して請求を棄却［*365参照］）。

[*7]　東芝事件・東京地八王子支判平成2・2・1判時1339号140頁。

[*8]　ダイハツ工業事件・最判昭和58・9・16判時1093号135頁。

[*9]　日経クイック情報事件・東京地判平成14・2・26労判825号50頁。

[*10]　国鉄鹿児島自動車営業所事件・最判平成5・6・11労判632号10頁。

[*11]　西井運送事件・大阪地判平成8・7・1労判701号37頁，井上金属工業事件・大阪地判平成13・7・27労経速1790号19頁，東芝総合人材開発事件・東京高判令和元・10・2労判1219号21頁，シナジー・コンサルティング事件・東京地判令和3・2・15労判1264号77頁，埼玉

員の職場規律違反行為に対処するための業務外しの指示[*12]，金銭紛失事故に伴う就業制限・復帰後の担当業務変更措置[*13]，バス運転士に対する運転業務に係る適性診断受診命令[*14]，コロナ禍におけるマスク着用命令[*15]，他社への業務派遣命令[*16]，労働時間管理のための業務報告指示[*17]，フレックスタイム適用者に対する定時勤務指示[*18]，会社情報を収録した私用USBの返却・削除指示[*19]，ソフトウェア会社従業員に対するソースコードの提出命令[*20]，シフト制勤務におけるシフトの決定・削減[*21]，学生に対して悪質なハラスメント行為を行った非常勤講師に対する講義禁止命令・大学立入禁止命令[*22]，ゲーム開発のディレクター業務の停止命令[*23]など，様々な事例が登場している。これら事例の多くは，労働義務の履行またはそれに付随する行為に関するケースであり，業務命令が有効とされている。なお，配転・出向等の人事異動や労働時間の変更といった労働義務の大幅な変更については，より厳しい規制が及ぶ（それぞれ第6章，第5章参照）。

このように，本来の日常的業務に関する労働義務は広く認められるが，こうした軽微な規律も，無制約に認められるわけではなく，法令や労働契約の規制に服する。まず，労働義務に関する業務命令は，労基法・労安衛法等の強行規定や，各種差別禁止規定（労基3条・4条，雇均6条，労組7条）に反してはならない。また，前記のとおり，労働義務（労務指揮権）は労働契約の予定する範

医科大学事件・千葉地判令和3・5・26労判1279号74頁。地方公務員につき，東大阪市事件・大阪地判令和3・12・27ジャーナル122号26頁。

[*12] NTT東日本［東京情報案内］事件・東京地判平成12・11・14労判802号52頁。
[*13] JR東日本［大宮支社］事件・東京地判平成15・12・1労判868号36頁。
[*14] 阪急バス事件・大阪地判令和5・8・25ジャーナル141号20頁。
[*15] 日本郵政事件・大阪地判令和5・5・22ジャーナル140号34頁，つばめ交通事件・東京地判令和6・1・17ジャーナル150号38頁。健医会ほか事件（東京地立川支判令和5・8・24労判1310号92頁）は，コロナ禍における歯科衛生士に対する検温表提出を有効と判断している。
[*16] アクティス事件・東京地判平成22・11・26労経速2096号25頁。
[*17] インフォプリント ソリューションズ ジャパン事件・東京地判平成23・3・28労経速2115号25頁。
[*18] 日本テレビ放送網事件・東京地判平成24・3・23ジャーナル5号10頁。
[*19] 本多通信工業事件・東京地判令和元・12・5ジャーナル100号54頁。
[*20] ソースコード引渡請求反訴事件・東京地判令和元・12・26判タ1493号176頁。
[*21] シルバーハート事件・東京地判令和2・11・25労経速2443号3頁（合理的理由のないシフト削減についてシフト決定権限の濫用を肯定）。
[*22] Y大学事件・東京地判令和3・5・17労経速2459号3頁。
[*23] スクウェア・エニックス事件・東京地判令和4・3・29ジャーナル129号54頁。

囲内に限定されるので，労働者はその範囲を超える命令に従う義務はない*24。

さらに，労働義務の規律が労働契約の範囲内にある場合も，権利濫用（労務指揮権の濫用）の規制が及ぶ（労契 3 条 5 項）。業務上の必要性が乏しい反面，労働者に無用の精神的・身体的苦痛を与える命令など，労働者の人格的利益（精神・身体の自由，名誉，プライバシー）を不当に侵害する命令が典型であり，それら業務命令は権利の濫用となり，事案に応じて不法行為（民 709 条）を成立させる*25。すなわち，「業務命令の内容が不合理なものであったり，社員の人格権を不当に侵害する態様のものである場合には，その業務命令は……裁量の範囲を逸脱又は濫用し，社員の人格権を侵害するものとして，不法行為に該当する」*26。合理的理由のない欠勤命令*27 や，仕事の取り上げ・付随的業務への従事など本来の業務に就かせないこと*28，教員に対する授業担当外しの指示や事務担当の指示*29 も，労働者に精神的・身体的苦痛を与える場合は権利濫用となり，事案に応じて不法行為を成立させる。

＊24　裁判例では，医師の労働義務（診療義務）について，医師は診療日以外の日には雇用契約に基づく就労義務を負っていなかったとして診療日以外の日に業務を行わなかったことを理由とする欠勤名目の賃金カットを違法と判断し，また，医師の業務は法人が物的・人的体制を整えて初めて実施できるものであることから，診療日における外来患者に関する業務が終了した場合は，所定労働時間中であっても，医師の就労義務を免除する旨の包括的合意があったと述べ，その後に業務を行わなかったことを理由とする欠勤名目の賃金カットを違法と判断した例がある（医療法人社団たいな事件・東京地判令和 4・12・23 ジャーナル 135 号 54 頁）。

＊25　前者の例として，前掲・シルバーハート事件（＊21），後者の例として，前掲・東芝総合人材開発事件（＊11 [結論としては権利濫用を否定]）。

＊26　前掲・NTT 東日本［東京情報案内］事件（＊12）。前掲・東芝総合人材開発事件（＊11）は，使用者の「業務指示が，懲罰目的又はいじめ・嫌がらせ目的であるなど，業務命令権の濫用にあたる場合には，無効であると解される（労働契約法 3 条 5 項参照）」と述べる（結論としては，権利濫用を否定）。

＊27　社会医療法人 A 会事件・福岡高判平成 27・1・29 労判 1112 号 5 頁。

＊28　裁判例では，労働組合のマーク入りベルトを着用して就労した組合員を長時間，一室に置いて就業規則の筆写を命じたことにつき，労働者の人格権を侵害し，裁量権を逸脱した違法な行為として慰謝料を命じた例がある（JR 東日本［本荘保線区］事件・最判平成 8・2・23 労判 690 号 12 頁）。一方，組合員バッジを着用して就労しようとした労働者を 7 月，8 月の 10 日間にわたり火山灰の除去作業に従事させた事案につき，職場環境整備の上で必要な業務である反面，社会通念上過酷な作業とはいえず，不利益を課す目的も認められないとして不法行為の成立を否定した例もある（前掲・国鉄鹿児島自動車営業所事件［＊10]）。安全作業心得の筆写指示について業務上の必要性を肯定した例として，近畿車輛事件・大阪地判令和 3・1・29 ジャーナル 110 号 18 頁。

＊29　前者として，須磨学園ほか事件・神戸地判平成 28・5・26 労判 1142 号 22 頁，後者として，学校法人原田学園事件・広島高岡山支判平成 30・3・29 労判 1185 号 27 頁。

加えて，労働者の服装・容貌等の核心的自由を制限する規律については，当該規律を定める就業規則等に関する合理的限定解釈が行われ，労働契約（労働義務・労務指揮権）の内容規制が行われる。裁判例では，髪の色の規制につき，髪の色や容姿・服装といった人の人格や自由に関する事項を制限する措置は，企業の円滑な運営上必要かつ合理的範囲にとどまるべきとの一般論を述べた上，トラック運転手が黄髪の染め直し命令に従わなかったことを理由とする諭旨解雇を無効とした例[30]，郵便職員についてひげや長髪を禁止する「身だしなみ基準」につき，当該基準は，「顧客に不快感を与えるようなひげおよび長髪は不可とする」との内容に限定して適用されるべきものと解した上，当該職員のひげおよび長髪はこれに該当しないとして，職員に対する夜勤配置等を違法と判断した例[31]がある。いずれも，労働者のプライバシー・人格的利益を重視しつつ，権利義務の内容規制を行った例である。

　他方，郵便職員に対して氏名・顔写真等を明示した胸章の着用を義務づけることは，その目的（職員の職責の自覚，利用者サービス等）および手段・態様（職員の職務上の属性に関する最小限の情報の記載にとどまること）に照らして合理的とされ，適法と解される[32]。従業員に対する業務外しの指示が職場規律の維持の上でやむをえない措置と認められる場合も，権利濫用が否定され有効と解される[33]【2-1】【2-2】。

　(エ)　**危険な労働**　　使用者は，労働者に対し，その生命・身体に危険を及ぼす就労を命ずることがあるが，その限界をどのように考えるべきか。まず，業

---

[30]　東谷山家事件・福岡地小倉支決平成9・12・25労判732号53頁。

[31]　郵便事業［身だしなみ基準］事件・大阪高判平成22・10・27労判1020号87頁。さらに，市交通局職員（地下鉄運転士）のひげを禁止する身だしなみ基準の適法性につき，労働者のひげに関する服務規律は，事業遂行上の必要性および労働者の利益・自由との関係で合理性が認められる限度で拘束力を有するとの限定解釈を示した上，上記基準は，職務命令として一切のひげを禁止し，または単にひげを生やしていることをもって不利益処分の対象としているとまでは認められず，乗客サービスについて職員の協力を求める趣旨のものであり，事業遂行上の必要性・合理性があるとして違法性を否定した例がある（大阪市事件・大阪高判令和元・9・6労判1214号29頁）。ひげを剃る旨の継続的指導について人格権侵害の不法行為を認めた例として，サンフリード事件・長崎地判平成29・9・14労判1173号51頁。

[32]　郵便事業・ゆうちょ銀行事件・東京地判平成23・9・21労経速2126号14頁。同旨，エリゼ事件・大阪地判平成27・4・14ジャーナル42号59頁（ネクタイ着用の指示につき，合理的範囲内の服装の指示に当たるとして有効と判断）。

[33]　前掲・NTT東日本［東京情報案内］事件（[12]），前掲・東芝総合人材開発事件（[11]）。同一部署内の担務変更につき，日経BPアド・パートナーズ事件・東京地判令和5・11・15ジャーナル148号38頁。

務に内在する通常の危険を伴う就労であれば，労働契約の範囲内であり，労働者はこれを拒否できないと解される。一般的には危険な労働であっても，それが当該業務の特殊性から契約内容となっている場合も同様である（消防士の消火作業，ガードマンの警備作業など）。

これに対し，労働義務の予定する通常の危険を超え，生命・身体に特別の危険を及ぼす業務（たとえば，国際関係が緊迫している中での公海における業務）は，労働義務の範囲を外れ，使用者は労務指揮権によって就労を強制できないと解される*34。また，このような特別の危険がなく，通常予想される危険を伴うにとどまる業務についても，権利濫用の規制が及ぶ。すなわち，使用者がこの種の業務について必要な安全措置を講じなかった場合は，労務指揮権の濫用となり，労働者は，当該労働への就労を拒否できると解される（海外勤務命令の限界につき，1121頁参照）*35。

(オ) **調査協力義務**　使用者が労働者の非違行為の調査や企業秩序の維持の目的で，本人または他の労働者に事情聴取や調査を行う場合，労働者はこれに応ずる義務を負うか。

まず，労働者本人の労働義務違反行為に関する調査であれば，労働者は労働義務の一環として調査協力義務を負うと解される*36。ただしこの場合も，調査の方法・態様が労働者の人格・自由に対する行き過ぎた支配・拘束となることは許されず，調査態様が社会的許容限度を超え，労働者の精神的自由を侵害した場合は，調査権限の濫用ないし不法行為が成立しうる（172頁も参照）。裁

---

*34 判例（電電公社千代田丸事件・最判昭和43・12・24民集22巻13号3050頁）は，日韓関係が緊迫していた状況の下で，電電公社職員がだ捕される危険のあった朝鮮海峡における海峡ケーブルの修理作業を拒否したケースにつき，この種の危険は，労使双方が万全の配慮をしても避けがたい軍事上のものであり，本来予想される危険の類ではなく，職員がその意思に反して義務を強制されるものとは断じ難いとして，労働義務を否定している。この判例法理は，今日でも，ハイリスク地域における海外勤務命令の限界を画する法理として機能している（1121頁参照）。

*35 裁判例では，労働者が安全確保措置の不十分さを理由に就労を拒否した期間中の賃金請求につき，使用者の責に帰すべき労務の履行不能（民536条2項）として賃金請求を認容した例がある（新聞輸送事件・東京地判昭57・12・24労判403号68頁）。安全配慮義務との関係については723頁参照。

*36 同旨，京王電鉄バス事件・東京地判平成29・3・10ジャーナル70号52頁。また，市が市職員（地方公務員）に対して実施した入れ墨調査につき，目的・手段において相当かつ合理的と判断し，入れ墨調査に係る職務命令に違背した職員に対する懲戒処分（戒告）を適法と判断した裁判例もある（大阪市事件・大阪地判令2・12・23ジャーナル109号16頁）。

判例では、労働時間中の誹謗中傷メールを契機とする社内事件の調査につき、業務上の必要性を認めつつ、調査方法・態様の面でも不当な点はないとして調査の適法性を認め、不法行為の成立を否定した例がある[*37]。

これに対し、他の労働者に関する調査については、調査協力義務の範囲は限定される。この点を明らかにした最高裁判例（富士重工業事件）[*38]によれば、①労働者が他の労働者に対する指導・監督や企業秩序の維持を職責とし、調査に協力することを職務内容とする場合は、調査への協力は「労働契約上の基本的義務である労務提供義務の履行そのものであるから、右調査に協力すべき義務を負う」が、それ以外の労働者の場合は、労働者は「企業の一般的支配に服するものではない」から、②調査対象である違反行為の性質、内容、当該労働者の違反行為見聞の機会と職務執行との関連性、より適切な調査方法の有無等諸般の事情から総合的に判断して、労働者が「調査に協力することが労務提供義務を履行する上で必要かつ合理的であると認められ」る場合に限って調査協力義務を負う。労働者の人格的利益の観点から調査協力義務に限定解釈を施した判断であり、妥当と解される。

(カ) 出張　　出張とは、労働者が会社に在籍したまま、その指揮命令を受けつつ他の勤務場所または第三者（出張先）の事業場で就労することをいう。出張については、日常業務の一環（労働義務内容の短期的変更）として、使用者が労務指揮権を行使して一方的に命ずることができる[*39]。ただしこの場合も、業務上の必要性に乏しく、労働者への嫌がらせを目的に行う場合や、労働条件・労働環境の著しい変更（悪化）を伴う場合は権利濫用となりうる[*40]。

【2-1】 **報告義務**　　労働者は、調査協力義務を負うほか、調査協力の指示がなくても、職務遂行上見聞した事項（たとえば取引上の損害の可能性）について、使用

[*37] 前掲・日経クイック情報事件（*9）。また、住宅補助費の不正受給を理由とする懲戒解雇事案につき、労働者による調査協力義務の不履行を解雇有効の評価根拠事実として重視した裁判例がある（ドコモCS事件・東京地判平成28・7・8労経速2307号3頁）。さらに、企業秘密の漏洩や内部告発のような誠実義務違反行為の調査については、労働義務とは別に、誠実義務に基づく調査協力義務が肯定されうる（労働政策研究・研修機構事件・東京高判平成17・3・23労判893号42頁参照）。

[*38] 最判昭和52・12・13民集31巻7号1037頁。同旨、前掲・日経クイック情報事件（*9）、日立コンサルティング事件・東京地判平成28・10・7労判1155号54頁。

[*39] 前掲・水道機工事件（*4）。出向との関係については433頁参照。

[*40] 廣崎会事件・大阪地判昭和61・11・28労判487号47頁。

者に報告を行う作為義務（報告義務）を負うか。この点は，報告内容と労働義務の関連性や，労働者の地位・職責に応じて考えるべきであろう。前記のとおり，労働義務は単なる機械的労働に尽くされるものではなく，使用者の利益を考慮し，必要な注意を払って労働を遂行する義務（誠実労働義務）を含む（労契3条4項。132頁）。したがって，労働義務と不可分の関係にあり，報告を行わなければ労働義務の履行が無意味となったり，価値が大きく減殺されるような場合は，報告義務は労働義務の内容に含まれると解すべきである。

具体的には，調査協力義務に関する判例（前掲・富士重工業事件［＊38］）を参考に，①管理職や取引・プロジェクトの責任者など，その地位・職責から見て，報告を行うことが職務内容と認められる労働者の場合，報告義務は直ちに労働義務内容となる＊41が，②それ以外の一般従業員については，報告事項の重要性や職務内容との関連性を中心に総合的に判断し，報告が労働遂行の上で必要かつ合理的と認められる場合に限り報告義務を肯定すべきである＊42。

【2-2】テレワーク命令・出社命令 (1) **テレワーク命令** 近年，テレワークを導入する企業が増えているが（478頁），従来オフィス勤務に従事してきた従業員に対するテレワーク命令については，以下のように解される＊43。

すなわち，テレワーク勤務（ここでは在宅勤務に限定する）は，①労働者の私的空間（自宅）を勤務場所とすることで私生活に介入し，かつ，②本来は使用者が行うべき人事労務管理（費用管理，労働時間管理，労災管理，企業情報管理等）を労働者に負担させるものであるから，労務指揮権や配転命令権によって命じうるものではなく，労働契約上の特別の根拠を要するものと解される。問題は，この労働契約上の根拠の態様であり，労働者の個別的同意を要すると説く見解もあるが＊44，適切でない。むしろ，使用者が合理的なテレワーク条項に基づいてテレワークを命ずることを認めた上，個々のテレワーク命令について権利濫用の規制

＊41　裁判例では，会社の支社責任者として取引先との取引に直接関与していた幹部社員が，競業会社による安価での受注可能性を上司に報告しなかったことにつき，「雇用契約上の忠実義務に違反する行為」であるとして債務不履行責任を認めた例がある（エープライ事件・東京地判平成15・4・25労判853号22頁）。しかし，職務に関連する報告について，労働者の地位・職責を考慮することなく，抽象的付随義務である忠実義務（誠実義務）の概念を用いて報告義務を肯定することには疑問がある。むしろ本文のとおり，労働義務の内容として報告義務を理解する方が報告義務の趣旨に適合し，義務内容を明確化する上でも適切と解される。

＊42　労働時間管理・時間外労働管理を目的とする報告について，労働者の義務を肯定した裁判例として，前掲・インフォプリント ソリューションズ ジャパン事件（＊17）。

＊43　土田道夫「新型コロナ危機と労働法・雇用社会（1）」曹時73巻5号（2021）878頁以下参照（ただし一部修正を加えている）。岡本舞子「在宅勤務できるのに出社しなくてはならないのか──勤務場所の決定・変更の法理を問い直す」法時95巻12号（2023）107頁も参照。

＊44　河野奈月「テレワークと労働者の私生活の保護」法時92巻12号（2020）83頁，山本陽大「雇用型テレワークの法と政策をめぐる国際比較」島田古稀『働く社会の変容と生活保障の法』（旬報社・2023）478頁等。

を適用することで、労使間の利益調整を実現することが可能と考える。すなわち、使用者はまず、就業規則において合理的なテレワーク条項を整備し、テレワーク命令権の契約上の根拠を確立するとともに、テレワーク勤務の手続・内容（テレワークを命ずる事由・日時・頻度、申請手続、テレワークの環境整備と費用負担規定、労働時間管理、人事評価・賃金処遇制度、労災管理、メンタルヘルス対策、ハラスメントの禁止、従業員のプライバシーの保護、企業情報管理等）を労働者の利益に配慮して規定する必要がある。そうした制度化が不十分な場合は、就業規則内容の合理性（労契7条）または就業規則改訂の合理性（同10条）が否定され、テレワーク命令権自体が否定されるものと解される。

　また、具体的なテレワーク命令についても、権利の濫用（労契3条5項）が許されないことは当然であり、使用者は、テレワークに伴う労働者の不利益（仕事上の不利益・私生活上の不利益）を解消すべく配慮する必要がある。そこでたとえば、テレワークに際して在宅手当・通信費を一切支給しないなど労働者に過大な費用負担を強いるケース、ウェブ会議時にバーチャル背景の利用を禁止するなど、勤務場所（＝自宅）が労働者の私的空間である点に配慮しないままテレワークに従事させるケース、有効なメンタルヘルス対策を講じないままテレワークに従事させるケースでは、テレワーク命令権濫用が成立することになる。

　(2)　出社命令　　一方、テレワーク勤務者に対する出社命令については、類型ごとに考える必要がある。まず共通して、テレワーク勤務規程において出社命令の根拠規定（出社命令条項＝「会社は、業務上その他の事情により、会社事務所への出社勤務を命じることがある」等）を整備する必要がある。その際、出社勤務では、前記①②の問題は生じないことから、テレワーク条項のような具体的勤務内容を規定する必要はないと解される。その上で、ⓐオフィス勤務に従事してきた労働者をテレワーク勤務に従事させた後に出社勤務を求める場合（ポスト・コロナ期に頻出した）や、ⓑ出社勤務とテレワークを併用している労働者（ハイブリッド型勤務）に出社を求める場合は、業務上の必要性（業務の性質やセキュリティ上からのテレワークの実施の困難性、コミュニケーション不足の解消、労働時間管理の不全、会社としての出社方針の決定等）に基づく出社命令が可能と解される。

　もとより、出社命令が可能な場合も、出社命令権の濫用は許されない（労契3条5項）。特に育児・介護上の不利益については、上記ハイブリッド型勤務やフレックスタイム制・短時間勤務制度等によって不利益を回避・軽減する必要があり、その懈怠が権利濫用に影響しうる。また、テレワークであれば労働遂行が可能であるが出社勤務が身体上困難な労働者に対する出社命令のように、労働者の生命・健康に対する危険を伴う出社命令も権利濫用となりうるし、出社命令を強行した結果、生命・身体上の損害が発生した場合は、安全配慮義務（労契5条）違反が成立しうる。さらに、障害をもつ労働者が出社勤務について困難がある場

合は，使用者が合理的配慮（障害雇用36条の3）としてテレワークを認める義務を負うことがある*45。加えて，使用者は，出社命令が労働者に及ぼす影響の大きさに鑑み，一定の期間を置いて出社命令の内容や必要性を説明し，意向聴取を行う等の手続を履行する必要がある。以上に対し，ⓐⓑの労働者に一時的・臨時的に出社を求めるケースでは，権利濫用が問題となる場合は少ないものと解される。

　一方，テレワークが定着する中，ⓒもっぱらテレワークに従事してきた労働者に対する出社命令については，労働契約上，オフィス（出社）と自宅のいずれが勤務場所とされているかに関する解釈（勤務場所に関する労働契約の解釈）が重要となる。裁判例では，契約書では就業場所が「本社事務所」とされているものの，従業員が会社による出社命令まではもっぱら在宅勤務を行い，会社も異論を述べてこなかったこと，一方，従業員が会社代表者との面接において，リモートワークが基本であるものの，何かあれば出社できることが必要との代表者の発言に異議を唱えていなかったことという事実関係を踏まえて勤務場所を自宅と解し，業務上の必要性がある場合に限って出勤を命じうると判断した上，業務上の必要性を否定して出社命令を無効と判断した例がある*46。この点，「業務上の必要性」は，配転を含む労務指揮権行使の有効性判断一般においては，権利濫用審査という行使規制（事後規制）段階で考慮されるが，本判決は，出社を命ずる業務上の必要性を否定した上で，会社は「本件労働契約に基づき事務所への出社を命じることができな」いとして出社命令を無効と判断している。すなわち，本判決は，業務上の必要性を権利濫用規制（事後規制）において考慮したのではなく，勤務場所に関する労働契約の解釈において，出社命令権の発生要件（事前規制）に位置づけたものと解される。妥当な判断と解される。

　また，上記裁判例と異なり，出社命令権の発生に特段の制約（業務上の必要性要件等）がなく，労働契約の解釈上オフィスが勤務場所とされる場合も，出社命令権行使の段階においては，業務上の必要性と労働者の不利益間の衡量および適正手続の履行を踏まえて権利濫用審査が行われる。一方，これも本裁判例と異なり，労働契約の解釈の結果，労働者の労働契約上の勤務場所が自宅のみに限定される

---

*45　出社命令について権利濫用を否定した裁判例として，関西新幹線サービック事件（大阪地判令和4・6・23労判1282号48頁）があり，安全配慮義務違反を否定した例として，ロバート・ウォルターズ・ジャパン事件（東京地判令和3・9・28労判1257号52頁）およびブルーベル・ジャパン事件（東京地判令和4・9・15労経速2514号3頁）がある。このうち，ブルーベル・ジャパン事件は，使用者がHIV免疫機能障害者の在宅勤務を認めずにスーパーフレックス等の特例勤務を求めたことにつき，従業員の疾患は治療によりコントロールされて就労に支障がない状態にある一方，会社は他の従業員に認めていないスーパーフレックス等の特例措置を認めるなど従業員の意向を十分考慮していた等として会社の安全配慮義務違反および不法行為責任を否定するが，本件におけるHIV免疫機能障害者の症状や障害者雇用促進法上の合理的配慮規定（36条の3）の観点からは疑問がある。

*46　アイ・ディ・エイチ事件・東京地判令和4・11・16労判1287号52頁。

場合は，当該労働者に係る出社命令権は発生せず，恒常的か一時的かを問わず，使用者は一方的出社命令によって出社義務を負わせることはできない（就業規則に出社命令条項が存在する場合も，特約優先規定［労契7条但書］によって個別契約内容が優先される）[*47]。

　(3)　**テレワーク請求権**　労働者のテレワーク請求権については，就業規則等で請求権が制度化されていない限りは困難と解される[*48]。ただし，上述した障害者雇用促進法上の合理的配慮によって実質的にテレワーク請求権が実現することはある。

(2)　労働義務──職務と無関係の行動の規制

(ｱ)　**リボン・プレート等の着用と労働義務**　労働義務（誠実労働義務）から派生する問題として，労働者が労働遂行に際して労働とは無関係の行動（リボン・プレート等の着用）を行った場合の評価が問題となる。公務員法上の職務専念義務（国公101条1項，地公35条）との関係で議論されることも多い。

　この点，判例は，旧電電公社職員の職務専念義務に関して，「職員がその勤務時間及び職務上の注意力のすべてをその職務遂行のために用い職務のみに従事しなければならない」義務と解し，職務専念義務の違反が成立するためには職務遂行の阻害など実害の発生を要しないとして，政治的プレートを着用しての勤務を職務専念義務違反と判断している[*49]。これによれば，職務と無関係の行動は，それ自体が職務専念義務違反とされ，当該行動が活動力の集中を妨げるおそれ（抽象的危険）すらないごく例外的な場合にのみ義務違反が否定されることになろう。これに対して学説は，誠実労働義務（職務専念義務）は，労働契約の趣旨に従って労働を誠実に履行する義務にほかならないから，職務と無関係の行動も，労働義務の履行としてなすべき精神的・身体的行動と支障なく両立する場合は義務違反とならないと解している[*50]。

[*47]　以上の詳細は，木内大登＝土田道夫「テレワーク雇用社会における出社命令に関する考察──アイ・ディ・エイチ事件を契機として」季労285号（2024）76頁参照。その後の出社命令有効判断例として，アイエスエフネット事件・東京地判令6・2・1ジャーナル150号28頁。地方公務員につき，大阪市事件・大阪高判令6・1・24ジャーナル146号34頁。

[*48]　土田・前掲論文（*43）883頁，岡本・前掲論文（*43）111頁参照。

[*49]　電電公社目黒電報電話局事件・最判昭和52・12・13民集31巻7号974頁。

[*50]　菅野＝山川1096頁，西谷210頁，大内123頁，渡辺章「リボン等着用行動」現代講座(3)219頁。大成観光事件（最判昭和57・4・13民集36巻4号659頁）における伊藤正己裁判官の補足意見も，民間労働者のリボン着用行動につき，職務専念義務は労働者が労働契約に基づきその職務を誠実に遂行しなければならないという義務であるとして同旨を述べている。

前記のとおり（133頁），労働義務（誠実労働義務）は，労務給付に際して必要な注意を払って行動する義務（注意義務）を随伴するので，労働者が労働自体は遂行していても，それとは無関係の行動（たとえばリボン着用）によって給付方法に著しい瑕疵を生じさせ，労働義務違反と評価される場合は法的責任を問われうる。しかし同時に，誠実労働義務（職務専念義務）は，労働契約の趣旨に従って労働を誠実に履行する義務を意味するにとどまり，その要素を成す「注意義務」ないし「専念義務」も，労働を誠実に遂行するために必要な限りの注意義務（職業人として通常要求される注意）を意味するにとどまる。したがって，労働者が労働とは無関係の行動を行ったとしても，それが労働義務の履行としてなすべき精神的・肉体的活動と支障なく両立する場合は，誠実労働義務は尽くされており，義務違反の問題は生じないと考えるべきである。換言すれば，誠実労働義務の違反が成立するのは，当該行動（給付方法の瑕疵）によって業務遂行に現実の支障が生じたか，あるいはその具体的危険が存在する場合に限られる。これに対し，判例によれば，労働者は労働時間中は精神的・身体的活動力のすべてを職務遂行に集中し，職務以外のことに一切注意力を向けてはならないことになるが，これは，労働者が「少なくとも就業時間中は使用者にいわば全人格的に従属」し[51]，人の内面を規律する義務を法的に肯定する結果をもたらすため，適切でない。

　具体的には，労働契約の趣旨・内容に即して，使用者の業務内容，労働者の職務の性質・内容，当該行動の目的・態様・必要性（リボン・バッジ等着用行動の場合，リボン等の形状・大小，内容，目的等）などの諸般の事情を総合して誠実労働義務違反を判断すべきである。そこでたとえば，サービス業に従事する従業員がリボン等を着用し，顧客に不快感を与えた場合は，業務の支障が現実に生じていることから，サービス労働を内容とする労働義務違反となるし，業務に現実の支障が生じなくても，リボン等の形状から支障を生じさせる危険が高い場合は，給付方法の瑕疵によって注意義務違反に基づく責任を問われうる[52]。これに対し，リボン等の形状・文言が職務遂行に支障をきたす具体的危険がない場合や，サービス業であっても，第三者（顧客）の目に触れない場所での着用である場合には，誠実労働義務（職務専念義務）違反の問題は発生せず，その取外し命令も効力をもたないと解すべきである[53]。

＊51　前掲・大成観光事件（＊50）における伊藤補足意見。
＊52　たとえば，東京急行電鉄事件・東京地判昭和60・8・26労民36巻4＝5号558頁。

(イ) 企業ネットワークの私的利用と労働義務　　情報化社会の到来に伴い，企業ネットワークを用いた私用メールや私的なサイト閲覧をめぐる紛争が増えている。通常は黙認されることが多いが，こうした行為が常識を超えて行われたり，メールの内容が会社・上司の誹謗中傷に至ると，問題が顕在化する。

法的には，上述したリボン等着用のケースでは，労働自体は遂行されているのに対し，私用メールやサイト閲覧の場合は，その時間中は職務それ自体に従事していないため，原則として労働義務違反の評価を免れない。ただし，労働者も社会人（市民）である以上，日常の社会生活を営む上で必要な範囲内で行う私用メールについてまで労働義務違反と考えるべきではない。すなわち，社会通念上相当な範囲内の軽微な頻度・回数にとどまり，業務に支障を及ぼさず，会社の経済的負担も軽微なものにとどまる場合は，労働義務違反を否定すべきである（使用者が黙示の許諾を与えていると解することもできる）[*54]。

しかし一方，労働者が社会通念上相当な範囲を超えて私用メールを濫発したり，私的にサイトを閲覧することは労働義務違反となるし，業務に悪影響を与える点で企業秩序違反行為ともなる。また，会社の施設（ネットワーク）を私用で利用する点では施設管理権の侵害となるし，メールの相手方が同僚従業員である場合は，その職務遂行を妨げるという点でも企業秩序違反行為となる（企業秩序違反の点は，労働時間外に行われた場合も同様である）。したがって，この種の私的利用行為を行った労働者は，労働義務・企業秩序遵守義務違反の責任を免れない（642頁参照）。裁判例も，従業員が他の社員を誹謗中傷する社内メールを多数発信したことにつき，職務専念義務違反および企業秩序違反として懲戒の対象となると判断している[*55]。業務用パソコンを用いて出会い系サイト等に投稿し，多数回の私用メールを送信した場合[*56]や，課長が労働時間中，社会通念上許容される範囲を逸脱する態様でチャット行為を行い，部下に対して顧客情報の持出しを助言するなど悪質性が高い場合[*57]も同様である。

[*53]　前掲・東谷山家事件（[*30]）は，トラック運転手の黄髪につき，取引先のクレームがなく，会社の営業に悪影響を及ぼした形跡がないことを重視して，企業秩序違反を否定している。
[*54]　F社Z事業部事件・東京地判平成13・12・3労判826号76頁，グレイワールドワイド事件・東京地判平成15・9・22労判870号83頁，前掲・労働政策研究・研修機構事件（[*37]）。
[*55]　前掲・日経クイック情報事件（[*9]）。F社事件・大阪地堺支判平成26・3・25労経速2209号21頁も参照。
[*56]　前掲・グレイワールドワイド事件（[*54]）。企業ネットワークの悪質な私的利用行為を理由とする懲戒解雇を有効と判断した例として，K工業技術専門学校事件・福岡高判平成17・9・14労判903号68頁。

なお，スマートフォン等の個人所有の情報端末を利用する場合は，会社機器・ネットワークの利用とは異なり，施設管理権侵害の問題自体は生じないが，労働義務違反は依然として問題となる。

(3) 労務指揮権・人事権・業務命令権

前記のとおり，労務指揮権（指揮命令権）は労働契約上の使用者の基本的権利であるが，企業人事の実務では，人事権や業務命令権の概念が多用される。ここでは，労務指揮権と人事権に関する基本問題を解説する*58。

(ア) 労務指揮権　a) 意義・機能　労務指揮権は，労働契約の予定する範囲内で，労働義務を決定・変更・規律することを内容とする権利をいう。労務指揮権は，労働契約締結時には抽象的内容にとどまる労働義務を具体化し，労働義務の適正な履行を確保するために欠かせない法的手段であり，労働契約の不可欠の要素を構成する（8頁）。また労働契約は，労働義務が労務指揮権によって一方的に決定されること（労働の他人決定性）を特質とする契約であるから，労務指揮権は労働契約に独自の権利ということができる。具体的には，労働の態様・方法・密度等を決定・規律する日常的な労働の命令や，同一企業内で職種・勤務場所を変更する配転命令・降格命令が労務指揮権の内容である。

一方，労務指揮権は，あくまで労働契約の予定する範囲内で労働義務内容を決定する権利にとどまり，労働契約そのものを変更する機能をもたない。この点，出向や時間外・休日労働は，労働契約において本来予定された措置ではなく，契約そのものの変更を意味することから，労務指揮権の対象とはならず，これら措置に関する命令権（出向命令権，時間外・休日労働命令権）は，労務指揮権とは区別して考えるべきである。また，労務指揮権は賃金の領域には及ばないことから，基本給の減額を伴う降格（資格の引下げ）も，労務指揮権の対象とならない*59。さらに，企業秩序の規律に関する命令も，労務指揮権とは別の権利義務によって構成すべきである（613頁）。

---

*57　ドリームエクスチェンジ事件・東京地判平成28・12・28労判1161号66頁。このほか，従業員が在職中および退職後，会社の従業員や取引先の担当者ら多数に対して，役員や上位職員らを誹謗中傷する電子メールを複数回送付したこと等について不法行為と判断した例がある（フジアール事件・東京地判令和4・5・13労経速2499号36頁）。

*58　労務指揮権に関する詳細は，土田・労務指揮権227頁以下参照。注釈労基・労契(2) 290頁［村中孝史］も参照。

*59　エフ・エフ・シー事件・東京地判平成16・9・1労判882号59頁。本書535頁参照。

b) 法的根拠・性質・効果　　労務指揮権の法的根拠は労働契約に求められる。労務指揮権は，労働契約の締結によって当然に生ずる権利であり，労働契約の締結意思の中には労務指揮権を基礎づける合意が当然に含まれる。判例は，業務命令（権）について，その法的根拠を「労働者がその労働力の処分を使用者に委ねることを約する労働契約」に求めているが（前掲・電電公社帯広局事件［＊2］），同じ趣旨に出るものといえよう。これに対し，労働契約自体を変更する権限（出向命令権，時間外・休日労働命令権等）の根拠としては，労働者の同意その他の特別の根拠を要する（573頁，423頁）。

　労務指揮権は，労働義務内容を使用者の裁量（判断）のみで一方的に決定・変更する機能を有し，行使されれば直ちに契約内容（労働義務内容）の変更という効果を生じさせる権利であり，その法的性質は形成権である。したがってまた，労務指揮権に基づく個々の命令も事実行為ではなく，法律行為たる意思表示を意味する（同旨，山川81頁）。この結果，労働者は，個々の命令の効力それ自体を訴訟において争うことができる。たとえば，配転命令については，配転命令の無効確認請求や，配転先で就労する地位にないことの確認請求が可能である（541頁。出向命令権や休職命令権についても同様である）。

　c) 限　界　　労務指揮権は，労働義務内容を具体化する権利であるから，その限界は，労働義務の限界と一致する。すなわち労務指揮権は，法令，労働協約，就業規則，労働契約，労使慣行によって限界を画され，その範囲内においてのみ行使される。判例も，業務命令（権）の限界に関し，「労働者が当該労働契約によってその処分を許諾した範囲内の事項であるかどうかによって定ま」り，「当該具体的な労働契約の解釈の問題に帰する」と述べている（前掲・電電公社帯広局事件［＊2］）。実際には，就業規則において労務指揮権を確認する規定が設けられることから，労務指揮権は広範に及ぶことになる。

　労務指揮権が広く肯定されること自体は，労働契約というものの性格上当然であり，労務指揮権を中心とする使用者の裁量権を尊重することは，労働契約に内在する要請を意味する（9頁）。しかし同時に，労働契約も契約である以上，労働者が労働契約によって保持している利益を保護し，労使間の利益調整を行うことも重要であり，これが合意原則（労契3条1項）および労働条件対等決定の原則（労基2条1項）の要請となる（13頁）。

　この結果，労務指揮権は以下のような法的規律に服する。第1に，労働契約において労働義務内容が特定的に合意されていれば，労務指揮権は排除され，

合意による決定が優先する（労契7条但書参照）。第2に，労働契約の解釈の結果，労務指揮権が認められる場合も，内容規制（労契3条1項，3条4項）および権利濫用の規制（労契3条5項＝行使規制）が及ぶ（17頁以下）。内容規制としては，前述した調査協力義務，危険な労働，服装・容貌の自由を制限する規律の内在的規制や，配転命令権の内容規制（第6章＊72）が挙げられる。権利濫用規制は，実体的規制と手続的規制に分かれるが，実体的規制としては，労務指揮権行使の業務上の必要性と，労働者の不利益との比較衡量がポイントとなり，手続的規制としては，使用者による説明・情報提供が重要となる。

　(イ)　**人事権**　人事権は，企業実務においては，採用，配置，人事異動（配転，出向，転籍，昇進・昇格，降格），人事考課，休職，懲戒，解雇など，人事・雇用関係の全ステージにわたる使用者の権限をカバーする広範な概念と理解されている。法的には，配置，人事異動，人事考課および休職に関する権利として用いることが適切である＊60。

　人事権は，労務指揮権およびそれに隣接する権利（出向命令権等）を労働契約の組織的性格に着目して表現した権利概念である。すなわち，使用者は，労働義務の決定・変更を通して労働者の配置や人事異動を行うが，これらは個々の労務給付を組織的労働に編成する上で不可欠の措置であり，ここから使用者に労働の組織化に関する裁量権が認められる。この裁量権が人事権にほかならない。こうして，人事権は，労働契約において使用者が有する基本的権利を意味し，その法的根拠は労務指揮権と同様，労働契約の締結意思それ自体に求められる（145頁参照）。ただし，出向・休職のように本来，労働者の同意を要する事項については，人事権は本人同意またはそれに代わる就業規則等の根拠規定に基づいて発生するのであり，その法的根拠を一律に論ずることはできない。人事権の法的性質に関しては，使用者の裁量によって一方的に行使されることから，労務指揮権と同様，形成権と解することができる。

　このように，人事権は企業組織を舞台に展開される労働契約上の権利として重要であるが，労働契約に基づく権利である以上，無制約に行使されうるわけではなく，労働契約上の合意や権利濫用の規制（労契3条5項）に服する。すなわち，人事権は，職種・職位・資格・勤務場所といった労働契約の重要な要素を決定・変更する権利であるため，その具体的行使に関しては，人事権の存

　＊60　注釈労基(上) 220頁［土田道夫］も参照。

否や限界を労働契約内容に即して慎重に判断する必要がある。また，人事権が労働契約上肯定される場合も，内容規制および権利濫用規制に服する【2-3】。

> 【2-3】 **業務命令権** 裁判例は，業務命令の概念を認め，これを「使用者が業務遂行のために労働者に対して行う指示又は命令」を行う権利と定義している（前掲・電電公社帯広局事件［＊2］）。「業務」とは，労働義務の履行のみならず，経営秩序の規律等も含めた事業遂行全般を意味する概念であり，業務命令権も労務指揮権より包括的な概念を意味する。実務上は，企業は日常的な労働の規律から配転・出向等の人事異動や企業秩序の規律に至るまで「業務命令」と称する命令を発するのが通例である。
>
> したがって，法的にも，業務命令権を単一の内容をもつ独自の権利として扱うことは適切でなく，「性質の相違する各種の権利から構成される複合的な構造を有する」[61]権利と解すべきである。労働義務の規律の領域に関しては，労務指揮権と業務命令権は一致するため，業務命令権の根拠・性質・効果は労務指揮権と同様に解される。

(4) 付随義務——概説

労働者は，労働契約に基づいて労働義務を負うとともに，これに付随して多様な義務を負う。このような義務は理論上，労働義務の履行に対して要求される義務（注意義務）と，労働義務の履行を離れて課される義務（保護義務）に分かれるが，前者が労働義務に付随する構成要素である（133頁）のに対し，保護義務は，労働義務から独立した義務であり，労働義務とは別個に根拠・要件・効果を考える必要がある。すなわち，保護義務は，労働者が労働契約という使用者との法律関係に入ることから生ずる義務であり，使用者の利益（秘密・情報，財産的利益，名誉・信用）を侵害しないよう配慮する義務を意味する[62]。このように，労働義務（給付義務）とは別に，相手方の利益に対する保

---

[61] 小西國友「業務命令権の法的根拠と判例動向」季労156号（1990）87頁。土田・労務指揮権255頁以下も参照。

[62] 契約法学（債務構造論）の観点から見ると，契約上の債務は，①給付義務，②付随的注意義務（給付利益・給付結果の保護を目的とする注意義務）および③保護義務（給付義務とは別に相手方の生命・身体・財産を侵害しないよう配慮する義務）に分かれ，①は契約から，②③は信義則に基づき発生するとされるが（奥田＝佐々木・前掲書［＊5］25頁以下，中田裕康『債権総論〔第4版〕』［岩波書店・2020］134頁参照），本文に述べたとおり，誠実義務は，このうち保護義務に属する義務である。

護・配慮の義務が生ずる点は労働契約の特質であり，労働者側では誠実義務・企業秩序遵守義務として現れる。その法的根拠は，信義則（労契3条4項）に求められる。労働契約においては，その継続的・人格的性格に基づいて当事者間の信頼関係が重要となることから，信義則が重要な機能を営み，被用者・使用者の権利義務の解釈基準となる（誠実労働義務，労働条件変更や解雇時の説明・協議義務）とともに，被用者・使用者の多様な付随義務を創設する機能を営むのである（これに対応する使用者の義務が配慮義務である。164頁）[*63]。

もっとも，付随義務論に対しては批判も見られる。すなわち，付随義務（誠実義務・配慮義務）の外延は不明確であり，法的安定性に欠けるとの批判や，付随義務論はドイツ流の人格法的共同体関係論や配慮・忠実義務論を基礎としており，労働契約が利益の対立する当事者間の労働・賃金の交換関係であることと矛盾するとの批判である[*64]。しかし，ドイツの配慮・忠実義務が人格法的共同体関係のイデオロギーを基礎に主張された時期があったとしても，このイデオロギーは今日のドイツでは克服されており[*65]，それを理由に付随義務論を消極視するのは拙速にすぎる。そして，付随義務論からこうしたイデオロギー的側面を除去すれば，それは労働契約法にとって有益な構成である。

すなわち，労働契約は，継続的債権関係の一種として労使間の緊密な信頼関係を要請される法律関係であり，労働と賃金の給付交換関係に解消されない関係を内在するのであって（誠実・配慮の関係。130頁），付随義務・保護義務論は，こうした法律関係を説明する上で有意義な法的構成である。もとより労働契約の基本は労務の提供と賃金支払の関係にあるが，当事者が労働契約の締結に基づく信頼関係の要請によって一定範囲の義務を負うことは当然といいうる。一方，付随義務の外延が不明確であるとの批判には一理あるが，この点も，労使の義務を明確な個別的義務（たとえば安全配慮義務，競業避止義務）として類型化することによって回避できる。むしろ付随義務論は，曖昧模糊とした雇用関係の事象を権利義務関係として明確化・体系化することを可能とするのであり，労働契約の適正な運営を促進する規律として機能しうる。

以下，誠実義務，兼職避止義務，守秘義務，競業避止義務を取り上げ，企業秩序遵守義務については，懲戒と密接に関連するので，本書第7章で解説する。

＊63　土田道夫「労働契約法総則3規定の意義と課題」ジュリ1507号（2017）43頁参照。
＊64　渡辺章「使用者の配慮義務について」日労協189号（1974）10頁。
＊65　和田肇『労働契約の法理』（有斐閣・1990）81頁以下，119頁以下参照。

(5) 誠実義務

誠実義務とは、「使用者の正当な利益を不当に侵害してはならないよう配慮する義務」をいう*66。労働義務が労働遂行に関する基本的義務（給付義務）であるのに対し、誠実義務は、労働遂行以外の労働者の行動一般を規律する義務であり、企業外の行動にも及ぶ。前記のとおり、労働契約は継続的契約の典型であり、労使間の人的信頼関係の要請を内在するため、労働者は信義則上、使用者の利益（生命・身体、名誉・信用、財産的利益）を不当に侵害してはならない義務（誠実義務）を負う（労契3条4項）。誠実義務は、労働契約の締結によって当然に発生する義務であり、その内容は就業規則に明示されることが多いが（秘密管理規程、懲戒規程等）、それら規定がなくても、誠実義務は一定の範囲で発生する。具体的には、兼職避止義務、守秘義務、競業避止義務、使用者の名誉・信用を毀損しない義務、転職時の引抜きの規律等として類型化される。

一方、誠実義務は一般条項であり、労働者の労働時間外・企業外の行動を規律する機能を有するため、これを無制約に認めると、私生活の自由などの労働者の利益を不当に侵害する結果が生じうる。たとえば、兼職規制や競業避止義務は労働者の職業選択の自由（憲22条1項）と抵触しうるし、使用者の信用・名誉を毀損しない義務は、労働者の私生活の自由や表現の自由と抵触しうる（内部告発において尖鋭化する。648頁）。したがって、誠実義務については、労働者の自由・利益との間で適切な調整を行うことが不可欠となる。すなわち、誠実義務を構成する個々の義務ごとに使用者の利益を具体的に確定しつつ、労働者の自由・利益を不当に侵害しないよう必要かつ合理的な範囲に限定解釈する必要がある。それを通して、誠実義務（労働契約）の適正な運営を促進することが労働契約法の任務となる。

誠実義務違反の効果としては、懲戒処分、解雇、損害賠償請求が挙げられる。このうち懲戒処分については、誠実義務違反自体は労働契約上の義務違反であるため、それを理由に懲戒処分を課すためには、義務違反による企業秩序の侵害が要件となる（620頁）。

---

*66 ラクソン等事件・東京地判平成3・2・25労判588号74頁。同旨、U社事件・東京地判平成26・3・5労経速2212号3頁、Z社事件・名古屋地中間判令和3・1・14労経速2443号15頁、Z社事件・名古屋地判令和5・9・28労経速2535号13頁（前掲Z社事件の本訴）。誠実義務については、注釈労基・労契(2) 301頁以下［土田道夫］参照。

(6) 兼職避止義務

(ア) **問題の所在**　労働者は，労働時間外に他の使用者に一時的または継続的に雇用されたり，自ら事業を営むことがある。これに対して使用者は，就業規則において許可なく兼職することを禁止し，その違反を理由に懲戒処分や解雇を行うことが多い[*67]。しかし近年，雇用の流動化や労働時間の短縮，インターネット上での企業と人材のマッチングの容易化，フリーランスの増加等を背景に兼職・副業が増加しており[*68]，厚生労働省も，「働き方改革実行計画」(2017年)を受け，兼職・副業の普及促進を図る方針を打ち出した[*69]。

(イ) **法的根拠**　まず，労働時間以外の時間をどのように利用するかは労働者の自由であり，その時間に自己の労働力を利用する自由も職業選択の自由（憲22条1項）によって保障されている。したがって，兼職は原則として労働者の自由である。しかし一方，労働者は労働時間外においても誠実義務を負い，ここから兼職避止義務が生ずる。就業規則上の兼職許可制は，この義務を定めた規定であるし，規定がない場合も，信義則（労契3条4項）に基づく兼職避止義務を肯定すべきである。

(ウ) **要　件**　とはいえ，兼職・副業が本来労働者の自由であることを考えると，兼職避止義務は，この自由を不当に制約しない範囲にとどまることを求められる。すなわち，兼職避止義務は，使用者の正当な利益（適正な労働遂行の確保，競業他社への企業秘密の流出の防止，企業の社会的信用の確保，他の従業員への悪影響の防止等）を確保する限度で有効と解すべきである。この観点を踏まえると，兼職の一律禁止規定は，職業選択の自由に対する過剰な規制を意味することから，同自由が構成する公序（民90条）違反として無効となるものと解される。これに対し，兼職許可制を一律に無効と解する必要はないが，職業選択

[*67] 労働政策研究・研修機構「調査シリーズNo.184　多様な働き方の進展と人材マネジメントの在り方に関する調査（企業調査・労働者調査）」(2018)によれば，副業を許可しない企業は75%に達している。

[*68] 総務省「令和4年就業構造基本調査」(2023)によれば，副業人口（副業を持つ就業者［305万人］＋希望者［493万人］）は798万人に達している。

[*69] 兼職・副業に関する最近の文献として，桑村裕美子「兼業・副業と労働法」ジュリ1519号（2018）60頁，「特集　副業・兼業の制度設計と労務管理」ビジネス法務2019年1月号，「特集　副業・兼業の新段階」季労269号（2020），河野尚子「副業・兼業と多様なキャリア」ジュリ1586号（2023）20頁，注釈労基・労契(2) 302頁［土田道夫］など参照。私見については，土田道夫「副業・兼業解禁の意義と課題——労働法の観点から」ビジネス法務2019年1月号55頁，同「新型コロナ危機と労働法・雇用社会(2)」曹時73巻6号（2021）1067頁以下，労働時間の通算制との関係については，本書401頁参照。

の自由に鑑み，上述した使用者の利益の確保を目的とする場合に限り有効と解すべきである*70。具体的には，兼職の目的（競業他社での就労か否か等），態様（兼職の時間・職種，本来の勤務との重複・隣接等），期間（継続的な雇用関係かアルバイトにとどまるか等）に即して，本来の業務を不能または困難としたり，企業秩序を著しく乱すような兼職のみが許可制の対象となるものと解される。

この結果，休職中の工員が復職前の約10日間，知人の工場で作業手伝いに従事した場合*71 や，始業時刻前の約2時間，父親の経営する新聞販売店の仕事に従事したにすぎない場合*72 は，兼職許可制違反が否定される。また最近では，運送会社がトラック運転手の過労事故を防止する観点から策定した兼職許可基準に定める月間実労働時間を下回る範囲内でアルバイト就労を申請したケースにつき，会社がこれを許可しないことには理由がないと解し，会社の兼職許可義務を認める裁判例がある（前掲・マンナ運輸事件［＊70］）。

これに対し，①本来の勤務と重複する兼職，②労務提供に支障をきたす蓋然性が高い兼職，③競業他社における就労のケースでは，兼職避止義務（許可制）違反が肯定される。特に②・③が問題となる（①は労働義務自体の違反に当たる）。

まず，②は，労働の適正な遂行の確保を保護法益とする類型であり，労働者が連日6時間に及ぶ深夜アルバイトに従事し，本来の業務での居眠りが多かったり残業を忌避するなど，労務提供に支障をきたす蓋然性が高いケースが典型である*73。一方，③は，企業秘密の漏洩など競業他社への利益供与を規制する趣旨から肯定される類型であり（競業避止義務［162頁］とも重複する），競業他社での就労は，労務提供に支障を生じさせなくても，誠実義務（兼職避止義務）違反に該当し，企業秩序違反行為として懲戒・解雇の対象となる。典型例として，会社の幹部社員が競業他社の取締役に就任したことにつき，営業秘密

＊70　同旨，マンナ運輸事件・京都地判平成24・7・13労判1058号21頁，リンクスタッフ事件・大阪地判平成27・8・3［LEX/DB25541202］。

＊71　平仙レース事件・浦和地判昭和40・12・16労民16巻6号1113頁。

＊72　国際タクシー事件・福岡地判昭和59・1・20労判429号64頁。また，年間1〜2回のアルバイト従事を理由とする解雇につき，職務専念義務違反や会社との信頼関係の破壊とまではいえないとして無効と判断した例もある（十和田運輸事件・東京地判平成13・6・5労経速1779号3頁）。

＊73　小川建設事件・東京地決昭和57・11・19労判397号30頁。また，労働者が休職中，給与の一部を受領しつつ兼職の域を超える本格的自営業を営むケースでは，従業員としての地位と両立せず，企業秩序に悪影響を及ぼす態様の兼職として許可制違反が肯定される（ジャムコ事件・東京地八王子支判平成17・3・16労判893号65頁）。

の漏洩の危険や同人の地位に鑑み，企業秩序を乱すおそれが大きいとして兼職許可制違反を認め，解雇有効とした例[*74]や，労働者が在職中に競業他社を設立し，海外取引先との取引を開始して会社の取引を停止させたことにつき，就業規則の忠実義務規定や兼職許可制を根拠に競業避止義務違反と判断し，損害賠償責任を肯定した例[*75]がある[*76]。

　(エ)　効　果　　労働者が兼職避止義務（兼職許可制）に違反した場合，上記のとおり，懲戒・解雇の対象となる。一方，労働者の兼職が許可制違反に当たらないとして義務違反を否定された場合は，上記処分は否定されるが，これに加えて，使用者の兼職許可義務が問題となる。最近の裁判例では，この義務を肯定し，兼職を許可すべき場合に許可しなかったことにつき，不法行為（民709条）の成立を認め，慰謝料の支払を命じた例があり（前掲・マンナ運輸事件［*70］），妥当と解される。

　(オ)　兼職・副業の解禁と促進　　前述した兼職・副業の増加を受けて，厚生労働省は，2018年，「副業・兼業の促進に関するガイドライン」を公表して，兼職・副業を認める方向で普及促進を図る方針を打ち出した（2022年改訂）。また，副業許可制を定めてきた従来のモデル就業規則を改定し，企業への届出によって原則として副業を営みうる内容に改めた（2020年・2022年改定）。改定モデル就業規則の特色としては，兼職・副業の許可制を届出制に改める（70条1項・2項）とともに，企業が副業を禁止・制限できることを認めつつ，その理由を4点（ⓐ労務提供上の支障がある場合，ⓑ企業秘密が漏洩する場合，ⓒ会社の名誉や信用を損なう行為や，信頼関係を破壊する行為がある場合，ⓓ競業により，会社の利益を害する場合）に限定列挙した点（同条2項）が挙げられる。

　従来の裁判例と比較すると，改定モデル就業規則は，一律許可制を認めつつ事後的に合理的限定解釈を行うという従来のアプローチを逆転させ，兼職・副業を原則として認めつつ，例外的に規制できる範囲を限定列挙するアプローチに転換したものと評価できる（ⓐ～ⓓは，裁判例が合理的限定解釈によって許可制の対象外と解する前記(ウ)①～③とほぼ合致する）。これによれば，労働者は兼職に

[*74]　橋元運輸事件・名古屋地判昭和47・4・28判時680号88頁。
[*75]　協立物産事件・東京地判平成11・5・28判時1727号108頁。
[*76]　この類型に属する裁判例として，ソクハイ事件・東京地判平成22・4・28労判1010号25頁，すみれ介護事件・東京地判平成26・11・7ジャーナル36号35頁，前掲・リンクスタッフ事件（*70）。最近の裁判例として，東京現代事件・東京地判平成31・3・8労判1237号100頁。

際して届出義務を負う一方，使用者は，70条2項所定の事由を除いて届出により兼職を認める義務を負うことになる（同条1項・2項）。一方，モデル就業規則はあくまでモデルにとどまり，法的拘束力を有するものではないため，一律許可制が直ちに就業規則としての合理性（労契7条）を否定されることはないが，企業としては，前掲「ガイドライン」が説く兼職・副業のメリットを踏まえて，兼職届出制に改めたり，兼職許可制を採用しつつ，その対象を前記ⓐ〜ⓓに限定する制度（限定列挙型許可制）に改めることについても検討すべきであろう*77。なお，2022年改定版ガイドラインは，企業の対応として，兼職・副業許容の有無や，条件付許容の場合はその条件について公表することが望ましいとしている。

(7) 守秘義務──不正競争防止法

(ア) 意 義　守秘義務（秘密保持義務）とは，使用者の営業上の営業秘密やノウハウをその承諾なく使用・開示してはならない義務をいう。守秘義務は，在職中（労働契約継続中）の義務と，退職後（労働契約終了後）の義務に分かれるが，後者については本書第10章で解説する（926頁）。

(イ) 不正競争防止法の規律　守秘義務は，労働契約上の義務としても設定可能であるが，実定法としては，不正競争防止法が，営業秘密の不正使用・開示行為に対する法規制を整備しており，守秘義務の実質的法源となっている。同法は，営業秘密（知的財産）保護の要請を背景に逐時改正されており（営業秘密は知的財産基本法上，「知的財産」に位置づけられている。知財基2条1項），守秘義務の規律を強化している*78。

---

*77　限定列挙型許可制を採用する場合は，労働者の兼職が本文の①〜④に該当する場合に許可を取り消す旨の規定を置くことも考慮に値する（土田・前掲論文 [*69・ビジネス法務] 56頁参照）。

*78　不正競争防止法上の営業秘密の保護については，田村善之『不正競争法概説〔第2版〕』（有斐閣・2003）325頁以下，経済産業省知的財産政策室編『逐条解説不正競争防止法〔第2版〕』（商事法務・2019），小野昌延＝山上和則＝松村信夫編『不正競争の法律相談Ⅰ』（青林書院・2016）参照。最新の2023年改正では，雇用の流動化に伴う退職従業員による営業秘密不正取得・使用事案の増加を受けて，営業秘密保持者から不正取得した営業秘密を侵害者が実際に使用していることを保持者が立証することが困難であることから設けられた立証責任軽減規定（侵害者が営業秘密を不正取得し，かつ，当該営業秘密を使用すれば生産できる製品を生産している場合は，侵害者が当該営業秘密を使用したと推定）の対象を，産業スパイ等の悪質性の高い者（改正前）から，本来アクセス権限のある者（元従業員）や，不正な経緯を知らずに転得したがその経緯を事後的に知った者にも，同様に悪質性が高いと認められる場合について拡

不正競争防止法（以下「不競法」ともいう）は，営業秘密の不正な使用・開示を不正競争と定め，その対象に労働者による使用・開示を含めている。これは，労働者が在職中・退職後を問わず信義則上の守秘義務を負うことを認める趣旨の規律である。すなわち，同法2条1項7号は，秘密を有する事業者から「不正の利益を得る目的で，又はその保有者に損害を加える目的で」営業秘密を使用・開示する行為を不正競争と定めるが，その中には，労働者が使用者（保有者）から示された営業秘密を使用・開示する行為も含まれる。この類型の不正行為は，信義則上の守秘義務違反行為（信義則違反類型）と解されており，この結果，労働者は在職中・退職後を問わず，信義則上当然に守秘義務を負うことになる[*79]。

　なお，不競法は不法行為法の特別法に位置し，差止請求等の特別救済手段の前提として信義則上の守秘義務を認知する趣旨に立っている[*80]。この結果，不競法とは別に，契約上の守秘義務によって営業秘密を保護することも可能であり，これが労働契約に固有の守秘義務の問題となる（159頁）。

　(ウ) **不正競争の要件**　　不正競争の成立要件は，①対象となる秘密が「営業秘密」であること（不正競争2条6項），②保有者から「示された」秘密であること（同2条1項7号），③不正の利益の取得または加害の目的（図利加害目的）による行為であること（同），の3点である。

　　a)　①の「営業秘密」は，「秘密として管理されている生産方法，販売方法その他の事業活動に有用な技術上又は営業上の情報であって，公然と知られていないもの」をいい，秘密管理性，有用性，非公知性を要件とする。

　まず，秘密管理性を認めるためには，企業が経済合理的な秘密管理措置によって情報を秘密として管理しようとする意思が従業員に明確に示され，従業員が当該秘密管理意思を容易に認識しうることを要する[*81]。秘密管理性は，営

　　　充する改正が行われた（改正不正競争5条の2）。経済産業省「不正競争防止法 直近の改正（令和5年）」（https://www.meti.go.jp/policy/economy/chizai/chiteki/kaisei_recent.html）参照。それ以前の改正についても，同ウェブ参照。
[*79]　通商産業省知的財産政策室『営業秘密──逐条解説改正不正競争防止法』（有斐閣・1990）88頁以下，土田道夫「労働市場の流動化をめぐる法律問題（上）」ジュリ1040号（1994）54頁，同「競業避止義務と守秘義務の関係について──労働法と知的財産法の交錯」中嶋還暦『労働関係法の現代的展開』（信山社・2004）191頁参照。
[*80]　経済産業省知的財産政策室編・前掲書（*78）23頁。
[*81]　経済産業省知的財産政策室編・前掲書（*78）41頁。ITサービス会社社員（顧客情報漏えい）刑事事件・東京高判平成29・3・21判タ1443号80頁，GTキャピタルファンド事件・

業秘密に対する不競法の手厚い保護の前提となることから，情報・秘密へのアクセスの人的・物理的制限（アクセス管理），情報・秘密の区分・特定・表示（秘密の客観的認識可能性を中心に），守秘義務規定・守秘義務契約の存在（人的管理・法的管理），これら管理を機能させるための組織の整備（組織的管理）を総合して厳格に判断される。秘密管理性は，営業秘密に対する不競法の手厚い保護の前提となることから，厳格に解釈される。労働契約法の観点から重要なのは人的管理（守秘義務契約等）であり，役員・従業員から誓約書を徴して営業秘密の保持義務を課していたことを秘密管理性を肯定する一理由と判断した例がある[82]反面，就業規則に抽象的な守秘義務条項はあるものの，秘密を特定した守秘義務契約を締結していないことを秘密管理性を否定する事情として認めた例[83]がある。上記のとおり，不競法の規制と守秘義務は別のカテゴリーに属するが，実質的には，守秘義務契約は企業が不競法の保護を受けるための必須の前提を成している【2-4】。

次に，有用性とは，正当な事業活動を行う上で客観的な経済価値を有することをいい，技術的情報（製品の設計図，製法，研究データ等）のみならず，顧客名簿，営業マニュアル等の営業情報も含む。ただし，スキャンダルや脱税情報等の反社会的な情報は事業活動の正当性を欠くものとして除外される[84]。

非公知性とは，当該情報を保有者の管理下以外では一般的に入手できない状態にあることをいう。

　大阪地判令和5・4・17［LEX/DB25572852］，伊藤忠商事ほか事件・東京地判令和4・12・26労経速2513号3頁，Z営業秘密侵害罪被告事件・札幌高判令和5・7・6労経速2529号7頁，伊藤忠商事件・東京地判令和5・11・27労経速2554号14頁など参照。

[82]　岩城硝子ほか事件・大阪地判平成10・12・22知的裁集30巻4号1000頁，サンモト事件・大阪高判平成20・7・18［LEX/DB28142001］，ユフ精器事件・東京地判令和3・3・30ジャーナル114号48頁，前掲・ITサービス会社社員（顧客情報漏えい）刑事事件（[81]），ナスタ事件・東京地判令和4・1・28［LEX/DB25572316］等。

[83]　プロスティほか事件・東京地判平成14・4・23［LEX/DB28070858］，ノックスエンタテインメント事件・東京地判平成16・4・13判時1862号168頁，わかば事件・東京地判平成17・2・25判時1897号98頁，中部薬品（さくら医薬品・さくら薬品）事件・富山地判平成28・6・15ジャーナル54号33頁，前掲・GTキャピタルファンド事件（[81]）。

[84]　田村・前掲書（[78]）335頁以下。顧客名簿等の個人情報については，個人情報保護法上も安全管理および従業員の監督責任がある（個人情報20条・21条）。同法と不競法との関係については，奈須野太『不正競争防止法による知財防衛戦略』（日本経済新聞社・2005）157頁以下参照。有用性要件の充足を否定した最近の裁判例として，ジグス事件・大阪地判令和3・6・28ジャーナル115号28頁。

b)　②（保有者との関係）については，労働者が自ら考案・創作したノウハウ等の「営業秘密」性が問題となるが，法文どおりに「示された」ことを要件と解し，使用者から示された営業秘密の使用・開示のみを規制の対象と解するのが一般である＊85。

c)　③の図利加害目的とは，信義則上の守秘義務に著しく違反することをいう。労働者の職業選択の自由を考慮して設けられた要件であり，「不正」か否かは，ⓐ当事者間の信頼関係の程度（在職中か退職後か，従業員の職務・地位・処遇等），ⓑ保有者（使用者）の利益（営業秘密の重要性，開発に要した時間・費用や使用・開示による損害），ⓒ労働者の利益（使用・開示を禁止されることによる生活上の不利益──転職後の職務内容，代償の有無等），ⓓ使用・開示の態様（秘密の不正取得・使用の有無，競業の態様の背信性等）を総合して判断される＊86。特に，ⓓの使用・開示の態様がポイントとなるが，在職中の労働者の場合は，ⓐ・ⓑに比して，労働者の不利益（ⓒ）が小さいことから，使用・開示の態様が悪質であれば，不正競争が肯定されやすい。

(エ)　**不正競争の効果**　　不正競争の効果としては，差止請求（不正行為の停止または予防請求。不競争3条1項）のほか，廃棄除却請求（同3条2項），損害賠償請求（同4条）および信用回復請求（同14条）があり，労働者にも適用される。特に注目されるのは，2003年の不競法改正により，民事・刑事の両面にわたって営業秘密の保護が強化されたことである＊87。特に刑事制裁の面では，役員・従業者不正使用・開示罪が重要であり（現21条1項5号）＊88，本改正によって，退職後はともかく，在職中の労働者に関する守秘義務の事前規制は確実に強化された（退職者処罰［同21条1項6号］については926頁参照）。

＊85　田村・前掲書（＊78）342頁以下。これに対しては，労働者が自ら考案・開発したノウハウ等であっても，事業者が秘密として管理し，改めて労働者に示せば「営業秘密」となると解する見解も有力である（奈須野・前掲書［＊84］173頁，住田孝之「営業秘密管理指針の改訂について」NBL821号［2005］15頁）。私も，この見解が妥当と考えるが，このように考えるためにも，守秘義務契約の締結が必須となる（山根崇邦「不正競争防止法2条1項7号の『その営業秘密を示された場合』の再構成」L&T61号［2013］57頁，同「不正競争防止法2条1項7号の『その営業秘密を示された場合』」小野＝山上＝松村編・前掲書（＊78）377頁参照）。

＊86　通商産業省知的財産政策室・前掲書（＊79）90頁以下，土田・前掲論文（＊79・中嶋還暦）136頁。

＊87　民事的保護の強化は6点にわたるが，特に，原告の逸失利益の立証を容易にするための損害額算定規定の新設（不正競争5条1項）と，損害額の立証が困難な場合の裁判所による損害額の認定（同5条2項）が重要である。差止請求の意義・必要性については，経済産業省知的財産政策室編・前掲書（＊78）161頁参照。

【2-4】 労働法コンプライアンスと法的リスク管理——守秘義務契約・守秘義務規程

上記のとおり，営業秘密の保護にとって，守秘義務契約・規程は重要な意味をもつ。法的リスク管理の観点からは，就業規則等で守秘義務規程（秘密管理規程）を定めるとともに，個々の労働者との間で守秘義務契約を締結する必要がある。形式的には，守秘義務規程でも法的管理をクリアしうるが，この種の一般的規定では，個々の営業秘密の特定が困難であることから，法的管理の水準をクリアできないことがある[*89]。したがって，企業の法的リスク管理としては，一般的ルールとしての秘密管理規程に加え，個別的な契約を締結する必要がある。それは企業の利益となるだけでなく，労働者にとっても，契約により義務の内容を確認できるというメリットがあり，守秘義務（労働契約）の適正な運営を促進する規律として機能する。

この点については，経済産業省が「営業秘密管理指針」を公表し，ガイドラインを定めてきたが，経済産業省は，2016年2月，新たに「秘密情報の保護ハンドブック～企業価値向上に向けて～」を公表した[*90]。両者の違いは，「営業秘密管理指針」が不競法における営業秘密として法的保護を受けるための最低水準を示しているのに対し，「秘密情報の保護ハンドブック」は，上記水準を超えて，「情報漏えい対策として有効と考えられる対策を……包括的に紹介」する（ベスト・プラクティスを含む）という点にある。

「秘密情報の保護ハンドブック」によれば，守秘義務契約の対象となる情報の範囲については，概括的な概念による特定（Bの製造におけるC工程で使用される添加剤及び調合の手順）や，媒体による特定（ラボノートVに記載された情報）を行うことが推奨されている。また，守秘義務契約のタイミングとしては，入社時，在職中，退職時があるが，入社時は秘密の特定が困難であるため，労働者が在職中は，異動時・プロジェクト参加時・昇進時・出向時等に秘密を特定して守秘義務契約を締結する必要があるとされる。さらに，上記ハンドブックは，就業規則等の守秘義務規程の策定も推奨しており，その内容として，適用範囲・秘密情報の定義・秘密情報の分類・分類ごとの対策・管理責任者・秘密保持義務・違反した場合の罰則等を掲げている。

なお，中途採用者との関係では，前籍企業の営業秘密を自社に開示しないことを求める契約を締結することがコンプライアンスの上で重要である。

[*88] 一方，不競法21条1項5号は，職業選択の自由を考慮して，行為主体を現職役員・従業員に限定し，退職従業員を除外している（法文上は，営業秘密を保有者から示された「その役員……又は従業者」と表現）。

[*89] 前掲・わかば事件（[*83]）。

[*90] http://www.meti.go.jp/policy/economy/chizai/chiteki/pdf/handbook/full.pdf

(8) 守秘義務——労働契約上の守秘義務

(ア) 意義・根拠　　前記のとおり，不競法は，労働契約上の守秘義務規制を排斥する趣旨ではないことから，不競法の営業秘密規制とは別に，労働契約によって守秘義務を設定し，営業秘密やノウハウ（広く企業秘密）を保護することができる。両者の基本的な違いは，労働契約上の守秘義務の対象となる情報・秘密は，不競法上の「営業秘密」より広範囲に及ぶが，その代わり，不競法のような制定法の手厚い保護を受けることはできないという点にある[*91]。

在職中の労働者の守秘義務は，労働契約上の信義則（労契3条4項）に基づく誠実義務として当然に発生するものと解される[*92]。営業秘密やノウハウの多くは，企業が多額のコストを費やして開発し，重要な営業利益を構成することから，在職中の労働者がこの種の秘密を保持する義務を負うのは当然である。裁判例も同様に解しており，技術者が在職中，会社のノウハウを他社に開示したことにつき，就業規則の守秘義務規程および誠実義務に基づく守秘義務違反を認め，債務不履行責任を肯定した例[*93]や，労働者が会社における差別的処遇に関する相談に際して，弁護士に人事情報・顧客情報を手渡したことにつき，労働者は「労働契約上の義務として，業務上知り得た企業の機密をみだりに開示しない義務」を負い，この義務は就業規則の秘密保持条項の効力にかかわりなく発生すると判断した例がある[*94]。ただし，企業秘密を確実に保護し，法的リスク管理を万全とするためには，不競法の場合と同様，守秘契約や秘密管

[*91] 通商産業省知的財産政策室・前掲書（*79）142頁，土田・前掲論文（*79・ジュリ）56頁。労働契約上の守秘義務（在職中の守秘義務）については，髙谷千佐子＝上村哲史『秘密保持・競業避止・引抜きの法律相談』（青林書院・2015）が詳しい。注釈労基・労契(2) 305頁［土田道夫］も参照。

[*92] 土田60頁，土田・前掲論文（*79・中嶋還暦）194頁。同旨，石橋洋「企業の財産的情報の保護と労働契約」労働105号（2005）23頁。裁判例として，アイメックス事件・東京地判平成17・9・27労判909号56頁，レガシィ事件・東京地判平成27・3・27労経速2246号3頁。

[*93] 美濃窯業事件・名古屋地判昭和61・9・29判時1224号66頁。幹部従業員による競業他社への秘密情報の開示行為につき，前掲・エープライ事件（*41［損害賠償責任を肯定］），ヒューマントラスト事件・東京地判平成24・3・13労判1050号48頁（懲戒解雇有効），会社の幹部従業員（経理部長代理）が転職先での活用を意図して会社の重大な機密を複製・漏洩したことにつき，スカイコート事件・東京地判令和5・5・24ジャーナル143号2頁（懲戒解雇有効）。

[*94] メリルリンチ・インベストメント・マネージャーズ事件・東京地判平成15・9・17労判858号57頁。この点を理由に，使用者（出向元）のみならず，出向先に対する守秘義務を肯定する例として，カナッツコミュニティほか事件・東京地判平成23・6・15労判1034号29頁。582頁参照。

理規程によって秘密を特定し，義務内容を明確化する必要がある。

(イ)　要　件　　労働契約上の守秘義務は，不正競争防止法の適用を受けないため，同法上の「営業秘密」に当たらない事項にも及び，より広範に機能する。特に，不競法上は秘密管理性の要件が厳格に解されるのに対し，守秘義務についてはこの要件が及ばないため，秘密管理性を欠く情報も，秘密としての客観的価値を有する限りは守秘義務の対象となる*95*96。同様に，有用性を欠く情報（会社のスキャンダル等）や，「保有者より示された」のでない情報（労働者自身が開発したノウハウ等）も守秘義務の対象となりうる。義務違反の成否についても，図利加害目的（主観的意図）に基づく営業秘密等の使用・開示の事実を必要としないため，不競法より広範に義務違反が肯定されうるが，秘密・情報の開示に正当な理由がある場合は，例外的に否定されることがある*97。

もっとも，近年の裁判例では，労働契約上の守秘義務について，その対象を不競法上の営業秘密より広範に解しつつも，労働者の情報取扱い等の行動を萎縮させるべきではないとの観点から，営業秘密と同一の要件（秘密管理性，非公知性，有用性）を設定する例が複数登場している*98。これによれば，守秘義務

---

*95　前掲・メリルリンチ・インベストメント・マネージャーズ事件（*94）。不競法上の「営業秘密」の要件を満たさない情報につき，契約上の守秘義務の対象となることを認めた裁判例として，日産センチュリー証券事件・東京地判平成19・3・9労判938号14頁，前掲・伊藤忠商事ほか事件（*81）（本判決の問題点については，第7章*72参照），前掲・スカイコート事件（*93）。なお，業務上知りえた他社の企業秘密を漏洩しないことも守秘義務の内容となる（前掲・スカイコート事件［*93］）。

*96　なお守秘義務は，基本的には使用者の機密情報の無断使用・開示を対象とする義務であるが，前掲・レガシィ事件（*92）は，労働者が在職中に機密情報を取得する行為についても，退職後に当該情報を不当に開示する目的で在職中に機密情報を取得する場合は在職中の守秘義務に違反すると判断し，信義則上の守秘義務違反を肯定している。退職後の不当開示目的という要件を課すとはいえ，機密情報の取得行為自体を守秘義務違反と解することについては疑問が生じうる。

*97　前掲・メリルリンチ・インベストメント・マネージャーズ事件（*94）は，弁護士に対する人事情報等の開示につき，自己の救済を求める目的によることや，弁護士が弁護士法上守秘義務を負うこと等を理由に正当な理由を認め，守秘義務違反を否定し，通販新聞社事件（東京地判平成22・6・29労判1012号13頁）は，労働者が企業情報の開示について使用者の許諾を得ていることを理由に，企業情報漏洩を禁止する就業規則上の懲戒事由該当性を否定している。追手門学院事件・大阪地判令和2・3・25労判1232号59頁も参照。

*98　前掲・レガシィ事件（*92），エイシン・フーズ事件・東京地判平成29・10・25［LEX/DB25449017］，関東工業事件・東京地判平成24・3・13労経速2144号23頁（有用性要件を除き肯定）。たとえば，レガシィ事件は，労働契約上の守秘義務につき，その対象は不正競争防止法上の営業秘密より広範に及ぶものと解しつつも，労働者の情報取扱い等の行動を過度に萎縮させるべきではないとの観点から，不正競争防止法上の営業秘密（2条6項）と同一の要件

の範囲は，上述した労働法・知的財産法の法理念や保護法益の違いを超えてほぼ同一と解されることになりうる。一方，これに対しては，不競法が知的財産法として競争市場の公正な秩序の維持・規律を目的とするのに対し，守秘義務は，労使間の利益調整という枠組みの中で使用者の利益の保護を目的とする義務であるという違いがあることを理由に批判する学説があり[*99]，裁判例においても，守秘義務の対象となる機密情報と不競法上の営業秘密の同義性を説く従業員主張に対し，不競法の営業秘密については刑事罰も含めた規制があることから限定的に解すべきであるのに対し，従業員が就業規則または雇用契約上の付随義務として負う守秘義務の対象となる秘密についてはそこまで限定的に解する必要はないと述べ，両者を区別する例も見られる（前掲・スカイコート事件［*93］）。私自身はこの見解に賛成であり，守秘義務が営業秘密の保護を対象としない限りは労働法固有の問題として取り扱い，不競法の規律を参照して契約上の守秘義務の内容を解釈することは否定すべきものと考える[*100]。

　(ウ)　効　果　労働契約上の守秘義務違反は債務不履行を構成する。その効果としては，損害賠償請求[*101]，解雇[*102]，懲戒解雇[*103]があるが，各手段に固有の規制に服することはいうまでもない。また守秘義務違反については，情報・秘密が契約や就業規則等で具体的に特定されていれば，その履行請求（差止請求）も可能と解される[*104]。さらに，守秘義務違反が同時に不競法2条1項4号の要件を満たせば，同法上の救済手段も可能であり，この場合，同法上

　　（秘密管理性，非公知性，有用性）を肯定した上，本件データについて上記3要件の充足を認め，守秘義務の対象となる秘密情報性を肯定している。上野・前掲論文（*1）40頁参照。
*99　河野尚子「営業秘密・不正競争防止法と守秘義務」労働132号（2019）27頁。
*100　土田道夫「労働法の規律のあり方について――隣接企業法との交錯テーマに即して」野川忍編『労働法制の改革と展望』（日本評論社・2020）286頁。
*101　事例として，前掲・美濃窯業事件（*93），前掲・エープライ事件（*41），千代田生命保険事件・東京地判平成11・2・15労判755号15頁（ただし取締役の事例），A社事件・東京地判令和4・4・19労経速2494号3頁（予備校講師による教材の大量持ち出し。貸与パソコンのデータ消去について不法行為と判断）。
*102　三朝電機製作所事件・東京地判昭和43・7・16判タ226号127頁。解雇の否定例として，アイテック事件・東京地判平成26・11・7ジャーナル36号37頁。
*103　古河鉱業事件・東京高判昭和55・2・18労民31巻1号49頁，宮坂産業事件・大阪地判平成24・11・2労経速2170号3頁，前掲・伊藤忠商事ほか事件（*81）。否定例として，日本クリーン事件・東京高判令和4・11・16労判1293号66頁（633頁以下参照）。
*104　従業員が占有する会社情報に係る物件の返還請求を肯定しつつ，電磁的記録の消去請求を棄却した最近の裁判例として，Sparkle事件・東京地判令和4・3・30ジャーナル128号26頁がある。

の差止請求と民法上の請求とは請求権競合の関係に立つ*105。

(9) 競業避止義務

(ア) 意 義 競業避止義務は、使用者と競合する企業に就職したり、自ら事業を営まない義務をいう。この義務も守秘義務と同様、労働契約継続中（在職中）の義務と契約終了後（退職後）の義務に分かれるが、後者については本書第10章で解説する（929頁）。

在職中の競業避止義務は、守秘義務と同様、誠実義務の一環として信義則上、当然に発生する（労契3条4項）*106。在職中に競業他社の運営に積極的に関与することは、重要な営業秘密の漏洩や顧客の奪取によって使用者の正当な利益を侵害する（またはその蓋然性が高い）行為であるから、それを控えることは、やはり特別の合意や就業規則がなくても当然に発生する義務を意味する*107。

(イ) 具体的判断 競業避止義務違反の類型としては、①競業他社での現実の就労、②競業他社の設立行為、③競業他社において会社の顧客・取引先を奪取したり、会社の秘密情報を不正に利用して行う競業行為、④競業他社の利益を図る行為（利益相反行為）、⑤従業員の引抜き・転職の勧誘が挙げられる。このうち①は、兼職避止義務（151頁）と重複する類型であり、④については本書第10章で解説する（947頁）。

②～④は、雇用の流動化によって紛争が増加しつつある類型であるが、競業他社の設立・準備行為の程度や労働者の地位に応じて判断が分かれる。競業避止義務違反が成立する典型例は、労働者（特に取締役や幹部社員）が競業他社を設立して競合事業を営み、会社の取引・顧客を奪い、従業員を引き抜き、会社の秘密情報を不正に利用するなどして会社に打撃を与えるケースであり、たとえば、取締役や幹部社員が競業会社を設立し、従業員を大量に引き抜き、会社業務を混乱に陥れたことにつき、競業避止義務違反として懲戒解雇を適法と解

---

*105 通商産業省知的財産政策室・前掲書（*79）91頁。
*106 土田60頁、土田・前掲論文（*79・中嶋還暦）138頁。同旨、西谷216頁、石橋・前掲論文（*92）28頁、根本渉「労働者の競業避止義務」判タ719号（1990）4頁以下、注釈労基・労契(2) 307頁［土田道夫］。
*107 同旨の裁判例として、イーライフ事件・東京地判平成25・2・28労判1074号47頁、前掲・協立物産事件（*75［就業規則の兼職許可制規定につき、雇用契約上の誠実義務の内容を定めたものと判断］）。前掲・カナッツコミュニティほか事件（*94）は、競業避止義務のこの性格を理由に、労働者は使用者（出向元）のみならず、出向先に対しても競業避止義務を負うと判断している。582頁参照。

し，不法行為による損害賠償責任を認めた例がある[108]。また，そうした損害を発生させていなくても，労働者が競業他社を設立して自ら事業を営むことは競業避止義務違反と解される[109][110]。これに対し，競業会社の設立を企図しても未だ準備行為（設立登記等）にとどまる場合や，競業他社の設立や従業員の引抜きを共謀した事実そのものが存在せず，従業員が自発的に退職したにすぎない場合は，義務違反が否定される[111]。競業他社の設立かその準備かで一線が引かれているといえるが，準備行為にとどまる場合も，競業他社への利益供与行為があれば，次の③によって競業避止義務違反とされる。

　③も，雇用の流動化によって紛争が増加している。典型例として，会社の取引先に競業会社を紹介したり，競業会社が会社の協力会社であるかのように装って発注させた行為について雇用契約上の忠実義務違反を認めた例[112]，競業他社の設立を前提に，取引先が会社に商品の供給停止を通知することを知りな

---

[108] 日本コンベンションサービス事件・大阪高判平成10・5・29労判745号42頁。労働者の競業避止義務違反（債務不履行）を理由とする使用者からの損害賠償請求として，前掲・協立物産事件（＊75［労働者の競業避止義務違反を肯定して使用者の損害賠償請求を認容］），ライドウェーブコンサルティング事件・東京高判平成21・10・21労判995号39頁（労働者の競業避止義務違反を肯定しつつ，使用者の損害賠償請求については，因果関係を否定して棄却），ネットドリーム事件・大阪地判平成27・12・10ジャーナル49号40頁（労働者の競業について著しい背信行為と認めて不法行為責任を肯定），福屋不動産販売事件・大阪地判令和2・8・6労判1234号5頁（悪質な引抜行為を理由とする懲戒解雇を有効と判断），前掲・Z社事件（＊66［本訴。従業員が競業会社を設立して代表取締役に就任した上でその職務として不法行為を行ったと評価し，会社法350条に基づく競業会社の損害賠償責任を肯定］）。

[109] 前掲・ソクハイ事件（＊76），前掲・すみれ介護事件（＊76），前掲・リンクスタッフ事件（＊70）。

[110] 規制改革推進会議「規制改革推進に関する答申」（2024年5月）は，副業に係るモデル就業規則が，副業を禁止・制限できる場合とする「競業により，企業の利益を害する場合」（153頁）が不明確であると指摘した上，在職中の競業避止義務を課すことが原則適切でない場合として，①競業関係にある企業における副業を，具体的な利益侵害のおそれが乏しいにもかかわらず禁止することや，②営業秘密が特定されている場合に，その利用が一般的に想定されない副業を禁止すること，営業秘密のダウンロード禁止等により社外利用が技術的に困難であるにもかかわらず副業を禁止すること等を掲げる。しかし，在職中の競業が使用者の正当な利益を侵害する高い蓋然性を有する行為であること（162頁）に照らせば，同義務の内容・範囲を過度に狭く解する見解であり，疑問がある。

[111] 前者の例として，前掲・福屋不動産販売事件（＊108），前掲・ユフ機器事件（＊82），不動技研工業事件・長崎地判令和4・11・16労判1290号32頁，後者の例として，池本自動車商会事件・大阪地判平成8・2・26労判699号84頁。

[112] 前掲・エーブライ事件（＊41）。第一紙業事件・東京地判平成28・1・15労経速2276号12頁も参照。

がら報告しなかったことについて競業避止義務違反と判断した例*113，在職中の従業員が競業他社から受注を受けて業務を開始し，売上げを競業他社に帰属させていることから競業避止義務違反を認めて損害賠償責任を肯定した例*114がある。

競業避止義務違反は債務不履行を構成し，損害賠償請求*115，懲戒処分*116，解雇*117の理由となる。また，在職中の競業を理由とする退職金の不支給・減額の適法性は，当該競業が在職中の功労を抹消ないし減殺するほどの背信行為か否かによって判断される*118。

3 使用者の義務

(1) 賃金支払義務

使用者が，労働契約に基づいて負う基本的義務は賃金支払義務である。労働契約は，労働者が使用者の指揮命令に従って労働し，使用者がその対価として賃金を支払うことを内容とする契約であるから，賃金支払義務は使用者の最も基本的な義務（給付義務）を意味する。賃金支払義務については，すべて本書第4章で解説する。

(2) 付随義務（配慮義務）——概説

労働者が多くの付随義務を負うのと同様，使用者も賃金支払義務に付随して多様な義務を負う。その多くは，給付義務（賃金支払義務）の履行の確保から独立した労働者の利益（生命・身体，経済的・人格的利益）を対象とする義務（保護義務。148頁）であり，「労働者の正当な利益を不当に侵害してはならない義務」（配慮義務）*119と総称できる。労働契約においては，使用者は交渉力・情報の両面で優位に立ち，労務指揮権・懲戒権・解雇権等の強力な権利を有する

---

*113　前掲・協立物産事件（*75）。
*114　Yデザイン事件・東京地判令和4・11・25ジャーナル136号44頁。
*115　前掲・エーブライ事件（*41），前掲・協立物産事件（*75）。
*116　前掲・日本コンベンションサービス事件（*108）。
*117　前掲・ソクハイ事件（*76）。
*118　前掲・日本コンベンションサービス事件（*108），前掲・イーライフ事件（*107）——ともに退職金不支給を肯定。また，前掲・第一紙業事件（*112）は，在職中の背信性の高い競業行為を理由とする退職金相当額の不当利得返還請求（民703条）を一部認容している。
*119　小西國友『労働法の基礎』（日本評論社・1993）83頁。使用者の付随義務については，吉田美喜夫「労働契約と使用者の義務」西谷＝根本編95頁参照。

ことから，使用者は，信義則（労契3条4項）に基づき，労働者の正当な利益を侵害しないことを内容とする義務を負うのである[*120]。また，労働契約は人格的性格（労働の提供と労働者自身の人格を切り離せないこと。12頁）を有しているため，労働者の人格的利益に対する配慮が強く要請される。

　使用者の配慮義務は，大別して，労働者の生命・健康を保護する義務（安全配慮義務），人格的利益を対象とする義務（労働者の自由・名誉・プライバシーを尊重する義務），職場環境配慮義務，個人情報保護義務，労働受領義務（労働者の就労請求権），労働者の経済的利益保護義務（労働者が業務の遂行に伴い過大な経済的負担を負うことがないよう配慮する義務）に分かれる。配慮義務の法的根拠は，信義則（労契3条4項）に求められるが，個人情報保護義務に関しては，法令（個人情報保護法）が重要な意味をもつ（安全配慮義務については第8章，労働時間管理・把握義務については444頁参照）。労働者の経済的利益保護義務は，なじみのない概念であるが，社会保険手続履行義務，事業遂行費用負担・償還義務，労働者が業務に伴い損害を発生させた場合の使用者負担部分償還義務（労働者の損害賠償責任の制限［民415条・709条］，使用者の求償権［同715条3項］の制限，労働者の逆求償権として顕在化する）として現れる（195頁以下，257頁以下）。

(3)　労働者の人格的利益を尊重する義務／職場環境配慮義務

　(ｱ)　意　義　　使用者は，信義則に基づく配慮義務として，労働者の人格的利益（自由・名誉［感情］・人格的尊厳・プライバシー・差別のない職場環境）を尊重する義務（人格的利益尊重義務）を負う。前記のとおり，労働者は誠実義務に基づいて，使用者の名誉・信用等の人格的利益を毀損しない義務を負うが（150頁），そうだとすれば，使用者もこれに対応して信義則に基づき，労働者の人格的利益を不当に侵害しない義務を負うことは当然と解される。従来は，もっぱら労働者の生命・身体の重要性に着目して安全配慮義務が承認されてきたが，労働者の人格的利益も同様に重要な価値を有しており，信義則に基づく労働契約の解釈上，これを使用者の義務の対象とすることに妨げはない[*121]。近年の

[*120]　これに対し，使用者の労働時間管理・把握義務は，賃金・割増賃金の適正な履行を担保する機能を営む義務として付随的注意義務（133頁）に属するものと解される（446頁参照）。

[*121]　小宮文人「雇用終了における労働者保護の再検討」労働99号（2002）44頁は，労働者の守秘義務との対比で，労働者の雇用契約上の利益に配慮すべき使用者の信義則上の義務を肯定している。労働者の人権の保護については，さしあたり，和田肇「労働者の人権保障」講座再生(4) 1頁，小畑史子「労働関係における人格権」争点18頁参照。

裁判例においては，職場環境配慮義務の概念が登場し，重要性を増しているが，この職場環境配慮義務（労働者が就労するのに適した職場環境を保つよう配慮する義務）の保護法益は，上述した労働者の人格的利益に求められるので，人格的利益尊重義務と職場環境配慮義務は一致するものと解される。

(イ) **不法行為構成**　従来，労働者の人格的利益の保護は，不法行為の問題として扱われることが多かったため，まずは不法行為構成から概観しよう*122。

まず，労働者に過度の精神的・身体的苦痛を与えるなど人格的利益を侵害する労働を命ずることは，「裁量の範囲を逸脱又は濫用し，社員の人格権を侵害するものとして，不法行為に該当する」*123。職務と関連性のない雑務をさせたり，就業規則の筆写を命ずるケース（135頁），労働者の髪の色やひげ等の自己表現行為（プライバシー）を過度に規制するケースが典型である。また，労働者を長期間仕事から外して隔離措置をとること*124 や，管理職を退職に追い込む意図で降格し，受付業務に配置すること*125 は，キャリア形成の利益を侵害する行為として不法行為となりうる。さらに，上司が指導監督目的のメールに行き過ぎた内容を記載し，労働者の名誉感情を毀損するケース*126，複数の従業員が会社内で他の従業員の人格を傷つける内容の書き込みをチャット上で行うケース*127 など，上司等個人が労働者の人格的利益を侵害する行為を行った場合は，加害者に不法行為が成立するとともに，使用者についても使用者責任（民715条）が肯定される*128。

また，使用者が労働遂行を離れた領域で労働者のプライバシーや人格的利益を侵害することも不法行為となりうる。代表例として，特定の政党員やその同調者と目される従業員を職場で孤立させ，継続的に監視・尾行したことにつき，

---

　*122　注釈労基・労契(2) 318頁以下［岩村正彦］参照。
　*123　前掲・NTT東日本［東京情報案内］事件（*12）。135頁参照。
　*124　松蔭学園事件・東京地判平成 4・6・11 労判 612号 6頁。意に沿わない従業員（トラクター運転手）に対する配車上の不利益処遇につき，向島運送ほか事件・横浜地判令和 5・3・3 労判 1304号 5頁（上司の不法行為責任および会社の使用者責任を肯定）。
　*125　バンク・オブ・アメリカ・イリノイ事件・東京地判平成 7・12・4 労判 685号 17頁。
　*126　A保険会社上司事件・東京高判平成 17・4・20 労判 914号 82頁。上司等による悪質なメールについて人格権侵害の不法行為を認めた例として，夢現舎事件・東京地判平成 28・6・3 ジャーナル 54号 37頁。
　*127　港製器工業事件・大阪地判平成 30・12・20 ジャーナル 86号 44頁。
　*128　名誉毀損または名誉感情侵害の否定例として，A大学ハラスメント防止委員会委員長ら事件・札幌地判令和 3・8・19 労判 1250号 5頁，ライフコーポレーション事件・東京地判令和 3・9・29 ジャーナル 119号 40頁等。

プライバシーや，職場における自由な人間関係を形成する自由を侵害する行為として不法行為と解した最高裁判例がある*129。一方，会社の営業所長が機密漏洩の出所調査を行う過程で，特定の政党への所属の有無を質問し，否定した労働者に政党に所属しないことの書面提出を要求したケースにつき，返答の強要や不利益取扱いの示唆を伴うものではなく，社会的許容限度を超えて精神的自由を侵害する行為とはいえないとして違法性を否定した最高裁判例もある*130。最近では，特定郵便局長ら（①）が他の郵便局長ら（②）に対し，郵便局長ら（①）中1名の子である郵便局長のコンプライアンス違反行為に係る内部通報に関与したか否かの回答を強要し，郵便局長ら（②）中1名を郵便局長会から除名したことについて不法行為を肯定した例*131や，芸能プロダクションが所属アイドルに対して，同人が異性と性的な関係を持ったこと等を理由に損害賠償を請求したことにつき，同人の自己決定権および幸福追求の自由を著しく制約するものである等として棄却した例*132がある。

(ウ) **債務不履行構成──職場環境配慮義務**　　a）近年の裁判例においては，上述した不法行為構成を離れて，労働者の人格的利益尊重義務（職場環境配慮義務）を労働契約上の付随義務として認める裁判例が登場している（債務不履行構成）。中でも，各種ハラスメントについては，労働者が就労するのに適した職場環境を保つよう配慮する義務（職場環境配慮義務）を認め，同義務違反を理由に使用者の損害賠償責任を認める例が多い。使用者が職場におけるハラスメントを防止し，訴えがあった場合は事実関係を調査し，調査結果に基づいて加害者に対する指導・配置換えを含む人事管理上の適切な措置を講じるべき義務（職場環境配慮義務）を肯定した上，その懈怠について債務不履行に基づく損害賠償責任を肯定した例*133，ほぼ同様に解した上，パワハラ申告者に対する回

---

*129　関西電力事件・最判平成7・9・5労判680号28頁。
*130　東京電力事件・最判昭和63・2・5労判512号12頁。本判決については，調査対象が政党所属の有無という重要な人格的利益（プライバシーのみならず，思想・信条事項でもある）である以上，調査目的との関連性を明示しないまま質問したことは調査方法として問題があり，違法評価を免れない行為と考える。
*131　損害賠償等請求事件・福岡地判令和3・10・22 ジャーナル119号30頁。
*132　元アイドルほか事件（東京地判平成28・1・18労判1139号82頁）。キャバクラ運営A社従業員事件・大阪地判令和2・10・19労判1233号103頁も参照。
*133　人材派遣業A社事件・札幌地判令和3・6・23労判1256号22頁。同旨，社会福祉法人和事件・福島地郡山支判平成25・8・16 ジャーナル20号6頁。地方公共団体につき同旨，さいたま市事件・東京高判平成29・10・26労判1172号26頁。

答の遅延について信義則に基づく告知義務違反を肯定し，使用者の債務不履行責任を肯定した例*134，使用者が別会社従業員から付きまとい行為を受けた従業員から相談を受けながら，事実確認や事後措置等の十分な対応を行わなかったことにつき，就業環境に関して労働者の相談に応じて適切に対応すべき雇用契約上の付随義務（就業環境相談対応義務）違反を認め，債務不履行に基づく損害賠償責任を肯定した例*135，使用者は労働契約上の付随義務として，職場において労働者の人格権等の権利侵害が生ずることのないよう配慮すべき義務を負うとの一般論を述べた上，会社代表取締役による暴行について，違法な人格権侵害行為に当たるとして会社の義務違反を肯定した例*136 等がある*137。

また，最近の裁判例（フジ住宅事件）*138 は，在日韓国籍従業員が勤務する会社の職場において韓国人等を誹謗中傷する旨の民族差別文書が大量に配布された事案につき，使用者は，信義則に基づいて職場環境配慮義務を負うところ，従業員は自己の民族的出自等に関わる差別的思想を醸成する行為が行われていない職場またはそのような差別的思想が放置されることがない職場において就

---

*134 茶屋四郎次郎記念学園事件・東京地判令和 4・4・7 労判 1275 号 72 頁。

*135 イビデン事件・最判平成 30・2・15 労判 1181 号 5 頁。原審（イビケン事件・名古屋高判平成 28・7・20 労判 1157 号 63 頁）が肯定したグループ統括会社（親会社）の就業環境相談対応義務違反については，統括会社が企業グループ全体で法令遵守体制を整備し，法令遵守に関する相談窓口を設けて相談対応を行っていたことから，従業員との間に直接雇用関係にない統轄会社も，労働者に対して，体制として整備された仕組みの内容・相談の内容等に応じて適切に対応すべき信義則上の義務を負う場合があると判断しつつ，事案に即して上記義務違反を否定している。

*136 ルーチェほか事件・東京地判令和 2・9・17 労判 1262 号 73 頁。

*137 このほか，国立大学法人准教授が教授の不正行為を内部通報したことを契機に上司である教授が行った多数のハラスメントにつき，教授個人の不法行為責任を肯定するとともに，大学について職場環境配慮義務の不履行を認めて債務不履行責任を肯定した例（国立大学法人金沢大学元教授ほか事件・金沢地判平成 29・3・30 労判 1165 号 21 頁）や，上司による暴行について会社の安全配慮義務違反を否定しつつ，損害の拡大防止に係る職場環境配慮義務の観点から検討し，会社が上記行為について適切な事実調査や被害労働者の職場復帰に向けた調整等を行うべき職場環境配慮義務に違反した判断した例（日本郵便事件・福岡高判令和 4・12・21 ジャーナル 133 号 26 頁），上司が部下に退職圧力をかける言動を行い，部下の髪形をいじる等の行為を継続的に行ったことにつき，精神的に安全な環境で執務できる職場環境の整備に配慮すべき立場にある上司による行為であることを重視して会社の職場環境配慮義務違反を肯定した例（ゆうちょ銀行事件・水戸地判令和 5・4・14 ジャーナル 139 号 32 頁）がある。一方，職場環境配慮義務違反の否定例として，いなげや事件・東京地判平成 29・11・30 労判 1192 号 67 頁，MAIN SOURCE 事件・東京地判令和元・12・20 ジャーナル 100 号 46 頁（作業日報の記入につき義務違反を否定），DHL グローバルフォワーディングジャパン事件・東京地判令和 2・3・27 労経速 2443 号 24 頁（職場トラブルに係る事情聴取義務違反を否定）。

*138 大阪高判令和 3・11・18 労判 1281 号 58 頁。

労する人格的利益を有することから，使用者は，職場における民族的出自等に基づく差別的言動を禁止するのみならず，差別的言動の源となる差別的思想が自らまたは他者の行為により職場で醸成され，人種間の分断が強化されることがないよう配慮する義務（差別的言動禁止・差別的思想醸成避止義務）を職場環境配慮義務の一環として負うと判示した上，使用者が従業員の民族的出自等に関わる差別的思想を醸成する行為をした場合はもちろん，職場にて醸成された差別的思想を是正せず放置した場合は職場環境配慮義務に違反し，従業員の人格的利益を侵害したものとして不法行為または債務不履行責任を負うと判断する。そして，具体的判断としても，「在日は死ねよ」という文言や「野生動物への例え」を内容とする文書（ヘイト文書）等の配布行為について従業員の人格的利益侵害行為として不法行為責任を肯定するとともに，上記文書の配布に係る差止請求についても，職場環境配慮義務の履行を求めるものとして認容している。職場環境配慮義務の射程を大きく拡大する判断として有意義である*139。

　　b）　前記のとおり，労働者の人格的利益は，労働契約上の使用者の義務によって保護すべき利益を意味するから，このような債務不履行構成（人格的利益尊重義務・職場環境配慮義務）は妥当と解される。労働者の人格的利益の重

＊139　本文紹介のとおり，本判決は，使用者の職場環境配慮義務の効果として，債務不履行のみならず不法行為責任を認め，具体的判断の箇所ではもっぱら不法行為責任を肯定しているが，これは，職場環境配慮義務について，安全配慮義務と同様，債務不履行責任と不法行為責任の中間責任と把握する趣旨によるものと思われる（安全配慮義務につき692頁参照）。一方，本判決は，均等待遇原則（労基3条）の「労働条件」に職場環境が含まれるとして同原則の適用を否定しているが，この判断については検討の余地がある（121頁参照）。

　なお本判決は，職場における外国人労働者の人格的利益保護という観点からも重要である。いわゆるヘイトスピーチ（差別的言動）については，理念法として差別的言動解消法（本邦外出身者に対する不当な差別的言動の解消に向けた取組の推進に関する法律［平成28年法68号］）が施行・運用され，各自治体の条例がこれを規制しているほか，憲法・民法・刑法上も重要な課題となっているが，労働者は職場において日常的にヘイトスピーチに曝されるリスクに直面しているのであり，労働法上も重要な課題を意味する。この点，本件において問題とされたヘイト文書等は，本件従業員を直接のターゲットとして侮蔑したり疎外する内容のものではなく，その配布をもって直ちに本件従業員に対する差別的言動があったと評価することはできないとして，その点では使用者らの不法行為責任を否定したが，同時に，ヘイト文書等について本件従業員の民族的出自に関わる差別的思想の醸成行為に該当するとして人格的利益の侵害を肯定し，職場環境配慮義務違反および不法行為責任を肯定している。この判断は，外国人労働者を直接侮蔑・疎外する言動（ヘイトスピーチ）については，より強い程度で人格的利益侵害行為に該当し，職場環境配慮義務違反（不法行為）が成立することを示唆する判断であり，ヘイトスピーチ等防止に係る裁判規範・行為規範として重要な意義を有するとともに，「ビジネスと人権」の観点（32頁）からも重要な判断と解される。

要性に鑑みれば，職場環境配慮義務を労働契約上の義務として認知することは自然であるし，使用者の行為規範を明確化し，法的保護を実効化するためには，不法行為構成よりも債務不履行構成の方が優れている。すなわち，不法行為法は，本来は契約関係にない当事者間で偶々発生した事故（違法行為）に対する事後的救済を内容とする法であり，使用者が事前に何をなすべきかを明らかにするには適していない。これに対し，債務不履行構成は，労働者の人格的・経済的利益の保護を使用者の契約上の義務（付随義務）として確立し，当該義務に基づく使用者の責任（契約責任）を肯定するものであり，使用者の事前の行為規範を明確化し，労働者の利益を実効的に保護する上で有意義である（安全配慮義務につき，712頁参照）[*140]。

　加えて，債務不履行構成は，法的保護の内容においても有意義である。すなわち，要件面では，不法行為の場合，被害者（労働者）の「権利又は法律上保護される利益〔の〕侵害」（民709条）が成立要件となるのに対し，債務不履行構成の場合は，使用者の付随義務（職場環境配慮義務，後述する労働者の経済的利益保護義務［194頁］）への違反自体が債務不履行を成立させるため，労働者の法益侵害を使用者の損害賠償責任の要件と解する必要はなく，実体法上の保護が強化されるとともに，手続法上も労働者の主張立証責任が軽減される。また，効果面では，不法行為の効果が金銭賠償にとどまるのに対し，債務不履行構成では，金銭賠償にとどまらず，義務内容の特定を要件に履行請求権を肯定する可能性があること[*141]から，より実効的な保護が可能となる[*142][*143]。

[*140] なお，ハラスメント等に係る職場環境配慮義務の内容は，後述するパワハラ防止措置義務（労働施策推進30条の2［特に，⑪・⑭（178頁）］）とほぼ一致するため，パワハラ防止措置義務の内容は，労働契約に基づく職場環境配慮義務違反の成否を判断する際の基準として機能するものと解される。この点については，山川隆一「職場におけるハラスメントに関する措置義務の意義と機能」山田古稀『現代雇用社会における自由と平等』（信山社・2019）51頁，滝原啓允「『働きやすい職場環境』の模索——職場環境配慮義務における『変革』的要素に関する試論」同137頁参照。

[*141] 安全配慮義務の履行請求権については，724頁参照。また，職場環境配慮義務については，前掲・フジ住宅事件（[*138]）が，ヘイト文書の配布に係る差止請求につき，職場環境配慮義務の履行を求めるものとして容認している。

[*142] 土田道夫「労働者（被用者）の逆求償権について」和田古稀『労働法の正義を求めて』（日本評論社・2023）256頁参照。また，ハラスメント等の被害労働者が休職し，休職期間中の賃金を請求する（民536条2項）ケースでは，賃金請求権の存否を判断する前提として使用者の職場環境配慮義務違反（債務不履行）について検討する必要があるため，債務不履行構成はこの面でも重要な意義を有する（前掲・人材派遣業A社事件［*133］）。なお，注釈労基・労契(2)315頁以下［岩村正彦］は，本書の職場環境配慮義務に相当する使用者の義務として「人

なお，職場環境配慮義務と安全配慮義務（683頁）の関係については，裁判例の中には，パワハラ防止を内容とする職場環境配慮義務を安全配慮義務の一内容と解する例が見られる＊144。当事者の主張にもよるが，理論的には，安全配慮義務の意義・内容（労働者の生命・健康を労働災害の危険から保護するよう配慮する義務）を過度に拡散する判断として賛成できない。職場環境配慮義務については，労働者の人格的利益を保護法益とする義務として，安全配慮義務とは別個の義務（債務）として構成する方が妥当と考える＊145。

(4) パワー・ハラスメント

㋐ 意　義　パワー・ハラスメント（職場におけるいじめ・嫌がらせ。以下「パワハラ」ともいう）とは，一般に，「同じ職場で働く者に対して，職務上の地位や人間関係などの職場内の優位性を背景に，業務の適正な範囲を超えて，精神的・身体的苦痛を与える又は職場環境を悪化させる行為」をいう＊146。パワ

格権侵害防止義務」を肯定した上，その意義および差止請求を含む効果について検討している。

＊143　一方，職場環境配慮義務にも限界があり，パワー・ハラスメントがない職場環境の中で，労働者が主観的に孤独感や不満を抱き，使用者の対応に不満を抱いていたとしても，それを法的に保護すべき利益に位置づけ，職場環境配慮義務の内容と解するのは行き過ぎである。裁判例では，労働者に対するパワハラや集団的いじめの事実ないしその違法性を否定しつつ，労働者が職場で孤立していた状況について，会社が職場の人間関係を調整することなく放置したとして職場環境調整義務（孤立防止義務）違反を肯定した例があるが（Y社事件・千葉地判令和4・3・29労経速2502号3頁），モラルとしてはともかく，このような義務を法的義務として観念することは適切でない。同事件控訴審（甲社事件・東京高判令和5・6・28労経連2555号3頁）は，原審が説示する孤立防止義務は，「職場において孤立することがないようにすべき義務」という抽象的なものにすぎず，具体的内容が判然としないところ，かかる抽象的な義務を根拠として使用者の義務違反を認め，損害賠償を命じることは相当でないと判断しているが，当然の判断といえよう。職場環境配慮義務にも限界があり，パワー・ハラスメントが認定されていない職場環境の中で，労働者が主観的に孤独感や不満を抱き，使用者の対応に不満を抱いていたとしても，それを法的に保護すべき利益に位置づけ，職場環境配慮義務の内容と解するのは行き過ぎである（最判平成11・3・25集民192号499頁参照）。

＊144　後掲・大裕事件（＊150），前掲・さいたま市事件（＊133），後掲・加野青果事件（＊150），後掲・東海交通機械事件（＊150），後掲・日本郵便事件（＊150）等。

＊145　他方，ハラスメント行為（残業不許可，約4か月半にわたる仕事の不付与等）によって会社が労働者をうつ状態に陥らせたケースについては，安全配慮義務の射程と解してもよいであろう（広島精研工業事件・広島高判令和4・3・29ジャーナル126号36頁）。川口187頁脚注110は，ハラスメントから精神疾患となる場合もあるため，職場環境配慮義務と安全配慮義務の区別は困難であるとして前者を後者の一内容と解するが，うつ病等の精神疾患発症段階について安全配慮義務の射程と解することは可能と考える。

＊146　パワー・ハラスメントについては，根本到「職場のパワーハラスメントと人格権」講座再生(4) 49頁参照。

ー・ハラスメントは，2012年以降，都道府県労働局における労働相談件数でも筆頭に位置し，加害者・使用者の不法行為責任を肯定する裁判例や，パワハラに起因する労働災害に関する裁判例が集積されるなど，職場における深刻な問題となってきた。こうした状況を背景に，2019年改正の労働施策総合推進法は，パワハラ防止措置義務に関する規定を設けるに至った（労働施策推進30条の2～30条の8）。

労働施策総合推進法30条の2第1項は，「事業主は，職場において行われる優越的な関係を背景とした言動であって，業務上必要かつ相当な範囲を超えたものによりその雇用する労働者の就業環境が害されることのないよう，当該労働者からの相談に応じ，適切に対応するために必要な体制の整備その他の雇用管理上必要な措置を講じなければならない」と規定する（パワハラ防止措置義務）。そして，同条3項に基づく指針（令和2年厚労告5号。「パワハラ指針」ともいう）2（1）は，職場におけるパワー・ハラスメントにつき，「職場において行われる①優越的な関係を背景とした言動であって，②業務上必要かつ相当な範囲を超えたものにより，③労働者の就業環境が害されるものであり，①から③までの要素を全て満たすもの」と定義する。その上で，指針2（7）は，パワハラの行為類型を，ⓐ身体的な攻撃（暴行・傷害），ⓑ精神的な攻撃（脅迫・名誉毀損・侮辱・ひどい暴言），ⓒ人間関係からの切り離し（隔離・仲間外し・無視），ⓓ過大な要求（業務上明らかに不要なことや遂行不可能なことの強制・仕事の妨害），ⓔ過小な要求（業務上の合理性なく能力や経験とかけ離れた程度の低い仕事を命じることや仕事を与えないこと），ⓕ個の侵害（私的なことに過度に立ち入ること）と整理している（ⓐ～ⓕの詳細や具体例については，パワハラ指針2（7）参照）。

なお，上記パワハラ防止措置義務において示されたパワー・ハラスメントの定義および行為類型は，事業主が講ずるべき公法上のパワハラ防止措置義務の対象を成す概念であるから，直ちに不法行為（民709条）を構成したり，事業主（使用者）の私法上の義務となる等の私法上の意義を有するものではない。

(イ) **裁判例** 以上の整理を踏まえると，パワー・ハラスメントは，上述した労働遂行過程の労働者の人格的利益侵害行為（ⓓⓔ）および労働遂行以外の領域双方における労働者の人格的利益侵害（ⓐⓑⓒⓕ）を包括する広範な概念を意味する。特に深刻化しているのはⓑの類型であり，裁判例が集積しつつある。代表的裁判例によれば，パワー・ハラスメントは，きわめて抽象的な概念であるから，それが不法行為を構成するためには，質的にも量的にも一定の違

法性を備える必要があり，上司等と部下等の人間関係，当該行為の動機・目的，時間・場所，態様等を総合考慮して，上司等が，職務を遂行する過程において，部下等に対して，職務上の地位・権限を逸脱・濫用し，社会通念に照らして許容しうる範囲を著しく超えるような有形・無形の圧力を加える行為をした場合は，人格権侵害の不法行為（民709条）が成立するものと解される*147。

具体的には，上司等の教育・指導・叱責の目的・必要性と，その態様の両面から考察し，①教育・指導等に業務上の正当な目的・必要性があるか否か，また，②必要性があるとしても，その態様・発言内容等に照らして相当性があるか否かを基準として違法性の有無を判断すべきである。そこでたとえば，上司が指導の必要性が乏しいのに部下に対して脅迫的な言動を繰り返す場合*148や，

---

*147 ザ・ウィンザー・ホテルズインターナショナル事件・東京高判平成25・2・27労判1072号5頁。最近の東武バス日光ほか事件（東京高判令和3・6・16労判1260号5頁）は，上司が部下に対して行った表現行為が，労働者の職責，上司と労働者との関係，労働者の指導の必要性，指導の行われた際の具体的状況，当該指導における発言の内容・態様，頻度等に照らし，社会通念上許容される業務上の指導の範囲を超え，労働者に過重な心理的負担を与えたといえる場合には，当該指導は違法なものとして不法行為に該当すると判断している。これら裁判例が説くように，パワー・ハラスメントは本来，社会的概念であり，直ちに不法行為を成立させるわけではない。一方，パワー・ハラスメントは，労働施策総合推進法上は，パワハラ防止措置義務の対象（30条の2第1項）として法的概念とされたが，本文（172頁）に述べたとおり，公法上の概念であり，私法上の不法行為に直結するわけではない（ただし，労働施策総合推進法上のパワー・ハラスメントを不法行為評価に直結させる裁判例も散見される［京都大学事件・京都地判令6・5・14ジャーナル149号44頁]）。

*148 ファーストリテイリング事件・名古屋地判平成18・9・29労判926号5頁，日本ファンド事件・東京地判平成22・7・27労判1016号35頁。この類型に属する近年の裁判例として，メイコウアドヴァンス事件・名古屋地判平成26・1・15労判1096号76頁，暁産業事件・名古屋高金沢支判平成27・9・16ジャーナル45号24頁，コンビニエース事件・東京地判平成28・12・20労判1156号28頁，前掲・国立大学法人金沢大学元教授ほか事件（＊137），A住宅福祉協会理事らほか事件・東京地判平成30・3・29労判1184号5頁，前掲・いなげや事件（＊137），プラネットシーアール事件・長崎地判平成30・12・7労判1195号5頁，大島産業事件・福岡高判平成31・3・26労経速2393号24頁（土下座強要等），甲府市・山梨県事件・甲府地判平成30・11・13労判1202号95頁，キムラフーズ事件・福岡地判平成31・4・15労判1205号5頁，松原興産事件・大阪高判平成31・1・31労判1210号32頁（損害額の認定に際して素因減額を否定），社会福祉法人千草会事件・福岡地判令和元・9・10労経速2402号12頁，木の花ホームほか1社事件・宇都宮地判令和2・2・19労判1225号57頁，池一菜果園事件・高松高判令和2・12・24判時2509号63頁，福生病院企業団事件・東京地立川支判令和2・7・1労判1230号5頁，東京身体療法研究所事件・東京地判令和2・12・22ジャーナル110号26頁，しまむら事件・東京地判令和3・6・30労判1272号77頁（軽度のパワハラ），沖縄医療生活協同組合労働組合事件・那覇地判令和4・3・23ジャーナル127号38頁（労働組合の専従職に対する上位職からのパワハラ事案），協同組合グローブ事件・熊本地判令和4・5・17

会社代表取締役が指導の必要性もないのに部下に対して謂れのない仕事上の非難を繰り返す場合[*149]は①の段階で，また，教育・指導の目的に正当性はあるものの，指導に際して過度に厳しい表現や不相当な言辞を用いて叱責する場合[*150]や，部下の勤務態度に問題があるものの，留守番電話に脅迫的な言辞（「ぶっ殺すぞ」等）を残した場合[*151]は②の段階で不法行為と評価される。

これに対し，不正経理の改善や工事日報の作成について厳しい指導をすることが正当な業務の範囲内にあり，態様面でも業務命令の限度を超える過剰・執拗な叱責とも認められない場合[*152]や，乗客に対して著しく不適切な言動を繰り返し，苦情案件を惹起したバス運転士に対して，上司による「チンピラ」「雑魚」との侮蔑的発言を含む強い指導が，業務上の指導の必要性がきわめて

労判1309号30頁，大洋建設事件・東京地判令和5・2・17ジャーナル141号38頁（上司による暴行），ブレア事件・東京地判令和5・6・8ジャーナル143号54頁（上司による暴言）等。地方公共団体の事例として，神戸市・代表者交通事業管理者事件・神戸地判令和3・9・30ジャーナル120号44頁（暴行を含む），兵庫県警察事件・神戸地判令和4・6・22労経速2493号3頁参照。

[*149] A社長野販売事件・東京高判平成29・10・18労判1179号47頁。知的障害を持つ従業員に対する暴言事案として，前掲・いなげや事件（[*137]），看護師に対する病院長の暴言事案として，慈昂会事件・札幌地判令和5・3・22ジャーナル138号26頁，上司による反復継続的かつ悪質なパワハラ言動事案として，倉敷紡績事件・大阪地判令和5・12・22労経速2544号34頁，法人の幹部従業員3名による反復継続的かつ悪質なパワハラ言動事案として，しのぶ福祉会事件・仙台高判令和6・2・20ジャーナル146号26頁（幹部職員らの共同不法行為責任を肯定），会社産業医が派遣保健師らとの定例ミーティングを一方的に廃止し，差別的言動を行ったことにつき，任天堂事件・京都地判令和6・2・27ジャーナル148号22頁，自衛官に対する暴行・暴言事案として，国・陸上自衛隊事件・熊本地判令和6・1・19ジャーナル148号30頁。

[*150] 三洋電機コンシューマエレクトロニクス事件・広島高松江支判平成21・5・22労判987号29頁。この類型に属する最近の裁判例として，アークレイファクトリー事件・大阪高判平成25・10・9労判1083号24頁，大裕事件・大阪地判平成26・4・11ジャーナル29号2頁，岡山県貨物運送事件・仙台高判平成26・6・27労判1100号26頁，暁産業事件・福井地判平成26・11・28労判1110号34頁，サントリーホールディングスほか事件・東京高判平成27・1・28労経速2284号7頁，加音青果事件・名古屋高判平成29・11・30労経速2336号3頁，国立大学法人筑波大学ほか事件・宇都宮地栃木支判平成31・3・28労判1212号49頁，前掲・社会福祉法人千草会事件（[*148]），東海交通機械事件・名古屋高判令和5・8・3ジャーナル141号24頁，日本郵便事件・福岡地判令和4・8・26ジャーナル130号28頁，住友不動産事件・名古屋地判令和5・2・10ジャーナル136号36頁，上益城消防組合事件・熊本地判令和6・2・2労経速2551号26頁等。

[*151] 前掲・ザ・ウィンザー・ホテルズインターナショナル事件（[*147]）。残業代請求した場合は人事評価が下がる旨の上司発言につき，前掲・アイエスエフネット事件（[*47]）。

[*152] 前田道路事件・高松高判平成21・4・23労判990号134頁。

高いことから社会通念上許容される指導の範囲内にあるものと評価される場合*153 は，不法行為の成立が否定される*154。後者の判断を踏まえると，教育・指導の態様・内容の相当性（②）は，指導対象である労働者の行動の相当性・悪質性との間で相関的に判断されるべきものといえよう。

以上のうち，上司等に不法行為責任が認められるケースにおいて，パワー・ハラスメントが会社の事業に関連して行われたと認められる場合は，会社についても使用者責任（民715条）が肯定され*155，事案に応じて取締役の損害賠償

---

*153 前掲・東武バス日光ほか事件（*147）。
*154 不法行為の否定例として，セゾン情報システムズ事件・東京地判平成27・10・2 ジャーナル46号26頁，医療法人財団健和会事件・東京地判平成21・10・15労判999号54頁，三栄製薬事件・東京地判平成30・3・19労経速2358号28頁，YRK and事件・大阪地判平成31・1・17ジャーナル86号38頁，前掲・東芝総合人材開発事件（*11），甲信用金庫事件・東京地判令和元・10・29労経速2412号10頁，レスメド事件・東京地判令和3・4・14ジャーナル116号50頁，ハルメク事件・大阪地判令和3・4・21ジャーナル114号36頁，国［在日米軍厚木基地航空施設］事件・東京地判令和3・11・22労判1258号5頁（1件を除き，ほとんどの指導について違法性を否定），山九事件・東京地判令和3・12・24ジャーナル123号32頁，タイガー魔法瓶事件・大阪地判令和4・10・28ジャーナル132号44頁（日常的な業務指示等），国立大学法人A大学事件・旭川地判令和5・2・17労経速2518号40頁（大学教授らの発言・メール等），東京精密事件・東京地判令和4・11・30ジャーナル138号38頁（上司による暴行の事実を否定），前掲・日本郵政事件（*15［コロナ禍におけるマスク着用指示］），前掲・甲社事件（*143［上司や同僚によるパワハラおよび集団的ないじめの事実を否定］），前掲・京都大学事件（*147［退職勧奨や物品調査について不法行為を否定］）等。
*155 前掲・ファーストリテイリング事件（*148），前掲・日本ファンド事件（*148），前掲・ザ・ウィンザー・ホテルズインターナショナル事件（*147），前掲・アークレイファクトリー事件（*150），前掲・大裕事件（*150），前掲・岡山県貨物運送事件（*150），前掲・暁産業事件（*150），前掲・サントリーホールディングスほか事件（*150），国家公務員共済組合連合会ほか［C病院］事件・福岡地小倉支判平成27・2・25労判1134号87頁，アンシス・ジャパン事件・東京地判平成27・3・27労経速2251号12頁，前掲・コンビニエース事件（*148），前掲・加野青果事件（*150），前掲・A住宅福祉協会理事らほか事件（*148），前掲・プラネットシーアール事件（*148），前掲・キムラフーズ事件（*148），前掲・松原興産事件（*148），前掲・社会福祉法人千草会事件（*148），ソニー生命保険ほか事件・東京地判令和3・3・23労判1244号15頁，前掲・しまむら事件（*148），前掲・沖縄医療生活協同組合労働組合事件（*148），前掲・東海交通機械事件（*150），前掲・倉敷紡績事件（*149），前掲・しのぶ福祉会事件（*149），前掲・任天堂事件（*149）等。使用者責任の否定例として，前掲・協同組合グローブ事件（*148［従業員の私的なLINEグループチャットにおけるハラスメントについて，事業執行性を否定］）。

地方公務員や国立大学法人教職員のパワハラ行為については，その使用者である地方自治体や国立大学法人について国家賠償法1条に基づく損害賠償責任が肯定される（前掲・国立大学法人金沢大学元教授ほか事件（*137），前掲・甲府市・山梨県事件（*148），前掲・国・陸上自衛隊事件（*149），前掲・上益城消防組合事件（*150）。国家賠償法の適用を否定し，使用者責任規定を肯定した例として，前掲・国立大学法人筑波大学ほか事件（*150）等。

責任（会社429条）が肯定される＊156。また，会社代表取締役によるパワハラ行為については，会社法350条によって会社の責任が肯定される＊157。

さらに，最近は事案が多様化しており，ⓓ過大な要求型として，従業員の業務負担が従前より増加する中，上司がより短時間で結果を出すよう達成困難な目標の達成を求め，それらが実現できないと厳しく注意・叱責し続けたことについて不法行為と判断した例＊158，ⓔ過小な要求型として，医師に対する長期の診療禁止命令につき，外科専門医としての資格を更新できなくなる等の著しい不利益が生ずるとして業務命令権の濫用を認めた例＊159があるほか，部下に対して複数の上司が人格的攻撃を加えつつ退職勧奨を行ったことについて共同不法行為責任（民719条）を肯定した例＊160，会社の代表取締役が従業員の名誉を毀損する内容を含む動画を公開したことにつき，代表取締役の不法行為責任を肯定するとともに，会社法350条に基づく会社の損害賠償責任を肯定した上，従業員の名誉権に基づく動画の削除請求を認容した例＊161等がある。

このほか，会社が加害従業員のパワハラ行為を放置し，対応策を講じなかった場合＊162や，上司等の個人によってではなく，組織ぐるみの嫌がらせ・ハラスメントが行われた場合（ⓒ人間関係からの隔離，ⓓ過大な業務の要求）＊163は，使

＊156　サン・チャレンジほか事件・東京地判平成26・11・4労判1109号34頁，前掲・池一菜果園事件（＊148）。

＊157　前掲・A社長野販売事件（＊149），前掲・キムラフーズ事件（＊148），前掲・東京身体療法研究所事件（＊148）。

＊158　前掲・プラネットシーアール事件（＊148）。病院の収益確保のため，所定労働時間内では不可能な月間330単位のリハビリを実施することを求めたことについて不法行為を肯定した例として，獨協学園事件（さいたま地越谷支判令和5・12・5ジャーナル145号12頁）がある。

＊159　岡山市立総合医療センター事件・広島高岡山支決平成31・1・10労判1201号5頁。労働者が従事可能な業務について十分配慮しないまま休職を命ずるケースも，過小な要求の一類型というえる（東菱薬品工業事件・東京地判令和2・3・25労判1247号76頁）。否定例として，前掲・東武バス日光ほか事件（＊147）は，バス運転士にバス下車を命じた上で反省文を書かせる等の行為について，過小な要求に当たらないとして違法性を否定している。

＊160　後藤報恩会事件・名古屋高判平成30・9・13労判1202号138頁。前掲・A住宅福祉協会理事らほか事件（＊148），食品会社A社事件・札幌地判令和元・6・19労判1209号64頁も参照。本書826頁参照。

＊161　Isono事件・大阪地判令和5・10・3ジャーナル143号36頁。

＊162　前掲・大裕事件（＊150），前掲・東海交通機械事件（＊150）。また，上司が加害従業員のパワハラ行為を知りながら放置し，適切な措置を講じる義務を怠ったとして不法行為責任を肯定した例もある（損害賠償請求事件・東京高判令和5・2・8［LEX/DB25594837］）。

＊163　大和証券・日の出証券事件・大阪地判平成27・4・24ジャーナル42号2頁（転籍先における組織ぐるみの嫌がらせについて不法行為責任を肯定した上，転籍元のグループ会社につい

用者固有の不法行為責任（民709条）が肯定される。

(ウ) **労働施策総合推進法上のパワハラ防止措置義務**　パワー・ハラスメントについては，他のハラスメントと同様，事後的救済（損害賠償）より事前の防止が重要である。そこで，前記のとおり，改正労働施策総合推進法30条の2は事業主のパワハラ防止措置義務を創設した。同条が定義するパワー・ハラスメントの要件は，職場において行われる①優越的な関係を背景とした言動であること，②業務上必要かつ相当な範囲を超えていること，③労働者の就業環境を害するものであることの3点である。このうち「職場」とは，事業主が雇用する労働者が業務を遂行する場所を指し，当該労働者が通常就業している場所以外の場所であっても，当該労働者が業務を遂行する場所を含む概念である。また「労働者」は，正社員のみならず，パートタイマー，契約社員等の非正規雇用労働者を含む。なお，客観的に見て業務上必要かつ相当な範囲で行われる適正な業務指示や指導はパワー・ハラスメントに該当しないとされる。その際，平均的な労働者の感じ方，すなわち，同様の状況で当該言動を受けた場合に，社会一般の労働者が，就業する上で看過できない程度の支障が生じたと感じるような言動であるかどうかを基準とすることが適当とされる[*164]。

ても，転籍先の嫌がらせ行為を了解していたとして共同不法行為責任を肯定）。一方，オリンパス事件（東京高判平成23・8・31労判1035号42頁）は，組織ぐるみのハラスメントについて，幹部従業員が主導して行ったものとして不法行為を肯定した上，会社に使用者責任を帰責する判断を示している。この種のパワー・ハラスメントについては，大和証券・日の出証券事件のように，使用者固有の不法行為責任を肯定する方が事案に即した処理方法と解される。このほか，組織ぐるみのパワー・ハラスメントについて，使用者，会長，上司等の共同不法行為責任を肯定した例として，神奈川SR経営労務センター事件・東京高判平成27・8・26労判1122号5頁。同旨，前掲・木の花ホームほか1社事件（*148）。前掲・しまむら事件（*148）も参照（ハラスメント行為を行った同僚従業員の共同不法行為［民719条］を肯定）。

[*164]　本文の①②③および前記ⓐ〜ⓕ（172頁）の詳細や具体例については，パワハラ指針2(7)参照。なお，従来の裁判例がパワー・ハラスメントの被侵害利益を労働者の人格権・人格的利益に求め（前掲・ザ・ウィンザー・ホテルズインターナショナル事件［*147]），労働施策総合推進法の前提を成す厚生労働省「職場のパワーハラスメント防止対策についての検討会報告書」（2018年3月）が，パワー・ハラスメントを「相手の尊厳や人格を傷つける許されない行為」と把握し，同じ職場で働く者に対して「ⓘ精神的・身体的苦痛を与える又はⓘⓘ職場環境を悪化させる行為」と定義していたのに対し，労働施策総合推進法30条の2第1項およびパワハラ指針の定義③においてはⓘが消え，ⓘⓘのみとなっている。しかし，その結果，パワー・ハラスメントが労働者の尊厳を傷つけ，人格的利益を侵害する行為であるとの視点が後退し，パワハラの本質が見えにくくなった観がある（荒木89頁参照）。パワー・ハラスメントについては，今後もその被侵害利益を労働者の人格的利益に求め，労働者の尊厳を傷つける行為であるとの解釈を堅持すべきであろう。

事業主のパワハラ防止措置義務の内容は，ⅰ職場におけるパワハラの内容・パワハラを行ってはならない旨の方針の明確化と周知・啓発，ⅱ行為者について厳正に対処する旨の方針・対処内容の就業規則における明示と周知・啓発，ⅲ労働者の相談に応じ，適切に対応するために必要な体制の整備，ⅳ職場におけるパワー・ハラスメントに係る事後の迅速かつ適切な対応（事実関係の迅速かつ正確な確認，被害者に対する適正な配慮措置，事実関係確認後の加害者に対する適正な措置，再発防止に向けた措置），ⅴ以上と併せ講ずるべき措置として，相談したこと等を理由として解雇その他不利益取扱いをされない旨の周知・啓発等である（パワハラ指針4）。また，パワー・ハラスメントの相談を行ったこと，相談対応に協力する際に事実を述べたことを理由とする解雇その他の不利益取扱いは禁止される（労働施策推進30条の2第2項）*165。

事業主のパワハラ措置義務および不利益取扱い禁止に係る紛争については，都道府県労働局長による助言・指導・勧告（労働施策推進30条の5第1項），都道府県労働局の紛争調整委員会による調停（同30条の6第1項），援助を求めまたは申請する労働者に対する不利益取扱いの禁止（同30条の5第2項・30条の6第2項）が定められ，その手続には均等法の調停規定が準用される（同30条の7）。また，パワー・ハラスメント防止措置義務に違反している事業主が勧告に従わない場合，厚生労働大臣は，その旨を公表できる（同33条2項）【2-5】【2-6】。

> 【2-5】 労働施策総合推進法上のパワハラ／パワハラ防止措置義務の私法的意義
> 　労働施策総合推進法30条の2第1項は，事業主に公法上のパワハラ防止措置義務を課し，上記のような行政上の実効性確保措置を設けており，公法としての性格を有している。しかし同時に，同条同項は私法上も意義を有するものと考え

---

*165　近年には，企業や組織内で行われるパワー・ハラスメント，セクシュアル・ハラスメント，マタニティ・ハラスメントに加え，顧客・取引先等によるハラスメント行為（カスタマー・ハラスメント［顧客，取引先等からの著しい迷惑行為］）も深刻な問題となっている。この点について，厚生労働省「雇用の分野における女性活躍推進に関する検討会報告書」（2024年8月）は，カスタマー・ハラスメントを①顧客・取引先・施設利用者その他の利害関係者が行うこと，②社会通念上相当な範囲を超えた言動であること，③労働者の就業環境が害されることの3要素をすべて満たすことを前提に定義することを提案し，対応策として，労働者の就業環境を害するものであり，安全配慮義務の観点からも対策・配慮が必要であることから，「労働者保護の観点から事業主の雇用管理上の措置義務とすることが適当」と提言した上，上記3要素の具体的内容や，加害者が消費者や取引先であることを踏まえた措置義務のあり方等について詳細に検討している。方向性としては妥当であり，今後の動向を注視すべきである。学会における検討として，川口美貴ほか「顧客等によるハラスメントと法的課題」労働133号（2020）170頁など参照。

られる。

　まず、30条の2第1項およびパワハラ指針が定めるパワー・ハラスメントの定義および行為類型（ⓐ～ⓕ。以上172頁）は、不法行為（民709条）または労働契約上の職場環境配慮義務違反（以下「不法行為等」という。職場環境配慮義務［債務不履行構成］については、167頁参照）としてのパワー・ハラスメントに関する解釈基準を提供するものと解される。すなわち、労働施策総合推進法上のパワハラの定義および行為類型は、パワハラの不法行為該当性に関する従来の裁判例の集積を踏まえて形成されたものであるから、パワハラの不法行為等該当性に直結しないものの（172頁）、不法行為等該当性の判断に際して十分斟酌されるべきものと解される（この関係性は、公法である労安衛法と私法上の義務である安全配慮義務の関係性［680頁の基準説］に類似する）。

　他方、不法行為を構成するパワハラは、労働施策総合推進法上のパワハラの定義に尽くされるものではなく、同法上のパワハラに該当しない行為も、不法行為の要件を充足すれば、加害者の不法行為責任を成立させるものと解される。特に、労働施策総合推進法30条の2が規定するパワハラの定義のうち、①優越的な関係を背景とした言動要件（172頁）はかなり厳格であることから、同要件を充足せずとも不法行為を成立させる言動・行為は存在すると考えられ、加害者が業務上の必要性を欠き、または態様の相当性を欠いたまま被害者の人格権・人格的利益を侵害した場合は不法行為が成立するものと解される[*166]。

　次に、事業主が労働施策総合推進法30条の2第1項およびパワハラ指針の防止措置義務を履行していない場合は、前述した行政的実効性確保措置（178頁）とは別に、私法上は不法行為等としての違法性を帯びるものと解される。すなわち、労働施策総合推進法はパワー・ハラスメント自体を禁止・規制するものではなく、事業主にパワハラ防止措置を義務づけるにとどまるが、他方、それら防止措置はパワハラを防止し減少させる上で必須の措置である。したがって、事業主が故意または過失によってパワハラ防止措置義務を怠り、それによって労働者に損害が生じた場合は、それ自体として不法行為等を成立させるものと考える。すなわち、事業主のパワハラ防止措置義務違反に基づく責任は、パワハラ行為者の

[*166] この点、パワハラ指針2(4)は、①優越的な関係を背景とした言動要件の具体例として、上司の言動のほか、①同僚・部下の言動であって、当該者の協力を得なければ業務の円滑な遂行を行うことが困難である場合や、②同僚・部下の集団による行為であって、これに抵抗・拒絶することが困難である場合を掲げるが、職場は多様であって、①については、ある部下・同僚がその協力を得なければ業務の円滑な遂行を行うことが困難である程度に重要な存在ではない一方、当該部下・同僚のパワハラ言動が悪質という場合が存在し、②については、同僚・部下個人の行為に対して抵抗・拒絶することが困難な場合が存在しうる。こうしたケースについては、労働施策総合推進法上のパワハラに該当しない一方、被害者の人格権・人格的利益を侵害する不法行為には該当すると解すべきである。

不法行為責任（民709条）を前提とする事業主の使用者責任（民715条）とは別個の責任であるから、独自に不法行為等を構成するものと解される[*167]。もっとも、職場におけるパワハラが不法行為等を構成しない場合は、労働者の損害はパワハラ防止措置義務の懈怠に起因する精神的損害に限られ、その救済は慰謝料請求にとどまることになろう。

【2-6】 **トランスジェンダーの人格的利益**　トランスジェンダーを含むLGBTQの人権・人格的利益の保護は、多様な法分野において重要な課題を提起するとともに、労働契約法上も重要なテーマとなりつつある[*168]。本書の性格上、これら課題を包括的に取り上げる余裕はないため、ここでは、裁判例に現れた事案（国・人事院［経産省職員］事件）を取り上げて解説する。本件は、トランスジェンダーである国家公務員（経産省職員）が女性トイレを自由に利用することについて制限を受けたこと（執務階およびその上下階のトイレの使用を禁止＝本件処遇）が違法であるとして、人事院による判定の取消および国家賠償法1条1項に基づく国家賠償請求を行った事案である。1審[*169]および控訴審[*170]がトランスジェンダーの法的利益の保護のあり方を正面から取り上げて検討したのに対し、最高裁は、本件処遇に係る人事院の判定の違法性に係る上告のみ受理して国賠法上の違法性に係る上告を不受理とし、もっぱら具体的事情に即して人事院の判定の違法性について判断している[*171]ため、まずは1審および控訴審から取り上げる。

[*167] 均等法・育児介護休業法上のハラスメント防止措置義務につき、山川・前掲論文（*140）51頁以下、滝原・前掲論文（*140）137頁（ともにパワハラ防止措置義務の立法化以前の論考）参照。裁判例では、労働施策総合推進法上のパワハラ防止措置義務に関する判断ではないが、加害者の行為が不法行為を構成するか否かはともかく、使用者が被害者の相談等に適切に対応しなかったことについてハラスメントに係る職場環境配慮義務違反と判断した例がある（前掲・茶屋四郎次郎記念学園事件［*134］。前掲・人材派遣業A社事件［*133］、前掲・損害賠償請求事件［*162］も参照。本書167頁参照）。ただし、パワハラ防止措置義務が行政法上の措置義務として画一的に規定されているのに対し、職場環境配慮義務違反の成否は個別に判断されるため、職場環境配慮義務の履行として措置義務以上に使用者としての対応が必要となる事案がある一方、逆に措置義務の履行としては不十分ではあっても職場環境配慮義務の履行としては十分と解される事案もあり、措置義務と職場環境配慮義務の内容が全く一致するわけではないことに留意する必要がある（山川・前掲論文［*140］52頁参照）。

[*168] LGBTQ雇用に関する詳細な研究としては、第一東京弁護士会司法研究委員会LGBT研究部会編『詳解LGBT企業法務』（青林書院・2021）、寺原真希子編集代表『ケーススタディ職場のLGBT』（ぎょうせい・2018）、三成美保編著『LGBTIの雇用と労働』（晃洋書房・2019）、柳沢正和ほか『職場のLGBT読本』（実務教育出版・2015）、LGBT法連合会編『日本と世界のLGBTの現状と課題』（かもがわ出版・2019）など参照。「ビジネスと人権」との関係性につき、33頁参照。

[*169] 東京地判令和元・12・12労判1223号52頁。

[*170] 東京高判令和3・5・27労判1254号5頁。

[*171] 最判令和5・7・11民集77巻5号1171頁。最高裁判決については、宮端謙一「時の判例」ジュリ1593号（2024）86頁、長谷川聡［判研］季労284号（2024）12頁、竹内（奥野）

まず，1審は，経産省が本件職員に対する女性トイレの自由利用を制限したことにつき，個人が真に自認する性別に即した社会生活を送るという重要な法的利益を制約するものであり，庁舎管理権の行使にあたって尽くすべき注意義務を怠ったものであって，遅くとも本件職員が病気休職から復職した時点において当該制約を正当化できない状態に至っていたとして違法と判断し，人事院の判定を取り消すとともに国家賠償請求を一部認容した。判決は，トランスジェンダーの法的利益を肯定しつつ，他の女性職員への配慮という観点からも女性トイレ利用制限の違法性について検討しているが，その際，本件職員に係る個々の具体的な事情や社会的状況の変化に着目して検討し，本件処遇実施後に本件職員が女性に対して性的危害を加える可能性が低下していることや，他の職員とのトラブル発生の可能性が抽象化していることのほか，トランスジェンダーによる男女別施設利用をめぐる国民の意識や社会の受け止め方にも相応の変化が生じていることを挙げて経産省の注意義務違反を肯定する理由としている。これに対し，控訴審は，自らの性自認に基づいた性別で社会生活を送ることは，法律上保護される利益に当たるが，一方，経産省は，本件職員の希望や主治医の意見も勘案した上で本件トイレに係る処遇を実施した後，女性トイレの使用等に関する経産省の考え方を説明しており，経産省が他の職員の有する性的羞恥心や性的不安等の利益も考慮し，全職員にとっての適切な職場環境を構築する責任を負っていることも考慮すれば，女性トイレの利用制限を維持していることについて注意義務を尽くすことなく漫然と当該行為をしたと認めうる事情はないとして，国賠法上違法とはいえないと判断し，請求を棄却した。

私は，1審の判断を支持する。すなわち，国賠法上の違法性を基礎づける公務員の注意義務については，経産省が本件処遇を維持継続したことが本件処遇実施後の本件職員や他の職員を取り巻く状況の推移に照らして合理性を有し，上記注意義務を履行したものと評価できるか否かが問題となるところ，前記のとおり，1審がまさにトランスジェンダー（本件職員）に係る個々の具体的な事情や社会的状況の変化に着目して検討したのに対し，控訴審は，この点について十分検討していないものと解される[*172]。この点，本件上告審は，人事院の判定の違法性について，裁量権の範囲を逸脱または濫用したものとして違法と判断したが，最高裁は，本件職員は本件処遇によって女性トイレの使用制限という日常的不利益を受けているところ，①女性ホルモンの投与等によって性衝動に基づく性暴力の可能性は低い旨の医師の診断も受けていること，②本件職員が執務階から2階以上離れた階の女性トイレを使用することでトラブルは発生していないこと，③本件

寿［判解］ジュリ1588号（2023）4頁，富永晃一［判解］ジュリ1591号（2023）94頁参照。

[*172] 竹内（奥野）寿［判解］ジュリ1562号（2021）5頁，石崎由希子［判批］ジュリ1569号（2022）133頁参照。

職員説明会において，本件職員が執務階の女性トイレを使用することについて明確に異を唱える職員がいたとは窺われないこと，④本件説明会から本件判定に至るまでの約4年10か月の間，本件職員による女性トイレの使用について特段の配慮をすべき職員が存在するか否かに係る調査が改めて行われ，本件処遇の見直しが検討されたことはないことを判示している。その上で，本件判定時においては，本件職員に対し，本件処遇による上記不利益を甘受させるだけの具体的な事情は見当たらないから，本件判定は，本件における具体的な事情を踏まえることなく他の職員に対する配慮を過度に重視し，本件職員の不利益を不当に軽視するものであると判断した。前記のとおり，最高裁は，本件処遇に係る人事院の判定の違法性に絞って本件の具体的事情に即して判断したものであるが，その理由においては，1審が考慮した本件処遇実施後の本件職員や他の職員を取り巻く具体的状況の推移が考慮されていることが看取され，事例判断とはいえ妥当な判断と解される。特に，④が重視されたものと思われる*173。一方，③の判断については異論がありえよう。

本判決の位置づけとしては，人事院の判定の違法性について，裁量権濫用型審査を採りつつ判断過程の適切性の観点を考慮する従来の判例*173aを踏襲したものと解されている*173b。本判決が1審・原審と異なり，真に自認する性別に即した社会生活を送ることの法的利益性について判示していないのは，上告審では本件処遇の国賠法上の違法性が争点となっていないため判断する必要がなかったためと解説されているが*173c，この点の判示があればより説得力を増したものと解される（下記補足意見では，法的利益性を肯定する意見がある）*173d。

---

*173　私見としては，本件説明会から本件判定に至るまでの期間（約4年10か月間）中に，経産省が本件職員の執務する部署が所在する階の女性職員に対する説明会のみならず，本件職員が本件処遇によって女性トイレ使用を許可されている階にて執務する女性職員を含めて，職員全体を対象に広く適切な説明・講習および性的不安に対応するための相談体制の整備等の，女性職員の性的羞恥心や性的不安を払拭するための丁寧な手続を尽くした上で本件処遇を解除すべきであったものと解し，それら一連の措置を講じなかった点において経産省に注意義務違反を認め，国賠法上の違法性を肯定するとともに，人事院判定の違法性を肯定すべきものと考える。なお，私見が女性職員の性的羞恥心や性的不安を払拭するための丁寧な手続を重視するのは，真に自認する性別に即した社会生活を送ることというトランスジェンダーの法的利益と対置されるべき女性職員の利益として，これら性的羞恥心・性的不安という性的利益を重視するためであり，この点で，これら利益に関する渡邊惠理子裁判官補足意見（後述）には賛同しえない点がある（西尾黎玖氏［同志社大学大学院法学研究科］との議論から示唆を得た）。

*173a　最判平成18・2・7民集60巻2号401頁等。

*173b　宮端・前掲判解（*171）89頁。富永・前掲判解（*171）97頁は，民間企業事案における職場環境配慮義務（167頁）の視点に通じる判断と評価している。

*173c　宮端・前掲判解（*171）89頁。

*173d　長谷川・前掲判研（*171）16頁参照。

なお本判決には，5名の裁判官の補足意見が付されているが，そこでは，トランスジェンダーの人格的利益の保護のあり方や他の職員の利益との調整のあり方について言及する意見があり，たとえば，性別適合手術を受けておらず，戸籍上はなお男性であるトランスジェンダーについても，経産省は，自らの性自認に基づいて社会生活を送る利益をできる限り尊重した対応をとることが求められていたとの意見（宇賀克也裁判官補足意見），トランスジェンダー個人がその真に自認する性別に即した社会生活を送ることができることは重要な法益として尊重されるべきである一方，女性職員（シスジェンダー）の利益が相反する場合は両者間の利益衡量・利害調整が必要となるが，トランスジェンダーの上記法益の重要性や，性的マイノリティに対する誤解や偏見をいまだ払拭できない現状の下では，両者間の利益衡量・利害調整を感覚的・抽象的に行うことは許されず，客観的かつ具体的な利益較量・利害調整が必要であるところ，控訴審のように，性的羞恥心や性的不安などの性的利益という感覚的かつ抽象的な懸念を根拠に本件処遇の合理性を肯定することには問題があるとの意見（渡邉惠理子裁判官・林道晴裁判官補足意見），職場の施設管理者や人事担当者等は，トランスジェンダーが置かれた立場に十分に配慮し，真摯に調整を尽くすべき責務がある一方，具体的な対応は一律の解決策になじむものではなく，現時点では，トランスジェンダー本人の要望・意向と他の職員の意見・反応の双方を聴取した上で職場の環境維持・安全管理の観点等から最適な解決策を探っていく以外ないとの意見（今崎幸彦裁判官補足意見）が示されている。トランスジェンダーの法的利益の保護のあり方やLGBTQ雇用をめぐる法的課題の考察に際して示唆を与えるものといえよう[*174]。

(5) プライバシー・個人情報の保護

(ア) 緒　説　　情報化時代の進展に伴い，企業情報の管理・保護と並んで，労働者の個人情報の管理・保護をめぐる法律問題も増加している。すなわち，使用者が合理的理由もなく労働者の重要な個人情報（個人識別情報，疾病情報等）を調査したり，労働者の同意を得ることなく個人情報を収集し，第三者に提供することは，労働者のプライバシー権を侵害する行為として不法行為となりうる。プライバシー権の意義については前述したが，個人情報保護との関係では，「自己情報のコントロール権」を中心に理解すべきであろう[*175]。裁判例では，

[*174] 本件のほか，トランスジェンダーをめぐる裁判例としては，トランスジェンダーであるタクシー乗務員に対する就労拒否について，顧客からの苦情を理由とする点および乗務員の化粧を理由とする点のいずれにおいても正当な理由を有するものではないから，会社の責に帰すべき事由によるものであると判断し，賃金仮払を命じた裁判例がある（Y交通事件・大阪地決令和2・7・20労経速2431号9頁）。

使用者が労働者のHIV感染を無断で抗体検査し，第三者に告知した事例[*176]，タクシー会社が運転手の携帯電話番号を本人に無断で顧客に提供した事例[*177]，会社代表取締役が韓国籍を秘して日本名を使用している労働者に韓国名を名乗るよう再三働きかけ，多数従業員に対して在日韓国人であることを公表した事例[*178]等についてプライバシー侵害による不法行為が肯定されている[*179]。

　(イ)　**健康情報**　　まず，HIV等の特殊な健康情報（センシティブ情報）は，プライバシーの中核的領域として保護される。特に，採用時におけるHIV等の無断検査については，原則としてプライバシー侵害による不法行為が成立する。ただし，検査に客観的かつ合理的必要性があり，本人同意がある場合は，正当行為として違法性が阻却されるが，その範囲はごく縮減されたものとなろう[*180][*181]。また，特殊な健康情報の本人告知に関しては，使用者が安全配慮義務を負う以上，原則として許容されるが，HIV感染については，被告知者に感染事実を受け入れる用意と能力があるか，告知者に必要な知識や告知後の指導力があるか等慎重な配慮が必要であり，そうした配慮なしに本人告知することは不法行為となりうる[*182]。さらに，労働者のHIV感染情報を上司等が本

[*175]　労働者のプライバシー・個人情報の保護については，長谷川聡「プライバシーと個人情報の保護」講座再生(4) 29頁，注釈労基・労契(2) 328頁［河野奈月］参照。

[*176]　HIV感染者解雇事件・東京地判平成7・3・30労判667号14頁。

[*177]　新日本交通事件・大阪地判平成21・10・16労判1001号66頁。

[*178]　カンリ事件・東京高判平成27・10・14ジャーナル47号43頁（最決平成28・6・16ジャーナル54号32頁により確定）。

[*179]　他方，警備会社で業務上金品を取り扱う従業員を対象とする所持品検査・防犯カメラ撮影につき，業務上正当な目的による措置と判断し，不法行為を否定した例もある（セコム事件・東京地判平成28・5・19労経速2285号21頁）。労働者のプライバシーの保護については，砂押以久子「情報化社会における労働者の個人情報とプライバシー」労働105号（2005）48頁，同「労働者のプライバシー保護」争点20頁参照。

[*180]　T工業［HIV解雇］事件・千葉地判平成12・6・12労判785号10頁。地方公務員の任用時のHIV検査につき同旨，東京都［HIV検査］事件・東京地判平成15・5・28労判852号11頁。B金融公庫［B型肝炎ウイルス感染検査］事件（東京地判平成15・6・20労判854号5頁）は，採用時のB型肝炎ウイルス感染検査につき，B型肝炎の感染情報はプライバシーとして保護される一方，採用の自由の一環として調査の自由があることを考慮し，検査の目的や必要性について事前に告知し，本人同意がある場合にのみ許されると判断しており，上記2判決との間に微妙な違いがあるが，検査の客観的必要性を求める2判決の方が妥当と解される。

[*181]　HIV感染検査を実施した医療機関が感染事実を使用者に告知することも，検査自体に必要性がなければ違法となる（前掲・T工業［HIV解雇］事件［*180]）。

[*182]　前掲・HIV感染者解雇事件（*176）。土田道夫［判批］判時1546号（1996）212頁。HIV感染を理由とする解雇が許されないことはいうまでもない（第10章*169）。

人の同意を得ることなく他の従業員に伝達して情報を共有することは，個人情報保護法18条1項（個人情報の目的外利用。187頁）に違反するとともに，プライバシー権侵害の不法行為と解される*183。

(ウ) **企業ネットワーク利用・SNSのモニタリングの適法性** 次に，使用者が労働者の非違行為を調査するために企業ネットワークの利用状況を監視・閲覧すること（モニタリング）や，ネットトラブルを防止する目的で労働者のSNS利用状況をモニタリングすることの当否が問題となる。

まず，企業ネットワークの利用状況については，企業ネットワークの私的利用といえどもプライバシーの保護は及ぶが，その範囲は，企業ネットワークの保守管理の特質から相当程度縮減される。この結果，モニタリングに際して，労働者の同意を得る必要はないが，モニタリングの目的・手段・態様を総合考慮して，社会通念を逸脱したモニタリングがなされた場合はプライバシー侵害となりうる*184。ネットワーク利用を監視する立場にない者が恣意的に監視した場合や，監視について業務上の必要性がない場合が典型である。

裁判例では，セクシュアル・ハラスメントの被害者と主張する女性社員が夫等に送った私用メールを，加害者と目される上司が継続的に監視していたという事案につき，上司本人が監視していた点で問題があるものの，女性社員の私用メールは限度を超えており，本人の責任やメールの内容等を総合すると，社会通念上相当な範囲を逸脱するものとはいえないとしてプライバシー侵害の違法性を否定した例がある（前掲・F社Z事業部事件［*54］）。また，社内で誹謗中傷メールが多発している場合に，その発信者という疑惑が強い社員のメールを無断で閲読・調査したことにつき，疑惑が具体的で調査の必要性が高い一方，メール調査が事前の継続的監視ではなく，事後の調査であることから違法性を否定した例もある（前掲・日経クイック情報事件［*9］）。

(6) 個人情報保護法と個人情報保護義務

(ア) **緒　説**　2003年，民間企業と公共部門の双方における個人情報の保

---

*183　前掲・社会医療法人A会事件（*27）。また，前掲・沖縄医療生活協同組合労働組合事件（*148）は，労働組合専従者の病院診療情報を険悪な関係にある上位職者が正当な理由なく多数回閲覧したことにつき，プライバシー侵害の不法行為として同人および同人を雇用する組織の使用者責任を肯定している。同旨判断として，山梨大学事件・甲府地判令和2・2・25ジャーナル98号16頁。

*184　前掲・F社Z事業部事件（*54）。同旨，前掲・労働政策研究・研修機構事件（*37）。

護を目的とする基本法として個人情報保護法（個人情報の保護に関する法律）が制定された。同法は，労働者の個人情報の保護にも適用される法規であり，労働契約法においても重要な意味をもつ。また，同法は，2015年，番号利用法（行政手続における特定の個人を識別するための番号の利用等に関する法律）とともに改正された（「個人情報」の意義については同法2条参照）[185]。なお，個人情報保護法に関しては，個人情報保護委員会「個人情報の保護に関する法律についてのガイドライン（通則編）」（2016年。以下「ガイドライン」）ほか3編のガイドラインが公表されており，同法の具体的内容を知る上で有益である[186]。

(イ) **個人情報の取得**　　a）利用目的の特定・取得時の利用目的の通知

事業者は，個人情報を取り扱うにあたっては，その利用目的をできる限り特定しなければならない（個人情報17条1項）。取得・収集の目的を特定することで個人情報保護を図る趣旨であるが，この特定が抽象的でもよいとなると，規制の意義が失われてしまうからである。すなわち，労働者において，本人の個人情報が利用された結果を合理的に想定できる程度に具体的・個別的に特定しなければならず（ガイドライン3-1-1），「事業活動に用いるため」といった抽象的記載では足りない。

事業者は，個人情報を取得した場合は，事前に利用目的を公表している場合を除き，速やかに，その利用目的を本人に通知または公表しなければならない（個人情報21条1項）。利用目的を変更する場合も同様である（同3項）。

前述したメール等の監視は，個人情報保護法上は，17条・21条の問題となる。すなわち，メールファイルやインターネットのアクセス記録等の監視・閲覧は，個人情報の取得を意味するため，企業（事業者）は，その目的（営業秘密・企業秘密の漏洩防止，私用メールの濫用防止等）を具体的に特定するとともに，公表または労働者に通知しなければならない。一方，このような特定と公表・

---

[185] 個人情報保護法と個人情報保護義務に関する基本文献として，宇賀克也『新・個人情報保護法の逐条解説』（有斐閣・2021），菅原貴与志『詳解個人情報保護法と企業法務——収集・取得・利用から管理・開示までの実践的対応策〔第8版〕』（民事法研究会・2022）等参照。労働関係における個人情報の利用と保護に関する比較法研究として，河野奈月「労働関係における個人情報の利用と保護（1〜7・完）」法協133巻12号，134巻1号，2号，3号，5号，135巻1号，11号（2016〜2018）参照。

[186] これに伴い，厚生労働省が発出していた「雇用管理分野における個人情報保護に関するガイドライン」（平成27年厚労告454号）および厚生労働省および経済産業省が発出していた「個人情報の保護に関する法律についての経済産業分野を対象とするガイドライン」（平成26年厚労・経産告4号）は，2017年5月30日をもって廃止された。

通知を行えば、ネットワーク利用規程の就業規則としての合理性（労契 7 条）が肯定されるとともに、メール等の監視・検査に際して労働者の同意を得なくても法違反とはならず、プライバシー侵害の問題も原則として生じない。

　b）　要配慮個人情報の取得　　2015 年の個人情報保護法改正により、「要配慮個人情報」の概念が新設され、原則として本人同意を得ない限り取得できない旨の規律が新設された（20 条 2 項）。「要配慮個人情報」とは、「本人の人種、信条、社会的身分、病歴、犯罪の経歴、犯罪により害を被った事実その他本人に対する不当な差別、偏見その他の不利益が生じないようにその取扱いに特に配慮を要する……個人情報」をいう（2 条 3 項）。例外的に本人同意を得る必要がない場合としては、法令に基づく場合や、人の生命・身体・財産の保護のために必要がある場合であって、本人の同意を得ることが困難な場合など、政令で定める場合を含めて 6 点が規定されている（20 条 2 項）。病歴を含め、特に配慮を要するセンシティブ情報を規定したものである。本人同意の意義については、利用目的による制限の例外と併せて、第三者提供の箇所で述べる。

　㈦　利用目的による制限　　事業者は、労働者の同意を得ないまま、利用目的の達成に必要な範囲を超えて個人情報を取り扱ってはならない（個人情報 18 条 1 項）。ただし、要配慮個人情報の取得と共通する内容の 6 点の例外が規定されている（同 3 項）。裁判例では、病院副院長が看護師の HIV 感染情報を本人の同意を得ることなく他の従業員に伝達して病院内で共有したことにつき、診療目的の範囲に含まれず、労務管理目的による目的外利用であるとして 16 条 1 項違反を認めた例がある*187。

　㈡　第三者提供の制限　　事業者は、本人の同意を得ないまま、個人データを第三者に提供してはならない（個人情報 27 条 1 項）。利用目的による制限と同様の 7 点の例外が規定されている（同項）。また、個人情報保護法 27 条 5 項は、第三者に該当しない場合として、①業務の外部委託、②合併等による事業承継、③グループによる共同利用を掲げている（転籍先・出向先ともに原則として第三者に該当するが、出向先は上記③に該当する場合がありえよう）。なお、同一事業者内

＊187　前掲・社会医療法人 A 会事件（＊27）。同旨、北海道社会事業協会事件・札幌地判令和元・9・17 労判 1214 号 18 頁（法人が経営する病院が、応募者の医療情報［HIV 感染情報］につき、本来の利用範囲を超えて採用活動に利用したケース）。他方、郵便職員に対して本人氏名および上半身写真が表示された胸章の着用を義務づける措置につき、個人情報保護法 16 条 1 項に類似の規律を定める独立行政法人等の保有する個人情報の保護に関する法律 9 条（当時）違反を否定した裁判例として、前掲・郵便事業・ゆうちょ銀行事件（＊32）。

での情報提供は，第三者に対する情報提供に該当しない＊188。

　この「本人同意」について，ガイドライン2-16は，「本人の個人情報が，個人情報取扱事業者によって示された取扱方法で取り扱われることを承諾する旨の当該本人の意思表示」をいうと述べ，同意の取得方法については，「事業の性質及び個人情報の取扱状況に応じ，本人が同意に係る判断を行うために必要と考えられる合理的かつ適切な方法によらなければならない」としている。問題は，この「同意」が本人同意に限られるのか，それとも就業規則・社内規程の規定で足りるのかであるが，個人情報の内容によって判断すべきであろう＊189。一般的には，就業規則が法的根拠となること（労契7条参照）を否定する理由はないが，情報の内容によっては，本人同意でなければ許されない事項があることは当然である。要配慮個人情報（20条2項）を中心に，健康情報，収入，家族状況等のセンシティブ情報については本人同意を要すると解すべきである。その際には，個人情報の利用目的の通知を求める指針の趣旨に鑑み，十分な説明を行った上で同意を求めるべきであり，ガイドラインが示すとおり，「本人が同意に係る判断を行うために必要と考えられる合理的かつ適切な方法」によって行う必要がある。

　(オ)　**個人情報の本人開示**　　本人は，個人情報取扱事業者に対し，当該本人が識別される保有個人データの開示を請求することができる（個人情報33条1項。2015年改正により，改正前の事業者の開示義務規定を本人の請求権規定に変更）。事業者は，上記請求を受けたときは，政令で定める方法により，遅滞なく当該個人データを開示しなければならない（同2項）。ただし，これには例外があり，本人または第三者の生命・身体・財産その他の権利利益を害するおそれがある場合のほか，「事業者の業務の適正な実施に著しい支障を及ぼすおそれがある場合」が挙げられる（同2項2号）。

　問題は，人事考課データの取扱いであり，成果主義人事の下では，人事考課

＊188　前掲・社会医療法人A会事件（＊27）。
＊189　本人同意を要すると説く見解として，砂押以久子「個人情報保護法の労働関係への影響」労旬1606号（2005）12頁，長谷川・前掲論文（＊175）37頁。就業規則等で足りると説く見解として，岩出誠『労働法実務体系〔第2版〕』（民事法研究会・2019）364頁。同意の取得方法に関して，個人情報保護法上の同意と契約法上の同意を理論上区別して論じるべきとした上，就業規則・労働協約・個別同意のそれぞれについて同意取得の可否を検討する研究として，岡村優希「労働者の個人情報の収集・利用に係る同意概念──労働法と個人情報保護法の交錯」季労272号（2021）136頁がある。

の本人開示が人事考課権の適正な行使（公正な評価）の要素となるが（382頁），個人情報保護法の規律によって，人事考課データの開示が事業者の義務となるか否かが問題となる。「著しい支障」という要件からは，開示規制は厳格に見えるが，事業者が労働組合等（過半数組合または過半数代表者）との協議の上，保有個人データの開示が業務の適正な実施に著しい支障を及ぼすおそれがあるとして非開示とする事項を定め，労働者に周知することを努力義務としており，基本的には労使自治に委ねる方針を採用していた。個人情報保護法上はそうであろうが，人事考課の相当性（公正さ）は別途，問われうる[*190]。

(カ)　**実効性確保措置・私法的効果**　個人情報保護法は，事業者に公法的な義務を課す法であり，その実効性確保措置として，個人情報の適正な取扱いの確保を図ること等を任務とする国の行政機関として個人情報保護委員会を設置している（個人情報130条以下。2015年改正により新設）。

また，個人情報保護法は，私法上も一定の意義が認められる。中心となるのは不法行為（民709条）であり，同法に違反する事業者（企業）の行為は私法上も違法性を帯びることがある。特に，利用目的の特定・通知（個人情報17条・21条），要配慮個人情報の取得（同20条2項），利用目的による制限（同18条），安全管理措置・従業者の監督（同23条・24条），第三者提供（同27条）が重要である。すなわち，事業者（使用者）が特定・通知目的を超えて労働者の個人情報を利用した場合（たとえば，人事考課目的を特定・通知していないのに同目的のために利用），本人同意を得ないまま利用目的外に利用した場合（上記の例），本人同意を得ないまま要配慮個人情報を取得した場合（HIV感染等の病歴を，労務管理目的を特定・通知していないのに同目的のために利用）[*191]，本人同意を得ないまま第三者に提供した場合（たとえば，取引先の便宜を図るために従業員名簿を提供）は，それぞれ不法行為が成立しうる[*192]。また，個人情報を取り扱う従業

[*190]　反対，砂押・前掲論文（*189）19頁。人事考課データの不開示が許されるのは，業務の適正な実施に具体的かつ現実的な障害をもたらすおそれのある場合に限られると説く。裁判例では，大学教員の公募における応募者の評価に係る大学の開示義務につき，「著しい支障」（個人情報28条2項2号［現33条2項2号］）該当性を認めて不開示を適法と判断した例がある（早稲田大学事件・東京地判令和4・5・12ジャーナル129号48頁）。

[*191]　前掲・社会医療法人A会事件（*27）。同旨，前掲・北海道社会事業協会事件（*187）。砂押以久子「近時の法改正と労働者の個人情報の取扱い」季労253号（2016）146頁参照。

[*192]　水町307頁，311頁参照。他方，個人情報の第三者提供行為の不法行為該当性につき，個人情報保護法を取締法規（保護法規）と理解した上，同法違反によって保護されるべき本人の法益が害された限りにおいて不法行為法上の違法性が肯定されると解する見解がある（坂井

員が無断で第三者提供するなど，従業員が個人的に行った不法行為について使用者責任（民715条）が発生する場合もある。

問題は，労働契約との関係であり，個人情報保護法の規制が労働契約上の権利義務として私法的効力を有するか否かが問題となる。この点，学説では，①個人情報保護義務という使用者の一般的義務を肯定し，個人情報保護法をその最低基準と解した上，②義務内容が具体的に特定される限りで履行請求権（安全管理措置の履行請求，保有個人データの開示・訂正・利用停止請求等）を肯定する見解がある[*193]。個人情報保護法の性格を考えると，①のように，同法が一律に労働契約内容となると解することは適切でないが，②は妥当と考える。すなわち，個人情報保護法が定める具体的義務を包摂する私法上の概念として個人情報保護義務を観念することは有意義であり，ここから労働者の履行請求権や，使用者の同義務違反を理由とする損害賠償責任（民415条）を肯定することは可能と解される（特に，個人情報の目的外利用・第三者提供の差止請求，安全管理措置の履行請求等）。

(7) 労働受領義務（労働者の就労請求権）

(ア) 意　義　労働者が労働を提供したにもかかわらず，使用者がその受領を拒絶した場合，労働者は，反対給付（賃金）請求権（民536条2項）に加えて，現実に就労させることを請求できるか。これが就労請求権の問題であり，これに応ずべき使用者の義務を労働受領義務という。解雇について問題となることが多いが，労働契約の展開過程でも問題となりうる（出勤停止・自宅待機命令における就労の権利，配転命令の場合の配転前職場における就労の権利等）。

(イ) 裁判例・学説　　裁判例は否定説に立っており，その理由は，労働契約における基本的権利義務は労働義務と賃金支払義務の交換関係にとどまり，就労請求権までは認められないという点に尽きる[*194]。ただしこの立場でも，特

岳夫「企業の情報管理」企業法務と労働法379頁）。
[*193]　砂押・前掲論文（*189）23頁。
[*194]　読売新聞社事件・東京高決昭和33・8・2労民9巻5号831頁，日本自転車振興会事件・東京地判平成9・2・4労判712号12頁，中央タクシー事件・長崎地判平成12・9・20労判798号34頁，ジャコス事件・東京地判平成27・7・15ジャーナル44号26頁，前掲・学校法人原田学園事件（*29），梅光学院事件・広島高判平成31・4・18労判1204号5頁，在日本南プレスビテリアンミッション事件・大阪地判令和4・2・10ジャーナル125号38頁（ただし，特約および労務提供上の特別の利益の存否を丁寧に判断），前掲・茶屋四郎次郎記念学園事件

約のある場合や，職務の性質上，就労について特別の利益がある場合は，例外的に就労請求権が肯定されるが，実際に就労利益を認めた例は大学教員など少数にとどまる*195*196。

他方，最近では，就労請求権ないしそれに準ずる権利の肯定例も散見され，大学教員が行う講義に権利としての側面を認めつつ，当事者間の和解等の経緯を踏まえた雇用契約の合理的意思解釈として，週4コマの授業を担当する旨の合意を認定し，大学に上記授業を担当させる具体的義務を肯定した例*197や，就労請求権一般を否定しつつ，外科救急専門医が三次救急医療機関（重篤患者や特殊疾病患者への高度な処置や手術を行う機関）に配属された経緯や二次医療機関（通常の救急医療を行う機関）に配転されて勤務を余儀なくされた場合の著大な不利益（医師としての技能・技術の著しい低下という損害）に鑑み，同人は三次医療機関における労務の提供について特別の利益を有しているとして，同機関における就労妨害禁止の仮処分申請を認容した例*198がある。いずれも，専門

（*134），東大阪医療センター事件・大阪地決令和4・11・10労判1283号27頁。

*195 レストラン・スイス事件・名古屋地判昭和45・9・7労経速731号7頁（レストランの調理人につき，短期間でも職場を離れると技量が著しく低下するとして就労請求権を肯定），梅檀学園事件・仙台地判平成9・7・15労判724号34頁（大学専任講師が大学において学問研究を行うことについて雇用契約上の権利とする黙示の合意の存在を認め，教授会への出席および講義等実施の妨害禁止を請求する訴えについて訴えの利益を肯定［結論としては妨害禁止請求を棄却］），全国重症心身障害児（者）を守る会事件・東京地判平成27・10・2労判1138号57頁（一定の職位・資格等に基づいて就労する権利の確認の利益を否定しつつ，それらに表象される賃金体系，手当等の金銭的利益の格差を問題としている例外的な場合について確認の利益を肯定），国際医療福祉大学事件・宇都宮地決令和2・12・10労判1240号23頁（薬学部教授として就労することを求める特別の利益を肯定して保全仮処分の必要性を肯定）。

*196 裁判例では，就労請求権が否定されることを，配転命令や自宅待機命令を有効とする理由づけに用いるものもある。四天王寺学園事件・大阪地決昭和63・9・5労判530号62頁（自宅待機），九州朝日放送事件・福岡高判平成8・7・30労判757号21頁，NTT東日本［配転請求等］事件・福島地郡山支判平成14・11・7労判844号45頁（配転）。JR東海事件（東京地判平成26・4・15ジャーナル28号25頁）は，労務の提供場所が出向元であることの確認を求める利益につき，就労請求権が認められないことを理由に確認の利益を否定している（第14章*49参照）。

*197 前掲・茶屋四郎次郎記念学園事件（*134）。結論としては，教員が定年退職したため，債務不履行による慰謝料請求を認容。

*198 前掲・東大阪医療センター事件（*194）。本件判旨は，外科専門医と医療センターの間で，勤務場所を三次救急医療機関とし，勤務内容を外傷・救急外科医に限定する旨の合意が成立したと認定しているので（ここから二次医療機関への配転命令の効力を否定［第6章*69参照］），判旨が指摘する就労に係る特別の利益のみならず，労働契約における合意（特約）も根拠として三次医療機関における就労請求権を肯定すべきであったと思われる（同事件保全異議事件・大阪地決令和5・8・31ジャーナル141号16頁も参照）。なお，同じく就労請求権一

職労働者が現実に就労・研究することについて有する法的利益を肯定しつつ，労働契約上の合意に基づく就労請求権ないしそれに準ずる権利を肯定する判断として注目に値する。

　学説では，肯定説が有力であり[*199]，労働受領義務の根拠を契約一般に対する労働契約の特質（特に人格的性格や労働の意義）に求めるものが多い。たとえば，労働は労働者の人格的発展の重要な契機になるとか，労働は賃金獲得のための手段であるとともに，それ自体が目的でもあるから，現実の労働そのものが権利として保障されなければならないと説かれる[*200]。また，労働者のキャリア権や使用者の職業的能力尊重義務の議論を背景に，労働者の能力発揮にふさわしい環境を整備することについて配慮をなすべき信義則上の義務（職場環境配慮義務）を認め，その一内容として就労請求権を肯定する見解が見られる[*201]。さらに，近年の学説では，前述した裁判例（前掲・梅檀学園事件［*195］，前掲・梅光学院事件［*194］等）の判断を進めて，就労請求権の存否を一律に判断するのではなく，労務の履行について労働者が有する利益（労働能力の向上・人格的利益）や労務の内容に照らしての信義則に即した労働契約の合理的解釈の問題と把握する見解が登場し[*202]，有力説となりつつある。効果としては，現実の労働受領の強制（間接強制）を認める見解が多い。

　(ウ)　**考察**　思うに，労働受領義務（就労請求権）については，近年の学説が説くように，その存否を一律に決定するのではなく，労働契約の合理的解釈の問題に位置づけるべきであろう。そして，労働契約の解釈の結果，現実の就労を認める旨の明示・黙示の合意が認定される場合や，職務の性質上就労に

　　般を否定しつつ，大学准教授が学問研究を十分に行えるよう図書館を利用することが雇用契約内容に含まれ，図書館を利用させることが学校法人の付随義務となっていたと解し，准教授による図書館利用の妨害排除請求権を認め，図書館を利用できなかったことについて慰謝料請求を認容した例もある（前掲・梅光学院事件［*194］）。

*199　学説については，下井 245 頁以下，新屋敷恵美子「就労請求権」争点 40 頁，注釈労基・労契(2) 298 頁［村中孝史］参照。否定説としては，菅野＝山川 180 頁，荒木 322 頁。立法論的検討の必要性を説くものとして，諏訪康雄「就労請求権とキャリア権」季労 264 号（2019）170 頁。

*200　下井隆史『労働契約法の理論』（有斐閣・1985）116 頁，下井 247 頁。

*201　三井正信「準解雇の法理(5・完)」広島法学 28 巻 1 号（2004）93 頁以下。また，労働契約における使用者の付随義務として「労働付与義務」なる義務を認め，ここから現実の就労に可能な条件を整備するよう要求する権利を導き出し，就労請求権に類似の権利義務関係を肯定する見解もある（唐津博「労働者の『就労』と労働契約上の使用者の義務」下井古稀『新時代の労働契約法理論』［信山社・2003］170 頁）。西谷 114 頁も参照。

*202　川口 237 頁，野川 249 頁，水町 263 頁。

ついて特別の利益が認められる場合は労働受領義務（就労請求権）を肯定し，かつ，その効果として，義務の現実の履行強制（労働者が使用者に対して現実の就労を求めうること［労働受領の間接強制］）を肯定すべきである（以下，この義務を「特別的労働受領義務」と呼ぶ［前掲・梅光学院事件（＊194），前掲・茶屋四郎次郎記念学園事件（＊134），前掲・東大阪医療センター事件（＊194）等は，この義務の肯定例に位置づけられうる］）。

　次に，以上のように使用者に対して現実に就労させることを強制できるという意味での労働受領義務（特別的労働受領義務）を肯定できない場合も，それとは別に，債務不履行に基づく損害賠償責任（民415条）を発生させるという意味での労働受領義務は一般的に肯定すべきである（「一般的労働受領義務［就労請求権］」という）。すなわち，労働契約は，使用者（債権者）の一般的労働受領義務を認めるべき必要性が特に高い契約と解される。売買のような物の引渡債務と異なり，労働者のなす債務（行為債務）が問題となる労働契約にあっては，労務の提供と労働者の人格を切り離せないことから（12頁の人格的性格），就労拒絶によって労働者が被る不利益（労働それ自体から遮断されることの不利益，長期の就労拒絶による能力・スキルの低下に伴うキャリア形成途絶の不利益）は著大となりうる。こうした不利益をカバーするためには，反対給付の履行（賃金支払）のみでは不十分であり，就労拒絶自体をもって債務不履行と法的に評価すべきであろう。その法的根拠は，信義則（労契3条4項）に基づく使用者の配慮義務に求められる（特別的労働受領義務の根拠［労働契約上の合意］とは異なる）[*203]。問題は，損害の範囲であるが，賃金相当額の損害賠償は，賃金請求権が別途生ずることから否定されるため，就労を拒絶されたことによる精神的損害の賠償や，就労拒絶に伴う特別の能力やスキルの低下に関する損害ということになる。しかし，このようなケースが発生することは稀ではないし，使用者がこれを賠償すべきことは当然と解される[*204]。

　一方，一般的労働受領義務（就労請求権）の効果としては，特別的労働受領義務（就労請求権）と異なり，使用者に現実の就労強制を肯定することは困難

＊203　橋本美幸「就労請求権の考察――労働者は就労請求権を有するか」阪大法学70巻5号（2021）1130頁以下は，本書が説く特別的労働受領義務（就労請求権）の法的根拠を信義則に求めている。

＊204　幾代通＝広中俊雄編『新版注釈民法(16)』（有斐閣・1989）32頁［幾代通］参照。慰謝料請求の否定例として，山忠建設事件・東京地判平成23・12・26ジャーナル1号5頁。

である。労働契約の解釈によって特別的労働受領義務を肯定できる場合は別として，労働契約における法律関係が基本的には労働義務と賃金支払義務に尽くされるという否定説の論理自体はそのとおりであるし，労働契約は当事者間の人的信頼関係に基礎を置く契約であるから（人格的性格），当事者の合意に基礎を置かない一般的労働受領義務は履行の強制に親しまないと解される（菅野＝山川 180 頁参照）。すなわち，一般的労働受領義務（就労請求権）の効果は，損害賠償責任の発生に限られる。これに対しては，就労を拒絶された労働者の保護として不十分という批判が生じうるが，不当な就労拒絶が賃金支払義務のみならず，債務不履行による損害賠償責任も発生させることは，不当な就労拒絶に対する相当の抑止効果となると考えられる。

(8) 労働者の経済的利益保護義務

前記のとおり（165頁），労働者の経済的利益保護義務は，社会保険手続履行義務，健康診断受診費用負担義務，事業遂行費用負担・償還義務，労働者が業務遂行に伴い損害を発生させた場合の使用者負担部分償還義務として現れる。労働者の人格的利益の保護法理（職場環境配慮義務）が，ハラスメント事案やヘイト文書配布事案に関する裁判例の蓄積によって目覚ましい進展を遂げている（167頁以下）のに対し，労働者の経済的利益保護義務は未開拓の領域であるが，労働者の経済的利益が人格的利益に劣らず重要な利益であることを考えれば，信義則（労契3条4項）に基づく使用者の付随義務（保護義務）として構成すること（債務不履行構成）は有意義と考える。

(ア) **社会保険手続履行義務・健康診断受診費用負担義務**　社会保険手続履行義務は，以前から認められてきた義務であり，代表的裁判例は，社会保険加入手続の履行義務ないし配慮義務を肯定した上，当該義務違反の効果として，社会保険加入の利益ないし期待権侵害の不法行為（民 709 条）の成立を認め，労働者の慰謝料請求を認容している[205]。また，会社の健康保健被保険者資格届出義務（健保 48 条）につき，同届出義務は単なる公法上の義務にとどまらず，使用者は，労働契約に付随する信義則上の義務として上記届出を適正に行うべき義務を負うと述べた上，会社が同義務を懈怠したことを理由に，債務不履行に基づく損害賠償責任（民 415 条）を肯定した例もある[206]。健康診断受診費用

---

[205] プロッズ事件・東京地判平成 26・12・24 労経速 2238 号 11 頁，クレーンインターナショナル事件・東京地判平成 27・3・10 ジャーナル 41 号 86 頁。

負担義務については，定期一般健康診断の受診費用につき，同健康診断は事業主の法律上の義務であり（労安衛66条1項），その費用は事業主負担であることから，当該費用を労働者が自己負担した場合は，事業主は不当利得（民703条）として返還義務を負うと判断した例がある*207。使用者負担部分償還義務は，労働者の損害賠償責任の制限（同415条・709条），使用者の求償権（同715条3項）制限および労働者の逆求償権として顕在化するが，問題の性格上，「権利義務の効果」の箇所（263頁）で解説する。

(イ) **事業遂行費用負担・償還義務**　a）事業遂行費用負担・償還義務とは，使用者が事業を遂行する上で発生する費用を負担し，当該費用を労働者に負担させた場合に費用を労働者に償還する義務をいう。労働者から見れば，現実に事業遂行費用を負担した場合は，使用者に対して償還請求権を有することになる。近年，使用者が事業遂行費用（営業活動費，携帯端末使用料，通信費，顧客の口座振替手数料，GPS利用手数料，車両関連費等）を労働者に負担させる旨の合意や就業規則の有効性が争われる紛争が登場しているが*208，事業遂行費用負担・償還義務は，こうした紛争について，費用負担主体が原則として使用者であり，労働者が費用償還請求権を有することを基礎づける概念である。

事業遂行費用の負担主体を原則として使用者と解すべきこと（使用者負担原則）の根拠は，労働契約における労働の成果物と報酬に係る権利義務に関する原則（一般雇用原則）に求められる。前記のとおり（129頁），労働契約においては，労働者が指揮命令下の労働によって生み出す成果をすべて使用者に帰属させつつ，その対価として賃金請求権を肯定する原則が妥当する。そうであるなら，労働者が使用者の指揮命令に従い業務を遂行するために要した費用については，原則として使用者が負担すべきである。また，労働契約における利益分配・危険分配のあり方に関する重要な法原則である報償責任原則・危険責任原則（257頁参照）からも同じ帰結が生ずる。すなわち，労働契約においては，使

---

*206　GT-WORKS事件・大阪地判令和4・5・20ジャーナル126号14頁。このほか，ジャパンレンタカー事件・名古屋高判平成29・5・18労判1160号5頁（健康保険・雇用保険等届出・納付義務［義務違反を肯定］），日鉄ケミカル＆マテリアル事件・東京地判令和元・12・11ジャーナル99号38頁（雇用保険法7条に基づく離職票交付義務［義務違反を否定］），グッドウイン事件・東京地判令和3・2・4労判1253号117頁（退職営業社員の媒介に係る保険契約等の移管手続義務［義務事態を否定］）等。

*207　セヴァ福祉会事件・京都地判令和4・5・11労判1268号22頁（第8章*3参照）。

*208　この論点に関する優れた研究として，藤木貴史［判研］労判1282号（2023）5頁。

用者は事業遂行のために労働者の労働力を利用し，そこから生ずる事業活動上の利益をすべて取得するのであるから，事業遂行費用については，原則として使用者が負担すべきものであり（報償責任原則），また同じ理由から，事業遂行から生ずる危険（事業遂行費用）については，原則として使用者が負担すべきものと解される（危険責任原則）。以上から，使用者の指揮命令の下で業務を遂行するために要した費用（事業遂行費用）については使用者が負担すべきであり，使用者がそれら費用を労働者に負担させた場合は，使用者は費用償還義務を負い，労働者は費用償還請求権を有するものと解される。

　事業遂行費用負担・償還義務は，信義則（労契3条4項）に基づいて使用者が負う労働者の経済的利益保護義務として構成できる。具体的には，①労働者の業務遂行に伴う危険を軽減するよう配慮する義務（労働者に事業遂行費用を負担させない義務）と，②危険軽減配慮義務にもかかわらず，労使間の個別合意または就業規則に基づいて労働者に事業遂行費用を負担させた場合の費用償還義務に分かれる。もっとも，使用者が①の義務に違反すれば直ちに②の義務違反が成立するため，義務違反の効果は使用者の事業遂行費用償還義務に求められ，事業遂行費用を負担した労働者は，使用者に対して費用償還を請求することができる。これらの権利義務は，信義則に基づく付随義務として，事業遂行費用の使用者負担原則とともに強行法規的性格を有するものと解される。

　もっとも，事業遂行費用の使用者負担原則および使用者の事業遂行費用負担・償還義務が強行法的性格を有するとしても，労使間合意による逸脱を一切許容しない趣旨ではなく，労使間合意によって事業遂行費用を労働者負担とすることは許されると解される[*209]。しかし，事業遂行費用使用者負担原則の性格を踏まえれば，労使間合意の認定は厳格に行われるべきであり，当該合意が労働者の自由な意思に基づいて行われたと認めるに足りる客観的合理的理由の存在が要件となるものと解される（労働者の自由意思に基づく同意の法理）[*210]。

　b）　事業遂行費用の労働者負担をめぐる裁判例としては，住友生命保険

[*209] 労基法89条5号が食費・作業用品等を労働者負担とすることを就業規則の相対的必要記載事項として規定し，労働者負担を許容していることも，労使間合意による事業遂行費用使用者負担原則からの逸脱を許容する根拠となるものと解される。

[*210] 先例は，労働条件の不利益変更に係る山梨県民信用組合事件・最判平成28・2・19民集70巻2号123頁（761頁参照）。事業遂行費用を労働者負担とする旨の合意を含め，労働者の自由な意思に基づく同意の法理が労働条件の変更のみならず，労働条件の決定・設定に関する労使間合意について妥当することについては，211頁参照。

事件が重要である*211。事案は，生命保険会社の営業職員が，本来使用者が負担すべき営業活動費を負担した（賃金から控除された）と主張して賃金請求または不法行為に基づく損害賠償請求を行ったというものであるが，判決は，一部費用の控除について違法と判断しつつ，その余の多くの費用（携帯端末使用料，営業に用いる物品等費用，一部の会社斡旋物品代）の控除について労使間合意（営業活動費用を営業職員負担とするとの合意）を認めて適法と判断している。

　しかし，この判断には疑問がある。まず，判旨は，事業遂行費用の負担を労使間合意により自由に定めることは法的に許容されるとの立場を採用し，上述した事業遂行費用使用者負担原則を排斥して公序違反を否定して有効と判断しているところ，その理由として，①使用者負担原則は典型的労働契約には妥当するとしても，労使間合意によって労働者負担とすることは法令により一律に禁止されていないこと，②本件のような営業職員の場合，営業活動費を営業職員の負担とすることは，営業職員の自律的・効率的な営業活動を促すことを通じて労使双方の利益を向上させ，営業職員間の公平を図るものとして一定の合理性を有すること，③上記合意により営業職員が負担する費用は，営業職員が個別に注文申込みをすることにより発生し，また，同合意に基づく費用負担額が報酬額に比して過大であるとも認められないこと等を掲げている。

　しかし，①については，事業遂行費用を労使間合意によって労働者負担とすることが法令によって禁止されていないとしても，労働契約において妥当する一般雇用原則・報償責任原則・危険責任原則を根拠として事業遂行費用の使用者負担原則および使用者の事業遂行費用負担・償還義務を肯定することは可能であり，労働者負担が法令上禁止されていないことを指摘するのみでは，上記4原則および事業遂行費用負担・償還義務を排斥する理由とはならない。この点，原審（＊211）は，上記原則中の前3原則を承認した上で，事業遂行費用を労使間合意によって労働者負担とすることが直ちに排斥されるとまではいえないと判断していたのに対し，本判決はこの箇所を引用しておらず，上記4原則および事業遂行費用負担・償還義務に関する判断を回避するとともに，事業遂行費用の負担を全面的に労使間の契約自由に委ねる立場に帰着しており，原審よりさらに後退している*211a。また，②については，判旨が説くように，営業

＊211　大阪高判令和6・5・16［LEX/DB25620210］（原審［京都地判令和5・1・26労判1282号19頁］を基本的に維持している）。原審については，藤木貴史［判研］労旬2037号（2023）10頁参照。

職員に営業活動費を負担させることが賃金・人事管理上一定の合理性を有するとしても，それを理由に上記4原則および事業遂行費用負担・償還義務を排斥する判断は安易に過ぎると解される。判旨が説く点は，事業遂行費用負担原則および事業遂行費用負担・償還義務について労使間合意による逸脱を許容する理由とはなりうるが（＊212参照），それを超えて，これら原則および使用者の義務を排斥する理由となるものではない[*211b]。③については，費用負担は従業員の給与の5％に達するケースもあり，過大な負担でないとの評価は妥当しない。

　事業遂行費用負担・償還義務についてさらに敷衍すると，労働契約に隣接する労務供給契約である委任契約においては，受任者の費用償還請求権が規定されており（民650条1項・649条），その趣旨は，「委任者は，委任事務の処理について，受任者に経済的負担をかけず，損失を被らせることのないようにする義務を負う」という点に求められる[*211c]ところ，費用償還規定の上記趣旨は，独立労働に関する委任と異なり，労働者が構造的な交渉力・情報格差の下で使用者の指揮命令に従って労働する義務を負い（労働の他人決定性），かつ，一般雇用原則・報償責任原則・危険責任原則が適用される労働契約においてより強く妥当すると考えるべきである。もとより，労働契約について委任のような費用償還規定は存在しないし，委任に係る費用償還規定を直ちに労働契約に類推適用することも困難であるが，翻って考えると，労働契約において費用償還規定が存在しない理由は，委任の場合，受任者（労務供給者）が自己の裁量によ

[*211a]　藤木・前掲判研（＊211）18頁は，原審について同様の指摘を行っている。

[*211b]　なお判旨は，労基法89条5号が食費・作業用品等を労働者負担とすることを就業規則の相対的必要記載事項として規定していることを根拠に，事業遂行費用の労働者負担が許容されていることの根拠とするが，この規定の立法趣旨は不明であるため，同規定を過大評価して，判旨のように解することは適切でない（藤木・前掲判研［＊211］17頁，渡辺輝人「判研」労旬2037号［2023］22頁参照）。すなわち，使用者が本来負担すべき事業遂行費用は，労基法89条5号が定める「作業用品その他の負担」には含まれないと考えるべきである。この点，「作業用品その他の負担」に含まれるのは，ある裁判例（アートコーポレーション事件・東京高判令和3・3・24労判1250号76頁）における携帯電話のように，会社業務を遂行するために本来必要な物品とは認められない一方，労働者が業務のためにのみ使用したことを認めるに足りる証拠がないような負担に限定されると解すべきであろう。なお前記のとおり（＊209），労基法89条5号は，労使間合意による事業遂行費用使用者負担原則からの逸脱を許容する根拠とはなりうる。

[*211c]　中田裕康『契約法〔新版〕』（有斐閣・2021）536頁。先例は，最判昭和47・12・22民集26巻10号1991頁。

って事務処理を行い，その過程で費用を負担する（委任者［労務受領者］は費用負担しない）のに対し，労働契約においては，労働者は使用者の指揮命令に従って労働する義務を負う（労働の他人決定性）ため，そもそも労働者の裁量に基づく費用負担という事態を観念できないことによるものと解される。すなわち，労働契約においては，事業遂行費用は労働者（労務供給者）ではなく使用者（労務受領者）が負担すべきものであり，これが使用者負担原則である。

　また，前記のとおり，使用者の事業遂行費用負担・償還義務について労使間合意による逸脱を許容するとしても，労働者の自由意思に基づく同意の法理が適用されるところ，判旨が示した個別合意の認定は不十分であり，上記費用に係る物品等の購入について会社から使用や一定数量の購入が義務づけられておらず，最終的判断は営業職員に委ねられており，営業職員の自由意思や裁量がなかったとは認められないとの理由により簡単に労使間合意を認定しており，失当と解される。労使間合意については，前掲判例（山梨県民信用組合事件［＊210］）が提示する客観的考慮要素（労使間合意が労働者にもたらす不利益の内容・程度，当該合意に至った経緯，使用者による情報提供・説明）に即して自由意思に基づく同意の存否を判断すべきものと考える*212。本件合意の場合，合意の経緯・時期は原告の採用時（委嘱契約締結時）であり任意性に乏しいこと，同意の経緯・態様も，「勤務のしおり」という会社が一方的に作成・交付した文書に依拠するものであり任意性に乏しいこと，労働者の不利益については，従業員の給与の5％に達するケースもあり，過大な負担でないとはいえないこと，使用者による情報提供・説明については，会社による営業活動費負担に係る情報提供・説明が十分行われていないことから，営業職員の自由な意思に基づく合意と認めるに足りる合理的理由が客観的に存在するものとは評価できない。

　c）　一方，裁判例の中には，事業遂行費用について使用者の負担義務を認める例も見られる。出張旅費につき，労働者が会社の指揮命令に従い業務を遂行するために要した費用であるところ，使用者の業務に必要な費用は，特段の事情のない限り使用者が負担すべきものであるから，同費用を負担した労働者

＊212　藤木・前掲判研（＊211）16頁，橋本陽子［判解］ジュリ1585号（2023）4頁参照。タクシー会社が乗務員にGPS利用手数料や顧客のクレジットカード決済料を負担させる旨の労使間合意を簡単に認めた裁判例（大陸交通事件・東京地判令和3・4・8労判1282号62頁）にも同じ批判が妥当する。一方，前掲・住友生命保険事件（＊211）が説く営業職員による営業活動費負担方針が有する賃金・人事管理上の合理性（197頁）は，労使間合意が労働者にもたらす不利益の内容・程度の一環として自由意思同意の認定要素となるものと解される。

は使用者に対してその償還を請求できると判断した例*213，顧客の口座振替手数料につき，社員の労働の対価そのものではなく，顧客の保険料支払方法に関わる費用であり，募集に当たった社員が必然的に負担すべきものではないと判断した例*214，交通費・郵送費等につき，業務遂行費用について，利益が帰属する使用者が負担するのではなく，労働者個人が負担するということは想定し難いとして労働者の費用償還請求を認容した例*215等がある。また，事業遂行費用を労働者に負担させる合意について労働者の自由意思に基づく同意の法理を適用して厳格に認定する例もあり，派遣労働者に提供する「即給サービス」手数料の賃金控除につき，派遣労働者が不安定雇用に置かれていることから不本意ながら同サービスを利用せざるをえない立場にあると判断し，自由意思に基づく同意の存在を否定した例がある*216。これら裁判例は妥当であり，その方向性を踏まえて事業遂行費用負担・償還義務の法理を深化させる必要がある。なお，労使間合意ではなく，就業規則に事業費用の労働者負担規定を設けて労働者に負担させる場合も，事業遂行費用の使用者負担原則を踏まえれば，その合理性（労契7条・10条）については厳格に解すべきである*217。

(9) 職務発明と相当の利益

(ア) 意　義　　従業者等（203頁）が使用者等（203頁）の業務範囲に属し，かつ，発明に至った行為が現在または過去の職務に属する場合に，その発明を「職務発明」という（特許35条1項）。特許法35条は，特許を受ける権利について長らく従業者帰属主義を採用し，職務発明をした従業者等が特許を受けたときは，使用者は契約，勤務規則その他の定めによって特許を受ける権利もしくは特許権を承継させ，または専用実施権を設定することができること，その

---

*213　リバティジャパン事件・東京地判平成27・12・16ジャーナル50号31頁。営業に必要な移動費用につき同旨，パスポート不返還損害賠償請求事件・横浜地判令和6・4・25労旬2063号47頁。

*214　富士火災海上保険事件・東京地判平成20・1・9労判954号5頁。

*215　エヌアイケイほか事件・大阪地判令和4・5・27労判1289号23頁。

*216　凸版物流ほか1社事件・東京高判平成30・2・7労判1183号39頁。藤木・前掲判研（*208）14頁参照。立替払の合意に基づく償還請求はもとより肯定される（富士通商事件・東京地判令和5・7・12ジャーナル144号36頁）。

*217　裁判例では，タクシーの乗客が支払う運賃料金から経費であるクレジット利用手数料を控除して歩合給算定基礎金額を算出することの合理性（労契7条・10条）を簡単に肯定した例があるが（前掲・大陸交通事件［*212］），疑問がある（藤木・前掲判研［*208］9頁参照）。

場合，発明労働者は相当の対価の支払を受ける権利を有すること（2015年改正前特許35条2項・3項）を規定してきた。

しかし，特許法35条は2015年に改正され，特許を受ける権利を使用者原始帰属とすることを可能としつつ（選択的使用者原始帰属），従業者が相当の利益を受ける権利（相当利益請求権）を有することを内容とする法制度に改められた（3項・4項）。特許を受ける権利の従業者原始帰属（創作者主義）およびそれを前提とする相当対価請求権の制度から，選択的使用者原始帰属およびそれを前提とする相当利益請求権の制度への転換（一般雇用原則への接近）である[*218]。すなわち，「従業者等がした職務発明については，契約，勤務規則その他の定めにおいてあらかじめ使用者等に特許を受ける権利を取得させることを定めたときは，その特許を受ける権利は，その発生した時から当該使用者等に帰属する」（特許35条3項）。また，従業者等は，使用者等に特許を受ける権利を取得もしくは特許権を承継させ，または専用実施権を設定した場合は，「相当の金銭その他の経済上の利益（……「相当の利益」という。）を受ける権利を有する」（同4項）。さらに，相当の利益は，その内容を決定するための基準の策定に際して行われる使用者等・従業者等間の協議の状況，基準の開示の状況，相当の利益内容の決定に際して行われる従業者等からの意見聴取の状況等を考慮して不合理であると認められるものであってはならず（同5項），上記考慮すべき状況等に関する事項について，経済産業大臣が指針を定め，公表する（同6項）。相当の利益についての定めがない場合またはその定めにより相当の利益を与えることが上記5項により不合理と認められるときは，相当の利益の内容

[*218] 職務発明については，田村善之＝山本敬三編『職務発明』（有斐閣・2005）が基本書である。職務発明に関する私見については，土田道夫「職務発明とプロセス審査──労働法の観点から」同書146頁，同「職務発明と労働法」民商128巻4・5号（2003）524頁，同「職務発明と労働法──労働法学の立場から」ジュリ1302号（2005）96頁，同「職務発明・職務著作と労働法の規律──労働法と知的財産法の交錯問題に関する一考察」労働132号（2019）52頁以下，土田道夫＝子安夏琳「職務発明制度の法的性格・法的規律のあり方について──インセンティヴ論の観点から」季労270号（2020）91頁参照。2015年改正特許法については，中山信弘『特許法〔第3版〕』（2016・弘文堂）53頁以下，中山信弘＝小泉直樹編『新・注解特許法〔第2版〕〔上巻〕』（青林書院・2017）565頁以下［飯塚卓也＝田中浩之］，深津拓寛＝松田誠司＝杉村光嗣＝谷口はるな『実務解説職務発明──平成27年特許法改正対応』（商事法務・2016）参照。特許法35条の改正に伴う理論的課題については，日本工業所有権法学会年報39号（2015）所収の諸論文参照。清水亘＝木本真理子＝西内愛「知的財産法×労働法──職務上生み出された知的財産の取扱い（職務発明）」有斐閣Onlineロージャーナル（2024）も参照。

は、発明により使用者等が受けるべき利益の額、使用者等が行う負担、貢献および従業者等の処遇その他の事情を考慮して定めなければならない（同7項）。

特許法35条は、①職務発明を奨励しつつ（インセンティヴの付与）、②発明従業者の利益を適切に保護し、③発明と報償という給付の均衡を図ることで、使用者等と従業者等との利益調整を行うことを趣旨としており[219]、この基本趣旨は、2015年改正の前後で変化はない。2015年改正の趣旨は、①企業の知財戦略・イノベーション戦略を推進するためには、特許を受ける権利の使用者原始帰属を可能とすることで、企業が特許を円滑かつ確実に取得できるようにすることが適切であること、②企業のイノベーションを強化する上では、研究者のインセンティヴの確保が前提となるところ、その施策については企業の自主的な創意工夫に委ねることが望ましいものの、使用者等の規模・業種・研究開発体制、従業者等の処遇などに濃淡があるため、職務発明に対する相当の利益を付与すべき使用者等の義務を法定することが適切であること、③相当の利益の決定に関する法的な予見可能性を高めるため、使用者等・従業者等間の調整手続に関する指針（ガイドライン）を策定することが適切であることの3点に求められる[220]。

2015年改正特許法の評価は分かれるが、私は、妥当な立法政策と考える。すなわち、発明の創作は、使用者の事業活動の一環として行われるものであり、職務発明への投資能力と事業化能力を有するのは使用者であるから、使用者の発明投資へのインセンティヴを高めるためには、職務発明に係る権利を使用者に帰属させる必要性が高い。一方、従業者は研究開発に伴うコストやリスクを負担せず、研究開発という労務提供に対して使用者から賃金を支払われるため、特許を受ける権利の帰属を認める必要性は乏しいと解される。もとより職務発明は、通常の知的創作物と比較して、従業者個人やグループの能力・努力に負う部分が大きいことから、発明を奨励するためには、従業者にインセンティヴを付与する必要があるが、その方法としては、特許を受ける権利を従業者に帰属させなくとも、従業者に相当利益請求権を保障することで発明の利益を還元すれば、発明のインセンティヴは十分確保できるものと考えられる[221]。

---

[219] 中山信弘編著『注解特許法〔第3版〕上巻』（青林書院・2000）335頁。オリンパス光学工業事件・最判平成15・4・22民集57巻4号477頁も参照。

[220] 産業構造審議会知的財産分科会特許制度小委員会「我が国のイノベーション促進及び国際的な制度調和のための知的財産制度の見直しに向けて」（2015）参照。

一方，この相当利益請求権自体についても，改正特許法35条による選択的使用者原始帰属の採用（創作者主義の後退）によって，特許を受ける権利を承継させることの対価という観念が大幅に後退したため，その当否をめぐって特許法の改正過程で議論が行われたが，改正特許法は，前記②の考え方（202頁）を採用し，相当利益請求権を肯定した。妥当な立法政策と考える。すなわち，特許法が長らく従業者原始帰属を採用しつつ，発明従業者に相当対価請求権を保障してきたのは，特許を受ける権利の承継に対する対価という側面もさることながら，職務発明という従業者の高度な知的創造活動に対して公正な給付を行い，発明と報酬間の均衡を図るとの趣旨に基づくものである[*222]。特許法のこうした基本趣旨を踏まえれば，改正法が採用した選択的使用者原始帰属の下でも，改正前と同様，従業者に対する報酬請求権（相当利益請求権）を法的に保障し，従業者に対する発明のインセンティブを確保する必要がある[*223][*224]。

　㈠　**労働法上の概念との異同**　特許法35条にいう「使用者等」「従業者等」は，労働法上の使用者・労働者とは異なる特許法独自の概念である（以下

[*221]　詳細は，土田・前掲論文（[*218]・労働）60頁以下，土田＝子安・前掲論文（[*218]）94頁以下参照。知的財産法学上の同旨の見解として，横山久芳「職務上作成される創作物の権利の帰属について——『創作者主義』と『一般雇用原則』の二つの視点からの検討」日本工業所有権法学会年報39号（2015）190頁。

[*222]　横山久芳「職務発明と労働法——特許法学の立場から」ジュリ1302号（2005）106頁参照。

[*223]　土田・前掲論文（[*218]・労働）58頁。土田道夫「従業員のモチベーションをめぐる法的課題」日労研684号（2017）45頁。第6回特許制度小委員会（2014年5月29日）における土田道夫委員発言（同議事録20頁以下，30頁以下）も参照。知的財産法学における同旨の見解として，横山・前掲論文（[*221]）189頁以下参照。

[*224]　したがってまた，2015年特許法改正によって，従業者の報酬（相当の利益）の水準が切り下げられる事態もありえないと考えるべきである。この点，使用者が2015年改正法施行後に職務発明規定を改訂し，それに基づいて経済的利益を付与した場合，その内容が法改正前の基準に基づいて算定された相当の対価の額を下回る事態が想定される。この場合も，使用者等が35条の手続的規律を遵守して相当の利益を決定している限り，その不合理性は原則として否定されるが，それが従前の相当の対価を著しく下回る場合は，当該利益の不合理性を肯定すべき特段の事情を認め，例外的に実体的司法審査の対象となると解すべきである。この点，改正35条5項は，相当の利益について，協議の状況・開示の状況・意見の聴取の状況「等」を考慮要素として規定するが，この「等」は，こうした例外的実体的審査の根拠となるものと解される。また，特許法35条改正時の衆議院・参議院経済産業委員会の附帯決議（平成27年5月29日衆議院経済産業委員会，平成27年7月2日参議院経済産業委員会）では，「相当の利益」については，改正前35条の相当対価請求権と「実質的に同等の権利となるよう保障すべ」きであることが決議されており，この立法事実からも上記のように考えるべきである（土田・前掲論文［[*218]・労働］58頁以下，土田＝子安・前掲論文［[*218]］106頁以下参照）。

「使用者」「従業者」という)。すなわち,「使用者」は企業のほか,国・地方公共団体・大学等研究機関を含み,「従業者」は,労働法上の労働者のみならず,役員,国家公務員・地方公務員を含む(法律関係としては,労働契約のほか,委任・請負等の労務供給契約および公務員の勤務関係が含まれる)。また,「使用者」は,発明に至る職務を提供し,発明に対する人的・物的・経済的資源の提供を行う者と理解されており,労働契約のような契約関係の存在も要しないと解される。この結果,出向・労働者派遣における職務発明上の使用者は,出向元・派遣元ではなく,従業者が実際に職務に従事する出向先・派遣先となる。

　職務発明と相当の利益は,労働契約で定められた場合も,労働法上の労働と賃金との対価関係とは異質な面を有する。特許法35条は,特許を受ける権利等を法人に帰属させた上,発明に対する報償として従業者の相当の利益請求権(使用者の相当利益付与義務)を定めている。すなわち,相当の利益は,単なる労働の対価ではなく,特許法上の特別の給付を意味する。したがってまた,相当の利益を賃金に含めて支払うことは,原則として許されないと解される[*225]。他方,職務発明と相当の利益は「労働条件」には該当するため,特許法35条とともに労働法が重畳的に適用される[*226]。この結果,特許法の規律と労働法の規律が相違するケースが生じうるが,その場合は,労働法の規律とは別に特許法の規律が適用されることになる[*227]。

(ウ) 職務発明の要件　職務発明の要件は,①従業者がした発明であること,②発明に至った行為が現在または過去の職務に属すること,③使用者の業務範

[*225]　土田・前掲論文(＊218・労働)60頁以下,土田道夫「企業法・企業法務と労働法」土田編・企業法務と労働法31頁。2015年改正前の相当の対価と賃金の関係につき,土田・前掲論文(＊218・職務発明)150頁参照。同旨,野村證券事件・知財高判平成27・7・30 [LEX/DB25447416]。

[*226]　同旨,清水ほか・前掲論文(＊218) I 2。職務発明に係る特許を受ける権利の帰属が労働条件に該当することを前提に権利帰属について判断した裁判例として,サンシード・コギトケミカル事件・知財高判令5・6・22 [LEX/DB25572923] がある。
　職務発明と相当の利益に対する労働法の適用の有無については肯定説と否定説が対立するが,私見は肯定説に立つ。土田・前掲論文(＊218・職務発明)152頁,土田・前掲論文(＊218・労働)66頁以下,土田・前掲論文(＊100)287頁以下,土田=子安・前掲論文(＊218)107頁。同旨,松岡政博「職務発明と労働法——実務の立場から」ジュリ1302号(2005)115頁。清水ほか・前掲論文(＊218) I 2は,職務発明規程が就業規則の一部として制定された場合について同旨を説く。否定説としては,深津=松田=杉村=谷口・前掲書(＊218)212頁。

[*227]　土田・前掲論文(＊218・職務発明)153頁以下参照。具体的解釈論における特許法・労働法の重畳適用のあり方についても,同論文参照。

囲に属すること，の3点である。③の「業務範囲」は，会社の定款とは無関係に，使用者等が現に行いまたは将来行うことが予定されている業務を意味する。

②の「職務」とは，発明それ自体が職務であることだけではなく，発明に至る行為が職務に属することも含む。問題は，指揮命令との関係であり，通常は，従業者は企業の具体的指揮命令を受けて職務に従事するが，そうした指揮命令を受けずに行った発明も職務発明に当たるか否かが問題となる。この点については，特許法35条は，発明のために職務に従事させ，人的・物的・経済的資源を提供する者（使用者等）との関係で職務発明を認める制度であるから，そのような関係が認められれば「職務」性を認めるべきであり，指揮命令の有無は決め手とならないと解されている。そこでたとえば，従業者が自発的に研究テーマを発見して発明を完成させた場合も，従業者の地位・給与・職種等諸般の事情に鑑み，発明が従業者等の行為として予定され期待される場合は職務発明と解される*228。

⑴　**権利帰属の要件**　特許法35条3項は，特許を受ける権利を使用者等に帰属させる根拠として「契約，勤務規則その他の定め」を掲げている。権利帰属の定め方としては，「職務発明については，その発明が完成したときに，会社が特許を受ける権利を取得する」等の規定が考えられる（指針［特許35条6項］第三の七2）。これに対し，契約，勤務規則その他の定めにおいて法人帰属の手続が規定されなかった場合は，特許を受ける権利は，改正前と同様，従業者等に帰属する（すなわち，特許を受ける権利の帰属に係るデフォルト・ルールとしては，従業者原始帰属が維持されている）。

まず，「契約」は，使用者等・従業者等間の明示の合意に限られず，黙示の合意でも足りると解される。しかし，黙示の合意が認められるか否かは個々の事案における個別具体的な事情に左右されるので，明示の契約を取り交わすことが望ましい*229。また，「勤務規則」は，労働法上の就業規則のみならず，

---

*228　象印マホービン事件・大阪地判平成6・4・28判時1542号115頁。また，従業者が使用者の指揮命令に反して行った発明についても，従業者が会社の「勤務時間中に，被告会社の施設内において，被告会社の設備を用い，また，被告会社従業員である補助者の労力等も用いて，本件発明を発明した」と認められる場合は，職務発明と評価される（日亜化学工業事件・東京地中間判平成14・9・19判労834号14頁）。

*229　深津＝松田＝杉村＝谷口・前掲書（*218）102頁参照。2015年改正前特許法の時期における黙示の合意承継の肯定裁判例として，前掲・日亜化学工業事件（*228），否定例として，FM信号復調装置事件・東京高判平成6・7・20知的裁集26巻2号717頁。2015年改正後の時期における黙示の合意および就業規則による権利帰属変更の否定例として，前掲・サンシー

それ以外の規則を含む特許法固有の広い概念であるが，就業規則として作成されれば，労基法（89条・90条）・労契法（7条～13条）の規律に服する。上述した指針の規定例は，労契法7条・10条の解釈としても合理性を認められるものと解される。

　(オ)　**相当の利益**　　相当の利益（特許35条4項）の前身を成すのは相当の対価（改正前特許35条3項）であるが，その法的規律のあり方に関する立法経緯は以下のとおりである。すなわち，特許法35条は長らく，使用者の受けるべき利益および貢献度を考慮すべきとの簡素な規定を置くにとどまり，この規定について，裁判例は発明の対価の実体的相当性を綿密に審査する態度を示してきた[230]。しかし，この審査方法に対する批判が提起されたこと[231]を受けて，学説上，企業の職務発明制度を基礎に，それに基づく対価の決定が特許法35条に即して合理的範囲内にあるか否かを判断し，合理的範囲内にあれば対価の相当性を肯定する立場（合理性基準説）[232]や，対価の相当性について，対価決定に至る手続を重視して判断すべきことを説く見解[233]が提唱された。

　こうした議論を踏まえて，特許法35条は2004年，合理性基準説を摂取し，手続的規律を重視する内容で改正された。すなわち，同条4項は，職務発明の対価は不合理と認められるものであってはならないとの規範を規定した上，対価の不合理性の判断に関して，対価決定に至る手続（使用者等・従業者等間の「協議の状況」，基準の「開示の状況」，「従業者等からの意見の聴取の状況」）を重視する制度を採用した。この結果，対価の相当性に関する実体的審査（2004年改正法35条5項）は，対価の決定が上記4項によって不合理と認められる場合に限定されることになった。2004年改正法下の裁判例として，証券会社の元従業員が行った職務発明に係る相当対価の決定に関して，発明規程の策定につき協議が行われておらず，発明規程の開示もなく，従業員の意見聴取も行われてい

　　ド・コギトケミカル事件（[226]）がある。
[230]　前掲・オリンパス光学工業事件（[219]）。土田道夫［判解］百選〔8版〕66頁。同旨，日立製作所事件・東京高判平成16・1・29判時1848号25頁，味の素事件・東京地判平成16・2・24労判871号35頁など。前掲・日亜化学工業事件（[228]）も参照。
[231]　対価の相当性に関する裁判所の実体的審査が優先されるため，当事者による対価決定の予測可能性が阻害されることや，対価決定に至る過程で行われる当事者の交渉が軽視される結果となる等の批判である（土田・前掲論文［[218]・職務発明］171頁以下参照）。
[232]　山本敬三「職務発明と契約法」前掲・民商128巻4・5号（[218]）492頁。山本敬三「職務発明の対価規制と契約法理の展開」田村＝山本編・前掲書（[218]）122頁。
[233]　土田・前掲論文（[218]・職務発明）173頁以下。

ないこと，そうした手続の不備を補うような特段の事情も存在しないことから，対価決定の不合理性を肯定した例がある[234]。

2015年改正法に伴い，発明従業者に対する給付は，「相当の対価」から「相当の利益」に転換したが，相当の利益（利益の不合理性）についても，合理性基準説を基礎とする手続的規律が重視されることに変わりはない（2004年改正特許法の35条4項・5項の関係は，2015年改正法においても，35条5項・7項の関係としてそのまま維持されている）。この手続的規律のうち「協議の状況」は，相当の利益決定基準の策定（制度設計）に関する使用者・従業者集団間の協議の状況を意味し，「従業者等からの意見の聴取の状況」は，個々の発明に関する相当の利益の決定に際しての従業者個人の意見の聴取を意味する（異議申立・再評価制度を含む）。また，これら手続的規律を具体化する指針が特許法に基づく告示として策定されたこと（35条6項）は，2015年改正法の大きな特長であり，指針における手続的規律は，「相当の利益」の決定をめぐる訴訟において尊重されるべきものである。すなわち，改正法の下で，使用者等が同指針の手続的規律に従って相当の利益を決定している場合は，特段の事情がない限り，当該利益の不合理性は否定されるものと解すべきである[235]。指針は，①特許法35条4項～7項の意義，②相当の利益の内容を決定するための基準の策定・形式・内容，③協議の対象者・方法・程度，④開示の対象者・方法・程度，⑤意見の聴取の対象者・方法・程度，⑥その他の事項（金銭以外の「相当の利益」を付与する場合の手続，基準を改定する場合の手続，新入社員等に対する手続，退職者に対する手続，中小企業等における手続，大学における手続など）に関するガイドラインを詳細に規定している[236]。

---

[234] 前掲・野村證券事件（[225]）。2004年改正法35条の具体的解釈論については，土田・前掲論文（[218]・職務発明）185頁以下，神谷厚毅「平成16年法律第79号による改正後の特許法35条4項の解釈適用」L&T67号（2015）27頁参照。

[235] ただし，従業者等が行った職務発明の価値に比べて相当の利益が著しく過小な場合は，当該利益の不合理性を肯定すべき特段の事情を認め，例外的に実体的審査の対象となると考えるべきである。この点，2015年改正法35条5項は，相当の利益について，協議の状況・開示の状況・意見の聴取の状況「等」を考慮要素として規定しており，この「等」は，こうした例外的実体的審査の根拠規定となるものと解される（土田・前掲論文［[218]・職務発明］150頁，土田・前掲論文［[218]・労働］59頁参照）。

[236] 相当の利益に関する手続的規律の具体的あり方については，土田道夫「知的財産法と労働法②——職務発明・職務著作」土田編・企業法務と労働法231頁参照。経団連産業技術本部編著『職務発明制度Q&A　平成27年度改正特許法・ガイドライン実務対応ポイント』（経団連出版・2016）53頁，深津＝松田＝杉村＝谷口・前掲書（[218]）42頁以下も参照。

以上の相当利益請求権の内容のうち，金銭以外の経済上の利益を認めた点（35条4項）は従来と異なる。この点，指針（第三の一1・2）は，相当の利益の要件として，①経済的価値を有するものであること（経済性の要件）と，②職務発明を生み出したことを理由とするものであること（牽連性の要件）の2点を掲げている（したがって，表彰のように従業者等の名誉を表するにとどまるものは，要件①を充足しないことから「相当の利益」たりえないし，使用者等が発明とは無関係に付与する経済上の利益は，要件②を充足しないことから「相当の利益」に該当しない）。指針は，a）使用者等負担による留学の機会の付与，b）ストック・オプションの付与，c）金銭的処遇の向上を伴う昇進・昇格，d）法定または就業規則所定の日数・期間を超える有給休暇（サバティカル）の付与，e）職務発明に係る特許権に関する専用実施権の設定または通常実施権の許諾を掲げるが（第三の一3），いずれも例示であり，これ以外の経済上の利益を付与することも可能である【2-7】。

【2-7】 **職務著作と労働法**　著作権法15条は，一定の要件の下で，法人その他使用者（法人等）の業務に従事する者が職務上作成する著作物について，法人等が著作者となることを認め，法人等に著作権・著作者人格権を認めている。職務発明においては，特許を受ける権利が原則として使用者等に原始帰属する一方，発明に対する給付として従業者等の相当の利益請求権が保障される（2015年改正特許法35条）のに対し，職務著作では，法人等への直接的帰属が認められ，また，職務発明における相当の利益請求権に相当する権利も規定されていない。すなわち，創作者主義が否定される一方，一般雇用原則が貫徹されており，職務発明の規律との間で顕著な対照性を示している。その理由は，職務著作は職務発明と異なり，類型的に属人性（個性）の乏しい創作物であり，一般の労働給付に近いという点に求められている[237]。

そこで，いかなる著作が職務著作に該当するか，特に，いかなる者が法人等の「業務に従事する者」（業務従事者）に該当するかが問題となる。職務著作の場合，職務発明のような業務従事者への手厚い権利保障が存在しないため，そもそも「職務著作」や「業務に従事する者」が何を意味するのかが重要な論点となるのである。この点について，学説は，①法人等の間に雇用関係が存在する場合に限定する見解と，②法人等の間の指揮監督関係があれば足り，請負・委任による者

---

[237] 横山・前掲論文（＊221）195頁以下。私自身は，職務発明と比較した場合，同じ従業者（労働者）の知的労働成果に関する法的規律としてはバランスを欠くものと考えている（土田・前掲論文［＊218・労働］70頁以下参照）。上野・前掲論文（＊1）37頁参照。

や派遣労働者も含むと解する見解等に分かれてきた[*238]。

　こうした中で，最高裁は，法人との間で雇用関係にある者の「業務に従事する者」性について，法人等の指揮監督下において労務を提供する実態にあり，法人等がその者に対して支払う金銭が労務提供の対価と評価できるか否かによって判断する立場を示した[*239]。この判断は，法人等の間の雇用関係に基づく業務従事者に関する判断であり，雇用関係にない者を射程に収める判断ではない。とはいえ，労働契約法との関係では，少なくとも法人等と雇用関係にある業務従事者については，労基法・労契法上の労働者（労基9条，労契2条1項。60頁以下）と同様，「使用従属性」および「報酬の労務対償性」によって実質的に判断する立場を明示したものであり，重要な意義を有している。

第2節　権利義務の設定

　労働契約における権利義務は，労基法などの法令によって最低基準を画されるほかは，労働者・使用者間の個別的合意（労働契約）に委ねられ，実際上は労働協約・就業規則が重要な役割を営む。個別的合意が権利義務を設定するのは当然であるが，労働協約・就業規則のような集団的規範が労働契約上の権利義務を設定する根拠や限界・範囲については議論が多い。本節では，協約制度・就業規則制度に言及しつつ，労働契約法の観点から解説する。

1　個別的合意

(1)　個別的合意の意義

　労働契約上の権利義務の法的根拠は労働契約にあるが，具体的な権利義務の設定根拠という点では，労使間の個別的合意の機能は後退する。この点は，特に長期雇用システムの下にある正社員について顕著であり，労働契約締結時に契約書が作成されることは稀であるし，労働条件明示義務（労基15条）も，就業規則の一括提示と一括受諾によって果たされることが多い。これに代わって具体的な権利義務を設定するのが就業規則・労働協約であり，労働契約の実際的意義は乏しいのが実情であった。

　しかし近年，個別労働契約（合意）の重要性は高まっている。企業人事にお

[*238]　駒田泰士＝潮海久雄＝山根崇邦『著作権法』（有斐閣・2016）59頁参照。
[*239]　RGBアドベンチャー事件・最判平成15・4・11判時1822号133頁。

いては、成果主義賃金・人事制度、ジョブ型雇用、労働時間の個別的管理の進展が顕著であり、また、企業再編に伴う企業間人事異動（出向・転籍、事業譲渡・会社分割）が増えていることから、個別的合意の機能は格段に広がっている。また転職者・中途採用者の場合は、個人の能力・キャリアを評価して雇用されるため、賃金等の処遇や労働義務内容が個別的に合意されることが多い。さらに、パートタイマーや有期雇用労働者などの非典型労働者の労働条件については、正社員以上に個別的合意の役割が重要となる。こうして、労働契約は、労働条件（権利義務）の設定・形成の両面において復権しつつある（13頁）。

こうした状況を受けて、労契法は、同法の基本原則として、労働契約の締結・変更に関する合意原則を規定している（3条1項・8条。20頁）。以下、個別的合意が労働契約の解釈に際して営む機能についてポイントを解説する。

(2) 個別的合意の機能[*240]

(ア) 第1に、労働契約締結時においては、個別的合意が契約内容（権利義務内容）を特定する機能を営むことがある。たとえば、労働契約締結時に職種・勤務地を特定する合意がなされれば、労働契約内容が特定され、使用者の人事権（配転命令権）は否定・限定される。このような特定的合意が、就業規則上の人事権条項（「業務上の必要があるときは異動を命ずることがある」旨の条項）に優先することは、労契法によっても認められている（7条但書。229頁参照）。近年導入が進みつつあるジョブ型雇用や勤務地限定制度においては、このような個別的合意が機能を発揮する（545頁参照）。

もっとも、実際には、採用時に包括的合意が行われる方が多い。時間外労働や配転・降格等の人事異動に関する包括的合意が典型である。このような包括的合意は、上述した特定的合意が行われないことから消極的に認められる場合と、就業規則上の時間外労働・人事権条項の提示・受諾によって積極的に認められる場合があるが、いずれにせよ、労働契約のひな形となり、労働者の明示・黙示の承諾を経て契約内容となる（ただし、労働契約のひな形としての就業規則条項は、労契7条の類推適用によって内容の合理性を要するものと解すべきである。

[*240] 労働条件の決定・変更に関する個別的合意の機能については、根本到「労働契約による労働条件の決定と変更」西谷＝根本編113頁以下参照。また、個別的合意の機能およびその法的保護のあり方に関する新たな理論的検討として、奥田香子「労働契約における合意」講座再生(2) 35頁以下参照。

231頁)。ただし，採用時の包括的合意は，労使間の交渉力・情報格差が最も顕著な状況で交わされる合意であり，また使用者の裁量権を内容とする合意であることから，それに基づく人事権の行使は，権利濫用法理に基づく実体的・手続的規制に服する。その意味では，採用時の包括的合意は，成立当初から内在的限界を有している。

(ｲ)　第2に，労働契約の展開過程における労働条件の決定・変更に関しては，個別的合意が機能する場合も多い。特に賃金については，賃金減額・年俸額決定や人事考課を中心に紛争が増加している。また，人事異動については，上記の職種・勤務地限定の合意が行われた場合の異動方法は個別的合意に限られるし（545頁），転籍や事業譲渡のように，本来的に個別的合意を要する事項（民625条1項）もある。さらに，守秘義務や競業避止義務等の付随義務の設定に関しても，個別的合意は重要な意味を有しうる。

これらのケースでは，合意原則（労契3条1項・8条）が重要となり，特に，個別的合意に基づく労働条件の不利益変更・個別労使間合意に基づく就業規則の不利益変更の場面で重要な役割を営む。具体的には，個別的合意の締結過程に関する規律（手続的規律。21頁）が重要となり，労働者の自由意思に基づく同意の存在（労働者の自由な意思に基づいてされたものと認めるに足りる客観的合理的理由の存在）が労使間合意の成立要件として慎重に審査され，使用者の説明・情報提供の有無，合意に至る経緯，当該変更に伴う不利益の有無・程度が審査される（詳細は，関係各箇所で述べる）。

(ｳ)　問題は，労働条件変更に至らない労働条件の決定・設定の場面についても，労働者の自由意思に基づく同意要件の適用を肯定しうるかである。ここにいう「労働条件の決定・設定」は，労働条件の決定・設定一般ではなく，労働者に不利益を及ぼしうる労働条件の決定・設定をいい，労働契約の締結段階・労働契約の展開過程双方において生じうる。不利益な労働条件の決定・設定には多様な類型がある（人事考課に係る合意，年俸額決定・決定権に係る合意，留学・研修費用制度における免除特約付き消費貸借契約の締結，事業遂行費用を労働者に負担させる旨の条項，裁量労働制の適用・適用除外に係る合意，配転合意・出向合意・転籍合意，退職に係る合意，在職中・退職後の守秘義務・競業避止義務［退職後については労働契約とは別の守秘契約・競業避止契約］，有期労働契約に係る不更新条項）ところ，労働者の自由意思に基づく同意の法理は本来は労働条件変更に係る合意（就業規則変更合意・労働条件変更合意）の成立要件である（前掲・山梨県民信用組合事件

［＊210］）ため，その適用の可否が問題となるが，肯定すべきである。

　確かに，労働者の自由意思に基づく同意の法理は，主として労働条件変更場面で用いられる法理であるが，もともとこの法理の根拠は，合意原則（労契3条1項）に求められ，労働条件の変更に関する労使間合意は，形式的にではなく実質的に行われなければならないとの要請（実質的合意の要請）に基づくものであるから（本書21頁），その射程は，労働条件の変更のみならず，労働条件の決定・設定場面にも及ぶべきものである。また，前掲判例（山梨県民信用組合事件［＊210］）は，労働条件変更に係る合意について，労働契約の他人決定的性格や労使間の情報格差の存在を考慮して労働者の自由意思に基づく同意の法理を定立しているところ，労働契約のこれら特質は，労働条件変更の場面のみならず，不利益な労働条件の決定・設定場面においても妥当する。この点，上に例示した労働条件決定・設定条項は，労働条件の不利益変更に劣らず労働者に多大な不利益をもたらしうる条項であり，かかる条項（個別的合意）については，労働者の自由意思に基づく同意の存在を労使間合意の成立要件と考えるべきである。そして，労働者の自由意思に基づく個別合意が行われれば，合意原則（合意尊重の要請）に基づき，労働者は当該合意に拘束されるというのが大原則となる。ただし，労働条件決定・設定合意については，上記の手続的規律に加えて，合意の内容規制が効力要件として重要な役割を営むこともある（詳細は，関係各箇所で述べる）。

　(エ)　第3に，労働契約の終了に関しては，合意解約の方法として個別的合意が用いられる。ここでも，使用者の圧力の下で労働者が非自発的退職を余儀なくされるケースに関して，不本意退職に関する労働法独自の法理（自由な退職意思形成の尊重法理）が発展している（826頁以下）。また，労働契約終了後の権利義務（守秘義務，競業避止義務）についても，個別的合意に関して，各義務の特質に即した法理が発展している（925頁以下）。

2　就業規則

(1)　就業規則の意義

　就業規則は，労働契約上の権利義務（労働条件）の設定手段としてきわめて重要な制度である。もともと就業規則は，多数の労働者が協力して働く企業において，労働条件・服務規律の統一的かつ公平な決定が不可欠となることから発展してきた職場の集団的ルール（事実規範）である。しかし，労基法は，就

業規則が労働条件（権利義務）の明確化を通して労働者保護にも貢献することに着目して制度化し，常時10人以上の労働者を使用する使用者に就業規則の作成義務を課すこととした（労基89条）。こうして今日，就業規則は，労働条件（権利義務）の設定に関して最も重要な規範であると同時に，企業の人事制度の設計・運用のための中心的制度となっている。

しかし一方，就業規則は，労使間の合意によって制定されるものではなく，使用者が一方的に作成するものであり，この点が日本の就業規則法制の基本的性格を形成している。また，前記のような就業規則の集団的性格を踏まえれば，就業規則による労働条件の集団的規律（集合的・統一的決定）の要請は法的にも重要となり，使用者による就業規則の一方的作成の法認とともに就業規則法制の特質を形成している。労契法は，こうした就業規則法制の特質を基本的に継承しつつ，労働契約と就業規則の関係を詳細に規律する規定を設けており，その解釈を通して，就業規則の適正な運営を促すための法的規律を行うことが労働契約法の任務となる。

(2) 就業規則の作成

(ｱ) **作成手続と記載事項**　常時10人以上の労働者を使用する使用者は，一定の事項について就業規則を作成し，行政官庁（労働基準監督署長）に届け出なければならない（労基89条）。

「常時」10人以上の使用とは，常態として使用するとの意味であり，労働者が一時的に10人未満となっても作成義務を免れない。パートタイマーや臨時工等の非典型労働者も「労働者」に含まれる。労働者数の計算単位は「企業」ではなく「事業」である（その意義については100頁）。使用者は，就業規則の記載事項を変更した場合も届出義務を負う（労基89条）。パートタイマーやアルバイトなどの非正社員について別の就業規則を作成することは許されるが，これら労働者を就業規則の適用から除外しつつ，別規則を作成しないことは作成義務違反となる（菅野＝山川227頁。なお，有期契約労働者が無期労働契約に転換した後の就業規則の適用関係については，1036頁参照）。

就業規則に規定すべき事項（必要記載事項）は，三つのグループに分かれる（労基89条1号～10号）。第1は，必ず記載すべき事項であり（絶対的必要記載事項），特に重要な労働条件に関する。すなわち，労働時間に関する事項（始業・終業時刻，休憩，休日，休暇，交替制労働における就業時転換［交替期日等］に関する

事項。1号),賃金に関する事項(賃金の決定・計算［賃金額・賃金体系等］,支払方法,締切・支払時期に関する事項。2号),退職に関する事項(任意退職のほか解雇,定年等の労働契約の終了事由一般に関する事項。3号)である。

第2は,就業規則で定めるかどうかは自由であるが,定める場合は必ず規定すべき事項である(相対的必要記載事項)。退職手当(労働者の範囲,手当の決定・支払方法,支払時期。3号の2),臨時の賃金(賞与)等(4号),食費等の労働者負担(5号),安全衛生(6号),職業訓練(能力開発の期間・方法・訓練中の処遇等。7号),災害補償および業務外の傷病扶助(法定外の上積み補償等。8号),表彰および制裁(懲戒の事由・方法・手続。9号),その他当該事業場の全労働者に適用される事項(服務規律,配転・休職等の人事,福利厚生など。10号)である。

第3は,使用者の自由に委ねられる任意的記載事項であり,就業規則の運用に関する定めなどが挙げられる。なお,使用者は,以上のいずれの事項についても別規則を定めることができる。

(イ) **意見聴取義務**　就業規則の作成・変更については,使用者は事業場の労働者の過半数で組織する労働組合があるときはその労働組合,過半数組合がないときは労働者の過半数を代表する者の意見を聴かなければならない(労基90条1項)。また,使用者は,就業規則の届出に際して労働者の意見を添付しなければならない(同条2項)。過半数労働組合は,事業場のすべての労働者の過半数を組織した労働組合をいうので,パートタイマー等に関する別規則を作成しようとする場合も,正社員で組織される労働組合が過半数組合であれば,その意見を聴くだけでよい。過半数代表者の場合も同じである[*241]。

この規定は,就業規則の作成・変更に労働者側の意見を反映させようとの趣旨から設けられた規定である。しかし,意見の聴取とは「諮問」の意味であり,使用者に労働者側の同意を得たり,協議を義務づけるものではない。したがって,労働者側が反対意見を述べても就業規則の効力には影響せず,使用者はこれを届出に際して添付するだけでよい(菅野=山川230頁)。つまり,就業規則は,使用者の一方的作成・変更に委ねられている。

(ウ) **周知義務**　使用者は,就業規則を常時,各作業場の見やすい場所に掲

[*241] しかしこれでは,就業規則の適用を受ける労働者の意見が全く反映されないという不当な結果が生じうる。そこで,パート・有期法7条は,短時間・有期雇用労働者について別規則を作成する場合は,短時間・有期雇用労働者の過半数代表者の意見を聴取する努力義務を規定している(7条1項［短時間労働者］・2項［有期雇用労働者］。1067頁参照)。なお,意見聴取義務は,常時10人未満の労働者を使用する使用者には適用されないと解されている(菅

示し，または備え付け，あるいは書面交付やインターネットなどの方法によって労働者に周知させなければならない（労基106条1項，労基則52条の2）。周知を通して，労働条件（権利義務）の明確化を図り，紛争を防止する趣旨である[*242]。採用時の労働条件明示義務（労基15条）も，就業規則の周知（交付）によって果たされることが多い。就業規則の最低基準効（労契12条）・契約内容補充効（同7条）の発生要件としても重要な意義を有する（227頁）。

(3) 就業規則の効力

(ア) **法令・労働協約との関係**　就業規則は，法令または当該事業場に適用される労働協約に反してはならない（労基92条1項）。また，行政官庁は，法令または労働協約に抵触する就業規則の変更を命ずることができる（同条2項）。

法令とは，強行法規たる法律，命令および地方公共団体の制定する条例・規則をいう。労基法等の労働保護法が典型であるが，公序（民90条）その他の強行規定に反することも許されない。労働協約に優越的地位を認めたのは，使用者が一方的に制定する就業規則に対して，団体交渉の成果である労働協約（労組14条）を優先させようとの考慮に基づく。労働協約に「反してはならない」とは，単に協約を下回ってはならないという意味ではなく，上回ることを含めてとにかく協約と異なる規定を置いてはならないという意味である[*243]。

法令または労働協約に反する労働条件を定める就業規則は，労基法92条の解釈としては，同規則に即して規律される労働契約内容とともに無効となる。これに対し，労契法13条は，労基法92条とは別に，「就業規則が法令又は労働協約に反する場合には，当該反する部分については，第7条〔注・就業規則の拘束力〕，第10条〔注・就業規則による労働条件の変更〕及び前条〔注・就業規則の最低基準効〕の規定は，当該法令又は労働協約の適用を受ける労働者との間の労働契約については，適用しない」と規定している。これは，労基法92条を前提に，法令または労働協約に反する就業規則が労働契約との関係で一切効力をもたない（就業規則の効力を定めた労契7条・10条・12条が適用されない）こ

野＝山川229頁)。

[*242]　常時10人未満の労働者を使用する使用者に対する周知義務の適用については争いがある（肯定説として菅野＝山川230頁，否定説として水町181頁）。

[*243]　したがって，労働協約（賃金規程）の有効期間中に，新たに就業規則を改訂して労働条件を不利益に変更することは労基法92条違反に当たり，変更の合理性判断を待つまでもなく無効となる（明石運輸事件・神戸地判平成14・10・25労判843号39頁）。

とを明確化した規定である。

　労働協約に反する労働条件を定める就業規則は，協約の有効期間中は適用を停止するが，では，協約が終了すれば当然に復活するのであろうか。就業規則が労働協約より不利な労働条件を定めている場合は，就業規則に基づく旧協約所定の労働条件の不利益変更の可否という問題となる。労働協約の余後効（248頁）とも関連する難問であるが，基本的には，協約の規範的効力に関する化体説（238頁）に立って考えるべきであろう。すなわち，化体説によれば，協約所定の労働条件は労働契約内容となり，同内容が協約終了後も存続するのが原則となるので，直ちに就業規則の適用（復活）を認め，協約所定の労働条件の不利益変更を許容することは適切でない。もとより使用者は，就業規則の適用による労働条件変更の法的手段を認められるが，その変更に対しては，労契法10条に基づく就業規則変更の合理性審査が及ぶと解すべきである。これに対し，労働契約上，協約上の労働条件は有効期間中の労働条件を規律するにとどまるとの合意が認定される場合は，例外的に協約基準の存続を否定し，就業規則の適用に基づく労働条件の不利益変更を許容すべきものと解される[*244]。一方，就業規則の最低基準効は，契約当事者の意思とは無関係に適用されるので，協約終了とともに当然に適用（復活）するものと解すべきである。

　(イ) 強行的・直律的効力（最低基準効）　「就業規則で定める基準に達しない労働条件を定める労働契約は，その部分については，無効とする。この場合において，無効となった部分は，就業規則で定める基準による」（労契12条）。前段を強行的効力，後段を直律的効力という。労基法の私法的効力（13条）と同じ文言で就業規則の最低基準としての効力を認めたものであり，就業規則はそれを下回る労働契約に優越し，排除する強い効力を肯定される。就業規則の法的性質をどのように解するにせよ，就業規則がこの限度で法規範類似の効力をもつことに異論はない[*245]。

　労使間の合意である労働契約に対して，使用者が一方的に作成する就業規則が優越するというのは変則的な規制であるが，労働法は，労働者保護という政

　[*244]　山川教授の見解（山川隆一「労働契約と労働協約・就業規則――労働関係における規範の重層性を背景に」曹時65巻3号［2013］584頁以下）から示唆を得た。ただし，山川教授は，本文のような協約の余後効の原則的承認による構成ではなく，もっぱら協約終了後の労働契約当事者の意思解釈の問題として扱い，その一環として就業規則の適用（復活）の可否を論じている。

　[*245]　本条については，注釈労基・労契(2) 412頁以下［和田肇］参照。

策目的に立ってこのような効力を付与したものと解される。すなわち，法は，就業規則に法規範類似の最低基準効を付与することにより，個別交渉の下で労働者に不利になりがちな契約内容を規制・是正し，労働者の利益を保護する意図に立っているのである。そこでたとえば，労働者が使用者との間で月の途中に基本賃金減額の合意をしたとしても，「月の途中において基本賃金を変更または指定した場合は，当月分の基本賃金は新旧いずれか高い方の基本賃金を支払う」旨の就業規則（賃金規程）が存在する場合は，上記合意は旧労基法93条（現行労契12条）違反として無効となり，無効となった部分は上記就業規則の基準によると判断され，減額前の基本賃金の請求が認容される[*246]。

一方，就業規則の強行的・直律的効力は，それを下回る労働条件を定めた労働契約が存在する場合に限り作用する効力（最低基準としての片面的効力）であるから，それを上回る労働条件を労働契約で定めることは自由である。

(4) 就業規則と労働契約の関係——権利義務を設定する根拠

(ア) **問題の所在**　以上のように，就業規則は法令・労働協約によって内容を規制され，それを下回る労働契約を排除する効力を認められつつ，労働条件（権利義務）を規律する。たとえば，就業規則で基本給を定め，労働契約中に対応する定めがなく空白であれば，労働者は所定の賃金請求権を取得し，使用者は賃金支払義務を負う。また，就業規則で始業午前9時，終業午後5時と定めていれば，労働者は所定の時間労働する義務を負う[*247]。

[*246]　北海道国際航空事件・最判平成15・12・18労判866号14頁。その後の裁判例として，会社の就業規則が全従業員を対象に固定給を定めている場合において，会社が長距離トラック運転手について就業規則と異なる出来高払制の個別合意の存在を主張したのに対し，同個別合意が就業規則より有利なものと認めるに足りる証拠はないとの認定を前提に，就業規則の最低基準効（労契12条）に反して無効と判断し，就業規則に基づく賃金請求を肯定した例（大島産業ほか事件・福岡高判令和元・6・27労判1212号5頁）がある。このほか，退職金規程に反する労使慣行について労契法12条違反として無効と判断した例（代々木自動車事件・東京地判平成29・2・21労判1170号77頁），部長等管理職に皆勤手当を支給しないとの労使慣行につき，就業規則の労働条件を労働者に不利に変更する労使慣行は労契法12条に反し成立の余地はないとして無効と判断した例（ツカ・カナモノ事件・大阪地判平成29・3・29ジャーナル64号20頁），基本給に15時間分の時間外手当が含まれているかのような労働契約書につき，基本給全額を割増賃金の算定基礎と定める就業規則の最低基準効に抵触し無効と判断した例（前掲・セヴァ福祉会事件［*207］）がある。

[*247]　一定の労働条件を定めた文書が就業規則か否か（就業規則として労働契約を補充する効果を有するか否か）が争われることもある。この点，ANA大阪空港事件（大阪高判平成27・

問題は，就業規則がこのように労使の権利義務を設定し，当事者を拘束することの根拠は何かであるが，労基法はこの点について何も定めていない。そこで，この問題は学説・裁判例に委ねられ，多彩な議論を生み出してきた[*248]。その前提となるのが，就業規則の法的性質という問題である。

(イ) 学　説　　学説では，法規範説と契約説が二大学説として対立してきた。まず，法規範説は，就業規則はそれ自体として法規範としての性質を有し，労働者の同意を要することなく当事者を拘束すると解する。この見解も多彩であるが，近年には，就業規則の最低基準効を定めた労基法93条（労契12条）に根拠を求める見解が有力となった（授権説）[*249]。同説は，労基法は就業規則が労働者保護に役立つ限りで法規範としての効力を付与しており，使用者にそうした法規範を制定する権限を授権していると説く。

これに対して契約説は，就業規則はそれ自体としては事実上の存在にすぎず，労働者の同意により労働契約内容となることによって法的拘束力を有すると考える。そこで，労働者の同意の態様が問題となるが，明確な同意を要求する見解は少なく，労働者が採用時に示された就業規則に異議を唱えず，また就業規則の下で異議なく就労していることから黙示の同意を認める見解が多い[*250]。また，労働関係一般において「労働契約内容については就業規則による」との

9・29労判1126号18頁）は，退職功労金の支給基準（「……定年退職した社員に対し，勤続1年に付き25,000円を退職功労加算とする」）につき，退職金規程の抽象的内容を明確化するものと解しつつ，労基法上の要件である行政官庁への届出（労基89条）や過半数組合等の意見聴取手続（同90条）が行われていないこと等を理由に，単なる内規であって就業規則ではないとして契約内容補充効を否定し，退職金請求を棄却している。また，永尾運送事件（大阪高判平成28・10・26労判1188号77頁）は，賃金改定について記載した社内報について，就業規則との体裁を整えておらず，労使協定の説明文書の域を出ないとして就業規則該当性を否定している。一方，労基法所定の手続を経て制定された賃金規程について就業規則と認め，契約内容補充効を肯定して使用者の精皆勤手当支払義務を肯定した例（アクアライン事件・大阪地判令和2・2・28ジャーナル99号26頁）や，労基署への提出手続を経由した大学の入試手当支給額表につき，入試手当の支給金額を定めたものとして入試手当の支払請求の根拠となると判断した例（上野学園事件・東京地判令和3・8・5労判1271号76頁）もある。

山下昇「就業規則と労働契約」講座再生(2)92頁以下は，就業規則の最低基準効（労契12条）と契約内容補充効（同7条）を区別し，前者については，就業規則該当性を広く肯定する。注釈労基・労契(2)107頁［野川忍］も参照。

[*248]　学説の詳細は，諏訪康雄「就業規則」労働法文献研究会編『文献研究労働法学』（総合労働研究所・1978）96頁，注釈労基（下）961頁以下［荒木尚志］参照。

[*249]　代表的学説として，片岡ほか454頁［西谷敏］。

[*250]　菅野〔7版補正2版〕104頁，下井398頁，浜田冨士郎『就業規則法の研究』（有斐閣・1994）73頁ほか。

事実たる慣習（民92条）の成立を認め，労働者が特に異議を述べない限り就業規則が契約内容となると説く見解（事実たる慣習説）もある[*251]。

(ウ) **判 例** これに対して判例は，秋北バス事件大法廷判決[*252]において，規定内容の合理性を要件に就業規則の法的規範性を肯定する独自の見解を示した。いわく，「労働条件を定型的に定めた就業規則は，一種の社会的規範としての性質を有するだけでなく，それが合理的な労働条件を定めているものであるかぎり，経営主体と労働者との間の労働条件は，その就業規則によるという事実たる慣習が成立しているものとして，その法的規範性が認められるに至っている（民法92条参照）ものということができ……，当該事業場の労働者は，就業規則の存在および内容を現実に知っていると否とにかかわらず，また，これに対して個別的に同意を与えたかどうかを問わず，当然に，その適用を受けるものというべきである」と。この判決は，就業規則の法規範性を認める一方，その根拠として，契約上の意思表示に関する解釈規定である民法92条を援用したため，論理的に混乱しているとの批判を受けた。

しかし，この判例については，普通契約約款の法的拘束力に関する理論を適用した一種の契約説（定型契約説）と理解すべきである。この理解を提唱した学説によれば，約款の拘束力に関しては，契約内容は約款によるという事実たる慣習が成立しており，事前の開示と内容の合理性を要件に，利用者の同意や知・不知を問わず拘束力をもつと解されているが，判旨はこれを就業規則に応用したものにほかならない，とされる[*253]。事実，その後の判例は，労働者の義務を定めた就業規則の拘束力に関して，秋北バス事件を引用しつつ，「就業規則の規定の内容が合理的なものである限り，それが具体的労働契約の内容をなす」と判示しており，契約説に近い立場をとっている（日立製作所事件[*254]）。

定型契約説のメリットは，本来の契約説の場合，労働者が黙示の同意を与え

[*251] 石井照久『全訂労働法』（勁草書房・1990）126頁。
[*252] 最大判昭和43・12・25民集22巻13号3459頁。
[*253] 下井隆史「就業規則の法的性質」現代講座(10) 293頁以下，下井399頁以下。菅野＝山川232頁脚注9も同旨。たしかに，判旨は，労働条件は就業規則によるという事実たる慣習の成立を根拠に就業規則の法的拘束力を認めるものであり，契約説の一種である事実たる慣習説に近似している。また判旨は，就業規則が労働者の知・不知および個別的同意を問わず適用されると述べるが，同時に，就業規則に反対の労働者まで拘束するとまでは述べていない。判旨は，契約説に近い立場（定型契約説）であると解される。
[*254] 最判平成3・11・28民集45巻8号1270頁。同事件に先立つ前掲・電電公社帯広局事件（*2）も同旨。

さえすれば，就業規則がいわば丸ごと契約内容になるのに対し，規定内容の合理性を要件とすることで，その拘束力を制限できる点にある。この意味で，判例法理は，使用者が一方的に作成する就業規則の拘束力に関して，労使間の合理的利益調整を可能とする適切な枠組みを提示したものと評価できる。換言すれば，判例法理は，労働条件の集団的規律（集合的・統一的決定）の要請（11頁）に起因する使用者の労働条件決定権限を肯定しつつ，その行き過ぎを是正して労働契約の適正な運営を促進する性格を有する法的規律と評価できる（荒木411頁参照）。

(5) 労契法7条の規律──契約内容補充効

以上の学説・裁判例の蓄積を踏まえて，労契法7条は，「労働者及び使用者が労働契約を締結する場合において，使用者が合理的な労働条件が定められている就業規則を労働者に周知させていた場合には，労働契約の内容は，その就業規則で定める労働条件によるものとする。ただし，労働契約において，労働者及び使用者が就業規則の内容と異なる労働条件を合意していた部分については，第12条に該当する場合を除き，この限りでない」と規定する[*255]。

(ア) **労契法7条の要件・効果・法的性格**　労契法7条は，使用者が労働契約締結時に合理的な労働条件を定めた就業規則を労働者に周知させていたという要件を満たした場合は，その就業規則が労働契約を補充し，契約内容を確定するという効果（契約内容補充効）が発生することを規定したものである[*256]。理論的には，判例の定型契約説（前掲・日立製作所事件［*254］）を採用しつつ，別の最高裁判例（フジ興産事件[*257]）が掲げていた周知の要件（227頁）を付加したものと解される。一方，7条によれば，労働契約締結の時点で，内容の合理性と周知の要件を欠く就業規則は，契約内容補充効を否定される。

[*255]　労契法7条については，三井正信『現代雇用社会と労働契約法』（成文堂・2010）62頁以下，野川忍『労働法原理の再構成』（成文堂・2012）133頁以下，唐津博『労働契約と就業規則の法理論』（日本評論社・2010）295頁以下，山下・前掲論文（*247）98頁以下，注釈労基・労契(2) 355頁［土岐将仁］参照。私見については，土田道夫「労働契約法の解釈」季労221号（2008）4頁も参照。

[*256]　「施行通達」は，労契法7条につき，労働契約において労働条件を詳細に定めていない場合に，「就業規則で定める労働条件によって労働契約の内容を補充することにより，労働契約の内容を確定するものである」と解している。なお，国会審議では，労働契約と就業規則の関係に関する労契法の規定は，判例法理に沿って，判例法理を変更することなく立法化したものであることが確認されている（平成19年12月20日参議院厚生労働委員会議録6号）。

[*257]　最判平成15・10・10労判861号5頁。

労契法 7 条の法的性格については，同条は，就業規則が労働契約内容となることによって拘束力（契約内容補充効）を取得すると規定しており，基本的には契約説を継承したものと解される。しかし一方，7 条は，就業規則が労働者の同意を経ることなく契約内容となること（同条自体が契約内容化の根拠となること）を認める点では，契約説の枠組みを大きく修正している。労契法が基本趣旨とする合意原則（労契 1 条・3 条 1 項）との関係で重大な問題を残しており，立法論的検討を行う必要がある【2-8】【2-9】。なお，労契法以前の学説（定型契約説）では，判例法理は，就業規則に反対の意思表示をした労働者にまで拘束力を及ぼすものではないという理解が有力であり，これが判例法理の契約説的理解の理由づけとされていたが（＊253），この解釈そのものは，労契法 7 条の下でも，労働者が採用時に就業規則に反対の意思表示を行い，使用者がその労働者を採用した場合は，両者間に 7 条但書の特約（229 頁）が成立し，就業規則の契約内容補充効が生じないと解することで維持できるものと解される[*258]。

(イ)　**適用範囲**　労契法 7 条の適用範囲（時間的適用範囲）は無制限ではなく，一定の限界がある。すなわち，7 条は，「労働者及び使用者が労働契約を締結する場合」を対象とする規定であるため，同条によって就業規則が労働契約内容となる（補充する）のは，労働者・使用者が労働契約を締結する時点に限られる。したがって，労働契約締結時ではなく，その締結後，労働契約が展開している段階で，使用者が就業規則規定を新たに設けた場合は，7 条の適用はない。この種のケースは，就業規則による労働条件の変更に関する労契法 9 条・10 条によって規律されることになる（748 頁）。

> 【2-8】　**労契法 7 条と就業規則の法的性質論**　上記のとおり，本書は，労契法 7 条について，契約説を継承したものと解しているが，学説では，法的性質論についてはニュートラルな立法と理解する見解も有力である。たとえば，7 条を含む労契法上の就業規則規定は，それが継承した判例法理と同様，就業規則の法的性質論にとらわれずに，就業規則の労働契約に対する効力を定めたものと理解すべきと説く見解が代表的なものである（菅野＝山川 233 頁。同旨，荒木 407 頁以下）。
>
> 　たしかに，労契法 7 条の立法経緯からは，上記の理解は説得力があり，同条が労働者の同意を就業規則の拘束力（契約内容補充効）の要件から除外したことも，

[*258]　荒木＝菅野＝山川 119 頁，荒木 428 頁，注釈労基・労契(2) 371 頁［土岐将仁］。毛塚勝利「労働契約法における労働条件変更法理の規範構造——契約内容調整協力義務による基礎付けと法理展開の可能性」法学新報 119 巻 5・6 号（2012）493 頁以下も参照。

上記理解を助ける根拠となる。しかし，他方，労契法が合意原則を基本趣旨としていることを重視し，同原則を基本に7条を体系的に理解すれば，同条を契約説の範疇で理解することが適切であろう[*259]。すなわち，7条本文が就業規則について労働契約内容となることによって契約内容を補充する旨を規定していること（前述）や，7条但書が就業規則と異なる労使間合意を優先させる規定（特約優先規定）を設け，合意原則を具体化していることを考慮すれば，7条全体について，合意に基づく労働条件の規律を重視する考え方，すなわち契約説を基本とする規定と解することは十分可能と考える。先の有力説も，上記の点を理由に，契約説をベースとする立法と理解することは可能と解している（菅野＝山川233頁。水町194頁参照）。また，学説では，さらに進んで，7条については労使間合意（労使双方の意思）を介して拘束力をもつ規定と解すべきことを説く見解もある[*260]。7条の文理からは，このように解することは相当に困難であるが，少なくとも，契約説を基本とする立法と解することに妨げはないと考える[*261]。

【2-9】 **労契法7条の立法論的検討**　前記のとおり，就業規則の拘束力（契約内容補充効）について，労契法7条が当事者間の合意要件を排斥した点は問題がある。すなわち，就業規則は，労働条件全般を規律する重要な文書であり，賃金・退職金・労働時間という労働契約の中心的内容（当事者の主たる給付内容）をも規律する文書である。この点を踏まえると，就業規則を当事者間の合意要件から解放する立法政策について，労契法が基本趣旨とする合意原則の観点から正当化することは困難である。7条は，合意要件の欠如を補完する要件として周知要件を設けているが，周知要件が合意要件に代わりうるものでないことはいうまでもない。この点，「報告書」(53頁) は，「就業規則の内容が合理性を欠く場合を除き，労働者と使用者との間に，労働条件は就業規則の定めるところによるとの合意があったものと推定する」旨の規定を設けつつ，規定内容が合理的でない場合は推定が働かない（反証を挙げて覆すことができる）との構成を提案していたが，この方が合意原則に整合的であることは明らかである。

以上の点を考慮すれば，就業規則の組入要件として合意要件を設け，労契法7条について，労使間合意を経由して契約内容となる規定に改正することを検討す

[*259]　三井・前掲書（[*255]）84頁以下がこの点を強調する。
[*260]　毛塚勝利「労働契約法の成立が与える労働関係法への影響と今後の課題」季労221号（2008）30頁，三井・前掲書（[*255]）85頁。これに対して，野川・前掲書（[*255]）153頁以下は，労契法7条を合意による労働契約成立の例外に位置づけつつ，事実たる慣習を合意の補充規範と捉え，同規範によって就業規則の契約内容補充効・規律効を構成すべき旨を説く。
[*261]　このように，就業規則の法的性質論は，労契法7条の制定によって収束し，解決されたわけではなく，今日なお労働法学の重要な理論課題であり続けている。奥田香子「労働条件決定規範の法的構造と『合意原則』」労働126号（2015）24頁，島田陽一「就業規則の労働契約に対する効力」ジュリ1507号（2017）49頁参照。

べきであろう。具体的には、「報告書」が説く推定効構成の立法化や、これを進めて合意要件を正面から定立し、「労働者及び使用者が労働契約を締結する場合において、使用者が合理的な労働条件が定められている就業規則を労働者に周知させ、労働者・使用者がその就業規則を当該労働契約に用いることに合意したときは、労働契約の内容は、その就業規則で定める労働条件によるものとする」との規定に改正することが考えられる[*262][*263]。

(ウ)　「**合理的な労働条件**」　a)　労働条件の合理性　就業規則の「合理性」要件（「合理的な労働条件」）は、労働契約上の権利義務の内容・範囲を確定する審査（内容規制）として機能する。そこで、労働条件の「合理性」の意義が問題となるが、「合理性」は抽象的な一般条項であるため、その解釈基準を設定する必要がある[*264]。この点は、労使がそれぞれ有する利益の比較衡量に求められるが、憲法や法令の趣旨も組み込むべきである。使用者側の利益としては、労働の適正な遂行の確保、柔軟な業務運営の必要性、施設の管理保全等があり（「業務上の必要性」と総称される）、労働者側の利益としては、特定の労働条件下での就労利益、憲法・法令が保障する権利、私生活の自由などが挙げられる[*265]。より具体的には、当該就業規則条項に業務上の必要性があり、かつ、労働者の権利・利益を不当に制限するものでないか否かを合理性の審査基準に位置づけるべきであろう[*266][*267]。

[*262] 土田道夫「労働契約法の意義と課題——合意原則と労働契約規制のあり方を中心に」労働115号（2010）18頁、同「約款、事情変更制度、継続的契約」土田編・債権法改正と労働法177頁以下参照。同旨、島田・前掲論文（*261）52頁。

[*263] 本文に述べた立法論は、就業規則と性質を同じくする約款の拘束力に関する法理論との整合性も根拠としている。すなわち、債権法改正の重要論点の一つである約款の法的規律に関しては、一貫して、約款を契約内容とするための要件として当事者間合意（組入合意）および開示要件が提唱されている（「民法（債権関係）の改正に関する中間試案」[2013]では第30・2）。そして、民法学からは、労契法7条が労働者の同意を就業規則の組入要件から除外したことに対して、合意原則および約款規制との整合性の観点から法改正が課題であることが指摘されてきた（山本敬三「民法の現代化と労働契約法」前掲・労働115号［*262］68頁、「座談会　債権法改正と労働法」土田編・債権法改正と労働法286頁以下［山本敬三発言］）。これに対し、実際に成立した2017年改正民法の定型約款規定（548条の2第1項1号・2号）は、合意原則から大きく乖離する内容の規律となったが、この規律に対しては、民法学から強い批判が行われている（土田道夫「民法（債権法）改正と労働法」季労267号［2019］102頁および同頁脚注39）参照。本書50頁参照）。本書の立法論は、こうした民法学・約款法学の議論に対する応答も意味している。

[*264] 学説・裁判例については、山下・前掲論文（*247）101頁以下、注釈労基・労契(2)364頁［土岐将仁］参照。

[*265] 同旨、全日本手をつなぐ育成会事件・東京地判平成23・7・15労判1035号105頁。

具体的に見ると，まず，労働義務については，出向義務に関して，「業務上の必要があるときは出向を命ずる」との包括的就業規則規定からは権利義務は

＊266　同旨，日本郵便事件・東京地判平成 27・7・17 労判 1153 号 43 頁，同［控訴］事件・東京高判平成 28・10・5 労判 1153 号 25 頁（後掲・日本郵便事件最判［＊275］の原審）。島田・前掲論文（＊261）49 頁参照。この点，裁判例では，従業員に総合職か地域限定総合職かを選択させた上，総合職社員が遠隔地転勤を拒否した場合に両職群間の基本給差額を半年前に遡って返還させる就業規則の合理性を肯定した例があるが（ビジネスパートナー事件・東京地判令和 4・3・9 労判 1272 号 66 頁），業務上の必要性に比して，労働者の権利（賃金請求権）を不当に制限する制度であり，判旨には疑問がある（567 頁参照）。

　　なお，本文の合理性審査基準は，労契法 7 条の解釈に際して，2017 年改正民法が定める定型約款法制の組入れ除外規定（不当条項規制。民 548 条の 2 第 2 項）の趣旨を摂取することも意味する。この点，改正民法 548 条の 2 第 2 項は，「相手方の権利を制限し，又は相手方の義務を加重する条項であって，……民法第 1 条第 2 項に規定する基本原則に反して相手方の利益を一方的に害すると認められるものについては，合意をしなかったものとみなす」と規定しており，相手方の権利の制限または義務の加重に関する判断基準としては，任意法規（当該条項がなかったとすれば適用されえた明文の任意規定や判例によって承認された解釈準則）が挙げられている（51 頁）。このため，組入れ除外規定（不当条項規制）の趣旨を労契法 7 条の解釈に摂取して，労働契約の成立・展開・終了に関する判例法理（時間外労働義務，配転・出向・転籍・休職，兼職規制，守秘義務・競業避止義務，退職金不支給・減額条項，懲戒事由・解雇事由の解釈に関する判例法理）を任意法規（デフォルト・ルール）に位置づけ，そこから著しく乖離する就業規則条項の合理性を否認し，契約内容補充効を否定する解釈が可能と解される。本文で後述する合理性の具体的解釈例は，こうした判例法理を基礎とする不当条項規制としての側面を有している（以上，土田・前掲論文［＊263］102 頁以下参照）。なお，高橋賢司「労働契約上の合意と一方的決定に対する制約法理」労働 133 号（2020）94 頁以下は，本書と同様，労契法 7 条に不当条項規制機能を付与するアプローチを試みている。山下・前掲論文（＊247）104 頁も参照。

＊267　労契法 7 条の合理性要件については，本文に述べた解釈基準による具体化が可能であるが，就業規則変更の合理性要件（労契 10 条）と比較すると，変更前の労働条件と比較した不利益が観念されないため，より広く認められると解されている（荒木＝菅野＝山川 112 頁参照）。そのため，たとえば，無期転換労働者の労働条件の効力を労契法 7 条・10 条のいずれによって判断するのかが問題となる（1038 頁参照）。

　　また，こうした合理性要件の違いを明示した裁判例として，前掲・上野学園事件（＊247）が挙げられる。判決は，入試手当の不支給決定を内容とする入試手当支給表の改訂後に大学と新規雇用契約を締結した専任教員に対する同手当不支給につき，入試手当支給表の改訂時に在籍していた教員との関係では就業規則変更の合理性を否定しつつ（労契 10 条。第 9 章＊20），新規教員との関係では入試手当支給表の合理性を肯定し，契約内容補充効（同 7 条）を肯定している。判旨は，就業規則の不利益変更について合理性が認められず，拘束力が否定される場合も，変更後の就業規則が不存在・無効となるものではなく，そのような就業規則も，労働条件に合理性が認められる場合は，変更後に採用された労働者との関係では契約内容を規律する効力（契約内容補充効）を有すると判断した上，新規教員らに係る就業規則としての合理性を肯定して契約内容補充効を肯定している。就業規則変更の契約内容変更効が労契法 10 条によって否定された場合の就業規則の法的意義および合理性，および労契法 7 条・10 条における合理性要件の相違を知る上で参考となるが，労働条件統一の観点からは疑問も生じうる。

発生せず，出向期間，出向中の労働条件，復帰条件等の事項が具体的に規定されてはじめて発生すると解されているが[268]，これは，労働契約の一身専属性の原則（民625条1項）に基づいて労働者が有する一身専属的利益の保護を内容とする就業規則の合理性審査を意味する。また，法定時間外労働義務（労基36条）に関しては，同条の趣旨（時間外労働の臨時性・例外性，需給関係に応じた生産計画の実施の必要性。より広くは，労働者の生命・健康の保護，仕事と生活の調和という労働時間法の趣旨）を踏まえて，時間外労働の上限や事由に即して合理性審査が行われる（424頁参照）[269]。さらに，日常的な労働義務の規律についても，服装や容貌を規制する就業規則は，労働者の人格的利益（プライバシー権）を考慮して限定解釈される[270]。このほか，起訴休職期間の上限を2年と定める就業規則規定につき，起訴休職制度の趣旨・目的に照らして合理的と判断した例もある[271]。

また，賃金の領域では，就業規則上の退職金の不支給・減額条項について，退職金の賃金後払の性格を考慮して，退職金請求権の（一部）喪失を相当とする程度に著しく背信的な行動があった場合にのみ発動される規定として限定解釈する判断が確立されている[272]ほか，年俸制において就業規則に規定される使用者の年俸額決定権につき，年俸額決定に係る合理的手続が定められ，使用者が恣意的に年俸額を決定できる制度と化していないことを合理性の内容として求める裁判例が見られる[273]。定年延長に伴う給与規程（就業規則）の合理性について，高年齢者雇用安定法の趣旨によれば，労働条件が過酷なもので，労働者に定年後も勤務する意思を削がせ，多数の労働者が退職するなど，同法の目的に反するものではならないことも合理性の内容に含まれると判断する例もある[274]。また，懲戒・解雇に関しては，就業規則上，包括的に規定された懲戒事由・解雇事由が労働者の職業キャリアの利益・雇用保持の利益に即して限

---

[268] 菅野＝山川692頁。裁判例として，新日本製鐵［日鐵運輸第2］事件・最判平成15・4・18労判847号14頁参照。本書574頁。
[269] 前掲・日立製作所事件［*254］。
[270] 前掲・郵便事業［身だしなみ基準］事件（*31）およびそれに対応する本文参照。
[271] 国立大学法人O大学事件・大阪地判平成29・9・25労経速2327号3頁。
[272] 中部日本広告社事件・名古屋高判平成2・8・31労判569号37頁。小田急電鉄事件・東京高判平成15・12・11労判867号5頁も参照。本書370頁以下。
[273] インテリム事件・東京高判令和4・6・29労判1291号5頁。393頁参照。
[274] 協和出版販売事件・東京高判平成19・10・30労判963号54頁。

定解釈されるが，こうした合理的限定解釈は，就業規則の側から見れば，その合理性審査にほかならない。

さらに，退職後の競業避止義務条項については，競業制限の範囲（職種・期間・地域）が最小限度にとどまり，適正な代償が講じられていることを判断要素とする裁判例が有力であるが（933頁参照），これは，退職労働者の職業選択の自由（憲22条1項）を考慮した合理性要件を意味する。

一方，使用者の業務上の必要性を考慮した合理性判断としては，期間雇用社員の有期労働契約の更新限度を65歳に制限する就業規則（更新限度条項）につき，高齢の期間雇用社員に係る事故の可能性を考慮して，加齢による影響の有無や程度を個人ごとに検討して有期労働契約の更新の可否を判断するのではなく，一定年齢に達した場合に契約を更新しない旨を予め就業規則に定めておくことには相応の合理性があると判断した例がある[*275]。有期契約労働者についてはさらに，その無期労働契約転換後に生じている正社員（無期契約労働者）との間の基本給等の相違につき，有期契約労働者であった時期と同様，配置の変更の範囲に違いがある（正社員と異なり，広域異動・出向・人材登用を予定していない）として合理性を肯定した例がある[*276]。

b）「労働条件」 「労働条件」については，一般には「労働契約関係における労働者の待遇の一切」として広く解釈されており（108頁），労契法7条の「労働条件」についても妥当する。もっとも，本条は，就業規則に定める労働条件が労働契約内容を補充すること（契約内容補充効）を定めた規定であるため，労働契約とは別に設定される契約（留学・研修費用返還制度に関する免除特約付消費貸借契約）や，退職後（労働契約終了後）の守秘義務・競業避止義務は，「労働契約の内容」となる「労働条件」たりえないのではないかが問題となる。

このうち，免除特約付消費貸借契約については，労働契約とは全く異なる契約であるから，本条の「労働条件」には該当しないと解すべきである。これに対し，退職後の守秘義務・競業避止義務については，退職後は労働契約が存在しない以上，「労働契約の内容」たる「労働条件」を対象とする7条を適用することは困難と説く見解[*277]と，これら権利義務と労働契約との関連性を重視

[*275] 日本郵便事件・最判平成30・9・14労判1194号5頁。

[*276] ハマキョウレックス事件・大阪地判令和2・11・25労判1237号5頁。有期契約労働者・無期契約労働者間の労働条件相違に係る規律（旧労契20条，パート・有期法8条）については，1039頁以下参照。

[*277] 山川・前掲論文（[*244]）576頁，野川210頁。本書930頁参照。

して，「労働条件」該当性を認めつつ，合理性判断を厳しく行うことが妥当と説く見解（荒木＝菅野＝山川111頁）が対立している。私は，後説を支持する。

　(エ)　「周知」　就業規則の「周知」については，労働契約法の制定以前から，「就業規則が法的規範としての性質を有する……ものとして，拘束力を生ずるためには，その内容を適用を受ける事業場の労働者に周知させる手続が採られていることを要する」と判断する判例があり（前掲・フジ興産事件［＊257］），本条は，この判例法理を立法化して「周知」の要件を規定したものである。本条が周知要件を規定したのは，合意原則（労契3条1項）を修正して就業規則による労働条件の規律を認める以上，労働者への周知が必須の要件となるとの趣旨によるものと解される。

　問題は，労契法7条の「周知」が労基法106条の周知義務（214頁）を意味するのか，それとも，何らかの形で実質的に周知させればよいのかであるが，労契法が労基法と別の立法として制定された以上，後者と解するのが自然であろう。「実質的周知」とは，労働者が知ろうと思えば知りうる状態にしておくことをいう（荒木＝菅野＝山川113頁）。そして，このような実質的周知が行われれば，労働者が現実に就業規則内容を知ったか否かにかかわらず，就業規則の拘束力（契約内容補充効）が及ぶことになる[*278]。

　もっとも，就業規則の内容が複雑多岐にわたり，労働者が規定を一見しただけでは理解できないようなケースでは，使用者は，就業規則の周知に際して，労働者の理解を深めるよう一定の配慮を求められる場合があると解される。すなわち，①使用者は，就業規則の周知が合意原則（労契3条1項）を修正して

[*278]　同旨裁判例として，前掲・永尾運送事件（＊247），河口湖チーズケーキガーデン事件・甲府地判平成29・3・14ジャーナル65号47頁，PMKメディカルラボ事件・東京地判平成30・4・18労判1190号39頁，東京エムケイ事件・東京地判平成29・5・15労判1184号50頁，前掲・シナジー・コンサルティング事件（＊11）等。

　　労契法7条の実質的周知の趣旨を踏まえると，就業規則の周知については，事業場の全労働者が十分に規則内容を理解できる程度の周知を要すると解すべきである。この結果，7条が定める「周知させていた」については，①使用者が労働契約締結以前に，当該労働者が就労する事業場の労働者に対して就業規則を周知させるとともに，②労働契約締結時に，当該労働者に対して就業規則を周知させることを要すると解される（同旨，「施行通達」）。これに対し，①のみで足りると解した場合は，労契法上は当該労働者への就業規則の周知が不要となり，同法7条の中核を成す周知要件の意義を没却する結果となるし，②のみで足りると解する場合は，就業規則の「適用を受ける事業場の労働者に周知させる手続が採られていること」を拘束力の要件と解する判例法理（前掲・フジ興産事件［＊257］）を後退させる結果となるため，ともに適切でない。

就業規則の契約内容補充効を肯定するための要件であることや，労働条件に関する労働者の理解促進の責務が規定されていること（同4条1項）に鑑み，労働者の求めに応じて適切な説明・情報提供を行い，労働者が規則内容を認識できる状況を提供する必要があると解される。また，②周知の対象が，労働条件内容を特定するのに必要なすべての情報に及ぶべきことは当然である[279][280]。

この点，裁判例では，会社が朝礼時に退職金規程の不利益変更について説明したとしても，その具体的内容について説明せず，また，退職金規程を休憩室に掲示していたとしても，退職金額の具体的決定・算出方法に関する規定を添付していない場合は，実質的周知は行われていないと述べ，変更の拘束力を否定した例がある[281]。「実質的周知」の意義を上記①・②に即して厳格に解する立場であり，おおむね妥当と考える。

使用者が労働契約締結時に就業規則の周知を怠った場合，就業規則の契約内容補充効は発生しないが，就業規則に即した労働条件が実際に展開されている場合は，黙示の合意または労使慣行によって当該労働条件が労働契約内容を補充するものと解される[282]。その後，使用者が就業規則を周知させ，それが従

---

[279] 土田・前掲論文（[262]・労働）10頁，土田82頁。本書227頁も参照。

[280] 周知要件充足の否定例として，従業員は就業規則の存在を知らず，また，店舗の従業員から会社本店に本件就業規則の閲覧の申出がなされ，本件就業規則を各店舗に郵送するなどの方法で閲覧に供された事例が見当たらないこと等を理由に実質的周知を否定した例（前掲・PMKメディカルラボほか1社事件［[278]]）や，懲戒解雇および固定残業代制の根拠となる就業規則につき，原告労働者（営業所長）に就業規則を交付していたとしても，同人が自身の机にしまったままにしておいたことから周知性を否定した例がある（宮田自動車商会事件・札幌地判令和5・4・7ジャーナル137号16頁［就業規則は原則として同一事業場に就業する労働者全員に対して一律に適用すべきであるから，そのうち1名にのみ交付したとしても周知性はないと判断］）。他方，周知の肯定例として，インターメディア事件・東京地判令和4・3・2ジャーナル127号44頁，前掲・埼玉医科大学事件（[11]），前掲・スカイコート事件（[93]）。

[281] 中部カラー事件・東京高判平成19・10・30労判964号72頁（ただし，就業規則による労働条件変更時の周知［労契法上は10条］に関する判断）。

[282] これに対し，就業規則が周知されず，かつ，就業規則に即した労働条件が展開されていない場合は，契約内容補充効は否定され，労使間の権利義務（労働条件）を設定しない（60歳定年制を定める就業規則につき，エスケーサービス事件・東京地判平成27・8・18労経速2261号26頁）。また，この点は，当該就業規則が退職金請求権など労働者の権利を付与する内容のものである場合も同様である（社会福祉法人健心会事件・大阪地判平成25・10・29ジャーナル22号10頁）。このほか，就業規則の周知と契約内容補充効の肯定例として，南大阪センコー運輸整備事件・大阪地判平成28・4・28ジャーナル53号23頁（給与規程），前掲・東京エムケイ事件［[278]]（給与規定），否定例として，OBネットワーク事件・東京地判平成28・3・29ジャーナル52号45頁（懲戒規定），前掲・河口湖チーズケーキガーデン事件［[278]]（懲戒規定）。

来の労働条件より不利な場合は，就業規則による労働条件の不利益変更に関する 10 条が類推適用される（荒木＝菅野＝山川 116 頁）。

　(オ)　**特約優先規定**　労契法 7 条但書は，労働者・使用者が就業規則内容と異なる労働条件を合意していた場合は，当該合意が優先し，本文の契約内容補充効が生じないことを定めたものである。個別的人事管理の進展と，それを踏まえた労働契約の多様性の尊重という観点から妥当な法政策と評価できる。特約の例としては，就業規則に包括的な配転条項がある一方，労使が職種・勤務地限定の合意を締結したケース（545 頁）や，就業規則に一般的な給与規定がある一方，労働者がそれと異なる年俸額で中途採用されたケースが考えられる。一方，労働契約で定める労働条件が就業規則上の労働条件に達しない場合は，就業規則の最低基準効（労契 12 条。216 頁）が及ぶので，就業規則に優先する特約は，労働者に有利な労働条件を定めたものに限られる[*283]。

　なお，この特約優先規定の適用範囲には一定の限界がある。まず，①使用者が労働契約締結時に合理的労働条件を定めた就業規則を周知させ，それと同時に（またはそれ以前に），就業規則と異なる特約を労働者との間で合意した場合（上記の例）は，7 条但書によって当該特約が優先されるものと解される。これに対し，②労働契約締結時に合理的就業規則を周知させた後，労働契約の展開過程で特約を合意した場合（たとえば，労働契約締結時に就業規則の包括的な配転条項を周知させた後，労使が職種・勤務地限定の合意を締結した場合）に 7 条但書が適用されるか否かは明確でない。しかし，就業規則と異なる労働条件を合意「していた」という 7 条但書の文言を素直に読む限り，但書は①のケースのみに適用されると解すべきであろう。②のケースは，むしろ，労働者・使用者が合意によって労働契約内容である労働条件を変更できる旨を定めた労契法 8 条（776 頁）によって効力を認められるものと解される[*284]【2–10】【2–11】【2–12】。

[*283] 裁判例では，就業規則上，「出向手当は固定残業代として支給する」旨の規定がある一方，雇用契約書においては，出向手当とは別に残業手当を支給する旨の規定がある場合は，当該就業規則について労働者の同意を得て労働契約内容としない限り，個別労働契約（特約）の内容が優先する（労契 7 条但書）と述べた上，上記同意を否定して出向手当の固定残業代該当性を否定した例がある（グレースウィット事件・東京地判平成 29・8・25 労経速 2333 号 3 頁）。賃金額合意後にその額を大幅に引き下げる賃金規程が定められた事案につき同旨，ツヤデンタル事件・大阪地判令和 5・6・29 ジャーナル 139 号 14 頁。

[*284] 「施行通達」は，労契法 8 条は，同法 7 条本文により就業規則で定める労働条件によるものとされた労働契約内容の変更に適用されると述べているが，これは，本文の解釈と同旨であると思われる。

【2-10】 就業規則の合理性審査の正当化根拠　労契法7条は，なぜ［合理的な労働条件」を就業規則の契約内容補充効の要件としたのか。換言すれば，就業規則はなぜ合理性があってはじめて契約内容補充効を有するといえるのだろうか。

　この点については，第1に，労契法が基本理念とする合意原則（3条1項）および労基法の基本原則である労働条件対等決定の原則（2条1項）が重要である。すなわち，これら両原則は，当事者が自由な合意によって契約内容を形成することを認める原則であるが，それは，当事者が対等の立場で交渉し，自由意思に基づいて契約内容を決定できることを前提とする。ところが就業規則の場合は，こうした状況は存在せず，労働者は，就業規則を包括的に受諾するか拒絶するかの自由をもつだけである。しかも，労基法・労契法は，使用者による就業規則の一方的作成を容認した上で契約内容補充効を付与し，合意原則に重大な修正を加えている。そうだとすれば，就業規則の拘束力を無限定に認めることはできず，その内容が当事者間の合意に基づく労働条件の決定から著しく乖離しないよう規制する必要があり，その役割を担うのが労契法7条の合理性審査にほかならない。すなわち，7条は，就業規則による労働条件の決定を認める代わりに，その内容が合意原則に基づく決定から乖離していないか否か（実質的合意の要請［21頁］との乖離の有無）を審査する権限を裁判所に付与しているのである[*285]。

　就業規則の合理性審査の第2の正当化根拠は，就業規則およびそれが対象とする労働条件の集団的性格である。前記のとおり（212頁），就業規則は多数労働者を対象とする集団的労働条件決定規範であり，労働条件の集団的規律（集合的・統一的決定）の要請を内在している。しかし一方，就業規則が労働条件の集団的規律を目的としている以上，就業規則を作成した使用者は，個々の労働者との間の交渉・協議によって規定内容を修正することを本来予定しておらず，その結果，私的自治（労使自治）による合意内容の合理性（契約正義）を担保することは困難となる。こうした状況の下では，裁判所による就業規則の内容規制（合理性審査）が強く要請されざるをえない。こうして，労契法7条は，就業規則法制の特質（使用者による就業規則の一方的作成の法認，労働条件の集団的［集合的・統一的］決定の

[*285]　この点，前掲・大島産業ほか事件（*246）は，全従業員を適用範囲とする就業規則所定の固定給賃金につき，会社が同固定給は土木工事従事者を想定したものであり，これを長距離トラック運転手に適用すれば労働実態や賃金算定方法から乖離するため，「合理的な労働条件が定められている就業規則」（労契法7条）に当たらないと主張したのに対し，就業規則の労働条件に合理性が求められる趣旨は，就業規則が合意原則（労契3条1項）によらず労働者を拘束するものであるため，その拘束力を制限して労働者の権利を保護することにあり，個別の合意によることなく労働条件を規律すべく就業規則を定めた使用者において，就業規則が合理的な労働条件ではないことを理由として自らその拘束力を否定することは禁反言の法理（民1条2項）に反するとして斥けている。労契法7条の趣旨（就業規則の合理性要件による拘束力の制限）を適切に理解した判断と解される。

要請）に着目して合理性要件を定立したものということができる*286。

【2-11】就業規則の効力発生要件 使用者が就業規則の作成過程で届出義務（労基89条），意見聴取義務（同90条），周知義務（同106条）を履行しなかった場合，就業規則の効力はどうなるのか。このうち周知義務については前述したが（214頁），届出義務と意見聴取義務に関しては，就業規則の最低基準効（労契12条）と，契約内容補充効（労契7条）を分けて考えるべきである。まず，最低基準効について届出義務や意見聴取義務の履行を効力発生要件と解すると，使用者がそれら義務の不履行を理由に最低基準の効力を免れる結果をもたらし，労働条件保護に反する結果となるので，それら義務の履行を効力要件と解する必要はない。これに対し，就業規則の契約内容補充効については，届出および意見聴取がなされてはじめて発生すると解すべきである。

もっとも，後者の契約内容補充効については，就業規則の変更（労契10条）につき，労契法11条が労基法89条・90条（届出義務・意見聴取義務）を引用するのに対し，7条はこうした規定を欠いているため，届出・意見聴取ともに不要とする解釈（否定説）が成立しうる*287。たしかに，労契法の構造からは否定説に分があるが，他方，労契法が基本趣旨とする合意原則（1条・3条1項）を踏まえれば，肯定説も成立しうる。私は，労契法に関しては，合意原則を尊重した解釈を行うべきだと考えるので（20頁），合意原則を修正して就業規則の契約内容補充効を認める7条に関しても，合意原則に代わる手続的要件として，届出および意見聴取義務を課すことが適切と考える（労契10条・11条につき，749頁も参照）。

【2-12】契約のひな形としての就業規則と合理性審査 就業規則は，契約内容補充効（労契7条）のほか，労働契約のひな形として機能し，労働者の同意を経て契約内容に組み込まれることがある。使用者が労働契約締結時に就業規則を提

---

*286 この点，野川204頁・212頁は，労契法7条の「合理性」要件について，合意としての労働契約を規律するだけの根拠となりうる合理性が認められなければ契約内容となりえないとの立場を前提に，就業規則の集団的性格に鑑み，制度としての公平性・公正さの整備が求められるとの解釈を展開している。基本的に本書と同旨と解される。

*287 有力説（菅野＝山川247頁）および「施行通達」は，就業規則の変更（労契10条）についてさえ，労契法11条が定める労基法89条・90条の手続は労契法10条本文の法的効果の発生要件ではないと説くので（749頁），労契法11条を引用していない7条については，それら手続はなおさら就業規則の拘束力の要件とならないと解するものと思われる。同旨裁判例として，前掲・協同組合グローブ事件（*148），前掲・大陸交通事件（*212），前掲・スカイコート事件（*93）。関連して，スマット事件（大阪地決令和5・10・5ジャーナル143号34頁）は，就業規則作成義務・意見聴取義務・届出義務のない事業場に適用される就業規則がその発効によって当事者間の労働契約内容となったことを認めた上，その後の従業員数の増加に伴う意見聴取義務・届出義務の不履行があるものの，これら後発的な手続的瑕疵によって当該労働契約内容を成す就業規則部分が失効することはないと判断している。水町203頁は，届出や意見聴取の不履行が就業規則の合理性（労契7条）を否定する要素の一つとなりうると説く。

示し，労働者が同意する場合が典型である。問題は，就業規則所定の労働条件が契約内容となる根拠を何に求めるかであるが，この点については，①労使間合意（包括的合意）によって契約内容となり，労使当事者を拘束するという立場と，②労使間の包括的合意のみでは契約内容を補充せず，7条と同様の内容規制（合理性審査）を課すべきという立場がある*288。

まず，労使間においてこうした包括的合意が行われうること自体については，契約説および合意原則の観点から否定すべき理由はない。では，就業規則の契約内容組入れの根拠についてはどう考えるべきか。この点については，労使間合意が包括的合意にとどまる限り，同合意のみでは契約内容を補充せず，7条と同様の合理性要件に服するものと解すべきである（②説）。その根拠は，合意原則が本旨とする実質的合意の要請（21頁）および労契法7条にある。

すなわち，就業規則に関する労使間合意が包括的合意にとどまる場合，就業規則が直ちに契約内容となって当事者を拘束すると解すること（①説）は，合意内容が当事者対等の合意に基づく労働条件決定から著しく乖離する結果をもたらし，合意原則（実質的合意の要請）から乖離する。一方，そうした帰結は，法が就業規則法制の特質（使用者による就業規則の一方的作成の法認，労働条件の集団的［集合的・統一的］決定の要請）に即して定立した合理性要件（労契7条）が労使間合意によって容易に潜脱される結果をもたらしうる。就業規則に関する包括的合意のこうした構造を踏まえれば，労契法7条を類推適用して合理性要件を課し，内容規制を行うべきである*289。この点，2015年改正民法は，定型約款に関する組入れ除外規定（不当条項規制）を規定するが（548条の2第2項。50頁），その理由は，定型約款においては，当事者間に構造的な交渉力・情報格差が存在することから，当事者の自由な合意による契約内容の形成が実質的に機能せず，その結果，契約内容の合理性が保障されないという点に求められる*290。この点，就業規則が労働者

---

*288 ①説として，荒木416頁，菅野＝山川234頁，注釈労基・労契(2) 362頁［土岐将仁］，②説として，浜村彰「就業規則の法的拘束力と不利益変更に対する個別合意」労旬1837号（2015年）33頁以下。また，石田信平「就業規則による労働条件決定──採用時の合意と労契法7条の関係性」前掲・労働126号（＊261）32頁は，この論点を就業規則の法的性質論（契約説，法規範説）の理論的対立と関係させつつ詳細に論じ，考察を深めている。

*289 同旨，浜村・前掲論文（＊288）34頁。石田・前掲論文（＊288）43頁も，労契法7条における就業規則の法的性質について法規範説を採用することを示唆しつつ，就業規則に関する採用時の合意に対する労契法7条の適用を肯定すべき旨を説く。

*290 「債権法改正の基本方針」以来の立場である。民法（債権法）改正検討委員会編『債権法改正の基本方針』（商事法務・2009）112頁，商事法務編『民法（債権関係）の改正に関する中間的な論点整理の補足説明』（商事法務・2011）253頁，商事法務編『民法（債権関係）の改正に関する中間試案の補足説明』（商事法務・2013）375頁以下参照。なお，改正民法の定型約款法制は，民法改正過程の議論・提案と比較すると，合意原則・私的自治の原則との整合性を大きく後退させる内容となっているが（土田・前掲論文［＊263］102頁参照），本文に述べた不当条項規制の存在理由については，基本的に異ならないものと解される（同113頁）。

の包括的同意を経て契約内容に組み込まれる状況は約款に類似しており、この点からも、労働契約法独自の不当条項規制を肯定すべきである。なお、就業規則に関する合意の内容規制について労契法7条の類推適用を肯定する根拠は、就業規則に関する合意が包括的合意にとどまる限り、個々の労働者が規則内容の合理性について交渉する可能性は乏しいことから、就業規則による一方的規律の状況（労契7条）に類似しているという点に求められよう。また、こうした包括的合意の内容規制は、合意の成立を前提とする効力要件に位置づけられる[*291]。

　では、使用者が労働契約締結に際して、契約のひな形としての就業規則の全部または一部（個別の条項）について十分な説明・情報提供を行い、労働者が変更内容を認識・理解した上で同意したと認められる場合（個別的合意）はどうか。労働条件の決定・設定が労働者の自由意思に基づく同意要件（211頁）を充足して行われる場合である（就業規則全体であればともかく、個別の条項についてこうした個別的合意が行われることはありうる）。この場合は、合意原則（合意尊重の要請）に基づき、労働者は当該合意に拘束されるのが大原則となる。しかし、この場合も、合意内容が著しく合理性を欠く場合は、労契法7条を類推適用して例外的合理性審査（内容規制）を行い、当該合意の拘束力を否定すべきであろう。そうした合意は、包括的合意と同様、当事者対等の合意に基づく労働条件決定の要請（実質的合意の要請）から乖離するとともに、労契法7条が就業規則法制の特質に着目して定立した就業規則の合理性要件が労使間合意によって潜脱される結果をもたらしうるからである。もとより、個別的合意の内容規制は、労使間合意の存在を前提とする例外的規制としてごく緩やかに行われるべきである（この点については、労使間合意に基づく就業規則の変更に関する解説を参照［764頁］)[*292]。

[*291]　一方、契約のひな型としての就業規則の合理性審査については、労契法7条の類推適用ではなく、定型約款に係る組入れ除外規定（民548条の2第2項）を適用する見解も考えられる。すなわち、就業規則は、労契法7条を介して契約内容補充効を及ぼす場合は、特別法である同条が存在するがゆえに定型約款に該当せず、定型約款法制の適用を受けないが（土田・前掲論文［*263］101頁、本書51頁参照）、就業規則が労働契約のひな形として機能する場合は、労契法7条ではなく、労働者の同意（労使間合意）を経て契約内容に組み込まれ、労契法の規律を受けないことから、定型約款該当性を認めて組入れ除外規定（不当条項規制）を適用する余地がある（岡村優希「債権法改正と労働法」土田編・企業法務と労働法81頁以下、同「民法（債権法）改正と労働法」季労266号［2019］212頁以下がこの解釈の可能性を示唆している）。ただし、私は、就業規則本体についても労契法7条の合理性要件に定型約款の組入れ除外規定の趣旨を摂取する解釈論を提唱するので（*266）、労働契約のひな型としての就業規則に組入れ除外規定を直接適用した場合も、就業規則の合理性の解釈との間で実際上の差異は生じないものと解される（以上、土田・前掲論文［*100］274頁参照）。

[*292]　たとえば、包括的出向条項、高年齢者雇用安定の法の趣旨に著しく反する定年後給与規程（224頁以下参照）、パートタイム労働者に対する時間外労働命令条項・包括的配転条項（石田・前掲論文［*288］41頁）、退職後の包括的競業避止義務条項等、著しく合理性を欠く就業規則に関する合意については、仮にそれが労働者の自由意思に基づく個別的合意である場

3 労働協約

(1) 意 義

　労働協約とは，労働組合と使用者との団体交渉の成果として締結される合意（協定）をいう。労働協約は就業規則と異なり，労使間の集団的合意として成立するため，権利義務（労働条件）の設定手段として法令に次ぐ地位を付与される。すなわち，労働協約は，労働契約に対する規範的効力（労働契約上の権利義務を法規範的に設定する効力）を付与され（労組16条），就業規則との関係でも優越的地位に立つ（労基92条，労契13条）。労働法は，労働組合が労働協約の締結を通して労働条件の維持改善を図り，労使間の実質的対等関係を実現することを意図しているのである（労組1条2項・2条参照）。

　日本の労働協約は，企業別に締結される協約（企業別協約）という点を特色としている。これは，日本の労働組合が企業別に組織されること（企業別組合）に起因しており，産業別協約が支配的なヨーロッパ諸国と対照的である。この結果，日本の労働協約は各企業の業績や事情に応じた労働条件を設定するのが通例となり，普遍的な「産業の法」としての性格が後退する反面，各企業の現実の労働条件や労使関係のルールを定め，労使間コミュニケーションを促進するという意味では強い機能を有する（日本型コーポレート・ガバナンス. 41頁）。本項では，労働契約法の観点から重要な点について解説する。

(2) 当事者・要式・期間

　(ア) **当事者**　労働協約の当事者は，「労働組合と使用者又はその団体」である（労組14条）。

　労組法2条によれば，労働組合は「労働者が主体となつて自主的に労働条件の維持改善その他経済的地位の向上を図ることを主たる目的として組織する団体又はその連合団体」（本文）をいい，使用者の利益代表者を参加させる団体（但書1号）や，経費援助を受ける団体（同2号）を含まない。したがって，労働協約の当事者としての労働組合もこの要件を満たす必要がある（土田412頁）。一方，「使用者」は，個人企業であればその企業主個人，法人企業であればその法人である（使用者団体が協約当事者となるケースは，日本では稀である）。

　次に，労働協約は，協約締結権限を有する者によって締結されなければなら

合も，本文に述べた例外的内容審査によって拘束力を否定すべきである。

ない。協約締結権限を有するのは，「労働組合の代表者又は労働組合の委任を受けた者」（労組6条）であり，通常は組合の代表者（委員長）であるが，労働協約の締結は，組合員の労働契約に影響を及ぼす重要な行為であるから，代表者といえども当然に協約締結権限を有するわけではなく，組合規約の定めや組合大会等の議決による委任を受けることを要する。また，こうした授権を受けた場合も，労働協約の締結が組合規約上，最終的に組合総会（大会）の決議事項とされている場合は，その手続を経る必要があり，規約所定の手続を履行しない協約は，協約締結権限上の瑕疵を理由に無効とされる[*293]。

(イ) **要式** 労働協約は，書面に作成され，両当事者が署名または記名押印しなければならない（労組14条）。すなわち，労働協約の締結は要式行為である（労働契約が諾成契約として形式を問わないことと異なる）。労働協約は，規範的効力（労組16条）を通して労働契約を規律する強い機能を営むため，その存在と内容を明確にしておく必要があるというのが立法趣旨である。ただし，署名または記名押印を備えた書面の協定であれば，「労働協約」と題される必要はなく，「賃金協定」，「議事確認書」，「覚書」などの名称でもよい。

これに対し，口頭による合意や，署名または記名押印を欠く合意は，合意内容が明確であっても労働協約としての効力を認められない。判例も，労使間のベース・アップ交渉で賃上げの合意はなされたが，他の交渉事項が妥結しなかったため協定化されなかったケースにつき，労組法14条の趣旨を上記と同様に解した上，「書面に作成され，かつ，両当事者がこれに署名し又は記名押印しない限り，仮に，労働組合と使用者との間に労働条件その他に関する合意が成立したとしても，これに労働協約としての規範的効力を付与することはできない」と判断している[*294]。一定の要式を備えない限り労働協約としての効力を否定するという規律は，要式を備えた協約の締結に向けた交渉を促進する意義を有し，労働協約の適正な運営を促進する規律に位置づけることができる。

もっとも，労組法14条所定の要式を欠く労使間合意についても，労働組合・使用者間の契約としての効力まで否定する必要はなく，合意内容に違反した当事者は債務不履行責任を負う[*295]。また，14条の要式を欠く合意や協定に

[*293] 中根製作所事件・東京高判平成12・7・26労判789号6頁。本書768頁参照。
[*294] 都南自動車教習所事件・最判平成13・3・13民集55巻2号395頁。同旨，秋保温泉タクシー［一時金仮払保全異議］事件・仙台高決平成15・1・31労判844号5頁（賞与支給に関する労使間合意の事例）。

基づく取扱いが長期にわたって継続して実施されていれば，労使間の黙示の合意または労使慣行（251頁）として契約内容を規律することがある[*296]。

一方，裁判例の中には，労組法14条の要件を欠く労使間合意に労働協約としての効力を否定しつつも，その前提となる労使間合意が使用者による支給条件（定期昇給，ベース・アップの不実施）の提案によって不成立となったケースにつき，支給条件の提示自体が信義則違反となると解し，労使間合意を擬制して協約と同様の効力（賞与請求権）を肯定する例がある[*297]。しかし，信義則を根拠に，協約と同様の効力をもつ合意の成立を認めることは，労働協約の要式性（労組14条）を軽視し，協約締結のインセンティヴを削ぐ結果となることを考えると，適切な判断とは思われない。

(ウ) 期　間　　労働協約に期間を定めるかどうかは当事者の自由であるが，期間を定めるときは3年を超えることはできない（労組15条1項）。3年を超える期間を定めたときは，3年の期間を定めたものとみなされる（同15条2項）。協約が長期にわたって当事者を拘束することは，社会経済状況の変化から見て好ましくないからである。実際には1年以内と定める例が多い【2-13】。

> 【2-13】 **労働協約の法的性質**　　労働協約は，締結当事者である労働組合と使用者を拘束する（債務的効力）だけでなく，第三者である組合員の労働契約を規律する強い効力（規範的効力）を有する（労組16条）。そこで，こうした特殊な効力をもつ労働協約の法的性質をどのように解するかが問題となる。学説では就業規則と同様，法規範説と契約説が対立している。法規範説は，労働協約を法律と同様の法規範と解する見解であり，同説によれば，規範的効力は労働協約に内在する効力であって，労組法16条はこれを確認した規定にすぎない。これに対して

[*295] 同旨，山口浩一郎『労働組合法〔第2版〕』（有斐閣・1996）170頁，水町140頁。
[*296] 東京急行電鉄・東急バス事件・東京地判平成25・1・22ジャーナル13号9頁（結論は，労使慣行の成立を否定）。これに対し，前掲・エフ・エフ・シー事件（[*59]）は，ある年度の降級基準を会社と労働組合が口頭で合意し，会社がそれに基づいて降級措置をとったことにつき，協約としての効力を否定した上，口頭による労使合意を有効とする労使慣行の存在の主張につき，そうした慣行は労組法14条に違反し，公序違反として無効と判断している。
[*297] ノース・ウエスト航空事件・千葉地決平成14・11・19労判841号15頁。また，最近では，労働協約が当事者の署名・記名押印を欠き，労組法14条の要式性を備えていない一方，同協約を補完する労使間の覚書が要件を具備しているケースにつき，協約と覚書の一体性を理由として協約の規範的効力を肯定した例もある（音楽之友社事件・東京地判平成25・1・17労判1070号104頁）。労使交渉が複雑な経緯を辿って行われてきたことを重視した事例判断であり，協約の要式性に関する一般的判断と理解することは適切でない。

契約説は，労働協約は本来契約であるが，労組法16条によって特に労働契約を規律する効力（規範的効力）を付与された契約（規範設定契約）であると説き，あるいは，協約当事者が労組法16条によって特に法規範を設定する権限を授権されていると解する（授権説ともいう）。契約説によれば，規範的効力は労組法16条が創設した効力を意味することになる[*298]。

　労働協約は，何よりもまず労働組合・使用者という私人間で締結される協定であり，規範的効力以外に当事者間の権利義務を設定する効力（債務的効力）をもつため，その法的性質は契約と解する方が自然である。また，産業別の労働条件を一律に決めてしまう欧米の産業別協約と異なり，個別企業の事情に左右される日本の企業別協約は普遍的（客観的）規範という性格に乏しく，労組法16条がないと仮定したときに法規範たる実質を備えるかは疑わしい。したがって，契約説が妥当である[*299]。

(3) 規範的効力の内容

㋐　根拠・性質　労働協約の効力は，契約としての効力（債務的効力）と，労働契約上の労働条件を設定する効力（規範的効力）の2種類に分かれる。労働契約法にとって重要な規範的効力について，労組法16条は，①労働協約の労働条件その他の労働者の待遇に関する基準に違反する労働契約の部分は無効となること，②無効となった部分は基準の定めるところによること，③労働契約に定めのない部分についても②と同様とすること，の3点を規定している[*300]。

　このうち，①を強行的効力といい，②を直律的効力という。たとえば，労働協約で一定の賃金額を定めたときに，ある労働者（組合員）の労働契約に賃金額の合意がなく，または協約を下回る基準を定めている場合は，後者の定めは無効となり（①の強行的効力），どちらの場合も協約基準に従った請求権が認められる（②③の直律的効力）[*301]。労働協約に対し，労基法と同様の強い効力を

[*298] 法規範説は，規範的効力を協約に内在する効力と解するため，14条の要式を満たさない合意についても規範的効力を肯定するのに対し，規範的効力を16条が創設した効力と解する契約説によれば，14条の要式を満たさない合意はこの効力を否定されることになる。

[*299] 菅野＝山川1036頁，山口・前掲書（[*295]）174頁，野川893頁，野川忍『労働協約法』（弘文堂・2015）107頁，水町136頁，川口860頁など。

[*300] 規範的効力の詳細は，西谷敏＝道幸哲也＝中窪裕也編『新基本法コンメンタール労働組合法』（日本評論社・2011）186頁以下［土田道夫］，野川・前掲書（[*299]）110頁以下参照。

[*301] なお，労組法16条は，労働協約と労働契約の関係に関する規定であるので，労働協約と

認めたものである。そこでたとえば，使用者が労働協約所定の退職金制度を就業規則によって不利益に変更し，個々の労働者の同意を得たとしても，その同意は労組法16条によって無効となり，規範的効力が及び続ける[*302]。

　法が労働協約にこうした強い効力を認めたのは，それによって労働条件を改善し，労使間の対等関係を実現しようとするためである。すなわち，個々の労働契約においては，労使間に交渉力・情報格差があるし，就業規則は使用者が一方的に作成するため，労働条件の対等交渉が形骸化しがちである。これに対して労働協約は，労働組合が団体としての力を背景に交渉を行った成果であるから，通常は労使間の対等交渉と合理的な利益調整を経て締結されたものと解しうる。憲法28条を頂点とする労働法は，労使がこのような集団的労使自治（協約自治）の中で労働条件を規制し，対等関係を樹立することを期待しているのである。したがって，労働協約の規範的効力については，できるだけ当事者の意思どおりに認め，協約の規制範囲を幅広く解することが法の趣旨に合致する（土田415頁も参照）。

　規範的効力のうち，直律的効力の性質については，労働協約が労働契約の内容になるという見解（化体説）と，労働協約は労働契約を外から規律するにとどまると説く見解（外部規律説）が対立している[*303]。両説の違いは，協約終了後の労働条件や，協約で労働条件を不利益に変更したときの労働契約内容に関する法的処理の違いに現れる。労働協約の法的性質からは外部規律説に分があるようだが，労働条件の標準を定める日本の企業別協約においては，協約基準が当然に労働契約内容となるというのが協約当事者や労働契約当事者の意思と考えられるし，協約の規範的部分については，労働者は労働契約上の権利としてその履行を請求できるというのが労組法16条の解釈として自然である。したがって，化体説が妥当である。

(イ) 規範的効力の範囲　a) 事項的範囲　労働協約の規範的効力が生ず

　　就業規則の関係については，同条ではなく，労契法13条（215頁）が規律していると考えるべきである。ただし，就業規則が労働契約内容となって拘束力（契約内容補充効）を取得すると考える本書の立場では，両規範の関係についても，労組法16条が併せ適用されると解される（以上，山川・前掲論文［*244］581頁参照）。

[*302]　前掲・音楽之友社事件（*297）。

[*303]　化体説として，西谷敏『労働組合法〔第3版〕』（有斐閣・2006）341頁，野川902頁，野川・前掲書（*299）111頁以下，土田415頁，三菱重工業長崎造船所事件・長崎地判昭和60・6・26労民36巻3号494頁。外部規律説として，菅野＝山川1044頁，荒木700頁，安田生命保険事件・東京地判平成7・5・17労判677号17頁，前掲・永尾運送事件（*247）等。

るのは、「労働条件その他の労働者の待遇に関する基準」(労組16条)であり、これを規範的部分という[304]。

「労働条件その他の労働者の待遇」とは、賃金、労働時間、安全衛生、災害補償、服務規律、職場環境、定年、解雇、福利厚生など、労働者の処遇のほとんどすべてを含む広い概念である。

「基準」とは、労働契約を規律するに足るだけの客観的・明確な準則をいい、賃金体系、所定労働時間制、人事異動のルール、解雇事由規定が典型である。これに対し、「基準」か否かが問題となる事例としては、以下のものがある。

第1に、「基準」の上記性格によれば、協約上の抽象的理念規定や努力義務規定は規範的効力を否定される。たとえば、「賃金を改善するよう努める」との規定[305]や、「客室乗務員(FA)としての地位を失うことがないよう努力する」との規定(FA職位確保努力義務)[306]が挙げられる。ただし、こうした規定も、それに基づく使用者の権利行使を権利濫用(労契3条5項)と評価する根拠として機能することがある[307]。

第2に、配転・懲戒・解雇等の人事に関して労働組合との協議・同意を義務づける規定(協議・同意条項)の規範的効力が問題となる。肯定説が有力であるが[308]、労働組合を当事者とする人事処遇手続を定めたものにすぎず、労働契約の「基準」とはいえないとして否定する見解もある(菅野=山川1050頁、荒木707頁)。しかし、組合との協議や同意も準則であることに変りはないし、もっぱら労働者(組合員)個人の利益の保護を目的とする規定であるので、広義における「基準」(手続的基準)と解し、規範的効力を肯定すべきである[309]。

---

[304] 規範的効力(規範的部分)の解釈方法については、西谷=道幸=中窪編・前掲書(*300)188頁[土田道夫]参照。

[305] 日本運送事件・神戸地判昭和60・3・14労判452号60頁。

[306] ノース・ウエスト航空[FA配転]事件・東京高判平成20・3・27労判959号18頁。

[307] 前掲・ノース・ウエスト航空[FA配転]事件(*306)は、協約上のFA職位確保努力義務規定に反して客室乗務員から地上職への配転命令を漫然と行ったことにつき、同規定の履行いかんが配転命令権の濫用の判断要素となると解し、結論としても権利濫用の成立を肯定している。

[308] 西谷・前掲書(*303)351頁、川口874頁。裁判例として、エコスタッフ(エムズワーカース)事件・東京地判平成23・5・30労判1033号5頁。石原産業事件・大阪地判平成22・9・24労判1018号87頁も参照。解雇協議条項については、886頁参照。

[309] ただし、否定説も、協議・同意条項違反の人事は重大な手続違反による権利濫用として無効と解する(菅野=山川1050頁)ので、実際上の違いは少ない。

b）人的範囲　労働協約は，規範的効力を含めて，協約を締結した労働組合の組合員にのみ適用され，非組合員（未組織労働者，他組合の組合員）には及ばない（例外は，協約の拡張適用［労組17条・18条］のみ）。したがって，労働組合を脱退したり除名された労働者については，たとえ協約の有効期間中であっても，規範的効力は及ばない。この点は，当該労働者が別組合を結成・加入した場合も，どの組合にも加入しない未組織労働者である場合も同じである[*310]。なお，企業実務では，非組合員についても協約基準に沿った労働契約を締結したり，協約基準に沿った取扱いを行うなどして同一の処遇を行うことが多い。法的にはもちろん問題はない【2-14】【2-15】。

【2-14】　労組法16条の「労働契約」の意義　この点については，①労契法上の労働契約（6条）・労基法上の労働契約と同じ概念か（同一説），②それより広い労組法上独自の概念か（独自説）が問題となる。この問題は，労組法上の労働者概念の問題[*311]と関連している。すなわち，②独自説を採用し，「労契法・労基法上の労働者には該当しないが，労組法上の労働者に該当する者」が締結する労務提供契約を本条の「労働契約」と解すると，労契法・労基法上の労働契約ではないにもかかわらず，本条が適用され，労働協約の規範的効力が肯定される。これに対し，①同一説に立てば，上記の者が締結する労務供給契約は本条の「労働契約」を意味しないため，その者が加入する労働組合が労働協約を締結しても，規範的効力は発生せず，団体交渉の成果である協約の法的保護を適用できない結

[*310]　前掲・安田生命保険事件（[*303]［賃金の不利益変更を伴う協約の脱退組合員に対する新営業職制度の規範的効力を否定］），前掲・永尾運送事件（[*247]［14％賃金減額を内容とする協約の脱退組合員に対する規範的効力を否定］）。ただし，化体説に立つと，協約基準が労働契約内容となることから，労働協約終了後も協約基準が有効性を保ち続け，規範的効力が及ぶのと同じ結果が生じうる。しかし，労働者が組合員資格を失った以上，労働契約当事者の意思としても，協約の規制を及ぼさないのが合理的意思と解し，協約所定の契約内容が終了すると考えるべきであろう（山川・前掲論文［*244］564頁参照）。労働者が協約締結組合を脱退後，別組合に加入した後に行った協約所定の賞与請求を斥けた例として，京王電鉄事件・東京地判平成15・4・28労判851号35頁。
　なお以上の点は，労働者が組合を脱退後により有利な労働条件を定めた協約が締結された場合も同様である。事例として，阪和銀行事件・和歌山地判平成13・3・6労判809号67頁。
　以上のほか，労働協約締結後に協約締結組合に加入した労働者に対して加入日以前に遡及して規範的効力が及ぶことも，協約に特段の定めがない限りありえない（近畿大学事件・大阪地判平成31・4・24労判1221号67頁）。

[*311]　周知のとおり，この点は，労働組合法をめぐる近年の一大論点となった（判例として，INAXメンテナンス事件・最判平成23・4・12労判1026号27頁）。菅野＝山川937頁以下，土田379頁以下参照。

果となる。従来は議論されていない論点であり、検討を深める必要がある*312。

【2-15】 規範的効力の履行の確保　労働協約の規範的部分は労働契約内容となるので、使用者が規範的部分を構成する労働条件を履行しないことは労働契約違反を意味し、個々の組合員は労働契約に基づいてその履行（給付）を求めることができる（協約に従った賃金支払の請求が典型である。また、使用者が理由もなく協約上の労働時間制度を不利益に改訂するようなケースでは、改訂後の協約に従って就労する義務がないことの確認請求が認められる）*313。

　問題は、組合員と別に労働組合がこうした請求をなしうるかであるが、労働協約は債務的効力を有し、協約当事者は協約を遵守・履行する義務（履行義務）を負うので、この点も肯定すべきであろう。特に問題となるのは、規範的部分の履行請求・確認請求であるが、上記のとおり、こうした紛争は、個々の組合員による給付訴訟や確認訴訟によっても解決できるため、労働組合の請求は訴えの利益を厳格に解される。しかし、職場環境・安全衛生等の集団的な労働条件の履行（給付）請求は、その性格上、訴えの利益を認められやすい。また確認の訴えについても、労働組合の請求に基づく確認判決によって協約規定の効力に関する公権的解釈が与えられれば紛争が一挙に解決し、個々の組合員による確認請求よりも紛争解決に資する場合は、訴えの利益が肯定される（菅野＝山川 1053 頁）*314。

(4)　規範的効力の限界

　以上のように、労働法は労働協約に高い地位と強い効力を認めているが、それは労働条件（契約内容）の集団的決定を内容とするため、個々の労働者の利益と対立することがある。これが規範的効力の限界の問題である。

　(ア)　**法令との関係**　まず、労働協約は強行法規に反することはできない。

＊312　学説では②独自説が有力である。荒木 657 頁、水町 145 頁、野川忍「労組法 16 条の労働契約の意義——基本問題についての覚書」菅野古稀『労働法学の展望』（有斐閣・2013）551 頁、野川・前掲書（＊299）163 頁。

＊313　黒川乳業事件・大阪高判昭和 59・5・30 労判 437 号 34 頁。

＊314　裁判例として、佐野安船渠事件・大阪高判昭和 55・4・24 労民 31 巻 2 号 524 頁（協約上の 7 時間労働制規定の有効確認請求）、黒川乳業［労働協約解約］事件・大阪高判平成 18・2・10 労判 924 号 124 頁（労働協約の一部解約の無効確認請求）。

　これに対して、最近の裁判例は、労働組合が賃金・賞与・諸手当等の支給等を内容とする労働協約の効力確認の訴えにつき、労働組合と使用者との間の確認訴訟の既判力が組合員・使用者間の労働契約には及ばないことを理由に訴えの利益を否定している（前掲・音楽之友社事件［＊297］）。確かに、既判力は訴訟当事者間でのみ生ずる相対効であり、組合が勝訴したとしても、個々の組合員との関係では紛争が依然として残されるという点を踏まえれば、このように解する余地がある。しかし、この立場によれば、およそ組合が協約の規範的効力について確認の訴えを提起することは不可能となるため、問題処理の妥当性に疑問が残る。

労基法の基準を下回る労働条件を定める協約規定は無効となり，法定基準に置き換えられる（労基13条）[*315]ほか，強行法的差別禁止規定（同3条・4条，雇均5条〜7条など）や公序（民90条）に違反する労働協約も無効となる[*316]。

　(イ)　**有利原則**　　次に，協約の規範的効力には労働契約との関係でも限界がある。まず，協約の規範的効力は，組合員が労働契約で協約より有利な労働条件を得ている場合にも及ぶか否かが問題となる（労働契約の労働条件が協約より不利な場合は問題はない）。これを否定する考え方を有利原則といい，組合員が既存の労働契約で得ている労働条件が協約の適用によって不利益に変更される場合や，逆に協約締結後，より有利な労働条件を定めた労働契約が締結される場合に問題となる。有利原則を認めれば，協約の規範的効力は最低基準を設定する意味しかなく，労働契約が優先されるのに対し，否定すれば，労働協約はそれを下回る労働契約のみならず，有利な労働契約を規律する（労働条件を引き下げる）効力（両面的効力）をも有することになる。

　産業別協約が主流であるドイツでは，労働協約が産業全体に共通する（したがって経営状況が悪い企業に合わせた）最低基準を定めるのが通例であるため，その協約基準より有利な労働条件（経営状況がよい企業の労働条件）を有効とする必要が生じ，その旨が労働協約法で有利原則（Günstigkeitsprinzip）として規定されている（4条3項）。これに対して日本では，有利原則を否定すべきである。まず，形式的には，労組法16条は，協約基準に「違反する」労働契約への強行的・直律的効力を定めている。この点は，同じく規範的効力を有する労基法・就業規則について，労基法13条・労契法12条がそれらに「達しない」基準を定める労働契約のみに作用することを定め，これら規範の最低基準効を明確にしていることと明らかに異なる。また，実質的に考えても，労組法が労働組合による労働条件の集団的規制を基本趣旨とすることや，企業別組合が主流の日本では，協約基準を「標準」と解する方が自然であることを考えると，有利原則を否定し，協約の両面的効力を肯定すべきである。

[*315]　裁判例では，皆勤手当・無事故手当を時間外労働手当の算定基礎から除外する旨の労働協約につき，労基法37条違反として，協約の規範的効力を検討するまでもなく無効と判断した例がある（淀川海運事件・東京地判平成21・3・16労判988号66頁）。

[*316]　公序違反の例としては，労働協約が産前産後休業（労基65条）や法定年休（同39条）による休業等を欠勤扱いと定めている場合があり，これら規定は，労基法上の権利行使に対する抑制的効果が高いものとして公序違反により無効とされる（日本シェーリング事件・最判平成元・12・14民集43巻12号1895頁）。本書603頁も参照。

もっとも，労働協約が自ら労働契約上の有利な労働条件を許容している場合にまで有利原則を否定する必要はない。たとえば，①協約当事者が協約基準を明確に最低基準の趣旨で定めたり，②標準であっても，一部組合員への適用を除外している場合がこれに当たる。①・②に該当するか否かは，個々の協約の解釈の問題であるが，その点が肯定されれば，規範的効力が適用除外され，有利原則が肯定される。裁判例でも，協約の基本給より高い賃金で雇用された労働者について，組合自らがより有利な労働条件を承認・支援し，それを認めても組合の団結と統制に影響を与えない場合は，協約は適用されないと判断した例[317]がある（上記②の適用例といえる）。これに対し，協約上の賃金基準が標準としての意義を有し（①），かつ，特定組合員への適用を除外していない場合（②）は，有利原則が否定され，両面的効力が肯定される[318][319]。

　(ウ) 協約自治の限界　「協約自治の限界」とは，労働条件（権利義務）の中にはもともと労働協約の規制（協約自治）が及ばない事項があり，それら事項には規範的効力は生じないという議論である。具体的には，①すでに個人の権利として発生した労働条件を変更・処分する規定（既得の賃金・退職金請求権の処分など），②組合員個人の地位の得喪を定めた規定（採用・退職・転籍規定），③労働者個人の意思の尊重が要請され，多数決原理になじまない事項（出向・時間外労働など，労働者に義務を課す規定）が問題となる。

　まず，①と②については「協約自治の限界」を認め，規範的効力を否定すべきである。①については，組合員個人の権利がすでに発生している以上，組合が協約によってそれら既得権（賃金債権等）を制限・処分しえないことは当然である。また②については，労働協約はあくまで組合員の労働契約が存立していることを前提に，その内容を規制する規範であるので，労働契約の成立や終了を規制することはできないと解される。これら事項に関しては，そもそも組合に協約締結権限がなく，規範的効力の前提を欠いているため，個々の組合員の授権がない限り，権利義務は発生しないと解すべきである[320]。

[317] ネッスル事件・大阪高判昭和63・3・28判タ676号85頁，前掲・安田生命保険事件（[303]）。土田418頁，西谷＝道幸＝中窪編・前掲書（[300]）191頁［土田道夫］も参照。
[318] 日本通運［日通淀川運輸］事件・大阪高判平成21・12・16労判997号14頁。
[319] 学説では，こうした解釈を進めて，有利原則の有無を一律に論ずるのではなく，労働協約の解釈によって決すべき問題と解する見解も有力である（荒木701頁，水町149頁）。
[320] 同旨，菅野＝山川1045頁以下，東京大学労働法研究会『注釈労働組合法(下)』（有斐閣・1982）815頁，西谷699頁，野川・前掲書（[299]）181頁，大内252頁等。①に関する裁判例として，香港上海銀行事件・最判平成元・9・7労判546号6頁，朝日火災海上保険事

では、③の義務づけ条項はどうか。裁判例は、それら条項の規範的効力を肯定し、または、義務づけ条項を根拠に労働契約上の義務の発生を肯定するのが一般である[*321]。これに対して学説では、協約自治（集団的労使自治）に対する労働者個人の利益を重視する観点から「協約自治の限界」を説き、規範的効力を否定する見解が多い[*322]が、賛成できない。たしかに、これら事項は個別労働者の利害に関わり、個人の意思を尊重すべき事項に当たるが、同時に「労働者の待遇に関する基準」（労組16条）に当たることを否定できない事項である。また、義務づけ条項は労働義務を設定する点で労働者に不利益であるが、だからといって、その効力を組合の規制権限の外に放逐してしまうことは、労働組合の任務や協約の機能を縮小し、労働法が本旨とする集団的労使自治の理念（憲28条）を没却する結果となる。さらに、出向や時間外労働義務が採用時の同意や就業規則によっても発生することを考えると（574頁、424頁）、労働義務の存否を使用者の一方的決定や個別交渉に委ねるよりも、労働者の集団的意思を背景に合理的な利益調整が期待できる協約に委ねる方が労働者の利益に資すると考えられる[*323]。したがって、これら事項に関して規範的効力が発生す

件・最判平成8・3・26民集50巻4号1008頁（すでに具体的労働の対価として発生した賃金請求権を喪失させる協約）。また、平尾事件（最判平成31・4・25労判1208号5頁）は、会社が労働組合との間で、組合員の賃金を20%カットする協約（第1協約）を締結し、その後、賃金カット期間を延長して支払を猶予する協約を2回締結した（第2・第3協約）後、第1・第2協約によってカットされた賃金債権を放棄する旨の合意を行った事案につき、ⓐ同合意については、既発生の賃金債権を放棄する旨の合意等、その効果が組合員に帰属することを基礎づける事情はなく、また、ⓑ第1・第2協約の締結前に具体的に発生していた賃金請求権については、組合員による特別の授権がない限り、労働協約により支払を猶予することはできないと判断している。ⓑについては、具体的に発生した賃金請求権の労働協約による事後的処分・変更に賃金減額（前掲・香港上海銀行事件、前掲・朝日火災海上保険事件）のみならず、賃金支払の猶予が含まれ、それが原則として許されないことを明示した点に意義がある。

また、②に関する裁判例として、北港タクシー事件・大阪地判昭和55・12・19労判356号9頁（定年制不適用とされている者を退職させる協約）、日本貨物検数協会［日興サービス］事件・名古屋高判令和3・10・12労判1258号46頁（派遣労働者の直接雇用申込みみなし［労派遣40条の6］の効果を発生させる協約）。他方、規範的効力肯定例として、前掲・日本郵便事件（*266［有期契約労働者の労働契約の更新限度を65歳に制限する協約につき、65歳以降の雇用を求める権利は既得権ではないと判断］）。

[*321] 東亜ペイント事件・最判昭和61・7・14労判477号6頁（配転条項）、日立製作所事件・東京高判昭和61・3・27労判472号28頁（時間外労働義務条項）、前掲・新日本製鐵［日鐵運輸第2］事件（*268［出向条項］）。

[*322] 西谷・前掲書（*303）357頁以下。西村健一郎「協約自治とその限界」労働61号（1983）54頁は、時間外労働義務について否定説に立ちつつ、出向義務については肯定説をとる。

[*323] 下井教授の見解に従う。下井隆史『労使関係法』（有斐閣・1995）134頁。土田420頁、

ること自体は肯定すべきである。

　しかし，協約上の義務づけ条項の規範的効力を無制限に肯定することにも問題がある。前記のとおり，もともと協約の規範的効力は，協約による集団的規制が労働条件の対等決定の実現に寄与するからこそ承認されるのであるから，それを著しく損なうような協約条項には規範的効力を認めるべきでない。たとえば，「業務上の必要性があるときは出向を命ずる」との包括的出向条項の場合，その規範的効力を認めると，労働者は使用者の恣意的出向命令に服することを余儀なくされ，労使の対等関係の実現という協約の目的から乖離する結果となるため，その効力を認めることはできない（土田421頁，第6章＊158参照）。この意味で，協約の規範的効力は内在的限界を有しているのである。

(5) 労働協約の拡張適用

　労働協約は，その締結組合の組合員に適用されるため，規範的効力は組合員以外の労働者（非組合員——未組織労働者，別組合の組合員）には及ばないのが原則である。したがって，これら従業員に関しては，使用者は協約基準に沿って就業規則を制定したり，個別契約を締結することによって労働条件を統一することになる。しかし，労働協約の基準を直接，非組合員に及ぼすことが適切な場合もあるので，労組法は，事業場単位・地域単位の拡張適用を定めている（17条・18条）。ここでは，労働契約との関係で重要な前者を取り上げる。

　㈎　趣　旨　　労組法17条は，「一の工場事業場に常時使用される同種の労働者の4分の3以上の数の労働者が一の労働協約の適用を受けるに至ったときは，当該工場事業場に使用される他の同種の労働者に関しても，当該労働協約が適用されるものとする」と規定する。つまり，労働協約が17条の要件を満たせば，非組合員についても労働条件（権利義務）を設定する効力（規範的効力）を認められることになる。これを一般的拘束力という。

　労組法17条の趣旨・目的について，判例は，事業場の4分の3以上の労働者を組織する労働組合が締結した協約基準によって「当該事業場の労働条件を統一し，労働組合の団結権の維持強化と当該事業場における公正妥当な労働条件の実現を図ること」に求めている[324]。判例は，この解釈を根拠に，未組織

　　西谷＝道幸＝中窪編・前掲書（＊300）193頁［土田道夫］，野川・前掲書（＊299）182頁，川口869頁参照。
＊324　前掲・朝日火災海上保険事件（＊320）。

労働者の労働条件を不利益に変更する協約の一般的拘束力を肯定しているが，この点は本書第9章で解説する（773頁）。

(イ) **要　件**　「工場事業場」は，労基法上の「事業」と同義であり，「企業」全体ではない。したがって，企業全体で4分の3以上の労働者を組織していても，ある事業場で4分の3未満であれば，その事業場における拡張適用はありえない[*325]。「常時」使用される者の中には，有期労働契約を反復更新して実質上常時使用される状態にある労働者（パートタイマー，契約社員等）も含まれる。

「同種の労働者」性か否かは，協約の適用対象者を基準に判定される。したがって，協約が正社員全員を対象としていれば，正社員全員が「同種の労働者」となる。これに対し，正社員を対象とする協約に関しては，パートタイマー等の非典型労働者は「同種の労働者」とはいえないが，非典型労働者の職務内容や処遇が実質的に見て正社員と同一であれば含まれる。

管理職については，労組法2条但書1号の使用者の利益代表者に当たる場合は，もともと協約の適用を予定されていない者として「同種の労働者」に該当しない。ただし，管理職を含めて，全従業員への適用を予定する協約（定年延長協定，退職金協定等）の場合は，「同種」性が肯定される。利益代表者に該当しない管理職については，通常の労働者と同様の取扱いが妥当する。

(ウ) **効　果**　労働協約のうち，拡張適用されるのは規範的部分であり，この結果，非組合員にも協約の規範的効力が及ぶことになる。ここでも，労働者（非組合員）に不利益や義務を課す協約の規範的効力（一般的拘束力）が問題となるが，労組法17条の趣旨に関する判例の理解を前提とすれば，一般論としては肯定すべきである（労働条件の不利益変更については，772頁参照）【2-16】。

> **【2-16】少数組合員への拡張適用**　拡張適用の効果をめぐっては，非組合員の中でも，事業場の4分の1以下の労働者を組織する少数組合の組合員に拡張適用が及ぶか否かが問題となる。肯定・否定両説が対立するが，否定説が適切である[*326]。肯定説の立場では，多数組合の協約が少数組合に有利な場合，少数組合が交渉の努力をしないまま多数組合の交渉の成果を利用できる結果となり，多数

[*325] この要件の充足否定例として，前掲・代々木自動車事件（*246），ハウス食品事件・大阪地判令和5・3・17 ジャーナル140号44頁。

[*326] 菅野＝山川1062頁，水町163頁，川口895頁，大輝交通事件・東京地判平成7・10・4労判680号34頁。

組合より優遇される事態をもたらすし，逆に不利な場合は，少数組合への不利な労働条件の押しつけとなり，少数組合の団体交渉権を軽視する結果となるからである。

　要するに，複数組合主義（労働基本権の平等保障）を採用する日本では，少数組合の地位は，拡張適用制度において有利にも不利にも左右されるべきではない。

(6)　労働協約の終了

(ア)　終了事由と更新　労働協約は，有効期間の満了，解約，当事者の消滅（労働組合の解散など）によって終了する。まず，労働協約は最長でも3年の期間の規制に服し（労組15条1項・2項），期間の満了によって当然に終了する。ただし，「当事者のいずれからも改廃の通告がない限り，同一期間（または一定期間）有効とする」旨の規定（自動更新条項）や，「有効期間満了時に協約改訂交渉が妥結していないときは，新協約成立まで有効期間を延長する」旨の規定（自動延長条項）を置くことは許される。

　労働協約に期間の定めがない場合は，当事者は，90日前に署名または記名押印した文書によって協約を解約することができる（労組15条3項・4項）。協約の自動延長が期間の定めを置かずになされたときも同様である（同3項）。この解約は法文上，特別の理由を必要としないが，権利濫用の規律（民1条3項）は及ぶ。権利濫用の成否は，当該解約の必要性，当該解約に至る交渉の態様，解約によって相手方が被る不利益の程度等の事情を総合して判断される[*327]。

　なお，労働協約は一体的な契約であるから，原則として全体の解約のみが許され，自己に都合の悪い部分だけを解約することは許されない。ただし例外的に，他の条項からの独立性が強く，他方当事者が予想していない不利益を与えない等の特段の事情がある場合は，一部解約も許されるが，協約の性格に鑑み，この点は厳格に解すべきである[*328]。

[*327]　学校法人桃山学院事件・大阪地判平成28・1・13ジャーナル51号34頁（私学共済掛金負担比率に関する労働者負担分の軽減条項の解約につき，共済掛金を労使折半とする必要性は十分に認められる一方，不利益の程度は小さく，使用者が代償措置として暫定貸付制度を導入していること等を理由に，解約権濫用を否定）。解約権濫用の肯定例として，前掲・黒川乳業［労働協約解約］事件（*314）。

[*328]　前掲・黒川乳業［労働協約解約］事件（*314）は，この立場から，病欠有給条項等の解約を無効と判断している。ソニー事件・東京地決平成6・3・29労判655号49頁も参照。肯定例として，前掲・学校法人桃山学院事件（*327［共済掛金負担割合条項の解約］）。

(イ)　**労働協約終了後の権利義務**　　契約上の権利義務は，その契約の終了とともに消滅するのが原則である。しかし，通常は，労働協約が終了しても，それが規律していた労働契約自体は存続するので，協約終了によって労働条件も当然に消滅するとすれば，労働契約が空白になるという不都合が生ずる。そこで，学説・裁判例は，労働協約の終了後も，その内容が一定期間は労働契約上の権利義務として存続すると解している（労働協約の余後効）。

　まず，協約の規範的効力に関する化体説は，規範的部分は労働契約の内容に入り込むので，この契約内容が協約終了後も存続すると説く。これに対して外部規律説によれば，労働協約の終了によって労働契約内容は空白となるが，継続的契約関係である労働契約においては，別の規範が設定されるまでは協約上の労働条件を維持させようとするのが当事者の合理的意思であるとされる[*329]。基本的には化体説が妥当であるが，協約が終了した後の労働契約内容をどう解すべきかという問題であるにもかかわらず，協約基準が当然に継続することを認める点で，やや硬直的処理であることは否めない。折衷的となるが，化体説を基本としつつ，契約当事者の意思解釈を摂取し，協約上の労働条件が有効期間中のものにとどまるとの労働契約上の合意が認定される場合は，例外的に協約基準の継続を否定し，協約以前の労働条件規範（協約期間中に効力を停止していた就業規則等。216頁）の適用を肯定することが適切と解される[*330]。

　上記の点をどのように解するにしても，労働協約終了後，新たな協約の締結や就業規則の合理的改訂が行われれば，それが新たな労働条件となり，旧協約の内容は終了することになる。ただし，協約終了後，次期協約に向けての団体交渉期間中，使用者が誠実交渉を尽くさないまま交渉を打ち切り，就業規則改訂を行うことは不当労働行為（労組7条2号）となり，公序（民90条）違反として無効となると解すべきである[*331]。また，退職金の支給基準を定めた退職金協定が失効し，支給基準につき空白が生じた場合も，「退職金は退職金協定による」との就業規則があり，同協定が就業規則とともに届け出られている場合

　[*329]　化体説として，西谷・前掲書（[*303]）392頁以下，野川・前掲書（[*299]）315頁，外部規律説として菅野＝山川1071頁，佐野第一交通事件・大阪地岸和田支決平成14・9・13労判837号19頁等。

　[*330]　これに対して，山川・前掲論文（[*244]）562頁以下は，基本的には外部規律説に立脚しつつ，協約終了後の労働条件の取扱いに関する労働契約当事者の意思解釈によって処理すべきことを論じている。

　[*331]　山口・前掲書（[*295]）211頁，土田426頁参照。

は，退職金協定が就業規則の一部となっていることから，旧協定による退職金請求が認容される*332。

4 労使協定

(1) 意　義

「労使協定」とは多義的な概念であるが，法的には，労基法の規制を修正・緩和するための要件として締結される協定をいう。すなわち労基法は，その原則的規制を弾力化するための要件として，「労働者の過半数で組織する労働組合があるときはその労働組合，労働者の過半数で組織する労働組合がないときは労働者の過半数を代表する者との書面による協定」の締結（規定によってはさらに行政官庁への届出）を求めている。労基法の原則規定の重要性を考慮して，それを緩和する場合も，使用者の一方的決定ではなく，労使の集団的合意を要件としたものである。労基法は，時間外・休日労働（36条1項。いわゆる三六協定）等の多数の労使協定を規定しており，育児・介護休業法（6条1項，12条2項）など他の法令にも導入されている（派遣労働者の不合理な待遇相違の労使協定による規制については，1087頁参照）。

このように，労使協定は労働協約とは異なる労使間の集団的合意であるが，労働条件の規律にとって重要な意義を有する。なお，労使協定については，就業規則と同様，周知義務が適用される（労基106条1項）。

(2) 要件・効果

(ｱ) 要件　　労使協定は，事業場を単位として締結される。代表母体となる「労働者」は，事業場の全労働者をいい，管理監督者（労基41条2号）や，パートタイマーなどの非正社員を含む。労使協定の第1の当事者である「労働者の過半数で組織する労働組合」（過半数組合）は，当該事業場で過半数を組織していることを要する。一方，この要件を満たせば，当該事業場を単位に組織される組合や支部である必要はなく，企業全体を単位とする組合も当事者適格を有する。

過半数組合がない場合の労使協定の当事者は，「労働者の過半数を代表する者」（過半数代表者）である。これについては，労使協定が労基法の原則規定を

---

　*332　前掲・香港上海銀行事件（*320）。

解除する効果をもつ以上，公正な選出を必要とする。そこで労基則は，過半数代表者が①管理監督者（労基41条2号）でないことと，②過半数代表者を選出することを明らかにして実施される投票，挙手等の方法により選出されるべきこと，の二つの要件を設けている（労基則6条の2第1項）。いずれも，過半数代表者が使用者の意向に沿って選出されることを防ぐ趣旨の規律である（平成11・1・29基発45号も参照）。裁判例では，役員を含む全従業員から成る親睦会の代表が自動的に代表者となって締結した時間外労働協定（三六協定）を無効と判断した例がある[*333]。

労使協定の有効期間については，それを置くことが要求される協定（三六協定，事業場外労働協定，裁量労働協定［労基則16条2項・24条の2第2項・24条の2の2第3項1号］）と，不要な協定（上記協定以外の協定）がある。

(ｲ) 効　果──労働契約との関係　労使協定が適法に締結されると，労基法の原則規制は解除され，協定に定める労働条件規制が適法とされる。すなわち，労使協定は，所定の労働条件規制について労基法上の刑事責任を免除する（免罰的効力）とともに，本来は労基法13条によって無効となるはずの合意や規定を有効とする効果を有する。両者を合わせて適法化効力と呼ぶことができる。この効力は，過半数組合が労使協定を締結した場合も，組合員のみならず事業場の全労働者に及ぶ。

問題は，この適法化効力に加えて，労使協定が個別労使間の権利義務を発生させる効果（私法的効果）を有するか否かである。諸説あるが，労使協定一般について権利義務設定効果を否定しつつ（三六協定につき423頁），計画年休協定（労基39条6項）についてのみ，計画年休が労基法自体に基づいて発生・消滅する権利義務であることを理由に権利義務設定効果を認める見解が妥当である（515頁参照）。また，労使協定が労働協約の要式（労組14条）を満たし，かつ，協約として取り扱う意思が認定されれば，労使協定は同時に労働協約とされ，規範的効力（労組16条）が発生する[*334]。

[*333] トーコロ事件・東京高判平成9・11・17労判729号44頁。また，使用者は，労働者が過半数代表者であることや，代表者として正当な行為をしたことを理由として不利益取扱いをしないようにしなければならない（労基則6条の2第3項）。

[*334] 詳細は，西谷＝道幸＝中窪編・前掲書（*300）190頁［土田道夫］参照。

(3) 終　　了

労使協定は，期間の満了や解約によって終了する。まず，期間の定めを置くことを要求される労使協定（三六協定，事業場外労働協定，裁量労働協定）は，期間の満了によって当然に終了する。それ以外の労使協定の終了には解約を要するが，労使協定が労働協約の形式で締結された場合は，労組法15条3項・4項により，90日間の予告を置いて解約することができる（247頁）。

5　労使慣行

(1) 根拠・要件・効果

企業においては，労働条件や職場規律に関して，労働協約や就業規則に基づかない取扱いが長期にわたって反復・継続され，それが労働契約を規律することがある。法的には，ⓐ労働契約内容となって権利義務を決定する慣行，ⓑ労働協約や就業規則の規定を補充する慣行，ⓒ労働契約内容にはならないが，当事者の権利行使の法的評価の基準となる慣行に分かれる。このうち，厳密な意味で「労使慣行」といえるのはⓐ・ⓑであり，ⓒは「慣行的事実」と呼ぶ方が適切であろう[*335]。

労使慣行の根拠については，通説・裁判例は，労使慣行は労働契約内容となることによって効力を有すると解している[*336]。この場合，労使慣行は当事者間の黙示の合意を介して，あるいは「事実たる慣習」（民92条）として労働契

[*335] 慣行的事実の例としては，多数の従業員が配転に応じている事実それ自体は配転命令権を発生させるには至らないが，当事者の合意内容が不明確な場合の解釈基準として機能し，配転命令権を基礎づける一要素となりうる（前掲・東亜ペイント事件［*321］。一方，一定の職種に就労する労働者が，契約上は職種の限定がないにもかかわらず，当該職種に長年従事してきたような場合は，他の事実（一定の教育訓練を経て技能や資格を取得したこと）と相まって，職種限定の合意を成立させることがある。

[*336] 学説では，菅野＝山川192頁，下井9頁，山口浩一郎「労使慣行と破棄の法理」季労133号（1984）63頁，香山忠志「労使慣行の効力とその変更是正の方法（上）」労旬1319号（1993）32頁等。寺井基博「労働条件の決定・変更と労使慣行の法理」講座21世紀(3) 191頁も同旨と思われる。裁判例では，事実たる慣習としての構成をとるものが多い。商大八戸ノ里ドライビングスクール事件・大阪高判平成5・6・25労判679号32頁（最判平成7・3・9労判679号30頁で確定），大阪労働衛生センター第一病院事件・大阪地判平成10・8・31労判751号38頁，日本大学事件・東京地判平成14・12・25労判845号33頁，エクソンモービル事件・東京高判平成24・3・14労判1057号114頁，立命館事件・京都地判平成24・3・29労判1053号38頁，中日新聞社事件・東京地判令和5・8・28労経速2543号25頁，学校法人I学園事件・東京地判令和5・10・30労経速2543号18頁，日本空調衛生工事業協会事件・東京地判令和5・5・16労経速2546号27頁。

約内容を規律する。後者の場合，契約当事者がその慣行「による意思を有している」必要があるが，この意思が肯定されれば，労使慣行は，当事者の（黙示の）合意や内容の知・不知を問わず拘束力を有することになる。

　労使慣行の成立要件は，以下のように解される。まず，労使慣行が契約内容となって拘束力をもつ以上，強行法規や公序（民90条）に反しえないことはいうまでもない。そこでたとえば，三六協定に基づかず，割増賃金を支払わない時間外労働がいかに反復継続されても，強行法規たる労基法36条違反として拘束力をもたないし，結婚退職慣行は公序（民90条）違反として無効となる。また，労働協約に違反したり，就業規則を下回る内容の労使慣行も無効となる（労組16条・労契12条）*337。さらに，労使慣行が使用者のイニシアティブにより形成され，事実たる慣習として契約内容を形成する場合は，それが制定法でも明示の合意でもない以上，その内容が不合理でないことを要件と解すべきであろう。裁判例は，いくつかの事案においてこの点を要求している*338。

　次に，労使慣行は過去の事実の反復継続から現在または将来における権利義務を成立させるものであるので，①同種の行為または事実が長年にわたって反復継続されてきたことを要する。労使慣行の性質上，この取扱いは労働者集団に対してなされることを要するし（多数当事者性），例外的取扱いの事実があれば反復継続の要件を満たさない*339。次に，労使慣行は労働契約内容を黙示的に形成するものであるから，②労使双方がその慣行によることを明示的に排斥しておらず，③当該慣行が労使双方の規範意識に支えられていること（過去の行為を将来にわたって受忍する意識を有していること）が必要となる*340。

---

　*337　成文化されない労使間合意を有効とする労使慣行を労組法14条違反として無効とする裁判例として，前掲・エフ・エフ・シー事件（*59）。*296参照。就業規則の労働条件を労働者に不利に変更する労使慣行を労契法12条違反として無効と判断した裁判例として，前掲・ツカ・カナモノ事件（*246）。

　*338　三菱重工業事件・最判昭和56・9・18民集35巻6号1028頁（ストライキ参加者の家族手当をカットする慣行），京都新聞社事件・最判昭和60・11・28労判469号6頁（賞与の支給日在籍要件の慣行），前掲・中日新聞社事件（*336［練成費支給の慣行］）。

　*339　JALメンテナンスサービス事件（東京高判平成23・2・15判時2119号135頁）は，60歳定年後に再雇用された特別嘱託社員が希望すれば雇用契約を更新されるとの労使慣行につき，再雇用されない従業員も存在する等の事実認定によって反復継続性の要件の充足を否定し，成立を否定している。

　*340　菅野＝山川193頁。裁判例では，前掲・日本大学事件（*336），槇町ビルディング事件・東京地判平成27・6・23労経速2258号3頁，コーダ・ジャパン事件・東京高判平成31・3・14労判1218号49頁，前掲・中日新聞社事件（*336），前掲・学校法人I学園事件（*336）。

以上の要件を満たせば，労使慣行は労働契約内容となり，契約内容としての効果を認められる。しかし，この効果もさらに二つに分かれ，これに応じて②の要件も異なってくる。

(2) 具体的検討
(ア) **労働契約内容を修正する労使慣行**　第1に，労使慣行は，労働契約上の明示の合意や就業規則規定に優先し，それらが規律していた契約内容を変更（修正）する効果をもつことがある（冒頭に述べた@タイプの慣行）。たとえば，労働時間中の休息慣行であれば，就業規則の所定労働時間の規定にもかかわらず，労働者は労働時間中に休息の付与を請求することができる[341]。

裁判例は，このような労使慣行の成立要件として前記①～③を挙げつつ，②・③について，当該労働条件について決定権限をもつ者が当該慣行について規範意識を有することを要求している。この結果，規範意識の主体としては現場管理者ではなく使用者の規範意識が要求され，またその内容も，使用者が明確に異議を述べなくとも慣行の是正を考えていれば規範意識が排斥されるなど，規範意識は厳格に認定される[342]。この結果，たとえば，大学の給与規程（就業規則）上，一時金について大学理事長の裁量を認める規定がある一方，一時金の基準を「年6.1か月分＋10万円」とする労働協約が14年間にわたって締結され一時金が支給されてきた場合も，理事長が上記基準の見直しを再三表明していた状況の下では，大学が上記基準に基づく一時金の支払を容認する規範意識を有していたとはいえないとして労使慣行の成立が否定され，協約が未締結となった年度以降は，上記基準に基づく一時金支払義務が否定される[343]。

他方，大学教授の定年延長慣行について，その問題点の指摘後も15年にわ

労働条件決定権限を有する使用者の規範意識を重視した例として，前掲・日本空調衛生工事業協会事件（*336［定年後再雇用嘱託職員の賃金を定年前の7割とする労使慣行の成立を否定］）。就業規則変更の効果を発生させる労使慣行の存在を否定した例として，前掲・永尾運送事件（*247）。これに対し，水町249頁は，③につき，契約当事者の意思を補充するにすぎない事実たる慣習について，規範意識（規範性）の有無を問う必要はないとして批判する。

[341]　国鉄池袋・蒲田電車区事件・東京地判昭和63・2・24労民39巻1号21頁，東京中央郵便局事件・東京高判平成7・6・28労判686号55頁。

[342]　前掲・商大八戸ノ里ドライビングスクール事件（*336），前掲・国鉄池袋・蒲田電車区事件（*341），前掲・日本大学事件（*336），前掲・槇町ビルヂング事件（*340），前掲・ANA大阪空港事件（*247）。

[343]　前掲・立命館事件（*336）。労使慣行成立の否定例として，前掲・中日新聞社事件（*336［練成費支給の慣行］），前掲・学校法人I学園事件（*336［定期昇給慣行］）。

たって改革が行われず，理事会においても，原告教授の定年延長否定の議決が行われるまで議論が行われなかったという事実関係の下では，同種行為の反復継続（①）とともに，使用者自身の規範意識（③）が肯定され，就業規則の明示規定（「教職員の定年を満65歳としつつ，理事会の議があれば延長できる」旨の規定）と抵触する定年延長慣行の成立が肯定される*344。

これに対し，労働契約内容を労働者に不利に変更する労使慣行が問題となることもある。たとえば，職種・勤務地が労働契約上特定されている労働者につき，多数従業員が配転に応じていることから配転の同意不要慣行が主張される場合である。しかし，この種の「慣行」の場合，労働者が労働契約上は義務を負っていなくても，配転を拒否した場合の不利益を考慮して命令に従うことが多いと思われるため，直ちに③の規範意識を認定することはできない*345。

(イ) **労働契約内容を補充する労使慣行**　第2に，労使慣行は，労働協約・就業規則の明示の規定や労働契約上の合意が不明確な場合に，それらと抵触しない範囲でその内容を具体化し，契約内容を補充することがある（前記のⓑタイプの慣行）。たとえば，就業規則上の始業時間規定につき，その時刻に入門ないしタイムカードを打刻すればよい（その時刻に作業を開始する必要はない）との取扱いが継続している場合は，当該慣行は，労働協約や就業規則の抽象的規定の内容を具体化する機能を営み，それらと一体としての効力を肯定される*346。この種の労使慣行の成立要件としても，前記①〜③を要するが，②・③の規範意識については，ⓐタイプの慣行のように，明示の規定による契約内容を変更するわけではなく，これを補充する効果をもつにとどまるので，労働条件の決

---

*344　前掲・日本大学事件（＊336）。定期昇給慣行につき同旨，明泉学園事件・東京地判令和元・12・12労経速2417号3頁。また，配転に関して，就業規則に規定はないが，事前に労働者に内示し，その同意を得て配転を命ずる取扱いが長年継続している場合は，①〜③の要件が充足され，同取扱いに反する配転命令は権利濫用となりうる。他方，大学教授の定年延長慣行を否定する例として，同志社事件・大阪高判平成26・9・11労判1107号23頁。

*345　出向の慣行につき，日立電子事件・東京地判昭和41・3・31労民17巻2号368頁，藍野学院事件・大阪地決平成11・1・25労判759号41頁。第6章＊159参照。トラック運転手の給与を完全歩合給とする労使慣行が存在するとの主張につき，労使双方の規範意識によって支えられているとは認められないとして否定した例として，前掲・コーダ・ジャパン事件（＊340）。

*346　石川島播磨重工業事件・東京地判昭和52・8・10労民28巻4号366頁。就業規則の賞与規定につき，支給日在籍者のみに賞与を支払う旨の慣行（第4章＊162参照）の合理性を認めて「事実たる慣習」としての効力を肯定した最高裁判例（前掲・京都新聞社事件［＊338］）も，この意味における労使慣行について判断したものと解される。

定権限をもつ者の規範意識までは必要とせず，諸般の事情から，当該取扱いを是認する旨の当事者の規範意識が認定されれば足りるものと解される。

第3節　権利義務の効果

1　概　　説

　第1節で解説したとおり，労働者・使用者は労働契約に基づいて，労働義務・賃金支払義務を中心に多様な義務を負い，それに応じて権利を有するが，これらはいずれも労働契約に基づく権利義務として法律効果を有する。すなわち，労働者・使用者がそれぞれの義務に違反すると，労働契約違反となり，債務不履行責任を負う。具体的には，以下の効果が問題となる。

① 労働者・使用者がそれぞれの義務に違反すると，相手方は自らが有する権利を行使して，義務の履行を請求することができる（ただし256頁）。

② 労働契約違反によって相手方に損害が生じた場合，債務不履行として，当事者の損害賠償責任が発生する（民415条）。

③ 労働契約上の義務違反は，労働契約の解約告知の原因ともなる（特に使用者による解雇）。解雇は，解雇権濫用規制（労契16条・17条1項）その他の法的規律に服する（本書第10章，第12章）。

④ さらに，労働者の義務違反については，懲戒という労働契約に独自の責任追及手段がとられることが多い（本書第7章）。

⑤ 権利義務の直接的効果ではないが，労使双方の行為が相手方の権利・利益を違法に侵害すれば，不法行為（民709条）が成立しうる。

　一般に，債務不履行は，履行遅滞，履行不能，不完全履行の3類型に分かれる。労働者の義務違反の場合は，履行不能（欠勤・遅刻等。逆に使用者の帰責事由に基づく履行不能も問題となりうる）や不完全履行（労働遂行上の注意義務違反による損害の発生，リボン等を着用しての労働等）が問題となることが多い。一方，使用者の義務違反としては，賃金支払義務については履行遅滞や履行不能が問題となることが多く，安全配慮義務は主に不完全履行の問題となる。労基法等の法令に基づく義務についても三つの類型が問題となる[347]。

---

　[347] たとえば，休憩（労基34条）を全く付与しない場合は，休憩付与義務の履行遅滞または

以下，労働者の義務違反について解説し，使用者の義務違反については，賃金（第4章），労働時間（第5章），安全配慮義務（第8章）等の箇所に譲る。

2 労働者の義務違反

(1) 労働義務違反と賃金請求権・履行の強制

労働者が労働義務に違反して労働を遂行しなかった場合，ノーワーク・ノーペイ原則によって賃金請求権は発生しない（317頁）。労働者が故意・過失によって欠勤・遅刻した場合が典型である。また，労働者は労働契約上，使用者の適法な指揮命令に従って労働する義務を負うので，指揮命令に反する労働を提供しても，債務の本旨に従った労働とは解されず，賃金請求権はやはり発生しない（民493条。323頁）。

労働者が労働義務に違反した場合，その履行強制（現実の就労の強制）が問題となる。しかし，労働義務は「なす債務」であり（132頁），なす債務については，民法が定める履行強制（直接強制，代替執行，間接強制。414条）のいずれもなじまないこと，労働義務の履行を強制することは，労働者の自由意思に基づく労働という法の基本趣旨（憲18条，労基5条参照）に反することから，履行の強制は許されない。付随義務の違反についても同様であるが，守秘義務や競業避止義務等の不作為義務については，義務内容の特定を前提に，その履行請求（競業等の差止請求）が肯定されることがある（942頁）。

(2) 損害賠償請求

(ｱ) **問題の所在**　労働者は，使用者の指揮命令に従って誠実に労働する義務を負うので，労働義務違反によって使用者に損害を与えれば，債務不履行による損害賠償責任を免れず，原則として相当因果関係にある全損害の賠償責任を負う（民415条・416条）。付随義務違反についても，基本的に同じことが妥当する。また，労働者の行為が不法行為の要件を満たせば，民法709条による損害賠償責任も発生する。さらに，労働者の職務上の不法行為により，使用者が使用者責任規定によって第三者に損害賠償を行った場合は，使用者による求償権の行使を免れない（民715条1項・3項）。しかし，それは同時に，資力に乏しい労働者にとって過酷な結果をもたらすため，学説・裁判例上，労働契約

不能となり，法定休憩時間未満の休憩しか付与しない場合は，同義務の不完全履行となる。

の特質を考慮した責任制限法理が形成されている*348。

　(イ)　**責任制限の根拠**　　第1に，労働義務の手段債務たる性質ないし他人決定的性格（8頁，132頁）が挙げられる。労働契約は，労働それ自体を目的とする契約であり，請負のように仕事の完成を目的とする契約ではない。したがって，労働義務の内容は，指揮命令に従って誠実に労働し，結果達成に向けて必要な行為をする債務（手段債務）に尽きる。したがって，使用者が目的達成に関する指示を発し（たとえば一定の売上げ達成の指示），労働者がこれに従って誠実に労働していれば，指示された結果を達成できず，外形上，指示に反して使用者に損害を与える結果となったとしても，労働義務違反とはならず，損害賠償責任の問題を生じない*349。また，使用者の指示が抽象的で不明確な場合は，指揮命令違反の事実自体が否定され，損害賠償責任が否定される*350。

　第2に，労働者が指揮命令に反するなどして労働義務に違反したとしても，そこから生ずる損害の全責任を労働者に負わせることは公平を欠く。まず，労働契約においては，使用者は事業遂行のために労働者の労働力を利用し，そこから生ずる成果ないし事業遂行上の利益を取得するのであるから，事業遂行か

---

*348　労働者の責任制限法理に関しては，田上富信「労働者の責任制限についての一考察」私法36号（1974）103頁，土田・労務指揮権490頁，西谷226頁，川口234頁，角田邦重「労働者に対する損害賠償」講座21世紀(4) 92頁，細谷越史「労働者の損害賠償責任」争点42頁，唐津博＝原田剛「民法715条と労働者からの逆求償――民法と労働法の交錯と法的論理」法学新報128巻10号（2022）205頁，土田・前掲論文（＊142）224頁以下参照。ドイツ法との比較法的研究を含めた本格的研究として，細谷越史『労働者の損害賠償責任』（成文堂・2014）。

*349　土田・労務指揮権491頁参照。裁判例でも，労働者が雇用契約において負う義務は，使用者の指示に沿うべく努力する義務にとどまるとして，指示に反して在庫品を残したことを理由とする損害賠償責任を否定した例（小川重機事件・大阪地判平成3・1・22労判584号69頁）や，労働者が会社の指揮監督に従って労務の提供をしていた以上，同人の仕事内容や進捗状況が会社の期待するものでなかったことが直ちに会社に対する不法行為または債務不履行に当たるとは言えないとして損害賠償責任を否定した例（広告代理店A社事件・福岡高判平成28・10・14労判1155号37頁）がある。ズッカ事件・東京地判平成31・4・26ジャーナル93号42頁も参照。

*350　蒲商事件（大阪地判平成3・8・27労経速1440号3頁）では，労働者（従業員兼務取締役）の販売業務につき，会社側が指揮命令違反を主張したのに対し，判決は，労働者の業務が黙示の指示ないし了解の範囲内にあったとして義務違反を否定している。また，営業社員が会社の貸付基準に違反して違法な貸付けを行うなど損害賠償責任を免れない場合も，使用者（消費者金融会社）が設定した営業目標が過度に高く，それが圧力となって社員を上記行動に走らせたようなケースでは，営業目標に関する指示の当否が損害賠償責任の制限に際して斟酌される（株式会社T事件・東京地判平成17・7・12労判899号47頁）。フォーザウィン事件・東京地判令和3・2・26ジャーナル112号60頁も参照。

ら生ずる危険の一端は使用者が負担すべきものと考えられる（報償責任原則）。また，使用者は，被用者を使用することによって事業活動上の危険を発生させ拡大している以上，当該危険についても一定の責任を負担すべきものと解される（危険責任原則）。さらに，労働契約は他人決定的性格を有するため（8頁），労働者は過重労働の下で，損害発生の原因となる労働の単調性を避けられなかったり，使用者との交渉力格差（圧力状態）の下で，結果的に使用者に損害を与えるような業務命令を拒否できないことが多く，この点からも，労働義務違反から生ずる損害をすべて労働者に負わせることは妥当性を欠く*351。労働者の損害賠償責任の制限理論は，こうした考慮から発展した法理であり，その根拠は，損害の公平な配分という法（不法行為法）の基本原理とともに，信義則（労契3条4項）に求められる*352。

より厳密には，労働者の損害賠償責任の制限および使用者の求償権制限の根拠は，信義則が有する付随義務創設機能（58頁）の裏返しの機能としての権利発生抑制機能に求めることができる*353。すなわち，労働者の損害賠償責任制限法理は，使用者の損害賠償請求権および求償権が信義則によって一定の範囲で発生それ自体が阻止され，その範囲で使用者固有の責任負担部分が肯定されることから認められる法理である*354。この点，最近の判例（前掲・福山通運事件［*352]）は，使用者責任（民715条）における使用者・労働者間の内部関係において使用者固有の負担部分を肯定し，ここから労働者の逆求償権を肯定する判断を示しているが（262頁参照），この判断は，信義則の権利発生抑制機能を肯定する解釈と整合的である。

---

*351 裁判例では，会社の化学薬品本部長代理兼営業部長の地位にあった幹部社員が違法なカルテルに関与し，米国当局から罰金支払命令を受けるなどの損害を被ったとして，会社が同幹部社員に対して行った損害賠償請求（反訴）につき，当該カルテルは会社の業務として行われたものであり，会社自身が招いた損害であって，その損害を労働者に転嫁することは許されないと判断した例がある（上野製薬事件・大阪地判平成15・3・12労判851号74頁）。労使間の交渉力格差（圧力状態）を考慮した判断といえよう。

*352 この報償責任原則および危険責任原則は，累次の最高裁判例において，使用者責任につき使用者に損害賠償責任を負担させることの根拠として用いられており（大阪小型自動車事件・最判昭和32・4・30民集11巻4号646頁，ギオン自動車事件・最判昭和63・7・1民集42巻6号451頁），最近の判例（福山通運事件・最判令和2・2・28民集74巻2号106頁）も，労働者の逆求償権の根拠として参照している（262頁参照）。

*353 信義則（民1条2項）が多くの権利義務を創出する機能を有することについては，山野目章夫編『新注釈民法(1) 総則(1)』（有斐閣・2018）161頁以下［吉政知広］参照。

*354 詳細は，土田・前掲論文（*142）227頁・236頁以下参照。

判例も，労働者の職務上の不法行為により，使用者が第三者に損害賠償を支払った場合の求償（民715条3項）および使用者が労働者から直接損害を被った場合の賠償請求（同709条［不法行為］・415条［債務不履行（労働遂行上の注意義務違反）］）に関し，「使用者は……損害の公平な分担という見地から信義則上相当と認められる限度において，被用者に対し右損害の賠償又は求償の請求をすることができる」と判断し，タンクローリーの物損事故による車両修理費相当額の損害賠償責任の範囲を賠償額の 25％ に制限している[*355]。損害賠償責任制限の基準は，①事業の性格・規模・施設の状況，②労働者の地位・職務内容・労働条件・勤務状況，③労働者の加害行為の態様・帰責性（故意・過失の有無・程度），④損害発生に対する使用者の寄与度（労働者に対する指導・監督，適切な労働環境の整備，保険加入等による損害・リスク分散措置の有無等）に求められる。

　本判決の判旨（「使用者は……信義則上相当と認められる限度において，被用者に対し右損害の賠償又は求償の請求をすることができる」）については，使用者の求償権および損害賠償請求権について使用者固有の負担部分を肯定し，一定の範囲で両請求権の発生自体を否定する趣旨の判断と考えるべきであろう（263頁参照）[*356]。本判例は，被用者に対する使用者の損害賠償請求および被用者に対す

[*355] 茨石事件・最判昭和51・7・8民集30巻7号689頁。損害賠償責任制限の基準については，土田・前掲論文（*142）229頁以下参照。使用者による不法行為に基づく損害賠償請求事案として，九州航空事件・福岡地判平成4・2・26労判608号35頁，K興業事件・大阪高判平成13・4・11労判825号79頁，株式会社G事件・東京地判平成15・12・12労判870号42頁，トモエタクシー事件・大阪地判令和元・9・2ジャーナル94号82頁，阪本商会事件・大阪地判令和3・11・24ジャーナル121号36頁など。使用者からの求償につき，厚岸町森林組合事件・釧路地判平成10・5・29労判745号32頁，大島産業事件・福岡地判平成30・11・16［LEX/DB 25562367］。また，この判例法理は，労働者の債務不履行（労働遂行上の注意義務違反）を理由とする損害賠償請求事案にも適用されている（丸山宝飾事件・東京地判平成6・9・7判時1541号104頁，N興業事件・東京地判平成15・10・29労判867号46頁，エーディーディー事件・大阪高判平成24・7・27労判1062号63頁など）。大隈鉄工所事件（名古屋地判昭和62・7・27判時1250号8頁）は，前掲・茨石事件の枠組みを適用した判決ではないが，労働契約においては，使用者は通常，労働者の労働義務違反に重過失がある場合にのみ損害賠償を請求しうる等として責任制限を肯定している。

[*356] 前掲・福山通運事件（*352）に関する調査官解説（舟橋伸行［判解］最判解民事篇令和2年度（上）43頁以下）は，本文の前掲・茨石事件最判（*355）について，使用者が求償できずに最終的に負担する部分があることを認めた判断と評価している。また，窪田充見『不法行為法——民法を学ぶ〔第2版〕』（有斐閣・2018）223頁以下は，茨石事件が求償権の制限について信義則を援用していることにつき，信義則の行使制限機能（求償権の全面的発生を肯定した上でその講師を制限する機能）を採用した可能性および権利発生抑制機能（求償権の発生それ自体を否定する機能）を採用した可能性という2つの解釈可能性を提示した上で，後者の方

る求償請求の双方に関する判断であり、かつ、前者については、債務不履行（民415条），不法行為（同709条）双方を対象とする判断と解されており[*357]，その後の下級審裁判例に継承されている。

(ウ) **具体的検討**　a）　裁判例を見ると，まず，取締役兼務従業員，上級管理職，店長・工場長等の幹部社員が行った業務行為に起因する損害については，労働遂行上の高度の注意義務（善管注意義務）が認定され，その違反（労働義務の不完全履行）を理由とする一定の賠償責任が肯定される[*358]。ただしここでも，使用者が強引な営業方針によって店長に過大な営業ノルマを課し，それが不当な販売方法の一因となるなど，指示内容に問題がある場合は，上記②・③によって損害賠償責任が制限される[*359]。また，大学教授が関与した地方自治体の風力発電設置事業において甚大な損害が発生し，大学がその一部を負担したため，大学が教員に損害賠償を請求したケースにつき，教員は大学・自治体間の委託契約上の義務を履行せず，大学に損害賠償金を発生させたとして損害賠償責任を認めつつ，大学もリスクチェック体制を構築していなかったとして損害発生への寄与を認め，4分の1の限度で認容した事例がある[*360]。

b）　これに対し，一般従業員が過失によって事故を発生させ，使用者に損害を与えた場合は，上記①〜③の基準を用いて労働者の責任制限が図られる。典型例として，クレーン運転手が交通事故（歩道橋衝突事故）により第三者に発生した損害を賠償した使用者が，運転手に対して行った求償および自己分の損害賠償請求につき，運転手には重過失がない一方，運転手に補助者を配置するなどの予防策を講じていないこと，運転手が総損害額の約25％をすでに弁済していることなどから，これに加えて賠償請求を行うことは，損害の公平な分担の見地から許されないと判断した例がある[*361]。

向性を支持している。

[*357]　島田禮介［判解］最判解民事篇昭和51年度270頁以下，同「時の判例」ジュリ626号(1976) 76頁，能見善久［判解］法協95巻3号 (1978) 598頁参照。

[*358]　前掲・蒲商事件（[*350]），前掲・厚岸町森林組合事件（[*355]），柚木商事事件・東京地判平成28・10・27ジャーナル59号30頁［コンビニ店長］，前掲・ソースコード引渡請求反訴事件（[*20]［損害額の認定につき，民訴法248条を適用して判断］）。

[*359]　裁判例では，中古自動車販売会社の店長が不当な販売方法によって会社に高額の損害を与えたことにつき，損害賠償責任を肯定しつつ，会社が同販売によって利益を得ていること等のほか，店長にノルマを課し，売上至上主義ともいうべき指導を行っていたことを考慮して，損害の50％について賠償責任を肯定した例がある（前掲・株式会社G事件［[*355]］）。前掲・上野製薬事件（[*351]）も参照。

[*360]　X大学事件・東京地判平成26・12・24労経速2238号3頁。

また，一般従業員が高価な機械を破損したり，債権未回収事故を発生させるなど，損害が多額なケースでは，その損害賠償責任が肯定されるが，ここでも責任制限法理が適用される。裁判例では，労働者が重過失により高価な工作機械を破損したケースにつき，深夜勤務中の事故であること，会社のリスク管理上の問題点（機械保険未加入）を重視して損害の 25％ のみを認容した例[*362]や，コンピュータシステム等の企画・販売を業とする会社に勤務する労働者（課長職）が，大口顧客におけるカスタマイズ業務の不具合により発注量および売上高を減らしたとして，会社から債務不履行を理由とする損害賠償を請求されたケースにつき，同人に故意または重過失があったとは認められず，会社が損害と主張する売上減少・ノルマ未達等はある程度予想できることであり，報償責任・危険責任の観点から本来使用者が負担すべきリスクである等として，損害賠償責任を全部否定した例がある[*363]。いずれも信義則を援用し，上記の判断基準を用いて損害の公平な配分を図ったものである。

　c)　さらに，株式売買や先物取引のように，従業員（専門的外務員）の業務上のミスが多額の損害を惹起するケースについては，もともとリスクを内在することから，報償責任原則・危険責任原則や使用者のリスク分散の措置を考慮して責任制限を図る必要がある[*364]。もっとも，職務内容が高度で，指揮命令の余地が少ない労働者（証券外務員等）については，それ相応の責任を認めるべきであろう。裁判例では，ワラント取引に関する説明義務の不履行によって顧客に損害を与えたケースにつき，会社が株価に関する情報提供や指導を十分に行っていないことを理由に，就業規則上の損害賠償請求権規定の要件であ

[*361]　M運輸事件・福岡高那覇支判平成 13・12・6 労判 825 号 72 頁。同旨裁判例として，前掲・大島産業事件（[*355]［トラック運転手の過失交通事故に係る使用者の求償につき，求償の範囲を損害の約 1 割に限定］），前掲・トモエタクシー事件（[*355]［使用者（タクシー会社）の損害賠償請求を棄却］），前掲・阪本商会事件（[*355]［32 万円の損害額中 10 万円の限度で認容］）。

[*362]　前掲・大隈鉄工所事件（[*355]）。

[*363]　前掲・エーディーディー事件（[*355]）。このほか，前掲・N興業事件（[*355]），前掲・株式会社T事件（[*350]），ナカガワ事件・大阪地判平成 30・9・7 ジャーナル 82 号 44 頁も参照。他方，労働者がトラック運送業務に係る無断欠勤により使用者に損害を与えた場合は，当該損害につき全額賠償責任を負う（前掲・大島産業事件［[*148]］）。

[*364]　裁判例では，証券会社の外務員が上司の指示に反して行った株の買付け注文の受注により生じた損害につき，損害の 7 割にあたる 1 億円強の額の損害賠償を命じた例があるが（ワールド証券事件・東京地判平成 4・3・23 労判 618 号 42 頁），上司の指示違反の事実があるとはいえ，上記の観点からは公平を欠く判断と思われる。

る「重大な過失」を否定し、賠償責任を全部否定した例がある*365。しかし、証券外務員の職務が高度に専門的で、それに応じた高い処遇を受けていたことを考えると、全部否定の結論は就業規則の解釈としても行き過ぎと解される。

　(エ)　**逆求償**　労働者の求償責任（民715条3項）については、労働者の行為によって損害を被った被害者に使用者が損害賠償を行った後に労働者に求償する通常のケース（256頁）とは別に、労働者が直接第三者に損害賠償を支払った場合に使用者に対して求償を行うことがある（逆求償）。この点については、明文の規定がないことから裁判例は分かれてきたが*366、最近の判例は、肯定説を採用して決着をつけた*367。判旨は、①使用者責任（民715条1項）は、前述した報償責任や危険責任（257頁）に着目し、損害の公平な分担という見地から、事業の執行について被用者が第三者に加えた損害を使用者に負担させるものであるところ、この趣旨によれば、使用者は、その事業の執行により損害を被った第三者に対して損害賠償義務を負うのみならず、被用者との関係においても、損害の全部または一部について負担すべき場合があること、②通常の求償と逆求償の場合とで、使用者の損害の負担について異なる結果となることは相当でないことの2点から、被用者の逆求償の権利を肯定した。特に①は、報償責任原則・危険責任原則を基礎とする使用者・被用者（労働者）間の損害の公平な分担という使用者責任の規律が使用者・被害者間の外部関係のみならず使用者・労働者間の内部関係にも妥当することを明示したものであり、使用者・労働者間の公平な責任分担を図る判断として適切と解される*368。

---

　*365　前掲・つばさ証券事件（*6）。本件のように、使用者は、就業規則において、労働者の行為によって損害を被った場合の賠償請求権規定を設けることがある（「社員が故意または重大な過失によって会社に損害を与えたときは、その損害の全部または一部を請求することがある」など）。この種の規定は、それ自体は適法であるが、責任制限法理の適用を免れることはできない。のみならず、上記規定のように、労働者の損害賠償責任を「故意または重大な過失」がある場合に限定していれば、軽過失や通常の過失による事故は不問に付す趣旨と解釈されるし（前掲・株式会社G事件［*355］）、過失が相当重い場合も、就業規則の解釈として「重大な過失」が否定されれば、損害賠償責任自体が否定される（前掲・つばさ証券事件［*6］）。こうして、就業規則の損害賠償請求規定は、民法上の損害賠償責任を縮減こそすれ拡大するものではない。

　*366　肯定例として、信州フーズ事件・佐賀地判平成27・9・11労判1172号81頁、福山通運事件・大阪地判平成29・9・29労判1224号15頁、否定例として、福山通運［控訴］事件・大阪高判平成30・4・27労判1224号12頁。

　*367　前掲・福山通運事件（*352［前掲・福山通運事件・同［控訴］事件（*366）の上告審］）。

　*368　福山通運事件については、水町勇一郎［判批］ジュリ1543号（2020）5頁、河野奈月

もっとも，労働者の逆求償権を基礎づける法的根拠については，本判決は十分な判断を示したものとは評価できない。この点については，前述した労働者の損害賠償責任の制限と同様，信義則の権利発生抑制機能（求償権発生抑制機能）を肯定し，この機能が求償権・損害賠償請求権の制限とともに労働者の逆求償権を発生させる法的根拠となるものと考える*369。

(オ) **労働契約法の観点からの考察*370**　以上のとおり，労働者の損害賠償責任の制限，使用者の求償権の制限および逆求償権の法的根拠は信義則（の権利発生抑制機能）に求められるが，労働契約上の権利義務としては，使用者が信義則（労契3条4項）に基づいて負う労働者の経済的利益保護義務として構成することが適切である。労働者の経済的利益保護義務については前述したが（194頁），使用者は，この義務の一環として，労働者が業務遂行に伴い損害を発生させた場合に，過大な経済的負担を負うことがないよう配慮する義務を負うものと解される。具体的には，使用者は，労働者の経済的利益配慮義務の一環として，労働者が事故等によって損害を発生させないよう適切な措置を講ずる義務（損害発生防止義務）を負うとともに，損害が現実に発生し，労働者が損害賠償を行った場合は，使用者自身が負担すべき部分（使用者固有の負担部分［259頁］）について賠償責任を負い，当該部分について労働者に償還する義務（使用者負担部分償還義務）を負うものと考える。この結果，使用者が労働者に対して損害賠償を請求し（民415条［債務不履行］・709条［不法行為］），または求償権を行使する（同715条3項）場面では，使用者負担部分償還義務が労働者の損害賠償責任を制限する根拠とされ，労働者による求償の場面では，同義務が労働者の求償権（逆求償権）の根拠と解されることになる。

なお，使用者負担部分償還義務という概念を用いる理由は，前記のとおり（259頁），労働者の損害賠償責任の制限（債務不履行責任［民415条（①）］，不法行為責任［同709条（②）］），使用者責任における使用者の求償権制限（同715条3項［③］）および労働者の逆求償権（④）が使用者固有の負担部分を肯定することを前提に立論されていることから，労働契約上の義務（付随義務）としても，使用者固有の負担部分の存在を前提に，同負担部分について労働者に償還

［判解］ジュリ1551号（2020）115頁，富永晃一「被用者から使用者責任を負う使用者に対する逆求償の可否」季労270号（2020）166頁など参照。
*369　詳細は，土田・前掲論文（*142）236頁以下参照。
*370　以下の詳細は，土田・前掲論文（*142）239頁以下参照。

する義務（使用者負担部分償還義務）として構成することが適切という点にある[*371]。また，損害賠償責任制限法理を確立した判例（前掲・茨石事件［*355]）の観点からは，同判例法理は上記①②③を対象とする法理である（259 頁）から，使用者負担部分償還義務も，①②③（加えて④逆求償権）を対象とする義務と考えることが適切である。すなわち，使用者負担部分償還義務は，使用者が労働契約上の付随義務として負う義務（債務）であるが，労働者の債務不履行責任（①）のみならず，不法行為責任（②）の制限根拠ともなる概念である。

(カ) **付随義務違反**　労働者の損害賠償責任は，誠実義務や企業秩序遵守義務などの付随義務違反について問題となることもある。労働者が横領，背任，架空取引，高額の出張費不正受給等の悪質な不正行為（誠実義務違反・企業秩序遵守義務違反）を行い，使用者に巨額の損害を発生させた場合に相応の損害賠償責任を負うことは当然である[*372]。在職中・退職後の競業避止義務・守秘義務違反や労働者の引抜きを理由とする損害賠償請求事件については，関係箇所で解説する（926 頁以下）。

[*371] 労働者の損害賠償責任の制限，使用者の求償権制限および労働者の逆求償権に係る労働契約上の権利義務構成としては，労働者が全額損害賠償責任を負うことを前提に，使用者の損害賠償責任軽減義務として構成することも考えられる。しかし，この構成では，労働者が使用者または被害者に損害賠償責任を全部負担することを前提に，使用者がその責任を軽減する構成となるため，労働者の責任について使用者固有の負担部分を認めることと整合しない。使用者固有の負担部分を肯定するのであれば，労働者が本来負担すべき責任部分を超過した部分について使用者固有の負担とし，労働者が損害賠償を行った場合に労働者に償還する義務（使用者負担部分償還義務）として構成する方が妥当と考える。土田・前掲論文（*142）246 頁（注 57）参照。

[*372] 東芝メディカルシステムズ事件（大阪地判平成 27・3・31 ジャーナル 41 号 62 頁）は，架空取引による会社の損害について，また，日立製作所ほか事件（東京地判平成 27・4・17 ジャーナル 42 号 55 頁）は，高額の出張費不正受給について，それぞれ労働者の損害賠償責任を全部認容している。同旨裁判例として，オンテックス事件・大阪地判平成 30・3・29 ジャーナル 76 号 44 頁（取引改ざん行為），ナック事件・東京高判平成 30・6・21 労経速 2369 号 28 頁（不当営業活動），なかま福祉会事件・大阪地判平成 30・10・30 ジャーナル 83 号 42 頁（横領行為），シークス事件・大阪地判令和 4・3・28 ジャーナル 127 号 28 頁（背任），フォーバンス事件・大阪地判令和 5・11・16 ジャーナル 145 号 26 頁（横領行為等），全日本吹奏楽連盟事件・東京地判令和 6・2・21 ジャーナル 150 号 22 頁（給与等不正受給）等。

このほか，従業員が集荷業務中に集荷先女性従業員に対して行ったセクハラ行為事案における求償権行使を認めた例として，ヤマト運輸事件・大阪地判平成 31・2・7 ジャーナル 88 号 44 頁，従業員が派遣従業員に対して行ったわいせつ行為に係る求償権行使を認めた例として，富士通エフサス事件・東京地判平成 22・12・27 判時 2116 号 130 頁がある。他方，使用者が労働者に対して行った損害賠償請求訴訟が不当訴訟と評価され，使用者の不法行為責任が肯定されることもある（1157 頁参照）。

第3章
労働契約の成立

第1節　募集・職業紹介・労働者供給
第2節　採　　用
第3節　労働条件の明示と確定
第4節　試用期間

　労働契約は，契約の締結によってスタートする。労働者の採用（労働者から見れば企業への就職）を法的に表現したものが労働契約の締結であり，労働者・使用者間の意思表示の合致（申込みと承諾）を要素とする。この合意は口頭のもので足り，特別の方式を必要としない（諾成・不要式の契約。労契6条）。
　労働契約の締結過程は多様であるが，一般的には，使用者による労働者の募集・求人（労働契約締結の申込みの誘引）→労働者の応募（申込み）→使用者の採用決定（承諾）というプロセスを辿る（新規学卒者の定期採用プロセスにつき，277頁の**図表3-1**参照）。このように，労働者としての地位の安定には一定の時間を要するため，採用プロセスのどの段階で労働契約が成立するかが問題となる。また最近では，中途採用労働者の試用期間をめぐる紛争や，労働条件の食い違いをめぐる紛争も増えている。

第1節　募集・職業紹介・労働者供給

　労働契約の締結の前提を成すのは，使用者による労働者の募集であり，使用者自らが労働者を勧誘する方法（狭義の募集）と，職業紹介機関を利用する方法（職業紹介）に分かれる。募集に関しては，良好な職業機会の提供という観点から，職業安定法が規制を定めている。なお，募集・職業紹介を含む労働市

場の法規整については，2018年，雇用対策法を改正する形で「労働施策の総合的な推進並びに労働者の雇用の安定及び職業生活の充実等に関する法律」（労働施策総合推進法）が成立しており，それ自体重要な意義を有するが，労働契約法を取り扱う本書の性格上，取り上げない*1。

1 募　集

　募集（狭義）とは，「労働者を雇用しようとする者が，自ら又は他人に委託して，労働者となろうとする者に対し，その被用者となることを勧誘すること」をいう（職安4条5項）。

　職業安定法は，募集について，募集者が求職者に対し，従事すべき業務の内容および賃金，労働時間その他の労働条件を明示しなければならないと定め（同5条の3），労働条件の明示に際しては，労働者に誤解を生じさせないよう平易な表現を用いる等の的確な表示に努めなければならない（同42条）と規定する。また，雇用機会均等法5条は，募集に関する男女の差別的取扱いを禁止している（963頁）。

2 職業紹介

(1) 意　義

　職業紹介とは，「求人及び求職の申込みを受け，求人者と求職者との間における雇用関係の成立をあっせんすること」をいう（職安4条1項）。無料のもの（同4条2項）と，有料のもの（同3項）に大別され，職業紹介の主体の面からは，公共職業安定所（ハローワーク）が行うもの（同17条以下），民間の職業紹介事業者が行うもの（同30条以下），学校が行うもの（同27条）に分かれる。勤労権（憲27条1項）と，職業選択の自由（憲22条1項）を具体化し，国民に良好な雇用機会を提供しつつ，雇用の安定を図るための制度である（職安1条）。

(2) 職業紹介の法規制

　(ｱ) 職業紹介について，職安法は長らく，公共職業安定所による無料の職業紹介を大原則とし，民間の有料職業紹介事業の取扱職業を制限するとともに，

---

*1　労働市場の法規整については，菅野＝山川61頁以下，荒木807頁以下，鎌田耕一『概説労働市場法〔第2版〕』（三省堂・2021）等を参照。労働施策総合推進法については，菅野＝山川61頁以下，荒木821頁以下参照。

これを厳格な許可制の下に置いてきた（国家独占政策）。このように厳しい政策が採用されたのは，有料職業紹介を野放しにした場合，業者が報酬目当てに人身売買的な紹介を行い，中間搾取を行う危険が高いと考えられたためである。

しかし近年，こうした原始的な弊害が減少する一方，労働者の自発的・非自発的移動（雇用の流動化）が進行するに伴い，有料職業紹介を含む職業紹介機関の利用のニーズが高まっている。このため，1999年，民間職業紹介所の活動を広く認めるILO181号条約が批准され，有料職業紹介の原則自由化を内容とする改正職業安定法が成立した。すなわち，港湾運送・建設業務など，労働者保護の支障のおそれがある職業を除いて，有料職業紹介事業が自由化された（職安32条の11）。ただし，悪質な事業者の参入を防止するため，厚生労働大臣による許可制は維持されている（同30条）。

(イ) このように，民営職業紹介事業を法認した結果，民営事業が行う職業紹介は，私企業による雇用サービス契約として把握することが可能となった。それは，雇用サービスを求める不特定多数の消費者（求人者，求職者）を対象とする点では消費者契約に類似するが，同時に，労働者（人間）と不可分の労働力の取引を対象とする点で独自の性格も有している。職安法は，このような雇用サービス契約の特色を考慮した規制を設けている。

第1は，勤労権（国民に対する勤労の機会の保障の理念。憲27条1項）に基づく規制である。すなわち，職業紹介機関（公共職業安定所，有料職業紹介事業を問わない）は，原則としてすべての求人申込みおよび求職申込みを受理しなければならない（職安5条の5・5条の6）。また公共職業安定所は，求職者にはその能力に適合する職業を紹介し，求人者にはその雇用条件に適合する求職者を紹介するよう努めなければならない（同5条の7）。

第2は，労働条件の適正明示の規制である。求職者が労働条件を知らないまま入職すると，劣悪な労働条件の下での就労を余儀なくされる等の弊害が生ずるため，職安法は，職業紹介・求人時の労働条件明示義務を規定している。すなわち，職業紹介機関および求人者は，それぞれ職業紹介および求人の申込みに際して，従事すべき業務の内容および賃金，労働時間その他の労働条件を明示しなければならない（職安5条の3第1項）[*2]。また，求職活動・求人活動に

[*2] 書面等により明示する労働条件（職安5条の3第4項）として，業務内容，契約期間，試用期間の有無および内容，就業場所，労働時間，賃金，社会・労働保険の加入の状況，募集主・求人者の氏名または名称，派遣労働者として雇用しようとする場合はその旨（職安法施行

おけるインターネットの利用が拡大する中,新たな形態の求人メディア(ネット上の公表情報を収集する求人メディア等)が就職・転職の重要なツールとなりつつあることを踏まえて,2022年改正職安法は,これを「募集情報等提供」(募集情報を労働者になろうとする者または他の職業紹介事業者に提供すること)に含める(4条6項)*3 とともに,特定募集情報等提供事業者(労働者になろうとする者に関する情報を収集して行う募集提供事業者)について,厚生労働大臣への届出(43条の2)・報酬受領の禁止(43条の3)・苦情処理(43条の7)等の規律を新設した。また,労働条件明示だけでは,労働条件の虚偽表示・誇大表示に伴う紛争が発生しうるため,改正職安法は,従来は指針において労働条件を虚偽・誇大な内容としないこと等に係る配慮義務を定めるにとどまっていたのを改め,募集情報等提供事業者について,募集情報等に係る的確表示義務(虚偽または誤解を生じさせる表示の禁止[5条の4第1項],最新かつ正確な内容に保つ義務[5条の4第2項])を新設した。労働契約法の観点からも有意義な改正といいうる。

　第3は,求職者の個人情報の保護である。職業紹介機関および特定募集情報等提供事業者は,求職者の個人情報を収集・保管・使用する際には,業務の目的の達成に必要な範囲内で行うとともに,個人情報を適正に管理するための措置を講じなければならない(職安5条の5)。また,職業紹介事業者およびその代理人ならびに従業者は,求職者の個人情報に関する守秘義務を負う(同51条)。

　第4は,中間搾取の防止である。前記のとおり,民営職業紹介事業に関する紹介手数料規制は,一定程度緩和されつつ,基本的規制として維持されている。

　第5は,差別的取扱禁止のルールである。すなわち,何人も人種,国籍,信条,性別,社会的身分,門地,従前の職業,労働組合員であること等を理由として,職業紹介について差別的取扱いを受けない(職安3条)。法の下の平等(憲14条)を具体化し,労働市場参入の機会の平等を図った規定である。

　　規則4条の2第3項)が規定されているほか,指針(令和4年厚労告198号による改正)においてより詳細な規律が行われている。
*3　改正職安法4条6項は,「募集情報等提供」として,①労働者の募集に関する情報を,労働者になろうとする者の職業の選択を容易にすることを目的して収集し,労働者になろうとする者等(労働者になろうとする者または職業紹介事業者等)に提供すること(2号),②労働者になろうとする者等の依頼を受け,労働者になろうとする者に関する情報を労働者の募集を行う者,募集受託者または他の職業紹介事業者等に提供すること(3号),③労働者になろうとする者に関する情報を,労働者の募集を行う者の必要とする労働力の確保を容易にすることを目的として収集し,労働者の募集を行う者等に提供すること(4号)を追加している。

(ウ)　職安法上の「職業紹介」の概念については，種々の人材ビジネスとの関係で，それらビジネスが職安法の規制に服すべき「職業紹介」に当たるか否かが問題となる。この点，判例は，中間搾取防止の観点から「職業紹介」を広範に解し，職安法の規制を肯定している。すなわち，職業紹介におけるあっせんとは，「求人および求職の申込を受けて求人者と求職者の間に介在し，両者間における雇用関係成立のための便宜をはかり，その成立を容易ならしめる行為」として広く定義されている*4。この結果，いわゆる人材スカウト（ヘッドハンティング）も職業紹介に当たると解される。人材スカウトは，求人者の依頼を受けて労働者を探し出し，求人者に紹介して就職させることをいい，求人者の募集活動の代行という側面が強く，一般の民営有料職業紹介とは異なる面があるが，判例は，職業紹介におけるあっせんを広く解する立場から，人材スカウトもあっせんとして職業紹介に含まれると判断している*5【3-1】。

> 【3-1】　**労働者供給**　労働者供給とは，「供給契約に基づいて労働者を他人の指揮命令を受けて労働に従事させることをい」う（職安4条8項）。労働者供給事業を行い，または供給事業を行う者から供給される労働者を使用することは禁止される（同44条）。ただし，労働組合は，厚生労働大臣の許可を得て無料の労働者供給事業を行うことができる（同45条）。このように，労働者供給事業が全面的に禁止されるのは，供給業者が労働者を事実上の支配下に置きつつ労働者・供給先間に介在して中間搾取を行ったり，強制労働を行わせるなどの弊害が生じやすいためである。
> 　これに対し，労働者と労働契約を締結した上，自己の指揮命令の下に他人の事業場で就労させる業務処理請負は，前記の弊害が生じないため適法とされる。しかし，これも実際は労働者供給事業としてなされ，脱法行為となる危険があるため，以下の4要件を満たさなければ，供給元・先間の契約形式が請負であっても労働者供給事業として扱われる（職安規4条）。すなわち，①作業の完成について

---

*4　最決昭和30・10・4刑集9巻11号2150頁。そこで，たとえば，「求人協会」なる名称の下に，会員たる求人者に対し求職者の氏名・希望職種等を記載した名簿を交付し，面接案内書を用意して求職者に面接させるよう仕向ける行為は「職業紹介」に当たる（日本求人協会事件・最決昭和57・4・2刑集36巻4号538頁）。ただし，就職情報誌等の就職情報の提供は「職業紹介」に該当しない。

*5　東京エグゼクティブ・サーチ事件・最判平成6・4・22民集48巻3号944頁。この結果，人材スカウトは職安法の規制下に置かれ，手数料の上限規制（職安32条の3）に服し続けることになったため，手数料規制の緩和が課題となったが，改正職安法は，人材スカウトを有料職業紹介の一種に位置づけつつ，手数料規制自体を緩和することで問題を解決した。

事業主としての財政上・法律上のすべての責任を負うこと，②作業に従事する労働者を直接指揮監督すること，③労働者に対し，使用者として法律に規定されるすべての義務を負うこと，④自ら提供する機械，設備，器材もしくはその作業に必要な材料，資材を使用し，または企画もしくは専門的な技術もしくは経験を必要とするものであって，単に肉体的な労働力を提供するものではないこと，の4点である（菅野＝山川84頁参照）。また労働者派遣は，本来は労働者供給（供給元と労働者間に労働契約がある場合と，事実上の支配従属関係しかない場合との双方を含む）に該当するが，その中から，供給元・労働者間に労働契約があるものを抜き出して適法化したものである（1078頁参照）。

(3) 募集・採用時の年齢制限

求職活動の実際を見ると，求人者が求人年齢に上限を設けるケースが多く，中高年齢者が職業紹介機関を利用して就職・転職したくてもできない状況が生じている。このため，労働施策総合推進法（266頁）の前身を成す旧雇用対策法は2001年・2007年に改正され，「事業主は，労働者がその有する能力を有効に発揮するために必要であると認められるときとして厚生労働省令で定めるときは，労働者の募集及び採用について，厚生労働省令で定めるところにより，その年齢にかかわりなく均等な機会を与えなければならない」との義務規定が設けられた（10条。現行労働施策推進9条）。本来，市場は万人に対して参入の機会を保障すべきものであり，この点は労働市場も同様であるから，年齢という理由で参入を規制することに合理性はなく，改正は妥当である。

もっとも，労働施策総合推進法は，募集・採用時の年齢制限に合理的理由がある場合として六つの例外を認めている（労働施策推進則1条の3第1項）。すなわち，①定年年齢を上限として，当該上限年齢未満の労働者を期間の定めのない労働契約の対象として募集・採用する場合（60歳定年制の下で，60歳未満の労働者を募集する場合等），②法令上，年齢制限が設けられている場合（労基第6章の年少者保護規定等），③長期勤続によるキャリア形成を図る観点から，若年者等を期間の定めのない労働契約の対象として募集・採用する場合（新規学卒者の募集・採用が典型），④技能・ノウハウの継承の観点から，特定の職種において労働者数が相当程度少ない特定の年齢層に限定し，かつ，期間の定めのない労働契約の対象として募集・採用する場合，⑤芸術・芸能の分野における表現の真実性等の要請がある場合（演劇の子役の募集等），⑥60歳以上の高齢者または特定の年齢層の雇用を促進する施策（国の施策に限る）の対象となる者に限定

して募集・採用する場合（高齢者雇用，若年者トライアル雇用等）である。

これらの例外については，②⑤⑥はともかく，①③④はなお広範に過ぎるとの批判がありうるが，長期雇用システムの観点からは，この程度の例外は認めるべきであろう。ただし，これら例外は，期間の定めのない労働契約（無期雇用）による募集・採用に限定されていることに注意を要する。

第2節　採　　用

　採用とは，使用者が労働者との間で労働契約を締結することをいう。労働法は，使用者に採用の自由を保障しつつ，同時に，採用内定に関する判例法によって求職者の法的地位の保護を図っている。すなわち，労働契約締結の自由を肯定しつつ，その労働契約の締結時期を採用内定時という早い時期に認め，内定取消に解約権行使の規制を及ぼすことによって，労働者（求職者）・使用者間の利益調整を図ろうとするのが労働契約法の趣旨である。

1　採用の自由

(1)　「採用の自由」の意義

　労働契約も契約の一種である以上，契約自由の原則の下に置かれる。契約自由の原則のうち，契約内容決定の自由と，解約の自由（民627条1項）は，労働法によって大幅に修正されているが，契約を締結するか否かの自由については，法は慎重に介入を避けている。こうして，労働者はどの企業を就職先（使用者）として選び，就職するかの自由（就職の自由）を有し，使用者は，誰を労働者として採用するかについての自由（採用の自由）を有する。判例も，「企業者は，……契約締結の自由を有し，自己の営業のために労働者を雇傭するにあたり，いかなる者を雇い入れるか，いかなる条件でこれを雇うかについて，法律その他による特別の制限がない限り，原則として自由にこれを決定することができる」と述べ，採用の自由を承認している（三菱樹脂事件）[*6]。

　このように，契約締結の自由（採用の自由）が広く保障されることの理由は，それが市場経済体制を支える意義をもつことに求められる。すなわち，市場経

[*6]　最大判昭和48・12・12民集27巻11号1536頁。

済体制の下では，労働市場も，原則として国家的統制から開放された自由な市場である必要があるが，そのためには，採用される側（労働者）に「就職の自由」を保障すると同時に，採用する側（使用者）にも「採用の自由」を保障することが不可欠である。また，同じ労働市場の現象の中でも，いったん雇用した労働者を再び労働契約から放逐すること（解雇）には労働者の生活利益の保護の見地からの法規制が必要となるが，未だ採用に至らない段階では，こうした規制を及ぼす理由も存在しない（それは，失業の予防・雇用の促進として国家の任務となる）。こうした経済的自由主義の思想が，契約締結の自由という法思想（他者との法律関係を強制されないことは人間の最も基本的な自由であるとの思想）と結びついて「採用の自由」に結実したものといいうる*7。

(2) 「採用の自由」の内容

採用の自由は「誰を採用するか」という選択の自由と，労働契約を締結するか否かという契約締結の自由の両面で問題となる。

(ア) **選択の自由**　「採用の自由」の中心を成すのは，「誰を，いかなる基準で採用するか」の自由（選択の自由）である。採用に際して基準を設けるか否か，いかなる基準を設けるか，基準に適合する者の中から誰を選ぶかは，使用者が自由に決定できる。採用の基準としては，応募者の学歴，年齢，能力・資格，経験，心身状態，職歴（新卒者か転職者か），信条等があるが，これら基準をどのように用いて労働者を選択するかは，原則として使用者の自由である。

もっとも，男女差別については規制があり，事業主（企業）は，労働者の採用について，その性別にかかわりなく均等な機会を与えなければならない（雇均5条）。また，労組法7条1号所定の不利益取扱い禁止の規制は採用にも及ぶため，組合所属や組合活動を理由とする採用拒否は不当労働行為となる*8。このほか，障害者の雇用義務（障害雇用43条以下）*9 および就労最低年齢の規

---

*7　採用の自由に関しては，花見忠「採用の自由と基本権」石井追悼『労働法の諸問題』（勁草書房・1974）125頁，長渕満男「採用の自由」本多還暦『労働契約の研究』（法律文化社・1986）73頁，注釈労基・労契(2) 339頁［根本到＝矢野昌浩］参照。

*8　判例は，不当労働行為制度（労組7条1号）は，労使間の労働契約成立後の行為のみを規制するものであるとして，採用の自由に対する規制を否定しているが（JR北海道・日本貨物鉄道事件・最判平成15・12・22民集57巻11号2335頁），適切でない（土田458頁参照）。

*9　障害者の雇用の促進等に関する法律は，事業主に対して，身体障害者または知的障害者の雇入れの努力義務を課す（37条）とともに，従業員数に応じて政令で定める雇用率に達するまでの身体障害者の雇用を義務づけている（43条以下）。労働契約の締結を義務づける点で，

制（労基56条1項）*10 がある。

「選択の自由」に関して問題とされてきたのは，思想・信条を理由とする採用拒否の違法性である。この場合，憲法が定める法の下の平等（14条），思想・良心の自由（19条）の保障や，労基法の均等待遇の原則（3条）との関係が問題となる。判例は，前掲・三菱樹脂事件（＊6）において，①憲法14条・19条は国や公共団体と個人との関係を規律する規範であり，私人相互の関係を直接規律しない，②労基法3条は雇入れ後の労働条件に関する制限であり，雇入れそのものを制約する規定ではない，③採用の自由は憲法22条（営業の自由）や29条（経済活動の自由）に基礎を置いている，の3点を理由に，「企業者が特定の思想，信条を有する者をそのゆえをもって雇い入れることを拒んでも，それを当然に違法とすることはできない」と解し，思想・信条を理由とする採用拒否が公序良俗（民90条）違反となることを否定している。

しかし，②の解釈は正当としても（121頁参照），①については，法の下の平等や思想・良心の自由は現代社会における基本的価値として，私人間においても最大限尊重されるべきものである。また，③で採用の自由の根拠を憲法22条・29条に求めつつ，他方で14条・19条の間接適用を否定する解釈は一貫しない。さらに市場経済の観点から見ても，採用段階の差別は，市場（企業内労働市場）への参入に門戸を閉ざす点で，経済合理性に乏しい。したがって，思想・信条を決定的理由とする採用拒否については，憲法14条・19条の間接適用を認め，公序違反により違法と解すべきである*11。今後は，採用段階の平等取扱い（労働市場への参入機会の保障）がより強く要請されることになろう。

　選択の自由および特に契約締結の自由に対する重大な例外を成す。また，2013年の同法改正により，精神障害者（精神障害者保健福祉手帳の交付を受け，かつ，症状が安定し就労可能状態にある者）の雇用義務が追加された（永野仁美＝長谷川珠子＝富永晃一編『詳説障害者雇用促進法〔増補補正版〕』弘文堂・2018）93頁以下，343頁以下参照）。

＊10　労基法56条は，満15歳に達した日以後の最初の3月31日が終了するまでの児童の就労禁止を原則として定めつつ（1項），非工業的事業で児童の健康・福祉に有害でなく，かつ軽易な労働につき，行政官庁の許可を得て修学時間外に使用できることと，映画製作・演劇について満13歳未満の児童を修学時間外に使用できること，の二つの例外を定めている（2項）。このほか，親権者または後見人が未成年者に代わって労働契約を締結することの禁止（労基58条1項）等の規制がある。

＊11　これらの法規は，前掲・三菱樹脂事件（＊6）が採用の自由の例外として認める「法律その他による特別の制限」を意味することになる。同旨，花見・前掲論文（＊7）129頁以下。公序違反の可能性を認めた裁判例として，慶應大学付属病院事件・東京高判昭和50・12・22労民26巻6号1116頁。

(イ)　**契約締結の自由**　このように，採用差別が公序違反として違法となるとしても，使用者はその者との間で労働契約の締結を強制されることはない。すなわち，契約締結自由の原則が存在する以上，違法な採用差別は不法行為（民709条）として使用者の損害賠償責任を発生させるにとどまり，応募者は労働契約上の地位を得ることはできない。このような採用強制を認めるためには，特別の立法が必要であるが，日本では，そうした一般的立法は存在しない。個別立法としても，前述した障害者の雇用義務（障害雇用43条以下）と，採用拒否が不当労働行為とされた場合の労働委員会による採用命令が存在するにとどまり，男女の採用差別に関する雇用機会均等法5条も，採用強制の効果まで伴う法規範ではない（963頁以下参照）。

もとより，採用段階における雇用平等は重要な要請であるが，その効果として採用強制まで認めるべきかは別の問題である。契約自由の根幹を成す契約締結の自由への介入については，慎重に対処すべきであろう。

(ウ)　**調査の自由**　使用者は，採否決定の段階で応募者の身辺を調査したり，応募者から一定の事項を申告させることがある。こうした調査について最も問題となるのは，やはり思想・信条との関係であるが，判例（前掲・三菱樹脂事件[*6]）は，思想・信条を理由とする採用拒否の適法性を理由に，「企業者が，労働者の採否決定にあたり，労働者の思想，信条を調査し，そのためその者からこれに関連する事項についての申告を求めることも，これを法律上禁止された違法行為とすべき理由はない」と述べ，調査の自由を肯定している。

しかし，人がその良心に反して思想・信条を告白することを強制されないことは，「内心の自由」として憲法上保障されている（憲19条）。したがって，採用に際して思想・信条に関連する事項の申告を求めることは，内心の自由が構成する公序（民90条）に反して許されず，それを理由とする採用拒否も公序違反を構成すると解すべきである。同様に，労働者の個人的領域（プライバシー）に及ぶ事項（信条のほか，病状・病歴・前科・婚姻歴・団体への所属等）に関する質問・申告要求も違法と解される[*12]。

[*12]　北海道社会事業協会事件（札幌地判令和元・9・17労判1214号18頁）は，病院を経営する法人が社会福祉士職の応募者に対して持病の有無を確認した際，同人がHIV感染の事実を告知しなかったことにつき，HIV感染をめぐる医学的・社会的状況を踏まえれば，HIV感染の有無を確認すること自体，特段の事情がない限り許されないと判断している。また，解雇無効地位確認等請求事件（東京地判令和5・7・28ジャーナル144号30頁）は，中途採用者について，使用者に対し前職における適応障害を申告すべき義務を否定している。

一方，労働契約は，労働の提供を基本的内容とする契約であるから，職務遂行能力と合理的関連性を有する事項（学歴・職歴・職業訓練歴）について申告を求めることは適法であり，応募者（労働者）は，信義則（民1条2項）上，使用者の求めに応じて真実を告知すべき義務（真実告知義務）を負うと解される[*13]。問題は，こうした事項である限り，使用者から申告を求めない場合も，応募者が自発的に告知すべき法的義務があるか否かであるが，この点は否定すべきであろう[*14]。ただし，これら事項に関する虚偽申告や不実記載が労働契約成立後に判明した場合は，真実告知義務違反および経歴詐称として解雇・懲戒の対象となるとともに，労働者の損害賠償責任を発生させることがある[*15]【3-2】。

【3-2】　身元保証契約　　日本では，採用に際して，労働者が使用者に損害を与えた場合の賠償債務を確保する目的で，身元保証人または身元引受人を立てることがある。しかし，このような身元保証契約は，身元保証人にとって過酷なものとなりがちなことから，「身元保証ニ関スル法律」（昭8法42）が制定されている。
　同法によれば，①身元保証契約の存続期間は3年（期間を定めたときは5年）に制限され（1条・2条1項），更新は許されるが，更新のときから5年を超えてはならない（2条2項）。②使用者は，被用者本人に業務上不適任または不誠実な事跡があって，身元保証人に責任を生ずるおそれがあるとき，または本人の任務・任地を変更し，そのため身元保証人の責任を加重しまたは監督を困難にするときは通知義務を負い（3条），この通知を受けた身元保証人は身元保証契約を解除することができる（4条）。③身元保証人の損害賠償責任の存否・範囲については，本人の監督に関する使用者の過失の有無，身元保証に至った事由やその際に払った注意の程度等一切の事情を斟酌して裁判所が決定する（5条）[*16]。また，以上の

[*13]　メッセ事件・東京地判平成22・11・10労判1019号13頁（ただし，前科についても真実告知義務を認めた点には疑問がある）。

[*14]　学校法人尚美学園事件（東京地判平成24・1・27労判1047号5頁）は，本文のように述べた上，前勤務先におけるパワー・ハラスメント等の不告知等を理由とする解雇を無効と判断している。

[*15]　KPIソリューションズ事件（東京地判平成27・6・2労経速2257号3頁）は，中途採用労働者の経歴詐称を理由とする解雇につき，労働者は重要な職歴・職業能力等を詐称した結果，会社業務に混乱をもたらした等として有効と判断するとともに，会社による損害賠償請求についても，労働者が経歴詐称を前提に賃金を増額させたことから，詐欺による不法行為の成立を認めて一部認容している。判決は，経歴詐称の解雇事由該当性について，労働者の真実告知義務を前提に，使用者が重視した経歴，詐称経歴の内容，詐称方法，詐称による企業秩序への危険の程度等を総合的に判断する必要があるとの慎重な判断方法を示しており，説得力がある。懲戒処分につき635頁参照。

[*16]　身元保証人の損害賠償責任については，従業員の不正行為に係る会社の管理体制に不備が

規定はいずれも強行規定とされる（6条）。

2 採用内定

(1) 採用内定の意義

　企業による正社員の採用に関しては，新規学卒者の定期採用が大きな比重を占める。新卒者の場合，在学中に就職活動を行い，採用内定を得た後，卒業とともに就職するのが一般的である。もともと日本の長期雇用制度の下では，企業は新規学卒者を定期採用し，長期的能力開発によって育成して雇用する長期育成型人事を行う。そこで，企業は優秀な人材を早期に確保しようとし，ここから，在学中に内定通知を与える採用内定制度が普及したものと考えられる。

　一般に，企業は，その年度の採用計画に即して労働者を募集し，学生がこれに応募する。その後，正式入社日（4月1日）の前年10月1日に内定通知が行われるのが一般であり，正式入社までの期間中に多くの手続がとられる（大学卒業者の場合，求人・募集→エントリーシート・履歴書提出→採用試験と面接→採用内内定→正式採用内定通知→誓約書・身元保証書の提出→正式入社。**図表**3-1［次頁］参照）。採用内定が10月1日に一斉に行われるのは，企業による学生の早期獲得合戦（いわゆる青田買い）の弊害に対処するために存在していた就職協定に起源を置くが，就職協定が消滅した今日でも，一種の慣行として存在している。

　このように，採用内定においては，内定時期（10月1日）と，入社時期（翌年4月1日）との間に長期の間隔があるため，企業がいったん通知した内定を取り消すことがある。そこで，採用内定取消の適法性が重要な問題となるが，この点は，上述した採用過程のどの段階で労働契約の成立を認めるかという問題と密接に関連している。すなわち，もし労働契約が正式採用時にはじめて成立するとすれば，内定取消は，労働契約締結以前の締結拒否行為＝採用拒否を意味するため，前述した採用の自由（契約締結の自由）によって原則自由であり，仮に採用拒否が違法とされても，その救済手段はせいぜい損害賠償請求にとどまる（274頁）。これに対し，労働契約が採用内定時に成立しているとすれば，内定取消は，すでに成立した労働契約の解約となり，客観的合理的理由および

あること等を考慮して損害額の3割と認定した例がある（オンテックス事件・大阪地判平成30・3・29ジャーナル76号44頁）。一方，不正行為を行った従業員に弁済能力があることや会社に過失がないこと等を考慮して，損害額全額と認定した例（近畿中央ヤクルト販売事件・大阪地判令和2・5・28労判1244号136頁）がある。

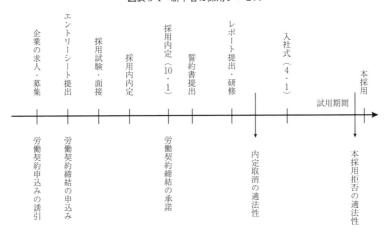

図表 3-1 新卒者の採用プロセス

社会通念上の相当性を要するとともに，学生は企業の従業員たる地位の確認を訴求することができる。こうして，採用内定の法的性質，すなわち，採用内定をもって労働契約の成立といえるか否かが問題となる[17]。

(2) 採用内定の法的性質

まず注意を要するのは，採用内定の法的性質を定めた実定法規はなく，その法的性質は個々の契約の解釈によって決まるということである。しかし，解釈原則（準則）を何に求めるべきかは盛んに議論され，当初は，内定から正式採用までの一連の手続を労働契約の締結過程と見る見解（締結過程説）や，採用内定を卒業後に労働契約を締結すべき旨の予約と解する見解（予約説）が提唱された[18]。しかし，これらの見解では，労働契約の成立は正式採用時となるため，内定取消は期待権侵害の不法行為または予約の不履行として損害賠償責任を発生させるにすぎない。換言すれば，採用内定によっては労働契約は成立

---

[17] 採用内定については，毛塚勝利「採用内定・試用期間」現代講座(10) 84頁，水町勇一郎「労働契約の成立過程と法」講座21世紀(4) 41頁，注釈労基(上) 210頁[中窪裕也]，基コメ労基・労契 372頁以下[緒方桂子]，所浩代「労働契約の成立」講座再生(2) 59頁以下，注釈労基・労契(2) 345頁[根本到＝矢野昌浩]。裁判官による詳細な検討として，天川博義「労働契約の成立と採用内定」労働関係訴訟Ⅰ 54頁参照。

[18] 締結過程説は有泉亨『労働基準法』（有斐閣・1963）95頁，予約説は後藤清「採用内定者の法的地位」季労53号（1964）138頁。

せず，内定を取り消された者は労働契約上の地位を訴求することができない。

これに対し，採用内定によって労働契約そのものの成立を認めるのが解約権留保付労働契約成立説である。この見解によれば，内定取消は，すでに成立した労働契約の解約（解雇）を意味するので，解雇権濫用規制（労契16条）の類推適用によって客観的合理的理由および社会通念上の相当性を要するとともに，内定者は労働契約上の地位（従業員たる地位）の確認というはるかに強力な救済を得ることができる。

判例も，この解約権留保付労働契約成立説を支持している（大日本印刷事件）[19]。事案は，卒業前年の7月に採用内定を受けて誓約書を提出した後に内定を取り消された者が従業員たる地位の確認等を求めたというものであるが，判決は，以下の理由により請求を認容した。すなわち，①採用内定の実態は多様であるから，その法的性質は当該内定の事実関係に即して検討すべきであるが，②内定通知のほかに労働契約締結のための特段の意思表示をすることが予定されていない本件では，企業の募集（申込みの誘引）に対する労働者の応募は労働契約の申込みであり，これに対する内定通知は申込みに対する承諾であって，学生による誓約書の提出と相まって，就労の始期を大学卒業直後とし，誓約書記載の取消事由に基づく解約権を留保した労働契約が成立したものと解される。③したがって，採用内定取消の通知は，上記解約権に基づく解約の申入れと見るべきである，と。解約権留保付労働契約成立説はその後，公社職員の採用内定についても採用された（電電公社近畿電通局事件）[20]。

上記のとおり，採用内定の法的性質は個別的に判断すべきものであるが，一般的な新卒者の採用プロセスにおいては，採用内定通知を採用の決定的意思の現れ（意思表示）と見るべきであり，正式入社はいわばセレモニーにすぎない。解約権留保付労働契約成立説は，この採用過程の実情に即した判断であり，意思表示の解釈として最も自然といえる。また，採用内定を得た新卒予定者は，他企業への就職の機会と可能性を放棄するのが通常であり，その法的地位を早期に安定させる必要があるという実質的観点からも，労働契約成立説は妥当と解される。こうして，民間企業における労働契約は，原則として，採用内定当初から，期間の定めのない契約として成立していると解すべきである[21]。

---

[19] 最判昭和54・7・20民集33巻5号582頁。
[20] 最判昭和55・5・30民集34巻3号464頁。
[21] 最近の裁判例として，エスツー事件・東京地判令和3・9・29労判1261号70頁。以上に

(3) 内定取消の適法性

(ｱ) **概説** 採用内定によって労働契約が成立するとすれば，内定取消は労働契約の解約となり，内定に際して使用者が留保した解約権の行使に当たる。そして，それが許されるのは，「採用内定当時知ることができず，また知ることが期待できないような事実」があり，それを理由に採用内定を取り消すことが「解約権留保の趣旨，目的に照らして客観的に合理的と認められ社会通念上相当として是認」できる場合に限られる[*22]。解雇権濫用法理を，同じく労働契約の解約権である留保解約権に応用したものであり，今日では，解雇権濫用規制（労契16条）の類推ということになる。

ところで，この留保解約権の法的性質に関する議論は乏しいが，判例（前掲・大日本印刷事件[*19]）が，誓約書記載の採用内定取消事由に基づく解約権留保付の労働契約の成立を認めたことを踏まえれば，留保解約権は，民法627条1項に定める労働契約の解約権とは別枠の採用内定関係独自の解約権（解雇権）と解すべきであろう。企業実務では，内定取消の事由を内定通知や誓約書に記載することが多いが，留保解約権に関する上記理解によれば，内定通知等記載の取消事由は限定列挙ということになる。ただし実際には，「卒業不可」「健康状態不良」「経歴詐称」等の具体的取消事由に加えて，「当社社員として適当でないと認められる言動があった場合」等の一般条項が規定されるため，取消事由を例示列挙と解する場合との違いは少ない。また，採用内定によって労働契約の成立を認める以上，労働契約の一般的解約権（民627条1項）も存在しており，これに基づく普通解雇も可能である（この解雇に対しては，解雇権濫用規制［労契16条］が直接適用されることになる）。

対して，公務員については，明確な任用行為によってはじめて公務員関係が成立し，採用内定通知は発令に至る事実上の準備行為にとどまると解されており，締結過程説に類似の解釈がとられている。すなわち判例は，内定通知受領後に取り消された地方公務員が内定取消を行政処分として取消訴訟を提起した事件において，採用内定は「単に採用発令の手続を支障なく行うための準備手続としてされる事実上の行為にすぎ」ないから，内定通知によって内定者が直ちにまたは内定通知記載の採用日に職員たる地位を取得するものではないと述べ，取消訴訟の対象としての行政処分に当たらないと判断している（東京都建設局事件・最判昭和57・5・27民集36巻5号777頁）。これによれば，地方公務員は，辞令交付に至らなければ任用の効果は発生せず，内定を取り消された者の救済手段は損害賠償請求にとどまることになる（この点は，上記判例も傍論で認めている）。

*22 前掲・大日本印刷事件（*19），前掲・電電公社近畿電通局事件（*20），ドリームエクスチェンジ事件・東京地判令和元・8・7労経速2405号13頁，兼松アドバンスド・マテリアルズ事件・東京地判令和4・9・21労経速2514号26頁（283頁参照）。

(イ) **合理的理由の範囲**　問題は，留保解約権の「客観的合理的理由」の内容・範囲である。正式採用後の解雇と比べると，内定中は学生としての身分に基づく特有の解約事由が生じ（留年など），また現実の就労が展開されない（労働と賃金の対価関係がない）点で企業との結びつきが弱いことから，解約の自由が一定範囲で拡大される。具体的には以下の点が問題となる*23。

① まず，内定時にすでに判明していた事情は内定取消の事由とならない。そこでたとえば，面接時の印象がグルーミーであったことを理由に内定を取り消すことはできない（前掲・大日本印刷事件［*19］）。換言すれば，内定期間中に新たに判明した事実であってはじめて，「内定当時知ることができず，また知ることが期待できないような事実」として内定取消の合理的理由となりうる。

② 予定どおり学校を卒業できないことや，学業成績の著しい低下は，内定通知や誓約書に取消事由として明記されることが多い。内定に特有の解約事由であり，使用者が「内定当時知ることができず，また知ることが期待できないような事実」の典型例に当たる。健康状態の著しい悪化も同様である。

③ 採用面接時の虚偽申告や提出書類への虚偽記載も，取消事由として明示されることが多い。これは経歴詐称として正式採用後も解雇事由となるが，内定中の方が合理性を認められやすい。前記のとおり，内定期間は身元調査の補充期間としての意味をもつからである。ただし，虚偽記載は直ちに解約事由となるわけではなく，従業員としての職務能力や適格性に影響を及ぼす危険がある場合に限られる。裁判例では，在日朝鮮人が氏名・国籍を秘匿して日本名や出生地を記載したため内定を取り消された事案に関し，解約権行使を適法化するほどの不信義性はないとして違法と判断した例*24，応募者が面接時にHIV感染の事実を告知しなかったことを理由とする内定取消につき，使用者がHIV感染の有無を確認することは許されないとの判断を前提に違法と判断し，不法行為の成立を認めた例（前掲・北海道社会事業協会事件［*12］），会社が主張する内定面接時の経歴詐称や能力詐称の事実を否定して内定取消を無効と判断した例（前掲・ドリームエクスチェンジ事件［*22］）がある。

④ 入社前研修への不参加や成績不良を理由とする内定取消の適法性は，そもそも内定者がそのような研修への参加義務を負うか否かによって異なってくる（284頁参照）*24a。

---

*23　注釈労基（上）212頁［中窪］，注釈労基・労契(2) 348頁［根本到＝矢野昌浩］参照。
*24　日立製作所［採用取消］事件・横浜地判昭和49・6・19労民25巻3号277頁。本書119頁参照。

⑤ 各種の差別禁止立法（均等待遇原則［労基3条］，不当労働行為［労組7条］等）に違反して行われた内定取消は違法無効となる。

⑥ 以上に対し，内定者に何らかの具体的行動（非違行為）があった場合は内定取消が適法とされやすい。内定前の行動であっても，内定時に判明していなければやはり解約権行使の理由となる。とはいえ，労働者には私生活の自由があるので，ここでも，そうした非違行為が職業上の適格性や会社の信用に重大な影響を及ぼす危険がある場合に限られる。したがって，内定者がデモに参加したというだけでは内定取消の理由とはならないが，会社の業種によっては，職業的適格性を欠くものとして取消事由となりうる（たとえば，電力会社の内定者が反原発デモに参加した場合）。デモ参加中の行動により逮捕・起訴され，会社の信用を害した場合も同様である。裁判例では，内定期間中にデモに参加した内定者が公安条例違反により逮捕され，起訴猶予となった場合に内定取消を適法とした例がある（前掲・電電公社近畿電通局事件［＊20]）。

⑦ 実際には，内定後の経営悪化や定員超過を理由に内定が取り消されることが少なくない。しかし，これらは上記の各取消事由と異なり，使用者の帰責事由に基づく解約であるから，その適法性は厳格に判断すべきである。典型的裁判例として，外国人技能実習生ら（留学生ら）に対する新卒採用内定取消につき，会社の経営悪化はずさんな経営体制にあるとして人員削減の必要性を否定した上，会社はきわめて拙速に内定取消を行い，内定取消を回避する努力を怠ったと判断し，留保解約権濫用として無効と判断するとともに不法行為（民709条）の成立を認めた例がある＊25。また，職種を限定して採用を内定した者の配置を予定していた業務委託先との委託契約が不成立となり，内定者の就労が不能となった場合も同様である＊26【3-3】【3-4】。

(ウ) **内定取消の効果** 　内定取消が適法に行われれば，労働契約は，留保解約権または解雇権の行使によって終了する。この場合，労基法20条が定める解雇予告制度の適用の有無が問題となるが，正式採用後の試用労働者でさえ，

＊24a 　FIRST DEVELOP事件（東京地判令和5・12・18ジャーナル149号62頁）は，研修をめぐるトラブルを理由とする内定取消について，客観的合理的理由を否定して無効と判断している。

＊25 　前掲・エスユー事件（＊21）。ただし，正社員の整理解雇に際して，内定者を優先的に対象者とすることを不合理とはいえないであろう（インフォミックス事件・東京地決平成9・10・31労判726号37頁）。

＊26 　パソナ事件・大阪地判平成16・6・9労判878号20頁。

14日を超えて使用されてはじめて解雇予告を適用されること（21条）とのバランスを考えれば，否定すべきであろう。

　これに対して，内定取消が合理的理由を欠く場合は，内定者は，その無効を主張して従業員たる地位の確認を求めることができる。また，内定者が違法な内定取消によって著しい精神的苦痛を被った場合は，不法行為に基づく損害賠償請求が認められる*27 し，経済的損害に関しても，内定取消がなければ現実に業務に従事して得られたであろう逸失利益（賃金相当額）を内定取消と相当因果関係にある損害として請求できる*28【3-3】【3-4】。

(4) 中途採用者の採用内定・内定取消

　雇用の流動化に伴い，近年，中途採用者の採用内定取消をめぐる紛争も生じている。転職先企業との労働契約の成否は，採用時に付された条件や期限によって様々であるが，一般的には，採用の意思表示によって，最初の出勤日を就労または効力の始期とする労働契約の成立を認めるべきである。ただしこれにも，新卒者と同様の解約権留保付労働契約（採用内定関係）が成立する場合と，解約権留保のない確定的な労働契約が成立する場合があり，前者の場合は採用内定法理が適用される。具体的な法律関係がいずれに相当するかは，事案に即した個別的判断とならざるをえない*29。

　また，中途採用者の場合は，採用内定通知書が存在せず，口頭による採用内定契約（または労働契約）の成否が争われることも多いが，その成否はもっぱら事実認定の問題となる。労働契約は諾成契約であるから，口頭によっても成立しうることは当然である*30。他方，学校法人において教授会等の承認等の手続を経た上で採用を決定する仕組みが取られている場合は，当該手続を経ない

＊27　前掲・大日本印刷事件（＊19），前掲・エスツー事件（＊21）。

＊28　裁判例として，オプトエレクトロニクス事件・東京地判平成16・6・23労判877号13頁，宣伝会議事件・東京地判平成17・1・28労判890号5頁，World LSK事件・東京地判平成24・7・30労判1057号160頁，乙山事件・福井地判平成26・5・2判時2239号141頁，前掲・エスツー事件（＊21）。

＊29　裁判例では，採用内定関係の成立を認める例が多い（前掲・インフォミックス事件［＊25］，前掲・オプトエレクトロニクス事件［＊28］，前掲・World LSK事件［＊28］等）。

＊30　口頭による採用内定契約（労働契約）の成立を肯定した裁判例として，学校法人村上学園事件・東京地判平成24・7・25労判1060号87頁，前掲・乙山事件（＊28）。一方，中途採用者について労働契約締結に係る確定的な意思表示の合致を否定し，採用内定関係の成立を否定した例として，日本振興事件・大阪地判令和4・6・17ジャーナル130号38頁がある。

限り採用内定による労働契約の成立を認めることはできない[*31]。

中途採用者の内定取消（解約権留保付労働契約成立の場合は留保解約権の行使，確定的労働契約成立の場合は解雇）については，中途採用者の期待利益に鑑み，新卒者の場合以上に厳格に解する必要がある。裁判例では，転職先会社に入社承諾書を提出して前企業を退職した後，業績悪化を理由に他の職種での採用を提案された中途採用者が拒否したため内定を取り消されたケースにつき，採用内定の成立を認めた上，整理解雇法理を類推して，転職先会社が余剰人員削減のため，現に雇用されている社員より採用内定者を先に解雇（内定取消）の対象者とすることを相当としつつも，会社は内定者に十分な説明をしておらず，手続上の誠実性に欠けるとして無効と判断した例がある（前掲・インフォミックス事件［*25］）。また，中途採用者に内定通知を発した後にその能力や採用の当否について疑問が生じたことから行った前職に係るバックグラウンド調査の結果，判明した事情を理由として行った内定取消につき，採用内定通知を行う前に同調査を実施していれば容易に判明しえた事情に基づいて内定を取り消したものであり，客観的合理的理由を欠くとして無効と判断した例もある[*32]。他方，内定労働者が内定者歓迎会において上司予定者を軽んじる発言を行い，社内ルールやコンプライアンスを著しく軽視する言動を行った場合は，内定取消の合理的理由が認められる（前掲・兼松アドバンスド・マテリアルズ事件［*22］）。

したがってまた，中途採用者の内定取消が不法行為とされる場合の賠償額の算定に際しても，その期待利益を十分斟酌する必要がある。裁判例では，転職希望労働者に対して早期に就職するよう促しながら，入社直前に担当予定事業の規模縮小を理由に配属先変更を告知し，了解しなかった労働者の採用内定を取り消したことにつき，165万円の支払を命じた例[*33]，中途採用内定者が内定通知によって他の就職内定先を断り，前勤務先を退職後，不当に内定を取り消されたことによって被った精神的損害の賠償として100万円の損害賠償請求を

[*31] 東北大学事件・東京地判平成30・4・12ジャーナル79号36頁。甲学園事件・東京地判平成29・4・21労経速2316号17頁も参照。また，民間企業において，従業員の採用権限を有していない会社社長との採用面接を終えたものの，採用権限を有する会社会長との採用面接を終了していない段階では，解約権留保付労働契約の成立は認められない（フォビジャパン事件・東京地判令和3・6・29労経速2466号21頁）。

[*32] 前掲・ドリームエクスチェンジ事件（*22）。植田達［判批］ジュリ1569号（2022）134頁。G.Oホールディングス事件・大阪地判令和5・1・27ジャーナル135号38頁も参照。

[*33] プロトコーポレーション事件・東京地判平成15・6・30労判851号90頁。

認容した例(前掲・オプトエレクトロニクス事件［＊28］)，違法な採用内定取消がなければ内定先で得られたであろう逸失利益基本給相当額3か月分(中途採用者が内定取消の1か月後に別会社に就職できたことを考慮)および慰謝料として120万円余の支払を命じた例(前掲・World LSK事件［＊28］)，内定取消の悪質性および会社の不誠実な対応に加え，内定者が外国籍のため，就労可能な在留資格を維持するために3か月以内に新しい仕事を見つけられなければ帰国せざるをえない状況に置かれ，精神的に追い詰められたことを重視して30万円の支払を命じた例(前掲・FIRST DEVELOP事件［＊24a］)等がある。

> **【3-3】 内定辞退** 　内定取消とは逆に，複数の内定を得た内定者が内定を辞退することもある。この場合，企業と内定者の間には労働契約が成立しているので，内定辞退は使用者による内定取消と同様，労働契約の解約に当たる。しかし，労働者による解約は自由であるため，2週間の予告期間を置く限り法的責任は生じない(民627条1項)。ただし，内定辞退が著しく信義に反する態様でなされたときは，不法行為または契約締結上の過失(292頁)に基づく損害賠償責任が生じうる(損害の範囲は，新たな採用活動に要した費用程度に限られる)＊34。
> 　また近年には，使用者による採用内定辞退の強要が不法行為(民709条)に該当するか否かに関する紛争も登場している。裁判例では，内定者が内定後の入社前研修において，指導担当課長から内定辞退を強要されたとして不法行為に基づく損害賠償を請求したケースにつき，同課長による指導には行き過ぎの面があり，内定辞退を暗に促すような発言があったものの，内定辞退に関する自由な意思形成を著しく阻害する性質のものとはいえないとして棄却した例がある＊35。
>
> **【3-4】 内定中の法律関係** 　採用内定によって労働契約が成立する以上，内定者の地位は「一定の試用期間を付して雇用関係に入った者の試用期間中の地位と基本的には異なるところはな」く(前掲・大日本印刷事件［＊19］)，ここから解約権の制限が生ずる。一方，内定者はレポート提出や実習・研修参加を指示されることがある。では，このような関係は法的にはいかなる意味をもつのであろうか。
> 　この問題は，採用内定により成立した労働契約に付された始期の性質をどう解するかに関連している。判例は，前掲・大日本印刷事件(＊19)では入社日を就労の始期とする労働契約の成立を認め，前掲・電電公社近畿電通局事件(＊20)

＊34　X社事件・東京地判平成24・12・28労経速2175号3頁(結論は否定)。
＊35　前掲・X社事件(＊34)。この結論には疑問がある。また，前掲・FIRST DEVELOP事件(＊24a)は，内定者による内定辞退の申出がないにもかかわらず，会社が採用内定を辞退したものと扱ったことについて，労働契約の一方的な解約の意思表示(採用内定取消)と判断している。

では入社日を効力の始期とする労働契約の成立を認めている。前者（就労始期付労働契約説）によれば，内定時から契約の効力が発生しているので，内定者は，前記のような指示の遵守義務や守秘義務・企業の名誉や信用を保持する義務を負うことになる。これに対して後者（効力始期付労働契約説）では，入社日までは契約の履行を請求できない（民135条1項）ので，内定者にこうした諸義務が発生しないのが原則となる。

　思うに，解約権留保付労働契約が就労始期付か効力始期付かは一律に判断すべきものではなく，事実関係（当事者の意思）に即して個別的に決すべき問題である。しかし，当事者意思が明確でない場合は，効力始期付労働契約説に従い，当事者の義務を否定すべきであろう。内定期間中は，就労と賃金支払の対価関係が発生していない反面，内定者は同時に学生（中途採用者の場合は前勤務先の従業員）としての地位を有しており，生活関係・法律関係の重点が後者にある以上，効力始期付労働契約説の方が自然だからである[*36]。

　もっとも，効力始期付労働契約であっても，内定者・使用者が任意に合意すれば，研修等の義務を発生させることができる。裁判例では，上記のように解した上，入社前研修は使用者の業務命令に基づくものではなく，内定者の任意の同意に基づいて行われるものであるから，内定辞退の強要等の不利益を伴うものであってはならないと判断した例[*37]や，博士論文審査を控えていた大学院生が採用内定後，入社前研修に無断欠席したこと等を理由に内定を取り消された事案につき，効力始期付の採用内定関係においては，入社前研修を業務命令として命ずることはできず，内定者の任意の同意に基づいてのみ行うことができるところ，同合意には，入社前研修と研究の両立が困難となった場合は研究を優先させ，研修参加を取り止めることができるとの留保が付されているとして研修参加の義務を否定し，内定取消を違法と判断した例[*38]がある。

(5) 採用内々定

　採用実務においては，正式採用内定日（10月1日）以前に，企業の採用担当者が求職者に対して採用が決まった旨を伝えることが多い。これが採用内々定

[*36] 同旨，水町497頁。裁判例として，前掲・X社事件（[*34]）。理論的には，労働契約の効力が発生していないと考える（効力始期付労働契約成立説）よりは，効力は全体として発生しているものの，就労以外の法的義務にも始期が付いており，義務の履行期が到来していないと考えることも可能である（毛塚・前掲論文［[*17]］91頁，注釈労基(上) 214頁［中窪］）。

[*37] 前掲・X社事件（[*34]）。

[*38] 前掲・宣伝会議事件（[*28]）。本件では，大学院生の入社直前研修における成績不良も内定取消の理由とされたが，裁判所は，内定者が直前研修に不参加の場合は中途採用試験を再受験させるとの不利益を背景に，使用者が内定者に同意を迫ったものとして公序（民90条）違反により無効と判断し，研修参加の義務を否定して内定取消を違法と判断している。

であるが，採用内内定は，原則として事実上の行為にとどまり，労働契約は成立しないと解されている。正式内定開始日が10月1日として慣行化されている以上，労働契約締結の確定的意思表示は正式内定時まで留保されていると解するのが自然だからである[*39]。学説では，採用決定の通知によって，他に労働契約締結の行為を要せずに労働契約が翌年から展開されることが予定されているか否かによって内定と内内定を区別し，内内定時点では，別途内定手続が予定されていることから，確定的意思の合致は存在しないとして労働契約の成立を否定する見解があり（荒木390頁），一般論としては妥当と解される。

　もっとも，労働契約は，諾成・不要式の契約であるから（労契6条。57頁），事案によっては，採用内内定によって労働契約の成立を認めるべき場合はありうる。しかし，そのためには，内内定において，後に予定された内定手続が単なる形式にすぎないと評価できる程度に確定的な労働契約締結の意思表示がなされたことを要すると解される。この点，今日では，人手不足を背景に，採用内内定者の「囲い込み」の動きが広がっており，たとえば，内内定通知をかつてのように口頭ではなく書面により取締役社長名等で行うケース等が登場している。こうしたケースでは，労働契約の成立が認められる余地がありえよう（同旨，荒木390頁）。また，求職者に対する企業の拘束行為の有無・程度もポイントとなり，企業が内内定時に他社辞退を強制したり（他社辞退を内内定の条件とするなど），大学・教員による推薦状の提出を内内定の条件とするなどして拘束し，その後の就職活動を阻害する行為を行うケースでは，使用者側における労働契約締結の確定的意思表示を認め，内内定に基づく労働契約の成立を肯定すべきである[*40]。

　この点，裁判例では，①採用内内定後に具体的労働条件の提示等の手続がとられていないこと，②内内定者に入社承諾書を提出させているものの，入社を誓約させたり企業側の解約権留保を認めるものではないこと，③企業の人事担当者が内内定当時，企業のために労働契約を締結する権限を有していたとはいえないこと等から，④本件採用内内定は，新卒者を囲い込んで他企業に流れることを防ごうとする事実上の活動にとどまり，内内定者もそのことを十分認識

[*39] 裁判例として，新日本製鐵事件・東京高判平成16・1・22労経速1876号24頁，コーセーアールイー［第2・控訴］事件・福岡高判平成23・3・10労判1020号82頁。

[*40] 同旨，篠原信貴「採用内々定の取消と救済のあり方」季労233号（2011）151頁。新屋敷恵美子『労働契約成立の法構造』（信山社・2016）434頁，442頁参照。

していたとして,労働契約の成立を否定した例がある[*41]。しかし,①〜③は,労働契約の成立を否定する理由づけとしては十分でなく,したがってまた,判旨が本件採用内内定を事実上の活動と評価した(④)理由も明確でない上,上述した他社辞退の強制等の拘束の有無も認定されていない。採用内内定による労働契約の成立を否定する判断としては説得力を欠く判断と解される。本裁判例は,約10年前の裁判例であるが,前記のとおり,今日では,採用内内定者に対する拘束性は高まっており,それに伴い,労働契約の成立を肯定できるケースは増加するものと解される(不当な内内定取消が労働契約の締結過程における信義則違反と評価されうることについては,293頁)。

第3節　労働条件の明示と確定

1　労働条件明示義務

(1)　労働条件明示義務の意義

(ア)　趣　旨　　使用者は,労働契約の締結に際し,労働者に対して賃金,労働時間その他の労働条件を明示しなければならない(労基15条1項)。労働条件(労働契約内容)を明確化しつつ,労働条件に関する労使間交渉を促進し,契約締結後の紛争を防止するための規定である。労働者の募集・職業紹介の際にも労働条件明示の規制があるが(職安5条の3・42条。266頁・267頁),労働契約締結時の労働条件明示義務は,労使間の交渉力・情報格差を是正し,労働条件の対等交渉を促進する上で特に重要な意味をもつ。

(イ)　明示の内容・方法・時期　　労働条件明示義務の内容(明示すべき労働条件)は,労基則5条1項に列挙されており,労働契約の期間,有期労働契約の更新基準,就業場所・従事すべき業務,労働時間,賃金,退職・解雇,退職手当,賞与など臨時に支払われる賃金,食費・作業用品,安全衛生,職業訓練,災害補償,表彰・制裁,休職とされている。このうち,賃金に関する事項(賃金の決定・計算・支払の方法,賃金の締切・支払時期に関する事項——ただし昇給に関する事項を除く)のほか,労働契約の期間,就業の場所・従事すべき業務,労

[*41] コーセーアールイー[第2]事件・福岡地判平成22・6・2労判1008号5頁(前掲・コーセーアールイー[第2・控訴]事件[*39]の1審判決)。

働時間，退職・解雇に関する事項については書面による明示が義務づけられる（労基15条1項，労基則5条2項・3項）。ただし，その多くは就業規則の必要記載事項（労基89条）と一致するため，労働条件の明示は，就業規則の提示によって行われるのが一般である。

　労働条件明示の時期は，「労働契約の締結に際して」であるが，その意味は，必ずしも明らかでない。職安法5条の3の労働条件明示義務が募集・求人時のものであることを考えると，本条の明示義務は募集・求人以降，労働契約の成立（採用）までに履行されるべきものといえよう。通常の新規学卒者の場合は，採用内定によって労働契約が成立するので，労働条件も採用内定時までに明示すべきことになる。しかし実際には，内定時に明示されることは少なく，内定後，正式採用時までに就業規則によって明示されることが多い【3-5】。

　なお従来，労働条件明示事項のうち「就業の場所及び従事すべき業務」については，雇入れ直後の場所・業務を明示すれば足りるものとされ，就業場所や従事すべき業務の変更の範囲（将来どの範囲で異動がありうるか）までは求められてこなかった。しかし，2023年に労基則が改正され，労使間の権利義務関係の明確化・予見可能性の向上・紛争の未然防止の観点から，就業場所・従事すべき業務の変更の範囲が労働条件明示事項（書面明示事項）として追加された（就業の場所及び従事すべき業務に関する事項［就業の場所及び従事すべき業務の変更の範囲を含む］［5条1項1号の3・3項・4項］）。配転命令権の限界について一定の影響を及ぼすものと解される*42。

　また，併せて，2023年改正により，有期労働契約の更新上限に関する事項（通算契約期間または更新回数の上限の有無と内容）と，無期労働契約転換（労契18条）に関する事項（無期転換申込み機会の存在）および無期転換後の労働条件が労働条件明示事項として追加された（それぞれ，労基則5条1項1号の2・5項・6項）。有期労働契約における不更新条項・更新限度条項に係る紛争（1018頁）や無期労働契約転換制度に係る紛争（1029頁）に対処するための改正である（1013頁も参照）。

(2) 明示義務違反の効果

　労基法15条に違反して労働条件を明示しなかった使用者は処罰される（労

---

*42　「就業の場所及び従事すべき業務」に係る改正が配転法理について有する意義については，546頁参照。

基120条1号。労働条件を全く明示しなかった場合，一部を明示しなかった場合，書面明示事項について書面明示を怠った場合を問わない）。また，労働者は，明示された労働条件が事実と相違する場合，労働契約を即時に解除することができる（労基15条2項）。この場合，労働者が解除の日から14日以内に帰郷するときは，使用者は必要な旅費を支払わなければならない（同3項）。

　問題は，明示義務違反の私法（契約法）上の効果であり，解釈論としては，労働契約が成立せず，または明示されなかった事項に関する合意を無効とする考え方がありうる。しかし，労働契約は諾成契約であるため（労契6条），労働条件が明示されなくても，労働契約が成立せず，または不明示事項に関する合意が無効となるわけではない[*43]。すなわち，労働契約自体は有効に成立し，契約内容に空白が存在するにとどまると解すべきである。この場合，契約内容は事後的に法令，就業規則・労働協約，慣行，明示・黙示の合意によって補充されることになる[*44]。また，明示・黙示の合意の内容は，求人広告等の書面，労働者が採用される経緯，予定されていた就労内容・職種，賃金支払の実績，労働者の属性，労使慣行等を考慮して認定される[*45]。

> **【3-5】 新規採用以外の場面における労働条件明示義務**　労働条件明示義務は，労使間の労働条件交渉を促進する規制（手続的規制）として重要な意味をもつため，①出向，転籍等の人事異動，②合併，事業譲渡，会社分割等の企業再編に伴う異動，③労働条件の変更等の新規採用以外のケースにも適用されるか否かが問題となる。この点については，労働条件明示義務は罰則（労基120条1号）を伴う強行法規であり，厳格解釈を要請されるため，労基法15条1項の法文どおり，「労働契約の締結」を要件と解すべきである。
> 　この結果，①のうち転籍は，新たな労働契約の締結を意味することから，労働条件明示義務を適用される。また，出向も，労働契約上の権利義務の部分的移転とはいえ，新たな労働契約の締結を意味するため，明示義務を適用される[*46]。一方，②については議論があり，合併および会社分割に伴う労働契約承継につい

[*43] 荒木＝菅野＝山川96頁，菅野＝山川177頁，注釈労基・労契(2) 335頁 [根本到＝矢野昌浩]。プロバンク事件・東京高決令和4・7・14労経速2493号31頁参照。
[*44] 同旨，注解労基Ⅰ220頁 [諏訪康雄]。
[*45] 同旨，東京港運送事件・東京地判平成29・5・19労判1184号37頁。基コメ労基・労契80頁 [土田道夫] 参照。他方，応募者・使用者間で重要な労働条件である賃金額に係る合意が成立しなかった場合は，労働契約の成立は否定される（前掲・プロバンク事件 [*43]）。
[*46] 土田道夫「『出向労働関係』法理の確立に向けて――出向中の法律関係をめぐる一考察」菅野古稀『労働法学の展望』（有斐閣・2013）498頁参照。

ては，権利義務の包括承継として労働条件の実質的変更を伴わないことから否定説に立つ見解もあるが*47，新たな労働契約の締結を意味する以上，労働条件変更の有無を問わず適用を肯定すべきである。これに対して③は，労働契約展開過程での変更であるため，明示義務の適用はない。ただし，労働契約の手続的規制の重要性に鑑み，使用者による十分な説明・情報提供を労働条件変更の効力の判断要素に位置づけるべきである。

2 労働条件明示義務違反と履行請求・損害賠償請求

(1) 履行請求

(ｱ) **労働条件の具体的明示と履行請求**　使用者は，採用内定に際して労働条件明示義務を負うが，内定通知と現実の就労との間には長期の間隔があるため，その間の事情の変更により，採用後の労働条件が明示内容を下回るケースが生じうる。また実際には，採用内定時の労働条件明示は少なく，募集・求人時に明示された労働条件（職安5条の3）が重要となるが，この場合，入社時との間隔が長期化するため，労働条件食い違いのリスクがさらに高まる。これらの場合，労働者は求人広告・求人サイト等に記載された労働条件が契約内容になったとして履行を請求できるであろうか。

まず，①求人広告・求人サイト等記載の労働条件が確定的に表示されたときは，原則としてそれが労働契約内容となり，労働者はその履行を請求できると解すべきである。募集・求人は労働契約申込みの誘引にとどまり，求人広告や求人票自体が契約内容となるわけではないが，労働者がそれを見て応募し（契約締結の申込み），使用者が別段の労働条件を表示することなく採用内定を通知した（締結の承諾）場合は，同通知に求人票どおりの労働条件で労働契約を締結する旨の意思表示が含まれるからである。裁判例も，確定的労働条件が明示されたケースについて同様に解している*48。また，賃金に関しては，使用者

---

*47　注釈労基(上) 280頁以下［大内伸哉］参照。
*48　安部一級土木施工監理事務所事件・東京地判昭和62・3・27労判495号16頁（賞与・昇給)，千代田工業事件・大阪高判平成2・3・8判タ737号141頁（雇用期間)，丸一商店事件・大阪地判平成10・10・30労判750号29頁（退職金)，美研事件・東京地判平成20・11・11労判982号81頁（基本給)，デイサービスA社事件・京都地判平成29・3・30ジャーナル64号2頁（雇用期間)，Apocalypse事件・東京地判平成30・3・9労経速2359号26頁（賃金)，前掲・東京港運送事件（*45［基本給・諸手当])。反対，貴光事件・大阪地判平成26・3・25ジャーナル29号44頁。類型別実務Ⅰ30頁参照。この点，厚生労働省の指針（平成11年労告141号第3・2 (5)）は，当初明示された労働条件は，そのまま労働契約の内容となることが期

は求人時に採用年度の賃金を確定的に示すことが困難であるため，前年度の賃金（実績額）を提示することが多い。しかし，実績額の表示も，採用年度に最低これだけは支払うという意味をもつので（最低支給額の保障），原則として実績額が契約内容となり，労働者はその履行を請求できると解すべきである*49。

これに対し，②求人時の労働条件明示後，使用者がそれと異なる労働条件を提示し，労働者が同意した場合は，当該労働条件が契約内容となる。ただし，この場合も，使用者は，労働条件変更の理由や変更後の内容について真摯に説明すべきであり，労働者がその自由意思によって同意したと認められる必要がある。裁判例では，求人票では労働契約に期間の定めがなかったのに対し，労働者が労働契約締結後，期間の定めのある労働契約書に署名したことにつき，上記①の判断を前提に，こうした事態は労働契約内容の変更に該当するところ，この種の変更については，判例（山梨県民信用組合事件）*50 が確立した労働者の自由意思に基づく同意の法理が妥当すると述べた上，会社代表者による十分な説明がないこと等を理由に労働者の同意を否定し，有期労働契約への変更を否定した例があり*51，妥当と解される。以上①②の法理は，特に雇用の流動化に伴って増加している中途採用者の労働条件をめぐる紛争処理に関して有意義と解される*52。また，求人広告・求人サイト等に明示された労働条件を就業

待されていることや，当該明示労働条件を安易に変更・削除し，または当該明示に含まれない業務内容等を追加してはならないことを規定している。

*49 かつての採用実務では，使用者が求人票で賃金の「見込額」を表示し，後にそれを下回る賃金を確定することが見られた（現在では「見込額」を記載しないよう指導がなされ，実績額の記載が通例となっている）。この場合は，表示額が「見込額」である以上，賃金額が確定的契約内容となるとはいえず，使用者による変更は可能である。しかし「見込額」とはいえ，応募者はその水準で賃金が確定されることについての期待利益を有しているので，使用者はこれを不当に侵害しないよう配慮すべきである。したがって，使用者が経営状況の逼迫等の事情もないのに賃金を大幅に引き下げた場合は，不法行為が成立し，差額分の損害賠償責任が発生すると解される（八州事件・東京高判昭和 58・12・19 労民 34 巻 5 = 6 号 924 頁）。

*50 最判平成 28・2・19 民集 70 巻 2 号 123 頁。781 頁参照。

*51 前掲・デイサービスＡ社事件（*48）。同旨，佳徳会事件・熊本地判平成 30・2・20 労判 1193 号 52 頁，前掲・Apocalypse 事件（*48［賃金］），前掲・東京港運送事件（*45），司法書士法人はたの法律事務所事件・東京高判令和 5・3・23 労判 1306 号 52 頁。藍澤證券事件・東京高判平成 22・5・27 労判 1011 号 20 頁も参照。

*52 このほか，中途採用の人事開発部長の労働条件合意につき，同人に係る雇用条件通知書が真正に成立したとして合意の成立を認めた上（民訴 228 条），同通知書に通常の雇用条件通知書にない事項（1 年分の賞与込みの年収保証，年俸 1 年分の退職金支払等）が記載されている点についても，他社から引き抜いた中途採用者について通常はない高待遇の労働条件を提案することは十分ありうるとして，通知書の真正の成立を覆すものではないと判断した例もある

規則によって変更した場合は，労働条件の不利益変更として労契法10条の規律に服する。

(イ) **労働条件の抽象的明示と履行請求**　問題は，労働条件が抽象的に明示された場合の法的取扱いである。この点，裁判例では，会社が中途採用者に対する求人広告や採用内定後の説明会において，同期新卒採用者と差別せず，その平均的給与と同等の待遇を行うと説明する一方，実際には中途採用者の給与を同期新卒採用者の給与の下限に格付けする運用をしたため，実際の給与が同期新卒者を下回ってしまったというケースにつき，①求人広告はそれ自体としては雇用契約の申込みの意思表示とはいえず，説明会における説明も「新卒者と差別しない（ハンディはない）」との抽象的説明にとどまり，具体的給与額を確定する意思表示とはいえないと述べ，同期新卒者の平均給与額との差額賃金の支払を求める請求を斥けた例がある*53。

しかし，この判断には疑問がある。たしかに判旨が説くとおり，求人広告は労働契約締結の申込みではなく，その誘引にとどまるが，前記のとおり，使用者が求人広告によって応募した労働者に対して別の労働条件を提示することなく採用したときは，求人広告どおりの労働条件で労働契約を締結する旨の合意の成立を肯定すべきである。また判旨は，説明会における説明の抽象性をも理由とするが，「新卒者と差別しない（ハンディはない）」との説明が確定的意思表示としての要件を欠くほど抽象的なものとは考えられない。転職者（中途採用者）は，募集・求人段階の労働条件を信頼して応募するのであり，この信頼利益は法的に強く保護されるべきであるから，上記説明から同期新卒者の平均給与を支払うとの意思表示を認め，それを根拠に差額賃金支払の履行請求を肯定すべきである*54。

(2) **損害賠償請求**

上述した労働条件の履行請求の問題とは別に，使用者が求職者・中途採用者との間で労働契約締結の交渉を行いながら，何らかの理由（賃金に関する合意の不成立，使用者による賃金等労働条件の変更等）によって労働契約の締結が頓挫し

　　（ユニデンホールディングス事件・東京地判平成28・7・20労判1156号82頁）。中途採用者の労働条件決定に関する判断として参考となる。
*53　日新火災海上保険事件・東京高判平成12・4・19労判787号35頁。
*54　大内伸哉［判批］（日新火災海上保険事件）民商124巻6号（2001）84頁参照。

た場合に損害賠償責任を負うか否かという問題が生じている。いわゆる「契約締結上の過失」に位置づけられる問題である。労働条件の履行請求の場面で問題となる採用後の労働条件食い違いのケースでも，同様の問題が生じうる。

　契約締結上の過失とは，契約準備段階に入った当事者の関係は，何ら特別の関係にない者の間の関係より緊密であるから，そうした関係にある当事者は，相手方に損害を被らせないようにする信義則上の義務を負い，自らの帰責事由によりその義務に違反して相手方に損害を生じさせた場合は，その損害を賠償すべきとする法理である[*55]。裁判例においては，上記の紛争について，契約締結上の過失法理を用いて使用者の損害賠償責任を肯定する例が登場している。

　たとえば，中途採用先との労働契約の成立を信頼して従前の勤務先を退職した労働者に対し，契約成立に不確実な面があるのであれば，労働者の誤解を是正し，損害の発生を防止することに協力すべき信義則上の義務があるにもかかわらず，これを怠ったとして損害賠償請求を認容した例[*56]や，労働者が従前勤務先を退職後，賃金額を合意できなかったために転職先企業から就労を拒絶されたケースにつき，転職先企業は，労働者が失職しないよう雇用条件を事前に伝え，労働者が勤務先を退職してまで労働契約を締結すべきか否かを考慮する機会を与えるべきであるのにこれを怠ったとして損害賠償請求を認容した例[*57]がある。また，中途採用者の差額賃金請求に関する前掲・日新火災海上保険事件（[*53]）は，差額賃金請求を斥けつつ，会社が中途採用者と新卒者を差別しないことを説明しながら，新卒者の下限に位置づけて精神的衝撃を与えたことは，雇用契約締結過程における信義則に反するとして慰謝料の支払を命じている[*58]。さらに，採用内内定に関する前掲・コーセーアールイー［第2・控訴］事件（[*39]）も，内内定による労働契約の成立を否定しつつ，使用者が内内定取消の理由を十分説明しないなど不誠実な対応に終始したことにつき，労働契約の締結過程における信義則に違反するとして不法行為の成立を認めている[*59]。損害額については，精神的損害に係る慰謝料を認容する例が多いが，

　[*55]　契約締結上の過失については，谷口知平＝五十嵐清編『新版注釈民法（13）〔補訂版〕』（有斐閣・2006）90頁［潮見佳男］，篠原・前掲論文（[*40]）162頁，同「労働契約の締結と情報提供」争点48頁参照。
　[*56]　かなざわ総本舗事件・東京高判昭和61・10・14金判767号21頁。
　[*57]　ユタカ精工事件・大阪地判平成17・9・9労判906号60頁。わいわいランド事件・大阪高判平成13・3・6労判818号73頁，前掲・パソナ事件（[*26]）も参照。
　[*58]　N社事件・東京地判平成26・8・13労経速2237号24頁も参照。

何らかの経済的逸失利益分の損害賠償請求を認容する例もある*60。

契約締結上の過失は，特に労働契約において有意義な法理と解される。労働契約の締結過程においては，労働契約の成立に対する労働者の信頼利益に鑑み，信義則に基づく使用者の真摯な対応（応募者・労働者の損害発生の防止義務）を肯定すべきであり，この法理は，新規学卒者の採用内定のケースと，中途採用者の契約交渉のケースの双方を射程に収めるものと解される。労働契約の適正な運営を促進する規制という労働契約法の観点からは，その発足段階における重要な規制に位置づけられる。

3 労契法の規律——労働契約内容の理解の促進

以上の労働条件明示義務とは別に，労契法4条は，「使用者は，労働者に提示する労働条件及び労働契約の内容について，労働者の理解を深めるようにするものとする」と規定し（1項。労働契約内容の理解促進の責務），また「労働者及び使用者は，労働契約の内容（期間の定めのある労働契約に関する事項を含

---

*59 　天川・前掲論文（*17）62頁以下は本判決につき，信義則違反の不法行為の判断に係る考慮要素について詳細に検討しており，参考になる。

*60 　前職における逸失利益を損害として認定する例（前掲・かなざわ総本舗事件［*56］），転職予定先における逸失利益を認定する例（前掲・わいわいランド事件［*57］），転職予定先を失職して再就職する前の期間の逸失利益を認定する例（前掲・フォビジャパン事件［*31］）等がある。この点については，小宮文人「採用過程の法規制と契約締結上の信義則」西谷古稀『労働法と現代法の理論（上）』（日本評論社・2013）316頁以下参照。

　このほか，学校法人と教員採用候補者間の採用内定による労働契約の成否が争われたケースにつき，採用内定による労働契約の成立を否定しつつ（282頁，*31），不十分な理由で不採用としたことについて労働契約の締結過程における信義則への違反を認め，不法行為の成立を認めた例も複数見られる（前掲・甲学園事件［*31］，前掲・東北大学事件［*31（大学の新設コースのコーディネーターである教授が合理的理由もなく応募者を教員候補者から外したことについて不法行為を認めた上，大学の使用者責任を肯定）］）。さらに，育児期間中に契約社員に移行した女性従業員の正社員復帰請求を斥けつつ（609頁），会社が正社員契約の締結に係る交渉において不誠実な対応に終始し，正社員に復帰させる時期や条件等について具体的かつ合理的な説明を何ら行わなかったとして契約準備段階における信義則上の義務違反を認め，不法行為と判断した例（ジャパンビジネスラボ事件・東京地判平成30・9・11労判1195号28頁［ただし，控訴審（東京高判令和元・11・28労判1215号5頁）において取消し］）や，中途採用者の採用プロセスにおいて，会社が，中途採用者の前職退職直前になって，会社代表者が提示した給与額を覆し，前職の待遇をも下回る条件を提示したことにつき，中途採用者の期待権を侵害するものとして不法行為と判断した例（前掲・フォビジャパン事件［*31］）がある。他方，大学の非常勤講師の専任教員としての採用につき，契約準備段階に入ったとまではいえないと判断した例もある（中央学院事件・東京地判令和元・5・30ジャーナル92号40頁。同旨，早稲田大学事件・東京地判令和4・5・12ジャーナル129号48頁）。

む。）について，できる限り書面により確認するものとする」と規定する（2項。書面確認の責務）。

労契法4条は，労使の具体的権利義務を定めたものではなく，訓示規定にとどまり，それ自体としては法律効果を有しない。しかし同時に，4条は，労働条件の明示義務（労基15条）以上の規制を基礎づけるものと解される。すなわち，労働条件明示義務は，労働条件の明示を義務づけるのみで，その内容の説明や情報提供を義務づける規定ではなく，また，労働契約締結時に課される義務にとどまり，契約の展開過程においては適用されない（288頁）。他方，労働契約の特質である労使間の交渉力・情報格差を踏まえれば，使用者は，労働契約の様々な場面において，労働者に対し，労働条件・処遇について真摯に説明・情報提供を行うことを求められる（賃金引下げ，人事考課，人事異動，就業規則の変更，事業譲渡時の雇用承継手続，懲戒手続，解雇手続など）。この説明・情報提供義務は，労働契約法の手続的規律の中核を成す規律に位置する（18頁）。

労働契約内容の理解促進の責務（労契4条1項）は，信義則（労契3条4項），権利濫用の禁止（同3条5項）および合意原則（同3条1項・8条。労使間合意を経由する労働条件決定・変更の場合）とともに，この手続的規制の実定法上の根拠となると解される。すなわち，労契法4条1項の趣旨は，労働条件に関する労働者の理解・認識を深めることによって契約内容を明確化し，個別労働紛争を防止することにあるので，上記各規範と相まって，使用者の説明・情報提供義務の根拠となると解される[*61]。また，4条1項は，労働条件明示義務と異なり，労働契約締結時のみならず，労働契約の展開過程にも広く適用される（「施行通達」第2の4(2)イ）。具体的には，使用者が労働契約内容の理解の促進の責務に反して十分な説明・情報提供を行わない場合は，労使間の個別的合意

[*61] この点，前掲・N社事件（*58）は，採用通知書記載業務と実際の担当業務の食い違いについて元労働者が行った使用者の説明義務違反を理由とする損害賠償請求につき，労働契約内容の理解促進の責務を定める労契法4条1項は，使用者の努力義務規定ないし訓示規定にとどまり，具体的権利義務を定めた規定ではないとして同条に基づく使用者の説明義務を否定するが，本文に述べた点から疑問がある。他方，シロノクリニック事件（東京地判平成31・3・8労経速2389号23頁）は，労契法4条に関する裁判例ではないが，労働者が雇用契約締結に際して勤務地に関する説明を求めたのに対し，会社は，人手が足りない時に応援に行ってもらうことがあるかもしれないとの説明は行ったものの，他の院への配置転換の可能性など長期間にわたって本院以外に勤務する可能性のあることについて十分な説明を尽くしていないとして信義則上の説明義務違反を認め，不法行為による損害賠償責任を認めており，説明義務に関する裁判例として注目される。

に基づく労働条件変更のケースでは，当該合意の効力が否定され，人事異動における人事権行使のケースでは，他の事情と相まって人事権濫用が成立することがある（詳細は，各箇所で解説する）。また，十分な説明・情報提供の有無は，就業規則の契約内容補充効（労契7条・10条）の要件である「周知」にも影響しうる（227頁・735頁参照）。

また，書面による確認規定（同4条2項）は，説明・情報提供時においても必須の要件ではない。しかし，たとえば，労働者が労働条件変更や人事異動について書面による説明を求めたにもかかわらず，使用者が合理的理由なく応じない場合は，具体的状況に応じて権利濫用等の実体的効果が発生すると解すべきである（個別的合意に基づく労働条件の不利益変更につき，777頁参照）。

第4節　試用期間

1　試用期間の意義・法的性質

(1)　概　　説

日本では，労働者の正式入社後，一定期間（3～6か月）の試用期間が置かれるのが通例である。試用期間は，使用者が労働者の職務能力や適格性を判断し，正社員として本採用するか否かを決定するための期間であり，就業規則上「試用期間満了時までに従業員として不適格と認めたときは解雇し，または本採用しない」との定めが置かれることが多い。採用内定と異なり，外国でも広く見られる制度であるが，日本では，本来の試用（実験観察）としての機能は乏しく，むしろ本採用後の職務に連続する教育訓練期間としての性格の方が強い。

試用期間に関する実定法の規制は乏しく，解雇予告手続に関する労基法21条但書があるにすぎない。これに対し，実際の紛争は，試用期間中の解雇や本採用拒否の適法性に関して生じているが（277頁の**図表**3-1参照），この問題は，試用期間の法的性質をどう解するかという問題と密接に関連している。この点，通説・裁判例は，早くから，解約権留保付労働契約説を採用してきた[*62]。こ

[*62]　これに対しては，試用期間を本採用後の労働契約とは別個の特別の契約関係（労働者の能力・適格性の判定を目的に締結される特別の有期契約）と解する見解（特別契約説）もありうるが，日本の試用期間の実態とは整合しない。

れによれば，試用期間は，試用という特別の目的が付されてはいるが，本採用後と同様の労働契約関係と解され，ただ試用の目的に鑑み，労働者の不適格性を理由とする解約権が留保された関係と解される。この結果，本採用拒否は労働契約の解約（解雇）を意味し，解雇権濫用規制（労契16条）によって客観的合理的理由および社会通念上の相当性を要求されることになる[*63]。

　この解約権留保付労働契約説を新卒採用者の試用期間に関する解釈原則として確立したのが前掲・三菱樹脂事件最高裁判決（*6）である。事案は，大学を卒業して入社した労働者が，面接時に虚偽の解答をしたことを理由に本採用を拒否されたというものであるが，判旨は，試用契約の性質を就業規則の規定，試用者の処遇や本採用との関係に関する慣行によって決すべきとしつつも，就業規則の内容，大卒新規採用者を本採用しなかった例がなく，本採用に際しても氏名，職名，配置部署を記載した辞令を交付するにとどめていた等の事実関係の下では，試用契約は解雇権留保付の雇用契約と認められると判示し，本採用拒否を留保解約権の行使（解雇）に当たると判断している。その後の判例（神戸弘陵学園事件）[*64]も，試用期間付労働契約は，①試用期間中の労働者が他の労働者と同じ職場で同じ職務に従事し，②使用者の取扱いにも変わったところはなく，③試用期間満了時に本採用に関する契約書作成の手続がとられていない場合は，他に特段の事情がない限り解約権留保付労働契約と解するのが相当と判断している。

(2) 検　　討

　この判例理論（解約権留保付労働契約説）は適切と解される。採用内定と同様，試用期間の法的性質は多様であり，その法的性質は，個々の事実関係を基礎に，当事者の意思解釈として判断すべきものである。したがって，試用期間が職務遂行能力の実験観察という本来の性格を備え，本採用後の処遇と明確な差異が

[*63] 試用期間については，山口浩一郎「試用期間と採用内定」『文献研究労働法学』（総合労働研究所・1978）2頁，注釈労基（上）215頁以下［中窪］，水町・前掲論文（*17）47頁，木南直之「採用内定・試用期間」争点132頁，基コメ労基・労契75頁以下［緒方桂子］，注釈労基・労契(2) 350頁［根本到＝矢野昌浩］。裁判官による詳細な検討として，堀部麻記子「試用期間後の本採用拒否」労働関係訴訟 I 70頁，森岡礼子「試用期間に関する諸問題」労働関係訴訟の実務438頁参照。

[*64] 最判平成2・6・5民集44巻4号668頁。同旨，愛徳姉妹会事件・大阪地判平成15・4・25労判850号27頁，X設計事件・東京地判平成27・1・28労経速2241号19頁。

あるような場合には，これを特別契約と構成すべき場合がありうる。しかし，日本における通常の試用（特に新規学卒者の試用）は，上記①～③のように，試用者といえども採用した以上は正規従業員として長期雇用に組み入れ，職務に従事させて教育訓練・能力開発（OJT）を行うという機能を有している。これは，日本の長期雇用制度（新卒者の定期採用と定年までの雇用）を背景としており，そこでは，試用期間は長期雇用のスタートに位置づけられているのである。そのような試用期間については，解約権が留保されているにせよ，当初から期間の定めのない労働契約が成立していると解する方が自然である。特に新卒者の場合は，採用内定によって解約権留保付とはいえ期間の定めのない労働契約が成立していること（278頁）からも，このように解すべきである*65。

　こうして，通常の試用期間における「期間」は，雇用期間（労働契約の期間）ではなく，試用についての期間を意味することになる。したがってまた，試用期間中も，労基法・労契法等の法令や労働協約・就業規則が適用される。

2　本採用の拒否・試用期間中の解雇（留保解約権の行使）

(1) 要　件

(ア)　**学説・裁判例**　試用期間において解約権留保付労働契約が成立している場合，本採用の拒否や期間中の解雇は留保解約権の行使を意味する。前記のとおり，判例は，この解約権を本採用後の解雇とは別枠の留保解約権として構成しているが，試用期間中の留保解約権は，労働と賃金支払の関係が現実に展開する正式採用後のものであるから，新卒採用者については端的に解雇と解し*66，解雇権濫用規制（労契16条）を直接適用すべきである。すなわち，本採用拒否や試用期間中の解雇は，客観的に合理的な理由を欠き，社会通念上相当

---

*65　これに対し，イタリア共和国外務・国際協力省が日本において開設するイタリア文化会館の職員として雇用された労働者の試用期間満了時本採用拒否事案につき，イタリア法の理解も踏まえて，当該試用期間を本採用後の労働契約とは別個の契約と判断した例がある（イタリア共和国外務・国際協力省事件・大阪地判令和5・3・22ジャーナル138号24頁）。本件については，1138頁参照。

*66　この点で，採用内定における留保解約権（279頁）とは性格が異なる。下井139頁も，解約権留保付労働契約という構成に疑問を呈し，本採用後と同様の解雇であるが，本採用後とはなお異なる面があることを認識しておけばよいと説き，本久洋一「試用期間中の解雇について」小宮古稀『労働契約論の再構成』（法律文化社・2019）205頁以下は，試用期間中の解雇は労契法16条の解釈に包摂されると述べた上，試用期間中の留保解約権は同条の「客観的に合理的な理由」の適用問題に帰着すると説く。

と認められない場合は，権利の濫用として無効となる*67。他方，即戦力として期待される中途採用者については，試用期間は職務遂行能力の実験観察期間（テスト期間）という本来の性格が強いことから，本採用後の解雇から区別された別枠の留保解約権と解してよいように思われる*68。解雇予告規定（労基20条）は，試用期間が14日を経過するまでは適用されないが，14日を超えて使用されるに至った場合は適用される（労基21条但書・4号。850頁）。

　留保解約権行使の要件について，判例（前掲・三菱樹脂事件［*6］）は，①解約権の留保は，採否決定の当初には試用労働者の資質・性格・能力その他の適格性の有無に関して必要な調査や十分な資料収集をできないため，後日における調査や観察に基づく最終的決定を留保する趣旨でなされるから，②本採用の拒否（留保解約権）は通常の解雇に比べ広く認められるが，同時に，③試用労働者もいったん雇用関係に入った以上，留保解約権の行使は，解約権留保の趣旨・目的に照らして客観的に合理的理由が存し，社会通念上相当として是認される場合にのみ許されると判示する。このうち③は，解雇権濫用の判断基準（854頁）を応用したものであるが，②は①を受けて解約の自由を広く認めており，その①によれば，使用者は採否決定後の調査を通して判明した事実を理由として本採用を拒否することも許される。しかし，①については，試用者の身元調査は採用内定期間に行うべきであり，それを試用期間に持ち込むことは労働者の地位を不安定にし，また内定と試用との質的な差異（就労の開始）を軽視するものという批判が強い（菅野＝山川272頁）。そのとおりであろう。

　(イ)　**具体的判断**　　したがって，留保解約権は，試用期間中の職業能力や態度の観察に基づく従業員としての適格性判断に従って行使されるべきである*69。とはいえ，留保解約権が本採用後の通常解雇よりも広い範囲で認められることは否定できない*70。試用期間がOJTを本旨とするとはいえ，それは

---

　*67　ライトスタッフ事件・東京地判平成24・8・23労判1061号28頁。
　*68　日本オラクル事件（東京地判令和3・11・12労経速2478号18頁）は，即戦力として期待される中途採用者の試用期間中解雇につき，同解雇を本採用後の解雇とは別枠の留保解約権の行使と解することを前提に，留保解約の意思表示が試用期間内に確定的になされた場合は，労働者の地位を不当に不安定にするものでない限り，解雇の効力発生日が試用期間満了後となる場合もなお留保解約権の行使と認められると判断している（桑村裕美子［判批］ジュリ1579号［2023］138頁）。
　*69　この点を明言する最近の裁判例として，CoinBest事件・東京地判令和3・7・19ジャーナル117号36頁。
　*70　この趣旨を説く裁判例として，日本基礎技術事件・大阪高判平成24・2・10労判1045号

なお実験観察期間としての性格も有しているため,就業規則上の解雇事由(能力不足・適格性欠如)への該当性が本採用後の解雇より広く認められるからである。したがって,従業員としての職務能力・資質や協調性に欠け,注意されても改める姿勢を見せず,将来にわたって改善の見込みがない場合は,本採用拒否が適法とされる*71。

もっとも,このような留保解約権が解雇権濫用規則(労契16条。判例の③)によって合理性・相当性の判断に服することは当然である。解約権の範囲が広いといっても,些細な理由(たとえば,親会社社長に挨拶しなかったこと)による本採用拒否が許されないことは当然であるし*72,指導・教育によって矯正可能な能力等の欠陥を解約理由とすることも許されない*73。基本的なミスが多いものの,改善に向けて本人が努力し,全体として職務を誠実に遂行していると見られる場合も同様である*74。こうして,通常解雇における解約の自由の範囲と,留保解約権におけるそれとの差異は質的差異ではなく,量的な差異にとどまり,留保解約権の行使については,本採用後の通常解雇に準ずる合理的理由を要すると解すべきである*75。特に,試用期間中の解雇は,試用期間の

5頁,ファニメディック事件・東京地判平成25・7・23労判1080号5頁,ラフマ・ミレー事件・東京地判平成30・6・20ジャーナル81号2頁,ヤマダコーポレーション事件・東京地判令和元・9・18労経速2405号3頁,MAIN SOURCE事件・東京地判令和元・12・20ジャーナル100号46頁,前掲・CoinBest事件(＊69),日本品質保証機構事件・東京地判令和4・2・2ジャーナル125号50頁,トラストスリー事件・東京地判令和4・2・4ジャーナル125号42頁,シティグループ証券事件・東京地判令和4・5・17労経速2500号29頁,エル・シー・アール国土利用研究所事件・東京地判令和5・5・17ジャーナル146号46頁,シービーアールイーCMソリューションズ事件・東京地判令和5・11・16労経速2555号35頁等。

*71 ブレーンベース事件・東京地判平成13・12・25労経速1789号22頁,三井倉庫事件・東京地判平成13・7・2労経速1784号3頁,前掲・日本基礎技術事件(＊70),AIG損害保険事件・東京地判令和2・3・24ジャーナル104号46頁,大宇宙ジャパン事件・東京地判令和5・2・22ジャーナル140号46頁。また,試用期間中の企業外非行や,逮捕・勾留に伴う欠勤は合理的解約事由と評価されやすい(前者につき,帝都葛飾交通ほか1社事件・東京地判令和5・1・27ジャーナル139号36頁[タクシー乗務員の試用期間中における同業他社での就労],後者につき,モービル石油事件・東京地判昭和51・3・24労判248号34頁,前掲・シービーアールイーCMソリューションズ事件(＊70))。

*72 テーダブルジェー事件・東京地判平成13・2・27労判809号74頁。戎屋化学工業事件・大阪地判令和6・1・19ジャーナル147号24頁も参照。

*73 日本軽金属事件・東京地判昭和44・1・28労民20巻1号28頁。

*74 新光美術事件・大阪地判平成12・8・18労判793号25頁,ナカムラ・マネージメントオフィス事件・大阪地判令和元・6・18ジャーナル92号30頁,前掲・日本品質保証機構事件(＊70[他部署への配転により改善の機会を与え,解雇の適否を慎重に判断することが相当と判断])。アネックス事件・東京地判平成28・8・26ジャーナル56号24頁も参照。

満了を待たずに行われる解雇であるから、試用期間の満了時に行われる本採用拒否よりさらに高度の合理性・相当性を要求される[*76]。

(ウ) **中途採用者の試用期間をめぐる紛争**　雇用の流動化に伴い、近年には、即戦力としての能力発揮を期待して中途採用される労働者について試用期間を設けた場合の本採用拒否や試用期間中解雇をめぐる紛争が増加している。その法的取扱いは、基本的には新規学卒者の場合と同様であるが、中途採用者である以上、その趣旨に即して職務能力・適格性や職務経歴との整合性が厳格に判断され、その結果、解約権の範囲は拡大するものと解される。実際、中途採用者に関する近年の裁判例を見ると、有効と判断する例が多数を占める。

典型例として、年俸1850万円で中途採用された幹部従業員（ゼネラル・マネージャー［GM］）の能力不足を理由とする試用期間中解雇につき、雇用契約においては、中長期的な業務計画・財務の予算監理、損益に対する全責任を含む会社の運営管理等を準備・実行・達成することが同人の職責とされていることに照らすと、同人は会社のGMとしての職責を果たしておらず、資質・能力を欠いていたとして有効と判断した例[*77]、月額100万円で即戦力として雇用された従業員の試用期間中解雇につき、同人は採用面談時のアピールに反して成果物を一向に提出しないばかりか、担当者の指示に従わず業務を放棄する態度をとって1週間余り無断欠勤するなどしており、同人の改善可能性を過度に重視することは相当でないとして有効と判断した例[*78]、年収1560万円で中途採用されたテレコム・イノベーターの試用期間中解雇につき、即戦力高度人材として中途採用された者に対する留保解約権の行使については、試用期間中の執務状況等に関する観察等に基づく採否の最終決定の当否に即して検討すべきであるところ、同人はテレコム・イノベーターにとって必須なコミュニケーション能力に欠け、会社の求める水準に達していないことが明らかであるので、

[*75]　前掲・ライトスタッフ事件（[*67]）。なお、整理解雇に際して試用者を優先的に対象者とすることは許されるが、その合理性を厳格に判断すべきことは当然である（常磐生コン事件・福島地いわき支決昭和50・3・7判時782号98頁）。

[*76]　ニュース証券事件・東京高判平成21・9・15労判991号153頁。試用期間中の解雇に解雇権濫用規制（労契16条）を適用または準用した上で無効と判断する裁判例として、前掲・学校法人村上学園事件（[*30]）、社会保険労務士法人パートナーズ事件・福岡地判平成25・9・19労判1086号87頁、ジャコス事件・東京地判平成26・1・21労判1097号87頁、前掲・X設計事件（[*64]）、あじあ行政書士法人事件・東京地判平成28・4・20ジャーナル53号35頁。

[*77]　前掲・ラフマ・ミレー事件（[*70]）。

[*78]　Ascent Business Consulting事件・東京地判平成30・9・26ジャーナル84号44頁。

本件解雇は解約権留保の趣旨に照らして客観的に合理的理由を欠くものではないとして有効と判断した例*79等がある*80。中途採用者に関する限り，試用期間は，職務遂行能力の実験観察期間（テスト期間）という本来の機能を取り戻しつつあるといえよう。

とはいえ，これら裁判例の多くは，労働者が上司等による適切な指導・注意・教育にもかかわらず能力不足や職務懈怠について改善が見られなかったこ

---

*79 前掲・日本オラクル事件（*68）。
*80 中途採用者の能力不足・職務懈怠・適格性欠如を理由とする試用期間中解雇または本採用拒否を有効と判断した裁判例は近年増加しており，ユーグロップ事件・大阪地決平成26・3・27ジャーナル29号43頁（従業員の試用期間中解雇），キングスオート事件・東京地判平成27・10・9労経速2270号17頁（シニアマネージャーの試用期間中解雇），空調服事件・東京高判平成28・8・3労判1145号21頁（社労士資格者の試用期間中解雇），どろんこ会事件・東京地判平成31・1・11労判1204号62頁（発達支援事業部部長の本採用拒否），ゴールドマン・サックス・ジャパン・ホールディングス事件・東京地判平成31・2・25労判1212号69頁（アナリスト従業員の本採用拒否），A学園事件・那覇地決令和元・11・18労経速2407号3頁（日本語講師の本採用拒否），前掲・MAIN SOURCE事件（*70［従業員の試用期間中解雇］），前掲・ヤマダコーポレーション事件（*70［経営企画室長の本採用拒否］），SOMPOケア事件・東京地判令和3・3・16ジャーナル113号56頁（介護施設職員の試用期間中解雇），前掲・CoinBest事件（*69［内部管理担当部長等の試用期間中解雇］），小寺工務店事件・東京地判令和3・8・4ジャーナル118号56頁（営業職従業員の試用期間中解雇），リリカラ事件・東京地判令和4・2・22ジャーナル125号28頁（部長代理の本採用拒否），柏書房事件・さいたま地判令和4・4・19労経速2494号24頁（出版社営業社員の本採用拒否），前掲・シティグループ証券事件（*70［管理職社員の試用期間中解雇］），前掲・大宇宙ジャパン事件（*71［IT技術者の試用期間中解雇］），ロート製薬事件・東京地判令和5・6・14ジャーナル143号52頁（DX推進本部本部長の試用期間満了時解雇），前掲・エル・シー・アール国土利用研究所事件（*70［不動産鑑定士資格を持つ社員の試用期間満了時解雇］）等がある。また，中途採用者の経歴詐称を理由とする試用期間中の解雇を有効と判断した裁判例として，アクサ生命保険ほか事件・東京地判平成21・8・31労判995号80頁があり，中途採用者のSEとしての能力不足および経歴詐称を理由とする試用期間中解雇を有効と判断した例として，前掲・解雇無効地位確認等請求事件（*12）がある。

他方，中途採用者の能力不足・非違行為を理由とする本採用拒否を無効と判断した例として，オープンタイドジャパン事件・東京地判平成14・8・9労判836号94頁（事業開発部長の能力不足・職務懈怠の事実を否定），前掲・あじあ行政書士法人事件（*76［営業社員の能力不足を理由とする試用期間中解雇につき，同人に対する十分な事実確認や注意指導を行っていないとして無効と判断するとともに不法行為を肯定］），前掲・アネックス事件（*74［能力不足を理由とする試用期間中解雇］），スマートグリッドホーム事件・東京地判令和2・12・21ジャーナル109号20頁（適格性欠如を理由とする試用期間中解雇），前掲・トラストスリー事件（*70［職務懈怠を理由とする試用期間中解雇につき，解雇事由を否定し，事前指導も行っていないとして無効と判断］），R&L事件・東京地判令和5・12・1労経速2556号23頁（外国人中途採用社員の日本語能力不足を理由とする試用期間中解雇を無効と判断），青葉メディカル事件・大阪地判令和6・2・22ジャーナル147号16頁（患者に対して配慮を欠く言動が認められるにとどまる等として本採用拒否を無効と判断）等がある。

とを重視して解雇・本採用拒否を有効と判断しているのであり[*81]，中途採用者の解雇（869頁）と同様，適切な指導・教育は解雇等の必須の要件となるものと解される【3-6】。

(2) 効　果

本採用の拒否や試用期間中の解雇が適法に行われれば，労働契約は法定予告期間（労基20条）を経て終了する。これに対し，本採用拒否・解雇が客観的合理的理由および社会通念上の相当性を欠く場合，労働者は，その無効を主張して労働契約上の地位の確認を求めることができる。係争中に試用期間が満了すれば，労働契約は，本採用の意思表示を要することなく，当然に通常の労働契約に移行するのが原則となろう[*82]。

> **【3-6】試用期間の長さ・延長・満了**　試用期間は本来，労働者の能力・適格性を判断するための期間であるから，そのために必要な合理的期間であることを要し，不当に長期にわたることは許されない。裁判例も，中途採用者を2か月の有期契約による見習社員として採用し，その後6か月～1年3か月の間に試用社員登用の機会を与えた上，試用社員にもさらに6か月～1年の試用期間を設け，その間に正社員登用の機会を与えるという制度につき，見習期間中も試用期間として適格性判断がなされているので，後者の「試用期間」を加重すべき合理的理由はないとして，公序（民90条）違反により無効と判断している[*83]。また，韓国人証券アナリストとの間の有期労働契約（1年間）における試用期間の定め（6か月）につき，労働者が証券アナリストとして即戦力たりうるかの判定に要する期間は3か月間あれば十分であるから，使用者は，その期間に限って留保解約権を行使できると判断する例もある[*84]。

[*81]　まぐまぐ事件・東京地判平成28・9・21労経速2305号13頁，前掲・ラフマ・ミレー事件（*70），前掲・Ascent Business Consulting事件（*78），前掲・ゴールドマン・サックス・ジャパン・ホールディングス事件（*80），前掲・ヤマダコーポレーション事件（*70），前掲・リリカラ事件（*80）等。森岡・前掲論文（*63）447頁参照。以上，土田道夫「新型コロナ危機と労働法・雇用社会(2)」曹時73巻6号（2021）1065頁以下も参照。この点，前掲・解雇無効地位確認等請求事件（*12）は，SEとしての一定の能力を備えた中途採用者につき，残りの試用期間中の指導によっても本来の職務遂行能力を有さないと見込まれる状態にあったとして，試用期間中に改善の機会を与えないまま行った試用期間中解雇を有効と判断しているが，指導・教育の必要性を軽視した判断と解される。

[*82]　菅野＝山川276頁，堀部・前掲論文（*63）82頁。

[*83]　ブラザー工業事件・名古屋地判昭59・3・23労判439号64頁。「報告書」（53頁）は，立法論として，試用期間を設ける場合の上限規制を定めることを提案していた。

試用期間の延長は，労働者を長期間不安定な地位に置く結果となるため，従業員の職務能力や適格性についてさらに調査を尽くす等して能力・適格性を見極める等の合理的理由がある場合に限り，労働者の同意を得た上で必要最小限度の期間を設定して延長することが許されると解すべきである[85]。また，関連法人に雇用され，解雇された従業員の勤務状況を知った上で同人を雇用する際に試用期間を設けた後，試用期間満了時に本採用拒否することは，試用期間制度の濫用に当たるものと評価され，普通解雇として判断される[86]。

　通常の解約権留保付労働契約においては，試用期間が満了すれば留保解約権が消滅し，本採用の意思表示を要することなく，当然に通常の労働契約に移行する[87]。そして，それ以降の解雇は通常解雇として扱われ，正規従業員に対する解雇と同様の解雇事由（就業規則上の解雇事由）を要求されることになる。その場合，試用期間中に評価対象とした能力・適格性を改めて解雇事由とすることは禁反言の原則に反し，許されないと解すべきである。

3　試用期間と雇用期間

　正社員の試用期間に関する以上の解釈に対して，非典型労働者の採用に際して期間の定めが置かれた場合は，そもそもそれが試用期間（試用に関する期間の定め）か，雇用期間（労働契約自体の期間の定め）かが問題となる。試用期間とすれば，労働契約自体は期間の定めがない契約として成立しており，本採用拒

---

　[84]　リーディング証券事件・東京地判平成25・1・31労経速2180号3頁。
　[85]　明治機械事件・東京地判令和2・9・28ジャーナル105号2頁（新卒採用者の試用期間の延長につき，主として退職勧奨に応じさせる目的で行われたものであり，やむを得ない事情があったとは認められないと判断した上，就業規則に試用期間延長規定がないことから，就業規則の最低基準効［労契12条］に反するとして無効と判断［池田悠［労批］ジュリ1592号（2024）143頁参照］）。それ以前の裁判例として，雅叙園事件・東京地判昭和60・11・20労判464号17頁，中田建材事件・東京地判平成12・3・22労経速1733号27頁。また，F社事件（神戸地判平成30・7・20労経速2359号16頁）は，試用期間の再延長につき，試用期間の延長が新規採用者の地位を不安定にさせること等を理由に再延長を否定し，1回目の延長終了時に本採用になったと判断している。他方，前掲・AIG損害保険事件（＊71）は，試用期間中に失敗を繰り返していた労働者について試用期間を6か月延長したことにつき，業務習得のための能力・適格性の有無をさらに見極め，試用期間中の解雇の当否を判断する期限を先送りするためのものとして合理的理由を認めて有効と判断し，前掲・トラストスリー事件（＊70）は，労働者の同意を得て行った試用期間延長を有効と判断している（就業規則に延長条項がある場合は，当該合意は最低基準効［労契12条］により無効となるものと解される）。前掲・青葉メディカル事件（＊80）も同旨。以上，森岡・前掲論文（＊63）450頁以下参照。
　[86]　前掲・佳徳会事件（＊51［普通解雇としても，解雇権濫用により無効と判断］）。
　[87]　京都ヤマト運輸事件・大阪地判平成11・9・3労判775号56頁，前掲・F社事件（＊85），前掲・明治機械事件（＊85）。

否が適法に行われない限り，試用期間終了後も労働契約は存続するのに対し，雇用期間とすれば，当該期間が満了すれば労働契約が当然に終了し，再雇用するか否かは使用者の採用の自由となるため，重要な問題となる。

　この点，判例は，試用期間を原則とする法理を確立している。すなわち判例は，1年の期間を定めて雇用された私立高校の常勤講師が期間満了により雇止めされた事案につき，使用者が労働者を新規に採用するにあたり，その雇用契約に期間を設けた場合において，その趣旨・目的が労働者の適性を評価・判断するためのものであるときは，同期間の満了により雇用契約が当然に終了する旨の明確な合意が当事者間に成立しているなどの特段の事情がある場合を除き，同期間は契約の存続期間ではなく，試用期間と解すべきであると判示し，試用期間を原則と解する立場に立っている（前掲・神戸弘陵学園事件［＊64］）[*88]。期間設定の趣旨が労働者の適性の評価・判断にある限り，試用期間と解して労働者の雇用を保護することは，雇用保障の要請から見て合理的な契約解釈であり，基本的には妥当と解される。もっとも，日本の労働法制において，有期労働契約を試用目的で利用することは格別規制されることなく許容されていることから，当事者間の合意によっては，試用期間が契約の存続期間と解釈され，有期労働契約と解釈されることもありえよう（菅野＝山川 273 頁以下参照）。近年の裁判例では，そうした判断が増えている[*89]。

　最近では，有期労働契約で雇用した労働者について試用期間を設定し，期間途中で解雇するケースも登場している。裁判例では，有期労働契約における中途解雇は無期労働契約における解雇より厳格に判断されることから（労契 17 条 1 項），試用期間中の解雇についても，労契法 17 条 1 項の「やむを得ない事由」に準じる特別の事由を要すると判断する例がある[*90]。しかし，この判断は適切でない。試用期間における解雇については，あくまで試用期間を設定した趣旨（教育訓練・能力開発＋実験観察）に即して判断すべきであり，有期労働契約

[*88] 近年の同旨裁判例として，聖パウロ学園事件・大津地判平成 7・11・20 労判 688 号 37 頁，滝澤学館事件・盛岡地判平成 13・2・2 労判 803 号 26 頁，前掲・愛徳姉妹会事件（＊64）。民間企業における裁判例として，前掲・トラストスリー事件（＊70），前掲・帝都葛飾交通ほか 1 社事件（＊71）。

[*89] 代表例として，ISS 事件・東京地判令和 5・1・16 労経速 2522 号 26 頁。労働者の適正評価により見習契約の期間満了によって契約が当然に終了する旨の明確な合意が成立していると判断した例として，明治安田生命保険事件・東京地判令和 5・2・8 労経速 2515 号 3 頁。福原学園事件・最判平成 28・12・1 労判 1156 号 5 頁も参照。

[*90] 前掲・リーディング証券事件（＊84）。

の終了(中途解雇)に求められる要件を要求すべきではない。上記の判断は，試用期間と雇用期間を混同した解釈と思われる。

第4章 労働契約の展開
——賃 金

第1節 賃金の意義と体系
第2節 賃金請求権
第3節 労基法による賃金の保護
第4節 賞与・退職金・企業年金
第5節 成果主義賃金・人事と法

第1節 賃金の意義と体系

1 賃金の意義

　労働契約は，労働者が使用者の指揮命令に従って労務を提供し，使用者がその対価として賃金を支払うことを内容とする契約である（労契6条）。したがって，賃金は労働条件の中でも最も重要な要素であり，賃金支払義務は使用者の基本的義務（給付義務）を意味する。賃金支払義務は，労働者の労働義務とともに，労働契約の不可欠の要素であり，賃金に関する合意を欠く契約はそもそも労働契約ではない。労働者は，賃金支払義務に対応して賃金請求権を有し，労働を提供したにもかかわらず，所定の賃金が支払われない場合は，その支払を請求することができる。

　賃金は，労働者が行う労務給付に対して支払われる反対給付であるため，その決定に際しては，労使自治の原則が基本となる。まず，賃金制度の設計・運用（最低賃金を上回る賃金額の決定，賃金体系・種類，賃金の査定，賞与・退職金制度等）については，労使間の団体交渉・労働協約や就業規則によって当事者が自

由に決定することができる。次に，こうした賃金制度・賃金体系の設計を前提に，個々の労働者に関する賃金決定（賃金原資の配分）が行われるが，ここでは個別的労使交渉・協議が重要となる。特に，近年における成果主義人事の普及に伴い，人事考課や賃金の個別的決定など，個別交渉が機能する場面が増えている。こうして，賃金は，労使自治が最もよく機能する領域であり，したがってまた，労使自治の原則を機能させるための法的規律（労働契約の適正な運営を促進する規律）という労働契約法の理念が妥当する領域である。

しかし一方，賃金は，労働者の生活の基盤を成す重要な労働条件であり，労働者の生活を左右する意味をもつ。すなわち，賃金は「労働者の所得保障」という機能を有する。そこで労働法は，労使間の自治に一定の修正を加え，賃金保護に関する法規制を設けている。①賃金保護の前提となる定義規定（労基11条），②賃金の最低基準の保障（最低賃金法），③労働者が賃金を確実に受領できるようにするための法規制（賃金支払の4原則。労基24条），④労働者の生活保障のための休業手当制度（労基26条），⑤企業倒産時の賃金債権を確保するための法規制（賃金の支払の確保等に関する法律など）が主なものである。これらの法的規律は，賃金が安定的・確定的に支払われることを保護するための規律であり，賃金の安定性・確定性の保護（所得保障）を趣旨としているということができる。

労働契約法は，賃金のこうした多様な性格を踏まえて適切な法的規律を行うことを任務とする。すなわち，賃金について労使自治の原則が妥当する以上，賃金の決定・変動は基本的には労使間の集団的・個別的交渉に委ねられるが，同時に，こうした労使間交渉を促進するための規律（人事考課における「公正な評価」の規制，労組法上の団体交渉法制等）が重要となる。一方，賃金の所得保障としての意義からは，その安定性・確定性の要請が生じ，賃金の決定・変動に対する法規制として機能する。こうして，賃金に関しては，労使自治の原則を尊重しつつ，所得保障の要請を考慮して労働契約（賃金制度）の適正な運営を促進することが労働契約法の任務となる。

2 賃金制度と体系[*1]

(1) 日本の賃金制度

はじめに，日本企業の賃金制度を概観しよう。

(ア) **基本給・諸手当**　まず，賃金の最も主要な部分を成すのは基本給であ

る。基本給は，全体に占める比率が高いだけではなく，諸手当や賞与・退職金の算定基準ともなる。基本給は，定額として支払われるか否かという観点から，定額給と出来高給（仕事の量や結果に応じて支給され，必ずしも定額とならない賃金）に大別される。定額給はさらに，年齢・勤続年数・学歴を基準に決定される年齢給（年功給），職務内容によって決定される職務給，職務遂行能力の種別（職能資格）を基準に決定される職能給に分かれる[*2]。この職能資格を決める制度を職能資格制度といい，日本企業の賃金制度の主流を占めている（527頁）。

また，基本給は，いかなる時間を単位に決定されるかによって時間給制，日給制，週給制，月給制に分かれる。月給制には，基本給額を日額によって決定し，その総額を月単位で支払う日給月給制と，月額により決定し支払う完全月給制がある。日給月給制の場合は，遅刻や欠勤に応じて賃金が控除されるが，完全月給制では通常，こうした控除は予定されていない。

さらに，企業では，基本給とは別に，多種多様な手当が支払われる。手当の中にも，役職手当，技能手当，時間外・休日勤務手当，特殊勤務手当など，職務に対応して支払われる仕事手当と，職務とは関係なく支払われる生活手当（家族手当，住宅手当，通勤手当）がある。

(イ)　賞与・退職金　月例賃金に対して，特別に支給される賃金の典型例は賞与（ボーナス・一時金）および退職金である。ともに広く普及しており，賃金の後払的性格のほか，月例賃金を補う生活給的性格（賞与）や，労働者の引退後の生活保障（退職金）としてもつ意味が大きい。

(ウ)　定期昇給とベース・アップ　日本型の安定的な賃金制度を支えてきたのが，定期昇給（定昇）とベース・アップである。定期昇給とは，毎年勤続年数が増えるに従って，基本給を1ランクずつ上昇させることをいう。年功賃金を支える重要な柱であるが，最近では，成果主義人事の普及に伴い，縮小傾向

---

*1　賃金制度・賃金体系とその変化については，今野浩一郎『勝ちぬく賃金改革』（日本経済新聞社・1998），津田眞澂『新・人事労務管理』（有斐閣・1995）167頁以下，笹島芳雄『賃金決定の手引〔第2版〕』（日本経済新聞社・2004），今野浩一郎＝佐藤博樹『人事管理入門〔第3版〕』（日本経済新聞社・2020）186頁以下，石田光男＝樋口純平『人事制度の日米比較──成果主義とアメリカの現実』（ミネルヴァ書房・2009），西村純「人事・賃金制度の変遷に関する一考察と今後の研究課題」ディスカッションペーパー16-03（労働政策研究・研修機構・2016），佐藤博樹＝藤村博之＝八代充史『新しい人事労務管理〔第6版〕』（有斐閣・2019），「特集：あらためて賃金の『上がり方』を考える」日労研723号（2020）など参照。

*2　年齢給（年功給）は，仕事と直接関係しない属人的要素によって決定されるため「属人給」とも呼ばれ，職務給・職能給は「仕事給」と呼ばれることもある。

にある。これに対して，賃金額そのものを改訂して上昇させることをベース・アップという。日本では，毎年春に主要な労働組合が団体交渉によってベース・アップの上昇率を決定し，これが当該産業や企業だけでなく，未組織企業（労働者）の賃上げを決定する機能を果たしている（春闘）。ただし，この標準的賃上げ率を具体的にどのように配分するかについては，改めて各企業における配分交渉が行われる。

(エ) 福利厚生給付[*3]　　福利厚生給付とは，使用者が労働者の福利厚生のために行う費用や利益の供与をいう。労働・社会保険の使用者負担保険料から成る法定福利厚生費と，それ以外の法定外福利厚生費（住宅の供給・費用負担，医療施設・医療経費補助，生活援助［給食，購買，通勤バス，託児所］，慶弔金・共済会制度，文化・レクリエーション施設，財産形成制度など）から形成される。最近では，従来の画一的福利厚生を修正し，労働者のニーズに応じた選択的厚生制度（カフェテリアプラン）を設ける例も生じている。

(2) 賃金制度の変化

ところで，日本の企業は，第2次大戦後に定着した長期雇用制度の下で，若年新卒者を採用後，企業の多様な職務を体験させる中で熟練や能力を高めていく年功的人事制度を採用してきたが，それは，勤続年数と能力・貢献度が一致することを前提に設計されたため，年功賃金はこの人事制度の中心を担うに至った。その大きな特色は，年齢や勤続年数に応じて賃金が加速度的に上昇する年功賃金を基本とし，それが賞与や退職金にも反映されること，実際の労働と連動しない生活給（基本給の中の年齢給，手当の中の生活手当）が相当のウェイトを占めること，月例賃金以外に特別に支給される賃金（賞与・退職金）の割合が高いことなどである。要するに，日本型の賃金制度は，生活保障重視の年功賃金制度であり，これが長期雇用制度を支える機能を営んできた。生活給重視の賃金，高齢時における高賃金の保障（いわゆる「長期決済型賃金」），引退時の高額の退職金支給といった年功賃金体系は，いずれも定年までの勤続を促すインセンティブとなったのである（**図表4-1**）。

しかし，経済が低成長時代に突入し，人口の高齢化によって中高年従業員が

[*3] 福利厚生給付とその変化については，津田・前掲書（*1）189頁以下，佐藤＝藤村＝八代・前掲書（*1）216頁以下参照。労働法上の課題については，柳屋孝安「福利厚生と労働法上の諸問題」日労研564号（2007）32頁参照。

図表 4-1　賃金の体系

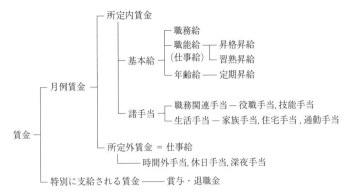

増大し，技術革新の影響によって若年労働者の適応能力の高さが明らかになると，年齢と勤続年数だけで賃金制度を維持することは困難となり，能力や成績を重視した修正を余儀なくされることになる。こうして登場したのが前記の職能資格制度であり，そこでは，資格の上昇（昇格）・低下（降格）ともに，能力や成績に関する人事・考課（査定）を経て決定されるので，能力・成果との結び付きが強まることになる[*4]。

さらに，近年には，経済の低成長化や，グローバリゼーションに伴う企業間競争の激化，若年・中堅層の意識の変化（仕事の成果に即した報酬を短期的に期待する意識への変化）などを背景に，より成果主義的な賃金・人事制度（成果主義人事）が広がりつつある[*5]。成果主義人事とは，「労働者の年齢・勤続年数にかかわらず，その能力・成果・仕事の価値を基準に賃金処遇を決定する制度」をいう。そこでは，実際の職務・仕事に連動する給与のウエイトが高まるとともに，成果・能力に対応する部分が拡大される。具体的には，基本給における年齢給の縮小と仕事給・役割給の増加，昇格・昇給・賞与の決定における人事考課部分の拡大，目標管理制度の導入，管理職・専門職への年俸制の導入，業績連動型賞与，各種インセンティブ制度の導入，ポイント制退職金の導入などが挙げられる（**図表 4-1 参照**）。また，職能資格制度の年功的運用を改め，職務等級制度と組み合わせたハイブリッド型の制度に改めたり，職能資格制度自体

[*4] 職能資格制度については，笹島・前掲書（*1）49 頁以下，今野・前掲書（*1）75 頁以下，津田・前掲書（*1）75 頁以下，佐藤＝藤村＝八代・前掲書（*1）72 頁以下など参照。

[*5] 成果主義賃金・人事については，前掲*1，後掲*214 の文献のほか，土田＝山川編参照。

を再編して、仕事と賃金の結び付きを強めた制度（職務等級制度・役割等級制度）に改める動きが生じている【4-1】。

この結果、「春闘」に象徴される画一的賃金決定システム（定期昇給やベース・アップ）はなお基本であるものの、賃金の年功的カーブが平坦になる一方、賃金が個々の労働者と企業との交渉によって決定され、個人ごとの賃金水準格差が拡大するケースが増えている。こうして、成果主義人事においては、仕事の価値に対する公正な評価の要請が高まるとともに、賃金の安定性・確定性への配慮が求められることになる（378頁）。

> 【4-1】 **職務給制度・職務等級制度** 職務給制度とは、従業員が担当する職務の重要度・責任度・職務価値に応じて賃金を決定する制度をいう。また、職務等級制度は、個々の職務価値を数量化した上、いくつかの等級に分類する制度をいい、職務給制度を運営する上で不可欠の人事制度である。これらの制度においては、賃金（基本給・職務給）は、労働者の職務に連動して決定されるため、職能資格制度以上に成果主義の色彩が濃くなる。一方、職務の変更（配置転換）や職位の変更（昇進・降格）が職務等級の変更に直結するため、賃金の変動性が高まるとともに、賃金制度を複雑化し、組織や異動の柔軟性を損なう危険がある。そこで、企業では、職務・職務等級を大きく括ってスリム化し、賃金変動幅を縮小する役割給・役割等級制度を導入する企業も多い[6]。これらの制度においては、賃金の変動性が飛躍的に高まるため、評価の公正さと賃金の安定性を図ることが重要となる（職務等級制度における配転・降格については、568頁、536頁参照）。

3 賃金の定義

(1) 「賃金の定義」の意義

以上のように、賃金制度は複雑多岐にわたり、また日々変化しているが、法的には、まず「賃金」とはいかなるものをいうのかが問題となる。この点、労基法11条は、「賃金とは、賃金、給料、手当、賞与その他名称の如何を問わず、労働の対償として使用者が労働者に支払うすべてのものをいう」と規定する。

この定義は、第1には、賃金支払の諸原則（労基24条）などの賃金保護規定

---

[6] 職務給制度・職務等級制度については、賃金制度問題研究会『職務（役割）給の導入実態と職務（役割）評価——ホワイトカラーの多様な職務（役割）に対した制度に向けて』（雇用情報センター・2007）、石田＝樋口・前掲書（＊1）19頁以下、193頁以下など参照。職務等級制度をめぐる法律問題については、土田道夫「職務給・職務等級制度をめぐる法律問題」安西古稀『経営と労働法務の理論と実務』（中央経済社・2009）175頁以下参照。

の対象となる「賃金」の範囲を明らかにするための定義であるが，労契法上の賃金（6条・2条）もこれと同義であり，労働契約上の「賃金」（使用者が支払義務を負い，労働者が請求権を有する賃金）の範囲を確定する概念ともなる[*7]。

(2) 要　件

労基法上の賃金は，「使用者が労働者に支払うもの」であり，かつ，「労働の対償」であることを要する。

(ア)　**「労働の対償」**　賃金については，「労働の対償」の要件が重要である。これは文理上，具体的労働の対価のみを指すように見えるが，実際にはきわめて広く解されており，家族手当のように具体的労働に対応しないものも，労働協約や就業規則において支給条件が明確に規定され，使用者に支払義務があれば「労働の対償」に当たる（昭和22・9・13発基17号）[*8]。すなわち，労基法は，使用者が労働契約に基づいて支払義務を負うものを一律に「労働の対償」（賃金）と解する趣旨に立っており，その意味で，賃金は「労働の対償」というよりも，「労働関係の対償」と呼ぶにふさわしい概念となっている。その趣旨は，「賃金」を広範囲に解することによって賃金支払義務や賃金保護規定を使用者に及ぼし，労働者の所得保障を図ろうとする点にある。

まず，基本給，所定外手当，仕事手当のように具体的労働に対応する給付が賃金に当たることは当然である。販売実績（出来高）に応じて支払われる給付（歩合手数料，報償金・表彰金，コミッション等）や，後述するインセンティブ報酬（330頁以下）も，それらの具体的支給基準が労働契約等で事前に定められている場合は「労働の対償」として賃金とされる[*9]。また，家族手当・住宅手当のように，具体的労働に対応せず，労働者の生活保障の意味をもつ手当（生活手当）も，その支給条件が協約や就業規則で明確に規定され，使用者が支払義務を負う場合は，任意的・恩恵的給付でなく労基法上の賃金と解される[*10]。労

[*7]　労基法上・労契法上の賃金ではないが，労働契約上，使用者が支払義務を負う給付であるという事態はありうるが（慶弔禍福給付について支払義務が合意された場合など），その場合も，労基法11条の趣旨に鑑み，できるだけ賃金と認めるべきである（同旨，注釈労基（上）177頁〔水町勇一郎〕）。

[*8]　菅野＝山川341頁，有泉亨『労働基準法』（有斐閣・1963）236頁，荒木149頁，注釈労基（上）170頁〔水町勇一郎〕，基コメ労基・労契41頁〔本久洋一〕。

[*9]　中部ロワイヤル事件・名古屋地判平成6・6・3労判680号92頁（歩合手数料），殖産住宅事件・東京地判平成14・10・16労経速1820号15頁（社員の業績に応じて支給される報償金・表彰金）。

基法上の解雇予告手当（20条），休業手当（26条），年次有給休暇中の賃金（39条6項）については争いがあるが，賃金支払規制（24条）との関係では，いずれも賃金と解すべきであろう[*11]。

次に，賞与・退職金は，それを支給するか否か，またいかなる基準で支給するかが使用者の裁量に委ねられている場合は賃金ではないが，協約や就業規則で支給要件が明定されていれば賃金となる。使用者が賞与・退職金の定めをする場合，その決定・計算・支払方法や時期に関する事項を就業規則に記載する義務を負うので（労基89条3号の2・4号），賞与・退職金は多くの場合に労基法上の賃金と解されることになる[*12]。使用者が退職金を自社年金として支払う場合（自社年金）も同様である（373頁参照）[*13]。

(イ) **任意的・恩恵的給付，福利厚生給付等** 以上に対し，労基法上の賃金に当たらないものとしては，使用者による任意的・恩恵的給付，福利厚生給付および業務費が挙げられる。任意的・恩恵的給付の典型は，結婚祝金，弔慰金等の慶弔禍福の給付であるが，これらも，労働協約や就業規則で支給条件が規定され，使用者に支払義務があるものは賃金とされる（前掲・発基17号）。一方，住宅の供与・資金貸付け・各種施設の供与等の福利厚生給付は，使用者が労働の対償としてではなく，福利厚生のために負担する給付であるため，賃金に当たらない。ただし，通勤手当またはその現物支給である通勤定期券は賃金とされる（昭和25・1・18基収130号）[*14]。

[*10] 日産自動車［家族手当請求］事件・東京地判平成元・1・26労判533号45頁，ユナイテッド航空事件・東京地判平成13・1・29判時805号71頁（配偶者手当）。水町658頁は，これら裁判例のように，労基法上の賃金の定義について，就業規則等で明確に規定されているといった主観的事情を持ち込むことは，労基法の強行法規性に反すると批判し，使用者が賃金支払義務を負うもののうち，「労働関係上の地位に対して支払われるものであって客観的に利益性のあるもの」という観点から判断すべきであると説く。

[*11] 同旨，基コメ労基・労契43頁［本久洋一］。注釈労基（上）174頁［水町］も参照。

[*12] 退職金につき，伊予相互金融事件・最判昭和43・5・28判時519号89頁。賞与については，357頁（*150）参照。

[*13] 幸福銀行［年金打切り］事件（大阪地判平成12・12・20労判801号21頁）は，自社年金について，賃金後払というよりは，老後の生活保障を目的とする功労報償的性格が強いとしながらも，退職金規程において支給基準が明定され，勤続年数に応じて支給額が増大することから，労基法上の賃金（労働の対償）に当たると判断している。

[*14] 裁判例として，古河運輸事件・大阪地判平成22・3・18労判1005号79頁。GCA事件（東京地判令和3・1・20労判1252号53頁）は，会社が従業員の降格・降給に際して支給した調整給（特別手当）につき，労働の対償としての賃金ではなく，本件降格による不利益緩和のための任意的・恩恵的給付であると解した上，その不支給措置については労働者の同意を要し

(ウ)　**株式の付与，インセンティブ報酬**　近年には，使用者が従業員のインセンティブ喚起の目的で行う株式付与やインセンティブ報酬の賃金該当性が争われる事案が増えている。裁判例では，5年後に会社の普通株式を取得できる権利を付与するという株式褒賞につき，それが報酬に含まれることが株式褒賞プログラムや雇用契約上明示されていることを理由に雇用契約の内容と解し，賃金該当性を肯定する例がある*15。自社株式の支給も，支給基準が明確にされ，労働との関連性がある限り，賃金に当たると解される*16。

　これに対し，証券会社が社員のインセンティブ喚起の目的で支給する裁量業績賞与および追加退職金（SRP）については，裁量業績賞与は支給の有無・額が使用者の裁量によって決定されることから任意的・恩恵的給付に当たり，SRPも，裁量業績賞与額を基準に積立額が定められることから，同じく任意的・恩恵的給付と判断する裁判例がある*17。労基法上の賃金か任意的・恩恵的給付かに関する限界的事例といいうる。

　(エ)　**ストック・オプション**　ストック・オプションとは，会社が従業員等に対し，自社株を将来において予め設定された価格で購入する権利を付与し，従業員等が同価格で株式を購入した後，これを上回る株価で売却することによって利益を得られるようにする制度である。会社法上は，ストック・オプションは取締役・従業員に対する新株予約権の無償の付与と位置づけられている（会社2条21号・236条）。ストック・オプションについては，その権利付与を受けた従業員等が権利行使を行うか否か，また，権利行使の時期をいつにするか等が本人の判断に委ねられ，制度から得られる利益がその発生時期・額ともに労働者に委ねられているため，「労働の対償」ではなく，労基法上の賃金には当たらないと解されている（平成9・6・1基発412号）。したがって，ストック・オプションによって賃金の一部を支払うことは，賃金全額払原則（労基24条1項）違反となる。ただし，ストック・オプションは「労働条件」には該当し，就業規則の記載事項（労基89条10号）とされる（前掲・基発412号）。

　しかし，利益の発生時期や額が労働者の判断に委ねられるという点は，株式の付与にも妥当する点であり，これを決め手としてストック・オプションの賃

　　ないと判断している。
　*15　リーマン・ブラザーズ証券事件・東京地判平成24・4・10労判1055号8頁。
　*16　ジャード事件・東京地判昭和53・2・23労判293号52頁。これらの場合，賃金の通貨払原則の例外となるため，労働協約の締結が必要となる（労基24条1項但書）。
　*17　モルガン・スタンレー証券事件・東京高判平成21・3・26労判994号52頁。

金性を否定することは適切でない*18。むしろストック・オプションの特色は、その権利付与の時点では確定的な利益が保障されておらず、将来株価が上昇した場合に利益が得られる可能性があるにとどまるという点にある。問題は、このように不確定な利益が賃金に当たるか否かであるが、それは賃金としての利益性を欠き、法的保護の必要性も乏しいことから、労基法上の賃金に当たらないと解すべきであろう*19*20*21。

(オ) **使用者が労働者に支払うもの**　賃金は、使用者が労働者に支払うものでなければならない。したがって、旅館や飲食店等で客が従業員に渡すチップは、使用者が支払うものではないため賃金ではない。これに対し、飲食店等で客が支払うサービス料を、使用者が労働者に機械的に配分する場合は、使用者が支払うものとして賃金とされる（昭和39・5・21 基収3343号）【4-2】。

【4-2】**平均賃金**　労基法上、解雇予告手当（20条）、休業手当（26条）、年休の手当（39条7項）、災害補償（75条以下）、減給の制限（91条）の額は、「平均賃金」を基礎として決定される。平均賃金は、原則として、それを算定すべき事由の発生した以前の3か月間の賃金の総額（臨時に支払われた賃金などを除く）をその期間の総日数で割った金額として算定される（12条1項・4項）。ただし、その期間に

---

*18　同旨、注釈労基(上) 172頁 [水町]、浜村彰「労基法上の賃金規制」講座再生(3) 29頁、基コメ労基・労契 46頁 [本久洋一]。荒木151頁は、この点を理由にストック・オプションの賃金性を承認した上で、賃金全額払原則（労基24条1項）の例外として認める法令上の措置をとることも立法論として考えられると述べる。

*19　同旨、前掲・リーマン・ブラザーズ証券事件（*15）。同事件は、この判断を前提に、賃金性の有無が問題となった株式褒賞につき、ストック・オプションと比較しつつ、株式取得の権利としての確定性が高いことを理由に賃金性を肯定している。

*20　ストック・オプションについては、所得税法上、その行使益が給与所得に当たるか、一時所得として扱われるかも問題となるが、判例は、ストック・オプションが企業の執行役員や主要従業員に対する精勤の動機付け等を企図して設けられていることから、「雇用契約又はこれに類する原因に基づき提供された非独立的な労務の対価として給付された」ものとして給与所得（所税28条1項）に当たると判断している（荒川税務署長事件・最判平成17・1・25民集59巻1号64頁）。これは、所得税法上の「給与所得」を決する要素である「非独立的な労務の対価」が、租税の公平負担という所得税法の観点から独自に定立される概念であること（最判昭和56・4・24民集35巻3号672頁）を基礎としており、この結果、「給与所得」は労基法上の賃金より広く解釈されることになる。

*21　従業員が海外親会社から付与されていたストック・オプションについて会社から十分な説明・報告のないまま退職するに至り、権利行使の機会を失ったとして損害賠償を求めた事例として、エース損害保険事件（東京地判平成28・6・15ジャーナル55号20頁）がある（結論は請求棄却）。土田道夫「従業員のモチベーションをめぐる法的課題」日労研684号 [2017] 41頁参照。

不就労期間（産前産後の休業期間，業務上の負傷・疾病による療養期間など）がある場合は，それによって平均賃金額が少なくなるのを防ぐため，その期間を除外することとされている（同条3項）。また，労働日当たりの賃金の60％が最低保障額とされる（同条1項但書）。

第2節　賃金請求権

使用者は，労働契約に基づいて賃金支払義務を負い，労働者は賃金請求権を取得する（労契6条）。賃金をめぐる法律問題の多くは，この賃金請求権の発生・変動・消滅に関して発生する。

1　賃金請求権の発生

(1)　一般理論

(ア)　概　説　　賃金請求権（賃金支払義務）は，労働契約に基づいて発生する。実際には，賃金制度は労働協約や就業規則において設けられるため，それら規範が労働契約内容を規律することによって賃金請求権を発生させる（協約の場合は労組16条が，就業規則の場合は労契7条が根拠となる）。また，基本給のように，就業規則上，「本人の職務内容，技能，勤務成績，年齢等を考慮して各人ごとに決定する」と規定されている場合は，個別労働契約が賃金請求権の根拠となる（労契6条）。さらに，これら規範・契約における取扱いが不明確な場合は，当事者間の黙示の合意や労使慣行によって労働契約内容が解釈され，賃金請求権の内容が決定される*22。こうして，賃金に関する取決めが全く行われないケースは稀であるが，そのような場合も，賃金の額は当該産業の実情や他の労働者の取扱いを参考にして合理的に確定されるべきものである。

(イ)　ノーワーク・ノーペイの原則　　上記のとおり，賃金請求権は労働契約の締結に基づいて発生するが，これは抽象的な基本債権にとどまり，具体的な額を確定した賃金請求権が直ちに発生するわけではない。そこで，このような

---

*22　こうした観点から労働契約内容を解釈し，昇給請求権・賞与請求権を肯定した裁判例として，大阪労働衛生センター第一病院事件・大阪地判平成10・8・31労判751号38頁。他方，賃金請求権の否定例として，セコム事件・東京地判平成28・5・19労経速2285号21頁。基コメ労基・労契80頁以下［土田道夫］参照。

具体的賃金請求権が何を根拠に発生するかが問題となるが，これについては，労働義務が現実に履行されてはじめて発生すると解されている*23。これがノーワーク・ノーペイ（no work, no pay）の原則であり，賃金を労働者の具体的労働に対する対価と解する考え方である*24。労働者が欠勤・遅刻・早退したり，ストライキに従事した場合に賃金請求権が発生しないことは，このノーワーク・ノーペイ原則に基づく。

ノーワーク・ノーペイの原則の法的根拠としては，労務給付と賃金が対価関係にあること（民623条）のほか，報酬（賃金）の支払時期を「約した労働を終わった後」と定めた民法624条1項が挙げられる。労働契約のような双務契約については本来，同時履行の抗弁権（民533条）が適用されるが（これによれば，労働者は賃金を支払われるまで働かないと抗弁できる），民法624条1項はこの原則の特則を意味する*25。こうして，労働者は労務を給付した後でなければ賃金を請求することはできないのが原則となる。他方，労働者が現実に労働義務を履行すれば，賃金請求権が発生することは当然である*26。

もっとも，ノーワーク・ノーペイの原則（民624条1項）は契約解釈の原則（任意規定）にとどまるため，当事者間の合意によって排除することは可能である（菅野＝山川342頁参照）。したがって，当事者が賃金前払を合意することは自由である*27し，当事者の特約によってノーワーク・ノーペイ原則全体を排除

---

*23 宝運輸事件・最判昭和63・3・15民集42巻3号170頁参照。

*24 菅野＝山川342頁，1110頁，山川121頁，荒木142頁，山口浩一郎『労働組合法〔第2版〕』（有斐閣・1996）249頁，西村健一郎「賃金支払義務」本多還暦『労働契約の研究』（法律文化社・1986）156頁。

*25 幾代通＝広中俊雄編『新版注釈民法(16)』（有斐閣・1989）56頁〔幾代〕。

*26 平野屋事件（大阪地判平成20・6・19労判972号37頁）は，労働者が解雇通告後も，会社の営業閉鎖に伴う顧客対応等の業務に従事していたとして未払賃金請求を認容し，桑名市事件（名古屋地判平成31・2・14労経速2395号7頁）は，所定外労働時間のうち15分を切り捨てて賃金を支払わない取扱いにつき，労働者が労働した以上，使用者はその対価である賃金を全額支払う義務を負うとして違法無効と判断している。このほか，労働者の現実の就労に対応する賃金請求権を肯定した例として，ティアラクリエイト事件・東京地判令和3・5・27ジャーナル115号38頁，Ｒアイディア事件・東京地判令和3・8・17ジャーナル118号50頁，エヌアイケイ事件・大阪地判令和3・9・29ジャーナル120号48頁。

*27 幾代＝広中編・前掲書（*25）35頁〔幾代〕，下井289頁。ただし，この場合も，通常の労働契約では，賃金請求権は労務が給付されないことを解除条件として発生するため，労働者が労働を遂行しなければ，賃金請求権は解除条件の成就によって消滅する。裁判例では，月の途中に退職した労働者につき，ノーワーク・ノーペイの原則を排除する合意（月の途中退職者にも月例給全額を支払う旨の合意）の有無を検討した上，これを否定して，退職後の賃金請求権を否定した例がある（オーク事件・東京地判平成10・7・27労判748号91頁）。

することも可能である（完全月給制［309頁］は，後者の特約の一種である）。また，こうした制度がなくても，労働契約の解釈によって遅刻や欠勤について賃金を控除しない旨の黙示の合意が認められれば，ノーワーク・ノーペイの原則は排除されうる[*28]。判例は，外勤労働者の賃金につき，勤務した時間の長短にかかわらず完成された仕事の量に比例して支払われる「能率給」と，勤務時間に対応する賃金（固定給）を区別し，前者をストライキによる賃金カットの対象から排除しているが[*29]，これも，当該賃金制度においてノーワーク・ノーペイ原則を排除する労使間の合意を認めた例といいうる【4-3】。

　(ウ)　**賃金支払期間と賃金請求権**　　次に，労働契約当事者が期間をもって報酬（賃金）を定めた場合は，賃金請求権はその期間が経過した後に発生する（民624条2項）。「期間をもって定め」るとは，賃金支払の基準となる一定の単位期間を定めることをいい，時給制，日給制，週給制，月給制があるが，近年には，年単位で賃金を決める年俸制が登場している（390頁）。

　月給制を採用する企業では，賃金の計算期間を月末までとしつつ，支払日を月の途中（多くは後半）に設定することが多いが，これは法的には，支払日までの期間は賃金の後払の，支払日以降の期間は前払の意味を有する。したがって，支払日後に就労しなかった場合，賃金請求権は解除条件の成就によって消滅するが，実際には，翌月における賃金の調整的相殺の問題として扱われている（349頁）。なお労働契約においては，同時履行の抗弁権の適用はないが，期間をもって報酬を定めた場合は，労働者は前期の賃金が支払われるまでは当期の労務提供を拒絶できると解すべきであろう[*30]。

　(エ)　**既履行分の報酬請求権の保障**　　ノーワーク・ノーペイの原則によれば，賃金請求権は，労働者が労働義務を現実に履行することを要件に発生するため，①労働義務が履行不能となった後の期間中の賃金請求権は発生しない。②労働契約が履行の中途で終了した場合の当該時点以降の期間についても同様である（労働義務が使用者の帰責事由によって履行不能となった場合のみ，民法536条2項によって例外的に賃金請求権が肯定される）。

　これに対し，上記①・②の場合であっても，労働者が労働義務をすでに履行

---

*28　日本貨物検数協会事件・東京高判昭和50・10・28判時794号50頁。同旨，目白学園事件・東京地判令和4・3・28労経速2491号17頁（労働者が欠勤した場合に給与減額する旨の就業規則規定につき，運用の形骸化に鑑み，使用者が欠勤控除の権利を放棄したと判断）。
*29　明治生命保険事件・最判昭和40・2・5民集19巻1号52頁。
*30　有泉・前掲書（*8）235頁，幾代＝広中編・前掲書（*25）42頁［幾代］。

した期間については，賃金請求権が肯定されることは当然であり，民法学上の通説を形成してきた[*31]。2017年改正民法（49頁）は，この通説的解釈を立法化し，既履行分の報酬請求権の保障を新たに規定した（624条の2）。すなわち，労働者が労働に従事できなくなった場合（使用者の責めに帰すことのできない事由によって労働に従事することができなくなったとき［1号］，雇用が履行の中途で終了したとき［2号］）は，労働者は，すでにした履行の割合に応じて報酬を請求することができる。それぞれ，労働義務が使用者に帰責できない事由によって履行不能となった場合，労働契約が履行の中途で終了した場合について，既履行分の報酬請求権を保障したものである。このうち，雇用が「履行の中途で終了したとき」（2号）については，期間の定めがある雇用の場合は，契約期間途中で契約が終了する場合がこれに当たり，期間の定めのない雇用契約の場合は，報酬の定めが予定する期間の途中に労働者の退職・解雇等によって雇用が終了した場合を含むものと解される[*32]。本条との関係では，賞与の支給日在籍条項の適法性が重要な論点となるが，後述する（361頁以下）。

【4-3】 **賃金請求権の発生要件をめぐる議論**　ノーワーク・ノーペイの原則に対しては，批判的な見解も主張され，理論的検討の余地が残されている。まず，通常の双務契約においては，主たる債権債務が契約の締結時に発生すると解されていることを踏まえて，ノーワーク・ノーペイの原則を批判し，賃金債権は労働契約の締結により発生すると解しつつ，労働者が実際に労働を履行しなかった場合は，いったん発生した賃金債権が消滅するとの構成を提示する見解がある[*33]。しかし，これに対しては，労働がなければ賃金債権が消滅するということは，労働があれば賃金債権が発生するということの裏返しにすぎず，理論的意義に乏しいとの批判や，労働契約の締結以外に条件が付された賃金債権（賞与，退職金，諸手当）の発生要件に関する説明に窮するなど，論理的一貫性に欠けるとの批判がなされている[*34]。

一方，賃金の実態が多様であることを理由に，ノーワーク・ノーペイの原則を賃金債権の発生要件に関する「原則」と解することに懐疑的な見解も見られる。この見解は，賃金の個々の部分について当事者間の合意内容を個別具体的に探究して賃金請求権の発生を検討すべきと解した上，ノーワーク・ノーペイの原則を，

[*31]　幾代＝広中編・前掲書（＊25）58頁以下［幾代］。
[*32]　山本豊編『新注釈民法（14）』（有斐閣・2018）60頁［山川隆一］。
[*33]　坂本宏志「賃金控除の理論的基礎」労働90号（1997）77頁。
[*34]　盛誠吾「賃金債権の発生要件」講座21世紀（5）62頁。

合意内容が不明確な場合の補充的原則に位置づける*35。また，同様の立場を前提に，一般理論としては，労働の提供と受領を関連づけて考え，労働者が労務提供の準備を調えて就労場所に赴いたときは，使用者がその受領を明確に拒否し，就労禁止措置をとらない限り，労務の提供のみならず，使用者による労務の受領があったと推定すべきであると説く見解もある*36。ノーワーク・ノーペイの原則とは対照的な任意法的原則を定立しようとする試みといえよう。私自身は，賃金請求権の発生要件に関する法解釈の安定性という観点からは，ノーワーク・ノーペイの原則を法原則に位置づけておくことが妥当と考えている。

(2) 不就労と賃金請求権

以上のとおり，賃金請求権は，労働者が現実に労働義務を履行したことによって発生する。しかし実際には，労働者が何らかの理由によって現実に就労できない（法的には，労働義務が履行不能となる）ケースがあり，賃金請求権の帰趨が問題となる。この問題は，民法536条の危険負担の問題，すなわち，債務（労働義務）の履行が不能となった場合の反対給付請求権（賃金請求権）の存否の問題となる*37。

(ア) **労働者の帰責事由に基づく労務の履行不能**　労働者が故意・過失によって欠勤や遅刻をした場合が典型例であるが，ここでは，債務者である労働者本人に帰責事由があるので，これは危険負担の問題ではなく債務不履行（労働義務違反）の問題である。この場合，反対給付である賃金請求権が原則として生じないことは前記のとおりである（318頁）。

(イ) **使用者の帰責事由に基づく労務の履行不能**　これに対し，債権者（使用者）の帰責事由によって労務の履行が不能となった場合は，民法536条2項が，債権者（使用者）は反対給付の履行を拒むことはできないと規定しており，賃金請求権が肯定される（債権者主義）。反対給付の権利を「拒むことはできない」の意義については，ノーワーク・ノーペイ原則に鑑み，実際の労働により発生した賃金請求権に対応する賃金支払義務の履行を拒否できないという意味ではなく，労働義務の履行に代わって，民法536条2項によって賃金請求権が「発生する」と解すべきであろう（山川122頁）。

*35　水町628頁，注釈労基・労契(1) 310頁［森戸英幸］。
*36　盛・前掲論文（*34）66頁。
*37　2017年改正民法における危険負担規定の改正内容については，山本編・前掲書（*32）62頁以下［山川］，土田道夫「民法（債権法）改正と労働法」季労267号（2019）105頁以下参照。

典型例としては、使用者が正当な理由もなく労働者を解雇した場合（891頁参照）、正当な理由なく休職からの復職を拒否した場合（598頁）、出勤停止・自宅待機を命じた場合が挙げられる*38。また、使用者が一時休業や一時休業等を実施し、それに伴い賃金を一部または全部カットする場合は、一時休業等の必要性、労働者の不利益、労使交渉の状況等を総合して帰責事由の有無が判断される*39。この判断は、有期契約労働者については、有期雇用の趣旨（契約期間中の雇用保障と賃金保障）に鑑み、無期契約労働者より厳しく行われる*40*41。

*38 自宅待機命令・会社立入禁止命令につき、東日本福祉経営サービス事件・新潟地判平成25・8・20 ジャーナル20号12頁、X協会事件・東京地判平成26・6・4労経速2225号19頁、違法な労働条件変更に応じないことを理由とする就労拒否につき、一心屋事件・東京地判平成30・7・27 ジャーナル81号30頁、業務に起因するうつ病や違法な配転命令に基づく就労不能につき、ダイヤモンド電機事件・大阪地判令和3・5・11 ジャーナル114号22頁、病院医師の勤務日・勤務時間の一方的削減後に生じた就労不能につき、新拓会事件・東京地判令和3・12・21 ジャーナル123号38頁、各種ハラスメントを受けてうつ病にり患したことに基づく就労不能につき、人材派遣業A社事件・札幌地判令和3・6・23労判1256号22頁、無効な配転命令に基づく就労不能につき、弘恵会事件・札幌地判令和3・7・16労判1250号40頁、メガカリオン事件・東京地判令和4・7・5 ジャーナル133号40頁、理由のない就労拒否につき、春秋航空日本事件・東京地判令和3・7・29労経速2465号19頁、ダイワクリエイト事件・東京地判令和4・3・23労経速2494号12頁、リバーサイド事件・東京高判令和4・7・7労判1276号21頁。もっぱら在宅勤務に従事してきた労働者に対する出社命令の後にこれを拒否したことを理由とする欠勤扱いにつき、アイ・ディ・エイチ事件・東京地判令和4・11・16労判1287号52頁（141頁参照）、歯科診療業務を完全にさせなかったことにつき、医療法人社団A事件・東京地判令和5・3・15労経速2518号7頁、懲戒解雇による就労不能につき、日本郵便事件・水戸地判令和5・3・24 ジャーナル137号22頁、無効な採用内定取消に起因する就労不能につき、FIRST DEVELOP事件・東京地判令和5・12・18 ジャーナル149号62頁。

否定例として、えびす自動車事件・東京地判令和元・7・3 ジャーナル93号34頁（重大な事故を発生させながら反省しないタクシー運転手に対する就労拒否）、せとうち周桑バス事件・松山地判令和3・7・15 ジャーナル115号20頁（従業員のうつ病について会社の帰責性を否定——この判断には疑問がある）。なお、ほけんの窓口グループ事件（大阪地判平成28・12・15 ジャーナル61号22頁）は、民法536条2項が任意規定であることを理由に、自宅待機期間中の賃金を労基法26条の休業手当と同額の平均賃金の60％とする就業規則を有効と判断しているが、疑問の余地がある（第7章＊53参照）。

*39 池貝鉄工事件・横浜地判平成12・12・14労判802号27頁（賃金請求権を肯定）、バイボックス・ジャパン事件・東京地判令和3・12・23労判1270号48頁（同）。

*40 いすゞ自動車事件・宇都宮地栃木支決平成21・5・12労判984号5頁。

*41 さらに、使用者が積極的に労務の受領を拒否していなくても、必要な安全措置を怠ったために労務を提供することが客観的に困難となった場合は、使用者の帰責事由による労務の履行不能として賃金請求権が発生することがある。たとえば、使用者が組合対策のために雇用した者が集団的に暴行を行い、そのため労務を提供することが困難となった場合が挙げられる（新聞輸送事件・東京地判昭和57・12・24労判403号68頁、新清社事件・横浜地判平成2・10・16労判572号48頁）。

なお，シフト制労働者のように，所定労働時間・労働日が不明確であり，所定労働時間が労働契約上特定されていない労働者についても，労働者の勤務実態から合理的意思解釈を介して所定労働日数に係る合意を認定できる場合は，当該日数に満たない日数分について，危険負担規定（民536条2項）に基づく賃金請求権が肯定される*42。

次に，使用者の帰責事由によって労働義務が履行不能となった場合も，労働者が賃金請求権を取得するためには，債務の本旨に従った労務の提供をすることが前提となる。すなわち，労働者は使用者の適法な指揮命令に従って労働する義務を負うので，それに反する労働を提供しても，債務の本旨に従った労務の提供とはいえない（131頁）。そこでたとえば，労働者が適法な外勤業務命令を拒否して内勤業務に従事した場合*43や，タクシー運転手が乗務員証の表示

---

*42　ホームケア事件・横浜地判令和2・3・26労判1236号91頁（会社が訪問介護利用者の送迎業務従事労働者を送迎計画表に入れなかったため就労できなかった日について，本文掲記の方法により賃金請求権を肯定。おおむね同旨，東京横浜独逸学園事件・横浜地判平成29・11・28労判1184号21頁［教諭が担当する蓋然性の高いコマ数を基礎に算定］）（以下構成①とする）。一方，所定労働日数・労働時間に係る合意を認定できないことを前提に，会社が合理的理由なくシフトを削減した場合についてシフト決定権限の濫用と構成し，削減シフト分について民法536条2項に基づく賃金請求権を肯定する例もある（シルバーハート事件・東京地判令和2・11・25労経速2433号3頁。萬作事件・東京地判平成29・6・9ジャーナル73号40頁も参照［シフト労働の受領拒絶に係る正当理由を否定］）（以下構成②とする）。①②ともに，シフト労働における労働契約上の賃金請求権に関する構成として両立しうるが，構成②によれば，シフト削減が権利濫用に該当するか否かによって賃金請求権の存否が確定するというAll or Nothing的処理になってしまうため，構成①を基本と考えるべきであろう。ただし，所定労働日数の認定が不可能な場合は，構成②もありうると解される。

なお，山下昇「労基法26条の趣旨とその機能の再検討」和田古稀『労働法の正義を求めて』（日本評論社・2023）293頁は，②のケースについて，解雇時の賃金請求権の範囲に関する中間収入控除に係る判例法理（労基法の休業手当規定［26条］によって60％までの賃金を保障［894頁参照］）を適用して賃金請求権を肯定すべきことを説き，原昌登［判批］ジュリ1574号（2022）134頁は，賃金請求権構成ではなく不法行為構成を用いるべきことを説いており，それぞれ傾聴すべきものがある。

以上に対し，ベルリッツ・ジャパン事件（東京地判令和2・3・3ジャーナル102号42頁）は，従業員の具体的な勤務スケジュールは同人と会社との合意（本件スケジュール合意）によりはじめて定まるものであり，会社が従業員に対してこれを超えて勤務を割り当てる義務を負うものとは認められないとして，本件スケジュール合意等により具体的に合意されていた勤務に係る限度で賃金請求を認容している。しかし，本件は，労使間合意がない限り労働義務が発生しないスケジュール制の事案であるところ，通常のシフト勤務の場合は使用者が一方的に勤務シフト決定するため，上記①②の構成を採用できることから，事案を異にすると考えるべきであろう。

*43　水道機工事件・最判昭和60・3・7労判449号49頁。有効な配転命令に基づく配転先での就労拒否事案として，テーエス運輸事件・大阪高判平成27・11・19労判1144号49頁。

およびネクタイ着用に関する適法な指示を拒否したまま乗務した場合*44 は，それぞれ債務の本旨に従った労働の提供とはいえず，賃金請求権は発生しない*45。一方，労働者が債務の本旨に従った労務の提供をする意思を有し，その意思を使用者に伝えているにもかかわらず，使用者が事前に労務の受領拒否の意思を明確にしていた場合は，使用者の帰責事由に基づく履行不能として賃金請求権が発生するものと解される*46。

一方，判例は，労働者が職種等を限定せずに労働契約を締結している場合は，私傷病のために現に就労を命じられた業務（工事の現場監督）に就労できない場合も，他に配置可能な業務への就労を申し出ていれば，債務の本旨に従った履行の提供があると判断している*47。判旨はその理由として，職種等に限定のない労働契約においては，現に就業を命じられた業務によって債務の本旨に従った履行の提供の判断が左右されることは不合理であると述べており，職種・職務が包括的に定められることの多い日本の労働契約の実情（540頁）に即し

---

*44 新阪神タクシー事件・大阪地判平成17・3・18労判895号62頁。
*45 ただしこの場合も，使用者は，事前に指揮命令に反する労働の受領を拒絶する旨の意思表示をしておく必要がある。さもないと，使用者は当該労働を受領したものとみなされ，労働義務の履行による賃金請求権が発生しうる（JR西日本事件・岡山地判令和4・4・19労判1275号61頁［電車運転士が電車入区作業指定時刻より2分遅刻した時間帯の賃金請求権］）。しかし，この受領拒絶の意思表示は明示のものである必要はなく，黙示の意思表示で足りるので，時間・場所を特定して出張・外勤業務を命じていれば，そこに当該労働以外の労働（内勤業務）の受領を拒絶する意思表示が含まれ，賃金請求権は発生しない（前掲・水道機工事件［*43］）。以上に対し，航空会社深夜業免除制度に基づいて深夜業免除の申請をした客室乗務員が，深夜以外の時間帯において現実に労務の履行を提供していた場合は，客室乗務員の仕事が深夜勤務を中核とするものであったとしても，なお債務の本旨に従った労務の提供があったものとされる（日本航空インターナショナル事件・東京地判平成19・3・26労判937号54頁）。以上の構成に対する批判的検討として，両角道代［判批］ジュリ1590号（2023）149頁。
*46 アリアス事件・東京地判平成12・8・25労判794号51頁（使用者が無効な懲戒解雇後に労働者の就労を拒絶したケース），市邨学園事件・名古屋地判平成26・4・23労判1098号29頁（使用者が大学教員に発令した資格支援講座担当命令を違法と判断し，実質的には教員の労務提供の受領を拒絶する状態を継続しているものと解した上，教員の労務不提供を使用者の帰責事由による履行不能として賃金支払請求を認容した事例），ヴイテックプロダクト事件・名古屋高判平成26・9・25労判1104号14頁（無効な解雇による就労拒絶）。ナカヤマ事件・福井地判平成28・1・15労判1132号5頁，前掲・ティアラクリエイト事件（*26），前掲・弘恵会事件（*38［無効な配転に基づく就労拒絶］），丙川商店事件・京都地判令和3・8・6労判1252号33頁（違法な復職拒否に基づく就労拒絶）。シャプラ・インターナショナル事件・東京地判令和3・8・19ジャーナル118号44頁も参照。
*47 片山組事件・最判平成10・4・9労判736号15頁。同旨，日本ヒューレット・パッカード事件・東京地判平成27・5・28労経速2254号3頁。599頁参照。

た判断といいうる*48。

なお，賃金請求権の発生には現実の労働の提供を要するため（ノーワーク・ノーペイの原則），現実の労働の提供がないにもかかわらず，労働者が賃金請求権を得るためには，民法536条2項に従って賃金請求権が発生すること，すなわち，労働義務の履行不能が使用者の帰責事由に基づくものであること（因果関係）を主張立証する必要がある*49。この点，裁判例では，使用者が労務の受領拒否の意思を明示している場合も，こうした因果関係の前提として，労働者が就労する意思と能力を有していることを主張立証する必要があると判断する例が多いが*50，労働者に就労の意思がなくても因果関係が成立する場合があること（使用者が安全措置を怠っているために就労できないケース［*41］等）を考えると，適切でない。上記のとおり，因果関係それ自体を賃金請求権発生の要件事実と解すべきであろう*51。

(ウ) **当事者双方の責めに帰すことのできない事由に基づく履行不能**　以上に対し，当事者双方に帰責事由がない労務の履行不能については，「債権者は，反対給付の履行を拒むことができる」と規定する民法536条1項が適用され，賃金請求権は発生しない（債務者主義）。

a) **労働障害**　まず，労働者が過失によらない病気や近親者の病気など，自己の帰責事由なくして労務を提供できない場合は，当事者双方に帰責事由の

---

*48 これに対し，職種を限定して雇用された労働者については，このような判断が直ちに妥当するわけではない。しかし，この場合も，原則として，当該職種の労務を提供することが債務の本旨に従った履行の提供となると解しつつ，職務を軽減の上で遂行可能な業務があれば，なお債務の本旨に従った履行の提供と認められると考えるべきであろう（カントラ事件・大阪高判平成14・6・19労判839号47頁）。谷口哲也「疾病労働者の処遇・休職」労働関係訴訟Ⅰ211頁以下参照。

*49 山川隆一［判批］ジュリ1138号（1998）132頁。

*50 ペンション経営研究所事件・東京地判平成9・8・26労判734号75頁。同旨，オスロー商会事件・東京地判平成9・8・26労判725号48頁，ユニ・フレックス事件・東京地判平成10・6・5労判748号117頁，東京国際学園事件・東京地判平成13・3・15労判818号55頁，東京エムケイ事件・東京地判平成26・11・12労判1115号72頁，医療法人社団充友会事件・東京地判平成29・12・22労判1188号56頁，コーダ・ジャパン事件・東京高判平成31・3・14労判1218号49頁，新日本建設運輸事件・東京高判令和2・1・30労判1239号77頁，医療法人偕行会事件・東京地判令和3・3・30労判1258号68頁，前掲・エヌアイケイ事件（*26）等。解雇期間中の賃金請求権の発生要件との関係につき，第10章・214参照。

*51 同旨，山川・前掲判批（*49）133頁。盛・前掲論文（*34）78頁も，労働の意思と能力を賃金債権発生に関する独立の要件事実と解すべきではないと説く。本文に述べた事例のほかにも，労働者が就労拒否について訴訟上争いつつ，生活のために他に就職したというだけでは，就労の意思を放棄したものと考えるべきではない。

ない労働義務の履行不能として賃金請求権は発生しない。

b) **経営障害** 問題は，火事の延焼による工場の焼失や，原料・資材の不足のように，使用者の支配領域で生じた外部的事情に基づく経営障害によって労務の提供が不能となった場合の賃金請求権の帰趨である。この点，民法536条2項の「債権者の責めに帰すべき事由」とは，故意，過失または信義則上これと同視すべき事由をいうため，外部的事情に基づく履行不能は，それが「使用者側に起因する経営，管理上の障害」（経営障害）であっても，使用者の帰責事由に当たらないと解されている*52。換言すれば，経営障害は，当事者双方の責めに帰すことのできない事由に基づく労務の履行不能（民536条1項）に該当し，賃金請求権は発生しない。このように，過失責任主義に立つ民法の下では，賃金請求権の保護には限界があるため，労基法は，労働者保護の観点から休業手当制度を定めている（26条）。項を改めて解説しよう。

(3) 休業と賃金・休業手当

(ア) **休 業** 休業とは，労働契約上労働義務を負う時間について労働を遂行できなくなることをいい，事業の全部・一部の停止のみならず，解雇のように特定の労働者の就労を拒否する場合も含む*53。また，全日の休業のみならず，1日の一部を休業する場合も含まれる。労基法26条は，このような休業について，労働者の所得保障の見地から，前掲の経営障害を含めて，平均賃金の60％以上の休業手当を支払うことを使用者に義務づけている。休業によって労働義務の履行が不能となった場合の賃金請求権・休業手当請求権については，以下のように解されている（法律上の権利としての休業については601頁参照）。

(イ) **経営障害** まず，休業が使用者（債権者）の帰責事由によって生じた場合は，労働者は賃金請求権（民536条2項）・休業手当請求権（労基26条）ともに失わない。この場合，賃金請求権と休業手当請求権は競合する関係にあり，労働者が休業手当を請求できる場合も，賃金請求権はなお肯定されうる（ノー

---

*52 菅野＝山川381頁，西村・前掲論文（*24）164頁，山川135頁，荒木147頁。新型コロナウイルス禍の事例として，ゼリクス事件・東京地判令和4・8・19ジャーナル134号44頁（発熱労働者に対する2週間の自宅待機命令），アスパーク事件・東京地判令和5・9・21ジャーナル146号40頁（新型コロナウイルス感染症の拡大に伴う業績悪化を理由とする派遣労働者に対する約2年間の休業命令）。

*53 前掲・ナカヤマ事件（*46）は，労働者が使用者の違法な配転命令によって発令前の部署に出勤できなくなった場合について，労基法26条の適用を肯定している。

ス・ウエスト航空［A］事件）*54。

　これに対し，休業が当事者双方の責めに帰すことのできない事由によって生じた場合は，前記のとおり，経営障害を含めて，賃金請求権は発生しない（民536条1項）。これに対し，休業手当請求権は経営障害の場合も肯定される。すなわち，民法と異なり，労基法26条の休業手当は，労働者の所得保障という目的に立つ制度であるから，同条の「使用者の責に帰すべき事由」は，民法536条2項の「債権者の責めに帰すべき事由」より広く，経営障害を含む概念と解される。換言すれば，休業手当は，民法に基づく賃金請求権のうち60％に当たる部分を罰則付きで強行法規として保障するとともに，使用者の帰責事由そのものを拡大した制度である*55。判例も，休業手当制度の趣旨を労働者の生活保障に求めた上で，民法上の帰責事由よりも広く「使用者側に起因する経営，管理上の障害を含む」と判断し，通説と同様に解している（前掲・ノース・ウエスト航空［A］事件［*54]）。

　この結果，労基法26条にいう「使用者の責に帰すべき事由」は，「使用者側に起因する経営，管理上の障害」であって，「経営者として不可抗力を主張しえないすべての場合」を含むものとなる。具体的には，原料の不足，資材の入手難，監督官庁の勧告等による操業停止，親会社の経営難による資材・資金の獲得困難などの「経営障害」がこれに当たり，労働者は休業手当を請求することができる*56。これに対し，不可抗力による休業の場合は，使用者帰責事由が否定され，使用者の休業手当支払義務は否定されるが，ここにいう不可抗力とは，①その原因が事業の外部より発生した事故であること，②事業主が通常の経営者として最大の注意を尽くしてもなお回避できない事故であることの2要件を充足する必要があると整理されている*57。台風・地震等の天変地災に基づく休業や，労基法33条2項に基づく代休命令など，法令を遵守することにより生ずる休業は経営障害ではなく，不可抗力による休業であり，使用者の

---

*54 最判昭和62・7・17民集41巻5号1283頁。同旨，注釈労基・労契(1) 348頁［森戸英幸］。
*55 菅野＝山川381頁，注釈労基(上) 427頁［大内］，土田109頁など。
*56 親会社からの資金供給の停止に基づく休業の事例として，前掲・バイボックス・ジャパン事件（*39）。
*57 厚生労働省「新型コロナウイルスに関するQ&A（企業の方向け）：令和6年9月24日時点版」4問1。厚生労働省・労基法(上) 379頁，注釈労基・労契(1) 353頁以下［森戸英幸］も参照。

帰責事由に当たらない*58。

　(ウ)　**労働障害**　では，使用者の支配領域外で生じた事由に基づく休業（労働障害）はどうか。典型的には，労働組合が部分スト（労働組合の組合員の一部が行うストライキ）・一部スト（事業所の一部の労働者を組織する労働組合が行うストライキ）を行った場合のスト不参加者の賃金請求権が問題となる。この点，通説・判例は，部分スト等によってスト不参加者の業務が客観的に存在しなくなった場合は，ストライキは労働者の争議権の行使であり使用者はこれに介入できないことや，団体交渉においていかなる回答を与え，どの程度譲歩するかは使用者の自由であることを理由に賃金請求権を否定している（ノース・ウエスト航空［B］事件）*59。一部ストについても同様である（土田440頁参照）。

　問題は，休業手当請求権であり，労働者の所得保障という労基法26条の制度趣旨がポイントとなる。判例は，部分ストのケースにつき，原告労働者の所属する組合が自らの主体的判断と責任において行ったものであり，会社側に起因する経営，管理上の障害による休業とはいえないとして休業手当請求権を否定している（前掲・ノース・ウエスト航空［A］事件［*54］）。要するに，休業手当についても，その対象を経営障害に限定し，労働障害を保護しないのが判例の立場である。一方，一部ストに関する判例の立場は明らかでないが，学説では，休業手当における使用者の帰責事由を労働者保護のために拡張する立場に立って請求権を肯定する見解が多い*60*61。

---

*58　新型コロナウイルス禍における賃金・休業手当については，厚生労働省・前掲Q&A（*57）および土田道夫「新型コロナ危機と労働法・雇用社会（1）」曹時73巻5号（2021）848頁以下参照。

*59　最判昭和62・7・17民集41巻5号1350頁。

*60　菅野＝山川1115頁，荒木739頁，注釈労基(上)429頁［大内］など。

*61　本文のように，危険負担における債権者の帰責事由（民536条2項）と，休業手当における使用者の帰責事由（労基26条）を峻別する通説・判例に対しては，経営障害を使用者の帰責事由に含め，両者を同一視する見解が見られる。代表的見解として，受領遅滞と危険負担に関する民法学の成果を踏まえて，労務給付は定期行為的性格をもつため，給付不能の場合に追完給付を行うことが不可能であることと，給付不能の危険を使用者に負担させることによる利益獲得機会の喪失の不利益よりも，労働者に危険を負担させる場合の賃金喪失の機会の不利益を重視すべきことの2点から，受領遅滞による危険の移転と構成して賃金請求権を認める見解がある（下井293頁，下井隆史『労働契約法の理論』［有斐閣・1985］208頁以下）。これによれば，経営障害については，休業手当（平均賃金の60%）ではなく賃金全額の請求権が発生し，労基法26条は，使用者の賃金支払義務を60%の限度で罰則付き・強行法的に保障した規定ということになる。私自身は，この見解に賛成である（青木宗也＝片岡曻編『労働基準法 I』［青林書院・1994］357頁以下［浜村彰］も参照）。

2 賃金請求権の決定

労働者が賃金請求権を有するか，またいかなる内容の請求権を有するかは，労働協約，就業規則を含めた労働契約の内容によって決定される[*62]。ただし，法は，賃金の最低額の保障として，最低賃金法および出来高給の場合の保障給の保障（労基27条）という強行法的規制を設けており，その上に，上記のような労使自治が展開される仕組みをとっている。協約・就業規則と賃金決定との関係については第2章第2節に，協約・就業規則による賃金の不利益変更については第9章に譲り，本項では，立法規制および個別的合意を中心に解説する。

(1) 個別的合意

(ｱ) 賃金支払義務の主体　第1に，賃金支払義務を負う主体は，労働契約当事者である使用者である（労契2条2項）。

労働者が第三者企業に赴いて労働を提供する形態（業務処理請負，労働者派遣，出向）においては，労働契約の相手方である請負会社，派遣元会社，出向元会社が賃金支払義務を負うのが原則である。ただし，例外的にではあるが，請負会社・派遣元会社が形骸化し，労務提供先企業が賃金を実質的に決定しているようなケースでは，黙示の労働契約の法理や法人格否認の法理によって，労務提供先企業（注文会社，派遣先会社）が賃金支払義務を負うことがある[*63]。また，出向の場合は，出向先は併存的債務引受によって賃金支払義務を負うものと解される（583頁）。さらに，賃金債権は要保護性が高いことから，悪質な賃金未払事案については，使用者（会社）とは別に，会社法429条1項に基づく取締役の第三者損害賠償責任が肯定されることがある[*64]。

[*62] 基コメ労基・労契83頁以下［土田道夫］およびそこに掲載の裁判例のほか，最近のカウカウフードシステム事件・大阪地判令和5・10・12ジャーナル143号30頁参照。使用者による通勤手当の認定（算定）に関する裁判例として，Y株式会社事件・東京地判平成30・10・24判タ1475号125頁，ダイナス製靴事件・大阪地判令和元・12・16ジャーナル96号72頁（いずれも，使用者による認定の不当性を否定）。

[*63] 債務引受による賃金請求権の肯定事例として，テラメーション事件・東京地判平成8・6・17労判701号45頁，T&Cメディカルサイエンス事件・東京地判令和2・12・16［LEX/DB25568686］。法人格否認の法理による肯定例として，黒川建設事件・東京地判平成13・7・25労判813号15頁。96頁参照。

[*64] エヌアイケイほか事件・大阪高判令和5・1・19労判1289号10頁。判決は，会社役員が会社をして法令違反および契約違反がないように賃金支払義務を遵守させることは役員の職務（任務）と解した上，固定給および通勤手当の一部未払につき，役員の任務懈怠について悪意

(イ) **賃金請求権の存否**　第2に，使用者の支払う金員が，労働契約上支払義務のある賃金（労契6条）か否かが争われることがある。特に，諸手当や臨時的に支払われる金員が問題となるが，裁判例は，労働契約の解釈を基礎としつつも，当該給付の性格（労務提供の対価か否か）や，労使間の取扱い（確定的給付か任意的給付か）を基準に判断しており，労基法上の賃金に関する判断基準（313頁）を摂取した判断を行っている。たとえば，販売実績に応じて支払われる歩合手数料やコミッションにつき，使用者の裁量を経ることなく売上高を基礎に自動的に確定されることから「賃金」と認めた例*65，商品先物取引会社において，業績に応じて支払われる「加給金」「営業実績賞与」等につき，従来の歩合給に代わって導入されたもので，労働契約上合意された賃金に当たると判断した例*66，使用者が付与する株式褒賞につき，それが報酬（賞与）に含まれることが雇用契約上明示されていることを理由に賃金請求権を肯定した例*67，通信費補助につき，従業員が携帯電話を使用して行う労務の提供の対価として一律一定額を支給する性格のものであることを重視して賃金と認めた例*68 などがある。

(ウ) **歩合給・業績手当と支給条件**　第3に，歩合給や成績加給・奨励金等，勤務成績に応じて支給される賃金については，使用者が一定の支給条件を設けたり，支給日在籍要件を設けることが多い。この種の手当は，個人業績または会社の業績への貢献に対して支給されることから，各制度上の条件を付された賃金であり，合理性を欠く条件でない限り，当該条件を満たすことによって請求権が発生すると解される（労契7条参照）*69。裁判例も同様に解しており，支給条件が合理性を欠くものでない限りは契約内容として有効と判断している*70。支給条件を満たしたか否かは，個々のケースの判断となる*71*72。また，

　　または重過失を認めて会社法429条1項に基づく損害賠償責任を肯定している。労働法令遵守体制の構築が労働法・会社法上の重要課題であることを示す事例である。同旨，ネクサスジャパン事件・東京地判令和5・7・19 ジャーナル144号32頁。
*65　前掲・中部ロワイヤル事件（*9），イーストウエストコンサルティング事件・東京地判平成7・8・15労判683号93頁など。
*66　日本アイビック事件・名古屋地判平成15・2・28労判853号72頁。
*67　前掲・リーマン・ブラザーズ証券事件（*15）。
*68　川崎陸送事件・東京高判平成29・11・16判例集未登載。
*69　同旨，盛・前掲論文（*34）69頁。
*70　先物取引業の会社において，会社業績への貢献に対して支給される奨励金につき，未収金の回収を支給条件とすることを適法とした裁判例として，北辰商品事件（東京地判平成11・11・30労判782号51頁）がある。支給日在籍要件を適法と判断した例として，大東建託事

判例は，証券会社が部門業績や個人業績・貢献度等に即して裁量によって年単位で支給する報酬（IPC 報酬）につき，同報酬の支給の有無は会社の裁量に基づいて決定されることが契約内容となっていることから，その具体的請求権は当該年度分の支給の実施・支給額等に関する使用者の決定または労使間合意・労使慣行があってはじめて発生するものと判断している[*73]。

(2) 最低賃金法

賃金額の決定については，労使自治が基本となるが，賃金の最低額を保障し，労使交渉（労使自治）の下支えとなるのが最低賃金法である。日本の最低賃金制度は，もともとは労基法に定められていたが，1959 年に最低賃金法が制定され，逐次の改正のほか，2007 年に大幅に改正されて今日に至っている（平19 年法 129 号）[*74]。2007 年改正の趣旨は，雇用の多様化（非正社員の増加）によって所得格差が拡大する一方，現行最低賃金制度が国際的に見て十分でないことを踏まえて，制度を強化し，雇用のセーフティネットとすることにある。

改正法によれば，最低賃金は，地域別最低賃金（一定の地域ごとの最低賃金）

件・東京地判平成 28・1・29 ジャーナル 49 号 14 頁，保険会社の営業職員につき，成績手当から一定額の保障給を控除し，－となる場合は 0 円とすることを主旨とする賃金体系を適法と判断した例として，RK コンサルティング事件・東京地判令和 3・12・15 ジャーナル 124 号 68 頁。

[*71] 中途採用のシステム本部長に対して，「基幹システム立ち上げ」という条件付きで支給が合意されたボーナス（300 万円）につき，同条件の成就を認めて支給を命じた裁判例として，オリエント信販事件・東京地判平成 16・10・29 労判 884 号 5 頁。

[*72] なお，建物請負契約の斡旋等に対して支払われる歩合給請求権については，この種の業務は顧客の発見から契約の成立，建物の完成・引渡し，請負代金の受領まで長期の過程を要するため，その途中で退職した営業社員の歩合給請求が問題となる。裁判例は，歩合給請求権は特約がない限り，顧客の発見から請負代金の受領により完了する労務提供のつど発生すると解し，歩合給請求権の一定割合を算定して請求を一部認容している（明野住宅事件・大阪地判平成 4・2・26 労判 630 号 83 頁）。労働契約上の歩合給制が「仕事の結果」に対して報酬が支払われる請負（民 632 条）ではなく，使用者の指揮命令に服して労働すること（民 623 条）の対価としての賃金を出来高によって算定する賃金支払形態であることを考えると，労働遂行の割合に応じて歩合給請求権の発生を認める解釈は妥当と解される。なお，2017 年改正民法が新設した既履行分の報酬請求権の保障規定（624 条の 2）は，上記の解釈に実定法上の根拠を提供するものと解される（土田・前掲論文［*37］96 頁参照）。

[*73] クレディ・スイス証券事件・最判平成 27・3・5 判時 2265 号 120 頁。同旨，NTT 西日本［業績手当］事件・大阪地判平成 14・3・6 労判 824 号 92 頁。

[*74] 最低賃金法改正については，菅野＝山川 386 頁以下，神吉知郁子『最低賃金と最低生活保障の法規制――日英仏の比較法的研究』（信山社・2011），同「最低賃金」講座再生(3) 87 頁，「特集・最低賃金制度のゆくえ」季労 254 号（2016）の諸論稿参照。

として，あまねく全国各地域について決定されなければならない（最賃9条1項）。また，最低賃金は，地域における労働者の生計費および賃金ならびに通常の事業の賃金支払能力を考慮して定めなければならず（同2項），生計費の考慮に際しては，労働者が健康で文化的な最低限度の生活を営むことができるよう，生活保護に係る施策との整合性に配慮するものとする（同3項）。最後の点は，最低賃金と生活保護の給付額との逆転現象（生活保護額の方が高い現象）の是正を目的としている。

使用者は，最低賃金の適用を受ける労働者に対して，最低賃金以上の賃金を支払わなければならず（最賃4条1項），これに違反すると罰則の適用を受ける（同40条。従来の罰金1万円以下を50万円以下に強化）。また，最低賃金に達しない労働契約の賃金の定めは無効となり，無効となった部分は最低賃金と同様の定めをしたものとみなされる（同4条2項）*75。最低賃金の額は時間によって定められるが（同3条），その対象は通常の労働時間に対応する賃金であり，賞与や所定外労働に対応する賃金は含まれない（同4条3項2号）。最低賃金法の適用を受ける「労働者」は，労基法9条の労働者とされる（同2条1号）。

地域別最低賃金は，中央最低賃金審議会または地方最低賃金審議会の調査審議に基づき，厚生労働大臣または都道府県労働局長が決定する制度である（最賃10条）。現在では，中央最低賃金審議会が都道府県をランクに分けて毎年，目安を示し，それを参考に各都道府県で引上げ額を決定する仕組みがとられている（従来は，都道府県を4ランクに区分して決定してきたが，2023年度以降，都市

---

*75 詳細は，注釈労基・労契(1) 365頁［森戸英幸］。裁判例では，大学病院の研修医を最低賃金法上の労働者と認めた上，大学から支払われていた給与と最低賃金との差額請求を認容した例（関西医科大学［未払賃金］事件・最判平成17・6・3民集59巻5号938頁），タレント養成会社に所属するモデルの専属契約を労働契約と解した上，専属契約に基づく給与と最低賃金との差額請求を認容した例（J社ほか1社事件・東京地判平成25・3・8労判1075号77頁），タクシー乗務員の給与（固定給・歩合給）につき，最低賃金を下回っているとして差額請求を認容した例（帝産キャブ奈良事件・奈良地判平成25・3・26労判1076号54頁），完全歩合給制の下，労働時間に応じた一定額の賃金が保障されることを定めるにとどまる労働契約につき，最賃法4条2項に基づき，使用者に最低賃金と同様の賃金支払義務を肯定した例（税経コンサルティング事件・大阪地判令和元・12・27ジャーナル96号56頁）がある。イヤシス事件・大阪地判令和元・10・24労判1218号80頁，吉永自動車工業事件・大阪地判令和4・4・28労判1285号93頁も参照。

他方，ヤマトボックスチャーター事件（東京地判令和2・11・26ジャーナル109号36頁）は，基本給とは別に支給されるインセンティブ（人事考課等に基づいて支給される金員）について「臨時に支払われる賃金」（最賃4条3項1号，最賃則1条1項）とは認められないと判断し，基本給のみで計算した額が最低賃金額を下回るとしてされた請求を棄却している。

部と地方の最低賃金格差を縮小するため，3ランク区分に再編成された）。また，2007年改正により，一定の事業もしくは職業に係る最低賃金について，地域別最低賃金より高額の最低賃金を認める特定最低賃金制度が導入された（同15条1項・2項，16条）。

3 賃金請求権の変動・消滅

賃金請求権の変動は，賃金の引上げと引下げに分かれる。

(1) 賃金の引上げ

賃金の引上げ（昇給）は通常，昇給・定期昇給とベース・アップによって行われる。

(ア) **昇給・定期昇給** 昇給・定期昇給をめぐる法律問題としては，使用者が何らかの理由で労働者を昇給させない場合の法的規律が問題となる。まず，定期昇給は，労使間の労働協約や就業規則によって具体的昇給基準が定められ，実施されるのが一般である。また，昇給に際しては，一定の勤務成績要件や，逆に成績不良・長期の欠勤等の欠格事由が設けられることが多く，この場合，昇給は，使用者の査定（人事考課）とそれに基づく発令によって行われる。

このように，昇給は，これら合意や決定を通して，昇給率や額が労働契約内容となることによって発生するのであり，それ以前の段階で昇給請求権を認めることはできない[*76]。この点は，給与規程に「昇給は年に1度，3月21日定期とする」との規定がある場合も同様であり，同規定から昇給請求権が直ちに発生するわけではない[*77]。ただし，昇給停止事由に該当しない限り，一定の要件（年齢および査定）を満たせば昇給するとの黙示の合意が成立した場合は，当該要件に基づく昇給請求権が肯定されうる[*78]し，就業規則と異なる定期昇

[*76] 清風会事件・山形地酒田支決昭和63・6・27労判524号54頁（労使間合意がない場合），三和機材事件・東京地判平成7・12・25労判689号31頁，前掲・市邨学園事件（*46）（昇給の前提となる査定が実施されていない場合），沖縄産業振興センター事件・福岡高那覇支判令和6・2・29ジャーナル147号14頁（昇給・昇格に係る標準モデルプランが給与規程として契約内容となっていないケース），学校法人I学園事件・東京地判令和5・10・30労経速2543号18頁（定期昇給が契約内容または労使慣行となっていないケース）。

[*77] 髙見澤電機製作所事件・東京高判平成17・3・30労判911号76頁。ただしこの場合も，協約で昇給率や基準が確定されれば，昇給額自体は確定されていなくても，昇給請求権（使用者の昇給実施義務）が肯定されうるが，その種の基準が削除された後は，昇給は団体交渉により決定するとの合意が推認され，昇給請求権は否定される。

給の労使慣行が成立している場合も同様に解される*79。

次に，昇給のうち，人事考課を経て行われる部分については，基本的に使用者の裁量権（人事権）に委ねられる*80。この場合，人事考課が人事権濫用とされれば不法行為（民709条）が成立しうる（380頁）。しかし，昇給それ自体の請求権は，使用者が昇給の意思表示（発令行為）をしていない以上，契約内容となっていないことから原則として否定される*81。

(イ) ベース・アップ　ベース・アップは通常，労使間のベース・アップ協定とそれに基づく配分協定の締結によって，また労働組合が存在しない場合は，使用者による決定（就業規則または労使間の合意）を経て行われる。したがって，ベース・アップも昇給と同様，こうした労使間合意や使用者の決定によって賃上額や率が確定されてはじめて請求権が発生するのが原則である*82。労働協約による場合は，書面作成と両当事者の署名または記名押印という要式（労組14条）を備える必要があり，それらを欠く場合は，賃上げの合意が口頭で行われたとしても，ベース・アップの請求権は認められない*83。

(2) 賃金の引下げ

(ア) 緒　説　賃金の引下げには様々なタイプがあるが，ここでは，個々の労使間の労働契約に基づく賃金引下げを取り上げる（人事権行使としての降格に伴う賃金引下げについては本書第6章で，懲戒処分としての減給については第7章で，労働協約・就業規則による賃金の集団的引下げについては第9章で解説する）。

---

*78　三和機材事件・千葉地判平成22・3・19労判1008号50頁。

*79　明泉学園事件・東京地判令和元・12・12労経速2417号3頁。

*80　北日本自転車競技会事件（福島地いわき支判平成11・1・27判タ1006号173頁）は，給与規程上，定期昇給の要件とされる「良好な成績」については，被告法人の裁量の余地が認められ，裁量の逸脱もないとして，3か月間の昇給延伸を有効と判断している。文化学園事件・東京地判平成18・1・25労判911号24頁も参照。

*81　住友生命保険事件（大阪地判平成13・6・27労判809号5頁）は，男女間の昇給差別の事案につき，「昇給，昇格は契約によるものである以上，労使双方の合意が必要であって，使用者において昇給，昇格の意思表示をしていない以上，合意による昇給，昇格の効力が発生する余地がない」として昇給請求権を否定している。

*82　前掲・清風会事件（*76），あずさ監査法人事件・東京地判平成21・1・16労判976号94頁。

*83　都南自動車教習所事件・最判平成13・3・13民集55巻2号395頁。235頁参照。なお，労働協約によるベース・アップの場合も，ベース・アップ協定の適用範囲外にある非組合員については，同協定の規範的効力が直ちに及ぶわけではなく，同協定と同一内容の労使間の個別的合意が行われる必要がある。

(イ) **将来に向けた賃金の引下げ**[*84]　a)　賃金は，最も重要な労働条件（労働契約の要素）であり，その引下げ（減額）は，契約内容の変更を意味する。したがって，使用者が一方的に賃金を引き下げることは許されず，労働者の明確な同意を得る必要がある（合意原則。労契8条）[*85]。また，職能資格制度における資格の引下げ（降格）によって賃金（職能給）を引き下げる場合や，職務等級制度における職務の変更・等級の引下げ（降格）によって賃金（職務給）を引き下げる場合は，その旨の明確な就業規則上の根拠規定が必要となる[*86]。

　b)　まず，労働者の同意（承諾）については，賃金が最も重要な労働条件であり，その引下げが労働者の生活に重大な影響を及ぼすことを考えると，厳格に認定すべきである。すなわち，労働者の同意は，その自由意思に基づくものと客観的に認められなければならず，この要件を欠く限り，労使間合意の成立は認められない（労働者の自由意思に基づく同意の要件）。具体的には，使用者は，合意原則（労契8条），信義則（同3条4項）および労働契約内容の理解促進の責務（同4条1項）に基づき，賃金引下げの必要性（経営状況の悪化等），変更後の内容，代償措置の有無等の変更内容について，十分な説明・情報提供を行い，意見を聴取する等の交渉を尽くす必要があり，労働者が賃金引下げの必要性・変更内容を十分理解した上で同意したといえることを要する[*87]。

　賃金減額に関する合意については，合意原則の重要性に鑑みれば，労働者の

[*84]　賃金引下げ（減額）をめぐる法律問題については，山川隆一「成果主義人事と減給・降格」土田＝山川編125頁以下，注釈労基（上）395頁〔水町〕，山川隆一「労働条件変更における同意の認定――賃金減額をめぐる事例を中心に」菅野古稀『労働法学の展望』（有斐閣・2013）257頁，基コメ労基・労契86頁以下〔土田道夫〕，土田道夫「労使間合意による賃金の不利益変更」野川忍＝水町勇一郎編『実践・新しい雇用社会と法』（有斐閣・2019）106頁参照。

[*85]　京都広告事件・大阪高判平成3・12・25労判621号80頁，岡部製作所事件・東京地判平成18・5・26労判918号5頁，プロッズ事件・東京地判平成24・12・27労判1069号21頁，キムラフーズ事件・福岡地判平成31・4・15労判1205号5頁。

[*86]　職能資格制度における降格につき，アーク証券事件・東京地決平成8・12・11労判711号57頁，中央情報システム事件・大阪地判平成14・3・29労判829号91頁，職務等級制度における降格につき，TBCグループ事件・東京地判平成26・10・15ジャーナル35号2頁。

[*87]　賃金引下げ（減額）に関する労働者の同意について，労働者の自由意思に基づいて行われたことを要件と解する裁判例として，更生会社三井埠頭事件・東京高判平成12・12・27労判809号82頁，アーク証券［本訴］事件・東京地判平成12・1・31労判785号45頁，NEXX事件・東京地判平成24・2・27労判1048号72頁，B・pro事件・東京地判平成27・3・18ジャーナル40号20頁，プロポライフ事件・東京地判平成27・3・13ジャーナル41号82頁等があり，これを集大成したのが後掲・山梨県民信用組合事件最判（*89）である。同事件以降の裁判例として，*89掲記の裁判例参照。

同意は原則として明示の同意であることを要するが，黙示の同意を否定することは困難と解される。しかし，単に労働者が賃金引下げに異議を唱えなかったという事実のみから，黙示の同意を認定することは適切でない。むしろ，黙示の同意を肯定するためには，使用者による十分な説明・情報提供等を前提に，労働者がそれに対して異議を唱えなかったという積極的事情の存在を要すると解すべきである*88。さらに，労働者が賃金引下げに関する書面に署名押印するなどして明示的に同意した場合も，使用者が賃金引下げについて説明・情報提供を尽くしていない場合は，自由意思に基づく同意を認めることはできない。

こうして，「労働者の自由意思に基づく同意」要件は，労働者・使用者間の交渉力・情報格差を是正し，個別合意に基づく賃金の不利益変更を合意原則に適合させるための手続的規律（交渉促進規制）を意味し，労働契約の適正な運営を促進する法的規律を構成する。裁判例も，同要件を重視する立場から，労働者の同意を厳格に認定する傾向にある。特に，近年の判例（山梨県民信用組合事件）*89 は，管理職の退職金を 0 円または不支給とする帰結をもたらす就業規

---

*88 すなわち，使用者が説明・情報手続を尽くしていない限り，労働者が減額後の賃金を異議なく受領したとしても，賃金引下げに関する黙示の同意を安易に認定すべきではなく，この点は，労働者による異議なき受領の期間の長短を問わないと解される。同旨裁判例として，前掲・更生会社三井埠頭事件（＊87），前掲・NEXX 事件（＊87），ザ・ウィンザー・ホテルズインターナショナル事件・札幌高判平成 24・10・19 労判 1064 号 37 頁，ニチネン事件・東京地判平成 30・2・28 労経速 2348 号 12 頁，阪神協同作業事件・東京地判令和 4・2・25 ジャーナル 125 号 24 頁等。麻雀ネットワークサービス事件・東京地判平成 28・10・28 ジャーナル 58 号 25 頁も参照。

*89 最判平成 28・2・19 民集 70 巻 2 号 123 頁（本判決の詳細は，761 頁以下参照）。その後の同旨裁判例として，ハンワ事件・大阪地判平成 28・5・27 ジャーナル 54 号 47 頁，前掲・ニチネン事件（＊88），ビーダッシュ事件・東京地判平成 30・5・30 ジャーナル 80 号 54 頁，ネクスト・イット事件・東京地判平成 30・12・5 ジャーナル 86 号 50 頁，ピーエーピースタジオトリア事件・東京地判平成 30・12・26 ジャーナル 87 号 89 頁，近畿大学事件・大阪地判平成 31・4・24 労判 1221 号 67 頁，大島産業事件・福岡高判平成 31・3・26 労経速 2393 号 24 頁，MASATOMO 事件・東京地判令和 2・1・24 ジャーナル 100 号 44 頁，O・S・I 事件・東京地判令和 2・2・4 労判 1233 号 92 頁，木の花ホームほか 1 社事件・宇都宮地判令和 2・2・19 労判 1225 号 57 頁，ビジネクスト事件・東京地判令和 2・2・26 労経速 2421 号 31 頁，アクアライン事件・大阪地判令和 2・2・28 ジャーナル 99 号 26 頁，メディアスウィッチ事件・東京地判令和 2・9・25 ジャーナル 106 号 26 頁，東神金商事件・大阪地判令和 2・10・29 労判 1245 号 41 頁，ジグス事件・大阪地判令和 3・6・28 ジャーナル 115 号 28 頁，グローバルサイエンス事件・大阪地判令和 3・9・9 ジャーナル 118 号 30 頁，グローバルマーケティングほか事件・東京地判令和 3・10・14 労判 1264 号 42 頁，解雇無効地位確認等請求事件・東京地判令和 3・11・5 ジャーナル 122 号 54 頁，ハピネスファクトリー事件・東京地判令和 4・1・5 ジャーナル 123 号 30 頁，Ciel Bleu ほか事件・東京地判令和 4・4・22 労判 1286 号 26 頁，千田事

則（退職給与規程）の変更に管理職が書面押印して同意したケースにつき，賃金・退職金を不利益に変更する合意については，労働者の同意の有無を慎重に判断すべきと述べた上，当該変更によって労働者が被る不利益の内容，労働者が同意に至った経緯，労働者への情報提供・説明の内容等に照らして，労使間合意が労働者の自由な意思に基づいてされたものと認めるに足りる合理的な理由が客観的に存在するか否かという観点から判断されるべきものと述べ，「労働者の自由意思に基づく同意」を重視する判断を示している。

このほか，①経営危機に陥った会社が管理職を一堂に集めて 20％ の賃金引下げを通告した際，その理由を十分に説明せず，意思確認も行わなかったが，明確な反対意見もなかったというケースにつき，自由意思に基づく同意は認められないと解し，賃金減額を無効と判断した例*90，②使用者が基本給を 20％ 減額した後，労働者が約 3 年間減額賃金を受領し続けたケースにつき，賃金減額が大幅であるにもかかわらず，激変緩和措置が盛り込まれていないことや，会社が財務諸表等の客観的資料を提示して大幅減額に関する具体的説明を行っていないことから，労働者が真意に基づき不利益変更に同意したと認めるに足りる合理的理由は存在しないとして黙示の合意を否定した例*91，③労働者が給与減額をもたらす給与体系の変更を告げられた際に受け入れない意思を表明し，その後送信されてきた給与に係る確認書には，職を失わないために渋々署名押印したこと等を踏まえると，自由な意思に基づく同意は認められないとして無効と判断した例*92 等がある*93*94*95。

　件・大阪地判令和 4・5・20 ジャーナル 126 号 16 頁，染谷梱包事件・東京地判令和 5・3・29 労経速 2536 号 28 頁等がある。
*90　前掲・更生会社三井埠頭事件（*87）。同旨，前掲・アーク証券［本訴］事件（*87）。
*91　前掲・NEXX 事件（*87）。
*92　前掲・ネクスト・イット事件（*89）。
*93　賃金減額合意の否定例として，前掲・京都広告事件（*85），富士シャリング事件・大阪地判平成 9・5・2 労判 740 号 63 頁，ヤマゲンパッケージ事件・大阪地決平成 9・11・4 労判 738 号 55 頁，前掲・アーク証券［本訴］事件（*87），日本ニューホランド事件・札幌地判平成 13・8・23 労判 815 号 46 頁，日本構造技術事件・東京地判平成 20・1・25 労判 961 号 56 頁，前掲・B・pro 事件（*87），前掲・ニチネン事件（*88），前掲・ネクスト・イット事件（*89），前掲・ピーエーピースタジオトリア事件（*89），前掲・近畿大学事件（*89），前掲・MASATOMO 事件（*89），前掲・O・S・I 事件（*89），前掲・アクアライン事件（*89），前掲・木の花ホームほか 1 社事件（*89），PRESTIGE 事件・東京地判令和元・12・17 ジャーナル 100 号 48 頁，岡部保全事件・東京地判令和 2・1・29 ジャーナル 99 号 34 頁，前掲・メディアスウィッチ事件（*89），前掲・東神金商事件（*89），前掲・ジグス事件（*89），メイト事件・東京地判令和 3・9・7 ジャーナル 120 号 58 頁，前掲・グローバルサイエンス事件

他方,①労働者が使用者から賃金年額を624万余円から500万円に減額する旨の提案を受けて了承後,11か月間にわたって減額後の賃金を異議なく受領した後,②改めて上記と同内容の賃金を明示した労働条件確認書に署名押印した場合は,②の時点において,賃金減額について自由な意思で同意したものとして有効と解される*96。労働者の黙示の同意を肯定するに足りる積極的事情(336頁)の存在を認定できる典型例といいうる*97。

(*89),前掲・グローバルマーケティングほか事件(*89),前掲・解雇無効地位確認等請求事件(*89),前掲・ハピネスファクトリー事件(*89),前掲・阪神協同作業事件(*88),前掲・Ciel Bleuほか事件(*89),前掲・染谷梱包事件(*89),ツヤデンタル事件・大阪地判令和5・6・29ジャーナル139号14頁等がある。賃金相殺合意につき,フソー化成事件・東京地判平成28・10・31ジャーナル59号28頁。

なお,前掲・グローバルサイエンス事件(*89)は,労働者が大幅な賃金減額の申出を行ったことにつき,会社による退職勧奨の影響を受けて行われた申出であり,不利益の大きさおよび減額に至る経緯に照らして同人の自由な意思に基づいてされたものとはいえないとして減額合意の成立を否定している。従来,労働者の自由意思に基づく同意の法理は,賃金減額に関する使用者の申入れに対する労働者の承諾(同意)の場面に適用されてきたが,本判決は,労働者からの減額申入れに同法理を適用した判断として注目される。

*94 また,賃金・退職金減額合意の認定に際して,合意の書面性を重視する裁判例もあり,たとえば,技術翻訳事件(東京地判平成23・5・17労判1033号42頁)は,労働者の黙示の同意について,使用者が労働者に対して書面等による明示の同意を求めなかったことに関する合理的な理由の存在を要件と解した上,使用者が書面等による明示の同意を求めなかったことに関する合理的理由の存在を否定し,賃金減額を無効と判断している(同旨,前掲・日本構造技術事件[*93],前掲・B・pro事件[*87],マックインターナショナル・ニューマテリアル事件・東京地判平成27・3・6ジャーナル40号24頁,前掲・ネクスト・イット事件[*89]等)。ただし,賃金減額合意が常に明示の合意に限定されるわけではないし,逆に,使用者が賃金減額に際して合意書面の形式を整え,労働者が署名押印した場合も,使用者が事前の説明・情報提供を尽くしていない場合は,直ちに自由意思に基づく合意を認定すべきではない。以上,土田道夫「労働条件の不利益変更と労働者の同意――労働契約法8条・9条の解釈」西谷古稀『労働法と現代法の理論(上)』(日本評論社・2013)329頁,333頁以下参照。

*95 加えて,合意原則の趣旨(23頁)に照らせば,賃金引下げに関する合意が成立した場合も,ごく例外的にではあるが,賃金減額の合理性・相当性に関する審査(内容規制)を肯定すべきであろう(詳細は,労働条件変更の箇所[764頁]参照)。さらに,労働者が賃金引下げについて明示的に同意した場合も,賃金引下げに応じなければ退職または解雇になると誤信して合意した場合は,錯誤取消(民95条)が成立しうる(駸々堂事件・大阪高判平成10・7・22労判748号98頁)。また,賃金引下げの合意自体は有効に成立した場合も,その内容が労働協約・就業規則より労働者に不利な場合は,合意内容は無効となる(労組16条,労契12条)。

*96 前掲・ザ・ウィンザー・ホテルズインターナショナル事件(*88)。

*97 賃金引下げ合意の肯定例としては,労働者が管理職(営業所長)として自ら人件費リストラ策を企画し,自己を含めた社員の賃金カット策を会社に提案して決裁を経た後,長年にわたって賃金削減に異議を唱えることなく就労してきたケースにつき,真意に基づく合意があるものとして有効と解する例(ティーエム事件・大阪地判平成9・5・28労経速1641号22頁),病院医師が基本給を120万円から75万円に減額されて以降,1年3か月間,減額後の賃金に異

c) 次に，以上のような合意がない場合も，就業規則上，労働者の同意を得ることなく賃金を減額しうるとの規定があれば，それに基づく賃金引下げが肯定されることがある。しかし，この種の規定は賃金減額の根拠として明確なものであることを要するため，「昇給させない場合がある」との規定では賃金減額の根拠たりえない[*98]し，年齢を理由とする賃金減額規定があるにとどまる場合は，経営上の理由に基づく賃金減額は許されない[*99][*100]。私自身は，最も中核的な労働条件である賃金を使用者が一方的に減額しうることを内容とする就業規則規定は，原則として内容の合理性を欠くものとして契約内容補充効（労契7条。223頁）を有しないと考える[*101]。

また，仮に就業規則を賃金減額の根拠として認めるとしても，賃金減額に係る使用者の無限定な裁量権を肯定すべきではなく，賃金減額が労働者にもたら

議を唱えることなく受領したケースにつき，黙示の同意を認定する例（医療法人共生会事件・東京地判平成23・4・28労判1037号86頁），賃金減額後，約4年半，減額賃金を受領したことにつき，黙示の承諾を認定する例（栄興樹脂事件・東京地判平成26・7・17ジャーナル32号34頁）がある。海外商事事件・東京地判令和4・11・30ジャーナル138号36頁（減額幅が5％にとどまることや，コロナ禍により会社業績が悪化し，他の経費削減方法を既に尽くしていることを書面で説明していることを重視）の判断については，黙示の同意の認定のあり方として疑問がある（土田・前掲論文［*94］337頁参照）。このほか，飯島企画事件・東京地判平成31・4・26ジャーナル93号44頁，有限会社スイス事件・東京地判令和元・10・23労経速2416号30頁，前掲・春秋航空日本事件（*38），セルトリオン・ヘルスケア・ジャパン事件・東京地判令和4・3・30ジャーナル126号34頁。

[*98] チェース・マンハッタン銀行事件・東京地判平成6・9・14労判656号17頁。前掲・メイト事件（*93）も参照。また，役職ごとの基本給を定める賃金テーブルが就業規則として規定・周知されていない場合は，基本給減額に係る就業規則上の根拠たりえない（住友不動産ベルサール事件・東京地判令和5・12・14ジャーナル148号36頁）。大塚ウエルネスベンディングほか事件・東京地判令和5・12・22［LEX/DB25599751］も参照。

[*99] 東豊観光事件・大阪地判平成15・9・3労判867号74頁。同様に，就業規則における月例給（加給）の減額事由が不就労や休暇取得に限定されている場合は，それ以外の事由に基づく減額の根拠として発動することもできない（フジクラ事件・東京地判平成31・3・28労経速2388号3頁）。システムディ事件・東京地判平成30・7・10ジャーナル81号38頁，前掲・Ciel Bleuほか事件（*89）も参照。

[*100] また，賃金引下げが人事考課を経由して行われる場合は，人事考課規定の適用の当否（減額事由の存否，減額幅の相当性等）や人事考課の相当性が要件となる。金融経済新聞社事件・東京地判平成15・5・9労判858号117頁，日本ドナルドソン事件・東京地八王子支判平成15・10・30労判866号20頁，コアズ事件・東京地判平成24・7・17労判1057号38頁，JYU-KEN事件・東京地立川支判令和6・2・9ジャーナル150号26頁。

[*101] 前掲・NEXX事件（*87）は，就業規則上の賃金減額規定は合意原則（労契8条）違反として無効と判断し，学究社事件（東京地判令和4・2・8労判1265号5頁）は，年俸制における年俸額減額事案につき，労働契約において年俸制を合意しただけで使用者に無限定な賃金決定権限を認めることは相当でないと判断している。

す不利益を正当化するだけの合理的事情の存在を要件と解し,そうした事情がない限り,賃金減額は無効となるものと解すべきである。賃金減額の合理性については,労働者の勤務状況等賃金減額の必要性,労働者が被る不利益の程度,人事評価の公正さ,賃金減額に至る手続等を総合考慮して判断すべきであろう[*102]。

一方,職能資格制度における資格の引下げ(降格)や,職務等級制度における等級の引下げ(降格)に伴う賃金の引下げは,その旨の明確な就業規則上の根拠規定が存在すれば可能であるが,その場合も,降格事由該当性や降格手続の適正さについて慎重に判断する必要がある(534頁以下参照)。

(ウ) **既発生の賃金の引下げ**　既発生の賃金の引下げとは,労働者が現実に就労して発生した賃金請求権を放棄させることをいう。ここでは,賃金請求権がすでに発生しているのであるから,労働者の自由意思に基づく同意の要件をより厳格に解釈する必要がある。判例は,経営不振に陥った会社が管理職に対し,月の半ばで同月1日に遡って賃金を20％減額する旨通告したのに対し,管理職が,すでに働いた分の賃金の減額は許されないと反論していたケースについて,賃金全額払の原則(労基24条1項)の趣旨(賃金全額の確実な受領の保障。345頁参照)に照らせば,「既発生の賃金債権を放棄する意思表示の効力を肯定するには,それが労働者の自由意思に基づいてされたものであることが明確でなければならない」と述べた上,上記のやりとりから見て,管理職が後に減額された賃金を異議なく受領していたとしても,その同意は自由意思に基づくものとはいえないと判断している[*103]。

また,既発生分の賃金については,事後的に制定した就業規則や労働協約によって不利益に変更することも許されない[*104]。

[*102] 同旨,前掲・コアズ事件([*100])。同事件は,本文と同様に判示した上,具体的判断としても,幹部従業員の賃金を半額近く減額する措置として不利益が大きいこと,そうした減額を正当化するような勤務状況でないこと,人事評価にも問題があること等を指摘して,賃金減額を無効と判断している。前掲・学究社事件([*101])も,賃金(年俸額)算定に係る客観的合理的な制度設計の存在を重視している(393頁参照)。一方,マーベラス事件(東京地判令和4・2・28労判1267号5頁)は,給与規程に賃金減額規定があるほか,従業員に周知された人事・報酬制度ガイドブックに行動評価の方法・降給基準および報酬テーブルが規定されていること等から賃金減額の根拠規定を肯定しているが,これは,上記のような賃金制度の合理性を肯定した上で根拠規定と解する趣旨と思われる。本判決に対する批判は,後掲[*248]参照。

[*103] 北海道国際航空事件・最判平成15・12・18労判866号14頁。同旨,前掲・リーマン・ブラザーズ証券事件([*15])。退職金放棄の意思表示につき同旨,アイディーティージャパン事件・東京地判平成29・3・28ジャーナル73号48頁。

(3) 賃金請求権の消滅

賃金請求権は，弁済，時効，相殺，放棄，和解などによって消滅する（相殺と放棄については346頁以下も参照）[*105]。賃金請求権の消滅時効について，2017年改正前民法は，「月又はこれより短い時期によって定めた使用人の給料に係る債権」に係る消滅時効を1年の短期消滅時効として定めていたが（旧174条1号），労基法は，特別法として，こうした一般法上の消滅時効を労働者の賃金債権保護の観点から修正・延長し，通常の賃金について2年，退職手当（退職金）について5年という消滅時効を定めていた（旧115条）。

しかし，2017年改正民法は，短期消滅時効について，他の債権との区別を設けることに合理的理由がないこと等から削除し，消滅時効期間を統一した。一方，消滅時効期間が一律10年となると，弁済の証拠保存費用が増加する等の懸念もあることから，改正民法166条1項は，客観的起算点（債権者が権利を行使できる時）に加えて，主観的起算点（債権者が権利を行使できることを知った時）からの5年の消滅時効期間を新設した。この結果，改正民法によれば，使用人の給料債権についても，5年の原則が適用され延長されることとなった。

こうして，改正民法の下では，賃金請求権については，特別法である労基法が一般法である民法より短い時効期間（2年）を定める状況となったため，2020年，労基法115条が改正された。すなわち，「賃金の請求権はこれを行使することができる時から5年間……行わない場合においては，時効によって消滅する」。賃金請求権の消滅時効について，2017年改正民法と同様に5年に延長するとともに，消滅時効の起算点が客観的起算点（賃金支払日）であることを条文上明確化したものである（施行は，2020年4月1日）。ただし，経過措置により，当分の間，消滅時効期間は3年とされている（労基附則143条3項）[*106]。

[*104] 前掲・北海道国際航空事件（[*103]），平尾事件・最判平成31・4・25労判1208号5頁。降給決定の遡及適用を違法と判断した裁判例として，丸紅情報システムズ事件・東京地判平成23・12・15ジャーナル1号14頁。また，退職労働者が中小企業退職金共済法に基づいて勤労者退職金共済機構から受給した退職金から会社社内規定に基づく退職金額を控除した額を会社に支払う旨の合意については，公序（民90条）違反として無効と判断した例がある（タイムズ物流事件・大阪地判令和4・12・22ジャーナル133号22頁）。

[*105] 和解による賃金請求権消滅を肯定した事例として，ユアーズゼネラルサービス事件・大阪地判平成9・11・5労判744号73頁。

[*106] 改正法および経過措置については，施行日（2020年4月1日）以前から締結されている労働契約についても，施行日以降に支払期が到来する賃金については，5年（経過措置期間中は3年）の消滅時効が適用される。荒木170頁参照。

一方，退職手当（5年），災害補償，年次有給休暇等（2年）の請求権については，現行の消滅時効期間に変更はない。

　賃金請求権は，裁判上の請求や支払督促によって時効完成が猶予（中断）される（民147条1項）。賃金請求権の消滅時効については，労働契約上の地位確認の訴えが時効中断の効果をもたらすかが問題となる。この点，裁判例は，賃金請求権は契約上の地位という基本的法律関係から派生的に生ずる権利であり，地位存在確認の訴えには派生的請求権である賃金請求権の主張の意思（催告）も含まれるとして，裁判上の請求による時効の中断を認めている[*107]。また，時効中断事由としての催告については，割増賃金算定に関するデータを使用者が保持し，原告労働者が算定することが困難というケースにつき，割増賃金の具体的金額等を明示していなくても，請求者を明示し，債権の種類と支払期を特定して請求すれば時効中断の効果が生ずると判断した例[*108]や，団体交渉の席上，差額賃金請求の催告が行われた場合につき，催告まで2年を経過しない期間の賃金について時効の中断を認めた例[*109]がある。さらに，最高裁は，賃金請求に関する民事調停の申立てにつき，自己の権利の紛争を裁判所の関与の下に解決し，権利を確定する点で裁判上の和解の申立てと異ならないとして，民法151条を類推して時効の中断事由となると判断している[*110][*111]。

[*107] 足立学園事件・名古屋高判昭和56・4・30労民32巻2号250頁。解雇が不法行為に該当することを理由とする損害賠償請求訴訟につき同旨，ネオユニット事件・札幌高判令和3・4・28労判1254号28頁。

[*108] 日本セキュリティシステム事件・長野地佐久支判平成11・7・14労判770号98頁。

[*109] 学校法人実務学園ほか事件・千葉地判平成20・5・21労判967号19頁。

[*110] 京都広告事件・最判平成5・3・26民集47巻4号3201頁。

[*111] 使用者による消滅時効の援用については，使用者が信義に反する方法によって賃金債務を免れるための工作をするなど，労働者の権利行使を阻害した場合は権利濫用となりうる（北日本電子事件・金沢地小松支判平成26・3・7労判1094号32頁等。類型別実務Ⅰ266頁参照）。ただし，使用者が労基法違反の刑事事件の発覚を恐れて労務関係資料の処分を企図したというだけでは，なお権利行使の妨害とまではいえないし，和解協議の紛糾によって訴訟提起が遅延した場合も，引き延ばし画策の意図が認められない限りは同様である（北錦会事件・大阪地判平成13・9・3労判823号66頁）。前掲・学校法人実務学園ほか事件（*109），甲商事事件・東京地判平成27・2・18労経速2245号3頁，アルデバラン事件・横浜地判令和3・2・18労判1270号32頁も参照。このほか，退職手当を不当に受給した市元職員らに対する市の損害賠償請求権について時効消滅を否定した例（神戸市事件・大阪高判令和4・12・20ジャーナル133号28頁）や，新型コロナウイルス感染症の拡大が懸念される状況下でも，割増賃金について消滅時効の完成を猶予し，援用の意思表示を信義則違反ないし権利濫用とする理由はないと判断した例（ビットウェア事件・東京地判令和4・12・23ジャーナル135号52頁）がある。

第3節　労基法による賃金の保護

1 賃金支払の法的規律

　賃金は，労働者の生活を支える重要な原資であるので，労基法は，賃金の全額が確実に労働者自身の手に渡るよう，賃金支払に関する原則を定めている（労働者の所得保障）。賃金の通貨払，直接払，全額払の原則（労基24条1項）および，毎月1回以上定期払の原則（同2項）である*112。

(1)　通貨払の原則

　使用者は，賃金を通貨で支払わなければならない（労基24条1項）。現物給与による賃金支払は，換金が不便であり，また恣意的な給付によって実収賃金を減少させるおそれがあるため，これを禁止する趣旨である。「通貨」とは，日本で強制的に通用する貨幣をいい，外国通貨による支払・小切手による支払はともに，不便と危険を伴うことから禁止される*113。

　通貨払の原則の例外としては，法令または労働協約に別段の定めがある場合と，確実な支払方法として命令で定める場合がある。命令で定める例外としては，労基則7条の2が，労働者の同意を要件に，賃金の口座振込み（労働者が指定する銀行その他の金融機関の本人名義の預貯金口座への振込み）と，退職金の自己宛小切手等による支払を認めている*114。なお，労働者の「同意」は，その自由意思に基づくものであることを要し，かつ，そうである限りは形式を問わない（昭和63・1・1基発1号。「自由意思」の意義については347頁）*115。

---

*112　賃金支払の4原則に関しては，注釈労基(上) 410頁以下［野川忍］，基コメ労基・労契96頁以下［三井正信］，浜村彰「労働法上の賃金規制」講座再生(3) 25頁，注釈労基・労契(1) 326頁以下［森戸英幸］など参照。

*113　大鉄工業事件・大阪地判昭和59・10・31労判443号55頁。

*114　これを受けて行政解釈は，振り込まれた賃金の全額が所定の賃金支払日に払い出しうること，過半数組合・過半数代表者との協定を締結すること，労働者に支払計算書を交付することなどを指導している（昭和50・2・25基発112号）。前掲・大鉄工業事件（*113）参照。

*115　裁判例では，後述する全額払原則の趣旨に関する判例法理（345頁）を通貨払原則にも及ぼした上，賞与を株式褒賞の形で受けることについての労働者の同意がその自由意思に基づいて行われたと認め，通貨払原則違反を否定する例がある（前掲・リーマン・ブラザーズ証券事件［*15］）。後掲*134参照。

なお，2022年の労基則7条の2改正により，デジタルマネーによる賃金支払が通貨払の原則の例外として追加され，厳格な要件（1アカウントの残高の上限を100万円以下とすること，銀行口座と同等の賃金保全措置が講じられていること等）が定められている（2023年4月1日施行）。

(2) 直接払の原則

(ア) **概　説**　賃金は，直接労働者に支払わなければならない（労基24条1項）。親方・仲介人や親による賃金の中間搾取を防止する趣旨である。したがって，労働者の委任を受けた任意代理人はもちろん，親権者などの法定代理人に賃金を支払うことも24条違反となる（未成年者に関しては，親権者・後見人による賃金受領の禁止規定がある。労基59条）[116]。ただし，配偶者や秘書などの使者に支払うことは適法である（昭和63・3・14基発150号）。労働者が第三者に賃金債権を譲渡した場合に，使用者が譲受人に賃金を支払うことが直接払原則に違反するか否かについても，判例は，賃金債権の譲渡自体は有効としつつ，賃金支払については直接払原則の適用を認め，譲受人は自ら使用者に支払を求めることはできないと判断している[117]。

(イ) **賃金債権の差押え**　使用者が労働者に対して損害賠償債権を有している場合，それに充当するために賃金債権を差し押さえることは直接払の原則に違反しない。ただし，これには民事執行法152条が適用され，賃金・賞与・退職金のいずれについても，4分の3を超える限度での差押えのみが許される[118]。また，賃金債権が第三者によって差し押さえられた場合に，使用者が賃金を当該差押債権者に支払うことも直接払原則違反ではないが，やはり民事執行法上の差押限度の規制がある[119]。

---

[116]　すなわち，未成年者は独立して賃金を請求することができ，親権者または後見人は，未成年者に代わって賃金を受領してはならない。労基法は，親権者または後見人が未成年者に代わって労働契約を締結することを禁止し，未成年者自身が労働契約当事者となることを規定しているが（労基58条），労基法59条は，この規制を前提とする規定であると同時に，賃金の直接払原則を特に確認した規定である。

[117]　小倉電報電話局事件・最判昭和43・3・12民集22巻3号562頁（旧電電公社の職員が酩酊中の暴行の弁償金として退職手当の一部を第三者に譲渡し，その旨を使用者に通知した上，第三者が使用者に支払を請求した事案）。民間労働者につき同旨，前掲・伊予相互金融事件（＊12）。水工エンジニアリング事件（大阪地判令和6・5・31ジャーナル149号34頁）は，第三者名義口座への賃金支払について直接払原則違反により無効と判断している。

[118]　大隈鉄工所事件・名古屋高判昭和62・12・9労判511号59頁。

[119]　退職金債権の事例として，甲野・S社事件・東京地判平成14・2・28労判826号24頁。

(3) 全額払の原則

(ア) **概　説**　使用者は，賃金の全額を支払わなければならず，賃金の一部を控除して支払うことは許されない（労基24条1項）。その趣旨は，使用者が一方的に賃金を控除することを禁止し，労働者に賃金全額を確実に受領させることによってその経済生活の安定を図ることにある（日新製鋼事件）[*120]。賃金の所得保障としての意義（308頁）を反映した規律である。

「控除」とは，履行期の到来している賃金債権についてその一部を差し引いて支払わないことをいう。すなわち，全額払の原則は，労働契約において労働者の賃金請求権（使用者の賃金支払義務）が発生していることを前提に，その全額を支払うことを命ずる原則であり，賃金請求権が発生していない場合に，その賃金を支払わない（控除する）ことは同原則に違反しない[*121]。後述のとおり，賞与や退職金の支給に際して，その不支給・減額事由を就業規則に定めた場合，当該事由に該当する労働者について不支給・減額措置をとることは全額払原則に違反しないが，その理由は，これら労働者については賃金請求権が発生していないからである。また，労働者が欠勤等によって労働義務を履行しなかった場合も，ノーワーク・ノーペイの原則により賃金請求権が発生しないので（318頁），その分の賃金を控除しても全額払原則には違反しない。

(イ) **例　外**　賃金全額払の原則には例外が認められており，法令に別段の定めがある場合や，過半数組合・過半数代表者との書面による労使協定を締結した場合は，賃金の一部を控除して支払うことができる（労基24条1項但書）。法令による例外としては，給与所得税の源泉徴収（所税183条）や，社会保険料の控除（健保167条，厚年84条，労働保険の保険料の徴収等に関する法律31条）等が挙げられる。また，本条但書の労使協定は，本文の原則規制（賃金全額払原則）を解除し，労使協定に定める賃金控除を適法とする効果を有するが，労働契約上の権利義務（労働者の賃金請求権の消滅）を発生させるものではなく，そのためには労働協約・就業規則上の根拠規定または労働者の同意を要する[*122][*123]。

[*120] 最判平成2・11・26民集44巻8号1085頁。同旨，全日本空輸事件・東京地判平成20・3・24労判963号47頁，ビジネスパートナー事件・東京地判令和4・3・9労判1272号66頁等。

[*121] 厚生労働省・労基法(上)363頁，基コメ労基・労契100頁［三井正信］，注釈労基(上)417頁［野川忍］。他方，賃金請求権が発生している場合に賃金の全部または一部を支払わないことは，当然ながら全額払原則違反を構成する（前掲・桑名市事件［*26］）。

(ウ) **使用者による相殺** 問題は，使用者が労働者に対して有する債権を賃金債権と相殺することが許されるか否かである。まず，使用者が労働者に対して有する債権（貸付金債権，労働者の債務不履行・不法行為を理由とする損害賠償債権）を自働債権とし，賃金債権を受働債権として相殺を行う場合（一方的相殺。民505条）については，判例は，労基法24条の「控除」禁止が「相殺」を含むものと解し，一方的相殺を全額払原則違反と判断している。すなわち，判例は，使用者が労働者の債務不履行（職務懈怠）に基づく損害賠償請求権を自働債権として主張した事案と，労働者の不法行為（背任）に基づく損害賠償請求権を自働債権として主張した事案の双方について，全額払原則の前記趣旨を援用して相殺禁止を判示し[124]，通説もこれを支持している[125]。

これに対して学説では，労働者が使い込みや横領をした場合にまで相殺できないことは不合理と述べ，全額払原則は賃金の天引きを禁止するだけで，相殺を禁止していないと説く適法説がある[126]。たしかに，横領が事実の場合は，相殺の禁止は使用者にとって不公平となるが（横領した労働者が「高飛び」した場合など），逆に横領が事実でなく，労働者に責任がない場合も一方的に相殺で

---

[122] 同旨，菅野＝山川375頁。他方，過半数組合・過半数代表者との間の労使協定締結はもとより賃金控除に係る必須の要件であり，裁判例では，保険会社が顧客の保険料の口座振替手数料実費相当額を営業社員の給与から控除した行為につき，労働組合との間の合意要件の欠如を理由に全額払原則違反を肯定した例（富士火災海上保険事件・東京地判平成20・1・9労判954号5頁）や，労使協定が存在しない事案について，労働者個人の同意（労契8条）は強行法規違反を免責するための代替要件たりえないと判断した例（ビーエムホールディングス事件・東京地判平成29・5・31労判1167号64頁）がある。この点，最近の裁判例（住友生命保険事件・大阪高判令6・5・16 [LEX/DB25620210]）は，行政解釈（平成11・3・31基発168号）が労使協定による賃金控除の対象を「事理明白なもの」に限定していることにつき，賃金控除の契約上の根拠となる労働者の同意が労働者の自由意思に基づく同意（347頁）として行われた場合は，控除費目が「事理明白なもの」でなくとも許容されると判示するが，賃金控除の労基法上の適法化要件である労使協定の要件を軽視する判断と解される。

[123] なお，労使協定に基づく賃金控除が許容される場合も，全額払原則の趣旨に鑑み，控除額の限度は，民事執行法152条に照らして賃金額の4分の1にとどまると判断する裁判例がある（不二タクシー事件・東京地判平成21・11・16労判1001号39頁）。345頁参照。

[124] 関西精機事件・最判昭和31・11・2民集10巻11号1413頁（労働者の職務懈怠による損害賠償請求権との相殺の事案），日本勧業経済会事件・最大判昭和36・5・31民集15巻5号1482頁（労働者の背任行為に基づく損害賠償請求との相殺の事案）。近年の裁判例として，愛永事件・横浜地判平成28・7・15ジャーナル55号7頁。

[125] 菅野＝山川376頁，下井283頁，基コメ労基・労契99頁［三井正信］，注釈労基（上）419頁［野川忍］。

[126] 石川吉右衛門「賃金の『全額払』についての疑問」兼子還暦『裁判法の諸問題（下）』（有斐閣・1970）636頁以下。

きるとすると，使用者が根拠薄弱のまま相殺した場合も，労働者は改めて賃金請求訴訟を起こさなければならなくなる。このような訴訟提起のリスクを考えると，より資力のある使用者にリスクを負担してもらう（賃金を支払った上，損害賠償請求訴訟を提起する）方が公平であり，労働者の所得保障という全額払の原則の趣旨に適合する解釈といえる。通説・判例が妥当といえよう。

　(エ)　**合意相殺・賃金債権の放棄**　これに対して，使用者が労働者との合意によって賃金債権を相殺することについては，判例は，全額払の原則の趣旨は労働者の経済生活の保護にあり，労働者が自由意思によって相殺に同意した場合にまで相殺を禁止する趣旨ではないとして適法と解している（前掲・日新製鋼事件［＊120］)。

　もっとも，労働者の自由意思の有無は厳格に判定され，同意の任意性および労働者にとっての利益性に即して，自由意思に基づく同意であることが客観的に認められることを要する。リーディングケースとなった前掲・日新製鋼事件［＊120］＊127 や，その後の裁判例を総合すると，自由意思に関する具体的判断基準は，労働者が同意に至った経緯や同意の態様（任意性の有無），相殺債務・反対債務の性質（労働者にとっての利益性の有無），同意の時期，相殺額の多寡に求められ＊128，その過程で，使用者の説明・情報提供を中心とする手続の適正さが審査される（336頁）。すでに発生した賃金債権の一方的放棄も，労働者の自由意思に基づくものであれば，全額払原則違反とならない＊129【4-4】【4-5】。

　＊127　破産宣告を受けた労働者から金融機関への住宅ローンの返還事務を委任された会社が，委任費用の前払請求権（民649条）と退職金請求権を合意相殺したケースにつき，相殺に際して強要にわたる事実が認められないことや，相殺が弁済事務の簡素化の点で労働者の利益になること等を理由に自由意思を認め，適法と判断している。

　＊128　自由意思の判断基準については，水町勇一郎［判解］百選［6版］85頁も参照。合意相殺の肯定例として，山一證券破産管財人事件・東京地判平成13・2・27労判804号33頁，前掲・全日本空輸事件（＊120），否定例として，ジェフ事件・東京地判昭和59・6・26労判434号38頁，前掲・フソー化成事件（＊93），佐世保配車センター協同組合事件・福岡高判平成30・8・9労判1192号17頁（従業員が回収困難となった取引先からの貸付金返済の目的で行った債務の弁済），大島産業ほか事件・福岡高判令和元・6・27労判1212号5頁（賃金からの退職積立金等の控除），国立病院機構事件・東京地判令和2・10・28ジャーナル108号26頁（労働者が使用者に対して負う弁済額の退職手当からの控除），リアルデザイン事件・東京地判令和4・12・9ジャーナル135号56頁（退職金と貸付金の合意相殺）。以上に対し，使用者が一方的に作成する退職金規程所定の相殺（控除）規定は，合意相殺の根拠たりえない（前掲・千田事件［＊89］）。

　＊129　シンガー・ソーイング・メシーン事件・最判昭和48・1・19民集27巻1号27頁（労働者が在職中の不正経理の代償として退職金請求権を放棄した事案）。なお，労働者による賃金

この点，最近の裁判例（前掲・住友生命保険事件［＊122］）は，生命保険会社の営業職員が，本来使用者が負担すべき営業活動費を賃金から控除されたとして賃金請求等を行ったケースにつき，営業活動費負担の根拠である労使間合意（営業活動費を営業職員負担とするとの合意）の中に賃金控除の合意を読み込み，前掲・日新製鋼事件（＊120）を参照して自由意思に基づく法理を適用した上，本件営業活動費は基本的に営業職員が個別に注文申込みを行うことにより発生し，職員が予めその負担を認識することが可能であり（任意性の存在），相殺額は職員の給与のおおむね5％以下であり賃金控除の影響が大きいとまではいえず（相殺額の少なさ），簡便な相殺処理が継続的にされる点で職員にとっても便宜であり（労働者にとっての利益性の存在），職員は賃金と認識しつつ営業活動費に係る物品等の注文申込みを継続した（任意性の存在）として自由意思に基づく同意の存在を肯定し，賃金控除を適法と判断している（職員が賃金控除に同意できない旨通知した時期以降は自由意思の存在を否定し，控除の効力を否定）＊130。

しかし，この判断には疑問がある（197頁も参照）。すなわち，本件合意に係る同意の時期・経緯・態様を見ると，職員の採用時（委嘱契約締結時）に，会社が作成・交付した「勤務のしおり」と題した文書に依拠して行われており任意性に乏しいこと，控除額が給与の5％に達するという事態は，控除額として少ないとは到底いえず，賃金控除の影響が大きいこと，従来の判例の事案では，退職金という一過性の金員に関する合意相殺等の適法性が問題となり，かつ，合意相殺が労働者にとって利益性を有していた（労働者から金融機関への住宅ローンの返還事務を委任された会社が退職金請求権を合意相殺することで労働者の弁済事務を簡素化［前掲・日新製鋼事件（＊120）］，労働者が在職中の不正経理の代償として退職金請求権を放棄［前掲・シンガー・ソーイング・メシーン事件（＊129）]）のに対し，本件では，職員は本来使用者が負担すべき事業遂行費用（195頁参照）を将来にわたって賃金から控除されるのであり，職員に利益性があるどころかその不利益は著大となりうること，営業活動費負担に係る会社の説明・情報提供等の適正手続も行われていないことから，職員の自由な意思に基づく合意と認めるに足りる合理的理由が客観的に存在するものとは評価できず，本件合意に基づく賃金控除は違法無効と解すべきものである＊131。

請求権の一方的相殺も，その自由意思に基づくものである限り，全額払の原則に違反しないと解される。

＊130　前掲・住友生命保険事件（＊122）。

【4-4】 調整的相殺　　賃金が計算期間の途中で支払われる場合に、賃金支払後に欠勤があったり、賃金計算に誤りがある場合は、賃金の過払が生ずるため、使用者が翌月の賃金から過払分を控除して支払うことがある。法的には、過払賃金分の不当利得返還請求権（民703条）と賃金債権の相殺を意味する。

　このような調整的相殺は、賃金と無関係の債権との相殺と異なり、実質的には本来支払うべき賃金の清算調整を行うものにすぎない。そこで、判例は、過払の時期と相殺時期が清算調整の実質を失わない程度に合理的に接着した時期になされることや、相殺額が多額にわたらないなど労働者の生活の安定を脅かすおそれがないことを要件に、調整的相殺を適法と判断している*132。一方、調整的相殺が過払後3年余も経過して行われ、過払の原因が計算過誤や未了によるものでない場合は、違法と判断される*133。

【4-5】 合意相殺に関する判例法理の当否　　判例の「自由意思に基づく同意の理論」に関する学説の評価は分かれており、判例を支持する見解が有力な反面、賃金不払に使用者の行為が介在する限り、労使間の合意があっても使用者の法違反が成立するはずであり、合意相殺の必要性には法定の例外である労使協定で対処すれば足りるとして違法と解する見解もある*134。たしかに、労基法は本来、労働者の意思（同意）にかかわらず労働者保護を及ぼす法律（強行法規）であること（たとえば、労働者が自由意思によって1日10時間働くことを合意しても、労基法32条によって否定される）を考えると、理論的には違法説に分がありそうである。一方、

---

*131　労働契約法上の問題について賃金全額払原則の趣旨を考慮した裁判例としては、総合職・地域限定総合職中総合職を選択した社員が遠隔地転勤を拒否した場合に両職群間の基本給差額を半年前に遡って返還させる制度につき、賃金全額払原則の趣旨に反するとはいえないとして有効と判断した例もある（前掲・ビジネスパートナー事件［*120］）。しかし、遠隔地転勤を拒否した社員は、総合職として就労したことの対価として賃金請求権を有しており、それは労働契約法上は既発生の賃金請求権として、また労基法上は「労働の対償」（労基11条［313頁］）として保護されるべきであるところ、本件制度における「返還」とは、法的にはこうして生じた賃金請求権の事後的剥奪を意味することから、賃金全額払原則に直接違反するものと解されるため、判旨には疑問がある。567頁参照。

*132　福島県教組事件・最判昭和44・12・18民集23巻12号2495頁（教員が勤務評定反対行動のため職場を離脱した時間に対する過払分を4か月後の予告により控除した事例）。

*133　JR東日本事件・東京地判平成12・4・27労判782号6頁、前掲・ほけんの窓口グループ事件（*38）。これ以前の違法判断例として、群馬県教組事件・最判昭和45・10・30民集24巻11号1693頁。

*134　菅野＝山川378頁。ほぼ同旨、浜村・前掲論文（*112）36頁以下。菅野和夫＝諏訪康雄『判例で学ぶ雇用関係の法理』（総合労働研究所・1994）247頁以下、川口277頁も参照。自由意思の判断が曖昧かつ困難であるとして違法説に立つ裁判例もある（大成クレジット事件・東京高判平成2・12・10判タ768号124頁）。この立場によれば、労働者の自由意思に基づく通貨払原則の適用除外を認める裁判例（前掲・リーマン・ブラザーズ証券事件［*15］）も疑問ということになろう。

労働契約法の観点からは，この判例法理は，全額払原則を超えて，賃金引下げ（減額）の契約法上の手続的要件（「労働者の自由意思に基づく同意」要件）を定める創造的な法理に発展しており（335頁），この面では積極的に評価できる。

(4) 毎月1回以上定期払の原則

使用者は，賃金を毎月1回以上，一定の期日を定めて支払わなければならない（労基24条2項）。賃金支払日の期間が長すぎたり，支払期日が確定されないと，労働者の生活が不安定となることを考慮した規定である[*135]。ただし，臨時に支払われる賃金，賞与のほか，1か月を超える期間についての精勤手当，勤続手当および奨励加給には適用されない（労基24条2項但書，労基則8条）。年俸制との関係については後述する（390頁）。

(5) 出来高払の保障給

使用者は，出来高払制その他の請負制で使用する労働者については，労働時間に応じて一定額の賃金を保障しなければならない（労基27条）。出来高払制とは，労働者が製造する物の量・価格や売上高に応じた比率で賃金を支払うことをいう（民法上の請負契約ではない）。この制度の下では，労働者が長時間労働しても，製造量や売上高によって賃金額が低下しうる（タクシー運転手の客不足の場合が典型である）ため，賃金の一定額を保障する趣旨の規定である。

「一定額の賃金」の額は法定されていないが，通常の実収賃金から隔たらないようにすべきものとされており（目安は平均賃金の60％），その額自体を能力・成果の評価に対応して変動させることは，保障給制度の趣旨と整合しない。また，高圧ガス配達労働者の配送費が保障給（固定給）に満たない場合にその差額を労働者の負担とする契約は，本条の趣旨に反し，公序違反として無効とされる[*136]。本条違反については罰則がある（労基120条1号）。

関連して，割増賃金支払義務（労基37条［428頁］）との関係で，ある賃金が出来高払賃金に該当するか否かが問題となる。すなわち，労働者が出来高払賃金の下で時間外・休日労働等を行った場合，通常の月例賃金制と異なり，割増

[*135] 最近の違反肯定例として，京都府事件・大阪高判令4・4・15ジャーナル127号24頁。
[*136] 東陽ガス事件・東京地判平成25・10・24労判1084号5頁。また，賃金を完全歩合制とする労働契約につき，出来高払制の保障給に違反する契約として違法無効と判断した例もある（テクノサイエンス事件・大阪地判平成28・9・29ジャーナル58号41頁）。

賃金の算定基礎となる通常の賃金の 100% 相当部分は，出来高払による賃金総額に含められ，割増賃金は通常の賃金を除く 25% ないし 35% とされる（平成 6・3・31 基発 181 号等）ため，出来高払賃金の概念・範囲が問題となるのである。

裁判例では，労基法 27 条および労基則 19 条 1 項 6 号所定の「出来高払制その他〔の〕請負制」は，賃金が労働給付の成果に一定比率を乗じてその額が定まる賃金制度の仕組みを意味し，出来高払制賃金はその仕組みの下で支払われるべき賃金を意味すると述べた上，引越運送会社が労働者に支払う賃金（業績給Ａ［売上給］＝売上額に応じて支給される賃金）について，会社が労働給付の成果として主張した「売上額（車両・人件費値引後額）」に対して労働の内容（作業量・運搬距離）が反映される方策は給与体系上見当たらず，また，引越作業においては，助手の経験値や顧客の対応による影響が避けられないことから，具体的案件ごとに作業量を売上高に正確に反映させることは困難であるとして，労働内容と労働成果間の相関関係を否定するとともに，賃金（業績給Ａ［売上給］）と労働成果間の比例関係を否定した例がある[*137]。賃金と労働成果間の比例関係について「一定比率を乗じてその額が定まる制度」として正比例関係を求め，かつ，賃金制度（給与体系）上の明示の仕組みを求めている点で，同比例関係を厳格に解し，出来高払制賃金該当性を限定的に解する判断といえよう。しかし，この判断は，賃金と労働成果間の比例関係に関する解釈としては厳格に過ぎる判断であり，出来高払制賃金の解釈としては疑問がある[*138][*139]。

[*137] サカイ引越センター［控訴］事件・東京高判令和 6・5・15［LEX/DB25620518］（その他の賃金［業績給Ａ［件数給］，業績給Ｂ等］についても同様に判断）。「出来高払制その他の請負制」および出来高払制賃金の意義に関する先例は，前掲・川崎陸送事件（ *68）。

[*138] 本判決を原審（東京地立川支判令和 5・8・9 労判 1305 号 5 頁）と比較すると，原審が，賃金と労働給付成果の間の比例関係の要件として自助努力要件（運転手の力量［自助努力］が反映される仕組みであること）を定立したのに対し，本判決はこの判断を削除しているところ，自助努力要件は，出来高払制賃金の要件である賃金と労働成果間の比例関係を過度に厳格に解するものであるため，この判断は妥当と考える。

一方，本判決には疑問もある。すなわち，判旨は，業績給Ａ（売上給）について，運転手等現業職の「労働内容の評価にあたっては，作業量や運搬距離をもってし，作業量や運搬距離をもって労働給付の成果という」と判示しながら，労働の成果を「売上額（車両・人件費値引後額）」とする会社側主張に応えて，「売上額」をもって労働給付の成果というのであれば，それは「現業職が給付する労働内容，すなわち作業量等に応じたものであるべきである」とした上でこの関係を否定しており，一方では作業量や運搬距離を労働の内容と位置づけながら，他方では労働の成果と位置づけている点で判断に矛盾が生じている。業績給Ａ（売上給）における労働給付の成果としては，会社が主張するとおり，「売上額（車両・人件費値引後額）」とするのが正しく（会社の給与規程上そのように定められている），それが労働の内容（作業量

2 倒産時の賃金債権の保護

　企業が経営危機に陥ったり，倒産に至った場合に賃金債権を保護することは，労働者の所得保障の上で重要な課題である。以下，民商法上の賃金債権の保護と，賃金の支払の確保等に関する法律について概説する[*140]。

(1) 民商法上の規律

　(ｱ) **先取特権**　　民法によれば，使用人（労働者）は，その「給料その他……雇用関係に基づいて生じた債権」について，債務者である使用者の総財産の上に一般先取特権を有する（民306条・308条）。先取特権は，一定の債権者が債務者の財産から他の債権者に優先して自己の債権を回収できる権利であり，法定担保物権の一つである。先取特権の趣旨は，①債権者間の実質的公平の確保，②社会的弱者が有する債権の社会政策的考慮に基づく保護，③債権者の通常の期待の保護，④特定産業の保護に求められ，賃金債権に関する先取特権は，

等）と比例関係にあり，その関係を基礎として業績給Aが労働成果に比例して支給されているか否かがポイントとなろう。

　以上の比例関係について，本判決は，①労働内容と労働成果間の関係について正比例関係を求めるとともに，労働成果と賃金の比例関係についても正比例関係を求めつつ，②賃金制度（給与体系）上の仕組みという明示の仕組みを求める判断を示しているが，特に①の判断は厳格に過ぎるものと解される。本判決が先例と位置づける前掲・川崎陸送事件（*68）は，出来高払制について，賃金が労働成果に応じた一定比率で額が定まる賃金制度として本判決とほぼ同旨の理解を示しつつも，出来高に対する賃金比率が完全に相関する形で定められていない緩やかな仕組みを想定したとしても，その賃金支払合意が，定額支給に近い形態ではなく，かつ，労基法・労基則等の法令に違反しない形で労使間で合意された場合は，出来高払制賃金の支払合意と認めて差し支えないと判示しており，労使間合意（労使自治）による比例関係の設定を認めていた。出来高払制賃金該当性が割増賃金額（労基37条）に大きく影響する以上，賃金と労働成果間の比例関係を過度に緩和することはもとより適切でないが，一方で，本判決のように厳密な正比例関係を求める解釈は，労使間合意（労使自治）によって形成されるべき賃金制度の解釈としては司法の過剰介入であり，合理性を欠く解釈と考える。

*139　なお前提として，出来高払賃金の労働契約上の要件として，賃金の一部を出来高払制とすることやその算定方法に関する労働契約上の根拠を整備する必要があることは当然である。久日本流通事件・札幌地判令5・3・31労判1302号5頁参照。

*140　賃金債権の保護に関しては，菅野＝山川392頁以下，注釈労基（上）397頁以下［水町］，坂本・前掲論文（*33）53頁以下，岩知道真吾「民法上の優先権と倒産法における保護の関係」「倒産と労働」実務研究会編『詳説倒産と労働』（商事法務・2013）44頁，徳住堅治「民法上の先取特権の範囲」同書61頁，戸谷義治「企業倒産における関係者の利害調整と労働者」労働127号56頁，土田道夫＝真嶋高博「倒産労働法の意義と課題」季労222号（2008）146頁，基コメ労基・労契82頁以下［土田道夫］。

②の理由から認められている。

　先取特権は，従来，未払賃金と退職金を含めて，賃金の最後の6か月相当分だけが対象とされてきた（改正前民308条）*141。しかし，これでは賃金債権の法的保護が不十分であることから，2003年に民法が改正され，6か月分の限定が削除された。また，株式会社等の労働者の場合は，従来からこうした制限はなく，未払賃金の全額について先取特権が認められてきたが（旧商295条，有限46条2項，保険67条1項），民法改正に伴い削除された。しかし，これらの先取特権については，会社不動産に抵当権等の登記を備えている者（金融機関等の第三債権者）の担保物件に対抗できないこと（民336条）や，使用者が先取特権を実行される前に第三者に財産を引き渡してしまえば追及できないこと（民333条）などの弱点があり，賃金債権の確保手段としては限界がある。

　(イ)　**留置権**　留置権とは，他人の物の占有者がその物に関して生じた債権を有する場合に，債権の弁済を受けるまで，その物を留置する権利であり，法定担保物権の一種である（民295条）。たとえば，未払賃金がある場合に，労働者が労働の成果として製品を製造した場合，この製品に対して留置権が認められれば，留置権は賃金債権確保の手段として機能することになる。この場合，労働者の留置権を肯定しうるかについては議論があるが*142，たとえ留置権を認めたとしても，それを行使できる場合は限定されるため，一般的な労働債権確保の手段として位置づけることは困難である。

(2)　倒産における賃金債権の保護*142a

　(ア)　**破産手続**　まず，従来の破産法によれば，賃金債権は一般先取特権の成立する範囲内では優先破産債権となり，優先的に弁済されるが（旧破39条），それ以外の部分は一般破産債権とされるなど，賃金債権の保護は弱かった*143。

　そこで，破産法は2004年，全面的に改正され，賃金債権の保護が強化された。まず，破産手続開始前3か月間の破産者の使用人の給料の請求権は財団債

---

　*141　江戸川製作所事件・最判昭和44・9・2民集23巻9号1641頁。
　*142　米倉明「賃金債権の確保と民法」ジュリ608号（1976）24頁。
　*142a　本項については，池田悠「労働法と倒産法」論ジュリ28号（2019）28頁参照。
　*143　破産宣告前に解雇された労働者の賃金債権が優先債権として保護される範囲につき判断した判例として，生活協同組合メセタ事件・最判平成11・6・11労判762号18頁，退職金につき，当該事案における賃金としての性格を否定し，一般破産債権と判断した裁判例として，破産者清和金網工業事件・大阪地判平成13・12・21労判817号80頁。

権とされる（破149条1項）。また，破産手続の終了前に退職した使用人の退職手当の請求権については，原則として，退職前3か月間の給料の総額（その総額が破産手続開始前3か月間の給料総額より少ない場合は，破産手続開始前3か月間の給料総額）に相当する額が財団債権として保護される（同149条2項）。この場合，優先的破産債権は，破産の配当に際して優先権を得るものであるため，配当を受けるまでに長期間を有する場合が生じうる。そこで，労働者の「生活の維持を図るのに困難を生ずるおそれがあるとき」は，裁判所の職権または申立てにより，配当手続に先立って，労働債権の全部または一部の弁済を許可することができる（同101条1項）。

さらに，破産手続開始前に雇用関係から生じた賃金債権その他の債権であって，財団債権とならないものは，一般の先取特権のある債権として優先的破産債権となる（同98条1項）。

(イ) **会社更生手続**　会社再建を目的とする会社更生手続においては，事業継続の目的から賃金債権が比較的手厚く保護されている。すなわち，更生手続開始決定前6か月間に生じた賃金および手続開始後に発生した賃金は共益債権となり，更生債権に先立って弁済される（会更130条・127条2号・132条1項）。それ以外の賃金債権は更生債権となるが，更生計画の中で更生担保権に次いで優先される（同168条1項）。ただし，退職金については，更生計画人が決定前の退職者の退職一時金が，退職前6か月間の給料の総額に相当する額または退職金額の3分の1に相当する額のうちいずれか多い額を限度として共益債権とされる（同130条2項）。一方，更生手続開始決定後の会社都合による退職については，退職金は，「更生手続開始後の更生会社の事業の経営……に関する費用の請求権」として，全額が共益債権とされる（同127条2号）[*144]。

なお，近年における企業倒産の増加を背景に，2002年の会社更生法改正において，労働者の関与を強化する趣旨の改正が行われ，更生手続開始の決定，事業譲渡の許可，財産状況報告集会，更生計画案の作成などにおいて，過半数労働組合または過半数代表者による意見陳述の権利が保障された（会更22条1項・46条3項・85条3項・188条）。

(ウ) **民事再生手続**　1999年には，和議法に代わる新たな再建型倒産処理

[*144] 会社更生手続等の再建型倒産手続における退職金債権の法的保護については，池田悠「再建型倒産手続における労働債権の保護――退職金の取扱いを中心に」季労239号（2012）67頁が詳しい。

法として民事再生法が成立したが、ここでは、手続開始決定前に生じた賃金・退職金は、一般先取特権のある一般優先債権（労働債権）とされ、再生手続によらずに弁済される（民再122条）[*145]。一方、再生手続開始後に生じた賃金・退職金は、再生債務者の業務に関する費用の請求権として共益債権となり、一般優先債権と同様に弁済される（同119条2号・121条）【4-6】。

【4-6】 **賃金の支払の確保等に関する法律（賃確法）**　本法は、1973年の石油ショック以降の企業倒産の増加を背景に、1976年に制定された法律であり、社内貯蓄金・退職金の保全と、未払賃金の立替払制度を主な内容としている[*146]。

(ア) **貯蓄金・退職金の保全措置**　まず事業主は、労働者の貯蓄金を委託に基づいて管理する場合、毎年3月31日の受入預金額について、払戻債務を銀行その他の金融機関において保証する契約を締結するなどの保全措置を講じなければならない（賃確3条・4条）。また退職金については、事業主が退職金を労働契約または労働協約において支払うことを明らかにしたときは、社内預金の保全に準ずる措置を講ずるよう努めなければならない（同5条）。このように、退職金の保全措置は努力義務にとどまっており、早急の改善が望まれる[*147]。

(イ) **未払賃金の立替払**　政府は、労災保険法上の社会復帰促進等事業の一環として、未払賃金の立替払事業を行う。立替払の適用を受ける事業主は、労災保険の適用事業主であり、1年以上の期間にわたって当該事業を行っていた者である。この事業主が、①破産宣告または特別清算の開始命令を受けた場合や、②更生手続開始の決定等を受けた場合等に、その事業を退職した労働者のうち一定要件を満たす者（①・②の申立てがあった日の6か月前の日以降2年間に、同要件を満たす事業主の事業から退職した者等）につき、政府が未払賃金を立替払することになる。

[*145] 旧和議法に関する事例として、前掲・平野屋事件（[*26]）。破綻した証券会社の証券社員が有する高額の賞与・株式褒賞請求権が労働債権か再生債権かが争われた事例として、前掲・リーマン・ブラザーズ証券事件（[*15]）（労働債権たる性格を肯定）。

[*146] 菅野＝山川397頁以下、坂本・前掲論文（[*33]）56頁以下参照。

[*147] なお、退職労働者の未払賃金については、原則として14.6％の遅延利息を付して支払わなければならない（賃確6条1項。事例として、リンガラマ・エクゼクティブ・ランゲージ・サービス事件・東京地判平成11・7・13労判770号120頁、十象舎事件・東京地判平成23・9・9労判1038号53頁）。ただし、例外として、賃金支払の遅延が天災地変による場合や、支払が遅滞している賃金の全部または一部の存否について事業主が合理的な理由により裁判所または労働委員会で争っている場合は、上記の規律は適用されないが（賃確6条2項、賃確規6条1号・4号）、「合理的な理由」を否定する裁判例が多い（東京港運送事件・東京地判平成29・5・19労判1184号37頁、ミヤイチ本舗事件・東京高判平成30・10・17労判1202号121頁、前掲・大島産業ほか事件［[*128]］等）。他方、「合理的な理由」の肯定例として、レガシィほか1社事件・東京高判平成26・2・27労判1086号5頁がある。

立替払の対象となる賃金は、退職日の6か月前から、労働者が請求する日の前日までの間に支払期日の到来した賃金であり（総額が2万円未満のものを除く）、未払分の80％相当額とされている（賃確7条、賃確令4条）。

第4節　賞与・退職金・企業年金

1　賞　　与

(1)　賞与の意義

賞与は、ボーナスや一時金とも呼ばれ、月例給とは別に支払われる賃金として、年間賃金の相当部分を占めている。通常、夏季と年末の2回支払われるが、賞与の支給対象期間を設け（たとえば、前年の10月～当該年の3月）、後日（たとえば7月20日）に支給する形をとることが多い。賞与は通常、「基礎額（基本給が多い）×支給率（○か月）」によって算出される定額部分と、使用者の人事考課による査定部分から成るが、近年は後者が拡大される傾向にある。

このように、賞与は、①支給対象期間における勤務を対象に支給される点で、賃金の後払的性格を有している。しかし同時に、賞与は②企業の成果・利益配分、③労働者の貢献に対する功労報償、④現在・将来の勤務のインセンティブの付与、⑤生計費補塡といった多様な性格も有している[148]。法的にも、賞与の性格をいずれかに割り切ることは適切でなく、①～⑤が混在したものと解すべきであろう[149]。賞与が企業の成果配分（②）として企業業績によって毎年変動したり、④を重視した支給日在籍要件が適法とされるのはこのためである。

---

[148] 笹島・前掲書（＊1）124頁、同「企業業績連動型賞与の展望と課題」これからの賃金制度のあり方に関する研究会編『企業業績賞与の実態と課題』（雇用情報センター・2003）88頁、今野・佐藤・前掲書（＊1）212頁参照。

[149] 賞与が法的にもこのような多様な性格を有する給付であることは、有期雇用労働者に対する賞与不支給・低額支給が労契法20条に違反するか否かをめぐる多くの裁判例で肯定されている（長澤運輸事件・最判平成30・6・1民集72巻2号202頁、日本郵便［東京］事件控訴審・東京高判平成30・12・13労判1198号45頁、メトロコマース事件控訴審・東京高判平成31・2・20労判1198号5頁、大阪医科薬科大学事件・最判令和2・10・13労判1229号77頁、佐藤循環器科内科事件・松山地判令和4・11・2労判1294号53頁）。

(2) 賞与請求権

(ｱ) 賞与は，その支給額や支給条件・支給時期が労働協約・就業規則・労働契約で明確に定められれば，「労働の対償」として労基法（11条）および労契法（6条）上の賃金と認められる（314頁）。賞与は，就業規則の任意的記載事項とされており（労基89条4号），支給条件・支払期日等を明記する必要があるので，多くの場合に賃金とされ，賞与請求権が発生することになる[*150]。

(ｲ) もっとも，賞与制度がある場合も，直ちに賞与の具体的請求権が発生するわけではない。就業規則や労働協約上の賞与規定は，抽象的な支給期日（年2回）や受給資格の定めにとどまることが多く，具体的な支給基準と額は，労働組合との合意（協約）や，使用者の決定を待って支給のつど確定されるのが一般である。したがって法的にも，賞与請求権は，これら合意や決定によって支給条件・支給基準が明確となり，労働契約内容となった場合にはじめて発生すると解すべきである[*151][*152]。ただし，賞与の支給手続が規定されているにも

[*150] 日本ルセル事件・東京高判昭和49・8・27労判218号58頁（就業規則上の賞与制度を根拠と判断した事例），上尾タクシー事件・東京高判平成6・12・26労旬1357号60頁（労働協約を根拠と判断した事例），JR東海事件・大阪地判平成29・3・30ジャーナル66号55頁（同）。他方，賞与支給の有無・額が使用者の裁量に委ねられているケースや，支給条件が予め明確に定められていないケースでは，賞与は任意的給付と性質決定され，賞与請求権は否定される（前者として，前掲・モルガン・スタンレー証券事件［*17］，クレディ・スイス証券事件・東京地判令和4・4・12労経速2492号3頁，後者として，エムスリーキャリア事件・大阪地判平成31・1・31ジャーナル86号28頁，前掲・フジクラ事件［*99］）。

[*151] 裁判例として，日本ブリタニカ事件・東京地決昭和57・12・26労判399号32頁，ニプロ医工事件・東京高判昭和59・8・28労判437号25頁，須賀工業事件・東京地判平成12・2・14労判780号9頁，N興業事件・東京地判平成15・10・29労判867号46頁，相互信用金庫事件・大阪高判平成17・9・8労判903号73頁，UBSセキュリティーズ・ジャパン事件・東京地判平成21・11・4労判1001号48頁，大阪府板金工業組合事件・大阪地判平成22・5・21労判1015号48頁，クレディ・スイス証券事件・東京地判平成24・1・23労判1047号74頁，日本ボクシングコミッション事件・東京地判平成27・1・23労判1117号50頁，ドラッグマガジン事件・東京地判平成29・10・11ジャーナル72号36頁，前掲・医療法人社団充友会事件（*50），フェデラルエクスプレス事件・千葉地判令和2・3・27労判1232号46頁，ストーンエックスフィナンシャル事件・東京地判令和3・4・26ジャーナル114号28頁，SRA事件・東京地判令和3・12・23ジャーナル124号60頁，日本品質保証機構事件・東京地判令和4・2・2ジャーナル125号50頁，あんしん財団事件・東京地判令和4・1・31労判1265号20頁，前掲・日本郵便事件（*38），水産業協同組合A事件・水戸地判令和6・4・26労契速2556号3頁。期末勤勉手当と学校法人理事会の決定との関係につき，福岡雙葉学園事件・最判平成19・12・18労判951号5頁。

[*152] ただし，一定の賞与支給が慣行として確立されている場合は，賞与請求権が肯定されることがあるが，例外にとどまる（前掲・上尾タクシー事件［*150］等）。否定例として，東京急行電鉄・東急バス事件・東京地判平成25・1・22ジャーナル13号9頁。

かかわらず，使用者が正当な理由もなく支給決定を行わない場合は，期待権侵害に基づく不法行為（民709条）が成立し，当該年度の賞与相当額の損害賠償請求が認容される[*153]。また，就業規則・協約上，賞与の支給日・支給条件・支給額が確定的に規定されている場合（たとえば，「賞与は，7月10日および12月25日に，それぞれ基本給の2か月分を支給する」と規定されている場合）は，賞与の具体的請求権が発生するものと解される[*154]。

一方，賞与のうち使用者の人事評価（査定）によって定められる部分については，賞与の決定は原則として使用者の裁量的判断に委ねられ[*155]，査定がない限りは賞与請求権は発生しない[*156]。しかしここでも，使用者が人事権を逸脱して不当に低い査定を行ったり，人事考課が差別規定や不当労働行為として違法性を帯びる場合は不法行為が成立しうる[*157]。また，賞与のうち，会社の査定を経てはじめて金額が確定する部分は，査定を経てはじめて金額が確定す

[*153] 直源会相模原南病院事件（東京高判平成10・12・10労判761号118頁）は，各年度の賞与協定（協約）が適法に成立した以上，使用者は支給日までに人事考課をして賞与を支給する義務を負うところ，正当な理由なく支給しなかった場合は，賞与支給を受けるべき期待権の侵害となると判断し，賞与相当額の損害賠償請求を認容している。同旨，日本圧着端子製造事件・大阪地判平成9・1・24労判712号26頁，前掲・プロッズ事件（*85），神奈川SR経営労務センター事件・横浜地判平成30・5・10労判1187号39頁，前掲・医療法人社団充友会事件（*50），前掲・キムラフーズ事件（*85）。島村暁也「退職金と賞与」講座再生(3) 57頁，城塚健之『労働条件変更の法律実務〔実践労働法実務(1)〕』（旬報社・2024）151頁以下参照。

[*154] 前掲・東京横浜独逸学園事件（*42），目白学園事件・東京地判令和2・7・16労判1248号82頁，ファミーユ高知事件・高松高判令和4・5・25ジャーナル126号12頁。エイボン・プロダクツ事件・東京地判平成29・3・28労判1164号71頁も参照。大学年俸制教員（医師）の賞与（業績年俸）につき，佐賀大学事件・福岡地判令和5・12・12ジャーナル147号30頁。

[*155] 中部日本広告社事件・名古屋地判平成元・6・26労判553号81頁，前掲・フェデラルエクスプレス事件（*151）。日本産業パートナーズ事件（東京高判令和5・11・30労判1312号5頁）は，賞与（業績年俸）は，会社業績・部門業績・個人業績等を総合勘案の上で会社が決定するとの賞与規定の下で，会社業績の低下を理由とする賞与の不利益決定を有効と判断している。

[*156] 全国信用不動産事件・東京地判平成14・3・29労判827号51頁，前掲・N興業事件（*151），日本カニゼン事件・東京地判令和3・6・25ジャーナル117号50頁，関東経営協同組合事件・東京地判令和3・7・30ジャーナル117号28頁。したがって，55歳到達者の賃金支給率を55歳未満の従業員より低く設定することは，直ちには賞与請求権の侵害とはならない（前掲・全国信用不動産事件）。他方，人事評価（査定）が行われた場合に具体的な賞与請求権が発生することは当然である（ELCジャパン事件・東京地判令和2・12・18労判1249号71頁）。

[*157] JR西日本事件・広島地判平成5・10・12労判643号19頁（組合バッジの着用を理由とする賞与の低査定の事例）。他方，JR東海事件（大阪地判平成28・1・25ジャーナル50号23頁）は，賞与の減額査定について，使用者の裁量権濫用を否定している。

るが，その最低金額として確定額が設定された「基準額」は具体的権利として発生したものと解され，賞与請求が認容される[*158]。

(ウ) これに対し，裁判例では，賞与の支給条件・基準が明確化されていないにもかかわらず賞与請求権自体を認め，その発生要件を緩和する例が見られる。すなわち，使用者が賞与交渉の過程で支給条件（定期昇給，ベース・アップの不実施）を提案した結果，賞与協定（労働協約）が成立しなかったケースにつき，賞与の不支給が従来の労使関係に照らして合理性を欠く場合は，前提条件自体が信義則違反となると述べた上，上記条件を信義則違反と解し，無条件支給に関する労使合意を擬制して賞与請求権を肯定する例がある[*159]。しかし，これは，賞与請求権の要件を過度に緩和するとともに，労働協約の要式性（労組14条）を軽視する判断として賛成できない（235頁参照）。

(3) 支給日在籍要件

(ア) 意　義　賞与については，就業規則等において労働者が賞与支給日に在籍することを支給要件と定め，支給日前に退職した労働者に賞与を支給しない取扱いが普及している（支給日在籍要件）。

(イ) 裁判例・学説　支給日在籍要件については，賞与支給対象期間の勤務によって具体的な賞与請求権が発生するものと解し，支給日在籍要件は賞与請求権の一方的剝奪に当たるとして公序（民90条）違反により無効と解する見解がある[*160]。しかし，裁判例は，賞与が労働の対価であることに加え，将来の勤務への期待・奨励という性格（356頁の④）を含めて支払われることから，合理的な支給要件として適法と解している。リーディングケースとなった裁判例（大和銀行事件）[*161]は，就業規則上の支給日在籍要件が従来からの慣行を明文化したものであること，またその慣行は，任意退職者は退職時機を任意に選択でき，定年退職者のように退職時機を任意に選択できない者については日割計算により賞与を支給するなど，労働者に有利な面があることから，合理的な労働条件を定めたものとして有効と判断する[*162]。

[*158]　三井倉庫ロジスティクス事件・大阪地判平成30・3・29ジャーナル76号42頁。
[*159]　ノース・ウエスト航空事件・千葉地決平成14・11・19労判841号15頁。
[*160]　本多淳亮「賞与・一時金の法的性格」有泉古稀『労働法の解釈理論』（有斐閣・1976）207頁。
[*161]　最判昭和57・10・7労判399号11頁。
[*162]　また，支給日前に嘱託期間満了により退職した者には賞与を支給しないという慣行につ

(ウ) **検 討** 思うに，賞与は通常の賃金と異なり，その支給に関する労使間の合意や就業規則によってはじめて発生する賃金という性格（任意的性格）を有する（357頁）ため，支給条件をどのように定めるかは本来，当事者の自由である。そして，賞与が過去の労働に対する対価であるだけでなく，将来における継続勤務への期待・奨励という意味を込めて支払われることを考えると，支給日在籍要件をすべて公序違反（民90条）違反と解し，または就業規則としての合理性（労契7条）を否定することはできない。また，賃金全額払の原則（労基24条1項）との関係でも，同原則は賃金請求権の発生を前提とする原則であり，支給要件を満たさない場合はそもそも請求権が発生しないので，全額払原則違反の問題も生じない（345頁）。すなわち，支給日在籍要件は一定の範囲では適法と解される[*163]。

もっとも，賞与が賃金後払的性格（356頁の①）を有し，その安定性・確定性の要請が生ずることや，支給日在籍要件が労働者の退職の自由・職業選択の自由（憲22条1項）を制約する面をもつことを考えると，賞与の支給日在籍要件は，合理的内容のものであることを要すると解される（就業規則上の制度については，労契7条が適用される）。したがって，まず，定年退職者や被解雇者（解雇の理由は問わないと解すべきである）の場合は，自ら退職日を選択できず，将来の勤務への期待という要素もないので，支給日在籍要件は，これら労働者との関係では賃金の一方的剥奪に当たり，公序（民90条）違反として無効と解すべきである（就業規則としての合理性を欠くものとして契約内容補充［労契7条］を否定されると解することもできる）[*164]。任意退職者であっても，退職日を使用者

いても，合理性を認めて有効と判断した裁判例がある（京都新聞社事件・最判昭和60・11・28労判469号6頁）。

[*163] 適法説として，下井307頁，土田111頁，注釈労基・労契(1) 314頁［森戸英幸］。同旨裁判例として，前掲・リーマン・ブラザーズ証券事件（*15），JR東日本事件・東京地判平成29・6・29労判1164号36頁，JR東日本事件・東京高判平成29・12・13労判1200号86頁，JR東日本事件・東京地判平成30・3・16労経速2355号12頁，インタアクト事件・東京地判令和元・9・27労経速2409号13頁，白鳳ビル事件・東京地判令和3・4・23ジャーナル114号30頁，前掲・佐藤循環器科内科事件（*149）。

[*164] 西谷303頁，菅野=山川360頁，大内168頁，高木紘一「退職金・企業年金・賞与」講座21世紀(5) 161頁，島村・前掲論文（*153）59頁（ただし，功労報償的性格が強い賞与では不支給も適法と説く）。裁判例として，前掲・リーマン・ブラザーズ証券事件（*15［整理解雇者に関する判断］），前掲・佐藤循環器科内科事件（*149［賞与支給日前に死亡した社員に関する判断］）。これに対しては，賞与の功労報償的性格を強調し，懲戒解雇者に対する支給日在籍要件の適用を肯定する裁判例もあるが（ヤマト科学事件・東京高判昭和59・9・27労判

が決定している場合は同じことがいえる。また，年内退職予定者と非年内退職予定者の賞与額に格差を設けることについては，賞与額決定要素として従業員の将来の活躍に対する期待を加味することには一定の合理性があるから，そうした格差自体は不合理ではないが，将来に対する期待部分が著しく過大な場合は，実質的に賃金請求権を不当に奪う措置として賃金全額払原則（労基24条）の趣旨に反し，公序違反として無効と解される*165。

次に，形式的に見れば支給日在籍要件を満たしていなくても，それを正当化する事由があれば，同要件の適用を排斥すべきである。たとえば，本来の賞与支給日が6月と12月である場合に，労使交渉の遅延により実際の支給日がそれぞれ9月および翌年2月となった場合は，支給日在籍要件は本来の支給日の不在籍者のみに適用があるとして，9月の支給日に在籍しなかった者の賞与請求権を認めるべきである*166。この点は，支給日在籍要件が労使交渉を経て労働協約で定められた場合も同様に解される*167【4-7】。

【4-7】 既履行分の報酬請求権の保障（民624条の2）との関係　　前記のとおり

440号33頁），そうした事態には別の支給要件（懲戒解雇者への不支給要件）で対処すべきであり，在籍要件をここまで及ぼすことは行き過ぎと考える。普通解雇者に対する支給日在籍要件の適用を認める裁判例（日本テレコム事件・東京地判平成8・9・27労判707号74頁）にも同様の疑問がある。さらに，定年退職者については，支給日在籍要件を有効と判断する例が多いが（前掲［＊163］に記載のJR東日本3事件。整理解雇者に対する支給日在籍要件の適用について公序違反とする前掲・リーマン・ブラザーズ証券事件［＊15］も，定年退職者に対する同要件の適用については有効と判断している），疑問がある。

なお，賞与支給日在籍要件は，長期雇用制度を色濃く反映した性格（将来の長期勤務への期待・奨励）を有する制度である反面，賞与の賃金後払としての性格を軽視する側面を有しており，それ自体が見直されるべきシステムといえよう。

＊165　ベネッセコーポレーション事件・東京地判平成8・6・28労判696号17頁（賞与の20％を超えて減額する部分について無効と解し，非年内退職者の賞与8割相当額について賞与請求を認容。土田道夫［判批］法時69巻8号［1997］110頁参照）。

＊166　法的構成としては，支給日在籍要件の適用範囲を限定解釈すべきことになる。同旨，前掲・須賀工業事件（＊151）。前掲・ニプロ医工事件（＊151）参照。また，賞与支給日前後に年休や産前産後休業を取得していた労働者については，支給日に出社していなくても在籍していたものとして賞与請求権を肯定すべきである（東京コンピューター用品事件・東京地判昭和61・9・26労判482号20頁）。

＊167　裁判例では，早期退職者優遇制度の適用者が賞与支給対象期間の在籍要件を満たさないまま退職したケースにつき，同要件が労働協約で規定されたことを重視して適法と判断する例がある（コープこうべ事件・神戸地判平成15・2・12労判853号80頁）。しかし，このケースでは，労働組合が退職者の利益を公正に代表して交渉したかどうかが審査されるべきであり，判旨は安易な判断との観を否めない（770頁参照）。

(319頁),2017年改正民法は,既履行分の報酬請求権の保障(624条の2)を導入したが,賞与支給日在籍要件については,この新たな規律との関係も問題となる。すなわち,同条2号によれば,雇用が履行の中途で終了した場合は,労働者は,既にした履行の割合に応じて報酬を請求できるところ,賞与は,法的には報酬(賃金)であるから,同号の規律によれば,労働者が賞与支給期間を勤務した(労務を履行した)以上,既履行分の労務に関する報酬として請求できることになる。もっとも,本条は任意規定と解されており,労務履行の中途で雇用が終了した場合に関する特約が当事者間に存在すればその定めによると解されているところ,支給日在籍条項もそうした特約の一種と評価されるため,本条2号によって効力を否定されることはないと解されている*168。

しかし,支給日在籍条項が就業規則で規定された場合は,労契法7条が規定する合理性要件を満たす必要があるところ,本条が任意規定とはいえ新たに規定されたことを踏まえれば,賞与支給日在籍要件の合理性(労契7条)に関しては,本条の趣旨(既履行分の割合的報酬請求権の保障)を十分摂取して判断すべきであろう。この点,支給日在籍要件に基づく賞与不支給を,賃金として同じく任意的性格を有する退職金の不支給条項に基づく不支給と比較すると,退職金の場合は,懲戒解雇や退職後の競業を理由とする不支給条項が就業規則に規定されている場合も,賃金保護の観点から,過去の労働の価値を抹消してしまうほどの背信的行動の存在が不支給の要件とされる(366頁)のに対し,賞与の場合は,単に支給日以前に退職したことが不支給の理由とされるのであり,賃金の安定性・確定性(既履行分の報酬請求権の保障)との抵触度が高い。この点を踏まえると,支給日在籍要件については,それが賞与の全額不支給をもたらす場合は,本条の趣旨に照らして合理性を否定する解釈が可能と解される。一方,支給日在籍要件の効果を全額不支給ではなく減額支給にとどめたり,全額支給を原則としつつも,支給日以前の退職者に対して日割計算等による賞与支給を行う場合は,本条の趣旨と整合するとともに,賞与が前記諸性格を有することも踏まえ,合理性を肯定されるものと解される*169。

(4) 企業業績連動型賞与

企業業績連動型賞与とは,企業業績によって賞与原資を決定する制度をいい,全社業績連動型賞与と部門業績連動型賞与に分かれる。企業活動の成果・利益配分という賞与の性格(356頁の②)を強化するとともに,企業業績向上への従業員のインセンティブを高めることを目的としている。制度設計としては,賞

---

*168 山本編・前掲書(*32)137頁以下[山川隆一]。
*169 土田・前掲論文(*37)97頁,基コメ労基・労契83頁[土田道夫]参照。

与の固定部分を設けつつ，業績連動部分によって賞与原資を変動させる企業が多く，この変動が労働者個人の賞与額に反映されることになる。

　前記のとおり，賞与の支給要件をどのように定めるかは労使の自由であるから，このような制度も適法であることに疑いはない。しかし，賞与の賃金後払および生計費補塡の性格（356頁の①・⑤）を踏まえると，その安定性・確定性の保護が要請され，一定の法的規律が行われる。すなわち，固定賞与部分をゼロまたは僅少としたり，業績連動部分の制度設計（特に業績指標の決定，連動方法の確定）が透明性・公正性を欠く場合は，就業規則としての合理性を欠くものとして契約内容補充効（労契7条）を否定される。また，企業業績連動型賞与においては，企業・部門業績によって賞与原資が決定されるため，個人としては高い能力・成果を発揮しているにもかかわらず，業績の低い部門に配置されているために賞与支給額が低下する事態が生じ，成果主義賃金（377頁）との矛盾が生じうる。こうした事態を避けるためには，全社・部門・個人の各業績のバランスを考慮した賞与配分の合理的調整を行う必要があり，それを行わないまま個人業績の高い労働者の賞与支給額を引き下げた場合は，賞与決定権の濫用（労契3条5項）が肯定されうる[*170]。

　なお，前述した支給日在籍要件は，企業業績連動型賞与についても問題となる。裁判例では，企業業績連動型賞与に相当する全社業績連動報酬につき，給与規程上，将来の労働への意欲向上策・将来の貢献への期待とともに労働の後払報酬という性格を有する通常賞与や成績加算金とは別に規定され，「支給することがある」との記載にとどまること，全社業績連動報酬の算定方式が会社全社の業績に連動し，個々の従業員の成果に比例していないことによれば，その性格は主として将来の労働への意欲向上策や将来の貢献への期待にあり，労働の後払にはないとして合理性を肯定するとともに，支給日在籍要件を満たさない従業員について，会社が上記通常賞与や成績加算金につき，経過賞与による緩和措置を講じていることも理由として公序違反を否定した例がある[*171]。妥当な判断と解される。

[*170]　この点を含め，企業業績連動型賞与をめぐる法律問題については，土田道夫「企業業績連動型賞与と労働法」同志社法学304号（2005）253頁参照。この観点からは，賞与（業績年俸）は会社業績・部門業績・個人業績を総合勘案の上で会社が決定するとの賞与規定の下で，もっぱら会社業績の低下を理由に賞与の不利益決定を有効と判断した前掲・日本産業パートナーズ事件（*155）には疑問の余地がある。

[*171]　三菱商事事件・東京地判令和4・12・7ジャーナル135号58頁。

2 退職金・企業年金

(1) 退職金の意義

　退職金（退職手当）は，労働契約の終了に伴い，使用者が労働者に支払う給付をいう。退職時に一度に支払う退職一時金制度と，年金方式による退職年金（企業年金）制度があり，前者が多数であるが，両者を併用する企業も増えている。もともとは，労働者の勤続に対する恩恵的給付として出発したが，労働者の企業定着の奨励を目的に急速に普及し，長期雇用制度の中核を担うとともに，労働者の引退後の所得保障（生活保障）を支える意味を有している。

　退職金は通常，「算定基礎賃金×支給率」によって算定されるが，支給率を示す月数は，勤続年数が増加するほど急カーブで上昇する仕組みが通例であり，また，定年退職等の「会社都合退職」と「自己都合退職」で支給率に差を設けることが多い。

(2) 退職金請求権とその性格

　退職金は，賞与と同様，その支給基準や要件が労働協約・就業規則・労働契約で明確に規定されれば，労基法（11条）および労契法（6条）上の賃金と認められ（昭和22・9・13発基17号。314頁），退職金請求権が発生する。退職金も，就業規則の相対的記載事項とされ，その決定・計算・支払方法や支払時期を記載する必要がある（労基89条3号の2）ことから，通常は賃金と認められ，退職金請求権が発生することになる[*172][*173]。

[*172]　朝日火災海上保険事件・最判平成8・3・26民集50巻4号1008頁（ただし傍論），東北ツアーズ協同組合事件・東京地判平成11・2・23労判763号46頁，前掲・甲野・S社事件（*119），前掲・千田事件（*89）など。他方，退職金規程が就業規則として作成された場合も，それが周知されず，かつ，同規程に即した退職金支給が行われていない場合は，就業規則の契約内容補充効（労契7条）が否定され，退職金請求権は否定される（社会福祉法人健心会事件・大阪地判平成25・10・29ジャーナル22号10頁参照）。退職功労金支給基準の就業規則該当性を否定して退職金請求を棄却した例として，ANA大阪空港事件・大阪高判平成27・9・29労判1126号18頁（第2章*247参照）。

[*173]　退職金規程が正社員のみを対象とし，パートタイマーを対象から除外している場合は，パートタイマーは請求権を有しない（弁天堂事件・大阪地判平成7・5・29労判688号87頁）。他方，退職金規程の適用除外となるパートタイマーの意義について検討した上，正規従業員と同様の労働時間・雇用実態にある労働者についてパートタイマー該当性を否定し，退職金請求を認容する例もある（芝電化事件・東京地判平成22・6・25労判1016号46頁）。個々の退職金規程の解釈の問題となろう（パート・有期法8条の規律については，1054頁参照）。退職金

退職金は、何よりも在職中の労働への対価であり、賃金後払としての性格を有する*174。しかし同時に、退職金支給率が勤続年数に応じて上昇し、自己都合退職より会社都合退職者を優遇するなど、労働者の長年の貢献に報いるという性格（功労報償的性格）も有している*175。退職金の法的性格を一方に割り切ることはできないが、退職金の所得保障としての重要性を踏まえれば、賃金後払の性格を重視し、その安定性・確定性の要請を保護する解釈を行うべきであろう。たとえば、退職金請求権の放棄については、労働者の自由意思に基づくものであれば許容されうるが、賃金請求権の放棄（347頁）と同様、労働者の自由意思を厳格に判断する必要がある*176。

(3) 退職金の不支給・減額

(ア) 概説　退職金については、使用者が就業規則（退職金規程）において、懲戒解雇者や、退職後、競業を営んだ者に対して退職金の全部または一部を支給しないと規定することが多い。これは、退職金の功労報償的性格に基づく取扱いであるが、一方で退職金は賃金後払（在職中の労働への対価）としての性格を有するので、不支給・減額条項の適法性が問題となる。

この点、学説では、退職金の賃金たる性格を強調し、退職金請求権は勤続年数ごとに具体的請求権として発生し、使用者は退職時まで支払猶予の抗弁権を有しているにすぎないから、それを不支給・減額とすることは賃金支払義務違反に当たるとともに、賃金全額払の原則（労基24条1項）違反として無効と解する見解がある*177。しかし、退職金は賞与と同様、その支給に関する当事者の合意や就業規則によって発生する賃金であり、支給条件をどのように定める

　　支給事由が会社都合か自己都合かが争点となり、会社都合事由と認定した最近の裁判例として、ロシア旅行社事件・東京地判令和3・9・21ジャーナル119号46頁、全国育児介護福祉協議会事件・東京地判令和4・1・19ジャーナル123号22頁。

*174　前掲・朝日火災海上保険事件（*172）は、「退職金〔は〕それまでの労働の対償である賃金の後払的な性格をも有する」として、このことを明言する。

*175　メトロコマース事件（最判令和2・10・13民集74巻7号1901頁）は、当該事案における会社の退職金について、「労務の対価の後払いや継続的な勤務等に対する功労報償等の複合的な性質を有するもの」と判断している。その後の同旨裁判例として、日本郵便事件・名古屋高金沢支判令和5・11・29ジャーナル145号14頁。

*176　前掲・シンガー・ソーイング・メシーン事件（*129）、江戸川会計事務所事件・東京地判平成13・6・26労判816号75頁。

*177　青木宗也「退職金」大系(5) 147頁、本多淳亮「賃金・退職金・年金」『労働法実務大系(13)』（総合労働研究所・1971）209頁等。

かは当事者の自由である。そして，退職金請求権は，そうした支給要件を満たすことによって退職時に発生するのであり，在職中の勤続によって当然に発生するとはいえない。そこで問題は，退職金支給について懲戒解雇者等を不利益に扱う条項の適法性に帰着するが，退職金の功労報償的性格を考えれば，そうした条項を直ちに公序（民90条）違反により無効と解し，または就業規則としての合理性（労契7条）を否定することはできない。また，賃金全額払原則との関係でも，同原則は賃金請求権の発生を前提とする原則であり，支給要件を満たさない場合はそもそも請求権が発生していないので，退職金の不支給・減額には適用されないと解される*178。

しかし，これも賞与と同様，退職金が在職中の労働の対価としての性格を有し，所得保障として機能する以上，それを不当に剥奪するような取扱いが許されないことも当然である。そこで，通説・裁判例は，使用者はいかなる場合も退職金の不支給・減額をなしうるわけではなく，それが許されるのは，労働者の長年の労働の価値（勤続の功）を抹消（全額不支給の場合）または減殺（減額支給の場合）してしまうほどの著しい背信行為があった場合に限られると解している*179。こうして，不支給・減額条項は，退職金規程（就業規則）に明記してはじめて労働契約の内容となしうる*180とともに，上記の限度で有効と解されることになる。すなわち，労働者の行為がこうした背信的行為に当たらない限り，不支給・減額条項の適用はなく，労働者は退職金を請求することができる（同条項自体が無効となるわけではない）*181。また，全額不支給か減額支給かも，

---

*178 菅野=山川361頁，下井302頁，基コメ労基・労契100頁［三井正信］。裁判例として，日本臓器製薬事件・大阪地判平成12・9・1労経速1764号3頁参照。

*179 菅野=山川658頁，山口均「退職金――不支給条項の効力」労働関係訴訟Ⅰ301頁以下，類型別実務Ⅱ589頁以下。土田113頁。労基法研究会中間報告（1987）参照。裁判例については，後掲*183，*184，*185，*188，*189，*192，*193，*195を参照。裁判例の傾向は，島村・前掲論文（*153）59頁参照。従業員が未収金の回収を勧奨しなければ退職金を支払わない旨の合意は，そもそも成立の余地がない（前掲・千田事件［*89］）。

*180 したがって，懲戒解雇者に対する退職金不支給規定がない場合は，懲戒解雇者に対する退職金支払義務が生ずるし（前掲・東北ツアーズ協同組合事件［*172］），懲戒解雇者に対する退職金不支給規定はあるが，使用者が懲戒解雇を行わなかった場合も同様である（上野製薬事件・大阪地判平成15・3・12労判851号74頁，ハイスタンダードほか1社事件・大阪地判令和5・10・26ジャーナル143号24頁，東京醫科大学事件・東京地判令和6・1・29ジャーナル150号32頁）。これに対し，「懲戒解雇相当事由があった場合は退職金を支給しない」旨の規定があれば，任意退職者に対する退職金不支給も可能である（東京貸物社［解雇・退職金］事件・東京地判平成15・5・6労判857号64頁）。

*181 また，退職金支払後，懲戒事由や同業他社における競業が明らかになった場合の退職金

労働者の不利益を左右するポイントとなる。

　(イ) **自己都合・会社都合退職**　　退職金の支給要件をどう定めるかは本来，当事者の自由であるから，自己都合・会社都合のいずれか一方に退職金を支給することを定めたり，自己都合退職者の退職金支給率を会社都合退職者のそれより低く設定することは原則として有効である[182]。また，退職金算定の基礎となる勤続年数の中に，一定の年数（たとえば 55～60 歳）を組み込むかどうかも労使自治に委ねられる。

　(ウ) **懲戒解雇**　　重大な非違行為を理由とする懲戒解雇者（第 7 章）に対する退職金の不支給・減額は，長年の労働の価値を抹消・減殺するほどの背信行為が存在することから，原則として適法とされる。たとえば，幹部社員（デザイナー）としての発注権限を濫用して取引先にバックマージンを要求するなどの不正行為を繰り返して懲戒解雇された事案について退職金の全額不支給を適法と判断した例[183]や，銀行員が銀行にとってきわめて重要な機密情報・顧客情報を反復継続的に持ち出し第三者に漏えいしたことを理由とする懲戒解雇を有効とした上，退職金についても，従業員の行為は会社の信用を大きく毀損する行為として悪質と評価して全額不支給を適法と判断した例[184]が典型である[185]。また，このようなケースで，労働者が懲戒解雇を避けるため，任意退

返還条項についても，それら事由が形式的に存在すれば発動しうるものではなく，労働者の勤続の功労を抹消してしまうほどの背信行為があった場合にのみ発動しうる規定として限定解釈される（ソフトウェア興業事件・東京地判平成 23・5・12 労判 1032 号 5 頁。結論としては，在職中の競業準備行為や引抜行為について顕著な背信性を認め，退職金返還請求を肯定）。

[182]　病院閉鎖を理由とする解雇に伴う退職金の支給率につき，会社都合による退職金支給を命じた例として，住之江Ａ病院事件・大阪地判平成 20・3・6 労判 968 号 105 頁。

[183]　トヨタ車体事件・名古屋地判平成 15・9・30 労判 871 号 168 頁。

[184]　みずほ銀行事件・東京高判令和 3・2・24 労判 1254 号 57 頁（退職金中 3 割の支給を命じた原審［東京地判令和 2・1・29 ジャーナル 99 号 32 頁］を取消し）。判決は，退職金の不支給については，労働者の長年の功労を抹消してしまうほどの重大な背信行為があることが必要であるとの従来の判例法理について，勤続の功績と非違行為の重大さを比較することは困難であり，判断基準として不適当と判示しており，チャレンジングではあるが，比較困難な事項を比較衡量するのが司法の使命ではないかとの疑念を否定できない（森戸英幸［判批］ジュリ 1582 号（2023）119 頁参照）。

[185]　退職金不支給の肯定例として，日本電信電話事件・大阪地判平成 9・4・25 労経速 1638 号 15 頁（支店長がテレホンカードを大量に隠匿した行為），東芝事件・東京地判平成 14・11・5 労判 844 号 58 頁（上級管理職の約 1 か月にわたる無断欠勤），日音事件・東京地判平成 18・1・25 労判 912 号 63 頁（会社に事前の連絡なく一斉に退職し，顧客データや在庫商品を持ち出すなどして多大な損害を与えた場合），中日本ハイウェイ・パトロール東京事件・東京地判平成 26・11・14 ジャーナル 36 号 32 頁（悪質な強盗事件によって会社の社会的信用を毀

職した後に退職金を請求することは権利濫用（労契3条5項）となりうる*186。

損した場合），KDDI事件・東京高判平成30・11・8ジャーナル84号32頁（3年以上にわたる住宅手当・単身赴任手当の不正受給等），日本郵便事件・大阪地判令和2・1・31ジャーナル97号10頁（郵便局長が行った金品の不正授受），伊藤忠商事ほか事件・東京地判令和4・12・26労経速2513号3頁（会社の情報の持ち出し行為），スカイコート事件・東京地判令和5・5・24ジャーナル143号2頁（会社情報の持ち出し・漏洩行為），伊藤忠商事事件・東京地判令和5・11・27労経速2554号14頁（機密情報の取得），小田急電鉄事件・東京地判令和5・12・19労判1311号46頁（覚醒剤所持・使用による有罪判決），焼津漁業協同組合事件・静岡地判令和6・5・23ジャーナル149号42頁（漁業協同組合管理職が行った窃盗［荷抜き］につき，組合の業務に係る窃盗という強度の背信行為と判断）など。退職金減額の肯定例として，丸和證券事件・東京地判平成11・12・24労経速1753号3頁（証券会社社員が顧客の過当勧誘によって重大な損害を及ぼした場合）。なお日音事件は，懲戒解雇が有効とされる場合の退職金不支給の適法性につき，原則として，長年の労働の価値を抹消するほどの背信行為が存在するとの評価が事実上推定され，不支給の適法性を争う労働者側が同評価を障害する事実を立証する責任を負うとの立証責任ルールを明示している（同旨，イーライフ事件・東京地判平成25・2・28労判1074号47頁）。

　なお，懲戒解雇でなく普通解雇に伴う退職金の3分の2減額事案につき，在職中の功労を抹消または減殺するほどの著しい背信行為の存在を認めて適法と判断した例があるが（エスプリ事件・東京地判令和4・12・2労経速2520号30頁），そもそも普通解雇の場合に退職金を減額・不支給とする就業規則の合理性（労契7条）を肯定できるか自体が疑問である。

　公務員の懲戒免職処分に伴う退職手当の不支給については，地方公務員の酒気帯び運転を理由とする退職手当全額支給制限処分につき，公務員の懲戒処分について懲戒権者の裁量権を広く肯定する社会観念審査（神戸税関事件・最判昭和52・12・20民集31巻7号1101頁。669頁）を退職手当全額支給制限処分にも適用して適法と判断した判例がある（宮城県・県教委事件・最判令和5・6・27民集77巻5号1049頁）。しかし，社会観念審査の当否はともかく，具体的判断としては，宇賀克也裁判官反対意見が説くように，同一県における公立学校教員や警察官の酒気帯び運転に係る懲戒処分が停職処分にとどまることとの均衡を欠く面があり，疑問の余地がある（小西康之［判解］ジュリ1590号［2023］5頁参照）。同事件の判断枠組み（社会観念審査）に従いつつ，警察官の非違行為を理由とする懲戒免職処分を適法とした上，勤続の功を抹消するに足りるとまではいえないとして退職手当全額支給制限処分を違法と判断した例として，神奈川県事件・横浜地判令和5・9・13労経速2540号3頁，高校教員（野球部顧問兼任）がマネージャーに対して行ったセクハラ行為を理由とする懲戒免職処分に伴う退職手当全額支給制限処分を適法と判断した例として，山形県・県教委事件・山形地判令和5・11・7ジャーナル144号22頁，国・県からの補助金に係る不正行為を理由とする退職手当全額返納命令処分を適法と判断した例として，中津市事件・大分地判令和6・4・12ジャーナル149号54頁。

＊186　退職金請求権の濫用を肯定した裁判例として，アイビ・プロテック事件・東京地判平成12・12・18労判803号74頁（顧客データの消去等），ピアス事件・大阪地判平成21・3・30労判987号60頁（在職中の競業），日本熱源システム事件・大阪地判平成24・2・24ジャーナル3号18頁（詐欺行為），貴医会事件・大阪地判平成28・12・9ジャーナル61号27頁。貴医会事件は，病院の医療事務員による18個の診療情報改ざん行為を理由とする退職金の不支給につき，本来の退職金の支給額の2分の1を超える請求について退職金請求権濫用を肯定している。他方，退職金請求権の濫用を否定する例として，東京ゼネラル事件・東京地判平成8・4・26労判697号57頁（不正取引），エスエイピー・ジャパン事件・東京地判平成14・9・3

裁判例の中には，労働者が退職してしまった以上，懲戒解雇を前提とする退職金不支給の余地はないと判断する例があるが＊187，過度の形式論であり，退職金請求権の濫用の成否を検討する必要がある。

しかし一方，労働者の非違行為の程度によっては，懲戒解雇が有効とされても，なお退職金不支給を正当化するほどの背信性が否定され，退職金請求が認容されることがある。たとえば，鉄道会社社員が電車内で行った痴漢行為につき，その職責を重視して懲戒解雇を有効としつつ，退職金不支給については，その賃金後払および所得保障の性格を考慮すると，私生活上の行為に対する全額不支給は行き過ぎとして3割分の支払を命じた例がある＊188。また，退職金の全額支給を命ずる例も少なくない＊189。以上の事理は，退職金不支給ではなく，退職労働者に懲戒解雇事由が判明した場合に支給済みの退職金の返還を求める旨の規定が設けられた場合にも妥当する＊190。こうした裁判例を踏まえる

労判839号32頁，前掲・東京醫科大学事件（＊180［大学教員による入試得点操作］）。ソニー・ミュージックエンタテインメント事件（東京地判平成20・11・28労判974号87頁）は，会社が退職した元執行役員に対し，懲戒解雇相当事由があるとして，不法行為に基づく既払退職金相当額の損害賠償を請求したことにつき，退職金請求権の濫用の余地を認めつつ，退職金の支払を受けたことについて不法行為が成立する余地はないとして棄却しているが，形式論の観がある。

＊187　ミニジューク大阪事件・大阪地判昭和61・2・26労判471号44頁。
＊188　小田急電鉄事件・東京高判平成15・12・11労判867号5頁。また，前掲・東京貨物社[解雇・退職金]事件（＊180）は，労働者の背信的行為（在職中の競業行為）を認定しつつ，在職中の功労も否定できないとして，退職金の4割5分を減じた減額支給を命じ，NTT東日本事件（東京高判平成24・9・28労判1063号20頁）は，職場外の強制わいせつ事件を契機に合意退職した労働者による退職金請求につき，私生活上の非違行為であること等を理由に，退職金の7割を減じた減額支給を命じ，前掲・日本郵便事件（＊175）は，保険業法に違反する生命保険の募集行為により懲戒解雇された従業員による退職金請求につき，会社に直接の財産的損害を被らせるものではなく，会社に対する功労も相当程度認められるとして，退職金の7割を減じた支給を命じている。また，業務外の飲酒運転を理由とする退職金全額不支給を違法と判断した例も複数見られる（西日本鉄道事件・福岡地判平成29・3・29ジャーナル65号40頁，日本通運事件・東京地判平成29・10・23労経速2340号3頁［それぞれ退職金の3割・5割の支給を肯定］）。エイブル保証事件・東京地判令和3・6・2ジャーナル117号58頁も参照。
＊189　髙蔵工業事件・名古屋地判昭和59・6・8労判447号71頁（在職中の営業秘密の漏洩や競業行為の背信性を否定），東京コンピュータサービス事件・東京地判平成7・11・21労判687号36頁（在職中の引抜行為や金員着服行為を否定），前掲・東京ゼネラル事件（＊186［違法な取引行為を否定］），日本コンベンションサービス事件・大阪高判平成10・5・29労判745号42頁（在職中の競業会社設立に対する関与の背信性を否定），ユフ精器事件・東京地判令和3・3・30ジャーナル114号48頁（従業員の顧客奪取行為等につき，退職金不支給事由である「退職後，退職金支給日以前に懲戒解雇相当事由が発覚した場合」への該当性を否定），学究社事件・東京地判令和5・6・29労経速2540号24頁（同様の規定該当性を否定）など。

と，企業としては，懲戒解雇者に対する退職金を一律に不支給とするのではなく，「不支給とすることがある」旨の規定または不支給・減額の選択規定を設け，退職金支給に関する裁量権を留保しておくことが妥当と解される*191。

㈣ **退職手続違反** 使用者は，就業規則において退職手続を規定し（退職許可制，民法 627 条 1 項の 2 週間の予告期間よりも長い予告期間の設定），それらに反して退職した労働者に退職金を支給しないことがある。この種の規定は，それ自体が退職の自由を不当に制約するものとして民法 627 条違反により効力を否定されるが（822 頁），退職金請求の問題としても，退職手続違反は労働者の労働の価値を抹消するほどの背信行為とは評価できないので，退職金の不支給措置は違法と解される*192。

㈤ **競業避止義務違反** 退職後の競業（競業避止義務違反）を理由とする退職金の不支給・減額については，職業選択の自由（憲 22 条 1 項）の観点を踏まえたより厳しい審査が付加される。上記のとおり，退職金が在職中の労働の対価（＝賃金の後払）を基本的性格とするのに対し，退職後の競業は文字どおり退職後の行為であり，退職金の不支給・減額事由とすること自体に問題がある。したがって，退職後の競業の背信性に関しては，退職金の不支給・減額条項の必要性，労働者の退職の経緯・目的，競業によって生じた損害などを総合して厳しく判断される（943 頁も参照）*193。

---

*190 ジブラルタ生命保険事件・東京地判令和 4・6・10 労経速 2504 号 27 頁。

*191 なお，懲戒解雇それ自体が権利濫用として無効とされる場合に，退職金不支給が許されないことは当然である。東急エージェンシー事件・東京地判平成 17・7・25 労判 901 号 5 頁，乙山株式会社事件・大阪地判平成 25・11・19 労判 1088 号 51 頁。

*192 日本高圧瓦斯事件・大阪高判昭和 59・11・29 労判 453 号 156 頁，日本圧着端子製造事件・大阪地判平成 29・11・15 ジャーナル 73 号 26 頁，芝海事件・東京地判令和元・10・17 ジャーナル 97 号 38 頁，前掲・ハイスタンダードほか 1 社事件（＊180）。退職直前の職務懈怠を理由とする退職金の 4 分の 1 減額を違法とした例として，洛陽総合学院事件・京都地判平成 17・7・27 労判 900 号 13 頁，退職前の業務引継の懈怠を理由とする退職金の全額不支給を違法とした例として，前掲・日本圧着端子製造事件，前掲・インタアクト事件（＊163），社会福祉法人千草会事件・福岡地判令和元・9・10 労経速 2402 号 12 頁，前掲・芝海事件（労働条件としての合理性を否定する［労契 7 条］とともに，長年の労働の価値を抹消するほどの背信性を否定）。この芝海事件と同様，単なる退職手続規定違反を理由とする退職金不支給については，当該条項の労働条件としての合理性（労契 7 条）を否定し，または不支給条項を公序違反と評価しうると説く見解もある（類型別実務 II 582 頁等）。

*193 前掲・中部日本広告社事件（＊155）が先例であり，退職金の減額支給を違法と判断している。その後の裁判例として，ベニス事件・東京地判平成 7・9・29 労判 687 号 69 頁（ともに減額支給を違法と判断），ヤマガタ事件・東京地判平成 22・3・9 労経速 2073 号 15 頁（退職金不支給を違法と判断），EVOLUTION JAPAN 事件（東京地判平成 28・4・15 ジャーナル 53

この判例法理は，実務上は穏当な判断であるが，退職後の行為である競業避止義務違反を理由に，在職中の労働の対価である退職金を不支給・減額とすること自体が問題と解される。むしろ，退職金請求権を認めた上，競業の態様が従業員の大量引抜きを伴うなど，退職金請求権の（一部）喪失を正当化するほどの顕著な背信性が認められる場合に，退職金請求権の濫用（労契3条5項）を認める構成の方が妥当である[*194]。また，在職中の競業を理由とする退職金不支給の適法性も，競業の背信性に即して実質的に判断される[*195]。

（4）役員兼務従業員の退職金

　取締役や監査役等の役員が，業務執行以外の事務や労務を兼務している場合，退職に際して取締役としての退職慰労金とは別に，従業員としての退職金を請求することがある。一般に，これら役員兼務従業員の法律関係は，役員としての地位に基づく委任契約と，労働者としての地位に基づく労働契約が併存する契約であるため（78頁），その報酬も，役員報酬と従業員たる地位に対応する賃金の二つの部分から構成される。そこで，退職金請求権も，この二つの賃金部分を基礎とする別個の請求権として存在することになる。

　まず，退職慰労金については，業務執行の対価として支給される限り，会社法361条にいう取締役報酬に含まれ，定款にその額の定めがない限り，株主総

号47頁。退職金不支給を違法と判断），前掲・日本圧着端子製造事件（[*192]［退職金不支給を違法と判断］）。一方，東京コムウェル事件（東京地判平成22・3・26労経速2073号27頁）は，退職後の競業に著しい背信性があるとして，退職金不支給を適法と判断し，前掲・日本産業パートナーズ事件（[*155]）は，退職後の競業の内容が悪質であり，著しく信義に反する行為であるとして退職金の大幅減額を適法と判断している。また，野村證券事件（東京地判平成28・3・31労経速2283号3頁）は，労働者が会社退職時に退職加算金を受領しつつ，同業他社に転職した場合は返還する旨の合意を行った後，同業他社に転職したことから会社が行った加算金相当額の支払請求を認容している（同旨，Z事件・京都地判平成29・5・29判タ1464号162頁）。村田千香子＝西村康一「退職金不支給規程の合理性」労働関係訴訟の実務411頁以下参照。

[*194]　東京貨物社［解雇］事件・東京地判平成12・11・10労判807号69頁（結論としては退職金請求権濫用を否定）。退職後の競業避止義務の効力論からアプローチし，同義務を定めた就業規則の合理性を否定して退職金請求権の発生を認め，その不支給を違法と解する例もある（モリクロ事件・大阪地判平成23・3・4労判1030号46頁）。このほか，前掲・野村證券事件（[*193]）は，労働者が会社退職時に退職加算金を受領しつつ，同業他社に転職した場合は返還する旨の合意を行った後，同業他社に転職したことから会社が加算金相当額の支払を請求したことにつき，同請求が権利濫用に当たるとの労働者側主張を斥けて請求を認容している。

[*195]　前掲・東京貨物社［解雇・退職金］事件（[*180]）。在職中の背信的競業を理由に退職金不支給を適法と判断した例として，前掲・イーライフ事件（[*185]）。

会の決議をもって定めるべきものとされる[*196]。また，役員兼務従業員は，従業員たる地位に対する退職金部分については，従業員退職金規程に基づいて退職金を請求することもでき，この部分に会社法361条は適用されない[*197]。裁判例は，取締役としての地位が形式的・名目的で実態がない場合[*198]はもとより，取締役としての業務執行を行っている場合も，同時に従業員としての職務を遂行していれば，上記理由から退職金請求権を認めている[*199][*200]。一方，取締役就任を従業員としての退職事由と定め，取締役就任時に退職金を受領する旨の就業規則が整備・実行されている場合は，同制度によって退職金が精算され，退職金請求権は発生しないと解すべきであろう[*201][*202]。

[*196] 名古屋鉄道事件・最判昭和39・12・11民集18巻10号2143頁，扶桑電機工業・東欧電機事件・東京地判昭和59・6・3労判433号15頁など（旧商269条に関する判断）。この結果，定款の定めまたは株主総会の議決がない限り，取締役は退職慰労金を請求することはできない。この点は，退職慰労金が従業員と同一の支給基準によって算定される場合（前田製菓事件・最判昭和56・5・11判時1009号124頁）も，決議を経ない慰労金支給の慣行があった場合（池本自動車商会事件・大阪地判平成8・2・26労判699号84頁）も同様である（舞台美術乙山組事件・東京地判平成21・11・13労判997号44頁も参照）。最近では，代表取締役の退職慰労金につき，株主総会決議による委任を受けた取締役会が，内規の定める基準額から大幅に減額した額を支給する旨の決議をしたことについて裁量権の範囲の逸脱または濫用を否定した判例がある（テレビ宮崎事件・最判令6・7・8 [LEX/DB25573635]）。

他方，取締役が代表取締役に対して会社不正問題を告発したことに対する報復ないし制裁として，代表取締役らが株主総会において同取締役の退職慰労金支給に係る決議を否決させたケースにつき，退職金慰労金支給に関する期待を違法に侵害するものとして不法行為と判断した裁判例がある（山口放送事件・広島高判令5・11・17ジャーナル145号24頁）。

[*197] シチズン時計事件・最判昭和60・3・26判時1159号150頁。

[*198] 森工機事件・大阪地判昭和59・9・19労判441号33頁，日本情報企画事件・東京地判平成5・9・10労判643号52頁。

[*199] 前掲・扶桑電機工業・東欧電機事件（[*196]），前掲・高蔵工業事件（[*189]），タビックスジャパン事件・東京地判平成6・12・12労判673号79頁，前掲・佐世保配車センター協同組合事件（[*128]），加賀金属事件・大阪地判令2・1・24労判1226号84頁，加藤美蜂園本舗事件・東京地判令2・3・11判時2486号89頁，前掲・学究社事件（[*189]）。否定例として，サンランドリー事件・東京地判平成24・12・14労経速2168号20頁（代表取締役の事案）。

[*200] また，合資会社の有限責任社員（専務取締役）として会社代表者の職務を代行していた者についても，その労働者性を認めて，従業員退職金規定の適用を認めた裁判例がある（興栄社事件・最判平成7・2・9判時1523号149頁）。

[*201] 佐川ワールドエクスプレス事件・大阪地判平成9・3・28労判717号37頁。森田運送事件・大阪地判平成26・6・13ジャーナル31号55頁，前掲・加賀金属事件（[*199]）も参照。他方，そうした精算が行われていない場合は，従業員から取締役への就任に伴う従業員としての退職金請求が認容される（前掲・舞台美術乙山組事件［[*196]］）。逆に，取締役が退任後も従業員として引き続き雇用されていた場合は，当該雇用期間に対応する退職金請求が認容される（コモンズ事件・東京地判平成25・7・2判時1088号86頁）。

(5) 企業年金

(ア) **意　義**　企業年金は，退職一時金のように退職金を一度に支払うのではなく，年金原資を計画的・長期的に積み立て，年金方式で支払う制度であり，厚生年金基金を中心に，公的年金を補充しつつ，労働者の引退後の生活保障に寄与する制度として普及してきた。しかし，企業年金については，バブル崩壊後の長期不況の中で財政が悪化し，また，雇用の流動化に伴う転職時の年金資産の移換（ポータビリティ）が要請されたため，2001年に抜本的に改革された。すなわち，確定拠出年金制度を樹立する確定拠出年金法が制定されるとともに，従来の確定給付企業年金制度に関する確定給付企業年金法が制定された[*203]。これら2法の詳細については本書の性格上，割愛し，企業年金と労働契約法の関連問題に限定して解説する。

(イ) **企業年金と労働法上の問題——賃金か否か**　まず，企業年金が賃金（労基11条，労契6条）に当たるか否かは，年金のタイプによって異なる。厚生年金基金や確定給付企業年金法上の基金型確定給付企業年金は，使用者とは別の機関が支給することから「使用者が支払うもの」ではなく，賃金には当たらない。確定給付企業年金法上の規約型確定給付年金は，事業主が実施する年金であるため賃金とも考えられるが，同じ制度の適用を受ける基金型確定給付年金が賃金性を否定されることと整合性を欠く。確定拠出年金法上の企業型確定拠出年金も，資産管理機関が支給することから賃金には当たらないと解される。これに対し，自社年金が賃金に当たることに疑いはなく，「退職手当」として就業規則の必要記載事項（労基89条3号の2）に当たる（314頁も参照）[*204]。

(ウ) **企業年金の減額・廃止**　企業年金の財政悪化に伴い，その減額や打切りが行われ，現役従業員や受給者がその効力を争う紛争が生じている。

[*202]　なお，会社との間で委任契約を締結して業務を執行してきた執行役員（78頁参照）に対し，会社が業績悪化を理由に退職慰労金を不支給としたことにつき，同慰労金は功労報償的性格がきわめて強く，執行役員退任のつど代表取締役の裁量判断によって支給されてきたものにすぎないから，同慰労金を必ず支給する旨の合意や事実たる慣習は認められないとして，不支給措置を内容とする退職慰労金規則改訂前の旧規則に基づく支払請求を棄却した裁判例がある（三菱自動車工業事件・最判平成19・11・16労判952号5頁）。

[*203]　基本文献として，森戸英幸『企業年金の法と政策』（有斐閣・2003），河合塁「企業年金」講座再生(3) 65頁。

[*204]　一方，自社年金以外の外部積立型年金の「退職手当」該当性は明らかでないが，退職手当でないとしても，「労働条件」として就業規則への記載義務がある（労基89条10号）と解すべきであろう。

まず，現役従業員に対する不利益変更については，就業規則の不利益変更法理（労契10条）が適用され，財政逼迫による高度の必要性，代償・経過措置の存在，労働組合との交渉経緯によっては合理性が肯定される[*205]。

より重要な問題は，退職受給者に対する不利益変更である。この点については，退職受給者に対する企業年金の不利益変更（減額・廃止）は，労働契約の終了後に行われる変更であり，また，退職受給者は企業年金規程によって確定的な年金受給権を有している。したがって，使用者が企業年金を減額・廃止するためには，企業年金規程における明確な根拠規定を要すると解される[*206]。

次に，企業年金の不利益変更（減額・廃止）の要件について。まず，企業年金の廃止は，企業年金請求権自体を消滅させるというドラスティックな措置であるから，容易には認められない。裁判例では，銀行が金融管理管財人による業務・財管理処分を受けたため年金支給を打ち切ったケースにつき，年金通知書で明示してきた年金額改訂権の適用はなく，事情変更の原則の適用も認められないとして年金請求を認容した例がある[*207]。

これに対し，企業年金の減額については，減額の必要性・相当性の有無によって判断される。裁判例では，経済情勢もしくは社会保障制度の大幅な変動に伴う改訂・廃止権規定を定めた自社年金規程に基づく年金減額（給付利率年2％引下げ）につき，約款理論を採用した上，上記自社年金規程が合理性と周知性を有していれば退職従業員との年金契約の内容となるとの判断を前提に，上記改廃規定に基づく給付利率改訂の合理性（改訂の必要性，改訂後の給付利率の相当性［一般金融市場における利率よりなお相当程度高い利率であること等］），周知性お

[*205] 名古屋学院事件・名古屋高判平成7・7・19労判700号95頁。覚せい剤取締法違反による逮捕を理由に懲戒解雇された嘱託社員に対して自社年金の受給資格を取り消した事案につき，年金規程の支給停止条項を根拠に有効と判断した例もある（朝日新聞社事件・大阪地判平成12・1・28労判786号41頁）。

[*206] 同旨，前掲・幸福銀行［年金打切り］事件（*13），松下電器産業［大阪］事件・大阪地判平成17・9・26労判904号60頁，松下電器産業［大阪・控訴］事件・大阪高判平成18・11・28労判930号26頁，早稲田大学［年金減額］事件・東京高判平成21・10・29労判995号5頁等。他方，そうした根拠規定がない場合は，退職受給者の同意を得ない限り，企業年金を減額・廃止することはできない（港湾労働安定協会事件・神戸地判平成17・5・20労判897号5頁。港湾労働安定協会［未払年金］事件・神戸地判平成23・8・4労判1037号37頁も参照）。河合・前掲論文（*203）78頁，野川620頁参照。

[*207] 前掲・幸福銀行［年金打切り］事件（*13）。使用者が一時金支給等の十分な代償措置を設け，年金受給者の大部分が同意しているケースでは，企業年金の廃止が有効と判断された例もある（バイエル薬品・ランクセス事件・東京高判平成21・10・28労判999号43頁）。

よび手続上の相当性（年金受給者の理解を得る努力）を認めて有効と判断した例[208]や，私立大学が財政再建委員会の答申，退職者との懇談会，アンケート調査等を経て，経済的諸事情の変化に伴う年金制度の見直し条項を根拠に，年金支給額を4年間に5段階で35％減額したことにつき，将来の制度破綻を回避するためのやむを得ない措置であり，改訂内容も相当であって，退職者に対する説明手続も尽くされているとして有効と判断した例[209]等がある[210]。

思うに，退職者の年金受給権の保護という要請を踏まえれば，使用者は無制限に企業年金を減額できるわけではなく，減額の必要性・相当性を要し，それら要件を欠く場合は年金額改訂権の濫用として無効となると解すべきであろう。その法的構成としては，上述した民法的アプローチ（約款論的アプローチ＝前掲・松下電器産業［大阪・控訴］事件［*206］）のほか，労働法的アプローチ（就業規則変更法理の参照）がありうるが[211]，いずれにせよ，減額の必要性，受給者の不利益の程度，変更内容の相当性周知性のほか，退職者の理解を得るための手続が判断要素となる[212]。私は後者の構成を支持するが，就業規則変更規定（労契10条。734頁）を参照する場合も，同規定は，労働契約を締結してい

---

[208] 前掲・松下電器産業［大阪・控訴］事件（*206）。

[209] 前掲・早稲田大学［年金減額］事件（*206）。

[210] このほか，終身自社年金を規定の3倍支給してきた銀行が，経営悪化に伴い規定どおりの額に減額したことにつき，規定を超える部分は恩恵給付的性格が強く，銀行は社会情勢の変化による年金額改訂権を年金通知書で明示してきたこと，改訂の必要性・合理性の観点からも，受給者の大多数が異議を述べていない点からも，年金額改訂に権利濫用はないとして有効と判断した例（幸福銀行［年金減額］事件・大阪地判平成10・4・13労判744号54頁）や，私立大学が行った自社年金の減額につき，年金制度における年金財政の健全性の確保，事前積立制度の維持，世代間の公平の確保という見地から制度を改定する必要性が認められること，年金額の減額幅が合理的範囲内にとどまること，本件改定に関する同意意思確認の手続に重大な瑕疵があったとはいえないこと等から有効と判断した例（Y大学事件・東京地判平成29・7・6判時2351号99頁）がある。

[211] 前掲・松下電器産業［大阪］事件（*206［前掲・松下電器産業［大阪・控訴］事件（*206）の原審］）は，本文の自社年金規程に基づく年金減額につき，就業規則による労働条件の不利益変更に関する判例法理（732頁）を斟酌しつつ，従来と同じ給付利率を維持しながら年金給付を行うことが困難となるような経済情勢の変動が認められることや，現役従業員に予定されている年金受給額が既受給者との間で大きな格差を生じているため，社会保障制度の面でも大幅な変動が生じていることから，相当な範囲内の減額であるとして有効と判断している。

[212] 法的構成については，森戸英幸「企業年金の『受給者減額』」中嶋還暦『労働関係法の現代的展開』（信山社・2004）133頁以下，花見忠「企業年金給付減額・打切りの法理」ジュリ1309号（2006）70頁，内田貴『制度的契約論』（羽鳥書店・2010）111頁，藤田正人「企業年金の受給者減額」労働関係訴訟I 326頁以下，坂井岳夫「企業年金の減額」争点99頁参照。

る現役労働者の労働条件に関する規定であるため,退職者の企業年金減額という事案の特質に即した修正を必要とする。すなわち,年金受給権の保護の必要性に鑑み,減額の必要性を厳格に解すべきことは当然であるが,同時に,退職者の受給額と現役労働者の受給額のバランス(世代間バランス)も考慮する必要がある。また,退職者については通常,就業規則の不利益変更における代償措置や関連労働条件の改善を講ずる余地がないことから,退職者の同意を得るための努力(説明・情報提供)をどの程度尽くしたかという手続の相当性がポイントとなる[*213]。こうした観点からは,前記各裁判例は,おおむね妥当な判断を行っているものと評価できる。

第5節　成果主義賃金・人事と法

1　成果主義賃金・人事の意義

前記のとおり(311頁),近年には,伝統的な年功賃金システムが変化し,成果主義賃金・人事が普及しつつある。それは,「労働者の年齢・勤続年数ではなく,職務・職責・役割等の仕事の価値や,その達成度(成果)を基準に賃金処遇を行う制度」をいう。もともと賃金は,具体的労働の対価という側面と,労働者の所得保障という側面を有しているが(308頁以下),成果主義賃金・人事は,前者の性格を強化し,賃金の変動性を高める意味を有する。具体的には,賞与について人事考課(査定)部分を拡大したり,基本給について年齢給・年功給を縮小しつつ,職能給を拡大する動向が顕著である。さらに最近では,職能資格制度自体を再編して職務等級制度に転換するケースも生じている[*214][*215]。

[*213]　前掲・早稲田大学[年金減額]事件(*206)は,使用者が年金減額を行うに際しては,信義則上,現役教職員および退職者に対して誠実に内容を説明し,その納得を得るための相応の手続を経ることが要請されると述べ,手続の重要性を強調している。企業の法的リスク管理としても,できるだけ多くの退職者の同意が得られるよう説明と情報開示を行い,年金減額の客観的合理性を高める必要がある。りそな企業年金基金・りそな銀行事件・東京高判平成21・3・25労判985号58頁も参照。

[*214]　成果主義賃金・人事に関しては,多数の文献があるが,特に,八代充史「成果主義人事制度の実態と今後の課題」土田=山川編1頁,今野・前掲書(*1),同『個と組織の成果主義』(中央経済社・2003),伊藤実「成果主義の理念と実態」季労207号(2004)75頁,逢見

成果主義人事は，企業の人事政策として不可逆であると同時に，公正で合理的な人事制度であり，法的にも妥当性を有すると解される*216。第1に，成果主義人事は，労働契約における給付（労働）と反対給付（賃金）の均衡という法的要請に応えうる制度である。すなわち，成果主義人事においては，意欲・能力が高く，成果を挙げた従業員が高く評価される反面，そうでない従業員には高く報えないことになるが，これは，個人の仕事の質に即した報酬を約束する点で「公正」ということができる。のみならず，それは労働費用の公正な配分に寄与し，従業員のモチベーションの向上と企業業績に反映されるという意味で，企業経営上も合理的な制度と評価できる。

　第2に，成果主義人事は，個人の能力・成果を評価軸とする制度であるから，年齢・勤続年数・学歴・性別・雇用形態というステレオタイプな属性を評価軸とする人事制度を改革する役割を営む。年功賃金においては，男性の正社員であれば，仕事の質にかかわらずそれなりの処遇を受けることができたが，成果主義人事の下では，それは困難となる。換言すれば，成果主義人事においては，女性でもパートタイマー等の非典型労働者であっても，意欲・能力・成果の高さに応じて高く報いられることになる。この意味で，成果主義人事は，雇用平等の理念（憲14条）を実現するのに適した賃金制度ということができる。裁判例では，男女の昇格差別に関して，会社が婚姻の有無という要素によって女性を一律に低査定したことにつき，個々の労働者の業績・能力を基本に査定を行うという人事考課制度の本旨と整合しないと述べ，人事権濫用による違法を認

　　直人「労働組合からみた成果主義賃金の検証」季労207号（2004）50頁，第一東京弁護士会労働法制委員会編著『多様化する労働契約における人事評価の法律実務』（労働開発研究会・2019），今野＝佐藤・前掲書（＊1）24頁参照。成果主義に対する批判的見解として，高橋伸夫『虚妄の成果主義』（日経BP社・2004）がある。

＊215　成果主義人事をめぐる法律問題に関する文献としては，土田＝山川編所収の諸論文のほか，「賃金処遇制度の変化と法」労働89号（1997）所収の諸論文，「特集・能力・成果主義賃金と労働法の課題」季労185号（1998）所収の諸論文，古川陽二「成果主義賃金と年俸制」講座21世紀(5) 105頁，石井保雄「人事考課・評価制度と賃金処遇」講座21世紀(5) 124頁，石井保雄「成果主義賃金制度と労働法（学）の10年」日労研554号（2006）5頁，柳屋孝安「人事考課の裁量性と公正さをめぐる法理論」日労研617号（2011）33頁，石井保雄「成果主義・年俸制」争点88頁，第一東京弁護士会労働法制委員会編著・前掲書（＊214）など参照。

＊216　私見については，土田道夫①「成果主義人事と労働契約・労働法」土田＝山川編19頁，同②「成果主義人事と人事考課・査定」土田＝山川編57頁，同③「成果主義徹底型賃金制度と労働法」季労207号（2004）25頁，土田道夫＝守島基博「人事考課・査定」荒木尚志＝大内伸哉＝大竹文雄＝神林龍編『雇用社会の法と経済』（有斐閣・2008）172頁以下，基コメ労基・労契88頁以下［土田道夫］参照。本節は，これらをベースとしたものである。

めた例があるが[*217]、成果主義人事の積極的意義を端的に示す例といいうる。

　もっとも、企業においては、成果主義人事が単なる人件費削減の手段に堕したり、不公正な人事考課によって労働者の不満を増大させているケースが見られる。賃金・処遇が労働者の重要な生活原資として所得保障の要請が働くこと（308頁）を考えると、成果主義人事は、公正で、しかも労働者の生活の安定の要請に応えたものでなければならない。労働契約法としては、これらの要請を踏まえて成果主義人事に関する法的検討を深め、労働契約（成果主義人事）の適正な運営を促進する法的規律を行うことが課題となる（成果主義賃金制度の導入については、756頁参照）。

2　人事考課と「公正な評価」

(1)　人事考課制度

　成果主義人事の公正さの鍵を握るのは人事考課制度である。人事考課は、労働者の能力・成果を評価して賃金・処遇を決定する制度であり、おおむね、年度初めに評価基準と達成目標を設定し、中間レビュー・賞与評価を経て、年度末に評価が行われる。評価項目は通常、①成果（アウトプット＝職務の達成度）、②能力（インプット＝知識・技能、理解・判断力等）、③意欲・職務行動（スループット＝能力を成果に向けてどのように発揮したか）、④情意（＝勤務態度、協調性等）に分かれる。そして、これが基本給・賞与の決定や処遇（昇格・昇進・降格）に反映されることになる。最近は、労働者の納得性を確保するための工夫が進んでおり、評価項目の透明化、複数評価者による多面評価、評価項目・基準と結果の開示（フィードバック）が進んでいるほか、目標管理制度が導入され、人事考課は双方向的な手続に変化しつつある[*218]。

(2)　「公正な評価」の法的構成[*219]

　人事考課が就業規則等において制度化され、労働契約内容となった場合は、

---

　　*217　前掲・住友生命保険事件（*81）。
　　*218　今野＝佐藤・前掲書（*1）136頁以下、白井泰四郎『現代日本の労務管理〔第2版〕』（東洋経済新報社・1992）222頁以下、津田・前掲書（*1）153頁以下、特集「評価制度の弊害は除けるか？」日労研617号（2011）、佐藤博樹＝藤村博之＝八代充史『新しい人事労務管理〔第6版〕』（有斐閣・2019）80頁以下、第一東京弁護士会労働法制委員会編著・前掲書（*214）89頁以下など参照。
　　*219　「公正な評価」について詳しくは、土田・前掲②論文（*216）64頁以下、土田・前掲③

第5節　成果主義賃金・人事と法

使用者は労働契約上，人事考課権を有する。人事考課が賃金決定という企業の資源配分に直結する手続である以上，人事考課の権限は，企業運営に責任を負う使用者に認めるべきものだからである[*220]。これに対して学説では，人事考課を使用者の義務（公正評価義務，適正評価義務）として構成する見解があるが（債務不履行構成）[*221]，支持できない[*222]。

しかし同時に，成果主義人事においては，人事考課の公正さを人事権行使の必須の要件と解すべきである[*223]。もともと賃金は，労働の対価であると同時

論文（*216）32頁以下参照。柳屋・前掲論文（*215）33頁以下，柳屋孝安「人事考課・査定」争点86頁も参照。

[*220]　裁判例も同様に解しており，管見の限り，すべての裁判例が人事考課の法的根拠を使用者の人事考課権または裁量権に求めている。たとえば，人事考課が「使用者の経営に重大な影響を及ぼすものであることに鑑みれば，……人事考課の方法，資格要件等について就業規則等により定められ，これに基づき各人事考課が行われている以上，個々の労働者のいかなる業績，能力等に対し，いかなる評価をするかは，基本的には使用者の人事権の裁量の範囲内の問題である」と判断した例がある（前掲・住友生命保険事件［*81］）。同旨裁判例として，マナック事件・広島高判平成13・5・23労判811号21頁，イセキ開発工機事件（東京地判平成15・12・12労判869号35頁），NTT東日本事件・東京地判平成16・2・23労判870号93頁，NTT西日本［D評価査定］事件・大阪地判平成17・11・16労判910号55頁，産業能率大学事件・東京地判平成20・9・2労経速2016号11頁，日本レストランシステム事件・大阪地判平成21・10・8労判999号69頁，日本政策金融公庫事件・東京地判平成24・5・16判タ1405号163頁，東京海上日動火災保険事件・札幌地判平成27・3・18ジャーナル39号13頁，国立精神・神経医療研究センターほか事件・東京地判平成28・2・22労判1141号56頁，トライグループ事件・東京地判平成30・2・22労経速2349号24頁等。

[*221]　毛塚勝利「賃金処遇制度の変化と労働法学の課題」労働89号（1997）19頁，石井・前掲論文（*215・講座21世紀(5)）135頁，西谷283頁，三井正信「労働者の能力を公正に評価する義務は使用者の労働契約上の義務として構成可能か」日労研501号（2002）85頁（同『現代雇用社会と労働契約法』［成文堂・2010］216頁）。

[*222]　人事権構成を支持する学説として，秋田成就「賃金決定における人事考課の法的諸問題」季労105号（1977）4頁，山川95頁，柳屋・前掲論文（*215）36頁，大内155頁。債務不履行構成に対する私の批判については，土田・前掲②論文（*216）85頁以下，本書〔第2版〕293頁以下参照。

[*223]　同旨，柳屋・前掲論文（*215）34頁，第一東京弁護士会労働法制委員会編著・前掲書（*214）94頁以下。同旨の裁判例として，人事考課に基づく降級・降格につき，人事考課は人事管理の基礎として公正に行われなければならず，評価者の個人的・恣意的な判断が許されないことは当然であり，人事評価が所定の評価方法に基づかないとか，存在しない事実を評価の前提とするなど社会通念に照らし著しく不合理な場合は，裁量権の濫用として違法となると判断した（阪急阪神ビルマネジメント事件・大阪地判平成25・9・12ジャーナル21号28頁［結論としては，人事考課を適法と判断］），人事考課に基づく降級・降格につき，①人事考課に相当な理由がなく，②降級・降格によって労働者が被る不利益が大きい場合は，当該降給・降格人事は人事権の濫用として無効となる場合があるとの一般論を述べた上，人事考課の公平性・相当性を否定して人事権の濫用を認めた例（前掲・東京海上日動火災保険事件［*220］）

に，労働者の重要な生活原資であり，人事考課はその先行手続であるから，それを公正に行うことは，使用者の賃金支払義務に内在する責務といいうる。また，成果主義の下では，人事考課は賃金・処遇を決定する最も重要な手続を意味し，かつ，賃金の短期的変動性を高める制度として機能するので，能力・成果の公正な評価の要請が一層高まることになる。すなわち，成果主義賃金制度における人事考課は，もはや使用者の自由裁量ではなく，使用者は，労働者の納得が得られるよう公正に評価する責務（注意義務）を負うのである。労働条件対等決定の原則（労基2条1項）および合意原則（労契3条1項）からも，人事考課が公正に行われるべきことは当然の法的要請である。

したがって，使用者がこの公正評価の注意義務に反して人事考課を恣意的に行い，基本給の減額・不昇給・不昇格等によって労働者に経済的損害を及ぼしたときは，人事考課権の濫用（労契3条5項）として不法行為（民709条）が成立し，損害賠償責任を負うことになる。損害額は通常，標準的評価を受けた従業員の賃金との差額分となろう*224。また，人事考課が違法な差別に当たる場合や，故意・悪意による低査定がなされた場合は，不当に低い評価を受けたことを理由とする精神的損害に対する慰謝料請求も肯定されうる*225。賞与の不

等がある。地位確認等請求事件（東京地判令和4・3・15ジャーナル128号36頁）は，使用者が人事考課権を濫用した場合は，労契法3条5項により，当該人事考課やそれに基づく降格・降給は違法無効となると判断している。前掲・住友生命保険事件（*81），前掲・金融経済新聞社事件（*100），エーシーニールセン・コーポレーション事件・東京地判平成16・3・31労判873号33頁，東京ビッグサイト事件・東京地判平成27・12・25ジャーナル48号15頁，Y社事件・名古屋地岡崎支判平成30・4・27判時2407号97頁，学校法人追手門学院事件・大阪地判令和元・6・12労判1215号46頁参照。

*224　土田・前掲②論文（*216）76頁，西谷284頁参照。裁判例も同様に解する例が多い。たとえば，昇給に関する人事考課を不法行為と解しつつ，損害については，会社における平均昇給率との差額を損害とする原告側主張に対し，平均昇給率が人事考課により従業員ごとに異なる指数を基に算出される以上，平均昇給率のとおり昇給する権利を認めることは困難として斥けつつ，従業員の平均的評価であるCランクの人事考課を受けていたものとして，それとの差額分を認容した例（前掲・マナック事件[*220]）がある。一方，前記のとおり（379頁），人事考課は使用者の権利であって義務ではないから，労働者は，使用者に対して人事考課自体のやり直しを請求したり，有効な人事考課が行われていた場合に得られたであろう賃金との差額それ自体を請求することはできない。

*225　前掲・住友生命保険事件（*81）は，既婚者であることを理由とする低査定について100万円〜300万円の慰謝料請求を認容し，前掲・日本レストランシステム事件（*220）は，嫌がらせないし見せしめ目的の著しい低査定につき，300万円の慰謝料請求を認容している。他方，そうした精神的損害が経済的損害の回復によって慰謝される場合は，慰謝料請求は否定される（前掲・マナック事件[*220]）。また，前掲・マーベラス事件（*102）は，人事考課

支給・減額についても同様に解される*226。さらに，不公正な人事考課に基づく降格・降級の事例では，当該降格・降級自体が無効とされることから，降格前の資格等級にあることの確認請求や差額賃金請求が認容されうる*227。

(3) 「公正な評価」の法的枠組み

「公正な評価」の内容については，人事考課の手続面と，成果・能力・職務行動を含めたトータルな観点から考える必要がある。

(ア) 「公正な評価」の内容　a) 制度・手続の公正　まず，使用者は，人事考課のプロセス全体の公正さを整備することを求められる。すなわち，使用者は，①公正・透明な評価制度を設計・開示し，②それに基づいて公正な評価を行い，③評価結果を開示・説明する責務を負うと解される。特に，制度・手続の公正さ（①・③）は重要であり，実際の評価（②）の命運を握る意味をもつ*228。したがって，「公正な評価」は第1に，制度とその運用の公正さ（①・③）に還元され，その下で人事考課が行われていれば，「公正な評価」（②）が行われたものと推定すべきである*229。逆に，これら制度・手続が十分整備されていない場合は，特段の反証がない限り，評価の不公正さを推定し，人事権濫用を肯定すべきことになる*230。

　　に基づく賃金減額について人事考課の相当性を認めつつ，減額幅が過大である点についてのみ無効と判断し，不法行為の成立を否定している。
*226　前掲・マナック事件（*220）。なお，裁判例の中には，当該人事考課がなければ得られたであろう賞与額との差額請求を認容する例（前掲・金融経済新聞社事件［*100］，A社長野販売事件・東京高判平成29・10・18労判1179号47頁）や，賞与に係る勤務成績査定が労働協約に規定されている場合につき，協約の規範的効力（労組16条）に基づく差額請求権を肯定する例も見られる（前掲・JR東海事件［*150］（具体的判断としては否定）］）。
*227　マッキャンエリクソン［控訴］事件・東京高判平成19・2・22労判937号175頁。この点については，柳屋・前掲論文（*215）41頁，同・前掲解説（*219）87頁参照。
*228　人事考課は，人事考課制度の適用の結果にすぎない場合が多く，上司（人間）による主観的評価となるため，それが評価制度に即して行われたか否かが重要となるからである。人事管理論の立場からも，人事考課については手続の公平さの重要性が指摘されている（土田＝守島・前掲論文［*216］180頁）。
*229　大内155頁は，本文の私見に対して，①公正・透明な評価制度の設計・開示，②それに基づく公正な評価，③評価結果の開示・結果について誠実説明がされていれば②が認められると説く。この箇所で大内教授が私見として紹介する上記③中の「結果」は，正しくは本頁にあるとおり「説明」であり（教授の誤植と思われる），そうすると，大内説と私見はほぼ異ならないものと解される。
*230　同旨，城塚・前掲書（*153）137頁。換言すれば，本文に述べた評価制度・手続の公正さ（①・③）は，そのいずれかを欠くと評価の公正さが直ちに否定されるという意味での「要

評価制度・手続の公正さ（①・③）の具体的ポイントは，ⓐ透明性・具体性のある評価項目・基準の整備，ⓑ評価の納得性を確保するための評価方法（多面評価，評価方法の開示）の導入，ⓒ評価を処遇（昇降給，昇降格，昇進，能力開発・育成，異動）に反映させるためのルールの整備，ⓓ個々の労働者との間の面談・説明・情報提供，ⓔそれらルールの労働者への説明・情報提供・開示（フィードバック），ⓕ紛争処理制度の整備（389頁）に求められる。人事考課制度は，就業規則に規定されるのが通例であるから，上記のような内容を備えることが合理性要件（労契7条）によって求められることになる[*231][*232]。

　裁判例も，人事考課制度・手続の公正さを重視する傾向にある。制度・手続の公正さを認めた例としては，成果主義による基本給引下げ（降給）につき，「降給が決定される過程に合理性があること，その過程が従業員に告知されてその言い分を聞く等の公正な手続が存することが必要であ」る一方，「降給の仕組み自体に合理性と公正さが認められ，その仕組みに沿った降給の措置が採られた場合には，個々の従業員の評価の過程に，特に不合理ないし不公正な事情が認められない限り，……当該仕組みに沿って行われたものとして許容される」と述べた上，この要件に即した運用が行われているとして降給の有効性を認めた例がある（前掲・エーシーニールセン・コーポレーション事件［*223]）[*233]。

　　　件」ではなく，本文のとおり，その整備を欠くことが「評価の不公正さ」を推定させるという意味での重要な要素（評価障害事実）を意味すると解すべきであろう。土田・前掲②論文（*216）71頁。年俸制につき同旨，荒木155頁以下。

　*231　前掲・丸紅情報システムズ事件（*104）参照。この点，京王電鉄ほか1社事件（東京高判令和元・10・24労判1244号118頁）は，人事考課権が人事権の一内容であることを理由に，人事評価制度が就業規則内容となっていない場合も，直ちに人事考課権が否定されることにはならないと判断するが，疑問がある。就業規則の作成義務がない使用者（労基89条参照）を除けば，使用者が人事考課制度を就業規則で制度化していないことは，「評価の不公正さ」を推定させる要素（評価障害事実）の一つを構成すると考えるべきであろう（*230参照）。

　*232　人事考課制度中のⓔ（説明・開示）については，個人情報保護法上，事業者が人事考課データの開示義務を負うこと（33条2項）にも留意を要する（188頁参照）。この点，河合塾事件（東京高決令和元・8・21労判1214号68頁）は，裁判所の文書提出命令（民訴223条。1181頁参照）に関してであるが，人事評価基準を労働者に開示することは，人事評価の透明性確保に資する一方，労働者がこれを過度に意識して業務に取り組む結果，その本来的な適性を見誤る等の事態を招来するおそれがあると述べた上，会社が人事評価の基本的考え方・仕組み・項目等を開示する一方，具体的評価細則を不開示としていることについて相当と判断するが，後半の具体的判断はともかく，前半の一般論は，人事考課の開示の意義を過小評価するものとして疑問がある。一方，前掲・京王電鉄ほか1社事件（*231）は，人事考課制度や実績評価の開示が行われていたことを理由の一つとして人事考課制度の合理性を肯定している。

　*233　バンド型等級制度における降給の効力が争われた事例。また，三井住友海上火災保険事

一方，人事考課制度において最低評価であるD評価に係る具体的評価基準が定められておらず，複数評価（多面的評価）を欠き，異議申立制度もないことから，評価の公正さが制度的に担保されていないと述べた上，人事考課中，D評価に係る一次評価と二次評価を同一の者が行う部分について違法と判断した例もある*234。さらに，こうした制度設計・手続の公正さは，就業規則による成果主義賃金制度の導入について，労働条件変更に関する合理性要件（労契10条）の充足の有無を判断する裁判例においても重視されている*235（758頁参照）。

一方，人事考課が制度・手続に即して行われていないことを理由に人事考課権の濫用を認めた例としては，経営批判を理由とする昇給・賞与上の低査定支給につき，人事考課規程に定める評定期間外の期間における言動を含めて低く査定したことを規程違反として裁量権逸脱を認め，不法行為と解した例*236や，育児休業期間（9か月）を含む1年間の人事考課において，育児休業取得者の成果報酬をゼロ査定としたことにつき，休業前の期間（3か月）における業務実績を考慮しない査定は，査定制度上考慮すべき事項を考慮していないとして裁量権の濫用を認め，不法行為と判断した例*237，人事考課制度自体が整備さ

件（東京地判平成16・9・29労判882号5頁）は，賞与に関する低評価につき，目標シートや人事考課を制度に基づき適用した結果にすぎないとして有効と判断し，前掲・丸紅情報システムズ事件（*104）は，基本給の降給につき，根拠とされた人事考課制度に不合理な点はなく，制度所定の評価決定のフィードバックも行われている等として有効と判断し，前掲・フェデラルエクスプレス事件（*151）は，従業員の低評価が会社の3段階に渡る異議申立制度（GFTP）において維持されたこと等を理由に有効と判断している。また，前掲・マーベラス事件（*102）は，人事考課制度において評価項目が明確であり，多面的評価が実施され，評価結果のフィードバックと目標設定面談が実施され，紛争処理制度として内部通報制度が存在し，原告労働者もこれを利用して評価の修正に至る実績があるなど機能していること等を理由に有効と判断している。損害保険ジャパンほか事件・東京地判平成18・9・13労判931号75頁，前掲・阪急阪神ビルマネジメント事件（*223），前掲・東京海上日動火災保険事件（*220），前掲・東京ビッグサイト事件（*223），前掲・京王電鉄ほか1社事件（*231），前掲・学校法人追手門学院事件（*223）も参照。

*234　前掲・Y社事件（*223）。また，月例給の減額につき，人事考課の基準や減額との関係を示す基準が全く明らかでないとして評価の正当性を否定し，無効と判断した例もある（前掲・フジクラ事件［*99］）。有期労働契約の更新の前提となる評価につき，山口県立病院機構事件・山口地判令和2・2・19労判1225号91頁。

*235　ノイズ研究所事件・東京高判平成18・6・22労判920号5頁，前掲・学校法人実務学園ほか事件（*109），前掲・トライグループ事件（*220），トーマツ事件・東京地判平成30・10・18労経速2375号14頁。

*236　前掲・マナック事件（*220）。同旨，前掲・中央情報システム事件（*86），レコフ事件・東京地判平成29・2・23ジャーナル72号57頁，ディーンモルガン訴訟承継人リンクアカデミー事件・大阪地判令和5・9・28ジャーナル143号40頁。

れていない状況の下で行われた賃金の大幅減額を無効と判断した例（前掲・コアズ事件［*100］）等がある*238。

　　b）**評価の公正**　次に，人事考課制度がいかに整備され，手続が履行されていても，実際の評価（②）が著しく恣意的であれば，不公正な評価と解されることがある。

　第1に，人事考課は各種の差別禁止規定（労基3条・4条，雇均6条，労組7条等）に反してはならない。第2に，成果主義を標榜する以上，能力・成果と無縁のステレオタイプな属性（性別・学歴・雇用形態など）を理由に低い査定を行うことは人事権濫用となる（前掲・住友生命保険事件［*81］）。

　第3に，人事考課が基準の適用を誤って行われ，従業員に経済的不利益を及ぼしている場合も人事権濫用が成立しうる。裁判例では，職能資格制度（就業規則）の改訂前の人事考課において，労働者がB以上の評価を受けていたにもかかわらず，改訂後の人事考課において同一評価者が低い評価を行ったこと，この違いについて上位の考課者が検討していないことにつき，人事考課の方法を著しく逸脱していると述べ，人事権濫用を肯定した例*239，人事考課制度自体は合理性を有するものの，上司による実際の人事考課が事実に基づかず，客観的評価基準に反して主観的・恣意的に行われたとして人事考課権の濫用を認めた例*240，市交通局職員（地下鉄運転士）のひげを禁止する身だしなみ基準に

---

*237　コナミデジタルエンタテインメント事件・東京地判平成23・3・17労判1027号27頁。同［控訴］事件・東京高判平成23・12・27労判1042号15頁も参照。

*238　このほか，①使用者が給与規程で定めた査定を経ることなく職能給・業績給や賞与を減額し，特に，規程上は減額査定を予定しない年齢給・生活補助給に減額査定を行って減給したことにつき，労働契約および就業規則違反として違法と解した例（前掲・金融経済新聞社事件［*100］），②使用者が人事考課の基準は周知させていたものの，マイナス評価者を降級対象とする降級基準を周知させていなかった場合に，当該降級基準によって従業員を降級させたケースにつき，降級基準は従業員に明らかにされている基準で行うのが相当として当該明示基準（「著しい能力の低下・減退」）を適用した上，降級事由を否定して人事権濫用と判断した例（マッキャンエリクソン事件・東京地判平成18・10・25労判928号5頁），③会社代表者が行った賞与の減額査定につき，賞与支給基準に依拠することなく，単に支給額が高すぎるとの理由だけで減額したとして裁量権の濫用と判断し，賞与支払請求を認容した例（前掲・A社長野販売事件［*226］），④従業員がそもそも業務に従事できない自宅待機期間に関する低査定について裁量権の濫用と判断し，同査定に基づいて支給された賞与等に係る損害について中位査定に基づく支払を命じた例（アルパック販売事件・神戸地姫路支判平成31・3・18労判1211号81頁）等がある。②の判断は，人事考課ルールの開示（フィードバック）の重要性を示す例として注目される。

*239　前掲・イセキ開発工機事件（*220）。

*240　国際観光振興機構事件・東京地判平成19・5・17労判949号66頁。

基づき，人事考課において職員がひげを生やしていることを主たる理由として減点評価したことにつき，同基準の趣旨は，ひげを全面的に禁止するものではなく，単にひげを生やしていることをもって人事上の不利益処分の対象とするものでもないことから，人事考課権の逸脱・濫用に当たるとして国賠法上の違法性を認めた例*241 等がある*242。前掲・エーシーニールセン・コーポレーション事件（*223）が，人事考課に基づく降給が評価制度に即して行われた場合，「特に不合理ないし不公正と認めるべき事情がない限り」有効と判示するのも，個々の従業員の評価に関して過誤があれば，制度設計（①）自体は公正であっても，制度の適用段階（②）で人事権濫用が成立することを認める趣旨と解される*243。

---

*241　大阪市事件・大阪高判令和元・9・6労判1214号29頁。第2章＊31参照。

*242　また，使用者が賃金規程（就業規則）において，降級の基準として「本人の顕在能力と業績が属する資格（＝給与等級）に期待されるものと比べて著しく劣っていること」と定めている場合につき，使用者が降級を行うためには，根拠となる具体的事実を挙げて，労働者の顕在能力と業績が，本人が属する資格に期待されるものと比べて著しく劣っていることを主張立証する必要があると述べた上，その主張立証がないとして人事権の逸脱を認め，降級前の等級の地位確認請求を認容した例がある（前掲・マッキャンエリクソン［控訴］事件［＊227］）。嫌がらせや見せしめなど，不当な目的によって人事考課が行われたとして権利濫用を認めた例（前掲・日本レストランシステム事件［＊220］）もある。このほか，人事考課の相当性を否定して人事権濫用を肯定する裁判例として，前掲・TBCグループ事件（＊86），前掲・東京海上日動火災保険事件（＊220），前掲・フジクラ事件（＊99）。地方公務員につき，行政庁の裁量権濫用を肯定した裁判例として，東京都人事委員会事件・東京地判平成22・5・28労判1012号60頁，香川県事件・高松地判平成26・1・27ジャーナル25号17頁。

*243　前掲・エーシーニールセン・コーポレーション事件（＊223）は，本文の一般論を前提に，「特に不合理ないし不公正と認めるべき事情」の存否につき，設定された目標に従業員の意見が反映されていないとか，上司の評価に偏りがあるとの原告側主張に応接し，否定している。同旨，セガ・エンタープライゼス事件・東京地決平成11・10・15労判770号34頁，前掲・NTT西日本［D評価査定］事件（＊220［賞与］），前掲・ノイズ研究所事件（＊235）。

このほか，人事考課の相当性を認めて人事権濫用を否定した事例として，エフ・エフ・シー事件・東京地判平成16・9・1労判882号59頁（降給），住友スリーエム事件・東京地判平成18・2・27労判914号32頁（格付け），廣川書店事件・東京地判平成18・4・28労判917号30頁（賞与），新日本有限責任監査法人事件・東京地判平成25・3・19ジャーナル16号19頁（低評価），前掲・阪急阪神ビルマネジメント事件（＊223［低評価］），京成不動産事件・東京地判平成27・3・18ジャーナル40号19頁（昇給），前掲・東京ビッグサイト事件（＊223［昇給・賞与］），前掲・レコフ事件（＊236），前掲・フジクラ事件（＊99），日立製作所事件・横浜地判令和2・3・24ジャーナル99号2頁（賃金減額），前掲・ELCジャパン事件（＊156［降格］），前掲・あんしん財団事件（＊151［降格］），関西電力事件・大阪地判令和3・9・9ジャーナル118号32頁，前掲・マーベラス事件（＊102［基本給減額］），前掲・地位確認等請求事件（＊223［降格・降給］），テレビ東京制作事件・東京地判令和5・6・29ジャーナル144号42頁（年間総合評価）。行政庁の裁量権濫用を否定した裁判例として，豊中市事件・大阪地判

さらに、能力開発や職務選択の機会の保障も重要である。もともと成果主義は、労働者に高い職務遂行能力の発揮を求める制度であり、労働者がその能力を高めるための機会を保障しなければ不公平であるから、十分な能力開発の機会を与えないまま低い評価を行うことや、労働者の適性・希望（キャリア）を考慮しないまま配置しつつ低い評価を行うことは、公正な評価とは認められない[*244]。能力開発を行わないまま達成不可能な目標を定め、その未達成を理由に低い評価を行う場合も同様に解される[*245]。

　　c）所得保障の要請　　第4に、成果主義人事の下では、短期的な業績によって賃金が変動しうるが、これを無制限に認めることは、賃金の安定性・確定性の要請（所得保障の要請）に反する。この点、学説では、出来高払の保障給を定めた労基法27条を援用し、労働時間に応じた最低保障給の設定を要件とする見解がある[*246]。成果主義人事が出来高払制と直結しない以上、27条の直接適用は困難であるが、所得保障の観点からは、同条の趣旨を踏まえて、賃金減額に一定の限度があり、極端な減額は人事考課権の濫用となると解すべきであろう[*247][*248]。

　　令和5・11・15ジャーナル145号32頁。
　　　以上に対し、前掲・東京海上日動火災保険事件（*220）は、企業の人事考課制度自体は十分合理的と判断しながら、同制度に基づく具体的評価について相当性を欠くものと判断し、当該評価に基づく降級を人事権濫用と判断している（後掲*252参照）。制度自体は公正であっても、制度の適用段階で人事権濫用が成立しうることを認めた典型的裁判例と評価できる。

[*244]　この意味で、労働者のイニシアティブに基づく人事制度（社内公募制、社内FA制）は、公正な評価を担保するための重要な要素といえる。佐藤＝藤村＝八代・前掲書（*1）48頁以下参照。本書552頁参照。八代充史「賃金制度の変化とその規定要因」廣石忠司＝福谷正信＝八代充史『グローバル化時代の賃金制度』（社会経済生産性本部・2002）7頁参照。法的検討としては、土田・前掲③論文（*216）34頁、有田謙司「成果主義人事における能力開発と労働契約」季労207号（2004）100頁以下参照。

[*245]　前掲・NTT西日本［D評価査定］事件（*220）、ニチイ学館事件・大阪地判令和2・2・27労判1224号92頁参照。

[*246]　中窪裕也＝毛塚勝利「年俸制をめぐる法的諸問題」これからの賃金制度のあり方に関する研究会編『年俸制の進め方と課題』（雇用情報センター・1996）70頁［毛塚］。

[*247]　土田・前掲③論文（*216）31頁。年俸制につき同旨、古川・前掲論文（*215）118頁。裁判例では、人事考課における低評価に基づいて行われた月例給5万円余の減額を伴う降格につき、月例給8万円減額を伴う降格からわずか3か月のうちに行われたものであることを考慮すると、これを正当化するほどの事情があるといえないとして無効と判断した例がある（前掲・ビジネクスト事件［*89］）。

[*248]　この点、前掲・マーベラス事件（*102）は、人事評価に基づく賃金減額が労働契約上予定されている場合も、賃金減額内容によっては権利濫用により効力が否定される場合があると述べた上、会社が低評価に基づく賃金グレードの連続引下げによって賃金減額を行ったことに

(イ) 能力・職務行動の評価　第5に，成果（アウトプット）以外の要素，すなわち，意欲・能力（インプット）や職務行動（スループット）をバランスよく考慮することも重要である。この点，成果主義を徹底させれば，評価の対象となるのは個人の成果・業績のみであり，それ以外の要素を考慮すべきではないという議論が生じうるが，そのような短期的成果主義の弊害は，しばしば指摘されている（短期的業績のみの評価による長期的人材育成の阻害，従業員のチャレンジ意欲・モラールの低下，個人業績偏重によるチームワークへの悪影響など）。そこで，企業は最近，従業員の意欲・能力や職務行動（コンピテンシー）を考慮して成果主義人事を設計する方向性をとっている。この意味で，成果主義は，成果「中心」主義にほかならない[*249]。

　このような能力・職務行動評価の要請は，法的にも重要な要請と解される。もともと労働契約は，請負（民632条）のように仕事の完成（労働の成果）を目的とする契約ではなく，「労働すること」自体を目的とする契約であり，労働義務は，一定の成果のために必要な行為をする債務（手段債務）を意味する。すなわち，労働契約において労働者が負う義務は，使用者の指揮命令に従って誠実に労働することであり，成果を達成することではない（132頁）。労働契約のこの特質を考えると，賃金の決定要素を成果だけに求めることはできず，労働者が成果に向けて誠実に労働したか否かというプロセスを含めて考えるべきである。そして，その判定要素は結局，上記の諸要素（能力，意欲・職務行動，情意）に求めざるをえない。こうして，人事考課は意欲・能力・成果を適切に考慮してはじめて「公正な評価」に値することになる[*250]。

(ウ) 人事考課と解雇・降格　使用者が，人事考課を根拠として，能力不足・成績不良を理由に解雇・降格を行う場合は，それぞれに固有の法規制が行われる。まず，解雇の場合は，解雇権濫用規制（労契16条）が適用される結果，

つき，労働者の不利益が大きいにもかかわらず，会社は労働契約上も内部運用上も何ら手当てをしていないとして連続減額の合理性を否定し，変更前の賃金を10％減額した額を超える部分について賃金減額幅決定権限の濫用に当たり無効と判断している。賃金減額幅を考慮した判断自体は妥当であるが，賃金減額幅決定権限なる概念を観念する根拠が不明確であり，事実関係から見て，端的に賃金減額を無効と判断すべき事案であったと解される。

[*249]　佐藤＝藤村＝八代・前掲書（＊1）82頁参照。短期的成果主義の問題点については，八代・前掲論文（＊244）6頁以下，伊藤実「成果主義の理念と実態」季労207号（2004）81頁，など参照。

[*250]　この点については，土田・前掲②論文（＊216）80頁，同・前掲③論文（＊216）34頁参照。第一東京弁護士会労働法制委員会編著・前掲書（＊214）87頁以下も参照。

人事考課自体は適法であっても，解雇については解雇事由該当性がより厳しく判断される（863頁）＊251。また，降格についても，資格引下げとしての降格については就業規則上の根拠規定を要するし，職位引下げとしての降格についても人事権濫用の規制がある（531頁以下）＊252【4-8】【4-9】。

> 【4-8】 **人事考課に関する最近の裁判例**　最近の裁判例を見ると，人事考課について使用者の裁量権を幅広く解し，人事考課に基づく賃金減額や降格を安易に有効と判断する例が見られる。たとえば，ある裁判例（前掲・トライグループ事件［＊220］）は，人事考課制度に基づく職能給減額につき，使用者は，雇用契約の内容として人事評価について広範な裁量権を有することから，会社が不当な動機・目的に基づいて評価したり，評価対象事実の評価が著しく合理性を欠く等の裁量権の逸脱・濫用がない限り，人事評価に基づく賃金減額は有効であるとの一般論を述べた上，人事評価の方法や評価者について評価マニュアルに一部適合しない点があることを認めながら，裁量権の逸脱・濫用とまでは評価できないと判断している。また，業績年俸の減額について同様の判断を示した例もある＊253。
> 　しかし，こうした判断には疑問がある。成果主義人事の浸透に伴い，労働者の賃金・処遇における人事考課の重要性が高まっているにもかかわらず，立ち入った司法審査を消極視することは，人事制度の変化に整合しない逆行的な判断と評

＊251　典型例として，人事考課における低評価の有効性を認めつつ，それを理由とする解雇については，就業規則上の解雇事由である「労働能率が劣り，向上の見込みがない」に未だ該当しないとして無効と判断した前掲・セガ・エンタープライゼス事件（＊243）が挙げられる。人事管理論からのコメントとして，土田＝守島・前掲論文（＊216）195頁。

＊252　人事考課の相当性を否定して降格・降級を人事権濫用と判断する裁判例として，前掲・TBCグループ事件（＊86），前掲・東京海上日動火災保険事件（＊220）。

＊253　前掲・国立精神・神経医療研究センターほか事件（＊220）。同事件は，独立行政法人が行う人事考課に基づく研究職労働者の業績年俸の減額につき，使用者は人事評価について裁量権を有するとして広範な裁量権を肯定する一般論を説示した上，面談の不実施や，一次評価の任にない者による一次評価の実施・二次評価の不実施など，評価制度に適合しない点があることを認めながら，裁量権濫用を否定し，年俸減額を有効と判断している。このほか，倉庫会社M事件・東京地判平成28・7・26［LEX/DB25543675］（職務給減額），JR東海事件・大阪地判平成30・3・23ジャーナル76号54頁（賞与減額）等，前掲・トーマツ事件（＊235［降格］），ゆうちょ銀行事件・東京地判令和4・4・28労判1298号70頁（手当の低額査定），前掲・テレビ東京制作事件（＊243［年間総合評価］）（ただし，ゆうちょ銀行事件，テレビ東京制作事件の具体的判断には問題はない）。この点，古い時期の裁判例は，人事考課について使用者の広範な裁量を認め，重大な事実誤認や好き嫌い等の著しく恣意的な評価が行われない限り権利濫用を否定する態度を示していたが（ダイエー事件・横浜地判平成2・5・29労判579号35頁。エーシーニールセン・コーポレーション事件・東京高判平成16・11・16労判909号77頁［前掲・エーシーニールセン・コーポレーション事件（＊223）の控訴審］も参照），そうした判断への回帰を示しているように思われる。

価するほかない。人事考課制度・手続に関する準則を提示し、その公正さ・相当性を求める私見（381頁）は、こうした観点からの立論であり、制度・手続の公正さ（①・③）は実際の評価（②）の命運を握る意味をもつことから、就業規則の合理性審査（労契7条）としても重要な意義を有する（223頁）[254]。日本では、成果主義賃金の進展にもかかわらず、企業内紛争処理システムがなお整備されていない企業が見られることを考えると、裁判所は前述した準則に即して人事考課制度・手続の公正さおよび実際の運用の相当性について実質的な司法審査を行うべきである[255]。

一方、最近においても、人事考課に関する実質的審査を行う例はもとより存在するのであり、賃金減額の有効性判断に係る考慮要素として人事考課の公正さを掲げる例[256]、使用者が人事考課に基づく賃金減額や降格を実施する際に考課裁量を逸脱または濫用したと認められる場合は当該賃金減額や降格の効力は否定されると述べ、人事考課の相当性を具体的かつ克明に検討する例[257]、年俸制における使用者の年俸決定権について綿密な司法審査を行う例（393頁）が見られる。私は、前記の理由から、これら一連の裁判例を支持する[258]。

【4-9】 **紛争処理**　以上のとおり、人事考課は法的なコントロールを予定するが、労働者が実際に訴訟を提起して争うことは容易ではない。また、人事考課は賃金の配分の問題であるから、裁判所などの外部機関による判定にも限界がある。したがって、人事考課については、企業内における紛争処理制度が重要となる。日本における普及度は十分ではないが、成果主義を標榜しつつ、労働者のクレームに応える窓口を設けないことは公正とはいえないし、労働法コンプライアンスと法的リスク管理の観点からも問題がある。こうして、紛争処理制度は、人事考課制度の重要な要素を成すと解すべきである。

---

[254] 同旨、第一東京弁護士会労働法制委員会編著・前掲書（*214）94頁以下。
[255] 人事管理論の立場からも、人事考課については手続の公平さの重要性が指摘されている（土田＝守島・前掲論文［*216］180頁）。
[256] 前掲・コアズ事件（*100）。
[257] 前掲・あんしん財団事件（*151［降格］）、前掲・マーベラス事件（*102［賃金減額］）。このほか、前掲・阪急阪神ビルマネジメント事件（*223［結論としては、人事考課を適法と判断］）、前掲・東京海上日動火災保険事件（*220）、前掲・Y社事件（*223［結論としても、人事考課を権利濫用と判断］）、前掲・東京ビッグサイト事件（*223［結論としては、人事考課を適法と判断］）。
[258] 松本恵里＝土田道夫「就業規則の変更による成果主義賃金制度導入の効力」同志社法学71巻7号（2020）167頁以下参照。

3 年俸制

(1) 意　義

年俸制とは，①「1年の賃金額」を（年単位の賃金設定），②労働者の成果・能力に即して（非労働時間管理）支払う制度をいう。成果主義賃金を徹底させた制度であり，管理職を中心とするホワイトカラーを対象に導入されている。

年俸制のタイプとしては，「特別の手当を除く年俸額1本タイプ」（単一年俸制）と，「基本年俸＋業績年俸（業績賞与）タイプ」（業績賞与併用型確定年俸制）がある。業績賞与併用型確定年俸制は，基本年俸（1階部分）を変動させず，業績年俸（2階部分）だけで賃金を変動させる制度であり，賃金の安定性を重視した制度として日本企業に普及している。業績賞与併用型確定年俸制の場合，基本年俸は前年度の業績を中心に，労働者の役割・職位や次年度への期待度も考慮して決定され，業績年俸は前年度の業績を中心に評価して決定される[*259]。

(2) 労基法上の論点

(ア) **対象者**　年俸制は現在，労働時間規制を受けない管理監督者（労基41条2号）や，裁量労働制の適用者（同38条の3・38条の4）を中心に実施されている。これら従業員の場合，時間外労働規制（割増賃金規制＝同37条）がないため，年俸額を一括して事前決定することが可能だからである。これに対し，一般従業員の場合は，割増賃金規制があるため，年俸制の下でも，時間管理をして割増賃金を支払う義務がある。割増賃金を含めて手当や定額給として支払うことは可能であるが，この場合も，手当や定額給に占める割増賃金部分が法定割増賃金を下回ってはならない（430頁以下参照）。

(イ) **賃金支払規制・就業規則への記載**　賃金については，毎月1回以上定期払の原則（労基24条2項）があるので，年俸制を採用する場合も，これに従って年俸を支払う必要がある。また，年俸制は賃金制度であるため，就業規則において，年俸賃金の体系，年俸の決定と支払方法，対象者の範囲，手当・賞

[*259] 年俸制をめぐる法律問題については，中窪＝毛塚・前掲論文（＊246）59頁以下［毛塚］，盛誠吾「年俸制・裁量労働制の法的問題」労働89号（1997）53頁，土田道夫「年俸制をめぐる法律問題」獨協法学53号（2000）138頁以下，水町勇一郎「成果主義と賃金制度――年俸制・賞与・退職金」土田＝山川編155頁以下，古川・前掲論文（＊215）106頁以下，藤内和公「成果主義賃金の法律問題」西谷敏＝中島正雄＝奥田香子編『転換期労働法の課題』（旬報社・2003）73頁以下，荒木154頁，石井・前掲解説（＊215）88頁参照。

与の取扱いなどを規定しなければならない(同89条2号)。

　(ウ)　「業績賞与」の取扱い　　年俸制における業績年俸は業績賞与とも呼ばれるが，労基法上の「賞与」は「支給額が予め定められていないもの」をいうため(昭和22・9・13発基17号)，業績賞与が前年度の成績を評価して確定している場合は「賞与」には当たらない。したがって，業績賞与を割増賃金の算定基礎から除外したり，平均賃金の算定基礎から除外することは違法となる(平成12・3・8基収78号)*260。

(3)　年俸制と労働契約

　(ア)　雇用期間と賃金決定期間　　年俸制は，賃金を年単位で支払う制度であり，法的には，賃金の決定期間・支払期間を年単位とすることを意味する。したがって，年俸制を採用したからといって，雇用期間(契約期間)を1年と合意したことにはならない。労働者は通常，期間の定めのない労働契約を締結しつつ，年俸制の下で働くことになるのであり，この場合，ある年俸期間における勤務成績の悪さが当該期間後の解雇に直結しないことはいうまでもない。裁判例では，契約期間を1年とする雇用契約における賃金の定め方を「固有の年俸制」と解し，その場合の年俸の減額は合意により可能であるが，期間の定めのない雇用契約における年俸制にはこの理は妥当しないとして賃金減額を違法と判断した例があるが*261，これは，賃金決定期間と雇用期間を混同した判断と思われる*262。

　(イ)　年俸請求権の発生要件　　年俸制について特に問題となるのは，年俸額がどの時点で確定し，また賃金請求権がどの時点で発生するのかである。この点は，労働者が年度途中で退職する場合の賃金請求権の有無や，年度途中の賃金減額の適法性に関して問題となる。

　次のように考えるべきであろう*263。業績賞与併用型確定年俸制の場合，た

　＊260　一方，本文のように解すると，業績賞与は毎月1回以上定期払原則(労基24条2項)の適用を受けることになるが，この解釈はいかにも形式的であり，年俸制については，同条の適用を否定すべきである。

　＊261　デイエフアイ西友事件・東京地決平成9・1・24判時1592号137頁。

　＊262　山川隆一[判批]ジュリ1117号(1997)208頁参照。一方，年俸制によって雇用された労働者が，年額報酬であることを理由に期間1年の雇用契約を主張し，期間途中の解雇として「やむことを得ざる事由」(民628条)の要件を主張した事案につき，賃金形態としての年間報酬と，雇用契約が期間の定めのないものであることとは何ら矛盾しないとして斥けた例もあり，この判断の方が妥当である(ユニスコープ事件・東京地判平成6・3・11労判666号61頁)。

しかに年俸額は前年度の業績評価等によって確定している。しかし，具体的な年俸請求権については，年俸も賃金である以上，ノーワーク・ノーペイの原則が妥当するため（318頁），賃金請求権は現実の就労を前提に発生するのが原則となる。したがって，年俸制適用者が当該年度に退職したり，解雇された後の賃金請求権は発生しない。また，欠勤や遅刻の場合に賃金カットすることも，その旨の合意や規定があれば適法かつ有効と解される。一方，このように解すると，民法624条2項の賃金後払原則により，労働者は年度途中の退職等の事情がなくても，当該年度の労働を全部終了しなければ年俸賃金を請求できないのではないかという問題が生ずる。しかし，この規定は任意規定であり（318頁），年俸制が賃金決定期間を1年とする制度であるとしても，特約で毎月1回の支払期間を定めることは有効である（しかも，賃金の毎月払の原則［労基24条2項。350頁］との関係で常にそうしなければならない）から，労働者は毎月の定期払を請求することができる。

　一方，年度途中における年俸額の減額については，年俸額が確定している以上，使用者はそれを一方的に調整（減額）することはできない。年俸制においては，次年度への期待を決定要素とすることが多いが，労働者がその期待に応じた成果を挙げていなくとも，それは年度途中の調整事由とはならず，翌年度の年俸に反映させるべきものとなる*264。当該年度の成績に応じて年俸額を調整する旨の特約は，賃金を過度に不安定なものとする特約として，公序（民90条）違反により無効と解すべきであろう*265。なお，年度途中の配転や降格によって年俸額を引き下げることも，同じ理由から原則として許されない。

　(ウ)　**年俸額の決定**　　年俸額の決定は，通常，目標管理制度とリンクして行われ，年度当初に労働者と上司との話合いで目標を設定し，年度末にその達成度を相互に評価した上，合意の上で賃金額を決定することが多い。そこでは，使用者側の一方的な人事考課という色彩は薄れ，年俸額は労使による賃金の個別協議と合意によって決定されることになる。したがって，翌年度以降に年俸額が減額されることについて，労働者が個別的に同意した場合は，当該合意に基づく減額が肯定されうるが，合意の認定は慎重に行う必要がある*266。

*263　詳細は，土田・前掲論文（*259）154頁以下参照。
*264　同旨，荒木156頁。裁判例として，シーエーアイ事件・東京地判平成12・2・8労判787号58頁，新聞輸送事件・東京地判平成22・10・29労判1018号18頁。
*265　中窪＝毛塚・前掲論文（*246）90頁以下［毛塚］，土田・前掲論文（*259）156頁参照。
*266　中山書店事件・東京地判平成19・3・26労判943号41頁（翌年度以降に年俸額が減額さ

一方，新年度の年俸額について労使が合意に達しなかった場合は，使用者に最終的決定権を認める旨の合意または規定があればそれによるべきものと解される[*267]。ただし，年俸制が成果主義賃金を徹底させた制度であることや，合意原則（労契3条1項）の意義を踏まえれば，客観性・合理性のある決定手続を履行する仕組みが整えられていることが求められ，就業規則がそうした手続を欠き，使用者が恣意的に年俸額を決定できる制度に化している場合は，就業規則としての合理性を否定されるものと解される（労契7条）[*268]。個別合意に基づく年俸額決定権についても，上記のような合理的手続が設けられた場合に限り使用者に対する年俸額決定権の付与が合意されたものと考えるべきであろう[*269]。

また，年俸額決定規定または合意に合理性・相当性が認められる場合も，個々の年俸額決定手続の具体的運用が合理性・透明性を欠き，公正性に乏しい場合は，年俸額決定権行使の段階で権利濫用が成立しうる（労契3条5項）。裁判例では，年俸規程において，営業社員の受注目標額の設定・査定面談の実施・多面評価・不服申立制度等が整備されていることから就業規則としての合理性を肯定しつつも，それに基づく具体的な年俸額決定について，会社が年俸減額の理由について具体的説明を行わないなど合理性・透明性に欠ける手続の下で年俸を決定（減額）したとして年俸額決定権の濫用を認め，違法無効と判断した例がある[*270]。成果主義賃金徹底型制度としての年俸制の解釈としては，こうした内容規制・行使規制を行うことは支持に値する。

れうることについて労働者が同意していた場合に，当該合意に基づく年俸減額を肯定）。

[*267] 学説では，使用者の決定権を認める見解が多い。盛・前掲論文（*259）66頁，土田・前掲論文（*259）174頁，古川・前掲論文（*215）113頁，藤内・前掲論文（*259）84頁。

[*268] インテリム事件・東京高判令4・6・29労判1291号5頁。同旨，前掲・学究社事件（*101［ただし傍論］）。少し前の時期の裁判例においても，就業規則の根拠規定に加え，年俸額決定のための評価基準・年俸額決定手続・不服申立制度等が制度化され，かつ，その内容が公正な場合に限り使用者の年俸額決定権が発生すると解し，そうした制度化がなければ，前年度の年俸額が新年度の年俸額となると説く例が見られた（日本システム開発研究所事件・東京高判平成20・4・9労判959号6頁）。これに賛成する見解として，城塚・前掲書（*153）150頁，逆に厳格に過ぎると批判する学説として，荒木155頁，注釈労基・労契(1)323頁［森戸英幸］。

[*269] 前掲・学究社事件（*101）。判決は，労使間の個別合意において客観的合理的な年俸昇給率の定め方が合意された場合に限り使用者に年俸額決定権の付与が合意されたものと判示する。

[*270] 前掲・インテリム事件（*268）。

年俸額決定が無効とされた場合の年俸額は個々の契約解釈の問題となるが，当事者の合理的意思解釈（デフォルトルール）としては，前年度の年俸額が新年度の年俸額となると考えるべきであろう[*271]【4-10】。

> 【4-10】 労働法コンプライアンスと法的リスク管理──年俸制と退職・解雇　①年俸制適用労働者が退職する場合の予告期間について，2017年の民法改正前は，民法627条3項に従って3か月と解する見解と，日本型年俸制では，1年という期間は賃金計算のための期間にすぎないとして適用を否定する見解が対立してきた。また，②年俸制適用労働者の解雇についても，解雇予告期間を労基法20条に従って30日間と解するのか，それとも，民法627条3項に従って3か月と解するのかに関する争いがあった。
>
> 　この点，2017年改正民法627条は，2項・3項の規律の対象を使用者による解約申入れ（解雇）に限定し，労働者による解約申入れ（退職）を対象から削除して，予告期間を同条1項の2週間に統一した。その趣旨は，退職の予告期間を一律2週間とすることで，労働者の退職の自由を保障することにあり，退職予告期間に係る上記①の議論は，民法627条3項適用否定説の方向で立法的に解決された（821頁参照）。一方，使用者による解約（解雇）に関する規律には変更がないため，解雇予告期間に関する②の問題は引き続き存在するが，労基法20条適用説が有力である[*272]。

[*271] 前掲・学究社事件（＊101）。前掲・日本システム開発研究所事件（＊268）も参照。
[*272] 山本編・前掲書（＊32）89頁［山川隆一］，土田・前掲論文（＊37）98頁参照。

第5章
労働契約の展開
――労働時間・休日・休暇

第1節　労働時間法のシステム
第2節　休憩・休日
第3節　時間外労働・休日労働
第4節　変形労働時間制・事業場外労働のみなし制
第5節　自律的な働き方と労働時間制度
第6節　適用除外・特例
第7節　年次有給休暇

第1節　労働時間法のシステム

1　労働時間と労働契約

　労働時間は，賃金と並ぶ最も重要な労働条件の一つである。また労働時間は，労働契約との関係では，労働者の労働義務の時間的限界を画する概念である。すなわち，労働者は，労働契約において合意した労働時間の範囲内で労働する義務を負い，使用者は，その範囲内で労働するよう求める権利を有する。一般に，労働時間は労働協約・就業規則において規定され，特に，始業・終業時刻および休憩は就業規則の絶対的必要記載事項であるため（労基89条1号），これによって1日の労働時間（労働義務）の範囲が確定される。こうして規定された当該企業の労働時間を「所定労働時間」といい，労働者が労働義務を負う時間という意味で，「労働契約上の労働時間」ともいう（次頁の**図表5-1**参照）。他方，労働者は，原則として所定労働時間を超えて労働する義務を負わず，当

図表 5-1　企業における労働時間制度と法

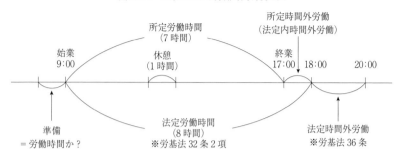

該労働を拒否することができる。また，労働者が労働契約上労働義務を負う日を「労働日」という*1。

これに対して，労基法が定める 1 週・1 日の最長労働時間を「法定労働時間」といい，同法が規制の対象とする労働時間を「労基法上の労働時間」という。労働者は，法定労働時間を超えて労働する義務を負わない。すなわち，所定労働時間は，法定労働時間の枠内に収まるように定めなければならず，法定労働時間を超える所定労働時間を定めても（たとえば 1 日 9 時間），労基法 13 条によって無効となり，法定労働時間（8 時間）に修正されるため，労働義務は発生しない*2。また，休憩（労基 34 条）・休日（同 35 条）は，労働者が労働義務を負わない時間または日を意味し，労働義務は発生しない。年次有給休暇（同 39 条）の場合は，同条所定の要件を満たした労働者について，年休日の労働義務が消滅することになる。法定労働時間を超える労働および法定休日における労働については，労働者は，労基法 36 条に基づく時間外・休日労働の手続（421 頁）が行われない限り，当該労働を拒否することができる。

---

*1　所定労働時間・労働日は重要な労働条件であり，労働契約内容として特定されているので，それらを変更するためには，労働者の同意を要することは当然である（新拓会事件・東京地判令和 3・12・21 労判 1266 号 44 頁［シフト制勤務医の勤務日・勤務時間の削減に係る同意の存在が否定された事例］）。

*2　しんわコンビ事件・横浜地判令和元・6・27 労判 1216 号 38 頁。労働契約・就業規則等で法定労働時間を超える所定労働時間を定めた場合に，労基法 13 条によって無効となるのは最後の部分（1 時間分）と解されている。たとえば，始業を 9 時，休憩を 12 時～13 時，終業を 19 時と定め，所定労働時間が 9 時間となる場合は，最後の 1 時間が無効となり，終業時刻は 18 時に修正される（菅野＝山川 404 頁）。

2 労働時間法の概要*3

(1) 労働時間規制の概要

(ア) 労働時間は、労働条件の中でも、法律の規制が最も進んだ領域であり、労基法は、労働時間規制に1章を充てて「第4章　労働時間、休憩、休日及び年次有給休暇」を設けている。特に近年、労働時間の短縮が重要な課題となり、1987年以降の労基法改正により、法定労働時間の短縮（1日8時間・1週48時間制から、1日8時間・1週40時間制へ）や、年休制度の改正（年休の最低付与日数を6日から10日に増加など）が行われた。また1998年には、従来手つかずだった時間外労働について、上限設定などの規制の強化が行われた（36条）。そして、2018年には、働き方改革推進法の一環として労基法改正が行われ、時間外労働の上限規制の強化（罰則付きの強行法規への改正［36条］）、年休制度の改正（使用者の時季指定付与義務の創設［39条］）が導入されるとともに、労働時間等設定改善法の改正によって勤務間インターバル制度（休息時間制度）の努力義務が導入された（427頁）。

一方、サービス産業の増加や就労形態の多様化に対応するため、労働時間の弾力化政策も導入されている。1987年の改正時に、変形労働時間制の拡大（32条の2・32条の4・32条の5）、フレックスタイム制（32条の3）および専門業務に関する裁量労働のみなし制（38条の3）が導入され、1998年には、裁量労働制を中枢部門の企画業務のホワイトカラーに拡大する改正が実施された（38条の4）。そして、2018年には、上述した労基法の改正により、ホワイトカラー・エグゼンプションとして高度プロフェッショナル制度が導入される（41条の2）とともに、フレックスタイム制が改正された（32条の3）。

(イ) そこで、労基法第4章における労働時間法制を概観すると、まず第1のグループとして、労働時間の原則（最低基準）を定めた規定が挙げられる（①労働時間の原則［1週40時間・1日8時間制＝32条］、②休憩の原則［34条］、③週休制の原則［35条1項］④年次有給休暇［39条］、⑤複数の事業場で労働する場合等の時間計算規定［38条］）。いずれも、労基法13条を介して労働契約内容となる。その

---

*3　労働時間規制の概要・経緯については、浜村彰「労働時間規制の目的と手段」講座21世紀(5) 164頁、緒方桂子「労働時間の法政策」講座再生(3) 107頁参照。労働時間法の立法政策の提言を含め、労働時間制度の改革のあり方を提起する書として、鶴光太郎＝樋口美雄＝水町勇一郎編著『労働時間改革』（日本評論社・2010）参照。

上で，労基法は，第2のグループとして，以上の原則に対する例外規定（①臨時の必要がある場合の時間外・休日労働［33条］，②労使協定に基づく時間外・休日労働［36条］，③時間外・休日および深夜労働の割増賃金［37条］）を定めるとともに，第3のグループとして，上記原則規定が定める定型的労働時間制の弾力化を定める諸規定（弾力的労働時間制）を設けている（①変形労働時間制［32条の2～5］，②変形週休制［35条2項］，③事業場外労働のみなし制［38条の2］，④フレックスタイム制［32条の3］，⑤裁量労働のみなし制［38条の3・38条の4］。④⑤は，労働者の「自律的な働き方」を重視した制度である）。そして，最後のグループとして，労働時間法制の特例（40条）および適用除外規定（41条）が挙げられる。

(2) 労働時間法と労働契約法

　以上のように，労働時間法は，労働時間の原則規定を中心に，詳細・厳格な規律を設けており，労働契約への介入度が最も高い領域に属する。この点，労働契約も契約である以上，労使自治の原則が妥当し，労働契約法は，労使自治の原則を基調とする労働契約の適正な運営に関する規律であることを求められる（15頁）。それにもかかわらず，こうした広範な実体的規制が正当化されるのはなぜか。この点は，労働時間法が保護しようとする労働者の利益の重要性と，労働時間それ自体の性格に求めることができる[4]。

　まず，労働時間は，労働者の生命・健康や，生活設計のゆとりという重要な利益を対象としている。労働時間が長過ぎたり，休日を十分に取得できないといった事態は，必然的に労働者の過労をもたらし，健康を害したり，最悪の場合は生命を奪う結果となりうる。また，労働者は働いて生計を営み，自己実現を図る存在（労働者）であると同時に，余暇や趣味を楽しみ，私生活・家庭生活を営む存在（市民）でもあり，それらは労働者の生命・健康とともに，その人格的利益を意味する（「仕事と生活の調和への配慮の原則」［ワーク・ライフ・バランス。労契3条3項参照］。58頁）。さらに，労働時間を労働条件として見ると，多数労働者を対象に設定する労働条件であることから集団的性格が顕著であり，集団的・画一的規制に適した領域である。これらの点が，労働契約の基本原理である私的自治の原則を排斥してまでも，労働時間に関する詳細な実体的規制を正当化する根拠であると考えられる。

　　[4]　私見については，土田道夫「労働法の将来——労働契約法制・労働時間制度報告書を素材として」ジュリ1309号（2006）11頁も参照。

しかし一方，労働時間法も労働契約に関する法的規律である以上，それは，労使自治の原則を考慮したものでなければならない。したがって，労働時間法においても，基本的事項を法定しつつ，その具体的運用については，労使間の集団的自治を重視した規律を行うといった柔軟な手法を採用する必要がある。また，労働時間の集団的性格がその画一的規制の正当化根拠となるのであれば，労働時間の集団的性格自体が変化した場合は，規制のあり方も変化を免れない。すなわち今日，多様で自律的な働き方が登場し，それに即した労働時間管理のニーズが高まっているのであれば，労働時間法は，そうした新たな動きを阻害するものであってはならない。この観点からは，労働者の自律的な働き方を重視した制度である裁量労働制および新たに導入された高度プロフェッショナル制度については，労働者の健康保護や長時間労働の防止を必須の前提として確保しつつ，拡大を図ることを検討すべきであろう（詳細は，489頁）。

さらに，2020年以降の新型コロナ危機に伴い，テレワーク（リモートワーク）が普及しているが，その人事管理面における最も重要な課題は労働時間管理であり，労働時間法および労働契約法においても多くの課題を提起している。詳細は，後に解説する（478頁）[*5]。

3 労働時間の原則・計算

(1) 原　　則

使用者は，労働者に，休憩時間を除き，1週間について40時間を超えて労働させてはならない（労基32条1項）。また，1週間の各日については，休憩時間を除き，1日8時間を超えて労働させてはならない（同2項）。1週40時間・1日8時間制の原則であり，完全週休2日制を想定した法制である（実際には，

[*5] 最近の厚生労働省「これからの労働時間制度に関する検討会報告書」（2022年7月）は，今日の経済社会の変化（企業間の人材獲得競争の激化，多様な働き方を求める人材の増加，新型コロナの影響等も背景とする時間や場所にとらわれない柔軟な働き方のニーズの増大，デジタル化の進展に対応できる創造的思考等の能力を有する人材のニーズの増大等）を踏まえて，「これからの労働時間制度に関する基本的な考え方」として，現在の労働時間法制が労使のニーズや社会的要請に適切に対応し得ているのかについて常に検証し，各種労働時間制度の趣旨の理解を労使に浸透させつつ，①どのような労働時間制度を採用するにしても，労働者の健康確保が確実に行われることを土台としていくこと，②労使双方の多様なニーズに応じた働き方を実現できるようにすること，③労働時間制度につき，労使当事者が十分に協議した上で，当該企業・職場・職務内容にふさわしい制度を選択，運用できるようにすることの3点を掲げている。

1日の所定労働時間を7時間と定める企業が多い)。なお「1週」とは,就業規則その他に別段の定めがない限り,日曜日から土曜日までの暦週をいい,「1日」とは午前0時から午後12時までの暦日をいう(2暦日にわたって勤務が行われる場合は,前日の勤務と一体の労働として取り扱われる。昭和63・1・1基発1号)。

1週40時間・1日8時間の法定労働時間は,実際の労働に即して算定されなければならず(実労働時間算定原則),それを超える労働については,労基法36条・37条の手続が必要となる(労働時間管理・把握義務につき,444頁参照)。

(2) 労働時間の通算制

労働者が二以上の事業場で労働する場合は,労働時間は通算して計算される(労基38条1項)。たとえば,A事業場で5時間働いた後にB事業場に移動して働く場合,B事業場における労働時間は3時間を超えてはならず,それを超えれば法定時間外労働となる[*6]。同一使用者の複数の事業場で就労する労働者に関しては,当然の法的ルールといいうる。

問題は,複数の使用者の下で就労する場合も労働時間の通算制が適用されるか否かである。肯定説が有力であり,行政解釈も肯定説を採用した上,労働者と後から労働契約を締結した使用者に労基法上の責任を課す立場を採用してきた(昭和23・5・14基発769号。派遣労働者が複数企業に派遣される場合も同じ[昭和61・6・6基発333号])。

しかし今日,労働時間短縮や雇用の流動化に伴い,副業・兼職が急速に増加し,国は副業を促進する政策を採用している(153頁)。この場合,労働者の副業・兼職の利益を重視する必要性が高まる反面,副業の事実を知らないまま法定労働時間を超えて労働させた使用者に労基法違反の責任を課すことは不公平となる。また,副業・兼職に伴う長時間労働のリスクは労働者自身が負うべきものである[*7]。したがって,このようなケースについては,労働時間の通算制は適用されないと考えるべきである。この点,厚生労働省「副業・兼業の促進に関するガイドライン」(153頁)は,副業・兼職を促進する方向性を打ち出し

[*6] 同一使用者の下での正社員労働契約とパートタイマー契約について通算制の適用を肯定した事例として,千代田ビル管財事件・東京地判平成18・7・26労判923号25頁があり,医師の常勤契約と非常勤契約について通算制の適用を肯定した事例として,医療法人社団E会事件・東京地判平成29・6・30労判1166号23頁がある。

[*7] 同旨,大器キャリアキャスティングほか1社事件・大阪地判令和3・10・28労判1257号17頁。

つつ，副業に対する労働時間通算制の適用を維持し，使用者の労働時間管理責任を肯定しており，労使間の利益調整を欠く面がある。すなわち，同ガイドラインは，副業に係る従業員の届出義務や許可申請義務を肯定することなく，届出・申請の取扱いを労働者の自己管理（自己申告等）に委ねており，この結果，企業は，従業員の労務提供状況を正確に把握できないにもかかわらず，労働時間通算制を適用されるとともに，副業による労働が法定労働時間を超過すれば，労働契約の後締結使用者（多くは副業先）は割増賃金支払義務（労基37条）を課されることになる。のみならず，本業企業が従業員に対する安全配慮義務（労契5条）を履行するためには，副業先における労働時間・就労状況を把握する必要があるが，副業の報告を自己管理に委ねる制度の下では，安全配慮義務の履行もままならなくなる[8]。労働契約の適正な運営の促進および企業の労働法コンプライアンス推進の観点からは，非通算説を採用すべきである[9]。

仮に，通算説を採用しつつ，以上のような状況を改善するためには，従業員の届出義務を肯定することによって企業の労働時間管理責任や労災責任を可視化し，無用な法的リスクを除去する必要がある。この点，前記ガイドラインに続いて厚生労働省が公表した改定モデル就業規則は，副業に関する届出制を規定しているため，企業としては，これを参考に就業規則において従業員の届出義務を規定することが可能である。もっとも，こうした届出義務が従業員のプライバシー侵害の問題を発生させうることを踏まえると，国は，従業員の届出義務を企業任せとするのではなく，届出義務の内容を明確に定め，法的リスクを除去すべく明確なメッセージを発信する必要がある。この点，前記ガイドラインとは別に厚生労働省が発出した解釈通達（令和2・9・1基発0901第3号）は，副業について労働者の自己管理・自己申告を前提としつつ，①労働者の申告等がなかった場合は労働時間を通算する必要はないことと，②労働者の申告等により把握した他企業における労働時間が事実と異なっていた場合も労働者の申告等により把握した労働時間によって通算していれば足りることを明示し，申告が行われなかった場合の通算規制を緩和しているが，上述したメッセージとしては些か弱いと解される[10]。

---

[8] 副業労働者に対する本業企業の安全配慮義務については，698頁参照。
[9] 非通算説として，菅野＝山川405頁，非通算説を示唆する見解として，桑村裕美子「兼業・副業と労働法」ジュリ1519号（2018）62頁。「報告書」（53頁）も，使用者の命令による場合を除いて非通算説を採用すべきことを提言していた。一方，通算説として，川口294頁。

4 労働時間の概念

(1) 労基法上の労働時間

(ア) 前記のとおり、労基法が規制の対象とする労働時間を「労基法上の労働時間」という。では、「労基法上の労働時間」とはいかなる時間をいうのか。この点、労働者が所定労働時間中、実労働に従事している時間（本務時間）が労働時間であることに問題はない。しかし、使用者は、①所定労働時間の前後や合間に準備・後始末や作業服の着脱を義務づけ、労働時間と扱わない（したがって、それに対応する賃金も支払わない）ことがある。このような取扱いは、1日の労働時間を最長8時間と定める労基法に違反しないのだろうか。②実労働の合間に生ずる不活動時間（手待時間、仮眠時間等）や、③研修・小集団活動に参加する時間についても、同じ問題が生ずる。

(イ) まず、労働時間は客観的に判断されるのか、当事者が合意や就業規則で自由に定めてもよいものかが問題となる。後者の立場を二分説というが[*11]、これに対しては、労基法上の労働時間は当事者の意思とは無関係に客観的に判断すべきであり、労基法上の客観的な労働時間を当事者の合意によって左右するのはおかしいという批判が強い。こうして、客観説が通説となり、最高裁も、ある時間帯が労基法上の「労働時間に該当するか否かは、労働者の行為が使用者の指揮命令下に置かれたものと評価することができるか否かにより客観的に定まるものであって、労働契約、就業規則、労働協約等の定めのいかんにより

[*10] 以上、土田道夫「副業・兼業解禁の意義と課題——労働法の観点から」ビジネス法務2019年1月号55頁、同「新型コロナ危機と労働法・雇用社会(2)」曹時73巻6号(2021) 1067頁以下、同「ウィズコロナ時代における人事管理の法的課題」産政研フォーラム131号(2021) 11頁以下参照。一方、河野尚子「副業・兼業と多様なキャリア」ジュリ1586号(2023) 22頁は、本文の解釈通達を引いた上、積極的に副業・兼業の労働時間把握を行う仕組みにすると、かえって過剰に副業を抑制する可能性もあり、労働者の自己申告に依拠せざるをえないと評価している。しかし、そうした解釈では、本業使用者が労働時間管理・把握責任を果たしえない副業・兼業を野放しにする結果をもたらす可能性があり、賛成できない。

なお、政府の規制改革推進会議「規制改革推進に関する答申」(2024年5月) は、労働時間の通算制について、制度が複雑で企業に重い負担となることから雇用型の副業・兼業の受入れが難しいとの指摘があること等に鑑み、厚生労働省において、労働時間の通算制のあり方について、行政解釈の変更も含めて検討し、結論を得るべきとの方向性を示しているが、帰趨はなお不明である。

[*11] 日野自動車工業事件・東京高判昭和56・7・16労判458号15頁（最判昭和59・10・18労判458号4頁はその結論を支持）。

決定されるべきものではない」と判断している（三菱重工業事件）*12。

(ウ) では，客観的に判断されるべき労働時間の概念とは何か。この点は従来，上記三菱重工業事件最判（＊12）が判示するように，「労働者が使用者の指揮命令〔監督〕下に置かれている時間」と定義されてきた（指揮命令下説）*13。しかしこれでは，労働者が何らかの拘束（指揮命令）下に置かれてさえいれば，業務性が皆無であっても労働時間となる結果が生じうる（たとえば，一定の時刻以降の出社を義務づけつつ，実労働までの時間を自由時間としていても，出社時刻以降の時間は労働時間となる）。しかし，これは，労働契約が労働者の「労働」義務を基本的要件とするという労働契約法の観点からも，「労働させ」る時間を規制対象とするという労基法（32条）の観点からも適切ではない。そこで学説では，指揮命令下とは別に，問題となる諸活動の客観的性質（業務性・職務性）を労働時間の要件として重視する見解が有力となっている（二要件説）。特に，労働時間を，指揮命令に代表される「使用者の関与」と，当該活動の「職務性」の二要件から成る概念と解し，これら二要件をともに相当程度充足していることを労働時間の要件と解する見解（相補的二要件説）*14 が注目される。

これに対して判例は，修正指揮命令下説とも呼ぶべき判断を示している（前掲・三菱重工業事件［＊12］）。すなわち，①労基法上の労働時間とは「労働者が使用者の指揮命令下に置かれている時間」をいう。そして，②「労働者が，就業を命じられた業務の準備行為等を事業所内において行うこと〔②a〕を使用者から義務付けられ，又はこれを余儀なくされたときは〔②b〕，当該行為を所定労働時間外において行うものとされている場合であっても，当該行為は，特段の事情のない限り，使用者の指揮命令下に置かれたものと評価することができ，当該行為に要した時間は，それが社会通念上必要と認められるものである限り，労働基準法上の労働時間に該当する」と。これは，指揮命令下説の枠組

＊12　最判平成12・3・9民集54巻3号801頁（1次訴訟・会社側上告事件）。同旨，ジェイアール総研サービス事件・東京高判平成23・8・2労判1034号5頁，中央タクシー事件・大分地判平成23・11・30労判1043号54頁（タクシー会社が指定する場所以外の場所での客待ち待機時間を労働時間からカットする旨の労働組合との間の労働協約がある場合も，労基法上の労働時間が客観的に判断されるべきものである以上，上記待機時間が同労働時間該当性を否定されることはないと判断）。さらに，医療法人一心会事件・大阪地判平成27・1・29労判1116号5頁，フレイア事件・大阪地判平成27・1・30ジャーナル39号39頁，ハンワ事件・大阪地判平成28・5・27ジャーナル54号47頁。野川652頁参照。

＊13　有泉亨『労働基準法』（有斐閣・1963）279頁，厚生労働省・労基法(上) 410頁など。

＊14　荒木尚志『労働時間の法的構造』（有斐閣・1991）258頁以下。荒木213頁も参照。

図表 5-2　労働時間の概念の判断枠組み

相補的二要件説

相補的二要件＝①職務性＋②使用者の関与─┬─黙認・許容
　　　　　　　　　　　　　　　　　　　├─指揮命令
　　　　　　　　　　　　　　　　　　　└─強制

三菱重工業事件（1次訴訟・会社側上告事件）

①指揮命令下＝②a業務の準備行為等＋②b使用者の関与（拘束）─┬─使用者からの義務づけ
　　　　　　　　　　　　　　　　　　　　　　　　　　　　　　└─余儀なくされる状態

みに立ちつつ（①），「就業を命じられた業務の準備行為等」によって業務性を考慮し（②a），「使用者からの義務づけ」または「余儀なくされる状態」によって使用者の関与（拘束）を考慮する（②b）点で，二要件説を摂取した判断といえる[*15]。「余儀なくされる状態」とは，就業規則や指揮命令による義務づけがなくても，事実上，当該行為を行わざるをえない状態を意味する（**図表5-2参照**）。「使用者からの義務づけ」「余儀なくされる状態」は，それぞれ明示または黙示の指揮命令と言い換えてもよい[*16]。

　(エ)　労働時間の概念は難問であるが，修正指揮命令下説は適切と解される。たしかに，二要件説は，労基法32条の構造（労働時間＝「労働」「させ」る時間と把握）と，実際的処理の妥当性を熟慮した卓見である。しかし一方，労働契約は労務指揮権（指揮命令）下の労働を基本的要素とする契約であるという把握（8頁）を踏まえれば，修正指揮命令下説も十分成立しうる。すなわち，労働契約法上の労働時間とは，「労働者が労働契約上の労務提供義務の履行として使用者による労務指揮権の行使下に置かれている」時間をいうが，労働者の健康の保護や「仕事と生活の調和」という労基法（労働時間法）・労契法（3条3項）の趣旨を踏まえれば，「事実上これと同視することができるような状態にある場合」も労基法上の労働時間として規制することが適切である[*17]。この両者を包括するのが「指揮命令下」概念であり，それを具体化するのが，前掲・三

---

　*15　土田道夫［判批］労判786号（2000）6頁参照。
　*16　裁判例では，警備現場から会社に赴いて勤務実績報告書等を提出するのに要した時間につき，会社の明示または黙示の指示の下で業務に従事した時間に当たるとして労働時間該当性を肯定した例がある（テイケイ事件・東京地判令4・6・1労経速2502号28頁）一方，自宅待機期間中の業務従事（業務メールの送受信等）につき，会社の指揮命令下で行われていないとして労働時間該当性を否定した例がある（エム・テックス事件・東京地判令3・9・10ジャーナル119号56頁）。

菱重工業事件（＊12）のいう「業務の準備行為等」（業務性）および「義務づけまたは余儀なくされる状態」（拘束性・関与性＝明示または黙示の指揮命令）である。この判断は、その後の裁判例によっても踏襲され、確立した判例法理となっている*18*19。

(2) 具体的事例

(ア) **始業・終業前後の準備作業・更衣時間等** 修正指揮命令下説によれば、これらの活動は、業務性（労働義務との不可分性）および使用者による拘束（義務づけまたは事実上の拘束）の両面から判断される。業務性の強い活動（準備・後始末、ミーティング、更衣等）は、制度上の拘束（就業規則上の義務づけ）があればもちろん、それがなくても事実上、当該活動への従事を余儀なくされていれば、労働時間に当たる。判例も、造船所従業員の作業服の着脱や散水について、就業規則上の義務づけがあるほか、それらの懈怠が懲戒処分や賃金減収をもたらすことを理由に労働時間と判断している（前掲・三菱重工業事件［＊12］）。鉄道の駅務員が始業前・終業後に行う点呼も、業務遂行の準備行為として、使用者から義務づけられている限りは労働時間に当たる*20。同様に、タイムカード打刻後に他の事業所に移動する時間・事業所入域後のミーティングおよび作

＊17 この点を明言するのは、三菱重工業［2次訴訟］事件（最判平成12・3・9労判778号14頁）の控訴審である福岡高判平成7・3・15労判672号17頁である。同旨、石橋洋「労基法上の労働時間の概念と判断基準」講座21世紀(5) 219頁。

＊18 長谷川珠子「労働時間の法理論」講座再生(3) 147頁以下は、指揮命令下説や相補的二要件説等への批判を踏まえて、労働時間該当性の要件としては「指揮命令」のみとし、業務性・職務性については指揮命令の存在を補強する要素と捉える立場（原則的指揮命令下説）を主張するが、その内容は、修正指揮命令下説と異ならないように思われる。

＊19 大道工業事件・東京地判平成20・3・27労判964号25頁、十象舎事件・東京地判平成23・9・9労判1038号53頁、ロア・アドバタイジング事件・東京地判平成24・7・27労判1059号26頁、ドリームエクスチェンジ事件・東京地判平成28・12・28労判1161号66頁、イオンディライトセキュリティ事件・千葉地判平成29・5・17労判1161号5頁、KSP・WEST事件・大阪地判令和元・5・30ジャーナル91号40頁、ブレイントレジャー事件・大阪地判令和2・9・3労判1240号70頁、オーイング事件・福井地判令和3・3・10ジャーナル112号54頁、三井住友トラスト・アセットマネジメント事件・東京高判令和4・3・2労判1294号61頁（修正指揮命令下説に依拠して、在社時間をもって労基法上の労働時間とする従業員側主張を斥け、「必ずしも在社時間がすべて労働時間になるわけではない」と判断）、アートコーポレーション事件・東京高判令和3・3・24労判1250号76頁、ホテルステーションループ事件・東京地判令和3・11・29労判1263号5頁、システムメンテナンス事件・札幌高判令和4・2・25労判1267号36頁等。阿部雅彦「労働時間の概念」労働関係訴訟Ⅰ343頁以下、注釈労基・労契(1) 384頁以下［小西康之］参照。

業準備時間*21，ホテル従業員が行うリネン類の準備作業（前掲・ホテルステーショングループ事件［＊19］）について労働時間該当性が肯定されている。

　これに対して，通勤時間や出張前後の移動時間は，業務性を欠くことから労働時間に該当しない*22。また，朝礼や歩行のように業務性の低い活動については，拘束の有無・程度を勘案して個別具体的に判断せざるをえない。そこでたとえば，入門後，更衣所まで移動する時間は，業務性が弱いことから労働時間に当たらない（前掲・三菱重工業事件［＊12］）が，朝礼参加の業務性および義務性が強い場合は労働時間に当たる*23。さらに，終業後の洗身や入浴のように，業務性が弱く，労働者の任意に委ねられる活動は，それをしなければ通勤が著しく困難となる等の特段の事情（黙示の指示といえる）がない限り，労働時間性を否定される（前掲・三菱重工業事件［＊12］）。

---

*20　東京急行電鉄事件・東京地判平成14・2・28労判824号5頁。前掲・フレイア事件（＊12），アーシィア事件・東京地判平成30・2・28ジャーナル75号22頁，テイケイ事件・東京地判令和5・6・30ジャーナル144号38頁，日本郵便事件・神戸地判令和5・12・22労経速2546号16頁。イタリア共和国外務・国際協力省事件・大阪地判令和5・3・22ジャーナル138号24頁（所定終業時刻後の業務従事），トーコー事件・大阪地判令和6・3・8ジャーナル149号58頁（バス乗務員のアルコールチェック・運行開始前点検等）も参照。
　なお，日本郵便事件は，制服更衣時間の労働時間該当性につき，従業員が制服の更衣を各郵便局内の更衣室で行うべきことが義務づけられていたかについて，会社がユニフォーム着用通勤を禁止していたことを窺わせる会社作成の資料があるほか，ほとんどの従業員が各郵便局内に設置された更衣室で更衣を行っていたという実態がある等として，各郵便局内更衣室における制服の更衣は，会社の指揮監督命令下の行為に当たると判断し，労働時間該当性を肯定している。この判旨は，先例（前掲・三菱重工業事件［＊12］）の判断（403頁）中，業務の準備行為等を「事業所内において行うことを使用者から義務付けられ」（②ab）との判示に着目した判断であり，この判示に着目した裁判例は少ないので，重要な判断といいうる。

*21　東京電力ほか1社事件・仙台高判令和4・5・19ジャーナル126号20頁，洛東タクシー事件・京都地判令和3・12・9ジャーナル122号2頁。

*22　出張中の移動時間につき，前掲・ロア・アドバタイジング事件（＊19），通勤時間につき，前掲・オーイング事件（＊19）。KANADENKO事件（大阪地判令和6・2・16ジャーナル146号28頁）は，移動時間について本文のように解しつつ，日勤後に夜勤に直行する必要があった場合および現場作業後にミーティングに向かった場合については業務性を認め，労働時間該当性を肯定している。

*23　ビル代行事件・東京地判平成17・2・25労判893号113頁，前掲・オーイング事件（＊19）。朝礼参加時間につき，浜田事件・大阪地堺支判令和3・12・27労判1267号60頁，朝礼前の制服着用時間および朝礼後の時間につき，前掲・アートコーポレーション事件（＊19）。
　なお，駅務員の出勤点呼後の業務引継ぎは，それが頻繁に行われるものではなく，使用者による義務づけがない場合は，労働時間性を否定される（前掲・東京急行電鉄事件［＊20］）。夜勤開始前の車中待機時間について労働時間該当性を否定した例として，TSK事件・東京地判令和4・12・23ジャーナル135号50頁。

(イ) **手待時間・仮眠時間** 作業と作業の間に存する手待時間は労基法上の労働時間に当たる。手待時間は，使用者の指示があれば直ちに労働を遂行する義務を負う時間であり，使用者の指揮命令下に置かれて労務の提供を継続している時間と解されるからである（単に，使用者の抽象的指揮命令下に置かれていることが理由ではない）。こうしてここでも，業務性（労働義務との不可分性）と拘束性の両面からの労働時間性の判断が求められ，労働者が労働を遂行しているとみなしうる程度の行動を義務づけられていれば，労働時間と認められる。タクシー運転手・トラック運転手の待機時間が典型である[*24]。

判例も，ビルの警備員に付与された連続 8 時間の仮眠時間の労働時間性につき，修正指揮命令下説を確認した上，不活動仮眠時間が労働時間に当たらないというためには，単に実作業に従事していないというだけでは不十分であり，労働から解放されることを保障されてはじめて指揮命令下に置かれていないものと評価できると判断する。そして，当該時間において労働契約上の役務の提供が義務づけられている場合は，労働からの解放が保障されているとはいえないと述べた上，本件では，労働者が仮眠時間中も，待機と警報や電話等に対する対応を義務づけられていたとして，労基法上の労働時間に当たると判断している（大星ビル管理事件）[*25]。この判断枠組みに基づいて，海外ツアー添乗

[*24] タクシー運転手の客待ち待機につき，前掲・中央タクシー事件（*12）。トラック運転手の配送先等における待機時間につき，田口運送事件・横浜地相模原支判平成 26・4・24 判時 2233 号 141 頁，バス運転士の待機時間につき，北九州市・市交通局事件・福岡地判平成 27・5・20 労判 1124 号 23 頁，トラック運転手の指示待ち待機時間につき，大島産業事件・福岡高判平成 31・3・26 労経速 2393 号 24 頁，バス出発前の待機時間につき，させぼバス事件・福岡高判令和 5・3・9 ジャーナル 137 号 24 頁。中央タクシー事件は，タクシー会社が会社の指定する場所以外での客待ち待機をしないよう命じていたとしても，運転手は，当該時間中，使用者の指示があれば直ちに命令に従わなければならず，また，労働の提供ができる状態にあることから，使用者の明示または黙示の指揮命令下に置かれているとして労働時間に当たると判断している。労働時間に関する「指揮命令下」は，具体的な業務指示や命令ではなく，包括的な指揮命令（拘束性・関与性）と解すべきであるから，妥当な判断と解される。

[*25] 最判平成 14・2・28 民集 56 巻 2 号 361 頁。同旨，大林ファシリティーズ事件・最判平成 19・10・19 民集 61 巻 7 号 2555 頁（後掲・オークビルサービス事件［*33］の上告審），前掲・ビル代行事件（*23），関西警備保障事件・大阪地判平成 16・3・31 労判 876 号 82 頁，日本郵便逓送事件・大阪地判平成 16・4・28 労判 877 号 90 頁，井之頭病院事件・東京地判平成 17・8・30 労判 902 号 41 頁，日本ビル・メンテナンス事件・東京地判平成 18・8・7 労判 926 号 53 頁，ビル代行事件・名古屋地判平成 19・9・12 労判 957 号 52 頁，前掲・イオンディライトセキュリティ事件（*19［警備員の仮眠時間］），ネクスト・プレシャス事件・大阪地判平成 29・3・21 ジャーナル 64 号 36 頁，南海バス事件・大阪高判平成 29・9・26 労経速 2351 号 3 頁，都市再生機構事件・東京地判平成 29・11・10 労経速 2339 号 3 頁，新栄不動産ビジネス事

員のツアー中の移動時間・旅行者の自由行動時間・就労開始および集合時刻前後の時間[*26]，病院勤務医師が従事する宿日直勤務[*27]，警備員・守衛・福祉施設従業員等の休憩・待機・仮眠時間[*28]，美容師が営業時間中に業務に従事していない時間[*29]，ホテル従業員の所定労働時間内中の休憩時間（前掲・ホテルステーショングループ事件［*19］）が労基法上の労働時間と判断されている。

　もっとも，この判断のうち，労働からの解放の保障があるか否か（解放の有・無）を問題とする点は，労働からの解放の程度を軽視する結果となる点で問題がある。労働からの解放の有・無を要件とすると，たとえばマンションの住み込み管理人のように，通常は居室で私的生活を送りつつ，稀に生ずる業務への対応を義務づけられるケース（抽象的指揮命令下の拘束時間）についても，その全体が労働時間と解される結果となりかねないからである。「労働からの解放」は，あくまで業務性を肯定できる程度に達しているか否かの観点から判断すべきである。この結果，待機時間における労働からの解放の程・度によっては，抽象的指揮命令下でも，労働時間性を否定すべきケースが生じうる。たとえば，出張中の列車乗車時間は，抽象的な指揮命令下にはあるが，その時間をどう利用するかは自由であり，労働からの解放の程度が高いことから労働時間性を否定され[*30]，病院勤務医の病院外でのオンコール待機時間（当直勤務医からの連絡を受けて対応する時間）は，オンコール当番日でない私生活上の自由時間の過ご

　　件・東京地判令元・7・24労経速2401号19頁，前掲・ブレイントレジャー事件（*19），アルデバラン事件・横浜地判令和3・2・18労判1270号32頁，グローバル事件・福岡地小倉支判令和3・8・24労経速2467号3頁，前掲・洛東タクシー事件（*21），誠馨会事件・千葉地判令和5・2・22労判1295号24頁，久日本流通事件・札幌地判令和5・3・31労判1302号5頁，社会福祉法人Ａ事件・千葉地判令和5・6・9労判1299号29頁等。阿部・前掲論文（*19）346頁以下参照。

*26　阪急トラベルサポート［第1・控訴］事件・東京高判平成23・9・14労判1036号14頁。
*27　奈良県事件・大阪高判平成22・11・16労判1026号144頁（最決平成25・2・12ジャーナル13号1頁で確定），前掲・医療法人社団Ｅ会事件（*6）。長崎市立病院事件・長崎地判令和元・5・27労判1235号67頁。
*28　前掲・ジェイアール総研サービス事件（*12），前掲・イオンディライトセキュリティ事件（*19），富士保安警備事件・東京地判平成30・1・30労経速2345号27頁，前掲・グローバル事件（*25［障害者就労支援施設従業員の泊まり込み時間］），前掲・アルデバラン事件（*25［看護師の待機時間］），前掲・システムメンテナンス事件（*19［機械式駐車場メンテナンス従事者の事務所待機時間］），前掲・社会福祉法人Ａ事件（*25［生活支援員の宿泊時間］），大成事件・東京地判令和5・4・14労経速2549号24頁（設備機器当直設備員の仮眠時間），みどり会事件・大阪地判令和5・12・25ジャーナル147号26頁（介護職員の夜勤休憩時間）。
*29　ルーチェほか事件・東京地判令和2・9・17労判1262号73頁。

し方と大きく異ならないことから，労働からの解放が保障されていないとまではいえないとして労働時間性を否定される（前掲・誠馨会事件［＊25］）。

仮眠時間や待機時間についても，近年の裁判例では，判例の前記判断枠組みを踏襲しつつ，労働時間該当性を否定する例が増えている。典型例として，警備員の仮眠・休憩時間につき，当該時間帯に他の従業員が業務に従事し，本人が実作業に従事する必要が生じることが皆無に等しいなど，実質的に実作業への従事が義務づけられていないと認められる事情がある場合は，労働者は使用者の指揮命令下に置かれているとはいえず，労基法上の労働時間に当たらないとの枠組みを示した上，実作業従事時間を除いて労働時間該当性を否定する例[*31]や，夜行バスの運転士が交代運転手としてバスに乗っている時間につき，交代運転手はリクライニングシートで仮眠できる状態にあるなど労働から離れることを保障されており，労働契約上の役務の提供を義務づけられたとはいえないとして労働時間該当性を否定する例[*32]が登場している。また，警備員，マンション住み込み管理人，運転手等について，居室滞留時間は自由に利用できる時間に当たるとして労働時間性を否定しつつ，その時間中に従事した個々の業務に要する時間について労働時間性を判断する例が生じている[*33]。

[*30] 前掲・ロア・アドバタイジング事件（＊19）。トラック運転手が配送先での荷下ろし後，次の指示を待つまでの時間につき，運転手が自由利用を認められていたことから，指揮命令下に置かれていたとはいえないとして労働時間性を否定した裁判例として，大虎運輸事件・大阪地判平成18・6・15労判924号72頁。休憩時間において場所的拘束（外出禁止等）がある場合も同様に解される（同旨，日本貨物鉄道事件・東京地判平成10・6・12労判745号16頁）。

[*31] ビソー工業事件・仙台高判平成25・2・13労判1113号57頁。バス会社助役の仮眠時間の労働時間性否定例として，阪急バス事件・大阪地判平成27・8・10労経速2281号9頁。その他の仮眠時間等の労働時間該当性否定例として，日本総業事件・東京地判平成28・9・16ジャーナル58号49頁（警備員の仮眠時間），前掲・南海バス事件（＊25［路線バス乗務員の待機時間］），阪急バス事件・大阪地判平成30・5・30ジャーナル80号60頁（バス乗務員の帰庫から出庫までの時間帯），阪急田園バス事件・大阪地判平成30・5・30ジャーナル80号58頁（同），前掲・都市再生機構事件（＊25［休日における携帯電話待機時間］），前掲・KSP・WEST事件（＊19［警備員の仮眠時間］），前掲・大島産業事件（＊24［トラック運転手の休憩施設滞在時間］），北九州市事件・福岡高判令和2・9・17ジャーナル106号30頁（バス運転士の待機時間），前掲・ブレイントレジャー事件（＊19［24時間体制で勤務するホテルフロントパーソンの休憩時間の一部］），阪神高速トール大阪事件・大阪地判令和3・3・29労判1273号32頁（料金収受員の休憩・仮眠時間），全日警事件・静岡地判令和4・4・22労経速2495号3頁（警備業務員の休憩時間）。

[*32] K社事件・東京高判平成30・8・29労経速2380号3頁。

[*33] 互光建物管理事件・大阪地判平成17・3・11労判898号77頁，新日本管財事件・東京地判平成18・2・3労判916号64頁，前掲・ビル代行事件（＊23），前掲・ビソー工業事件（＊

(ウ) **研修等への参加, 持ち帰り残業**　研修や会社行事への参加については, その拘束性と, 業務としての性格の両面から労働時間性が判断される。企業外研修や小集団活動については, 業務との関連性から, 自由参加でない限りは労働時間とされる。裁判例では, 会社のITオペレーションセンタに勤務する労働者が従事したWEB学習時間につき, 業務との密接関連性と会社による業務上の指示を認めて労働時間と解した例[*34], 当直医の看護師勉強会・救命士勉強会・症例検討会への参加時間につき, 業務関連性を認めて労働時間と解した例[*35], 会社におけるセミナーへの参加時間につき, 業務との関連性が認められ, 参加が事実上強制されていたとして労働時間性を認めた例[*36]がある[*37]。

自宅での持ち帰り残業については, 使用者の明示・黙示の指揮命令によるものでない限り, 拘束性・関与性の要素（403頁）を否定され, 労働時間性を否定される[*38]。

31), ラッキーほか事件・東京地判令和2・11・6労判1259号73頁, 東雲事件・大阪地判令和2・12・22ジャーナル109号18頁, 前掲・テイケイ事件（*20）等。前掲・大林ファシリティーズ事件（*25）は, マンション管理人の平日の所定労働時間前後の時間帯について, 居室における不活動時間を含めて全体として労働時間と判断しつつ, 日祝日については, 使用者の指示によって現実に業務に従事した時間に限り労働時間に当たると判断している。これに対し, オークビルサービス事件（東京高判平成16・11・24労判891号78頁）は, 住み込みのマンション管理人が所定労働時間外に照明点灯, ゴミ置き場の開鍵・施錠, 冷暖房運転の開始・終了等の業務に従事したほか, 郵便や宅配便授受等のサービスに従事したことにつき, 居室における滞留時間を含めて全体として労働時間と判断しているが, 疑問がある。同様の理由に立って不活動時間の労働時間性を否定する裁判例として, 前掲・大道工業事件（*19［ガス修理業務従事者が工事現場におけるガス漏出事故の発生に備えて会社の寮に寄宿して待機する不活動時間］）, 前掲・奈良県事件（*27［病院医師が宿日直勤務医師の応援要請に応じて自宅で待機する時間（宅直勤務）］）, 前掲・システムメンテナンス事件（*19［機械式駐車場メンテナンス従事者が事務所で待機していない時間帯について, 飲酒や遠方に出かけることの禁止を除いては, 帰宅して私的活動を営むことが十分に可能であり, 呼び出し待機に当たると判断］), 前原鎔断事件・大阪地判令和2・3・3労判1233号47頁（所定労働時間外の勉強会参加時間の労働時間該当性を肯定）も参照。

*34　NTT西日本ほか事件・大阪地判平成22・4・23労判1009号31頁。
*35　前掲・長崎市立病院事件（*27）。前掲・前原鎔断事件（*33［所定労働時間外の勉強会参加時間の労働時間該当性を肯定］）も参照。
*36　ダイレックス事件・長崎地判令和3・2・26労判1241号16頁。
*37　他方, 研修等参加時間の労働時間該当性否定例としては, オリエンタルモーター事件・東京高判平成25・11・21労判1086号52頁（実習成果発表会参加時間), 前掲・長崎市立病院事件（*27［自主的研さんの性格が強い抄読会・学会参加時間］), 前掲・ルーチェほか事件（*29［美容師の練習会参加時間］）。以上, 藤井聖悟「実労働時間の認定・評価・判断に関する諸問題」労働関係訴訟の実務67頁参照。
*38　前掲・エム・テックス事件（*16）。持ち帰り残業につき, 黙示の指示に基づく労働とし

(エ) **所定労働時間内の活動，早出・居残り時間**　所定労働時間内の活動については，現実に労働に従事していない時間を含め，使用者の指揮命令下にある時間であり，労働からの解放が保障されていない限り労基法上の労働時間と解される。この観点から，チャットの私的利用時間*39，病院医師の空き時間（看護師が施術前準備を行う時間等）*40，タクシー運転手が長時間客を乗せないまま走行する時間*41，テレビ番組の制作業務*42，待機を伴う荷積・荷卸（前掲・久日本流通事件［*25］）について労働時間該当性が肯定されている。

　また，居残り・早出残業（時間外労働）は，労働義務と不可分一体（または労働義務そのもの）であるため，使用者の明示または黙示の指揮命令（黙認・許容）があれば労働時間となる*43。ただし，明示の残業許可制や残業禁止命令に反して行われた時間外労働は，指揮命令下の労働の要素を欠くものとして労働時間性を否定される*44（430頁も参照）【5-1】。

　　て労働時間と算定した例として，アルゴグラフィックス事件・東京地判令和2・3・25労判1228号63頁。藤井・前掲論文（*37）66頁参照。
*39　前掲・ドリームエクスチェンジ事件（*19［業務として行うチャットと混然一体となっているとして労働時間該当性を肯定］）。
*40　メディカルプロジェクト事件・東京地判平成30・9・20ジャーナル84号48頁。
*41　前掲・洛東タクシー事件（*21［タクシー乗務から休憩場所に向かう事案・休憩場所から業務に戻る時間についても労働時間性を肯定］）。
*42　テレビ東京制作事件・東京地判令和5・6・29ジャーナル144号42頁。
*43　クロスインデックス事件（東京地判平成30・3・28労経速2357号14頁）は，残業承認制を採用している会社における会社承認のない従業員の残業時間帯につき，会社は同人に対して所定労働時間内に終了させることが困難な業務を行わせていたとして黙示の指示を認定して労働時間該当性を肯定し，前掲・三井住友トラスト・アセットマネジメント事件（*19）は，始業時刻前のマーケット情報の収集業務につき，会社が同業務を認識しながら黙示的に容認していたとして，また，終業時刻後に新たな業務に関する研究を行うために在社していた時間につき，会社が当該業務を認識しながら特段制限せず，相応の業績評価をしていることから，会社の指揮命令下に置かれた時間であるとして労働時間該当性を肯定している。
*44　神代学園事件・東京高判平成17・3・30労判905号72頁。同旨，前掲・十象舎事件（*19)，八重椿本舗事件・東京地判平成25・12・25労判1088号11頁（早出出勤），福星堂事件・神戸地判姫路支判平成28・9・29労経速2303号3頁（早出残業），山崎工業事件・静岡地判沼津支判令和2・2・25労判1244号94頁（早出残業），南陵学園事件・和歌山地判令和2・12・4労経速2453号14頁，前掲・三井住友トラスト・アセットマネジメント事件（*19）42頁，三誠産業事件・東京地判令和3・6・30ジャーナル116号40頁（残業）。これに対し，残業禁止命令違反の時間外労働も，他の従業員も遵守していなかったという状況の下では労働時間該当性を肯定される（セヴァ福祉会事件・京都地判令和4・5・11労判1268号22頁）。

(3) 労基法上の労働時間と賃金

ある時間が労基法上の労働時間とされれば，直ちに所定労働時間に対応する賃金請求権が発生するのであろうか。判例（前掲・大星ビル管理事件［*25］）は，この解釈を否定し，労基法上の労働時間に当たるからといって当然に賃金請求権が発生するわけではなく，当該労働契約においていかなる賃金を支払うものと合意されているかによって定まると判断している。しかし，判例は同時に，労働契約の合理的解釈としては，労働と賃金の対価関係が労働契約の本質的部分を構成していることを理由に，労基法上の労働時間に該当すれば，通常は労働契約上の賃金支払の対象となる時間に当たると判断する。労働契約の構造を踏まえた妥当な判断といえよう*45。

この判例法理によれば，労基法上の労働時間に対して別途手当を支給する一方，賃金（通常の賃金）を支給しない旨の明示の特約があれば，別途手当請求権が発生する一方，通常の賃金に係る請求権は排斥されることになる。すなわち，前掲・大星ビル管理事件（*25）は，深夜仮眠時間について別途，泊まり勤務手当を支給する旨の規定があったケースにつき，賃金が月給であることと，仮眠時間における労働密度が低いことを理由に通常賃金請求権を否定している。後者の点は，労働時間と賃金が厳密に比例していないことを要件とする趣旨であり，この点を重視すれば，単に通常賃金を支払わない旨の特約があるだけでなく，労働時間と賃金の比例性の欠如を基礎づける事情があってはじめて通常賃金請求権が否定されることになろう*46。一方，仮眠時間が労基法上の労働時間とされ，それが1日の法定労働時間を超えた場合は，割増賃金支払義務（37条。時間外・深夜割増賃金）が発生する（前掲・大星ビル管理事件［*25］）。この場合，泊まり勤務手当等をもって法定割増賃金に代えることはできない*47。

| 【5-1】 **労働契約上の労働時間**　労働契約上の労働時間（所定労働時間）は，労働契約において合意された労働時間である。したがって，ある時間帯が所定労働

---

*45　このほか，前掲・井之頭病院事件（*25）は，病院の就業規則上，仮眠時間に対して時間外割増賃金を支給しない旨の規定があったとして労働契約上の割増賃金請求権を否定している。
*46　荒木・前掲書（*14）306頁以下参照。最近の社会福祉法人さざんか会事件（東京高判令和6・7・4判例集未登載）は，労働契約において，夜勤時間帯について日中の勤務時間帯とは異なる時間給の定めを置くことは許されないものではないが，そのような合意は趣旨および内容が明確となる形でされるべきであると判断している（同事件の詳細は，*120参照）。
*47　前掲・ビル代行事件（*23）。

時間となるか否かは、労基法上の労働時間と異なり、労使間の合意（労働協約、就業規則、個別合意）によって決定される。たとえば、遅刻・早退・欠勤について賃金カットをしないという取扱いが合意されている場合、その時間帯には労働の提供はないが、所定労働時間となる。しかし、それは当然ながら労基法上の労働時間ではない。したがって、所定労働時間が8時間の日において、遅刻時間分を居残りさせることは法定時間外労働とはならない（昭和29・12・1基収6143号）。

労働契約上の労働時間（所定労働時間）に賃金が支払われるべきか否かは、賃金カットの事例が示すとおり、完全に労使自治の問題である。ただしここでも、労働時間と賃金の牽連関係は契約解釈の原則となるため、所定労働時間に実際に労働が行われれば、明示の特約がない限り、賃金請求権が発生すると解すべきである。

第2節　休憩・休日

1 休　　憩

(1) 休憩と労働契約

(ア)　概　説　　使用者は、労働時間が6時間を超える場合には少なくとも45分、8時間を超える場合には1時間の休憩時間を労働時間の途中に与えなければならない（労基34条1項）。労働者を労働から解放することによって長時間の労働がもたらす精神的・肉体的疲労を回復させ、自由な時間を保障するための規定である。45分・1時間は最低基準であるから、それを超える休憩を与えることは適法であり、就業規則等を介して労働契約内容となる（休憩時間は就業規則の絶対的必要記載事項である。同89条1号）。ただし、法定休憩時間を超える時間分については、34条（一斉休憩や自由利用の原則）の適用はない。

休憩は、「労働時間の途中に」与えなければならない。したがって、労働時間の開始前または終了後に与えても、休憩を与えたことにはならない。また、一斉付与が原則であるが（労基34条2項）、一斉休憩の必要性は高くないため、過半数組合または過半数代表者との労使協定による一斉付与の例外が認められている。休憩の一方的繰上げ・繰下げや分割付与（コマギレ休憩）は本条違反ではないが、人事管理上は好ましくない[*48]。

[*48]　労働契約上は、休憩の一方的繰上げ・繰下げは契約内容の変更を意味するため、就業規則

休憩は，労働者を労働から解放すべき時間であり，労働契約との関係では，労働者に休憩中は労働義務を負わせないことを意味する。したがって，休憩時間に労働者を労働させることはもちろん，実作業がなくても，作業待機させること（手待時間）はできない。使用者が，労働者をこうした活動に従事させれば，休憩付与義務違反として債務不履行責任を負うとともに，当該時間は労基法上の労働時間と評価され，労働時間規制を適用される（408頁）[*49]。一方，労働からの解放が実質的に保障されていれば，休憩と認められる[*50]。

(イ) **休憩付与義務違反の効果** 休憩付与義務に違反した使用者は処罰される（労基119条1号）。労働契約との関係では，債務不履行責任が問題となるが，ここでは，休憩付与義務違反に基づく損害の性格が問題となる。すなわち，休憩付与義務違反によって労働者が手待を余儀なくされた場合に，就労を主張して賃金相当額の損害賠償請求をなしうるか否かが問題となるが，こうした実態があれば，その時間は労働時間となり，労働者は賃金請求権を取得するため，それとは別に賃金相当額の財産的損害が発生するとは解されない。すなわち，労働者の損害は，労働から解放されなかったことによる精神的苦痛という損害（精神的損害）にとどまり，賃金相当額の損害賠償請求は認められない[*51]。

に根拠規定を設ける必要がある。

[*49] 裁判例では，ビル警備員に付与されていた5時間の「休憩時間」につき，前掲・大星ビル管理事件（*25）の判断枠組みを採用した上，当該時間中，制服を着用し，出動の指示があれば即座に対応する態勢を義務づけられていたとして，労働からの解放を保障された休憩とはいえず，労働時間に当たると判断した例がある（前掲・関西警備保障事件［*25］）。また，前掲・ジェイアール総研サービス事件（*12）は，休憩室における守衛の休憩につき，来訪者や電話がある場合は業務優先を余儀なくされていたとして労働からの解放の保障を否定して労基法上の労働時間に当たると判断し，前掲・阪急トラベルサポート［第1・控訴］事件（*26）は，ツアー添乗員の休憩につき，旅行者への対応のため労働から解放されていないと解し，労基法上の労働時間に当たると判断している。休憩の否定例として，DIPS［旧アクティリンク］事件・東京地判平成26・4・4労判1094号5頁，南日本運輸倉庫事件・東京地判平成27・9・18ジャーナル46号39頁，前掲・医療法人社団E会事件（*6），前掲・ネクスト・プレシャス事件（*25），前掲・オーイング事件（*19），前掲・ホテルステーショングループ事件（*19），前掲・誠馨会事件（*25）など。

[*50] 前掲・ビル代行事件（*23），前掲・井之頭病院事件（*25），ヒロセ電機事件・東京地判平成25・5・22労判1095号63頁，前掲・阪急バス事件（*31［大阪地判平成30・5・30］），前掲・阪急田園バス事件（*31），前掲・KSP・WEST事件（*19），前掲・大島産業事件（*24），前掲・東京電力ほか1社事件（*21），前掲・ブレイントレジャー事件（*19），前掲・三誠産業事件（*44）。いずれも，労働者の手待時間・待機時間・仮眠時間の労働時間該当性が否定された事例である（409頁参照）。

[*51] 裁判例では，労働者が休憩中も作業場付近にとどまり，常時作業に取りかかる態勢を余儀

(2) 休憩自由利用の原則

休憩は，労働者に自由に利用させなければならない（労基34条3項）。休憩中の労働からの解放を保障するだけでなく，その自由利用を保障することによって，労働者の自由時間であることを明確にした規定である。

もっとも，休憩時間といえども，職場規律や施設管理のために必要な合理的範囲内の規制は許される。判例も，休憩中の政治活動（ビラ配布）につき，労働者は休憩時間中といえども，施設管理権による制約を免れず，また，労務提供と関連しない企業秩序の規律による制約を免れないと解し，ビラ配布の許可制を有効と判断している[*52]。これに対し，休憩中の外出許可制やスポーツの禁止は，合理的規制を超えることから違法と解される。

2 休　　　日

(1) 休日と労働契約

休日とは，労働者が労働契約において労働義務を負わない日をいう（菅野＝山川410頁，山川168頁）。労基法35条1項は，「使用者は，労働者に対して，毎週少くとも1回の休日を与えなければならない」と規定し，週休制の原則を定めている。その趣旨は，労働者が労働から生ずる疲労を回復し，かつ，自由に活動できる時間をまとまって取得することを保障する点にある[*53]。

法定休日は，単なる継続24時間の付与では足りず，暦日1日（午前0時〜午後12時）として付与しなければならない（昭和23・4・5基発553号）[*54]。また，

なくされたとして，休憩付与義務違反を理由とする賃金相当額の損害賠償および慰謝料の支払を求めたケースにつき，労働者は休憩中，指揮命令によって半ば拘束されていたものの，完全に労働に服していたわけでもないから，労働者の被った不利益を休憩に相当する勤務時間当たりの対価に換算することはできないと述べ，賃金相当額の賠償請求を棄却した例がある（住友化学事件・最判昭和54・11・13判タ402号64頁）。注釈労基・労契(1) 464頁［竹内（奥野）寿］参照。もっとも，労働から完全に解放されていないものの，解放の程度が高いことから労働時間ではないが（408頁以下），労働から完全に解放されていないことから休憩とも認められない場合は，使用者に休憩付与義務違反が認められるところ，この場合は賃金による損害の塡補が行われていないため，精神的損害とは別に財産的損害に係る損害賠償請求を肯定する余地がある。

[*52]　電電公社目黒電報電話局事件・最判昭和52・12・13民集31巻7号974頁（645頁参照）。水町710頁参照。休憩自由利用の原則違反の否定例として，前掲・全日警事件（[*31]）。

[*53]　通常の休日のほか，出張期間中の業務のない日や旅行日は，労働から完全に解放されている限り，休日に当たると解されている（昭和23・3・17基発461号ほか）。

[*54]　同旨裁判例として，X社事件・東京高判平成28・1・27労経速2296号3頁。就業規則等

休日付与義務の単位となる「週」は，日曜日から土曜日までの暦週ではなく，継続した7日間であれば足りる（就業規則等に特段の定めがない場合は，日曜日を起算点とする暦週が単位となる。昭和63・1・1基発1号）。なお，労基法は休日の特定を要求しておらず，使用者は，休日をどの曜日に配置してもよい（日曜日を休日とする必要はない）。

実際には，多くの企業で週休2日制が普及しており，就業規則を介して労働契約内容となる（「休日に関する事項」は，就業規則の絶対的必要記載事項である。労基89条1号）。この場合，2日の休日のうち，1日が法定休日，もう1日が法定外休日となるが*55，法定休日の場合は，その日に労働させると休日労働として35％増の割増賃金支払義務が生ずる（同37条）のに対し，法定外休日の場合はこの義務は生じないため，いずれが法定休日に当たるかを就業規則等で明示することが望ましい（平成6・1・4基発1号）*56。

休日は，労働者が労働義務を負わない日であるから，休日をどのように利用するかは労働者の自由であり，別会社で就労することにも問題はない。ただし，労働義務が消滅するにとどまるため，誠実義務や競業避止義務・兼職避止義務・守秘義務の規制（154頁以下）は及ぶ。

休日付与義務に違反した使用者は処罰される（労基119条1号）。労働契約との関係では，休日付与義務違反の債務不履行となるが，その実質は，労働義務がない日に労働させたということであり，その日は労働日（労働時間）となり，賃金請求権を発生させるとともに，労働から解放されなかったことによる精神的苦痛（精神的損害）に係る損害賠償請求権（民709条）を発生させる【5-2】。

【5-2】 **変形週休制** 使用者が4週間を通じ4日以上の休日を与える場合は，週休1日の原則は適用されない（労基35条2項）。変形週休制を実施するためには，

に特段の定めがない場合は，日曜日を起算点とする暦週が単位となる（昭和63・1・1基発1号）。なお，シフト編成による交替制が就業規則等で規則的に定められている場合は，継続24時間の付与で足りる（昭和63・3・14基発150号）。

*55 裁判例では，特段の定めがない限り，就業規則および労働契約の合理的解釈として，日曜日を法定休日と解する例が多い。HSBCサービシーズ・ジャパン・リミテッド事件・東京地判平成23・12・27労判1044号5頁，レガシィほか1社事件・東京高判平成26・2・27労判1086号5頁等。

*56 法定休日の場合，労基法35条にいう「毎週」とは「7日間の期間ごとに」の意味であり，7日ごとに必ず1日付与しなければならないが，法定外休日の場合はそうした規制はないという違いもある（隔週週休2日制は少なくない）。

就業規則に単位期間の起算日を定める必要があるが（労基則12条の2第2項），その起算日から起算する4週間に4日以上の休日を与えれば足り，どの4週間を区切っても4日以上の休日を与えなければならないわけではない。そこでたとえば，2か月（8週間）にわたって変形休日制をとる場合，その途中のある4週間を区切ったときの休日が3日であっても違法ではない。問題の多い規定である。

(2) 休 日 振 替

(ア) **事前の振替**　a) **意義**　休日振替とは，突発的な受注への対処など，一時的な業務上の必要性に基づいて，労働契約上休日と定められた特定の日を労働日に変更し，代わりに前後の労働日を休日に変更することをいう。就業規則では，「業務の都合によりやむをえない場合は，あらかじめ休日を他の日に振り替えることがある」等と規定されることが多い。このように，休日振替は，休日とされた日を労働日に変更した上で労働させる点で，そうした手続を経ないで休日に労働させる休日労働と異なる。したがって，休日振替は，休日労働の要件（三六協定の締結・割増賃金の支払＝労基36条・37条）を課されないが，その代わり，以下の各要件を課される。

　b) **労基法上の要件**　まず，法定休日については，労基法上の週休1日（変形週休制の場合は4週当たり4日）の要件を満たさなければならない。つまり使用者は，振替休日をこの要件を満たすように配置する必要がある。また，振替休日の現実の付与を要するのは当然であり，振替休日を取得できなかった労働者は，当日分の労働について，不当利得の返還を請求できる[*57]。

　c) **労働契約上の要件**　次に，法定休日か法定外休日かを問わず，休日振替は，労働契約（就業規則）で特定された休日を労働日に変更することを意味するため，一方的に行うことはできず，労働契約上の明確な根拠を必要とする[*58]。具体的には，労働協約・就業規則において，休日振替の根拠と，業務

[*57]　裁判例では，課長代理以上の者に振替休日の取得を認めない旨の取扱いにつき，それら労働者が労基法41条2号の管理監督者（481頁）に当たらないことを前提に，係長以下の者に振替休日を認める就業規則との関係で，労基法93条違反により無効と判断した上で不当利得返還請求を認めた例がある（ザ・スポーツコネクション事件・東京地判平成12・8・7労判804号81頁）。しかし，法定休日の振替の不付与については，端的に労基法35条1項違反と判断すべきであったと思われる。他方，会社が就業規則において上級管理職に対する休日振替の要件を規定している場合に，当該要件を充足しない管理職に対する振替休日を付与しなくても違法性は否定される（関西電力事件・大阪地判令和3・9・9ジャーナル118号32頁）。

[*58]　まんだらけ事件・東京地判平成24・11・16ジャーナル12号11頁。より厳密には，休日

上の必要性等の振替事由・方法が明記されれば，使用者の休日振替権が肯定される（同旨，菅野＝山川413頁）。ただし，使用者は休日振替権を恣意的に行使できるわけではなく，①振替につき実際に業務上の必要性があること，②事前に振替の予告がなされていること，③振替休日が事前に特定されていることを要し，これらを欠く場合は権利の濫用（労契3条5項）となる*59*60。これに対して，いったん確定した振替休日をさらに変更するためには，労働者の個別的同意を要すると解すべきである*61。

(イ) 代 休 以上に対して，事前に振替手続を行わないまま休日に労働させ，後にこれに代わる休日を与えることを代休という。この場合は，休日を労働日に変更する手続を行わないまま休日に労働させたのであるから，本来の休日における労働は休日労働にほかならず，三六協定の締結と割増賃金の支払が必要となる。また，事前の振替と同様の労働契約上の要件が課される*62。

振替は，本来の休日における労働義務およびその対価としての賃金支払義務を新たに設定しつつ，本来の労働日における労働義務および賃金支払義務を消滅させる複合的法律行為を意味する（注釈労働時間382頁参照）。

*59 注釈労働時間384頁，土田・労務指揮権610頁。特に①については，休日振替は労働者の生活設計に影響を与える措置であるから，事前の予測が困難で，切迫した事情の発生を要すると解すべきである（休日業務の恒常的必要性には，休日労働［労基36条］で対処すべきである）。また②についても，できるだけ時間的余裕を置いて予告を行うことを要し，時期があまりに切迫している場合は，労働者の不利益との衡量の結果，権利濫用が成立しうる。

*60 裁判例では，本文の①〜③の要件の充足を認めて休日振替を有効と解した例がある（三菱重工業［休日振替］事件・横浜地判昭和55・3・28労判339号20頁）。一方，所定休日における展覧会業務につき，休日展覧会の翌日ないし翌々日を休日に振り替える旨の慣行の存在を否定し，休日労働手当の請求を認めた例もある（ほるぷ事件・東京地判平成9・8・1労判722号62頁）。本文に述べた③の要件を欠くケースに当たるといえる。事前振替の否定例として，前掲・アルデバラン事件（＊25），ドワンゴ事件・京都地判平成18・5・29労判920号57頁参照。

*61 岩手県交通事件・盛岡地一関支判平成8・4・17労判703号71頁。

*62 前掲・ザ・スポーツコネクション事件（＊57）。

第3節　時間外労働・休日労働

　時間外労働・休日労働は，労働契約または労基法上の労働時間規制の例外を成す。労基法上は，1週40時間・1日8時間の原則（32条）・週休制の原則（35条）の例外を意味し，非常時等における時間外・休日労働（33条）と，労使協定に基づく時間外・休日労働（36条）がある。企業において重要な機能を営むのは後者である（前者については省略する）。

1　時間外・休日労働の意義と実情

(1)　時間外・休日労働の意義

　時間外労働・休日労働は，所定労働時間を延長して労働させ，または所定休日に労働させることをいう。しかし，これも二つに分かれる。一つは，労基法上の法定労働時間（32条）または法定休日（35条）の基準を超える労働であり，「法定時間外労働・法定休日労働」という。一方，労働契約において，所定労働時間が法定労働時間より短く規定されている場合に，所定労働時間を超えて法定労働時間の範囲内で行われる労働を「法定内時間外労働」（所定時間外労働）といい，所定休日が法定休日より多く設定されている場合（週休2日制の場合）に，法定外休日に行われる労働を「法定外休日労働」という（396頁の**図表5-1**参照）。

　法定時間外・休日労働と，法定内時間外・法定外休日労働の違いは，前者の場合，それを適法に実施するためには，労基法が定める手続（労使協定の締結・届出［36条］と割増賃金の支払［37条］）を要するということである[*63]。

(2)　時間外・休日労働の実情

　労基法36条が定める法定時間外・休日労働規定は，労働時間・休日の原則（32条・35条）を前提に，業務の柔軟な運営の必要性を考慮して，労使協定を要件に，時間外・休日労働を認めた例外規定である。すなわち，「時間外・休日労働は本来臨時的なものとして必要最小限にとどめられるべきものであ」る

[*63]　法定内時間外・法定外休日労働に係る賃金の取扱いは労基法の関知するところではなく，労使自治に委ねられる（メイホーアティーボ事件・東京地判令和4・1・21ジャーナル123号16頁参照）。

（昭和63・3・14基発150号）。これは、労働者の生命・健康を保護し、仕事と生活の調和（ワーク・ライフ・バランス）を促進しようとする労働時間規制の趣旨（398頁）に基づいている[*64]。

　しかし、労基法36条の時間外・休日労働規定は、実際には恒常的な長時間労働をもたらしてきた。すなわち、36条は、長らく時間外・休日労働の上限を法定してこなかった。この点、1998年改正により、同条2項が厚生労働大臣の時間外労働限度基準設定権限を定め、これに基づく告示が公布されてきたが（たとえば、1か月45時間。平成10年労告154号）、行政指導の基準にとどまり、当事者を拘束する強行規定とはされてこなかった（前掲・X社事件 [*54] 参照）。また、三六協定当事者は、「特別の事情（臨時的なものに限る）」がある場合は、上限基準を超えて労働時間を延長することができる（平成15・10・22基発1022003号）ところ、この協定には限度基準の適用がなく、「特別の事情」も十分機能しなかったため、無制限の時間外労働をもたらしてきた。このように、労基法36条は多くの点で不十分であり、労働者の生命・健康の保護およびワーク・ライフ・バランスの促進という労働時間法の本旨を実現するためのルールには程遠い状況にあった。その背景には、業務の繁閑に対して労働時間の調整で対処しようとする人事管理の手法や、従業員を犠牲にして顧客の要求に応えようとする顧客重視のビジネスモデルといった日本企業・雇用社会の構造的要因が存在したものと考えられる。

　この結果、長時間労働が蔓延し、2015年の調査（『平成28年版 過労死等防止対策白書』）によれば、1か月間の残業時間が80時間を超える正社員がいる企業の割合が22.7％に達するという衝撃的な実態が明らかとなった。これに伴い、今日では、過労死・過労自殺をめぐる労災事案や民事損害賠償請求事案が続出しているが、こうした事後的救済の意義は乏しい。長時間労働の是正のためには、事前の実効的規制が必須であり、労働時間法制の整備が必須となる。また、時間外労働の上限規制は、女性が活躍できる社会の構築や、ホワイトカラーの生産性の向上という観点からも有意義である。育児・介護等の家庭責任が女性に偏りがちという現状を改め、女性の活躍を推進するためには、長時間残業しなくても十分能力を発揮して働くことができる環境を法的に整備する必要があるし、生産性向上を実現するためには、時間外労働の上限規制を行い、

[*64] 同旨、ザ・ウィンザー・ホテルズインターナショナル事件・札幌高判平成24・10・19労判1064号37頁。

短時間で成果を上げる環境を整備することが重要となる*65。

こうした状況を踏まえて，労基法 36 条は 2018 年，働き方改革推進法の中核を成す法として改正され，時間外労働の上限規制を強化し，罰則付きで規制する強行規定に転換した（中小企業を含めて 2020 年 4 月 1 日完全施行）。

2 法定時間外・休日労働

(1) 時間外・休日労働協定（三六協定）

㋐ 意義・趣旨 使用者は，過半数組合または過半数代表者との労使協定（三六協定）を締結し，行政官庁に届け出た場合は，その定めに従って労働時間を延長し，休日に労働させることができる*66。ただし，坑内労働その他命令で定める健康上特に有害な業務（著しく暑熱または寒冷な場所における業務など。労基則 18 条）については，時間外労働は 1 日 2 時間を超えてはならない（労基 36 条 6 項 1 号）。

2018 年改正労基法 36 条によれば，三六協定においては，①労働者の範囲，②時間外・休日労働をさせることのできる期間（対象期間＝1 年間に限る），③時間外・休日労働させることができる場合（事由），④対象期間における 1 日・1 か月・1 年のそれぞれの期間における延長時間数・休日日数，⑤その他厚生労働省令で定める事項（三六協定の有効期間，限度時間を超えて労働させることができる場合，健康福祉確保措置，限度時間を超えた労働に係る割増賃金率等［労基則 17 条］）を定めなければならない（労基 36 条 2 項）。時間外労働の限度時間（④）は，当該事業場の業務量，時間外労働の動向その他の事情を考慮して通常予見される時間外労働の範囲内において限度時間を超えない時間に限るものとし，ⓐ 1 か月について 45 時間および 1 年について 360 時間とする（同 3 項・4 項＝原則限度時間）。事業場における通常予見することのできない業務量の大幅な増加等に伴い，臨時的にⓐの原則限度時間を超えて労働させる必要がある場合は，ⓑ

---

*65 土田 137 頁以下，土田道夫「労働時間法制の課題」日労研 677 号（2016）1 頁参照。
*66 労使協定一般の要件を欠く三六協定は 36 条違反として無効であり，時間外・休日労働を適法化する効力を発生させない（トーコロ事件・東京高判平成 9・11・17 労判 729 号 44 頁［最判平成 13・6・22 労判 808 号 11 頁で確定］）。三六協定の有効判断例として，菅沼会事件・東京地判令和 4・12・26 ジャーナル 135 号 46 頁，無効判断例として，未払賃金等請求事件・釧路地帯広支判令和 5・6・2 ジャーナル 140 号 32 頁（ただし，無効な三六協定に基づく違法な時間外労働に係る慰謝料請求については，労働者が当該三六協定を認識しながら異議を述べていなかったことや，時間外割増賃金を受給できること等から棄却）。三六協定については，注釈労基・労契(1) 488 頁以下［中窪裕也］参照。

図表 5-3 時間外労働の上限規制のイメージ

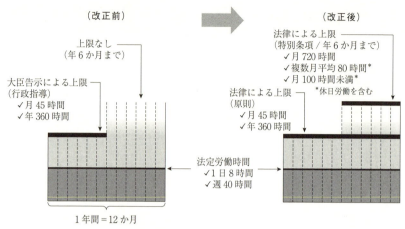

（出所：厚生労働省「時間外労働の上限規制　わかりやすい解説」4 頁）

別途時間外労働の限度を協定することができるが（特別条項），その上限は，1 か月では休日労働を含めて 100 時間未満，1 年では休日を含まず 720 時間とし，2 か月・3 か月・4 か月・5 か月・6 か月の時間外労働の平均限度時間は休日労働を含めて 80 時間とする（同 6 項）。また，ⓒ特別条項を発動できる期間は最大でも 6 か月とされる（同 5 項）。

　使用者が，改正労基法 36 条 3 項〜6 項の限度時間を超える三六協定に基づいて時間外労働をさせた場合，32 条の原則規定違反として罰則を科される（6 か月以下の懲役または 30 万円以下の罰金［労基 119 条 1 号］）ほか，36 条 6 項に違反した場合も同様に処罰される（同号）。また，改正労基法 36 条 7 項に基づく指針（「労働基準法第 36 条の協定で定める労働の延長及び休日労働について留意すべき事項に関する指針」［平成 30 年厚労告 323 号］）が定められており，使用者は，労働者に時間外・休日労働を行わせる場合も安全配慮義務（労契 5 条［682 頁］）を負うことに留意すること，労使当事者は，特別条項に基づく時間外労働を行わせる場合をできるだけ具体的に定めることを要し，「業務の都合上必要な場合」「業務上やむを得ない場合」等の包括的条項は認められないこと，健康福祉確保措置としては，医師の面接指導，勤務間インターバル制度，代償休日・特別休暇の付与など 9 項目から協定することが望ましいこと等を掲げている（改正労基 36 条 7 項，前掲指針）。三六協定当事者は，協定がこの指針に適合した

ものとなるようにしなければならず（同8項），行政官庁は，三六協定当事者に対し，指針に関して必要な助言・指導を行うことができる（同9項・10項）。

(イ) 評価　改正労基法36条のうち，特別条項（5項・6項）については，いわゆる過労死基準（過労死の原因となる脳・心臓疾患の労災認定に際して，業務と発症の関連性が強いとされる基準［平成13・12・12基発1063号］）を合法化するに等しいとの批判があり，原則限度時間（4項）についても，限度時間に休日労働が含まれていないという問題点がある。また，特別条項を発動できる期間を6か月まで認める点も，原則限度時間を骨抜きにしかねない規定といいうる。とはいえ，改正法の基本的方向性は評価に値する。すなわち，改正法は，現行法上は告示にとどまる時間外労働限度基準を法律に格上げし，罰則によって強制力を担保するとともに，特別の事情がある場合の労使協定（特別条項）に基づく時間外労働についても上限を設定するというものである。それはまさに，長時間労働問題に無力であった従来の労働法を改め，過労死・過労自殺の解消に取り組む一歩を踏み出したものと評価することができる。特に，原則限度時間が明示規定されたことの意義はきわめて大きい。もっとも，上述した問題点があることも事実であるので，さらなる見直しが課題となる【5-3】。

(ウ) 三六協定の効果　三六協定が改正労基法36条3項〜6項の限度時間を超過する時間数を定め，36条に違反している場合の協定の私法的効果については明文の規定はない。しかし，36条の限度時間が罰則付きの基準として立法化された以上，同条は強行規定と解すべきであり，同条違反の三六協定は無効となると解される。この点，改正法律案要綱も，36条所定の要件に適合しない三六協定は無効となると明記しており（第1の7），そのように解すべきであろう。

一方，三六協定が適法に締結・届出された場合，時間外・休日労働を適法化する効力（違法性阻却効果）を有する。すなわち，使用者は，労働者に時間外・休日労働をさせても，労基法32条・35条等違反の刑事責任（労基119条1号）を問われず（免罰的効果），私法上も，時間外・休日労働を定めた労働協約・就業規則・労働契約が労基法違反として無効とならないという効果が発生する。この適法化効力は，三六協定が対象とする事業場の全労働者について発生する。

(2) 時間外・休日労働義務

(ア) 学説・裁判例　三六協定は，使用者が時間外・休日労働をさせても労

基法違反とならないという効果を有するが，それを超えて，時間外・休日労働に応ずべき労働者の義務（その旨の使用者の権利）を創設するわけではない（通説・判例）。そのような権利義務の発生を認めるためには，三六協定とは別に，労働契約上の根拠が必要である。問題はその態様である。

　この点については，学説上，包括的合意説（労働協約・就業規則に「業務上の必要があるときは時間外・休日労働を命ずることがある」との一般的規定があれば，時間外労働義務が発生すると説く）と，個別的同意説（上記のような協約・就業規則は，労基法32条や35条に違反して無効であり，労働者が時間外・休日労働のつど同意することを要すると説く）が対立してきた[*67]。これに対して判例は，就業規則に上記のような規定があれば，「当該就業規則の規定の内容が合理的なものである限り，それが具体的労働契約の内容をなす」から，労働者はそれに基づく労働義務を負うとの一般論を前提に，就業規則の内容を成す三六協定が時間外労働の上限を規定し（1か月40時間），かつ一定の事由を定めている場合について就業規則の合理性を認め，時間外労働義務を肯定した[*68]。本判決は，包括的合意説を基本としつつも，時間外労働義務の根拠となる就業規則の合理性を要件と解した上（219頁の定型契約説。労契7条参照），本件では就業規則・三六協定上の時間外労働の上限が1か月40時間と規定され，合理性を有する（40時間という時間数は，前掲原則限度時間［1か月45時間］より短い）ことに着目して時間外労働義務を肯定した点に意義を有する。

　(イ)　**改正労基法36条下の解釈**　では，改正労基法36条の下ではどのように考えるべきか。この点，労基法改正後も，時間外労働に関する就業規則の規定内容の合理性（労契7条）を要件に時間外労働義務を肯定する判例法理に変化はない。しかし，改正労基法36条の下では，同条が強行規定としての性格を有し，限度時間に適合しない三六協定を無効とする効果を有すること（423頁）を前提に問題を考えるべきであろう。すなわち，限度時間に適合しない（限度時間を超過する）三六協定（違法な三六協定）を前提とする就業規則は，合理性の有無を問わず契約内容補充効を有せず，労働者は時間外労働義務を負わないものと解される。改正法36条の性格によれば，時間外労働義務は，適法

[*67]　詳細は，注釈労基（下）621頁以下［中窪裕也］，寺井基博「時間外・休日労働義務」争点106頁，基コメ労基・労契156頁以下［矢野昌浩］，菊井一夫「時間外・休日労働」労働関係訴訟Ⅰ400頁。

[*68]　日立製作所事件・最判平成3・11・28民集45巻8号1270頁。同旨，前掲・トーコロ事件（*66）。菊井・前掲論文（*67）407頁以下参照。

な三六協定のみを前提とする就業規則が労働契約内容となることで発生するため，限度時間を超過する時間外労働はそもそも契約内容とならないと考えられるからである*69。したがって，そうした時間外労働命令の拒否を理由とする懲戒処分や解雇は無効となる（労契15条・16条）。

これに対し，限度時間に適合する（限度時間以下の）時間外労働数を定める三六協定（適法な三六協定）を前提とする就業規則については，判例法理を継承して合理性審査が行われ，その結果，当該就業規則は合理性を肯定され，労働契約内容となって時間外労働義務の根拠となると考えられる（労契7条）。もっとも，特別条項下での限度時間数は相当長時間に及ぶ（改正労基36条6項［421頁参照］）ため，その合理性には疑問が生じうるが，法律上認められた時間外労働である以上，その合理性を否定することは困難と解される*70。一方，この場

* 69 労基法36条改正前の私見は，判例（前掲・日立製作所事件［*68］）と同様，就業規則上の時間外労働義務規定の内容の合理性を労働義務の発生要件と解した上，労基法36条の基本趣旨である①時間外労働の例外性・臨時性および②仕事と生活の調和に加え，③業務の柔軟な運営の要請を考慮して，時間外労働の上限の合理性を労働義務の発生要件と解してきた。この結果，時間外労働義務は，労働協約・就業規則（またはその内容を成す三六協定）において，限度基準以下の時間数が規定された場合に限り，合理的なものとして発生する一方，時間数が明記されない場合や，限度基準を上回る時間数が規定された場合は，時間外労働がありうる旨の告知以上の効力はなく，時間外労働は労働者の個別的同意を得てのみ行いうることになる（本書〔2版〕327頁以下参照）。同旨，前掲・ザ・ウィンザー・ホテルズインターナショナル事件（*64）。時間外労働義務に係る就業規則の合理性審査のあり方については，沼田雅之「憲法27条と時間外・休日労働規制」講座再生(3) 196頁以下も参照。

　この点，前掲・日立製作所事件（*68）では，就業規則の内容を成す三六協定において時間外労働時間数が月40時間に限定されているので，その合理性を認めて時間外労働義務を肯定した判旨の結論には賛成する。ただし，同事件の判断は，就業規則の合理性判断に際して，上記③の趣旨を挙げて合理性を認めながら，より重要な①・②の趣旨に触れておらず，バランスを欠く判断となっている。

* 70 この点，労基法改正前の裁判例である前掲・ザ・ウィンザー・ホテルズインターナショナル事件（*64）は，月95時間の時間外労働を予定した職務手当の合意を根拠に労働者の時間外労働義務を肯定した上，このような長時間の時間外労働を労働者に義務づけることは，使用者の業務運営に配慮しながらも労働者の生活と仕事を調和させようとする労基法36条の規定を無意味化するばかりか，安全配慮義務に違反し公序に反するおそれがあるとして合意の効力を否定している（直接には，割増賃金の計算方法に係る手当制の適法性［*91］に係る判示である）。この考え方によれば，労働契約法の観点からは，特別条項下での限度時間数について合理性を否定する余地もあり，魅力的であるが，やはり法律自体が認知した時間外労働数である以上，その合理性を否定することは困難と考える。

　この点，注釈労基・労契(1) 511頁［中窪裕也］は，まさに前記の考え方を採用し，就業規則上の時間外労働義務規定は原則限度時間（改正労基36条3項・4項）の枠内でのみ時間外労働を命じうる趣旨の規定と解すべきであり，特別条項下の限度時間まで時間外労働を命じうる旨の規定については合理性を否定すべきであると説く。なお，時間外労働について業務上の

合も，三六協定において「業務の都合上必要な場合」「業務上やむを得ない場合」等の包括的事由しか定めていない場合は，前記指針（422頁）に照らして合理性を否定すべきものと考える。

また，三六協定自体は限度時間に適合し，適法に締結・届出されたとしても，実際の時間外労働命令が当該限度時間を超えて行われることもありうる。この場合も，改正法の下では，時間外労働義務は適法な三六協定を前提とする就業規則を介して発生するため，限度時間を超える時間外労働は契約上の根拠を欠き，労働者は労働義務を負わないものと解される。一方，三六協定の時間外労働数が限度時間未満として協定された場合（たとえば1か月40時間）は，当該三六協定を前提とする就業規則は合理性を肯定され，契約内容となって時間外労働義務を発生させるが，他方，当該限度時間（40時間）を超える時間外労働は契約内容とならないため，労働義務は発生しないものと考えられる。

(ウ) **権利濫用の規律**　次に，就業規則によって時間外労働義務（使用者の命令権）が発生する場合も，権利濫用の規律が及ぶ（労契3条5項）。したがって，時間外労働の業務上の必要性が乏しい一方，労働者の生活上の不利益が大きい場合は，権利濫用が成立しうる。特に，三六協定の特別条項によって時間外労働の限度時間が長時間に設定された場合（36条5項・6項［421頁］）については，時間外労働命令権の濫用について慎重に判断する必要がある[*71]。

(エ) **休日労働**　以上に対して，休日労働義務に関しては，時間外労働ほど日常的・機動的実施の要請が高くないこと，休日労働は丸々1日の就労として労働者の生活への影響が大きいことからより厳格に解し，労働協約・就業規則において具体的な日・曜日が特定されるか，それが事前またはそのつど労働者との間で合意されることを要すると考える[*72]。

必要性が乏しい一方，労働者の生活上の不利益が大きいケースでは，特別条項下の限度時間の下で時間外労働命令が行われた場合は，権利濫用（本頁）が成立する可能性が高まるものと解される（同旨，注釈労基・労契(1) 511頁［中窪裕也］）。いずれにせよ，特別条項の改善は，立法論のきわめて重要な課題というべきである。

[*71]　特に，過重労働による生命・健康への危険が高い労働者（692頁以下）に対する時間外労働命令については，時間外労働命令権の濫用が成立する可能性が高まるものと解される。一方，裁判例では，労働者が新型車両の導入に伴う再訓練のための時間外労働命令を拒否したことにつき，理由に具体性がない等として拒否の正当性を否定し，懲戒処分を有効と解した例がある（JR東海［大阪第三車両所］事件・大阪地判平成10・3・25労判742号61頁）。

[*72]　同旨，注釈労働時間459頁以下。

3 法定内時間外・法定外休日労働義務

前記のとおり、法定内時間外労働・法定外休日労働には労基法の適用はない。しかし、これら労働は、労働契約で定められた所定労働時間・休日の変更を意味するため、労働契約自体の変更を意味する。したがって、労働者はこれら労働に従事する義務を当然に負うわけではなく、労働契約上の根拠を必要とする。時間外労働については、労働協約・就業規則の規定に基づく労働義務が発生するが（包括的合意説。ただし、「仕事と生活の調和への配慮の原則」［労契3条3項］を考慮した権利濫用の規律［同5項］が及ぶ）、休日労働については、休日全部が労働日になる点で不利益性が大きいため、法定休日労働と同様、休日労働の特定を労働義務の発生要件と解すべきである*73。

> 【5-3】 **勤務間インターバル制度** 2018年の働き方改革推進法の一環として、勤務間インターバル制度（休息時間制度）が導入された。この制度は、前日の終業時刻と翌日の始業時刻の間に一定時間の休息を設ける制度をいい、1日単位に着目した最長労働時間規制を意味する。EUでは、EU指令が1日（24時間）ごとに連続11時間の休息時間を保障することを定めており*74、日本においても、大企業を中心に導入する企業が徐々にではあるが増えつつある。
>
> 勤務間インターバル制度は、労働者が十分な生活時間や睡眠時間を確保し、ワーク・ライフ・バランスを保ちながら働き続けることを可能とする点できわめて有意義であり、労働時間法の本旨にも適合している。そこで、2018年改正では、労働時間等設定改善法2条（事業主等の責務規定）を改正し、事業主は、前日の終業時刻と翌日の始業時刻の間に一定時間の休息の確保に努めなければならない旨の努力義務を負うものと規定した（高度プロフェッショナル制度［改正労基41条の2］においても、労働者の健康・福祉確保措置の一つとして掲げられている［488頁］）。この制度を直ちに義務化することは現実的ではないため、当面は努力義務で差し支えないが、引き続き制度を周知し、企業・組織に定着させることが重要である。この点、政府は、「過労死等の防止のための対策に関する大綱」の2021年改訂に際して、2025年までに勤務間インターバル制度の導入企業割合を15％以上とするとの数値目標を設定しており、着実な取り組みが求められる。
>
> 労働契約との関係では、勤務間インターバル制度が就業規則において規定された場合、その有意義性に照らせば、制度内容に大きな問題点がない限り、労働条

---

*73 同旨、注釈労働時間 461頁。
*74 土田道夫「働き方改革推進法の意義と課題」自正70巻4号（2019）12頁参照。

件としての合理性（労契7条・10条）が肯定されることに疑いはない。

4　割 増 賃 金

(1)　割増賃金支払義務の意義・対象

(ア)　使用者は，労働者に時間外・休日労働をさせた場合は，その時間またはその日については，通常の労働時間または労働日の賃金の計算額の2割5分以上5割以下の範囲内で，命令で定める率以上の率で計算した割増賃金を支払わなければならない（労基37条1項・2項）。その趣旨は，使用者に割増賃金を支払わせることによって時間外・休日・深夜労働を抑制し，労働時間の原則を遵守させようとする点にある[*75]。労基法37条に違反した使用者は，割増賃金支払義務および付加金支払義務（同114条）を負い，処罰される（119条1号）ほか，義務違反の態様が悪質な場合は不法行為（民709条）と評価され，割増賃金相当額の損害賠償責任を負うことがある[*76]。

割増賃金支払義務の対象となるのは，法定時間外労働・休日労働である。法定時間外・休日労働である限り，労基法所定の要件を備えて適法に行われた場合だけでなく，要件を備えないまま違法に行われた場合も対象となる[*77]。こ

[*75]　判例も同旨である。康心会事件・最判平成29・7・7労判1168号49頁，日本ケミカル事件・最判平成30・7・19労判1186号5頁，国際自動車［第2次上告審］事件・最判令和2・3・30民集74巻3号549頁。

[*76]　東久事件・大阪地判平成10・12・25労経速1702号6頁，杉本商事事件・広島高判平成19・9・4労判952号33頁（この場合，割増賃金請求権が3年で時効消滅する［労基115条・143条3項］のに対し，それを超える損害賠償請求が可能となる）。ただし，最近は，労働者が割増賃金請求権を有し，また，付加金支払が命じられることから，損害発生を否定する例が多い。プレナス［元店長B］事件・大分地判平成29・3・30労判1158号32頁，社会福祉法人千草会事件・福岡地判令和元・9・10労経速2402号12頁，前掲・ラッキーほか事件（＊33），ライフデザインほか事件・東京地判令和2・11・6労判1263号84頁，前掲・セヴァ福祉会事件（＊44）。

また，裁判例では，使用者の悪質な割増賃金支払義務違反につき，会社の取締役は善管注意義務として会社に労基法37条を遵守させ，被用者に対して割増賃金を支払わせる義務を負うとの解釈を前提に，その懈怠を理由に，会社法429条1項（改正前商法266条の3）に基づく取締役の対第三者損害賠償責任を肯定する例もある（昭和観光事件・大阪地判平成21・1・15労判979号16頁），甲総合研究所取締役事件・東京地判平成27・2・27労経速2240号13頁，エイシントラスト元代表取締役事件・宇都宮地判令和2・6・5労判1253号138頁。労働法令遵守体制の構築が労働法・会社法上の重要課題であることを示す証左である（39頁。そらふね元代表取締役事件・名古屋高金沢支判令和5・2・22労判1294号39頁も参照）。対第三者責任の否定例として，前掲・ラッキーほか事件［＊33］，前掲・ライフデザインほか事件，エヌアイケイほか事件・大阪高判令和5・1・19労判1289号10頁。

れに対して，法定労働時間の枠内で行われる法定内時間外労働や，法定外休日労働については，割増賃金を支払う義務はない。ただし，就業規則等で，法定時間外労働と法定内時間外労働を区別することなく，単に所定時間外労働について割増賃金（手当）を支払う旨を規定していれば，法定内時間外労働についても，割増賃金を支払うことを合意したものとみなされる[*78]。

実際の割増率は，時間外労働については2割5分増（125%）以上，休日労働については3割5分増（135%）以上とされており（割増率令），国際的に見ると，決して高い水準とはいえない。このため，労基法37条は2008年に改正され，①割増賃金の基本を2割5分増（125%）としつつ，②時間外労働が1か月60時間を超える場合は，その時間については5割増（150%）とする旨の規定が設けられた（1項但書）。また，③②の時間外労働については，過半数組合・過半数代表者との間の労使協定の締結を要件に，割増賃金に代えて，通常の賃金による休暇（代替休暇）を付与することもできる（3項。なお，②・③の規定は当分の間，中小企業については適用が猶予される）。

なお，使用者が午後10時から午前5時まで（厚生労働大臣が必要と認める一定の地域または期間については午後11時から午前6時まで）の間に労働をさせた場合（深夜労働）は，通常の労働時間の賃金の2割5分以上の率で計算した割増賃金を支払わなければならない（同37条3項）。時間外労働と深夜労働が重複した場合や，休日労働と深夜労働が重複した場合は，割増率は合算され，それぞれ5割以上，6割以上となる（労基則20条1項・2項）。一方，休日労働の日に1日8時間を超える労働がなされた場合の割増率は3割5分以上でよい（昭和22・11・21基発366号）。

(ｲ)　労基法の割増賃金規制は，強行法的な規律である。したがって，労働者・使用者が任意に割増賃金を支払わないことを合意しても無効であり（労基13条），使用者は割増賃金支払義務を免れない[*79]。また，割増賃金に代えて代

[*77]　小島撚糸事件・最判昭和35・7・14刑集14巻9号1139頁。
[*78]　日本コンベンションサービス事件・大阪地判平成8・12・25労判712号32頁，千里山生活協同組合事件・大阪地判平成11・5・31労判772号60頁。法定内時間外労働に係る賃金につき，所定労働時間に係る賃金と同等額を支払うのが当事者の合理的意思と解釈される場合もある（前掲・テレビ東京制作事件［*42]）。
[*79]　前掲・千里山生活協同組合事件（*78），高栄建設事件・東京地判平成10・11・16労判758号63頁（固定給制のケース），三和プラント工業事件・東京地判平成2・9・11労判569号33頁（海外派遣に際して「時間外労働手当を派遣の対価に含める」旨の合意がなされたケース），前掲・メイホーアティーボ事件（*63［割増賃金から一定額を減額したケース］）。

休（代償休日）を付与することも違法であるが，前記のとおり，2008年労基法改正により，一定の時間外労働について代替休暇制度が導入された。

(ｳ)　割増賃金支払義務は，労働者が使用者の明示または黙示の指揮命令に従い，現実に時間外労働等に従事したことを要件とする。使用者の指揮命令は明示のものに限られず，黙示の指揮命令でも足りる。したがって，労働者が規定と異なる出勤を行って時間外労働に従事し，使用者が異議を述べていない場合[*80]や，業務量が所定労働時間内に処理できないほど多く，時間外労働が常態化している場合[*81]は，黙示の指揮命令に基づく時間外労働と認められ，割増賃金支払義務が生ずる。これに対し，明示・黙示の指揮命令がなく，労働者が任意に時間外労働を行った場合や，使用者が明示的に残業を禁止した後に時間外労働を行った場合は，割増賃金支払義務の要件を欠き，または労働時間としての性格自体が否定され（428頁），割増賃金支払義務は発生しない[*82]。

(2)　割増賃金の計算方法・算定基礎

(ｱ)　**計算方法**　割増賃金は，「通常の労働時間又は労働日の賃金の計算額」に割増率を乗じて計算する。「通常の労働時間又は労働日の賃金」とは，時間給の場合はその額，月給制の場合は月給を所定労働時間で除した額，出来高払制の場合は，それを賃金計算期間の総所定労働時間で除した額である（労基則19条）。深夜の仮眠時間（407頁）のように，労働密度が低い時間については，その時間帯に関する手当が割増賃金の算定基礎となるとの見解がありうるが，

[*80] 城南タクシー事件・徳島地判平成8・3・29労判702号64頁（タクシー運転手の出退社時刻に会社が異議を述べていなかったケース），前掲・ほるぷ事件（*60［労働者が休日出勤している事実を認識しながら，中止の指示を出さなかったケース］），ピーエムコンサルタント事件・大阪地判平成17・10・6労判907号5頁（時間外労働の記録を上司に提出し，上司もこれを認識していたケース），H会計事務所事件・東京地判平成22・6・30労判1013号37頁（会社代表者が顕著な時間外労働を認識していたケース），レイズ事件・東京地判平成22・10・27労判1021号39頁（タイムカードによって勤務実態を把握しながら，注意・指導を行っていないケース），前掲・ドリームエクスチェンジ事件（*19［時間外労働が常態化し，所属長への申請が不要とされているケース］），はなまる事件・大阪地判令和元・12・20ジャーナル96号64頁（会社が常態的な時間外労働を黙認していたケース）等。

[*81] 前掲・千里山生活協同組合事件（*78），徳洲会事件・大阪地判平成15・4・25労判849号151頁，前掲・杉本商事事件（*76），デンタルリサーチ社事件・東京地判平成22・9・7労判1020号66頁，前掲・クロスインデックス事件（*43）。

[*82] 前者の例として，前掲・ヒロセ電機事件（*50），プレゼンス事件・東京地判平成21・2・9労経速2036号24頁，後者の例として，前掲・神代学園事件（*44）。

裁判例はこれを斥け,「通常の労働時間」の賃金を算定基礎と解している*83。

　(イ)　**固定残業代制（手当制・定額給制）**　割増賃金は本来,法所定の計算方法に従って支払うことを要するが,時間外・深夜労働の時間数の算定が困難な業務については,使用者が法所定の計算方法による割増賃金に代えて一定額の手当（精勤手当・営業手当等）を支給したり（手当制）,割増賃金を通常賃金に含めて定額払すること（定額給制）が少なくない。労基法37条は,法所定の割増賃金の支払義務を命ずるにとどまり,同条所定の計算方法を用いることまで義務づける規定ではないから,このような制度自体は適法である*84。

　しかし,手当制にせよ定額給制にせよ,第1に,割増賃金相当額が法所定の計算方法に基づく割増賃金を満たす必要があり,法定割増賃金に満たない場合は,差額分の支払義務が発生する（金額適法性要件）*85。

　第2に,定額給制の場合は,通常賃金（基本給）と割増賃金が一体として支給されるため,定額給のうち割増賃金に相当する部分が判別可能となるよう定めることを要し,そうしない限りは割増賃金支払義務を免れない（判別可能性要件）。割増賃金相当部分が法定額を満たすか否かを確認できない制度においては,割増賃金によって時間外労働等を抑制しようとする法の趣旨が没却される結果となるからである。そこでたとえば,労働者が基本給を41万円とし,月間標準労働時間を160時間とした上,月間180時間までの時間外労働については時間外手当を支給しない一方,実労働時間が140時間以上160時間未満であっても基本給から控除しないとの雇用条件を締結した事案では,180時間以内の労働時間中の時間外労働がされても基本給自体の金額が増額されず,また,41万円の基本給について,通常の労働時間の賃金相当部分と割増賃金相当部分を判別できないことから,労基法37条違反とされ,割増賃金支払義務が肯定される（前掲・テックジャパン事件［*85］）。また,近年の判例は,病院医師について割増賃金を年俸1700万円に含める旨の合意がされている事案では,

---

*83　大星ビル管理事件・東京高判平成8・12・5労判706号26頁（前掲・最判平成14・2・28［*25］により確定）。

*84　前掲・康心会事件（*75），前掲・日本ケミカル事件（*75），国際自動車［第1次上告審］事件・最判平成29・2・28労判1152号5頁，前掲・国際自動車［第2次上告審］事件（*75）。固定残業代制については，注釈労基・労契(1) 541頁以下［富永晃一］参照。

*85　高知県観光事件・最判平成6・6・13労判653号12頁，テックジャパン事件・最判平成24・3・8労判1060号5頁。最近の判例として，前掲・康心会事件（*75），前掲・日本ケミカル事件（*75），前掲・国際自動車［第2次上告審］事件（*75）。

同合意があるものの，年俸について通常の労働時間の賃金相当部分と割増賃金相当部分を判別できないため，年俸の支払によって割増賃金が支払われたとはいえないと判断している（前掲・康心会事件［＊75］）*86。

第3に，手当制の場合も，定額給制と同様，割増賃金に相当する部分を判別可能としておく必要がある（判別可能性要件）*87。また，手当制について判別可

---

*86 先例として，前掲・高知県観光事件（＊85）は，オール歩合給制を適用されるタクシー運転手が時間外・深夜労働を行っても歩合給が増額されず，通常の賃金部分と時間外・深夜の割増賃金部分を判別できない場合に，歩合給による支払を違法と解し，割増賃金支払義務を認めている。同旨，小里機材事件・最判昭和63・7・14労判523号6頁，徳島南海タクシー事件・最決平成11・12・24労判775号14頁，前掲・神代学園事件（＊44），山本デザイン事務所事件・東京地判平成19・6・15労判944号42頁，阪急トラベルサポート［第2・控訴］事件・東京高判平成24・3・7労判1048号6頁，WIN at QUALITY事件・東京地判平成30・9・20労経速2368号15頁。この観点から定額給制の適法性を否定した最近の主要裁判例として，ジャパンレンタカー事件・名古屋高判平成29・5・18労判1160号5頁，KUNEN事件・東京地判平成30・7・10ジャーナル83号64頁，ビーダッシュ事件・東京地判平成30・5・30ジャーナル80号54頁，アトラス産業事件・東京地判平成31・3・28ジャーナル90号38頁，メディカルマネージメントコンサルタンツ事件・大阪地判令和元・7・16ジャーナル92号20頁，前掲・誠馨会事件（＊25）がある。他方，定額給制が通常賃金と割増賃金相当部分の判別可能性要件を充足するとして適法と判断する裁判例として，ワークフロンティア事件・東京地判平成24・9・4労判1063号65頁，東京エムケイ事件・東京地判平成29・5・15労判1184号50頁，未払割増賃金等支払請求事件・名古屋高判令5・9・28ジャーナル147号34頁。なお，法定内時間外労働（419頁）については，こうした要件は課されないものと解される（前掲・HSBCサービシーズ・ジャパン・リミテッド事件［＊55］）。

*87 共立メンテナンス事件・大阪地判平成8・10・2労判706号45頁（管理職手当），キャスコ事件・大阪地判平成12・4・28労判787号30頁（職能手当），オンテック・サカイ創建事件・名古屋地判平成17・8・5労判902号72頁（業務推進手当），イーライフ事件・東京地判平成25・2・28労判1074号47頁（精勤手当），前掲・田口運送事件（＊24［業績給］），クルーガーグループ事件・東京地判平成30・3・16労経速2357号3頁（みなし残業代），洛陽交運事件・大阪高判平成31・4・11労判1212号24頁（業務外手当），ナニワ企業事件・東京地判平成31・1・23ジャーナル89号52頁（長距離手当），インサイド・アウト事件・東京地判平成30・10・16ジャーナル85号50頁（職務手当），ウェーブライン事件・大阪地判平成31・2・14ジャーナル88号40頁（職務手当），天理交通事件・大阪地判平成31・2・28ジャーナル88号38頁，狩野ジャパン事件・長崎地大村支判令和元・9・26労判1217号56頁（職務手当），三栄事件・大阪地判令和5・3・27ジャーナル140号40頁（役職手当）等。一方，諸手当について対価性要件・明確区分性要件の充足を認めて適法と判断した例として，ヒサゴサービス事件・東京地判平成31・1・23ジャーナル89号54頁（運行乗務手当等），愛育会事件・東京地判平成31・2・8労経速2387号17頁（医師手当），シンワ運輸東京事件・東京地判平成30・8・29ジャーナル83号60頁（運行時間外手当），前掲・浜田事件（＊23［外勤手当］），トールエクスプレスジャパン事件・大阪地判令和5・1・18労経速2510号29頁（歩合給制において割増賃金相当額を減額して算出した時間外手当），PEEES事件・大阪地判令和5・6・23ジャーナル139号18頁（営業手当），JPロジスティクス事件・大阪高判令和5・7・20労経速2532号3頁（請負賃金制において割増賃金の一部相当額を減額して算出した能率手当）

能性要件の充足を肯定するためには，使用者が支給する手当が時間外・休日・深夜労働に対する対価として支給されるものであることが明確であることを要する（対価性要件）。この点，近年の判例（前掲・日本ケミカル事件［＊75］）は，雇用契約においてある手当が時間外労働手当として支払われるものとされているか否かは，雇用契約書等の記載内容のほか，労基法37条の趣旨（時間外労働等の抑制および労働者に対する補償の実現）を踏まえつつ，当該手当や割増賃金に関する使用者の説明の内容，実際の労働時間等の勤務状況などの事情を考慮して判断すべきものとした上，薬剤師に支給される業務手当につき，同手当は時間外労働手当として支給するものと労働契約上位置づけられ，かつ，実際の支給額も時間外労働の実情と大きく乖離していないとして適法と判断している[*88]。

なお，同じく近年の判例（前掲・国際自動車［第1次上告審］事件［＊84］）は，タクシー会社が乗務員の歩合給を計算するための対象額Aを算出し，それを基準として計算した割増金を支給する一方，上記歩合給の算出に際して，対象額Aから割増金・交通費を差し引いて支給した結果，対象額Aが割増金・交通費の合計額を下回る場合でない限り割増賃金が支払われないという事案につ

等がある。

[*88] 判決は，業務手当は約28時間分の時間外労働に対応するものとされているところ，実際の時間外労働は，全15回のうち30時間以上が3回，20時間未満が2回，20時間台が10回と認定し，大きく乖離するものではないと判断している。この観点から，各種手当の割増賃金該当性（代替性）を否定した裁判例として，アップガレージ事件・東京地判平成20・10・7労判975号88頁（店舗の業績に応じて支給される販売手当），ピーファクトリー事件・東京地判平成26・2・26ジャーナル26号44頁（「特別手当」名義の手当），マーケティングインフォメーションコミュニティ事件・東京高判平成26・11・26労判1110号46頁（営業手当），前掲・洛陽交運事件（＊87［基準外手当・時間外調整給］），前掲・クルーガーグループ事件（＊87［みなし残業代］），ケンタープライズ事件・名古屋高判平成30・4・18労判1186号20頁（役職手当），前掲・ナニワ企業事件（＊87［ドライバーの長距離手当］），前掲・洛東タクシー事件（＊21［「基準外1」「基準外2」の各手当］），インターメディア事件・東京地判令4・3・2ジャーナル127号44頁（業務手当），イノベークス事件・東京地判令4・3・23ジャーナル128号32頁，エヌアイケイほか事件・大阪地判令4・5・27労判1289号23頁（技術手当），埼玉新聞社事件・さいたま地判令5・5・26ジャーナル137号10頁（役職手当），東京精密事件・東京地令4・11・30ジャーナル138号38頁（営業手当），染谷梱包事件・東京地判令5・3・29労経速2536号28頁（残業手当），ツヤデンタル事件・大阪地判令5・6・29ジャーナル139号14頁（特別手当）等がある。肯定例として，EVOLUTION JAPAN事件・東京地判平成28・4・15ジャーナル53号47頁（営業手当），シンワ運輸東京事件・東京高判平成30・5・9労経速2350号30頁（運行時間外手当），前掲・洛陽交運事件（祝日手当・公休出勤手当），前掲・愛育会事件（＊87［医師手当］），フーリッシュ事件・大阪地判令和3・1・12労判1255号90頁（固定残業手当），前掲・浜田事件（＊23［外勤手当］）等がある。

き，労基法37条は労働契約における通常の労働時間の賃金をどのように定めるかについて規定していないから，労働契約において，売上高等の一定割合相当額から37条所定の割増賃金相当額を控除したものを通常の労働時間の賃金とする旨の定めは当然に同条の趣旨に反するものとして公序（民90条）に反し無効と解することはできないと判断し，37条の趣旨に反し公序違反により無効と判断した原審[*89]を破棄し差し戻している[*90]。

　上記近年の2判例（前掲・康心会事件［*75］，前掲・国際自動車［第1次上告審］事件［*84］）を併せ読むと，最高裁は，固定残業代制（手当制・定額給制）の適法性要件を，もっぱら金額適法性要件・対価性要件・判別可能性要件に求め，労働者の要保護性の有無（前掲・康心会事件［高額の年俸を支給される労働者の要保護性］）や，賃金制度が割増賃金請求権に及ぼす負の効果（前掲・国際自動車［第1次上告審］事件［歩合給の制度設計や，固定残業代に対応する労働時間数が過大かつ恒常的なものとして設定されていること］）といった実質的側面を重視しない立場を採用したものと評価できる。この点，両判例の登場以前には，金額適法性要件・対価性要件・判別可能性要件に加え，労働時間法の趣旨に即した実質的判断を行う裁判例が複数登場していた[*91]が，上記2判例によれば，こうした判

[*89] 国際自動車［第1次上告審］事件原審・東京高判平成27・7・16労判1132号82頁。
[*90] 同事件の差戻審・東京高判平成30・2・15労判1173号34頁も同旨。
[*91] 手当制につき，前掲・国際自動車［第1次上告審］事件原審［*89］のほか，割増賃金に代わる営業手当につき，月おおむね100時間の時間外労働に相当する手当であるところ，100時間という時間外労働数は労基法32条・36条の趣旨に反することは明らかであるから，そうした恒常的長時間労働を是認する趣旨で営業手当の支払が合意されたとは認め難いとして割増賃金該当性を否定した例（前掲・マーケティングインフォメーションコミュニティ事件［*88］），割増賃金に代わる職務手当の合意につき，月95時間の時間外労働に対応する手当と解釈し，強行法規たる労基法の適用を潜脱する違法な合意と判断した上，月45時間分の時間外労働として合意されたものと解するのが相当として合意を一部無効と判断した例（前掲・ザ・ウィンザー・ホテルズインターナショナル事件［*64］），手当制の要件として，定額残業代を上回る金額の時間外手当の発生を労働者が認識して支払請求できる仕組み，使用者による当該仕組みの誠実な実行，基本給と定額残業代の金額バランスの適切さ，健康悪化など労働者の福祉を損なう温床となる要因がないことを求めた上，業務手当が何時間分の時間外手当に当たるかが労働者に伝えられておらず，労働者において業務手当を上回る時間外手当が発生しているか否かを認識できない等として割増賃金該当性を否定した例（日本ケミカル［控訴］事件・東京高判平成29・2・1労判1186号11頁），定額給制につき，定額給制の原則的有効性を認めつつも，割増賃金制度の趣旨に反する不誠実な割増賃金支払の実態が存在する場合は，定額給制は労基法37条違反として無効となるとの判断枠組みを定立した上，杜撰で悪質な固定残業代の運用が見られる場合に当該合意の効力を否定して割増賃金の支払を命じた例（リンクスタッフ事件・東京地判平成27・2・27ジャーナル40号31頁，前掲・南日本運輸倉庫事件［*49］）

断は否定される可能性が高いと思われる。

　この点については，固定残業代制の要件は，対価性要件・判別可能性要件であるから，まずはこれらの要件の有無を検討する必要があり，その場合，たとえば労働時間数が過大に設定されているケースでは，それに対応する手当に時間外労働の対価以外の要素が含まれることが推認されるとして対価性要件の充足を否定する形で処理されているとの指摘があり[92]，上記2判例以降の裁判実務はこのように整理できるのであろう。もっとも，基本的にはそうであるとしても，固定残業代に対応する労働時間数（時間外労働時間数）があまりに過大なケースでは，労基法37条の趣旨（時間外労働等の抑制および労働者に対する補償）に照らして公序違反として無効と解する余地があるものと解される[93]。

　ところで，最近の判例（熊本総合運輸事件）[94] は，ある手当の割増賃金該当性要件として対価性要件・判別可能性要件を掲げつつ，当該手当が時間外労働の対価として支給されているか否かについて前掲判例（前掲・日本ケミカル事件［*75］）と同旨を述べた上，具体的判断として，本件会社の割増賃金（時間外手当［残業手当・深夜割増手当・休日割増手当］および調整手当から構成）を内容とす

等がある（本書〔2版〕335頁以下参照）。

[92] 岩佐圭祐「いわゆる『固定残業代』の有効性をめぐる諸問題」判タ1509号（2023）42頁・45頁，注釈労基・労契(1) 545頁［富永晃一］。また，通常の労働時間の賃金に相当する賃金が著しく過少に設定されている場合も，それとは別に支給される残業手当等名目の賃金に通常の賃金が含まれるとして対価性要件の充足が否定されうるものと解される（後掲・熊本総合運輸事件［*94──後掲*97参照］，前掲・染谷梱包事件［*88］等）。前掲・久日本流通事件（*25）も参照。

[93] 白石哲「固定残業代と割増賃金請求」労働関係訴訟の実務135頁以下，岩佐・前掲論文（*92）42頁。注釈労基・労契(1) 545頁［富永晃一］は，違法な恒常的残業を予定し義務付けている悪質な場合は，手当性は有するものの公序違反と評価すべきと説き，菅野＝山川452頁は，2018年の時間外労働上限規制後は，月間45時間を常時超える時間外労働を想定した定額残業代の約定は同法の時間外労働規制に照らして公序違反となると解されると説く。竹内（奥野）寿［判解］ジュリ1584号（2023）5頁も参照。裁判例として，イクヌーザ事件（東京高判平成30・10・4労判1190号5頁）は，1か月80時間の時間外労働を予定する固定残業代制（定額給制）につき，そのような長時間労働を予定して基本給の一部を割増賃金とすることは公序違反として無効と解すべきであるところ，本件では，実際上も1か月80時間を超える時間外労働が発生していることから，労働者の健康を損なう危険があり，公序に違反するとして無効と判断しており，前掲2判例（国際自動車［第1次上告審］事件［*84］，康心会事件［*75］）が捨象した（と思われる）割増賃金制度の実質的側面を考慮する判断と解される。前掲・マーケティングインフォメーションコミュニティ事件（*88）と同旨の判断を示した最近の裁判例として，国・渋谷労基署長事件・東京地判令和5・1・26労経速2524号19頁。

[94] 最判令和5・3・10労判1284号5頁。

る新給与体系は，実質において，時間外労働等の有無や多寡と直接関係なく決定される賃金総額を超えて労基法37条の割増賃金が生じないようにすべく，旧給与体系の下では通常の労働時間の賃金に当たる基本歩合給として支払われていた賃金の一部につき，名目のみを本件割増賃金に置き換えて支払うことを内容とする賃金体系であるから，本件割増賃金は，時間外労働の対価を含みつつも，通常の労働時間の賃金として支払われるべき部分をも相当程度含んでいることに加え，どの部分が時間外労働等に対する対価に当たるかが明確でないことから判別可能性の要件を充足しないと判断し，本件割増賃金によって法定割増賃金が支払われたということはできないと判断している。本件手当制のように，通常の労働時間の賃金として支払われるべき金額が名目上は時間外労働の対価として支払われる金額に含まれるという脱法的制度については，適法な法定割増賃金の支払とは認めないとの実質的判断を示したものといえよう。

　また，前掲判例（前掲・国際自動車［第1次上告審］事件［*84］）と同一事案に関する最近の判例（前掲・国際自動車［第2次上告審］事件［*75］）も，会社の賃金規則において時間外労働に対する対価として規定されている割増金につき，実質的には本来通常の賃金である歩合給として支給することが予定されている賃金の一部を名目上割増賃金に置き換えて支払うものであり，割増金の中には通常の労働時間の賃金が含まれていると解し，対価性要件および判別可能性要件の充足を否定しており，上記判例（前掲・熊本総合運輸事件［*94］）と同旨を判示している[*95]。これら2判例は，当該事案における脱法的制度は労基法37条の前記趣旨（時間外労働等の抑制および労働者に対する補償）からも適切でないという実質的判断を含意していると解しうる[*96][*97]。

[*95] 財賀理行［判解］最判解民事篇令和2年度(上)219頁以下参照。本判例は，ⓐ会社の賃金規則において割増金は時間外労働に対する対価として支払われるところ，割増金の額がそのまま歩合給の減額につながるという仕組みは，当該割増金の全額をタクシー乗務員に負担させているに等しく，労基法37条の趣旨に沿うものとはいい難く，ⓑ割増金の額が大きくなり歩合給が0円となる場合は，出来高払制の賃金部分について割増金のみが支払われ，同賃金部分につき通常の労働時間の賃金に当たる部分はないことになるが，これは法定労働時間を超えた労働に対する割増分として支払われるという割増賃金の本質から逸脱すると判示した上，ⓒ割増金の中には，通常の労働時間の賃金である歩合給が含まれていると解し，対価性要件・判別可能性要件の充足を否定し法定割増賃金の支払を否定している。

[*96] 財賀・前掲解（*95）は，前掲・国際自動車［第2次上告審］事件（*75）のような制度には，本文記載の労基法37条の趣旨からも疑問があることを具体的に指摘している。最近の同旨裁判例として，前掲・国・渋谷労基署長事件（*93）。

[*97] もっとも，前掲・国際自動車［第2次上告審］事件（*75）と前掲・熊本総合運輸事件

(ウ) **労働契約法上の論点**　a) 労基法37条は強行規定であるから、固定残業代制（手当制・定額給制）がその要件（金額適法性要件・対価性要件・判別可能性要件）を充足しない限り、労働者を高額の給与（定額給の年俸等）で処遇していても適法とは評価されず、使用者は割増賃金支払義務を免れない*98。また同じ理由から、使用者が上記3要件を充足しないままに基本給体系を構築し、それが労働者に有利な側面があったとしても、やはり適法とは評価されない。

この点、前掲・テックジャパン事件（*85）の原審*99は、同事件の基本給体系（431頁）につき、労働条件は、労基法の規定や同法全体の趣旨に反しない限りは私的自治の範囲内として適法と解すべきであるところ、上記雇用条件は合理性があり、労働者の基本給には月間180時間以内の時間外労働に対する時間外手当が含まれているとして適法と判断したが、これは労基法の強行法的性格を軽視する判断であり、同事件上告審（前掲・テックジャパン事件［*85］）

(*94) とでは、問題となった手当制について対価性要件および判別性要件の充足を否定するためのアプローチが異なるように思われる。すなわち、国際自動車［第2次上告審］事件は、前掲*95のⓐⓑの2点を根拠として、通常の労働時間の賃金の一部を名目上割増賃金に置き換えたとの判断を導き出し、対価性を否定した。この判断は、もっぱら会社の賃金制度の内在的な問題点に着目した上、37条の趣旨を踏まえた強行法規的な観点から対価性要件の充足に係る検討を行い、否定したものと解される。これに対し、熊本総合運輸事件は、通常の労働時間の賃金の一部を名目上割増賃金に置き換えたとの評価を導くに際して、①新給与体系の下においては、通常の労働時間の賃金額が、旧給与体系の下における水準から大きく減少すること、②新給与体系の下における本件割増賃金は、実際の勤務状況に照らして想定し難い程度の長時間の時間外労働等を見込んだ過大な割増賃金であること、③新給与体系の導入に当たり、労働者に対して、①②のような変化が生ずることについて十分な説明がされていないことの3点を掲げている。このうち②は、本件割増賃金の性格に着目した判断といえるが、①および③は、本件割増賃金の内在的事情ではなく、労働契約内容の変更（新給与体系の導入）およびその点に係る説明の状況という外在的な事情である。この点、同事件の判断については、一種の背理法的な思考、すなわち本件時間外手当の対価性を肯定することを仮定した場合、①～③の考慮要素からすれば、通常であれば導入することが労使間で合意されるとは考え難いような労働者に不利な内容を含む賃金体系が、十分な説明もないままに導入されたものと見ざるをえず、不自然な帰結となるといわざるをえないことから対価性が否定されたとする見解がある（判タ1510号152頁の匿名解説）。この理解を含め、上記2事件最判の位置づけについては、引き続き慎重に検討する必要がある。

*98　前掲・康心会事件（*75）。同事件以前には、高額の給与で処遇される労働者に係る定額給制について、明確区分性要件を満たさなくても労働者保護に欠けるおそれがないとして適法と判断する裁判例が複数見られたが（モルガン・スタンレー・ジャパン事件・東京地判平成17・10・19労判905号5頁、前掲・康心会事件［*75］の原審［東京高判平成27・10・7労判1168号55頁］）、労基法37条の強行法規性からは問題がある判断であり、前記のとおり、後者の判断は前掲・康心会事件（*75）において否定された（破棄差戻し。432頁）。

*99　東京高判平成21・3・25労判1060号11頁。

は，原審を破棄して使用者の割増賃金支払義務を肯定した（431頁）。さらに，割増賃金請求権の放棄について，同事件上告審は，放棄自体は労基法37条の下でも適法とされる可能性を認めつつも，労働者の自由意思に基づく同意の要件（347頁参照）を適用した上，労働者が毎月大きく変動する時間外労働数を予測することは容易でないとして自由意思に基づく時間外手当請求権の放棄を否定し，使用者に割増賃金の支払を命じている[*100]。

　　b）　手当制・定額給制に係る金額適法性要件によれば，割増賃金相当額が法定割増賃金に満たない場合に差額分の支払義務が発生するが，問題となるのは，金額適法性要件の充足について，差額賃金を支払う旨の合意の存在まで必要と解するか否かである（差額支払合意の要件の是非）。この点については，肯定裁判例[*101]と，かかる差額支払義務は法律上当然に要求されているとして否定する裁判例[*102]に分かれている。理論的には，差額賃金を支払うべきことは，その旨の合意がなくとも労基法上当然のことであるので，差額支払合意を独立の要件と解すべきではないと解される（労基13条参照）[*103]。

　もっとも，差額支払合意独立要件説については，固定残業代制が割増賃金規制（労基37条）を潜脱する面を有することや，合意原則（労契3条1項）に照らして傾聴すべきものがあり[*104]，この点を重視すれば，差額支払合意を明示の合意に限定せず，黙示の合意を認めた上で独立要件と解する余地もある。しか

[*100]　労働者による割増賃金請求権の放棄の可否については議論の余地があり，労働者の同意の有無にかかわらず違法無効と解する立場も考えられるが，本判決は，労働者の自由意思に基づくものである限り肯定する立場と思われる（梶川敦子「割増賃金」争点109頁参照）。割増賃金請求権の放棄の適法性を明言する裁判例として，前掲・ワークフロンティア事件（[*86]）がある一方，前掲・メイホーアティーボ事件（[*63]）は，割増賃金の取扱いに係る確認書に基づく割増賃金請求権の放棄につき，使用者の説明不足等を理由に否定している。私見としては，労基法37条の強行法規性によれば，割増賃金を支払わないことを内容とする労使間合意は，労働者の自由な意思の有無にかかわらず，無効と評価されるところ，割増賃金の放棄についても同様に解すべきものと考える。

[*101]　小里機材事件・東京地判昭和62・1・30労判523号10頁（前掲・小里機材事件［[*86]］で維持），アクティリンク事件・東京地判平成24・8・28労判1058号5頁，前掲・イーライフ事件（[*87]），前掲・ジャパンレンタカー事件（[*86]）。前掲・テックジャパン事件（[*85]）における櫻井龍子裁判官補足意見も，かかる差額支払合意が必要と説く。

[*102]　マッシュアップほか事件・東京地判平成23・10・14労判1045号89頁，前掲・浜田事件（[*23]）。

[*103]　山川隆一「歩合給制度と時間外・深夜労働による割増賃金支払義務」労判657号（1994）10頁，荒木197頁，白石・前掲論文（[*93]）122頁以下。梶川・前掲解説（[*100]）109頁参照。

[*104]　荒木197頁，白石・前掲論文（[*93]）122頁以下。

し一方、このように解すると、労働者にとって不利に働く固定残業代制の適用に際しては労働者の自由意思に基づく同意の法理（211頁）を適用して同意を厳格に認定すべきであるところ、差額支払合意の要件は、黙示の差額支払合意をいわば当然に認める帰結をもたらしうる[*105]という問題点もある[*106]。

　c）　使用者の説明・情報提供義務（294頁）との関係では、判例（前掲・日本ケミカル事件［*75］）は、手当制の適法性に係る考慮要素として、当該手当に関する使用者の説明の内容を掲げており、使用者の説明・情報提供を重視していると解される。最近の判例（前掲・熊本総合運輸事件［*94］）も、問題となった会社の割増賃金（新賃金体系）の導入に際して、基本給の増額や調整手当の導入等に関する一応の説明がされたにとどまり、基本歩合給の相当部分を調整手当として支給することから生ずる大きな変化について十分な説明がされていないことを、上記割増賃金の適法性を否定する一つの理由としている（*97）。

　また、下級審裁判例では、手当制について会社が社員に正確な情報を提供しておらず、手当に係る給与規程を周知させた事実もないため雇用契約内容となっていないとして割増賃金該当性を肯定した例がある[*107]。一方、配送業務運転手に対する運行時間外手当につき、同手当が割増賃金の趣旨で支払われることが就業規則上明示され、運転手にも同様の説明が行われていたとして割増賃金該当性を肯定した例[*108]がある。

　d）　就業規則の契約内容補充効（労契7条）との関係では、手当制に係る

---

*105　前掲・ワークフロンティア事件（*86）は、この立場を前提に、労働者が基本給額とそこに含まれる固定割増賃金額が明記された労働条件通知書に異議を述べることなく就労してきたとの事実関係を踏まえて、超過割増賃金が発生する場合に使用者が差額分支払義務を負うことは当然に合意されていると判断している。

*106　なお、割増賃金の支払方法を法定の支払方法から固定残業代制とする旨の就業規則の不利益変更に係る労働者の同意については、労働条件の不利益変更の場面であることから、自由意思に基づく同意の法理が適用される（南大阪センコー運輸整備事件・大阪地判平成28・4・28ジャーナル53号23頁、前掲・ジャパンレンタカー事件［*86］、グレースウィット事件・東京地判平成29・8・25労経速2333号3頁等）。

*107　東京港運送事件・東京地判平成29・5・19労判1184号37頁。マクサス事件・東京地判平成28・7・13ジャーナル56号35頁、前掲・エヌアイケイほか事件（*88）、住吉運輸事件・大阪地判令和4・10・13ジャーナル132号52頁、前掲・誠馨会事件（*25）、前掲・ツヤデンタル事件（*88）、前掲・染谷梱包事件（*88）、前掲・久日本流通事件（*25）も参照。

*108　前掲・ヒサゴサービス事件（*87）。同旨、前掲・PEEES事件（*87）、前掲・未払割増賃金等支払請求事件（*86）。前掲・浜田事件（*23）は、割増賃金に係る契約書や賃金規程が存在しないものの、従業員に対して入社面接時や定期面談時に説明していたとして割増賃金該当性を肯定しているが、疑問が残る。

就業規則の周知要件の充足を否定して当該手当の割増賃金該当性を否定した例[*109]や，手当制を内容とする就業規則に対して手当制を内容としない個別合意の優越性（特約優先規定［労契7条但書］）を認めて当該手当の割増賃金該当性を否定した例がある[*110]。また，手当制の労働契約上の根拠となる労使間合意または就業規則・労働協約規定については，それら合意や規定の存在を否定して割増賃金該当性を否定した裁判例が複数存在する[*111]。

一方，就業規則の不利益変更（労契10条）との関係では，配送業務運転手に対する運行時間外手当を基本運行時間外手当と加算運行時間外手当に区分する就業規則変更につき，運行時間外手当が割増賃金の支払として有効と認められる以上，上記区分の合理性に疑義はなく，従業員に対する説明・周知も行われていたとして就業規則の契約内容変更効を肯定した例（前掲・ヒサゴサービス事件［*87]）がある[*112]。

[*109] PMKメディカルラボ事件・東京地判平成30・4・18労判1190号39頁。

[*110] 前掲・グレースウィット事件（*106）は，出向手当の割増賃金該当性につき，雇用契約書を合理的に解釈すれば，賃金は所定労働時間内の勤務に対する賃金である基本給・出向手当に加え，残業手当および交通費で構成され，これら手当は出向手当とは別に精算されることが定められていたところ，就業規則で「出向手当は固定残業代として支給する」旨定めても，就業規則の内容を労働者に説明し，その同意を得ることで就業規則内容を契約内容としない限り，上記個別労働契約の内容が優先する（労契7条但書［特約優先規定］）と述べた上，上記同意を否定して割増賃金該当性を否定している。

[*111] 前掲・ジャパンレンタカー事件（*86），前掲・WIN at QUALITY事件（*86），前掲・天理交通事件（*87），国・茂原労基署長事件・東京地判平成31・4・26労判1207号56頁，前掲・大島産業事件（*24），清和プラメタル事件・大阪地判令和元・8・22ジャーナル93号22頁，前掲・狩野ジャパン事件（*87），前掲・ラッキーほか事件（*33），前掲・ライフデザインほか事件（*76），前掲・洛東タクシー事件（*21），前掲・住吉運輸事件（*107）等。労使間合意（労働条件通知書）の肯定例として，前掲・未払割増賃金等支払請求事件（*86）。

[*112] 以上のほか，固定残業代制（手当制・定額給制）に関する裁判例は夥しい数に上るため，主要な裁判例とその結論のみ示すと，手当制について手当の割増賃金該当性を肯定した例として，前掲・シンワ運輸東京事件（*88［運行時間外手当]），前掲・洛陽交運事件（*87［祝日手当・公休出勤手当]），前掲・愛育会事件（*87［医師手当]），前掲・フーリッシュ事件（*88［固定残業手当]）等がある一方，割増賃金該当性否定例として，前掲・洛陽交運事件（*87［基準外手当・時間外調整給]），前掲・クルーガーグループ事件（*87［みなし残業代]），前掲・ケンタープライズ事件（*88［役職手当]），前掲・ナニワ企業事件（*87［ドライバーの長距離手当]），前掲・洛東タクシー事件（*21［「基準外1」「基準外2」の各手当]）等がある。また，定額給制に関する主要裁判例としては，違法判断例として，前掲・ジャパンレンタカー事件（*86），前掲・KUNEN事件（*86），前掲・アトラス産業事件（*86），前掲・メディカルマネージメントコンサルタンツ事件（*86）等がある一方，適法判断例として，前掲・東京エムケイ事件（*86）等がある。

e) 定額給制においては，労働者が従事する時間外労働数が少ない場合，実際の割増賃金額が基本給中の割増賃金相当部分を下回る事態が生じうる。この場合，使用者が両者間の差額を減額できるか否かが問題となるが，定額給制の合理的意思解釈としては，その場合も，基本給を全額支払う旨の合意が認定され，使用者による差額分の減額が否定されるのが原則となろう[*113][*114]。

(エ) **割増賃金の算定基礎**　割増賃金の算定基礎には，①家族手当，②通勤手当，③別居手当，④子女教育手当，⑤住宅手当，⑥臨時に支払われた賃金，⑦1か月を超える期間ごとに支払われる賃金（賞与等）は算入しない（労基37条4項，労基則21条）。①〜⑤は，労働者の個人的事情に応じて支払われ，労働（時間）との関連性が弱いという理由で，また⑥・⑦は，計算技術上の困難さから除外されたものである[*115]。

除外賃金に該当するか否かは，名称に関係なく実質的に判断されるため，①〜⑤については，家族手当等の名称でも，家族の有無・数や実質通勤費用とは無関係に一律に支給される場合は，割増賃金の算定基礎から除外することはできない[*116]。また，手当の名称のいかんを問わず，労務提供の対価として支給

[*113] 前掲・ワークフロンティア事件（*86）。この点は，手当制にも妥当すると解される。学説では，使用者による不当利得返還請求の可能性を認めつつ，定額給制・手当制の合意の有効性を認めて否定する見解が多い（注釈労働時間509頁）。

[*114] このほか，手当制・定額給制の合意を労基法37条または同条の趣旨を基礎とする公序違反により無効と解する立場（435頁）に立つ場合，無効の範囲が問題となる。裁判例では，手当制（職務手当）の合意が，時間外労働が何時間発生しても定額時間残業代以外には時間外賃金を支払わないとの合意を意味する場合につき，強行法規たる労基法の適用を潜脱する違法な合意と解しつつ，当該合意を強行法規に抵触しない意味内容に解することが当事者の合理的意思に合致すると解し，職務手当を月45時間分の時間外賃金として合意されたものと判断して合意を一部有効と判断する例（前掲・ザ・ウィンザー・ホテルズインターナショナル事件［*64］）と，1か月80時間の時間外労働を予定する固定残業代制（定額給制）につき，上記裁判例と同様，月45時間の残業に対する時間外賃金を定額により支払う旨の合意の限度で有効性を認めるべきとの使用者側主張に対し，そのような部分的無効を認めると，使用者がとりあえずは過大な時間数の固定残業代を定めた上でそれを上回る場合にのみ残業手当を支払うとの取扱いを助長するおそれがあると解し，固定残業代の定め全体を無効と解すべきと説く例（前掲・イクヌーザ事件［*93］）がある。労基法37条の解釈としては，後者が妥当と解される。

[*115] この点を確認した最高裁判例として，前掲・大星ビル管理事件（*25）。業績給を「臨時に支払われた賃金」に当たると解し，住宅手当とともに割増賃金の算定基礎から除外した裁判例として，前掲・PMKメディカルラボ事件（*109），皆勤手当について「臨時に支払われた賃金」として算定基礎から除外した例として，前掲・ウェーブライン事件（*87），祝日給・業績給・乗務手当につき，前掲・洛陽交運事件（*87），外勤手当・通勤費につき，前掲・浜田事件（*23），こども手当につき，前掲・三栄事件（*87），「時間外」「休日勤務」等につき，前掲・ツヤデンタル事件（*88）。

されるものは算定基礎に算入する必要がある＊117。⑦の賃金についても，実際に計算技術上の困難さがなければ同様である＊118＊119＊120【5-4】。

＊116　壺阪観光事件・奈良地判昭和56・6・26労判372号41頁。近年の裁判例として，前掲・ナニワ企業事件（＊87［住宅手当・食事手当］），前掲・ウェーブライン事件（＊87［無事故手当・愛車手当・評価手当］）。

＊117　キュリオステーション事件・東京地判平成25・7・17労判1081号5頁（社長賞・貢献手当につき，労務提供の対価として算定基礎に含まれるものと判断）。このほか，グローリ企画事件・東京地判平成26・7・18ジャーナル32号24頁（営業手当，深夜手当等），富士運輸事件・東京高判平成27・12・24労判1137号42頁（皆勤手当，待機手当，加算手当等），ナカヤマ事件・福井地判平成28・1・15労判1132号5頁（営業手当，営業活動手当等），前掲・東京エムケイ事件（＊86［教習手当中の基本給部分］），前掲・阪急バス事件・大阪地判平成30・5・30（＊31［夜間勤務手当］），前掲・阪急田園バス事件（＊31［夜間勤務手当］），前掲・洛陽交通事件（＊87［基準外賃金］），前掲・洛東タクシー事件（＊21［基本給・乗務手当・皆勤手当・無事故無違反手当・能率給等］），前掲・ナニワ企業事件（＊87［特別給・能率給］），前掲・狩野ジャパン事件（＊87［職務手当］），前掲・アルデバラン事件（＊25［管理者手当］），オークラ事件・大阪地判令和4・1・18ジャーナル124号50頁（旅費交通費），前掲・セヴァ福祉会事件（＊44［基本給］），F.TEN事件・大阪地判令和4・8・29ジャーナル130号26頁等。

＊118　ブラザー陸運事件・名古屋地判平成3・3・29労判588号30頁（2か月を通じて無事故の運転手に支給される無事故手当について，1か月無事故の者に半額を支給する取扱いがなされているケース）。

＊119　また，①～⑦の除外賃金は限定列挙であるので，これらに該当しない手当は当然に割増賃金の算定基礎となる（報償手当・管理職手当・役職手当につき，前掲・ワークフロンティア事件［＊86］）。それら手当を割増賃金の算定基礎から除外する旨を就業規則で定めても，労基法37条・92条違反として無効となる（池中運送事件・大阪地判平成5・7・28労判642号47頁，日本郵便輸送事件・大阪高判平成24・4・12労判1050号5頁。前掲・小里機材事件［＊86］，前掲・ほるぷ事件［＊60］も参照）。

＊120　割増賃金の算定基礎となる賃金は，一般に，「通常の労働時間又は労働日の賃金」すなわち所定労働時間の賃金と解されている（菅野＝山川426頁。判例［前掲・大星ビル管理事件（＊25）］も同旨）。これに対して，前掲・社会福祉法人Ａ事件（＊25）は，グループホームの生活支援員が従事した夜間勤務時間帯の割増賃金について，夜間勤務時間帯が全体として労働時間に該当するとしても，労働密度の程度にかかわらず，夜勤時間帯を日中勤務と同じ賃金単価で計算することが妥当とは解されないという点を理由に，所定労働時間の賃金額ではなく，夜勤時間帯の労働の対価として約定された額（夜勤手当6000円）を基礎として算定した。しかし，同事件控訴審（前掲・社会福祉法人さざんか会事件［＊46］）はこの判断を破棄し，「通常の労働時間又は労働日の賃金」を基礎として算定すべきものと述べ，具体的には，基本給その他の手当を基礎に算定すべきものと判断した。本判決は，その理由として，法人は，上記生活支援員の夜勤時間帯全体が労働時間に該当することを争っており，夜勤時間帯全体が労働時間に該当することを前提に夜勤手当のみを支払う旨の合意はされていないから，夜勤手当6000円は算定基礎とならないと判断した上，会社側主張に応えて，労働契約において，夜勤時間帯について日中の勤務時間帯とは異なる時間給の定めを置くことは一般的に許されないものではないが，「そのような合意は趣旨及び内容が明確となる形でされるべきであ」るところ，本件ではかかる合意の存在は推認ないし評価できないと判示している。

第3節　時間外労働・休日労働

【5-4】　**労働法コンプライアンスと法的リスク管理**——**年俸制と割増賃金**　年俸制は，労働者の能力・成果を基準に，年単位で賃金を設定する制度である（390頁）ため，割増賃金については，上記の手当制や定額給制を設け，割増賃金を年俸額に含めて支給する企業が多い。たとえば，「年俸制適用者の給与は，年俸および手当とし，手当には時間外労働手当を含む」との規定（手当制）や，「年俸には時間外労働手当一切を含むものとし，時間外手当は別途支給しない」との規定（定額給制）である。しかし，管理監督者（労基41条2号）や裁量労働制適用者（同38

この判断は，夜間時間・仮眠時間等が労基法上の労働時間に該当する場合において，賃金（所定労働時間の賃金）を支給せず，別途手当（夜勤手当）を支給することとしている場合に，当該別途手当の賃金額を割増賃金の算定基礎とする旨の合意を行うことは可能であるが，その場合も，当該合意は趣旨および内容を明確化（明示）して行われる必要があり，そうでない限り，「通常の労働時間又は労働日の賃金」すなわち所定労働時間の賃金が割増賃金の算定基礎となるとの判断といえよう（やや趣旨が不明確な点もあるが）。この判断については，判例（前掲・大星ビル管理事件［＊25］）が，割増賃金の算定基礎となる賃金を所定労働時間の賃金とすべきと判断していたこととの関係が問題となるが，本件原審（前掲・社会福祉法人A事件）が説くように，労働密度が低い夜間勤務時間帯について一律に所定労働時間の賃金を算定基礎とすることが必ずしも妥当でないことを考えると，労使合意によって割増賃金の算定基礎を所定労働時間の賃金ではなく別途手当（夜勤手当）とすることは許容されるものと解される。

もっとも，この場合も，使用者による労基法37条の脱法行為を防ぎ，労働者が37条に従った賃金が支払われていることを認識できるようにする必要があるため，夜間勤務時間帯に対する割増賃金の算定基礎が所定労働時間の賃金とは異なることを労使合意において明示する必要があるものと解される（同旨，土岐将仁［判研］季労284号［2024］198頁）。のみならず，かかる取扱いを認める趣旨が，上記のとおり同時間帯の労働密度が低いこと（労働時間と本来の賃金が厳密に比例しないこと）にあることを踏まえると，労使合意において上記の趣旨が併せ明示されることを要するものと考える。深夜勤務時間帯の割増賃金算定基礎を別途手当とすることは，労使合意のみならず就業規則によっても可能と解されるが，その場合も，上記趣旨が明示されることが就業規則の合理性要件（労契7条・10条）によって求められるものと考える。本判決が合意の「趣旨」に言及している意図は明確でないが，夜勤時間帯は労働密度が低いことから，所定労働時間の賃金に代わる別途手当（夜勤手当）を割増賃金の算定基礎とするとの趣旨を労使合意において明示すべしとの判断であるとすれば，妥当な判断と考える。なお本件では，以上のような趣旨および内容を明示する合意は存在しないのであるから，割増賃金の算定基礎を基本給等の所定労働時間の賃金とすべきと判断した本判決は妥当と考える。

なお，割増賃金の算定基礎を別途手当（本件では夜勤手当）とする場合，時間当たり賃金が最低賃金を下回る事態が生じうるところ，本件原審（前掲・社会福祉法人A事件）はこれを適法と判断するが，適切でない。確かに，最低賃金法は，すべての労働時間に時間当たりの最低賃金額以上の賃金を支払うことを義務づけるものではないが（最賃4条，最賃則2条1項3号参照），原審の解釈は，最低賃金額未満の夜勤手当等によって所定労働時間外の賃金が支払われることを許容し，低賃金労働者の保護という最低賃金法の本旨に反する事態をもたらすことになる。したがって，労使合意中，時間当たり賃金を最低賃金未満とする合意部分については公序（民90条）違反により無効と解し，就業規則については合理性要件（労契7条）を欠くものとして拘束力を否定した上（土岐・前掲判研199頁参照），労働契約または就業規則の合理的解釈により，最低賃金による支給を行うとの定めを肯定すべきものと考える。

条の3・38条の4)を除けば、使用者は実労働時間に応じた割増賃金支払義務を負うため、年俸制を採用したからといって労働時間管理・把握義務と割増賃金規制を免れうるわけではない。すなわち使用者は、上記の手当制・定額給制の要件に従い、年俸における割増賃金相当部分を確保するとともに、その部分を区別できるようにしておかなければならず、この要件を満たさない制度は違法である[*121]。企業実務としては、月例年俸を「基本給」と「残業給」に分けた上、「残業給は、割増賃金に代えて25時間相当額を予め支払う。ただし、実際に算出した割増賃金が残業給を上回る場合は、その差額を別に支払う」等の規定を設けておく必要がある。

また年俸制においては、毎月支払われる基本年俸とは別に、毎年2回、業績年俸を支払うことが多いが、割増賃金の算定に際しては、この業績年俸を算定基礎に含める必要がある。上記のとおり、賞与は割増賃金の算定基礎から除外されるが、労基法上の賞与は「予め支給額が定められていないもの」をいう(昭和22・9・13発基13号)ところ、業績賞与は、支給額が前年度の成績評価によって確定しているため、賞与に当たらないからである(平成12・3・8基収78号)。

5 労働時間管理・把握義務

(1) 実労働時間の管理

労基法は労働時間・休日・深夜業等について規定を設け、実労働時間算定原則を採用していること(400頁)から、使用者は、労働時間を適正に把握するなど労働時間を適切に管理する責務を負う。厚生労働省「労働時間の適正な把握のために使用者が講ずべき措置に関するガイドライン」(平成29・1・20基発0120第3号)は、この立場を前提に、労働時間の適正管理の方法として、始業・終業時刻の確認・記録は原則として使用者の現認またはタイムカード・ICカードによること、自己申告制の場合は、労働時間の実態を正しく申告するよう労働者に説明し、必要に応じて実態調査を行うこと、自己申告時間を超

[*121] 土田道夫「年俸制をめぐる法律問題」獨協法学53号(2000)148頁以下参照。裁判例として、創栄コンサルタント事件・大阪地判平成14・5・17労判828号14頁、システムワークス事件・大阪地判平成14・10・25労判844号79頁。前掲・ピーエムコンサルタント事件(*80)も参照。これに対し、医療法人社団Y事件・東京高判平成27・10・7判時2287号118頁は、医師の年俸制につき、定額給制における通常賃金と割増賃金相当部分の区分要件について一定の充足が認められること(*86)や、年俸が高額であること等から上記要件を完全に満たさなくても労働者保護に欠けるおそれがないこと等を理由に適法と判断している。なお、法定内時間外労働(419頁)については、こうした取扱いは要求されない(前掲・HSBCサービシーズ・ジャパン・リミテッド事件[*55]。前掲*86参照)。

えて事業場にいる理由を労働者に報告させる場合は，当該報告の適正さについて確認すること，自己申告制は，労働者による適正な申告を前提とするため，使用者は，労働者が自己申告できる時間外労働時間数に上限を設け，上限を超える申告を認めない等，労働時間の適正な申告を阻害する措置を講じてはならないこと等を定めている（テレワークにおける労働時間管理については，478頁）。

また，2018年の働き方改革推進法の一環として新設された労安衛法66条の8の3は，医師による面接指導実施（66条の8第1項・66の8の2）の前提として，事業者に対して労働時間の状況把握義務を課している。

労働契約法の観点から問題となるのは，このような労基法・労安衛法上の労働時間管理・把握義務の規律を労働契約上の使用者の義務として肯定できるか否かである。この点，近年の裁判例では，使用者の上記労働時間管理責任等を踏まえて，使用者の労働時間管理・把握義務を肯定した上，ここから①割増賃金（労基37条）の前提として労働者がなすべき時間外労働従事に係る主張・立証責任を軽減し，また，②労働時間管理・把握義務および割増賃金支払義務違反に関する使用者または取締役の損害賠償責任（民709条・会社429条1項）を肯定する例が見られる。

まず，①についてはタイムカード等による時間管理が行われている場合につき，労基法が賃金全額払の原則（24条1項）を採用しつつ，時間外・休日・深夜労働規制を行っていることを理由に使用者の労働時間管理義務を肯定した上，会社は，労働時間管理をタイムカードで行っていたのであるから，会社が適正な反証を行わない限り，タイムカードに打刻された時間は仕事に充てられたものと事実上推定されると判断する例がある[*122]。また，②については，会社は従業員に対し，賃金の全額を支払う義務を負うことはもちろん，時間外・深夜

[*122] 京電工事件・仙台地判平成21・4・23労判988号53頁。同旨，ブロッズ事件・東京地判平成24・12・27労判1069号21頁，前掲・ネクスト・プレシャス事件（*25）。これに対し，使用者においてタイムカード打刻に係る時間数が正確な労働時間数でないことの反証に成功すれば，タイムカード記録時間は労働時間算定の基礎とならない（前掲・福星堂事件［*44］，前掲・山崎工業事件［*44］）。また，タイムカード等による労働時間管理が行われていないケースについては，時間外労働の事実に関する主張・立証責任は労働者側が負うものの，使用者が労働時間管理義務を負うことによれば，使用者が本来，容易に提出できるはずの労働時間管理に関する資料を提出しない場合は，公平の観点から，合理的な推計方法により労働時間を算定することが許されるとして，労働者が算出した平均時間を基準に実労働時間を推計し，割増賃金の支払を命じた例がある（スタジオツインク事件・東京地判平成23・10・25労判1041号62頁，前掲・甲総合研究所取締役事件［*76］）。

労働時間を正確に把握した上，その時間数に応じた割増賃金を算定して支払う義務を負っていたところ同義務を怠り，代表取締役も，従業員の時間外・深夜労働時間把握体制を構築し実施する任務を負っていたところ同任務を懈怠したとして任務懈怠責任（会社429条1項）を肯定した例がある*123。社会福祉法人が職員の労働時間管理についてタイムカードを設置しながら自己申告制を強要したことにつき，使用者は，労働時間に応じた適正な給与を支払う義務を負うから，労働時間を適正に把握する義務を負うと判示した上，労働時間管理・把握義務の趣旨によれば，自己申告制が許容される場合は限定されるべきであるところ，本件において労働時間の自己申告制を採用すべき事情は何ら認められないと判断し，長期間にわたり自己申告書の提出を求め，かつ，その不提出を理由として懲戒処分を行ったことと併せて不法行為を肯定した例もある*124。

(2) 労働時間管理・把握義務の法的構成

前掲裁判例（前掲・大島産業事件［*24］，前掲・聖和福祉会事件［*124］）が説くように，労働時間管理・把握義務を労働契約上の使用者の義務として肯定する解釈は妥当と解される。問題は，この場合，労働契約上のいかなる権利義務として構成することが適切かである。この点に関する議論は乏しいが，私は，労基法上の労働時間規定（労基32条・35条）から生ずる労働契約上の義務であるとともに，信義則上，賃金支払義務に付随する注意義務と構成することが適

*123 前掲・大島産業事件（*24）およびその原審・福岡地判平成30・9・14労経速2367号10頁（結論としては，過失を否定して取締役の任務懈怠責任［会社429条1項］および不法行為責任［民709条］を否定）。取締役の任務懈怠責任肯定例として，前掲・エイシントラスト元代表取締役事件（*76），前掲・そらふね元代表取締役事件（*76）。また，労働者の勤務時間を把握し，時間外勤務がある場合は割増賃金請求が円滑に行われるよう制度を整えるべき義務を使用者の不法行為法上の義務として肯定する例もある（前掲・杉本商事事件［*76］）。

他方，前掲・社会福祉法人千草会事件（*76）は，社会福祉法人の理事が割増賃金支払義務を根拠に労働時間管理・把握義務を負うことを肯定しつつ，そのような一般的義務違反が直ちに不法行為を構成すると解するのは相当ではなく，理事に不法行為上の故意または過失があるといえるためには，労働者の割増賃金請求を殊更妨害したとか，割増賃金が具体的に発生していることを認識しながらあえてこれを支払わない場合に限られるところ，そのような事実は認められないとして理事の不法行為責任を否定し，前掲・阪急バス事件（*31［大阪地判平成27・8・10］）は，使用者の労働時間管理・把握責任の懈怠に起因する割増賃金の不払について，労働者が割増賃金を請求できることを理由に，直ちに会社の不法行為が成立することを否定している。

*124 聖和福祉会事件・名古屋高判令6・2・29［LEX/DB25599372］。以上に対し，労働時間管理把握義務について私法上の意義を否定する例として，メディアスウィッチ事件・東京地判令2・9・25ジャーナル106号26頁。

切と考える（安全配慮義務との関係については，707頁参照）。

　まず，労働時間管理・把握義務は，労基法の実労働時間算定原則（400頁）を内容とする義務であり，労働時間規定の遵守を担保する上で重要な機能を営む。労働時間の適正な管理・把握を実行しない限り，これら規定の遵守を全うできないという意味で，労働時間管理・把握義務は，労基法の遵守義務に内在する義務と解すべきである。もっとも，労基法上の労働時間規定は，一義的には，使用者に対して公法上の義務を課す規範であるが，同時に，労働条件の最低基準として13条を介して労働契約内容となるため（101頁），労働時間管理・把握義務も，同様に13条を介して労働契約内容となるものと解される。この結果，労働者は，上記のようにして算定された法定労働時間を超える労働義務や法定休日における労働義務を負わず，当該労働を拒否できると解される（この効果は，労基32条・35条の私法的効果と一致する）。

　一方，労働時間管理・把握義務については，使用者が労働時間の正確な算定に対応して賃金・割増賃金支払義務を履行することを担保する機能を有する点に着目すれば，賃金支払義務に付随する義務として構成することもできる。すなわち，賃金支払義務に関する賃金全額払原則（労基24条1項）・割増賃金規制（同37条）を踏まえれば，その完全かつ確実な履行を確保するために，労働時間管理・把握義務を賃金支払義務に付随する義務に位置づけることに理論的支障はないと解される[125]。労働時間管理・把握義務の法的性格については，信義則（労契3条4項）に基づき，賃金支払義務（給付義務）に付随して発生する注意義務と解し，使用者は，賃金支払という給付を万全ならしめ，労働者の給付利益（賃金請求権）を不当に侵害しないよう注意する義務を負うと解すべきである[126]。この結果，労働者は，労働時間の適正な管理・把握（実労働時間

---

[125]　学説では，労働時間適正管理・把握義務を考える視点を賃金請求権の確保に求めた上，賃金支払義務が賃金全額払原則および割増賃金規制（労基37条）が適用されることに着目し，使用者がこれら規定を遵守して「完全かつ確実に」賃金支払義務を履行するためには，労働契約に付随する信義則上の義務として，労働時間適正管理・把握義務および記録・説明義務を負うと解する見解がある（淺野高宏「労働時間管理義務に関する実務上の諸問題」小宮文人＝島田陽一＝加藤智章＝菊池馨実編『社会法の再構築』［旬報社・2011］135頁）。裁判例では，前掲・聖和福祉会事件（＊124）および前掲・大島産業事件（＊24）がこの趣旨の判断を示したものといいうる。また，前掲・リンクスタッフ事件（＊91）は，海外出向先における労働時間管理の懈怠に関する使用者（出向元）の労働時間管理・把握義務につき，労働者に対する債務不履行が生じないよう（割増賃金の不払がないよう）十分に注意し，労働時間に関して出向先から十分な情報提供を受け，不適正な労働時間管理に対して是正を求めるべき立場にあったと判断しており，参考となる。

算定原則)を経て算定された賃金支払を請求する権利を有することになり,これが,付随的注意義務としての労働時間管理・把握義務の効果となる。また,この解釈によれば,前述した時間外労働等の存在に関する主張・立証責任の転換はより容易となろう[*127]。

なお,賃金支払義務に付随する義務としての労働時間管理・把握義務違反の効果としては,使用者の不法行為責任や取締役の任務懈怠責任が問題とされているが(それぞれ前掲・聖和福祉会事件[*124],前掲・大島産業事件[*24]),労働契約上の義務として構成する観点からは,債務不履行に基づく損害賠償責任(民415条)について検討すべきであろう。

第4節　変形労働時間制・事業場外労働のみなし制

1　概　説

1週40時間・1日8時間制の原則(労基32条)は,1日の始業・終業時刻や週所定労働時間を企業や事業場単位で統一的に定め,それを超える労働を時間外労働として扱う制度である(定型的労働時間制)。しかし,業務の繁閑が生ずることが多い企業や,週休2日制を採用したい企業では,それに合わせて労働時間を不規則に配分する必要性が生ずる。変形労働時間制は,そのために設けられた制度であり,一定の期間を単位として,週当たりの平均労働時間が週法定労働時間(40時間)を超えないことを条件に,所定労働時間が1週または1日の労働時間を超えることを許容する制度である。1か月単位(労基32条の2),1年単位(同32条の4),1週間単位(同32条の5)の3種類がある。

このように,変形労働時間制は,労働時間の柔軟かつ効率的な配分を可能と

[*126]　付随的注意義務(給付義務に付随する注意義務)については,奥田昌道＝佐々木茂美『新版債権総論(上巻)』(判例タイムズ社・2020)25頁参照。本書148頁も参照。

[*127]　本文に述べたとおり,使用者が労働時間管理・把握義務を負うとすれば,使用者は,この義務を履行するため,労働者に対して時間外労働の内容(業務内容,労働時間数等)に関する報告を求めるべき事態が生じうる。こうした報告を求める業務命令は,労働時間適正管理・把握義務を履行する上で必要かつ合理的な命令として有効であり,労働者はこれに応ずべき義務を負うと解すべきである。インフォプリント ソリューションズ ジャパン事件・東京地判平成23・3・28労経速2115号25頁。

しつつ，週休2日制の導入等によって，全体として労働時間を短縮することを目的としている。ただし，労働時間が不規則となり，労働者の生活設計やリズムに影響を及ぼすため，労働時間の事前の特定などの要件が課されている。

2　1か月単位の変形労働時間制

(1)　意義・要件

(ア)　意　義　　使用者は，過半数労働組合・過半数代表者との間の労使協定または就業規則その他これに準ずるものにより，1か月以内の一定期間を平均し，1週間当たりの労働時間が週法定労働時間を超えない定めをした場合は，その定めにより，特定された週において1週の労働時間を，または特定された日において1日の労働時間を超えて労働させることができる（労基32条の2第1項）。変形労働時間制の基本形であり，企業における利用率も高い。

(イ)　要　件　　1か月単位の変形労働時間制は，労使協定または就業規則その他これに準ずるものに規定することを要する（就業規則に「準ずるもの」が許されるのは，就業規則の作成義務のない常時10人未満の事業［労基89条］に限られる）。労使協定で定める場合は，有効期間を定めた上，労働基準監督署長に届け出なければならない（労基32条の2第2項，労基則12条の2の2第1項）。変形労働時間制と同様の取扱いを事実上・慣行上継続してきたとしても，適法な変形労働時間制とはいえない[128]。

変形労働時間制の単位期間は，「1か月以内の一定期間」であり，起算日を明らかにして特定する必要がある（労基則12条の2第1項）。単位期間内の総労働時間は，週法定労働時間（40時間）以下に収める必要があり，その限度は以下のようになる（31日の月の場合）[129]。

---

[128] 裁判例として，桐朋学園事件・東京地八王子支判平成10・9・17労判752号37頁，前掲・千里山生活協同組合事件（＊78），セントラル・パーク事件・岡山地判平成19・3・27労判941号23頁。最近の東京身体療法研究所事件（東京地判令和2・12・22ジャーナル110号26頁）は，法所定の労使協定の要件（有効期間）および労基署への届出を欠くとして違法と判断し，サンフリード事件（長崎地判平成29・9・14労判1173号51頁）および福屋不動産販売事件（大阪地判令和2・12・17ジャーナル109号22頁）は，過半数代表者の適法選出要件を欠くとして違法と判断している。また，労使協定において変形労働時間制の適用対象者を一般職従業員に限定している場合は，管理職従業員に対する適用は否定される（白井グループ事件・東京地判令和元・12・4ジャーナル99号40頁）。

[129] 前掲・ダイレックス事件（＊36）は，変形期間の労働時間が週法定労働時間を超えるとして違法と判断している。同旨，前掲・阪急バス事件・大阪地判平成30・5・30（＊31），前掲・阪急田園バス事件（＊31），前掲・セヴァ福祉会事件（＊44）。

$40\text{h} \times \langle 4+3/7 \rangle \text{w} = 177.1\text{h}$

(ウ) **所定労働時間の特定・変更**　労基法32条の2第1項は,「特定された週」または「特定された日」における変形労働を認めているので,労使協定または就業規則上,各週・各日の所定労働時間を具体的に規定しなければならない[*130]。また,始業・終業時刻は就業規則の絶対的必要記載事項であるため(労基89条1号),就業規則上は各日の始業・終業時刻の特定も要する。

　もっとも,変形労働の事前の特定が困難な事業では,変形期間の開始前に,具体的な勤務割等で特定することも許される。具体的には,各週・各日の所定労働時間や始業・終業時刻を示した勤務形態のパターンを記載した上,どのパターンによるかを変形期間の開始前に勤務割等で通知することになる[*131]。これに対し,就業規則に「業務の都合により4週間ないし1か月を通じ,1週平均38時間以内で就業させることがある」との枠組みだけを定め,労働時間の特定を行わない制度では,労働者の生活設計を考慮して特定要件を設けた法の趣旨が没却されるため,変形労働時間制の要件を満たさない[*132]。同様に,変形労働時間制における従業員の始業・終業時刻についてシフト表の当務勤務のみが規定され,日勤・夜勤の始業・終業時刻が規定されていない場合も,変形労働時間制の要件充足が否定される[*133]。

　また,いったん特定された労働時間(勤務形態)を就業規則等の条項によっ

[*130]　岩手第一事件・仙台高判平成13・8・29労判810号11頁,日本レストランシステム事件・東京地判平成22・4・7判時2118号142頁,バッファロー事件・東京地判平成27・12・11ジャーナル50号38頁(変形労働時間制の要件充足を否定),前掲・ヒロセ電機事件(*50[要件充足を肯定])。

[*131]　同旨,山本吉人=菅野和夫=渡辺章=安枝英訷『新労働時間法のすべて』(有斐閣・1988)(本章において『すべて』と略)33頁[菅野],注釈労働時間217頁,注釈労基(下)527頁[山川隆一]など。勤務割表による所定労働時間の特定も行われていないとして変形労働時間制の要件充足を否定する裁判例として,前掲・セントラル・パーク事件(*128),グリーンベル事件・東京地判平成27・3・6ジャーナル40号26頁。

[*132]　前掲・大星ビル管理事件(*25)。同旨,前掲・日本レストランシステム事件(*130)。就業規則所定のシフト以外のシフト勤務を認める余地を残す制度も,労働時間の特定要件充足を否定される(日本マクドナルド事件・名古屋高判令和5・6・22労経速2531号27頁)。行政解釈も同様に解している(昭和63・1・1基発1号,昭和63・3・14基発150号)。

[*133]　前掲・日本総業事件(*31)。変形労働時間制の違法判断例として,前掲・ジャパンレンタカー事件(*86),前掲・阪急バス事件・大阪地判平成30・5・30(*31),前掲・阪急田園バス事件(*31),前掲・新栄不動産ビジネス事件(*25),GWG事件・大阪地判令和元・9・17ジャーナル94号72頁等。新幹線運転士のように,労基則26条所定の「予備の勤務に就くもの」については,各週・各日の労働時間の事前特定要件を満たすことなく勤務させることができる(JR東海事件・大阪地判令和6・3・27ジャーナル148号10頁)。

て変更する場合の要件については、①使用者の裁量を強調して変更を認める見解、②例外的限定的な場合にのみ変更が許されるとする見解、③変更それ自体を否定する見解がある[*134]。前述した労働時間の特定要件を踏まえると、①説は支持できない。しかし一方、前記のように就業規則や労使協定における勤務形態のパターンの記載を要件と解した上、勤務形態の変更をこれらパターン間の変更と解すれば、限定的例外的事由に基づく変更は就業規則等の「定め」によるものとなるため、②説が妥当と解される。ただし変更事由については、労働者の生活設計の利益を考慮して、予定した業務の繁閑の大幅な変動が客観的に認められることを要する（1週間単位の変形労働時間制の要件［454頁］に準ずる）と考えるべきである[*135]。加えて、労働者の生活設計を不当に害さないよう、変形期間開始前に一定の合理的期間を置いて予告するなどの手続的配慮が必要となる。

(2) 効　果

(ア) **労働義務**　　変形労働時間制における労働義務の根拠は、変形制を就業規則によって実施するか、労使協定によって実施するかによって異なる。まず、労使協定によって実施する場合は、その効果は、使用者が労働者を変形労働時間制に従って労働させても労基法違反とならないという効果（適法化効力）にとどまり、労働義務を発生させるためには別途、労働契約上の根拠が必要であり、労使協定と同様の具体的制度を定めた就業規則（勤務割等を含む）・労働協約が必要となる。一方、就業規則によって導入する場合は、原則としてそれに基づく労働義務が発生するが、就業規則が労働契約内容となるための合理性要件（労契7条・10条。165頁、560頁）を考えると、勤務形態の不規則さや、上述

[*134] ②説として、『すべて』33頁［菅野］、52頁以下、注釈労働時間218頁、注釈労基（下）527頁［山川］、③説として、片岡曻＝萬井隆令編『労働時間法論』（法律文化社・1990）208頁［萬井隆令］。

[*135] 裁判例では、就業規則上の「業務上の必要がある場合、指定した勤務および指定した休日を変更する」との規定に基づく労働時間の変更につき、本文の①説・③説を斥けた上、労働時間の特定を要求する労基法32条の2の趣旨によれば、就業規則の変更条項は、変更が許される例外的・限定的事由を記載し、その場合に限って勤務変更を行う必要があるところ、本件条項はそうした規定ではなく、使用者が任意に変更しうると解釈可能な条項であることから、特定要件を欠き違法・無効と判断した例がある（JR西日本事件・広島高判平成14・6・25労判835号43頁）。②説を基本に、変更事由を具体的に定めることに加え、変更事由自体の限定性・例外性を求める立場として妥当と解される。

した所定労働時間の特定・変更制度などがチェック項目となる。

(イ) **時間外労働** 変形労働時間制が以上の要件を満たせば，1週・1日の法定労働時間を超える労働時間が定められても，その部分は時間外労働にはならない。すなわち，①1日8時間・1週40時間を超える労働時間が定められた日・週においては，その時間（所定労働時間）が法定労働時間に代わる時間となり，それを超えて労働してはじめて法定時間外労働となる。一方，②1日8時間・1週40時間以下の労働時間が定められた日または週においては，法定労働時間（労基32条）が適用され，1日8時間・1週40時間を超えて労働時間が延長された場合にはじめて法定時間外労働が成立する。ただし，③労働時間が8時間・40時間の枠内に収まる場合も，変形期間全体で週40時間の枠を超える場合は，超えた部分が法定時間外労働となる（以上，昭和63・1・1基発1号）。この場合，時間外労働となる時間は1日単位，1週単位，変形期間単位について順次確定される*136。

3 1年以内の期間の変形労働時間制

(1) 意義・要件

(ア) **意 義** 使用者は，過半数労働組合または過半数代表者との労使協定により，1年以内の一定の期間を平均し，1週間当たりの労働時間が週法定労働時間（40時間）を超えない定めをした場合には，特定された週において40時間，特定された日において8時間を超えて労働させることができる（労基32条の4第1項）。季節などの長期的な業務の繁閑に対処するために労働時間の変則的配分を認めつつ，労働時間の効率的な配分によって年間休日を増やし，労働時間を短縮することを目的とする制度である。

(イ) **要 件** a) **労使協定** 1年以内の単位の変形労働時間制を実施する場合は，労使協定を締結し，①対象労働者の範囲，②対象期間，③対象期間中の特に業務が繁忙な期間（特定期間），④対象期間における労働日・労働時間，⑤有効期間を記載し（労基32条の4第1項），労働基準監督署長に届け出なければならない*137。

---

*136 本文の①につき，前掲・大星ビル管理事件（＊25）。なお，変形労働時間制において割増賃金支払義務（労基37条）が生ずるのは，本文で述べたようにして確定された法定時間外労働の部分のみである。ただし，法定時間外労働と法定内時間外労働を区別せずに割増賃金の対象としていれば，後者についても支払義務が発生する（JR東日本事件・東京地判平成12・4・27労判782号6頁）。

対象期間は、1か月を超え1年以内の期間である。労使協定においては、この対象期間を平均して1週当たりの労働時間が40時間を超えないように、労働日および各日の労働時間を定めなければならない*138。この点は、1か月単位の変形労働時間制と同じであるが、1年単位の変形制では、変形期間が長く、事前の特定が難しいケースがあるため、特別の規定が設けられている。すなわち、対象期間を1か月以上の期間に区分する場合は、最初の区分期間の労働日と労働時間を特定し、その後については各期間の総労働日数と総所定労働時間数を定めればよい（労基32条の4第1項4号）。この場合、使用者は、各区分期間の開始日の30日以上前に、過半数組合または過半数代表者の同意を得て、書面により各区分期間の労働日・労働日数を特定しなければならない（同2項、労基則12条の4第2項）*139。いったん特定された労働時間を新たに変更する場合の要件は、1か月単位の変形労働時間制と同様に解される。なお、変形期間の中途で入社・退職した労働者については、当該労働させた期間を平均し、週40時間を超えて労働させた場合は、その超えた時間について割増賃金を支払わなければならない（労基32条の4の2）。

　b）変形の限度　1年単位の変形労働時間制においては、変形期間の長期化によって労働者の生活への影響が大きくなるため、変形の限度が設定されている。①対象期間中の所定労働日数は、変形期間が3か月を超えると280日に限定される（労基則12条の4第3項）。②変形期間内の連続労働日数の限度は6日であるが、特に業務が繁忙な期間（労基32条の4第1項3号）内では上限12日とされる（労基則12条の4第5項）。③1日・1週の所定労働時間の限度は、1日10時間・1週52時間である。ただし、対象期間が3か月を超える場合は、労働時間が48時間を超える週が連続して3週を超えてはならず、かつ、対象期間をその初日から3か月ごとに区分した各期間において、労働時間が48時間を超える週が合計3週を超えてはならない（同4項）*140。

＊137　労使協定不締結を理由に変形労働時間制の効力を否定した例として、辻中事件・大阪地判令和4・4・28ジャーナル126号22頁、前掲・未払賃金等請求事件（＊66）。
＊138　『すべて』38頁［菅野］。
＊139　実務上は、始業・終業時刻を明示した勤務のパターンを記載した上、どのパターンによるかを勤務割等で通知する運用となろう（平成11・1・29基発45号）。サカイ引越センター［控訴］事件（東京高判令和6・5・15［LEX/DB25620518］）は、各月の30日前までに公休予定表が作成されているものの、就業規則においてシフトの組合せの考え方や公休予定表の作成手続等の定めがないなど実態として各期間の労働日が特定されていたとはいえないと述べ、違法無効と判断している。

(2) 効　果

以上の要件を満たした労使協定の締結・届出により，使用者は1年以内の単位の変形労働時間制を適法に実施することができる。しかし，この効力は，変形制を適法とする効力（適法化効力）にとどまり，労働義務を発生させるためには別途，労働契約上の根拠（就業規則［勤務割等を含む］または労働協約の規定）を要する*141。また，この変形労働時間制の場合，所定労働時間の多寡に応じて月当たりの賃金額が変動しうるが，この事態を避けるため，賃金額を労働時間の変動にかかわらず一定額とする取決めは適法である。この場合，所定労働時間が多い月には，それより少ない時間に対応する賃金しか支給されないことになるが，これは賃金全額払の原則（労基24条1項）に違反しない*142*143【5-5】。

> 【5-5】1週間単位の変形労働時間制*144　　日ごとの業務に著しい繁閑の差が生ずることが多く，これを予測した上で各日の労働時間を設定することが困難な一定の事業においては，使用者は，過半数組合または過半数代表者との労使協定により，1週間を単位として，労働者を1日10時間まで労働させることができる（労基32条の5）。適用事業は，常時30人未満の労働者を使用する小売業，旅館，料理店および飲食店に限られる（労基則12条の5第1項・2項）。
>
> 　他の変形制と異なり，予め各日の所定労働時間を特定する必要はないが，労働者の生活設計を不安定とするため，使用者は，各週の開始前に，各日の労働時間を書面により通知しなければならない。また，いったん通知した労働時間の変更

---

*140　1年単位の変形労働時間制の場合，対象期間が長期となるため，期間途中に退職・入社・異動する労働者にも部分的に適用できる。ただし，その労働者を変形制の下で労働させた期間を平均して1週40時間を超えて労働させた場合は，法定時間外・休日労働と評価される部分だけでなく，超過時間分の全部について，労基法37条の例により割増賃金を支払わなければならない（労基32条の4の2）。

*141　同旨，『すべて』40頁［菅野］，注釈労基（下）554頁［山川］。個々の労働者の同意までは要しないと解される。他方，変形労働時間制が労基法上の要件を満たさない場合の効果は，使用者が原則法定労働時間を超えて労働者に労働させることができなくなるという点に求められるが，当事者間の契約内容である月間所定労働時間数に影響を及ぼすものではない（東洋テック事件・大阪地判令和元・7・4ジャーナル92号24頁）。

*142　注釈労基（下）555頁［山川］。

*143　変形労働時間制の下では，労働が変則的となるため，一定の労働者について適用が制限される。すなわち使用者は，①妊産婦の請求があれば，変形制の下でも，1週・1日の法定労働時間を超えて労働させてはならない（労基66条1項）。また，②育児・介護従事者や職業訓練を受けるものについては，必要な時間を確保するよう配慮する必要がある（労基則12条の6）。③年少者に変形制を適用することは原則としてできない（労基60条1項）。

*144　詳細は，注釈労働時間276頁以下，注釈労基（下）562頁以下［小西康之］参照。

は，天災事変やキャンセル等の「緊急でやむを得ない事由」がある場合にのみ，書面通知により認められる（労基則12条の5第3項）。

4 事業場外労働のみなし制

(1) 意　義

労働者が外回りの営業や取材，出張，旅行ツアー添乗等の事業場外労働に従事する場合，使用者の指揮命令が及ばないため，労働時間の把握が困難となることが多い。このような場合の労働時間の算定を適正なものとするための制度が「事業場外労働のみなし制」である（労基38条の2）[*145]。すなわち，労働者が労働時間の全部または一部について事業場外で労働した場合において，労働時間を算定し難いときは，所定労働時間労働したものとみなす（同条1項）。ただし，その業務を遂行するためには所定労働時間を超えて労働することが通常必要となる場合は，その業務の遂行に通常必要とされる時間労働したものとみなす（同項但書）。後者の場合，過半数組合または過半数代表者との労使協定により，業務遂行に通常必要とされる時間を定めることができる（同条2項）。

事業場外労働のみなし制と労働契約の関係については，同制度は労基法に基づく制度であるから，労働契約または就業規則上の根拠を必要としない[*146]。

(2) 労働時間みなし制の要件

㋐　**事業場外労働**　「所定労働時間のみなし」とは，実際の事業場外労働時間の多寡を問わず，事業場内労働に従事する労働者に適用される所定労働時間労働したものとみなすことを意味する。したがって，内勤者の所定労働時間より短い労働時間をみなすこと（内勤者の所定労働時間が8時間の場合に7時間とみなすなど）はできない[*147]。また，事業場外労働のみなし制は，労働者が1日の全部を事業場外で労働する場合だけでなく，一部を事業場外で労働する場合を含む。この場合，事業場内労働・事業場外労働を一括して所定労働時間とみなすのか（一括みなし説），事業場内労働はそれとして算定し，事業場外労働の

[*145] 事業場外労働のみなし制については，注釈労働時間 534 頁，注釈労基（下）652 頁［和田肇］，柳屋孝安「多元的な労働時間規制」講座再生(3) 159 頁，注釈労基・労契(1) 559 頁［川田琢之］参照。裁判官による詳細な検討として，光岡弘志「事業場外労働のみなし労働時間制」労働関係訴訟Ⅰ 354 頁。

[*146] セルトリオン・ヘルスケア・ジャパン事件・東京高判令和4・11・16労判1288号81頁。

[*147] 注釈労働時間 553 頁，『すべて』102 頁参照。

みをみなしの対象とするのか（別途みなし説）について争いがあるが，通説・行政解釈は別途みなし説に立っている*148。みなし制は，労働時間の算定が困難な場合の算定方法を定めた制度であり，労働時間の算定が可能な事業場内労働を対象とする理由はないため，別途みなし説が適切である*149。

(イ)「労働時間を算定し難いとき」　事業場外労働のみなし制は，事業場外労働一般ではなく，その労働時間を算定し難い場合にのみ採用できる。前記のとおり，使用者は，労働時間管理・把握義務を負う（444頁）ところ，事業場外労働のみなし制は，「使用者の指揮監督の及ばない事業場外労働については使用者の労働時間の把握が困難であり，実労働時間の算定に支障が生ずるという問題に対処し，労基法の労働時間規制における実績原則の下で，実際の労働時間にできるだけ近づけた便宜的な算定方法を定めるものであり，その限りで労基法上使用者に課されている労働時間の把握・算定義務を免除する」ことを趣旨とする制度である（前掲・阪急トラベルサポート［第1・控訴］事件［*26]）。したがって，みなし制の対象は，上記趣旨から見て，使用者の指揮監督が困難であり，実労働時間を算定し難い労働に限られる。すなわち，①労働時間の管理者が随行する場合，②労働者が携帯電話等で随時使用者の指示を受ける場合，③訪問先や帰社時刻等につき具体的な指示を受ける場合など，使用者の指揮監督が及ぶ場合は，みなし制は適用できない（昭和63・1・1基発1号）。

近年の裁判例では，旅行会社が企画・催行する国内・海外旅行ツアーに添乗する派遣添乗員について「労働時間を算定し難いとき」該当性が争われた事案が登場し（阪急トラベルサポート［第1～第3]事件），下級審の判断は様々に分かれたが，最高裁は，そのうち1件について，「労働時間を算定し難いとき」該当性を否定している（阪急トラベルサポート［第2・上告］事件）*150。判旨は，①本件添乗業務の内容は予め具体的に確定されており，添乗員が自ら決定できる事項や選択の幅は限られていること，②ツアー開始前には，会社は添乗員に対し，ツアー参加者との間の契約内容等を記載したパンフレット・アイティナリー・添乗員用マニュアルにより，旅行日程に沿った旅程管理等の業務を具体的に指示した上，③ツアー実施中は，添乗員に対し，旅行日程途中で相応の変更

---

*148　注釈労基（下）658頁［和田肇]，注釈労基・労契(1) 565頁［川田琢之]，『すべて』103頁，昭和63・3・14基発150号。

*149　一括みなし説としては，中嶋士元也「事業場外労働における『みなし労働時間』の算定方法論」東海法学5号（1990）49頁，片岡＝萬井編・前掲書（*134）82頁［唐津博］がある。

*150　最判平成26・1・24労判1088号5頁。

を要する事態が生じた場合は携帯電話で会社に報告して指示を受けるよう求め，④ツアー終了後は，添乗日報によって業務の遂行状況等につき詳細かつ正確な報告を求めていること等の事実関係を確認した上，以上のような業務の性質・内容・遂行の態様・状況等，会社・添乗員間の業務に関する指示・報告方法・内容・実施の態様等に鑑みると，本件添乗員の勤務の状況を具体的に把握することが困難とは認め難く，「労働時間を算定し難いとき」に該当しないと判断している。

　労基法が実労働時間算定原則を採用しつつ，使用者に労働時間管理・把握義務を課し，労働者の就労に使用者の指揮監督が及ぶ限りは同原則を維持する趣旨に立っていること（444頁）を踏まえると，事業場外労働のみなし制については，上記原則を前提に，例外的にこれを免除する趣旨の制度と解すべきであるから（前掲・阪急トラベルサポート［第1・控訴］事件［＊26］），「労働時間を算定し難いとき」要件は厳格に解すべきである。上記最判は，これと同旨の判断を示したものであり，妥当と解される[＊151][＊152]。

　これに対し，労働者が単独で出張し，直行直帰しているケースにおいて，出張に関するスケジュールや具体的な指示命令がなく，事後的にも業務内容や時間について報告を求めていない場合は，使用者の具体的指揮監督が及んでいないとして「労働時間を算定し難いとき」該当性が肯定される[＊153]。携帯電話を

[＊151] この点，前掲・阪急トラベルサポート［第1・控訴］事件（＊26）は，添乗員用マニュアル等に基づく会社の業務指示が具体性・確定性を欠く面があり，ツアー状況における合理的理由に基づく変更可能性を有する場合も，直ちに添乗員に対する拘束力が否定されるわけではなく，それによって添乗員の基本的勤務状況を把握できる場合は，労働時間の把握・算定は可能であり，「労働時間を算定し難いとき」に該当しないと判断しており（同旨，前掲・阪急トラベルサポート［第2・控訴］事件［＊86］，阪急トラベルサポート［第3・控訴］事件・東京高判平成24・3・7労判1048号26頁），判例（最判）の立場をより明確に説示する判断として妥当と解される。なお，労働者の就労に使用者の指揮監督が及んでいないケースにおいて，労働者の自己申告による労働時間の算定可能性を理由に「労働時間を算定し難いとき」の該当性を否定することは適切でないが，使用者の指揮監督が及んでいる場合は，労働時間算定のため補充的に自己申告による添乗日報を用いることは許容される（前掲・阪急トラベルサポート［第2・控訴］事件［＊86］，同事件最判［＊150］）。

[＊152] 事業場外労働のみなし制の適用を否定する裁判例として，前掲・ほるぷ事件（＊60），光和商事事件・大阪地判平成14・7・19労判833号22頁，前掲・レイズ事件（＊80），ワールドビジョン事件・東京地判平成24・10・30労判1090号87頁，落合事件・東京地判平成27・9・18ジャーナル45号2頁，東京薬品事件・東京地判平成27・10・30ジャーナル48号37頁，アネビー事件・大阪地判令和3・11・16ジャーナル121号40頁，前掲・イノベークス事件（＊88），前掲・セルトリオン・ヘルスケア・ジャパン事件（＊146［一定期間について］），前掲・東京精密事件（＊88［使用者による労働時間管理・把握義務の懈怠を重視］），前掲・テレビ東京制作事件（＊42）。

貸与されて稼動する営業社員につき，業務内容・訪問スケジュールを上司が決定しておらず，本人の裁量が高いことや，出張報告書の内容が網羅的でないこと等から，会社が同社員の勤務状況を具体的に把握することは困難と認められる場合も同様である*154。さらに，最近の判例は，外国人技能実習に係る監理団体の指導員が従事した事業場外業務につき，同人は自ら具体的な業務スケジュールを管理しており，随時具体的に指示を受けたり報告することもなかったことを踏まえると，前掲判例（前掲・阪急トラベルサポート［第2・上告］事件［*150］）の判断基準によれば，同人の事業場外勤務の状況を具体的に把握することが容易であったとはいい難いと述べた上，原審が，同人が監理団体に提出していた業務日報の内容につき実習実施者等への確認が可能であることや，監理団体が業務日報の正確性を前提に時間外労働の時間を算定する場合もあった等としてその正確性を認めて「労働時間を算定し難いとき」該当性を否定したことについて審理不尽と評価し，原審に差し戻している*155。前記のとおり，「労働時間を算定し難いとき」要件は厳格に解すべきであるが，事業場外労働の多様化や外勤労働者の裁量の増大等の変化も踏まえると，同要件については個別具体的な事情に即して判断していくべきであろう。

　(ｳ)　**通常必要時間みなし制の要件**　　ある業務を遂行するためには通常，所定労働時間を超えて労働することが必要となる場合に適用されるのが「通常必要時間みなし制」である。したがって，みなし時間とされる時間は，必然的に所定労働時間より長い時間となり，法定労働時間を超える場合は，時間外労働の手続（労基36条・37条）と，労働契約上の要件（423頁）を要する。通常必要みなし時間については，労働時間管理・把握義務に鑑み，使用者は，具体的な就労状況や個々の労働者によって発生しうる個別的差異を捨象して，平均的業務内容および労働者を前提としつつ，現実の労働時間から大きく乖離しないよう留意して設定すべきである*156。

---

　*153　前掲・ヒロセ電機事件（*50）。事業場外労働のみなし制の適用を肯定する裁判例として，日本インシュアランスサービス事件・東京地判平成21・2・16労判983号51頁，前掲・ロア・アドバタイジング事件（*19），前掲・セルトリオン・ヘルスケア・ジャパン事件（*146［一定期間について］）等。
　*154　ナック事件・東京高判平成30・6・21労経速2369号28頁。
　*155　協同組合グローブ事件・最判令6・4・16労判1309号5頁。原審は，福岡高判令和4・11・10労判1309号23頁。
　*156　阪急トラベルサポート［第2］事件・東京地判平成22・7・2労判1011号5頁，阪急トラベルサポート［第3］事件・東京地判平成22・9・29労判1015号5頁。

また、通常必要時間のみなしは労使協定によって行うこともできる。みなし時間の算定は困難を伴い、労使間の紛争を招きやすいため、これを現場の実情に通じた労使に委ねるとともに、労働者側の意見を反映させて算定の適正化を図る趣旨である。労使協定は有効期間の定めを要するとともに、労使協定で定めた時間が法定労働時間を超える場合は届出を要する（労基38条の2第3項、労基則24条の2第3項）。

(3) 効　果

　事業場外労働のみなし制の効果は、実際の労働時間の多寡を問わず、所定労働時間または通常必要時間労働したものとみなすことである。したがって、労働者が実際には所定労働時間を超えて労働したことを挙げて反証しても（所定労働時間みなしの場合）、実労働時間が通常必要時間を超えることを挙げて反証しても（通常必要時間みなしの場合）、それぞれの主張にかかる賃金請求権は認められない。この意味で、みなし制は原則として反証を許さないという効果を有する（山川150頁参照）。

　ただし、事業場外労働のみなし制においては、みなし時間数をできるだけ実労働時間数に近づけるよう設定することが要請され、使用者はみなしを適正に行う義務を負う[*157]。したがって、労働者がその業務を遂行するためには通常、所定労働時間を超える時間を必要とする場合は、通常必要時間のみなしの適用を主張し、それに対応する賃金・割増賃金の支払を請求できると解すべきである。通常必要時間が実労働時間に照らして適正でない場合も、労働者は適正なみなしの履行義務を求め、賃金・割増賃金を請求することができる[*158]。

第5節　自律的な働き方と労働時間制度

　近年の技術革新・情報化やサービス経済化に伴い、専門的労働に従事するホワイトカラーが増加し、その職務内容が専門化・高度化するとともに、成果主義人事の普及によって、従来の伝統的・定型的な労働時間制に適合しない労働

---

* [*157] 注釈労働時間556頁、中嶋・前掲論文（*149）33頁参照。
* [*158] 前掲・阪急トラベルサポート［第2］事件（*156）、前掲・阪急トラベルサポート［第3］事件（*156）。

者が増えてきた。これら労働者に共通する特色は，労働遂行に際して有する裁量が大きく，使用者の指揮命令が希薄なこと，労働の量（労働時間）よりも労働の質（内容・成果）によって報酬を支払われることである。こうした労働者に対応する労働時間制度として導入されたのが，フレックスタイム制および裁量労働のみなし制である。

1 フレックスタイム制（労基32条の3）

(1) 意義・形態

フレックスタイム制とは，労使協定の定める一定の期間（清算期間）について一定時間労働することを条件に，始業・終業時刻の決定を個々の労働者に委ねる労働時間制度である（労基32条の3）。労働者が自ら始業・終業時刻を決定することで，仕事と生活の調和（ワーク・ライフ・バランス。労契3条3項参照）を促進するとともに，仕事の効率性・生産性を高めることを目的としている[*159]。企業では，本社，研究・開発部門，管理部門に導入する例が多い。

フレックスタイム制においては，必ず勤務すべき時間帯（コアタイム）を設けつつ，その前後に，始業・終業時刻を自由に選択できる時間帯（フレキシブルタイム）を設けるのが通例である（**図表5-4**）。ただし，これらは必須の要件ではなく，始業・終業時刻の決定を完全に労働者に委ねる形態（オール・フレキシブルタイム制）も適法である。フレキシブルタイムを設ける場合は，それが極端に短いもの（たとえば30分）であってはならない（実際には，3時間超を設ける例が多い）し，始業・終業時刻の双方を労働者の決定に委ねる必要がある。一方，フレックスタイム制を採用しつつ，一定の期間について始業・終業時刻を固定すること（たとえば，1週のうち2日は固定労働時間制をとりつつ，残余日をフレックスタイム制とすることや，1年のうち一定月は固定労働時間制をとりつつ，残余月をフレックスタイム制とすること）は適法である[*160]。

[*159] フレックスタイム制に関しては，注釈労基・労契(1) 412頁［山本陽大］。
[*160] 同旨，注釈労働時間248頁，『すべて』65頁［渡辺発言］，74頁［安枝発言］。なお，フレックスタイム制は，労働者に始業・終業時刻の決定を委ねる制度であるが，出勤義務まで免除するものではない。したがって，出勤するかどうか自体を労働者に委ねる制度（フレックスデイ）は，労使協定・就業規則で制度化されない限り認められない。

図表 5-4 フレックスタイム制の例

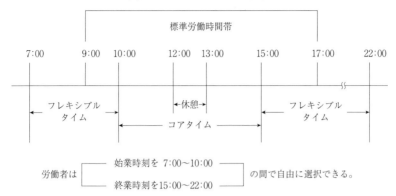

(2) 要件・効果

(ア) 要　件　　フレックスタイム制を採用するためには，始業・終業時刻を労働者の決定に委ねることを就業規則その他これに準ずるもので定め，過半数組合・過半数代表者との間で労使協定を締結する必要がある（届出は不要）。労使協定の記載事項は，①対象労働者の範囲，②3か月以内の清算期間（労基則12条の3。なお2018年労基法改正により，従来の1か月から3か月に延長された），③清算期間における総労働時間，④標準となる1日の労働時間の長さ，⑤コアタイム・フレキシブルタイムを定めるときはその開始・終了時刻である（労基32条の3。④・⑤は労基則12条の3）。総労働時間（③）は，1週間当たりの平均が法定労働時間（40時間）を超えないよう定めなければならず，労働契約との関係では，この総労働時間が労働契約上の労働時間（所定労働時間）となる。

清算期間が1か月以内の場合，労使協定の行政官庁への届出は不要であるが（労基32条の3第4項但書），1か月超3か月以内の場合は要件とされる（同条4項）。また，週休2日制で働く労働者（1週間の所定労働日数が5日の労働者）に関する法定労働時間の特例規定として，過半数組合・過半数代表者との労使協定によって，労働時間の限度を，清算期間における所定労働日数を8時間に乗じて得た時間とする旨の規定が新設された（同条3項）。さらに，清算期間の中途で入社・退職した労働者については，当該労働させた期間を平均し，週40時間を超えて労働させた場合は，その超えた時間について割増賃金を支払わなければならない（労基32条の3の2）。

(イ)　効　果　　フレックスタイム制が適法に導入されると、労働者が1週・1日の法定労働時間を超えて労働しても法定時間外労働とならず、三六協定の締結・届出（労基36条）と割増賃金の支払（同37条）を必要としない。時間外労働が成立するのは、労働者が清算期間における法定労働時間の上限を超えて労働した場合である。清算期間の総労働時間が法定労働時間を下回る場合、総労働時間を超えて法定労働時間に達するまでの時間は法定内時間外労働となる。

(3)　労働契約上の問題

(ア)　労働義務の根拠　　労使協定の締結は、フレックスタイム制を労基法上適法とする効果（適法化効力）をもつにすぎず、それに従った労働義務を発生させるためには、労使協定と同内容の具体的制度を労働協約・就業規則に定める必要がある。

(イ)　労働義務の内容　　フレックスタイム制の下では、労働者は始業・終業時刻を自ら決定することができる。したがって、労働者が負う労働義務は、始業・終業時刻によって画された時間的範囲を労働する義務ではなく、労使協定で定めた清算期間の総労働時間を労働すべき義務となる[*161]。そこでたとえば、総労働時間が150時間と定められた場合、労働者はその時間分労働する義務を負い、労働時間がそれに不足する場合は労働義務違反となる（ただし、後述の「借時間」制に基づく調整が認められる）。

一方、労働者が総労働時間を労働してしまえば、期間の残余日については労働義務を負わないのか、それとも労働義務自体は存在し、使用者は出勤を命ずることができるのか。「貸借制」の下で「貸時間」（次の清算期間で超過分の清算を行うこと）を設けた場合はもちろん、それがない場合も、労働者が一方的に労働日を休日に変更できることを認めることは困難であり、労働義務を免れないと解する[*162]。

(ウ)　フレキシブルタイム中の業務命令　　実際上問題となるのは、使用者がフレキシブルタイム中の一定の時刻までの出勤や、一定時刻までの居残りを命じうるか否かである（コアタイム中の出勤命令が許されることは当然である）。これについては、①始業・終業時刻に関する労働者の自己決定を重視して否定する見解、②労働協約・就業規則の留保条項により可能とする見解、③留保条項が

[*161]　同旨、山川隆一「フレックスタイム制の運用状況と法的課題」季労162号（1992）27頁。
[*162]　土田・労務指揮権509頁参照。

なくても，コアタイムの繰上げ・繰下げや重要な業務上の必要性がある場合の信義則上の職務遂行義務により可能と説く見解が対立している[*163]。

　思うに，フレックスタイム制の眼目が，始業・終業時刻の決定を労働者に委ねることにある以上，フレキシブルタイム中において時間を特定した出勤や居残り命令を認める余地はなく，③説は適切でない。これに対して，労働者の同意があれば出勤や居残りも可能であり，①説と②説の対立は，この「同意」の態様をめぐる解釈に帰着するが，①説が妥当と解される。フレックスタイム制は，日々の労働時間の設定を労働者に委ねるものであるため，労働者の同意はその個人的自由を確保するものでなければならないが，それは個別的同意によるほかないからである。したがって，協約・就業規則の留保条項は，フレックスタイム制の趣旨に反し，公序（民90条）違反または就業規則の合理性要件（労契7条）の欠如により無効と解される。フレキシブルタイム中の業務命令を拒否した労働者に対するマイナス考課についても，それは実質上，出勤義務を認めることになるため，人事考課権の濫用として違法と解すべきである。

　なお，フレックスタイム制は，フレキシブルタイム中の業務命令そのものを否定してしまうものではない。したがって，フレキシブルタイム中は時間を特定した出張や会議出席は命じないが，出張等の命令自体は可能であり，それに合わせて始業・終業時刻をどう設定するかが労働者に委ねられることになる。ただしその場合も，臨時会議ならともかく，定例に開催される会議をフレキシブルタイムに設定することは，やはり労働者の出勤義務を実質的に肯定する結果となるため，違法と解し，労働者の会議出席義務を否定すべきである。一方，事前に出退勤時刻を記載した勤務予定表を提出させて管理することは，本人の自主的判断によるものである限りは適法である【5-6】。

【5-6】　**労働時間の清算（貸借制）**　労働時間の貸借制とは，ある清算期間における総労働時間を超過した労働時間を次の清算期間に「貸時間」として充当し，または逆に，総労働時間に不足する労働時間を次の清算期間に「借時間」として上乗せすることをいう。たとえば，総労働時間が150時間の場合，165時間労働

[*163]　①説として，片岡＝萬井編・前掲書（＊134）251頁［萬井］，山川・前掲論文（＊161）29頁，野間賢「変形労働時間制・フレックスタイム制」講座21世紀(5) 261頁など，②説として，日経連事務局編『改正労働基準法早わかり』（日経連弘報部・1987）104頁，③説として，安西愈『新しい労使関係のための労働時間・休日・休暇の法律実務〔全訂7版〕』（中央経済社・2010）168頁。

したときに、賃金は 150 時間分としておき、次の清算期間の労働時間を 135 時間とする（賃金は 150 時間分とする）ことが「貸時間」であり、135 時間しか労働しなかったときに、賃金は 150 時間分としておき、次の清算期間の労働時間を 165 時間とする（賃金は 150 時間分とする）ことが「借時間」である。つまり、清算期間ごとの賃金を定額としつつ、労働時間の過不足分を清算期間の間で調整することを認める制度であり、清算期間ごとに生ずる業務の繁閑に対処することを目的とする。法的には、現行法は、賃金と労働時間の厳密な対応関係を求めておらず、賃金を一定額とすることは労使の自由であるため（さもないと、割増賃金の定額給制[431 頁]も違法とされてしまう）、「貸時間」「借時間」ともに適法と解される[*164]。この点、行政解釈は、貸時間を賃金全額払の原則（労基 24 条 1 項）違反として違法と解しつつ、借時間については、過払賃金の調整にすぎないとして適法と解しており（昭和 63・1・1 基発 1 号）、一貫していない。

なお、ある清算期間において法定時間外労働（清算期間における法定労働時間の上限を超える労働）が生じた場合は、割増賃金の支払義務（労基 37 条）が生ずるため、その分の賃金は当該清算期間に支払われなければならず、ここでは労働時間の「貸し」は認められない（菅野＝山川 471 頁）。

2 裁量労働のみなし制——意義

裁量労働のみなし制とは、労働遂行や労働時間の配分に関して裁量性が高く、労働の量（労働時間）よりも労働の質（内容・成果）に着目して報酬を支払われる労働者（ホワイトカラー）に関して、労使協定や労使委員会決議で一定のみなし労働時間を定めれば、実際の労働時間数にかかわらず、その時間労働したものとみなす制度である。すなわち、裁量労働制は、①裁量労働者に関する制度であること、②実際の労働時間数にかかわらず労働時間を一定時間とみなす（算定する）こと、③成果主義人事とリンクしていること、を要素とする。

「労働者の自律的な働き方」（①）の面から見ると、裁量労働制は、労働時間の管理（配分）に加え、労働遂行そのものに関する労働者の裁量を認める点で、フレックスタイム制を一歩進めた制度である（フレックスタイム制は、始業・終業時刻の決定を労働者に委ねるにとどまる）。また、成果主義人事とリンクすることで、ホワイトカラー社員に対して実力に見合った処遇を提供できる制度として機能する。

なお、裁量労働制は、実労働時間規制を解除するものであるが、労基法の労

[*164] 菅野＝山川 471 頁、『すべて』79 頁［菅野・安枝発言］。反対、『すべて』69 頁［渡辺発言］。

働時間規制を全面的に排除する制度ではない。裁量労働者に対しても，休憩（労基34条），休日（同35条），深夜業（同37条）の規律は及ぶ。また，実労働時間と無関係に労働時間を算定する点では時間外労働の規律は排除されるが，法定労働時間を超える時間としてみなし労働時間を定めれば（1日9時間），超過分が時間外労働（同36条）となり，割増賃金支払義務が生ずる（同37条）。この意味で，裁量労働制は，労働時間規制の部分的適用除外制度を意味する（この点が，後述する適用除外制度［41条・41条の2］との違いである）。

一方，裁量労働制は，濫用されると労働者の働き過ぎをもたらす危険がある。いくら「自律的な働き方」といっても，過大なノルマを一定の期限までに設定されれば，労働者はそれに向けて猛烈に働かざるをえない。ところが，裁量労働制の下で，みなし時間が9時間と設定されると，どれほど長く働いても，9時間労働したものとみなされ，割増賃金は1時間分しか支払われない。つまり裁量労働制は，対価なき長時間労働をもたらす危険性がある。そこで法は，裁量労働制に関してかなり厳しい規制を設けている（裁量労働制の実態については，厚生労働省「裁量労働制実態調査」［2021］参照）。

3 専門業務型裁量労働制（労基38条の3）

(1) 要 件

専門業務型裁量労働制の要件は，①業務の裁量性が強いため，その遂行方法および労働時間の決定について具体的指示をすることが困難な業務を対象とすることと，②一定事項を定めた労使協定を締結すること，の2点である。

㋐ **対象業務** 専門業務型裁量労働制の対象業務は，①業務の性質上その遂行の方法を大幅に当該業務に従事する労働者に委ねる必要があるため，②業務の遂行の手段および時間配分の決定等に関し具体的な指示をすることが困難な業務である（労基38条の3第1項）。具体的な業務は，労基則24条の2の2第2項に列挙されているが（①新商品・新技術等の研究開発，人文・自然科学の研究，②情報処理システムの分析・設計，③新聞・出版の記事の取材・編集，放送番組制作のための取材・制作，④衣服・室内装飾・工業製品・広告等のデザインの考案，⑤放送番組・映画等のプロデューサー・ディレクター，⑥その他，厚生労働大臣が指定する業務［コピーライター，公認会計士，弁護士，一級建築士，不動産鑑定士，弁理士，システムコンサルタント，インテリアコーディネーター，ゲーム用ソフトウェアの創作，証券アナリスト，金融商品開発，大学における教授研究，税理士，中小企業診断士］＝

平成9年労告7号），2023年の告示改正により，銀行または証券会社における顧客の合併および買収に係る調査・分析・考案・助言の業務が追加された。

　もっとも，名称がこれら業務であればよいというわけではなく，業務の遂行・時間配分を労働者に委ねる必要があることが客観的に認められなければならない[*165]。したがって，これら客観的要件を欠くにもかかわらず，ある業務について業務遂行や時間配分について具体的指示をしないことを労使協定で定めても，裁量労働制の適用はない（昭和63・1・1基発1号）[*166]。他方，上記各業務の列挙は限定列挙を意味するから，業務の遂行・時間配分に関する使用者の指示が実質的に困難な業務であるからといって，上記列挙業務に該当しない限り，裁量労働制の適用はない[*167]。

　(イ)　**時間配分の決定**　　時間配分の決定については，業務に関して労働時間や休憩をどのように具体的に配分するかは，労働者の裁量に委ねるべきであり，使用者はそれに介入することはできない（企画業務型裁量労働制に係る指針につき，471頁参照）。また，始業・終業時刻の規律についても，使用者は，出勤簿の記載やタイムレコーダーの打刻によって始業・終業を管理することはできる（むしろ望ましい）が，出退勤そのものを拘束することはできない[*168]。

　(ウ)　**業務遂行手段に関する決定**　　「業務遂行手段の決定」とは，労働義務の具体的提供内容・方法・態様の決定をいう。これが労働者の裁量に委ねられる結果，使用者は，日常的・具体的な指示や事前のマニュアル等で労働提供方

[*165]　注釈労働時間 575 頁，『すべて』111 頁［菅野］，注釈労基・労契(1) 575 頁［植村新］，塩見卓也「裁量労働制をめぐる諸問題」和田古稀『労働法の正義を求めて』（日本評論社・2023）409 頁。

[*166]　たとえば，数人でプロジェクトを組んで研究開発を行っている場合に，チーフの管理下で業務を遂行し，時間管理が行われるメンバーや，業務を補助する助手・プログラマー等が典型である（昭和63・3・14基発150号，平成6・1・4基発1号）。また，プロジェクト等のリーダーであっても，日常的・具体的指示や，事前のマニュアルによる指示が行われていれば，裁量労働の対象とならない。裁判例では，プログラミング業務について裁量性が乏しいことを理由に，前掲②「情報処理システムの分析・設計」業務への該当性を否定し，専門業務型裁量労働制の適用を否定した例（エーディーディー事件・大阪高判平成 24・7・27 労判 1062 号 63 頁）や，ウェブ・バナー広告等の制作業務につき，同じく裁量性を欠くことを理由に，前掲④広告等の新たなデザインの考案の業務への該当性を否定して裁量労働制の適用を否定した例（前掲・インサイド・アウト事件［*87］）がある。

[*167]　「税理士」につき，前掲・レガシィほか1社事件（*55）。

[*168]　注釈労働時間 577 頁，『すべて』111 頁［菅野］参照。一方，裁量労働制の下でも，出退勤の管理制（始業・終業時刻の管理）が全く不可能というわけではなく，その旨の規定を就業規則に設ければ可能であり，休憩や時間外労働の配分を労働者に委ねることで裁量性は満たされると解される。注釈労基・労契(1) 581 頁［植村新］参照。

法を指示することはできないし*169，時間を特定した個別的指示（たとえば午前10時から会議に出席せよとの指示）も許されない。

　もっとも，使用者は，裁量労働制の下でも，労働の基本的内容に関する基本的労務指揮権を有しており，業務の基本的目標・内容を指示したり，業務の途中で必要な変更を指示することは許される*170。たとえば研究職の場合，一定の目標・期限を明示して研究業務を命ずることは可能であり，ただその具体的遂行が労働者に委ねられることになる。裁量労働制は，このような基本的労務指揮権まで排斥する趣旨の制度ではない。また，裁量労働制は，出勤（労働日の決定）そのものまで労働者に委ねる制度ではないから，労働者が所定労働日に労働（出勤）義務を負うことは当然である（出勤の自由や在宅勤務の自由までは認められない）*171。

　(エ)　労使協定　　専門業務型裁量労働制を実施するためには，事業場の過半数組合・過半数代表者との間で労使協定を締結し，労働基準監督署長に届け出なければならない（労基38条の3第1項・2項）*172。協定の記載事項は，①対象業務，②対象業務に従事する労働者の労働時間として算定される時間，③業務の遂行手段・時間配分について具体的指示をしないこと，④労働者の健康・福祉を確保するための措置，⑤苦情処理手続である。②の労働時間とは，当該業務の遂行に必要な時間であり，法定労働時間（8時間）を超える時間を定めてもよいが（たとえば9時間），その場合は，三六協定の締結・届出と割増賃金の支払が必要となる。実際には，みなし時間を8時間超としつつ，割増賃金に相当するみなし労働手当を支給する企業が少なくない*173。また，2023年の労基

---

*169　たとえば，研究職に対して一定の研究開発業務を命じた場合，具体的業務内容は研究職に委ねられ，それらに関する具体的指揮命令（研究方法，報告書の提出等）や，就業規則中の細々とした服務規律（離席規制等）は排斥される。

*170　『すべて』111頁［菅野］，注釈労働時間576頁参照。

*171　テレワークの場合は，もとより出勤義務を全部または一部免除することは可能である（139頁参照）。同旨，注釈労基・労契(1) 579頁［植村新］。

*172　労使協定の締結単位は事業場であることから，たとえば，東京本社に勤務する過半数代表との間で締結した労使協定を直ちに大阪開発部の労働者に適用できるわけではなく，そのためには，大阪開発部の過半数代表と改めて労使協定を締結する必要がある（前掲・ドワンゴ事件［*60］）。また，フューチャーインフィニティ事件（大阪地判平成27・2・20ジャーナル39号27頁）は，労使協定当事者である過半数労働者適格性を否定し，労使協定を無効と解して専門業務型裁量労働制の適用を否定し（同旨，松山大学事件・松山地判令和5・12・20労経速2544号3頁），京彩色中嶋事件（京都地判平成29・4・27ジャーナル68号64頁）は，過半数代表者の選出手続上の瑕疵を認めて，専門業務型裁量労働制の適用を否定している。

*173　1日当たりのみなし時間に加え，1週当たりのみなし時間を協定すること（たとえば，1

則改正により，専門業務型裁量労働制の適用について労働者の同意を得ること，同意しなかった労働者に対する不利益取扱いの禁止（労基則24条の2の2第3項1号）および同意撤回手続（同項2号）等が労使協定事項として追加された。

裁量労働制は，実労働時間に応じた割増賃金規制の解除によって労働者の長時間労働をもたらしうるとともに，成果主義人事とリンクする制度であるから，労使協定事項の中では，特に，健康・福祉確保措置（④）と，苦情処理手続（⑤）が重要となる。健康・福祉確保措置については，使用者は労働者の労働時間・勤務状況を出退勤時刻の記録等によって把握しつつ，対象労働者の申告や上司のヒアリング等によって労働者の健康状態を把握し，必要な措置（代償休日・特別休暇の付与，健康診断，年休の取得促進等）を講ずるべきである（365頁も参照）。また，苦情処理手続に関しては，苦情申出の窓口，苦情の範囲，処理手順・方法等の具体的規定が求められる。

(2) 効　果

裁量労働制のみなし制の効果は，労働者が実際に労働した時間に関係なく，労使協定で定めた時間労働したものとみなすことである。したがって，労働者が実際の労働時間数を挙げて反証しても，みなし制の効果を覆すことはできない。たとえば，みなし時間が8時間の場合に，実労働時間が10時間労働であることを反証しても，10時間に応じた賃金請求権は認められない。その代わり，裁量労働制の対象業務については，制度趣旨に即して厳格に解する必要がある（467頁）[*174]。また，みなし労働時間が法定労働時間を超える場合に支払うべき割増賃金（労基37条）の算定基礎（通常の労働時間）は，当該事業場における所定労働時間ではなく，労使協定上のみなし労働時間と解すべきである。

(3) 労働契約上の問題

(ア) **権利義務の根拠**　　労使協定の締結・届出は，裁量労働のみなし制を労基法上適法とする効果（適法化効力）をもつにすぎず，制度に即した労働義務・賃金支払義務を発生させるためには，労働協約や就業規則によって裁量労働制を契約内容とする必要がある[*175]。特に，裁量労働制を就業規則によって

　　　日当たり8時間＋週当労働日が5日で週当たり40時間）の可否も問題となるが，肯定説が有力である（『すべて』112頁［菅野］，119頁以下の討論参照）。
　*174　『すべて』177頁以下の討論，注釈労基（下）668頁［水町勇一郎］参照。

導入する場合は，規定内容の合理性が要件となるが（労契7条・10条。223頁，736頁），その場合，労働者の過労防止の観点からは，前記（467頁）の健康・福祉確保措置（④）と苦情処理手続（⑤）が重要となるし，裁量労働制が実労働時間に対する割増賃金規制を排除する制度であることから，それを補いうるだけの経済的処遇を合理性の判断要素と解すべきである。

　加えて，前記のとおり，専門業務型裁量労働制の適用について労働者の同意を得ることや同意撤回手続が労使協定事項として規定されたことから，就業規則によって制度を導入する場合も，就業規則手続とは別に，労働者本人の同意を得ることが必要と解される。この場合の労働者の同意は，就業規則の変更に係る同意であるから，労働者の自由意思に基づく同意であることを要するが，労働条件の不利益変更（776頁）と異なり，定型的な不利益を内容とするものではないので，就業規則規定が上記観点から合理性を充足すれば，使用者の十分な説明・情報提供の上，労働者が制度内容を十分理解した上で同意した場合は，自由意思同意が認められるものと解される[*176]。採用当初から裁量労働制の適用を受ける労働者の場合は，労働契約締結時の合意（就業規則をひな型とする合意［233頁］）について求められる自由意思に基づく同意についても，上記要件を充足すれば肯定されるものと解される。一方，労働協約によって制度を導入する場合は，協約は規範的効力（労組16条）を有するため，それ自体が権利義務の根拠となり，労働者の同意は不要と考える。

　(イ)　**権利義務の内容**　　裁量労働制においては，労使協定上のみなし労働時間が労働契約上の労働時間（所定労働時間）となる。したがって，労働者の労働義務の内容は，みなし労働時間を労働すべき義務となり，それに対応する賃金請求権が発生する。より厳密にいえば，労働者が労働時間配分について裁量を有することから，労働者が自らの裁量によって決定した時間労働する義務と考えるべきであろう。実労働時間の多寡は問題とならず，労働義務・賃金支払義務と実労働時間（労働量）は対応しない。こうして，裁量労働制における労働義務の内容は，本人の裁量によって成果を上げるべく労働するという性格が強まり，成果主義人事・賃金制度に親和的となる。

　とはいえ，裁量労働制においても，裁量労働者の自主性・裁量性を過度に強

---

*175　菅野＝山川479頁。同旨裁判例として，日立コンサルティング事件・東京地判平成28・10・7労判1155号54頁。

*176　注釈労基・労契(1) 583頁以下［植村新］参照。

調し，労働契約法の適用を消極視することは適切でない。裁量労働制の下でも，使用者は研究開発の目標や期限を設定して業務を命ずる等の基本的・包括的労務指揮権を有しているし（467頁），労働義務が結果達成の義務ではなく，そのために必要な行為をする債務（手段債務）であるという性格（132頁）にも変化はない。したがって，裁量労働者が期待された成果を達成できなかったとしても，直ちに債務不履行として解雇理由となるわけではない。また，使用者が基本的・包括的な指揮命令を行っている以上，労働時間の管理責任と安全配慮義務を免れることはできない。要するに，裁量労働制が適用される契約は労働契約であり，それ以外の何ものでもない【5-7】。

4 企画業務型裁量労働制（労基38条の4）

(1) 意　義

企画業務型裁量労働制とは，企業の中枢部門で企画・立案・調査・分析の業務に従事するホワイトカラーに関する労働時間のみなし制であり，1998年の労基法改正によって導入された（労基38条の4）。ただし，専門業務型裁量労働制と異なり，業務それ自体に広い裁量性があるわけではないため，対象事業場・業務・労働者の3点から厳しい規制が課されている。

(2) 要件・効果

企画業務型裁量労働制の要件は，「業務」「労働者」という対象面の要件と，「労使委員会による決議」という手続的要件から成る。

(ｱ)　**対象業務**　企画業務型裁量労働制の対象業務は，①事業の運営に関する事項についての，②企画・立案・調査・分析を組み合わせて行う業務であって，③業務の性質上これを適切に遂行するには，その遂行の方法を大幅に労働者の裁量に委ねる必要があるため，④業務遂行の手段および時間配分の決定等に関して使用者が具体的指示をしないこととする業務である（労基38条の4第1項1号）。対象業務は，これら4要件をすべて満たさなければならない。

この結果，個々の社員が行う営業など企業の事業運営に影響を及ぼさない業務は排除され（①），企画・立案・調査・分析のいずれかを機械的・補助的に行う業務も排除される（②）。また，業務の裁量性は客観的に認められることを要し[177]，日常的・具体的な指示や事前のマニュアルで業務遂行の指示が行

---

[177]　荒木尚志「裁量労働制の展開とホワイトカラーの法規制」社会科学研究50巻3号

われる業務を含まない（③・④。この2点は，専門業務型裁量労働制と同じである。厚生労働省の指針［令和5年厚労告115号］参照）。対象業務としては，経営計画の策定業務，社内組織の編成業務，新たな人事制度の策定業務，財務・営業計画の策定業務等が挙げられる一方，会議の庶務，人事記録の保存，個別の営業活動などについて対象業務性は否定される。また，前掲指針により，裁量労働制は，始業・終業時刻その他の時間配分の決定を労働者に委ねる制度であることが明確化され，時間配分の決定等に関する労働者の裁量が失われた場合，労働時間のみなしの効果は生じないことが留意事項として規定された。

(ｲ)　**対象労働者**　企画業務型裁量労働制の対象となる労働者は，「対象業務を適切に遂行するための知識，経験等を有する」労働者である（労基38条の4第1項2号）。具体的には，3〜5年程度の職務経験を要し，新卒社員は対象労働者に該当しないとされている。また対象労働者は，原則として対象業務に「常態として」従事していることを要する[*178]。

(ｳ)　**手続的要件──労使委員会の決議**　企画業務型裁量労働制を実施するためには，労使委員会の5分の4以上の多数による決議が必要である。労使委員会は，使用者および当該事業場の労働者を代表する者によって構成される組織であり（労基38条の4第1項本文），委員の半数は，事業場の過半数労働組合または過半数代表者によって任期を定めて指名されることを要する（同条2項1号）。指名される者は，①管理監督者（労基41条2号）であってはならず（労基則24条の2の4第1項），②使用者の意向に基づくものであってはならない（②は，2023年の労規則改正）。このほか，2023年の労規則改正（24条の2の4）により，労使委員会の運営規程として，使用者が労使委員会に対して対象労働者に適用される評価制度・賃金制度の内容を説明すべきことや，労働者委員が労使委員会決議等の事務を円滑に遂行できるよう必要な配慮を行うこと等が追加された。決議は，労働基準監督署長への届出を要する[*179]。

　(1999)17頁以下，盛誠吾『わかりやすい改正労働基準法』（有斐閣・1999）82頁。

[*178]　盛誠吾「新裁量労働制の要件」労旬1488号（2000）21頁以下参照。したがって，臨時的・例外的に非裁量的業務に従事する場合を除けば，業務内容が企画・立案・調査・分析業務に限定されていることが要件となる。

[*179]　労使委員会制度は，企画業務型裁量労働制に関して，1998年労基法改正時に導入されたが，同時にこの改正では，労使委員会の決議に，労基法が求める労働時間関係の労使協定に代わる効力が付与された（38条の4第5項）。すなわち，1か月単位の変形労働時間制（32条の2），フレックスタイム制（32条の3），1年以内の単位の変形労働時間制（32条の4），1週間単位の変形労働時間制（32条の5），一斉休憩の適用除外（34条2項），時間外・休日労働

労使委員会の決議事項は，①対象業務，②対象労働者のほか，③みなし労働時間数，④労働者の健康・福祉確保措置，⑤苦情処理手続，⑥裁量労働制の適用に際して対象労働者の同意を得るべきこと，および同意しなかったことを理由に解雇その他の不利益取扱いをしてはならないこと，の各点とされるが（労基38条の4第1項1号～6号），2023年の法改正（労基38条の4第1項7号）および労基則改正（24条の2の3）により，対象労働者の同意の撤回に関する手続および対象労働者に適用される評価制度および賃金制度を変更する場合における労使委員会に対する使用者の説明義務等が追加された[*180]。特に，みなし時間数については，労使委員会は，対象業務の内容を十分検討しつつ，賃金・評価制度に関する十分な説明と理解の上，「適切な水準のものとなるよう決議すること」に留意すべきである（前掲指針）。

　(エ)　**手続的要件——対象労働者の同意**　　前記のとおり，労使委員会の決議事項の中には，対象労働者の同意を得るべきことが含まれる（上記⑥）。この同意は，個々の労働者ごとに，かつ，決議の有効期間（裁量労働制の実施期間）ごとに得なければならない（指針）。したがって，採用時または就業規則規定に対する包括的同意では足りない。

　また，裁量労働制は，労働時間の原則を修正し，成果主義人事とリンクする制度であるから，労働者がその点を十分理解した上で同意する必要がある。そこで，①労使委員会は，裁量労働制の概要，同意した場合の評価・賃金制度，同意しなかった場合の配置・処遇等の情報を使用者が明示・説明した上で同意を得ることを決議で定めるものとされるとともに，②対象労働者に適用される評価制度や賃金制度の内容，同意しなかった場合の配置・処遇について十分な説明がなされなかったために当該同意が労働者の自由な意思に基づいてされたものと認められない場合は，労働時間のみなしの効果は生じないことがありう

　（36条），事業場外のみなし労働時間制（38条の2），専門業務型裁量労働制（38条の3），計画年休（39条4項）などの要件とされる労使協定については，労使委員会の決議で代えることができる（これら決議は，労使協定と同様，労働者に周知させなければならない［106条］）。労働条件の決定・変更に関する実質的な労使協議制として注目される（労働契約法制との関係につき59頁参照）。

[*180]　具体的な健康・福祉確保措置としては，勤務間インターバルの確保，深夜労働の回数制限，労働時間の上限措置，年休の連続付与，一定の労働時間を超える対象労働者への医師の面接指導，代償休日または特別休暇の付与，健康診断の実施，健康問題に係る相談窓口設置，配置転換，産業医等による助言・指導等が挙げられ，苦情処理手続については，苦情申出の窓口・担当者，取り扱う苦情の範囲，処理の手順・方法等に関する決議等が求められる。

ることが留意事項として規定されている（指針。②は前掲指針により追加）。

　裁量労働制の適用に同意しなかった労働者に対する不利益取扱いの禁止も，労使委員会の決議事項である（前記⑥）*181。

　(オ)　**効　果**　　以上の要件を充足した場合，労働者は，実労働時間の多寡にかかわらず，労使委員会が決議したみなし労働時間（労基38条の4第1項3号）だけ労働したものとみなされる。みなしの効果，時間外労働の範囲，休憩・深夜業規制などは，専門業務型裁量労働制と同じである。

(3)　労働契約上の問題

　(ア)　**権利義務の根拠**　　労使委員会の決議は，労使協定と同様，企画業務型裁量労働制を労基法上適法とする効果（適法化効力）をもつにとどまる。したがって，裁量労働制に従った労働義務・賃金支払義務を発生させるためには，労働協約・就業規則における制度化が必要となる。その際，専門業務型裁量労働制と同様，割増賃金を補うに足りる処遇を保障し，健康・福祉確保措置や苦情処理手続を整備することが就業規則の合理性の要素となると解される（労契7条・10条）。加えて，労働者本人の個別的同意を要件と解すべきである。

　労働者の同意の態様や，その前提となる説明・情報提供の必要性については，決議事項としての同意要件と同じであるが，専門業務型裁量労働制と同様，労働者の自由意思に基づく同意であることを求められる一方，就業規則等において合理的規定が整備され，使用者の十分な説明・情報提供が行われれば，自由意思同意が認められるものと解される（対象労働者の同意要件に関する前掲指針②参照）。他方，労働協約によって制度を導入する場合は，協約がその規範的効力（労組16条）によって権利義務を発生させるものと解される（237頁参照）【5-8】【5-9】【5-10】。

　(イ)　**権利義務の内容**　　企画業務型裁量労働制の下で労働者が負う労働義務の内容は，基本的には専門業務型裁量労働制と同じである*182。

---

　*181　ただし，ある部署全体に裁量労働制を導入する場合は，不同意者をその部署で就労させる合理的理由がなくなるため，報復や差別的意図に基づくものでない限り，他の部署への配転が認められると解すべきである。

　*182　使用者が業務の目標等に関する基本的・包括的労務指揮権を有することについては，指針は，対象業務の決議に際して，「使用者が労働者に対し業務の開始時に当該業務の目的，目標，期限等の基本的事項を指示することや，中途において……基本的事項について所要の変更の指示をすることは可能であること」を留意事項としているが，労働契約内容としても同様に

【5-7】 **労働法コンプライアンスと法的リスク管理**——裁量労働制と安全配慮義務
　裁量労働制や，それに類する裁量的業務の従事者が過重労働によって死亡したり，うつ病に起因して自殺した場合，使用者は，労働者が時間配分や業務遂行について裁量を有していた以上，疾病・死亡は自己責任であり，安全配慮義務違反の責任はないと主張することがある。
　しかし，この主張はまず通らない。前記のとおり，裁量労働制は，裁量労働者の健康管理を完全な自己責任とする趣旨ではなく，使用者は，基本的・包括的労務指揮権に伴う労働時間の管理責任と安全配慮義務を免れないからである。判例も，この種のケースにつき，上司が死亡社員に対して業務遂行に関する期限の遵守を指示していたことを理由に，「一般的，包括的な業務上の指揮又は命令の下に当該業務の遂行に当たっていた」と述べ，会社に安全配慮義務違反を帰責する一理由としている[183]。使用者が安全配慮義務違反の評価を免れるためには，労使協定事項である健康・福祉確保措置に従い，労働時間・業務遂行・健康状況を把握するとともに，必要な場合は労働時間の調整や業務の軽減を行う必要がある（697 頁も参照）。裁量労働制における労働法コンプライアンスと法的リスク管理の要諦はここにある。

【5-8】 **労使委員会決議に違反する措置の効力**　　企画業務型裁量労働制において，使用者が所定の決議事項（472 頁）を遵守しなかった場合，労働時間のみなし処理は適法性を失い，原則的労働時間規制が適用されることになるか。換言すれば，決議の遵守は企画業務型裁量労働制の労基法上の適法化要件か。この点については，①の対象業務と②の対象労働者は，裁量労働制の適法化要件であり，それに反する取扱い（労働者を決議した対象業務以外の業務に従事させたり，対象労働者でない者に裁量労働制を適用するなど）は，裁量労働制の要件を満たさず違法となるが，④の健康・福祉確保措置および⑤の苦情処理手続は，制度実施後の付随的措置にとどまり，その不実施は裁量労働制の適法性に影響しないというのが有力説である[184]。
　しかし，裁量労働制の運用面を見ると，a）成果主義賃金・人事とリンクする制度であるにもかかわらず，人事考課が公正に行われないこと，b）裁量労働制の建前にもかかわらず，過重なノルマや制度の本旨にそぐわない時間管理が行われ，裁量性が形骸化すること（社内滞留の拘束），c）その結果，長時間労働やサービス残業の弊害が生ずることといった問題点が発生しうる。こうした問題点に対処するための規律が，労使委員会の決議事項である④健康・福祉確保措置や⑤苦

解される。

[183]　電通事件・最判平成 12・3・24 民集 54 巻 3 号 1155 頁。ほぼ同旨，システムコンサルタント事件・東京高判平成 11・7・28 労判 770 号 58 頁。注釈労基（下）678 頁［水町］参照。

[184]　荒木・前掲論文（*177）23 頁以下参照。①および②は，労基法 38 条の 4 第 1 項本文が要求する要件であることを理由とする。

情処理手続であり，法は，その適正な運用を促すための規制を講ずるべきである。この観点からは，これら手続・措置を裁量労働制の適法化要件から除外する上記学説は疑問であり，むしろ，これら措置こそ適法化要件に位置づけるべきである。また，③のみなし労働時間数については，みなし労働時間数の適正さが裁量労働制の根幹に位置することを考えると，その設定は裁量労働制の適法化要件であり，実労働時間がみなし時間数と乖離している場合は適法性を失うと解すべきであろう。みなし時間数自体が適切な水準といえない場合も同じである[185]。

労働者の同意要件については，①労使委員会が決議しなければならないという手続的要件にとどまり，実際に労働者の同意を得なくても裁量労働制の適法性には影響しないと説く見解と，②裁量労働制に関する立法趣旨を重視して，同意要件は単なる手続的要件ではなく，裁量労働制を適法に実施するための実体的要件を意味すると説く②説が対立している[186]。私見は②説を支持するが，①説に立つとしても，裁量労働制を労働契約内容とするための要件として労働者の同意を要求すれば，結論に差は生じないであろう。

【5-9】 労働法コンプライアンスと法的リスク管理——裁量労働制の適用除外（解除）

(ア) ある労働者についていったん裁量労働制を適用した後，再度適用を除外（解除）するためには，いかなる根拠・要件が求められるか。この点については，裁量労働制が労働者に対して自律的な働き方と実力に応じた処遇を提供する制度として機能する（464頁）以上，労働条件の不利益変更の側面を有することから，使用者は適用除外を恣意的に行うことはできず，就業規則や労働協約で根拠となる適用除外権限を制度化する必要があり，そうした規定がない場合は本人同意が要件となると考えるべきである（土田156頁）。裁判例にも同旨を説く例があり，専門業務型裁量労働制（労基38条の3）の適用を受けつつ業務委託先で就労していた労働者について，能力不足・職務懈怠・業務負荷軽減を理由に裁量労働制から適用除外したケースにつき，上記私見と同旨に立って適用除外の効力を否定している（前掲・日立コンサルティング事件［*175］）。判決は，裁量労働制は労働時間の拘束を受けずに自律的な業務遂行を可能とする点で労働者に利益となり，裁量手当等の賃金優遇措置を受ける利益もあるから，裁量労働制から恣意的に除外されて上記利益を奪われるべきではないと述べた上，個別労働契約で裁量労働制の適用を定めた場合に適用除外するためには，労働者の個別的同意を得るか，または労使協定および就業規則で裁量労働制からの適用除外要件・手続を定めて適用除外権限を制度化する必要があり，また，その権限行使は濫用にわたるものであってはならないと判断し，そうした根拠規定が存在しないことを理由に適用除外

---

[185] 同旨，塩見・前掲論文（*165）412頁。
[186] ①説として，荒木・前掲論文（*177）25頁，②説として，盛・前掲論文（*178）15頁，注釈労基(下) 679頁［水町］，水町775頁。

の効力を否定している。裁量労働制の適用除外要件として、①労働者の個別的同意または就業規則における適用除外要件の制度化を求めた上、②適用除外権限に対する権利濫用規制（労契3条5項）を認めるという2要件（2段階審査）を提示したものであり、妥当な判断と解される。

このうち①の根拠・要件規定については、就業規則に設ける場合、規定内容の合理性が要件となるが（労契7条・10条）、その場合、適用除外要件を明確化し（「人事考課が2期連続で最低評価であること」等）、本人の意向聴取等の手続を規定して恣意的な運用を規制する必要がある[*187]。②の除外権限濫用審査については、①を充足する以上、自律的な業務遂行や時間配分の利益喪失は問題とならず、もっぱら賃金面の不利益が問題となるが、この点は、裁量労働制の適用除外に伴う通常労働時間制への復帰によって実労働時間に応じた時間外労働手当が支給されることから、権利濫用は否定されるのが原則となろう[*188]。以上の解釈は、裁量労働制が個別労働契約によって適用されたか、あるいは就業規則等の集団的規範によって適用されたかを問わないと解される。

なお、対象労働者本人の同意を根拠に裁量労働制の適用除外を行う場合は、適用除外が労働条件不利益変更の側面を有する以上、労働者の自由意思に基づく同意を要するが、適用除外要件や本人の意向聴取手続等の合理的規定が設けられ、使用者の十分な説明・情報提供が行われれば、自由意思同意が認められるものと解される。

(イ) これに対し、裁判例の中には、ⓐ産前産後休業・育児休業を取得後、短時間勤務を希望した労働者の職務を軽度の職務に変更しつつ、企画業務型裁量労働制の適用から除外したケースにつき、会社の育児休業規定上、裁量労働制を含む時間管理区分の見直しがありうる旨規定されていることや、会社が労働者の短時間勤務申出に基づいて裁量労働制排除措置を行ったこと等を理由に権利濫用を否定した例[*189]や、ⓑ裁量労働制の適用がない職種への配転命令によって裁量労働制の適用から除外されたケースにつき、配転の有効性の問題として把握した上、労働者が裁量労働制の適用がない職種の担当は労働契約上予定されていたことや、

[*187] 適用除外条項を労働協約に設ける場合も、裁量労働制は労働者個人の自律的な働き方に着目した制度であるから、出向等の個人的労働条件（本書245頁）に準じて、協約の規範的効力（労組16条）に限界を認め、規定内容の合理性を要件とすべきである。また、労使協定については、それ自体は裁量労働制を労基法上適法とする効果をもつにとどまる（468頁）ため、労働契約・就業規則・労働協約において労使協定を引用して契約上の効果を付与した場合にのみ適用除外権限の根拠となると解される（同旨、前掲・日立コンサルティング事件［*175]。後掲・テクノマセマティカル事件［*188]も参照）。

[*188] テクノマセマティカル事件・東京地判平成29・2・24労判1191号84頁参照。

[*189] コナミデジタルエンタテインメント事件・東京地判平成23・3・17労判1027号27頁（同［控訴］事件・東京高判平成23・12・27労判1042号15頁も同旨）。

裁量労働制の適用除外に伴う超過勤務手当の支給によりかえって給与が増加し得ることから有効と判断した例[*190]があるが、いずれも失当と解される。

ⓐについては、前掲裁判例（日立コンサルティング事件[*175]）が説くとおり、裁量労働制の適用除外要件としては、就業規則における適用除外要件・手続の制度化が必須となるのであり、判旨が掲げる抽象的な見直し規定や短時間勤務に係る労働者の申出は根拠たりえないと解される。ⓑについても、労働者が裁量労働制を適用されない職種の担当を労働契約上予定されていたことは、当該配転命令を正当化するにとどまり、裁量労働制適用の利益（自律的な業務遂行や時間配分の利益、裁量手当による優遇）の喪失を正当化する理由にはならないと考えるべきである。この点、前掲裁判例（日立コンサルティング事件[*175]）は、会社が裁量労働制適用除外の根拠として配転条項（543頁）を主張したことにつき、配転条項は一般的な人事権規定に過ぎず、労働時間・賃金を不利益に変更する権限（裁量労働制適用除外権限）を含むものではないとして斥けており、妥当と解される[*191]。

(ウ)　一方、裁量労働制を個別労働契約によって適用した場合は、その適用除外の根拠としては就業規則等の集団的規範では足りず、労働者の個別的同意を要すると解する余地がある。2023年の労基則改正により、企画業務型裁量労働制・専門業務型裁量労働制双方について、その適用要件としても、労働義務・賃金支払義務の発生要件としても労働者本人の同意を要すること（468頁・472頁）から、裁量労働制の適用除外についても、個別的労働条件の変更（労契8条）として本人同意を要件とする見解が可能であり、私見も、企画業務型裁量労働制についてそのように解してきた（本書〔2版〕366頁）。

しかし、裁量労働制を適用することが不適切と認められる事情があり、かつ、本人同意を得られない場合について使用者の適用除外権限を全く認めない解釈は硬直的に過ぎ、結果の妥当性を欠くこと、就業規則・労働協約における適用除外権限の制度化によって制度を合理化し、労働者の利益を確保できること、仮に本人同意のみを要件と解する場合、同意しなかった場合は変更解約告知や解雇法理（783頁）によって処理することになるところ、そうした法的処理は裁量労働制（の適用除外）の本旨に整合的でないことを考えると、適用除外の根拠としては、就業規則等における合理的根拠規定の存在で足り、労働者の個別的同意は不要と

[*190]　オリンパス事件・東京高判平成28・4・14ジャーナル55号35頁。このほか、裁量労働制適用労働者が制度適用の前提となっていた研究業務に着手しなかったことを理由に適用除外を有効と判断した例もあるが（豊田中央研究所事件・名古屋地判令和2・11・24ジャーナル108号14頁）、適用除外の根拠・要件については別途検討すべきであろう。

[*191]　また、ⓒ専門業務型裁量労働制につき、直前の人事考課がＤ評価の従業員を適用除外とする旨が労使協定上定められているケースについて、当該労使協定を含む新人事制度に従業員が同意していることを理由に適用除外を肯定した例（前掲・テクノマセマティカル事件[*188]）もあるが、労働者の同意を根拠に適用除外を肯定した判断は適切であるものの、同意の認定が些か甘く、自由意思に基づく同意の法理の観点からは疑問がある。

考える（本版にて改説する）*192。なお，労働者の同意を根拠に適用除外を肯定する場合は，上記のとおり，自由意思に基づく同意を要件と解すべきである。

【5-10】 テレワークにおける労働時間管理*193　　(1)　序　　テレワーク（リモートワーク）とは，情報通信技術（ICT）を利用しつつ，時間や場所を有効に活用して働くことをいう。①在宅勤務（所属勤務先を離れて自宅を就業場所とする勤務形態），②モバイル勤務（移動中や出先で働く形態），③サテライトオフィス勤務（本拠地以外のオフィスで働く形態）に大別されるが，以下では①を取り上げる。

　　テレワークは，働き手・企業双方にとって多くのメリットがあると指摘されながら，日本企業にはなかなか定着してこなかったが，新型コロナウイルスの感染拡大を背景に導入が進んでいる*194。これに伴い，厚生労働省は2021年3月，従来発出していた情報通信技術ガイドラインを改訂し，「テレワークの適切な導入及び実施の推進のためのガイドライン」（「テレワークガイドライン」）を発出した。テレワークガイドラインは，テレワークの導入・実施に関する情報発信のみならず，テレワークの積極的推進を目的としている。

　　(2)　労働時間管理の原則　　テレワーク勤務においても，使用者は，「労働時間の適正な把握のために使用者が講ずべき措置に関するガイドライン」（444頁）に基づき，適切に労働時間管理・把握を行わなければならない。前記のとおり，同ガイドラインによれば，労働時間の把握方法は，原則として使用者の現認またはタイムカード・ICカード，パソコンの使用時間の記録等の客観的記録によるものとされる。一方，テレワークの場合，上司による現認が困難を伴うことから，始業・終業時刻や在籍・離席について，労働者がテレワークに使用する情報通信機器の使用時間の記録等によって把握する必要がある（テレワークガイドライン7(2)ア参照）。

---

*192　なお，裁量労働制を個別労働契約によって適用し，裁量労働制が個別契約内容となっている場合は，労契法7条但書の特約優先規定（229頁）が適用され，就業規則の契約内容補充効が働かない結果，裁量労働制の適用除外の根拠は労働者の個別的同意に限定されると解する余地もある。難問であるが，労契法7条但書（特約優先規定）が規定する「労働契約において……就業規則の内容と異なる労働条件を合意していた」場合とは，就業規則と個別労働契約が矛盾する内容を定めている場合（たとえば，就業規則に包括的配転条項がある一方，個別労働契約において職種・勤務地限定合意が交わされた場合［545頁］）を意味し，個別労働契約において就業規則と異なる労働時間制度が合意された場合（就業規則上の定型的労働時間制に対し，個別労働契約において裁量労働制が合意された場合）をカバーしないものと考えれば，特約優先規定によって個別合意が必須となるとまではいえないものと考える。

*193　本項については，土田道夫「新型コロナ危機と労働法・雇用社会(1)」曹時73巻5号（2021）884頁以下，同「ウィズコロナ時代における人事管理の法的課題」産政研フォーラム131号（2021）7頁以下参照。

*194　総務省「令和5年通信利用動向調査」（2024年6月）によれば，在宅勤務を中心にテレワークを導入する企業割合は49.9％に達し，今後導入予定がある企業を含めれば，52.9％に達している。

もっとも，このような労働時間把握方法に対しては，労使にとって負担感のない簡便な方法で労働時間を把握できるようにすべきとの提言があったこと（厚生労働省「これからのテレワークでの働き方に関する検討会報告書」[2020年]）から，テレワークガイドラインは，自己申告制による労働時間の把握を認めている（7(2)イ）。ただし，①労働者に対して，労働時間の実態を記録し，適正に自己申告を行うこと等について十分な説明を行うこと，②パソコンの使用状況等の客観的事実と自己申告労働時間の間に著しい乖離があることを把握した場合（申告時間外で長時間パソコンを起動していた場合等）は所要の労働時間を補正すること，③自己申告可能な時間外労働の時間数に上限を設ける等，適正な自己申告を阻害する措置を講じないこと等の3条件が付されている[*195]。自己申告の方法としては，始業・終業時刻をメール・チャット等で報告させる方法が挙げられている。

　(3)　**テレワークに適合的な柔軟な労働時間管理**　　(ア)　フレックスタイム制（労基32条の3）　前記のとおり（460頁），フレックスタイム制においては，始業・終業時刻の決定を完全に労働者に委ねる形態（コアレスフレックスタイム制）も適法とされているが，コアレスフレックスタイム制は，テレワークを実施する上で利用しやすい制度と解される。コアタイムがないため，いわゆる中抜け時間（従業員が私用等のため業務から離れる時間）についても，労働者自身の判断で当日の終業時刻を繰り下げて業務に従事したり，清算期間の範囲内で他の労働日に従事することができる。このように，煩雑な労働時間管理を要しないことから，フレックスタイム制は有用性が高い。

　(イ)　裁量労働制（労基38条の3・38条の4）　裁量労働制のみなし制は，フレックスタイム制以上にテレワークに整合的な労働時間制度と考えられる。すなわち，裁量労働制は，労働遂行に関する労働者の裁量を認める制度であることに加え，実際の労働時間数にかかわらず，労使協定・労使委員会決議所定の労働時間を労働時間とみなす制度であるため，実労働時間から分離された取扱いが可能となる（464頁参照）。こうして，裁量労働制は，煩雑な労働時間管理を不要としつつ，柔軟な働き方を可能とする労働時間制度と評価できる。

　もっとも，裁量労働制は，フレックスタイム制と異なり，対象業務・対象労働者が限定されるとともに，導入手続が煩雑であり（特に企画業務型裁量労働制［労使委員会における5分の4以上の多数による決議］），利用実績は芳しくない状況にある。この点，2018年の働き方改革推進法に係る政府提案では，企画業務型裁量労働制の対象業務として，「課題解決型提案営業」「裁量的にPDCA（企画・実行・調査・分析）を回す業務」を追加することが盛り込まれていたが，審議未了のまま

[*195]　③のように，従業員の適正な自己申告が阻害され，過少申告が常態化している状況の下で，上司が部下の申告時間を超える時間外労働を認識しながら労働させた場合は，黙示の時間外労働命令が認定され，割増賃金支払義務（労基37条）が発生する（430頁参照）。

廃案となった。裁量労働制の有用性を踏まえれば，対象業務の拡大について検討を再開すべきであろう。働き方改革推進法の一環として新設された高度プロフェッショナル制度（労基41条の2）についても同じことがいえる（487頁参照）。

(ウ) **事業場外労働のみなし制（労基38条の2）** 事業場外労働のみなし制（455頁）は，テレワークにおける柔軟な労働時間制度として言及されることが多いが，実は利用しにくい制度と考えられる。もとより，テレワークについて，事業場外労働のみなし制を適用することは可能である。しかし，この制度については，「労働時間を算定し難い」ことが要件とされているところ，今日では，ICTの活用によって労働時間をリアルタイムで把握することが可能であるため，「労働時間を算定し難いとき」要件を充足するケースは少数と考えられる。

この点，テレワークガイドライン（6(2)ウ）は，テレワークに事業場外労働のみなし制を適用するための要件として，①情報通信機器が，使用者の指示により常時通信可能な状態とされていないことと，②随時使用者の具体的な指示に基づいて業務を行っていないことの2点を掲げた上，①について，ⓐ勤務時間中に，労働者が自分の意思で通信回線を切断できる場合，ⓑ通信回線自体の切断はできないが，労働者が情報通信機器から自分の意思で離れることができ，応答のタイミングを自ら判断できる場合，ⓒ会社支給の携帯電話等を所持していても，その応答を行うか否かや折り返しのタイミングについて労働者が判断できる場合は，いずれもこの要件を満たすとしている。しかし実際には，①のⓐⓑⓒを満たすケースは少数と解されるため，上記要件①②を充足し，「労働時間を算定し難いとき」要件を充足するケースは例外的と考えられる[*196]。これらの点を踏まえると，事業場外労働のみなし制は，テレワークのような新たな働き方に適合する制度とは評価し難い。テレワークについては，，裁量労働制・高度プロフェッショナル制度といった自律的な働き方に対応する労働時間制度を活用することで柔軟な労働時間管理を促進すべきものと考える。

(4) 長時間労働対策——つながらない権利 テレワークは，対面業務でないことから使用者の時間管理が弱くなると同時に，仕事とプライベートの境界が曖昧になることから，長時間労働を招くおそれがある。そこで，テレワークガイドラインは，企業に対し，長時間労働による健康障害防止を図ることを求めており，具体的には，①時間外・休日・深夜におけるメール送付の抑制，②システムへのアクセス制限，③時間外・休日・深夜労働に係る手続，④長時間労働を行う労働者への注意喚起を掲げている（7(4)オ）。また，働き方改革推進法の一環として新

[*196] 足立昌聰編著『Q&Aでわかるテレワークの労務・法務・情報セキュリティ』（技術評論社・2020）31頁は，通常のテレワークにおいて，「勝手にパソコンをオフラインにしてメールやチャットに応答しないこともOK。電話にも出なくてよい」ということまで許容する企業はなかなかないのではないかと評価している。同感である。

設された勤務間インターバル制度（427頁）の活用も有意義と考えられる。

　こうした長時間労働対策は，一面では「つながらない権利」の確保を意味する。「つながらない権利」とは，労働時間外や休日において仕事上のメールや電話への対応を拒否する権利をいう[197]。その背景には，ICTの急速な発達・普及（労働のデジタル化）があり，そこでは，労働時間・就労場所にかかわりなく業務上の指示や連絡が行われ，労働者が労働義務から解放されない状況が発生し得るため，ICTの過剰な機能から労働者の私生活を確保することを目的として提唱された概念が「つながらない権利」である。テレワークをはじめ，今後の労働契約法における重要な課題といえよう。裁判例では，短時間勤務に従事している部下に対して，上司が遅い時間帯に電話等により業務報告を頻繁に求めたことについてパワー・ハラスメントと認定し，上司に対する戒告処分を有効と判断した例があり[198]，参考となる。

第6節　適用除外・特例

　労働者が従事する業務の性質によっては，労基法の労働時間規制を及ぼすことが適当でない場合がある。労基法41条は，このような労働者として，農業・水産業に従事する者（1号），管理監督者・機密事務取扱者（2号），監視・断続的労働従事者（3号）を掲げ，労働時間，休憩および休日に関する規制の適用除外を定めている。これに対し，深夜業（37条3項・61条）および年次有給休暇（39条）の適用は除外されない[199]。また，2018年労基法改正により，高度プロフェッショナル制度が導入された（労基41条の2［年次有給休暇のみ適用が除外されない］）【5-11】。

1　適用除外

(1)　管理監督者，機密事務取扱者

㋐　管理監督者　a）概説　特に問題となるのは，管理監督者（「事業の種類にかかわらず監督若しくは管理の地位にある者」［労基41条2号］）である。企

---

*197　「つながらない権利」については，細川良「ICTが『労働時間』に突き付ける課題――『つながらない権利』は解決の処方箋となるか？」日労研709号（2019）41頁参照。
*198　アクサ生命保険事件・東京地判令2・6・10労判1230号71頁。
*199　ことぶき［上告］事件・最判平成21・12・18労判1000号5頁。同旨，前掲・F.TEN事件（*117），ビットウェア事件・東京地判令4・12・23ジャーナル135号52頁。

業においては、一定の役職（ポスト）についた労働者を「管理監督者」として処遇することが多いため、特に時間外労働に対する割増賃金の支払義務（同37条）をめぐって紛争が生じている。

適用除外の趣旨は、管理監督者は職務の性質上、一般労働者と同様の労働時間規制になじまず、勤務や出退社について自由裁量をもつため、厳格な労働時間規制がなくても保護に欠けることはないという点にある[*200]。したがって、そのようなケースに該当するか否かを実態に即して判断する必要があり、管理職と名が付けば直ちに適用除外が認められるわけではない。

具体的には、①職務内容、指揮監督・人事権限、責任に照らして、企業経営に関する決定に参画し、労務管理に関する重要事項に関与していること（職務権限・責任基準）、②勤務態様・出退社に関して自由裁量があること（自由裁量基準）、③役職手当など、その地位にふさわしい処遇を受けていること（処遇基準）が判断基準となる（昭和63・3・14基発150号）[*201]。一方、そうした人事処遇の実質があれば、「課長」クラスの役職者や、人事管理上の権限をもたないスタッフ職も管理監督者に当たる（前掲・昭和63基発150号）[*202]。

管理監督者に関する適用除外の趣旨を踏まえると、上記判断基準の中では、勤務態様・出退社に関する自由裁量基準（②）が特に重要である。もっとも、労働時間に関する自由裁量をもつ点では、裁量労働者（464頁）も異なる点はないから、これに加えて、職務内容から見てある部門の統括的な地位にあり、

[*200] 注釈労基(下) 760頁［和田］参照。

[*201] レストラン「ビュッフェ」事件・大阪地判昭和61・7・30労判481号51頁、弥栄自動車事件・京都地判平成4・2・4労判606号24頁、前掲・神代学園事件（＊44）、日本マクドナルド事件・東京地判平成20・1・28労判953号10頁、前掲・H会計事務所事件（＊80）、前掲・ドリームエクスチェンジ事件（＊19）、竹屋ほか事件・津地判平成29・1・30労判1160号72頁、前掲・プレナス［元店長B］事件（＊76）、テーエス運輸事件・大阪地判平成29・7・20ジャーナル67号10頁、日産自動車事件・横浜地判平成31・3・26労経速2381号3頁、コナミスポーツクラブ事件・東京高判平成30・11・22労判1202号70頁、前掲・白井グループ事件（＊128）、前掲・三井住友トラスト・アセットマネジメント事件（＊19）、前掲・福屋不動産販売事件（＊128）、カーチスホールディングス事件・東京地判令和3・3・17ジャーナル113号54頁、ハル登記測量事務所事件・東京地判令和4・3・23労経速2490号19頁、前掲・F.TEN事件（＊117）、日本レストランシステム事件・東京地判令和5・3・3労経速2535号3頁等。

[*202] ただし、裁判例は、スタッフ管理職についても、通常の管理監督者に関する判断基準を用いて管理監督者性を判断している（否定例として、前掲・HSBCサービシーズ・ジャパン・リミテッド事件［＊55］、前掲・三井住友トラスト・アセットマネジメント事件［＊19］）。

労務管理の決定について一定の職務権限と責任を有している（①の職務権限・責任基準）とともに，それにふさわしい処遇を受けていること（③の処遇基準）が求められる[*203]。これら①～③は，そのいずれをも満たす必要があるという意味で，管理監督者の「判断基準」というよりは「要件」に近い。要するに，「管理監督者」とは，労働時間「規制の枠を超えて活動することを要請されてもやむを得ないものといえるような重要な職務と権限を付与され」た者をいい[*204]，雇用管理・処遇・責任の面で，明確に一般従業員層と区別された管理職層を意味する[*205]。

裁判例も，こうした立場から「管理監督者」の範囲を限定的に解している。たとえば，銀行の支店長代理たる地位にあり，役席手当を支給されている（③）ものの，部下の人事管理や銀行の機密事項に関与できず（①），逆に自己の労働時間が管理されている例[*206]，課長，主任，レストラン店長，営業開発部長，Vice Presidentなど名称を問わず，タイムカード等による勤怠管理を受け（②），労務管理等の権限に乏しく，経営方針に参加する実態がない（①）例[*207]，これらの事情に加え，給与が労働時間規制を適用除外されるのに見合った処遇とはいえない（③）例[*208]で「管理監督者」性が否定されている。

[*203] 同旨，片岡＝萬井編・前掲書（＊134）401頁［西谷敏］。同旨裁判例として，前掲・ロア・アドバタイジング事件（＊19）。

[*204] 前掲・神代学園事件（＊44）。同旨，前掲・日本マクドナルド事件（＊201），ことぶき事件・東京高判平成20・11・11労判1000号10頁，アイエスビーサービス事件・東京地判令和5・4・12ジャーナル145号38頁。

[*205] 労働者（医師）が管理監督者に該当しない場合，管理監督者としての位置づけを前提に支給された管理職手当の受給は不当利得（民703条）に当たるため，労働者は返還義務を負う（母子愛育会事件・東京高判令和元・12・24労判1235号40頁）。

[*206] 静岡銀行事件・静岡地判昭和53・3・28労判297号39頁。

[*207] 前掲・レストラン「ビュッフェ」事件（＊201［レストラン店長］），風月荘事件・大阪地判平成13・3・26労判810号41頁（カラオケ店長），前掲・ほるぷ事件（＊60［販売主任］），前掲・キャスコ事件（＊87［主任］），前掲・神代学園事件（＊44），前掲・セントラル・パーク事件（＊128［ホテル料理長］），東和システム事件・東京地判平成21・3・9労判981号21頁（課長代理），同［控訴］事件・東京高判平成21・12・25労判998号5頁，前掲・HSBCサービシーズ・ジャパン・リミテッド事件（＊55［プロジェクトマネジメント担当のVice President］），前掲・ロア・アドバタイジング事件（＊19a［企画営業部長］），フロントサイドコミュニティー事件・東京地判平成26・3・5ジャーナル29号49頁（中小企業の課長職），前掲・KSP・WEST事件（＊19［警備員の管理指導役］），前掲・アクティリンク事件（＊101［課長・班長］）等。

[*208] 前掲・弥栄自動車事件（＊201［係長・係長補佐］），育英舎事件・札幌地判平成14・4・18労判839号58頁（営業課長），前掲・セントラル・パーク事件（＊128），前掲・DIPS［旧アクティリンク］事件（＊49），前掲・ドリームエクスチェンジ事件（＊19［課長］），前掲・

代表的裁判例として、ファストフード店の店長につき、店舗限りの権限はあるものの、会社の経営方針の決定に関与していないこと（①）、形式的には労働時間の決定について裁量があるものの、実際には裁量の余地がなく、長時間労働に従事していること（②）、処遇は直近部下の給与と大差なく、人事考課によっては部下を下回るケースもあること（③）から、管理監督者性を否定した例*209 や、会社の課長職（マネージャー）につき、出退勤について裁量があり、遅刻・早退による賃金控除もなく、労働時間管理面で裁量があったこと（②）、給与は年収1234万円余に達し、管理監督者にふさわしい待遇がなされていること（③）を認めつつも、①職務権限・責任基準につき、重要会議において新車両等の投資額等を企画・立案する立場にあったものの、経営意思の形成に対する影響力は間接的なものにとどまり、実質的に経営者と一体的な立場にあるといえるだけの重要な職責・権限を付与されていたとは認められないとして管理監督者性を否定した例（前掲・日産自動車事件［*201］）がある。

他方、スポーツクラブ運営会社において担当エリアを統括するエリアディレクターが、部下の人事考課、採用・昇格、予算管理など必要な権限と責任を有し（①）、勤務態様に自由裁量性があり（②）、基本年俸および業績給によって相応の処遇を受けている場合（③）は、管理監督者性を肯定される*210。レス

竹屋ほか事件（*201［店長］）、プレナス［元店長A］事件・静岡地判平成29・2・17労判1158号76頁（店長）、前掲・プレナス［元店長B］事件（*76［店長］）、前掲・京彩色中嶋事件（*172［マネージャー等］）、前掲・コナミスポーツクラブ事件（*201［スポーツクラブ支店長］）、日比谷Bar事件・東京地判平成30・9・28ジャーナル84号40頁（バーの店長）、ロピア事件・横浜地判令和・10・10労判1216号5頁（スーパーマーケット従業員）、an deat事件・東京地判令和3・1・13ジャーナル111号46頁、前掲・セヴァ福祉会事件（*44）、前掲・辻中事件（*137）、前掲・アルデバラン事件（*25）、ニューアート・テクノロジー事件・東京地判令和4・3・16ジャーナル127号42頁、前掲・協同組合グローブ事件・福岡高判（*155）、前掲・イノベークス事件（*88）、ビーチャイニーズ事件・東京地判令和4・3・30ジャーナル128号24頁、前掲・そらふね元代表取締役事件（*75）、前掲・日本レストランシステム事件（*201）、三栄事件・大阪地判令和5・3・27ジャーナル140号40頁、前掲・松山大学事件（*172［学部長］）等。前掲・アイエスビーサービス事件（*204）は③の処遇基準を重視し、①職務権限・責任基準および②自由裁量基準を充足する運送部門責任者につき、処遇の面で一般労働者との間で優位な待遇差が設けられていないとして管理監督者性を否定しており、特色がある。

*209 前掲・日本マクドナルド事件（*201）。同旨、前掲・フレイア事件（*12）、学生情報センター事件・東京地判平成27・6・24ジャーナル44号35頁、穂波事件・岐阜地判平成27・10・22労判1127号29頁、ティーディーアイ事件・東京地判平成28・2・19ジャーナル51号17頁、カンティーヌ・ドール事件・東京地判平成28・4・27ジャーナル52号25頁（いずれも管理監督者性否定例）。

トラン料理長がレストラン部門を代表して運営会議に出席し、高額設備の購入等の重要事項に関与しているほか、レストラン部門従業員の採用や人事評価等の人事権・労務管理権限を有しており（①）、勤務態様に自由裁量性があり（②）、高額の給与等によって一般従業員より優遇されている（③）場合も同様である*211。

　b）職務権限・責任基準の解釈　　ところで、近年の裁判例を見ると、上記3基準のうち、職務権限・責任基準（①）について、前記の行政解釈（前掲・昭和63基発150号）を踏まえて、経営方針に一定程度参画するなど経営者と一体的立場にあり、企業経営全体の運営に関与していることを要すると説く立場が見られた（前掲・日本マクドナルド事件［＊201］）。しかし、近年には、この基準を緩和し、職務内容がある部門の統括的なものであり、部下に対する労務管理上の決定等について相当の裁量権を有していることと解釈する例も少なくない*212。この点、学説では、「企業経営への参画」や「経営者と一体的立場にあること」につき、企業経営全体への関与である必要はなく、当該労働者が担当する組織部分について経営者に代わって管理を行っており、当該組織部分が企業にとって重要な組織単位となっていれば、その管理を通して経営に参画することが「企業経営への参画」「経営者との一体性」に当たると解する見解がある*213。

---

*210　セントラルスポーツ事件・京都地判平成24・4・17労判1058号69頁。
*211　ダイワリゾート事件・東京地判平成30・7・27ジャーナル81号28頁。このほか、本文の3基準の充足を認め、管理監督者性を肯定する裁判例としては、日本プレジデントクラブ事件・東京地判昭和63・4・27労判517号18頁（総務局次長）、姪浜タクシー事件・福岡地判平成19・4・26労判948号41頁（営業部次長）、日本ファースト証券事件・大阪地判平成20・2・8労経速1998号3頁（証券会社支店長）、前掲・ことぶき事件（＊204）・前掲・同［上告］事件（＊199）（総店長）、INSOU西日本事件・大阪地判平成27・12・25ジャーナル49号28頁（取締役兼管理本部長）、麻雀ネットワークサービス事件・東京地判平成28・10・28ジャーナル58号25頁、前掲・ハル登記測量事務所事件（＊201）（測量事務所の現場責任者）、前掲・F.TEN事件（＊117［営業部長］）、前掲・ビットウェア事件（＊199［幹部従業員］）。
*212　ゲートウェイ21事件・東京地判平成20・9・30労判977号74頁、前掲・東和システム事件（＊207）、前掲・セントラルスポーツ事件（＊210）、前掲・HSBCサービシーズ・ジャパン・リミテッド事件（＊55）、前掲・ロア・アドバタイジング事件（＊19）、前掲・白井グループ事件（＊128）。前掲・三誠産業事件（＊44）、国・広島中央労基署長事件・東京地判令和4・4・13労判1289号52頁（ただし、いずれも部下に対する労務管理権限も否定して管理監督者性を否定）。前掲・テーエス運輸事件（＊201）、前掲・クルーガーグループ事件（＊87）も参照（ただし、いずれも管理監督者性を否定）。
*213　菅野＝山川417頁。同旨、伊良原恵吾「管理監督者の適用除外」労働関係訴訟Ⅰ455頁。

後者の見解が妥当と考える。すなわち，企業経営に即して見ると，企業規模が大きくなればなるほど，労働者が企業全体の経営方針には関与できないものの，一定の組織単位の中で相応の人事権・労働条件管理権限を有し，それにふさわしい報酬を与えられているケースは少なくないのであり，そうしたケースでは，企業経営に直接参画するような高い地位になくても，「企業経営への参画」を認め，管理監督者性を認めるべきである。「管理監督者」も労働者（労基9条）である以上，職務権限・責任基準（①）について企業経営全体の運営方針への直接関与という要素を過大視することは，管理監督者が労働者であることを前提に適用除外制度を規定する労基法41条2号の法意から乖離し，管理監督者性を不当に限定する点で妥当性を欠くものと解される[*214]。もっとも，最近の裁判例でも企業経営全体の運営への関与という要素を重視する例が多数を占めているが[*215]，疑問である[*216]【5-11】。

他方，企業の実態を見ると，「管理監督者」たる実質を備えていない労働者を名目上の役職者に位置づけ，割増賃金（労基37条）を不払とする事例が後を絶たない（いわゆる「名ばかり管理職」問題）。立法論としては，管理監督者に関する現行労基法41条2号の規定は抽象的すぎるので，上記①～③の基準を明記するとともに，労使協定や労使委員会決議等による手続的規律または行政官庁（労働基準監督署長）への届出等の行政的関与を備えた規定に改正することを検討すべきであろう。

(イ) **機密事務取扱者**　　機密事務取扱者とは，秘書その他，その職務が経営

注釈労基・労契(1) 670頁［石田信平］も参照。

[*214]　同旨，基コメ労基・労契197頁［島田陽一］。なお，職務権限・責任基準（①）において重要な意義を有する人事権・労働条件管理権限については，必ずしも当該組織単位における最終的決裁権である必要はなく，相当の裁量権（部下の第1次人事考課権限，採用・異動・昇格等に関する起案・推薦の権限，第1次決裁権等）を有していれば足りると解される（同旨，前掲・セントラルスポーツ事件［*210]）。

[*215]　前掲・日産自動車事件（*201），前掲・KSP・WEST事件（*19），前掲・三井住友トラスト・アセットマネジメント事件（*19），前掲・カーチスホールディングス事件（*201），前掲・福屋不動産販売事件（*128），石田商会事件・大阪地判令2・7・16労判1239号95頁，スター・ジャパン事件・東京地判令3・7・14ジャーナル117号42頁等多数。

[*216]　前掲・日産自動車事件（*201），前掲・三井住友トラスト・アセットマネジメント事件（*19），前掲・福屋不動産販売事件（*128）は，いずれも②自由裁量基準および③処遇基準の充足を認めながら，①職務権限・責任基準について本文のとおり企業経営全体の運営への関与を要する立場を採用した上で充足を否定し，管理監督者性を否定しているが（福屋不動産販売事件は，3名原告中2名に係る判断），職務権限・責任基準を過大視する判断であると考える。

者または管理監督者の活動と「一体不可分であって，厳格な労働時間管理になじまない者」をいう（昭和22・9・13発基17号）。これについても，職務にその実質があり，職務手当等によって処遇がカバーされていることを要する【5-11】。

(2) 監視・断続的労働従事者（労基41条3号）

「監視労働」とは，一定の部署で監視することを業務とし，常態として身体的・精神的緊張の少ない労働をいう。また「断続的労働」とは，実作業が断続的に行われ，手待時間が実作業を超えるか，またはそれに等しいことが目安とされる。監視・断続的労働従事者については，行政官庁（労働基準監督署長）の許可が要件とされている。具体的には，守衛，小中学校の用務員，マンション・団地の管理人，ビルの警備員などが監視・断続的労働従事者に当たる。一方，宿・日直は，これを本来の業務として行う場合は監視・断続的労働に当たり，労働者が平常勤務の傍ら宿・日直に従事する場合も，労基則23条で特に許可の対象とされる*217。

【5-11】 高度プロフェッショナル制度（特定高度専門業務・成果型労働時間制）
(1) 意義・要件　高度プロフェッショナル制度は，「高度の専門的知識等を必要とし，その性質上従事した時間と従事して得た成果との関連性が通常高くない」業務に従事する労働者について，労働時間，休憩，休日および深夜割増賃金規定を適用除外することを内容とする（労基41条の2第1項1号）。ホワイトカラーの仕事が高度化し，成果主義人事が普及する中，新たな適用除外制度（ホワイトカラー・エグゼンプション）の気運が高まったことによるものである。具体的対象業務としては，金融商品の開発業務，金融商品のディーリング業務，アナリストの業務（企業・市場等の高度な分析業務），コンサルタントの業務（事業・業務の企画運営に関する高度な考案または助言の業務），研究開発業務等が想定されている。また，対象労働者については，使用者との間の書面合意に基づき職務の範囲が明確に定められていること（同項2号イ）と，年収要件として，使用者から支払われると見込まれる1年間の賃金額が基準年間平均給与額の3倍を相当程度上回る水準として厚生労働省令で定める額以上であること（参考額は1075万円）が要件と

---

*217　許可基準としては，勤務内容（常態としてほとんど労働の必要がない勤務で，定期的巡視，電話の収受であること），手当（賃金の平均日額の3分の1を下回らないこと），頻度（日直は月1回，宿直は週1回程度）が設定されている（平成5・2・24基発110号）。医療機関につき，平成14・3・19基発0319007号参照。裁判例として，中央労基署長事件・東京地判平成15・2・21労判847号45頁，前掲・奈良県事件（＊27），前掲・医療法人社団E会事件（＊6）。

される（同号ロ）。

　高度プロフェッショナル制度の導入要件としては，企画業務型裁量労働制（労基38条の4）と同様，労使委員会（471頁）の決議と届出が手続的要件とされている（改正労基41条の2第1項）。決議事項は，①対象業務，②対象労働者の範囲，③対象業務に従事する対象労働者の健康管理時間（対象労働者の健康管理を行うため，労働者が「事業場内に所在していた時間」と「事業場外で業務に従事した場合における労働時間」を合計した時間［同項3号］）を把握する措置，④健康管理時間に基づく健康・福祉確保措置の実施，⑤労働者の同意の撤回手続，⑥苦情処理措置の実施，⑦対象労働者の不同意に対する不利益取扱いの禁止などの7点である。このうち，使用者が③④を講じていない場合は，制度の適用要件を満たさない（同項柱書）。

　また，制度の導入および適用要件として，対象労働者から「書面その他の厚生労働省令で定める方法によりその同意を得」ることが要件とされている（労基41条の2第1項柱書）。対象労働者ごとに，職務記述書（Job Description）等に署名する形で職務の内容および制度適用に係る同意を得ることとし，希望しない労働者に制度が適用されないようにすることを趣旨とする規律である。

　上記の健康・福祉確保措置としては，①必須措置として，1年間を通じ104日以上かつ4週間を通じ4日以上の休日を与えること（改正労基41条の2第1項4号）が規定されるほか，②以下の4措置からいずれかを選択して講ずべきものとされる（同項5号）。すなわち，ⓐ勤務間インターバル（427頁）の実施および1か月の深夜業を一定回数以内とすること，ⓑ健康管理時間が1か月または3か月について一定の時間を超えないこととすること，ⓒ1年に1回以上の継続した2週間（労働者が請求した場合は2回以上の継続した1週間）について休日を与えること，ⓓ健康診断の実施，の4点である。

　(2)　効果　　(ア)　労基法上の効果　　以上の要件を満たした場合，対象業務に従事する対象労働者については，労働時間，休憩，休日および深夜割増賃金に関する規定が適用除外される（労基41条の2第1項柱書）。ただし，年次有給休暇（労基39条）の適用は除外されない。なお，高度プロフェッショナル制度の履行確保措置として，使用者は，健康管理時間の状況に応じた長時間労働防止措置および健康・福祉確保措置を労働基準監督署長に報告すべきものとされている（改正労基41条の2第2項）。自律的な働き方・労働時間管理の提供という。

　(イ)　労働契約法上の効果——権利義務の根拠　　労使委員会の決議は，企画業務型裁量労働制（473頁）と同様，同制度を労基法上適法とする効果（適法化効力）をもつにとどまる。したがって，高度プロフェッショナル制度に従った労働義務・賃金支払義務を発生させるためには，労働協約・就業規則における制度化が必要となる。加えて，前記のとおり，対象労働者から「書面その他の厚生労働省令で定める方法によりその同意を得」ることが制度の導入・適用要件とされてい

る（労基41条の2第1項柱書）ところ，高度プロフェッショナル制度の趣旨を踏まえれば，この書面同意要件は，高度プロフェッショナル制度の労基法上の要件にとどまらず，同制度に即した労働契約上の労働義務・賃金支払義務の発生要件ともなると考えるべきであろう[*218]。その結果，高度プロフェッショナル制度の適用を受けるジョブ型社員は，労働時間管理および人事異動の両面で，通常の労働者（メンバーシップ型社員）とは大きく異なる労働契約内容を形成することになる。

　(3)　評　価　　高度プロフェッショナル制度については，多様で自律的な働き方に対応する新たな立法政策（成果主義賃金にリンクする労働時間制度）として基本的には妥当と解される。特に，ⅰ健康・福祉確保措置の一つとして勤務間インターバル制度（上記②ⓐ）を採用した点と，ⅱ対象労働者の要件として書面合意に基づく職務範囲の明示的限定を規定したことは注目に値する。ⅰは，最長労働時間規制としてもとより有意義であるし，ⅱは，制度適用労働者が職種・職務限定社員（ジョブ型社員）に限定されることを意味する。

　もっとも，高度プロフェッショナル制度は，長時間労働を蔓延させる危険性も孕んでいる。すなわち，高度プロフェッショナル制度は，健康・福祉確保措置として，勤務間インターバル制度（②ⓐ）のほか3つの措置（②ⓑⓒⓓ）の選択を認めているところ，これら措置は，勤務間インターバル制度と比較すると，決して高水準の措置ではない。したがって，これら措置が選択された場合，長時間労働が蔓延する結果が生じうる。私見としては，休日付与とともに勤務間インターバル制度を必須措置に位置づけるべきものと考える[*219]。また，書面合意に基づく職務範囲の明示的限定も，実際に履行されなければ画餅に帰する。高度プロフェッショナル制度の成否は，ⅰとⅱが実効的に機能することに依存するといえよう。

　一方，高度プロフェッショナル制度について勤務間インターバル制度等の要件が設定され，書面合意に基づく職務範囲の明示的限定が機能すれば，労働者の長時間労働問題や過労問題は回避されるため，制度の対象業務を過度に限定したり，過大な年収要件を設定する必要はないと解される。すなわち，労働者の生命・健康およびワーク・ライフ・バランスを保護するためには，最長労働時間規制（勤務間インターバル制度）が重要である一方，その点がクリアされれば，厳格な業務要件・年収要件によって多様で自律的な働き方を阻害する必要はない。こうして，高度プロフェッショナル制度については，具体的制度設計に深刻な問題点があると考える。高度プロフェッショナル制度の導入状況は異常に低い状況にあり（2022年3月末時点で，高度プロフェッショナル制度の導入企業数は21社［22事業場］，対

[*218]　理論的には，労基法上の適法化要件としての同意と，労働契約上の権利義務を発生させる同意は別の同意として観念されるが，実際には，1回の同意取得行為が双方の同意を成立させるものと解される。

[*219]　土田道夫「『働き方改革』の過去・現在・未来──同一労働同一賃金，長時間労働の是正」法教443号（2017）71頁，土田・前掲論文（*74）13頁参照。

象労働者数［合計］は 665 人）[*220]，自律的な働き方に対応する労働時間制度を創設した意義は皆無に等しいが，こうした状況を改善するためには，以上に述べた方向性を踏まえて制度見直しを行うべきであろう。

2　特　例（恒常的例外）

商業（労基別表第 1 第 8 号），映画演劇業（10 号。映画制作の事業を除く），保健衛生業（13 号）および接客・娯楽業（14 号）のうち，常時 10 人未満の労働者しか使用しない事業については，法定労働時間は 1 週 44 時間・1 日 8 時間とされている（労基 40 条，労基則 25 条の 2 第 1 項）。

第 7 節　年次有給休暇

1　意　義

(1)　年休制度の概要

年次有給休暇（労基 39 条。以下「年休」ともいう）とは，毎年一定の日数の休暇を有給で保障することにより，労働者が休息や余暇を享受するためのまとまった時間を保障することを目的とする制度である。

労基法 39 条は，まず 1 項〜4 項において，年休の基本的内容（年休権の発生要件と日数）を定める。しかし，これだけでは年休の具体的時期が決まらないため，5 項で，労働者の時季指定権と，使用者の時季変更権を定めている。また 6 項は，労使協定に基づく計画年休を規定している。9 項は，年休日の賃金（年休手当）について規定し，10 項は，一定の場合について年休の成立要件上，出勤したものとみなす規定を定める。このほか，労基法附則 136 条は，年休の取得を理由とする不利益取扱いの規制を定めている。

ところが，こうした法制度にもかかわらず，年休の取得率は低い状況が続いてきた。その理由としては「上司や同僚に迷惑をかける」や「年休を取りにくい雰囲気がある」が多く，法と現実が乖離している。こうした状況を踏まえて，

[*220]　2020 年 4 月 1 日から 2022 年 3 月 31 日までの間に受理した高度プロフェッショナル制度の決議届および定期報告による（「高度プロフェッショナル制度に関する報告の状況（令和 4 年 3 月時点）」）。

2018年の改正労基法は、年5日の年休について使用者に時季指定付与義務を課すことで年休の取得促進を図る旨の規定を盛り込んだ（改正労基39条7項・8項）。39条改正以降は年休取得率が50%を上回っており（2023年度で62.1%）、有意義な改正と評価できる。

(2) 年休と労働契約

(ア) **法定年休**　労基法39条が定める年休（法定年休）の日数（1項〜4項）および年休日の賃金（7項）は、いずれも労働条件の最低基準であり、労基法13条を介して労働契約の内容となる。時季指定権（5項）も同様であり、また、年休は就業規則の絶対的必要記載事項であるので（労基89条1号）、就業規則上の年休制度は、労契法7条によって労働契約内容となる。

労働者の年休権（使用者の年休付与義務）は、労基法上の権利義務であると同時に、労働契約内容（労働契約上の権利義務）となるので、使用者が労基法39条に違反し（時季変更権の違法な行使[502頁]、年休取得の妨害[497頁]）、それによって労働者が年休を取得できなかった場合は、使用者は、労働契約上の年休付与義務違反の責任（債務不履行責任）を負う。また、労働者の時季指定権・使用者の時季変更権（同条5項）および時季変更権に伴い使用者が講ずるべき「状況に応じた配慮」も同様に労働契約内容となるので（502頁）、使用者の時季変更権行使が状況に応じた配慮を欠くものとして違法と評価された場合は、同時に労働契約上の配慮義務違反を構成する[*221]。

労働者の年休権（使用者の年休付与義務）の基本的内容は、年休日における労働義務が消滅し（民法の債務免除に当たる。民519条)[*222]、年休手当請求権が発生することである。労働義務という債務の一部免除であるから、反対給付である賃金請求権の存否は本来、個々の契約関係で異なるが、年休の場合は、年休手当請求権が一律に法定されている。一方、免除の対象は労働義務にとどまるため、労務給付と関連しない労働者の付随義務（誠実義務、守秘義務、競業避止義務等）は年休期間中も存続する[*223]。

(イ) **法定外年休**　労基法上の年休（法定年休）を上回る年休や、利用目的を限定して特別に付与される休暇（病気休暇・結婚休暇・リフレッシュ休暇等）を

---

*221　年休に関する債務不履行構成・債務不履行責任の詳細は、後掲 *258 および *274 参照。
*222　同旨、シェーンコーポレーション事件・東京高判令和元・10・9労判1213号5頁。
*223　ピアス事件・大阪地判平成21・3・30労判987号60頁。

法定外年休という。本来，労基法の適用はなく，年休の要件も労使自治に委ねられる（半日年休の許容，時季指定権・自由利用原則の排除等）が，労働協約や就業規則において，法定年休と法定外年休を区別せずに規定していれば，一体のものとして労基法所定の要件・効果が適用される*224。

一方，最近の裁判例では，法定外年休について使用者が法定年休部分とそれ以外の部分を区別せずにした時季指定の効力につき，使用者が時季指定できるのは法定外年休に限られ，法定年休については指定できないところ，使用者は，法定年休と法定外年休を区別することなく15日を指定しており，どの日が法定外年休の指定であるかを特定できないから，上記の指定は全体として無効であると判断した例があるが（前掲・シェーンコーポレーション事件［*222］），法定外年休に対する労基法の適用を否定する観点からの批判が行われている*225。

2　年休権の成立と消滅

(1)　成立要件

(ア)　**年休日数・付与単位**　使用者は，6か月継続勤務し，全労働日の8割以上出勤した労働者に対し，10労働日の年休を与えなければならない（労基39条1項）。また，労働者が1年6か月以上勤務した場合は，前年度に全労働日の8割以上出勤したことを要件に，当該年度に1日，3年6か月以降は2日加算した年休が付与され，20日を上限に加算される（同条2項。**図表5-5参照**）。さらに，所定労働時間の少ないパートタイマーについては，通常の労働者に対する比例付与が定められている（労基39条3項，労基則24条の3）。一方，労働日が週4日ないし年216日を超える者または週4日以下でも週所定労働時間が

---

*224　菅野＝山川510頁。裁判例として，エス・ウント・エー事件・最判平成4・2・18労判609号12頁。

*225　学説による批判としては，本件では，労働者は労基法39条所定の日数に至るまで自ら時季指定して法定年休を取得できるのであるから，使用者が指定した日を法定外年休として有効と認めても労基法違反の問題は発生せず，使用者による指定をすべて無効とする理由はないとの批判がある（山田省三＝両角道代「労働判例この一年の争点」日労研724号［2020］31頁以下［両角発言］，竹内（奥野）寿［判解］ジュリ1557号［2021］181頁参照）。これによれば，本件では，使用者の時季指定に対して，労働者は法定年休（20日）および法定外年休（15日）を合算した35日を時季指定して就労しなかったところ，そのうち法定年休日数（合計20日）までは保護される一方，残余の15日は法定外年休として使用者の時季指定に従うべきであり，労働者が自由に時季指定することはできず，その日の不就労は欠勤と評価されることになる（原審［東京地判平成31・3・1労判1213号12頁］はこの趣旨と解される）。法定外年休は労基法の適用を受けないことを考えると，この見解の方が妥当と解される。

図表 5-5　年休の法定付与日数

勤続年数	6か月	1年6か月	2年6か月	3年6か月	4年6か月	5年6か月	6年6か月以上
年次有給休暇付与日数	10日	11日	12日	14日	16日	18日	20日

30時間以上の者については，原則どおりの年休が付与される[*226]。

　年休の付与単位は「1労働日」であり，暦日計算（午前0時から午後12時まで）を原則とする。このため，年休の時間単位や半日付与は違法とされてきたが，こうした年休のニーズも否定できないため（たとえば，午前中だけ年休をとって通院するなど），2008年に労基法が改正され，過半数組合・過半数代表者との間で労使協定を締結し，労働者の範囲や日数等を定めれば，年休のうち5日まで時間単位取得を認める規定が設けられた（労基39条4項）。

　(ｲ)　**6か月継続勤務**　「継続勤務」とは，労働契約が存続していることをいい，実際に就労している場合はもちろん，出向期間や休職期間も在籍期間として「継続勤務」に含まれる。また，6か月以上の有期労働契約を反復更新している場合も「継続勤務」に当たる。問題は，労働者が6か月未満の有期契約を反復継続している場合であるが，裁判例は形式にこだわらず，契約期間の間隔や採用手続から各契約に同一性が認められれば「継続勤務」を肯定している[*227]。定年退職者を再雇用する場合や，会社解散後，労働契約を新会社に包括承継する場合も，勤続年数が通算される（昭和63・3・14基発150号）。

　(ｳ)　**全労働日の8割以上出勤**　年休権の発生要件となる出勤率（8割以上）は，全労働日（「労働者が労働契約上労働義務を課せられている日数」[*228]）を分母と

[*226]　派遣労働者に関しては，年休付与の使用者責任は派遣元が負うが，年休権の基礎となる「全労働日」は，実際に就労する派遣先において就労すべき全労働日と考えるべきである。ユニ・フレックス事件・東京高判平成11・8・17労判772号35頁。

[*227]　裁判例では，競馬の馬券販売員が競馬開催期間を単位として有期労働契約を反復締結するため，開催期間の間に在籍しない期間が生ずる場合につき，「継続勤務」性を認めた例がある（日本中央競馬会事件・東京高判平成11・9・30労判780号80頁）。有期労働契約を反復更新している場合に「継続勤務」を認めたケースとして，国際協力事業団事件・東京地判平成9・12・1労判729号26頁，B市事件・大分地中津支判平成28・1・12労経速2276号3頁（地方公務員の事案），文際学園事件・東京地判平成30・11・2労判1201号55頁。ただしこの場合も，勤務日数・態様が著しく軽減されるなどして労働契約の同一性が失われれば「継続勤務」性も否定される（東京芝浦食肉事業公社事件・東京地判平成2・9・25労判569号28頁）。「フリーシフト制」における継続勤務要件の肯定例として，アールエス興業事件・横浜地川崎支判平成27・9・30労判1125号16頁。

し，就労日数を分子として計算される。この結果，法定休日はもちろん，祝日等の法定外休日も労働日から除かれる。また所定休日に労働させることは，休日労働であって労働日の労働ではないから，全労働日に含まれない（昭和33・2・13基発90号）。業務上傷病による療養期間，育児・介護休業期間，産前産後休業期間は本来は労働日であり，欠勤したことになるはずであるが，出勤したものとみなされる（労基39条8項。年休取得日も同じ――昭和22・9・13発基17号）[229]。一方，学説では，全労働日とは，予め労働契約上労働義務を課されている日ではなく，具体的に労働義務を課されていた日を意味すると解し，事後的にその存否を判断すべきことを説く見解（具体的労働義務日説）がある。これによれば，休日労働は，使用者が労働を命じて労働者が具体的労働義務を負うに至った日であるため，全労働日・出勤日双方に算入されることになる[230]。

近年の判例は，労働者が無効な解雇によって使用者から正当な理由なく就労を拒まれた日（期間）が全労働日および出勤日数に算入されるか否かにつき，8割以上出勤要件の趣旨は，労働者の帰責事由に基づく欠勤率が特に高い者を年休権の対象から除外する点にあると解した上，上記日数（期間）は，労働者の帰責事由による不就労日（期間）に該当しないから，出勤日数に算入すべきものとして全労働日に含まれるものと解し，それに基づく年休権を肯定している[231]。この判断を踏まえると，全労働日の意義については，具体的労働義務日説がより説得的な解釈と考えられる[232]。

(2) 年休権の消滅

年休権は，各年度の年休の消化によって終了するが，年休が未消化の場合は，

---

[228] 前掲・エス・ウント・エー事件（[224]）。
[229] 「8割以上出勤」の要件は，1年6か月継続勤務した労働者にも適用されるので，前年度に8割以上出勤しなかった労働者の翌年度の年休日は0となる。ただし，翌年度に8割以上出勤すれば，翌々年度には，前年度に1日ないし2日加算した年休権が発生する。
[230] 荒木240頁，荒木尚志［判評］ジュリ1023号（1993）134頁。
[231] 八千代交通事件・最判平成25・6・6民集67巻5号1187頁。同事件後の平成25・7・10基発0710第3号も参照。
[232] すなわち，具体的労働義務日説によれば，労働者が無効な解雇によって就労を拒まれた日（期間）は，労働者が具体的労働義務を負う日（期間）に該当するところ，使用者の就労拒絶によって労働義務の履行不能が生じているにとどまるから，全労働日として取り扱われるべきであり，かつ，当該就労不能は使用者の帰責事由によって生じたものであるから，出勤日に算入されるべきことになる。

翌年度に限り繰り越される。「翌年度限り」の根拠は，労基法が定める2年間の消滅時効（115条）にある*233 ところ，賃金の消滅時効は2020年改正によって5年間（当面は3年間）に改正されたが（341頁参照），年休に係る時効期間は「その他の請求権」として2年のままであり，翌年度繰越しの解釈は変更されていない。したがって，就業規則に「翌年度に繰り越さない」旨の規定を定めても，年休権には影響しない（昭和23・5・5基発686号）*234。

一方，年休の買上げ（対価を支払って年休権を消滅させること）を予め合意（予約）することは違法であるが，未消化分の年休が時効消滅する場合に，事後的に対価を支払うことは許される*235。

3 年休権の法的構造

(1) 二分説の展開

労基法39条に基づく年休権の法的構造はどのように解されるべきか。この問題は，年休の成立に使用者の承諾を要するか，また，年休取得の促進に向けて使用者のいかなる義務を認めるべきかという論点と関連して古くから議論され，二分説が通説・判例となっている*236。年休権（労基39条1項～4項）と時季指定権（同5項）を区別する（二分する）点に特色があるが，最高裁は，これを次のように展開している（林野庁白石営林署事件）*237。

---

*233 山川195頁，菅野＝山川508頁。裁判例として，前掲・国際協力事業団事件（＊227）。

*234 2年間の間に消化できずに時効消滅する年休を将来にわたって年休として使用することを認める制度は，法定外年休として可能かつ有効であるが，その根拠としては労使間合意や就業規則上の明示の規定を要する。松研薬品工業・松岡科学研究所事件・東京地判平成24・10・25ジャーナル11号17頁は，労使間合意がないことを理由として，かかる法定外年休権（凍結有給休暇）の成立を否定している。

*235 菅野＝山川509頁，荒木256頁。水町805頁は，事後の買上げも原則として無効と解する。裁判例では，年休の買上げ合意につき，事前の買上げ合意は年休権保障に反する一方，退職によって未消化となる休暇日数に応じて手当を支払う旨の合意は違法とまではいえないと判断した例がある（ナワショウ事件・大阪地判令5・11・10ジャーナル145号36頁）。一方，使用者も，未消化分年休を買い上げる義務を負うわけではない（創栄コンサルタント事件・大阪高判平成14・11・26労判849号157頁）。

*236 二分説の基本文献として，吾妻光俊編『註解労働基準法』（青林書院・1960）489頁以下［蓼沼謙一］。年休権の法的構造をめぐる議論については，菅野和夫「年次有給休暇の法理論」『文献研究労働法学』（総合労働研究所・1978）45頁，山口浩一郎「年次有給休暇をめぐる法律問題」上智法学論集25巻2＝3号(1982)40頁，基コメ労基・労契［初版］162頁［竹内（奥野）寿］，中島正雄「年休権の法的性格」争点118頁参照。

*237 最判昭和48・3・2民集27巻2号191頁。同旨，弘前電報電話局事件・最判昭和62・

① 年休権は，労基法39条1項の要件を満たすことによって当然に生ずる権利であり，労働者の請求を待って生ずるものではない。

② これに対応する使用者の年休付与義務は，積極的「付与」を内容とする義務ではなく，労働者の年休享受を妨げてはならないことを内容とする不作為義務である。

③ 労基法39条3項（現在は5項）の「請求」は時季指定を意味し，労働者が時季指定をしたときは，同項の事由を理由として使用者が時季変更権を行使しない限り，時季指定によって年休が成立し，労働義務が消滅する。すなわち，時季指定の効果は，使用者の適法な時季変更権行使を解除条件（民127条2項）として発生するものであり，使用者の「承認」の観念を容れる余地はない。

(2) 検　　討

二分説の考え方は，年休権の法的構造の把握としても，年休取得の促進という政策的観点からも妥当と評価できる。より厳密には，年休権は，債権の内容（休暇の具体的時期）が特定されていないという意味で，選択債権または種類債権であり，時季指定権は，休暇の具体的時期を特定する権利として選択権または種類債権の指定権としての性格を有する。そして，時季指定権は，労働者の一方的意思表示によって行使される権利であり，その法的性質は形成権である[238]。したがって，労働者が時季指定権を行使すると，使用者が適法に時季変更権を行使しない限り，年休の効果（年休日における労働義務の消滅［免除］と年休手当請求権の取得）が当然に発生する。一方，使用者は，年休の成立を妨げる権利（抗弁権）として時季変更権を有し，時季指定権の側から見れば，その効果発生を妨げる解除条件（民127条2項）となる。

もっとも，二分説の内容のうち，年休成立の効果（労働義務の消滅・年休手当請求権の発生）をもっぱら時季指定権の効果と解する点（上記判例の③）には問

7・10民集41巻5号1229頁，日能研関西事件・大阪高判平成24・4・6労判1055号28頁，出水商事事件・東京地判平成27・2・18労判1130号83頁，前掲・三誠産業事件（＊44），高島事件・東京地判令和4・2・9労判1264号32頁，JR東海事件・東京高判令和6・2・28労判1311号5頁，JR東海［大阪］事件・大阪高判令和6・5・16［LEX/DB25620059］，警和会事件・大阪地判令和6・3・27労判1310号6頁。

[238] 時季指定権が形成権であることを明示する最近の裁判例として，前掲・高島事件（＊237）。

題がある。むしろこれらの効果は，抽象的とはいえ，年休権（年休付与義務）本体の効果と考えるべきであろう。たとえば，労働者が6か月継続勤務して労基法39条1項の要件を満たした場合，10日分について労働義務が消滅し，年休手当請求権が発生するが，この効果は，労基法39条によって年度当初にすでに発生していると解する方が自然である。時季指定権は，これら効果の発生時期を特定する権利と考えるべきであろう。

　この結果，使用者は，労働者による年休取得を妨げてはならない不作為義務を負うとともに，より積極的に，労働者が希望する時季に年休を取得できるよう配慮する義務を負うことになる[*239]【5-12】。上記不作為義務の中心を成すのは，年休取得を理由とする不利益取扱いを行わない義務（518頁）であるが，不利益取扱い以前の段階で，時季変更権以外の方法で労働者の年休を妨害することを控える義務も含まれ，使用者の同義務違反によって労働者が年休を取得できなかった場合は，使用者は，労働契約上の年休付与義務に違反したものとして債務不履行責任を負う[*240]。裁判例では，私見と同様，年休権の行使を妨害してはならないとの労働契約上の義務を肯定した上，使用者が一定時期を境に給与明細書の有給残日数を0日に変更したり，通達を発して年休日数を6日に限定したことにつき，上記義務違反に当たるとして債務不履行責任を肯定し，慰謝料（50万円）の支払を命じた例があり，妥当と解される[*241]。

　一方，労働者が希望する時季に年休を取得できるよう配慮する義務（配慮義

[*239] 私見と同旨の見解として，基コメ労基・労契〔初版〕163頁［竹内（奥野）］。

[*240] 年休取得を妨げない不作為義務の違反としては，本文に述べた行為のほか，年休日の恣意的制限（前掲・出水商事事件［*237］参照），時季変更権の違法な行使，年休日の出勤命令，年休に先行して代休等を取得させ年休取得を妨げる行為，年休手当の不払が挙げられる。住之江A病院事件（大阪地判平成20・3・6労判968号105頁）は，年休に先行して代休を取得させ，年休取得を妨げる行為（上述）について不法行為の成否を問題とした上，年休保障の趣旨からみて相当性を欠くが，使用者が年次有給休暇の取得を妨害する意思をもって，そうした運用を行ったとまでは認められないとして不法行為を否定している。労働者が労基法39条の要件を満たしたにもかかわらず，使用者が上記不作為義務に違反して年休を付与しない場合，6か月以下の懲役または30万円以下の罰金を科される（労基119条1号）。注釈労基（下）753頁［川田琢之］。

[*241] 前掲・出水商事事件（*237）。国家公務員共済組合連合会ほか［C病院］事件・福岡地小倉支判平成27・2・25労判1134号87頁も参照。他方，別の裁判例は，労働者が年休を取得しようとしたところ，上司が年休取得は望ましくない旨の意思を表明して年休申請を取り下げさせた行為につき，年休権侵害の不法行為として慰謝料請求を認めているが（前掲・日能研関西事件［*237］）本文に述べたとおり，年休権本体に基づく不作為義務違反と解し，債務不履行に基づく損害賠償請求として構成する方が適切である。

務=作為義務）としては，労働者が時季指定をしない場合の時季指定勧奨義務，代替要員確保のための人員配置体制整備義務，当該年度における年休の完全消化に向けて年休を調整する義務が挙げられる（509頁）【5-12】*242。

> 【5-12】 年休権の法的構成　年休権に関しては，二分説以外にも，次のような見解が見られる。すなわち，①年休権を就労義務消滅権と時季指定権から成る権利と解し，年休権本体に労働義務消滅の効果を認める見解（新二分説）*243，②この説を批判し，時季指定権によって労働義務が消滅する以上，年休権の概念を認める意味は乏しい（「権利」というより「資格」にすぎない）として時季指定権を重視する見解（新時季指定権説）*244，③逆に，年休権本体に労働義務を消滅させる効果を認め，時季指定権の独立の権利性を否定し，年休権を形成権と解する見解（新形成権説。山川185頁）である。
> 　前記の私見は①説に近いが，①説は，就労義務消滅権は時季指定権の行使によって生ずると解するようであり，年休権に労働義務消滅の効果を与える意義が明確でない。一方，②の新時季指定権説は，年休権を単なる「資格」として独自の意義を認めない点で，③の新形成権説は，年休権の内容を時季指定権に特化させてしまう点で，それぞれ年休権本体を空洞化する結果となり，賛成できない。年休権の内容としては，前記の諸義務が考えられるのであり，ここから年休権の独自の存在意義を認めるべきである。

4　時季指定権・時季変更権

(1)　時季指定権

(ア)　意義・手続　年休の具体的時期は，労働者が時季指定権を行使するこ

---

*242　二分説は，年休付与義務の内容（作為義務）として，労働者が時季指定をしない場合の使用者の時季指定勧奨義務も認めるが，通説は，時季の決定が労働者の権利であることを理由に否定している（山口・前掲論文［*236］49頁，注釈労基（下）717頁［川田］等）。しかし，2018年の改正労基法は，年5日の年休について使用者の年休時季指定付与義務を導入している（労基39条7項・8項［511頁］）。これは，労働者の時季指定権とは別に年休時季指定の方法を導入したものであり，使用者の時季指定勧奨義務を発展させた立法であって，この点からも，年休権（年休付与義務）本体に実質的意義を認めるべきである。
　なお，使用者が負う配慮義務は，労働者の年休取得を実現する義務（結果債務）ではなく，年休取得のために本文記載の種々の措置を講ずるべき義務（手段債務）を意味することに留意すべきである（*282参照）。

*243　小西國友「時季変更権の行使とその制限」季労165号（1992）85頁。

*244　山口浩一郎「年次有給休暇の法的構造」外尾古稀『労働保護法の研究』（有斐閣・1994）273頁。

とによって特定される（労基39条5項）。「時季」とは，「季節」と「具体的時期」の双方を含む概念である。したがって，時季指定の方法としては，①労働者が希望する季節・期間を申し出，使用者と調整して具体的時期を決定する方法と，②最初から具体的な始期・終期を特定して指定する方法がある。日本では②が多いが，長期休暇の実現のためには①がより望ましい方法である。

前記のとおり，時季指定権は形成権であり，使用者の「承認」や「許可」を要件としない。実際には，就業規則に「承認」を要する旨の規定が置かれたり，上司が「承認」または「不承認」と応答することが多いが，法的には，後者は時季変更権を行使しない旨の言明または行使の意思表示を意味し，前者はその確認規定を意味する[*245]。また，時季指定権も権利である以上，理論上はその濫用も考えられるが，労基法が時季指定に対する対抗手段として時季変更権を想定していることを考えると，「時季指定権の濫用」の概念を認める必要はない[*246]。他方，時季指定権は，労働者の意思のみで当該労働日の就労義務を消滅させる効果を発生させる権利であるから，時季指定した休暇の始期と終期は明確に示される必要があるし，時季指定権の行使の撤回も，同様に明確に行われる必要がある[*247]。

年休の時季指定については，就業規則上，指定の時期について，休暇日の一定日数前までに指定するよう定めることが多い。判例は，時季指定の時期に関する原則的制限を定めたものとして合理性を認め，前々日までの指定を定めた規定を適法と判断している[*248]。この種の規定は，使用者に時季変更権を行使

[*245] 電電公社此花電報電話局事件・最判昭和57・3・18民集36巻3号366頁（土田道夫［判批］法協100巻8号［1983］1520頁）。同旨，広島県ほか事件・広島高判平成17・2・16労判913号59頁，東京都事件・東京地判令和元・12・2労経速2414号8頁，前掲・JR東海事件（＊237）。

[*246] 裁判例では，特定の業務（夜勤など）を回避する目的で行われた時季指定について，年休権または時季指定権の濫用と判断するものがあるが（日本交通事件・東京高判平成11・4・20判時1682号135頁），賛成できない。ただし，年休の利用目的が著しく不適切である一方，時季変更権がその要件を充足しない場合に限り，時季指定権の濫用を肯定すべきであろう（516頁参照）。

[*247] 前掲・高島事件（＊237）。なお，労働者による年休申込簿の記入による届出の時点で当該年休予定日が就労義務を負う日となるか否かが未確定である場合に，当該記入行為が時季指定権の行使を意味するか否かについては，就労義務の消滅いかんが未確定であることを重視して，年休予定日を労働日とすることを停止条件とする時季指定権行使と解されている（前掲・JR東海［大阪］事件［＊237］）。

[*248] 前掲・電電公社此花電報電話局事件（＊245）。同旨，東灘郵便局事件・大阪高判平成10・9・10労判753号76頁。

するか否かの判断をするための時間的余裕を提供し，代替要員の配置等による時季変更の自制を促す点にあるため，不当に長過ぎない限りは適法と解すべきである[*249]。また，時季指定の方式（書面など）や相手方を限定することも差し支えない。ただし，上記の諸規定に反する時季指定も直ちに無効となるわけではなく，時季変更権の適法性に影響する事由にとどまると解すべきである[*250]。

(ｲ) **効　果**　　時季指定権が行使されると，使用者が時季変更権を適法に行使しない限り，年休権の効果（労働義務の消滅・年休手当請求権の取得）が当該年休日に発生する[*251]。もっとも，年休権および時季指定権の上記効果は，当該年休日に労働義務があることを前提とするものであるから，当該年休日に労働者が労働義務を負うことが確定してはじめて発生するものと解される[*251a]。年休手当は，①平均賃金，②所定労働時間分の通常賃金，③健康保険法上の標準報酬日額のいずれかによって支払うべきものとされる（労基39条9項）[*252]。

(2)　時季変更権

(ｱ) **意　義**　　使用者は，労働者の請求した時季に年休を与えることが事業の正常な運営を妨げる場合には，他の時季にこれを与えることができる（労基39条5項但書）。これが時季変更権であり，年休権と事業運営の利益を調整するための権利である。ただし，時季「変更」権といっても，その内容は，年休の時季指定の効果（年休権に基づく労働義務消滅の時期の特定）を阻止する点にあり，その性質は抗弁権（時季指定権の効果発生を阻止する解除条件）である[*253]。した

[*249] 事前時季指定（申請）規定の趣旨につき同旨，前掲・三誠産業事件（[*44]）。一方，規定の趣旨を本文のように解する限り，時季指定をした従業員の担当業務が他の従業員に割り振られており，時季指定によって事業の正常な運営が妨げられる事情が存在しない場合は，事前時季指定（申請）規定違反の問題は生じない（前掲・三誠産業事件［[*44]］）。

[*250] なお，時季指定権は年休の事前に行使されるべきものであり，その事後的行使はありえない。実際には，労働者が欠勤後，年休に振り替えるよう求めることがあるが，振替に応ずるか否かは使用者の任意である（東京貯金事務センター事件・東京高判平成6・3・24労判670号83頁，前掲・高栄建設事件［[*79]］）。

[*251] 同旨，前掲・JR東海事件（[*237]），前掲・JR東海［大阪］事件（[*237]）。

[*251a] 時季指定権につき同旨，前掲・JR東海事件（[*237]）。この結果，労働者が時季指定をした年休日に労働義務を負うか否かが確定するより以前の時期である時季指定日における時季指定によってその効果が発生する旨の労働者側主張は斥けられている。

[*252] 年休日の「通常の賃金」については，シフト勤務手当が含まれる一方，日曜・祝日勤務手当や時間外手当・深夜手当は含まれないと判断した例がある（日本エイ・ティー・エム事件・東京地判令和2・2・19労経速2420号23頁）。

[*253] 山口・前掲論文（[*236]）61頁，同・前掲論文（[*244]）276頁参照。

がって，使用者は時季変更権によって文字どおり年休時季を変更する（代わりの時季を決定する）権利を取得するわけではなく，労働者は改めて他の時季を指定することができる（使用者が実際に他の時季を明示しても，時季指定の勧奨以上の意味はない）。また，単に年休を「承認しない」との意思表示も時季変更権の行使を意味することになる[*254][*255]。

(イ) 要件　a) 概説　時季変更権を適法に行使するための要件は，労働者による年休の取得が「事業の正常な運営を妨げる」ことである。「事業」とは，労働者が所属する事業所を意味し，具体的には「部」や「課」を指す[*256]。時季変更権は事前に行使されるべきものであるから，事業の正常な運営が現実に阻害されたことは要件ではなく，その発生の蓋然性が客観的に存在すれば足りる。

事業の「正常な運営を妨げる場合」といえるためには，①年休取得日における労働者の労働が事業運営にとって不可欠であることと，②代替要員の確保が困難であること，の2点が必要である（菅野＝山川499頁）。

まず，年休当日にその労働者を欠くと，業務に具体的支障が生ずることが客観的に予測できなければならない（①）。単に業務が繁忙だとか，慢性的に人手不足だという理由では足りない[*257]。そのように解さないと，労働者が常に

[*254] 前掲・電電公社此花電報電話局事件（[*245]）。このほか，所属長が年休を申請した従業員が所属する労働組合の副支部長に対して行った，事業の運営の妨げとなる年休の調整は従業員同士の交代によって対応してほしい旨の回答（前掲・東京都事件 [*245]），年休申請に対する休日勤務指定（JR 東海事件・大阪地判令和 3・9・22 ジャーナル 119 号 44 頁），勤務指定表への従業員の具体的勤務内容の記載・通知（前掲・JR 東海事件 [*237]）が時季変更権の行使に当たると解されている。

これに対し，前掲・警和会事件（[*237]）は，多数の病院職員が書面による年休申請を行ったのに対して所属長が承認印を押さなかったことは時季変更権行使に当たらないとした上，年休申請をしたのに出勤した職員は，所属長らの説得に応じて自ら任意に時季指定権の行使を撤回したと判断している。しかし，これは甚だ強引な判断であり，所属長らの上記行為は，前掲判例（前掲・電電公社此花電報電話局事件 [*245]）に照らしても，使用者（病院を経営する法人）による時季変更権行使に該当するものと解される（本件の特殊性については，510頁参照）。形成権である時季指定権の行使の撤回が可能かという理論的問題もある。

[*255] 一方，使用者は時季変更権行使に際して，他の時季を指定する義務も負わない（JR 東日本［高崎車両区・年休］事件・東京高判平成 12・8・31 労判 795 号 28 頁）。

[*256] 詳細は，注釈労基（下）723頁［川田］，基コメ労基・労契〔初版〕169頁以下［竹内（奥野）］参照。

[*257] 同旨，注釈労働時間 655 頁。基コメ労基・労契〔初版〕170 頁［竹内（奥野）］。山口・前掲論文（[*236]）63頁は，通常の運営の支障に「プラスしてなにほどか非日常的な要素」の存在を要すると解し，名古屋近鉄タクシー事件（名古屋地判平成 5・7・7 労判 651 号 155 頁）

年休を取得できない結果となるからである。

次に，業務に具体的支障が生ずることが予測されても，年休当日の代替要員を確保することが困難であることが時季変更権の要件となる（②）。代替要員の確保が可能であれば，それによって年休を付与することが年休権保障の趣旨に適合するからである。判例も，このような代替要員確保の要素を，年休取得に関する使用者の「状況に応じた配慮」として認め，時季変更権の要件と解している（前掲・弘前電報電話局事件［＊237］）。すなわち，労基法における年休権保障の趣旨に鑑みると，同法は「使用者に対し，できるだけ労働者が指定した時季に休暇を取れるよう状況に応じた配慮をすることを要請している」。したがって，事業場において年休時季指定が行われた場合に，使用者としての通常の配慮をすれば勤務割を変更して代替要員を配置することが客観的に可能である場合は，それをすることが「状況に応じた配慮」となり，そうした配慮をしないまま時季変更権を行使することは違法となる，と。年休権保障の趣旨に沿う解釈と評価できる。

また，労基法の年休制度（年休をめぐる権利義務）は労働契約内容となるので（491頁），判例が時季変更権の行使について確立した要件である「状況に応じた配慮」（使用者としての通常の配慮）も，労基法上の時季変更権行使の要件であると同時に，労働契約上の使用者の義務（配慮義務）となるものと解される。したがって，使用者の時季変更権行使が状況に応じた配慮を欠くものとして違法と評価された場合は，同時に労働契約上の配慮義務違反を構成し，また，それによって労働者が年休を取得できなかった場合は，使用者は，労働契約に基づく年休付与義務違反の責任（債務不履行責任）を負うものと考える。この点，最近の裁判例は，上記配慮を構成しまたは関連する義務を労働契約上の個々の義務として構成し，使用者は労働契約に付随してそれら義務（債務）を負うと判断しているが（債務不履行構成），理論的には問題がある＊258。

は，業務上の具体的支障が生ずるおそれが客観的に窺えることを要すると判断する。

＊258　JR東海事件（東京地判令和5・3・27労判1288号18頁［前掲・JR東海事件（＊237）の原審］）。すなわち，原審は，使用者の労働契約上の各種義務（恒常的人員不足下において時季変更権行使を控えるべき義務のほか，時季変更権を合理的期間内に行使すべき義務［507頁］）についてそれぞれ会社の義務違反を認めて債務不履行責任を肯定し，慰謝料支払を命じている（ただし，控訴審［＊237］において取消）。しかし，時季変更権は労基法上の権利であるから，まずはその行使が労基法39条5項但書に照らして適法か否かを判断すべきであり，そうした判断を経由しないまま債務不履行構成を採用することには賛成できない（本判決と同種事案に関する前掲・JR東海［大阪］事件［＊237］は，こうした債務不履行構成を採用し

b) 具体的判断　「状況に応じた配慮」の内容は、勤務割変更の方法・状況、使用者の従来の対応、労働者の職務の内容・性質、代替要員確保の客観的可能性、代替要員確保のための時間的余裕の有無等を総合して判断される[*259]。具体的には、代替勤務の申し出・了解があれば、その労働者の配置は通常の配慮によって可能であるから、時季変更権行使を控えるべきことは当然である[*260]。また、時季指定に対して、勤務割の変更や代替要員への打診によ

ていない)。もっとも、私は、年休と労働契約の関係について、時季変更権行使に伴い使用者が講ずるべき「状況に応じた配慮」が労働契約内容(労働契約上の配慮義務)となるものと考えるが、前記のとおり(491頁)、それは、使用者が状況に応じた配慮を尽くさないまま行った時季変更権行使が違法と評価される場合に、当該行使が同時に労働契約上の配慮義務違反を構成すると解する趣旨であり、時季変更権行使の適法性については、まずは労基法上適法か否かを検討すべきものと考える。

一方、前掲・JR 東海事件(*237)は、上記原審とは異なる債務不履行構成を採用し、恒常的人員不足下における時季変更権行使について、①労基法39条5項但書の要件(「事業の正常な運営を妨げる場合」)を充足しないものとして許されない(「無効となる」との趣旨と推測される)と解した上、②無効な時季変更権行使によって労働者が年休を取得できなかった場合は、使用者は労働者に対して労働契約上の債務不履行責任を負うと判示している(結論としては債務不履行を否定)。このうち①の判断は、前掲・JR 東海事件原審と異なり、時季変更権行使を労基法39条5項但書に照らして無効と判断したものであり、妥当と解される。また、②の判断も、時季変更権行使が労基法39条5項但書の要件を充足しないものとして違法無効となることを判示した上、労働者が年休を取得できなかったことに係る使用者の債務不履行責任を肯定したのであれば、妥当な判断と解される(①②ともに、「違法」ではなく「無効」と評価している点が気になるところではあるが)。

私見としては、使用者が恒常的人員不足下で時季変更権行使を行った場合は労基法39条5項但書の要件を充足しないものとして違法と評価され、それによって労働者が年休を取得できなかった場合は、使用者は労働契約上の年休付与義務違反の責任(債務不履行責任)を負うと考える(506頁参照)。この点、恒常的人員不足下における時季変更権行使について債務不履行構成を採用した先例(西日本ジェイアールバス事件・名古屋高金沢支判平成10・3・16労判738号32頁)は、まさに時季変更権行使が労基法39条5項但書の要件を充足しないことを理由に違法と解した上で使用者の債務不履行責任を肯定しており(会社は、従業員の時季指定に係る年休権の行使を39条5項但書の要件を充足しないまま「違法に侵害し、原告の……年休を取得できる権利を失効させたものであり、右は、労働契約上の債務の不履行に当たる」)、妥当と解されるが、前掲・JR 東海事件がこの判断を継承する趣旨であれば、妥当な判断と考える(時季変更権が合理的期間を超えて行使された場合の債務不履行責任については、*274参照)。

*259　電電公社関東電気通信局事件・最判平成元・7・4民集43巻7号767頁。同旨、前掲・東京都事件(*245)。裁判例の分析として、遠藤俊郎「年次有給休暇——時季変更権の要件」労働関係訴訟 I 478頁以下参照。

*260　前掲・弘前電報電話局事件(*237)、横手統制電話中継所事件・最判昭和62・9・22労判503号6頁、東京国際郵便局事件・東京地判平成11・2・17労判756号6頁。一方、年休の時季指定を行った労働者に対して所属する労働組合の副支部長が代替要員確保の提案をしたにもかかわらず、同労働者が代替要員を依頼しなかった場合は、代替要員を確保しなくても通常の配慮を行ったものとは評価されない(前掲・東京都事件[*245])。

ってできるだけ年休を認める運用が行われてきたのであれば，それを検討しないまま行われた時季変更権の行使は違法である*261。確保の範囲については，単位となる事業（部・課）を原則としつつ，それと関連する業務を含めて考える必要がある。

　もっとも，使用者が求められるのは「通常の配慮」であるから，使用者が上述した具体的事情に即して通常の配慮をしたとしても，勤務割を変更して代替要員を確保することが客観的に困難であれば，時季変更権行使が違法とされることはない*262。また，代替勤務や勤務割の変更等は，本人の同意を得て行えば足り，対象者に代替勤務を命ずる義務はない*263。通常は，同意の打診で足りると解される*264。さらに，代替要員の確保には時間的余裕が必要であるため，労働者が十分な時間的余裕をもって時季指定を行えば，配慮の必要性が高まる反面，時季指定が当日など切迫した時期に行われたときは，時季変更が適法とされる*265。労働者の職務が専門的で代替困難であることも時季変更権の行使を適法化する理由となるが，年休権保障の観点から，長期的に見た使用者の配慮が問題となる（497頁。年休の完全消化に向けた長期的配慮義務と時季変更権

---

*261　前掲・横手統制電話中継所事件（＊260），名古屋近鉄タクシー事件（＊257），東灘郵便局事件（＊248），広島西郵便局事件・広島地判平成5・4・14労判634号53頁。これに対し，年休取得のために公休出勤を命じないことが労使間合意となっている場合は，公休者に公休出勤を命ずることは使用者が行うべき通常の配慮とは解されない（阪神電気鉄道事件・大阪高判令和5・6・29労判1299号12頁）。なお，必要配置人員の設定は業務支障の判断基準となるが，その場合も代替要員確保の努力は求められる（注釈労働時間657頁，大池市場協同組合事件・大阪地判平成4・12・21労判624号29頁参照）。

*262　前掲・JR東海事件（＊237）。同旨，前掲・JR東海［大阪］事件（＊237）。前掲・電電公社関東電気通信局事件（＊259）は，年休時の代替要員確保の方法として，管理職による欠務補充がとられていたところ，過激派による破壊活動の危険という異常事態により，この方法も不可能であったという事情の下でなされた時季変更につき「通常の配慮」がなされたものと判断している。また，前掲・東京都事件（＊245）は，バス運転士による年休の時季指定に対する時季変更権の行使につき，同人が指定した日に予備乗務員の活用や長期欠勤者のダイヤ補塡のための特別措置の発動によって代替勤務者を確保することは通常の配慮に含まれないとして適法と判断している。

*263　同旨，注釈労基（下）727頁［川田］。前掲・電電公社関東電気通信局事件（＊259）も，代替勤務の強制が週休者等の対象者に負担を課す結果となること等を理由に代替勤務命令を否定している。

*264　前掲・JR東日本［高崎車両区・年休］事件（＊255）。

*265　前者の例として，前掲・広島西郵便局事件（＊261），東京市外電話局事件・東京高判平成3・1・30労判580号6頁。後者の例として，仙台中央電報局事件・仙台高判昭和62・12・15労判509号12頁。

行使の違法性の関係については，509頁参照)[*266]。

c) **休暇期間の長さ**　休暇期間の長さも「事業の正常な運営を妨げる場合」に影響しうる。判例は，通信社記者による1か月の長期休暇請求に対し，使用者が後半12日間につき時季変更権を行使した事案につき，①長期休暇においては，事業の運営に支障を来す蓋然性が高くなり，事前の調整を図る必要が生じるのが通常であることから，②労働者が事前の調整を経ることなく長期かつ連続の時季指定を行った場合は，使用者に一定の裁量を認めざるをえないと解した上，③当該記者の職務の専門性が高く，代替要員の確保が困難だったこと，④記者が十分な調整を行うことなく時季指定を行ったこと，⑤会社が後半12日分についてのみ時季変更をしたのは「状況に応じた配慮」といえることなどから，時季変更権行使を適法と判断している[*267][*268]。長期休暇における調整の必要性を示唆する判断である。

d) **恒常的な人員不足との関係**　以上のように，裁判例は，年休権の尊重を大原則としつつ，企業における現実の運用を重視し，かつ，管理職や非番の労働者に過重な負担が生じないよう公平な処理を図っている。しかしながら，恒常的な人員不足から，代替要員を確保することが常に困難であるという状況は，それが現実の運用であっても，時季変更権の行使を正当化しない。

裁判例では，慢性的人員不足を理由に，代替勤務者確保の配慮を行わないまま多数回にわたって行われた時季変更を違法と解した例（前掲・西日本ジェイア

[*266]　実際には，管理職による代替勤務が行われることが多いが，管理職のみに負担を強いるのは不公平であるから，あくまでその同意が要件となる。職責を異にする管理職による代替が日常化していても，そうした事態そのものが「事業の正常な運営を妨げる場合」に当たると解すべきであろう。前掲・電電公社此花電報電話局事件（[*245]）。

[*267]　時事通信社事件・最判平成4・6・23民集46巻4号306頁。本件では，原判決（東京高判昭和63・12・19労判531号22頁）が，原告記者の代替要員の確保が可能であったことや，そもそも問題となった科学技術記者クラブへの単独配置に問題があったこと等を理由に時季変更権の行使を違法と解したのに対し，最高裁は，記者の業務の専門性から見て代替要員の確保が困難であったこと，単独配置は経営上のやむをえない理由によるものであり，年休取得の観点からのみ不適正な配置とは断定できないこと等を理由に適法と判断している。人員配置は基本的に人事権の問題であるから，最高裁の判断は妥当である。ただし，このように代替勤務が困難なケースについては，休暇の計画的付与という別個の配慮が要請される（509頁）。判旨②に対する批判として，水町793頁。

[*268]　日常的なルーティンワークではなく，以前から予定されていた特別な業務（重要な技術研修など）における年休取得については，研修の必要性が高い上，本人が参加してこそ意味がある研修であるから，研修等を欠席しても予定された知識・技能の修得に不足を生じさせないと認められない限り，時季変更権行使は適法と解される（日本電信電話事件・最判平成12・3・31労判781号18頁）。ここでは，代替勤務の可能性は問題とならない。

ールバス事件〔＊258〕）や，時季変更権行使は，他の時季に年休を付与する可能性があることを前提とするため，使用者が恒常的な要員不足のため常に代替要員の確保が困難な状況にある場合は，労働者の年休取得により事業運営に支障が生ずるとしても「事業の正常な運営を妨げる場合」に該当せず，時季変更権行使は許されないものとして無効となり，使用者は労働者に対して債務不履行責任を負うと判断した例がある（前掲・JR東海事件〔＊237〕。結論は，恒常的人員不足の状況を否定して会社の債務不履行責任を否定）。時季変更権に関する一般論としては妥当であり[269]，具体的判断も妥当と解される[270]【5-13】。

---

[269] 前掲・JR東海事件（＊237）。判旨は，労基法39条5項但書は，使用者が恒常的な要員不足状態に陥っており，常時代替要員の確保が困難な状況にある場合であっても，事業運営上の必要性が高くとも時季変更権行使が一切許されないとの事態を想定しているものではないとの会社側主張に対し，かかる場合にも使用者の労務指揮権が労働者の年休権に優先することを許容するのでは，年休権保障の趣旨に反するとして斥けている。妥当な判断と解される。ただし，＊258参照。

[270] 前掲・JR東海事件（＊237）。判旨は，具体的判断として，配置要員の状況，年休取得の状況（2年間において20日以上を取得），会社が労働組合が認める範囲内での休日勤務指定や代替要員確保措置等，できる限りの対応を講じたことから，恒常的な要員不足の状況に陥っていたものとは認められないと判断し，時季変更権行使を適法と判断し，会社の債務不履行責任を否定している。この点，前掲・JR東海事件原審（＊258）は，会社において各運輸所の乗務員が年休を平均20日取得できる状況とならないと見込まれる場合に，年休取得可能人員の増加を目的として計画的に休日勤務指定を行っていたこと等によれば，乗務員の年休取得日数が年間で平均20日以上という目標値を達成したのも，休日勤務指定制度を他の乗務員の年休の確保という本来の目的とは異なる目的で利用したことによるものと推察されるから，本件運輸所は恒常的な要員不足の状態に陥っていたとして上記義務違反を肯定していたが，この判断は，会社が不足する人員を補って年休取得可能人員を増加させるために計画的に休日勤務指定を行ったことを理由に恒常的要員不足を肯定する判断であり，年休取得に向けた使用者の努力を過小評価するとともに，時季変更権行使における裁量を過度に制限する判断として疑問の残る判断であった。前掲・JR東海事件（＊237）の上記判断は，この問題点を是正する判断と評価できる。

また，前掲・JR東海〔大阪〕事件（＊237）は，JR東海事件原審（＊258）とは対照的な判断を示しており，運輸所における恒常的要員不足の有無につき，会社は全乗務員が年休20日を取得できることを見込んだ人員を配置し，全乗務員が年休20日を取得できる状況とならないと見込まれる場合は，計画的な休日勤務指定等の対策を講じていたこと等によれば，特定の時期に年休取得が一時的に20日を下回ったからといって直ちに恒常的な要員不足とは評価できないとして適法と判断している。妥当な判断と解される。

このほか，前掲・東京都事件（＊245）は，使用者による時季変更権の行使は，労働者が別の日に年休を取得できることを前提とするから，労働者が指定した日以外の日に年休を取得することが不可能な場合は，使用者は時季変更権を行使できないと判断した上，時季変更権を行使された労働者が当該日にしか年休を取得できなかったとの主張を斥けて他の日に取得できたと判断し，時季変更権行使を適法と判断する一理由としている。

なお、労働者が退職直前等に年休時季指定を行ったため、他の時季に年休を取得する可能性がない場合の時季変更については、上記のとおり、時季変更権行使は、他の時季に年休を付与する可能性があることを前提とすることから要件を欠き、違法と解される[*271]。

(ウ) **行使時期・方法** 時季変更権は、時季指定後、年休の開始より前の一定の合理的期間内に行使しなければならない[*272]。ただし、時季指定自体が切迫した時期に行われ、時季変更権に関する判断の時間的余裕がなかったときは、遅滞なく行使される限り、年休開始後の事後行使も適法とされる（前掲・電電公社此花電報電話局事件［*245］）。他方、時季変更権の事後行使がそれに必要な合理的期間を徒過して行使された場合は、権利濫用ないし信義則違反として許されないものとして違法無効と解される。そして、この点は、時季変更権行使が労基法39条5項但書の要件（「事業の正常な運営を妨げる場合」）を充足する場合も同様に解される[*273][*274]。年休が不当な目的で利用された場合（競業他社での就労、反社会的活動への従事）も同様である。一方、使用者は時季変更に際し

[*271] 菅野＝山川498頁、注釈労基・労契(1) 640頁［野田進］。反対、下井386頁。裁判例として、代々木自動車事件・東京地判平成29・2・21労判1170号77頁、前掲・警和会事件（*237）。ただし、警和会事件は、病院職員232名が退職前に一斉年休申請を行った事案につき、病院業務に重大な支障を生ずる事情があることから、こうしたケースでは、使用者が労働者の年休取得に配慮しながら時季変更権を行使することは適法と判断している（本件については、510頁参照）。

[*272] 同旨、前掲・JR東海事件（*258）。その上で、判決は、年休の5日前に行われた時季変更権行使について、労働者らが従事していた事業（東海道新幹線の運行）、それに伴う臨時列車設定や突発的事態の発生に起因する時季変更権行使の必要性、労働者の被る不利益等を踏まえて適法と判断している。また、前掲・JR東海［大阪］事件（*237）は、会社は年休の時季指定後の勤務割の策定過程において優先して割り当てるべき乗務員から年休を順次割り当てており、半数を超える年休が年休申込簿への記入期限から5日後までに発表されていること等によれば、時季変更権の行使が時季指定から合理的期間を経過して行われたとはいえないと判断している。ともに妥当な判断と解される。

[*273] 前掲・広島県ほか事件（*245）。遅滞なき行使の要件の充足を否定し、時季変更権の事後的行使を違法と判断した例として、ユアーズゼネラルサービス事件・大阪地判平成9・11・5労判744号73頁。新型コロナ禍における特殊事案として、京王プラザホテル札幌事件・札幌地判令和5・12・22労判1311号26頁。

[*274] 前掲・JR東海事件（*237）は、合理的期間を超えて遅延して行われた時季変更権行使（事後的行使ではない）についても、恒常的人員不足下における時季変更権行使と同様の債務不履行構成（*258参照）を採用し、①信義則違反または権利濫用により無効となりうると解した上、②無効な時季変更権行使によって労働者が年休を取得できなかった場合は、使用者は労働者に対して労働契約上の債務不履行責任を負うと判示している（結論としては債務不履行を否定）。前掲・広島県ほか事件（*245）と異なり、「違法無効」ではなく「無効」と評価している点が気になることを除けば、妥当な判断と考える。

て，年休権本体に基づく配慮義務に基づき，その理由を告知する義務を負うと解すべきである（同旨，下井386頁）。

　(エ)　**効　果**　時季変更権が適法に行使されると，時季指定の効果（労働義務消滅の時期・年休手当請求権の取得時期の特定）が消滅し，労働者は労働義務を負う。したがって，その日に欠勤した労働者は懲戒処分を免れない[*275]。

　これに対し，時季変更権が違法に行使された場合は，時季指定の効果が発生し，労働義務が消滅する。また，違法な時季変更として不法行為となり，当該時季変更により不付与とされた年休日数に相当する賃金相当額の損害賠償責任が発生し[*276]，事案によっては年休不付与に起因する財産的損害の賠償責任（ホテルのキャンセル料等）が発生しうる[*277]。さらに，時季変更権の違法な行使は，使用者が違法に年休を与えないことを意味するから，年休付与義務（年休取得を妨げない不作為義務。497頁）違反の債務不履行ともなりうる。裁判例では，使用者が代替要員確保等の配慮を尽くさないまま頻繁に時季変更を行った事案につき，債務不履行として精神的苦痛に対する損害賠償を認めた例がある[*278]が，さらに進んで，時季変更により不付与とされた年休日数に相当する賃金相当額の損害賠償責任を肯定すべきであろう。

【5-13】　**労働法コンプライアンスと法的リスク管理——年休の完全消化に向けた長期的配慮義務**　　(1)　**概説**　時季変更権は，他の時季に年休を付与する可能性があること（完全消化）を前提に行使される権利を意味する。したがって，使用者は，日頃から代替要員を確保するための適正な人員配置体制を整えておくことを

[*275]　時事通信社［年休・懲戒解雇］事件・最判平成12・2・18労判776号6頁。

[*276]　年休（労基39条）事案ではないが，契約社員に対する夏期冬期休暇の不付与が旧労契法20条に違反するか否かが争われた日本郵便事件（最判令和2・10・15労判1229号67頁［大阪］，最判令和2・10・15労判1229号58頁［東京］，最判令和2・10・15労判1229号5頁［佐賀］。第12章[*147]参照）において，最高裁は，夏期冬期休暇の不付与による契約社員の損害につき，夏期冬期休暇は有給休暇として所定日数を取得できるものであるところ，契約社員は，同休暇を与えられなかったことにより，当該所定の日数について本来する必要のなかった勤務をせざるをえなかったといえるから，上記勤務をしたことによる財産的損害を受けたと判断している。その趣旨は，夏期冬期休暇が有給とされていることから，勤務しなくても得られたであろう賃金について損害と認定する点にあるものと解され，本文に述べた違法な時季変更権行使に起因する年休不付与の効果についても参考となる（土田道夫「有期・パート労働者の均衡待遇を考える」季労273号［2021］39頁参照）。

[*277]　慰謝料請求の認容例として，前掲・東京国際郵便局事件（[*260]），財産的損害賠償請求の認容例として，全日本空輸事件・大阪地判平成10・9・30労判748号80頁。

[*278]　前掲・西日本ジェイアールバス事件（[*258]），前掲・出水商事事件（[*237]）。

「状況に応じた配慮」(使用者としての通常の配慮)として要請される。また，そうした対応が経営状況等から困難な場合は，当該年度における年休の完全消化に向けて年休取得に向けた調整を行うこと(労働者が時季指定をしない場合の時季指定の勧奨，人員配置等に基づく計画的付与)が「状況に応じた配慮」として要請される。そして，「状況に応じた配慮」をこのように解すると，それは年度を通して長期的に行うべき配慮を意味することから，労基法39条1項〜3項の年休権(年休付与義務)本体の内容として発生する法的義務でもあると解すべきことになる(497頁)。すなわち，「状況に応じた配慮」については，時季変更権の行使要件である(502頁)と同時に，それに尽くされない長期的配慮を内包する使用者の「義務」と解すべきである(大内189頁参照)。

この点，「状況に応じた配慮」の性格については，時季変更権との関係でのみ捉えてその行使要件と解し，かつ，義務としての性格を疑問視する見解がある(たとえば，山川192頁は，「私法上の債務ではなく，……時季変更権行使の適法性の判断を左右する要素となることを示すものと考えられる」と説く)。これに対して，上述した私見の理由は以下のとおりである。上記のとおり，使用者は，①時季変更権行使時の代替要員確保の配慮とともに，②労働者の時季指定に備えて余裕のある人員配置を行い，または年休の計画的付与に向けた配慮を要請される。①は，そのつどの時季変更に付随する義務であるが，②は，むしろ年度当初の年休権(年休付与義務)の発生により，具体的時季指定・時季変更を待たずに発生する性格のものと解すべきである。人員配置の配慮も計画的付与も，具体的時季指定に応じて発生するものではなく，年度において長期的に行うべき配慮を意味するからである。そして，使用者は労基法39条1項〜3項によって年度当初から年休付与義務を負うのであり(497頁)，その内容として，こうした長期的配慮義務を肯定することが不当とは思われない。②の長期的配慮義務違反の効果としては，年休付与義務違反(債務不履行)に基づく精神的損害の賠償責任が考えられ，また，長期的配慮義務違反によって時季変更権行使が違法(不法行為)と評価された場合は，当該年休日数に相当する賃金相当額の損害賠償責任が考えられる(508頁)[279][280]。

---

[279] この点，前掲・JR東海事件原審(*258)は，時季変更権行使に際して負う配慮を労働契約上の義務(債務)として構成するが，これは上記①の段階の義務として構成する趣旨と解しうる。しかし，この意味における義務構成(債務不履行構成)に疑問があることは前述したとおりである(*258)。

[280] この点，労働時間等設定改善法(427頁)に基づく労働時間等設定改善指針(平成20年厚労告108号)も，事業主に対し，業務量を正確に把握した上で，労働者ごとの基準日や年度当初等に聴取した希望を踏まえた個人別年休取得計画表の作成，年休の完全取得に向けた取得率の目標設定の検討，業務体制の整備，取得状況を把握すべきことを述べており，有意義である。荒木251頁以下参照。

(2) 最近の裁判例　これに対して，最近の裁判例（前掲・警和会事件［＊237］）は，上述した長期的配慮義務を消極視する判断を示したが，疑問がある。事案は，病院の事業譲渡契約において，譲受法人が平成30年10月時点で譲渡法人の病院職員の年休を承継する旨説明していたにもかかわらず，事業譲渡契約の発効日（平成31年4月1日）直前の2月25日に至って年休を承継しない旨の方針に転換したため，多数の職員が年休を取得できなかったことから，職員らが，①譲渡法人は，職員らのシフト調整・人員配置等により年休取得に向けた具体的な措置を行うべき義務を怠り，また②時季変更権を違法に行使したと主張して不法行為または債務不履行に基づく損害賠償を請求したというものである。

　判決は，主張①に対し，ⓐ労基法は年休の時季指定を労働者の時季指定権行使に委ねており，使用者の年休時季指定付与義務（512頁）によっても，年休すべてでなく5日を確実に取得させる義務を課すものであることを踏まえると，「状況に応じた配慮」とは，個別具体的な時季指定に際して使用者ができる限り労働者が指定した時季に年休を取得できるようにするものにとどまり，年休全てを取得させるよう具体的措置を講ずる義務ではない，ⓑ仮に法人が上記義務を負うとしても，ⓘ譲受法人が年休を承継することを説明していた経緯によれば，平成30年11月時点で職員の退職日（平成31年3月31日）までに職員の年休を完全に消化させる必要があるとの認識に至らなかったとしても無理からぬところがあり，同時点で上記具体的措置を講ずる義務が生じていたとは認められず，ⓘⓘ譲受法人が年休を承継しない旨方針変更した平成31年2月25日時点では，退職日まで約1か月しかなく，年休を消化する措置を講ずることは著しく困難であったと判断し，譲渡法人の損害賠償責任を否定している。ⓐは，「状況に応じた配慮」を時季変更権の行使要件としてのみ把握する前記学説と共通する立場といえよう。

　しかし，この判断には疑問がある。まず，ⓐについては，前記のとおり，私も，「状況に応じた配慮」が個別具体的な時季指定権行使に係る義務（個々の時季変更権の行使要件）であることを何ら否定するものではない。しかし同時に，私見は，「状況に応じた配慮」が，当該年度における年休の完全消化に向けた調整を行うことを内容とする義務であり，個々の時季指定に応じた時季変更権の行使要件にとどまらない年休権（年休付与義務）本体を構成する義務と解するものである。したがって，判旨のように，「状況に応じた配慮」が個々の時季指定権行使・時季変更権行使に係る概念であることを論ずるだけでは，それが年休完全取得に向けた長期的配慮義務であることを否定する理由とはならないと考える[*281]。

[*281]　この点，判旨は，使用者の年休時季指定付与義務（511頁）を挙げて，「状況に応じた配慮」は，個別具体的な時季指定に際して使用者が行うべき配慮にとどまると説くが，年休時季指定付与義務は，労働者の時季指定権とは別の年休時季指定方法として導入されたものであり，年休権（年休付与義務）本体から導き出されるものである（＊242参照）。この立法を踏まえ

次に，本判決が⑥を判示していることによれば，年休完全取得に向けた長期的配慮義務を全く否定するものでもないようであるが，この判断にも疑問がある。判旨⑥⒤は，譲受法人による年休の承継を内容とする当初合意によれば，譲渡法人が平成 30 年 11 月時点で職員の年休を完全に消化させる必要があるとの認識に至らなかったとしても無理はない旨判示するが，この当初合意は書面化されていない口頭合意（いわば「口約束」）にとどまり，実効性に欠けるものであって，現に平成 31 年 2 月に至って覆されている。この点を踏まえると，譲渡法人としては，当初合意とは別に，平成 31 年 3 月末の退職時までの間の年休完全取得を目標に，できるだけ多数の職員ができるだけ多くの年休を取得できるよう，時季指定の勧奨，シフト調整・人員配置・業務量調整等による計画的付与の措置を講ずるべきであり，それが年休取得に向けた長期的配慮義務を構成すると考える*282。また，こうした対応・調整は，譲渡法人の長期的配慮義務の内容を成すと同時に，「状況に応じた配慮」として個々の時季変更権の行使要件ともなる（502 頁以下）ところ，譲渡法人は，こうした対応を全く行っていないのであるから，「状況に応じた配慮」を履行したものとは評価できず，職員らの主張②のとおり，本件時季変更権行使は違法と解すべきである。一方，平成 31 年 2 月 25 日時点における法人の措置義務を否定した判断（⑥ⅱ）には異論はないが（退職まで約 1 か月しかない短期間で長期的配慮義務を履行することは不可能である），その前段階である平成 30 年 11 月段階では，長期的配慮義務の履行は可能であり，その懈怠に起因する時季変更権行使は違法と考えるべきである。

(3) 使用者の年休時季指定付与義務

(ｱ) **概　説**　前記のとおり（491 頁），2018 年の労基法改正（働き方改革推進法）により，年 5 日の年休について使用者の年休時季指定付与義務が導入された（労基 39 条 7 項・8 項）。すなわち，使用者は，年休日数が 10 日以上の労働者に対し，年休のうち 5 日については，基準日（継続勤務した期間を 6 か月経過日［雇入れの日から起算して 6 か月を超えて継続勤務する日］から 1 年ごとに区分し

れば，「状況に応じた配慮」についても，個別具体的な時季指定に際しての配慮にとどまらず，個々の時季指定権に尽くされない権利義務（年休権本体に基づく長期的配慮義務）を構成すると解することは可能であるし，またそのように解すべきものと考える。
*282　この長期的配慮義務は，職員の年休取得のために譲渡法人が本文記載の諸措置を講ずるべき義務（手段債務）であり，職員の年休取得を実現すること（結果債務）まで求める趣旨ではない。本件では，譲渡法人がこうした手段すら講じなかったことが問題なのである。なお，譲渡法人が譲受法人との間の当初合意を口頭合意（「口約束」）に終わらせず，合意内容を書面化して実効性を担保するといった対応も，年休に関する長期的配慮義務を構成すると解される。

た各期間の初日）から1年以内の期間に，労働者ごとにその時季を定めることにより与えなければならない（同条7項。なお年休を当該年休に係る基準日より前の日から与えるときは，労働者ごとにその時季を定めることにより与えなければならない）。使用者が労働者の時季指定または計画的付与制度により年次有給休暇を与えた場合は，当該付与日数分については，使用者は時季指定により与えることを要しない（同条8項）。使用者は，時季指定付与に際して，労働者の意見を聴取するとともに，その意見を尊重するよう努めなければならない（改正労基則24条の6）。使用者による時季指定付与は，半日単位でも行うことができる（平成30・12・28基発1228第15号）。

　本改正は，使用者に対して時季指定による年休付与義務を課したものであり，その趣旨は，年休取得の促進にある。日本における年休取得率は一貫して低調であるが，その一因として，労働者に時季指定権があるため，かえって自己抑制してしまうことが考えられる（491頁参照）。そこで，使用者に年休時季指定付与義務を課すことで年休付与のインセンティブを与え，年休取得の促進を図ろうというのである。有意義な改正と評価することができる。

　(ｲ)　**法的意義**　もっとも，使用者の年休時季指定付与義務の意義は，特に労働契約法の観点からは不明確であり，2つの対照的な考え方がありうる。第1に，使用者の時季指定はあくまでその義務であり，労働者を拘束するものではなく，労働者は別途時季指定権を行使できるという見解がある。これによれば，使用者が時季指定した日に労働者が出勤した場合，使用者は就労（労働の受領）を拒否することはできず，したがって，当該日に年休を付与した（年休付与義務を履行した）ことにはならないとともに，労働者が別途時季指定を行えば，その効果の発生（年休日の特定）を阻止するためには，適法な時季変更権の行使（労基39条5項）を要することになる[283]。

　第2の見解は，より直截に，使用者の年休時季指定付与義務は，使用者に時季指定の権限を認めつつ，それに基づく年休付与義務を規定したと解するものである[284]。これによれば，使用者が時季指定権を有する以上，その時季指定によって年休の具体的時期が特定され，年休権の効果（労働義務の消滅・年休手

---

[283]　2018年労基法改正に携わった担当者が第1説と同旨を述べている（岡崎淳一［元厚生労働審議官］『働き方改革のすべて』［日本経済新聞出版社・2018］149頁）。

[284]　ドイツ法では，この考え方が採用されてきた（土田・労務指揮権200頁以下参照。Vgl. Munchener Handbuch Arbeitsrecht Bd.1, 4.Aufl., 2018, s.1784ff.）。菅野百合ほか『働き方改革とこれからの時代の労働法』（商事法務・2018）181頁以下は，これと同旨か。

当請求権の取得）が発生することになる。使用者から見れば，年休時季指定によって年休付与義務を履行したと評価される反面，自ら時季指定権を行使した以上，時季変更権を行使する余地はないことに帰着する[*285]。使用者の時季指定権の側面に着目すれば，その法的性質は，労働者の時季指定権（労基39条5項。499頁参照）と同様，形成権と解される。一方，この見解によれば，労働者の年休権との関係では，使用者の恣意的な時季指定によって年休権が侵害される可能性が生ずるので，労働者の①意見聴取義務および②意見尊重義務が重要となるが，前記のとおり，①②の義務は労基則上の義務（改正労基則24条の6）にとどまり，②は努力義務とされているため，使用者の時季指定を規制する特段の効力を肯定することは困難である[*286]。

厚生労働省は，年休時季指定付与義務の効果について，「使用者が時季指定を行うと年休日が確定し，当該日の就労義務がなくなる」と述べており，第2説に近い。また，使用者が指定した時季について，労働者が変更することはできないことやいったん決定された時季について，使用者が意見聴取の手続を再度行い，その意見を尊重することによって変更することは可能であるとも述べており，この点でも第2説に近い[*287]。

私見は第2説を支持する。すなわち，第1説の立場では，使用者が年休取得促進のために時季指定を行っても，年休の取得は労働者の任意に委ねられるため，年休の取得促進という改正労基法の基本趣旨と矛盾するとともに，当事者の権利義務関係を不明確なものとしかねない。むしろ，第2説のように，使用者の時季指定付与に時季指定権の意義を認めて労使当事者に対する拘束力を肯定する方が，改正法の趣旨の観点からも労働契約法の観点からも妥当な解釈と考える。一方，第2説の立場からは，労働者の①意見聴取義務および②意見尊重義務が労基則上の義務にとどまり，しかも②は努力義務にとどまることは問

[*285] 計画年休（労基39条7項）の場合，労使協定の締結によって年休日が特定される結果，使用者の時季変更権は労働者の時季指定権とともに消滅すると解されるが，第2説によれば，使用者の年休時季指定付与義務の効果も同様に解されることになる。

[*286] この点，前掲行政解釈（基発1228第15号）は，労働者の意見聴取・尊重について，労基法39条7項の基準日から1年を経過する日までの間の「適時に，労働者から年次有給休暇の取得を希望する時季を申告させることが考えられ」，尊重の内容としては，「できる限り労働者の希望に沿った時季を指定するよう努めることが求められる」とするが，あまり実効性のない規律である。

[*287] 以上，厚生労働省・労基法（上）659頁。町田悠生子「使用者による時季指定の法的性質と改正労基法の課題」労働135号（2022）166頁参照。

題と解される。前記のとおり，使用者の恣意的な時季指定が年休権を侵害する可能性があることを考えると，これら両義務は本来，労基法39条本体において強行法規として規定されるべきものである[*288]。この点，ドイツの連邦休暇法7条1項は，年休時期の決定方法として，使用者に休暇時期決定権を認めつつ，それに基づく年休付与義務を規定しており，改正労基法39条7項はこれと同様の立法政策に立つものと解されるが，ドイツ連邦休暇法7条1項は，使用者の休暇時期決定権の要件として，使用者が原則として労働者の希望を考慮すべきことを規定しており，まさにそうした趣旨の立法である[*289]。使用者の年休時季指定付与義務については，こうした観点から見直しを検討すべきであろう。

5 計画年休

(1) 意義・要件

計画年休は，年休の取得率の低さという実情を踏まえて，年休の計画的・連続的取得を促進するために設けられた制度である。すなわち，使用者は，事業場の過半数組合または過半数代表者との間で書面による協定を締結し，年休時季に関する定めをしたときは，年休日数のうち5日を超える部分については，時季指定・時季変更によることなく年休を与えることができる（労基39条6項）。年休時季の決定方法として，時季指定権と並ぶ第2の方法を認めたものである[*290]。対象から5日分が除外されたのは，労働者個人の意思による年休取得の余地を残す必要があるからである。

年休の「時季に関する定め」としては，①具体的な年休日を定めるのが原則であるが，②計画年休の日数や作成時期・手続を定めるものでもよい。事業場全体の一斉休暇や，班別の交替制休暇の場合は①が，計画表による個人別休暇を実施する場合は②が用いられる（昭和63・1・1基発1号）。裁判例では，労使協定における年休時季の明示を計画年休の要件と解し，日数だけを定めた計画

[*288] ほぼ同旨，奥田香子「年次有給休暇制度の『転換』——年休付与義務構成の再評価」法時91巻2号（2019）24頁。

[*289] この結果，使用者の年休時期決定は，先行する労働者の時期希望に拘束される。土田・労務指揮権201頁参照。

[*290] 過半数代表者の要件を充足しない者が締結した協定は本条所定の労使協定たりえず，また，その場合は，仮に計画年休について個々の従業員全員から同意を得ていたとしても，当該計画年休を適法化するものではない（前掲・シェーンコーポレーション事件［*222］）。

年休の適法性を否定した例があるが*291，個人ごとの年休の計画的付与の途を封ずる見解として賛成できない。

(2) 効　果

計画年休協定が締結されると，年休日は協定の定めに従って特定される。すなわち，労使協定の締結によって年休の個人的特定手続（労基39条5項）は排除され，労働者の時季指定権・使用者の時季変更権はともに消滅する。この結果，当該年休日について年休の効果（労働義務の消滅・年休手当請求権の取得）が発生し，労働者は年休を取得する権利を有すると同時に，年休取得の義務を負う。したがって，労働者が計画年休日に相当する年休を別に時季指定しても，使用者はこれに応ずる必要はなく，労働者がその日に欠勤すれば労働義務違反となる。要するに，計画年休協定は，それに反対する労働者にも及ぶ*292。

この点，労使協定は一般に労基法上の例外的措置を適法とする効果しかもたないが（250頁），年休権は労基法上の権利であるから，労基法上の要件である労使協定の締結によって年休日特定の効果が発生すると考えれば足り，労使協定一般と同視する必要はない。その代わり，労使協定によって年休日が特定され，時季変更権が消滅する以上，計画年休の一方的変更は許されず，労働者の個別的同意が必要となる*293。

6　年休の利用目的

年休の利用目的については，明文の法規定はないが，年休自由利用の原則が確立されている。すなわち，「年次休暇の利用目的は労基法の関知しないところであり，休暇をどのように利用するかは，使用者の干渉を許さない労働者の自由である」*294。労働者は年休によって労働義務から解放され，年休日は労働日たる性格を失うのであるから，その日を自由に利用できることは当然の原則といいうる。具体的には，以下のように解される（年休の争議目的利用については，菅野＝山川507頁参照）。

---

*291　前掲・全日本空輸事件（*277）。
*292　菅野＝山川502頁，下井389頁。裁判例として，三菱重工業［計画年休］事件・福岡高判平成6・3・24労民45巻1＝2号123頁。
*293　計画年休制度導入前の事案に関する判断として，高知郵便局事件・最判昭和58・9・30民集37巻7号993頁。
*294　前掲・林野庁白石営林署事件（*237）。同旨，前掲・出水商事事件（*237）。

第1に、年休をいかなる目的で利用するかは労働者の自由である。年休の利用目的には、年休権の趣旨から見て問題なしとしないものもあるが（アルバイトなど有償労働への従事）、それらは多分に労働者個人の価値判断に属する（たとえば、年休を利用して能力啓発をしようと考えた労働者が、そのために有償労働に従事することもありうる）。したがって、休暇の利用目的を年休権の無効原因と解すべきではない*295。ただし、休暇期間中は労働義務が消滅するにとどまり、誠実義務や守秘義務・競業避止義務は存続する（150頁以下）ため、労働者が休暇期間中にこれら義務に違反した場合（競業他社での就労、反社会的活動による企業の信用・名誉の毀損等）は、使用者は、懲戒処分等の責任追及を行うことができる。

第2に、労働者は年休取得（時季指定権の行使）に際して、年休目的を告知する必要はなく、使用者も目的を尋ねることは原則として許されない。利用目的の告知義務を定める就業規則等は無効である。仮に目的を告知しても、その目的と異なる目的に利用することは労働者の自由である（菅野＝山川506頁）。

第3に、使用者は、年休の利用目的を考慮して時季変更権を行使することも許されない。この点、判例は、労働者が年休を用いて反社会的活動に参加する可能性がある場合についても、その点を考慮して時季変更権を行使することは、「利用目的を考慮して年次休暇を与えないことに等しく、許されない」と判断している（前掲・弘前電報電話局事件［*237］）。この判断は、年休自由利用原則を貫徹する判断として適切と解される。

一方、年休自由利用原則を貫徹するとしても、反社会的活動への参加の蓋然性や、競業他社での就労の蓋然性が高度に認められる場合にまで、常に年休の成立を肯定することは行き過ぎであろう。そうした活動によって企業利益（信用・名誉、財産的利益）が害される蓋然性が高度に認められるにもかかわらず、年休の成立を肯定することは、労使間の利益調整を著しく害し、年休権の前提を成す労基法および労働契約の基本理念（労働条件対等決定原則［労基2条1項］）に反する結果をもたらすからである。したがって、こうしたケースに限り、時季指定権の濫用（労契3条5項）を肯定すべきであろう。時季指定権の濫用が想定されるケースのほとんどは、時季変更権行使（「事業の正常な運営を妨げる場合」［労基39条5項但書］）によって対処可能であるため、時季指定権の濫用を

---

*295　裁判例では、夜勤業務を回避する目的で行われた時季指定を時季指定権の濫用と解した上、その目的を問い質すことについても自由利用原則に違反しないと判断した例があるが（前掲・日本交通事件［*246］）、賛成できない。

認める必要はないが（499頁および＊246），時季変更権がその要件を充足しない一方，上記事例のように年休目的が著しく不適切な場合については，時季指定権の濫用によって労使間の利益調整を行うべきである。この点，判例（前掲・弘前電報電話局事件［＊237］）は，年休自由利用原則を確認した上，反社会的活動への参加の蓋然性が認められる労働者の時季指定について，同人の「年次休暇の時季指定が権利濫用とはいえないことも明らかである」と理由を示すことなく判示しているが，そのように判断してよいかは疑問である。一方，学説では，年休自由利用原則の貫徹を確認しつつ，「個別的に『権利の濫用』と目するに足りない」場合に限り「労基法の関知しないところ」と解する見解があり（菅野＝山川506頁），私見はこれを支持したい＊296。

第4に，自由利用原則の例外として，同一時期に複数の時季指定が競合し，その一部について時季変更権を行使せざるをえない場合や，時季変更権の要件が存在するものの，利用目的によっては変更権行使を控えるために利用目的を考慮する（質問する）ことは同原則に違反しない＊297。そうした考慮は，労働者の公平な年休取得を実現する上で望ましいことだからである。

＊296 本文のような事例について年休自由利用原則の例外を肯定すべきことを論じていた本書第2版の見解（390頁）を改める。竹内（奥野）寿［判批］ジュリ1596号（2024）4頁参照。
　なお，前掲・京王プラザホテル札幌事件（＊273）は，ホテルの宿泊部長がハワイで行われる娘の結婚式出席のために行った年休時季指定に対して会社が時季変更権を行使したこと（渡航禁止命令）につき，年休自由利用原則を前提としつつ，当該利用目的自体が使用者の事業の正常な運営に直接影響を及ぼすこととなる特段の事情がある場合は，例外的に年休の利用目的を考慮することも許されると述べた上，2021年3月当時の新型コロナ蔓延状況の下では，仮に同人がハワイにて新型コロナウイルスに感染して帰国後に発症した場合は，当該感染の事実が大々的に報道され，ホテルに対する社会的評価の低下によって会社の事業継続に影響しかねないものであり，上記特段の事情があるとして，年休利用目的を例外的に考慮することを適法と判断している。年休自由利用原則に対する例外を認めない立場からは問題のある判断であり，むしろ本件では，上記のような新型コロナ蔓延状況の下で，ホテルの宿泊部長が年休を取得してハワイに渡航することがホテル事業に重大な影響を及ぼす蓋然性が高いとして「事業の正常な運営を妨げる場合」（労基39条5項但書）該当性を肯定できる事案であったと思われる（本判決は，控訴審［札幌高判令和6・9・13判例集未登載］で見直されたようであるが，未入手のため，検討は割愛する）。

＊297 前掲・電電公社此花電報電話局事件（＊245）。下井390頁参照。

7 年休取得と不利益取扱い

使用者は、労働者が年休を取得したことを理由に、賞与の算定上不利益に扱ったり、皆勤手当を支給しないなどの不利益取扱いを行うことがある。この点、労基法39条に規定はないが、同法附則136条は、「使用者は、……有給休暇を取得した労働者に対して、賃金の減額その他不利益な取扱いをしないようにしなければならない」と規定している。この規定を含めた不利益取扱いの可否については、①労基法39条自体を強行法規と解し、不利益取扱いを同条違反として無効と解する見解（多数説）[*298]、②附則136条を私法的強行規定と解し、同条を根拠に不利益取扱いを違法と解する見解、③不利益取扱いを一律に違法とはせず、その内容・程度によって公序（民90条）違反となるにとどまると説く見解が見られる。判例は③説に立ち、不利益取扱いの趣旨・目的、経済的利益損失の程度、年休取得に対する事実上の抑止力の強弱等を総合し、年休権保障の趣旨を実質的に失わせるものと認められない限りは公序違反として無効とはならないとした上、タクシー乗務員の年休取得に対する皆勤手当の不支給措置について公序違反を否定している[*299]。判旨はまた、附則136条（当時は134条）は努力義務にすぎないともいう。

しかし、年休制度は年休の付与を有給（年休手当の支給）で義務づける点を特色としており（労基39条7項。この点が「休業」との違いである［602頁参照］）、皆勤手当や賞与などの賃金について年休取得日を出勤日と同様に扱うことを義務づける趣旨を含むと解すべきである。また、使用者は労基法39条に基づいて、年休取得を妨げてはならない不作為義務を負うが（497頁）、この義務は、年休取得を理由として不利益取扱いを行わない義務を含むと解される。したがって、①説が妥当である（附則136条は、年休権保障に含まれる不利益取扱い禁止の私法規範を確認した規定ということになる）。

[*298] 同旨、菅野＝山川509頁、川口347頁。基コメ労基・労契176頁［竹内（奥野）］など。行政解釈は③説に近い（昭和63・1・1基発1号）。

[*299] 沼津交通事件・最判平成5・6・25民集47巻6号4585頁。同旨、錦タクシー事件・大阪地判平成8・9・27労判717号95頁（賞与計算上の不利益取扱い）、練馬交通事件・東京地判平成16・12・27労判888号5頁（皆勤手当等の不支給）、東豊商事事件・東京地判平成26・4・16労経速2218号3頁（精勤手当の減額）、宮城交通事件・東京地判平成27・9・8労経速2263号21頁（賃金控除規定）。

第6章
労働契約の展開
――人　事

第1節　企業人事と労働契約法
第2節　能力開発・教育訓練
第3節　昇進・昇格・降格
第4節　配置転換（配転）
第5節　出向・転籍
第6節　休職・休業

第1節　企業人事と労働契約法

1　企業人事の意義・人事権の意義

(1)　企業人事の意義

　人事とは，労働者を企業組織の中に位置づけ，活用し，処遇することをいう。具体的には，募集，採用，配置，教育訓練・能力開発，人事考課，人事異動（昇進・昇格・降格・配転・出向・転籍），休職，懲戒，退職，解雇など，雇用関係（労働契約）の全ステージにわたる広範な内容を有し，以下のように，労働契約法の中枢に位置する[*1]。

　第1に，企業は，人（人的資源），物（設備），金（資本）という三つの経営資源から構成されるが，人事は，このうち人（人的資源）の管理機能を担う制度である。人的資源の管理が適切に行われなければ，企業の円滑な運営も望めな

[*1]　人事および人事管理に関しては，今野浩一郎＝佐藤博樹『人事管理入門〔第3版〕』（日本経済新聞出版・2020），佐藤博樹＝藤村博之＝八代充史『新しい人事労務管理〔第6版〕』（有斐閣・2019）。

い。また，人事制度の設計・運用は，労働条件・処遇全般に影響する重要なファクターともなる。第2に，人事は，労働者から見ても重要な関心事である。それは，労働者が自らの社内の位置づけを確認し，能力を開発するためのツールとなり，将来に向けた意欲（モティベーション）を喚起するための目標ともなる。第3に，人事は企業戦略の決定とも関連する。人的資源が主要な経営資源の一つである以上，企業は人事を抜きにして高度な経営戦略を立てることはできないから，人事は企業の経営戦略を左右する要素となる。

　法的には，このように重要な意味をもつ人事を適正に進めるためには，労働契約法が不可欠である。成果主義人事にせよ，多元型正社員制度（ジョブ型雇用・勤務地限定制度・リモート勤務制度等）職務選択・キャリア支援制度（社内公募制・社内FA制等）にせよ，知的財産・情報管理にせよ，労働契約法の規律を免れない以上，その正しい理解なしに進めることはできない。こうして，労働契約法は企業人事と密接に関係し，また人事を介して企業法・企業法務とも密接に関連する（38頁以下）。

　このように，広範な内容を有する人事であるが，本章では，このうち能力開発・教育訓練，昇進・昇格・降格，配置転換（配転），出向・転籍，休職・休業を取り上げ，労働契約法の観点から解説する。

(2) 人事権の意義

　人事管理・人事制度を法的に基礎づける権利として重要な概念が「人事権」である。人事権のエッセンスは，企業（使用者）が一方的に行使する裁量権であるという点にある。もともと労働契約は，企業という集団的組織を舞台に展開される契約（組織的契約）であり，そこでは，企業組織を編成・統率する者（使用者）に一定の裁量権を認める必要がある。また，日本の長期雇用システムの下では，雇用保障の要請が生じ，解雇権が制約される一方，長期的な人材育成が重要となることから，能力開発，昇格・昇進，配置転換等の人事を公正かつ柔軟に実施する必要性が高まるが，人事権はそのための必須の権利として機能する（菅野＝山川180頁，大内126頁参照）。

　こうして，人事権は，労働契約を機能させるための不可欠の権利を意味し，労働契約の締結によって当然に（労使間の特段の合意を要することなく）発生する権利と解される。しかし一方，人事権の不当な行使は労働者の正当な利益（キャリア形成の利益，ワーク・ライフ・バランス）の侵害をもたらしうるので，労働

契約上の合意，信義則（労契3条4項）による内容規制および権利濫用（労契3条5項）によってコントロールすることが課題となる。これらのコントロールを通して，労働契約（人事権）の適正な運営を促進することが労働契約法の任務となる。

2 企業人事の変化と人事権

(ア) このように，人事権は労働契約における基本的概念として広範な内容を有する権利であるが，最近，こうした状況に変化が生じている。すなわち人事権は，長期雇用制度の下で，柔軟な人事管理を行うための権利として認められてきたが，その長期雇用制度自体が変化すると，人事権にも一定の制約を課す方向で変化が生ずることになる。具体的には，次の諸点が挙げられる。

第1に，人事管理の個別化・多様化が進展している。労働者を均一な人事制度に位置づけるのではなく，その個性に応じて企業組織に位置づけようとする動向である。職種・部門限定社員制度，勤務地限定制度，専門職制度，短時間正社員制度が典型例である。そして，2020年以降の新型コロナ危機に伴うテレワークの導入・普及等を背景に，ジョブ型雇用への関心・導入の動きが広がっている（この点について549頁）。また，大企業を中心に，社内公募制・社内FA制等，労働者の希望や適性に応じて，その選択権を認める動きが生じている。

第2に，人事処遇に際して，仕事の質や成果に重点を置く動きが見られる。いうまでもなく，成果主義人事の進展であり，職能資格制度が様々に改編されたり，仕事と処遇の結び付きを強化する制度（職務等級制度，役割給制度）が導入されるなど，企業において多様な制度が導入されている。

第3に，労働者個人のキャリア形成の利益が重要な価値を認められている。この点は，政策的にも職業能力開発促進法における基本理念として重要な位置を占めており，人事権濫用に係る判断にも影響を及ぼしている（558頁）。

第4に，「仕事と生活の調和」（ワーク・ライフ・バランス）の尊重という変化が生じている。法政策としては，育児・介護休業法の逐次改正（604頁），労働時間法の改正（本書第5章），労働法3条3項（仕事と生活の調和への配慮の原則。58頁），雇用機会均等法における間接差別規定（7条）の導入（転勤経験を昇進の条件とすることについて間接差別と規定。978頁）が挙げられる。企業においても同様の変化が生じており，人事異動に際して育児・介護上の便宜に配慮する制

度や，前述したジョブ型雇用・勤務地限定制度のほか，テレワークの普及に伴い，転勤・単身赴任の必要性が一定程度後退したことを受け，ワーク・ライフ・バランス確保や離職防止の観点から転勤制度自体を見直す企業が登場している（遠隔地転勤の見直し。566頁）*2。

(イ) 以上に概観した人事制度の変化は，従来は企業のいわば聖域（実質的には固有権）であった人事権を制約する方向に働く。たとえば，①ジョブ型雇用や勤務地限定制度の下では，労働契約上も職種や勤務地限定の合意が認定され，人事権を排斥するし，②社内公募制・社内FA制においては，配転等の人事は業務命令によってではなく，労使間合意によって行われる。また，③成果主義人事の下では，昇進・昇格や降格がシビアに実施される反面，その基礎となる人事考課は公正な評価であることを求められ，不公正な評価は人事権の濫用を成立させる。さらに，④個々の人事権行使に際しても，労働者のキャリア形成の利益や，私生活・家庭生活上の利益（ワーク・ライフ・バランス）が考慮され，人事権濫用の判断要素に位置づけられる。

以上のうち，①・②は，人事権それ自体が労働契約によって制限される例であり，③・④は，人事権の濫用規制を通して人事権が制約される例である。労働契約法は，こうした変化をフォローしつつ，労働者の新たな利益も考慮して，企業人事の適正な運営を促す法的規律を行うことを任務とするのである。

第2節　能力開発・教育訓練

1　能力開発・教育訓練の意義

(ア) 日本では，使用者が労働者に対して様々な形で企業内の能力開発・教育訓練を行っている。企業における能力開発・教育訓練は，「労働者の業務の遂行の過程内における職業訓練」（OJT）と，「業務の遂行の過程外における職業訓練」（Off-JT）に大別される（能開9条）。

---

*2　小畑史子「使用者の人事権と労働者の職業キャリア・個人の生活および事情」講座再生(2) 196頁以下参照。野川301頁以下は，こうした雇用社会の変化を踏まえて，人事権という包括的概念を用いることに疑問を呈し，川口481頁は，より理論的な観点から人事権概念を否定している。

(イ) こうした企業内教育訓練の多様性と重要性に鑑み、国はこれを職業能力の開発促進に関する法政策に組み入れている*3。その基本法が職業能力開発促進法（昭60法56。以下「能開法」ともいう）であり、労働者の職業能力の体系的・段階的発展の促進という理念（3条）に基づき、そのための方法として「事業主等の行う職業能力開発促進の措置」（企業内教育訓練）を位置づけている。すなわち、同法は、労働者の職業生活設計の理念（2条4項・3条の2）および職業能力の開発・向上に対する援助を事業主の責務と定め（4条1項）、そのための機会確保措置として、OJT・Off-JTほかの訓練（9条）や、労働者が自ら行う職業能力開発の支援を位置づけている（10条の2・10条の3）。

2 能力開発と労働契約

(1) 能力開発・教育訓練を命ずる権利

労働契約法において重要な問題は、能力開発・教育訓練がどのようにして労働契約上の権利義務となるかである。この点、能力開発・教育訓練は、就業規則の相対的必要記載事項であり（労基89条7号）、具体的な記載事項は、職業訓練の種類、職種等の内容、受講者の資格、訓練期間中の労働者の権利義務、訓練修了者の処遇とされている（昭和44・11・24基発776号）。こうして、就業規則は、能力開発が労働契約上の権利義務となることを基礎づける意味をもつ。では、次に、使用者は労働者に対し、いかなる根拠によって能力開発・教育訓練の受講を命ずることができ、その限界はどのように解されるべきか。OJTとOff-JTに分けて考えよう。

(ア) **OJT** まず、OJTは、日常的な労働過程で業務の一環として行われるので、それを命ずる根拠が労働契約にあることは明白である。つまり労働者は、労働義務の一部としてOJTに従事する義務を負い、使用者は就業規則の規定がなくても、労務指揮権を行使してOJTの受講を命ずることができる*4。ただし、OJTといえども、日常業務と著しく異なる職務を命ずるような場合は労働義務の範囲を超えることがあるし、行き過ぎた指導や訓練によって労働者の名誉を侵害したり、精神的・身体的自由を不当に拘束すれば、パワー・ハラスメント（精神的な攻撃。172頁参照）となり、権利の濫用（労契3条5項）として無効となり、事案に応じて不法行為を成立させる（民709条）。裁判例では、

---

*3 能開法については、菅野＝山川85頁以下、荒木846頁以下、野川780頁以下参照。
*4 菅野＝山川674頁、土田・労務指揮権558頁。

上司が指導監督目的で送信したメールが行き過ぎた内容によって労働者の名誉感情を毀損したケースにつき，人格権侵害の不法行為を認めた例*5 等がある。

(ｲ) **Off-JT**　これに対し，日常業務を離れて業務の過程外で実施されるOff-JT の根拠と限界はより微妙な問題となる。まず，その法的根拠はやはり労働契約に求められ，使用者は労務指揮権に基づいてその受講を命じうると解される*6。

もっとも，Off-JT には法令上および労働契約上の限界がある。法令上の規制としては，労基法上の労働時間規制および労安衛法の規制が重要であり，労働契約上の限界としては，目的上の限界が重要である。後者については，労働者の本来の職務（労働義務）との関連性が判断基準となり，労働者が現在従事している職務の遂行に必要な Off-JT や安全衛生教育のほか，将来従事を予定される業務に関する Off-JT（資格取得のための講習会への参加，後述するリ・スキリング受講等）は広範に認められる。これに対して，職務との関連性がない Off-JT は，労働契約の範囲を超えるものとして一方的命令は許されない。思想・信条に関するもの，文化・一般教養に関するもの，職務とは無関係に人格の陶冶を目的とするもの等が挙げられる（野川 303 頁参照）。

(2) 能力開発・教育訓練を受ける権利

(ｱ) **概　説**　前記のとおり，職業訓練を就業規則の必要記載事項とする労基法（89 条 7 号）の下では，能力開発・教育訓練は労働条件としての性格を有し，労働者の「権利」としての性格も有している。また，能開法の政策としても，前記のとおり，労働者の職業生活設計の理念および職業能力の開発・向上に対する事業主の援助の責務が規定されている。事業主のこれら責務は，直接的には国に対する責務を意味するが，実質的には，労働者に対する責務（人事権濫用の判断要素）としても機能する。こうして法は，能力開発・教育訓練を労働者の権利・利益に位置づける方向性を強めている*7。

---

*5　A 保険会社上司事件・東京高判平成 17・4・20 労判 914 号 82 頁。

*6　菅野＝山川 674 頁，土田・労務指揮権 559 頁。裁判例として，国鉄事件・東京高判昭和 52・1・26 労民 28 巻 1＝2 号 1 頁，新日本製鐵［長期教育措置］事件・東京高判平成 20・1・24 労経速 1994 号 29 頁（定年直前者に対する 6 か月の長期教育措置）。

*7　両角道代「雇用政策法と職業能力開発」労働 103 号（2004）22 頁以下，注釈労基・労契(2) 96 頁以下［両角道代］参照。両角・前掲論文（労働）34 頁は，労働者の能力開発の利益への配慮について，「消極的な職業能力尊重義務」（労働者が能力を発揮し向上させることを阻

(イ) **能力開発・教育訓練の受講権**　まず，能力開発・教育訓練の受講権は労働協約や就業規則において，その内容が明確に制度化されていることを前提に肯定される。前記のとおり，教育訓練に関する事項は就業規則の必要記載事項とされているため，受講資格・要件が具体的に規定されていれば，労働者は制度の適用を請求することができる。また，能開法10条の5に基づく指針（［労働者の職業生活設計に即した自発的な職業能力の開発及び向上を促進するために事業主が講ずる措置に関する指針］＝平成13年厚労告296号）は，事業主が講ずる措置の具体的内容を定めており（キャリア形成に関する情報提供の内容，キャリア・コンサルティング［相談等の援助］，配置上の配慮［558頁参照］，有給教育訓練休暇等の実施，教育訓練と就業時間が重複する場合等の柔軟な対応など），これらを具体化した制度が設けられれば，それに即した受講請求権が肯定される。

(ウ) **能力開発・キャリア形成の利益の保護**　これに対し，能力開発の制度化がなされず，企業の裁量によって行われている場合は，請求権まで認めることは難しい。ただし，十分な能力開発の機会を与えないまま不当に低い人事考課を行うことは人事権濫用となりうるし（386頁），配転・出向等の人事異動においても，能力開発の利益・キャリア形成の利益は人事権濫用の要素となる（558頁）。特に，高度で専門的な職務に従事するホワイトカラーについては，労働者の能力開発の利益や，その適性・キャリアへの配慮が求められ，そうした配慮を怠ったまま配置を行うことは人事権の濫用となりうる【6-1】。

> 【6-1】　**リ・スキリング**　リ・スキリング（学び直し）とは，事業内容や働き方の変化によって新たに発生する業務に係るスキルや知識の習得を目的に行う能力向上施策をいう。リ・スキリングは，従来型の企業による一方的教育訓練・能力開発とは異なり，従業員が自らのキャリア選択・スキル向上を目的に自主的に取り組むものであり，各企業において，①リ・スキリングの内容決定，②プログラム策定，③教材選択，④従業員による取組み，⑤習得したスキル・知識の実践活用という段階を踏んで実施されている。労契法の観点からは，リ・スキリングについて就業規則等で受講資格・対象者層や要件が規定されていれば，労働者は

害しないよう配慮する義務）と，「積極的な職業能力尊重義務」（教育訓練の実施義務や能力開発に役立つ配置を行う義務等）に二分した上，前者の義務を根拠に，専門的労働者を能力発揮が困難な職務に配置する業務命令について権利濫用を肯定する帰結等を導きつつ，後者の義務については，労働契約の解釈として肯定することは困難と述べ，立法的課題と解している。これに対し，有田謙司「成果主義人事における能力開発と労働契約」季労207号（2004）101頁は，後者におけるより広範な義務を肯定するようである。私は両角説に賛成である。

リ・スキリングに係る受講請求権を有することになる（リ・スキリングの内容によっては受講義務が肯定されることもありうる）。

なお労働政策としては，政府は，雇用の流動化の促進という観点からリ・スキリングを労働市場改革の柱の一つに位置づけており，「経済財政運営と改革の基本方針2023」（骨太の方針2023）および「三位一体の労働市場改革の指針」（2023年）は，「リ・スキリングによる能力向上支援」を「個々の企業の実態に応じた職務給の導入」（ジョブ型人事），「成長分野への労働移動の円滑化」とともに三位一体改革の主柱に位置づけている。「リ・スキリングによる能力向上支援」については，現在，企業経由が中心となっている在職者への学び直し支援策について，5年以内を目途に，効果を検証しつつ，過半が個人経由での給付が可能となるよう個人への直接支援を拡充すること，その際，教育訓練給付の拡充，教育訓練中の生活を支えるための給付や融資制度の創設について検討すること，「人への投資」施策パッケージのフォローアップと施策の見直し等を行うこと，雇用調整助成金について，休業よりも教育訓練による雇用調整を選択しやすくなるよう助成率等の見直しを行うこと等を掲げている。

この点，前記のとおり，職業能力開発促進法3条および労働施策総合推進法3条1項は，キャリア権（職業キャリアを生涯にわたって展開していく権利）を参考に，「職業生活設計の理念」を基本理念に位置づけており，リ・スキリングについても，この理念に即して展開する必要があると解される[*8]。第11次職業能力開発基本計画（2021年）が提示する公的職業能力開発の拡充とともに，「職業生活設計の理念」を具体化する労働市場政策として実行していくことが重要な課題といえよう。「個々の企業の実態に応じた職務給の導入」「成長分野への労働移動の円滑化」については，550頁・27頁を参照されたい。

第3節　昇進・昇格・降格

1　昇進・昇格

(1)　昇進・昇格の意義

昇進とは，企業組織において労働者を下位の職位から上位の職位に移動させることをいう。一方，昇格は，職能資格制度のように，職務能力と資格とを対

[*8] キャリア権については，諏訪康雄『雇用政策とキャリア権――キャリア法学への模索』（弘文堂・2017）参照。

図表 6-1　職能資格制度のモデル

職能資格	資格等級	昇級・昇格候補要件	対応役職（ポスト限定）
経営職			
上級管理専門職	参事1級	滞留義務年数の経過 過去3回の人事考課成績の持点が9点以上 各資格等級の職務遂行基準に達していること	部長
	参事2級		次長
中級管理専門職	参事3級		課長
	参事4級		課長補佐
初級専門職	副参事1級		係長
	副参事2級		
指揮監督職	主事1級		主任
	主事2級		
	主査1級	滞留義務年数の経過 過去3回の人事考課成績の持点が6点以上	
	主査補		
一般職	社員1級	各資格等級ごとの滞留義務年数の経過	
	社員2級		
	社員3級		

出典：小嶌典明＝島田陽一＝浜田冨士郎『目で見る労働法教材〔第2版〕』（有斐閣・2003）74頁所収の図をもとに作成。

応させる制度において，資格を上昇させることをいい，職位の上昇（昇進）と直結しない。

　職能資格制度とは，労働者の職務遂行能力の発展段階に応じて資格等級を定めて格付けし，それに応じた処遇と賃金管理を行う制度である（**図表6-1**参照）*9。そこでは，まず職務遂行能力に応じた職能資格を大きく区分し（上級・中級・初級など），各資格の中で資格等級をさらに細分化して職能資格等級を定める。この職能資格の上昇が「昇格」，等級の上昇が「昇級」であり，下降が「降格」である。昇格・昇級は，基本給（職能給）を決定する基本的要素となり，賞与にも反映される。

　一方，職能資格制度においては，資格等級の各段階ごとに対応する職位（役職）が定められ，この間で昇進が行われる。**図表6-1**に見られるとおり，資格と職位を分け，一定の資格等級に達した者の中から勤務成績の優秀な者を選別し，上位の職位に昇進させる。つまり昇進にあっては，もっぱら職務能力と勤務成績を基準とした政策的・成果主義的な選別が行われ，年功的要素は希薄となる。換言すれば，昇進は使用者の広範な裁量判断に服する人事を意味する。

---

*9　職能資格制度については，第4章*4掲記の文献参照。

職能資格制度においては，昇格・昇級ともに，人事考課に基づく能力・成績の評価が基準となるので，年功的要素はその分後退する。特に近年には，シビアな能力・業績評価によって昇格要件を厳正化したり，ドラスティックな降格人事を行うなど，成果主義的に運用するケースが登場している。この結果，人事考課が重要な意味をもつことになる。

そもそも使用者は，労働者に対して一方的に昇進・昇格を命ずることができるか。昇進は役職（職位）の上昇（変更）を伴い，昇格も資格・賃金の上昇（変更）を伴うので，理論的には一方的命令の可否が問題となるが，日本の長期雇用制度の下では，労働者は種々の職務・役職を経て昇進・昇格していくことを予定しており，そのような役職（地位）の決定を使用者に委ねることが労働契約内容になっていると解される。したがって，使用者は人事権を行使して，昇進・昇格を一方的に命ずることができる*10。

(2) 昇進差別・昇格差別の法規制

より重要な問題は，使用者が何らかの理由により労働者を差別的に昇進・昇格させないことの違法性である。

(ア) **昇進差別の法規制**　まず，昇進は，労働者の能力・適性を総合的に判定して行われる人事であり，企業運営を左右する重要事項であるので，どの労働者を昇進させるかは使用者の広い裁量権（人事権）に委ねられ，法が介入する範囲は限定される。介入規範としては，均等待遇（労基3条），男女差別規制（雇均6条1号），不当労働行為（労組7条1号）が挙げられるが，ここから違法な差別が認定されても，不法行為に基づく損害賠償請求（民709条）が認められるにとどまり，特定の管理職ポストへの昇進請求までは認められない（菅野＝山川676頁）。裁判例では，男女の昇格差別について昇格請求権を認めつつ，係長への昇進請求については，使用者の「実践的な経営判断，人事政策に属するものであって，専権的判断事項というべきもの」として斥けた例がある*11。

(イ) **昇格差別の法規制**　昇格差別に対しても，労基法3条，雇用機会均等法6条1号，労組法7条の規制がある（均等法上は「昇格」は「昇進」に含まれる）。また昇格は昇進と異なり，職位の上昇を伴わないものの，中核的な労働

---

*10　ただし，不当労働行為制度（労組7条）による規制がある（京都市交通局事件・最判平成16・7・12労判875号5頁など）。土田456頁参照。

*11　芝信用金庫［控訴］事件・東京高判平成12・12・22労判796号5頁。

条件である賃金（格付け）を上昇させる人事であるため，昇格請求権の可否がより重要な問題となる。

まず，使用者が違法に昇格差別を行った場合は不法行為が成立し，損害賠償責任を負う（民709条）。損害額は通常，あるべき資格等級に対応する差額賃金相当額となろう。典型例として，男女職員の業務内容が同一であるにもかかわらず，男性について選考を行うことなく一律の昇格措置をとる一方，女性を昇格させなかったことの違法性が争われたケースにつき，憲法14条の下では，昇格を含む労働条件に関する合理的理由のない男女差別の禁止は公序（民90条）として確立されており，男女の昇格差別は公序違反の不法行為となると述べ，差額賃金相当額の損害賠償を命じた例がある[*12]。

問題は，昇格請求（昇格した地位にあることの確認請求）が認められるか否かである。この点，昇格は昇給（333頁）と同様，使用者の発令行為（意思表示）によって行われ，昇格請求権は，そうした発令行為を介して昇格が契約内容となることによって生ずるのが原則であるから，使用者の昇格発令がない段階で昇格請求権を肯定することはできない[*13]。すなわち，違法な昇格差別の救済は，損害賠償請求にとどまるのが原則である[*14]。

(ウ) **不昇格措置と人事考課**　以上に対し，昇格が人事考課を経て実施されている場合は，昇格差別が問題となる余地は少ない。人事考課は，使用者が労働契約において有する人事権に属するため，基本的には使用者（上司）の裁量に委ねられるからである。しかし一方，人事考課は公正に行われるべきもので

[*12]　社会保険診療報酬支払基金事件・東京地判平成2・7・4労判565号7頁。最近の裁判例では，女性労働者に対して総合職転換の機会を提供しなかったことについて均等法6条3号違反と判断しつつ，不昇格措置については違法性を否定した例がある（巴機械サービス事件・横浜地判令和3・3・23労判1243号5頁）。967頁参照。

[*13]　三和機材事件・千葉地判平成22・3・19労判1008号50頁（規定上必要な使用者による昇格査定および昇格の発令がないケース），SRA事件・東京地判令和3・12・23ジャーナル124号60頁（使用者による昇格の意思表示が行われていないケース）。

[*14]　ただし，昇格が賃金の上昇をもたらすにすぎず，在籍年数や年齢等の客観的要件を満たす者が機械的に昇格しているケースでは，労働契約の解釈を通して，例外的に昇格請求が肯定されることがある（957頁参照）。同旨，菅野＝山川678頁，荒木470頁，山川59頁，野川306頁。裁判例として，芝信用金庫事件・東京地判平成8・11・27労判704号21頁，トーコロ事件・東京地判平成16・3・1労判885号75頁。また，使用者が従業員に対し，俸給表上昇格した上での役割を担う者とし，相応の就労を求めていた場合につき，従業員は使用者に対して個別具体的に昇格を求める権利を得ており，昇格を前提とした給与を請求できると判断した例がある（社会福祉法人希望の丘事件・広島地判令和3・11・30労判1257号5頁）。

あるから（380頁），不昇格措置の前提である人事考課が不公正に行われたものと判断されれば，その結果である不昇格措置についても，人事権の濫用として不法行為が成立することがある。

裁判例では，使用者が適正な人事考課を怠り，労働者の期待権を不当に侵害したときは不法行為が成立するとした上，組合所属を理由に不昇格を継続したことについて不法行為の成立を認めた例[*15]や，既婚者に対する一律の低査定と不昇格措置につき，個々の労働者の能力・業績に基づき査定を行うとの人事考課制度の趣旨に反するとして違法と解し，標準者との差額賃金相当額および慰謝料の支払を命じた例がある[*16]。成果主義人事の進展に伴い，裁判例は，昇格についても人事考課に関する規制を強めている。ただしここでも，不昇格措置の効果として昇格請求権まで認めることは困難であろう[*17]。一方，不法行為否定例として，障害者を主事に昇格させなかったことにつき，会社においては年功序列的に昇格させる運用はなく，基幹職務を遂行する能力の有無で判断されているところ，同人がそうした能力を有していないと判断したことに不当な点はないとして損害賠償請求を棄却した例もある[*18]。

2 降　　格

(1) 降格の意義

降格とは，労働者の職能資格または職位（役職）を低下させることをいい，前者は昇格の反対概念，後者は昇進の反対概念である。昇進・昇格と異なり，地位・職務の低下を意味し，賃金の低下をもたらすなど，労働者に及ぼす不利益が大きいため，一方的降格命令権がいかなる場合に肯定されるのか，また肯定されるとしてそれがいかなる範囲で可能かが問題となる[*19]。

[*15] ヤマト運輸事件・静岡地判平成9・6・20労判721号37頁。
[*16] 住友生命保険事件・大阪地判平成13・6・27労判809号5頁。
[*17] 裁判例も，昇格請求権を認めることには否定的である（前掲・ヤマト運輸事件［*15］，前掲・住友生命保険事件［*16］，イセキ開発工機事件・東京地判平成15・12・12労判869号35頁）。これに対して学説では，労働契約上の「適正（公正）評価義務」を根拠に昇格請求権を肯定する見解もある。毛塚勝利「賃金処遇制度の変化と労働法学の課題」労働89号（1997）18頁，石井保雄「成果主義人事と昇格・昇給」土田＝山川編121頁。
[*18] S社［障害者］事件・名古屋高判平成27・2・27労経速2253号10頁。同様の理由に基づき，労働者による思想信条を理由とする昇格差別の主張を斥け，損害賠償請求を棄却した事例として，S社［思想信条］事件・名古屋地判平成26・5・14労経速2216号3頁。このほか，昇格に関する人事考課権濫用を否定した裁判例として，松屋フーズ事件・東京地判平成17・12・28労判910号36頁。

(2) 職能資格制度における降格――職位の引下げ

(ア) **根　拠**　　まず，職位の引下げとしての降格は，経営の中枢を担う人材（管理職）の配置という高度な経営判断を要する事項であるため，使用者の広範な裁量権が肯定される。また，日本の長期雇用制度の下では，労働者はローテーション人事により種々の地位・職務を経てキャリアを展開することを予定して雇用されているので，労働契約上，地位の特定を認めることは困難である。したがって，使用者は，就業規則等に規定がなくても，人事権（労務指揮権）を行使して降格を命ずることができる[20]。ただし，中途採用の管理職のように，地位・職務を特定して採用された労働者の場合は，労働契約の解釈によって降格命令権が排斥されることがある[21]。

(イ) **要件・効果**　　次に，労働契約において降格命令権（人事権）が認められる場合も，人事権濫用の規制（労契3条5項）が及ぶ。人事権濫用の判断は，職位引下げの性格上，人事権を幅広く肯定することを前提として，業務上・組織上の必要性の有無・程度，労働者の能力・適性，労働者が被る不利益，降格先のポストとの適合性を総合して行われる[22]。まず，業務上・組織上の必要性については，能力・適性不足や非違行為を理由に使用者が当該ポストに不適格と判断したことの相当性（具体的には，使用者が設定した降格基準の合理性と，その適用の相当性）が問題となる。成果主義人事の下では，能力・適性判断がシビアとなり，業務上の必要性が肯定されやすいが[23]，恣意的な降格や，嫌が

---

[19]　降格については，山川隆一「成果主義人事と減給・降格」土田＝山川編132頁，石田信平「人事システム改革と配転・降格の法理」季労207号（2004）187頁，新谷眞人「昇進・昇格・降格」争点52頁，白石史子「人事考課・降格」労働関係訴訟Ⅰ134頁参照。

[20]　菅野＝山川679頁，土田・労務指揮権578頁。

[21]　フォード自動車［日本］事件・東京高判昭和59・3・30労判437号41頁。また，降格の範囲は，同一労働契約内容の変更と評価しうる変更に限られるべきであるから，正社員から非正社員（有期の契約社員）への異動（降格）のように，全く別個の労働契約への変更を意味する降格を命ずることはできない。

[22]　バンク・オブ・アメリカ・イリノイ事件・東京地判平成7・12・4労判685号17頁。最近の同旨裁判例として，東京都自動車整備振興会事件・東京高判平成21・11・4労判996号13頁，秋本製作所事件・千葉地松戸支判平成25・3・29労判1078号48頁，広島精研工業事件・広島高判令和4・3・29ジャーナル126号36頁等。

[23]　このように解しつつ，使用者の広い裁量権を肯定した事例として，エクイタブル生命保険事件・東京地決平成4・4・27労判565号79頁，ダイビル・ファシリティ・マネジメント事件・大阪地判平成26・9・25ジャーナル35号30頁，TBCグループ事件・東京地判平成26・10・15ジャーナル35号2頁，北おおさか信用金庫事件・大阪地判平成28・8・9ジャーナル57号44頁，日立製作所［退職勧奨］事件・東京地判令和3・12・21労判1266号56頁。

らせ目的の降格が業務上の必要性を否定され，人事権濫用と評価されることは当然である*24。部門の構造的低迷や部下の人員配置の不十分さといった外部的要因を考慮しないまま降格することも同様に解される。一方，労働者の不利益や降格先ポストとの適合性に関しては，賃金・労働条件の不利益変更の程度や，労働者のキャリア・適性・名誉感情への配慮がポイントとなる。このうち賃金減額については，職位の引下げによって基本給を減額することはできない（後述するとおり［534頁］，基本給の引下げには職能資格の引下げを要する）*25。一方，役職手当の減額については，人事権の濫用に直結しないと解されている*26。

降格命令が人事権濫用と判断された場合は，当該命令は無効となり，差額賃金請求または降格前の職位にあることの確認請求が認容されるほか，事案に応じて不法行為が成立しうる*27。

裁判例を見ると，降格命令の肯定例としては，社団法人の副課長から係長への降格につき，窓口対応や電話対応について多数の苦情が寄せられたこと等によれば，副課長としての能力・適性に欠けるとして降格を行ったことには十分な根拠（業務上の必要性）がある等として有効と判断した例*28や，人材開発部

---

*24 ハネウェルジャパン事件（東京高判平成17・1・19労判889号12頁）は，営業担当取締役から営業部長への降格につき，営業成績に問題はなく，社長が人事権を濫用して降格を行ったと判断し，明治ドレスナー・アセットマネジメント事件（東京地判平成18・9・29労判930号56頁）は，退職勧奨に応じない部長に自宅待機を命じた上，係長に降格して年俸を半額に減額したことにつき，降格の合理性・必要性を否定して人事権濫用と判断している。最近では，業務上の必要性および管理職としての能力不足の事実を否定して人事権濫用を肯定した例として，前掲・広島精研工業事件（*22）があり，併せて，不当な目的（管理職が代表取締役の意向に反する意見具申を行ったことへの処分）を認定して人事権濫用を肯定した例として，ビジネスパートナーほか事件・東京地判令4・3・22労判1269号47頁がある。

*25 山佐産業事件（東京地判平成30・9・25ジャーナル84号46頁）は，能力不足や不適切言動を理由とする課長から課長補佐への役職降格および役職手当の減額を有効としつつ，それに伴う基本給の減額（35％減額）につき，法的根拠を欠くとして無効と判断している。

*26 CFJ合同会社事件・大阪地判平成25・2・1労判1080号87頁，ゴール事件・大阪地判平成27・3・30ジャーナル41号64頁，前掲・山佐産業事件（*25），住友不動産ベルサール事件・東京地判令5・12・14ジャーナル148号36頁。

*27 前掲・ハネウェルジャパン事件（*24），前掲・明治ドレスナー・アセットマネジメント事件（*24），新和産業事件（大阪高判平成25・4・25労判1076号19頁），ニチイ学館事件（大阪地判令2・2・27労判1224号92頁）は，降格命令の無効を前提とする差額賃金請求を認容し，前掲・広島精研工業事件（*22）および前掲・ビジネスパートナーほか事件（*24）は，降格前の職位にあることの確認請求を認容している。また，前掲・バンク・オブ・アメリカ・イリノイ事件（*22）は，不法行為に基づく損害賠償請求を認容し，シーエーシー事件（東京地判令3・8・17ジャーナル118号48頁）は，差額賃金請求とともに不法行為に基づく損害賠償請求を認容している。訴訟法上の論点については，1163頁参照。

長から従業員への降格につき,同人は人材開発部長として社長を補佐する立場にありながら,その営業成績は自ら設定した目標に到達できておらず,同部従業員よりも成績が低かったこと等によれば,降格に伴う賃金減額が8万円に上ることを考慮しても人事権濫用に当たらず有効と判断した例[*29]がある[*30]。一方,否定例としては,合理化政策に非協力的な管理職(課長)を課長補佐から業務受付係に2段階降格したことにつき,課長補佐への降格は有効であるが,業務受付係への降格は,本人の人格権(名誉)を侵害し,退職に追い込む意図で行われたとして権利濫用を認めた例(前掲・バンク・オブ・アメリカ・イリノイ事件[*22])や,営業管理職に対する低評価に基づく3段階の降格(課長→課長代理→課長補佐→係長)につき,同人が営業業務に慣れていなかったことや,同人が担当する介護事業の法人営業自体が今後の展開事業であること等から,わずか1年の実績で適性を評価するのは短期的に過ぎるとして人事権濫用を認めた例[*31]がある[*32]。おおむね,上記の要件論を踏まえた判断が行われているといえよう。

[*28] 前掲・東京都自動車整備振興会事件(*22)。

[*29] ビジネクスト事件・東京地判令和2・2・26労経速2421号31頁。

[*30] 同種の判断として,日本レストランシステム事件・大阪高判平成17・1・25労判890号27頁,前掲・ゴール事件(*26),医療法人精華園事件・高松高判平成27・11・6ジャーナル49号42頁,長谷川ホールディングス事件・東京地判平成28・4・20ジャーナル53号37頁,東京都就労支援事業者機構事件・東京地判令和2・12・4労経速2446号3頁,前掲・SRA事件(*13),前掲・住友不動産ベルサール事件(*26)。

[*31] 前掲・ニチイ学館事件(*27)。

[*32] このほか,職位の引下げ(支店長 → 一般事務職)および等級の引下げによって基本給を半減させたことにつき,賃金減額幅に加え,降格の理由である営業成績不振についても,外部的要因(部下の配置の不十分さ等)によるところが大きいとして人事権濫用を認めた例(日本ガイダント事件・仙台地決平成14・11・14労判842号56頁),課長から平社員への降格につき,業務上・組織上の必要性に乏しく,同人が課長の地位に相応しい能力や適性を欠いているとも認め難いにもかかわらず大幅に降格させ,これに伴い重大な経済的不利益を与えるものとして社会通念上著しく妥当性を欠くと判断し,権利の濫用を肯定した例(前掲・広島精研工業事件[*22]),サービスプロデューサーからチーフプロジェクトマネージャーへの降格(第1降格)およびチーフプロジェクトマネージャーから一般社員への降格(第2降格)につき,ともに業務上の必要性はなく,特に第2降格については第1降格からの期間がわずか1か月と著しく短期間であり,降格に伴う賃金減額も多額であるとして人事権の濫用と判断した例(前掲・シーエーシー事件[*27])等がある。会社による事前の注意指導がないことを重視した例として,ネイルパートナー事件・東京地判令和4・1・25ジャーナル123号14頁。管理職が所属する部門の構造的低迷を考慮した事例として,前掲・ハネウェルジャパン事件(*24)。

(3) 職能資格制度における降格——資格の引下げ

(ア) 概説 以上に対して，資格の引下げとしての降格は従来稀であったが，成果主義人事の普及に伴って増加する傾向にある。しかし，このタイプの降格は，職能資格と結びついた基本給（職能給）を引き下げる人事であり，契約内容の変更を意味するので，使用者が当然に降格を命ずることはできず，労働者の同意または就業規則上の明確な根拠規定が必要となる。裁判例も同様に解しており，職能資格としての課長職の成績不振を理由に，4年間で主任職にまで引き下げ，職能給を半減させたケースにつき，就業規則の根拠規定なしに一方的に行われた降格として無効と判断した例がある[*33]。この点は，配転に伴う降格の場合も同様であり，配転が有効に行われても，降格には別途，明確な法的根拠が必要となる。

(イ) 要件・効果 就業規則や給与規程において根拠規定が設けられれば，人事権に基づく降格が可能となる（「職務遂行能力を評価して，当該資格要件を満たさなくなった場合は，降格を行うことがある」との規定）。しかし，資格引下げとしての降格の場合は，管理職の適正配置という経営判断の要素を失い，基本給の引下げという労働条件変更の性格を強めること，人事考課が公正な評価を要件とすること（380頁）から，降格事由該当性が厳格に判断される[*34]。また，基本給の引下げを帰結する以上，賃金引下げ（340頁）と同様の適正手続の遵守（降格の必要性・内容に関する説明，挽回制度等）が要件となる（信義則［労契3条4項］および労働契約内容の理解促進の責務［同4条1項］が根拠となる）。

降格が降格事由該当性を否定されれば，労働契約違反または人事権濫用として無効となり，降格前の資格にあることの確認請求（1163頁）や差額賃金請求が認められるほか，事案に応じて不法行為（民709条）が成立しうる[*35][*36]。

[*33] 菅野＝山川680頁。アーク証券事件・東京地決平成8・12・11労判711号57頁（土田道夫［判批］判時1606号［1997］225頁参照）。同旨，マルマン事件・大阪地判平成12・5・8労判787号18頁，フジシール事件・大阪地判平成12・8・28労判793号13頁，中央情報システム事件・大阪地判平成14・3・29労判829号91頁，学校法人聖望学園ほか事件・東京地判平成21・4・27労判986号28頁，前掲・CFJ合同会社事件（*26），日本HP事件・東京地判令和5・6・9労判1306号42頁。

[*34] 山川・前掲論文（*19）145頁以下参照。

[*35] 前掲・学校法人聖望学園ほか事件（*33），前掲・CFJ合同会社事件（*26）。

[*36] 降格を無効と判断して差額賃金請求を認容しつつ，不法行為を肯定するほどの違法性はないと判断した例として，ディーンモルガン訴訟承継人リンクアカデミー事件・大阪地判令和5・9・28ジャーナル143号40頁。

裁判例も同様に解しており，経営陣批判を理由とする管理職の降格につき，問題となる資格等級の職能要件を詳細に検討した上，部下の指導力や職場秩序維持に責任をもつ能力も評価の対象となるとして降格事由該当性を認めたり[37]，人事考課に関する証拠を精査して降格事由該当性を肯定する例[38]がある一方，営業社員として稼働していた従業員を事務職に配置替え後，同業務に習熟していない従業員に対する等級制度上の降格につき，配属後わずか1〜2年で降格前等級に期待される下位者への指導を期待するのは酷であるとして無効と判断する例がある[39]など，人事考課の相当性を慎重に判断している。また，降格手続も，1年間の挽回の機会や審査会への具申という手続を遵守しなかったことを理由に降格を無効と判断した例がある[40]など，人事権濫用の要素として重視されている。さらに，役割職責バンド上の降格に関する判断であるが，降格の前提となった人事考課（D評価）は人財部付への配属が原因となっているところ，人財部付は実質的に退職勧奨の場となっていた疑いが強く，違法な制度であるとして，人事権の裁量の範囲を逸脱したものとして無効と判断する例がある[41]。

　(ウ) **職位の引下げによる資格の引下げ**　　以上のように，職位引下げとしての降格と，資格引下げとしての降格の取扱いは異なるが，実際には，職位を引き下げ，その結果として資格を引き下げることが多い。これについては，職位

---

[37]　マナック事件・広島高判平成13・5・23労判811号21頁。
[38]　エフ・エフ・シー事件・東京地判平成16・9・1労判882号59頁，三井住友海上火災保険事件・東京地判平成16・9・29労判882号5頁，ファイザー事件・東京地判平成28・5・31ジャーナル54号42頁は，降格・降級に関する人事考課の相当性を詳細に吟味した上，降格・降級事由該当性を肯定している。東日本高速道路事件・東京地判平成29・7・7ジャーナル70号30頁，ドラッグマガジン事件・東京地判平成29・10・11ジャーナル72号36頁，学校法人追手門学院事件・大阪地判令元・6・12労判1215号46頁，あんしん財団事件・東京地判令和4・1・31労判1265号20頁，伊藤忠商事事件・東京地判令和4・3・16ジャーナル128号34頁，地位確認等請求事件・東京地判令和4・3・15ジャーナル128号36頁も参照。
[39]　大阪トヨタ商事事件・大阪地判令和5・5・30ジャーナル91号38頁。また，前掲・ディーンモルガン訴訟承継人リンクアカデミー事件（[36]）は，語学学校のフランス語教師に係るクラスダウン（降格）の判断に関する人事評価が著しく不合理であると判断し，人事権濫用により無効と判断しているが，人事権濫用ではなく，降格事由該当性を否定して無効と判断すべきであったと解される。光輪モータース事件・東京地判平成18・8・30労判929号51頁，国際観光振興機構事件・東京地判平成19・5・17労判949号66頁も参照。
[40]　前掲・フジシール事件（[33]）は，降格の手続として，1年間の挽回の機会や，審査会への具申という手続規定が設けられているにもかかわらず，それらが行われていないことから降格を無効と判断している。
[41]　ベネッセコーポレーション事件・東京地立川支判平成24・8・29ジャーナル14号1頁。

の引下げが妥当であれば、それに伴う資格の引下げも有効として職位引下げを中心に考える見解と、逆に、職位引下げが有効としても、資格の引下げについては別途、明確な根拠規定を要するとして、資格の引下げを中心に考える見解がある*42。この種の降格が基本給という重要な労働条件の引下げをもたらすこと、職能資格制度においては、賃金は資格を重視して運用され、職位との連動性は弱いこと（534頁）を考えると、後説を支持すべきであろう。

裁判例も同様に解しており、たとえば、学校長から一般教員への降格（職位引下げ）を人事権に基づく降格として有効と判断しつつ、同降格に基づく基本給の引下げにつき、職能資格引下げとしての降格と評価した上、その根拠規定が存在しないとして違法と判断する例があり*43、妥当と解される【6-2】。

> 【6-2】 **職務等級制度における降格** (1) **職務等級の引下げ** 以上に対し、職務等級制度（職務給制度）を採用している企業では、降格の法的取扱いは異なる。この制度は、個々の職務の価値を数量化した上、いくつかの等級に分類する制度であり（312頁）、そこでは、賃金（基本給・職務給）は労働者の職務・役割を反映した職務等級に連動して決定される（568頁も参照）。すなわち、職務等級制度においては、職務等級の引下げ（降格）が賃金引下げに直結するのであり、職能資格制度における資格引下げとしての降格と同様、賃金の不利益変更という意義を有する。したがって、職務等級の引下げの根拠・要件については、資格の引下げと同様、厳格に判断する必要がある。
> 　具体的には、①職務等級の引下げ（降格）の法的根拠としては、使用者による一方的降格は許されず、労働者の同意または就業規則上の根拠規定を必要とする。また、②これら法的根拠に基づく降格命令権が肯定される場合も、降格命令権（人事権）濫用（労契3条5項）の判断を慎重に行う必要がある。すなわち、ⓐ職務等級制度における降格（職務等級の引下げ）については、降格事由該当性（従来の職務・職務等級への不該当性）を人事考課の公正さ（381頁）に即して厳格に判断するとともに、ⓑ降格幅・賃金減額幅を人事権濫用の要素として考慮すべきである。

---

*42　前説として、藤内和公「降格をめぐる法律問題」季労194号（2000）95頁、荒木472頁、白石・前掲論文（*19）141頁、後説として、山川・前掲論文（*19）149頁、石田・前掲論文（*19）192頁、大内160頁。裁判例では、職位の引下げについて人事権により可能と解しつつ、それに伴う賃金引下げについては労働契約上の根拠を要すると判断した上、契約上の根拠を否定して減給を無効と判断した例がある（パチンコ店経営会社A社事件・横浜地判令和4・4・14労判1299号38頁）。後説に近い判断といえよう。

*43　前掲・学校法人聖望学園ほか事件（*33）。同旨、前掲・日本ガイダント事件（*32）、前掲・CFJ合同会社事件（*26）、前掲・長谷川ホールディングス事件（*30）、前掲・山佐産業事件（*25）。

さらに、ⓒ降格手続としても、基本給減額を帰結する以上、賃金引下げと同様の適正手続（降格の必要性・内容に関する説明、本人の意向聴取等）が信義則（労契3条4項）によって求められ、権利濫用の評価に影響すると解すべきである[*44]。

　裁判例では、給与等級を7級から6級に引き下げる措置につき、賃金規程（就業規則）上、降級の基準として「本人の顕在能力と業績が属する給与等級に期待されるものと比べて著しく劣っていること」と規定されていることから降級の法的根拠の存在（①）を肯定しつつ、使用者が降級を行うためには、根拠となる事実を挙げて、労働者の顕在能力と業績が所属等級に期待されるものと比べて著しく劣っていることを主張立証する必要がある（②ⓐ）ところ、労働者の勤務は通常の勤務であるとして降級事由該当性を否定し、裁量権の逸脱として無効と解し、降級前の等級（7級）の地位確認請求を認容した例がある[*45]。また、職務グレード制度における降格（グレード引下げ）につき、就業規則上の根拠を否定した上、労働者の同意についても、労働者の自由な意思に基づく同意の法理を適用して判断し、同人が降格に際して異議を述べていたこと等を理由に自由な意思に基づく同意を否定した例がある[*46]。

　一方、役割等級制度における降格につき、就業規則上の降格条項が存在し、賃金規程上、本給は職群等級別・職種別に定められたレンジの範囲で決定される旨規定されているとの事実認定を前提に、会社は、人事権の行使として降格および賃金減額権限を有していると判断した上、管理職としての適格性欠如を理由に業務上の必要性を肯定しつつ、本給の減給額は大きいものの、非管理職となったために裁量労働勤務手当が支給されることになったことから通常甘受すべき程度を著しく超える不利益を負わせるものとはいえないとして人事権濫用を否定し、有効と判断した例がある[*47]。しかし、基本給の減額幅が大きいにもかかわらず、一般社員に支給される裁量労働勤務手当が支給されることが直ちに不利益を否定する事情に当たるかについては、より慎重な検討が必要と解される。

　(2) 配転に伴う職務等級の引下げ　　職務等級制度においては、配転に伴う降格の法的規律も職能資格制度とは異なる。職能資格制度の場合は、配転が行われても、基本給に影響する資格引下げ（降格）には直結せず、資格引下げは別途判

[*44] 山川・前掲論文（*19）150頁、土田道夫「職務給・職務等級制度をめぐる法律問題」安西古稀『経営と労働法務の理論と実務』（中央経済社・2009）193頁参照。このように、職務等級制度においては、職務と賃金が連動するため、降格が基本給の引下げに結びつく一方、職種限定の合意によって柔軟な配転を困難にするという問題点があり、長期雇用制度とマッチしない面がある。そこで企業では、職務等級をより大きく括り、レンジを広くした制度（役割等級制度、職群等級制度）を導入する例が多い。これら制度においても、等級の引下げ（降格）が基本給（職務給）の引下げに直結するため、人事権濫用を慎重に判断する必要がある。

[*45] マッキャンエリクソン［控訴］事件・東京高判平成19・2・22労判937号175頁。

[*46] Chubb損害保険事件・東京地判平成29・5・31労判1166号42頁。第9章*129。

[*47] 前掲・日立製作所［退職勧奨］事件（*23）。

断される（536頁）のに対し，職務等級制度においては，配転と職務等級の変動は連動しているため，配転が有効とされれば，職務等級の引下げも特段の根拠を要することなく有効とされ，賃金引下げをもたらす*48。したがって，ここでは，配転命令自体の効力を厳格に判断する必要がある（568頁）。

　もっとも，配転と職務等級が連動せず，分離して運用されている場合は，降格固有の問題となり，上記①②の要件が適用される。裁判例では，育児休業等取得後の女性労働者の配転（海外ライセンス業務から国内ライセンス業務に変更）に伴って役割グレード（職務等級に類似）を引き下げ，年俸を550万円から500万円に減額したケースにつき，配転自体は有効と判断しつつ，役割グレードの引下げ（降格）については，①の法的根拠（労働者の同意または根拠規定）を欠くとして無効と判断した例がある*49。

　(3) 職位の引下げ　　一方，職務等級制度における職位引下げとしての降格命令については，職能資格制度と同様，使用者の広範な人事権（裁量権）が肯定されるところ，職位（役職）の変動が職務等級の変動を経由することなく基本給（職務給）に連動することが契約内容となっている場合は，職位引下げ（降格）によって基本給（職務給）を減額することができる*50。この点は，職能資格制度における職位引下げ（降格）の取扱いとの大きな違いであるが，その場合も，人事権濫用（労契3条5項）の判断は，人事考課に即して厳格に行われる。

第4節　配置転換（配転）

1　配転の意義

　配置転換（配転）とは，労働者の職種・職務内容または勤務場所を同一企業内において相当長期間にわたって変更することをいう。このうち，他の事業場

＊48　裁判例として，L産業事件・東京地判平成27・10・30労判1132号20頁。
＊49　コナミデジタルエンタテインメント［控訴］事件・東京高判平成23・12・27労判1042号15頁。本件については，土田道夫［判批］季労237号（2012年）167頁参照。また，従業員の所属部署の閉鎖に伴って実施された配転に伴う職務等級の引下げ（降格）につき，降格前の給与と遜色ない給与が支給されている等として従業員の賃金面での不利益を否定し，人事権濫用を否定した例がある（ELCジャパン事件・東京地判令和2・12・18労判1249号71頁）が，これは，配転および職務等級と賃金引下げが連動していない制度に関する判断といえよう。
＊50　前掲・TBCグループ事件（＊23）。ただし，降格命令の有効性については，その前提とされた人事考課の低さを裏付ける事実の主張立証がないこと等から人事権の濫用と評価し，無効と判断している。降格において人事考課の公正さが重視される傾向を示す判断である。

への勤務地の変更は「転勤」と呼ばれる。同一使用者の下での異動である点で出向と異なり，長期の異動である点で出張や応援と区別される。

配転は，日本企業の人事制度の中枢に位置する制度である。職能資格制度における昇格・昇進・降格が縦の系列の人事異動であるとすれば，横の系列に異動するのが配転である。職能資格制度においては，賃金は労働者の資格と連動して決定され，配転によって職種・職務内容が変化しても賃金額が変動しないため，柔軟な配転が可能となる。長期雇用制度の下では，企業は正社員を新規採用後，配転と内部昇進によって人材の育成と活用を図るのが通例であり，配転は能力の育成や昇進・昇格の手段として計画的に実施される（ジョブ・ローテーション）。また，配転は雇用調整や事業再編成の手段でもあり，新規分野への進出や事業の閉鎖に伴う異職種間配転・遠隔地転勤が実施されている。

しかし一方，配転は，職種・勤務場所という労働契約の重要な要素を変更する措置であり，異職種間配転・遠隔地転勤を中心に，労働者のキャリアや家庭生活に及ぼす影響が大きい。そこで，使用者がいかなる場合に配転を一方的に命じうるかが問題となる。配転を規律する直接の法令はないため，配転命令権の根拠と限界は労働契約の解釈の問題となる。また前記のとおり（521頁），近年には，長期雇用制度の変化に伴い，労働者のキャリア形成の利益やワーク・ライフ・バランスを重視する観点から，企業の人事権が後退する傾向が生じている（職種限定制度［ジョブ型雇用］・勤務地限定制度，遠隔地転勤自体の見直し，社内公募制・社内FA制，介護社員に対する配慮措置等）。労働契約法としては，労働契約（人事）の適正な運営の促進という観点から，こうした変化を適切にフォローし，配転の法的ルールに組み込む必要がある。

2 配転命令権の法的根拠・性質

(1) 学説・裁判例

(ア) **法的根拠** この点については，直接定めた実定法規はないため，労働契約の解釈が重要となる[*51]。学説では，労働契約は労働者が労働力の処分を包括的に使用者に委ねる契約であるから，職種・勤務場所が特に合意されない限り，使用者は労働力処分権（労務指揮権）を行使して一方的に配転を命じう

[*51] 配転については，荒木473頁，野川309頁，注釈労基（上）227頁以下［土田道夫］，基コメ労基・労契405頁［奥田香子］，注釈労基・労契(2) 421頁［原昌登］，木納敏和「配転」労働関係訴訟 I 152頁参照。

ると説く見解（包括的合意説）と，使用者は労働契約の予定する範囲内で労務指揮権を行使して配転を命じうると解し，その範囲を個々の労働契約の解釈によって判断する見解（契約説）*52 が対立してきた*53。契約説が通説であり，判例も，職種・勤務地限定の合意の有無や就業規則上の配転条項を素材に労働契約を解釈し，その結果として配転命令権を肯定する立場（契約説）に立っている*54。

　もっとも，二大学説である包括的合意説と契約説の実際上の差異はさほど大きくない。①日本では，労働契約において職種や勤務地の特定がなされない一方，就業規則や労働協約に「業務上の必要性があるときは配転を命ずることがある」との配転条項が設けられるため，契約説に立っても，通常の労働契約では広範な配転命令権（人事権）が肯定される。一方，②専門職・パートタイマーなど職種・勤務地限定の合意が認められる労働者の場合は，契約説はもとより，包括的合意説によっても明示の特約によって配転命令権が否定されるからである。一般のホワイトカラーの労働契約は①のタイプであるから，どちらの立場でも，配転命令権が広く肯定されることになる。

　(イ)　**法的性質**　　配転命令の法的性質についても，包括的合意説と契約説が対立する。包括的合意説によれば，配転命令は，使用者が職種・勤務場所という労働契約の要素（労働条件）を一方的意思表示によって変更する命令とされ，その法的性質は法律行為（配転命令権は形成権）とされる。これに対し，契約説の多くは，配転命令が合意の範囲内であれば労働契約の履行過程にすぎず，合

---

*52　包括的合意説として，本多淳亮「配置転換・転勤をめぐる法律問題」菊池 60 年記念『労働法と経済法の理論』（有斐閣・1960）475 頁，契約説として，荻澤清彦「配置転換の効力停止の仮処分」成蹊法学 2 号（1965）6 頁。

*53　このほか，職種・勤務場所を労働契約の要素と解して労務指揮権に基づく一方的配転命令を原則的に否定しつつ，明示・黙示の特約がある場合にのみ配転命令権を肯定する見解（特約説［下井 144 頁。川口 232 頁も同旨か］）や，労働契約の展開過程における労働の種類・場所の特定を認め，その変更には常に労働者の同意を要すると説く見解（配転命令権否認説）もある（渡辺章「配置転換と労働契約」労働問題研究 4 号［1971］49 頁）。

*54　東亜ペイント事件・最判昭和 61・7・14 労判 477 号 6 頁，ケンウッド事件・最判平成 12・1・28 労判 774 号 7 頁など多数。近年の下級審裁判例として，仲田コーティング事件・京都地判平成 23・9・5 労判 1044 号 89 頁，パナソニック事件・大阪地判平成 28・10・6 ジャーナル 59 号 39 頁，ジブラルタ生命事件・名古屋高判平成 29・3・9 労判 1159 号 16 頁，あんしん財団事件・東京地判平成 30・2・26 労判 1177 号 29 頁，岡山市立総合医療センター事件・広島高岡山支決平成 31・1・10 労判 1201 号 5 頁，ジャパンレンタカー事件・津地判平成 31・4・12 労判 1202 号 58 頁，前掲・ELC ジャパン事件（＊49），安藤運輸事件・名古屋高判令和 3・1・20 労判 1240 号 5 頁等。

意の範囲外であれば契約の申込みにとどまるため事実行為であると説く（事実行為説）[*55]。この違いは実際上，①労働者が訴訟において配転命令の無効確認を求めたり，②配転前の職種・勤務地で就労すべき地位にあることの確認を求めることができるか否かの違いに結びつく。配転命令を法律行為と解してはじめてこうした訴えを肯定できるからである（564頁参照）[*56]。

もっとも，近年には，上記①②の訴えは，過去の法律関係の確認を求める訴え（①）または労働契約上の義務の確認を求める訴え（②）として確認の利益を否定され，不適法と解される傾向にあり，配転命令の法的性質と訴訟法上の取扱いは必ずしも連動しない状況となっている（565頁，1161頁参照）。

(2) 検　討

まず，配転命令の根拠については，契約説が妥当である。包括的合意説は，労働契約を労働者が労働力を白紙委任的に使用者に委ねる契約と考える点で労働条件対等決定の原則（労基2条1項）と整合せず，労契法の合意原則（1条・3条1項）とも整合しない[*57]。これに対して契約説は，個々の労働契約の解釈によって配転命令権の範囲を判断する点でオーソドックスな見解であり，配転に関する合意（労使双方の意思）を重視しつつ，企業組織の中で配転が営む機能に配慮する見解として支持できる。配転命令権については，労働契約に基づく労務指揮権（人事権）の一内容（作用）と考えるべきであろう（520頁）。

その上で，配転命令の法的性質については，法律行為たる意思表示と解し，配転命令権は形成権と考えるべきである。職種・勤務場所は労働契約の重要な要素（労働条件）であり，それらを一方的に変更する配転命令は労働契約内容の変更を意味する。したがって，配転命令は，たとえ契約の予定する範囲内の命令であっても，契約内容の変更をもたらす行為（法律行為）と解すべきである[*58]。訴訟法上の論点については後述する（1161頁，1171頁）。

[*55]　萩澤・前掲論文（*52）13頁。
[*56]　事実行為説も，配転に関する係争において，使用者が配転先での就労義務を前提とする法律関係を主張している以上，それによって労働者の法律上の地位が不安定となることから，配転先での就労義務の不存在確認請求については確認の利益を肯定する（萩澤・前掲論文［*52］25頁）が，配転前の職場における従業員たる地位の確認請求は許されないことになる。
[*57]　同旨，前掲・仲田コーティング事件（*54）。
[*58]　土田185頁，山川100頁参照。裁判例として，よみうり事件・名古屋高判平成7・8・23労判689号68頁，NTT西日本［配転等差止仮処分］事件・大阪地決平成15・4・7労判853号42頁など。

3 配転命令の限界——労働契約による規律

(1) 労働契約の解釈——概説

　契約説によれば，配転命令の限界は，①配転命令権の存否に関する労働契約の解釈と，②上記解釈の結果，配転命令権が肯定された場合の権利濫用（労契3条5項）の有無という2段階で判断される。なお，配転命令が法令上の差別禁止規定（均等待遇原則［労基3条］，男女差別の禁止［雇均6条3号］，不当労働行為の禁止［労組7条］等）に反してならないことは当然である。配転命令権の範囲を画する第1のステップは労働契約の解釈であり，労働協約・就業規則上の配転条項を含めた労使間合意の解釈が問題となる。

　この点については，裁判例上，労働契約の解釈を通して，配転命令権を広く認める立場が確立している（前掲・東亜ペイント事件［＊54］）。事案は，遠隔地間転勤を命じられた労働者が，家族との別居（単身赴任）を理由に拒否したというものであるが，判決は，以下のように判示して転勤命令権を肯定した。すなわち，労働協約・就業規則に，会社は業務上の都合により従業員に転勤を命ずることができる旨の規定（配転条項）があり，現に会社では営業担当者の転勤を頻繁に行っており，労働契約締結時に勤務地を限定する旨の合意がなされなかったという事情の下では，会社は個別的合意なしに従業員の勤務場所を決定し，これに転勤を命じて労務の提供を求める権限を有する，と。この判断は，契約説に立って，勤務地限定の合意や協約・就業規則の配転条項に基づく労働契約の解釈を通して転勤命令権を肯定したものである。判旨は，ⓐ労働契約締結時の勤務地限定の合意がないこと，ⓑ労働協約・就業規則上の配転条項の存在，ⓒ転勤が頻繁に実施されていることの3点を挙げており，労働契約の解釈としてオーソドックスな判断といいうる。

　もっとも，この判断は，労契法施行前の判断であり，同法施行後は，労働契約の解釈としても，①就業規則の契約内容補充効規定（労契7条）が導入され，また，②合意原則（3条1項・8条）が同法の基本原則として宣言されたことを重視して解釈する必要がある。まず，①については，上記のとおり，判例は，配転条項を労働契約解釈の一資料に位置づけるにとどまるが，労契法施行後の解釈としては，就業規則の契約内容補充効規定に鑑み，配転条項が内容の合理性と周知を要件に契約内容となる（補充する）ことを前提に契約解釈を行うべきであろう（配転条項の内容の合理性については545頁）*59。その上で，②につい

ては，配転条項を排斥するに足りるだけの職種・勤務地限定の合意が明示・黙示に取り決められれば，契約内容補充効の例外として特約優先規定を定める労契法7条但書に基づき，就業規則に優先する効力をもつと解すべきである（特約優先の法理）。すなわち，労契法が合意原則を規定しつつ，その派生的規定として特約優先規定（7条但書）を定めたことを考慮すれば，できるだけ職種・勤務地限定の合意を認定する方向で解釈すべきである（545頁以下）。実務上，ジョブ型雇用や勤務地限定制度によって契約内容が多様化・個別化しつつあることからも同様に解される。

また，労働協約の配転条項についても，規範的効力（労組16条）によって労働契約内容となる（化体する）ことを認めた上，それを排斥するに足りる職種・勤務地限定の合意の有無を検討すべきである。

(2) 就業規則の配転条項の効力

(ア) 職種・勤務地限定の合意との関係　従来の裁判例は，一般正社員については，就業規則上の配転条項に基づき，広範な配転命令権（人事権）を肯定してきた。そして近年，この傾向は，職種・勤務地限定の合意が認められやすかった専門的労働者にも及んでおり，裁判例は，職種等限定の明示の合意がある場合はともかく，黙示の合意に対しては厳しい態度をとり，配転条項の効力を優先させる傾向にある。

先例である最高裁判例（日産自動車事件）[*60]は，機械工として10～20数年就労してきた労働者が，余剰人員の発生を理由に単純工たる組立工への配転を命じられたというケースにつき，上記の事実から直ちに労働者らを「機械工以外

[*59] このように，就業規則の配転条項が契約内容補充効（労契7条本文）によって配転命令権の根拠となることを認める契約解釈を採用しても，従来の判例法理との間に実質的な相違が生ずるわけではない。すなわち，配転命令権の存否を争う訴訟における主張立証責任を見ると，従来から，使用者が抗弁として配転命令の根拠規定の存在を主張立証する責任を負うのに対し，労働者は，再抗弁として，労働契約上の職種・勤務地限定の合意の存在を主張立証すべきことになるところ，こうした立証責任論は，配転条項によって配転命令権が基礎づけられることを認める解釈を採用する場合も違いはないからである（山川・紛争処理法259頁参照）。一方，配転条項に対して職種・勤務地限定の合意をより重視すべきことを説く見解として，道幸哲也「契約法理の危機──労働契約法七条についての研究ノート」労旬2025号（2023）11頁。

なお，就業規則の配転条項が抽象的条項にとどまらざるをえない以上，就業規則作成時に配転先の職場が存在しなかったケースでも，当該配転条項に基づく配転命令権の存在が直ちに否定されることはない（廣川書店事件・東京地判平成29・3・21労判1158号48頁）。

[*60] 最判平成元・12・7労判554号6頁。

の職種には一切就かせないという趣旨の職種限定の合意が明示又は黙示に成立したものとまでは認めることができ」ず、また、就業規則の配転条項により「業務運営上必要がある場合には、その必要に応じ、個別的同意なしに職種の変更を命令する権限が会社に留保されていた」と述べ、配転命令権を肯定している。その後の判例[61]や下級審裁判例[62]においても、職種・勤務地限定の合意を否定しつつ、配転条項を根拠に配転命令権を肯定する例が生じている。

(イ) **配転条項の評価**　　配転条項に関する裁判例の傾向は、配転が長期雇用制度下の企業人事において重要な機能を営む実情にマッチしたものであり、基本的には適切と解される。上記のとおり、就業規則は規定内容の合理性を要件に契約内容補充効を有するが（労契7条）、配転の上記機能に鑑みれば、その合理性を否定すべき理由はない。もとより、労働者も労働契約上、特定の職種・

---

[61] 九州朝日放送事件・最判平成10・9・10労判757号20頁。

[62] 職種限定の合意を否定しつつ、就業規則の配転条項を根拠に配転命令権を認めた例として、古賀タクシー事件・福岡高判平成11・11・2労判790号76頁（タクシー運転手）、東京サレジオ学園事件・東京高判平成15・9・24労判864号34頁（児童指導員）、大阪医科大学事件・大阪地判平成17・9・1労判906号70頁（電話交換業務）、ノース・ウエスト航空［FA配転］事件・東京高判平成20・3・27労判959号18頁（航空会社のフライトアテンダント）、エルメスジャポン事件・東京地判平成22・2・8労判1003号84頁（IT技術者）、オリンパス事件・東京高判平成23・8・31労判1035号42頁（開発技術職）、タタコンサルタンシーサービシズジャパン事件・東京地判平成24・2・27ジャーナル3号9頁、エバークリーン事件・千葉地松戸支判平成24・5・24労経速2150号3頁、KSAインターナショナル事件・京都地判平成30・2・28労判1177号19頁（監査室長）、クレディ・スイス証券事件・東京地判平成30・11・29ジャーナル85号40頁（営業部マネージャー）、前掲・あんしん財団事件（*54［総務職］）、前掲・ELCジャパン事件（*49［製品企画開発部マネージャー］）、前掲・安藤運輸事件（*54［運行管理者］）、ダイヤモンド電機事件・大阪地判令和3・5・11ジャーナル114号22頁（経理部従業員）、日本赤十字社事件・東京地判令和3・5・27ジャーナル114号2頁（病院医師）、摂津金属工業事件・大阪地判令和5・3・31ジャーナル138号14頁、新日本技術事件・東京地判令和5・7・14ジャーナル144号34頁（営業職）等がある。

　また、勤務地限定の合意を否定した例として、チェース・マンハッタン銀行事件・大阪地決平成3・4・12労判588号6頁（銀行の大阪支店に長年勤務してきた女性従業員に対する東京支店への転勤命令につき、転勤はない旨の採用時の説明は、大阪支店担当者による手続にすぎないとして勤務地限定の合意を否定）、エフピコ事件・東京高判平成12・5・24労判785号22頁（現地工場採用の合意を否定して、会社再編に伴う遠隔地工場への転勤命令を肯定）、C株式会社事件・大阪地判平成23・12・16労判1043号15頁（勤務地を大阪に限定する旨の合意を否定）、ヒタチ事件・東京地判平成25・3・6労経速2186号11頁（勤務地を大阪に限定する旨の合意を否定）、前掲・パナソニック事件（*54［勤務地を大阪に限定する旨の合意を否定］）、アルバック販売事件・神戸地姫路支判平成31・3・18労判1211号81頁（勤務地を東京に限定する旨の合意を否定）、SEC事件・大阪地判令和5・8・31ジャーナル141号18頁（転勤させない旨の合意を否定）、学校法人A学園事件・福岡高判令和6・3・21［LEX/DB 25599360］（勤務地を北九州市所在の学校に限定する旨の合意を否定）等がある。

勤務地で就労する利益（キャリア形成の利益）や家庭生活上の利益を有するが，そこから直ちに配転条項の合理性を否定することは困難である。こうして，配転条項は，原則として合理性を有し，契約内容補充効を肯定される。

一方，前記のとおり，労働契約において配転条項を排斥するに足るだけの職種・勤務地限定の合意が行われれば，特約として優先的効力を認め，配転条項の効力を否定すべきである（次項で敷衍する）。

(3) 職種・勤務地限定の合意

㋐ 概説　次に，配転条項を排斥するに足るだけの職種・勤務地限定の合意が取り決められれば，それは，就業規則に優先する効力をもつと解すべきである（特約優先の法理）[*63]。前記のとおり（229頁），労契法7条但書は，それに対する特約優先規定を定めており，これによれば，使用者が採用時に配転条項を定めた就業規則を周知させるとともに，労働者との間で職種・勤務地限定の合意を行った場合（労働契約締結時の特約合意のケース）は，当該特約が優先する。また，使用者が採用時に配転条項を周知させた後，労働契約の展開過程でそうした合意を行った場合（労働契約展開過程における特約のケース）は，労契法8条（労働者・使用者が合意によって労働条件を変更することができると規定）が適用され，当該合意が特約として優先することになる（776頁）。労契法の制定によって，特約優先の法理は，合意原則とともに実定法上の明確な位置づけを得るに至ったものということができる[*64]。

もっとも，労働者が単に同一職種・勤務地に長年就労という事実から直ちに特定の合意が認められるわけではない。しかし，採用時・採用後の交渉経緯，労働者の経歴，雇用・処遇区分の性格，従事してきた職務内容，資格・技能等

[*63] そのような合意は，集団的規範である就業規則に比して，「当該労働条件設定主体（労働者個人）の利害状況をより適切に反映していると解される」からである。荒木尚志『雇用システムと労働条件変更法理』（有斐閣・2001）227頁。土田・労務指揮権397頁も参照。本文と同旨を説く最近の裁判例として，国際医療福祉大学事件・宇都宮地決令和2・12・10労判1240号23頁。配転条項を排斥するに足るだけの職種・勤務地限定の合意を認定するためには，その趣旨を明確に示す契約書の記載等の事情が必要と説く例として，前掲・KSAインターナショナル事件（*62），前掲・安藤運輸事件（*54）。

[*64] さらに，労使が労働契約締結時または展開過程で職種・勤務地限定の合意（特約）を行った後に，使用者が就業規則の変更によって配転条項を新設し，周知させた場合は，当該特約が就業規則による変更を予定しているか否かによって労契法10条本文または但書が適用される。前者の場合は就業規則変更の合理性審査が行われ，後者の場合は当該特約が優先する。詳細は751頁参照。

の専門性，配転の実情等の事情を基礎に，労働者を当該職種・勤務地以外には異動させないとの趣旨の明示・黙示の合意が認定されれば，配転命令権を排斥するに足りる職種・勤務地限定の合意を認定すべきである*65。この意味で，職種・勤務地限定の合意の認定に消極的な裁判例の傾向（543頁）には問題がある。

　この点，従来，労働条件明示事項である「就業の場所及び従事すべき業務」（労基15条1項，労基則5条1項1号の3）は，雇入れ直後の場所・業務を明示すれば足りるものとされており，この結果，労働条件明示書等に記載された職務・勤務地は当面のものとされ，職種・勤務地限定の合意を認定する根拠とはされてこなかった*66。しかし，2023年の改正労基則は，厚生労働省「多様化する労働契約のルールに関する検討会報告書」（2022年3月）を受けて，上記規定を「就業の場所及び従事すべき業務に関する事項（就業の場所及び従事すべき業務の変更の範囲を含む。）」に改正した（5条1項1号の3。288頁参照）。この改正に伴い，使用者は労働者に対し，就業場所・業務内容のみならず，その変更範囲を書面により明示する義務を負うことになった（同条3項・4項参照）。この結果，就業場所・従事業務が限定されていることが明示されれば，職種・勤務地限定の合意は書面による明示の合意として認定されるため，労働契約の解釈として認められやすくなるものと解される。ジョブ型雇用の労働契約は，その典型例であるし，労使間の職種限定合意を認めて配転命令権の存在を否定した最近の判例（後掲・滋賀県社会福祉協議会事件［*73］）は，こうした動きを促進する意義を有することになろう*67。

　労働協約の配転条項との関係についても同様であり，職種・勤務地限定の合意が認定される場合は，労働協約の有利原則によって，協約の配転条項の効力

---

*65　このような判断方法を示す裁判例として，前掲・九州朝日放送事件（*61），前掲・東京サレジオ学園事件（*62）（ただし，ともに職種限定の合意を否定），日通学園事件・千葉地判令和2・3・25労判1243号101頁（職種限定の合意を肯定），東大阪医療センター事件・大阪地決令和4・11・10労判1283号27頁（同上）がある。

*66　最近でも，メガカリオン事件・東京地判令和4・7・5ジャーナル133号40頁。

*67　他方，労働者に対して「就業の場所及び従事すべき業務の変更の範囲」が明示されれば，配転可能性が書面上明示されることから，職種・勤務地限定の黙示の合意が認められる範囲は限定的となる可能性がある。もっとも，私見としては，単に使用者が上記「変更の範囲」を一方的に明示しただけでは，本文に述べた事情を基礎に認められる黙示合意（545頁）には対抗できないものと考える。一方，労使が「変更の範囲」を労働契約書において明示合意したケースでは，黙示の限定合意の認定は微妙となる可能性がある。

を組合員に及ぼさない（適用を除外する）との協約当事者の意思を推定すべきである（242頁）*68。

(イ) 職種の限定 まず，労働契約において職種が明示的・黙示的に限定されれば，一方的配転命令の余地はなく，配転には本人同意が必要となる。その典型は，職種・地位が明示の合意によって取り決められた場合であり，職種を限定して雇用された中途採用者，専門職社員，職種・部門限定社員が挙げられる*69。現在導入されつつあるジョブ型雇用の場合，従業員（ジョブ型社員）の職務（労働義務）は職務記述書（Job Description）等によって労働契約上限定され，それに記載のない職務・職種に従事する義務を負わないものとされる。また，こうした専門的労働者でなくても，求人広告等で明確に職種を特定し，その後も契約内容に変化がないケースでは，職種限定の合意が認められる*70。さらに，明示の合意がない場合も，一定の専門職・特殊技能職については，労働者の技術や資格が労働契約締結の前提条件となることから，職種限定の黙示の合意が認定され，配転命令が否定されることがある*71*72。

---

*68 労働協約上の配転条項の効力は，協約自治の尊重の観点から広範に認める必要があるが（416頁），労働者が個別契約において職種・勤務地限定の合意を行った場合にまで認めるべきではない。理論的には，本文に述べたとおり，職種等限定の合意が認められる場合は，協約の有利原則を肯定すべきであろう。もともと有利原則の有無は，個々の協約の締結意思によって決すべき問題であるが，職種等限定の合意が認定される場合は，協約の配転条項の効力を組合員に及ぼさない（適用を除外する）との締結意思を推定できるからである。

*69 近年の裁判例として，前掲・国際医療福祉大学事件（*63 [大学教員]），前掲・KSAインターナショナル事件（*62 [監査室長]），前掲・ジブラルタ生命事件（*54 [ソリューションプロバイダー]），前掲・岡山市立総合医療センター事件（*54 [外科医師]），前掲・東大阪医療センター事件（*65 [救急外科医]），同事件保全異議事件・大阪地決令和5・8・31ジャーナル141号16頁等。最近の前掲・東大阪医療センター事件および同事件保全異議事件は，医師と法人との間で，勤務内容を外傷・救急外科医としての業務に限定する合意が成立したとして，別センターにて常勤医師として勤務する旨の配転命令を勤務内容限定合意違反として無効と判断している。他方，職務等級制度の適用を受け，職務記述書を交付されて採用された一見ジョブ型の中途採用社員であっても，職務記述書において職種を限定する旨の記載がなく，職種限定の合意が認定されない場合は，使用者の配転命令権が肯定される（前掲・ELCジャパン事件 [*49]）。

*70 裁判例では，「社長秘書募集」という求人広告の内容を重視して事務系職員への職種限定の合意を認め，警備職員への配転命令を否定した例がある（ヤマトセキュリティ事件・大阪地決平成9・6・10労判720号55頁）。求人広告の法的意義については290頁参照。

*71 アナウンサーにつき，日本テレビ放送網事件・東京地判昭和51・7・23時820号54頁，看護婦につき，東邦大学事件・東京地判平成10・9・21労判753号53頁，大学教員につき，金井学園福井工大事件・福井地判昭和62・3・27労判494号54頁，ゴルフ場のキャディにつき，東武スポーツ事件・東京高判平成20・3・25労判959号61頁（ただし傍論）など。前

この点,最近の判例は,職種・業務内容を福祉用具の改造・製作・技術開発に係る技術職に限定する旨の労働契約上の合意がある労働者に対して使用者が行った総務課施設管理担当への配転命令につき,「労働者と使用者との間に当該労働者の職種や業務内容を特定のものに限定する旨の合意がある場合には,使用者は,当該労働者に対し,その個別的同意なしに当該合意に反する配置転換を命ずる権限を有しないと解される」ところ,本件では,労使間において労働者の職種・業務内容を前記技術職に限定する合意があったのであるから,会社は,従業員の同意を得ることなく総務課施設管理担当への配転を命ずる権限をそもそも有していなかったと判断し,職種限定の合意を認定しながら一方的配転命令を肯定した原審(後掲＊82)を破棄し差し戻している＊73。配転に関する労使間合意の意義を重視する判断として適切であり,労契法の基本原則である合意原則(3条1項・8条)を促進する意義を有するものと解される。

(ウ) **勤務地の限定**　勤務場所の変更(＝転勤)についても,勤務地限定の合意が認定されれば,配転命令権は排斥され,転勤には本人同意が必要となる。勤務地限定の明示の合意が認められる典型例は,「勤務地限定社員」や「勤務

掲・国際医療福祉大学事件(＊63)は,大学教員の地位を薬学部教授に限定する明示の合意を否定した上,同人と大学間の雇用契約の締結およびその後の職務遂行において,同人が有する薬学に関する専門的・学術的知見等は不可欠の前提条件とされていた等として,一応,債権者と債務者との間には黙示の合意による本件職種限定合意が成立していたと判断している。本文の私見と同旨の判断であり,妥当と解される。

他方,前掲・日本赤十字社事件(＊62)は,医師に対する循環器内科部長から健診部長への配転命令につき,同人の業務は労働契約上,内科医に特定されているものの,循環器内科医に限定されていないとして病院の配転命令権を肯定し,東京女子醫科大学事件(東京地判令和5・2・16労経速2529号21頁)は,大学の内分泌内科学講座の教授・講座主任から内科学講座高血圧学分野の教授・基幹分野長とする旨の配転命令につき従前の職務内容をその一部に限定するものにとどまり,職務限定合意に反しないと判断している。

＊72　また,職種限定の合意が認定される場合は,同一職種内の配転についても,配転条項の効力について限定解釈を行い,使用者に一定の合理的範囲内で配転命令権を付与する規定と解すべきである(労契7条。労働契約の内容規制を意味する。18頁参照)。すなわち,職種限定社員の場合,限定された職種以外の職種への配転については本人同意を要する一方,同一職種系統内の配転については配転条項の効力が及ぶところ,その場合も,配転条項の範囲は,労働者が培ってきたキャリアを活かせる職種の範囲に限定されると考えるべきである。なお裁判例では,就業規則の配転条項につき,異なる職種間配転の根拠となるものの,事務職から労務的作業職への配転の根拠とはならず,配転を命ずる必要性・合理性と十分な説明が要件となると判断する例があり,参考となる(直源会相模原南病院事件・東京高判平成10・12・10労判761号118頁)。同旨,注釈労基・労契(2) 423頁[原昌登]。

＊73　滋賀県社会福祉協議会事件・最判令和6・4・26労判1308号5頁。

地限定総合職」である。また，現地採用者やパートタイマーについては，採用時の事情や従業員の属性などから勤務地限定の合意が認められやすい*74。

さらに，一般正社員であっても，採用過程における労使間交渉の経緯から，勤務地限定の黙示の合意が認定されることがある。裁判例では，京都から横浜への転勤命令につき，遠隔地転勤については，仕事と生活の調和への配慮の原則（労契3条3項）に鑑み，配転命令権の存否をより慎重に認定すべきと説いた上，就業規則に配転条項がなく，採用面接時にも転居を伴う配転に可能性に関する説明がないこと，遠隔地転勤の実績も20年間で2件程度であること等から勤務地限定の黙示の合意を認定した例がある*75【6-3】【6-4】【6-5】。

> 【6-3】 ジョブ型雇用　近年の日本企業では，ジョブ型雇用を導入する企業が増えている。ジョブ型雇用は，従来から欧米諸国において採用されてきた雇用スタイルである。ジョブ型雇用の場合，労働者（ジョブ型社員）の職務（労働義務）は職務記述書（Job Description）によって労働契約上限定され，それに記載のない職務・職種に従事する義務を負わない（545頁）。これに対し，従来の日本型雇用において一般的な総合職正社員の雇用スタイルがメンバーシップ型雇用であり，そこでは，職種・職務に限定がなく，労働者はジョブ・ローテーションによって多様な職務を遂行するため，職務記述書による職務の限定など全く観念できない。ジョブ型雇用は，こうした伝統的な雇用とは真逆の雇用スタイルといえる*76。
> 　日本においては，ジョブ型雇用は主に中途採用者を対象とする例外的雇用形態として用いられてきたが，近年，日本企業においても，新卒採用も含めてジョブ型雇用を展開する方針を明示する企業が登場している。その背景には，企業活動のグローバリゼーションが進行する中，欧米諸国で標準的なジョブ型雇用を展開することにより，優秀な人材をグローバル規模に集めようとする人事戦略がある

---

*74　現地採用者（関西地区におけるマネージャー職）につき，前掲・日本レストランシステム事件（*30），アルバイト従業員につき，前掲・ジャパンレンタカー事件（*54）。

*75　前掲・仲田コーティング事件（*54）。また，新日本通信事件（大阪地判平成9・3・24労判715号42頁）は，労働者が採用時に家庭の事情から仙台以外に転勤できないことを述べ，会社もこれを認めて採用したという事実を基礎に，勤務地を仙台に限定する旨の合意を認定して転勤命令を否定し，前掲・東大阪医療センター事件（*65）は，医師と法人との間で，勤務場所を三次救急医療機関とする合意が成立したとして，別センターにて勤務する旨の配転命令を勤務場所限定合意違反として無効と判断している。

*76　ジョブ型雇用については，鶴光太郎『人材覚醒経済』（日本経済新聞出版社・2016），柴田彰＝加藤守和『ジョブ型人事制度の教科書』（日本能率協会マネジメントセンター・2021），濱口桂一郎『ジョブ型雇用社会とは何か──正社員体制の矛盾と転機』（岩波書店・2021），慶應義塾大学産業研究所HRM研究会編『ジョブ型vsメンバーシップ型──日本の雇用を展望する』（中央経済社・2022）など参照。

ものと考えられる。政府は，前掲「三位一体の労働市場改革の指針」「経済財政運営と改革の基本方針 2023」（骨太の方針 2023）において，「個々の企業の実態に応じた職務給の導入」（ジョブ型人事）を労働市場改革の主柱に位置づけた上，職務給（ジョブ型人事）の日本企業の人材確保の上での目的，人材の配置・育成・評価方法，リ・スキリングの方法，賃金制度，労働条件変更と現行法制・判例との関係などについて事例を整理し，個々の企業が制度の導入を行うために参考となるよう，中小・小規模企業の導入事例も含めて，年内に事例集を取りまとめることを提言している。また，経団連（日本経済団体連合会）は，「2023 年版経営労働政策特別委員会報告」において，ジョブ型雇用は，職務遂行に必要なスキル，処遇等を明確にすることで，働き手が自身の能力開発・スキルアップの目標を立てやすくなり，主体的なキャリア形成，エンゲージメント向上につながるだけでなく，円滑な労働移動にも資する制度の一つといえるとして積極的に評価した上，ジョブ型雇用の導入・活用に向けた論点・留意点を整理している*77。今後は，メンバーシップ型雇用と併用しつつ，ジョブ型雇用を各企業の特性に応じた制度として導入するケースが増加するものと考えられる。

　ジョブ型雇用をめぐる法律問題としては，本章で解説する配転のほか，労働条件明示（288 頁），解雇（能力不足を理由とする解雇・整理解雇［868 頁，922 頁参照］），賃金決定のあり方，労働市場の流動化に伴う紛争（退職後の守秘義務・競業避止義務・引抜き等）が挙げられる*78。

【6-4】 職種・勤務地限定社員の配転　　ジョブ型雇用をはじめ，職種・勤務地限定の合意を認める解釈を採用すると，職種・勤務地限定社員については，その配転が困難となるケースが生じうる。たとえば，使用者が事業部門の再編に起因する職種・勤務地の廃止に伴い，労働者の解雇を避けつつ他の事業部門や勤務地に配転させようとしたが，その職種・勤務地が契約上特定されているために配転を命ずることができないという場合である。この場合，労使間の利益調整を実現するためにはいかなる方法があるか。

　まず，職種・勤務地限定の合意がある場合も，使用者が職種・勤務地変更の申込みを行い，労働者が同意すれば，それによって職種等を変更し，配転を行うことは可能である（合意原則［労契 8 条］）*79。ただし，職種・勤務地限定の合意が法的尊重に値することを考えると，使用者の申込みに対する労働者の同意は自由意思に基づくものであることを要し，自由意思の存否については，労働条件変更一

---

*77　日本経済団体連合会『2023 年版経営労働政策特別委員会報告──「人への投資」促進を通じたイノベーション創出と生産性向上の実現』（経団連出版・2023）57 頁。

*78　ジョブ型雇用をめぐる法的課題については，土田道夫「新型コロナ危機と労働法・雇用社会(2)」曹時 73 巻 6 号（2021）1045 頁以下参照。

*79　同旨，前掲・仲田コーティング事件（*54）。前掲・滋賀県社会福祉協議会事件（*73）および後掲*82 参照。

般の場合（776頁）と同様，配転に関する説明・情報提供，書面化，考慮期間の提供等の慎重な手続の履行の有無によって判断すべきである[*80]。問題は，それでもなお労働者が同意しなかった場合であるが，このような場合に配転を一切否定してしまうと，経営・雇用の責任を負う企業に過重な負担を課す結果となるため，変更解約告知を認めるべきであろう。変更解約告知は，労働契約において労働条件が特定されている場合に用いられる変更手段であって，これを配転に適用することで労使間の利益調整を図ることができる（783頁参照）。上記のケースでは，使用者が行った配転の申込みに業務上の必要性が認められ，使用者が配転後の処遇について十分配慮し，手続を尽くしているにもかかわらず，労働者が同意しない場合は，解雇が許容されることになる。

　これに対し，裁判例の中には，職種限定の合意を認めつつも，一定範囲で使用者の配転命令権を肯定する例が見られる。典型的裁判例は，損害保険会社でRA（リスクアドバイザー）として勤務してきた労働者に対するRA廃止を理由とする配転命令につき，職種限定の合意を認定し，その場合の一方的配転命令を原則として否定した上，そこから直ちに一方的配転を否定することは当事者の合理的意思に合致しないと解し，職種の内容，職種変更の必要性，異職種配転により労働者が被る不利益，当該不利益を補う代償の有無等を考慮して，異職種配転について正当な理由がある場合は配転が有効となると判断している[*81]。しかし，こうした判断は適切とは思われない。職種限定の合意が認定される以上，配転命令権はそもそも否定されるはずであり，上記裁判例（[*81]）のように，「契約当事者の合理的意思」の名を借りて配転命令権を無理に認定することは，本来の当事者意思を無視し，職種限定の合意の意義を無にする結果をもたらすものと解される[*82][*83]。職種・勤務地限定社員の配転については，上記のとおり，変更解約告

[*80] 土田・前掲論文（[*78]）1051頁以下参照。同旨の裁判例として，前掲・KSAインターナショナル事件（[*62]），前掲・国際医療福祉大学事件（[*63]）等。前掲・日通学園事件（[*65]）も参照。メンバーシップ型社員・ジョブ型社員間の移行・転換については，土田・前掲論文（[*78]）1053頁参照。

[*81] 東京海上日動火災保険事件・東京地判平成19・3・26労判941号33頁（結論としては，リスクアドバイザー職制度の廃止に伴う配転命令を無効と判断した）。傍論ながら同旨を述べる裁判例として，前掲・日通学園事件（[*65]）。

[*82] 前掲・ジブラルタ生命事件（[*54]）も，職種限定の合意を認定しながら，具体的判断としてはもっぱら配転命令権濫用の判断を行い，可能な限り従前の業務と同様または類似の職種に移行できるよう丁寧で誠実な対応をすることを信義則上求められるにもかかわらず怠ったとして人事権濫用を肯定しているが，同様の疑問がある（土田・前掲論文［[*78]］1051頁参照）。また，前掲・滋賀県社会福祉協議会事件（[*73]）の原審（大阪高判令4・11・24労判1308号16頁）も，職種限定の合意を認めながら配転命令権濫用の判断を行い，かつ，配転には解雇回避目的もある等として合理的理由を肯定して権利濫用を否定しており，同様の疑問があるが，前掲・滋賀県社会福祉協議会事件により破棄差戻しとなった（546頁）。最高裁の判断は妥当と考える。

知によって対処すべきであろう。

　ただし，変更解約告知がなおドラスティックで日本型雇用になじまないとの認識が続くようであれば，実務的には，職種・勤務地限定合意を締結しつつ，職種・勤務地廃止の場合に限り一方的配転命令権を留保するといった修正型合意が登場する可能性もある。私自身は，こうした修正型合意は解雇回避の観点から有効であると考える（なおその場合，就業規則において，職種・勤務地限定社員については一切人事異動を行わない旨の規定を置かないよう留意する必要がある［かかる規定を設けると，就業規則の最低基準効（労契12条）によって上記合意は無効と解されうる]）。

【6-5】　社内公募制・社内FA制と労働契約　　人事異動の新たな仕組みとして注目されているのが，社内公募制・社内FA制である。社内公募制は，担当する業務内容を予め明示し，その業務に従事する人材を社内から広く募集する制度であり，社内FA制は，労働者の側から希望する職務を申告し，会社が審査した上でその職務を担当させる制度をいう。前者は求人型，後者は求職型という違いはあるが，ともに，企業が労働者の職種や職務内容を決定してきた従来の「上命・下服」型人事を転換する新たな人事制度であり，人材発掘・人材活性化・組織活性化・能力開発活性化としてのメリットが大きい[84]。人事考課における公正な評価の前提ともなる重要な制度である（第4章＊244参照）。

　法的には，社内公募制・社内FA制ともに，労使間の個別的合意に基づく異動であり，形式的には使用者の「発令」の形をとるにせよ，本人同意を要件とすることに疑いはない。そして，これら制度の趣旨に鑑み，特定の職種・部門に従事する期間が設定されている場合は，その期間中の一方的配転命令は許されない。しかし一方，社内公募制・社内FA制といえども，労働者の職種・職務内容を契約上特定する効果までもつものではないから，当該期間満了時には配転条項に基

---

[83]　なお，職種・勤務地限定の合意については，労働者の側から何らかの理由によって（たとえば，勤務状況不良による解雇を忌避する目的で）職種・勤務地の変更を申し込むケースも考えられる。しかし，その場合も，使用者は，当該申込みを承諾する過程で上記と同様の手続を行うことを求められ，それによって自由意思に基づく合意の成否が判断される。裁判例では，職種限定採用のバス運転士に対する勤務状況・勤務成績不良を理由とする職種変更（車両誘導業務）につき，労働者の職種変更に係る同意はその任意（自由意思）に基づくことを要し，任意性の有無に関しては，労働者が自発的に職種変更を申し出たのか，それとも使用者の働き掛けにより不本意ながら同意したのか，また後者の場合は，労働者が当該職種にとどまることが客観的に困難な状況であったのか等を考慮して慎重に判断すべきものと述べた上，運転士の同意は任意によるものであったとして有効と判断する例がある（西日本鉄道事件・福岡高判平成27・1・15労判1115号23頁）。結論は妥当であるが，「労働者の職種変更に係る同意」の法的性質に関する検討が不十分であり，理論的には問題を残している。

　最近では，航空会社の客室乗務職から地上職への職掌転換につき，従業員自身が積極的に希望していたとして職掌転換合意を認めた例として，全日本空輸事件・東京地判令和6・2・29ジャーナル150号10頁がある。

[84]　今野＝佐藤・前掲書（＊1）107頁以下参照。

づく合理的配転命令は可能であるし，期間の定めがない場合は，当該職種・部門従事中の配転命令も可能である。しかしその場合も，労働者の意向を最大限尊重する必要がある。

4 配転命令の限界——配転命令権の濫用

(1) 緒　　説

使用者が配転命令権（人事権）を有する場合も，それは無制限に行使されうるものではなく，権利濫用と評価されないことが要件となる（労契3条5項）。人事権濫用の成否は，配転に関する業務上の必要性と，配転によって労働者が被る不利益との比較衡量を中心に，配転手続の妥当性も考慮して判断される。

この点については，前掲・東亜ペイント事件（＊54）が基本的判断枠組みを提示し，判例法理として定着している[85]。すなわち，転居を伴う転勤は，労働者の生活に少なからぬ影響を与えるから，転勤命令権の濫用は許されないが，①転勤命令につき業務上の必要性がない場合，または②業務上の必要性があっても，他の不当な動機・目的をもってなされたときや，労働者に通常甘受すべき程度を著しく超える不利益を負わせるとき等，特段の事情がない限り当該転勤命令は権利の濫用とならない，と。従来の裁判例が転勤命令権の濫用を個々のケースにおける労使の利益衡量によって判断してきたのに対し，転勤命令権

---

[85] 東亜ペイント事件以降の最近の同旨裁判例として，NTT東日本［首都圏配転］事件・東京高判平成20・3・26労判959号48頁，NTT西日本事件・大阪高判平成21・1・15労判977号5頁，GEヘルスケア事件・東京地判平成22・5・25労判1017号68頁，前掲・C株式会社事件（＊62），コロプラスト事件・東京地判平成24・11・27労判1063号87頁，前掲・新和産業事件（＊27），前掲・L産業事件（＊48），T社事件・東京地判平成27・9・9労経速2266号3頁，前掲・岡山市立総合医療センター事件（＊54），前掲・パナソニック事件（＊54），日本造船工業会事件・東京地判平成28・11・29ジャーナル59号11頁，ホンダ開発事件・東京高判平成29・4・26労判1170号53頁，前掲・KSAインターナショナル事件（＊62），前掲・アルバック販売事件（＊62），島根県水産振興協会事件・広島高松江支判令和元・9・4ジャーナル93号2頁，日本学園事件・東京地判令和2・2・26労判1222号28頁，F-LINE事件・東京地判令和3・2・17労経速2454号26頁，インテリジェントヘルスケア事件・大阪地決令和3・2・12ジャーナル111号34頁，前掲・日本赤十字社事件（＊62），弘恵会事件・札幌地判令和3・7・16労判1250号40頁，NECソリューションイノベータ事件・大阪地判令和3・11・29労経速2474号3頁，三井物産インシュアランス事件・大阪地判令和4・5・26ジャーナル128号16頁，前掲・地位確認等請求事件（＊38），前掲・メガカリオン事件（＊66），前掲・東大阪医療センター事件（＊65），前掲・摂津金属工業事件（＊62），前掲・東京女子醫科大学事件（＊71），秀峰会事件・東京高判令和5・8・31労経速2531号3頁，前掲・学校法人A学園事件（＊62），前掲・新日本技術事件（＊62），ドール事件・東京地判令和5・7・28ジャーナル147号38頁等多数。

の濫用が成立する場合を「特段の事情」がある場合に限定する判断枠組みを示した点に特色がある。

　しかし，東亜ペイント事件は，元号でいえば「昭和」時代の判例であり，労働者のキャリア形成の利益やワーク・ライフ・バランスなどおよそ観念されていなかった時代の判例である。これに対し，今日では，企業・働き手双方について良好な職場環境，労働者のキャリア形成の利益，ワーク・ライフ・バランス，男女共同参画社会の促進という価値判断の変化が顕著に生じ，エンゲージメント（組織の目標と従業員の成長の方向性が一致し，従業員の働きがい・働きやすさを高める職場環境を整備する中で，組織や仕事に主体的に貢献する意欲・姿勢を示す概念［29頁参照］）の実現が企業人事の課題とされている。したがって，今日では，東亜ペイント事件の判断枠組みを継承するとしても，こうした変化を人事権濫用の要素に位置づけ，配転（労働契約）の適正な運営を促進する法的規律を行う必要がある（各箇所で敷衍する）*86。

---

*86　本文に述べたとおり，私見は，前掲・東亜ペイント事件（*54）以降から現在に至る価値判断の変化や働き方の変化を，配転命令権濫用判断のあり方に摂取しようとするものである。これに対して，学説では，私見と同様に雇用社会の変化を法解釈論に摂取すべきことを説きつつ，これを権利濫用法理ではなく，配転命令権の発生根拠（発生要件）自体に摂取すべきことを主張する見解が見られる。すなわち，両角教授は，転居を伴うなど労働者の生活に大きな影響を与えうる配転について，裁判例（帝国臓器製薬事件・東京地判平成5・9・29労判636号19頁）が転居を伴う転勤について示した配慮義務（561頁）を手掛かりに，使用者が家庭生活配慮義務（①配転内容の事前説明・労働者の意向聴取義務，協議義務および②事情聴取や協議に基づく不利益軽減義務または配転回避努力義務）を負うと解した上，使用者がこれら配慮をせずに配転を命じた場合は，当該命令は労働契約上の根拠を欠くものとして違法無効となると説く（両角道代『「仕事と家庭の分離」と「仕事と家庭の調和」——労働法における二つの規範と配転法理』菅野古稀『労働法学の展望』［有斐閣・2013］459頁以下）。

　私見は，職種・勤務地限定合意が認定される場合を除いて就業規則の配転条項等に基づく配転命令権を肯定しつつ，雇用社会の変化を権利濫用の判断段階で摂取し考慮する立場に立つが，これに対して両角説は，かかる変化を労働契約の合理的解釈に反映させて配転命令権自体の制約を主張する点に違いがある。目指す方向性は同一であるが，法的構成が大きく異なる。なお，緒方桂子「東亜ペイント事件最高裁判決再考——『通常甘受すべき程度を著しく超える不利益』と家族」浜村古稀『社会法をとりまく環境の変化と課題』［旬報社・2023］211頁以下は，やはり同じ方向性を目指しつつ東亜ペイント事件の再検討を行う有意義な論考であるが，私見の権利濫用構成を積極的に評価しつつ，両角教授による配転命令権の制約論にも賛意を表している。私は，裁判例が説く配慮義務を配転命令権の存否に係る労働契約の解釈にまで持ち込むことには無理があると考えるため，私見を維持するが，重要な検討課題であることはいうまでもない。城塚健之『労働条件変更の法律実務〔実践労働法実務（1）〕』（旬報社・2024）190頁以下も参照。

(2) 業務上の必要性，不当な動機・目的

(ア) **業務上の必要性**　第1に，業務上の必要性を欠く配転命令は，権利の濫用として無効となる。業務上の必要性は，「労働力の適正配置，業務の能率増進，労働者の能力開発，勤務意欲の高揚，業務運営の円滑化など企業の合理的運営に寄与する」など多様・広範に認められる（前掲・東亜ペイント事件［*54］）。具体的には，定期異動（前掲・帝国臓器製薬事件［*86］），後任・欠員補充の必要性*87，多様な職務経験によるスキルアップの必要性*88，労働者の能力不足・成績不良*89，部門の強化*90，余剰人員の再配置*91，本人の健康状態の悪化*92，同僚との人間関係の調整*93，組織改革の必要性*94，取引先との関係の維持*95等について業務上の必要性が認められている。また，配転の対象に当該労働者を選択したことの合理性（人選の相当性）に関しても，「余人をもっ

---

*87　前掲・ケンウッド事件（*54），前掲・アルパック販売事件（*62），前掲・三井物産インシュアランス事件（*85），櫛引福寿会事件・仙台高秋田支判令和4・8・31ジャーナル131号34頁，前掲・摂津金属工業事件（*62），前掲・ドール事件（*85）。

*88　ゆうちょ銀行事件・静岡地浜松支判平成26・12・12労経速2235号15頁，前掲・日本造船工業会事件（*85），前掲・地位確認等請求事件（*38）。

*89　日経ビーピー事件・東京地判平成14・4・22労判830号52頁，前掲・GEヘルスケア事件（*85），前掲・コロプラスト事件（*85），前掲・クレディ・スイス証券事件（*62），前掲・ホンダ開発事件（*85）。前掲・SRA事件（*13）は，副事業部長として労働時間管理を行っていた従業員が部下に長時間労働を継続させて精神障害を発症させたり，残業代未払の事態を発生させたにもかかわらず，反省や改善の意思を示さなかったことから，副事業部長の職から外して他の部署に配転することには業務上の必要性が認められると判示している。

*90　大阪海運事件・大阪地決平成3・2・4労判585号124頁。

*91　前掲・日産自動車事件（*60），川崎重工業事件・最判平成4・10・20労判618号6頁，新日本製鐵事件・福岡高判平成13・8・21労判819号57頁，前掲・NTT東日本［首都圏配転］事件（*85），前掲・NTT西日本事件（*85），前掲・ELCジャパン事件（*49），前掲・F-LINE事件（*85），ジブラルタ生命保険事件・東京地判令5・1・13ジャーナル139号38頁，ティ・オーオー事件・東京地判令5・2・16ジャーナル141号40頁，前掲・秀峰会事件（*85），前掲・SEC事件（*62），パナソニックホールディングス事件・大阪地判令和6・2・16ジャーナル147号18頁など。

*92　日産車体事件・横浜地小田原支判平成元・9・19労判547号15頁，ダイオーズ事件・東京地判平成26・5・29ジャーナル30号37頁など。

*93　前掲・T社事件（*85），テレビ東京制作事件・東京地判令和5・6・29ジャーナル144号42頁，前掲・パナソニックホールディングス事件（*91）。

*94　前掲・あんしん財団事件（*54），前掲・日本赤十字社事件（*62），前掲・NECソリューションイノベータ事件（*85），前掲・弘恵会事件（*85），スルガ銀行事件・東京地判令和4・6・23労経速2503号3頁，前掲・東京女子醫科大学事件（*71［新たな高度医療分野への専門家（大学教授）配置の必要性］）。

*95　共栄セキュリティーサービス事件・東京地判令和元・5・28ジャーナル92号44頁。

ては容易に替え難い」ほどの高度の必要性は要せず、「企業の合理的運営に寄与する」点があれば足りると解されている（前掲・東亜ペイント事件［＊54］）。典型的には、従来の知識・技能を活かしうる者を選択したことや、定期異動において同一地域の就労期間が長い者を選択したことが相当とされる（前掲・帝国臓器製薬事件［＊86］、前掲・日本学園事件［＊85］）。

　これに対し、労働者の異動先とされた部門における人員補充の必要性が認められないケース[96]、配転命令の前提である事業所の閉鎖に差し迫った必要性がないケース[97]、非典型労働者が担当する単純作業に正社員を配転したり、報復目的で閑職配転するなど不当な動機・目的によるケース[98]、配転の理由とされた労働者の社内秩序違反行為が認められないケース[99]、配転前の職務遂行に不適格性が認められないケース[100]、管理職の成績不良について不適切な人員配置や売上目標など外部要因が大きく、本人の能力不足のみが原因ではないケース[101]では、業務上の必要性が否定され、人事権濫用と評価される。また、業務上の必要性は一応認められるものの、労働者の不利益が著大な場合は、両者の利益衡量の中で消極評価される[102]。さらに、人選の相当性に関しても、明らかに適材適所の視点を欠く配転については相当性が否定されるし[103]、部門の廃止に伴う配転に際しては、当該部門の労働者を基本としつつ、より広い単位で公平な選定を行う必要がある[104]。

---

[96] 公益財団法人えどがわ環境財団事件・東京高判平成 27・3・25 労判 1130 号 78 頁、前掲・インテリジェントヘルスケア事件（＊85）、前掲・東大阪医療センター事件（＊65）、前掲・新日本技術事件（＊62）。

[97] シナノ出版印刷事件・長野地佐久支判平成 26・12・10 ジャーナル 37 号 35 頁。

[98] 前掲・フジシール事件（＊33）、前掲・エルメスジャポン事件（＊62）、前掲・新和産業事件（＊27）、前掲・メガカリオン事件（＊66）、Ciel Bleu ほか事件・東京地判令和 4・4・22 労判 1286 号 26 頁。

[99] 長崎自動車事件・福岡高判令和 2・11・19 労判 1238 号 5 頁。

[100] 前掲・KSA インターナショナル事件（＊62）、前掲・新日本技術事件（＊85）。

[101] 前掲・日本ガイダント事件（＊32）。

[102] 前掲・NTT 西日本事件（＊85）、NTT 東日本［北海道・配転］事件・札幌高判平成 21・3・26 労判 982 号 44 頁、前掲・廣井書店事件（＊59）、前掲・学校法人 A 学園事件（＊62）。水町勇一郎［判解］ジュリ 1591 号（2023）5 頁参照。前掲・ホンダ開発事件（＊85）も参照。

[103] NTT 東日本［北海道・配転］事件（札幌地判平成 18・9・29 労判 928 号 37 頁）は、会社の業務システムに精通していない従業員を当該システムを用いる業務に配転したことにつき、業務能率の増進や業務運営の円滑化は認められない等として業務上の必要性を否定している（ただし、控訴審［前掲・NTT 東日本［北海道・配転］事件（＊102）］により取消し）。前掲・C 株式会社事件（＊62）も参照。

(イ) **不当な動機・目的** 第2に，使用者が不当な動機・目的に基づいて配転を命じたときは，加害目的による権利行使として権利濫用とされ，無効とされる（前掲・東亜ペイント事件［＊54］）。会社の不正行為を追及したり，経営に批判的なグループに対して報復的に行われた配転命令や，退職勧奨に応じない労働者を退職に追い込む目的で行われた配転命令が典型である[105]。また，差別的配転（労基3条，労組7条）は，動機・目的の点から人事権濫用とも評価される（前掲・公益財団法人えどがわ環境財団事件［＊96］）。さらに最近では，学校教員に対する遠隔地所在の学校への配転命令につき，法人による解雇を無効とする前件判決が確定したにもかかわらず，約9か月間にわたり復帰が叶わず，敷地内立入りすら禁止されるとの経過に照らせば，不当な動機・目的をもってなされたことが強く疑われると述べ，権利濫用により無効と判断した例がある[106]。

また，近年の重要裁判例として，上司の企業倫理違反行為に関して会社内部の通報を行った労働者に対する配転命令につき，内部通報に対する反感に基づき，業務上の必要性もなく行われたもので，不当な動機・目的に基づく配転命令として権利の濫用に当たり，無効であるとともに不法行為に該当すると判断した例がある。本判決は，企業の法令遵守（コンプライアンス）の促進という観点からきわめて重要な意義を有している[107]。

---

[104] ネスレ日本事件（大阪高判平成18・4・14労判915号60頁）は，工場の一部門の閉鎖に伴う遠隔地事業所への転勤命令につき，たまたま部門廃止時に当該部門に所属していた労働者だけが不利益を被ることへの疑問を呈し，工場全体で人員を選定することも可能であったとして人選の相当性を否定している。

[105] 前掲・フジシール事件（＊33），プロクター・アンド・ギャンブル・ファー・イースト・インク事件・神戸地判平成16・8・31労判880号52頁，目黒電機製造事件・東京地判平成14・9・30労経速1826号3頁，日本アムウェイ事件・東京地判平成18・1・13労判910号91頁，前掲・C株式会社事件（＊62），アールエフ事件・長野地判平成24・12・21労判1071号26頁，前掲・新和産業事件（＊27），越原学園事件・名古屋高判平成26・7・4労判1101号65頁，前掲・医療法人精華園事件（＊30），ナカヤマ事件・福井地判平成28・1・15労判1132号5頁，前掲・弘恵会事件（＊85），堀川化成事件・大阪地判令和5・9・14ジャーナル142号46頁。また，内縁関係にある夫婦の同一職場における就労を解消する目的で行われた配転命令につき，同人らが内縁関係にあることのみを理由とするものであるとして不当な動機・目的を認定した例がある（前掲・島根県水産振興協会事件［＊85］）。一方，不当な動機・目的の否定例として，前掲・アルバック販売事件（＊62），前掲・クレディ・スイス証券事件（＊62），前掲・日本赤十字社事件（＊62），前掲・NECソリューションイノベータ事件（＊85），前掲・SRA事件（＊13），前掲・東京女子醫科大学事件（＊71），前掲・SEC事件（＊62），前掲・ドール事件（＊85），前掲・パナソニックホールディングス事件（＊91）。

[106] 前掲・学校法人A学園事件（＊62）。

(3) 労働者の不利益

　第3に，配転命令に業務上の必要性がある場合も，それが労働者に通常甘受すべき程度を著しく超える不利益を負わせるときは，権利の濫用が成立しうる。

　(ア)　**職種・職務内容の変更**　　まず，職種・職務内容の変更の場合は，職種保持の利益が問題となるが，これを考慮して権利濫用を認める例は少ない。たしかに，長期雇用制度の下では，労働者は多様な職種・職務を経験してキャリアを形成するのが通常であるため，職種変更の不利益を過大視することは適切でない（配転命令について業務上の必要性を肯定する裁判例［555頁］の多くはこうした立場に立つ）。たとえば，研究職・技術職の労働者を，その経験を活かして営業を行う職務に配転させる場合は，特段の事情がない限り，人事権濫用は否定される[*108]。同一系列職種内の職務変更も同様に解される[*109]。

　しかし同時に，労働者のキャリア形成の利益を踏まえれば，この利益への配慮を人事権濫用の要素に位置づけ，使用者がそうした配慮を欠いたまま配転を命じた場合は人事権の濫用を肯定すべきである。この点，職業能力開発促進法および指針は，職業生活設計の理念を踏まえて，配置に際して実務経験の機会を確保すること，社内公募制など労働者の自発性・適性・能力を重視した制度の整備を図ること，職業能力の十分な発揮が可能となるような配置上の配慮を行うことを定めており（523頁参照），その趣旨も十分斟酌されるべきであろう。そこでたとえば，専門的能力を発揮して就労してきた労働者を，合理的理由もなく能力を発揮できないポストに配転したり，高度な能力の発揮を要する職種への配転に際して，能力開発の機会を十分提供しない場合は人事権濫用が成立しうる[*110]。この点は，職種限定の合意が認定されない場合も同様であり，む

　　[*107]　前掲・オリンパス事件（[*62]）。この種の配転については，公益通報者保護法5条による不利益取扱いの規制もある（657頁）。

　　[*108]　研究・技術部門の労働者を営業職（セールス・エンジニア）に配転する場合が典型である（東亜石油事件・東京高判昭和51・7・19労判258号39頁など）。同種の判断として，前掲・日本造船工業会事件（[*85]），前掲・櫛引福寿会事件（[*87]），前掲・秀峰会事件（[*85]〔理学療法士に対する訪問看護リハビリステーションから従業員の健康増進・労災予防への取組を業務とする新設部門への配転命令〕），前掲・ドール事件（[*85]）。

　　[*109]　前掲・東京女子醫科大学事件（[*71]）は，高血圧と内分泌疾患の双方を対象とする従前の職務内容を高血圧領域に限定する結果，内分泌領域を担当できなくなる不利益について，通常甘受すべき不利益を著しく超えるとまではいえないと判断している。

　　[*110]　前掲・ノース・ウエスト航空［FA配転］事件（[*62]〔フライトアテンダント→地上職〕），前掲・日本アムウェイ事件（[*105]〔管理職→警備業務〕），前掲・エルメスジャポン事件（[*62]〔IT技術者→倉庫における商品管理業務〕），前掲・新和産業事件（[*27]〔営業課長

しろ，職種限定の合意が認められない場合こそ，キャリア形成の利益を適正に評価し，権利濫用の判断に反映させる必要がある（554頁参照）*111。

近年の裁判例では，運送事業会社の運行管理業務や配車業務に従事してきた従業員に対する倉庫業務への配転命令につき，業務上の必要性が乏しい中で，運行管理者の資格を活かし，運行管理業務や配車業務に従事するとの同人の期待に大きく反し，その能力・経験を活かすことのできない倉庫業務に漫然と配転したものと解し，権利濫用として無効と判断した例がある*112*113。また，

→倉庫業務］），前掲・医療法人精華園事件（＊30［係長補佐→清掃業務］）等。また，長年熟練労働に従事してきた労働者の異職種配転に際しても，そのキャリアや技能を活かせる職場への配置に努めたか否かが権利濫用の判断要素となりえよう。この点，オリエンタルモーター事件（東京高判平成19・4・26労判940号33頁）は，黄斑変性症に罹患した熟練工に対する清掃業務等の単純作業への配置換えにつき，熟練工としての技能・経験を活かしうる業務か否かを重視する判断を行っており，適切と解される。

*111 荒木478頁は，こうした裁判例の判断について，東亜ペイント事件に比べて個々の労働者の労働関係安定への期待に配慮したきめ細かな濫用判断を行うものと評価している。

*112 前掲・安藤運輸事件（＊54）。同旨，前掲・ダイヤモンド電機事件（＊62［中途採用従業員を経理部門から外し，遠隔地の工場における生産調整部署に異動させる配転命令］），地方公務員につき，富士吉田市事件・甲府地判令和5・10・3ジャーナル143号38頁（市立病院長兼看護専門学校校長を兼ねつつ臨床医・麻酔科医としてキャリアを形成してきた医師を看護専門学校校長に専念させる旨の配置転換処分）。この点，前述したジョブ型雇用は，労働者の職務価値やキャリアを重視する考え方を基本としているため，ジョブ型雇用が進展すれば，伝統的な総合職正社員（メンバーシップ型社員）についても，キャリア形成の利益を十分考慮する必要性が増大すると思われる。

一方，前掲・日本赤十字社事件（＊62）は，医師に対する循環器内科部長から健診部長への配転命令につき，業務上の必要性がある一方，通常甘受すべき不利益を著しく超える不利益は認められないとして配転命令権濫用を否定しているが，同医師は，本件配転命令によって循環器内科業務を週1回の外来診療に制限され，臨床業務から離れることで臨床医としての能力・技術が低下すると考えられるところ，判決は，この不利益を過小評価しており，疑問がある。また，前掲・秀峰会事件（＊85）は，理学療法士に対する訪問看護リハビリステーションから新設部門への配転命令につき，配転後の利用者との接触困難に伴う技術・ノウハウの劣化について，当事者間には職種限定の合意は認められないところ，ノウハウの劣化を不利益とすることは，職種限定の合意があることと同様の結果となりかねない等として不利益性を否定しているが，職種限定の合意が認められない場合も（その場合こそ），キャリア形成の利益を適正に評価すべきとの私見（本書558頁）からは疑問がある。

*113 いわゆる閑職配転（従来の能力・キャリアを発揮できない単純職務への配転）は，まさしくこうした観点からの消極評価が妥当する典型例である。この点，近年には，能力不足と判断された労働者について従来の職務を解き，人材開発室等に配置して能力再開発に従事させたり，社内外での就労先・就職先の開拓を命ずるリストラ目的の配転命令の効力をめぐる紛争が増加している。この種の閑職配転については，従来の職務に関する能力向上のための指導を行ったり，他の職務への配置に努力した後であればともかく，そうした努力を行わないまま性急に閑職配転を命ずることは人事権濫用と評価されやすい。裁判例では，市場調査業務に従事し

単純職務への配転でなくとも，高度な救急医療を提供する三次救急医療機関から，難易度の低い救急医療を提供する二次救急医療機関への救急医の配転についても，職種保持の利益に照らして通常甘受すべき程度を著しく超える不利益を及ぼすものとして人事権濫用が肯定される（前掲・東大阪医療センター事件［＊65（ただし傍論）］）。

　(イ)　**私生活・家庭生活上の不利益**　　a)　勤務地の変更を伴う配転（転勤）については，特に遠隔地転勤における家庭生活上の不利益が問題となるが，最高裁は，「労働者に対し通常甘受すべき程度を著しく超える不利益を負わせる」程度の不利益か否かを基準としつつ，単身赴任を含む通常の遠隔地転勤について，労働者が通常甘受すべき程度の不利益と解し，人事権濫用を否定している（前掲・東亜ペイント事件［＊54］）。その後の裁判例も，本人または家族の病気によって転勤が困難なケースでは人事権濫用を認める[*114]一方，それ以外の不利益（単身赴任，通勤時間の長時間化による幼児の保育上の支障）については，労働者が通常甘受すべき不利益にとどまると判断している[*115]。

　しかし，こうした判断は，「仕事と生活の調和」（ワーク・ライフ・バランス）という価値判断が存在しなかった時期に確立された判断枠組みであり，ワーク・ライフ・バランスが重要な価値として確立された今日では，この判断枠組みを継承するとしても，労働者が被る不利益を慎重にチェックし，労働契約（人事）の適正な運営を促進する法的規律を行う必要がある（554頁。労契法3条

　　てきた労働者の職務を解き，社内公募を利用して他の職務を探すポストに配転したことにつき，徒に不安感・屈辱感・疎外感を与えるポストへの配置として人事権濫用と判断し，損害賠償責任を認めた例（前掲・プロクター・アンド・ギャンブル・ファー・イースト・インク事件［＊105］）や，実質的に退職勧奨の場と化していた人財部付の実態を引き継いだ人材部業務支援センターへの新たな配転命令につき，人事権の裁量の範囲を逸脱したものとして無効と判断し，同センターに勤務する義務がないことの確認請求を認容した例（前掲・ベネッセコーポレーション事件［＊41］）がある。他方，上記のような配転が再配置や出向先開拓のための配置として実績を上げるなど実質的に機能していれば人事権濫用は否定される（マニュライフ生命保険事件・東京高判平成18・1・25労判911号17頁）。
＊114　北海道コカ・コーラボトリング事件・札幌地決平成9・7・23労判723号62頁，前掲・ネスレ日本事件（＊104），前掲・日本レストランシステム事件（＊30）等。精神疾患を有する従業員に対する転勤命令について，環境変化や通勤の長時間化が与える悪影響が大きいとして人事権濫用を肯定した例として，ピジョン事件・東京地判平成27・7・15労判1145号136頁。
＊115　単身赴任につき，前掲・帝国臓器製薬事件（＊86），前掲・新日本製鐵事件（＊91）など，通勤の長時間化や幼児の保育上の支障につき，前掲・ケンウッド事件（＊54），前掲・NECソリューションイノベータ事件（＊85［ただし，大阪高裁で和解した模様］），前掲・地位確認等請求事件（＊38），本人・家族の健康上の不利益につき，前掲・摂津金属工業事件（＊62）。

3項「仕事と生活の調和への配慮の原則」も参照。58頁)。特に，転居・単身赴任をもたらす転勤については，労働者本人のみならず，家族の扶養・育児・介護・教育への影響を帰結することが多いことを考えると，業務上の必要性をより厳しく解するとともに，使用者に対し，単身赴任が及ぼす不利益を回避・軽減するための措置（配慮措置）を求めるべきである。この点，裁判例においても，労働者に単身赴任をせざるをえない合理的事情がある場合は，使用者は転勤命令に際して信義則上，単身赴任の不利益を軽減・回避するよう配慮する義務を負うと判断する例があり*116，妥当な判断と解される。「義務」構成はともかく（37頁），使用者がいかなる配慮を行ったかについては，配転命令権濫用の重要な考慮要素として適切に位置づけるべきであろう。

使用者が講ずるべき配慮措置の要請はさらに，①単身赴任を回避し，家族帯同の転勤を可能とする措置（配偶者の就職斡旋，保育所の紹介等）と，②単身赴任が避けられない場合の不利益の軽減措置（本人の健康対策，交通費・宿泊費等の定期的帰省の経済的配慮）に分かれる。企業では，こうした措置を制度化する動きが進んでおり，転勤命令について権利濫用を否定した裁判例の多くも，企業がこうした配慮を行ったケースであることに注意する必要がある*117。

*116 前掲・帝国臓器製薬事件（*86）。その後の裁判例では，勤務地を関西地区に限定する旨の合意があったと認定した上，仮に認定できないとしても，使用者は勤務地を関西地区に限定するようできるだけ配慮すべき義務を負うと判断した例（前掲・日本レストランシステム事件［*30］），配転命令の対象となった職員に介護を要する家族がいたことから，広域配転が相当の負担を生じさせるものであったにもかかわらず，同職員らの具体的な状況への配慮を怠ったとして人事権濫用を肯定した例（前掲・あんしん財団事件［*54］），アルバイト従業員について，その勤務先を現勤務店または近接店舗に限定するよう配慮すべき信義則上の義務を肯定した例（前掲・ジャパンレンタカー事件［*54］）等がある。木納・前掲論文（*51）161頁も，裁判例は，配転が労働者本人や家族の教育・介護等に重大な支障を生じさせかねない場合は，当該不利益を回避するために行った措置を含めて通常甘受すべき不利益の有無を判断していると評価する。一方，川口488頁は，配転命令権の行使全般につき，権利濫用構成ではなく，信義則上の義務によって規制すべきことを説いており（出向命令権についても同旨［川口492頁］），賛成しないが（37頁），傾聴には値する。

*117 前掲・東亜ペイント事件（*54）も，使用者が単身赴任後の帰省に関する経済的配慮を行っていた事案である。このほか，前掲・新日本製鐵事件（*91）は，福岡から千葉への転勤命令につき，会社が①の配慮として，共稼ぎの配偶者に対する就職斡旋や社宅貸与の便宜を図っていること，②の配慮として，特別赴任手当や一時帰宅交通費支給等の援助措置を講じていることを理由に人事権濫用を否定している。前掲・NTT西日本事件（*85），前掲・NTT東日本［北海道・配転］事件（*102），前掲・ゆうちょ銀行事件（*88），前掲・あんしん財団事件（*54），前掲・摂津金属工業事件（*62）も参照。一方，企業がこうした配慮を行うことなく転勤を強行すれば，人事権濫用の評価を免れないことになる。

b) もっとも，現状では，転勤に関する配慮の内容は，「各企業の実情に応じた人事施策に委ねられるべきもの」とされ（前掲・帝国臓器製薬事件［＊85］），その結果，単身赴任の回避（①）よりは，それを選択した後の不利益軽減措置（②）が重視される傾向にある。ただし，労働者の不利益によっては，単身赴任の事前の回避措置（①）が重要となる場合もあり，たとえば，重度の要介護者を家族に抱える労働者にとっては，日常的な介護こそが重要であって，単身赴任後の経済的配慮（②）によっては介護の中止という不利益を塡補できないことが多い。こうしたケースでは，事前の回避措置に重点を置いて人事権濫用を判断する必要がある＊118＊119【6-6】【6-7】（566 頁）。

(ウ) **労働条件面の不利益**　労働条件面の不利益として最も問題となるのは賃金の不利益変更である。この点，配転は，企業内人事異動であるから，賃金減額を伴ってはならない。すなわち，職能資格制度においては，賃金（基本給）は職務ではなく資格と連動していることから，配転を理由に賃金を引き下げる

＊118　前掲・NTT 西日本事件（＊85）は，父母が介護を要する状況にある労働者に対する大阪から名古屋への転勤命令につき，会社が新幹線通勤によっても介護に要する時間をとることは可能と主張したのに対し，老親の介護は，身体的な介助につきるものではなく，親族が身近にいて精神的な支えとなったり，緊急の対応ができる状態にあることが重要であるから，同労働者が両親の近傍に勤務する必要性は大きいと述べて斥けている。また，前掲・あんしん財団事件（＊54）も，要介護家族を抱える女性職員に対する広域配転につき，相当程度に大きな負担を生じさせるものであったと認定した上で，使用者の配慮の不十分さを認めて権利濫用を肯定している。ともに適切な判断と解される。

＊119　勤務地の変更を伴う配転命令（転勤命令）によって労働者が転居を余儀なくされる場合，本文に述べた通り，その不利益は通常，転勤命令権濫用に係る不利益（私生活上の不利益・家庭生活上の不利益）として考慮される。しかし近年，転居命令それ自体の有効性が争われる裁判例が登場している（ハンターダグラスジャパン事件・東京高判平成 30・11・14［LEX/DB25569095］）。判決は，転居命令を拒否した労働者がそれを理由に解雇されたという事案につき，転居を余儀なくさせる配転についても一方的命令は可能としつつも，就業規則上の根拠規定がないことや，居住地の決定は本来個人の私生活に関する事項であることによれば，業務上の支障が存しない場合には転居を命じる必要性は認められないとの一般論を述べた上，同労働者は本件転居命令までにすでに約 1 年間長時間通勤をして支障なく通常勤務を継続していることを理由に業務上の必要性を否定し，転居命令の効力を否定している。結論は妥当であるが，そもそも転居については労働者本人の個別的同意を要すると考えるべきである。転居を余儀なくさせる転勤命令を受けた労働者が転居するのか，それとも転居しないで単身赴任等するのかは，完全に労働者本人の自己決定に委ねられるべき事項であり，このことは，居住および移転の自由を基本的人権として保障する憲法 22 条 1 項の下，公序（民 90 条）を形成しており，転居に係る使用者の一方的命令は，この公序違反として無効と解すべきものである。したがって，転居命令権の濫用やその必要性を論ずるまでもなく，転居命令は，本人同意がない限り無効と解すべきである（稲谷信行［判解］民商 155 巻 6 号［2020］1218 頁参照。本件については，篠原信貴「転勤の法的論点」日労研 746 号［2022］36 頁も参照）。

ことはできない。配転に伴う職能資格の引下げ・賃金減額が許容されるのは，就業規則上の明示の根拠規定が存在し，かつ，相当の理由（降格・配転事由該当性）がある場合に限られるのであり，そうした根拠・要件を満たさない限りは人事権の濫用として無効となる[*120]。

これに対し，職種・職務の変更に伴って旧職務に支給されてきた職務手当を不支給とすることや，配転に伴う職位の引下げ（降格）によって役職手当を不支給とすることは原則として許容される[*121]。ただし，職務手当の不支給による不利益が大きい場合は権利濫用判断に影響するし，職位引下げ（降格）の前提となる配転自体が無効とされれば，役職手当の不支給も無効とされる[*122]。

(4) 配転手続

(ア) 労働契約上の手続　使用者は，配転に際して，労働者への内示や意向聴取を行い，配転の内容や必要性を説明するなど，労働者に必要な情報を時間的余裕を置いて十分に提供することを要し，それを無視して強行された配転命令は権利濫用となりうる。これは，信義則（労契3条4項）および労働契約内容の理解促進の責務（同4条1項）によって要請される手続的要件を意味する[*123]。

裁判例では，労働者のキャリアを無視した単純業務への配転につき，配転内示に際して，労働者が採用の経緯を示して再考を求めたにもかかわらず，使用者が頑なな態度に終始して配転を発令したことを，権利濫用を肯定する一理由

[*120] 山川・前掲論文（[*19]）130頁参照。裁判例では，配転と賃金を切断し，労働義務の変化によって直ちに賃金減額が正当化されることはないとの一般論を示すものがあるが（デイエファイ西友事件・東京地判平成9・1・24判時1592号137頁，西東社事件・東京地判平成14・6・21労判835号60頁），この判断は，職能資格制度下の配転に関して妥当する判断といいうる（539頁参照）。企業の賃金制度において，職種変更と基本給変動が連動しないように運用されている場合も同様である（東京アメリカンクラブ事件・東京地判平成11・11・26労判778号40頁）。

[*121] 前掲・光輪モータース事件（[*39]），前掲・山佐産業事件（[*25]）。

[*122] 前掲・ノース・ウエスト航空[FA配転]事件（[*62]）は，フライトアテンダントから地上職への配転に伴い，フライトアテンダント特有の収入を失うことによる経済的不利益は無視できないと述べ，労働者の不利益として重視，前掲・KSAインターナショナル事件（[*62]）は，監査室長からの降格的配転により，特約に基づく退職金の対象外となることを経済的不利益として考慮，前掲・ダイヤモンド電機事件（[*62]）は，ライン長手当（5万円）が不支給となることを経済的不利益として考慮し，それぞれ人事権濫用の要素としている。

[*123] 両角・前掲論文（[*86]）461頁，緒方・前掲論文（[*86]）216頁参照。

として重視した例*124，異なる職種間配転について職種限定の合意を認定した上，会社は従業員の意向を十分聴取・協議しつつ可能な限り従前業務と同等または類似の職種に移行できるよう丁寧で誠実な対応をすることを信義則上求められるにもかかわらず，そうした対応を怠ったとして人事権濫用を肯定した例*125，要介護家族を抱える女性職員の配転に際しては，事前にその希望を聴取等して介護状況を把握した上，本件配転命令の業務上の必要性や目的を丁寧に説明し，その理解を得るように努めるべきであったにもかかわらず，それを怠ったとして人事権濫用を肯定した例がある*126。

(イ) 集団的手続――労働協約上の規律　配転の手続的規律としては，労働協約上の労働組合との協議・同意条項も重要である。これら条項は，協約の規範的部分（労組16条）に属し，それ自体が独立した配転命令の要件であるため，同条項に違反する配転命令を無効とする効果を有する（239頁）。配転に際して本人の事情・意向を考慮したり，本人の同意を要する旨の規定についても，当該協約の趣旨に従った義務の履行が求められる*127*128。

5　配転命令の効果

前記のとおり（540頁），配転命令の法的性質は法律行為（意思表示）と解される。したがって，①使用者に配転命令権がないにもかかわらず行われた配

---

*124　前掲・エルメスジャポン事件（*62）。

*125　前掲・ジブラルタ生命事件（*54）。

*126　前掲・あんしん財団事件（*54）。また，前掲・直源会相模原南病院事件（*72）は，使用者が異職種間配転を行う場合は，その必要性等について十分説明を行う必要があると判断し，前掲・日本レストランシステム事件（*30）は，大阪から東京への転動命令につき，配転の理由，配転先における処遇および復帰予定等について説明を尽くすべきところ，それらが不十分として人事権濫用を肯定している。

*127　配転を一方的に行わない旨明記する人事協議条項に違反して行われた配転命令を要件不充足として無効と判断した最近の裁判例として，函館バス事件・札幌高判令6・4・25ジャーナル149号50頁がある。一方，人事協議条項の履行を認めた例として，塚腰運送事件・京都地判平成16・7・8労判884号79頁。労働協約上の本人同意条項の解釈事例として，前掲・よみうり事件（*58）。

*128　また，裁判例では，「客室乗務員（FA）としての地位を失うことがないよう努力する」との協約上の規定（FA職位確保努力義務）につき，努力義務である以上，協議・同意条項と異なって規範的効力を有しないが（239頁），配転命令権の濫用の判断要素となると解した上，使用者がFA職位確保努力義務に反して客室乗務員から地上職への配転命令を漫然と行ったことにつき，権利濫用の成立を肯定した例がある。優れた判断と評価できる。前掲・ノース・ウェスト航空［FA配転］事件（*62）。38頁参照。

命令は，労働契約違反として無効と解される。②配転命令が権利の濫用と評価される場合や，差別禁止規定に違反して行われた場合も同様である。この結果，従来は，配転命令の無効確認の訴えや，配転前の職種・勤務地で就労すべき地位にあることの確認の訴えが肯定されてきた*129。しかし，近年には，この種の訴えは確認の利益を否定される傾向にあり，配転先における就労義務の不存在確認の訴えが用いられることの方が多い。この点については，労働契約紛争処理法の箇所で解説する（1161頁）。

また，労働者に対する報復目的・退職強要目的で行われるなど悪質な配転命令については，不法行為（民709条・710条）が成立しうる*130【6-8】【6-9】。

【6-6】 **労働法コンプライアンスと法的リスク管理**——育児・介護休業法上の配慮義務　育児・介護休業法26条は，労働者の勤務地の変更によって子の養育や家族の介護が困難となる場合は，使用者がその状況に配慮すべきことを定めており，人事権濫用に関する重要な判断要素となる。具体的には，同法に基づく指針（子の養育又は家族の介護を行い，又は行うこととなる労働者の職業生活と家族生活との両立が図られるようにするために事業主が講ずべき措置に関する指針。平成21年厚労告509号）が，対象労働者の育児・介護状況の把握，本人の意向の斟酌，転勤後の育児・介護に関する代替手段の有無の確認等を規定している。

労働契約法との関係では，使用者は，育児・介護休業法26条によって転勤を行わない義務まで負うわけではなく，また，配慮義務が直ちに労働契約上の義務となる（労働者は配慮義務の履行を請求できる）わけでもない。すなわち，配慮義務は人事権濫用の要素にとどまり，かつ，同条違反が人事権濫用に直結することもないと解される。しかし，使用者は，同条および指針に即して，労働者の育児・

---

*129　配転前の職種で就労する地位の確認を認めた例として，前掲・東京海上日動火災保険事件（*81），前掲・ノース・ウエスト航空［FA配転］事件（*62）。最近でも，配転前の職種に係る就労請求が肯定されることがある（前掲・東大阪医療センター事件［*65（救急専門医について配転前事業所［三次救急医療機関］における労務の提供に関する特別の利益を肯定し，同機関における就労妨害禁止の仮処分を発令］）。就労請求権について191頁参照）。

*130　前掲・プロクター・アンド・ギャンブル・ファー・イースト・インク事件（*105），前掲・ノース・ウエスト航空［FA配転］事件（*62），前掲・NTT西日本事件（*85），前掲・エルメスジャポン事件（*62），前掲・オリンパス事件（*62），前掲・新和産業事件（*27），前掲・廣川書店事件（*59），前掲・あんしん財団事件（*54［ただし一部原告に関する判断］），前掲・KSAインターナショナル事件（*62），前掲・ジブラルタ生命事件（*54［ただし，配転命令拒否を主たる理由とする懲戒解雇に関する判断］），前掲・ダイヤモンド電機事件（*62），前掲・弘恵会事件（*85）等。否定例として，前掲・公益財団法人えどがわ環境財団事件（*96），DRPネットワーク事件・東京地判令4・2・25ジャーナル127号50頁，近鉄住宅管理事件・大阪地判令4・12・5労判1283号13頁，前掲・新日本技術事件（*62）。

介護上の不利益に真摯に対応する義務を負う。具体的には，労働者の意向聴取によって育児・介護の状況（特に，本人が育児・介護を行う必要があるのか，他に代替手段があるのか）を把握し，本人による育児・介護の必要性が高い場合はできるだけ転勤を回避し，転勤が避けられない場合は手厚い経済的支援を講ずる義務を負うと解すべきであろう。したがって，使用者がそうした配慮を欠いたまま転勤を求めることは配慮義務に反し，他の事情と相まって人事権濫用を成立させる[*131]。

裁判例では，介護上の配慮を求める申出にもかかわらず，転勤命令を再検討することなく強行したケース[*132]や，労働者が転勤前の事情聴取において，母親が要介護2の認定を受けているとして介護の必要性を申し出たにもかかわらず，その事情を聴取することもなく転勤に応ずることを求めたケース[*133]で人事権濫用が肯定されている。これらのケースでは，使用者は転勤自体については相当の経済的配慮（帰省費用，諸手当支給等）を講じているが，裁判所は，労働者本人による介護の必要性が高いことを理由に配慮義務違反を肯定しており，育児・介護の状況によっては通常の経済的支援では不十分であることを示している[*134]。

【6-7】 遠隔地転勤・転居を伴う転勤の見直しと課題　近年における雇用システムの変化（長期雇用制度の後退）に伴い，遠隔地転勤・転居を伴う転勤をめぐる新たな制度や課題が登場している。

第1に，遠隔地転勤・単身赴任自体を見直す企業が登場し，無限定な勤務地変更（全国転勤・単身赴任）を是正する動きが生じている。それを可能としたのは，2020年以降の新型コロナ危機に伴うテレワーク（リモートワーク）の導入であり，テレワークの下では，仕事をする上で出社が必須でないことが判明したことが上記のような変化をもたらしている。たとえば，ⓐ遠隔地転勤を契機とする優秀人材の離職を防止する目的で転勤を見直し，転勤を希望しない社員について希望エリアで就労できるようにしつつ，遠隔地転勤社員との間の処遇格差を設けない制度，ⓑ従業員による遠隔地転勤を伴う総合職か，地域限定総合職かの選択を可能

[*131] 前掲・NTT西日本事件（*85）は，要介護家族を擁する労働者に対する遠隔地への配転（転勤）命令の権利濫用該当性を判断するに際しては，育児・介護休業法の趣旨を踏まえて検討することが必要と判示しており，妥当と解される。類型別実務Ⅰ309頁参照。

[*132] 明治図書出版事件・東京地決平成14・12・27労判861号69頁。

[*133] 前掲・ネスレ日本事件（*104）。

[*134] 前掲・NTT西日本事件（*85），前掲・NTT東日本［北海道・配転］事件（*102）も参照。これに対し，使用者が労働者の介護について必要な配慮を講じていれば，人事権濫用は否定される。この点，NTT東日本［北海道支店］事件・札幌地決平成15・2・4労判846号89頁は，札幌から東京への転勤命令につき，会社には看護休暇や介護休職の制度があり，労働者が行ってきた週1〜2日の父親の介護には十分として，配転禁止仮処分申立てを却下している。本件では，労働者本人による介護が不可欠という状況ではなかったと認定されており，本人による介護の必要性の程度がポイントとなることがわかる。前掲・あんしん財団事件（*54）も参照。

とする制度、ⓒリモート勤務制度（リモートワークによって遠隔地での勤務を認める制度）、ⓓリモート転勤制度（転勤に当たって転居を求めず、リモートワークで転勤先の業務に従事する制度）を採用するケース等が見られる。法的には、これら制度の場合、転居を伴う転勤に応ずるか否か、またいかなる形態で転勤するか等は従業員の判断に委ねられ、転勤命令権の概念自体が後退するものと解される。特にⓐⓒの場合は、転勤それ自体の概念が後退するものと考えられる[*135]。

第2に、上記ⓑに伴う新たな紛争として、従業員に総合職か地域限定総合職かを選択させた上、総合職社員が遠隔地転勤を拒否した場合に職群を地域限定総合職に変更しつつ、両職群間の基本給差額を半年前に遡って返還させる制度の有効性が争われた事案が登場している[*136]。裁判所は、賃金全額払原則（労基24条1項）との抵触を否定した上、就業規則としての合理性（労契7条）についても、①会社が広くローテーション転勤を実施しつつ、従業員が自身のライフステージに合わせて職群を選択できる制度設計を行う制度として合理性を肯定するとともに、②遠隔地転勤を拒否した総合職社員に基本給差額を半年前に遡って返還させることについても、本件返還請求は、本来支払われるべきでなかった賃金差額の返還を請求するものであり、労働者に対して金銭賠償という処分を課すものではないことや、転勤に支障が生じた時期が半年以上以前の場合も半年分超の返還は求めていないこと等を理由に合理性を肯定している。しかし、②については、総合職社員の転勤拒否を理由として、同社員が総合職として就労したことの対価として取得した賃金請求権（既発生の賃金請求権［12万円］）の事後的剥奪を内容とする制度と解されるため、疑問がある（第2章*266、第4章*131参照）。

【6-8】 **配転の内示**　　配転の内示に関する法的検討は従来乏しかったが、最近の裁判例は、この論点について本格的検討を行っている[*137]。本件は、財団の組織改革に伴う異職種・広域配転命令を一部違法と判断した事案（前掲・あんしん財団事件［*54］）の控訴審であるが、判決は、本件配転を配転命令ではなく配転内示と認定した上、配転の内示は、人事権の行使としての配転命令に先立ち、配転を受諾するか否かについて検討する機会を与えるための事前告知であり、人事異動の効力を発生させるものではなく、その後に異動計画が撤回ないし変更される余地を残しているところ、①財団の人事方針によれば、職員が転居を伴う配置転換の内示を受けることはないとの期待を抱くことに合理的な根拠があるとはいえないこと、②職員らが正当な理由を示して内示を拒むこともできたこと、③本件配転命令は結局撤回され、職員らが遠隔地に異動することもなかったこと等を理

[*135]　土田・前掲論文（*78）1071頁以下参照。
[*136]　ビジネスパートナー事件・東京地判令和4・3・9労判1272号66頁。
[*137]　あんしん財団事件・東京高判平成31・3・14労判1205号28頁。同旨、山口県立病院機構事件・山口地判令和2・2・19労判1225号91頁。

由に人事権の濫用を否定し，職員らによる慰謝料請求を棄却している。

配転内示の法的性質や内示に対する人事権濫用法理の適用方法に関する裁判例として重要であるが，②については，本件労使関係において職員側に内示を拒否できる現実的可能性があったかについて疑問が残る。また，理論的には，配転「内示」という告知についてそもそも権利濫用（労契3条5項）の適用が可能かという点は問題となりえよう*138。

【6-9】**職務等級制度における配転**　職務等級制度における降格については前述したが（536頁），配転に関する取扱いも，職能資格制度を前提とするオーソドックスな法理とは相当に異なる。前記のとおり，職務等級制度においては，配転が職務等級の変動（不利益配転の場合は等級の引下げ）に連動し，ひいては賃金（基本給・賞与）の減額をもたらしうる。したがって，ここでは，配転命令の効力自体を厳格に判断する必要がある。具体的には，①職種限定の合意の有無を慎重に判定する必要があるし，②そうした合意が認定されない場合も，人事権濫用をより厳しく判断すべきである。すなわち，a）配転の業務上の必要性は，職能資格制度下の配転のような広範なものではありえず，使用者が労働者を当該職務に不適格と判断したことの当否（能力・適格性の欠如）を，b）配転先の職務・地位と労働者の能力・適性との適合性（人選の相当性）およびc）配転手続の相当性とともに厳格に判断する必要がある。また，d）職務変更（配転）が基本給の変動に直結する以上，賃金減額の有無・程度が配転命令権濫用の重要な判断要素となる。すなわち，配転によって賃金が減額される場合は，そうした重大な経済的不利益を正当化するに足りるだけの高度の業務上の必要性・人選の相当性と手続の履行を要すると解すべきである*139。他方，職務等級制度が配転による職務等級および賃金の変動を当然に予定する制度である以上，賃金減額の幅・程度自体は配転命令権濫用の考慮要素とはならないものと解される。この意味で，配転命令権を広範に認め，権利濫用の成立範囲を限定的に解する東亜ペイント事件（*54）の判断枠組み（553頁以下）は，職能資格制度における配転に関する先例とはいえても，職務等級制度における配転の先例には当たらないと考えるべきである。

この点，裁判例では，基本給が職務の種類・責任・要求度に応じて定められる職務・バンドによって決定される制度（職務バンド制）において，市場関連業務から単純事務作業に配置転換し，バンドを3から2に引き下げる配転命令の効力が争われたケースにつき，就業規則の配転条項を根拠に使用者の配転命令権を肯定しつつ，配転命令の効力については，原告従業員は，職務バンドの低下によって，給与レンジの相違から将来の昇給の可能性を制約され，職務権限を縮小されるな

---

*138　岡本舞子［判批］法時92巻11号（2020）157頁，神吉知郁子［判批］令和元年度重判解210頁参照。

*139　土田・前掲論文（*44）188頁，土田・前掲判批（*49）178頁。

ど多大な不利益を被るところ，そうした不利益を及ぼす配転の業務上の必要性については厳格に解する必要があると述べた上，職務変更に関する業務上の必要性は認められないと判断し，人事権の濫用を肯定した例がある[*140]。妥当な判断と解される[*141]。

　一方，新薬開発チームのチームリーダーから一般職（医療職）への配転に伴い，グレード（職務等級）が引き下げられ，月例基本給・年間賞与が大幅に減額されたケースにつき，東亜ペイント事件（*54）の権利濫用法理に依拠した上，業務上の必要性・人選の相当性を肯定し，配転手続の不適切さ（後述）を指摘しつつも権利濫用に直結しないと判断し，賃金減額の不利益性を認定しつつも，労働者に通常甘受すべき程度を著しく超える不利益を負わせるものではないとして有効と判断した例がある[*142]。しかし，職務等級制度における配転については，業務上の必要性および配転手続を厳格に解する必要性があることは上述したとおりであり，本判決は，こうした職務等級制度の特質を顧慮しない判断といわざるをえない。この観点からは，本件については，a）業務上の必要性・b）配転先の職務・地位との適合性（人選の相当性）をより厳格に判断する（判旨は，配転先のグレードについて，従前のマネジメント職グレードに対応するポストを新設するか否かは使用者の裁量的な経営判断に委ねられると説くが，職務等級制度においては，こうした広範な裁量を認めるべきではなく，使用者がかかるポスト新設について検討することもなく医療職への配転命令を行ったことは，上記a）・b）を減ずる方向に働く事情となるものと解すべきである）とともに，c）配転手続に著しい瑕疵が存在する（原告労働者の上司が労働者を新薬開発チームに異動させる際に，チーム解散時は元のマネジメント職グレードに戻す旨説明しながら，当該上司の反対によって復帰が実現しなかった）ことから，その点に着目して，配転命令権濫用についてより慎重に判断する必要があったと解される。

[*140]　前掲・プロクター・アンド・ギャンブル・ファー・イースト・インク事件（*105）。
[*141]　これに対し，前掲・コナミデジタルエンタテインメント［控訴］事件（*49）は，配転に伴う役割グレードの引下げ（降格）につき，配転と役割グレード引下げが連動せず，分離して運用されていることから，降格を無効と判断しつつ，配転自体は有効と判断している（538頁）。この判断はこれでよいが，本来の職務等級制度における配転の場合は，配転命令自体の効力が厳格に判断されることに留意する必要がある（土田・前掲判批［*49］176頁以下参照。石田・前掲論文［*19］197頁以下も参照）。なお，前掲・ELCジャパン事件（*49）も同種の事案である。職務等級制度における配転事例ではないが，前掲・KSAインターナショナル事件（*62）も参照。
[*142]　前掲・L産業事件（*48）。

第5節　出向・転籍

1　出向・転籍の意義・概念

(1)　出向・転籍の意義

　配置転換が企業内人事異動の典型であるとすれば，出向・転籍は企業間人事異動の代表例である。出向は，労働者が出向元との労働契約（従業員としての地位）を保持したまま，長期にわたって他企業（出向先）の指揮命令に服して労働することをいい，期間の経過後に復帰することを予定する。一方，転籍は，転籍元との労働契約を終了させた上で，転籍先企業との労働契約関係に入る形態であり，復帰を予定しないのが普通である。

　出向・転籍は今日，配転に優るとも劣らない頻度と重要性をもって実施されている。出向・転籍の目的は多様であり，従来は，グループ内の企業間人事交流，中高年齢者のポスト不足による関連企業への異動（定年前出向・転籍）が主流であった。しかし，近年の出向・転籍は，企業のグループ経営（事業部門の分社化・子会社化）を担う戦略的人事という積極的意義を有し，グループ経営に不可欠の人事制度に位置するほか，官民交流のツールや従業員の起業のツール（出向元に在籍しつつスタートアップ事業を運営［日本経済新聞2022年8月17日］参照）としても機能している。

　とはいえ，出向・転籍は，第三者企業に異動する点で労働者の地位を不安定としたり，労働条件の低下をもたらすことがあるため，出向・転籍命令の限界が重要な論点となる。また近年には，出向・転籍の定着を反映して，出向・転籍後の労働条件や法律関係をめぐる紛争（出向・転籍中の賃金・退職金の支払義務，出向労働者の懲戒処分等）も増えている。そこで，労契法は，出向について，出向命令権の濫用に関する規定を新たに設けた（14条）*143。

(2)　出向・転籍の概念

　出向・転籍は，法的には次のように定義することができる（**図表6-2参照**）。

---

*143　出向・転籍に関しては，菅野=山川690頁，荒木479頁，野川318頁，注釈労基（上）234頁以下［土田道夫］，基コメ労基・労契413頁［緒方桂子］，小田島靖人「出向」労働関係訴訟Ⅰ184頁，阿保賢祐「転籍」同197頁，注釈労基・労契(2) 461頁［原昌登］参照。

図表6-2 出向・転籍の労働契約関係

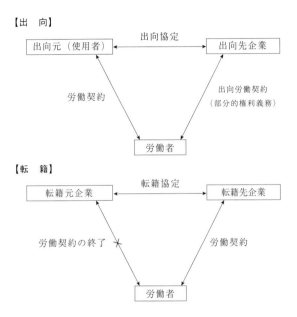

　(ア) **出　向**　まず、出向は、労働者が出向元との労働契約を維持しつつ、相当期間、出向先の指揮命令の下で就労することをいう*144。出向者は、出向元においては休職となる一方、出向先の労務指揮権・雇用管理に服して労働するのが一般である。このように、出向は、①出向元との労働契約が存続することと、②労務指揮権の出向先への移転を特色としており、②によって出張と区別され*145、①によって転籍と区別される。

　(イ) **転　籍**　転籍は、従来の使用者（転籍元）との労働契約を終了させ、新たに別会社（転籍先）との労働契約関係に入ることをいう。転籍はさらに、

---

*144　同旨、古河電気工業事件・最判昭和60・4・5民集39巻3号675頁、東明館学園事件・佐賀地判平成26・6・17ジャーナル30号2頁。

*145　138頁参照。出向と出張の区別は微妙なケースがありうるが、労務指揮権の行使主体や業務が本来の使用者か就労先かで区別すべきであろう（安川電気事件・福岡地小倉支判昭和48・11・27判時733号108頁）。前掲・東明館学園事件（*144）は、この立場を前提に、学校法人（私立高校）教員に対する予備校での研修命令につき、予備校の指揮命令下でその業務に従事したものと認めて出向と解した上、本人同意や学校法人における出向の根拠規定が存在しないことを理由に無効と判断している。

①転籍元との労働契約を合意解約し，転籍先と新たに労働契約を締結するタイプ（解約型）と，②労働契約上の使用者の地位（債権債務）が転籍元から転籍先に譲渡されるタイプ（譲渡型）に分かれる*146。転籍が解約型・譲渡型のいずれに該当するかは，多分に事実関係によるが，転籍の時点で労働条件が詳細に取り決められ，その内容にも大きな変更がなく，退職手続も別段とられないような場合は，譲渡型が原則となろう（山川 108 頁参照）。これに対し，転籍元からの退職と転籍先による採用の間に空白があったり，転籍の合意の時点で労働条件が確定されていない場合は，解約型の構成が妥当する*147。

解約型の転籍の場合，転籍元との合意解約は転籍先との労働契約の締結を停止条件としてなされるので，転籍先が受入れを拒否すれば，合意解約も条件不成就として効力を生じない（前掲・生協イーコープ・下馬生協事件［*147］）。また，譲渡型の場合も，労働者の転籍承諾前に転籍先が転籍拒否を決定していれば，転籍承諾の合意は要素の錯誤により無効となり，転籍元との労働契約の存続が認められる*148【6-10】。

> 【6-10】 **出向と転籍の区別**　以上のように，出向と転籍は法的に区別されるが，転籍の増加に伴い，両者の関係が問題となるケースが増えている。①転籍の形式で異動した労働者が，実質は出向であるとして転籍元会社への復帰を主張するケース*149，②同じく転籍の実質は出向であるとして，転籍元会社に対して退職金の支払を請求するケース*150，③出向の延長措置により，当初から出向の長期化が予想され，復帰が望めない場合に，実質は転籍であるとして，その根拠として個別的同意を主張するケース（新日本製鐵［日鐵運輸第 2］事件）*151 が見られる。
> 　この点，最高裁は，③について，出向と転籍の「本質的な相違は，出向元との労働契約関係が存続しているか否かという点にあるのであるから，出向元との労働契約関係の存続自体が形がい化しているとはいえない本件の場合に，出向期間

---

*146　株式会社 Y 事件（東京高判令和 4・1・26 判時 2560 号 78 頁）は，転籍について，「企業間の労働契約上の地位の譲渡，又は転籍先企業との新たな雇用契約の締結を停止条件とする，転籍元企業との従前の雇用契約の合意解約」と定義する（労働者が別会社への転籍を前提に退職の意思表示を行ったことについて心裡留保による無効［民 93 条］を肯定した事案［825 頁]）。
*147　生協イーコープ・下馬生協事件・東京地判平成 5・6・11 労民 44 巻 3 号 515 頁。
*148　日立製作所事件・東京高判昭和 43・8・9 労民 19 巻 4 号 940 頁。
*149　日鐵商事事件・東京地決平成 6・3・17 労判 662 号 74 頁。
*150　幸福銀行事件・大阪地判平成 15・7・4 労判 856 号 36 頁。
*151　最判平成 15・4・18 労判 847 号 14 頁。

の長期化をもって直ちに転籍と同視することはできず，これを前提として個別的同意を要する旨をいう」主張は採用できないと判断している（前掲・新日本製鐵［日鐵運輸第 2 ］事件［＊151］）。たしかに，出向も転籍も実態は多様であり，復帰を予定しない出向がある反面，復帰予定の転籍もありうることから，両者の区分基準は，出向元との労働契約の存続の有無に求めざるをえない。一方，この判断によれば，出向元会社に実体がなく，出向元との関係が形骸化している場合は，名目は出向でも法的には転籍と解される場合がありうることになる。

2 出向命令権の法的根拠・性質

(1) 法的根拠

(ア) 出向と労働者の同意　　出向命令権の法的根拠については，労契法が規定するところとはならず，解釈論に委ねられている。この点，通説・裁判例は，人事権（労務指揮権）によって出向を当然に命ずることはできず，「労働者の承諾その他法律上これを正当づける特段の根拠」を要すると解している[＊152]。民法 625 条 1 項は，使用者の権利の譲渡には労働者の承諾を要する，と規定しており（労働契約の一身専属性），出向のように，契約当事者が交替することなく，労務指揮権（指揮命令権）が譲渡されるにとどまる場合にも適用される[＊153]。このように，出向命令権（出向義務）に関する明確な契約上の根拠を要する点が，一般的・包括的な契約上の根拠により当然に命じうる配転との違いである。

(イ) 学説・裁判例　　問題は，出向義務の根拠となる「特段の根拠」とは何かである。これについては，ⓐ労働者の出向時の同意，ⓑ事前（特に採用時）の同意，ⓒ労働協約・就業規則の出向条項（「業務上の必要性があるときは出向を命ずることがある」との規定）が問題となり，これらをどう考えるかで，ⓐの同意のみを認める個別的合意説[＊154]と，ⓑ・ⓒで足りるとする包括的合意説[＊155]

[＊152]　菅野＝山川 692 頁，土田 195 頁，荒木 481 頁，野川 319 頁。裁判例として，日立電子事件・東京地判昭和 41・3・31 労民 17 巻 2 号 368 頁，新日本製鐵［三島光産・出向］事件・福岡高判平成 12・2・16 労判 784 号 73 頁，新日本製鐵［日鐵運輸］事件・福岡高判平成 12・11・28 労判 806 号 58 頁，リコー事件・東京地判平成 25・11・12 労判 1085 号 19 頁。

[＊153]　前掲・日立電子事件（＊152），前掲・新日本製鐵［日鐵運輸］事件（＊152）。学説として，和田肇「出向命令権の根拠」労働 63 号（1984）31 頁以下。これに対し，民法 625 条 1 項の出向への適用を否定する見解もあるが，労働者の特段の合意を要するという結論において違いはない。この点をめぐる議論については，本庄淳志＝大内伸哉「民法 625 条」土田編・債権法改正と労働法 53 頁以下参照。

[＊154]　高木紘一「配転・出向」現代講座⑽ 142 頁，西谷 257 頁。

に分かれる。当然ながら,包括的合意説の方が出向命令権(出向義務)を広く認める結果となる。これに対して個別的合意説は,出向が労務の提供先という一身専属的な利益に影響することから,労働協約・就業規則による集団的規律になじまないことを主張する。

しかし,近年の学説・裁判例は,上記両説を斥け,具体的合意説ともいうべき立場に立っている。これは,出向命令権の根拠としては事前の同意や労働協約・就業規則の出向条項で足りるが,その中で(またはそれに付属する出向規程において),出向先の労働条件・処遇,出向期間,復帰条件(復帰後の処遇や労働条件の通算等)が整備され,内容的にも著しい不利益を含まないことを求める見解である*156。最高裁も,企業グループ内出向の事案につき,就業規則上の出向条項に加えて,「労働協約である社外勤務協定において,社外勤務の定義,出向期間,出向中の社員の地位,賃金,退職金,各種の出向手当,昇格・昇給等の査定その他処遇等に関して出向労働者の利益に配慮した詳細な規定が設けられていること」を認定した上,こうした事情の下では,会社は労働者の「個別的同意なしに……本件各出向命令を発することができる」と判断している(前掲・新日本製鐵[日鐵運輸第2]事件[*151]。ただし,本件に即した事例判断)。

(ウ) **検 討** 思うに,個別的合意説は,出向が雇用調整手段として例外的な存在であった時期に形成された理論であり,出向が企業グループ内の人事異動として定着した今日の状況にそぐわない。しかし一方,包括的合意説のように,包括的合意や規定のみを根拠に出向命令権(出向義務)を肯定することは,出向に伴う労働条件や法律関係の複雑化を軽視する結果となるし,労働契約の一身専属性(民625条1項)からも問題がある。結局,出向が日本型人事の中

---

*155 興和事件・名古屋地判昭和55・3・26労民31巻2号372頁。
*156 和田・前掲論文(*153)32頁以下,菅野=山川692頁,下井153頁,荒木480頁,野川320頁,土田196頁。裁判例として,JR東海事件・大阪地決昭和62・11・30労判507号22頁,ゴールド・マリタイム事件・大阪高判平成2・7・26労判572号114頁,前掲・新日本製鐵[三島光産・出向]事件(*152),前掲・日本レストランシステム事件(*30),前掲・リコー事件(*152),JR東海事件・東京地判平成26・4・15ジャーナル28号25頁,日本雇用創出機構事件・東京地判平成26・9・19労経速2224号17頁,社会福祉法人奉優会事件・東京地判平成28・3・9労経速2281号25頁,JR東日本事件・東京地判平成29・10・10労経速2330号3頁,全国共済農業協同組合連合会事件・東京地判平成30・2・23ジャーナル75号32頁等がある。これに対し,前掲・長谷川ホールディングス事件(*30)は,包括的出向条項であっても,使用者が出向時に出向先における労働条件・出向期間等を個別的に明示し,それが労働者に不当な不利益を課すものでなければ労働者の利益確保は実現できるとして効力を肯定するが,疑問がある。

枢に位置する制度としてかなり整備されていること，労働者のキャリア形成やスキルアップのツールとしてその利益ともなること，労働協約・就業規則上の制度化によって労働条件・法律関係の複雑化に対処でき，労働者の利益保護にも役立つことを考えると，具体的合意説を支持すべきである*157。具体的合意説は，労働契約の法的規律のあり方としては，権利義務の内容規制に属する（22頁）。また，就業規則・労働協約との関係では，就業規則の出向条項は内容の合理性を備え，労働契約内容を補充することにより（労契7条），協約の出向条項は規範的効力（労組16条）を通して労働者を拘束することになる*158。これに対して，採用時の包括的同意や包括的出向条項だけでは，将来出向がありうる旨の告知（訓示規定）以上の効力は認められない*159*160。

一方，学説では，労働協約の出向条項について，「協約自治の限界」を強調して規範的効力自体を否定する見解があるが*161，労働組合の労働条件規制権限の尊重という観点から賛成できない（244頁参照）。

出向制度の内容としては，出向先，出向中の労働条件（賃金・退職金，労働時間・休日・休暇，職務内容，勤続年数の通算，出向中の地位など），出向期間や更新手続，復帰手続などの整備・明示が求められ，かつ，労働者に著しく不利益な

---

*157 労契法が基本趣旨とする合意原則（1条・3条1項）からも，具体的合意説を支持すべきである（20頁参照）。この点，前掲・新日本製鐵［日鐵運輸］事件（*152）は，労働契約の一身専属性の趣旨から，出向には原則として労働者の承諾を要すると解しつつ，一身専属性の「趣旨に抵触せず，承諾と同視しうる程度の実質を有する特段の根拠がある場合」は出向命令権を肯定しうると判断している。本人同意を原則としつつ，実質的にそれと同視しうる場合に限って労働協約・就業規則上の根拠を認める点で，合意原則に整合する優れた判断と解される。

*158 出向のような個人的労働条件については，労働協約の規範的効力にも限界があり，内容の合理性を求められる点に注意すべきである（245頁）。

*159 就業規則上，休職事由として出向が規定されているだけでは足りない（日東タイヤ事件・最判昭和48・10・19労判189号53頁，藍野学院事件・大阪地決平成11・1・25労判759号41頁）。また，出向がしばしば実施されてきたという実情が存在していても，直ちに労働者の同意に代わる労使慣行と認めるべきではない。

*160 企業グループ経営が進み，合併・事業譲渡・会社分割等による企業再編が日常的に実施されるようになると，企業間人事異動である出向が企業内人事異動（配転）と同様に意識され，同様の手続で行われても不思議ではない。しかし，出向はあくまで出向であり，出向元・先間の法人格の異同や労働契約の一身専属性（民625条1項）は基本原則である。したがって，出向を配転と同様の手続で安易に進めることは許されない。裁判例も，一時期は，密接な関係にある親子会社間の出向を配転と同一視し，配転条項に基づく出向命令を認める例が見られたが（大日金属工業事件・岐阜地大垣支判昭和50・5・29労民26巻3号545頁），この考え方は今日では克服され，出向に関する明確な要件が必要と解されている（前掲・興和事件［*155］）。

*161 土田＝豊川＝和田163頁［和田］等。

内容を含んでいないことを要する。もともと出向は，出向元に在籍しつつ第三者企業で就労する人事異動であるから，出向元は，出向中の処遇・労働条件を確保する責任（一種の担保責任）を負っており，これが合理的な労働条件の整備の要件として現れる。したがって，労働条件の著しい不利益変更を及ぼす出向規定（出向制度）については，労働契約違反として効力を否定すべきである（この点については，585頁も参照）。出向期間についても，具体的な期間の目処の明示が必要であり，不当に長期にわたることは許されない。労働契約法としては，以上の解釈によって出向の合理的制度設計と運用を促進し，出向（労働契約）の適正な運営を促進する法的規律を行うべきである。

(2) 出向命令権の法的性質

出向命令は，本来の使用者とは異なる第三者企業での就労を義務づけ，労働条件変更をもたらす人事であり，本来の労働契約の予定する範囲を超える措置である（民625条1項参照）。したがって，出向命令の法的性質は法律行為（意思表示）であり，出向命令権は形成権と構成できる。そこで，労働者は訴訟において，出向命令の無効を前提とする救済を求めることができる（579頁）。

3 出向命令権の要件・効果

(1) 労働契約の規律

出向命令権は，配転と同様，法令のほか，労働契約および権利濫用（労契14条）の規律に服する。

まず，出向命令権の存否は，労働契約の解釈によって判断され，上記のとおり，出向の具体的内容を定めた人事制度の整備によって出向命令権が肯定される。もっとも，出向に関する合意時期と実際の発令時との間の事情の変化によって出向内容に変更が生じた場合は，当該合意によって出向を命じえないことがある。たとえば，復帰予定の出向に関する合意を根拠に，復帰を予定しない出向を命ずることはできない[162]し，転籍に近い業務委託型の特殊な出向については，通常の出向に関する採用時の合意は根拠とならない[163]。

また，労働者が出向先で取締役等に就任するケース（役員出向）では，出向

---

[162] JR東海［出向命令］事件・大阪地決平成6・8・10労判658号56頁。

[163] 前掲・新日本製鐵［日鐵運輸］事件（*152）の原審・福岡地小倉支判平成8・3・26労判703号80頁。

者は出向先と委任契約を結ぶ必要があり，役員としての責任を加重されるので（取締役の忠実義務［会社 355 条］等），労働契約で予定された出向とはいえず，本人の個別的同意が必要となる*164。

(2) 出向命令権濫用規制——労契法 14 条

(ア) **労契法の規制**　労契法 14 条は，「使用者が労働者に出向を命ずることができる場合において，当該出向の命令が，その必要性，対象労働者の選定に係る事情その他の事情に照らして，その権利を濫用したものと認められる場合には，当該命令は，無効とする」と規定する。

(イ) **実体的要件**　出向命令権の濫用は，配転命令と同様，基本的には，業務上の必要性と労働者の不利益との比較衡量によって判断される。特に出向の場合は，職務内容・勤務形態や労働条件の不利益変更を伴うことが多いため，それら不利益の有無・程度が権利濫用の成否を決するポイントとなり，それとの関連で「対象労働者の選定に係る事情」（人選の相当性）が検討される。前記のとおり，出向においては，使用者（出向元）は，出向中の労働条件・処遇を保障する責任を負うと考えるべきであり，出向によって労働条件が著しく低下する場合は，出向命令権の濫用を認めるべきである。特に賃金については，労働者・使用者（出向元）間の労働契約が存続している以上，使用者は，出向中も労働条件・処遇を保障する責任を負うので，賃金の低下をもたらす出向は，出向命令権の濫用として無効となると考えるべきである（584 頁以下）*165。

この結果，権利濫用の判断は配転よりも厳格となる。裁判例では，業務上の必要性，対象者選定（人選）の相当性，出向先での労働条件変更の程度，家庭生活への支障を判断基準とした上，車両の検査や運転等の専門的業務から単純作業への職種転換を伴う出向につき，職種変更・労働条件面で不利益が大きい

---

*164　このほか，就業規則に出向命令権条項がある一方，個別労働契約において出向させない旨の特約がある場合は，労契法 7 条但書の特約優先規定または同法 8 条によって後者が優先され，出向命令権が否定される。また，出向させない旨の特約を締結後，使用者が就業規則の変更によって出向条項を新設し，周知させた場合は，労契法 10 条本文または但書が適用される。詳細は，配転に関する 545 頁の解説（本文および *64）参照。

*165　なお，このような労働条件の合理性は，出向命令権の存否の段階でも問題となるが（575 頁），出向制度としては合理的であり，出向命令権を発生させる場合も，実際の出向先での労働条件・処遇が不利益をもたらす場合は権利濫用が成立しうる（たとえば，出向中の労働時間は出向先の基準によると規定し，その基準に問題がない反面，実際の労働時間が過酷劣悪となる場合）。

反面，人選の合理性に乏しいとして権利濫用を認めた例がある[*166]。同様に，労働者の放逐目的など不当な動機・目的に基づく出向[*167]，遠隔地への出向として家庭生活に重大な影響を及ぼす出向[*168]，出向先での作業による肉体的負担が大きく，労働者が自主退職に踏み切ることを期待して行われた出向[*169]など不利益性の大きい出向については，業務上の必要性・人選の相当性が厳格に判断され，出向命令権の濫用とされる。これに対して，出向中の労働条件や職務内容に関して十分な配慮が行われ，不利益性が乏しいケースでは，権利濫用は否定される[*170]。

(ウ) **出向手続**　　出向手続に関しても，使用者は配転の場合以上に慎重な対応を求められる。すなわち，使用者（出向元）は，一定の時間的余裕を置いて，労働者への内示や意向聴取を行い，出向内容や復帰条件等について十分説明し，情報を提供する必要があり，それを無視して強行された出向命令は権利濫用となりうる[*171]。配転手続と同様，これも，信義則（労契3条4項）および労働契約内容の理解促進の責務（同4条1項）に基づく手続的要件であり，労契法14条の適用上は「その他の事情」に位置づけられる。一方，労働組合との間の事前協議条項等に基づく慎重な協議・交渉を経由して行われた出向命令については，十分な手続を履行したものと解される[*172]【6-11】。

[*166]　前掲・JR 東海事件・大阪地決（[*156]）。

[*167]　前掲・ゴールド・マリタイム事件（[*156]），大王製紙事件・東京地判平成 28・1・14 労判 1140 号 68 頁。

[*168]　新日本ハイパック事件・長野地松本支決平成元・2・3 労判 538 号 69 頁。

[*169]　前掲・JR 東海［出向命令］事件（[*162]），兵庫県商工会連合会事件・神戸地姫路支判平成 24・10・29 労判 1066 号 28 頁，前掲・リコー事件（[*152]）。前掲・長谷川ホールディングス事件（[*30]）も参照。

[*170]　前掲・新日本製鐵［日鐵運輸第 2］事件（[*151]），前掲・新日本製鐵［日鐵運輸］事件（[*152]）。このほか，権利濫用の否定例として，前掲・興和事件（[*155]），JR 東海［中津川運転区］事件・名古屋地判平成 16・12・15 労判 888 号 76 頁，前掲・JR 東海事件・大阪地決（[*156]），前掲・日本雇用創出機構事件（[*156]），前掲・社会福祉法人奉優会事件（[*156]）。同旨，前掲・JR 東日本事件（[*156]），前掲・全国共済農業協同組合連合会事件（[*156]），フジクラ事件・東京地判平成 31・3・28 労経速 2388 号 3 頁，マネジメントサービスセンター事件・東京地判平成 30・9・28 ジャーナル 84 号 42 頁。

[*171]　上村雄一「出向合意と使用者の責任」労働 84 号（1994）30 頁参照。裁判例では，出向規程上の出向手続を履行しないまま行われた出向命令につき，本人の拒絶の意思が固かったことを理由に，規定違反による命令の無効を否定した例がある（相模ハム事件・大阪地決平成 9・6・5 労判 720 号 67 頁）。しかし，拒絶の意思が強いからこそ十分な情報提供（手続）が必要だという当然の事理を看過する判断といわざるをえない。

[*172]　前掲・新日本製鐵［日鉄運輸第 2］事件（[*151]），前掲・JR 東日本事件（[*156]）等。

【6-11】 **出向時の個別的合意の法的規律**　出向は、実際には、出向時における労働者・使用者間の具体的合意（個別的合意。211頁）に基づいて行われることも多い。こうした労使間合意は、事前の包括的合意と異なり、合意原則（労契8条）によって尊重されるべきであるが（合意尊重の要請［21頁］）、その前提として、出向に関する合意を厳格に認定する必要があり、使用者による十分な説明・情報提供を前提に、労働者が自由意思により同意したものと認められることが必要となる（211頁参照）。なお、出向は、労働契約上の権利義務の部分的移転とはいえ新たな労働契約の締結を意味し、労働条件明示義務（労基15条1項）に基づく書面明示義務が適用されることから、同義務の対象となる労働条件を明示した書面に基づく同意が求められ、出向合意の重要な認定要素となる（289頁参照）。

その上で、出向に関する合意が成立した場合も、その例外的内容規制を肯定すべきであろう。前記のとおり（23頁）、労使間合意に基づく労働条件変更の場面では、労使間の構造的な交渉力格差ゆえに、使用者が説明・情報提供を尽くした場合も、労働者が合意内容に異議を唱えることができず、自由意思によるとはいえ著しく不利益な変更を受け容れる事態が生じうる。そして、このことは出向においても何ら異なるところはない。しかし、こうした事態は、合意原則（22頁）から乖離するとともに、法が出向の特質に着目して定立した内容規制（具体的合意説）および権利濫用規制（労契14条）を潜脱する結果をもたらしうる。この点を踏まえると、出向合意に労契法14条を類推適用し、合意の内容が著しく合理性を欠くか否かに関する実体的審査（内容規制）を例外的に肯定すべきである。たとえば、賃金を大幅に減少させつつ、職種・勤務地の不利益変更を伴うなど極端な不利益をもたらす出向については、仮に労働者が自由意思に基づいて同意した場合も、労契法14条を類推適用して内容規制を行い、改めて合意の効力を検討すべきである。他方、この内容規制は、労使間の個別的合意の存在を前提とする例外的規制であるから、それによって出向命令が効力を否定されるのは、上記のような極端なケースに限定されるものと考えるべきであろう[*173]。

(3)　出向命令の効果

労契法14条によれば、出向命令が権利の濫用と評価されると、当該出向命令は無効となる。この結果、従来、労働者は出向元において就労すべき地位にあることの確認を求めることができると解されてきた。条文にはないが、出向

[*173] たとえば、前掲・兵庫県商工会連合会事件（*169）の事案が挙げられる——出向期間満了時に定年間際を迎える5年の期間を設定し、出向先への通勤に片道2時間半を要し、管理職手当（月額3万5700円）が不支給となり、出向手続も相当性を欠き、労働者の放逐という不当な動機・目的に基づいて行われた出向の事案。

命令が労働契約上の根拠を欠く場合や，強行法規に違反して行われた場合も同様である。しかし，近年には，配転命令と同様，出向先における就労義務の不存在確認の訴えが用いられることが多い（山川・紛争処理法 261 頁参照）。この点については，労働契約紛争処理法の箇所で解説する（1162 頁）。

また，出向が労働者の退職強要等の不当な動機・目的に基づいて行われるなど悪質な場合は，不法行為（民 709 条）が成立しうる[*174]。

4　出向後の労働関係・労働条件

(1)　出向後の労働関係（出向労働関係）の法的性格

出向は，労働者・出向元間の労働契約が存続する一方，労働者は出向先の指揮命令に服して就労する形態である。そこで出向においては，労使間の権利義務が出向元・先で分割され，部分的に出向先・労働者間に移転する。これを出向労働関係といい，法的には，1 個の労働契約を構成する権利義務が労働者・出向元間と，労働者・出向先間に分かれて存在する関係を意味する。したがって，労働者・出向先は，それぞれが有する権利を主張し，相手方が負う義務の履行を請求することができる。出向元・先間では，出向協定が合意されるのが通例であり，労働者・出向元間の権利義務は，この出向協定を通して出向先に移転することになる[*175]。

問題は，この出向労働関係が労働者・出向先間の労働契約を意味するか否かであるが，肯定すべきであろう（二重の労働契約説）。すなわち，出向においては，労働者は出向先のために，その労務指揮権に服して労働する一方，出向先は，直接・間接に労働者に対する賃金を負担するとともに，安全配慮義務等の義務を負う。このような労働者・出向先間の関係については，端的に契約関係と構成することが適切である[*176]。もっとも，労働者・出向先の関係は，上記

[*174]　前掲・兵庫県商工会連合会事件（[*169]）。前掲・長谷川ホールディングス事件（[*30]）も参照。一方，前掲・リコー事件（[*152]）は，退職勧奨目的で行われた出向を権利濫用として無効と解しつつ，不法行為については，出向先子会社が通勤圏内であり，賃金等労働条件に変化がないこと等を理由に否定している。

[*175]　ただし，出向協定は，出向元・先間の権利義務関係を基礎づけるにとどまるから，出向協定のみによって出向労働関係成立の効力を労働者に及ぼすことはできず，出向に関する合意または出向条項が必須となる。土田道夫「『出向労働関係』法理の確立に向けて——出向中の法律関係をめぐる一考察」菅野古稀『労働法学の展望』（有斐閣・2013）473 頁参照。出向中の労働関係については，小田島・前掲論文（[*143]）190 頁以下も参照。

[*176]　土田・前掲論文（[*175]）468 頁。同旨，秋田成就「企業内人事移動に伴う法的問題」労

のような部分的契約関係にとどまり，労働者が出向先の従業員としての地位を取得するという意味での包括的契約関係まで成立するわけではない[177]。そのような包括的関係を肯定するためには，労務提供と賃金支払という労働契約の要素が労働者・出向先間で存在し，労働契約が黙示的に成立したと認定できることを要するが，通常の出向ではありえない。その代わり，出向先も，労働者の地位を失わせる解雇や懲戒解雇を行うことはできず，出向元へ復帰させた上，出向元が解雇することになる。

出向労働関係の内容は，基本的には次のように解される。

(2) 労働契約上の権利義務

⑺ **労働者の義務**　出向は，出向先の指揮命令下での労働を内容とするので，出向先に労務指揮権が移転し，労働者は出向先に対して労働義務を負う。その範囲は，出向協定を含む合意の解釈によるが，出向先における配転は，出向時の合意の範囲内でのみ可能であり，人事権濫用の規制に服する[178]。

労働時間・休日は，出向先における労務提供条件であることから，出向先基準（労働協約・就業規則）による場合が多く，労働者は出向先基準に従って労働する義務を負う。この結果，出向元基準より不利益に決定されることがあるが（所定労働7時間制から8時間制への変動，週休2日制から週休1日制への変動等），出向先における画一的労働時間管理の要請によれば，その合理性を否定することは困難である。しかし，労働時間等が重要な労働条件であることを考えると，労契法10条を参考に不利益緩和措置を求めるべきであろう。特に代償措置は重要であり，出向手当の支給や，出向元における所定外労働としての処理は最低限必要と解される（年次有給休暇については，493頁参照）[179]。

働63号（1984）20頁（同『労働法研究(中)　雇用関係法Ⅱ』［信山社・2012］620頁），下井155頁等。

[177] 菅野＝山川697頁，下井155頁，荒木482頁。西谷259頁。裁判例として，栃木合同輸送事件・名古屋高判昭和62・4・27労判498号36頁，JPモルガン証券事件・東京地判平成24・8・17ジャーナル9号12頁，スカイマーク事件・東京地判平成24・11・14労判1066号5頁。このほか，出向労働者につき，出向元・出向先のいずれとも雇用契約関係にあると判断した例（伊藤忠商事ほか事件・東京高判令和5・1・25労判1300号29頁）や，海外の関連会社に出向中の労働者が出向先の担当者に対して行った退職の意思表示につき，出向元との関係で有効な意思表示と判断した例（マップ・インターナショナル事件・東京地判平成16・7・12労判890号93頁）がある。

[178] 太平洋セメント・クレオ事件（東京地判平成17・2・25労判895号76頁）は，労働者の出向先業務が事業本部付であることから，配転の範囲は同本部内に限られると判断している。

出向中の誠実義務・守秘義務・競業避止義務等の付随義務は、出向先に対する労務提供に付随して信義則上当然に発生する[*180]。これに対し、出向後の守秘義務・競業避止義務については、労働者・出向先間の合意または出向先固有の明示の根拠規定が必要と解される（926頁、930頁参照。この点は、労働者が出向終了後、出向元に復帰して在職している期間中も同様に解される）[*181]。

次に、出向元は、出向期間中は出向先の指揮命令に服して労働するよう命じているので、基本的労務指揮権を保有しており、労働義務も存続している（具体的労働義務が休職によって停止しているにすぎない）。この結果、出向先における労働者の労働義務違反や服務規律違反は出向元に対する義務違反を意味し、出向元（使用者）は、出向先における非違行為を自社の企業秩序違反として、自社の就業規則によって懲戒や解雇を行うことができる[*182]。ただし、出向先での非違行為が出向元の企業秩序に与える影響は間接的なものにとどまるので、解雇や懲戒は慎重に行う必要がある[*183]。

問題は、出向先が自社の就業規則に基づいて独自に懲戒処分を行いうるかであるが、懲戒権は労働契約上の特別の根拠を要するので（617頁）、ここでも、出向先の懲戒規程を出向労働者に適用する旨の明確な就業規則規定または労働者が出向先による懲戒を了解したといえるだけの明確な同意が存在することが必要である[*184]。一方、そうした合意が存在すれば、出向先における企業秩序侵害を要件に可能と解される（前記のとおり、懲戒解雇は許されない）[*185]。出向者

[*179] 土田・前掲論文（*175）491頁参照。

[*180] カナッツコミュニティほか事件・東京地判平成23・6・15労判1034号29頁。

[*181] これに反対の判旨のチェスコム秘書センター事件（東京地判平成5・1・28時判1469号93頁）には疑問がある（土田道夫［判批］時判1488号［1994］190頁）。

[*182] トヨシマ事件・大阪地判平成7・9・27労判688号48頁、ダイエー事件・大阪地判平成10・1・28労判733号72頁。出向先会社の告発を理由とする出向元の解雇を無効と判断した例として、カテリーナビルディング事件・東京地判平成15・7・7労判862号78頁。

[*183] この立場に立って、出向先での部下の不正行為に対する監督懈怠を理由とする諭旨解雇を無効と判断した例として、日本交通事業社事件・東京地判平成11・12・17労判778号28頁。

[*184] 前のケースとして、横浜事件・東京高判平成9・11・20労判728号12頁。最近の裁判例では、出向者が出向先における労働者の非違行為および出向前の出向元における非違行為を理由として出向先就業規則に基づいて行った懲戒処分につき、本文のような根拠規定を問題とすることなく有効と判断する例があるが（エヌ・ティ・ティ・ネオメイトなど事件・大阪地判平成24・5・25労判1057号78頁。後者については、出向元による依頼が根拠となると判断）、乱暴な判断と解される。

[*185] 裁判例では、出向先が出向元の就業規則を適用して行った懲戒処分につき、両社間の関係の密接さ等から労働者の黙示の同意を認め、処分有効と判断した例がある（勧業不動産販

に対する休職命令は，出向元・出向先がそれぞれ就業規則において根拠規定を整備すれば，これを行うことができる[*186]。

　(イ)　**使用者の義務（使用者責任）**　賃金払義務に関しては，労働者・使用者（出向元）間の労働契約が存続しているので，出向元が負うのが原則である[*187]。問題は，出向先が出向元と連帯して賃金支払義務を負う場合があるか否かであるが，裁判例は，労働者・出向先間に特段の合意がある場合を除いて否定している。たとえば，英国法人から日本法人に出向した元従業員によるRSU 価額相当額の損害賠償請求事案につき，出向元・先間の出向契約において，出向者に係る賃金・手当の一切を出向元が支払う旨の合意がある一方，出向者に適用される出向先就業規則には賃金支払に関する規定はなく，元従業員が出向先就業規則の適用を受ける旨の確認書に署名し提出していることから，賃金支払義務を負うのは出向元のみであるとして出向先の賃金支払義務を否定し，上記請求を棄却した例がある[*188]。私自身は，こうした判断には疑問を抱いており，併存的債務引受（民470 条）によって出向先の賃金支払義務を肯定すべきものと考えている（詳細は【6-12】）。なお賃金については，出向元が原則的支払義務者であるから，労働者の同意を得ない限り，出向先基準を適用して賃金を不利益に決定することはできない（この点は，後述する出向における労働条件維持の原則・出向先労働条件の合理性の原則［585 頁］の要請でもある）[*189]。

　次に，出向元・先間の合意によっては，出向先が支払義務者となる場合も考えられる（出向先が自社の基準で支払い，出向元の水準を下回る場合に差額を出向元が補填する場合等）。この賃金支払義務の移転は，債務引受を意味するので，労働者の明確な同意を要し，同意が不明確な場合は，出向元は賃金支払義務を免

　　売・勧業不動産事件・東京地判平成 4・12・25 労判 650 号 87 頁）。土田道夫［判批］労判 651 号（1994）6 頁。
*186　日本瓦斯・日本瓦斯運輸整備事件・東京地判平成 19・3・30 労判 942 号 52 頁。
*187　馬渡淳一郎『三者間労務供給契約の研究』（総合労働研究所・1992）79 頁，土田・前掲論文（*175）478 頁。裁判例では，ニシデン事件・東京地判平成 11・3・16 労判 766 号 53 頁，NTT 西日本ほか事件・大阪地判平成 22・4・23 労判 1009 号 31 頁，マックインターナショナル・ニューマテリアル事件・東京地判平成 27・3・6 ジャーナル 40 号 24 頁。
*188　前掲・JP モルガン証券事件（*177）。
*189　昇給・昇格の基準についても，労働者の将来の労働条件に影響する事項であるから，出向元基準を適用すべきである。他方，人事考課については，出向先が具体的人事考課権を有する一方，人事考課の最終調整を含めた基本的人事考課権は出向元が保有することから，出向先における人事考課によって賃金が変動することはやむをえない（以上，土田・前掲論文［*175］490 頁参照）。

れない*190。労働者の明確な合意がある場合も,出向元は出向中の労働条件に関する保障責任を負うことから（576頁）,出向元は出向先と連帯して賃金支払義務を負うと解すべきである（併存的債務引受）*191。退職金についても,出向元・先が出向協定においてそれぞれの勤続期間に応じて退職金を支払う旨を合意したとしても,それは退職金の負担割合に関する合意を意味し,出向元は出向中の勤務期間分について出向元の支払義務を免れないと解される*192。

　労働時間管理・把握義務（444頁）については,労働時間が出向先基準によって規律される以上,出向先が同義務を負うものと解される*193。安全配慮義務については,労働者・出向先は部分的とはいえ労働契約関係に入ることから,出向先は,この契約関係に伴う義務（「労働契約に伴い」負う義務。労契5条）として安全配慮義務を負う。一方,出向元も,労働者との間で労働契約関係にあり,基本的労務指揮権を有していることから,それに付随する範囲で一定の安全配慮義務を負うものと解される（727頁）*194。また,出向労働者が出向先で出向先社員にセクシュアル・ハラスメントを行った場合の使用者責任（民715条）については,当該労働者（出向労働者）を指揮監督する立場にある出向先が

---

*190　前掲・ニシデン事件（*187）。

*191　日本製麻事件・大阪高判昭和55・3・28判時967号121頁。具体的には,2017年改正民法の併存的債務引受規定（470条1項）に基づき,出向元は債務者として出向先（引受人）と併存的債務引受関係に立ち,出向先と連帯して賃金支払義務を負うものと解される。出向における併存的債務引受関係は,本条3項（債務者［出向先］・引受人［出向元］間の契約および債権者［労働者］の承諾）によって成立することになろう。土田道夫「民法（債権法）改正と労働法」季労267号（2019）106頁参照。

*192　アイ・ビイ・アイ事件・東京地判平成2・10・26労判574号41頁。塩釜缶詰事件・仙台地判平成3・1・22労民42巻1号1頁も参照。

*193　裁判例では,海外出向先における労働時間管理の懈怠に関する出向元の労働時間管理・把握義務違反につき,出向先からの情報提供を受け,不適正な労働時間管理に対して是正を求めるべき立場にあったとして同義務違反を認める例がある（リンクスタッフ事件・東京地判平成27・2・27ジャーナル40号31頁）。

*194　A鉄道事件・広島地判平成16・3・9労判875号50頁,JFEスチール［JFEシステムズ］事件・東京地判平成20・12・8労判981号76頁等。四国化工機ほか1社事件・高松高判平成27・10・30労判1133号47頁は,出向元・出向先両者の安全配慮義務違反を否定している。一方,伊藤忠商事・シーアイマテックス事件（東京地判令和2・2・25労判1242号91頁）は,出向元は,労働者に対して継続的に指揮命令権を及ぼしているといった特段の事情がない限り安全配慮義務を負わないと判示するが,同事件の控訴審である前掲・伊藤忠商事ほか事件（*177）は,出向中の業務が出向先の指揮監督下で行われており,出向元が具体的に関与していなかったことから安全配慮義務違反があったとは認められないと判断しており,出向元が安全配慮義務を負うこと自体は否定しないもののようである。

使用者責任を負う一方，出向元は出向労働者に対して具体的指揮監督を行わないことから免責される[*195]【6-13】【6-14】。

出向労働者が出向元での労働組合の組合員資格を継続している場合は，当該組合が締結した労働協約の規範的効力も及び続けるのが原則である[*196]。

【6-12】 出向先の賃金支払義務に関する私見[*197]　前記のとおり，私は，出向先の賃金支払義務については，賃金の原則的支払義務者を出向元と解しつつ，出向先も，併存的債務引受によって賃金支払義務を負うものと考える。

すなわち，出向においては，労働者は出向先の指揮命令に服して具体的労働義務を負い，出向先は，労働者の労働力を利用することによって事業遂行の利益を取得する。もともと賃金は，指揮命令下の労働の対価であり（労契6条），賃金支払義務（賃金請求権）は，労働義務の現実の履行を前提に発生する（ノーワーク・ノーペイの原則）ことを考えると，出向先が賃金に関して併存的債務引受の責任（連帯責任）を負うと解することが労働契約の解釈として合理的であり，かつ，出向当事者の意思に合致すると考える。そして，出向元・先の賃金支払義務の関係については，両者がともに賃金支払義務を負うという意味で，債務引受（併存的債務引受）と構成すべきである。2017年改正民法の併存的債務引受規定（470条）によれば，出向先の賃金支払義務については，出向元が債務者，出向先が引受人と構成され，本条3項（債務者［出向元］・引受人［出向先］間の契約および債権者［労働者］の承諾）によって成立することになろう[*198]。

この結果，出向元が賃金支払能力を喪失したときは出向先が，逆に出向先が支払能力を喪失したときは，出向元が連帯して賃金支払義務を負うことになる。併存的債務引受によって担保される賃金水準は，出向元が賃金の原則的支払義務者である以上，出向元における賃金水準と解すべきであろう（したがって，出向先基準を適用して賃金を不利益に変動させることはできない）。

【6-13】 出向先労働条件の合理性　一般に，出向先における労働条件については，強行法規に違反する場合を除き，労働者・出向元・出向先三者間の取決め（出向に関する労使間合意・出向条項・出向協定）に委ねられるものと解されている。しかし，出向が日常的人事異動として定着した今日，こうした解釈は不十分であり，むしろ，出向元における労働条件の維持を原則としつつ，それが労働者に不利益に決定される場合も，出向元労働条件と比較して合理的なものであることを要すると解される[*199]。

[*195]　前掲・横浜事件（[*184]）．986頁参照。
[*196]　NTT西日本［出向者退職］事件・大阪地判平成15・9・12労判864号63頁。
[*197]　詳細は，土田・前掲論文（[*175]）479頁以下参照。
[*198]　土田・前掲論文（[*191]）107頁参照。

すなわち，出向労働関係は，労働者・出向元間の基本的労働契約を前提に成立する部分的契約関係であるから（580頁），労働者は，出向元の労働条件が維持されることに関する期待利益を有しており，この利益は法的保護に値する。他方，出向は，労働者が法人格を異にする企業で就労する形態であるから，労働条件が変動することは不可避であるが，その場合も，出向先労働条件は，出向元労働条件と比較して合理的内容のものであることを要すると解される。出向先労働条件の合理性については，労契法10条の直接適用は困難であり，同法7条を適用して判断すべきであるが（出向においては，出向先就業規則が適用されるだけで，出向元就業規則が不利益に変更されるわけではない），実質的には労働条件の不利益変更を意味することから，10条が掲げる要素を斟酌して判断すべきであろう。この結果，出向先労働条件の内容が合理性を欠く場合は，出向先労働条件の決定の効果は発生せず，労働者は出向元労働条件の履行を請求できることになる（前記のとおり[576頁]，労働者は，合理性を欠く出向命令については，これを拒否することもできる）[*200]。出向先における個々の労働条件の規律については，各箇所を参照されたい。

【6-14】 労働保護法上の責任主体　　まず，労基法その他の労働保護法上の責任主体が出向元・先企業のいずれとなるかについては，本来の使用者である出向元と並んで，出向先も自己に権限と責任のある事項については同法上の「使用者」（10条）として責任を負う。その範囲は，出向元・先の権限に応じて異なるが，一般的には，労務の提供を前提とする部分は出向先に適用され，労務の提供を前提としない部分は出向元に適用される（昭和61・6・6基発333号）。

したがって，労基法の総則規定は出向元・先双方に適用され，労働契約に関する規定は出向元に適用される。一方，労働時間・休日に関する規定や，労安衛法上の安全衛生責任・労災保険法上の責任は，労務の提供を前提とすることから，出向先に課される。賃金に関する規定は，出向元・先のいずれが支払主体となるかによって適用関係が異なる。年休については，年休日数の算定基礎となる勤続年数（同39条1項・2項）は出向中も通算され，労働者は出向先に対して出向元の基準による年休を請求できる。就業規則に関する義務は，出向元・先がそれぞれ

[*199] 詳細は，土田・前掲論文（[*175]）484頁以下参照。

[*200] 大内133頁は，出向先就業規則の適用によって労働条件が低下する場合は，従業員の納得同意（使用者の誠実な説明を経た同意）を得る必要があり，それがなければ出向元就業規則が適用され続けると説く。裁判例では，会社が国内本社年俸額を下回る海外出向中賃金を内容とする海外給与規定等を制定したことが国内賃金規則の不利益変更に該当するか否かにつき，出向中賃金が本社年俸額を下回っているのは，会社が国内賃金規則を改定して本社年俸額水準を引き上げる一方，海外基本手当等の水準を引き上げなかったことによるものであり，国内賃金規則と海外給与規定等の内容の相違により生じたものではないとして否定した例がある（イトキン事件・東京地判令和6・1・26ジャーナル150号34頁）。

の権限・責任に応じて負担することになる。

(3) 出向元への復帰・出向の延長

(ア) **出向復帰**　出向は通常，出向期間の経過または出向事由の消滅によって出向元に復帰することによって終了する。これに対して，出向期間の定めがない場合や出向期間の途中に，使用者（出向元）が本人の同意を得ることなく一方的に復帰を命じうるかは問題である。判例は，出向期間の定めがないケースにつき，労働者が出向元の指揮監督下で労働することはもともと合意されていた事項であり，出向は一時的にこれを変更する（出向先の指揮監督下で労働させる）ものにすぎないから，原則として同意は不要と解している[*201]。

しかし，出向は，労働者・出向元間の基本的合意に変化を及ぼさないにせよ，労働義務・労働条件の変更を通して契約内容に変動を及ぼす措置であるから，契約内容を復元して復帰させるためには，本人の同意を要すると解すべきである[*202]。ただし，この同意は，復帰時の個別的同意である必要はなく，出向時の同意や出向規程の定めで足りると解される。すなわち，出向期間を定めた場合は，出向に終期を付したものと解されるが（民135条2項），この付款は復帰に関する事前の合意を意味するので，期間の経過によって当然に契約内容が復元し，復帰が実現することになる。また出向期間の定めがないときも，出向元との関係を重視して，事前の合意に基づく復帰命令を肯定すべきである。ただし，出向が定着した今日では，出向先の業務や労働条件の方が労働者に有利な場合もあるので，復帰命令権の濫用の成否を慎重に判断する必要がある[*203]。

労働者の側から見れば，出向期間の定めがあるときは，使用者は当該期限の到来とともに労働者を復帰させる債務を負うので，労働者は当然に復帰を請求

[*201] 前掲・古河電気工業事件（＊144）。ただし，復帰を予定しない出向のように，労働者が将来出向元の指揮監督下で労務を提供することがない旨の合意が成立している場合は，例外的に同意が必要と判示する。

[*202] 和田肇［判解］昭和60年度重判解204頁，土田・労務指揮権593頁参照。

[*203] この点，相鉄ホールディングス事件（東京高判令2・2・20労判1241号87頁）は，関連バス会社に出向してバス運転士として勤務してきた出向者に対する職種内容の変更を伴う復帰命令につき，使用者の復帰命令権を肯定した上，人事権濫用の成否について，出向補塡費の削減等の観点から合理的理由があり（出向運転士の給与は，バス会社プロパー運転士の給与より相当高額であった），労働協約の事前協議条項に違反するものではなく，不当労働行為にも当たらないとして有効と判断している（最決令2・10・29［LEX/DB25567993］で上告棄却・不受理により確定）。復帰後の職種の多くが単純労働であることを考えると，労働者の不利益をやや軽視した印象がある。

することができる。また期間の定めがないときも，出向は復帰予定を原則とするので，出向元は別段の定めがない限り，相当期間内に復帰させる義務を負うと解すべきである[*204]。

(イ) **出向の延長**　　出向期間が終了しても，期間の更新によって出向が延長されることは少なくない。このような延長措置は，やはり就業規則や労働協約の規定を根拠に認められるが，権利濫用の規律に服する。特に問題となるのは，出向の延長によって復帰が事実上困難となるようなケースであるが，最高裁は，「業務上の必要により3年の出向期間を延長することがある」旨の協約規定に基づく3回の更新措置につき，業務委託の延長に関する経営判断の合理性，人選の合理性および処遇上の不利益の欠如を理由に権利濫用を否定している[*205]。本件については妥当な判断であるが，出向が基本的には復帰を予定する人事である以上，延長の要件である業務上の必要性については厳格に判断すべきであろう。

5 転　籍

(1) 法的根拠

前記のとおり，転籍には解約型と譲渡型があるが，いずれの場合も一方的命令は許されず，労働者の同意を必要とする。解約型では，労働契約の解約および新契約の締結の双方について同意を要するし，譲渡型でも，使用者としての地位の譲渡につき労働者の同意を必要とする（民625条1項）。いずれの場合も，転籍に関する合意は，労働者・転籍元・転籍先三者間の合意を意味することになる。問題は，この三者間合意（労働者の同意）の態様であるが，裁判例の多数は，転籍のつどの個別的同意を要すると解している[*206][*207]。

[*204] 出向元（使用者）は，出向先企業が閉鎖された場合に出向を解除し，復帰させた上で解雇することがある。この場合，出向元は直ちに労働者を解雇できるわけではなく，整理解雇の法理に従い，自社における配転等の解雇回避努力義務を負う。転職促進を目的とする子会社への出向期間満了を理由とする解雇についても同様である（ジャパンエナジー事件・東京地決平成15・7・10労判862号66頁）。

[*205] 前掲・新日本製鐵［日鐵運輸第2］事件（*151）。同旨，前掲・JR東海事件・東京地判（*156）。前掲・日本瓦斯・日本瓦斯運輸整備事件（*186）も参照。

[*206] ミロク製作所事件・高知地判昭和53・4・20労判306号48頁，三和機材事件・東京地決平成4・1・31労時1416号130頁，日本電信電話事件・東京地判平成23・2・9労経速2107号7頁，国立研究開発法人国立循環器病研究センター事件・大阪地判平成30・3・7労判1177号5頁など。個別的同意（移籍承諾書）に基づく転籍を認めた例として，國武事件・東京地判平成9・7・14労判736号87頁，大和証券・日の出証券事件・大阪地判平成27・4・24ジャーナ

転籍については，転籍のつどの個別的同意を要すると解すべきである（労契6条・8条）。まず，労働協約は，個々の労働契約の成立や終了を規制できないと解されるので（協約自治の限界），転籍元との契約の終了・転籍先との契約の成立を意味する転籍についても，その規範的効力（労組16条）は及ばないと解される（243頁参照）。そして，このように協約の効力を否定する以上，使用者が一方的に作成する就業規則の契約内容補充効（労契7条）も認めるべきではない。そこで残るのは，個々の労働者の同意となるが，解約型の場合は，労働契約の合意解約および新契約の締結の双方について合意を要する以上，労働者の諾否（個別的同意）の自由を保障する必要性が高い（労契6条）。一方，譲渡型の転籍については，転籍前の労働条件が承継されるケースが多いことから，同意の明確性を要件に，事前の同意を認める立場も考えられる。しかしこの場合も，転籍元の命令があればいつでも使用者の交代が行われる点で，労働者の契約上の地位が不明確・不安定となることは否定できないため，合意原則（労契8条）に基づき，労働者の個別的同意を要すると解すべきである*208*209。

ル42号2頁。土田・労務指揮権595頁参照。
*207 採用時の包括的同意で足りるとする裁判例もあるが，これも，労働者が身上書に転籍先での勤務が可能と記載するなど同意が明確であり，また転籍元への復帰が日常的に行われるなど，出向に近い形態の事案に関するものである（日立精機事件・千葉地判昭和56・5・25労判372号49頁）。
*208 同旨，山川109頁。解約型の転籍の場合は，労働者が転籍に際し，転籍後の労働条件の低下について十分な説明を受けないまま同意した場合，転籍元との合意解約について要素の錯誤（民95条）が認められることがある（前掲・日鐵商事事件［*149（結論は否定）］）。一方，譲渡型の転籍については，2017年改正民法が新設した契約上の地位の移転に関する規律（539条の2）が本人同意要件の根拠規定となるものと解される。すなわち，同条は，契約の一方当事者が第三者との間で契約上の地位を譲渡する旨の合意をした場合は，他方当事者の承諾を要件に契約上の地位が第三者に移転する旨を規定しており，これが譲渡型の転籍を規律するルールとなるものと考えられる（土田・前掲論文［*191］107頁参照）。
*209 一般に，転籍に関する労働者の同意は転籍元（使用者）との間で行われるが，転籍合意は労働者・転籍元・転籍先三者間の合意を意味することから，解約型の場合，当該合意が転籍元との労働契約の解約のみならず，転籍先との労働契約締結の合意を含むことについてどのように構成すべきかが問題となる。この点については，転籍に関する労働者・転籍先間の合意は，転籍元との労働契約の解約とともに転籍先との労働契約の成立に関する合意を含み，後者について転籍元は転籍先から代理権を授与され，転籍元による転籍の申込みと労働者の同意によって労働者・転籍先間の労働契約締結の効果が発生するものと解すべきであろう。
　裁判例では，労働者が転籍先との労働契約締結の合意の成立を争ったケースにつき，労働者から転籍合意を取り付けた転籍元役員が転籍先の人事業務も担当していたことから，同人が転籍先を代理して転籍に係る意思表示を行う権限を有していたと構成することで転籍合意の効果が転籍先に帰属することを肯定した例がある（前掲・大和証券・日の出証券事件［*206］）。

また、転籍に関する労働者の同意という場合、単に形式的に同意を得ればよいというものではない。すなわち、労使間の交渉力・情報格差や、転籍の重大性を考えると、使用者は、転籍先の労働条件・職務内容、勤続年数の取扱いその他の処遇（復帰を予定する場合は転籍期間・復帰手続）に関して十分な情報提供を行った上で、労働者の自由意思に基づく同意を得る必要がある。これは、合意原則（労契3条1項・8条）、信義則（同3条4項）および労働契約内容の理解促進の責務（同4条1項）に基づく手続的要件であり、「自由意思に基づく同意の理論」（779頁以下）が妥当する典型的ケースといえる[*210]。転籍と同様、労働者の移籍をもたらす会社分割に関して、労働契約承継法が綿密な手続を規定していること（810頁以下）との均衡上もこのように解すべきである【6-15】。

(2) 転籍後の労働条件・法律関係

転籍においては、転籍元との労働契約が終了する一方、転籍先との間で労働契約が締結されるので、転籍先のみが使用者となり、労働条件も転籍先の基準によって規律される。したがって、転籍先で転籍元の定年年齢に達したとしても、転籍元の定年制の適用はなく、労働者は転籍先の雇用上の地位を失わない[*211]し、転籍先での非違行為を理由に、転籍元の就業規則を適用して解雇や懲戒処分を行うことはできない[*212]。反面、転籍においては、労働条件の不利益変更も合意によって許容される。すなわち、転籍時の同意において、転籍後

結論は妥当であるが、転籍元役員という自然人を転籍合意の当事者と解したためにかえって法律構成が不透明となった観がある（同旨、石﨑由希子［判批］平成27年度重判解222頁）。

[*210] これに対し、近年の裁判例の中には、転籍について自由意思に基づく同意の要件を消極に解する例が見られるが（NTT東日本―北海道ほか1社事件・札幌地判平成24・9・5労判1061号5頁、前掲・大和証券・日の出証券事件［*206]）、疑問がある。特に、大和証券・日の出証券事件は、自由意思に基づく同意の要件の適用を肯定した判例（北海道国際航空事件・最判平成15・12・18労判866号14頁）が既発生の賃金請求権の放棄事案に関する判断であったこと（340頁参照）を理由に消極に解しているが、自由意思に基づく同意の要件は、労働契約法の基本理念である合意原則によって、労使間合意に基づく労働条件の変更一般の成立要件として肯定すべきものであり（780頁）、これを賃金の領域（賃金引下げ・放棄）に限定すべき理由はない。転籍は、賃金と同様、労使間の個別的同意が重要な意義を有する領域であるから、自由意思に基づく同意の要件を適用すべきである。この点、報告書（53頁）は、転籍に関する立法論として、労働者の個別的同意を要件としつつ、実質的同意を確保するための書面による情報提供義務（転籍先の労働条件・財務状況等）を課し、それを履行しない場合や、説明内容と現実が異なる場合は無効とする旨を提案していた。今後の検討に活かされるべきである。

[*211] 長谷川工機事件・大阪地決昭和60・9・10労判459号49頁。

[*212] 京都信用金庫事件・大阪高判平成14・10・30労判847号69頁。

は転籍先の労働条件（就業規則の適用）によるとの合意が行われれば，それに従った労働条件変更が認められる[*213]。ただし，譲渡型の転籍では，転籍元の労働条件が転籍先に包括的に譲渡され，労働条件の不利益変更は原則として許されないため，転籍が解約型か譲渡型かが重要な論点となる[*214]【6-15】。

退職金については，転籍元・先両社の勤続年数を通算し，それぞれの勤続期間に応じて退職金を支払うことを合意する場合があり，転籍元（先）が支払不能に陥った場合の支払義務者が問題となる。転籍においては，退職金の支払義務者は労働契約当事者である転籍先であるから，特約がない限り，転籍元に対して転籍先在籍期間分の退職金を請求することはできない[*215]。また逆に，上記のような転籍元・先の合意があれば，破綻した転籍元の在籍期間分について転籍先に退職金を請求することもできない。要するに，出向の場合に原則となる併存的債務引受は，転籍の場合は逆に否定されるのが原則となる。

転籍先からの復帰については，労働者本人の個別的同意が必要となる。一方，復帰に関する明確な合意がある場合は，転籍元は，特段の事情がない限り，労働者の復帰を拒むことはできない[*216]。

> 【6-15】 **転籍合意の法的規律**　上記のとおり，転籍には労働者の個別的同意を要するとともに，労働条件の不利益変更もこの合意を介して可能である。そして，合意原則（労契8条）によれば，こうした合意が成立した以上，その尊重の要請が働き，労働者は当該合意に拘束されるのが原則となる。なお，転籍は新たな労働契約の締結を意味するため，労働条件明示義務（労基15条1項）が適用される（289頁参照）。
>   とはいえ，ここでも，合意の例外的内容規制を肯定すべきであろう。すなわち，労使間の構造的交渉力格差によれば，使用者が労働条件の著しい不利益変更を伴

[*213] ブライト証券・実栄事件・東京地判平成16・5・28労判874号13頁。

[*214] リストラ型の転籍においては，転籍先における労働条件の不利益変更が必須となるため，使用者が転籍以外に，退職や，労働条件の不利益変更を伴う自社残留という選択肢を示して同意を求めることが多い。こうした取扱い自体には問題はないが（このタイプの転籍は，解雇回避措置として機能することに注意），ここでも，労働者の選択はその自由意思に基づくものであることを要する。また，使用者がいずれかの選択肢の選択を強要すれば強迫（民96条）が成立しうるし，他の選択肢（たとえば自社残留）があるにもかかわらず，それを明示せずに転籍か退職かの選択を求めれば，錯誤無効（民95条）が成立しうる（錯誤の否定例として，大塚製薬事件・東京地判平成16・9・28労判885号49頁）。

[*215] 前掲・幸福銀行事件（[*150]）。

[*216] 前掲・京都信用金庫事件（[*212]）。

う転籍を提案したのに対し、労働者が自由意思によるとはいえ当該転籍を受け容れる事態が生じうる。しかし、こうした事態は、合意原則（実質的合意の要請。21頁）から乖離するとともに、転籍と同様、労働者の移籍を伴う会社分割について、権利義務の包括承継により労働条件の維持の原則が適用されること（815頁）との著しいアンバランスをもたらしうる。この点を踏まえると、転籍合意が成立した場合も、合意の内容が著しく合理性を欠くか否かに関する内容規制を例外的に肯定すべきである。その法的根拠は、転籍と出向の法律関係の類似性に鑑み、労契法14条の類推適用に求めるべきであろう。他方、転籍合意の内容規制は、労使間合意の存在を前提とする例外的規制であるから、出向合意の内容規制（579頁）と同様、極端に不利益なケースのみを対象とする規律と考えるべきである。

第6節　休職・休業

　休職・休業は、労働契約関係を維持しつつ、労働者の就労を一時的に免除または禁止することをいう。休職が労働者側の帰責事由による就労禁止または使用者側の事情による就労免除を意味するのに対し、休業は、労働者が権利として労働義務を免除されることを保障する制度であり、性格を異にするため、本書でも両者を区別して解説する。

1　休　　職

(1)　意義・種類

　休職とは、労働者を就労させることが適切でない場合に、労働者の就労を一時禁止または免除することをいい、就業規則で制度化されることが多い。労働契約は維持されるものの、労働義務は一時的に停止し、それに応じて賃金も一部または全部不支給となる[217]。

　休職の主要なタイプとしては、①労働者の業務外傷病を理由とする傷病休職、②傷病以外の事故による欠勤を理由とする事故欠勤休職、③刑事事件で起訴された者を一定期間または判決確定時まで休職させる起訴休職、④海外留学や公

---

[217]　休職については、菅野＝山川699頁、荒木483頁、野川324頁、石﨑由希子「休職」争点58頁、注釈労基（上）243頁以下［土田道夫］、龔敏「休職・休業と労働契約停止の理論」講座再生(2) 221頁、注釈労基・労契(2) 430頁［石﨑由希子］参照。特に、メンタルヘルス不調者の処遇の観点から、坂井岳夫「メンタルヘルス不調者の処遇をめぐる法律問題──休職に関する法理の検討を中心に」労働122号（2013）32頁。

職就任期間中の自己都合休職，⑤出向期間中の出向休職が挙げられる。

①は，傷病による欠勤が長期に及んだときに行われ（たとえば6か月），その期間中に治癒すれば復職させるが，治癒しないときは自動退職または解雇となる措置であり，解雇権制限（解雇猶予）の機能を営む。また，②は，欠勤が一定期間（1か月が多い）に及んだときにとられる措置であり，この期間中に出勤可能となるか否かによって，やはり復職か退職・解雇かが決定される。③は，企業秩序の維持や企業の社会的信用の維持，処分の留保などの趣旨が混在しており，懲戒に隣接する措置となる。①〜④が労働者側に存する事由によって行われる休職であるのに対し，⑤は使用者側の事由に基づいて行われる休職である[218]。これに応じて，①〜③タイプの休職の場合は無給とされ，勤続年数への算入も行われないのに対し，使用者側の事由に基づく休職の場合は，60〜100％の賃金を保障し，勤続年数に算入する取扱いが行われる。

(2) 休職の成立

休職は，労使間の合意によって行われることもあるが，使用者の休職命令によって行われる方が多い。この場合，使用者が就業規則（休職制度）に基づく休職命令権（形成権）を行使して一方的に休職を発令するため，その要件が問題となる。なお，以下の要件を満たさない休職命令は無効となり，その無効確認の訴えまたは休職が付着しない地位にあることの確認請求が可能である[219]。

(ア) **傷病休職**　傷病休職については，労働者の傷病が休職事由（たとえば「業務外傷病により，欠勤が引き続き6か月以上に及ぶとき」）に該当するか否かが問題となる。これについては，休職が賃金不支給や退職金受給期間などの点で労働者に具体的不利益をもたらす以上，通常勤務に相当程度の支障をきたすことを要すると解されており，この要件を満たさないまま行われた休職命令は無効となる[220]（安全配慮義務の履行としての休職命令については697頁，710頁参照）。

---

[218] 休職は，労働者の就労を禁止する点で，懲戒処分としての出勤停止（626頁）や，業務命令としての自宅待機命令（627頁）に類似するが，出勤停止は企業秩序違反に対する制裁（懲戒）として行われる点で，自宅待機命令は業務命令として可能である一方，賃金支払を要する点で休職と異なる。

[219] 全日本海員組合事件・東京地判平成25・9・13労判1083号37頁参照。

[220] 富国生命保険事件・東京高判平成7・8・30労判684号39頁。また，パワー・ハラスメントという業務行為に起因する精神障害発症につき，業務外疾病として休職命令を発令すること（大裕事件・大阪地判平成26・4・11ジャーナル29号2頁）や，労働者を退職に追い込むなど不当な動機・目的による休職命令も無効とされる。休職命令有効判断例として，日本通運

また，労働契約上，職種が限定されていない労働者について配転が可能な場合は，それを尽くさない休職命令が無効と解されることもある[*221]。
　一方，労働者が傷病休職事由に該当するとして休職を申し出た場合の承認義務の有無も問題となる。傷病休職事由が発生すれば休職を行うとの規定がある場合は，使用者は休職を承認する義務を負うが，使用者に裁量を与える規定がある場合（「休職させることがある」等の規定）は休職付与義務は否定される[*222]。
　(イ) 事故欠勤休職　事故欠勤休職の場合は，休職期間が傷病休職より短く，しかも休職期間の満了が自動退職をもたらすことが多いため，解雇規制の回避とならないよう解釈する必要がある。まず休職期間については，30日を下回る休職の場合，30日間の解雇予告期間を定めた労基法20条の脱法行為となりうるので，期間を30日以上とすることが要件となる（この点は他の休職も同じ）。
　また，休職期間の満了が自動退職をもたらす場合は，解雇規制（労契16条）は困難であり，休職自体が事実上，解雇としての機能を営むので，解雇に準ずる相当性を要すると解すべきである[*223]。特に，次に述べる起訴休職が厳格な要件を課されていることとの均衡上，刑事事件起訴より社会的非難の程度が弱い事故欠勤については，職場秩序や労務遂行に実害が生ずることを要件とすべきであろう[*224]。
　(ウ) 起訴休職　起訴休職については，就業規則において，「従業員が刑事事件に関して起訴された場合に休職とする」と規定されることが多い。しかし，通説・裁判例は，起訴の事実だけで起訴休職とすることはできず，①起訴によって企業の対外的信用が失墜し，職場秩序に支障が生ずるおそれがあるか，または②労働者の勾留や公判期日出頭のために労務の継続的給付や企業活動の円滑な遂行に支障が生ずるおそれがあることを要すると解している[*225]。刑事起

　　事件・東京地判平成23・2・25労判1028号56頁，工学院大学事件・東京地判令和3・11・25労経速2473号16頁。
[*221]　日本ヒューレット・パッカード事件・東京地判平成27・5・28労経速2254号3頁。
[*222]　ただし，この場合も，休職を行わないまま解雇の挙に出ることは，解雇権濫用（労契16条）の判断に影響しうる（862頁参照）。
[*223]　同旨，菅野＝山川705頁，注釈労基(上)245頁［土田道夫］。
[*224]　ただし，石川島播磨重工業事件（最判昭和57・10・8労経速1143号8頁）は，労働者が逮捕・勾留されたことを理由とする事故欠勤休職を有効と判断している。一方，休職期間満了時に改めて解雇の意思表示を行うというタイプの事故欠勤休職であれば，解雇の相当性が改めて判断されるため，休職の相当性はより緩やかに判定される（岩崎通信機事件・東京地判昭和57・11・12労判398号18頁）。
[*225]　日本冶金工業事件・東京地判昭和61・9・29労判482号6頁，全日本空輸事件・東京地

訴によって就労が直ちに不可能となるわけではなく，また刑事裁判上，有罪確定までは無罪の推定が働くことを考えると，妥当な解釈といえる。

　この結果，起訴休職の多くのケースにおいて，休職処分が要件を欠くものとして無効とされている。たとえば，元同僚への傷害容疑で起訴された航空機機長に対する11か月強にわたる起訴休職につき，私生活上の男女関係から生じた事件であり，公判出頭も年休取得により可能であるとして処分無効と判断した例がある[*226]。これに対し，私立学校の教員が入管法の不法就労あっせん罪で逮捕後，長期間勾留され，マスコミ等で広く報道されたことから，同人を復職させた場合には学園の業務に大きな混乱が生ずることが予測できるケースでは，起訴休職は有効と判断され[*227]，また，国立大学の教員が起訴休職期間中，傷害致死容疑で勾留されて労務の提供ができない状態が継続しており，有罪判決によってその後も相当期間勾留が継続し，大学に対する労務の提供が不可能ないし困難な状況が継続していたと認められるケースでは，起訴休職満了後の解雇が有効と判断される[*228]。

　また，起訴休職は，企業外非行を対象とする点で懲戒処分に近似する措置となるので，③懲戒処分との間で著しい不均衡を生じないことも要件となる。この結果，無給の起訴休職が11か月に及ぶ一方，懲戒としての出勤停止が1週間を限度として制度化され，減給も労基法91条による制限（624頁）がある状況下では，休職処分は懲戒との均衡という理由からも無効とされる[*229]。

　(エ)　**その他の休職**　このほか，労働者の非違行為に対処するために休職措置が行われることもある（これも懲戒処分に類似する）。休職命令として行うことは可能であるが，無給となるなど不利益が大きい場合は，相当の合理的理由が必要とされる[*230]。また，労働者の公職就任を理由に休職に付することは原則

判平成11・2・15労判760号46頁，明治学園事件・福岡高判平成14・12・13労判848号68頁。私生活上の犯罪により軽犯罪法違反が確定した後の休職につき同旨，プルデンシャル生命保険事件・大阪地判令和5・6・8ジャーナル139号24頁。学説では，菅野＝山川705頁，荒木487頁，注釈労基(上)245頁［土田道夫］。

[*226]　前掲・全日本空輸事件（*225）。山九事件・東京地判平成15・5・23労判854号30頁も参照。

[*227]　前掲・明治学園事件（*225）。

[*228]　国立大学法人Ｏ大学事件・大阪地判平成29・9・25労経速2327号3頁。

[*229]　前掲・全日本空輸事件（*225）。

[*230]　クレディ・スイス証券事件・東京地判平成24・1・23労判1047号74頁。在職中の競業避止義務違反の疑いがある従業員に対する休職命令について合理的理由を認め，会社の帰責事由を否定して賃金支払義務を否定した例として，ウィンアイコ・ジャパン事件（東京地判令和

として許される*231。

(3) 休職中の法律関係

休職中は，労働契約は存続しており，労働義務は停止するものの，労働者は守秘義務・競業避止義務等の付随義務を負う*232（特に傷病休職の場合は，故意に療養を懈怠することは誠実義務違反［解雇事由］となりうる。一方，労働契約は存続するので，福利厚生施設や社宅の利用関係も継続する）。

賃金については，労働者側の事由に基づく休職（592頁の①～④）の場合，労働者の帰責事由によって労務の履行が不能となるので，賃金請求権は発生せず，使用者は賃金支払義務を負わない（民536条1項）。この点は，使用者が一方的に休職を命ずる場合も同様である*233。一方，休職が所定の要件を欠くことから無効となる場合は，使用者の帰責事由に基づく労働義務の履行不能として賃金請求権が発生する（民536条2項）。会社都合休職（⑤）の場合も同様である。

(4) 休職の終了

休職は，休職期間が終了し，または休職事由が消滅することによって終了する。この場合，休職事由が存続しているか消滅しているかによって，労働者は復職または自動退職・解雇となるので，休職事由の存否が問題となる。

(ア) **休職事由の消滅と復職手続**　　まず，休職事由が消滅した場合，復職は自動的に行われるのか，それとも使用者の発令を必要とするか。一般に，休職は，就労を不適当とする事由が生じたときに就労を一時的に停止する措置であるから，休職事由の消滅によって当然復職を認めるのを原則とすべきである*234。起訴休職については，当初は前記の要件を満たしていたとしても，期

3・5・28ジャーナル115号34頁）がある。
*231　森下製薬事件・大津地判昭和58・7・18労判417号70頁。110頁も参照。
*232　休職期間中の兼職について兼職避止義務違反を認めた裁判例として，ジャムコ事件・東京地八王子支判平成17・3・16労判893号65頁。117頁参照。また，ライトスタッフ事件（東京地判平成24・8・23労判1061号28頁）は，休職中の誠実義務に基づき，自己の病状に関する報告義務を肯定している。
*233　前掲・石川島播磨重工業事件（*224）。使用者の帰責事由の否定例として，日本郵政事件・大阪地判令5・5・22ジャーナル140号34頁。
*234　平仙レース事件・浦和地判昭和40・12・16労民16巻6号1113頁。近年の同旨裁判例として，アメックス事件・東京地判平成26・11・26労判1112号47頁。前掲・日通学園事件（*65）は，休職期間中に休職事由が消滅したときは復職させる旨の就業規則がある場合に，休職事由消滅後，使用者が復職命令を発令するのに必要な合理的な期間を経ても復職命令を発

間中または満了時に無罪判決等によって要件を満たさなくなったときは，使用者は復職させる義務を負う[235]。これに対し，復職に使用者の意思表示を要する制度の場合（「休職事由が消滅したときは，従業員の願い出により復職を命ずることがある」等の規定）は，使用者の発令が必要となるが，復職を発令しないことに正当な理由がないにもかかわらず，復職手続を行わないまま退職扱いとすることは，休職事由が消滅すれば原則として復職を認めるとの趣旨の上記就業規則に違反するものとして無効となる[236]。

　上記いずれのケースでも，使用者の復職拒否によって労働者が就労不能となった場合，当該就労不能は使用者の帰責事由に基づくものであるから，労働者は賃金請求権を有する（民536条2項）[237]。

　(イ)　**傷病休職における「治癒」の意義**　　傷病休職の場合，労働者がどの程度の健康状態に回復すれば，傷病の治癒によって復職が可能となったといえるかが問題となる（傷病休職後の「試し出勤」については，710頁参照）。傷病休職は，労働者の帰責事由（私傷病）に基づく欠勤について解雇を猶予することを目的とする制度であるから，原則として，労働者が原職（休職以前に従事していた職務）を支障なく遂行できる健康状態に回復したか，少なくとも復職後軽易作業

　　令しない場合は，労働者が復職できないことは著しく不利益となるから，使用者が当該期間を経ても復職命令を発令しない場合は当然復職するものと判断した上，労働者の復職を肯定している。
[235]　同旨，菅野＝山川706頁，前掲・全日本空輸事件（[225]）。
[236]　退職扱いとしたことを無効と判断した裁判例として，JR東海［退職］事件・大阪地判平成11・10・4労判771号25頁（復職後就労可能と判断），前掲・大裕事件（[220]），葵宝石事件・東京地判令和4・2・17ジャーナル125号30頁（ともに業務外疾病であることを理由とする退職扱いを無効と判断），逆に有効と判断した例として，前掲・日本通運事件（[220]），ザ・ウィンザー・ホテルズインターナショナル事件・東京高判平成25・2・27労判1072号5頁（労働者が退職扱いに異議を唱えなかった事案），前掲・工学院大学事件（[220]），高島事件・東京地判令和4・2・9労判1264号32頁（労働者による年休取得を否定して休職期間満了による退職扱いを有効と判断）。使用者による復職命令の有効判断例として，ツキネコほか事件・東京地判令和3・10・27労判1291号83頁。
[237]　前掲・全日本空輸事件（[225]），ヴィテックプロダクト事件・名古屋高判平成26・9・25労判1104号14頁，前掲・アメックス事件（[234]），前掲・大裕事件（[220]），前掲・葵宝石事件（[236]），阪神高速技研事件・大阪地判令和6・5・21ジャーナル149号38頁。賃金請求の否定例として，日本テレビ放送網事件・東京地判平成26・5・13労経速2220号3頁（うつ病に罹患した労働者による復職申出を使用者が拒否したことにつき，産業医の意見や，同人が使用者によるリハビリ出勤の提案を拒否し続けたことを重視して相当と判断し，賃金請求を棄却）。なお，不当な復職拒否が不法行為に当たるとして損害賠償を命じた事例として，グリーンキャブ事件・東京高判平成17・4・27労判896号86頁。

を経るなどすればほどなく上記程度の回復が見込まれることを要すると解すべきであり[*238]、その主張・立証責任は労働者側が負う[*239]。

　もっとも、このような傷病休職の目的（労働者保護＝解雇制限）を考えれば、原職従事が十全にはできないとしても、現実に配置可能な軽度の職務に就労させることが可能であり、労働者が就労を申し出ている場合は、使用者は信義則上、当該職務に配置するよう配慮する義務を負うと解すべきであろう。したがって、使用者がそうした配慮を怠ったまま退職扱いとすれば、就業規則違反として無効となる[*240]。近年の裁判例は、労働契約において職種が限定されていない場合は、原職復帰が困難としても、現実に配置可能な業務があればその業務に配置すべきものと解し、復職可能性を緩和する傾向にある[*241]。労働者の

[*238] 日本電気事件・東京地判平成27・7・29判1124号5頁、三菱重工業事件・名古屋高判令和4・2・18労経速2479号13頁、ホープネット事件・東京地判令和5・4・10労経速2549号3頁、前掲・阪神高速技研事件（[*237]）。原職復帰を原則と解する裁判例として、前掲・平仙レース事件（[*234]）、大建工業事件・大阪地決平成15・4・16労判849号35頁、独立行政法人N事件・東京地判平成16・3・26労判876号56頁。

[*239] 第一興商事件・東京地判平成24・12・25判1068号5頁、伊藤忠商事事件・東京地判平成25・1・31労経速2185号3頁、前掲・アメックス事件（[*234]）、綜企画設計事件・東京地判平成28・9・28労判1189号84頁、NHK［名古屋放送局］事件・名古屋高判平成30・6・26労判1189号51頁、前掲・ホープネット事件（[*238]）。渡辺弘『労働関係訴訟』（青林書院、2010）109頁、本書1172頁参照。労働者の主張・立証責任としては、使用者が配置する現実的可能性がある業務について従事可能であること、または使用者が提示する業務以外に従事可能な業務が存在することを主張・立証すれば、休職事由の消滅が推定されるものと解される（渡邊和義「メンタルヘルスと休職命令、復職可否の判断基準」労働関係訴訟の実務252頁参照）。裁判例として、前掲・第一興商事件、早稲田大学事件・東京地判令和5・1・25労経速2524号3頁。これに対しては、傷病が治癒していないとして労働者の復職を容認しないことを主張・立証する責任は使用者側が負うと解する裁判例もある（エール・フランス事件・東京地判昭和59・1・27労判423号23頁）。

[*240] 同旨、前掲・エール・フランス事件（[*239]）。

[*241] 前掲・JR東海［退職］事件（[*236]）は、車輛の整備業務に従事していた労働者の休職後の復職可能性につき、使用者が大企業で事業内容が多岐にわたる一方、労働者の回復状況から見れば、少なくとも工具室における業務は可能であったと述べ、会社が工具室業務への配置換え可能性を考慮しないまま退職扱いとしたことを無効と判断している（同旨、キヤノンソフト情報システム事件・大阪地判平成20・1・25労判960号49頁、前掲・第一興商事件［[*239]］）、前掲・日本電気事件（[*238]）、前掲・ホープネット事件（[*238]）。最近でも、従業員が休職後の試し出勤中に従前の業務を通常程度遂行できる状態になっていたか、または相当の期間内に同業務を遂行できる程度に回復すると見込まれる状況にあったとして休職事由の消滅を認め、労働契約上の地位確認を認容した例（前掲・綜企画設計事件［[*239]］）や、労働者が復職を希望した時期の健康状態は快方に向かっており、従来の業務を健康時と同様に遂行できる程度に回復していたと評価して休職事由の消滅を認め、労働契約上の地位確認を認容した例（名港陸運事件・名古屋地判平成30・1・31労判1182号38頁）がある。丙川商店事件・京都

職種が包括的に定められ，広範な人事権が肯定されることと表裏一体の関係にある法理といえよう。なお，この判断は，賃金請求権の発生要件である「債務の本旨に従った労働義務の履行の提供」を緩やかに解する判例法理*242 を前提としている（324 頁参照）。

他方，復職可能性の緩和はあくまで使用者に期待可能な状況を前提に認められる法理であることに注意を要する。復職可能性を否定した典型例として，上記判例法理を前提としつつも，具体的判断としては，休職後の従業員は休職期間満了時において従前の職務を通常の程度に行える健康状態に回復していたとは認められず，また，同人が社内の人間との対人関係を負担に感じて精神疾患を発症したことを踏まえると，同人が配置される現実的可能性のある部署が存在したとは認められないと述べ，休職期間満了による労働契約の終了を認めた例がある*243。また，①労働者が休職前の職務を通常の程度に行いうる健康状

地判令和3・8・6 労判1252 号33 頁も参照。このほか，休職期間満了時点で，労働者の傷病が発症前の職務遂行レベルの労働を提供するのに支障がない程度まで軽快する一方，当該労働者の人格構造や発達段階での特性に起因するコミュニケーション能力等に問題が残されている場合につき，後者を理由として退職扱いすることは，休職理由に含まれない事由を理由に労働契約終了を認めるに等しく許されないとして自動退職扱いを無効と判断した例がある（シャープNEC ディスプレイソリューションズ事件・横浜地判令和3・12・23 労経速2483 号3 頁）。休職に関する判例法理に対する批判および理論的検討を行うものとして，龔・前掲論文（＊217）230 頁以下参照。

*242　片山組事件・最判平成10・4・9 労判736 号15 頁。
*243　東京電力パワーグリッド事件・東京地判平成29・11・30 労経速2337 号3 頁。同旨として，前掲・独立行政法人N 事件（＊238）は，法人が10 年来新規採用を行っていないことからすると，労働者をより軽微な職務に配転する具体的可能性は存在しなかったとして，配置換えの必要性を否定し，前掲・日本電気事件（＊238）は，アスペルガー症候群の労働者が復職後に従事可能と主張した対人交渉の少ないプログラミング業務につき，外注化により存在しないとして配慮の必要性を否定している。帝人ファーマ事件・大阪地判平成26・7・18 ジャーナル32 号31 頁，前掲・日本ヒューレット・パッカード事件（＊221），コンチネンタル・オートモーティブ事件・東京高判平成29・11・15 労経速2354 号3 頁，幻冬舎コミックス事件・東京地判平成29・11・30 労経速2337 号16 頁，ワコール事件・大阪地判平成30・3・28 ジャーナル76 号50 頁，前掲・NHK［名古屋放送局］事件（＊239），前掲・ホープネット事件（＊238），前掲・ドール事件（＊85），日本漁船保険組合事件・東京地判令和2・8・27 労経速2434 号20 頁も参照。

会社が休職後従業員を原職営業所に復職させず，他の部署に配置したことについて復職配慮義務違反を否定した例として，東京福祉バス事件・東京地判令和3・6・17 ジャーナル117 号54 頁，大学教員に関する復職配慮義務の否定例として，前掲・早稲田大学事件（＊239）。なお，使用者が労働者に相応の配慮をするための資料として医師の診断書の提出を求めたにもかかわらず，労働者がこの指示に従わない場合は，配慮措置は否定される（前掲・大建工業事件［＊238］）。

態を回復したとは認められず,②配置される現実的可能性があると認められる他の業務について労務提供の申出をしていたとも認められないとして休職事由の消滅を否定し,休職期間満了後の退職扱いを有効と判断した例もある[*244]。このうち②の判断については,判旨のように労働者の就労意思によって判断するのではなく,労働者が示した就労条件の制約により,原職以外の現実的配置可能性のある業務への能力が認められないことによるものと解すべきであろう[*245]。

(ウ) 解雇・自然退職　　以上に対して,復職事由が認められない場合,労働者は休職期間満了によって解雇または自然退職となる。このうち自然退職は,労働契約の一種の自然終了事由を意味し,解雇のような一方的意思表示を要素としないため,権利濫用法理の規制に服さない(その代わり,前記のとおり,休職自体について相当性の要件が課される)[*246]。これに対し,休職期間満了を待って使用者が改めて解雇を行うケースであれば,解雇は解雇権濫用規制(労契16条)に服する。傷病休職の場合は,上述した軽度の職務への配置義務が要件となり,そうした配置の可能性があるにもかかわらず,それを怠ったまま行われ

[*244] 日東電工事件・大阪高判令和3・7・30労判1253号84頁。同旨,前掲・三菱重工業事件(*238)。障害者雇用促進法36条の3所定の合理的配慮に係る日東電工事件の判断については,第1章*259参照。休職復帰後の勤務配置法理について,障害者雇用促進法上の合理的配慮義務を摂取して解釈すべきことを説く見解として,長谷川聡「労働者の心身状態に関する勤務配慮法理と合理的配慮提供義務の相互関係」山田古稀『現代雇用社会における自由と平等』(信山社・2019)116頁以下参照。

[*245] 富永晃一[判批]ジュリ1576号(2022)153頁参照。一方,職種を限定して雇用された労働者については,原則として配置上の配慮は求められないが,その場合も,職務を軽減した上で遂行可能な業務があれば,同様の配慮が求められる(カントラ事件・大阪高判平成14・6・19労判839号47頁)。また,職種限定労働者が当該限定された業務を通常程度遂行できる程度に回復した場合は,休職事由の消滅が認められ,使用者の復職義務が発生する(前掲・日通学園事件[*65])。類型別実務Ⅱ477頁参照。

[*246] *238に掲げた裁判例のほか,エム・シー・アンド・ピー事件・京都地判平成26・2・27労判1092号6頁(精神障害の悪化による休職につき,違法な退職勧奨によるもので業務起因性が認められるとして,休職期間満了による退職扱いを違法と判断)。一方,休職期間満了を理由とする自然退職を有効と判断する裁判例として,前掲・独立行政法人N事件(*238),前掲・帝人ファーマ事件(*243),前掲・日本ヒューレット・パッカード事件(*221),前掲・日本電気事件(*238),カプコン事件・大阪地判平成27・9・4ジャーナル48号42頁,医療法人社団たいな事件・東京地判令和4・12・23ジャーナル135号54頁等がある。労働者の年休時季指定が認められず,その結果,勤続年数の延長および休職期間の延長も認められないとの判断を前提に,休職期間満了による自動退職を肯定した例として,前掲・高島事件(*236)。

た解雇は無効となる*247。

2 休　　業

(1) 意　　義

「休業」は，労働法において様々に用いられるが，その法的意義は一様ではない。労基法は，①使用者の責めに帰すべき事由による休業の場合の休業手当（26条），②産前産後休業（65条），③業務上傷病による療養のための休業（76条）を定め，解雇制限（19条），年休日数の計算（39条7項）の関連規定を置いている。また，④育児・介護休業法は育児休業・介護休業を定めている。

これら休業のうち，①と②〜④の休業は大きく性格が異なる。すなわち，①の休業が使用者または労働者の帰責事由によって労働日における就労が不能となること（労働義務の履行不能）を意味するのに対し，②〜④の休業は，労働者が法律上の制度によって「権利として」労働から解放されることを意味し，法的には労働義務の消滅（免除）に当たる（民519条）。すなわち，休業は，労働日における労働がなくなる点では共通するが，②〜④の休業は，それが「権利としての」労働からの解放（労働義務の免除）を意味する点で①と異なる。この結果，これらの休業は，権利としての労働からの解放（労働義務の消滅）を内容とする年次有給休暇（労基39条）と隣接するが，賃金支払が労使自治に委ねられる点で年休とも異なっている。本項では，この②〜④の休業について労働契約法上の問題を解説した後，育児・介護休業の制度内容を略説する（①の休業については326頁で，②の産前産後休業については995頁で解説する）。

(2) 休業と労働契約

㋐　**法定休業・法定外休業と労働契約**　法定休業のうち，産前産後休業（労基65条）は，労働条件の最低基準であり，労基法13条を介して労働契約内容となる。これに対し，育児・介護休業法には同条のような規定はなく，同法が直接私法上の権利義務を発生させることはないが，同法の成立後は，法定の育児・介護休業が黙示的に労働契約内容となっていると解すべきである。一方，

---

*247　解雇を無効とした例として，全日本空輸［退職強要］事件・大阪高判平成13・3・14労判809号61頁，前掲・キヤノンソフト情報システム事件（*241），I社事件・静岡地沼津支判平成27・3・13労判1119号24頁。解雇を有効とした例として，前掲・大建工業事件（*238），ビーピー・カストロール事件・大阪地判平成30・3・29ジャーナル76号40頁，前掲・早稲田大学事件（*239）。

法定休業に上乗せする形で規定される法定外休業（育児・介護休業に多い）は，労働協約や就業規則の効力を通して労働契約内容を形成することになる。

(イ) **休業の成立と効果**　休業の成立要件は，各法制度が定めるところによる。育児休業・介護休業の場合は，労働者の申出を要件とするが，使用者はこれを拒むことができず，休業は労働者の一方的申出（意思表示）によって成立する。他の休業も同じである（女性労働者の「請求」という文言を用いる産前休業［労基65条1項］も同じ。995頁）。休業が成立すると，年次有給休暇（500頁）と同様，休業期間中の労働義務は消滅する[*248]。これに対し，労務提供と関連しない労働者の付随義務（使用者の信用・名誉を保持する義務，守秘義務，競業避止義務等）は期間中も存続するため，労働者が休業中の行動によってこれら義務に違反した場合は，懲戒や解雇の対象となる。

(ウ) **賃金その他の処遇**　休業期間中の賃金については，各法令に規定はなく，労使間の合意（労使自治）に委ねられる。そして，休業期間中は就労の事実がないため，ノーワーク・ノーペイ原則（318頁）によって無給とすることも許される。もっとも，ノーワーク・ノーペイ原則は任意法的原則であるため，休業期間中の賃金の取扱いも，個々の契約関係（労使自治）によって決すべき問題である。すなわち，労働者は「労使間に特段の合意がない限り，その不就労期間に対応する賃金請求権を有しておらず，当該不就労期間を出勤として取り扱うかどうかは原則として労使間の合意にゆだねられ」る[*249]。

(エ) **休業の終了**　休業は，法定期間の満了によって終了し，法定外休業の場合は，各制度が定めるところによる。休業は，労働義務の免除を意味するため，休業終了後の処遇は原職復帰を原則と考えるべきであろう[*250]。

(3)　**休業と不利益取扱い**

(ア) **解雇・懲戒**　休業の取得を理由とする解雇は，労働者の正当な権利行使を理由とする解雇として合理的理由を否定され，解雇権濫用規制（労契16条）によって効力を否定される。懲戒も同様である。なお育児・介護休業法は，明文をもって解雇その他の不利益取扱いを禁止している（10条・16条）。

(イ) **経済的不利益取扱い**　問題は，休業の取得を契機とする経済的不利益

[*248]　野田進「休暇・休業と労働契約」季労167号（1993）9頁参照。
[*249]　東朋学園事件・最判平成15・12・4労判862号14頁。
[*250]　野田進『「休暇」労働法の研究』（日本評論社・1999）58頁。

取扱いの可否である。企業は，昇給や賞与・精皆勤手当の支給に際して，労働者による休業の取得を欠勤扱いとし，昇給を不実施としたり，賞与・精勤皆勤手当を不支給とすることが少なくない。こうした措置は，「権利としての労働からの解放」という休業の性格に照らして許されるであろうか。

　この問題については，①上記のように，休業中の賃金支払義務や出欠勤に関する取扱いは労使自治に委ねられるという側面と，②労使自治によって不利益取扱いを無制限に認めると，休業に関する労働者の権利行使を抑制し，ひいてはそれら権利を保障する法令（労基法，育児・介護休業法）の趣旨を没却する結果となるという側面を考慮する必要がある。そこで，裁判例は，不利益取扱いの趣旨・目的，労働者が被る経済的不利益の内容・程度，権利行使に対する事実上の抑制力を総合して，それら制度が労働者の権利行使を抑制し，法の趣旨を失わせる程度のものか否かを検討し，それが認められれば公序（民90条）違反となると判断している[*251]。

　裁判例では，前年の出勤率が80％以上であることを昇給の要件としつつ，産前産後休業・法定年休・労災による休業等を欠勤扱いとする労働協約につき，後続年度の賃金や退職金に影響する点で経済的不利益が大きいとして公序違反と解し，無効と判断した最高裁判例がある[*252]。また，賞与について出勤率90％以上を支給要件としつつ（90％条項），産前産後休業や勤務時間短縮措置（育休10条［当時］）に基づく育児時間を欠勤扱いとし，上記出勤率未満の場合に賞与を全額不支給とする旨を定めた給与規程についても，ⓐ本件90％条項は賞与を全額不支給とする点で不利益が大きいこと，ⓑ本件においては，年間総収入に占める賞与の割合が大きいこと，ⓒ90％という出勤率の数値から見て，産後休業または勤務時間短縮措置を受けることによって直ちに90％条項に該当し，賞与不支給となる可能性が高いことの3点から，権利行使に対する抑制力の強さを認め，公序違反により無効と判断した最高裁判例がある[*253]。

　これらの裁判例は，休業中の不就労の取扱いに関して労使自治を基本としつつ（前記①），問題となる不利益取扱いが労働者の権利行使を抑制し，休業権を保障した法の趣旨を損なう効果をもつか否か（②）によって判断しており，妥

[*251] 日本シェーリング事件・最判平成元・12・14民集43巻12号1895頁，前掲・東朋学園事件（*249）。生理休暇につき，エヌ・ビー・シー工業事件・最判昭和60・7・16民集39巻5号1023頁。年次有給休暇については，518頁参照。
[*252] 前掲・日本シェーリング事件（*251）。
[*253] 前掲・東朋学園事件（*249）。

当と解される。ただし，産前産後休業による現実の不就労分について賞与を一部カットする取扱いについては，労働者は本来，休業期間に対応する賃金請求権を有しない上，権利行使に対する抑制効果も低いことから，公序違反とまではいえず，適法とされる[*254]。

(4) 育児休業・介護休業[*255]

(ア) 意　義　　育児・介護休業法（正式名称は「育児休業，介護休業等育児又は家族介護を行う労働者の福祉に関する法律」。以下「育介法」ともいう）は，少子・高齢時代の到来を迎え，労働者が仕事と育児・介護を両立できるよう，育児・介護のために休業する権利を保障した法律である。その理念は，育児・介護を行う労働者に対する支援措置を講ずることにより，雇用の継続・再就職の促進を図り，職業生活と家庭生活の両立を図ること（1条）にある。また，育児休業・介護休業は男女共通の権利であり，産前産後休業（労基65条）や育児時間（同67条）のような女性のための措置とは基本的に異なる。要するに，育児・介護休業法の基本精神は，「男女共同参画社会の形成」（男女参画基1条）と，「仕事と生活の調和」（ワーク・ライフ・バランス）の促進にある。

(イ) 権利の性格　　労働者は，男女を問わず，1歳未満の子を養育するために育児休業を申し出ることができる（法5条1項）。事業主（使用者）は，原則としてこの申出を拒むことができない（法6条1項）。また労働者は，要介護状態にある家族を介護するために，申出により休業することができ（法11条1項），事業主は原則としてこれを拒否できない（法12条）。すなわち，育児・介護休業権は，年休の時季指定権と同様，労働者の一方的意思表示によって効果が生ずる権利（形成権）である（山川197頁）。また，育児・介護休業権は強行的権利であり，当事者がそれを排除する合意をしても無効である【6-16】。

裁判例では，育児休業権侵害を理由とする使用者の不法行為責任（民709条）が肯定されている。代表的裁判例として，出産のため休業中，自己都合退職扱いされた女性従業員が労働契約上の地位の確認および損害賠償を求めた事案につき，法人理事長が女性従業員に不快感を抱き，同人が退職の意思表示をしたと決めつけて退職扱いにして事実上解雇し，同人が育児休業を正式に申し出る

[*254] 前掲・東朋学園事件（[*249]）。
[*255] 育児・介護休業法については，基コメ労基・労契〔初版〕486頁以下［丸山亜子］，柴田洋二郎「育児介護休業法の課題」講座再生(4) 275頁参照。

ことを妨げて育児休業取得を拒否することで，故意または重過失により育児休業取得権を違法に侵害したものと判断し，育児休業給付金相当額の損害賠償責任および慰謝料支払義務を肯定した例があり，育児休業権の意義を明示した司法判断として重要である*256。

(ウ) 権利の内容　育児休業を取得できるのは，1歳未満の子（養子を含む）を養育する労働者である。最近の2021年法改正により，育児休業を2回に分割して取得することが可能となった（5条2項）。日々雇用される者および期間雇用労働者は除外されるが，期間雇用労働者のうち，子が1歳6か月に達するまでに労働契約が満了することが明らかでない者は対象に含まれる（5条1項[労使協定によって雇用期間1年未満の者を対象から除外することは可能とされる]）。また，2021年改正により，妊娠・出産（本人または配偶者）の申出をした労働者に対し，育児休業に係る制度を周知し，休業の取得意向の確認のための面談等の措置を講ずることを事業主に義務づける（21条1項）とともに，常時雇用する労働者数が1000人超の事業主に対し，育児休業の取得の状況に係る公表を義務づける規定が導入された（22条の2）。さらに，既存の制度とは別に，子の出生後8週間以内に4週間まで取得可能な柔軟な育児休業制度（出生時育児休業制度［産後パパ育休制度］）も導入された（9条の2第1項。本制度の下では，労使協定の締結により，労働者と事業主の個別合意によって事前に調整した上で休業中に就業することが可能とされる）。

なお，育児休業制度の周知および休業取得意向確認措置義務は，直接には公法上の義務にとどまる。とはいえ，事業主がこの義務を怠ったり，労働者の意向確認の過程で育児休業を妨害する行為を行った場合は，私法上も，前述した育児休業取得権侵害による不法行為（民709条）の成立原因となりえよう。

一方，介護休業における要介護状態とは，負傷，疾病または身体もしくは精神の障害により，2週間以上にわたり常時介護を必要とする状態をいい（法2

---

*256　医療法人社団充友会事件・東京地判平成29・12・22労判1188号56頁。使用者が当初の有期雇用から期間の定めのない労働契約に移行した女性労働者による育児休業の申出を拒否し，育児の便宜のための特別有給休暇の提案しか行わなかったことについて不法行為の成立を認めた例がある（日欧産業協力センター事件・東京地判平成15・10・31労判862号24頁）。
　一方，会社が従業員と子との間の法律上の親子関係があることを確認できないとして出産予定日証明書の提出を求め，従業員から拒否されたために申請書を受理しなかったことにつき，会社の対応は，親子関係が確認できない中で可能な限りで元従業員の意向に沿うように対応した等として従業員の育児休業取得妨害とはいえないと判断し，不法行為の成立を否定した例もある（三菱UFJモルガン・スタンレー証券事件・東京地判令和2・4・3労経速2426号3頁）。

条3号，同法施規1条），対象となる家族は，配偶者，父母，子および同居する祖父母・兄弟姉妹・孫ならびに配偶者の父母である（法2条4号，同法施規2条）。介護休業は，同一の対象家族1名につき，要介護状態に至るごとに1回，通算93日まで，3回を上限として認められる（法11条2項）*257【6-16】。

(エ) **賃金その他の処遇** 事業主は，育児・介護休業期間中の賃金を支払う義務はなく，賃金の取扱いは労使自治に委ねられる。しかし，休業中の所得保障のため，雇用保険から，育児休業については休業開始後6か月間は休業前賃金の67％が，その後は50％が育児休業給付金として支給され*258，介護休業については休業開始後3か月間，休業前賃金の67％が介護休業給付金として支給される（雇保61条の4・61条の5・61条の7）。休業期間の出欠勤扱いは労使自治に委ねられるが，育児・介護休業の申出・取得を理由とする解雇その他の不利益取扱いは禁止される（法10条・16条。労働時間短縮措置利用を理由とする不利益取扱いにつき，23条の2。妊娠・出産等の申出を理由とする不利益取扱いにつき，21条2項）。

(オ) **不利益取扱いの禁止***259 育児・介護休業等の申出・取得を理由とする不利益取扱いの禁止（法10条・16条）については，厚生労働省の指針（平成21年厚労告509号）が，①解雇，②有期労働契約の更新拒絶，③契約更新回数の引下げ，④正社員の非正社員転換の強要，⑤自宅待機，⑥労働者の希望期間

---

*257 育児・介護休業法は，2024年にも改正され，①子が3歳になるまでの両立支援の拡充として，テレワークを活用促進するため，事業主の努力義務とすることや，短時間勤務制度について1日6時間を必置とした上，他の勤務時間も併せて設定することを促進するとともに，短時間勤務制度を講ずることが困難な場合の代替措置にテレワークを追加すること，②子が3歳以降小学校就学前までの両立支援の拡充として，事業主が柔軟な働き方を実現するための措置の選択肢（始業時刻等の変更，テレワーク等，短時間勤務制度，保育施設の設置運営等，新たな休暇の付与）から労働者が選択可能なものを2以上選択して措置を講じる義務を設け，労働者はその中から1つ選べることとすること，労働者は権利として子が小学校就学前まで所定外労働の制限（残業免除）を請求できることとすること，③育児期の両立支援のための定期的な面談として，子が3歳になるまでの適切な時期に労働者に対して制度の説明と取得意向を確認するための面談等を行うことを事業主に義務づけること，④介護離職への対応として，介護に直面した労働者が申出をした場合に，両立支援制度等に関する情報の個別周知・意向確認措置を事業主に義務づけることや，介護期の働き方について，テレワークを事業主の努力義務とすること等の改正が行われた（施行は2025年4月1日など）。

*258 また，前記の出生時育児休業制度の導入に対応して，出生時育児休業給付金（雇保61条の6第1項・61条の8）が支給される。

*259 育児・介護休業を理由とする不利益取扱いに関しては，細谷越史「労働法上の権利行使と不利益取扱いの禁止」講座再生(4) 297頁，注釈労基・労契(3) 247頁［両角道代］参照。

を超えての所定外労働の制限等，⑦降格，⑧減給，賞与等における不利益算定，⑨不利益な人事考課，⑩不利益な配置変更，⑪就業環境を害することを掲げ，基準を定めている。育児・介護休業法の基本理念（男女共同参画社会の推進，ワーク・ライフ・バランス）の観点から使用者が遵守すべき基本ルールを意味する。

　もっとも，育児・介護休業法が禁止する不利益取扱いは，育児・介護休業の申出または取得を「理由として」行われたものであることを要し，育児・介護休業の申出・取得との間に因果関係がある場合に成立するものとされている。この因果関係の存在は，従来は相当厳しく判断されていたが[*260]，近年の裁判例は，妊娠・出産等を理由とする女性労働者の不利益取扱い禁止規定（雇均9条3項）に関する判例（広島中央保健生活協同組合事件）[*261]および同判例を受けて厚生労働省が妊娠・出産，育児休業等を理由とする不利益取扱いについて提示した通達（平成27・1・23雇児発0123第1号）を踏襲し，不利益取扱いを広く肯定する判断を示している。

　代表的裁判例として，育介法上の労働時間短縮措置利用を理由とする不利益取扱いの禁止（23条の2）につき，同条を強行規定と解した上，育児短時間勤務を契機とする正社員契約（無期労働契約）からパート契約（有期労働契約）への移行（パート契約締結）につき，パート契約が従業員に相当の不利益を与える以上，従業員が自由な意思に基づく同意によって契約を締結したと認められることを要するところ，会社が短時間勤務についてパート社員ではなく嘱託社員という方法もあることにつき十分に説明しなかった等として自由な意思に基づく同意を否定し，同条違反により無効と判断した例がある[*262]。また，最近の裁判例は，①従業員が産休後育児休業中にチーム再編により同人のチームを消滅させた後，②育児休業から復帰した同従業員を組織変更により新設したセー

[*260] たとえば，労働者が育児休業・産前産後休業を取得したことを契機とする不利益配転・降格について必要性・相当性が認められることから，育児休業取得との間の因果関係を否定し，「不利益取扱い」該当性を否定した例が見られた（コナミデジタルエンタテインメント事件・東京地判平成23・3・17労判1027号27頁［前掲・コナミデジタルエンタテインメント［控訴］事件（*49）もこれを支持］）。

[*261] 最判平成26・10・23民集68巻8号1270頁。本判決は，女性労働者の妊娠中の軽易業務転換に際して行われた降格は，それが軽易業務への転換を契機として行われるものである限り，原則として均等法9条3項所定の不利益取扱いに当たり，強行法規である同項違反として違法・無効となると判断し，育介法10条・23条の2と同様に不利益取扱いの成立要件とされる因果関係を緩和する判断を示している。971頁参照。

[*262] フーズシステム事件・東京地判平成30・7・5労判1200号48頁。

ルス部門の部下を持たないマネージャーに配置したことにつき，基本給や手当等の面において経済的不利益を伴わない配置の変更であっても，業務の内容面において質が著しく低下し，将来のキャリア形成に影響を及ぼしかねない措置は，労働者に不利な影響をもたらす処遇に当たり，原則として均等法および育介法の禁止する不利益取扱いに当たると述べた上，②につき，妊娠前には37名の部下を統率していた同従業員に対し，1人の部下も付けずに新規販路の開拓業務や電話営業に従事させたことには業務上の必要性が乏しく，同従業員が自由な意思に基づいて同意したともいえないから均等法9条3項および育介法10条に違反する不利益取扱いに当たるとして，会社の不法行為および雇用契約の債務不履行による損害賠償責任を肯定している*263。いずれも，前掲判例（広島中央保健生活協同組合事件［*261］）を踏襲しつつ，育介法上の不利益取扱いに適用した判断であるとともに，上記各措置について原則として育介法23条の2の禁止する不利益取扱い該当性を肯定する判断を示したものであり，重要な判断と解される*264。

一方，育児・介護休業法10条違反を否定する裁判例も見られる。ある裁判例は，女性従業員が育児休業終了後，正社員契約（無期労働契約）から契約社員契約（有期労働契約）に移行する旨会社と合意したことにつき，前掲裁判例

---

*263 アメリカン・エキスプレス・インターナショナル・インコーポレイテッド事件・東京高判令和5・4・27労判1292号40頁。より詳細は，974頁参照。

*264 このほか，産休中の労働者を退職扱いとして退職通知を送付した行為を法10条違反と評価し，不法行為の成立を認めた例（出水商事事件・東京地判平成27・3・13労判1128号84頁），育児休業期間（9か月）を含む1年間の人事考課において成果報酬をゼロ査定としたことにつき，育児休業以外の期間に関するゼロ査定は，育児休業の取得を理由に不利益取扱いを行うことに帰着し，育児・介護休業法が定める不利益取扱い禁止の趣旨に反するとして人事権の濫用を認め，不法行為と判断した例（前掲・コナミデジタルエンタテインメント［控訴］事件［*49］），育児短時間勤務を利用した労働者に対する昇給抑制措置につき，同条違反の行為であり，同条違反を否定するに足りる特段の事情も存しないとして違法と判断し，差額賃金相当額の損害賠償請求を認容した例（全国重症心身障害児（者）を守る会事件・東京地判平成27・10・2労判1138号57頁），育児休業取得を理由とする昇給に係る定期昇給の不実施につき，定期昇給日の前年度のうち一部の期間のみ育児休業を取得した労働者に対し，大学がその期間の担当授業時間を0時間として，これと現に勤務して担当した授業時間とを通年で平均した上で定期昇給させなかったことは，育児休業期間に不就労であったことによる効果以上の不利益を与えるものであり，育介法10条の不利益取扱いに該当すると判断し，不法行為による損害賠償を認めた例（近畿大学事件・大阪地判平成31・4・24労判1202号39頁），育児休業の延長申出に対し，人事配置上の混乱が生じたとして行った解雇につき，育介法10条違反の不利益取扱いに当たるとした上で解雇事由該当性を否定して無効と判断した例（横浜山手中華学園事件・横浜地判令和5・1・17労判1288号62頁）等がある。

（フーズシステム事件［＊262］）と同様，前掲判例（広島中央保健生活協同組合事件［＊261］）を引用しながら，上記合意が均等法9条3項所定の不利益取扱いに当たることを否定して有効と判断している[*265]。判旨は，契約社員契約に係る使用者の説明について，育児休業中の労働者に対して説明がなされており，同人は十分な検討期間を付与された上で契約社員契約を締結したものとして自由な意思に基づく同意を肯定している。しかし，本件では，会社が契約社員契約への移行および正社員契約への再変更について十分な説明・情報提供を行ったものとは評価できず，判例が確立した労働者の自由意思に基づく同意の法理を踏まえると，労働者の同意を安易に認定し，育介法10条の不利益取扱い該当性を安易に否定する判断として疑問がある（均等法9条3項につき970頁も参照）[*266]。

なお，育児・介護休業の申出・取得と不利益取扱いの間に因果関係がなく，育児介護休業法が禁止する不利益取扱い（育介10条・23条の2）に該当しない場合も，前述した公序（民90条）に基づく判例法理の規制（602頁以下）が行われ，権利の性格や不利益の内容・程度に照らして，労働者の権利行使に対する抑制力が強い場合は，公序違反として違法と評価されることがある。

(カ) **マタニティ・ハラスメント防止措置義務**　　近年には，事業主による不利益取扱いのみならず，上司や同僚による育児休業に関する言動により労働者の就業環境が害される現象（マタニティ・ハラスメント）も見られるようになっている。そこで，2016年の雇用機会均等法および育児・介護休業法の改正により，マタニティ・ハラスメントを防止するため，職場における妊娠・出産等に関する言動に起因する問題に関する雇用管理上の措置義務（雇均11条の3）と，職場における育児休業等に関する言動に起因する問題に関する雇用管理上の措置義務（育介25条）が規定された。これを受けて，事業主が職場における妊娠・出産等に関する言動に起因する問題に関して講ずべき措置についての指針が公布されている（平成28年厚労告312号）。これら防止措置義務およびその私法的意義については，セクシュアル・ハラスメントの箇所で後述する（991頁以下）。裁判例では，妊娠中の女性歯科医師につき，使用者が診療予定表の診療予定時刻を独断で延ばして診療予約を入りにくくしたことや，院長らが同歯科医師を揶揄する会話に興じたことについて，就業環境を害する行為に当た

[*265]　ジャパンビジネスラボ事件・東京高判令和元・11・28労判1215号5頁。
[*266]　日原雪恵［判批］ジュリ1550号（2020）128頁，柴田洋二郎［判批］令和2年度重判解183頁，滝原啓允［判批］法時93巻4号（2021）131頁など参照。

るとして不法行為と判断した例がある*267。

【6-16】 **その他の措置**　事業主は，育児休業を取得せずに1歳未満の子を養育する労働者に対しては，その申出により，勤務時間の短縮など，子の養育を容易にする措置を講じなければならない（法23条1項）。勤務時間短縮措置としては，短時間勤務制度，フレックスタイム制，始業・終業時刻の繰上げ・繰下げ，所定時間外労働の免除，託児施設の供与が挙げられる（同法施規34条1項）。これらの措置を利用したことを理由とする不利益取扱いについては，育児休業の申出・取得と同様の不利益取扱禁止規定が適用される（法23条の2。606頁）。さらに，転勤時における育児・介護従事者に対する配慮義務がある（法26条。565頁参照）。

小学校就学の始期に達するまでの子を養育する男女労働者（雇用期間1年未満の者，常態として子を保育できる同居の家族がある者等を除く）は，午後10時から午前5時までの深夜業の免除を請求することができる。事業主は，事業の正常な運営を妨げる場合でなければ，この請求を拒むことはできない（法19条1項）。この深夜業免除は繰り返し請求できる（介護従事者につき法20条）。

---

*267　医療法人社団Bテラス事件・東京高判令和5・10・25労判1303号39頁。

第7章
労働契約の展開
——企業秩序と懲戒

第1節　企業秩序
第2節　懲　　戒

第1節　企業秩序

1　意　義

　企業は，多数の労働者による共同作業の場であるため，企業運営上の規律を確保し，労働者の行動を規律することが必要となる。そこで，使用者は，就業規則において，こうした規律を職場規律ないし企業秩序として規定する。労基法は，就業規則の相対的必要記載事項として「当該事業場の労働者のすべてに適用される定め」を規定しており（89条10号），職場規律はここに属する。

　企業秩序はさらに，①労働義務に関する規律（職務専念規定，上司の指示への服従義務，服装規定，安全衛生に関する規定，遅刻・早退・欠勤の手続，外出・離席・面会の規制），②就労を離れた経営秩序の規律（事業場内の秩序・風紀に関する規定［暴行・賭博等の禁止，職場の整理・整頓］，事業場内の政治活動・組合活動［ビラ貼り・ビラ配布・集会等］の制限・禁止，事業場への入退場に関する規律），③企業施設（財産）の管理保全を目的とする規律（企業施設利用の制限・禁止，所持品検査など）が挙げられる。さらに，④労働者の企業外の行動の規律も，広い意味での企業秩序に属する。企業の信用・名誉の保持，兼職避止義務，守秘義務，競業避止義務など，誠実義務（150頁）と重複する類型である。

　以上のうち，①の多くは労働義務の規律の問題となるが，②〜④は，労働義

務の履行とは別個の利益を目的とするため，いかなる権利義務によって構成するかが問題となる。また，企業秩序に違反した労働者は懲戒処分の対象とされるのが通例であり，両者は密接に関連するため，懲戒との関係で企業秩序の限界をどのように設定するかが重要な論点となる。

2 企業秩序の権利義務

(1) 判 例——企業秩序論

　企業秩序の法的根拠について，判例は，きわめて広範な「企業秩序定立・維持権限」を認め，これを企業に当然に帰属する権利（固有権）と解している[*1]。それによれば，「企業秩序は，企業の存立と事業の円滑な運営の維持のために必要不可欠なものであ」るので，企業は企業秩序を定立し維持する権限を有する。すなわち企業は，「それを構成する人的要素及びその所有し管理する物的施設の両者を総合し合理的・合目的的に配備組織して企業秩序を定立し，……その構成員に対してこれに服することを求め」ることができる（国鉄札幌運転区事件）[*2]。具体的には，企業は企業秩序の維持確保に必要な事項を「一般的に規則をもって定め，又は具体的に指示，命令することができ」，また「職場環境を適正良好に保持し規律のある業務の運営態勢を確保しうるように当該物的施設を管理利用する……権限」を有する（前掲・国鉄札幌運転区事件 [*2]）。また企業は，企業秩序に違反する行為があった場合には，「その違反行為の内容，態様，程度等を明らかにして，乱された企業秩序の回復に必要な業務上の指示，命令を発」するとともに，規則に従い「制裁として懲戒処分を行う」ことができる（富士重工業事件）[*3]。さらに，判例は，この権限の一環として，企業秩序違反行為に対する事実関係の調査権限を肯定し，また，企業の円滑な運営に支障を来すおそれがあるなど企業秩序に関係することを要件に，労働者の企業外の行動を規律する権限が含まれるとしている[*4]。

　労働者は，以上のような企業秩序の遵守義務を労働契約に基づいて負担する。

[*1]　判例の企業秩序論に関しては，中嶋士元也「最高裁における『企業秩序』論」季労157号（1990）128頁，土田・労務指揮権259頁，三井正信『現代雇用社会と労働契約法』（成文堂・2010）152頁以下など参照。
[*2]　最判昭和54・10・30民集33巻6号647頁。
[*3]　最判昭和52・12・13民集31巻7号1037頁。
[*4]　関西電力事件・最判昭和58・9・8判時1094号121頁，国鉄中国支社事件・最判昭和49・2・28民集28巻1号66頁。

すなわち労働者は,「労働契約を締結して企業に雇用されることによって,企業に対し,労務提供義務を負うとともに,これに付随して,企業秩序遵守義務その他の義務を負う」(前掲・富士重工業事件［＊3］)。

このように,判例は,冒頭の②～④はもちろん,①を含む広範な「企業秩序」概念を認め,これを定立・維持する包括的権限を企業に肯定している。それは,企業が有する諸権限を行使して企業秩序を構築することを端的に肯定し,労働契約の組織的・集団的性格(11頁)を正面から承認する立場といいうる。

(2) 検　討

(ｱ) **付随義務論**　しかし,判例が説く「企業秩序定立・維持権限」はあまりに漠然としており,事実上の企業秩序を裸のまま法律論に導入した印象が強い。また,労働契約という法律関係を無視して,この権利を「企業の存立と事業の円滑な運営の維持」の必要性から当然に導き出す(固有権と解する)ことにも疑問がある[＊5]。むしろ,「企業秩序」に関しては,労働契約上の信義則(労契3条4項)に基づいて発生する労働者の付随義務(企業秩序遵守義務)として構成すべきであろう。

すなわち,上記②の経営秩序や,③の企業財産・施設の管理・保全は労働の遂行(給付利益)を確保する上で重要な付随的利益を意味するし,④の企業外の行動の規律も,企業の信用・名誉等を確保し,円滑な企業運営を行うための規律として法的保護に値する。したがって,労働者は,労働契約上の付随義務として,②や④の利益を不当に侵害しない義務を負うと解すべきである。また,③に関しても,企業施設に関する財産権(施設管理権)は本来,所有権や占有権を本体とする物権(物的管理権限)にとどまるが,労働者は労働契約の締結に基づき,施設管理権を不当に侵害しないことを内容とする付随義務を負うと解される[＊6]。その総称として,労働契約上の企業秩序遵守義務の概念を用いる

［＊5］　中嶋・前掲論文(＊1)128頁,土田・労務指揮権261頁,三井・前掲書(＊1)157頁参照。
［＊6］　西谷敏「施設管理権の法的性格とその限界」大阪市立大学法学雑誌26巻3＝4号(1980)282頁。③に関しては,施設管理権の対人的効果(労働者に対する効果)を次の二つに区別すべきであろう(土田・労務指揮権246頁以下参照)。まず使用者は,第三者による企業施設の侵害に対し,所有権または占有権に基づく物権的請求権を行使して侵害を排除することができる。しかし,これは,使用者が企業施設の所有権者または占有権者として私法上当然に講じうる措置であり,そこから直ちに同措置に従うべき労働者の義務が生ずるわけではない。このような労働者の義務の発生を認めるためには労働契約上の根拠を要するのであり,それは施設管理権を侵害しないことを内容とする付随義務(実際には就業規則規定)に求められる。こうし

ことは有意義であり，その限りで，判例の立場（前掲・富士重工業事件［＊3］）は支持できる。企業秩序に関する就業規則の規定は，内容の合理性と周知を要件に労働契約内容を補充し，企業秩序遵守義務を発生させることになる（労契7条。220頁）。すなわち，企業秩序の法的根拠は労働契約にある*7。

(イ) **企業秩序の限界** 企業秩序遵守義務は包括的な一般条項であるから，使用者の法益に即して，個別的・具体的な義務に類型化し，内容を明確化する必要がある。具体的には，職場規律を遵守する義務，施設管理権を不当に侵害しない義務，調査協力義務，使用者の名誉・信用を毀損しない義務，兼職避止義務，守秘義務，競業避止義務等として類型化できるが（後4者は誠実義務と重複する），いずれもなお包括的性格を免れない。

したがって，企業秩序遵守義務については，労働者が労働契約上有する権利・利益（人格的利益，憲法・法律で保障された権利，私生活の自由［プライバシー］）との間で適切な調整を行う必要がある。もともと労働契約は対等な当事者間の契約であり（労基2条1項。9頁），企業秩序遵守義務は労働契約上の義務であるから，それが労働者の権利・利益を過度に制約してはならないことは当然である。判例も，企業秩序遵守義務を認めつつ，労働者は「企業の一般的な支配に服するものではない」と述べ（前掲・富士重工業事件［＊3］），ここから企業秩序遵守義務の限界を画している。詳細は，第2節で解説する。

第2節 懲　　戒

1　懲戒の意義・法的根拠・要件・効果

(1) 意　　義

使用者は，企業秩序や服務規律を維持するための様々な手段を有するが，その中でも，労働者に対する威嚇力が強く，使用者にとって「伝家の宝刀」ともいうべき制度が懲戒である。懲戒処分とは，業務命令や服務規律に違反した労

てはじめて，施設管理権を侵害した労働者に対する懲戒処分が可能となるのである。
*7　学説上も，職場規律（企業秩序）を遵守すべき義務を労働契約上の付随義務として構成し，職場規律の法的根拠を労働契約に求める見解が多い。毛塚勝利「労働契約と組合活動の法理」労働57号（1981）32頁，西谷・前掲論文（＊6）276頁，三井・前掲書（＊1）161頁。

働者に対して，使用者が制裁として行う不利益措置をいい，多くの企業の就業規則において，譴責，戒告，減給処分，出勤停止，降格（降職），諭旨解雇，懲戒解雇として制度化されている。

このような懲戒処分の重要性に鑑み，労契法は，懲戒権濫用規制を新たに立法化した。すなわち，「使用者が労働者を懲戒することができる場合において，当該懲戒が，当該懲戒に係る労働者の行為の性質及び態様その他の事情に照らして，客観的に合理的な理由を欠き，社会通念上相当であると認められない場合は，その権利を濫用したものとして，当該懲戒は，無効とする」（労契15条）。これは，後述する（618頁）判例上の懲戒権濫用法理（懲戒処分の要件・効果）を立法化したものであるが，使用者に懲戒権が帰属することを前提とする規制であり，懲戒権の法的根拠にまで踏み込んだ立法には至っていない[*8]。

(2) 懲戒権の法的根拠・性格

(ア) **法的根拠** a） 問題の所在　では，懲戒権の法的根拠は何に求められるのか。もともと労働契約は当事者対等の契約関係であり，「刑罰」を想起させる懲戒とはそぐわないし，使用者は労働者の労働契約上の義務違反への対抗手段として，解雇権（民627条）や損害賠償請求権（民415条）を有している。それにもかかわらず，使用者はなぜこれら措置とは別に，懲戒処分を科す権限を有するのか。この問題は，労契法15条との関係では，同条にいう「使用者が労働者を懲戒することができる場合」を明らかにすることを意味する。

b） 学説・裁判例　学説では，企業秩序の要請を根拠に懲戒権を導き出す見解（固有権説）があり，使用者は，企業の経営権または企業の組織体としての性格から当然に懲戒権を有すると説く[*9]。しかし，通説は，労働契約上の特別の根拠を要すると解する見解（契約説）に立ち，懲戒権は，労使間の合意や就業規則によって契約内容となってはじめて発生すると解している[*10]。

[*8] 懲戒については，注釈労基（上）247頁以下［土田道夫］，条文241頁以下［土田道夫］，石嵜信憲編著『懲戒権行使の法律実務〔第2版〕』（中央経済社・2013），淺野高宏「懲戒処分と労働契約」講座再生(2) 201頁，石井妙子ほか『懲戒処分──適正な対応と実務〔第2版〕』（労務行政・2018），土田道夫「懲戒」野川忍＝水町勇一郎編『実践・新しい雇用社会と法』（有斐閣・2019）131頁，第一東京弁護士会労働法制委員会編著『懲戒をめぐる諸問題と法律実務』（労働開発研究会・2021），注釈労基・労契(2) 468頁［龔敏］など参照。

[*9] 清水兼男「懲戒権の根拠と懲戒解雇」菊池還暦『労働法と経済法の理論』（有斐閣・1960）424頁。これによれば，使用者は就業規則に規定がなくても懲戒処分を科すことができ，また就業規則上の懲戒規定は例示列挙にすぎず，使用者は必要に応じて懲戒をなしうることになる。

実際には、労使が懲戒について合意することは少ないので、就業規則の懲戒規定が内容の合理性と周知を要件に労働契約内容となり、懲戒権を発生させることになる（労契7条。220頁）*11。懲戒規定の合理性は、個々の懲戒事由を設ける必要性（企業秩序規律の必要性）、懲戒事由の内容の相当性、懲戒手続の整備等に即して判断すべきであろう*12。また、契約説によれば、懲戒権は、就業規則に規定されてはじめて発生するので、規則に定めた以外の理由や手段によっては懲戒を行うことはできない。つまり、就業規則の懲戒事由や手段は限定列挙ということになる。

判例は、懲戒権の法的根拠を企業秩序定立・維持権限に求め（612頁）、固有権説に近い立場に立っている。すなわち、判例は、労働者は労働契約の締結によって労働義務とともに「企業秩序を遵守すべき義務を負い、使用者は、広く企業秩序を維持し、もって企業の円滑な運営を図るために、……労働者に対し、一種の制裁罰である懲戒を課すことができる」と述べ、懲戒権を企業の固有権である企業秩序定立・維持権限に位置づけている*13。しかし同時に、判例は、使用者は企業秩序の違反行為に対して、「規則に定めるところに従い制裁として懲戒処分を行うことができる」と述べ*14、「使用者が労働者を懲戒するには、あらかじめ就業規則において懲戒の種別及び事由を定めておくことを要する」とも述べており*15、契約説と同様、就業規則の規定を懲戒権の発生要件と解

---

*10 菅野＝山川654頁、下井435頁、野川331頁、山川245頁、水町592頁、川口525頁、土田208頁、注釈労基（上）250頁［土田道夫］など。

*11 周知要件の充足を否定して懲戒権の発生を否定し、懲戒解雇を無効と判断した裁判例として、河口湖チーズケーキガーデン事件・甲府地判平成29・3・14 ジャーナル65号47頁、ミツモリ事件・大阪地判平成29・3・28 ジャーナル66号60頁、宮田自動車商会事件・札幌地判令和5・4・7 ジャーナル137号16頁があり、逆に周知要件の充足を肯定して懲戒権を肯定した例として、シナジー・コンサルティング事件・東京地判令和3・2・15 労判1264号77頁、埼玉医科大学事件・千葉地判令和3・5・26 労判1279号74頁がある。

*12 懲戒事由を設ける必要性や懲戒事由の内容の相当性に着目した判断として、たとえば、PwC あらた有限責任監査法人事件（東京高判令和3・7・14 労経速2461号3頁）は、「ハラスメントにあたる言動により、法人秩序を乱し、またはそのおそれがあったとき」との諭旨免職・懲戒解雇事由につき、使用者が監査法人として監査等業務に携わっていることから、法令等違反行為でない場合も、ハラスメント言動については厳正な姿勢で臨み、高水準の企業秩序を維持する必要があることから設けられたものとして合理性を肯定している。

*13 前掲・関西電力事件（*4）。

*14 前掲・国鉄札幌運転区事件（*2）。

*15 フジ興産事件・最判平成15・10・10 労判861号5頁。同旨、丸林運輸事件・東京地決平成18・5・17 労判916号12頁、無洲事件・東京地判平成28・5・30 労判1149号72頁、前掲・河口湖チーズケーキガーデン事件（*11）、前掲・ミツモリ事件（*11）、アットイット事

している。さらに，最近の判例は，「使用者の懲戒権の行使は，企業秩序維持の観点から労働契約関係に基づく使用者の権能として行われるもの」と判断しており[16]，契約説により近い立場を示している[17]。

  c) 検　討　　懲戒権の法的根拠に関しては，契約説が妥当と解される。まず，固有権説や判例のように，企業秩序の規律の必要性（懲戒権の実質的根拠）から直ちに懲戒権を導き出すことには論理の飛躍がある。すなわち，懲戒は，使用者が労働契約において当然に有する責任追及手段とは異なる特別の制裁罰であるから，これを法律上の権利と解するためには，企業秩序の規律の必要性という実質的根拠とは別の根拠が必要なはずである。

　これに対して契約説は，懲戒権は当事者の合意に基づいて発生すると説く見解であり，妥当と考えられる。もともと労働契約は，労働者が使用者の編成する労働組織（企業）に組み込まれ，他の労働者とともに共同作業に従事することによって有意義に展開されるので，企業秩序の維持が重要となる。この企業秩序を維持する上で使用者が契約上当然に有する手段は，前記のように損害賠償請求と解雇であるが，損害賠償請求は，現実の損害の発生を要件とするため有効な対抗手段とはいえないし，一方，解雇を安易に認めることは，労働者に失業という過酷な結果をもたらしうる。

　したがって，企業秩序維持の手段（労働者の責任追及手段）をこれら二つの手段に限定することは，企業運営の面からも，労働者の利益保護の面からも妥当性を欠き，ここから懲戒処分が承認される[18]。しかし同時に，懲戒が労働契

　　件・東京地判平成29・4・24ジャーナル71号48頁，JFS事件・大阪地判令和元・10・15ジャーナル95号26頁，日米米穀事件・大阪地判令和6・3・14ジャーナル148号14頁。荒木515頁は，判例の立場を契約説として理解することも可能と説く。一方，淺野・前掲論文（＊8）206頁以下は，懲戒権が集団的な企業秩序維持のために特に認められた権限であることを理由に契約上の根拠を就業規則に限定し，個別合意による懲戒権発生を認めるべきでないと説く。

[16] ネスレ日本事件・最判平成18・10・6労判925号11頁（土田道夫［判批］労判930号[2007] 5頁）。同旨，河野臨牀医学研究所事件・東京地判平成23・7・26労判1037号59頁。

[17] 下級審裁判例は，契約説と同様，懲戒権の法的根拠を明示の合意または就業規則に求めるものが多い。洋書センター事件・東京高判昭和61・5・29労判489号89頁，倉田学園事件・高松地判平成2・5・10労判579号44頁，十和田運輸事件・東京地判平成13・6・5労経速1779号3頁，学校法人B事件・東京地判平成22・9・10労判1018号64頁，日本通信事件・東京地判平成24・11・30労判1069号36頁等。

[18] この点については，特に下井435頁以下参照。毛塚勝利「懲戒の機能と懲戒権承認の規範的契機」日労協277号（1982）21頁，西谷230頁も参照。

約上当然に認められる責任追及手段ではない以上，それを認めるためには，懲戒権が労使の合意や就業規則によって労働契約内容となることを要すると解すべきである。こうして懲戒は，その事由と手段を定めた懲戒制度が就業規則に規定されてはじめて拘束力をもつとともに，懲戒規定に設けられた懲戒事由・手段は限定列挙ということになる。労働契約法が基本趣旨とする合意原則（1条・3条1項）からも，契約説を支持すべきである（20頁参照）。

(ｲ) **法的性格**　懲戒権の法的性格については，労働者に対する制裁罰（不利益措置）を内容とする形成権と解することができる。すなわち，懲戒は，労働者の非違行為（企業秩序侵害行為）を対象に，経済的・精神的・キャリア形成上の不利益を及ぼす措置であり（減給・出勤停止に伴う賃金不支給，懲戒解雇に伴う退職金不支給，昇給延伸や人事考課上のマイナス評価等），あたかも刑罰のような制裁機能を営む。懲戒権は，このような制裁罰（労働契約の一方的解約［懲戒解雇・諭旨解雇］または契約内容の一方的変更［減給，降格，出勤停止］）を使用者が一方的意思表示（法律行為）によって行使する権利として，形成権と解することができる[*19]。

判例も，懲戒権を「労働者の企業秩序違反行為を理由と（する）一種の制裁罰」権限と解し，ここから企業秩序の侵害と処分の相当性を懲戒の要件と解している（前掲・関西電力事件［*4]）。また上記のとおり，懲戒処分は法律行為（意思表示）であるので，その無効確認の訴えは原則として許容されるが，近年には不適法と判断する裁判例も増えている（1165頁参照）【7-1】。

(3) 懲戒権の要件・効果

懲戒処分が有効と認められるための要件としては，上述した懲戒権の法的根拠を含めて，以下の4点が求められる[*20]。たとえば，労働者が企業の重要な営業秘密を許可なく競業他社に漏洩したことを理由に懲戒処分を行う場合，以下の要件を満たすことを要する。

(ｱ) **懲戒権の要件**　第1に，使用者が懲戒権を有すること（懲戒権の法的

[*19] 同旨，山川245頁，福島政幸「懲戒権濫用（相当性，懲戒手続）」労働関係訴訟Ⅰ258頁。
[*20] 私見と同旨の要件構成を提示する裁判例として，ビーアンドブィ事件・東京地決平成22・7・23労判1013号25頁，前掲・学校法人B事件（*17），前掲・日本通信事件（*17）。社団法人東京都医師会［A病院］事件・東京地判平成26・7・17労判1103号5頁，東京メトロ事件・東京地判平成27・12・25労判1133号5頁，JTB事件・東京地判令和3・4・13労経速2457号14頁も実質的に同旨。

根拠が存在すること）が必要である。そのためには，「会社の重要な機密を正当な理由なく社外に開示したとき」との就業規則の懲戒事由規定および懲戒の種別を定める規定が必要となる（616頁）。前記のとおり，懲戒規定は内容の合理性審査に服するが（労契7条），営業秘密・企業機密情報の重要性（154頁以下）に照らせば，上記規定の合理性は問題ないであろう[*21]。もっとも，懲戒事由規定が合理性審査をクリアするためには，懲戒事由をできるだけ具体的に規定し，漠然不明確条項（合理性を欠く条項）との評価を受けないよう規定を整備する必要がある[*22]。

　第2に，労働者の行為が就業規則の懲戒事由に該当することが必要となる。上記事例の場合，労働者の行為が「会社の機密を正当な理由なく社外に開示したとき」との懲戒事由に該当するといえなければならない。そして，懲戒が労働者に対する不利益処分である以上，懲戒事由該当性については，就業規則の文言のみから形式的に判断するのではなく，実質的に判断する必要がある（同旨，前掲・ビーアンドビィ事件［*20］）[*23]。上記事例でも，労働者が競業他社に提供した情報が真に「会社の機密」に該当し，労働者が守秘義務に違反したか否かを慎重に検討する必要がある。裁判例も，こうした観点から懲戒事由該当性を慎重に判断している[*24]。

[*21] 懲戒処分の根拠となる就業規則規定が処分時に制定されていない場合は，当該処分は根拠を欠くものとして無効となる（PCS事件・東京地判平成27・2・24ジャーナル39号25頁）。

[*22] 石嵜編著・前掲書（*8）161頁・618頁参照。裁判例では，「機密保持義務に違反し，会社の重大な機密を社外に漏らしたとき，あるいは漏らそうとしたとき」との懲戒事由規定につき，「重大な機密」を定義していないものの，当該データは同号に定める「重大な機密」に該当し，そのように解したとしても懲戒事由の具体的明定が要求される趣旨には反せず，労契法7条の合理性を肯定できると判断した例がある（スカイコート事件・東京地判令和5・5・24ジャーナル143号2頁）。就業規則の合理性判断としては，ぎりぎりセーフとの判断であろう。なお，大内145頁は，多くの就業規則にみられる一般条項（「その他前各号に準ずる不適切な行為」等）について，明確性を欠くため，懲戒事由としては認められないと説く。

[*23] この種事案につき同旨，前掲・スカイコート事件［*22］。

[*24] 最近の裁判例からピックアップすると，たとえば，朝日学園事件・最判平成19・7・13判時1982号152頁（大学教授が地元新聞紙上で歴史観に関する発言を行ったことにつき，「学園の職員として相応しくない行為のあった場合」等の懲戒事由該当性を否定），通販新聞社事件・東京地判平成22・6・29労判1012号13頁（会社が発行する業界紙記事の自己の書籍への無断転載につき，「会社の業務上の機密事項および会社の不利益となるような事項を他にもらさないこと」等の懲戒事由該当性を否定），乙山商会事件・大阪地判平成25・6・21労判1081号19頁（事業用HDDの自宅への持ち帰りにつき，「会社の業務上の秘密及び会社の不利益となる事項を外に漏らさないこと」との懲戒事由該当性を否定），日本ヒューレット・パッカード事件・最判平成24・4・27労判1055号5頁（メンタルヘルス不調に伴い約40日間無断欠勤

また，懲戒は，労働者の企業秩序違反を対象とする制裁であるから，懲戒事由該当性を肯定するためには，労働者が労働契約上の義務に違反しただけでは足りず，企業秩序を現実に侵害した（業務阻害・職場規律の支障の発生，使用者の損害の発生等）か，またはその現実的・具体的危険が認められることが要件となる*25。上記事例でも，こうした企業秩序侵害の有無を審査する必要がある。

第3に，労働者の行為が懲戒事由に該当する場合も，懲戒が懲戒処分の濫用と評価されないことが求められ，この段階で懲戒処分の相当性（行為と処分のバランス）が審査される（[狭義の]懲戒権濫用）*26。上記事例でも，労働者が社内情報を社外に漏らしたことが懲戒事由に該当するとしても，それを理由に懲戒解雇という最も重い処分を科すことの相当性が審査され，その点が否定され

したことにつき，「正当な理由なしに無断欠勤引き続き14日以上に及ぶとき」との懲戒事由該当性を否定。同旨，京都大学事件・大阪高判令和2・8・5ジャーナル105号32頁），A社長野販売事件・東京高判平成29・10・18労判1179号47頁（不適切な経理処理につき，「会社に対し虚偽の報告または虚偽の申し立て等を行ったとき」等の懲戒事由該当性を否定），神社本庁事件・東京地判令和3・3・18労判1260号50頁，同［控訴］事件・東京高判令和3・9・16ジャーナル119号54頁（背任行為につき，内部告発法理の観点から検討した上，「本庁の信用を傷つけ，又は職員としての体面をけがす行為のあったとき」等の懲戒事由該当性を否定［最決令和4・4・21［LEX/DB25593066］にて上告棄却・不受理］。*139参照），不動技研工業事件・長崎地判令和4・11・16労判1290号32頁（在職中の競業避止義務違反を理由とする諭旨解雇につき，義務違反・企業秩序違反の程度が軽いことから懲戒事由該当性を否定）等がある。

また，日本ボクシングコミッション事件（東京地判平成27・1・23労判1117号50頁）は，就業規則の懲戒解雇事由該当性につき，懲戒解雇が最も重い懲戒であることを考慮して，職務懈怠事由については，職務遂行の積極的かつ顕著な懈怠があることを要し，使用者への加害行為事由についても，故意・過失の有無・程度，加害行為による損失の大小を考慮の上，情状が顕著に悪いことを要すると判断しており，懲戒解雇事由該当性を慎重に判断している。ティーディーアイ事件・東京地判平成28・2・19ジャーナル51号17頁も参照。同様の判断として，クレディ・スイス証券事件・東京地判平成28・7・19労判1150号16頁，学校法人Y事件・東京高判平成28・12・7労時2369号61頁，常葉学園事件・静岡地判平成29・1・20労判1155号77頁，関東食研事件・東京地判平成30・8・15ジャーナル85号58頁等。

*25 同旨，前掲・ビーアンドブィ事件（*20），前掲・日本通信事件（*17）。最近の企業秩序違反肯定事例として，西日本鉄道事件・福岡地判平成29・3・29ジャーナル65号40頁，マネジメントサービスセンター事件・東京地判平成30・9・28ジャーナル84号42頁，ラオックス事件・東京地判平成31・1・31ジャーナル89号44頁，まるやま事件・東京地判令和2・6・25ジャーナル105号46頁，みずほ銀行事件・東京高判令和3・2・24労判1254号57頁，帝京大学事件・東京地判令和3・3・18労判1270号78頁，前掲・JTB事件（*20）等，企業秩序違反否定事例として，福住不動産事件・東京地判令和5・9・21ジャーナル147号36頁。

*26 懲戒処分の相当性は，懲戒事由該当性が肯定され，懲戒権の発動が可能であることを前提に，懲戒権行使の相当性をチェックする審査であることから，本書では，「（狭義の）懲戒権濫用」と表現する。

れば，（狭義の）懲戒権の濫用と評価される。

　第4に，懲戒処分に際して，就業規則上規定された手続（弁明の機会や懲戒委員会の審議）を経由しないまま処分を行えば，重大な手続違反とされ，処分の相当性を欠く場合とともに懲戒権の濫用（［狭義の］懲戒権濫用）と評価される。また，懲戒処分は，刑罰に類似する制裁であるから，刑事法に類する厳格な規律に服し，それに反した場合も（狭義の）懲戒権の濫用と評価される。

　(イ)　**懲戒権の効果**　　懲戒処分が上記の要件を充足すれば，それぞれ所定の効果を発生させる（623頁以下）。一方，懲戒処分が上記要件を欠き，懲戒権の濫用と評価されれば，当該処分は無効となる。また，著しく悪質な懲戒については，不法行為（民709条）が成立することがある（668頁）。

　(ウ)　**労契法15条の意義**　　以上のとおり，懲戒は，①懲戒事由該当性と，②（狭義の）懲戒権濫用という2段階の適法性審査に服し，その効果は処分の無効に求められる（懲戒権濫用法理）。労契法15条は，この懲戒権濫用法理を立法化したものである。

　もっとも，労契法15条は，このような懲戒の2要件（2段階審査）を明示した規定となっていない。すなわち，同条は，懲戒権濫用法理（懲戒権濫用の要件と無効の効果）を立法化しつつも，懲戒の要件については，懲戒事由該当性（①）と（狭義の）懲戒権濫用（②）を区別していない。しかし，私は，懲戒権濫用法理（2段階審査）の意義に鑑み，労契法15条についても，同じ構造を有するものと解釈することが適切と考える。すなわち同条によれば，懲戒の要件は「客観的に合理的な理由」および「社会通念上〔の〕相当」性に求められるが，このうち「客観的に合理的な理由」が懲戒事由該当性の判断（①）に，「社会通念上〔の〕相当」性が（狭義の）懲戒権濫用の判断（②）に相当し，懲戒の2要件を構成すると解すべきである（この点は，解雇権濫用規制［労契16条］の構造と同様に解される。859頁）。その上で，労契法15条は，これら懲戒の2要件とともに，同要件を欠く懲戒の効果を懲戒権濫用による「無効」として明示し，懲戒権濫用規制を確立したものと考えるべきである[*27]。

　[*27]　この解釈によれば，労働者の行為が形式的に懲戒事由に該当するように見えても，それが懲戒を行うに値する「客観的に合理的な理由」（労契15条）に当たるか否かが慎重に審査され，その点が否定されれば，懲戒事由該当性（本文の①）が否定される。そしてその結果，懲戒は，「社会通念上〔の〕相当」性（同条）の判断を待つまでもなく無効と解されることになる（同旨，前掲・学校法人B事件［*17］，前掲・日本通信事件［*17］，学校法人田中千代学園事件・東京地判平成23・1・28労判1029号59頁，伊藤忠商事ほか事件・東京地判令4・12・

【7-1】 **労働法コンプライアンスと法的リスク管理**──**懲戒処分と人事措置の関係*28**
　懲戒の中には，使用者が人事権を行使して行う一般的措置と隣接する処分が少なくない（譴責・戒告と注意，出勤停止と休職・自宅待機命令，降格処分と降格人事，懲戒解雇と普通解雇）。この両者の区分基準は，ある措置が労働者に対する制裁として行われたか否か（客観的不利益性の有無）に求めるべきであろう。たしかに，一般的人事措置も労働者に不利益を及ぼしうるが，その不利益は非定型的であり，労働者の主観的不利益にとどまることも多い。これに対して懲戒処分は，労働者の企業秩序違反を理由とする処分として客観的不利益性が明白であり，この点で非懲戒処分と区別される。譴責・戒告では昇給延伸や人事考課上の不利益性が，減給や出勤停止では賃金の不支給が，懲戒解雇では退職金不支給や再就職の困難さという不利益が，そしてあらゆる懲戒処分を通して「制裁」という客観的性格が明確である*29。そして，このような懲戒処分については，懲戒独自の明確な

---

26 労経速 2513 号 3 頁。同旨学説として，菅野 715 頁以下，佐藤蒼依＝土田道夫［判研］同志社法学 76 巻 1 号［2024］165 頁。このように解する方が，労働者の行為が懲戒事由に該当するか否かの判断を実質的に行いうる点で妥当と考える。参考裁判例として，前掲・PwC あらた有限責任監査法人事件［*12］，前掲・シナジー・コンサルティング事件［*11］，前掲・神社本庁事件［*24］，同［控訴］事件［*24］）。

　一方，この解釈（2 段階審査）に対しては有力な反対説があり，労契法 15 条は，懲戒事由該当性の要件をカバーする規定ではなく，「客観的に合理的な理由」および「社会通念上〔の〕相当」性という同条の要件は，（狭義の）懲戒権濫用の要件（②）のみを立法化したものと説く。つまり，懲戒事由該当性の判断については，懲戒権の法的根拠（615 頁）とともに，15 条の「使用者が労働者を懲戒することができる場合」という前提的要件に含めた上，15 条本体の濫用規制（「客観的に合理的な理由」「社会通念上〔の〕相当」性）を（狭義の）懲戒権濫用規制（②）に限定する解釈である（荒木 516 頁以下。同旨，山川・紛争処理法 292 頁，水町 594 頁，川口 531 頁。菅野＝山川 669 頁も，この見解と思われる立場に改めている）。荒木 516 頁以下は，①労働者の行為が就業規則の懲戒事由に該当しない限り懲戒権自体が発生していないことと，②前掲・ネスレ日本事件（*16）が，「就業規則所定の懲戒事由に該当する事実が存在する場合であっても，当該具体的事情の下において，それが客観的に合理的な理由を欠き，社会通念上相当なものとして是認することができないときには，権利の濫用として無効になる」と判示していることを掲げて上記のように説く。私は，①については，懲戒権は懲戒事由規定および種別規定によって発生しているのであり，労働者の行為が懲戒事由に該当するか否かは懲戒権の根拠とは別の問題と考える。また，②については，ネスレ日本事件の趣旨は確かにそのとおりであろうが，一裁判例の判断によって労契法 15 条に関する 2 段階審査が直ちに否定されるものとは考えない。いずれにせよ，この点は重要な理論的課題であるので，引き続き検討していきたい。

*28 この点については，土田・労務指揮権 263 頁以下，小西國友「懲戒処分と非懲戒処分の限界および相互の関係」季労 160 号（1991）125 頁参照。
*29 同旨，水町 589 頁以下・527 頁。同旨裁判例として，SRA 事件・東京地判令和 3・12・23 ジャーナル 124 号 60 頁。これに対し，最近の裁判例（スルガ銀行事件・東京地判令和 4・6・23 労経速 2503 号 3 頁）は，使用者が行う措置が人事権の行使と懲戒処分のいずれであるかを使用者の主観的意図と無関係に判断することは相当ではないとした上，会社が従業員に対して

根拠（就業規則上の懲戒制度）と処分の相当性を要するのに対し，一般的人事措置は，そうした根拠と要件を要しないことになる。したがってまた，これら措置の後に懲戒を併科しても，二重処分の禁止（664頁）には違反しない。

2 懲戒の種類

(1) 譴責・戒告

ともに労働者の将来を戒める処分であるが，戒告の方が軽い処分であり，始末書提出を求めないのに対し，譴責は始末書提出を伴うのが一般である。また，それ自体として昇給延伸などの直接の不利益をもたらしたり，人事考課上不利に考慮されることが多い。

譴責・戒告は，比較的軽い懲戒処分であるため，使用者に許された裁量権の範囲内にある有効な処分とされることが多い。裁判例では，コンサートに係る他社との契約や社内決裁の不履行を理由とする譴責処分を有効と判断した例[30]や，会社誹謗の文書を外部機関に提出した行為に対する懲戒処分につき，最も軽い処分である戒告を科したことを相当とした例[31]がある[32]。もちろん，懲戒事由とされた労働者の行動に正当性があり，懲戒事由該当性が否定されれば，譴責・戒告といえども無効となる[33]。

行った降格的異動命令に際して，人事異動として社内掲示板に掲載し，その後の懲戒解雇時と異なり，弁明の機会の付与等の懲戒手続を行っていないこと等から，人事権の行使として行われたものと判断し，使用者の主観的意図を重視している。

しかし，この判断によれば，使用者が一般的人事措置の手続を行いさえすれば，懲戒（制裁）として性質決定されるべき措置に係る根拠と要件を免除される結果となるのであり，適切でない。実際，本件では，従業員側が，本件異動命令によって従業員の給与が月額182万円余から50万円に減額されており，かかる急激な減額は人事権行使として通常甘受すべき程度を著しく超えるものとして客観的に制裁としての性格を有すると主張したのに対し，判決は，同従業員が執行役員を辞任して先任社員に移行したことによるものであり，懲戒によるものではないと判断しているが，従業員側主張が事実とすれば，かかる大幅な賃金減額については，客観的に見て制裁としての性格を肯定すべきものと考える。

[30] WOWOW事件・東京地判平成30・12・26ジャーナル86号40頁。
[31] 東京銀行事件・東京地判昭和61・1・31労判470号53頁。
[32] このほか，譴責を有効と判断した例として，前掲・関西電力事件（*4［企業外（社宅）での会社批判のビラ配布］），関西外国語大学事件・大阪地判令和2・1・29労判1234号52頁（担当授業等の拒否），ちふれホールディングス事件・東京地判令和5・1・30労経速2524号28頁（部下に対するパワハラ発言），戒告を有効と判断した例として，辻・本郷税理士法人事件・東京地判令和元・11・7労経速2412号3頁（部下に対するパワハラ行為），阪神高速トール大阪事件・大阪地判令和3・3・29労判1273号32頁（セクハラ発言），日本郵便事件・東京地判令和5・7・28ジャーナル144号28頁（職場離脱）。

なお，譴責については，始末書（自己の非違行為を確認・謝罪し，将来同様の行為を行わないことを誓約する文書）の提出命令の効力が問題となる。すなわち，労働者が始末書提出に応じない場合に，業務命令をもって提出を強制し，また不提出に対して改めて懲戒を科しうるか否かという問題である。学説・裁判例では否定説が有力であり，労働者は使用者の人格的・身分的支配に服するものではなく，個人の自由意思は尊重されるべきであるから，始末書の提出は労働者の任意に委ねられ，その提出を強制することはできないと解されている[*34]。

(2) 減　給

(ア) 意　義　　減給とは，労働者が労働義務を履行し，賃金請求権が発生しているにもかかわらず，その賃金から一定額を差し引くことをいう。労働者が欠勤・遅刻・早退など労働義務を履行しなかった場合は賃金カットが行われるが，これは，ノーワーク・ノーペイの原則（318頁）に基づく措置であり，減給（懲戒処分）とは異なる。換言すれば，労働者が現実に就労し，賃金請求権を有しているにもかかわらず，賃金を差し引くことに減給（懲戒処分）の意義が認められるのである。

(イ) 減給制裁の制限　　労基法は，この減給についてのみ規定を設け，「1回の額が平均賃金の1日分の半額を超え，総額が一賃金支払期における賃金の総額の10分の1を超えてはならない」と規定している（91条）。減給は，労働者にいったん発生した賃金債権を一部消滅させ，労働者の生活に影響を及ぼしうるため，過大な賃金減額を抑制する趣旨で設けられた規定である[*35]。

[*33] 三和銀行事件・大阪地判平成 12・4・17 労判 790 号 44 頁（内部告発を理由とする戒告），前掲・朝日学園事件（*24［大学教員の発言を理由とする戒告］），東和エンジニアリング事件・東京地判平成 25・1・22 労経速 2179 号 7 頁（雇止めへの対応助言メール送信を理由とする譴責），南山学園事件・名古屋高判令和 2・1・23 労判 1224 号 98 頁（同僚教員のパワハラ調査中に行った情報漏洩行為等を理由とする譴責），国士舘ほか事件・東京高判令和 3・7・28 ジャーナル 118 号 58 頁（内部通報を理由とする戒告），国士舘事件・東京地判令和 4・2・10 ジャーナル 125 号 32 頁（大学教員の不実の研究目的出張を理由とする戒告），全国建設労働組合総連合事件・東京地判令和 4・12・7 労経速 2521 号 16 頁（譴責に係る懲戒事由該当性を肯定した上，処分の相当性を否定）。

[*34] 菅野＝山川 655 頁。裁判例として，丸住製紙事件・高松高判昭和 46・2・25 労民 22 巻 1 号 87 頁，中央タクシー事件・徳島地決平成 9・6・6 労判 727 号 77 頁など。

[*35] 減給については，注釈労基（下）1013 頁以下［土田道夫］，基コメ労基・労契 283 頁［中内哲］参照。労働協約に基づいて減給を行う場合も，労基法 91 条の規制は及ぶ（新日本製鐵事件・札幌地室蘭支判昭和 50・3・14 労民 26 巻 2 号 148 頁）。

まず，減給は，1回の額が平均賃金の1日分の半額を超えてはならない（労基91条前段）。「1回の額」とは，1件の懲戒事案についての減給額を意味するので，1件について平均賃金の1日分の半額を数回にわたって減額することは許されない*36。次に，一賃金支払期における減給の総額規制を定めたのが91条後段である。その趣旨は，数回の事案について減給を行う場合も，その総額が当該賃金支払期の賃金の10分の1を超えることを規制する点にある。したがって，91条の制限を超える減給制裁については，次期の賃金支払期に延ばさなければならない。減給は，労働者に経済的不利益をもたらす処分であるから，軽々に発動されてはならないことは当然であるが*37，懲戒解雇や出勤停止よりは軽度の処分に位置するため，使用者がその点を考慮して減給を選択した場合は適法とされる*38。

　(ウ)　他の処分・措置との関係　　上記のとおり，欠勤・遅刻・早退といった労務不提供を理由とする賃金カットは減給には該当しない。配転・降格等によって賃金を減額することも同様である。ただし，本来差し引くべき金額を超える賃金カットは減給の制裁となる（昭和63・3・14基発150号）。賞与については，基本給を基礎に自動的に算定される場合には労基法91条の適用があるが，人事考課（査定）を経由して定まる部分については，査定を経てはじめて賃金請求権が発生すると解されるため，本条の適用はない*39。

---

*36　労基法91条の限度を著しく超える減給処分を強行法規違反により無効と判断した裁判例として，相生市農協事件・神戸地姫路支判平成20・11・27労判979号26頁。

*37　労働者の帰責性が乏しいケースについて減給の相当性を否定した例として，七葉会事件・横浜地判平成10・11・17労判754号22頁，全国建設工事業国民健康保険組合北海道支部事件・札幌地判平成17・5・26労判929号66頁，配転命令拒否につき懲戒事由該当性を否定して減給を無効と判断した例として，メガカリオン事件・東京地判令和4・7・5ジャーナル133号40頁。

*38　三菱自動車工業事件・名古屋地判平成6・12・9労経速1550号3頁（暴行），JR東海事件・大阪地判平成10・12・21労判758号18頁（乗車券の社内発行機の持ち帰り），日本ベリサイン事件・東京高判平成24・3・26労判1065号74頁（企業の内部監査室長の業務命令違反・報告義務違反），JR東海事件・東京高判平成25・8・7判時2246号106頁（新幹線運転士の乗務点検時の酒気帯び状態），前掲・SRA事件（*29［労働時間管理を職務とする管理職の労働時間法令違反］），オハラ樹脂工業事件・名古屋高判令和5・11・30労経速2542号3頁（組合活動の外形を取った秩序紊乱行為）。

*39　同旨，マナック事件・広島高判平成13・5・23労判811号21頁。このほか，譴責等に伴う昇給停止・昇給延伸も，昇給欠格者に対する賃金増額の停止にとどまることから，減給には該当しない。前掲・新日本製鐵事件（*35）。

(3) 出勤停止

出勤停止とは，労働契約を継続しつつ，非違行為に対する制裁として一定期間，労働者の就労を禁止することをいう（「停職」「懲戒休職」とも呼ばれる）。出勤停止期間中は賃金が支給されず，勤続年数にも通算されないのが普通である。通常は1週間〜1か月であるが，懲戒制度によっては数か月に及ぶこともあり，労働者にとって過酷な処分となりうる。このため，出勤停止の無効確認の訴えは原則として肯定される[*40]。

このように，賃金という最も重要な労働条件の剥奪をもたらす出勤停止が許されるのは，出勤停止に基づく労働者の不就労が使用者の帰責事由に基づく労務の履行不能（民536条2項）に当たらないことに基づく。しかし，これは相当に過酷な処分となるため，学説では，出勤停止に基づく賃金不支給も労基法91条の規制に服すると説く見解がある[*41]。しかし，立法論としてはともかく，解釈論としては，就労した場合の賃金減額に関する91条を，就労の事実がない出勤停止に適用することは困難であろう[*42]。

そこで，出勤停止については，労基法91条とのバランスを考慮しつつ，懲戒事由該当性，出勤停止という重い処分を選択したことの相当性，期間の長さ等を勘案して懲戒権の発動を制約する必要がある[*43]。具体的には，使用者が出勤停止処分を選択したことの相当性や期間の長さを厳しく判断すべきであるし，非違行為に対する注意や警告にもかかわらず，労働者が態度を改めなかったことを原則的要件と解すべきである。

裁判例も，ほぼ同様に解しており，管理職従業員2名が女性部下に対して悪質なセクハラ言動を反復継続的に行ったことを理由とする出勤停止（30日間，10日間）[*44]や，不適切な内容のメールを不特定の会社関係者に送付したことを理由とする7日間の停職処分（前掲・ラオックス事件［*25］）が有効とされる[*45]

[*40] 日本経済新聞社［記者HP］事件・東京地判平成14・3・25労判827号91頁のほか，国立大学法人B大学事件・東京高判平成25・11・13労判1101号122頁，社会福祉法人大磯恒道会事件・東京高判平成26・8・6ジャーナル33号40頁（最決平成27・6・23［LEX/DB25447370］で確定），東京理科大学事件・東京地判平成27・9・25労経速2260号13頁。

[*41] 片岡ほか518頁［西谷敏］。

[*42] 首都高速道路公団事件・東京地判平成9・5・22労判718号17頁，パワーテクノロジー事件・東京地判平成15・7・25労判862号58頁。昭和23・7・3基収2177号も参照。

[*43] 菅野＝山川657頁，下井440頁，西谷234頁，注釈労基(上)253頁［土田道夫］。

[*44] L館事件・最判平成27・2・26労判1109号5頁。

[*45] 出勤停止処分の肯定例として，海外漁業協力財団事件・東京高判平成16・10・14労判

一方，病院の医長が院外処方の方針に従わず，検査室を私的利用し，同僚を誹謗中傷したこと等を理由とする3か月の出勤停止につき，懲戒事由該当性を肯定しつつも，患者に直接損害を与えるものではないこと等から重きに失するとして処分の相当性を否定する例（前掲・社団法人東京都医師会［A病院］事件［*20］），期間6か月の懲戒休職につき，非違行為の程度に照らして不当に重すぎると解し，3か月の限度で有効と判断した例*46，職員が行った科研費からの物品代金支出行為等を理由とする1か月の停職処分につき，懲戒事由該当性を肯定しつつ，同人らに私利を図る目的はなく，センターの会計処理にも問題がある等として懲戒権の濫用と判断した例*47がある*48【7-2】。

【7-2】 **自宅待機命令** 出勤停止とは別に，労働者の懲戒処分を決定するまでの間，あるいは職場への悪影響を防止するために，使用者が暫定的に就労を禁止することを自宅待機命令という。暫定的措置であり（数日間が普通），通常は待機期間中の賃金が支払われることから，懲戒処分（制裁）としての出勤停止と区別される。そこで使用者は，労務指揮権を行使して当然に（就業規則上の根拠・手続を要することなく）自宅待機を命ずることができる*49。自宅待機の後，改めて懲

885号26頁（財団職員が理事・評議員等に自己の紛争に関する文書を送付したことを理由とする3日間の出勤停止），前掲・国立大学法人B大学事件（*40［悪質なアカデミック・ハラスメントを理由とする3か月の出勤停止］），T社事件・東京地判平成27・9・9労経速2266号3頁（元交際相手との復縁工作を探偵社に依頼したことを理由とする3日間の出勤停止），目白学園事件・東京地判令2・7・16労判1248号82頁（学園職員が理事らについて侮蔑的表現を付して批判・揶揄する内容のメールを繰り返し送信したことを理由とする5日間の出勤停止），佐賀大学事件・佐賀地判令3・12・17ジャーナル122号34頁（学生に対する悪質なハラスメントを行った大学教員に対する6か月の出勤停止），前掲・埼玉医科大学事件（*11［学内食堂での度重なる無銭飲食，USB紛失行為］），学校法人A事件・東京地判令5・2・22労経速2530号22頁（学生に対する悪質なハラスメント行為を理由とする2か月の出勤停止）等がある。
*46 岩手県交通事件・盛岡地一関支判平成8・4・17労判703号71頁。
*47 国立長寿医療研究センター事件・名古屋高判平成29・6・15ジャーナル67号22頁。
*48 最近の出勤停止無効判断例として，長崎自動車事件・福岡高判令2・11・19労判1238号5頁，前掲・目白学園事件（*45［出勤停止有効と判断された職員に対して情報を提供した職員に対する5日間の出勤停止］），常磐大学事件・水戸地判令4・9・15判時2565号86頁（1年間の停職処分につき，そのような重大な懲戒処分を正当化するだけの懲戒事由［ハラスメント］の存在を否定）等がある。
*49 ネッスル事件・静岡地判平成2・3・23労判567号47頁（不倫事件を起こした労働者に対する2年間の自宅待機命令），星電社事件・神戸地判平成3・3・14労判584号61頁（降格前後の4か月の自宅待機命令），ハウス食品事件・大阪地判平成26・10・24ジャーナル36号41頁，ハウス食品事件・大阪地判令5・3・17ジャーナル140号44頁（精神疾患の疑いがある

戒処分を行うことは、二重処分の禁止（664頁）に違反しない。

　もっとも、自宅待機命令も、業務上の必要性を欠いたり、不当に長期にわたるなど、労働者の就労利益（職業能力の維持）や行動の自由を著しく侵害する場合は権利の濫用となるとともに、不法行為を成立させうる。裁判例では、勤務態度不良や上司へのクレーム等を契機に行われた約4年半にわたる自宅待機命令につき、復帰先も提示されないまま長期にわたり自宅待機させられており、通常想定し難い事態であり、社会通念上許容される限度を超えた違法な退職勧奨に当たるとして違法と判断した例*50や、労働組合が使用者として執行部員に対して行った自宅待機命令につき、業務上の必要性も合理性もないとして業務命令権の濫用と解し、無効と判断した例がある*51。

　また、自宅待機期間中の賃金については、労働者は期間中は自宅待機という指揮命令下の労働を履行しているので、使用者は期間中の賃金支払義務を負う*52。自宅待機命令が使用者による労務の受領拒絶を意味する場合も、期間中の労務不提供（労働義務の履行不能）は使用者の帰責事由によって生じているため（民536条2項）、使用者は賃金支払義務を免れない*53。

従業員が受診命令に従わないことを理由とする約1年半の自宅待機命令）、関西大学事件・大阪地決平成29・3・31ジャーナル65号36頁（メンタルヘルス不全者について就労が可能であることを確認できるまでの間の自宅待機命令）、カウカウフードシステム事件・大阪地判令和5・10・12ジャーナル143号30頁（同僚の携帯電話を無断で持ち帰ったことを理由とする約2週間の自宅待機）。

*50　みずほ銀行事件・東京地判令和6・4・25判例集未登載。長期にわたる自宅待機命令につき、ノース・ウエスト航空事件・千葉地判平成5・9・24労判638号32頁も参照。

*51　全日本海員組合事件・東京高判平成24・1・25労経速2135号3頁。同旨、前掲・カウカウフードシステム事件（*49）。

*52　三葉興業事件・東京高判平成元・5・30労民40巻2=3号388頁。地方公務員についてであるが、甲賀市事件・大津地判令和2・10・6ジャーナル107号30頁参照。

*53　日通名古屋製鉄作業事件・名古屋地判平成3・7・22労判608号59頁、前掲・カウカウフードシステム事件（*49）。土田道夫［判批］ジュリ1019号（1993）177頁参照。これに対して、裁判例では、危険負担規定（民536条2項）が任意規定であることを前提に、自宅待機期間中の賃金支給額を減額し、賃金平均額の6割と定める就業規則の合理性を認め、契約内容補充効（労契7条）を肯定する例が見られる（ほけんの窓口グループ事件・大阪地判平成28・12・15ジャーナル61号22頁）。判旨は、本件就業規則は懲戒処分との関係で必要な期間に限って従業員に自宅待機を命じ、賃金を労基法26条の休業手当と同額である平均賃金の6割とするものであることから合理性があると判断している。その当否については議論がありえよう（土田道夫「民法（債権法）改正と労働法」季労267号［2019］105頁以下参照）。

　また、前掲・スカイコート事件（*22）は、就業規則上、自宅待機自体が労務の提供である旨の規定があるにもかかわらず、対象従業員による会社の重大な機密の持出しに続く証拠隠滅を防ぐために会社内に立ち入らせないようにする必要があり、同従業員の就業を拒否する実質的な理由があったから、同従業員は自らの帰責事由により労務を提供できない状態にあったとして会社の賃金支払義務を否定するが、この判断は、使用者が自宅待機を命じうるか否か（労務指揮権の濫用の有無）という問題と、自宅待機を命じうる場合の賃金請求権（賃金支払義

(4) 降　格

人事権に基づく降格（職位の引下げ）については前述したが（531頁），これとは別に，懲戒処分としての降格（降職）が行われることがある。

使用者は，人事権行使としての降格については，就業規則上の特別の根拠なく行うことができる。これに対し，懲戒処分としての降格は，就業規則上の根拠を要するとともに，懲戒事由該当性および処分の相当性の判断（労契15条）に服する。処分の相当性に関しては，本人の情状，他の処分との均衡，降格に伴う賃金減額の程度がポイントとなる。裁判例では，バス運転士のバス停通過等を理由とする降職処分を有効とした例[*54]や，不適切メール送信を理由とする財務担当部長の降格処分につき，管理部担当部長という要職にありながら，会社の情報を広く拡散させる行為を長期間行ったことの企業秩序に与える影響を重視して有効と判断する例がある[*55]一方，管理職からの降格処分につき，会社が主張する懲戒事由（税務調査による本件修正申告等を本社経理部に不報告，本件修正申告に係る虚偽の報告等）への該当性をすべて否定した上，手続面においても著しく不公正であるとして無効と判断した例がある[*56]。

なお，降格の範囲は同一労働契約の内容の変更と見られる職種の変更に限られるべきであるから，期間の定めのない労働契約である常勤教諭から，任期1年の非常勤講師への降職処分は，別個の労働契約への変更を意味する処分として許されない（前掲・倉田学園事件［*17]）。

務）の有無の問題を混同した判断であるように思われる。

[*54]　京王電鉄バス事件・東京地判平成29・3・10ジャーナル70号52頁。

[*55]　前掲・マネジメントサービスセンター事件（*25）。降格の肯定例として，北里研究所事件・東京地判平成24・4・26労経速2151号3頁（研究所上層部に対する誹謗中傷文書の配布を理由とする事務長［部長］に対する係長への降格処分につき，管理職としての資質を欠くとして有効と判断），ディーエイチシー事件・東京地判令和3・6・23ジャーナル117号52頁（部下にタイムカードの代行打刻を行わせていたことを理由とする事業部長から次長への降格処分・役付手当の減額について有効と判断），前掲・国士舘事件（*33［大学教員の虚偽の研究目的出張を理由とする教授から准教授への降等級処分］），ユニオンリサーチ事件・大阪地判令和4・12・26ジャーナル133号16頁（部下に対するパワハラ行為），大東建託事件・東京地判令和5・12・15ジャーナル149号64頁（部下に対する継続的セクハラ行為）。

[*56]　前掲・A社長野販売事件（*24）。降格の否定例として，東京医療生協中野総合病院事件・東京地判平成16・9・3労判886号63頁，前掲・全国建設工事業国民健康保険組合北海道支部事件（*37），東菱薬品工業事件・東京地判令和2・3・25労判1247号76頁，専修大学事件・東京地判令和4・11・17ジャーナル136号50頁（大学院事務部長の職務懈怠［部下の長時間労働，不適切発言の放置］）。

(5) 懲戒解雇・諭旨解雇

(ア) **懲戒解雇の意義**　懲戒解雇は，懲戒（制裁）として行われる解雇であり，懲戒の中でも最も重い処分である。通常は，解雇の予告またはそれに代わる解雇予告手当の支払（労基20条）をせずに即時に行われ，また退職金の全部不支給を伴うことが多い。ただし，懲戒解雇と即時解雇は常に一致するものではなく，労基法20条1項但書の即時解雇を行いうるかは独自に判断すべきものである（849頁）。また，懲戒解雇者に対する退職金の不支給が当然に許されるものでもなく，退職金不支給の適法性は別途検討される（369頁）。

(イ) **懲戒解雇と普通解雇**　懲戒解雇については，労働契約の解約告知（解雇）として行われることから，普通解雇との関係が問題となる。具体的には，懲戒解雇が無効である場合に，普通解雇としての効力を認めることは可能かという形で問題となる（無効行為の転換法理の適用の可否）。学説では，懲戒を労働者の債務不履行に対する問責手段として約定された措置と解し，独自の制裁罰とは見ない立場から，懲戒解雇と普通解雇との異質性を否定し，無効な懲戒解雇の普通解雇への転換を認める見解がある＊57。

しかし，懲戒を独自の制裁罰と捉える立場からは，こうした見解には賛成できない。すなわち，懲戒解雇が普通解雇とは区別された制裁罰として就業規則において制度化され，実際にも退職金の不支給等の不利益を労働者に及ぼす場合は，法的にも，これを普通解雇とは区別された独自の「制裁罰」として把握すべきである。すなわち，使用者は，就業規則における懲戒解雇の制度化を要件に，普通解雇とは別に，制裁罰としての懲戒解雇を科すことができる。その代わり，懲戒解雇の効力は独自に判断すべきであり，懲戒解雇が過酷なものとして無効とされたときに，無効行為の転換によって，普通解雇としては有効となることを認めるべきではない。裁判例も，同様に解するものが多い＊58＊59。

＊57　下井192頁。裁判例として，日本経済新聞社事件・東京地判昭和45・6・23労民21巻3号980頁。

＊58　同旨，水町608頁。三菱重工業［相模原製作所］事件・東京地判平成2・7・27労判568号61頁，日本メタルゲゼルシャフト事件・東京地決平成5・10・13労判648号65頁，第一化成事件・東京地判平成20・6・10労判972号51頁，前掲・日本通信事件（＊17），前掲・乙山商会事件（＊24）など。石嵜編著・前掲書（＊8）107頁参照。

＊59　本文と異なり，労働者に懲戒解雇事由が存在する場合に，使用者が予備的に普通解雇の意思表示を行うことは可能であり，またその場合，普通解雇の要件を備えれば足りると解されている（高知放送事件・最判昭和52・1・31労判268号17頁。同旨，前掲・ミツモリ事件［＊11］）。また，懲戒解雇事由が存在する場合に，使用者が退職金の支給や再就職等において労働

(ウ) **懲戒解雇の適法性審査** 懲戒解雇は，労働者の職場と退職金請求権を失わせるにとどまらず，それ自体が「懲戒解雇者」という烙印を押すことによって再就職を困難にするという重大な不利益をもたらすので，その適法性は特に厳しく判断される。すなわち，懲戒解雇は，労働者を「制裁」として企業外に排出しなければならないほどの労働者の重大な義務違反と企業秩序侵害の事実（業務阻害や職場規律上の実害の発生）がある場合にのみ発動できると解すべきである。具体的には，労契法15条の懲戒権濫用規制に即して，①懲戒解雇事由該当性の判断段階で，労働者の非違行為の程度や使用者の命令・規律の有効性を慎重に判断し（客観的合理的理由の存否），懲戒事由該当性が認められる場合も，②懲戒権濫用の判断段階で，処分の相当性や手続の適正さを厳しくチェックする必要がある（社会通念上の相当性の存否）。要するに，使用者は，懲戒解雇を「最後の手段」(ultima ratio) としてのみ発動できる[*60]。

裁判例も，懲戒解雇の適法性を厳しく判断しており，①懲戒解雇事由該当性を厳格に判断するとともに，②処分の相当性に関しても，非違行為の態様・性質・経緯，労働者の情状（勤務状況，反省状況等），使用者の対応，他の処分者との均衡などを労働者の有利に考慮し，懲戒解雇権の発動を規制している。

懲戒解雇の無効判断例として，従業員が会社における嫌がらせ等について弁護士に相談する過程で会社の顧客・人事情報を開示したこと等を理由とする懲戒解雇につき，企業情報の第三者開示は原則として守秘義務違反となるが，本件は自己の救済のために守秘義務を負う弁護士に開示したものであり，義務違反が否定される特段の事情に当たるとして懲戒事由該当性を否定した例[*61]，会社の部長が販売管理規程等に反して取引行為を行ったために巨額の損害を与えたことを理由とする懲戒解雇につき，懲戒事由に該当するものの，代表取締役の指示に基づく会社ぐるみの行為であることや，代表取締役の処遇（顧問解

　　者により有利な普通解雇を選択することも，懲戒解雇の決定を普通解雇事由として定めている限りは適法である（群英学園事件・東京高判平成14・4・17労判831号65頁）。そうした取扱いは，使用者の合理的裁量の範囲内にあると評価できるからである。一方，懲戒解雇が独自の制裁罰である以上，懲戒解雇の意思表示に普通解雇の意思表示が当然に含まれていると解することはできない（野村證券事件・東京高判平成29・3・9労判1160号28頁）。以上，三浦隆志「懲戒解雇」労働関係訴訟の実務392頁参照。

[*60] 注釈労基（上）256頁［土田道夫］参照。同旨裁判例として，前掲・日本通信事件（[*17]），前掲・乙山商会事件（[*24]），前掲・ティーディーアイ事件（[*24]）。

[*61] メリルリンチ・インベストメント・マネージャーズ事件・東京地判平成15・9・17労判858号57頁。第2章[*97]参照。

任)に比べて懲戒解雇は均衡を失すること等から権利濫用と判断した例*62,証券会社社員のセクハラ言動や利益相反行為の懲戒事由該当性を肯定しつつ,事前の注意・指導を行わないまま極刑である懲戒解雇を行うことは社会通念上の相当性を欠くとして無効と判断した例*63,証券会社社員が①未公表の法人関係情報を社外の者に伝達し,受領者がそれをもとにインサイダー取引を行ったとして証券取引等監視委員会の勧告を受け,それが報道されたこと,および②顧客情報を漏洩したことを理由に懲戒解雇された事案につき,①については,会社内部で同社員に前記情報が伝わったとは認められないとして懲戒事由該当性を否定し,②については,懲戒事由に該当するものの,背信的意図に基づく行為ではなく,事前の注意・指導や軽度の懲戒処分も行われていないとして懲戒解雇は重きに失すると判断し,懲戒権濫用を肯定した例*64,会社の広域インストラクターが100回にわたって出張旅費の不正請求・受給を行ったことを理由とする懲戒解雇につき,非違行為の程度が軽いとはいえないが,他方で,多数の営業インストラクターが同様の不正受給を繰り返していたなど会社の旅費支給事務に杜撰な面が見られることや,同人に懲戒歴がなく,営業成績は優秀で会社に貢献してきたことなど酌むべき事情も認められ,また,本件非違行為は,停職3か月の懲戒処分に相当し,雇用関係を終了させなければならないほどの非違行為とはいえず,懲戒解雇の量定は均衡を失するとして処分の相当性を否定した例*65などがある。

　一方,暴行・業務妨害や,会社財産の着服・金銭の不正受給等の不正行為,企業秘密の漏洩等の利益相反行為については,行為の悪質さに照らして懲戒解雇を有効とする例が多い。典型例として,鉄道会社の職員が痴漢行為を理由に懲戒処分を科された後,新たに行った電車内での痴漢行為を理由とする懲戒解雇を有効とした例*66,会社に在職中,重要な機密情報を持ち出して転職企業に漏洩した行為につき,きわめて背信性の高い行為であるとして懲戒解雇を有効とした例*67,幹部従業員が競業他社のシステム構築を支援し,会社の機密

---

*62　伊藤忠テクノサイエンス事件・東京地判平成17・11・22労判910号46頁。
*63　前掲・クレディ・スイス証券事件(*24)。同事件が示すように,懲戒解雇の相当性に関しては,使用者が懲戒解雇の事前に適切な注意・指導を行ったか否かや,より軽度の懲戒処分を行ったか否かが考慮される(後掲*180参照)。
*64　野村證券事件・東京地判平成28・2・26労判1136号32頁。
*65　日本郵便事件・札幌高判令和3・11・17労判1267号74頁。
*66　小田急電鉄事件・東京高判平成15・12・11労判867号5頁。

情報を不正に漏洩したこと等を理由とする懲戒解雇につき，会社に及ぼした損害の重大さ（取引先6社との3億円相当の取引の喪失）等を重視して有効と判断する例[*68]，女性従業員に対する悪質なセクハラを理由とする懲戒解雇につき，懲戒解雇事由を肯定した上，当該行為について反省・謝罪の姿勢が全く見られない等として処分の相当性を認め，有効と判断した例[*69]，会社の業務秘密を含む電子情報を無許可で大量に持ち出した行為等を理由とする懲戒解雇につき，重大な経歴詐称と併せて，従業員と会社との間の信頼関係の破壊の程度は著しいとして有効と判断した例[*70]，6年以上にわたって会社経費を不正受給したことを理由とする事業部長の懲戒解雇につき，部下を管理・監督する責任と権限を有するなど重大な職責を担う立場にありながら，自ら不正受給行為に手を染めていたものであり，企業秩序に与えた悪影響は大きいとして有効と判断した例[*71]，会社の重要なデータファイルを他社転職直前時期に自己が利用するクラウドサービスに保存（アップロード）したことを理由とする懲戒解雇につき，会社情報の営業秘密（不正競争2条6項［155頁］）該当性を否定し，その漏洩の事実も否定しながら，アップロード行為の懲戒事由該当性を肯定した上，①合理的体制により管理されていた有用性・非公知性のある重要な機密情報を含む大量の情報をアップロードした行為は悪質であり，②損害賠償請求による事後的救済は実効性に欠ける等として処分の相当性を肯定し，有効と判断した例[*72]などがある。

[*67] 日本リーバ事件・東京地判平成14・12・20労判845号44頁。

[*68] ヒューマントラスト事件・東京地判平成24・3・13労判1050号48頁。

[*69] 前掲・ほけんの窓口グループ事件（*53）。悪質なセクシュアル・ハラスメントを理由とする懲戒解雇肯定例については，後掲*101・*102掲記の裁判例参照。

[*70] 電源開発事件・東京地判平成29・1・23ジャーナル62号56頁。同旨，前掲・みずほ銀行事件（*25）。

[*71] 前掲・JTB事件（*20）。不正行為を理由とする懲戒解雇肯定例については，後掲*120掲記の裁判例参照。

[*72] 前掲・伊藤忠商事ほか事件（*27）。しかし，本判決の判断には一部疑問がある。判旨は，本文の①②のほか，③退職が決まった労働者に対しては退職金の不支給・減額を予定する懲戒解雇以外では抑止力にならないことを挙げて処分の相当性を肯定する。しかし，①は当然としても，②については，企業情報の保護や損害の回復は，守秘義務や退職後の競業避止義務で行うべきであり，懲戒解雇という最も重い処分を正当化する根拠たりえないし，③については，「抑止力」とは，他の労働者が守秘義務違反等の非違行為を行うことへの抑止力を指すと解されるところ，懲戒処分の相当性は，あくまで当該非違行為を行った当該労働者について判断されるべきであり，やはり当該労働者に対する懲戒解雇という重い処分を正当化する根拠たりえないと解される（佐藤＝土田・前掲判研［*27］193頁参照）。

(エ) **諭旨解雇** 諭旨解雇は，懲戒解雇を若干緩和した処分であり，退職金の一部または全部支給を伴って行われることが多い。また，労働者に退職願の提出を勧告し，それに応じない場合は懲戒解雇するという形式をとる場合もある。後者の場合，形式上は任意退職（労働契約の合意解約，労働者による解約）となるが，使用者は，退職願の提出勧告を含めて「諭旨解雇」という1個の意思表示をしているので，労働者はその効力を争うことができる*73。

諭旨解雇は，懲戒解雇より緩やかな手段とはいえ，労働者を失職させる点で不利益が大きいことに変わりはないので，懲戒解雇に準じた厳しい適法性判断に服する。たとえば，クライアントからのビデオ制作の架空請求による損害を会社に被らせたとして行われた諭旨解雇につき，会社の利益のために行った行為であることを重視して懲戒権濫用と判断した例*74や，上司に対する暴力行為を理由とする諭旨退職処分を事件発生から7年以上経過後に行ったことにつき，懲戒事由該当性は認められるものの，懲戒権を7年間にわたって留保する合理的理由は認められないとして懲戒権濫用と判断した例がある*75。一方，非違行為が重大で懲戒解雇にも値する場合は，退職金の一部支給を伴う諭旨解雇を選択したことが相当とされ，解雇有効と判断される*76。典型例として，

　　これに対して，類似の事案に関する伊藤忠商事事件（東京地判令和5・11・27労経速2554号14頁）は，懲戒解雇の相当性につき，前掲・伊藤忠商事ほか事件（*27）が考慮した②③を考慮することなく，もっぱら①の事情（会社の重要な機密情報を自己の私的領域にアップロードした行為が重大な非違行為であること）を理由として処分の相当性を肯定しており，この判断の方が妥当と考える。

*73　判例も，労働者が就業規則所定の諭旨退職処分を受け，一定期限までに退職願を提出しなかったことから懲戒解雇されたケースにつき，これら一連の処分を捉えて「諭旨退職処分」という懲戒処分として取り扱っている（前掲・ネスレ日本事件［*16]）。土田・前掲判批（*16）7頁参照。労働者が退職願を提出したケースにつき，退職願の前提となる諭旨退職処分が無効であることを理由に退職の効力を否定した裁判例として，りそな銀行事件・東京地判平成18・1・31労判912号5頁。

*74　東急エージェンシー事件・東京地判平成17・7・25労判901号5頁。

*75　前掲・ネスレ日本事件（*16）。663頁も参照。諭旨解雇の否定例として，医療法人光愛会事件・大阪地判平成20・11・6労判979号44頁，前掲・東京メトロ事件（*20），前掲・不動技研工業事件（*24［在職中の競業避止義務違反］），橘学苑事件・横浜地判令和4・12・22ジャーナル133号20頁（講師らによる別件訴訟の提起，正当な組合活動），日本クリーン事件・東京高判令和4・11・16労判1293号66頁（*129参照）。

*76　日本電信電話事件・大阪地判平成8・7・31労判708号81頁，上新電機事件・大阪地判平成25・5・30ジャーナル17号13頁，JR西日本事件・大阪地判平成26・2・20ジャーナル27号13頁，前掲・帝京大学事件（*25）等。本文に述べたとおり，諭旨解雇は退職金支給を伴うため懲戒解雇より労働者に有利であり，労働者が諭旨解雇の勧告に応じる機会は法律上保護に値す

従業員の企業外非行（同僚女性に対するストーカー行為）を理由とする諭旨免職につき，同行為の態様は悪質であり，被害女性の精神的苦痛は大きいこと，同従業員はストーカー行為について真摯に反省しておらず，同様の行為を再発する危険性があること等の事情を重視しつつ，特に監査法人である使用者にとっては看過できるものではなかった等として有効と判断した例（前掲・PwCあらた有限責任監査法人事件［＊12］）がある。

3 懲戒事由

(1) 概　　説

懲戒事由としては，①経歴詐称，②職務上の非違行為，③業務命令違反，④職場規律違反・不正行為，⑤企業外の行動が問題となる。これらの行為は，労働契約上の労働義務または付随義務違反を意味するが，使用者が懲戒権を行使するためには，それら行為が単なる義務違反（債務不履行）にとどまらず，企業秩序を現実に侵害したか，またはその実質的危険があるといえることが必要である[77]。前記のとおり，労契法15条との関係では，懲戒事由該当性は同条の「客観的に合理的な理由」に相当し，その存否を「労働者の行為の性質及び態様その他の事情」に即して検討すべきことになる。

懲戒権の存在および懲戒事由該当性については，懲戒権が特別の根拠を要し，労働者の法的利益を侵害する可能性をもつことから，使用者が主張立証責任を負う。判例も，懲戒処分に至らない厳重注意について同旨を述べている[78]。

(2) 経歴詐称

経歴詐称とは，履歴書や採用面接において，経歴（職歴・学歴等）を偽ることをいい，経歴を高く詐称することのみならず，低く詐称することも含む。多くの企業が就業規則上，経歴詐称を懲戒事由としているが，「重大な経歴詐称」に限定する例も多い。

裁判例は，経歴詐称が労働力の評価を誤らせ，労使の信頼関係や賃金体系・人事管理を混乱させる危険があることから，実害の発生を問わず企業秩序違反

　　る利益であることから，使用者は恣意的に諭旨解雇を懲戒解雇に切り替えることはできず，当該切り替えについては不法行為が成立しうる（群馬大学事件・前橋地判平成29・10・4労判1175号71頁）。
* [77]　前掲・学校法人B事件（＊17），前掲・日本通信事件（＊17）。
* [78]　JR東日本［高崎西部分会］事件・東京高判平成4・2・10労判644号73頁。

となると解し,懲戒事由に該当することを認めている*79。「重要な経歴」も広く解釈されており,高学歴の詐称はもちろん,低学歴詐称も,学歴別人事構成の阻害をもたらす行為として懲戒処分有効とされる*80。職歴詐称についても,労働条件や処遇に関する判断を誤らせるものとして懲戒処分相当とするものが多い*81。近年の裁判例では,労働者が労働力評価に直接関わる事項(学歴・職歴・職業訓練歴)に関する真実告知義務を負うこと(275頁)を前提に,それに反して行われた経歴詐称は,それ自体が労使間の信頼関係を破壊するものとして懲戒解雇事由に該当すると判断する例がある*82。

これに対して,学説の多くは,経歴詐称が労働契約の締結段階(採用段階)の行為であることから,企業秩序違反に基づく懲戒の対象とはならず,普通解雇や錯誤(民95条)・詐欺(同96条)による労働契約の無効・取消しをもたらすにすぎないと解している*83。私は学説に賛成である*84。

(3) 職務懈怠

職務懈怠とは,労働の遂行が不適切なことをいい,無断欠勤,遅刻・早退,職場離脱,勤務状況・成績不良などが挙げられる。職務懈怠は,それ自体としては単なる労働義務違反(債務不履行)であるため,懲戒の対象となるのは,業務体制等の企業秩序に具体的支障を及ぼし,他の従業員に悪影響を与えるなど,懲戒を行うのにふさわしい段階に達している場合に限られる*85。

---

*79 炭研精工事件・最判平成3・9・19労判615号16頁。
*80 高学歴詐称につき,神戸製鋼所事件・大阪高判昭和37・5・14労民13巻3号618頁,低学歴詐称につき,スーパーバッグ事件・東京地判昭和55・2・15労判335号23頁。
*81 都島自動車商会事件・大阪地決昭和62・2・13労判497号133頁(タクシー乗務経験を偽ったケース),グラバス事件・東京地判平成16・12・17労判889号52頁(コンピュータプログラムに必要なJAVA言語プログラマーとしての能力を偽ったケース)。犯罪歴を偽った場合(前掲・炭研精工事件[*79])や,年齢の大幅な詐称(山口観光事件・大阪地判平成7・6・28労判686号71頁)も同様である。
*82 メッセ事件・東京地判平成22・11・10労判1019号13頁。前掲・電源開発事件(*70)は,中途採用者が米国の著名なビジネススクールを修了したとの虚偽の経歴を申告し,偽造の本件修了証明書等を提出したこと等を理由とする懲戒解雇を有効と判断している。
*83 片岡ほか521頁[西谷敏],萬井隆令「懲戒処分の限界」本多還暦『労働契約の研究』(法律文化社・1986)355頁。
*84 詳細は,注釈労基(上)258頁[土田道夫]参照。
*85 同旨,カルティエジャパン事件・東京地判平成11・5・14労経速1709号25頁,前掲・ティーディーアイ事件(*24),前掲・日本郵便事件(*32)。石嵜編著・前掲書(*8)275頁参照。

まず，無断欠勤は，それ自体は債務不履行にとどまるが，正当な理由を欠いたまま無断欠勤を長期間または頻繁に継続し，業務や人事配置に支障を及ぼしたときは懲戒事由該当性を認められる[*86]。次に，勤務態度・職務怠慢も，それ自体は債務不履行（労働義務の不完全履行）にとどまるが，労働者の行動が業務や秩序に具体的支障を及ぼし，再三の注意・指導にもかかわらず改善の見込みがない場合は，懲戒解雇を含む処分が相当とされる。支局長として赴任後，支局に関する管理業務を行わず，新聞記者としても出稿や取材活動を拒否し続け，会社の指導にも従わなかったケース[*87]や，課長職従業員が労働時間中に異常に高い頻度でチャット行為を行って職務専念義務に違反し，また，部下に対して会社の顧客情報の持ち出しを助言するなど悪質性が高いと評価されるケース[*88]が典型である[*89]。

他方，最高裁は，労働者がメンタルヘルス不調に伴い，事実として存在しない理由（自身への監視・嫌がらせ）によって約40日間欠勤したことを理由に，使用者が健康診断や休職措置を講ずることなく諭旨解雇処分を行ったことにつ

[*86] 京都コンピュータ学院洛北校事件・大阪高判平成6・2・25労判673号158頁，日経ビーピー事件・東京地判平成14・4・22労判830号52頁，ホンダエンジニアリング事件・宇都宮地判平成27・6・24労経速2256号3頁，エクレ事件・東京地判平成27・12・15ジャーナル50号35頁，ティ・オーオー事件・東京地判令5・2・16ジャーナル141号40頁，前掲・みずほ銀行事件（*50）（いずれも懲戒解雇を有効と判断）。遅刻・早退過多や職場離脱も同様である（日本消費者協会事件・東京地判平成5・12・7労判648号44頁）。他方，無断欠勤の事実を否定して懲戒処分（降格）を無効と判断した例として，前掲・東菱薬品工業事件（*56）がある。

[*87] 日本工業新聞社事件・東京高判平成15・2・25労判849号99頁。

[*88] ドリームエクスチェンジ事件・東京地判平成28・12・28労判1161号66頁。

[*89] このほか，顧客に対する不正な説明を理由とする業務停止処分を有効としつつ，当該処分等に従わないことを理由とする懲戒解雇を無効と判断した例（プルデンシャル生命保険事件・東京地判平成29・10・13ジャーナル72号34頁），コンサートに係る他社との契約や社内決裁の不履行を理由とする譴責処分を有効と判断した例（前掲・WOWOW事件［*30］），バス運転士のバス停通過を理由とする降職処分を有効と判断した例（前掲・京王電鉄バス事件［*54］），副事業部長として労働時間管理を行っていた従業員が部下に長時間労働を継続させて精神障害を発症させたり，残業代未払の事態を発生させたことを理由とする減給処分を有効と判断した例（前掲・SRA事件［*29］），大学職員のUSB紛失行為を理由とする出勤停止20日間を有効と判断した例（前掲・埼玉医科大学事件［*11］），大学教員の研究不正（指導する大学院生の修士論文の盗用）を理由とする停職（3か月）を有効と判断した例（関西大学事件・大阪地判令6・1・11労経速2541号18頁），大学教員による入試採点および授業の成績評価に係る不正行為を理由とする懲戒解雇を有効と判断した例（横浜国立大学事件・横浜地判令和6・2・8ジャーナル145号10頁）等がある。SRA事件は，管理職の労働時間法コンプライアンスの重要性を教える事例としても興味深い。

き，懲戒事由（「正当な理由なしに無断欠勤引き続き 14 日以上に及ぶとき」）への該当性を欠くものとして無効と判断している[*90]。メンタルヘルス不調が原因であり，労働者の帰責性が比較的乏しく，「正当な理由」がないとまではいえない反面，諭旨退職（諭旨解雇）が労働者の雇用を失わせる点で，懲戒解雇に準じて重大な処分であること（634 頁）を重視した判断といえよう。また，従業員によるセキュリティ更新業務・業務報告の懈怠，パソコンデータ消去等の行為につき，懲戒解雇事由としての職務懈怠に関する慎重な判断（*24 参照）を前提に懲戒解雇事由該当性を否定して無効と判断した例（前掲・日本ボクシングコミッション事件［*24］），従業員の軽微な職務懈怠行為を理由に手続も経ないまま突如懲戒解雇を行ったことについて懲戒権濫用を肯定した例[*91]，保険会社の保険販売員による不正な保険募集行為を理由とする懲戒解雇につき，懲戒事由該当行為の存在自体を否定して懲戒権濫用を肯定した例[*92]がある。

　また，労働者が自己の職務懈怠によって会社に積極的な損害を与えたり，名誉・信用失墜をもたらした場合は，重大な非違行為として懲戒の対象となる。たとえば，銀行員がかつて銀行に対する行政処分の理由となった不適切な記載を含む未承認の営業資料を使用して顧客を勧誘し，顧客の損失を拡大させた行為につき，銀行のコンプライアンス体制の不備を考慮しても，なお懲戒事由に当たると判断した例がある[*93]。これらの行為も，本来は労務給付に際して要求される注意義務の違反（債務不履行）にとどまるが（133 頁参照），それが使用

[*90] 日本ヒューレット・パッカード事件・最判平成 24・4・27 労判 1055 号 5 頁。同旨，前掲・京都大学事件（*24）。関連して，遷延性抑うつ反応を発病した従業員に対する降格処分につき，同人が上司に対して業務改善を繰り返し要望したにもかかわらず十分な対応がなされず，上司らも同人の発症を認識していたことを理由に処分の相当性を否定して無効と判断した例がある（セントラルインターナショナル事件・東京高判令和 4・9・22 労判 1304 号 52 頁）。

[*91] 前掲・関東食研事件（*24）。前掲・専修大学事件（*56）も参照。

[*92] 日本郵便事件・札幌地判令和 4・12・8 労経速 2511 号 3 頁，日本郵便事件・札幌地判令和 5・3・14 労経速 2519 号 23 頁，日本郵便事件・水戸地判令 5・3・24 ジャーナル 137 号 22 頁。他方，前掲・日本郵便各事件と異なり，従業員が不当な募集行為によって契約者に経済的損失を発生させた事案について懲戒解雇有効と判断した例もある（日本郵便事件・名古屋高金沢支判令和 5・11・29 ジャーナル 145 号 14 頁）。

[*93] シティバンク，エヌ・エイ事件・東京地判平成 18・11・22 労経速 1966 号 3 頁。また，講談社・講談社エディトリアル事件（東京地判平成 27・8・25 ジャーナル 44 号 15 頁）は，書籍の企画編集者が企画の実現に向けた著者との交渉を行わなかったため，書籍出版の延期をもたらしたことを理由とする 10 日間の出勤停止を有効と判断し，前掲・全国建設労働組合総連合事件（*33）は，費用の二重払を理由とする譴責処分について懲戒事由該当性を肯定しつつ，処分の相当性を否定して無効と判断している（662 頁参照）。

者の財産的損害や名誉・信用失墜を生じさせた場合は，企業秩序違反として懲戒の対象となるのである[*94]。他方，懲戒事由とされた幹部社員の職務懈怠について懲戒事由該当行為の存在が否定されれば，もとより懲戒処分は無効と解される[*95]。

(4) 業務命令違反

懲戒事由の第3の類型は業務命令違反である。業務命令には，日常的な労働の指示・命令のほか，出張・配転・出向等の人事命令，時間外労働等の労働時間に関する命令，経営秩序の規律を目的とする命令が含まれる。

この場合，まず，①業務命令の有効性が懲戒事由該当性の当然の前提となる。したがって，業務命令自体に有効性が認められない場合に，当該命令違反を理由とする懲戒処分が無効と判断されることは当然である[*95a]。次に，②業務命令が有効とされた場合も，懲戒処分の効力に関しては，労働者の命令違反によって企業秩序が現実に侵害されたか否か（懲戒事由該当性）や，命令違反の程度に照らして処分が重すぎないか（懲戒の相当性）を別途判断する必要がある。こうして，業務命令を有効としつつ，それに従わないことを理由とする懲戒処分を無効とする裁判例は少なくない。

②の典型例として，コンピュータシステムへのアクセス権限の抹消を内容とする業務命令違反を理由とする懲戒解雇につき，業務命令違反の程度は重大としつつも，それが直ちに企業秩序を現実に侵害し，または，その現実的・具体的な危険性を有するとは認められないとして懲戒解雇事由該当性を否定した

[*94] 自己の行動でなくても，幹部社員が部下の不正行為を知りうる立場にありながら，重過失によってこれを放置したため，会社に多大な損害を与えた場合も同様である（関西フェルトファブリック事件・大阪地決平成8・3・15労判692号30頁［懲戒解雇］。同旨，天使学園事件・札幌高判平成27・10・2労判1132号35頁［減給。大学の入試ミス事故に係る入試委員長［大学教授］の入試問題点検体制に関する管理監督義務懈怠を肯定］）。ただし，この場合も，会社に与えた損害が少ない場合は，懲戒が無効とされることがある（日本交通事業社事件・東京地判平成11・12・17労判778号28頁，前掲・りそな銀行事件［*73］）。
[*95] 前掲・スルガ銀行事件（*29［銀行の幹部社員（営業本部パーソナル・バンク長）が行ったとされる融資審査の形骸化および不適切融資の推進・継続の事実を否定して懲戒解雇を無効と判断］）。全国共済水産業協同組合連合会事件・東京地判令和6・2・29ジャーナル150号12頁も参照。
[*95a] 聖和福祉会事件・名古屋高判令和6・2・29［LEX/DB25599372］は，労働時間の自己申告制の適法性に疑問がある状況の下で，長期にわたり時間外勤務申告書の提出を求め，その不提出を理由として行った戒告処分を違法と判断している（446頁参照）。

例*96 や，配転命令拒否を理由とする懲戒解雇につき，配転命令自体は有効としつつ，必要な情報を提供しないまま配転命令を強行し，その拒否を理由に懲戒解雇したのは性急に過ぎるとして無効と判断した例がある*97。一方，正当な業務命令を長期にわたって固執的に拒否し（業務不従事，就業規則違反，上司の指示・指導への違反，配置転換，厳重注意・訓告に係る書面の受領拒否等），今後も改める姿勢がないケースでは，懲戒解雇を含む懲戒処分が有効とされる*98。

(5) 職場規律違反

(ア) 概説　職場規律違反とは，労働の遂行やその他の行動に関する規律違反をいい，暴行・脅迫，服務規律違反，業務妨害行為，横領・収賄等の不正行為などがここに属する。これらの行為は，労働遂行過程で行われれば労働義務違反，それ以外の場面では，企業秩序遵守義務違反となり，懲戒処分の対象となる。実際上も，職場規律違反は上記の各類型に比べて企業秩序の侵害が明白であるため，懲戒処分（多くは懲戒解雇・諭旨解雇）が有効とされやすい。

(イ) 暴行・業務妨害・服務規律違反等　まず，暴行・脅迫や業務妨害行為は，企業秩序違反が客観的に明白な行為であるため，行為態様が悪質な場合は懲戒事由該当性を肯定される。上司・同僚に対する度重なる暴行・脅迫行為を理由とする諭旨解雇*99，一斉退職に際して会社備品やデータを無断で持ち出

---

*96　前掲・日本通信事件（*17）。このほか，日本カニゼン事件・東京地判令和3・6・25 ジャーナル 117 号 50 頁，東和産業事件・東京地判令和6・5・30 ジャーナル 149 号 36 頁参照。

*97　メレスグリオ事件・東京高判平成12・11・29 労判 799 号 17 頁。

*98　前掲・パワーテクノロジー事件（*42［7日間の出勤停止］），名古屋セクシュアル・ハラスメント事件・名古屋地決平成16・2・25 労判 872 号 33 頁（懲戒解雇），日立コンサルティング事件・東京地判平成28・10・7 労判 1155 号 54 頁（降格），レコフ事件・東京地判平成29・2・23 ジャーナル 72 号 57 頁（軽度の懲戒処分を経ての懲戒解雇），JTB ベネフィット事件・東京地判平成29・5・26 ジャーナル 71 号 46 頁（懲戒解雇）。同旨，F-LINE 事件・東京地判令和3・2・17 労経速 2454 号 26 頁（懲戒解雇），NEC ソリューションイノベータ事件・大阪地判令和3・11・29 労経速 2474 号 3 頁（懲戒解雇），グラビティ事件・東京地判令和4・2・25 ジャーナル 127 号 48 頁，前掲・ティ・オーオー事件（*86［懲戒解雇］），テレビ東京制作事件・東京地判令和5・6・29 ジャーナル 144 号 42 頁（出勤停止），日経 BP アド・パートナーズ事件・東京地判令和5・11・15 ジャーナル 148 号 38 頁（出勤停止等）。前掲・関西外国語大学事件（*32）は，大学教員による義務担当コマ数を担当することを命ずる業務命令拒否を理由とする譴責処分を有効と判断している。

*99　前掲・日本電信電話事件（*76）。類似例として，京王自動車事件・東京高判平成11・10・19 労判 774 号 23 頁。会社からの指導を受けたにもかかわらず，短期間で度重なる服務規律違反・業務命令違反を行ったことを理由とする減給を有効と判断した例として，大塚ウエルネスベンディングほか事件・東京地判令和5・12・22［LEX/DB25599751］。同僚に対する暴

し，会社業務を麻痺させたことを理由とする懲戒解雇[*100]，管理職が部下に対し悪質なセクシュアル・ハラスメント言動を1年余にわたり行ったことを理由とする出勤停止[*101]，集荷先企業の女性従業員に対するセクハラ行為を理由とする懲戒解雇[*102]，従業員が行った顧客に対する悪質な詐欺行為を理由とする懲戒解雇[*103]，悪質なパワー・ハラスメントを理由とする懲戒処分[*104]，短時間勤務に従事している部下に対して，帰宅後の遅い時間帯に電話等により業務報告を頻繁に求めたことを理由とする戒告処分[*105]が有効とされている。職場

　　行の事実を否定し，懲戒事由該当性を否定して懲戒解雇を無効とした例として，前掲・シナジー・コンサルティング事件（*11）。

[*100]　日音事件・東京地判平成18・1・25労判912号63頁。前掲・オハラ樹脂工業事件（*38）は，組合活動の外形を取った秩序紊乱行為に対する減給処分を有効と判断している。

[*101]　前掲・L館事件（*44）。判決は，出勤停止を無効と判断した原判決（大阪高判平成26・3・28労判1099号33頁）が，①管理職らについてセクハラ発言を女性従業員から許容されていたと誤信したことや，②管理職らが会社から事前に警告・注意を受けていなかったことをもって有利に斟酌したのに対し，①については，被害者が著しい不快感や嫌悪感を抱きながらも，職場の人間関係の悪化を懸念して，加害者に対する抗議や会社に対する被害の申告を控えることが少なくないこと等を挙げて斥け，②についても，管理職としてセクハラ防止やそれに対する懲戒等に関する方針を認識すべきであったとして斥けている。当然の判断と解される。懲戒処分の肯定例として，富士通エフサス事件・東京地判平成22・12・27判時2116号130頁，前掲・学校法人A事件（*45）。否定例として，学校法人A学院ほか事件・大阪地判平成25・11・8労判1085号36頁。

[*102]　ヤマト運輸事件・大阪地判平成31・2・7ジャーナル88号44頁。最近では，学生に対して悪質なセクシュアル・ハラスメントを行った大学教員に対する懲戒解雇を有効と判断する例も多い（前掲・佐賀大学事件［*45］，A大学事件・東京地判令和4・1・20労経速2480号3頁）。また，前掲・阪神高速トール大阪事件（*32）は，男女共有トイレの使用方法に係る「女性が利用した場合は，後に使用する男性のために便座を上げるべき」旨の発言につき，性別により役割分担すべきとする意識に基づく言動としてセクシュアル・ハラスメントに該当するとして戒告処分を有効と判断している。降格の有効判断例として，前掲・大東建託事件（*55），懲戒解雇否定例として，愛知県公立大学法人事件・名古屋地判令和元・9・30ジャーナル94号60頁。

[*103]　住友林業ホームテック事件・東京地判平成29・8・29ジャーナル71号30頁。

[*104]　前掲・河野臨牀医学研究所事件（*16［懲戒解雇］），前掲・国立大学法人B大学事件（*40［出勤停止3か月］），M社事件・東京地判平成27・8・7労経速2263号3頁（降格）。否定例として，前掲・東京理科大学事件（*40［停職1か月・2か月］），Y社事件・東京地判平成28・11・16労経速2299号12頁（諭旨解雇），島根大学事件・松江地判令和元・6・17ジャーナル91号32頁（悪質なアカデミック・ハラスメントを理由とする6か月の停職処分），前掲・ユニオンリサーチ事件（*55［部下に対するパワハラを理由とする降格処分］），東京三協信用金庫事件・東京地判令和4・4・28労判1291号45頁（同上），前掲・ちふれホールディングス事件（*32［部下に対するパワハラ・プライバシー侵害を理由とする譴責処分］）。

[*105]　アクサ生命保険事件・東京地判令和2・6・10労判1230号71頁。本件は，テレワークにおける「つながらない権利」を考える際にも示唆的である（土田道夫「新型コロナ危機と労働

での私用メールやインターネットの私的利用も，業務に無関係の大量の使用や，誹謗・中傷メールの送信など社会通念上相当な範囲を超えて行った場合は，労働義務違反（労働時間中）または企業秩序遵守義務違反（労働時間中・外）として懲戒事由該当性を肯定される（144 頁参照）[106]。

一方，以上のような職場規律違反についても，①労働者の行為について懲戒事由該当性が認められない場合や，②労働者の行為に対して処分が不当に重い場合は処分の相当性を否定され，懲戒権濫用と評価される。①の例として，職員の言動がパワー・ハラスメントに該当すると認定・評価した第三者委員会の調査報告書を根拠に法人が行った懲戒解雇につき，そもそもそのような事実が認められないか，認められるとしても懲戒事由に該当するとはいえないとして無効と判断した例があり[107]，②の例としては，職員が故意にパソコン液晶画面を破損したことを理由とする懲戒解雇[108]，従業員の薬品に係るシンポジウムや営業活動等に係る虚偽報告等を理由とする懲戒解雇[109]，森林組合連合会職員による発注・公印無断使用等を理由とする懲戒解雇[110]がそれぞれ重きに失するとして無効と判断されている[111]。

法・雇用社会（1）」曹時 73 巻 5 号［2021］56 頁，同「ウィズコロナ時代における人事管理の法的課題」産政研フォーラム 131 号［2021］9 頁参照）。

[106] 日経クイック情報事件・東京地判平成 14・2・26 労判 825 号 50 頁，K 工業技術専門学校事件・福岡高判平成 17・9・14 労判 903 号 68 頁，前掲・ラオックス事件（＊25），前掲・マネジメントサービスセンター事件（＊25），前掲・目白学園事件（＊45）等。私的利用行為の監視・閲覧の適法性については，185 頁参照。

[107] ファミユ高知事件・高松高判令和 4・5・25 ジャーナル 126 号 12 頁。介護老人保健施設に勤務する医師の脱衣室立入りを理由とする懲戒解雇につき，永芳会事件・大阪地判令和 5・3・23 ジャーナル 138 号 18 頁，組合活動に係る欠勤処理を理由とする懲戒解雇につき，函館バス事件・札幌高判令和 6・4・19 ジャーナル 148 号 8 頁。

[108] 朝日新聞厚生文化事業団事件・東京高判平成 29・9・13 ジャーナル 69 号 38 頁。

[109] アストラゼネカ事件・東京地判平成 29・10・27 ジャーナル 72 号 30 頁。

[110] 埼玉県森林組合連合会事件・さいたま地判平成 30・4・20 ジャーナル 77 号 30 頁。

[111] 最近の前掲・セントラルインターナショナル事件（＊90）は，外部に対する不適切メール送信や上司の人格を攻撃するメール送信等を理由とする降格処分につき，懲戒事由該当性を肯定しつつ，上司らは同人の遷延性抑うつ反応の状況について認識しまたは認識しえたとして処分の相当性を否定している。なお，所持品検査・身体検査のように，労働者のプライバシーや身体的自由の侵害を伴う措置については，厳しい要件が課され，懲戒処分が制約される。判例も，所持品検査の要件として，①検査を必要とする合理的理由があること，②程度・方法が妥当であること，③制度として画一的に実施されること，④明示の根拠があることの 4 点を掲げ，懲戒権の発動を制約している（西日本鉄道事件・最判昭和 43・8・2 民集 22 巻 8 号 1603 頁。日立物流事件・浦和地判平成 3・11・22 判タ 794 号 121 頁も参照）。

第2節 懲　戒　643

(ウ)　**不正行為**　不正行為は，さらに，①企業財産・物品の不正受給，横領・領得行為，②取引先などからの収賄行為，③自己の地位・権限を利用しての企業利益相反行為に分かれる。労働者は，誠実義務ないし企業秩序遵守義務の一環として，地位を利用して私利を図らない義務を負うが，この義務に違反する行為は通常，使用者に経済的損害を与え，企業運営（企業秩序）に重大な支障を及ぼすことから，懲戒解雇を含む重い処分が肯定される。

まず，①の行為は，それ自体が使用者に財産的損害を与える行為であるため，懲戒解雇等の処分が有効とされる傾向にある。金融機関社員による顧客からの集金の着服[*112]，出向先会社の金員の着服[*113]，総額339万円余に及ぶ新幹線出張費の不正受給を理由とする懲戒解雇[*114]，6年以上にわたって会社経費を不正受給したことを理由とする事業部長の懲戒解雇[*115]が有効とされている[*116]。もっとも，横領・不正領得の事実がないか，その事実があったとしても，懲戒解雇等の処分が酷に失するとして無効と判断する例も多く[*117]，不正

[*112]　前橋信用金庫事件・東京高判平成元・3・16労判538号58頁。
[*113]　ダイエー事件・大阪地判平成10・1・28労判733号72頁。
[*114]　日立製作所ほか事件・東京地判平成27・4・17ジャーナル42号55頁。
[*115]　前掲・JTB事件（*20）。
[*116]　懲戒解雇の肯定例として，川中島バス事件・長野地判平成7・3・23労判678号57頁（バス運転士による乗車料金着服行為），ティ・エム・ラボラトリー事件・東京地判平成26・7・18ジャーナル32号26頁（会社資金の不正利用），甲仁工事件・東京地判平成28・2・5労経速2274号19頁（遺失金の着服），ドコモCS事件・東京地判平成28・7・8労経速2307号3頁（長年にわたる住宅補助費の不正受給），KDDI事件・東京高判平成30・11・8ジャーナル84号32頁（住宅手当・単身赴任手当等の不正受給等），なかま福祉会事件・大阪地判平成30・10・30ジャーナル83号42頁（多額の横領行為），近畿中央ヤクルト販売事件・大阪地判令和2・5・28労判1244号136頁（自販機内の売上金着服行為），前掲・まるやま事件（*25［巨額の金員不正受給］），前掲・帝京大学事件（*25［通勤手当の不正受給等］），前掲・国士舘事件（*33［出張旅費等の不正受給］），全日本吹奏楽連盟事件・東京地判令和6・2・21ジャーナル150号22頁（給与等不正受給）。
[*117]　典型例として，前掲・日本郵便事件（*65）。JR東日本［高田馬場駅］事件・東京地判平成6・3・2労判654号60頁（売上金着服を理由とする駅務員の諭旨解雇につき，同人による自認書に信用性がないとして無効と判断）。同旨，アサヒコーポレーション事件・大阪地判平成11・3・31労判767号60頁，京王電鉄事件・東京地八王子支判平成15・6・9労判861号56頁。通勤手当の不正受給を理由とする諭旨退職処分の相当性を否定した例として，全国建設厚生年金基金事件・東京地判平成25・1・25労判1070号72頁。医療法人山室会事件・大阪地判平成27・12・15ジャーナル50号33頁も同旨。前掲・国立長寿医療研究センター事件（*47）は，職員が行った科研費からの物品代金支出行為を理由とする出勤停止1か月につき，重きに失するとして無効と判断している。シークス事件・大阪地判令和4・3・28ジャーナル127号28頁も参照。

行為の事実および処分の相当性の確認が重要となることを教えている。

②・③についても，懲戒処分有効とするケースが多い。②については，銀行の副支店長が取引先への顧客の紹介に対する謝礼を受領したことにつき，企業秩序違反に加え，銀行に対する社会的信用を失わせたとして懲戒解雇有効とした例がある[*118]。③については事例が多く，私立学校法人の事務局長が規定に反して不正な経理処理やリース契約の不正処理を行ったことを理由とする懲戒免職につき，学校に経済的損害（補助金の保留等）を与え，社会的信用の失墜をもたらしたことについての事務局最高責任者としての責任は重いとして有効と判断した最高裁判例[*119]がある[*120]。他方，金銭授受の程度が軽微であり，会社に及ぼした社会的信用や経済的損害が軽微と推認される場合は，懲戒解雇は相当性を欠くものとして無効とされる[*121]。

(6) 企業内政治活動・組合活動

職場規律違反に関連して，企業内におけるビラ貼り，ビラ配布，署名活動，集会などの政治活動・組合活動の規制が問題となる。具体的には，労働者が始

[*118] わかしお銀行事件・東京地判平成12・10・16労判798号9頁。ナショナルシューズ事件・東京地判平2・3・23労判559号15頁も参照。日本郵便事件（大阪地判令2・1・31ジャーナル97号10頁）は，郵便局長が郵便局長採用試験に関連して金銭を不正に受領したことを理由とする懲戒解雇を有効と判断している。

[*119] 崇徳学園事件・最判平成14・1・22労判823号12頁。

[*120] ③についてはこのほか，会社に無断で総額1500万円に上る不要な機器を購入し，損害を与えた行為（バイエル薬品事件・大阪地決平成9・7・11労判723号68頁），外国人ファイナンシャル・コントローラーが私的に関心を持った事業案件について，会社の実績・信用を利用して案件への参画を実現しようとした行為（甲野事件・東京高判平成22・1・20判時2078号158頁），東芝メディカルシステムズ事件・大阪地判平成27・3・31ジャーナル41号62頁，労働者が店舗改装工事会社に改装費用を水増し請求させ，金品を不正取得しようとした行為（トリンプ・インターナショナル事件・東京地判平成26・1・22ジャーナル26号41頁），医療機器のリース契約について会社名義の見積書を偽造して取引先に交付した行為（キヤノンライフケアソリューションズ事件・大阪地判平成26・11・7ジャーナル37号46頁），従業員が職務上の地位を利用して，会社から取引先会社に対して本来支払うべき義務のない報酬を支払わせ，その一部を取得して多額の利益を得た行為（ココカラファイン事件・東京地判平成30・5・29ジャーナル79号18頁），理事兼総務部長の地位にあった従業員が，クリニック増築工事を受注した建設会社に対して法的根拠のない金銭を支払うよう強要して金銭を支払わせ，また，架空受注に係る請求書を作成して関連法人を欺き，4200万円超の損害を与えた行為（偕行会事件・東京地判令3・3・30ジャーナル114号50頁），ドラッグストアが実施する販売コンクールにおける不正行為（ポイントの不正付与。ぱぱす事件・東京地判令6・1・25ジャーナル150号36頁）について懲戒解雇が有効とされている。

[*121] 乙山株式会社事件・大阪地判平成25・11・19労判1088号51頁。

業前・終業後や休憩時間中に，政治活動等の禁止規定や許可制に違反してビラ配布等の政治活動を行った場合の懲戒処分の適法性が争われる。学説では，表現の自由（憲21条）や休憩自由利用の原則（労基34条3項。415頁）を重視して，職場規律や施設管理に具体的支障を生じさせる具体的危険がある場合にのみ規制の適用を認める具体的危険説が有力である[*122]。これに対して判例は，企業秩序論（612頁）および抽象的危険説に立って就業規則による規制を肯定しつつ，政治活動が企業秩序を乱すおそれのない特別の事情がある限り，就業規則違反および懲戒処分を否定する立場に立っている[*123]。

もっとも，この判例以降の裁判例は，「特別の事情」を政治活動の態様（平穏に配布されたか否か，他の労働者への影響），経緯（使用者側の態度など），目的（会社の攻撃を意図するものか，市民として許容される政治活動か）および内容（誹謗中傷や虚偽の内容を含むか等）に即して実質的に判断しており，最高裁も，休憩時間中のビラ配布について態様上問題がないケースにおいて許可制違反（懲戒事由該当性）を否定し，懲戒処分を無効と判断している[*124]。労働者の企業秩序遵守義務も無制限ではなく，労働者の権利・利益（表現の自由，休憩自由利用の原則）との関係で必要かつ合理的範囲に限定されるべきであるから（614頁），このように，懲戒事由該当性を慎重に判断する態度は妥当である。なお，正当な組合活動を理由として懲戒処分を行うことは，懲戒事由に該当しない行為を対象とする処分として無効と解される（前掲・橘学苑事件［*75］）。

(7) 企業外の行動

懲戒事由の最後の類型は，企業外の行動であり，従業員たる地位に基づく規律を意味する。特に，①犯罪行為，②会社批判・内部告発，③企業秘密の漏洩・競業行為，④企業外での言論活動が問題となる。これらは本来，私生活上の行為として使用者が介入できない領域であるが，労働者は信義則上，使用者の業務利益や信用・名誉を毀損しない義務（誠実義務・企業秩序遵守義務）を負

[*122] 裁判例・学説については，菅野＝山川664頁，天野晋介［判解］百選114頁参照。
[*123] 電電公社目黒電報電話局事件・最判昭和52・12・13民集31巻7号974頁。労働者が休憩時間中に，勤務時間中のプレート着用禁止に抗議してビラを配布したケースにつき，判決は，ビラ配布の態様には問題はないものの，上司の適法な命令に抗議し，政治活動をあおる目的で行われ，局所内の秩序を乱すおそれがあったとして戒告を有効と判断している。
[*124] 明治乳業事件・最判昭和58・11・1労判417号21頁。組合活動としてのビラ配布につき同旨，倉田学園事件・最判平成6・12・20民集48巻8号1496頁。

うので (150頁)，企業外の行動がこれら利益を現実に侵害し，またはその具体的危険があると認められれば，懲戒規定の存在を前提に懲戒の対象となる。

判例も，使用者は本来，労働者の企業外の行動を規制できないとしつつ，それが「企業の円滑な運営に支障を来たすおそれがあるなど企業秩序に関係を有する」場合は，企業秩序遵守義務違反として懲戒の対象となると判断している[125]。ただし，私生活の自由（プライバシー）の重要性に鑑み，企業外の行動の懲戒事由該当性は慎重に判断する必要がある。

(ｱ) **犯罪行為**　まず，犯罪行為については，懲戒が許されるのは，当該行為の性質・情状，会社の事業の種類・態様・規模，会社の経済界に占める地位，経営方針および従業員の会社における地位・職種等諸般の事情を総合して，その「行為により会社の社会的評価に及ぼす悪影響が相当重大であると客観的に評価される場合」に限られる。判例は，この一般論を前提に，鉄鋼会社の一工員がデモに参加して逮捕・起訴されたことを理由とする懲戒解雇につき，刑の軽さや職務上の地位の低さ等を理由に懲戒解雇を無効と判断している[126]。

一方，鉄道会社社員が電車内で痴漢行為を行い，軽度の処分後に複数回痴漢行為を行ったケースは，行為の重大性・悪質性や，鉄道会社社員として痴漢の防止を職務・職責とすることに照らして許容し難い性質の行為と評価され，懲戒解雇が有効と判断される[127]。

(ｲ) **企業秘密の漏洩その他**　次に，企業秘密の漏洩，競業，兼職，従業員の引抜き等の行為は本来，誠実義務・守秘義務・競業避止義務違反の問題であ

---

[125]　前掲・関西電力事件（＊4）。同旨，前掲・首都高速道路公団事件（＊42），X社事件・東京地判平成19・4・27労経速1979号3頁（業務上知り合った社外の女性とのトラブルを理由とする6か月の懲戒休職を有効と判断），前掲・T社事件（＊45），前掲・東京メトロ事件（＊20 [地下鉄駅係員の地下鉄内痴漢行為による逮捕を理由とする諭旨解雇につき，比較的悪質性が低い等として処分の相当性を否定]）。

[126]　日本鋼管事件・最判昭和49・3・15民集28巻2号265頁。このほか，住居侵入罪が確定し，罰金2500円の実刑が確定した作業員に対する懲戒解雇を無効とした最高裁判例として，横浜ゴム事件・最判昭和45・7・28民集24巻7号1220頁がある。近年では，窃盗行為を理由とする懲戒解雇を有効と判断した例として，坂口事件・東京地判令4・12・7ジャーナル135号62頁。

[127]　前掲・小田急電鉄事件（＊66）。同僚女性に対するストーカー行為を理由とする諭旨免職につき，前掲・PwCあらた有限責任監査法人事件（＊12），殺人未遂罪該当行為を理由とする2週間の業務停止処分につき，プルデンシャル生命保険事件・大阪地判令5・6・8ジャーナル139号24頁，窃盗を理由とする懲戒解雇につき，西日本旅客鉄道事件・名古屋高金沢支判令5・9・13 [LEX/DB25596102]。

るが（150頁以下），それが同時に企業業績に大打撃を与えるなど企業秩序を侵害すれば，懲戒事由規定の存在を前提に懲戒の対象となる。

裁判例では，重要な企業秘密の不正取得[*128]，重要な企業秘密の漏洩[*129]，競業他社における就労[*130]，長期にわたる競業他社への情報提供・事業援助[*131]，休職期間中に給与を一部受領しながら行った兼職[*132]について懲戒処分が相当とされている。また，労働者（特に幹部社員）が在職中に競業他社の設立を企図し，部下や同僚を大量に引き抜くことも，それが背信的態様でなされ，会社の業務に著しい支障を及ぼす場合は懲戒の対象となる（162頁）[*133]。新聞記者が個人用ホームページ上に，取材業務上知りえた事実や体験を題材とする文書を掲載することも，取材源秘匿との会社方針に反する場合は懲戒処分相当とされる[*134]。これに対し，労働者が企業情報の開示について使用者の許諾を得ているなど企業情報の開示に正当な理由がある場合や，競業会社の設立の検討にとどまる行為等の社会通念上相当な範囲の競業行為については懲戒事由該当性が否定され，懲戒処分は無効とされる[*135]。

[*128] 前掲・電源開発事件（*70），前掲・伊藤忠商事ほか事件（*27），京都大学事件・京都地判令和6・5・14ジャーナル149号44頁，前掲・伊藤忠商事事件（*72）。

[*129] 古河鉱業事件・東京高判昭和55・2・18労民31巻1号49頁，前掲・日本リーバ事件（*67），前掲・みずほ銀行事件（*25），遊楽事件・東京地判令和3・3・10ジャーナル113号58頁，前掲・スカイコート事件（*22）。前掲・日本クリーン事件（*75）は，建物管理会社の従業員が，作業員の作業ミスに端を発したトラブルについて所属労働組合に連絡したことが情報漏洩に当たるとして行われた諭旨退職処分につき，社内の機密事項や個人情報の守秘義務は，顧客のプライバシー領域に関わる建物管理業を営む会社の従業員に課せられた基本的義務であり，その漏洩は重大な非違行為に当たるとして懲戒事由該当性を肯定しつつ，処分の相当性を否定して無効と判断している（*75参照）。

[*130] 日本コンベンションサービス事件・大阪高判平成10・5・29労判745号42頁。懲戒解雇の否定例として，ニューロング事件・東京地判平成24・10・11労判1067号63頁。

[*131] 前掲・ヒューマントラスト事件（*68）。

[*132] ジャムコ事件・東京地八王子支判平成17・3・16労判893号65頁。

[*133] 前掲・日本コンベンションサービス事件（*130），福屋不動産販売事件・大阪地判令和2・8・6労判1234号5頁。

[*134] 日本経済新聞社［記者HP・控訴］事件・東京高判平成14・9・24労判844号87頁。

[*135] 前者の例として，前掲・メリルリンチ・インベストメント・マネージャーズ事件（*61），前掲・通販新聞社事件（*24），追手門学院事件・大阪地判令和2・3・25労判1232号59頁。企業秘密の「漏洩」の事実を否定して懲戒事由該当性を否定した裁判例として，日産センチュリー証券事件・東京地判平成19・3・9労判938号14頁，とうかつ中央農協事件・東京高判平成25・10・10労判1111号53頁，前掲・南山学園事件（*33）がある。前掲・野村證券事件（*64）も参照。後者の例として，前掲・日本ボクシングコミッション事件（*24），前掲・不動技研工業事件（*24）。前掲・福住不動産事件（*25）は，従業員が労働時間中に会社支給

また，企業外の言論活動については，大学教授が地元新聞紙上で歴史観に関する発言を行ったことを理由とする戒告処分につき，当該発言は，同教員の意見の表明にとどまり，それが新聞紙上に掲載されたからといって，教員が所属する学校法人の社会的評価の低下毀損を生じさせるものとは認め難いとして懲戒事由該当性を否定し，戒告という最も軽微な懲戒処分であることを考慮しても客観的合理的理由を欠くとして無効と判断した最高裁判例がある*136。

(8) 内部告発・内部通報・公益通報

(ア) 内部告発の正当性　内部告発とは，「企業外の第三者に対して，公益保護を目的に，企業内の不正行為を開示すること」をいう。内部告発は本来，企業秘密の漏洩行為として守秘義務・誠実義務違反に当たり，企業秩序違反行為として懲戒の対象となるが，公益目的であることから，一定の要件を満たせば，企業秩序違反（違法）の評価を否定（阻却）され，正当行為として保護される。すなわち，内部告発の正当性は，①目的に公益性があること，②告発内容の根幹的部分に真実性があり，または真実と信ずるについて相当の理由があること（真実相当性），③内部通報を行うなど，企業内部で違法行為や不正行為の是正に努めたこと（内部通報前置），④手段・態様に著しく不当な点がないこと，の各要素を総合して判断され，内部告発が正当と認められれば，懲戒事由該当性を否定される*137。

このように，内部告発が一定の範囲で保護される根拠は，内部告発の目的とされる公益（国民の生命・健康・財産，環境，経済的秩序等）が，一定の場合に企業の私的利益に優先することに求められる*138。しかし一方，内部告発が濫用

のパソコンを用いて私的取引に関与したことにつき，企業秩序違反を否定して懲戒解雇事由該当性を否定しているが，疑問なしとしない。

*136　前掲・朝日学園事件（*24）。

*137　裁判例・学説については，島田陽一［判解］労判840号（2003）5頁，土田道夫［判批］判時1834号（2003）199頁，小宮文人「内部告発の法的諸問題」労働105号（2005）70頁，同「内部告発──法制の概要と論点」ジュリ1438号（2012）24頁，角田邦重＝小西啓文編『内部告発と公益通報者保護法』（法律文化社・2008），土田道夫＝安間早紀「内部告発・内部通報・公益通報と労働法」季労249号（2015）135頁，注釈労基・労契(2) 451頁［細川良］，原島麻由「企業批判・内部告発と懲戒処分」労働関係訴訟Ⅰ225頁など参照。

*138　私見の詳細は，土田・前掲判批（*137）202頁。同旨，小宮・前掲論文（*137・労働）73頁。土田＝安間・前掲論文（*137）136頁以下も参照。これに対しては，内部告発の正当化根拠を，使用者が雇用契約上負う労働者の人格権に配慮する義務に求め，内部告発は，労働者が自己の人格権を防衛する自救的な行為として正当性を有すると説く見解もある（島田・前

されると，企業の存立を脅かし，その企業で働く従業員の雇用にも悪影響を及ぼす結果となり，企業利益のみならず，雇用の安定というマクロの利益と衝突しうる。したがって，内部告発の正当性は厳密に検討すべきであり，上記①〜④の4要素は，いずれも相当程度充足されることを要すると解すべきである。その代わり，内部告発が正当と評価されれば，それを理由とする懲戒処分は，処分の軽重を問わず懲戒事由該当性を欠くものとして無効と解すべきである。すなわち，内部告発の正当性については，処分の相当性の段階ではなく，懲戒事由該当性の段階で評価すべきであり，たとえば懲戒解雇としては無効であるが，戒告・譴責としては有効という事態を認めるべきではない。

この点，裁判例では，内部告発が雇用契約上の誠実義務違反を構成することを前提に，労働者の言論・表現の自由や，公益という高度の価値を優先させるべき必要性を考慮して一定範囲で保護されることを認めた上，内部告発については，①告発内容の真実性・真実相当性，②目的の公益性，③内部通報前置および④手段・態様の相当性を総合考慮して正当と認められる場合は，就業規則規定違反の違法性が阻却され，これを理由とする懲戒解雇は客観的合理的理由を欠くと判断する例がある[*139]。妥当な判断と解される。

　(イ)　**具体的判断**　　第1に，内部告発は，目的の公益性を有することを要する。目的の公益性が認められる典型は，犯罪・法令違反行為に関する告発や，人の生命・健康・安全に関する告発であるが，企業の不正行為の告発や，労働条件の改善を目的とする告発も公益性を肯定される[*140]。これに対して，自己

　掲判解［*137］15頁）。また，大阪いずみ市民生協事件（大阪地堺支判平成15・6・18労判855号22頁）は，内部告発が企業等の運営方法の改善の契機となることや，内部告発者の人格権・表現の自由との調整の必要が存することを内部告発の正当化根拠として挙げる。

[*139]　前掲・学校法人田中千代学園事件（*27）。ほぼ同旨，前掲・首都高速道路公団事件（*42)，海外漁業協力財団事件・東京地判平成16・5・14労判878号49頁。一方，①〜④のうち③（内部通報前置）を除外して，残る3要素を総合考慮して判断する例も多い（前掲・大阪いずみ市民生協事件［*138］，甲社事件・東京地判平成27・1・14労経速2242号3頁，甲社事件・東京地判平成27・11・11労経速2275号3頁，帝産湖南交通事件・大阪高判平成30・7・2ジャーナル80号48頁など）。また，内部告発の正当性に関しては，後述する公益通報者保護法の趣旨に照らして検討すべきものとした上，「公益通報」の要件（公益通報2条1項）に即して，①告発内容の真実性・真実相当性，②不正の目的でないこと，③手段・方法の相当性を要素ではなく要件として掲げる例もある（前掲・神社本庁事件［*24］）。

[*140]　一般論として，前掲・首都高速道路公団事件（*42），労働条件改善を目的とする内部告発を正当とした事例として，前掲・三和銀行事件（*33），団体理事の不正経理疑惑を文科省に通報した行為を正当とした例として，前掲・日本ボクシングコミッション事件（*24），前掲・帝産湖南交通事件（*139）。

の保身を目的としたり，社長の失脚を目的とするなどもっぱら私益目的による告発*141 や，恐喝的な告発等の加害目的による告発は，目的の公益性を否定される*142。

　第2に，内部告発は，内容の真実性または真実相当性を満たすことを要する。内部告発における労働者の表現の自由や公益保護の価値は重視されるべきであるが，同時に，内部告発の濫用は，企業の利益や従業員の雇用の利益に重大な影響を及ぼしうるのであるから，虚偽の内容から成る告発を保護すべき理由はなく，内容の真実性・真実相当性は基本的要素と考えるべきである。

　とはいえ，労使間の構造的な情報格差を特色とする労働契約においては，内容の真実性・真実相当性を過度に厳格に求めるべきではない。この点を過度に求めると，労働者に真実性を立証する手段が乏しいケースでは，内部告発自体が困難となり，公益の追求や企業の法令遵守（コンプライアンス）の促進という高次の価値を実現できなくなるからである。裁判例も同様に解しており，告発内容に多少の誇張があるとしても，摘示した内容の根幹部分が真実である場合や，告発文書が全体として重要な事実を含み，おおむね真実と信じるべき根拠があると認められる場合は，内容の真実相当性を肯定している*143*144。

---

*141 　千代田生命保険事件・東京地判平成11・2・15労判755号15頁，前掲・学校法人田中千代学園事件（＊139），プラダジャパン事件・東京地判平成24・10・26判時2223号112頁，大王製紙事件・東京高判平成28・8・24ジャーナル57号35頁，前掲・甲社事件・東京地判平成27・11・11（＊139）。

*142 　ジャパンシステム事件・東京地判平成12・10・25労判798号85頁。人事異動への報復目的による内部告発の正当性を否定した例として，アンダーソンテクノロジー事件・東京地判平成18・8・30労判925号80頁。なお，内部告発においては，公益目的と私益目的はしばしば併存しうるが，もっぱら図利加害目的の告発でない限り，目的の公益性を否定すべきではない。

*143 　前掲・大阪いずみ市民生協事件（＊138）。同旨，前掲・三和銀行事件（＊33），前掲・甲社事件・東京地判平成27・11・11（＊139），岡山県立大学事件・岡山地判平成29・3・29労判1164号54頁，前掲・帝産湖南交通事件（＊139），前掲・国士舘ほか事件（＊33［内部通報事案］）。

*144 　ただし，これにも限度があり，事実を誇張歪曲して会社の名誉・信用を害するような場合は，真実相当性が否定される。たとえば，道路公団職員が公団の道路建設計画を批判する新聞投書を行ったことにつき，投書内容が著しく事実に反し，不相当な部分も多いとして，3か月の出勤停止処分を有効と判断した例（前掲・首都高速道路公団事件［＊42］）がある（前掲・プラダジャパン事件［＊141］，前掲・大王製紙事件［＊141］も同旨の判断）。他方，前掲・常葉学園事件（＊24）は，教員が理事長らについて行った捜査機関への告訴について真実相当性を否定した上，告訴を行ったことをマスコミその他の外部に公表したわけではなく，本件告訴によって現実に学園の名誉や信用が害されたとは認められないとして懲戒解雇事由該当

第3に，内部通報前置も，内部告発等の正当性を左右するポイントとなる。もともと企業不祥事や不正行為については，企業が自主的に対処し，法令遵守（コンプライアンス）に取り組むことが望ましいこと，内部告発の濫用が企業の利益や従業員の雇用に負の影響を及ぼしうることを考えると，内部通報前置を基本と考えるべきである。裁判例では，医師の診療方法に関する保健所への告発を理由とする解雇につき，労働者が事前に病院内部で指導改善の要請を再三行ったにもかかわらず，事態が改善されなかったことを重視して無効とした例がある*145。一方，学校法人の幹部職員が元理事長の不正行為を週刊誌記者に漏洩し，これが記事化されたことにつき，法人内部における改善可能性を検討することなく偶々知り合った記者に漏洩行為を行ったことは，手段・態様の相当性を欠くとして懲戒解雇有効と判断した例がある*146*147。

　第4に，内部告発の手段・態様の相当性も重要な判断要素となる。具体的には，告発文書における表現や告発方法・文書の送付態様等が問題となるが*148，特に問題となるのは，内部告発の手段・態様の一環として，告発に至る過程で行われた企業秘密・情報の取得行為をどう評価するかである。

　この点については，内部告発の手段・態様を過度に厳格に求めると，内部告発自体が困難となる事態が生ずるため，当該秘密・情報の価値や取得行為の相

性を否定し，無効と判断している。

*145　思誠会事件・東京地判平成7・11・27労判683号17頁。

*146　前掲・学校法人田中千代学園事件（*27）。類似の事例として，前掲・群英学園事件（*59）。矢谷学園事件・広島高松江支判平成27・5・27労判1130号33頁も参照。

*147　もっとも，内部通報によって不正行為の証拠隠滅や偽造が行われるおそれがあると客観的に認められる場合や，人の生命・健康等の重大な法益に危害が発生しうるなど内部通報の時間的余裕がない場合にまで，内部通報や内部の是正努力を求めるべきではない。この点については，公益通報者保護法3条の規律（656頁）が参考となろう。トナミ運輸事件（富山地判平成17・2・23労判891号12頁）は，上記の点を重視して，内部是正努力が不十分なまま行われた内部告発の正当性を肯定している。また，前掲・神社本庁事件（*24）は，神社本庁職員が総長・理事長の背任行為を告発する内容の文書を理事2名に交付したことにつき，本庁職員に対する通報によるのでは，証拠が隠滅または偽造・変造されるおそれ，自分が懲罰を受けるおそれ，調査が実施されないおそれがあったことから行われたものであり，やむを得ない相当な手段であったと判断している。

*148　前掲・大阪いずみ市民生協事件（*138）は，市民生協の職員らが役員による施設の私物化や経費流用につき，生協総代会の直前に，それら不正行為を告発する文書を総代ら500人以上に匿名で送付したことにつき，手段・方法の正当性を欠くものではないと判断している。一方，甲南学園事件（大阪高判平成10・11・26労判757号59頁）は，大学批判の文書を学内掲示板に掲示し，関係官庁に送付したことにつき，正当な批判行為からかけ離れた行為として相当性を否定している。前掲・甲社事件・東京地判平成27・11・11（*139）も参照。

当性を勘案し，内部告発の正当性に関する総合判断の中で慎重に判断すべきであろう。裁判例では，生協内部の不正告発をした職員らが生協の文書を無断でコピーして持ち出した点につき，手段の相当性に問題があるものの，内部告発に不可欠の行為であり，文書の財産的価値もさほど高くない等と述べ，内部告発全体の正当性に影響を与えないと判断した例があり[*149]，妥当と解される。一方，労働者が会社の不正告発の目的で，最重要機密である顧客情報を不正アクセスして入手し，第三者に交付したケースにつき，当該情報にさしたる財産的価値はなく，取得行為も悪質とはいえないとして懲戒解雇事由該当性を否定した例がある[*150]。しかし，企業秘密・情報は守秘義務・誠実義務によって保護されるべき基本的法益であり（159頁），これら義務違反が懲戒事由ともなることを考えると，本件のように，社会通念上著しく相当性を欠く方法で重要な企業秘密を取得した場合は，内部告発自体が正当性を否定されると解すべきである[*151]【7-3】。

(ウ) 内部通報　　以上の内部告発と異なり，労働者が企業内部の機関（内部通報窓口等）に企業の不正行為等を通報することを内部通報という[*152]。内部通報については，内部通報前置が内部告発の正当性の判断要素に位置づけられていることからも看取されるとおり，基本的に正当な行為であり，内部通報者は懲戒処分から十全に保護されるべきである（【7-3】も参照）。すなわち，内部通報については，原則として正当行為として懲戒事由該当性を否定し，もっぱら私益を図るなど著しく不当な目的で行われたり，被通報者や関係者の名誉・プ

[*149] 前掲・大阪いずみ市民生協事件（[*138]）。また，京都市事件（大阪高判令2・6・19労判1230号56頁）は，地方公務員事案であるが（671頁参照），市職員が児童虐待事案について市の窓口に公益通報を行う際，当該児童の個人データを持ち出した上，無断で廃棄したことを理由とする停職3日の懲戒処分につき，当該行為には問題があるものの，公益通報に付随するものであり，不当な動機・目的によるものではなく，本件行為や公益通報も職務熱心の余りのことと評価することが可能と判断し，裁量権濫用と判断している。内部告発（公益通報）の手段・態様に問題があると判断しつつも，その正当性自体は肯定した判断として重要である（本件処分について国家賠償法上違法と判断した関連裁判例として，京都市事件・京都地判令和5・4・27ジャーナル141号30頁）。

[*150] 宮崎信用金庫事件・福岡高宮崎支判平成14・7・2判時1804号131頁。

[*151] 詳細は，土田・前掲判批（[*137]）202頁，土田＝安間・前掲論文（[*137]）144頁参照。不正アクセス禁止法違反の機密情報（不正融資情報等）の取得行為につき同旨，福井信用金庫事件・福井地判平成28・3・30ジャーナル52号37頁。

[*152] 内部通報の法的保護については，石田信平「労働者の内部通報をめぐる法的諸問題」季労230号（2010）225頁，土田＝安間・前掲論文（[*137]）148頁以下，土田道夫「内部通報制度の設計と運用」野川＝水町編・前掲書（[*8]）126頁参照。

ライバシーを侵害するなど著しく不当な手段・態様で行われた場合にのみ，例外的に懲戒事由該当性を肯定すべきである。また，内部通報内容の真実性・真実相当性については，殊更問題とすべきではない（後述するとおり［655頁］，公益通報者保護法も，内部通報については，通報者が労働者・退職労働者か役員かを問わず，通報対象事実が生じ，または生じようとしていると思料することで足りるとしている［3条1号・6条1号］）。

　裁判例では，①財団の総務部長が常務理事兼事務局長の不適切な行動に関する報告書を理事長に提出したことを理由とする懲戒解雇につき，当該行為自体は総務部長の職責を果たすもので問題はないとして懲戒事由該当性を否定する例[*153]，②法人経理業務担当の職員が理事の損金処理に関する不当性を指摘する旨の内部通報を代表理事宛に行った後に懲戒解雇された事案につき，同人が理事について不透明な立替金処理が行われていたと思料したとしても不合理とはいえないとして懲戒事由該当性を否定する例[*154]，③大学教員が同僚教員の論文不正（二重投稿）について法人内部で公益通報したことにつき，二重投稿と判断したことにつき真実相当性がある等として懲戒事由該当性を否定した例（前掲・国士舘ほか事件［*33］）がある。おおむね妥当な判断といえるが，③については，通報内容の真実相当性を問題とする点で賛成できない[*155]。

　なお，東京証券取引所の「コーポレートガバナンス・コード」（2015年。2018年・2021年改訂。41頁）は，基本原則2（「株主以外のステークホルダーとの適切な協働」）を補充する原則2-5「内部通報」において，「上場会社は，その従業員等が，不利益を被る危険を懸念することなく，違法または不適切な行為・情報開示に関する情報や真摯な疑念を伝えることができるよう，また，伝えられた

[*153] 骨髄移植推進財団事件・東京地判平成21・6・12労判991号64頁。
[*154] 前掲・日本ボクシングコミッション事件（*24）。また，オリンパス事件（東京高判平成23・8・31労判1035号42頁）は，内部通報を理由とする不利益配転につき，労働者の正当行為に対する制裁的人事として権利濫用（労契3条5項）と判断している（557頁も参照）。
[*155] 土田＝安間・前掲論文（*137）149頁以下参照。このほか，部下が上司の不正行為（保険業法違反行為）について会社の内部告発窓口に通報したことにつき，目的の正当性および内容の真実性を認めて違法性阻却を肯定し，名誉毀損の不法行為の成立を否定した例があり（慰謝料等請求事件・東京地判令和3・4・23ジャーナル114号32頁），内部通報の正当性を，使用者のみならず上司との関係で肯定した例として注目される。これに対し，労働者が個人的目的の実現のために決着済みの問題について不穏当な手段を用いて内部通報を繰り返したケースでは，企業秩序違反として懲戒処分（出勤停止5日間）が有効と判断される（ボッシュ事件・東京地判平成25・3・26労経速2179号14頁）。内部通報が例外的に正当性を否定されることを示す事例である。

情報や疑念が客観的に検証され適切に活用されるよう，内部通報に係る適切な体制整備を行うべきである。取締役会は，こうした体制整備を実現する責務を負うとともに，その運用状況を監督すべきである」とし，内部通報の体制整備の実現と運用状況の監督を取締役会の責務と定めている。このことは，内部通報体制の整備が取締役会の内部統制システム構築義務（会社362条4項6号）を形成することを意味しており，内部通報がコーポレート・ガバナンスにおいても重要な意義を有することを示している【7-4】*156。

【7-3】 **公益通報者保護法** （1） 概説　以上の判例法理とは別に，2004年，法令遵守（コンプライアンス）の社会的要請や消費者保護政策を背景に，公益通報者保護法（公通法）が制定された。そして，公通法は2020年，①公益通報者の保護の強化，②公益通報者および公益通報事実の拡大，③公益通報に対応するための体制の整備を主たる目的として大きく改正された（同法の指針については後述する［658頁］）*157。

公通法は，公益通報をしたことを理由とする公益通報者（労働者。2条2項）の解雇その他の不利益取扱いを禁止するなどして公益通報者を保護するとともに，国民の生命，身体，財産その他の利益の保護にかかわる法令の規定の遵守を図ることを目的としている（公益通報1条）。このため公通法は，保護の対象となる公

---

*156　原則2-5「内部通報」については，中村直人＝倉橋勇作『コーポレートガバナンス・コードの読み方・考え方〔第3版〕』（商事法務・2021）103頁以下参照。なお，前掲・オリンパス事件（＊154）は，会社の内部通報制度自体は完成度の高いものであったが，実際には完全に形骸化しており，その結果，内部通報者に対する悪質な復讐人事が行われたケースであった。すなわち，内部通報を受け付けたコンプライアンス室長らは，運用規定にさだめる守秘義務に反して被通報者である通報者の上司に通報者の実名を開示し，上司は，不利益取扱いの禁止のルールに反して，通報者に対し報復的で悪質な配転・ハラスメント行為を行い，これが権利濫用および不法行為と判断された。このことは，内部通報制度においては，その設計もさることながら，実際の運用がきわめて重要であることを教えている。この点で，本文の「コーポレートガバナンス・コード」原則2-5「内部通報」が，取締役会の責務として，内部通報に係る適切な体制整備の実現とともに，その運用状況の監督を掲げたことはきわめて重要と解される（土田・前掲解説［＊152］130頁参照）。

*157　公益通報者保護法の2020年改正については，消費者委員会公益通報者保護専門調査会「公益通報者保護専門調査会報告書」(2018)，山本隆司＝水町勇一郎＝中野真＝竹村知己『解説改正公益通報者保護法〔第2版〕』（弘文堂・2023），中野真＝小田典靖＝佐藤元紀「公通法の一部を改正する法律の概要」NBL1177号（2020）4頁，中野真「公益通報者保護法改正における労働分野に関わる事項の解説」労判1227号（2020）5頁，桑村裕美子「改正公益通報者保護法の労働法学上の論点」ジュリ1552号（2020）43頁ほか同号掲載の論稿，日野勝吾「改正公益通報者保護法成立の意義と今後の課題」季労271号（2020）117頁参照。注釈労基・労契(2) 455頁［細川良］も参照。

益通報内容を刑法，食品衛生法，金融商品取引法，個人情報保護法など別表に掲げる法令行為に限定してきたが，2020年改正により，行政罰（過料）が課せられる法律を追加した（2条3項。2024年4月時点で500本の法律）。一方，通報者の範囲には，直接雇用の労働者（正社員・パートタイマー等）に加え，労働者派遣法上の派遣労働者および業務請負契約によって就労する請負労働者が含まれてきた（2条1項）。他方，従来は退職労働者および役員（取締役・監査役・理事・監事等）は保護の対象とされていなかったが，2020年改正により，退職労働者のうち，退職後1年以内の元従業員（2条1項1号）および役員が追加された（2条1項4号）。

「公益通報」とは，労働者・退職労働者または役員が図利加害その他不正の目的でなく，役務提供先（使用者，派遣先，請負契約に基づく労務提供先）またはその役員・従業員等の者について，通報対象事実が生じ，またはまさに生じようとしている旨を，当該役務提供先もしくは役務提供先があらかじめ定めた者，行政機関もしくは行政機関があらかじめ定めた者または行政機関以外の第三者に通報することをいう（2条1項）[*158]。自らの内部通報に理由がないことを知りつつ，個人的目的の実現のために内部通報を行う場合は，「不正の目的」による通報と評価される[*159]。

(2) **公益通報者（労働者・退職労働者）保護の内容**　公益通報の要件は，公益通報の相手方によって異なっている。まず，内部通報（役務提供先への通報）への公益通報の場合は，通報対象事実が生じ，または生じようとしていると思料することで足りる（3条1号）[*160]。

次に，行政機関（通報対象事実について処分・勧告等を行う権限を有する機関）への通報の場合は，「通報対象事実が生じ，又はまさに生じようとしていると信ずる

[*158] 前記のとおり（648頁），判例法理としての内部告発法理においては，①目的の公益性，②告発内容の真実性・真実相当性，③内部通報前置および④手段・態様の相当性の各要素を総合考慮して内部告発の正当性が判断されるが，公益通報者保護法が対象とする「公益通報」は，ⓐ図利加害その他不正の目的でないことを要件としつつ，ⓑ行政機関通報について真実相当性を基本的要件に位置づけ，ⓒ外部通報について内部通報前置を基本的要件とする一方，ⓓ手段・態様の相当性を挙げていない（土田＝安間・前掲論文［*137］153頁以下参照）。この公益通報の要件を用いて内部告発の正当性を判断した裁判例として，前掲・神社本庁事件（*24）がある（*139参照）。

[*159] 前掲・ボッシュ事件（*155）。一方，公益通報の目的に取締役社長の排除という個人的目的が含まれていたとしても，それが主要な目的でない一方，公益目的が主要な目的として認定される場合は，「不正の目的」性は否定される（パチンコ店経営会社A社事件・横浜地判令和4・4・14労判1299号38頁）。

[*160] 内部通報（公益通報3条1号）に関する裁判例としては，公益通報該当性を否定した例（ローデンストック・ジャパン事件・東京地判令和3・7・28ジャーナル117号32頁［管理職従業員が行った告発メールにつき，労務提供先ではなくドイツ本社の役員らに送信した事案］）および公益通報を理由とする不利益取扱い該当性を否定した例（前掲・偕行会事件［*120（従業員に対する懲戒解雇手続を公益通報以前の時期に行っていたとの事実を認定）］）がある。

に足りる相当の理由がある場合」とされ（改正前公益通報3条2号），前述した内容の真実相当性（648頁）に相当する要件を設けつつ，内部通報は要件とされてこなかった。一方，2020年改正法は行政機関通報の要件を緩和し，真実相当性がない場合も，労働者・退職労働者が以下の①〜④の事項を記載した書面・電子メールを提出すれば，当該通報対象事実が生じ，またはまさに生じようとしていると思料するだけでも足りるとの規定を設けた（3条2号。①公益通報者の氏名または名称，住所または居所，②通報対象事実の内容，③通報対象事実が生じ，またはまさに生じようとしていると思料する理由，④通報対象事実について法令に基づく措置その他適当な措置がとられるべきと思料する理由）*161。

　これに対し，行政機関以外の第三者（通報対象事実を通報することがその発生または被害の拡大を防止するために必要と認められる者）への通報（外部通報＝判例法理［649頁］上は内部告発に該当）については，内容の真実相当性要件とともに，内部通報が基本とされている*162。ただし，例外として，①内部通報・行政機関通報をすると不利益取扱いを受けると信ずるに足りる相当の理由がある場合，②内部通報をすると証拠隠滅や偽造・変造のおそれがあると信ずるに足りる相当の理由がある場合，③内部通報・行政機関通報をしないことを労務提供先から正当な理由なく求められた場合，④内部通報後，20日を経過しても調査の通知がなく，または正当な理由なく調査が行われない場合，⑤個人の生命または身体に危害が発生し，または発生する急迫の危険があると信ずるに足りる相当の理由がある場合の5つの場合が列挙されてきた。そして，2020年改正法は，外部通報の要件についても緩和し，⑤の保護法益に個人の財産を加える（個人の財産に対する損害が発生し，または発生する急迫の危険があると信ずるに足りる相当の理由がある場合）とともに，⑥公益通報をすれば，会社が公益通報者の情報を漏洩すると信ずるに足りる相当の理由がある場合を追加した（以上，3条3号）。改正前後を通して内部通報前置を基本としており，この点は，企業のコンプライアンスの推進という観点から妥当と解される。

　公益通報者の保護としては，直接雇用労働者の解雇の禁止（解雇は無効とされる。

---

*161　行政機関通報（公益通報3条2号）に関する裁判例としては，パチンコ店におけるパチンコ台の遊技釘の調整について警察署に告発を行ったことを理由とする減給および解雇につき，公益通報該当性を肯定して，公通法3条2号および5条1項に基づき無効と判断した例がある（前掲・パチンコ店経営会社A社事件［*159］）。一方，私立小学校教頭が県に対して学園の財務状況調査や理事の解任を求める告発を行ったことを理由とする解雇につき，内容の真実相当性に相当する要件該当性を否定して有効と判断した例（前掲・学校法人Y事件［*24］）がある。

*162　外部通報（公益通報3条3号）に関する裁判例としては，管理職従業員が行った告発メールにつき，通報対象事実が生じ，またはまさに生じようとしていると信ずるに足りる相当の理由の存在という同号所定の要件充足を否定して公益通報該当性を否定した例がある（前掲・ローデンストック・ジャパン事件［*160］）。

3条柱書)および派遣労働者の労働者派遣契約の解除の禁止（4条）のほか，直接雇用労働者に対する降格，減給その他の不利益取扱いの禁止（5条1項）および派遣労働者の交代を求めることの禁止（5条2項）が定められてきたが，2020年改正により，退職金の不支給が追加された（5条1項――労働者および退職労働者の双方を対象とする）。不利益取扱いについては，降格・減給のほか，懲戒全般や人事異動（配転・出向）など，不利益取扱い全般の禁止を含むものと解される。解雇以外の不利益取扱い禁止違反の効果としては，公益通報者保護法上は直ちに不利益取扱いが無効となるわけではなく，不法行為に基づく損害賠償責任（民709条）が発生するにとどまるが，後述する労契法上の各権利濫用禁止規定によって無効と判断されうる[163]。

また，公益通報者保護法の保護（3条～7条）は，当該公益通報を理由とする解雇その他の不利益取扱いを禁止する他の法令（労基法違反の申告［労基104条2項］等）や，労契法上の権利濫用禁止規定（労契3条5項），解雇権濫用規制（同16条），出向命令権濫用規制（同14条），懲戒権濫用規制（同15条）の適用を妨げるものではなく，それら法令も別途適用されうる（公益通報8条1項～3項）。

(3) 公益通報者（役員）保護の内容　一方，2020年改正により新たに追加された役員については，行政機関通報および外部通報の要件が労働者より加重されている。行政機関通報については，真実相当性の要件に加えて[164]，調査是正措置（善良な管理者と同一の注意をもって，通報対象事実の調査およびその是正のために必要な措置）を講ずるべく努めたことが要件とされている（6条2号イ）。また，外部通報についても，生命・身体・財産に危害のおそれがある場合（前記⑤・⑦）を除いて調査是正措置努力義務が要件とされる（6条3号）。調査是正措置が加重されているのは，取締等役員が会社に対し，善管注意義務・忠実義務（会社355条）という高度の義務を負うとともに，職務執行について大きな権限を有していることによるものと考えられる[165]。

役員の法的保護としては，報酬の減額その他の不利益取扱い（解任を除く）が禁止された（5条3項）ほか，役員を解任された場合の損害賠償規定が設けられた（6条）。役員の解任自体が禁止されていない（無効とされない）のは，企業・役員が高度な信頼関係に基づく委任関係にあるため（民643条），公益通報によって

---

[163] 前掲・パチンコ店経営会社A社事件（*159）は，行政機関通報を理由とする解雇および減給につき，公通法3条2号および5条1項違反に加え，それぞれ解雇事由該当性を欠くことおよび減給の契約上の根拠を欠くことを理由に無効と判断している。

[164] 労働者・退職労働者と異なり，単に通報対象事実が生じ，または生じようとしていると思料するだけでは足りない。

[165] 中野＝小田＝佐藤・前掲解説（*157）10頁。ただし，行政機関通報中，個人の重大な法益侵害の場合は，違反行為を是正する必要があることから，調査是正措置は要件とされていない。

信頼関係が失われているにもかかわらず委任関係を存続させることは適当でないとの理由によるものとされる*166。

(4) **公益通報を理由とする損害賠償義務の免責**　前記のとおり（648頁），内部告発（公通法上は外部通報）は，労働者の場合は誠実義務・守秘義務違反に該当し，役員の場合は善管注意義務違反に該当しうるため，事業者から損害賠償を請求される可能性があり，実際，公通法施行後にはそうした事例が生じていた。このため，2020年改正法は，事業者が公益通報によって損害を受けたことを理由として公益通報者に対して賠償を請求できないとの規定を新設した（7条）。公益通報者保護の観点からは大きな前進であるが，他方，民法の大原則である損害賠償義務（415条・709条）を一律に免責する立法政策には疑問も生じうる。

なお，この免責規定は，事業者の営業機密を漏らしたり，関係者の名誉を毀損したりするなど，公益通報とは無関係に他人の正当な利益を害した場合の損害について一律に免責をすることを定めるものではないとされている*167。

(5) **公益通報対応体制整備義務**　2020年改正前の公通法においては内部通報に対応するための体制整備に係る義務に関する規定が皆無であり，内部通報制度の設計・運用は各企業・法人の自主的取組みに委ねられ，この結果，内部通報制度が適切に導入されない事例や，導入されても形骸化する事例（典型例として，前掲・オリンパス事件［＊154］。557頁参照）が多発していた。そこで，改正法は，従業員301人以上の事業者に対し，公益通報者の保護を図るとともに，公益通報に応じ適切に対応するために必要な体制の整備その他必要な措置をとることを義務づけた（11条2項。従業員300人以下の事業者については努力義務［11条3項］）。

具体的には，指針（令和3年内閣府告示118号）において，①部門横断的な公益通報対応業務を行う体制の整備（ⓐ内部公益通報受付窓口の設置，ⓑ組織の長その他幹部からの独立性の確保に関する措置，ⓒ公益通報対応業務の実施に関する措置，ⓓ公益通報対応業務における利益相反の排除に関する措置），②公益通報者を保護する体制の整備（ⓐ不利益な取扱いの防止に関する措置［不利益取扱いを確認した場合の救済・回復措置，不利益取扱いを行った者に対する懲戒処分その他適切な措置］，ⓑ範囲外共有等の防止に関する措置［通報者に関する守秘義務──内部公益通報に係る範囲外共有の防止措置および範囲外共有が行われた場合の適切な救済・回復措置，通報者の探索に係る防止措置，範囲外共有や通報者の探索を行った労働者・役員に対する懲戒処分その他適切な措置］），③内部公益通報対応体制を実効的に機能させるための措置（ⓐ労働者・役員・退職者に対する教育・周知に関する措置，ⓑ是正措置等の通知に関する措置，ⓒ記録の保管，見直し・改善・運用実績の労働者・役員への開示に係る措置等）等が定められている。企業の法令

---

*166　中野＝小田＝佐藤・前掲解説（＊157）9頁参照。

*167　消費者委員会公益通報者保護専門調査会・前掲報告書（＊157）37頁。2020年改正前の参考裁判例として，AR株式会社事件・東京地判平成19・11・21判時1994号59頁。

遵守（コンプライアンス）の促進および公益通報者保護の上で大きな前進と評価できる。また，この体制整備義務に係る行政的サンクションとしては，公益通報対応体制整備義務に関する内閣総理大臣の報告徴収・助言・指導・勧告（15条）および同義務に違反している事業者に対する勧告に従わない場合の企業名公表（16条）が規定されている。

なお，公益通報対応体制整備義務は公法上の義務であり，義務違反については上記行政措置による是正が予定されているため，直ちに私法上の効果を有するわけではない＊168。ただし，公益通報対応体制整備義務違反が不法行為としての違法性を帯びることは考えられる。すなわち，事業者が公益通報対応体制整備義務を怠った結果，公益通報者に対する不利益取扱いが継続して行われたようなケースでは，行為者の不法行為責任とともに，事業者の不法行為責任（損害賠償責任）が発生しうるものと解される（パワハラ防止措置義務につき，180頁参照）。

また，改正法は，事業者が公益通報対応業務従事者を置くことを義務づける（11条1項）とともに，公益通報対応業務従事者の義務として，正当な理由なく，業務に関して知りえた事項であって公益通報者を特定させる事項を漏らしてはならない義務（守秘義務）を課し（12条），同義務に違反した場合の罰則（30万円以下の罰金）を規定している（21条）。

以上のとおり，公益通報者保護法は，やみくもに公益通報を奨励するのではなく，企業が公益通報対応体制整備義務の実行によって自ら法令遵守（コンプライアンス）に向けた取組みを行うことを促進する趣旨に立っている。一方，公益通報対応体制整備義務の新設によって，法令遵守体制構築義務が著しく強化されたことも明らかである。したがって，企業としては，内部通報制度（公益通報対応体制）を整備し，それを企業不祥事や不正行為の是正に活用することによってコンプライアンスを実行するとともに，企業不祥事の外部流出という法的リスクの最小化を図ることが重要となる（【7-4】参照）。前述したコーポレートガバナンス・コードの原則2-5「内部通報」（653頁）との関係では，改正公通法の公益通報対応体制整備義務は，コードが掲げる内部通報体制整備義務のモデルを提供するとともに，取締役会の内部統制システム構築義務（会社362条4項6号）を形成するものであり，コーポレート・ガバナンスにおいて特筆すべき意義を有するものと考えられる。

【7-4】 労働法コンプライアンスと法的リスク管理──内部通報制度の設計と運用
内部通報制度の制度設計については，いくつかのポイントがある＊169。改正公通法および同法指針の公益通報対応体制整備義務を参考に検討しておこう。

＊168 桑村・前掲論文（＊157）46頁は，公益通報対応体制整備義務に関する私法上の履行請求権を否定している。
＊169 土田・前掲解説（＊152）129頁以下参照。

第1に、内部通報制度の目的を明確化する必要がある。内部通報制度は、決して内部告発や公益通報者保護法の対症療法ではなく、法令遵守（コンプライアンス）を実効化するための制度である。したがって、「コンプライアンス憲章」「行動規範」といった憲章規定を設けてコンプライアンスの理念と取組み体制を確立した上、これら制度と内部通報制度を有機的に関連づけて、内部通報制度をコンプライアンスの実行に不可欠な制度に位置づける必要がある。

第2に、通報窓口については、企業ぐるみや企業トップの不正行為もありうることから、独立性を確保することが必須である。社内窓口に加えて、独立性の高い外部窓口（弁護士事務所等）を設置することが望ましい（公通法指針の上記①ⓐ参照）。社内窓口としては、コンプライアンス室等として一本化する方法と、事項に応じて法務部、人事部、監査室等に区分する方法があり、構成員にも工夫が必要である。

第3に、内部通報のルールとして、通報対象行為（法令違反行為、社内規則違反行為、企業倫理違反行為等）、通報者の範囲（正社員のほか、非正規労働者、退職者も加えることが望ましい）、通報の方法、通報者の個人情報保護（匿名による通報の許容、通報内容の守秘義務）等を規定する必要がある。裁判例では、内部通報を受領したコンプライアンス室窓口が本人同意を得ることなく通報者の個人情報（氏名、通報内容）を第三者（通報事実の関係者等）に開示したことを違法と判断する例が複数存在しており、企業法務にとっての反面教師的事例といえる[170]。この点、改正公通法は、公益通報（者）に係る公益通報対応業務従事者（個人）の守秘義務を定めたが（659頁）、企業法務としては、守秘義務を個人任せにするのではなく、組織として履行すべく万全の体制を構築することが必須となる。

第4に、通報者の保護を図るため、内部通報を理由とする不利益取扱いを禁止するとともに、不利益取扱いの定義（できるだけ広くカバーすることが望ましい）、不利益取扱いを行った者に対する是正命令や懲戒処分を規定する必要がある[171]。

第5に、内部通報に迅速に対応するための体制の整備も重要であり、①事実関係を迅速に調査するための権限、②関係部署の協力義務、③通報者に対する調査の実施・非実施の通知、④調査経過・結果の通知をルール化しておくことが必須である（公通法指針の上記③参照）。③については、公益通報者保護法3条に鑑み、20日以内の通知とするとともに、匿名通報の場合の免責規定を設ける必要がある（後者は④も同じ）。

---

[170] 前掲・オリンパス事件（＊154）、日本マクドナルド事件・大阪高判平成24・6・15ジャーナル8号10頁。

[171] 前述した公通法の指針（658頁）参照。また、コーポレートガバナンス・コード原則2-5「内部通報」に係る補充原則2-5①は、上述した第2・第3・第4のポイントについて、「上場会社は、内部通報に係る体制整備の一環として、経営陣から独立した窓口の設置（例えば、社外取締役と監査役による合議体を窓口とする等）を行うべきであり、また、情報提供者の秘匿と不利益取扱の禁止に関する規律を整備すべきである」としている。

第6に，内部通報が法令違反行為等の是正（コンプライアンス）に結実しなければ意味がないことから，法令違反行為等が事実と確認された場合は，その中止命令，違反行為者に対する懲戒処分等の措置，会社としての是正措置・再発防止措置を明記しておく必要がある（公通法指針の上記②参照）。

　第7に，内部告発のリスクを最小化するため，図利加害目的で内部通報を行った者や，内部通報制度を利用しないまま正当な理由なく法令違反行為等を外部に漏洩した者に対する懲戒規定を設けておくことが適切である。

　なお，近年の裁判例（イビデン事件）[172]は，会社の管理職従業員が請負会社の契約社員に対して行ったつきまとい行為等につき，企業グループ全体で法令遵守体制の一環としてコンプライアンス相談窓口を設けて相談に対応する体制を設けながら，使用者（請負会社）が契約社員の相談に十分対応しなかったことにつき，就業環境に関する労働者の相談に応じて適切に対応すべき労働契約上の付随義務（就業環境相談対応義務）を認めた上，その違反を認定し，債務不履行に基づく損害賠償責任を肯定している。また，同事件は，雇用契約上の使用者でない親会社（グループ統括会社）についても，親会社が自社および子会社等のグループ会社における法令遵守体制を整備し，法令等遵守に関する相談窓口を設け，現に相談対応を行っていたことから，「申出の具体的状況いかんによっては，……当該申出を受け，体制として整備された仕組みの内容，当該申出に係る相談の内容等に応じて適切に対応すべき信義則上の義務を負う場合がある」と判断している（グループ統括会社の責任は否定して，これを肯定した原判決[173]を破棄）。企業の内部通報制度を含む法令遵守体制構築・運営責任を重視しつつ，信義則によって付随義務に位置づけた判断といえよう[174]。

4　懲戒処分の相当性・懲戒手続

(1)　処分の相当性——懲戒権の濫用

　懲戒処分は，労働者に多大な不利益を及ぼすので，労働者の行為が懲戒事由に該当することから直ちに有効となるわけではなく，処分の相当性（実体的規律）や適正手続の規律（手続的規律）に服する（〔狭義の〕懲戒権濫用。621頁）。

　まず，懲戒処分は，労働者の非違行為の程度に照らして相当なものでなけれ

---

[172]　最判平成30・2・15労判1181号5頁。
[173]　イビデン事件・名古屋高判平成28・7・20労判1157号63頁。
[174]　他方，海外子会社から解雇された従業員による親会社内部通報窓口への内部通報につき，親会社が子会社従業員による内部通報に対し，内部通報制度の枠組みの範囲内で適切に対応する信義則上の義務を負うことを肯定しつつ，事実関係に即して義務違反を否定した例もある（イオンフィナンシャルサービス事件・東京地判令和3・10・18ジャーナル121号52頁）。

ばならない。すなわち，懲戒処分は行為と処分とのバランス（比例性）を要求され，それを満たさない処分は懲戒権の濫用として無効となる。いかなる処分を選択するかは，懲戒権者である使用者の裁量に属するが，使用者がこの裁量判断を誤り，不当に重い処分を選択すれば，「使用者の懲戒権の行使は，……就業規則所定の懲戒事由に該当する事実が存在する場合であっても，当該具体的事情の下において，それが客観的に合理的理由を欠き社会通念上相当として是認できないときには，権利の濫用として無効になる」[*175]。前記のとおり，労契法15条は，この懲戒処分の相当性の要件を「社会通念上〔の〕相当性」として立法化したものと解される（621頁）。そして，この処分の相当性が「労働者の行為の性質及び態様その他の事情」に即して検討されることになる。

　労契法15条が定める「労働者の行為の性質及び態様」とは，労働者の行為の態様・動機，業務に及ぼした影響，損害の程度のほか，労働者の態度・情状・処分歴などを意味する[*176]。したがって，非違行為の態様や業務上の支障・損害は，懲戒事由該当性の判断段階で考慮された上，懲戒権濫用の判断段階で，処分の軽重（相当性）を左右する要素として再度審査される。こうして，多くの事案において，労働者の非違行為が懲戒事由該当性を肯定されつつも，諸般の事情を考慮して，重きに失するとして無効とされている。特に懲戒解雇・諭旨解雇については，非違行為の態様や業務上の支障の程度に照らせば，より軽度の処分が相当として懲戒権濫用と判断する例が少なくない[*177]。

　また，労契法15条が定める「その他の事情」としては，懲戒に関する使用

[*175] 前掲・ネスレ日本事件（＊16），同旨，JR東日本［秋田支店］事件・仙台高秋田支判平成4・10・19判タ811号132頁，前掲・首都高速道路公団事件（＊42），与野市社会福祉協議会事件・浦和地判平成10・10・2判タ1008号145頁，前掲・日本リーバ事件（＊67），前掲・日本工業新聞社事件（＊87），前掲・東京医療生協中野総合病院事件（＊56），静岡第一テレビ事件・静岡地判平成17・1・18労判893号135頁，前掲・ジャムコ事件（＊132），前掲・ビーアンドブィ事件（＊20），前掲・学校法人B事件（＊17），前掲・河野臨牀医学研究所事件（＊16），前掲・日本通信事件（＊17），前掲・全国建設厚生年金基金事件（＊117），前掲・JR東海事件東京高判（＊38），前掲・東京メトロ事件（＊20），前掲・キヤノンライフケアソリューションズ事件（＊120），前掲・京王電鉄バス事件（＊54），前掲・A社長野販売事件（＊24），メディアスウィッチ事件・東京地判令和2・9・25ジャーナル106号26頁，前掲・長崎自動車事件（＊48），前掲・神社本庁事件（＊24），前掲・日本郵便事件（＊65），前掲・オハラ樹脂工業事件（＊38）など多数。公務員に関しては，669頁参照。

[*176] 前掲・ビーアンドブィ事件（＊20），前掲・学校法人B事件（＊17），前掲・帝京大学事件（＊25），前掲・目白学園事件（＊45）。前掲・JR東海事件東京高判（＊38）は，本文の判断要素を前提に，酒気帯び状態での勤務の事案における処分量定に関する判断要素を具体化している。懲戒処分の量定の程度については，土田・前掲解説（＊8）134頁も参照。

第2節 懲　戒　663

者側の対応が重要である。労働者の非違行為について，使用者側にも原因がある場合[*178]のほか，懲戒権行使時期の選択の妥当性も問題となる。すなわち，労働者の懲戒事由該当行為（上司への暴力行為）発生後，懲戒処分が可能であったにもかかわらず，警察・検索の捜査の結果を待つという理由で処分を行わず，長期間（7年以上）経過後に諭旨退職処分という重い処分を行うことは，懲戒権行使を長期間留保する合理的理由を否定され，懲戒権濫用とされる[*179]。ま

[*177] 631頁以下の裁判例のほか，日本周遊観光バス事件・大阪地決平成5・12・24労判648号35頁（諭旨解雇），大阪相互タクシー事件・大阪地決平成7・10・24労判692号67頁（懲戒解雇），三洋機械商事事件・東京地判平成9・3・25労判716号82頁（懲戒解雇），前掲・乙山株式会社事件（*121［懲戒解雇］），Y大学事件・札幌地判平成22・11・12労判1023号43頁（諭旨解雇），前掲・骨髄移植推進財団事件（*153［懲戒解雇］），昭和薬科大学事件・東京地判平成25・1・29労判1071号5頁（降格），前掲・社団法人東京都医師会［A病院］事件（*20［出勤停止］），前掲・東京メトロ事件（*20［諭旨解雇］），前掲・東京理科大学事件（*40［停職］），前掲・朝日新聞厚生文化事業団事件（*108［懲戒解雇］），Y大学事件・東京高判平成29・9・7判タ1444号119頁（懲戒解雇），前掲・アストラゼネカ事件（*109［懲戒解雇］），前掲・関東食研事件（*24［懲戒解雇］），ロピア事件・横浜地判令和元・10・10労判1216号5頁（懲戒解雇），富士化学工業事件・大阪地判令和元・12・12ジャーナル96号74頁，前掲・追手門学院事件（*135［懲戒解雇］），梅村学園事件・名古屋地判令和2・10・26ジャーナル107号20頁（懲戒解雇），前掲・PwCあらた有限責任監査法人事件（*12［諭旨解雇］），前掲・長崎自動車事件（*48［出勤停止］），前掲・目白学園事件（*45［出勤停止］），前掲・日本郵便事件（*65［懲戒解雇］），前掲・不動技研工業事件（*24［懲戒解雇］），トヨタモビリティ事件・東京地判令和4・9・2労経速2513号19頁（懲戒解雇），前掲・日本クリーン事件（*75）など。労働者の情状から見て酌量の余地が大きい場合も同様である（保育園児の離脱事故につき，保母が十分反省しているとして7日間の出勤停止処分を懲戒権濫用と判断［前掲・七葉会事件［*37］］）。

[*178] トラック運転手の交通事故を理由とする懲戒解雇につき，安全運転や過労防止に関する会社側の配慮の不十分さにも原因があるとして無効と判断した例（ヤマト運輸事件・大阪地決平成11・3・12労経速1701号24頁），ソースコード不提出およびその提出と引き換えに賃金補塡要求について懲戒事由該当性を認めつつ，会社にも一定の要因があり，懲戒解雇に至る経緯が性急過ぎるとして処分の相当性を否定した例（ソースコード引渡請求反訴事件・東京地判令和元・12・26労タ1493号176頁），労働者の職務懈怠行為を理由とする譴責処分につき，懲戒事由該当性を肯定した上，上司の指示にも問題があったことを踏まえて処分の相当性を否定した例（前掲・全国建設労働組合総連合事件［*33］），前掲*129掲記の情報漏洩を理由とする諭旨退職処分につき，当該行為の態様・目的に加え，会社による情報管理が徹底されていないことを考慮して，実質的に解雇に等しい諭旨退職を選択することは重きに失するとして処分の相当性を否定した例（前掲・日本クリーン事件［*75］）がある。

　以上に対し，前掲・伊藤忠商事事件（*72）は，従業員が会社の重要な機密情報を転職直前に自己の私的領域に保存したことを理由とする懲戒解雇を有効と判断するに際し，会社の情報管理が杜撰であり，情報管理規程どおりに運用されていなかったとの従業員側主張に対し，行為の重大性・悪質性に照らして，処分の相当性に影響しないとして斥けている。

[*179] 前掲・ネスレ日本事件（*16）。同旨，前掲・学校法人B事件（*17）。この点については，福島・前掲論文（*19）261頁以下参照。他方，懲戒事由該当行為（セクシュアル・ハラ

た，懲戒解雇・諭旨解雇といった重い処分については，懲戒解雇の事前に適切な注意・指導を行ったか否か等も使用者の対応として考慮される*180。さらに，懲戒は同種の非違行為について同等のものでなければならず（平等取扱いのルール），他の労働者の処分や過去の処分例（先例）に比べて突出して厳しい処分は懲戒権の濫用とされる*181。

以上のほか，次に述べる制裁罰たる性格に基づく規制（不遡及の原則，一事不再理の原則，非違行為の追加主張の制限）および懲戒の適正手続も，労契法 15 条の適用上は，「その他の事情」として考慮されるものと解される。

(2) 制裁罰たる性格に基づく規制

(ア) 懲戒処分は，刑罰に類似する制裁であるため，刑事法に類する厳格な規制に服する。そもそも懲戒を行うためには，懲戒事由と種別を就業規則に明確に定める必要があり，懲戒事由規定を拡張適用することは許されないし，所定の懲戒手段以外の処分を行うことも許されない（616 頁）。そこでたとえば，就業規則において経歴詐称を理由とする懲戒処分を懲戒解雇・出勤停止または減給に限定している場合は，懲戒の手段はこれらに限定され，譴責がこれらより軽い処分であっても，それを科すことは就業規則違反（懲戒権の根拠の欠如。616 頁）として無効となる*182。

また，懲戒の制裁罰たる性格によれば，①新たに設けた懲戒規定をそれ以前の事案に適用してはならないし（不遡及の原則），②過去に懲戒の対象となった行為について重ねて処分を行うことも許されない（一事不再理の原則ないし二重処分の禁止）*183。他方，①新たな懲戒処分の対象行為が過去における懲戒処分

スメント）から 3 年経過後に行われた懲戒解雇処分について，期間の面からも相当性を失わないと判断した例として，前掲・A 大学事件（*102）。

*180 前掲・クレディ・スイス証券事件（*24），前掲・アストラゼネカ事件（*109），前掲・野村證券事件（*64），前掲・関東食研事件（*24），前掲・常磐大学事件（*48），前掲・ティ・オーオー事件（*86）等。前掲・不動技研工業事件（*24）も参照。前掲*63 参照。

*181 前掲・日本交通事業社事件（*94），前掲・愛知県公立大学法人事件（*102），前掲・南山学園事件（*33），前掲・長崎自動車事件（*48），前掲・全国建設労働組合総連合事件（*33）等。

*182 立川バス事件・東京高判平成 2・7・19 労判 580 号 29 頁。

*183 ①につき，OB ネットワーク事件・東京地判平成 28・3・29 ジャーナル 52 号 45 頁，②につき，平和自動車交通事件・東京地決平成 10・2・6 労判 735 号 47 頁，渡島信用金庫［懲戒解雇］事件・札幌高判平成 13・11・21 労判 823 号 31 頁，WILLER EXPRESS 西日本事件・大阪地判平成 26・10・10 労判 1111 号 17 頁。二重処分禁止違反の否定例として，前掲・プラダジャパン事件（*141［懲戒解雇とそれに先立つ人事権行使としての降格について二重処分

の対象行為を包含するものの，使用者が過去の懲戒処分を撤回して新たな懲戒処分を行った場合や，②過去の懲戒処分の対象行為と新たな懲戒処分の対象行為との間に実質的同一性が認められる場合に，「同一事由を2回以上繰り返したこと」との懲戒事由に該当するとして懲戒処分を行うことは，二重処分の禁止に該当しない[*184]。

(イ) 使用者は，一定の非違行為を理由とする懲戒処分を行った後に，当該懲戒処分をめぐる訴訟において，新たに判明した非違行為を新たに懲戒事由として追加主張することがある。しかし，判例は，懲戒は企業秩序違反行為に対する制裁罰であり，具体的な懲戒の適否は，その理由とされた非違行為との関係で判断されるべきものであるから，「懲戒当時に使用者が認識していなかった非違行為は，特段の事情のない限り，……その存在をもって当該懲戒の有効性を根拠づけることはできない」と判断している[*185]。

もっとも，処分理由とされた事実と同一性のある事実や，密接な関連性をもつ事実の追加主張は，「特段の事情」として許容される。そこでたとえば，労働者の非違行為を理由とする懲戒解雇につき，解雇時に通告した分のほか，判

禁止違反を否定])，前掲・JTB事件（*20[懲戒解雇とそれに先立つ出勤停止命令（自宅待機命令）について二重処分禁止違反を否定])。

[*184] ①につき，前掲・国士舘事件（*33），②につき，前掲・Y社事件（*104）。Y社事件は，上司が部下に対する悪質なパワー・ハラスメントを繰り返し行って厳重注意処分を受けたにもかかわらず，再度他の部下に対するハラスメント行為に及んだことから，「同一事由を2回以上繰り返したこと」に該当するとして行った懲戒解雇を有効と判断している。二重処分の否定例として，前掲・大東建託事件（*55）。二重処分に係る限界事例として，国立大学法人乙大学事件・東京地判平成23・8・9労経速2123号20頁，前掲・A大学事件（*102）。なお，「過去に処分を受けて改悛の見込みがない場合」との懲戒事由に関しては，単に過去の非違行為について改悛（反省）が見られないという理由だけで懲戒の対象とすることは，実質的にその非違行為を対象とするに等しく，一事不再理の原則違反の評価を免れない。したがって，労働者が実際に改悛の情が乏しく，他に各種の非違行為が累積し，将来同様の職場規律違反行為を繰り返すおそれが客観的に存在する場合にのみ発動できると解すべきである。同旨，甲山福祉センター事件・神戸地尼崎支判昭和58・3・17労判412号76頁。

[*185] 山口観光事件・最判平成8・9・26労判708号31頁（土田道夫［判批］ジュリ1139号[1998]206頁）。同旨，中央スポーツクラブ事件・福岡地判平成9・2・12労判714号56頁，前掲・ヒューマントラスト事件（*68），前掲・乙山株式会社事件（*121），ザ・トーカイ事件・東京地判平成26・7・4労判1109号66頁，前掲・常葉学園事件（*24），前掲・住友林業ホームテック事件（*103），前掲・群馬大学事件（*76），前掲・SRA事件（*29），前掲・シークス事件（*117［使用者による非違行為の認識を肯定した例]），富士通商事件・東京地判令和5・7・12ジャーナル144号36頁等。裁判官による詳細な分析として，田中邦治「懲戒事由の追加」労働関係訴訟Ⅰ238頁。

明していない分を含めて懲戒解雇の対象とした場合は，その追加主張が認められる。使用者が懲戒処分時に認識していたものの，多岐にわたるため通告しなかった事実を追加主張することは，「特段の事情」として許される[*186]。

(3) 適正手続

懲戒処分については，就業規則や労働協約で手続的な規制を定めることが多い。労働者本人への弁明の機会の付与，社内の懲戒（賞罰）委員会の開催，労働組合との協議などがあり，それら手続を遵守することは，懲戒権濫用（労契15条）が否定されるための基本的要件となる。すなわち，懲戒は，刑罰に類似する制裁であるから，適正手続の保障（due process）は必須の要請であり，些細なミスを除いて，懲戒手続の瑕疵は懲戒処分の無効原因となる[*187]。

まず，本人に弁明の機会を付与することは最低限必要であり，適正手続の保障の観点から，規定の有無を問わず必要と解される[*188]。弁明機会の保障は実質的に行われる必要があり，使用者側が一方的に事情聴取を行うなど形式的に行うだけでは足りない[*189]。また，懲戒委員会や労使協議の開催も，それらが

[*186] 富士見交通事件・東京高判平成13・9・12労判816号11頁，前掲・ニューロング事件（[*130]）。ただし，懲戒処分時に訴訟に備えて通告事実を控え目にしておき，訴訟時に不意打ち的に処分事実を追加主張することは，「特段の事情」の域を超えるものとして許されないと解すべきである。

[*187] 前掲・群馬大学事件（[*76]）は，懲戒解雇手続につき，手続上の違法があっても，①労働者に悪質または多数の懲戒事由が認められる場合や，②手続上の瑕疵が軽微な違法にとどまる場合は，当該懲戒手続上の瑕疵にかかわらず懲戒解雇は有効と判断するが，②はともかく，①には疑問がある。会社代表者に対する暴行・脅迫を理由とする懲戒解雇につき，弁明の機会を付与しなかったとしても，行為の悪質さに鑑み処分の有効性に影響しないと判断する例（トーア事件・大阪地判平成31・3・7ジャーナル88号35頁），諭旨退職に応ずるか否かの判断期間が短く，退職金額も告げられなかったにもかかわらず，不正行為の悪質さに鑑み処分の有効性に影響しないと判断する例（前掲・JTB事件［[*20]］），事情聴取時に実質的に告知・聴聞の機会を与えられているとして，賞罰委員会において告知と聴聞の機会を与えないまま行われた戒告処分を有効と判断する例（前掲・阪神高速トール大阪事件［[*32]］）にも同様の疑問がある。

[*188] 菅野＝山川671頁，荒木532頁，西谷239頁，水町600頁。裁判例として，前掲・川中島バス事件（[*116]），前掲・日本ボクシングコミッション事件（[*24]），テトラ・コミュニケーションズ事件・東京地判令和3・9・7労経速2464号31頁，前掲・ディーエイチシー事件（[*55]）。懲戒処分の制裁罰たる性格からも同じことがいえる。反対，石嵜編著・前掲書（[*8]）184頁，前掲・海外漁業協力財団事件（[*45]），前掲・ホンダエンジニアリング事件（[*86]）。

[*189] 弁明機会の付与がないことを理由に懲戒解雇無効とした例として，千代田学園事件・東京高判平成16・6・16労判886号93頁，前掲・ティーディーアイ事件（[*24]），前掲・野村證券事件（[*64]），弁明の方法が不適切として懲戒処分無効とした例として，長野油機事件・大阪地決平成6・11・30労判670号36頁，前掲・ビーアンドブィ事件（[*20]），前掲・日本通信事

規定上義務的要件として規定されていれば，それを経由しない処分は懲戒権濫用として無効となる*190。懲戒委員会を形式的に開催したとしても，委員の人選の相当性を欠く場合*191，労働者の行動がどの懲戒事由に該当するかの審議さえ行われていないなど実質的に機能していない場合*192，使用者が懲戒委員会の意見を懲戒処分に反映させていない場合（前掲・常葉学園事件［＊24］）など，適正手続の趣旨に実質的に反している場合は懲戒権濫用とされる。

5 懲戒処分の効果

懲戒処分が客観的に合理的な理由を欠き，社会通念上相当と認められない場合は，当該懲戒は，権利の濫用として無効となる（労契15条）。

件（＊17），一般財団法人年金住宅福祉協会事件・東京地判平成26・2・25労判1101号62頁，前掲・社会福祉法人大磯恒道会事件（＊40），前掲・野村證券事件（＊64），前掲・A社長野販売事件（＊24），明海大学事件・東京地立川支判平成31・3・27ジャーナル88号23頁がある。
　一方，弁明が実質的に行われたことを理由に懲戒解雇を有効とした例として，前掲・小田急電鉄事件（＊66），前掲・ヒューマントラスト事件（＊68），NTT東日本事件（東京地判平成23・3・25労判1032号91頁），前掲・甲社事件・東京地判平成27・11・11（＊139），前掲・ココカラファイン事件（＊120），前掲・まるやま事件（＊25），前掲・国士舘事件（＊33），前掲・東京三協信用金庫事件（＊104），前掲・テレビ東京制作事件（＊98），前掲・横浜国立大学事件（＊89），前掲・伊藤忠商事事件（＊72），前掲・ぱぱす事件（＊120）等がある。なお裁判例では，就業規則に弁明機会の付与規定がないにもかかわらず，使用者が実質的に弁明機会を付与したことにつき，懲戒権濫用を否定する方向に働く事情として考慮した例があり（前掲・X社事件［＊125］），参考となる（土田・前掲解説［＊8］135頁参照）。また，労働者が自ら弁明の機会を放棄したと評価される場合は，弁明機会保障の履行は否定されない（前掲・オハラ樹脂工業事件［＊38］）。
*190　中央林間病院事件（東京地判平成8・7・26労判699号22頁）は，所定の懲戒委員会が開催されず，それに代わる手続も何らとられていないことを理由に懲戒解雇を無効としている。同旨，前掲・千代田学園事件（＊189），前掲・ロピア事件（＊177）。他方，懲戒委員会が開催されていることを理由に懲戒処分有効と判断した例として，前掲・遊楽事件（＊129），前掲・まるやま事件（＊25），前掲・埼玉医科大学事件（＊11），前掲・大塚ウエルネスベンディングほか事件（＊99），前掲・ぱぱす事件（＊120）。また，前掲・NECソリューションイノベータ事件（＊98）は，懲戒委員会に労働組合の代表者が参加していないことのみをもって懲戒手続上の瑕疵を認めることはできないと判断している。
*191　前掲・A社長野販売事件（＊24），前掲・国士舘ほか事件（＊33）。
*192　セイビ事件・東京地決平成23・1・21労判1023号22頁。また，マルハン事件（東京地判令和元・6・26ジャーナル93号36頁）は，会社が従業員のヒアリング結果の報告書をそのまま懲罰委員会に提出したという以外に，従業員からの異議申立てに対する対応を含めて，懲罰委員会においていかなる審議が行われ，どのような判断の下に懲戒解雇処分を行うに至ったのかが明らかでない等として懲戒解雇を無効と判断している。逆に，懲戒処分に係る第三者委員会の構成や手続について公平性を欠くことを否定した例として，前掲・ファミーユ高知事件（＊107）。

また，懲戒が不当と認められる場合，処分の無効に加えて，違法な処分として不法行為（民709条）を成立させることがある。懲戒は，労働者に経済的不利益を与えたり，その名誉・信用を害して精神的苦痛を与える行為であるため，懲戒事由を欠いたり，懲戒権濫用と認められる場合は，同時に不法行為が成立しうるのである[*193]。もっとも，不法行為の成否は個別的に検討する必要があり，使用者が懲戒により，故意・過失によって労働者に対し違法に損害を与えたと認められることを要する。裁判例では，著しく悪質ないし拙速な懲戒処分によって労働者に精神的苦痛を与えた事例[*194]，不当な懲戒解雇の結果，長期にわたって再就職が困難となり，著しい精神的苦痛を被った事例[*195]，正当な内部告発を理由とする報復的懲戒解雇の事例（前掲・大阪いずみ市民生協事件[*138]），使用者が諭旨解雇を労働者にとってより過酷な懲戒解雇に恣意的に切り替えた事例（前掲・群馬大学事件[*76]）等で不法行為が肯定されている[*196]。一方，懲戒が懲戒事由該当性を欠くものの，使用者が該当性ありと判断したことに故意・過失がない場合[*197]，懲戒解雇は処分の相当性を欠くものとして無効である一方，労働者側にも懲戒に値する非違行為（懲戒事由該当行為）等の帰責事由が認められる場合[*198]，懲戒処分の無効確認によって精神的損害を回復できる場合[*199] は違法性が否定される。

[*193] 前掲・日経ビーピー事件（*86），前掲・静岡第一テレビ事件（*175），前掲・東和エンジニアリング事件（*33），前掲・ティーディーアイ事件（*24），前掲・クレディ・スイス証券事件（*24），前掲・野村證券事件（*64），前掲・関東食研事件（*24），前掲・ファミーユ高知事件（*107）。

[*194] 最近では，前掲・関東食研事件（*24），前掲・マルハン事件（*192），日成産業事件・札幌地判令和2・5・26労判1232号32頁，前掲・国士舘ほか事件（*33），前掲・日本カニゼン事件（*96），前掲・テトラ・コミュニケーションズ事件（*188），札幌国際大学事件・札幌地判令和5・2・16労判1293号34頁，前掲・函館バス事件（*107），前掲・聖和福祉会事件（*95a）。

[*195] 前掲・アサヒコーポレーション事件（*117），前掲・WILLER EXPRESS 西日本事件（*183）。

[*196] このほか，悪質な懲戒解雇が不当労働行為（労組7条1号・3号）に該当すると判断されれば，その面から会社の不法行為責任が肯定され，会社代表者（取締役）の対第三者責任（会社429条1項）が肯定される（前掲・函館バス事件[*107]）。

[*197] ブイアイエフ事件・東京地判平成12・3・3労判799号74頁，前掲・学校法人A学院ほか事件（*101）。

[*198] 前掲・富士化学工業事件（*177），前掲・野村證券事件（*64），前掲・専修大学事件（*56），前掲・東和産業事件（*96）。

[*199] 前掲・三和銀行事件（*33），前掲・社団法人東京都医師会［A病院］事件（*20），前掲・愛知県公立大学法人事件（*102），前掲・ファミーユ高知事件（*107）。

また，懲戒処分自体の違法性とは別に，使用者が無効な懲戒処分について労働者名を公表してその名誉・信用を害したケースにおいても不法行為が成立しうる*200。他方，懲戒処分の公表を法人規定に基づいて行い，個人名を特定しないケースでは，名誉毀損の不法行為が否定されている*201【7-5】。

> 【7-5】　公務員の懲戒処分　　(ｱ)　本章で解説したとおり，民間企業労働者の懲戒処分については，懲戒事由該当性・処分の相当性を中心に厳格な司法審査が行われる（労契15条）。これに対し，身分関係が法定され規律される公務員については，民間企業における懲戒権濫用のような実質的審査は行われない。職務と無関係な私生活上の非行についても，民間労働者の場合は，当該行為の性質・情状や労働者の地位・職種等の観点から実質審査が行われるのに対し，公務員の場合は，「全体の奉仕者たるにふさわしくない非行」規定（国公82条1項3号，地公29条1項3号）に基づいて，広く懲戒の対象とされる。公務員の懲戒処分に関する先例である神戸税関事件最判*202は，「公務員につき，国公法に定められた懲戒事由がある場合に，懲戒処分を行うかどうか，懲戒処分を行うときにいかなる処分を選ぶかは，懲戒権者の裁量に任されているものと解すべきであ」り，「懲戒権者が右の裁量権の行使としてした懲戒処分は，それが社会観念上著しく妥当を欠いて裁量権を付与した目的を逸脱し，これを濫用したと認められる場合でない限り，その裁量権の範囲内にあるものとして，違法とならないものというべきである」と判断しており（社会観念審査），これは，公務員の懲戒に対する司法審査の範囲を限定する趣旨と理解されている*203。
> 　近年の判例*204は，この社会観念審査を用いて地方公務員に対する懲戒処分の適法性（懲戒免職に次ぐ重い処分である停職6か月）を肯定する傾向にあり，たとえば，地方公務員（市の単純労務職員）が職場外（コンビニ）において，ただし勤務時間中に女性従業員に対して行ったセクシュアル・ハラスメント行為を理由とする

---

*200　日本航空事件・東京高判平成元・2・27労判541号84頁，前掲・通販新聞社事件（*24），前掲・ロピア事件（*177），前掲・長崎自動車事件（*48），前掲・東和産業事件（*96）。
*201　Y大学事件・東京地判平成30・9・10労経速2368号3頁，鳥取大学事件・広島高松江支判令和元・5・20ジャーナル90号34頁，前掲・スカイコート事件（*22）等。このほか，懲戒手続（事情聴取）の過程で，上司が強迫的要素のある発言を行ったことにつき，その限度で不法行為の成立を認めた例もある（前掲・京王電鉄バス事件［*54（会社の使用者責任も肯定）］）。
*202　最判昭和52・12・20民集31巻7号1101頁（税関職員らが勤務時間内の職場集会，繁忙期の怠業等の争議行為を行ったことを理由とする懲戒免職処分を適法と判断）。懲戒解雇を無効と判断した上，懲戒解雇と育児休業給付金相当額の損害の発生との間の相当因果関係を否定して損害賠償請求を棄却した例として，前掲・福住不動産事件（*25）。
*203　寺田麻佑［判解］平成元年度重判解（2020）39頁参照。
*204　A市事件・最判平成30・11・6判時2413＝2414号22頁。

停職 6 か月の懲戒処分につき，上記一般論（社会観念審査）を適用して，懲戒権を逸脱した違法な処分と判断した原審[205]を破棄して適法と判断している。判旨は，①本件行為は，勤務時間中に市の制服を着用してされたものである上，複数の新聞で報道されるなどしており，市の公務一般に対する住民の信頼を大きく損なったことや，②従業員およびコンビニオーナーが公務員の処罰を望まないとしても，事情聴取の負担や上記店舗の営業への悪影響等を懸念したことによるものであること等の事情を重視しており，懲戒権者の裁量を広く肯定する判断となっている。その後の判例においても，同種の判断例が続いている[206]。近年の下級審を見ても，同様の判断を示す例が多い[207]。一方，人事院は，懲戒権者の広範な裁量を前提としつつも，処分の公平性を担保し，恣意的な処分を防止する趣旨から「懲

[205] 大阪高判平成29・4・26労判1227号27頁。

[206] 最判令和2・7・6判時2472号3頁は，市立中学校の柔道部顧問である教諭が，①部員間のいじめにより受傷した被害生徒に対し，受診に際して医師に自招事故による旨の虚偽の説明をするよう指示したことや，②加害生徒の大会への出場を禁止する旨の校長の職務命令に従わず同生徒を出場させたこと等を理由とする停職6か月の懲戒処分につき，社会観念審査を適用して判断し，原審（大阪高判平成30・11・9判自466号59頁）を破棄して適法と判断している。また，氷見市消防職員事件（最判令和4・6・14労経速2496号3頁）は，別件による停職期間中に正当な理由なく上記暴行の被害者である部下に対して面会を求め，威迫等したこと等を理由とする停職6か月の懲戒処分につき，同人の上記各働き掛けは，懲戒の制度の適正な運用を妨げ，審査請求手続の公正を害する行為に当たり，全体の奉仕者たるにふさわしくない非行に該当する等と判断し，原審（名古屋高金沢支判令和3・2・24労経速2496号7頁）を破棄して適法と判断している（早津裕貴［判批］法時95巻10号「2023」121頁参照）。

[207] 最近の裁判例では，泉北環境整備施設組合事件・大阪地判平成27・1・19労判1124号33頁（事務組合課長の不正アクセス行為等を理由とする停職処分［20日］），名古屋市事件・名古屋地判平成29・3・30判自436号24頁（市職員の飲酒運転を理由とする懲戒免職処分），防府市事件・山口地判平成29・4・19ジャーナル67号28頁（市職員の別姓使用を理由とする戒告処分），長崎県事件・長崎地判令和元・6・11ジャーナル92号34頁（警察官の民間人に対するわいせつ行為を理由とする懲戒免職処分），公立小浜病院組合事件・福井地判令和2・10・7ジャーナル107号26頁（公立病院医師が看護師に対して行った付きまとい行為を理由とする停職処分［3か月］），熊本県事件・熊本地判令和2・11・11ジャーナル108号22頁（教員による児童情報の窃取と報道機関提供を理由とする懲戒免職処分），仙台市事件・仙台地判令和3・3・25ジャーナル112号44頁（市職員の超過勤務手当等不正受給を理由とする懲戒免職処分），大阪府事件・大阪地判令和3・6・30ジャーナル115号26頁（市立小学校教員の窃盗行為を理由とする懲戒免職処分），大津市事件・大津地判令和3・10・14ジャーナル119号34頁（市職員の飲酒運転を理由とする懲戒免職処分），宮城県・県教委事件・仙台高判令和4・5・26労判1297号98頁（県公立高校教員の飲酒運転を理由とする懲戒免職処分［最判令和5・6・27民集77巻5号1049頁で確定］），大阪府・大阪府教委事件・大阪地判令和4・11・7ジャーナル132号54頁（病気休暇の不正取得を理由とする懲戒免職処分），茨木市事件・大阪地判令和5・3・16ジャーナル138号28頁（同僚に対する傷害行為を理由とする懲戒免職処分），神奈川県事件・横浜地判令和5・9・13労経速2540号3頁（暴行・暴言・ハラスメント行為を理由とする懲戒免職処分），大阪府事件・大阪地判令和5・9・28ジャーナル142号32頁（通勤手当不正受給等を理由とする停職処分）等がある。

戒処分の指針について」（平成12年職職68号）を作成・公表し，地方公務員については都道府県が独自に懲戒基準に係る条例を制定し，自衛隊員等の特別公務員についても国が独自の基準を策定していることから，それらの基準に依拠したものとして適法と判断する例も少なくない[*208]。

(イ)　一方，公務員の懲戒について裁量権の濫用を認めた例もある。東京都国旗国歌訴訟[*209]は，教職員に対して国旗掲揚国歌斉唱時に起立斉唱を命ずる職務命令違反を理由とする懲戒処分につき，前掲・神戸税関事件（[*202]）を踏襲して戒告処分を適法としつつ，減給処分については規律保持の必要性と処分による不利益の権衡の観点から処分の選択が社会観念上著しく妥当を欠くとして違法と判断している。また，最近の前掲・京都市事件大阪高判（[*149]）は，市職員が児童虐待事案について市の窓口に公益通報を行う際，当該児童の個人データを持ち出した上，無断で廃棄したことを理由とする停職3日の懲戒処分につき個人データの自宅への持ち出し行為・廃棄行為には問題があるものの，公益通報に付随するものであり，その原因や動機において強く非難すべきとはいえず，悪質性が高いとはいえない一方，職員は事案発覚後に反省しており，懲戒処分歴はなく，勤務態度も熱心と評価されていること等を理由に，重きに失する処分として裁量権濫用と判断している。自衛隊員の懲戒処分につき，国が自衛隊員について策定した前記懲戒処分基準を逸脱した処分として裁量権逸脱による違法を肯定した例もある[*210]。

[*208]　最近では，大阪市事件・大阪地判平成31・3・13ジャーナル89号40頁（交通局職員の通勤費不正受給を理由とする停職処分［10日間］），大阪市事件・大阪地判令和2・10・28ジャーナル107号16頁（交通局職員の密輸入未遂行為を理由とする懲戒免職処分），国・陸上幕僚長事件・東京地判令和4・7・11ジャーナル133号38頁，国・静岡刑務所長事件・東京地判令和6・4・25労経速2553号21頁（セクハラ行為等を理由とする3か月間俸給20％減給処分）等。

[*209]　最判平成24・1・16判時2147号127頁。

[*210]　国・陸上自衛隊第11旅団長事件・札幌地判令和2・11・16労判1244号73頁（自衛隊員の詐欺行為を理由とする懲戒免職処分を違法と判断）。その他の懲戒処分違法判断例として，宝塚市事件・神戸地判平成29・4・26判自433号27頁（消防職員の副業・民間人との間のトラブル等を理由とする懲戒免職処分），徳島市事件・徳島地判令和3・3・24ジャーナル112号46頁（勤務中の暴言等を理由とする1か月の停職処分），西海市事件・長崎地判令和3・10・26ジャーナル121号48頁（市職員の職務怠慢を理由とする減給処分），みよし広域連合事件・高松高判令和4・4・22判自509号63頁（友人が起こした飲酒運転ひき逃げ死亡事故車両に同乗していた部下職員に対する消防長の管理監督義務違反を理由とする戒告処分），糸島市事件・福岡地判令和4・7・29労判1279号5頁（消防職員のハラスメント行為等を理由とする懲戒免職処分），前掲・神奈川県事件（[*207]），長崎県・県教委事件・福岡高判令和6・2・7ジャーナル148号28頁（公立学校教員の虚偽の部活動指導実施報告を理由とする懲戒免職処分），鳥取県・県教委事件・鳥取地判令和6・3・8ジャーナル148号18頁（公立学校教員の児童に対する不適切発言を理由とする1か月停職処分［発言内容から見て相当と解される本件処分を違法と判断した点には疑問がある］）等がある。

第8章
労働契約の展開
──労働者の健康と安全

第1節　健康と安全の保護──労働安全衛生法
第2節　安全配慮義務

　労働者にとって，その生命・健康は何よりも重要な財産（利益）である。一方，労働（仕事）は，生身の人間である労働者が行うものであり，様々な形で労働者の生命・健康を害する危険を内在しているため，そこから労働者を保護することが労働法の重要な課題となる。そうした規律としては，労働安全衛生法による労働災害の事前の防止と，災害が生じた場合の事後的救済の仕組みがあり，後者は，労働者災害補償保険法（労災保険法）による保険給付と，民事損害賠償に分かれる。本書では，労働契約法の観点から労働安全衛生法および労働契約上の安全配慮義務について解説し，労災保険法については割愛する。

第1節　健康と安全の保護──労働安全衛生法

1　労働安全衛生法の意義・基本概念[*1]

　労働安全衛生法（以下「労安衛法」ともいう）は，労基法と相まって，労働災害防止のための基準の確立や，責任体制の明確化および自主的活動の促進など

[*1] 労働安全衛生法に関しては，保原喜志夫＝山口浩一郎＝西村健一郎編『労災保険・安全衛生のすべて』（有斐閣・1998），注釈労基（下）769頁以下［小畑史子］，西村健一郎＝朝生万里子『労災補償とメンタルヘルス』（信山社・2014），有田謙司「安全衛生・労災補償の法政策と法理論」講座再生(3) 203頁，青野覚「職場におけるメンタル・ヘルス不調による精神障害・自殺の補障と予防」講座再生(3) 249頁，大シンポジウム「労働安全衛生法改正の課題」労働136号（2023）所収の諸論文など参照。

の対策を推進することにより,職場における労働者の健康と安全を確保するとともに,快適な職場環境の形成を促進することを目的とする(1条)。そのため,労安衛法は,事業者その他の関係者に対して様々な義務を課し,罰則や労働基準監督による規制を行っている。また,国による労働災害防止計画の策定や事業者への支援措置など,多様な規制システムを講じている点も特色である。

労安衛法にいう「労働災害」とは,「労働者の就業に係る建設物,設備,原材料,ガス,蒸気,粉じん等により,又は作業行動その他業務に起因して,労働者が負傷し,疾病にかかり,又は死亡すること」をいう(2条1号)。突発的な災害のみならず,長期にわたって継続する疾病を含む広い概念であることに注意を要する。また,労安衛法が規制対象とするのは「事業者」(「事業を行う者で,労働者を使用するもの」2条3号)であり,労基法上の「事業主」(10条)および労働契約上の使用者と一致する。事業者は,労働者の健康に配慮して,労働者の従事する作業を適切に管理するよう努めるべき責務を負う(労安衛65条の3)。その上で,労安衛法は,事業者以外の者(請負事業の注文者,機械・原料の製造者など)にも労働災害防止のための措置を義務づけ,労働契約関係の枠を超える規制を行っている(建設物等の注文者,特定事業の仕事の発注者,元請負人など,労働者に対して指揮命令を行う者。3条3項・29条〜32条等)。一方,「労働者」は,労基法上の労働者(労基9条)をいう(労安衛2条2号)。労働者派遣においては,派遣労働者は労働契約関係にない派遣先とも労働契約関係にあるものとみなされ,労安衛法の一定の規定を適用される(労派遣45条)。

2 労働安全衛生法の内容

(1) 安全衛生管理体制

労働災害を防止するためには,企業の自主的な安全衛生管理体制の確立が不可欠である。そこで労安衛法は,そうした体制作りを促進する規律を設けている。すなわち,一定規模・業種の事業場において,安全衛生の最高責任者としての総括安全衛生管理者を設置し,それを補佐する安全管理者,衛生管理者,安全衛生推進者を選任する義務を定める(10条〜12条の2)。また,労働者の健康管理にあたる産業医の選任義務(13条)や,危険度の高い作業につき労働者を指揮する作業主任者の選任義務が課される(14条)。特に近年,メンタルヘルスを含む労働災害の事前防止のニーズが高まるに伴い,産業医の重要性が増している[*2]。また,労使が協力して安全衛生問題を調査審議する機関として安

全委員会，衛生委員会，安全衛生委員会が規定されている（17条～19条）。

(2) 具体的措置

(ア) **危険または健康障害防止の措置**（第4章・第5章）　労安衛法が定める労働災害防止のための具体的義務（措置）としては，労働者の危険・健康障害の防止措置が重要である。具体的には，事業者は，①機械，危険物，電気などのエネルギーから生ずる危険の防止措置（20条），②掘削，採石，荷役等の業務による危険，墜落や土砂崩壊などの危険の防止措置（21条），③原材料・ガス・放射線・高低温・監視作業・排気などによる健康障害の防止措置（22条），④通路・床面・階段等の作業場の保全，換気，採光，保温，防湿など，労働者の健康・風紀・生命の保持のために必要な措置（23条），⑤労働者の作業行動から生ずる労働災害を防止する措置（24条），⑥ボイラーなど特に危険な作業を要する機械に関する検査の義務（37条～41条）などの義務を負う（詳細は，労働安全衛生規則などの諸規則において定められている）。

また，事業者は，労働災害発生の急迫の危険がある場合は，直ちに作業を中止させ，労働者を退避させるなどの措置を講ずる（25条）とともに，一定の事業における二次災害防止のための措置を講ずる義務を負う（25条の2）。

(イ) **安全衛生教育，就業制限**（第6章）　労安衛法が定める労働災害防止の具体的措置としては，労働者の就業時の安全衛生教育（新規雇入れ時および作業内容変更時における安全衛生教育〔59条等〕）と，就業制限（クレーンの運転等の危

---

*2　特に，2018年の労安衛法改正は重要であり，①事業主は産業医に対し，労働者の労働時間に関する情報その他産業医が労働者の健康管理等を適切に行うために必要な情報（健康診断実施後の労働者の健康確保措置〔労安衛66条の5第1項〕，面接指導後の健康管理措置〔同66条の8第5項〕，労働時間の状況から医師による面接指導が必要となりうる労働者の氏名・時間外労働に関する情報〔労安衛則52条の2第1項等〕）を提供すべき義務を負うこと（労安衛13条4項・労安衛則14条の2第1項），②産業医は，労働者の健康確保のために必要と認めるときは，事業者に対して労働者の健康管理等について必要な勧告を行い，事業者はそれを尊重すべきこと（労安衛13条5項），③産業医は，その職務の事項（労安衛則14条1項）について総括安全衛生管理者に対して勧告し，衛生管理者に対して指導・助言できること等が規定された（菅野＝山川519頁以下参照）。産業医に関しては，保原喜志夫「産業医とは何か」保原＝山口＝西村編・前掲書（＊1）56頁，保原喜志夫編『産業医制度の研究』（北海道大学図書刊行会・2003），堀江正知「産業医制度の歴史と新たな役割」前掲・労働（＊1）70頁参照。

メンタルヘルス不調者に対する産業医の不適切な言動を理由とする損害賠償請求を認容した裁判例として，産業医賠償命令事件・大阪地判平成23・10・25労経速2128号3頁，休職中の産業医面談の不実施について安全配慮義務違反を否定した裁判例として，多摩市事件・東京地判令和2・10・8労経速2438号20頁がある。

険業務に関する就業制限〔61条〕，中高年齢者・身体障害者等に関する適正配置努力義務〔62条等〕）も重要である。

(ウ) 健康の保持増進の措置（第7章）　労働災害防止のうち，特に疾病の防止やメンタルヘルスの観点からは，健康診断が重要である。そこで，労安衛法は，事業者に対し，雇入れ時および定期（原則として年1回）の一般健康診断（66条1項）と，一定の有害業務についての特殊健康診断（同条2項）を実施する義務を課している[*3]。また，事業者は，健康診断の結果に基づき，医師の意見を聴き，必要と認めるときは，就業場所の変更，作業の転換，労働時間の短縮，深夜業の回数の減少等の措置を講じなければならない（66条の4・66条の5）。さらに，医師または保健師による保健指導の努力義務（66条の7），長時間労働等により脳・心臓疾患等の健康障害発症のリスクが高まった労働者に対する医師による面接指導（66条の8第1項），健康教育・健康相談（69条），病者の就業禁止（68条）などが規定されている。

加えて，2014年の労安衛法改正により，ストレスチェック制度が創設され，①労働者の心理的負担の程度を把握するための医師・保健師等による検査（ストレスチェック）を事業者に義務づける（66条の10第1項）とともに，②事業者は，検査結果を通知された労働者の希望に応じて医師による面接指導を実施し，その結果，医師の意見を勘案した上で，必要と認めるときは，作業の転換，労働時間の短縮・深夜業の減少その他の適切な措置を講ずる義務を負うこと等が規定された（同条6項）【8-1】。

さらに，2018年労安衛法改正により，産業医による面接指導とそれに基づく健康確保措置の対象者が，従来の週単位時間外労働が1か月100時間超の労働者から1か月80時間を超える労働者に拡大されるとともに，同時期の改正労基法が導入した高度プロフェッショナル制度（労基41条の2〔487頁〕）によって労働する者について，健康管理時間が週40時間を超えた場合であって，1か月100時間を超えた場合も，医師による面接指導と意見具申の対象となること（労安衛66条の8の4）等が規定された。

一方，労働者も健康診断の受診義務を負うが，労安衛法は，事業者が指定し

[*3] 定期一般健康診断の受診費用は事業主負担であることから，当該費用を労働者が自己負担した場合は，事業主は不当利得として返還義務を負う（セヴァ福祉会事件・京都地判令4・5・11労判1268号22頁）。また，会社が従業員宛の封書内の健康診断受診結果を開披したことについてプライバシー侵害の不法行為と判断した例がある（足立通信工業事件・東京地判令和4・12・2ジャーナル134号30頁）。

た医師の診断を希望しない場合は，他の医師の診断を受診できると定め，「医師選択の自由」を規定している（66条5項。面接指導についても同様［66条の8第2項］）[*4]。

(エ) **実効性確保措置** 労安衛法の施行は，労働基準監督署長および監督官が担当する（90条）。また，労安衛法の多くの規定については，違反に関する行政罰が置かれている（115条の2〜121条）。しかし同時に，労安衛法は，労働災害防止に関する企業の取組みを促すためのソフトな行政的規制を多用し，多様な履行確保措置を設けている（国による指針の策定，国による援助，事前の計画届出，一定の事項に関する勧告・指示等）。

このほか，2014年に過労死等防止対策推進法が制定され，過労死等の防止に関する国および地方公共団体の責務（実態調査，教育・広報活動，相談体制の整備）を定める（4条1項・8条〜10条）とともに，事業主に対し，国・地方公共団体の過労死等防止対策に協力すべき努力義務を規定する（4条3項）ほか，同法6条に基づき，毎年『過労死等防止対策白書』が公表されている[*5]。

[*4] 労働者が医師選択の自由を行使して事業主の指定医師以外の医師による健康診断を受診した場合も，その費用は事業主が負担すべきものとされる（前掲・セヴァ福祉会事件［*3］）。

[*5] 労安衛法に基づく国の規制権限の対象については，石綿災害事案について，労働者以外の建設作業従事者を含むことを明らかにした重要な判例がある（建設アスベスト訴訟［神奈川］事件・最判令和3・5・17民集75巻5号1359頁）。判決は，労働大臣が建設現場における石綿関連疾患の発生防止のため，労安衛法57条に基づく規制権限を行使しなかったことにつき，労働者に該当しない者も含む建設作業従事者との関係において国家賠償法1条1項の適用上違法であると判断した。具体的には，労働大臣は昭和50年10月1日には，労安衛法に基づく規制権限を行使して，石綿含有建材から生ずる粉じんを吸入すると重篤な石綿関連疾患を発症する危険があることおよび作業時に適切な防じんマスクを着用する必要があることを掲示するよう指導監督すべきであったところ，上記の規制権限は，労安衛法2条2号所定の労働者を保護するためのみならず，労働者に該当しない建設作業従事者を保護するためにも行使されるべきものであったにもかかわらず，労働大臣が上記規制権限を行使しなかったことは，屋内建設現場作業に従事して石綿粉じんにばく露した者のうち，労働者に該当しない者との関係においても，労安衛法の趣旨・目的や，その権限の性質等に照らし，著しく合理性を欠くものであり国家賠償法1条1項の適用上違法であると判断している（同旨，建設アスベスト訴訟［大阪］事件・最判令和3・5・17労判1268号5頁）。労安衛法に基づく国の規制権限不行使について，労働者以外の作業従事者に対する国家賠償法による救済の途を開いたことには重要な意義があると考えられる（小畑史子「労働安全衛生法57条の規制権限不行使に関する一人親方による国家賠償請求」論究ジュリスト37号［2021］190頁参照）。

他方，屋外建設作業従事者については，判例は，国が問題とされた時期に石綿含有建材から生ずる粉じん吸入による石綿関連疾患発症の危険性を認識できたとはいえないとして，前記掲示を行わなかったことについて国家賠償法の適用上の違法性を否定している（建設アスベスト訴訟［京都］事件・最判令和3・5・17労判1259号33頁）。

【8-1】 **ストレスチェック制度**　ストレスチェック制度によれば，①事業者は，ストレスチェック制度の実施方法に係る衛生委員会の調査審議を経た上で，労働者の心理的負担の程度を把握するための医師・保健師等による検査（ストレスチェック）を行う義務を負う（労安衛66条の10第1項）。また，②事業者は，ストレスチェックを受検した労働者に対して，医師等からその結果を直接本人に通知させなければならず，一方，医師等は，労働者の事前の同意を得ることなく検査結果を事業者に通知してはならない（守秘義務。2項）。その上で，事業者は，③労働者の希望に応じて医師による面接指導を実施し（3項），その結果，医師の意見を聴いた上で，④必要と認めるときは，労働者の実情を考慮して，作業の転換，労働時間の短縮・深夜業の減少その他の適切な措置を講ずるとともに，衛生委員会等に報告する義務を負う（5項・6項）。いずれの義務も，労働契約上の安全配慮義務（使用者が果たすべき「必要な配慮」＝労契5条）を具体的に規律する基準として重要である（700頁参照）[*6]。

なお，上記②によれば，事業者は，ストレスチェックの結果を直接把握できず，結果を入手するためには労働者の同意を要するが，これは，労働者のプライバシー・個人情報の保護を考慮したためである。しかしこれでは，事業者は，労働者の同意がない限りその心身の状況を把握できず，労働災害（メンタルヘルス不調による過労自殺等）の事前防止という労安衛法の趣旨からは問題がある。労働者のプライバシー保護にやや傾き過ぎた制度設計であり，見直しを検討すべきであろう。

3　労働契約との関係

では，労安衛法やそれに付属する安全衛生法令は，労働契約上はいかなる意義を有するのであろうか。これら法令は本来，国に対する使用者（事業者）の義務（公法上の義務）を定めた行政的取締法規であり，法体系上は公法に属する。しかし，労働契約法の観点からは，それらが労働契約にどのように作用し，いかなる私法上の意義と効果を有するかが問題となる。

(1)　労安衛法と労働契約——安全配慮義務の根拠づけ

まず，労安衛法は労働契約上の安全配慮義務の法的根拠として用いられることがある。安全配慮義務は，もともと信義則（民1条2項）に根拠を置き，今日では労契法5条に実定法上の根拠を有する私法上の義務であり，公法に属する労安衛法とは法体系上，交錯しない。しかし同時に，労安衛法は，事業者に

[*6]　青野・前掲論文（*1）272頁参照。

「職場における労働者の安全と健康を確保す」べき責務を課し（3条1項），その内容を詳細に具体化しているため，労契法5条および信義則を補完する機能を有し，安全配慮義務の法的根拠として機能しうる。

判例は，事業者が労働者の健康に配慮して作業を適切に管理するよう努めるべき旨を定めた労安衛法65条の3を引用した上，使用者が「労働者の心身の健康を損なうことがないよう注意する義務」（不法行為法上の注意義務）を負うことを認めており，上記の趣旨で労安衛法に着目しているものといいうる[*7]。労契法制定後の今日では，同法5条を補完する法的根拠ということになろう。

(2) 労安衛法と安全配慮義務の関係

次に，労安衛法は安全配慮義務の内容を具体的に規律する機能を営むことがある。すなわち，裁判例では，使用者の安全配慮義務違反を判断する際に，安全衛生法令が義務内容となると解したり，義務違反の判断に際して斟酌する例が少なくない。この意味で，安全衛生法令は私法上の意義を有しているが，理論的には，この私法的意義をどのように構成すべきかが問題となる。裁判例は，労安衛法がその内容や目的から安全配慮義務の内容となると説くもの（内容説）[*8]と，労安衛法はその性格上，直ちに労働契約内容となるものではないが，安全配慮義務の内容を検討する際に，その基準として十分斟酌すべきであると説くもの（基準説）[*9]に分かれる。学説では，内容説が有力である[*10]が，これ

[*7] 電通事件・最判平成12・3・24民集54巻3号1155頁。692頁参照。同旨の裁判例として，康正産業事件・鹿児島地判平成22・2・16判時1004号77頁，建設技術研究所事件・大阪地判平成24・2・15労判1048号105頁など。労安衛法・労安衛則に基づく事業者の具体的義務を根拠に安全配慮義務違反を肯定する裁判例も見られる（日本総合住生活ほか事件・東京高判平成30・4・26判時1206号46頁［工事作業中に，二丁掛けの安全帯を提供しなかったことにつき，労安衛則518条2項違反に基づく安全配慮義務違反を肯定］）。クレーン等安全規則との関係につき，山崎工業事件・静岡地沼津支判令和2・2・25労判1244号94頁。

[*8] 内外ゴム事件・神戸地判平成2・12・27判タ764号165頁，三菱重工業［振動障害］事件・大阪高判平成11・3・30労判771号62頁，喜楽鉱業事件・大阪地判平成16・3・22労判883号58頁，ジャムコ事件・東京地八王子支判平成17・3・16労判893号65頁など。

[*9] 三菱重工業［難聴1次・2次訴訟］事件・神戸地判昭和59・7・20労判440号75頁，真備学園事件・岡山地判平成6・12・20労判672号42頁，おきぎんビジネスサービス事件・那覇地沖縄支判平成18・4・20労判921号75頁，日鉄鉱業事件・福岡高判平成25・7・17ジャーナル18号24頁，オリエンタルランド事件・千葉地判令和5・12・26ジャーナル146号2頁など。前掲・日本総合住生活ほか事件（*7）は，労安衛法・労安衛則を根拠に事業者の安全配慮義務違反を肯定しているが，その立場が内容説か基準説かは不明である。

[*10] 和田肇「雇傭と安全配慮義務」ジュリ828号（1985）122頁，下森定「国の安全配慮義

を批判して，同法の性格を公法と解することを基本に基準説を説く見解も見られる*11。この見解は，労安衛法が労基法13条に相当する規定をもたないことから同法の契約直律効を否定し，また，私法的権利義務とは異質な行政的規制を多用していることから私法としての性格を否定しつつ，安全配慮義務の内容を判断する際に同法を基準として斟酌することはもとより許されるとして基準説を支持する*12。

私は，基準説を支持する。後述のとおり（688頁），安全配慮義務の具体的内容は，同義務が問題となる具体的状況によって異なるのであり，その結果，安全配慮義務の内容に関して労安衛法が基準として機能することは十分ありうる。たとえば，高血圧症という素因が過重業務によって増悪した労働者については，使用者は労働時間・休憩・休日等について適正な労働条件を確保した上，労働時間・業務の軽減や就労場所の変更等の適切な措置を講ずる義務を負うが（695頁以下），この場合は，労安衛法上の一般健康診断（66条1項）や，それを踏まえた事後措置義務（66条の5）を安全配慮義務の基準として考慮することができるし，またすべきである。しかし一方，労働者が単に高血圧症を有しているというだけで，使用者が労安衛法等を根拠に，健康診断の実施や業務軽減措置を労働契約上の安全配慮義務として負うことはありえない。要するに，労安衛法は，労働者の置かれた具体的状況によって安全配慮義務の解釈基準となりうるが，それを超えて，一般的に労働契約内容となるわけではない。

また，基準説は一見，労働者に不利に見えるが，実際には，安全配慮義務の

務」下森編『安全配慮義務法理の形成と展開』（日本評論社・1988）241頁など。一方，大内51頁は，労働法理論を裁判規範ではなく企業の行為規範として機能させるべきとの新たな観点（同7頁）を踏まえて検討し，企業が，「会社は，労安衛法等の法令を遵守し，従業員の安全衛生の確保と改善のために必要な措置を講ずる」旨の就業規則条項（ブリッジ条項）を設けることによって，労安衛法上の義務（公法上の義務）が労働契約上の義務として組み入れられることを肯定する。

*11　小畑史子「労働安全衛生法規の法的性質(1)」法協112巻2号（1995）243頁，「同(3・完)」法協112巻5号（1995）643頁以下。水町812頁参照。

*12　このほか，労安衛法の規定が業務要因性という事態（労働者の素因や基礎疾病が業務によって増悪すること）を規制対象としているか否かによって区別し，そうした事態を対象とする規定は安全配慮義務の内容となるが，それ以外の規定（たとえば一般健康診断の実施義務［労安衛66条1項］）は本来，労働者自身が自己管理すべき事項に対する事業者の協力義務を規定したものであり，安全配慮義務から区別された不法行為上の注意義務（健康配慮義務）を基礎づけるものと解し，労働契約から切断する見解も見られる（渡辺章「健康配慮義務に関する一考察」花見古稀『労働関係法の国際的潮流』［信山社・2000］78頁以下）。

水準（使用者の安全管理責任）を高める意義を有する。基準説によれば，安全配慮義務違反の成否は，個々の具体的状況の中で判断されるため，使用者が労安衛法等を遵守しているからといって，直ちに安全配慮義務を履行したものと評価されるわけではなく，より高度の義務を課されうるからである。これに対し，労安衛法が契約内容になることを認める内容説によれば，使用者が労安衛法を遵守していれば安全配慮義務を履行したものと評価されるため，安全配慮義務の解釈が形式的となりがちである。この点からも基準説が妥当と解される*13。

(3) 労安衛法違反の業務命令と就労拒絶

使用者が労安衛法を遵守していない場合，労働者は労働義務の履行（使用者の業務命令）を拒否することができるか。労安衛法に規定はないが，労働者の生命・身体に特別の危険を及ぼす労働については，労働義務の範囲外にあるものとして就労を拒絶できると解される*14。問題は，使用者が労安衛法等の安全衛生措置を講じていない場合であるが，この場合も，労働者の生命・身体に対する危険が生じている場合は，労働契約の範囲外にあるものとして労働義務は生じないと解すべきである（同旨，菅野＝山川 521 頁）。この点は，内容説に立つ場合は当然であるが，基準説に立つ場合も，具体的状況の中で，労安衛法違反の就労命令が労働契約の範囲を超えることがあるのは当然と解される【8-2】。

> 【8-2】 健康診断の受診義務　　前記のとおり，労安衛法は，事業者に一般健康診断・特殊健康診断の義務を課す一方，労働者の受診義務を定めている（66条5項）。問題は，この受診義務が労働契約上も労働者の義務となるかであるが，この点も，当該健康診断の内容・目的に即して個別具体的に考えるべきであろう。基準説をとる以上，受診義務が直ちに労働契約内容となるわけではないが，当該健康診断によって確保される法律上の目的と，それによって労働者が被る不利益（主として医的侵襲）を比較衡量の上，前者の目的がより重要と解される場合は，労働者は受診義務を免れないと解される。裁判例では，地方公務員である公立学校の教員につき，学校保健法に基づく健康診断が教職員の保健のみならず，児童生徒の保健にも大きな影響を与えること，その一内容である結核予防法によるエ

---

*13　ただし，内容説に立つ裁判例も，こうした評価を回避するため，労安衛法等の安全衛生法令は安全配慮義務の最低基準となると解している（前掲・喜楽鉱業事件［*8］，前掲・ジャムコ事件［*8］）。学説として，川口 364 頁。
*14　参考判例として，電電公社千代田丸事件・最判昭和 43・12・24 民集 22 巻 13 号 3050 頁。137 頁参照。

ックス線検査が教職員個人の保護に加え，学校における結核の防衛も目的としていることから，結核予防法（7条1項［当時］）および労安衛法66条5項に基づく受診義務を認めた例がある*15が，あくまで個々の健康診断の性格に着目した事例判断と解すべきである。また，「医師選択の自由」が定められていること（労安衛66条5項但書）に注意を要する。なお，2014年導入のストレスチェック制度（同66条の10。678頁）については，労働者は受診義務を負わない。

また，労安衛法上の健康診断に該当しない法定外健診についても，労働者の受診義務が問題となりうる。この点，判例は，電話交換手として勤務し，頸肩腕症候群に罹患した労働者に対し，使用者がその指定する病院における総合精密健診の受診を命じたところ，これを拒否したため戒告処分としたケースにつき，受診義務を定めた健康管理規程は，労働者が労働力の処分を使用者に委ねている趣旨に照らして合理的と解し，医師選択の自由との関係でも，使用者が病院を指定して受診を命じたからといって，労働者が自ら選択した医師による診療を制限することにはならないから，医師選択の自由の制限の問題は生じないと述べ，受診義務を肯定している*16。しかし，本件のような法定外健診については，医師選択の自由をより重視する観点からの批判もありうる*17。

第2節　安全配慮義務

1　安全配慮義務の意義

(1) 意　義

安全配慮義務とは，労働者の生命・健康を労働災害等の危険から保護するよう配慮する義務をいう。労働者の生命・健康は，その最も重要な利益であるため，安全配慮義務は，使用者の付随義務（164頁）の中でも，職場環境配慮義務とともに特に重要な義務を意味する*18。

---

*15　愛知県教育委員会事件・最判平成13・4・26労判804号15頁。
*16　電電公社帯広局事件・最判昭和61・3・13労判470号6頁。
*17　土田・労務指揮権621頁参照。
*18　安全配慮義務に関しては，下森編・前掲書（*10），髙橋眞『安全配慮義務の研究』（成文堂・1992），西村健一郎『労災補償と損害賠償』（一粒社・1988）70頁以下，中嶋士元也『労働関係法の解釈基準（上）』（信山社・1991）251頁以下，宮本健蔵『安全配慮義務と契約責任の拡張』（信山社・1993）117頁以下，品田充儀「使用者の安全・健康配慮義務」講座21世紀

労災事故による負傷や疾病からの救済方法としては労災保険法があり，事業主の無過失責任を前提とする国家管掌の保険制度を定めている。一方，被災労働者や遺族は，この労災保険法とは別に，民事訴訟において使用者の損害賠償責任を追及し，より高額の賠償を得ることができるが，その場合の請求は，過失責任主義をとる民法の一般的要件に服する。使用者の損害賠償責任は，さらに不法行為責任（民709条等）と債務不履行責任（同415条）に分かれるが，安全配慮義務は，債務不履行による損害賠償責任の前提として認められる義務である。学説上はかなり古くから認められており，裁判例においても，昭和40年代中期以降，安全配慮義務違反による債務不履行責任を肯定する下級審裁判例が登場し，1975（昭和50）年，最高裁が公務員に関して，信義則（民1条2項）に基づく安全配慮義務を肯定するに及んで（自衛隊八戸車輌整備工場事件）[*19]，安全配慮義務構成が裁判例の主流を占めるに至っている。

　労働災害による損害賠償責任を安全配慮義務違反（債務不履行）として構成することの意義（不法行為構成に対するメリット）としては，伝統的には次の2点が指摘されてきた。すなわち，①不法行為構成では，過失をはじめとする要件事実のすべてを原告である被災者（労働者）側が立証しなければならないのに対し，債務不履行構成では帰責事由の不存在は債務者（使用者）が立証する。②損害賠償請求権の消滅時効が不法行為では損害および加害者を知った時から

---

(7) 109頁，注釈労基（下）941頁以下［中嶋士元也］，基コメ労基・労契365頁以下［小畑史子］，条文174頁以下［小畑史子］，西村＝朝生・前掲書（＊1）198頁以下，三柴丈典「安全配慮義務の意義・適用範囲」争点128頁，渡邊絹子「安全配慮義務の内容・主張立証責任」争点131頁，大島眞一「安全配慮義務の内容・主張立証責任」労働関係訴訟Ⅱ 659頁，三島聖子「安全配慮義務」労働関係訴訟の実務293頁，三柴丈典「使用者の健康・安全配慮義務」講座再生(3) 273頁，宮本健蔵『続・安全配慮義務と契約責任の拡張』（信山社・2021），注釈労基・労契(2) 267頁［水島郁子］など参照。

[*19] 最判昭和50・2・25民集29巻2号143頁。公務員に関する近年の安全配慮義務事案として，岩手県事件・盛岡地判平成24・10・5労判1066号72頁，福井県・若狭町事件・福井地判令和元・7・10ジャーナル90号2頁（学校長の安全配慮義務違反肯定），石川県事件・金沢地判令和元・7・12ジャーナル92号22頁（安全配慮義務違反否定），京都市事件・大阪地判令和元・11・27ジャーナル96号78頁（安全配慮義務違反否定），長崎市事件・長崎地判令和3・3・9労経速2456号27頁（安全配慮義務違反否定），北海道事件・仙台高判令和3・2・10ジャーナル111号36頁，新潟市事件・新潟地判令和4・3・25ジャーナル127号30頁（安全配慮義務違反肯定），奈良県事件・奈良地判令和4・5・31ジャーナル128号12頁（安全配慮義務違反肯定），大阪府事件・大阪地判令和4・6・28労経速2500号3頁（安全配慮義務違反肯定），国・法務大臣事件・熊本地判令和5・2・7ジャーナル136号38頁（注意義務違反を肯定），静岡県事件・広島高判令和5・2・17ジャーナル136号30頁（安全配慮義務違反肯定），滑川市事件・富山地判令和5・7・5労経速2530号3頁等。

3年である（民724条）のに対し，債務不履行では10年（2017年改正前民166条1項）である（②について前掲・自衛隊八戸車輌整備工場事件［＊19］）。これらのメリットが，安全配慮義務法理の定着をもたらす契機となった。

しかし，2017年の民法改正により，人の生命・身体の侵害による損害賠償請求権の消滅時効期間が設けられ（167条・724条の2），損害賠償請求権の消滅時効は，債務不履行責任・不法行為責任を問わず，主観的起算点の場合は5年，客観的起算点の場合は20年とされ，共通の規律に服することになった。安全配慮義務の内容に鑑みれば，その違反を理由とする損害賠償請求がこの規定の適用を受けることは明らかであり，改正民法の下では，債務不履行構成の時効面でのメリット（上記②）は後退することとなった＊20。反対に，安全配慮義務構成は，以前より，遺族固有の慰謝料が認められない点や，遅延損害金の起算点が債権者による請求後となる点（不法行為構成では損害の発生時）では不法行為構成より被災者にとって不利であると指摘されており，これは民法改正後も同様である。こうした状況・変化に鑑み，労災民事訴訟にどのような影響が及ぶのかが注目される＊21。

(2) 概念・法的根拠・法的性質

(ア) **判例法理**　上記の最高裁判例（自衛隊八戸車輌整備工場事件［＊19］）は，安全配慮義務を「国が公務遂行のために設置すべき場所，施設もしくは器具等の設置管理又は公務員が国もしくは上司の指示のもとに遂行する公務の管理にあたって，公務員の生命及び健康等を危険から保護するよう配慮すべき義務」と定義する（①）。その上で，安全配慮義務は「ある法律関係に基づいて特別な社会的接触に入った当事者間において，当該法律関係の付随義務として当事者の一方又は双方が相手方に対して信義則上負う義務として一般的に認められるべきもの」と述べ（②），さらに，公務員が職務専念義務等の「義務を安ん

＊20　この点については，岡村優希「債権法改正と労働法」土田編・企業法務と労働法69頁以下参照。

＊21　土田道夫「民法（債権法）改正と労働法」季労267号（2019）100頁参照。ただし，近年の労災民事訴訟においては，労働者側は安全配慮義務違反とともに不法行為を主張することが多く，裁判所もこれに応えて，安全配慮義務違反について債務不履行と同時に不法行為が成立すると判断する例が少なくない（692頁参照）。すなわち，債務不履行構成と不法行為構成の差異は希薄化・相対化しつつあり，こうした裁判実務を前提とすれば，改正民法の影響は予想より限定的とも考えられる。

じて誠実に履行するために……必要不可欠」な義務と判示する（③）。このうち②は，安全配慮義務の基本的内容（特別の社会的接触をもつ当事者間で，信義則［民 1 条 2 項］を根拠に，付随義務として認められる義務）を明らかにしたものであるが，特別の社会的接触をもつ当事者間の義務として捉えた点は，安全配慮義務により広い意義を与える意義を有している（直接の契約関係がない当事者間の安全配慮義務につき 726 頁）。一方，①の判断は，公務員の勤務関係の特質（国が公務の場所や施設を設置し，公務員が国等の指示の下に公務を遂行すること）を考慮した判断となっており，③も同様である。

　その後，判例は，民間労働者の労働契約上の安全配慮義務に関しても，使用者が「労働者が労務提供のため設置する場所，設備もしくは器具等を使用し又は使用者の指示のもとに労務を提供する過程において，労働者の生命及び身体等を危険から保護するよう配慮すべき義務」を負うことを明らかにしている（川義事件）[22]。

　(イ)　**法的性質**　　上記のとおり，安全配慮義務は，信義則（民 1 条 2 項）に基づく義務と理解されてきた[23]。この沿革を踏まえると，安全配慮義務の法的性質については，債権関係一般において信義則上生ずる保護義務（相手方の生命・身体・財産的利益を不当に侵害しないよう配慮すべき義務。148 頁）の一つと解することができる[24]。これに対しては，安全配慮義務が労働者・公務員の労務給付義務の履行の前提を成すことを理由に，給付義務と解する見解も見られる[25]。しかし，労働契約は，労務の提供と賃金支払の対価関係を基本とする

---

[22] 最判昭和 59・4・10 民集 38 巻 6 号 557 頁。この判断を継承する近年の裁判例として，山田製作所事件・福岡高判平成 19・10・25 労判 955 号 59 頁，立正佼成会事件・東京高判平成 20・10・22 労経速 2023 号 7 頁，中部電力ほか事件・静岡地判平成 24・3・23 労判 1052 号 42 頁，JR 西日本事件・大阪地判平成 26・12・3 労旬 1844 号 78 頁，前掲・日本総合住生活ほか事件（＊7），日本郵便事件・名古屋地判令和 3・2・26 ジャーナル 111 号 20 頁，前掲・山崎工業事件（＊7），日立パワーソリューションズ事件・横浜地横須賀支判令和 3・8・30 労判 1255 号 39 頁など。

[23] 最近の裁判例では，フルカワほか事件・福岡高判令和元・7・18 労判 1223 号 95 頁，三星化学工業事件・福井地判令和 3・5・11 ジャーナル 113 号 28 頁。

[24] 西村・前掲書（＊18）96 頁，奥田昌道編『注釈民法(10)』（有斐閣・1987）368 頁［北川善太郎］参照。

[25] たとえば，相当の危険防止措置を内容とする通常の安全配慮義務（保護義務）と，相手方の安全確保自体を内容とする安全確保義務（給付義務）を分け，両者の併存を認める見解がある（下森・前掲論文［＊10］239 頁）。また，奥田教授は，契約一般における安全配慮義務につき，相手方の生命・健康等の安全の配慮自体を契約目的とする場合にのみ給付義務となると説く（奥田昌道『債権総論〔増補版〕』［悠々社・1992］167 頁）。

契約であるので（労契6条），安全配慮義務は保護（付随）義務（労働の受領に随伴して労働者の生命・健康を侵害しないよう配慮すべき義務）と解すべきであろう（労務給付拒絶権・履行請求権との関係については723頁以下参照）。

　(ウ)　**労働契約における安全配慮義務の特質**　　もっとも，労働契約上の安全配慮義務については，債権関係一般における保護義務以上の意義，すなわち，労務指揮権に随伴する義務という労働法上の独自の意義を認めることができる。すなわちそれは，労働者が使用者の提供する場所や設備を利用し，その指揮命令に従って労働することから生ずる義務という独自の性格を有すると解される。もともと労働契約においては，労働者は労働義務を「なす債務」として負うため，労務の提供と自己の身体を切り離すことができず，労務提供それ自体が労働者の生命・健康に対する危険を内在している（人格的性格。12頁）。またそこでは，労働者は使用者の指揮命令に従って継続的に労働する義務を負う（労働の他人決定性。8頁）ことから，その生命・危険に対する危険はより著大なものとなる。そうだとすれば，使用者は労務指揮権を行使して労働義務の履行を求める主体として，信義則に基づき，労働遂行に伴う労働者の生命・身体への危険を未然に防止する義務を負うと解すべきである。すなわち，労働契約における安全配慮義務は，労働契約の人格的性格・他人決定的性格・継続的性格からも生ずる義務ということができる[*26]。前掲判例（自衛隊八戸車輌整備工場事件[*19]）が公務員の勤務関係の特質を踏まえ（③），同じく川義事件（*22）が「使用者の指示のもとに労務を提供する過程において」安全配慮義務を認めるのもこの趣旨であろう。これを「労務の管理支配性」ともいう。

　この結果，労働契約における安全配慮義務は，その内容も保護義務一般より高度かつ広範なものとなる。債権関係を支配する信義則（民1条2項）によれば，「労務の管理支配性」によるまでもなく，相手方の生命・身体への侵害を回避すべき義務が当事者間に発生する。しかし，労働契約における安全配慮義務は，この保護義務よりも高度かつ広範な内容を有している。たとえば，売買契約等における保護義務が瑕疵のない正常な物や設備を提供し，それに関する情報を与えることに尽きるのに対し，安全配慮義務は，使用者により広範かつ

---

　　*26　この点，学説では，労働契約における安全配慮義務は，「労務給付の前提条件を整える義務として……労務指揮権の行使に当然随伴する義務」（和田・前掲論文[*10] 122頁）ないし「労務の受領という権利の行使に付随」する義務（髙橋・前掲書[*18] 143頁。同旨，潮見佳男『契約規範の構造と展開』[有斐閣・1991] 159頁）と解する見解があり，妥当と解される。

積極的な作為義務（施設の整備・点検，安全教育・健康管理労働時間・業務軽減措置）を義務づけるものであり，保護義務一般の内容を超えている。また，労安衛法等の安全衛生法令は，労働契約の上記性格を前提に，使用者に多様な安全衛生措置を義務づけているところ，労働契約上の安全配慮義務に関しては，それら法令の規定が解釈基準となる（679頁の基準説）ため，この面からも，安全配慮義務は高度かつ広範なものとなる。要するに，安全配慮義務は，信義則上の保護義務を基礎としつつ，労働契約の特質およびそれを前提とする労働安全衛生法令によって，より高度な義務に転化した義務ということができる[27][28]。

(エ)　**労契法における立法化**　安全配慮義務は，労働者の生命・健康という重要な法益を対象とする一方，当事者の明示の合意や就業規則に根拠を置く義務ではないため，その内容・限界が不明確となりがちであった。そこで，労契法は「総則」に1条を設け，「労働者の安全への配慮」と題して，「使用者は，労働契約に伴い，労働者がその生命，身体等の安全を確保しつつ労働することができるよう，必要な配慮をするものとする」と規定した（労契5条）。

この労契法5条は，判例法上の安全配慮義務を立法化したものである。もっとも，同条は，安全配慮義務の具体的要件・効果を規定するものではなく，「必要な配慮をするものとする」とのやや曖昧な文言を採用しているが，これは，安全配慮義務が労災事故発生後の債務不履行に基づく損害賠償請求を根拠づける義務として形成されてきた概念であり，損害賠償請求を超えて同義務の履行請求が可能かについては裁判例も確立されていないことを考慮したことによるものと解されている[29]。したがって，労契法5条の規定振りは，同条が判例上の安全配慮義務を認知する趣旨の規定であることを妨げるものではない。こうして，安全配慮義務は，信義則（労契3条4項）とともに，労契法5条に実定法上の根拠を有することになった[30]。

[27]　奥田昌道「安全配慮義務」石田・西原・高木還暦（中）『損害賠償法の課題と展望』（日本評論社・1990）23頁以下，鈴木俊晴「フリーランスと安全・健康確保法制についての覚書」島田古稀『働く社会の変容と生活保障の法』（旬報社・2023）526頁参照。土田・労務指揮権499頁以下も参照。

[28]　なお，裁判例の中には，安全配慮義務についてパワー・ハラスメント防止に関する職場環境配慮義務を含ませる例が見られるが，こうした把握は，労働者の生命・健康を対象とする安全配慮義務の概念を拡散する判断として適切でない（171頁参照）。

[29]　荒木＝菅野＝山川93頁，基コメ労基・労契366頁［小畑］参照。

[30]　労契法5条が判例上の安全配慮義務を認知する趣旨であることは，労契法の国会審議において確認されている。「施行通達」（平成20・1・23基発0123004号）も同旨。

とはいえ，労契法5条は抽象的な一般条項にとどまるため，安全配慮義務の内容・限界が不明確となりやすいことに変わりはない。そこで，安全配慮義務の具体的内容を解明し，使用者が果たすべき「必要な配慮」（労契5条）を明確化することが重要な課題となる。それは，労働契約における当事者の権利義務を明確化し，労働契約の適正な運営を促進するという労働契約法の観点からも必須の作業を意味する。

2　基本的内容

安全配慮義務の基本的内容（使用者が果たすべき「必要な配慮」＝労契5条）については，諸説が対立している[*31]。学説では，労働者の生命・身体の安全それ自体を確保すべき高次の義務と把握する見解もあるが，このような結果責任は労災保険制度によって担保されており，損害賠償責任の前提として問題となる安全配慮義務について同様に解することは適切でない。すなわち，安全配慮義務は結果債務ではなく，安全確保の「目標のために種々の措置（手段）を講ずる債務」（手段債務）と解すべきである（菅野＝山川618頁）。

問題は，この「種々の措置（手段）」の内容であり，この点については，①業務の遂行が安全になされるよう使用者として予測しうる危険等を排除しうるに足る物的・人的諸条件を整える義務と解する見解と，②使用者の支配管理を受けて業務に従事する者が業務遂行上，危険の発生を防止するために尽くすべき注意義務を含むとする見解が対立している。この議論は，具体的には，事故・災害型のケースにおいて，使用者の履行補助者が果たすべき注意義務を安全配慮義務の内容に含めるか否かという論点と関連するが，判例は，①説を採用している（690頁参照）[*32]。

3　具体的内容

判例によれば，「安全配慮義務の具体的内容は，労働者の職種，労務内容，労務提供場所等安全配慮義務が問題となる当該具体的状況等によって異なるべきものである」（前掲・川義事件［*22]）。この点は，労契法5条が定める「必要な配慮」についても同様であり，安全配慮義務の内容は個々の事案に応じて判断するほかないが，労働災害の性格ごとに，次のような類型化が可能である。

---

*31　西村・前掲書（*18）99頁参照。
*32　陸上自衛隊331会計隊事件・最判昭和58・5・27民集37巻4号477頁。

(1) 事故・災害型のケース

まず，事故・災害性の労働災害については，①物的環境を整備する義務（ⓐ安全施設の整備・点検義務，ⓑ道具・機器等の安全装備義務，ⓒ労働者に保安上の装備をさせる義務等），②人的配備を適切に行う義務（ⓓ安全監視員の配置義務，ⓔ適任者に機器を使用させる義務），③安全教育・適切な業務指示の義務（ⓕ安全教育等の義務，ⓖ適切な業務指示の義務，ⓗ事故の予防・予後措置義務），④履行補助者によって適切な整備・運転・操縦等をさせる義務，⑤安全衛生法令を遵守する義務等として類型化できる*33。

具体的に見ると，①ⓐでは，工事現場の墜落防止設備の設置義務*34，宿直中の労働者が強盗に刺殺された事件につき，強盗の侵入を防止し，侵入した強盗から危害を免れさせるための物的施設（のぞき窓，インターホン，防犯ベル等）の設置義務（前掲・川義事件［*22］），昇降機稼働に伴う事故を防止する措置を講ずる義務（前掲・日本郵便事件［*22］）が，①ⓑでは，ヘリコプターの墜落事故につき，ヘリコプターの部品の性能を保持し機体の整備を完全にする義務*35が，①ⓑ・③ⓗでは，樹木選定作業中の転落事故につき，一丁掛けの安全帯ではなく二丁掛けの安全帯を使用させ，使用方法を指導する義務（前掲・日本総合住生活ほか事件［*7］）が，①ⓒでは救命胴衣を装着させる義務*36が，それぞれ安全配慮義務の具体的内容とされている。

また，②ⓓでは，労働者の業務用大型自動洗濯機・乾燥機への転落死亡事故につき，管理者による工場内の巡視や緊急時の適切な人員配備の義務*37が，②ⓔでは自動車事故につき，運転者として適任の者を選任する義務*38が義務の内容とされる。さらに，③ⓕ（安全教育・指導）に関する事案は多く，作業中の機械による右前腕切断事故につき，作業上・安全上の注意・説明・指導を行う義務*39，ゴルフ場におけるキャディの安全管理につき，キャディが安全

---

*33 中嶋・前掲書（*18）262頁以下参照。
*34 大成建設・柏倉建設事件・札幌地判昭和53・3・30判時923号104頁，H工務店事件・大阪高判平成20・7・30労判980号81頁，モリモト物流ほか2社事件・大阪高判令和3・12・9ジャーナル122号42頁。第一興商事件・東京高判令和4・6・29判タ1510号176頁も参照。
*35 航空自衛隊芦屋分遣隊事件・最判昭和56・2・16民集35巻1号56頁。
*36 航空自衛隊実験航空隊事件・東京高判昭和57・10・12判タ480号95頁。
*37 Aサプライ事件・東京地八王子支判平成15・12・10労判870号50頁。
*38 前掲・陸上自衛隊331会計隊事件（*32）。
*39 セイシン企業事件・東京高判平成13・3・29労判831号78頁。作業中の事故につき，作

を損なう行動に出ないよう指導する義務[*40]，常時刃が露出している製麺機での作業について必要な安全教育を行う義務[*41]が肯定される。このほか，③⑧では，長時間トラック運転に従事していたトラック運転手が追突事故により死亡したことにつき，運転手の労働時間や運行管理を適正化し，その健康に配慮すべき義務[*42]や，新人研修時の歩行訓練時に転倒した従業員による中断要請を受けて措置を講ずる義務[*43]等が肯定されている【8-3】。

> 【8-3】 安全配慮義務と履行補助者　　安全配慮義務のうち，④の履行補助者については，判例は前記（688頁）の①説に立ち，履行補助者の負う整備・運転・操縦上の注意義務が安全配慮義務の内容になることを否定する[*44]。事案は，自衛隊員が上官の運転ミスによる交通事故で死亡したというものであるが，判旨は，使用者（国）は安全配慮義務として車両の整備義務，運転者として適任の者を選任する義務および安全上の注意を与える義務を負うが，運転者が道路交通法等に基づいて当然に負う通常の注意義務は安全配慮義務の内容となるものではないとして義務違反を否定する。これは，安全配慮義務が労務の管理支配性を根拠とすることから，管理支配性をもつ行為（人的物的諸条件の整備）のみがその内容となると解した上，道交法上の通常の注意義務を安全配慮義務の内容から除外する趣旨といえよう。

業の危険性に関する注意・指導義務を認めた例として，改進社事件・東京地判平成4・9・24労判618号15頁，矢崎部品ほか1社事件・静岡地判平成19・1・24労判939号50頁，種広商店事件・福岡地判平成25・11・13労判1090号84頁，エコファースト事件・東京地判平成28・10・28ジャーナル58号27頁，九電ハイテック事件・福岡地判令和4・3・24ジャーナル127号32頁が，クレーン操縦中の事故について同種の義務を認めた例として，中島興業・中島スチール事件・名古屋地判平成15・8・29労判863号51頁が，精神病院における患者の自傷行為を制止しようとした准看護師が負傷したケースにつき，准看護師に対して患者の監視方法に関する指示を行うべき義務を認めた例として，医療法人社団明照会事件・横浜地相模原支判平成26・8・8ジャーナル33号37頁がある。注意・指導義務の否定例として，昆田食品事件・大阪地判平成28・1・28ジャーナル50号19頁。工場内クレーン車の稼働による労働者の受傷事故につき，クレーン運転手に対する体系的教育を実施しなかったことについて安全配慮義務違反を認めた例として，前掲・山崎工業事件（*7）がある。

[*40]　山陽カンツリー事件・神戸地姫路支判平成11・3・31判時1699号114頁。
[*41]　製麺会社A社事件・旭川地判令和2・8・31労判1247号71頁。
[*42]　協和エンタープライズほか事件・東京地判平成18・4・26労判930号79頁。
[*43]　サニックス事件・広島地福山支判平成30・2・22労判1183号29頁。他方，テーマパークのパレード等に出演する女性従業員につき，会社が重量8kg以上のコスチュームを着用しての業務に従事させてはならない義務や，コスチュームを着用しての演技時間を最大30分とする等の義務を負うことを否定した例として，前掲・オリエンタルランド事件（*9）がある。
[*44]　前掲・陸上自衛隊331会計隊事件（*32）。

この判例に対しては，②説に立つ学説の批判があり，安全配慮義務の根拠を労務の管理支配性に求めることから，直ちにその内容を管理支配行為に限定することには飛躍がある一方，安全配慮義務が労働者の生命・健康という最も重要な法益の保護を目的とする義務であること（前掲・自衛隊八戸車輛整備工場事件［＊19］の①）を考えると，使用者は，安全配慮義務の内容として，機械や自動車等の安全な運転・操縦・整備を行う注意義務を負い，運転手等の履行補助者がその過失によって注意義務に違反した場合は，使用者の安全配慮義務違反を肯定すべきことを説いている[*45]。私は，学説に賛成である。

(2) 職業性疾病のケース

(ア) **概　説**　職業性疾病としては，頸肩腕症候群，呼吸器疾患，腰痛，脳・心臓疾患，有機溶剤中毒，有害物質による疾病などがある。職業性疾病に関する安全配慮義務の具体的内容としては，①疾病・死亡の防止段階における措置義務（有害な化学物質排出の抑制等安全な環境の整備，衛生設備の設置，保護具の装着，安全衛生教育の実施，健康診断の実施，作業環境の測定，メンタルヘルスケア等）と，②疾病増悪の回避段階における措置義務（健康診断結果の労働者への告知義務，医師の意見の聴取義務，軽作業転換義務，労働時間の軽減等の過重負荷抑制義務，メンタルヘルスケア等）に類型化されている[*46]。このうち，過重労働に起因する疾病・死亡のケースについては後述する。

(イ) **有害物質のケース**　裁判例を見ると，有害物質に起因する疾病については，特に，①の防止段階の措置義務が重視されており，たとえば，有機溶剤による中毒死につき，有機溶剤の取扱いに関する指導教育や保護具の着用による防止の義務を肯定した例[*47]，じん肺による死亡事案につき，石綿粉じんの吸入を防ぐための万全の措置を講ずる義務（教育の徹底，防塵マスクの徹底，安全教育の実施等）を肯定した例[*48]，従業員が薬品に暴露しないよう不浸透性作業

[*45]　岩村正彦［判批］ジュリ785号（1983）138頁，和田・前掲論文（＊10）152頁，奥田・前掲論文（＊27）37頁，髙橋・前掲書（＊18）176頁以下，潮見・前掲書（＊26）267頁参照。反対，中嶋・前掲書（＊18）273頁。

[*46]　注釈労基（下）946頁［中嶋士元也］，中嶋士元也「職業性疾病・作業関連疾病と安全配慮義務」前掲・花見古稀（＊12）115頁参照。健康診断結果の告知義務違反の肯定例として，友愛会事件・横浜地判平成27・2・17ジャーナル39号35頁。

[*47]　前掲・喜楽鉱業事件（＊8）。

[*48]　関西保温工業事件・東京高判平成17・4・27労判897号19頁。同旨，渡辺工業事件・大阪地判平成22・4・21労判1016号59頁，前掲・日鉄鉱業事件（＊9），前掲・日立パワーソリューションズ事件（＊22）など。

服の着用等を徹底させる義務を肯定した例（前掲・三星化学工業事件［＊23］）がある＊49。また，②の増悪回避措置義務としては，頸肩腕症候群の再発につき，同症候群の再発の危険のある業務従事の避止ないし当該業務に従事させる場合の配慮義務（頸肩腕の変調があった場合の配置転換の義務等）を肯定した例＊50 や，航空機内装品の燃料試験業務によって発生する有毒化学物質によって健康被害を生じた従業員につき，配置転換によって適切な健康管理を行う義務を肯定した例＊51 がある。労安衛法等の安全衛生法令が労働契約上の安全配慮義務の基準として考慮されることも多い（679頁）。

(3) 過重労働に起因する疾病・死亡のケース――裁判例・学説

(ア) 近年，ホワイトカラーの職務の高度化や長時間労働を背景に，労働者が過重労働に起因して死亡したり，うつ病に罹患して自殺するケース（過労死・過労自殺）が増えており，安全配慮義務違反が争われるケースが登場している。

この点について，判例は，過重業務に起因するうつ病自殺の事案において，「使用者は，その雇用する労働者に従事させる業務を定めてこれを管理するに際し，業務の遂行に伴う疲労や心理的負荷等が過度に蓄積して労働者の心身の健康を損なうことがないよう注意する義務を負う」と判断している（前掲・電通事件［＊7］）。これは，不法行為法上の注意義務に関する判断であり，しかも，直接の注意義務者を指揮監督権限を有する上司と解し，使用者に使用者責任（民715条）を帰責する判断であるが＊52，その後の裁判例は，この注意義務と

＊49 石綿関連疾患に関する共同不法行為（民719条1項）に係る事案として，前掲・建設アスベスト訴訟［神奈川］事件（＊5）は，石綿含有建材を製造販売した建材メーカー各社について，石綿関連疾患にり患した大工らに対し，民法719条1項後段の類推適用により連帯して損害賠償責任を負うと解した上，本件においては，本件被災大工らが受けた石綿粉じんのばく露量は，各自の石綿粉じんのばく露量全体の一部にとどまることから，建材メーカー各社は，こうした事情等を考慮して定まる損害発生に対する寄与度に応じた範囲で損害賠償責任を負うと判断し，大工らが被った各損害の3分の1について連帯して損害賠償責任を負うと判断している。一方，前掲・建設アスベスト訴訟［大阪］事件（＊5）は，屋外建設作業従事者について，建材メーカーにおいて自らの製造販売する石綿含有建材を使用する作業従事者に石綿関連疾患にり患する危険が生じているこを認識することはできないとして不法行為責任を否定している。
＊50 日本メール・オーダー事件・東京地判平成16・7・29労判882号75頁。
＊51 前掲・ジャムコ事件（＊8）。
＊52 その後の不法行為構成による損害賠償請求認容例として，NTT東日本事件・札幌高判平成18・7・20労判922号5頁（会社の使用者責任肯定），アテスト［ニコン熊谷製作所］事件・東京高判平成21・7・28労判990号50頁（会社の使用者責任肯定），フォーカスシステムズ事件・東京高判平成24・3・22労判1051号40頁（会社の使用者責任肯定），エーディーデ

同一内容の義務を労働契約上の安全配慮義務として肯定しており，安全配慮義務に関する判例法理として確立されたものといいうる*53。

ィー事件・大阪高判平成24・7・27労判1062号63頁（代表取締役の不法行為責任［民709条］肯定），岡山県貨物運送事件・仙台高判平成26・6・27労判1100号26頁（会社の使用者責任を肯定しつつ，固有の不法行為責任を否定），社会福祉法人和歌山ひまわり会事件・和歌山地判平成27・8・10労判1136号109頁（会社の使用者責任肯定），ダイヤモンドほか事件・大阪地判平成31・2・26労判1205号81頁（会社の使用者責任肯定），太陽家具百貨店事件・広島高判平成31・3・7労判1211号137頁（会社の不法行為責任肯定），La Tortuga事件・大阪地判令和2・2・21労判1221号47頁（会社代表者の不法行為責任肯定），青森三菱ふそう自動車販売事件・仙台高判令和2・1・28労判1297号147頁（会社の使用者責任肯定），日和住設ほか事件・札幌地判令和3・6・25労判1253号93頁（代表取締役の不法行為責任も肯定），名古屋市ほか事件・名古屋地判令和2・12・7ジャーナル109号28頁（バス運転士の精神障害に起因する焼身自殺を図って死亡したことにつき，市の国家賠償責任を肯定），巖本金属事件・京都地判令和4・8・31ジャーナル130号22頁（会社の不法行為責任肯定），姫路合同貨物自動車事件・神戸地姫路支判令和5・1・30ジャーナル135号36頁（会社の不法行為責任肯定），前掲・国・法務大臣事件（*19［国の国家賠償責任肯定］），丸福石油産業事件・富山地高岡支判令和5・11・29ジャーナル145号16頁（会社および代表取締役らの共同不法行為責任を肯定）。

*53 みくまの農協事件・和歌山地判平成14・2・19労判826号67頁（精神疾患による自殺につき，過大な負担をかけて自殺をすることのないよう注意する義務を肯定），日赤益田赤十字病院事件・広島地判平成15・3・25労判850号64頁（勤務医の自殺につき，業務軽減の義務を否定），南大阪マイホームサービス事件・大阪地堺支判平成15・4・4労判854号64頁（課長の急性心臓死につき，業務軽減の義務を肯定），ジェイ・シー・エム事件・大阪地判平成16・8・30労判881号39頁（アルバイトの虚血性心疾患死につき，適正な労働時間確保の義務を肯定），エージーフーズ事件・京都地判平成17・3・25労判893号18頁（飲食店店長のうつ病自殺につき，軽易業務転換の検討義務を肯定），KYOWA事件・大分地判平成18・6・15労判921号21頁（若年労働者の突然死につき，労働時間の調整や休日付与の義務を肯定），スズキ事件・静岡地浜松支判平成18・10・30労判927号5頁（車体設計グループ課長のうつ病自殺につき，労働時間の把握・管理と業務軽減の義務を肯定），前掲・山田製作所事件（*22［工場の新任リーダーの自殺につき，労働時間の軽減・休業の検討，異動の検討の義務を肯定］），ホテル日航大阪事件・神戸地判平成20・4・10労判974号68頁（従業員の脳出血発症につき，労働時間の短縮や業務軽減の義務を肯定），九電工事件・福岡地判平成21・12・2労判999号14頁（現場監督従事者のうつ病自殺につき，労働時間の実態把握と時間外労働の改善の義務を肯定），名神タクシーほか事件・神戸地尼崎支判平成20・7・29労判976号74頁（高齢タクシー運転手につき，適正な労働時間・休憩・休日確保の義務を肯定），マツダ事件・神戸地姫路支判平成23・2・28労判1026号64頁（購買担当者のうつ病自殺につき，業務体制のフォロー措置を肯定］），前掲・建設技術研究所事件（*7［従業員の精神疾患発症につき，労働時間の短縮や業務軽減の義務を肯定］），萬屋建設事件・前橋地判平成24・9・7労判1062号32頁（従業員のうつ病自殺につき，労働時間の把握・管理と業務軽減の義務を肯定），医療法人雄心会事件・札幌高判平成25・11・21労判1086号22頁（臨床検査技師の自殺につき，時間外労働の削減や超音波検査による心理的負荷を軽減する義務を肯定），サン・チャレンジほか事件・東京地判平成26・11・4労判1109号34頁（飲食店店長のうつ病自殺につき，長時間労働および上司の著しく悪質なパワー・ハラスメントによって心身の健康を損なわないよう

また，近年の判例は，労働者が使用者に対して自己の精神的健康情報を申告していなかった事案につき，労働者のプライバシーに属する情報との判断を前提に，使用者は，労働者からの申告がなくても，その労働環境等に十分な注意

注意する義務を肯定），公立八鹿病院組合ほか事件・広島高松江支判平成 27・3・18 労判 1118 号 25 頁（医師の自殺につき，業務軽減や病院の労働安全委員会策定によるメンタルヘルス方策の実行義務を肯定），仁和寺事件・京都地判平成 28・4・12 労判 1139 号 5 頁（調理人の抑うつ神経症発症につき，調理業務に関する労務管理体制の整備と業務軽減の義務を肯定），山元事件・大阪地判平成 28・11・25 労判 1156 号 50 頁（アルバイト従業員の突然死につき，労働時間調整義務等を肯定），竹屋ほか事件・津地判平成 29・1・30 労判 1160 号 72 頁（店長兼課長代理の過重労働死につき，業務軽減義務を肯定），ゆうちょ銀行事件・徳島地判平成 30・7・9 ジャーナル 80 号 46 頁，ハヤト運輸事件・福岡地判平成 30・2・14 ジャーナル 78 号 46 頁（トラック運転手の心臓疾患につき，労働時間の把握と業務軽減義務を肯定）等。

令和以降の裁判例として，長崎市立病院事件・長崎地判令和元・5・27 労判 1235 号 67 頁（医師の過重労働死につき，業務軽減義務を肯定），前掲・福井県・若狭町事件（＊19［教員のうつ病自殺につき，業務内容調整義務を肯定］），前掲・フルカワほか事件（＊23［従業員の脳梗塞発症につき，業務量調整義務を肯定］），アルゴグラフィックス事件・東京地判令和 2・3・25 労判 1228 号 63 頁（営業部長のくも膜下出血死につき，業務軽減義務を肯定），池一菜果園事件・高松高判令和 2・12・24 判時 2509 号 63 頁（中間管理職の自殺につき，長時間労働による疲労や心理的負荷が過度に蓄積しないよう注意する義務を肯定），サンセイほか事件・東京高判令和 3・1・21 労判 1239 号 28 頁（従業員の脳出血死につき，業務量調整義務を肯定──最決令和 3・12・9 ジャーナル 122 号 40 頁で確定），むつみ福祉会事件・長崎地判令和 3・1・19 ジャーナル 110 号 22 頁（保育士のうつ病自殺につき，業務負荷等の軽減義務を肯定），前掲・北海道事件（＊19［教員のうつ病自殺につき，ハラスメント行為を行った先輩教員に対する指導や同教員との隔離措置義務等を肯定］），まつりほか事件・東京地判令和 3・4・28 判時 1251 号 74 頁（レストラン料理長の過重労働死につき，業務軽減義務を肯定），セーフティ事件・横浜地判令和 4・4・27 ジャーナル 125 号 2 頁（役員付き運転手の過重労働死につき，業務軽減義務を肯定），東京電力ほか 1 社事件・仙台高判令和 4・5・19 ジャーナル 126 号 20 頁（実質的には，原審であるいわきオールほか 2 社事件・福島地いわき支判令和 3・3・30 ジャーナル 112 号 38 頁──従業員の過重労働死につき，業務量調整義務を肯定），MARUWA 事件・名古屋地判令和 4・8・26 ジャーナル 130 号 30 頁（総務部長の急性心筋梗塞死につき，業務量調整義務を肯定），東横イン事件・名古屋地判令和 4・9・29 ジャーナル 130 号 12 頁（支配人補佐のうつ病罹患につき，業務時間・量調整義務を肯定），前掲・足立通信工業事件（＊3［従業員のうつ病罹患につき，業務量調整義務を肯定］），海援隊沖縄事件・那覇地判令和 5・4・25 ジャーナル 140 号 38 頁（居酒屋支店長の自殺につき，労働時間把握義務違反を肯定），宮交ショップアンドレストラン承継人宮崎交通事件・宮崎地判令和 6・5・15 ジャーナル 148 号 6 頁（係長の心停止死亡につき，業務量調整義務を肯定）。

安全配慮義務は，地方公共団体・地方公務員間の関係にも妥当し，その違反は国家賠償法上の違法性の根拠となる。裁判例として，前掲・新潟市事件（＊19），前掲・奈良県事件（＊19），前掲・大阪府事件（＊19），前掲・静岡県事件（＊19），前掲・滑川市事件（＊19），古河市事件・水戸地下妻支判令和 6・2・14 労経速 2547 号 3 頁。先例は，京都市事件・最判平成 23・7・12 判時 2130 号 139 頁（ただし結論は，市立学校教諭らの上司である各校長に教諭らの心身の健康を損なうことがないよう注意すべき義務に違反した過失があることを否定して市の国家賠償責任を否定）など。

を払うべき安全配慮義務を負っており，労働者にとって過重な業務が続く中でその体調の悪化が看取される場合は，本人からの積極的な情報申告が期待し難いことを前提とした上で，必要に応じてその業務を軽減するなど心身の健康への配慮に努める必要があると判断し，本人の申告にかかわらず，業務軽減の安全配慮義務を負うことを明らかにしている（東芝事件）[*54]。

　安全配慮義務の具体的内容に関する裁判例を見ると，前掲・電通事件（[*7]）を踏襲しつつ，「労働時間，休憩時間，休日，休憩場所等について適正な労働条件を確保」し，「健康診断を実施した上，労働者の年齢，健康状態等に応じて従事する作業時間及び内容の軽減，就労場所の変更等適切な措置を採るべき義務」を挙げる裁判例が多い（先例は，システムコンサルタント事件）[*55]。また，過重労働に起因するうつ病自殺の事案については，経験則上，労働者が過重な長時間労働によってうつ病を発症するケースが多いことから，労働時間の適正な管理・把握責任[*56]（裁判例によっては，労働時間管理・把握義務[*57]）を安全配慮義務の内容として肯定し，その懈怠によって安全配慮義務違反を肯定する例が増えている。さらに，労働者が業務に起因して深刻な精神状態に陥った段階で

[*54] 最判平成26・3・24労判1094号22頁。判決は，女性技術者の過重業務に起因するうつ病の発症につき，同人の申出に応じて業務軽減措置を講ずるべきであったと判断している。同旨，前掲・公立八鹿病院組合ほか事件（[*53]），ディーソルNSP事件・福岡地判平成30・12・11労経速2382号12頁。岐阜県厚生農協連事件・岐阜地判平成31・4・19労判1203号20頁も参照。

[*55] 東京高判平成11・7・28労判770号58頁。判決は，使用者は，高血圧症の基礎疾病を有する労働者について，同疾病を増悪させる可能性のある業務に就かせてはならない義務を負うと判断している。同旨の一般論を前提とする判断として，富士保安警備事件・東京地判平成8・3・28労判694号34頁（健康診断の実施・作業軽減の義務を肯定），榎並工務店事件・大阪高判平成15・5・29労判858号93頁（健康診断・過重業務軽減の義務を肯定），関西医科大学事件・大阪高判平成16・7・15労判879号22頁（適切な研修内容に配慮する義務・健康診断の義務を肯定），中の島事件・和歌山地判平成17・4・12労判896号28頁（労働時間の軽減・適切な人員配置義務を肯定），前掲・ホテル日航大阪事件（[*53]），前掲・名神タクシーほか事件（[*53]），グルメ杵屋事件・大阪地判平成21・12・21労判1003号16頁（適正な労働時間・休憩・休日確保の義務を肯定）がある。

[*56] うつ病自殺に関する前掲[*53]，[*55]の裁判例のほか，K社事件・東京高判平成26・4・23労経速2214号3頁（労働時間・休憩・休日等に照らして過重労働とならないよう労務管理権限を発動する義務を肯定）。裁判例の多くは，使用者の安全配慮義務または注意義務の根拠として，前掲・電通事件（[*7]）が掲げた労安衛法の規定のほか，労基法の労働時間規定を掲げている（前掲・電通事件［[*7]］，オーク建設事件・広島高松江支判平成21・6・5労判990号100頁，前掲・フォーカスシステムズ事件［[*52]］，前掲・医療法人雄心会事件［[*53]］など）。

[*57] 前掲・グルメ杵屋事件（[*55]），前掲・萬屋建設事件（[*53]），西日本旅客鉄道事件・大阪地判平成27・3・20ジャーナル40号17頁，前掲・海援隊沖縄事件（[*53]）。

は，労働時間の軽減措置*58 や業務の軽減措置*59 を講じたり，人員配置の見直し*60 や軽易業務への配転*61，異動命令の撤回*62，他部署への異動の検討*63，

*58 前掲*55，*56 の裁判例のほか，川崎製鉄事件・岡山地倉敷支判平成 10・2・23 労判 733 号 13 頁，メディスコーポレーション事件・東京高判平成 23・10・18 労判 1037 号 82 頁，前掲・山元事件（*53），前掲・ハヤト運輸事件（*53），前掲・青森三菱ふそう自動車販売事件（*52），前掲・長崎市立病院事件（*53），前掲・フルカワほか事件（*23），前掲・La Tortuga 事件（*52），前掲・サンセイほか事件（*53），前掲・東京電力ほか 1 社事件（*53），前掲・まつりほか事件（*53），前掲・日和住設ほか事件（*52［三六協定の不締結等労働時間管理体制の不備を指摘］），前掲・セーフティ事件（*53），前掲・東横イン事件（*53），誠馨会事件・千葉地判令 5・2・22 労判 1295 号 24 頁，青森市事件・仙台高判令 5・4・20 ジャーナル 139 号 30 頁，前掲・滑川市事件（*19），国・陸上自衛隊事件・大阪高判令 5・9・6 ジャーナル 142 号 54 頁，前掲・古河市事件（*53），前掲・宮交ショップアンドレストラン承継人宮崎交通事件（*53）など。

*59 前掲*55，*56 の裁判例のほか，前掲・川崎製鉄事件（*58），オタフクソース事件・広島地判平成 12・5・18 労判 783 号 15 頁，岡山県貨物運送事件・仙台高判平成 26・6・27 労判 1100 号 26 頁，サノフィ事件・東京地判平成 28・4・26 ジャーナル 53 号 31 頁，前掲・竹屋ほか事件（*53），前掲・ハヤト運輸事件（*53），前掲・福井県・若狭町事件（*19），前掲・フルカワほか事件（*23），前掲・アルゴグラフィックス事件（*53），前掲・東京電力ほか 1 社事件（*53），前掲・むつみ福祉会事件（*53），前掲・奈良県事件（*19［国賠法 1 条 1 項および民法 415 条に基づく県の損害賠償責任を肯定］），前掲・MARUWA 事件（*53），前掲・大阪府事件（*19），前掲・足立通信工業事件（*3），前掲・静岡県事件（*19），セントラルインターナショナル事件・東京高判令 4・9・22 労判 1304 号 52 頁，前掲・誠馨会事件（*58），前掲・滑川市事件（*19），前掲・宮交ショップアンドレストラン承継人宮崎交通事件（*53）など。

*60 前掲・オタフクソース事件（*59），前掲・中の島事件（*55），JFE スチール［JFE システムズ］事件・東京地判平成 20・12・8 労判 981 号 76 頁，住友電工ツールネット事件・千葉地松戸支判平成 26・8・29 労判 1113 号 32 頁，アンシス・ジャパン事件・東京地判平成 27・3・27 労経速 2251 号 12 頁，豊和事件・大阪地判令 2・3・4 ジャーナル 101 号 36 頁，前掲・岐阜県厚生農協連事件（*54），前掲・長崎市立病院事件（*53），前掲・アルゴグラフィックス事件（*53），前掲・北海道事件（*19），葵宝石事件・東京地判令 4・2・17 ジャーナル 125 号 30 頁など。

*61 前掲・エージーフーズ事件（*53），社会保険庁事件・甲府地判平成 17・9・27 労判 904 号 41 頁，積善会事件・大阪地判平成 19・5・28 労判 942 号 25 頁，前掲・山田製作所事件（*22）。逆に，障害を有する労働者を軽度の業務に従事させている場合に，障害者から業務量の増加等に関する申出があれば対応可能な範囲で対応する義務を安全配慮義務として負うと判断した例もある（食品会社 A 社事件・札幌地判令和元・6・19 労判 1209 号 64 頁）。

*62 ボーダフォン事件（名古屋地判平成 19・1・24 労判 939 号 61 頁）は，異動命令によって労働者の心身の健康が損なわれることを予見できる場合の異動命令の撤回の必要性を説き，A 鉄道事件（広島地判平成 16・3・9 労判 875 号 50 頁），出向の取止めや休暇の検討を行う義務を肯定している。他方，労働者が深刻な精神状態にない場合は，異動命令が直ちに安全配慮義務違反と評価されることはない（出向命令につき，四国化工機ほか 1 社事件・高松高判平成 27・10・30 労判 1133 号 47 頁）。

*63 前掲・ゆうちょ銀行事件（*53），前掲・東京電力ほか 1 社事件（*53）。

休職・休養措置の検討*64，職場における人間関係の改善措置*65 など，必要な措置を講ずべき義務を肯定した例も多い*66。

以上の裁判例を総合すると，過重労働に起因する疾病・死亡事案については，①労働時間・業務状況の把握，②健康診断や日常の観察に基づく心身の健康状態の把握，③適正な労働条件の確保，④労働時間・業務軽減措置の各義務が求められ，「必要な配慮」（労契5条）を構成するといえよう。このうち①・②は，疾病の防止段階（一般的危険の段階）の義務（700頁）に，③・④は疾病の増悪回避段階（特別的危険の段階）の義務に相当する義務といいうる。もっとも，両段階の境界は流動的であり，③・④の措置を講ずるためには，①の労働時間等の把握や②の健康状態の把握が必須となることから，①・②は，両段階において要請される義務といいうる（これに対し，③・④の義務は，原則として憎悪回避段階においてのみ肯定される。699頁）。

(イ)　これに対して使用者は，安全配慮義務の履行として一定の健康管理措置を講じていたことを主張立証することになるが，その多くは成功していない。たとえば，前掲・電通事件（*7）では，使用者は，健康管理センターの設置，深夜宿泊施設の確保，出勤猶予制度，ミニドックでの受診の義務づけ，勤務状況報告書による労働時間の把握等を主張したが，判決は，これら措置の前提となる労働時間管理が労働者からの申告であり，しかも過少申告が常態化していたことから，会社の健康管理措置は実質的に機能していないと判断し，義務の履行を否定している*67。また，前掲・システムコンサルタント事件（*55）で

---

*64　前掲・山田製作所事件（*22），三洋電機サービス事件・東京高判平成14・7・23労判852号73頁（ただし，不法行為上の注意義務としての判断）。

*65　前掲・セントラルインターナショナル事件（*59）。

*66　一方，ある裁判例（新潟市事件・新潟地判令4・11・24労判1290号18頁）は，労働者（地方公務員）にとって比較的困難な業務について，業務の進捗状況を積極的に確認し，必要な指導を行う機会を設ける義務や，係内コミュニケーションを活性化させて同職員が上司に対し積極的に質問しやすい環境を構築すべき義務を安全配慮義務（注意義務）として肯定している。しかし，地方自治体の中堅職員（水道局係長）に対する義務としてこうした義務を法的義務（安全配慮義務）として肯定することには，過度にパターナリスティックな判断として疑問がある。

*67　同旨，前掲・川崎製鉄事件（*58）。労安衛法上の義務を履行せず（産業医の選任），または，形式的には履行しているものの実際に機能していなかったこと（安全衛生委員会や安全衛生管理者の機能不全）から安全配慮義務違反を肯定した例（前掲・榎並工務店事件［*55］）や，保育園が行った保育士の心理的負荷軽減のための臨床心理士によるカウンセリング，上司による個人面談，保育業務量の削減が十分機能しなかったとして安全配慮義務違反を認めた例（前掲・むつみ福祉会事件［*53］）もある。地方公務員事例として，前掲・奈良県事件（*

は，使用者は，労働者が裁量的労働に従事していたことから自己責任の原則を主張したが，判決はこれを斥け，労働者が高血圧症の基礎疾病を有していたことに着目して，それが要治療状態に至ったことが明らかな段階では，本人の申出の有無にかかわらず，症状を増悪させるような精神的・肉体的負担を伴う業務に就かせてはならない義務（業務軽減措置。④）を負うと述べ，義務違反を肯定している[*68]。裁判例は，上記①〜④の義務の十全な履行（制度のみならずその適正な運用）を求めるとともに，健康状態が悪化した労働者については，一般的健康管理措置では不十分と解し，その労働者に関する特別の配慮措置を求めているといえよう[*69]。また，副業・兼職の定着に伴い，副業労働者の健康障害に係る本業先企業の安全配慮義務を肯定する例も登場している[*69a]。

一方，労働者の健康状態が悪化した事実があるとしても，その業務自体の過重性が否定される場合[*70]，労働者の業務状況から見て使用者の業務軽減義務が否定される場合[*71]，使用者が労働者に対する業務軽減義務を履行している

---

19)，前掲・大阪府事件（[*19]）。

[*68] 前掲・エーディーディー事件（[*52]）は，専門業務型裁量労働制の適用対象労働者について同旨を説く。

[*69] このほか，違法な降格やハラスメント行為（残業不許可，約4か月半にわたる仕事の不付与等）によってうつ状態に陥らせたことについて会社の安全配慮義務違反を肯定した例（広島精研工業事件・広島高判令4・3・29ジャーナル126号36頁）や，バス運転士を事故を発生させたバスの運転士として扱い，直ちに警察に出頭させたことで精神障害を発病させるに足りる心理的負荷を与えたとして注意義務違反を認め，市の国家賠償責任を肯定した例（前掲・名古屋市ほか事件［[*52]］）がある。前掲・国・法務大臣事件（[*19]）も参照。

[*69a] 最近の大器キャリアキャスティングほか1社事件（大阪高判令4・10・14労判1283号44頁）は，副業労働者の健康障害に関する本業先の安全配慮義務につき，労働者の本業先・副業先が同一場所にあることから，本業先とは無関係の企業で就労する通常の副業とは異なるとした上，本業先使用者は，自社における労働者の労働時間を把握しており，副業先における就労状況も比較的容易に把握可能であったにもかかわらず，就労状況を把握せず長時間の連続勤務を解消しなかったとして安全配慮義務違反を肯定している。この判断自体は相当であるが，判旨が説くとおり，特殊な副業に関する判断であり，通常の副業（従業員が私的な時間を利用して本業先と無関係の別企業で就労し，本業先が副業の状況を把握することが容易でない場合）における安全配慮義務を射程に収める判断ではない。

[*70] 三菱電機事件・静岡地判平成11・11・25労判786号46頁，みずほトラストシステムズ事件・東京地八王子支判平成18・10・30労判934号46頁，郵便事業事件・東京高判平成23・1・20労経速2099号3頁，なか卯事件・名古屋地半田支判平成25・9・10労経速2192号3頁，アズコムデータセキュリティ事件・東京地判平成26・12・24労経速2235号23頁，ヤマダ電機事件・前橋地高崎支判平成28・5・19労経速2285号3頁，前掲・京都市事件（[*19]），幸福会事件・大阪地判令和3・2・25ジャーナル111号22頁，FIME JAPAN事件・東京地判令和3・5・27ジャーナル115号36頁等。

[*71] 旺文社事件・千葉地判平成8・7・19労判725号78頁，前掲・日赤益田赤十字病院事件

と評価される場合*72は，それぞれ安全配慮義務違反が否定される。ただし，こうした裁判例は，総体としては少数にとどまる*73。

(4) 過重労働に起因する疾病・死亡のケース──検討
 (ア) 特別的危険の段階　　以上のとおり，裁判例は，過重労働による生命・健康への危険が一定の段階（特別的危険）に達した労働者に関しては，安全配慮義務を高度かつ広範な義務として理解している。たしかに，労働契約における安全配慮義務の特質（労働の他人決定性・人格的性格・継続的性格。7頁以下）に加え，使用者が労働者の健康保持によって労働の適正な遂行の確保という利益を得ることを考えると，労働者の危険が特別的危険に至った段階では，この利益に見合った高度の法的責任（①～④の義務［特に③・④］）を肯定すべきであり，裁判例は妥当である。

すなわち，安全配慮義務は，「労働者の生命及び身体等を危険から保護するよう配慮すべき義務」（前掲・川義事件［＊22］）をいうところ，ここにいう危険は，労働者の就労に内在し，被ることが予想される危険（一般的危険＝過重業務・長時間労働）と，その危険が過重業務の長期化や本人の素因（基礎疾病）の増悪によって高度の段階に至った危険（特別的危険）に分けて考えるべきであろう*74。そして，使用者は，特別的危険の段階に至った労働者については，

 (＊53)，北海道銀行事件・札幌地判平成17・1・20労判889号89頁，北海道二十一世紀総合研究所事件・札幌高判令元・12・19労判1222号49頁，前掲・京都市事件（＊19），白鳳ビル事件・東京地判令3・4・23ジャーナル114号30頁，東京福祉バス事件・東京地判令3・6・17ジャーナル117号54頁，愛知県健康づくり振興事業団事件・名古屋地判令6・4・10ジャーナル149号56頁。

*72 富国生命保険事件・東京地八王子支判平成12・11・9労判805号95頁，積水ハウス事件・大阪地判平成27・2・23労経速2248号3頁，前掲・石川県事件（＊19），前掲・長崎市事件（＊19）。

*73 このほか，上司等による暴行・パワー・ハラスメントを防止すべき措置について会社の安全配慮義務を否定した例（マツヤデンキ事件・大阪高判令2・11・13労判1242号33頁）や，通勤に伴う新型コロナウィルス感染の危険を訴える派遣労働者につき，派遣先会社に対して同人を在宅勤務させるよう求めるべき義務を派遣元会社が安全配慮義務として負うことを否定した例（ロバート・ウォルターズ・ジャパン事件・東京地判令3・9・28労判1257号52頁）がある。

*74 もともと安全配慮義務の具体的内容は，「労働者の職種，労務内容，労務提供場所等安全配慮義務が問題となる当該具体的状況等によって異なる」ものである（前掲・川義事件［＊22］．688頁）。労働者の危険を一般的危険と特別的危険に分け，安全配慮義務の内容に軽重を設ける私見は，この解釈に基礎を置いている。

本人の申告や医師の指示の有無等にかかわらず、疾病防止および増悪回避の義務（上記①～④の義務）を負うと解すべきである*75。特別的危険の有無は、労働者の業務・労働時間状況、心身の健康状況、健康診断の結果・専門医の判断・ストレスチェック制度（労安衛66条の10。678頁）等の医学的知見等を勘案して判定すべきであろう*76。特に、ストレスチェック制度によって医師の面談指導を実施された労働者については、必要に応じて作業転換・労働時間の短縮・深夜業の削減等の業務軽減措置の義務の履行が求められ（同条6項）、これが労働契約上の安全配慮義務の内容を規律する基準となる（679頁の基準説）。

　企業としては、医学的知見、メンタルヘルス・マネジメントの知見を踏まえて、労働安全衛生委員会等の機関で具体的基準を策定するとともに、管理者を含む職場全体に周知させる体制を整備し、安全配慮義務を履行する必要がある（取締役の安全配慮義務履行体制構築義務につき、702頁参照）*77。

　(イ)　**一般的危険の段階**　これに対して、労働者の就労に通常伴う（内在する）一般的危険（過重業務・長時間労働）については、上記①～④の義務を安全配慮義務の内容と考えるべきではなく、使用者は、疾病防止段階の義務（①・

---

*75　前掲・東芝事件（*54）参照。ただし、本判決は、労働者によるメンタルヘルス情報の申告が期待し難いとの判断を前提としつつ、労働者が体調不良や業務軽減の申出を一定程度行っていたことを前提に業務軽減措置の義務を認めた判断であることに留意する必要がある。

*76　より具体的には、労働者が健康状態の悪化やうつ状態によって異常な言動を行うようになったり、仕事上のミスや欠勤・遅刻等が通常考えられない程度で頻発するようになった時期以降は、その心身の状況から特別的危険に至ったものと解し、安全配慮義務を肯定すべきである。典型例として、前掲・オタフクソース事件（*59）、前掲・電通事件（*7）、前掲・マツダ事件（*53）、九九プラス事件・東京地立川支判平成23・5・31労判1030号5頁、前掲・住友電工ツールネット事件（*60）、前掲・ゆうちょ銀行事件（*53）、前掲・フルカワほか事件（*23）、前掲・青森三菱ふそう自動車販売事件（*52）、前掲・池一菜果園事件（*53）、前掲・むつみ福祉会事件（*53）、前掲・北海道事件（*19）、前掲・日和住設ほか事件（*52）、前掲・新潟市事件（*19）、前掲・大阪府事件（*19）。

*77　前掲・公立八鹿病院組合ほか事件（*53）は、病院医師の自殺につき、病院の労働安全衛生委員会が自殺後に策定したメンタルヘルス・マネジメントに着目し、それが実行されていれば、同人の自殺を防止できる蓋然性があったものと判断している。また、前掲・奈良県事件（*19）は、県職員の精神障害自殺につき、産業医から産業医面談指導等結果報告書を受領し、これ以上長時間の時間外勤務が生じないよう対策と配慮が必要であるとの意見を提示されたにもかかわらず、県は実効的な時間外勤務軽減措置を講じておらず、その結果、職員は、産業医の面接指導後約6か月にわたり長時間の時間外勤務に従事し、自死に至ったとして国家賠償責任および安全配慮義務違反の責任（民415条）を肯定している。ともに、安全配慮義務の履行体制整備の重要性を教える事例といえよう。前掲・真備学園事件（*9）も参照。学説における検討として、井村真己「安衛法と民事訴訟」前掲・労働（*1）97頁参照。

②）のみを負うと解すべきである。また，特定労働者に対する配慮措置までは履行する必要はなく，従業員全体に関する一般的健康管理措置（697頁）で足りると解される。学説では，使用者が日常的にこうした高度の義務を負うと解する見解もあるが[*78]，そうした解釈は，安全配慮義務を不明確かつ無限定な義務とする（結果債務化する）とともに，かえって労働者の人格の独立性を損ない，キャリア形成の利益を害するおそれがある（業務軽減措置が労働者のキャリアの中断等をもたらすことに注意すべきである）。もちろんこの場合も，使用者は労働者の健康状況や業務状況を把握し（前記①・②），場合によっては，労働時間を中心に適正な労働条件を確保する義務（③）を負うが[*79]，それ以上に，業務軽減措置等の積極的作為義務を負うと考えるべきではない。要するに，安全配慮義務は，労働者一般について，または基礎疾病を有する労働者一般について「過重労働をさせない義務」を内容とする義務ではなく，その射程（使用者の「必要な配慮」［労契5条］）を時期的・段階的に限定すべきである[*80]。この点，前掲・システムコンサルタント事件（*55）は，使用者が高血圧症の基礎疾病を有する労働者一般について業務軽減義務を負うことを否定しつつ，「高血圧が要治療状態に至っていることが明らかな労働者」について義務を肯定しており，妥当と解される[*81]【8-4】【8-5】。

[*78] たとえば，①〜④の義務を敷衍して適正労働条件措置義務，健康管理義務，適正労働配置義務として構成し，危険の程度を問わず具体的安全配慮義務の内容と解する見解があるが（望月浩一郎「過労死と安全配慮義務の履行請求」労働90号［1997］173頁），過度のパターナリズムとして賛成できない。

[*79] ①の措置［労働時間の把握］を講じなかったことを理由に安全配慮義務違反を肯定した例として，前掲・萬屋建設事件（*53）および前掲・海援隊沖縄事件（*53）があり，②の措置（心身の健康状態の把握）・③の措置（改善指導）を怠ったことを理由に安全配慮義務違反を肯定した例として，無洲事件（東京地判平成28・5・30労判1149号72頁）がある。

[*80] ほぼ同旨，品田・前掲論文（*18）122頁。裁判例では，本文で紹介した前掲・システムコンサルタント事件（*55）のほか，医師の精神的ストレスによる自殺につき，同人に遅刻・欠勤や異常な言動等はなく，使用者が業務を休むよう勧める以上に，強制的に業務軽減の措置をとる義務はなかったと判断する例（前掲・日赤益田赤十字病院事件［*53］）がある。

[*81] なお学説では，安全配慮義務の拡大に対抗する解釈として，「健康配慮義務」の概念を認める見解が見られる（水島郁子「ホワイトカラー労働者と使用者の健康配慮義務」日労研492号［2001］33頁）。同説は，業務軽減措置を含む適正労働配置義務を安全配慮義務ではなく健康配慮義務と位置づけた上，健康配慮義務を労働者本人が行う健康保持に協力する義務と解し，使用者は，疾病労働者が業務軽減や配置換えを求めた場合にのみこの義務を負うとの解釈論を展開しており，これによれば，業務軽減措置は安全配慮義務から除外され，裁判例より縮小されることになる。傾聴に値するが，私は，安全配慮義務とは別に健康配慮義務の概念を肯定する必要はないと考える。本文に述べたとおり，労働者の危険が特別の危険に至った場合は，本

(5) 会社法の規律──取締役の対第三者責任

(ア) 概　説　近年には，使用者（法人＝会社）の責任（安全配慮義務，不法行為責任）とは別に，会社の取締役について，安全配慮義務の履行体制構築義務を善管注意義務と解し，その懈怠を理由に，会社法429条に基づく取締役の損害賠償責任を肯定するケースが登場している。すなわち，会社法429条1項によれば，取締役等の役員等が職務を行うについて悪意または重大な過失があったときは，それによって第三者に生じた損害を賠償する責任を負うところ，その中核的要件である任務懈怠は，労働関係法規を含む法令違反行為に関する役員等の善管注意義務を内容とすることから，取締役は，会社に対する善管注意義務として，会社に安全配慮義務（労契5条）を遵守させる義務を負い，これに違反して労働者（第三者）に損害を発生させた場合は，労働者に対して損害賠償責任を負う[*82]。

代表的裁判例として，上場会社の新入社員が大衆割烹店における長時間労働（調理業務）に起因して死亡したことにつき，使用者の責任（安全配慮義務，不法行為責任）を肯定するとともに，取締役についても，「取締役は，会社に対する善管注意義務として，会社が使用者としての安全配慮義務に反して，労働者の生命，健康を損なう事態を招くことのないよう注意する義務を負い，これを懈怠して労働者に損害を与えた場合には会社法429条1項の責任を負う」ところ，代表取締役および各取締役は，労働者の労働状況の認識をもとに労働者の生命・健康を損なうことがないような体制を構築すべき義務を負うにもかかわらず，会社をして労働者の生命・健康を損なうことがない体制を構築させ，長時間勤務による過重労働を抑制させる措置をとらせていたとは認められないとして，悪意または重大な過失による任務懈怠を肯定し，429条1項に基づく損害賠償責任を肯定した例がある（大庄ほか事件）[*83][*84]。

人の申出の有無にかかわらず業務軽減措置等を安全配慮義務の内容として認めるべきであり，同説のように，健康配慮義務の概念を別に認める必要はないと考えるからである。

[*82]　取締役の対第三者責任（会社429条1項）については，伊藤靖史ほか『会社法〔第5版〕』（有斐閣・2021）258頁以下参照。取締役の善管注意義務の対象となる「法令」が，取締役を名宛人とする法令のみならず，会社が業務を行う際に遵守すべきすべての法令を含むとの解釈（非限定説）は，最判平成12・7・7民集54巻6号1767頁（野村證券損失補塡株主代表訴訟）で確立された（伊藤ほか・前掲書245頁参照）。昭和観光事件（大阪地判平成21・1・15労判979号16頁）は，労働法令（労基法37条）が「法令」に含まれることを明言している（第5章*76参照）。

[*83]　大阪高判平成23・5・25労判1033号24頁（天野晋介「安全配慮義務違反と取締役に対す

会社法のこうした規律は，労働災害に遭遇した労働者や遺族に対する法的救済手段を多様化し，その実効性を高めるとともに，取締役に対し，過重労働等の労働法令違反行為を防止する体制の構築・運用を要請する意義を有している[*85]。問題は，使用者が安全配慮義務に違反して労働者を被災させた場合に，何をもって取締役の任務懈怠と解するかであり，①労契法5条違反（安全配慮

る責任追及の可能性」季労236号［2012］154頁，唐津恵一［判批］ジュリ1427号［2011］157頁参照）。判旨は，会社が1か月100時間の時間外労働を6か月にわたって許容する三六協定を締結していたこと，基本給に時間外労働80時間分を組み込む給与体系を採用していたこと，反面，長時間労働の抑制や働き過ぎを避ける健康管理体制を全く構築していなかったことから，会社の取締役らが安全配慮義務履行体制を構築していなかったと判断している。本文で後述する労働時間管理・把握体制や給与体系の整備に係る任務懈怠責任を厳しく指摘した判断といえよう。本判決と同旨の判断として，前掲・南大阪マイホームサービス事件（＊53），前掲・中の島事件（＊55），おかざき事件・大阪高判平成19・1・18労判940号58頁，前掲・名神タクシーほか事件（＊53），前掲・まつりほか事件（＊53）があるが，本判決の判示が最も包括的かつ詳細である。

＊84　労働災害に係る取締役の善管注意義務が株主代表訴訟において問題とされた最初の裁判例として，肥後銀行事件（福岡高判令4・3・4金法2190号94頁）が挙げられる。事案は，持株会社の株主が，同人の亡夫であり事業会社である銀行の従業員であった者が業務に起因して自殺した結果，銀行が同人等に対する損害賠償金等を支払うとともに，法令遵守が重視される銀行としての信用が損なわれたことによる損害を被ったのは，銀行の取締役らが従業員の労働時間管理体制の構築に係る善管注意義務を懈怠したためであると主張して，取締役らに対し，旧株主による株主代表訴訟（会社847条の2・423条1項）によって損害賠償を請求したというものである。
　判決は，①銀行は，従業員の労働時間管理に係る体制が一部適切に運用されなかったり，相当な長時間労働を行っている従業員が発見された場合はその実態を把握するとともに，その改善のための調査・改善計画の策定を行うなど必要な施策を複数行っていたことによれば，銀行における労働時間管理に係る体制や施策は相応の合理性を有し，当時の他の民間企業の状況等と比較しても遜色のないものであったこと，②取締役らが労働時間管理に係る内部統制システムの構築・運用のために行っていた情報収集や分析等が不合理なものであったとはいえず，また，その判断過程および判断内容に明らかに不合理な点があったものともいえないこと等から，取締役らの内部統制システム構築・運用義務に違反したとはいえないとして請求を棄却している。②は，取締役の善管注意義務に係る会社法上の経営判断原則を労働事件（労災事件）において正面から肯定した判断であるが，後述するとおり（＊92），疑問がある。
＊85　取締役の対第三者責任と，使用者の損害賠償責任は，不真正連帯債務の関係に立つものと解される（前掲・フルカワほか事件［＊23］）。他方，取締役は，労働者の疾病・死亡について，直ちに民法709条に基づく一般的不法行為責任を負うわけではない。特に，大企業（上場会社）においては，取締役が個々の労働者の労働時間等を管理・把握する立場にはなく，労働時間・業務軽減措置を講ずることは困難であるため，一般的不法行為責任は原則として否定されるものと解する（同旨，大庄ほか事件［1審］・京都地判平成22・5・25労判1011号35頁）。この点，前掲・大庄ほか事件（＊83）は，取締役の対第三者責任を認めることを根拠に，直ちに一般的不法行為責任を肯定しているが，疑問がある（同旨，天野・前掲論文［＊83］164頁）。

義務違反）という法令違反行為を任務懈怠と捉える考え方と、②前掲・大庄ほか事件（＊83）が説くように、会社をして安全配慮義務に違反させないよう注意する義務＝安全配慮義務履行体制構築義務（善管注意義務）への違反を任務懈怠と捉える考え方がありうる。

①説・②説の対立は、取締役の任務懈怠の要件に関する会社法学上の二元説と一元説の対立に基礎を置く[*86]が、①説によれば、会社および取締役の法令違反（安全配慮義務［労契5条］違反）が認定されれば、安全配慮義務履行体制の構築に係る取締役の具体的取組みにかかわらず任務懈怠が肯定される点で善管注意義務を結果債務化し、手段債務としての性格と齟齬を来す（ただし、取締役側で帰責事由［悪意・重過失］がないことを主張立証すれば免責されうる）一方、任務懈怠の証明においては、労働者・遺族は法令違反の事実を証明すれば足り、取締役側で帰責事由（悪意・重過失）がないことを示す事実を主張立証しなければならないため、被害者保護に厚いというメリットがある[*87]。これに対し、②説は、善管注意義務の手段債務としての性格と整合的である一方、任務懈怠の証明においては、労働者・遺族が法令違反の主張に加えて取締役の善管注意義務違反に係る主張立証責任を負うことから、被害者保護の面では問題がある。多数裁判例は、二元説・一元説に言及することなく②説を採用しており[*88]、本書も②説に依拠して解説するが、理論的には上記のような問題点があることに留意する必要がある。

　(イ)　**安全配慮義務履行体制構築義務の根拠・内容**　では、そもそも取締役

[*86] 二元説は、取締役の任務懈怠について、法令違反類型とそれ以外の類型を区分し、法令違反類型については、法令遵守を重視する観点から、法令に違反したという事実が直ちに任務懈怠を構成する（ただし、取締役が法令違反について帰責事由［故意・過失］の不存在を立証すれば免責される）と説く立場であり、これに対して一元説は、取締役の善管注意義務を「法令を遵守して行動する義務」ではなく、「会社が法令に違反して行動することを防止する義務」と理解し、法令違反行為が直ちに任務懈怠の要件を充足することを否定して、任務懈怠の要件事実を一元化する立場である（潮見佳男「民法から見た取締役の義務と責任」商事法務1740号［2005］38頁参照）。判例（前掲・野村證券損失補塡株主代表訴訟［＊82］）は二元説を採用しているが、労働災害事案に関する裁判例は、本文のとおり、二元説・一元説に言及することなく②説を採用している。

[*87] 田中亘『会社法〔第4版〕』（東京大学出版会・2023）297頁以下参照。

[*88] 前掲・サン・チャレンジほか事件（＊53）、前掲・竹屋ほか事件（＊53）、前掲・フルカワほか事件（＊23）、前掲・池一菜果園事件（＊53）、前掲・サンセイほか事件（＊53）、前掲・東京電力ほか1社事件（＊53）、前掲・肥後銀行事件（＊84）。②説に立つ学説として、天野晋介「会社法と労働法③――取締役の責任」土田編・企業法務と労働法164頁以下、土田〔第2版〕533頁。

が善管注意義務として安全配慮義務履行体制構築義務を負う根拠は何か。この点について，裁判例は，会社の運営にとって労使関係が不可欠であることに根拠を求めてきたが[*89]，労契法5条が施行された今日では，労使関係の不可欠性とともに，同条の存在に求めるべきであろう。この点，最近の裁判例は，会社の代表取締役が安全配慮義務遵守体制を整えるべき注意義務を負うことの根拠として，安全配慮義務が労基法，労安衛法および労契法の各法令から導かれるものであることを掲げており，妥当と解される[*90]。

こうして，取締役は，善管注意義務として，会社をして安全配慮義務に違反させないよう注意する義務＝労契法5条を遵守させる体制を構築する義務を負い，悪意・重過失によって同義務に違反すれば任務懈怠の責任を負うことになる。特に，多数の労働者が就労する大企業（上場会社）においては，取締役が個々の労働者の労働時間・勤務状況・健康状態を把握することは困難であるため，安全配慮義務履行体制の構築を善管注意義務の内容と解することが必須となる。安全配慮義務履行体制の具体的内容としては，労働時間管理・把握体制，労働時間管理と密接に関連する給与体系，ストレスチェック制度をはじめとする労働安全法令に即した法令履行体制等が挙げられる[*91][*92]。他方，従業員数

[*89] 前掲・おかざき事件（*83），前掲・大庄ほか事件（*83）。最近でも，テクノハカルエンジニアリング事件・横浜地判平成26・9・25ジャーナル34号47頁，前掲・フルカワほか事件（*23），前掲・肥後銀行事件（*84）。

[*90] 前掲・サン・チャレンジほか事件（*53）。判旨は，本文のように述べた上で，①会社においては，社員の長時間労働や上司によるパワハラを防止するための適切な労務管理体制が何ら講じられていないこと，②代表取締役は，長時間労働や上司による相当性の範囲を逸脱した指導監督の事実を認識し，または容易に認識することができたにもかかわらず，何ら有効な対策をとらなかったことから，同取締役の任務懈怠を肯定している。同旨，前掲・フルカワほか事件（*23），前掲・池一菜果園事件（*53），前掲・東京電力ほか1社事件（*53）。

[*91] 詳細は，天野・前掲論文（*88）167頁以下参照。

[*92] なお，取締役の対第三者責任については，経営判断原則（取締役の善管注意義務違反について，取締役の経営判断に裁量を認めた上，その決定過程・内容に著しく不合理な点がないか否かを審査するとの判断枠組み）による制約もありうる（伊藤ほか・前掲書［*82］241頁参照）。しかし，取締役の対第三者責任について本文の②説を採用する場合は，経営判断原則による免責を安易に認めることは適切でない。すなわち，②説によれば，取締役は善管注意義務として法令（安全配慮義務）遵守義務ではなく安全配慮義務履行体制構築義務を負うところ，当該義務の履行に際しては一定の裁量を認められることから，労働者の労働災害について使用者の安全配慮義務違反が肯定される場合は，取締役の上記裁量を超えてさらに経営判断原則の適用によって免責を認める必要性は乏しいからである。

以上の観点からは，旧株主の株主代表訴訟における取締役の善管注意義務について，②説を採用しながら，経営判断原則を重視して取締役の義務違反を否定した最近の裁判例（前掲・肥

の少ない小規模会社においては，取締役が労働者の労働時間・勤務状況・健康状態を把握することは可能であるため，取締役は，善管注意義務として，安全配慮義務履行体制構築義務の構築にとどまらず，個々の労働者の労働災害の発生を防止するための措置を求められ，それを怠れば任務懈怠責任を負うものと解される[*93]。

安全配慮義務履行体制構築義務は，取締役会が負う内部統制システム構築義務（会社362条4項6号）を構成する義務であり[*94]，労働法と会社法の新たな接

後銀行事件［*84］）には疑問がある。のみならず，同事件の具体的判断にも以下の疑問が生ずる。すなわち，同事件は，自殺した従業員が長時間労働に従事していたにもかかわらず過少申告を行い，同様に長時間労働に従事していた直属の上司も上記事実を把握していたにもかかわらず，業務統括部長に報告していないなど適切な労働時間管理を怠っていたとの事実関係の下では，直属の上司でない取締役らが同人の長時間労働を具体的に予見することは困難であったと述べ，取締役らが労働時間管理に係る内部統制システムについて行った情報収集・分析の不合理性を否定する理由の一つとしている。しかし，判旨が説く適切な労働時間管理の不存在は，逆に取締役らが労働時間管理に係るシステムについて行った情報収集・分析等の不合理性を示す事実と評価できるのではないか。この点，判例は，経営判断原則について，取締役「の決定の過程，内容に著しく不合理な点がない限り，取締役としての善管注意義務に違反するものではないと解すべきである」との判断枠組みを採用しており（アパマンショップHD株主代表訴訟事件・最判平成22・7・15判時2091号90頁），このうち「過程」は，取締役の経営判断に至るまでの情報収集・分析・検討の過程をいう（伊藤ほか・前掲書［*82］241頁）ところ，労働時間管理に係る内部統制システムの構築についてこのような過程が存在するといえるためには，職場の労働時間・労働状況に関する情報が取締役に対して適切に報告されるような体制の構築が必要と解される。この観点から本件の前記事実関係を見ると，職場の労働時間に関する情報が取締役に対して適切に報告されるような体制が構築されているとは評価し難い事案であり，そうであれば，取締役の経営判断の前提となる情報収集・分析・検討の過程に著しく不合理な点があると評価する余地があり，経営判断原則を考慮しても，取締役らの善管注意義務違反を肯定する余地があるように思われる。

[*93] 前掲・テクノハカレエンジニアリング事件（*89）は，この観点から取締役の任務懈怠責任を肯定しており，前掲・サン・チャレンジほか事件（*53）の判断②（*90）も，こうした個別的措置義務を肯定する趣旨と解される。同旨裁判例として，前掲・池一菜果園事件（*53）。また，前掲・竹屋ほか事件（*53）は，代表取締役が死亡労働者の上司から労働の過重性について報告を受けるべき業務注意義務に違反したことに任務懈怠責任を認めている。一方，取締役の任務懈怠の否定例としては，ホストクラブのホストが多量飲酒に及んだ結果，急性アルコール中毒により死亡したことにつき，過度の飲酒に対する監視体制・救護体制の構築や従業員に対する指導等に係る取締役の任務懈怠を否定した例（前掲・ダイヤモンドほか事件［*52］）や，労働者の長時間労働に起因する死亡事案につき，労働時間が必ずしも過重でなかったこと等から取締役の悪意・重過失を否定して責任を否定した例（前掲・サンセイほか事件［*53］）がある。結論同旨，前掲・足立通信工業事件（*3），前掲・姫路合同貨物自動車事件（*52）。

[*94] 取締役会が負う内部統制システム構築義務（会社362条4項6号）の具体的内容については，会社則100条1項が規定しており，同項4号は，「使用人の職務の執行が法令及び定款に

点を示している（39 頁参照）＊95。

【8-4】 労働時間管理・把握義務と安全配慮義務　労働時間管理・把握義務は，労働時間法の分野では，労基法の実労働時間算定原則を担保するための労働契約上の義務に位置づけられるが（444 頁），安全配慮義務との関係では，その中核的内容を成す義務と解される。すなわち，労働時間の適正な管理・把握は，過労死・過労自殺等を防止するための要諦であり，安全配慮義務との関係では，疾病防止段階（一般的危険の段階）における中心的措置（697 頁の①）を成すとともに，疾病増悪回避段階（特別的危険の段階）では，労働時間・業務軽減措置（④）の前提として重要な意義を有する。こうして，労働時間管理・把握義務は，安全配慮義務の内容それ自体を成す義務であり（したがって，労働時間法分野のように独自の義務として観念する必要はない）＊96，上述した取締役の安全配慮義務履行体制構築義務においても中核的な意義を有するものと解される。

　この点は，裁量労働のみなし制（労基 38 条の 3・38 条の 4）や高度プロフェッショナル制度（同 41 条の 2）で就労する労働者についても同様である。この点，これら制度については，労働者が時間配分や業務遂行について裁量を有していることから，それら事情が安全配慮義務違反に係る評価障害事実となると解される余地がある。しかし，裁量労働制は，裁量労働者の健康管理を完全な自己責任とする趣旨の制度ではなく，労働契約を前提とする制度であるため，使用者は，安全

適合することを確保するための体制」を掲げているところ，同号所定の「法令」は，会社法等に限定されるものではなく，特に制限はないものと解されている。この点，安全配慮義務履行体制の構築は，会社をして労安法 5 条という法令を遵守させる体制の構築を意味するため，上記の解釈によれば，会社法上の内部統制システム構築義務に含まれるものと解される。

＊95　このほか，会社法 350 条は，代表取締役その他の代表者がその職務を行うについて第三者に損害を加えた場合に，会社が第三者に対して損害賠償責任を負うことを規定している。特に中小企業における労災事故については，同条によって会社の損害賠償責任を追及することも可能である（前掲・日本総合住生活ほか事件［＊7］，前掲・モリモト物流ほか 2 社事件［＊34］，前掲・丸福石油産業事件（＊52）。旧民 44 条に基づく責任の肯定例として，前掲・富士保安警備事件［＊55］）。

＊96　前掲・西日本旅客鉄道事件（＊57）および前掲・日和住設ほか事件（＊52）は，労働時間管理体制上の重大な瑕疵を理由にそれぞれ会社の安全配慮義務違反・不法行為責任を肯定し，前掲・海援隊沖縄事件（＊53）は，会社が居酒屋支店長の業務遂行状況や労働時間を一切把握していなかったことを理由に安全配慮義務違反を肯定し，テレビ東京制作事件（東京地判令和 5・6・29 ジャーナル 144 号 42 頁）は，会社が労働時間管理・把握義務を怠り，従業員に 48 日間連続勤務を行うことを余儀なくさせたとして不法行為を肯定している。また，前掲・肥後銀行事件（＊84）は，厚生労働省「労働時間の適正な把握のために使用者が講ずべき措置に関する基準」（平成 13・4・6 基発 339 号）について，法規ではなく行政機関が発する通達にとどまるが，裁判所が使用者等の善管注意義務違反の有無を判断するに際して参照すべき規範と解している。

配慮義務（労働時間管理・把握義務）を免れない。判例も，裁量労働制そのものの事案ではないが，うつ病自殺した労働者が業務遂行について一定の裁量性を有していたケースにつき，上司が労働者に対して業務遂行に関する期限の遵守を指示していたことを理由に，「一般的，包括的な業務上の指揮又は命令の下に当該業務の遂行に当たっていた」と述べ，会社の安全配慮義務違反を肯定する一理由としている（前掲・電通事件［＊7］。前掲・フルカワほか事件［＊23］も参照）。裁量労働制以上に労働者の裁量が肯定される高度プロフェッショナル制度についても同じことがいえる＊97。

　もっとも，労働者の業務遂行上の裁量性が高い場合は，安全配慮義務の内容としての業務軽減措置（697頁）が緩和されることはありえよう。裁判例では，研究所の調査研究部で研究員として稼働する労働者がうつ病を発症したことにつき，研究員の業務は個別性・裁量性が高く，会社が研究員の時間外労働が長時間に及んでいることを把握していたとしても，発症回避措置をとることも困難であったとして安全配慮義務違反を否定した例がある（前掲・北海道二十一世紀総合研究所事件［＊71］）。ただし，業務軽減措置に係る免責については，個々の事案に即して慎重に検討する必要がある。

【8-5】労働法コンプライアンスと法的リスク管理――メンタルヘルス・マネジメントのあり方と法的課題　　(ア)　上記のような安全配慮義務の重要性は，メンタルヘルス・マネジメントにおいても認識されており，①部下の労働時間を把握し，②健康状態を積極的に把握し，③必要に応じて業務軽減措置を講ずることが説かれている。また，前記「労働者の心の健康の保持増進のための指針」は，メンタルヘルス・マネジメントの体制として，①教育研修・情報提供，②職場環境等の把握と改善，③メンタルヘルス不調者への気づきと対応のための体制整備，④職場復帰段階における支援の4点を掲げている。一方，メンタルヘルス・マネジメントを実行する際には，個人情報（健康情報）の取得が必然となるため，その点の配慮が必要となる。上記の指針は，個人情報保護法および関連ガイドライン（186頁）を遵守して健康情報の適正な取扱いを図ることを求め，メンタルヘルス・マネジメントの観点からも，健康情報を取得する際には本人同意を得て文書化することや，健康情報の共有は最小限にとどめることを提言している。

　次に，メンタルヘルス・マネジメントの方法は多様であり，特別の制限があるわけではない。安全配慮義務の観点から見ても，その内容が個々の具体的状況によって異なりうる以上，義務の履行としていかなる手段を選択するかは，義務の

＊97　教員の過重業務を契機とするうつ病自殺に関する判断として，前掲・福井県・若狭町事件（＊19）は，教員の過重業務に自主的活動の性格が存在していたとしても，同業務は教員として必要な付随的業務に当たり，同教員が所定勤務時間外に行わざるを得なかったものであるから，校長が明示的な時間勤務命令を行わなかったとしても，同教員に対する校長の安全配慮義務に消長をきたすことはないと判断している。

主体である使用者の合理的裁量に委ねるべきである[*98]。対象者に即して見ると，安全配慮義務と同様，従業員全体に関する一般的健康管理措置と，健康状態が特別的危険に至った従業員に対する健康管理措置に分かれる。一般的健康管理措置としては，労安衛法（特に，ストレスチェック制度。678頁）や前掲指針等に即した組織・体制作りが挙げられるが，重要なことは，これを実質的に機能させることである。前記のとおり，過労死・過労自殺事案に関する裁判例の多くは，使用者側が主張した一般的健康管理措置が実際には形骸化していたことを理由に安全配慮義務の履行として不十分と判断しており，メンタルヘルス・マネジメントの制度設計とともに，その実行が重要であることを示している。一方，特定労働者の健康管理措置としては，適正労働条件の確保・業務軽減措置（前記③・④）が重要であり，これにも多様な方法がある（業務量の軽減・労働時間の軽減のほか，軽易業務への配転，休職，責任あるポストからの降格，研修の取り止め，出向解除，人員配置の見直し等）。いずれにせよ使用者は，特別的危険にある労働者に対しては，こうした特別の配慮措置を求められることになる。

　(イ)　問題は，こうした特別的危険の場合の配慮措置（メンタルヘルス・マネジメント）に際して，使用者はどこまで労働者の意向に反して業務軽減措置を強制できるかである。業務軽減措置の多くは，安全配慮義務の履行を意味すると同時に，仕事の取り上げやキャリアの中断として労働者に不利益を及ぼすため，労働者が人事権・労務指揮権の濫用を争う危険がある。そうかといって，使用者としては，業務遂行の面からも，安全配慮義務の面からも事態を放置することはできないため，業務軽減措置の方法が問題となる。

　この点については，原則として本人同意を要件としつつ，労働者の特別的危険が重篤な場合は，例外的に業務命令や人事権行使による措置を認めることが適切であろう。まず，安全配慮義務が手段債務であり，労働者の生命・健康を請け負う債務（結果債務）ではないこと（688頁）や，労働契約が他人決定的契約であると同時に当事者対等の債権契約でもあり，労働者の意思尊重の要請が生ずることを考えると，業務軽減措置については，本人同意を原則とすべきである[*99]。すなわち，使用者は，労働者の危険が特別的危険に至った場合は，人事方針や処遇に関

[*98]　そこでたとえば，定期健康診断については，使用者は，一般医療水準に照らして相当と認められる程度の健康診断を実施し，または医療機関に委託すれば足り，それを超えて，当該医療機関に対する指揮監督を行う義務を安全配慮義務として負うことはないと解される（東京海上火災保険・海上ビル診療所事件・東京高判平成10・2・26労判732号14頁）。

[*99]　これに対し，業務軽減措置を業務命令によって行う義務を一般的に認めることは，使用者に予測困難な法的リスク（訴訟リスク）を負わせる結果となるし，労働者から見ても，精神的・身体的疾病の素因を有する労働者に対する不当な人事を誘発しうる点で妥当でない。藤川久昭「使用者は安全配慮義務をどこまで尽くせばいいのか・序説」下井古稀『新時代の労働契約法理論』（信山社・2003）547頁，品田・前掲論文（＊18）123頁。

する十分な情報提供を行った上，健康診断や業務軽減措置を打診・説得する義務を負うが，それを超えて業務軽減等を強制する権利と義務はなく，その代わり，同意を拒否した労働者については安全配慮義務を免責されると解すべきである[*100]。しかし一方，本人同意を待って措置したのでは健康状況の増悪が避けられないほど重篤な場合は，例外的に業務命令による一方的措置を認めるべきであろう（労働者の言動・ストレスチェックの結果等からうつ病罹患が明らかなケースや，心身の過労によって仕事上のミスが異常に頻発しているケース）。そのようなケースについては，使用者は，労働者の健康状況の把握に必要な専門医の診断の受診を命じた上，軽易業務への配転や休職等を打診・説得し，必要に応じてこれら措置を命じうると解すべきである。またその際，配転命令・休職命令等が権利濫用（労契3条5項）とならないとの解釈を確立しておく必要がある[*101]。

(ｳ) また近年には，休職等からの復職プロセスにおけるメンタルヘルス・マネジメントも重要性を増している。まず，休職期間中に職場復帰が可能か否かを判断することを目的とする制度として試し出勤制度（リハビリ就労制度）があるが，この制度を実施する場合は，制度内容を就業規則等に規定し，労働者に周知させる必要がある[*102]。試し出勤の法的性質については，通常業務への復職か，試し出勤期間中の特別の就労関係か，休職期間の延長にとどまるかが問題となるが，就労の実態や当事者の意識に即したケース・バイ・ケースの判断となろう。代表的裁判例として，会社が労働者に対して行った試し出勤に係る通知の内容に加え，就業規則上も，休職期間は延長することがあり，復職時は「職場復帰支援プランを用いる」との規定があることから，会社は試し出勤によって復職を直ちに認めるのではなく，その可否を審査するため休職期間を延長する意思であったと理解するのが合理的であり，労働者としても認識可能であったとして，試し出勤の開

[*100] 前掲・日赤益田赤十字病院事件（*53）参照。なお，労働者のプライバシー（個人情報）との関係でも，安全配慮義務に合理的限界を画すべきであり，使用者は，労働者の特別的危険が特に重篤な場合を除いては，家族等に面談して生活状況等について事情聴取すべき義務まではないと解される（この点でも同旨，前掲・日赤益田赤十字病院事件［*53］。前掲・ボーダフォン事件［*62］参照）。これに対し，前掲・オタフクソース事件（*59）は，こうした事情聴取の義務を肯定しているが，疑問がある（水島・前掲論文［*81］32頁参照）。水島郁子「使用者の健康配慮義務と労働者のメンタルヘルス情報」労働122号（2013）26頁も参照。

[*101] ただし，受診後の診断書の提出については，健康情報が個人情報の根幹を成す情報である（184頁，186頁参照）以上，業務命令による提出の強制は困難であろう。その場合，使用者が診断書のないまま休職等を発令しても，権利濫用は成立しないと解すべきである。

[*102] ただし，本文のような制度が存在しない場合に，使用者が試し出勤等の職場復帰支援プログラムを策定することをその法的義務とまで解することは困難である（ワコール事件・京都地判平成28・2・23ジャーナル51号13頁参照）。また，制度上，休職労働者の状況に応じて試し出勤（リハビリ勤務）を不可とする規定がある場合は，使用者が試し出勤をさせずに再出勤を不可として解雇したとしても，直ちに不相当とされるわけではない（三菱重工業事件・名古屋高判令和4・2・18労経速2479号13頁）。

始による復職を否定した例がある[*103]。本件については妥当な判断といえるが，あくまで個々の事案に即した判断であることに留意する必要がある。なお，試し出勤期間中の就労を通常業務への復職とは評価できず，同期間中の特別の就労関係と理解する場合も，当該就労が指揮命令下の労働と評価される場合は，少なくとも最低賃金法が適用され，使用者は最低賃金支払義務を負うものと解される[*104]。

さらに，通常業務への復職後も，メンタルヘルス・マネジメントの重要性に鑑み，労働者の心身の状況に即した業務軽減措置・職場配置等のきめ細かな配慮が求められる[*105]。ただし，使用者に期待可能な範囲を超えて過度の業務軽減措置まで要求することは，安全配慮義務の手段債務としての性格からも，労働者のキャリア形成の利益の面からも適切でない[*106]。

(6) 安全配慮義務と不法行為構成

前記のとおり（692頁），過重労働事案に関しては，使用者に不法行為法上の高度の注意義務を課す判例（前掲・電通事件［*7］）がある一方，これを安全配慮義務に転用する裁判例も多く，安全配慮義務構成（債務不履行構成）と不法行為構成は接近している。また，安全配慮義務構成のメリットとされる立証責任についても，安全配慮義務の具体的内容およびその違反の立証責任を労働者側に課す判例法理が確立されているため（717頁），安全配慮義務構成の方が必ず

[*103] 綜企画設計事件・東京地判平成28・9・28労判1189号84頁。
[*104] この点，裁判例（NHK［名古屋放送局］事件・名古屋高判平成30・6・26労判1189号51頁）は，NHK職員のテスト出局（試し出勤）が無給合意の下で行われる一方，その過程で職員がニュース制作業務を行っていたという事案につき，上記ニュース制作業務の内容・程度によれば，同人の本来の賃金に見合うだけの労働契約上の債務の本旨に従った労務の提供とはいえず，①職員給与規定に基づく賃金請求は認められないと判断する一方，②同業務が上司の指揮監督指示下で行われており，かつ，ニュース放映の成果をNHKが享受している以上，労基法11条所定の「労働」に該当するとして最低賃金法の適用を認め，使用者の最低賃金支払義務を肯定している。①につき同旨，ツキネコほか事件・東京地判令和3・10・27労判1291号83頁（リハビリ期間中，傷病手当金［健保99条1項］が支給されているケース）。
[*105] 西村＝朝生・前掲書（*1）256頁参照。復職時の配慮の不足を指摘する裁判例として，鳥取県・米子市事件・鳥取地判平成16・3・30労判877号74頁，前掲・建設技術研究所事件（*7）など。
[*106] この点，富士電機E&C事件（名古屋地判平成18・1・18労判918号65頁）は，労働者がうつ病罹患による休職後，職場復帰し，転勤・単身赴任したことにつき，職場復帰には慎重さを欠いた点があるものの，復帰後の業務は比較的軽易であり，うつ病の前歴を理由に同人の意思に反して業務軽減措置をとることはかえって不利益であり，疾病歴を理由とする差別との批判も招きかねないとして否定している。妥当な判断と解される。

しも有利とはいえないし、不法行為法上の注意義務が高度化されれば、両者の実質的違いは微少なものとなる*107*108。そこで学説では、両者の間に違いはなく、安全配慮義務（債務不履行構成）の意義は乏しいと説く見解もある*109。さらに、前記のとおり（684頁参照）、2017年の改正民法は、人の生命・身体の侵害による損害賠償請求権の消滅時効を債務不履行・不法行為にかかわらず統一しているため、債務不履行構成の時効面でのメリットは後退することになる。

たしかに、労働者の損害賠償請求に関する裁判規範として見る限り、安全配慮義務構成と不法行為構成の間に大差はない。しかし、安全配慮義務の効果としては履行請求権があり、義務内容の特定を要件に肯定できるので（724頁）、その点で安全配慮義務構成は重要な意義を有する。のみならず、使用者の行為規範を明確化し、労働契約の適正な運営を促進するという労働契約法の観点からは、安全配慮義務構成の方が妥当である。不法行為構成は、注意義務の内容が明確化されつつあるとはいえ、本来は契約関係にない当事者間で生じた事故（違法行為）に対する事後的金銭的救済であり、使用者が事前に何をなすべきかを明らかにするには適していない。これに対し、債務不履行構成（安全配慮義務構成）は、労働者の人格的利益・経済的利益の保護を契約上の義務（安全配慮義務）として構成し、契約規範として確立することを意味しており、使用者の事前の行為規範を設定し、労働者の利益を実効的に保護する上で重要な意義を有する*110。加えて、債務不履行構成は、法的保護の内容（効果）においても

---

*107 近年の裁判例では、使用者が安全配慮義務に違反し、債務不履行責任を負う場合は、同時に不法行為を構成すると判断する例が増えている（前掲・九電工事件［*53］、前掲・グルメ杵屋事件［*55］、前掲・マツダ事件［*53］、前掲・大庄ほか事件［*83］、前掲・建設技術研究所事件［*7］、前掲・西日本旅客鉄道事件［*57］、狩野ジャパン事件・長崎地大村支判令和元・9・26労判1217号56頁、前掲・アルゴグラフィックス事件［*53］、前掲・むつみ福祉会事件［*53］、前掲・東京電力ほか1社事件［*53］、前掲・新潟市事件［*19］。大島・前掲論文［*18］671頁参照等）。学説上も、安全配慮義務について債務不履行と不法行為の中間責任と把握する見解が見られる（荒木〔第2版〕242頁）。大島・前掲論文（*18）671頁参照。

*108 これに対し、前掲・大器キャリアキャスティングほか1社事件（*69a）は、副業労働者の健康障害について本業先企業の安全配慮義務違反を肯定しつつ、不法行為の成立は否定している。これは、副業労働者が自ら長時間労働の状況を作出した点で帰責性が大きく、本業先に不法行為法上の違法性まで肯定できないと考えたことによるものと思われる（雨夜真規子〔判解〕令和4年度重判解196頁参照）。

*109 新美育文「『安全配慮義務』の存在意義」ジュリ823号（1984）99頁。

*110 この点を早くから指摘していたものとして、「シンポジウム・安全配慮義務の現状と課題」私法52号（1990）52頁における星野英一教授の発言参照。近年では、藤川・前掲論文

有意義であり，不法行為の効果が原則として金銭賠償にとどまるのに対し，上記のとおり，債務不履行構成では金銭賠償に加えて履行請求権を肯定できることから，より実効的な保護を提供することが可能となる[*111]。

4 因果関係・帰責事由

(1) 因果関係

労働災害について使用者に安全配慮義務違反による損害賠償責任を肯定するためには，当該傷病・死亡が安全配慮義務違反によって生じたと認められること，すなわち，傷病・死亡と安全配慮義務違反との間に相当因果関係が存在することが要件となる。事故・災害型のケースはともかく，職業性疾病のケース（特に，過重労働に起因する疾病・死亡）では，本人が基礎疾病を有していたり，うつ病を介した自殺のケースが多いため，因果関係の存否が微妙となる。

裁判例の多くは，労災保険給付の要件である業務起因性（土田 230 頁参照）と同様，労働者の業務従事が基礎疾病の自然的増悪を超えて悪化させるなど，疾病・死亡の相対的に有力な原因を成しているかどうかを基準とした上，過重な業務の事実が認定されるケースでは，特段の事情がない限りは相当因果関係を肯定する立場に立っている。たとえば，前掲・システムコンサルタント事件（*55）は，高血圧症を有する労働者（システムエンジニア）が脳幹部出血による死亡の直前，高度に精神的緊張を要する仕事に長時間従事し，疲労困ぱいしていたことから，業務が自然的経過を超えて急速に高血圧症を増悪させたものと認め，業務と脳出血との相当因果関係を肯定している[*112]。

(*99) 543 頁。古積健三郎「安全配慮義務の意義・法的性質」法教 403 号（2014）123 頁も参照。

[*111] 724 頁以下参照。職場環境配慮義務の履行請求権（差止請求権）については，169 頁参照。

[*112] 同旨，前掲・南大阪マイホームサービス事件（*53），前掲・榎並工務店事件（*55），前掲・関西医科大学事件（*55），前掲・中の島事件（*55），前掲・ホテル日航大阪事件（*53），前掲・グルメ杵屋事件（*55），前掲・康正産業事件（*7），前掲・九九プラス事件（*76），前掲・建設技術研究所事件（*7），前掲・フォーカスシステムズ事件（*52），前掲・住友電工ツールネット事件（*60），前掲・竹屋ほか事件（*53），前掲・山元事件（*53），前掲・豊和事件（*60），前掲・サニックス事件（*43），前掲・フルカワほか事件（*23），前掲・長崎市立病院事件（*53），前掲・アルゴグラフィックス事件（*53），前掲・La Tortuga 事件（*52），前掲・サンセイほか事件（*53），前掲・まつりほか事件（*53），前掲・MARUWA 事件（*53），前掲・東横イン事件（*53），前掲・姫路合同貨物自動車事件（*52），前掲・静岡県事件（*19），前掲・誠馨会事件（*58），前掲・滑川市事件（*19），前掲・宮交ショップアンドレストラン承継人宮崎交通事件（*53）など。

また，うつ病による自殺のケースでは，業務とうつ病との因果関係およびうつ病と自殺との因果関係が問題となるが，裁判例は，前者についてはやはり過重業務が有力な原因であればうつ病との間の相当因果関係を肯定し[113]，後者については，うつ病患者が自殺を図ることが多いとの経験則を基本に，当該労働者の自殺の原因としてうつ病発症以外の原因が考えられない場合[114]や，過重労働を軽減すべき措置（業務の軽減，人員配置上の配慮，休養の必要性の検討）が講じられなかった場合[115]に相当因果関係を肯定している。他方，労働者が長時間労働に従事したものの具体的疾患に至らなかったケース[116]や，労働者が従事した業務負荷が同僚の平均的業務量から見て過重とはいえず，労働時間面でも恒常的長時間労働の事実が認められない反面，業務以外の生活の変化による心理的負荷が大きいケースでは，相当因果関係は否定される[117]。

　また，近年には，精神障害の業務上外認定に関する厚生労働省の認定基準（「心理的負荷による精神障害の認定基準［平成23・12・26基発1226第1号］)に依拠

---

[113]　前掲・山田製作所事件（*22），前掲・萬屋建設事件（*53），前掲・アテスト［ニコン熊谷製作所］事件（*52），日本赤十字社［山梨赤十字病院］事件・甲府地判平成24・10・2労判1064号53頁，前掲・福井県・若狭町事件（*19），前掲・池一菜果園事件（*53），前掲・日和住設ほか事件（*52［不法行為事案］），前掲・名古屋市ほか事件（*52［不法行為事案］），前掲・むつみ福祉会事件（*53），前掲・奈良県事件（*19），前掲・海援隊沖縄事件（*53），前掲・国・陸上自衛隊事件（*58），前掲・丸福石油産業事件（*52）など。

[114]　前掲・電通事件（*7），前掲・川崎製鉄事件（*58），前掲・公立八鹿病院組合ほか事件（*53），前掲・岡山県貨物運送事件（*59），前掲・住友電工ツールネット事件（*60），前掲・サン・チャレンジほか事件（*53），前掲・福井県・若狭町事件（*19），前掲・丸福石油産業事件（*52）。

[115]　東加古川幼稚園事件・大阪高判平成10・8・27労判744号17頁（最決平成12・6・27労判795号13頁で確定），前掲・オタフクソース事件（*59），前掲・三洋電機サービス事件（*64），前掲・マツダ事件（*53），前掲・仁和寺事件（*53），前掲・サノフィ事件（*59），前掲・池一菜果園事件（*53），前掲・むつみ福祉会事件（*53），前掲・北海道事件（*19）。

[116]　前掲・狩野ジャパン事件（*107）。同旨，アクサ生命保険事件・東京地判令和2・6・10ジャーナル103号48頁，前掲・三星化学工業事件（*23）。ピジョン事件・東京地判平成27・7・15労判1145号136頁も参照。

[117]　日本政策金融公庫事件・大阪高判平成26・7・17労判1108号13頁。相当因果関係の否定例として，前掲・郵便事業事件（*70），DNPメディアテクノ関西事件・大阪高判平成24・6・8労判1061号71頁，前掲・なか卯事件（*70），ティー・エム・イーほか事件・東京高判平成27・2・26労判1117号5頁，カプコン事件・大阪地判平成27・9・4ジャーナル48号42頁，前掲・四国化工機ほか1社事件（*62），前掲・幸福会事件（*70），前掲・愛知県健康づくり振興事業団事件（*71）。パワハラ事案における相当因果関係否定例として，兵庫県警察事件・神戸地判令和4・6・22労経速2493号3頁，日本郵便事件・福岡地判令和4・8・26ジャーナル130号28頁。

して，業務の過重性に加え，業務以外の心理的負荷（家庭状況等の環境に由来するストレス）や，労働者の性格・基礎疾患等の個体側要因を総合して判断する見解（ストレス——脆弱性理論）を採用する裁判例も登場している[*118]。これによれば，業務とうつ病・自殺の間の相当因果関係の判断に際して，損害賠償額の減額要因となりうる被害者側の過失や素因（既往症，性格）等が考慮されることになる。

　私は，裁判例のように，業務そのものと疾病・死亡との相当因果関係を検討することには疑問を抱いている。むしろ，安全配慮義務違反に関しては，過重業務それ自体ではなく，安全配慮義務違反が帰責の根拠となるのであるから，使用者が必要とされる義務を十分に尽くしていなかったことと疾病・死亡との相当因果関係を検討すべきであろう。さもないと，相当因果関係の判断が使用者の無過失責任を前提とする労災保険法上の業務起因性（7条1項1号）の判断と同一に帰するのみならず，過重業務それ自体を安全配慮義務違反と解し，使用者の行為規範を不明確とする結果をもたらすからである[*119]。この点，うつ病自殺に関する若干の裁判例（前掲・東加古川幼稚園事件［*115］，オタフクソース事件［*59］等）は，当該事案において使用者がなすべきであった義務・措置を履行しなかったことと自殺の因果関係を検討しており，参考となる[*120]。

(2) 帰責事由

　使用者の安全配慮義務違反（債務不履行責任）を肯定するためには，使用者の故意・過失をはじめとする帰責事由があることが要件となる。特に過失につい

---

*118　前掲・九電工事件（*53），前掲・マツダ事件（*53），前掲・岡山県貨物運送事件（*59），前掲・公立八鹿病院組合ほか事件（*53），前掲・テクノハカルエンジニアリング事件（*89）。

*119　同旨，藤川・前掲論文（*99）552頁，注釈労基・労契(2) 282頁［水島郁子］。

*120　なお，安全配慮義務に関する判例の立証責任ルールによれば，因果関係がある事実の立証責任は原告（労働者）側に課されるが，「訴訟上の因果関係の立証は，一点の疑義も許されない自然科学的証明ではなく，経験則に照らして……，特定の事実が特定の結果を招来した関係を是認し得る高度の蓋然性を証明することであり，その判定は，通常人が疑いを差し挟まない程度に真実性の確信を持ち得るものであることを必要とし，かつ，それで足り」る，とされている（横浜市立保育園事件・最判平成9・11・28労判727号14頁。同旨，前掲・関西保温工業事件［*48（因果関係肯定）］，前掲・榎並工務店事件［*55（因果関係肯定）］，前掲・関西医科大学事件［*55（因果関係肯定）］，ミサワリゾート事件・東京高判平成17・1・20労判886号10頁［石綿粉じんの家庭内曝露につき因果関係否定］，前掲・アテスト［ニコン熊谷製作所］事件［*52（因果関係肯定）］，前掲・La Tortuga事件［*52（因果関係肯定）］）。

ては，事故・傷病の予見可能性と結果回避可能性が問題となる*121。

　裁判例は，使用者が事故に伴う負傷・死亡や，業務に伴う疲労・心理的負荷によって精神障害を発症したことまたはそのおそれについて具体的に予見できたにもかかわらず予見しなかった場合*122や，結果を予見したにもかかわらず，必要な結果回避措置（前記の具体的安全配慮義務の内容と重複する）を講じなかった場合*123に過失を肯定している。この点，近年の裁判例は，過重業務に起因するうつ病自殺事案における予見可能性の判断を緩和する傾向にあり，労働者の精神障害発症について具体的に予見可能であることは必要でなく，労働者の心身の健康悪化の認識または労働状況による健康悪化の認識可能性*124が認められる場合や，健康悪化の原因となった長時間労働・過重な業務の実態の認識または認識可能性が認められる場合*125に予見可能性を肯定する例が増えている（川口419頁参照）。

　これに対し，蓄積性の疾病（チェンソーの使用による林野労働者の振動障害）が予見不可能であり，予見可能となった以後も社会通念上相当な措置を講じていた場合*126，病院医師の勤務が過重であったものの，業務軽減措置や人員補充

---

*121　なお，労働者が第三者の加害行為によって災害を被った場合は，それ自体が異常な事態であるため，使用者の予見可能性と事故の回避可能性がポイントとなる（宿直労働者が強盗に刺殺された事件（前掲・川義事件［＊22］では，予見可能性・回避可能性ともに肯定されている）。

*122　前掲・システムコンサルタント事件（＊55），前掲・三洋電機サービス事件（＊64），前掲・KYOWA事件（＊53），前掲・大庄ほか事件（＊83），前掲・日本赤十字社［山梨赤十字病院］事件（＊113），前掲・仁和寺事件（＊53），前掲・むつみ福祉会事件（＊53），前掲・北海道事件（＊19），前掲・滑川市事件（＊19）など。

*123　事例として，前掲・オタフクソース事件（＊59），前掲・NTT東日本事件（＊52）。

*124　前掲・山田製作所事件（＊22），前掲・九電工事件（＊53），前掲・マツダ事件（＊53），前掲・メディスコーポレーション事件（＊58），前掲・公立八鹿病院組合ほか事件（＊53），前掲・ゆうちょ銀行事件（＊53［上司が労働者の自殺願望を認識していた事案］），前掲・名古屋市ほか事件（＊52［不法行為事案］），前掲・日立パワーソリューションズ事件（＊22），前掲・東横イン事件（＊53）。

*125　前掲・日本赤十字社［山梨赤十字病院］事件（＊113），前掲・医療法人雄心会事件（＊53），前掲・住友電工ツールネット事件（＊60），前掲・テクノハカルエンジニアリング事件（＊89），前掲・フルカワほか事件（＊23），前掲・青森三菱ふそう自動車販売事件（＊52），前掲・La Tortuga事件（＊52），前掲・ディーソル NSP事件（＊54），前掲・東京電力ほか1社事件（＊53），前掲・池一菜果園事件（＊53），前掲・新潟市事件（＊19），前掲・アルゴグラフィックス事件（＊53），前掲・MARUWA事件（＊53），前掲・古河市事件（＊53）。

*126　林野庁高知営林局事件・最判平成2・4・20労判561号6頁。使用者の過失の否定事例として，浜岳製作所事件・横浜地判平成7・2・23労判676号71頁。

等によって労働時間が減少傾向にあったため,病院が医師の精神障害発症を具体的に予見することが不可能とされる場合[127],従業員の入社以降の勤務状況に問題がなく,上司・同僚との人間関係も一貫して良好であったこと等から,同人の自殺または精神疾患について会社が予見することは不可能であった場合[128]は,帰責事由は否定される。

5 安全配慮義務違反の立証責任

　安全配慮義務違反の成否は,義務違反の立証責任を原告(労働者)・被告(使用者)間でどのように分配するかに依存することが多い。判例は,安全配慮「義務の内容を特定し,かつ,義務違反に該当する事実を主張・立証する責任は,国の義務違反を主張する原告にある」と判断している(ヘリコプター墜落事故の場合において,安全配慮義務違反の事実を否定して損害賠償請求を棄却した事案)[129]。これによれば,労働者は安全配慮義務違反の要件事実として,抽象的安全配慮義務違反を立証するだけでは足りず,使用者が具体的にいかなる義務を履行すべきであったかを特定し(上記ケースでは,「ヘリコプターの性能を保持し機体の整備を完全にする義務」),かつ,その違反に該当する事実を立証しなければならない。また,職業性疾病に関しても,高血圧症の原告にとって業務が過重であったことを立証するだけでは足りず,原告の高血圧症が業務上の配慮を要し,かつ,使用者がその事実を知っていたこと(ともに使用者の具体的義務内容)を立証しなければならない[130]。一般に,債務不履行に基づく損害賠償請求の場合の立証責任については,義務の特定と義務違反の事実の立証責任は原告に,帰責事由の存否の立証責任は被告にあると解されており,上記判断はこの通説・判例に従ったオーソドックスなものである。

　もっとも,事故や傷病の性格によっては,判例の立証責任ルールが労働者の

---

[127] 前掲・立正佼成会事件(＊22)。
[128] 富士機工事件・静岡地浜松支判平成30・6・18ジャーナル78号2頁。予見可能性の否定例として,前掲・みずほトラストシステムズ事件(＊70),JR西日本事件・大阪高判平成18・11・24労判931号51頁,前掲・ボーダフォン事件(＊62),前掲・日本政策金融公庫事件(＊117),前掲・ティー・エム・イーほか事件(＊117),七十七銀行事件・仙台高判平成27・4・22労判1123号48頁,佐賀県農協事件・佐賀地判平成30・12・25ジャーナル86号42頁,前掲・北海道二十一世紀総合研究所事件(＊71),伊藤忠商事ほか事件・東京高判令和5・1・25労判1300号29頁,前掲・マツヤデンキ事件(＊73)。
[129] 前掲・航空自衛隊芦屋分遣隊事件(＊35)。
[130] 前掲・三菱電機事件(＊70)。

立証活動を困難とすることがある。たとえば，上記の墜落事故のケースでは，顕微鏡による精密検査でしか発見できない微細な切削痕が事故原因であるため，労働者側は事故原因を特定の上，使用者が精密検査によって事故を防止すべきであったことを具体的安全配慮義務として特定し，かつ，義務違反の事実として精密検査を予定しない整備体系の不合理性を主張立証しなければならないが，その立証は容易ではない。

そこで学説は，この種のケースについては，被害者救済の要請および立証負担の公正の見地から，労働者側の立証責任の軽減を図っている。代表的な見解として，間接反証の法理を用い，原告が自ら収集可能な資料に基づく間接事実を証明すれば安全配慮義務違反の事実が推認され，これに対して被告側が事故の詳細な情報を提供して，推認を覆す間接事実を立証する責任を負うとの方向性を示す見解がある*131。また，「帰責事由」の箇所で紹介した裁判例（716頁）のように，うつ病自殺事案における使用者の予見可能性の判断を緩和し，労働者の心身の健康悪化の認識（の可能性）や長時間労働等の実態の認識（の可能性）で足りると解する立場に立てば，その点で安全配慮義務違反の立証責任が軽減されることになろう*132。

6 効　果

(1)　損害賠償請求権

安全配慮義務違反の効果としては，主として民法415条の損害賠償請求権が問題となる。

(ア)　過失相殺・責任軽減　a）　過失相殺　使用者が安全配慮義務に違反した場合に，労働者にも過失があって事故や傷病発生に至ったときは，過失相殺が行われる（民418条）。事故・災害型では，労働者が使用者の指示に反して危険な作業を行ったり，安全装具を使用しなかった場合が典型である*133が，

---

*131　山川230頁。山川・紛争処理法337頁以下も参照。このほか，事故・災害型のケースにおける労働者・遺族側の立証責任の軽減を試みる見解としては，竹下守夫［判批］下森編・前掲書（*10）337頁。村上博巳「証明責任」下森編・前掲書（*10）180頁。

*132　前掲*124，*125の裁判例。また，安全配慮義務の内容に関して労安衛法等の安全衛生法令を考慮できるケースでは，労働者が労安衛法の規定に基づき安全配慮義務違反の事実を主張すれば，債務不履行としての安全配慮義務違反の主張立証として十分と判断する裁判例もある（前掲・三菱重工業［振動障害］事件［*8］）。

*133　最近の裁判例として，前掲・日本総合住生活ほか事件（*7），前掲・日本郵便事件（*22），前掲・製麺会社A社事件（*41），前掲・モリモト物流ほか2社事件（*34）。

特に，過重労働に起因する疾病のケースに関する紛争が多い。ここでは，労働者の健康管理の懈怠が相殺原因として考慮され，うつ病罹患のケースでは，過失相殺規定により，本人の性格・基礎疾患・心因的要素が素因減額の根拠となりうる。さらに，不法行為を理由とする使用者の損害賠償責任の確定に際しても，民法722条2項またはその類推適用に基づく過失相殺が行われる[*134]。

まず，労働者の基礎疾患等を理由とする過失相殺事例を見ると，労働者が脳塞栓を発症して死亡したケースについて安全配慮義務違反を認めつつ，労働者が予防検診で医師に指示された治療を続けなかったことや，使用者が適切な業務軽減措置等をとりうるよう前駆的症状を報告していなかったことから，民法418条の適用ないし類推適用によって4割を減じた例[*135]，長時間労働に起因する死亡につき，労働者の健康管理の懈怠を理由に3割の過失相殺を認めた例[*136]がある。また，労働者が使用者による業務軽減措置の提案を受け入れなかったことを理由とする過失相殺を認める例もあり，たとえば，長時間労働に起因する死亡について安全配慮義務違反を認めつつ，労働者が使用者によるサポート要員付与の打診を断ったこと等を理由に35%を減額した例が見られる[*137]。さらに，労働者が自らの精神的状況に関する報告や精神的健康情報の

[*134] NTT東日本事件・最判平成20・3・27労判958号5頁（民法722条2項の類推適用による過失相殺を否定した原審［*52］を破棄，差戻し）。差戻審（NTT東日本事件・札幌高判平成21・1・30労判976号5頁）は，死亡労働者の遺伝的素因を理由に7割を減額。また，前掲・アルゴグラフィックス事件（*53）は，死亡労働者の基礎疾患を考慮して1割を減じている。過失相殺・素因減額に関する裁判例については，戸谷謙治「過失相殺・素因減額」労働関係訴訟II 688頁参照。

[*135] 前掲・榎並工務店事件（*55）。前掲・システムコンサルタント事件（*55）も，高血圧症を有する労働者が会社の指示に反して医師の精密検査を受けなかったことを重視して，5割を減じている。前掲・ホテル日航大阪事件（*53）および前掲・巖本金属事件（*52）は，同様の理由からそれぞれ4割，15%を減じている。また，前掲・フルカワほか事件（*23）は，死亡労働者の基礎疾患を理由に2割を減じ（取締役の対第三者責任［会社429条1項］との関係でも過失相殺を肯定），前掲・サンセイほか事件（*53）も，労働者の治療懈怠を理由に7割を減じ，前掲・むつみ福祉会事件（*53）も過失相殺事由の一つとしている。過失相殺の否定例として，前掲・まつりほか事件（*53）。

[*136] 前掲・フォーカスシステムズ事件（*52）。同旨の裁判例として，前掲・関西医科大学事件（*55），前掲・グルメ杵屋事件（*55），前掲・康正産業事件（*7）。

[*137] 前掲・ディーソルNSP事件（*54）。同旨裁判例として，基礎疾患であるブルガダ型心電図波形の関与のほか，労働者が営業所長として営業所における自らを含めた勤務状況や人員不足を申告して業務軽減措置を求めるべき職責を果たさなかったことから，2割の過失相殺を認めた例（前掲・住友電工ツールネット事件［*60］），会社による年休取得の勧めや作業交代の提案を断ったことについて2割を減じた例（前掲・東京電力ほか1社事件［*53］），業務負

提供を十分行わなかったことを理由に過失相殺を肯定する例も散見される*138。

　安全配慮義務構成か不法行為構成かを問わず，損害の公平な分担という損害賠償法の理念を踏まえれば，労働者の行動（自己の症状に関する報告の懈怠，健康管理の懈怠，使用者による業務軽減提案の拒絶）を斟酌して過失相殺を行うことは原則として許される。しかし，労働契約の特質（労使間の交渉力・情報格差，労務の管理支配性）を考慮すれば，過失相殺の可否・割合については，傷病・死亡の態様，安全配慮義務違反の程度，労働者側の性格・行動，安全教育の内容等を総合して慎重に判断すべきであろう。この点，労働者自身の治療・健康管理の懈怠や業務軽減提案の拒絶が考慮されるのは当然であるが，一部裁判例のように，労働者の病状等に関する報告・情報提供の懈怠を過失相殺の原因として肯定することには疑問がある。労働者の危険が特別的危険に至った段階では，その症状を把握して健康管理や業務軽減を行う責任は使用者側にあり（699頁以下），これを報告・情報提供の懈怠として過失相殺の原因とすることは，使用者の責任を労働者側に転嫁する結果となりかねないからである。この点，判例（前掲・東芝事件［*54］）は，使用者は労働者の申告の有無にかかわらず，その労働環境等に注意を払い，必要に応じてその業務を軽減する義務を負うとの判断（694頁）を前提に，労働者が自己の精神的健康情報を申告しなかったことを理由として過失相殺を行うことを否定しており，妥当と解される*139。

　　担の軽減を申し出たり，就業継続の意向確認面談時に継続の意向を示したこと等を理由に3割を減じた例（前掲・むつみ福祉会事件（［*53］），困難業務を苦としての自殺につき，水道局中堅職員として自身で可能と考えられる対応を講じなかったことを理由に5割を減じた例（前掲・新潟市事件［*66-本判決については*66参照］），労働者本人の個人的要因のほか，過重労働の要因である店舗の人手不足について本社や他の店舗店長に相談しなかったことから5割を減じた例（前掲・海援隊沖縄事件［*53］）がある。

　　このほか，前掲・大器キャリアキャスティングほか1社事件（*69a）は，副業労働者の本業先・副業先における連続かつ長時間労働に起因する健康障害につき，上記状況は同人自身が積極的に選択した結果であることを認定しつつも，本業先企業の安全配慮義務違反を否定する理由とはならないと述べた上，過失相殺事由にはなると判断し，本業先が労働者と副業先との労働契約に介入して労働日数を減少させる地位になかったことと併せて，4割の過失相殺を肯定している（原審［大阪地判令和3・10・28労判1257号17頁］は，上記2点を理由に，本業先の安全配慮義務違反自体を否定していた）。

*138　前掲・JFEスチール［JFEシステムズ］事件（*60）は，この点を理由に，3割の過失相殺を肯定している。前掲・真備学園事件（*9）も参照。不法行為に関する判断として同旨，前掲・三洋電機サービス事件（*64［8割の過失相殺を肯定］），前掲・南大阪マイホームサービス事件（*53［5割の過失相殺を肯定］）。

139　判旨は，本文のように述べた上で，過失相殺によって2割を減じた原審［東京高判平成23・2・23労判1022号5頁］を破棄・差し戻している。また，最近の前掲・古河市事件（

b) **責任軽減（素因減額）** 一方，労働者の性格や心因的要因（個体脆弱性）を理由とする責任軽減（素因減額）については，これを重視して責任軽減を行う裁判例も見られたが[*140]，判例は，常軌を逸した過重労働に起因するうつ病自殺のケースについて，労働者の性格は多様であるから，ある労働者の性格が同種業務に従事する労働者の個性の多様さとして通常想定される範囲を外れるものでない限り，使用者はそれを予想して人事配置や業務内容を決定できるとして，労働者の「性格及びこれに基づく業務遂行の態様等を，心因的要因としてしんしゃくすることはできない」と判断し，労働者のうつ病親和性（真面目で，几帳面かつ完璧主義の性格）を理由に３割を減額した原判決を破棄している（前掲・電通事件［*7］）。その後の裁判例も，この判例法理に従って素因減額を否定する例が多い[*141]。

(イ) **慰謝料請求権** 一般に，債務不履行に基づく損害賠償請求においても，民法710条の類推適用により，債権者自身が慰謝料を請求できると解されている。したがって，安全配慮義務違反の場合も，精神的苦痛を受けた労働者は慰謝料を請求することができる。慰謝料の額は，健康被害の程度や安全配慮義務

---

53) は，公立学校教員の極度の長時間労働に起因する自殺につき，教員の勤務時間管理については，一次的には校長ら中学校側の管理職に責任があるというべきであるところ，校長は教員の勤務時間短縮等の具体的措置を何ら執っていない一方，教員については何らの落ち度もないとして過失相殺を否定している。ほぼ同旨，前掲・康正産業事件（*7），前掲・メディスコーポレーション事件（*58），前掲・公立八鹿病院組合ほか事件（*53），前掲・サノフィ事件（*59），前掲・ディーソルNSP事件（*54），前掲・岐阜県厚生農協連事件（*54），前掲・MARUWA事件（*53）。

[*140] 前掲・東加古川幼稚園事件（*115［保育所の保育士が過酷な労働条件に起因してうつ病自殺したことにつき，本人の性格や心因的要素が大きいとして8割を過失相殺］）。

[*141] 同旨，前掲・萬屋建設事件（*53），前掲・日本赤十字社［山梨赤十字病院］事件（*113），前掲・東芝事件（*54），前掲・公立八鹿病院組合ほか事件（*53）。不法行為に基づく損害賠償請求につき，前掲・アテスト［ニコン熊谷製作所］事件（*52），クレイン農協ほか事件・甲府地判平成27・1・13労判1129号67頁，前掲・仁和寺事件（*53），前掲・日本郵便事件（*22），前掲・長崎市立病院事件（*53），前掲・奈良県事件（*19），前掲・静岡県事件（*19），前掲・滑川市事件（*19），前掲・丸福石油産業事件（*52）。他方，前掲・東芝事件（*54）の判断を前提に素因減額を認めた例も散見される。前掲・ディーソルNSP事件（*54）は，労働者が過去に精神疾患の既往症があることを理由に労働者が個性の多様さとして通常想定される範囲を外れるぜい弱性を有していたとして35％を減じ，前掲・北海道事件（*19）は，労働者が過去に2回自殺を試みたことがあり，元来不安を感じやすい性格であったことが認められ，労働者の個性の多様さとして通常想定される範囲を外れるものと認めるのが相当として6割を減じている。また，前掲・宮交ショップアンドレストラン承継人宮崎交通事件（*53）は，死亡労働者が罹患していたブルガタ症候群が死亡に寄与していたとして2割を減じている。

違反の態様などを総合して裁判所の裁量により決定されるが，労働者が慰謝料のみを請求する事案では，裁判所の裁量権は被害の実態に照らして社会通念上相当な範囲内に限定される（日鉄鉱業事件）[*142]。

最近では，過重労働事案につき，労働者が長時間労働に従事したものの疾患に至らなかった事案について身体的損害を否定しつつ，労働者が結果的に疾患を発症するに至らなかったとしても，使用者が長期にわたって労働者を心身の不調を来す危険がある長時間労働に従事させたことについて人格的利益の侵害を認め，精神的苦痛に対する慰謝料の支払を命ずる例が登場している[*143]。

一方，遺族固有の慰謝料請求権であるが，判例は，使用者・遺族間には雇用契約ないしこれに準ずる法律関係は存しないから，遺族は債務不履行を理由とする固有の慰謝料を請求できないとして否定説に立つ（鹿島建設・大石塗装事件）[*144]。これに対しては，民法711条の類推適用肯定説に立つ批判も強い（被害者本人の慰謝料請求権は相続されうるので，その算定を弾力的に考えれば，実質的な差は生じないといえよう）[*145]。

(ウ) **消滅時効**　　安全配慮義務違反による損害賠償請求権の消滅時効期間は，2017年改正前民法166条1項により10年とされ（前掲・自衛隊八戸車輌整備工場事件［*19］），不法行為構成（民724条により3年）に対する安全配慮義務構成のメリットとされてきたが，2017年民法改正に伴う人の生命・身体の侵害による損害賠償請求権の消滅時効期間規定の新設（167条・724条の2）により，債務不履行構成のメリットが後退したことは前述したとおりである（712頁）。

問題は，消滅時効の起算点であり，民法166条1項2号は「権利を行使する

---

*142　最判平成6・2・22民集48巻2号441頁。判決は，原審の認定した慰謝料額は被害の深刻さに照らして低きに失し，著しく不相当であるとして破棄している。慰謝料の算定例として，国・陸上自衛隊事件・大津地判令和5・2・21ジャーナル136号28頁，前掲・滑川市事件（*19），前掲・国・陸上自衛隊事件（*58）。

*143　前掲・無洲事件（*79［30万円］），日本郵便事件・福岡高判平成28・10・25ジャーナル58号30頁（300万円），前掲・狩野ジャパン事件（*107［30万円］），前掲・アクサ生命保険事件（*116［10万円］）。違法な降格やハラスメント行為によってうつ状態に陥らせた事案につき，前掲・広島精研工業事件（*69［100万円］），降格等による精神疾患につき，前掲・国・法務大臣事件（*19［20万円］）。フリーランスに対する悪質なハラスメント事案につき，アムール事件・東京地判令和4・5・25労判1269号15頁（140万円），有害物質の暴露事案につき，前掲・三星化学工業事件（*23［250万円～300万円］）参照。

*144　最判昭和55・12・18民集34巻7号888頁。最近の同旨裁判例として，前掲・サンセイほか事件（*53）。

*145　遺族固有の慰謝料を認容した最近の裁判例として，前掲・まつりほか事件（*53）がある。

ことができる時」と定めるので，その意義が問題となる。この点は従来，「本来の債務（履行）を請求しうるとき」とされ，さらにこれを事故または損害発生時とする見解と退職時とする見解に分かれてきたが，損害賠償請求権が問題となる安全配慮義務では，同請求権自体の消滅時効の起算点が問題となる。判例・通説は，損害発生時説を採用している（前掲・日鉄鉱業事件［*142］）[*146][*147]。

(2) 労務給付拒絶権・履行請求権

安全配慮義務違反を理由とする損害賠償請求は，労働災害が生じた後の事後的救済であるが，これに対し，事前に事故や災害を回避・防止するための権利として，労務給付拒絶権および履行請求権が挙げられる。災害や過重業務による生命・健康に対する現実の危険が存在する場合は，これら権利の存否が重要な論点となる。裁判例は少ないが，学説では，安全配慮義務の給付義務構成（685頁）を前提に肯定する見解がある。

(ア) **労務給付拒絶権** まず労務給付拒絶権に関しては，安全配慮義務を（付随的）給付義務と解しつつ，同時履行の抗弁権（民533条）を類推して認める見解がある[*148]。しかし，安全配慮義務（または給付義務構成）によらなくても，労働者の危険を伴う労働を命ずる業務命令の効力を否定することによって，同一またはそれ以上の法的保護を図ることができると解される。

まず，労安衛法等の安全衛生法令違反の業務命令については，労働契約の範囲外にあるものとして無効と解される（681頁）。また，安全衛生法令と抵触し

[*146] 同旨，JFEエンジニアリング事件・横浜地判平成23・4・28労経速2111号3頁（安全配慮義務違反に基づく損害賠償請求権の時効消滅を肯定）。なお，じん肺のように，症状が長期的・継続的に進行する職業性疾病の場合に，「損害の発生時」をどの時期に求めるかが問題となるが，裁判例は，じん肺が特異な進行性疾患であることを考慮して，被災者がじん肺法に基づく最も重い行政決定（管理区分決定）を受けた時ないし管理者の決定を受けた時と解している（前掲・日鉄鉱業事件［*142］）。

[*147] 損害賠償債務が履行遅滞となる時期（遅延損害金の起算点）については，不法行為の場合は損害の発生と同時に，催告を要することなく遅滞に陥るのに対し，債務不履行の場合は期限の定めのない債務として催告によって遅滞となる（民412条3項）。安全配慮義務違反による損害賠償債務についても，判例は，債務不履行責任であることから「請求を受けたときにはじめて遅滞に陥る」としている（前掲・鹿島建設・大石塗装事件［*144］）。ここでも安全配慮義務構成の方が不法行為構成より不利となるが，その消滅時効期間が10年と長いことを考えると，やむをえない。

[*148] 宮本・前掲書（*18・安全配慮義務と契約責任の拡張）196頁，下森・前掲論文（*10）246頁。

ない業務命令についても，長時間労働・過重業務が継続するなど，労働者の生命・健康に対する危険（一般的危険・特別的危険を問わない）を有する業務命令については，労務指揮権の濫用（労契3条5項）として無効と解されるし（労働者に対する時間外労働命令は，時間外労働命令権の濫用として無効と解される［426頁参照］），労務給付拒絶の場合の賃金請求も可能である（民536条2項。第4章＊41参照）。この点，安全配慮義務は，労働者の特別的危険のみを対象とする義務であるのに対し，労務指揮権の濫用は，労働者の危険が一般的危険にとどまる場合も成立しうるのであり，安全配慮義務構成より労働者に有利である＊149。換言すれば，上記の解釈を総称して「労務給付拒絶権」と解することは差し支えないが，それは安全配慮義務の給付義務構成を必須とするものではないし，妥当でもないと解される。

(イ) **履行請求権**　安全配慮義務の履行請求権は，安全配慮義務違反に対する事前の法的規律となりうる手段であり，安全配慮義務構成のメリットを意味する（712頁参照）。この点，学説では，安全配慮義務の給付義務構成を前提に肯定する見解があるが＊150，裁判例は少なく，じん肺法の具体的規制に対応するじん肺罹患防止措置履行義務に対する履行請求権を認める例＊151と，労安衛法66条7項（当時）所定の作業転換義務等につき，義務内容の特定がないとして履行請求権を否定する例＊152に分かれている。一方，最近の裁判例は，鉄道会社労働者が行った列車との触車事故防止措置の履行請求について，安全配慮義務の法的性質論に立ち入ることなく判断し，使用者がいかなる触車事故防

＊149　使用者の義務（安全配慮義務）の設定と異なり，その権利（労務指揮権）の濫用の判断に関しては，労働者の一般的危険（過重労働）を考慮して柔軟に解すべきことは当然といえよう。中嶋士元也「労働関係上の付随的権利義務に関する感想的素描」中嶋還暦『労働関係法の現代的展開』（信山社・2004）187頁も参照。

＊150　宮本・前掲書（＊18・安全配慮義務と契約責任の拡張）194頁。また，給付義務か否かの判断基準を当該行為に対する請求権能を付与することが妥当か否かという点に求め，契約に付随する保護義務を類型化した上，安全配慮義務を含む一定の保護義務を「完全性利益のための従たる保護義務」に位置づけ，ここから履行請求権を肯定する見解もある（潮見・前掲書［＊26］142頁以下）。

＊151　日鉄鉱業松尾採石所事件・最判平成6・3・22労判652号6頁。受動喫煙の防止措置につき，京都簡易保険事務センター事件・京都地判平成15・1・21労判852号38頁。なお判例は，安全配慮義務違反に基づく損害賠償請求権について，「付随義務履行請求権の変形物ないし代替物」とはいえないとして，安全配慮義務に関し履行請求権なる文言を用いているが（前掲・日鉄鉱業事件［＊142］），傍論にとどまる。

＊152　高島屋工作所事件・大阪地判平成2・11・28労経速1413号3頁。

止措置を講ずるかは，専門的・技術的事項に関わる方策を比較検討して判断されるべきものであるから，第一次的には安全配慮義務を負う使用者の合理的な裁量によって決定されるべきであると述べ，履行請求権の要件として，労働者の生命・身体に対する具体的な危険が発生しているにもかかわらず，使用者がその危険を放置したり，十分な安全措置を講じないなど合理的裁量を逸脱し，安全配慮義務に違反していると認められることを掲げる。その上で，会社の触車事故防止措置について，合理的裁量に基づく有効な措置と評価して安全配慮義務違反を否定し，履行請求を斥けている（前掲・JR西日本事件［＊22］）[*153]。

　思うに，履行請求権については，①請求の対象となる義務内容（措置）の特定と，②使用者が安全配慮義務に違反し，労働者の生命・健康に対する具体的・現実的危険が生じていること（履行請求の必要性の存在）を要件に肯定すべきである。もともと，安全配慮義務の履行としていかなる手段を選択するかは，義務の主体である使用者の裁量に委ねられる（708頁以下）ため，事前の履行請求権は原則として否定される。しかし，設備・施設の状況や過重業務によって労働者の生命・身体に現実的危険（後者の場合は，699頁の特別的危険）が発生している場合は，義務内容の特定を要件に，履行請求権を肯定すべきであろう。

　まず，義務の特定要件（①）については，労安衛法等の安全衛生法令によって使用者の義務が特定されれば，それら法令を手がかりに安全配慮義務の具体的内容の特定を認め，履行請求権を肯定すべきである[*154]。また，労安衛法等の規定がなくても，物理的危険の除去や業務・労働時間軽減などの措置内容が特定されれば，履行請求権を否定すべき理由はない[*155]。

　一方，履行請求の必要性の要件（②）については，上記のとおり，安全配慮義務の履行手段の選択が使用者の裁量に委ねられることを考えれば，最近の裁判例（前掲・JR西日本事件［＊22］）が説くように，使用者がその合理的裁量を

[*153]　なお，控訴審（大阪高判平成27・7・7判例集未登載）も，本判決を基本的に維持している模様である（鎌田耕一＝野川忍「ディアローグ労働判例この1年の争点」日労研664号［2015］23頁参照）。

[*154]　ここでは，安全配慮義務違反の立証責任につき，労働者が労安衛法の規定に基づき安全配慮義務違反の事実を主張立証すれば，債務不履行としての義務違反の立証として十分と解する裁判例（前掲・三菱重工業［振動障害］事件［＊8］）が参考となる。この判断は，履行請求権の理由づけとしても可能と解される。同旨，中嶋・前掲論文（＊149）186頁。鎌田耕一「安全配慮義務の履行請求」水野古稀『労働保護法の再生』（信山社・2005）394頁も参照。

[*155]　反対，中嶋・前掲論文（＊149）187頁（労安衛法による特定が可能な場合以外は，履行請求権をたやすく拡大すべきでないという）。

逸脱し，労働者の生命・身体に対する具体的危険を放置し，十分な安全措置を講じないなど安全配慮義務に違反している場合に肯定すべきである。その意味で，上記裁判例は適切であるが，他方，使用者の「合理的裁量」を過度に緩やかに解すると，およそ履行請求が認められる余地は失われてしまう。安全配慮義務が労働者の生命・健康という高次の法益の保護を目的としていることを考えると，「合理的裁量」については，労働者の生命・健康に対する現実的危険が生じている限り，使用者が現に採用している危険防止措置の有効性のみならず，当該危険に対して労働者が主張する危険防止措置の有効性や，使用者の措置に対する危険防止上の優位性の有無も含めて慎重に検討すべきであろう。この点，上記裁判例は，原告労働者が主張する触車事故防止措置の有効性について十分検討しておらず，疑問が残る[*156]。

では，安全配慮義務が保護義務を意味すること（685頁）は，本来は給付義務の履行手段である履行請求権を肯定する上での妨げとならないか。私は，安全配慮義務を保護義務と解しつつ，その履行請求権を肯定することは可能と考えるが[*157]，前記のとおり，民法学説では，安全配慮義務を給付義務（履行義務）と構成することを前提に履行請求を肯定する見解が有力である。安全配慮義務の法的性質論と関連する難問であり，さらに検討を要する課題といえよう。

7 安全配慮義務の適用範囲

(ｱ)　安全配慮義務は，直接の労働契約関係にない当事者間でも問題となることがある。裁判例は，安全配慮義務をかなり広く肯定しており，以下の類型が見られる（水町 877 頁以下参照）。

まず，①下請企業の労働者に対する元請企業の安全配慮義務違反については，最高裁が「雇傭契約ないしこれに準ずる法律関係上の債務不履行」として肯定し（前掲・鹿島建設・大石塗装事件［*144］），その後も同様の判断例が見られる

[*156]　鎌田＝野川・前掲ディアローグ（*153）23頁以下の議論も参照。「合理的裁量」を履行請求権の要件と解すること自体を疑問視する見解として，宮本・前掲書（*18・続・安全配慮義務と契約責任の拡張）31頁以下。反対，池田悠太［判批］ジュリ1511号（2017）143頁（判旨と同様，使用者が現に講じている危険防止措置によって危険を除去しえていると説く）。

[*157]　私見は，安全配慮義務の法的性質を保護義務と解した上で，①それが労働者の生命・健康にとって特に重要で，使用者の給付義務（賃金支払義務）と同程度の価値を有し（履行請求の必要性），かつ，②義務内容が特定されていれば，履行請求を認めることに妨げはないというものである（土田道夫「安全配慮義務の最近の動向」経営法書110号［1995］28頁）。

（三菱重工業［難聴1次・2次訴訟］事件等）*158。三菱重工業事件は、ⓐ下請労働者が元請会社の管理する設備・器具を使用し、ⓑ事実上，会社の指揮監督を受けて稼働し、ⓒ作業内容も本工とほぼ同じであったことの3点を挙げており、労働契約に類似の使用従属関係（労務の管理支配性）を前提に安全配慮義務を認める趣旨といえる*159。同様の見地から、②出向労働者に対する出向先の安全配慮義務*160、③出張労働者に対する出張先会社の安全配慮義務*161、④派遣労働者に対する派遣先の安全配慮義務*162、⑤親子会社における子会社労働者に対する親会社の安全配慮義務*163、⑥請負契約関係にある零細下請人に対する元請会社の安全配慮義務*164、⑦業務処理請負によって受け入れているが、実質的に指揮監督関係にある労働者に対する元請会社の安全配慮義務*165、⑧元請→下請→孫請の重畳的請負関係がある場合の孫請会社従業員に対する元請会社の安全配慮義務*166、⑨専務取締役の地位にあるが、実態としては雇用契

---

*158 最判平成3・4・11判時1391号3頁。

*159 同旨、大島・前掲論文（*18）663頁、注釈労基・労契(2) 275頁［水島郁子］。裁判例として、前掲・矢崎部品ほか1社事件（*39）、サノヤス・ヒシノ明昌事件・大阪地判平成23・9・16労判1040号30頁、前掲・中部電力ほか事件（*22）、前掲・DNPメディアテクノ関西事件（*117）。

*160 協成建設工業ほか事件・札幌地判平成10・7・16労判744号29頁は、出向先の義務違反を肯定している。また、前掲・JFEスチール［JFEシステムズ］事件（*60）は、出向先の安全配慮義務を肯定しつつ、出向元についても出向労働者の長時間労働等の問題を認識し、または認識しえた場合に適切な措置を講ずる義務を負うと判断しており、妥当と解される（ただし、出向元の義務違反は否定。ほぼ同旨、前掲・四国化工機ほか1社事件［*62］）。このほか、出向先の安全配慮義務を認めつつ、義務違反を否定した事例として、新興工業・大成建設事件・福島地判昭和49・3・25判時744号105頁、前掲・三菱電機事件（*70）、前掲・A鉄道事件（*62）、前掲・四国化工機ほか1社事件（*62）、前掲・伊藤忠商事ほか事件（*128）。なお理論的には、出向においては、労働者・出向先間に部分的労働契約関係が成立するため、出向先は、この契約関係に伴う義務（労契5条）として安全配慮義務を負うものと解される（584頁参照）。

*161 前掲・ディーソルNSP事件（*54［出張先会社と同一フロアにある出張元会社（本来の使用者）についても安全配慮義務違反を肯定］）。

*162 前掲・ティー・エム・イーほか事件（*117）、前掲・七十七銀行事件（*128）。

*163 平和石綿・朝日石綿工業事件・長野地判昭和61・6・27判時1198号3頁。

*164 名古屋鋳鋼所事件・名古屋地判昭和57・12・20判時1077号105頁、和歌の海運送事件・和歌山地判平成16・2・9判例874号64頁、高橋塗装工業所事件・東京高判平成18・5・17労判935号59頁、前掲・日本総合住生活ほか事件（*7）。

*165 植樹園ほか事件・東京地判平成11・2・16労判761号101頁、前掲・アテスト［ニコン熊谷製作所］事件（*52）、三菱重工業事件・広島高判平成26・9・24労判1114号76頁。

*166 O技術事件・福岡高那覇支判平成19・5・17労判945号24頁、前掲・中部電力ほか事件（*22）。他方、元請会社等の安全配慮義務の否定例として、東京電力ほか3社事件・東京高判平成27・5・21ジャーナル42号40頁、東京電力ほか2社事件・福島地いわき支判令和

約(労働契約)にある者に対する会社の安全配慮義務*167,⑩事業者との間で業務委託契約を締結して稼働するフリーランスに対する事業者の安全配慮義務*168,⑪高齢者事業団の会員に対する就業先会社の安全配慮義務*169が肯定されている。他方,⑫テレビ局でテレビ映像の企画・制作に従事するフリーのテレビディレクターに対してテレビ局が指揮監督を行っていない場合は,テレビ局の安全配慮義務は否定される*170。

(イ)　もともと安全配慮義務は,「ある法律関係に基づいて特別な社会的接触の関係に入った当事者間」に認められる義務であるため(前掲・自衛隊八戸車輌整備工場事件［＊19］),直接の労働契約関係にない当事者間でも肯定されうる。しかし,労働契約における安全配慮義務がより高度の内容を有する(686頁)以上,労働契約と同視できるような関係(労務の管理支配性＝実質的指揮監督関係)の存在は必要であり,上記裁判例は,いずれもこの要件に即して安全配慮義務を肯定したものである。具体的には,前掲・三菱重工業［難聴1次・2次訴訟］事件(＊158)が掲げるⓐ〜ⓒが重要であり,①②③④⑥の類型は,一般的にはこれら要件を充足する類型といいうる。特に②④は,それぞれ出向・派遣の運営に関して重要な判断であり,⑦は,形式は業務処理請負であっても,実態は派遣労働者と同様,受入会社の指揮監督下にある場合の安全配慮義務を認めた判断として重要と解される。⑤⑧は,労務の管理支配性の有無によって個別的に判断されることになろう。

　　元・6・26ジャーナル91号28頁,岡本土木・日鉄パイプライン＆エンジニアリング事件・福岡地小倉支判令和3・6・11労経速2465号9頁。孫請会社労働者に対する下請会社の安全配慮義務自体は認めつつ,過失を否定して義務違反を否定した例として,前掲・東京電力ほか1社事件(＊53)等がある。

*167　前掲・おかざき事件(＊83)。

*168　前掲・アムール事件(＊143)。フリーランスが会社代表者の指示を仰ぎながら業務を遂行しており,実質的には会社の指揮監督の下で会社に労務を提供する立場にあったものと認められるから,会社は,Aに対し,Aがその生命,身体等の安全を確保しつつ労務を提供することができるよう必要な配慮をすべき信義則上の義務を負っていたとして安全配慮義務およびその違反を肯定している。実質的に発注者の指揮監督下で就業する従属的フリーランスに係る安全配慮義務違反肯定例として重要である。水町勇一郎［判批］ジュリ1577号(2022)144頁参照。フリーランスに対する安全配慮義務・労安衛法の適用関係を詳細に検討する文献として,鈴木・前掲論文(＊27)521頁。

*169　三広梱包事件・浦和地判平成5・5・28労判650号76頁(土田道夫［判批］ジュリ1063号［1995］131頁)。

*170　テレビ朝日事件・東京地判平成22・5・14労経速2081号23頁。安全配慮義務の否定例として,リゾートソリューション事件・さいたま地判平成28・7・14ジャーナル56号33頁。

第9章
労働契約の変動

第1節　就業規則による労働条件の変更
第2節　労働協約による労働条件の変更
第3節　個別的合意による労働条件の変更・変更解約告知
第4節　企業組織の変動と労働契約

　本章では,「労働契約の変動」と題して,労働条件の変更（第1節～第3節）および企業組織の変動（第4節）の問題を取り上げる。前者は,同一企業との労働契約を維持しつつ労働条件を変更することをいい,後者は,合併,事業譲渡,会社分割等によって労働契約自体に変動が生ずることをいう。長期雇用システムや企業統治ルールが激しく変化する今日,労働契約の変動をめぐる紛争はかつてなく頻発し,雇用と労働条件に大きな影響を及ぼしている。ここでも,労働契約の適正な運営を促進する法的規律を行う必要がある。

第1節　就業規則による労働条件の変更

1　労働条件の変更の意義とタイプ

　労働契約は,継続的契約として長期にわたって存続するため,契約の展開過程で生じた事情の変化に応じて労働条件（契約内容）を変更することが必要となる。このような労働条件の変更は,個人ごとに決定される労働条件の変更（労働条件の個別的変更。賃金の個別的変更のほか,配転・出向・転籍等の人事異動が典型）と,多数の労働者に共通する労働条件の変更（労働条件の集団的変更。賃金体系・退職金制度・労働時間制・定年制等の変更）に分かれる。前者は,労使間

の個別的合意や人事権の行使によって行われるのが一般であり，後者は就業規則・労働協約の改訂によって行われるのが一般であるが，最近は，後者についても個別契約上の方法が用いられるケースが増えている（労使間の個別的合意，就業規則変更に関する労使間合意，変更解約告知）。以下，この労働条件の集団的変更に関して，就業規則，労働協約および個別労働契約に即して解説する。

労働条件の変更（不利益変更）は，次のように類型化できる。

① まず，企業組織の再編に伴う不利益変更が挙げられる。合併に伴う労働条件統一の一環として労働条件を変更するケースが典型である。
② 次に，企業の人事制度の変化に伴う変更が挙げられる。定年延長に伴う賃金制度の改編や，週休2日制の導入に伴う1日の所定労働時間の延長が典型である。この場合，労働者に有利な変更と不利益変更がセットになることが多い。
③ 最近増えているのは，企業間競争の激化に伴う企業体質の改善や経営悪化を契機に行われる変更である。労働者への見返りがない（少ない）まま行われ，大きな不利益を及ぼす結果となることが多い。
④ 成果主義人事などの新たな人事制度の導入というタイプも増えている。賃金等の引下げに直結しないが，その可能性を伴うため，やはり不利益変更と受け取られやすい。

2 就業規則による労働条件の変更——問題の所在

労働条件の変更手段として最も重要な意味をもつのは就業規則の変更（改訂）である。この点，企業内に労働組合が存在する場合は，労働条件変更に際して労使協議・団体交渉を行い，労働協約を締結する必要があり，締結組合の組合員にはこの労働協約が適用される。しかし，労働協約は非組合員（他の組合員，管理職，パートタイマー等の非正社員）には適用されないため，労働条件変更を集団的・統一的に実現するためには，就業規則の改訂が必要となる。また，労働組合が結成されていない企業では，労働条件の集団的変更のほぼ唯一の方法は就業規則の改訂となる。

以上の点は，就業規則による労働条件の変更の問題を考えるに際しては，就業規則およびそれが対象とする労働条件の集団的性格を重視して検討する必要があることを示している。また，この点と関連して，就業規則による労働条件の集団的規律（集合的・統一的決定）の要請が重要となる。後記のとおり（732

頁），判例は，この労働条件の集団的規律の要請を踏まえて就業規則変更に関する独特の合理性要件を確立し，これが労契法 10 条に結実しており，就業規則法制の基本的要素を意味する。

他方，就業規則は，使用者が一方的に作成・変更する規則である（214 頁）ため，就業規則による労働条件の変更がなぜ労働者を拘束するのか，また拘束するとすれば，その要件をどう解すべきかが問題となる。ところが，従来の労働法（労基法）は，この点に関する規定を置いてこなかったため，就業規則による労働条件の不利益変更の可否と要件の問題は，学説・裁判例による解釈に委ねられてきた*1。しかし，労契法は，この点を立法的に解決し，後述する判例法理の内容を明文化するに至った。

3 学　説

学説は，就業規則の法的性質に関する契約説と法規範説によって見解が分かれる（218 頁参照）。まず契約説は，就業規則は労働者の同意によって労働契約内容となることで拘束力を有すると解するので，就業規則自体は事実規範として使用者が一方的に変更できるが，それが契約内容となって労働者を拘束するためにはその同意を要すると説く。この場合，労働者が改訂就業規則に異議なく就労していれば黙示の同意が推定されるが，明確に異議を唱えれば，変更は否定される*2。しかしこれでは，労働者の一部が労働条件変更に反対すれば，その労働者については労働条件を変更できず，労働条件の集団的規律（集合的・統一的決定）の要請を達成できない結果となる。そのような結果は，労働契約の組織的・集団的性格（11 頁）とも整合しない。

これに対し，就業規則それ自体を法規範と解する法規範説の立場では，不利益に変更された就業規則も法規範としてそのまま労働者を拘束することになる。

---

*1　学説・裁判例に関しては，浜田冨士郎「就業規則法の理論的課題」講座 21 世紀(3) 79 頁，荒木尚志『雇用システムと労働条件変更法理』（有斐閣・2001）240 頁以下，同［判解］百選〔7 版〕58 頁，大内伸哉『労働条件変更法理の再構成』（有斐閣・1999）247 頁以下，同［判解］百選〔8 版〕48 頁，注釈労基（下）967 頁以下［荒木尚志］，基コメ労基・労契 387 頁以下［山下昇］，荒木＝菅野＝山川 125 頁以下，櫻庭涼子「就業規則による労働条件の不利益変更」争点 139 頁，石田信平「就業規則の変更による労働条件の不利益変更」講座再生(2) 133 頁，荒谷謙介「就業規則変更の拘束力」労働関係訴訟Ⅰ 103 頁，西村康一郎「就業規則の不利益変更」労働関係訴訟の実務 166 頁など参照。

*2　石井照久『新版労働法』（勁草書房・1985）123 頁，浜田冨士郎「就業規則と労働契約」本多還暦『労働契約の研究』（法律文化社・1986）404 頁等。

しかし、これは労働条件対等決定の原則（労基2条1項。労契法施行後は、加えて合意原則［労契3条1項］）に反し、当事者対等の契約関係という労働契約の本旨（9頁）と矛盾する。そこで、法規範説の多くは労働者の同意を要求し、旧就業規則の労働条件が契約内容に化体していると解したり、保護法原理の下では就業規則の変更は原則として有利な方向でのみ許され、不利益変更には労働者の同意を要すると説く*3。しかし、前者に対しては契約説と同一に帰することになるとの批判があり、後者については便宜的すぎるとの批判が強い。

4　判例法理

このように、学説の議論には一長一短があることから、最高裁によって新たな判例法理が形成された（秋北バス事件）*4。いわく、「新たな就業規則の作成または変更によって、既得の権利を奪い、労働者に不利益な労働条件を一方的に課することは、原則として、許されない……が、労働条件の集合的な処理、特にその統一的かつ画一的な決定を建前とする就業規則の性質からいって、当該就業規則が合理的なものである限り、個々の労働者において、これに同意しないことを理由として、その適用を拒否することは許されない」。つまり、「就業規則による労働条件の不利益変更は原則として許されないが、合理性があれば例外的に変更できる」という規範である。労働条件の集団的規律（集合的・統一的決定）の要請を重視しつつ、就業規則の拘束力に関する「合理性」の要件（223頁）を適用した判断である。

次に、判例は、「合理性」という抽象的な要件を明確化する判断を示した（第四銀行事件*5、みちのく銀行事件*6）。それによれば、労働条件の不利益変更の合理性の有無は、「変更によって労働者が被る不利益の程度、使用者側の変更の必要性の内容・程度、変更後の就業規則の内容自体の相当性、代償措置その他関連する他の労働条件の改善状況、労働組合等との交渉の経緯、他の労働

---

*3　前説として、西谷敏「就業規則」片岡ほか499頁、後説として、沼田稲次郎『就業規則論』（東洋経済新報社・1964）130頁以下。

*4　最大判昭和43・12・25民集22巻13号3459頁（主任以上の職にある従業員について、就業規則を改訂して55歳定年制を導入したことにつき、定年制導入の必要性、一般職従業員の定年制［50歳］との均衡、嘱託としての再雇用の可能性、幹部従業員らによる定年制受容等の事実から合理性を肯定した）。

*5　最判平成9・2・28民集51巻2号705頁。

*6　最判平成12・9・7民集54巻7号2075頁。

組合又は他の従業員の対応，同種事項に関する我が国社会における一般的状況等を総合考慮して」判断される。特に，賃金・退職金等の重要な労働条件については，その変更による不利益を労働者に法的に受忍させることを許容できるだけの「高度の必要性に基づいた合理的な内容のもの」であることが要求される。

このように，変更の合理性は種々の要素の総合判断を意味するが，判例が示すとおり，①「変更の必要性の内容・程度」と「労働者が被る不利益の程度」の比較衡量を基本とする変更内容の合理性審査（内容審査）が中心となる。その上で，②労働者の不利益をカバーまたは緩和する要素として「代償措置その他関連労働条件の改善状況」の審査が重要となり，③同種業界・同一地域の労働条件水準等を基準とする「変更後の就業規則の内容自体の相当性」（社会的相当性）の審査が付加される。また，就業規則の変更は，集団的労使交渉を経由して行われるのが実際であるため，④労働組合との交渉の経緯が手続的要素として付加される。こうして，判例法理の核心は，就業規則変更の必要性と労働者の不利益との比較衡量を基本に，代償措置・経過措置や関連労働条件の改善状況を十分考慮しつつ，さらに社会的相当性や労働組合との交渉等の要素も勘案するというものである。実際，企業も労働条件を変更する場合は，判例が掲げる事情を考慮して行うのが通例であり，判例法理は，企業における労働契約の運営に関する重要な指針（行為規範）となるに至った。また，その後の下級審裁判例も，一致してこの判例法理に従うようになった。

しかし同時に，判例法理は，次のような理論的問題点を有していた。すなわち，判例は，就業規則変更に合理性があれば（＝裁判所が合理的と判定すれば），反対労働者に対する拘束力を認めるが，これは，前述した契約法の原則（合意原則）と明らかに矛盾するところ，判例はその根拠を示していない，という問題点である[7]。こうして，立法的解決が求められ，労契法は，三つの条文から成る規律を定めるに至った[8]。

---

[7] 渡辺章「労働法理論における法規的構成と契約的構成」労働77号（1991）13頁は，判例法理に対して，判例法の創造的解釈という名の下に，「法による裁判」の原則的観点を軽視する危険があると指摘している。

[8] 本文で述べたように，判例法理が定着する中，学説は，判例の合理性判断自体には賛同しつつ，前記の理論的問題点を指摘して別途の理論構成を模索する方向と，判例法理を積極的に支持し，合理性判断の精緻化を模索する方向に分かれた。前者の学説としては，契約説に立ちつつ，就業規則変更のつどの同意を要求する多数説を批判し，労働者は就業規則が一定の合

5 労契法の規律

(1) 概　説

(ア) **契約内容変更効の根拠・要件・効果**＊9　　まず，労契法9条は，労働契約法が基本とする合意原則（3条1項・8条。20頁，776頁）を受けて，「使用者は，労働者と合意することなく，就業規則を変更することにより，労働者の不利益に労働契約の内容である労働条件を変更することはできない」と規定する。つまり，就業規則による労働条件の変更については，原則として労働者の同意が必要となる。判例法理との関係では，「就業規則によって労働条件を一方的に不利益に変更することは許されない」という原則部分を立法化したのが9条である（9条の反対解釈については，760頁）＊10。

その上で，9条は但書で10条を指示し，その10条は，「使用者が就業規則の変更により労働条件を変更する場合において，変更後の就業規則を労働者に周知させ，かつ，就業規則の変更が，労働者の受ける不利益の程度，労働条件の変更の必要性，変更後の就業規則の内容の相当性，労働組合等との交渉の状

理的範囲内で変更されることに予め黙示の承諾を与えていると解し，事前の包括的同意に基づく判例法の正当化を試みる見解（下井420頁。同旨，山川36頁）や，労働条件の流動的形成の必要性を根拠に，一定の合理的範囲内で契約内容変更請求権（その範囲内であれば労働者の承諾義務を発生させる権利）なる権利を端的に認め，就業規則変更の拘束力をこの請求権の効力によって判断する見解（毛塚勝利「就業規則理論再構成へのひとつの試み（2・完）」労判430号［1984］4頁）が提唱された。

　一方，後者の学説としては，長期雇用システム下の労働条件変更法理として，判例法理の正当性を正面から認める見解が提唱された。同説は，労働条件変更の契約法上の手段は，当事者間の合意と合意が成就しない場合の解約（解雇）であるが（契約説），この解雇の自由が解雇権濫用法理によって制約されている以上，それに代わる手段として就業規則による労働条件の変更を認めざるをえないと説いた上，判例の合理性判断の明確化を試みた（菅野和夫「就業規則変更と労使交渉」労判718号［1997］9頁）。しかし，いずれの見解も，上述した判例法理の理論的問題点を克服するには至らず，労契法による立法的解決が行われることになった。

＊9　労契法10条については，注釈労基・労契(2) 388頁［土岐将仁］参照。私見については，土田道夫「労働契約法の解釈」季労221号（2008）15頁も参照。なお 労契法9条・10条にいう「就業規則」には，7条と同様，労基法89条では作成義務のない小規模事業所の使用者が作成する就業規則が含まれる（「施行通達」＝平成20・1・23基発0123004号）。反対，川口100頁。

＊10　労契法9条は，就業規則による労働条件の不利益変更についてのみ労働者の合意を要件と定めているが，これは，労働者に有利な変更の場合は，就業規則の最低基準効（労契12条）が及ぶため，労使間合意を待つまでもなく，当該変更条項が労働契約内容を補充するからである（菅野＝山川239頁）。これに対する批判として，水町218頁（注131）。

況その他の就業規則の変更に係る事情に照らして合理的なものであるときは，労働契約の内容である労働条件は，当該変更後の就業規則に定めるところによるものとする。ただし，労働契約において，労働者及び使用者が就業規則の変更によっては変更されない労働条件として合意していた部分については，第12条に該当する場合を除き，この限りでない」と規定する。さらに，11条は，就業規則の変更手続について，労基法「第89条及び第90条の定めるところによる」と規定する。

このように，労契法10条は，判例法理を踏襲して，「労働条件の不利益変更は原則として許されないが，内容の合理性があれば例外的に変更できる」ことを明記しつつ，新たに，周知の要件[*11]を規定した。周知の要件が規定されたのは，合意原則を修正して就業規則による労働条件の一方的変更を認める以上，周知（労働者が規則内容を知ろうと思えば知りうる状態にしておくこと）が必須と考えられたことによる。すなわち，10条は，就業規則による労働条件の変更が周知および内容の合理性という要件を充足することにより，労働契約内容となって当事者を拘束するという効果（契約内容変更効）が発生することを規定したものである。こうして，10条は，就業規則による労働条件の変更が反対労働者を拘束することの根拠を明示していないという判例法理の理論的問題点（733頁）を解決する規定となった[*12]。なお，労契法10条が定める要件（変更の合理性と就業規則の周知）については，同法が合意原則を前提に就業規則による変更を認知していることに照らせば，労契法制定前と同様，使用者が主張立証責任を負うと解すべきであろう（同旨，荒木＝菅野＝山川141頁）。

(イ)　周　知　就業規則の周知については，前記のとおり（227頁），就業規則の内容が複雑多岐にわたるケースにおいて，規則内容に関する説明・周知を含めたより実質的な周知が求められることがある。この点は，特に，労働条件の不利益変更の要件である周知（労契10条）について求められることが多いであろう[*13]。裁判例では，就業規則の実質的周知が行われていないことを理由

[*11] 周知の要件は，フジ興産事件・最判平成15・10・10労判861号5頁。

[*12] なお，労契法10条の下では，労働条件変更の合理性は結局，当該変更就業規則が個々の労働契約内容を補充するか否かという問題として処理されるため，就業規則の変更が全体として合理性を有する場合も，一部の労働者に不利益が大きく，合理性を否定される場合は，その労働者との間でのみ契約内容変更効が否定されることになる。就業規則変更に関する相対的無効論（＊30）は，労契法の解釈としてはこのように説明できる。

[*13] 中部カラー事件・東京高判平成19・10・30労判964号72頁。

に契約内容変更効を否定する例が少なくない*14。

(2)　「合理性」の判断基準

(ア)　**概　説**　就業規則による労働条件の変更は，それが「合理的なものであるとき」に労働契約内容となり，労働者・使用者を法的に拘束する（契約内容変更効）。

労契法10条は，この「変更の合理性」について，①労働者の受ける不利益の程度，②労働条件変更の必要性，③変更後の規則内容の相当性，④労働組合等との交渉の状況，⑤その他就業規則の変更に係る事情，を掲げている。これは，判例が提示してきた合理性の判断要素と異なるものではなく，判例法理の総合判断の手法を踏襲したものと解される*15。この結果，賃金・退職金等の重要な労働条件の不利益変更に関しては，「高度の必要性に基づいた合理的な内容のもの」であることという要件（733頁）が10条に継承される。

もっとも，10条は，判例（前掲・第四銀行事件［＊5］）が合理性の判断要素として掲げた7点（732頁以下）を上記①〜⑤の5点に整理している。このうち，労働者の不利益（①）・変更の必要性（②）と判例法の対応関係は明確であるが，判例が掲げる「代償措置その他関連する労働条件の改善状況」および「同種事項に関する我が国社会における一般的状況」の位置づけは明確でない。この点については，国会審議において，これら2要素は，「変更後の就業規則の内容自体の相当性」とともに，③の「変更後の就業規則の内容の相当性」に含まれることが確認されている。そのように解すべきであろう*16。また，④の「労

---

*14　学校法人実務学園ほか事件・千葉地判平成20・5・21労判967号19頁，大阪エムケイ事件・大阪地判平成21・9・24労判994号20頁，芝電化事件・東京地判平成22・6・25労判1016号46頁，日本郵便輸送事件・大阪高判平成24・4・12労判1050号5頁，永尾運送事件・大阪高判平成28・10・26労判1188号77頁（会社が就業規則と主張する社内報につき，就業規則の周知を否定するとともに，就業規則該当性自体を否定）等。他方，周知の肯定例としては，日本通運［日通淀川運輸］事件・大阪高判平成21・12・16労判997号14頁，シオン学園事件・東京高判平成26・2・26労判1098号46頁等。

*15　荒木＝菅野＝山川139頁，「施行通達」（＊9）参照。同旨の裁判例として，アルプス電気事件・仙台高判平成21・6・25労判992号70頁，前掲・芝電化事件（＊14），フェデラルエクスプレスコーポレーション事件・東京地判平成24・3・21労判1051号71頁，熊本信用金庫事件・熊本地判平成26・1・24労判1092号62頁等。

*16　平成19年11月2日衆議院厚生労働委員会議録4号，平成19年11月20日参議院厚生労働委員会議録6号。「施行通達」（＊9）も参照。国会審議では，労働契約と就業規則の関係に関する労契法の規定は，判例法理に沿って，判例法理を変更することなく立法化したもので

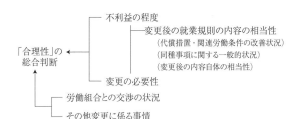

図表 9-1　労契法 10 条に基づく就業規則変更の合理性判断

働組合等との交渉の状況」は，多数組合・過半数組合との交渉状況のほか，少数組合，過半数代表者，親睦団体等が広く含まれ，第四銀行事件が掲げる「労働組合との交渉の経緯」「他の労働組合又は他の従業員の対応」に相当するものと解されている（**図表 9-1 参照**）*17。

このように，本条は，判例法理と同様，「合理性」の判断を総合判断とする手法を採用したが，そのポイントを示せば，以下のとおりである。

(イ)　**基本的枠組み**　第1に，労働条件変更の必要性と不利益の比較衡量が基本となる。特に，賃金・退職金の不利益変更については，「そのような不利益を労働者に法的に受忍させることを許容できるだけの高度の必要性に基づいた合理的な内容のもの」であることが要求され，変更の合理性は厳しく判断される（具体的には，次に述べる代償・関連労働条件の改善や経過措置が必要となる）。

まず，労働条件の変更の必要性がない（または乏しい）のに大きな不利益を労働者に及ぼす変更が許されないことは当然である。たとえば，高年齢の副参事職を特別職群に移行させたことに伴う賃金の不利益変更（基礎給・職責手当・賞与など合わせて 29〜36％の削減）につき，そうした不利益を課すほどの高度の経営上の必要性が具体的に立証されていないとして合理性を否定した例がある*18。また，変更の必要性が存在する場合も，それを上回る著しい不利益が労働者に生じている場合は合理性が否定される（前掲・みちのく銀行事件［*6］）

あることが確認されている（前掲・参議院厚生労働委員会会議録 6 号。「施行通達」も同旨）。

*17　同旨，西村康一郎「就業規則の不利益変更」労働関係訴訟の実務 171 頁，城塚健之『労働条件変更の法律実務〔実践労働法実務（1）〕』（旬報社・2024）151 頁以下。荒木 443 頁，荒木 = 菅野 = 山川 140 頁，「施行通達」（*9）参照。

*18　NTT 西日本事件・大阪高判平成 16・5・19 労判 877 号 41 頁。同旨，杉本石油ガス事件・東京地決平成 14・7・31 労判 835 号 25 頁，宮古島市社会福祉協議会事件・那覇地判平成 20・10・22 労判 979 号 68 頁，中野運送店事件・京都地判平成 26・11・27 労判 1124 号 84 頁。

は，地方銀行が行った管理職層の賃金の大幅引下げにつき，経営の低迷や組織改革の点から経営上の高度の必要性があったことを認めつつ，管理職層の不利益が大きすぎるとして合理性を否定している［741 頁］)＊19。さらに，労働条件の不利益変更が従業員全体に及ぶ場合も，変更の必要性と比較して不利益が過大な場合は同様に解される＊20。一方，労働者の不利益が軽微な場合または相当程度の不利益が認定される場合も，変更の必要性が高度に認定される場合は，両者の衡量の中で

＊19　同旨，八王子信用金庫事件・東京高判平成 13・12・11 労判 821 号 9 頁（定年延長に伴う高齢従業員の基本給 21％ 超減），鞆鉄道［第 2］事件・広島高判平成 20・11・28 労判 994 号 69 頁（高齢従業員の基本給の一律 30％ 削減），前掲・アルプス電気事件（＊15［実務職社員への別居手当等支給打切り］），学校法人札幌大学事件・札幌高判平成 29・10・4 労判 1174 号 5 頁（給与内規変更に伴う勤務延長教員の最大 4 割もの年俸減額），宮崎学園事件・福岡高宮崎支判令和 3・12・8 労判 1284 号 78 頁（60 歳を超える有期雇用教員の年俸を一挙に 20％ 減額）。また，経営低迷の打開策として，組織統合後，不統一となっていた定年制を統一して従来の 63 歳から 57 歳とし，退職金支給率を勤続 30 年で 70 か月分から 51 か月分に変更する就業規則変更事案について，新制度発効時に 57 歳となっていた労働者の退職金減額につき，変更の必要性は認められるものの，退職金減額の不利益が過大であるとして合理性を否定した最高裁判例もある（朝日火災海上保険事件・最判平成 8・3・26 民集 50 巻 4 号 1008 頁）。

＊20　たとえば，美術館等を経営する財団法人が経営危機に陥り，支援企業の理解を得る目的で職員全体の賃金制度を不利益に改訂し（本給表を削除し，個別具体的な事情を勘案して本給を決定など），賃金を大幅に引き下げたことにつき，法人の存続自体が危ぶまれる状況での差し迫った必要性が認められない一方，不利益が過大であるとして合理性を否定した事例（名古屋国際芸術文化交流財団事件・名古屋高判平成 17・6・23 労判 951 号 74 頁）や，運送会社が旧給与規程の歩合給・家族手当を廃止し，歩合給に代えて割増賃金相当の運行時間外手当を創設することによって賃金額を大幅に引き下げたことにつき，本件変更による不利益の程度は著しく大きい（28.6％〜32.5％ 減額）一方，変更後の就業規則内容の相当性が否定されないものの，本件変更の必要性は高いとはいえないとして合理性を否定した事例（栗田運輸事件・東京高判令和 3・7・7 労判 1270 号 54 頁）がある。

　同様の判断として，大阪京阪タクシー事件・大阪地判平成 22・2・3 労判 1014 号 47 頁（タクシー運転手の賃金体系変更に伴う基本給の削減），前掲・フェデラルエクスプレスコーポレーション事件（＊15［年間休日 4 日の廃止］），乙山株式会社事件・大阪地判平成 25・11・19 労判 1088 号 51 頁（退職金の 50％ 減額），エムズコーポレーション事件・大阪地判平成 27・1・27 ジャーナル 38 号 26 頁（退職金の支給を会社の裁量に委ねる旨の変更），前掲・日本郵便輸送事件（＊14［割増賃金の算定基礎を大幅に引き下げる就業規則改訂について必要性を否定］)，あおき事件・東京地判平成 28・9・27 ジャーナル 58 号 45 頁（基本給を約 11％ 減額する給与体系の不利益変更），ケイエムティコーポレーション事件・大阪地判平成 29・2・16 ジャーナル 63 号 43 頁（基本給・諸手当および退職金の不利益変更につき，変動の具体的な基準や決定方法等も規定されておらず，会社の恣意的な運用を許す内容であるなど不利益の程度は大きいと判断），川崎陸送事件・東京地判平成 28・12・26 ジャーナル 61 号 9 頁（累積無事故表彰制度の廃止），梅光学院事件・山口地下関支判令和 3・2・2 労判 1249 号 5 頁（給与および退職金の大幅な不利益変更），上野学園事件・東京地判令和 3・8・5 労判 1271 号 76 頁（入試手当支給額表の改訂に基づく入試手当の不支給決定），インターメディア事件・東京地判令和 4・3・2 ジャーナル 127 号 44 頁（固定残業代制［手当制］の導入）。

変更の合理性が肯定される*21。最近の裁判例では，病院の精神病棟に勤務する職員らに支給されてきた特殊業務手当の廃止につき，給与総額は別途給与制度改定によって増加するかまたは微減するにとどまる一方，繰越欠損金の削減という経営上の必要性および一般病棟職員との間の不公正を是正する必要性が認められ，労働組合との団体交渉も丁寧に行ったとして合理性を肯定した例がある*22。

(ウ)　「**変更後の就業規則の内容の相当性**」　実際には，労働条件変更の必要性と労働者の不利益が拮抗し，両者の比較衡量が困難なケースが少なくない。そこで，この場合に重要となるのが「代償措置・関連労働条件の改善状況」である。たとえば，農協の合併に伴う労働条件の統一によって退職金の支給率を引き下げたケースでは，それ以外の労働条件（賃金，労働時間等）が改善されたという事情があり，これが決め手となって変更の合理性が肯定された*23。

また，変更される労働条件の内容・性質もポイントとなる。前記のとおり，賃金・退職金の不利益変更については「高度の必要性に基づいた合理的な内容」が求められ，変更の合理性は厳しく判断されるのである。この点，裁判例も同様に判断しており，たとえば，見るべき代償措置が全くないまま基本給を一律30％減額する内容の就業規則変更について合理性を否定する例*24や，信用金庫が導入した役職定年制に伴う就業規則の不利益変更（職員の給与を年

---

*21　洛陽総合学院事件・京都地判平成17・7・27労判900号13頁（退職金の減額・不支給規定の導入），井之頭病院事件・東京地判平成17・8・30労判902号41頁（仮眠時間の導入による時間外割増賃金の減少），初雁交通事件・さいたま地川越支判平成20・10・23労判972号5頁（タクシー運転手の賃金体系変更に伴う基本給の削減），首都高トールサービス西東京事件・東京地判平成23・1・26労経速2103号17頁（嘱託社員の基本給の削減），前掲・シオン学園事件（＊14［基本給の削減，勤続給・技術給等の廃止］），学校法人早稲田大阪学園事件・大阪地判平成28・10・25労判1155号21頁（退職金の約10〜15％減額），紀北川上農業協同組合事件（大阪高判平成30・2・27労経速2349号9頁）は，高年齢層従業員に関するスタッフ職制度導入に伴う賞与不支給・定期昇給不実施等の不利益変更，阪急トラベルサポート事件・東京高判平成30・11・15労判1194号13頁（登録派遣添乗員の労働条件変更［747頁参照］），近畿大学事件・大阪地判平成31・4・24労判1221号67頁（勤続手当の支給額凍結），社会福祉法人恩賜財団済生会事件・山口地判令和5・5・24労判1293号5頁（扶養手当・住宅手当の減額［この判断には疑問がある。746頁参照］），日本空調衛生工事業協会事件・東京地判令和5・5・16労経速2546号27頁（通勤手当の不利益変更）。

*22　国立精神・神経医療研究センター事件・東京地立川支判令和5・2・1労判1301号31頁。

*23　大曲市農業協同組合事件・最判昭和63・2・16民集42巻2号60頁。

*24　前掲・鞆鉄道［第2］事件（＊19）。ほぼ同旨，月島サマリア病院事件・東京地判平成13・7・17労判816号63頁。

10％の割合で削減し，定年時には削減率が50％にまで達する不利益変更）につき，不利益がきわめて重大であるにもかかわらず，代償措置は十分なものにとどまるとして合理性を否定する例がある[*25]。また，タクシー運転手の歩合給を大幅に引き下げる就業規則変更につき，倒産回避という高度の必要性があり，一定の代償措置（65歳までの雇用延長，激変緩和措置としての一時金支給）が講じられているものの，賃金の重要性を考慮すると，歩合給を20％以上減額する限度では合理性が認められないと判断し，変更前賃金との差額請求を一部認容する例もある[*26]。

一方，週休2日制の導入に伴う1日の所定労働時間の延長のように，労働条件の不利益変更（労働時間の延長）と，労働条件の改善（休日の増加）がセットになっている場合（前記①のタイプ［730頁］）は，こうした改善状況が合理性を肯定する方向に働く事情となる（函館信用金庫事件）[*27]。また，基本給のような重要な労働条件の不利益変更についても，相応の代償措置が講じられれば，合理性が肯定されることがあり，たとえば，前掲・第四銀行事件（*5）は，60歳定年延長に伴う55歳以降の賃金引下げについて，定年延長に伴う雇用の確保を労働者の利益（代償）として考慮し，合理性を肯定する一理由としている[*28]。なお，公民権の行使（労基7条）に要する時間の賃金を不支給とするという経済的不利益の面では軽微な就業規則変更についても，賃金減額幅は小さいものの，不利益変更の質的側面から考えれば，民主主義社会において不可欠な労働者の公的活動を経済的側面から担保する意義を失わせる変更であるとして合理性を否定する裁判例があり，妥当と解される[*29]。

[*25] 前掲・熊本信用金庫事件（*15）。同旨，前掲・学校法人札幌大学事件（*19），前掲・宮崎学園事件（*19），前掲・栗田運輸事件（*20）。

[*26] 前掲・大阪京阪タクシー事件（*20）。

[*27] 最判平成12・9・22労判788号17頁（地方信用金庫が週休2日制を導入しつつ，1日の所定労働時間を25分間延長したことにつき，週休2日制に伴って所定労働時間を延長する必要性が高い反面，休日増の利益は労働者にとって大きな利益といえること，労働時間延長の不利益については，時間外労働削減に伴う時間外手当の減少を含めて重視すべきではないこと等から，多数組合の反対や労使協議の不十分さを考慮してもなお合理性を肯定できると判断した）。同旨の裁判例として，羽後銀行事件・最判平成12・9・12労判788号23頁（週休2日制導入に伴う所定労働時間延長のケース），九州自動車学校事件・福岡地小倉支判平成13・8・9労判822号78頁（週休2日制を進めるために変形労働時間制を導入したケース）などがある。

[*28] 前掲・学校法人早稲田大阪学園事件（*21）は，職群資格および昇給制度の新設を退職金減額に係る代償措置として評価している。

[*29] 全日本手をつなぐ育成会事件・東京地判平成23・7・15労判1035号105頁。本件と同様，

(エ) 経過措置　次に、使用者が経営上の理由から従来の労働条件を維持できずに不利益変更を行う場合は、代償措置や関連労働条件の改善を行うことが難しい場合が多い。そのような場合は、労働者が被る不利益を和らげるための経過措置（不利益変更を一定期間、猶予または緩和する措置）が重要となる。経過措置も、「変更後の就業規則の内容の相当性」（③）として問題となる。

判例（前掲・みちのく銀行事件［＊6］）も、特定の労働者層（高齢の管理職層）に関する労働条件の急激な不利益変更が問題となったケース（経営低迷が続く地方銀行が満55歳以上の管理職を専任職に移行させ、給与を33～46％引き下げた事案）について、経営状況の悪化や経営体質の改善の必要性に基づく変更の必要性を肯定し、また、企業・従業員全体の立場から長期的に見れば相当性を肯定できると述べつつも、短期的に見れば、特定層の行員（高齢管理職）にのみ賃金コスト抑制の負担を負わせていると判示し、このような場合には、「一方的に不利益を受ける労働者について不利益を緩和するなどの経過措置を設けることにより適切な救済を併せ図るべきであ」るところ、十分な経過措置が講じられていないとして、それら行員との関係で変更の合理性を否定している（相対的無効論）[＊30]。判旨は、本件のような厳しい賃金引下げの必要性があるなら、「各層の行員に応分の負担を負わせるのが通常である」と述べるが、これは、労働条件の不利益変更に際して、経過措置を含め、労働者間の利益・リスクの公平な配分が要請されることを示している（753頁参照）[＊31][＊32]。もともと、就業規則に

賃金・労働時間以外の労働条件不利益変更事例としては、アメックス事件・東京地判平成26・11・26労判1112号47頁（休職規定の不利益変更［休職からの復職の要件として「健康時と同様」の業務遂行が可能であることを追加］）や、日本郵便事件・東京地判平成27・7・17労判1153号43頁（有期契約労働者の労働契約更新に関する更新限度条項の導入）等がある。

[＊30]　このように、判旨は、いわば「制度全体の合理性」と「個人にとっての合理性」を区別する考え方を採用しており、この結果、一部労働者について変更の合理性が否定されれば、当該労働者との関係でのみ就業規則の拘束力が否定される結果となる。これが相対的無効論であり、もともとは、学説において有力に説かれていた議論である（菅野和夫＝諏訪康雄『判例で学ぶ雇用関係の法理』［総合労働研究所・1994］77頁以下）。

[＊31]　労働者間の利益・リスクの公平な配分は、前掲・みちのく銀行事件（＊6）以前の前掲・第四銀行事件（＊5）でも問題となった。本件は、定年制を55歳から60歳に延長しつつ、55歳以降の賃金を引き下げたが、変更前の制度では、58歳までの定年後在職制度が設けられていたため、変更前後の賃金・退職金総額にほとんど違いがなくなってしまったという事案であり、新制度適用時に55歳を控えていた原告は、変更の合理性に関して、旧制度との選択制等の経過措置を主張した。これに対して判決は、経過措置を望ましいとしつつも、その欠如は変更の合理性の欠如に直結しないとして斥けたが、これには河合裁判官の反対意見があり、経過措置の必要性を説いていた。すなわち、本件変更（定年延長）は、巨視的に見れば合理性を是

よる労働条件の不利益変更は，労働条件を集団的かつ一方的に変更するものであるから，その不利益（リスク）は従業員集団に公平に及ぶべきものであり，この観点から，労働条件の不利益変更が特定労働者層に集中する場合は，適切な経過措置が求められるのである。

これに対し，労働条件の不利益変更が従業員集団全体に及んでいれば，利益・リスクの公平な配分という観点から合理性が否定される可能性は失われる。ただし，この場合も，労働者全体に及ぶ不利益が著しい場合は，不利益変更の代償措置・経過措置が求められるのであり，そうした措置がなく，他に不利益変更を肯定できるような事情がない場合は，合理性が否定される（御国ハイヤー事件）*33。また，この場合は，多数組合の合意が存在しても，合理性の推測が覆るものと考えられる。

一方，使用者が適切な経過措置を講ずるなど，就業規則の不利益変更に際し

　　認できるが，特定の労働者に深刻な不利益を及ぼすため，それを緩和するための経過措置が求められる，と（前掲 *12 の相対的無効論）。これが次のみちのく銀行事件に継承された。

　　なお，第四銀行事件とみちのく銀行事件が結論を分けた大きな理由は，第四銀行事件の場合，曲がりなりにも労働者にとっての利益（定年延長に伴う雇用の継続）が存在したことと，定年延長に伴う賃金の引下げとして「既得の権利」の不利益変更ではなかったことに求められよう。

*32 「利益・リスクの公平な配分」の欠如を理由に変更の合理性を否定したと見られる裁判例として，全日本検数協会事件・神戸地判平成 14・8・23 労判 836 号 65 頁（使用者が複数ある事業所のうち，一事業所の従業員の賃金の 50％削減［3 年間］を強行したケースにつき，他の事業所に比べて突出した不利益を及ぼしており，見るべき代償措置や労使協議も欠いていると判断），前掲・NTT 西日本事件（*18［高齢の副参事職を特別職群に移行させたことに伴う賃金の不利益変更（合計 29～36％の削減）につき，変更の必要性の立証が十分でないほか，副参事職のみを対象とする点で不平等・不合理であるとして合理性を否定］），牛根漁業協同組合事件・福岡高宮崎支判平成 17・11・30 労判 953 号 71 頁（58 歳以降の職員［専任職］の基本給を 57 歳時点の 70％まで削減する変更につき，高年齢者雇用安定法の趣旨を没却しかねない変更であるところ，高年層職員のみに過大な負担を強いることを正当化しうる事情の主張立証がないと判断），前掲・熊本信用金庫事件（*15［55 歳以上の管理職の基本給を大幅に削減しつつ，中堅・若手層については削減がないことを重視して合理性を否定］）等がある。

*33 最判昭和 58・7・15 労判 425 号 75 頁（退職金の算定基礎となる勤続年数を頭打ちにする就業規則変更につき，代償となる労働条件を何ら提供せず，ほかに不利益変更を是認させるような事情もないとして合理性を否定）。本件のほか，代償措置・経過措置が講じられていないことを重視して変更の合理性を否定した裁判例として，前掲・八王子信用金庫事件（*19），全国信用不動産事件・東京地判平成 14・3・29 労判 827 号 51 頁，前掲・牛根漁業協同組合事件（*32），栄光福祉会事件・福岡高判平成 18・5・18 労判 950 号 73 頁，前掲・鞆鉄道［第 2］事件（*19），前掲・フェデラルエクスプレスコーポレーション事件（*15），大阪経済法律学園事件・大阪地判平成 25・2・15 労判 1072 号 38 頁（大学教員の定年年齢引下げ），前掲・乙山株式会社事件（*20），前掲・熊本信用金庫事件（*15），前掲・学校法人札幌大学事件（*19），前掲・梅光学院事件（*20）等がある。

て合理的な制度設計を行った場合は，変更の合理性が肯定される。裁判例では，嘱託社員の月例給を約6.1～6.3％減額する就業規則変更につき，3年間の経過措置によって定年までの実際の減額幅を抑制した事案について変更の合理性を肯定する例[*34]や，地方銀行が55歳未満の行員に総合職と一般職を選択させ，選択しない者は一般職として取り扱うとの就業規則改訂を行ったことにつき（賃金が5.6～17.7％減少），行員は総合職の選択と昇格要件の透明化によって減額分を取り戻す可能性が十分あり，一般職選択の場合も職務軽減（勤務地の限定，出向・転籍の機会の限定，定型的業務への移行による職責の制限）によって不利益が縮減されている等として合理性を肯定する例[*35]がある[*36]。

(オ) **多数組合の合意**　第3に，就業規則の変更前に行われた労働組合との合意もポイントとなる。もともと労働組合が存在する企業では，就業規則の変更前に団体交渉や労使協議を行い，その妥結を経て就業規則が変更される。そこで，このプロセスを経て行われた就業規則の変更が非多数組合員（少数組合員，管理職等の非組合員）に不利益を及ぼす場合に，多数組合が合意したことを合理性判断においてどのように評価すべきかが問題となるのである。

この点，近年の判例は，労働組合との交渉経緯に「合理性の一応の推測」という実体的かつ基本的な位置づけを与えている。すなわち，前掲・第四銀行事件（*5）は，定年延長に伴う賃金体系の不利益変更が争われたケースであるが，就業規則変更が従業員の90％を組織する労働組合との交渉・合意（協約締結）を経て行われたことから，「労使間の利益調整がされた結果としての合理的なものであると一応推測できる」と述べ，管理職として組合への加入資格を否認されていた原告との関係でも，合理性を肯定できる根拠の一つとなると判断した[*37]。

これに対して，前掲・みちのく銀行事件（*6）は異なる判断を示している。本件でも，行員の約73％を組織する労働組合の合意を得て就業規則が改訂されたが，判決は，特定行員層の不利益が大きいことから，合理性判断に際して

[*34] 前掲・首都高トールサービス西東京事件（*21）。
[*35] 第三銀行事件・津地判平成16・10・28労判883号5頁。
[*36] 以上のほか，前掲・学校法人早稲田大阪学園事件（*21），パーソルテンプスタッフ事件・東京地判令和2・6・19ジャーナル106号50頁。
[*37] また，労働条件変更が多数組合との団体交渉を経由している場合は，「通常は使用者と労働者の利益が調整された内容のものであるという推測が可能」と述べる最高裁判例（第一小型ハイヤー事件・最判平成4・7・13判時1434号133頁）も見られた。

「労組の同意を大きな考慮要素と評価することは相当ではない」と判示する。しかし、この判旨については、多数組合の合意による合理性の推測を否定する趣旨ではなく、不利益が特に大きかったために合理性を否定したにすぎないと考えるべきであろう。多数組合の合意については、労働条件変更に関する代表的従業員集団の合意（納得）を示すものとして尊重すべきである。この点、学説では、多数組合の合意は判例法理上、他の要素と並ぶ一要素としての意味しかないと説く見解もあるが[*38]、適切でない。最近の裁判例も、多数組合との十分な協議と合意を重要な判断要素に位置づけるものが多い[*39]。

もっとも、就業規則の変更によって、特定の労働者層に極端に大きな不利益が及ぶ（偏在する）場合は、多数組合の合意による合理性の一応の推測は働かない。判例（前掲・みちのく銀行事件［*6］）も、管理職（非組合員）の基本給を33～46％引き下げる就業規則の変更につき、行員の約73％を組織する労働組合の合意を得ているものの、管理職層の不利益が著しいことから、「労組の同意を大きな考慮要素と評価することは相当ではない」と判示している。すなわち、多数組合の合意による合理性の推測は、あくまで「一応の」推測にとどまるのである。むしろ、この種のケースでは、みちのく銀行事件が説く特定労働者層の不利益緩和措置（経過措置）が必須となる[*40]。加えて、多数組合との交渉とは別に、不利益を被る労働者層との間の交渉が重要となり、「労働組合等

[*38] 西谷198頁、西谷敏［判解］平成12年度重判解227頁。

[*39] 同旨、菅野＝山川244頁、荒木444頁、荒木・前掲書（*1）268頁。大内37頁は、就業規則対象者の過半数の納得同意（企業の誠実な説明を経た同意）があれば変更の合理性が推定され、さらに企業の誠実説明を通して労働契約への組入れが行われると説く。

近年の下級審裁判例も、「合理性の一応の推測」の表現を用いる例と用いない例があるものの、多数組合との十分な協議と合意を合理性の重要な判断要素に位置づけている。県南交通事件・東京高判平成15・2・6労判849号107頁、大阪第一信用金庫事件・大阪地判平成15・7・16労判857号13頁、前掲・第三銀行事件（*35）、住友重機械工業事件・東京地判平成19・2・14労判938号39頁、前掲・初雁交通事件（*21）、前掲・大阪京阪タクシー事件（*20）、前掲・首都高トールサービス西東京事件（*21）、X銀行事件・東京地判平成25・2・26労経速2185号14頁、前掲・学校法人早稲田大阪学園事件（*21）、前掲・阪急トラベルサポート事件（*21）、前掲・近畿大学事件（*21）。前掲・梅光学院事件（*20）は、労働条件変更の合理性否定例であるが、労働組合との団体交渉については特に不誠実とはいえないと判断するとともに、過半数代表者の選任手続・意見聴取についても問題ないと判断している。同旨、前掲・栗田運輸事件（*20）。

[*40] 前掲・栗田運輸事件（*20）は、就業規則の不利益変更について従業員の約73％が承諾していた事実を認定した上、就業規則変更による不利益が著しいこと等を踏まえると、上記交渉状況をもって直ちに不利益変更の合理性を推認することはできないと判断している。

との交渉の状況」(④) の要素となると解される*41。

　他方，使用者が就業規則の変更に際して，労働者・労働組合との協議を十分に行っていない場合は，変更の合理性を否定する方向に働く重要な要素となる*42。また，多数組合が反対する不利益変更については，通常の合理性審査が及ぶ（前掲・函館信用金庫事件［*27］参照）【9-1】【9-2】【9-3】。

> **【9-1】労働条件の「不利益変更」の意義**　労働条件の「不利益変更」とは，「既得の権利」（前掲・秋北バス事件［*4］）を将来に向けて不利益に変更することを意味する（同旨，前掲・全日本手をつなぐ育成会事件［*29］）。したがって，すでに発生した賃金請求権等の労働条件（既得の権利）を就業規則の適用によって遡及的に不利益変更することは許されない*43。一方，定年延長に伴う賃金体系の不利益変更の場合は，定年延長後の賃金が未だ契約内容となっていないことから，直ちに「既得の権利」の変更（不利益変更）に当たらないが，旧制度上，定年後在職制度が存在するケースでは，同制度を将来においても適用されることについて合理的な期待が認められるため，実質的に見て「不利益変更」に当たる（前掲・第四銀行事件［*5］）。ただし，「既得の権利」の不利益変更ではないことから，合理性判断はより緩やかに行われる*44。

*41　土田道夫「労働契約法の意義と課題」労働115号（2010）10頁参照。この点，ファイザー事件（東京高判平成28・11・16労経速2298号22頁）は，成果主義的な人事考課制度に基づく管理職から一般社員への降格規定の新設を内容とする就業規則変更につき，降格規定による管理職の不利益は具体的評価に基づく降格の可能性であることを理由に，会社に対して組合員資格を有しない管理職との交渉や意見聴取まで義務づける必要はない一方，会社は労働組合の同意を得て変更を実施した等として合理性を肯定している。しかし，本文に述べたとおり，本件変更の適用対象となって不利益を被るのが管理職である以上，管理職との間の交渉・意見聴取を行っていないことは，変更の合理性を否定する方向に働く重要な事情となると考えるべきであり，この判断には疑問がある。これに対し，ビーラインロジ事件（東京地判令和6・2・19 [LEX/DB25620505]）は，給与体系の不利益変更につき，対象労働者に対する情報提供の不十分さを重視して合理性を否定している。注目すべき判断である。
　一方，前掲・日本空調衛生工事業協会事件（*21）は，通勤手当の不利益変更を含む就業規則改訂に際して意見聴取の機会を付与し，1か月以上の検討期間を与えたこと等から，法人は必要な手続を履践したと評価している。妥当な判断と解される。

*42　前掲・牛根漁業協同組合事件（*32），前掲・栄光福祉会事件（*33），前掲・宮古島市社会福祉協議会事件（*18），賛育会事件・東京高判平成22・10・19労判1014号5頁，前掲・フェデラルエクスプレスコーポレーション事件（*15），前掲・あおき事件（*20），前掲・学校法人札幌大学事件（*19），前掲・宮崎学園事件（*19）。これに対し，前掲・函館信用金庫事件（*27）は，多数組合との協議が不十分だったにもかかわらず合理性を肯定しているが，疑問の余地がある。

*43　前掲・朝日火災海上保険事件（*19），北海道国際航空事件・最判平成15・12・18労判866号14頁，前掲・大阪エムケイ事件（*14）。

【9-2】 **非典型労働者の待遇改善を契機とする就業規則の変更**　パート・有期法8条は，通常の労働者（正社員）と短時間・有期雇用労働者間の不合理な待遇の禁止を定めるが（1040頁），その趣旨に従って非典型労働者待遇改善を行う過程で正社員の手当を減少させたことの合理性が争われた事案が登場している（前掲・社会福祉法人恩賜財団済生会事件［*21］）。事案は，病院が非正規職員への手当の拡充を行うために就業規則を改訂して手当の組換えを行った結果，正規職員の扶養手当および住宅手当が減少したというものであるが，裁判所は，本件変更はパート・有期法の趣旨に従って非正規職員への手当の拡充を行うに際し，正規職員と非正規職員との間に格差を設けることの合理的説明が可能か否かの検討を迫られる中で，女性の就労促進や若年層の確保という課題を抱える本件病院の長期的な経営の観点から，人件費の増加抑制にも配慮しつつ手当の組換えを検討する高度の必要性がある一方，正規職員の月額賃金あるいは年収の減額率は高くても数％程度（5％未満）にとどまること，激変緩和措置を設けるなど正規職員らが被る不利益の程度を低く抑えるべく検討・実施されたこと，検討過程において正規職員組合の意見が一部参考にされるなど一定の労使協議・交渉が行われたこと等を理由に変更の合理性を肯定している。

　パート・有期法8条に従って非典型労働者の待遇を改善するためにその労働条件を改善するのではなく，正社員の労働条件を不利益変更する事案が存在することは知られているが，本件は，この種の事案に係る最初の公刊裁判例と解される。特に，変更の必要性（変更目的）について，女性の就労促進や若年層の確保とともに，パート・有期法8条の趣旨（均衡の理念）に基づく非典型労働者に対する手当の拡充目的を正当と判断した点は注目に値する。しかしながら，本判決には疑問がある。すなわち，本件病院は経営危機に瀕しているわけではなく，むしろ財政状況は黒字を維持しており，そうした状況の下で前記のような目的をもって本件不利益変更を実行したものである。このような労働条件変更については，後述する成果主義賃金制度の導入（757頁）と同様，賃金原資を維持することは必須の要件であり，逆に賃金原資を減少させることは労働条件変更の合理性に係る有力な評価障害事実となるものと解される。それにもかかわらず，本件病院は，0.2％とはいえ賃金原資総額の減少を伴う就業規則の変更を実行したのであるが，

---

*44　前掲・第四銀行事件（*5）の争点は，55歳から60歳への定年延長に伴う賃金体系の不利益変更であったが，旧制度上，58歳までの定年後在職制度が設けられ，54歳時の労働条件で勤務することへの期待利益が存在したことから，判決は，本件変更は既得権を消滅・減少させるものではないものの，実質的に見て労働条件の不利益変更に等しいと判断し，その上で，本件変更が「既得の権利」の変更ではないことを理由の一つとして変更の合理性を肯定している（土田道夫［判批］法教204号［1997］138頁参照）。類似の判断例として，日本貨物鉄道事件・名古屋地判平成11・12・27労判780号45頁，前掲・大阪第一信用金庫事件（*39）。他方，合理性の否定例として，前掲・大阪経済法律学園事件（*33）がある。

判決は，本件病院は新病院の建築を控えて経営状況が右肩下がりである一方，費用総額に占める人件費比率が右肩上がりであることを踏まえると，今後の長期的経営の観点から，人件費増加抑制に配慮しつつ持続可能な範囲での手当の組換えを検討する必要性があったと評価している。しかし，このように抽象的かつ予測困難な理由によって賃金原資総額の減少を伴う労働条件変更の必要性を肯定することは，変更の必要性を過大に肯定し，パート・有期法の実行および非典型労働者の待遇改善を名目とする安易な人件費削減を正当化する判断になりかねず，失当と解される。また，以上のような経営状況の下で行われた手当減額に付された1年～2年間の激変緩和措置（経過措置）について，判旨は，本件変更により不利益を被る職員への急激な影響を一定程度緩和するものとして本件変更の相当性を支える一事情となると述べ，肯定的に評価しているが，財政状況が黒字であり，差し迫った経営改善の必要性がない状況下で付された1年～2年間の経過措置を肯定的に評価する判断も理解し難い。

　以上から，本件については，各正規職員の被る不利益が月収または年収にして数％（5％以下）と抑制されていることや，労働組合との間で一定の労使協議・交渉が行われたことを考慮しても，賃金の不利益変更について求められる「高度の必要性に基づいた合理的内容のもの」と解し，就業規則変更の合理性を肯定することは困難と考える。加えて，本判決については，労働条件変更の合理性と並んで就業規則の契約内容変更効の要件である周知（735頁）に関する認定および判断が十分でないという問題点もある[*45]。本件は控訴されており，是正されることを望みたい（ただし，控訴は棄却され，上告も不受理とされた模様である）[*46]。

【9-3】登録型派遣労働者に係る就業規則変更と労契法10条の適用　派遣労働者のうち，一般労働者派遣事業（登録型）で就労する派遣労働者は，派遣元との間で派遣期間中に限って労働契約を締結することから，労働契約を締結していない登録期間中に行われた就業規則の変更に対する労契法10条の適用の可否が問題となる。この点について，裁判例（前掲・阪急トラベルサポート事件［*21］）は，10条の直接適用を否定しつつ，当事者が相当期間にわたって同一の労働条件で労働契約の締結を繰り返してきたことによれば，登録派遣添乗員に適用される就業規則は通常の就業規則と同様，一定期間継続して登録派遣添乗員との間の労働契約内容を一律に規律する効力を果たしているから，同法9条・10条の趣旨に照らし，会社は就業規則の変更を全く無制約に実行できるものではないと解した上，10条所定の要素を総合考慮して合理性を判断すべきものと説く。その上で，

[*45]　中内哲［判解］令和5年度重判解207頁参照。

[*46]　本判決の問題点については，金井幸子［判研］季労284号（2024）36頁が的確な指摘を行っている。本判決の評価については，平野雄大氏（同志社大学大学院法学研究科）との議論からも示唆を得た。

具体的判断としては，事業場外労働のみなし制（労基38条の2）に関する前訴[*47]が認定した基礎賃金額を減額するものとして登録派遣添乗員に不利益な内容といえるものの，会社は派遣添乗員の就労実態等に合わせた就業規則を制定する必要性があり，従前の日当が増額されて支給されるなど変更内容が相当性を欠くとはいえないことや，労働組合との団体交渉の経過等を総合考慮すれば，合理的な労働条件を定めていると解し，契約内容変更効力を肯定している。

本判決は，この種の事案に関する先例的意義を有するが，労契法10条を適用する根拠として同法9条・10条の趣旨を掲げるのみでは不十分であり，登録型派遣労働者が次回の労働契約における労働条件につき，前回の労働条件の継続を期待することには合理的理由があることから，両期間の間の契約不締結期間中に行われた就業規則の変更については，労契法10条の類推適用を肯定することが適切と考える。その場合，類推適用の効果（法的保護の範囲）については，本件変更は，10条が予定する就業規則の不利益変更そのものではないことから，10条と同程度の合理性判断を行う必要はないと考えられる。本判決が本件変更の合理性を肯定したのは，こうした緩やかな合理性判断に基づくものと考えられるが，会社は前訴東京高判で8時間分の給与と評価された日当を実質11時間分として扱っており，その点で派遣添乗員の被る不利益性は大きいことを踏まえると，疑問の余地がある。

(3) 就業規則の「変更」・労働条件の「変更」の意義

労契法10条に関しては，就業規則の「変更」および労働条件の「変更」の意義も問題となる。まず，「労働条件〔の〕変更」としては，就業規則で定めた労働条件を就業規則の変更によって変更するケースのほか，労使が個々の労働契約において合意していた労働条件を就業規則変更によって変更する場合も含まれる。後述するとおり，労契法10条但書は，このことを前提に個別的特約優先規定を定めている。

また，労契法10条は，使用者が既存の就業規則規定を変更する場合のほか，就業規則規定を新設して労働条件を変更する場合にも適用される。この点，判例（前掲・秋北バス事件［*4］）は，「新たな就業規則の作成」および「変更」の双方による労働条件の不利益変更をカバーする判断を示していたが，10条についても同様に解される[*48]。

[*47] 阪急トラベルサポート［第1・控訴］事件・東京高判平成23・9・14労判1036号14頁。456頁参照。

[*48] 荒木＝菅野＝山川145頁以下，水町219頁は，労契法10条の類推適用を説く。これに対

次に，「労働条件〔の〕変更」については，10条は，「労働条件〔の〕変更」とのみ規定し，「不利益変更」という文言を用いていないため，①労働条件の不利益変更のみを対象とするのか，それとも，②労働者に有利な変更を含めて適用されるのかが問題となる。労働条件の有利な変更と不利益変更がセットになって行われる場合（週休2日制の導入に伴う1日の所定労働時間の延長等。740頁）や，成果主義人事の導入（756頁）のように，労働条件の変更が不利益変更か有利な変更かが明確でないケースについて問題となるが，学説では，10条が就業規則による労働条件の不利益変更を禁止する9条本文の例外として規定されていることを理由とする①説が有力である*49。ただし，この見解も，実質的不利益の認定は容易でないことを考慮して，「労働条件〔の〕変更」は，現実に不利益変更を行う場合だけでなく，不利益変更の可能性がある場合も含むと解し，「不利益変更」性を肯定している（荒木＝菅野＝山川134頁）。

(4) 就業規則の届出・意見聴取の意義

労契法11条は，就業規則の変更手続に関し，作成・届出義務（労基89条）と意見聴取義務（同90条）を引用している。そこで，これら手続の履行が就業規則による労働条件変更の拘束力（労契10条）の要件となるか否かが問題となる。学説では，届出・意見聴取が就業規則変更の拘束力の要件となることを否定しつつ，10条の「その他の就業規則の変更に係る事情」として考慮されうると説く見解（否定説）が有力である*50。

たしかに，労契法10条は，就業規則の拘束力（契約内容変更効）の要件として，規定内容の合理性と周知のみを掲げる一方，届出・意見聴取については別途，11条で労基法を引用する体裁をとっており，この規定構造を踏まえれば，否定説が自然な解釈とも思われる。しかし，労契法が基本趣旨とする合意原則

し，就業規則が何らかの理由で作成されていない場合に，使用者が就業規則を新たに作成して労働条件を決定する場合については，労契法7条・10条はともに適用される余地がないと解される（7条との関係では，労働契約締結時の就業規則の適用に該当せず，10条との関係では，就業規則の「変更」に該当しない）。この場合は，判例法理（前掲・秋北バス事件［*4］）を適用するか，または10条の類推適用を肯定する（菅野＝山川241頁）ことになろう。

*49 菅野＝山川242頁，川口111頁，荒木＝菅野＝山川134頁。「施行通達」（*9）も同旨。

*50 菅野＝山川247頁，荒木＝菅野＝山川138頁。「施行通達」（*9）もほぼ同旨。裁判例として，前掲・学校法人実務学園ほか事件（*14）。なお，意見聴取手続が適正に行われていないことを重視して就業規則変更の合理性を否定する最近の裁判例として，前掲・芝電化事件（*14），日本機電事件・大阪地判平成24・3・9労判1052号70頁がある。

（3条1項・8条・9条）の観点からは，届出・意見聴取を拘束力の要件と解する見解（肯定説）も可能であり，私は肯定説を支持したい。前記のとおり（21頁），労契法に関しては，合意原則を尊重した解釈が求められるところ，特に意見聴取義務は，就業規則の作成・変更に関して労働者（過半数組合・過半数代表者）の意見を反映させる趣旨の規定であり，当事者間の合意に代わる拘束力（契約内容変更効）の手続的要件と解することが合意原則に整合的である。就業規則の届出義務についても，本来は行政取締的性格が強い規定であるが，就業規則の一方的変更（労契10条）が合意原則を前提とする例外に位置することを踏まえれば，その要件を厳格に解する立場（肯定説）が妥当と解される*51。

(5) 就業規則変更の効果

(ア) **基本的効果**　就業規則の変更が労契法10条の要件（内容の合理性・周知）を充足すれば，当該変更は労働契約内容となって当事者を拘束する（契約内容変更効）。これに対し，就業規則の変更が10条の要件を充足せず，契約内容変更効を否定された場合の効果は，労働条件の内容・性格によって異なる。まず，賃金・退職金の不利益変更の場合は，変更前就業規則（それに基づく労働契約内容）に基づく差額賃金請求（訴訟法上は給付の訴え）が肯定される（本変更類型に関する裁判例参照）。これに対し，定年年齢の引下げや休日の廃止といった事案では，従前の就業規則に基づく権利が肯定され（変更前の定年退職日まで在職する権利，廃止前の休日を行使する権利）*52，訴訟法上は，当該権利を有する地位にあることの確認訴訟が許容される（1166頁も参照）。

(イ) **不法行為**　また，近年の裁判例では，就業規則変更が合理性を否定された場合の効果として，労働者の不法行為に基づく損害賠償請求（民709条）を認容する例が散見される。まず，労働者が退職後，上記の差額賃金請求等に代えて逸失利益相当額の損害賠償請求を行うケースにつき，これを認容する例があるが（前掲・アルプス電気事件 [*15]），これは特段問題はない。これに対し，労働者が不合理な就業規則変更によって精神的損害を被ったことを理由と

---

*51　詳細は，土田・前掲論文（*9）19頁参照。同旨，西谷195頁，注釈労基・労契（2）410頁 [野川忍]。ただし，労基法上，就業規則の作成義務を負わない小規模事業所の使用者については，そもそも就業規則の作成義務がないことから届出・意見聴取ともに契約内容変更効の要件たりえないと考える。

*52　前者につき，前掲・大阪経済法律学園事件（*33），後者につき，前掲・フェデラルエクスプレスコーポレーション事件（*15）。

して慰謝料を請求するケースもあるが，この請求は，差額賃金請求等によって損害が塡補されることから原則として否定される*53。他方，変更内容が著しく合理性を欠くケースについては，合理性の有無を十分検討しないまま当該変更を強行した使用者側の態度や言動を重視して不法行為を肯定する裁判例も見られるが*54，なお慎重に検討する必要があろう。

(6) 特約優先規定

労契法10条但書が認める特約優先規定（労使が「就業規則の変更によっては変更されない労働条件として合意していた部分」）の例としては，労使が労働契約締結時または展開中に職種・勤務地限定の合意（特約）を締結し，個別合意による変更のみを予定したにもかかわらず，使用者が就業規則の変更によって配転条項を新設したケースや，労使が年俸額を締結し，個別合意による変更のみを予定したにもかかわらず，使用者が就業規則変更によって賃金体系を不利益に変更したケースが考えられる*55。10条但書は，問題となる労働条件変更が労働条件の集団的変更か，労働条件の個別的変更かを問わず適用される*56。

---

*53 前掲・アルプス電気事件（*15）。慰謝料請求の否定例として，前掲・エムズコーポレーション事件（*20）も参照。

*54 前掲・宮古島市社会福祉協議会事件（*18）。なお，前掲・熊本信用金庫事件（*15）は，同事件における使用者が，就業規則変更が合理性を否定されることにつき，累次の判例法理により予見しえたとして過失を認め，不法行為を肯定するが，合理性を欠く不利益変更とはいえ，使用者に合理性判断に関する不法行為法上の予見可能性（予見義務）まで認めることには躊躇を禁じえない。

*55 労働契約締結時の合意（特約）は，労契法7条但書によって効力を有し，労使が労働契約展開中に締結した合意（特約）は，8条によって効力を認められる（545頁参照）。そして，本文のケースでは，両ケースの特約について10条但書が適用されることになる。

　一方，特約優先規定（労契10条但書）の適用を否定した裁判例として，トライグループ事件（東京地判平成30・2・22労経速2349号24頁）が挙げられる。本件では，職務給制度の導入によって原告労働者の基本給が引き下げられたことについて，原告が減額前の賃金について就業規則によって変更されない労働条件と主張したことにつき，10条但書が適用されるためには，労働条件が就業規則によって変更されないことに関する合意が成立していると解するに足りる事情が必要である（明示の合意までは必要ない）ところ，本件では，労働者の賃金額は採用面接時の交渉により定められ，旧就業規則等を形式的にあてはめて算出されたものではないものの，雇用契約書には，昇給・降給等は就業規則によるとの定めがあり，就業規則・給与規程所定の仕組みに従って賃金額が変動すること，同人は一般職員にすぎず，特別な労働条件を前提に雇用されたとは認められないことの2点を理由に，就業規則の変更によって変更されない労働条件として合意したものとは認められないと判断している。*69参照。

*56 荒木＝菅野＝山川143頁以下参照。本文に述べた職種・勤務地限定労働者に対する配転条項新設のケースは労働条件の個別的変更に該当し，年俸制労働者に対する賃金体系不利益変更

これに対し，上記二つのケースにおいて，個別合意のみならず，就業規則による変更をも予定していたと解釈される場合は，10条但書ではなく，同条本文が適用されることになる。いずれの規定が適用されるかは，個々の特約（合意）の解釈の問題であるが，合意原則（労契3条1項・8条）を踏まえれば，できるだけ10条但書の適用を認めるべきであろう。

(7) 労契法の評価

以上のように，労契法（および同法が継承した判例法理）の核心は，合意原則を前提に，使用者による労働条件の一方的変更を柔軟に認めつつ，少数者に生じうる過大な不利益をチェックする点にある。妥当な立法政策と解される。

(ア) **労働条件の柔軟な変更の要請**　第1に，就業規則による労働条件の柔軟な変更は，労働契約に内在する基本的要請を意味する。もともと労働契約を含む継続的契約には契約関係継続の要請が働くのであり，労働法上は解雇権濫用規制（労契16条）として現れる（857頁）。しかし，この要請を機能させるためには，使用者が種々の事情変更に応じて契約内容を柔軟に調整することを認める必要がある。さもないと，使用者は，労働条件変更に同意しない労働者の労働条件を変更できず，そうかといって，その労働者を解雇することも困難となり，雇用関係が著しく硬直化する結果となるからである。労働条件の柔軟な変更を認める労契法の立法政策は，この要請によって正当化されるものと評価することができる。

一方，このように労働条件の柔軟な変更が重要であるとはいえ，就業規則による労働条件変更が使用者による一方的・集団的不利益変更である以上，代償措置・関連労働条件の改善・各措置が困難な場合の経過措置は確実に履行されるべきであり，「変更後の就業規則の内容の相当性」を決する基本的要素となる（739頁以下）。ただし，企業の経営状況によっては，これら要素を硬直的に考えるべきでないケースが例外的に生じうる。経営環境の変化が激しい今日，これらを過度に厳格に求めると，解雇より穏健な手段である労働条件変更が不可能となるという望ましくない事態が生じうるからである。たとえば，経営危機に陥った企業が，解雇を回避しつつ賃金を不利益に変更したが，代償措置・経過措置は著しく不十分という場合である。この場合，不利益変更に対する上

のケースは労働条件の集団的変更に該当する（土田＝豊川＝和田199頁の【設問】(2)②参照）。

記措置が不十分という理由で合理性を否定し,その結果,企業(ひいては雇用)を苦況に追い込むよりは,一定の経過措置によって不利益の緩和が実行され,多数組合(従業員)が雇用確保のためのやむをえない変更として受容していれば,労使間の利益調整を経たものとして合理性を肯定すべきである*57。

(イ) **労使自治の意義** 第2に,労働条件の不利益変更に関しては,労使自治(多数組合との交渉・合意)を重視すべきである。激変する経営環境の下,企業の限られた資源をどのように配分するかは,基本的に労使自治の役割であり,多数従業員が支持する労働組合(多数組合)と使用者の任務である。憲法28条が定める労使自治の理念は,就業規則論においても軽視されるべきではない。この意味で,前掲・第四銀行事件(*5)による「合理性の一応の推測」論は妥当であり,多数組合の合意には,他の要素に優越する意義を認めるべきである。すなわち,多数組合が団体交渉・労使協議を通して労働条件変更の制度設計に関与し,変更に合意していれば,「労使間の利益調整がされた結果としての合理的なもの」として,変更の合理性を推測すべきである。これに対し,多数組合が反対する不利益変更については,通常の合理性審査が及ぶことになる(前掲・函館信用金庫事件[*27])*58。

(ウ) **利益・リスクの公平な配分** 第3に,とはいえ,多数組合に加入していない少数者(高齢者,管理職,少数組合員など)に過度に大きな不利益が及ぶことまで正当化することはできない。すなわち,労働者全体に公平に不利益が及ぶ場合はともかく,特定の労働者層にのみ著しい不利益を及ぼすような労働

---

*57 前掲・みちのく銀行事件(*6)は,傍論ではあるが,「特に,当該企業の存続自体が危ぶまれたり,経営危機による雇用調整が予想されるなどといった状況にあるときは,労働条件の変更による人件費抑制の必要性が極度に高い上,労働者の被る不利益という観点からみても,失職したときのことを思えばなお受忍すべきものと判断せざるを得ないことがあるので,各事情の総合考慮の結果次第では,変更の合理性があると評価することができる場合があるといわなければならない」と述べており,本文と同旨の見解と思われる。日刊工業新聞社事件・東京地判平成19・5・25労判949号55頁(倒産回避目的で行った退職金50%削減の契約内容変更効を肯定),前掲・X銀行事件(*39[経営破綻して国の公的管理下に置かれた銀行が行った賃金体系の不利益変更の契約内容変更効を肯定])も参照。

*58 これに対し,多数組合の合意を重視する立場からは,その合意が得られない変更については,きわめて高度の必要性があり,不利益が僅少である場合にのみ合理性を肯定する立場がありうる。しかし,多数組合の合意が得られないという状況は,合理性の推測が働かないことを意味するにとどまるのであり,通常の合理性審査を行えばよいと解される(荒木・前掲書[*1]269頁参照)。これに対し,使用者が真摯な交渉・協議すら行わなかった場合は,合理性を否定する方向に働く事情と解すべきであろう(745頁参照)。

条件変更は，労働者間の利益・リスクの公平な配分を欠くものとして合理性を認め難い。前記のとおり（742頁），就業規則による労働条件の不利益変更は，労働条件を集団的かつ一方的に変更するものであるから，その不利益（リスク）は従業員集団に公平に及ぶものでなければならない。この意味で，利益・リスクの公平な配分は，労使間の利益調整とともに労働者間の利益調整も意味するのであり，この結果，特定労働者層に不利益が集中する場合は，適切な経過措置によって不利益を緩和し，リスクを公平に配分することが必須となる。

また，このような少数者への不利益の集中については，労使合意（労使自治）による正当化も困難である。もともと非多数組合員は，多数組合の意思形成に関与する立場になく，多数組合も非多数組合員の利益を代表する地位にないことを考えると，多数組合の合意（労使自治）に基づく労働条件変更の正当化（合理性の推測）には一定の限界があると考えるべきである。すなわち，就業規則の変更が非多数組合員に特に大きな不利益を及ぼす場合は，合理性の推測は働かないと解すべきである（その典型が前掲・みちのく銀行事件［＊6］である）。

(エ) **多数組合員の不利益**　第4に，労働条件変更について多数組合が合意している場合は，変更の合理性が推測されるが，これら組合員を含む労働者全体に過大な不利益が及ぶ場合は，合理性の推測は覆ると考えるべきである。ここでも，就業規則の変更が労働条件の集団的・一方的変更を意味する点がポイントとなる。すなわち，使用者と多数組合が労働条件変更について合意した場合，個々の組合員はたしかに当該組合の構成員であるが，法形式的にはあくまで他人決定的規範である（本人が直接関与した規範ではない）ことから，一定の審査が肯定される。もちろんこの場合，多数組合員は組合に利益代表を委任し，組合によって利益を代表される地位にあるため，合理性審査は後退するが，著しく恣意的な規範設定に関する審査は必要となる。すなわち，変更の必要性に比べて不利益が過大な労働条件変更については，多数組合の合意による合理性の推測が覆り，通常の合理性審査が及ぶと解すべきである。多数組合の一部組合員に著しい不利益を及ぼす変更についても同様に解される【9-4】【9-5】。

【9-4】　**労契法10条の立法論的検討**　上記のとおり，労契法10条は，実質的には妥当な立法政策を採用したものと評価できるが，理論的には，労契法が基本原則とする合意原則との関係で問題を残している。すなわち，10条は，合意原則を排斥して就業規則の合理的変更を認める判例法理を継承するとともに，判例

法理の規範を立法化することで、就業規則変更が反対労働者を拘束することの根拠を明示していないという判例法理の問題点を解決したものといえるが（735頁）、理論的には、賃金・労働時間という中核的労働条件を含む全労働条件（労働契約内容）の一方的不利益変更を認める点で、そもそも合意原則と整合しない性格を有していることは明らかである*59。そこで、労契法10条についても、同法7条（契約内容補充効）に関する立法論（222頁）と同様、労使間合意を契約内容への組入れ要件として設ける規定への改正を検討する余地がある。すなわち、就業規則の契約内容補充効の要件として合意要件を規定するのであれば、いったん契約内容に組み入れられた就業規則を変更する場面（労契10条）でも、契約内容の組入れに際して、合意要件を規定することが考えられる。

　もっとも、前記のとおり、労契法10条（および判例法理）は、雇用保障の要請（解雇権濫用規制［労契16条］）を機能させるためには、使用者が労働条件を柔軟に調整することを認める必要があるとの要請（労働条件の柔軟な変更の要請）から形成されてきた規範であり、その面では、立法政策上の高度の正当性を認められる。この点を踏まえると、労契法10条について合意要件を組み込む場合は、純然たる合意要件ではなく、「報告書」（53頁）が提案していたように、就業規則変更に合理性があれば、労働者・使用者間の合意を推定する旨の構成（推定効構成）を用いることが適切と解される。すなわち、「就業規則による労働条件の変更が合理的なものであれば、労働条件は当該変更後の就業規則の定めるところによるとの合意が、労使当事者間にあったものと推定する」旨の規定を設けつつ、この推定は、反証をもって覆すことができることとする立法構想である*60*61。

---

*59　労契法制定時には、本文と同様の観点から、同法9条・10条が就業規則による労働条件の一方的変更を認める判例法理をいわば追認する内容で立法化したことへの批判が行われていた（就業規則変更法理の成文化に再考を求める労働法研究者の声明「禍根を残す就業規則変更法理の成文化」労旬1639号［2007］4頁）。

*60　土田道夫「約款、事情変更制度、継続的契約」土田編・債権法改正188頁以下、同「民法（債権法）改正と労働法」季労267号（2019）104頁以下参照。

*61　この点、2017年の改正民法548条の4は、就業規則に類似する定型約款の変更につき、「定型約款の変更」と題して、定型約款準備者は、「定型約款の変更が、相手方の一般の利益に適合するとき」および「定型約款の変更が、契約をした目的に反せず、かつ、変更の必要性、変更後の内容の相当性、……その他の変更に係る事情に照らして合理的なものであるとき」の各要件を満たし、かつ、定型約款を変更する旨および変更後の定型約款の内容等を適切な方法により周知させた場合は、「定型約款の変更をすることにより、変更後の定型約款の条項について合意があったものとみなし、個別に相手方と合意をすることなく契約の内容を変更することができる」と規定している。この規定は、約款変更の要件につき、就業規則変更に関する労契法10条の考慮要素と類似する要件を規定するとともに、約款変更の根拠については、当事者間合意の存在のみなし規定（みなし効構成）を用いており、本文に述べた労契法10条の立法論的検討（推定効構成）を行う際にも参考となる。ただし、実質的には合意原則を大きく後退させた規律である等、民法学からの強い批判がある（土田・前掲論文［*60・季労］105頁

【9-5】 **労使慣行の破棄・変更**　前記のとおり（251頁），長期にわたって反復・継続された労使慣行は，当事者間の黙示の合意を介して，または事実たる慣習（民92条）として労働条件（労働契約内容）を規律することがある。このような労使慣行を就業規則の変更によって破棄または変更する場合は，労契法10条の規律に服することになる。就業規則規定の新設によって労使慣行を破棄・変更する場合も同様である*62。なお裁判例では，上記と異なり，使用者が就業規則によってではなく，労使慣行を下回る賃金・処遇上の取扱い（賞与の支給率変更）を行った事案について，10条と同様の考慮要素を用いて合理性を判断し，変更の必要性が乏しいとして否定した例がある*63。

(8) 成果主義賃金制度の導入

(ア) **成果主義賃金制度の導入と労働条件の不利益変更**　では，成果主義人事・賃金制度の導入という新たなタイプの労働条件変更（730頁の④）についてどのように考えるべきか*64。企業がこの制度を導入する場合，就業規則の変更によって行うのが通例であるため，合理性の要件をどう解するかが問題となる。

まず，成果主義賃金制度の導入は，労働条件（賃金）をストレートに引き下げるものではなく，引下げの可能性を伴うにとどまることから，そもそも労働条件の不利益変更に当たるか否かが問題となる。しかし，この点は異論なく肯定されている。労働契約法10条が定める「労働条件〔の〕変更」とは，現実に不利益変更を行う場合だけでなく，不利益変更の可能性がある場合も含むからである（749頁）*65。

(イ) **導入の要件**　a) **変更の合理性**　では，変更の合理性（労契10条）をどのように考えるべきか。思うに，成果主義賃金制度の導入は，賃金原資の

参照）。
*62　菅野＝山川251頁，荒木451頁，荒木＝菅野＝山川147頁参照。裁判例として，T大学事件・東京高判平成27・10・28労経速2268号3頁参照。
*63　立命館事件・京都地判平成24・3・29労判1053号38頁。
*64　成果主義賃金制度の導入については，土田道夫「年俸制をめぐる法律問題」獨協法学53号（2000）180頁以下，同「職務給・職務等級制度をめぐる法律問題」安西古稀『経営と労働法務の理論と実務』（中央経済社・2009）198頁以下参照。道幸哲也「成果主義人事制度導入の法的問題（1）～（3・完）」労判938号～940号（2007）も参照。
*65　同旨裁判例として，ノイズ研究所事件・東京高判平成18・6・22労判920号5頁，野村不動産アーバンネット事件・東京地判令2・2・27労経速2427号31頁。荒木＝菅野＝山川135頁，前掲・梅光学院事件（*20）も参照。

削減ではなく，原資の配分方法を変更する措置であること，また賃金をストレートに削減するものではなく，本人の働き方によって賃金を増減させる制度であることを考えると，賃金を現実に引き下げる場合に求められる「高度の必要性に基づいた合理的な内容」（736頁）の要件を過度に厳しく解釈すべきではない。むしろ，成果主義賃金制度が基本的人事制度として定着し，法的にも妥当性を認められること（377頁）を考えると，制度の特質に即した柔軟な合理性判断を行う必要がある。

　第1に，変更の必要性については，賃金引下げについて要求される「高度の必要性」を厳格に解すべきではない。この要件は，企業の経営悪化や組織の統一等に伴う賃金原資総体の引下げに関するものであり，成果主義人事の導入には直ちに妥当しない。そのように解さないと，通常の企業が成果主義賃金制度を導入することが困難となり，現実的妥当性を欠く結果となるからである。むしろ，成果主義人事の導入に関しては，それが賃金原資の公正な配分や従業員の職務・能力・成果評価の明確化をもたらし，ひいては企業の生産性の向上・企業価値の向上に寄与しうることがポイントであり，そうしたメリットを踏まえて，賃金体系を成果主義型の賃金制度に変更することは使用者の合理的経営判断に委ねられていると解すべきである[*66]。これに対し，賃金原資総額を削減するなど単なる人件費削減の目的が明らかな場合に，導入の必要性が否定されることはいうまでもない。

　第2に，労働者の不利益についても，判例法理の伝統的要件（代償措置・関連労働条件の改善）を機械的に適用することは適切でない。むしろここでは，①賃金原資総体が維持されること，②労働者が標準的評価を受けた場合の予測賃金が現行の標準的賃金を下回ることがないこと，③対象従業員が公正な評価を受け，昇給・昇格する機会を平等に保障されていること，④急激な変更を緩和するための適切な経過措置が講じられていることがポイントとなり，それらが制度に組み込まれていれば，不利益の存在を否定すべきである。特に，適切な経過措置は必須の要件といえる[*67]。

　[*66]　東京商工会議所事件・東京地判平成29・5・8労判1187号70頁。
　[*67]　このうち，③（昇給・昇格機会の平等の保障）は，制度の運用の問題とも関連しており，形式的には機会の平等が保障されていても，実際には降給者が多発する反面，昇給者がきわめて少数であるというケースでは，制度導入が賃金原資（人件費）削減の手段に堕していると評価され，合理性が否定されるものと解される。ハクスイテック事件・大阪高判平成13・8・30労判816号23頁，前掲・ノイズ研究所事件（*65）参照。また，適切な経過措置は，労契法

第3に,成果主義賃金制度の導入については,その特質に鑑み,人事考課制度を含む合理的制度設計が行われているか否かに合理性判断の重点を移すべきである。すなわち,成果主義賃金制度は,労働者の能力・成果の評価を通して賃金・処遇を決定する制度であるから,人事考課と賃金決定がどのような手続を経て行われるかという制度設計の公正さ・透明さこそが制度導入の合理性を決する要素となると解される。労契法10条が定める就業規則変更の法的枠組みの中では,「変更後の就業規則の内容の相当性」に該当することになろう(成果主義賃金制度の設計・運用の重要性については,381頁参照)[*68]。

第4に,成果主義賃金制度は,従来の年功賃金制度を抜本的に改める制度であるから,労働者の納得を得るよう十分な協議が求められ,適用対象となる労働者各層との入念な協議・交渉を行う必要がある。

b) 裁判例 裁判例も,成果主義賃金制度の特質を重視して変更の合理性を判断するものが多い。代表的裁判例として,前掲・東京商工会議所事件(*66)がある。本件は,従来の年功序列型賃金制度から,役割給制度を内容とする成果主義賃金制度への変更事案であるが,判決は,上述した四つのポイントを踏まえて変更の合理性を検討し,肯定している。特に,①労働者の不利益について,賃金原資総額が維持される一方,原告については,経過措置を除けば月額4万8000円減額されるものの,その後の努力によって増額も可能であることや,一定の経過措置(1年目は減額賃金相当額を全額支給,2年目はその3分の2を支給,3年目は当初調整給の3分の1を支給)が講じられていること,②変更後の就業規則内容の相当性について,新制度においては,職員の成果に見合った賃金が支給され,従業員を含む職員全員に対し等しく昇級・昇給の可能性が与えられるなど公平性が確保され,合理的な人事評価制度が整備されていること(職員が考課者と面談して策定した成果目標等を目安としつつ,その達成度を考課者が職員の自己評価も踏まえて評価し,評価は多面評価として行われ,評価結果が職員に開示され,異議申立ても可能であること),③労働組合等との交渉の状況について,会社は制度導入に際して労働組合と交渉し,その意見も取り入れながら制度設計を行っていること等を評価して合理性を肯定している。成果主義人事に

10条所定の考慮要素中,労働者の不利益の有無・程度とともに,変更後の就業規則内容の相当性にも該当する。

[*68] 私見に近い判断を示す裁判例として,前掲・ノイズ研究所事件(*65),前掲・東京商工会議所事件(*66)がある。石田信平[判批]労判932号(2007)5頁参照。

関する入念な制度設計と労使協議が行われたケースに関する合理性判断肯定例であり，周到な判断と評価できる[*69]。

他方，使用者が成果主義賃金制度の制度設計や導入手続に失敗したケースでは，変更の合理性が否定された例も少なくない。すなわち，年功賃金体系から成果主義賃金への変更に際して必要な経過措置を講じなかったケース[*70]，労

[*69] その他の主要な合理性肯定裁判例として，前掲・ノイズ研究所事件（＊65）は，年功的な職能給制度から，成果主義的な職務給制度への変更事案につき，ⓐ労働者の不利益について，一定の経過措置（変更1年目は差額相当額の調整手当を支給し，2年目は50％支給する措置）が講じられていることを重視し，ⓑ変更後の就業規則内容の相当性について，人事考課の主体・方法・評価基準および考課者訓練等に関する一応の制度が整備されていることを考慮し，ⓒ労働組合等との交渉の状況について，労働者が所属する労働組合と8回にわたる団体交渉を行っていることを評価して合理性を肯定している。しかし，この判断のうちⓐについては，経過措置としての調整手当の支給期間が2年間と短く，賃金減額が急激に行われたにもかかわらず，経過措置は「実情に応じて可能な範囲で手厚いものであ」れば足りると解した上，本件措置はいささか性急で柔軟性に欠けるものの，なお変更の合理性を否定する理由となるとはいえないと判断した点に疑問があり，また，ⓑについては，人事考課制度の重要な要素である評価プロセス・結果の開示・説明，労働者の意見表明の機会，紛争処理制度が整備されていないにもかかわらず「人事評価制度として最低限必要とされる程度のもの〔を〕備えている」と評価した点に疑問がある（土田・前掲論文[＊64・安西古稀]201頁参照）。

また，前掲・トライグループ事件（＊55）は，賃金決定に際して人事考課制度を導入し，職能給に変動制を導入した事案につき，就業規則に基づく成果主義賃金制度の導入に際して，賃金の原資総額が減少する場合と，原資総額は減少せず，労働者全体では不利益となるわけではなく，個々の労働者の賃金の増減額が人事評価の結果として生ずる場合とでは，就業規則変更の合理性の判断枠組みを異にすると述べた上，賃金原資総額が減少しない場合は，個々の労働者の賃金を直接的現実的に減少させるのは賃金制度変更それ自体ではなく，当該職員に係る人事評価であるから，就業規則変更の合理性判断に際しては，人事評価の基準や評価結果に基づく処遇に係る従業員間の平等性の確保や，評価の主体・方法および評価の基準・開示等に係る使用者の裁量の逸脱・濫用の防止に関する制度的担保の有無といった人事評価制度の相当性を考慮して判断すべきであるとの判断枠組みを提示する。この結果，判決は，原告職員の具体的な不利益の程度について検討せず，経過措置についても全く判断していない。従来の判断枠組み（前掲・ノイズ研究所事件［＊65］，前掲・東京商工会議所事件［＊66］）を基本的に踏襲しつつも，原資総額が減少しない場合の合理性判断枠組みを大きく修正した点に特色がある。しかし，成果主義賃金制度の導入は，労働者にとってはドラスティックな変更を意味するのであるから，経過措置を考慮しない判断には疑問が残る。また，人事評価制度を重視するとしながら，本件では異議申立制度の存在が不明確であるにもかかわらず，その点を考慮していない点に問題がある（松本恵里＝土田道夫［判批］同志社法学410号［2020］184頁以下参照）。

以上のほか，合理性肯定例として，前掲・ハクスイテック事件（＊67），前掲・県南交通事件（＊39），ネオ・コミュニケーションズ・オムニメディア事件・東京地判平成16・12・24労判886号86頁，国立精神・神経医療研究センターほか事件・東京地判平成28・2・22労判1141号56頁，トーマツ事件・東京地判平成30・10・18労経速2375号14頁，アルパック販売事件・神戸地姫路支判平成31・3・18労判1211号81頁等がある。

[*70] 日本交通事業社事件・東京地判平成11・12・17労判778号28頁，キョーイクソフト事

働組合との間で十分な労使協議を行わなかったケース*71,成果主義人事の導入を趣旨としながら,実際には賃金原資総額が減額されているケース(前掲・賛育会事件［*71］),基本給・能力給・実績給に関する具体的決定基準・ランクが欠如するなど人事考課制度の制度設計が不十分なケース(前掲・学校法人実務学園ほか事件［*14］)では合理性が否定されている。企業としては,十分留意する必要がある*72。

6 労使間合意に基づく就業規則の変更

(1) 学説・裁判例*73

最後に,使用者による就業規則の一方的変更(労契10条)ではなく,就業規則による労働条件の集団的不利益変更に労働者が同意した場合(就業規則変更合意)の拘束力(契約内容変更効)について解説する。この点については,特に労契法施行後,契約内容変更効が争われる裁判例が複数登場している。また,学説上も二つの見解が尖鋭に対立し,議論が進展している。すなわち,労契法9条は,労働者との合意を経ないまま就業規則によって労働条件を不利益に変更することを禁止している(734頁)ところ,同条を反対解釈して,労使間の合意(以下,「就業規則変更合意」という)によって就業規則変更が成就することを認め,変更内容の実体的審査を否定する見解(合意基準説)と,就業規則による労働条件変更であることを重視して,就業規則の一方的変更に関する10条と同様の実体的合理性審査を肯定する見解(合理性基準説)の対立である。

合意基準説によれば,労使間合意によって就業規則変更が成就するため,変

件・東京高判平成15・4・24労判851号48頁,クリスタル観光バス事件・大阪高判平成19・1・19労判937号135頁。

*71 前掲・キョーイクソフト事件(*70),賛育会事件・東京高判平成22・10・19労判1014号5頁。

*72 他方,成果主義賃金制度からより安定的な賃金制度への再編を内容とする就業規則変更の合理性を認めた裁判例として,前掲・野村不動産アーバンネット事件(*65)があり,判決は,会社が従業員の定着率を上げるために営業成績給を廃止し,それを月例賃金や賞与等の原資とし,支給額が安定的な給与制度を導入する必要があったことや,変更後の内容も安定的な賃金制度として相当性を有する等として合理性を肯定している。事案として興味深い。

*73 学説・裁判例については,櫻庭・前掲解説(*1)140頁,基コメ労基・労契385頁以下［野田進］,注釈労基・労契(2) 383頁［土岐将仁］参照。私見については,土田道夫「労働条件の不利益変更と労働者の同意——労働契約法8条・9条の解釈」西谷古稀『労働法と現代法の理論(上)』(日本評論社・2013) 350頁以下,同「労働条件の集団的変更と労働者の同意」労働126号(2015) 44頁参照。

更の合理性と周知（10条）は要件とならない（すなわち，就業規則の不利益変更は，それに同意した労働者には9条によって拘束力が及び，反対した労働者には10条によって拘束力が及ぶ）が，一方，就業規則変更合意の存在は厳格に認定され，説明・情報提供，書面化による確定的意思の確認といった手続的審査が肯定される[*74]。これに対し，合理性基準説は，労働条件の集団的規律の要請を就業規則法制の基本趣旨と捉え，そこから9条の反対解釈によって個別合意による労働条件変更を認める処理（合意基準説）を批判する見解であり，この結果，就業規則変更合意に対する実体的合理性審査が肯定される[*75]。

裁判例では，合意基準説を採用する例が登場しており，労契法9条の反対解釈によって労働者の同意による就業規則変更を認めつつ，合理性を欠く就業規則については労働者の同意を軽々に認定することはできないと判示し，使用者の説明・情報提供を中心に，就業規則変更合意の認定を慎重に行うべきことを判示する例がある（協愛［控訴］事件[*76]。合意の成立を肯定）。また，近年の判例は，管理職の退職金を0円または不支給とする帰結をもたらす就業規則（退職給与規程）の不利益変更につき，労使間合意に基づく変更を肯定しつつも，賃金・退職金の不利益変更については，労働者が使用者の指揮命令に服すべき地位にあることや，労働者の意思決定の基礎となる情報の収集能力に限界があることに照らせば，労働者の同意の有無を慎重に判断すべきと述べた上，「当該変更を受け入れる旨の労働者の行為の有無だけでなく，当該変更により労働者にもたらされる不利益の内容及び程度，労働者により当該行為がされるに至った経緯及びその態様，当該行為に先立つ労働者への情報提供又は説明の内容等

[*74] 荒木尚志「就業規則の不利益変更と労働者の合意」曹時64巻9号（2012）2245頁以下。菅野＝山川238頁，荒木433頁，水町207頁以下，山川隆一「労働条件変更における同意の認定──賃金減額をめぐる事例を中心に」菅野古稀『労働法学の展望』（有斐閣・2013）271頁以下も参照。なお合意基準説が主張する労契法9条の反対解釈は，同条を，労働条件変更に関する合意原則を定めた規定（労契8条の派生的規定）と把握することを前提としており，同説は，そこから9条の反対解釈として労使間合意に基づく就業規則変更を肯定している（荒木・前掲論文2259頁参照）。

[*75] 西谷193頁。また，道幸哲也「労働法における集団的な視角」西谷古稀『労働法と現代法の理論（下）』（日本評論社・2013）18頁以下は，合意基準説に対し，同説によれば，使用者は就業規則変更合意によって労働条件変更を達成でき，労働者の同意が得られない場合も，10条に依拠して就業規則による労働条件の一方的変更を達成できるところ，こうした状況下での就業規則変更合意は，労働条件の一方的変更システム（10条）をビルドインした中での合意獲得過程と評価できるものであり，当事者間の公正を欠くと批判する。

[*76] 大阪高判平成22・3・18労判1015号83頁。

に照らして、当該行為が労働者の自由な意思に基づいてされたものと認めるに足りる合理的な理由が客観的に存在するか否かという観点からも、判断されるべきものと解するのが相当」と判断し、「労働者の自由意思に基づく同意」を重視する判断を示している（山梨県民信用組合事件。合意の成立を否定）*77。

(2) 考　察

　私は、合意基準説を基本としつつ、就業規則法制・法理の特質に即した適切な修正を施す必要があると考える（修正合意基準説）。すなわち、就業規則変更合意については、同合意の存在を「労働者の自由意思に基づく同意」に即して厳格に認定するとともに、緩やかな内容規制（合理性審査）および労基法の手続（届出・意見聴取［労契11条］）を適用すべきものと考える*78。

　まず、合意基準説が説く労契法9条の反対解釈については、これを肯定すべきものと考える。すなわち、労働契約法が合意原則を基本原則としていること（3条1項）に鑑みれば、就業規則変更に関する労使間合意が成立した場合は、それを尊重し、当事者に対する拘束力を認めるべきである（合意原則［合意尊重の要請］。21頁参照）。

　しかし同時に、就業規則変更合意が就業規則による労働条件の不利益変更に関する合意であることを考えると、合意基準説を採用する場合も、就業規則法制の特質を適切に考慮する必要がある。就業規則法制の特質としては、労基法・労契法が就業規則の重要な機能に着目し、労働者保護・労働条件保護の観点からの法的規律を行っていること（213頁以下）と、就業規則による労働条件の集団的規律（集合的・統一的決定）の要請の存在（730頁）が重要である。この点、労契法9条は、同法10条の本則規定であり、就業規則法制の一環を成す

---

*77　最判平成28・2・19民集70巻2号123頁（清水知恵子［判解］最判解民事篇平成28年度［2019］33頁）。本判決については、336頁、776頁も参照。その後の同旨下級審裁判例として、前掲・ケイエムティコーポレーション事件（*20）、PRESTIGE事件・東京地判令和元・12・17ジャーナル100号48頁、前掲・インターメディア事件（*20）、テレビ東京制作事件・東京地判令和5・6・29ジャーナル144号42頁等［下級審裁判例については、第4章*93*94も参照］。しのぶ福祉会事件（仙台高判令6・2・20ジャーナル146号26頁）は、給与規程の不利益変更に係る従業員の同意につき、組織的なパワー・ハラスメントにより過重な心理的負荷を受け続ける状況下において、パワハラに対する恐怖心から署名押印に応じたものであるとして自由意思に基づく同意を否定している。

*78　以下の詳細は、土田・前掲論文（*73・西谷古稀）359頁以下、同・前掲論文（*73・労働）48頁以下参照。土田264頁も参照。私見に同旨の見解として、河野尚子「労働条件の不利益変更をめぐる司法審査のあり方」同志社法学387号（2017）121頁。

規定であるから，そこにいう「合意」が就業規則の変更を用いた労働条件の不利益変更に関する合意であることは明らかであり，8条が予定する純然たる労使間の個別的合意（労働条件変更合意。776頁参照）とは異なる*79。そうだとすれば，就業規則変更合意については，合意原則と同時に，同合意が労基法・労契法の就業規則法制・法理を前提とし，就業規則の不利益変更に関する合意であることを踏まえて考察する必要がある。

　第1に，就業規則変更合意の認定は厳格に行う必要がある。すなわち，合意原則の観点からは，就業規則変更に関する労働者の同意は，使用者による十分な説明・情報提供に基づき，労働者が変更内容を理解した上で，自由意思により同意したものと認められるに足りる合理的理由が客観的に存在することを要すると解される（「労働者の自由意思に基づく同意」要件）。労働者の自由意思に基づく同意の存否に係る認定は，使用者の説明・情報提供を中心とする手続の履行の有無によって判断される（詳細は，776頁の①～④参照）。この点で，労働者の同意の有無を形式的に判断する態度を斥け，手続面を中心に「労働者の自由意思に基づく同意」の有無を重視する判例（前掲・山梨県民信用組合事件［*77］）は妥当と解される*80。また，就業規則法制の特質（就業規則による労働条件の集

---

　*79　この点で，労契法9条をもっぱら同法8条の派生的規定と把握する合意基準説の理解（前掲*74）には疑問がある。同旨，井川志郎［判研］労判1158号（2017）12頁。

　*80　本件は，信用組合の経営破綻の回避目的で行われた合併に伴う退職給与規程の不利益変更に際して，労働者（管理職ら）が同変更は旧支給基準の一部を変更するものであり，同変更への同意が合併の実現のために必要である旨の説明を受けて同意書に署名押印したのに対し，変更後の支給基準の内容は，退職金総額を従前の2分の1以下とする一方，退職金総額から年金現価相当額または一時金額を控除して支給する方式（内枠方式）を採用した結果，自己都合退職者の退職金額が0円となったという事案である。判決は，「労働者の自由意思に基づく同意」の有無を重視する一般論（761頁）を前提に，こうした不利益の内容（大きさ）や同意書への署名押印に至った経緯等を踏まえると，管理職らが本件基準変更に同意するか否かについて自ら検討し判断するために必要十分な情報を与えられたというためには，旧規程変更の必要性等に関する情報提供・説明のみならず，自己都合退職の場合の退職金額が0円となる可能性が高くなることや，旧支給基準との関係でも著しく均衡を欠く結果となることなど，退職給与規程の変更により管理職らに発生する具体的な不利益の内容・程度についても情報提供・説明が行われる必要があったと判断した上，原審（東京高判平成25・8・29労判1136号15頁）は，上記の点に関する情報提供や説明の有無に関する十分な認定・考慮をしておらず，労働者の自由意思に基づく同意の有無に関する審理を尽くしていないと判断して破棄し，差し戻している。

　　本判決については，労働契約の他人決定的性格や労使間の情報格差（8頁，12頁）を考慮した上，労働者の自由意思を重視して就業規則変更合意の成否を慎重かつ厳格に認定すべきことを説く点で妥当な判断と考える。また，使用者による説明・情報提供の対象が不利益変更の必要性のみならず，労働者が被る具体的不利益の内容・程度にも及ぶべきことを判示する点も，

団的規律［集合的・統一的決定］の要請）からは，使用者の説明・情報提供義務の対象は，労契法10条が就業規則変更の要件として定める「変更の合理性」のすべての要素（736頁の①〜⑤）に及ぶものと解すべきである。他方，こうした厳格な手続を経て就業規則変更合意が成立した以上は，合意原則（合意尊重の要請）に基づき，労働者は原則として当該合意に拘束される[*81]。

　第2に，就業規則変更合意が認定された場合も，例外的な内容規制（合理性審査）を行うべきである。すなわち，労使間に厳然として存在する交渉力格差を踏まえると，使用者がいかに説明・情報提供を尽くし，情報格差を是正したとしても，労働者が就業規則変更合意の内容に異議を唱えることができず，自由意思によるとはいえ著しく不合理な労働条件を受け容れる事態が生じうる。

　しかし，こうした事態は，当事者対等の合意に基づく労働条件決定から乖離し，合意原則（実質的合意の要請。21頁）と矛盾する結果をもたらす。一方，就業規則法制の特質（就業規則による労働条件の集団的規律［集合的・統一的決定］の要請）からは，上記の事態は，法が労働条件の集団的規律の要請に着目して定立した就業規則変更の合理性要件（労契10条）が労使間合意によって潜脱される結果をもたらしうる。したがって，就業規則変更合意については，同合意が成立した場合も，合意の効力要件として，その内容が著しく合理性を欠くか否かに関する実体的審査を例外的に肯定すべきである。その法的根拠は，就業規則変更合意が就業規則による労働条件の集団的変更を対象とする合意であることから，同様の状況を対象とする労契法10条の類推適用に求めるべきであろ

　　本文の私見（説明・情報提供は労契10条の「変更の合理性」すべてに及ぶとの立場）とも共通しており，妥当と考える。
[*81]　なお，判例（前掲・山梨県民信用組合事件［*77]）は，労働者の自由意思に基づく同意の認定に際して，労働者が被る不利益の内容・程度という実体的要素を考慮要素に位置づけているため，自由意思に基づく同意の認定に際してもっぱら使用者の説明・情報提供を中心とする手続的側面に着目する私見との関係性が問題となる。この点については，同判例においても，労働者の不利益の内容・程度は，他の2要素（労働者が変更を受け入れるに至る経緯，使用者の説明・情報提供）と並列する独自の要素ではなく，不利益の大きさに応じて説明・情報提供の内容・程度が高度に求められるという趣旨の考慮要素，すなわち，手続的規律の程度を左右する要素として判示されたものと理解すべきであろう。判旨は，当てはめの箇所では，労働者が被る不利益の大きさを認定した上で不利益の内容・程度に関する情報提供・説明が必要であったと判断し，もっぱら説明・情報提供の十分性という手続的側面に着目して判断しており（*79），手続的規律の程度を左右する要素として位置づける趣旨の判断と解される（同旨，神吉知郁子［判批］判時2333号［2017］180頁）。そして，そのように理解すれば，私見との矛盾は生じないものと解される。

う*82。他方，就業規則変更合意の内容規制は，労使間合意の存在を前提とする例外的規制であるから，就業規則の一方的変更に関する本格的合理性審査（労契10条）と異なり，ごく緩やかに行われるべきである（合意尊重の要請。21頁）*83。

こうした例外的内容規制が適用される典型例は，ⓐ就業規則変更合意が特定の労働者層に著しい不利益を及ぼす反面，見るべき代償措置・経過措置がなく，労働者間の公平取扱いの要請に著しく反する場合である*84。たとえば，前掲・みちのく銀行事件（＊6）（741頁）は，就業規則の一方的変更の事案であるが，仮に本件変更が就業規則変更合意の方法によって実行された場合も，例外的合理性審査を適用し，合意の合理性と契約内容変更効を厳格に判断する必要がある。すなわち，本件は，労契法10条の合理性判断要素（736頁）のうち，②（労働条件変更の必要性）は肯定されるものの，労働者の不利益の程度（①）が著大であり，かつ，特定の労働者層（高齢管理職層）に不利益を及ぼす変更であること，変更後の就業規則内容の相当性（③）を見ても，当該不利益を緩和するための経過措置が著しく不十分であることから，合意内容が著しく合理性を欠くものと評価され，無効と解される可能性が高い*85。また，ⓑ就業規則変更合意が労働者全体に著しい不利益を及ぼす場合も同様である（前掲・名古屋国際芸術文化交流財団事件［＊20］，前掲・山梨県民信用組合事件［＊77］）。

第3に，就業規則変更合意については，就業規則の一方的変更（労契10条。749頁）と同様，労基法・労契法が就業規則の変更に関して規定する手続（周知［労契10条］および届出・意見聴取［労基89条・90条，労契11条］）を効力要件と解すべきである。前記のとおり，就業規則変更合意の前提を成す労契法9条は，10条と対を成す本則規定であり，ともに労基法・労契法の就業規則制度を前

---

* *82 この点，土田・前掲論文（＊73・西谷古稀）363頁では，就業規則変更合意の合理性審査の法的根拠を合意原則（労契3条1項・8条）および信義則（労契3条4項）に求めていたが，土田・前掲論文（＊73・労働）52頁では，本文のように改説している。
* *83 井川・前掲判研（＊79）13頁以下は，私見（修正合意基準説）をアレンジして，就業規則変更合意の認定に際して，使用者の説明義務および保障義務という手続的義務を肯定するとともに，内容規制については，就業規則変更合意が附合契約性を有するがゆえの例外的内容規制を肯定し，その審査基準として，労契法7条の合理性審査の類推適用または同条の趣旨を反映した合意の解釈を主張する。川口468頁も参照。
* *84 土田・前掲論文（＊73・西谷古稀）345頁，365頁，土田・前掲論文（＊73・労働）53頁参照。
* *85 前掲・熊本信用金庫事件（＊15）も同様である。

提とする規定である。そうだとすれば，就業規則変更合意は，労基法・労契法の就業規則制度が予定するすべての手続を経て就業規則が変更されたことに関する合意であることを要すると解すべきである*86。

第2節　労働協約による労働条件の変更

1　規範的効力

(1)　問題の所在

労働組合が存在する企業において，労働協約に定めた労働条件を変更するためには，団体交渉を行い，労働協約の改訂または締結の手続を踏まなければならない。日本の労働協約の多くは企業別協約であるため，就業規則と同一の労働条件を定めることが多いが，協約締結組合の組合員については，事前に必ずこの手続を行う必要がある。協約改訂手続を踏まないまま就業規則だけを改訂しても，協約に反する就業規則として無効となる（労基92条，労契13条）*87。

労働協約が締結されると，規範的効力（労組16条）が肯定され，使用者・組合員間の労働契約を規律する。問題は，この規範的効力が，労働条件を不利益に変更する労働協約にも生ずるか否かであり，これが主要な論点である。また，非組合員に対する拡張適用（同17条）の可否も問題となる。

(2)　規範的効力の内在的限界

組合員に対する規範的効力の問題は，①そもそも労働条件を不利益に変更する協約が規範的効力を有するかという問題と，②規範的効力を肯定した場合の限界をどう解するかという問題に分かれる。まず，①は，労働協約の有利原則（協約の規範的効力は，それより労働者に有利な労働契約には及ばないとの原則）と密接に関連しており，有利原則を肯定し，かつ，規範的効力の性質について化体説（238頁）を採用すると，より有利な旧協約基準が契約内容に化体しているため，本人同意がない限り，この段階で不利益変更の効力が否定され，協約による労働条件の不利益変更は困難となる。

---

*86　土田・前掲論文（*73・西谷古稀）361頁，土田・前掲論文（*73・労働）53頁参照。
*87　裁判例として，音楽之友社事件・東京地判平成25・1・17労判1070号104頁。

しかし，通説・裁判例は有利原則を否定し，不利益変更を肯定する立場に立っている。すなわち，労働協約は，原則として，協約を下回る労働契約のみならず，上回る労働契約も規律する効力（両面的効力）を肯定される（有利原則は否定される）ため，労働条件を引き下げる協約も旧基準に代わって契約内容となり（化体または外部規律），契約内容を変更する効力（規範的効力）を肯定される（242頁参照）。ただし，協約自治の限界（243頁）の観点からは，すでに発生した賃金請求権等の労働条件について，労働協約を遡及適用して処分・変更することは許されず，協約による不利益変更の規範的効力は，将来に向けた変更のみに及ぶ*88。

(3) 不利益変更の限界*89

(ア) 裁判例 労働協約による労働条件の不利益変更は，その限界も緩やかに解釈される（上記②）。その理由は，いうまでもなく労働協約が就業規則と異なり，労働組合・使用者間の合意（協定）だという点にある。最高裁も，他企業の承継に伴う労働条件の統一過程で行われた定年制・退職金の不利益変更（定年年齢を満63歳から57歳に引き下げ，退職金基準率を71.0から51.0に引き下げた）の事案につき，労使交渉・協約締結の経緯，会社の経営状況の悪化，変更後の定年・退職金が低水準とはいえ，変更後の基準に「全体としての合理性」があること等に照らせば，「協約が特定の又は一部の組合員を殊更不利益に取り扱うことを目的として締結されたなど労働組合の目的を逸脱して締結されたものとはいえ」ないとして規範的効力を肯定している（①朝日火災海上保険事件）*90。就業規則の不利益変更に関する判断枠組み（734頁）とは原則と例外

---

*88 判例も，「具体的に発生した賃金請求権を事後に締結された労働協約……により処分又は変更することは許されない」と判断している（前掲・朝日火災海上保険事件［*19］。同旨，香港上海銀行事件・最判平成元・9・7労判546号6頁，前掲・北海道国際航空事件［*43］）。
*89 以下の詳細は，西谷敏＝道幸哲也＝中窪裕也『新基本法コンメンタール労働組合法』（日本評論社・2011）193頁以下［上田道夫］参照。
*90 最判平成9・3・27労判713号27頁。この判断枠組みを用いた裁判例として，日本鋼管事件・横浜地判平成12・7・17労判792号74頁，日本郵便逓送事件・大阪地判平成17・9・21労判906号36頁，中央建設国民健康保険組合事件・東京高判平成20・4・23労判960号25頁，前掲・日本郵便事件［*29［有期契約労働者の労働契約の更新限度を65歳に制限する労働協約改訂につき，65歳という更新限度年齢が正社員の更新限度年齢と比べて遜色がないことから，特定組合員を殊更不利益に取り扱うことを目的とするものではないと判断］）がある。上記判例以前の同旨裁判例として，日本トラック事件・名古屋地判昭和60・1・18労判457号77頁（休業補償追加給付金の不利益変更の規範的効力を肯定した事例）。

を逆転させて変更を広く認めつつ，例外的に協約内容の相当性を一定程度審査する態度を示した判断といえる。

　この傾向は，その後の裁判例においても維持されている。ただし，最近では，労働協約の締結過程という手続面（特に組合内部の手続）に着目して不利益変更の可否を判断する裁判例が増えている。たとえば，②高齢者の賃金を不利益に変更する労働協約を締結した事案（月例給を最高23％減額）につき，協約の締結は組合規約上，組合大会の付議事項とされているところ，大会決議はなく，また組合が従来，代議員会の開催・職場会での意見聴取によって協約を締結してきたことについても，職場会での討議は不十分で，代議員会の決議によっても大会手続には代替しえないとして協約締結権限の瑕疵を認め，規範的効力を否定した裁判例がある[*91]。また，③同じく高齢者の賃金引下げの事案（56歳以上で希望退職に応じなかった者の基本給を一律30％削減）につき，規約上，協約締結に必要とされている組合大会が開催されず，不利益を受ける者の意見を十分に汲み上げる努力も認められないとして，やはり協約締結権限の瑕疵を認めた例がある[*92]。さらに，④近年の判例は，退職金減額事案につき，協約に署名押印した労働組合代表者（執行委員長）は組合規約上，協約締結権限を付与されておらず，組合大会や執行委員会によって付与された事実もないとして協約締結権限を否定し，協約の成立自体を否定している[*93]。

　一方，規範的効力の肯定例としては，⑤同じく高齢者の賃金減額の事案（月例給を3万円弱減額）につき，組合規約に従った締結手続がとられ，組合員の意見も考慮されているとして規範的効力を認めた例[*94]，⑥退職金支給率を不利益に変更する協約（削減率は14.2％であり，退職金額を3784万円から3246万円に減額）につき，本件協約は，職員のほとんどが出席する職場集会を3回開催し，2回の団体交渉を経て，臨時大会において賛成多数で承認した上で締結されているところ，原告も組合の意思形成過程において意見を述べる機会が保障され

[*91] 中根製作所事件・東京高判平成12・7・26労判789号6頁（最決平成12・11・28労判797号12頁で確定）。朝日自動車事件・東京地判平成23・11・11労判1061号94頁も参照。

[*92] 鞆鉄道事件・広島高判平成16・4・15労判879号82頁。同旨，前掲・鞆鉄道［第2］事件（*19）。

[*93] 前掲・山梨県民信用組合事件［*77］。同旨，淀川海運事件・東京地判平成21・3・16労判988号66頁。

[*94] 前掲・日本鋼管事件（*90）。同旨，郵便事業事件・東京地判平成21・5・18労判991号120頁。

ていたとして規範的効力を肯定した例[*95]，⑦大学教職員の勤続手当の支給額を凍結し，給与掛金負担金を廃止する旨の労働協約締結につき，執行委員長の協約締結権限は認められず，規範的効力は生じないものの，その後の組合総会において，組合員が自らの意思を反映させる機会が確保されていたにもかかわらず，何らの反対意見も寄せられず，有効に追認されたものと認められること等から，協約締結時に遡って効力を生じると判断した例（前掲・近畿大学事件 [*21]）がある。

　また，裁判例は，補充的にではあるが，労働協約の内容審査も行っている。②事件は，傍論ながら協約締結の必要性・合理性を検討し，会社の経営状況から見て必要性に乏しい反面，賃金減額の不利益は大きく，調整・経過措置も不十分として合理性を否定する（同旨，③事件）。また④事件は，賃金減額の程度が低く，経過措置も設けられているとして協約全体の合理性を認め，規範的効力肯定の一理由としている。さらに，⑦経営危機に陥ったバス会社と組合が協約によってバス運転手の基本給・退職金を引き下げたことにつき，手続的審査に加え，変更の高度の必要性が認められる一方，調整給や退職金の優先的清算によって不利益が緩和されているとして内容の合理性を認め，就業規則の変更に類似の合理性判断を行う例も見られる[*96]。

　(ｲ)　**学　説**　　学説も，労働協約による変更は協約自治を基礎とすることから，規範的効力を広く認めるのが一般である。しかし，例外的とはいえ何らかの形で規範的効力の司法審査を肯定する見解が多く，(i)変更された協約の内容に着目する見解と，(ii)変更手続に着目する見解に分かれる。

　(i)の見解としては，①労働組合は労働条件の維持・改善を本来の目的とするため，労働協約の不利益変更には合理的理由を要すると説く見解[*97]や，②組合員の団体交渉への合理的期待利益を重視し，これに著しく反するか否かを基準に内容審査を認める見解[*98]がある。これに対して(ii)の見解は，③協約の内容審査は明確さを欠き，労使自治の尊重という見地からも問題があるとして内容審査を疑問視しつつ，ドラスティックな集団的措置には組合大会や組合員投

[*95]　前掲・中央建設国民健康保険組合事件（*90）。同旨，前掲・日本郵便逓送事件（*90）。
[*96]　箱根登山鉄道事件・東京高判平成17・9・29労判903号17頁。
[*97]　諏訪康雄「労働協約の規範的効力をめぐる一考察」久保還暦『労働組合法の理論課題』（世界思想社・1980）194頁。
[*98]　下井隆史「労働協約の規範的効力の限界」甲南法学30巻3＝4号（1990）363頁，同『労使関係法』（有斐閣・1995）131頁以下。

票による特別の集団的授権を要すると解し，手続的要件を加重すべきことを説く（菅野＝山川 1047 頁）。さらに，(iii)内容面・手続面双方を重視する見解として，④労働組合が全組合員の利益を公正に代表する義務を負うと解し，特定の組合員の労働条件を引き下げる協約について審査を認める見解[*99]や，⑤組合民主主義の観点から組合員間の平等原則を重視し，これを協約による労働条件の決定手続・決定結果の両面で考慮すべきことを説く見解[*100]がある。

(4) 考　察

(ア)　まず，労働協約による労働条件変更の規範的効力は，原則として広く肯定すべきである。もともと労働法は，労働組合が使用者との団体交渉（集団的労使自治）の中で労働条件を長期的・総合的に維持・改善し，労使間の対等関係を樹立することを期待する趣旨に立っている（憲 28 条，労組 1 条本文。176 頁参照）。したがって，労働組合がそうした考慮から締結した協約に一部不利益が含まれるからといって規範的効力を否定することは，労使自治の観点から見て適切でない。また労働組合の内部関係からいっても，組合は組合員の意見・利益を代表して交渉し，組合員は自己の意見・利益を交渉過程に反映させることができる立場にあるため，組合員（労働者）間の利益調整が行われることが前提となる。したがって，こうした利益調整を経て締結された労働協約を裁判所の全面的審査の下に置くことは，組合の内部関係への不当な介入ともなりうる。こうして，労働協約に関しては，司法審査（内容審査）の抑制という基本的要請が働く。この点は，労働条件の不利益変更の否定が原則とされ，変更内容の合理性が審査される就業規則との基本的な違いである。

一方，労働協約の規範的効力が肯定される根拠は，上記のとおり，労働組合の意思決定に対する組合員の参加が保障され，組合がそれら意思・利益を公正に代表して団体交渉を行うことにあると解される。したがって，そのような組合の意思形成・交渉過程に関する司法審査は認めるべきである。すなわち労働協約に関しては，手続審査が中心となり，労働組合による利益代表（公正代表）の有無が規範的効力を左右するポイントとなる。裁判所は，組合が組合員の意見を十分に汲み上げて真剣に討議し，その利益を代表して真摯に交渉し，規約

[*99]　道幸哲也『労使関係法における誠実と公正』（旬報社・2006）219 頁以下。
[*100]　西谷敏『労働組合法〔第 3 版〕』（有斐閣・2012）361 頁。西谷 700 頁も参照。協約の内容審査を積極的に肯定する見解として，城塚・前掲書（*17）121 頁以下。

所定の民主的手続を経て協約を締結したかどうかについて審査すべきである。

　まず，労働協約の締結・改訂に際して，組合規約所定の手続に準拠することは基本的な要件であり，それが遵守されていない場合は，協約締結権限自体を欠くものとして規範的効力を否定すべきである。また，組合の代表者等がこうした手続によって授権を得た場合も，労働協約の締結・改訂が組合規約上，特に組合大会（総会）の決議事項とされている場合は，その手続を経る必要があり，規約所定の手続を履行しない協約は，協約締結権限を欠くものとして規範的効力を否定される[*101]。さらに，労働組合は，単に形式的に規約手続を遵守すれば足りるというものではなく，不利益を被る組合員層の意見を十分に汲み上げ，協約締結に反映させるための実質的努力を求められる。こうした利益調整を欠く結果，一部の組合員に不利益が偏在している場合は，「特定の又は一部の組合員を殊更不利益に取り扱うことを目的として締結された」協約（前掲・朝日火災海上保険事件［*90］）として規範的効力を否定すべきである[*102]。

　なお前記のとおり（769頁），近年の裁判例（前掲・近畿大学事件［*21］）は，協約締結権限がないまま締結された協約につき，当該手続上の重要な瑕疵が事後の追認によって治癒されるとして規範的効力を肯定している。この判断には賛否両論ありうるが，本件協約がもたらす不利益の程度は限定的であり（勤続手当の支給凍結等。この点が，前掲・中根製作所事件［*91］との違いである），こうした協約について手続的瑕疵を厳格に判断するのは当事者意思と整合しないことから，組合の慣例や対応，組合員の反応等を踏まえて例外的に追認を肯定し，規範的効力を肯定すべきであろう[*103]。

　(イ)　では，協約内容の実体的審査はどうか。前記のとおり，裁判所が協約内

[*101] 前掲・中根製作所事件（*91），前掲・鞆鉄道事件（*92），前掲・淀川海運事件（*93）等。前掲・山梨県民信用組合事件（*77）も参照。ただし，規約所定の手続に実質的に代替しうる手続が履行されていれば，例外的に規範的効力を肯定できよう。なお，法人である労働組合の代表者は規約の規定に反しえない旨定める労組法12条の2も参照。

[*102] この趣旨を説く最近の裁判例として，中央建設国民健康保険組合事件・東京地判平成19・10・5労判950号19頁（協約による退職金算定基準引下げの事例。ただし，前掲・控訴審判決［*90］により取り消された）。なお使用者は，労働組合が瑕疵ある手続によって協約を締結した場合，表見法理（一般法人78条，旧民54条等）による保護（協約の成立等）を主張することがあるが，この主張は否定されている（前掲・淀川海運事件［*93］，前掲・中根製作所事件［*91］）。

[*103] 同旨，水島郁子［判解］令和2年度重判解191頁。反対，野川忍『労働協約法』（弘文堂・2015）194頁。労働協約締結の手続的要件は，協約内容の評価に左右されるものでなく，締結手続それ自体として検討されるべきものと説く。

容に立ち入って仔細に審査することは，労使自治の原則から見て適切でない。しかし，まず，労働協約が強行法規や公序良俗（民90条）に反しえないことは当然である*104。また，労働組合が特定の組合員層を不利益に取り扱う主観的意図をもって協約を締結した場合は，やはり「特定の又は一部の組合員を殊更不利益に取り扱うことを目的」とする協約として規範的効力が否定される。

問題は，以上の審査を超えて内容審査を肯定すべきか否かである。この点については，労働協約による労働条件の不利益変更が協約という集団的規範の設定を意味することを踏まえれば，労働組合による組合員の公正な利益代表を規範的効力の要件と解し，その観点からの例外的内容審査を認めるべきであろう。すなわち，一部または全部の組合員に極端な不利益をもたらす協約については，内容の面から公正代表義務の履行を欠く協約と評価し，例外的に規範的効力を否定すべきである*105。この点は，組合の協約締結手続に瑕疵がない場合も同様であり，上記のような配慮（経過措置等）を欠く場合は，例外的に規範的効力を否定すべきである。協約の内容審査を補充的に行う近年の裁判例（769頁）も，こうした趣旨に立つ判断であれば支持できる（ただし，就業規則の不利益変更と同様の全面的審査を行うべきではない）。

以上の審査を経て，労働協約による労働条件の不利益変更が規範的効力を認められれば，自動的に労働契約内容を規律する（労組16条）ため，たとえ就業規則の変更としては合理性がなくても労働者を拘束する（労基92条，労契13条）。この場合，労働者が不利益変更を免れるためには，労働組合からの脱退を要するとともに，脱退すれば規範的効力を免れる。ただしこの場合も，労働協約の拡張適用制度（労組17条）が適用される余地がある（次項）。

2 拡張適用（一般的拘束力）

(1) 問題の所在

労働条件の不利益変更を定めた労働協約の規範的効力は，当該協約の締結組合員にのみ生じ，それ以外の従業員（管理職，未組織労働者，少数組合の組合員）には及ばない。したがって，これら従業員の労働条件を変更するためには，就

---

*104　同旨，前掲・郵便事業事件（＊94）。
*105　前掲・朝日火災海上保険事件（＊90），前掲・中根製作所事件（＊91）。菅野＝山川1048頁，和久田斉「労働協約の規範的効力と労働条件不利益変更」労働関係訴訟Ⅲ1100頁以下参照。

業規則の変更が必要となる。しかし，就業規則変更の合理性は慎重に判断されるため，合理性が否定されれば，非組合員の労働条件が協約締結組合員の労働条件より有利なまま統一されない事態が生じうる。そこで登場するのが労働協約の拡張適用制度（労組17条）である。労組法17条は，事業場の4分の3以上の同種労働者を組織する組合が締結した協約の規範的効力を非組合員に拡張する制度であり（245頁参照），拡張適用が認められれば，就業規則変更を待つまでもなく，事業場における労働条件の統一が成就することになる。

(2) 未組織労働者への拡張適用

(ア) **裁判例・学説**　労働協約の拡張適用制度は，未組織労働者にとっては就業規則と同様，他人（使用者と多数組合）が設定した規範の適用を意味するため，協約によって労働条件が不利益に変更される場合は，その拡張適用の可否が問題となる。この点，従来の裁判例は，労働協約の不利益変更の規範的効力に関する原則的肯定説（766頁）を拡張適用にも及ぼし，一般的拘束力を原則として肯定する立場に立ってきた[106]。これに対して学説では，否定説が有力である。特に，未組織労働者は協約に関する労働組合の意思決定に参加できず，また組合を脱退するなど協約の拘束を免れる手段を有していないことを理由に有利原則を認め，拡張適用を否定する見解が代表的である[107]。また，拡張適用を原則として否定しつつ，協約当事者が未組織労働者の意見・利益に配慮した調整を行った場合に限って肯定する見解（原則的否定説）もある[108]。

(イ) **判例——朝日火災海上保険事件**　この裁判例・学説の対立に決着をつけたのが，朝日火災海上保険事件最高裁判決である[109]。事案は，定年制・退職金の不利益変更を定めた協約の規範的効力が争われた訴訟（767頁の①事件［*90］）と同様であるが，同協約が管理職として非組合員とされていた原告に拡張適用されたため，別訴が提起された。判決は，規範的効力と同じ原則的肯定説に立ちつつ，拡張適用が例外的に否定される範囲をより柔軟に認めている。

まず判旨は，@労組法17条の立法趣旨について，4分の3以上の同種労働

---

[106] 東京商工リサーチ事件・東京地判昭和59・9・13労判439号30頁，第四銀行事件・新潟地判昭和63・6・6労判519号41頁など。
[107] 山口浩一郎『労働組合法〔第2版〕』（有斐閣・1996）198頁，西谷・前掲書（*100）381頁。
[108] 諏訪康雄「労働組合法17条をめぐる基礎的考察」一橋論叢99巻3号（1998）366頁。
[109] 前掲*19。本判決については，土田道夫［判批］労働89号（1997）142頁参照。

者に適用される協約基準によって「当該事業場の労働条件を統一し，労働組合の団結権の維持強化と当該事業場における公正妥当な労働条件の実現を図ること」に求める。そして，この点に加え，ⓑ労組法17条が規範的効力の及ぶ範囲を限定していないこと，ⓒ協約が総合的に労働条件を定めるものである以上，その一部を捉えて有利・不利をいうことは適当でないことから，未組織労働者の労働条件が一部有利であることを理由に協約の効力を否定すべきではないと述べ，原則的肯定説の立場を明らかにする。このうちⓐの判断は，拡張適用制度について，4分の3以上を組織する多数組合が締結した協約基準を公正労働条件とみなし，それによって事業場の労働条件を統一する趣旨と捉える立場であり，説得的な判断といいうる（17条の立法趣旨については245頁も参照）。

その上で，判旨は，未組織労働者が労働組合の意思決定に関与する立場になく，逆に組合もそれら労働者の労働条件改善のために活動する立場にないことを指摘し，①協約のもたらす不利益の程度・内容，②協約締結の経緯，③当該労働者が組合員資格を認められているかどうかの3点に照らして，「当該労働協約を特定の未組織労働者に適用することが著しく不合理と認められる特段の事情があるときは，労働協約の規範的効力を当該労働者に及ぼすことはできない」と判断し，例外否定の枠組みを示す。そして，具体的判断としても，上記協約を締結することに合理的理由は認められるものの，その拡張適用によって未組織労働者が定年引下げと退職金の大幅な減額を被り，もっぱら大きな不利益だけを受けること，協約締結時の代償金はこの不利益を補うものではないこと，労働者は会社と組合との協約で非組合員とされていたこと等から「特段の事情」を認め，退職金の減額について一般的拘束力を否定している。

このように，判例は，協約の規範的効力と同様の原則的肯定説を採用しつつ，拡張適用を否定すべき例外をより柔軟に認めている。特に，「特段の事情」の判断基準のうち①・②は，就業規則の不利益変更の合理性の判断基準と近似しており，実際の判断も，就業規則と同様の実体的判断（変更の必要性と不利益の比較衡量）となっている。一方，③は拡張適用に固有の判断要素であり，未組織労働者が自己の意思で組合に加入していないのか，それとも協約等で他律的に非組合員とされているのかを考慮する趣旨である（前者であれば，未組織労働者は自らの意思によって組合の意思決定への関与の機会を放棄していると見られるため，拡張適用を否定する必要性は後退することになる）。これに対しては，労使自治を基盤とする労働協約について実体的内容審査を行うことへの疑問が生じうるが

（特に①・②），判旨が説くとおり，拡張適用の場合は，未組織労働者は組合の意思決定や協約内容に自己の意見や利益を反映させる機会を有しておらず，組合もまた，未組織労働者の利益を代表して交渉する地位にはない。すなわちここでは，規範的効力の場合のように，労使自治や労働組合の規制力を広く認めるための前提が欠けている。この点を踏まえれば，実体的審査を行う判例の立場は適切と解される*110【9-6】。

> 【9-6】 **少数組合員への拡張適用**　労働条件を不利益に変更する労働協約を別組合（少数組合）の組合員に拡張適用し，その労働条件を変更することはできるか。この点については，少数組合の組合員が多数組合の意思決定や交渉に参加する機会をもたないことは未組織労働者と同じであるし，拡張適用の人的範囲を少数組合員に及ぼすことは，労組法が採用する複数組合主義と矛盾する（247頁）。
> 　したがって，否定説が妥当であり，この点は，少数組合が労働協約を締結しているか否かを問わないと解される。使用者が多数組合との協約基準に沿って労働条件を統一したい場合は，少数組合との同一協約の締結をめざし，それが成就しない場合は，就業規則の合理的改訂を行うべきである*111。

第3節　個別的合意による労働条件の変更・変更解約告知

1　個別的合意による労働条件の変更*112

(1) 概　説

労働条件の変更は，使用者と個々の労働者間の合意に基づく契約内容の変更によって行われることもある（以下，「労働条件変更合意」という）。個々の労

---

*110　私自身は，原則的否定説を支持しており，協約の規範的効力は，あくまで組合・組合員間の利益代表関係を前提とする効力と考え，そうした関係のない未組織労働者については，拡張適用を原則として否定しておく方が妥当と考える（土田道夫「労働協約に基づく労働条件の不利益変更と一般的拘束力」獨協大学法学部創設25周年記念論文集［1992］373頁以下，同・前掲判批［＊109］148頁）。もっとも，この見解と判例（原則的肯定説）との実質的差異は小さく，もっぱら拡張適用の可否に関する原則と例外の逆転（立証責任の逆転）に帰着する。
*111　同旨，菅野＝山川1062頁，西谷・前掲書（＊100）382頁。
*112　本項については，土田・前掲論文（＊73・西谷古稀）330頁以下参照。最近の意欲的研究として，新屋敷恵美子「合意による労働契約の変更」講座再生(2)109頁参照。裁判官による分析として，大須賀寛之「労働条件の設定・変更と個別契約」労働関係訴訟Ⅰ123頁。

者を対象とする労働条件の変更（賃金の個別的変更や配転・出向・転籍等の労働条件の個別的変更）が中心を成すが，最近では，労働条件の集団的変更についても，個別契約上の方法を用いるケースが登場している。しかし，この変更は以下の法的規律に服する。

第1に，労働契約内容の変更である以上，労働者の同意が必要となる。この点，労契法8条は，「労働者及び使用者は，その合意により，労働契約の内容である労働条件を変更することができる」と規定し，合意原則を宣言している（20頁）。労契法8条は，労働契約内容である労働条件の変更について労使間の合意を求め，使用者による一方的変更を許さない趣旨の規定であり，労働条件の変更一般について尊重されるべき重要な原則を意味する[113]。

第2に，このような合意原則の重要性を踏まえれば，労働条件変更合意は厳格に認定すべきであり，労働者の自由意思に基づいて行われたものと客観的に認められることを要する[114]。労働者の同意は，明示の同意のみならず，黙示の同意でもよいが，①使用者が変更内容を明示・特定し，②変更の必要性や内容に関する十分な説明・情報提供を履行し，③変更内容が複雑な場合は内容を書面化して申込みを行い，これに対して④労働者が変更内容を理解した上で同意したものと認められることを要すると解すべきである【9-7】。

この点，裁判例も同様に解している。すなわち，使用者による労働条件変更の申込みについては，使用者が複雑多岐にわたる労働条件変更の内容（無期労働契約から有期労働契約への変更，賃金体系の不利益変更等）を十分明示しないまま申込みを行った場合につき，申込み内容の特定が不十分であるとして変更合意の成立を否定する例がある[115]。また，使用者の説明・情報提供義務については，賃金の減額に際しては，使用者が賃金減額の必要性を具体的に説明し，労働者の理解を得るよう努めるべきであるところ，それを行っていないとして合意の成立を否定する例がある[116]。さらに，近年の判例（前掲・山梨県民信用組

---

[113]　同旨裁判例として，たとえば，NEXX事件・東京地判平成24・2・27労判1048号72頁，学究社事件・東京地判令和4・2・8労判1265号5頁。

[114]　土田・前掲論文（*73・西谷古稀）323頁以下参照。同旨，将来に向けた賃金引下げにつき，更生会社三井埠頭事件・東京高判平成12・12・27労判809号82頁，前掲・NEXX事件（*113），B・pro事件・東京地判平成27・3・18ジャーナル40号20頁，グローバルマーケティングほか事件・東京地判令和3・10・14労判1264号42頁。既発生の賃金請求権の放棄につき，前掲・北海道国際航空事件（*43）。

[115]　東武スポーツ事件・東京高判平成20・3・25労判959号61頁。

[116]　技術翻訳事件・東京地判平成23・5・17労判1033号42頁，前掲・NEXX事件（*113）。

合事件〔＊77〕）は，前述した就業規則変更合意（761頁）に関してであるが，管理職労働者の個別的合意に基づく退職金支給基準の不利益変更につき，「労働者の自由意思に基づく同意」を重視する観点から，管理職らに発生する不利益の内容・程度に関する情報提供・説明が十分行われたか否かを重視して検討すべきものと判断している[＊117]。一方，労働者の同意の意思表示については，学説と同様，労働者の黙示の同意の認定に慎重を期すべきことを述べ，労使間合意を否定する裁判例が多く，たとえば，労働者が賃金減額後，3年間にわたって減額賃金を受領していても，使用者が十分な説明を行っていない場合は，労働者の真意に基づく黙示の合意を否定する例がある[＊118]。

(2) 考　察

こうした裁判例の傾向は妥当と解される。特に，前記②の説明・情報提供義務に関しては，使用者は，合意原則（実質的合意の要請。21頁）に基づき，労働

[＊117] 本判決以降の同旨裁判例として，コーダ・ジャパン事件（東京高判平成31・3・14労判1218号49頁）は，トラック運転手の割増賃金の算定基礎とされた歩合給合意につき，就業規則所定の月給制を不利益に変更するものであるところ，当該変更の必要性や割増賃金支給の有無・計算方法について説明していないことを理由に，同運転手の自由な意思に基づく同意が行われたものとはいえないと判断し，前掲・近畿大学事件（＊21）は，就業規則改訂および新労働協約締結に基づく共済掛金負担金の廃止当時に非組合員であった職員らについて，大学は実施の内容を文書で通知したにとどまり，説明会を開催して賃金減額の必要性等につき説明を行っていないことから，労働者の自由な意思に基づく同意が行われたとはいえないと判断し，前掲・グローバルマーケティングほか事件（＊114）は，代表社員による給与減額後の給与体系や実際の支給額の説明が不十分であり，面談機会の設定や書面配布を行わないなど，従業員の真意を確認する措置を講じていないことから，労働者の自由な意思に基づく同意が行われたとはいえないと判断している。給与体系の不利益変更につき，前掲・ビーラインロジ事件（＊41）も参照。その他の裁判例については，第4章＊93・＊94参照。シフト制勤務医の勤務日・勤務時間削減に関する本人同意の存在を否定した例として，新拓会事件・東京地判令和3・12・21労判1266号44頁。一方，海外商事事件（東京地判令和4・11・30ジャーナル138号36頁）は，書面合意による全従業員の基本給の減額につき，減額幅が5％にとどまることや，コロナ禍により会社業績が悪化し，他の経費削減方法を既に尽くしていることを書面にて説明していることを重視して自由な意思に基づく同意を肯定している。自由意思に基づく同意の肯定例については，第4章＊96・＊97参照。

[＊118] 前掲・NEXX事件（＊113）。同旨，前掲・更生会社三井埠頭事件（＊114），ザ・ウィンザー・ホテルズインターナショナル事件・札幌高判平成24・10・19労判1064号37頁，ニチネン事件・東京地判平成30・2・28労経速2348号12頁，阪神協同作業事件・東京地判令和4・2・25ジャーナル125号24頁，前掲・グローバルマーケティングほか事件（＊114），解雇無効地位確認等請求事件・東京地判令和3・11・5ジャーナル122号54頁，前掲・インターメディア事件（＊20）等。

条件変更に関する十分な説明・情報提供を行い，労働者が変更内容を正確に理解し，合意するか否かを適切に判断できる状況を提供する必要があると解される。その法的根拠は，信義則（労契3条4項）および労働契約内容の理解促進の責務（同4条1項）に求めるべきであろう。その対象は，労働条件の個別的変更については，個々の変更内容全般に及ぶものと解される。また，労働条件の集団的変更については，その集団的性格に鑑み，就業規則変更合意（764頁）と同様，労契法10条が定める「変更の合理性」のすべての要素（736頁の①〜⑤）に及ぶものと解すべきである。一方，労働者の同意については，裁判例が説くとおり，労働者が労働条件変更後，当該労働条件を一定期間異議なく受け容れたという事実から直ちに黙示の同意を認定することは適切でない。上記のとおり，「労働者の自由意思に基づく同意」要件の充足を肯定するためには，使用者が労働条件変更の申込みに際して十分な手続を履行することを要するのであり，それら手続を欠く場合は，労働者が労働条件変更について沈黙していたからといって，黙示の同意を肯定すべきではない。この点は，原則として，労働者による異議なき受領の期間の長短を問わないと解される。

　第2に，労働条件変更合意が成立した場合も，就業規則変更合意（764頁）と同様，変更内容が著しく合理性を欠くか否かに関する審査（内容規制）をごく例外的に肯定すべきである。すなわち，就業規則変更合意と同様，労働条件変更合意においても，労使間の交渉力格差を踏まえると，使用者がいかに説明・情報提供を尽くし，情報格差を是正したとしても，労働者が労働条件変更合意の内容に異議を唱えることができず，自由意思によるとはいえ著しく不合理な労働条件を受け容れる事態が生じうるところ，こうした事態は，当事者対等の合意に基づく労働条件決定から乖離し，合意原則（実質的合意の要請）と矛盾する結果をもたらす。したがって，労働条件変更合意についても，同合意の成立を前提とする効力要件として，合意内容が著しく合理性を欠くか否かに関する実体的審査を例外的に肯定すべきである【9-8】。

　労働条件変更合意の合理性審査の法的根拠は，就業規則変更合意（764頁）とは異なり，合意原則（労契3条1項・8条）および信義則（同3条4項）に求めるべきである。また，合理性審査の基準は，労働条件の個別的変更については，個々の変更類型に関する準則に求め（賃金の変更については765頁，出向・転籍については579頁，592頁参照），労働条件の集団的変更については，労契法10条が定める合理性の判断要素に求めるべきであろう。他方，労働条件変更合意の

内容規制は，労使間合意の存在を前提とする例外的規制であるから，合意原則（合意尊重の要請。21頁）に鑑み，労働条件の個別的変更に関する権利濫用規制（労契3条5項）や，労働条件の集団的変更に関する労契法10条の本格的内容審査と異なり，ごく緩やかに行われるべきである。典型的には，賃金減額幅が極端に大きいにもかかわらず，代償措置・経過措置が著しく不十分なケース（744頁）や，著しく不利益な出向・転籍合意のケースが挙げられる。

第3に，労働条件変更合意が上記要件を充足して有効に成立した場合も，同じ労働条件が労働協約や就業規則で定められ，その内容が労働条件変更合意の内容より労働者に有利であれば（協約の場合はたとえ不利であっても），合意内容は無効となる（協約につき労組16条，就業規則につき労契12条）[*119]。

【9-7】「労働者の自由意思に基づく同意」要件の意義・射程　　(ア)　上記のとおり，労働条件変更合意については，労働条件の個別的変更・集団的変更を問わず，「労働者の自由意思に基づく同意」が合意の成立要件となる。就業規則変更合意についても同様である（762頁）。第1章で述べたとおり（21頁），「労働者の自由意思に基づく同意」要件の根拠は合意原則（労契3条1項）に求められ，労働条件の変更に関する労使間合意は，形式的にではなく実質的に行われなければならないとの要請（実質的合意の要請）に基づく。

この点，民法によれば，同意の意思表示の効力が否定されるのは，心裡留保（民93条），虚偽表示（同94条），錯誤（同95条），詐欺・強迫（同96条）の場合に限られる。これに対し，「労働者の自由意思に基づく同意」要件は，これらの無効・取消事由に当たらない場合も，同意の効力を否定する点で広い射程を有しており，労働法独自の意思表示理論（創造的判例法理）と評価することができる[*120]。

[*119]　また，使用者が労働条件変更に関して十分説明を行い，労働者が明示的に合意したとしても，労働者が労働条件変更に応じなければ退職または解雇となると誤認して同意した場合は，錯誤無効（民95条）が成立しうる（駸々堂事件・大阪高判平成10・7・22労判748号98頁，東武スポーツ事件・宇都宮地判平成19・2・1労判937号80頁）。

[*120]　同旨，西谷180頁，西谷敏『労働法の基礎構造』（法律文化社・2016）177頁以下，河野・前掲論文（*78）115頁。これに対し，大須賀・前掲論文（*112）127頁（脚注7）は，「労働者の自由意思に基づく同意」法理の中核は使用者の説明・情報提供にあるところ，使用者が労働条件不利益変更に際して労契法4条の理解促進努力を怠り，その結果，労働者が変更内容に関する十分な理解を欠いたまま同意の意思表示をしたということであれば，外形的な表示行為に対応する効果意思を欠いているか，または意思表示過程に瑕疵があったということになるため，あえて「自由意思に基づく同意」という別個の要件を加える必要はないと批判する。

傾聴に値する指摘であるが，この批判は，「自由意思に基づく同意」を労働条件変更合意の認定レベルで把握し，同合意を構成する申込みと承諾（特に承諾）の存在を認定するための枠組みと理解する立場（山川・前掲論文［*74］272頁，荒木・前掲論文［*74］2270頁，山川

もとより、この法理の出自は賃金法理にあるが*121、合意原則の普遍的意義を踏まえれば、同原則を具体化・実質化する規律（手続的規律）として、労働条件変更合意一般の成立要件として肯定すべきものである。この結果、「労働者の自由意思に基づく同意」は、賃金減額以外の多くの領域（配転・出向・転籍・降格等の人事異動、裁量労働制等の弾力的労働時間の適用、変更解約告知、企業変動に伴う労働条件変更、無期労働契約から有期労働契約への変更、有期労働契約への不更新条項の導入等）に及ぶものと解される。

　この点、判例（前掲・山梨県民信用組合事件［＊77］）は、就業規則変更合意・労働条件変更合意（退職給与規程の不利益変更に係る合意）双方について、労働契約の他人決定的性格や労使間の情報格差の存在を考慮して「労働者の自由意思に基づく同意」を重視する判断を示しているところ、労働契約のこれら特質は、賃金以外の労働条件変更についても重視すべき特質であるから、同判例を踏まえても、「労働者の自由意思に基づく同意」要件は、労働条件変更合意一般に及ぶものと考えるべきであろう。もとより上記の判旨は、直接には賃金・退職金の不利益変更合意に関する判断として示されたものであるが（761頁）、労働条件変更合意一般を射程に収める可能性を有する判断として理解することができる*122*123。

　(イ)　一方、「労働者の自由意思に基づく同意」要件については、前記のとおり、労働条件変更合意の成立要件と解すべきであり、同合意の成立後、最終的に当事者に効力を及ぼすための要件（効力要件）という位置づけをすべきではない*124。それは、まさに労働条件の変更に関する使用者の申込みおよび労働者の同意を基礎づける要件であり、労働条件変更合意の成否それ自体を左右する意義を有するからである。したがってまた、「自由意思に基づく同意」の有無に関しては、もっぱら合意成立に至る労使交渉の手続的側面（使用者による変更申込み内容の特定、

隆一「労働法における法解釈の方法に関する覚書」山本敬三＝中川丈久編『法解釈の方法論――その諸相と展望』［有斐閣・2021］332頁以下）と共通する指摘といえよう。一方、私見は、労働条件変更合意の成立要件をどのように解釈すべきかという規範論的観点からアプローチした上、その中心に「自由意思に基づく同意」要件を位置づけるものであり、その意味では、上記見解と私見は、相対立する関係にあるものではなく、労働条件合意の成否という課題について異なる観点からアプローチする関係にあるものと解される（土田・前掲論文［＊73・西谷古稀］326頁［脚注10］参照）。

*121　「労働者の自由意思に基づく同意」法理は、賃金債権の放棄・合意相殺の適法性（賃金全額払の原則［労基24条1項］との関係）や、将来に向けた賃金減額の効力に関する判例法理として展開されてきた（335頁、347頁、土田・前掲論文［＊73・西谷古稀］325頁参照）。

*122　山川・前掲論文（＊74）は、労働条件変更一般における同意の認定基準として、「労働者の自由意思に基づく同意」の枠組みの意義を検討している。

*123　なお私は、労働条件変更に至らない労働条件の決定・設定の場面についても、労働者の自由意思に基づく同意の法理を適用すべきものと考えている（211頁参照）。

*124　効力要件説に親和的な見解として、米津孝司「労働法における法律行為――意思と合理性の史的位相変化」西谷敏＝道幸哲也編著『労働法理論の探求』（日本評論社・2020）69頁。

説明・情報提供，合意の書面化，考慮期間の付与等）に着目して検討すべきである。

　この点，賃金減額に関する裁判例の中には，こうした手続的側面に加え，減額幅の大きさや激変緩和措置の欠如を一理由として労働条件変更合意の成立を否定する例があり，学説にも同旨を説く見解があるが[*125]，賛成できない[*126]。こうした合意の実体的要素（変更内容の合理性・相当性）については，前記のとおり，合意の成立要件ではなく，合意の成立を前提とする効力要件（例外的内容規制）に位置づけるべきである。以上の私見は，「労働者の自由意思に基づく同意」について，労働者の真意に基づく意思表示を慎重に認定するための枠組みと解し，その有無を手続的審査の対象とする見解[*127]と共通するが，同見解が「労働者の自由意思に基づく同意」を合意認定のレベルで捉えるのに対し，私見は，労働条件変更合意の成立要件の解釈という規範論的観点からアプローチした上，その中心に「労働者の自由意思に基づく同意」要件を位置づける点で異なる。

　(ウ)　一方，裁判例は，判例（前掲・山梨県民信用組合事件［*77］）の射程を賃金・退職金の変更に求めた上で，それと同価値の労働条件の変更にも及ぼすという個別的なアプローチを採用していると解される。典型裁判例として，求人票の労働条件（無期労働契約）が事後の合意によって事後的に有期労働契約に変更された事案につき，労働者の自由意思に基づく同意の法理（前掲・山梨県民信用組合事件［*77］）を引用しつつ，自由な意思に基づく同意の法理は，賃金と退職金と同様に重要な労働条件の変更にも妥当するとした上，労働契約が有期か無期かは雇用の安定性の上で全く異なることから，無期労働契約から有期労働契約への変更は，賃金や退職金の変更と同様，重要な労働条件の変更に当たるとして同法理を適用し，同意の存在を否定した例が挙げられる[*128]。また，職種限定労働者の同意に基づく配転について，職種変更が賃金減額等の不利益を伴うことに鑑み，自由な意思に基づく同意の法理を適用する裁判例[*129]や，退職の意思表示（労働契

---

*125　山川・前掲論文（*74）279頁以下は，裁判例の分析を通して，労働条件変更合意における不利益の内容・程度・性質や，本人にとっての利益性・代償措置の有無は，合意の認定に際して重要な考慮要素となると説く。

*126　詳細は，土田・前掲論文（*73・西谷古稀）326頁以下。この点，判例（前掲・山梨県民信用組合事件［*77］）は，自由意思に基づく同意の認定に関する一般論において，使用者による説明・情報提供とともに，変更が労働者にもたらす不利益の内容・程度という実体的要素を考慮要素に位置づけているが，前記のとおり（*81），この判断は，不利益の大きさに応じて説明・情報提供の内容・程度を高度に要求するという趣旨の要素（手続的規律の程度を左右する要素）に位置づける判断と理解すべきである。

*127　荒木・前掲論文（*74）2267頁以下。

*128　デイサービスA社事件・京都地判平成29・3・30ジャーナル64号2頁。同旨，佳徳会事件・熊本地判平成30・2・20労判1193号52頁。

*129　西日本鉄道事件・福岡高判平成27・1・15労判1115号23頁（第6章*83参照），国際医療福祉大学事件・宇都宮地決令和2・12・10労判1240号23頁。職務等級制度における降格

約の合意解約の申込み）について，退職が労働者に大きな不利益をもたらすことを考慮して，自由な意思に基づく同意の法理を適用する裁判例*130 があるほか，会社に対する労働者の債務負担に係る合意*131 や，有期労働契約の更新時における不更新条項*132 について，自由意思に基づく同意の法理の適用が肯定されている。他方，「労働者の自由意思に基づく同意」の射程を賃金の領域に限定し，転籍合意について否定する例も見られる*133。

　こうして見ると，裁判例は，上記判例の射程を賃金・退職金に関する法理と限定的に捉えた上で，個別的に賃金・退職金と同様に重要な労働条件の変更にも及ぼすアプローチを採用しつつあると考えられる*134。私自身は，前記のとおり，「労働者の自由意思に基づく同意」要件は，労働条件変更合意一般の成立要件として肯定すべきものと考えている。

【9-8】 例外的内容規制の正当性　　再三述べるとおり，私は，労働条件変更合意・就業規則変更合意の効力要件として例外的内容規制（合理性審査）を肯定するが，これに対しては，これら合意について説明・情報提供を中心とする厳格な手続的要件を課す（763頁，776頁）以上，仮に例外的規制であっても，契約内容への過剰な介入であり，合意原則（合意尊重の要請）およびその基礎を成す契約自由の原則を軽視するものとの批判が考えられる。この批判は，例外的内容規制に対する根源的な批判であり，理論的に重要なポイントである。

　しかし，以下の理由から，例外的内容規制はやはり正当性を有するものと考える。例外的内容規制が合意原則（実質的合意の要請）に基礎を置く点で正当化され

　　につき，Chubb 損害保険事件・東京地判平成 29・5・31 労判 1166 号 42 頁。
*130　前掲・グローバルマーケティングほか事件（*114）。
*131　メディアスウィッチ事件・東京地判令 2・9・25 ジャーナル 106 号 26 頁。
*132　日本通運［川崎］事件・東京高判令 4・9・14 労判 1281 号 14 頁（ただし傍論）。第 12 章*61 参照。
*133　大和証券・日の出証券事件・大阪地判平成 27・4・24 ジャーナル 42 号 2 頁。私は，こうした判断については，「労働者の自由意思に基づく同意」要件の意義を看過する判断として疑問を抱く（第 6 章*210 も参照）。
*134　島田陽一＝土田道夫「労働判例ジャーナル 100 号記念企画対談」ジャーナル 103 号（2020）22 頁［土田発言］参照。城塚・前掲書（*17）44 頁以下も参照。他方，有期労働契約の締結時に更新限度条項が付されている場合は，雇用継続の期待利益が発生する以前の段階の合意であることから，自由意思に基づく同意の法理は適用されない（前掲・日本通運［川崎］事件［*132］）。第 12 章*63 参照）。なお，裁判例においては，「労働者の自由意思に基づく同意」は，強行法規からの逸脱の領域でも用いられており，判例は，妊娠に伴う降格が雇用機会均等法 9 条 3 項違反の違法性を阻却される要件（強行法規からの逸脱の要件）として「労働者の自由意思に基づく同意」を掲げ（広島中央保健生活協同組合事件・最判平成 26・10・23 民集 68 巻 8 号 1270 頁。971 頁参照），下級審裁判例（TRUST 事件・東京地立川支判平成 29・1・31 労判 1156 号 11 頁）は，妊娠中の退職に関する合意につき，均等法 9 条 3 項の趣旨を踏まえて，自由な意思に基づく同意の法理を適用している。

ることは前述したが，労働条件変更合意に関する裁判例・学説の動向を見ても，上記のとおり，賃金減額合意の認定に関しては，変更内容の合理性を重要な要素として考慮するものが多い。そうだとすれば，労働条件変更合意に関する法理は，合意内容の実体的適正さの審査（内容規制）に踏み込む内容で形成されつつあるといえよう。私見は，こうした合意認定レベルに組み込まれた内容規制を，合意の認定基準ないし成立要件から分離して，内容規制の本来の性格に即して効力要件として肯定するものであるが，理論的には，この方が法律行為（意思表示）の解釈方法として適切と考える*135。のみならず，合意尊重の要請（契約自由の原則）との関係でも，上記裁判例・学説と比較すると，私見は，労使間の手続の履行のみによって労働条件変更合意の成立を認めた上，ごく例外的な内容規制を行うものであるから，合意内容の合理性・相当性を含めた総合判断によって合意の有無を認定する裁判例・学説よりも合意の有効性を広く認める立場となり，合意尊重の要請により整合するものと考える。

2 変更解約告知

(1) 変更解約告知の意義

(ア) 緒　説　　では，使用者が労働者に労働条件変更を申し込み，それを拒絶した労働者を解雇することはできるか。このような解雇を変更解約告知といい，「使用者が従前の労働契約を解約告知するとともに，新たな労働条件の下での労働契約の継続を申し込む」ことをいう。ドイツ法の Änderungskündigung の訳語であり，ドイツでは，労働条件が労働契約上特定されていることが多いため，それを変更する手段として多用される。

(イ) 裁判例・学説　　これに対して日本では，変更解約告知に関する見解は分かれている*136。まず，裁判例では，航空会社が労働条件や雇用形態を大き

---

*135　すなわち，労働条件変更合意も合意（契約）である以上，その成否に関する解釈は，当事者の意思の合致点の探求として行われるべきであり，そこに変更内容の実体的合理性・相当性を持ち込むことは適切でない。したがって，労働条件変更合意の成否については，あくまで労働条件変更合意の手続に即して検討し，その結果，「労働者の自由意思に基づく同意」要件が充足される場合は，合意の成立を肯定すべきである。その場合，労働条件変更合意が著しく不合理な内容を含む場合も，そのようなものとして解釈し，その法的規律は，契約内容それ自体の修正（例外的内容規制）に委ね，これを合意の効力要件に位置づける方が適切である。詳細は，土田・前掲論文（*73・西谷古稀）338頁参照。

*136　変更解約告知については，大内伸哉「変更解約告知」講座21世紀(3) 62頁，荒木・前掲書（*1）293頁以下，金井幸子「変更解約告知」争点146頁，土田道夫「変更解約告知と労働者の自己決定(上)(下)」法時68巻2号（1996）39頁，法時68巻3号（1996）55頁，大須賀・前掲論文（*112）128頁，日比野幹「変更解約告知」労働関係訴訟Ⅱ862頁など参照。

く変更する再雇用の提案(賃金体系の変更,期間の定めのない契約から有期契約への切替え等)を行い,これを拒否した労働者を解雇したケースにつき,変更解約告知を「雇用契約で特定された職種等の労働条件を変更するための解約」と定義した上,この解雇を変更解約告知と解して有効と判断した裁判例がある(スカンジナビア航空事件)[137]。裁判所は,「労働者の職種,勤務場所,賃金及び労働時間等の労働条件の変更が会社業務の運営にとって必要不可欠であり,その必要性が労働条件の変更によって労働者が受ける不利益を上回っていて,労働条件の変更をともなう新契約締結の申込みがそれに応じない場合の解雇を正当化するに足りるやむを得ないものと認められ,かつ,解雇を回避するための努力が十分に尽くされているときは,会社は新契約締結の申込みに応じない労働者を解雇することができる」との規範を定立した上,本件変更解約告知につき,労働条件変更必要性・合理性を肯定して有効と判断している。これに対しては,変更解約告知を認めると,労働者は提案された新労働条件を受諾するか,これを拒否して解雇されるかの二者択一を迫られることになるため,留保付き承諾(後述)が立法化されていない日本では,変更解約告知という独自の解雇類型を設けるべきではないとして否定説に立つ裁判例も見られる[138]。

学説も,労働契約で特定された労働条件を変更する手段として変更解約告知を積極的に認知する見解[139]と,解雇の脅威を伴う不利益変更手段として消極に解する見解[140]に分かれる。肯定説の中では,変更解約告知の射程を,労働契約で特定された個別的労働条件の変更に限定する見解が有力である。

(ウ) **検 討** 私は肯定説を支持し,変更解約告知については,労働条件が労働契約上特定されている場合の契約上の変更手段として認知すべきであると考える[141]。そして,その射程については,肯定説が説く労働条件の個別的変

---

[137] 東京地決平成7・4・13労判675号13頁。関西金属工業事件・大阪高判平成19・5・17労判943号5頁も参照。

[138] 大阪労働衛生センター第一病院事件・大阪地判平成10・8・31労判751号38頁,同事件・大阪高判平成11・9・1労判862号94頁。本文のように述べた上で,整理解雇の一類型として判断すればよいと説く。

[139] 荒木・前掲書(*1)302頁以下,荒木458頁以下,大内・前掲論文(*136)64頁以下,同・前掲書(*1)267頁以下,土田・前掲論文(*136・(下))56頁以下,土田266頁。

[140] 西谷敏「労働条件保障と雇用保障」労旬1364号(1995)5頁,塚原英治ほか「変更解約告知は認められるか」労旬1359号(1995)15頁。

[141] 私見については,土田・前掲論文(*136・(下))55頁以下,土田・労務指揮権455頁参照。

更・集団的変更の双方に及ぶものと考える。

　まず、変更解約告知の意義については、それは、労働条件の変更について労働者の同意を要件としつつ、それに応じない労働者の解雇を認める措置であるから、労働条件の一方的変更と比較して、労働条件対等決定の原則（労基2条1項）や合意原則（労契3条1項）に整合的と解される。同時に、変更解約告知は、労働条件の柔軟な調整・変更を実現できるというメリットも有している。

　たとえば、労働条件の個別的変更（配転）の場合、合意原則の意義を踏まえれば、労働者が長期間にわたって特定の専門的職務に従事したようなケースでは、職種等限定の合意が特約として優先し、就業規則の適用を排除する（労契7条但書・8条参照）と解すべきである（特約優先の法理。545頁）。しかし一方、この種のケースについて、職種限定の合意によって配転を否定してしまうと、配転の手段が労働者の同意に限られ、解雇より穏健な手段である配転が成就しなくなるという問題が生じうる。ここで重要となるのが変更解約告知である。

　すなわち、変更解約告知を認めれば、職種等限定の合意はそれとして認めつつ、それでもなお生ずる配転の必要性については、変更解約告知の必要性・相当性として考慮すればよいことになり、その過程で労働契約の柔軟な変更の要請が考慮される。一方、労働者から見れば、労働契約上職種を特定された労働者は、一方的配転命令や、その拒否を理由とする懲戒処分等のリスクを免れる。その代わり労働者は、契約内容変更の申込みを要素とする変更解約告知に直面するが、この申込みを受け入れるか、拒絶して解雇されるかを自らの意思によって選択することができる。この意味で、変更解約告知は、労働条件対等決定の原則・合意原則に整合的な制度と評価することができる[*142]。

(2) 変更解約告知の要件・効果

(ア) **要件**　変更解約告知は、労働条件変更を目的とする解雇であるから、その要件としては、①労働条件変更の必要性と、それによって労働者が被る不

[*142] 変更解約告知の方式としては、使用者が労働契約を無条件で解約するとともに、新労働条件下での労働契約の継続を申し込む方式と、労働者による変更申込みの拒絶を停止条件として解雇する方式がある。前者では、労働契約はいったん終了し、新たな労働条件を内容とする労働契約が締結されることになるが、後者では、労働契約の終了は労働者の受諾に依存し、労働者が変更申込みを受諾すれば、労働契約が新労働条件下で継続することになる。雇用保障の要請を考えれば、使用者は原則として後者を選択すべきであろう（土田・前掲論文［*136・(上)］43頁参照）。

利益を比較衡量の上，②変更の必要性がそれに応じない労働者の解雇を正当化するに足りるやむをえないものと認められ，③使用者が解雇回避努力義務を尽くしていることを要すると解すべきである（同旨，前掲・スカンジナビア航空事件［＊137］）。その判断に際しては，①労働条件変更を不可避とする事情の存在（変更の必要性）と，②変更による不利益を労働者に受忍させることの相当性（変更の相当性）を解雇権濫用規制（労契16条）に即して解釈する必要がある。

まず，①については，変更解約告知は，従来の契約内容を維持し難い事情が発生した場合に，解雇と結びつく形式で行われる労働条件変更であるため，そうした変更を正当化できるだけの事情の発生を要する。その意味で，変更解約告知は高度の必要性を要求され，この点が人事権（配転命令権・降格命令権）・賃金変更権における業務上の必要性（労働条件の個別的変更の場合）や，就業規則変更における労働条件変更の必要性（労契10条。労働条件の集団的変更の場合）以上に厳しく判断される。また，②の変更の相当性は，解雇という手段を用いての労働条件の引下げを労働者に受忍させることが相当であることを意味し，変更内容が受忍限度を超えていれば解雇権濫用と評価される。

特に重要な点は，変更解約告知も解雇である以上，「最後の手段の原則」（860頁）が妥当し，使用者は解雇（変更解約告知）回避努力義務を負うということである。したがって，労働条件変更の目的を達成するのにより穏健な手段があれば，それを尽くした後でなければ変更解約告知を行うことはできない。たとえば，労働条件の個別的変更である配転の場合，それが遠隔地配転であれば，使用者は，労働者の同意を得るよう説得を尽くした上（後述），同意を得られない場合は，より不利益性の少ない措置（近隣の事業所への配転・出向等）への労働者の同意を模索すべきであり，それが不可能な場合にはじめて変更解約告知をなしうると解すべきである。また，労働条件の集団的変更（賃金体系の変更等）の場合は，使用者は，より穏健な手段である就業規則の変更によって労働条件変更を行うべきであり（就業規則変更合意，就業規則の一方的変更［労契10条］），それら措置が頓挫した場合にはじめて変更解約告知をなしうると考えるべきである＊143＊144。さらに，変更解約告知の手続的要件としても，使用者は，

　＊143　もっとも，就業規則の一方的変更（労契10条）の審査基準と変更解約告知の審査基準を比較した場合，後者の審査基準の方が厳格であるから，就業規則の一方的変更が頓挫した後に変更解約告知が肯定される可能性はきわめて低いと考えられる。その意味では，労働条件の集団的変更について変更解約告知が実際に機能する余地は乏しいといえよう。

　＊144　さらに，人員整理目的で集団的に行われる変更解約告知の場合は，整理解雇と同様の4

合意原則（労契3条1項・8条），信義則（同3条4項）および労働契約内容の理解促進の責務（同4条1項）に基づき，事前に十分な説明・情報提供を行い，労働者の同意を得るよう説得する義務を負うと解すべきである*145。

一方，通常解雇との関係では，変更解約告知は，労働条件変更を目的とする解雇であるから，労働条件変更の側面を適切に組み込み，通常解雇の要件より緩やかに解すべきである。すなわち，変更解約告知は，労働者をいきなり解雇するのではなく，労働条件変更を提案して同意を求め，それに応じない労働者を解雇するものであるから，労働条件変更の事実を解雇の要件に適切に反映させる必要がある（同旨，下井196頁）。上記のとおり，変更解約告知における労働条件変更の相当性は，解雇を要素とすることから通常の労働条件変更より厳しく審査されるが，その審査によって労働条件変更が相当と認められ，使用者が解雇回避努力を尽くしていれば，労働者の解雇を正当と考えるべきである。

この点，裁判例では，ホテルが経営状況の悪化を理由に，日々雇用契約を複数年に亘り反復継続してきた従業員らに対し，労働条件の変更（食事時間の無料化や時間外手当の削減により賃金を平均15％引下げ）を申し込み，これに応じない従業員を雇止めしたというケースにつき（厳密には変更解約告知と異なる），労働条件変更に合理性があり，日々雇用従業員の組合とも交渉・協議を尽くし，正社員についても賞与の見直しを行っていること等から雇止めを有効と判断した例があり，変更解約告知の特質を踏まえた判断として妥当と解される*146。

(イ) **効　果**　変更解約告知は解雇であるため，その効果は解雇一般の効果

　要素（902頁）を満たす必要がある。前掲・スカンジナビア航空事件（＊137）参照。この点，同事件は，年俸制導入に伴う賃金の不利益変更，有期契約への切替え，労働時間制度の変更などの大がかりな不利益変更を内容とする変更解約告知を有効と判断しているが，労働者の不利益を過小評価した観がある。土田・前掲論文（＊136・(上)）43頁以下参照。

*145　本書19頁, 295頁参照。土田・前掲論文（＊136・(下)）57頁。大内・前掲論文（＊136）73頁も参照。この義務が履行されない場合は，労働者が労働条件変更に同意したとしても，自由意思を欠く同意として効力を否定すべきである。大内214頁は，強迫取消（民96条1項）の可能性を説く。

*146　日本ヒルトンホテル事件・東京高判平成14・11・26労判843号20頁。また，変更解約告知は，新労働条件での雇用契約の締結の申込みを伴った従来の雇用契約の解約（解雇）であり，「それを受け入れるか否かのイニシアティブは，労働者の側にあることから，解雇とは異なった扱いがされるものと解される」と説く裁判例もあり（前掲・関西金属工業事件［＊137］），妥当と解される。後述する留保付き承諾（788頁）が存在しないか，そもそもできない場合はより厳密な審査を行うべきと説く見解として，植田達［判批］ジュリ1567号（2022）126頁。

と同様に解される。すなわち，変更解約告知が上記要件に即して正当とされれば，労働契約は有効に終了するが（ただし，後述のとおり，留保付き承諾を認めるべきである），逆に正当性を否定されれば，解雇権の濫用として無効となる（労契16条）*147。

(ウ) **留保付き承諾**　ところで，変更解約告知は，労働条件変更を目的とする解雇であるから，変更解約告知に直面した労働者は通常，労働条件変更を受諾するか，拒絶して解雇されるかの二者択一を迫られる。しかしこれでは，労働者の地位は著しく不安定となり，かえって労働条件対等決定原則・合意原則に反する事態となる。この点，ドイツでは，労働者が労働条件変更の相当性に異議をとどめつつ承諾し，事後的に変更の相当性を争いうる留保付き承諾が立法で認められている（解雇制限法2条・4条）。これに対して日本では，こうした立法がないばかりか，民法528条は，契約申込みに対する条件付き承諾を申込みの拒絶および新たな申込みとみなすと規定しているため，使用者が労働者による新たな申込み（留保付き承諾）を拒絶する限り，それによって労働契約は終了してしまうことになる*148。

しかし，もともと民法528条は，新たな契約の締結に関する規定であり，これを労働条件（契約内容）の変更手段である変更解約告知にストレートに適用する必要はない。すなわち，留保付き承諾は解釈論としても肯定すべきである。

---

*147　山川隆一「労働契約における変更解約告知──要件事実論からみた覚書」中嶋還暦『労働関係法の現代的展開』（信山社・2004）324頁。本文に述べた後者の場合，労働条件変更の申込みも効力を失うため，労働契約上の地位にあることの確認請求とともに，変更解約告知以前の労働条件の給付請求が認容される。

*148　裁判例においては，留保付き承諾は，労働条件変更の申込みを拒絶することに等しく，またそれを認めることは，相手方である使用者の地位を不安定にするものであるから，借地借家法32条のような立法のない現状では許されないと判断する例がある（前掲・日本ヒルトンホテル事件［*146］）。また，アンスティチュ・フランセ日本事件（東京地判令和4・2・25労経速2487号24頁）は，有期雇用労働者の雇止めについてであるが，会社が労働条件変更を伴う新無期雇用契約または従前の労働条件による有期雇用契約のいずれかの選択を求めたのに対し，労働者が新無期雇用契約について無期雇用契約部分を受け入れつつ労働条件変更部分（新時給表）については異議をとどめる旨通知したことにつき，留保付き承諾と解した上，民法528条に基づき，労働者は会社の申込みを拒絶するとともに，無期雇用契約かつ変更前労働条件による雇用契約の新たな申込みをしたものとみなした上，当該申込みは無期雇用契約の申込みであるから，労契法19条が定める有期労働契約更新の申込みに当たらないと判断している（同［控訴］事件・東京高判令和5・1・18労判1295号43頁も参照）。ともに本文に述べる留保付き承諾肯定説の観点から疑問があるが，後者の判断は，労契法19条の解釈としてはやむをえない判断と解される（第12章*43参照）。

私自身は、民法528条を修正解釈し、変更解約告知の上記性格や、それが労働者の地位を著しく不安定とする点で労働条件対等決定原則・合意原則に反する事態をもたらすことを踏まえれば、労働者の留保付き承諾に対する使用者の信義則上の応諾義務を肯定できるものと考えるが*149、さらに進んで、継続的契約である労働契約の変更を目的とする変更解約告知については、民法528条はそもそも適用されず、労働者が留保付きで使用者の変更提案を暫定的に承諾することも、労働条件変更に合理性がないことを解除条件とする労働者の承諾として認めてよいと説く見解もある*150。この見解が適切とも考えられるが、民法528条が厳然として存在することを考えると、改めて、私見の応諾義務構成を主張しておきたい*151。

第4節　企業組織の変動と労働契約

　会社の合併、事業譲渡、会社分割など、企業組織を抜本的に変動させることを「企業組織の変動」と総称する。このような企業変動は、企業（使用者）の消滅・交替や、変動時の労働条件の変更によって労働契約に影響を与えることが多い。特に近年、市場経済のグローバル化や国内外の競争の激化によってM&A（企業買収）が活発化し、株式取得型M&A（株式交換・株式移転・株式譲渡・第三者割当増資等の手法によるM&A）とともに、企業組織の再編を伴う事業取得型M&A（合併・事業譲渡・会社分割）が急増している。立法政策としても、企業変動に対処するための政策が進んでおり、商法改正による会社分割法制の創設（2006年以後は会社法）および労働契約承継法の制定（2000年）は特筆に値する*152。本節では、これら企業組織の変動（事業取得型M&A）に伴う労働契

---

*149　土田・前掲論文（*136・（下））61頁以下。山川・紛争処理法217頁は、労働者の相当な内容の留保付き承諾に対しては、使用者は信義則上の協議を行うことを求められると説く。批判として、川口621頁。
*150　荒木・前掲書（*1）309頁以下。荒木460頁、西谷476頁も参照。
*151　変更解約告知に関する立法論として、「報告書」（53頁）は、労働条件の個別的変更に関して、変更解約告知に類似の「雇用継続型契約変更制度」（労働契約変更の必要性が生じた場合に、労働者が雇用を維持した上で労働契約の変更の合理性を争うことを可能とする制度）を提案し、留保付き承諾を組み入れた制度設計を提示していたことが注目される。
*152　事業譲渡・会社分割をめぐる労働訴訟における要件事実を詳細に論ずる文献として、山川隆一「会社分割・事業譲渡をめぐる労働訴訟における要件事実」野川忍＝土田道夫＝水島郁

約法上の問題を取り上げる*153。

1 会社解散と労働契約

(1) 真実解散と労働契約

使用者は，営業の自由（憲22条1項）に基づき，会社解散の自由を有しており，株式会社においては，株主総会の特別決議を経て会社を解散することができる（会社471条・309条2項11号）。この場合，清算手続が終了して会社の法人格が消滅すれば，それによって労働契約も終了することになる。

子編『企業変動における労働法の課題』（有斐閣・2016）132頁参照。
*153 株式取得型M&Aとは，企業が株式交換・株式移転・株式譲渡等の手法によって別企業の株式を取得し，買収することをいう。その特色は，株主の変更によって株主構成が変動する一方，使用者に変更はなく，被買収企業が使用者としてそのまま存続することにある。したがって，株式取得型M&Aにおいては，事業譲渡・会社分割（事業取得型M&A）におけるような労働契約承継排除の問題は発生しない。他方，株式取得型M&Aにおいては，買収企業が被買収企業に支配株主としての影響力を行使し，労働条件の不利益変更や解雇を実行させることがあるため，これら問題をめぐる紛争が発生しうる。そして，買収企業は原則として使用者たる地位に立つことはないものの，上記のようなケースでは，買収企業の労働契約法上・労組法上の使用者性が問題となる。こうして，株主（買収企業）に対する労働法の適用の可否という新たな課題が発生する。このうち，①買収企業の労働契約法上の使用者性（労契6条）については，法人格否認の法理（法人格濫用の法理）の適用が問題となり，②労組法上の使用者性については，被買収企業の労働組合が買収企業に団体交渉を申し入れた場合の団体交渉義務（労組7条2号）が問題となる。

　まず，①については，法人格の濫用の要件は，支配会社が従属会社を意のままに支配しているという客観的要件（支配の要件）と，それについて違法または不当な目的を有しているという主観的要件（目的の要件）に求められる（96頁）ところ，買収企業が被買収企業の株式の大多数を保有し，被買収企業の取締役会を支配するなどして経営方針・人事方針を決定した上，労働組合の排斥目的など不当な目的によって被買収企業に労働条件の不利益変更・解雇を行わせた場合は，法人格の濫用が成立しうる。一方，②については，雇用主（労働契約上の使用者）以外の企業であっても，基本的労働条件について「雇用主と部分的とはいえ同視できる程度に現実的かつ具体的に支配，決定することができる地位にある場合」は労組法7条の使用者に当たるとの判例法理が確立している（朝日放送事件・最判平成7・2・28民集49巻2号559頁。土田450頁参照）ところ，買収企業が事業計画・賃金計画や人事方針を策定し，被買収企業が事実上これに従って労働条件を決定・変更するなど，買収企業が株主としての地位を超えて（逸脱して）労働条件を実質的に決定していると評価できるほどの支配力を有している場合は，上記判例法理に従って労組法上の使用者性を肯定すべきである。

　以上のほか，株式取得型M&Aにおいては，買収企業が被買収企業に対して行う人事・労務デュー・デリジェンス（買収監査）の法的意義や，買収企業が被買収企業との間で締結する表明・保証条項（買収契約上，買収企業が被買収企業に労働法令違反等がない旨を表明させ，被買収企業がそれに違反した場合は補償責任を負う旨の契約条項）の法的意義や法的効果が問題となる。以上の詳細は，土田道夫「M&Aと労働法の課題――株式取得型M&Aを中心に」野川＝土田＝水島編・前掲書（*152）257頁参照。

実際には，会社の解散に先立って解雇が行われることが多い。この解雇については，裁判例は，①営業の自由を重視する観点から，会社解散が真実解散である限り有効と解する例[*154]と，②会社解散決議が有効であっても解雇の効力は別途判断されるべきとして，会社解散の必要性や解雇手続の相当性を中心に審査する例[*155]に分かれてきた。

　この点，会社解散を理由とする解雇は，整理解雇と同様，労働者側に帰責事由がない解雇であり，かつ，全従業員の解雇をもたらす点で整理解雇以上に多大な不利益をもたらすことを考えれば，会社解散については使用者決定の自由に属する事項と考えるにせよ，それに伴う解雇の有効性については，労働契約法16条によって別途，実質的な審査を行うべきであろう（②説）。このように解しても，会社が真実解散によって消滅する以上，雇用の存続という事態はありえないが，労働契約存続中の賃金請求権は肯定されることから，解雇無効と判断することが無意味とはいえない。ただし，事業廃止の必要性を厳格に判断することは，会社解散の自由（営業の自由）を過度に制約する結果となるため，解雇手続の相当性（労働者に対する説明，経済的補償・再就職支援措置等）に重点を置いて判断すべきであろう[*156]。また，労働協約上，会社解散に際して労使

[*154] 三協紙器製作所事件・東京高決昭和37・12・4労民13巻6号1172頁，大森陸運ほか事件・大阪高判平成15・11・13労判886号75頁。最近でも，一般財団法人厚生年金事業振興団事件・東京高判平成28・2・17労判1139号37頁，龍生自動車事件・東京高判令和4・5・26労判1284号71頁。

[*155] 三陸ハーネス事件・仙台地決平成17・12・15労判915号152頁等。

[*156] 前掲・三陸ハーネス事件（[*155]）も，被解雇者に対する再就職支援の努力等を評価して解雇有効と判断している。また，前掲・龍生自動車事件（[*154]［実質的には，同事件が支持する1審判決（東京地判令和3・10・28労判1263号16頁）］）は，会社解散の自由を重視する観点から①説を採用し，会社解散が真実解散である場合は整理解雇法理により判断することは失当と述べつつも，手続的配慮を著しく欠いたまま行われた解雇は解雇権濫用として無効となると判断している（結論としては，新型コロナウイルスの感染拡大に伴う営業収入の急激な減少に起因する解散および解雇として有効と判断）。他方，解散法人と承継法人において会員の種類・役員・事業の内容がほぼ共通しており，解散法人が会員の承継や事業の承継に関与し，役員構成が同一のものになることを前提としながら解散手続を進めたという事案につき，解散に伴う解雇は整理解雇の場面に近似する場面において行われたものとして整理解雇の法理を適用した上，人員削減の必要性や希望退職者募集等の解雇回避努力義務の履行を認めて有効と判断した例もある（全日本手をつなぐ育成会事件・東京地判平成29・8・10労経速2334号3頁）。

　これに対し，石川タクシー富士宮ほか事件（東京高判平成26・6・12労判1127号43頁）は，①説を採用した上，会社が解散の事前に解散・解雇に関する説明・告知手続を十分尽くしていなかった事実を認定しつつも，解雇の必要性と合理性が認められる場合は，そうした手続上の瑕疵により当然に解雇権濫用が肯定されることにはならないと述べ，解雇を有効と判断してい

協議を行う旨の規定が定められ，使用者が十分な協議を履行していない場合も，解雇は解雇権濫用となりうる*157。

また，会社解散が真実解散であり，解雇が有効であっても，その原因が取締役の任務懈怠（業務執行上の善管注意義務違反）にある場合は，役員等の対第三者責任が発生し，被解雇労働者に対する取締役の損害賠償責任（会社429条1項）が生じうる。近年は，この種の裁判例が増えており，労働事件における会社法429条1項の役割が高まりつつあることを示している（39頁参照）*158。

(2) 偽装解散と労働契約

これに対し，会社の解散が偽装のもので，実際には使用者が別法人によって事業を承継する場合（偽装解散）は，解散に伴う解雇が無効と判断される*159だけでなく，法人格否認の法理によって労働契約の承継が肯定される。法人格否認の法理（法人格の濫用）とは，特定の事案において会社の法人格の形式的独立性を認めることが正義・衡平に反する場合，その会社の独立性を否定し，背後にある法人と同一視して法的処理を図る理論であるが，上記のケースにおいて，使用者が新会社を設立しつつ，一部労働者の従業員たる地位を否認することは，まさに正義・衡平に照らして旧会社の法人格を否認し，新会社に雇用責任を負わせるべきケースに当たるからである。

そこでたとえば，旧会社が解雇規制を回避する目的で会社を解散して労働者を解雇した後，新旧会社の役員，株主，事業内容，従業員構成が同一であるにもかかわらず，新会社が一部労働者の採用を拒否した場合は，旧会社による解雇が無効とされ，法人格否認の法理によって新会社への労働契約承継が肯定さ

る。しかし，会社解散を理由とする解雇の特質を考えれば，解雇の手続的義務（説明・協議）については整理解雇以上に厳格に解すべきであり，使用者は，信義則（労契3条4項）に基づき，この手続を誠実に履行する義務を負うと考えるべきである。本件裁判例は，会社解散を理由とする解雇の特質を看過するとともに，会社解散の自由（使用者決定の自由）を重視するあまり，労働者の保護法益（雇用保障）を過度に軽視する判断と解される（土田道夫［判批］判時2327号［2017］174頁参照）。

*157 前掲・大森陸運ほか事件（*154［結論としては，誠実な協議の履行を認めて解雇権濫用を否定］）。

*158 JT乳業事件・名古屋高金沢支判平成17・5・18労判905号52頁，ベストマン事件・名古屋地一宮支判平成26・4・11労判1101号85頁。他方，取締役の責任の否定例としては，浅井運送事件・大阪地判平成11・11・17労判786号56頁。

*159 前掲・龍生自動車事件（*154）は，真実解散に伴う解雇について整理解雇法理の適用を否定しつつ，偽装解散に伴う解雇については解雇権濫用として無効となると説く。

れる*160（詳細は，98頁参照）。これに対して，新旧会社間に実質的同一性が認められないケースでは，法人格否認の法理の適用は否定されざるをえない*161。

2　合併と労働契約

　合併とは，二以上の会社が契約によって一の会社に合同することをいう。合併は，会社が別会社を吸収して合併する吸収合併（会社2条27号）と，会社が合併して存続会社を設立する新設合併（同条28号）に分かれるが，いずれの場合も，消滅会社の権利義務は存続会社に承継される（同750条1項［吸収合併］・754条1項［新設合併］）。したがって，消滅会社従業員の労働契約も存続会社に当然承継され，合併契約や決議で労働契約を承継しない旨を定めても無効である。こうして，合併においては，労働者が存続会社への労働契約の承継を否定される不利益（承継排除の不利益）は存在しない*162。合併後の労働条件の統一の問題は，労働協約・就業規則の変更によって処理されることになる*163。

　一方，合併の包括承継ルールの下では，合併を望まない労働者は，その意に反して労働契約を承継されることになる（承継強制の不利益）。しかし，合併の場合は，会社分割と異なり，元の会社が消滅するため，存続会社に雇用の場を求めるほかないこと，雇用と労働条件が包括承継され，「承継排除の不利益」がないことを考えると，「承継強制の不利益」を過大評価すべきではない。それにもかかわらず，合併を望まない労働者については，解約（退職）の自由を認めることで対処すれば足りよう。

3　事業譲渡と労働契約

(1)　意　義

　事業譲渡の場合は，より複雑な問題が生ずる*164。事業譲渡とは，事業財産

---

*160　新関西通信システムズ事件・大阪地決平成6・8・5労判668号48頁，日進工機事件・奈良地決平成11・1・11労判753号15頁，第一交通産業事件・大阪高決平成17・3・30労判896号64頁，サカキ運輸ほか事件・福岡高判平成28・2・9労判1143号67頁。

*161　東北造船事件・仙台地決昭和63・7・1労判526号38頁。静岡フジカラーほか2社事件・東京高判平成17・4・27労判896号19頁も参照。

*162　厚生労働省「企業組織変更に係る労働関係法制等研究会報告」（2000）参照。

*163　就業規則による変更につき，前掲・大曲市農業協同組合事件（*23），労働協約による変更につき，前掲・朝日火災海上保険事件（*90）。就業規則変更の否定例として，前掲・宮古島市社会福祉協議会事件（*18），前掲・山梨県民信用組合事件（*77），ジブラルタ生命労組事件・東京地判平成29・3・28労判1180号73頁。

を一体として契約により別会社に移転することをいい，事業の全部譲渡（会社467条1項1号）と一部譲渡（同項2号）に分かれる。全部譲渡の場合，譲渡会社は実体を失い，解散手続を経て消滅に至るのが一般である（会社471条・309条）。一部譲渡は，会社の事業の重要な一部の譲渡を意味し，会社分割と同様，分社化の方法として用いられる[*165]。労働契約承継の取扱いとしては，事業譲渡の一環として労働契約（使用者としての地位）を承継させる場合（譲渡型）と，事業譲渡とは別途，譲渡会社において労働者が退職または解雇され，譲受会社が再雇用する場合（再雇用型）がある。事業譲渡は近年，民事再生法・会社更生法等の法的整理において企業の迅速な再建手段に位置づけられ，手続の簡素化が図られており[*166]，雇用に与える影響が大きいことから，労働法上の検討が重要となる。

　事業譲渡は，合併と異なり，譲渡当事者間の契約に基づく債権行為であるから，事業を構成する個々の権利義務（債権債務，不動産，動産）の承継手続を要し，債権者の同意が必要となる（特定承継）。労働契約との関係では，①労働契約の承継には，債権者たる労働者の同意を要するが（民625条1項），同時に，②譲渡会社と譲受会社間の譲渡契約による同意を要する。したがって，譲渡型の場合，譲渡当事者は譲渡契約において，一部労働者の労働契約の承継のみを取り決め，それ以外の特定労働者の労働契約を排除することができる。また再雇用型の場合も，譲受会社・労働者間の労働契約の締結を要するため，特定労働者を排除することが可能となる。このうち①は，譲受会社への移籍を望まない労働者にとっては，労働契約の承継を強制される不利益（承継強制の不利益）がないことを意味する。一方，②は，逆に譲受会社への移籍を希望する労働者

[*164] 会社法制定によって登場した「事業譲渡」は，改正前商法の「営業譲渡」を改めた概念であるが，他の法人法制との整合性を図りつつ，商号との関係を考慮したものであり，実質に変更はないとされている（伊藤靖史ほか『会社法〔第5版〕』〔有斐閣・2021〕458頁）。

[*165] なお，会社法上の事業譲渡に当たらない事業の承継行為も，労働法上は事業譲渡として扱われ，労働契約の承継が問題とされる。たとえば，改正前商法の営業譲渡手続を経由しない専門学校の事業承継（東京日新学園事件・さいたま地判平成16・12・22労判888号13頁）が営業譲渡または営業譲渡類似の行為として扱われている。保育園事業につき同旨，前掲・佳徳会事件（*128）。

[*166] 会社更生法46条は，裁判所の許可があれば会社法の手続によらない特別の事業譲渡を行いうることを認めつつ（2項），裁判所が更生会社の使用人で組織する過半数組合または過半数代表者の意見を聴取することを要件と定めている（3項）。民事再生法42条も，再生手続開始後における裁判所の許可に基づく営業譲渡・事業譲渡を認めつつ，労働組合等の意見聴取を要件と定めている（1項・3項）。

にとっては，労働契約の承継から排除される不利益（承継排除の不利益）があることを意味しており，労働者の失業（雇用の喪失）という深刻な不利益をもたらすため，労働法の規律が課題となる[167]。

(2) 事業譲渡と労働契約の承継

(ア) **学説・裁判例**　a)「承継排除の不利益」が特に問題となるのは，事業の全部譲渡の場合である。ここでは譲渡会社自体が消滅してしまうため，労働者が譲渡会社の従業員たる地位の確認を求めても意味がない。そこで，事業譲渡後の譲受会社による労働契約の承継が問題となるが，これについては2説が対立してきた[168]。すなわち，企業を労働力を含む有機的組織体と解し，事業譲渡によって労働契約も当然に譲受会社に承継されると説く見解（当然承継説）[169] と，事業譲渡が権利義務の特定承継を内容とし，権利義務の移転について個別の債権譲渡・債務引受を要する以上，労働契約についても別に解すべき理由はないとして当然承継説を批判し，労働契約の承継には譲渡当事者間の明確な合意を要すると解する見解（合意承継説）[170] の2説である。

近年の裁判例においては，合意承継説が有力である。すなわち，裁判例の多くは，事業譲渡によって譲渡会社・労働者間の労働契約が当然に譲受会社に承継されるわけではなく，「譲渡人と被用者との間の雇用関係を譲受人が承継するかどうかは，原則として，当事者の合意により自由に定め得るものと解され

---

[167]　この点，EU では，事業譲渡の立法規制（労働関係の当然承継・事業譲渡を理由とする解雇の禁止——1998 年指令3条・4条）が存在するが，日本では，そうした立法が存在しないため，解釈論が重要となる。EU 法については，荒木尚志「EU における企業の合併・譲渡と労働法上の諸問題」北村一郎編『現代ヨーロッパ法の展望』（東京大学出版会・1998）81頁，橋本陽子「EU 法」毛塚勝利編『事業再構築における労働法の役割』（中央経済社・2013）322頁参照。ドイツ法，イギリス法については，同書所収の諸論文参照。

[168]　学説・裁判例については，橋本陽子「事業譲渡と労働契約の承継」争点 150 頁，武井寛「営業譲渡と労働関係——労働法の視角から」労働 94 号（1999）118 頁，沢崎敬一＝佐藤直子「事業譲渡解散に際し解雇された従業員の雇用契約の法的取扱いに関する一考察」判タ 1372 号（2012）41 頁，金久保茂「事業譲渡と労働契約の帰趨」『倒産と労働』実務研究会編『詳説倒産と労働』（商事法務・2013）309 頁，池田悠「事業譲渡と労働契約関係」野川＝土田＝水島編・前掲書（＊152）60 頁，成田史子「企業変動・企業倒産と労働契約」講座再生（2）277 頁以下など参照。

[169]　本多淳亮『労働契約・就業規則論』（一粒社・1981）138 頁，播磨鉄鋼事件・大阪高判昭和 38・3・26 民集 14 巻 2 号 439 頁，全労災事件・横浜地判昭和 56・2・24 労判 369 号 68 頁。

[170]　石井照久『労働法の研究Ⅱ』（有信堂・1967）179 頁，菅野＝山川 726 頁。裁判例として，両備バス事件・広島高岡山支判昭和 30・6・20 労民 6 巻 3 号 359 頁等。

る」と解して合意承継説に立つ*171。ただし，労働契約承継の合意は明示の合意に限られず，黙示の合意も含み，その認定に際しては，事業譲渡前後の事業の実質的同一性が重視される。したがって，労働契約承継排除の明示の合意がない状況の中で，譲受会社が事業をそのまま引き継いだり，他の従業員全員を雇用していれば，労働契約承継の黙示の合意が認められる。この場合，譲渡型はもとより，再雇用型の場合も，譲渡会社による解雇は，整理解雇の必要性を欠くものとして無効となり，当該労働者の労働契約は，労働契約承継の黙示の合意によって譲受会社に承継される*172。

b) これに対し，事業譲渡当事者が「特定労働者の労働契約のみを承継する」との反対特約を締結し（譲渡型の場合），または，事業譲渡に伴う労働者の採用を譲受会社の専権事項とする旨の特約（採用専権条項——たとえば「譲受会社は，会社の運営に必要と認めた従業員を雇用する」との条項）を締結（再雇用型の場合）していれば，明示の特約が優先され，承継から排除された労働者の労働契約承継は否定される。近年の裁判例として，東京日新学園［控訴］事件（*171）は，前記のとおり合意承継説を明示した上，譲渡当事者が覚書において「譲受法人が譲り受けた専門学校の運営に必要な教職員を雇用する」旨の採用専権条項を定めていたことを理由に労働契約の承継を否定している。ただし，採用専権条項といえども強行法規には反しえないので，不当労働行為禁止規定（労組 7 条）や差別禁止規定（労基 3 条，雇均 6 条等）に反する承継排除特約・採用専権特約の効力は否定され，黙示の合意に基づく労働契約の承継が認められ

---

*171 青山会事件・東京高判平成 14・2・27 労判 824 号 17 頁。同旨，東京日新学園［控訴］事件・東京高判平成 17・7・13 労判 899 号 19 頁（柳屋孝安［判解］百選 132 頁），パナホーム事件・東京高判平成 20・6・26 労判 970 号 32 頁，南海大阪ゴルフクラブ事件・大阪地判平成 21・1・15 労判 985 号 72 頁，ビー・エヌ・ピー・パリバ・エス・ジェイ・リミテッド・BNP パリバ証券事件・東京地判平成 24・1・13 ジャーナル 2 号 17 頁，前掲・佳徳会事件（*128）等。

*172 タジマヤ事件（大阪地判平成 11・12・8 労判 777 号 25 頁）は，合意承継説を前提に，譲受会社が譲渡会社の主要資産を買い受けた後，その事業所在地や社屋に変わりがなく，原告以外の全従業員を雇用し，ロゴマーク等も引き続き使用しているという事実関係の下で，労働契約承継の黙示の合意を認定し，譲受会社における原告の従業員たる地位を認容している。同旨，A ラーメン事件・仙台高判平成 20・7・25 労判 968 号 29 頁。また，譲渡当事者間において，労働契約を含む一切の権利義務を包括的に譲受法人に承継させる旨の合意が行われれば，当該労働契約（使用者としての地位）は，契約上の地位の移転（民 539 条の 2）として譲受法人に承継される（学校法人 A 学園事件・福岡高判令和 6・3・21 ［LEX/DB25599360］）。一方，雇用契約を含む黙示の事業譲渡の否定例として，ネクスト・セキュリティ事件・東京地判令和 4・10・7 ［LEX/DB25594776］。

る*173*174。

　この合意承継説に対しては，承継排除の不利益を重視する立場からの批判があり，学説では，雇止めに関する解雇権濫用法理の類推適用（999頁）を参考に，承継排除の合意に客観的に合理的な理由を求める見解（以下「合理的理由説」）が見られる*175。裁判例においても，この見解を継承し，①雇用関係が事業と一体として承継される場合に，譲受会社による労働者の完全な採用の自由を認めることは恣意的解雇を許すこととなり，労働者保護に欠ける結果となること，②譲受会社は事業を労働力とともに譲り受けるという利益を得ることから，一定の使用者責任を負うのは当然であることの2点を理由に，採用専権条項に基づく労働契約承継の排除には解雇権濫用法理に準じて客観的に合理的な理由を要すると解し，労働契約承継の帰結を認める例がある（前掲・東京日新学

---

*173　前掲・青山会事件（*171）。これが民事訴訟であれば，採用専権条項を労組法7条1号違反により無効とした上，黙示の合意に基づく労働契約の承継を肯定する取扱いとなろう。ただし，譲渡会社・譲受会社間に実質的同一性がない場合は，労働契約承継の黙示の合意が認定されないため，採用専権条項が労組法7条1号違反により無効と判断されても，譲受会社は，採用の自由を根拠に労働契約の承継を拒否することができ，採用の訴求は認められない。この点，行政救済の場合は，こうしたケースにおいても，労働委員会の採用命令が可能と解されるので，民事訴訟との大きな違いとなる。

*174　以上のほか，事業譲渡による労働契約承継が認められない場合も，裁判例では，個々の事案に応じて労働契約承継を肯定する例が見られる。①譲受会社が譲渡会社労働者に対して個別に労働契約締結の申込みをしたと認められるケースにつき，当該申込みと労働者の承諾によって労働契約の承継を肯定する例（ショウ・コーポレーション事件・東京高判平成20・12・25労判975号5頁），②譲受会社が譲渡会社従業員を引き継ぐことが事業譲渡契約書において明定されていたことを理由に労働契約の承継を肯定する例（ヴィディヤコーヒー事件・大阪地判令和3・3・26労判1245号13頁［ただし傍論］），③譲渡当事者が譲渡契約上，労働契約承継を原則としながら，譲受会社における労働条件変更に同意しない従業員を排除する旨の特約（譲渡会社による解雇・譲受会社の採用専権条項）を締結したケースについて，公序（民90条）違反により無効と判断した上，合意内容の原則部分のみを有効として労働契約の承継を肯定する例（勝英自動車学校［大船自動車興業］事件・東京高判平成17・5・31労判898号16頁），④譲受会社への事業譲渡が譲渡会社の偽装解散に起因すると評価されるケースにつき，法人格否認の法理（法人格濫用の法理）を用いて労働契約の承継を肯定する例（前掲・サカキ運輸ほか事件［*160］）等がある。

　もっとも，上記裁判例のうち①③は，基本法理としての合意承継説を前提に，個々の事案の特質（①個別の労働契約申込みと承諾，③再雇用後の労働条件変更に同意しない労働者を排除するとの不公正な契約内容）に着目して労働契約承継を肯定したものであり，いわば例外法理に属する判断であって，ここに限界がある。

*175　島田陽一「営業譲渡で雇用はどうなる」道幸哲也＝小宮文人＝島田陽一『リストラ時代雇用をめぐる法律問題』（旬報社・1998）122頁，同「企業組織再編と労働関係」ジュリ1326号（2007）170頁。

園事件［＊165］＊176。ただし、合意承継説に立つ控訴審判決［＊171］により取消し)。

一方、合意承継説を基本としつつ、一定の場合に労働契約の承継を認める見解もあり、譲渡当事者の事業が実質的に同一である場合に、譲渡会社の解雇・不承継条項・譲受会社の不採用行為全体を解雇と捉えて労契法16条に即して無効と解した上、当該無効部分を合理的に補充・修正する解釈として、「事業の同一性を維持するために必要な程度の労働関係を承継する旨の合理的意思解釈があるとの修正的解釈が可能」と解し、合理的意思解釈による労働契約の承継を認める見解がある＊177。いずれも、再雇用型の事業譲渡について、譲受会社の採用の自由（譲渡当事者の契約の自由）に制限を加える解釈といえる＊178。

(ｲ) **検　討**　a）思うに、解釈論としては、合意承継説を基本に考えるべきである。前記のとおり、事業譲渡は会社法上、会社の組織変更の中でも、特定の権利義務の承継または排除を許す形態と解されており（特定承継）、労働法としても、これを無視することは許されない。この点、当然承継説が説く企業の有機的組織体たる性格とその移転という根拠は、事業譲渡の社会的実体の説明にとどまり、労働契約の承継という法解釈を導き出すことには飛躍がある。また、合理的理由説も、解釈論としては困難と解される。この点を前掲裁判例（東京日新学園事件［＊165］）に即して述べると、①解雇規制の潜脱論については、事業譲渡が事業承継・企業再編の有力な手法として法律上認められ、かつ、特定承継ルール（譲渡当事者間の契約の自由）が肯定されている以上、これを直ちに解雇規制の脱法行為と評価することは困難である。

また、②事業および労働力の譲受けによる利益に伴う使用者責任を説く点（一種の報償責任論）についても、雇止めのように、同一使用者が雇用の継続を決するケースと異なり、譲受会社は譲渡会社とは別法人であり、未だ当該労働力の使用による利益を享受していないのであるから、それに伴う使用者責任を課すことはバランスを欠く。すなわち、「営業の譲渡人と従業員との間の雇用契約関係を譲受人が承継するかどうかは、譲渡契約当事者の合意により自由に

＊176　判旨は、本文のように述べた上、労働契約の承継を排除された労働者（専門学校教員）の不採用は不当労働行為目的によるものであり、客観的合理理由を欠くとして労働契約承継を肯定している。

＊177　金久保茂『企業買収と労働者保護法理』（信山社・2012）444頁以下。

＊178　このほか、会社分割に関する労働契約承継法を一定の事業譲渡事案に類推適用する見解（有田謙司「事業譲渡における労働契約の承継をめぐる法的問題」毛塚編・前掲書［＊167］96頁以下）が見られる。

定められるべきものであり，……営業譲渡において，原則的に従業員が営業の構成部分（有機的一体としての財産）として譲受人に移転されるべきことを根拠づけるような実定法上の根拠はない」（前掲・東京日新学園［控訴］事件［＊171］）。

　　b）　とはいえ，合意承継説にも問題がある。上記のとおり，譲受会社による労働契約の承継拒否を解雇規制の脱法行為と評価することは困難であるが，他方，それは労働者に承継排除の不利益という深刻な不利益をもたらし，労使間の利益調整を欠く帰結をもたらす。また，合意承継説は，事業譲渡における労働契約承継問題の法的性格に適合した解釈とはいい難い面がある。前記のとおり，合意承継説は，事業譲渡における労働契約承継の有無を譲渡当事者間の合意によって決する立場であり，譲受会社の採用の自由（契約締結の自由）を尊重する点に本旨がある。この点，一般の採用行為については，もとより使用者の採用の自由（契約締結の自由）に基づく労働者選択の自由・労働契約締結の自由を最大限尊重すべきものである（271頁以下）。

　これに対し，事業譲渡における労働契約承継拒否問題は異なる性格を有する。すなわち，譲受会社が行う労働契約の承継拒否は，譲渡会社にすでに雇用され，譲受会社における雇用継続の期待利益という高度の利益を有する労働者の労働契約承継拒否であり，実質的には，採用の自由が妥当する真正の契約締結拒否行為ではなく，既存の契約承継拒否行為という性格を有している。もとより，事業譲渡一般について労働契約承継拒否の性格をこのように評価できるわけではなく，そうした評価が可能であるのは，採用専権条項等の承継排除条項がなければ労働契約承継の黙示の合意によって承継が肯定されたものと推認できる事案（譲渡会社・譲受会社間に事業の実質的同一性が認められる場合）に限られる（796頁。前掲・タジマヤ事件［＊172］，前掲・青山会事件［＊171］参照）。しかし，逆にそうした事案については，譲受会社による労働契約承継拒否を契約承継拒否の問題と解することが事業譲渡事案の特質に照らして適切と考える。さらに，合意承継説は，会社分割に伴う労働契約承継とのバランスを欠くという問題点も有している[*179]。

　＊179　すなわち，労働契約承継法は，会社分割に伴う労働契約承継のルールとして部分的包括承継を認め，労働者の承継排除の不利益を排斥しているが，これは，会社分割制度自体が部分的包括承継ルールを採用してきたためである。ところが，2006年会社法施行により，会社分割の対象は，「営業の全部又は一部」から「事業に関して有する権利義務の全部又は一部」に改められた（会社2条29号・30号）ため，事業概念に拘束されない柔軟な権利義務関係の承継が認められ，理論的には，一部労働者の労働契約の承継を排除することも可能となった

c)　以上の問題点を踏まえると，事業譲渡における労働契約の承継については，合意承継説を基本としつつも，一定の修正的解釈を行う必要があると解される。具体的には，事業譲渡当事者による労働契約の承継排除については，譲渡事業の実質的同一性を要件に，解雇権濫用規制（労契 16 条）を類推適用し，当該承継が客観的合理的理由を欠くと評価された場合は，譲渡当事者の不法行為責任を肯定すべきものと考える。すなわち，譲渡会社による解雇および不承継条項に基づく譲受会社による不採用・不承継の意思表示は，実質的には労働契約の解消をもたらす法律行為であるから，解雇権濫用規制（具体的には，整理解雇の 4 要素［902 頁］）を類推適用し，客観的合理的理由および社会通念上の相当性を要件と解すべきである*180。その結果，譲渡当事者のこれら行為が上記 4 要素に照らして無効と評価される場合は，譲渡会社労働者の雇用継続の期待利益を侵害するものとして違法性を帯び，譲渡当事者は不法行為責任を負うものと解される*181。少なくとも，合理的理由もなく労働契約承継を拒否した譲受会社については，期待権侵害の不法行為責任（民 709 条。精神的損害に対する慰謝料）が発生するものと解すべきである*182。

　　　（806 頁）。すなわち，会社分割と事業譲渡における権利義務承継の性格が接近し，それに伴い，労働者に生じる雇用喪失の不利益も接近するに至った。他方，労働契約承継法は，会社法施行後も「事業」を単位とする部分的包括承継ルールを維持している。そうすると，会社分割と事業譲渡の性格の接近にもかかわらず，前者では，包括承継ルールによって労働契約承継の手厚い保護が行われ，後者では，特定承継ルールによって法的保護が全く行われないという状況が生じていることになるが，そうした状況はアンバランスと考えられる。
＊180　川口 631 頁参照。特に，非承継者選定の相当性（整理解雇における被解雇者選定の相当性に対応）に関しては，譲渡当事者は，従業員の職務遂行能力に着目した公正な選考基準を策定・開示し，全希望者を対象に公正に選考を実施するなどして，選考プロセスを公正かつ透明なものとする必要がある。また，労働契約の非承継に合理的理由が認められる場合も，譲渡当事者は信義則上，退職金の割増支給や再就職支援措置によって非承継者の不利益を緩和するとともに，十分な説明・情報提供を行う義務を負うと解すべきである（沢崎＝佐藤・前掲論文［＊168］64 頁以下参照）。
＊181　不法行為の肯定例として，前掲・東京日新学園事件（＊165）がある（不当労働行為による不法行為を肯定。ただし，前掲・同［控訴］事件［＊171］により取消し）。
＊182　公立病院解散に伴う地方公務員の任用拒否をめぐる事案であるが，最近の裁判例は，同病院に勤務する公務員が病院解散後に病院を設置・運営する市から分限免職処分を受けたことにつき，病院解散後に市の職員として任用されるとの職員の期待は法的保護に値すると判断した上，市長が上記方針を変更して分限免職処分を行い，かつ，処分に至る事情の変更について職員に誠実に説明しなかったことについて期待権侵害の違法行為と解し，国家賠償法に基づく損害賠償責任（慰謝料）を肯定している（北秋田市［米内沢病院職員］事件・仙台高秋田支判平成 27・10・28 労判 1139 号 49 頁）。民間企業における事業譲渡事案についても参考となる判断である。

d）問題は，譲渡会社による解雇および譲受会社による不承継・不採用の意思表示が無効と評価された場合に，譲渡当事者の不法行為責任を超えて譲受会社への労働契約の承継を肯定しうるか否かであり，この点が労働契約承継論の分水嶺である。この点については，合意承継説を基本とする以上，譲受会社への労働契約承継を肯定するためには，承継に関する労働者・譲受会社間の意思の不合致を補充・修正するための規範的根拠が必要となるが，この根拠を見出すことは困難を極める。この難問については，前記の合理的理由説（797頁）のほか，様々な理論構成が試みられており，これら解釈論をさらにブラッシュ・アップすることで理論的説得性を高めるべきであろう*183。

とはいえ，裁判例における合意承継説の壁は高く，直ちに解釈論によって問題解決を図ることは難しい状況にある。したがって，事業譲渡における労働契約承継問題については，解釈論と同時に立法による解決を探求する必要がある*184。この点，事業譲渡に関する立法政策は，今日に至るまで一貫して消極に解されており，問題であるが，後に検討する（803頁）【9-9】【9-10】。

なお，事業譲渡が偽装解散と評価される場合は，法人格否認の法理によって労働契約の承継が肯定されうる（792頁）*185。

*183 以上，土田道夫「事業譲渡における労働契約承継法理の可能性——解釈論・立法政策の提言」法時90巻7号（2018）38頁以下参照。近年には，合理的意思解釈論と同様，譲渡事業に実質的同一性がある場合を前提に，労働契約に関する当事者の合理的意思を認定し，または労働者の合理的期待利益を認定することによって労働契約承継を肯定する見解（土田道夫＝溝杭佑也「会社分割・事業譲渡に伴う労働契約承継の法的課題」季刊245号［2014］172頁）や，事業譲渡における労働契約の承継拒否は，採用の自由が妥当する真正の採用拒否行為ではなく，解雇と同様，既存の労働契約承継拒否行為に当たるとの評価を基礎に，事業譲渡と雇止めの類似性に着目して労働契約承継拒否に雇止め法理を類推適用し，合理的理由を欠く労働契約承継について譲受会社への承継強制の帰結を肯定する見解（藤澤佑介＝土田道夫「事業譲渡における労働者保護法理の現代的展開」季労252号［2016］169頁以下。雇止め法理類推適用説）が見られる。

　これに対し，池田・前掲論文（*168）78頁以下は，譲渡会社・譲受会社間の事業の同一性を根拠に解雇権濫用法理の類推適用等によって労働契約の承継を説く見解（*177・*178・本注掲記の学説）に対し，法的根拠が明確でないとして批判し，合意承継説を支持している。

*184 注釈労基・労契(3) 566頁［橋本陽子］は，上述した解釈論（本文および*177・*183掲記の解釈論）によっても，譲渡当事者間における事業の実質的同一性が要件となるため，雇用承継の広がりに限界があるとして，立法を待つ必要があると説く。

*185 事例として，前掲・サカキ運輸ほか事件（*160）。また，本文で述べたように，事業譲渡による労働契約の承継が認められない場合も，譲受会社が譲渡会社労働者に個別に労働契約締結の申込みをしたと認められる場合は，当該申込みと労働者の承諾によって労働契約が承継される。裁判例では，譲受会社取締役（同時に譲渡会社代表者）が譲渡会社の労働組合との団

(3) 事業譲渡と労働条件

事業譲渡における権利義務の承継は特定承継であるため，会社分割（805 頁）と異なり，譲渡会社における労働条件がそのまま承継されるわけではなく，譲渡会社労働条件の承継を認めるためには，労働者・譲受会社間におけるその旨の合意を要する[*186]。もっとも，譲渡型の場合は，事業譲渡によって特定の労働契約が承継されるため，譲渡会社の労働条件が承継されるのが原則となるが，事業譲渡は譲渡当事者間の合意を経由して行われることから，労働者・譲受会社間の合意によって労働条件を変更することも可能である[*187]。

一方，再雇用型の場合は，譲渡会社における退職・解雇と譲受会社における採用手続が行われるため，労働条件の決定・変更については契約の自由が認められ，譲受会社との採用の合意（就業規則に関する合意を含む）によって労働条件が決定される[*188]。労働契約承継の黙示の合意が認定される場合は，労働条件の変更についても労働者の同意があるものと考えられる。ただし，労使間合意は実質的に行われるべきであり，譲渡会社・譲受会社は合意原則（労契3条1項・8条），信義則（同3条4項）および労働契約内容の理解促進の責務（同4条1項）に鑑み，十分な説明・情報提供を行った上で労働者の同意（自由意思に基づく同意）を得る必要がある（775 頁以下参照）。また，就業規則によって労働条件を決定・変更する場合は，労契法 7 条の規律が及ぶ[*189][*190]。

体交渉の席上，「譲渡会社従業員は原則として全員譲受会社に移ってもらう」旨発言していたケースにつき，同発言を譲受会社における労働契約締結の申込みと解した上，労働者の承諾の意思表示によって労働契約の承継を肯定した例がある（前掲・ショウ・コーポレーション事件［*174］）。

[*186] 同旨，橋本・前掲解説（*168）151 頁。この規律を前提に，労働条件承継の合意（退職金の通算）を認めた例として，前掲・月島サマリア病院事件（*24）があり，逆に，譲受会社による譲渡会社の退職金支払義務の承継（債務引受）を否定した裁判例として，大津コンピュータ事件・大阪地判平成 26・7・25 ジャーナル 32 号 20 頁がある。

[*187] 同旨，厚生労働省・前掲報告書（*162）。裁判例として，エーシーニールセン・コーポレーション事件・東京高判平成 16・11・16 労判 909 号 77 頁。

[*188] エーシーニールセン・コーポレーション事件（東京地判平成 16・3・31 労判 873 号 33 頁。前掲*187 の 1 審）は，本件営業譲渡を再雇用型の営業譲渡と把握した上，採用時の就業規則に関する譲受会社・労働者間の合意による労働条件変更（成果主義賃金制度への変更）を認めている。同旨，前掲・ヴィディヤコーヒー事件（*174［退職金の消滅］）。学説では，竹内（奥野）寿「事業譲渡，会社分割と労働条件の変更」野川＝土田＝水島編・前掲書（*152）110 頁参照。

[*189] なお，譲渡当事者が譲渡契約上，事業譲渡に伴う労働契約承継を原則としながら，譲受会社における労働条件変更に同意しない従業員を排除する旨の特約（譲渡会社による解雇・譲受会社の採用専権条項）を締結したケースでは，公序（民 90 条）違反によって無効と判断す

(4) 事業譲渡と労働者の同意

　事業譲渡における労働契約の承継には労働者の同意を要し（民625条1項）*191，その同意は，事業譲渡後の労働条件を含めた具体的説明に対する個別的同意であることを要する。労働者が同意を拒否した場合，一部譲渡では，使用者は労働者を直ちに解雇できるわけではなく，他部門への配置等の解雇回避努力義務を負う。一方，全部譲渡の場合は，会社が真実解散すれば解雇となるため，会社解散および事業譲渡に関する法的規律が妥当する。

> 【9-9】 **事業譲渡に関する立法政策**＊192　　前記のとおり，事業譲渡に関しては，労働契約承継の自由が基本となり，承継排除の不利益が深刻となることから，EU法のような立法規制が課題となる。この点は，後述する労働契約承継法の制定時に議論されたが，事業譲渡に関する立法規制の必要性は否定された。その理由は，①判例法理による労働者保護のルールが一応確立されている，②当然承継原則を立法化した場合，(a)事業譲渡が特定承継を原則とすることと矛盾する，(b)当然承継ルールは労働者に承継強制の不利益をもたらすし，当然承継としつつ，労働者だけに拒否権を認める政策はバランスを欠く，③当然承継原則は事業譲渡自体を阻害し，雇用の拡大を阻害するおそれがある，の各点である＊193。労働契約承継法制定後の再度の検討においても，③に依拠する立法規制消極論が維持され＊194，最近（2015年）の検討においても，この結論が維持されている＊195。

　　　る余地がある。裁判例では，上記のように判断した上，合意内容の原則部分のみを有効として労働契約の承継を肯定する例がある（前掲・勝英自動車学校［大船自動車興業］事件［＊174］）。本判決を含めて，事業譲渡における就業規則による労働条件の決定・変更を詳細に論ずる文献として，竹内（奥野）・前掲論文（＊188）94頁以下参照。
＊190　なお事業譲渡においては，譲渡段階では労働条件を維持しつつ，譲渡後に就業規則を改訂して労働条件を変更することも多い。しかしここでは，就業規則変更の合理性（労契10条）が要件となるのであり，変更の必要性が乏しいまま，事業譲渡を奇貨として労働条件を変更しても，その合理性は認められない。広島第一交通事件・広島地決平成10・5・22労判751号79頁参照（営業譲渡直後の賃金体系の不利益変更の合理性を否定）。
＊191　厚生労働省・前掲報告書（＊162）。学説では，池田・前掲論文（＊168）86頁。裁判例では，マルコ事件・奈良地葛城支決平成6・10・18労判881号151頁，本位田建築事務所事件・東京地判平成9・1・31労判712号17頁，前掲・パナホーム事件（＊171）。これに対し，民法625条1項の適用を否定して労働者の同意を不要と判断する裁判例もあるが（前掲・播磨鉄鋼事件［＊169］，よみうり事件・名古屋高判平成7・8・23労判689号68頁）適切でない。
＊192　本項の詳細は，土田・前掲論文（＊183）41頁以下参照。
＊193　厚生労働省・前掲報告書（＊162）392頁。
＊194　厚生労働省「企業組織再編に伴う労働関係上の諸問題に関する研究会報告」（2002）。
＊195　厚生労働省「組織の変動に伴う労働関係に関する研究会報告書」（2015）。厚生労働省は2016年，「事業譲渡又は合併を行うに当たって会社等が留意すべき事項に関する指針」（平成

しかし、①の理由づけは疑問であり、裁判例は、立法を不要とするほど確立したものであるどころか、その主流である合意承継説は、反対特約には対抗できない性格の理論である。一方、②・③の理由は説得的であり、特に③は、立法政策を考える際にも重要であって、この観点からは当然承継ルールの立法化には疑問が生ずる。しかし一方、労働契約承継法における承継排除の不利益の法規制と比較すると、事業譲渡における承継排除の不利益は著しく大きい。これらの点を考えると、立法論としては、当然承継ルールではなく、特定承継ルール（合意承継説）を基本としながら、一定の修正を施す政策が可能であろう。すなわち、「労働契約の承継を当事者間合意によって決することを原則としつつ、明示の反対特約（承継排除特約・採用専権条項）に不当な動機・目的がある場合は、例外的に労働契約承継を認める」との立法構想は可能と考える。このように立法しても、労働者の能力・成績に依拠した承継排除は許容されるため、事業譲渡や雇用の拡大の阻害というマクロの観点に反するとは考えられない[*196]。

【9-10】 一部譲渡と労働契約の承継　事業の一部譲渡の場合は、さほど困難な問題は生じない。この場合、会社の事業の一部（事業部門・営業所等）は別会社に譲渡されるが、譲渡会社自体は存続するため、譲渡会社による解雇については整理解雇規制（労契16条）が適用され、労働者は譲渡会社の従業員たる地位を求めることができるからである。裁判例も同様に解し、譲渡会社における労働者の従業員たる地位を認める例が多い[*197]。

4　会社分割と労働契約

(1)　会社分割法制の概要[*198]

(ア)　**会社分割の意義**　会社分割は、近年における企業の経営環境の変化（789頁）に伴い、企業再編を円滑・機動的に進めるための法制度として、2000年の商法改正によって創設され（旧商373条以下）、2005年の会社法制定時にも、

28年厚労告318号）を公表したが、そこでも、事業譲渡における労働契約の承継には労働者の同意を要することや承継拒否労働者の解雇には合理的理由が認められないこと等、もっぱら承継強制の不利益に係る留意事項を指摘しており、より深刻な問題である労働契約承継排除の不利益については、裁判例による一定の救済が行われていることを簡潔に紹介するにとどまっている。

[*196]　「不当な動機・目的」としては、特定労働者を能力・成績とは無関係の理由で排除する場合、能力・成績評価が不公正な場合、不当労働行為目的によって排除する場合が考えられる。

[*197]　アメリカン・エキスプレス・インターナショナル事件・那覇地判昭和60・3・20労判455号71頁、シンコーエンジニアリング事件・大阪地決平成6・3・30労判668号54頁。

[*198]　会社分割法制に関しては、原田晃治「会社分割法制の創設について（上）（中）（下）」商事1563号（2000）4頁、1565号（2000）4頁、1566号（2000）4頁など参照。会社法制定に伴う改正点については、江頭憲治郎『株式会社法〔第9版〕』（有斐閣・2024）937頁など参照。

一定の改正を施されつつ継承された（平成17年法86号）。この商法改正と同時に，会社分割における労働契約承継の基本的ルールを定める法律として制定されたのが労働契約承継法（「会社分割に伴う労働契約の承継等に関する法律」）である（会社法制定時に一定の技術的改正が実施された。平成17年法87号）。

会社分割とは，会社が「その事業に関して有する権利義務の全部又は一部」を他の会社に承継させ，承継する会社が分割会社またはその株主に自社の株式を割り当てることをいう（会社2条29号・30号）。このうち，既存の会社（承継会社）に事業を承継させることを「吸収分割」といい（会社2条29号・757条），分割により新会社を設立し（新設分割設立会社），事業を承継させることを「新設分割」という（同2条30号・762条）。

(イ)　**会社分割の手続**　会社分割は，当事者会社が株式会社の場合，分割契約の締結（吸収分割の場合）・分割計画の作成（新設分割の場合）→分割契約・分割計画の事前開示→株主総会の特別決議による承認→債権者異議手続→分割登記というプロセスを辿る。会社分割の効力は，新設分割の場合は新設会社の成立の日（設立登記の日）に，吸収分割は分割契約で定めた効力発生日に発生する（会社759条1項・764条1項）。会社法は，分割契約・分割計画（以下「分割契約等」ともいう）の記載事項として「雇用契約」を明示し，会社分割の対象に労働契約が含まれることを明らかにしている（同758条2号・763条5号）[*199]。

(ウ)　**権利義務承継の特徴**　会社分割における権利義務の承継は，「部分的包括承継」（当然承継であって部分的な承継）というものである[*200]。まず，「部分的承継」とは，分割される事業に関する権利義務が承継されることをいい，権利義務の一部を分割会社に残すことができる。この点が，権利義務の全部承継を意味する合併（793頁）との違いである。次に，承継される事業は，分割契約等の記載に従って一括承継され，債権者の同意等の手続を必要としない（会社759条1項・764条1項）。これが「包括承継」の意味であり，そうした煩瑣な手続を要する特定承継である事業譲渡（794頁）との違いとなる。こうして，

[*199]　また，会社法上の債権者異議手続によれば，分割会社等は，会社分割に異議を述べた債権者に対する弁済・担保提供・弁済用財産の信託措置を講ずる義務を負うが（会社789条5項・810条5項），労働者についても，未払賃金債権・退職金債権等の既発生債権は同手続の対象となる。会社分割に瑕疵がある場合，分割に異議ある債権者は分割無効の訴えを提起できるが（同828条1項9号・10号），労働者も上記債権を有することから「債権者」に含まれる（労働省労政局労政課編『労働契約承継法』［労務行政研究所・2000］126頁）。

[*200]　原田・前掲論文（*198・(下)）4頁以下参照。

スリムなスケールメリットを活かしつつ、円滑・機動的な企業組織再編を促進しようというのが会社分割法制の基本趣旨である。

なお、会社分割制度の導入時は、会社分割の対象は「営業の全部又は一部」とされていたが、会社法制定により、「事業に関して有する権利義務の全部又は一部」に改められ、事業としての組織的実質は不要になったと解されている（この結果、特定承継としての事業譲渡との接近が生じている。＊179）＊201。また、制度導入時には、会社分割における事前開示事項として、会社分割後に分割当事者が負担する債務の「履行の見込があること」の開示が必要とされ、債務履行の見込みのない分割は無効と解されていたのに対し、会社法制定後は「債務……の履行の見込みに関する事項」に改正され（会社782条1項、会社則183条6号等）、債務超過分割も可能となったとされる＊202。ともに大きな変更点である。

こうした変化を踏まえて、2016年、労働契約承継法施行規則および同法8条に基づく指針がそれぞれ改正された（平成28年厚生労働省令140号、平成28年厚労告317号［以下、改正箇所につき「改正指針」ともいう］。改正のベースとなった厚生労働省「組織の変動に伴う労働関係に関する対応方策検討会報告書」［2016］参照）。

(2) 労働契約承継法の趣旨＊203

労働契約承継法（以下「承継法」ともいう）は、以上のような権利義務の承継ルールを労働契約に適用しつつ、そこから生ずる不利益から労働者を保護することを目的とする法律である。すなわち、会社分割法制によれば、権利義務が

＊201　江頭・前掲書（＊198）938頁、伊藤ほか・前掲書（＊164）410頁。そこで、このタイプの会社分割については、労働契約承継法が会社法制定後も事業を単位とする労働契約承継ルールを定めていることから（807頁）、事業の移転がない以上は労働契約の承継もありえず、なお労働者を承継会社等に移籍させるためには、民法625条1項に基づき本人同意を要すると説く見解が見られる（米津孝司「労働契約の承継と憲法――日本IBM会社分割事件が問いかけるもの」季労232号［2011］114頁）。

＊202　神田秀樹『会社法〔第25版〕』（弘文堂・2023）418頁参照。これに対し、江頭・前掲書（＊198）953頁は、会社法制定後も債務超過分割は分割の無効事由となると説く。

＊203　労働契約承継法に関しては、労働省労政局労政課編・前掲書（＊199）のほか、厚生労働省労政担当参事官室編『労働契約承継法の実務〔改訂版〕』（日本労働研究機構・2001）、菅野和夫＝落合誠一編『会社分割をめぐる商法と労働法』（商事法務・2001）、荒木尚志「合併・営業譲渡・会社分割と労働関係」ジュリ1182号（2000）16頁、中内哲「企業結合と労働契約関係」講座21世紀(4) 289頁以下、荒木494頁以下、成田史子「会社分割と労働契約の承継」争点148頁、同「会社分割における労働者の保護」野川＝土田＝水島編・前掲書（＊152）35頁、注釈労基・労契(3) 569頁以下［有田謙司］、森岡礼子「会社分割と労働契約の承継」労働関係訴訟Ⅱ884頁など参照。

吸収分割承継会社（会社757条）・新設分割設立会社（同763条。以下「承継会社等」）に承継されるか否かは，もっぱら分割契約等への記載いかんに依存するため，労働契約の承継も会社（使用者）の意思で決定されてしまう。物や財産であればともかく，生身の人間である労働者にとっては，自己の意思と無関係に労働契約の相手方を決定されてしまう不利益は大きく，契約法の理念に反する事態ともなる。承継法は，①このような不利益から労働者を保護することを基本趣旨としつつ（1条），②労働契約承継の基本ルールを定める規定（3条～5条），③労働契約承継の手続的規律を定める規定（2条・7条），④労働協約の承継規定（6条）から成る。また，部分的包括承継のルールに従い，分割前後の労働条件や雇用上の地位を保護することも承継法の基本趣旨と解される。

なお，上記のとおり，会社法制定によって，会社分割における権利義務承継の性格に変化が生じているが，承継法は，事業を単位とする労働契約承継ルールを維持している[*204]。

(3) 労働契約承継のルール

(ア) 概説　労働契約承継法は，労働者を，承継事業に主として従事しているか否かと，分割契約等に記載があるか否かを基準に三つのカテゴリーに分けた上，労働契約承継のルールを次のように定めている。この承継ルールは強行法的性格を有する。

① 承継事業に主として従事し，分割契約等に記載がある労働者の労働契約は当然承継される（3条）。
② 承継事業に主として従事しながら，分割契約等に記載がない労働者には異議申出権が認められ，その行使によって労働契約が承継される（4条）。
③ 承継事業に主として従事していないにもかかわらず，分割契約等に記載された労働者にも異議申出権が認められ，その行使によって労働契約の承継が否定される（5条）。承継事業に全く従事していない労働者についても，会社分割の方法を用いる限りは同様である。

(イ) 承継事業に主として従事し，分割契約等に記載のある労働者　このカ

[*204] 荒木497頁参照。改正指針はこの点を明記し，労働者が労働契約承継の対象となる労働者に該当するか否かについては，承継会社等に承継される事業の単位で判断すること，その際，労働者の雇用・職務確保という承継法の労働者保護の趣旨も踏まえつつ解釈すべきことを定めている（第2・2(3)イ）。

図表 9-2　会社分割と労働契約の承継

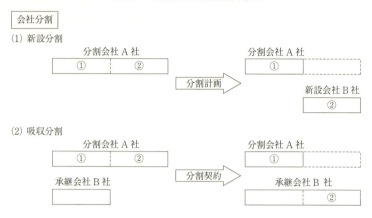

テゴリーの労働者の場合，労働契約は，会社分割の効力発生と同時に承継会社等に承継される（承継法3条）。会社分割の機動的実施の趣旨に従い，その当然承継ルールを適用した規定であり，労働者の同意を要件としない。本来，労働契約は一身専属的性格を有し（民625条1項），契約当事者の変更には労働者の同意を要するが，承継法3条はこの基本原則の修正を意味する。たとえば**図表9-2**の場合，A社の②に主として従事し，分割計画・分割契約に記載のある労働者は，会社分割によってB社の②に移籍することになる。

(ウ)　**承継事業に主として従事しながら，分割契約等に記載のない労働者**

この場合，労働者は分割会社に対して異議を申し出ることができ，異議を申し出たときは，労働契約は承継会社等に承継される（承継法4条1項・4項）。会社分割法制によれば，権利義務の承継は分割契約等への記載に依存するため，労働契約承継の記載がなければ，承継事業に主として従事する労働者であっても承継から排除されてしまう（承継排除の不利益）。承継法4条は，この「承継排除の不利益」および従来従事してきた職務から切り離される不利益を重視し，権利義務の包括承継を意味する合併との均衡を考慮して設けられた特別立法である[205]。異議申出権は，労働者の一方的意思表示によって労働契約承継の効果が当然に発生する権利（形成権）である[206]。たとえば，**図表9-2**の場合，A社の②に主として従事しながら分割契約等に記載のない労働者が異議を申し出

---

[205]　厚生労働省・前掲報告書（＊162），労働省労政局労政課編・前掲書（＊199）204頁参照。
[206]　労働省労政局労政課編・前掲書（＊199）210頁参照。

れば，B社の②に移籍することができる。労働者が異議申出権を行使したにもかかわらず，分割会社が労働契約を承継させないものとして扱う場合は，労働者は承継会社等に対し，従業員たる地位の確認を求めることができる。

異議申出には期限日が設けられており，労働契約承継の事前通知（承継法2条）の期限日の翌日（分割契約等を承認する株主総会等の会日）の2週間前から，承認株主総会の前日までの期間の範囲内で分割会社が定める日とされている（同4条1項・3項1号）。一方，異議申出権を行使するか否かの判断には一定の時間を要するため，分割会社は，事前通知の日から期限日との間に13日間を置かなければならない（同条2項）。異議申出は書面により，労働契約が承継されないことに反対である旨の通知で足りる（指針第2・2(2)）。分割会社は，異議申出先の指定や勤務時間中の申出に関して配慮することを要し，異議申出を理由に解雇その他の不利益取扱いをしてはならない（上記指針）。

(エ) **承継事業に主として従事していないが，分割契約等に記載のある労働者**
この場合，労働者は分割会社に対して異議を申し出ることができ，異議を申し出たときは，労働契約は承継会社等に承継されない（承継法5条1項・3項）。この種の労働者の場合，(ウ)の労働者とは逆に，承継事業に主として従事していないにもかかわらず，分割契約等への記載の一事をもって労働契約を承継される不利益を被る（承継強制の不利益）。そこで，この「承継強制の不利益」および従来従事してきた職務から切り離される不利益を考慮して特別の立法措置を講じたのが5条である[207]。異議申出権の性格や手続は4条と同じである（同5条1項・2項，指針第2・2(2)）。

たとえば**図表9-2**の場合，A社の①に主として従事し，②には従としてしか従事していない労働者が分割計画書等に記載された場合，異議を申し出れば，A社に残留することができる。労働者が異議申出権を行使したにもかかわらず，分割会社が労働者を承継会社等に承継させたものとして扱う場合は，労働者は分割会社に対し，従業員たる地位の確認を求めることができる（同旨，指針第2・2(3)）【9-11】。

> 【9-11】**「主として」の判断**　承継法においては，労働者が承継事業に「主として」従事しているか否かが労働契約承継を決するポイントとなる。そこで指針は，その判断基準を詳細に定めている（第2の2(3)。施行規則2条も参照）。

[207]　厚生労働省・前掲報告書（＊162），労働省労政局労政課編・前掲書（＊199）212頁参照。

① 「主として従事」の判断は，原則として分割契約等の作成時点で行う。
② 承継事業にもっぱら従事している労働者は「主として従事」に該当する。
③ 労働者が承継事業以外の営業にも従事している場合は，従事する時間や役割等を総合して判断する。
④ 間接部門（総務・人事・経理等）の労働者についても，上記②・③により判断するが，いずれの営業に従事しているかが不明な場合は，原則として，当該分割会社の全労働者（本人を除く）の過半数が承継会社等に承継される場合に「主として従事」に該当する。
⑤ 分割契約等の作成時点で，応援・研修・一定の企画等により一時的に承継営業に従事しているが，その終了後は承継事業に主として従事しないことが明らかな労働者は「主として従事」に該当しない。
⑥ 逆に，分割契約等の作成時点で，応援・配転・出向・企画等により一時的に承継事業以外の事業に主として従事しているが，その終了後は承継事業に主として従事することが明らかな労働者は「主として従事」に該当する。休業中の労働者や採用内定者も，分割契約等の作成後は承継事業に主として従事することが明らかな場合は同様に扱われる。
⑦ 過去の勤務の実態から見て，承継会社等への労働契約の承継・非承継が明らかな労働者に関し，分割会社が合理的理由もなく労働者を設立会社等または分割会社から排除することを目的として，分割前に配転等を意図的に行った場合は，「主として従事」の判断は過去の勤務の実態に基づいて行う。人員整理（リストラ）目的による会社分割・労働契約承継の濫用を防ぐ趣旨である[*208]。

上記のとおり，⑦の規律の趣旨は，リストラ目的の労働契約承継・非承継を防止することにある。したがって，分割会社が承継事業に主として従事する優秀な労働者を残留させる目的で会社分割前に承継事業以外の事業部門に配転することや，逆に，承継事業に主として従事しない労働者を承継会社等の支援目的で異動（配転・出向）させることは，合理的人事異動として許容される。ただし，人事異動に際しては，会社側の意図を十分に説明して労働者の納得を得ることが，脱法行為（労働契約承継法の濫用）との誹りを免れるための要諦となる。

(4) 労働契約承継の手続

会社分割は，労働者の地位や生活に大きな影響を及ぼすため，商法等改正法附則および労働契約承継法は，3種類の事前手続を定めている。

㋐ **労働者の理解と協力（7条措置）**　まず，分割会社は，会社分割の企図

[*208] 労働省労政局労政課編・前掲書（[*199]）176頁以下参照。

に際して，すべての事業場において，過半数組合または過半数代表者との間で，協議その他の方法によって労働者の理解と協力を得るよう努めなければならない（承継法7条，施規4条［7条措置］）。会社分割に労働者集団の意見を反映させる趣旨の手続であり，分割の背景・理由，分割会社・承継会社等の債務履行の見込みに関する事項，承継対象労働者の判断基準，労働協約の承継等を内容とする（指針第2・4(2)）。ただし，7条措置は努力義務にとどまり，特段の法律効果を有するものではない[*209]。また，7条措置は，労組法上の団体交渉に代替するものではないため，分割会社は労使協議を理由に団体交渉の申入れを拒むことはできない（上記指針）。

(イ) **協議義務（5条協議）**　次に，分割会社は，分割契約等の通知期限日（株主総会日の2週間前の前日）までに，ⓐ承継事業に主として従事する労働者およびⓑ主として従事していないが，分割契約等に承継の記載がある労働者と協議しなければならない（商法等改正法附則5条［5条協議］）。ⓑは，改正指針により追加＝指針第2・4(1)イ。労働者個人との協議義務であり，対象事項も個々の労働契約の承継に関する事項とされている（会社分割に関する説明，本人の希望聴取，労働契約承継の有無，承継・非承継の場合の業務内容・就業場所・就業形態，分割会社・承継会社等の債務履行の見込みに関する事項等。債務履行の見込みに関する事項は，改正指針により追加＝上記指針）。協議の成立や合意までは必要ない。なお，労働者が労働組合に協議を委任すれば，分割会社は組合との間で誠実協議の義務を負う[*210]【9-12】。

5条協議は，労働契約の承継を決する重要な手続であり，承継をめぐる紛争の多くはこの段階で解決される。判例（前掲・日本アイ・ビー・エム事件［*209]）によれば，5条協議の趣旨は，会社分割に伴う労働契約の包括承継（承継法3条）が労働者の地位に重大な変更をもたらしうることから，分割会社に

[*209]　判例（日本アイ・ビー・エム事件・最判平成22・7・12民集64巻5号1333頁）は，7条措置について，分割会社の努力義務を規定したものであり，その違反自体は労働契約承継の効力を左右しないが，十分な情報提供等がされなかったために5条協議が実質を欠く結果となったという特段の事情がある場合は，5条協議違反の有無を判断する一事情となると判断している。実務上は，7条措置が集団的手続として重要な意義を有することはいうまでもない。

[*210]　この協議は，民法上の代理に基づく協議であり，労組法上の団体交渉に代替しうるものではない（指針第2・4(1)ニ）。また，協議事項には労働契約承継の有無が含まれるが，承継に関する異議申出権は労働者固有の権利であり，組合との協議によって異議申出権を放棄させることはできない（菅野＝落合編・前掲書［*203］126頁参照）。一方，労働者が労働組合に協議を委任した以上は，分割会社は個々の労働者との間で協議を行う義務を負わない。

対し，承継事業に従事する個々の労働者との間で協議を行わせ，当該労働者の希望等を踏まえつつ承継の判断をさせることによって，労働者の保護を図ることにある。したがって，分割会社が5条協議を全く行わず，または，著しく不十分な説明・協議しか行わなかった場合は，労働者は，承継法3条が定める労働契約承継の効力を争うことができる（改正指針第2・4(1)ヘ）。すなわち，労働者は，分割会社に対し，労働契約上の地位にあることの確認を求めることができる。

【9-12】 **5条協議に関する具体的判断** 判例（前掲・日本アイ・ビー・エム事件［*209］）は，会社法制定前の会社分割において，承継営業に主として従事していた労働者らが労働契約承継を争ったケースにつき，上記の一般論を提示しており，妥当と解される。一方，本件の具体的判断には疑問の余地がある。すなわち，判旨は，前掲指針を参照しつつ分割会社による5条協議の履行を認め，承継労働者が承継会社等の経営見通しや将来の労働条件に不安を抱き，分割会社に5条協議を求めたのに対して分割会社が拒否したことについても，承継会社の将来の経営判断に係る事情に当たるためであり，相応の理由があったとして斥けている。

しかし，承継労働者から見れば，承継会社等の経営見通しは大きな関心事であり，労働者がその点に不安を抱いて5条協議を求めることには合理的理由があるから，分割会社はこれに応じて，上記事項についても誠実に協議する義務を負うと解すべきであろう。判旨が説くとおり，労働契約の包括承継（承継法3条）が労働者の地位に重大な変更をもたらすことからも，5条協議が民法625条1項（一身専属性の原則）に基づく労働者の同意拒絶権を排斥したことの代償として特に規定された手続であること*211 からも，5条協議については，承継会社等の経営見通しを含め，整理解雇における説明協議義務に準ずる高度の協議義務を肯定すべきである*212。前記のとおり（806頁），会社法制定によって債務超過分割が

---

*211 この点については，土田道夫［判批］ジュリ1373号（2009）142頁，土田＝溝杭・前掲論文（*183）165頁参照。注釈労基・労契(3) 579頁以下［有田謙司］の学説整理が有意義である。

*212 土田・前掲判批（*211）142頁。この点，EMIミュージック・ジャパン事件（静岡地判平成22・1・15労判999号5頁）は，事業譲渡目的の会社分割について，前掲・日本アイ・ビー・エム事件（*209）と同旨に立脚しつつ，譲渡先会社が労働条件の変更交渉を行うことを予定し，そのことを周知させるよう希望しており，譲渡元会社（分割会社）も周知を合意している場合は，5条協議を十全ならしめるため，分割会社が労働契約に基づく義務として協議義務を負うと判断している。しかし，これによれば，より一般的なケース（そうした労働条件変更の予定も周知の合意もない場合）は，前掲・日本アイ・ビー・エム事件（*209）と同様，協議義務は発生せず，承継労働者の保護に欠ける結果となる。一方，国・中労委［モリタほか］事件（東京地判平成20・2・27労判967号48頁）は，分割会社が会社分割後の新設会社

可能とされた以上，そうした状況に直面した労働者の法的保護を図る上でも上記のように解する必要がある*213。

その後の下級審裁判例では，上記判例（前掲・日本アイ・ビー・エム事件［*209］）と同様，承継労働者が分割会社に対して労働契約上の権利を有する地位にあることの確認を求めた事案につき，上記判例を踏まえて，労働者・工場長間の個別の話合いの内容は，労働組合に加入してリストラに抗することでもって不利益を被る蓋然性が高いことを示唆される中で，労働組合からの脱退と引替えに労働契約の新設会社への承継の選択を迫られたにすぎず，そのような話合いは，労働契約の承継に関する希望の聴取とは程遠く，5条協議の趣旨に反することが明らかである等として請求を認容した例がある*214。この判断は，上記判例のように，5条協議において使用者が説明・協議を十分に行ったか否かについて判断したものではなく，協議内容・態様の不当性（労働契約承継に係る選択の不当労働行為的強要行為）に着目した判断であり，5条協議の解釈について新たな視角を提供するものと評価できる。

(ウ) **通知義務**　分割会社は，以上の手続を経て分割契約等を作成した後には，労働者に対して分割通知の義務を負う。すなわち分割会社は，一定の期日

の経営見通しについて団交応諾義務を負うか否かが争われた事案であるが，判旨は，会社分割後の新設会社の経営見通しは，将来，新設会社従業員となる分会員の雇用や労働条件面への影響を及ぼすことから義務的団交事項に当たると判断しており，労組法上の団体交渉義務の幅広さ（団体交渉権の強力さ）を示す判断といいうる。このような考え方を，5条協議の内容として採用すべき場合があるのではないかというのが私見である（土田道夫＝島田陽一「ディアローグ・労働判例この一年の争点」日労研604号［2010］28頁［土田発言］）。

*213　5条協議違反の労働契約承継の効力を争う争訟形式については，①労働者が労働契約の承継を争うためには，会社分割の無効の訴えを経由しなければならず，少なくとも会社分割の無効の主張を経由することを要すると説く見解（絶対効構成。指針はこの立場である）と，5条協議違反の効果として会社分割それ自体の無効（対世的無効）を肯定する必要はなく，承継法3条に基づく労働契約の承継を争う労働者との関係で承継効の不発生を認めれば足りるから，労働者は労働契約承継の不発生を主張すれば足りると説く見解（相対効構成）が対立してきたが，判例（前掲・日本アイ・ビー・エム事件［*209］）は，本文（811頁）のように判断して相対効構成を採用し，決着をつけた。妥当な判断と解される（土田道夫［判批］NBL875号［2008］19頁，土田＝溝杭・前掲論文［*183］161頁参照）。

なお本文のとおり，5条協議が，民法625条1項に基づく使用者交替に係る労働者の同意拒絶権を排斥したことの代償として規定された手続であることを重視すると，労働契約承継法は会社分割によって労働者に不利益が発生する事態を予定していないことから，少なくとも債務超過分割に伴って労働条件の不利益変更や解雇が行われる蓋然性が高度に認められる場合は，承継法の適用を否定し，労働契約の一身専属性の原則に立ち返って労働者本人の同意を労働契約承継の要件と解すべきものと考える（土田＝溝杭・前掲論文［*183］167頁。同旨，注釈労基・労契(3) 584頁［有田謙司］）。

*214　エイボン・プロダクツ事件・東京地判平成29・3・28労判1164号71頁。

（分割契約等の本店備置日または分割契約等を承認する株主総会の招集通知日のいずれか早い日）までに，承継事業に従事する労働者（ⓐ承継事業に主として従事する者，ⓑ主として従事していないが，分割契約等に承継の記載がある者）に対し，書面により，労働契約承継に関する事項を通知しなければならない（承継法2条1項・3項。ⓐは1項1号，ⓑは1項2号）。労働契約の承継の有無という重要な情報を労働者に提供し，紛争を防止する趣旨の規定である。通知事項は，①当該労働者の分割契約等への記載の有無，②異議申出の期限日のほか，③承継事業に主として従事するか否かの区別，④労働契約承継後の労働条件が維持されること（815頁参照），⑤承継事業の概要，⑥分割会社・承継会社等の概要（名称・所在地・労働者数），⑦分割の効力発生日，⑧分割後の業務内容・就業場所・就業形態，⑨各会社が負担する債務の履行の見込み，⑩異議申出手続の各事項である（承継法2条1項，施行規則1条［④は2016年改正により追加］）【9-13】。

分割会社は，労働協約を締結している労働組合に対しても，上記②〜④および⑥の事項のほか，承継会社等が承継する労働協約の内容を通知しなければならない（承継法2条2項，施行規則3条）。労働組合に対して，会社分割および労働協約承継に関する情報を提供する趣旨の規定である。

> 【9-13】 **通知義務違反の効果**　分割の通知は，労働契約承継が適法に行われるための基本的前提であり，分割会社が通知義務に違反した場合は，労働契約の承継または非承継の効果発生を阻止する原因となると解すべきである。通知義務違反としては，分割会社が全く通知しない場合のほか，通知事項が不十分な場合や，法定時期に遅れて通知した場合が考えられるが，いずれにせよ，労働者は異議申出の機会を失う結果となる。そこで指針は，①承継事業に主として従事しながら，分割契約等に記載がない労働者は，承継会社等に対して事後的に労働者たる地位の確認を求めうることと，②逆に承継事業に主として従事していないにもかかわらず，分割契約等に記載がある労働者は，分割会社に対して事後的に労働者たる地位の確認を求めうること，の2点を定めている（第2の2(3)ハ）。
> 　一方，分割会社に通知義務違反がある場合も，労働者が承継法に従って異議を申し出た場合は，当該異議申出は有効と解される[215]。

---

[215] 同旨，労働省労政局労政課編・前掲書（＊199）201頁。これに対して，承継事業に主として従事し，分割計画書等に記載のある労働者に対して通知が適法に行われなかった場合に関する規定はない。しかし，通知義務は労働契約の当然承継ルールの基本的前提と考えるべきであるから，通知義務違反は承継それ自体の無効原因となり，労働者は分割会社に対して従業員たる地位の確認を求めうると解すべきであろう（本久洋一「労働契約承継法の検討」労旬

(5) 労働契約承継と労働条件・解雇

(ア) **労働条件維持の原則**　労働契約承継法における権利義務承継の性格は包括承継であるから，労働条件についても，分割会社における労働条件がそのまま維持されるのが大原則である。就業規則や労使慣行に基づく労働条件も，労働契約に基づく権利義務として包括承継されるほか，年次有給休暇や退職金も，分割会社における内容が通算される（以上，指針第2・2(4)参照）。したがってまた，会社分割を理由として労働条件を一方的に不利益変更することも許されない。分割契約・分割計画や労働者への通知（承継法2条1項）において，分割会社より不利な労働条件を定めても無効である。

問題は，会社分割のスキームを用いつつ，転籍合意の方法によって労働条件を不利益に変更することが許されるか否かである（転籍合意に基づく労働条件の不利益変更が許容されることについては，590頁参照）。この点，裁判例では，排便・排尿障害を有するバス運転手に対する勤務シフト上の配慮が会社分割時の転籍合意によって承継会社に承継されなかったという事案につき，分割会社との間の労働契約所定の労働条件がそのまま会社に承継されるという労働契約承継法所定の従業員の利益を一方的に奪うものであり，同法の趣旨を潜脱するものとして公序良俗に反し無効と判断し，会社分割による勤務配慮の包括的承継を肯定した例がある[216]。労働契約承継法の労働者保護・労働者保護の趣旨を重視した判断であり，賛成する学説もあるが[217]，批判的な見解も有力である。それによれば，本件のようなケースは，承継事業に主として従事する労働者が会社分割としては承継対象から排除された場合に当たるから，労働契約不承継への異議申出権（承継法4条）の問題として捉えれば足りるものとされ，転籍合意による労働条件変更に異議のある労働者は4条所定の異議を申し出ることができ，異議申出によって従前の労働条件を内容とする労働契約が承継される一方，労働者が労働条件変更に納得しており，会社分割としての不承継に異議を申し出なかった場合は，これを無効と解する必要はないとされる[218]。2016年の改正指針も，この立場に立つものと解される[219][220]。

1508号［2001］10頁参照）。

[216]　阪神バス事件・神戸地尼崎支判平成26・4・22労判1096号44頁。

[217]　竹内（奥野）・前掲論文（＊188）122頁。

[218]　荒木500頁。土岐将仁［判批］ジュリ1484号（2015）133頁参照。

[219]　荒木500頁参照。改正指針（第2・2(5)イ）は，①転籍対象労働者が承継事業に主として従事する労働者である場合は，承継法2条の通知および5条協議の手続を省略できないこと

以上に対し，会社分割後に，分割に伴う労働条件整備の一環として労働条件を変更することは差し支えない。この変更は，労働協約・就業規則の変更によるのが通例であり，協約・就業規則法理一般の問題となるが，権利義務の包括承継という基本趣旨を踏まえれば，変更の効力は厳格に判断すべきであろう。

(イ) **解雇の禁止**　会社は，会社の分割のみを理由とする解雇を行ってはならない（指針第2・2(4)）。労働契約承継法権利義務の性格は包括承継であるから，解雇禁止は当然の法原則である。具体的には，①不採算部門を分割し，主として従事する労働者を承継会社等に承継させた上で同社が解雇するケース，②同じケースで主として従事しない労働者を承継させた上で承継会社等が解雇するケース，③優良部門を分割し，主として従事する労働者を排除した上で分割会社が解雇するケースがありうるが，いずれの解雇も解雇権濫用規制（労契16条）に服する[*221]。

(6) 労働協約・労使協定の承継[*222]

(ア) **労働協約の承継**　労働協約は，組合員の労働条件を決するとともに，集団的労使関係を律する重要な規範であるため，承継法は，労働協約についても承継の基本的ルールを定めている。すなわち，分割会社は，労働協約（の一部）を分割契約等に記載することにより，そこで規定する権利義務を設立（承継）会社に承継させることができる（承継法6条1項）。

(イ) **規範的部分の承継**　労働協約の規範的部分（労組16条）については，当該組合の組合員の労働契約が承継会社等に承継される場合は，分割契約等に

（出向についても同様），②転籍によらずに会社分割により承継させる場合は労働条件はそのまま維持されることや，労働者を承継する旨の定めがない（承継から排除される）場合は同法4条の異議申出が可能であることを当該労働者に説明すべきこと，③異議申出により労働契約は労働条件を維持したまま承継されるため，これに反する転籍合意は効力を否定されることを定めている。

[*220] 以上のほか，分割会社が労働者に対して負う損害賠償債務も，会社分割によって承継会社等に承継される（事例として，サントリーホールディングスほか事件・東京高判平成27・1・28労経速2284号7頁［パワー・ハラスメント等に係る損害賠償債務の承継を肯定］）。

[*221] 併せて，改正指針は，債務の履行の見込みのない会社分割に伴う労働者の承継等が生じうることから，特定の労働者を解雇する目的で会社制度を濫用した場合は，法人格否認の法理が適用されうることや，不当労働行為制度の適用がありうることを定めている（第2・2(4)イ（ハ））。

[*222] 労働協約の承継については，労働省労政局労政課編・前掲書（*199）215頁，厚生労働省労政担当参事官室編・前掲書（*203）93頁，荒木501頁，水町578頁など参照。

おける承継の記載いかんにかかわらず，承継会社等との間で同一内容の協約が締結されたものとみなす（承継法6条3項）。すなわち，協約の規範的部分は分割会社・承継会社等の両社に適用される。

この規定は，組合員の労働契約のみが承継され，労働協約が承継されない場合に生ずる労働者の不利益を考慮するとともに，協約が承継されるだけの事態がもたらす不利益を考慮したものである。すなわち，労働契約のみが承継されてしまうと，承継会社等では協約が存在しない状態となるため，就業規則による労働条件の不利益変更が容易に行われうるし，一方，労働協約の承継のみを認めると，協約が承継会社等のみに適用され，分割会社に適用されないという不自然な結果となることを踏まえて設けられた特別の規律である。なお，吸収分割の場合は，複数組合の併存によって複数協約状態となり，労働条件が異なる事態が生じうるが，その統一は一般の協約法理による*223*224。

(ウ) **労使協定**　労基法上の労使協定については，労働条件を直接定めるものではないため，分割契約等の記載によって承継会社等に承継させることはできない。会社分割の前後で事業場の同一性が保たれる場合を除いて，改めて締結・届出の手続が必要となる（指針第2・3(3)）。

---

*223　本文で解説した規範的部分とは別に，労働協約の債務的部分については，承継会社等に移転すべき部分を分割契約等に記載することによって，権利義務関係を分割会社と承継会社等の間で分割できることが規定された（承継法6条2項）。労働協約所定の組合事務所・掲示板，組合休暇，在籍専従等の便宜供与につき，分割会社・労働組合間の合意によって分割会社と承継会社等の間で分割できるようにしたものである（菅野＝山川734頁，荒木501頁以下参照）。

*224　以上のほか，労組法上の論点としては，分割会社（派遣先企業）・派遣元企業労働組合との間に団体交渉拒否問題が係属していた場合に，会社分割によって承継会社等が労組法上の使用者としての地位を承継するか否かという論点があるが，裁判例は肯定説を採用している（国・中労委［阪急交通社］事件・東京地判平成25・12・5労判1091号14頁。改正指針もこの旨を明記［第2の4(2)ホ］）。また，会社社長らが共謀の上，会社分割によって会社の製造部門を新設会社に承継させる一方，労働組合員が所属する輸送部門を分割会社に残留させた上，分割会社の事業を閉鎖したことにつき，組合および組合員の権利を侵害した共同不法行為に当たると判断した例がある（生コン販売会社社長ら事件・大阪高判平成27・12・11労判1135号29頁）。

第10章
労働契約の終了

第1節 退　　職
第2節 定 年 制
第3節 解雇法制総論
第4節 解雇権濫用規制の具体的内容
　　　　──要件・効果
第5節 整理解雇
第6節 労働契約終了後の権利義務

　労働契約は，様々な原因によって終了する。労働契約の終了は，雇用の喪失をもたらし，労働者の生活や企業の運営のみならず，社会全体に大きな影響を及ぼすため，その法的ルールを整序することは，労働契約法の重要なテーマである。本章では，期間の定めのない労働契約の終了に関して，退職（第1節），定年制・継続雇用制度（第2節），解雇（第3節～第5節），労働契約終了後の権利義務（第6節）について解説する。

第1節　退　　職

　退職とは，労働者の意思表示または労使間の合意によって労働契約を終了させることをいう。法的には，労働者が一方的に労働契約を解約する場合（辞職・一方的退職）と，労働者と使用者が合意によって労働契約を解約する場合（合意解約）に分かれる。

1 労働契約の合意解約

労働契約の合意解約とは，労働者と使用者が労働契約を将来に向けて合意により解約することをいう。労働者が合意解約を申し込んで使用者が承諾する場合（依願退職）と，使用者の申込みに対して労働者が承諾する場合がある。

合意解約の申込みは要式行為ではないので，退職願等の書面による必要はなく，口頭や電子メールでも可能である。また，使用者の承諾の意思表示も，就業規則等に規定がない限り，辞令書交付等の様式を必要としない[*1]。このため，労働者による退職の意思表示については，合意解約の申込みか，一方的解約の意思表示かが問題となることがある。裁判例は，一方的解約の意思表示であれば事後の撤回が不可能であるのに対し，合意解約の申込みであれば許されることから，原則として合意解約の申込みと解釈しつつ，使用者の態度にかかわらず確定的に労働契約を終了させる旨の意思が明らかな場合に一方的退職の意思表示と解している[*2]。しかし一方，この解釈を一貫させると，労働者は使用者の承諾がない限り労働契約を終了させることができないという不都合が生じうる。そこで，退職の意思表示は原則として合意解約の申込みに当たるが，予備的に一方的退職の意思表示を含むものと解し，使用者が承諾しない場合も，予告期間の経過によって労働契約は終了すると解すべきであろう（821頁参照）。

2 一方的退職（辞職）

(1) 概　説

民法によれば，期間の定めのない労働契約においては，労働者は2週間の予告期間を置けば，「いつでも」労働契約の解約の申入れすることができる（627条1項）。この「いつでも」とは，「いかなる理由があっても解約できる」という意味であり，「解約自由の原則」と呼ばれる。一般に，契約の解除・解約は

[*1] 大隈鉄工所事件・最判昭和62・9・18労判504号6頁。なお，労働者による退職願の提出（合意解約の申込み）後，会社が退職願受理の旨を労働者に送付した場合も，その後懲戒解雇の意思表示を行っている場合は，使用者による合意解約承諾の意思表示は認められず，合意解約は成立しない（宮田自動車商会事件・札幌地判令和5・4・7ジャーナル137号16頁）。

[*2] 大通事件・大阪地判平成10・7・17労判750号79頁，大谷学園事件・横浜地判平成23・7・26労判1035号88頁，日東電工事件・広島地福山支判令和3・12・23労経速2474号32頁，日東電工［控訴］事件・広島高判令和4・6・22ジャーナル131号40頁，しのぶ福祉会事件・仙台高判令和6・2・20ジャーナル146号26頁。

それ相応の理由がなければ許されないが、労働契約は長期にわたって継続する契約であるため、その解除・解約を制限することは、当事者の不当な人身拘束をもたらしうる。解約自由の原則は、この点を考慮して設けられた規定であり、強行規定であって、労働者側では「退職の自由」として、使用者側では「解雇の自由」として現れる。このうち「解雇の自由」は労働法上修正されているが（854頁以下）、労働者の解約（一方的退職）については修正はなく、労働者は「退職の自由」を保障されている（民法627条1項は片面的強行法規を意味する）。退職の自由は、憲法上の職業選択の自由（22条1項）を支える意味をもつ。

したがって、労働者が民法627条の予告期間を遵守して退職する限り、退職自体の法的責任が問題となる余地はない。労働者の退職は重大な派生的損害を発生させることがあるが（営業社員の退職による取引の挫折・事後の営業不振、独創的研究者の退職によるプロジェクトの頓挫等）、退職自体を違法と評価できない以上、労働者の損害賠償責任は問題とならない。

なお、民法627条2項は、期間によって報酬を定めた場合は、当期の前半に、次期以降に対して解約の意思表示をすることを要すると規定してきたため、労働者が月給制によって報酬を受領する場合は、解約（退職）の予告期間が同条1項の2週間より長くなることが見られた。また、同条3項は、6か月以上の期間により報酬を定めた場合は、3か月前の解約申入れが可能である旨規定してきたところ、年俸制労働者による解約（退職）については、同条3項の適用を認める見解と、日本型年俸制では、1年という期間は賃金計算期間にすぎないとして適用を否定する見解が見られた。2017年改正民法（49頁）は、以上の状況を踏まえて、同条2項・3項の規律の対象を使用者による解約申入れ（解雇）に限定し、労働者による解約申入れ（退職）を対象から削除して、その予告期間を同条1項の2週間に統一した。その趣旨は、退職の予告期間を一律2週間とすることで、労働者の退職の自由を保障することにあり、この結果、退職の予告期間に関する前記の問題点は解消された（394頁参照）[*3][*3a]。

[*3] 山本豊編『新注釈民法（14）』（有斐閣・2018）88頁〔山川隆一〕、土田道夫「民法（債権法）改正と労働法」季労267号（2019）97頁以下参照。

[*3a] 強迫、監禁その他精神・身体の自由を不当に拘束する手段を用いて退職を妨害することは、退職の自由を不当に制限する行為としてもとより違法と解される（リンクスタッフ事件・東京地判令和6・2・28ジャーナル150号16頁）。

(2) 退職の自由の制限

(ア) **退職許可制・予告期間の延長**　使用者は，労働者の退職や転職を制限するための規制を設けることがある。まず，就業規則における「退職には会社の承認（許可）を要する」との規定（退職許可制）の効力が問題となる。この種の規定は，労働契約の合意解約には使用者の承諾を要するとの趣旨であれば当然のことを定めたものにすぎないが，民法627条は片面的強行法規であるから，労働者による一方的意思表示による解約（退職）には対抗できない。そこで，一方的退職の意思表示後2週間を経過すれば，退職の効果が当然に生じ，労働契約が終了することになる*4。したがってまた，会社の許可を得ないまま退職したことを理由とする退職金の不支給も許されない*5。

使用者は，退職の予告期間を民法627条1項の2週間より延長する規定を設けることもある。この種の規定も，民法627条が強行法規である以上，労働者の一方的解約（退職）には対抗できない*6。したがってまた，労働者が延長規定に違反して退職したことを理由とする退職金の不支給も違法と解される*7。

(イ)　一方，退職の意思表示後2週間は労働契約が存続するため，労働者はこの期間中は業務引継ぎを含めて誠実に労働する義務を負い，労働者が労働義務を怠った結果，使用者に損害を与えた場合は，債務不履行に基づく損害賠償責任（民415条）を免れない*8。また，業務引継ぎを行わないまま無断で欠勤するなど労働義務違反の程度が甚だしい場合は，懲戒処分や退職金の不支給も可能である*9。労働者が退職の意思表示後，年休を取得して（同業）他社で就労

---

*4　同旨，柳澤武「辞職・合意解約と退職勧奨」解雇と退職の法務84頁，注釈労基・労契(2) 489頁［井村真己］。この点は，労働者が業務の引継ぎを完了していない場合も同様であり，使用者は，引継ぎの未完了のみを理由に労働者の責任を問うことはできない（東京ゼネラル事件・東京地判平成8・12・20労判711号52頁）。

*5　日本高圧瓦斯事件・大阪高判昭和59・11・29労判453号156頁。最近のハイスタンダードほか1社事件（大阪地判令和5・10・26ジャーナル143号24頁）は，無断退職を理由とする退職金不支給を定めた退職金規程について，本文記載の民法627条1項の趣旨を考慮して，懲戒解雇等の特段の事情がある場合の無断退職のみに適用されると限定解釈した上，当該事案における無断退職について上記事情を否定して全額支給を命じている。

*6　高野メリヤス事件・東京地判昭和51・10・29労判264号35頁，美庵事件・大阪地判平成28・12・13ジャーナル61号24頁。土田278頁参照。

*7　前掲・日本高圧瓦斯事件（*5）。

*8　裁判例では，労働者が採用後わずか4日間で退職（欠勤）したため，取引先との受注契約が頓挫して解約されたケースにつき，労働者の損害賠償責任を認めた例がある（ケイズインターナショナル事件・東京地判平成4・9・30労判616号10頁）。

*9　懲戒解雇の肯定例として，アイビーエス石井スポーツ事件・大阪地判平成17・11・4労経

することについても，年休期間中は労働義務が消滅するにとどまり，付随義務（兼職避止義務，競業避止義務）は存続する（492頁）ため，年休の成立とは別途，競業避止義務違反等の責任を問うこと（懲戒，退職金不支給等）は可能である。

3 非自発的退職の法的規律

労働者の退職に関しては，一方的退職の意思表示か合意解約の申込みかを問わず，使用者が労働者から退職するよう仕向け，労働者が不本意ながらこれに応じて退職の意思表示を行うケースが少なくない（非自発的退職）。しかし，非自発的退職についても次のような規律がある[*10]。

(1) 退職の意思表示の瑕疵──労働契約の継続

まず，退職の意思表示にもかかわらず，労働契約が継続することがある。

(ア) **退職の意思表示の明確性**　第1に，非自発的退職においては，会社から退職勧奨等を受けた労働者が一時的感情によって退職を言明することが多い（激情に駆られて「会社を辞めてやる」等と発言した場合など）。しかし，そうした言明が直ちに合意解約の申込みとなり，使用者の承諾によって労働契約の終了をもたらすわけではない。退職の意思表示が労働契約の終了という重大な効果をもたらす以上，それに向けた確定的な意思表示であることを要するのである[*11]。使用者の退職勧告（合意解約の申込み）に対する承諾の意思表示につい

速1935号3頁，日音事件・東京地判平成18・1・25労判912号63頁。
[*10] 伊藤由紀子「退職の意思表示」労働関係訴訟Ⅱ819頁参照。
[*11] 同旨，医療法人社団充友会事件・東京地判平成29・12・22労判1188号56頁，緑友会事件・東京地判令和2・3・4労判1225号5頁。このほか，東京エムケイ事件・東京地判平成26・11・12労判1115号72頁，オクダソカベ事件・札幌地判平成27・1・20労判1120号90頁，税理士事務所地位確認請求事件・東京地判平成27・12・22労経速2271号23頁，近鉄住宅管理事件・大阪地判令和4・12・5労判1283号13頁，大央事件・東京地判令和4・11・16ジャーナル138号42頁，永信商事事件・東京地判令和5・3・28労経速2538号29頁。JWT事件・東京地判平成20・7・29労判971号90頁（退職の申込みまたは承諾を否定），アシスト事件・東京地判平成25・3・29ジャーナル16号9頁（同）も参照。
　他方，退職の経緯等を踏まえて確定的な合意解約申込みと認定し，退職合意の成立を認めた例として，タイムズサービス事件・大阪地判令和3・9・28ジャーナル119号42頁，A病院事件・札幌高判令和4・3・8労判1268号39頁，伊藤忠商事事件・大阪地判令和4・9・9ジャーナル130号18頁，ブルーベル・ジャパン事件・東京地判令和4・9・15労経速2514号3頁があり，退職願に退職希望日の記載がないことにつき，合意解約の申込みとしての認定を妨げるものではないと判断した例として，前掲・日東電工［控訴］事件（*2）がある。また，使用者の合意解約申込みに対する労働者の承諾の意思表示を認めて合意解約の成立を認めた例と

ても同様である*12。また，退職合意につき，労働者の自由な意思に基づく同意の法理を適用する裁判例もある*13（782頁参照）。

(イ)　**退職の意思表示の撤回**　第2に，退職の意思表示が合意解約の申込みであれば，労働者は一定期間中に撤回することができる。すなわち，合意解約の効力は，労働者の申込みを使用者が承諾した時点で発生するため，それまでの間は，労働者は原則として意思表示を撤回できる*14。使用者がどの時点で合意解約を承諾したかは，退職を含む労働者の任免権が誰に付与されているかによって判定される。そこでたとえば，人事部長が退職承認の最終決裁権を有している場合は，人事部長による退職願の受理が使用者の即時承諾の意思表示とされ，合意解約の成立が認められる（すなわち，退職の意思表示の撤回は認められない*15）が，退職願を受理した常務が退職に関する最終的決裁権を有してい

　　して，日本マクドナルド事件・名古屋高判令和5・6・22労経速2531号27頁，中倉陸運事件・京都地判令和5・3・9労判1297号124頁がある。以上，類型別実務Ⅱ535頁参照。

*12　八幡製鉄事件・最判昭和36・4・27民集15巻4号974頁参照。その後の裁判例として，たとえば，配転に応じなければ退職するほかないとの会社の勧告に対して，労働者が「それはグッド・アイデアだ」と述べたことにつき，退職の承諾に当たらないと判断した裁判例がある（朋栄事件・東京地判平成9・2・4労判713号62頁）。アクアクララ事件・大阪地判平成26・9・4ジャーナル35号34頁も参照。

*13　グローバルマーケティングほか事件（東京地判令和3・10・14労判1264号42頁）は，労働者による退職の意思表示というためには，当該退職の意向が示されるに至った経緯等を踏まえ，労働者の自由な意思に基づいて退職の意思が表示される必要があるところ，労働者は，会社代表者等から，防犯カメラの映像に同人が行ったとされる暴行の場面が記録されているとの虚偽の情報を示され，これを前提に懲戒解雇や損害賠償請求が行われると言われて退職合意書等に署名したものであることから，その自由な意思に基づいて退職の意思表示をしたものとは認められないと判断している。一方，使用者からの退職の提案に対して自由意思に基づく同意を行ったとして退職合意の成立を認めた例として，イーレックス事件・東京地判令和4・2・3ジャーナル125号44頁，前掲・伊藤忠商事事件（*11）がある。一方，前掲・ブルーベル・ジャパン事件（*11）は，退職合意に対する労働者の自由な意思に基づく同意法理の適用を否定しつつ，同法理を適用したとしても労働者の自由な意思に基づく同意が認められるとして退職合意の成立を認めている。

*14　岡山電気軌道事件・岡山地判平成3・11・19労判613号70頁，白頭学院事件・大阪地判平成9・8・29労判725号40頁，ピー・アンド・ジー事件・大阪高決平成16・3・30労判872号24頁，前掲・しのぶ福祉会事件（*2）等。

*15　前掲・大隅鉄工所事件（*1）。同旨，東京税務協会事件・東京地判令和3・9・16ジャーナル120号56頁。このほか，労働者による退職の意思表示の撤回を認めつつ，撤回に至る経緯（労働者が職場における男女関係について真実を告知しなかったため，監査役が当該事実の不存在を前提に同人を慰留し，同人が退職の意思表示を撤回したとの経緯）から，労働者が当該撤回を主張することについて労働契約上の信義則違反を認めて退職合意の成立を肯定した例がある（神戸事件・大阪地判平成27・11・26ジャーナル48号23頁）。他方，退職の意思表示の撤回自体を否定した例として，前掲・日東電工［控訴］事件（*2）。

ない場合は，社長名による退職承諾の意思表示以前になされた撤回の効力が認められる[*16]。会社の人事制度上，合意解約の成立が「合意書」等の要式行為とされている場合は，合意書が作成されるまでは撤回が可能である[*17]。

これに対し，一方的退職（労働契約の一方的解約）の意思表示は，使用者に到達した時点で解約の効力を生ずるため，事後的な撤回は許されない（民97条1項参照）。また合意解約の申込みの撤回についても，使用者に不測の損害を与えるなど信義に反する事情があるときは，撤回は許されないと解すべきである。

(ウ) 退職の意思表示の瑕疵　　第3に，労働者が使用者から退職を迫られ，不本意ながら意思表示を行った後に，翻意して意思表示の効力を争うことも多い。これについては，詐欺・強迫（民96条），錯誤（同95条），心裡留保（同93条）に基づく意思表示の瑕疵が認められることがある。たとえば，労働者に懲戒事由がないにもかかわらず，懲戒解雇を示唆して退職届を提出させた場合は，違法な害悪の告知として，強迫による取消しが認められる[*18]。また，懲戒解雇事由がないにもかかわらず，労働者が退職の意思表示をしなければ懲戒解雇になると誤信して退職を申し込み，その事情を使用者側が知っていた場合は，動機の黙示的表示が認められ，基礎事情の錯誤として取消の対象となる（民95条1項2号・2項）[*19]。さらに，労働者が別会社への転籍出向を前提に退職の意思表示を行ったものの，同別会社との間で雇用契約が締結されたとは考え難い

[*16] 前掲・岡山電気軌道事件（[*14]）。同旨，前掲・大谷学園事件（[*2]）。前掲・神戸事件（[*15]）は，退職の意思表示の撤回を認めつつ，撤回に至る経緯から，労働者が当該撤回を主張することについて労働契約上の信義則違反を認めて退職合意の成立を肯定している。

[*17] 前掲・ピー・アンド・ジー事件（[*14]）。

[*18] ニシムラ事件・大阪地判昭和61・10・17労判486号83頁（強迫を肯定），ソニー事件・東京地判平成14・4・9労判829号56頁，大阪運輸振興事件・大阪地判平成20・10・31労判979号55頁（強迫を否定）。

[*19] 徳心学園事件・横浜地決平成7・11・8労判701号70頁，昭和電線事件・横浜地川崎支判平成16・5・28労判878号40頁，富士ゼロックス事件・東京地判平成23・3・30労判1028号5頁。休職復帰手続に関する誤信を理由とする錯誤無効肯定例として，ピジョン事件・東京地判平成27・7・15労判1145号136頁，休憩取得に係る虚偽申告が犯罪に当たるとの誤信を理由とする錯誤無効肯定例として，テイケイ事件・東京地判令4・3・25労判1269号73頁。このほか，錯誤・詐欺の肯定例として，一栄会事件・大阪地判令3・11・15ジャーナル121号42頁（使用者が診療所閉鎖という虚偽の説明を行って労働者に合意退職の意思表示を行わせた事例），錯誤の肯定例として，新時代産業事件・大阪地判令4・1・13ジャーナル124号54頁（解雇有効という動機を使用者に表示した上で退職の意思表示を行った事例），バンデホテルズ事件・大阪地判令5・9・12ジャーナル142号50頁（勤務シフトに係る使用者の誤った説明を前提に退職合意を行った事例）。

ことや,労働者が転籍出向後も会社の海外赴任手当を支給され,会社への帰任が前提である旨の説明を受けており,会社も労働者の退職の意思表示が真意に基づくものでないことを知っていたという場合は,退職の意思表示は心裡留保として無効となる[*20]。

もっとも,強迫の成立は容易には認められないし,錯誤についても,労働者が退職の意思表示に際して,転籍または退職以外に選択肢がない(会社に残ることができない)という動機を表示していない場合は基礎事情の錯誤とは認められず(民95条2項),錯誤取消は認められない[*21]など,民法上の意思表示の瑕疵の適用範囲は広くない。

(2) 退職と損害賠償

労働者は,退職した上,使用者に対して,経済的補償として損害賠償を請求することはできるか。企業との信頼関係の修復が困難なケースでは,労働者は復職を断念して退職するケースが多いことから重要な問題となる。

(ア) **退職勧奨** まず,使用者が労働者を追い出す目的で,社会的相当性を逸脱する態様で退職勧奨を行った場合は,労働者の精神的自由を侵害する違法行為として不法行為(民709条)が成立しうる。退職勧奨は,本来は使用者が自由になしうるが,それに応じて退職するか否かも労働者の任意(自由意思)によるものである以上,退職強要の手段と化してならないことは当然であり,その目的・手段・態様から見て,労働者の自由な退職意思の形成(自己決定権)

[*20] 株式会社Y事件・東京高判令和4・1・26判時2560号78頁。心裡留保肯定例として,昭和女子大学事件・東京地決平成4・2・6労判610号72頁,否定例として,スガツネ工業事件・東京地判平成22・6・29判時2092号155頁。地方公務員の退職願につき,自由意思に基づくものであることを否定して自治体の辞職承認処分を違法と判断した例として,栃木県事件・宇都宮地判令和5・3・29労判1293号23頁。

[*21] 強迫の否定例として,前掲・ビジョン事件(*19),貴生会事件・大阪地判令和2・1・16ジャーナル97号22頁,大阪屋事件・大阪地判平成3・8・20労判602号93頁,前掲・A病院事件(*11)。錯誤の否定例として,大塚製薬事件・東京地判平成16・9・28労判885号49頁,プレナス事件・東京地判平成25・6・5労経速2191号3頁,日本リージャス事件・東京地判平成30・5・22ジャーナル79号22頁,キャロットカンパニー事件・大阪地判令和6・1・16ジャーナル146号36頁。強迫・錯誤の否定例として,前掲・イーレックス事件(*13),前掲・日本マクドナルド事件(*11),ジェイネット事件・大阪地判令和5・1・24ジャーナル134号16頁。強迫・錯誤・詐欺の否定例として,村中医療器事件・大阪地判平成26・11・7ジャーナル37号44頁,朝日生命保険事件・東京地判平成28・6・21ジャーナル54号29頁,前掲・東京税務協会事件(*15),心裡留保・錯誤・強迫の否定例として,旭川公証人合同役場事件・札幌高判令和3・11・19ジャーナル121号38頁。

を阻害するに至った場合は，不法行為の評価を免れない*22。また，上司が社会通念上相当な範囲を逸脱する退職勧奨を行った場合は，上司個人が不法行為責任を負うとともに，会社も使用者責任（民715条1項）を肯定される*23。

　裁判例では，退職の意思がない教員に対する十数回にわたる勧奨行為につき，その精神的自由や名誉感情を受忍の範囲を超えて侵害したものとして勧奨担当者の損害賠償責任を認めた最高裁判例がある*24。また，上司（部長）が部下に対し，同人が明確に退職を拒否した後も複数回の面談を行い，業務水準が劣る旨の発言を執拗に繰り返し，能力がないのに高額の賃金の支払を受けているなど従業員の自尊心を殊更傷つける言動を執拗に行っていること等を考慮すれば，部下の意思を不当に抑圧して精神的苦痛を与えるものであり，社会通念上相当な範囲を逸脱したものと判断し，不法行為の成立を肯定するとともに，会社について使用者責任を認めた例がある*25。

　一方，退職勧奨プログラム（RAプログラム）に基づく退職勧奨につき，①RAプログラムの合理性（退職勧奨の目的，対象者の選定，退職勧奨の方法・手段＝制度設計）および②退職勧奨の態様（個別的選定の合理性，期間・回数等の具体的な退職勧奨の態様＝具体的運用）の2段階に分けて検討する判断枠組みを示した上，①については，会社の経営状況・経済情勢・企業方針の推進の観点から目的の合理性を認め，客観的な人事考課を基準としていることから選定基準の合理性

---

*22　日本アイ・ビー・エム事件・東京高判平成24・10・31労経速2172号3頁（結論は不法行為を否定）。おおむね同旨，兵庫県商工会連合会事件・神戸地姫路支判平成24・10・29労判1066号28頁（結論も肯定），リコー事件・東京地判平成25・11・12労判1085号19頁（結論は否定），エム・シー・アンド・ピー事件・京都地判平成26・2・27労判1092号6頁（結論も肯定），華為技術日本事件・東京地判平成29・1・18ジャーナル62号66頁（結論は一部肯定），周南市医療公社事件・山口地周南支判平成30・5・28ジャーナル78号22頁（結論も肯定），東武バス日光ほか事件・東京高判令和3・6・16労判1260号5頁（結論は一部肯定），日本カニゼン事件・東京地判令和3・6・25ジャーナル117号50頁（結論も肯定），A病院事件・札幌地苫小牧支判令和4・3・25労経速2482号26頁（結論は否定），前掲・中倉陸運事件（＊11［自由な意思決定の疎外という点では不法行為を否定しつつ，障害者に対する配慮を欠いたとして慰謝料請求を認容］）。

*23　日立製作所事件・横浜地判令和2・3・24ジャーナル99号2頁，明治機械事件・東京地判令和2・9・28ジャーナル105号2頁。東京女子医科大学事件・東京地判平成15・7・15労判865号57頁も参照。

*24　下関商業高校事件・最判昭和55・7・10労判345号20頁。

*25　前掲・日立製作所事件（＊23）。不法行為の肯定例として，前掲・華為技術日本事件（＊22），損害賠償等請求事件・東京地判平成30・8・22ジャーナル85号56頁，前掲・明治機械事件（＊23），前掲・東武バス日光ほか事件（＊22），前掲・日本カニゼン事件（＊22），ピーエーピースタジオトリア事件・東京地判平成30・12・26ジャーナル87号89頁。

を認めつつ、②についても、人事考課に即して当該労働者らを選定したことに問題はなく、また、同人らが退職勧奨に応じない旨を明確に表示した後も退職勧奨を継続したものとは認められないと判断し、労働者の自由な意思形成を促す行為として許容される限度内にあるとして不法行為を否定した例がある[*26]。違法性の有無は個々のケースに応じた判断となるが、少なくとも、労働者が退職勧奨に応じない姿勢を明確に示した後の段階で、使用者が回数・時間・態様等から見て執拗に退職勧奨を行った場合は、退職に関する労働者の自由な意思決定を阻害するものとして不法行為を肯定すべきであろう[*27]。

なお、退職勧奨自体は労働者の自己決定権の侵害とまで評価できない場合も、上司等が具体的言動によって労働者の名誉感情等の人格的利益を侵害した場合は、その面から不法行為が成立しうる[*28]。

(イ) **非自発的退職と損害賠償**　以上の不法行為法による救済は、退職に至る過程で行われた勧奨・強要行為に関する救済であり、退職を余儀なくされたことについての救済ではない。また、認容される損害は精神的苦痛に対する慰謝料にとどまり、十分な救済とはいい難い。これに対し、近年には、使用者がセクシュアル・ハラスメントを放置するなど適切に対処しなかった結果、労働者が退職せざるをえなくなったケースにつき、不法行為または職場環境配慮義務違反を認め、退職を余儀なくされたこと自体に違法性を認めて、賃金相当額を含む高額の損害賠償請求を認容する裁判例が現れている[*29]。

[*26]　前掲・日本アイ・ビー・エム事件（[*22]）。不法行為の否定例として、F社事件・東京地判平成27・1・29労経速2249号13頁、ジョンソン・エンド・ジョンソン事件・東京地判平成27・2・24労経速2246号12頁、前掲・朝日生命保険事件（[*21]）、前掲・A病院事件（[*22]）、ツキネコほか事件・東京地判令和3・10・27労判1291号83頁、前掲・伊藤忠商事事件（[*11]）。

[*27]　前掲・エム・シー・アンド・ピー事件（[*22]）、前掲・日立製作所事件（[*23]）、前掲・東武バス日光ほか事件（[*22]［ただし、退職勧奨の対象となった従業員に問題行動が多々あったことを踏まえ、その余の退職勧奨発言については違法性を否定］）。これに対し、退職勧奨に応じない姿勢を明示した労働者に対する再度の退職勧奨も、不当に執拗な態様で行われたものでない場合は違法性を否定される（日立製作所［退職勧奨］事件・東京地判令和3・12・21労判1266号56頁）。

[*28]　前掲・日本アイ・ビー・エム事件（[*22]）（結論は否定）、日本航空事件・東京地判平成23・10・31労判1041号20頁（結論は否定）、前掲・明治機械事件（[*23]）（結論も肯定）、日本ビュッヒ事件・大阪地判令和5・2・7ジャーナル137号30頁（結論も肯定）。このほか、退職勧奨を社外において他の従業員から隔絶された状況で長期間行うような場合も、労働者の自由な意思形成を阻害したものとして違法性を帯びるものと解される。前掲・日立製作所［退職勧奨］事件（[*27]）は、この種のケースについて違法性を否定しているが、疑問が残る。

この判例法理は，非自発的退職一般に適用可能なものといえよう。すなわち，労働者は労働契約を継続することによって賃金を取得し，キャリアを形成するのであり，この利益は労働契約上，使用者の職場環境配慮義務として構成できる（167頁参照）。したがって，使用者が社会的相当性を欠く態様で退職勧奨を行ったり，職場環境への配慮を欠く行為を行った結果，労働者が退職を余儀なくされた場合は，不法行為のみならず，債務不履行（職場環境配慮義務違反）に基づく損害賠償責任を肯定すべきである[*30]。また損害についても，使用者の違法な行為がなければ雇用が終了せず，賃金不支給の事態も生じなかったという意味での相当因果関係があることから，経済的逸失利益（逸失賃金相当額）を含めて算定すべきであろう。こうした解釈によって不当な退職強要行為を抑制し，労働契約の適正な運営を促進する必要がある[*31]【10-1】。

> 【10-1】「準解雇」の法理　　学説では，「準解雇」の法理によって使用者の損害賠償責任の拡大を提唱する見解が見られる[*32]。同説は，使用者の追い出し意図に基づく行為によって労働者が退職した場合，当該行為と雇用の終了を一体として「準解雇」と捉えて解雇規制を準用し，使用者は退職に基づく経済的逸失利益（一定年数の賃金相当額）の損害賠償責任を負うと説く。斬新な提案として注目されるが，既存の解雇概念（使用者の一方的意思表示による解約）との整合性，適用範囲の狭さ（「追い出し意図」が要件となるため，そうした意図を認定できない場合は適用できない），逸失利益の算定方法の検討等に課題を残している[*33]。

[*29]　岡山事件・岡山地判平成14・5・15労判832号54頁。

[*30]　裁判例として，ゆうちょ銀行事件・水戸地判令和5・4・14ジャーナル139号32頁。

[*31]　もっとも，裁判例はこうした解釈に否定的であり，たとえば，前掲・華為技術日本事件（[*22]）は，雇用契約の終了は労働者の意思決定を待って生ずるものであるから，違法な退職勧奨と相当因果関係のある損害は，自己決定権を侵害されたことに伴う損害であり，雇用契約の終了に伴う逸失利益を含まないと述べ，慰謝料請求の認容にとどめている（結論同旨，前掲・損害賠償等請求事件［[*25]］，前掲・ゆうちょ銀行事件［[*30]］）。本文の私見との違いは，相当因果関係に関する理解の相違に起因するものである。

[*32]　小宮文人「解雇するとはどういうことか」道幸哲也＝小宮文人＝島田陽一『リストラ時代雇用をめぐる法律問題』（旬報社・1998）50頁。準解雇の法理を支持する見解として，石﨑由希子「辞職・合意解約・定年制」講座再生(2) 327頁。

[*33]　このほか学説では，強迫（民96条）の拡張を提唱する見解（森戸英幸「辞職と合意解約」講座21世紀(4) 213頁以下），心裡留保（同93条）の類推適用を説く見解（三井正信「準解雇の法理(4)」広島法学27巻4号［2004］44頁以下），合意解約に関する労働者の自己決定の環境を整備する観点から，使用者の情報提供義務・威迫等の不作為義務を肯定し，その効果として，公序違反による無効や自由意思（真意）性の否定による合意の不成立を導き出す見解（根本到「合意解約の有効性判断と情報提供義務・威迫等不作為義務」水野古稀『労働保護法

第 2 節　定　年　制

1 定年制の意義・法的性格・適法性

(1)　意義・機能

定年制とは，労働者が一定の年齢に達したことを理由に労働契約を終了させる制度をいう。

定年制は，特に第 2 次大戦後，長期雇用システムの定着とともに急速に普及した制度である。すなわち，長期雇用システムの下では，使用者は雇用調整の手段として解雇を安易に用いることは困難であるし，法的にも解雇権濫用法理が確立されている（労契 16 条）。しかし，こうした制度の下で高齢者を雇用し続けると，年功賃金によって企業の人件費負担が過重となるとともに，若年労働力への転換が停滞することになる。そこで，解雇を抑制しつつ，高齢者の雇用の打切りを実現する手段として導入されたのが定年制である。こうして，定年制は，定年年齢到達までの雇用を保障する機能（雇用保障機能）と，定年到達によって雇用関係を終了させる機能（雇用終了機能）を兼ね備えた制度として確立され，労使双方にとって合理性をもつ制度として定着してきた[*34]。

しかし，定年制は，近年の雇用社会の変化の中で新たな課題に直面している。特に，厚生年金保険法の改正により，老齢厚生年金の支給開始年齢が満 60 歳から 65 歳に段階的に引き上げられたため，60～65 歳の高齢者の雇用が重要な課題となり，主流である 60 歳定年制は見直しを迫られるに至った。そこで，2004 年には高年齢者雇用安定法（以下「高年法」）が改正され，65 歳までの雇用機会の確保を企業に義務づける「高年齢者雇用確保措置」が導入された。

(2)　法的性格・適法性

定年制には，定年到達によって労働者を退職させる定年退職制と，定年到達を理由に解雇する定年解雇制がある。「定年は満 60 歳とする。定年に達した者は退職させる」と定めるのは前者の例であり，「定年に達した者は解雇（解職）

の再生』［信山社・2005］74 頁）などが提唱されている。

[*34]　定年制については，注釈労基(上) 344 頁［森戸秀幸］，柳澤武「定年と継続雇用」解雇と退職の法務 133 頁参照。

する」と定めるのは後者の例である。定年退職制では，定年到達によって当然に労働契約が終了するのに対し，定年解雇制の場合は，雇用を終了させるために解雇の意思表示を要するとともに，労基法・労契法上の解雇規制に服する点が異なる[*35]。定年退職制の法的性格については，定年年齢到達をもって労働契約の期限（終期）を定めたものと解すべきであろう（下井215頁）。

定年制は，個々の労働者の意思・能力とは無関係に，一定の年齢到達によって一律に労働契約を終了させる制度であるので，その適法性が問題となる。この点，日本では，定年制は，長期雇用システムの下で，解雇を避けつつ労働力の新旧交替を図り，企業組織の合理化をもたらす制度として合理的であること，労働者を選別する方法に比べて一律に退職させる点で公平であること，労働者にとっても，定年までの雇用保障を提供する点で合理性を有することから適法と解される[*36]。裁判例も，定年制と憲法14条の関係について，上記と同様の理由から同条違反を否定している（前掲・アール・エフ・ラジオ日本事件［*35］）。もちろん今後，長期雇用システムそのものが大きく変化すれば，定年制の適法性も抜本的見直しを求められる可能性がある。

2 定年年齢の規律──高年齢者雇用安定法

(1) 概　説

定年制において，定年年齢を何歳と設定するかは重要な問題である。この点は従来，労使自治に委ねられてきたが，高齢社会の到来に伴い，高年齢者雇用安定法が制定され，定年年齢を60歳以上とすることが使用者の義務とされた。すなわち，「事業主がその雇用する労働者の定年……の定めをする場合には，当該定年は，60歳を下回ることができない」（8条。坑内作業は例外とされる。同条但書，同法施行規則4条の2）。この結果，一律に60歳未満の定年制を定めている場合はもとより，職種別定年制など，職種や雇用形態が異なることを理由

[*35] 定年制が退職制・解雇制のどちらに当たるかは，制度内容およびその運用を総合して判断される（定年退職制と認定した裁判例として，アール・エフ・ラジオ日本事件・東京地判平成12・7・13労判709号15頁）。本文に述べたとおり，定年退職制は，労働契約の自動終了事由の定めを意味するため，定年到達までの間の雇用継続の保障を意味するわけではなく，定年到達前の合理的理由による解雇は許される（一般財団法人厚生年金事業振興団事件・東京高判平成28・2・17労判1139号37頁）。

[*36] 菅野＝山川715頁，下井216頁。年齢差別禁止法理一般に関する力作として，櫻庭涼子『年齢差別禁止の法理』（信山社・2008）がある。

に定年年齢を60歳より低く定めることも、期間の定めのない契約で雇用している限りは高年法8条違反となる[*37]。8条は、強行規定であるため、同条に違反する労働契約・労働協約・就業規則上の定年の定めは無効となる[*38]。

(2) 高年齢者雇用確保措置

前記のとおり、今日では、60～65歳の高齢者の雇用確保が重要な課題となっている。そこで、高年齢者雇用安定法は2004年、2012年に改正され、事業主（使用者）に対し、65歳までの高年齢者雇用確保措置を講ずる義務を課している。すなわち、事業主は、定年の引上げ、継続雇用制度（現に雇用している高年齢者が希望するときは、当該高年齢者を定年後も引き続いて雇用する制度）、定年の定めの廃止のいずれかの措置を講じなければならない（高年9条1項）[*39]。

また、高年齢者雇用安定法は2020年にも改正され、70歳までの高年齢者就業確保措置が努力義務として新設された（高年10条の2）。対象となる事業主は、定年を65歳以上70歳未満に定めている事業主および65歳までの継続雇用制度を導入している事業主であり、高年齢者就業確保措置の内容としては、前述した高年齢者雇用確保措置の70歳までの拡大（定年の引上げ［同条1項1号］・65歳以上継続雇用制度の導入［同2号・同条3項］・定年制の廃止［同条1項3号］）のほか、過半数組合または過半数代表の同意を得て行う創業支援等措置の導入（70歳まで継続的に業務委託契約を締結する制度［同条2項1号］、70歳まで継続的に以下の事業に従事できる制度［ⓐ事業主が自ら実施する社会貢献事業、ⓑ事業主が委

[*37] 一方、有期労働契約で雇用する非典型労働者について、契約更新の年齢上限を60歳より低く設定することは、高年齢者雇用安定法は、定年制と性質を異にする更新制限条項への適用はないことから適法と解される。三洋電機事件・大阪地判平成9・12・22労判738号43頁。

[*38] 問題は、高年法8条違反として無効となった後の定年年齢の帰趨であり、定年の定めがないことになると解する見解（岸本武史「これからの高齢者雇用対策」季労171号［1994］39頁。牛根漁業協同組合事件・福岡高宮崎支判平成17・11・30労判953号71頁）と、空白となった定年年齢は60歳の基準によって補充されると解する見解（岩村正彦「変貌する引退過程」岩波講座・現代の法(12)『職業生活と法』［岩波書店・1998］354頁）がある。結果の妥当性の観点からは後説に分があるが、高年法が労基法13条のような直律効規定を備えていないこと等を考えると、前説が適切と解される。同旨、荒木368頁（注124）。

[*39] 高年齢者雇用安定法の改正については、「シンポジウム・高年齢者雇用の課題と方向性」労働124号（2014）、山川和義「2012年高年齢者雇用安定法改正の意義と課題」労働121号（2012）115頁、柳澤・前掲論文（＊4）138頁など参照。実務的観点から有益な検討を行うものとして、髙谷知佐子ほか『労契法・派遣法・高年法平成24年改正Q＆A』（商事法務・2013）、労務行政研究所『高年齢者処遇の設計と実務』（労務行政・2013）。概観として、基コメ労基・労契555頁以下（山川和義）。

託・出資（資金提供）等する団体が行う社会貢献事業］［同項2号］）が掲げられ，事業主は，以上いずれかの措置を講じるよう努めるべきものとされる*40。

　2012年改正における高年齢者雇用確保措置・2020年改正における高年齢者就業確保措置のうち，最も現実的な方策は継続雇用制度であり，再雇用制度・雇用延長制度を中心に実施されている。2012年改正までは，継続雇用制度の対象者については，原則として希望者全員を対象としつつ，事業主が過半数組合・代表者との間の労使協定によって対象者を限定できるものとされてきたが，高年齢者の雇用の安定を趣旨とする同年改正によって限定制度が廃止され，希望者全員の継続雇用が義務づけられることになった（9条2項）。ただし，対象者限定を許容する一定期間の経過措置が設けられ（2012年改正法附則3項），また経過措置終了後も，就業規則所定の解雇事由または退職事由（年齢に係るものを除く）に該当する場合は，継続雇用しないことが可能とされている（2012年改正法指針［平成24年厚労告560号］第2・2）。一方，2012年改正法は，継続雇用制度の運用主体を拡大し，当該企業以外に，そのグループ企業（「特殊関係事業主」＝元事業主の親法人・子法人・関連法人等）において継続雇用することが可能となった（9条2項）。

　事業主が高年法9条1項に反して高年齢者雇用確保措置を講じなかった場合，厚生労働大臣の指導・助言，勧告および企業名公表といった公法的サンクションの対象となる（高年10条）。問題は，高年法違反の私法的効果であり，特に，事業主が継続雇用制度の導入を怠った場合に問題となる。肯定説・否定説が対立しているが*41，否定説が適切であり，高年法は，高年齢者が継続雇用制度の導入請求権を行使できるという意味での労働契約上の私法的効果を有するものではないと解される。すなわち，高年法9条1項は，継続雇用措置を具体的

---

　*40　2020年改正高年齢者雇用安定法については，厚生労働省「高年齢者雇用安定法改正の概要～70歳までの就業機会の確保のために事業主が講ずべき措置（努力義務）等について～令和3年4月1日施行」参照。また，同改正に合わせて，高年齢者就業確保措置の実施及び運用に関する指針（令和2年厚労告351号）が公布されている。なお，有期契約労働者に係る無期契約転換制度（労基18条。1029頁参照）は，適切な雇用管理計画を作成し，都道府県労働局長の認定を受けた事業主（特殊関係事業主を含む）の下で定年後継続雇用される有期契約労働者については発生しない（専門的知識等を有する有期雇用労働者に関する特別措置法8条2項［1035頁参照］）。

　*41　肯定説として，西谷442頁，根本到「高年齢者雇用安定法9条の意義と同条違反の私法的効果」労旬1674号（2008）6頁以下。否定説として，櫻庭涼子「高年齢者の雇用確保措置」労旬1641号（2007）48頁以下。

給付義務として規定しているわけではないため、事業主が高齢者に対して私法上の継続雇用制度導入義務ないし継続雇用義務まで負うものと解することは困難である[*42]。したがって、高年齢者雇用確保措置を講じないまま労働者を定年を理由に60歳で退職させたとしても、退職の効果が直ちに否定されることはない。ただし、高年齢者雇用確保措置を適用されることについての高年齢者の期待利益は法的保護に値するため、期待権侵害の不法行為による損害賠償責任(民709条)は発生しうる(同旨、荒木369頁)。また、次項で述べるとおり、高年法の基本趣旨に反する継続雇用拒否事由や労働条件を規定した場合に、当該規定・労働条件が同法違反として無効となるという意味での私法的効果は肯定すべきである。

なお、2020年改正において新設された高年齢者雇用就業確保措置については、同措置が努力義務であることから、法違反に対する特段の公法的サンクションはなく、私法上の効果も発生しないと解される。

3 継続雇用制度——再雇用制度・雇用延長制度

(1) 継続雇用制度の内容

継続雇用制度には、再雇用制度と雇用延長制度がある。再雇用制度は、労働者が定年到達による退職後、新たに労働契約を締結する制度であり、雇用延長制度は、定年後も引き続き労働契約を延長する制度である。企業では、再雇用制度を利用する例が多いが、これは、再雇用制度では労働契約を新たに締結するため、再雇用後の労働条件・処遇の変更を弾力的に行いやすいからである。

継続雇用制度は、厚生年金の支給開始年齢の引上げに伴い無年金・無収入となる高年齢者の発生を防止し、高年齢者の雇用の安定を図るために希望者全員の雇用を義務づける措置であるから、そうした基本趣旨に適合する制度であることを要する。他方、希望者全員雇用の継続雇用制度は、企業に過大な負担をもたらしうることから、事業主は、合理的範囲内で制度設計の裁量を認められる。そこでたとえば、「①定年到達前と同一の労働条件で60歳定年退職か、または②55歳以降の賃金を減額した上で65歳まで勤務かを労働者に選択させる

[*42] 同旨の裁判例として、NTT西日本[高齢者雇用・第1]事件・大阪高判平成21・11・27労判1004号112頁、X運輸事件・大阪高判平成22・9・14労経速2091号7頁、NTT東日本事件・東京高判平成22・12・22労経速2095号3頁、日通岐阜運輸事件・岐阜地判平成23・7・14労経速2112号33頁。裁判官による詳細な検討として、菊池憲久「高齢者雇用に関する諸問題」労働関係訴訟の実務471頁。

制度」や,「①定年到達前と同一の労働条件で60歳定年退職か,または②55歳以降の雇用形態を期間1年の有期労働契約に変更し,55歳以降の賃金を減額した上で65歳まで勤務かを労働者に選択させる制度」は,その選択を労働者の自由意思に委ねる限りは適法と解される[*43]。

(2) 継続雇用の対象者選定

上記のとおり,改正高年法は,継続雇用制度の対象者を希望者全員としつつ,解雇事由・退職事由と同一の継続雇用拒否事由(年齢に係るものを除く)を定めることを可能としており,指針は,「心身の故障のため業務に堪えられないと認められること」や「勤務状況が著しく不良で引き続き従業員としての職責を果たし得ないこと」を挙げている(第2・2)。他方,解雇事由・退職事由と異なる事由を追加することは,特別の継続雇用拒否事由の設定を意味するため,雇用確保措置義務違反となり,当該事由は無効となるものと解される(同上)。問題は,「やむをえない事業上の都合による場合」等,事業経営上の事由(整理解雇事由)を継続雇用拒否事由として定めることが適法か否かである。労働者に帰責性のない事由を意味するが,労働契約上の解雇事由とされる以上,継続雇用拒否事由とすることに問題はないと解される[*44]。

一方,これら継続雇用拒否事由に基づく個々の継続雇用の拒否については,解雇権濫用規制(労契16条)に準じて,客観的に合理的な理由および社会通念上の相当性が認められることを要すると解される(指針第2の2)。そこでたとえば,上記「勤務状況が著しく不良で引き続き従業員としての職責を果たし得ないこと」に基づく継続雇用拒否については,使用者が高年齢者について同事由に該当すると判断したことに合理的な理由および社会通念上の相当性があるか否かが,個々の事案に即して別途審査されることになる[*45]。

[*43] 厚生労働省「高年齢者雇用安定法Q&A」(高年齢者雇用確保措置関係)1—5,1—6参照。また,定年後の就労形態をワークシェアリングとし,所定労働時間・所定労働日数および賃金を定年前より減額する制度も適法と解される(ただし,後述する合理的裁量の範囲内の労働条件提示に反してはならない)。

[*44] フジタ事件・大阪地判平成23・8・12労経速2121号3頁参照。その後の裁判例では,継続雇用の対象者を限定するための基準を設けた就業規則につき,本文所定の解雇事由・退職事由該当事実がない限り再雇用し,労使協定所定の年齢到達後に上記基準を満たす者について65歳まで再雇用する旨の規定として限定解釈した例がある(ヤマサン食品工業事件・富山地判令和4・7・20労判1273号5頁)。

[*45] 裁判例では,職務懈怠および就業規則違反が度々認められ,かつ,会社による再三の注

継続雇用制度の下で，労働者が継続雇用選定基準を満たしているにもかかわらず，再雇用を拒否された場合の法的取扱いについて，裁判例は分かれていた*46。この点，判例は，2012年改正前の継続雇用対象者選定制度（改正前高年法9条2項）の下で継続雇用基準を充足していたにもかかわらず，使用者の査定ミスによって継続雇用（再雇用）を拒否された労働者が再雇用された地位にあることの確認を求めた事案につき，雇止め法理（現行労契19条。999頁以下）を参照した上，労働者には継続雇用を期待する合理的理由がある一方，使用者が再雇用を拒否することは，客観的に合理的理由を欠き社会通念上相当と認められないとして，労働者が再雇用されたのと同様の雇用関係の存続を認める判断を示し，議論に決着をつけた（津田電気計器事件）*47。改正法の下でも，個々の継続雇用の拒否が合理的理由を欠くと評価される場合は，同様に解されることになろう*48。

意・指導を受けるも改善しようとせず，会社における評価がきわめて低い従業員の継続雇用拒否について，指針所定の勤務状況が著しく不良で引き続き従業員としての職責を果たし得ないこと等就業規則に定める解雇事由に該当すると判断し，客観的合理的理由および社会通念上の相当性を肯定し，再雇用に係る地位確認請求を棄却した例がある（NHKサービスセンター事件・東京高判令和4・11・22ジャーナル133号36頁）。また，新型コロナ禍により経営が急激に悪化した航空会社が行った人員削減目的の再雇用拒否につき，かかる状況においては，再雇用に係る労働者の期待は合理的理由に基づくものといえない一方，再雇用拒否については客観的合理的理由および社会通念上の相当性を欠くとはいえないと判断し，地位確認請求を棄却した例もある（アメリカン・エアラインズ・インコーポレイテッド事件・東京地判令和5・6・29労判1305号29頁）。一方，大学教員の再雇用拒否の理由とされた懲戒処分について無効と判断した上，再雇用拒否について客観的合理的理由および社会通念上の相当性を否定して再雇用地位確認請求を認容した例がある（札幌国際大学事件・札幌地判令和5・2・16労判1293号34頁。おおむね同旨，函館バス事件・札幌高判令和5・8・22ジャーナル140号16頁）。

*46 裁判例は，再雇用拒否の意思表示を権利濫用として無効と解し，再雇用契約が成立したものと解する例（津田電気計器事件・大阪高判平成23・3・25労判1026号49頁。結論同旨，東京大学出版会事件・東京地判平成22・8・26労判1013号15頁）と，再雇用契約は賃金の不確定性ゆえに認められないが，権利濫用による不法行為（民709条）が成立すると説く例（日本ニューホランド事件・札幌高判平成22・9・30労判1013号160頁）に分かれていた。

*47 最判平成24・11・29労判1064号13頁。

*48 その後の同旨裁判例として，日本郵便事件・東京高判平成27・11・5労経速2266号17頁，尚美学園事件・東京地判平成28・5・10労判1152号51頁，尚美学園事件・東京地判平成28・11・30労判1152号13頁，南山学園事件・名古屋高判令和2・1・23労判1224号98頁。エボニック・ジャパン事件・東京地判平成30・6・12労経速2362号20頁，前掲・ヤマサン食品工業事件（*44）も参照。なおこの場合も，再雇用されたのと同様の雇用関係の存続（労働契約上の地位確認請求）を肯定するためには，賃金・労働時間等の基本的労働条件が確定されていることが前提となると解される。この点，前掲判例（津田電気計器事件［*47］）も，賃金・労働時間等の労働条件を定めた高年齢者継続雇用規程の存在を前提に，雇用関係の期限や

(3) 継続雇用制度と労働条件[*49][*49a]

(ア) **概　説**　継続雇用制度における労働条件については，高年法が求めているのは継続雇用制度の導入であり，定年前労働条件を維持することまで求めていないことから，基本的に労使自治に委ねられる。一方，使用者は，「合理的な裁量の範囲」の労働条件を提示する必要があると解されている[*50]。したがって，事業主が合理的な裁量の範囲の労働条件を提示していれば，労使間で合意が成立せず，その結果，継続雇用が実現しなくても，雇用確保措置義務違反とはならない。問題は，「事業主の合理的な裁量の範囲」の労働条件とは何かであるが，改正高年法の趣旨は，厚生年金の支給開始年齢の引上げに伴い無年金・無収入となる高年齢者の発生の防止にあることから，賃金等の労働条件がおよそ雇用と年金との接続の役割を果たしえないほど著しく低い水準である場合に合理的裁量を否定すべきものと解される。

(イ) **司法審査の根拠**　まず，高年法は，事業主が継続雇用制度を含む高年齢者雇用確保措置を講ずる義務を国に対して負うことを規定する法（公法）であるため，事業主が行う労働条件提示の私法的効力に関する司法審査の根拠が問題となる。こうした労働条件の提示は，①個々の労働者に対する再雇用契約の申込み（再雇用申込み型）と，②継続雇用制度における労働条件を定める就業規則の適用あるいは同就業規則を内容とする再雇用契約の申込み（就業規則適用型）に分かれるところ，②の場合は，新たな労働契約締結時に就業規則を適用する場合に当たるため，労契法 7 条の合理性要件（「合理的な労働条件」要件）を適用されるものと解される（就業規則をひな型とする労働契約締結合意について

　賃金，労働時間等の労働条件については上記規程の定めに従うことになると判断しており，この立場を採用したものと考えられる（足立堅太「高年齢者雇用」労働関係訴訟Ⅱ 994 頁参照）。裁判例も同旨であり，尾崎織マーク事件（京都地判平成 30・4・13 労判 1210 号 66 頁）は，定年前の整理解雇が無効とされた場合の再雇用（継続雇用）を前提とする地位確認請求につき，労働契約が締結されたと評価するためには，賃金等核心的労働条件に関する合意の存在が不可欠であるところ，それが存在しないとして斥け，前掲・アメリカン・エアラインズ・インコーポレイテッド事件（*45）も，同事件における再雇用契約の内容は，定年退職者との間の個別協議により合意されることとされているところ，再雇用契約の前提となる労働条件の特定が行われていないとして地位確認請求を斥けている。

[*49]　本項については，土田道夫「定年後再雇用社員の労働条件をめぐる法的考察——労契法 20 条／パート・有期法／高年齢者雇用安定法の規律」同志社法学 424 号（2021）663 頁参照。

[*49a]　再雇用社員の労働条件に係る旧労契法 20 条およびパート・有期法 8 条の規律については，本書 1060 頁および土田・前掲論文 666 頁参照。

[*50]　厚生労働省・前掲（*43）1—9 参照。

も労契法7条を適用すべきことについては、232頁参照)。

問題は、①再雇用申込み型であり、個別労働契約の申込み自体に係る司法審査を意味するため、その法的根拠が問題となる。この点について、裁判例は、高年齢者雇用確保措置(高年9条1項)の趣旨・目的(60～65歳高齢者の雇用の確保)を重視する観点から、9条1項は労働契約法制に係る公序の内容を成しているので、その趣旨に反する労働条件の提示は、高年齢者雇用確保措置義務の反射的効果として高年齢者が有する法的利益(上記措置の合理的運用により65歳までの安定的雇用を享受できるという利益)を侵害する不法行為(民709条)となりうると判断している*51。妥当な法的構成といえよう。

(ウ) **労働条件の合理性(適法性)**　継続雇用制度における労働条件の合理性(適法性)について、裁判例はこれを緩やかに解している。たとえば、「無年金・無収入の期間の発生を防ぐという趣旨に照らして到底容認できないような低額の給与水準であったり、社会通念に照らし当該労働者にとって到底受け入れ難いような職務内容」という基準を提示する例(前掲・トヨタ自動車事件[*51])や、「再雇用に際してきわめて不合理で、高年齢者の希望・期待に著しく反し、到底受入れ難いような労働条件」という基準を提示する例(前掲・九州惣菜事件[*51])がある*52。私も従来、「事業主の合理的な裁量」に係る審査については、これを過度に厳格に行うべきではないと解してきた。そのような解釈は、高年齢者の雇用の促進という高年法の基本趣旨に反するとともに、希望者全員の継続雇用という2012年改正法の下では、企業に不可能を強いる結果となりかねないと考えたからである(本書[2版]646頁)。

---

*51　九州惣菜事件・福岡高判平成29・9・7労判1167号49頁(最決平成30・3・1労判1175号96頁により確定)。また、トヨタ自動車事件(名古屋高判平成28・9・28判時1146号22頁)は、定年後の継続雇用としてどのような労働条件を提示するかについては事業者に裁量があるものの、提示した労働条件が、無年金・無収入の期間の発生を防ぐという趣旨に照らして到底容認できないような低額の給与水準であるなど実質的に継続雇用の機会を与えたとは認められない場合は、高年法の趣旨に反して雇用契約上の債務不履行に当たるとともに不法行為となると判断している。

*52　2012年高年法改正前の裁判例では、会社が55歳定年制から60歳定年制に移行し、55歳以降は嘱託社員に転換させつつ給与を定年前給与から42%減額した事案(②就業規則適用型の事案)につき、労契法7条の前身である就業規則の拘束力に関する判例法理に依拠して合理性要件を設定し、その内容を、新労働条件の内容がきわめて苛酷なもので、労働者に定年まで勤務する意思を削がせ、現実に多数の者が退職する等高年齢者の雇用の確保・促進という高年法の趣旨に反するものではないことという点に求めた上で合理性を肯定した例がある(協和出版販売事件・東京高判平成19・10・30労判963号54頁)。土田・前掲論文(*49)716頁。

しかし一方，高年法9条1項は，「雇用する高年齢者の65歳までの安定した雇用〔の〕確保」を高年齢者雇用確保措置の基本趣旨としており，また前掲高年齢者雇用確保措置の実施及び運用に関する指針（第2・4(2)）は，「継続雇用されている高年齢者の就業の実態，生活の安定等を考慮し，適切なものとなるよう努めること」と定めているため，事業主が行う労働条件提示の適法性（「合理的な裁量の範囲」）については，同条および同指針の趣旨も十分考慮する必要がある。具体的には，「事業主の合理的な裁量の範囲」の労働条件については，再雇用後の労働条件のみを単独で検討するのではなく，定年退職前の労働条件との継続性・連続性を判断基準に位置づけ，定年前労働条件との格差（相違）を考慮要素と解すべきであろう[*53]。他方，定年前後における労働条件の継続性・連続性を考慮する場合も，再雇用労働条件については，再雇用社員の賃金のみならず，同社員が受給する老齢厚生年金・高年齢雇用継続給付金等の公的給付を加えてトータルに検討する必要がある。この点，高年齢雇用継続給付金は，60歳以降の賃金額が60歳時点の賃金の61％〜75％ないし61％以下に低下する事態を予定して給付を行う制度であるため，継続雇用制度における賃金減額をカバーする機能を営むところ，企業は，こうした公的給付を前提に継続雇用制度を設計・運用している。そうだとすれば，継続雇用制度において事業主が行う労働条件提示の適法性についても，こうした公的給付の存在を十分考慮する必要がある[*54]。

この点，前掲・九州惣菜事件（[*51]）は，継続雇用制度において，事業主が定年退職前の労働条件との継続性・連続性に欠け，または乏しい労働条件の提示を行うことを許容するためには，それを正当化する合理的理由が必要であると判断し，具体的判断としても，会社が提示した著しく低廉な労働条件（月例賃金の75％減少を伴うパートタイム再雇用）について，労働条件の継続性・連続

[*53] 注釈労基・労契（3）500頁［山川和義］参照。
[*54] この点，継続雇用制度における労働条件については，有期契約労働者として再雇用されることから，旧労契法20条およびパート・有期法8条の適用も問題となるが，この論点に関する裁判例は，使用者が本文に述べた公的給付を基礎として再雇用社員に関する賃金体系を設計・運用していることをその他の事情として考慮し，労働条件相違の不合理性を否定する理由としている（1061頁以下参照。代表的判例として，長澤運輸事件・最判平成30・6・1民集72巻2号202頁。高橋和征［判批］法時94巻3号［2022］143頁参照）。なお，再雇用労働者の労働条件に係る継続雇用制度（高年9条1項2号）の規律と，有期契約労働者の労働条件の不合理性に係る旧労契法20条・パート・有期法8条の規律の関係性については，土田・前掲論文（[*49]）721頁以下参照。

性の観点から合理性を否定し，違法と判断している。継続雇用制度における労働条件について，労働条件の継続性・連続性を考慮する点は妥当であるが，上述した公的給付の存在を考慮した形跡がない点に問題を残している[*55・*56]。

(エ) 効果　再雇用後の労働条件が合理性を否定された場合の効果については，①当該労働条件を無効と解した上，合理的労働条件による継続雇用制度の適用を認めるべきか，それとも，②高年齢者の雇用継続の期待権侵害を理由とする不法行為（民709条）が成立するにとどまるかが問題となる。

この点については，①説を採用して事業主の継続雇用義務を肯定することは困難と解される。仮に高年法9条1項によって合理性を否定された再雇用後労働条件を無効と解したとしても，「合理的な裁量の範囲の労働条件」の具体的内容を確定することは困難であり，また，再雇用契約の内容を補充する基準がないことから，継続雇用義務を肯定する解釈は困難といわざるを得ない[*57]。裁判例も同様に解している（前掲・九州惣菜事件［*51］）[*58]。ただし，慰謝料額

[*55] 2012年高年法改正後の継続雇用制度をめぐる裁判例はすべて，事業主が行った再雇用労働条件の提示を労働者が受諾しなかったため再雇用自体が行われなかったという事案であるため，当然ながら再雇用後の公的給付も行われておらず，その水準を正確には認定することはできないが，労働者の受給資格等に即して各給付の水準を推計することは可能と解される。なお，前掲・九州惣菜事件（*51）が採用する定年前後における労働条件の継続性・連続性基準については賛否両論がある（賛同する見解として，野田進「高年法9条を規範とする定年後再雇用の労働条件規制法理」労判1915号［2018］40頁，批判的見解として，植田達［判研］労働132号［2019］263頁）。以上，土田・前掲論文（*49）718頁以下参照。

[*56] 継続雇用制度における労働条件をめぐる裁判例としては，本文に掲げた前掲・九州惣菜事件（*51）のほか，会社が再雇用社員に提示した給与につき，老齢厚生年金の報酬比例部分の約85％の収入が得られることから，無年金・無収入の期間の発生を防ぐという趣旨に照らして到底容認できないような低額の給与水準とはいえないとして適法と判断する一方，定年前は事務職に従事していた同社員に清掃等の単純労務職を提示したことについては，実質的に継続雇用の機会を与えたとは認められないと判断し，高年法の趣旨に反する違法なものと判断した例（前掲・トヨタ自動車事件［*51］）がある。一方，会社が定年後サウンド設計部での再雇用を希望する従業員に対し，人事総務部の職務を内容とする再雇用の申込みをしたのに対して従業員が拒否した事案につき，会社が提示した再雇用後の業務内容・処遇条件等は高年法の趣旨に沿うものであり，客観的に見て誰にとっても到底受入れられないような不合理なものとは認められないとして適法と判断した例（アルパイン事件・東京地判令和元・5・21労判1235号88頁）がある。

[*57] ただし，事業主が特定の高年齢者を排除する目的で合理性を欠く労働条件を提示する一方，他の高年齢者には合理的な労働条件を提示している場合は，当該特定高年齢者の労働条件を無効と解した上，他の高年齢者の合理的労働条件によって無効部分を補充できるため，事業主の継続雇用義務を肯定すべきものと考える。注釈労基・労契（3）501頁［山川和義］参照。

[*58] 本件において原告労働者が援用した判例（前掲・津田電気計器事件［*47］）は，定年退職後有期労働契約を締結した労働者が，その期間満了後2回目の再雇用を拒否されたことから

を適宜増額することによって相応の救済を図ることは可能と解される*59。

(4) 継続雇用後の雇止め

継続雇用制度における労働契約の取扱いは、有期労働契約の締結・更新による方法が一般的であるから、60歳以降の雇止めの適法性は、労契法19条（特に2号）によって判断される。この点、雇止めの適法性は、契約期間満了時に有期労働契約が更新されることに関する合理的期待利益が存在することを前提に判断される（労契19条。1015頁）ところ、継続雇用後の高年齢者については、高年齢者の65歳までの継続雇用の提供という高年法の基本趣旨を踏まえれば、雇用継続の期待利益は特段の事情がない限り肯定されるものと解される。他方、65歳定年制を採用している企業において65歳を超えて継続雇用されている労働者については、雇用継続の期待利益が直ちに肯定されるわけではなく、雇止めの適法性は緩やかに判断される*60。

次に、雇止めの合理的理由（労契19条柱書）については、高年法の上記趣旨によれば、年齢を理由とする65歳以前の雇止めは、合理的理由を否定されるものと解される。一方、継続雇用の対象者選定（835頁）と同様、心身の故障

再雇用された地位にあることの確認を求めた事案につき、労働者が再雇用されたのと同様の雇用関係の存続を認める判断を示している。これに対し、本判決は、本件ではそもそも再雇用契約が成立していないことを踏まえ、事案が異なるとして斥けている。

*59 裁判例は、慰謝料額について、原告労働者が1年間パートタイマーとして雇用された場合の賃金見込額（約127万円）と算定して逸失利益を考慮し（前掲・トヨタ自動車事件［*51］）、または、これを100万円と算定して精神的損害の補塡を図るなどしており（前掲・九州惣菜事件［*51］）、相応の工夫をしていると解される。

*60 日本郵便事件・東京地判平成26・6・2労経速2218号24頁、学究社事件・東京高判平成28・6・8労経速2282号11頁、損害保険料率算出機構事件・東京地判平成30・7・18ジャーナル82号52頁、高槻ライフケア協会事件・大阪地判平成31・1・22ジャーナル86号36頁は雇用継続の期待利益を否定し、すみれ交通事件・横浜地判令和元・9・26労経速2397号30頁は、雇用継続の期待利益を肯定した上、雇止めの合理的理由を認めて適法と判断している。

この場合の65歳時点における再雇用義務の存否自体については、①定年退職後も、労働者の申込みがあれば有期再雇用契約を締結することが就業規則等で明定され、または確立した慣行となっており、かつ、②契約内容が特定されている場合において、使用者が再雇用契約を締結しないことが客観的合理的理由および社会通念上の相当性を欠く場合は、再雇用契約不締結行為が権利濫用に該当し、労契法19条・解雇権濫用法理の趣旨ないし信義則に照らして、再雇用契約が成立すると見る余地があると判断した上、具体的判断として、上記①②を否定して地位確認請求を斥ける一方、定年従業員において再雇用契約の締結に係る合理的利益が認められると判示し、慰謝料請求を認容した例がある（国際自動車事件・東京高判平成31・2・13労判1199号25頁）。

や著しい能力不足・勤務状況不良を雇止め基準と定め，それを理由として雇止めを行うことが妨げられるわけではない（ただし，雇止め基準自体を継続雇用基準［再雇用基準］より厳しく規定することは，高年法の趣旨に反して合理性を否定されるものと解される）。そうした雇止めの適法性は，労契法19条に基づき，個々の事案に即して判断されることになる（1009頁以下）。この点，裁判例では，再雇用後の高年齢者の雇止めについては，定年前労働者の雇止めより緩やかに判断すべきとの使用者側主張を斥け，高年齢者の雇用継続の利益も保護されるべきである以上，個別的事情を考慮することなく緩やかな基準で判断することは相当でないと判断する例があり*61，妥当であるが，同時に，高年法の趣旨を重視するあまり，過度に厳格に判断する必要もない。要するに，継続雇用制度下の雇止めについては，通常の雇止めと同様の判断方法によって判断すれば足りると考える*62。

また，継続雇用後の有期労働契約の更新時には，使用者が労働条件の不利益変更を伴う契約更新の申込みを行い，労働者がこれを拒絶して雇止めに至るケースも見られるが，こうした雇止めの適法性は，当該労働条件変更の必要性・相当性を含めて雇止めの合理的理由の有無が判断される*63【10-2】【10-3】。

> **【10-2】 グループ企業における継続雇用**　　前記のとおり（833頁），2012年改正法は，継続雇用制度の運用主体として，事業主の特殊関係事業主（グループ企

---

*61　トーホーサッシ事件・福岡地決平成23・7・13労判1031号5頁。エフプロダクト事件・京都地判平成22・11・26労判1022号35頁も参照。

*62　雇止めの否定例として，シンワ運輸東京事件・東京地判平成28・2・19労判1136号58頁（トラック運転手の雇止めを不適法と判断），千由食品事件・東京地判平成28・4・27ジャーナル52号23頁（店長職の雇止めを不適法と判断），北海道カトリック学園事件・札幌地判令和元・10・30労判1214号5頁（同僚に対するパワハラ行為を理由とする雇止めを不適法と判断），テヅカ事件・福岡地判令和2・3・19労判1230号87頁（人員整理目的の雇止めを不適法と判断），日の丸交通足立事件・東京地判令和2・5・22労判1228号54頁（タクシー運転手の車両接触事故を理由とする雇止めを不適法と判断）。雇止め肯定例として，キヤノン事件・東京地判令和5・6・28労経速2539号20頁（所定労働日の半数以上欠勤したことを理由とする雇止めを適法と判断）。定年到達後の65歳以降の雇止めの適法性も問題となるが，この場合は，直ちに雇用継続の期待利益が認められるわけではない（合理的期待利益の否定例として，前掲・日本郵便事件［*60］，前掲・学究社事件［*60］）。

*63　Y社事件（広島高判令和2・12・25労判1286号68頁）は，定年後暫定的な労働条件によって再雇用されてきた従業員の契約更新時に，賃金総額を引き下げる等の会社提案を従業員が受け入れなかったため雇止めされた事案につき，定年後再雇用時点で定年退職時の賃金を6割程度に引き下げているところ，本件提案はこれをさらに減額するものであり，従業員がこれを拒絶したことは雇止めの客観的合理的理由とはならないと述べ，不適法と判断している。

業）を認め，運用主体を拡大している。特殊関係事業主とは，当該事業主の経営を実質的に支配することが可能となる関係にある事業主その他の当該事業主と特殊の関係のある事業主として厚生労働省令で定める事業主（事業主の子法人，親法人，関連法人，親法人の子法人・関連法人）をいう（9条2項）。この制度を利用するためには，元事業主と特殊関係事業主との間で，継続雇用制度の対象となる高年齢者を特殊関係事業主で継続雇用することに関する契約を締結する必要がある。

特殊関係事業主における継続雇用制度の労働条件をどのように設定するかは労使自治に委ねられるが，「合理的な裁量の範囲」の労働条件を提示する必要がある。したがって，特殊関係事業主の継続雇用において，元事業主の労働条件より低い労働条件を提示し，または，元事業主の継続雇用における労働条件より低い労働条件を提示することは，それが「合理的な裁量の範囲」である限りは適法であり，労使合意が成立しない結果，継続雇用が実現しなくても，雇用確保措置義務違反とはならない（837頁参照）。高年齢者の継続雇用を自社（元事業主）で行うか，他社（特殊関係事業主）で行うかは，希望者全員を継続雇用制度の対象としている限り，事業主の判断に委ねられる[*64]。また，60歳に到達した高年齢者をいったん（たとえば2年）自社で継続雇用しつつ，その後3年間は特殊関係事業主で継続雇用するという制度も，65歳までの継続雇用を予定している限りは差し支えないと解される[*65]。

なお，定年後継続雇用労働者に対する無期契約転換制度（労基18条）の適用除外は，労働者が特殊関係事業主において継続雇用される場合にも適用されるが（専門的知識等を有する有期雇用労働者に関する特別措置法8条2項［前掲*40参照］），労働者が特殊関係事業主以外の企業で継続雇用される場合は，適用除外の対象とならず，無期契約転換制度が適用される。

【10-3】 **早期退職者優遇制度（選択定年制）** 早期退職者優遇制度は，「選択定年制」ともいい，所定の定年年齢より早期に退職する者について退職金支給率等の優遇措置を講ずることによって早期退職を奨励する制度である。高齢者の進路選択とキャリア形成の支援という性格とともに，高齢者の排出という雇用調整的性格も有している。

早期退職者優遇制度は，使用者による制度適用の承認（合意解約による退職）を要件とすることが多い。退職してほしくない労働者を選別して慰留することを趣旨としており，企業の承認（合意解約の承諾）がない限り，労働者は制度の適用を

[*64] 厚生労働省・前掲（*43）5—6参照。

[*65] 髙谷ほか・前掲書（*39）237頁参照。また，海外子会社など遠隔地にある法人を継続雇用先とすることも，直ちに雇用確保措置義務違反と評価されるわけではないが，法の趣旨を踏まえた合理的な裁量の範囲内にあることが求められる。そこでたとえば，海外勤務経験のない高年齢者に対して海外子会社における継続雇用を提示することは，合理的裁量の範囲を超えるものと評価される可能性がある。

受けられない結果となる。そこで，早期退職者優遇制度の適用除外事由に該当するなどして制度の適用を承認されなかった労働者が割増退職金の支給を請求する紛争が生じている。この点，裁判例は，①早期退職者優遇制度の通知を合意解約の申込みの誘引，②労働者による申出を合意解約の申込み，③会社による適用の承認を承諾として構成し，使用者による承認を適用の要件と解している[*66]。ただし，使用者が早期退職者優遇制度の適用除外事由を具体的に列挙している場合は，制度の恣意的な運用は許されないと解し，適用申請者に制度の適用を認めないことが信義に反する特段の事情がある場合は，使用者は信義則上，承認を拒否できないとして承認義務を肯定する裁判例もある[*67]。企業としては，制度の公正な運用に努める必要がある。

なお，早期退職者優遇制度の適用範囲や要件をどう定めるかも労使自治の問題であり，差別禁止規定や強行規定に違反しない限りは有効である[*68]。

第3節　解雇法制総論

1　解雇の自由とその制限

解雇とは，使用者が労働契約を将来に向けて一方的に解約することをいう。前記のとおり（820頁），民法627条1項は，期間の定めのない労働契約について「解約自由の原則」を規定しており，労働者側の「退職の自由」として，使

[*66] 前掲・ソニー事件（[*18]），日本オラクル事件・東京高判平成16・3・17労判873号90頁，富士通事件・東京地判平成17・10・3労判907号16頁，エーザイ事件・東京地判令和元・9・5労経速2404号27頁。

[*67] 前掲・ソニー事件（[*18]），前掲・富士通事件（[*66]）。ただし，ソニー事件は労働者の二重就職を理由に，富士通事件は競業他社への転職であることを理由に，結論としては承認義務を否定している。また，前掲・エーザイ事件（[*66]）は，会社が希望退職者優遇制度の決定・公表以前に従業員の退職届を受理し，その後同制度を決定・公表し，従業員による退職届の撤回に応じなかったことにつき，従業員について本件制度の除外要件が適用されることを知りながら本件退職届を受理したとは認められないとして不法行為の成立を否定している。

[*68] 日本板硝子事件（東京地判平成21・8・24労判991号18頁）は，会社が①退職金の割増率が高い早期退職者優遇制度の対象から②ネクストライフサポート制度（他社での活躍を求めて自分の意思で退職を決意した従業員に対する早期退職者優遇制度）への応募者を除外したことにつき，①は非自発的退職者に対する優遇制度であるから，自己都合退職者に対する退職金より会社都合退職者に対する退職金を優遇することが適法とされているのと同様，直ちに②の利用者に対する違法な差別ということはできないと判断している。

用者側の「解雇の自由」として現れる。これが解雇権の実定法上の根拠であり，使用者は，契約上の特段の根拠（約定）を要することなく，労働者を自由に解雇できる，というのが民法の帰結である。

実際には，「解雇の自由」が労働者に及ぼす不利益は，「退職の自由」が使用者に及ぼす不利益を凌駕するため，その法規制が重要な課題となる。すなわち，解雇が自由だとすると，使用者はほしいままに労働者を解雇できる反面，労働者は失業に追い込まれるとともに，自己の処遇や労働条件に不満を抱いたとしても，解雇を恐れて紛争を控えざるをえない。特に，日本の長期雇用制度の下では，解雇された労働者が再就職しても，賃金や退職金の面で不利に働くことが多いため，解雇規制の必要性が高い。また，解雇権は，使用者の一方的意思表示によって行使される権利（形成権）であり，労働契約終了の効果を容易に発生させる強力な権利であるため，この面からも解雇規制が課題となる。

このような解雇規制の必要性に応えて，世界各国では，解雇規制が様々な形で展開されてきた（たとえば，1982年のILO158号条約は，解雇に正当事由を求める規制を定めている）。日本の労働法における解雇規制は，解雇理由の制限（労基法ほか各種法令），解雇禁止期間の規制（労基19条），解雇予告制度（同20条），解雇理由の証明（同22条）および解雇権濫用規制（労契16条）に分かれる。以下，解雇規制の諸相を，解雇規制総論（本節），解雇権濫用規制の具体的内容（第4節），整理解雇（第5節）に分けて解説する[*69]。

2　法令による規制

労基法その他の法令は，解雇権濫用規制（2007年改正前労基18条の2，現行労契16条）以前から，①一定期間における解雇制限規定（労基19条），②解雇予告制度（同20条・21条）および③一定の理由に基づく解雇の禁止（差別的解雇［discriminatory dismissal］の禁止——労基3条，同38条の4第1項6号，同104

[*69] 解雇および解雇規制については，大内伸哉＝大竹文雄＝山川隆一編『解雇法制を考える〔増補版〕』（勁草書房・2004），注釈労基（上）318頁〔野田進〕，山川隆一「日本の解雇法制」大内＝大竹＝山川編・前掲書6頁以下，野川忍「解雇と被解雇者をめぐる法的問題」角田古稀『労働者人格権の研究（上）』（信山社・2011）435頁，中窪裕也「解雇の法的規制」解雇と退職の法務21頁，基コメ労基・労契422頁以下〔荒木尚志〕，大内伸哉『解雇改革——日本型雇用の未来を考える』（中央経済社・2013），白石哲「労働契約上の地位確認訴訟の運営」労働関係訴訟II 739頁，注釈労基・労契(2) 496頁〔山下昇〕が基本文献である。概観として，高橋賢司「解雇の規制」講座再生(2) 289頁，根本到「解雇権濫用法理」争点75頁。

条2項, 雇均6条4号, 同9条2項・3項, 同17条2項・18条2項, 育介10条・16条, 短時労9条, 公益通報3条, 個別労紛4条3項, 労組7条1号［不当労働行為としての解雇。本書では扱わない］等）を定めている（③の詳細は, 各箇所を参照されたい）。

(1) 解雇の時期的制限——解雇制限期間（労基19条）

(ｱ) 意　義　　使用者は, 労働者が業務上の負傷・疾病による療養のため休業する期間およびその後の30日間は, その労働者を解雇してはならない。また, 産前産後休業の期間およびその後の30日間も, 解雇が禁止される（労基19条1項）。これらの期間は再就職が困難であるため, 解雇を禁止し, 労働者が休業に専念できるようにするための規定である[*70]。解雇制限期間中の解雇は, 他に解雇事由がある場合も, 19条違反のみを理由として無効となる（罰則の適用もある。労基119条1号）。ただし, 本条が禁止するのは, 解雇禁止期間内に効力を発する解雇の意思表示であり, 禁止期間後に効力を発生する解雇を期間中に予告することは許される[*71]。

労基法19条にいう「療養」は,「業務上の疾病」に基づくものであることを要し, 業務外疾病に起因するものを含まない。「業務上」の意義については議論があるが, 裁判例は, これを労基法上の労災補償制度における「業務上」と同義と解し, 労働者のうつ病が業務に内在する危険が現実化して発症したと認められるケースにおいて, 使用者が当該うつ病を契機とする休職期間の満了を理由に行った解雇を19条1項により無効と判断している[*72][*73]。一方, 業務上

[*70] アールインベストメントアンドデザイン事件・東京高判平成22・9・16判タ1347号153頁, 東芝事件・東京高判平成23・2・23労判1022号5頁参照。

[*71] 菅野＝山川741頁, 荒木336頁, 基コメ労基・労契69頁［石﨑由希子］。裁判例として, 東洋特殊土木事件・水戸地龍ケ崎支判昭和55・1・18労民31巻1号14頁, 栄大事件・大阪地決平成4・6・1労判623号63頁, 日本マイクロソフト事件・東京地判平成29・12・15労判1182号54頁。

[*72] 前掲・東芝事件（＊70）。同旨, ゴールドチル事件・名古屋高決平成29・1・11労判1156号18頁, 武相学園事件・東京高判平成29・5・17労判1181号54頁, せとうち周桑バス事件・高松高判令和4・8・10ジャーナル129号26頁。ライフ事件（大阪地判平成23・5・25労判1045号53頁）は, 業務に起因する疾患に基づく休職終了後の退職扱いについて, 労基法19条を類推適用して無効と判断している。同旨, 足立通信工業事件・東京地判令和4・12・2ジャーナル134号30頁, 前掲・しのぶ福祉会事件（＊2）。

[*73] 逆に, 労基法19条の「業務上の疾病」該当性（業務起因性）を否定し, 同条の適用を否定した裁判例として, ケー・アイ・エス事件・東京高判平成28・11・30労経速2310号3頁, グローバルコミュニケーションズ事件・東京地判令和元・9・26ジャーナル95号36頁, 幻冬舎メディアコンサルティング事件・東京地判令和元・11・27ジャーナル97号28頁, 中央自

傷病が完全に回復しないまま固定（治癒）した後の解雇が19条の解雇制限の対象となるか否かについては，通説・裁判例は，本条は症状回復までの再就職の困難さを考慮して解雇を禁止する趣旨であるから，症状固定によって改善の見込みがなくなり，再就職の困難さが固定された場合は，解雇を禁止する理由も失われるとして本条の適用を否定している[*74]。

(イ) **適用除外**　解雇禁止期間の規制は，①業務上傷病による療養について，使用者が労基法75条に基づく療養補償を受ける労働者に対して打切補償（労基81条）を行った場合と，②天災事変その他やむを得ない事由のために事業の継続が不可能となった場合は適用されない（同19条1項但書）。①の打切補償に基づく解雇については，別途，解雇権濫用規制（労契16条）の審査が及ぶ[*75]。②の解雇については，行政官庁（労働基準監督署長）の除外認定を受ける必要があるが（同19条2項），除外認定を受けないまま行った解雇も，行政官庁の認定は行政手続にすぎないことから，私法上は有効と解されている。

①について問題となるのは，使用者が労基法上の療養補償ではなく，労災保険法上の療養補償給付（12条の8第1項1号）を受ける労働者に打切補償を行った場合に，労基法19条1項但書の適用除外制度が適用されるか否かである。換言すれば，労災保険法上の療養補償給付の受給者も労基法81条の「第75条の規定によって補償を受ける労働者」に該当するか否かという問題である。

裁判例は，労基法81条が同法75条に基づく療養補償の受給者のみを対象とする一方，労災保険法上の療養補償給付の受給者を対象としていないとの文理解釈を基礎に，19条1項但書の趣旨は，療養が長期化した場合の使用者の労基法上の災害補償の負担を軽減することにある等として，19条1項但書適用否定説を採用した[*76]。これに対して学説上は，労災保険制度が労基法の労災補償制度を実効化するための使用者の強制加入保険システムとして同質性を有していることを重視して19条の適用を肯定すべきとの見解が提起されてい

　動車工業事件・大阪地判令和2・11・19ジャーナル108号16頁，FIME JAPAN事件・東京地判令和3・5・27ジャーナル115号36頁，等がある。

[*74]　菅野＝山川740頁。光洋運輸事件・名古屋地判平成元・7・28労判567号64頁，日本電信電話事件・東京地判平成8・10・30労判705号45頁，前掲・アールインベストメントアンドデザイン事件（[*70]）。

[*75]　裁判例（前掲・アールインベストメントアンドデザイン事件［*70］）は，解雇が打切補償の要件を満たす場合は，特段の事情がない限り合理的理由と社会通念上の相当性を肯定されると判断している。

[*76]　専修大学［控訴］事件・東京高判平成25・7・10労判1076号93頁。

た*77 ところ，最高裁は，学説と同様の観点から19条1項但書適用肯定説を採用し，上記裁判例を破棄差し戻した*78。すなわち，判旨は，労災保険制度と労災補償制度の沿革や関係を踏まえて，労災保険法上の保険給付につき，それらに対応する労基法上の災害補償に実質的に代わるものと位置づけた上，労基法上の使用者の災害補償義務は，これに代替する労災保険法上の保険給付が行われている場合は実質的に履行されているといえるため，19条1項但書の適用に際して，使用者の負担による災害補償とこれに代替する労災保険給付とで取扱いを異にすべきものとはいえないと判示し，労災保険法上の療養補償給付受給者も労基法81条所定の労働者に該当すると判断した。原判決は，19条1項但書の文理に基づく形式的判断を過度に重視した嫌いがあり，最高裁の判断は妥当と解される。

(2) 解雇の手続的規制——解雇予告制度（労基20条）

(ア) 意　義　　使用者は，労働者を解雇しようとする場合，少なくとも30日前にその予告をしなければならない。30日前に予告をしない場合は，30日分の平均賃金（解雇予告手当）を支払わなければならない（労基20条1項）。この予告日数は，平均賃金を支払った日数だけ短縮することができる（同条2項）。

民法627条1項によれば，使用者は2週間の予告によって労働契約を解約できるが，労基法20条は，労働者の再就職の便宜等を考慮して，この予告期間を30日に延長し，かつ，これを罰則付き（労基119条1号）で使用者に義務づけたものである。つまり解雇予告制度は，民法の規制を労働者保護のために修正した制度である*79。

---

*77　たとえば，北岡大介「打切補償の支払と労基法19条」季労242号（2013）189頁。

*78　専修大学［上告］事件・最判平成27・6・8民集69巻4号1047頁。本久洋一［判批］平成27年度重判解225頁参照。この最高裁判決を受けて，行政通達も同旨の内容に改められた（平成27・6・9基発0609第4号）。

*79　一方，民法627条2項・3項との関係では，2項は，期間によって報酬を定めた場合は，当期の前半に次期以降に対して解約の意思表示をすることを要すると規定し，3項は，6か月以上の期間により報酬を定めた場合は3か月前の解約申入れが可能である旨規定しているため，30日前の解雇予告を義務づける労基法20条との関係性が問題となるところ，学説は，労基法適用労働者については20条を優先的に適用し，民法627条の適用を排除する見解が有力であった。前記のとおり（821頁），2017年改正民法は，民法627条2項・3項の規律の対象を使用者による解約申入れ（解雇）に限定する改正を行ったため，労基法20条と民法627条2項・3項の適用関係は改正後も問題となるが，改正前と同様，20条優先適用説が有力である（山本編・前掲書［*3］93頁［山川］）。

解雇予告制度は，解雇（使用者による労働契約の一方的解約）を対象とする制度であるから，労働者による一方的退職や合意解約（820頁）には適用されない[*80]。また，解雇の予告は要式行為ではないが（文書でも口頭でもよい），解雇を帰結する以上，明確に行われる必要がある。解雇予告手当については，賃金支払の原則（労基24条）および消滅時効（同115条）が適用される[*81]。

(イ) 除外事由　解雇予告制度には例外があり，使用者は，次の二つの場合には労働者を即時に解雇することができる（労基20条1項但書）。この場合，使用者は事前に行政官庁（労働基準監督署長）の認定を受けなければならない（同条3項）。ただし，この除外認定も，即時解雇の私法上の有効要件ではない[*82]。

第1の例外は，「天災事変その他やむを得ない事由のために事業の継続が不可能となった場合」である。これは，不可抗力に基づく突発的な事由であって，社会通念上いかんともし難い状況をいい（火災・震災による事業場の消失など），使用者の故意・過失に基づく事故や，事業経営上の都合に基づく事業廃止を含まない（昭和63・3・14基発150号）。第2は，「労働者の責に帰すべき事由に基いて解雇する場合」である。労働者の義務違反や非違行為を理由とする解雇を意味するが，労働者の帰責事由に基づく解雇がすべて予告制度の除外事由に該当するわけではなく，労働者の非違行為が，解雇予告制度による保護を否定されてもやむをえないと認められるほど重大・悪質な場合に限られる（社長を長時間軟禁して暴力を加えたケースや，著しく悪質な経歴詐称のケース）[*83]。

[*80] このため，本条の適用をめぐって，労働契約の終了原因が解雇か，退職・合意解約かが争われることがある（アサヒ三教事件・東京地判平成6・6・30労判661号18頁，ベストFAM事件・東京地判平成26・1・17労判1092号98頁［解雇の意思表示を認定］，アイマージ事件・大阪地判平成20・11・14労経速2036号14頁［解雇の意思表示を否定］，PASS-I-ONE事件・東京地判令和4・4・22ジャーナル128号18頁［解雇の意思表示を認定］）。ナカムラ・マネージメントオフィス事件・大阪地判令和元・6・18ジャーナル92号30頁も参照。

[*81] HSBCサービシーズ事件・東京地判平成25・1・18労経速2168号26頁。

[*82] 上野労基署長事件・東京地判平成14・1・31労判825号88頁，豊中市不動産事業協同組合事件・大阪地判平成19・8・30労判957号65頁，旭運輸事件・大阪地判平成20・8・28労判975号21頁。

[*83] 前者の例は，洋書センター事件・東京高判昭和61・5・29労判489号89頁，後者の例は，環境サービス事件・東京地判平成6・3・30労判649号6頁。他の肯定例として，前掲・旭運輸事件（[*82]［悪質・継続的な職務懈怠］），nuts事件・東京地判平成23・12・13ジャーナル1号6頁（前代表取締役の違法行為への加担），前掲・豊中市不動産事業協同組合事件（[*82]［同僚への暴行］），A不動産事件・広島高判平成29・7・14労判1170号5頁（著しく不当な内部告発），解雇無効地位確認等請求事件・東京地判令和5・12・22ジャーナル149号60頁（使用者に対する脅迫）。否定例として，H会計事務所事件・東京地判平成22・6・30労判

なお，以上のケースで懲戒解雇を行う場合も，即時解雇の正当性は懲戒解雇より厳格に解釈されるため，なお解雇予告が必要とされることがある。

　(ウ)　**本条違反の解雇の効力**　　使用者が労基法20条に違反して解雇予告をせず，または予告手当を支払わずに解雇した場合，6か月以下の懲役または30万円以下の罰金に処せられる（労基119条1号）。問題は，本条違反の解雇の私法上の効力であるが，相対的無効説と選択権説が有力である[84]。相対的無効説は，予告義務違反の解雇は即時解雇としては無効であるが，「使用者が即時解雇を固執する趣旨でない限り，通知後……30日の期間を経過するか，または通知の後に同条所定の予告手当の支払をしたときは，そのいずれかのときから解雇の効力を生ずる」と説く見解であり，裁判例の立場である[85]。しかし，無効な即時解雇の通常解雇への転換を「即時解雇への固執」という使用者の主観的意思にかからしめるため，労働者の地位を不安定にするという難点がある。

　これに対して選択権説は，予告期間も置かず予告手当も支払われないまま解雇の通知がなされた場合は，労働者は解雇無効を主張するか，解雇は有効としつつ予告手当の支払を請求するかを相当期間内に選択できると説く。相対的無効説とは逆に，解雇の効力の有無を労働者に決定させようとする見解であり，解雇予告制度の趣旨に即した見解として妥当と解される【10-4】。

> 【10-4】　**有期労働契約等と解雇予告制度**　　解雇予告制度は，期間の定めのない労働契約のみならず，期間の定めのある労働契約を期間途中で解約する場合にも適用される。ただし，①日々雇い入れられる者，②2か月以内の期間を定めて使用される者，③季節的業務に4か月以内の期間を定めて使用される者，④試用期間中の者には適用されず，期間途中といえども即時解雇が許される（労基21条柱書本文）。これら臨時雇用労働者については，解雇予告制度を適用する必要性が乏しいためである。
>
> 　ただし，①の労働者が1か月を超えて引き続き使用される場合，②・③の労働者が所定の期間（それぞれ2か月・4か月）を超えて引き続き使用される場合，④の労働者が14日を超えて引き続き使用されるに至った場合は，臨時雇用が常用

　1013号37頁（使用者が就業規則上，解雇予告手当を支給しない場合を懲戒解雇に限定している場合の普通解雇事案）。注釈労基・労契(1) 286頁［皆川宏之］参照。

[84]　詳細は，菅野＝山川745頁以下，荒木339頁以下参照。

[85]　細谷服装事件・最判昭和35・3・11民集14巻3号403頁。最近では，トライコー事件・東京地判平成26・1・30労判1097号75頁，あんしん財団事件・東京地判令和4・11・22ジャーナル136号46頁等。

雇用化したものとして解雇予告制度が適用される（同条柱書但書）。なお、これら有期雇用労働者に対する予告制度の適用は、その労働契約が反復更新されている場合の期間途中の解雇に限られ、期間満了時の雇止め（更新拒絶）については、期間満了は「解雇」ではないことから適用が否定される（菅野＝山川746頁、下井213頁）。

3 労働協約・就業規則による規律

(ｱ) **就業規則上の解雇事由列挙の意義**　解雇理由（事由）は、労働協約・就業規則において定められるのが一般である。特に就業規則の場合、「解雇の事由」が絶対的必要記載事項とされる（労基89条3号）ため、解雇事由の就業規則への記載が義務づけられ、これが解雇規制として機能する。問題は、この就業規則上の解雇理由の列挙が限定列挙の意味をもつか、それとも例示列挙にすぎないかである。限定列挙説によれば、使用者は労働者の行動等が列挙事由に該当する場合にのみ解雇できるのに対し、例示列挙説によれば、列挙事由に該当しなくても、客観的に合理的な理由があれば解雇できることになる。学説・裁判例ともに分かれている*86。

理論的には、限定列挙説が適切である。例示列挙説は、解雇権濫用法理は解雇の自由（民627条1項）を基礎としてこれを制限する理論であるから、客観的に合理的な理由があれば、就業規則所定の事由がなくても解雇できると説く。しかし、解雇が本来自由であるとしても、それに制限を加えることは契約自由として許されると解されるところ、就業規則における解雇事由の列挙は、まさに解雇権の自己制限を意味し、解雇事由の限定列挙という効果をもたらすと考えるべきだからである。就業規則の側から見れば、その契約内容補充効（労契7条。220頁）によって労働契約内容である解雇権の存在を合理的範囲内に画定したということになる*87。こうして、就業規則に規定のない事由に基づく解

＊86　限定列挙説は、菅野＝山川767頁、野川380頁、大内207頁、伊良原恵吾「普通解雇と解雇権濫用法理」労働関係訴訟の実務314頁以下。例示列挙説は、荒木348頁以下、基コメ労基・労契429頁〔荒木〕、西谷457頁、類型別実務Ⅱ393頁、渡辺弘『労働関係訴訟Ⅰ〔改訂版〕』（青林書院・2021）20頁。限定列挙説に立つ裁判例として、寿建築研究所事件・東京高判昭和53・6・20労判309号50頁、茨木消費者クラブ事件・大阪地決平成5・3・22労判628号12頁。例示列挙説に立つ裁判例として、ナショナル・ウエストミンスター銀行〔第3次仮処分〕事件・東京地決平成12・1・21労判782号23頁。

＊87　前掲・H会計事務所事件（＊83）は、使用者が解雇予告手当の不支給を伴う解雇を懲戒解雇に限定した場合、就業規則の契約内容規律効によって労働契約内容が上記内容として形成

雇は，就業規則の適用を誤るとともに，解雇権の存在（発動要件）を欠くものとして無効となるものと解される。ただし，限定列挙説に立っても，就業規則には「その他前各号に掲げる事由に準ずる理由」といった包括条項が設けられるため，実際上は例示列挙説との大差はない[*88]。

これに対して，例示列挙説は，限定列挙説によれば，当該列挙事由に該当しない解雇についてはそもそも解雇権が存在しない結果となるところ，①労契法16条は「客観的に合理的な理由を欠」く解雇が権利濫用となると規定しており，客観的合理的理由を欠く場合もなお解雇権が存することを前提としているのであるから，解雇事由の列挙に解雇権自体の制限という意義を認めるのは行き過ぎであると批判するとともに，②解雇事由として当然列挙されるべき事由が記載されなかった場合も，解雇権の不存在ゆえに直ちに解雇無効の結論しか導きえず，妥当性を欠くと批判する[*89]。しかし，①については，労契法16条の趣旨がそうであるとしても，使用者が就業規則において解雇事由を列挙したことにより，当該労働契約において解雇権を行使できる場合を自ら制限したと意思解釈することは可能であるし，そのように解することが，「解雇の事由」を就業規則の絶対的必要記載事項（労基89条3号）とした2003年労基法改正の趣旨に合致すると考える（菅野＝山川767頁）。②については後述する。

また，例示列挙説は，③限定列挙説は労契法16条およびその前身を成す旧労基法18条の2に関する立法者意思と整合せず（立法時の意図は例示列挙説にあった），④裁判例の大勢とも整合しないと批判する[*90]。このうち③は傾聴すべきものがあるが，就業規則の解雇事由の意義に関する解釈に際して，立法者意思に全面的に拘束される必要はないと考える。一方，④には疑問がある。例示列挙説が同説を採用したと説く裁判例の多くは，労働者の能力不足や非違行為が就業規則の解雇事由に該当しないことを理由に客観的合理的理由および社会通念上の相当性を否定し，解雇権濫用と評価した判断であり，限定列挙説によっても説明可能な判断であって，例示列挙説の証左として位置づけることには疑問がある[*91]。

されたと判断しており，解雇権の範囲と就業規則の関係に関する判断として参考となる。
[*88] 大内207頁は，この種の包括解雇条項は解雇事由を特定していないことから，同条項に基づく解雇は認められないと説く。
[*89] 荒木349頁，基コメ労基・労契429頁［荒木］。②については，西谷457頁も同旨。
[*90] 荒木348頁，基コメ労基・労契428頁［荒木］。
[*91] たとえば，例示列挙説が掲げるある裁判例（サン石油事件・札幌高判平成18・5・11労判

これに対し，②の批判には傾聴すべき点がある。たとえば，客観的に見て解雇が当然に許容されるべきケース（同僚に対する悪質な暴行・ハラスメント行為を理由とする解雇）についても，限定列挙説によれば，当該行為を解雇事由とする就業規則規定（および前記包括条項）がない場合は解雇無効とされることとなるため，硬直的処理であることは否定できない。また，次に述べるとおり，就業規則が存在しない中小企業における解雇について解雇権を肯定しつつ，解雇権濫用規制の適用を肯定する処理とのバランスも論点となりうる。この点については，引き続き検討していきたい。

　なお，就業規則が存在しない中小企業（労基 89 条柱書参照。213 頁参照）における解雇については，就業規則に解雇事由規定が存在しない一方，解雇権の実定法上の根拠が民法 627 条 1 項に求められること（844 頁）から，それら企業も 627 条 1 項に基づき解雇権を有するが，当該解雇は労契法 16 条（解雇権濫用規制）の規律を受けることになる[*92]。

　(イ)　**労働協約上の解雇事由列挙の意義**　　労働協約において解雇事由が限定列挙されている場合は，「労働条件その他の労働者の待遇に関する基準」として規範的効力（労組 16 条）を認められ，それ以外の理由に基づく解雇は無効となる。これは，協約の規範的効力という独自の効力に基づく規制である（239 頁参照）。

---

938 号 68 頁）は，「就業規則において普通解雇事由が列挙されている場合，当該解雇事由に該当する事実がないのに解雇がなされたとすれば，その解雇は，特段の事情のない限り，客観的に合理的な理由を欠き，社会通念上相当であると認められないというべきであるから，権利を濫用したものとして，無効と解するのが相当である」と判示しているが，これは，同事件における解雇が就業規則の解雇事由該当性を欠くことから客観的合理的理由を欠くものとして解雇権濫用となるとの事理（859 頁）を判示したものであり，限定列挙説か例示列挙説かという問題とは次元の異なる判断である。仮に，上記判示が，「就業規則において普通解雇事由が列挙されている場合，当該列挙事由以外の解雇事由に基づいて解雇がなされたとすれば」，その解雇は，特段の事情のない限り，客観的合理的理由を欠き社会通念上相当と認められず，権利を濫用したものとして無効となるというものであれば，就業規則の列挙事由以外の解雇事由に基づく解雇についても解雇権の存在を認めつつ，解雇権濫用規制を適用するものとして，まさに例示列挙説を採用したものと評価できるが，同事件はそのような判断とは解されない。例示列挙説が掲げる裁判例（荒木 349 頁 [注 55]）のうち，後掲・セガ・エンタープライゼス事件（*115）以外の裁判例についても同じことがいえる。水町 1005 頁（注 43）も参照。

[*92]　裁判例として，Zemax Japan 事件・東京地判令和 3・7・8 ジャーナル 116 号 2 頁。解雇無効地位確認等請求事件・東京地判平成 30・2・2 ジャーナル 74 号 56 頁，根岸倶楽部事件・東京地判令和 5・2・20 ジャーナル 141 号 34 頁も参照。

4 解雇権濫用規制の内容

(1) 概　説

(ア)　日本では，判例が確立した解雇権濫用法理が解雇規制の中心を担ってきた。判例によれば，「使用者の解雇権の行使も，それが客観的に合理的な理由を欠き社会通念上相当として是認することができない場合には，権利の濫用として無効になる」（日本食塩製造事件）*93。もし，解雇理由の規制が法令や労働協約・就業規則にとどまるとすると，法令の規制は解雇の個別的理由の規制にとどまるため，解約自由の原則（民627条1項）に戻って，使用者は，労働者を自由に解雇できる（極端なケースでは，使用者が労働者を単に「気に入らない」という理由で解雇することもできる）ことになる。しかしこれでは，労使間の利益調整を著しく欠き，雇用社会の混乱や不安定をもたらしうる。そこで，多数の下級審裁判例の集積を経て確立されたのが解雇権濫用法理である*94。

　解雇権濫用法理は，「解雇は，客観的に合理的な理由および社会通念上の相当性を要する」という要件面の法理と，「この要件を欠く解雇は権利の濫用として無効となる」という効果面の法理（解雇無効の理論）から成る。このうち，解雇の要件はさらに，①就業規則上の解雇事由該当性の判断と，②それ以外の要素（労働者の情状・処分歴，他の労働者の処分との均衡，解雇手続等）の判断に分かれる。①が「解雇の合理的理由」に，②が「社会通念上の相当性」に相当する。

　「解雇の合理的理由」は，次の七つに大別できる。すなわち，ⓐ労働者の傷病や健康状態に基づく労働能力の喪失，ⓑ職務能力・成績・適格性の欠如，ⓒ欠勤，遅刻・早退，勤務態度不良等の職務懈怠，ⓓ経歴詐称，ⓔ業務命令違反，不正行為等の非違行為・服務規律違反，ⓕ経営上の必要性に基づく理由（整理

＊93　最判昭和50・4・25民集29巻4号456頁。

＊94　解雇の一般的規制としては，第2次大戦後当初は正当事由説（解雇には正当な事由を必要とする）が唱えられたが，実定法上の根拠を欠くことが難点として指摘され，解約自由の原則（民627条1項）を基本としつつ，私権の行使一般に適用される権利濫用法理（同1条3項）を用いる点でオーソドックスな構成である解雇権濫用法理が確立された。その背景としては，日本の長期雇用システムの下では，解雇が労働者に及ぼす不利益が特に大きいことや，雇用の安定を重視して行われてきた企業の経営行動（日本型コーポレート・ガバナンス）があると考えられる（土田道夫「日本的雇用慣行と労働契約」労働73号［1989］43頁，山川・前掲論文［＊69］16頁以下）。解雇規制の展開については，山川・上記論文を，学説の展開については，米津孝司「解雇権論」籾井常喜編『戦後労働法学説史』（旬報社・2002）657頁を参照。

解雇), ⑧ユニオン・ショップ協定に基づく労働組合の解雇要求（本書では扱わない）である。また「社会通念上の相当性」については,「普通解雇事由がある場合においても, 使用者は常に解雇しうるものではなく, 当該具体的な事情のもとにおいて, 解雇に処することが著しく不合理であり, 社会通念上相当なものとして是認することができないときには, 当該解雇の意思表示は, 解雇権の濫用として無効になる」と判断されている（高知放送事件）[*95]。これは, 解雇が就業規則上の解雇事由に該当すること（解雇の合理的理由があること）を前提に, 上記②に基づく解雇権濫用の判断を示したものである。

　(イ)　一般的に見て, 解雇の合理性ないし解雇権濫用に関する裁判例の態度はかなり厳格であり, 解雇を容易には認めない。その典型例が, 前掲・高知放送事件（[*95]）である。これは, 宿直勤務のアナウンサーが寝過ごしてニュース放送に穴をあける事故を2週間のうちに2度起こして解雇されたケースであるが（上記ⓒの類型）, 最高裁は, (i)就業規則の解雇事由（「前各号に準ずる程度のやむをえない事由があるとき」）への該当性を認めながらも, (ii)本人の悪意・故意によるものではないこと, (iii)本人が謝罪していること, (iv)ともに宿直した記者も寝過ごしており, 第2事故の記者は譴責処分を受けたにすぎないこと, (v)本人に事故歴がなく, 勤務成績も悪くないこと, (vi)会社では従来, 放送事故による解雇の事例がないこと, (vii)放送の空白時間が長くないこと, (viii)会社が放送事故への対応策を講じていなかったこと等から解雇権濫用と判断している。解雇権濫用法理の適用に際して,「解雇が過酷に失しないかを被解雇者に有利なあらゆる事情を考慮して判断」したものである（菅野〔5版〕444頁）。

(2)　解雇権濫用規制の立法化

　上記のとおり, 解雇権濫用法理は, 解雇を正当化する十分な理由を備えない解雇を権利濫用として無効とする理論であり, 権利行使に対する例外的規制という権利濫用法理の本来の性格を脱して, 解雇権の内在的制約をもたらす法理に発展した。それは, 日本の労働法のいわば心臓部に位置し, 企業行動や雇用システムに大きな影響を及ぼしてきたのである。
　しかし, 解雇権濫用法理は判例法理にとどまり, 制定法主義をとる日本では, 社会への浸透力が弱く, 実効性が高くないため, その立法化が課題とされてき

[*95]　最判昭和52・1・31労判268号17頁。

た。一方，1990年代以降の経済構造の変化の中で，日本の解雇権濫用法理は厳格に過ぎ，企業経営の桎梏となっているとの批判（規制緩和論）が提起され，解雇権濫用法理を立法化することの当否およびその内容に関する多様な議論が行われた。その結果，解雇権濫用法理は2003年の労基法改正において立法化され（労基18条の2），2007年の労契法制定によって同法16条に移行した。すなわち，「解雇は，客観的に合理的な理由を欠き，社会通念上相当であると認められない場合は，その権利を濫用したものとして，無効とする」。こうして，判例法としての解雇権濫用法理は，実定法としての解雇権濫用規制として労働契約法の中枢に確立されることになった。労働法・労働契約法における「法の支配」の具現化（5頁）を象徴する立法である。

解雇権濫用の立証責任の面では，権利の濫用という規範的要件の立証責任は，その評価根拠事実（解雇権濫用という評価を根拠づける事実）については，権利の濫用を主張する労働者側が負い，評価障害事実（解雇権濫用という評価を妨げる事実）については使用者側が主張立証責任を負うが，解雇権濫用の成立範囲の広さに鑑み，評価根拠事実の主張立証としては，労働者の平素の勤務状況が通常のものであったことで足りるのに対し，そうした労働者に対する解雇が合理的理由に基づくものであることを根拠づける事実については，評価障害事実として使用者側が主張立証責任を負うものと解されている[*96]【10-5】【10-6】。

【10-5】　**解雇権濫用規制の法的評価**　解雇権濫用法理および解雇法制に関する議論を踏まえて，解雇権濫用規制の正当性についてコメントしておこう[*97]。

（1）　**解雇権濫用規制の正当性**　まず，解雇権濫用法理の経済合理性という観点からは，規制緩和論の立場から，次のような主張が展開された。いわく，①解雇権濫用法理は硬直的で厳しすぎ，企業経営への過剰介入となる，②企業はいったん採用すると解雇できないため，新規採用を手控え，かえって雇用創出を抑制する，③長期雇用保障システムには経済合理性があるとしても，企業が合理的に行動すればそれを選択するはずであり，法がそれを強制すること（解雇権濫用

[*96]　山川・紛争処理法207頁以下。「施行通達」も同旨。詳細は1169頁参照。

[*97]　私見の詳細は，土田道夫「解雇権濫用法理の正当性──『解雇には合理的理由が必要』に合理的理由はあるか？」大内＝大竹＝山川編・前掲書（[*69]）100頁以下参照。土田道夫＝石田信平「解雇規制をめぐる効率と公正」季刊・労働者の権利270号（2007）10頁も参照。私見のうち，継続的契約における継続性原理および柔軟性原理による正当化に関しては，内田説から示唆を得ている（内田貴『契約の時代』[岩波書店・2000] 89頁以下，同「雇用をめぐる法と政策」大内＝大竹＝山川編・前掲書［[*69]］201頁参照）。野川165頁も参照。

法理)に経済合理性はない,と。

　しかし,まず①・②については,解雇規制が雇用創出を抑制するという前提を実証するデータはないし,後述するように,解雇権濫用法理は,個々のケースに即した柔軟な判断を許容する構造を備えており,必ずしも硬直的とはいえない。また③については,解雇規制は労働者の利益となるだけではなく,企業の短絡的な解雇を防止することで,労働者が安心して長期間働き,長期的な能力開発や企業へのロイヤリティを発揮することを促す機能を営むのであり,企業・社会全体の利益ともなる。企業がこのような長期雇用保障のメリットを認識しているとしても,なお短期的な利益を重視して解雇を濫発する行動(機会主義的行動)に出る可能性がある以上,そうした行動を抑制するための法的装置として解雇規制を認めることには十分な経済合理性が認められる。

　次に,法的に考えると,労働契約を含む継続的契約は,長期的取引市場の法的表現であり,そこでは,契約の継続性に対する当事者の合理的期待を尊重しつつ,当事者間交渉によって契約内容を柔軟に調整することが要請される(10頁)。したがって,労働契約においては,雇用保障の理念が特に重要な意義を有しており,解雇が許されるのは,雇用継続を期待できない事情がある場合に限定すべきである(「最後の手段の原則」)。その代わり,労働条件(契約内容)の変更については,就業規則による柔軟な変更を認める必要がある(752頁)。また,労働契約の特質を成す労使の交渉力・情報格差の下では,多くの労働者は,解雇を恐れて企業と交渉することは困難であるのが実情であり,こうした状況を是正して労使間の対等交渉を確立するためには,効果的な解雇規制が不可欠となる。この意味で,解雇権濫用規制は,労働条件の対等交渉をサポートする規範(労働契約の適正な運営を促進する規制)を意味し,労働条件対等決定の原則(労基2条1項)・合意原則(労契3条1項)に由来する規範ということができる*98。

　(2)　**解雇法制の評価**　　以上のように考えると,解雇法制の整備も有意義である。解雇権濫用法理(判例法理)の下では,解雇規制に関する裁判官の価値判断によって解雇の判断が左右されるため,行為規範としての機能が弱く,事前の予測可能性を欠く場合が多い。これに対し,解雇法理を立法化すれば,こうした弊害を是正し,解雇制限ルールを明確に発信することができる。それは,労働者のメリットとなるだけでなく,解雇権の許容範囲を明確化し,企業の労働法コンプライアンスと法的リスク管理を容易にする点で企業のメリットとなり,また解

---

*98　解雇権濫用規制の法的正当化をめぐる議論としては,本文の私見のほか,多様な見解が説かれている。詳細は,根本到「解雇制限法理の法的正当性(上)」労旬1540号(2002)36頁,米津孝史「解雇法理に関する基礎的考察」西谷＝根本編263頁以下参照。このうち,米津論文265頁は,解雇制限の規範的根拠を「憲法的保障(13条)を享受する私的自治の制度化としての契約法理,そして契約法理のコアをなす合意原則の実質的保障」に求めており,私見との一定の共通性を有している。

雇紛争を防止して雇用の安定をもたらし、雇用社会の安定をもたらす点で社会全体のメリットともなる。もっとも、解雇権濫用規制が適切に機能するためには、いくつかの条件を組み込む必要がある[99][100]。

第1に、解雇権濫用規制は基本的法規範として支持すべきであるが、その解釈適用に際しては、企業の営業の自由（憲22条）や財産権（同29条）との調和を要請されるのであり、企業に不可能を強いるような硬直的規制と解釈されてはならない（本書では「期待可能性の原則」と呼ぶ）。また、雇用の流動化・多様化に伴い、中途採用社員やジョブ型社員・勤務地限定社員といった新たな労働者が登場しているが、これら労働者の雇用保障のルールとしては、契約の趣旨に鑑み、解雇規制が限定されたルールを考えるべきである。

第2に、解雇権濫用規制は、判例法理を継承し、一般条項として法制化されたが、これは、柔軟な規制を可能とする反面、規範の不明確性（当事者の事前予測の困難性）という難点を内在するため、解雇権濫用規制の内容（特に要件）を具体的に定めた規定を指針（ガイドライン）等に設け、規律の内容を具体化・透明化すべきであろう[101]。その際には、本書で述べる「最後の手段の原則」と「期待可能性の原則」を基本に考えることが適切である。

第3に、解雇権濫用規制の効果についても工夫する必要がある。解雇権濫用規制の原則的効果は解雇権濫用法理と同様、解雇の無効とされているが（労契16条）、

---

[99] 解雇権濫用規制（2007年改正前労基18条の2）は、解雇権濫用法理を模して立法化されたが、政府が当初、国会に提出した法案には、民法627条1項を確認する趣旨で、解雇自由の原則が本則として規定され（「使用者は、この法律又は他の法律の規定によりその使用する労働者の解雇に関する権利が制限されている場合を除き、労働者を解雇することができる」）、解雇権濫用規制は但書として規定されていた。しかし、国会審議の過程でこの本則が削除され、解雇規制の方が本則として立法化された。この結果、解雇法制は、民法627条1項の解雇自由の原則を前提とする点は異ならないものの、実質的には、同原則を基本的に修正し、正当事由説に接近する立法となったものと評価することができる。同旨、伊良原・前掲論文（[86]）310頁。

[100] 大内・前掲書（[69]）175頁以下は、解雇権濫用規制の不明確性を基本問題として指摘した上、解雇法制の抜本的な改革方策として、①法令上は、解雇ルールの抽象的基準を列挙し、それを具体化する作業は各企業に委ね、企業が就業規則に解雇理由を列挙した場合は限定列挙（851頁）と解する、②国が解雇基準のガイドラインを定める（本文参照）、③裁判所は、企業の就業規則上の解雇ルールが上記ガイドラインに適合的かどうか、実際に行われた解雇が当該解雇ルールに即したものかを審査する一方、それを満たしていれば解雇を有効と判断する、との構想を提示する。特に③は、企業がガイドラインに沿って策定した就業規則上の解雇基準への適合性のみを司法審査の対象とし、それ以上の実体的審査（解雇の合理的理由の審査）を排斥する点で、解雇権濫用規制の透明化に資する提案であり、傾聴に値する。もっとも、③の大胆な規制緩和の提案がどこまで社会的コンセンサスを得られるかは未知数であるし、解雇に関する企業の短期的・機会主義的行動（857頁）に対して楽観的に過ぎるように思われる。

[101] 土田・前掲論文（[97]）120頁、山川・前掲論文（[69]）27頁、大内・前掲書（[69]）177頁。

これに対しては，不当な解雇を無効としつつも，一定の要件の下で経済的補償（金銭救済）を認める政策が議論されている。この点については，解雇の効果の箇所（898頁）で改めて検討する。

【10-6】 **解雇要件の構造**　判例（前掲・高知放送事件［＊95］）が解雇権濫用の判断に関して考慮した要素（855頁の(i)〜(viii)）を整理すると，①解雇事由該当性（(i)），②労働者の行為態様・意図（(ii)），③使用者に与えた損害（(vii)），④本人の情状（(iii)・(v)），⑤他の労働者の処分・過去の処分例との均衡（(iv)・(vi)），⑥使用者側の対応（(viii)）に整理できる。そして判例は，これら要素を一括して解雇権濫用の要素に位置づけ，並列的に考慮している。この結果，解雇権濫用という枠組みの中にあらゆる規範が包摂され，解雇の判断要素が不明確となり，予測可能性を欠く状況となっていることは否定できない。この問題点は，労契法に明文化された解雇権濫用規制（16条）にも妥当する。

思うに，解雇権の発生根拠は，民法627条1項に求められる（844頁）。その上で，解雇が就業規則に基づいて行われた場合は，解雇権濫用の判断は，就業規則の解雇事由該当性の判断と，解雇の相当性の判断に分けて考えるべきであろう。そして，前者の判断を「解雇の客観的合理的理由」として解雇権自体の発動要件に位置づけ，後者の判断を「社会通念上の相当性」として解雇権の行使要件（狭義の解雇権濫用）に位置づけるべきである（二元説）[*102]。

まず，解雇事由該当性については，使用者が就業規則に解雇事由を列挙した以上，自ら解雇権を制限したものと解すべきであるから（労契7条），解雇の有効性については，そもそも当該労働契約において解雇権を発動できるか否かを第1に審査すべきである（上記①）。これが「解雇の客観的合理的理由」の探求であり，その準則となるのが「最後の手段の原則」と「期待可能性の原則」である。その上で，解雇の合理的理由（解雇事由該当性）が肯定された場合も，解雇権の行使（発動）が労働者に酷に失しないかを上記②〜⑥（加えて解雇手続）に即して検討すべきである。これが「社会通念上の相当性」（狭義の解雇権濫用）であり，解雇の有効性を基礎づける第2の要件（行使要件）となる。このような2段階審査（二元説）によって，解雇権濫用規制の規範内容を明確化することが適切である。

なお，以上のとおり，解雇の客観的合理的理由の判断を，解雇権の存在（発動

[*102] 同旨，伊良原・前掲論文（＊86）314頁，白石・前掲論文（＊69）741頁。第1要件について，客観的な意思類型的見地から見た解雇事由の有無の判断であるのに対し，第2要件は，第1要件を充足していることを前提に，当該解雇の個別事情を踏まえた解雇の社会的相当性を問題とする判断であり，両者は性質を異にすると説く。基コメ労基・労契424頁［荒木］も，「解雇の客観的合理的理由」と「社会通念上の相当性」を区分した上，双方が解雇の要件となると説く。水町1007頁も参照。この判断枠組み（二元説）を明示する近年の裁判例として，D学園事件・東京高判平成29・10・18労判1176号18頁，株式会社Y事件・東京高判令和4・9・6判時2570号87頁がある。

要件）自体を確定する判断と解する点において，私見は正当事由説（前掲＊94）に接近する。解雇権濫用法理は本来，解雇の自由を前提に，その行使段階での規制を主眼とする理論であるのに対し，正当事由説は，解雇権それ自体の発動要件として合理的理由（正当事由）を求める見解だからである。問題は，このような構成と権利濫用論（権利の存在を前提とする行使規制）との整合性であるが，解雇権濫用規制が解雇の自由（解雇権）を前提とするものであるとしても，その役割が権利それ自体の範囲（内容）を確定するものと解することに問題はないと考える＊103。また，私見の基礎を成すのは，就業規則上の解雇事由列挙の意義に関する限定列挙説であるが，同説が権利濫用論を前提に立法化された労契法16条の規律と矛盾するものではないことも前述したとおりである（851頁以下）。

第4節　解雇権濫用規制の具体的内容——要件・効果

1 解雇の要件——解雇の合理的理由

(1) 概　説

　解雇権濫用規制（労契16条）によれば，解雇は，①客観的に合理的な理由を有し，②社会通念上相当として是認されることを要する。まず，いかなる場合に解雇の合理的理由が認められるか（解雇事由該当性の有無）について，類型ごとに解説しよう（経歴詐称については懲戒の解説に譲る。635頁）。

　一般的には，解雇の合理的理由は，労働者にその帰責事由に基づく債務不履行（労働義務違反・付随義務違反）があり，かつ，それが労働契約の継続を期待し難い程度に達している場合に肯定される。すなわち，解雇が正当とされるためには，単に労働者の債務不履行の事実が存在するだけでは足りず，その事実が雇用（労働契約）を終了させてもやむをえないと認められる程度に達していることを要するのである。そして，この合理的理由の存否が就業規則の解雇事由該当性の存否として探究される。これを「最後の手段の原則」（ultima-ratio-Grundsatz）と呼び，以下の3点に具体化される。

　① 労働者の解雇事由が重大で労働契約の履行に支障を生じさせ，または反復・継続的で是正の余地に乏しいこと。

＊103　本久洋一「解雇制限の規範的根拠」労働99号（2002）19頁参照。

② 使用者が事前の注意・警告・指導等によって是正に努めていること。
③ 使用者が職種転換・配転・出向・休職・懲戒処分等の軽度の措置によって解雇回避の努力をしていること。②③を解雇回避努力義務ともいう。
他方，
④ 労働者の能力・適性，職務内容，企業規模その他の事情を勘案して，使用者に解雇回避措置を期待することが客観的に見て困難な場合は，解雇は正当とされうる。これを「期待可能性の原則」と呼ぶ。すなわち使用者は，客観的に期待可能な範囲で解雇回避努力義務を負うのである[*104]。

(2) 傷病・健康状態[*105]

労働者の傷病・健康状態の悪化によって労働能力が低下することは，解雇事由の一つとなる。就業規則では，「身体・精神の障害により業務に堪えられないとき」等と定められることが多い。しかし，傷病や健康状態の悪化が直ちに解雇事由となるわけではなく，傷病等が債務の本旨に従った労働義務の履行を期待できない程度に重大なものであることを要する（最後の手段の原則）。

まず，傷病に伴う業務従事の可否を慎重に判断する必要がある。ここにいう「業務」は，第1には労働者が現に就労している業務を意味し，その業務への就労適格性が真にないか否かが慎重に判断される[*106]。また，現在の業務への就労が困難としても，労働契約上就労可能な軽易業務が存在すれば，使用者はその業務提供によって解雇を回避するよう努力する義務を負い，それをしないまま行った解雇は合理的理由を否定される（最後の手段の原則）[*107]。一方，この

[*104] 土田290頁，土田・前掲論文（[*97]）93頁参照。「最後の手段の原則」が整理解雇のみならず，普通解雇にも適用されることを説得的に説く見解として，根本到「解雇事由の類型化と解雇権濫用の判断基準」労働99号（2002）58頁以下参照。米津・前掲論文（[*98]）274頁以下の詳細な理論的考察も参照されたい。

[*105] 畑井清隆「障害・病気の解雇」解雇と退職の法務210頁参照。

[*106] 前掲・サン石油事件（[*91]）は，視力障害者につき，重機運転手としての不適格性（解雇事由該当性）を否定し，東京キタイチ事件（札幌高判令和2・4・15労判1226号5頁）は，業務中負傷した生産加工員につき，従業員が解雇時点において製造部における作業に耐えられなかったとは認められないとして解雇事由（「精神又は身体の障害により業務に耐えられないと認められたとき」）該当性を否定している。このほか，太平洋ディエムサービス事件・大阪地判令和2・3・27労判1238号93頁（睡眠時無呼吸症候群に起因する業務中の居眠り），水産業協同組合A事件・水戸地判令和6・4・26労経速2556号3頁（会社に帰責事由のある抑うつ状態）。

[*107] 日放サービス事件・東京地判昭和45・2・16判タ247号251頁。また，休職期間中に業

解雇回避努力義務も期待可能性の原則によって制限されることがある。たとえば，使用者が十分な配慮を行っても就労が困難な場合の解雇[*108]や，職種を特定して雇用したために他の業務を提供することが契約上期待困難な場合[*109]は解雇事由該当性を肯定され，解雇有効とされる。

次に，多くの企業では，労働者の業務外傷病について傷病休職制度を設けている。これは私傷病による解雇の猶予を趣旨とする（598頁）ため，事前の休職措置による解雇回避努力が最後の手段の原則によって要請され，休職措置を講じないまま直ちに解雇の挙に出ることは原則として許されない[*110]。もっとも，ここでも期待可能性の原則の適用があり，休職の事前に，休職を活用したとしても傷病が回復せず，就労が不可能であることが明らかな場合は，休職を経由しなかったとしても解雇権濫用とはならない[*111]。

務に変動が生じ，労働者が適格性を欠くに至った場合も，能力開発機会の提供等によって雇用継続に努めることが要請され，それを尽くさないまま行った解雇は無効となる（全日本空輸［退職強要］事件・大阪高判平成13・3・14労判809号61頁）。さらに，障害者雇用促進法上の合理的配慮の規律（36条の3）にも留意する必要がある（124頁参照）。なお，軽易業務転換に伴う労働条件の不利益変更については，本人同意がある場合のほか，一方的変更の場合も，過度に不利益な場合を除いて合理性を肯定すべきであろう（労契10条）。

[*108] 東京電力事件（東京地判平成10・9・22労判752号31頁）は，使用者が身体虚弱者に対する軽作業提供という配慮を行った後の解雇を有効と判断し，カール・ハンセン＆サンジャパン事件（東京地判平成25・10・4労判1085号50頁）は，ギラン・バレー症候群に罹患した労働者の解雇につき，業務内容に照らして就労不可能であることに加え，会社が労働者の要望に応じて解雇時期を遅らせたことを考慮して有効と判断している。

[*109] 北海道龍谷学園事件（札幌高判平成11・7・9労判764号17頁）は，保健体育担当の高校教諭の解雇に際して，他の科目担当者としての雇用の継続を検討する必要はないと判断している。

[*110] 前掲・日放サービス事件（*107），K社事件・東京地判平成17・2・18労判892号80頁。なお，日本ヒューレット・パッカード事件（最判平成24・4・27労判1055号5頁）は懲戒事件であるが，休職を経ない諭旨解雇処分を無効と判断しており，普通解雇についても参考となる（637頁参照）。類型別実務Ⅱ471頁参照。一方，十分な休職措置を経て行われた解雇を有効と判断した例として，前掲・あんしん財団事件（*85）がある。

[*111] 岡田運送事件（東京地判平成14・4・24労判828号22頁）は，休職制度がある場合も，休職を命ずるまでの欠勤期間中解雇されない利益を従業員に保障したものとはいえないと述べた上，本文に述べた理由によって欠勤期間中の解雇を有効と判断している。また，休職期間中に傷病が治癒せず，または症状固定によって職務遂行に重大な支障が生ずる場合は，解雇事由該当性が肯定される（横浜市学校保健会事件・東京高判平成17・1・19労判890号58頁［ただし，改正障害者雇用促進法の下では疑問がある（126頁参照）］）。さらに，精神疾患罹患の可能性があり，問題行動を繰り返してきた従業員に対し，会社は精神科医への受診や通院加療等を命じるなど精神疾患可能性について相当の配慮をしていたにもかかわらず，従業員が継続的な通院を怠り，問題行動を繰り返している場合は，休職措置をとることなく行われた解雇も有効と判断され（ビックカメラ事件・東京地判令和元・8・1労経速2406号3頁，TO事件・

(3) 能力不足・成績不良・適格性の欠如*112

(ア) 労働者の能力不足・成績不良・適格性の欠如は，普通解雇の効力が問題となる典型例である。労働者は労働契約に基づき，賃金に見合った適正な労働を提供する義務を負うので，職務遂行能力・適格性の欠如・不足や勤務成績不良は労働義務の不完全履行とされ，解雇理由となりうる。就業規則では，「労働能率が劣り，向上の見込みがないこと」等と規定される。

しかし，ここでも「最後の手段の原則」が適用され，能力・適格性の欠如による解雇が正当とされるのは，それが労働契約の継続を期待し難いほど重大な程度に達している場合に限られる*113。すなわち，(i)問題となる能力不足や適格性の欠如については，当該労働契約において労働者に求められる職務遂行能力の内容・程度を検討の上，職務達成度が著しく低く，職務遂行上の支障または使用者の業務遂行上の支障を発生させるなど，雇用の継続を期待し難いほど重大な程度に達していることを要する（860頁の①）*114。また，この点が肯定

東京地判令和3・12・22ジャーナル124号62頁），就業規則上，休職労働者の状況に応じて試し出勤（リハビリ勤務）を不可とする規定がある場合は，使用者が試し出勤をさせずに再出勤を不可として解雇したとしても有効と判断される（三菱重工業事件・名古屋高判令和4・2・18労経速2479号13頁）。

*112 山下昇「労働者の適格性欠如と規律違反行為を理由とする解雇」解雇と退職の法務180頁以下，君和田伸仁「能力不足・成績不良を理由とする普通解雇」労働判例精選〔初版〕100頁，三浦隆志「能力不足・職務不適格を理由とする解雇」労働関係訴訟Ⅱ760頁，加茂義仁「能力不足・成績不良を理由とする普通解雇」労働判例精選124頁参照。

*113 エース損害保険事件・東京地決平成13・8・10労判820号74頁，ブルームバーグ・エル・ピー事件・東京高判平成25・4・24労判1074号75頁，エムティーアイ事件・東京地判平成30・1・19ジャーナル75号46頁，セント・ジュード・メディカル事件・東京地判平成30・2・26ジャーナル75号28頁，コーダ・ジャパン事件・東京高判平成31・3・14労判1218号49頁，アルパック販売事件・神戸地姫路支判平成31・3・18労判1211号81頁，みずほビジネスパートナー事件・東京地判令和2・9・16労判1238号56頁，前掲・Ｄ学園事件（*102)。

*114 松蔭学園事件・東京高判平成7・6・22労判685号66頁，前掲・昭和電線事件（*19），ジェイ・ウォルター・トンプソン・ジャパン事件・東京地判平成23・9・21労判1038号39頁，前掲・ブルームバーグ・エル・ピー事件（*113），磯野国際特許商標事務所事件・東京地判平成27・3・24［LEX/DB25540152］，日本アイ・ビー・エム[1]事件・東京地判平成28・3・28労経速2286号3頁，日本アイ・ビー・エム[2]事件・東京地判平成28・3・28労経速2287号3頁，日本アイ・ビー・エム[5]事件・東京地判平成29・9・14労判1183号54頁，前掲・セント・ジュード・メディカル事件（*113），三井倉庫ロジスティクス事件・大阪地判平成30・3・29ジャーナル76号42頁，ノキアソリューションズ＆ネットワークス事件・東京地判平成31・2・27ジャーナル90号54頁，前掲・ピーエーピースタジオトリア事件（*25），岡崎機械工業事件・大阪地判令和6・2・8ジャーナル146号32頁等は，いずれも解雇を無効と判断。他方，この観点からの解雇有効判断例として，海空運健康保険組合事件・東京高判平成

されても、(ii)本人の努力や指導・教育・研修によって能力改善の可能性があり、または、配転・降格・出向等によって当該労働者を活用する余地があれば、それら措置によって雇用を継続する努力（解雇回避措置）が求められる（861頁の②③）。「将来予測の原則」とも呼ばれ、「最後の手段の原則」の一環を形成する）。

　典型的裁判例として、解雇された年の人事考課が一貫して低い事実を認めながら、「労働能率が劣り、向上の見込みがないこと」との解雇事由に基づく解雇が許されるのは、著しく労働能率が劣り、向上の見込みがない場合に限られるところ、人事考課の低さだけではこれに該当せず、また、教育・指導や配置転換の措置を尽くしていないとして解雇権濫用を肯定し、解雇無効と判断した例がある[*115]。また、中途採用の通信社記者の能力（記事の配信能力）不足を理由とする解雇につき、労働契約上、一般に中途採用記者に求められる以上の特に高い能力の発揮が合意されていたか否かを検討し、採用時に格別の基準を設定した等の事情がないことから否定した上、会社が能力不足の原因を究明し、問題意識を共有した上で改善を図る等の具体的指導・改善策を講じていない一方、記者は、アクションプラン等において、会社の指導に応えて能力向上に取り組む姿勢を示している等として解雇権濫用と判断した例もある[*116]。裁判例

　　　27・4・16労判1122号40頁、コンチネンタル・オートモーティブ事件・東京高決平成28・7・7労判1151号60頁、前掲・解雇無効地位確認等請求事件（＊92）、ネクスト・イット事件・東京地判平成30・12・5ジャーナル86号50頁、NECソリューションイノベータ事件・東京地判平成29・2・22労判1163号77頁、パタゴニア・インターナショナル・インク事件・東京地判令和2・6・10ジャーナル105号52頁、PwCあらた有限責任監査法人事件・東京高判令和3・7・14労経速2461号3頁等がある。

[*115]　セガ・エンタープライゼス事件・東京地決平成11・10・15労判770号34頁。また、近年の前掲・日本アイ・ビー・エム[1]事件（＊114）および同[2]事件（＊114）は、会社の情報開発部門、研究部門、営業部門等で就労してきた複数の労働者に対する能力不足を理由とする解雇につき、能力不足や業務不適格の事実を認定しつつも、同人らの過去の勤務成績が悪くないこと、会社の指導に応えて一定の努力を行っていること、人事考課は相対評価であるため、低評価が続いたからといって解雇すべきほどの業績不良があるとは認められないこと、労働者らは長年勤続し、職種・勤務地の限定がない労働者として配置転換を受けてきたこと等の事情によれば、その適性に合った職種への転換や業務内容に見合った職位への降格、一定期間内に業績が改善しなかった場合の解雇の可能性を具体的に伝えた上での業績改善の機会の付与等の手段を講じることなく行われた解雇は、客観的合理的な理由を欠き、社会通念上相当とは認められないとして、解雇権の濫用と判断している。解雇の警告という新たな判断を含めて、「最後の手段の原則」を重視した典型例といいうる。

[*116]　前掲・ブルームバーグ・エル・ピー事件（＊113）。本判決については、君和田・前掲解説（＊112）105頁、車東昱［判批］ジュリ1481号（2015）92頁、加茂・前掲解説（＊112）124頁参照。同旨、前掲・日本アイ・ビー・エム[1]事件（＊114）、同[2]事件（＊114）、同

は,「最後の手段の原則」(「将来予測の原則」)を重視して解雇の合理的理由を慎重に判断し,解雇権濫用を肯定する傾向にあるといえよう*117。

(イ) これに対し,指導・教育や配転によってもなお能力・適性が向上せず,改善の余地がない場合は,労働契約の継続を期待することは困難となるため,

---

[5]事件(＊114),前掲・セント・ジュード・メディカル事件(＊113),前掲・ノキアソリューションズ＆ネットワークス事件(＊114)。

一方,本判決の判断枠組みによれば,労働契約上,労働者が平均より高い能力を発揮して就労することを明示的に合意した場合は,当該能力水準に達しない場合の解雇は合理的理由を認められやすくなると思われる。ただし,この場合も,指導・教育による能力向上の機会を付与し(869頁),上級専門職ジョブ型中途採用社員については,具体的指導・教育はともかく能力改善機会を付与すること(870頁)は必須の要件と解される(後掲＊125・＊128・＊130・＊130a 掲記の裁判例参照)。一方,公益財団法人神奈川フィルハーモニー管弦楽団事件(横浜地判平成27・11・26ジャーナル48号25頁)は,オーケストラ楽団員の「技能が著しく低下した時」を理由とする解雇につき,技能の低下を判断する基準となる技能水準の判断時点に関する当事者間合意や就業規則の規定は存在せず,また,使用者が主張する楽器演奏に係る高い技術の保持義務についても,これを労働契約上の義務と評価するためには,当事者間合意または就業規則の規定を要するところ,そうした合意や規定は認められない等として解雇を無効と判断し,アイドママーケティングコミュニケーション事件(東京地判平成30・9・27ジャーナル83号54頁)は,マーケティング事業開発・企画遂行従業員の能力不足解雇につき,従業員が新規事業の立上げについて一定期間内に一定の成果を上げる等の具体的な義務を負っていたとはいえないと判断して解雇無効と判断している。いずれも,前掲・ブルームバーグ・エル・ピー事件(＊113)に近い判断といいうる。

*117 前掲・エース損害保険事件(＊113),森下仁丹事件・大阪地判平成14・3・22労判832号76頁,前掲・昭和電線事件(＊19),セネック事件・東京地決平成23・2・21労判1030号72頁,クレディ・スイス証券事件・東京地判平成24・1・23労判1047号74頁,クラブメッド事件・東京地判平成24・3・27労判1055号85頁,前掲・ブルームバーグ・エル・ピー事件(＊113),前掲・ベストFAM事件(＊80),岡崎事務所事件・東京地判平成27・3・26ジャーナル41号73頁,ジェー・ピー・モルガン・チェース・バンク・ナショナル・アソシエーション事件・東京地判平成28・4・11ジャーナル53号53頁,コネクレーンズ事件・東京地判平成28・12・6ジャーナル60号68頁,前掲・三井倉庫ロジスティクス事件(＊114),前掲・日本アイ・ビー・エム[5]事件(＊114),前掲・ノキアソリューションズ＆ネットワークス事件(＊114),前掲・ピーエーピースタジオトリア事件(＊25),前掲・アルパック販売事件(＊113),前掲・アイドママーケティングコミュニケーション事件(＊116),前掲・コーダ・ジャパン事件(＊113),前掲・みずほビジネスパートナー事件(＊113),大阪市北区医師会事件・大阪地判令和2・9・10ジャーナル106号34頁,バークレイズ証券事件・東京地判令和3・12・13労経速2478号3頁,デンタルシステムズ事件・大阪地判令和4・1・28労判1272号72頁(コロナ禍における対面営業制限下での営業活動が困難であったことを考慮),伊藤忠商事事件・東京地判令和4・3・16ジャーナル128号34頁,前掲・あんしん財団事件(＊85)等。スミヨシ事件(大阪地判令和4・4・12労判1278号31頁)は,労働者の能力不足の事実を否定した上,他部署配転の可能性を検討するまでもなく解雇は客観的合理的理由を欠くと判断している(同旨,ネットスパイス事件・大阪地判令和5・8・24ジャーナル141号22頁)。「将来予測の原則」については,君和田・前掲解説(＊112)106頁,西谷459頁参照。

解雇は合理的理由を肯定される。たとえば，コンサルタント担当者の解雇につき，職務懈怠が明らかになる都度，注意・指導されながら改善が見られず，職務遂行能力を十分に有していなかったといえること，会社は，同人の能力不足・職務懈怠によって取引先から業務委託を打ち切られる等の事態に至ったこと等を理由に解雇を有効とした例（前掲・トライコー事件［＊85］）や，リーガルカウンセル（高度法務社員）の解雇につき，従業員はリーガルカウンセルとしての能力や適格性が不足するとともに他の従業員との協調性を欠き，いずれについても改善の可能性がなく，就業規則所定の解雇事由に該当するとして解雇の客観的合理的理由を肯定するとともに，従業員が上司による複数回の面談や書面による業務改善指導に真摯に向き合わなかったこと等の事情によれば，会社が解雇を選択したことについて社会通念上の相当性を欠くとはいえないとして有効と判断した例[118]がある[119]。

また，職種転換等による解雇回避努力措置は，合理的に期待可能な範囲で行えば足りるのであり（期待可能性の原則），職種を特定して雇用したために他の職種で活用する余地がない場合は，異職種配転を考慮する必要はないし，小規模企業で配転の余地がない場合も同様である[120]。さらに，配転・出向を検討

[118] 前掲・パタゴニア・インターナショナル・インク事件（＊114）。
[119] 同旨の裁判例として，リオ・テイント・ジンク事件・東京地決昭和58・12・14労判426号44頁，日水コン事件・東京地判平成15・12・22労判871号91頁，日本ストレージ・テクノロジー事件・東京地判平成18・3・14労経速1934号12頁，ロイヤルバンク・オブ・スコットランド・ピーエルシー事件・東京地判平成24・2・28ジャーナル3号8頁，日本ヒューレット・パッカード事件・東京高判平成25・3・21労判1073号5頁，富士ゼロックス事件・東京地判平成26・3・14労経速2211号3頁，前掲・海空運健康保険組合事件（＊114），モリソン・フォースター・アジア・サービス・LLP事件・東京地判平成27・7・22ジャーナル43号25頁，ポッカサッポロフード＆ビバレッジ事件・東京地判平成28・1・29ジャーナル49号13頁，新生銀行事件・東京地判平成28・1・29ジャーナル50号18頁，ドイツ証券事件・東京地判平成28・6・1ジャーナル54号39頁，前掲・NECソリューションイノベータ事件（＊114），前掲・コンチネンタル・オートモーティブ事件（＊114），前掲・日本マイクロソフト事件（＊71），前掲・D学園事件（＊102），アスリーエイチ事件・東京地判平成29・8・30ジャーナル71号29頁，前掲・解雇無効地位確認等請求事件（＊92），山梨大学事件・甲府地判令和2・2・25ジャーナル98号16頁，前掲・ネクスト・イット事件（＊114），前掲・パタゴニア・インターナショナル・インク事件（＊114），ビジネクスト事件・東京地判令和2・2・26労経速2421号31頁，前掲・PwCあらた有限責任監査法人事件（＊114），前掲・Zemax Japan事件（＊92），サザビーズジャパン事件・東京地判令和5・10・25ジャーナル147号32頁，日本生命保険事件・東京地判令和4・3・17ジャーナル127号40頁（ただし，営業職員の活動成果が就業規則所定の基準に達しない場合に労働契約が終了する旨の規定に基づく退職扱い事案［923頁以下参照］）。三浦・前掲論文（＊112）764頁以下参照。

したものの，本人の資質により受入先がない場合は，それ以上の雇用継続努力は求められない*121。

　(ｳ)　近年の傾向としては，能力不足を理由とする解雇の効力は，以前より広く肯定される傾向にある。これは成果主義人事の普及と関連しており，そこでは，ホワイトカラーの仕事が高度化し，高度な職務遂行能力・成果が求められる一方，人事考課によって労働者の能力・成果が客観的に把握され，能力不足の立証が容易となるためである。一方，そのことは，成果主義人事の下では，人事考課の公正さや能力開発機会の付与が解雇の当否を左右する重要な要素となることを示している（387頁）。裁判例でも，マネージャーとしての評価が一貫して平均以上でありながら，解雇直前の評価が低下していることにつき，労働者に対する人事考課の開示がなく，評価の客観性に疑問があることを理由に解雇無効と判断した例がある*122【10-7】。

> 【10-7】　**管理職・高度専門職・ジョブ型中途採用社員の解雇**＊123　　以上のように，能力不足を理由とする解雇には「最後の手段の原則」のチェックが働くが，この規律が妥当する典型例は，長期雇用制度下にあって広範な人事権に服する若手・中堅社員である（前掲・エース損害保険事件［＊113］，前掲・セガ・エンタープライゼス事件［＊115］，前掲・日本アイ・ビー・エム[1]事件［＊114］，同[2]事件［＊114］，同[5]事件［＊114］，前掲・ピーエーピースタジオトリア事件［＊25］，前掲・みずほビジネ

＊120　前者の例として，三井リース事業事件・東京地決平成6・11・10労経速1550号23頁，後者の例として，A病院事件・福井地判平成21・4・22労判985号23頁，キングスオート事件・東京地判平成27・10・9労経速2270号17頁，前掲・解雇無効地位確認等請求事件（＊92），インジェヴィティ・ジャパン合同会社事件・東京地判令和4・5・13労経速2507号14頁。また，前掲・PwCあらた有限責任監査法人事件（＊114）は，被解雇従業員がいったん企業内の女性に対するストーカー行為を理由とする諭旨免職処分を受けたため，女性職員が7割と多いバックオフィス棟の部署に異動させることが困難であったという事案につき，職種転換による解雇回避措置の必要性を否定し，メットライフ生命保険事件（大阪地判令和4・10・27ジャーナル132号47頁）は，営業職員の成績不良を理由とする解雇につき，他部署への配置転換によって給与が大幅に減額されることや，同人が配転を要望していなかったことを踏まえて解雇回避措置の必要性を否定している。

＊121　日本ベリサイン事件・東京高判平成24・3・26労判1065号74頁。勤務成績があまりに不良で，是正の可能性が客観的に認められない場合も同様に解される（テレビ朝日サービス事件・東京地判平成14・5・14労経速1819号7頁，前掲・日水コン事件［＊119］，日本基礎技術事件・大阪高判平成24・2・10労判1045号5頁［試用期間中の解雇。299頁以下参照］）。

＊122　PwCフィナンシャル・アドバイザリー・サービス事件・東京地判平成15・9・25労判863号19頁。

＊123　本項については，土田道夫「新型コロナ危機と労働法・雇用社会（2）」曹時73巻6号（2021）1056頁以下参照。

スパートナー事件［＊113］等）。これに対し，成果主義の下で成果の発揮を求められる管理職，高度な職務遂行能力を求められる専門職，職種・地位を特定して雇用される中途採用者（ジョブ型中途採用社員）については，解雇権濫用規制は緩和され，解雇の正当性が拡大する。

　(1)　**管理職・高度専門職**　　まず，管理職や高度専門職の場合は，その職責上，能力・成績不良は一般従業員以上に厳しく判定され，能力・資質を欠き，改善の見込みがない場合は解雇有効とされる。インスタレーション・スペシャリストとして採用され，1年半にわたって能力・適格性が平均に達していない労働者の解雇につき，同スペシャリストに求められる能力のレベルから見て，今後同人を雇用して能力を高める機会を与えたとしても，平均に達することを期待することは困難として解雇有効と判断した例が典型である[*124]。この場合も，事前の指導・注意や職種転換による雇用継続の努力が求められるが，これも労働者の地位・職責に即して合理的範囲内で行えば足りる[*125]。

　一方，いかに管理職・高度専門職といえども，「将来予測の原則」（865頁）によって能力・成績の改善が期待できる場合（前掲・クレディ・スイス証券事件［＊117］，前掲・ブルームバーグ・エル・ピー事件［＊113］等）や，販売成績等の成果が組織の活動や市場の動向に左右され，成績低下が労働者の能力不足のみに帰せしめられない場合の解雇は許されない。後者の例として，高額の賃金で中途採用されたクリエイティブ・ディレクターの能力不足を理由とする解雇につき，担当ブランドの販売不振は，商品の訴求する方向性とマーケットニーズとの不一致や他ブランドの新商品の発売等の影響もあったと述べ，必ずしも同人の責任とはいえないとして解雇無効と判断した例がある[*126]。

　(2)　**ジョブ型中途採用社員**　　(ｱ)　**一般のジョブ型中途採用社員**　　解雇権濫用規制が緩和されるもう一つの例は，雇用の流動化の下，地位や職種・職務内容を特定して中途採用される管理職・専門職労働者である。この種の労働者に

[*124] プラウドフットジャパン事件・東京地判平成12・4・26労判789号21頁。同種事例として，高額の年俸で雇用された企業の内部監査室長が内部統制システムの構築等の職責を遂行できず，その過程で経営陣・社員および委託先との信頼関係を著しく毀損したため，雇用を継続することが困難な事由が生じているとして解雇有効と判断した例がある（前掲・日本ベリサイン事件［＊121］）。

[*125] たとえば，病院の医師（臨床医）については，その職責上，同人が指導医等から患者とのコミュニケーションについて注意・指導を受けていなかったとしても，医師として自己研鑽に努め，自ら行動を規律すべきであったとされ，業務不適格を理由とする解雇が有効と判断されている（自警会東京警察病院事件・東京地判平成15・11・10労判870号72頁）。同旨，前掲・A病院事件（＊120），メルセデス・ベンツ・ファイナンス事件・東京地判平成26・12・9労経速2236号20頁，前掲・メットライフ生命保険事件（＊120）。

[*126] 前掲・ジェイ・ウォルター・トンプソン・ジャパン事件（＊114）。同旨，前掲・パークレイズ証券事件（＊117）。

ついても，一定の高度な能力の発揮を求められて雇用されることから，解雇事由該当性（能力不足・職務不適格性）に関しては，一般従業員としての適格性の有無ではなく，当該地位に要求される高度の能力・適格性を判断すれば足り，それが不十分であれば解雇事由該当性を肯定される。また，配転等の職種転換による解雇回避努力義務も後退し，原則として必要とされない。これは，労働契約において地位や職種が特定されることの帰結であり，ここから人事権（配転・降格命令権）が制約される反面，職種転換の努力義務も後退することになる。裁判例では，人事本部長という地位を特定して中途採用された管理職について，下位の役職への配転義務を否定して解雇有効とした例[*127]や，職務経歴を評価して品質管理部海外顧客担当の主事1級として中途採用した労働者の解雇につき，長期雇用の新卒者と異なり，他職種への転換教育や配転を検討する義務はないとして有効と判断した例がある[*128]。

とはいえ，ジョブ型中途採用社員といえども，中途採用者として社会通念上求められる能力を発揮して就労している場合は，特に高い能力を発揮することが合意されていない限り，解雇の合理的理由が直ちに肯定されるわけではない[*129]。また，配転等の解雇回避措置（861頁の③）の必要性は事案に応じて異なるが，事前の指導・教育（861頁の②）によってジョブ型社員の能力向上に努めることが必須となる。すなわち，ジョブ型中途採用社員の解雇については，適切な指導・教育によって労働者の能力向上を図ることが要件となる（最後の手段の原則・予測可能性の原則）。

(イ) **特に高い能力の発揮を合意して雇用されたジョブ型中途採用社員**　これに対し，一般のジョブ型中途採用社員以上の高い能力の発揮を期待され，それに相応しい高額の給与を支給され，特に高い能力を発揮して就労することを合意して採用されたジョブ型社員については，解雇回避努力義務（861頁の②③）が消極に解され，解雇は有効と判断されやすくなる。

典型的裁判例として，特に高い職務遂行能力と成果の発揮を期待され，高額の給与（年俸2000万円，賞与は最高額で約1億6000万円）で中途採用された上級専門職従業員の解雇を有効と判断した例（前掲・ドイツ証券事件［*119］）がある。裁判所

[*127]　フォード自動車［日本］事件・東京高判昭和59・3・30労判437号41頁。
[*128]　ヒロセ電機事件・東京地判平成14・10・22労判838号15頁。同旨の裁判例として，前掲・日本ベリサイン事件（*121），前掲・ドイツ証券事件（*119）39頁。前掲・トライコー事件（*85）も参照。
[*129]　たとえば，芝ソフト事件（東京地判平成25・11・21労判1091号74頁）は，中国系ソフトウェア企業にIT業務推進部長として中途採用された労働者が，複数の取引先からクレームを受けるなど，営業能力に欠けるとして解雇された事案につき，同労働者の言動が主たる理由となって交渉や事業が頓挫したり，会社に損害が生じたとは認められないとして能力不足の事実を否定し，解雇無効と判断している。

は，職種限定の合意の成否につき，会社は従業員を中途採用後，配転等によって多様な職種に従事させながら長期的に育成していくことを予定しておらず，職種と部門を特定した上，高額の給与待遇で労働契約を締結したとして職種限定の合意を認定している。その上で，同従業員の著しい能力不足や意欲の低下に係る事実認定を踏まえて，会社が主張する解雇事由該当性を肯定するとともに，解雇の相当性について，会社が解雇回避措置（配転・降給）や業績改善プラン（PIP）を実施していないことにつき，従業員は即戦力の上級専門職として高待遇で中途採用されたものであり，長期雇用システムを前提とする従業員とは根本的に異なるから，同人が期待される能力を有していなかった場合は，解雇回避措置やPIPが講じられなかったとしても，直ちに解雇の相当性を欠くことにはならないと述べた上，パフォーマンスのチェックシステム（PMO）で指摘された具体的な課題について改善する機会が約2年間あったこと等を踏まえて解雇を有効と判断した。本件のような上級専門職ジョブ型中途採用社員については，PIPによる指導・教育（861頁の②）や配転等による解雇回避措置（861頁の③）が不要となることを明言した点に意義がある。他方，本判決は，会社がジョブ型社員に対して，PMO等において繰り返し課題を指摘し，改善の機会・期間を与えたにもかかわらず従業員が真摯に対応しなかったとの事実を重視しており，使用者が何らの改善機会を付与することなく解雇を行いうることを容認した判断ではない[*130]。

[*130] 前掲・ドイツ証券事件（*119）と同様，中途採用の上級専門職従業員や管理職の解雇について緩やかに判断した代表的裁判例としては，前掲・パタゴニア・インターナショナル・インク事件（*114），前掲・アスリーエイチ事件（*119）のほか，以下の例がある。人事本部長という地位を特定して中途採用された管理職について，下位の役職への配転義務を否定して解雇有効とした例（前掲・フォード自動車［日本］事件［*127］），職務経歴を評価して品質管理部海外顧客担当の主事1級として中途採用した労働者の解雇につき，長期雇用の新卒者と異なり，他職種への転換教育や配転を検討する義務はないとして有効と判断した例（ヒロセ電機事件・東京地判平成14・10・22労判838号15頁），即戦力として中途採用された管理職従業員（マネージャー［課長職］）の能力不足を理由とする解雇につき，解雇事由該当性を肯定した上，同人は高度の能力を評価されて高額の賃金により中途採用されたものであり，報告書の作成技術等の基礎的な教育・指導は本来予定されておらず，PIPの実施・降格転勤による意識改革を図るための機会を十分付与されていた等として有効と判断した例（前掲・コンチネンタル・オートモーティブ事件［*114］），人材開発部部長として中途採用された者の解雇につき，同人の業績不良を踏まえて同人に対する降格・指導書等によって改善指導等を行っていたところ，同人が業務指導を契機として上司に対して暴行に及んだことを理由とする解雇を有効と判断した例（前掲・ビジネクスト事件［*119］），欧州連合代表部広報官の能力不足・適格性欠如を理由とする解雇につき，解雇事由該当性を肯定した上，同人は職種・業務内容を定めて中途採用されたものであり，配転による解雇回避努力が想定されているものではなく，同人に求められる職務能力の程度に鑑みれば，指導等による改善が想定されているということもできない一方，欧州連合は解雇に先立ち繰り返し注意・指導を行っていたとして有効と判断した例（欧州連合事件・東京地判令和4・2・2労経速2485号23頁）等がある。コンチネンタル・オートモーティブ事件，パタゴニア・インターナショナル・インク事件，欧州連合事件を見て

また，特に高い能力の発揮を合意して雇用されたジョブ型中途採用社員について能力不足の事実が認められる場合も，当該社員に改善の努力と意欲が認められ，相応のレベルまで改善する可能性が認められる場合は，解雇の客観的合理的理由および社会通念上の相当性が否定され，解雇無効と判断される[*130a・*131]。

も，長期雇用システムを前提とするプロパー従業員のような基礎的な教育・指導が不要とされる一方，能力改善・意識改革の機会が付与されていることが重視されていることがわかる。
　これに対し，一見してジョブ型中途採用社員であるが，職種・職務の特定に関する合意が存在しない場合は，解雇の有効性は厳しく判断される。典型的裁判例として，前掲・アイドママーケティングコミュニケーション事件（*116）は，雇用契約書には，従業員の業務内容として「マーケティング事業開発・企画遂行」と記載されるのみであり，他に業務内容を定めた条項等はないことや，採用面接時に従業員の債務として特定できるほどの具体的な合意がされていないことから，従業員が新規事業の立ち上げについて一定期間内に成果を上げる等の具体的な義務を負っていたとはいえないと判断した上，新規事業の提案について会社から具体的な改善指示や注意指導等がされたことがないことを踏まえて，勤務成績不良を理由とする解雇を無効と判断している。たとえ過去の経歴を買って高い待遇で中途採用しても，職務内容（ジョブ）を特定しない限り，解雇についてはメンバーシップ型社員に準ずる程度の厳しさをもって判断されることを示す例というべきである。

[*130a]　PAGインベストメント・マネジメント事件・東京地判令和5・10・27労経速2555号21頁。本件は，世界中の機関投資家から預託された資産を基に投資運用を行う会社の日本法人に，年俸900万円という相当高額の賃金をもって，雇用契約書において職務を特定してアソシエイトとして中途採用された米国籍中途採用従業員の解雇事案であり，グローバル企業におけるジョブ型中途採用社員の解雇事案として注目されるとともに，判断内容としても，①同社員は職務内容や給与額から見て，労働契約上，自分の担当については課せられた期限内に投資家向けの正確な内容のレポートを作成する能力を相当高い水準で求められていたと認定し，同社員の職務状況によれば，職務遂行上必要な仕事の正確性・迅速性に関する能力が不足しており，解雇を検討すべき客観的状況にあったと判断した上で，②本文に述べた理由から職務遂行に係る改善可能性を認め，未だ「会社の人的資源を開発する絶え間ない努力，十分な個人指導，カウンセリング，及び警告を与えてもなお，極度に技術力又は効率水準が低いか，または能力の向上が望めない」との就業規則上の解雇事由に該当しないとして無効と判断している。
　①は，特に高い能力の発揮を合意して雇用されたジョブ型中途採用社員については，解雇が合理的理由を認められ解雇有効と判断されやすくなること（869頁および*130）を示す判断であり，一方，②は，そうしたジョブ型中途採用社員であっても，使用者による改善機会の付与等を通して本人に改善可能性がある場合は，解雇が直ちには容認されないこと（870頁）を示す判断であるといういう。

[*131]　中途採用従業員の重大な経歴詐称（職歴等詐称）等を理由とする解雇については，労働者の信義則（労契3条4項）上の真実告知義務（275頁）を前提に，使用者が重視した経歴，詐称経歴の内容，詐称方法，詐称による企業秩序への危険の程度等を総合的に判断する必要があるとの判断枠組みを示した上，従業員が重要な職歴，職業能力（システムエンジニア等としての能力）および日本語能力を詐称した結果，会社は同人に仕事を任せることができず，他の従業員に委ねる等の対応を余儀なくされた等として有効と判断した例がある（KPIソリューションズ事件・東京地判平成27・6・2労経速2257号3頁。会社による損害賠償請求も認容）。一方，前掲・アイドママーケティングコミュニケーション事件（*116）は，中途採用従業員が故意に経歴を詐称し，その結果として会社が同人原告を採用したとは認められないから，経

(3) 新卒採用のジョブ型社員　　前記のとおり（549頁），最近では，新卒採用についてもジョブ型雇用を導入する動きが生じているが，新卒採用のジョブ型社員については，中途採用ジョブ型社員の能力不足解雇に関する以上の解釈は抜本的な修正を必要とする。すなわち，新卒採用のジョブ型社員は，ジョブ型中途採用社員と異なり，高度な能力の発揮を求められて雇用されるわけではないため，労働契約の継続を期待できないほどの能力不足か否かを判断するに際して，中途採用者よりも能力不足の重大性が要求されることは当然である。この点，ある裁判例（前掲・プラウドフットジャパン事件[＊124]）は，高額年俸で中途採用された労働者であっても，未経験職務に従事する場合は，一定の業務経験や教育・指導を経た後の能力・適格性の有無を判断すべきであり，過度に高い能力水準を要求すべきでないことを判示しており，新卒採用のジョブ型社員の解雇についても参考となる。また，事前の指導・教育によって能力向上に努めること（861頁の②）がジョブ型中途採用者以上に求められることは当然である。

　また，職種転換・配転措置（861頁の③）についても，新卒採用のジョブ型社員については，新卒採用の上記趣旨に照らして，配転を含む真摯な解雇回避義務が求められるものと解される。配転の方法としては，労働契約上職種・職務が限定されていることから，配転一般（550頁）と同様，配転の打診（労働契約内容変更の申込み）および労働者がこれに応じない場合の変更解約告知（783頁）を行うことが考えられる[＊132]。専門的能力の発揮を期待されて雇用されたわけではないことから，状況に応じて，職種転換・配転の打診を解雇回避努力義務として肯定すべきであろう[＊133]。

(4) 職務懈怠

(ア) 概説　　職務懈怠とは，労働の遂行状況が不適切なこと（労働義務の不完全履行）をいい，無断欠勤，遅刻・早退過多，勤務態度・状況の不良，協調性の欠如等が挙げられる。ここでも「最後の手段の原則」が適用され，労働義務違反の程度が重大で，雇用の継続を期待し難い程度に達している場合に解

　　歴詐称に関する就業規則違反は認められないとして解雇無効と判断している。
＊132　土田・前掲論文（＊123）1063頁参照。
＊133　なお，ジョブ型社員が一定の資格を有することを前提に雇用されている場合，当該資格を喪失したことが直ちに解雇の合理的理由となるかという問題がある。この点，裁判例では，労働契約上の職種限定によって一方的な配転命令は排斥されるとしても，当該資格を喪失した場合に当然雇用を喪失させることまでは想定していないと述べた上，タクシー運転手が普通自動車第二種免許を喪失したことを理由とする解雇を無効と判断した例がある（東京エムケイ事件・東京地判平成20・9・30労判975号12頁）。妥当な判断と解される。

雇事由該当性が肯定される。具体的には、「勤務状況が著しく悪く、改善の見込みがないこと」等の解雇事由への該当性が問題となる。職務懈怠は懲戒事由ともなるが（636頁）、懲戒の場合は、具体的な企業秩序の侵害が要件となるのに対し、普通解雇の場合は、個々の懈怠行為が集積して労働者に改善の見込みがなく、雇用の継続が困難な状況に至ったかどうかが重視される。

(イ) **欠勤、遅刻・早退、職場離脱**　無断欠勤や正当な理由のない遅刻・早退は、労働義務違反（債務不履行）を構成するが、それが解雇理由となるのは、当該行為が反復継続的で、使用者の注意・指導によっても改善の見込みがない場合に限られる[*134]。また、欠勤・遅刻等の回数が些少であっても、職務の性質上、それが業務に重大な影響を及ぼしたり、使用者に損害を与える場合は、それ自体で解雇の合理的理由となる[*135]。

(ウ) **勤務状況・態度の不良**　労働者が勤務に一応従事しているものの、勤務状況や勤務態度から見て履行状況が不完全で、適正な就労と評価できないことは解雇の理由となる。労働者は労働契約上、必要な注意を払って誠実に労働する義務（誠実労働義務）を負うので（132頁）、外形上は労働義務を履行していても、給付内容が著しく不完全であれば、重大な労働義務違反とされ、解雇を免れない。そこでたとえば、統括事業部長兼務取締役の地位にある幹部社員が飲酒して出勤したり、無断欠勤したことを理由とする解雇は有効として不法行為の成立が否定される[*136]。もとよりこの場合も、勤務状況の改善に向けた注

[*134] たとえば、私傷病による欠勤が著しく多いほか、出勤しても遅刻や離席が多く、勤務実績も劣悪で、他の従業員が肩代わりせざるをえないなど会社業務に支障を与えた総合職従業員につき、正社員としての適格性を欠くものとして解雇有効と判断した例がある（東京海上火災保険事件・東京地判平成12・7・28労判797号65頁）。同旨、日本テレビ放送網事件・東京地判昭和62・7・31労判503号45頁。職場離脱につき、前掲・テレビ朝日サービス事件（*121）。勤務時間中の私用行為、早退過多等につき、T社事件・東京高判平成22・1・21労経速2065号32頁、長期間の無断欠勤につき、産業と経済・やまびこ投資顧問事件・東京地判令和3・9・24ジャーナル120号54頁、前掲・ツキネコほか事件（*26）、春江事件・東京地判令和3・12・13ジャーナル124号70頁、キョーリツコーポレーション事件・大阪地判令和4・9・16ジャーナル131号24頁。他方、無断欠勤・遅刻・早退の事実を否定して解雇無効と判断した例として、ダイワクリエイト事件・東京地判令和4・3・23労経速2494号12頁。

[*135] 前掲・高知放送事件（*95）。これに対し、労働者の欠勤について使用者側に帰責事由がある場合の解雇は許されない（会社同僚の暴行による負傷後の長期欠勤を理由とする2年5か月後の解雇につき、アジア航測事件・大阪高判平成14・8・29労判837号47頁）。

[*136] 小野リース事件・最判平成22・5・25労判1018号5頁。同種事例として、インチケープマーケティングジャパン事件・大阪地判平成10・8・31労判751号23頁（労働者が取引先に対して非常識な言動を繰り返したためクレームが多発し、上司の指導にも応じない場合）、カ

意・指導・教育は必須であるが*137，病院内科科長のように，高額の報酬を支給され，立場を踏まえて自らの行動を規律すべき立場にある労働者については，指導・教育の不十分さは解雇の合理的理由の判断に際して重視されない*138。また，やや特殊な例であるが，工場内で人の死に直結しかねない危険な事故を発生させた労働者の解雇につき，同人を雇用し続けることは同様の事故を再発させるリスクがあるため，安全配慮義務を負う使用者に甘受し得ないほどの著

　　ジマ・リノベイト事件・東京高判平成14・9・30労判849号129頁（多数回にわたる業務命令不服従や独自の方針による業務遂行），三菱電機エンジニアリング事件・神戸地判平成21・1・30労判984号74頁（著しい勤務状況・勤務態度不良），前掲・Ｔ社事件（＊134［同上］），岡畑興産事件・東京地判平成23・3・23労経速2111号23頁（飲酒出勤，勤務時間中の私用行為等），あいおいニッセイ同和損害保険事件・東京地判平成25・1・10ジャーナル14号7頁，前掲・日本ヒューレット・パッカード事件（＊119［ウェブのメンテナンス等業務に従事する従業員が部品リストを独断で改変し，顧客の苦情に対応しないばかりか会社の顧客への謝罪訪問を妨害し，その後もそうした態度を改めない場合］），前掲・富士ゼロックス事件（＊119［指示命令違反，著しい勤務状況・勤務態度不良］），Ｘ大学事件・東京地判平成26・12・24労経速2238号3頁（地方公共団体から委託された風力発電機設置事業を担当する大学の教授が職務懈怠により事業を頓挫させ，自治体と大学に損害を発生させ，大学の信用を毀損した場合），医療法人社団Ｙ事件・東京高判平成27・10・7判時2287号118頁（医師が看護師らに不適切な指示・指導を繰り返すなどして病院の中枢医療業務の遂行を困難ならしめた場合），杉繁運輸事件・東京地判平成29・8・3ジャーナル70号27頁（事故の多いトラック運転手），前掲・エムティーアイ事件（＊113［著しく勤務不良で，他の部署にも受入先がない場合］），アクセンチュア事件・東京地判平成30・9・27労経速2367号30頁（業務に臨む基本的姿勢を欠き，自らの意識や仕事ぶりを全く省みることなく，会社の指導・教育によっても改善されない場合），豊田中央研究所事件・名古屋地判令元・9・27ジャーナル94号64頁（著しく独断的態度に終始し，指示された業務を全く行わない場合），三宅島あじさいの会事件・東京地判平成31・3・7ジャーナル89号42頁（同上），豊田中央研究所事件・名古屋地判令和2・11・24ジャーナル108号14頁（同上），近畿車輛事件・大阪地判令和3・1・29ジャーナル110号18頁（従業員の勤務意欲の喪失・指示された業務の懈怠行為，会社の指導・注意に対する反省・改善の欠如が著しい場合），前掲・インジェヴィティ・ジャパン合同会社事件（＊120［協調性を欠き，同僚・顧客に対する態度等が著しく不適切な場合］）等。

＊137　前掲（＊136）の裁判例は，使用者が勤務状況・勤務態度不良の労働者に対して必要な注意・指導・警告等を行ったにもかかわらず，状況が改善されず，または悪化していることを重視して解雇有効と判断している。前掲・日本マイクロソフト事件（＊71），前掲・Ｄ学園事件（＊102），前掲・グローバルマーケティングほか事件（＊13），前掲・株式会社Ｙ事件（＊102）も参照。他方，指導・教育の欠如・不足を理由に解雇を無効と判断する例として，甲野堂薬局事件・東京地立川支判平成24・3・28労判1119号12頁，ヴィテックプロダクト事件・名古屋高判平成26・9・25労判1104号14頁，大紀工業事件・横浜地判平成27・3・19ジャーナル41号77頁，前掲・アルパック販売事件（＊113），NPO法人関西七福神グループ事件・大阪地判令和5・10・6ジャーナル143号32頁等がある。

＊138　前掲・Ａ病院事件（＊120）。上級管理職につき，前掲・小野リース事件（＊136），前掲・解雇無効地位確認等請求事件（＊92）。

しい負担をもたらすものであるとして有効と判断した例がある[*139][*140]。

　一方，職務懈怠行為が軽微で業務上の支障が認められない場合（たとえば，航空機の整備士が作業中に過失によりシャンパンをごく少量すすった場合）は，解雇の合理的理由とならない[*141]。

　　(エ)　**協調性の欠如**　　労働者が独善的な行動を繰り返し，職場における協調性を欠くことを理由に解雇が行われることも少なくない。労働契約は組織的・集団的性格を有しており（11頁），労働者は，労務給付に際して上司や同僚との協調性にも配慮して行動することを求められるため，独善的な行動によって集団内の規律や協調性を著しく欠く場合は，「就業状況が著しく不良で就業に適さないと認められるとき」等の解雇事由に該当し，解雇の合理的理由となり

[*139] 山崎工業事件・静岡地沼津支判令2・2・25労判1244号94頁。

[*140] 民間労働者の解雇に相当する地方公務員の分限免職処分に関する裁判例も増えている。この点については，消防署員の分限免職処分につき，ハラスメント行為を含む著しい勤務不良を理由とする分限免職処分を適法と判断した裁判例として，長門市事件・最判令4・9・13ジャーナル128号2頁および糸島市事件・福岡高判令5・6・8ジャーナル139号26頁がある。一方，新卒採用6か月での分限免職処分につき，条件付採用期間終了時までの勤務状況等に照らしても，元職員が市の職員として必要な適格性を欠くとはいえないと判断し，裁量権を誤った違法な処分と判断した事例として，宇城市事件・福岡高判令5・11・30労判1310号29頁がある。

[*141] ノース・ウエスト航空事件・千葉地判平成5・9・24労判638号32頁。勤務状況・勤務態度不良を理由とする解雇を無効と判断した裁判例として，S社［派遣添乗員］事件・東京地判平成17・1・25労判890号42頁（勤務態度不良が軽微なものにとどまると認定），マルナカ興業事件・高知地判平成17・4・12労判896号49頁（勤務態度不良の事実を否定），日鯨商事事件・東京地判平成22・9・8労判1025号64頁（勤務態度不良の事実を否定），乙法律事務所事件・東京地判平成27・1・13判時2255号90頁（勤務状況不良が軽微なものにとどまると認定），前掲・大紀工業事件（[*137][勤務状況不良が軽微なものにとどまると認定]），前掲・東京エムケイ事件（[*11][タクシー乗務員の事故隠ぺい行為につき，解雇に値するとまではいえないと判断]），日本助産師会事件・東京地判平成30・7・9ジャーナル83号66頁（職務不適格性を否定），前掲・太平洋ディエムサービス事件（[*106][勤務状況不良が軽微にとどまると認定]），PRESTIGE事件・東京地判令元・12・17ジャーナル100号48頁（私用電話），新日本建設運輸事件・東京高判令2・1・30労判1239号77頁（軽微な職務懈怠行為について解雇の合理的理由を否定），柏涛会事件・徳島地判令2・11・18ジャーナル108号20頁（知的障害者支援施設職員の利用者に対する虐待行為を否定），摂津産業開発事件・大阪地判令3・3・26労判1259号55頁（軽微な職務懈怠行為について解雇事由該当性を否定），奈良県猟友会事件・大阪高判令3・6・29労判1263号46頁（服務規程違反や出勤拒否の事実を否定），エヌアイケイ事件・大阪地判令3・9・29ジャーナル120号48頁（職務懈怠の事実を否定），前掲・グローバルマーケティングほか事件（[*13][従業員の勤務態度につき，雇用関係を継続し難いほどの問題はないと認定判断]），滋賀学園事件・大津地判令4・6・30ジャーナル128号8頁（大学教授の学生に対する対応），フジタ技研事件・名古屋高金沢支判令5・6・14ジャーナル140号30頁（上司批判行為）。

うる。労働者が自己の方法やスケジュールに固執して会社の指示に従わないために業務上の混乱を招き，指導にも従わず改善が見られない場合[*142]や，そうした独善的行動が他の労働者の負担を増大させたり，業務の著しい支障を生じさせている場合[*143]が典型である。

他方，労働者の行動が会社業務に支障を発生させる事態まで至らず，また，会社が協調性欠如について指導・注意を行っていない場合は，解雇の客観的合理的理由は否定される[*144]。

(5) 職場規律違反・不正行為・業務命令違反

(ア) **概 説** 解雇事由の第5の類型は，労働遂行その他の行動に関するルール違反（職場規律違反）であり，暴行・脅迫，業務妨害行為，業務命令違反，横領・収賄等の不正行為が挙げられる。これらの行為は，労働義務違反または付随義務（企業秩序遵守義務・誠実義務）違反を構成し，懲戒事由となるとともに，解雇理由ともなりうる。ここでも「最後の手段の原則」が適用されるが，職場規律違反は企業秩序や使用者に与える損害が明白であるため，1回限りの行為であっても，その重大性によっては解雇有効とされる。

(イ) **暴行・脅迫・誹謗** 上司・同僚や取引先に対する暴行・脅迫・誹謗は，企業秩序や労使の信頼関係を著しく侵害する行為として解雇有効とされやすい。労働者が取引先の従業員に暴言・誹謗を繰り返し，それを理由とする休職処分にも従わないケースが典型である[*145]。一方，行為の程度が軽く，解雇より軽

[*142] ユニスコープ事件・東京地判平成6・3・11労判666号61頁。
[*143] 前掲・テレビ朝日サービス事件（[*121]），前掲・日水コン事件（[*119]），セコム損害保険事件・東京地判平成19・9・14労判947号35頁。前掲（[*136]）の裁判例も参照。最近では，前掲・メルセデス・ベンツ・ファイナンス事件（[*125]）が，中途採用従業員の解雇につき，同従業員は同僚らに対し，日常的に高圧的，攻撃的な態度を取ってトラブルを発生させる等して職務の遂行に重大な支障を来しており，複数回に渡る面談の実施，注意，譴責処分による改善の機会を経ても言動が変化しなかったことから，就業規則の解雇事由（「協調性を欠き，他の従業員の職務に支障をきたすとき」）該当性を認めて有効と判断している。このほか，最近の裁判例として，前掲・アクセンチュア事件（[*136]），前掲・豊田中央研究所事件・名古屋地判令和元・9・27（[*136]），前掲・三宅島あじさいの会事件（[*136]），前掲・豊田中央研究所事件・名古屋地判令和2・11・24（[*136]），前掲・D学園事件（[*102]），前掲・近畿車輛事件（[*136]），前掲・パタゴニア・インターナショナル・インク事件（[*114]），前掲・インジェヴィティ・ジャパン合同会社事件（[*120]），前掲・サザビーズジャパン事件（[*119]）等がある。
[*144] 前掲・アルバック販売事件（[*113]）。同旨，前掲・スミヨシ事件（[*117]），マスダ学院事件・東京地判令和4・8・17ジャーナル134号46頁。
[*145] 前掲・大通事件（[*2]）。上司・同僚に対する度を過ぎた誹謗中傷を理由とする解雇の肯

度の懲戒事由にしか該当しない場合や，事前の注意・是正の措置がとられていない場合の解雇は許されないし[*146]，行為が相当重大であっても，上司との不和が原因であり，配転による解雇回避努力が可能と解される場合も同様である[*147]。

(ウ) **業務妨害・秩序紊乱行為**　労働者が積極的に業務を妨害したり，会社上層部に造反することは，労働契約上の重大な義務違反を構成し，労使の信頼関係を損なう行為として解雇事由該当性を肯定される。NC旋盤工が会社に対する不満からコンピュータデータを無断で抜き取ったり，プログラムを消去して業務に重大な支障を生じさせたケース[*148]，教員が教育活動全般において独善的・反抗的な態度に終始し，今後態度を改めることはきわめて疑わしく，また教員という職種上，学園内で事務職等に配転して雇用を継続することが期待できないケース（前掲・D学園事件［*102］），会社の内部抗争の過程で，管理職が臨時株主総会への出席を従業員に求めるなどして人事権に不当に介入したケース[*149]が典型である[*150]。一方，上司を批判する私用メールを散発的に送

定例としては，前掲・三菱電機エンジニアリング事件（*136），前掲・日本ヒューレット・パッカード事件（*119），ボッシュ事件・東京地判平成25・3・26労経速2179号14頁等。暴言等著しい職場環境悪化行為を理由とする解雇の肯定例としては，ネギシ事件・東京高判平成28・11・24労判1158号140頁，アドバネット事件・東京地判令和4・2・10ジャーナル125号34頁，ウインダム事件・東京地判令和5・2・3労経速2527号21頁，建設会社S事件・大阪地判令和5・10・27ジャーナル144号24頁，共愛舘ほか事件・東京地判令和5・9・25ジャーナル146号38頁。会社に対する脅迫行為を理由とする解雇の肯定例としては，前掲・産業と経済・やまびこ投資顧問事件（*134），前掲・解雇無効地位確認等請求事件（*83）。

[*146]　前者の例として，源吉兆庵事件・大阪地判平成6・7・11労判659号58頁，後者の例として，黒川乳業事件・大阪地判平成10・5・13労判740号25頁。また，知的障害者更生施設の生活支援員が職務熱心のあまり利用者に傷害を負わせたケースでは，なお「職員として不都合な行為があったとき」との解雇事由には該当しないとされた（本庄ひまわり福祉会事件・東京地判平成18・1・23労判912号87頁）。最近では，パナソニックアドバンストテクノロジー事件・大阪地判平成30・9・12労判1203号44頁（誹謗中傷メール等），ズッカ事件・東京地判平成31・4・26ジャーナル93号42頁（暴行），前掲・コーダ・ジャパン事件（*113［暴行・ハラスメント行為等］）。

[*147]　蓬莱の会事件・東京高判平成30・1・25ジャーナル75号44頁。

[*148]　東栄精機事件・大阪地判平成8・9・11労判710号51頁。

[*149]　重光事件・名古屋地決平成9・7・30労判724号25頁。また，NPO法人H事件（大阪地判平成29・3・24労判1163号40頁）は，従業員が自ら勤務する法人名義の廃止届を偽造した上，廃止に係る事業所の事業を自身が設立した法人の事業に指定するよう市に申請したことを理由とする解雇につき，法人の存立を脅かす悪質な犯罪的行為であるとして有効と判断している。

[*150]　このほか，勤務態度が著しく不良で業務に支障を来しているケース（日立コンサルティ

信しただけでは、なお解雇の合理的理由があるとはいえない[*151]。

　(エ) **業務命令違反**　業務命令違反も、懲戒事由とともに普通解雇事由とされることが多い。日常的な労働の指示・命令のほか、配転・出向命令や施設管理上の指示の拒否・違反が含まれる。この点については、懲戒(639頁)と同様、まず業務命令の効力が判断され、業務命令が有効とされた場合も、命令拒否が固執的・反復継続的で是正の余地がなく、業務遂行に支障を生じさせ、使用者に労働契約の継続を期待し難い事情があることが解雇の要件となる(最後の手段の原則)。

　そこでたとえば、労働者が正当な運転乗務命令に従わず、再三拒否したケースでは、業務命令拒否の固執性や悪質さが重視されて解雇有効とされる[*152]。これに対し、業務命令が違法な場合[*153]、業務命令が拙速である場合、業務命

　　　ング事件・東京地判平成28・10・7労判1155号54頁、前掲・日本マイクロソフト事件[*71])、協同組合職員が警察に対して技能実習生に係る虚偽の通報を行い、協同組合の信用を毀損して業務を妨害したケース(協同組合つばさ事件・東京高判令和元・5・8労判1216号52頁)、管理職が日常的に悪質なセクシュアル・ハラスメント行為を繰り返して職場環境を悪化させたケース(医療法人社団A事件・横浜地判令和3・10・28労経速2475号26頁)、管理職が日常的にハラスメント行為や会社批判を繰り返したケース(ハル登記測量事務所事件・東京地判令和4・3・23労経速2490号19頁)等がある。
*151　グレイワールドワイド事件・東京地判平成15・9・22労判870号83頁。北沢産業事件・東京地判平成19・9・18労判947号23頁、新生フィナンシャル事件・大阪地判平成28・5・17ジャーナル54号56頁も参照。最近では、ドラッグマガジン事件・東京地判平成29・10・11ジャーナル72号36頁、解雇無効地位確認請求事件・大阪地判平成30・11・22ジャーナル84号22頁(秩序違反行為)、日東精機事件・大阪地判令和元・5・21ジャーナル90号32頁(上司批判のメール)、清流出版事件・東京地判令和3・2・26労判1256号78頁(会社の警察捜査への協力依頼を妨害するメール、外出ルール違反等)、Sparkle事件・東京地判令和4・3・30ジャーナル128号26頁。
*152　西井運送事件・大阪地判平成8・7・1労判701号37頁。解雇の有効判断例として、昭和アルミニウム事件・大阪地判平成11・1・25労判763号62頁(出向を不満として出向先の業務指示を再三拒否したケース)、英光電設ほか事件・大阪地判平成19・7・26労判953号57頁(残業命令拒否)、前掲・ポッカサッポロフード＆ビバレッジ事件(*119[重大な業務命令違反])、東芝総合人材開発事件・東京高判令和元・10・2労判1219号21頁(正当な業務指示を無視し続け、2度の懲戒処分を受けても改めなかったケース)、前掲・欧州連合事件(*130[再三にわたる指揮命令違反])。IHI事件・東京地判令和3・1・15ジャーナル111号44頁(同上)。新潟科学技術学園事件・新潟地判令和4・3・28ジャーナル127号26頁(大学准教授が研究機構内の機構運営会議等への参加を固執的に拒否したケース)、日経BPアド・パートナーズ事件・東京地判令和5・11・15ジャーナル148号38頁(正当な各種業務命令を固執的に拒否したケース)。
*153　草加ダイヤモンド交通事件・浦和地越谷支決平成8・8・16労判703号39頁(女性労働者に対する違法な深夜労働命令の拒否を理由とする解雇)、マンナ運輸事件・神戸地判平成16・2・27労判874号40頁(深夜業務に従事させないとの勤務時間限定の合意が成立してい

令拒否に係る注意・指導を十分行わないなど業務命令拒否の原因が使用者側にもある場合*154 は，解雇事由該当性（客観的合理的理由）が否定される。

　(オ)　**不正行為**　　不正行為は，企業財産・物品の不正領得，企業秘密・情報の不正取得，取引先等からの収賄，不正経理等の企業利益相反行為に分かれるが，行為の悪質さから懲戒解雇事由とされることが多い（643頁）。普通解雇として見ても，使用者に財産的損害を与える積極的行為であることから解雇事由該当性を認め，解雇有効とするのが裁判例の傾向である*155。

(6)　企業外の行動

　(ア)　**概　説**　　企業外の行動としては，企業秘密の漏洩，兼職，私生活上の非行，会社批判行為などが挙げられる。やはり懲戒事由とされることが多いが，普通解雇としても，行為の重大性によっては誠実義務違反として解雇理由となる。また懲戒と異なり，企業秩序違反の具体的事実がなくても，労使間の信頼関係を著しく損なう場合は解雇理由となりうる。

　(イ)　**企業外非行**　　企業外非行としては，企業外の犯罪行為や不適切な交遊関係が挙げられる。いずれも私生活の問題であり，直ちには解雇理由とならないが，行為の態様が重大で，使用者の信用・名誉を著しく損なう場合は解雇事由となる。たとえば，乗合バスの運転手が再三にわたって職場外で飲酒運転を犯したケースでは，会社の社会的評価に重大な悪影響を及ぼす行為として解雇

　　る場合の深夜勤務命令の拒否を理由とする解雇），大尊製薬事件・大阪地判令和4・9・29ジャーナル131号20頁（年休不承認と出勤指示）。

＊154　前者の例として，三枝商事事件・東京地判平成23・11・25労判1045号39頁（試用期間終了直後に拙速に行われた異職種・遠隔地配転の拒否を理由とする解雇），Ｍ幼稚園事件・横浜地判令5・12・12ジャーナル144号16頁（拙速な始末書提出指示），後者の例として，前掲・近鉄住宅管理事件（＊11［新型コロナ禍におけるマンション管理員のマスク不着用について是正の注意が行われていない場合］）。

＊155　上田事件・東京地決平成9・9・11労判739号145頁（会社名義のクレジットカードの不正使用），前掲・Ｔ社事件（＊134［ガソリン代の不正受給］），全日本自治体労働者共済生活協同組合事件・広島高松江支判平成25・10・23ジャーナル22号1頁（企業秘密・情報の不正取得），永和・長谷川製作所事件・東京地判平成27・8・19ジャーナル45号31頁（架空の経費請求），スタンダード＆プアーズ・レーティング・ジャパン事件・東京地判平成27・9・25ジャーナル47号51頁（架空の経費請求），中央建物事件・大阪地判令5・10・19ジャーナル143号28頁（担当業務によって貯まったポイントの私的費消）。解雇の無効例として，明治ドレスナー・アセットマネジメント事件・東京地判平成18・9・29労判930号56頁（架空の不正請求の事実を否定），前掲・コーダ・ジャパン事件（＊113［会社の給油カードを用いての私物購入等］）。

有効とされる*156。労働者の交遊関係については，使用者は原則として介入できないが，地位を利用して部下と性的関係をもった場合のように，業務運営に支障を及ぼすケースでは解雇有効とされる*157。一方，同業他社の社員と結婚する（した）労働者を，秘密・情報漏洩の危険性を理由に解雇するなど，私生活に過度に介入する解雇が許されないことは当然である*158。

(ウ) **内部告発・会社批判行為**　これらの行為については，懲戒の場合と同様，内部告発等の目的，内容，手段・態様が問題となり，それらの点から内部告発等が正当とされれば，誠実義務違反の責任が否定され，解雇無効と判断される（648頁以下参照）。普通解雇の否定例としては，不正医療の事実を保健所に内部告発した医師の解雇につき，内容上の誤りや不正な目的が認められないとして無効とした例*159がある。最近では，労働環境の改善を求めた労働者に対する解雇を無効と判断した例（前掲・株式会社Y事件［*20］）や，公益通報（行政機関通報［公益通報3条2号］）を行ったことを理由とする解雇を無効と判断した例*160がある。

一方，最高裁は，成績不良等を理由に解雇（一次解雇）された高校教員が，学園や校長を誹謗中傷する文書を弁護士会等に送りつけたり，週刊誌に文書のコピーを交付したため解雇されたケースにつき，学校教育・運営の根幹事項について虚偽の事実を織り交ぜ，または誇張・歪曲して学園や校長を誹謗中傷したもので，学園や校長の信用を失墜させかねない行為であり，学園との「労働契約上の信頼関係を著しく損なうものであることが明らか」として解雇有効と判断している（敬愛学園事件）*161。内部告発が一定の法的保護を享受するとはいえ，虚偽の告発によって使用者の信用・名誉を著しく害した場合は，誠実義

---

*156　滋賀交通事件・大津地決平成元・1・10労判550号130頁。

*157　ケイエム観光事件（東京高判平成7・2・28労判678号69頁）では，情交関係の事実自体が否定されたため，解雇無効とされた。未成年の女性と性行為に及んだことを理由とする高校教員の解雇を有効と判断した例として，X高等学校事件・東京地判平成27・2・18労経速2245号15頁。暴力団幹部との交友関係を維持して詐欺未遂罪により逮捕・勾留をされながら，同幹部との関係について具体的説明をしなかったことを理由とする解雇を有効と判断した例として，高松テクノサービス事件・大阪地判令和4・9・15ジャーナル131号26頁。

*158　O法律事務所事件・名古屋高判平成17・2・23労判909号67頁。ケイズ事件・大阪地判平成16・3・11労判869号84頁も参照。

*159　思誠会事件・東京地判平成7・11・27労判683号17頁。

*160　パチンコ店経営会社A社事件・横浜地判令和4・4・14労判1299号38頁。前掲・水産業協同組合A事件（*106）は，漁業協同組合の補助金不正受給に係る内部告発を理由とする解雇を無効と判断している。

務違反として解雇もやむをえない*162。このほか，大学教員が同僚の論文不正に係る情報をフリーライターに提供したことを理由とする解雇につき，自らの保身を目的とするものとして有効と判断した例*163 や，会社によるハラスメント（パタニティ・ハラスメント）に係る虚偽の情報発信を，記者会見等を通して繰り返し行ったことを理由とする解雇につき，会社や社員の名誉・信用を侵害し，他の職員との協調を著しく欠くなど職場秩序の維持に違反する行為であるとして有効と判断した例*164 等がある【10-8】。

> 【10-8】 **信頼関係の破壊と解雇**　解雇（普通解雇）は，労働者の労働義務・誠実義務違反の事実が労働契約の継続を期待し難い程度に達している場合に許容される解雇であるから，労働者が自らの行為によって使用者との信頼関係を著しく破壊・毀損した場合は，労働契約の継続を期待し難い場合に当たるものとして解雇の合理的理由を構成する。すなわち，解雇は，懲戒解雇（630頁）と異なり，特定の企業秩序違反行為を理由に行われる解雇ではないから，労働者の行為が重大・悪質な場合（前掲・敬愛学園事件［*161］）はもとより，当初の行為が比較的軽微な職務懈怠・服務規律違反であっても，会社の指導に従わず，逆に態度をエスカレートさせてより重大な行為に及んだ場合は，使用者との間の信頼関係を自ら毀損したものとして解雇の合理的理由となる。
>
> 典型的裁判例として，労働者が遅刻・長時間離席・上司への反抗・業務と無関係のウェブ閲覧等の職務懈怠を繰り返し，注意や出勤停止処分を受けても改めないどころか，かえって上司に反抗し，揶揄・愚弄する行動をエスカレートさせたケースにつき，労働者自ら会社との信頼関係を破壊したものであり，会社に労働契約の維持を強いるのは相当でないとして解雇有効と判断した例*165 や，法人から企業外のストーカー行為を理由とする有効な諭旨免職処分等を受けた従業員が同処分を真摯に受け止めず，真摯に反省していないほか，業務遂行上の根本的制

---

*161 　最判平成 6・9・8 労判 657 号 12 頁。
*162 　また，労働者が異動希望を実現させるためにいったん決着した問題を蒸し返して内部通報を不適切な手段で多数回繰り返した事案につき，個人的目的の実現のための通報であり，公益通報者保護法 2 条所定の不正の目的（図利加害目的。655 頁参照）に該当すると判断し，内部通報を理由とする解雇を有効と判断した裁判例もある（前掲・ボッシュ事件［*145］）。内部通報は，基本的に正当行為であるが（652 頁），本件のように，著しく不当な目的・手段をもって行われた場合は解雇の合理的理由となりうる。
*163 　岡山大学事件・広島高岡山支判令和 2・3・19 ジャーナル 100 号 36 頁。前掲・A 不動産事件（*83）も参照。
*164 　三菱 UFJ モルガン・スタンレー証券事件・東京地判令和 2・4・3 労経速 2426 号 3 頁。
*165 　前掲・三菱電機エンジニアリング事件（*136）。前掲・日本ベリサイン事件（*121），前掲・KPI ソリューションズ事件（*131）も参照。

度であるアサイン制度や人事評価制度を独自の見解によって否定する姿勢を示し、自ら法人との間の信頼関係を破壊したとして解雇有効と判断した例（前掲・PwCあらた有限責任監査法人事件［*114］）がある*166。

一方、信頼関係の毀損・破壊を解雇理由として肯定するためには、その評価に値するほどの労働者の重大な非違行為が存在することを要件と解すべきことは当然である。そこでたとえば、労使間における解雇紛争の存在自体をもって信頼関係の破壊を肯定することはできない*167。また、従業員について勤務成績・業務遂行能力の不良および非違行為（セクハラ言動）は多数認められるものの、いずれも直ちに解雇を相当とする事情とは認められないとして信頼関係の破壊を理由とする解雇を無効と判断した例があるが*168、個々の非違行為が集積した場合の解雇に関する法的評価（873頁）としては異論がありえよう。

2 解雇の要件──解雇権濫用・解雇手続

(1) 解雇権の濫用

以上のようにして解雇事由該当性が肯定されても、直ちに解雇が正当とされるわけではない。労働者の行為が解雇事由に該当することは、解雇権の発動を

---

*166 このほか、学校法人Y事件・東京高判平成28・12・7判時2369号61頁（県に対する学園の不正行為に係る根拠無き内部告発）、日本コクレア事件・東京地判平成29・4・19ジャーナル70号38頁、岡山大学事件・岡山地判令和元・5・31ジャーナル90号22頁（大学教授に対するハラスメント調査の妨害行為）、前掲・A不動産事件（*83［不当な内部告発］）、前掲・ネクスト・イット事件（*114［著しい能力不足、会社に対する虚偽の報告］）、前掲・産業と経済・やまびこ投資顧問事件（*134［無断欠勤・不正行為等］）、解雇無効地位確認等請求事件・東京地判令和3・11・5ジャーナル122号54頁（異様な言動の反復継続・出勤禁止命令違反）、前掲・アドバネット事件（*145［職場規律を遵守する旨の約束に著しく違反する行為］）、前掲・中央建物事件（*155）等参照。

*167 前掲・クレディ・スイス証券事件（*117）参照。また、前掲・ヴイテックプロダクト事件（*137）は、使用者がうつ病罹患労働者に対して復職を約束していたにもかかわらず解雇した事案につき、上記事実によれば、信頼関係が破壊された事実はないとして解雇無効と判断し、前掲・東京エムケイ事件（*11）は、タクシー運転手の自損事故隠蔽行為を理由とする解雇につき、同人の事故後の対応からは、同人と会社との間の信頼関係が雇用契約を解消しなければならない程度にまで破壊されたものとは評価できないとして無効と判断し、前掲・M幼稚園事件（*154）は、無期労働契約を締結している労働者が年度ごとの雇用契約書の締結をせず労働契約の変更に合意しなかったことにつき、労働者は年度ごとの労働契約の変更に応ずべき義務を負わないとして信頼関係の破壊を否定している。

*168 前掲・みずほビジネスパートナー事件（*113）。このほか、前掲・伊藤忠商事事件（*117）は、会社・従業員間の紛争に係る和解協議における従業員が行った提案が会社の人事制度を否定するものとして信頼関係の破壊に当たるとして解雇理由として主張したことに対し、解雇の客観的合理的理由たりえないとして斥けている。

正当化するにとどまり、解雇権の行使が社会通念上相当か否かは別途、解雇権の行使段階でチェックする必要があるからである。これが「狭義の解雇権濫用」の判断であり、解雇権濫用規制（労契 16 条）の第 2 の要件を意味する（854 頁）。解雇権濫用の有無は、労働者の情状、他の労働者の処分との均衡、使用者側の対応・責任、解雇手続などを考慮して、解雇が労働者に均衡を失するほどの不利益を及ぼすものか否かによって判断される。また、使用者の主観的動機・目的の不当性が解雇権濫用を成立させることもある。

(ア) **不当な動機・目的** 使用者が不当な動機・目的をもって労働者を解雇すれば、主観的意図の不当性のゆえに解雇権濫用が成立する（Schikaneverbot）。真の解雇理由は差別的意図に基づく労働者の排斥にあるにもかかわらず、解雇を強行する目的で解雇理由を偽装する場合が典型である[*169]。

(イ) **労働者の情状** 労働者に解雇事由該当性が認められても、本人の情状（反省の程度、過去の勤務態度・処分歴、年齢・家族構成等）に照らして解雇が過酷に失すると認められれば、解雇権濫用とされることがある。典型例として、前掲・高知放送事件（*95）があるほか、生徒への体罰を理由とする高校教員の解雇につき、解雇事由該当性は認められるものの、同人が長年にわたって熱心に教育に取り組み、荒れた学校の建て直しに成果を挙げてきたこと、体罰も、指導熱心の余り行き過ぎた面があることを否定できないことから、解雇は酷に失するとして解雇権濫用と判断した例がある[*170]。一方、労働者の非違行為が重大であるにもかかわらず、本人が反省を示さず、または逆に反抗的態度をエスカレートさせている場合[*171]や、真摯に反省していても、非違行為（解雇事

[*169] 解雇の真の目的が HIV 感染者の排除にある場合が典型である。HIV 感染者解雇事件・東京地判平成 7・3・30 労判 667 号 14 頁（土田道夫［判批］判時 1546 号［1996］212 頁）。また、医療法人徳洲会事件・東京地判平成 25・3・5 ジャーナル 15 号 17 頁は、医療法人の事務局長の解雇の真の動機は、衆議院議員の意向に反して TPP 反対集会に参加しなかったことにあるとして解雇権の濫用を肯定し、三益興業事件・東京地判平成 27・12・25 ジャーナル 50 号 26 頁は、労働者が月給制正社員となる旨の打診を断ったことに会社代表者が立腹して行った解雇について解雇権濫用を肯定している。

[*170] 大成学園事件・東京高判平成 18・1・26 労判 912 号 32 頁。このほか、永年にわたる勤務と良好な勤務成績を考慮する例（前掲・グレイワールドワイド事件［*151]）や、中高年労働者としての再就職の困難さを考慮する例（西武バス事件・東京高判平成 6・6・17 労判 654 号 25 頁）がある。

[*171] 前掲・上田事件（*155）、前掲・三菱電機エンジニアリング事件（*136）、前掲・T 社事件（*134）、前掲・X 大学事件（*136）、前掲・KPI ソリューションズ事件（*131）、前掲・モリソン・フォースター・アジア・サービス・LLP 事件（*119）、前掲・スタンダード

由）が特に重大な場合は解雇権濫用が否定される（前掲・大通事件［＊2］）。

(ウ) **他の労働者の処分・過去の処分例との均衡**　労働者の非違行為が解雇事由に該当しても，同種の行為を犯した他の労働者に対して，あるいは過去の処分例において解雇が行われていない場合は，不当に重い手段として解雇権濫用と判断されることがある（平等取扱いのルール）[*172]。

(エ) **軽度の措置・処分**　前記のとおり（861頁），使用者が解雇に先立って注意・指導を行い，また，配転・休職・懲戒等の軽度の措置・処分によって解雇回避努力を行うことは，解雇の客観的合理的理由（解雇事由該当性）を構成する重要な要素を意味するが，こうした軽度の措置・処分を講ずることを解雇の社会通念上の相当性として考慮する裁判例も見られる。たとえば，使用者が勤務態度不良の従業員に対して必要な指導・注意を行わず，解雇より軽い懲戒処分を検討していない場合につき，解雇の相当性を欠くものとして無効と判断した例がある[*173] 一方，そうした軽度の措置を講じた場合の解雇について相当性を肯定した例がある[*174]。また，中途採用ジョブ型社員や上級管理職については，専門的能力の発揮や高度の成果を挙げることが契約内容となっていることから，事前の注意・指導や配転・懲戒等を講ずることなく解雇を行った場合も相当性は否定されない（870頁参照）[*175]。

&プアーズ・レーティング・ジャパン事件（＊155），前掲・メルセデス・ベンツ・ファイナンス事件（＊125），前掲・山崎工業事件（＊139），前掲・IHI事件（＊152），前掲・近畿車輛事件（＊136），前掲・産業と経済・やまびこ投資顧問事件（＊134）。

[*172] 前掲・高知放送事件（＊95），前掲・源吉兆庵事件（＊146）。他方，特に粗暴な言動を繰り返す労働者の解雇については，他の労働者の処分との公平の観点からも社会通念上の相当性が肯定される（前掲・株式会社Y事件［＊102］）。

[*173] 前掲・西武バス事件（＊170），カーマン事件・大阪地決平成6・5・30労判652号30頁，前掲・アルパック販売事件（＊113），レスメド事件・東京地判令和3・4・14ジャーナル116号50頁，前掲・近鉄住宅管理事件（＊11）。前掲・芝ソフト事件（＊129）は，業務命令違反（職務経歴書提出拒否）の解雇事由該当性を肯定しつつ，解雇は重きに失するとして無効と判断している。

[*174] 前掲・アドバネット事件（＊145）は，使用者が職場規律違反を繰り返す従業員に対して面談等により注意指導し改善を促し，改善が見られないため部署を異動させ，規律違反について譴責処分を行い，その後も解雇猶予の旨の警告書を発しながら勤務を継続させ，在宅勤務まで容認した事案について解雇の相当性を肯定している。ほぼ同旨，前掲・建設会社S事件（＊145），前掲・日経BPアド・パートナーズ事件（＊152），使用者が解雇の可能性を示唆しつつPIPを実施したケースとして，前掲・アクセンチュア事件（＊136），合意退職を打診したケースとして，前掲・TO事件（＊111）。

[*175] 前掲・メルセデス・ベンツ・ファイナンス事件（＊125），前掲・アスリーエイチ事件（＊119），前掲・ドイツ証券事件（＊119），前掲・パタゴニア・インターナショナル・インク

理論的には，二元説（859頁）の立場からは，軽度の措置・処分の履行は解雇の客観的合理的理由の段階（解雇回避努力義務）で判断すべきものであり，これを社会通念上の相当性の段階で考慮することには疑問がある[*176]。

(オ) **使用者の対応**　雇用関係においては，使用者の対応が労働者を非違行為に走らせ，解雇に至ることも多く，この点も解雇権濫用の原因となる。裁判例では，長期にわたる出勤命令拒否を理由とする解雇につき，その原因の大半は労働者の職場復帰をめぐる使用者側の不適切な対応にあったとして解雇権の濫用と判断した例[*177]，営業社員の成績不良を理由とする解雇につき，その原因は，上司から依頼された公金横領者捜索への協力等によるストレスによる体調不良にあると認めて解雇権濫用とした例[*178]，業務上負傷を理由とする解雇につき，本件事故が会社の業務に起因して発生し，従業員が労災給付を受けていたところ，症状固定の約1か月後に解雇を行ったことについて相当性を否定した例[*179]，解雇理由とされた非違行為から長期間経過後に行われた解雇について解雇権濫用を認めた例[*180]がある。一方，使用者側の対応に問題があるケースでも，労働者の解雇事由が重大な場合は解雇権濫用は否定される[*181]。

また，労働者側に能力不足・職務懈怠等の解雇事由が存在するにもかかわらず，使用者が解雇をいったん控え，当事者合意による円満退職を追求した場合は，社会通念上の相当性を肯定する方向に働く事情として考慮される[*182]。

　　事件（*114），前掲・Zemax Japan事件（*92），前掲・欧州連合事件（*130）。会議出席の指示を固執的に拒否する大学教員につき，前掲・新潟科学技術学園事件（*152）。

[*176]　同旨，伊良原・前掲論文（*86）314頁。

[*177]　聖仁会事件・横浜地決平成10・2・9労判735号37頁。

[*178]　千代田生命保険事件・東京地判平成9・10・28労判748号145頁。懲戒解雇に関してであるが，性同一性障害の労働者による女装出勤の申出に対し，会社が何らかの対応を示す姿勢を示さないまま服務義務違反として性急に解雇したことについて解雇としての相当性を欠くとして無効と判断した例もある（S社［性同一性障害者解雇］事件・東京地決平成14・6・20労判830号13頁）。

[*179]　前掲・東京キタイチ事件（*106）。

[*180]　前掲・公益財団法人神奈川フィルハーモニー管弦楽団事件（*116）。

[*181]　前掲・敬愛学園事件（*161）は，教員の学園批判行為の一因となった同人の解雇につき，同人を排除しようとして性急にされた憾みがあるとしつつも，非違行為の重大性に鑑み解雇権濫用を否定している。

[*182]　前掲・トライコー事件（*85）。また，前掲・プラウドフットジャパン事件（*124），前掲・日本ベリサイン事件（*121）は，使用者が配転・職種転換によって解雇を回避したことを，解雇権濫用を否定する事情として考慮し，前掲・岡畑興産事件（*136）は，使用者が解雇を避けて労働者を再雇用しようとしていたにもかかわらず，労働者側の非違行為によって交渉が決裂したことを重視して解雇権濫用を否定し，前掲・カール・ハンセン＆サンジャパン事

(2) 解雇手続

解雇手続は，労働組合との間の集団的手続（協議・合意），解雇対象労働者との間の個別的手続（解雇理由の説明，事情聴取・弁明機会の付与等）と，労基法上の手続に分かれる[*183]。

(ｱ) **労働組合との協議** 労働協約上の解雇協議・同意条項は，規範的効力（労組16条）を有するので（239頁），協議等を十分履行しないまま行われた解雇は無効となる。すなわち，協約上の協議・同意手続の履行は，解雇の独自の有効要件に位置する[*184]。解雇協議条項によっていかなる程度の労使協議が求められるかは，個々の協約規定の解釈によって定まるが，一般的には，単なる付議や意見聴取では足りず，当該解雇について誠意をもって十分に審議することを要する。したがって，使用者が協議に全く応じない場合[*185] はもとより，応じた場合も一方的に方針を述べるに終始したり，解雇に固執して組合の意見に耳を貸さない場合は解雇無効となる[*186]。しかし，組合が解雇絶対反対の態度をとって協議に応じなければ，使用者が協議を断念して解雇を行っても協議義務違反とならない[*187] し，協議・交渉が行き詰まり，進展の見込みがない段階で打ち切った場合も同様である[*188]。

(ｲ) **解雇対象労働者との間の手続** 従来，労基法上の手続（解雇予告制度[20条・21条。848頁，解雇理由の証明（22条）]）は別として，解雇対象労働者に対する解雇理由の説明や非違行為解雇（職務懈怠・職場規律違反・不正行為等）に

件（*108）は，疾病労働者の解雇につき，会社が労働者の要望に応じて解雇時期を遅らせたことを考慮して社会通念上の相当性を肯定している。

[*183] 解雇が法人理事会の付議事項とされているケースでは，当該理事会決議の有効性が手続的要件となる（前掲・NPO法人H事件［*149］）。

[*184] 解雇協議・同意条項が協約の規範的部分に当たることを否定する立場にあっても，同条項違反の解雇は解雇権濫用として無効とされる（菅野＝山川1050頁）。

[*185] 石原産業事件・大阪地判平成22・9・24労判1018号87頁。

[*186] 大阪フィルハーモニー交響楽団事件・大阪地判平成元・6・29労判544号44頁。

[*187] 池貝鉄工事件・最判昭和29・1・21民集8巻1号123頁。

[*188] 前掲・上田事件（*155）。協約上の解雇同意条項についても，使用者が労働組合の同意を得るべく誠意をもって交渉しない場合は同意条項違反となるが（ロイヤル・インシュアランス・パブリック事件・東京地決平成8・7・31労判712号85頁），そうした努力を尽くしたにもかかわらず，組合が同意を拒否した場合は同意条項違反が否定される（三州海陸運輸事件・神戸地決平成8・6・11労判697号33頁）。このほか，タクシー乗務員の事故隠ぺいを理由とする解雇につき，乗務員が事故を起こした場合に事故調査委員会を開催すべきことが労働協約上規定されているにもかかわらず，開催されていないことを手続上の瑕疵と評価する裁判例もある（前掲・東京エムケイ事件［*11］）。

係る事情聴取・弁明の機会の付与といった手続は，必ずしも重視されてこなかった[*189]。これは，解雇権濫用の有無が解雇の客観的合理的理由および社会通念上の相当性という実体的要件（労契16条）を重視して判断されてきたことによるものと思われる（大内209頁参照）。しかし，解雇（普通解雇）が労働者に多大な不利益をもたらすことを考えると，このような解釈態度は適切でない。特に懲戒と比較すると，懲戒の場合は，懲戒対象労働者に対する事情聴取・弁明の機会の付与が独立の要件とされていること（666頁）と大きく乖離する状況にあるところ，こうした状況の下では，解雇が雇用の喪失という点で懲戒（懲戒解雇・諭旨解雇を除く）以上に労働者に重大な不利益を及ぼすにもかかわらず，かえってその要件を緩和されるというアンバランスが生じ，適切でない。

したがって，普通解雇についても，解雇対象労働者に対する解雇理由の説明や，非違行為解雇に係る弁明の機会の付与を原則的要件と解すべきである。これは，信義則（労契3条4項）および労働契約内容の理解促進の責務（同4条1項）に基づく手続的要件であり，使用者がこの手続を履行しない場合，他の要素と相まって，解雇の社会通念上の相当性（狭義の解雇権濫用［同16条］）の判断に影響する重要な要素となると考えるべきである[*190]。

裁判例も，近年は，使用者が解雇対象労働者に対する解雇理由の説明を行い，本人の事情聴取・弁明の機会を与えたか否かを重視する例が増えている。たとえば，教員の成績評価の誤りを理由とする解雇につき，使用者は教員の処分のみを考え，教員が求めていた話合いや釈明の機会を与えないまま解雇に至ったとして解雇権濫用を肯定した例（前掲・松陰学園事件［*114］），社会福祉法人職員の適格性欠如を理由とする解雇につき，本人の事情聴取や口頭注意等の措置を何ら講ずることなく行ったとして解雇権濫用を肯定した例[*191]，医師の問題行動を理由とする解雇（契約期間途中解雇）につき，解雇理由とされた具体的事実を示さず，弁明機会を一切与えていないことから，手続面における解雇の相当性が大きく減殺されると判断した例[*192]等がある。一方，能力不足を理由と

[*189] 典型例として，湯川胃腸病院事件・大阪地決平成6・11・8労判664号14頁，前掲・三井リース事業事件（*120）。
[*190] 同旨，白石・前掲論文（*69）752頁。
[*191] 社会福祉法人さくら事件・神戸地姫路支判平成14・10・28労判844号67頁。
[*192] 国立A医療研究センター事件・東京地判平成29・2・23労判1180号99頁。解雇理由の説明の不備について手続的瑕疵を認めた例として，前掲・ジェイ・ウォルター・トンプソン・ジャパン事件（*114）。

する解雇や非違行為解雇について，使用者が解雇理由の説明や解雇に係る事情聴取・弁明の機会を提供していることを理由に解雇手続の履行を認め，解雇権濫用を否定する理由と解する裁判例も複数見られる[*193]。ある学説[*194]が説くように，解雇権の規制を企業の行為規範として定着させるべきとの観点からは，解雇対象労働者との間の個別的解雇手続をより重視すべきであろう[*195]。

(ウ) **解雇理由の証明**　a) **意 義**　労基法上の解雇手続としては，解雇予告制度（20条・21条。848頁）に加え，1998年・2003年の労基法改正により，解雇理由の証明の規制が強化された。すなわち，①労働者が解雇によって退職する場合，解雇の理由について証明書を請求した場合は，使用者は遅滞なくこれを交付しなければならない（22条1項）。また，②解雇予告がなされた日から退職の日までの間において，労働者が解雇理由の証明書を請求した場合も同様である。ただし，労働者が解雇予告日以降に解雇以外の理由によって退職した場合は，退職日以降は交付を要しない（同条2項）。解雇理由の明示によって不当解雇を抑制するとともに，解雇に関する労使の自主的解決を促進することを目的としている。「解雇理由」としては，当該解雇の根拠規定および事実関係を具体的に記載する必要があり，就業規則上の解雇事由該当性を理由に解雇する場合は，就業規則の当該条項および当該条項に該当するに至った事実関係を記載しなければならない（平成15・12・26基発1226002号）。

b) **効 果**　まず，労働者が労基法22条によって請求したにもかかわらず，使用者が解雇理由を明示しなかった場合の解雇の効力については，解雇無効に直結しないにせよ，手続上の重大な瑕疵として解雇権濫用の一理由となるものと解される。

[*193] 日本エマソン事件・東京地判平成11・12・15労経速1759号3頁，前掲・プラウドフットジャパン事件（＊124），前掲・産業と経済・やまびこ投資顧問事件（＊134），前掲・医療法人社団A事件（＊150），前掲・欧州連合事件（＊130）等。

[*194] 大内208頁は，労働法理論を裁判規範ではなく企業の行為規範として機能させるべきとの観点（大内7頁）から解雇手続を重視し，解雇回避措置に関する企業の誠実説明が行われれば，解雇の社会的相当性を肯定すべきと説く。私見は，もとよりここまで徹底する立場ではない。

[*195] 近年には，解雇手続として，解雇事由該当行為に係る事前警告その他の手続の有無を重視する裁判例も見られる。解雇有効判断例として，前掲・三菱UFJモルガン・スタンレー証券事件（＊164［事前警告が行われたことを重視］），前掲・ネクスト・イット事件（＊114［事前警告がない場合の解雇を有効と判断］），前掲・山崎工業事件（＊139［事前の始末書提出と再調査が行われたことを重視］），解雇無効判断例として，前掲・東京キタイチ事件（＊106［配転に向けた協議が行われていないことを重視］）等がある。

また，使用者が解雇理由を明示した場合は，その理由に拘束され，後から他の解雇理由（解雇当時認識していなかった事実，単に解雇理由としなかった事実）を追加主張することはできないと解される。この点，普通解雇については従来，懲戒（665頁）と異なり，そうした追加主張も許されると解されてきた[*196]が，この点は，22条の改正によって修正され，使用者が同条によって解雇理由を明示した場合は，その理由に拘束されると考えるべきである[*197]。

3　解雇の効果[*198]

(1) 解雇の無効

　解雇は形成権の行使であるから，解雇の意思表示がなされれば，法定の予告期間（労基20条）を経て労働契約は当然に終了する。労働者が解雇の効力を争わない場合，または争っても解雇が正当とされた場合は，労働契約は有効に終了することになる。これに対して，解雇の正当性が否定されれば，当該解雇は無効となる。すなわち，合理的理由を欠き社会通念上相当と認められない解雇は，「その権利を濫用したものとして，無効とする」（労契16条）。この解雇無効の理論が解雇権濫用規制のもう一つの重要な側面である（854頁）。もともと権利濫用の効果は，権利行使の無効に必然的に結びつくものではなく，解雇権濫用についても，解雇自体は有効としつつ，使用者に損害賠償責任を認めるという法的処理もありうるが，日本では，解雇権濫用の効果を解雇無効に求める法的処理が定着し，解雇法制に継承された[*199]。

[*196]　マルヤタクシー事件・仙台地判昭和60・9・19労判459号40頁，前掲・上田事件（*155)，前掲・T社事件（*134)。解雇は懲戒と異なり，労働契約を解約したいという意思表示である（解雇理由は解雇権行使の動機にすぎない）から，解雇当時にその理由が客観的に存在していれば足り，非認識事実といえども解雇理由として追加主張できるというのが理由である。最近でも，前掲・パタゴニア・インターナショナル・インク事件（*114)，前掲・Zemax Japan事件（*92)。類型別実務II 393頁参照。

[*197]　同旨，荒木350頁等。ただし，この場合も，普通解雇の理由は「職務不適格」等の理由の証明で足りるので，当該理由を基礎づける事実が後に判明すれば，その追加主張は可能である。また，証明理由以外の解雇理由が重大な場合は，それに基づく予備的解雇を行うことも妨げられない（菅野＝山川769頁）。反対，注釈労基・労契(1) 300頁［皆川宏之］。

[*198]　解雇の効果については，和田肇「不当解雇の効果と紛争解決」解雇と退職の法務313頁，山本陽大「解雇の救済方法」争点82頁，渡邊容子「解雇後の中間収入，再就職した際の取扱い」労働関係訴訟II 842頁，村主幸子「違法解雇の効果」同834頁参照。

[*199]　解雇無効の法的処理が定着した背景としては，様々な点が考えられるが，特に，日本の長期雇用システムの下では，転職が容易でないため，不当解雇の救済として原職復帰（復職）を認める必要があり，そのためには解雇を無効としておく必要がある（解雇有効のままでは復

解雇無効の理論によれば，解雇が無効と判断された場合，解雇の一方的意思表示にもかかわらず，労働契約は解約されないまま有効に存続していたものとして扱われる。そこで裁判所は，労働者が労働契約上の権利を有する地位（従業員たる地位）にあることを確認する判決を下す。また，より迅速な救済手段として，地位保全の仮処分や，本案判決に至るまで賃金相当額を仮に支払うよう命ずる賃金仮払仮処分が用いられることも多い（山川・紛争処理法173頁以下参照）。加えて，2004年成立の労働審判法により，迅速かつ事案の実情に即した解雇紛争の司法的解決が行われることが期待される【10-9】。

以上に対し，労働者は，解雇が無効とされても，使用者に対して現実に就労させること（職場復帰）まで求めることは原則としてできない。労働契約上の就労請求権（労働受領義務）が原則として否定されている（190頁）ため，現実の就労を求める請求は否定されるのである[*200]。

【10-9】 **労働法コンプライアンスと法的リスク管理――解雇の承認** 使用者は，解雇訴訟において，労働者が解雇を承認したとして争うことがある。たとえば，解雇の意思表示の後に，労働者が解雇予告手当や退職金を受領し，または解雇の効力を争わない旨の念書や退職届を提出した場合である。しかし，解雇は使用者による労働契約の一方的解約告知（形成権の行使）であるから，労働者の承認が解雇の効力に影響を及ぼすことはなく，労働者の承認によって無効な解雇が有効な解雇に転換することはない。ただし，当事者間の交渉において，解雇の意思表示に合意解約の申込みが含まれ，それに対する労働者の承諾がなされたと認められれば，合意解約による労働契約の終了が認められることがある。たとえば，労働者が任意に退職届を提出したり，解雇に異議をとどめることなく解雇の条件とされた賃金・賞与を受領した場合が典型である[*201]。

職は認められない）との考慮が働いたことが考えられる（土田・前掲論文［*94］43頁参照）。
[*200] 就労請求権を否定する最近の裁判例として，ブルームバーグ・エル・ピー事件・東京地判平成27・5・28労判1121号38頁，ジャコス事件・東京地判平成27・7・15ジャーナル44号26頁がある。前者は，前掲・ブルームバーグ・エル・ピー事件（*113）の解雇無効判決の確定後における復職条件をめぐる紛争の過程で新たに行われた解雇訴訟につき，当該解雇を無効と判断した上，使用者が解雇無効判決確定後も労働者を職場に復帰させなかったことについて，就労請求権を否定し，不法行為の成立を否定している。裁判例の動向については，191頁も参照。
[*201] シャネル事件・東京高判平成8・3・27判時1567号140頁。同旨，旭オリエント事件・東京地判平成27・9・10ジャーナル47号64頁。ただし，裁判例は，合意解約の認定には慎重であり，労働者が解雇予告手当を返金している場合（前掲・日東精機事件［*151］）はもとより，解雇通知や予告手当を受領しつつも，解雇には承服できない旨を主張し，会社も解雇撤回

(2) 解雇と賃金

(ア) 概説 解雇が無効と判断された場合の賃金請求権の存否は，労務の履行が不能となった場合の反対給付請求権（危険負担）の問題（民536条）となる。すなわち，解雇が無効とされた場合，解雇期間中は労働契約が存続していることになるが，実際には使用者の就労拒否によって労務は提供されていないため，労働義務は履行不能となる。そして，この履行不能は，不当解雇によって就労を拒絶した側（使用者）の帰責事由によって生じているため，労働者の反対給付（賃金）請求権が肯定される（同条2項。321頁）。この点は，判例法理として確立されているが[202]，解雇の有効性判断が微妙で，使用者が解雇相当と判断したことに無理からぬ点があったと判断される例外的なケースでは，使用者の帰責事由が否定されることがありうる[203]。

なお，解雇期間中の賃金請求権の発生要件としては，被解雇労働者が使用者における就労の意思と能力を有していることが求められる（私見は疑問を抱いている［325頁］）ところ，労働者が解雇期間中に他企業で就労して収入を得ている場合に上記要件の充足を肯定しうるか否かについては裁判例は分かれるが，被解雇労働者が解雇後に生活の維持のため他企業で就労することは就労の意思と矛盾するとはいえないから，原則として肯定すべきであろう[204]。

の意思はない旨応答していたケースでは，本文の①・②から合意解約の成立を否定している（前掲・マルヤタクシー事件［＊196］，前掲・サン石油事件［＊91］）。また，前掲・ジェー・ピー・モルガン・チェース・バンク・ナショナル・アソシエーション事件（＊117）は，使用者が，労働者が解雇から相当期間（約2年半）経過後に解雇に関する労働審判を申し立てたとして行った解雇の承認の主張を斥けている。

[202] 清心会事件・最判昭和59・3・29労判427号17頁。最近では，前掲・石原産業事件（＊185），前掲・クレディ・スイス証券事件（＊117），ドリーム事件・東京地判平成29・6・16ジャーナル71号39頁，前掲・コーダ・ジャパン事件（＊113），前掲・アイドママーケティングコミュニケーション事件（＊116），前掲・ノキアソリューションズ＆ネットワークス事件（＊114），前掲・柏涛会事件（＊141），奈良学園事件・奈良地判令2・7・21労判1231号56頁，ストーンエックスフィナンシャル事件・東京地判令3・4・26ジャーナル114号28頁，前掲・ダイワクリエイト事件（＊134），前掲・PASS-I-ONE事件（＊80），前掲・しのぶ福祉会事件（＊2），前掲・水産業協同組合A事件（＊106）等多数。

[203] 菅野＝山川771頁。裁判例として，えびす自動車事件・東京地判令元・7・3ジャーナル93号34頁参照。

[204] 注釈労基・労契(2) 516頁［山下昇］参照。同旨裁判例として，前掲・コーダ・ジャパン事件（＊113），前掲・新日本建設運輸事件（＊141［他企業において解雇前以上の収入を得ている場合も，直ちに就労の意思を喪失したとはいえないと判断］），前掲・グローバルマーケティングほか事件（＊13［他企業への再就職により直ちに就労の意思を喪失したとはいえないと判断］），前掲・新時代産業事件（＊19［解雇前に他の派遣会社に人材派遣登録したことによ

(イ) **賃金請求権の範囲**　解雇期間中の賃金請求権の範囲は，当該労働者が解雇されなかったならば得られたであろう賃金（遡及賃金）の合計額となる。これは基本給，諸手当，賞与などから成るが，裁判例は個々の事案に即して，最も蓋然性の高い基準を用いて賃金額を算出している。そこでたとえば，解雇以前の勤務状況・成績が平均的であれば，賃金額は出勤率100％を前提に算出され*205，また，名称が「勤務手当」「期末手当」「役付調整手当」等であっても，基本給を補充する確定的賃金であれば，100％含まれる*206。一方，時間

り直ちに就労の意思を喪失したとはいえないと判断］），前掲・大央事件（＊11［同］），前掲・大尊製薬事件（＊153［個人事業主として仕事に従事していることにより直ちに就労の意思を喪失したとはいえないと判断］），前掲・バンデホテルズ事件（＊19［勤務シフトに係る使用者の誤った説明を前提に退職合意を行ったことから，当該勤務に係る就労意思を喪失したとはいえないと判断］），前掲・NPO法人関西七福神グループ事件（＊137［一定時期まで肯定］），前掲・パチンコ店経営会社A社事件（＊160），R&L事件・東京地判令和5・12・1労経速2556号23頁，佐賀大学事件・福岡地判令和5・12・12ジャーナル147号30頁（大学教員［医師］が解雇後，他病院にて非常勤医師として勤務しているものの，研究・教育と臨床を両立できる教授職への復職を真摯に希望し続けていると判断）。

これに対し，前掲・東京エムケイ事件（＊11）は，他企業への勤務によって就労意思を喪失したと判断し，SEEDS事件（東京地判平成29・5・25ジャーナル73号42頁）は，会社が応訴しない態度を示していることを理由に就労意思を喪失したと判断し，前掲・エヌアイケイ事件（＊141）は，起業によって解雇前を上回る収入を得るようになった時点で就労意思を喪失したと判断する（類似事案として，前掲・宮田自動車商会事件［＊1］）が，前二者の判断には疑問がある。

*205　西日本アルミニウム工業事件・福岡高判昭和55・1・17労判334号12頁。同旨，前掲・社会福祉法人さくら事件（＊191），前掲・東京エムケイ事件（＊133［離職票記載の基本賃金を基礎に算定］），ジャストリース事件・東京地判平成24・5・25労判1056号41頁，前掲・ヴイテックプロダクト事件（＊137），金蘭会学園事件・大阪高判平成26・10・7労判1106号88頁，前掲・サン石油事件（＊91），前掲・日本アイ・ビー・エム[1]事件（＊114），同[2]事件（＊114），同[5]事件（＊114），前掲・東京キタイチ事件（＊106），長坂自動車教習所事件・甲府地判平成28・12・6ジャーナル61号29頁，VERDAD事件・東京地判令和元・10・30ジャーナル97号34頁，前掲・大阪市北区医師会事件（＊117），前掲・日東精機事件（＊151），前掲・ノキアソリューションズ＆ネットワークス事件（＊114），前掲・柏濤会事件（＊141），前掲・尾崎織マーク事件（＊48），前掲・奈良学園事件（＊202），前掲・スミヨシ事件（＊117），前掲・岡崎機械工業事件（＊114），前掲・水産業協同組合A事件（＊106）。プルデンシャル生命保険事件（東京地判平成29・10・13ジャーナル72号34頁）は，歩合制基本給について過去5年間の平均歩合給総額を算出し，前掲・アルバック販売事件（＊113）は，査定部分につき，平均的なC査定に基づいて算出している。また，定年退職後の賃金請求権については，蓋然性が認められないとして遡及賃金から除外される（前掲・みずほビジネスパートナー事件［＊113］）等。

*206　ホクェツ福井事件・名古屋高金沢支判平成18・5・31労判920号33頁，前掲・蓬莱の会事件（＊147），明浄学院事件・大阪地判令和2・3・26ジャーナル101号24頁，前掲・大阪市北区医師会事件（＊117），前掲・柏濤会事件（＊141）。休職期間満了後の退職扱いに係る賃金

外・休日出勤を含む平均賃金額の主張については，使用者は時間外・休日労働を命ずるべき義務はないことから否定される[*207]。一方，昇給については，使用者の査定と意思表示によって請求権が発生するため（333頁），遡及賃金から除外されるが，一定の要件の充足に基づく当然昇給が予定された部分（年齢給分の昇給等）は遡及賃金に含まれる[*208]。

　賞与についても，会社業績と本人業績を勘案し，使用者の支給の意思表示を経て支給されている場合は，遡及賃金の範囲から除外されるが[*209]，賞与が会社の査定を経ることなく確定金額として成立している場合は遡及賃金に含まれる[*210]。賞与が固定部分と査定部分から構成されている場合は，前者についてのみ遡及賃金に算入する例と，双方含めて解雇直前の賞与額を遡及賃金に算入する例が見られる[*211]。現実の就労を前提に支払われる手当（通勤手当・出張手

　　請求権につき，タカゾノテクノロジー事件・大阪地判令和2・7・9労判1245号50頁。前掲・フジタ技研事件（*141）は，役職手当につき，使用者の帰責事由を肯定して賃金請求を肯定している。

[*207]　前掲・石原産業事件（*185）。同旨，東亜外業事件・神戸地判平成25・2・27労判1072号20頁，協親交通事件・大阪地判平成25・6・7ジャーナル18号5頁，前掲・ジェー・ピー・モルガン・チェース・バンク・ナショナル・アソシエーション事件（*117），前掲・ホクエツ福井事件（*206），前掲・長坂自動車教習所事件（*205），前掲・蓬莱の会事件（*147），前掲・スミヨシ事件（*117）。

[*208]　トーコー事件・東京地判平成16・3・1労判885号75頁，大乗淑徳学園事件・東京地判令和元・5・23ジャーナル89号20頁等。

[*209]　前掲・カジマ・リノベイト事件（*136），前掲・トーコー事件（*208），前掲・本庄ひまわり福祉会事件（*146），前掲・クラブメッド事件（*117），前掲・医療法人徳洲会事件（*169），アストラゼネカ事件・東京地判平成29・10・27ジャーナル72号30頁，前掲・セント・ジュード・メディカル事件（*113），前掲・東京キタイチ事件（*106），前掲・大阪市北区医師会事件（*117），前掲・滋賀学園事件（*141）。前掲・ストーンエックスフィナンシャル事件（*202）も参照。ただし，この種のケースでも，賞与を解雇直近の支給額より減額すべき事情がないとして，解雇直近の支給額と同額の賞与請求権を肯定する例もある（前掲・日本アイ・ビー・エム[1]事件［*114］，同[2]事件［*114］），前掲・新生フィナンシャル事件（*151），前掲・日本アイ・ビー・エム[5]事件（*114）。

[*210]　前掲・明治ドレスナー・アセットマネジメント事件（*155），前掲・セント・ジュード・メディカル事件（*113），前掲・日本アイ・ビー・エム[1]事件（*114），同[2]事件（*114），同[5]事件（*114），前掲・サン石油事件（*91），前掲・大乗淑徳学園事件（*208），前掲・明浄学院事件（*206），前掲・奈良学園事件（*202），前掲・三井倉庫ロジスティクス事件（*114）。

[*211]　前者は，セント・ジュード・メディカル事件（*113），後者は，前掲・日本アイ・ビー・エム[1]事件（*114），同[2]事件（*114）。社内の確定拠出年金に加入していない従業員については，その拠出額相当分を賞与とともに支払うべきものとされている場合は，当該拠出額相当分も遡及賃金に含まれる（前掲・日本アイ・ビー・エム[1]事件，同[2]事件）。

当・残業手当）は、原則として遡及賃金から除外される*212。

　(ｳ)　**中間収入の控除**　　問題となるのは、労働者が解雇期間中に他の職に就いて収入を得ていた場合に、使用者はこの中間収入を労働者に支払うべき賃金額から控除できるかである。この点、判例は、債務者は債務の履行不能により自己の債務を免れたことによって得た利益を債権者に償還すべき義務を定める民法536条2項後段に従い、控除を肯定している（あけぼのタクシー事件）*213。

　もっとも、判例は、中間収入について全額の利益償還を認めているわけではない。すなわち、解雇期間中の就労不能は、「使用者の責に帰すべき事由による休業」として休業手当請求権（労基26条）を発生させるので（327頁）、解雇期間中の賃金のうち、平均賃金（同12条）の6割に達するまでの部分については利益償還の対象とすることはできないとされる（前掲・あけぼのタクシー事件［*213］）。こうして労働者は、解雇期間中の平均賃金の6割までは遡及賃金の支払を保護されるとともに、その額を超える賃金については利益償還の対象とされることになる。その上で、判例は、休業手当が平均賃金を算定基礎とすることから、中間収入が平均賃金の4割を超える場合は、使用者はさらに平均賃金の算定基礎とならない一時金を控除できると判断している。ただし、賃金から控除できる中間収入は、その発生期間が賃金の支給対象期間と時期的に対応していることを要し、ある期間を対象として支給される賃金とは異なる期間内に得た収入を控除することは許されない。なお判例によれば、これらの控除は償還請求の方法によることなく、遡及賃金から直接控除すること（遡及賃金と

---

*212　梅檀学園事件・仙台地判平成9・7・15労判724号34頁、前掲・スミヨシ事件（*117）、前掲・岡崎機械工業事件（*114）、前掲・水産業協同組合A事件（*106）。一方、就業規則上、一律支給とされている住宅手当は遡及賃金に算入される（前掲・トーコロ事件［*208］）、前掲・ホクエツ福井事件（*206）、前掲・長坂自動車教習所事件（*205）、前掲・フジタ技研事件（*141）。

*213　最判昭和62・4・2労判500号14頁。同旨、社会福祉法人いずみ福祉会事件・最判平成18・3・28労判933号12頁、前掲・石原産業事件（*185）、みくに工業事件・長野地諏訪支判平成23・9・29労判1038号5頁、前掲・ピジョン事件（*19）、前掲・東京エムケイ事件（*11）、前掲・コネクレーンズ事件（*117）、Vet'sコンサルティング事件・大阪地判令和元・6・6ジャーナル92号38頁、前掲・コーダ・ジャパン事件（*113）、前掲・新日本建設運輸事件（*141）、前掲・奈良学園事件（*202）、前掲・新時代産業事件（*19）、前掲・PASS-I-ONE事件（*80）、ゼリクス事件・東京地判令和4・8・19ジャーナル134号44頁、前掲・バンデホテルズ事件（*19）、前掲・NPO法人関西七福神グループ事件（*137）、前掲・岡崎機械工業事件（*114）、前掲・水産業協同組合A事件（*106）等。解雇期間における他社就労の事実を否定して中間収入控除を否定した例として、前掲・ズッカ事件（*146）、前掲・Sparkle事件（*151）。渡邉・前掲論文（*198）842頁参照。

の相殺）も許され，これは賃金全額払の原則（同24条）違反とならない。

この判例法理については，「巧妙な創造的な解釈」として支持する見解が有力であるが（菅野＝山川772頁以下），利益償還制度の観点からは，中間収入の全額を一律に利益償還の対象と解する点への疑問も生じうる[*214]。

(3) 解雇と不法行為

解雇が不当と認められる場合，解雇の無効（労働契約上の地位の確認と賃金支払）に加えて，違法な解雇として不法行為（民709条）を成立させることがある。解雇は，労働者から雇用機会を奪うとともに，その名誉・信用を侵害するなど多大な精神的苦痛を与えることから，この点が問題となる。もっとも，正当な理由のない解雇が直ちに不法行為を成立させるわけではなく，不法行為の成否については，故意・過失，権利侵害，損害の発生，因果関係といった成立要件を個々に検討する必要がある[*215]。

[*214] すなわち，民法536条2項後段が定める利益償還制度は，債務者が自己の債務を免れたことと，利益を得たこととの間の相当因果関係を要件としており，これは本来，危険負担制度の趣旨（債務の履行不能に伴う損害の債権者・債務者間における公平な分配）を踏まえて個別的・実質的に判定すべきものである。そこでたとえば，労働者が不当な解雇によって劣悪な労働条件・職場環境の下での就労を余儀なくされた場合に，そこから得た賃金（中間収入）の全額が就労（債務）免除との間で相当因果関係に立ち，償還の対象となるものとは解し難い。すなわち，当該労働の内容，労働条件，就職の動機，解雇による精神的不利益等も相当因果関係に影響する要因となると解した上，個々の事案に即して，中間収入のどの部分が解雇により就労を免れたことと相当因果関係にあるかを判定し利益償還の割合的認定を図るべきである。この結果，解雇前後の職種・労働条件の違いや労働者の精神的苦痛に照らして，償還額を4割以下とすべきケースもあると考えられる。盛誠吾「違法解雇と中間収入」一橋論叢106巻1号(1991)30頁，和田・前掲論文（*198）319頁，山本・前掲解説（*198）82頁も参照。

[*215] 前掲・三枝商事事件（*154）。同旨，レイズ事件・東京地判平成22・10・27労判1021号39頁，甲総合研究所取締役事件・東京地判平成27・2・27経速2240号13頁，シュプリンガー・ジャパン事件・東京地判平成29・7・3労判1178号70頁等。一方，解雇権濫用により無効と判断された解雇について直ちに不法行為と評価する裁判例も相当数見られる（前掲・○法律事務所事件［*158］，前掲・日鯨商事事件［*141］，学校法人村上学園事件・東京地判平成24・7・25労判1060号87頁等）。他方，解雇が無効と判断されて地位確認請求および解雇期間中の賃金請求が認容されることによって精神的苦痛は慰謝されるとして不法行為が否定されることもある（荒木362頁参照）。裁判例として，トーコロ事件・東京地判平成6・10・25労判662号43頁，静岡第一テレビ事件・静岡地判平成17・1・18労判893号135頁，クレディ・スイス証券事件・東京地判平成23・3・18労判1031号48頁，前掲・日本助産師会事件（*141），前掲・解雇無効地位確認請求事件（*151），伊東商事事件・大阪地決令和元・12・20ジャーナル96号66頁，前掲・東京キタイチ事件（*106），前掲・柏涛会事件（*141），アンドモワ事件・東京地判令和3・12・21労判1266号74頁等。村主・前掲論文（*198）834頁参照。

裁判例では，使用者が何ら問題を起こしていない労働者を唐突に解雇し，地位保全仮処分の後も就労拒否を継続したケース[*216]，合理性を欠く配転を拒否した労働者を拙速に解雇したケース[*217]，内部通報を行った労働者に対する報復目的の解雇[*218]，解雇すべき理由がないにもかかわらず，敢えて解雇権濫用に当たる解雇を行ったケース[*219] など，解雇が著しく相当性を欠くケースや，HIV に感染した労働者に対し，感染の判明直後に解雇を通告する（前掲・HIV感染者解雇事件［*169］），育児休業から復帰後の従業員に対し，およそ受け入れ難いような職務等を提示しつつ退職勧奨を行った後，均等法9条3項および育児・介護休業法10条に違反する解雇を実行するケース（前掲・シュプリンガー・ジャパン事件［*215］）等の雇用差別的な解雇について不法行為が肯定されている[*220]。また，解雇が有効とされても，その事実を取引先や従業員に通告することは，公然事実の摘示によって労働者の名誉を毀損する行為に当たるとして不法行為とされる[*221]。

[*216] 恵城保育園事件・高松地丸亀支判平成3・8・12労判596号33頁。同旨，前掲・ジェイ・ウォルター・トンプソン・ジャパン事件（*114），前掲・日鯨商事事件（*141），前掲・滋賀学園事件（*141）等。

[*217] 前掲・三枝商事事件（*154），日本ワールドエンタープライズ事件・東京地判平成28・9・23 ジャーナル57号16頁。

[*218] 諭旨解雇事例であるが，骨髄移植推進財団事件・東京地判平成21・6・12労判991号64頁。東京自転車健康保険組合事件・東京地判平成18・11・29労判935号35頁も参照（労働者が労働条件の不利益変更に反対して外部機関に相談したことを契機とする整理解雇のケース）。

[*219] 豊榮建設従業員事件・大津地彦根支判令和元・11・29労判1218号17頁（代表取締役につき民法709条，会社につき会社法350条），前掲・ビュッヒ事件（*28），前掲・株式会社Y事件（*20），ビッグモーター事件・水戸地判令和5・2・8 ジャーナル140号2頁。

[*220] 他方，解雇を無効としつつ不法行為を否定した例として，学校法人尚美学園事件・東京地判平成24・1・27労判1047号5頁（教員の経歴秘匿を理由とする解雇につき，教員にも批判されるべき点があると判断）。前掲・芝ソフト事件（*129 ［労働者の非違行為等を理由とする解雇につき，同人にも一定の非違行為があることから，使用者が解雇事由の欠如を承知しながら解雇に及んだとは認められないと判断），前掲・ドラッグマガジン事件（*151），前掲・蓬莱の会事件（*147 ［職員の服務規律違反を理由とする解雇を無効としつつ，職員にも問題があるとして不法行為を否定］），前掲・パナソニックアドバンストテクノロジー事件（*146 ［解雇について不法行為を基礎づけるほどの違法性はないと判断］），前掲・摂津産業開発事件（*141 ［使用者が解雇理由として行為の一部は存在した等として違法性を否定］），前掲・スミヨシ事件（*117 ［労働者にも帰責事由があると判断］），前掲・大尊製薬事件（*153 ［労働者の損害は賃金請求により塡補されると判断］），前掲・近鉄住宅管理事件（*11 ［労働者にも解雇事由該当行為が存在すると判断］）。

[*221] 東京貨物社［解雇］事件・東京地判平成12・11・10労判807号69頁，前掲・クレディ・スイス証券事件（*117），小市モータース事件・東京地判令和3・4・13 ジャーナル114号40頁。前掲・日本アイ・ビー・エム[1]事件（*114），同[2]事件（*114）は，会社が解雇

問題は，解雇が不法行為とされた場合の財産的逸失利益の取扱いである。従来の裁判例の多くは，解雇が無効とされた場合，労働者は賃金請求権を失わない（891頁）ため，賃金相当額の損害（逸失利益）は生じていないとして，労働者の精神的損害に対する慰謝料の支払に限定してきた*222。しかし，近年には，労働者が地位確認請求・賃金請求に代えて，違法な解雇がなければ得られたであろう賃金相当額を逸失利益として不法行為による損害賠償を請求するケースが増えている。この点，裁判例は，解雇を不法行為と解した上，賃金相当額についても一定の範囲で解雇との間の相当因果関係を認め，逸失利益と評価する傾向にある*223。逸失利益の範囲については，再就職に必要な期間を目処におおむね3か月～6か月分の賃金相当額を逸失利益として認定する例が多い*224。解雇紛争の変化に即応した法的処理として妥当と解される（菅野＝山川775頁）【10-10】。

なお，解雇に起因する不法行為責任としては，使用者（法人）の不法行為責任（民709条）のみならず，取締役の任務懈怠に基づく損害賠償責任（会社429条1項）も生じうる。労働災害の民事責任（702頁）等とともに，労働事件にお

予告とともに労働者を職場から退去させ，出社を禁止したことにつき，会社が情報システムに関わる業務を行う企業であり，被解雇者の職場でも機密情報が扱われているところ，解雇を予告して対立状態となった当事者は機密情報を漏洩するおそれがあり，しかも，いったん漏洩すると被害の回復は困難である等として不法行為を否定している。

*222 吉村など事件・東京地判平成4・9・28労判617号31頁，テーダブルジェー事件・東京地判平成13・2・27労判809号74頁，前掲・蓬萊の会事件（*147），前掲・パナソニックアドバンステクノロジー事件（*146），前掲・レスメド事件（*173）。慰謝料請求の認容例として，わいわいランド事件・大阪高判平成13・3・6労判818号73頁，前掲・O法律事務所事件［*158］，前掲・東京自転車健康保険組合事件（*218）等。否定例として，カテリーナビルディング事件・東京地判平成15・7・7労判862号78頁，前掲・ジャストリース事件（*205），学校法人杉森学園事件・福岡地判平成27・7・29ジャーナル45号44頁，前掲・永和・長谷川製作所事件（*155），前掲・ゼリクス事件（*213）等。

*223 前掲・三枝商事事件（*154）は，労働者が解雇後，使用者に対して解雇予告手当支払を行った時点で当該使用者の下で就労する意思を喪失したとして賃金請求権の喪失を認めつつ，違法な解雇によって本来得られたはずの賃金請求権を喪失したものと解し，再就職に必要な期間（3か月分）の賃金相当額を逸失利益として認定している。

*224 前掲・わいわいランド事件（*222［6か月分］），インフォーマテック事件・東京高判平成20・6・26労判978号93頁（6か月分），前掲・三枝商事事件（*154［3か月分］），前掲・日鯨商事事件（*141［3か月分］），前掲・甲総合研究所取締役事件（*215［3か月分］），スマートグリッドホーム事件・東京地判令和2・12・21ジャーナル109号20頁（3か月分），ネオユニット事件・札幌高判令和3・4・28労判1254号28頁（4か月～6か月分）等。山本・前掲解説（*198）82頁参照。

ける会社法429条1項の重要な適用場面（39頁）となりつつある*225。

【10-10】 不当解雇の効果の再検討──解雇の金銭救済制度*226　　(1) 概　説

前記のとおり，不当解雇の効果としては，解雇の金銭救済制度が問題となる（859頁）。特に，上記のとおり，不当に解雇された労働者が職場復帰を断念して賃金相当額の損害賠償を求めるケースが増えていることや，実際の紛争処理の場面（労働審判，都道府県労働局・労働委員会によるあっせん）でも，金銭解決によって終了するケースが多いこと*227から，解雇の救済の場面では，法（雇用保障規範）と実務（金銭解決）が乖離している。このため，解雇の金銭救済制度を認めるべきか否かが立法政策上の課題とされてきた。

　この点，日本における解雇の金銭救済制度は，解雇訴訟において解雇が無効と判断されることを前提に，使用者による一定の金銭支払を条件に労働契約の解消を申し立てる権利を当事者に認める制度（事後型の金銭救済制度）として構想されてきた（労働契約法制報告書［53頁］参照）。そして，2017年，厚生労働省「透明かつ公正な労働紛争解決システム等の在り方に関する検討会」報告書が公表された。同報告書は，解雇が客観的合理的理由を欠き，社会通念上相当と認められないこと（解雇権の濫用）を理由に，裁判所が使用者に対して一定額の労働契約解消金の支払を命ずる制度（事後型の金銭救済制度）を選択肢の一つとして検討している。また，2018年以降，解雇の金銭救済制度に係る法技術的な論点について整理することを目的に，「解雇無効時の金銭救済制度に係る法技術的論点に関する検討会」が組織され，2022年4月，その報告書が公表されている。

　(2) 考　察　　こうした解雇の事後型金銭救済制度については賛否両論があ

---

*225　A式国語教育研究所事件・東京高判平成26・2・20労判1100号48頁（ただし，解雇については，解雇が合理的理由を欠くことについての悪意を否定して損害賠償責任を否定），前掲・甲総合研究所取締役事件（＊215［解雇について損害賠償責任を肯定］），前掲・ネオユニット事件（＊224［ただし傍論］）。

*226　解雇の金銭救済制度については，山本陽大『解雇の金銭解決制度に関する研究──その基礎と構造をめぐる日・独比較法的考察』（労働政策研究・研修機構・2021）が基本文献である。また，本文で紹介する検討会報告書や私見とは別に，「完全補償ルール」という全く新たな金銭解決制度を提案する見解がある（大内伸哉＝川口大司編著『解雇規制を問い直す』［有斐閣・2018］，大内213頁）。これは，解雇を「許されうる解雇」と「許されない解雇」（差別的解雇等）に区分した上，前者について解雇無効ルール（労契16条）の適用を否定し，その代わり，使用者が負担すべき雇用終了コストとして完全補償ルール（解雇による生涯所得の低下分の補償）の導入を提案する。このルールによる補償額は，現在の金銭解決基準を大きく上回るものとなり得るが，他方，解雇の正当性（客観的合理的理由等）は問題とならず（要件面の変化），解雇の救済方法は金銭救済に限定される（効果面の変化）ことになる。

*227　この点については，労働政策研究・研修機構編『日本の雇用終了──労働局あっせん事例から』（労働政策研究・研修機構・2012）参照。

るが，私は，不当解雇に直面した労働者に対する救済手段の多様化という観点から導入すべき立法政策であると考える[*228]。すなわち，一般論としては，解雇の効果は，解雇無効＋労働契約上の地位確認＋労働契約の継続（復職）が１次的ルールであり，金銭解決は，それが期待困難な場合の２次的ルールに位置するが，同時に，このルールを全面的に排斥する必要はない。特に，上述した解雇紛争処理の実情を踏まえれば，不当解雇に直面した労働者の法的救済手段を多様化し，救済の実効性を高める意味で，事後型の金銭救済制度の導入を検討する時機が到来していると考える。金銭救済制度のメリットとしては，不当解雇について地位確認や復職を求めず，金銭救済によるリセットの救済を求める労働者に対して適切な額の金銭救済を提供できる点が挙げられる。労働者（特に若手・中堅労働者）の意識は変化しているのであり，自らを解雇した企業に固執することなく，転職・起業等によってキャリア形成を行う人々にとって，金銭救済制度は重要な意義を有する。また，労働審判やあっせんにおける金銭解決が労使間合意を前提とするのに対し，当事者間合意を要することなく裁判所が判決において適切な水準による労働契約解消金の支払を命ずることで金銭救済を行うという点も，労働者に対して新たな選択肢を提供するものとして積極的に評価できる。

　解雇の金銭救済制度の正当化根拠は，労働者の自己決定の尊重および不当解雇を行った使用者への制裁機能に求められる。すなわち，解雇の金銭救済制度の目的は，不当解雇に直面した労働者の救済手段の多様化という点に求められるところ，労働者が雇用保障原理による救済（地位確認→職場復帰）を選択せず，金銭支払によるリセットの救済を選択した場合は，当該選択を行った労働者の決定を尊重すべきである。また，解雇の金銭救済制度は，使用者が不当な解雇の結果，労働者に職場復帰を断念させたことへの制裁としての性格を有するとともに，社会的に不当な解雇を防止する機能を有すると解される。

　解雇の金銭救済制度の制度設計については，労働者の選択（自己決定）に相応しい内容・水準を備えた制度として設計することが必須という観点から，以下のように考える。

　①金銭救済制度の申立権者については，労働者の救済手段の多様化という制度目的の観点からも，実質的対等の理念（労働者の自己決定の尊重）という金銭救済制度の正当化根拠の観点からも，労働者に限定すべきであり，使用者申立制度を認めるべきではない。②対象となる解雇としては，普通解雇・雇止めのほか，労基法等の法令が禁止する解雇・各種法令が禁止する差別的解雇も含むとするのが多数説であるが，差別的解雇を対象とすることについては疑問がある。差別的解雇の禁止は，労働者の雇用保障のみを保護法益としているわけではなく，より公

[*228] 私見については，土田道夫「解雇の金銭救済制度について――『雇用保障』と『自己決定』の視座を踏まえて」季労259号（2017）2頁参照。

序性の高い価値（雇用平等原理）を保護法益としているため、労働者の自己決定および使用者に対する制裁によって正当化することは困難と考えるからである。

③金銭救済請求権の要件については、ⓐ解雇がなされていること、ⓑ解雇が客観的合理的な理由を欠き、社会通念上相当と認められないこと、ⓒ労働者が使用者に対し、労働契約解消金の支払を求めていることの3点で必要十分であり、ドイツ法のように、「労働者にとっての労働契約継続の期待不可能性」要件を加重することは、制度の適用範囲を限定する結果をもたらすことから適切でない。

④労働契約解消金は、金銭救済制度において特に規定された債権（法定債権）であり、不法行為に基づく損害賠償金（民709条）ではなく、また、解雇期間中の遡及賃金（バックペイ＝民536条2項。891頁）からも峻別されるべきものである。労働契約解消金の法的性格については、労働契約を解消することの代償と考えるべきであり、本来であれば労働契約（雇用）を継続できたにもかかわらず、不当解雇（濫用解雇）によって継続できなくなったことから将来に向けて発生する損害への代償（将来分の補償）と考えられる。併せてそれは、解雇自体に係る精神的損害の塡補（慰謝料相当金）および使用者に対する制裁金という性格も有すると解される。⑤労働契約解消金の水準に関する具体的考慮要素としては、ⅰ年齢・勤続年数、ⅱ雇用管理区分、ⅲ経済的損失の程度、ⅳ精神的損害の程度、ⅴ解雇の不当性の程度が挙げられる。⑥労働契約解消金の下限・上限の水準については、金銭救済を選択した労働者の自己決定に相応しい内容・水準を備える必要があり、また、労働契約解消金が使用者の不当解雇によって労働契約を継続できなくなったことの代償を意味するという観点に立って検討すべきである。

⑦労使間合意による労働契約解消金の設定は有意義であるが、その受け皿は労働協約に限定すべきである。⑧金銭救済請求権の効果としては、裁判所が解雇について解雇権濫用と判断して使用者に労働契約解消金の支払を命じ、使用者が解消金を支払うことによって労働契約が終了する。これは、実定法に労働契約の新たな終了事由が規定されることによるものであり、法定終了事由を意味する。

以上に対し、解雇の金銭救済制度に消極的な立場からは、その政策的当否に関して、ⓐ使用者申立を認めた場合、不当解雇を誘発する、ⓑ申立権者を労働者に限定しても、なお「不当解雇をしても金銭で解決できる」とのモラルハザードが発生するため、不当解雇を誘発する、ⓒ解雇の金銭救済はすでに行われており不要である、ⓓ労働審判において現に行われている柔軟な解決を阻害し、紛争解決を硬直させる等の指摘が行われている。また、ⓔ金銭救済制度の法的正当性については、同制度の正当化根拠として説かれる労働者の職場復帰の困難性に対しては金銭救済ではなく、就労請求権（190頁）の立法化で対処すべきであるとの反論が行われている。特にⓔは重要であり、上述した「法と実務の乖離」の状況についても、労働者の就労請求権を肯定し、その職場復帰を法的に実現することで、

実務(解雇の金銭解決)を法規範(雇用保障規範)に合致させることが重要との主張には傾聴すべきものがある。

前掲「解雇無効時の金銭救済制度に係る法技術的論点に関する検討会」報告書は、①金銭救済制度の骨格について、事後型の金銭救済制度を念頭に置いて、形成権構成および形成判決構成を提示した上、②権利の法的性質等(ⅰ対象となる解雇・雇止め、ⅱ形成権の発生要件・形成判決の形成原因、ⅲ権利行使の方法、ⅳ債権発生の時点、ⅴ権利行使の意思表示の撤回等、ⅵ権利放棄、ⅶ相殺・差押えの禁止、ⅷ権利行使期間、ⅸ権利の消滅等、ⅹ解雇の意思表示の撤回)、③労働契約解消金の性質、④労働契約解消金と遡及賃金・不法行為による損害賠償・退職金債権との関係、⑤労働契約解消金の具体的内容(算定方法・考慮要素、上限・下限、労使合意による別段の定め等)、⑥有期労働契約における契約期間中の解雇・雇止めに係る考え方等について整理している。もとより法技術的論点の検討は重要であるが、雇用保障規範と金銭救済制度の関係性・金銭救済制度の正当性および就労請求権の立法政策についても、引き続き議論を深める必要がある。

第5節 整理解雇

1 整理解雇の意義[*229]

整理解雇とは、使用者が経営不振の打開や経営合理化を進めるために、人員削減を目的として行う解雇をいい、雇用調整を目的とする解雇である。整理解雇は、労働者側に帰責事由がないにもかかわらず行われる解雇であり、この点でその他の普通解雇(本章第4節)と決定的に異なる。こうして、整理解雇は、一般の解雇以上に厳格な法規制に服することになる。事業の縮小や閉鎖自体は

[*229] 整理解雇については、藤原稔弘「整理解雇法理の再検討」大内=大竹=山川編・前掲書(*69) 149頁、西谷敏「整理解雇判例の法政策的機能」ジュリ1221号(2002) 29頁、土田道夫[判解]百選[7版] 170頁、基コメ労基・労契430頁[荒木]、奥野寿=原田登「整理解雇裁判例の分析」神林龍編『解雇規制の法と経済』(日本評論社・2008) 117頁、吉川昌寛「整理解雇」労働関係訴訟の実務363頁、早田尚貴「整理解雇」労働関係訴訟Ⅱ 775頁、城塚健之「整理解雇」労働判例精選142頁参照。なお、4要件による整理解雇の厳格規制は、日本の長期雇用システムの下では、整理解雇された労働者の不利益が特に著大となるとの考慮を背景に形成されたものと考えられる(この点を明言する裁判例として、東洋酸素事件・東京高判昭和54・10・29労判330号71頁、千代田化工建設事件・東京高判平成5・3・31労判629号19頁)。

企業が自由になしうるが（営業の自由＝憲 22 条 1 項），それが解雇（整理解雇）に至ると，雇用保障の観点から解雇規制が行われるのである*230。

整理解雇は，経営困難や不振を理由とするタイプ（危機回避型）と，経営困難に陥る前の段階で，経営合理化や競争力強化を目的に事業部門を廃止・縮小し，余剰人員を解雇するタイプ（戦略的合理化型）に分かれる【10-11】。

一般に，整理解雇は，就業規則上の解雇事由である「やむを得ない事業上の都合による場合」等の規定に基づいて行われるが，この解雇事由該当性の判断に際しては，解雇権濫用法理を基礎とする 4 要件説が判例法理として確立されてきた。4 要件とは，①人員削減の必要性があること，②使用者が整理解雇回避のための努力を尽くしたこと（解雇回避努力義務），③被解雇者の選定基準および選定が公正であること，④労働組合や労働者に対して必要な説明・協議を行ったこと，の 4 点をいう。1970 年代の石油ショック後の不況時における企業の雇用調整をモデルにしたものといわれている。解雇権濫用規制（労契 16 条）が確立された今日では，整理解雇の 4 要件は，同条所定の解雇の要件を具体化する意味をもつことになる。整理解雇が 4 要件（4 要素）を満たさない場合は，解雇権の濫用として無効となる（同条）*231。

近年の裁判例では，整理解雇の 4「要件」を 4「要素」と解する裁判例が増えている*232。4 要件説の場合，4 要件すべてを満たさないと解雇無効となる

---

*230 同旨，日本通信事件・東京地判平成 24・2・29 労判 1048 号 45 頁。

*231 社会保険庁事件（大阪地判平成 27・3・25 ジャーナル 41 号 2 頁）は，国家公務員（社会保険庁職員）の分限免職処分（国公 78 条 4 号）の取消請求につき，整理解雇法理は労働契約における解雇権濫用法理に基礎を有し，国家公務員に適用する基礎を欠くと判断しつつ，上記分限免職処分が被処分者に帰責事由がないにもかかわらず行われる免職であることを理由に，同処分を回避するために努力すべき任命権者の義務（分限回避義務）を肯定し，部分的に整理解雇法理を摂取した判断を行っている（結論は，義務の履行を肯定して適法と判断）。国・愛媛社会保険事務局長事件・高松高判平成 30・12・17 ジャーナル 85 号 38 頁も参照。

*232 前掲・ナショナル・ウエストミンスター銀行［第 3 次仮処分］事件（*86），ワキタ事件・大阪地判平成 12・12・1 労判 808 号 77 頁，労働大学事件・東京地判平成 14・12・17 労判 846 号 49 頁，コマキ事件・東京地決平成 18・1・13 判時 1935 号 168 頁，宝林福祉会事件・鹿児島地判平成 17・1・25 労判 891 号 62 頁，山田紡績事件・名古屋高判平成 18・1・17 労判 909 号 5 頁，ジャパンエナジー事件・東京地決平成 15・7・10 労判 862 号 66 頁，前掲・東京自転車健康保険組合事件（*218），泉州学園事件・大阪高判平成 23・7・15 労判 1035 号 124 頁，前掲・みくに工業事件（*213），アクセルリス事件・東京地判平成 24・11・16 労判 1069 号 81 頁，前掲・東亜外業事件（*207），淀川海運［控訴］事件・東京高判平成 25・4・25 労経速 2177 号 16 頁，日本航空［客室乗務員・控訴］事件・東京高判平成 26・6・3 労経速 2221 号 3 頁，学校法人専修大学事件・札幌高判平成 27・4・24 ジャーナル 42 号 52 頁，前掲・学校法人杉森学園事件（*222），日本航空事件・大阪高判平成 28・3・24 労経速 2320 号 3 頁，前

のに対し，4要素説によれば，整理解雇の効力は4要素の総合判断となり，ある要素が欠けても解雇有効となりうるため，解雇規制の緩和として機能する。ただし実際には，4要素説によっても，各要素のそれぞれに大きな問題があるケースでは，それだけで解雇無効とされており（前掲・ワキタ事件［＊232］），4要件説との間にそれほど大きな違いはない[233]。

なお裁判例では，4要素説をアレンジして，整理解雇の判断要素を就業規則上の解雇事由該当性の要素と把握した上，これを①～③に求めつつ，④の説明・協議（整理解雇の手続）を解雇の判断要素から除外し，狭義の解雇権濫用（社会通念上の相当性）の判断に影響する要素にとどまると解する判断が有力となっている[234]。この見解の眼目は，整理解雇に関する主張立証責任の配分にあり，①～③については，解雇権濫用の評価障害事実として使用者が主張立証責任を負うのに対し，④については，権利濫用の評価根拠事実として，労働者側が主張立証責任を負うと説く[235]。解雇の要件を，解雇事由該当性と解雇権

掲・尾崎織マーク事件（＊48），新井鉄工所事件・東京地判平成30・3・29労経速2357号22頁，前掲・大乗淑徳学園事件（＊208），前掲・明浄学院事件（＊206），前掲・奈良学園事件（＊202），前掲・ストーンエックスフィナンシャル事件（＊202），前掲・ネオユニット事件（＊224），ユナイテッド・エアーラインズ事件・東京高判令和3・12・22労判1261号37頁，前掲・アンドモワ事件（＊215），コスモバイタル事件・東京地判令和4・3・2ジャーナル126号40頁，前掲・ゼリクス事件（＊213），HES事件・東京地判令和4・12・7ジャーナル135号60頁，リビングエース事件・大阪地判令和5・2・3ジャーナル138号34頁，クレディ・スイス証券事件・東京高判令和5・1・25労経速2525号26頁（最決令和5・8・3労経速2525号24頁で確定），カーニバル・ジャパン事件・東京地判令和5・5・29労経速2545号3頁，西南学院事件・福岡地判令和6・1・19ジャーナル145号2頁，クレディ・スイス証券事件・東京高判令和6・1・25ジャーナル147号22頁など多数。

＊233　前掲・ワキタ事件（＊232［解雇回避努力義務の欠如を重視］），前掲・労働大学事件（＊232［被解雇者選定の相当性の欠如を重視］），ビー・エム・シー・ソフトウェア事件・大阪地判平成22・6・25労判1011号84頁（人員削減の必要性・解雇回避努力義務の欠如を重視），前掲・東亜外業事件（＊207［解雇回避努力義務の不十分さ・被解雇者選定の相当性の欠如を重視］）。この点を指摘する学説として，山川268頁，基コメ労基・労契430頁［荒木］，奥野＝原・前掲論文（＊229）126頁，前掲・尾崎織マーク事件（＊48［解雇回避努力義務の欠如，説明・協議の不十分さを重視］），前掲・大乗淑徳学園事件（＊208［解雇回避努力義務の欠如，説明・協議の不十分さを重視］），前掲・奈良学園事件（＊202［解雇回避努力義務の欠如，被解雇者選定の相当性の欠如，説明・協議の不十分さを重視］），前掲・ストーンエックスフィナンシャル事件（＊202［解雇回避努力義務の欠如，被解雇者選定の相当性の欠如を重視］），前掲・アンドモワ事件（＊215［説明・協議の不十分さを重視］）等。

＊234　先例は，前掲・東洋酸素事件（＊229）。同旨，ゼネラル・セミコンダクター・ジャパン事件・東京地判平成15・8・27労判865号47頁，前掲・コマキ事件（＊232），前掲・東京自転車健康保険組合事件（＊218），前掲・日本通信事件（＊230），前掲・ジャストリース事件（＊205）等。学説として，山川・紛争処理法212頁以下。1170頁参照。

濫用の判断に分けて考える本書の立場（二元説。859頁）からは，理論的に妥当な見解と評価できるし，主張立証責任の配分の点にも問題はない。

【10-11】 **整理解雇の概念**　整理解雇は，①企業の存続を前提に，②複数労働者を対象として，③企業全体の経営状況の悪化を理由として行われることが多い。しかし，このうち②・③は整理解雇の必須の要素ではなく，整理解雇は「経営上の理由によって余剰人員を排斥するための解雇」として幅広く定義すべきである。
　③については，事業の一部の廃止等に伴う解雇（戦略的合理化型）が整理解雇であることに疑いはない。また②については，たとえ1名の解雇であっても，それが経営上の理由に基づく余剰人員の解雇であれば，整理解雇と解すべきである（人員整理が一段落した後に，なお目標未達として1名を解雇する場合）。また，最初から1名の労働者を解雇する場合や，出向先企業の閉鎖を理由に特定労働者を解雇する場合も，上記概念を満たす限りは整理解雇として扱うべきである*236。

2　整理解雇の4要素

(1)　人員削減の必要性

整理解雇の第1の要素は，人員削減（余剰人員の排斥）の必要性があることである。人員削減を行う経営上の必要性もないのに労働者を解雇することが許されないことは当然である。

　㈎　**危機回避型**　まず，危機回避型における人員削減の必要性については，かつては，人員削減をしなければ当該企業が倒産必至となるという状況を要すると説く立場が見られた*237。しかし，近年の裁判例はそこまで要求せず，高度の経営上の必要性から人員削減が要請されるという状況で足りると解してい

---

*235　前掲・ゼネラル・セミコンダクター・ジャパン事件（*234），前掲・コマキ事件（*232），前掲・東亜外業事件（*207），前掲・根岸倶楽部事件（*92）等。山川・紛争処理法213頁，基コメ労基・労契434頁［荒木］，吉川・前掲論文（*229）364頁参照。

*236　1名の労働者の解雇を整理解雇と扱った裁判例として，前掲・みくに工業事件（*213），前掲・ジャストリース事件（*205），前掲・HES事件（*232）。出向先の閉鎖に伴う解雇については，チェース・マンハッタン・バンク事件（東京地判平成4・3・27判時1425号131頁）が，整理解雇としての取扱いに消極的な判断を示しており，疑問がある。また，メガカリオン事件（東京地判令和2・11・24ジャーナル110号40頁）は，従業員をセンター長として採用しておきながら，半年も経過しないうちにセンターの廃止を理由として業務を取り上げて解雇したことにつき，信義に反する解雇として無効と判断しており，それ自体は妥当であるが，整理解雇として処理することも可能なケースと解される。

*237　大村野上事件・長崎地大村支判昭和50・12・24労判242号14頁。最近でも，前掲・ジェイ・ウォルター・トンプソン・ジャパン事件（*114）。

る*238。また,「高度の経営上の必要性」の内容についても,使用者の経営判断を基本的に尊重し,経営実態に立ち入って仔細に審査する態度を控える裁判例が少なくない*239。

　もっとも,近年には,厳しい雇用情勢や雇用の多様化(非典型労働者の増加)を反映してか,使用者が人員整理の必要性が明らかに乏しいまま整理解雇を強行したのに対して,裁判所が実質的審査を行い,厳しい判断を示す例が増えている。すなわち,会社が黒字を維持するなど,財政状況に問題がないにもかかわらず人員整理を強行したケース*240,使用者が整理解雇前後,それと明らかに矛盾する行動をとったケース(解雇後の正社員の新規採用*241,賃金引上げや残業の増加*242),正社員や専任教員など人件費の高い労働者を整理解雇しつつ,より人件費の低い労働者(派遣社員・請負社員,非常勤講師)を新規採用したケース*243,経営不振を脱却するための部門閉鎖と人員整理の必要性はあるものの,当該部門の全従業員を解雇する必要性が認められないケース*244 で人員削減の必要性が否定されている。人員削減の必要性について経営判断が尊重されるとはいえ,使用者が著しく安易な経営判断に依拠して整理解雇を行ったり,人員削減と矛盾する行動を採っている場合に削減の必要性が否定されることは当然である。これに対し,顕著な債務超過や利益率の低下が続くなど,高度の

---

*238　前掲・東洋酸素事件(＊229),前掲・千代田化工建設事件(＊229),大阪暁明館事件・大阪地決平成7・10・20労判685号49頁等。

*239　前掲・東洋酸素事件(＊229),池貝鉄工事件・横浜地判昭和62・10・15労判506号44頁,前掲・東亜外業事件(＊207),前掲・日本通信事件(＊230),前掲・ジャストリース事件(＊205),前掲・新井鉄工所事件(＊232),前掲・ユナイテッド・エアーラインズ事件(＊232)等。

*240　前掲・マルナカ興業事件(＊141),前掲・アクセルリス事件(＊232),前掲・奈良県猟友会事件(＊141),前掲・バークレイズ証券事件(＊117),ニューアート・テクノロジー事件・東京地判令和4・3・16ジャーナル127号42頁,前掲・リビングエース事件(＊232),前掲・根岸倶楽部事件(＊92)参照。

*241　オクト事件・大阪地決平成13・7・27労判815号84頁,塚本庄太郎商店事件・大阪地判平成14・3・20労判829号79頁,前掲・ホクエツ福井事件(＊206),前掲・アクセルリス事件(＊232),前掲・ヴィテックプロダクト事件(＊137),前掲・尾崎織マーク事件(＊48),前掲・明浄学院事件(＊206)。

*242　ヴァリグ事件・東京地判平成13・12・19労判817号5頁。

*243　前掲・みくに工業事件(＊213[派遣社員等の採用]),前掲・泉州学園事件(＊232[非常勤講師の採用]),前掲・明浄学院事件(＊206)。

*244　前掲・山田紡績事件(＊232),ザ・キザン・ヒロ事件・東京高判平成25・11・13労判1090号68頁。大学教員につき,前掲・大乗淑徳学園事件(＊208),前掲・奈良学園事件(＊202),前掲・ゼリクス事件(＊213)。

経営危機が明らかな場合*245 は，人員削減の必要性が肯定される。

　(イ)　**戦略的合理化型**　　戦略的合理化型の整理解雇は，企業全体では黒字経営を維持しつつ，経営合理化や競争力強化の目的で行われる解雇であり，企業全体では緊急の必要性が乏しいことから，人員削減の必要性を否定する考え方もありうる。しかし，裁判例はやはり使用者の経営判断を尊重し，特定部門等の閉鎖・縮小に伴う人員削減の必要性を肯定している。その先例となった裁判例は，人員削減の必要性を「企業の合理的運営上やむをえない必要」と緩やかに解し，それ以上に厳しい要件の設定を避けている*246。他方，外資系企業が米国本社から経費削減の指示を受けて一部事業所を縮小するのに伴い整理解雇を行ったケースでは，企業全体で黒字を維持し，他の事業所で新たに人員を募集していることから，人員削減の必要性が否定されている*247。当然の判断といえよう。

---

*245　前掲・大阪暁明館事件（*238），三井石炭鉱業事件・福岡地判平成4・11・25労判621号33頁，前掲・東亜外業事件（*207），前掲・淀川海運［控訴］事件（*232），前掲・学校法人専修大学事件（*232），弁護士法人法律事務所MIRAIO事件・東京地判平成27・9・18ジャーナル46号35頁，全日本手をつなぐ育成会事件・東京地判平成29・8・10労経速2334号3頁，前掲・ストーンエックスフィナンシャル事件（*202），前掲・HES事件（*232），ジャパンホリデートラベル事件・大阪地判令和4・12・15ジャーナル133号34頁，前掲・カーニバル・ジャパン事件（*232）。

*246　たとえば，前掲・ナショナル・ウエストミンスター銀行［第3次仮処分］事件（*86）は，戦略的合理化型（部門閉鎖）の整理解雇に関して，リストラ等の高度な事業戦略に関する企業の経営判断を尊重すべきことを強調する。前掲・東洋酸素事件（*229），北海道交通事業協同組合事件・札幌地判平成12・4・25労判805号123頁，前掲・日本通信事件（*230），前掲・新井鉄工所事件（*232），マイラン製薬事件・東京地判平成30・10・31労経速2373号24頁，前掲・大阪市北区医師会事件（*117），前掲・ユナイテッド・エアーラインズ事件（*232），前掲・ネオユニット事件（*224），前掲・クレディ・スイス証券事件・東京高判令和5・1・25（*232），前掲・クレディ・スイス証券事件・東京高判令和6・1・25（*232）等参照。

*247　前掲・ビー・エム・シー・ソフトウェア事件（*233）。なお近年には，外資系企業が性急に行った整理解雇について人員整理の必要性を否定する裁判例が増えている（前掲・ゼネラル・セミコンダクター・ジャパン事件［*234］，ジ・アソシエーテッド・プレス事件・東京地判平成16・4・21労判880号139頁，前掲・バークレイズ証券事件［*117］等）。外資系企業といえども，日本の労働法の適用を受ける以上，十分な必要性もなく整理解雇を行うことが許されないことは当然である。他方，前掲・ストーンエックスフィナンシャル事件（*202）は，米国親会社から繰り返し経費削減・人件費削減要求が行われたことを，人員削減の必要性を肯定する方向に働く事情として考慮し，前掲・カーニバル・ジャパン事件（*232）は，新型コロナウイルスの集団感染が発生したクルーズ船を運航する外国会社の子会社が行った整理解雇につき，親会社から人件費を50％削減するよう要請され，会社としてはこれに応じるほか組織を存続させる手段はなかったとして人員削減の高度の必要性を肯定している。

(ウ) **人員削減の必要性の判断基準時**　人員削減の必要性の判断基準時については，人員削減策策定の時点か，それとも最終的な整理解雇時点かが問題となる。裁判例は分かれるが*248，人員削減の必要性が整理解雇の有効性判断の1要素を成すものである以上，その判断基準時は解雇時点に置くべきであろう。最近は，解雇時点と解する裁判例が増えている*249。

(エ) **人員削減の必要性に係る判断対象**　人員削減の必要性については，整理解雇を行った企業が親会社・関連会社等と密接な企業グループを形成している場合に，当該企業単体を対象として判断すべきか，当該企業グループ全体を対象として判断すべきかが問題となる。この点については，法人格否認の法理（95頁）が適用されるケースはもとより，親子会社間に同法理が適用されるほどの支配性がなくても，実質的関連性が高い場合は，基本的に当該企業単体を判断対象としつつ，グループ全体の財務状況も考慮して判断すべきであろう（グループ他社の存在は，出向・転籍等の解雇回避努力義務の段階でも考慮される）。

この点，最近の裁判例（前掲・ユナイテッド・エアーラインズ事件［*232］）は，グローバルに展開する航空会社グループ中の1社による整理解雇につき，解雇を実行した企業単体で判断しているが，企業単体で判断するとしながら，人員削減の必要性に係る具体的判断においては，全世界的な規模での経済合理性等の観点からする運行会社の経営判断を尊重して判断すべきと述べ，企業グループ全体の状況を企業側に有利に考慮しており，適切でない。

---

*248　人員削減の必要性の判断基準時を人員削減策策定時点に置く裁判例として，前掲・日本通信事件（*230），前掲・東亜外業事件（*207），前掲・日本航空［客室乗務員・控訴］事件（*232）等があり，最終的な解雇時点に置く裁判例として，前掲・千代田化工建設事件（*229），イセキ開発工機事件・東京地判平成15・12・22労判870号28頁，前掲・みくに工業事件（*213），前掲・泉州学園事件（*232），前掲・東京自転車健康保険組合事件（*218），前掲・ジャストリース事件（*205），日本航空［運航乗務員・控訴］事件・東京高判平成26・6・5労経速2223号3頁，前掲・金蘭会学園事件（*205）等がある。最近は，解雇時点と解する裁判例が増えている。

*249　前掲・日本航空［運航乗務員・控訴］事件（*248［ただし，*299参照］），淀川海運事件・東京地判平成23・9・6労経速2177号22頁，前掲・奈良学園事件（*202），前掲・尾崎織マーク事件（*48），前掲・明浄学院事件（*206），前掲・大乗淑徳学園事件（*208），前掲・ネオユニット事件（*224），前掲・バークレイズ証券事件（*117），前掲・ユナイテッド・エアーラインズ事件（*232），前掲・アンドモワ事件（*215），前掲・ゼリクス事件（*213），前掲・ジャパンホリデートラベル事件（*245）等。

(2) 解雇回避努力義務

(ア) 概　説　　整理解雇の第2の要素は，使用者が整理解雇を回避するための努力を尽くしたこと（解雇回避努力義務）であり，4要素の中心に位置する。すなわちここでは，人員削減の手段として解雇を選択することの必要性・合理性が要件となる。もともと解雇については「最後の手段の原則」が妥当し，ここから解雇回避努力義務が生ずるが（860頁），整理解雇の場合，労働者に帰責事由のない解雇であることから，この義務が特に重要となる。

解雇回避努力義務の内容としては，新規採用の停止，役員報酬のカット，昇給の停止，賞与の減額・停止，時間外労働の削減，非正規従業員の雇止め，一時帰休，希望退職者の募集，配転・出向などがあり，使用者は，解雇より不利益性の少ないこれら措置を真摯に講ずるべき義務を負う[*250]。したがって，使用者が何ら回避措置を講ずることなく，漫然と整理解雇の手段に訴えることは許されない[*251]。一方，使用者は，解雇回避措置を機械的に履行することを求められるわけではなく，客観的に見て期待可能な範囲で解雇回避措置を行う義務を負う（期待可能性の原則）。すなわち，使用者は，企業が置かれた具体的な状況の中で，解雇を回避すべく最大限努力することを求められるのである。

(イ) 昇給停止・役員報酬カット　　整理解雇に先立って，経営責任を負う役員の報酬をカットしたり，事情に応じて一般従業員の昇給・賞与の停止や賃金カットを実施することは，解雇回避努力義務の一内容を成し，その不履行は整理解雇の無効原因となる[*252]。

[*250]　前掲・日本通信事件（*230）。

[*251]　あさひ保育園事件・最判昭和58・10・27労判427号63頁。同旨，前掲・Vet'sコンサルティング事件（*213），前掲・ニューアート・テクノロジー事件（*240），前掲・ゼリクス事件（*213），前掲・リビングエース事件（*232），前掲・パチンコ店経営会社A社事件（*160）。

[*252]　大申興業事件・横浜地判平成6・3・24労判664号71頁，前掲・マルナカ興業事件（*141），前掲・日本通信事件（*230［高額の役員報酬の見直しをしなかったケース］），高田製鋼所事件・大阪高判昭和57・9・30労判398号38頁，前掲・ビー・エム・シー・ソフトウェア事件（*233），前掲・ジャストリース事件（*205［賃金カット等の解雇回避措置を講じなかったケース］），前掲・学校法人杉森学園事件（*222［賃金カット・希望退職者募集等の解雇回避措置を講じなかったケース］），前掲・奈良学園事件（*202［賃金引下げ措置を講じなかったケース］），前掲・明浄学院事件（*206［解雇対象者を含む教員の賃金引下げ措置を講じなかったケース］），前掲・ストーンエックスフィナンシャル事件（*202［解雇対象者本人の賃金引下げ措置を講じなかったケース］），前掲・リビングエース事件（*232［高額の役員報酬の見直しをしなかったケース］）。

(ウ) **希望退職者の募集** 人員整理に際しては，解雇に先立って希望退職者の募集が行われるのが通例である。希望退職者募集は，割増退職金等を伴う退職の誘導によって人員の削減を可能とし，また労働者の選択を介在する方策であることから，有効な解雇回避措置といいうる。したがって，希望退職募集を経ない整理解雇は，解雇回避努力の履行を否定されやすい[253]。ただし近年には，整理解雇が企業再建・事業存続の手段でもあることを考慮して，希望退職者募集について，期待可能性の原則（861頁）の観点から，企業の実情に応じた柔軟な解釈を行う例が登場している。典型的裁判例として，銀行の大阪支店の閉鎖に伴う解雇につき，東京支店への配転のために大阪支店で希望退職者を募集すべきか否かについて，代替困難または有能な従業員の退職をもたらし，従業員に無用の不安を生じさせるとして否定した例がある[254]。

(エ) **配転・出向** ある職種や事業所について人員整理の必要性が生じた場合，使用者は，直ちに整理解雇できるわけではなく，他の職種や事業所への配転によって雇用確保に努める義務を負う。すなわち，配転は，「最後の手段の原則」に基づく整理解雇回避の基本的措置に位置する。特に，職種・勤務地の限定がない包括的労働契約においては，契約の趣旨に鑑み，使用者は解雇回避のための広範な配転義務を負い，その検討・提案・打診の不履行は整理解雇の無効原因となる[255]。また，職種・勤務地が労働契約上限定されている場合も，

---

[253] 北原ウエルテック事件・福岡地久留米支決平成10・12・24労判758号11頁，前掲・アクセルリス事件（*232），前掲・ザ・キザン・ヒロ事件（*244）。希望退職者募集の条件が著しく不十分な場合も同様に解される（前掲・ホクエツ福井事件［*206］）。一方，希望退職者募集を行った後の整理解雇は有効とされることが多い（エヴェレット汽船事件・東京地決昭和63・8・4労判522号11頁，前掲・淀川海運［控訴］事件（*232），前掲・学校法人杉森学園事件（*222），前掲・全日本手をつなぐ育成会事件（*245），前掲・大乗淑徳学園事件（*208），前掲・ストーンエックスフィナンシャル事件（*202），前掲・新井鉄工所事件（*232），前掲・コスモバイタル事件（*232），前掲・HES事件（*232），前掲・ジャパンホリデートラベル事件（*245）。

[254] シンガポール・デベロップメント銀行事件・大阪地判平成12・6・23労判786号16頁。同旨，前掲・日本通信事件（*230），前掲・カーニバル・ジャパン事件（*232）。

[255] 日産ディーゼル工業事件・浦和地判平成3・1・25労判581号27頁，マルマン事件・大阪地判平成12・5・8労判787号18頁，京都エステート事件・京都地判平成15・6・30労判857号26頁，前掲・ホクエツ福井事件（*206），前掲・PwCフィナンシャル・アドバイザリー・サービス事件（*122），社会福祉法人仁風会事件・福岡地判平成19・2・28労判938号27頁，前掲・みくに工業事件（*213），前掲・アクセルリス事件（*232），前掲・東亜外業事件（*207），前掲・尾崎織マーク事件（*48），前掲・バークレイズ証券事件（*117）。他方，包括的労働契約においては，使用者に広範な配転命令権が帰属することから，使用者が提示した社内公募ポジションが労働者の希望に沿うものではなかったとしても，直ちに解雇回避

裁判例は、整理解雇では労働者に帰責事由がないことに鑑み、他職種・他勤務地への配転義務を広く認めている＊256。一方、配転の受入先がなかったり、労働者が配転を拒否するなど、配転が客観的に期待不可能な場合にまで雇用確保の義務が生ずるわけではないが（期待可能性の原則）＊257、配転を基本的解雇回避措置と解する立場は、判例法理として堅持されている。

また、使用者の解雇回避努力義務の中には出向・転籍（事業譲渡先への転籍を含む）も含まれる。出向・転籍の場合、出向・転籍先企業に独立性があることが問題となるが、出向・転籍が日常的な人事異動策となっている今日では、出向の客観的可能性を前提に解雇回避措置として認めるべきである。裁判例も、出向が解雇回避努力義務の内容となることを認める例が多い＊258【10-14】。

(オ)　**有期契約労働者の雇止め**　　人員整理に際しては、正社員を対象とする

努力としての意義を否定されるわけではない（前掲・クレディ・スイス証券事件・東京高判令和 5・1・25［＊232］、前掲・クレディ・スイス証券事件・東京高判令和 6・1・25［＊232］）等。
＊256　前掲・シンガポール・デベロップメント銀行事件（＊254［勤務地変更］）。同旨、前掲・学校法人専修大学事件（＊232［勤務地変更］）、前掲・大乗淑徳学園事件（＊208［他学部科目担当］）、前掲・奈良学園事件（＊202［他学部異動］）。詳細は、922 頁参照。
＊257　高島屋工作所事件・大阪地判平成 11・1・29 労判 765 号 68 頁（本人の能力が著しく低く、受入先がないことから配転義務を否定）、ティアール建材・エルゴテック事件・東京地判平成 13・7・6 労判 814 号 53 頁（会社規模から、配転による余剰人員の吸収が不可能と判断）、前掲・学校法人専修大学事件（＊232［学校法人が経営する短期大学の募集停止に基づく教員の整理解雇につき、学校法人の他の学校における継続雇用が開講科目との関係で著しく困難と判断］）、CSFB セキュリティーズ・ジャパン・リミテッド事件・東京高判平成 18・12・26 労判 931 号 30 頁（会社が大規模な人員整理を控えている状況では、他部門への配置が困難と判断）、前掲・日本通信事件（＊230［存続事業の従業員との摩擦を生じさせ、リストラの遂行を妨げるおそれがあると判断］）、前掲・新井鉄工所事件（＊232［不動産管理業務の経験がない従業員につき、相当の知識・経験を修得させる手段や費用等について検討する必要はないと判断］）、前掲・マイラン製薬事件（＊246［従業員が一貫して MR 業務に従事しており、また、会社が社員公募制を採用しており、異なる部門間の配転を予定していないことから、配転はきわめて困難と判断］、前掲・大阪市北区医師会事件（＊117［職種が介護業務に限定されていることを理由に配転義務を否定］）、前掲・アンドモワ事件（＊215［新型コロナ禍の飲食業の人員整理事案において配転・出向の現実的可能性を否定］）、前掲・西南学院事件（＊232［法科大学院廃止以降も実務家教員の意向に沿って法学部における担当科目の確保を試みたものの 2 年目以降は同学部での採用を断られたケースにつき、配転による雇用の確保は困難と判断］）。このうち、新井鉄工所事件・マイラン製薬事件・大阪市北区医師会事件の判断には疑問がある。
＊258　出向につき、前掲・千代田化工建設事件（＊229）、アメリカン・エキスプレス・インターナショナル事件・那覇地判昭和 60・3・20 労判 455 号 71 頁。事業譲渡先への転籍につき、前掲・イセキ開発工機事件（＊248）、前掲・ザ・キザン・ヒロ事件（＊244）。他方、期待可能性の原則の観点から出向義務を否定する裁判例として、前掲・日本通信事件（＊230）、前掲・マイラン製薬事件（＊246）。出向・転籍につき、前掲・ホクエツ福井事件（＊206）。

措置に先立って，有期契約労働者の雇止めが行われることが多い。判例も，正社員と有期契約労働者との間では，雇用継続への期待度が異なるとの理由から，正社員の希望退職募集に先立って臨時従業員を雇止めすることを相当と解するとともに，雇止め以前に正社員の退職募集をする必要性を否定している[*259]。妥当な判断であるが，有期契約労働者自体の雇止め回避措置が求められる場合もあることに注意する必要がある（1007頁参照）。

(カ) 経済的不利益緩和措置　以上の諸措置がいずれも雇用の維持を図るための措置（解雇回避措置）であるのに対し，近年には，解雇を前提とする経済的不利益緩和措置を認める裁判例が登場している。典型例として，部門閉鎖に伴う余剰人員の解雇について，雇用の維持を第1に挙げつつも，それが困難な場合は，当面の生活維持のための経済的補償および再就職支援措置が求められると述べた上，使用者が高額の特別退職金の支給や再就職支援を提案したことを理由に解雇有効と判断した例がある[*260]。解雇回避努力義務の重点を雇用の維持に求めること自体の見直しを図る例といえよう。もっとも，これに対しては，経済的補償措置は，一般の解雇回避措置が困難な場合にはじめて整理解雇を正当化する根拠となると明言し，配転等の解雇回避努力の不十分さを理由に斥ける裁判例も見られる[*261]。

なお，事業廃止に伴う全員整理解雇のケースでは，解雇回避措置の余地がないことから，再就職・転職支援等の経済的不利益緩和措置が中心となり，それが不十分な場合は，解雇の無効原因となる[*262]。

(3) 被解雇者選定の相当性

(ア) 選定基準の相当性　整理解雇の第3の要素は，被解雇者の選定が客観

[*259]　日立メディコ事件・最判昭和61・12・4労判486号6頁。そこで，有期契約労働者の削減努力をしないまま正社員を整理解雇することは解雇回避努力義務の履行を否定される（アイレックス事件・横浜地判平成18・9・26労判930号68頁）。前掲・奈良学園事件（[*202]）も参照。

[*260]　前掲・ナショナル・ウエストミンスター銀行［第3次仮処分］事件（[*86]）。前掲・日本通信事件（[*230]）は，同様に解しつつ，経済的不利益緩和措置が不十分として解雇無効と判断している。一方，前掲・HES事件（[*232]）は，被解雇労働者にのみ特別退職金を支払い，取引先への転職支援努力をしたことを重視して解雇有効と判断している。

[*261]　前掲・PwCフィナンシャル・アドバイザリー・サービス事件（[*122]）。

[*262]　前掲・ネオユニット事件（[*224]）は，就労継続支援A型（雇用型）事業所の閉鎖に伴うスタッフおよび利用者の整理解雇事案につき，人員削減の必要性および被解雇者選定の相当性を肯定しつつ，再就職支援措置が不十分であるとして解雇無効と判断している。

的に合理的で公正な基準によって行われることである。実際には，被解雇者選定基準の相当性の判断は難問である。一方では，①能力・成績が優秀で企業貢献度が高い労働者を選定することは公正を欠くし，企業再建の見地からも問題がある反面，②整理解雇が労働者に帰責事由のない解雇である以上，再就職の難しい高齢者や成績不良者を対象とすることには酷な面もあるからである。なお，部門閉鎖に伴う整理解雇については，当該部門が閉鎖される以上，当該部門で就労する労働者全員を非解雇者として選定することには相当性が認められる（解雇回避努力義務や説明・協議義務はもとより別論である）[*263]。

　この点，裁判例は，労使の自主的判断を尊重しつつ，①・②を適切に勘案した基準を公正と解している。そこでたとえば，「配偶者の収入や兼業・財産保有等によって生活を維持できる者。ただし，業務上必要な者を除く」との整理解雇基準は，解雇による経済的打撃の少ない労働者を1次対象者としつつ（②を考慮），企業再建に必要な者を除外（①を考慮）した基準として公正とされる[*264]。また，①を重視した選定基準（病欠・休職日数が多い者・人事考課が低い者を対象者として優先させる基準[*265]，「無断欠勤が多く勤務成績が悪い者」や「満50歳以上の者」等）も，企業再建の要請や従業員の納得性の観点から公正とされる[*266]。ただし，高齢者の能力・適性には個人差があるため，年齢のみを基準に機械的に解雇対象者を決定することは合理性を否定され，能力・成績を個々に勘案したり，割増退職金の支給などの配慮を講ずる必要がある[*267]。これに対し，客観的かつ合理的な選定基準を設定しないまま行われた整理解雇[*268]や，

[*263] 最近では，前掲・全日本手をつなぐ育成会事件（[*245]），前掲・ネオユニット事件（[*224]［事業所の閉鎖］），前掲・ユナイテッド・エアーラインズ事件（[*232]［航空会社の成田ベースの廃止］），前掲・大阪市北区医師会事件（[*117]［訪問介護事業の廃止］），前掲・アンドモワ事件（[*215]［新型コロナ禍での店舗閉鎖］），前掲・コスモバイタル事件（[*232]［設置研究所の閉鎖］），前掲・クレディ・スイス証券事件・東京高判令和5・1・25（[*232]［所属部署の廃止］），森友学園管財人事件・大阪地判令和4・9・7ジャーナル131号32頁。従事業務の廃止についても同様に解される（前掲・マイラン製薬事件［[*246]］）。
[*264] 住友重機械工業事件・松山地西条支判昭和62・5・6労判496号17頁。
[*265] 前掲・日本航空［客室乗務員・控訴］事件（[*232]），前掲・日本航空［運航乗務員・控訴］事件（[*248]），前掲・日本航空事件（[*232]）。コロナ禍の整理解雇事案である前掲・ジャパンホリデートラベル事件（[*245]）は，客観的指標を用いた代替勤務が困難でない者という基準に基づく解雇を有効と判断している。
[*266] 前掲・エヴェレット汽船事件（[*253]），前掲・カーニバル・ジャパン事件（[*232]）。前掲・クレディ・スイス証券事件・東京高判令和6・1・25（[*232]）参照。
[*267] 前掲・ヴァリグ事件（[*242]）。
[*268] 前掲・日本通信事件（[*230]），前掲・ジャストリース事件（[*205]），前掲・東亜外業事

「将来の活用可能性の有無」のように，主観的で恣意的判断の入りやすい基準に基づく整理解雇は無効と解される[*269]。

(イ) 基準の適用の相当性　被解雇者選定の相当性については，選定基準の具体的適用の相当性も求められる。すなわち，選定基準自体は相当であっても，その適用が恣意的または不公平に行われれば，選定の合理性は否定される。たとえば，勤務能力・成績の低さという基準自体は公正であるが，成績評価の基準や対象期間が明確でなく，各評価段階の分布人数も明らかでない場合は，主観的判断が混入するものとして適用の合理性を否定され[*270]，解雇直前の人事考課に関する本人への開示がなく，能力評価の妥当性に疑問がある場合も同様に解される[*271]。さらに，部門閉鎖に伴う整理解雇を回避するために必要な配転・異動を行うための資格取得の機会を付与しないまま当該部門の労働者を被解雇者として選定することが公正性・相当性を否定されることがある[*272]。

以上に対して，実際に勤務状況が劣悪で，基準の適用に問題がないケースや，高額の給与に見合った貢献が認められないケースでは，適用相当とされる[*273]。

件（＊207），前掲・バークレイズ証券事件（＊117）。前掲・ストーンエックスフィナンシャル事件（＊202）は，別件紛争をめぐる会社・従業員間の顕著な対立関係が非解雇者選定に影響を及ぼしたと述べ，基準の相当性を否定している。

[*269]　前掲・ジャパンエナジー事件（＊232），前掲・コマキ事件（＊232）。「準社員」という解雇基準につき，準社員は，パートタイマー等と異なり正社員と同様の終身雇用制の下で雇用されていることを重視して基準の合理性を否定する裁判例として，前掲・みくに工業事件（＊213）。

[*270]　前掲・池貝鉄工事件（＊239）。前掲・イセキ開発工機事件（＊248），千代田学園事件・東京地判平成16・3・9労判876号67頁も参照。

[*271]　前掲・PwCフィナンシャル・アドバイザリー・サービス事件（＊122）。また，「適格性の有無」という抽象的基準を一応認めつつ，使用者が同基準を具体化する運用基準を設定して各人の適格性を検討した形跡がないことから選定の相当性を否定した例として，前掲・労働大学事件（＊232）がある。

[*272]　前掲・奈良学園事件（＊202）は，大学教員の整理解雇を回避するために必要な他学部等への異動の前提となる教員審査の機会を付与しないまま当該教員を被解雇者として選定したことについて公正性・相当性を否定している。

[*273]　前者の例として，前出工機事件・東京地判平成2・9・25労判570号36頁，前掲・マイラン製薬事件（＊246），後者の例として，前掲・CSFBセキュリティーズ・ジャパン・リミテッド事件（＊257）。なお，前掲・淀川海運［控訴］事件（＊232）は，時間外手当訴訟を提起し，会社の人員整理計画に反対してきた労働者を選定したことにつき，協調性を欠くなど他の従業員の反発を招き，業務の円滑な遂行に支障を及ぼしうるとの理由で選定したものとして合理性を肯定するが，これでは，労働者の正当な権利行使や行動を理由とする整理解雇を認めるに等しく，労働者に帰責事由のない整理解雇に関する判断としては重大な疑問がある。

このほか，航空会社が整理解雇に係る人選基準として，過去に休職等があっても現在は乗務

(4) 説明・協議義務

整理解雇の第4の要素は，労働組合・労働者との間で協議・説明を誠実に行うことである。すなわち，整理解雇は，労働者側に帰責事由がない状況で行われる解雇であるから，使用者は信義則上，労働者側の納得を得られるよう十分な説明・協議を行う義務を負う（労契3条4項。労働契約内容の理解促進の責務［同4条1項］の要請でもある）。説明・協議義務は，他の3要素（実体的規律）と異なり，解雇手続に関する要素（手続的規律）を意味する（21頁参照）。その内容は，人員削減の必要性，整理方針・手続・規模，解雇回避措置の内容，被解雇者の選定基準とその適用，解雇条件など，他の3要素に広く及び，整理解雇に関する労使自治的解決を促す機能を営んでいる。一時期は，説明・協議要件を緩和する裁判例が見られたが（前掲・東洋酸素事件［＊229］），近年の裁判例は，むしろこの要件を重視している。説明・協議は，人員整理の原因となる経営危機を打開する契機ともなりうるため，この要素を軽視することは適切でない[274]。

協議・説明の相手方となるのは，労働組合がある場合は労働組合，それがない場合は，解雇対象となる労働者（集団）である。企業内に複数組合が併存し，双方の組合員が整理解雇の対象となっている場合は，組合が利益を代表しうるのは自組合員に限られるから，使用者は両組合との間で協議を行うことを要するし，非組合員労働者を解雇対象とする場合は，当該労働者を対象に直接協議を進める必要がある[275]。また，労働組合がない場合は，使用者は解雇対象となる労働者との間で直接協議を行う義務を負う[276]。

可能な者は解雇対象としないという復帰日基準を追加しつつ，その適用日を追加日以前に遡らせたことにつき，適用日以降に復職した労働者がなお整理解雇の対象となるとの事実を認定しつつも，人選の公平性の観点から基準の相当性を肯定し，解雇有効と判断した例がある（前掲・日本航空事件［＊232］）。

＊274 同旨裁判例として，前掲・アンドモワ事件（＊215）は，労働者に帰責性がないにもかかわらず行われる整理解雇の場合は，使用者は，信義則（労契3条4項）に基づき，対象労働者に対し，整理解雇の必要性や，その時期・規模・方法等について十分に説明をしなければならないと判断している。前掲・奈良学園事件（＊202）も参照。以上のほか，使用者が，整理解雇に先行する解雇を無効とする労働審判に対して異議申立てをせず，労働審判内容を履行すべき立場にあったにもかかわらず，労働者の退職を前提とする金銭的解決を求める民事調停を申し立て，労働者が拒否して同調停が不成立となるや何ら事前説明することなく整理解雇を行ったことにつき，必要な手続を履践したとはいえないと判断した例がある（前掲・リビングエース事件［＊232］）。

＊275 赤阪鉄工所事件・静岡地判昭和57・7・16労判392号25頁。

説明・協議に際しては、使用者は、労働者の納得を得られるよう可能な限り誠実に行う必要がある。そこで、そもそも協議・説明の場を設定しない場合*277 はもとより、形式的に協議を行いつつも、客観的な経営資料を十分提示せず、抽象的な説明に終始している場合*278、協議・交渉を多数回行いつつも、使用者が当初提案に固執して実質的・建設的な協議を行わない場合*279、使用者が協議・交渉を一方的に打ち切って整理解雇を強行した場合*280 も、協議義務違反とされる。これに対して、使用者が組合との間で十数回に及ぶ団体交渉を行い、必要な資料を提示して、説明すべき点は十分に説明して納得を得る努力を尽くした場合は、協議義務を尽くしたものと解される*281。

---

*276 前掲・アンドモワ事件（*215）は、会社に労働組合等がなく、全労働者を対象とする説明会を開催できない場合であっても、個別の労働者との間で十分な説明・協議をする機会を設ける必要があると判断している。前掲・北原ウエルテック事件（*253）は、使用者が整理解雇対象となる非管理職との協議を行っていないことから協議義務違反を認めている。また、解雇対象者が1名であれば、当該労働者との協議義務が課される（ミザール事件・大阪地決昭和62・10・21労判506号41頁、前掲・みくに工業事件［*213］）。就労継続支援Ａ型（雇用型）事業所の閉鎖に伴う整理解雇に際しては、被解雇者である利用者が身体障害者または知的障害者であること等に鑑み、使用者は、利用者に対し、その障害の特性も踏まえた上で、事業所の閉鎖に係る事情について丁寧に説明し、再就職支援を行うなどして利用者の理解を得るよう努める義務を負う（前掲・ネオユニット事件［*224］）。結論として、手続の相当性を否定。永野仁美［判批］ジュリ1576号［2022］154頁参照）。手続の相当性肯定例として、前掲・カーニバル・ジャパン事件（*232）。

*277 インタープレス事件・東京地決昭和61・12・23労判489号26頁、前掲・北原ウエルテック事件（*253）、前掲・泉州学園事件（*232）、前掲・オクダソカベ事件（*11）、前掲・弁護士法人法律事務所MIRAIO事件（*245）、前掲・アンドモワ事件（*215）、同旨、前掲・ニューアート・テクノロジー事件（*240）。

*278 よしとよ事件・京都地判平成8・2・27労判713号86頁、前掲・イセキ開発工機事件（*248）、九州日誠電気事件・福岡高判平成17・4・13労判891号89頁、前掲・山田紡績事件（*232）、前掲・ザ・キザン・ヒロ事件（*244）、前掲・大乗淑徳学園事件（*208）、森山事件・福岡地決令和3・3・9労判1244号31頁等。

*279 前掲・奈良学園事件（*202）。前掲・新井鉄工所事件（*232）は、この種の事案について手続の相当性を肯定しているが、疑問がある。

*280 グリン製菓事件・大阪地決平成10・7・7労判747号50頁。

*281 前掲・住友重機械工業事件（*264）、前掲・池貝鉄工事件（*239）（結論も整理解雇有効）、前掲・みくに工業事件（*213）（結論は整理解雇無効）、学校法人専修大学事件（*232）（結論も整理解雇有効）、前掲・ジャパンホリデートラベル事件（*245）（結論も整理解雇有効）。帝産キャブ奈良事件（奈良地判平成26・7・17労判1102号18頁）は、会社解散に伴う整理解雇につき、労働者に対する説明事項は会社解散決議の理由に限られると解した上、解散決議は株主の判断によるものであるから会社役員が詳細に説明することは困難として簡単に肯定しているが、疑問がある。一方、前掲・ユナイテッド・エアーラインズ事件（*232）は、航空会社の成田ベース廃止に伴う整理解雇をめぐる団体交渉につき、従業員が成田ベースの存

(5) 評　価

以上の裁判例の傾向を総合すると，裁判例は，雇用社会の変化に応じて整理解雇法理を適宜修正しつつ，使用者の恣意的な解雇をチェックする姿勢を堅持しているといえよう。こうした裁判例の態度は，適切なものと評価できる。

まず，整理解雇の4基準を4「要件」と解するか4「要素」と解するかについては，4要素説が適切である。整理解雇も普通解雇の1類型である以上，別個独立の4要件を機械的に適用する必要はなく，各要件を総合して解雇の効力を判断すれば足りる。また，このように解しても，4要件説と実際上大差がないことは前述したとおりである（903頁）。

次に，人員削減の必要性については，「危機回避型」か「戦略的合理化型」かを問わず，基本的には使用者の経営判断を尊重すべきである。企業経営に関して最も適切に判断する能力を有し，かつ，企業の存続に関する危険を負担するのは使用者であり，第三者たる裁判所は，使用者に代わってそうした責任を負う立場にはないからである[*282]。もちろん，使用者が新規採用など矛盾した行動をとった場合にまで人員削減の必要性を肯定すべきではない（905頁）[*283]。

続およびFAとしての就労が可能であるとして地上職等への配転に係る会社側提案に譲歩しなかったことから会社が団体交渉を打ち切ったことについて手続の相当性を肯定し，前掲・クレディ・スイス証券事件・東京高判令和5・1・25（*232）は，会社が従業員に対して解雇回避努力を行い，1年間にわたって解決策を協議するための機会を設け，約1146万円の退職割増金を含む退職パッケージを提案していたこと等を理由に手続の相当性を肯定している（前掲・クレディ・スイス証券事件・東京高判令和6・1・25［*232］も参照）。前掲・コスモバイタル事件（*232），前掲・全日本手をつなぐ育成会事件（*245），前掲・奈良学園事件（*202）。前掲・新井鉄工所事件（*232），前掲・西南学院事件（*232），前掲・カーニバル・ジャパン事件（*232）も参照。

[*282] この点，吉川・前掲論文（*229）370頁以下は，人員削減の必要性に関する主張立証責任に関して，取締役の善管注意義務違反に関する判断手法を参考に，使用者の経営判断尊重の要請も考慮して，人員削減の必要性に関する経営判断の結論そのものの合理性ではなく，当該判断に至った判断資料の取捨選択の合理性や判断プロセスの合理性を評価対象に加えた上，その点に関する主張立証責任を使用者側に負わせることを提唱している。人員削減の必要性に関する判断方法として傾聴に値する。

[*283] この点，最近の裁判例を見ると，主要事業からの撤退を決定した会社が同事業の従業員全員を解雇したことにつき，会社に膨大な資産があるとしても，赤字事業の維持を雇用のために強制することは会社の経営の自由を侵害する等と判断する例（前掲・新井鉄工所事件［*232］）や，航空会社が成田ベースの閉鎖に伴い行った整理解雇につき，成田ベースの閉鎖により約70万ドル以上のコストが削減されるとの使用者側主張を認めるに足りる証拠はないとしながら，グアム旅行需要の減少に伴う成田ベース閉鎖の判断は経営判断として合理的かつ必要性があるとの理由のみによって人員削減の必要性判断は覆らないと判断する例（前掲・ユナイテッド・エアーラインズ事件［*232］）が見られるが，人員削減の必要性に関する判断を過度

これに対して，解雇回避努力義務については，実質的かつ厳格な司法審査を行うべきである。整理解雇が労働者に帰責事由のない解雇だという点からも，人員削減の必要性と異なり，解雇回避努力義務の履行が司法審査になじむ事項だという点からも，裁判所は，使用者が解雇を回避し，雇用を確保するための十分な努力を行ったか否かを厳格に審査すべきである。特に，人員削減の必要性が上記のように後退した審査によってもなお高くないと評価された場合は，使用者はその分，可能な限りあらゆる解雇回避措置を講じるべき高度の義務を負うと解すべきであり*284，戦略的合理化型の整理解雇についても同様に解される*285。この観点からは，解雇回避措置としての希望退職者募集および配転・出向は，客観的に期待可能である限り基本的措置として肯定すべきであり，また，経済的補償・再就職支援措置については，解雇回避措置（雇用の確保）が期待困難な場合にはじめて解雇を正当化する要素となるにとどまると解すべきである*286。被解雇者選定の相当性や説明・協議義務についても，同様の実質的判断が求められる。ただし，解雇回避措置としての希望退職者募集については，整理解雇が企業再建・事業存続の手段でもあることを踏まえれば，期待可能性の原則も考慮すべきであり，企業再建・事業存続が不可能となる場合にまで希望退職者募集を硬直的に求めるべきではない（909頁）*287【10-12】【10-13】

　　　に緩和するものとして疑問が残る。
*284　同旨，前掲・ジャストリース事件（*205），前掲・淀川海運事件（*249），前掲・学校法人杉森学園事件（*222）。前掲・ワキタ事件（*232），前掲・アクセルリス事件（*232）も参照。
*285　前掲・社会福祉法人仁風会事件（*255），前掲・大乗淑徳学園事件（*208），前掲・奈良学園事件（*202），前掲・ストーンエックスフィナンシャル事件（*202）も参照。これに対し，前掲・新井鉄工所事件（*232）は，人員削減の必要性を緩やかに解した（*283）上，解雇回避努力義務についても，会社に膨大な資産がある事実を認定しながら，不動産管理業務の経験がない従業員について知識・経験を修得させる手段や費用等について検討する必要はないと判断するが，解雇回避努力義務に関する判断のあり方として疑問がある。
*286　この点，前掲・ナショナル・ウエストミンスター銀行［第3次仮処分］事件（*86）は，経済的補償措置を重視するあまり，1次的ルールである解雇回避措置（配転）について，再配置先のポジションが新たな職務能力を要するという理由で簡単に否定しており，問題がある。むしろ，解雇回避措置を1次的ルールに位置づける前掲・PwCフィナンシャル・アドバイザリー・サービス事件（*122）の判断を支持すべきであろう。なお，「報告書」（53頁）も，整理解雇の4要素を具体化する「使用者の講ずべき措置」において，解雇回避努力義務と経済的支援・再就職支援の関係につき，解雇回避措置を基本としつつ，それが困難な場合に「退職金の加算，再就職の支援などの適切な負担軽減措置を講」ずべきものと位置づけていた。
*287　前掲・カーニバル・ジャパン事件（*232）は，新型コロナ禍で行われた整理解雇に際し

【10-14】【10-15】【10-16】。

【10-12】 **配転・出向の拒否と解雇**　使用者が解雇回避策として行った配転・出向命令を労働者が拒否した場合、使用者はこの拒否を理由に労働者を解雇できるか。まず、配転・出向命令が解雇回避を目的とするからといって、直ちに要件を緩和されることはないから、解雇回避策としての配転・出向命令の拒否は、それ自体としては解雇事由を構成しない（菅野＝山川 762 頁参照）。転籍も同様であり、転籍には労働者の個別的同意を要するとの原則が解雇回避目的によって修正されるわけではなく、転籍の拒否は解雇事由とならない[*288]。一方、整理解雇としての効力は別途考える必要があり、使用者が配転・出向・転籍拒否者を整理解雇する場合は、それら措置によって雇用継続に努力したことが解雇回避努力義務の履行として考慮される。したがって、使用者は他の回避措置が困難であれば、他の 3 要件の充足を待って当該労働者を解雇することができる[*289]。

【10-13】 **新型コロナ禍における整理解雇**　新型コロナ禍における整理解雇については、感染拡大期における飲食業や運送業の事案が見られる（氷山の一角であろう）。裁判例は、事案に鑑み、人員削減の必要性を比較的広く肯定しつつ、他の 3 要素（解雇回避努力義務・人選の相当性・手続の相当性［説明・協議］）について慎重に判断している。①使用者（タクシー会社）が雇用調整助成金の申請手続や臨時休車措置を講じていないことから解雇回避措置が不十分である等として無効と判断した例[*290]、②新型コロナ感染拡大に伴い、会社（貸切観光バス運営会社）が貸切バスの運行事業が全くできなくなったことから人員削減の必要性を一応認めつつ、会社は十分な説明や希望退職者募集を行わないまま解雇対象者の人選を行い、直ちに解雇予告をした等として手続の相当性を否定し、無効と判断した例（前掲・森山事件［*278］）、③飲食店経営会社が行った店舗閉鎖に伴う整理解雇につき、人員削減の必要性・解雇回避努力義務・人選の相当性を全て認めながら、解雇予告以外に説明・協議等を一切行っていないことから手続の妥当性を著しく欠くとして解雇権濫用と判断した例（前掲・アンドモワ事件［*215］）がある。

て、会社が希望退職者募集を行わなかったことにつき、会社の正社員は 67 名と少数であり、希望退職者を募集すると枢要な役割を果たしている従業員が退職するおそれがあるところ、整理解雇は事業の存続のために行われるものであるから、客観的に実行可能な解雇回避措置をとれば足りると述べ、解雇回避努力として不十分とはいえないと判断している。私はこの判断に賛成である。

[*288]　日新工機事件・神戸地姫路支判平成 2・6・25 労判 565 号 35 頁。

[*289]　この立場に立ちつつ、整理解雇の効力を否定した裁判例として、大阪造船所事件・大阪地決平成元・6・27 労判 545 号 15 頁、前掲・千代田化工建設事件（*229）。

[*290]　センバ流通事件・仙台地決令和 2・8・21 労判 1236 号 63 頁。正確には、有期労働契約の期間途中解雇（労契 17 条 1 項）の効力が争われた事案である。

特に、①事件が示すとおり、コロナ禍においては、国が多様な公的支援制度（雇用調整助成金，持続化給付金，家賃支援給付金等）を実施しているため，使用者がこうした制度を利用しないまま整理解雇を行った場合は，解雇回避努力義務を十全に履行したとは評価されないものと解される*291。

【10-14】 **再建型手続における整理解雇**　近年には，企業倒産に伴う整理解雇の紛争も増加している。ここでは，民事再生手続・会社更生手続等の再建型手続における整理解雇を取り上げる（会社解散に伴う解雇については，791頁参照）。

　㈦　民事再生手続・会社更生手続の下で整理解雇が行われた場合，整理解雇法理の適用を否定する見解もありうるが，裁判例はこれを斥け，整理解雇法理（解雇権濫用規制［労契16条］）を適用して判断している。このうち，会社更生手続下の整理解雇が争われた日本航空事件において，裁判所は，会社更生法上，労働契約は双方未履行双務契約であるため，管財人が解除または契約の履行を選択できる（会更61条1項）ところ，管財人は労働契約上の使用者としての地位を承継することから，管財人の解除権行使は解雇を意味し，解雇権濫用規制（労契16条）に服すると判断している*292。この判断は当然のものといえよう。すなわち，再建型手続の場合，企業が解散することなく存続して雇用が継続する可能性があること，民事再生計画・会社更生計画ともに，関係債権者の利害調整という倒産法の観点から入念に検討されたものと評価できる一方，労働者の雇用保障の観点からの検討が十分行われたものとはいい難いこと，手続上も，過半数組合等への意見聴取等の機会はある（民再24条の2，会更22条1項等）ものの，異議申立手続等のより実質的な労働者保護手続が予定されていないことを考慮すると，解雇権濫用規制に基づく司法審査が行われるのは当然と解される*293。

　㈣　問題は，整理解雇の具体的判断において，再建型手続の特質をどのように考慮すべきかである。この点については，会社更生手続下の整理解雇に関する裁判例（前掲・日本航空［客室乗務員・控訴］事件［＊232］および前掲・日本航空［運航乗務員・控訴］事件［＊248]）が重要であり，ともに，整理解雇が会社更生計画に従って行われたことを重視して整理解雇を有効と判断している*294。

＊291　逆に，使用者が本文の公的支援制度を利用した上で行った整理解雇については，解雇回避努力義務の履行が肯定される（前掲・ジャパンホリデートラベル事件［＊245]）。前掲・カーニバル・ジャパン事件（＊232）は，雇用調整助成金を受給しないまま解雇したことについて，解雇回避努力義務として不十分でないと判断するが，疑問がある。

＊292　前掲・日本航空［運航乗務員・控訴］事件（＊248）。また，民事再生手続下の整理解雇について整理解雇規制を全面的に適用する裁判例として，前掲・イセキ開発工機事件（＊248），前掲・山田紡績事件（＊232），前掲・森友学園管財人事件（＊263［解雇有効と判断]）がある。

＊293　同旨，基コメ労基・労契433頁［荒木]。詳細は，池田悠「会社更生手続における整理解雇の有効性──日本航空（整理解雇）事件」「倒産と労働」実務研究会編『概説倒産と労働』（商事法務・2012）172頁，山本陽大「倒産労働法」土田編・企業法務と労働法192頁以下参照。

このうち、日本航空 [客室乗務員・控訴] 事件は、整理解雇の効力を丁寧に判断しており、①本件解雇による人員削減の実行は、会社事業の維持更生という会社更生法の目的に鑑み、更生計画の基礎を成す事業再生計画に照らして内容・時期の面で合理性があり、更生会社である会社を存続させ、合理的に運営する上でやむを得ないものであるとして人員削減の必要性を肯定し、②解雇回避努力義務についても、会社は複数回にわたる希望退職措置を講ずるなど十分な解雇回避努力を行ったものと判断し、③解雇対象者の人選についても、(ⅰ)求職者基準、(ⅱ)病気日数・休職日数基準、(ⅲ)人事考課基準、(ⅳ)年齢基準の順に適用し、恣意性のない客観的基準に基づいて客観的・合理的に行ったものと評価し、④解雇手続についても、会社が客室乗務員ら所属組合を含む労働組合との間で多数回の協議を行い、上記①～③について真摯に説明しているとして手続的相当性を肯定し、解雇権濫用を否定している。

本件では、整理解雇の4要素のうち人員削減の必要性の有無が重要な争点となったが、これは、本件会社が整理解雇時点では認可更生計画を上回る営業利益を計上し、自己資本比率が増大するなど、人員削減の必要性に疑念を生じさせる事情が存在したためである。しかし、裁判例（前掲・日本航空2事件）は、上記事情を主張する労働者側主張を斥け、人員削減策を盛り込んだ更生計画の合理性およびそれを実行する必要性を重視して人員削減の必要性を肯定した。

たしかに、更生計画が利害関係人（株主・債権者）の利害損失の慎重な調整を経て策定され、裁判所の認可を得て遂行されることや、管財人による更生計画の遂行（会更209条1項）の要請を重視すれば、この判断は首肯しうる面がある。他方、上記のとおり、本件会社が整理解雇時点で更生計画を上回る利益を確保していることや、更正計画上の人員削減数が目標数にとどまることから、更生計画を過大に重視する判断として批判する見解もある[*295]。また、更生計画が利害関係人（株主・債権者）の利害の慎重な調整を経て策定されたとしても、これを過度に重視すると、結局、労働者の利益が十分考慮されないまま策定された更生計画をそのまま是認する結果となり、会社更生手続下の整理解雇に対する解雇権濫用規制の適用（919頁）を空洞化する結果をもたらしかねない[*296]。そこで学説では、人員削減の必要性の判断時点を、人員削減策を含む更生計画策定時ではなく最終的な整理解雇時に置くことで、より厳密かつ実質的な判断を行うべきことを示唆す

[*294] 日本航空 [客室乗務員] 事件（東京地判平成24・3・30労経速2143号3頁）および日本航空 [運航乗務員] 事件（東京地判平成24・3・29労経速2144号3頁）については、池田・前掲解説（*293）156頁を、両 [控訴] 事件（*232・*248）については、戸谷義治 [判批] 平成26年度重判解239頁、池田悠 [判解] NBL1032号（2014）25頁等参照。

[*295] 戸谷義治「会社更生手続下における整理解雇の有効性判断」労働120号（2012）237頁以下、根本到 [判批] 法時85巻1号（2013）131頁参照。

[*296] 同旨、池田・前掲判解（*294）33頁。

る見解もある*297。

　この点，前掲・日本航空［運航乗務員・控訴］事件（＊248）は，本件会社の経営状況が整理解雇後に改善されたことを挙げて人員削減の必要性を争う労働者側主張につき，人員削減の必要性の判断基準時を解雇時に置く立場から，解雇後の事情は人員削減の必要性を左右する要素たりえないとして斥けている。この判断そのものは首肯できるが，そうであるなら，更生計画策定から解雇に至る期間中の事情の変化（本件会社の経営状況の改善）については，人員削減の必要性に関する要素として考慮すべきであり，その点に関する司法審査を肯定すべきであろう*298。一方，同事件は，予想超過収益金の発生（更生計画後の経営状況の改善）の使途について，更生計画上，更生計画の遂行に必要な費用・会社運営に必要な運転資金等に限定されていたことから，予想超過収益金が発生した場合も，更生計画の変更手続を経ることなく人員削減を遂行しないこととすることはできないと判断し，あくまで更生計画を重視する判断を堅持しているが，これは，前述した会社更生計画遂行の要請という観点からは首肯しうる判断である。本件（日本航空2事件）における整理解雇の判断のあり方は，被解雇労働者の保護という労働契約法の要請と，再建型手続（会社更生計画）遂行の要請という倒産法の要請が対立し交錯する難問であるが，再建型手続下の整理解雇に限っては，倒産法の上記要請を踏まえて，解雇有効と判断した本件2判決は相当と解さざるをえない*299。本件は，労働者側が上告後，最高裁が2事件ともに上告棄却・上告不受理として決着したが*300，結論としては相当と解される*301。

---

*297　池田・前掲解説（＊293）188頁。
*298　この点，伊藤眞「事業再生手続における解雇の必要性の判断枠組み」東京弁護士会倒産法部『倒産法改正展望』（商事法務・2012）3頁は，債権型手続下の整理解雇に関する現行労働法・事業再生法の規律が不明確であるとの認識を前提に，同整理解雇における人員削減の必要性に関して，更生計画等の認可から解雇実行時点までの間に，当初予定された解雇を不要とするような事情の変化（廃止予定の事業部門の復活，縮小予定の事業規模の拡大等）が生じ，人員削減が不要となったかどうかという事後的審査に司法審査をとどめるべきとの立法政策的提言を行っているが，本文に述べたとおり，こうした事情の変化に関する司法審査は，現行法の解釈論としても肯定すべきものと考える。
*299　再建型手続下の整理解雇に係る人員削減の必要性の判断基準時（907頁参照）については，民事再生手続・会社更生手続の策定および裁判所の認可という特別の法定手続を経て実行されるとの特質を踏まえて，例外的に，整理解雇時点ではなく人員削減策定時点（民事再生・会社更生計画策定時点）に置くとの解釈も考えられるが，引き続き検討していきたい。
*300　日本航空［客室乗務員］事件・最決平成27・2・4［LEX/DB25505801］，日本航空［運航乗務員］事件・最決平成27・2・5［LEX/DB25505802］。
*301　人員削減の必要性以外の3要素中，被解雇者選定の相当性および説明・協議義務の履行を肯定した日本航空2事件の判断には異論はないが，解雇回避努力義務の履行を肯定した判断については疑問の余地がある。この点，学説では，更生手続中に会社業績が改善された状況下では，労働者側が主張するワークシェアリングによって一時的にせよ雇用を維持することが解

【10-15】 ジョブ型社員・勤務地限定社員の整理解雇　　前記のとおり（909頁），職種・勤務地を限定されて雇用される労働者（ジョブ型社員・勤務地限定社員）の整理解雇について，裁判例は，使用者の解雇回避努力義務として配転義務を広く認めている。典型例として，勤務地限定正社員につき，「就業場所の限定は，労働者にとって同意なく転勤させられないという利益を与えるものではあるが，使用者に転勤させない利益を与えるものではない」と判断した例（前掲・シンガポール・デベロップメント銀行事件［＊254］）や，ジョブ型正社員（航空会社のFA）につき，「使用者は，解雇回避努力の一環として，労働契約上，職種限定契約を締結している労働者に対しては，労働契約上の限定範囲を超えた配置転換その他の提案を行うことが求められる」と判断した例がある（前掲・ユナイテッド・エアーラインズ事件［＊232］）。

　　ジョブ型社員・勤務地限定社員の整理解雇については，使用者の配転義務の範囲も問題となる。この点は，特に部門廃止に伴うジョブ型社員の整理解雇について問題となるが，以下のように解される。すなわち，①ジョブ型社員は，一定の職務・職種に従事することについて利益を有していることから，使用者は，他部門において同一または類似の職務・職種を確保すべき義務を負う。次に，②同一または類似の職務・職種を確保することが客観的に見て困難・不可能な場合は，他の職務・職種への転換に係る打診（労働契約内容変更の申込み）を行い，その同意を得て配転を実施する義務を負う。②の配転が解雇回避努力義務の履行として評価されるか否かは，①の配転が客観的に見て困難・不可能であることを前提に，労働条件変更の合理性・相当性（職務・職種変更の程度，賃金減額の程度等）を含めて判断すべきであろう（その意味で，変更解約告知［787頁］に係る判断に類似する）。②の配転が解雇回避努力義務の履行として評価されるにもかかわらず，労働者が同意しない場合は，使用者は同義務を履行したものと解される。

　　この点に関する裁判例の判断は分かれており，大学教員の整理解雇に係る解雇回避措置につき，大学教員の地位を保障されていることから，他学部教員への異動およびそれに必要な文科省による教員審査を受けさせるべく努力すべきであり，事務職員への配転の打診では不十分と判断した例がある[302] 一方，航空会社の

雇回避努力として求められることを示唆する見解があり（池田・前掲解説［＊293］191頁），傾聴に値する。なお，倒産時整理解雇一般における解雇回避努力義務および説明・協議義務に関する検討として，飯塚孝徳「倒産時整理解雇における解雇回避努力」「倒産と労働」実務研究会編・前掲書（＊293）207頁，松村卓治「倒産時整理解雇における手続の妥当性」同書241頁があり，前者は，再生計画・更生計画に沿った解雇回避措置が行われれば足りると説き，後者は，実施可能な範囲での手続きの履践で足りるとし，平時に比べて整理解雇規制を緩和すべきことを説く。こうした見解については，更生計画をそのまま是認する結果をもたらす点で疑問を拭えないが，詳細な検討は他日を期したい。

[302]　前掲・奈良学園事件（＊202）。ほぼ同旨，前掲・大乗淑徳学園事件（＊208）。

FAの整理解雇につき，成田ベースの廃止によってFAとしての勤務継続が不可能となったとの判断を前提に，会社が給与水準を維持しての地上職への配転を提案して同意を求めたことについて合理的な解雇回避措置と評価した例もある[*303]。ケース・バイ・ケースの判断となるが，上記①・②の検討順位は認識されているといえよう。前者の判断については，仮に①の配転が困難・不可能な場合は，事務職員への配転（②の配転）が解雇回避措置として十分と解される場合がありうるし，後者の判断については，①の配転が真に困難・不可能だったのかが問われるべきである。

なお，ジョブ型社員・勤務地限定社員については，固有の整理解雇事由として，「就業すべき職種・勤務地が消失したこと」との事由が就業規則に設けられることがある。まず，その可否が問題となるが，ジョブ型中途採用社員の能力不足を理由とする解雇（868頁）や試用期間解雇など，人事権が制約される代わりに解雇権濫用規制が緩和されうることを踏まえれば，こうした解雇事由を規定すること自体を否定すべき理由はない。一方，整理解雇が労働者に帰責事由のない解雇であることを考えると，上記解雇事由の適用段階では慎重に判断する必要がある。すなわち，上記解雇事由については，文字どおり職種・勤務地が消失すれば自動的に解雇が許容されるとの趣旨に解すべきではなく，当該解雇事由の解釈に際して，整理解雇の4要素を適用して判断する必要がある。特に，解雇回避努力義務については，上記のとおり，他職種・他勤務地への配転義務を解雇回避努力義務の基本的内容と考えるとともに，その前提としての希望退職者募集も基本的回避措置に位置づけるべきである。一方，被解雇者選定の相当性については，消失職種・勤務地に従事するジョブ型正社員・勤務地限定正社員が優先的に解雇対象とされることはやむを得ないと解される。

【10-16】 停止条件付解雇の合意　上述した「就業すべき職種・勤務地が消失したこと」との解雇事由について，職種・勤務地の消失によって自動的に解雇を許容するとの趣旨に理解すれば，それは，特定された職種・勤務地の消滅を停止条件とする解雇の合意（停止条件付解雇の合意）を意味することになる。能力不足解雇についても，同様に停止条件付解雇の合意（期待された職務の不達成を停止条件とする解雇の合意）が行われる可能性があるし，現に行われている（後述）。停止条件付解雇の合意を認めれば，同合意に基づく労働契約の終了は，解雇ではなく，退職取扱いという法形式（法律行為）をもって発生することになる。特に，ジョブ型社員については能力不足解雇・整理解雇の双方について，勤務地限定社員については整理解雇について停止条件付解雇の合意が行われうる。

しかし，こうした停止条件付解雇の合意は，強行法規である解雇権濫用規制（労契16条）の脱法行為として無効であるか，有効と解するにせよ，解雇権濫用

[*303] 前掲・ユナイテッド・エアーラインズ事件（*232）。

規制の適用を免れないと考えるべきである*304。すなわち，停止条件付解雇の合意に基づく退職扱いについては，労契法16条に基づく客観的合理的理由および社会通念上の相当性が要件となる。ジョブ型雇用を中心に解雇権濫用規制が緩和される事態が進むとしても，停止条件付解雇の合意を無条件に許容する事態までは生じないと考えるべきである。

裁判例においても，停止条件付解雇の合意をめぐる紛争が登場しているが，そこでも，解雇権濫用規制の適用が肯定されている。能力不足解雇については，生命保険会社が，中途採用営業職員との間の労働契約において締結した停止条件付解雇の合意（職員の活動成果が就業規則所定の基準に達しない場合は営業職員資格を失い，労働契約が終了する旨の合意）に基づいて同職員を退職扱いしたケースにつき，条件成就による労働契約の自動終了であり，解雇権濫用法理は適用されない旨主張したのを斥け，本件退職取扱いは，営業職員の成績不良を理由としてその意思に反して退職の効果を生じさせるものであり，能力不足解雇と類似することから解雇権濫用法理を適用して判断すべきとした上，同職員の能力不足および会社による入念な指導研修の事実を認めて解雇有効と判断した例がある*305。また，整理解雇については，中国現地法人の社長就任を目的として雇用された労働者が，当該法人の売却によって職務が消滅したとして解雇された事案につき，停止条件付解雇の合意の存在を否定しつつ，高額の報酬をもって中国現地法人社長就任を目的に雇用されたという契約の趣旨を重視して解雇の合理的理由を認め，有効と判断した例がある*306。今後も，こうした判断方法は維持・継承されるであろうし，維持されるべきものである。

---

*304 菅野和夫「『労働法の未来』への書き置き」労経速2439号（2021）19頁。土田・前掲論文（*123）35頁以下も参照。

*305 前掲・日本生命保険事件（*119）。また，停止条件付解雇の合意と似て非なる事案として，同じく中途採用営業職員（CT社員）の能力不足解雇に係る前掲・メットライフ生命保険事件（*120）は，半年間の査定AAPが300万円を下回ることという明確かつ客観的な就業規則上の解雇事由に基づく解雇の有効性が争われた事案であるが，裁判所は，CT社員が所定の期間内に一定の売上げを挙げられないことを解雇事由として定める上記規定には合理的必要性があり，上記基準は平均的な査定AAPよりも相当低い水準に設定されており，査定期間も6か月間と長期に設定されている等として上記解雇事由について必要性・合理性を肯定し，同規定に基づく本件解雇についても客観的合理的理由を肯定している。本判決は，就業規則上の解雇事由の合理性の検討を通して，解雇権濫用規制を間接的に適用し，解雇の客観的合理的理由の有無を判断した事例といいうる。

*306 フェイス事件・東京地判平成23・8・17労経速2123号27頁。

第6節　労働契約終了後の権利義務

　労働契約上の権利義務は，労働契約の終了とともに消滅するのが原則である。しかし，例外的に，労働契約終了後も権利義務が残存する場合があり，労働者の守秘義務・競業避止義務のほか，同僚・部下等の引抜きが問題となる（労働者の退職に関する労基法上の労働者保護規定としては，退職時の証明義務［労基 22 条］および金品の返還義務［労基 23 条］があるが，省略する。菅野＝山川 721 頁，荒木 374 頁参照）。

　守秘義務・競業避止義務は，労働者が前使用者と競合する企業に転職したり，自ら競業を営んで顧客を奪う場合や，前使用者の営業秘密を使用する場合に問題となり，長期雇用システムの変化（雇用の流動化）に伴い，紛争が増加している（在職中の守秘義務・競業避止義務については 154 頁以下参照）。ここでは，退職労働者の職業選択の自由（憲 22 条1項）と，営業秘密（知的財産権）の保護（知財基 2 条 1 項）という要請を適切に考慮して検討する必要がある[307][308]。

---

[307]　退職後の守秘義務・競業避止義務については，岩出誠「情報の管理」講座 21 世紀(4) 114 頁，川田琢之「競業避止義務」講座 21 世紀(4) 133 頁，石橋洋「企業の財産的情報の保護と労働契約」労働 105 号（2005）16 頁，同『競業避止義務・秘密保持義務』（信山社・2009），同「競業避止義務」争点 66 頁，坂井岳夫「秘密保持義務の法的構造」労働 112 号（2008）123 頁，横地大輔「従業員等の競業避止義務等に関する諸論点について(上)(下)」判タ 1387 号（2013）5 頁，1388 号（2013）18 頁，山下昇「退職後の競業避止義務，引抜行為」解雇と退職の法務 341 頁，松田典浩「退職後の競業避止義務」労働関係訴訟Ⅱ 903 頁，松井良和「秘密保持義務の法的根拠とその有効性に関する考察」淺野高宏＝北岡大介編『労働契約論の再構成』（法律文化社・2019）171 頁など参照。

[308]　退職後の守秘義務・競業避止義務に関する私見については，土田 304 頁以下，土田道夫「知的財産法と労働法」土田＝豊川＝和田 308 頁の概観のほか，土田道夫「労働市場の流動化をめぐる法律問題（上）」ジュリ 1040 号（1994）53 頁（①論文），同「競業避止義務と守秘義務の関係について」中嶋還暦『労働関係法の現代的展開』（信山社・2004）189 頁（②論文），同「営業秘密の保護と職業選択の自由」ビジネス法務 5 巻 7 号（2005）11 頁，同「退職後の秘密保持特約・競業避止特約」「退職後の競業避止義務と労働契約上の債務不履行・不法行為」小野昌延＝山上和則＝松村信夫編『不正競争の法律相談Ⅰ』（青林書院・2016）412 頁参照。

　退職後の競業避止義務に関する労働法と知的財産法の交錯については，土田道夫「人材獲得市場における労働法と競争法の機能」ジュリ 1523 号（2018）48 頁（③論文），同「企業法・企業法務と労働法」土田編・企業法務と労働法 27 頁（④論文），同「労働法の規律のあり方について――隣接企業法との交錯テーマに即して」野川忍編『労働法制の改革と展望』（日本評論社・2020）289 頁（⑤論文），石田信平「営業秘密保護と退職後の競業避止義務」労働 132 号（2019）34 頁参照。労働法と独禁法の交錯については，土田・前掲①論文 39 頁，土田・前掲②論文 289 頁，河野尚子「独占禁止法と労働法」土田編・企業法務と労働法 255 頁，松本恵

1 退職後の守秘義務

(1) 不正競争防止法の規律

　守秘義務とは，使用者の営業秘密やノウハウをその承諾なく使用・開示してはならない義務をいう。退職後の守秘義務は，契約上の義務として設定されるほか，不正競争防止法（不競法）上の営業秘密（2条6項）の保護（不正競争の規律［2条1項7号等］）によっても生ずる（155頁参照）。退職後の守秘義務との関係では，2005年の不競法改正により，退職者の不正競争に対する処罰規定が新設されたことが注目される（役員・従業員不正使用・開示罪＝21条1項6号）。

　裁判例としては，会社の溶接技術に関する守秘義務を定めた誓約書を提出後，退職して新会社を設立した従業員が新会社に製品の溶接技術を開示したことにつき，同技術を不競法上の営業秘密と認め，その後の取引奪取行為と併せて不正競争と解し，原告の将来の営業を侵害するおそれがあるとして，営業の差止請求（3条1項）および損害賠償請求（4条）を認容した例がある（岩城硝子ほか事件）[309]。一方，退職労働者による仕入れ先情報の使用行為につき，営業秘密の最重要要件である秘密管理性（155頁）の充足を否定して不競法上の損害賠償請求を否定した例[310]や，退職労働者による顧客名簿や融資条件の使用行為につき，これらを営業秘密と認めつつ，労働者自身が作成したものと認め，不正競争の事実を否定して差止請求を棄却した例もある[311]。

(2) 契約上の守秘義務

　営業秘密の保護に関する基本法は不正競争防止法であるが，同法上の「営業秘密」は厳格に解釈され，不正競争についても，図利加害目的という主観的要件を加重されることから立証に困難な面がある。そこで，労使間契約による守秘義務が重要となる（159頁も参照）。

　まず，守秘義務の法的根拠としては，契約上の明確な根拠（秘密管理規程，守秘契約）が必要である[312]。信義則に基づく在職中の守秘義務の残存を説く見

　里＝土田道夫＝瀬領真悟「退職後の競業避止義務と労働法・独占禁止法——労働法と競争法の交錯」季労274号（2021）78頁参照。

[309]　大阪地判平成10・12・22知的裁集30巻4号1000頁。

[310]　ダンス・ミュージック・レコード事件・東京地判平成20・11・26判時2040号126頁。本件については，土田道夫［判批］知財管理60巻5号（2010）791頁参照。

[311]　西部商事事件・福岡地小倉支判平成6・4・19労旬1360号48頁。

解もあるが*313，労働契約上の義務は契約終了とともに終了することと，不競法が不法行為法の特別法として信義則上の守秘義務を認めた趣旨を考えると，適切でない（守秘契約の要否については，競業避止義務の箇所［930 頁］参照）*314。

一方，契約上の守秘義務の要件は，不競法上の「営業秘密」より広く解され，「営業秘密」の要件を満たさない秘密・ノウハウに及ぶ義務として設定できる。不競法が差止請求等の特別の救済を与える代わりに「営業秘密」のみを保護していることを考えると，それとは別に認められる契約上の守秘義務については，保護の対象をより広く解しても問題はない*315。また，義務違反の要件としても，不競法のような図利加害目的という主観的要件は求められず，故意・過失によって秘密・情報を使用・開示することが守秘義務違反（に基づく損害賠償責任）を成立させるものと解される。

もっとも，退職労働者は職業選択の自由（憲 22 条 1 項）を保障されることから，契約上の守秘義務が無制限に肯定されるわけではない。すなわち，守秘義務は，対象とする秘密・情報の特定性・範囲，秘密として保護する価値の有

---

*312 同旨，レガシィ事件・東京地判平成 27・3・27 労経速 2246 号 3 頁。他方，同事件は，労働者が退職後に機密情報を不当に開示する目的で在職中に機密情報を取得することは在職中の守秘義務に違反すると述べ，当該行為について信義則上の守秘義務違反を肯定している（この判断については，第 2 章*96 参照）。なお，ピアス事件（大阪地判平成 21・3・30 労判 987 号 60 頁）は，退職労働者が機密保持誓約書を会社に提出していないにもかかわらず，同人らが同誓約書の文言を作成し，研修生にその提出を求める立場にあったことから，その内容を認識していたとして誓約書記載の守秘義務を肯定している。結論は穏当であるが，労働者が守秘義務の内容を認識していることと，それに同意したことを同一視する判断には疑問の余地がある。

*313 田村善之『競争法の思考形式』（有斐閣・2003）65 頁，石橋・前掲論文（*307・労働）26 頁。

*314 信義則に基づく守秘義務を肯定することのメリットとしては，守秘契約上の根拠を要求する場合，労働者が守秘契約の締結に応じないまま退職した後，企業秘密・情報の背信的な使用・開示行為に及んだ場合に前使用者の正当な利益を保護できないところ，そうした事態を防止できるという点が挙げられる。しかし，この種の事態については，守秘義務の根拠として，使用者が一方的に作成する就業規則を認めることで対処可能と解される（競業避止義務につき，930 頁参照）。

*315 これに対し，エイシン・フーズ事件（東京地判平成 29・10・25 ［LEX/DB25449017］）は，退職後の守秘義務について不競法上の営業秘密の保護要件（秘密管理性，有用性，非公知性［2 条 6 項］）と同一の要件を設定した上，本件機密情報（得意先・粗利管理表，規格書，工程表，原価計算書）について秘密管理性を否定するとともに，退職従業員が本件機密情報を取得し使用したとも認められないとして請求を棄却している（ほぼ同旨，前掲・レガシィ事件［*312］，関東工業事件・東京地判平成 24・3・13 労経速 2144 号 23 頁）。しかし，判旨自身が説く契約上の守秘義務の存在意義に照らせば，営業秘密と守秘義務の要件を同一視する判断は厳格に過ぎると解される。契約上の守秘義務と営業秘密の関係については，本書 159 頁参照。

無・程度，退職労働者の地位・職務等を総合考慮し，その制限が必要かつ合理的範囲を超える場合は，公序違反として無効となるものと解される[*316]。具体的には，労働者が業務を通して取得した一般的知識・技能や，もともと秘密性を欠く事項は守秘義務の対象とならない[*317]し，秘密性が肯定された場合も，秘密としての特定を欠き，無限定な範囲に及ぶ場合は，守秘義務は公序違反として無効となる。また，労働者の地位・職務が守秘義務を課すのに相応しいものか否かもポイントとなる。

他方，職業選択の自由との関係では，守秘義務は，営業秘密その他の秘密・情報の漏洩のみを規制する義務であり，競業避止義務より穏健な手段であるため，競業避止義務ほど厳格な要件を課すべきではない。すなわち，守秘義務については，固有の要件である秘密・情報の特定性は厳格に解釈すべきであるが，義務期間の限定や代償を要件と解する必要はない[*318]。また，手続的要件としては，使用者は，信義則（労契3条4項）および労働契約内容理解促進の責務（同4条1項）に基づき，守秘義務の内容について十分説明する必要がある。

裁判例では，製品の製造過程や顧客名簿に関して，誓約書により期間の定めのない守秘義務を定めたケースにつき，秘密・情報の性質・範囲，価値，労働者の退職前の地位に照らして合理性が認められるときは公序違反とならないと解した上，秘密の重要性や退職従業員の地位の高さに照らして有効と判断した例[*319]，商品取引所の上場商品の売買等を営む会社の従業員が同業他社への移籍に際して顧客情報を無断で持ち出したことにつき，就業規則および同内容の守秘契約が守秘義務の内容を明確に列挙していることから有効と判断した例[*320]，元従業員（美容師）による顧客情報の利用および第三者への開示・提供に係る差止請求につき，元従業員が顧客情報を利用すると，前使用者に美容院

[*316] マツイ事件・大阪地判平成25・9・27ジャーナル21号10頁。

[*317] モリクロ事件・大阪地判平成23・3・4労判1030号46頁，播磨殖産事件・大阪地判平成29・3・14ジャーナル65号46頁。20年以上も前の抽象的営業方針やビジネスモデルについて保護に値する秘密情報該当性を否定した例として，日本クリーンシステム事件・大阪地判平成29・1・31ジャーナル62号44頁。

[*318] 詳細は，土田・前掲②論文（*308）196頁。

[*319] ダイオーズサービシーズ事件・東京地判平成14・8・30労判838号32頁。本判決は，守秘義務を定めた誓約書の文言が「重要な機密」と包括的であるにもかかわらず，誓約書中の「顧客名簿」等の例示によって特定は可能であるとして有効と判断している。秘密・情報の特定に関する契約の文言が包括的であっても，直ちに無効と解釈せず，秘密の特定が主張立証されれば足りると解する判断であるが，秘密の特定性自体を不要とする趣旨ではない。

[*320] アイメックス事件・東京地判平成17・9・27労判909号56頁。

の運営を委託している会社に対する信用が毀損され，前使用者の営業上の利益が侵害されることや，前使用者が元従業員に対して秘密保持手当を支給していたこと等の事実を考慮して守秘義務特約の合理性を認め，差止請求を認容した事例*321 がある。他方，守秘義務の対象として主張される秘密が「業務上知り得た会社及び取引先の情報」「顧客情報」等と漠然不明確な内容にとどまり，秘密情報の例示もないなどおよそ特定不可能な場合は，秘密の特定性を欠くことから公序違反として無効と評価され，または守秘義務の存在自体が否定される*322。各裁判例ともに妥当な判断と解される。

2　退職後の競業避止義務

(1)　意　義

　競業避止義務とは，使用者と競合する企業に就職し，または自ら業務を営まない義務をいい，守秘義務とは質的に異なる内容を有する義務である。前記のとおり，守秘義務が営業秘密の侵害のみを禁止し，その一点において職業活動を制約するにとどまるのに対し，競業避止義務は，労働者の職業活動自体を禁止する義務であり，労働者の職業選択の自由（憲22条1項）に及ぼす制約効果が大きい。したがってここでは，営業秘密等の保護（知的財産法の要請）と職業選択の自由（労働法の要請）との調整という視点がより強く要請される。この結果，退職後の競業避止義務は次のような法的規律に服する。

(2)　法的根拠

(ア)　概　説　まず，競業避止義務の法的根拠としては，契約上の明確な合意（競業避止特約）または就業規則規定が必要となる*323。守秘義務と同様，退

---

*321　X事件・横浜地決令和4・3・15労経速2480号18頁。
*322　前者の例として，前掲・マツイ事件（＊316)，後者の例として，前掲・ダンス・ミュージック・レコード事件（＊310)。守秘義務自体は肯定しつつ，同義務違反を否定した例として，レジェンド事件・福岡高判令和2・11・11労判1241号70頁。
*323　山口俊夫「労働者の競業避止義務」石井追悼『労働法の諸問題』（勁草書房・1974）429頁，土田・前掲①論文（＊308）57頁，②論文（＊308）199頁，横地・前掲論文（上）（＊307）8頁など。先例として，フォセコ・ジャパン・リミティッド事件・奈良地判昭和45・10・23判時624号78頁。近年の裁判例の多くは，競業避止義務に関する明示の根拠が存在する事案に関するものである。一方，退職後の競業避止義務に係る合意の成立を否定した例として，A特許事務所事件（大阪高決平成18・10・5労判927号23頁）が，また，使用者が退職後の競業避止義務の根拠として主張した就業規則につき，周知がされていないとして効力を否定した裁判例として，アクトプラス事件・東京地判平成31・3・25労経速2388号19頁がある。

職労働者が信義則上当然に競業避止義務を負うかが問題となるが、労働契約上の義務は契約終了とともに終了すること、競業避止義務が職業選択の自由に対して強い制約度を有することを考えると、明示の根拠を要すると解すべきである。なお、守秘義務と競業避止義務は全く異なる概念であるから、守秘義務に関する誓約書は、もとより競業避止義務の法的根拠たりえない[*324]。

　問題は、個々の労働者・使用者間の特約を要するか、就業規則規定（競業禁止規定）で足りるかである。両説ありうるが、私は、退職後の競業避止義務のように、労働契約本体と密接に関連し、付随する権利義務は就業規則の対象となる「労働条件」（労契7条）に該当すると解する立場から、後説を支持する（226頁）[*325]。ただしその場合、就業規則に基づく競業避止義務は、後述する全面的な内容審査（合理性審査論。932頁以下）に服する。

　(イ) 個別特約に基づく競業避止義務　これに対し、個別特約に基づく競業避止義務に係る根拠と要件の関係性については、場合を分けて考えるべきであろう。まず、個別特約の締結に際して、使用者が特に説明を行うことなく合意書・誓約書等を示して労働者が署名押印した場合や、使用者が同様の状況の下で就業規則のひな型としての合意書等を示して労働者が署名押印した場合のように、合意は行われたものの形式的な合意にとどまる場合、また、使用者が労働者に対して競業避止義務に関する説明・情報提供を行った（後述する競業避止義務の手続的要件［932頁の⑤］を充足した）ものの、さらに進んだ協議・交渉に至っていない場合は、退職労働者の職業選択の自由に鑑み、就業規則と同様の全面的内容審査（合理性審査論）に服すると考えるべきである。これに対し、個別特約の締結に際して、労働者・使用者がより実質的な交渉・協議を行い、労働者が自由意思に基づいて同意した場合は、後述する内容審査（合理性審査論）は全面的には及ばないと考えるべきであろう。これは、労働条件変更のみならず、労働条件の決定・設定の場面についても労働者の自由意思に基づく同意要件を肯定する立場（211頁、第9章[*123]参照）に基礎を置く解釈である[*326]

[*324]　Yデザイン事件・東京地判令和4・11・25ジャーナル136号44頁。

[*325]　土田・前掲②論文（[*308]）199頁。同旨、モリクロ［仮処分］事件・大阪地決平成21・10・23労判1000号50頁。守秘義務に関して前述した（[*314]）のと同様、競業避止義務の根拠として就業規則を肯定することは、信義則に基づく競業避止義務を否定した場合の問題点に対処する上でも有意義と解される。

[*326]　本項については、関将生氏（同志社大学大学院法学研究科）との議論から示唆を得た。競業避止特約に対する自由意思に基づく同意要件の適用に消極的な実務家の見解として、吉田

と同時に、そうした実質的交渉を経由して成立した合意については当該合意を尊重すべきとの要請（合意尊重の要請［21頁］）に基礎を置く解釈である[*327]。

一方、労働者の自由意思に基づく同意はもとより厳格に認定すべきであり、労使間合意を介した労働条件の不利益変更に関する判例（山梨県民信用組合事件）[*327a]が示した考慮要素に倣って、自由意思に基づいて行われたものと客観的に認められることを要するものと考える。すなわち、労働者の同意については、退職後の競業避止義務を受け入れる旨の労働者の行為（競業避止特約の締結）の有無のみならず、労使間の交渉力・情報格差を踏まえて、ⓐ労働者の不利益の内容・程度に応じて、ⓑ労働者が当該行為を行うに至った経緯・態様、ⓒ使用者による情報提供・説明状況について厳格に判断する必要がある。

ⓐ退職労働者の不利益の内容・程度については、職業選択の自由（憲22条1項）への制約が問題となり、具体的には、競業避止義務の実体的要件（後述する①〜④［932頁以下］）に即して判断すべきである。ⓑ労働者が競業避止特約締結に至った経緯・態様としては、使用者が競業避止義務を課す動機・目的や、特約締結時の労使間の折衝、労働者に対する考慮期間の付与等が考慮される。特に、競業避止特約が入社時・在職中に締結される場合は、労働契約期間中の合意であり、労働者の指揮命令服従性と労使間の交渉力・情報格差が存在するため、特約締結に至る経緯や特約締結後の事情について慎重に判断すべきである[*327b]。一方、退職時・退職後に特約が締結される場合は、指揮命令服従性や

　裕樹「雇用流動化と退職後の競業避止義務」経営法曹215号（2023）2頁以下、積極的な見解として、藤原孝洋［判批］経営法曹219号（2024）49頁以下がある。

[*327] REI元従業員事件（東京地判令和4・5・13労判1278号20頁）は、退職労働者が前使用者会社を退職し、別会社と業務委託契約を締結した後に競業避止義務に係る合意書に署名押印しており、使用者と労働者という関係になく、立場上の差によって自由な意思決定が困難であったとする事情はないとして合意書に基づく競業避止義務の成立を認めながら、その要件について全面的内容審査（合理性審査）を行っており、疑問の余地がある。ただし本件では、労働者の自由意思に基づく同意の認定に係る考慮要素（本文で後述するⓐ〜ⓒ）がどのように存在しているかは定かではないので、指摘にとどめる。

[*327a] 最判平成28・2・19民集70巻2号123頁。本書761頁参照。

[*327b] 日本産業パートナーズ事件（東京高判令和5・11・30労判1312号5頁）は、入社時の競業避止特約を義務の根拠として認めた例であるが、判決は、入社時の合意に加えて、退職前に会社が競業の範囲について説明したことも理由として義務の有効性を肯定している。競業避止義務の根拠論としては、本文に述べた特約締結後の事情を考慮した例であるが、労働者の自由意思については、後述する手続的要件（⑤説明・情報提供［932頁］）を充足するものの、自由意思まで肯定できる事案ではない。仮に本件において、当事者間でさらに進んだ協議・交渉が行われていれば、自由意思を肯定する余地があると解される。

交渉力格差が低下することから、特約締結に至る経緯・態様は比較的緩やかに判断されうるが、使用者が特約締結を強要したり、退職金不支給を示唆するなど労働者の自由な意思形成を妨害した場合は、労働者の自由意思の存在を否定すべきである*327c。特約締結時期を問わず、労働者の地位の高低およびそれに起因する交渉力格差の相違も考慮要素となろう。ⓒ使用者による情報提供・説明の内容は、自由意思の認定に係る最重要要素であり、競業避止特約の内容が書面で具体的かつ明確に定められているか否か、使用者が競業避止義務を課す必要性・目的、義務の内容・代償措置の有無、義務に違反した場合の法的効果等について情報提供・説明を尽くしたか否か、また、労働者が義務内容を十分に理解した上で同意したかがポイントとなる。

以上のように解した上で、退職後の競業避止義務について労働者の自由意思に基づく同意が認定された場合も、その合理性に関する内容審査（合理性審査論）をごく例外的に肯定すべき場合がある（940頁参照）。

(3) 要　件

(ｱ)　**概　説**　競業避止義務は、その要件についても、職業選択の自由を考慮して厳格に解釈される。その準則は、①労働者の地位・職務が競業避止義務を課すのにふさわしいものであること、②前使用者の正当な利益（秘密・情報）の保護を目的とすること、③競業制限の対象職種・期間・地域から見て職業活動を不当に制限しないこと、④適切な代償が存在することの4点に置かれ、これらを総合して義務の有効性が判断される（合理性審査論）*328。この結果、競業避止義務が内容の合理性を欠き、退職者の職業活動を不当に制約すると判断されれば、職業選択の自由が構成する公序（民90条）違反として無効と解される*329。また、手続的要件としては、⑤使用者は、競業避止特約の締結・競業

---

*327c 裁判例では、競業避止特約（退職直後）の締結に際して、使用者が退職金手続書類を交付する条件として合意を強要したケースにつき、労働者の自由意思を欠く合意として無効と判断した例がある（消防試験協会事件・東京地判平成15・10・17労経速1861号14頁）。一方、逆に合意強要を否定した例としてヤマダ電機事件・東京地判平成19・4・24労判942号39頁があり、競業避止義務に係る誓約書の提出につき強制的な面があるとしながら、会社に提出を求める正当な目的があることから公序違反を否定し、また、退職従業員が誓約書の内容を理解した上で作成に応じたことから自由意思を抑圧されたわけではない等と判示しているが、今日の自由意思法理の水準から見れば相当性を欠く判断である。

*328　先例は、前掲・フォセコ・ジャパン・リミティッド事件（*323）。

*329　退職後の競業避止義務が就業規則で規定された場合は、就業規則の合理性審査（労契7

避止条項の提示に際して，合意原則（労契3条1項），信義則（同3条4項）・労働契約内容理解促進の責務（同4条1項）に基づき，労働者に対する説明・情報提供義務を負い，その履行いかんが義務の有効性に影響しうる*330。

　近年の裁判例では，こうした厳格解釈の傾向が強まっており，合理性審査論に立って競業避止義務の効力を否定する例が多い*331*332。代表的裁判例であ

　　条。220頁）も適用され，公序とともにいわば二重の審査が行われうる（ただし，こうした審査を行う裁判例は未だ見られない）。この合理性審査の内容については，公序に基づく合理性審査論と一致すると考えるべきであろう。
＊330　退職後の競業避止義務という重大な義務に関しては，義務内容の実体的合理性要件とともに，労働者に対する十分な説明・情報提供という手続的要件が求められ，これは，労働契約内容の決定・変更に関する説明・情報提供義務として構成できる（21頁参照）。この手続的要件⑤と，競業避止義務の根拠を成す個別特約について労働者の自由意思に基づく同意が認定される場合との関係については，930頁参照。
＊331　前掲・岩城硝子ほか事件（＊309［義務の有効性を否定］），キョウシステム事件・大阪地判平成12・6・19労判791号8頁（義務の有効性を否定），前掲・ダイオーズサービシーズ事件（＊319［義務の有効性を肯定］），新日本科学事件・大阪地判平成15・1・22労判846号39頁（義務の有効性を否定）。土田［判批］ジュリ1293号［2005］126頁），トーレラザールコミュニケーションズ事件・東京地決平成16・9・22労判882号19頁（義務の有効性を肯定），前掲・ヤマダ電機事件（＊327c［義務の有効性を肯定］），トータルサービス事件・東京地判平成20・11・18労判980号56頁（義務の有効性を肯定），ベルシステム24事件・東京地判平成21・5・19労判タ1314号218頁（元代表取締役の競業避止義務に関する傍論），アメリカン・ライフ・インシュアランス・カンパニー事件・東京地判平成24・1・13労判1041号82頁（義務の有効性を否定），前掲・モリクロ事件（＊317［義務の有効性を否定］），メットライフアリコ生命保険事件・東京高判平成24・6・13ジャーナル8号9頁（前掲・アメリカン・ライフ・インシュアランス・カンパニー事件の控訴審。義務の有効性を否定），前掲・マツイ事件（＊316［義務の有効性を否定］），リンクスタッフ事件・大阪地判平成27・8・3［LEX/DB25541202］（義務の有効性を否定），甲社事件・東京地判平成27・10・30労経速2268号20頁（義務の有効性を否定），第一紙業事件・東京地判平成28・1・15労経速2276号12頁（義務の有効性を肯定），Z社事件・京都地判平成29・5・29労判タ1464号162頁（義務の有効性を肯定），前掲・レジェンド事件（＊322［義務の有効性を否定］），前掲・REI元従業員事件（＊327［義務の有効性を否定］），ロイヤル通商事件・札幌地判令和5・6・7［LEX/DB25596758］（義務の有効性を否定），創育事件・東京地判令和5・6・16ジャーナル143号48頁（義務の有効性を否定），前掲・日本産業パートナーズ事件（＊327b［義務の有効性を肯定］）。
＊332　前掲・メットライフアリコ生命保険事件（＊331）は，元執行役員の競業避止義務について，原判決が同人の労働者性を検討し，肯定した上で競業避止義務に関する検討を行い，公序違反により無効と判断したのに対し，当該契約関係が委任契約か雇用契約か，役職が執行役員かどうかという形式的事項ではなく，執行役員の職務の実態を考慮して判断することが相当と解した上，委任契約および雇用契約の双方について合理性審査論に立って競業避止義務の有効性を判断し，無効と判断している。合理性審査論の射程を労働契約のみならず委任契約にも拡大する判断として注目される。一方，前掲・レジェンド事件（＊322）は，合理的審査論を採用しつつ，それを補充する形で後述する合理的限定解釈論による検討も行っており，本件競業避止特約につき，合意内容を限定解釈することで公序に反しないものとして有効となる余地が

る前掲・岩城硝子ほか事件（＊309）は，ⓐ前使用者が不競法および契約上の守秘義務に基づく営業秘密の使用・開示の差止めを請求しつつ，ⓑ 5 年間の競業避止特約に基づく競業の差止めを請求したケースであるが，判決は，ⓐの請求を認容しつつ，ⓑについては，中枢技術者である元従業員らに義務を課す必要性は認められるものの，義務内容が広範に過ぎ，期間が 5 年と不当に長期にわたること，代償についても，前使用者が主張した退職金は在職中の労働の対価であり，退職後の競業避止義務の代償とはいえないこと等を理由に無効と判断している。また，合理性審査論をさらに進めて，競業規制が必要最小限にとどまり，か・つ・，使用者が十分な代償措置を講じている場合にはじめて公序違反の評価を免れると解した上，退職後の競業を理由とする損害賠償請求や退職金不支給措置につき，これら要件の充足を否定して無効と判断する例（必要最小限制約論）＊333 もある。

　私は，合理性審査論を支持しつつ，競業避止義務の特質に鑑み，代償（前記④）を不可欠の要件と解する立場に立つ（必要最小限制約論に近い）。すなわち，競業避止義務は，退職労働者に職業活動（職業選択の自由）を放棄させるという強力な効果を有する義務であるから，それを補塡するための適正な対価（代償）を要すると解すべきである。換言すれば，競業避止契約は，労働者の競業避止義務のみを内容とする片務契約ではなく，競業避止義務と代償支払義務の対価関係から成る双務契約として構成されるべきである＊334。したがって，代償を欠き，または著しく低い代償を定める競業避止特約・条項は，職業選択の自由が構成する公序違反として無効となると考える。

　もっとも，裁判例を見ると，合理性審査論に立脚しつつ，競業避止義務をより広範に認める例もある＊335。また，競業避止義務の内容が包括的で不明確な

あるとした上，少なくとも，元従業員が自ら開拓した顧客に対する営業活動のうち，元従業員から当該顧客に連絡を取って勧誘したと認められない行為は，競業避止義務の対象に含まれないと判断し，退職従業員の競業避止義務違反を否定している。後掲＊353 参照。

＊333　東京貨物社事件・東京地判平成 12・12・18 労判 807 号 32 頁。同旨，前掲・関東工業事件（＊315）。学説として，西谷 218 頁。

＊334　土田・前掲①論文（＊308）58 頁，②論文（＊308）208 頁。同旨，小畑史子「退職した労働者の競業規制」ジュリ 1066 号（1995）120 頁，西谷 218 頁。横地・前掲論文（上）（＊307）12 頁，石橋・前掲論文（＊307・争点）67 頁もおおむね同旨。

＊335　前掲・ヤマダ電機事件（＊327c）は，家電量販店の元従業員に対する同業者への最低 1 年間の競業避止特約につき，競業制限の必要性があるほか，競業禁止の範囲も過度に広範とはいえないこと，仮に代償が不十分であるとしても，その点は損害額の算定に際して考慮できること等の理由から有効と判断し，競業避止条項に付された違約金条項に基づく違約金請求を認

場合も，合理性審査論が説く①〜④の要素を欠くことから直ちに無効と解するのではなく，前使用者の技術上・営業上の秘密・情報を用いて行う競業を禁止する趣旨に限定して有効と解するなど，義務の目的・必要性から見て合理的な範囲に限定解釈した上で有効と判断する例も見られる（合理的限定解釈論)[*336]。合理的限定解釈論の眼目は，競業避止条項・特約が包括的かつ不明確な内容にとどまる場合も，競業避止義務自体は肯定した上，義務違反の判断段階に重点を移して合理的限定解釈を行い，義務違反の有無の判断によって競業避止義務の法的処理を図る点にある。

　しかし，この見解には賛成できない。すなわち，合理的限定解釈論は，漠然不明確な競業避止特約・条項であっても有効と解し，司法による事後的修正（限定解釈）を容認するため，使用者がそれを見越して著しく不合理な競業避止義務を設定し，その結果，退職労働者の競業行為を萎縮させ，職業選択の自由を不当に制約する可能性がある。たしかに，合理的限定解釈論を採用する裁判例の多くは，結論としては退職者の競業避止義務違反を否定しており，実際上の問題は少ないともいうるが，理論的には，職業選択の自由に対する事前の萎縮効果を容認する点で重大な問題点がある。また，契約当事者でない裁判所が事後的に合意内容を限定（修正）することの正当化根拠（司法審査の正当性）も明らかでない。以上から，競業避止義務に関しては，当事者の合意内容の合理性の有無を審査し，義務それ自体の効力を判断することで競業避止義務の法的処理を行うアプローチ（合理性審査論）を採用すべきである[*337][*338]【10-17】。

　　容している。しかし，「最低1年間」の期間を根拠もなく「1年間」と読み替えたり，代償の不十分さを軽視するなど，競業避止義務の要件を過度に緩和する判断として賛成できない（土田道夫＝坂井岳夫［判批］L&T 38号［2008］79頁参照）。

[*336]　三田エンジニアリング事件・東京高判平成22・4・27労判1005号21頁（結論としては，義務の有効性を否定）。合理的限定解釈を採用する他の裁判例としては，競業避止義務の対象を特に背信性の強い競業行為に限定する例（前掲・西部商事事件［*311（義務の有効性を否定)]，前掲・アイメックス事件［*320（義務の有効性を肯定)]），合理性審査論が用いる①〜④の要素に即して必要最小限度の範囲を確定する例（アートネイチャー事件・東京地判平成17・2・23労判902号106頁，前掲・ダンス・ミュージック・レコード事件［*310］――ともに義務の有効性を否定)，競業避止義務につき，顧客勧誘禁止特約（後掲・359）の趣旨を有する限度で有効と判断する例（ロイヤル通商［控訴］事件・札幌高判令和5・12・26［LEX/DB25596756］［義務の有効性を肯定。前掲・ロイヤル通商事件（*331）の控訴審判決])が見られる。

[*337]　同旨，前掲・マツイ事件（*316）。前掲・A特許事務所事件（*323）も参照。前掲・Z社事件（*331）は，合理性審査論を採用しつつ，競業の態様の背信性を義務の有効性を肯定する要素として掲げるが，競業態様の背信性は義務違反の段階で考慮されるべき要素であるか

(イ) **具体的判断**　まず、①(労働者の地位・職務)については、労働者が使用者の営業秘密等の正当な利益を知りうる地位・職務に従事していたことが競業避止義務を課す前提となる。この結果、前使用者のCOO[339]、幹部従業員[340]、中枢技術者・第一線の営業社員[341]については、競業避止義務を課すことの必要性・合理性が肯定される[342]。一方、そうした地位にない一般従業員に対して一律に同義務を課すことは許されない[343]。

次に、②(前使用者の正当な利益の保護を目的とすること)は、競業避止義務に関する最も基本的な要素を意味する。前使用者の正当な利益については、ⓐ不競法上の営業秘密[344]はもとより、ⓑ不競法上の営業秘密に当たらない秘密・情報・ノウハウが含まれ、競業避止義務による保護の対象となる[345]。他方、ⓒ労働者が業務に従事すれば取得できる一般的知識・技能[346]や、同業他社が

ら、この判断は疑問である(黄若翔［判批］ジュリ1561号［2021］124頁)。
- [338]　本文に述べるとおり(940頁)合理性審査論に基づく審査は、労働者が自由意思に基づいて競業避止特約に同意した場合は例外的な場合にのみ肯定される。
- [339]　リーフラス事件・東京地判平成24・1・17［LEX/DB25491225］。
- [340]　前掲・ヤマダ電機事件(*327c)、前掲・第一紙業事件(*331)。
- [341]　前掲・岩城硝子ほか事件(*309［中枢技術者］)、前掲・ダイオーズサービシーズ事件(*319［営業社員］)、前掲・創育事件(*331［同上］)、前掲・日本産業パートナーズ事件(*327b［バイアウト投資事業会社の投資職］)。
- [342]　ただし、執行役員について、必ずしも高度の権限・信任を付与される立場になかったとして否定する例もある(前掲・メットライフアリコ生命保険事件［*331］)。
- [343]　前掲・キヨウシステム事件(*331)、アサヒプリテック事件・福岡地判平成19・10・5労判956号91頁、前掲・関東工業事件(*315)、前掲・アクトプラス事件(*323)、前掲・播磨殖産事件(*317)。前掲・Z社事件(*331)は、競業制限理由が前使用者および顧客等の業務上の機密事項・不利益となる事項に関する一切の情報の漏洩防止にあるとした上、退職従業員のような一般従業員であっても、そうした情報に接する可能性は十分にあり、その漏洩を防止する必要があるとして競業制限の必要性を簡単に肯定するが、不十分な判断と解される(同旨、黄・前掲判批［*337］125頁)。
- [344]　東京リーガルマインド事件・東京地決平成7・10・16労判690号75頁。
- [345]　前掲・ダイオーズサービシーズ事件(*319)、前掲・トータルサービス事件(*331)、パワフルヴォイス事件・東京地判平成22・10・27判時2105号136頁、前掲・リーフラス事件(*339)、前掲・第一紙業事件(*331)、デジタルパワーステーション事件・東京地判平成28・12・19ジャーナル61号21頁、前掲・日本産業パートナーズ事件(*327b)。横地・前掲論文(上)(*307)10頁は、競業避止義務によって保護すべき秘密・情報については、当該情報等の内容・価値、使用者が当該情報の入手・維持にかけたコスト、他者による入手困難性等から判断すべきと説く。上野達弘「知的財産法と労働法」論ジュリ28号(2019)41頁も参照。
- [346]　前掲・アートネイチャー事件(*336)。同旨、前掲・キヨウシステム事件(*331)、前掲・ダンス・ミュージック・レコード事件(*310)、前掲・播磨殖産事件(*317)、前掲・日本クリーンシステム事件(*317［競業避止義務。対象となる情報について要保護性を否定］)。

容易に入手可能な情報*347 は②の要素を充足しない。また，法的保護に値する秘密・情報についても，守秘義務による保護が可能であれば，競業避止義務の必要性を欠くものとして否定されることがある*348。ただし，退職者の守秘義務の履行状況に関するモニタリングが実際には困難である以上，この点を過度に厳格に考えるべきではなく，守秘義務の担保は前使用者の正当な利益として認めるべきであろう*349。一方，ⓓ単なる顧客確保の必要性（退職者による顧客奪取防止の必要性）は，使用者の正当な利益とは評価されない*350。

　③（競業制限の範囲）のうち，競業制限期間は，前使用者の利益の性格・重要性に即して個別的に判断されるが，裁判例は，1〜2年を限度とするものが多く，期間の合理的限定を重視している*351。もっとも，期間3年の競業制限の合理性を簡単に認める例もあるが*352，職業選択の自由への萎縮効果を看過する判断と思われる。競業制限の対象職種は，競業他社における同一ないし類似職種への就労の禁止が原則であり，競業他社への転職自体を禁止することは，過度に広範な規制として合理性を否定される*353。ただし，上級管理職につい

---

*347　前掲・マツイ事件（*316）。

*348　前掲・新日本科学事件（*331），前掲・アメリカン・ライフ・インシュアランス・カンパニー事件（*331），前掲・リンクスタッフ事件（*331）。

*349　同旨，前掲・ヤマダ電機事件（*327c），前掲・アサヒプリテック事件（*343）。

*350　前掲・アサヒプリテック事件（*343）。

*351　横地・前掲論文（上）（*307）8頁，11頁は，裁判例について，おおむね2年が限度とされていると分析している。ただし，前掲・アサヒプリテック事件（*343），前掲・メットライフアリコ生命保険事件（*331）は，2年の期間について，前掲・モリクロ事件（*317）は，1年の期間について長きに過ぎると判断している。また，前掲・岩城硝子ほか事件（*309）は，5年の期間を職業活動への不当な制約として義務の無効原因と解し，すみれ介護事件・東京地判平成26・11・7ジャーナル36号35頁は，競業期間が無限定であることを義務の無効原因と解している。もっとも，競業制限期間の相当性は，問題となる秘密・情報の重要性によっても左右され，陳腐化の早い技術的ノウハウであれば短期間の規制が求められる一方，不競法上の営業秘密など重要性の高い秘密である場合は，より長期の規制が肯定されうるが，後者の場合も，3年超の期間は長きに失すると考えられる。雇用の流動化が進行する今日，競業制限期間については，おおむね1年を限度とする方向に進むものと推測される（前掲・創育事件［*331］，前掲・日本産業パートナーズ事件［*327b］，前掲・ロイヤル通商［控訴］事件［*336］参照）。

*352　前掲・パワフルヴォイス事件（*345），前掲・リーフラス事件（*339）。一方，前掲・リンクスタッフ事件（*331）および前掲・甲社事件（*331）は，3年の競業制限期間を長きに失すると判断しており，妥当と解される。

*353　前掲・岩城硝子ほか事件（*309），前掲・A特許事務所事件（*323），前掲・アメリカン・ライフ・インシュアランス・カンパニー事件（*331），前掲・アサヒプリテック事件（*343），前掲・REI元従業員事件（*327），前掲・創育事件（*331）。また，前掲・A特許事

ては，競業他社への転職または設立自体の禁止の義務を課すことも例外的に許容されよう*354。競業制限の地域についても，前使用者の利益の性格に照らして個別的に判断する必要があり，学習塾のように地域性が強い事業であれば地域を限定する必要がある一方，普遍性の高い技術・情報や全国展開事業であれば，地域無限定であることから直ちに合理性を否定されるわけではない*355。

④（代償）については，前記の必要最小限制約論をはじめとして，その存否・内容を重視する裁判例が増えており，妥当と解される*356。また，代償は，あくまで退職後（労働契約終了後）の競業避止義務の対価であるから，競業制限期間中の金銭給付が原則であり，在職中（労働契約存続中）の機密保持手当や，在職中の労働の対価である退職金は，原則として代償たりえない*357。ただし，

務所事件（＊323）は，競業禁止先の範囲が文言上特定されていないことから公序違反と判断し，前掲・レジェンド事件（＊322）は，会社退職後に会社の顧客に対する営業活動をすること等を無期限で禁止する競業避止特約につき，元従業員が会社入社前に自ら保険代理店業として開拓していた顧客に対する営業活動をも禁止するものであることから元従業員の不利益はきわめて大きいと述べ，公序違反と判断している。一方，前掲・日本産業パートナーズ事件（＊327b）は，採用時の雇用契約記載の競業避止条項が，前使用者の競合もしくは類似業種と判断する会社等への転職を行わないことと，競合または類似業種の対象の判断は前使用者が行うとの内容であることから，必ずしも明確とはいえないとしつつ，従業員の退職前に競合の範囲をバイアウトファンドのプライベートエクイティとすると説明していたことから，競業避止条項を無効とするほど不明確とはいえないと判断している。⑤の手続的要件（説明・情報提供）を重視した判断といえよう。

＊354　前掲・リーフラス事件（＊339）。
＊355　前掲・リーフラス事件（＊339），前掲・Z社事件（＊331［前使用者（エレベーターメーカー）の顧客・営業範囲が全国に及ぶことから，国内全域にて競業避止義務を課す必要性を肯定］）。前掲・すみれ介護事件（＊351），前掲・リンクスタッフ事件（＊331），前掲・A特許事務所事件（＊323），前掲・デジタルパワーステーション事件（＊345）は，競業の地域的限定がないことを義務の無効原因と解している。前掲・ロイヤル通商事件（＊331）は，退職従業員に対して退職後1年間，札幌市内に本店・支店・営業所が存在する会社と競合する不動産管理会社に就職することを禁止する誓約書につき，地域的限定も含めて合理性を欠くと判断するが（ただし，前掲・ロイヤル通商［控訴］事件［＊336］にて取消），従来の裁判例に即して見ると，競業制限は抑制的であり，合理性を認められる一方，当該競業禁止に見合う代償措置が一切ないことから，公序違反として無効と解すべきものと考える。
＊356　代償がなく，または不十分であることを重視して競業避止義務を無効と判断する裁判例として，前掲・岩城硝子ほか事件（＊309），前掲・東京貸物社事件（＊333），前掲・モリクロ事件（＊317），前掲・三田エンジニアリング事件（＊336），前掲・アメリカン・ライフ・インシュアランス・カンパニー事件（＊331），前掲・関東工業事件（＊315），前掲・マツイ事件（＊316），前掲・デジタルパワーステーション事件（＊345），前掲・播磨殖産事件（＊317），前掲・アクトプラス事件（＊323），前掲・レジェンド事件（＊322），前掲・REI元従業員事件（＊327），前掲・ロイヤル通商事件（＊331）等。代償については，横地・前掲論文（上）（＊307）8頁，12頁以下の詳細な検討も参照。

退職金が適正な額で上積みされるなど，退職後の競業の対価としての性格が明確であれば，代償と解することに妨げはない[*358][*359]。また，代償は金銭給付であることを原則とするが，代償としての実質を有していれば，昇進の保障・技術の供与・独立支援等の非金銭的対価も含まれると解される[*360]。ただし，この点は慎重に判断すべきであろう。

⑤（手続的要件）に関しては，競業避止特約の内容が包括的で不明確なケースにつき，義務内容に関する使用者の信義則上の説明・情報提供義務を肯定した裁判例がある[*361]。

[*357] 在職中の機密保持手当につき，前掲・新日本科学事件（[*331]），給与・賞与につき，前掲・リンクスタッフ事件（[*331]），前掲・日本産業パートナーズ事件（[*327b]），退職金につき，前掲・岩城硝子ほか事件（[*309]），前掲・三田エンジニアリング事件（[*336]）。土田・前掲②論文（[*308]）217頁参照。

[*358] 同旨，前掲・第一紙業事件（[*331]）。前掲・Z社事件（[*331]）も参照。前掲・岩城硝子ほか事件（[*309]）も，この点を指摘する。また，在職中に高額の報酬が支給されている場合は，競業禁止に対する固有かつ独立の代償とはいえないものの，競業避止義務の不合理性を否定する方向に働く要素として考慮されることがある（フレンチ・エフ・アンド・ビー・ジャパン事件・東京地決平成5・10・4金判929号11頁，前掲・トーレラザールコミュニケーションズ事件［[*331]］）。ただし，慎重な判断を必要としよう。なお，退職金が高額の内容で上積みされ，代償としての性格を有する場合も，競業制限期間が5年等と長く，対象職種・地域も無限定であるなど過度に広範な場合は，必要最小限度の制限を超えるものとして競業避止義務の効力を否定すべきである（反対，富士ゼロックス事件・東京地判平成17・6・27［2005WLJP-CA06270005］）。

[*359] また，競業避止義務と銘打っていても，実質は競業の禁止ではなく，在職中に知りえた顧客との取引を禁止する競業制限条項（顧客勧誘禁止特約）は，法的には守秘義務に相当することから，代償は要件とならない。この点，前掲・ダイオーズサービシーズ事件（[*319]）は，一定の地域で2年間，前使用者の顧客との関係で競業規制を課す特約の効力につき，競業禁止の内容が会社の顧客収奪行為に限定される（それ以外の者に対する競業行為を禁止していない）ことを理由に，代償がなくても有効と判断し，前掲・創育事件（[*331]）は，会社の役職従業員に対して退職後1年間，在職中に知りえた顧客との取引を禁止する就業規則条項につき，その必要性が高い一方，従業員に対する制約は大きくないとして代償がなくても有効と判断し，前掲・ロイヤル通商［控訴］事件（[*336]）は，札幌市内において退職後6か月間，競業会社に就職して会社在職時の担当顧客に対して営業活動を行わないとの範囲内であれば，代償措置がなくても有効と判断している（合理的限定解釈論を採用した点については失当と考える［935頁］）。土田・前掲②論文（[*308]）208頁参照。

[*360] 前掲・トータルサービス事件（[*331]）は，フランチャイズチェーン会社のインストラクターに関する競業避止義務につき，好処遇のフランチャイジーへの独立支援制度を設けていることを代償と評価している。

[*361] A特許事務所事件・大阪地決平成17・10・27労判908号57頁。ただし，本件のように競業避止義務の内容が包括的・不明確なケースでは，むしろ，競業避止義務の実体的要件（合理性要件）自体を欠くものとして無効と解すべきであろう（前掲・A特許事務所事件［[*323]］は，本文の競業避止特約につき，退職後の競業に関する注意喚起の文書［いわば訓示規

(ウ)　労働者の自由意思に基づく同意が認定される場合の内容審査　では，競業避止義務の根拠を成す個別特約について労働者の自由意思に基づく同意が認定される場合（931頁）の要件（内容規制）についてどのように考えるべきか。机上事例であるが，特に優れた研究人材の退職に際して，使用者が，同人が在職中のシステム技術を活用して競業を行うことを恐れ，「退職従業員は，会社と競合関係に立つ企業の設立，就職その他形態の如何を問わず5年間は関与しない。会社は，退職従業員に対して，同期間中，代償として300万円を支払う」との競業避止特約を締結し，その際，会社は競業避止義務の内容を特定して書面化した上で説明・情報提供を尽くし，退職従業員は十分な考慮期間を付与された後，同義務の内容を十分理解して特約締結に応じた場合について考える。この場合，前記のとおり，前述した合理性審査論に基づく内容審査は全面的には及ばないとして，それでは内容規制のあり方についてどう考えるべきか。

　この点については，まず，労働法上の内容規制（合理性審査論）を一切行わず，その規律を競争法（独占禁止法［独禁法］）に委ねるという考え方がありうる。これによれば，上記事例では，労働法の本旨である労働者の利益保護と労使間の適切な利益調整が自由意思に基づく同意の認定によって満たされることから，労働法上の内容規制（合理性審査論）は否定される。一方，上記事例では，特に優れた競争人材の競業（起業や他の使用者の下での研究業務）が300万円という安価な代償と引き換えに全面的に禁止される結果となるところ，後述のとおり（945頁），こうした帰結は，消費者の利益を中心とする公共の利益を害し，自由で公正な競争秩序を著しく阻害するものとして独禁法上違法と解される可能性がある（自由競争減殺，拘束条件付取引［独禁19条，一般指定12項］）。したがって，上記事例のように，競業避止義務に係る個別特約について自由意思に基づく同意が認定される場合は，労働法上は全面的に有効と解した上，その規律は，市場における公正かつ自由な競争の確保を目的・理念とする競争法の役割と考える立場である。

　この解釈は十分説得力があると考えるが，私はなお，労働法上の内容規制を限定的に行う立場を主張したい。第一に，競争法によっては，労働者の職業選択の自由（憲22条1項）の侵害が除去されないという問題点がある。すなわち，上記事例において侵害される公共の利益の中には，市場における公正かつ自由

定］にとどまると判断している）。前掲・日本産業パートナーズ事件（＊327b）参照。

な競争の確保とともに，退職労働者の職業選択の自由が含まれるところ，競争法（独禁法）は，職業選択の自由を保護法益とする法ではないため，その侵害は，競争法によっては除去されない。一方，上記事例では，確かに退職従業員個人の職業選択の自由は本人の自由意思に基づく同意によって保護されうるが，職業選択の自由は，憲法が保障する基本的人権として公序価値を有しており，上記事例において発生する基本的人権の侵害（公序価値の侵害）という帰結は，退職従業員の利益保護を内容とする自由意思同意によっては除去されないものと解される。要するに，上記事例において労働法上の内容規制（合理性審査論）を一切行わない解釈を採用すると，職業選択の自由というきわめて重要な公序価値の侵害が労働法によっても競争法（独禁法）によっても是正されないという問題が生ずる。第二に，上記事例が独禁法上違法と評価されたとしても，独禁法上のサンクション（排除措置命令［20条］，優越的地位濫用行為に係る課徴金納付命令［20条の6］等）はともかく，私法上の効力については，競争法学上も裁判例上も明らかでないため，競業避止義務を直ちに無効とできないという問題点がある（独禁法違反の契約の私法的効果一般については，＊377参照）[362][363]。

以上の問題点を踏まえると，競業避止義務に係る個別特約について労働者の自由意思に基づく同意が認定される場合も，労使間合意に基づく労働条件変更の場合（778頁）と同様，義務内容が著しく合理性を欠くか否かに関する審査（内容規制）をごく例外的に肯定すべきものと考える。すなわち，退職後の競業避止義務においても，労使間の交渉力格差を踏まえると，使用者がいかに説明・情報提供を尽くし，情報格差を是正したとしても，退職労働者が競業避止義務の内容に異議を唱えることができず，自由意思によるとはいえ著しく不合理な義務を受け容れる事態が生じうる。しかし，こうした事態は，合意原則（労働者の自由意思の確保・実質的合意の要請）との関係では問題ないものの，退職労働者個人の利益とは別に公序価値を有する職業選択の自由（憲22条）を著

---

[362] 独禁法違反の契約の私法上の効力については，当該契約が公序違反とされる場合に無効となりうると判断した最高裁判例があるが（岐阜商工信用組合事件・最判昭和52・6・20民集31巻4号449頁），退職後の競業避止特約が独禁法上違法とされた場合の私法的効果いかんは未知数である。松本＝土田＝瀬領・前掲論文（＊308）78頁参照。

[363] 以上のほか，内容規制を全面的に独禁法に委ねる立場については，独禁法は公正かつ自由な競争市場の確保を目的とする法であり，労働者保護を目的とする法ではないため，本文の事例と異なり，退職従業員が特に優れた研究人材ではない場合は，競争法の規律は及ばず，労働法の保護も及ばないため，同人は無保護状態となってしまうという問題点もある。

しく侵害する結果をもたらし，公共の利益の観点に照らして問題がある。

　したがって，競業避止特約についても，合意の成立を前提とする効力要件として，合意内容が著しく合理性を欠くか否かに関する内容規制（合理性審査）を例外的に肯定すべきである。合理性審査の基準は，合理性審査論の前記準則（932頁）に求め，審査の法的根拠は公序（民90条）に求めるべきであろう。一方，競業避止義務の内容規制は，労使間合意の存在を前提とする例外的規制であるから，合意原則（合意尊重の要請）に鑑み，本来の合理性審査論と異なり，緩やかに行われるべきである。具体的には，上記事例のように，競業禁止の対価（代償）が安価なものにとどまる一方，競業制限の範囲が著しく過大であり，職業選択の自由に著大な制約をもたらす場合に限定して合理性審査を行うべきである。こうして，上記事例については，労働者の自由意思に基づく同意によって競業避止特約の成立は肯定されうるものの，公序（民90条）違反として無効と解されることになる。

(4) 効　果

　合理性審査論によれば，競業避止義務がその要件を欠く場合は，職業選択の自由が構成する公序（民90条）違反として無効となる[*364]。一方，競業避止義務が有効な場合の効果としては，損害賠償請求[*365]，競業の差止請求，違約金支払請求[*366]，代償金を支払った場合の返還請求のほか，退職金の不支給・減額が挙げられる。このうち差止請求の要件については，不正競争防止法上の差止請求規定（3条1項）を参照して，「競業行為により使用者が営業上の利益を現に侵害され，又は侵害される具体的なおそれがある場合」に限定する裁判例があり，妥当と解される[*367]。

[*364]　前掲（*331）記載の裁判例および前掲・デジタルパワーステーション事件（*345），前掲・アクトプラス事件（*323）参照。

[*365]　前掲・ダイオーズサービシーズ事件（*319），前掲・トータルサービス事件（*331），前掲・リーフラス事件（*339），前掲・第一紙業事件（*331）。ただし，裁判例の中には，競業避止義務違反と前使用者の損害との相当因果関係を厳しく解する例もあり（東京学習協力会事件・東京地判平成2・4・17労判581号70頁），相当因果関係自体を否定する例も見られる（前掲・アイメックス事件［*320］）。損害の認定の詳細は，横地・前掲論文（下）（*307）28頁以下参照。

[*366]　前掲・ヤマダ電機事件（*327c）。

[*367]　前掲・東京リーガルマインド事件（*344）。同旨，前掲・トーレラザールコミュニケーションズ事件（*331），アフラック事件・東京地決平成22・9・30労判1024号86頁。前掲・トータルサービス事件（*331）は，差止請求について本文のような要件を課さないまま認容

退職金の不支給・減額については，退職金の不支給・減額に関する一般法理が適用され，不支給・減額条項の必要性，労働者の退職の経緯・目的，競業によって生じた前使用者の損害等を総合して，当該競業が在職中の労働の価値を抹消・減殺してしまうほどの著しい背信性をもつ場合にのみ適法と解される（370頁）*368【10-18】【10-19】。

【10-17】 補論——合理性審査論および根拠・要件二分論について　　（1）**合理性審査論**　　上記のとおり，私は，合理性審査論に基づく競業避止義務の厳格解釈を支持する。繰り返し述べるとおり，競業避止義務の特色は，労働者の職業活動それ自体を制限する義務であり，職業選択の自由（憲22条1項）への制約度が高いという点にある。この点，競業避止義務が使用者の営業秘密や情報を保護する上で有益であることは明らかであるが，他方，営業秘密を保護する法的手段は，不正競争防止法によって整いつつあり（154頁），営業秘密以外の秘密・情報についても，守秘義務という保護手段がある。これらは，労働者の競業自体を対象とする規律ではなく，営業秘密等の使用・開示を対象とする規律であり，知的財産の保護と職業選択の自由を調整するのに適した法的手段であるとともに，営業秘密の独占を排して市場競争の自由を確保しようとする公共政策（public policy）とも整合的である。したがって今後は，不競法や守秘義務によって営業秘密等と職業選択の自由との調整を図りつつ，競業避止義務については厳格な要件を設定すべきである。もとより，退職者による守秘義務履行のモニタリングが困難であることを考慮すると，競業避止義務自体を否定すべき理由はないが，上記の点に鑑み，義務の要件は厳格に解釈すべきである。合理性審査論を支持しつつ，代償（前記④）を不可欠の要件と解し，競業避止義務の規律の厳格化を図る私見の意図はここにある*369。

しつつ，その期間を2年間に限定している。
*368　中部日本広告社事件・名古屋高判平成2・8・31労判569号37頁。同旨，日本コンベンションサービス事件・大阪高判平成10・5・29労判745号42頁，キャンシステム事件・東京地判平成21・10・28労判997号55頁，ヤマガタ事件・東京地判平成22・3・9労経速2073号15頁，日本圧着端子製造事件・大阪地判平成29・11・15ジャーナル73号26頁等。この判例法理は，実質論としては妥当であるが，理論的には問題がある。むしろ，退職金の法的性格（在職中の労働の対価）を踏まえれば，退職後の競業を理由にそれを不支給とすることはできないが，競業が著しく社会的相当性を欠く態様で行われた場合（営業秘密の不正使用・開示や顧客の大量奪取等）は，退職金請求が例外的に権利の濫用（労契3条5項）となると解する方が妥当である（詳細は，土田・前掲②論文［*308］219頁参照）。
*369　土田・前掲①論文（*308）58頁，②論文（*308）207頁参照。この点，前掲・岩城硝子ほか事件（*309）は，企業の営業秘密について差止請求という実効的な保護を認めつつ，同時に争点となった競業避止義務については，合理性審査論を用いて無効と解しており，競業

(2) **根拠・要件二分論**　　合理性審査論に対しては，前記の合理的限定解釈論とは別に，裁判例上，競業避止義務と不正競争防止法との関連性を重視する判断が生じている。これは，競業避止義務が不競法上の営業秘密の保護を目的としているか否かによって根拠・要件を二分する見解であり，競業避止義務が不競法上の営業秘密の保護を目的としている場合は契約上の根拠を不要と解するとともに，伝統的要件論に従って総合判断を採用しつつ，それ以外の場合は契約上の明示の根拠を求めるとともに，義務内容の最小限度の限定と代償を要件とする厳格解釈を採用する*370。また，学説上は，さらに進んで，営業秘密の不正使用・開示を伴う競合に対して，不競法上の差止請求の直接適用を認める見解も登場している*371。

しかし，不競法はあくまで営業秘密の不正使用・開示を規制対象とする立法であり，競業行為それ自体を対象とするものでない。たしかに，不競法は，不正の競業を含む図利加害目的で行う不正競争に対する規律を定めているが，これは，規制対象行為を目的面から限定したものであり，競業それ自体を規制しているわけではない。したがって，競業避止義務の根拠・要件は，不競法とは別の問題として扱うべきである。すなわち，義務の根拠としては，当事者の合意または就業規則上の根拠を求める（根拠一元論）と同時に，代償を含めた一律かつ厳格な要件を設定すべきである（要件一元論）*372。

【10-18】競業と不法行為　　競業避止義務が合意されず，またはその効力が否定される場合も，退職労働者が社会通念上，自由競争の範囲を著しく逸脱する違法な態様で競業を行ったケースでは，営業の自由（憲22条1項）を侵害する行為として不法行為（民709条）が成立することがある（サクセスほか［三佳テック］事件）*373。もっとも，退職労働者には職業選択の自由があり，また，自由競争の原則があることから，競業が直ちに不法行為を構成するわけではなく，不法行為が成立するのは，社会通念上，自由競争の範囲を逸脱する著しく悪質な態様で行われた場合に限定される。具体的には，前使用者の営業秘密を不正に使用・開示して競業を行った場合や，前使用者の信用を害する行為を行うなど著しく相当性

避止義務と不競法・守秘義務の関係を考える上で重要な判断と解される。
*370　前掲・東京リーガルマインド事件（*344）。
*371　石田信平「営業秘密保護と退職後の競業規制（3・完）」同志社法学319号（2007）250頁。
*372　詳細は，土田道夫［判批］（東京リーガルマインド事件）ジュリ1097号（1996）144頁，同・前掲②論文（*308）209頁。一方，不競法上の営業秘密が競業避止義務の要件である前使用者の正当な利益（秘密・情報）を構成し，その面から義務の有効性を基礎づける根拠となることは当然である（936頁参照）。
*373　最判平成22・3・25民集64巻2号562頁。本件については，横地・前掲論文（下）（*307）21頁以下，島田陽一＝土田道夫「ディアローグ・労働判例この一年」日労研604号（2010）13頁以下参照。

を欠く方法で顧客を奪取し、従業員を引き抜く場合が挙げられる*374。

判例（前掲・サクセスほか［三佳テック］事件［＊373］）も、以上のような事情が認められない事案において、退職労働者の不法行為を否定している*375。合理的な競業避止義務の設定を怠った使用者を過剰に保護する必要はないことから、当然の判断と解される。

【10-19】 **退職後の守秘義務・競業避止義務と独占禁止法***376　本書で解説したとおり、退職後の守秘義務・競業避止義務は、労働法と知的財産法の領域で問題とされてきた。しかし、2018年2月15日、公正取引委員会が「人材と競争政策に関する検討会報告書」（以下「報告書」）を公表し、退職後の過大な競業避止義務に対する独占禁止法（独禁法）の適用のあり方について整理検討を行ったことにより、競業避止義務は、労働法と知的財産法に加えて、独占禁止法の領域でも問題とされることになった。

報告書は、使用者の単独行為に対する独禁法の規律について、これら両義務を主要な対象として検討している。すなわち、報告書は、使用者の単独行為の規律に係る基本的考え方を、①自由競争減殺・競争の実質的制限、②競争手段の不公正さ、③優越的地位の濫用の各観点から整理した上、退職労働者の守秘義務・競業避止義務について検討している。具体的には、①自由競争減殺の観点からは、役務提供者が他の発注者に対して役務を提供することを抑制する効果を有する場合は独禁法上の問題となり、特に両義務の内容・期間が過大であるほど問題となりやすいこと、②競争手段の不公正さの観点（一般指定14項参照）からは、使用者が役務提供者に義務を課す際に虚偽または不十分な説明を行っている場合は独禁法上の問題となること、③優越的地位の濫用の観点（独禁2条9項5号）からは、取引上優越的地位にある発注者が役務提供者に両義務を課すことで役務提供者が他の発注者に対して役務を提供する機会を喪失させ、不当に不利益を与える場合

＊374　不法行為の肯定例として、ことぶき事件・横浜地判平成20・3・27労判1000号17頁（最判平成21・12・18労判1000号5頁で確定）、ネットドリーム事件・大阪地判平成27・12・10ジャーナル49号40頁、Z社事件・名古屋地判令和5・9・28労経速2535号13頁。同事件は、退職従業員が在職中（労働契約継続中）に著しく悪質な競業行為を行った（在職中に競業会社を設立し代表取締役に就任して複数の顧客を奪取した後、退職後に当該顧客らと取引を行った）ことと時系列的に連続する事案であることに注意を要するとともに、競業会社に対し、会社法350条に基づく損害賠償責任を肯定した点で注目される。

＊375　不法行為の否定例としては、前掲・サクセスほか［三佳テック］事件（＊373）のほか、フリーラン事件・東京地判平成6・11・25判時1524号62頁、同［控訴］事件・東京高判平成7・12・6［LEX/DB28031905］、エーディーアンドパートナーズ事件・東京地判平成20・7・24労判977号86頁、前掲・REI元従業員事件（＊327）、前掲・Yデザイン事件（＊324）、前掲・創育事件（＊331）、前掲・ロイヤル通商［控訴］事件（＊336）等がある。

＊376　本項については、土田・前掲③論文（＊308）51頁、④論文（＊308）40頁、⑤論文（＊308）289頁、松本＝土田＝瀬領・前掲論文（＊308）78頁参照。

は独禁法上の問題となること，その際，発注者が代償措置を講じている場合は，代償措置の有無・内容・水準の相当性等が考慮されることを指摘する。

　本書で解説したとおり（929頁），退職後の守秘義務・競業避止義務については，営業秘密・企業秘密・情報保護の要請と労働者の情報利用の自由・職業選択の自由の調整が主要な問題となるが，独禁法の観点からは，市場における公正かつ自由な競争の促進という同法の保護法益を踏まえた新たな法的規律が可能となる。特に，報告書が指摘する独禁法上の競業避止義務の評価基準（①自由競争減殺の観点による義務内容・期間の過大性［実体的基準］・②優越的地位の濫用の観点による代償措置の有無・内容［実体的基準］・③競争手段の不公正さの観点による使用者の説明の適切性［手続的基準］）は，競業避止義務の労働法上の評価基準（932頁の③④⑤）と共通しており，両法の規律が接近する可能性を示している（報告書も，競業避止義務に関する労働法上の判断基準が独禁法上の評価に際して参考となると指摘する［第6・2］）。

　一方，守秘義務・競業避止義務について労働法が求める要件と，独禁法が求める要件は異なりうるのであり，たとえば競業避止義務の場合，労使間の適切な利益調整を本旨とする労働法の観点からは合理的で有効と評価される競業避止特約（退職労働者の競業を禁止することに正当な理由があり，義務内容が過大でなく，高額の代償が支給されるケース等）も，退職労働者が特に優れた人材であるため，同人の競業を禁止し，他の使用者に対する労務の提供を不可能とすることが消費者の利益を中心とする公共の利益を害し，自由で公正な競争秩序を著しく阻害すると評価される場合は，独禁法上は違法と解される可能性がある（自由競争減殺，拘束条件付取引［一般指定12項］に該当して独禁法19条に違反）。他方，退職労働者が特に優れたスキルを有する人材ではないため，競業避止義務によって同人の競業を禁止することが自由・公正な市場競争秩序を阻害せず，自由競争減殺・競争の実質的制限の観点から見て独禁法上問題とならない場合も，当該義務の内容によっては，労働法上の評価基準（932頁の③④⑤）に照らして無効と解されるケースもありうる（競業避止義務について労働者の自由意思に基づく同意が認定される場合の取扱いについては，940頁参照）。このように，同一の競業避止義務であっても，労働法上の評価と独禁法上の評価が相違する事態が発生するが，それは，労働法と独禁法の趣旨・目的の相違に起因するものと考えられる*377。

*377　以上の詳細は，松本＝土田＝瀬領・前掲論文（＊308）104頁以下参照。なお，退職後の競業避止義務が独禁法上違法か否かが争われた事案や，違法とされた場合の私法的効力が争われた事案は皆無であるが，前記のとおり（＊362），独禁法違反の契約が公序違反として無効と評価されうると判断した最高裁判例がある（前掲・岐阜商工信用組合事件［＊362］）。この点，学説上は，独禁法違反の契約が公序違反として無効となるか否かの一般的判断基準は，規制類型・禁止規定の性格，行為類型，違反の重大性・違法性の程度，違反の明確さ等の考慮要素を総合判断して公序違反となるか否かを決定するものと解されており（村上政博編集代表『条解独占禁止法〔第2版〕』［弘文堂・2022］189頁以下），退職後の競業避止義務についても参考

(5) 労働者の引抜き

(ア) 序 守秘義務・競業避止義務に隣接する問題として、労働者の引抜きの問題がある。企業の幹部従業員や役員が部下を引き抜いて競業他社を設立することは、前使用者にとっては大きな打撃となるため、その限界が問題となる。労働者の引抜きは、在職中の従業員による引抜きと、退職後の引抜きに分かれるが、便宜上一括して解説する。

(イ) 在職中従業員による引抜き まず、在職中の従業員による引抜きに関しては、裁判例は、引抜きが雇用契約上の誠実義務違反となることを認めつつ、職業選択の自由を考慮して、引抜きが「社会的相当性を逸脱し極めて背信的方法で行われた場合」にのみ誠実義務違反となると解している。この結果、引抜きが誠実義務違反とされれば、債務不履行または不法行為責任が肯定される反面、単なる転職の勧誘にとどまる場合は誠実義務違反が否定される。先例となった裁判例は、会社の営業本部長が在職中、多数の部下を一斉に退職させて競業他社に移籍させたという事案に関するが、判決は、上記一般論を展開した上、引抜きの社会的相当性の有無については、転職する労働者の地位・待遇・人数、転職が会社に及ぼす損害、引抜きの態様・方法（退職時期の予告の有無、秘密性、計画性）等の諸般の事情によって判断すべきものと述べ、引抜きの態様・方法の計画性・背信性を認めて不法行為と判断している[378]。職業選択の自由・営業の自由を基本としつつ、在職中であることから生ずる誠実義務（150頁）に基づく一線を画する判断として妥当と解される。その後の裁判例も同様に解しており、同僚・部下や派遣労働者の大量引抜きについては、著しく悪質で背信的な引抜きについて不法行為の成立を認める[379]一方、転職の勧誘にとどまる

となる。

[378] ラクソン等事件・東京地判平成3・2・25労判588号74頁。

[379] フレックスジャパン・アドバンテック事件・大阪地判平成14・9・11労判840号62頁（派遣労働者の大量引抜き）、ソフトウェア興業事件・東京地判平成23・5・12労判1032号5頁（部下の大量引抜き）、前掲・ネットドリーム事件（*374）、スタッフメイト南九州元従業員ほか事件・宮崎地都城支判令和3・4・16労判1260号34頁（同僚・派遣労働者の引抜き）。引抜き行為を理由とする懲戒解雇の肯定例として、福屋不動産販売事件・大阪地判令和2・8・6労判1234号5頁が、引抜きを行った従業員に対する退職金不支給を適法と判断した例として、前掲・アイビーエス石井スポーツ事件（*9）があり、予備校生徒の引抜きを誠実義務違反による不法行為と判断した例として、A社事件・東京地判令和4・4・19労経速2494号3頁がある。一方、在職中の引抜きを競業避止義務違反と解しつつ、損害の発生を否定して前使用者の損害賠償請求を棄却した例として、前掲・アイメックス事件（*320）がある。

ケースや、引抜きに類する事実があったとしても、転職従業員が自発的に退職したケースでは、不法行為を否定している[*380]。最近では、少人数の高度派遣人材の引抜きをめぐる紛争も登場している[*381]。

一方、労働者の一斉退職は、たとえ引抜きに応じたものであっても、職業選択の自由の観点から問題はなく、その法的責任を問うことはできない。ただし、多数労働者が一斉退職に備えて一斉に欠勤し、引継業務を放棄するなどして使用者の業務の混乱や損害を及ぼした場合は、労働義務違反・企業秩序違反として懲戒処分を免れない[*382]。

(ウ)　**退職従業員による引抜き**　　退職従業員による引抜きの場合は、誠実義務違反の問題はなく、引抜きは原則として自由である。ただし、営業秘密を持ち出させるなど引抜きの態様が悪質な場合は例外的に不法行為が成立しうるし、不正競争防止法違反や競業避止義務違反があれば、その面からの責任追及が可能である[*383]。

[*380] 前者の例として、前掲・フリーラン事件（[*375]）、前掲・ピアス事件（[*312]）、アイティフォース事件・大阪地判平成24・9・27ジャーナル10号22頁、Unity事件・大阪地判令和3・10・15ジャーナル120号36頁。後者の例として、ジャパンフィルムセンター・ウィズワークス事件・東京地判平成15・10・28労経速1856号19頁、不動技研工業事件・長崎地判令和4・11・16労判1290号32頁。

[*381] U社事件・東京地判平成26・3・5労経速2212号3頁。本件については、土田道夫［判批］同志社法学379号（2015）1頁参照。

[*382] 前掲・キャンシステム事件（[*368]）。

[*383] 従業員の引抜きに関与した第三者企業の責任も問題となる（第三者による債権侵害の不法行為として構成する例として、前掲・ラクソン等事件［[*378]］）、前掲・スタッフメイト南九州元従業員ほか事件（[*379]）。

第11章
女性労働者の労働契約

第1節　男女の雇用平等と労働契約
第2節　雇用機会均等法と労働契約
第3節　女性保護・母性保護

第1節　男女の雇用平等と労働契約

　雇用の分野における男女平等の実現は，労働法における最も重要なテーマの一つである。労基法は当初，女性について手厚い保護を設ける（第6章）一方，平等については，賃金差別のみを規制する政策（4条）を採用し，これが戦後一貫して続いた（〈女性保護〉モデル）。しかしこの間，民法の公序規定（90条）や憲法の平等規定（14条）を用いた男女平等の司法救済が進展し，1985年には，「勤労婦人福祉法」を「男女雇用機会均等法」とする改正法が成立した（正式名称は「雇用の分野における男女の均等な機会及び待遇の確保等に関する法律」）。1997年には，雇用機会均等法と労基法が改正され，男女平等が進展すると同時に，女性保護の多くが撤廃された。そして 2006年，均等法は，女性の差別のみならず，性差別一般を禁止する内容をもって抜本的に改正された（平18法82）。こうして今日，〈雇用平等〉モデルが基本政策となるに至っている。
　男女雇用平等の進展は，女性の職場・社会進出に伴い，男女の人権を平等に尊重しようとする理念（法の下の平等［憲14条]）を基礎としている（雇均1条参照）。また，労働契約法の観点からは，〈雇用平等〉モデルは，労働市場への参入の機会を男女の性差なく保障し，女性労働者の労働契約の適正な運営を促進するという意義も有している。本節では，こうした観点を踏まえて，女性労働者の労働契約をめぐる法律問題について解説する。

1 男女同一賃金の原則

(1) 意　義
　使用者は，労働者が女性であることを理由として，賃金について，男性と差別的取扱いをしてはならない（労基法4条）。国際労働基準である「同一価値労働に対する男女同一賃金原則」（1951年のILO110号条約）を国内法として確認する意味を有する[*1]。

　もっとも，労基法4条の機能範囲はさほど広いものではない。まず，労基法4条は，同法3条の均等待遇原則（119頁）と異なり，「賃金」に関する差別的取扱いを禁止するにすぎない。これは，労基法自らが労働時間その他の労働条件について女性保護規定を設けてきたためである。また，労基法4条が禁止するのは，「女性であること」を理由とする差別であるため，勤続年数，職務内容，能力，地位・責任・権限の違い（労働の質・量の違い）に基づく賃金格差は同条違反とならない[*2]。この点，こうした賃金格差を発生させる原因の多くは，男性を基幹的な職務に採用・配置して昇進させ，女性には補助的職務を割り当てて昇格・昇進を頭打ちにしてきた企業の伝統的人事管理にあるが，「女性であることを理由とする」「賃金」の差別のみを禁止する労基法4条は，この種の差別を規制できない性格の規定であり，実効性は必ずしも十分でない。そこで今日，より一般的な差別禁止立法として，雇用機会均等法が制定されている。

(2) 要　件
(ア) 差別的取扱い　　労基法4条は，「女性であることを理由と」する賃金差別を禁止するが，これは，女性であること自体を理由とする場合のほか，女

[*1]　男女同一賃金原則に関する基本文献として，中島通子＝山田省三＝中下裕子『男女同一賃金』（有斐閣・1994），神尾真知子「男女賃金差別の法理——法解釈の限界と立法論」講座21世紀(6)191頁，「シンポジウム・女性賃金差別の法的救済」労働100号（2002）61頁，基コメ労基・労契〔初版〕17頁〔橋本陽子〕。概観として，相澤美智子「男女賃金差別と差額請求権」争点28頁。

[*2]　本文の叙述は新卒採用を念頭に置いたものであるが，雇用の流動化の下で発生する中途採用者との比較をめぐる紛争においても，比較可能な男性従業員（一般職）が中途採用者であり，以前に会社の総合職として勤務した際の能力・経験やその後の転職先での経験を評価して女性従業員（一般職）より高い賃金を合意し処遇する場合は，「女性であること」を理由とする差別であることは否定され，労基法4条違反は否定される。AGCグリーンテック事件・東京地判令和6・5・13ジャーナル149号2頁。

性の方が勤続年数が短いとか能率が低いなど，個別的な差異を無視して，性差を一律に判断して行う差別を含む（昭和22・9・13発基17号）。また4条は，男女が「同一（価値）労働」に従事していることを差別の要件としていないため（その背景には，日本の年功賃金体系の下では，同一労働の認定が困難という事情がある），同一価値労働への従事は「女性であることを理由とする」差別の要件事実ではない。一方，同一価値労働への従事の事実があれば，差別を推認させる重要な間接事実となることは当然である[*3]。「差別的取扱い」は，女性を男性より不利に扱う場合のほか，逆に有利に扱う場合も含む。また，労基法4条は強行規定であるから，賃金格差が使用者の一方的措置によってではなく，労働協約によって生じている場合も，差別の違法性は阻却されない[*4]。

　労基法4条の下では，使用者は，賃金格差が性別以外の合理的理由に基づくものであることを立証する責任を負い，その点を立証できない限り，性別による賃金差別であるとの推認を免れない[*5]。使用者は，労働の質（能力・経験・成果等）および量（労働時間等）における差異を差別の合理的理由として具体的に立証する必要がある[*6]。

　(ｲ)　**賃金差別の態様**　労基法4条に違反する賃金差別としては，基本給の決定，昇給，賞与に関する差別など多様な形態がある。古典的な賃金差別としては，基本給に関する差別として，年齢・勤続年数・職務が同じ男女について2種類の賃金表を設け，賃金に格差をつけるケースが挙げられる[*7]。また，賃金表がなくても，男女に同一の職務を課し，勤続年数にも違いがないにもかかわらず，男女間の賃金に格差を生じさせていれば，性別による賃金差別となる[*8]。賞与の支給率，昇給率，生活手当（住宅手当・家族手当）について，男女間に機械的に差を設ける場合[*9]や，主任手当の支給開始時期が男女間で大き

[*3]　菅野＝山川304頁，荒木110頁，今野久子「差別の立証方法」講座21世紀(6) 262頁以下参照。

[*4]　日ソ図書事件・東京地判平成4・8・27労判611号10頁，日本鉄鋼連盟事件・東京地判昭和61・12・4労判486号28頁。

[*5]　石﨑本店事件・広島地判平成8・8・7労判701号22頁，内山工業事件・広島高岡山支判平成16・10・28労判884号13頁，兼松事件・東京高判平成20・1・31労判959号85頁，昭和シェル石油事件・東京地判平成21・6・29労判992号39頁等。

[*6]　男女雇用差別紛争における文書提出命令の問題については，1181頁参照。

[*7]　秋田相互銀行事件・秋田地判昭和50・4・10労民26巻2号388頁，前掲・内山工業事件（*5）。

[*8]　前掲・日ソ図書事件（*4）。賃金差別の否定例として，原田産業事件・大阪地判令和6・1・31ジャーナル147号20頁。

く異なり、それを正当化する理由がない場合も同様である（前掲・フジスター事件［*9］）。さらに、採用時の雇用区分や初任給格差に合理的理由がある場合も、労働契約の展開過程で、女性が男性と同一の職務を遂行するようになれば、使用者は賃金格差を是正すべき義務を負う。この義務を果たさないことから生じた賃金格差は、合理的理由のない賃金差別として労基法4条違反となる[*10]。

さらに、近年の裁判例では、男女労働者の職務内容が厳密に同一といえなくても、その職務が相当重なっていると認められる場合は、男女間に生じた賃金格差について労基法4条違反を認める例が増えている。典型的裁判例として、女性労働者が長期雇用の下で成約業務など困難度の高い職務を担当するようになり、男女間で職務内容・困難度を截然と区別できないという意味で同質性があるにもかかわらず、相当の賃金格差がある場合について、女性であることを理由とする賃金差別として4条違反を認める例がある[*11]。また、女性の職務が一貫して事務職に限定されてきたことを賃金格差の合理的理由とする使用者側主張につき、一貫して事務職に従事しながら高い格付けを得ている男性社員や、一貫して一つの仕事を担当しながらある程度の格付けを得ている男性社員が存在することから、格差の合理的理由とならないとして斥け、4条違反を認める例も見られる[*12]。さらに、最近の裁判例では、コース別雇用管理（966頁）について、事実上、男女別の賃金表を定めたのと異ならない運用が行われていたとして労基法4条違反を肯定する例がある[*13]。前記のとおり、労基法4条は、男女が同一（価値）労働に従事していることを差別の要件としていないこ

---

*9 　前掲・日本鉄鋼連盟事件（*4［昇給率等］）、フジスター事件・東京地判平成26・7・18労経速2227号9頁（住宅手当・家族手当）。

*10 　塩野義製薬事件（大阪地判平成11・7・28労判770号81頁）は、当初は一般事務職として採用した女性を基幹職に職種変更した後も、使用者が賃金格差を放置したことについて格差是正義務違反を認め、労基法4条違反としている。なお初任給格差自体についても、男女間に能力・経験の面で差があればともかく、それがない状況の下では4条違反となる（前掲・石﨑本店事件［*5］。男性中途採用者には年齢を基準に初任給を支給しつつ、女性中途採用者には新人従業員の初任給を支給した事例）。

*11 　前掲・兼松事件（*5）。

*12 　昭和シェル石油事件・東京高判平成19・6・28労判946号76頁。

*13 　東和工業事件・名古屋高金沢支判平成28・4・27労経速2319号19頁（後掲*43も参照）。他方、コース別人事制度について、使用者において労働者が女性であることを理由として殊更に一般職に振り分けたとは認められないとして4条違反を否定した例もある（巴機械サービス事件・東京高判令4・3・9労判1275号92頁［原審である横浜地判令3・3・23労判1243号5頁も参照］）。

とから，こうした判断は，同条の解釈として妥当なものと解される。

　(ウ)　**性中立的基準を用いた差別**　　以上に対して，一見すると性に中立的な基準によって男女間の賃金に格差を設けた場合は問題である。たとえば，世帯主だけに手当を支給したり，勤務地限定社員と非限定社員を区別して昇給率に差を設ける場合である。この場合，使用者が設定した基準が真に性中立的であれば，労基法 4 条違反の問題は生じない*14。

　しかしながら，性中立的基準であっても，それが実際には女性の賃金を抑制するための手段として用いられている場合は，「女性であることを理由」とする差別として 4 条違反となる。たとえば，世帯主や勤務地非限定従業員は年齢に応じて昇給させるが，非世帯主・勤務地限定社員については基本給を頭打ちにする制度は，それ自体は性中立的な基準であるが，実際には女性に不利益になることを容認して導入・運用している場合は 4 条違反となる*15。これに対し，営業職の大部分を男性が占め，企画職の大部分を女性が占める状況の下で両職間の基本給・賞与格差が発生している場合も，営業職にインセンティブをもたせて販売実績を上げさせるために賃金面で優遇することが合理的と認められれば，4 条違反は否定される*16。

(3)　効　　果

　使用者が労基法 4 条に違反した場合，処罰される（労基 119 条 1 号）ほか，差別的賃金規定（就業規則・労働協約等の賃金規定）などの法律行為は強行法規違反として無効となる。また，本条違反の賃金差別によって女性労働者に損害が

---

*14　総合職・一般職の区分（コース別人事制度）につき，前掲・巴機械サービス事件（*13）。また，家族手当の支給対象を世帯主としつつ，世帯主を「親族を実際に扶養している世帯主」と限定する取扱いを適法と判断した裁判例として，日産自動車［家族手当請求］事件・東京地判平成元・1・26 労判 533 号 45 頁がある。

*15　裁判例では，男性従業員であれば，非世帯主であっても実年齢に応じて昇給させる一方，女性については，その大部分が非世帯主であることを認識して昇給を停止したこと，勤務地限定・非限定についても，男性を例外なく勤務地非限定，女性を勤務地限定とする人員配置を行っていることから，女性差別の意図を認めて 4 条違反と判断した例がある（三陽物産事件・東京地判平成 6・6・16 労判 651 号 15 頁）。また，扶養家族のある世帯主に支給する家族手当について，配偶者が所得税法上の扶養控除対象限度額を超える所得を有するときは，男性従業員のみを世帯主と認める取扱いは，「世帯主」自体は性中立的であっても，実質は男性のみを有利に扱う措置として労基法 4 条違反とされる（岩手銀行事件・仙台高判平成 4・1・10 労民 43 巻 1 号 1 頁）。

*16　前掲・フジスター事件（*9）。

生じていれば，女性労働者は不法行為（民709条）として，男性との差額賃金相当額および慰謝料を損害賠償として請求することができる[*17]。損害については，逸失利益として，比較可能な男性労働者の基本給額・昇給額との差額分について性別による差別と認定できる時間的範囲を認定して算定する例が多い[*18]ほか，差額分の認定が困難なケースにつき，民訴法248条の趣旨に即して裁量的に損害額を認定する例もある[*19]。また，逸失利益とは別に，女性労働者が賃金差別によって被った精神的苦痛を重視して相当高額の慰謝料請求を認容する例が多い[*20]。

問題は，女性労働者が男性との差額賃金それ自体を請求できるか否かであり，差別的賃金規定が無効となっても，賃金額の決定自体には使用者の意思表示を要するのが原則であるため問題となる。しかし，まず賃金表が男女別に設定されるなど，無効となった差別的賃金規定（女性の賃金表等）に代わって契約内容を補充する明確な基準（男性の賃金表等）が存在する場合は，労基法13条が適用され，男性の賃金基準が同条にいう「この法律で定める基準」として契約内容を自動的に補充するので，女性は使用者の意思表示にかかわらず，差額賃金を請求することができる[*21]。より厳密には，「この法律で定める基準」とは，労基法4条の男女同一賃金原則（「女性であることを理由として，賃金について差別的取扱いをしないこと」）であるが，それが男性の賃金基準によって具体化されると考えるのである[*22]。

[*17] 前掲・内山工業事件（[*5]）。
[*18] 前掲・塩野義製薬事件（[*10]），前掲・内山工業事件（[*5]），日本オートマチックマシン事件・横浜地判平成19・1・23労判938号54頁，前掲・兼松事件（[*5]），前掲・昭和シェル石油事件（[*12]），阪急交通社事件・東京地判平成19・11・30労判960号63頁，前掲・東和工業事件（[*13]）。
[*19] 前掲・兼松事件（[*5]）。一方，前掲・昭和シェル石油事件（[*5]）は，男女の賃金差別について労基法4条違反を認めつつ，比較対照すべき同年齢・同学歴・同等の勤務実績の男性労働者が存在しないとして差額賃金相当額の損害の認定を断念し，慰謝料の算定に際して考慮している。
[*20] 前掲・塩野義製薬事件（[*10]［200万円］），名糖健康保険組合事件・東京地判平成16・12・27労判887号22頁（100万円），前掲・昭和シェル石油事件（[*12]［200万円］），前掲・阪急交通社事件（[*18]［100万円］），前掲・兼松事件（[*5]［120万円～180万円］），前掲・東和工業事件（[*13]［100万円］）。慰謝料請求の否定例として，前掲・日本オートマチックマシン事件（[*18]）。
[*21] 前掲・秋田相互銀行事件（[*7]），前掲・内山工業事件（[*5]）。
[*22] 「世帯主は実年齢に応じて昇給させるが，非世帯主には適用しない」との規定も，労基法13条によって非世帯主条項が無効となり，無効となった部分を世帯主条項が補充するので，

これに対して，上記のような補充的基準がない場合は，労基法4条の内容は差別禁止という不作為にとどまる一方，賃金額の決定には使用者の意思表示（発令行為）を要するため，差額賃金請求権は当然には発生せず，不法行為に基づく差額賃金相当額の損害賠償のみが可能と解する見解が有力である[*23]。しかしこの場合も，学歴・能力・職務内容等が同一の男性労働者の賃金額を確定できる場合は，それを補充的基準と解し，労基法4条・13条を適用して差額賃金の請求を認めるべきである。これに対し，比較可能な男性労働者が存在しない場合は，不法行為に基づく損害賠償請求の途しかない。

2 男女雇用平等の法理

(1) 男女の雇用差別と公序

労働契約においては，賃金以外にも様々な男女差別が存在するが，賃金差別のみを禁止する労基法の下で放置されてきた。しかし，女性の職場進出に伴い，そうした差別の違法性を問う訴訟が提起されるに至り，裁判例は，公序（民90条）と平等原則（憲14条）を用いた雇用平等法理を形成してきた。そのエッセンスは，憲法14条，労基法3条・4条の下では，「賃金以外の労働条件についても……合理的理由のない男女差別の禁止は，民法90条の公の秩序として確立して」いるから，「合理的理由なしに男女を差別的に取り扱った場合には，公の秩序に反する行為として違法」となり，不法行為（民709条）が成立する，というものである（社会保険診療報酬支払基金事件）[*24]。

まず，結婚したら退職するという結婚退職制が違法とされ[*25]，ついで，男性の定年年齢を55歳，女性を30歳とする極端な女性若年定年制が公序違反とされた[*26]。そして，この法理を最高裁として確認したのが日産自動車事件で

やはり差額賃金請求権が認められる（前掲・三陽物産事件[*15]）。ただし，労基法4条・13条を直接の根拠とはせず，これら規定の趣旨に照らして，世帯主義項自体から賃金請求権が発生すると判示している。矢尾和子「男女賃金差別・昇格差別」労働関係訴訟Ⅱ511頁参照。

[*23] 山川53頁。裁判例でも，給与規程として「基本給の額は，本人の学歴・能力・経験・作業内容を勘案し，各人ごとに決定する」との規定しかなく，賃金表などの客観的支給基準がないケースにつき，無効となった契約内容を補充すべき明確な基準がないとして13条の適用を否定し，差額賃金請求を斥ける例が見られる（前掲・石崎本店事件[*5]。同旨，前掲・日ソ図書事件[*4]，前掲・昭和シェル石油事件[*5]）。その上で，これら判決は，労基法4条に基づく賃金差別を不法行為と認めて，差額賃金相当額および慰謝料請求を認容している。

[*24] 東京地判平成2・7・4労判565号7頁。同旨，前掲・日本鉄鋼連盟事件（*4）。

[*25] 住友セメント事件・東京地判昭和41・12・20労民17巻6号1407頁。

[*26] 東急機関工業事件・東京地判昭和44・7・1労民20巻4号715頁。

ある*27。最高裁は，男性55歳，女性50歳という比較的小幅の男女差別定年制につき，使用者が定年格差の合理的理由として主張した理由（女性の能力・貢献度の低さ，それと対比した場合の賃金上昇率の高さ）をことごとく斥け，個人差はともかく，女性が一律に能力や貢献度で劣ることはないと述べ，公序違反により無効と判断した（憲14条および民1条ノ2［現2条］を引用）。この判例法理は今日，雇用機会均等法6条4号および9条に結実している（969頁以下）。

(2) 昇格・昇進差別の規制

もっとも，このような男女雇用平等法理は，女性のキャリアの最終段階である雇用の終了（定年・退職）に関するものであり，雇用平等にとってより重要な採用，昇格・昇進段階の差別を規制するものではない。そこにはじめて法のメスを入れたのが，1985年の雇用機会均等法であるが，この時期の均等法は，雇用平等規制を努力義務にとどめていたため（958頁），裁判例はやはり公序（民90条）に基づく法規制の方法を選んだ。そのリーディングケースとなったのは，昇格差別に関する裁判例（前掲・社会保険診療報酬支払基金事件［*24］）である。同判決は，男女を同一の採用試験で採用し，業務内容も同一であるにもかかわらず，男性については給与表上の昇格を勤続年数を基本に行いつつ，女性については行わない取扱いにつき，労働条件に関する合理的理由のない差別を公序違反とする前記一般論を述べた上，上記昇格差別は合理的理由のない男女差別であり，公序違反の不法行為（民709条）を構成すると述べ，差額賃金相当額の損害賠償請求を認容した*28。

しかし，損害賠償の救済は，あくまで過去の損害の救済にとどまり，将来にわたる昇格差別の救済としては必ずしも十分でない。そこで，そうした救済として，昇格請求権（女性労働者が男性と同等の資格に昇格したことの確認請求）が問題となるが，原則として否定せざるをえない。昇格請求権は，昇格が契約内容となってはじめて発生するのが原則であり，そのためには，使用者の具体的な発令行為（意思表示）を要するところ（529頁），発令がないにもかかわらず，

---

*27 最判昭和56・3・24民集35巻2号300頁。
*28 前掲・社会保険診療報酬支払基金事件（*24）。同旨の裁判例として，男女別コース制を違法とする後掲*40の裁判例がある。また，同種事案について，男女同一賃金原則（労基4条）を根拠に不法行為を認め，差額賃金相当額の損害賠償請求を認容する裁判例もある（シャープエレクトロニクスマーケティング事件・大阪地判平成12・2・23労判783号71頁）。後者のアプローチについては，前掲・兼松事件（*5），前掲・昭和シェル石油事件（*12）参照。

昇格を契約内容とする明確な法律上の根拠は存在しないからである（この点が，労基法13条によって賃金請求権を肯定しうる賃金差別［労基4条］［954頁］との違いである）*29。

　もっとも，昇格が契約内容となっていると解しうる事情があれば，例外的に昇格請求権が肯定されうる。その典型は，一定の客観的要件を満たせば自動的に昇格することが契約内容となっている場合である。裁判例では，男性職員については手厚い研修を施し，年功的考慮も加味して昇格させつつ，女性職員の大多数を補助的職務に配置した結果，同期同給与年齢の男性職員のほとんどが副参事（課長職）以上に昇格しているのに対し，女性職員は昇格していないというケースにつき，労働条件の均等待遇を定める会社の就業規則に違反すると判断した上，男性に関する年功的な昇格が労使慣行になっており，女性職員はこれを均等待遇条項により援用できるとして，副参事（課長職）への昇格請求を認めた例がある*30。ただし，この判断が妥当するのは，男性職員の昇格要件（人事考課・昇格試験）が形骸化し，年功的・自動的昇格が行われている事案に限定され，使用者が綿密な人事考課によって昇格を発令するケースには及ばない*31。成果主義人事が普及している今日では，人事考課を経由して昇格を行う運用が一般的であるから，昇格請求権が肯定されるのは例外的ケースにとどまることに注意を要する*32。

---

*29　住友生命保険事件・大阪地判平成13・6・27労判809号5頁。同旨，前掲・昭和シェル石油事件（*5），前掲・巴機械サービス事件（*13）。

*30　芝信用金庫事件・東京地判平成8・11・27労判704号21頁。また，芝信用金庫［控訴］事件（東京高判平成12・12・22労判796号5頁）は，上記事案につき，昇格が賃金と連動する一方，「職位に付けること」（昇進の意であろう）と分離している場合は，賃金差別（労基4条の規制対象）と同視できると述べ，労基法13条の類推適用によって昇格請求権を肯定している。

*31　同旨，和田肇「人事(2)——昇進・昇格・降格」土田＝豊川＝和田［3版］165頁。この点，学説では，前掲・芝信用金庫［控訴］事件（*30）を敷衍して，職能資格制度における昇格を賃金の上昇（昇給）と同視することで労基法4条の適用を肯定する見解がある（神尾真知子「労働基準法第4条の法解釈と法的救済」労働100号［2002］90頁）。傾聴に値するが，昇格が人事考課を経由して行われる場合は，男女間の昇格格差は，労働の質・量を評価した結果の格差となるので，同条の適用を認めることは困難と思われる。

*32　昇進（職位の上昇）についても雇用平等法理は及びうるが，ここでは使用者に広範な裁量権が帰属するため，違法な差別とされるのはごく例外的なケースにとどまる（528頁。均等法による規律については965頁）。前掲・芝信用金庫［控訴］事件（*30）も，係長への昇進差別の主張については，使用者の「実践的な経営判断，人事政策に属するものであって，専権的判断事項というべきもの」として違法性を否定している。

第2節　雇用機会均等法と労働契約

1　雇用機会均等法——1985年法から1997年法，2006年法へ

　こうして進展した男女雇用平等法理であるが，それはあくまで訴訟の提起によって得られる事後的救済であり，差別を未然に防ぐための法システムとしては不十分である。このため，雇用の全ステージにおける男女平等を確立するための立法として制定されたのが雇用機会均等法である。雇用機会均等法は，雇用の分野における男女の均等な機会の確保を図り，労働者が性別により差別されることなく充実した職業生活を営むことができるようにすることを目的・理念とする（1条・2条1項）。法的規律の手法・内容としては，均等法は，結果の平等（たとえば，一定の雇用管理区分における男女同数の強制）ではなく，機会の平等（採用・配置・昇進等における同一基準・条件）の保障を基本とし，企業内労働市場（雇用のステージ）への参入機会を男女平等に保障することを旨としている。労働契約法の観点からは，それは労働契約の全面的な規制ではなく，労使が自主的に労働契約を適正に運営することを促進する法的規律に位置づけることができる（15頁参照）。

(1)　1985年法・1997年法

　(ｱ)　雇用機会均等法は，国連の女性差別撤廃条約（女子に対するあらゆる形態の差別の撤廃に関する条約。1979年採択）の批准を契機に，1985年に成立した。しかし，この初代均等法は，企業の伝統的雇用政策を漸進的に改革するためのソフトランディング的な立法とならざるをえず，男女雇用平等立法としては不十分であった（〈平等＝保護〉モデル）。具体的には，①男女差別の根源を成す募集・採用，配置・昇進の差別規制が努力義務にとどまったこと，②女性の差別のみを規制する「片面的立法」であったため，女性のみの採用や配置は適法とされ，かえって女性の職域を下方固定化したこと（たとえば，一般職やパートタイマーを女性のみとすることが適法とされた）等が挙げられる。

　(ｲ)　こうした状況を踏まえて，雇用機会均等法は1997年に抜本的に改正され，女性保護に関する労基法第6章の2も大改正された。この改正法は，募集・採用，配置・昇進の差別規制を強行規定に改め，片面的差別規制（上記②）

に修正を加えるなど雇用平等を強化する一方，女性保護をほぼ完全に撤廃するという改革を実現し，〈雇用平等〉モデルの骨格を形成した。ただし，1997年法の基本的性格としては，男女間の性差別を禁止する包括的雇用平等立法ではなく，女性に対する差別のみを規制するという片面的性格を維持した。

(2) 2006年法[*33]

(ア) 概　説　これに対し，2006年の改正均等法は，〈雇用平等〉モデルを徹底する改正を実現した（同時に，労基法の坑内労働禁止［64条の2］が母性保護規定に改正され，女性保護は撤廃された）。そのポイントは，以下のとおりである（**図表11-1**）。なお，2006年法における差別禁止規定は，すべて強行規定である。

第1に，法の基本的性格そのものを大きく改め，従来の女性差別禁止立法から，労働者が性別により差別されないことを基本理念とする包括的立法（男女雇用平等立法）に生まれ変わった（1条参照）。具体的には，女性であることを理由とする差別の禁止や均等な機会の提供を定めていたのを改め，「性別を理由として」の差別の禁止（6条）や，「性別にかかわりなく」均等な機会を付与すべき規制（5条）に改正した。この結果，1985年法の片面的性格（上記②）は一掃され，女性のみを対象とした措置や女性を有利に扱う措置も女性差別（同時に男性差別）となる。

第2に，差別禁止規定を拡大・強化した。特に，労働契約の展開・終了に関しては，改正法6条は，従来の配置・昇進・教育訓練，定年・解雇の差別規制に加えて，「降格」（1号），「労働者の職種及び雇用形態の変更」（3号）および「退職の勧奨」と「労働契約の更新」を追加して規制を強化している（4号）。

第3に，差別規制の強化の一環として「間接差別の禁止」を盛り込んだ（7条）。性別を理由とする差別（直接差別）の規制に加え，一見すると性中立的な基準に基づく実質的差別を規制するための規定である。

第4に，婚姻・妊娠・出産を理由とする女性労働者の不利益取扱規制を強化した（9条）。従来も，婚姻等を理由とする解雇規制は存在したが，改正法は，妊娠・出産・産前産後休業（労基65条）等の妊娠・出産に関する事由に基づく不利益取扱いを一般的に禁止するなど，規制を強化している。

[*33] 2006年改正均等法については，厚生労働省「男女雇用機会均等政策研究会報告書」（平成16年6月）のほか，「特集・雇用平等法制の新展開」法時79巻3号（2007），宮崎由佳「改正男女雇用機会均等法」労働109号（2007）など参照。野川219頁以下も参照。

図表 11-1　2006 年改正男女雇用機会均等法のポイント

事　項	改　正　前	改　正　後
性別を理由とする差別の禁止（1条・5条・6条）	女性に対する差別的取扱いの禁止	男女双方に対する差別的取扱いの禁止
	募集・採用，配置・昇進・教育訓練，福利厚生，定年・解雇について禁止	募集・採用，配置（業務の配分および権限の付与を含む）・昇進・降格・教育訓練，福利厚生，職種の変更，雇用形態の変更，退職の勧奨・定年・解雇・労働契約の更新
	女性に対するポジティブ・アクションは法違反とならない	
間接差別の禁止（7条）	規定なし	厚生労働省令で定める措置については合理的な理由がない限り禁止
妊娠・出産・産休取得等を理由とする不利益取扱いの禁止等（9条）	婚姻・妊娠・出産を退職理由とする定めを禁止	妊娠・出産・母性健康管理措置・母性保護措置・妊娠または出産に起因する能率低下等を理由とする解雇その他不利益取扱いを禁止
	婚姻を理由とする解雇を禁止	
	妊娠・出産・産休取得を理由とする解雇を禁止	
		妊娠中・産後1年以内の解雇は事業主の反証がない限り無効
セクシュアル・ハラスメントの防止（11条ほか）	女性労働者を対象とする事業主の雇用管理上の配慮義務	男女労働者を対象とする事業主の雇用管理上の措置義務
	規定なし	調停などの紛争解決援助の対象にセクシュアル・ハラスメントを追加
	規定なし	是正指導に応じない場合の企業名公表制度の対象にセクシュアル・ハラスメントを追加
母性健康管理（12条ほか）	事業主の措置義務（妊娠中および出産後の女性労働者が保健指導または健康診査を受けるための必要な時間の確保，当該指導または診査に基づく指導事項を守ることができるようにするための措置の実施）	
	規定なし	苦情の自主的解決，調停などの紛争解決援助の対象に母性健康管理措置を追加
	規定なし	是正指導に応じない場合の企業名公表制度の対象に母性健康管理措置を追加
ポジティブ・アクションに対する国の援助（8条・14条）	①労働者の配置等の状況の分析 ②分析に基づく計画の作成 ③計画で定める措置の実施 ④実施体制の整備 を行う事業主に対する相談その他の援助	①労働者の配置等の状況の分析 ②分析に基づく計画の作成 ③計画で定める措置の実施 ④実施体制の整備 ⑤取組状況の外部への開示 を行う事業主に対する相談その他の援助
実効性の確保　調停（時効の中断）	規定なし	調停が打ち切られた場合，訴えを提起したときは，時効を調停の申請時に遡って中断
実効性の確保　調停（訴訟手続の中止）	規定なし	当事者が調停による解決が適当としたときは，受訴裁判所は訴訟手続を中止できる
報告の徴収ならびに助言，指導および勧告	厚生労働大臣または都道府県労働局長による報告徴収，助言・指導・勧告	
過料	規定なし	報告徴収の規定に違反した場合，20万円以下の過料

出典：労働法令通信 2100 号（2007）19 頁を元に作成した

第5に、ポジティブ・アクションに対する国の援助として、企業がその取り組み状況を開示する場合の援助規定を追加した（14条）。

　第6に、セクシュアル・ハラスメントにつき、従来の配慮義務を雇用管理上の措置義務に強化するとともに、男性に対するセクシュアル・ハラスメントも規制対象とした（11条）。

　第7に、個別労働紛争解決促進法上の紛争調整委員会（6条）による調停の対象として、従前からの差別禁止規定に加え、セクシュアル・ハラスメント（11条）、母性健康管理措置（12条）を追加し（18条）、企業名公表についても同様とした（30条）。

　なお、均等法の差別禁止規定（5条～7条・9条1項～3項）に関するガイドラインとして、「労働者に対する性別を理由とする差別の禁止等に関する規定に定める事項に関し、事業主が適切に対処するための指針」（雇均10条）が定められている（平成18年厚労告614号＝以下「雇均指針」）。

　(イ)　評　価　　2006年均等法改正によって、雇用平等法制は相当程度整備されたものと評価できる。また、均等法が企業経営の桎梏と認識されていた1985年当時に比べ、今日では、均等法は、企業の労働法コンプライアンスの骨格を構成するとともに、企業価値評価に関する重要な指標を形成している。

　すなわち、男女の雇用平等を促進することは、女性労働者の地位の向上とキャリア形成に有意義であると同時に、優秀な女性労働者の確保・活用を促進し、生産性を高めて企業業績を向上させるなど、企業価値を高める可能性が高い（ダイバーシティ人事）。企業は、この点を認識して雇用平等の実現に戦略的に取り組むべきであろう*34。同時に、今後は、男女を問わず、仕事と生活の調和（ワーク・ライフ・バランス。労契3条3項参照）を実現しつつ働くことができる環境の整備（時間外労働の上限規制［421頁］、年次有給休暇［労基39条］の取得促進、短時間正社員、在宅勤務制度、育児等終了後の復帰支援・再雇用制度、男性の育

---

*34　この点、東京証券取引所が2015年に公表した上場会社を対象とする「コーポレートガバナンス・コード」（2015年。2018年・2021年改訂。41頁）は、基本原則2「株主以外のステークホルダーとの適切な協働」を形成する原則2-4として「女性の活躍促進を含む社内の多様性の確保」を掲げ、「上場会社は、社内に異なる経験・技能・属性を反映した多様な視点や価値観が存在することは、会社の持続的な成長を確保する上での強みとなり得る、との認識に立ち、社内における女性の活躍推進を含む多様性の確保を推進すべきである」としている。上場会社に対し、本文の「ダイバーシティ人事」の実行を求めつつ、その中核に女性の活躍推進を位置づける趣旨であり、企業が男女雇用平等の実現に戦略的に取り組むことが企業価値の向上をもたらすことを強く示唆している。なお女性活躍推進法については、981頁参照。

児・介護休業等）が重要な政策的課題となる。すなわち，男女の雇用平等を実質的に進めるためには，育児・介護等の家庭責任が女性労働者に偏りがちな現状に鑑み，男性労働者の長時間労働の是正等の働き方の改革が必須となるのであり，そのためには，雇用平等法制のみならず，労働時間・休暇・休業法制まで視野を広げて，男女両性に共通する規制改革を進める必要がある*35。

　もっとも，課題はなお多い。日本における男女間の賃金格差を見ると，2021年度でも24.8％と高い水準にある（厚生労働省「令和4年賃金構造基本統計調査」）。このため，2022年に女性活躍推進法（981頁）の省令が改正され，男女間賃金格差（社内格差［垂直分離］）への対応として，常時雇用する労働者301人以上の事業主に対し，男性の賃金に対する女性の賃金の割合を開示すること（男女間賃金差異の公表）が義務化された。情報開示は，連結ベースではなく企業単体ごとに求め，持株会社も対象となる。賃金体系の透明性を高め，男女間賃金格差の是正を促進する上で有意義な規律といいうるが，比較可能な労働者の賃金額に関する情報請求権等のより実効的な規律を設けるドイツ法（男女間の賃金の透明性の促進のための法律［賃金透明化法］）*36には及んでおらず，さらなる立法政策が求められる*36a。

　また，上記改正の基礎となった「女性活躍・男女共同参画の重点方針2022」（女性版骨太の方針2022）は，職種間格差（水平分離）への対応として，①女性デジタル人材の育成，②看護・介護・保育等の分野で働く労働者の収入の引上げ，③リカレント教育の推進を掲げている。さらに，男女間賃金格差の背景には，

---

*35　雇用機会均等法の評価を含め，男女雇用平等法制の課題については，浅倉むつ子『労働法とジェンダー』（勁草書房・2004），櫻庭涼子「雇用差別禁止法制の現状と課題」日労研574号（2008）4頁，山田省三「四半世紀を迎えた男女雇用機会均等法」日労研615号（2011）4頁，水町勇一郎「雇用における男女差別」森戸英幸＝水町勇一郎編『差別禁止法の新展開』（日本評論社・2008）215頁，長谷川聡「性差別禁止の現代的展開」労働117号（2011）15頁，神尾真知子「男女雇用機会均等法の立法論的課題」労働126号（2015）127頁，相澤美智子「雇用平等法の課題」講座再生(4) 209頁参照。

*36　ドイツの賃金透明化法については，橋本陽子「ドイツにおける男女賃金格差是正の法理——賃金透明化法の制定までの展開と残された課題」季労273号（2021）131頁，ワークショップ「多様化するライフコースにおける労働と公正性の保障について考える——ドイツにおける架橋的パートタイム制度と賃金透明化法を中心に」労働136号（2023）129頁参照。

*36a　厚生労働省「雇用の分野における女性活躍推進に関する検討会報告書」（2024年8月）は，男女間賃金差異の情報公表義務の対象を常時雇用する労働者101人以上300人以下の企業に拡大することや，現在は開示項目の選択肢の一つである女性管理職比率について開示必須項目とすることが適当としている。

女性の管理職登用が進まない一方，非典型労働者が多いことが指摘されていることから，「女性活躍・男女共同参画の重点方針2024」（女性版骨太の方針2024）は，東京証券取引所プライム市場上場企業を対象とした女性役員比率に係る数値目標の設定（2030年までに，女性役員の比率を30％以上とすることを目指すこと）や，女性の所得向上・経済的自立に向けた取組の推進（リ・スキリング等），非典型労働者の正社員化および処遇改善を図ることを掲げており，実効的に促進することが課題となる。

2 差別禁止規定

(1) 募集・採用

(ア) **意義・要件**　事業主は，労働者の募集および採用に関して，その性別にかかわりなく均等な機会を与えなければならない（雇均5条）[*37]。その具体的内容は前掲雇均指針（961頁）に定められている。

雇均指針によれば，募集・採用にあたり，一の雇用管理区分（職種・資格・雇用形態・就業形態の区分その他の区分）において，①その対象から男女いずれかを排除すること（総合職の対象を男性のみとする等），②募集・採用条件を男女で異なるものとすること（女性についてのみ未婚や自宅通勤を条件とする等），③男女いずれかを優先すること（採用基準を満たす者の中から男性を優先採用する等），④求人情報の提供や採用試験について男女異なる取扱いをすることが禁止される。③は，1985年法の片面的性格（958頁の②）を是正する規制としても重要であり，均等法によれば，女性のみを対象とする措置や女性を有利に扱う措置も，原則として性別による差別（女性差別）となる。裁判例では，使用者において労働者が女性であることを理由として殊更にコース別人事制度における一般職に振り分けたとは認められず，一般職採用には合理的理由があるとして均等法5条違反を否定した例がある（前掲・巴機械サービス事件［*13］）。

(イ) **効果**　均等法5条は，募集・採用に関して，性別にかかわりなく均等な機会を与えることを命ずる規範であるから，採用の結果において男女平等である必要はない。しかし，同条は強行規定であるから，女性の応募割合に比べて採用割合が著しく低い場合は，使用者は，それが公正な選考の結果であるなどの正当化事由を証明する責任を負い，その点を立証できなければ，不法行

[*37] 本条については，注釈労基・労契(3) 149頁［長谷川聡］参照。

為に基づく損害賠償責任を負うと解すべきである。ただしこの場合も，労働契約の締結自体の訴求は困難であるが（274頁参照），女性の不採用について使用者が立証責任を負うという規制は，企業の行為規範として作用し，差別の根源である採用差別を是正する役割を果たすものと期待される。

(2) 配置・昇進・降格・教育訓練

(ア) 意　義　　事業主は，配置・昇進・降格および教育訓練について，労働者の性別を理由として差別的取扱いをしてはならない（雇均6条1号）。「配置」とは，「労働者を一定の職務に就けること又は就いている状態」をいい（雇均指針），「業務の配分及び権限の付与」を含む。また「昇進」は，企業内において下位の職階から上位の職階への移動を行うことをいい，労働契約法上の昇進（職位の上昇）と，昇格（資格の上昇）の双方を含む概念であって，「降格」もこれに対応する二義的な概念である（雇均指針参照）。教育訓練は，業務遂行過程の訓練（OJT）および業務遂行外の訓練（Off-JT）の双方を含む概念である。

(イ) 要件・効果　a）要件　　均等法6条1号違反の成立要件は，配置・昇進・降格・教育訓練について，ⓐ女性または男性労働者が他方の性より不利に取り扱われていること，ⓑそれが女性または男性であることを理由とするものであること，ⓒ上記取扱いに合理的理由がないこと，の3点である。ⓒについては，女性労働者が平均的な成績を上げているにもかかわらず，その配置・昇進・昇格者が著しく少ない場合は，使用者はその正当化理由を立証する責任を負い，立証できない場合は差別を推定される。

雇均指針は，一定の職務への配置，役職等への昇進，降格，教育訓練に関して，①その対象から男女いずれかを排除すること（企画立案業務への配置を男女いずれかとすること，女性の昇進数を頭打ちにすること，役職廃止に際して女性のみ降格させること等），②条件を男女で異なるものとすること（配置・昇進に関して女性についてのみ転勤要件や昇進要件を加重すること等），③男女のいずれかを優先すること（配置・昇進に際して男性を優先し，降格に際して女性を優先すること等），④配置における権限の付与にあたって男女異なる取扱いをすること（自己の責任で買付けできる金額の上限について男女で差を設けたり，営業部門において，男性のみ新規顧客の開拓や商品提案の権限を付与すること等），⑤配転に際して男女異なる取扱いをすること（女性のみ合理化を目的とする出向の対象とする等），⑥教育訓練に際して，その対象から男女いずれかを排除すること，勤続年数等の条件・内容

を男女異なるものとすること等を違反行為として掲げている。

　　b）　効果＊38　　使用者が均等法6条1号に違反して差別を行った場合，労働協約・就業規則の差別的規定や配転・出向命令等の法律行為であれば無効となる。また，女性のみを昇進・昇格させない等の事実行為であれば，強行的禁止規定違反として不法行為（民709条）を成立させる。前述した昇格差別のケース（956頁）も，2006年法の下では，6条違反として不法行為を成立させる。問題は，本条違反を根拠に昇格請求権を肯定しうるかであるが，改正前と同様，昇格が契約内容となっていることを昇格請求の要件と解して否定する見解が有力である（菅野＝山川678頁参照）。これには批判もあるが＊39，均等法が労基法13条のような直律的効力規定を設けていないことや，昇格請求権が人事権への大幅な介入を意味することを考えるとやむをえない。むしろ，昇格差別禁止が強行規定として明確化されたことを重視し，それが企業の行為規範として機能することを期待すべきであろう。

　裁判例としては，企業が男性を総合職掌に位置づけ，女性を一般職掌に位置づける男女別コース制を採用し，1997年の均等法改正後もコース別雇用管理として実質的に維持したことにつき，1997年法の施行日（1999年4月1日）以降の時期について前記ⓐ～ⓒの要件の充足を認め，合理的理由のない男女差別として違法と判断した裁判例が重要である（野村證券事件）＊40。すなわち，同判決は，男女別コース制下の処遇について前記ⓐⓑの充足を認めた上，ⓒについて，1997年法の施行日以降は，配置・昇進に関する男女の差別的取扱い禁止は「使用者の法的義務であるから，この時点以降において，会社が，それ以前に会社に入社した社員について，男女のコース別の処遇を維持［している］ことは，配置及び昇進について，女性であることを理由として，男性と差別的取扱いをするものであり，均等法6条に違反するとともに，公序に反して違法で

　＊38　概観として，注釈労基・労契(3) 160頁［長谷川聡］参照。
　＊39　たとえば，斎藤周「差別の救済」講座再生(4) 200頁以下。
　＊40　東京地判平成14・2・20労判822号13頁。同旨，岡谷鋼機事件・名古屋地判平成16・12・22労判888号28頁。住友金属工業事件・大阪地判平成17・3・28労判898号40頁も参照（均等法6条1号を引用せず，公序違反を理由に違法と判断）。これに対しては，公序違反の有無は行為時（契約締結時）を基準に判断すべきであるとして，1997年均等法改正によって男女別コース制が違法となった後も，それ以前に男女別コース制で採用された労働者に関する是正義務は生じないと判断する裁判例もあるが（住友電気工業事件・大阪地判平成12・7・31労判792号48頁），適切でない（和田肇『人権保障と労働法』［日本評論社・2008］49頁以下参照）。

ある」と判断し，不法行為の成立を肯定している*41。こうして，配置・昇進差別規制が強行法規に改められた1997年法の施行日を分水嶺として，それ以降の男女別処遇を違法と判断するのが裁判例の立場である。

配置・昇進差別の不法行為に基づく女性労働者の損害の認定については，裁判例は分かれており，①1997年法以前の男女別コース制を適法とする判断を前提に，その時期から生じている男女間の知識・経験の差が賃金格差をもたらしている以上，当該格差は女性労働者の損害に直結しないとして差額賃金相当額の損害の認定を断念し，慰謝料算定に際して斟酌する例と，②女性労働者と比較可能な男性労働者を抽出した上，そのうち女性と同等の能力を有する者の賃金との差額相当分の損害を認容する例がある*42。均等法の実効性確保という観点からは，女性と比較可能な男性の抽出が可能なケースでは，②の裁判例のように，差額賃金相当額の損害を認定して救済を図るべきであろう。

(ｳ)　**コース別雇用管理の適法性**　　コース別雇用管理とは，総合職（企画・業務推進等の基幹業務を担当し，広域転勤を予定し，幹部昇進を予定するコース）と，一般職（補助的・定型的業務を担当し，勤務地が限定される一方，昇進も限定されるコース）に分けて従業員の処遇を行う制度をいう。これがコース制の趣旨どおりに運用され，コース選択を従業員の自由意思に委ねていれば問題はなく，結果的に，男性のほとんどが総合職コース，女性のほとんどが一般職コースに配属

---

*41　一方，裁判例は，1997年均等法改正前の時期については，男女別コース制に関する均等法の規制がないか，または努力義務にとどまっていたこと，当時の社会意識では，男女別コース制も容認されていたこと等を理由に公序違反を否定している（前掲・日本鉄鋼連盟事件［*4］，前掲・住友電気工業事件［*40］，前掲・野村證券事件［*40］，前掲・岡谷鋼機事件［*40］）。これに対する批判として，和田・前掲書（*40）58頁参照。この点，前掲・昭和シェル石油事件（*12）は，コース別雇用管理に関する事案ではないが，1997年改正前均等法の昇進差別に関する努力義務規定（8条）について，単なる訓示規定ではないと述べた上，使用者が均等取扱いの目標達成の努力を何ら行わず，差別の現状を積極的に維持したり，男女差別をさらに拡大する措置をとることは，同条の趣旨に反し，不法行為の要件である違法性の評価に影響すると判断し，具体的判断としても，女性に関する職能資格制度上の昇進据置措置につき，均等法に即して男女労働者の均等取扱いのために努力した形跡が見られないと述べ，努力義務違反による不法行為の成立を肯定している。説得的な判断と解される（38頁参照）。

*42　前者の例として，前掲・野村證券事件（*40［350万円～490万円］），前掲・岡谷鋼機事件（*40［500万円］）。後者の例としては，前掲・住友金属工業事件（*40）があり，高卒女性一般職と比較可能な男性労働者（LC転換者）を抽出した上，同労働者のうち女性と同等の能力を有する者の賃金との差額相当額（887万円余～1415万円）を損害と認定し，さらに別途，慰謝料請求（150万円～300万円）を認容している。差額賃金相当額の損害の認定がより手厚い救済となることを示す裁判例である。

されていてもよい。ただし，間接差別の規制（雇均7条。978頁）が及ぶ。

また，コース別雇用管理について「合理的な理由」が認められ，間接差別規制をクリアした場合も，事実上の男女別コース制として機能している場合は，配置・昇進差別に関する均等法6条1号違反が成立しうる。その典型は，制度運用の実際において，男性全員が総合職に配置される一方，女性が一般職コースしか選択できない運用となっており，コース間の転換制度も機能していないケースである。このようなケースは，配置・昇進差別規制が強行規定に改正された1997年法の施行以降は，前述した均等法6条1号の成立要件ⓐ～ⓒ（964頁）を充足するものとされ，同条および公序（民90条）に反して不法行為と評価される（前掲・野村證券事件［＊40］）。使用者は，このような事実上の男女別コース制を法に即して是正する義務を負い，これを適切に是正しない限り，前記ⓒの合理的理由を欠くものとして6条1号違反の評価を免れない＊43。

裁判例では，会社が1997年改正法以前の時期から，一般職から総合職への職種転換制度を設け，女性社員について職域の拡大を図る努力をしているものの，職種転換について上司の推薦要件を設け，一定の試験に合格した者のみの転換を認めていることから，女性の大半が属する一般職と男性の大半が属する総合職の間で差異を設けつつ，女性に対して特別の条件を課す制度にとどまっていると解し，配置における男女差別を正当化するには至らないと判断した例がある＊44。是正義務の履行が不十分とされた典型例である。

また，最近の裁判例は，使用者がコース別人事制度において女性社員を一般職に配置しつつ，総合職転換を希望する女性に対し，職種転換制度を実行することなく総合職転換の機会を提供しなかったことについて，採用差別（雇均5条違反）および配置・昇進差別（同6条1号違反）を否定しつつ，職種変更に係

＊43　矢尾・前掲論文（＊22）523頁以下参照。また，最近の裁判例は，賃金表に男性・女性の名称が用いられていない場合も，実態において男女別の賃金表を定めたのと異ならない態様で複数の賃金表が適用されている場合は男女同一賃金原則（労基4条）が適用されると述べた上，会社のコース別雇用管理につき，合理的なコース転換制度も具体的なコース転換の勧試もなかったことから，実質的に男女別の賃金表が適用されていたものと評価し，4条違反の不法行為の成立を認めている（前掲・東和工業事件［＊13］）。本件のように，コース別雇用管理が事実上の男女別コース制として運用される場合は，均等法6条1号と労基法4条が重複して適用されうることになる。コース別雇用管理については，矢野・前掲論文（＊22）511頁参照。

＊44　前掲・野村證券事件（＊40）。同旨，前掲・岡谷鋼機事件（＊40），前掲・兼松事件（＊5），前掲・東和工業事件（＊13）。これに対し，総合職への転換要件を本人希望と一定の資格の充足にとどめ，一般職新卒採用者の要件と一致させる等の合理的制度設計を行っていれば，改正法の下でも適法と解される余地がある。

る差別（後述する同条3号）に違反する違法な男女差別と判断している（前掲・巴機械サービス事件［＊13］）。この点，前掲・野村證券事件（＊40）等の先例では，コース別雇用管理が事実上の男女別コース制と化している場合の是正義務の懈怠が女性差別（同条1号違反）と判断されたのに対し，本判決は，コース別人事管理の設置自体については違法性を否定した上，その運用（職種転換制度の運用）に着目し，総合職転換を希望する女性社員に職種転換の機会はもとより情報提供すら行わなかったことについて，総合職を男性・一般職を女性とする現状を追認し固定化するものとして違法（同条3号違反）と判断している。コース別雇用管理の適法判断を前提に，その運用に関する使用者の積極的な作為義務（職種転換機会提供・情報提供義務）を肯定し，その懈怠について均等法違反を認めた新たな判断といいうるが，コース別雇用管理を適法とする判断には疑問も生じうる＊45＊46。

(3) 職種の変更・雇用形態の変更

(ア) 意義・要件　　事業主は，職種および雇用形態の変更について，性別を理由として差別的取扱いをしてはならない（雇均6条3号）。「職種」とは，職

＊45　この判断に対しては，女性の一般職採用およびコース別人事制度について均等法違反を否定する以上，判決が説くような職種転換制度に係る使用者の積極的作為義務を肯定する法的根拠に乏しく，むしろ本件コース別人事制度の実態によれば，同制度自体について労基法4条や均等法6条1号・3号違反と判断すべきであったとの批判があり（両角道代［判批］ジュリ1575号（2022）150頁。富永晃一［判批］季労276号（2022）172頁は，間接差別法理の適用可能性を説く），本件の事実関係に照らせば説得力がある。一方，コース別人事制度自体は違法な女性差別（雇均6条1号違反）に該当しない場合も，使用者が職種転換制度を形骸化させ，男女の職種分離をいわば放置したこと自体を違法な女性差別（同条3号違反）と評価する余地もあるように思われる。重要な課題であり，引き続き検討を深める必要がある。

＊46　厚生労働省は，コース別雇用管理に関して，「コース等で区分した雇用管理を行うに当たって事業主が留意すべき事項に関する指針」（令和元年厚労告205号）を制定しており，コース別雇用管理の制度設計・運用に際して参考となる。指針は，コース別雇用管理の定義（事業主が労働者について，労働者の職種・資格等に基づき複数のコースを設定し，コースごとに異なる募集・採用・配置・昇進・教育訓練・職種の変更等の雇用管理を行うものをいい，無期労働契約転換労働者について異なる雇用管理を行うものを含む）を示した上，事業主が留意すべき事項として，①コース等の新設・変更・廃止，②募集・採用，③配置・昇進・教育訓練・職種の変更等の各雇用管理ごとに，(ア)法に直ちに抵触する例（法抵触例），(イ)制度のより適正かつ円滑な運用をするために留意すべき事項の例（留意事項例），(ウ)労働者の能力発揮のため実施することが望ましい事項の例（実施努力例）の三つの区分ごとに整理して規定している。企業としては，裁判例，間接差別規制（雇均7条），ポジティブ・アクション（雇均8条）と併せて十分留意する必要がある。

務・職責の類似性に着目した分類（営業職・技術職，総合職・一般職等）をいい，「雇用形態」は，労働契約の期間の定めの有無，所定労働時間の長さ等による分類（正社員，パートタイマー，契約社員）をいう（雇均指針）。

雇均指針によれば，職種の変更，雇用形態の変更に際して，①その対象から男女いずれかを排除すること（一般職から総合職への変更の対象を男女いずれかとすること，一般職の男性について準総合職・総合職への変更対象とするが，女性については準総合職のみを対象とすること，有期雇用労働者から正社員への変更の対象を男性のみとすること等），②条件を男女異なるものとすること（一般職から総合職への変更やパートタイマーから正社員への変更に際して，男女いずれかについて国家資格の取得，試験合格等を条件としたり，受験に際して女性についてのみ上司の推薦を条件とすること等），③能力・資質等を判断する場合に，方法や基準について男女異なる取扱いをすること（一般職から総合職への変更やパートタイマーから正社員への変更の試験合格基準を男女異なるものとすること等），④男女のいずれかを優先すること（総合職・正社員への変更に際して男性を優先すること等）等が禁止される。

(イ) 効 果　使用者が均等法6条3号に違反して差別を行った場合，女性のみを対象とする不利な職種変更等の法律行為であれば無効となり，総合職または正社員転換からの排除等の事実行為であれば不法行為となる。ただし，総合職や正社員への転換（変更）の請求権自体は，昇格請求権と同様，肯定することは困難である（前掲・巴機械サービス事件［＊13］）。

(4)　退職勧奨・定年・解雇・労働契約の更新

事業主は，退職の勧奨，定年および解雇ならびに労働契約の更新について，性別を理由として差別的取扱いをしてはならない（雇均6条4号）。雇均指針によれば，①退職勧奨または解雇に際して，その対象を男女のいずれかのみとすること，②労働契約の更新に際して，その対象から男女いずれかを排除すること（女性のみ雇止めの対象とすること等），③退職勧奨，解雇または労働契約の更新に際して，条件を男女異なるものとすること（経営合理化に際して，既婚女性のみ退職勧奨を行い，解雇対象とし，雇止めすること等），④能力・資質等を判断する場合に，その方法や基準について男女異なる取扱いをすること（人事考課の基準を男女で変えること等），⑤定年について男女で異なる取扱いをすること等が禁止される。

使用者が6条4号に違反して男女差別を行った場合，解雇や定年規定等の法

律行為であれば無効となり，退職勧奨や雇止め（労働契約の不更新）等の事実行為であれば不法行為を成立させる*47。雇止めについては，有期労働契約の更新が肯定される（1010頁参照）。

(5) 婚姻・妊娠・出産等を理由とする不利益取扱いの禁止

(ア) 意義・要件・効果　事業主は，女性労働者が婚姻・妊娠・出産したことを退職理由として予定する定めをしてはならない（雇均9条1項。結婚・妊娠・出産退職制の禁止）。また，女性労働者が婚姻したことを理由として解雇してはならない（同条2項）。さらに，事業主は，女性労働者が妊娠・出産または産前休業の請求（労基65条1項），産後休業の取得（同条2項）その他妊娠・出産に関する事由であって厚生労働省令で定めるものを理由として解雇その他の不利益取扱いをしてはならない（雇均9条3項）。そして，妊娠中または出産後1年を経過しない女性労働者の解雇については，事業主が9条3項所定の理由に基づく解雇でないことを証明しない限り無効とされる（同条4項）。

婚姻・妊娠・出産等を理由とする不利益取扱いの禁止（雇均9条3項）が定める解雇事由のうち，省令で定める事由としては，労基法上の産前産後休業以外の母性保護措置および均等法上の母性健康管理措置（同12条）を受け，または受けようとしたことや，妊娠・出産に起因する能率低下または労働不能が生じたことが挙げられる（雇均則2条の2）。また，「不利益取扱い」については，育児・介護休業法に基づく指針（606頁）に倣い，①解雇，②有期労働契約における契約更新の拒絶，③契約更新回数の引下げ，④退職またはパートタイマーへの契約変更の強要，⑤降格，⑥就業環境を害すること，⑦不利益な自宅待機，⑧減給，賞与における不利益算定，⑨昇進・昇格時の不利益な人事考課，⑩不利益な配置変更，⑪派遣先による派遣役務の拒否が規定されている（雇均指針）。なお，9条3項違反の成立を肯定するためには，不利益取扱いと婚姻・妊娠・出産等の事実との間に因果関係が存在することを要する。

使用者が均等法9条3項に違反した場合，退職理由の定めや解雇，不利益取扱いのうち降格・不利益配転等の法律行為であれば無効となり（次項参照），不

---

*47　コパル事件（東京地決昭和50・9・12判時789号17頁）は，均等法前の裁判例であるが，整理解雇の対象者として女性を優先順位に置いた上で行われた解雇を公序（民90条）違反として無効と判断している。なお，女性保護が解消された今日では，余剰人員となった女性を労基法の女性保護規定のゆえに他の職場に配転できないとして解雇することも許されない。

利益取扱いのうち退職等強要や就業環境の悪化等の事実行為であれば不法行為となる。雇止めについては，有期労働契約の更新が肯定される。

(イ) **妊娠・出産等を理由とする不利益取扱いの禁止**　　a）**判例**　女性労働者の妊娠・出産等を理由とする不利益取扱い（雇均9条3項）については，降格について判断した重要な最高裁判例がある（広島中央保健生活協同組合事件）[*48]。事案は，使用者（病院）に理学療法士として雇用されて副主任の職位にあった労働者が，妊娠中の軽易な業務への転換（労基65条3項[995頁]）に際して副主任を免ぜられ（措置1），育児休業の終了後も副主任に任ぜられなかったこと（措置2）から，病院に対し，副主任からの降格は均等法9条3項に違反する無効なもの等と主張して，管理職（副主任）手当（月額9500円）の支払および損害賠償を求めたものであるが，判決は，措置1について，労働者の請求を棄却した原判決[*49]を破棄し，差し戻した。

判決は，①均等法9条3項は，同法の目的・理念を実現するため，これに反する事業主による措置を禁止する強行規定として設けられたものであり，女性労働者の妊娠，出産，産前休業の請求，産前産後の休業または軽易業務への転換等を理由として解雇その他不利益な取扱いをすることは，同項違反として違法・無効となる，②降格についても，妊娠中の軽易業務への転換を契機として降格させる措置は，原則として9条3項所定の不利益取扱いに当たる，③ただし，労働者が軽易業務への転換および降格措置により受ける有利な影響・不利な影響の内容や程度，降格措置に係る事業主による説明の内容その他の経緯や当該労働者の意向等に照らして，その自由な意思に基づいて降格を承諾したものと認めるに足りる合理的理由が客観的に存在する場合や，④事業主が降格措置を執ることなく軽易業務に転換させることに円滑な業務運営や人員の適正配置の確保等の業務上の必要性から支障があり，降格につき，その業務上の必要性の内容や程度および上記の有利な影響・不利な影響の内容・程度に照らして同項の趣旨・目的に実質的に反しないものと認められる特段の事情が存在する場合は，同項の禁止する取扱いに当たらないと判断する。

ついで，判決は，具体的判断として，本件降格（措置1＝訪問看護ステーショ

[*48] 最判平成26・10・23民集68巻8号1270頁。本判決については，富永晃一[判批]季労248号（2015）173頁，長谷川珠子[判批]法教413号（2015）35頁，藤原正廣[判解]経営法曹185号（2015）21頁，長谷川聡[判解]ジュリ1479号（2015）229頁，上田絵里「マタニティ・ハラスメント」労働判例精選234頁など参照。

[*49] 広島高判平成24・7・19労判1100号15頁。

ン副主任から病院リハビリ科に異動させ，それに伴い副主任を免じた措置）については，③につき，女性労働者は措置1を渋々ながら受け容れたものであり，病院から適切な説明を受けて十分に理解した上で諾否を決定したものとはいえないとして自由意思に基づく同意の存在を否定するとともに，④につき，病院側の業務上の必要性は明らかでなく，また，女性労働者が措置1により受けた有利な影響の内容・程度も明らかでない反面，降格という不利益を被っていると判断し，原判決を破棄し，差し戻した*50。

　本判決のうち，均等法9条3項を強行法規と解し，妊娠・出産等を理由とする降格等の不利益取扱いが同項違反として違法・無効となることを明示した点（①）は，9条3項の趣旨に照らして妥当と解される。また，軽易業務への転換を契機とする降格が原則として不利益取扱いに当たると判断した点（②）は，不利益取扱いの成立要件である因果関係に関する労働者側の立証責任を軽減する意義を有するものと評価できる*51。さらに，判旨が上記原則（②）の例外として掲げる2点のうち③は，労働者の自由意思に基づく同意の法理を強行法規からの逸脱のケースに適用した判断（第9章＊134）として適切であり，本件について女性労働者の自由意思に基づく承諾（同意）を否定した判断も，女性が降格について不十分な説明の下で渋々ながら了解したと認定されていることから，妥当な判断と解される*52。

＊50　本件差戻審判決（広島高判平成27・11・17労判1127号5頁）は，本判決を受けて，③については，女性労働者の自由意思に基づく同意の存在を否定し，④については，病院が業務上の必要性として主張した同労働者の役職者としての不適格性を悉く否定した上，病院の不法行為責任を認めて慰謝料の支払を命ずるとともに，降格に伴う役職手当未払分の支払を命じている。

＊51　労働者は，不利益取扱いが軽易業務への転換を「契機として」行われたことを立証すれば足り，「理由として」行われたことまで立証する必要はなく，使用者の側で不利益取扱いを正当化する事情を立証すべきことになる（藤原・前掲判解［＊48］23頁参照）。長谷川（珠）・前掲判批（＊48）39頁も参照。一方，このように，9条3項が規定する「理由として」を使用者の差別意思として理解する見解とは別に，「理由として」の意義を使用者の客観的義務違反（妊娠出産等に関連して女性労働者を合理的理由なく不利益に取り扱わない義務違反）に求めた上，義務違反を阻却する合理的理由について，不利益取扱いの回避・軽減の努力の有無や，十分な説明・協議により労働者の納得を得る努力の有無という観点から検討すべきと説く見解がある（注釈労基・労契(3) 189頁以下［両角道代］）。これによれば，判旨が本項違反の例外として掲げる③④は，上記合理的理由がある場合として説明できるとされる。

＊52　なお，判旨の③については，理論上，均等法9条3項を強行法規と解しながら，労働者の自由意思に基づく同意を要件とするとはいえ，当事者間合意に基づく違法性の阻却を肯定する点に疑問の余地がある。しかし，判旨は，労働者の上記同意があれば，不利益性または因果関係が否定され，そもそも9条3項が禁止する「不利益な取扱い」に該当しないと解する趣旨で

これに対し，判旨が例外として掲げる④の「特段の事情」に係る具体的判断には疑問がある。もともと本件において使用者が行った降格（措置1）は，二義ある降格のうち職位（役職）の引下げに当たる措置であり，使用者の広範な裁量権が認められる措置である（531頁参照）。この点，本件女性労働者は，軽易業務転換に際して，自ら訪問看護ステーションから身体的負担の小さい病院リハビリ業務を希望したのであり，病院がこれに対応するためには，訪問看護ステーションから異動させざるをえない以上，同ステーションにおける役職である副主任を免ずる措置は，人事権の合理的裁量の範囲内にあると考えるべきであろう。もっとも，判旨は，女性労働者が措置1により受けた有利な影響の内容・程度が明らかでない反面，降格という不利益を被ったと認定しているが，仮に措置1によって女性労働者が身体的負担の軽減等の有利な影響を受けることが明らかにされた場合は，降格の不利益性を過大に評価すべきではない（措置1に伴う賃金面の不利益は，管理職手当9500円の喪失という比較的軽微なものであろう）[*53]。本件のように，使用者が女性の請求に応じて従来とは別の業務（職場）への軽易業務転換を実行する義務を負うケースでは，従来の業務（職場）における役職を免ずる措置については，高度の業務上の必要性を認め，不利益取扱い該当性を阻却するに足りる「特段の事情」を肯定すべきである。判旨は，具体的判断において，業務上の必要性を過度に厳格に解し，均等法9条3項の解釈における労使間の公正な利益調整を誤ったものと解される[*54][*55]。

あろう。

[*53] この点，前掲・差戻審判決（[*50]）は，措置1によって女性労働者が得た有利な影響（業務上の身体的負担の軽減）について，ⓐ病院リハビリ科における仕事は訪問看護ステーションより身体的負担が少なく，流産等の危険を減少させる，ⓑ副主任免除は，本人の意向を別とすれば業務負担の軽減をもたらす，ⓒ病院が同労働者の担当患者数や身体的負担がかかる患者の担当を減少させたといった事実を認定しながら，ⓐ・ⓑは，リハビリ科異動に伴う利益であって，降格による利益とはいえないと評価している。しかし，本文のとおり，本件降格（措置1）は，身体的負担の小さい病院リハビリ業務への従事という女性労働者の希望に応えるための措置として合理的裁量の範囲内にあると解する立場からは，判旨のように，病院リハビリ課異動に伴う利益と，降格による利益を峻別する判断には疑問を禁じえない。判旨が認定したⓐ～ⓒの利益については，端的に降格に伴う利益（有利な影響）としても評価すべきであろう。

[*54] 富永・前掲判批（[*48]）180頁以下の評価も参照。なお，妊娠中の軽易業務転換，産前産後休業，育児休業の取得後の復職の段階では，女性労働者を元の役職（本件では副主任）に復帰させないことについての業務上の必要性は厳格に解すべきである。すなわち，これらの措置は，女性のキャリアにおいては一時的な現象であるから，これら措置から復帰した後は，使用者は，速やかに原職である管理職に復帰させるべきであり，それを履行しない限り，均等法9条3項違反（育児休業から復帰後は育介10条違反）の評価を免れないと考える。

b) 下級審裁判例　　最近の下級審裁判例では，前掲判例（前掲・広島中央保健生活協同組合事件［*48］）を踏襲して，降格のような経済的不利益を伴わない措置について不利益取扱禁止規定違反を認めた例がある*56。判決は，①従業員が産休後育児休業中にチーム再編により同人のチームを消滅させた後，②育児休業から復帰した同従業員を組織変更により新設したセールス部門の部下を持たないマネージャーに配置したことにつき，基本給や手当等の面において経済的不利益を伴わない配置の変更であっても，業務の内容面において質が著しく低下し，将来のキャリア形成に影響を及ぼしかねない措置は，労働者に

---

*55　厚生労働省は，前掲・広島中央保健生活協同組合事件（*48）を受けて通達を改正し，軽易業務転換を理由とする降格に関して判断した同判決の射程を拡大して，妊娠・出産，育児休業等を理由とする不利益取扱いに関する一般的ルールを提示している（平成 27・1・23 雇児発 0123 第 1 号）。それによれば，使用者が女性労働者の妊娠・出産，育児休業等を契機として不利益取扱いを行った場合は，妊娠・出産の場合は，それら事実を理由として不利益取扱いを行ったものとして，原則として均等法 9 条 3 項に違反し，育児休業の場合は，それを理由として不利益取扱いを行ったものとして，原則として育児・介護休業法 10 条に違反するものとされる。ただし，例外として，①業務上の必要性から支障があるため当該不利益取扱いを行わざるをえない場合において，その業務上の必要性の内容や程度が，法の規定の趣旨に実質的に反しないものと認められるほどに，当該不利益取扱いにより受ける影響の内容や程度を上回ると認められる特段の事情が存在するとき，および，②契機となった事由または当該取扱いにより受ける有利な影響が存在し，かつ，当該労働者が当該取扱いに同意している場合において，有利な影響の内容や程度が当該取扱いによる不利な影響の内容や程度を上回り，事業主から適切に説明がなされる等，一般的な労働者であれば同意するような合理的な理由が客観的に存在するときは，不利益取扱いに当たらないとされる。

　以上のうち「契機として」は，基本的に時間的に近接しているか否かによって判断され，同通達後に発出された「妊娠・出産，育児休業等を契機とする不利益取扱いに係る Q&A」によれば，妊娠・出産，育児休業等の事由の終了から 1 年以内に不利益取扱いが行われれば「契機として」に該当するとされている。

*56　アメリカン・エキスプレス・インターナショナル・インコーポレイテッド事件・東京高判令和 5・4・27 労判 1292 号 40 頁。本件原審（東京地判令元・11・13 労判 1224 号 72 頁）は，本文の①②双方について不利益取扱い該当性を否定していたが，この判断は，従業員のジョブバンドが上記措置後も維持され，前掲判例（前掲・広島中央保健生活協同組合事件［*48］）のような経済的不利益を発生させていないことを重視した判断と思われるところ，従業員のキャリア形成に及ぼす影響が不利益取扱いに該当するか否かに関する検討が不十分という問題点を有していた（新屋敷恵美子［判批］法時 93 巻 11 号［2021］142 頁等）。本文の控訴審判決は，この問題点を是正した判断として妥当と解される。ただし，公序違反はともかく，人事権濫用との評価には疑問の余地がある。

　なお，判旨が本件措置②について不法行為のみならず雇用契約の債務不履行と評価したのは，会社が「妊娠，出産，育児休業等を理由とする不利益な取扱いをしてはならない義務に違反した」との評価に基づくものであるが，この判断は，本来公法である均等法および育介法の規律が労働契約上の義務として私的効力を有することを示唆する判断として注目される（個人情報保護法と労働契約の関係につき，190 頁）。本判決については，608 頁も参照。

不利な影響をもたらす処遇に当たり，原則として均等法および育介法の禁止する不利益取扱いに当たると述べた上，②につき，妊娠前には37名の部下を統率していた同従業員に対し，1人の部下も付けずに新規販路の開拓業務や電話営業に従事させたことには業務上の必要性が乏しく，同従業員が自由な意思に基づいて同意したともいえないから，均等法9条3項および育介法10条に違反する不利益取扱いであるとともに，人事権の濫用および公序良俗違反に当たるとして，会社の不法行為および雇用契約の債務不履行による損害賠償責任を肯定している。妥当な判断と解される*57。

　一方，別の裁判例*58は，女性従業員が育児休業終了後に正社員契約（無期労働契約）から契約社員契約（有期労働契約）に移行する旨会社と合意したことにつき，均等法9条3項および育介法10条所定の不利益取扱いに当たることを否定して適法と判断するが，疑問がある。判旨は，①女性労働者には契約社員に転換することで雇用の安定面で不利益はあるものの，週5日勤務の正社員に復職した場合，欠勤等により退職を余儀なくされたり解雇されるおそれがあると述べ，契約社員として雇用を継続することに係る有利な事情として挙げるとともに，②使用者の説明についても，育児休業中の女性従業員に対して説明され，同人は十分な検討期間の付与後に契約社員契約を締結したのであるから，自由な意思に基づく同意が認められると判断し，不利益取扱い該当性を否定している。しかし，①については，単に退職・解雇の可能性があることをもって従業員に有利な事情として考慮し，不利益取扱い該当性を消極に解する判断には疑問がある。また，②についても，正社員への再契約には合意が必要であり，希望すれば自動的に戻るものではない旨の説明はされているものの，正社員復帰をめぐる時期や条件に関する説明は乏しく，十分な説明・情報提供を行った

---

*57　このほか，シュプリンガー・ジャパン事件（東京地判平成29・7・3労判1178号70頁）は，妊娠等に近接する時期に行われた解雇について，当該解雇について客観的に合理的な理由を欠き，社会通念上相当であるとは認められないことを認識し，または認識すべき場合は，当該解雇は均等法9条3項および育介法10条（の趣旨）に反するものとして違法となると述べた上，具体的判断としても，本件解雇は妊娠等に近接して行われており，かつ，客観的に合理的な理由を欠いており，社会通念上相当とは認められないことを当然に認識すべきであったといえるから，均等法9条3項および育介法10条（の趣旨）に反しているとして無効と判断した。結論は妥当であるが，理論的には，解雇権濫用の判断と，均等法9条3項・育介法10条違反の判断を混同しているとの批判が可能である。

*58　ジャパンビジネスラボ事件・東京高判令和元・11・28労判1215号5頁。原審（東京地判平成30・9・11労判1195号28頁）も基本的に同旨の判断。

ものとは評価できない。判例（前掲・広島中央保健生活協同組合事件［＊48］）が確立した労働者の自由意思に基づく同意の法理の観点を踏まえると，本判決は，労働者の同意を安易に認定する判断として疑問がある【11-1】【11-2】。

　㈦ **出産後1年未経過等の女性労働者の解雇の禁止**　　出産後1年未経過等の女性労働者の解雇の禁止（雇均9条4項）に関する裁判例は従来乏しかったが，最近の重要裁判例として，緑友会事件が挙げられる*59。前記のとおり，9条4項は，妊娠中および出産後1年を経過しない女性労働者に対する解雇につき，9条3項所定の理由に基づく解雇でないことを証明しない限り無効とすると規定している。この点，本判決は，上記の証明について，使用者は，単に妊娠・出産等を理由とする解雇でないことを主張・立証するだけでは足りず，妊娠・出産等以外の客観的合理的な理由があることを主張・立証する必要があるところ，本件解雇は，労働者（保育士）が保育園長に対して質問や意見を出したことを理由とするものであり，そうした行動や園長との間の保育観の相違をもって解雇に相当するような問題行動と評価することは困難であって，解雇に客観的合理的理由は認められないとして無効と判断するとともに，上記主張・立証を欠くため9条4項に違反しており，この点においても無効と判断し，さらに，本件解雇の違法性を認め，法人の不法行為責任を肯定している。

　本判決は，先例性が高い判断であるが，疑問もある。すなわち，判旨は労契法16条を引用しているわけではないが，判旨が解雇の有効性判断基準として掲げる客観的合理的な理由について，労契法16条の解雇要件と同義と解しているとすれば問題がある。均等法9条4項の存在意義を踏まえれば，同項違反（同項但書該当性）の判断については，女性労働者の妊娠・出産等を理由とする解雇か否かという観点から行うべきであり，客観的合理的理由という一般的解雇規制の判断枠組みを採用すべきではないと考える。

　すなわち，均等法9条4項は，出産後1年未経過等の女性労働者の解雇を特に取り上げて禁止する規定であり，男女雇用平等の保障という観点から設けられた特則であるから，解雇が妊娠・出産等を理由とするものでないことの証明については，単に解雇が客観的合理的理由を欠くことの証明ではなく，9条4項所定の解雇無効の原則を覆すほどの重大な事由が存在することの証明を要するものと解し，客観的合理的理由とは質の異なる厳しさをもって考えるべきで

＊59　東京高判令和3・3・4判時2516号111頁（原審［東京地判令和2・3・4労判1225号5頁］を基本的に支持）。

あろう。具体的には，9条4項は，出産後1年を経過しない女性労働者の解雇を禁止しているのであるから，当該期間の満了まで雇用を継続することが不当・不公平と認められるほどに重大な理由が存在することを要すると解すべきである*60。具体的解雇事由としては，国会答弁*61 において，解雇が有効と認められ得るケースとして，経営環境が著しく悪化し，妊娠中の女性労働者も含めて全員が整理解雇の対象になるようなケースや，女性労働者の重大な服務規律違反である場合を挙げており，こうした事由に限定されるべきであろう*62。

【11-1】 マタハラ防止措置義務・マタハラ指針　妊娠・出産等を理由とする不利益取扱いの禁止については均等法9条3項が禁止しているが，近年には，不利益取扱いのみならず，上司や同僚による育児休業に関する言動により労働者の就業環境が害される現象（マタニティ・ハラスメント）も見られるようになっている。そこで，2016年の雇用機会均等法改正により，マタニティ・ハラスメントを防止するため，職場における妊娠・出産等に関する言動に起因する問題に関する雇用管理上の措置義務（雇均11条の2：現11条の3）が規定された（育児休業に係る措置義務［育介25条］については，609頁参照）。また，マタハラに関する相談を行ったことまたは事業主による相談への対応に協力する際に事実を述べたことを理由とする解雇その他の不利益取扱いも禁止される（雇均11条の3第2項）。

　以上を受けて，いわゆるマタハラ指針（事業主が職場における妊娠，出産等に関する言動に起因する問題に関して雇用管理上講ずべき措置等についての指針）も策定されている（平成28年厚労告312号）。指針は，ハラスメントについて，「制度等の利用へ

---

*60　同旨，西谷133頁，山田省三「男女雇用機会均等法九条四項の解釈について」労旬1888号（2017）15頁。日原雪江［判批］ジュリ1563号（2021）130頁参照。この点，有期労働契約の中途解雇（労契17条）については，当該期間の満了まで雇用を継続することが不当・不公平と認められるほどに重大な理由が存在することを要し，解雇権濫用規制（同16条）よりも厳格に解釈されているが（1027頁以下参照），9条4項についても同様に考えるべきである。一方，この解釈に対する疑問として，注釈労基・労契(3) 194頁［両角道代］参照。

*61　第164回国会参議院厚生労働委員会会議録第14号（平成18年4月20日）17頁［北井久美子政府参考人発言］。

*62　ネギシ事件（東京高判平成28・11・24労判1158号140頁）は，本判決と（おそらく同様に）均等法9条4項の解雇事由と一般的解雇規制の客観的合理的理由を同一視する立場を前提に，女性労働者の勤務態度不良の重大性を認めて解雇有効と判断するとともに，その証明によって解雇が妊娠・出産等を理由とするものでないことの証明が行われたと判断し，解雇有効としているが，本文に述べた理由から疑問がある。このほか，女性労働者の解雇が均等法9条4項違反該当性を否定された場合に，なお労働法16条の一般規制によって解雇の有効性を審査すべきか否かも問題となるが（肯定説として，山田・前掲論文［*60］15頁），解雇の相当性や解雇手続は，均等法9条4項にはない労契法16条独自の要素であるから，別途16条に基づく審査を肯定すべきであろう。

の嫌がらせ型」と「状態への嫌がらせ型」に区分した上，ハラスメントとして，①解雇その他の不利益取扱いを示唆する行為，②制度等の利用の請求または制度の利用を阻害する行為，③制度等を利用したことによる嫌がらせ（嫌がらせ的な言動，業務に従事させないこと，もっぱら雑務に従事させること）を掲げ，防止措置義務の対象としている*63。

【11-2】**福 利 厚 生** 事業主は，住宅資金の貸付けその他の福利厚生措置について，性別を理由として差別的取扱いをしてはならない（雇均6条2号）。福利厚生には，社宅の提供，生活資金・教育資金の貸付けや，資産形成の援助などが含まれる*64。

3 間接差別の規制*65

間接差別（雇均7条）とは，(1)性別以外の事由を要件とする措置であって，(2)他の性の構成員と比較して，一方の性の構成員に相当程度の不利益を与えるものを，(3)合理的理由がないにもかかわらず講ずることをいう（雇均指針）。

通常，均等法で問題となるのは，性別を理由とする差別（直接差別）であるが，一見，性中立的な基準であっても，労働条件について，実質的に一方の性に不利に働くことがある。これが間接差別であり，厚生労働省令（雇均則2条）では，①募集・採用に際して一定の身長・体重・体力要件を課すこと，②労働者の募集・採用，昇進，職種の変更に際して全国転勤を要件とすること，③昇進に際して転居を伴う転勤経験を要件とすること，の3点が列挙されている。これらの条件は，実際上，女性に一方的に不利に働くからである。均等法7条は強行法規であり，企業のある措置が間接差別に該当すれば，次に述べる合理的理由が立証されない限り，不法行為（民709条）が成立する。

間接差別については，その成立を阻却する事由（抗弁）である「合理的な理由」が重要となるが，これは相当幅広く認められている。すなわち雇均指針は，合理的理由がない場合として，①については，荷物運搬業務について，それに

---

*63 詳細な分析として，注釈労基・労契(3) 213頁［川口美貴］参照。マタハラ防止措置義務の私法上の意義については，同頁以下参照。

*64 総合職社員にのみ社宅の利用を認め，一般職には認めない措置につき，総合職の大半は営業職であり，その応募者のほとんどが男性で占められ，女性の応募が少ない職種であることによるものであり，性別に由来するものではないとして均等法6条2号違反を否定した例がある（前掲・AGCグリーンテック事件［＊2］。ただし，次に述べる間接差別［雇均7条］違反を肯定）。

*65 間接差別の規制については，中窪裕也＝中野麻美＝木下潮音「間接差別」ジュリ1300号(2005) 116頁以下，櫻庭・前掲論文（＊35）7頁，長谷川・前掲論文（＊35）21頁など参照。

必要な筋力より強い筋力を要件とすること，②については，ⓐ広域にわたり展開する支店・支社等がなく，その計画もない場合，ⓑ広域に展開する支店・支社等はあるが，それら支店・支社等で管理者としての経験を積んだり生産現場の業務を経験すること等が幹部としての能力の育成・確保に必要と認められず，かつ，転居を伴うローテーション人事が特に必要と認められない場合，③については，ⓐ広域に展開する支店・支社等がある場合に，本社課長に昇進させる要件として，異なる地域の支店・支社等における勤務経験が特に必要とは認められず，人事ローテーションも必要と認められないにもかかわらず，転居を伴う転勤経験を要件とする場合，ⓑ特定の支店の管理職としての職務を遂行する上で，異なる支店の経験が特に必要と認められない場合に異なる支店の勤務経験を要件とする場合などを挙げている。特に②・③については，全国展開する大企業の場合，人事管理においてこのようなケースが生ずることは少数であろうから，間接差別の合理的理由は相当広範に認められることになろう。遠距離転勤の見直しが進む今日（566頁参照），間接差別の合理的理由としての転勤経験要件についても，雇用社会の変化に即した再検討を行う必要がある。

　間接差別については，最近，重要な裁判例が登場している（前掲・AGCグリーンテック事件［＊2］）。本件では，会社が社宅制度の利用対象者を，転居を伴う配置転換（転勤）に応じることができる従業員（総合職）に制限し，一般職に認めない措置の違法性が問題となったが，判決は，前掲雇均則2条が住宅の貸与を列挙していないことから均等法7条の直接適用を否定しつつも，間接差別として不法行為の成否は問題となりうるとした上，同措置は，(1)性別以外の事由（総合職であること）を要件としているものの，総合職（その大半を占める営業職）に占める男性の割合が圧倒的に高い一方，女性の割合はきわめて低いこと，(2)かかる措置によって女性従業員に相当程度の不利益を与えていること（社宅に係る会社の負担率によれば，社宅利用者である総合職は住宅手当を支給される一般職を上回る経済的恩恵を受けており，その格差はかなり大きいこと），(3)上記措置に合理的理由は認められないこと（ⓐ社宅制度の対象とされる総合職［営業職］の一定数が転勤を経験しているものの，転勤経験がない営業職も存在すること，ⓑ社宅制度の存在が営業職の採用競争においてどの程度の効果を発揮しているかが明らかでないこと）を判示して間接差別に該当すると判断し，会社は上記間接差別を是正すべき義務を怠ったとして不法行為（民709条）の成立を肯定している*65a。妥当な判断と解される。

4 ポジティブ・アクション

　性別を理由とする差別禁止の規定（雇均5条～7条）は，事業主が，雇用における男女の均等な機会および待遇の確保の支障となっている事情を改善することを目的として女性労働者に対して行う措置を妨げるものではない（同8条）。この措置をポジティブ・アクション（positive action）といい，雇用において男女間に事実上の格差が生じている場合に，それを是正し，男女の平等を実現するために講ずる積極的是正措置をいう。

　前記のとおり，均等法は，男女雇用平等立法であり，女性差別のみならず，男性差別も禁止している。しかし実際には，基幹業務に従事する女性は少ないのが現状である。そこで，管理職や基幹業務等の良好な雇用機会に女性を優先させることは，男女の実質的平等を実現する上でむしろ望ましいことから，ポジティブ・アクションが設けられた。したがって，ポジティブ・アクションは女性差別でないことはもちろん，男性に対する差別ともならない。

　もっとも，均等法上のポジティブ・アクションは，採用・配置・昇進等に関して，同一基準を満たす労働者の中で女性を優遇することを適法とする措置であり，女性の採用・昇進基準自体を男性より有利にしたり，優先採用・昇進等の義務を使用者に課すものではない。比較法的に見れば，ソフトな規律に位置づけられる[*66]。

　ポジティブ・アクションの措置としては，女性労働者が男性労働者と比較して相当少ない状況にある場合（行政解釈は，雇用管理区分や職務・役職・職種・雇用形態ごとに女性が男性の4割を下回っている場合とする。平成10・6・11女発168号）に，募集・採用，配置・昇進，教育訓練，職種の変更，雇用形態の変更に関して，それぞれの基準を満たす労働者の中から，女性を優先して対象とする

[*65a]　判決は，会社が社宅制度の利用を総合職に限定する合理的理由として主張した2点（ⓐ会社の営業職には転勤がありえ，そのキャリアシステム上，複数のエリアで営業を経験することが必要であること，ⓑ営業職の採用戦略の一環として，営業職の採用競争における優位性を確保するためであること）につき，本文で紹介した理由によって斥けた上，原告女性従業員の損害について，原告が支払った月額賃料をベースに，社宅制度を利用していれば会社が負担すべき額と，原告が一般職として受給した住宅手当の額の間の差額を損害と認定している。

[*66]　浅倉むつ子『均等法の新世界』（有斐閣・1999）116頁参照。ポジティブ・アクションのあり方に関しては，同『労働とジェンダーの法律学』（有斐閣・2000）285頁，長谷川・前掲論文（*35）25頁，神尾真知子「保護と平等の相克──女性保護とポジティブ・アクション」講座再生(4) 153頁など参照。

ことが挙げられる。女性の優先的採用・配置・昇進のほか，採用情報の提供について女性に有利な取扱いをすることや，教育訓練に関して，対象を女性のみとすることなどが挙げられている。国は，ポジティブ・アクションの計画・実施について，相談その他の援助を行うことができる（雇均14条）【11-3】。

【11-3】 **女性活躍推進法**　ポジティブ・アクションと関連して，2015年，女性の職業生活における活躍の推進に関する法律（女性活躍推進法）が成立した（平27法64。施行は2015年9月4日。事業主の行動計画の策定については，2016年4月1日。10年間の時限立法）。同法は，女性の採用・昇進等の機会の提供および活用が行われること，職業生活と家庭生活の円滑かつ継続的な両立を可能とすること，女性の職業生活と家庭生活の両立に関し，本人の意思が尊重されるべきことを理念として，女性の職業生活における活躍を推進することを目的とする[*67]。

　具体的には，企業に対し，①自社における女性の活躍に関する状況の把握，②把握した内容に基づく課題の分析，③課題の解決に向けた目標設定，④国が策定する事業主行動計画策定指針を参考に，自社の課題解決に必要な取組みをまとめた行動計画の策定・公表，⑤自社の女性の活躍に関する現状について，求職者の選択に資するよう公表という5点の取組みを義務づけることを内容としている（従業員300人以下の中小企業については努力義務）。このうち，①の状況把握については，ⓐ採用者に占める女性比率，ⓑ勤続年数の男女差，ⓒ労働時間の状況，ⓓ管理職に占める女性比率が必須項目とされ，④の行動計画については，ⓐ計画期間，ⓑ目標，ⓒ取組内容，ⓓ実施時期が必須記載事項とされている。管理職に占める女性比率等については，進捗管理や取組効果の検証の観点からは数値目標が望ましいが，各社の実情に配慮することが必要とされる。さらに，⑤の情報公表については，省令で定める事項のうち，企業が選択して公表するものとされている（男女間賃金格差に対する政策につき，962頁参照）。

　法の履行確保措置としては，(i)行動計画に関する厚生労働大臣への届出義務と，(ii)必要があると認める場合の報告徴収・助言指導・勧告制度等が挙げられる。一方で，国は，優れた取組みを行う企業の認定を行い，労働市場等において認定取得企業が評価されることを通じ，企業の取組みを促進することとしている。

　女性活躍推進法は，上記①～⑤を企業の義務としているが，これは公法上の義務にとどまり，労働契約上の権利義務に影響を与えるものではない。雇用平等政策としてはもとより積極的に評価できるが，特に女性労働者の場合，職業生活と

＊67　詳細は，菅野＝山川321頁以下。女性活躍推進法の意義と規制手法については，山川隆一「労働市場における情報開示等の規律と労働政策」季労256号（2017）88頁以下，小畑史子「女性活躍推進法の意義――労働時間・女性管理職比率を中心に」労働130号（2017）100頁，神尾・前掲論文（＊66）154頁など参照。

家庭生活の両立が困難な事情が存在することを踏まえると，前記のとおり（961頁），男性労働者の長時間労働の規制等を含めて，男女ともに仕事と生活の調和（ワーク・ライフ・バランス）を実現しつつ働くことができる環境を整備することが必須の課題と解される。

5 セクシュアル・ハラスメント

(1) 意　義

セクシュアル・ハラスメントとは，相手方の意に反して行う不快な性的言動をいう[*68]。対価型（上司がその地位・権限を利用して性的要求を行い，それに応じない場合に解雇その他の不利益を課すタイプ）と，環境型（性的言動によって職場環境を悪化させるタイプ）に大別される。

セクシュアル・ハラスメントに関しては，雇用機会均等法において企業の雇用管理上の措置義務が規定されているが（11条），これは私法上の権利義務に直ちに影響するものではない。そこで，セクシュアル・ハラスメントをめぐる法的責任は，民法（特に不法行為法）によって規律される問題となる（セクシュアル・ハラスメントを理由とする加害者に対する普通解雇については第10章[*150]を，懲戒処分については641頁を参照。後掲[*92]も参照）。

(2) セクシュアル・ハラスメントの法的責任

(ア)　**加害者の責任**　　まず，加害者の不法行為（民709条・710条）の成否については，権利侵害（違法性）の要件が問題となり，①権利侵害の内容（保護法益）と，②侵害行為の態様という二つの観点から検討される。

裁判例を見ると，まず①の保護法益については，被害者の「働きやすい職場環境の中で働く利益」に求める例[*69]と，性的自由・性的自己決定権といった人格的利益を重視する例[*70]に分かれる。両者は相排斥するものではなく，と

[*68] セクシュアル・ハラスメントについては，奥山明良『職場のセクシュアル・ハラスメント』（有斐閣・1999），龍見昇「セクシュアル・ハラスメント」労働関係訴訟Ⅱ 552頁，光本洋「セクハラ，パワハラ，マタハラに関する諸問題」労働関係訴訟の実務269頁参照。裁判例については，新村響子「セクシュアル・ハラスメント」労働判例精選213頁参照。概観として，山崎文夫「セクシュアル・ハラスメント」争点30頁。

[*69] 福岡事件・福岡地判平成4・4・16労判607号6頁，岡山事件・岡山地判平成14・5・15労判832号54頁など。

[*70] 横浜事件・東京高判平成9・11・20労判728号12頁，千葉事件・東京地判平成16・3・30労判876号87頁，青森事件・青森地判平成16・12・24労判889号19頁，人材派遣業A

もにセクシュアル・ハラスメントの保護法益を構成するものといえる*71。

次に、②については、セクシュアル・ハラスメントはすべて権利侵害（違法）となるわけではなく、社会通念上許容される限度を超える場合に違法性を帯びると解されている。具体的には、行為態様の悪質さ、反復継続性、相手に与えた不快感の程度、行為の目的・時刻・場所、加害者・被害者間の職務上の地位・関係などが基準とされる*72。そこでたとえば、偶然体に1回触れてしまったようなケースは不法行為とならないし、モラル上は不適切なジェンダー・ハラスメント的発言（「子どもはまだか」「再婚しないのか」等の発言）も、執拗かつ悪意をもって行われたのでない限りは同様に解される*73。「相手方の意に反して」に関しても、法律問題として扱う以上、本人の主観的意識（嫌悪感・不快感）ではなく、女性の社会的・平均的意識を基準に判断すべきである。

もっとも、訴訟に登場したセクシュアル・ハラスメントは、悪性の強い事案ということもあって、違法性の要件を充足するケースが大多数である。事案としては、環境型より対価型の方が多く、①代表取締役・取締役等の役員や上司・管理職が部下に対し、その地位を利用して性的関係や性交渉を要求・強要するケース*74、②これら役員・上司が地位を利用して種々の性的言動を行う（体に触る、抱きつく、キスをする、性的に侮蔑的な発言を繰り返し行う等）ケース*75、

社事件・札幌地判令和3・6・23労判1256号22頁、旭川公証人合同役場事件・札幌高判令和3・11・19ジャーナル121号38頁、Ａ社事件・東京地判令和5・5・29労経速2546号3頁、エヌ・エル・エヌ事件・鳥取地判令和6・2・16労経速2551号3頁、東京税理士会神田支部事件・東京高判令和6・2・22ジャーナル148号24頁など。

*71 旭川事件・旭川地判平成9・3・18労判717号42頁、沼津事件・静岡地沼津支判平成11・2・26労判760号38頁、岡山［Ａ社］事件・岡山地判平成14・11・6労判845号73頁、三菱ＵＦＪ信託銀行ほか1社事件・東京地判令和5・12・25ジャーナル148号32頁等は、双方の利益を保護法益として挙げている。

*72 前掲・横浜事件（＊70）。同旨、前掲・岡山［Ａ社］事件（＊71）。

*73 前掲・岡山事件（＊69）。逆に、これらの行動をすべて不法行為とすれば、労働者の行動の自由やプライバシーへの過剰介入をまねく結果となろう。

*74 金沢事件・名古屋高金沢支判平成8・10・30労判707号37頁［最判平成11・7・16労判767号14頁で確定］、東京［Ａ社］事件・東京地判平成8・12・25労判707号20頁、千葉事件・千葉地判平成10・3・26労判748号153頁、Ｘ社事件・東京地判平成24・6・13労経速2153号3頁、航空自衛隊自衛官事件・東京高判平成29・4・12労判1162号9頁、前掲・東京税理士会神田支部事件（＊70）。

*75 前掲・横浜事件（＊70）、前掲・沼津事件（＊71）、前掲・旭川事件（＊71）、大阪事件・大阪地判平成8・4・26判時1589号92頁、三重事件・津地判平成9・11・5労判729号54頁、つくば開成学園事件・京都地判令和元・6・28ジャーナル92号26頁、Ｐ社ほか事件・大阪地判令和2・2・21労判1233号66頁、奈良市事件・大阪高判令和2・10・1ジャーナル108号

③個々の言動はさほど悪質ではないものの，これを反復継続的に行い，部下を困惑ないし恐怖させたケース*76 がある。また，④性的言動に加えて，相手方がこれを拒否した後に，上司としての立場・権限を利用して相手方を無視したり，仕事外しや性的風評の流布を行ったことを含めて違法と評価した例もある*77。以上に対し，⑤上司がごく軽微な身体的接触を継続して行ったケースでは，当該行為の性格に鑑み，加害者の不法行為責任が否定されることもある*78。

一方，環境型としては，⑥上司が部下の女性に関する性的風評を流布し，女性がやむなく退職したケース（前掲・福岡事件［*69］），⑦男性従業員が女性更衣室をカメラで隠し撮りしたケース*79，⑧男性警察官が同僚の女性警察官に

---

32 頁，前掲・人材派遣業 A 社事件（*70），順正学園事件・宮崎地延岡支判令和 3・10・13 ジャーナル 120 号 40 頁，ローカスト事件・東京高判令和 4・2・10 ジャーナル 125 号 36 頁，ライフマティックス事件・大阪地判令和 4・2・18 ジャーナル 128 号 38 頁，前掲・A 社事件（*70），前掲・エヌ・エル・エヌ事件（*70），前掲・三菱 UFJ 信託銀行ほか 1 社事件（*71）。フリーランスに対して会社代表者が行ったこの種の悪質なセクシュアル・ハラスメントについて代表者の不法行為責任を肯定した例として，アムール事件・東京地判令和 4・5・25 労判 1269 号 15 頁など。加害者に対する懲戒処分（出勤停止）事案であるが，L館事件・最判平成 27・2・26 労判 1109 号 5 頁（同事件については，第 7 章*101 参照）。

*76 長野事件・東京地判平成 16・5・14 判タ 1185 号 225 頁（工場長が部下の女性従業員に対し，自宅または女性の居室において，愛情を告白しながら居座り続けた等の行為につき，女性従業員に単なる嫌悪感を超える精神的損害を与える行為と判断），東京［T 菓子店］事件・東京地判平成 20・9・10 労判 969 号 5 頁（菓子店店長が部下の女性に対して行った比較的軽微な発言につき，指導目的から発したものとしても，許容される限度を超える違法な発言と判断），イビケン事件・名古屋高判平成 28・7・20 労判 1157 号 63 頁（会社の管理職従業員が別の請負会社の契約社員に対して行ったつきまとい等の行為について不法行為を肯定），損害賠償等支払請求事件・東京地判平成 28・12・21 ジャーナル 60 号 64 頁（軽微ではあるがセクハラ言動を反復），前掲・旭川公認人合同役場事件（*70［不必要な多数のメール送信について被害者の人格権侵害を肯定］），海外需要開拓支援機構事件・東京高判令和 3・5・13 ジャーナル 115 号 48 頁（監査役への接待を内容とする行事参加に係る懇親会席上でのくじ引き行為への参加強制について不法行為を肯定），前掲・三菱 UFJ 信託銀行ほか 1 社事件（*71［女性部下に対して異性としての好意を示しつつ二人きりの食事に何度も誘うなどした行為についてセクシュアル・ハラスメントと認定］）。

*77 兵庫事件・神戸地判平成 9・7・29 労判 726 号 100 頁，前掲・岡山事件（*69）。

*78 X社事件・東京地判平成 22・4・20 労経速 2079 号 26 頁。類似事案として，日本システムワープ事件・東京地判平成 16・9・10 労判 886 号 89 頁（解雇・懲戒解雇事案）。軽微な性的発言について不法行為を否定した例として，長崎県ほか事件・長崎地判令和 3・8・25 労判 1251 号 5 頁，ライフコーポレーション事件・東京地判令和 3・9・29 ジャーナル 119 号 40 頁。前掲・海外需要開拓支援機構事件（*76）は，上司による身体的接触等の行為についてセクハラ行為該当性および不法行為の成立を否定している（セクハラ行為を認定した原審［東京地判令和 2・3・3 労判 1242 号 72 頁］を取消し）。

*79 京都事件・京都地判平成 9・4・17 労判 716 号 49 頁，仙台事件・仙台地判平成 13・3・26

対し，執務室や歓送迎会等において，卑猥な言動や性差別的な言動を繰り返し行ったケース[*80]が典型である[*81]。⑨管理職が著しく悪質なセクハラ言動を行った場合，部下が明白な拒否の姿勢を示していないことや，会社の事前指導・警告が不十分であることは，その法的責任を免責する事情たりえない（懲戒事案であるが，前掲・L館事件［*75］）。第7章*100参照）。

(イ) **使用者（企業）の責任**　a）概説　セクシュアル・ハラスメントの被害者は，加害者と並んで，加害者を雇用する企業の損害賠償責任を求めることが多い。まず，使用者責任（民715条）が問題となる[*82]。民法715条1項は，「被用者がその事業の執行について」第三者に損害を加えたことを要件とするが，この事業執行性（職務関連性）の要件は幅広く解釈され，加害者が個人的に行った行為であっても，事業執行に無関係という使用者の抗弁は容易には認

労判808号13頁（ただし被告は会社のみ）。

*80　警視セクハラ損害賠償事件・東京高判令和5・9・7労経速2539号3頁。判決は，男性警察官が女性警察官に対して行った卑猥な言動（セクハラ言動）について，女性警察官の人格権を違法に侵害するものとして不法行為の成立を肯定している。一方，男性警察官が女性警察官に対して繰り返し行った性差別的発言（「ちょっと可愛くせないかんよ」「女性なんだから」「可愛いところあるやんか」＝ジェンダー・ハラスメント発言）については，原審（東京地判令和3・10・19労経速2539号9頁）が，性差に関する一定の価値観に基づくものとして不快感を与えるおそれがあるものの，女性警察官の人格権を侵害する社会的相当性を欠く違法行為とまではいえないと判断したのに対し，本判決は，男性警察官の性差別的な価値観を女性警察官に押し付け，社会通念上許容される限度を超えた発言であり，女性警察官の人格権を違法に侵害する行為であるとして不法行為の成立を肯定している。この判断については，私人間の表現活動やコミュニケーションに過度に介入するものであり，かかる発言を直ちに社会通念上許容される限度を超えた違法行為と評価することは失当と解する立場と，かかる発言自体が法的にも許容されない時期に来ているとして賛成する立場に分かれよう。難問である。このほか，大塚ウエルネスベンディングほか事件・東京地判令和5・12・22［LEX/DB25599751］。

*81　懇親会における性的言動事例として，日本郵便事件・徳島地判令和2・1・20ジャーナル96号54頁，前掲・ライフマティックス事件（*75）。一方，環境型セクシュアル・ハラスメントの否定例として，上司が社内でコスプレサイトを閲覧した行為につき，不適切な行為ではあるが，部下の他部署配転や上司の出入り制限など会社が何らかの措置を執るべき法的な義務まで負うとはいえないと判断した例がある（タカゾノテクノロジー事件・大阪地判令和2・7・9労判1245号50頁）。

*82　山川隆一「セクシュアル・ハラスメントと使用者の責任」花見古稀『労働関係法の国際的潮流』（信山社・2000）3頁参照。なお，社長・会長などの会社代表者によるセクシュアル・ハラスメントについては改正前民法44条が（前掲・金沢事件［*74］，前掲・千葉事件［*74］，前掲・旭川事件［*71］），代表取締役によるセクシュアル・ハラスメントについては改正前商法261条3項・78条2項が援用されることもある（前掲・金沢事件［*74］，前掲・千葉事件［*74］）。会社の実質的な経営者によるセクシュアル・ハラスメントにつき，会社法350条の類推適用によって会社の損害賠償責任を肯定した例として，A's Verite事件・東京地判平成27・3・31ジャーナル40号10頁。

められない*83。職場内で行われたセクシュアル・ハラスメントはもちろん，行為の時間・場所，被害者・加害者の関係，上司としての地位の利用状況によっては，職場外や労働時間外で行われたセクシュアル・ハラスメント（出張先，取引先のほか，純然たるアフター5）についても使用者責任が成立しうる*84。また，民法715条1項但書は，使用者が被用者の選任・監督について相当の注意を払った場合の免責を規定するが，この免責を認めた例も皆無である*85。なお，出向労働者によるセクシュアル・ハラスメントについては，出向先会社が加害者と指揮監督関係にあるものとして使用者責任を肯定される反面，出向元については，指揮監督関係がないことから免責される（584頁）*86。

　近年には，加害者の行為に関する使用者責任とは別に，使用者がセクシュアル・ハラスメントに関する適切な対応を怠ったことについて，使用者固有の不法行為責任（民709条）を認める裁判例が増えている。それら裁判例は，労働者の職場環境の利益に対応して，使用者が働きやすい職場環境を保つよう配慮する義務を負うことを不法行為法上の注意義務として認め，ここから使用者固有の損害賠償責任を肯定する*87。特に使用者がセクシュアル・ハラスメント

---

*83　札幌事件・札幌地判平成8・5・16判夕933号172頁，前掲・横浜事件（*70），東京セクシュアル・ハラスメント事件・東京地判平成15・7・7労判860号64頁，前掲・長野事件（*76），前掲・青森事件（*70），前掲・X社事件（*74）など。裁判例は，いわゆる外形標準説に立っていると見られる（特に前掲・横浜事件［*70］参照）。

*84　この結果，たとえば，勤務時間終了後の新入社員歓迎会や，出張中のセクシュアル・ハラスメントについては事業執行性が認められる（前者は，福岡トヨペット事件・福岡地判平成27・12・22ジャーナル49号36頁，後者は前掲・青森事件［*70］），前掲・損害賠償等支払請求事件（*76），前掲・P社ほか事件（*75），前掲・人材派遣業A社事件（*70），前掲・順正学園事件（*75），前掲・ローカスト事件（*75），前掲・エヌ・エル・エヌ事件（*70）。

　　一方，純然たるアフター5の行為については，当該行為の状況が重視され，たとえば，会社の管理職従業員が，仕事上の上下関係がある関連会社の契約社員に対して行った悪質なつきまとい行為については事業執行性が肯定される（前掲・イビケン事件［*76］）。勤務後の食事・飲酒後に従業員の自宅で行われたセクシュアル・ハラスメントについては，上司による行為であっても，もっぱら個人的な行為として事業執行性が否定され（前掲・岡山［A社］事件［*71］），労働組合の歓送迎会で行われたセクハラ言動については，会社の関与がないものとして事業執行性が否定される（前掲・日本郵便事件［*81］）。上司によるタクシー内のセクハラ行為（前掲・A社事件［*70］）や，上司の事務所におけるセクハラ行為（前掲・東京税理士会神田支部事件［*70］）についても，同様に事業執行性が否定される。

*85　前掲・兵庫事件（*77），前掲・つくば開成学園事件（*75），前掲・三菱UFJ信託銀行ほか1社事件（*71）など。

*86　前掲・横浜事件（*70），前掲・大塚ウエルネスベンディングほか事件（*80）。派遣先従業員による派遣労働者へのセクシュアル・ハラスメントについては，派遣先会社が使用者責任を負うものと解される。

への対応を誤った結果，被害者が退職を余儀なくされるケースでは，その点に着目して使用者の職場環境配慮義務違反を認め，賃金相当額を含む高額の損害賠償責任を肯定する例が見られる*88。また，セクシュアル・ハラスメントについて，使用者が労働契約上の付随義務として職場環境配慮義務を負うことを認める裁判例（債務不履行構成）も増えている*89【11-4】。

　　b）　検討　　以上の各法的規律を比較すると，セクシュアル・ハラスメント加害者の不法行為に係る使用者の法的責任については，当然ながら使用者責任がオーソドックスな規律である。一方，使用者自身の法的責任の追及という観点からは，使用者責任が，加害者個人の不法行為に関する使用者の代位責任を意味するのに対し，使用者固有の不法行為および職場環境配慮義務は，使用者自身の法的責任の追及を可能とする点で有意義である。また，債務不履行構成（職場環境配慮義務）と不法行為構成とでは，債務不履行構成の方が法的保護の内容や主張立証責任の面で被害者保護に厚い（170頁参照）ほか，セクシュアル・ハラスメントの被害労働者が休職し，休職期間中の賃金を請求する（民536条2項）事案では，賃金請求権の存否を判断する前提として使用者の職場環境配慮義務違反（債務不履行）について検討する必要があるため，重要な意義を有している*90*91。加えて，債務不履行構成は，労働者の人格的利益や働

---

*87　後掲*96，*97，*98，*99に掲げる裁判例参照。
*88　前掲・京都事件（*79），前掲・岡山事件（*69），前掲・青森事件（*70）。
*89　前掲・三重事件（*75），前掲・仙台事件（*79），前掲・岡山［A社］事件（*71），前掲・イビケン事件（*76），前掲・P社ほか事件（*75），前掲・人材派遣業A社事件（*70）。フリーランスに対して会社代表者が行った悪質なセクシュアル・ハラスメントについて会社の安全配慮義務違反に基づく損害賠償責任を肯定した例として，前掲・アムール事件（*75）。債務不履行構成を主張する有力説として，奥山明良「職場のセクシュアル・ハラスメントと民事責任」中嶋還暦『労働関係法の現代的展開』（信山社・2004）271頁以下，浅倉むつ子「セクシュアル・ハラスメント」角田邦重＝毛塚勝利＝浅倉むつ子編『労働法の争点〔第3版〕』（有斐閣・2004）116頁。
*90　前掲・人材派遣業A社事件（*70）は，債務不履行構成の意義としてこの点を明言しており，重要な意義を有する。
*91　非雇用型就労におけるセクシュアル・ハラスメントに関する職場環境配慮義務違反を肯定した裁判例として，NPO法人B会ほか事件・福岡高判平成30・1・19労判1178号21頁がある。判決はNPO法人との間で指定就労継続支援（非雇用型）を受けて就労する障害者が法人理事からセクハラ行為を受けたことにつき，法人の職場環境配慮義務（障害を有する利用者が生産活動に従事しやすく，必要な支援を受けやすい環境を保つよう配慮する義務）を肯定し，理事の行為について同義務違反を認めて損害賠償責任を肯定しており，非雇用型就労における職場環境配慮義務に関する判断として重要である。なお，原審（長崎地判平成29・2・21労判1165号65頁）は，指定就労継続支援のサービス利用契約について，労働契約との類似性を指

きやすい職場環境で働く利益の保護を契約上の使用者の義務（契約規範）として確立することを意味するため，使用者の行為規範を設定し，セクシュアル・ハラスメントに対する労働者の人格的利益を実効的に保護する上で不法行為構成より優れていると解される*92。

(ウ) 損害　セクシュアル・ハラスメントが不法行為と判断された場合の損害賠償としては，まず精神的損害の賠償（慰謝料）が問題となる。使用者の対応が職場環境配慮義務違反と評価される場合も同様である。慰謝料の水準はかなり高く，特に被害者がやむなく退職しているケースでは，退職を余儀なくされたことの不利益も考慮されている*93。また，被害者がハラスメントに起因して休業・休職した場合は，その期間中の逸失利益（休業損害・休職損害）が損害とされる*93a。さらに，労働者の不本意退職について使用者の法的責任を認める裁判例は，使用者の違法行為（職場環境配慮の欠如）と労働者の退職との間の相当因果関係を肯定し，退職による経済的逸失利益（賃金相当額）の賠償（6か月ないし1年分）を認めている*94（不本意退職につき828頁参照）。

　　　摘した上で職場環境配慮義務を肯定したが，本判決は，端的に指定就労継続支援サービス契約における信義則上の付随義務として構成しており，より妥当な構成と解される。
*92　なお，使用者がセクシュアル・ハラスメントへの対応を誤って被害者を解雇した場合は，合理的理由を欠くものとして解雇権濫用となる（労契16条）し，違法性の強い解雇として不法行為を成立させることがある（前掲・沼津事件［*71］，東京［M商事］事件・東京地判平成11・3・12労判760号23頁）。一方，セクシュアル・ハラスメントの加害者に対する懲戒処分・解雇については，合理的理由が認められるが（前掲・L館事件［*75（出勤停止）］，医療法人社団A事件・東京高判令和4・5・31労判1311号59頁［普通解雇］），セクシュアル・ハラスメントの程度が軽微な場合や，懲戒事由であるセクハラ行為を特定せず，弁明の機会を十分に付与していない場合は無効とされることもある（前者の例として，前掲・日本システムワープ事件［*78］，後者の例として，京都市事件・大阪高判平成22・8・26労判1016号18頁）。
*93　前掲・横浜事件（*70），前掲・東京［A社］事件（*74），前掲・千葉事件（*74），前掲・旭川事件（*71），前掲・三重事件（*75），前掲・仙台事件（*79），前掲・岡山［A社］事件（*71），前掲・イビケン事件（*76），前掲・P社ほか事件（*75），前掲・人材派遣業A社事件（*70），前掲・東京税理士会神田支部事件（*70）等。事後の精神障害発症やPTSD発症を踏まえて，治療費を含む損害を算定する例も多い（前掲・岡山［A社］事件［*71］，前掲・航空自衛隊自衛官事件［*74］，前掲・つくば開成学園事件［*75］），前掲・人材派遣業A社事件（*70），前掲・エヌ・エル・エヌ事件（*70）等。
*93a　最近では，前掲・三菱UFJ信託銀行ほか1社事件（*71），前掲・エヌ・エル・エヌ事件（*70），前掲・東京税理士会神田支部事件（*70）。被害者側の要因を考慮して休業損害を減額する例もあるが（前掲・エヌ・エル・エヌ事件［*70］），減額については慎重に検討すべきであろう。
*94　前掲・京都事件（*79），前掲・東京［T菓子店］事件（*76）──6か月分を認容。前

【11-4】 セクシュアル・ハラスメントに関する職場環境配慮義務の内容　セクシュアル・ハラスメントに関する職場環境配慮義務の基本的内容については，次のように判示する裁判例があり，妥当と解される。すなわち，使用者が安全配慮義務（労契5条）を負うことに加え，使用者がセクハラ被害相談窓口を設けて内部通報者の保護を約束するとともに，職場におけるハラスメント防止体制を構築していたことを踏まえると，使用者は，セクシュアル・ハラスメント被害を受けた従業員が当該窓口に相談の申出をした場合，良好な職場環境を保持するため，相談内容等を踏まえ，事実関係を速やかに調査するとともに，被害者に対する配慮のための措置および行為者に対する人事管理上の適切な措置（配置換え等を含む）を講じるべき義務（職場環境配慮義務）を負う，と*95。後述する均等法上の措置義務（11条）とも重複するが，こうした義務を労働契約上の義務（債務）として明示した点に大きな意義がある。

次に，職場環境配慮義務違反の具体例を見ると，使用者がセクシュアル・ハラスメントを予見できたにもかかわらず，その発生や再発を防止する措置を講じなかったこと*96，上司である加害者への遠慮から事実調査を怠り，加害者の責任を追及しないまま被害の拡大を放置し，被害者を退職に追い込むなど職場環境を悪化させたこと*97，セクシュアル・ハラスメントを個人的問題として処理し，被害拡大を放置したこと*98，セクシュアル・ハラスメント被害従業員（女性支店長）の訴えに真摯に耳を傾けず，同従業員が主張する専務取締役のセクハラ行為を認定できないと安易に判断して支店の担当から外さなかったばかりか，同従業員に対して係長職を打診してさらに強いショックを与えるなどして適切な配慮措置を怠ったこと（前掲・人材派遣業A社事件［*70］），新入社員にはセクハラ研修を実施してきたものの，中途採用社員には実施していないために中途社員のセクハラ行為を惹起させたこと（前掲・損害賠償等支払請求事件［*76］），派遣元会社が派遣労働者の派遣先会社におけるセクシュアル・ハラスメント被害について1回抗議したのみで何ら対応せず，派遣労働者の復帰および労働者派遣契約の中途解除をやむをえないこととして認容したこと*99等が義務違反とされている。

敷衍すれば，①セクシュアル・ハラスメントに関する事前の適切な防止措置

　　掲・岡山事件（*69），前掲・青森事件（*70［再就職の困難さ等を考慮して1年分を認容］）。
*95　前掲・人材派遣業A社事件（*70）。職場環境配慮義務の基本的内容については，167頁参照。
*96　前掲・京都事件（*79），前掲・仙台事件（*79），下関事件・広島高判平成16・9・2労判881号29頁など。
*97　前掲・沼津事件（*71），前掲・岡山事件（*69），前掲・青森事件（*70），前掲・イビケン事件（*76），前掲・P社ほか事件（*75）など。
*98　前掲・福岡事件（*69），前掲・東京［M商事］事件（*92）など。
*99　東レエンタープライズ事件・大阪高判平成25・12・20労判1090号21頁。

（周知・啓発等の手続的措置，施設の整備等の物的管理，上司・管理職に対する研修等の人的管理）と，②事後の適切な対応（迅速な調査，被害者・加害者に対する適切な対応，被害拡大回避措置等）がともに義務内容として理解されており，どちらか一方の実行だけでは義務を履行したことにならない（たとえば，①の一般的防止措置を実行したとしても，特定事件に対する②の事後対応義務の履行が不十分であれば，義務を履行したとはいえない）。企業としては，これら裁判例や，後述する雇用機会均等法上の措置義務（991頁）を参考に，職場環境配慮義務を履行する必要がある。

　一方，最近では，雇用機会均等法上のセクハラ防止措置義務が定着してきたこともあってか，使用者が上記①事前防止義務および②事後対応義務を履行しているとして，職場環境配慮義務（または安全配慮義務）違反を否定する裁判例が見られる。特に②事後対応義務に着目すると，ⓐ比較的軽度のセクハラ行為について，会社が必要な事実確認を行ったとして調査義務違反を否定する一方，加害者に対する懲戒処分や配置転換を行うべき義務までは認められないと判断した例[*100]，ⓑ管理職に対する注意喚起によってもハラスメント行為が改まらない段階に至って，加害上司を被害者勤務の事業所から遠隔地事業所に配置換えしたとして会社の債務不履行責任を否定した例（前掲・三菱UFJ信託銀行ほか1社事件［*71］），ⓒ悪質なセクシュアル・ハラスメント事案につき，加害上司に対して謝罪を促したり，被害者の復職に向けて加害上司との接触回避措置を講ずる等の努力をしたとして法人の安全配慮義務違反を否定した例（前掲・東京税理士会神田支部事件［*70］），ⓓ同じく悪質なハラスメント事案につき，被害者によるセクハラ被害申告の後，女性担当者を窓口として継続的に対応に当たらせつつ事情聴取等の調査を実施した後，加害上司を別事業所の業務に従事させた後に2段階降格の懲戒処分および1年間の昇給停止措置を行ったとして会社の職場環境配慮義務違反を否定した例（前掲・エヌ・エル・エヌ事件［*70］）がある[*101]。

　しかし，②事後対応義務については，セクシュアル・ハラスメント行為の悪質さによって使用者が講ずるべき事後措置は異なると考えるべきであるところ，ⓐ・ⓑの判断[*102]はともかく，ⓒ・ⓓについては，悪質なハラスメント行為に係

---

*100　N商会事件・東京地判平成31・4・19労経速2394号3頁。

*101　①の事前防止義務については，リーフレット配布や相談窓口設置によって事前防止措置を講ずるとともに，具体的なセクハラ行為の発生後，加害者に対して注意指導をしていたとして会社の職場環境配慮義務違反を否定した例（前掲・エヌ・エル・エヌ事件［*70］）や，管理職へのセクハラ研修・相談窓口の設置と周知を行っていたとして会社の債務不履行責任を否定した例（前掲・三菱UFJ信託銀行ほか1社事件［*71］）等がある。前掲・A社事件（*70）も参照。

*102　ⓐ・ⓑと同様に，比較的軽度のセクハラ行為について②事後対応義務の履行を肯定した事例として，派遣先会社が被害者である派遣労働者による社外ホットライン窓口への通報を受けて派遣労働者の相談に乗り，その意向に十分配慮しつつ調査を実施し，不適切行為と認定されたくじ引き行為については，それを行わせた派遣先上司に対する厳重注意を行うとともに，社内規程の整備や研修を実施した上，派遣労働者に謝罪したとして就業環境配慮・整備義務違

る会社の対応について安易に債務不履行責任を否定する判断として疑問がある。例えば，ⓓの裁判例（前掲・エヌ・エル・エヌ事件［＊70］）は，会社が加害上司に対する懲戒処分を行うまでの暫定措置として別事業所の業務に従事させたことにつき，加害者と被害者を分離する方法として合理性があると評価するとともに，加害上司を降格処分後も在籍させたことについて職場環境調整義務違反を否定している。しかし，本件におけるセクハラは，性交渉を求める等のきわめて悪質な言動であり，かかる悪質な言動が疑われる事案においては，加害上司を自宅待機させて調査と処分検討を継続するという対応を行うべきであろう。それにもかかわらず，会社は，懲戒処分までの暫定措置として加害上司を別事業所の業務に従事させ，のみならず，降格処分後には，執行役員兼法人事業部長からの降格人事とはいえ支店長ポストに就任させているところ，これら一連の措置は，被害女性の著しい不利益（人格的利益の侵害・職場環境の悪化）を軽視するとともに，均等法上の措置義務が求める行為者に対する適切な措置（本頁のⓓ）にも反する措置であり，失当と解される。したがってまた，当該措置をもって事後対応義務違反を否定する上記裁判例も，同様に失当と考える。

(3) 雇用機会均等法の規律

セクシュアル・ハラスメントについては，その発生を事前に防止することが重要である。そこで均等法は，セクシュアル・ハラスメントに関する事業主の措置義務（セクハラ防止措置義務）を規定している。すなわち，事業主は，職場において行われる性的言動に対する労働者の対応により，労働者が労働条件について不利益を受け，または性的言動により労働者の就業環境が害されることのないよう，労働者からの相談に応じ，適切に対処するために必要な体制の整備その他の雇用管理上必要な措置を講じなければならない（雇均11条1項）[103]。

具体的には，指針（「事業主が職場における性的な言動に起因する問題に関して雇用管理上講ずべき措置についての指針」平成18年厚労告615号［雇均11条4項］）において，事前の措置義務（①事業主の方針の明確化と周知，②相談・苦情処理体制の整備）および事後の措置義務（③事実関係の迅速かつ正確な確認，④行為者および被

反を否定した例（前掲・海外需要開拓支援機構事件［＊76］）がある（派遣元会社の就業環境配慮・整備義務違反についても，派遣労働者が担当者に対して派遣先上司の行為について具体的措置を求めるなどしなかった等として否定）。前掲・X社事件（＊78），前掲・X社事件（＊74）も参照。

[＊103] 本条については，注釈労基・労契(3) 196頁［緒方桂子］参照。マタニティ・ハラスメント防止措置義務（雇均11条の3）については，977頁参照。

害者に対する適切な措置、⑤再発防止措置）が示されている。「職場」は、「労働者が業務を遂行する場所」とされ、通常の就業場所のほか、取引先事務所や打ち合わせのための飲食店等も含むが、なお均等法上は、セクシュアル・ハラスメントは同性に対するものを含み、また、一定の性自認または性的指向を有する者に対する行為を含む概念である（前掲指針）。このほか、労働者がセクシュアル・ハラスメントに関する相談を行ったことまたは事業主による相談への対応に協力する際に事実を述べたことを理由とする解雇その他の不利益取扱いが禁止され（雇均11条2項）、また、他の事業主から措置義務の履行について協力を求められた場合の協力努力義務が規定されている（同条3項）。

　使用者が均等法上の措置義務に違反した場合、後述する紛争処理・行政救済制度が適用される。一方、措置義務は、私法上の権利義務を直接構成するものではないが、間接的に影響を及ぼしうる。この点、近年の裁判例は、会社の管理職従業員が請負会社の契約社員に対して行ったつきまとい行為について不法行為を肯定するとともに、請負会社（使用者）について、均等法11条所定の措置義務および安全配慮義務に基づき、就業環境に関する労働者の相談に応じて適切に対応すべき労働契約上の義務（就業環境相談対応義務）を認めた上、その違反を認定し、債務不履行に基づく損害賠償責任を肯定している[104]。また、判例（前掲・イビケン事件［*76］上告審［イビデン事件］）は、雇用契約上の使用者でない親会社（グループ統括会社）についても、信義則上の付随義務として就業環境相談対応義務を負う場合があることを肯定している（結論は義務違反を否定。第2章*135参照）[105]。これらの判断は、前述した債務不履行構成（987頁）の優位性を示すものであると同時に、均等法上の措置義務が債務不履行構成（職場環境配慮義務・就業環境相談対応義務）を進展させる役割を営むことを示すものということができる。

　一方、使用者が均等法上の措置義務を十分に講じていれば、不法行為法上は「相当の注意」（民715条1項但書）を払ったものとして、また契約法上は職場環境配慮義務を履行したものとして免責されると解すべきである[106]。これには

---

　*104　前掲・イビケン事件（*76）。職場環境配慮義務違反を認めた例として、前掲・下関事件（*96）。
　*105　最判平成30・2・15労判1181号5頁。
　*106　同旨、山川・前掲論文（*82）18頁、荒木129頁、菅野＝山川318頁。反対、浅倉・前掲解説（*89）117頁。光本・前掲論文（*68）543頁参照。会社が均等法上のセクシュアル・ハラスメント防止措置を履行しているとして不法行為責任を否定した例として、A社事

批判もあるが，セクシュアル・ハラスメントの防止に関する企業の適切な取組みを促進するという観点からも，労働契約の適正な運営を促進する法的規律という労働契約法の観点からも，免責肯定説を支持すべきである【11-5】。

【11-5】 **雇用機会均等法の紛争処理・行政救済システム** 雇用機会均等法は，同法の実効性を確保し，雇用差別紛争を解決するため，独自の紛争処理・行政救済システムを定めている*107。

(ア) **苦情の自主的解決** 事業主は，差別禁止規定（雇均6条・7条・9条）および母性健康管理措置（同12条・13条1項）について，労働者から苦情の申出を受けたときは，苦情処理機関等によって紛争の自主的解決を図るよう努めなければならない（苦情の自主的解決。同15条）。労働契約法の観点からは，最も重要な紛争処理システムの一つである（1143頁参照）。また，都道府県労働局長は，均等法の一連の規定（5条～7条・9条・11条1項・12条・13条1項）をめぐる紛争（16条）について，関係当事者の一方または双方からの要請があれば，必要な助言・指導・勧告を行うことができる（紛争解決の援助。同17条1項）。

(イ) **助言・指導・勧告** 厚生労働大臣は，均等法の施行に関して必要と認めるときは，事業主に対して報告を求め，助言・指導・勧告を行うことができる（雇均29条）。また，厚生労働大臣は，差別禁止規定（同5条～7条・9条），セクシュアル・ハラスメント防止の措置義務（同11条1項）および母性健康管理措置（同12条・13条1項）に違反している事業主に対して勧告を行い，事業主が従わないときは，違反の事実および不服従の旨を公表することができる（企業名公表制度。同30条）。

(ウ) **調 停** 都道府県労働局長は，均等法16条に規定する紛争（募集・採用をめぐる紛争を除く）について，当事者の双方または一方からの申請があった場合，当該紛争の解決に必要と認めるときは，紛争調整委員会に調停を行わせることができる（雇均18条1項）。紛争調整委員会は，学識経験者3名から構成され（同19条），調停案を作成し，関係当事者にその受諾を勧告することができる（同22条。紛争調整委員会については1147頁参照）。労働者が労働局長に紛争の援助を求め，または調停を申請したことを理由とする解雇その他の不利益取扱いは禁止される

件・神戸地尼崎支判平成17・9・22労判906号25頁，会社について一部雇用契約上の就業環境相談対応義務違反を認めつつ，一部につき適切に対応しているとして同義務違反を否定し，債務不履行責任を否定した例として，データサービス事件・東京地判令和4・11・2ジャーナル136号54頁。

*107 雇用機会均等法をはじめとする雇用平等法制における紛争処理・実効性確保措置については，渡辺賢「雇用平等を実現するための諸法理と救済のあり方」労働117号（2011）70頁，神尾・前掲論文（＊35）132頁以下，「特集 性差別禁止法のエンフォースメント」季労260号（2018）所収の論稿参照。

(同17条2項・18条2項)。このほか,調停が打ち切られた場合の訴訟提起時の時効中断規定(同24条)や,当事者が調停による解決を求めた場合の訴訟手続の中止規定(同25条)が規定されている。

第3節　女性保護・母性保護

(1)　女性保護の撤廃[*108]

労基法は長らく,女性を体力的・生理的に「弱い性」と位置づけ,時間外労働の制限,深夜業の禁止,危険有害業務への就業制限などの手厚い保護を行ってきた(〈女性保護〉モデル)。しかし,こうした保護規制は,かえって女性の雇用機会を狭める結果となったため,雇用機会均等法の制定・改正に伴って労基法も改正され,1997年・2006年改正によって女性保護規定は撤廃された。すなわち,満18歳以上の女性労働者については,男性と同様,時間外・休日労働および深夜業に従事させることができる。一方,女性の母性保護規定は1985年・1997年改正によって強化された。こうして,労基法の女性保護は,女性一般の保護から,母性保護への転換を果たした(〈雇用平等〉モデル)。

(2)　母　性　保　護

母性保護とは,女性の妊娠・出産機能に着目した保護規制をいう。

(ｱ)　**危険有害業務の就業禁止**　　使用者は,妊娠中の女性および産後1年を経過しない女性(両者を合わせて「妊産婦」という)を,重量物を取り扱う業務,有害ガスを発散する場所における業務その他妊産婦の妊娠,出産,哺育等に有害な業務に就かせてはならない(労基64条の3第1項)。この規定は,妊産婦以外の女性に関しても,命令により,妊娠または出産機能に有害な業務について準用される(同条2項。重量物取扱業務や,鉛・水銀などのガス・蒸気・粉じんを発散させる場所での就業禁止等。女性則3条)。1985年の改正により,女性一般について危険有害業務への就業禁止を規定していたのを改め,母性機能に着目した就業禁止規定に改正したものである。

---

*108　女性保護の撤廃については,「〔ミニ・シンポジウム〕女性保護規定の廃止」労働92号(1998)78頁以下,浅倉・前掲書(*66・均等法の新世界)147頁,神尾・前掲論文(*66)138頁以下など参照。

(イ) **産前産後の保護**　a)　**産前産後休業**　使用者は，6 週間（多胎妊娠の場合は 14 週間）以内に出産する予定の女性が休業を請求した場合は，その者を就業させてはならない（労基 65 条 1 項）。また，産後 8 週間を経過しない女性を就業させてはならない。ただし，産後 6 週間を経過した女性が請求した場合には，医師が支障がないと認めた業務に従事させることは差し支えない（同条 2 項）。

産前休業は，本人の請求を待って与えられる休業であるが，産後休業は，本人の請求の有無を問わず付与すべき強制休業である。また，産前休業期間は出産予定日を基準に算定されるが，出産が遅れた場合も，その遅れた期間は産前休業として取り扱われる。産後休業は，実際の出産日から開始する。また「出産」は，早産・流産・中絶を含み，生産・死産を問わない。

産前産後休業期間の賃金に関する規制はなく，無給でも差し支えない。ただし，産前 42 日（多胎妊娠では 98 日），産後 56 日を限度に，健康保険から 1 日当たり標準報酬日額の 3 分の 2 が出産手当金として支給される（健保 102 条・138 条）。また，産前産後休業の間およびその後 30 日間は解雇が禁止され（労基 19 条），休業期間は年休との関係では出勤したものとみなされる（同 39 条 7 項）。

b)　**軽易業務への転換**　使用者は，妊娠中の女性が請求したときは，他の軽易な業務に転換させなければならない（労基 65 条 3 項）。「業務の転換」は，職種や職務内容の変更（配転）のほか，労働時間帯の変更（早番から遅番への変更など）を含む。使用者は，原則として女性の請求した業務に転換させなければならないが（その旨の労働契約内容の変更義務を負う），軽易業務を新設する義務はなく（昭和 61・3・20 基発 151 号，婦発 69 号），その場合は，労働時間帯の変更で対処することになる[109]。

c)　**労働時間規制**　使用者は，妊産婦が請求した場合，変形労働時間制によっても，1 週間および 1 日の法定労働時間を超えて労働させてはならない（労基 66 条 1 項）。また妊産婦が請求した場合，労基法 33 条・36 条に基づく時間外・休日労働をさせてはならない（同条 2 項）。さらに，妊産婦の請求があれば，深夜業をさせてはならない（同条 3 項）。

d)　**育児時間**　生後満 1 年に達しない生児を育てる女性は，1 日 2 回

---

[109]　ドリームスタイラー事件（東京地判令和 2・3・23 労判 1239 号 63 頁）は，使用者が女性労働者の時短勤務の希望に直ちに応じなかったものの，従前より業務量・勤務時間において相当に負担が軽減される勤務を提案していたとして，軽易業務転換義務違反を否定している。

各々少なくとも30分の育児時間を請求することができる（労基67条1項）。この場合，使用者はその女性を使用してはならない（同条2項。1日の労働時間が4時間以内のパートタイマーの場合は，1日1回30分でよい）。また女性が請求すれば，育児時間を勤務時間の開始時・終了時に与えたり，1日1回60分与えることも適法とされている。なお，この育児時間は，育児・介護休業法上の勤務時間短縮措置（610頁）とは別に付与すべきものである。

　　e）　妊娠中・出産後の健康管理措置　　使用者は，女性労働者が母子保健法による保健指導または健康診査を受けるために必要な時間を確保することができるようにしなければならない（雇均12条）。また事業主は，保健指導・健康診査に基づく指導事項を遵守できるよう，勤務時間の変更，勤務の軽減等必要な措置を講じなければならない（同13条）。均等法独自の規律である。

　　f）　坑内業務の就業制限　　使用者は，妊娠中の女性および坑内業務に従事しない旨を使用者に申し出た産後1年を経過しない女性については，坑内業務に就かせてはならない（労基64条の2第1号）。2006年改正により，女性保護として残されていた坑内労働の禁止を母性保護規定に改めたものである。

　　g）　生理日の休暇　　使用者は，生理日の就業が著しく困難な女性が休暇を請求した場合，その者を生理日に就業させてはならない（労基68条）。休暇期間中の賃金は，特別の定めがない限り無給でよい。

　　(ｳ)　労働契約上の問題　　労基法は，母性保護規定の適用を女性労働者の意思に委ねる各種の規定において，女性の「請求」という文言を用いている（65条1項［産前休業］，同条3項［軽易業務への転換］，66条［労働時間規制］，67条1項［育児時間］，68条［生理日の休暇］）。この文言を素直に読めば，女性が母性保護規定の適用を「請求」し，使用者がそれを承認してはじめて保護規定の適用が実現するという解釈も可能である。しかしこれでは，権利行使の保護が著しく迂遠となるため，年次有給休暇の場合と同様（39条4項。499頁），この「請求」権を形成権と解し，女性は一方的意思表示によって各種の保護を取得できると解すべきである。なお，産前産後休業の取得や軽易業務への転換を理由とする不利益取扱いについては，均等法9条3項の規律が及ぶ（971頁）。

第12章
非典型労働者の労働契約

第 1 節　有期契約労働者の労働契約
第 2 節　パート・有期法における労働契約
第 3 節　派遣労働者の労働契約

　日本の企業では，長期雇用システムを享受する正社員（正規従業員）のほか，契約社員，パートタイマー，派遣労働者等の非典型労働者が存在する。これら非典型労働者は，企業との結び付きが弱く，補助的または専門的業務に従事し，正社員とは異なる賃金体系を適用され，景気の変動に応じた雇用調整の対象とされやすい。その共通点を労働契約の面から敷衍すれば，①その多くが期間の定めのある労働契約で雇用される労働者（有期契約労働者）であり，労働契約の期間満了による当然終了を予定するなど雇用が不安定であること，②賃金が低く，職務給等として固定的であること，③労働義務内容が限定的（補助的または専門的）で，正社員のような広範な人事権に服さないことが挙げられる。また，④派遣労働者は，実際に就労する派遣先との間に労働契約関係がなく，法律関係が不安定となること（間接雇用）を特色とする。

　近年，企業はこれら非典型雇用の割合を増やしており（1998 年には，全労働者人口のうち約 16% だったのが，2023 年には 37.0% に達している），雇用の多様化（長期雇用システムのスリム化）をもたらしている。こうした状況を踏まえて，2012 年，労契法および労働者派遣法が改正され，労契法は，3 か条から成る有期労働契約法制を導入した。また，2018 年には，働き方改革推進法の一環として，パートタイム労働法および労働者派遣法が改正され，前者は，有期契約労働者の不合理な労働条件相違の禁止を定めた労契法 20 条を吸収する形で，パート・有期法（短時間労働者及び有期雇用労働者の雇用管理の改善等に関する法律）に改められた。以下，法改正を踏まえつつ，労働契約法の観点から解説する。

第1節　有期契約労働者の労働契約

1 意　義

　有期契約労働者とは，使用者との間で，期間の定めのある労働契約（有期労働契約）を締結して雇用される労働者をいい，非典型労働者の多くを占める。労働契約の期間は重要な労働条件であり，労基法は，労働条件明示義務の内容として「労働契約の期間に関する事項」を定めている（書面による明示を要する。労基15条1項，労基則5条1項）。このようにして有期雇用が契約内容（労働条件）となった場合，それには次の二つの意義が認められる[*1]。

　第1に，有期労働契約においては，当該期間中の解約は「やむを得ない事由」がある場合にのみ許される（労契17条，民628条）。これは契約期間中の雇用保障という意味をもつ一方，労働者を拘束し，労働移動を妨げる機能も有するため，労基法は，契約期間の上限を原則3年に制限している（111頁）。

　第2の意義は，労働者・使用者が当該期間中だけ労働契約を存続させる旨の合意を行ったということである。そこで，民法によれば，労働契約は期間の満了とともに終了するのが原則となる。これは契約関係の自動的終了を意味し，期間の定めのない労働契約の解約（解雇）におけるような合理的理由（労契16条）を必要としない。有期雇用の最大の特色を成す不安定雇用の問題である。

　このように，有期労働契約においては，雇用が不安定となるため，そもそも労働契約に期間を設定することの可否が問題となる。この点，EU諸国では，期間設定に一定の事由を要求し，それを欠く場合は期間の定めのない契約とみなす等の立法が発展してきた[*2]。これに対して日本では，こうした期間雇用設定の法規制（入口規制）は立法上も判例法理上も存在せず，有期労働契約の締結は契約の自由に委ねられている。その代わり，有期労働契約の終了を制限する雇止め規制（出口規制）が判例法理として展開し，2012年の労契法改正によって立法化された（19条）。同時に，同じく出口規制としての性格を有する無

[*1]　篠原信貴「有期労働契約の中途解約と雇止めをめぐる一考察」季労212号（2006）152頁以下参照。

[*2]　労働政策研究報告書「ドイツ，フランスの有期労働契約法制調査研究報告」（2004），大内伸哉編『有期労働契約の法理と政策』（弘文堂・2014）103頁以下など参照。

期契約転換制度（18条）が導入され，さらに，労働条件に関する規律として，無期契約労働者との間の不合理な労働条件相違の禁止（旧20条）が導入され，パート・有期法8条に継承された*3。

2 雇止めの法的規律

(1) 雇止めの法的規律——解雇規制の類推適用

(ア) **概　説**　有期労働契約をめぐる最大の問題は，労働契約の更新拒絶（雇止め）の問題である。上記のとおり，有期労働契約においては，労働契約は期間満了とともに自動的に終了するのが原則である。実際には，有期契約が長期にわたって反復更新されるケースも多く，使用者が雇止めによって雇用を打ち切る取扱いが一般化している。しかし，この取扱いを無制限に認めると，雇用が著しく不安定となり，有期契約労働者の雇用継続の期待利益が害されることになるため，裁判例は，解雇権濫用法理（現行労契16条）の類推適用という手法を用いて雇止めを規制する理論を展開してきた。そして，2012年労契法改正によって19条が新設され，上記判例法理をほぼそのまま継承する内容で立法化が行われた（詳細は，1013頁以下）。

雇止めの法規制は，労契法19条施行以前は，i）解雇権濫用規制（判例法理，労契法施行後は同16条）の類推適用に関する審査と，ii）類推適用が肯定される場合の合理的理由の審査という2段階の審査として行われてきた*4。

まず，雇止めが解雇規制に服するか否かは，雇用継続に関する労働者の期待

---

*3　2012年の労契法改正によって導入された有期労働契約法制については，厚生労働省「有期労働契約研究会報告書」（2010年9月10日）が基本文献として重要である。有期労働契約法制の導入経緯と基本的内容については，荒木尚志「有期雇用法制の全体像」同編著『有期雇用法制ベーシックス』（有斐閣・2014）1頁以下が全体像を概観している。

*4　雇止めの法規制を含む有期労働契約の法律問題については，労働省『有期労働契約の反復更新の諸問題』（労務行政研究所・2000），安枝英訷「短期労働契約の更新と雇止め法理」季労157号（1990）93頁，奥田香子＝山西克彦＝中村和雄「有期労働契約の更新拒絶（雇止め）」ジュリ1309号（2006）54頁，野川忍「有期労働契約の終了」解雇と退職の法務99頁，荒木尚志「有期労働契約法理における基本概念考──更新・雇止め・雇用継続の合理的期待」西谷古稀『労働法と現代法の理論（上）』（日本評論社・2013）391頁，第一東京弁護士会労働法制委員会編『改正労働契約法の詳解』（労働調査会・2013），髙谷千佐子ほか『労契法・派遣法・高年法平成24年改正Q&A』（商事法務・2013），荒木＝菅野＝山川203頁以下，荒木編著・前掲書（＊3），篠原信貴「有期雇用」講座再生 (6) 191頁，中村哲「有期労働契約の更新」労働関係訴訟Ⅱ921頁，多見谷寿郎「有期労働契約の期間満了と雇止め」労働関係訴訟の実務341頁のほか，大内編・前掲書（＊2）24頁以下の諸論文，野川忍ほか編著『変貌する雇用・就労モデルと労働法の課題』（商事法務・2015）263頁以下の諸論文など参照。

利益が法的保護に値する程度に達しているか否かによって判断され、当事者の客観的意思解釈を通して探究される。具体的には、①職務内容・勤務実態の正社員との同一性・近似性、②雇用管理区分の状況、③契約締結・更新の状況（有無・回数・勤続年数等）、④更新手続の態様・厳格さ、⑤雇用継続を期待させる使用者の言動・認識の有無・程度、⑥他の労働者の更新状況といった事実関係が判断要素となり、これら客観的事情から、期間満了後も雇用の継続を予定しているという当事者双方の意思が推認されれば、解雇権濫用規制（労契16条）の類推適用が行われる。2012年改正労契法（現行法）19条の適用についても、同様の解釈が行われる。以下の三つが典型的タイプであり、判例は、第1・第2のタイプが雇止め規制の対象となることを明言している[*5]。

(イ) **実質無期契約タイプ**　このタイプは、有期雇用の反復更新によって期間の定めが形骸化し、実質的に期間の定めのない労働契約と異ならない状態になったと判断されるタイプである。この場合、雇止めの意思表示は実質的に解雇を意味し、2012年労契法改正前は解雇権濫用規制（労契16条）が類推適用されてきたが、現行法上は、労契法19条1号によって規律される（1014頁）。先例となった判例（東芝柳町工場事件）[*6]は、雇用期間2か月の臨時工が契約を5〜23回更新し（③）、職務は本工と同様であり（①②）、使用者が採用時に長期雇用を期待させる言動を行い（「期間が満了しても、真面目に働いていれば解雇しない」等と発言＝⑤）、更新手続も形骸化している（④）ケースにつき、労使双方から「格別の意思表示がなければ当然更新されるべき労働契約を締結する意思であった」と解釈し、有期労働契約が多数回の更新を経て、期間の定めのない契約と異ならない状態となっていると判断した。

その後の典型的裁判例としては、雇用期間1年の自動車教習所のパート指導員の雇止めにつき、会社が正社員との地位・処遇の違いを説明しているものの、更新手続が形骸化し（④）、10年以上勤務している者が多く（③・⑥）、教習業務の内容や就業規則の適用関係も正社員と同一（①）という事実関係の下では、有期労働契約は実質的に期間の定めのない契約と同視すべき関係となっており、雇止めには特段の事情を要すると判断した例がある[*7]。また、改正労契法19

[*5]　パナソニックプラズマディスプレイ事件・最判平成21・12・18民集63巻10号2754頁。

[*6]　最判昭和49・7・22民集28巻5号927頁。

[*7]　岩倉自動車教習所事件・京都地判平成9・7・16労判731号60頁（ただし雇止めは肯定）。実質無期契約タイプに関する裁判例として、ダイフク事件・名古屋地判平成7・3・24労判678号47頁（基幹業務を担当する「シルバー社員」が多数回更新を行った事案。雇止めを否

条施行後の裁判例として，15年7か月にわたって有期労働契約を17回更新し，恒常的・基幹的業務に従事してきたパート社員の雇止めにつき，実質無期契約タイプに相当する19条1号該当性を肯定し，雇止めを違法と判断した例[8]や，22年以上の間，有期労働契約を更新してきたアルバイトの雇止めについて19条1号該当性を肯定し，雇止めを違法と判断した例[9]等がある。ただし，有期雇用労働者の雇用管理の適正化に伴い，このタイプは減少している。

　(ｳ)　**期待利益保護タイプ**　このタイプは，期間の定めが明確で，更新手続も適正に行われ，期間の定めのない契約と同一視することはできないが，雇用継続の合理的期待利益に鑑み，2012年労契法改正前は解雇権濫用規制が類推適用され，現行法上は，労契法19条2号が適用される（1014頁）。現在，雇止めの規制が最も問題となるのはこのタイプである。先例となった判例（日立メディコ事件）[10]は，臨時工が簡易な採用方法で雇用され，2か月の有期雇用を5回更新したものの，作業内容は単純作業であり，更新のつど本人意思を確認する手続がとられていたケースにつき，有期労働契約が期間の定めのない労働契約に転化したり，同契約と異ならない関係となったとはいえないものの，「その雇用関係はある程度の継続が期待され」ているから，雇止めに際しては，「解雇に関する法理が類推され，解雇であれば解雇権の濫用，信義則違反……に該当して解雇無効とされるような事実関係の下に使用者が新契約を締結しなかったとするならば，期間満了後……は従前の労働契約が更新されたのと同様の法律関係となる」と判断し，有期労働契約の更新を肯定した（一種の「法定更新」。菅野＝山川822頁）。

　このタイプに属する典型例として，期間1年の労働契約を2～6回更新してきた定勤社員につき，契約更新が事業部長の決定によるなど厳格な手続で実施

定)，安川電機［本訴］事件・福岡地小倉支判平成16・5・11労判879号71頁（工場のパート従業員として期間3年の労働契約を14～17年更新してきた事例。雇止めを否定），カンタス航空事件・東京高判平成13・6・27労判810号21頁（航空会社の客室乗務員が有期労働契約を更新してきた事例。雇止めを否定），恵和会宮の森病院事件・札幌高判平成17・11・30労判904号93頁（病院介護員が有期労働契約を更新してきた事例。雇止めを否定）。また，当初は正社員として雇用されていた労働者が有期契約に転換した場合は，正社員との職務内容の同一性等の事情と相まって，実質無期契約タイプと判断されやすい（たとえば，情報技術開発事件・大阪地決平成8・1・29労判689号21頁）。

[8]　エヌ・ティ・ティ・ソルコ事件・横浜地判平成27・10・15労判1126号5頁。
[9]　ジャパンレンタカー事件・名古屋高判平成29・5・18労判1160号5頁。
[10]　最判昭和61・12・4労判486号6頁。

されてきた（④）以上，期間の定めのない契約と同一の関係とはいえないが，他方，定勤社員が期間2か月の臨時社員として2年以上勤務してはじめて得られる資格であること（②），事業遂行上必要不可欠の業務に組み込まれ，長年勤務してきたこと（①），勤続年数が長く，契約更新を重ねてきたこと（③⑥）等の事情から，雇用継続への期待利益の強さを認め，特段の事情がない限り期間満了後も雇用の継続を予定していたとして解雇権濫用法理の類推を認めた例がある[*11]。

　また，労契法19条施行後の裁判例として，期間1年の貨物運転手の雇止めにつき，毎年契約更新手続と契約書の作成が行われ，有期雇用であるが（④），7回にわたって契約更新を行い（③），更新に際して必ず面接が行われていたわけではなく（④），正社員と同様の業務に従事し，転勤等の配置変更の範囲も正社員と大きな違いがないこと（①②）等の事情から，19条2号（期待利益保護タイプ）に該当すると判断した上，雇止めの合理的理由も否定して，労働者の有期労働契約締結申込みに対する使用者の承諾を擬制して労働契約上の地位の確認を認容した例[*12]，約19年間にわたり12回更新されてきた有期労働契約の反復更新後の雇止めにつき，教員は学園における基幹的労務に従事しており（①），長期における契約更新も想定されていたこと（③④）から，学園との労働契約が更新されるものと期待することについて合理的理由があり，その期待は相当高度のものであったとして労契法19条2号該当性を肯定した上，雇止めの合理的理由を否定して違法と判断した例[*13]，経理担当契約社員の雇止めにつき，有期雇用契約を29回にわたって反復更新し（③），経理業務を中心に相応の業務を担当し（①），2012年労契法改正以降は5年ルールの適用を受け，契約更新通知書の交付や面談が行われるようになったものの，それ以前は更新手続も雇用契約書の交付のみで形骸化していたこと（④）から，雇用継続期待利益を認めて労契法19条2号該当性を肯定した上，契約書の不更新条項の効力を否定し，雇止めを不適法と判断した例[*14]等がある[*15][*16][*17]。

[*11]　三洋電機事件・大阪地判平成3・10・22労判595号9頁（雇止めも否定）。同旨，芙蓉ビジネスサービス事件・長野地松本支決平成8・3・29労判719号77頁（雇止めは肯定）。

[*12]　ニヤクコーポレーション事件・大分地判平成25・12・10労判1090号44頁。

[*13]　東京横浜独逸学園事件・横浜地判平成29・11・28労判1184号21頁。

[*14]　博報堂事件・福岡地判令和2・3・17労判1226号23頁。

[*15]　このほか，丸子警報器［雇止め・本訴］事件・東京高判平成11・3・31労判758号7頁（雇止めを否定），チボリ・ジャパン事件・岡山地判平成13・5・16労判821号54頁（雇止

第 1 節　有期契約労働者の労働契約　*1003*

を否定)、全国社会保険協会連合会事件・京都地判平成 13・9・10 労判 818 号 35 頁(雇止めを否定)、三陽商会事件・大阪地決平成 14・12・13 労判 844 号 18 頁(雇止めを肯定)、ユタカサービス事件・東京地判平成 16・8・6 労判 881 号 62 頁(雇止めを否定)、箕面自動車教習所事件・大阪地判平成 16・12・17 労判 890 号 73 頁(雇止めを否定)、ネスレコンフェクショナリー事件・大阪地判平成 17・3・30 労判 892 号 5 頁(雇止めを否定)、大阪運輸振興事件・大阪地判平成 20・10・31 労判 979 号 55 頁(雇止めを肯定)、学校法人立教女学院事件・東京地判平成 20・12・25 労判 981 号 63 頁(雇止めを否定)、東奥学園事件・仙台高判平成 22・3・19 労判 1009 号 61 頁(雇止めを否定)、医療法人清恵会事件・大阪地判平成 24・11・16 労判 1068 号 72 頁(雇止めを否定)、日本航空事件・東京高判平成 24・11・29 労判 1074 号 88 頁(雇止めを肯定)、八重椿本舗事件・東京地判平成 25・12・25 労判 1088 号 11 頁(雇止めを肯定)、日本郵便[B 雇止め]事件・札幌高判平成 26・3・13 労判 1093 号 5 頁、横倉運送事件・東京地判平成 26・11・27 ジャーナル 36 号 21 頁(雇止めを肯定)、トミテック事件・東京地判平成 27・3・12 労判 1131 号 87 頁(雇止めを否定)、いすゞ自動車事件・東京高判平成 27・3・26 労判 1121 号 52 頁(雇止めを肯定)など。

*16　改正労契法 19 条施行下の裁判例としては、錦城学園事件・東京地判平成 26・10・31 労判 1110 号 60 頁(雇用継続の期待利益を否定)、KDDI エボルバ事件・東京地判平成 26・12・18 ジャーナル 37 号 29 頁(雇用継続の期待利益を肯定しつつ、雇止めを肯定)、日本レストランエンタプライズ事件・東京高判平成 27・6・24 労経速 2255 号 24 頁(同)、シャノアール事件・東京地判平成 27・7・31 労判 1121 号 5 頁(雇用継続の期待利益を否定)、三洋電機事件・広島高松江支判平成 28・4・13 ジャーナル 52 号 31 頁(雇用継続の期待利益を肯定しつつ、雇止めを肯定)、一本堂事件・東京地判平成 28・1・27 ジャーナル 51 号 27 頁(雇用継続の期待利益を肯定しつつ、雇止めを否定)、ラボ国際交流センター事件・東京地判平成 28・2・19 ジャーナル 51 号 19 頁(雇用継続の期待利益を肯定しつつ、雇止めを肯定)、一般財団法人滑川市文化・スポーツ振興財団事件・富山地判平成 28・6・1 ジャーナル 54 号 40 頁(雇用継続の期待利益を肯定しつつ、雇止めを否定)、デルタ・エアー・ラインズ・インク事件・大阪地判平成 29・3・6 ジャーナル 63 号 31 頁(雇用継続の期待利益を肯定しつつ、雇止めを否定)、エヌ・ティ・ティマーケティングアクト事件・岐阜地判平成 29・12・25 労判 1185 号 38 頁(雇用継続の期待利益を肯定しつつ、雇止めを否定)、BGC ショウケンカイシャリミテッド事件・東京地判平成 31・1・25 ジャーナル 89 号 48 頁(雇止めを肯定)、梅光学院事件・広島高判平成 31・4・18 労判 1204 号 5 頁(雇用継続の期待利益を肯定しつつ、雇止めを一部否定)、プライベートコミュニティー事件・大阪地判令和元・6・20 ジャーナル 92 号 28 頁(雇用継続の期待利益を肯定しつつ、雇止めを否定)、山口県立病院機構事件・山口地判令和 2・2・19 労判 1225 号 91 頁(雇止めを否定)、信愛学園事件・横浜地判令和 2・2・27 労判 1226 号 57 頁(雇用継続の期待利益を肯定しつつ、雇止めを否定)、公益財団法人グリーントラストうつのみや事件・宇都宮地判令和 2・6・10 労判 1240 号 83 頁(雇用継続の期待利益を肯定しつつ、雇止めを否定)、バンダイ事件・東京高判令和 2・11・12 ジャーナル 121 号 44 頁(雇用継続の期待利益を認めつつ、相当高いとまではいえないと認定した上、雇止めを肯定)、悠翔会事件・東京地判令和 3・3・31 労判 1256 号 63 頁(雇用継続の期待利益を肯定しつつ、高いとはいえないと認定した上、雇止めを肯定)、エヌ・ティ・ティ・コムウェア事件・福岡地判令和 3・4・16 ジャーナル 112 号 34 頁(雇用継続の期待利益を肯定しつつ、雇止めを肯定)、公益財団法人埼玉県公園緑地協会事件・さいたま地判令和 3・4・23 ジャーナル 112 号 2 頁(雇用継続の期待利益を肯定しつつ、雇止めを否定)、スタッフマーケティング事件・東京地判令和 3・7・6 労判 1275 号 120 頁(雇用継続の期待利益を肯定しつつ、雇止めを否定)、河合塾事件・東京地判令和 3・8・5 労判 1250 号 13 頁(雇用継続の期待利益を肯定しつつ、雇止めを肯定)、A

(エ) **当然終了タイプ** このタイプの場合，解雇権濫用規制の類推適用はなく，現行法上も2012年改正労契法19条の適用はなく，労働契約は期間満了とともに当然終了となる。当事者が有期労働契約であることを十分認識して契約を締結し，正社員との職務区分が厳格に行われ，更新手続も，各期ごとに契約

学園事件・徳島地判令和3・10・25労経速2472号3頁（雇用継続の期待利益を肯定しつつ，雇止めを否定），三井住友信託銀行事件・東京地判令和3・12・23ジャーナル123号34頁（雇用継続の期待利益を肯定しつつ，雇止めを肯定），茶屋四郎次郎記念学園事件・東京地判令和4・1・27労判1268号76頁（雇用継続の期待利益を肯定しつつ，雇止めを否定），ジョイナス事件・東京地判令和4・11・18ジャーナル135号48頁（雇用継続の期待利益を肯定しつつ，雇止めを肯定），長崎大学事件・長崎地判令和5・1・30ジャーナル135号34頁（雇用継続の期待利益を肯定しつつ，雇止めを否定），玉手山学園事件・京都地判令和5・5・19労経速2533号19頁等がある。

　他方，雇用継続の期待利益が否定される事案の多くは，「当然終了タイプ」に属する事案（本頁）のほか，雇用期間が短期間であるか（最近では，ロバート・ウォルターズ・ジャパン事件・東京地判令和3・9・28労判1257号52頁，大器キャリアキャスティングほか1社事件・大阪地判令和3・10・28労判1257号17頁，アクティオ事件・横浜地川崎支判令和3・12・21ジャーナル122号30頁，沖縄科学技術大学院大学学園事件・那覇地判令和4・3・23労経速2486号3頁，コード事件・京都地判令和4・9・21労判1289号38頁，ライクスタッフィング事件・東京地判令和4・11・18ジャーナル138号40頁，内藤証券事件・大阪地判令和5・9・22ジャーナル142号40頁，トーコー事件・大阪地判令和6・3・8ジャーナル149号58頁等），後述する不更新条項・更新限度条項（1018頁）の効力が肯定される場合であるが（たとえば，日本通運［川崎］事件・東京高判令和4・9・14労判1281号14頁，沖縄科学技術大学院大学事件・福岡高那覇支判令和4・9・29労経速2501号3頁，東北大学事件・仙台高判令和5・1・25判時1286号17頁等），裁判例の中には，雇用契約書に「更新する場合があり得る」と記載され，労働者がこれを理解した上で署名押印していることを理由に期待利益を否定する例も見られる（新潟運輸事件・東京地判令和3・9・17ジャーナル119号48頁）。しかし，このように，有期労働契約の更新に係る客観的事情を考慮することなく雇用契約書の形式を根拠に期待利益を否定する判断は適切でない。

*17　2012年改正労契法19条の適用ないし労契法改正前における解雇規制の類推適用については，有期契約の反復更新の事実（③）が重要なファクターとなるが，採用当初から雇用保障の強い約束があるなど，雇用継続の期待利益がきわめて高い特殊なケースでは，更新の有無・回数にかかわらず，当事者が特段の事情のない限り当然更新を前提に有期契約を締結したものと解釈されることがある。タクシー会社の期間1年の臨時雇運転手につき，自己都合退職の場合以外は雇用を継続され，正規運転手に欠員が生じたときは臨時雇運転手から補充されてきたという事実関係の下で，雇用継続の期待利益を認め，最初の更新拒否について信義則上相当の理由を要すると判断した例として，龍神タクシー事件（大阪高判平成3・1・16労判581号36頁）がある。また，福原学園事件（福岡高判平成26・12・12労判1122号75頁）は，期間1年の有期契約で雇用された大学教員の初回更新時の雇止めにつき，大学教員は複数年にわたる学生の教育を予定していることや，採用面接時の説明等から，有期労働契約が3年間継続すると期待することについて合理的理由があると判断し，地位確認請求を認容している。南陵学園事件・和歌山地判令和2・12・4労経速2453号14頁（雇止めは肯定），グッドパートナーズ事件・東京高判令和5・2・2労判1293号59頁（初回更新について雇止めを否定）。

更新の意思が確認され，人事考課による契約更新の可否が厳密に判断されるなど厳格に実行されているケースが典型である*18。

また，有期契約労働者が正社員と遜色ない職務に従事していても，有期雇用の趣旨が明確であれば（特定の期間プロジェクト等の遂行に従事する契約社員等），解雇規制の類推適用ないし2012年改正労契法19条の適用は否定される*19。たとえば，航空会社の客室乗務員について，雇用契約の期間を1年としつつ，5年を予定する乗務員契約（フライフォーファイブ契約）の雇止めにつき，雇用契約が1年ごとの契約であることが明確に説明されており，契約当事者いずれかからの意思により更新されないことがありうる旨が明示されている状況の下では，労働者が5年間の雇用継続の期待を抱いていたとしても，なお合理的な期待利益とはいえないと述べ，解雇権濫用法理の類推を否定した例がある*20。また，期間9か月の嘱託契約社員契約を3回更新してきたクリエイティブディレクターの雇止めにつき，その職務は臨時的な性格を有しており，会社は，採用面接時やオリエンテーションの場でその旨を明確に説明していること，本件契約の更新は，各契約期間の成果等に関する評価に基づいて年俸の額を決定した上で行われるなど厳格に行われてきたこと等から解雇法理の類推を否定した例*21や，学校法人のプロジェクト業務従事を目的に雇用された有期契約職員

---

*18　学校の非常勤教員・任期付教員が典型であり，たとえば，大学の非常勤講師が期間1年の有期労働契約を20回更新したとしても，職務が限定され，大学との結び付きが弱いことを十分認識した上で有期労働契約を締結している場合は，雇用継続への合理的期待は認められないとして解雇法理の類推が否定される（亜細亜大学事件・東京地判昭和63・11・25労判532号63頁）。同旨，旭川大学事件・札幌高判平成13・1・31労判801号13頁，加茂暁星学園事件・東京高判平成24・2・22労判1049号27頁，前掲・錦城学園事件（＊16）。ISS事件・東京地判令和5・1・16労経速2522号26頁，星薬科大学事件・東京地判令和5・5・18労経速2545号22頁も参照。これに対し，前掲・東奥学園事件（＊15）は，期間1年の高校常勤講師の雇止めにつき，一定期間後の雇用消滅に関する説明がなかったことや，船員教員と同等の職務に従事してきたこと等を理由に，雇用継続の期待利益を肯定している。

*19　期間1年の翻訳担当記者に関するロイター・ジャパン事件（東京地判平成11・1・29労判760号54頁）が典型である。嘱託社員に関する雪印ビジネスサービス事件・浦和地川越支決平成12・9・27労判802号63頁，任期制職員（研究員）に関する独立行政法人理化学研究所事件・東京地判平成19・3・5労判939号25頁，病院医師に関する前掲・悠翔会事件（＊16），診療所看護師に関する前掲・沖縄科学技術大学院大学学園事件（＊16），国立大学法人医学部教員（医師）に関する佐賀大学事件・福岡地判令和5・12・12ジャーナル147号30頁。電通オンデマンドグラフィック事件・東京地判令和2・6・23ジャーナル105号50頁も参照。

*20　コンチネンタル・ミクロネシア・インク事件・東京高判平成14・7・2労判836号114頁。

*21　Eグラフィックスコミュニケーションズ事件・東京地判平成23・4・28労判1040号58頁。当然終了タイプとして雇止めを適法と判断した裁判例として，前掲・独立行政法人理化学研究

の雇止めにつき，同職員は，上記プロジェクト終了時期を限度に更新する前提で労働契約を締結し，その後も同様の前提で更新してきたと認められるとして，プロジェクト終了時期までの雇用継続について合理的期待利益を認めて雇止めの合理的理由を否定しつつ，プロジェクト終了後の時期については期待利益を否定した例[*22]がある。またその際，有期契約労働者に対してその能力・スキルに応じた高い処遇を保証する代わりに有期雇用とするという事情（いわゆる「有期プレミアム」）が考慮されることもある[*23]。

(2) 雇止めの適法性

(ア) 雇用調整目的の雇止め　　以上のようにして，雇止めに対する解雇権濫用規制（労契16条）の類推適用（2012年労契法改正後［現行法］は19条の適用）が認められると，雇止めは客観的合理的理由と社会通念上の相当性を求められ，雇用調整目的の雇止めについては，整理解雇の4要素（902頁）に準じた規制が行われる。ただし，この雇止めに関しては，正社員に対する整理解雇と同程度の合理的理由は求められない。もともと使用者は，柔軟な雇用調整を期待して有期雇用労働者を採用し，一方，有期雇用労働者も，自由意思によってそうした雇用形態を選択した以上，柔軟な雇用調整の対象となりうることを認識して労働契約を締結したものと解される。したがって，このような有期契約労働者について，長期雇用下にある正社員との間に雇用保障に関して合理的差異が生ずることは当然である。この結果，有期契約労働者の雇止めについては，正社員に関する整理解雇の4要素は緩和され，人員削減の必要性・雇止め回避努力義務ともに緩やかに解釈される。

判例（前掲・日立メディコ事件［*10］）も，常用的臨時工の雇止めについて，

　　所事件（*19），前掲・パナソニックプラズマディスプレイ事件（*5），JR西日本事件・大阪地判平成24・9・14ジャーナル10号13頁，東京地下鉄事件・東京地判平成22・3・26労経速2079号10頁，Y1［機構］ほか事件・神戸地尼崎支判平成25・7・16労経速2203号3頁，J社事件・東京高判平成26・6・4労経速2217号16頁，みずほ証券事件・東京地判平成26・11・21ジャーナル36号27頁，A農協事件・東京高判平成27・6・24労判1132号51頁，エリクソン・ジャパン事件・東京地判平成28・12・22ジャーナル61号14頁等。

*22　高知県公立大学法人［控訴］事件・高松高判令和3・4・2ジャーナル112号36頁。前述した期待利益保護タイプについても，一定の更新期間について雇用継続の期待利益を肯定して雇止めの合理的理由を否定しつつ，その後の更新について期待利益を否定した例がある（前掲・グッドパートナーズ事件［*17］）。

*23　最近では，前掲・沖縄科学技術大学院大学学園事件（*16）。多見谷・前掲論文（*4）348頁参照。

臨時工は比較的簡易な採用手続で雇用されるため，雇止めの判断基準は，期間の定めのない労働契約を締結している本工の解雇とは「自ずから合理的な差異がある」と述べた上，臨時工の雇止めに先立つ本工の希望退職募集を不要と解し，また本工の希望退職者募集に先立ち臨時工の雇止めが行われてもやむをえないと判断している*24。また，判例と同様の判断を前提に，有期契約労働者が雇止め回避措置として講ずるべきものと主張した正社員新規採用の中止・定期昇給の中止・雇用助成金制度の利用・希望退職者募集等が行われなかったとしても，なお雇止め回避努力義務を尽くしていないとまではいえないとして斥けた例もある*25。

とはいえ，有期契約労働者の実態は多様であるから，その雇用の実態や雇用継続の期待利益の高さに即した要件は求められるのであり，それを欠いたまま行われた雇止めは適法性を否定される。すなわち，正社員と比べて遜色のない職務に従事し，有期労働契約を反復更新するなどして雇用継続の期待利益が高い労働者については，雇止め回避努力義務を中心に，雇止めの合理的理由はより厳しく判断される。一般論として，実質無期契約タイプ（現行労契法 19 条 1 号）の場合は，期待利益保護タイプ（現行労契法 19 条 2 号）に比べて正社員に近く，雇用継続の期待利益が高いことから，雇止めの合理的理由が厳しく審査され，また，期待利益保護タイプの場合も，雇止め審査の厳格さは，雇用継続の期待利益の程度に応じて異なるべきものと解される*26。

---

*24 同旨，前掲・岩倉自動車教習所事件（*7），前掲・丸子警報器［雇止め・本訴］事件（*15），ティアール建材・エルゴテック事件・東京地判平成 13・7・6 労判 814 号 53 頁，前掲・安川電機［本訴］事件（*7），報徳学園［控訴］事件・大阪高判平成 22・2・12 労判 1062 号 71 頁，前掲・いすゞ自動車事件（*15）など。これに対して，正社員の希望退職者募集を有期雇用労働者の雇止めの要件とするような機械的解釈は，正社員と非正社員の雇用管理区分に関する企業実務への過剰な法的介入となろう。

*25 前掲・いすゞ自動車事件（*15）。

*26 ほぼ同旨，基コメ労基・労契 456 頁［山川隆一］。中村・前掲論文（*4）937 頁，類型別実務 II 439 頁参照。前掲・カンタス航空事件（*7）は，実質無期契約タイプに属する同事件における雇止めに解雇法理を類推した上，特段の事情がない限り，期間の満了のみを理由として雇止めをすることは信義則上許されないと判示し，雇止めの合理的理由を厳しく判断している。また，期待利益保護タイプの中でも，雇用継続の期待利益の程度が高い場合は，雇止めの合理的理由は厳格に判断される（裁判例として，前掲・三洋電機事件［*11］，前掲・日本郵便［B 雇止め］事件［*15］，前掲・ニヤクコーポレーション事件［*12］等）一方，雇用継続の期待利益の程度が低い場合は，雇止めの理由は緩やかに判断される（東芝ライテック事件・横浜地判平成 25・4・25 労判 1075 号 14 頁，日本 CATV 技術協会事件・東京地判平成 25・11・19 ジャーナル 23 号 7 頁，F 社事件・大阪地堺支判平成 26・3・25 労経速 2209 号 21

裁判例も，おおむね同様に解しており，常用的定勤社員の雇止めに関して，その期待利益の高さに応じた雇止め回避努力義務を肯定し，定勤社員の希望退職者募集をしないまま一斉に行った雇止めの効力を否定する例がある[27]。一方，雇止めに際して，事前に配転の可能性を検討したり，雇止め後の就職先を斡旋しているケースでは，十分な回避努力を認めて雇止めを適法と判断している[28]。また，正社員と同等の職務に従事する契約社員に関しては，人員削減の必要性そのものが厳格に判断され[29]，人選の相当性に関しても，勤務成績・勤務状況を重視した公正な人選が求められるとともに，説明・協議等の誠実な手続が求められる[30]。

　最近の裁判例では，市の外郭団体に勤務する非常勤嘱託員に対する人員整理

　　頁），前掲・いすゞ自動車事件（*15）。
*27　前掲・三洋電機事件（*11）。同旨，前掲・丸子警報器［雇止め・本訴］事件（*15）。前掲・エヌ・ティ・ティ・ソルコ事件（*8）は，会社内他業務の紹介やグループ会社の求人情報の提供では雇止め回避措置として不十分と判断し，前掲・エヌ・ティ・ティマーケティングアクト事件（*16）は条件付での再就職斡旋措置や支給措置も雇止め回避努力としては不十分である等と述べ，前掲・博報堂事件（*14）は，有期契約労働者が所属する支社における人件費削減の必要性や業務効率の見直しといった一般的理由では，雇止めの合理性は肯定できないとして不適法と判断し，前掲・長崎大学事件（*16）は，医学英語担当の有期雇用教員を担当から外し，他の配属先を探すための誠実な対応を行わないまま雇止めを実行したことを不適法と判断している。
*28　前掲・エヌ・ティ・ティ・コムウェア事件（*16）。同旨，前掲・芙蓉ビジネスサービス事件（*11），前掲・安川電機［本訴］事件（*7），江崎グリコ事件・秋田地決平成21・7・16労判988号20頁，前掲・東芝ライテック事件（*26），日本郵便［A雇止め］事件・札幌高判平成26・2・14労判1093号74頁，前掲・バンダイ事件（*16），琉球大学事件・福岡高那覇支判令和4・11・24ジャーナル132号38頁。配転または出向開拓による雇止め回避努力を評価して適法と判断した例として，前掲・横倉運送事件（*15［配転］），前掲・三洋電機事件（*16［出向開拓］）。
*29　薬剤師の雇止めにつき，ヘルスケアセンター事件・横浜地判平成11・9・30労判779号61頁。また，当初は正社員であった労働者が育児の都合で有期雇用となり，正社員と同様の基幹業務に従事している場合も同様である（前掲・情報技術開発事件［*7］）。人員削減の必要性の否定例として，京都新聞COM事件・京都地判平成22・5・18労判1004号160頁，社会福祉法人新島はまゆう会事件・東京地判平成25・4・30労判1075号90頁，前掲・A学園事件（*16）等があり，肯定例として，前掲・日本郵便［A雇止め］事件（*28）等がある。
*30　人選の相当性の肯定例として，前掲・芙蓉ビジネスサービス事件（*11），前掲・KDDIエボルバ事件（*16），前掲・バンダイ事件（*16）。否定例として，前掲・エヌ・ティ・ティ・ソルコ事件（*8）。手続の相当性の肯定例として，前掲・日本郵便［A雇止め］事件（*28），前掲・三洋電機事件（*16），前掲・バンダイ事件（*16）。否定例として，前掲・丸子警報器［雇止め・本訴］事件（*15），前掲・エヌ・ティ・ティ・ソルコ事件（*8），前掲・高知県公立大学法人［控訴］事件（*22），前掲・公益財団法人グリーントラストうつのみや事件（*16）。

目的の雇止めにつき，同人の業務が基幹的・常用的業務であったこと等から，嘱託員が契約更新を期待することについて合理的な理由があるとした上，法人は，財政援助団体である市の指導を唯々諾々と受け入れて雇止めを実行しており，雇止め回避努力はもとより，嘱託員を選定したことや雇止め手続の妥当性について検討を加えた形跡がないこと等を理由に不適法と判断した例がある[*31]。一方，郵便事業の契約社員の雇止めにつき，雇止めの事前に行われた希望退職者募集や労働時間短縮を雇止め回避努力義務と評価した上，それら措置に応じなかった社員を雇止め対象者としたことは不合理とはいえず，また，労働時間短縮に際して雇止めの可能性があることを告知しなかったことも手続上不相当とはいえないとして適法と判断した例がある[*32]。

(イ) **雇用調整以外の理由に基づく雇止め**　雇用調整以外の理由に基づく雇止めに関しても，裁判例は，長期雇用下にある正社員の雇用保障との間の合理的差異を考慮して，通常の解雇におけるような厳格な正当理由を要求せず，雇止めの合理的理由を比較的緩やかに解している。具体的には，勤務態度不良，健康状態，不正行為，職務不適格等を理由とする雇止めの効力は緩やかに認められており，正社員の解雇のような手厚い解雇回避努力義務（861 頁）を要求されない[*33]。

しかし一方，有期契約労働者の能力不足を理由とする雇止めの場合は，勤務成績の評価が公正に行われたかが綿密に審査され，能力不足の立証もないまま

[*31] 前掲・公益財団法人グリーントラストうつのみや事件（*16）。また，前掲・高知県公立大学法人［控訴］事件（*22）は，学校法人のプロジェクト業務従事を目的に雇用された有期契約職員の雇止めにつき，雇止めを正当化するほどの人員削減の必要性や雇止め回避努力の履行を否定して違法と判断している。前掲・デルタ・エアー・ラインズ・インク事件（*16）も参照。なお，非正規地方公務員の雇止めを違法と判断して市の国家賠償責任を肯定した例として，宇和島市事件（松山地判令和 3・7・1 ジャーナル 116 号 36 頁）がある。

[*32] 前掲・日本郵便［B 雇止め］事件（*15）。

[*33] 大阪郵便輸送事件・大阪地判平成 4・3・31 労判 611 号 32 頁（勤務態度不良），丸島アクアシステム事件・大阪高決平成 9・12・16 労判 729 号 18 頁（勤務態度不良），前掲・三陽商会事件（*15 ［勤務態度不良］），太平ビルサービス大阪事件・大阪地判平成 11・2・12 労判 764 号 86 頁（勤務時間中の飲酒），前掲・日本航空事件（*15 ［最判平成 25・10・22 労経速 2194 号 11 頁で確定。反復継続的な職務懈怠］），前掲・八重椿本舗事件（*15 ［非違行為］），前掲・F 社事件（*26 ［私用メール，業務命令違反］），X 学園事件・さいたま地判平成 26・4・22 労経速 2209 号 15 頁（業務命令違反），前掲・KDDI エボルバ事件（*16 ［職務懈怠］），前掲・日本レストランエンタプライズ事件（*16 ［健康状態の悪化］），中外臨床研究センター事件・東京地判平成 27・9・11 労経速 2256 号 25 頁（職務懈怠），前掲・琉球大学事件（*28 ［職場における度重なるトラブル］）など。

行われた雇止めは違法と評価される*34。適切な指導・研修によって労働者の能力・勤務状況の改善が見込まれるケースも同様であるが、そうした指導が奏功せず、能力等の向上が期待できない場合の雇止めは許される*35。さらに、有期契約労働者の勤務態度不良を裏づける証拠が乏しく、法人が注意指導を行わないまま問題を起こすことなく長期間勤務してきた場合の雇止めなど、雇止めの理由とされた事実が存在せず、または理由の合理性が乏しいケースにおいて雇止めの適法性が否定されることは当然である*36し、妊娠を理由とする雇止め*37、別件訴訟の提起を理由とする雇止め*38、労働組合への加入を理由と

*34 前掲・チボリ・ジャパン事件（*15）、前掲・恵和会宮の森病院事件（*7）、エヌ・ティ・ティ・コムチェオ事件・大阪地判平成23・9・29労判1038号27頁、東京医科歯科大学事件・東京地判平成26・7・29労判1105号49頁、前掲・公益財団法人埼玉県公園緑地協会事件（*16）、医療法人財団健貢会事件・東京地判令和5・2・10ジャーナル141号42頁、前掲・玉手山学園事件（*16）等。他方、スカイマーク事件（東京高判平成22・10・21労経速2089号27頁）は、能力・成績評価の相当性を認めて雇止めを適法と判断している。

*35 重大な職務懈怠を理由とする雇止めを適法と判断した例として、前掲・大阪運輸振興事件（*15）。前掲・医療法人清恵会事件（*15）、ユニオン事件・大阪地判令和元・6・6ジャーナル92号36頁、ソースコード引渡請求反訴事件・東京地判令和元・12・26判タ1493号176頁。勤務成績不良を理由とする雇止めの肯定例として、札幌交通事件・札幌地判平成29・3・28労経速2315号7頁、職場規律違反を理由とする雇止めの肯定例として、沢井製薬事件・大阪地判平成30・12・20ジャーナル87号99頁（暴言）、東京都就労支援事業者機構事件・東京地判令和2・12・4労経速2446号3頁（不適切発言等）、前掲・BGCショウケンカイシャリミテッド事件（*16［飲酒］）、前掲・悠翔会事件（*16［勤務医の職務懈怠］）、前掲・新潟運輸事件（*16［暴言・ハラスメント行為］）、前掲・三井住友信託銀行事件（*16［勤務態度不良・企業秩序違反］）。なお、NHKの受託業務従事者に労契法19条を類推適用した上、業績不良の事実等を理由に更新拒絶を有効と判断した例として、NHK堺営業センター事件・大阪地判平成27・11・30労判1137号61頁がある。

*36 前掲・ユタカサービス事件（*15［軽微な非違行為］）、前掲・東奥学園事件（*15［住所変更届の不提出等］）、北海道宅地建物取引業協会事件・札幌地判平成23・12・14労判1046号85頁（雇止めの理由とされた懲戒処分の効力を否定）、前掲・福原学園事件（*17［健康状態、育児状況］）、東豊商事事件・東京地判平成26・4・16労経速2218号3頁（会社批判の言動）、前掲・ニヤクコーポレーション事件（*12［会社に対する訴訟提起］）、市進事件・東京地判平成27・6・30労判1134号17頁（学習塾講師に対する50歳到達を理由とする一律雇止め）、前掲・トミテック事件（*15［能力不足・勤務不良］）、全日本海員組合事件・東京地判平成28・1・29労判1136号72頁（個人ブログにおける使用者批判行為）、前掲・一般財団法人滑川市文化・スポーツ振興財団事件（*16［法人理事長批判のビラ貼り］）、医療法人明成会事件・大阪地判令和元・8・29ジャーナル93号18頁（勤務態度不良に対する注意指導の欠如）、前掲・プライベートコミュニティー事件（*16［業務上のミスを否定］）、前掲・スタッフマーケティング事件（*16［職務懈怠・勤務状況不良を否定］）、前掲・茶屋四郎次郎記念学園事件（*16［セクハラ行為・暴力行為後の改善状況］）、前掲・スタッフマーケティング事件（*16［言動］）、グッドパートナーズ事件（*17［職務懈怠］）、前掲・玉手山学園事件（*16［非常勤講師の低能力評価を否定］）。

する雇止め*39 のような差別的雇止めは当然に違法とされる*40。

　(ウ)　**労働条件変更を伴う雇止め**　　雇止めの中には，使用者が有期労働契約の更新に際して労働条件の不利益変更を申し込み，労働者が同意しなかったために雇止めに至るケースもある。この種のケースでは，使用者は，使用者による一方的な雇止めではなく，労働者が労働条件変更に合意せずに期間満了に至ったのであるから，労契法19条の適用（2012年改正前は解雇権濫用規制の類推適用）はないと主張することが多い。しかし，裁判所はこれを斥け，労働者は労働条件変更の申込みを拒否したにとどまり，雇用継続の期待利益が認められる以上，雇止め法理の適用は否定されないと判断している*41。

　他方，この種のケースでは，使用者は，労働者をストレートに雇止めするのではなく，労働条件変更を申し込んで同意を求め，同意しない労働者を雇止めするのであるから，労働条件変更申込みの事実を雇止めの適法性の要素として考慮する必要がある。すなわち，労働条件変更を伴う雇止めの適法性については，当該労働条件変更の必要性・相当性を含めて雇止めの合理的理由の有無を審査すべきであり，①労働者の受ける不利益の有無・程度，②労働条件変更の必要性，③使用者が提案した補償措置の相当性，④労働条件変更の手続を総合して判断する必要がある（以上の点は，変更解約告知［785頁］に類似する）。

　裁判例では，携帯電話の滞納料金回収業務に従事する嘱託社員のインセンティブを廃止した上で労働契約を更新することを提案したのに対し，嘱託社員がこの提案を拒絶したため，会社が雇止めを行ったことにつき，インセンティブ廃止に伴う補償措置が不十分であり，就業規則変更等のより穏健な手段を講じなかった等として雇止めを違法と判断する例*42 がある一方，予備校が予備校

---

*37　正光会宇和島病院事件・松山地宇和島支判平成13・12・18労判839号68頁。
*38　国際自動車事件・東京地決平成28・8・9労判1149号5頁。
*39　協栄テックス事件・盛岡地判平成10・4・24労判741号36頁，前掲・恵和会宮の森病院事件（＊7），リンゲージ事件・東京地判平成23・11・8労判1044号71頁。他方，有期契約労働者を対象とするユニオン・ショップ制に基づく雇止めは適法と判断されている（トヨタ自動車事件・名古屋地岡崎支判令和3・2・24ジャーナル110号2頁）。
*40　雇用機会均等法6条4号は，性別を理由とする雇止めを禁止し，育児・介護休業法10条・16条は，育児・介護休業の申出または取得を理由とする雇止めを禁止している（969頁，607頁参照）。
*41　ドコモ・サービス事件・東京地判平成22・3・30労判1010号51頁。より精緻な理論的説明として，荒木＝菅野＝山川220頁以下，荒木・前掲論文（＊4）400頁以下参照。なお，労働条件変更に応じない労働者の雇止めの否定例としては，前掲・箕面自動車教習所事件（＊15）もある。

講師に対し，講師評価制度に基づき，当初は授業アンケート結果および総合評価を基に1コマ減を提示し，その後懲戒事由該当行為があったことから，当初からさらに1コマ減したことには合理的理由があり，コマ数減少について講師の経済的不利益に一定程度配慮しており，コマ数減少に係る説明・対応にも不相当な点はなかったとして適法と判断する例[*43]もある[*44]。ケース・バイ・ケースの判断となろう。

　(エ)　**手続的規律**　　以上の実体的規律とは別の手続的規律として，「有期労働契約の締結，更新及び雇止めに関する基準」（平成15年厚労告357号）が重要である。これは，有期労働契約の締結・更新・雇止めに関して行政的助言・指導を行うための基準であり，①使用者が有期労働契約の更新の有無，契約の更新・不更新の判断基準を明示すべきことや，②1年以上継続勤務し，または3回以上更新している労働者について期間満了日の30日前までに雇止めの予告

[*42]　前掲・ドコモ・サービス事件（[*41]）。他の違法判断例として，定年後暫定的な労働条件によって再雇用されてきた従業員の契約更新時に，賃金総額を引き下げる等の会社提案を従業員が受け入れなかったため雇止めされた事案につき，従業員の雇用継続に係る期待利益を認めた上，定年後再雇用時点で定年退職時の賃金を6割程度に引き下げているところ，本件提案はこれをさらに減額するものであり，従業員がこれを拒絶したことは雇止めの客観的合理的理由とはならないと述べ，違法と判断した例がある（Y社事件・広島高判令和2・12・25労判1286号68頁）。

[*43]　前掲・河合塾事件（[*16]）。他の適法判断例として，ホテルが経営状況の悪化を理由に，日々雇用契約を複数年にわたって反復継続してきた従業員らに対し，労働条件の変更（食事時間の無料化や時間外手当の削減により賃金を平均15%引下げ）を申し込み，これに応じない従業員を雇止めしたケースにつき，労働条件変更に合理性があり，日々雇用従業員の組合とも交渉・協議を尽くし，正社員についても賞与の見直しを行っていること等から雇止めを適法と判断する例（日本ヒルトンホテル事件・東京高判平成14・11・26労判843号20頁）や，労契法19条施行後の事案として，使用者が有期契約労働者（語学学校講師）に対して賃金削減を伴う無期雇用契約または賃金削減を伴う有期雇用契約のいずれかの選択を求めたのに対し，労働者が無期雇用契約の締結に応じつつ，賃金削減については留保して承諾し，旧有期契約下の賃金表の適用の申込みをしたことにつき，労契法19条所定の有期労働契約更新の申込みに当たらないと判断し，契約更新を否定した例（アンスティチュ・フランセ日本［控訴］事件・東京高判令和5・1・18労判1295号43頁）がある。後者の裁判例は，本文に述べた変更解約告知類似の判断に入る前に留保付き承諾を理由に契約更新の申込み該当性を否定した判断であるが，留保付き承諾を否定するに等しい判断として疑問がある（第9章[*148]）。

[*44]　雇止めが違法と判断され，契約が更新された場合の契約内容については，当該契約内容を合理的に解釈し決定することになろう（川口586頁）。裁判例では，労働条件変更に合理性がないとして前年度の賃金請求権を肯定した例（前掲・ドコモ・サービス事件［*41]，前掲・Y社事件［*42]）や，使用者からの変更提案を十分認識し，十分検討した上で契約を締結したとして，提案内容による合意の成立を認めた例（春秋航空日本事件・東京地判令和3・7・29労経速2465号19頁）がある（水町412頁参照）。

をすること（2条）等を定めている（①のうち更新基準の明示義務は、2012年労契法改正に伴い、労基法15条1項に基づく省令に格上げされた［労基則5条1項1号の2］）。

また、有期労働契約の締結、更新および雇止めに関する基準の2023年改正により、③有期労働契約の更新に際して、有期労働契約の通算契約期間または更新回数について上限を定め、または更新上限を引き下げようとするときは、その理由を労働者に説明すること（1条）と、④無期転換後の労働条件明示に際して、均衡考慮の原則（労契3条2項）の趣旨を踏まえて説明するよう努めること（5条）が追加された。③は、有期労働契約更新時に設けられる不更新条項・更新限度条項の問題（1018頁）に、④は、無期転換後の労働条件に係る問題（1036頁）に対応するための手続的規律である。

上記のとおり、この基準の主眼は行政法的規律にあるが、私法上も、雇止めを含む有期労働契約の運営に関する使用者の説明・情報提供義務という手続的規制に位置づけることができる。すなわち、使用者は、信義則（労契3条4項）および労働契約内容の理解促進の責務（同4条1項）に基づき、上記基準に即した説明・情報提供義務を履行する義務を負い、①の不履行は雇止めの適法性に、③の不履行は不更新条項や更新限度条項の効力に、④の不履行は無期転換後の労働条件の合理性判断に、それぞれ影響すると考えるべきである。

また併せて、2023年の労基則改正により、有期労働契約の更新上限に関する事項（通算契約期間または更新回数の上限の有無・内容）と、無期労働契約転換（労契18条）に関する事項（無期転換申込み機会の存在）および無期転換後の労働条件が労働条件明示事項として追加された（それぞれ、労基則5条1項1号の2・5項・6項）。この改正も、不更新条項・更新限度条項に係る紛争および無期労働契約転換制度に係る紛争に対処するための手続的規律の改正である。

3 労契法における立法化（労契法19条）

(1) 意義・要件

(ア) 以上の判例法理の展開を受けて、2009年以降、雇止め規制の立法化が検討され、2012年労契法改正により、判例法理をほぼそのまま継承する内容の規定が設けられた（19条）。すなわち、Ⅰ⑧有期労働契約が反復して更新されたことにより、雇止めをすることが解雇と社会通念上同視できると認められる場合であるか（同条1号）、または、⑥労働者が有期労働契約の契約期間の満了時にその有期労働契約が更新されるものと期待することについて合理的な理

由が認められる場合(同条2号)であって、Ⅱ労働者が契約期間の満了までに更新の申込みをしたか、または契約期間の満了後遅滞なく締結の申込みをしており、Ⅲ使用者が当該申込みを拒絶すること(雇止め)が客観的に合理的な理由を欠き、社会通念上相当と認められないときは、Ⅳ使用者は、従前の有期労働契約と同一の労働条件で当該申込みを承諾したものとみなす*45。

　労契法19条1号(Ⅰⓐ)は、前記の実質無期契約タイプ、2号(Ⅰⓑ)は、期待利益保護タイプに関する立法であり、19条柱書Ⅲは、有期労働契約がいずれかに該当する場合に、雇止めについて客観的合理的理由および社会通念上の相当性を求める趣旨の規定である。すなわち、19条は、従前からの2段階審査を継承したものであり、その解釈については、判例法理に関する解釈が妥当する。また、19条1号・2号への該当性も、従来と同様、前記①~⑥の要素を総合して判断されるが(「施行通達」[平成24・8・10基発0810第2号]第5・5(2)ウ)、2号は、1号と異なり、有期労働契約の反復更新を要件としていないため、初回の不更新時にも適用される(荒木562頁)。さらに、効果面(19条柱書Ⅳ)においても、契約期間を含めて、従前の有期労働契約と同一の労働条件による契約成立規定とされ、法定更新であることが明示された(菅野=山川821頁。「同一の労働条件」に契約期間が含まれることについては、「施行通達」[第5・5(2)ア]参照)。

　なお、労契法19条2号が有期契約労働者の契約更新に係る期待利益の対象として規定する「更新」は、有期労働契約と次の有期労働契約が接続して行われる再締結を意味し、両契約間において契約期間や労働条件に係る変更が行われた場合も、契約が再締結されている限りは「更新」に該当すると解される*46。

---

*45　労契法19条については、荒木・前掲論文(*4)391頁、篠原信貴「雇止め制限」大内編・前掲書(*2)24頁、小畑史子「雇止めの法規制をめぐる課題」野川ほか編著・前掲書(*4)287頁、荒木=菅野=山川203頁、髙谷ほか・前掲書(*4)65頁以下、池田悠「労働契約法19条　有期労働契約の更新等」荒木編著・前掲書(*3)69頁、基コメ労・労契〔初版〕427頁[山川隆一]、注釈労基・労契(2)534頁[木南直之]など参照。

*46　詳細は、荒木=菅野=山川210頁以下、荒木・前掲論文(*4)395頁以下参照。裁判例として、前掲・河合塾事件(*16)。なお、19条柱書Ⅳは、「従前の有期労働契約の内容である労働条件と同一の労働条件」による法定更新を規定しているため、一見、有期労働契約と次期有期契約の間において労働条件等に係る変更が行われた場合は「更新」に該当しないとの趣旨のように見える。しかし、これは、雇止めが不適法と判断された場合の効果について「同一の労働条件による」更新とみなすと規定したもの(法定更新)であり、これに対して2号所定の「更新」は、本文に述べたとおり、労働者の期待利益の対象となる「更新」であって、両者の法的意義は異なる点に留意すべきである。

(イ)　このように，労契法19条は，判例法理をほぼそのまま立法化したものであるが，不文の判例法理にとどまっていた雇止め規制を立法化したことの意義は大きい（同旨，荒木560頁以下）。もともと雇止め法理（判例法理）は，雇用の多様化が不可逆であり，非正社員が多様化しつつ重要な地位を占めるに至った今日，有期契約労働者が正社員（無期契約労働者）に比べて著しく不利な地位・処遇に置かれないよう規制すべきであるとの要請から正当化されるが，この法理を判例法理に固定せず，より客観的かつ明確な立法規範として規定したことは，解雇権濫用規制（労契16条）と同様，労働契約法における「法の支配」の具現化を象徴する立法ということができる（19条施行後の裁判例については，前掲＊16参照）。もっとも，解雇権濫用規制と異なり，雇止め規制は，有期労働契約の申込みに対する使用者の承諾を擬制する内容の立法となったため，使用者の契約締結の自由（採用の自由）へのより高い制約度を有するが，雇止め規制は，実質的には雇用終了規制としての意義を有するため，その法的正当性に問題はない（この点が，無期労働契約転換規定［労契18条］への評価［1031頁］との違いである）。いずれにせよ，今日では，雇止めの適法性は解雇権濫用法理の類推適用ではなく，端的に労契法19条によって判断される。

　他方，労契法19条1号・2号への該当性は，判例法理と同様，前記①～⑥の要素（1000頁）を総合して判断されるため，判例法理について指摘されてきた当事者の予測可能性・法的安定性の欠如という問題点は克服されていない（荒木563頁参照）。この点，従来の雇止め法理に対しては，解雇法理の類推適用に関する裁判例の判断基準は明確さを欠き，当事者から見ていかなる雇止めであれば法規制に服するのか（前記［1000頁以下］第1～第3のどのタイプに当たるのか）が予測困難であるとか，使用者が厳格な更新手続を実行していても，正社員との職務・処遇の類似性から解雇法理が適用されてしまう点でも予測可能性を欠く等の問題点が指摘されていたが（本書〔初版〕675頁参照），この問題点は，19条の下でも解消されていない。この点については，解雇権濫用規制（労契16条。858頁）と同様，19条1号・2号該当性および雇止めの適法性要件（19条柱書Ⅲ）に関する指針（ガイドライン）を設け，規律の内容を具体化・透明化して予測可能性を高めることを検討すべきである。

　(ウ)　労契法19条2号は，有期契約労働者の雇用継続の期待利益の有無に関する判断基準時を「契約期間の満了時」と規定するが，「施行通達」によれば，これは，従来の裁判例と同様，「最初の有期労働契約の締結時から雇止めされ

た有期労働契約の満了時までのあらゆる事情が総合的に勘案されること」を規定したものとされる（第5・5(2)ウ）。すなわち，雇用継続の期待利益の有無は，雇用の全期間における事情を総合勘案して判断される[*47]。

一方，雇止めの適法性要件（客観的合理的理由。19条柱書Ⅲ）の判断基準時ないし評価対象期間に関する言及はないが，この点も，雇用の全期間における事情を総合勘案して判断すべきであろう。もとより，この判断は，基本的には当該雇止めが行われた契約期間中の事情を基礎に行われるべきものであるが，当該契約期間が短期にとどまる以上，それ以前の時期における事情も補充的に考慮する必要がある。たとえば，雇用調整目的の雇止めの場合，人員削減の必要性や人選の相当性については，雇止めが行われた期間以前の時期における経営状況や有期契約労働者の成績・勤務状況等を考慮せざるをえないであろう[*48]。

(2) 契約更新の申込み・契約締結の申込み

以上に対して，19条柱書のⅡは，労働者による契約更新の申込みまたは契約期間満了後の締結の申込みを要件とする点で，従来の判例法理と異なっている（これは，雇止め規制による有期契約の更新を労働者の申込みと使用者の承諾の擬制という契約成立に引きつけて立法上整理したためとされる）。しかし，実際の雇止め紛争は，使用者による雇止めの通知が先行し，労働者がこれに異議を唱えることで顕在化するのが通常であり，労働者が上記のような申込みを行うことは少ないため，「施行通達」は，労働者の申込みは要式行為ではなく，訴訟の提起・紛争調整機関への申立て・団体交渉等によって，雇止めに対する労働者による何らかの反対の意思表示が伝わることで足りるとしている[*49]。

また，期間満了後の「遅滞なき」締結申込みについては，「施行通達」は，

[*47] 池田・前掲論文（*45）80頁参照。同旨裁判例として，前掲・福原学園事件（*17），日本通運［控訴］事件・東京高判令和4・11・1労判1281号5頁，前掲・日本通運［川崎］事件（*16）。

[*48] なお，19条2号が規定する有期契約労働者の雇用継続の期待利益は，有期労働契約の更新に係る期待利益を意味するため，無期労働契約への転換に係る期待利益を含むものではなく，これには同条同号は適用されない（目白学園事件・東京地判令和4・3・28労経速2491号17頁）。

[*49] 第5・5(2)エ。同旨，荒木563頁。最近の裁判例として，前掲・医療法人財団健貢会事件（*34）。訴訟の提起で足りると判断する裁判例として，前掲・福原学園事件（*17）。他方，有期契約労働者に対する報酬削減を伴う無期雇用契約締結の申込みに対して労働者が行った留保付き承諾について契約更新申込み該当性を否定した例として，前掲・アンスティチュ・フランセ日本［控訴］事件（*43）がある。前掲・目白学園事件（*48）も参照。

「正当な又は合理的な理由による申込みの遅滞」を許容する趣旨である旨述べる（第5・5(2)オ）。この趣旨を踏まえれば，「正当な又は合理的な理由による申込みの遅滞」を過度に厳格に解釈すべきではないであろう[*50]。たとえば，期間6か月の有期契約労働者の雇止めに際して，使用者が6か月後に契約を再び締結する旨発言したため，労働者がいったん契約締結の申込みをしなかったところ，実際には使用者による契約締結申込みがなかったので，労働者が6か月後に改めて契約締結の申込みを行ったという場合は，上記理由の存在を肯定すべきである。

(3) 効　果

前記のとおり，労契法19条は，使用者による雇止めが合理的理由を欠く場合の効果を，契約期間を含む従前の有期労働契約と同一の労働条件による契約の成立に求め，判例法理を継承して，法定更新であることを明示した。この点，19条施行前の裁判例の中には，使用者が営業社員に雇止めを通告後，新契約期間における同種営業社員のインセンティブ給を不利益に変更した事案につき，雇止めを無効と判断した上，インセンティブ給は改正後のインセンティブ給制度の範囲内に限定されると判断した例がある（前掲・エヌ・ティ・ティ・コムチェオ事件［*34］）。法定更新とは異なる法的処理といいうるが，19条の施行後は，この種の事案については，法定更新の考え方によって処理すべきこととなろう（ただし，新契約期間開始後に就業規則の合理的変更［労契10条］によって労働条件を変更することは差し支えない）。

なお，差別的な雇止めが行われたケースや，きわめて悪質な雇止めのケースでは，有期労働契約の更新に加え，不法行為（民709条）が成立し，慰謝料の支払が命ぜられることがある[*51]。

[*50] 同旨，荒木＝菅野＝山川220頁。したがってまた，使用者が就業規則で契約期間満了後の労働契約締結申込期間を一方的に規定しても，その契約内容補充効（労契7条）は否定されるものと解される（髙谷ほか・前掲書［*4］74頁参照）。

[*51] 前者の例として，前掲・恵和会宮の森病院事件（*7），後者の例として，社会福祉事業団事件・東京地判令和3・5・26ジャーナル115号42頁（雇止めに際して明らかに合理性のない理由を告げた後，書面の交付を求められるや，具体的理由が記載されていない文書を交付するという不誠実な対応に終始するなど悪質性が高いとして不法行為の成立を肯定）。不法行為の否定例として，前掲・グッドパートナーズ事件（*17），前掲・玉手山学園事件（*16）等。

(4) 不更新条項・更新限度条項

近年には，使用者が有期労働契約の反復更新後，一定の更新時期に，次期以降は更新しない旨の契約条項（不更新条項）を定めたり，有期労働契約の締結時または締結後に更新回数・更新年齢の限度を盛り込んだ場合（更新限度条項）の法的取扱い（労契 19 条 1 号・2 号の適用の有無）が問題となっている*52。

(ｱ) **不更新条項**　不更新条項の法的意義については，裁判例・学説上，以下の見解が示されている。すなわち，①不更新条項に関する合意によって労働者の雇用継続の期待利益が放棄されたものと解し，解雇規制の類推適用（労契 19 条 1 号・2 号の適用）を否定する見解*53，②不更新条項に関する合意によって直ちに解雇規制の適用を否定するのではなく，同条項は権利濫用判断における評価障害事実にとどまると解する見解*54，③労契法 19 条施行後につき，不更新条項を強行法規である労契法 19 条（雇止め規制）の潜脱と評価し，公序（民 90 条）違反により無効と解する見解*55 である。

①説に立つ裁判例として，期間契約社員が多数回にわたって有期労働契約を更新後，使用者が不更新条項に関する十分な説明・情報提供を行った上で労働契約書を交付し，期間契約社員が署名・押印により同意したケースにつき，同社員が雇用継続の期待利益を放棄したものと解し，解雇規制の適用を否定した例がある（前掲・本田技研工業事件［*53］）。本判決は，上記のような慎重な手

---

*52　不更新条項・更新限度条項については多くの文献があるが，特に，荒木＝菅野＝山川 214 頁以下，篠原信貴「不更新条項とその解釈」季労 242 号（2013）32 頁，池田・前掲論文（*45）81 頁以下参照。更新限度条項は，就業規則に規定されることも多い。なお，更新年齢の限度条項（たとえば，「65 歳到達日の属する年度の末日」）は，一般的には，①一定年齢以上は更新しないとの趣旨であり，②一定年齢まで当然に更新するとの趣旨の規定ではない（前掲・Y1［機構］ほか事件［*21］）。ただし，契約当事者の意思によっては，②の趣旨と解されることもある（熊谷組事件・大阪高判平成 18・2・17 労判 922 号 68 頁）。不更新条項の設定に係る手続的規律については，1013 頁参照。

*53　本田技研工業事件・東京地判平成 24・2・17 労経速 2140 号 3 頁，本田技研工業［控訴］事件・東京高判平成 24・9・20 労経速 2162 号 3 頁（最決平成 25・4・9 労経速 2182 号 34 頁で上告棄却・不受理）。学説として，荒木＝菅野＝山川 218 頁，荒木 569 頁。

*54　明石書店事件・東京地決平成 22・7・30 労判 1014 号 83 頁。学説として，毛塚勝利「改正労働契約法・有期労働契約規制をめぐる解釈論的課題」労旬 1783・1784 号（2013）25 頁，龔敏「法定化された雇止め法理（法 19 条）の解釈論上の課題」ジュリ 1448 号（2012）49 頁等。城塚健之「有期労働契約の雇止め」労働判例精選［初版］141 頁も参照。

*55　西谷 499 頁。同旨，川田知子［判解］百選［8 版］163 頁。川口 589 頁以下は，雇用継続の期待権・期待利益の放棄は，強行法規である労契法 19 条の適用を実質的に排除する意思表示であるから，同条に直接違反して（公序を介することなく）無効となると説く。

続の下，労働者が一貫して雇止めに対する不満・異議申出や労働契約の継続要求等の行動を行わなかった（さらに，期間契約社員への相談窓口も設けられていた）という事案について，不更新条項に関する労働者の自由意思に基づく同意を認定した裁判例であり，使用者による慎重かつ適切な手続の履行および労働者による不更新条項に関する正確な理解・納得の存在を不更新条項の要件として重視する判断を示したものである。

　一方，②説を採用した裁判例（前掲・明石書店事件［＊54］）は，不更新条項に関する同意の意思表示に瑕疵がないことを前提に，その効力を直ちには肯定せず，解雇権濫用の評価障害事実として総合考慮の一要素にとどめる判断を示している。これによれば，不更新条項に関する合意の存在は，雇止め規制の適用に関する第1段階審査（労契19条1号・2号該当性）ではなく，その点を肯定した上での雇止めの適法性という第2段階の審査（同19条柱書）で考慮されることになる。しかし，不更新条項は本来，雇用継続の期待利益の発生・放棄に影響する条項であるから，雇止め規制の適用審査（同19条1号・2号該当性）段階で問題とすべきものであり，②説は理論的に問題がある＊56。

　思うに，不更新条項は，雇止め規制の適用審査（労契19条1号・2号該当性）に関する考慮要素（1000頁）のうち③④⑤に関する重要な要素を成すものであるが，それのみで直ちに雇用継続の期待利益を消滅させる効果を有すると考えるべきではない＊57。有期労働契約の更新状況の中で，不更新条項とは別に他の考慮要素によって雇用継続に係る合理的期待利益を肯定できるケースでは，それに反して雇止めを行うためには客観的合理的理由が求められるのである＊58。しかし，前掲・本田技研工業事件（＊53）のように，使用者が不更新条項について十分な説明・情報提供を行い，相談窓口を設ける等の慎重かつ適切な手続を講じる一方，労働者が十分な考慮を経て何ら積極的異議申立てを行わず，自由意思に基づいて明示の同意を行ったケースでは，雇用継続の期待利益を消滅させる意思表示の合致を認め，19条の適用を否定すべきである（労働者の自由意思に基づく同意の射程については，779頁参照）＊59。その意味では，①説が

＊56　同旨，池田・前掲論文（＊45）85頁，荒木＝菅野＝山川218頁。
＊57　この点については，池田・前掲論文（＊45）84頁，篠原・前掲論文（＊52）43頁，篠原・前掲論文（＊4）200頁以下，注釈労基・労契(2) 553頁［木南直之］など参照。
＊58　前掲・博報堂事件（＊14）参照。学説では，水町411頁。
＊59　同旨，前掲・日本通運［控訴］事件（＊47）。類型別実務Ⅱ447頁参照。更新限度条項につき同旨，ダイキン工業事件・大阪地判平成24・11・1労判1070号142頁。労働者の自由意

妥当と解される。これに対し，③説のように，上記のようなケースにおいてさえ不更新条項の効力を否定する解釈は，合意原則（労契3条1項）を過度に軽視する結果をもたらすし，上記ケースに関する限り，同条項を雇止め規制（労契19条）の潜脱と評価する点も失当と考える。

　他方，①説を採用しつつ，労働者の自由意思に基づく明示の同意を要件と解する立場に立てば，使用者が不更新条項を一方的に通告・説明して契約書に盛り込んだり，就業規則に規定・周知する（労契7条・10条）だけでは，雇用継続の期待利益は消滅せず，19条の適用が肯定される（「施行通達」も同旨［第5・5(2)ウ］）*60。不更新条項に関する合意は行われているものの，労働者が同条項に不本意ながら同意したにとどまり，自由意思に基づく明示の同意が認定されないケースも同様である。その意味では，不更新条項に基づく雇用継続の期待利益の消滅が肯定されるのは，むしろ例外にとどまることになろう。典型的裁判例として，不更新条項に対する同意が更新の条件となっている場合は，労働者としては署名を拒否して直ちに契約関係を終了させるか，署名して次期の期間満了時に契約関係を終了させるかの二者択一を迫られるため，不更新条項を含む契約書への署名押印は，労働者の自由な意思に基づくものか疑問があり，当該署名押印によって雇用継続の期待利益が放棄されたと認めるべきではないと述べた上，労働者の自由意思に基づく同意が認定される場合に限り期待利益の放棄を認めるべきであると判断した例がある*61。

　　思に基づく同意の法理に関する先例である山梨県民信用組合事件（最判平成28・2・19民集70巻2号123頁）については，761頁参照。
*60　報徳学園事件・神戸地尼崎支判平成20・10・14労判974号25頁（前掲・報徳学園［控訴］事件［*24］は，本判決を覆したが，不更新条項に関する判断まで否定したものではない），前掲・学校法人立教女学院事件（*15），日本通運事件・東京地判令和2・10・1労判1236号16頁，前掲・日本通運［川崎］事件（*16［ただし傍論］）。学説として，荒木＝菅野＝山川214頁，池田・前掲論文（*45）81頁。就業規則を改訂して不更新条項を導入しつつ，代償措置（契約終了手当等の新設）を設けた場合に，労契法10条によって契約内容変更効が肯定されるか否かは一つの論点であるが（荒木＝菅野＝山川215頁は，肯定される余地があると説く），不更新条項の性格に鑑み，消極に解しておく。他方，就業規則の不更新条項をひな形として用いた上，労働者の自由意思に基づく同意を得ることによって雇用継続の期待利益を放棄させることは差し支えないと解される。
*61　前掲・日本通運事件（*60）。また，前掲・博報堂事件（*14）は，有期雇用契約を29回にわたって反復更新してきた労働者が直近5年間の契約更新時に不更新条項付きの契約書に署名押印して更新を継続後，雇止めされた事案につき，同労働者にとっては，不更新条項付き契約書について署名押印を拒否することは，雇用契約を更新できないことを意味するのであるから，不更新条項付き契約書に署名押印していたからといって，直ちに同人が雇用契約を終了さ

(イ)　**更新限度条項**　以上の解釈は，更新限度条項についても妥当する。この点，更新限度条項が不更新条項と異なるのは，不更新条項が雇止めのためにある更新時期に不意打ち的に盛り込まれるのに対し，更新限度条項は，有期労働契約の開始（締結）時点で労働契約更新年数の上限を提示する目的で盛り込まれることが多いという点にある。しかし，その場合も，労働者が更新限度条項に関する十分な説明がない状況の下で，その存在を正確に認識しないまま有期労働契約を締結した場合は，労働者の自由意思に基づく同意の法理の観点から，雇用継続の期待利益の発生は阻止されないものと解される[*62]。これに対

せる旨の明確な意思を表明したとはいえないと判断している。同旨裁判例として，前掲・東芝ライテック事件（[*26]［不更新条項によって労働契約を終了させる旨の労働者の明確な意思が認められないと判断］），前掲・熊谷組事件（[*52]［期間1年の嘱託契約の雇止めにつき，留保更新拒絶権に関する説明がなく，労働者は嘱託契約の利害得失を十分検討する機会を与えられることなく締結を余儀なくされたとして信義則違反と解し，嘱託契約の更新を肯定］）。

　もっとも，不更新条項に対する自由意思に基づく同意の法理の適用を肯定した代表例である前掲・日本通運事件（[*60]）の当該判旨部分は，控訴審（前掲・日本通運［控訴］事件［[*47]］）において削除されており，不更新条項について労働者の自由意思に基づく同意の法理を適用する解釈は，判例法理として定着したとはいえない。すなわち，前掲・日本通運［控訴］事件（[*47]）は，不更新条項に対する自由意思に基づく同意の法理の適用を肯定する前掲原審の判断を削除した上，本件雇止めについて，最後の更新時に管理職から事業所閉鎖に伴い雇用継続がないことについて複数回の説明を受け，契約書にも改めて不更新条項が設けられたこと等を理由に，契約更新に係る合理的期待が生ずる余地はないとして雇止めを適法と判断している。雇止め時において雇用継続の合理的期待利益が発生していないため，自由意思に基づく期待利益の放棄について検討する必要はないとの趣旨の判断といえよう（水口洋介［判研］ジュリ1595号［2024］143頁参照）。

　一方，前掲・日本通運［川崎］事件（[*16]）は，傍論であるが，前掲・山梨県民信用組合事件（[*59]）を意識して，労働者は労働契約上，使用者の指揮命令に服すべき立場に置かれ，自らの意思決定の基礎となる情報を収集する能力も限られるため，自らに不利益な内容の合意も受け入れざるを得ない状況に置かれる場合があるから，「有期労働契約が反復して更新される間に，労働者が既に契約更新への合理的期待を有するに至った場合において，新たに更新上限を定めた更新契約を締結するようなときは，上記の観点から，労働者が新たに更新上限を導入することを自由な意思をもって受け入れ，既に有していた合理的期待が消滅したといえるかどうかについて，単に労働者の承諾の意思表示の有無のみに着目するにとどまらず，慎重に判断すべき場合がある」と判断している。前掲・日本通運［控訴］事件（[*47]）と異なり，不更新条項に対する自由意思に基づく同意の法理の適用を肯定する判断といえよう（判決は，前掲・山梨県民信用組合事件を直接引用していないため，微妙な点はあるが［林健太郎［判研］法時95巻13号（2023）270頁参照］）。

[*62]　前掲・京都新聞COM事件（[*29]）は，有期契約労働者が更新3年を限度とするルール（3年ルール）を周知されていないケースについて，前掲・錦城学園事件（[*16]）は，有期契約労働者が同ルールを認識していないケース，更新限度条項および不更新条項が形骸化しているケース（前掲・琉球大学事件［[*28]］）について，それぞれ雇用継続の期待利益の消滅を否定している。

し，労働者が更新限度条項に関する十分な説明を受け，その存在を正確に認識した上で自由意思に基づいて有期労働契約を締結した場合は，雇用継続の期待利益は発生しない[*63][*64]。

問題は，使用者が更新限度条項を個別合意ではなく就業規則に規定した上で有期労働契約を締結した場合の効力であるが，最高裁は，使用者が65歳を上限とする更新限度条項を組織再編（郵政公社から民間会社への再編）の過程で慎重な就業規則策定手続を経て盛り込み，有期契約労働者にも説明していたケースについて，高齢労働者の屋外業務中の事故の可能性を考慮して，一定年齢到達時に契約を更新しない旨を予め就業規則に定めておくことには合理性（労契7条）があるとして契約内容補充効を肯定し，雇用継続の期待利益を否定している[*65]。上記のとおり，慎重な策定手続を経て盛り込まれたものであることや，65歳という更新限度年齢が正社員の更新限度年齢と比べて遜色のないものであることを考慮した判断といえよう。

[*63] 同旨，注釈労基・労契(2) 552頁[木南直之]。竹内（奥野）寿［判批］ジュリ1568号(2022) 128頁参照。なお，更新限度条項が有期労働契約締結時点で盛り込まれる場合については，雇用継続に関する期待を形成する以前の時期であることから，そもそも自由意思に基づく同意の法理の適用を肯定しうるか否かが問題となるところ，裁判例は概して消極的である（前掲・コンチネンタル・ミクロネシア・インク事件［*20］，前掲・ダイキン工業事件［*59］，北海道大学事件・札幌高判平成26・2・20労判1099号78頁，ドコモ・サポート事件・東京地判令和3・6・16ジャーナル115号2頁）。仙台市社会福祉協議会事件・仙台地令和2・6・19労経速2423号3頁，日本通運［川崎］事件・横浜地川崎支判令和3・3・30労判1255号76頁，前掲・東北大学事件（＊16），日本大学事件・東京地判令和6・1・30ジャーナル150号30頁。

これに対し，前掲・日本通運［川崎］事件（＊16）は，①有期労働契約更新時の不更新条項に対する同法理の適用を肯定する（前掲＊61参照）一方，本件のように，②更新限度条項が雇用契約の締結時に明示され，面談時にも管理職からその旨明示・説明され，労働者も更新限度条項の存在を十分認識して契約締結に至っている場合は，同人の自由な意思に基づかないまま合意されたとはいい難いと判断している。有期労働契約更新時に雇用継続の期待利益が存在する場合（①）の不更新条項に自由意思に基づく同意の法理が適用されることを判示する一方，有期労働契約締結時点で盛り込まれる更新限度条項（②）については，雇用継続の期待利益が発生する以前の時期の合意であることを重視して自由意思同意法理のストレートな適用を否定しつつ，有期労働契約の具体的事情を考慮して自由意思合意の有無を緩やかに認定する判断といえよう（橋本陽子［判解］ジュリ1580号［2023］5頁参照）。この判断は，実質的には本文に述べた私見とほぼ同様であり，異論はない。

[*64] 他方，更新限度条項所定の年限到達以前については，有期契約の運用実態等に鑑み，雇用継続の期待利益が肯定される（前掲・梅光学院事件［*16］）。

[*65] 日本郵便事件・最判平成30・9・14労判1194号5頁。前掲・東北大学事件（＊16）も参照。本書226頁参照。

以上の解釈は，使用者が更新限度条項を有期労働契約締結時ではなく，契約更新時に導入した場合にも妥当する。裁判例では，7年間に亘り有期労働契約を更新してきた労働者に対し，使用者が十分な説明もないまま5年を上限とする更新限度条項を一方的に雇入通知書に記載した上，同条項に基づいて雇止めを行ったことにつき，労働者の自由意思に基づく同意の存在を否定して雇用継続の期待利益の消滅を否定し，雇止めを不適法と判断した例があり，妥当と解される*66。なお，更新限度条項については，特に，無期契約転換規定（労契18条）の回避目的という観点からの適法性が問題となるが，次項で解説する。

(5) 無期契約転換回避目的の雇止め

　2012年改正労契法が導入した無期契約転換制度（18条［1029頁］）の施行に伴い，無期転換が可能となる時期の直近の契約期間満了時に雇止めを行う事態が想定されていたが，実際に紛争が生じている。

　裁判例は，そうした雇止めの適法性を肯定するものが多く，典型例として，労契法18条所定の通算契約期間が経過し，労働者に無期契約締結申込権が発生するまでは，使用者には労働契約を更新しない自由が認められているのであるから，使用者が無期契約締結申込権の発生を回避するために通算契約期間内に有期労働契約の更新を拒絶すること自体は格別不合理な行為ではないと判断した例がある*67。また，無期契約転換規定回避目的で前記の更新限度条項や不更新条項が利用されることも多いが，その適法性についても肯定する例が多い。たとえば，有期労働契約締結時に最長5年の更新限度条項が付されていた事案につき，労契法18条の下でも，5年を超える反復更新を行わない限度では，有期労働契約により短期雇用労働力を利用することは許容されているから，

---

　*66　前掲・A学園事件（*16）。また，前掲・市進事件（*36）は，有期労働契約を20年以上更新してきた学習塾講師に対し，新たに導入した就業規則の更新限度条項（50歳不更新制度）を適用して行った雇止めにつき，使用者は，同制度と併せて導入した特嘱制度の廃止について的確に認識させ納得させていたとは認められないとして雇用継続の期待利益を認めた上，50歳不更新制度の合理性を否定して雇止めを違法と判断している（同旨，前掲・山口県立病院機構事件［*16］）。一方，前掲・シャノアール事件（*16）は，使用者が導入したアルバイトに関する15回更新上限制度につき，店長とアルバイトの軋轢を背景とする労務管理上やむをえない措置と評価し，雇止めの合理的理由に位置づけた上で雇止めを適法と判断している。しかし，15回更新上限制度は，一種の更新限度条項であるから，同制度がアルバイトの雇用継続の期待利益を消滅させるに足りる根拠たりうるか否かという観点から検討すべきであろう。
　*67　前掲・公益財団法人グリーントラストうつのみや事件（*16）。同旨，前掲・東北大学事件（*16）。

更新限度条項は同条を潜脱するものではなく，公序良俗違反とはいえないと判断した例がある*68。他方，人員整理目的の雇止めにつき，整理解雇の4要素のほか，雇止めがなければ労契法18条1項に基づいて無期契約に転換しうる状態にあったことも踏まえて検討する必要があるとした上，雇止めの合理的理由を否定するとともに，18条の適用直前に雇止めをするという法を潜脱するような雇止めを是認することはできないとして不適法と判断し，無期労働契約への転換を認めた例もある*69。学説では，無期転換回避目的の雇止めは，安定した無期雇用を促進するという同法18条の趣旨に合致するものとはいえないから，別に雇用を終了させる合理的な理由がない限り，雇止めは労契法所定の客観的合理的な理由を欠くものとして認められないと説く見解がある*70。

しかし，これらの見解は，根本的に対立するものとはいえないと解される。多数裁判例が説くように，使用者に労働契約不更新の自由がある以上，無期契約締結申込権の発生を回避するために雇止めを行うこと自体は何ら違法行為ではないが，他方，労働者に雇用継続に係る期待利益が発生しているケースでは，それに反して雇止めを行うためには客観的合理的理由と社会通念上の相当性が求められるのであり，その点が審査されることは当然であって，多数裁判例はこの審査を否定する趣旨ではない。すなわち，無期契約転換規定回避目的の雇止めは，法的に許容された行為であるが，それに客観的合理的理由が求められることは当然である。前記学説も，この趣旨に立つ見解といえよう。

同様に，無期契約転換規定回避の目的で不更新条項や更新限度条項が設けら

---

*68 前掲・ドコモ・サポート事件（*63）。同旨，前掲・ダイキン工業事件（*59），前掲・梅光学院事件（*16），高知県立大学後援会事件・高松高判平成30・10・31ジャーナル83号36頁，仙台市社会福祉協議会事件・仙台高判令2・12・10ジャーナル110号38頁，前掲・バンダイ事件（*16），前掲・日本通運［川崎］事件（*16）。不更新条項につき同旨，前掲・日本通運［控訴］事件（*47），前掲・長崎大学事件（*16），ケイ・エル・エム・ローヤルダッチエアーラインズ事件・東京地判令5・3・27労判1287号17頁。前掲・佐賀大学事件（*19）は，任期付教員の任期の上限を5年と定め，5年に達した教員について業務量，勤務成績・態度，法人の経営状況等を基準として再任審査を行い，審査をクリアした場合は無期雇用契約に転換させる一方，そうでない場合は雇止めするとの運用を前提に，任期付教員の雇止めを適法と判断している。

*69 高知県公立大学法人事件・高知地判令2・3・17労経速2415号14頁，前掲・A学園事件（*16）。他方，前掲・高知県公立大学法人［控訴］事件（*22）は，雇止めの合理的理由を否定して不適法と判断しつつ，労契法18条1項の潜脱目的による雇止めであることは否定して不法行為の成立を否定し，前掲原審を取り消している。

*70 荒木＝菅野＝山川176頁以下，山川和義「労働法〔2〕——無期契約への転換」大内編・前掲書（*2）69頁，菅野＝山川806頁。

れた場合も，それら条項のみによって雇用継続に係る期待利益が消滅するわけではなく，他の事情によって雇用継続の期待利益が肯定される場合は，雇止めには客観的合理的理由が求められる。他方，学説の中には，無期契約転換申込規定回避を目的とする更新限度条項は公序違反と評価すべきものであり，使用者が当該目的以外の理由を立証しない限り，同条項に基づく雇止めは客観的合理的理由と社会通念上の相当性を欠くと説く見解があるが[*71]，労働者の自由意思に基づく更新限度条項の設定を否定する趣旨であれば，不更新条項に係る③説（1020頁）と同様，賛成し難い【12-1】【12-2】【12-3】。

> 【12-1】 **雇止めの法的性質と効果** 雇止めの法的性質について，裁判例の多くは，雇止めに対する解雇規制の類推を認め，また，不当な雇止めを「無効」と判断しており，これは，雇止めが使用者の意思表示（権利行使）であることを前提としているものと思われる。しかし，雇止め紛争の多数を占める期待利益保護タイプ（1001頁）では，有期労働契約は期間の満了とともに終了するのであり，雇止めはその確認行為にすぎないから，意思表示ではなく，観念の通知と解される[*72]。したがって，雇止めが不当とされた場合の効果も，雇止め（意思表示）の「無効」ではなく，契約期間の満了に基づく労働契約終了の効力が発生しないという点に求め，その意味で「違法」または「不適法」と評価すべきである。前記のとおり，この点は，労契法19条の制定化により，実質無期契約タイプ・期待利益保護タイプともに，労働者による有期契約締結の申込みと使用者による承諾の擬制から成る契約成立の効果として立法的に解決された。
>
> 【12-2】 **使用者の変更と雇止め規制** 労働者が有期労働契約で雇用されている過程で使用者が変動し，職務や勤務場所は旧使用者と共通している一方，新使用者の下では有期労働契約の反復更新の事実が乏しい場合に，雇用継続の期待利益をどのように判断すべきであろうか。まず，合併・会社分割のように労働契約が包括承継される場合や，労働契約の特定承継であるものの事業譲渡において労働契約が承継される場合は，雇用継続の期待利益はそのまま引き継がれる[*73]。
> より具体的に見ると，裁判例は，使用者変更・契約変更の形式に拘泥することなく，従前の使用者との間で有期労働契約を締結・更新してきた状況を重視して判断している。たとえば，①有期契約労働者の業務が別会社に移管され，その労働契約も別会社に承継された後の2回目更新時の雇止めにつき，業務内容や就労

[*71] 緒方桂子「有期労働契約の更新限度条項に関する一考察」季労117号（2019）116頁。
[*72] 山川283頁。安枝・前掲論文（*4）98頁も参照。裁判例では，丸子警報器［雇止め・本訴］事件・長野地上田支判平成9・10・29労判727号32頁参照。
[*73] 類型別実務Ⅱ 451頁。事業譲渡に関する裁判例として，前掲・リンゲージ事件（*39）。

場所は同一であり，基本給や有給休暇が旧使用者の勤続年数を含めて通算されている等の事実から，新旧両会社における勤務継続の事実を認定して雇用継続の期待利益を肯定する例が見られる[*74]。一方，②使用者変更後の2回目更新時の雇止めにつき，新旧両会社の法人格の独立性を重視する観点から，新会社との新たな労働契約締結の時点で従前の使用者との間での雇用継続の期待は切断されたものと判断しつつ，旧使用者における業務内容・勤務場所が新使用者と同一であったことから有期契約労働者の業務内容の恒常性を推認し，雇用継続の期待利益を肯定する例もある[*75]。

　これらの裁判例は，事実関係の相違に応じてともに成り立ちうる判断と解される。すなわち，①の裁判例のように，使用者変更後において労働条件が制度的に承継されている場合は，その事実によって雇用継続期待利益の承継を認めるべきであるし，そうした事実関係がない場合も，新旧両会社における業務内容・勤務場所が同一性を有する場合は，②の裁判例のように，その事実を基礎に雇用継続期待利益の承継を肯定すべきものと考える[*76]。

【12-3】　**契約期間の長さの下限**　労働契約法17条2項は，「使用者は，有期労働契約について，……労働者を使用する目的に照らして，必要以上に短い期間を定めることにより，その有期労働契約を反復して更新することのないよう配慮しなければならない」と規定する。契約期間の長さの下限に着目しつつ，有期労働契約の更新自体を規制する点に意義があるが，訓示規定にとどまり，特別の私法的効果をもつものではない[*77]。

4　有期労働契約の中途解約

(1)　中途解約の意義

　有期労働契約の終了原因としては，期間途中の解約も挙げられる。この点については従来，民法628条が「やむを得ない事由」がある場合の当事者の即時解除権を規定するとともに，解除事由が当事者の一方の過失によって生じた場合は，相手方に対して損害賠償責任を負うことを規定してきた。期間を定めて労働契約を締結した以上，その期間中は契約の拘束力が及ぶことから，一定の重大な事由の発生を即時解除の要件としたものである。そして，労契法は，使

[*74] 前掲・京都新聞COM事件（*29）。郵便事業事件・広島高岡山支判平成23・2・17労判1026号94頁も参照。
[*75] 前掲・エヌ・ティ・ティ・コムチェオ事件（*34）。
[*76] この点については，山本陽大［判批］季労240号（2013）103頁参照。
[*77] SBSスタッフ事件・東京地判平成24・8・30ジャーナル9号10頁，前掲・ダイキン工業事件（*59）参照。

用者による解雇についてのみこの規定を継承し,「使用者は,期間の定めのある労働契約……について,やむを得ない事由がある場合でなければ,その契約期間が満了するまでの間において,労働者を解雇することができない」と規定した(労契17条1項)*78。この中途解雇には,労基法20条・21条の解雇予告制度が適用される。なお,労契法17条1項は,中途解雇を制限する規定であるから,中途解雇の根拠規定となるものではなく,その根拠規定は従来どおり,民法628条に求められるとともに,「やむを得ない事由」に係る評価根拠事実の主張立証責任は使用者が負うものとされる(「施行通達」第5・2(2)エ)。

民法628条・労契法17条1項の法的性格については,いずれも強行法規であり,労使間合意による逸脱は許されないと解されている*79。この結果,両規定の「やむを得ない事由」を緩和する合意は,解雇については労契法17条1項違反として,退職については民法628条違反として無効と解される*80。

(2) 解約事由

労契法17条1項の「やむを得ない事由」は,期間の満了まで雇用を継続することが不当・不公平と認められるほどに重大な理由が生じたことを意味し,

---

*78 労契法17条1項は,政府提出法案では,やむを得ない事由が「ないときは,……解雇することができない」と規定されていたのに対し,国会審議において「ある場合でなければ」に改められた。この結果,「やむを得ない事由」が存在することの主張立証責任は,使用者が負うことになる。野川・前掲論文(*4) 122頁。

*79 民法628条につき,根本到「有期契約期間途中の解雇と民法628条の強行法規性」労旬1601号(2005) 10頁。裁判例として,安川電機事件・福岡高決平成14・9・18労判840号52頁。前掲・安川電機[本訴]事件(*7),モーブッサンジャパン事件・東京地判平成15・4・28労判854号49頁も参照。労契法17条1項については,菅野 = 山川830頁,根本到 = 石田信平「民法628条」土田編・債権法改正と労働法101頁,桑村裕美子「労働契約法17条 契約期間中の解雇等」荒木編著・前掲書(*3) 39頁,基コメ労基・労契441頁以下[中窪裕也],荒木 = 菅野 = 山川169頁,金子隆雄「有期雇用の期間途中解雇」労働関係訴訟Ⅱ946頁。

*80 労契法17条1項につき同旨,奈良観光バス事件・大阪地判平成23・2・18労判1030号90頁。この点,労契法17条施行前の裁判例の中には,民法628条の趣旨は,有期労働契約であっても,当事者の長期的拘束を回避するため「やむを得ない事由」による解除を認める点にあるとして片面的強行法規と解した上,解除事由を厳格化する合意は無効であるが,これを緩和する合意は有効(この面では任意法規)として,有期雇用契約書の中途解約特約(労使双方の都合による解約を認める条項)を有効と判断した例が見られた(前掲・ネスレコンフェクショナリー事件[*15])。しかし,この判断は,労契法17条1項の強行法規制の確認によって根拠を失ったものと解される。他方,退職については,本書と異なり,「やむを得ない事由」を緩和する合意も有効と解する見解が多数である(桑村・前掲論文[*79] 40頁,基コメ労基・労契444頁[中窪裕也],荒木 = 菅野 = 山川169頁)。

期間の定めのない労働契約に関する解雇権濫用規制における客観的合理的理由および社会通念上の相当性（労契16条。854頁）より厳しく解釈される[*81]。労働契約に関する期間の設定は、労働者に対して当該期間の雇用を保障したことを意味するため、中途解雇がより厳しく制限されるのは当然である。具体的には、労働者の就労不能、悪質な非違行為、著しい能力・成績不良のほか、使用者側の事由として、天災地変・経済的事情に伴う事業継続の不能等が挙げられる。紛争としては、雇用調整（人員整理）目的の中途解雇をめぐる紛争が多いが、裁判例は、整理解雇の4要素（904頁）を適用して判断した上、解雇回避努力義務等の不十分さを理由に無効と判断している。

典型的裁判例として、派遣労働者の中途解雇につき、派遣先会社からの受注が減少したというのみで、かえって、会社は同時期に新規従業員3名を採用するなど人員削減の具体的必要性が明らかでないこと、希望退職者募集期間が3日間と短期間であり、解雇回避努力が十分でないこと、労働者に対する説明も、解雇予告時に整理解雇する旨伝えたのみであるなど手続の相当性を欠くこと等を理由に「やむを得ない事由」を否定して無効と判断した例がある[*82]。

労働者の勤務状況不良・能力不足を理由とする中途解雇についても、「やむを得ない事由」の重大性に鑑み、否定例が多くを占めるが[*83]、有期契約労働

[*81] 同旨、基コメ労基・労契443頁[中窪裕也]、金子・前掲論文（*79）950頁、注釈労基・労契(2) 523頁[木南直之]。「施行通達」（第5・2(2)イ）も同旨。同旨の裁判例として、プレミアライン事件・宇都宮地栃木支決平成21・4・28労判982号5頁、アンフィニ事件・東京高決平成21・12・21労判1000号24頁、アウトソーシング事件・津地判平成22・11・5労判1016号5頁、前掲・奈良観光バス事件（*80）、学校法人東奥義塾事件・仙台高秋田支判平成24・1・25労判1046号22頁、前掲・X学園事件（*33）、前掲・NHK堺営業センター事件（*35）、ジーエル[仮処分]事件・津地決平成28・3・14労判1152号33頁、前掲・デルタ・エアー・ラインズ・インク事件（*16）、アジアスター事件・東京地判令和3・10・26ジャーナル121号50頁、郵船ロジスティクス事件・東京地判令和4・9・12労経速2515号8頁。

[*82] 前掲・アンフィニ事件（*81）。同旨裁判例として、前掲・安川電機事件（*79）、前掲・プレミアライン事件（*81）、前掲・アウトソーシング事件（*81）、前掲・デルタ・エアー・ラインズ・インク事件（*16）、ジーエル事件・津地決平成28・7・25労判1152号26頁。DRPネットワーク事件・東京地判令和4・2・25ジャーナル127号50頁も参照。

[*83] 前掲・奈良観光バス事件（*80[能力不足]）、前掲・学校法人東奥義塾事件（*81[高校の塾長としての適性欠如]）、X学園事件・東京地判平成24・4・17労経速2150号20頁（職務懈怠）、前掲・X学園事件（*33[勤務状況不良]）、東京アメリカンクラブ事件・東京地判平成28・4・27ジャーナル53号29頁（職場規律違反）、K社事件・東京地判平成29・5・19労経速2322号7頁（暴力行為）、国立A医療研究センター事件・東京地判平成29・2・23労判1180号99頁（医師の医療ミス等）、朝日建物管理事件・福岡高判平成30・1・25労判1223号11頁（配転拒否）、医療法人錦秀会事件・大阪地判平成30・9・20ジャーナル82号34頁

者が会社の正当な業務命令に繰り返し違反し，始末書提出に応じなかった等の行為を悪質な非違行為と評価して有効と判断した例もある*84。

　労働者による即時解除（退職）の事由も，使用者が労働者の生命・身体に危険を及ぼす労働を命じたこと，賃金不払等の重大な債務不履行，労働者自身が傷病により就労不能に陥ったこと等の重大な事由に限られる*85。

5　無期労働契約への転換（労契法18条）

(1)　意義・趣旨

　労契法18条は，次のように規定して，有期労働契約の無期労働契約への転換を定めている。すなわち，同一の使用者との間で締結された二以上の有期労働契約の通算契約期間が5年を超える労働者が，使用者に対し，現に締結して

　　（再雇用医師の病院職員に対する暴力行為・法人の名誉・信用を毀損する言動），AQソリューションズ事件・東京地判令和2・6・11労経速2431号18頁（派遣労働者の能力不足・背信行為），前掲・アジアスター事件（＊81［能力不足］），新時代産業事件・大阪地判令和4・1・13ジャーナル124号54頁（派遣労働者の日本語能力不足），前掲・佐賀大学事件（＊19［心臓外科医の能力不足］）等。

　　なお，前掲・NHK堺営業センター事件（＊35）は，NHKによる受託業務従事者の業務委託契約の中途解除に労契法17条1項を類推適用した上，同条の「やむを得ない事由」を否定して無効と判断し（74頁参照），NHK［フランス語担当員］事件・東京地判平成27・11・16労判1134号57頁は，NHKと業務委託契約を締結して稼働するフランス語担当アナウンサーとの契約中途解除につき，同契約を準委任契約と解しつつ，中途解除の理由とされた事情について解除事由たりえないと述べ，無効と判断している。

*84　新生ビルテクノ事件・大阪地判平成20・9・17労判976号60頁。このほか，著しい職場規律違反行為を繰り返し，再三の注意・指導にも従わない労働者の中途解雇につき，職場の秩序維持や業務遂行にさらなる悪影響を及ぼす具体的危険があるとして有効と判断した例（大阪メトロサービス事件・大阪地判平成27・5・29ジャーナル44号41頁），労契法16条を適用した判断例であるが，英国人幹部従業員の契約期間中途解除につき，高額の年俸で雇用されながら，収益予測の失敗により事業に多額の損失を生じさせたとして有効と判断した例（Tulett Prebon [Hong Kong] Limited [Tulett Prebon Europe Limited]事件・東京地判平成25・12・18ジャーナル24号6頁），複数回に渡って自己の考えに固執して故意に業務命令違反の行為を繰り返し，会社が残余雇用期間について他部署への配転や雇用期間満了までの有給の自宅待機を提案したにもかかわらず，これに応じなかった管理部長につき，中途解雇せざるを得ない事情があったとして有効と判断した例（ローデンストック・ジャパン事件・東京地判令和3・7・28ジャーナル117号32頁）がある（萬作事件・東京地判平成29・6・9ジャーナル73号40頁も同旨）。このほか，教員が生徒に対して行った悪質なハラスメント行為（暁星学園事件・東京地判令和4・8・22ジャーナル134号42頁）や，長期間にわたる私傷病休業（前掲・郵船ロジスティクス事件［＊81］）で「やむを得ない事由」該当性が肯定されている。

*85　元アイドルほか事件（東京地判平成28・1・18労判1139号82頁）は，芸能プロダクションに所属するタレントによる即時解除につき，タレントに一方的に不利で人身拘束的内容の契約であることを理由に「やむを得ない事由」を肯定している。

いる有期労働契約の契約期間の満了日までの間に，期間の定めのない労働契約の締結の申込みをしたときは，使用者は当該申込を承諾したものとみなす。その場合の労働条件は，現に締結している有期労働契約の労働条件（契約期間を除く）と同一の労働条件とするが，別段の定めがある場合はこの限りでない（1項）。ただし，ある有期労働契約とその次の有期労働契約の間に，契約がない期間（空白期間）が6か月以上あるときは，その空白期間以前の有期労働契約の契約期間（クーリング期間）は通算契約期間に算入しない（2項。クーリング期間については，菅野＝山川813頁以下，荒木＝菅野＝山川185頁以下参照）。

　無期契約転換制度（労契18条）は，雇止め規制（19条）と異なり，判例法理を立法化したものでなく，政策的に導入された新たな有期労働契約法制である[86]。その趣旨は，有期労働契約の利用自体は許容しつつ（入口規制の不採用），その反復更新が5年を超える場合に濫用的な利用を抑制し，安定雇用である無期労働契約に移行させることで労働者の雇用の安定を図ることにある（「施行通達」第5・4(1)）。無期転換制度は，有期契約労働者に対して，労働者が無期労働契約締結の申込権（無期転換申込権）を行使すると，使用者はその申込みを承諾したものとみなされる（承諾擬制効）という強力な権利（実質的には形成権）を保障したものである（菅野＝山川804頁）。したがって，使用者が労働者に対して無期転換申込権を認めないとの事実上の取扱いをしたとしても，労働者の無期労働契約上の権利を有するとの地位には影響は生じない[87]。

　一方，無期契約転換制度に対しては，そのルールを回避するための雇止めを誘発するとの懸念が指摘されている。実際，労契法18条の施行に伴い，企業

---

[86] 無期契約転換制度（労契18条）については，菅野＝山川800頁以下，荒木546頁以下，荒木＝菅野＝山川174頁，基コメ労基・労契445頁［野田進］，山川和義「無期契約への転換」大内編・前掲書（＊2）64頁，原昌登「労働契約法18条　有期労働契約の期間の定めのない労働契約への転換」荒木編著・前掲書（＊3）51頁，岩村正彦＝荒木尚志＝島田陽一［鼎談］2012年労働契約法改正　有期労働規制をめぐって」荒木編著・前掲書（＊3）121頁，川田知子「無期転換ルールの解釈上の課題」野川ほか編著・前掲書（＊4）265頁，注釈労基・労契(2) 527頁［岩永昌晃］など参照。実務的観点からの検討として，髙谷ほか・前掲書（＊4）8頁以下参照。

[87] 専修大学事件・東京高判令和4・7・6労判1273号19頁。この結果，同事件は，①使用者が労働者に対して無期転換申込権を認めない取扱いをしたとしても，労働者が経済的に不利益を受けた事実はなく，また，②無期労働契約上の権利を有する地位を確認する判決によって回復できないほどの精神的苦痛を受けたともいえないとして不法行為の成立を否定している。②（慰謝料）については，使用者による無期転換申込権否定の態様の悪質さによっては，不法行為が成立する余地があるというべきであろう。

や大学等において，無期労働契約への転換を回避するため，有期契約労働者の労働契約が5年に到達する以前に雇止めを予定する動きが顕著に生じている（その際に多用されるのが不更新条項［1018頁］である）。その結果，従来であれば5年を超えて有期労働契約を継続していた労働者が雇止めされ，かえってその雇用機会を喪失する事態が発生している（前述した無期契約転換回避目的の雇止めの問題［1023頁］が典型であるが，後述する科技イノベ活性化法15条の2第1項および大学教員任期法7条1項に基づく無期契約転換に係る通算契約期間10年の特例の適用をめぐる紛争［1035頁］もその一例である）。これに対しては，18条は自動的な無期契約転換ルールではなく，無期転換を労働者の選択（申込み）に委ねたルールであるとか，5年間という比較的長期の無期転換基準を採用することによって，雇止め誘発作用を抑制するための制度設計が行われたと指摘されているが（荒木549頁），必ずしも説得力のある指摘とはいえないと解される。

のみならず，理論的には，無期契約転換規定については，採用の自由（契約締結の自由）への過剰介入であるとの疑問が生ずる。この点，学説では，採用の自由への制約につき，①採用の自由の制約を正当化する根拠を何に求めるかという問題と，②採用の自由に違反した場合の制裁を労働契約の締結強制（雇用強制）に求めるべきかという問題の2段階に分けた上，2012年改正労契法のうち，19条については，雇用終了規制としての実質的意義を有することから，①②両段階ともに正当化可能であるのに対し，18条については，使用者の帰責性の存在等を要件としないまま年数要件のみで雇用の強制（無期契約転換権）まで認めており，①②両段階において採用の自由に対する制約の正当化根拠を欠く介入として批判する見解がある[88]。私も同意見であり，18条については，有期契約労働者の雇用の安定という目的と，それを達成するための手段（雇用の強制）の間の均衡を著しく欠く立法と考える。抜本的な見直しを検討すべきであろう[89]。

---

[88] 大内伸哉「雇用強制についての法理論的検討――採用の自由をめぐる考察」菅野古稀『労働法学の展望』（有斐閣・2013）109頁以下。

[89] この点，厚生労働省「多様化する労働契約のルールに関する検討会報告書」（2022［以下「検討会報告書」］）は，労契法18条施行から8年後の見直し規定（2012年労契法改正法附則3項）を踏まえて，無期契約転換制度について本格的検討を行っている。報告書は，「現時点で無期転換ルールを根幹から見直さなければならないような大きな問題が生じている状況ではない」と評価した上，①無期転換を希望する労働者の転換申込み機会の確保，②無期転換前の雇止め等，③通算契約期間・クーリング期間，④無期転換後の労働条件，⑤専門的知識等を有する有期雇用労働者等に関する特別措置法の活用状況，⑥労使コミュニケーションという6つの各

(2) 同一の使用者*90

「同一の使用者」とは，労働契約当事者としての使用者をいい，法人であれば当該法人，個人事業主であれば当該個人事業主を意味する。したがって，別使用者の下での雇用期間と現使用者における雇用期間を合算して5年を超える場合も，無期転換申込権は発生しない。有期契約労働者が他企業に出向した場合の出向期間は，出向元企業との間の労働契約が存続しているため，契約期間として通算される一方，他企業に転籍した後に転籍元に復帰する場合は，転籍期間中は別途新たな労働契約を締結しているため，労働契約期間は通算されないものと解される。派遣労働者の場合は，労働契約当事者である派遣元事業主との有期労働契約について契約期間が通算される。

有期労働契約の継続中に，合併・会社分割・事業譲渡等の企業変動によって使用者が交替した場合，「同一の使用者」はどのように解されるのか。このうち，合併・会社分割の場合は，従前の労働契約が包括承継されることから（793頁，805頁），変動前後の企業を「同一の使用者」と解し，労働契約期間を通算することになると考えられる。これに対し，事業譲渡の場合は，使用者の地位を譲渡する場合（譲渡型）は上記と同様であるが，譲渡会社を退職し，譲受会社に再雇用される場合（再雇用型）は，労働契約が新規に締結されることから，譲渡会社・譲受会社は「同一の使用者」とはいえず，労働契約期間は通算されないものと解される（794頁参照）。

なお，「施行通達」（第5・4(2)イ）は，就業形態が変わらないにもかかわらず，使用者が無期転換申込権の発生を免れる意図で，派遣形態・請負形態を偽装して労働契約当事者を他の使用者に切り替えた場合は，法の潜脱として18条1項の通算契約期間の計算上は「同一の使用者」と解すると述べている。しかし，法人格否認の法理（95頁）とは別に，労働契約上の「使用者」（労契2条2項）について何ゆえこのように解釈しうるのかについての説得的な根拠は示されていない*91。

　論的課題について詳細に検討している（②については1023頁，④については1036頁参照）。その詳細な検討には敬意を表するが，上記の基本的評価には疑問を抱かざるをえない。
*90　「同一の使用者」については，前掲（*86）の諸文献参照。概観として，荒木551頁，荒木＝菅野＝山川181頁以下。
*91　髙谷ほか・前掲書（*4）16頁参照。

(3) 無期転換申込権の発生と行使[*92]

無期転換申込権は，二以上の有期労働契約の通算契約期間が5年を超える場合（更新が1回以上行われ，かつ，通算契約期間が5年を超えている場合）に，当該契約が開始した時点で発生する（通算契約期間が5年を超えた時点で発生するわけではない）[*93]。また，無期転換申込権は，当該契約期間中に通算契約期間が5年を超えることになる有期労働契約の契約期間の初日から当該有期労働契約の契約期間が満了する日までの間に行使することができる。なお，無期転換申込権が発生している有期労働契約の契約期間が満了する日までの間に無期転換申込権を行使しなかった場合も，再度有期労働契約が更新された場合は，新たに無期転換申込権が発生し，有期契約労働者は，更新後の有期労働契約の契約期間が満了する日までの間に無期転換申込権を行使することができる[*94][*95]。

無期転換申込権が行使されると，直ちに使用者の承諾擬制効が発生し，無期労働契約が成立する（労契18条1項）。したがって，使用者が無期転換労働者を当該有期労働契約期間中に解雇する場合は，有期労働契約の中途解雇（労契

[*92] 無期転換申込権については，前掲（[*86]）の諸文献参照。概観として，荒木551頁以下，荒木＝菅野＝山川181頁以下。

[*93] 無期転換申込権行使に基づく無期労働契約転換の肯定例として，前掲・専修大学事件（[*87]），ケイ・エル・エム・ローヤルダッチエアーラインズ事件・東京地判令4・1・17労判1261号19頁，前掲・茶屋四郎次郎記念学園事件（[*16]），前掲・長崎大学事件（[*16]），前掲・ケイ・エル・エム・ローヤルダッチエアーラインズ事件（[*68]）がある。なお，本文に述べたとおり，無期転換申込権は，「二以上の有期労働契約」の存在を発生要件とするため，一定の事業の完了に必要な期間として認められる5年の期間超の有期労働契約が締結されている場合（労基14条1項）であって，1回も更新がない場合は，上記要件の充足は認められず，同権利は発生しない（「施行通達」第5・4(2)ウ）。無期労働契約転換の否定例として，前掲・佐賀大学事件（[*19]［上限5年の有期契約満了以前の雇止めを適法と判断］。[*68]参照）。

[*94] 「施行通達」第5・4(2)エ，荒木553頁。なお使用者としては，労働者が無期転換申込権を行使するか否かを予め確認するため，無期転換申込権を有する労働者に対して一定の申込権行使期限を設け，無期転換を申し込むか当該権利を放棄するかの意思表示を確認することは可能と解される。しかし，労契法が無期転換申込権の行使時期について「有期労働契約の契約期間が満了する日までの間」と規定している以上，就業規則上に定めた行使期間中に無期転換申込権を行使しなかったことを理由にそれ以降は行使できないと規定したり，無期転換申込権を放棄したものとみなすことはできないと解される（髙谷ほか・前掲書［[*4]］31頁参照）。また，有期契約労働者が無期転換申込みを行ったことを理由とする不利益取扱いはもとより許容されるものではなく，労契法や民法の一般条項（権利濫用［労契3条5項］・不法行為［民709条］）の適用によって規律される（「検討会報告書」参照）。

[*95] この点，「検討会報告書」は，有期契約労働者が無期転換申込権を行使しやすい環境を整える観点から，使用者が要件を満たす個々の労働者に対して，18条に基づく無期転換申込みの機会の通知を行うよう義務づけることが適当としている。

17条1項）と，無期労働契約の解約（解雇。労契16条）という二つの手続を履行する必要がある（「施行通達」第5・4(2)キ）*96。このうち中途解雇については，「やむを得ない事由」が要件とされること（1027頁）に留意する必要がある。

雇止めとの関係については，雇止めが労契法19条の客観的合理的理由および社会通念上の相当性を欠くものとして不適法と判断された結果，通算契約期間が5年を超える場合に，有期契約労働者が無期契約転換権を行使したときは，当該時点以降，期間の定めのない労働契約の成立が認められる*97。これに対し，有期契約労働者が無期契約転換権を行使しなかった場合は，無期労働契約に係る地位確認請求は認められない（前掲・高知県公立大学法人［控訴］事件［＊22］）【12-4】【12-5】。

>【12-4】 **無期転換申込権の放棄**　無期転換申込権の放棄については，申込権の発生前と発生後に分けて考える必要がある。まず，有期労働契約の締結時や通算契約期間が5年を超える以前の更新時に無期転換申込権を放棄させること（前述した不更新条項・更新限度条項［1018頁］は，こうした法的効果を有しうる）については，労契法18条の強行規範性に抵触し，または真意性を欠くとして無効と解されている*98。「施行通達」も，無期転換申込権が発生する有期労働契約の締結以前に，同権利を行使しないことを更新の条件とするなど有期契約労働者に予め無期転換申込権を放棄させることは，18条の趣旨を没却するものであり，公序良俗に反し無効となると述べている（第5・4(2)オ）。
> しかし，無期転換申込権も権利である以上，労働者が真に自由意思に基づいて放棄した場合は，有期労働契約の締結時・更新時を問わず有効と考えるべきであろう。もっとも，その放棄は，労働者の自由意思に基づいて行われたものと客観的に認められることが必要であり，事柄の性質上，その認定は厳格に行う必要が

---

*96　荒木＝菅野＝山川192頁，髙谷ほか・前掲書（＊4）34頁参照。より厳密には，有期労働契約は当然には終了しないため，契約期間の満了までは，有期契約と無期契約の両方が存在し，無期労働契約については，有期労働契約の終了を停止条件とする無期契約が成立していると解するか，または，無期労働契約に効力発生の始期が付されていると解すべきことになろう。

*97　前掲・信愛学園事件（＊16），前掲・公益財団法人グリーントラストうつのみや事件（＊16），前掲・A学園事件（＊16）等。なお，労働契約上の地位確認請求に係る訴訟物については，期間の定めの有無によらず労働契約の存在のみを訴訟物とするか，期間の定めのない労働契約上の地位を訴訟物とするかという問題がある（山川隆一「改正労働契約法の要件事実」毛塚古稀『労働法理論変革への模索』［信山社・2015］60頁）。前掲・公益財団法人グリーントラストうつのみや事件（＊16）は，前者の立場を採用している。

*98　荒木＝菅野＝山川189頁，原・前掲論文（＊86）60頁，川田・前掲論文（＊86）269頁など。

ある。これに対し、「施行通達」や多数説の立場は、労契法18条が強行法規である以上、同条所定の権利を放棄させることは同条の強行規範性または公序に抵触するというものであろうが、同じく強行法規である労基法24条1項（賃金全額払原則）との関係でも、賃金・退職金債権の放棄は、それが自由意思に基づくものであれば法違反を否定されているのであるから、上記の点は理由とならないと解される。特に、将来、無期転換申込権が発生した段階で一定の金銭を支払うことや、より高い賃金を支払うことを条件に権利を放棄する契約を締結することは、労働者の自由意思に基づく限りは差し支えないと考える*99。無期転換申込権の放棄が有効に行われ、使用者が承諾すれば、無期転換申込権が消滅することから、事後の一方的撤回は許されない*100。

一方、無期転換申込権が発生した後の放棄については、自由意思に基づくものである限りは有効と解する見解が多い*101。無期転換申込権発生後の放棄の場合は、労働者は同権利を行使するか放棄するかを自由に選択できる状況にあるから、権利放棄の意義を理解した上で自由意思に基づいて放棄した場合は、その効力を否定すべき理由はないと解される。

【12-5】 **無期転換5年ルールの特例**　労契法18条の5年無期転換ルールについては、三つの特例が設けられている。第1に、科技イノベ活性化法15条の2第1項は、科学技術（人文科学を含む）研究者・技術者、科学技術研究支援専門業務従事者について、無期契約転換に係る通算契約期間を10年とする特例を設けている。第2に、大学教員任期法7条1項は、大学教員について、同じく無期契約転換通算契約期間を10年とする特例を設けている。第3に、「専門的知識等を有する有期雇用労働者等に関する特別措置法」により、5年を超える一定期間内に終了することが予定されている業務に就く高度専門的知識等を有する年収1075万円以上の有期契約労働者については、当該業務の開始から完了の日までの期間（ただし10年を超える場合は10年）は無期転換申込権が発生しないとの特例が設けられ（同8条1項）、定年後継続雇用される高齢有期契約労働者が、定年後引き続き雇用されている期間については、無期転換に係る通算契約期間に参入しないとの特例が設けられている（同条2項）。事業主がこれら特例を利用するため

---

*99　大内83頁は、企業の誠実説明を経て行われた有期契約労働者の納得同意に基づく無期転換申込権の事前の放棄を肯定する。不更新条項につき、前掲・日本通運事件（*60）参照。これに対し、水町422頁は、代替可能な量的な価値である賃金請求権の放棄と、非代替的な契約関係の継続という価値の放棄を同列に論じることは適当でないとして批判する。結論同旨、川口652頁。無期転換申込権の放棄を否定した事例として、前掲・DRPネットワーク事件（*82）。

*100　同旨、岩村＝荒木＝島田・前掲鼎談（*86）135頁［島田発言］、髙谷ほか・前掲書（*4）28頁。

*101　荒木＝菅野＝山川190頁、岩村＝荒木＝島田・前掲鼎談（*86）136頁、荒木554頁参照。

には，事前に厚生労働大臣に雇用管理計画を提出して認定を受ける必要がある（同4条～7条）。

　以上のうち，科技イノベ活性化法15条の2第1項および大学教員任期法7条1項に基づく10年の特例ルールについては，大学を舞台に二つの紛争類型が生じている。一つは，特例10年の到達以前の時期に雇止めされた有期契約労働者（大学教員）が，自らが大学教員任期法7条1項所定の「教員」に該当しないことを主張しつつ，雇用期間が原則である5年を超えたことを主張して無期労働契約上の地位確認を求める紛争であるが，裁判例では，有期雇用の大学講師が任期法4条1項1号の「多様な人材の確保が特に求められる教育研究組織の職」に該当しないと判断し，10年特例規定の適用を否定して無期転換を肯定した例[*102]と，逆に大学専任講師について「教員」に該当するとして無期労働契約転換を否定した例がある[*103]。もう一つは，有期契約労働者（大学教員）の無期労働契約転換を否定する使用者が，当該労働者が科技イノベ活性化法15条の2第1項所定の「研究者」に該当することを主張して無期転換を争う紛争であるが，裁判例は，大学の語学非常勤講師について，同条同項所定の「研究者」というためには，大学等において業務として研究開発およびこれに関連する業務に従事していることを要すると述べ，「研究者」該当性を否定している[*104]。これらの紛争は，無期契約転換制度（原則5年〔労契18条〕，特例10年〔科技イノベ活性化法15条の2第1項・大学教員任期法7条1項〕）が設けられたがゆえに発生している紛争であり，前記のとおり（1031頁），無期契約転換制度がかえって有期契約労働者の雇用の不安定をもたらしていることを証明する事象といえよう。

(4) 無期契約転換労働者の労働条件・雇用保障

(ア)　**労働条件**　　無期契約転換制度は，有期契約労働者を無期契約労働者に転換させる制度であり，有期契約労働者を正社員として扱うことを求める制度ではないから，無期転換後の労働条件は，原則として，有期労働契約における労働条件と同一とされる（労契18条1項）。この点，最近の裁判例では，契約社員の無期転換後の労働条件について，従来どおり契約社員就業規則または正社員就業規則のいずれが適用されるのかにつき，会社は一貫して，無期転換後従業員に正社員就業規則は適用されない旨回答する一方，契約社員は会社の回

[*102]　羽衣学園事件・大阪高判令5・1・18労判1285号18頁（本件は，最高裁において弁論が開催されており〔2024年10月〕，本判決は見直される可能性がある）。

[*103]　前掲・茶屋四郎次郎記念学園事件（*16），慶應義塾大学事件・横浜地判令6・3・12労経速2550号13頁。

[*104]　前掲・専修大学事件（*87）。

答が上記のとおりであることを認識した上で，無期転換後の労働条件は契約社員就業規則による旨が明記された無期パート雇用契約書に署名押印して提出しており，当事者間には，無期転換後も契約社員就業規則が適用されることについて明示の合意があると判断した例[105]があり，妥当と解される[106]。

また，無期転換後の労働条件について有期契約労働者の時期の労働条件が維持された場合の合理性については，旧労契法20条やパート・有期法8条が適用されない[107]一方，無期転換制度に基づく無期労働契約は，有期契約労働者による無期労働契約締結の申込みと使用者の承諾（擬制）によって成立するものであるから，新規労働契約の締結時における就業規則の合理性に関する労契法7条を適用して判断すべきであろう[108]。裁判例も同様に解しており，前掲裁判例（ハマキョウレックス事件［[105]］）は，無期転換後の従業員と正社員の間には，職務の内容および配置の変更の範囲について，無期転換後社員が契約社員であった時期と同様の相違があるところ，無期転換後の労働条件相違も，両者の職務の内容および配置の変更の範囲等の就業の実態に応じた均衡が保たれている限り，労契法7条の合理性要件を満たすと判断している。無期転換後の労働条件につき，有期契約労働者の労働条件に係る旧労契法20条の規律を就業規則の合理性審査（労契7条）に関する具体的準則として用いた判断として重要である[109]。なお，労契法7条の合理性審査に際しては，労契法の基本

[105] ハマキョウレックス事件・大阪高判令和3・7・9労判1274号82頁（原審［大阪地判令和2・11・25労判1237号5頁］を支持した判断）。

[106] ただし，判旨は，契約社員らによる無期パート契約書への記名押印と提出によって明示の合意を認定し，書面性を重視した判断を示しているため，労働者の自由意思に基づく同意の法理の観点からの検討が不十分と評価される可能性がある（岡村優希［判解］令和3年度重判解196頁，原昌登［判批］ジュリ1564号［2021］133頁参照）。

[107] 無期転換後は無期労働契約であり，有期労働契約ではないことから，パートタイム労働者でない限り，パート・有期法8条（旧労契法20条）の適用はない。

[108] 同旨，注釈労基・労契(2)541頁［岩永昌晃］。ただし，無期転換労働者が無期転換後の就業規則条項に反対している場合は，当該条項には契約内容補充効（労契7条）は生じないと解した上，一旦は労契法18条1項後段に基づいて転換前労働条件が無期契約内容となり，それが就業規則により変更されるものとして同法10条の（類推）適用によって判断すべきものと説く。無期転換後の労働条件明示に係る手続的規律については，1013頁参照。

[109] 同様に，労契法7条を適用して合理性を判断した例として，原審言渡し後無期転換した従業員に適用される諸手当（家族手当・精勤手当・住宅手当・物品手当）の不支給を定めた無期転換就業規則につき，それら不支給が旧労契法20条に違反するとの判断を前提に，当該就業規則は労契法7条に即して合理的なものであることを要すると述べた上，①当該就業規則は，諸手当等の支給に関する限り，有期契約労働者の時期の労働条件と同一であること，②会社が同規則の制定に当たって労働組合と交渉したことを認めるに足りる証拠はなく，無期転換従業

理念である均衡考慮の原則（3条2項）も考慮要素となるが（同原則は，無期契約労働者間の労働条件相違にも適用される），具体的な判断基準は，パート・有期法8条（旧労契法20条）の基準に求めるほかないであろう[*110]。

一方，使用者は，無期契約労働者に関する労働条件を「別段の定め」によって規定し，有期契約労働者の時期の労働条件から変更することもできる。「別段の定め」には，労働協約，就業規則および個々の労働契約（個別的合意）が含まれる（荒木557頁。同旨，「施行通達」第5・4(2)カ）。

また，この「別段の定め」を置かない一方，無期労働契約の正社員の就業規則が存在する場合において，無期転換労働者の労働条件が正社員就業規則の労働条件を下回る場合は，正社員就業規則の最低基準効（労契12条）によって正社員の労働条件が適用されうるため，企業としては，無期転換労働者に適用される就業規則を「別段の定め」として整備する必要がある。

使用者は，無期契約転換労働者に関する「別段の定め」（就業規則）によって，労働条件を有利のみならず不利益に規定することもできる（有期契約労働者がいわゆる「有期プレミアム」[1006頁]によって高い賃金を得ていた場合，無期契約転換に伴い配転条項を設ける場合等）。問題は，この不利益な労働条件決定の合理性を労契法7条（労働契約締結時の就業規則の契約内容補充効規定）によって判断するのか，それとも10条（労働条件の不利益変更効規定）によって判断するのかである。10条適用説が有力であるが[*111]，18条は，あくまで有期契約労働者による無期労働契約締結の申込みと使用者の承諾（擬制）によって無期労働契約が成立することを規定するものであり，新たな労働契約の成立に関する規定であるから，新規労働契約の締結に関する7条を適用すべきであろう[*112]。

員が同規則所定の労働条件を受け入れたことを認めるに足りる証拠もないこと等から合理性を否定した例がある（井関松山製造所事件・高松高判令和元・7・8労判1208号25頁，井関松山ファクトリー事件・高松高判令和元・7・8労判1208号38頁）。

[*110] なお，無期転換後の労働条件について有期契約労働者の時期の労働条件が維持された場合は，労働条件の不利益変更が行われた場合に該当しないため，労契法10条（の類推適用）による合理性審査は行われない（前掲・ハマキョウレックス事件［*105]）。

[*111] 荒木557頁，荒木＝菅野＝山川199頁，水町424頁，原・前掲論文（*86）67頁，岩村＝荒木＝島田・前掲鼎談（*86）139頁以下，川田・前掲論文（*86）277頁など。

[*112] 同旨，髙谷ほか・前掲書（*4）43頁。なお，上記労働条件の不利益決定は，無期転換労働者が有期契約労働者である時期に行われることから，就業規則の不利益変更に関する労契法10条の適用場面に当たるように見えるが，労働条件の不利益決定は，有期労働契約終了後の新たな労働契約（無期労働契約）を規律するものであるから，労契法7条を適用することに問題はない。

(イ) **雇用保障**　　無期契約転換労働者の雇用保障の程度は，当該労働者の労働契約内容によって異なりうる。すなわち，無期転換後も職種・勤務地が限定され，広域配転を予定しないなど正社員と異なる雇用管理を受けている場合は，配転等の解雇回避措置による雇用保障の程度は，正社員より限定的なものとならざるを得ない（この点では，ジョブ型社員・勤務地限定社員の雇用保障［922頁］より限定的なものとなる）*113。他方，無期契約転換に伴って広域配転の対象とする制度設計を行う場合は，配転等の解雇回避努力義務の程度は正社員に接近することになる。この点は，各企業における無期契約転換制度の設計と運用に即して判断すべきものである。

6　不合理な労働条件・待遇相違の禁止（パート・有期法8条／旧労契法20条）

(1)　意　　義*114

有期契約労働者の均衡処遇について，旧労契法20条は，有期契約労働者の労働条件が無期契約労働者の労働条件と相違する場合は，当該労働条件の相違は，労働者の業務の内容および当該業務に伴う責任（職務の内容），当該職務の

＊113　荒木557頁，荒木＝菅野＝山川200頁。「施行通達」（第5・4(2)ク）も同旨。反対，川田・前掲論文（＊86）281頁。

＊114　旧労契法20条およびパート・有期法8条については，荒木＝菅野＝山川227頁，基コメ労基・労契527頁［野田進］，阿部未央「不合理な労働条件の禁止」ジュリ1448号（2012）58頁，沼田雅之「有期労働契約法制と均等・均衡処遇」労働121号（2013）45頁，緒方桂子「改正労働契約法20条の意義と解釈上の問題」季労241号（2013）24頁，毛塚勝利「非正規労働の均等処遇問題への法理論的接近方法」日労研636号（2013）14頁，大木正俊「均等・均衡処遇」大内編・前掲書（＊2）74頁，櫻庭涼子「労働契約法20条　期間の定めがあることによる不合理な労働条件の禁止」荒木編著・前掲書（＊3）100頁，水町勇一郎「不合理な労働条件の禁止と均等・均衡処遇（労基法20条）」野川ほか編著・前掲書（＊4）311頁，菅野＝山川842頁以下，荒木574頁以下，阿部未央「パートタイム労働法」講座再生(6) 211頁，水町勇一郎『「同一労働同一賃金」のすべて〔新版〕』（有斐閣・2019），村中孝史＝島田裕子「『同一労働同一賃金』の法政策」労働132号（2019）158頁，川田知子「パートタイム・有期雇用労働法の制定と同一労働同一賃金理念」野川忍編『労働法制の改革と展望』（日本評論社・2020）101頁，「〔特集〕最高裁5判決とパート有期法8条」季労263号（2021）所収の諸論文など参照。

　　私見については，後述する2020年最高裁を含めて，土田道夫「短時間・有期労働法における人事管理の課題と法的課題」ジュリ1538号（2019）51頁（①論文），同「有期・パート労働者の均衡待遇を考える――2020年最高裁5判決／パート・有期法の施行を受けて」季労273号（2021）23頁（②論文），同「新型コロナ危機と労働法・雇用社会(2)」曹時73巻6号（2021）1075頁以下（③論文），同「定年後再雇用社員の労働条件をめぐる法的考察――労契法20条／パート・有期法／高年齢者雇用安定法の規律」同志社法学424号（2021）663頁（④論文）参照。概観として，土田341頁以下。

内容および配置の変更の範囲その他の事情を考慮して、不合理と認められるものであってはならないと規定し、期間の定めがあることによる不合理な労働条件の禁止を定めてきた。有期契約労働者は、雇用が不安定であるだけでなく、労働条件も低い実情にあることから、公正な待遇の実現に資することを目的とする規定である*115。

　旧労契法 20 条は、有期契約労働者・無期契約労働者の均等待遇原則を規定したものではなく、均衡待遇ルールを規定したものである。すなわち、20 条は、有期・無期雇用労働者間の労働条件相違を認めつつ、それが不合理なものであることを禁止する規定（均衡待遇規定）である。この点について、先例であるハマキョウレックス事件（*115）は、次のように明快に説いている。すなわち、労契法 20「条は、有期契約労働者と無期契約労働者との間で労働条件に相違があり得ることを前提に、職務の内容、当該職務の内容及び配置の変更の範囲その他の事情……を考慮して、その相違が不合理と認められるものであってはならないとするものであり、職務の内容等の違いに応じた均衡のとれた処遇を求める規定である」と。そのような趣旨の規定として、20 条は私法的効果を有する強行規定であり、同条に違反する労働契約等の定めは無効となり、不法行為（民 709 条）を成立させる*116。すなわち、20 条は「私法上の効果を有するものと解するのが相当であり、有期労働契約のうち同条に違反する労働条件の相違を設ける部分は無効となる」（ハマキョウレックス事件［*115］）。

　旧労契法 20 条は、2018 年のパート・有期法制定に伴って削除され、同法 8 条に統合された（2020 年 4 月 1 日完全施行）。すなわち、「事業主は、その雇用する短時間・有期雇用労働者の基本給、賞与その他の待遇のそれぞれについて、当該待遇に対応する通常の労働者の待遇との間において、当該短時間・有期雇用労働者及び通常の労働者の業務の内容及び当該業務に伴う責任の程度（以下「職務の内容」という。）、当該職務の内容及び配置の変更の範囲その他の事情のうち、当該待遇の性質及び当該待遇を行う目的に照らして適切と認められるものを考慮して、不合理と認められる相違を設けてはならない」。本条を旧労契法 20 条と比較すると、問題となる待遇「それぞれについて」不合理性を問

---

*115　ハマキョウレックス事件・最判平成 30・6・1 民集 72 巻 2 号 88 頁。荒木＝菅野＝山川 228 頁、櫻庭・前掲論文（*114）116 頁、土田 341 頁、土田・前掲②論文（*114）24 頁参照。パート・有期法の施行通達（平成 31 年基発 0130 第 1 号ほか）も同旨（第 3・3(7)）。

*116　前掲・ハマキョウレックス事件（*115）。土田 342 頁・345 頁、山本陽大「労働契約法 20 条をめぐる裁判例の理論的到達点」季労 267 号（2019）118 頁・131 頁参照。

題とすることで，個々の待遇ごとの不合理性判断を行うことを明確化したこと，各考慮要素のうち，待遇の性質・目的に照らして適切と認められるものを考慮すべき事業主の義務を明示したこと，20条の「期間の定めがあることにより」要件を削除したこと（1042頁参照）が挙げられる。以上の点を除いては，パート・有期法8条については，その法的性質・要件・効果ともに，旧労契法20条に関する解釈が継承されると解される。8条が，私法上の効果を有する強行規定であるという解釈にも変化はない＊117。

　旧労契法20条に関する紛争は，有期契約労働者の性格に即して，契約社員類型（純然たる有期契約労働者）と，再雇用社員類型（正社員定年後に有期労働契約を締結して再雇用された労働者）に分かれる。20条については，近年，契約社員類型を中心に，有期契約労働者による訴訟の提起が相次ぎ，2018年には2件の最高裁判決が示された（前掲・ハマキョウレックス事件［＊115］──契約社員類型に関する先例，長澤運輸事件＊118──再雇用社員類型に関する先例［以下「先例2判決」という］）。そして，2020年には，契約社員類型に関する5件の最高裁判決が言い渡された（メトロコマース事件＊119，大阪医科薬科大学事件＊120，日本郵便［大阪］事件＊121，日本郵便［東京］事件＊122，日本郵便［佐賀］事件＊123）＊124。特に，メ

＊117　この点，パート・有期法8条に関する最初の公刊裁判例（日本スポーツ振興センター事件・東京地判令和3・1・21労判1249号57頁）は，同条の趣旨について，上述した前掲・ハマキョウレックス事件（＊115）の判旨をそのまま引用しており，旧労契法20条の趣旨・目的，要件・効果に関する解釈がパート・有期法8条に継承されることを明示している（同旨，桜美林学園事件・東京地判令和4・12・2労経速2512号3頁，前掲・日本大学事件（＊63））。また，社会福祉法人紫雲会事件（東京高判令和5・10・11労判1312号24頁）は，再雇用社員である原告が正社員との間の賃金相違につき，旧労契法20条の適用時期については同条違反を，パート・有期法8条の適用時期については同条違反を主張したのに対し，同一の判断枠組みに従って不合理性の有無を判断しており，両規定の同一性を前提に判断している。
＊118　最判平成30・6・1民集72巻2号202頁。
＊119　最判令和2・10・13民集74巻7号1901頁。
＊120　最判令和2・10・13労判1229号77頁。
＊121　最判令和2・10・15労判1229号67頁。
＊122　最判令和2・10・15労判1229号58頁。
＊123　最判令和2・10・15労判1229号5頁。
＊124　最高裁判例を含む累積裁判例については，山本・前掲論文（＊116）116頁，山本陽大「労働契約法（旧）20条をめぐる裁判例の理論的到達点(2)」季労274号（2021）113頁など参照。先例2判決については，特に，中島崇＝村田一広［判解（ハマキョウレックス事件）］最判解民事篇平成30年度75頁，村田一広＝中島崇［判解（長澤運輸事件）］同123頁を，メトロコマース事件については，特に，大竹敬人「メトロコマース事件最高裁判決の解説」ジュリ1555号（2021）54頁，水町勇一郎「不合理性をどう判断するか？──大阪医科薬科大学事

トロコマース事件・大阪医科薬科大学事件は，中核的な労働条件である退職金・賞与相違の不合理性に関する最初の判例として注目された。

(2) 要　件

本項では，判例・裁判例の対象となった旧労契法20条を中心に解説するが，その内容は，現行法であるパート・有期法8条にも妥当するものである。

(ア) 要件――「期間の定めがあることによ」る不合理な労働条件の禁止　　旧労契法20条は，「期間の定めがあることによ」る不合理な労働条件の禁止を定めていたため，期間の定めの有無と労働条件相違の間の因果関係を求める独立の要件と解する立場が見られていた。しかし，裁判例は，独立の要件と解する立場を修正し，有期雇用労働者と無期雇用労働者の間の労働条件の相違が期間の定めの有無に関連して生じたものであることを要し，かつ，それで足りると判断するものが多く，判例（前掲・ハマキョウレックス事件［＊115］）も，この立場を支持して議論に決着をつけた。そして，パート・有期法8条は，旧労契法20条の「期間の定めがあることにより」要件自体を削除した（パート・有期法施行通達第3・3(2)参照）＊124a。

(イ) 要件――「不合理性」に係る判断枠組み　　a) 概説　　労働条件・待遇相違の不合理性に関しては，①労働者の職務の内容（業務の内容・当該業務に伴う責任），②職務の内容および配置の変更の範囲（人材活用の仕組み＝今後の見込みを含め，配転・転勤・昇進等の人事異動，本人の役割・職務内容の変化など），③その他の事情を考慮した上，不合理な相違か否かが判断される。旧労契法20条・パート・有期法8条によれば，有期雇用・無期雇用労働者の間で①②③に違いがある場合（業務内容は同一だが，責任・人事異動の範囲が異なり，無期雇用労働者のみが時間外労働に従事する場合など）も，その違いを超えて労働条件に大きな相違がある場合は不合理性が肯定される。すなわち，労働条件相違を設けること

件・メトロコマース事件・日本郵便（東京・大阪・佐賀）事件最高裁5判決解説」労判1228号（2020）5頁，大内伸哉「旧労働契約法20条をめぐる最高裁5判決の意義と課題」NBL1186号（2021）4頁，山川隆一「旧労契法20条をめぐる最高裁5判決」ジュリ1555号（2021）34頁など参照。

＊124a　この点，前掲・日本大学事件（＊63）は，パート・有期法8条が旧労契法20条と同旨の規定であること（1041頁）を理由に，短時間・有期雇用労働者と通常の労働者の間の待遇相違が短時間労働者であることまたは期間の定めの有無に関連して生じたものであることを要すると述べており，本文の関連性要件を維持するようであるが，疑問がある。

自体に問題がない場合も、その相違は相当な範囲内のものでなければならず、上記①②③の「違いに応じた均衡のとれた処遇」（前掲・ハマキョウレックス事件［＊115］）でなければならない（均衡待遇ルール）。また、労働条件・待遇相違の不合理性の判断は規範的評価を伴うことから、当該相違が不合理なものであることを基礎づける事実（評価根拠事実）については労働者が主張立証責任を負い、不合理性の評価を妨げる事実（評価障害事実）については使用者が主張立証責任を負う[*125]。

なお、③その他の事情の内容は多岐に亘るが、裁判例によれば、無期・有期雇用労働者のそれぞれの勤続年数・能力・経験・成果、拘束性の違い（残業義務等）、賃金体系の違い、問題となる労働条件の導入趣旨・経緯、有期雇用労働者に対する手当等支給の有無、正社員転換制度の有無、労働組合との労使交渉・協議の経緯、正社員の厚遇による長期雇用の奨励施策（有為人材確保論）、原告労働者が比較対象とした正社員以外の正社員の存在（＊131参照）等が挙げられる[*126]。労使交渉の経緯については、労働条件の設定が有期雇用労働者の意見を反映させる形で行われたかもポイントとなる（1070頁参照）。

　　b）　判例　　ところで、旧労契法20条における不合理性判断について、判例は、以下のような判断枠組みを示している。それは、①個々の労働条件（賃金項目・休暇）の性質・趣旨・目的を踏まえ、②旧労契法20条の3要素（職務の内容・配置の変更の範囲・その他の事情）を検討して、③有期契約労働者にも適用すべき労働条件か否かを判断し、不合理性の有無を確定するというものである[*127]。まず、先例2判決は、必ずしも明確ではないものの、上記の判断枠組みを採用しており、たとえば、前掲・ハマキョウレックス事件（＊115）は、皆勤手当について、運送業務を円滑に進めるためにトラック運転手を確保するため皆勤を奨励する趣旨の手当と解した（①）上、契約社員と正社員の職務の内容は異ならないから、出勤者を確保する必要性について職務の内容によって差異が生ずるとはいえず、転勤・出向の可能性や会社の中核を担う人材としての登用可能性の有無といった事情により異なるものではないと述べ（②）、相

[*125]　前掲・ハマキョウレックス事件［＊115］。同旨、パート・有期法施行通達第3・3(8)、荒木＝菅野＝山川235頁。
[*126]　土田・前掲①論文（＊114）53頁以下、山本・前掲論文（＊116）124頁、山本・前掲論文（＊124）123頁参照。
[*127]　土田・前掲②論文（＊114）28頁、土田・前掲③論文（＊114）1079頁以下、同旨、山川・前掲論文（＊124）35頁等。

違の不合理性を肯定した（③）。

　また，2020年の前掲・メトロコマース事件（＊119）・大阪医科薬科大学事件（＊120）は，この判断枠組みをより明確に示している。すなわち，メトロコマース事件は，退職金に係る相違（正社員に退職金を支給する一方，契約社員に支給しないという相違）の不合理性について，「他の労働条件の相違と同様に，当該使用者における退職金の性質やこれを支給することとされた目的を踏まえて〔①：著者注〕同条所定の諸事情を考慮することにより〔②：著者注〕，当該労働条件の相違が不合理と評価することができるものであるか否かを検討すべきものである〔③：著者注〕」と判断し，退職金とともに「他の労働条件の相違と同様に」と判示することで，より一般的な判断枠組みを明示している（大阪医科薬科大学事件は，賞与に係る相違について同旨を述べる）。さらに，前掲・日本郵便3事件（＊121，＊122，＊123）も，判断枠組みこそ明示していないものの，上記と同様の判断方法を採用したものと解される。

　以上の判断枠組みを適用した結果，メトロコマース事件では，退職金の性質・趣旨・目的は，正社員としての職務を遂行しうる人材の確保・定着に求められることから（いわゆる有為人材確保論──①），旧労契法20条が定める3要素（正社員・契約社員間の職務の内容に係る相違・配置変更の範囲に係る相違・その他の事情［勤続期間の長さ・正社員登用制度の存在・売店正社員以外の多数正社員の存在等］）は重要な要素であり，十分考慮すべき要素とされた（②）。この結果，正社員・契約社員間で職務の内容・配置の変更の範囲が異なり，正社員登用制度等のその他の事情が存在することを考慮すると，退職金を正社員にのみ支給し，契約社員に不支給とすることは，不合理とまでは評価できないと判断された（③。大阪医科薬科大学においても，賞与に係る相違について同様に判断されたものと解される）。一方，日本郵便3事件では，各手当・休暇の性質・趣旨・目的は，正社員の年末年始勤務の特殊性を考慮した対価（年末年始勤務手当，祝日給），正社員の生活保障・継続的勤続の確保（扶養手当・有給の病気休暇），心身の回復（夏期冬期休暇）に求められ，それら趣旨・目的は，継続的勤務を予定する契約社員にも妥当するものと判断された（①）。この点，上記手当・休暇は，退職金・賞与のように正社員の確保・定着を趣旨・目的とするものではなく，また，正社員の職務内容や人事異動の範囲との関連性も乏しいことから（②），旧労契法20条の3要素は重視すべきものではなく，不合理性の判断を覆すほどの事情ではないと判断されたものと解される（③）。

問題は，メトロコマース事件・大阪医科薬科大学事件のように，退職金・賞与の支給目的として，正社員としての職務を遂行しうる人材の確保・定着という点を掲げること（有為人材確保論）の当否であるが，私は妥当な判断と考える。すなわち，賞与・退職金は，その基礎を成す基本給とともに，中核的な賃金・労働条件として，各企業の賃金・人事施策を基礎に長年かけて形成され，労働組合等との労使交渉を経て決定される労働条件である。そうした中核的労働条件の決定過程で，企業がその働き手の中心を担う正社員（無期契約労働者）の確保・定着を図る観点から制度設計と運用を行うことは当然であって，企業のそうした裁量（経営判断）を過度に制約することは適切でない。また，両事件は，正社員人材の確保・定着という目的を使用者の主観的目的と把握しているわけではなく，両事件における退職金・賞与制度の客観的事実から導き出しており，主観的・恣意的でステレオタイプな判断を行ったわけでもない[*128]。

　なお前記のとおり（1041頁），パート・有期法8条は，職務の内容，職務の内容・配置の変更の範囲，その他の事情のうち，待遇の性質・目的に照らして適切と認められるものを考慮すべきことを明示しており，この点が旧労契法20条からの最も重要な変更点であるが，2020年の最高裁5判決は，この判断方法を意識して不合理性を判断したものと解される。上記のとおり，5判決の判断枠組みは，個々の労働条件の性質・趣旨・目的を踏まえ，旧労契法20条の3要素（職務の内容・配置の変更の範囲・その他の事情）の重要性を検討して不合理性の有無を判断するというものであるが，この判断方法は，個々の待遇の性質・目的に照らして，職務の内容・配置の変更の範囲・その他の事情のうち適切なものを考慮して不合理性を判断するというパート・有期法8条の判断方法との親和性が高い。こうして見ると，最高裁5判決は，旧労契法20条に関する判断であるものの，パート・有期法8条にも親和的な判断であり，同条の解釈についても先例性を有する判断と評価することができる[*129]。

[*128] 山川・前掲論文（*124）38頁，水町387頁以下，土田・前掲②論文（*114）29頁参照。一方，注釈労基・労契(3) 309頁［島田裕子］は，有為人材確保論は，市場にある程度の介入をしてでも格差を是正するという旧労契法20条およびパート・有期法8条の趣旨と相いれない部分があると述べ，無限定に用いることには慎重であるべきと説く。

[*129] 土田・前掲②論文（*114）41頁以下，土田・前掲③論文（*114）1082頁以下参照。大竹・前掲解説（*124）59頁，山川・前掲論文（*124）40頁は，最高裁5判決がパート・有期法8条の下でも参考となると論じ，大内・前掲論文（*124）4頁は，同条の解釈に影響を及ぼすと解している。前掲・社会福祉法人紫雲会事件（*117）も，パート・有期法8条の解釈における最高裁5判決の位置づけについて同様に理解した上で，同条の不合理性判断を行っ

㈦　**比較対象者**　　旧労契法20条およびパート・有期法8条については，労働条件相違の不合理性の判断に際して，有期契約労働者との間で比較の対象とすべき無期契約労働者（正社員）をどのように解すべきかが問題となる。20条および8条に定めはないことから，裁判例・学説は分かれてきた。大別して，①比較対象者は客観的に定まるものであり，具体的には，ⓐ有期契約労働者と同一または類似の雇用区分に属する無期契約労働者や，ⓑ当該使用者の全無期契約労働者と比較すべきであるとの見解（客観説）と，②20条違反を主張する有期契約労働者が選択する無期契約労働者と解し，裁判所はその主張に即して比較すれば足りるとする見解（選択説）が対立してきた。原告である有期契約労働者は，比較対象として自身に近い無期契約労働者を選択して不合理性を主張するのが通例であるから，選択説の方が有期契約労働者に有利となる。

　この点について，前掲・メトロコマース事件（＊119），前掲・大阪医科薬科大学事件（＊120）は，一般論こそ提示しないものの，選択説を採用した。メトロコマース事件は，契約社員Ｂらにより比較の対象とされた売店業務に従事する正社員と契約社員Ｂらとの間における職務の内容・配置の変更の範囲その他の事情を比較する旨判示し，大阪医科薬科大学事件も，アルバイト職員により比較の対象とされた教室事務員である正職員と同職員を比較する旨判示している[*130]。この結果，比較対象者に係る議論については，選択説を採用する方向性が示されたということができる[*131]。もっとも，前掲・日本郵便3事件（＊121，＊122，＊123）は，「郵便の業務を担当する正社員」全体を比較対象と

[*130]　この点，メトロコマース事件調査官解説（大竹・前掲解説［＊124］58頁）は，旧労契法20条違反を理由とする損害賠償請求訴訟において，原告が請求原因事実として特定した無期契約労働者を比較対象として判断してはならない根拠は見当たらないことから，原告らの指定を前提にすれば足りると考えられたことによるものと解説している。

[*131]　もっとも，メトロコマース事件・大阪医科薬科大学事件は，選択説を採用した上で，有期契約労働者が選択した比較対象正社員以外の正社員の存在を，旧労契法20条のその他の事情として考慮し，退職金・賞与相違の不合理性を否定する方向に働く事情として考慮している。たとえば，メトロコマース事件は，契約社員Ｂとの比較対象とした売店業務従事正社員とは別に，売店業務に従事せず，本社の各部署や事業所等に配置される多数の正社員が存在することを認定した上，売店業務正社員はそれら一般正社員と同一の雇用管理区分として同一の労働条件を適用される一方，職務の内容・配置の変更の範囲には多数正社員との間で相違があること等をその他の事情として考慮している。この判旨は，比較対象者について選択説を採用しつつ，実質的には，契約社員Ｂが選択した売店業務正社員以外の多数正社員も視野に入れて不合理性を判断したものといえよう。土田・前掲②論文（＊114）31頁参照。

し，各手当・休暇を「郵便の業務を担当する正社員」に支給・付与する一方で，契約社員に支給・付与しないことの不合理性を検討しており，客観説に立って判断したものと理解できるため，比較対象者論は，完全に決着がついたとまではいえないと思われる*132。

(エ) 要件──「不合理と認められるものであってはならない」の意義　この要件は，旧労契法20条の中心的要件であり，3点において議論が生じてきた。

第1に，「不合理と認められるもの」の意義については，実体法上は「合理的理由のない労働条件格差の禁止」と同義と解する見解（合理的理由説*133）と，「合理的理由のない労働条件格差の禁止」より緩やかな（弱い）規律と解し，労働条件の相違に合理的理由があることまで求める趣旨ではないと解する見解（不合理性説*134）が対立してきた。合理的理由説によれば，合理的理由のない労働条件相違は直ちに不合理と評価されるのに対し，不合理性説によれば，労働条件相違について合理的理由があるとはいえないが，不合理な相違とまで断定するには至らない場合があり，その場合は20条違反が否定されるため，不合理性の範囲は縮小することになる。この点，裁判例では不合理性説が有力であったが，判例（前掲・ハマキョウレックス事件［*115］）も，20条の文理や，不合理性の判断に際しては労使間交渉や使用者の経営判断を尊重すべき面があることを理由に不合理性説を支持し，「『不合理と認められるもの』とは，有期契約労働者と無期契約労働者との労働条件の相違が不合理であると評価することができるものであることをいうと解するのが相当」と判断している。

もっとも，前掲・ハマキョウレックス事件（*115）前後の裁判例の中には，個々の労働条件の不合理性に係る具体的判断において，当該相違について合理的理由があるか否かを判断し，不合理性説・合理的理由説の接近を示す例も見

---

*132　注釈労基・労契(3) 301頁［島田裕子］参照。この点，最近の裁判例（トーカロ事件・東京高判令和3・2・25労経速2445号3頁）は，旧労契法20条について比較すべき無期契約労働者を一定範囲のものに限定すべき根拠はないとして客観説（本文の①ⓑ説）を採用した上，実際の民事訴訟においては，有期契約労働者は20条の判断要素に照らして同じ労働条件を享受すべきと考える無期契約労働者グループを選択して適用を主張することから，当該無期契約労働者との間で不合理性の有無を検討すべきことになると判断しており，これによれば，客観説を採用することと，有期契約労働者が選択した無期契約労働者を比較対象とすることは矛盾しないことになる。メトロコマース事件調査官解説（大竹・前掲解説［*124］58頁）も，あるいはこの趣旨かもしれない。

*133　緒方桂子「改正労働契約法20条の意義と解釈上の問題」季労241号（2013）24頁，本書〔2版〕795頁以下等。

*134　菅野〔11版〕337頁，荒木＝菅野＝山川234頁等。

られた*135。しかし，前掲・メトロコマース事件（*119）は，有期契約労働者に退職金を支給しないという相違の不合理性について，ハマキョウレックス事件と同旨を述べるとともに，具体的判断においても，かかる退職金相違を「不合理であるとまで評価することができるものとはいえない」と判断しており，これは，退職金相違に問題はある（合理的理由はない）にせよ，なお不合理とまでは評価できないとする趣旨と解され，不合理性説を改めて確認する判断と考えられる*136。

第2に，旧労契法20条が労働条件相違の不合理性の判断基準として掲げる3要素の意義については，①職務の内容，②職務の内容・配置の変更の範囲という明示の要素を重視する見解も見られたが*137，裁判例は，③その他の事情についても①②と同程度の重みをもつ要素と解し，3要素を総合的に考慮して不合理性を評価する立場（3要素総合判断説）を採用してきた。そして，判例（前掲・長澤運輸事件［*118］）も，この立場を支持して議論に決着をつけた。

すなわち，同事件判旨は，賃金は，労働者の職務内容・配置変更の範囲により一義的に定まるものではなく，使用者は，雇用・人事に関する経営判断の観点から，労働者の職務内容および変更範囲にとどまらない様々な事情を考慮して賃金を検討するものであること，賃金決定のあり方については，団体交渉等による労使自治に委ねられるべき部分が大きいこと，その他の事情の内容を職務の内容・配置変更の範囲に関連する事情に限定すべき理由はないことから，3要素を幅広く考慮する立場を採用している。また，その他の事情の内容自体も多岐に亘ることは前述したとおりである（1043頁）。

第3に，労働条件相違の不合理性は，個々の労働条件ごとに判断するのか，賃金全体を対象に判断するのかも問題となる。この点，裁判例の多くは個々の労働条件ごとの判断を行ってきたが，判例（前掲・長澤運輸事件［*118］）は，賃金が複数の項目から構成される場合，賃金項目ごとに趣旨が異なり，考慮す

---

*135　たとえば，日本郵便［東京］事件第1審・東京地判平成29・9・14労判1164号5頁，大阪医科薬科大学［控訴］事件・大阪高判平成31・2・15労判1199号5頁等。岡村優希［判研］労働131号（2018）156頁参照。

*136　山本・前掲論文（*124）123頁参照。最近の前掲・トーカロ事件（*132）は，労働条件相違の不合理性に係る具体的判断に際しては，人事上の施策を含む諸事情を幅広く総合的に考慮し，相違が当該事業者の経営または人事上の施策として不合理なものか否かを判断するのが相当と判断しており，不合理性説を明示している。

*137　本書［2版］796頁以下等。

べき事情や考慮の仕方も異なるため，個別的に不合理性の判断を行うべきであると述べ，この立場を確認した。ただし，賃金項目は他の賃金項目をふまえて決定されることもあるため，他の賃金項目との関連性も考慮するのが相当と判断している。また，前掲・日本郵便［佐賀］事件（＊123）は，夏期冬期休暇に係る相違の不合理性につき，前掲・長澤運輸事件（＊118）を引用した上，賃金以外の労働条件相違についても，個々の労働条件の趣旨を考慮するのが相当と判示している。

(3) 効　果
(ア) 損害賠償請求　　前記のとおり（1040頁以下），旧労契法20条およびパート・有期法8条は，私法的効力を有する規定であるから，同条違反の効果とし，不合理な労働条件を定めた労働協約，就業規則，労働契約の定めは無効となり，その定めによる取扱いは不法行為（民709条）として損害賠償責任を発生させる（パート・有期法施行通達［第3・3(7)］も同旨）。したがって，賃金等の労働条件・待遇相違が不合理と判断された場合，有期契約労働者は，過去の差額賃金相当額（逸失利益）の損害賠償を請求することができる[*138]。

なお，不法行為の成立要件である過失について，使用者側からは，旧労契法20条の解釈については確立した判例・学説が存在しないこと等を理由に過失の存在を否定する主張が行われてきたが，裁判例は，一致してこの主張を斥けている。代表的裁判例は，不法行為の成否に係る法的評価は行為者が自らの責任で行うべきであるところ，会社は，旧労契法20条の公布後約7か月後に，契約社員が所属する労働組合から契約社員の処遇（一時金・諸手当・休暇）改善に係る要求を受けていることから，本件労働条件相違の不合理性を認識することは可能であったと判断し，会社の過失を肯定している[*139]。2020年最高裁5判決によって，旧労契法20条・パート・有期法8条に関する解釈はほぼ確立されたため，使用者の過失の認定はより容易となったといいうるが，基本給・賞与・退職金相違の不合理性についてはなお不明確な部分が残るため（1054頁以下），その点に係る議論は今後も継続されるものと解される。

[*138]　荒木＝菅野＝山川244頁，櫻庭・前掲論文（＊114）117頁，基コメ労基・労契532頁［野田］，緒方・前掲論文（＊114）28頁。

[*139]　日本郵便［東京］事件控訴審・東京高判平成30・12・13労判1198号45頁。他の裁判例を含めた分析として，山本・前掲論文（＊116）132頁以下参照。

問題は、旧労契法20条・パート・有期法8条によって労働条件・待遇相違が不合理と判断された場合の損害の範囲（救済範囲）である。この点については、ⓐ当該労働条件（賃金であれば、無期契約労働者との間の賃金差額）全体が不合理とされて無効と判断され、労働者は差額賃金相当額全部を請求できるとする見解と、ⓑ当該労働条件の一部（賃金であれば、たとえば無期契約労働者の賃金の8割以下となる格差部分）が不合理とされて無効と判断され、労働者は当該差額賃金相当額を請求できるとする見解（割合的認定論）がありうる。私は、20条が①職務の内容・②配置の変更の範囲・③その他の事情を不合理性の考慮要素と規定している以上、これら要素に基づく労働条件・待遇相違（部分的相違）は正当化されるものと解し、ⓑ説（割合的認定論＝部分的救済）が妥当と考える[*140]。

一方、このことは、使用者が上記①②③の「違いに応じた均衡のとれた処遇」（前掲・ハマキョウレックス事件［*115］）を懈怠したことから発生した労働条件・待遇の部分的相違（均衡を欠く待遇）が有期契約労働者の損害として認定されること（割合的認定＝部分的救済）を示している。他方、これに対しては、割合的認定論が裁判所の裁量による損害額の割合的認定を行う点で司法の過剰介入となり、当事者の予測可能性を損ねるとして消極に解し、均等待遇規範に引きつけて考え、労働条件相違の不合理性を肯定すべき場合は損害を100％肯定する一方、不合理性を否定すべき場合は100％救済を否定し（そして、2020年最高裁5判決もこのような立場を採用していると理解し［前掲・日本郵便3事件（*121、*122、*123）は前者、前掲・メトロコマース事件（*119）・大阪医科薬科大学事件（*120）は後者］）、割合的認定論を否定する見解が見られる[*141]。

しかし、こうした理解は適切でない。前記のとおり（1040頁）、旧労契法20条およびパート・有期法8条の本旨は、均衡待遇規定（有期契約・無期契約労働者間の労働条件相違を認めつつ、それが不合理なものであることを禁止し、有期契約労働者に対して均衡のとれた待遇を提供する規定）という点にある[*142]。したがって、

---

*140 土田345頁参照。裁判例においても、有期雇用労働者に対する年末年始勤務手当・住居手当の不支給について不合理性を肯定しつつ、両手当には正社員への長期雇用への動機づけの趣旨もあること等から差額全額が損害になるわけではないとして各8割、6割の支払を命ずる例があり（前掲・日本郵便［東京］事件第1審［*135］）、妥当と解される。名古屋自動車学校事件・名古屋高判令和4・3・25ジャーナル126号38頁（原審［名古屋地判令和2・10・28労判1233号5頁］を支持）も参照（1063頁参照）。

*141 大内・前掲論文（*124）6頁以下。

上記①②③の「違いに応じた均衡のとれた処遇」を保障するということは，損害の範囲について割合的認定（部分的救済）を行うことを当然に内包するのであり，割合的認定を否定することは，旧労契法 20 条およびパート・有期法 8 条自体を否定することに等しい。また，司法の過剰介入という批判についても，有期契約労働者の労働条件が低い状況にある一方，正社員組合のような集団的交渉チャンネルに乏しく，正社員ほどには労使自治の機能を十分期待できないこと——それ故にこそ旧労契法 20 条が制定され，パート・有期法 8 条に継承されたこと——を考えると，裁判所が均衡待遇規定の趣旨を踏まえて，その合理的裁量によって有期契約労働者の労働条件を設定していくことを否定する理由はないと考える。もとよりその場合も，割合的認定に係る判断の不明確性という問題は残るが，その点は，個々の事案における賃金制度と運用に関する正確な事実認定と，均衡待遇規定の趣旨を踏まえた裁判所の合理的裁量に委ねるほかないと考える*143。

*142 この点，均等待遇については，パート・有期法 9 条が規定するところ，同条は，職務内容同一短時間・有期雇用労働者について差別的取扱いを禁止する規定であり（1071 頁参照），旧労契法 20 条・パート・有期法 8 条とは適用範囲が異なる点に留意すべきである。最高裁判所調査官解説も，旧労契法 20 条は「必ずしも労働条件が同一であることを求めるものではなく，労働条件の相違の有無及びその程度が不合理と認められるものでなければ足りるとするものである」，同条は，「差別的取扱いの禁止規定や同一（価値）労働同一賃金の原則のように均等処遇を求めるものではなく，有期契約労働者と無期契約労働者との相違に応じた均衡処遇を求める規定であると解される」と述べ，旧労契法 20 条が均衡待遇規定であることを明言している（中島＝村田・前掲判解［*124］91 頁以下）。

*143 土田・前掲②論文（*114）34 頁以下参照。より具体的には，「民事訴訟法 248 条〔損害額の認定—著者注〕に従い，口頭弁論の全趣旨及び証拠調べの結果に基づき，相当な損害額を認定すべきもの」である（前掲・日本郵便［東京］事件第 1 審［*135］）。日本郵便［東京］事件第 1 審は，損害の割合的認定につき，「無期契約労働者と同一内容でないことをもって直ちに不合理であると認められる労働条件」（均等部分）と「有期契約労働者に対して当該労働条件が全く付与されていないこと，又は付与はされているものの，給付の質及び量の差異の程度が大きいことによって不合理であると認められる労働条件」（均衡部分）に分けた上，均等部分については全額を損害とすべきなのに対して，均衡部分については割合的認定を行うとの判断を示し，各手当について割合的認定を行っており，私見に近い立場と解される。学説として，岡村優希「労働契約法 20 条における不合理性の判断方法と損害額の認定」労働 131 号（2018）167 頁以下参照。

以上に対し，注釈労基・労契(3) 324 頁［島田裕子］は，均衡の取り方（割合的認定）については何ら客観的な基準がなく，個々の裁判官の主観や感覚に頼らざるをえないことを考えると，裁判所が積極的に割合的認定を行うことは期待できず，結局，「均衡」とは，基本的には「部分的な均等待遇」（性質・目的が全く同様に妥当する手当については均等待遇を求め，それ以外の待遇については相違の不合理性を否定）となると批判する。しかし，この批判こそ主観的・感覚的であり（民訴法 248 条の構造［口頭弁論の全趣旨および証拠調べの結果に基づく相

(イ) **直律的効力の有無** 旧労契法20条・パート・有期法8条の効果については，両規定によって無効とされた労働条件について，その直律的効力を肯定すべきか否かも問題となる。この点，旧労契法20条の「施行通達」（第5・6(2)カ）は，同条違反の効果について，「無効とされた労働条件については，基本的には，無期契約労働者と同じ労働条件が認められる」と述べ，直律的効力を肯定していた。これによれば，有期契約労働者は，差額賃金相当額の損害賠償ではなく，差額賃金それ自体を請求できることになる。

しかし，すでに指摘があるとおり（荒木586頁），旧労契法20条は，その効果として，同法12条や労基法13条に相当する規定を設けていないのであるから，直律的効力を肯定することは適切でない。すなわち，有期契約労働者の労働条件が不合理とされ無効と判断された場合に，旧労契法20条固有の効果として，当該無効部分が無期契約労働者の労働条件によって当然に補充されることを認めるべきではない。もとより，同条の効果とは別に，労使間の具体的規範（労働協約・就業規則・労働契約）の合理的解釈によって当該無効部分を補充することは可能であるが，それが困難な場合は，不法行為による差額賃金相当額の損害賠償の救済にとどめることが適切である*144。

(4) 具体的判断

(ア) **諸手当** 諸手当については，判例・裁判例は，旧労契法20条の趣旨を踏まえて相違の不合理性について踏み込んで判断し，積極的司法審査の姿勢を示している。すなわち，判例（前掲・ハマキョウレックス事件［*115］）は，運送会社の契約社員ドライバー（有期雇用労働者）と正社員ドライバー（無期雇用労働者）の間の5手当（無事故手当・作業手当・給食手当・皆勤手当・通勤手当）の相違（前4手当は契約社員には不支給，通勤手当は差額あり）につき，両者間に同条所定の①職務の内容に違いがない一方，②職務の内容・配置の変更の範囲に関する違いが存在することを前提に，①②との関連性が乏しいことおよび③不合理性の評価を妨げうるその他の事情が存在しないことを理由に同条違反と判断し，不法行為による損害賠償請求を認容している。他方，住宅手当については，就業場所の変更を予定しない契約社員と異なり，正社員については転居を

当な損害額の認定］を無視），均衡待遇規定の趣旨を顧みない見解であって，失当と考える。
*144 判例（前掲・ハマキョウレックス事件［*115］）も同旨。パート・有期法施行通達も上記内容に改められた（第3・3(7)）。

伴う配転が予定され，住宅費用が多額となりうるとして不合理性を否定した[*145]。

　また，2020年の日本郵便3事件も同様の傾向を示しており，前掲・日本郵便［大阪］事件（*121）は，正社員に支給される年末年始勤務手当につき，多くの労働者が休日として過ごす年末年始期間において，郵便業務に従事したことに対して支給される対価であるところ，上記趣旨は契約社員にも妥当すること，祝日給については，特別休暇が与えられているにもかかわらず，最繁忙期のため付与されず，年始期間に勤務したことの代償であるところ，上記趣旨は業務の繁閑に関わらない勤務が見込まれている契約社員にも妥当すること，扶養手当については，正社員の長期勤続が期待されることから，その生活保障や福利厚生を図り，その継続的な雇用を確保するという目的によるものであるところ，上記趣旨は，相応に継続的勤務が見込まれている契約社員にも妥当することをそれぞれ認定して相違の不合理性を肯定している[*146]。また，前掲・日本郵便［東京］事件（*122）も，病気休暇につき，正社員の生活保障を図り，私傷病の療養に専念させることで継続的な雇用を確保するという目的によるものであるところ，上記趣旨は，相応に継続的勤務が見込まれている契約社員にも妥当するとして不合理性を肯定し，前掲・日本郵便［佐賀］事件（*123）は，夏期冬期休暇につき，正社員に対し，年休とは別に，労働から離れることで心身の回復を図るものであるところ，上記趣旨は，業務の繁閑に関わらない勤務が見込まれている契約社員にも妥当するとして不合理性を肯定している[*147]。

*145　通勤手当につき同旨，アートコーポレーション事件・東京高判令和3・3・24労判1250号76頁。一方，住居手当の不支給につき，その趣旨を前掲・ハマキョウレックス事件（*115）と同様に解した上，契約社員と同様，配転が予定されていないにもかかわらず住居手当が支給される新一般職との関係では不合理であると判断した例がある（前掲・日本郵便［東京］事件控訴審［*139］）。他方，通勤手当の不支給につき，会社は契約社員について通勤バスを手配し，その経路についても契約社員にある程度配慮した上で決定するなど，通勤手当の不支給に代わる代替手段が十分に機能していたとして不合理性を否定した例もある（日東電工事件・津地判令和5・3・16労経速2519号3頁）。

*146　同旨，前掲・日東電工事件（*145）。定年後再雇用社員については，1063頁参照。

*147　なお，日本郵便3事件（*121，*122，*123）は，契約社員に対する夏期冬期休暇の不付与による損害について，夏期冬期休暇は有給休暇として所定日数を取得できるものであるところ，契約社員は，夏期冬期休暇を与えられなかったことにより，当該所定の日数について本来する必要のなかった勤務をせざるを得なかったといえるから，上記勤務をしたことによる財産的損害を受けたと判断している。その趣旨は分かりにくいところがあるが，夏期冬期休暇が有給とされていることから，勤務しなくても得られたであろう賃金について損害と認定する趣旨と解することが最も自然であろう（日本郵便［佐賀］事件控訴審・福岡高判平成30・5・24

他方，不合理性の否定例としては，大学非常勤講師に対する住宅手当・家族手当の不支給につき，専任教員は大学運営に係る幅広い業務を担当するところ，それに相応しい人材を確保するため両手当を専任教員にのみ支給することは不合理とはいえないと判断した例*148，大学非常勤講師に対する夜間担当手当の不支給について同様に判断した例*149，出産休暇・手当金の不支給につき，法人の組織運営を担う職員を確保する目的で専任職員にのみ支給することは不合理とはいえないと判断した例*150，地域手当の不支給につき，契約職員は異動が予定されておらず，勤務地の物価の高低による生活費の差額を補てんする必要がないとして不合理性を否定した例*151，寒冷地手当の不支給につき，同手当は勤務地域を異にすることで増加する生計費の負担を緩和し，正社員間の公平を図る趣旨で支給されるものであるところ，時給制契約社員の基本賃金は，勤務地域ごとの必要生計費を考慮した上で定められているから，基本賃金において勤務地域間の不公平が生じているとはいえず，寒冷地手当支給により公平を図る趣旨は妥当しないとして不合理性を否定した例*152等がある。

(イ) **基本給・賞与・退職金**　　a) 概説　　これに対し，基本給・賞与・

労判1229号12頁がこの趣旨と解される）。前掲・社会福祉法人紫雲会事件（*117）も参照。
　以上のほか，有期雇用労働者に対する家族手当・住宅手当・精勤手当の不支給（前掲・井関松山製造所事件［*109］），物価手当の不支給（前掲・井関松山ファクトリー事件［*109］），通勤手当の不支給（九水運輸商事事件・福岡高判平成30・9・20ジャーナル82号36頁），扶養手当の不支給，リフレッシュ休暇・特別休暇の不付与，年休半日取得制度の欠如（前掲・日東電工事件［*145］）等について不合理性が肯定されている。このうち，家族手当・住宅手当の不支給については，それぞれ，配偶者・扶養家族の存在により生活費が増加し，住宅費用を負担する場合があることは有期契約労働者であっても変わりがないとして不合理性が肯定されており，前掲・ハマキョウレックス事件（*115）に比べて生活手当としての性格が重視されている。

*148　中央学院事件・東京高判令和2・6・24労経速2429号17頁，前掲・トーカロ事件（*132），前掲・日本大学事件（*63）。期末手当・扶養手当・住宅手当不支給につき同旨，前掲・桜美林学園事件（*117）。
*149　学校法人A事件・大阪高判令和2・1・31労経速2431号35頁。
*150　社会福祉法人青い鳥事件・横浜地判令和2・2・13労判1222号38頁。
*151　前掲・日本スポーツ振興センター事件（*117）。
*152　日本郵便事件・東京地判令和5・7・20労判1301号13頁［同［控訴］事件［東京高判令和6・2・21判例集未登載］では，契約社員に対する寒冷地手当の不支給は，期間の定めの有無に関連して生じたものではなく，正社員・契約社員の基本賃金の決定方法と寒冷地域であることに起因する暖房燃料費等の生計費増加分に係る考慮の仕方の違いによって生じたものであるとの判示が追加されている）。結論同旨，日本郵便事件・札幌地判令和5・11・22労経速2545号35頁。

退職金については，判例・裁判例は相違の不合理性を容易には認めない傾向にある。たとえば，メトロコマース事件控訴審*153 は，正社員・契約社員（有期雇用労働者）間の本給および資格手当の相違につき，両者の間には前記①・②に大きな相違がある上，正社員には長期雇用を前提とした年功的な賃金制度を設ける一方，短期雇用を前提とする契約社員に異なる賃金体系を設けることには合理性が認められること，契約社員の本給は正社員の本給の 73% 前後が確保され，契約社員には正社員にない早番手当・皆勤手当が支給されること等を理由に不合理性を否定している。また，前掲・日本郵便［東京］事件控訴審（*139）は，ⓐ契約社員に対する外務業務手当の不支給につき，正社員の基本給の一部を手当化したものであるところ，正社員には長期雇用を前提とする賃金体系を設け，短期雇用を前提とする契約社員には正社員と異なる賃金体系を設けることには合理性があり，手当の額も労使協議を踏まえて決定されていることや，契約社員にも外務加算額が支給されていることから不合理性を否定するとともに，ⓑ契約社員に対する賞与（夏期年末手当）の不支給についても，賞与は基本給と密接に関連する手当であり，会社業績等を踏まえた労使交渉によって支給内容が決定されること，賞与は功労報償・将来の労働への意欲向上策としての性格を有するため，正社員に対する長期雇用の動機づけという観点から手厚い支給を行うことは合理的であること，契約社員にも臨時手当が支給されていること等から不合理性を否定している*154。

　もっとも，近年には，基本給・賞与・退職金相違について不合理性を肯定し，旧労契法 20 条違反を肯定する例も散見されてきた。大学の正規職員・臨時職員間の基本給格差につき，短期雇用の臨時職員が 30 年以上にわたって雇止めもなく雇用されたという事情はその他の事情に当たり，職務の内容や配置の変更の範囲に違いがあることを考慮しても，正規職員との間の約 2 倍の基本給格差は不合理な相違に当たると判断した例*155，大学の正職員・アルバイト間の

---

*153　東京高判平成 31・2・20 労判 1198 号 5 頁。
*154　ほぼ同旨，前掲・日本郵便［大阪］事件（*121）。このほか，医療法人 A 会事件・新潟地判平成 30・3・15 労経速 2347 号 36 頁，前掲・井関松山製造所事件（*109），前掲・井関松山ファクトリー事件（*109），前掲・中央学院事件（*148），前掲・トーカロ事件（*132），科学飼料研究所事件・神戸地姫路支判令和 3・3・22 労判 1242 号 5 頁等。山本・前掲論文（*124）128 頁以下参照。正社員・契約社員間における賞与の査定方法の違いについて不合理性を否定する例として，ヤマト運輸事件・仙台地判平成 29・3・30 労判 1158 号 18 頁。
*155　産業医科大学事件・福岡高判平成 30・11・29 労経速 2370 号 3 頁。

賞与格差につき，賞与算定期間の就労自体に対する対価および賞与算定期間における一律の功労としての性質を有すると述べて不合理な相違と判断した例（前掲・大阪医科薬科大学［控訴］事件［＊135］），契約社員Bの労働契約は原則として更新され，定年が65歳と定められており，原告ら2名は10年前後の長期間にわたって勤務した後に定年退職したこと，契約社員Bと同じく売店業務に従事する契約社員Aは無期契約労働者に転換して退職金制度を適用されていることによれば，少なくとも長年の勤務に対する功労報償の性格を有する部分に係る退職金（正社員の少なくとも4分の1）を不支給とすることについては不合理と判断した例（前掲・メトロコマース事件控訴審［＊153］）がある。

　しかし，2020年の最高裁判決は，このうち賞与・退職金相違の不合理性を肯定した2事件を破棄し，不合理性を否定した。すなわち，前掲・メトロコマース事件（＊119）は，退職金の支給目的を正社員人材の確保・定着に求めた（有為人材確保論）上，売店業務正社員は，休暇や欠勤で不在の販売員に代わって代務業務を担当していたほか，複数の売店を統括し，売上向上のための指導・改善業務等の売店業務のサポートやトラブル処理等の業務に従事することがあったのに対し，契約社員Bは売店業務に専従しており，両者の職務の内容に相違があったこと，売店業務正社員は配転等を命ぜられる現実の可能性があるのに対し，契約社員Bには配転等がなく，配置の変更の範囲にも一定の相違があったこと等から，契約社員Bに退職金を支給しないという労働条件の相違は不合理とまでは認められないと判断した。また，前掲・大阪医科薬科大学事件（＊120）は，メトロコマース事件と同様の理由によって，大学のアルバイト職員に対する賞与不支給の不合理性を否定している[*156]。

　しかし，このうち，メトロコマース事件の判断には疑問がある[*157]。すなわち，メトロコマース事件は，退職金について，正社員の職務遂行能力や責任の程度等を踏まえた労務の対価の後払いや継続的な勤務に対する功労報償の性質を有すると評価し，その支給目的が正社員の確保・定着にあることを重視して，契約社員Bに対する全額不支給の不合理性を否定している。しかし，メトロコマース事件における退職金が継続的勤務に対する功労報償の性質を有するのであれば，契約社員Bが10年前後勤続して定年退職し，貢献度・功労が高く，

[*156] 賞与につき同旨，前掲・日東電工事件（＊145），Aホテル事件・大阪地判令和5・6・8労経速2525号10頁，前掲・日本大学事件（＊63）。

[*157] 土田・前掲②論文（＊114）32頁以下，土田・前掲③論文（＊114）1080頁以下参照。

正社員と同様またはそれ以上に継続的勤務が見込まれる以上，上記退職金の性質は契約社員Ｂにも妥当するはずであり，その点を度外視した判断には疑問がある。すなわち，メトロコマース事件については，退職金の性質の一部を継続的勤務に対する功労報償と解しながら，その支給目的をもっぱら正社員の確保・定着に求めて，契約社員に妥当する余地を一切否定した点に問題があると考える*158。一方で，本件退職金の目的が正社員人材の確保・定着にあること（有為人材確保論），売店業務正社員と契約社員Ｂの間に職務の内容・配置の変更の範囲について一定の違いがあること，基本給・賞与・退職金については本来，労使自治を尊重すべきであり，法の過剰介入は避けるべきこと（後述ｂ））を考えると，退職金について相違があること自体を不合理と評価すべきではない。

以上の考察を踏まえると，メトロコマース事件については，控訴審（＊153）が行った割合的認定（長年の勤務に対する功労報償の性質を有する部分［退職金額の4分の1］の限度で不合理と判断）によって非正規労働者に対する部分的救済を行う判断の方が妥当と考える。この点，同事件における宇賀克也裁判官の反対意見は私見と同旨を述べており，私は，この宇賀反対意見に賛同する。

　ｂ）　基本給・賞与・退職金に関する法的介入のあり方*159　　以上のとおり，前掲・メトロコマース事件（＊119）には疑問があるが，一方，基本給・賞与・退職金に関する不合理性判断のあり方については，労使自治との適切な調整を図り，法の過剰介入を控えるべきものと考える。すなわち，パート・有期法8条および旧労契法20条は，短時間・有期雇用労働者の均等待遇を規定する9条とともに，本来は労使が自主的に決定すべき賃金水準に直接介入し，賃金水準を修正してしまう強力な規律である。したがって，8条の解釈・適用に際しては，賃金の決定に関する労使自治との間で調整を図る必要がある*160。

---

*158　この点，前掲・日本郵便［大阪］事件（＊121）は，扶養手当について，正社員の生活保障や福利厚生を図り，その継続的な雇用を確保することを目的とすると解しつつ，契約社員についても相応に継続的な勤務が見込まれるのであれば上記趣旨は妥当するところ，本件契約社員は相応に継続的な勤務が見込まれているため上記趣旨が妥当すると判断し，不合理性を肯定している。この判断を踏まえれば，メトロコマース事件における退職金についても，少なくとも控訴審が行った割合的認定による救済を認めるべきものと考える。結論同旨，水町393頁。反対，注釈労基・労契(3) 318頁［島田裕子］。
*159　土田・前掲②論文（＊114）44頁以下，土田・前掲①論文（＊114）55頁以下参照。
*160　パート・有期法8条と同様，賃金水準に直接介入する実体的規律である各種差別禁止規定（均等待遇［労基3条］，男女同一賃金原則［同4条］，不当労働行為の禁止［労組7条］

この点，基本給・賞与・退職金は，労働市場の多種多様な状況を前提に，各企業の賃金・人事施策を基礎に長年かけて形成され，労働組合等との労使交渉を経て決定される労働条件であり，先例2判決等が指摘するように，労使交渉の経緯や，個々の企業の経営裁量（賃金制度の設計・運用に関する裁量）を尊重する必要がある。この点を踏まえると，パート・有期法8条・旧労契法20条については，労使間交渉・協議という手続的側面を考慮要素として重視して解釈する必要がある。すなわち，使用者が正社員のみならず，短時間・有期雇用労働者との間でも説明・協議手続を真摯に履行した上で基本給・賞与・退職金を含む賃金体系と賃金水準を決定した場合は，労使間の合理的利益調整が行われたものと評価し，待遇相違の不合理を否定する方向に働く重要な事情（その他の事情──労働条件・待遇相違の不合理性に係る評価障害事実）に位置づけることが適切である*161。

ところで，上述した「労使自治」は，使用者と正社員（組合）間の労使自治のみならず，使用者と短時間・有期雇用労働者間の労使自治をも含むものと考える。後述するとおり（1070頁），パート・有期法8条の下では，短時間・有期雇用労働者の待遇について同労働者の意見・利益を全く排除する形で行う労使交渉は，同条にいう「適切と認められるもの」と評価されない可能性が高いが，労使自治の観点からは，これは使用者と短時間・有期雇用労働者間の協議・交渉（労使自治）の重要性を示すものである。この点を踏まえれば，使用者は，正社員のみならず，短時間・有期雇用労働者との間でも説明・協議手続を真摯に履行する必要がある。また，上述した待遇相違の不合理性に係る評価障害事実の存在を認めるためには，使用者による一方的な説明・情報提供（一方的手続）では足りず，短時間・有期雇用労働者との間で協議・交渉を行い，その意見を制度設計に反映させるといった双方向的手続を要すると考えるべきである。このように，8条の不合理性判断に際して，正社員（組合）および短

等）と8条を比較すると，上記差別禁止規定は，労働者の基本的人権を保護するための規律として公序的性格を有するのに対し，8条については，そうした公序性を認めることはできない。この点からも，8条について差別禁止規定と同様の強力な実体的規律を肯定する解釈を正当化することはできず，労使自治との調整を図ることが必要となる（土田・前掲①論文［*114］55頁参照）。

*161　具体的には，就業規則による労働条件の不利益変更（労契10条）に関する判例法理（第四銀行事件・最判平成9・2・28民集51巻2号705頁。743頁参照）を参考に，待遇相違が不合理と認められないことの一応の推測が働くことを認めるべきであろう。土田・前掲①論文（*114）56頁，土田・前掲②論文（*114）46頁参照。

時間・有期雇用労働者との間の交渉・協議を重視する解釈を行うことで，双方の労使自治との間の適切な調整を図り，裁判所の実体的審査に一定の限界を画することが可能となる*162。

他方，短時間・有期雇用労働者の法的保護の要請を踏まえれば，仮に使用者が正社員および短時間・有期雇用労働者との間でそれぞれ協議・交渉手続を履行した上で基本給・賞与・退職金を決定した場合も，実際には正社員との間で職務の内容・配置変更の範囲が同一または類似している短時間・有期雇用労働者について著しい待遇相違が生じている場合は，パート・有期法8条の実体的規律によって待遇相違の不合理性を肯定すべきである（こうした状況は，労働条件・待遇相違の不合理性に係る評価根拠事実を意味し，労働者側の主張立証事項となる）。たとえば，使用者が定型業務に従事する短時間・有期雇用労働者に賞与・退職金を不支給とする一方，同一・類似業務に従事する正社員（職種・勤務地限定正社員等）に支給するケースが挙げられる。この場合は，労使交渉による待遇相違の不合理性に係る評価障害事実は認定されず，8条による実体的審査を肯定すべきことになる。その場合，均衡待遇規定の趣旨および労使自治・経営裁量尊重の要請との調整を図る観点からは，一定の範囲で待遇相違の不合理性を肯定し，割合的認定判断によって部分的救済を図ることが適切と考える（1051頁参照）。私見によれば，前掲・メトロコマース事件（*119）は，まさにこの評価が妥当するケースである。

---

*162 本文の解釈は，労働組合が正社員（無期契約労働者）のみ組織し，短時間・有期雇用労働者を組織していない場合を念頭に置いている。この場合，短時間・有期雇用労働者の労働条件・待遇についても，正社員組合との団体交渉・労使協議（正社員組合との間の労使自治）が重要な意義を有することは明らかであり，この点は，先例2判決でも判示されている。したがって，使用者と正社員組合が団体交渉・労使協議において，短時間・有期雇用労働者について適切な待遇決定を行っている場合は，待遇相違の不合理性を否定する方向に働く事情（その他の事情）に位置づけられる。しかし一方，本文に述べたとおり，パート・有期法8条の下では，使用者は，短時間・有期雇用労働者との間でも説明・協議手続を真摯に履行する必要があること（短時間・有期雇用労働者との間の労使自治）から，そうした手続を履行していない場合は，正社員組合との交渉・協議を上記事情として考慮することはできない。とはいえ，使用者・正社員組合が交渉・協議において，短時間・有期雇用労働者について適切な待遇決定を行っている場合は，短時間・有期雇用労働者との間における説明・協議の欠如の一事をもって直ちに不合理性を肯定することは適切でない。要するに，以上の状況は，パート・有期法8条の解釈としては中立的な意義を有する事情として理解すべきことになろう。これに対し，労働組合が正社員とともに短時間・有期雇用労働者を組織している場合は別の考慮が必要となるが，この点については，土田・前掲②論文（*114）47頁参照。

(5) 再雇用社員類型＊163

(ア) 序 旧労契法20条に関する裁判例の多くは，前述した契約社員類型であるが，再雇用社員類型に係る紛争も一定数登場している。再雇用社員類型が契約社員類型と異なるのは，再雇用社員の場合，正社員（無期契約労働者）として勤務し，定年退職後に再雇用社員（有期契約労働者）として雇用された結果，正社員（自身の定年退職時）との間で賃金・賞与等に係る相違が存在しているということである。

(イ) 判例・裁判例 先例は，前掲・長澤運輸事件（＊118）であり，事案は，再雇用社員（嘱託乗務員）・正社員間で職務の内容・配置の変更の範囲が同一であるにもかかわらず，能率給・職務給の不支給や賞与不支給等により，全体で21％の賃金格差が存在するというものであったが，最高裁は，当該相違の不合理性を否定した。判決は，旧労契法20条について，①賃金全体ではなく，個々の賃金項目について相違の不合理性を判断する方法を採用し（1048頁），②旧労契法20条所定の3要素について3要素総合判断説を採用してその他の事情を重視する判断を示した（1048頁）上，③再雇用社員は，定年退職前は無期契約労働者として賃金を受領し，定年退職後に再雇用される労働者であることや，老齢厚生年金の支給が予定されていることを考えると，再雇用社員であることをその他の事情として考慮すべきものと判示する。その上で，④再雇用社員の賃金制度の特質（基本賃金額を退職時の基本給水準以上とすることで収入の安定に配慮しつつ，歩合給係数を能率給より高くすることで労務の成果を賃金に反映させる賃金制度）や，再雇用社員が定年退職時に退職金を支給され，老齢厚生年金の受給を予定し，報酬比例部分支給までの間は，組合との団体交渉を経て調整給が支給されること等を重視し，これら事情を「その他の事情」として考慮する判断を示した。

その後の裁判例も，概ね前掲・長澤運輸事件（＊118）に沿った判断を示している。第1に，長澤運輸事件と異なり，定年前正社員と再雇用社員の間で職務の内容・配置の変更の範囲が異なる事案では，賃金減額幅が大きい場合も，労働条件相違の不合理性が否定されている。すなわち，再雇用社員の職務内容が軽減され，管理職としての責任が免除され，人事異動の対象から除外される等の変更が行われていれば，賃金が大きく低下しても不合理性が否定される＊164。

＊163 本項については，土田・前掲④論文（＊114）663頁以下参照。高年齢者雇用安定法の規律（高年齢者雇用確保措置）については，同論文713頁以下，本書837頁参照。

第2に，正社員（無期契約労働者）が終身雇用制・年功制の下で年功賃金体系を適用され，定年直前や役職定年後の賃金が終身雇用・年功制を反映して高賃金を支給する仕組みとして設計・運用されているケースでは，そうした年功賃金体系の存在自体が旧労契法20条のその他の事情として考慮され，賃金に係る相違の不合理性を否定する理由とされる。上記のとおり，再雇用社員であること自体がその他の事情として考慮されることを示す判断である。典型的裁判例（五島育英会事件＊165）は，学校法人に専任教員として勤務後，定年退職により嘱託教員となった者の給与（基本給・調整手当・賞与）が正規教員時の約60％に減額されたという事案であるが（職務内容・配置の変更の範囲は正規教員と同一），判旨は，年功賃金体系の下では定年直前の賃金が当該労働者の当時の貢献に比して高い水準となり，就労開始から定年退職までの全期間を通じて賃金の均衡が図られていることとの関係上，定年退職後再雇用者の賃金が定年退職直前の賃金と比較して低額となることは労働者の貢献と賃金との均衡という観点からは見やすい道理であり，不合理とは評価できないと判断している。

　第3に，再雇用社員の賃金について，公的給付・公的年金を組み入れて賃金体系を設計・運用しているケースでは，その点がその他の事情として考慮され，労働条件相違の不合理性を否定する理由とされる。前掲・長澤運輸事件（＊118）があるほか，再雇用社員は高年齢雇用継続基本給付金および企業年金を受給しており，賃金と合計すれば正社員時の基本給を上回るところ，これら給付は，再雇用社員の生活を支える給付として，その他の事情に位置づけられると判断し，再雇用社員の基本給を正社員時から27％減額する措置について不合理性を否定した例（前掲・北日本放送事件［＊164］），高年齢雇用継続基本給付金および老齢厚生年金（報酬比例部分）は，高齢者の低減した賃金総額の補填をも目的として給付されるものであるから，再雇用社員がこれら給付を受給したことを労働条件相違の不合理性に係る評価障害事実として考慮することは

＊164　日本ビューホテル事件（東京地判平成30・11・21労判1197号55頁）は，定年退職時から54％減額，北日本放送事件（富山地判平成30・12・19ジャーナル84号2頁）は27％減額，学究社事件（東京地立川支判平成30・1・29労判1176号5頁）は30〜40％減額，キヤノン事件（東京地判令和5・6・28労経速2539号20頁）は50％以上減額，日本空調衛生工事業協会事件（東京地判令和5・5・16労経速2546号27頁）は，40％減額について不合理性を否定している。

＊165　東京地判平成30・4・11労経速2355号3頁。同旨，L社事件・東京地判平成28・8・25労判1144号25頁，前掲・日本ビューホテル事件（＊164），前掲・社会福祉法人紫雲会事件（＊117），前掲・日本空調衛生工事業協会事件（＊164）。

ありうると判断した例（前掲・名古屋自動車学校事件［＊140］），再雇用社員の基本給が定年退職時本棒の8割に達する一方，同社員に対する期末・勤勉手当不支給の結果，その年収が定年退職時の6割強にまで削減された事案につき，退職金支給のほか老齢厚生年金支給により相応の生計費補塡がなされているとして不合理性を否定した例（前掲・社会福祉法人紫雲会事件［＊117］）等がある＊166。

　この点は，再雇用社員の賃金制度の設計・運用における重要なポイントとなるとともに，公的給付・年金という政策的・契約外的要素を労働契約上の労働条件・待遇相違の不合理性判断に組み入れる点で，再雇用社員類型に独自の判断要素といいうる。

　第4に，再雇用社員の働き方・モチベーション向上に合わせた賃金項目を含む賃金体系を構築し，正社員の賃金項目との代替性・補完性を確保していることも重視されている（前掲・長澤運輸事件［＊118］）。

　第5に，労働組合との労使協議・団体交渉を経由して再雇用社員の賃金（基本給・賞与）を決定していることも，その他の事情（労働条件相違の不合理性に係る評価障害事実）として考慮される（労使自治の存在［1058頁］）。ここでの先例も前掲・長澤運輸事件（＊118）であり，賃金のあり方については，基本的には団体交渉等による労使自治に委ねられるべき部分が大きいことから，その事情は，旧労契法20条が定めるその他の事情に含まれると述べた上，嘱託乗務員の賃金制度のあり方や，老齢厚生年金受給年齢までの期間につき調整給を支給することについて労働組合（嘱託乗務員が所属していた労働組合）との団体交渉を経由していることを，賃金相違の不合理性を否定する理由として明示している。その後も，同旨裁判例は少なくない＊167。これら裁判例は，再雇用社員が正社員であった時期に自ら所属する労働組合が使用者との交渉・協議を経て再雇用制度を設計したという事案であり，労働組合に所属しないまま労働条件を決定されることの多い契約社員に比べて，労使自治はより重視されるべき考慮要素となろう＊168。

＊166　前掲・キヤノン事件（＊164），前掲・日本空調衛生工事業協会事件（＊164）も参照。
＊167　同旨，前掲・北日本放送事件（＊164），前掲・五島育英会事件（＊165）。
＊168　もっとも，その場合も，労働組合が再雇用社員の意見を十分聴かないまま労働協約を締結するなどして労働条件を決定し，内容においても正社員との間に顕著な待遇相違が生じている場合は，労使自治として尊重することはできず，むしろ逆に，再雇用社員との間の労使自治が機能していないものと解し，待遇相違の不合理性に係る評価根拠事実と評価すべきであろう。土田・前掲④論文（＊114）706頁参照。

第6に，生活手当中の扶養手当不支給については，契約社員について不合理性を肯定する例が少なくない（1053頁参照）のに対し，再雇用社員については不合理性を否定する例が多い（前掲・名古屋自動車学校事件［＊140］，前掲・社会福祉法人紫雲会事件［＊117］）。これは，同じ有期契約労働者といっても，現役世代である契約社員は正社員と同じく幅広い世代にわたるため，扶養手当の必要性は高く，その趣旨（扶養費補助）は正社員と同様に妥当するのに対し，再雇用社員は定年退職後の世代であり，扶養の必要性が終了していることから，扶養費補助の趣旨が妥当しないと判断されることによるものと解される[*169]。

以上のとおり，再雇用社員類型においては，再雇用社員であること自体が旧労契法20条・パート・有期法8条所定のその他の事情として考慮されるとともに，使用者が公的年金・給付を組み入れ，再雇用社員の特質に即した賃金体系を設計・運用していることや，労使交渉を経由していることが考慮されることから，「その他の事情」は，労働条件相違の不合理性に係る評価障害事実として，契約社員類型以上に大きな比重をもって考慮されているといいうる。他方，こうした賃金体系の下でも，再雇用社員の賃金水準自体は大きく低下することから，使用者は再雇用社員に対して賃金体系に関する十分な説明を行う義務を負う（パート・有期法14条。1075頁参照）。また，裁判例は，使用者が様々に工夫を凝らして再雇用社員の特質に即した賃金体系を設計・運用していることを前提に労働条件相違の不合理性を否定しているのであり，企業としては，そうした合理的賃金制度の設計・運用が労働条件・待遇相違の不合理性否定という評価の必須の前提であることに十分留意する必要がある。

(ウ) **最近の裁判例**　最近の裁判例（前掲・名古屋自動車学校事件［＊140］）は，定年後再雇用された嘱託職員らが，定年前と職務の内容・配置の変更の範囲が同一であるにもかかわらず，基本給を5割以上減額されたことにつき，前掲・長澤運輸事件（＊118）を踏まえつつ，従業員らの基本給は，定年退職時の基本給を大幅に下回る結果，職務上の経験に劣り，基本給に年功的性格があることから将来の増額に備えて金額が抑制される傾向にある若年正職員の賞与をも下回るばかりか，賃金の総額が正職員定年退職時の労働条件を適用した場合の60％前後にとどまる帰結をもたらしており，この帰結には労使自治（労使交渉）も反映されていない（嘱託職員が会社に対し，賃金について旧労契法20条を引

＊169　土田・前掲④論文（＊114）698頁以下参照。

用して見直しを求め，労働組合分会長として要望を行ったものの，会社が見直しを行った事実はないと認定）等として，嘱託職員の基本給が定年退職時の基本給の60%を下回る限度で不合理と判断するとともに，賞与についても同様の判断を示した（60%を限度とする救済［割合的認定論］については，1051頁参照）。

しかし，同事件上告審は，上記原審（*140）につき，前掲・メトロコマース事件（*119）を引用し，基本給・賞与の性質や目的を踏まえて，旧労契法20条所定の諸事情を考慮することにより労働条件相違の不合理性の有無について検討すべきと判示した上，①本件における正職員の基本給は勤続給・職務給・職能給といった様々な性質を有しており，その目的を確定することはできないこと，②嘱託職員の基本給は正職員の基本給とは異なる性質や目的を有するところ，③原審は，正職員の基本給につき年功的性格のみを認定し，嘱託職員および正職員の基本給の他の性質や内容・目的について検討していないこと，④労使交渉に関する事情を旧労契法20条所定のその他の事情として考慮する際には，労働条件に係る合意の有無・内容といった労使交渉の結果のみならず，その具体的な経緯をも勘案すべきであるところ，原審は労使交渉の結果に着目するにとどまり，嘱託職員や労働組合の要求に対する会社の回答等の具体的経緯を勘案していないこと等を理由に破棄差戻し，正職員の賞与と嘱託職員一時金間の相違についてもほぼ同様に判断している[*170]。

差戻審においては，正職員および嘱託職員の基本給および賞与の性質・目的を改めて認定した上，その認定を踏まえて旧労契法20条の3要素（職務の内容・配置の変更の範囲・その他の事情）を考慮し，正職員・嘱託職員間の相違の不合理性の有無について判断すべきことになろう[*170a]。もっとも，①②③については，嘱託職員らの職務の内容・配置の変更の範囲が正職員時と同一であるとの状況の下で，正職員の基本給が職務給・職能給としての性質を有し，嘱託職員の基本給が正職員とは異なる性質・目的を有していることが，基本給・賞与に係る嘱託職員・正職員間の顕著な格差を正当化し，不合理性を否定する根拠となるかについては疑問の余地がある。また，④についても，原審の認定によれば，嘱託職員や組合の要望に対する会社の回答等が重要な意味をもつとは思われず，労使交渉の経緯を過度に重視すべきではないとの疑問が生じうる。さ

[*170] 最判令和5・7・20労判1292号5頁。
[*170a] 詳細な検討は，神吉知郁子［判研］ジュリ1592号（2024）72頁，井川志郎［判研］季労284号（2024）2頁等参照。

らに，仮に原審が先行判例（前掲・メトロコマース事件［＊119］等）に反して，嘱託職員および正職員の基本給・賞与の個々の性質・目的を十分検討していないという理由で破棄するのであれば，差戻しではなく最高裁が自判するのが適切な事案ではないかとの疑問もある＊170b。いずれにせよ，差戻審の帰趨が注目されるところである。

第2節　パート・有期法における労働契約

1　概　　説

(1)　意　　義

本章冒頭で述べたとおり（997頁），2018年，働き方改革推進法の一環として，パート・有期法（短時間労働者及び有期雇用労働者の雇用管理の改善等に関する法律）が成立した＊171。

パートタイマー（短時間労働者［パート・有期法2条1項］）とは，同一の事業主に雇用される通常の労働者に比べて所定労働時間が短い労働者をいう。パートタイマーも労働者（労基9条，労契2条1項）であるから，労基法・労契法その他の労働法規が適用される。しかし，フルタイムの正社員とは異なる問題も生ずるため，パートタイム労働法（正式名称は「短時間労働者の雇用管理の改善等に関する法律」）という特別法が制定された。同法は，2007年・2014年に改正され，賃金等待遇に関する規制の強化，正社員転換制度の義務化，紛争処理制度の強化等の規定が新設された。さらに，同法は2018年，有期雇用労働者も対象とする立法として抜本的に改正され，名称も，パート・有期法に改められた。

パート・有期法は，短時間労働者（パートタイマー）を「1週間の所定労働時間が同一の事業主に雇用される通常の労働者……の1週間の所定労働時間に比し短い労働者」と定義する（2条1項）。また，有期雇用労働者については，

＊170b　以上，橋本陽子［判解］ジュリ1589号（2023）5頁，本久洋一［判批］労旬2039号（2023）48頁，井川・前掲判研（＊170a）9頁等参照。

＊171　最新の文献として，注釈労基・労契(3) 269頁以下［大木正俊・荒木尚志・岩村正彦・島田裕子］参照。

「事業主と期間の定めのある労働契約を締結している労働者」と定義する（2条2項）。そして，短時間労働者・有期雇用労働者を合わせて「短時間・有期雇用労働者」として適用対象とし（2条3項），有期雇用労働者に係る旧労契法20条を8条に統合するとともに，パートタイム労働法の規律を短時間労働者・有期雇用労働者双方に適用するに至った。なお，短時間労働者については，「パート社員」等と称されている者はもちろん，契約社員・アルバイト等も，労働時間が通常の労働者（正社員）より短い限りは同法の適用を受ける。

一方，所定労働時間が正規従業員と同じか長い者（フルタイムパート）は，企業で「パートタイマー」と位置づけられていても，パート・有期法の対象とならない。しかし，これでは不公平なので，パートタイム労働法時代の指針（平成19年厚労告326号）は，所定労働時間が通常の労働者と同一の有期契約労働者については，「短時間労働者に該当しないが，短時間労働者法の趣旨が考慮されるべきであること」を事業主の留意事項と定めていた（第二の三）。この規定は，パート・有期法の施行に伴う同法の指針では削除されたが，事案に応じて，同法の類推適用を検討すべきであろう（荒木573頁）。また，パート・有期法は，有期契約労働者から無期契約に転換した労働者（労契18条）や，短時間・有期雇用労働者相互の関係にも適用されない（1037頁参照）。

(2) 基本理念

パート・有期法3条1項によれば，事業主は，短時間・有期雇用労働者「について，その就業の実態等を考慮して，適正な労働条件の確保，教育訓練の実施，福利厚生の充実その他の雇用管理の改善及び通常の労働者への転換……の推進……に関する措置等を講ずることにより，通常の労働者との均衡のとれた待遇の確保等を図り，当該短時間・有期雇用労働者がその有する能力を有効に発揮することができるように努める」ものとされる。つまり，パート・有期法は，パートタイマーの待遇を正社員との均衡を考慮して決定すべき責務を企業に課している。これを「均衡の理念」と呼ぶとすれば，2007年・2014年・2018年改正法の新たな規定は，いずれも「均衡の理念」を具体化した規定ということができる。

すなわち，パートタイム労働法は長らく，賃金その他の労働条件に関する実体的規制を欠く政策立法にとどまってきたが，2007年法はこれを改め，パートタイマーの賃金，教育訓練，福利厚生について通常の労働者（正社員）との

均衡を考慮した実体的規定を設けるとともに，3条1項において，「通常の労働者への転換」を均衡処遇の方法として規定し，この結果，「均衡の理念」は，パートタイマー雇用の改善に加え，正社員転換措置を含む幅広い理念に改められた。また，2014年法は，パートタイマーに関する不合理な待遇相違の禁止を新設し（8条），「均衡の理念」を格段に強化した。そして，繰り返し述べるとおり，2018年法は，この不合理な待遇相違禁止規定の対象を有期労働者（旧労契法20条）に拡大した。こうして，「均衡の理念」は，非典型労働者の労働契約一般に関する理念に位置するに至ったものと解される。

2 短時間・有期雇用労働者の労働契約

(1) 労働条件の明示・就業規則

(ア) 短時間・有期雇用労働者については，労働条件が不明確なために紛争が生ずることが多い。そこで，パート・有期法は，事業主が短時間・有期雇用労働者を採用する際は，速やかに，厚生労働省令で定める事項（昇給・賞与・退職金の有無等）を文書交付その他の方法により明示しなければならないと規定する（パート・有期法6条1項。事業主が違反した場合は過料に処せられる［同31条］）。また事業主は，労基法15条の労働条件明示義務を負うほか，安全衛生，教育訓練および休職に関して，文書交付の努力義務を負う（同6条2項）。

(イ) 事業主は，短時間・有期雇用労働者については，正社員とは別に就業規則を作成・変更することができる（213頁）。指針も，短時間・有期雇用労働者に関する就業規則の作成を事業主の責務としており，短時間・有期雇用労働者を就業規則の適用対象から除外しつつ，同労働者用の就業規則を作成しないことは，労基法上の就業規則作成義務違反となる。また，事業主は，短時間・有期雇用労働者に関する就業規則を作成または変更するときは，当該事業所における短時間・有期雇用労働者の過半数を代表する者の意見を聴くよう努めなければならない（パート・有期法7条1項［短時間労働者］・同2項［有期雇用労働者］）。

(2) 賃金・待遇

(ア) 従来の議論　短時間・有期雇用労働者をめぐる最大の問題は，賃金における格差の適法性である。この点は従来，主に短時間労働者（パートタイマー）について問題とされてきた。特に，正社員と同一または類似の職務に従事

するパート（基幹パート）やフルタイムパートについて，賃金格差の適法性が問題とされてきた。

　まず，労基法3条は，「社会的身分」による差別を禁止する。しかし，通説は，これら規定にいう「社会的身分」は，生来的に有する地位を指し，パートタイマーのように，後発的に取得した地位を含まないとして適用を否定している（121頁）。

　そこで，学説では，違法説から適法説に至るまで種々の見解が提唱されたが，私は，正社員とパートタイマーの処遇の「均衡」を図ることが重要と考えてきた（均衡処遇説）[*172]。前記のとおり（1066頁），パート・有期法3条は「均衡の理念」を定めており，これによれば，正社員・パートタイマー間の待遇格差は許容されるが，同時に，その格差は合理的範囲内のものでなければならない。もっとも，「均衡の理念」は努力義務にとどまるが，同時に，それが公序（民90条）の内容となり，パートタイマーの著しい労働条件格差について，公序違反に基づく不法行為（民709条）を成立させると解することは可能である。すなわち，パートタイマーの労働（業務の内容）が正社員と同一（または同一価値）であるにもかかわらず，社会的に見て許容されないほど大きな賃金格差が生じている場合は，「均衡の理念」に基づく公序違反として不法行為が成立すると解される。ただし，「均衡の理念」が保障するのは正社員との間で均衡のとれた賃金であるから，賃金格差のすべてが違法となるわけではなく，企業における拘束度の違いを反映した格差は容認されてよい（1050頁の割合的認定説）。旧労契法20条およびパート・有期法8条は，この均衡の理念（均衡処遇説）を発展させて立法化されたものと評価することができる。

　裁判例では，均衡の理念を重視したと見られる判断が登場した[*173]。本件では，正社員とともに組立てラインに配置され，同種の業務にほぼ同一時間従事していたパートタイマーの賃金格差（最大で33％強）が争われたが，裁判所は，同一価値労働同一賃金原則を否定しつつ，その根底にある均等待遇の理念が公序を構成するものと解した上，パートタイマーの賃金が同一勤続年数の正社員の8割以下となるときは公序違反となると解し，実際の賃金額と，8割相当額

---

*172　土田道夫「パートタイム労働と『均衡の理念』」民商119巻4・5号（1999）547頁，同「解雇・労働条件の変更・ワークシェアリング――『働き方の多様化』に向けた法的戦略」同志社法学288号（2002）122頁も参照。

*173　丸子警報器事件・長野地上田支判平成8・3・15労判690号32頁。

との差額について損害賠償請求を認容している（割合的認定説）。

　(イ)　**2014年・2018年法改正**　以上の状況を踏まえて，2014年パートタイム労働法は，パートタイマーの賃金その他の待遇（特に教育訓練，福利厚生）について，従来のカテゴリーを再編して三つのカテゴリーに整理する（Ⅰ通常の労働者［正社員］と同視すべきパートタイマー，Ⅱa職務内容が通常の労働者と同一のパートタイマー［職務内容同一短時間労働者］，Ⅱb職務内容も異なるパートタイマー）とともに，Ⅰのパートタイマーの要件を緩和する規定を設け（9条＝従来存在した無期契約要件を廃止），適用範囲の拡大を図った。また同法は，全パートタイマー（短時間労働者）の待遇に共通する原則として「不合理な待遇相違の禁止」を規定するに至った（8条）。この新8条が2018年のパート・有期法への改正に伴い，有期雇用労働者に関する旧労契法20条を統合する形で改正されたことは前述したとおりである（1040頁）。

(3)　パート・有期法8条

　パート・有期法8条については，旧労契法20条に即して解説したが，その性質・要件・効果（私法上の効果を有する強行規定であること）ともに，旧労契法20条に関する解釈が継承されることを確認しておく。以下，8条に固有の論点について解説する（同一労働同一賃金ガイドラインについては，1076頁参照）。

　(ア)　**通常の労働者との待遇の相違**　「通常の労働者」は，正規雇用労働者（正社員）および事業主との間で期間の定めのない労働契約を締結しているフルタイム労働者（無期雇用フルタイム労働者）をいう（パート・有期法施行通達第1・2(3)）。次に，パート・有期法8条は，旧労契法20条が用いていた「労働契約の内容である労働条件」ではなく，「待遇」の文言を用いており，この「待遇」について，同法施行通達（第3・3(6)）は，「基本的に，全ての賃金，教育訓練，福利厚生施設，休憩，休日，休暇，安全衛生，災害補償，解雇等の全ての待遇が含まれる」としており，広範な概念であることを明示している[174]。この点，旧労契法20条の時期には，配転・出向，昇格・降格，懲戒処分，解雇等の個別的な人事や恩恵的給付の「労働条件」該当性が問題とされていたが，パート・有期法8条の下では，こうした措置や恩恵的給付も「待遇」に含めて理解

---

　[174]　他方，短時間・有期雇用労働者の定義の基礎となる労働時間および労働契約の期間は「待遇」に含まれず，また，事業主ではなく，労使が運営する共済会等が実施する給付も含まれないとされている。

することが可能と解される。なお，パート・有期法8条は，同法9条のような差別禁止規定ではないため，短時間・有期雇用労働者を通常の労働者より有利に取り扱うことは禁止されない。

(イ) **パート・有期法8条における不合理性判断要素——待遇決定手続**　次に，パート・有期法8条の下では，短時間・有期雇用労働者の待遇の決定に至る過程で行われる労使協議・交渉が重視されるものと解される。

前記のとおり（1041頁），8条の下では，待遇相違の不合理性判断は，当該待遇の性質・目的に照らして適切と認められるものを考慮して行われ，不合理性の判断要素は「適切と認められるもの」に限定される。この結果，短時間・有期雇用労働者の待遇の決定過程で，同労働者の意見や利益を全く排除したところで行う労使交渉（たとえば，正社員のみで組織する労働組合との労使交渉）は，「適切と認められるもの」と評価されない可能性がある[*175]。換言すれば，8条の下では，正社員・正社員組合との間の協議・交渉だけでは足りず，短時間・有期雇用労働者との間で協議・交渉を行い，適切な利益調整を行ったことが「適切と認められるもの」として評価・考慮される可能性が高い。そうだとすれば，使用者が正社員（組合）との協議のみならず，短時間・有期雇用労働者も対象として協議・交渉を行っている場合は，8条所定のその他の事情として待遇の相違の不合理性を否定する方向に働く事情（不合理性に係る評価障害事実）となるが，逆に，それを行っていなければ不合理性が肯定される方向に働く事情（不合理性に係る評価根拠事実）となるものと解される[*176]。

短時間・有期雇用労働者との間の協議・交渉の場としては，後述する説明義務（パート・有期法14条）が中心となるが，就業規則の作成・変更時における短時間・有期雇用労働者の意見聴取努力義務（同7条）も協議の場となろう。

(ウ) **パート・有期法10条との関係**　パート・有期法は，短時間・有期雇用労働者の賃金について，2014年法（旧9条1項）をそのまま継承して努力義務規定にとどめている（10条）ため，同労働者の賃金について通常の労働者との間で著しい相違が生じている場合に，8条を適用して不合理と評価し，その

[*175] 菅野和夫「働き方改革と労使関係」中央労働時報1256号（2020）9頁以下参照。土田・前掲②論文（*114）42頁，土田・前掲③論文（*114）1083頁も参照。

[*176] もっとも，使用者が正社員・正社員組合との協議・交渉において，短時間・有期雇用労働者について適切な待遇決定を行っている場合は，短時間・有期雇用労働者グループとの間で協議・交渉を行っていないことの一事をもって直ちに不合理性が肯定されることにはならないと解される（*162参照）。

私法的効力を否定することが可能か否かが問題となる。この点については，8条が定める「待遇」に賃金が含まれる以上，8条が適用されることは当然と解される。すなわち，これら短時間・有期雇用労働者の賃金格差（相違）については，8条と10条を重畳的に適用した上，私法的側面については8条の適用を認め，強行規定である同条によって不合理な待遇格差の私法的効力を否定すべきである。また，10条がカバーしない賃金（施行規則3条）については，8条のみが適用され，不合理な待遇の相違と評価されれば，同条の私法的効果が及ぶことになる。

(4) パート・有期法9条——通常の労働者と同視すべき短時間・有期雇用労働者の差別的取扱いの禁止

事業主は，業務の内容および当該業務に伴う責任の程度から見て，その職務の内容が当該事業所における通常の労働者と同一の短時間・有期雇用労働者（職務内容同一短時間・有期雇用労働者）のうち，当該事業所における慣行その他の事情から見て，当該事業主との雇用関係が終了するまでの間において，その職務の内容および配置が通常の労働者の職務の内容および配置の変更と同一の範囲で変更されると見込まれる者については，短時間・有期雇用労働者であることを理由として，基本給，賞与その他の待遇のそれぞれについて差別的取扱いをしてはならない。この規定は，職務内容が通常の労働者（正社員）と職務が同一であることと，人材活用の仕組み（人事異動の有無・範囲）が雇用終了に至るまで同一と見込まれることを求める要件を設定する一方，同要件を充足した場合は，短時間・有期雇用労働者であることを理由とする賃金その他の一切の差別的取扱いを禁止したものである（パート・有期法施行通達第3・4(9)）。旧労契法20条，パート・有期法8条（均衡待遇規定）と異なり，短時間・有期雇用労働者の均等待遇を命ずる規定である。

9条は，強行法規であるので，同条に違反する就業規則の差別的賃金規定等は無効となり，当該規定から生じた賃金差別については，短時間・有期雇用労働者は，賃金差別を不法行為（民709条）として差額賃金相当額の損害賠償を請求することができる[177]。

9条については，同条の前身である2007年法8条1項違反を肯定して不法

---

[177] 荒木589頁，基コメ労基・労契534頁（野田進）。本条全体については，注釈労基・労契(3) 325頁［島田裕子］参照。

行為を理由とする損害賠償請求（民709条）を認容した裁判例がある（前掲・ニヤクコーポレーション事件［＊12］）。判決は，原告である準社員貨物自動車運転手を通常の労働者（正社員運転手）と同視すべき短時間労働者と解した上，正社員と準社員の間で賞与額が大幅に異なる点，週休日数が少ない結果，割増賃金を得ることができない点，退職金が支給されない点について合理的理由を否定し，2007年法8条1項に違反する差別的取扱いに当たると判断し，不法行為に基づく損害賠償請求を認容した。本件では8条1項が定める要件のうち，配置の変更範囲の同一性の要件が争点となったが，判旨は，本件正社員と準社員の間には，転勤・出向，運行管理者等への任命，事務職への転換・昇進等の点で違いがなくはないものの，正社員の中でもその数は非常に少なく，近年には正社員でも九州管内の転勤等はないこと等の事実を考慮して，人事異動等の有無・範囲の同一性を肯定している。この点については，正社員には転勤・出向がある一方，準社員にはないという事実から直ちに前記要件の充足を否定する厳格解釈がありうるが，本判決は，こうした立場をとらず，前記要件の充足をより実質的かつ柔軟に解釈する判断を示した。妥当な判断と解される[*178]。

また，その後の裁判例として，市立浴場の管理運営を目的とする財団の解散に伴い解雇された有期嘱託職員らに係る退職金不支給措置について合理的理由を否定し，改正前パートタイム労働法8条1項に違反する差別的取扱いとして違法と判断した例がある[*179]。判決は，嘱託職員の労働契約は5回〜13回更新され，過去に雇止めされた職員は存在せず，その職務も恒常的で正規職員と全く同一であることから，業務の内容および当該業務に伴う責任の程度が正規職員と同一のパートタイマーに該当し，また，嘱託職員らの労働契約は期間の定めのない労働契約と同視することが社会通念上相当と認められる有期労働契約と評価でき，さらに，嘱託職員であっても主任となる者もいることから，その全期間において職務の内容および配置の変更の範囲が同一の範囲で変更されると見込まれるものに該当すると述べ，通常の労働者と同視すべきパートタイマーに該当すると判断した上，嘱託職員に対する退職金不支給を違法と判断している。

[*178] 土田道夫［ニヤクコーポレーション事件判解］百選〔9版〕161頁参照。
[*179] 京都市立浴場運営財団事件・京都地判平成29・9・20労判1167号34頁。以上に対し，最近の前掲・社会福祉法人紫雲会事件（＊117）は，再雇用社員に対する期末・勤勉手当不支給につき，定年後再雇用の嘱託職員であることを理由とする待遇であり，短時間・有期雇用労働者であることを理由とする差別的取扱いに当たらないと判断し，パート・有期法9条の適用を否定している。

(5) その他の労働条件・雇止め等

(ア) 教育訓練・福利厚生　短時間・有期雇用労働者の均衡処遇を図る上では，教育訓練・能力開発の機会の付与も重要である。そこで，パート・有期法は，通常の労働者と同視すべき短時間・有期雇用労働者について教育訓練に関する差別的取扱いを禁止する（9条）とともに，職務内容同一短時間・有期雇用労働者については，職務の遂行に必要な能力を付与するための教育訓練について実施義務を定めている（11条1項）。

福利厚生についても，パート・有期法は，通常の労働者と同視すべき短時間・有期雇用労働者について正社員との差別的取扱いを禁止する（9条）ほか，それ以外の労働者についても，給食施設・休養施設・更衣室について，利用の機会を与えるべき義務を定めている（12条［2014年法の配慮義務を強化］）。

(イ) 労働時間・年次有給休暇　短時間・有期雇用労働者は，個人の事情に応じて労働時間設定の自由度が高いパート労働を選択する者が多い。そこで，雇用管理改善指針は，事業主が短時間・有期労働者の労働時間や労働日を決定・変更するに際して，労働者の事情を十分考慮し，また，所定労働時間や労働日以外に労働させないよう努めることを求めている。解釈論としても，使用者は，特約がない限り，本人の同意なしに労働時間の変更や時間外・休日労働を行わせることはできない（同旨，山川290頁）し，特約がある場合も，上記指針の趣旨を踏まえれば，本人の事情への配慮を欠いたまま行われた時間外・休日労働命令は権利濫用（労契3条5項）となると解すべきである。一方，そうした労働によって短時間・有期雇用労働者を事実上拘束している場合は，使用者はそれに見合うだけの均衡処遇（8条）を求められることになる。

年次有給休暇については，他の労働条件と異なり，労基法に規定があり，使用者は，所定労働日数が少ない短時間・有期雇用労働者についても，比例的に計算された法所定の年休を付与する義務を負う（労基39条3項。492頁）。

(ウ) 人事異動　短時間・有期雇用労働者は，自分の都合に合わせて，自ら希望する仕事に，自分が居住する地域で就労することを予定して労働契約を締結することが多い。したがって，短時間・有期雇用労働者については，職種・勤務地限定の合意を認めることを原則とすべきであり，この点は，パート就業規則や雇入通知書において配転命令権を留保した場合も同様に解される（労契7条但書）。一方，こうした人事異動が正社員と同様に行われていれば，通常の労働者と同一または近似する短時間・有期雇用労働者と評価される可能性があ

り，その点がパート・有期法8条・9条の適用に際して考慮される。

(エ) **雇止め・解雇** 短時間・有期雇用労働者の雇止めおよび無期契約転換については，労契法19条・18条が適用される。期間の定めのない労働契約によって雇用された短時間労働者の解雇については，解雇権濫用規制（労契16条）が適用され，客観的に見て合理的な理由が必要となる。解雇の合理的理由は正社員より緩和されうるが，正社員と同一または類似の職務に従事する基幹パートの解雇は，一般のパートタイマーより制限される。一方，職種や勤務地を限定されて雇用される短時間・有期雇用労働者の場合，一方的配転命令が排斥される代わりに，当該職種や勤務場所が失われた場合の雇用確保措置（解雇回避努力義務）が縮減されることはやむをえない。

(オ) **正社員転換措置** 短時間・有期雇用労働者は，正社員転換を求めるニーズが高い。そこでパート・有期法は，通常の労働者（正社員）への転換措置として，以下の三つのうちいずれかの措置を講ずべき義務を規定した（13条）。すなわち，①通常の労働者を募集する場合は，その業務内容，賃金，労働時間その他の事項を事業所の短時間・有期雇用労働者に周知すること，②通常の労働者を新たに配置する場合は，配置の希望を申し出る機会を同労働者に付与すること，③一定の資格を有する同労働者を対象とする転換制度を設けること，の3点である。

労働者にとって正社員雇用が良好な雇用機会であることを考えれば，この規定はきわめて有意義である。すなわち，短時間・有期雇用労働者については，同労働者としての均衡処遇を促進すると同時に，正社員への転換を促進することが重要であり（Temp to Perm），本条は，そのための有用な規律ということができる。なお，企業が正社員登用制度を設けている場合は，その存在は，パート・有期法8条・旧労契法20条の解釈上，労働条件・待遇相違の不合理性を否定する方向に働く事情（その他の事情）に位置づけられる（1043頁）[*180]。

(6) 説 明 義 務

以上の実体的規定に加えて，2007年法・2014年法・2018年法は，説明義務という手続規定を新たに設けた。2018年パート・有期法によれば，ⓐ事業主は，賃金に関する差別的取扱いの禁止・均衡の確保規定，教育訓練規定，福利

[*180] 正社員登用試験の受験資格の付与が労働契約内容となっていたか否かが争われた事例として，阪急バス事件・大阪地判平成28・2・25労経速2282号3頁がある（否定判断例）。

厚生規定，正社員転換制度に基づく事項に関して講ずることとしている措置の内容について，短時間・有期雇用労働者に説明しなければならない（14条1項）。また，ⓑ事業主は，短時間・有期雇用労働者から求めがあったときは，通常の労働者（正社員）との間の待遇の相違の内容・理由および上記ⓐの事項に加えて，労働条件明示規定および就業規則作成規定について考慮した事項について説明する義務を負う（同条2項）とともに，労働者がⓑの説明を求めたことを理由とする解雇その他の不利益取扱いを禁止される（同条3項）。

　パート・有期法8条との関係では，事業主は，パートタイム労働法以来の説明義務（ⓐ）に加え，短時間・有期雇用労働者の求めに応じ，比較対象となる通常の労働者との待遇の相違の内容・理由等に関する説明義務を負う（ⓑ）。この点，指針は，通常の労働者と短時間・有期雇用労働者間の賃金決定基準・ルールの相違に起因して賃金に相違がある場合は，両者の間で将来の役割期待に違いがある等の主観的・抽象的な説明では足りず，①職務の内容，②職務の内容・配置の変更の範囲および③その他の事情（パート・有期法8条）の客観的・具体的な実態に照らして不合理と認められるものであってはならないと述べている。この結果，事業主は，短時間・有期雇用労働者の賃金相違に関する具体的説明責任を負うことになる。労働条件・待遇格差の説明内容としては，8条が掲げる職務の内容・配置の変更の範囲・その他の事情を構成する多様な要素（1042頁）が挙げられるが，いずれの項目についても，抽象的にではなく具体的に説明する必要がある。

　説明義務の具体的内容については，「事業主が講ずべき短時間労働者及び有期雇用労働者の雇用管理の改善等に関する措置等についての指針」（平成19年厚労告429号）が規定しており，待遇相違の内容については，事業主は，通常の労働者と短時間・有期雇用労働者の待遇に関する基準の相違の有無を説明し，かつ，両者の待遇の個別具体的内容または当該待遇に関する基準を説明すべきものと定める。また，待遇相違の理由については，指針と同旨を述べるほか，説明方法につき，短時間・有期雇用労働者が内容を理解できるよう，資料を活用し，口頭により説明することを基本としつつ，説明事項をすべて記載し，労働者が容易に理解できる資料を用いる場合は，資料の交付でも差し支えないとする。なお，「通常の労働者」は，事業主が上記①②に照らして短時間・有期雇用労働者に最も近いと判断する労働者とされる。

　この説明義務は，短時間・有期雇用労働者の均衡待遇にとって有意義と解さ

れる。短時間・有期雇用労働者が自己の待遇・労働条件について納得感をもって就労するためにも，不合理な待遇・労働条件について交渉を行うためにも，使用者による情報提供・説明は重要であり，使用者の説明義務は，これを確保し，労使間協議・交渉を促進するための規律として機能する。この点，企業と短時間・有期雇用労働者は，企業・正社員間以上に交渉力・情報格差が顕著な関係にあり，また，労働組合・団体交渉という集団的交渉チャンネルも乏しい状況にある。こうした状況を踏まえると，短時間・有期雇用労働者の待遇については，使用者の説明・情報提供を説明義務として設定・強化する立法政策は妥当と解される。使用者が労働者の求めに応じて十分な説明をしなかった場合は，パート・有期法8条のその他の事情として，待遇相違の不合理性を基礎づける事情となるものと考えられる[181]。なお，パート・有期法の下では，就業規則の作成・変更に際し，有期雇用労働者の過半数代表者の意見聴取努力義務が課されることに留意する必要がある（7条1項）【12-6】。

(7) 紛争処理システム

紛争処理システムとしては，事業主による相談体制の整備（16条），短時間・有期雇用管理者選任の責務（17条），厚生労働大臣・都道府県労働局長による報告の徴収・助言・指導・勧告（18条），苦情の自主的解決（22条），都道府県労働局長による紛争解決援助（助言・指導・勧告［24条］），紛争調整委員会による調停（25条・26条・27条）が規定されている。特に，相談体制の整備（16条＝相談窓口の設置と適切な運用）および苦情の自主的解決（22条＝苦情処理機関の設置と適切な運用）は，企業内紛争処理システムとして，説明義務と並んで重要な機能を営む制度である。

> 【12-6】 **同一労働同一賃金ガイドラインの意義**　パート・有期法は，6条〜14条の規定について，短時間・有期雇用労働者及び派遣労働者に対する不合理な待遇の禁止等に関する指針（平成30年厚労告430号。いわゆる同一労働同一賃金ガイドライン）を発出している。これは，パート・有期法の解釈指針を定めたものであるが，8条との関係においては，適用範囲の一部のみカバーするものと解される。

---

[181] 土田・前掲②論文（*114）43頁，土田・前掲③論文（*114）1084頁参照。非典型労働者の格差是正法理における手続的公正の観点から説明義務を重視する見解として，大木正俊「パート・有期の格差是正法理と組織的公正」島田古稀『働く社会の変容と生活保障の法』（旬報社・2023）132頁。

前記のとおり，パート・有期法8条は，待遇相違の不合理性に関する判断要素として，旧労契法20条を継承して，職務の内容・配置の変更の範囲およびその他の事情を掲げている。一方，同一労働同一賃金ガイドラインは，基本給・賞与等につき，労働者の「能力・経験」「業績・成果」「勤続年数」（基本給）や「会社の業績等への貢献」（賞与）を掲げる。そして，たとえば，使用者が基本給を労働者の能力または経験に応じて支給する場合は，「通常の労働者と同一の能力又は経験を有する短時間・有期雇用労働者には，能力又は経験に応じた部分につき，通常の労働者と同一の基本給を支給しなければならない。また，能力又は経験に一定の相違がある場合においては，その相違に応じた基本給を支給しなければならない」としている（第3・1(1)・2）。

　以上のとおり，待遇相違の不合理性に係る判断要素については，パート・有期法8条と同一労働同一賃金ガイドラインの間に齟齬が生じているが，この点については，両者は適用範囲を異にしていると考えるべきであろう。すなわち，同一労働同一賃金ガイドラインについては，正社員と短時間・有期雇用労働者間の賃金決定基準・ルールが同一である場合について「能力・経験」「業績・成果」「勤続年数」等の要素を各賃金制度（職能給制度・成果給制度・年功給制度等）に即して提示したものと解される。これに対して，正社員と短時間・有期雇用労働者間の賃金決定基準・ルールが異なる場合は，パート・有期法8条に基づく均衡待遇ルールが適用されるものと考えられ，同一労働同一賃金ガイドラインでは，このことが「第3・1（注）1」に記載されている。この点，正社員と短時間・有期雇用労働者間の賃金決定基準・ルールを同一のものとする賃金体系を有する企業は少数であり，両者を異なるものとしている企業が多数と推測されるため，基本給・賞与については，指針の影響力は限定的となる一方，多くの企業においてパート・有期法8条の均衡待遇ルールが適用されるものと解される[182]。

---

[182]　土田・前掲②論文（＊114）52頁。同旨，TMI総合法律事務所労働法プラクティスグループ編著『同一労働同一賃金対応の手引き〔第2版〕』（労務行政・2021）91頁以下，高仲幸雄『ガイドライン・判例から読み解く同一労働同一賃金Q&A』（経団連出版・2019）92頁，別城信太郎編著『Q&A同一労働同一賃金のポイント』（新日本法規・2019）140頁，石嵜信憲編著『同一労働同一賃金の基本と実務』（中央経済社・2020）141頁など。

第3節　派遣労働者の労働契約

1　意　義

(1)　労働者派遣の意義

　企業は，他の企業から労働者を受け入れ，自社の業務に従事させることが少なくない。このような外部（社外）労働者の受入れにも，他企業（受託企業）の労働者を他企業の指揮命令の下で自企業の事業場で就労させるタイプ（業務処理請負）と，他企業の労働者を受け入れ，自ら指揮命令して就労させるタイプ（労働者派遣）がある【12-7】。

　労働者派遣とは，「自己の雇用する労働者を，当該雇用関係の下に，かつ，他人の指揮命令を受けて，当該他人のために労働に従事させること」をいう（労働者派遣法［正式名称は，「労働者派遣事業の適正な運営の確保及び派遣労働者の保護等に関する法律」］2条1号）。このような労働者派遣の対象となる労働者が「派遣労働者」である（同条2号。**図表12-1**も参照）。

　労働者派遣は，かつては労働者供給（職安4条6項。269頁）の一種として禁止されていたが，1985年，人材派遣ビジネスの急成長を受けて労働者派遣法が制定され，労働者供給から一定の関係を抜き出す形で認知された。当初は，専門的労働者の需給調整を主要目的としつつ，長期雇用下の正社員への悪影響の防止（正社員の代替防止）を重視して，対象業務を13の専門業務に限定してスタートしたが，その後の派遣ニーズの高まりに伴って原則自由化され（1999年改正），2003年には，派遣期間を最長3年に延長し，製造業派遣を解禁するなどの規制緩和が行われた。しかし，近年の景気後退（特に2008年後半に発生した世界的金融不況）に伴う派遣労働者の大量リストラ（いわゆる「派遣切り」）を背景に，派遣労働者保護の要請が高まり，労働者派遣法は，2012年，逆に規制強化の方向で抜本的に改正された。また，派遣法は2015年にも改正され，労働者派遣事業を許可制とする規制強化，派遣期間制限制度の再編，派遣先における派遣労働者の均衡処遇の推進等を柱とする改正が施された[183]。さらに，

---

[183]　2012年改正労働者派遣法施行後における包括的研究として，和田肇＝脇田滋＝矢野昌浩編著『労働者派遣と法』（日本評論社・2013）がある。2012年改正労働者派遣法につき，沼田雅之「2012年改正労働者派遣法の概要とその検討」同書27頁。概説として，注釈労基・労契

図表 12-1　労働者派遣

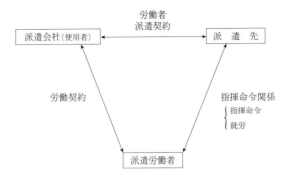

　派遣法は2018年，働き方改革推進法の一環として抜本改正され，不合理な待遇相違の禁止や説明義務を中心とする新たな規律が設けられた。なお，派遣労働による正社員雇用への悪影響防止という基本趣旨は継承され，派遣労働は臨時的・一時的労働（テンポラリーワーク）に位置づけられている[*184]。

　労働者派遣は，①労働者と派遣元企業との間に雇用関係（労働契約関係）があることと，②労働者と派遣先との間に指揮命令関係がある（しかない）ことの2点を基本的要素とする。特に重要な要素は②であり，労働者派遣においては，労働者は派遣先の指揮命令の下で就労するにもかかわらず，派遣先との間に労働契約は存在せず，労働契約の相手方（使用者）は派遣元企業となる（間接雇用）。この結果，労働者派遣は，「労働者・派遣先企業間に指揮命令関係があること」によって業務処理請負（労働者はあくまで請負企業の指揮命令の下で労働し，受入企業の指揮命令には服さない）から区別される一方，「労働者・派遣先

---

(3) 359頁以下［鎌田耕一・神吉知郁子・本庄淳志・高橋賢司］。実務的観点からの検討として，髙谷ほか・前掲書（＊4）118頁以下参照。2015年改正については，労働者派遣制度に係る労働政策審議会建議（2014年1月29日──「労働者派遣制度の改正について［報告書］」）参照。2015年改正法案に対する批判的検討として，「〔シンポジウム〕派遣法改正法案を読み解く」労旬1816号（2014）6頁，沼田雅之「労働者派遣法改正の行方」労旬1845号（2015）7頁参照。2015年改正法の概観として，「〔特集〕労働者派遣法改正」ジュリ1487号（2015）の諸論稿参照。労働者派遣法に関する日本・オランダ・ドイツの包括的比較法研究として，本庄淳志『労働市場における労働者派遣法の現代的役割』（弘文堂・2016）。2015年改正後の包括的研究として，萬井隆令『労働者派遣法論』（旬報社・2017），鎌田耕一＝諏訪康雄編著『労働者派遣法』（三省堂・2017）がある。2018年改正法については，水町・前掲書（＊114），小西康之「派遣先均等・均衡待遇原則と労働者派遣」日労研701号（2018）30頁，國武英生「派遣労働法制と均衡処遇の課題」野川編・前掲書（＊114）85頁など参照。

*184　前掲・労働政策審議会建議（＊183）参照。

企業間に指揮命令関係しかないこと」によって出向（労働者・出向先間に部分的労働契約関係が成立する。580頁）から区別される。労働者派遣法2条1号は，労働者派遣を上記のように定義した後，相手方企業に対し自己の労働者を「雇用させて」労働させる形態を除いているが，これは，出向を上記のように理解した上で除外する趣旨である[185]。このように，労働者派遣においては，労働者・派遣元企業・派遣先企業という三者間の複雑な労働条件・法律関係が生ずるため，これを適切に規制することが重要な課題となる【12-7】。

　裁判例では，冠婚葬祭請負会社（委託会社）との間で業務執行委託契約を締結して代理店事業を営む個人事業主に雇用されて稼働する従業員と会社との関係性につき，労働者派遣法にいう労働者派遣事業への該当性については，事業主が業務の処理に関し，①自己の雇用する労働者の労働力を自ら直接利用するものであることおよび②請負等の契約により請け負うなどした業務を自己の業務として契約の相手方から独立して処理するものであることのいずれにも該当する場合を除き，労働者派遣事業主とするのが相当と判断した上，上記従業員は使用者たる代理店事業主ではなく，葬儀施行代理店，同代理店の館長および従業員の指示を受けていたとして①要件充足性を否定するとともに，②についても，会社が従業員の賃金（資金）原資や制服等費用を負担していたことから要件充足を否定して，労働者派遣に該当すると判断した例がある[186]。①の「労働力を自ら直接利用する」ことは，従業員の業務遂行に関する指示・管理や労働時間に関する指示・管理に求められており，労働者・派遣先の指揮命令関係を意味するといえよう[187]。妥当な判断と解される。

【12-7】　**業務処理請負における労働契約**　　業務処理請負においては，労働契約の相手方である請負企業が指揮命令を行う建前とされ，使用者と指揮命令権者が一致していることから，派遣のような複雑な関係は発生せず，労働者派遣法の適

---

[185]　労働省職業安定局編著『人材派遣法の実務解説〔改訂版〕』（労務行政研究所・1991）37頁，菅野＝山川883頁。土田道夫「出向と派遣」日労研657号（2015）58頁参照。労働者派遣と出向の関係に関する批判的検討として，萬井隆令「出向の概念について──労働者供給，派遣概念との関連性を視野に」龍谷法学41巻4号（2009）708頁。このほか，デパート・量販店等でテナント企業が従業員を販売活動に従事させることがあり，店員「派遣」等と呼ばれるが，テナント企業が自ら指揮命令している限り，労働者派遣には当たらない（昭和61・6・6基発333号）。法的には，出張の一類型といえる。

[186]　ベルコほか事件・札幌地判令和4・2・25労判1266号6頁。

[187]　橋本陽子［判解］ジュリ1572号（2022）5頁参照。

用を受けない。換言すれば，業務処理請負においては，請負企業が労働契約に基づくすべての権利義務を取得し，使用者責任を負うことになる（ただし，受入企業は安全配慮義務を負うことがある。727頁）。ただし実際には，業務処理請負の建前が崩れ，受入企業が指揮命令を行うことがあるため，職安法施行規則4条は，業務処理請負の要件（①作業の完成について事業主としてのすべての責任を負うこと，②労働者を直接指揮監督すること，③使用者としてのすべての法定義務を負うこと，④自ら提供する機械・設備や材料を使用するなど，単に肉体的な労働力を提供するものでないこと）を規定し，派遣との区分基準としている。業務処理請負がこの4要件を満たさない場合は労働者供給事業（職安44条。269頁）とされ，それが労働者派遣に該当すれば，派遣法の適用を受ける（「偽装請負」については，1097頁参照）*188。

(2) 労働者派遣事業

労働者派遣事業は，港湾運送業務，建設業務，警備業務その他政令で定める業務を除き，すべての業務について行うことができる（労派遣4条1項）。上記のとおり，派遣の対象業務を原則として自由化したものである。政令規定業務としては，医療・薬剤師・看護など8業務が挙げられる（施行令2条）。

労働者派遣事業は，常時雇用する労働者のみを派遣する特定労働者派遣事業（常用型）と，労働者が派遣会社に登録しておき，派遣のつど労働契約を結ぶ一般労働者派遣事業（登録型）に分かれてきた（2015年改正前の労派遣2条4号・5号）。登録型の方がポピュラーであるが*189，派遣期間と契約期間が直結しており，派遣の終了が労働契約の終了に直結するなど雇用が不安定であるため，登録型派遣は，厚生労働大臣の許可を要するなどより厳しい規制の下に置かれてきた（常用型は届出で足りる。改正前16条）。しかし，登録型派遣に対する規制強化の結果，派遣事業者が常用型派遣に安易に移行する傾向が生じたため，2015年改正により，一般労働者派遣事業と特定労働者派遣事業の区別を廃止し，全事業について許可制とする旨の改正が行われた（労派遣5条1項）。

---

*188　裁判例では，業務処理請負が「偽装請負」に該当するか否かが争われた事案につき，受入企業が請負企業労働者に対して指揮命令を行っていないと判断して「偽装請負」該当性を否定した例がある（DNPファインオプトロニクスほか事件・東京高判平成27・11・11労判1129号5頁）。一方，「偽装請負」該当性を肯定した上，派遣先による直接雇用申込みみなし（労派遣40条の6）を肯定した例がある（東リ事件・大阪高判令和3・11・4労判1253号60頁。1097頁参照）。

*189　なお，登録型派遣における派遣登録自体は労働契約の締結を意味しない。リクルートスタッフィング事件・東京地判平成17・7・20労判901号85頁参照。

また，労働者派遣法は従来の専門的業務・特殊な管理業務のカテゴリーを維持して政令 26 業務を掲げ，派遣期間の制限から除外してきたが，2015 年改正により，これら政令 26 業務は廃止された。

なお，2012 年改正により，日雇派遣（日々または 30 日以内の期間を定めて雇用する労働者派遣）の原則禁止規定（労派遣 35 条の 3 [2015 年改正後の 35 条の 4]），いわゆる「専ら派遣」を防止するためにグループ企業内派遣を 8 割以内に規制する規定（同 23 条の 2），離職した労働者を 1 年以内に派遣労働者として受け入れることを禁止する規定（同 35 条の 4 [2015 年改正後の 35 条の 5]，40 条の 9）といった事業規制が新設されている。後二者の規定は，派遣労働による正社員雇用への悪影響の防止（正社員への代替防止）を主眼とする規定である。

(3) 派遣労働の成立

(ア) **労働者派遣契約** 労働者派遣契約とは，派遣元企業が派遣先に対して労働者派遣をすることを約する契約をいう（労派遣 26 条 1 項）。労働者派遣契約においては，派遣労働者の業務内容，就業場所，指揮命令者，派遣期間，就業日，就業時間，安全衛生，苦情処理事項などの事項を定めなければならない（同 26 条 1 項）。また派遣元企業は，労働者派遣に際して，上記の就業条件を派遣労働者に明示しなければならない（同 34 条）。労働者派遣契約は，この明示を通して派遣労働者の労働契約内容を規律することになる。

(イ) **派遣元企業・派遣労働者間の労働契約** 派遣元企業は，派遣労働者となることを予定して労働契約を締結する労働者に対しては，派遣労働者として雇用することを明示して労働契約を締結しなければならない（労派遣 32 条 1 項）。また派遣元企業は，労働者派遣に際して，労働者派遣契約に定める就業条件を派遣労働者に明示しなければならない（同 34 条，平成 11 年厚労告 137 号 [派遣元事業主が講ずべき措置に関する指針＝派遣元指針]）。労働者派遣契約の内容は，この明示を通して派遣労働者の労働契約内容となり，その労働条件を規律することになる【12-8】。

> 【12-8】 **労働者特定行為の規制** 労働者派遣法は，派遣先が派遣労働者の特定を行うことを規制している。すなわち，派遣先は，労働者派遣契約の締結に際して，派遣労働者の特定を目的とする行為をしないよう努めなければならない（労派遣 26 条 7 項）。派遣労働者を特定したいのであれば直接雇用すればよく，特定

行為と間接雇用である労働者派遣は両立しないとの趣旨に基づく。具体的には，特定の派遣労働者を指名すること，性別や年齢を限定すること，履歴書を送付させること等が特定行為とされ，事前面接も禁止される（平成 11 年 厚労告 138 号［派遣先が講ずべき措置に関する指針＝派遣先指針］）。派遣元企業も，派遣先の特定行為に協力してはならない（派遣元指針）[*190]。ただし，紹介予定派遣については撤廃された（1098 頁）。

2 派 遣 期 間

(1) 派遣期間の制限

労働者派遣法は，派遣労働者による正社員の代替を防止する趣旨に立ち，派遣期間の上限を 1 年とする規制を設けてきた。この制限は，2003 年改正によって 3 年に延長され，派遣先企業は，1 年を超え 3 年以内の期間（派遣可能期間），継続して派遣を受け入れる場合は，3 年以内の期間で派遣期間を定めるべきものとされ，派遣期間の制限は，事業所その他派遣就業の場所ごとの同一の業務について行うものとされてきた（労派遣 40 条の 2 第 1 項）。他方，26 の政令専門的業務は，派遣期間の制限の適用除外とされてきた。

しかし，2015 年法は，この期間制限制度を再編し，派遣労働者・派遣元企業間の労働契約が有期契約か無期契約かで取扱いを分ける制度を導入した。すなわち，有期雇用派遣労働者について，派遣可能期間を原則として上限 3 年とする一方，無期雇用派遣労働者については期間制限を撤廃する旨の改正が行われた（労派遣 40 条の 2 第 1 項。無期雇用派遣労働者については同項 1 号）。また，有期雇用派遣労働者に関する期間制限は，60 歳以上の高齢者（同項 2 号，施行規則 32 条の 4），事業の開始・転換・拡大・縮小または廃止の業務であって一定期間内の完了が予定されている業務（同項 3 号イ），産前産後休業（労基 65 条），育児・介護休業（育介 2 条）の代替業務（労派遣 40 条の 2 第 1 項 4 号・5 号）にも適用されない。

また，2015 年改正法は，派遣可能期間の制限について，①派遣先事業所単位の期間制限と，②個人単位の期間制限に区分する新たな制度を導入した。①

[*190] 裁判例では，派遣元企業が派遣直前に派遣労働者を派遣先企業社員に引き合わせたことにつき，引き合わせに際して，派遣労働者の能力に関する質問・試験が行われず，また同人以外に派遣労働者として引き合わされた者がいなかったことを理由に，禁止された特定行為に当たらないと判断した例がある（パーソンズ等事件・東京地判平成 14・7・17 労経速 1834 号 3 頁）。前掲・リクルートスタッフィング事件（＊189）も参照。

は従前からの制度であり，派遣先の事業所における派遣労働者の受入れの上限を3年と定める（労派遣40条の2第3項）。ただし，改正法は，3年を限度に派遣可能期間の延長を認めるとともに，派遣可能期間を延長する場合は，派遣先の過半数組合・過半数代表者の意見聴取を要件とすること，派遣可能期間を延長した場合は，過半数組合に対して延長の理由その他厚生労働省令で定める事項について説明義務を課すこと，その後さらに3年を経過したとき以降も同様とすることという新たな規律を設けた（同40条の2第3項〜6項）。

一方，②は新たな制度であり，派遣先の同一の組織単位における同一の派遣労働者の受入れ上限3年とするというものである。「組織単位」とは，「労働者の配置の区分であって，配置された労働者の業務の遂行を指揮命令する職務上の地位にある者が当該労働者の業務の配分に関して直接の権限を有するものとして厚生労働省令で定めるもの」をいい（労派遣26条1項2号），具体的には，「課」単位を指す。この結果，派遣先が同一の組織単位で3年を超えて同一の派遣労働者を受け入れた場合は，労働契約申込みみなし制度（同40条の6）の対象となる[*191]。

(2) 労働者派遣契約の中途解除

労働者派遣においては，ユーザーである派遣先が優位に立つため，派遣期間中に労働者派遣契約を解除し，労働者の解雇をもたらすことが少なくない。そこで，労働者派遣法は，派遣労働者の国籍，信条，性別，社会的身分，派遣労働者が労働組合の正当な行為をしたこと等を理由とする，労働者派遣契約の中途解除を禁止している（労派遣27条）。この禁止事由は例示列挙であり，他の差別禁止事由に基づく解除も禁止される（人種・門地［憲14条］，女性労働者の婚姻・妊娠・出産［雇均6条4号・9条1項］，労働組合への加入・組合活動［労組7条］）[*192]。また，派遣労働者が公益通報を行ったことを理由とする労働者派遣

[*191] 2015年派遣法改正の結果，①事業所単位の期間制限の場合は，過半数組合等の意見聴取手続を経ることで，3年の派遣可能期間をいわば無制限に延長することが可能となったため，派遣労働の臨時的・一時的労働という位置づけや，正社員雇用への悪影響の防止という基本政策との矛盾が指摘されている。また，②個人単位の派遣可能期間の場合も，「課」単位を超える派遣であれば，3年を超える労働者派遣が可能となるため，やはり臨時的・一時的労働という派遣労働の性格との矛盾が生じうる。沼田・前掲論文（＊183・労旬）13頁参照。

[*192] トルコ航空ほか1社事件（東京地判平成24・12・5労判1068号38頁）は，正当な組合活動を理由とする労働者派遣契約の中途解除を派遣法27条違反として無効と解し，同解除を前提とする派遣元による解雇を無効と判断している。

契約の中途解除は無効とされる（公益通報4条）。

また，法的には，労働者派遣契約が中途解除されたからといって，直ちに解雇が許されるわけではない。すなわち，労働者派遣契約が中途解除されても，労働契約自体は存続しているので，派遣元企業による派遣労働者の解雇には解雇権濫用規制（労契16条）が適用され，客観的に合理的な理由が必要となる。この場合，派遣先による労働者派遣契約の中途解除が直ちに解雇の合理的理由となるわけではなく，当該解除事由が派遣元に対する派遣労働者の労働義務違反となり，解雇の合理的理由となるか否かが審査されなければならない。したがって，派遣労働者の能力や勤務状況に問題がないのに派遣先が労働者派遣契約を中途解除するなど，派遣労働者に帰責事由がない場合は，派遣元企業は労働者を解雇することはできない。さらに，契約期間途中の解雇であれば，さらに厳しく，「やむを得ない事由」が必要となる（労契17条1項。1027頁）[193]。そのような理由がなく，新たな就業機会の確保が不可能であれば，派遣元は賃金や休業手当の支払義務を免れない（民536条2項，労基26条［321頁以下］）[194][195]。

---

[193] 「やむを得ない事由」の否定例として，前掲・プレミアライン事件（[81]），キャリアセンター中国事件・広島地判平成21・11・20労判998号35頁（ただし，本判決の理由づけには一部疑問がある。島田陽一＝土田道夫「ディアローグ・労働判例この一年の争点」日労研604号［2010］38頁参照），前掲・新時代産業事件（[83]）。他方，「やむを得ない事由」の肯定例として，派遣労働者が派遣先会社における業務において問題行動を起こし，複数の業務命令違反があったため，派遣先会社が会社に対して派遣を中止するよう申し入れたことから行われた解雇についてやむを得ない事由を認め，また，派遣労働者の苦情申出を理由とするもの（派遣元指針第2・3）ともいえないと判断した例がある（ヘイズ・スペシャリスト・リクルートメント・ジャパン事件・東京地判令和2・7・8労経速2446号20頁）。

[194] 同旨，荒木607頁。裁判例として，前掲・キャリアセンター中国事件（[193]），浜野マネキン紹介所事件・東京地判平成20・9・9労経速2015号21頁，いすゞ自動車事件・東京地判平成24・4・16労判1054号5頁。なお裁判例では，派遣労働者の勤務状況を労働者派遣契約上の債務不履行と評価できない場合の同契約の中途解除を否定しつつ，派遣労働者の賃金請求権については，派遣元企業が労働者の債務不履行の存否について判断することが困難である以上，帰責事由（民536条2項）は認められないとして否定し，休業手当請求権のみ認めた例があるが（三都企画建設事件・大阪地判平成18・1・6労判913号49頁），適切でない。

[195] より具体的には，労働者派遣契約の締結に際して，当事者は派遣労働者の新たな就業機会の確保，派遣労働者に対する休業手当相当額費用の負担に関する措置等を定めるべきこと（労派遣26条1項8号）が規定され，派遣先についても，自己都合による労働者派遣の中途解除に関して，休業手当相当額費用の負担措置が課される（同29条の2）。また，派遣先は，もっぱら派遣先に起因する事由により労働者派遣契約を中途解除する場合は，①相当の期間をもって事前に派遣元に解除の申入れをすること，②派遣先の関連会社での就職斡旋等によって労働者の就業機会の確保を図ること，③それができないときは，労働者派遣契約の解除の少なくとも30日前に派遣元に予告し，または派遣労働者の少なくとも30日分の賃金相当額の損害賠

3 派遣労働の展開

(1) 派遣元・派遣先の義務

　労働者派遣法は、適正な派遣労働を確保するため、派遣元企業・派遣先双方に様々な義務を課しており、2012年・2015年・2018年改正によって強化されている。また、派遣元指針・派遣先指針は、より詳細な規律を定めている。

　(ｱ) **派遣元企業の義務**　　a) **雇用安定措置**　派遣元企業は、特定有期雇用派遣労働者（前述した「組織単位」をキー概念に、「同一の組織単位の業務について継続して1年以上の期間当該労働者派遣に係る労働に従事する見込みがあるもの」）等に対して雇用安定措置を講ずるよう努める義務を負う。すなわち、①派遣先に対し、特定有期雇用派遣労働者に対して労働契約の申込みをするよう求めること、②派遣労働者としての就業の機会を確保・提供すること、③派遣労働者以外の無期契約労働者としての雇用の機会を確保・提供すること、④特定有期雇用派遣労働者を対象とする教育訓練措置を講ずること、の4点である（労派遣30条1項）。また、これら4点の措置は、同一の組織単位の業務について継続して3年間当該労働者派遣労働に従事する見込みがある特定有期雇用労働者については、「努力義務」ではなく「義務」とされる（同30条2項）。2015年改正によって新設された規定である。

　以上のとおり、雇用安定措置は、同一の組織単位の業務に継続して3年間当該派遣労働に従事する見込みがある特定有期雇用派遣労働者については「義務」とされている（労派遣30条2項）ため、派遣元企業が雇用安定措置を何ら講じないまま派遣労働者が派遣元から雇止めされ、失職したようなケースでは、雇用安定措置の懈怠を不法行為と解し、損害賠償請求を肯定することが可能と解される[196]。

　　b) **段階的・体系的な教育訓練**　派遣元企業は、派遣労働者が段階的かつ体系的に派遣就業に必要な技能・知識を習得できるよう教育訓練を実施する義務を負う。特に、無期雇用派遣労働者については、職業生活の全期間を通じて能力を発揮できるよう配慮しなければならない（労派遣30条の2第1項）。

　償を行うこと（30日未満のときは日数比例分）などを要する（派遣先指針）。

　[196]　具体的には、一定期間の逸失利益および慰謝料の請求が可能と解される。これに対し、継続して1年以上派遣労働に従事する見込みがある特定有期雇用派遣労働者に関する雇用安定措置は努力義務にとどまる（労派遣30条1項）ため、私法上の意義を肯定することは困難と解される。

本条も，2015年改正によって新設された規定である[*197]。

　この段階的・体系的な教育訓練は，派遣労働者に対する派遣元企業の労働契約上の義務としても理解できるものである。すなわち，段階的・体系的な教育訓練は，派遣元企業の実施義務とされているため，教育訓練が派遣元就業規則等で制度化されていれば，派遣労働者は制度の適用を請求できるものと解される（525頁参照）。

　　c）　不合理な待遇の禁止・差別的取扱いの禁止　　2018年の働き方改革推進法に基づく派遣法改正により，派遣労働者についても，短時間・有期雇用労働者と同様，不合理な待遇の禁止（30条の3第1項）および差別的取扱いの禁止（同条2項）が規定された。比較の対象となるのは「派遣先に雇用される通常の労働者」であり，この点が，同一事業者に雇用される通常の労働者を比較対象とするパート・有期法8条・9条と異なる。また，差別的取扱い禁止規定は，「正当な理由なく，基本給，賞与その他の待遇のそれぞれについて不利なものとしてはならない」という内容であり，文言が修正されているが，内容は同一である。また，これら規定は，パート・有期法8条・9条と同様，私法上の効果を有する強行規定である[*198]。

　また，上記2規定については特例があり，派遣元企業が過半数組合・過半数代表者との間で一定の要件を満たす労使協定を締結している場合は，上記2規

[*197]　段階的・体系的な教育訓練については，その実効性を高めるため，労働者派遣事業の許可基準として追加される（労派遣7条1項）とともに，派遣元責任者の職務（同36条5号）に追加され，さらに，教育訓練を行った日時・内容が派遣元管理台帳（同37条1項8号）・派遣先管理台帳（同42条1項9号）の記載事項に追加された。

[*198]　詳細は，菅野＝山川900頁以下，水町・前掲書（＊114）132頁，小西・前掲論文（＊183）30頁，國武・前掲論文（＊183）85頁，細川良＝沼田雅之＝橋本陽子「派遣労働者の『同一労働同一賃金』」労働134号（2021）176頁など参照。

　なお，最近の裁判例（リクルートスタッフィング事件・大阪高判令和4・3・15労経速2483号29頁）は，派遣労働者・派遣元従業員間の労働条件相違について，派遣法の規律ではなく旧労契法20条を適用して判断している。判決は，派遣労働者に係る不合理な待遇の是正は，労働者派遣法に定める規律が中心となるとしても，派遣労働者の待遇格差の是正がおよそ旧労契法20条のらち外となるものではなく，派遣労働者と派遣元との関係についても，有期派遣労働契約を20条所定の有期労働契約として20条の規律を及ぼし，派遣労働の特殊性を含めて職務の内容・配置の変更の範囲その他の事情を考慮して不合理性の有無を判断することが相当と解し，通勤手当の不支給について20条の適用を認めた上，不合理性を否定している。この判断によれば，パート・有期法の下でも，有期派遣労働者は有期雇用労働者（同2条2項）に当たることから，同法8条の不合理な待遇相違の禁止規定の適用を受けるものと解される（パート・有期法施行通達〔第3・3（10）〕も，短時間・有期雇用労働者である派遣労働者については，パート・有期法および派遣法の両方が適用されるとしている）。

定は適用を除外される。労使協定が充足すべき要件は，①派遣労働者の従事する業務と同種の業務に従事する一般労働者の平均的な賃金の額として厚生労働省令で定めるものと同等以上の賃金額となるものであること，②派遣労働者の職務の内容・職務の成果・意欲・能力または経験等の向上があった場合に賃金が改善されること，③派遣労働者の具体的賃金決定に際して，上記職務の内容等を公正に評価して決定すること，④対象となる派遣労働者の賃金以外の待遇の決定方法，⑤対象となる派遣労働者への段階的教育訓練の実施，⑥協定の有効期間の定めなど6点である（労派遣30条の4第1項）。

　上記の特例は，派遣先労働者との比較が困難ないし不適切な場合があるという間接雇用の特殊性を考慮した規律であり，派遣労働者に固有の規律である。もっとも，上記特例については，労使協定が①～⑥の要件を充足していなければ，協定を形式的に締結していても適用除外の効果は発生しないほか，②④⑤に掲げる事項であって当該協定で定めたものを遵守していない場合または③に関して当該協定の定めによる公正な評価に取り組んでいない場合も同様とされる（労派遣30条の4第1項本文）。この場合，派遣労働者は，「派遣先に雇用される通常の労働者」との間の均衡待遇規定・差別的取扱い禁止規定の適用を求めることができる（菅野＝山川905頁参照）。

　　d）　就業規則　　2018年改正法により，派遣労働者に係る事項に関する就業規則の作成・変更に際しては，あらかじめ，派遣労働者の過半数代表と認められるものの意見を聴取するよう努めるべき義務が新設された（労派遣30条の6）。

　　e）　説明義務　　派遣元企業は，派遣労働者の雇入れに際して，賃金額の見込みその他の待遇に関する事項を説明する義務を負うが（労派遣31条の2第1項），この説明義務も2018年改正によって強化された。すなわち，説明の対象事項として，前述した不合理な待遇の禁止・差別的取扱いの禁止・労使協定による適用除外について派遣元企業が講ずる措置の内容が追加された（同条2項。短時間・有期雇用労働者と異なり，文書の交付により行うことを要する）。また，短時間・有期雇用労働者と同様，派遣労働者の求めに応じ，派遣先の比較対象労働者との間の待遇の相違の内容・理由および派遣元企業が講ずべき事項に関する決定をするに当たって考慮した事項を説明する義務を課す（同条4項）とともに，説明を求めたことを理由とする不利益取扱いを禁止した（同条5項）。

　以上の規定によれば，派遣元企業が派遣労働者の求めに応じて十分な説明を

しなかった場合は、パート・有期法14条（1075頁）と同様、派遣法30条の3第1項所定のその他の事情として、待遇相違の不合理性を基礎づける事情となるものと解される。

(イ) **派遣先の義務** 派遣先は、労働者派遣に際して、労働者派遣契約の定めに反することのないように適切な措置を講ずる義務を負う（労派遣39条）。派遣先の義務は、2015年改正・2018年改正によって強化されており、①派遣元企業の求めに応じて、派遣労働者と同種業務に従事する派遣先労働者が従事する業務遂行に必要な能力を付与するための教育訓練を実施する等必要な措置を講ずる義務（同40条2項）、②派遣先労働者に適用される福利厚生施設を派遣労働者に利用の機会を与える義務（同条3項）、③派遣労働者が従事する業務ごとの比較対象労働者（派遣先に雇用される通常の労働者であって、当該派遣労働者と待遇を比較すべき労働者）の賃金その他の待遇に関する情報を提供する義務（同26条7項・8項）等を負う。③の情報提供義務は、2018年改正により新設された規定であり、前記のとおり、派遣元企業は、派遣労働者について、派遣先の通常の労働者との関係で不合理な待遇および差別的取扱いを禁止されるところ、派遣先の通常の労働者の賃金・待遇を把握できなければ、これら規律に対応できないことから設けられた規定である。

以上のうち、教育訓練実施の措置義務や、福利厚生施設利用の措置義務は、後述する安全配慮義務（1092頁）と同様、労務指揮権行使に付随する義務として労働契約上も肯定できるものと解される（労派遣40条2項・3項は、派遣先の上記義務を「その指揮命令の下に労働させる派遣労働者」に対する義務として規定している）。したがって、派遣労働者は、これら義務の懈怠によって生じた損害（精神的損害）につき、債務不履行（民415条）として賠償を請求できるものと解される。また、これら措置義務は、派遣元における労使協定による特例待遇規定の対象外とされている（同30条の4第1項括弧書）。

(2) 労働契約関係

(ア) **派遣労働者・派遣元企業の関係** 労働者派遣においては、労働者は派遣先企業の指揮命令に服して労働するが、労働契約関係は派遣元企業との間にのみ存在する。上記のとおり、派遣労働者が派遣元企業に対して負う労働義務の内容は、派遣先企業の指揮命令に服して労働することであるが、その具体的な内容は、労基法その他の法令によって規律されるほか、労働者・派遣元企業

間の労働契約（それを具体化する派遣元就業規則や労働者派遣契約）によって規律される。派遣労働者は，これら法令や合意の範囲内でのみ労働義務を負い，その範囲を超える派遣先の指揮命令に従う義務はない（労働保護法の適用関係については，菅野＝山川 913 頁，荒木 619 頁参照）。派遣先の指揮命令の法的根拠については諸説あるが，派遣元企業の労務指揮権が労働者派遣契約を通して派遣先に譲渡されると構成することが適切である[199]。

もっとも，派遣元企業の労務指揮権はすべて派遣先に移転するわけではなく，派遣元は，派遣先の指示に従って労働せよとの包括的指揮権限を有している。したがって，派遣労働者は，派遣先に対する具体的労働義務を負うと同時に，それを通して派遣元に対する労働契約上の労働義務を履行する関係にある。そこで，派遣労働者が派遣先で非違行為や不正行為を行ったときは，派遣元に対する労働義務違反となり，派遣元が労働者を復帰させた上，解雇・懲戒等の処分を行うことになる。守秘義務についても，派遣労働者・派遣先間に労働契約関係がない以上，労働者・派遣元企業間で秘密保持契約を締結し，守秘義務の履行について派遣元企業が派遣先に対して責任を負うという取扱いが一般的であり，また，そうすべきものであろう[200][201]。

一方，派遣元企業は，派遣労働者に対して，賃金支払義務を負うほか，安全配慮義務，個人情報保護義務[202]その他の付随義務を負う。賃金支払義務については，派遣先が派遣労働者の賃金制度を不利益に変更した場合も，それが直ちに派遣元企業・派遣労働者間の労働契約上の労働条件に影響するわけではなく，派遣元企業は別途，派遣労働者との間で労働条件変更の手続（本人同意［労契 8 条］，就業規則の変更［同 10 条］）を履行する必要がある[203]。安全配慮義

---

[199] この問題については，土田・労務指揮権 530 頁，土田・前掲解説（[185]）58 頁参照。

[200] 経済産業省「秘密情報の保護ハンドブック」（2016）所収の（参考資料 2）第 2「1 秘密情報管理規程の例」第 15 条参照。

[201] 派遣元企業従業員の誠実義務をめぐる紛争としては，同従業員による派遣労働者の大量引抜き（別派遣企業への大量移籍）の違法性をめぐる紛争が登場している。東京コンピュータサービス事件・東京地判平成 8・12・27 判時 1619 号 85 頁，フレックスジャパン・アドバンテック事件・大阪地判平成 14・9・11 労判 840 号 62 頁等。947 頁参照。

[202] 労働者派遣法における派遣労働者の個人情報保護規制は，1999 年改正以後強化されており，特に，派遣元企業の義務として，①守秘義務（労派遣 24 条の 4）のほか，②労働者派遣に際して労働者の個人情報を収集・保管・使用する場合の適正管理措置，③人種・民族・出生地等社会的差別の原因となるおそれのある事項や思想・信条，労働組合への加入状況の収集の禁止等が定められている（同 24 条の 3，派遣元指針）。これらの義務は，派遣労働者に対する派遣元企業の労働契約上の個人情報保護義務の内容を形成するものと解される。

務の基本的主体は派遣先であるが（1092頁），派遣元企業も，労働安全衛生法の原則規定に基づく義務や，派遣労働者の長時間労働や過労を認識し得た場合に適切な措置を講ずる義務を負うものと解される[*204]。また，派遣労働者は，派遣先においてセクシュアル・ハラスメント等の被害に遭遇することが少なくないが，派遣元企業は，セクハラに関する職場環境配慮義務（989頁）に基づいて，セクハラの防止や実際に発生した場合の被害回復・再発防止等の適切な措置を講ずる義務を負うものと解すべきであろう（雇均11条参照）[*205]。

なお，登録型派遣労働者に係る就業規則の不利益変更については，派遣元・派遣労働者が派遣期間中に限って労働契約を締結することから労契法10条の直接適用を否定しつつ，両者が相当期間にわたって同一労働条件による労働契約締結を反復更新してきた事実等を考慮して，同条の趣旨を踏まえた合理性判断を行った裁判例がある[*206]。

(イ) **派遣労働者・派遣先の関係**　前記のとおり，派遣労働者・派遣先の関係は，労務指揮権・労働義務の現実の履行の関係に尽くされ，それ以外の権利

[*203]　ジェイエスキューブ事件（東京地判平成21・3・10労経速2042号20頁）は，派遣先のインセンティブ制度に基づく報酬の廃止につき，同報酬が派遣労働者・派遣元企業間の雇用契約上の賃金であることを否定して減額分の請求を棄却しているが，労働契約（雇用契約）が派遣労働者・派遣元間にのみ成立し，賃金支払義務の主体が派遣元である以上，同義務とインセンティブ報酬の関係についてより丁寧な判断を行う必要があったと解される（島田＝土田・前掲ディアローグ[*193]39頁以下参照）。

[*204]　この点は，出向における出向元の安全配慮義務（584頁）に類似するものと解される。裁判例では，派遣労働者のうつ病自殺につき，派遣元企業・派遣先の安全配慮義務として，ともに労働者に通院先病院・診断名等を尋ねるなどして健康不調の内容を詳細に把握し，体調管理について指導するなどの義務を負うと解した上，ともに労働者の通院先や診断名等を把握せず，同義務に違反したと判断し，遺族に対する慰謝料の支払を命じた例がある（ティー・エム・イーほか事件・東京高判平成27・2・26労判1117号5頁）。一方，新型コロナ禍において，通勤による感染を懸念した派遣労働者が派遣元に対して在宅勤務を求めたところ拒否されたという事案につき，派遣元は，派遣労働者が通勤によって新型コロナウイルスに感染することを具体的に予見できたとは認められない状況下において，使用者として可能な十分な配慮をしており，安全配慮義務違反があったとは認められないと判断した例もある（前掲・ロバート・ウォルターズ・ジャパン事件［*16］）。

[*205]　裁判例では，派遣元企業が派遣労働者の派遣先におけるセクシュアル・ハラスメント被害について1回抗議したのみで何ら対応せず，派遣労働者の復帰および労働者派遣契約の中途解除をやむをえないこととして認容したケースにつき，派遣元は，セクハラ被害を受けた派遣労働者が解雇され，退職を余儀なくされることがないよう配慮すべき義務を負うと判断した上，上記配慮義務違反を認めて派遣労働者による慰謝料請求を認容した例がある（東レエンタープライズ事件・大阪高判平成25・12・20労判1090号21頁）。

[*206]　阪急トラベルサポート事件・東京地判平成30・3・22労経速2356号3頁。747頁。

義務は原則として発生しない。派遣労働者の労働義務の内容は，労基法等の法令や労働者・派遣元間の労働契約によって規律される。派遣労働者は，これら法令や合意の範囲内でのみ労働義務を負い，その範囲を超える派遣先の指揮命令に従う義務はない。たとえば，旧政令26業務のような専門的業務については，労働義務内容はその業務（職種）の範囲に限定されるし，派遣先における配置換え・配転は，労働者派遣契約所定の業務内容・就業場所の範囲内でのみ許される[207]。派遣先は，自社における派遣労働者の非違行為に対する独自の処分権限はないが（上記のとおり，派遣元企業が処分行為の主体となる），派遣労働者の非違行為について，派遣労働者や派遣元企業の不法行為責任を追及することは可能である[208]。

一方，派遣先は，労務指揮権行使（現実の指揮命令関係）に伴う義務として安全配慮義務を負う（労契5条。727頁）[209]。また，派遣先従業員が派遣労働者に対してセクシュアル・ハラスメントやパワー・ハラスメント等の行為を行った場合は，当該従業員の不法行為責任とともに，派遣先の使用者責任（民715条）が肯定されることもある（セクハラ防止の措置義務［雇均11条1項］は，派遣元・派遣先双方に課される［労派遣47条の2］)[210]【12-9】。

【12-9】 **紛争処理・実効性確保措置**　労働者派遣法は，労働者派遣において生じうる紛争を解決し，法の実効性を確保するための措置として，派遣元・派遣先による苦情処理を定めている（40条1項）。また，公的紛争処理としては，厚生労働大臣による指導・助言・勧告（48条），改善命令（49条），指導・助言に従わない場合の勧告・公表（49条の2第1項・2項），厚生労働大臣に対する申告制

---

[207] いわゆる二重派遣（派遣を受けた派遣先がさらに第三者の指揮命令の下に労働させる形態）は，労働者を雇用しない事業主（派遣先）が派遣を行うことになるため，労働者派遣に該当せず，違法な労働者供給として禁止される。派遣先から第三者企業への出向も同じである。

[208] 派遣先における派遣労働者の非違行為については，派遣元企業の使用者責任（民715条）も肯定されている（パソナ事件・東京地判平成8・6・24判時1601号125頁，テンプロス・ベルシステム24事件・東京地判平成15・10・22労判874号71頁）。

[209] 派遣先の安全配慮義務違反肯定例として，前掲・ティー・エム・イーほか事件（[204]），否定例として，ヨドバシカメラ事件・東京地判平成17・10・4労判904号5頁（派遣先社員による派遣労働者への暴力行為）。

[210] アークレイファクトリー事件（大阪高判平成25・10・9労判1083号24頁）は，派遣労働者に対する派遣先従業員のパワー・ハラスメントについて，従業員の不法行為責任を認めるとともに，派遣先の使用者責任についても，従業員の上司が従業員による派遣労働者の指導方法や言葉遣いについて指導・教育を行っていないことから，派遣先が従業員らの選任・監督上の注意を怠ったとして肯定している。

度（49条の3第1項），公共職業安定所（ハローワーク）による相談・援助（52条）等がある。なお，厚生労働大臣への法違反の申告を理由とする解雇その他の不利益取扱いは禁止される（49条の3第2項）。

また，紛争処理制度は，2018年改正法により強化された。すなわち，パート・有期法と同様，苦情の自主的解決（労派遣47条の5），都道府県労働局長による紛争解決援助（助言・指導・勧告［同47条の7］），個別労働紛争解決促進法上の紛争調整委員会による調停（同47条の8）が新設された。

4 派遣労働の終了

(1) 労働契約終了からの保護

労働契約終了からの保護は，有期雇用派遣労働者か無期雇用派遣労働者かによって異なる。まず，無期雇用派遣労働者の場合は，派遣が終了しても，派遣元企業との労働契約は継続する。新たな派遣先を確保できず，労働者が就労できない場合も，直ちに解雇が正当化されるわけではなく，解雇には客観的合理的理由が必要である（労契16条）[211]。また，派遣元は，使用者の帰責事由に基づく就労不能として賃金支払義務を免れない（民536条2項。321頁）。

一方，有期雇用派遣労働者の場合は，いわゆる登録型派遣が一般的となるが，この場合，派遣期間と労働契約期間が直結しているため，労働者派遣が終了すれば，労働契約も当然に終了する（派遣法上の規制は存在しない）。しかし，派遣労働者が長期間，同一派遣先に派遣され続けてきたケースでは，派遣元・派遣先双方との間で雇用継続の期待利益が生ずることは自然であり，雇止めをめぐる紛争が登場している。ある裁判例[212]では，労働者が雇止めを違法と主張し，派遣元・派遣先両者に対して労働契約上の地位の確認を求めたのに対し，判決は，同一事業所への派遣を継続することによって派遣労働者の雇用の保護を図ることは派遣法の趣旨ではないこと，登録型有期労働契約は，派遣元・派遣先間の労働者派遣契約を前提としているので，派遣契約が終了した以上，雇用契約を終了させてもやむをえない合理的理由に当たることを理由に斥けている。また，派遣先との労働契約成立の主張についても，黙示の労働契約の成立を否

＊211 シーテック事件（横浜地判平成24・3・29労判1056号81頁）は，派遣労働者の解雇について整理解雇法理を適用した上，特に人選の相当性について，解雇対象となった待機社員である技術社員の技術・経歴等を検討することなく全員を対象者とした点で相当性を欠くものと解し，無効と判断している。

＊212 伊予銀行・いよぎんスタッフサービス事件・高松高判平成18・5・18労判921号33頁。

定して斥けている*213。しかし,派遣期間の満了によって派遣が終了する場合について雇止め規定（労契19条）の適用を一律に否定すべきではなく,派遣労働者の雇用継続に係る期待利益に応じた雇止めの保護を図るべきであろう*214。

(2) 派遣終了後の直接雇用

労働者派遣は,不安定な雇用形態（間接雇用）であるため,労働者派遣法は,派遣終了後の派遣先による直接雇用を促進する政策を採用している。

(ア) **派遣元による雇用制限の禁止**　派遣元企業は,正当な理由がない限り,派遣労働者・派遣先企業との間で,雇用関係の終了後に派遣先に雇用されることを禁ずる契約を締結してはならない（労派遣33条1項［派遣労働者］・2項［派遣先企業］）。派遣元企業による派遣労働者の「囲い込み」を防ぎ,派遣労働者の職業選択の自由（憲22条）を保障し,その正規雇用化を促進するための規定であり,同条に違反して締結された契約条項は私法上無効とされる（「正当な理由」としては,派遣元との雇用関係継続中に取得した知識・技術が特殊であるため,守秘義務や競業避止義務を課しうる場合が考えられる）。

裁判例では,派遣先が労働者を直接採用する目的で契約更新を拒絶した場合の解約金支払義務を定めた契約につき,形式的には派遣法33条2項に違反しないものの,その適用を回避し,派遣労働者の職業選択の自由（憲22条1項）を制限する規定であり,33条違反として無効と解した例*215 や,派遣元が派遣労働者との雇用契約上設けた禁止条項（雇用期間中およびその終了後1年間は派遣会社の同意なしに派遣先の業務を引き受け,または契約を締結することを禁止する条項）について上記「正当な理由」を否定して無効と判断するとともに,派遣先との間で設けた雇用禁止合意（派遣労働者の退職後6か月間の雇用を禁止する条項）について同じく「正当な理由」を否定して無効と判断した例*216 がある。

---

*213　その後の同旨裁判例として,マイスタッフ［一橋出版］事件・東京高判平成18・6・29労判921号5頁,マイルストーン事件・東京地判平成22・8・27労経速2085号25頁,日経スタッフ事件・東京地判平成22・12・27労経速2094号8頁,日産自動車事件・横浜地判平成26・3・25労判1097号5頁,資生堂［アンフィニ］事件・横浜地判平成26・7・10労判1103号23頁,前掲・トルコ航空ほか1社事件（＊192）など。

*214　水町462頁,川口689頁参照。裁判例では,勤務態度不良を理由とする派遣労働者の雇止めについて雇止め規定を適用し,雇止め事由該当性を否定して不適法と判断した例がある（前掲・スタッフマーケティング事件［＊16］）。

*215　ホクトエンジニアリング事件・東京地判平成9・11・26判時1646号106頁。

*216　バイオスほか［サハラシステムズ］事件・東京地判平成28・5・31労判1275号127頁。

第 3 節　派遣労働者の労働契約　1095

　(イ)　**派遣労働者の直接雇用の促進**　これについては，2 種類の規律が存在する（2015 年改正によって大幅に再編された）。

　第 1 に，派遣先は，継続して 1 年以上，特定有期雇用派遣労働者を受け入れた場合に，引き続き当該業務のために労働者を雇い入れる場合は，その派遣労働者を雇い入れるよう努めなければならない（労派遣 40 条の 4）。ただし，努力義務という弱い規制にとどまる。

　第 2 に，派遣先は，同一の事業所等において継続して 1 年以上，同一の派遣労働者を受け入れた場合に，当該事業所等において労働に従事する通常の労働者を募集するときは，当該募集労働者が従事すべき業務内容・賃金・労働時間等の事項を派遣労働者に周知しなければならない（労派遣 40 条の 5 第 1 項）。また，派遣先は，同一の事業所等において労働に従事する労働者を募集するときは，当該事業所等の同一の組織単位の業務について継続して 3 年間当該労働者派遣労働に従事する見込みがある労働者に対し，当該募集労働者の業務内容・賃金・労働時間等の事項を周知しなければならない（同条 2 項）。

　2015 年改正前までは，1～3 年の派遣可能期間がある業務について，派遣先が当該派遣可能期間を超えて労働者派遣を受け入れている場合や，派遣期間の制限がない業務について，派遣先が 3 年を超える期間継続して同一の業務について同一の派遣社員を受け入れている場合の派遣労働者に対する労働契約の申込み義務が規定されていたが（前者は労派遣 40 条の 4，後者は 40 条の 5）[217]，2015 年改正によって削除され，上記のとおり，特定有期雇用派遣労働者の雇入れ努力義務および労働者募集の周知義務に改められた。

　(ウ)　**派遣先による直接雇用申込みみなし制度**　以上のとおり，労働者派遣法上の直接雇用規定は，努力義務規定にとどまり，労働契約の締結に直結するわけではない。他方，いわゆる偽装請負（実態は労働者派遣であるが，業務処理請負・委託を偽装して行われる就労）の場合に，派遣先と派遣労働者との間の労働契約の成否が争われた事案において，判例は，黙示の労働契約の成立を限定的に解している（92 頁参照）[218]。

---

　[217]　労働者派遣法 40 条の 4 の労働契約申込み義務に基づく労働契約の成立を否定した裁判例として，イナテック事件・名古屋地岡崎支判平成 23・3・28 労経速 2106 号 3 頁，同 40 条の 5 に基づく労働契約の成立を否定した裁判例として，三洋アクア事件・名古屋地一宮支判平成 21・8・4 労経速 2052 号 29 頁が見られた。
　[218]　前掲・パナソニックプラズマディスプレイ事件（＊5）。同事件以降の裁判例については，第 1 章＊172 参照。

そこで，2012年改正法は，違法派遣の場合に，派遣の役務提供を受ける者（派遣役務受領者）が違法であることを知りながら派遣労働者を受け入れている場合は，派遣労働者に対して労働契約を申し込んだものとみなす旨の規定を設けた（労派遣40条の6第1項）。対象となるのは，①偽装請負のほか，②禁止業務への派遣受入れ（4条3項違反），③無許可・無届の派遣元からの派遣受入れ（24条の2違反），④派遣可能期間の制限を超えての派遣受入れ（40条の2第1項・40条の3違反）の4類型であり，派遣役務受領者は，派遣が上記①～④に該当することを知らず，かつ知らなかったことにつき無過失でない限り，役務の提供を受け始めた時点で，当該派遣就業に係る労働条件と同一の労働条件で直接雇用の申込みをしたものとみなされる。この申込みは，上記①～④の行為が終了した日から1年を経過する日までの間は撤回することができない（同40条の6第2項）。派遣労働者がこのみなし申込みに対して承諾の意思表示をした場合，派遣役務受領者に対して労働契約上の地位の確認を求めることができる（菅野＝山川911頁）。

この直接雇用申込みみなし制度については，有期契約労働者の無期契約転換制度（労契18条。1031頁）と同様，採用の自由（契約締結の自由）との抵触が問題となるが，無期契約転換制度と異なり，違法派遣という違法行為（しかも，上記①～④に限定）に対する制裁（サンクション）の要請という観点から採用の自由に限定的に介入する規範として正当化することが可能であろう[219]。法的には，派遣役務受領者が派遣労働者に対して労働契約の申込みをしたものとみなすことにより，労働者に対して当該派遣役務受領者との間で労働契約を締結するか否かについて選択権を付与したものということができる[220]。

直接雇用申込みみなしに対する派遣労働者の承諾の意思表示については，①それが派遣役務受領者（派遣先）との間の新たな労働契約の締結を内容とするものであり，かつ，その内容や状況等から見て，みなし申込みに対する承諾の

---

[219] より詳細な検討として，沼田・前掲論文（＊183・労働者派遣と法）47頁以下。これに対して，本庄・前掲書（＊183）30頁，大内・前掲論文（＊88）111頁は，直接雇用申込みみなし制度に対しても批判的である。本庄淳志「派遣先の直接雇用申し込みみなし規制の正当性」法時90巻7号（2018）44頁も参照。

[220] 前掲・ベルコほか事件（＊186）。この結果，派遣役務受領者は，派遣労働者の選択権の行使を妨害しないよう注意すべき不法行為法上の義務を負い，同義務を怠れば，派遣役務受領者に不法行為が成立することになる（同事件）。同旨，日本貨物検数協会［日興サービス］事件・名古屋地判令和2・7・20労判1228号33頁。

意思表示と実質的に評価しうるものであれば足りると解する一方，②別の使用者（派遣先）との間の新たな労働契約を成立させる行為であるから，使用者の変更に伴い必然的に変更（不利益変更を含む）となる労働条件があったとしてもなお派遣元との労働契約の維持ではなく派遣先との新たな労働契約の成立を希望する（選択する）意思を表示したと評価しうるものでなければならないと判断する裁判例がある。妥当な判断と解される＊221。

なお付随して，労働者が1年経過日までの間にみなし申込みに対して承諾の意思表示をしなかった場合に派遣役務受領者の労働契約申込みの効力が失われること（労派遣40条の6第3項），派遣役務受領者に対する派遣元企業の労働条件内容の通知義務（同条4項），派遣労働者が労働契約の申込みを承諾したにもかかわらず，派遣先企業が労働者を就労させない場合の助言・指導・勧告および企業名公表が規定されている（同40条の8）【12-9】。

裁判例では，偽装請負目的による労働者派遣の受入れ（労派遣40条の6第1項5号）につき，請負会社が受入会社の工場で行っていた業務は，請負としての実態がなく，請負の要件を満たすものとはいえず，受入会社は日常的かつ継続的に偽装請負の状態を続けており，偽装請負の目的があったと推認できるとした上，受入会社において偽装請負の目的が認められる以上，善意無過失（同条1項但書）が認められる余地はないとして直接雇用申込みみなしを肯定し，派遣労働者の地位確認請求を認容した例＊222 や，冠婚葬祭請負会社（委託会社）とその代理店事業主に雇用された従業員との関係を労働者派遣と性質決定した上（1080頁参照），委託会社は，労働者派遣事業の許可を得ていない代理店から労働者派遣を受けたとして従業員に対する直接雇用申込みみなしを認めつつ（同40条の6第1項2号），代理店従業員は上記労働契約申込みに対して承諾の

＊221　日本貨物検数協会［日興サービス］事件・名古屋高判令和3・10・12労判1258号46頁。判決は，本文の判断を前提に，派遣労働者が会社による直接雇用みなし申込みから1年経過後に承諾の意思表示をしていることから，結論としては労働契約の成立を否定している。なお，同判決は，本文①の判断の前提として，前掲・1審判決（＊220）が，派遣労働者の承諾の意思表示は，通常の労働契約締結における承諾の意思表示と「何ら異なるものではない」と判断していたのを「基本的には異なるものではない」に改め，直接雇用申込みみなし制度に基づくみなし申込みは法律によって擬制されるものであり，申込みの意思表示が実際に派遣労働者に到達するものではなく，派遣労働者がその存在や内容を認識することには困難を伴うから，申込みの内容と承諾の内容とが一致することを厳密に求めることは現実的ではないと判断している。妥当な判断といえよう。

＊222　前掲・東リ事件（＊188）。水町457頁参照。

意思表示をしていないものの，委託会社が代理店に従業員らが委託会社と雇用関係のないことなどの確認書を提出させた行為は，従業員らによる労働契約申込みに対する承諾するか否かの選択権の行使を不当に妨げるものであり，不法行為（民709条）を構成すると判断した例がある*223。ともに直接雇用申込みみなし制度に関する肯定例であり，注目される*224。

【12-10】 **紹介予定派遣** 労働者派遣法は，派遣労働者の正規雇用化（Temp to Perm）を促す措置として紹介予定派遣を定めている（労派遣2条4号）。紹介予定派遣は，派遣元が派遣就業終了後に派遣先に職業紹介することを予定して行う派遣をいい，2003年改正により，派遣の一類型として明確に位置づけられた。紹介予定派遣においては，労働者・派遣先会社間のマッチングが重要となるため，労働者の特定行為の禁止規制は解除されている（同26条6項）。ただし，職業紹介は労働者と紹介先の意思の合致を必要とするため，紹介予定派遣の登録については，労働者の申出・同意が要件とされ，職業紹介も，派遣終了時に改めて労働者・派遣先の意思を確認して行われる*225。

---

*223 前掲・ベルコほか事件（*186）。
*224 一方，直接雇用申込みみなしに基づく労働契約成立の否定例としては，前掲・日本貨物検数協会［日興サービス］事件（*221）があるほか，前掲・AQソリューションズ事件（*83）は，偽装請負目的による労働者派遣の受入れにつき，派遣先が自らの指揮命令によって労働者派遣の役務提供を受けていることや，労働者派遣以外の形式で契約をしていることから直ちに労働者派遣法40条の6第1項5号所定の派遣法等の適用を「免れる目的」の存在を推認することはできないと述べた上，本件派遣先について「免れる目的」の存在を否定し，派遣先による直接雇用申込みみなしを否定している（偽装請負の否定例として，大陽液送事件・大阪地堺支判令4・7・12労判1287号62頁も参照）。また，前掲・ベルコほか事件（*186）も，本文に述べたとおり，派遣役務受領者（本件委託会社）による直接雇用申込みみなしを認めつつ，派遣労働者（代理店従業員）による承諾の意思表示を否定し，労働契約の成立を否定している。

さらに，竹中工務店ほか2社事件（大阪高判令5・4・20労判1295号5頁）は，下請会社から元請会社に供給された労働者に対して発注会社が直接指揮命令を行ったという事案（二重派遣・二重偽装請負事案）につき，①発注会社は元請会社との間で労働者派遣関係に立たないことから，労働者派遣法40条の6の適用および類推適用を否定して，直接雇用申込みみなしの対象とならないと判断し，発注会社間の労働契約の成立を否定した上，②元請会社・発注会社の不法行為責任も否定している。このうち①については，有力学説（菅野＝山川894頁）は，こうした二重の労働者供給（多重派遣）につき，多重的中間搾取の弊害に鑑み，発注者が直接雇用申込みをしたものとみなされることとなりうるとしていることから論点となりうるし，②についても疑問がある（94頁参照）。労働者派遣法40条の6第1項の要件自体の充足を否定した例として，野村ホールディングスほか事件・東京地判令5・7・19労経速2542号21頁。
*225 紹介予定派遣期間満了後に派遣労働者が派遣先に対して行った地位確認請求を斥けた例として，任天堂事件・京都地判令6・2・27ジャーナル148号22頁。

第13章
国際的労働契約法

第1節 労働契約の準拠法
第2節 外国人労働者の労働契約
第3節 労働契約の国際裁判管轄

　社会経済のグローバル化（グローバリゼーション）に伴い，労働契約が国際的に展開するケースが増えている。これにも，①労働契約が日本国内で展開される場合と，②労働契約が日本国外で展開される場合がある。また，①も，①a 日本人が外国企業に雇用されて日本国内で就労する場合，①b 外国人が日本企業に雇用される場合，①c 外国人が外国法人に雇用されて日本国内で就労する場合など多様であるし，②も，②a 日本企業に雇用された日本人が外国に派遣されて就労する場合，②b 日本人が外国で外国企業に雇用される場合，②c 外国人が日本企業に雇用されて外国で就労する場合に分かれる。

　本章では，これら多様なケースに共通して発生する主要な法律問題として，「労働契約の準拠法」の問題および「労働契約の国際裁判管轄」の問題を取り上げて解説するとともに，外国人労働者の労働契約をめぐる法律問題について解説する[*1]。

第1節　労働契約の準拠法

1　準拠法決定のルール

(1)　当事者自治の原則
　労働契約の準拠法の決定とは，国際的に展開される労働契約に適用される法

[*1] これら法律問題を包括的に扱う好著として，山口浩一郎（監修）「統合人事管理」研究会編『統合人事管理　グローバル化対応の法律実務』（経団連出版・2015）がある。概観として，米津孝司「国際労働関係法の課題」講座再生(6) 295頁，野川 115頁以下，荒木 636頁以下，

規を決定することである。冒頭の各ケースにおいて労働契約紛争が生じた場合に，労働契約を規律するのは日本法か外国法かを決定することを意味する。

ところで，準拠法に関しては，周知のとおり，法例が2006年に全部改正され，法の適用に関する通則法（以下「通則法」）が成立した*2。通則法は，労働契約の準拠法に関して特別の規律を定めている。以下，同法に即して解説する。

準拠法決定の基本的な規律は，通則法7条が定める当事者自治の原則である。すなわち同条は，「法律行為の成立及び効力は，当事者が当該法律行為の当時に選択した地の法による」と規定し，当事者自治の原則（準拠法選択の自由）を宣言する。労働契約も法律行為（契約）であるから，当事者が準拠法を任意に選択できるのが原則となる*3。

(2) 法選択がない場合のルール——最密接関係地法

実際には，このような明示の法選択が行われないことが多い。この場合，法例7条2項は契約締結地の法を準拠法と定めていたが（行為地法主義），通則法は，これを改め，労働契約について新たな客観的連結規範を規定した。すなわち，通則法は，準拠法の選択がない場合につき，法律行為の成立・効力は当該法律行為に最も密接な関係がある地の法によるとの規律（最密接関係地法の規律＝8条1項）を規定した上，労働契約の特例として12条3項を設け，労働契約において労務を提供すべき地の法（労務提供地法）を最密接関係地法と推定し，労務提供地法を特定できない場合は，雇入事業所所在地法（労働者を雇い

土田道夫「雇用関係の国際的展開と法」土田＝豊田＝和田361頁，土田道夫「グローバル人事」野川忍＝水町勇一郎編『実践・新しい雇用社会と法』（有斐閣・2019）141頁，注釈労基・労契(1) 82頁以下［村上愛］。準拠法につき，山川隆一「国際労働関係と適用法規」労働関係訴訟Ⅱ 1005頁参照。

*2 法の適用に関する通則法に関しては，櫻田嘉章＝道垣内正人編『注釈国際私法(1)(2)』（有斐閣・2011）参照。同法の制定経緯・制定に至る関係資料については，『法の適用に関する通則法関係資料と解説』（商事法務・2006：別冊NBL110号）参照。

*3 当事者自治の原則に関しては，櫻田＝道垣内編・前掲書（*2・(1)）179頁以下［中西康］，横山潤『国際私法』（三省堂・2012）161頁以下など参照。裁判例では，米国航空会社が行った客室乗務員の解雇に係る地位確認訴訟において，雇用条件に係る米国会社の紛争解決条項につき，乗務員らの雇用条件が米国法に排他的に準拠する旨の明示条項があることを根拠に，当事者自治の原則（法適用7条）に基づき，当該紛争解決条項の仲裁合意該当性についても米国法に準拠して判断するのが相当とした上，仲裁合意該当性を肯定した例がある（ユナイテッド・エアーラインズ・インク事件・東京地判令和6・2・26 ジャーナル150号20頁。第14章*31a参照）。

入れた事業所の所在地の法）を最密接関係地法として推定すると規定する*4。労務提供地法とは、「労働契約において労務を提供すべき地の法」をいい、当該労働契約において現実に労務を提供する地の法を意味する。

　通則法 12 条 2 項が労務提供地法を最密接関係地法と推定する規定を設けた趣旨は、労働契約の継続性・集団性に鑑み、同一の職場で働く労働者と同等の保護を提供すべきであるという点に求められよう*5。また、労働契約の途中で労務提供地が変更された場合（たとえば、日本から海外勤務地）は、変更後の労務提供地法が最密接関係地法と推定されることになる（*24 参照）*6。一方、雇入事業所所在地法は、単なる契約締結地ないし労働者雇入れ地の法ではなく、労働者が事業組織に編入され、労働条件・雇用管理・指揮命令が行われる地の法をいう（以下「雇用管理地法」ともいう）*7*8【13-1】。

> 　**【13-1】　法例下の解釈**　　法例 7 条 2 項が採用する行為地法主義の下でも、裁判例・学説は、契約締結地は偶然に左右されることが多く、契約との関連性が弱いことを考慮して、明示の準拠法選択がない場合も、当事者の黙示の意思を探究して準拠法を決定すべきものと解し、その判断要素として労務提供地と事業所所在地を重視してきた*9。

---

*4　通則法 8 条 2 項は、最密接関係地法に関する一般的規律として特徴的給付の理論を採用しており、これによれば、労働契約の最密接関係地法は、労務の提供を行う労働者の常居住地法と推定される。しかし、労働契約においては、常居住地法より労務提供地法の方が密接に関連する法といえることから、12 条 3 項において、労務提供地法を最密接関係地法として推定する旨の特則が設けられた。法務省民事局参事官室「国際私法の現代化に関する要綱中間試案補足説明」前掲書（*2・別冊 NBL110 号）147 頁、小出邦夫『逐条解説　法の適用に関する通則法〔増補版〕』（商事法務・2014）157 頁参照。

*5　BGC キャピタルマーケッツジャパン LLC ほか事件・東京地判平成 28・9・26［LEX/DB25543877］。通則法 12 条 2 項は、労働契約に最も密接に関係するのは労務提供地法であるとの考え方から設けられたものとされるが（小出・前掲書［*4］157 頁）、判旨はさらに踏み込み、労働契約の特質（継続性・集団性）を考慮しつつ、労働者保護の要請を重視する立場から 12 条 2 項の趣旨を明示したものと解される（土田道夫［判解］百選 14 頁参照）。同旨の学説として、横山・前掲書（*3）183 頁、村上愛「法の適用に関する通則法の下での契約準拠法」国際私法年報 21 号（2020）16 頁。

*6　櫻田＝道垣内編・前掲書（*2・(1)）288 頁［高杉直］参照。

*7　米津孝司『国際労働契約法の研究』（尚学社・1997）168 頁、村上愛「法の適用に関する通則法 12 条と労働契約の準拠法」一橋法学 7 巻 2 号（2008）339 頁参照。

*8　当然のことであるが、通則法 12 条に基づく準拠法の決定は、準拠法とされた国の法令（実質法）の解釈を左右するものではない（ふたば産業事件・大阪地判令和 5・1・26 労判 1304 号 18 頁）。

*9　学説として、山川隆一『国際労働関係の法理』（信山社・1999）17 頁、151 頁、米津・前掲

日本法を準拠法と判断した例として，①日本法人に勤務するインド国籍労働者の雇止めにつき，労務提供地は日本以外にないこと，会社が日本法人で，日本国内で営業を行っていること，日本語で契約書を作成したことから日本法を準拠法として雇止め規制を肯定した例*10，②米国ジョージア州の極東代表部の閉鎖に伴う日本人職員の解雇につき，雇用契約締結の経緯，契約締結地，労務提供地，職務内容など，雇用者がジョージア州であること以外はすべて日本に密接に関係しているとして日本法を準拠法と解した例*11がある。他方，③ドイツ法人（航空会社）に雇用されて国際線に勤務する日本人客室乗務員の労働条件（付加給付）を会社が不利益に変更した事案につき，特定の労務提供地がないことを前提に，給与等の労働条件がドイツの労働協約に準拠して行われていることや，指揮命令・雇用管理がドイツ事業所で行われていることからドイツ法を準拠法とする黙示の合意を推定した例もある*12。

(3) 類型的検討

(ア) **日本国内で就労する労働者***13　　a) 概説　　通則法によれば，日本国内で就労する労働者については，まず，当事者の法選択によって準拠法が決定される（7条）。したがって，当事者が労働契約の締結に際して明示的・黙示的に日本法を準拠法として選択した場合は，日本法が適用される*14。また，準拠法に関する合意がない場合も，日本国内で就労し，労働条件の決定・管理が日本の事業所で行われている労働者については，通則法12条2項・3項により，労務提供地法・事業所所在地法である日本法が最密接関係地法と推定され，この推定が覆らない限り，日本法が適用されることになる（1099頁の①a

---

　　書（＊7）168頁，荒木尚志「国内における国際的労働関係をめぐる法的諸問題」労働85号（1995）96頁など。

*10　マハラジャ事件・東京地判平成12・12・22労判809号89頁。

*11　米国ジョージア州事件・東京地判平成18・5・18労判919号92頁。

*12　ドイッチェ・ルフトハンザ・アクチェンゲゼルシャフト事件・東京地判平成9・10・1労判726号70頁。

*13　日本国内で就労する労働者に関する準拠法の規律については，土田道夫「外国人労働者の就労と労働法の課題」立命館法学357＝358号（2015）1655頁以下。土田道夫「グローバル人事——国際労働関係法①」土田・企業法務と労働法270頁も参照。

*14　裁判例では，日本に本社を置く会社に出向し，マレーシア短期出張中に交通事故に遭遇した労働者が出向先・出向元に損害賠償を請求した事案につき，出向先・出向元両社の主たる事務所が日本国内にあり，労働者が通常労務を提供する場所が日本国内にある出向先であること等から，準拠法を日本法とする黙示的選択があったと判断した例がある（伊藤忠商事ほか事件・東京高判令和5・1・25労判1300号29頁）。

〜cを問わない)。この結果,たとえば,米国人労働者が米国企業の日本法人に雇用され,日本国内で就労し,給与・労働条件の決定や人事管理が日本法人で行われている場合(1099頁の①b)は,契約書式の決定や契約締結地等の形式的要素が米国ベースで行われていても,最密接関係地法の規律(法適用12条2項・3項)によって日本法が準拠法と推定される。したがって,同労働者が日本法人から解雇された場合は,労契法16条の適用を主張することができる。すなわち,日本国内で就労する労働者については,労働者が日本の労働法による保護を求める限り,原則として日本法が適用される。

　通則法施行後の裁判例としては,香港法に準拠して設立された証券会社から関連会社である英国法人の日本支店に出向した英国人従業員の契約期間中途解除の効力につき,従業員・出向元が出向時に締結した出向契約において日本法を準拠法として合意したこと,主に日本国内で勤務していた従業員の労働契約との関係では日本法が最密接関係地法といえることの2点を理由に準拠法を日本法と決定し,解雇権濫用規制(労契16条)を適用して判断した例がある*15。

　もっとも,①当事者は準拠法を任意に選択できるのが原則であるから(法適用7条),当事者は,明示・黙示の意思によって労務提供地法(日本法)以外の法選択を主張することができる。また,②労務提供地法を最密接関係地法とする規律は推定規定であることから,労務提供地法以外の法が最密接関係地法であること(法適用8条)を反証して労務提供地法の推定を覆し,当該地の法を準拠法として主張できるものと解される。

　b）黙示の法選択　まず,①黙示の意思による法選択については,法例時代から,当事者意思として,ⓘ当事者による明示の意思,ⓘⓘ明示はしていないものの,当事者が現実に有している黙示の意思およびⓘⓘⓘ様々な事情を基礎

＊15　Tulett Prebon [Hong Kong] Limited [Tulett Prebon Europe Limited] 事件・東京地判平成25・12・18ジャーナル24号6頁。同旨裁判例として,準拠法選択の合意がない状況下でのブラジル人派遣作業員の労災事案につき,労務提供地が日本であることを理由に日本法を最密接関係地法と推定して準拠法と解した上で派遣先会社の安全配慮義務違反を否定した例(アイシン機工事件・名古屋高判平成27・11・13労経速2289号3頁),中国人従業員の解雇事案につき,前掲・アイシン機工事件と同じ理由から日本法を準拠法と解し,雇用機会均等法9条を適用して判断した例(ネギシ事件・東京高判平成28・11・24労判1158号140頁),外資系航空会社による日本人客室乗務員の整理解雇に係る地位確認請求および不法行為(不当労働行為)を理由とする損害賠償請求につき,日本法を最密接関係地法として準拠法と解した例(ユナイテッド・エアーラインズ事件・東京高判令和3・12・22労判1261号37頁),前掲事案(＊14)につき,仮に黙示の日本法選択がなかったとしても労務提供地法である日本法が最密接関係地法となると判断した例(前掲・伊藤忠商事ほか事件[＊14])がある。

に，仮に準拠法が問題とされていれば，当事者が選択したであろうと考えられる意思（仮定的意思）の3種類があるとされてきた*16。このうち，ⅲの仮定的意思については，通則法8条が準拠法決定に関する明確な客観的連結規定を整備した以上，採用する余地は乏しいが，ⅱの黙示の法選択まで否定する必要はないであろう。すなわち，通則法が準拠法選択に関して当事者自治の原則を採用したことを考慮すれば，当事者意思を明示の意思に限定し，当事者が現実に法選択の意思を有していたものの明示的に表示しなかったことを意味するⅱの場合まで，法選択がないとして取り扱うことは適切でない*17。そこでたとえば，米国人労働者が米国企業に採用後，日本法人に派遣され，一定期間日本で勤務した後に米国勤務への復帰が予定されている場合は，本来の労務提供地法である米国法を選択したとの黙示の意思を認めることが可能と解される。この場合，日本勤務期間中に限って準拠法が米国法から日本法に変更されると解するよりも，当該期間を含めて米国法が選択されていると解する方が当事者意思に合致するからである*18。

　　c）　労務提供地法 vs 雇用管理地法　　また，上記のような黙示の法選択が認定されない場合も，労働者は，②労務提供地法以外の法が最密接関係地法（法適用8条）であることを立証して労務提供地法の推定（1103頁）を覆し，雇用管理地法を準拠法として主張できるものと解される。たとえば，米国人労働者が米国企業の日本法人に雇用され，日本で就労しているものの，労働条件の決定や人事管理が米国本社の規則に従って行われ，米国本社が労働条件の決定権を掌握しているようなケースが挙げられる。この種のケースでは，労務提供地は日本であるものの，契約の展開により密接な関係を有するのは米国法（雇用管理地法）であるから，使用者は，労務提供地法を最密接関係地法とする推

---

*16　ⅲの仮定的意思としては，契約の履行地（労務提供地），事業所所在地，当事者の国籍・住所，使用言語，書式，特定国の労働協約への準拠，裁判管轄の合意等が挙げられる（櫻田＝道垣内編・前掲書［*2・(1)］191頁以下［中西康］，米津・前掲書［*7］164頁）。仮定的意思が重視されてきた背景には，法例7条2項の行為地法主義の存在があり，契約締結地（行為地）の決定は偶然に左右されることが多いなど契約との関連性が弱いため，その適用を制限する目的で，仮定的意思を含む黙示の意思による法選択が重視されてきたとされている。

*17　同旨，小出・前掲書（*4）82頁。国際私法学上，ⅱの意味での黙示の意思による法選択は肯定的に解されている（櫻田＝道垣内編・前掲書［*2・(1)］193頁［中西康］，神前禎『解説　法の適用に関する通則法』［弘文堂・2006］53頁以下など）。

*18　土田道夫「グローバル人事──国際労働関係法②」土田編・企業法務と労働法310頁以下も参照。同旨，村上・前掲論文（*7）331頁，「統合人事管理」研究会編・前掲書（*1）25頁［山川隆一］。

定を覆し，米国法を準拠法として主張できるものと解される[*19]。

　もっとも，これに対しては，通則法12条2項が労務提供地法を最密接関係地法と推定する規定を設けた趣旨が労働者保護にあること（1101頁）を重視して，労務提供地法の推定を覆し，直ちに雇用管理地法（雇入事業所所在地法）を最密接関係地法と解することに消極的な意見が多く[*20]，裁判例でも同旨の判断を示したものがある。この裁判例（前掲・BGCキャピタルマーケッツジャパンLLCほか事件［*5］）は，英国法人に雇用され，日本支店に出向した従業員の雇止めについて，当事者が英国法を準拠法として選択したことを前提に，同従業員が通則法12条1項に基づき，日本法の強行規定（労契16条・19条）の適用を主張した事案であり，通則法12条1項所定の最密接関係地法が使用者である英国法人の住所地法である英国法か，労務提供地法である日本法かが争点となった（通則法上の「特定の強行規定」については，1111頁以下参照）。判決は，英国法人が賃金額の決定や雇用契約の更新拒絶の判断を同法人で行い，懲戒処分や苦情申立制度等についても同法人の制度が適用されるなど，従業員の雇用管理地は英国であり，本件契約により密接な関係を有するのは英国法であるから，労務提供地法（日本法）を最密接関係地法とする推定が覆ると主張したのに対し，この主張を斥け，日本法を適用している。

　確かに，通則法12条2項が労働者保護の趣旨に立っていることを踏まえつつ，使用者が雇用管理地法（雇入事業所所在地法）の決定を容易に操作しうることに思いを致せば，雇用管理地が外国であるという事実のみでは，労務提供地法（日本法）の推定は覆らないと解される。すなわち，労務提供地法を最密接関係地法とする推定が覆るか否かについては，労務提供地・雇用管理地における雇用期間の長短，労働条件の決定方法・内容，勤務形態（短期出張か中長期駐在か出向等）等の客観的事情を考慮して，当事者（特に労働者）が予見可能な地はどこかという観点から検討すべきである[*21]。

　この点，前掲裁判例（BGCキャピタルマーケッツジャパンLLCほか事件［*5］）を見ると，前記事実のほか，従業員の賃金は通貨をポンド，支払地を英国としていたこと，従業員は日本法人で就労しつつも英国のディーラーフォンを用い

[*19] 同旨の裁判例として，ケイ・エル・エム・ローヤルダッチエアーラインズ事件・東京地判令和5・3・27労判1287号17頁［本件ではオランダ法］。

[*20] 村上・前掲論文（*5）19頁，神前禎［判批］ジュリ1547号（2020）113頁，井川志郎［判批］労判1221号（2020）135頁。

[*21] 村上・前掲論文（*5）19頁参照。本書［2版］の見解（842頁）を修正する。

ることで英国での取引を継続し，売上げも英国法人に計上していたこと，従業員は，日本においても英国の被用者として就労できる旨伝えられていたこと，4年の契約期間の満了後に新契約を決定・通知し，その後，本件雇用契約の終了について決定・通知したのは英国法人であること等の事実があり，これら事実によれば，従業員は日本で労務を提供しつつも，英国の企業組織内で統一的に管理されることを予見していたということができる。もとより，これらの事実について使用者による操作可能性があることは否定できないが，その点を考慮しても，上記各事実は，従業員が英国の企業組織により管理されているという予見可能性を示すものと解される。したがって，本件では，労務提供地法たる日本法を最密接関係地法とする推定は覆り，雇用管理地法である英国法を最密接関係地法として認定すべきものと考える*22【13-2】。

(ｲ) **海外勤務労働者***23　　a) 概説　労働者が海外で労務を提供する場合（長期の海外派遣・海外駐在の場合）も，まずは当事者の法選択によって準拠法が決定され（法適用7条），法選択がない場合は，労務提供地法を最密接関係地法と推定する規律（法適用12条2項・3項）によって外国法が準拠法とされる。

---

*22　本文のように，前掲裁判例（BGCキャピタルマーケッツジャパンLLCほか事件［＊5］）について日本法の推定が覆ることを肯定する場合には，通則法上の公序規定（42条）の適用も論点となりうる。前述した通則法12条2項の趣旨を踏まえれば，日本法人で就労する労働者のうち，従業員の雇止めに対して日本法（労契19条）の適用を否定し，英国法を適用することは，同一の職場で働く労働者と同等の保護を否定する結果になり，通則法42条の公序規定が対象とする事態（日本の国際私法秩序を著しく害するおそれがある場合）に該当する可能性があるからである。

　　この点，公序規定の発動要件は，①外国法の適用結果の反公序性（準拠外国法を事案に適用した結果，日本が維持しようとする国際私法秩序を著しく害するおそれがあること）および②内国関連性（事案が日本と密接な関連性を有していること）に求められる（中西康＝北澤安紀＝横溝大＝林貴美『国際私法〔第3版〕』〔有斐閣・2022〕113頁以下参照）ところ，上記裁判例の事案が要件②を充足することに疑いはないから，要件①の充足いかんがポイントとなる。この点については，労働者に対して同一の職場で働く労働者と同等の保護の提供という通則法12条2項の趣旨を重視すれば，従業員の雇止めに英国法を適用することは要件①を充足し，公序規定（法適用42条）が発動される余地がある。この場合，内国法である日本法（労契19条）が適用されることになろう。一方，従業員が長く英国で就労しており，雇用管理を行う法人も英国法人であって，同人が日本で就労していなければ英国法が適用されるはずであることや，同人が日本法人のプロパー社員ではなく，英国法人からの出向者であることを重視すれば，公序違反と解する必要はないとの評価も成り立ちうる。今後さらに検討していきたい（土田・前掲解説［＊1］368頁以下，土田・前掲論文［＊13・企業法務と労働法］293頁以下参照）。

*23　海外勤務労働者に関する準拠法の規律については，土田道夫「海外勤務労働者と国際労働関係法の課題」村中孝史ほか編『労働者像の多様化と労働法・社会保障法』（有斐閣・2015）263頁以下，土田・前掲論文（＊18）306頁も参照。

もっとも，この解釈を貫くと，海外勤務労働者が日本の労働法の保護を享受できない事態が生じうる。たとえば，海外駐在先でうつ病に罹患した労働者が日本に帰国して会社を退職後，使用者の労災民事責任を追及しようとする場合，労務提供地法である外国法が最密接関係地法と推定されれば，労働者は，日本の安全配慮義務規定（労契5条）を主張できない結果が生じうる。
　しかし，ここでも，労働者は，①黙示の意思による日本法の法選択を主張し，また，②労務提供地法を最密接関係地法とする規律は推定規定であることから，労務提供地法以外の法を最密接関係地法と主張することで労務提供地法の推定を覆し，日本法を最密接関係地法（準拠法）として主張することができる。
　b）　黙示の法選択　　まず，①黙示の意思による法選択については，上記事例の場合，労働者が一定期間海外で勤務した後に日本勤務への復帰が予定されている場合は，本来の労務提供地法である日本法を選択したとの黙示の意思を認めることが可能と解される。日本国内で就労する海外労働者の場合とは逆に，ここでは，海外勤務期間中に限って準拠法が日本法から外国法に変更されると解するよりも，当該期間を含めて日本法が選択されていると解する方が当事者意思に合致するからである。この点は，短期の海外出張か，中長期の海外駐在・出向かを問わないと解される。ただし，労働者が長期にわたって海外で勤務し，客観的に見て本来の労務提供地である日本への復帰が予定されていない場合は，労務提供地の変更を認め，新たな労務提供地法（外国法）を最密接関係地法と推定すべきであろう[*24]。
　c）　労務提供地法 vs 雇用管理地法　　また，上記のような黙示の法選択

[*24] この点，前掲・BGC キャピタルマーケッツジャパン LLC ほか事件（*5）は，英国法人に雇用され，日本に出向した従業員が雇止めされたケースにつき，従業員が長期（3年2か月）にわたってもっぱら海外（日本の出向先）で勤務し，客観的に見て本来勤務地（英国）への復帰が予定されていない場合は，労務提供地が変更されたものと解し，新たな労務提供地法である日本法を最密接関係地法と推定している。本件では，使用者である英国法人は，従業員の日本勤務は出張や出向等の一時的滞在であり，英国に戻ることが予定されていたから，労務提供地法は依然として英国法であると主張したが，判決は，労働契約継続途中に労務提供地が変更された場合は，新たな労務提供地法を最密接関係地法と推定することが可能であるところ，本件では，従業員が約3年2か月の間継続的にもっぱら日本で勤務しており，また，英国法人が従業員を英国に戻すことを予定して日本で勤務させていたとの事実も認められないことから，労務提供地が変更された場合に当たると判断している。なお，通則法9条は，「当事者は，法律行為の成立及び効力について適用すべき法を変更することができる」と規定し，当事者間合意による準拠法の変更を認めているが，本件が説く労務提供地法の変更との関係は明確でなく，今後の課題として残されている。

が認定されない場合も、労働者は、②労務提供地法以外の法が最密接関係地法（法適用8条）であることを立証して労務提供地法の推定を覆し、日本法（雇用管理地法）を準拠法として主張できるものと解される*25。そこでたとえば、中長期の海外駐在・出向の場合に、会社の海外勤務規程上、「海外勤務者の賃金その他の労働条件は、労働時間管理を除いて会社の就業規則による」と規定され、雇用・労働条件管理が日本本社で行われている場合は、日本法を最密接関係地法と解し、通則法上の強行規定である日本の安全配慮義務規定（労契5条）の適用を肯定すべきである。こうしたケースでは、海外勤務労働者の労働契約により密接に関係するとともに、当事者（特に労働者）にとって予見可能な地の法は、労務提供地法（外国法）ではなく日本法と解されるからである*26。

---

*25 この点については、神前・前掲書（*17）109頁、櫻田＝道垣内編・前掲書（*2・(1)）289頁［高杉直］、村上・前掲論文（*7）336頁以下参照。

*26 なお、本文の労災事例において、労働者が不法行為に基づく損害賠償請求を行った場合は、通則法17条が不法行為の準拠法を加害行為の結果発生地法と定めていることから、原則として外国法が準拠法となる。しかし、この場合も、労働者は、通則法20条に基づき、日本の不法行為法（民709条）の適用を主張できるものと解される。すなわち、通則法20条は、17条の原則規定の例外として、当事者間の契約に基づく義務に違反して不法行為が行われたことその他の事情に照らして、17条により適用すべき法の属する地よりも明らかに密接な関係がある他の地の法があるときは、当該地の法による旨を規定している（契約準拠法への附従的連結）。この点、契約準拠法への附従的連結は、実質法上、当事者間の契約に基づく義務に違反して行われた行為が債務不履行と同時に、不法行為の成立要件も満たし、請求権競合が生じるような場合に認められる（小出・前掲書［*4］235頁）ところ、本文における使用者の安全配慮義務違反は、まさに請求権競合が生じる場合に当たると解される。近年の裁判例は、安全配慮義務違反について、債務不履行と同時に不法行為が成立すると判断しているからである（692頁以下参照）。

裁判例では、出向した従業員が出向先の出張命令によりマレーシア出張中、マレーシアの出向先関連会社従業員の運転する自動車に同乗し、交通事故に遭って重傷を負ったとして、出向元・出向先両社に対して使用者責任（民715条1項）等に基づく損害賠償を求めた事案につき、通則法20条の趣旨は、当事者双方が社会的基盤を有する常居所地が同一である場合、不法行為が通則法17条〜19条に定める準拠法が属する地以外の地により密接な関係を有し、その地の法を適用することが適切な場合もあることや、不法行為が当事者間の契約に基づく義務に違反して行われる場合は、契約準拠法と不法行為の準拠法との矛盾抵触を回避するため不法行為についても契約準拠法によることが適切な場合が多いことから、個別具体的な事案に応じて適切な準拠法を適用することを可能とすることにあるところ、本件では、労働者・出向先の所在地はいずれも日本であること、労働者の通常の労務提供地も日本（出向先東京本社）であること、本件雇用契約の準拠法も日本法であり、雇用契約上の安全配慮義務違反により生ずる債権の成立・効力も日本法によって規律されること等の事情があることを理由に、加害行為結果発生地であるマレーシアよりも、日本の方が明らかに密接関係地と認められるとして、通則法20条により日本法が準拠法となると判断した例がある（前掲・伊藤忠商事ほか事件［*14］）。

もっとも、本判決の上記判旨は、契約準拠法への附従的連結（法適用20条）の趣旨に関す

一方，海外勤務労働者が労務を提供する地の法が労働者により有利な法である場合は，使用者が不測の不利益を被る事態が生じうる。たとえば，日本企業から中国に派遣されて勤務する中国出身従業員が日本企業から雇止めされた場合，中国労働契約法14条2項柱書・1号は，労働者が使用者において連続満10年勤務している場合に使用者が無期労働契約の締結義務を負う旨規定していることから，当該労働者がこの要件を充足している場合は，使用者（日本法人）が日本法（労契19条）の観点からは許容される雇止めを行ったとしても，中国労働契約法14条2項1号によって無期契約転換が肯定され，雇止めは不適法と解されることになる。

　しかし，ここでも，雇用管理地が日本と認められる場合は，使用者は，雇用管理地法（日本法）が最密接関係地法であることを立証して労務提供地法の推定を覆し，日本法（労契19条）の適用を主張できるものと解される。裁判例では，以上と同種の事案（日本法人に雇用された中国出身［日本国籍］職員の雇止めについて，当事者が日本法を準拠法として選択したことを前提に，中国事務所で就労してきた職員が通則法12条1項に基づき，中国労働契約法所定の強行規定［14条2項1号・3号］の適用を主張した事案）につき，中国法を最密接関係地法と推定した上，旧独立行政法人通則法63条2項に基づき，日本法人が職員の給与等の支給基準を定める権限を与えられていることや，法人が職員の労働条件の決定・管理等の事務を日本本部で遂行し，中国事務所では行っていないこと等を理由に，労務提供地法（中国法）を最密接関係地法とする推定が覆り，最密接関係地法は雇用管理法である日本法と判断した例がある[*27]。

　最密接関係地法の決定に関する前記判断基準（1105頁）によれば，本件では，雇用管理地が日本であることのほか，従業員は日本で約9年間に亘り就労した後に中国事務所に派遣されており，しかも当該契約は3年と期限付きで不更新条項が盛り込まれ，職員就業規程で日本の法令を参照していること等の事実があり，従業員は中国において労務を提供しつつも，日本の企業組織内で統一的

　　　る判断としては有意義であるが，本件の具体的判断としては，本判決が認容した出向先に対する請求は，関連会社従業員の不法行為（交通事故）を前提とする使用者責任に係る請求であり，出向従業員・出向先間の安全配慮義務に違反して不法行為が行われたことに係る請求には該当しないので，上述した諸事情を附従的連結ではなく，20条所定の「その他の事情」として考慮したものと考える方が妥当であろう（黄軔霆「判研」ジュリ1594号［2024］152頁参照）。契約準拠法への附従的連結（法適用20条）については，土田・前掲論文［*18］321頁参照。
　*27　理化学研究所事件・東京高判平成30・10・24労判1221号89頁。

に管理されることを予見していたと解される。労務提供地法（中国法）を最密接関係地法とする推定が覆るとした判断は，妥当と考えられる[*28]。

　(ウ)　**多国間経由就労労働者**　航空乗務員のように，多国間を経由して就労する労働者については，特定の労務提供地が存在しないため，雇入事業所所在地法（雇用管理地法）が最密接関係地法として推定される（法適用12条3項）。

　裁判例では，法例時代の裁判例として，ドイツの航空会社に雇用されて国際線に勤務する日本人有期客室乗務員につき，労働条件の決定地や指揮命令地がドイツであることからドイツ法を準拠法と解した例[*29]があり，通則法適用下の裁判例として，オランダ航空会社に雇用されて国際線に勤務する日本人有期客室乗務員の雇止め事案につき，労務提供地を特定できないとの判断を前提に，雇入事業所所在地について，人事管理の中核的業務を会社のオランダ本社またはオランダ所在の担当部署が行っており，本件労働契約の内容に係る多くの事項がオランダにおいて決定される一方，日本支店は，日本を常居所地とする日本人客室乗務員を雇用することに伴う最低限度の機能しか果たしていないとして雇入事業所所在地法をオランダ法と判断した例[*30]がある[*31]。

> **【13-2】　最密接関係地法の適用範囲**　前掲裁判例（BGCキャピタルマーケッツジャパンLLCほか事件［*5］）では，最密接関係地法の適用範囲も争点となった（土田・前掲判解［*5］15頁参照）。すなわち，本件では，労働契約の終了に関する規律は最密接関係地法である日本法（労契19条）による（1105頁）として，労働契約の期間に関する規律は本来の準拠法である英国法によるべきか否かも争われたところ，本判決は，両者を区別せずに日本法を適用して判断している。その理由は，労働契約の終了に関する規律とその期間に関する規律は一体として定められているところ，両者を分断し，前者に関する規律を日本法に求め，後者に関する規律を英国法に求めることは，法律関係をいたずらに複雑化し，当事者の予測が及ばない不合理な規律を形成するものとして相当性を欠くという点に求められて

[*28] 同旨，村上・前掲論文（*5）19頁。これに対し，神前・前掲判批（*20）113頁，井川・前掲判批（*20）135頁は，判旨が理由とする点は使用者による操作が容易であることを理由に，労務提供地法の推定を覆した判断に疑問を呈している。
[*29] 前掲・ドイッチェ・ルフトハンザ・アクチェンゲゼルシャフト事件（*12）。
[*30] 前掲・ケイ・エル・エム・ローヤルダッチエアーラインズ事件（*19）。
[*31] こうした裁判例の立場に対しては，EU法を参考に，労務提供の出発地・準備編成地・労務提供後の帰着地を要素として労務提供地の特定は可能と説く見解もある（井川志郎「法の適用に関する通則法一二条の労務提供地概念の広範性――特に国際線の客室乗務員を念頭に」労旬1985号［2021］46頁，同［判解］労判1287号［2023］11頁以下）。

いる。
　一方，これに対しては，従業員が通則法 12 条 1 項により適用を求めたのは，労働契約の終了に係る最密接関係地法（日本法）の強行規定に限られるのであるから，労働契約の期間については準拠法（英国法）を適用すべきであるとの指摘が行われている[*32]。この見解は，通則法 12 条 1 項は，労働契約について当事者が選択した法が準拠法であることを前提に，それに加えて，準拠法とは異なる法の特定の強行規定「をも」適用すると規定しており，契約準拠法と特定の強行規定の双方が「一つの場面に関して適用される」ことをむしろ予定していることを強調する。私は，各国（本件では日本）における実質法の体系的整合性を重視する前掲裁判例を支持するが，重要論点であり，議論を深める必要があろう。

2　当事者自治の限界──強行規定の適用

(1)　通則法上の強行規定

　上記のとおり，労働契約の準拠法については，当事者自治の原則（準拠法選択の自由）が妥当する。他方，労働法の中には，当事者の意思にかかわらず強行的に労働契約を規律する規定も存在するため，当事者自治の原則の適用について問題が生ずる。特に，日本国内で展開される労働契約（1099 頁の①）について，当事者が明示的に外国法を選択した場合は，日本の労働法の保護が失われる結果となるため，重要な問題となる。

　この問題について，通則法は，労働者の意思表示によって最密接関係地法中の強行規定の適用を認める特例規定を新設し，立法的解決を行った。すなわち，通則法 12 条 1 項は，当事者が同法 7 条・9 条によって最密接関係地法以外の法を準拠法として選択した場合も，労働者が使用者に対し，最密接関係地法の中の特定の強行規定を適用すべき旨を意思表示した場合は，その強行規定をも適用すると規定し，12 条 2 項は，最密接関係地法として労務提供地法（労務提供地を特定できない場合は雇入事業所所在地法）を推定する旨規定する。労働契約においては，使用者が交渉力・情報格差を利用して，日本のような保護法制がない国の法を準拠法選択するケースが生じうるため，労働者の一方的意思表示に基づく強行規定の保護を行うこととしたものである[*33]。

[*32]　神前・前掲判批（[*20]）114 頁。林貴美［判解］平成 29 年度重判解 313 頁も同旨。土田・前掲判解（[*5]）15 頁参照。

[*33]　櫻田＝道垣内編・前掲書（[*2]・(1)］）285 頁［高杉直］，村上愛「国際労働関係法の展開と課題──国際私法学の立場から」労働 120 号（2012）84 頁参照。通則法 12 条 1 項は，消費者契約に関する特則（法適用 11 条 1 項）の規律に倣ったものである。なお，当事者が準拠法

「特定の強行規定」とは，当事者が約定によって排除できない規定をいい，労働者の意思表示は，裁判上のみならず裁判外でも可能とされる。そこでたとえば，米国系日本企業と労働者間の労働契約において，当事者が米国法を準拠法として選択し，労働条件決定について日本法を排斥した場合も，労働者が労務提供地法である日本の強行規定を適用すべき旨意思表示したときは，日本法が重畳的に適用され，労働者により有利な法が適用されることになる。

(2) 絶対的強行法規

次に，通則法は，従前から認められてきた法廷地の絶対的強行法規を肯定する趣旨に立っている[*34]。絶対的強行法規（強行的適用法規）とは，契約当事者による準拠法選択とは無関係に，その法規が存在する法廷地において当然に適用される法規をいい，当事者の意思にかかわらず適用される。すなわち，絶対的強行法規は，当該法廷地の裁判所の職権によって適用され，「特定の強行規定」のような労働者の意思表示を必要としない。

ある法規が絶対的強行法規に該当するか否かは，準拠法選択（当事者意思）とは無関係に適用を強行する立法意思・立法政策を有しているか否かを基準とし，特に，刑罰や行政監督制度等の国家的・公法的制裁を備えているか否かを重視して判断される[*35]【13-3】。

(3) 具体的適用関係

(ア) **労基法**　労基法は，刑罰法規・行政的取締法規としての性格と，私法的強行法規としての性格を有するが，前者の面については，刑法の属地主義（1条・8条）によって，事業が日本国内に存在する場合は，絶対的強行法規として強行的に適用される。また，私法的側面に関しても，労基法は労働条件の最低基準を定め，労働者保護という特別の政策目的に立つ立法であること，私法上の効果について準拠法選択の自由を認めると，当事者が外国法を選択した場合，労基法の私法的効果が否定される一方，刑罰法規としての労基法のみが

として選択した法が最密接関係地法である場合は，もとより通則法12条1項の適用はない（前掲・ふたば産業事件［*8]）。

[*34] 法制審議会「国際私法の現代化に関する要綱中間試案」第4-6（注），法務省民事局参事官室・前掲（*4）160頁，235頁。西谷祐子「消費者契約及び労働契約の準拠法と絶対的強行法規の適用問題」国際私法年報9号（2007）41頁参照。

[*35] 櫻田＝道垣内編・前掲書（*2・(1)）289頁［高杉直］，34頁以下［横溝大］参照。

適用されるというアンバランスが生ずることから、やはり当事者自治による排斥を許さない強行法規（絶対的強行法規）と解すべきである。最低賃金法、労働安全衛生法、労災保険法等の労働保護法も同様に解される*36。

こうして、労基法等の労働保護法は、日本国内で就労する労働者については、日本人・外国人を問わず、絶対的強行法規として当然に適用されることになる。一方、労基法等の労働保護法が「特定の強行規定」（法適用 12 条 1 項）に該当するかについては争いがある【13-3】。

　(イ)　労契法・強行法的判例法理　　労契法は、強行法的性格を有する判例法理をベースに、労働契約の基本ルールを定める民事法規（私法）として制定された法である（55 頁）から、同法の強行規定が「特定の強行規定」に該当することは当然と解される（信義則・権利濫用規定［3 条 4 項・5 項］、安全配慮義務［5 条］、就業規則の拘束力［7 条］、合意原則［8 条］、就業規則変更規定［9 条・10 条］、出向命令権濫用規制［14 条］、懲戒権濫用規制［15 条］、解雇権濫用規制［16 条］、有期労働契約の中途解雇の禁止［17 条 1 項］、2012 年改正による有期労働契約法制［18 条～20 条］)*37。労基法から移行した規定（就業規則の最低基準効［12 条］、就業規則と法令・労働協約との関係［13 条］）についても同様に解される。一方、労契法が絶対的強行法規に当たるか否かについては、同法は純然たる私法であり、労基法のような刑事制裁・行政監督制度を備えていないことから否定すべきであろう。

労働契約を規律する判例法理の中には、労契法に立法化されていない法理も少なくないが、そのうち、強行法的性格を有する法理（人事権濫用法理、退職後の競業避止義務の規律等）は「特定の強行規定」に当たるものと解される。通則法 12 条 1 項の解釈上、「強行規定」は「制定法に限られず、判例法理（たとえば、我が国における解雇権濫用の法理）等も含む趣旨である」と解されているからである*38。これに対し、判例法理は絶対的強行法規には該当しない。

　(ウ)　雇用機会均等法、労働契約承継法ほか　　雇用機会均等法は、労基法の

＊36　最低賃金法および労働安全衛生法は、労働条件の最低基準を定め、労基法の規定を独立させた立法であることから、労基法と同様に解される。労災保険法も、公的保険制度によって被災労働者に保険給付を行う点で、労基法と同様の社会政策目的に立つ立法であることから、やはり絶対的強行法規と解すべきである（山川・前掲書［＊9］192 頁以下参照）。さらに、職業安定法、労働者派遣法も、国家が独自の労働市場政策を実現するための立法であること、事業者に対する行政の取締りや刑罰による規制を行う点で公権力の強い介入の性格をもつことから、絶対的強行法規と解される（同旨、山川・前掲書［＊9］208 頁以下）。

＊37　同旨、村上・前掲論文（＊7）324 頁。

＊38　法務省民事局参事官室・前掲（＊4）159 頁。村上・前掲論文（＊7）324 頁参照。

ような刑罰制裁を備えていないものの，男女の平等取扱いという公序性の高い強行法的内容を備えているため，「特定の強行規定」に当たると解される。労働契約承継法も，会社分割に伴う労働契約の承継ルールを強行規定として制定した立法である以上，やはり「特定の強行規定」に当たると解すべきである。また，育児・介護休業法も，休業申出権（5条・11条）や不利益取扱い禁止規定（10条・16条）は，私法的側面では「特定の強行規定」に当たると解される。高年齢者雇用安定法の強行規定（8条・9条）も同様である[*39]。一方，これら各法は，刑事制裁を備えておらず，私法としての性格を基本とするため，絶対的強行法規には該当しない。

(エ) **労働協約規定**　労働組合法（労組法）は，日本独自の労使関係政策を具体化した基本法であることから，日本国内で強行的に適用されるべき法規（絶対的強行法規）と解される。これによれば，労働契約法と関係の深い労働協約の規範的効力規定（労組16条）も，絶対的強行法規ということになる[*40]。

もっとも，労働協約については，使用者と労働組合という対等当事者間の協定であることから，絶対的強行法規ではなく，準拠法選択（法適用7条）の対象と解する見解がある[*41]。たしかに，労働協約については，通則法制定後は，その契約としての性格に鑑み，準拠法選択の対象と解することが適切と思われる。ただし，このように解すると，協約当事者が協約の規範的効力（労組16条）を認めない国の法を選択し，労組法を回避する結果をもたらす可能性があるので，労働協約法（労組14条〜18条）を通則法12条1項の「特定の強行規定」と解し，労働者（組合員）の強行法的保護を図るべきであろう[*42]。この点，労働協約法は，もっぱら労働協約と労働契約の関係を規律する私法的強行規定であることから，「特定の強行規定」に該当することは明らかと解される。

(4) 類型的検討
(ア) **日本国内で就労する労働者**　通則法によれば，労契法の強行規定は

[*39]　以上，村上・前掲論文（*7）324頁以下，山川・前掲書（*9）196頁以下参照。
[*40]　山川・前掲書（*9）198頁以下参照。
[*41]　櫻田＝道垣内編・前掲書（*2・(1)）280頁［高杉直］は，労働協約は労使が対等の立場で締結する協定であるから，特別の保護は不要と述べ，絶対的強行法規性のみならず通則法12条の適用も否定し，一般の契約と同様に7条〜9条の準拠法規定によるべきと説く。井川・前掲判解（*31）14頁は，この解釈に賛意を表している。
[*42]　私見については，土田・前掲論文（*23）277頁参照。

「特定の強行規定」に該当し（12条1項・2項），労基法は絶対的強行法規に該当する。したがって，日本国内で就労する労働者については，労契法の強行規定は労働者の意思表示を待って適用され，労基法は労働者の意思表示にかかわらず適用される。この結果，たとえば，米国企業の日本法人と米国人労働者の間に生じた解雇紛争については，両者が労働契約上，明示的に米国法を準拠法として選択した場合も，労働者が特定の強行規定である労契法16条の適用を主張すれば，同条が適用される。裁判例では，英国法人に雇用され，関連法人の日本支店に出向した後に雇止めされた従業員が，通則法12条1項に基づき，日本法の強行規定（労契19条）の適用を求めて意思表示を行ったケースにつき，労務提供地法である日本法を最密接関係地法と推定し，その適用を肯定した例がある（前掲・BGCキャピタルマーケッツジャパンLLCほか事件［*5］。1105頁参照）。また，労基法上の解雇制限規定（20条）は，絶対的強行法規として当然に適用される。同様に，米国人労働者が日本国内で労働災害に被災した場合は，労働者は，労契法5条を「特定の強行規定」として主張し，日本の安全配慮義務規定の適用を受けることができる。

　一方，日本国内で就労する（した）労働者であっても，適用法規が複数国間に跨る場合は複雑な問題が発生する。たとえば，日本国内で就労する外国人研究職社員が退職後，ドイツ企業に転職して競業行為を行う場合，前使用者が日本法の観点からは合理的な競業避止特約（「退職後1年間は，会社と競業関係にある企業に研究職として就職しない」。退職後の競業避止義務については，929頁参照）を締結し，かつ，明示的に日本法を準拠法として選択していても，使用者は，日本法の適用を主張できない可能性がある。すなわち，通則法によれば，当事者が日本法を準拠法として選択した場合も，労働者は最密接関係地法中の特定の強行規定の適用を主張できる（法適用12条1項・2項）ところ，当事者間の競業避止特約に関する最密接関係地法が競業地法であるドイツ法と推定されれば，労働者が退職後の競業避止義務に関するドイツ労働法中の強行規定（ドイツ商法典74条以下）の適用を主張した場合，当該規定が適用されることになる（同74a条は，退職後の競業避止義務について，補償金の支払を要件と規定しており，これを必須の要件としない日本法［判例法理］より厳格である）[*43]。

*43　この点については，土田・前掲論文（*13・企業法務と労働法）298頁以下，石田信平「退職後の競業避止特約――ドイツの立法規制とその規制理念(1)(2)」同志社法学324号（2008）99頁，325号（2008）305頁参照。なお，退職後の競業避止特約が通則法12条の適用

そこで，本件競業避止特約の最密接関係地法が労働契約継続中の労務提供地法（上記の例では日本法）か競業地法（ドイツ法）かが問題となるが，この点については，競業避止特約が労働契約と密接に関連することを重視して労務提供地法を最密接関係地法と解する見解と，退職後の競業避止義務が労働者の職業選択の自由および国の経済・知的財産政策と密接に関連していることを重視して競業地法を最密接関係地法と解する見解が対立している*44。前説によれば，本件競業避止特約については，当事者による準拠法選択と同様，競業避止義務に関する日本の判例法理が適用されることになる。こうして，いずれの見解を採用するかによって，「特定の強行規定」の適用関係が異なる結果となる。

　(イ)　**海外勤務労働者**　　海外勤務労働者については，労契法等の「特定の強行規定」の主張を肯定することが困難なケースが生じうる。たとえば，前出の労災事例（1107頁）において，当事者が労働災害の民事責任について明示的に外国法を選択した場合は，労務提供地法である外国法が最密接関係地法と推定されることから，労働者は，日本法の「特定の強行規定」である労契法5条の適用を主張することは困難となりうる。

　しかし，この場合も，労契法5条の主張は可能と解される。すなわち，労務提供地法を最密接関係地法とする規律（法適用12条2項）は推定規定であるから（1103頁），労働者側で，労務提供地法以外の法（日本法）が最密接関係地法（法適用8条1項）であることを立証して上記推定を覆せば，最密接関係地法である日本法の強行規定の適用を主張することができる。この点，上記事例では，労務提供地が外国とはいえ，労働条件の決定構造を見れば，契約の展開により密接な関連性を有するのは日本法であるから，労働者は，労契法5条の適用を主張できるものと解される。

　一方，以上とは逆に，海外勤務労働者が労務を提供する地の法が労働者により有利な法である場合は，特定の強行規定ゆえに使用者が不利益を被る事態が生じうる。たとえば，前掲中国出身従業員の雇止め事例（1109頁）において，

　　　ないし類推適用を受けることについては，1131頁参照。
　*44　前説として，村上愛「退職後の競業避止特約と国際裁判管轄・準拠法——アメリカの州際事件を参考に」季労243号（2013）85頁，後説として，RYUICHI YAMAKAWA, Transnational Dimension of Japanese Labor and Employment Laws: New Choice of Law Rules and Determination of Geographical Reach, Vol. 31, No. 2, Comparative Labor Law and Policy Journal, 2010, p. 363. 私見は前説を支持する（土田・前掲論文［*13・立命館法学］1671頁）。

当事者が明示的に日本法を準拠法として選択すれば、日本法（労契19条）の適用が原則となるが、この場合も、労働者は最密接関係地法中の特定の強行規定の適用を主張できるため、労働者がより有利な中国労働契約法14条を最密接関係地法として主張すれば、同条が適用され、無期労働契約転換が肯定されて雇止めが不適法とされる結果が生じうる。とはいえ、ここでも、労務提供地法を最密接関係地法とする規律は推定規定であるから、使用者側で、雇用管理地法（日本法）が最密接関係地法であることを立証すれば、上記推定を覆し、当事者が選択した日本法の適用を主張することは可能であり、同旨の裁判例も示されている（前掲・理化学研究所事件［＊27］）。

(ウ) **多国間経由就労労働者** 前記のとおり（1110頁）、航空乗務員のように多国間を経由して就労する労働者については、雇入事業所所在地法（雇用管理地法）が最密接関係地法として推定される（法適用12条3項）。裁判例では、オランダ航空会社に雇用された後に雇止めされた日本人有期客室乗務員が雇入事業所所在地法であるオランダ法の強行規定（無期労働契約転換規定［有期労働契約の通算契約期間が3年を超えることを要件に無期転換を認める規定であり、通算契約期間が5年を超えることを要件とする日本法（労契18条）より労働者に有利］）の適用を主張した事案につき、オランダ法（雇入事業所所在地法）を最密接関係地法と推定した上、推定を覆す事情（①雇用契約書において日本法が準拠法とされていること、②客室乗務員らが日本国籍であり、日本に常居所を有すること等）につき、最密接関係地法を認定する上で重視すべき事情とはいえないと判断してオランダ法の適用を肯定した例がある（前掲・ケイ・エル・エム・ローヤルダッチエアーラインズ事件［＊19］）。

【13-3】 **絶対的強行法規と「特定の強行規定」の関係** 以上のとおり、準拠法選択の自由を制約する法規としては、通則法上の「特定の強行規定」（法適用12条1項）と絶対的強行法規が存在する。この両法規の関係については、国際私法学上議論があり、①両法規が重複することを認める見解と、②両法規をその趣旨・目的の違いから峻別し、両規範が重複することを否定する見解が対立している[*45]。①説は、「特定の強行規定」とは、一国のすべての強行法規を対象とする規定を意味すると解し、絶対的強行法規と重複することを肯定する。これに対し、

＊45 ①説として、西谷・前掲論文（＊34）40頁。②説として、村上・前掲論文（＊7）316頁、村上愛「法の適用に関する通則法12条と労働法規の抵触法的処理──『法例』から『法の適用に関する通則法』へ」国際私法年報11号（2009）156頁以下。

②説は、「特定の強行規定」が労使（私人）間の利益調整ないし労働者の利益の擁護を目的としているのに対し、絶対的強行法規は、国家の社会・経済政策や労働市場政策の実現を目的とするとして両者を峻別する。

②説によれば、絶対的強行法規であることに疑いのない労基法等の労働保護法や労組法は「特定の強行規定」であることを否定される一方、労契法等の私法的強行規定は「特定の強行規定」としてのみ位置づけられ、絶対的強行法規性を否定される。これに対し、①説によれば、労契法等の私法的規定の絶対的強行法規性を否定する点は同じであるが、労基法や労組法のうち私法的効果を有する規定は、同時に「特定の強行規定」に該当することになる。①説は、労働者に対する「特定の強行規定」と絶対的強行法規による二重の保護を可能とするというメリットを有しているが、なお検討を深める必要がある[*46]。

3 労働法の域外適用（地域的適用範囲）

(1) 問題の所在

準拠法の規律は、もっぱら当事者間の合意や労契法等の私法規範を対象とする規律であり、労基法等の労働保護法を含むか否かは明らかでない。そこで、これら法規が海外勤務労働者（日本企業に雇用され外国に派遣されて就労する労働者。1099頁の②a）の労働契約にどのように適用されるかが問題となる。これが「労働法の域外適用」の問題である。以下、労基法に絞って解説する[*47]。

前記のとおり、労基法は、日本の労働政策に基づく立法として絶対的強行法規と解され、日本国内で就労する労働者については当然に適用される。しかし、絶対的強行法規は、域外適用の場面では、その法的性格ゆえに適用に限界があるという問題点を有している。労基法について見ると、同法は、刑罰法規として刑法の属地主義（1条・8条）を適用され、「事業」を適用単位とするため、その適用対象となる（同法違反が処罰対象となる）のは国内の事業に限られる。また、労基法の私法上の効果（13条）に関しても、同法が労働条件の最低基準を定めて労働者を保護するという日本の労働政策を具体化した基本法であることから、やはり日本国内の「事業」を適用範囲とするものと解される。以上から、海外における労基法の適用は原則として否定される[*48]。労働安全衛生

[*46] 詳細は、土田・前掲論文（[*23]）278頁参照。労基法上の労働時間に係る強行規定を「特定の強行規定」と解した上、割増賃金請求に係る準拠法を日本法と判断した例として、イタリア共和国外務・国際協力省事件・大阪地判令5・3・22ジャーナル138号24頁。

[*47] 本項の詳細および労働協約法の域外適用については、土田・前掲論文（[*23]）277頁以下参照。

法・最低賃金法・労災保険法等の労働保護法についても同様に解される。

(2) 学説の展開

そこで，学説では，労基法については，その民事法的側面に関して，絶対的強行法規であることを前提とする実質的域外適用を認める見解が提唱されている（域外適用アプローチ）。すなわち，この学説は，労災保険法上の海外派遣者特別加入制度（33条6号・7号・36条）を参考に，「海外出張型」の勤務（国内の使用者の指揮命令に従って就労する場合）と，「海外派遣型」の勤務（国外の使用者の指揮命令に従って就労する場合）に区分した上，前者については，国内の「事業」の延長として労基法の域外適用を肯定する[*49]。また，後者については，海外に独立の「事業」があることから労基法の適用を原則として否定しつつ，人事異動や解雇等の一定の措置について国内の使用者が権限を留保している場合は，その限りで国内の「事業」における使用を認めて労基法の域外適用を肯定する。たとえば，海外勤務労働者の解雇に関する労基法20条の適用や，賃金が国内で支払われる場合の同法24条の適用が挙げられる。これに対し，労働者が労基法に基づく割増賃金（37条）を請求した場合は，「海外派遣型」で外国企業が労働時間管理を行っている限り（これが通常の取扱いと解される），労基法37条の適用は否定されるものと解される。

これに対して，通則法制定後は，労基法の民事法的側面に着目して，同法を「特定の強行規定」（法適用12条1項）に位置づける見解が見られる（特定の強行

[*48] 山川・前掲書（*9）180頁。ただし，労働者が国内の「事業」に所属しつつ，一時的に海外で就労する場合は，海外における独立の「事業」とはいえないため，労基法等の労働保護法が域外適用される。この場合，労働者が国内の「事業」に所属しているか否かは，「事業」の場所的意義によってではなく，国内の使用者の指揮命令・労働条件管理の下で就労しているか否かによって判断される。

[*49] 山川・前掲書（*9）184頁以下。具体的には，商談やアフターサービスなどの就労が「海外出張型」とされ，海外駐在や海外子会社への出向が「海外派遣型」とされている。

なお，「海外出張型」勤務と「海外派遣型」勤務の区別は，労災保険法上の海外派遣者特別加入制度（33条6号・7号・36条）を参考としたものである。すなわち，特別加入制度においては，「海外出張型」勤務（国内の使用者の指揮命令に従って就労する場合）と，「海外派遣型」勤務（国外の使用者の指揮命令に従って就労する場合）に区分した上，後者を特別加入制度の対象としつつ，前者については，国内の「事業」に属するものとして労災保険法の直接の対象としている。裁判例では，中国現地法人の総経理の職にあった日本人労働者の死亡事故につき，上記の区分基準を用いた上，海外出張者と判断して労災保険法を適用した例がある（中央労働基準監督署長事件・東京高判平成28・4・27労判1146号46頁）。

規定アプローチ）。この学説は，通則法制定によって「特定の強行規定」が是認された以上，民事法規としての労基法について，絶対的強行法規構成に拘泥する必要はないと解した上，労基法が日本の事業に対する適用範囲の決定を「最小限」にとどめる趣旨である場合（海外における適用を否定する趣旨でない場合）に，「特定の強行規定」としての域外適用を肯定する[50]。こうして，刑罰法規・行政的取締法規としての労基法は絶対的強行法規に位置づけられる一方，民事法規としての労基法は「特定の強行規定」として適用されることになる。同説によれば，海外勤務労働者の解雇については，労基法20条は域外適用によってではなく「特定の強行規定」として適用される。また，労基法に基づく割増賃金請求についても，労基法37条が私法的側面で「特定の強行規定」として適用され，割増賃金請求が認容されるものと解される（この点は，「域外適用アプローチ」との違いとなろう）[51]【13-4】【13-5】。

> 【13-4】 越境リモートワーク 「越境リモートワーク」とは，外国に在住しつつ，テレワーク（リモートワーク）を用いて日本国内企業で働く就労形態をいう。2020年以降の新型コロナウイルス禍下で普及したテレワークの波及効果として注目されている働き方である。越境ワークで就労する労働者（越境ワーカー）は，海外勤務労働者の一種に位置づけられることから，労働保護法の適用関係および労働契約の準拠法の決定が問題となる。
>   越境リモートワークの場合，現に労務を提供している地には企業組織は存在しない一方，日本国内の企業組織において雇用・労働条件管理されることが通常と解される。したがって，労基法等の労働保護法の適用については，労働者が国内の「事業」に所属しつつ，一時的に海外で就労する場合に該当するため，労働保護法の域外適用が認められる。また，労働契約の準拠法については，労働契約当事者が明示・黙示の合意によって準拠法を選択すれば，当該合意によることになる。一方，準拠法選択の合意がない場合は，最密接関係地法の所在（法適用12条2項・3項）が問題となるが，越境リモートワークの場合，労働者が日本国内の企業組織から指揮命令を受け，労働条件・雇用管理を受けるのが通常であることを考えれば，日本法（雇用管理地法＝雇入事業所所在地法）を最密接関係地法と考えるべきであろう。もっとも，越境ワーカーの労務提供地は，各ワーカーが就労する各国となるので，各労務提供地の法が最密接関係地法として推定されるとも考え

---

[50] 村上・前掲論文（*7）319頁以下，村上・前掲論文（*45）155頁。米津孝司「グローバル化と労働法の抵触ルール——法の適用に関する通則法を中心に」労働120号（2012）94頁も，労基法の私法的側面については，準拠法アプローチを適用する余地があると説く。

[51] 土田・前掲論文（*23）274頁以下参照。

られる。しかし、越境リモートワークの場合、労務提供地と雇用管理地は常に分裂しており、本来の意味での労務提供地を特定できない場合に当たると解されることから、通常は、雇入事業所所在地法（雇用管理地法）である日本法を最密接関係地法と推定すべきであろう（1100頁参照）。越境リモートワークにおける雇用管理地が日本である以上、越境ワーカーの労働契約により密接に関係するとともに、当事者にとって予見可能な地の法は、労務提供地法（外国法）ではなく日本法であるから、このように解することが適切である*51a。

【13-5】 海外勤務の法的根拠 　労働者の海外派遣に関しては、抵触法上の問題とは別に、海外勤務の法的根拠を何に求めるかという実質法上の論点がある。この点については、上述した海外派遣型と海外出張型に分けて考えるべきであろう。

第1に、海外派遣型の場合は、原則として本人の同意を要すると解すべきである。海外派遣型も、海外事業所への派遣（海外駐在派遣）と、海外の子会社への出向（海外出向）に分かれるが（法的には前者は配転に、後者は出向に当たる）、ともに労働条件や生活環境の激変を伴い、法的側面でも、準拠法等の変更をもたらすため、労働者本人の意思を尊重する必要性が高いからである*52。したがって、労働協約・就業規則上、国内人事異動に関する規定や「海外勤務を命ずることがある」旨の規定があるにとどまる場合は、海外勤務の義務は発生しないものと解される。

これに対し、海外勤務規程（労働協約・就業規則）において労働条件（賃金・海外赴任手当、労働時間・休日・休暇、職務内容等）、海外勤務期間、海外転勤に伴う配慮措置（語学研修の機会の付与、健康管理措置、危機管理・安全管理対策、家族帯同の場合の配慮措置［現地の学校の紹介等］、単身赴任の場合の配慮措置［定期帰省の配慮、家族訪問の配慮等］）、復帰条件等が労働者の利益に配慮して整備されている場合は、労働者の個別的同意がなくても海外勤務を命じうると考えられる（労契7条、労組16条）*53。なお、以上のような海外勤務規程を就業規則において新たに設ける場合は、就業規則による労働条件の不利益変更の問題（労契10条）が発生する。この場合、変更の合理性を確保するためには、十分な経済的補償（海外赴任手当等）に加えて、上述した労働条件や危機管理措置の整備が「変更後の就業規則の内容

---

*51a 本文の見解については、植田昴星弁護士（弁護士法人淀屋橋・山上合同）との議論から示唆を得た。プラットフォーム就労者についてであるが、井川志郎「プラットフォーム就労と法適用通則法12条——労働抵触法上の重要概念の機能性を問う」労働135号（2022）78頁以下参照。越境リモートワークについては、宇賀神崇ほか編『Q&A越境ワークの法務・労務・税務ガイドブック』（日本法令・2023）も参照。

*52 多数説である。野川忍「国外における国際的労働関係をめぐる法的諸問題」労働85号（1995）130頁、山川隆一「国際化する労働関係の法的課題」岩波講座・現代の法12『職業生活と法』（岩波書店・1998）197頁など。

*53 詳細は、土田・前掲論文（*23）285頁、土田・前掲論文（*18）315頁以下参照。

の相当性」として必須となるものと解される。
　第2に，短期の海外出張の場合は，海外派遣型のような問題がないことから，原則として，一方的な出張命令が可能と解される。
　第3に，「海外派遣型」「海外出張型」を問わず，テロや人質事件が多発するなど特に危険な地域（ハイリスク地域）における勤務については，労働者本人の同意を要するものと解される。この点，労働者の生命・身体に特別の危険を及ぼす勤務については，本人同意が労働義務の要件と解されている（137頁）ところ，ハイリスク地域勤務については，まさにこの判例法理が妥当するからである*54。

第2節　外国人労働者の労働契約

1　外国人の就労

　本節では，日本国内で就労する外国人労働者の労働契約をめぐる法律問題について解説する*55。

　(ア)　**概説**　国内における外国人労働者の就労をいかなる範囲で認めるかは，各国の立法政策の問題である。日本の場合，専門的・技術的分野の外国人労働者を受け入れつつ，単純就労者は受け入れないという基本政策を採用している。この政策に従って，外国人の在留・就労資格を規定する基本法が出入国管理及び難民認定法（入管法）である*56。入管法によれば，就労が認められる在留資格は，①外交，②公用，③教授，④芸術，⑤宗教，⑥報道，⑦高度専門職，⑧経営・管理，⑨法律・会計業務，⑩医療，⑪研究，⑫教育，⑬技術・人文知識・国際業務，⑭企業内転勤，⑮介護，⑯興行，⑰技能，⑱特定技能，⑲技能実習（育成就労〔次頁参照〕）の合計19資格であり，このほか，永住者，日本人の配偶者等，永住者の配偶者等，定住者も就労が認められる。

　これに対し，単純労働を目的とする在留は一貫して否定されてきた。その背景には，単純就労者の受入れが日本人の雇用に悪影響を及ぼすことや，教育・

---

*54　電電公社千代田丸事件・最判昭和43・12・24民集22巻13号3050頁。土田・前掲論文（*23）286頁，土田・前掲論文（*18）315頁以下，「統合人事管理」研究会編・前掲書（*1）120頁〔内田靖人〕参照。

*55　本節の詳細は，土田・前掲論文（*13・立命館法学）1659頁以下参照。

*56　入管法については，山田鐐一＝黒木忠正＝髙宅茂『よくわかる入管法〔第4版〕』（有斐閣・2017）参照。

住宅・福祉等の社会的コストが増大することへの懸念があったと考えられる。しかし，入管法は2018年に改正され，「相当程度の知識または経験を要する技能」を有する外国人労働者について新たな在留資格「特定1号」を創設することで，単純就労の受入れを解禁した。建設・介護・外食・農業・宿泊など14業種で受入れを想定し，在留期間を5年と定めている。また同時に，熟練した技能を有する外国人労働者について「特定2号」資格が創設された（在留資格の更新を可能とし，家族帯同も認める）。外国人労働者政策の大転換であるが，労働条件・雇用保障・社会保障・人材活用をはじめ，課題は多い。

　一方，日本の技術を諸外国に移転して人材育成と経済発展を促進するという国際協力の観点から，就労資格とは別に，外国人研修制度が設けられてきた。この制度は従来，企業や自治体において単純就労に属さない技術・技能・知識を習得することを目的とする研修生（在留資格は「研修」）と，研修を終えて一定の評価を受けた外国人について，研修と合わせて原則2年以内の実習を認める技能実習制度に分かれていた。研修は，就労（報酬を受ける活動）ではなく，研修生も労働者ではないとされ，労働法規の適用も否定されるのに対し，技能実習制度における技能実習生は労働者とされ，労働法規が適用されてきた。

　しかし，近年，研修生の人権侵害や劣悪な待遇が多発したことを背景に，研修生の「労働者」性（労基法上の「労働者」性。9条）をめぐる紛争が多発し，実態は受入先の指揮命令の下で就労しているとして労働者性を肯定する裁判例が増加した[*57]。このため，2009年の入管法改正により，在留資格「技能実習」が新設され，従来は労働法令の適用が否定されていた研修生も，「技能実習生」として労働法令を適用されることになった。しかし，技能実習制度においても，外国人技能実習生の人権侵害等の問題は解消しなかったため，2016年，外国人技能実習法（外国人の技能実習の適正な実施及び技能実習生の保護に関する法律）という保護立法が成立した。同法においては，実習実施者が届出制，監理団体が許可制とされ，技能実習計画（8条）の認定や監理団体の許可等を行う外国人技能実習機構（12条以下）が規定された。しかし同法の下でも，実際には，外国人技能実習は，労働環境が厳しい業種を中心に人手を確保する手段と化しており，劣悪な労働条件や人権侵害をめぐる紛争が後を絶たない状況にある。

　(イ)　**育成就労制度**　　こうした状況を踏まえて，2024年，外国人技能実習

＊57　三和サービス事件・名古屋高判平成22・3・25労判1003号5頁，広島経済技術協同組合事件・東京高判平成25・4・25労判1079号79頁等。

法を抜本改正して，現行の技能実習制度を廃止し，外国人の育成就労制度に改める新たな立法（外国人の育成就労の適正な実施及び育成就労外国人の保護に関する法律［育成就労法］）が成立した（併せて入管法が改正され，在留資格として技能実習を廃止し，前記のとおり，育成就労を新設した。いずれも令和9年6月までに施行）。

　育成就労法（育成就労制度）は，育成就労産業分野において，特定技能1号水準の技能を有する人材を育成するとともに，当該分野における人材を確保することを目的としている。具体的には，①政府が基本方針および分野別運用方針を定め，分野別受入れ見込数を設定すること，②育成就労計画の認定制度を設け，育成就労の期間を3年以内とすること，業務・技能・日本語能力その他の目標や内容，受入機関の体制，外国人が送出機関に支払った費用額等が基準に適合していること等の認定要件を設ける。また，③従来原則不可とされてきた転籍（転職）について，ⓐやむをえない事情がある場合（労働条件について契約時の内容と実態の間で一定の相違がある場合，職場において暴力やハラスメント事案等がある場合等）や，ⓑ本人の意向による場合に認め，本人意向による場合については，転籍先において新たな育成就労計画の認定を受けることとし，同一業務区分内であること，就労期間（1年～2年の範囲で業務の内容等を勘案して省令で規定）・技能等の水準・転籍先の適正性に係る一定の要件（同一機関での就労期間については分野ごとに1年～2年の範囲で設定すること，技能等の水準については，一定の技能検定や相当の日本語能力試験への合格，転籍先が育成就労を適正に実施する基準を満たしていること等を予定）を満たす場合に認定することとされている。また，④関係機関のあり方について，現行の監理団体に代えて監理支援機関を設け，外部監査人の設置を許可要件とすること，外国人技能実習機構を廃止して外国人育成就労機構を設立し，育成就労外国人の転籍支援や，1号特定技能外国人に対する相談援助業務を追加するなどの新たな規律を設けている。

　㈦　**裁判例**　外国人技能実習生に関する近年の重要裁判例として，技能実習生が入国管理法違反罪（資格外活動［73条・19条1項1号］）により逮捕勾留され，技能実習を継続できなくなったため，技能実習の監理団体である組合，実習実施機関である会社等に対し，不法行為に基づく損害賠償を請求したことにつき，会社が技能実習計画と異なる業務内容に従事させる業務命令を発し，上記逮捕勾留およびそれに起因する実習生らの稼働機会の喪失という事態を招来させたことについて不法行為の成立を認め，逸失利益相当額の損害賠償請求および精神的苦痛に対する慰謝料請求を認容した例[*58]や，外国人技能実習生が

監理団体である協同組合に対し、実習実施者である会社への指導・監理を怠ったこと（とび作業に係る技能実習計画の要件不充足、労災隠し、重機の運転をさせたこと等）について不法行為に基づく損害賠償を請求したことにつき、会社での業務は技能実習に係る審査基準を充足していなかったところ、監理団体による監査等は行われているものの、実際の作業状況に関する精査は不十分であり、監理団体が実習監理の義務に反したことは明らかとして不法行為の成立を認め、会社との共同不法行為責任（民719条）を肯定した例[59]がある[60]。

2 外国人労働者の労働契約

(1) 労働契約の効力

日本において、入管法上の就労資格を得て合法的に就労する外国人労働者の場合、労働契約の有効性に疑問はない。問題は、入管法上の在留資格のない不法就労者であるが、これについても、入管法違反の就労は公法的取締法規違反を意味するにとどまるものとされ、労働契約自体は有効と解されている[61]。

---

[58] 千鳥ほか事件・広島高判令和3・3・26労判1248号5頁。他方、同事件は、管理組合の不法行為責任について、会社の不正行為を地方入国管理局に報告すべき義務は公法上の義務にとどまり、実習生に対して負うべき義務とはいえないとして斥けているが、疑問の余地がある。

[59] 協同組合アーバンプランニングほか1社事件・福岡高判令和4・2・25ジャーナル125号26頁。判決は、原判決（熊本地判令和3・1・29判時2510号33頁）を一部変更し、実習生が審査基準に沿った適切な実習を受講できなかったことについて、監理団体と会社の共同不法行為責任を肯定するとともに、監理団体が技能実習生の帰国の意思を書面により確認する等の義務を怠ったまま強制的に帰国させようとしたこと等についても不法行為を肯定している。妥当な判断と解される。

[60] 以上のほか、技能実習生が実習実施者である農家において、雇用契約の対象となる実習計画上の作業ではない作業として行った大葉巻き作業につき、形式的には請負契約に基づくものであるが、実質的には農家の指揮監督下で行われたものとして雇用契約に基づくものと判断した上、大葉巻き作業に係る時間外労働について割増賃金支払義務（労基37条）を肯定した例（協同組合つばさ事件・東京高判令和元・5・8労判1216号52頁）や、ベトナム人技能実習生が、実習実施会社が申請した技能実習計画について在留期間中に外国人技能実習機構の認定を受けられず、または適切な説明を受けられなかったことから在留期間を更新できず、雇用契約を期間中途解除して収入を喪失したことにつき、実習実施会社および監理団体はいずれも同実習生に対し、日本に在留しながら在留資格変更手続を行う方法に係る調査・説明義務を怠ったとして不法行為責任を肯定し、逸失利益相当の損害賠償義務を肯定した例（佐山鉄筋工業・海外事業サポート協同組合事件・大阪地判令和5・9・28ジャーナル142号34頁）がある。一方、監理団体による外国人技能実習生に対する帰国強要の事実を否定して不法行為責任を否定した例として、中亜国際協同組合事件・広島地判令和5・3・1ジャーナル137号26頁もある。

[61] 手塚和彰『外国人と法〔第3版〕』（有斐閣・2005）267頁。外国人労働者に対する労働実

すなわち，入管法上の就労の違法性（不法就労性）と，労働契約の無効性は直結しない（「違法性の相対性」）。外国人労働者の労働契約に対する法令の適用関係については，第1節で解説したとおりである。

外国人労働者の雇用管理に関しては，労働施策総合推進法7条・8条に基づいて，「外国人労働者の雇用管理の改善等に関し事業主が適切に対処するための指針」（改善指針。平成19年厚労告276号）および「外国人労働者の雇用・労働条件に関する指針」（指針。同上）が示されている。

(2) 募集・採用・労働条件の明示

外国人労働者の募集・職業紹介に関しては，日本国内で行われる限り，日本人労働者と同様，職業安定法等の法令が適用される（職業安定法は，労基法等と同様，絶対的強行法規と解される［＊36参照］）。外国人労働者の採用（労働契約の締結）についても特別の規律はないが，改善指針は，外国人労働者の在留資格が就労を認められるものであることを確認すべきことを定めている（第四の一）。

使用者は，労働契約の締結に際して労働条件明示義務を負う（労基15条）。明示義務の内容は，日本人労働者と同じであるが，特に外国人労働者については，改善指針が，賃金・労働時間等主要な労働条件について，外国人が理解できるよう内容を明らかにした雇入通知書を交付するとともに，賃金については，賃金体系・税制等について外国人が理解できるよう説明した上，実際に支給される賃金額を明らかにするよう努めること（努力義務）を定めている（第四の二）。英語または事情によっては母国語による説明が求められよう。

この説明義務は，私法上も，信義則（労契3条4項）によって使用者に求められる義務と解すべきであろう。すなわち，使用者は，労働契約の明確化と対等交渉の促進という要請に基づき，労働条件の説明義務を負うが（労契4条1項。294頁参照），日本の雇用システムや法制度の知識に乏しい外国人労働者の場合は，この要請がより強く妥当するからである。したがって，使用者が就業規則や雇入通知書に関する説明を十分行わないまま，賃金，職務内容，雇用期間等の重要な労働条件を一方的に変更した場合は説明義務違反が成立し，変更内容の相当性と相まって権利濫用（同3条5項）が成立しうる。

外国人労働者の採用内定取消については，外国人技能実習生らに対する会社

賃法の適用につき，水町955頁以下参照。

の経営悪化を理由とする新卒採用内定取消につき，人員削減の必要性は乏しく，会社は真摯に内定取消を回避する努力を行ったとは認められないとして無効と判断するとともに，不法行為の成立を認めた裁判例がある[*62]。

(3) 就業規則

外国人労働者についても，就業規則に関する労基法の規律（就業規則の作成義務［89条］，意見聴取義務［90条］）が適用される。外国人労働者については，労働契約書や雇入通知書で労働条件を取り決めるケースが多いが，これを就業規則上の集団的規範としても確立しておく必要がある。日本人対象とは別に外国人対象の就業規則を制定することは，国籍を理由とする差別（労基3条）には該当せず，法的に問題はない。これに対し，外国人労働者を就業規則の適用から除外しつつ別規則を作成しないことは作成義務違反となる（213頁参照）。

就業規則の法的効力・拘束力については，日本人労働者と異なる点はなく，当事者が明示的に外国準拠法を選択しない限り，労契法7条，9条，10～13条が適用される（法適用12条3項）。ただし，労働契約書等で労働条件を個別に取り決めた場合は，それら特約が優先される（労契7条但書）。就業規則の周知（同7条・10条）については，労働条件明示に関する改善指針の前記趣旨を踏まえれば，単なる形式的な周知ではなく，母国語翻訳を含めた実質的周知・説明が求められるものと解される。裁判例では，英語を母語とする教員らに対して，就業規則のコピーや撮影等の機械的な複写を認めない取扱いにつき，法人は，詳細な講師契約書を交付し，日本語を母語としない従業員には英語の翻訳文を交付していることや，就業規則の閲覧についても，日本語能力のない従業員に対しては英語のできる従業員による通訳補助を提供している等として不法行為の成立を否定した例がある[*63]。

(4) 均等待遇原則

労基法3条は，労働者の国籍（人種を含む）を理由とする労働条件の差別を禁止しており，外国人労働者の労働条件に関する基本規範を意味する（119頁）。

[*62] エスツー事件・東京地判令和3・9・29労判1261号70頁（281頁参照）。判決は，外国人技能実習生らは長年日本語を学び，日本での就労意欲が高く，会社において相当期間勤務する蓋然性が認められることや，日本において再就職先を見つけることが困難と認められることから，入社後6か月分の損害を認定している。

[*63] 文際学園事件・東京地判平成30・11・2労判1201号55頁。

すなわち，日本人と同一労働に従事している外国人労働者について，合理的理由もなく労働条件格差を設けることは，3条が禁止する差別的取扱いとなる。また，均等待遇原則は，外国人と日本人間のみならず，外国人労働者相互の労働条件格差にも適用される。他方，外国人が従事する職種・雇用形態に起因する賃金格差は，国籍による差別とはならない。

　裁判例では，本名・国籍を秘匿して応募した在日朝鮮人が右事実を理由に採用内定を取り消された事案につき，労基法3条との抵触を認め，公序（民90条）違反により無効と判断した例がある*64。一方，外国人新聞記者が日本人と異なり，有期労働契約によって雇用されていることについて均等待遇原則違反を争った事案につき，期間の面では日本人正社員より不利であるものの，専門職としての雇用であり，賃金面では優遇されていることから，有期労働契約による雇用が専ら国籍・人種を理由とするものではないとして斥けた例*65や，オランダ航空会社の客室乗務員中，オランダ人客室乗務員が無期労働契約で雇用される一方，日本人客室乗務員が有期労働契約で雇用されていることにつき，日本発着路線のみの搭乗業務に従事する日本人客室乗務員が余剰人員となることは避け難いから，日本人客室乗務員の労働契約を有期労働契約とすることには一定の合理性があるとして労基法3条および公序違反を斥けた例（前掲・ケイ・エル・エム・ローヤルダッチエアーラインズ事件［＊19］）もある*66。

　このほか，外国人研修生・技能実習生に関する判断であるが，中国籍の外国人研修生・技能実習生が，日本人従業員とほぼ同等の作業に従事しているにもかかわらず，給与に約26％の格差があるとして差額賃金の支払を請求した事案につき，研修生・技能実習生の作業内容は日本人従業員とおおむね同等であるから，労基法3条違反を否定するためには，当該格差を正当化するに足りる

---

*64　日立製作所［採用取消］事件・横浜地判昭和49・6・19労民25巻3号277頁。
*65　ジャパンタイムズ事件・東京地判平成17・3・29労判897号81頁。ほぼ同旨，東京国際学園事件・東京地判平成13・3・15労判818号55頁。筑波大学事件・東京地判平成11・5・25労判776号69頁，近畿大学事件・大阪地判平成30・9・14ジャーナル82号40頁も参照。また，外国人労働者相互の労働条件格差（日本語教育の実施・不実施）につき，雇用形態の違いによる合理的取扱いと判断した例として，三菱電機事件・東京地判平成8・3・25労経速1592号25頁がある。
*66　地方公務員につき，地方公共団体（東京都）が職員を管理職に昇任するための資格要件として日本の国籍を有することを定め，韓国籍の外国人に管理職選考試験を受験させなかったことにつき均等待遇原則（労基3条）および法の下の平等（憲14条1項）違反を否定した判例として，東京都事件（最大判平成17・1・26民集59巻1号128頁）がある。

合理的な理由が求められるところ，会社は，研修生・技能実習生受入れのために，1名当たり約180万円の費用を負担し，寮の整備にも多額の費用を支出し，研修期間中は無償で寮を提供するなど有形無形の負担をしていること等から，賃金格差には合理的理由があるとして労基法3条違反を否定し，請求を棄却した例がある[*67]。外国人労働者一般に関する判断としても参考となる[*68]。

(5) 労働条件

(ア) 賃　金　　外国人労働者の賃金については，最低賃金法および均等待遇原則が適用される一方，それ以外の法的規律は特にない[*69]。ただし，入管法基準省令（平成2年法務省令16号）は，「投資・経営」「研究」「教育」「技術」「人文知識・国際業務」「企業内転勤」「技能」の各資格に関して「日本人が従事する場合に受ける報酬と同等額以上の報酬を受けること」との在留資格認定基準を定めており，特段の合意等の事情がない限り，私法上も労働契約内容を補充・決定する規範となると解される。また，この基準の不遵守は，均等待遇原則（労基3条）違反を推認させる間接事実となりうる。

外国人労働者に関しては，賃金体系・支払形態，支払期間（年俸制か月給制かなど），昇給，賞与，株式褒賞，退職金等について，各国と日本の慣行の違いを考慮した特別の定めが設けられることが多い。これら事項が労働契約書や外国人対象の就業規則に規定されれば，外国人労働者固有の労働契約内容となる。また，近年には，グローバル企業の展開やその経営破綻に伴う高度人材の賃金・賞与・株式褒賞等をめぐる紛争が増加している。①使用者が外国人高度人材を含む幹部従業員のインセンティブ喚起の目的で行う株式褒賞・インセンティブ報酬が労基法上の賃金（11条）に該当するか否かをめぐる紛争，②労働者

[*67] デーバー加工サービス事件・東京地判平成23・12・6労判1044号21頁。本件の具体的判断としては，判旨が指摘する事情が同一労働に関する約26％もの賃金格差を正当化する理由となるかについては疑問の余地がある。

[*68] 労基法3条に関する事案ではないが，行政書士事務所が外国人労働者を雇用するに際して，パスポート管理契約を締結し，同契約において，在職中にパスポートを使用する場合は使用者の許可を要件とし，返還についても許可制とすること等を定めたことにつき，外国人労働者の移動の自由を制限するものとして公序違反と判断し，不法行為に基づく損害賠償責任（パスポート再発行手続料・慰謝料等）を肯定した裁判例がある（パスポート不返還損害賠償請求事件・横浜地判令和6・4・25労旬2063号47頁）。使用者の行為はきわめて悪質であり，当然の判断と解される。

[*69] 最低賃金法違反の事例として，マンスール興業K.I.M事件・大阪地判平成25・7・4ジャーナル19号23頁。

に対する賞与を上記株式褒賞の形で支払うことと賃金通貨払原則（労基24条1項）の関係をめぐる紛争，③出向元である英国法人から日本法人に出向した元従業員が，出向先に対して賃金（RSU［米国法人の株式を受領できる権利］価額）相当額の損害賠償を出向先に請求した紛争などが見られる[*70]。

(イ) **労働時間・休暇**　労働時間・休日・年次有給休暇については，外国人労働者に関する特別の規制はなく，労基法が適用される（前掲・協同組合つばさ事件［*60］参照）。

(ウ) **職種・職務内容**　入管法上の在留資格と労働条件は直結しないが，職種・職務内容に関しては，原則として，在留資格の範囲内に限定されるものと解されている。前記のとおり（1122頁），外国人労働者の就労範囲は，各人が取得した在留資格に対応する活動に限定されるため，労働契約の解釈としても，各労働者の在留資格に対応する職種・職務内容を取り決めたと解釈することが合理的だからである（職種限定契約）。したがって，外国人労働者が取得した在留資格の範囲外の職種・職務内容への一方的変更（配転・出向）は許されず，そうした変更には本人の同意が必要となる。この場合，就業規則に配転条項が規定されていても，その効力（契約内容補充効）は発生せず，職種限定特約（契約）が優先される（労契7条但書。545頁参照）。なお，配転等について外国人労働者本人が同意した場合も，入管法上は在留資格の変更が必要となる。

これに対して，同一職種（在留資格）系列内の配転・出向命令は可能であるが，権利濫用の規律が及ぶ。この点，入管法は外国人労働者の高度専門的能力の活用を重視して受入れを認める趣旨に立っているため，専門性の低い職務への配転・出向については，このような入管法の趣旨によって権利濫用（労契3条5項・14条）と判断されるケースが生じうる[*71]。

(エ) **労働災害の民事責任**　外国人労働者が労働災害に被災した場合，使用者は安全配慮義務違反（労契5条）または不法行為（民709条）による損害賠償責任を負う。労契法5条は，当事者による明示の外国法選択がない限り適用される（法適用12条3項）。また，同条は特定の強行規定であるから（1113頁），

[*70] ①②につき，リーマン・ブラザーズ証券事件・東京地判平成24・4・10労判1055号8頁（315頁参照），①につき，モルガン・スタンレー証券事件・東京高判平成21・3・26労判994号52頁，③につき，JPモルガン証券事件・東京地判平成24・8・17ジャーナル9号12頁（583頁参照）。

[*71] 権利濫用の否定例として，鳥井電器事件（東京地判平成13・5・14労判806号18頁）があるが，その判断には疑問がある（土田・前掲論文［*13・立命館法学］1668頁参照）。

当事者が明示的に外国準拠法を選択した場合も、労働者は、同条の適用を主張することができる（法適用12条1項・2項）。さらに、不法行為責任も、不法行為の準拠法が結果発生地法とされること（同17条）から外国人労働者に適用される。安全配慮義務の具体的内容は、日本人労働者と同一であるが、外国人労働者の場合は、外国人が理解できる言語・方法を用いて安全衛生教育を実施することがポイントとなろう（改善指針［第四の三］）*72。

外国人労働者の労働災害に関する最大の論点は、損害額の認定である。特に、短期在留を予定している外国人労働者や、在留資格として認められていない就労に従事する不法就労外国人に関しては、経済的逸失利益の認定範囲が問題となる。この点については、日本人と同様に日本における収入等を基礎に算定するのか、それとも一定期間は日本における収入を基礎とし、その後は本国における収入等を基礎に算定するのかが問題となる。判例は、交通事故事案に関する判例法理を参考に、日本における就労・生活の蓋然性が認められる期間については日本における収入等を基礎に、その後は本国における収入等を基礎に算定する判断を採用している*73。単純不法就労者に関する判断であるが、在留期間の短い外国人労働者一般に妥当する判断といえよう。

(オ) **守秘義務・競業避止義務**　守秘義務・競業避止義務についても、当事者が明示的に外国準拠法を選択しない限り、日本の判例法理が適用される（法適用12条3項）。特に、退職後の競業避止義務については、合理性を欠く競業避止特約は公序（民90条）違反として無効となるとの判例法理が確立されている（932頁）ため、労働者は、外国準拠法が明示的に選択された場合も、特定の強行規定としてこの判例法理の適用を主張できるものと解される（法適用12条1項・2項）。

もっとも、退職後の競業避止特約は、労働契約終了後の契約であるから、厳密な意味での労働契約（同条1項）ではないが、労働契約と密接に関連することから、通則法12条の適用ないし類推適用が認められる*74。これに対し、守

---

*72 「統合人事管理」研究会編・前掲書（*1）99頁以下［金子浩子］およびそこに掲載の裁判例参照。

*73 改進社事件・最判平成9・1・28民集51巻1号78頁（短期在留資格で入国したパキスタン国籍労働者が在留期間の経過後も残留し、単純就労に従事中に労災により負傷したケース）。その後の同旨下級審裁判例として、植樹園ほか事件・東京地判平成11・2・16労判761号101頁、ナルコ事件・名古屋地判平成25・2・7労判1070号38頁等。鈴木千恵子「資格外就労外国人労働者の労災による損害賠償額の算定」労働関係訴訟Ⅱ709頁参照。

秘義務と密接に関連する不正競争防止法については，同法を不法行為法と性質決定した上，不法行為の準拠法（法適用17条）を適用する見解が有力である*75。

　(カ)　**雇用期間**　　外国人労働者の在留資格はそれぞれの在留期間をもって定められているため，契約社員や嘱託社員等の雇用形態を採用し，期間の定めのある労働契約を締結することが少なくない。労働契約の期間については，日本人労働者と同様，原則3年・例外5年の規制がある（労基14条）。有期契約である以上，期間満了によって労働契約も終了するのが原則であるが，反復更新のケースでは，雇止めの規制がなされうる（労契19条）。雇止めについては，外国準拠法の明示的選択がない限り，日本の有期労働契約法制（労契18条・19条）が適用される（法適用12条2項・3項）。また，労働契約法19条は特定の強行規定であるから，当事者が明示的に外国準拠法を選択した場合も，労働者は，同条の適用を主張することができる（法適用12条1項・2項）。

　外国人労働者が期間の定めのない労働契約を締結することはもちろん可能であるが，在留資格の更新手続が必要であることに注意を要する。在留資格が更新されなくても労働契約の効力に影響はないが，入管法上の退去強制手続（27条以下）や不法就労助長罪（73条の2）の対象となる。

(6)　解　　雇

　外国人労働者の解雇についても，当事者が明示的に外国準拠法を選択しない限り，日本の労働契約法16条（解雇権濫用規制）・15条（懲戒権濫用規制）が適用される（法適用12条3項）。また，労働契約法16条・15条は特定の強行規定であるから，当事者が明示的に外国準拠法を選択した場合も，労働者は，同条の適用を主張することができる（法適用12条1項・2項）。さらに，労基法の解雇制限規定（19条～22条）は，絶対的強行法規として当然に適用される。

　外国人労働者については，高度人材などその専門能力を期待して雇用するケースが多いことから，能力不足・適格性欠如を理由とする解雇紛争が発生しうる。この点については，日本人の専門職労働者と同様，いかに専門的能力の発揮を期待して雇用した外国人労働者といえども，適切な指導・教育を怠ったり，

---

　*74　櫻田＝道垣内編・前掲書（＊2・(1)）277頁［高杉直］参照。土田・前掲論文［＊13・企業法務と労働法］290頁も参照。外国人労働者が日本企業を退職後，外国で競業行為を行う場合については，1115頁参照。
　*75　櫻田＝道垣内編・前掲書（＊2・(1)）450頁以下［西谷祐子］参照。

きわめて短期の業績評価によって解雇することは解雇権濫用と評価される（863 頁，869 頁参照）。懲戒解雇についても同様である。

　裁判例では，外資系投資機関を顧客とする不動産ビジネスの拡大目的で採用した外国人エグゼクティブ・ダイレクターを採用後，わずか 3 か月半で成績不良により解雇したことにつき，雇用契約の内容として会社に具体的利益をもたらす程度の業績を上げることが含まれていたとしても，このような短期間に業績を上げられなかったことを理由に解雇することは許されないとして解雇権濫用を肯定した例がある[76]。一方，外資系旅行代理会社の外国人ファイナンシャル・コントローラーが私的に関心をもった事業案件について，会社が当該案件に関心を持っているように装い，繰り返し会社の実績・信用を利用して情報提供を求め，案件への参画を実現しようとしたことを理由に懲戒解雇された事案につき，同人の行為は，「業務上の地位を利用して私利を図った時」等の懲戒事由に該当し，情状も悪質であるとして有効と判断した例もある[77]。

第 3 節　労働契約の国際裁判管轄

1　判例法理

　国際裁判管轄の決定の問題とは，国際的労働契約をめぐる紛争が発生し，日本の裁判所に提訴された場合，いかなる要件の下で日本の裁判所に管轄権を認めるべきかという問題である[78]。

---

[76]　共同都心住宅販売事件・東京地判平成 13・2・15 労判 812 号 48 頁。前掲・Tulett Prebon［Hong Kong］Limited［Tulett Prebon Europe Limited］事件（＊15）は，通則法を適用して解雇を有効と判断している。

[77]　甲野事件・東京高判平成 22・1・20 判時 2078 号 158 頁。このほか，外国人技能実習生に関する退職（合意解約）事案であるが，実習生が著しい非違行為を行い，客観的にも解雇事由が存在したと認められることを前提に，同実習生が自主退職か解雇かの選択を迫られた中で，会社との間の約束事項を遵守できなかったことを踏まえて自ら退職の申入れをしたものと認められるとして退職の意思表示を有効と判断した例がある（岸良海産興業事件・札幌地判令和 3・5・25 ジャーナル 116 号 44 頁）。

[78]　本節の詳細は，土田・前掲論文（＊13・立命館法学）1677 頁以下，土田・前掲論文（＊23）279 頁以下参照。事例を用いての検討としては，土田・前掲論文（＊13・企業法務と労働法）の CASE1 設問 1・CASE 2 設問 1 およびその解説 290 頁以下，296 頁以下（日本国内で就労する労働者），土田・前掲論文（＊18）の CASE 2 設問 1 およびその解説 319 頁以下（海

この問題について，判例は，修正逆推知説を採用し，民事訴訟法上の裁判籍が日本国内にある場合に原則として日本の裁判管轄を認めつつ，当事者の公平，裁判の適正・迅速という理念（条理）に反する特段の事情があるときはこれを否定する立場に立ってきた[*79]。一方，判例は，契約当事者が明示の合意によって外国の裁判所を専属的管轄裁判所として指定すること（専属的管轄合意）については，原則として有効としつつ，「はなはだしく不合理で公序法に違反するとき」にのみ例外的に無効となると解しており[*80]，労働事件についても，この立場が採用されてきた。裁判例では，米国・イリノイ州裁判所に関する専属的管轄合意につき，労働者（試用期間中の客室乗務員）に一方的に不利益を強いる内容のものではなく，同合意に関する会社の説明も不十分とはいえない等として有効と判断する例がある[*81]。一方，マン島の裁判所に関する専属的管轄合意につき，一労働者（パイロット）がマン島において訴訟を提起・遂行することは大きな負担となる反面，世界規模で展開する被告会社（パイロット等の派遣を目的とする外国会社）が日本において応訴することは負担とはいえないと判断し，上記例外への該当性を認めて無効と判断する例も見られる[*82]。

2 改正民事訴訟法

(1) 概　説

こうした状況の中で，2011年，民事訴訟法及び民事保全法の一部を改正する法律が成立し，労働契約に関する国際裁判管轄規定が設けられた。

すなわち，改正民事訴訟法は，個別労働関係民事紛争（労働契約の存否その他の労働関係に関する事項について個々の労働者と事業主との間に生じた民事に関する紛争）について，3条の2・3条の3の管轄原因[*83]に加え，①労働者が訴えを提

外勤務労働者）参照。裁判官による分析として，藤下健「国際裁判管轄」労働関係訴訟II 1024頁参照。

[*79] 最判平成9・11・11民集51巻10号4055頁。労働事件として，前掲・ドイッチェ・ルフトハンザ・アクチェンゲゼルシャフト事件（*12）。

[*80] 最判昭和50・11・28民集29巻10号1554頁。

[*81] ユナイテッド航空事件・東京高判平成12・11・28労判815号77頁。

[*82] スカイマーク事件・東京地判平成24・11・14労判1066号5頁。

[*83] 外資系航空会社による日本人客室乗務員の整理解雇に係る地位確認請求および不法行為（不当労働行為）を理由とする損害賠償請求につき，民訴法3条の3第3号・8号の管轄原因を用いて日本の国際裁判管轄を認めた例として，前掲・ユナイテッド・エアーラインズ事件（*15）があり，マレーシアで発生した交通事故遭遇を理由とする損害賠償請求につき，会社の主たる事務所は日本国内にあることから民訴法3条の2第3項の管轄原因を用いて日本の国

起する場合，労働契約において労務の提供地（それが定まっていない場合は雇入事業所所在地）が日本国内にあるときは，日本の裁判所に裁判管轄を認める旨を規定する（3条の4第2項）一方，②事業主から労働者に対して訴えを提起する場合については，労働者の住所地においてのみ訴えを提起することができる旨規定する（同条3項）。また，③専属的管轄合意については，当事者自治に委ねてきた従来の態度を改め，a)労働契約終了時の合意であって，契約終了時における労務提供地の裁判所を指定する合意およびb)労働者が合意された国の裁判所に訴えを提起し，または，事業主が日本もしくは外国の裁判所に訴えを提起した場合において，労働者が当該合意を援用した場合に限り有効とすること（3条の7第6項1号・2号）を規定している。国際裁判管轄について日本の裁判所の管轄を原則とし，従来は広く肯定されてきた専属的管轄合意の効力を制限するなど，労働者保護の立法政策を採用したものである[*84][*85]。

(2) 類型的検討

(ア) **日本国内で就労する労働者**　　以上の規律によれば，日本国内で就労する労働者については，基本的に，日本の裁判所の管轄権が肯定される。たとえば，日本企業で就労してきた労働者の解雇をめぐって，労働者が解雇無効の訴えを提起する場合は，個別労働関係民事紛争について労働者が訴えを提起する場合に該当することから，日本の裁判所が裁判管轄を肯定される（民訴3条の4第2項）[*86]。一方，前掲・ユナイテッド航空事件（[*81]）のように，専属的管轄

　　際裁判管轄を認めた例として，前掲・伊藤忠商事ほか事件（[*14]）がある。
* [*84] 本間靖規＝中野俊一郎＝酒井一『国際民事手続法〔第2版〕』（有斐閣・2012）63頁以下，村上・前掲論文（[*33]）76頁以下，注釈労基・労契(1) 78頁以下［村上愛］参照。
* [*85] 本文掲載の民訴法規定のほか，裁判例では，民訴法3条の3第5号（日本において事業を行う者に対する訴えにつき，当該訴えがその者の日本における業務に関するものであるときに日本の裁判所の管轄権を肯定する）について，グアム準州法に基づき設立された会社に対する被解雇労働者の雇用契約上の地位確認の訴えにつき，本件雇用契約は会社の「日本における業務に関するもの」に該当しないとして日本の裁判所の管轄権を否定した例（大阪地堺支判平成28・3・17判例集未登載［反対，村上愛［判解］平成28年度重判解319頁］）や，民訴法3条の9（日本の裁判所が管轄権を有する場合も，日本の裁判所が審理・裁判をすることが当事者間の衡平を害し，または適正かつ迅速な審理の実現を妨げることとなる特別の事情がある場合の訴えの却下を規定）について，日本法人に雇用され，中国事務所で就労したのちに雇止めされた中国出身（日本国籍）職員が地位確認の訴えに際して上記規定該当性を主張したことにつき，上記「特別の事情」を否定して斥けた例（前掲・理化学研究所事件［[*27]］）がある。
* [*86] 「統合人事管理」研究会編・前掲書（[*1]）43頁以下［山川隆一］も参照。

合意が労働契約上，事前に取り決められた場合は，改正民事訴訟法の下では，同合意は労働契約終了時に合意された場合にのみ有効とされることから（3条の7第6項1号），同号に反して効力を否定され，日本の裁判所が裁判管轄を認められる。さらに，使用者が労働者を解雇する際に，外国の裁判所を専属的管轄裁判所として指定する専属的管轄合意を取り決めた場合は，労働契約終了時の合意の要件は充足しているものの，契約終了時における労務提供地の裁判所を指定する合意の要件（3条の7第6項1号）を充足しないため，やはり同号違反として効力を否定されるものと解される。

これに対し，事業主が労働者に対して訴えを提起する場合は，問題は複雑となる。たとえば，日本企業で就労してきた外国人労働者が退職後，本国に住居を移して日本企業と競合する企業に転職した場合の競業差止めや損害賠償請求の訴えに関する裁判管轄が問題となる[87]。まず，労働契約において裁判管轄に関する合意がない場合は，民訴法3条の4第3項によれば，事業主が原告となるときは，特定の管轄原因が日本にある場合に日本の裁判所の管轄を認める同法3条の3が適用されず，労働者の住所地が管轄原因となるので（被告住所地主義［民訴3条の2参照］），労働者の住所地が外国にある上記事例では，日本の裁判所の管轄権は否定され，外国の裁判所の管轄に服することになる[88]。ただし，不法行為に基づく損害賠償請求については別途考慮を要する[89]。

一方，労働者が退職時に締結した競業避止特約において，日本の裁判所にの

---

[87] なお，本文のような退職後（労働契約終了後）の競業に関する紛争が「個別労働関係民事紛争」（民訴3条の4第2項）に該当するか否かが問題となるが，「労働関係に関する事項について個々の労働者と事業主との間に生じた民事に関する紛争」として「個別労働関係民事紛争」に当たると解して差し支えないであろう。

[88] 松浦馨ほか『条解民事訴訟法〔第2版〕』（弘文堂・2011）61頁［高田裕成］，村上・前掲論文（＊33）80頁参照。民訴法3条の3第1号によれば，契約上の債務の履行の請求を目的とする訴えや，債務不履行による損害賠償の請求その他契約上の債務に関する請求を目的とする訴えについては，契約において定めた当該債務の履行地が日本国内にあるとき，または契約において選択された地の法によれば当該債務の履行地が日本国内にあるときに日本の裁判所の管轄権が肯定されるが，本文の事例はこれに該当しないものと解される。

[89] 不法行為に関する訴えの管轄については，不法行為地が日本国内にあるときに加え，不法行為地（加害行為地）が外国であっても，結果発生地が日本であり，かつ，日本における結果発生が通常予見できる場合は，日本の裁判所の管轄が肯定される（民訴3条の3第8号［松浦ほか・前掲書（＊88）57頁［新堂幸司＝高橋宏志＝高田裕成］］）。したがって，本文の事例において，事業主が退職労働者の競業避止義務違反を理由に債務不履行と併せて不法行為に基づく損害賠償を請求する場合であって，当該競業（不法行為）による結果発生が予見可能である場合は，日本の裁判所の管轄を肯定する余地がある。

み訴えを提起できる旨の合意が締結された場合は，日本の裁判所に管轄権が認められるものと解される。民訴法3条の7第6項1号によれば，専属的管轄合意は，労働契約終了時の合意であって，契約終了時における労務提供地の裁判所を指定する場合に有効とされるところ，上記管轄合意は，労働者の退職時（労働契約終了時）に行われた合意であり，その時点の労務提供地である日本の裁判所を指定する合意であるため，有効な合意と解されるからである[*90]。

(ｲ) **海外勤務労働者**　海外勤務労働者の労働契約紛争をめぐる裁判管轄についても，上記民訴法の規律が適用される。たとえば，前出の労災事例（1107頁）で，労働者が会社に在職したまま，使用者に対し，日本の裁判所において損害賠償請求訴訟を提起した場合を検討すると，日本の裁判所の裁判管轄が認められるものと解される。すなわち，民訴法3条の4第2項によれば，労働者が原告となる場合，労務提供地が日本にあれば，日本の裁判所が管轄権を有するところ，上記事例では，労働者は，日本に帰国後，会社に在職しながら日本の裁判所に損害賠償請求訴訟を提起しているので，現実の労務提供地である日本の裁判所に裁判管轄が認められる。また，前出事例のとおり，労働者が日本に帰国後，退職した後に訴えを提起した場合も，契約が終了している場合は終了時の労務提供地の裁判所に管轄権が肯定される[*91]ことから，やはり日本の裁判所の管轄権が肯定されるものと解される【13-6】[*92]。

> 【13-6】　**対外国民事裁判権法**　外国国家を被告とする民事事件に関する日本の民事裁判権の免除については，近年，国家の公法的・主権的行為について民事裁判権の免除を認めつつ，国家の私法的行為については免除を否定する制限免除主義が採用されており，労働事件についても，この立場が採用されてきた[*93]。また，上記（*91）判例の審理と並行して立法された対外国民事裁判権法（外国に対する我が国の民事裁判権に関する法律）9条は，労働契約について制限免除主義を採用し，外国等が労働契約に関する裁判手続について裁判権から免除されないことを原則としつつ（1項），例外として，個人の採用または再雇用の契約の成否に関する訴えまたは申立て（2項3号），解雇その他の労働契約の終了の効力に関する訴えまたは申立て（同項4号），当該労働契約の当事者間に書面による別段の合

[*90] 「統合人事管理」研究会編・前掲書（*1）45頁以下［山川隆一］も参照。
[*91] 国際裁判管轄研究会「国際裁判管轄研究会報告書(6)」NBL887号（2008）118頁参照。
[*92] 事業主が原告となる場合については，土田・前掲論文（*23）282頁以下参照。
[*93] 米国ジョージア州［解雇］事件・最判平成21・10・16民集63巻8号1799頁。土田道夫［判批］ジュリ1409号［2010］199頁参照。

意がある場合であって、公序に違反しない場合（同項6号）等を掲げており、これらの場合、外国は、日本の民事裁判権から免除される（4条）*94。

裁判例では、イタリア共和国外務・国際協力省が日本において開設するイタリア文化会館の職員として試用期間付きで採用された労働者が試用期間満了時に本採用拒否されたため、本採用拒否は無効であると主張して労働契約上の地位確認を求めた事案につき、本件契約を対外国民事裁判権法9条1項所定の「労働契約」と性質決定した上、本件地位確認等請求は同条2項3号所定の採用に関する訴えに当たると判断して日本の民事裁判権からの免除を認め、同請求を不適法として却下した例がある*95。本判決は、まず、同条1項所定の「労働契約」とは、日本の労契法上の労働契約と同様、労働者が使用者の指揮命令下において労務を提供し、使用者がその対価として労働者に対して賃金を支払う勤務関係をいうと判断する。その上で、判決は、本件地位確認等請求が同条2項3号所定の採用に関する訴えに当たるか、それとも労働契約解消に係る紛争に当たるかにつき、本件試用期間の定めや運用に係る詳細な事実認定や、イタリア法上、試用期間満了に伴い労働契約を終了させる際には労使双方ともに相手方に対して特段の理由を提示する義務はなく、使用者は試用期間満了後に労働者を本採用するか否かについて試用期間中に熟慮し、試用期間満了時に自由に決定できるとされていることを踏まえて、本件試用期間の定めは、試用期間満了時に本採用の許否を自由に決定できる権限をイタリア共和国外務・国際協力省に付与する趣旨で設けられているものと判断した上、本件契約における労働契約関係は、試用期間中と本採用後とでは別個のものであり、当事者間における本採用は、公務員としての地位を正式に付与する新たな労働契約の締結と見るのが相当であるとして、本件契約における本採用は同号の「採用」に当たると判断している。

本判決は、対外国民事裁判権法に関するおそらく最初の公刊裁判例であり、先例性が高い判断と解される（試用期間の法的性質に関する判断としても興味深い。第3章＊65参照）。

＊94　対外国民事裁判権法9条については、飛島知行『逐条解説 対外国民事裁判権法』（商事法務・2009）40頁以下参照。表田充生「国際的労働関係事件における外国国家等の民事裁判権免除について」京都学園法学2010年1号（2010）39頁、荒木636頁も参照。
＊95　前掲・イタリア共和国外務・国際協力省事件（＊46）。

第14章
労働契約紛争処理法

第1節　労働契約紛争処理のあり方
第2節　企業内紛争処理システム
第3節　裁判外紛争処理——個別労働紛争解決促進法
第4節　司法的紛争処理(1)——労働審判制度
第5節　司法的紛争処理(2)——労働訴訟法上の諸問題

　労働契約法の主柱を成すのは，法令，労働契約・労働協約・就業規則等の自主的規範の解釈適用から成る労働実体法である。しかし，これら規範を実際に適用して労働契約紛争を解決するのは，裁判所を中心とする紛争解決機関であり，その法的規律（手続法的規律）も，労働実体法に劣らず労働契約法を構成する重要な柱である。すなわち，労働契約法の実体的ルール（実体法）と，労働契約紛争処理法（手続法）は，いわば「車の両輪」の関係にある。
　労働契約紛争処理法は，企業内紛争処理システムと企業外紛争処理法に大別され，企業外紛争処理法はさらに，裁判における紛争処理法と，裁判外紛争処理法（ADR＝Alternative Dispute Resolution）に分かれる。本章では，このような労働契約紛争処理法について解説し，第5節では，労働訴訟法上の諸問題を概観する。

第1節　労働契約紛争処理のあり方

1　労働契約紛争の現状と特色

(1)　労働契約紛争の現状[*1]
　労働紛争は，大別して，労働契約紛争（個別労働紛争＝個々の労働者と使用者と

の間で生ずる労働契約・労働条件をめぐる紛争）と，集団的労働紛争（労働組合と使用者との間で生ずる紛争）に分かれる。近年には，労働契約紛争が増加しており，集団的紛争の典型である不当労働行為の新規申立件数が年間300件後半台に減少しているのに対し，労働契約紛争は激増し，その内容も複雑化・多様化している。すなわち，2023年度のデータ[*2]では，労働関係民事通常訴訟の新受件数は3763件に上るほか，都道府県労働局が取り扱う総合労働相談件数は，年間124万件超に上っており，労働訴訟件数は「氷山の一角」にすぎない。その背景に，雇用社会・企業社会それ自体の変化（グローバリゼーション，産業構造・企業経営環境の変化に伴う長期雇用システム・企業統治ルールの変化）があることは前述したとおりである（5頁）。そして，このことが裁判外紛争処理の整備を促すとともに，労働審判法制定を促進する要因となった。

　なお，労働契約紛争と集団的労働紛争の区別は，必ずしも絶対的なものではない。たとえば，就業規則による労働条件の変更をめぐる紛争（第9章）は，就業規則によって変更された労働条件が労働契約内容となるか否かをめぐる紛争としては労働契約紛争であるが，その変更に労働組合や多数の従業員が関係するという意味では，集団的労働紛争の性格を有している。また，労働協約や不当労働行為をめぐる紛争は，典型的な集団的労働紛争であるが，個々の労働者が争う場合（労働協約に基づく労働条件の内容を争う場合や，解雇が不当労働行為に該当するとして争う場合）は，労働契約紛争としての性格も帯びることになる。

[*1] 近年には，労働契約紛争の激増に伴い，紛争処理に関する実情調査と分析が盛んに行われており，参照価値が高い（特に，労働政策研究・研修機構『労働局あっせん，労働審判及び裁判上の和解における雇用紛争事案の比較分析』［労働政策研究・研修機構・2015］，同編『日本の雇用終了──労働局あっせん事例から』［労働政策研究・研修機構・2012］）。また，厚生労働省「透明かつ公正な労働紛争解決システム等の在り方に関する検討会報告書」（2017年5月）は，多様な個別労働関係紛争の解決手段がより有効に活用されるための方策および解雇無効時における金銭救済制度のあり方と必要性について検討している（後者については，898頁参照）。個別労働関係紛争の解決・処理については，①行政による個別労働関係紛争解決（都道府県労働局による個別労働関係紛争解決，地方自治体［都道府県労働委員会等］による個別労働関係紛争解決），②司法による個別労働関係紛争解決，③個別労働関係紛争解決システム間の連携を検討の柱に位置づけた上，①②については，現行の仕組みの評価および改善の方向性について検討し，後者についてはさらに，「より納得の得られる解決を促すための方策」および「金銭的・時間的予見可能性を高めるための方策」に分けて詳しく検討している。

[*2] 最高裁判所事務総局行政局「令和5年度労働関係民事・行政事件の概況」曹時76巻8号（2024）2173頁（過去10年間で最高の2020年は，3965件）。

(2) 労働契約紛争の特色

　労働契約紛争は、労働契約それ自体の特質（7頁以下）によって、以下のような特色を帯び、それぞれの特色に応じた紛争処理を要請する。

　第1に、労働契約は、企業組織を舞台に展開される契約として組織的・集団的性格を有するとともに、労使間の交渉力・情報格差を特質とし、使用者に多くの裁量権（人事権、懲戒権、解雇権）が帰属する契約である。この結果、労働契約紛争は、労働者に一方的に不利な解決をもたらすと同時に、雇用の喪失をはじめとする経済的・人格的不利益をもたらしうる。したがって、労働契約紛争処理システムの設計に際しては、迅速な紛争解決の要請と、紛争の実情に即した柔軟な解決の要請を考慮することが必須となる。

　第2に、労働契約は長期にわたって継続する契約（継続的契約）であり、契約の継続性と雇用の安定が要請される。そこでこの点からも、労働契約紛争を迅速に解決して契約を継続させることが重要となるが、他方、当事者の信頼関係が破壊されているようなケースでは、当該紛争の実情に即した解決を試みることも課題となる。また、継続的契約である労働契約においては、当事者の信頼関係が重要となるため、できるだけ当事者が納得できるよう、当事者間の自主的解決の仕組みを組み込む必要がある。

　第3に、労働契約は以上のような特色を有するが、同時に、あくまで労使間の権利義務から成る法律関係である。したがって、労働契約紛争の解決に関しては、法令等も踏まえた権利義務関係を基礎とする解決が求められるのであり、単に当事者間の利害調整に終始する妥協的解決に堕してはならないことは当然である。もっとも、権利義務を基礎とする解決の要請は、迅速な紛争解決や紛争の実情に即した解決の要請と矛盾する面があり、企業内紛争処理や裁判外紛争処理ではある程度後退せざるをえない。しかし、司法的紛争処理システムにおいては、権利義務に即した解決は制度の要諦となる。

　第4に、労働契約紛争処理においては、判断の専門性が要請される。雇用関係の個別化・多様化に伴い、労働契約紛争は著しく高度化・複雑化しているからである。また、労働契約紛争は企業組織・秩序や人事制度に大きな影響を及ぼすことから、当該紛争自体の適正な解決に加えて、企業組織や雇用人事制度の理解を踏まえつつ、集団的利益調整の視点をもって解決にあたる必要がある。この点からも、雇用人事制度に関する専門的知見が必須となる[*3]。

2　労働契約紛争処理のスキーム[*4]

こうして，労働契約紛争処理法に関しては，①迅速な解決の要請，②紛争の実情に即した柔軟な解決の要請，③当事者の自主的解決の要請，④権利義務関係に即した解決の要請，⑤専門性の要請，の5点が基本的条件となる。この観点から，労働契約紛争処理システムのあり方について考えると，まず，労働契約紛争処理システムは単線的なものではなく，多元的であってよいと考えられる。当事者が望む紛争解決は個々の事案や当事者の意識に応じて多様であり，多様な選択肢を用意することが望ましい。その上で，第1次的な紛争処理システムは，当事者の合意を基礎とする自主的解決に求めるべきであろう。それは，第三者が関与する企業外紛争処理に比べて時間的・経済的コストが低廉で済む上，合意を基礎とする解決であるため，当事者の納得を得られやすく，実現可能性が高いというメリット（上記①～③および⑤）を有するからである。この観点からは，企業内紛争処理や裁判外紛争処理が重要となる。

その上で，紛争処理の中心（最終的解決手段）は裁判における紛争処理に求めるべきである。労働契約紛争を含むあらゆる紛争処理については，「法の支配」の理念（「公平な第三者が適正な手続を経て公正かつ透明な法的ルール・原理に基づいて判断を示す」こと）[*5]が妥当するが（5頁），その担い手は司法（裁判所）にほかならないからである。この意味では，民事通常訴訟が労働契約紛争の中心的解決システムとなる。しかし一方，司法的紛争処理（通常訴訟）はその性質上，上記の①～③および⑤の要請を欠く面があるため，それらの要請を盛り込んだ新たな制度設計も必要となる。それを実現したのが労働審判制度であり，今後の労働契約紛争法の中心的制度の一つといいうる。

以下，この観点から，企業内紛争処理，裁判外紛争処理，裁判における紛争処理の順に解説する。

[*3]　同旨，菅野ほか・労働審判制度29頁，51頁以下参照。
[*4]　主要国の労働契約紛争処理システムについては，山川・紛争処理法〔初版〕34頁以下参照。
[*5]　「司法制度改革審議会意見書――21世紀の日本を支える司法制度」（2001）10頁参照。

第2節　企業内紛争処理システム

1 企業内紛争処理システムの意義

　上記のとおり，労働契約紛争は，第1次的には当事者の合意によって自主的に解決されることが望ましいので，企業内紛争処理システムが重要な意味をもつ。特に，以下の点が重要である*6。

　第1に，紛争の実情に即した迅速な解決というメリットが挙げられる。労働契約紛争の多くは，企業の人事制度をめぐる紛争として各企業の実情に応じて多様であるため，そうした人事制度の実情に精通した人材によって，企業内で解決されることが公正かつ効率的である。すなわち，企業内紛争処理は，企業外紛争処理に比べて時間的・経済的コストが低廉であり，迅速かつ当該企業における当該紛争の実情に即した解決をもたらしうる*7。

　第2に，労働契約の継続的性格から見たメリットが挙げられる。企業内紛争処理システムは，当事者が自主的に企業内で行うシステムであるため，双方の納得を得て，紛争解決後の信頼関係を維持しやすいという特長を有する。特に労働者にとっては，雇用の維持を前提とする解決という点でメリットが大きく，社会的に見ても，雇用保障という基本的要請に適った解決方法となる。

　第3に，企業内紛争処理システムは，労働者・使用者による労働契約の適正な運営を促進し，企業の労働法コンプライアンスとCSRへの取組みを推進するという労働契約法の基本理念（31頁）とも合致する。もともと労働契約法は，労働契約の適正な運営を促進する規律を本旨とし，そこでは，労使自治の役割が重要となるため，労働契約をめぐる紛争の処理も，企業内における自主的解決に委ねることが労働契約法の理念に適合的である。また，労働法コンプライアンスやCSRは，本来は企業が自主的に取り組むべき課題であり，そのため

---

*6　企業内紛争処理システムについては，山川・紛争処理法26頁以下参照。詳細な研究として，同『労働紛争解決法制の新たな展開の中での企業内紛争解決システムの役割』（労働政策研究・研修機構・2004），労働政策研究・研修機構『企業内紛争処理システムの整備支援に関する調査研究』（労働政策研究・研修機構・2008）等がある。

*7　たとえば，人事考課をめぐる紛争を考えた場合，人事考課の公正さを外部の第三者が判定することは相当に困難である。そのような判定は，当該企業の人事考課を熟知する人材によって行われることが望ましい。

には，企業内紛争処理システムが不可欠となる。

2 企業内紛争処理システムの現状と課題

(1) 現　状

とはいえ，企業内紛争処理システムの現状は決して明るくはない。従来からの紛争処理システムとしては，インフォーマルなものとして，上司による対応があり，フォーマルな手続としては，労働組合が組織されている企業における苦情処理手続や団体交渉・労使協議が挙げられる。しかし，このうち，上司による対応については，重要な役割を果たし続けているものの，上司自身の職務の高度化や時間不足，人事考課における上司・部下間の対立や紛争等によって，役割が低下していると指摘される。また苦情処理手続は，そもそも利用率が低い上，制度が大掛かりすぎることから，未組織企業において普及していない。さらに，労使協議・団体交渉はそれ自体としては有意義であるが，これも組合の組織率低下によって機能低下の傾向にある。加えて，「法の支配」が強調される中，企業外紛争処理システムの整備（特に労働審判法の制定）を理由に，企業内紛争処理の必要性を消極視する見解も考えられる。

(2) 方 向 性

しかし，私は逆に，こうした状況だからこそ，企業内紛争処理システムの再生が求められると考える。まず，企業外紛争処理システムの整備を理由に，企業内紛争処理システムの必要性を否定するのは短絡的である。むしろ，企業外紛争処理システムが整備されればされるほど，企業内紛争処理のニーズは高まると考えるべきである。特に企業側から見れば，労働審判制度によって労働契約紛争がより容易に裁判所に持ち込まれるようになれば，紛争の外部化によって紛争処理のコストが高くなるため，紛争を企業内で解決しようとするインセンティブが働くと考えられる。また労働組合にとっても，企業内紛争処理システムへの取組みは，長期低落傾向にある労働組合の活路となりうる[8]。このインセンティブは，企業の労働法コンプライアンスやCSRと表裏一体の関係にあり，企業内紛争処理システムの再生の契機となると考えられる。

---

[8] 同旨，菅野ほか・労働審判制度11頁，258頁。この点，個別労働紛争解決促進法（1145頁）も，当事者が紛争を早期かつ誠意をもって自主的に解決すべき努力義務を課している（2条）。

企業内紛争処理システムの方向性については，その基本的属性として，①簡易・迅速な解決システムであること，②雇用関係の維持を前提とした制度設計が望ましいこと，③労使双方にとって公正性・透明性を備えたものであること，④人的体制の整備が重要であることが指摘されている。特に③は重要であり，企業内紛争処理システムは，労使間の交渉力・情報格差によって一面的なものとなりやすいため，適正手続が遵守され，中立かつ客観的な判断が行われることや，利用者に対する不利益取扱いが禁止されることがポイントとなる。

　より具体的な提案としては，上司による解決の制度化（アメリカのOpen Door Procedureをモデルとする），アメリカの企業内オンブズパーソン制度をモデルとする相談スタッフ体制の導入，従来の苦情処理制度よりインフォーマルな調整機関の導入，紛争予防との連携などが提案されている[*9]。このうち，調整機関の導入については，内部通報制度が参考となる。そこでは，社内通報窓口の設置，通報者のプライバシーの保護（守秘義務），通報者の保護（不利益取扱いの禁止），調査体制の整備，調査結果に基づく通報者への説明，被通報者に係る対応等が制度設計のポイントとされ，先進的企業では，これらポイントを意識した制度設計によってコンプライアンス体制が樹立されている（658頁以下参照）。こうした制度設計は，企業内紛争処理システムとも共通しており，十分応用可能なものといえよう。

第3節　裁判外紛争処理——個別労働紛争解決促進法

(1) 個別労働紛争解決促進法の意義

　労働契約法における裁判外紛争処理（ADR）は，個別労働紛争解決システムに要請される前記①〜⑤（1142頁）のうち，特に①〜③に着目した制度である。主要なものとして，都道府県労働局における相談・助言・指導，紛争調整委員会によるあっせん（個別労働紛争解決促進法），都道府県労働委員会による相談・あっせん，都道府県労政主管事務所による相談があるが，ここでは，最も代表的な制度である個別労働紛争解決促進法について解説する[*10]。

[*9]　山川・紛争処理法37頁以下，山川隆一「成果主義と労働紛争の解決」土田＝山川編274頁以下。

[*10]　個別労働紛争解決促進法については，山川・紛争処理法45頁以下，菅野＝山川1200頁，

個別労働紛争解決促進法は，①都道府県労働局における情報提供・相談，②都道府県労働局長による助言・指導，③紛争調整委員会によるあっせんという三つの柱から成る紛争処理システムを提供し，紛争の実情に即した迅速かつ適正な解決を図ることを目的としている（1条）。対象となるのは，「労働条件その他労働関係に関する事項についての個々の労働者と事業主との間の紛争」（個別労働関係紛争）である（1条）[*11]。現に労働契約関係にある当事者だけでなく，募集・採用に関する求職者・事業主間の紛争を含む広い概念となっている（ただし，あっせんの対象からは除外されている）。ただし，「個々の労働者」が当事者となる紛争であることから，労働組合は当事者となりえず（4条1項），公務員も原則として適用を除外される（22条）。事業主は，労働者が②や③の申請をしたことを理由として，解雇その他の不利益取扱いをしてはならない（4条3項・5条2項）。

(2) 個別労働紛争解決促進法の仕組み

個別労働紛争解決促進法の第1の柱は，都道府県労働局における援助であり，紛争の防止と自主的解決を促進するため，労働者や事業主に対して情報提供，相談その他の援助を行うものとしている（3条）。都道府県内の各所に総合労働相談コーナーを設け，労働相談に関するワンストップサービスを提供しており，労使がアクセスしやすい制度としている。

第2に，当事者の一方または双方から解決のための援助を求められた場合，都道府県労働局長は，労働問題に関する専門家の意見を聴いて，必要な助言または指導をすることができる（4条1項・2項）。助言・指導に強制力はないが，紛争の自主的解決を促進する上で有意義である。

第3に，当事者の双方または一方から申請があり，必要と認めた場合は，都道府県労働局長は，各都道府県ごとに設置される紛争調整委員会（6条）にあ

荒木624頁，水町1412頁，日本弁護士連合会ADRセンター編『労働紛争解決とADR』（弘文堂・2012）30頁以下参照。なお，同法上の労働局あっせんのほか，44の道府県労働委員会において，個別労働紛争に係る相談・あっせんサービスが行われている（詳細は，菅野＝山川1226頁以下，水町1429頁参照）。

[*11] 個別労働紛争解決促進法が，対象となる紛争として「労働契約紛争」ではなく「労働関係紛争」の語を用いたのは，労働契約に加えて，事実上の使用関係を含める趣旨とされる（厚生労働省大臣官房地方課労働紛争処理業務室編『個別労働紛争解決促進法』［労務行政研究所・2001］99頁）。

っせんを行わせるものとする（5条1項。ただし，募集・採用に関する紛争を除く）。あっせんは，当事者間の話し合いを促進することを目的とする調整手続であり，助言・指導と同じく強制力はないが*12，実際には，個別労働紛争の迅速な解決を促す上で効果的である。雇用機会均等法上の調停も，紛争調整委員会によって行われる（雇均16条・18条）。なお，労働者があっせんの申請をしたことを理由とする不利益取扱いは禁止される（5条2項）。

あっせん委員は，当事者間をあっせんし，実情に即して紛争が解決するように努め（12条），事件解決に必要なあっせん案を全員一致により作成して当事者に提示することができる（13条。前記のとおり強制力はない）。あっせん案に沿って当事者間に合意が成立すれば，民法上の和解契約として扱われる（したがって，一方当事者による合意の不履行は債務不履行となる）。これに対し，紛争解決の見込みがない場合は，あっせん委員は手続を打ち切ることができる（15条）。

第4節　司法的紛争処理(1)──労働審判制度

1　労働審判法の意義

以上のように，裁判外紛争処理（ADR）は，個別労働紛争の解決にとって有効であるが，その最終的解決手段は，やはり裁判所における紛争処理（司法的紛争処理）に求めるべきである。特に近年，「法の支配」の理念（5頁）が浸透するに伴い，司法的紛争処理の重要性が増大している。

前記のとおり，労働契約紛争処理法は，①迅速な解決，②紛争の実情に即した解決，③当事者の自主的解決，④権利義務関係に即した解決，⑤専門性の5点を要請されるが（1142頁），これらの要請を実現すべく，2004年に制定されたのが労働審判法である（平成16年法45号）。すなわち，労働審判制度は，「個

---

*12　すなわち，あっせんは，あっせん委員が「紛争当事者の間に入り，双方の主張の要点を確かめ，……紛争当事者間の話合いを促進し，その間を仲介して，紛争当事者の双方又は一方の譲歩を求めたり具体的な解決の方策を打診し，さらに双方から求められた場合にはあっせん案を提示する等により実情に即した形で事件が解決されるように努めるもの」とされる（平成13・9・19基発832号）。したがって，あっせんは，調停のように当事者に受諾を勧告したり，仲裁のように履行を義務づけるものではなく，行政処分として不服申立て等の対象となるものでもない。

別労働関係紛争について，労働関係の専門家の知識経験を活かしつつ，原則として3回以内の期日で，調停による解決を試みるとともに，解決案（労働審判）の提示のために必要な審理を行い，調停が成立しない場合には，権利関係を踏まえた解決案を定めることによって紛争の解決を図る手続であ」り，また，当事者が審判に異議の申立てをした場合の訴訟移行手続を組み込んでおり，「個別労働関係紛争を迅速かつ実効的に解決する」のに適した制度である*13。

この点，司法的紛争処理の中心となるのは，通常の民事訴訟制度であるが，上述した5点の要請から見ると，それは，④（権利義務関係に即した解決）に優れている反面，他の面では難点がある。つまり，民事訴訟は，当事者の権利義務の存否・内容に即して勝訴・敗訴を決する手続であるから，慎重な審理を要し，審理の長期化によって紛争の迅速な解決（①）が困難となる。また，職業裁判官が審理を行うため，専門性（⑤）に欠ける面があるし，当事者の自主性の尊重（③）も難しい面がある。さらに，以上の理由から，紛争の実情に即した解決（②）が困難となることもある。

そこで，上記の5条件を充足する新たな司法的紛争処理の確立が課題とされ，成立したのが労働審判法である。労働審判制度の特色としては，以下の6点（2(1)(ｱ)〜(ｶ)）が挙げられ，5条件を充足するものとなっている*14。「法の支配」の観点から見ると，2007年に制定された労契法が立法としての労働契約実体法であるとすれば，労働審判法は，手続法の中核に位置する法である。この意味で，労契法と労働審判法は，労働契約に「法の支配」を及ぼすための法制度（労働契約法）の「車の両輪」ということができる。

---

*13 菅野ほか・労働審判制度55頁。労働審判法については，同書のほか，山川隆一「労働紛争解決システムの新展開と紛争解決のあり方」季労205号（2004）2頁，荒木尚志＝石嵜信憲＝鵜飼良昭＝春日偉知郎＝定塚誠＝山川隆一「座談会・労働審判制度の創設と運用上の課題」ジュリ1275号（2004）22頁，鴨田哲郎＝君和田伸仁＝棗一郎『労働審判制度』（日本法令・2005），清田冨士夫編著『詳解労働審判法』（ぎょうせい・2007），山川・紛争処理法145頁以下，水町1433頁，類型別実務Ⅱ 615頁以下，労働関係訴訟の実務574頁以下，最高裁判所事務総局行政局監修『労働審判手続に関する執務資料〔改訂版〕』（法曹会・2013），鵜飼良昭『事例で知る労働審判制度の実際』（労働新聞社・2012），日本弁護士連合会ADRセンター編・前掲書（＊10）2頁以下，〔特集〕労働審判10年」ジュリ1480号（2015）の諸論考，東京弁護士会労働法制特別委員会編『ケーススタディ労働審判〔第3版〕』（法律情報出版・2021）など参照。労働審判制度の実際的機能と今後の課題を検討する文献として，菅野和夫＝仁田道夫＝佐藤岩夫＝水町勇一郎編著『労働審判制度の利用者調査——実証分析と提言』（有斐閣・2013）がある。

*14 菅野ほか・労働審判制度25頁以下参照。

2 労働審判制度

(1) 労働審判制度の特色と内容

(ア) **個別労働紛争に関する司法手続**　第1に，労働審判制度は，個別労働紛争を対象に，裁判所において行われる紛争解決システムである。すなわち，労働審判は，各都道府県の地方裁判所に設置され（労審2条），裁判官の中から選任される労働審判官1人と労働審判員2人によって行われる（同7条・8条）。また，労働審判は，「当事者間の権利関係……を踏まえて」行われ（同20条），簡易とはいえ民事訴訟に倣った証拠調べ手続が組み込まれる（同17条）など，裁判としての判定的要素と実効的規制を備え，権利義務関係に即した解決の要請（1142頁の④）に応えている。

労働審判は，「労働契約の存否その他の労働関係に関する事項について個々の労働者と事業主との間に生じた民事に関する紛争」すなわち「個別労働関係民事紛争」を対象とする（労審1条）。「労働契約」ではなく「労働関係」の語を用いたのは，労働契約に加えて，事実上の使用関係（派遣労働者と派遣先企業の関係等）を含める趣旨とされる。この結果，個別労働紛争のほとんどは，労基法等の実定法規をめぐる紛争を含めて労働審判制度の対象とされることになる。これに対し，労働組合・使用者間の集団的労使紛争は，「個々の労働者と事業主」間の紛争ではないことから適用を除外されるが，個々の労働者が労働契約上の主張として行う紛争であれば対象となる（労働協約に基づく権利の請求，個々の労働者が人事異動や解雇の不当労働行為性［労組7条］を争う紛争等）[*15]。

(イ) **労働審判——迅速かつ適正な手続**　第2に，労働審判手続は，紛争の実情に即した迅速，適正かつ実効的な解決を図ることを目的とする手続である（労審1条）。特に，迅速な紛争解決（1142頁の①）は，労働審判の生命線ともいうべき基本的特色とされている。

労働審判は，裁判所に対する労働審判手続の申立てによって開始される（労審5条1項）。申立ては，書面により，当事者および法定代理人と申立ての趣旨および理由を記載しなければならない（同条2項・3項）。裁判所は，労働審判

[*15]　なお，将来の労働条件の形成に関するいわゆる利益紛争（賃金引上げ，労働時間短縮の主張）は，未だ「労働関係に関する」紛争ではないため労働審判の対象ではないが，就業規則を根拠とするベース・アップの請求や労働条件の不利益変更のように，労働契約上の請求として構成されれば対象となる（菅野ほか・労働審判制度57頁以下参照）。

官1人および労働審判員2人で組織する労働審判委員会によって労働審判手続を行う（同7条）。労働審判委員会は，労働審判の必須の手続であり，調停についても同様である。労働審判手続は，原則として非公開とされる（同16条）*16。

労働審判法は，迅速かつ適正な手続を進めるための規定を設けている。すなわち，労働審判委員会は，速やかに，当事者の陳述を聞いて争点および証拠の整理をしなければならない（労審15条1項）。そして，労働審判手続においては，特別の事情がある場合を除き，3回以内の期日において，審理を終結しなければならない（同条2項）。また，当事者は，やむをえない事由がある場合を除き，第2回の期日終了までに主張および証拠の提出を終えなければならない（労審則27条）。さらに，第2回期日までに証拠調べを終わらせるため，審理では口頭主義が採用され，書面による主張は，口頭主張を補充するものとして位置づけられる（同17条1項）。

(ウ) **専門的知見を有する者の参加——労働審判委員会**　第3に，労働審判制度の大きな特色は，労働審判委員会に「労働関係に関する専門的な知識経験を有する者」が労働審判員として参加することである（労審9条）。つまり，労働審判制度は，人事管理経験者や労働組合経験者など労働関係の現場の専門家を活用することを柱としており，労働契約紛争処理法における専門性の要請（1142頁の⑤）を組み入れた制度と評価できる。この結果，労働審判が労使の現場の常識から乖離するものではないとの信頼性を高めるとともに，審判員の経験が現場に還元され，「法の支配」の浸透が図られることが期待できる*17。

労働審判委員会の決議は，過半数の意見による（労審12条1項）。すなわち，労働審判官・労働審判員はともに平等の評決権を有しており，これは，労働関係について専門的知見を有する労働審判員の判断を尊重する趣旨に基づく。労働審判委員会の評議は秘密とされ（同条2項），手続の指揮は，労働審判官が行う（同13条）。

(エ) **紛争の実情に即した解決**　第4に，労働審判は，裁判制度であると同時に，非訟事件手続として位置づけられ，通常訴訟ほどの厳密な方式や当事者主義を適用されない仕組みとされている（労審29条）。また，労働審判は，審

---

*16 なお労働審判において，申立人が自らの労働者性について，会社が労働契約を締結する意思を有していたとの解釈の下に労働契約の成立を前提とする主張を行うことは，結論として労働契約の成立が認められないとしても，裁判制度の趣旨に照らして著しく相当性を欠き不法行為に当たるとはいえない（臺灣新聞社事件・東京地判令3・8・19ジャーナル118号46頁）。

*17 菅野和夫「新たな労使紛争処理システム」ジュリ1275号（2004）11頁参照。

判内容に関しても，権利義務を踏まえつつも，紛争の実情に即した解決（1142頁の②）を許容される。すなわち，労働審判委員会は，当事者の権利関係や労働審判手続の経過を踏まえて，「当事者間の権利関係を確認し，金銭の支払，物の引渡しその他の財産上の給付を命じ，その他個別労働関係民事紛争の解決をするために相当と認める事項を定めることができる」（労審20条2項）。

そこで，労働審判委員会は，当事者間の権利関係を確認し（懲戒処分の無効，解雇の無効等），それに応じた金銭の支払（損害賠償請求の認容等）を命じうると同時に，紛争解決のために相当と認める事項であれば，実体法上の権利関係に即応しない事項であっても審判内容として定めることができる。たとえば，解雇事件において解雇が無効（労契16条）と判断された場合，労働契約上の地位の確認という判断だけでなく，解雇の金銭補償を内容とする審判を行いうると解される。もっとも，労働審判は，非訟手続の中でも，当事者の権利関係を踏まえた判断を行う点で争訟性の強い非訟事件（争訟的非訟事件手続）に位置するため，実体的権利関係からかけ離れた審判を行う裁量権は有していないと解すべきである【14-1】【14-2】。

(オ) **当事者の自主的解決——調停手続の組入れ**　第5に，労働審判法は，当事者による紛争の自主的解決（1142頁の③）を重視する見地から，「調停の成立による解決の見込みがある場合にはこれを試み」るものとして，裁判外紛争処理である調停を組み入れている（労審1条，労審則22条）。調停が成立した場合は，労働審判と同様，裁判上の和解と同一の効力を認められる（労審29条——民事調停法16条の準用）。

このように，労働審判手続は，審判という判定手続とともに，調停による調整手続としての性格も有している。ただし，労働審判法は，当事者の申立てに基づく労働審判を基本とする制度であり，同法上の調停は，その解決の見込みがある場合に試みられるものであるから，審判手続と調停手続が並列的に進行するものではなく，あくまで審判を基本としつつ，そこに調停を「ビルト・イン」したものと考えるべきであろう。したがってまた，労働審判手続全体の性格としても，裁判所における司法手続として，労働審判による判定作用を中心としつつ，調整的性格を加味したものと見るべきである[18]。

(カ) **異議申立てと訴訟への移行**　第6に，労働審判法は，通常訴訟への移

---

[18]　同旨，菅野ほか・労働審判制度35頁以下。民事調停法上の民事調停との関係については，同書31頁参照。

行規定を設け，訴訟手続との連携を組み入れている。すなわち，労働審判に対して当事者から異議の申立てがあれば，審判は効力を失い，（労審21条3項），労働審判の申立てのときに遡って訴訟（通常訴訟）の提起があったものとみなされる（同22条1項）。

すなわち，当事者は，労働審判に対し，審判書の送達または労働審判の告知を受けた日から2週間の不変期間内に，裁判所に対し，書面により異議の申立てをすることができる（労審21条1項，労審則31条1項）。この場合，労働審判は失効し，労働審判の申立てに係る請求については，当該労働審判の申立て時に係属していた地方裁判所への訴えの提起があったものとみなされ，当該事件は，当該地方裁判所の管轄に属する（労審22条1項・2項）。

このように，労働審判法は，異議申立ての場合の訴訟への自動的移行を組み込んでおり，これによって，労働審判の紛争解決手段としての実効性を確保している。すなわち，当事者は，労働審判に異議を申し立てつつ，訴訟に移行しないという選択は許されず，審判への異議を申し立てた場合は，本格的司法手続への移行というリスクを負うことから，審判段階で紛争を解決するインセンティブとして機能すると思われる[19][20]。

㈠　**労働審判の効力・終了**　適法な異議の申立てがない場合，労働審判は効力を確定し，裁判上の和解と同一の効力を有する（労審21条4項）。この結果，労働審判は形成力，執行力および既判力を有し，裁判外紛争処理にはない判定機能を有することになる。

一方，労働審判委員会は，事案の性質に照らし，労働審判手続を行うことが紛争の迅速かつ適正な解決のために適当でないと認めるときは，労働審判手続

---

[19] 労働審判終了後の通常訴訟の遂行に関しては，労働審判が裁判官の除斥に関する民事訴訟法23条1項6号所定の「前審の裁判」に該当し，審判関与裁判官が当該訴訟から除斥されるべきか否かが問題となる。この点，判例は，「前審の裁判」は，当該事件の直接または間接の下級審の裁判を意味するとして否定している（小野リース事件・最判平成22・5・25労判1018号5頁）。本判決以前にこの旨を説いていた学説として，笠井正俊「労働審判手続と民事訴訟の関係についての一考察」法学論叢162巻1〜6号（2008）169頁。労働審判と民事訴訟の関係をめぐる論点全般についても，同論文参照。

[20] 裁判例では，使用者が労働審判に異議を申し立てて訴訟を提起したことの不法行為性を否定した例（エース損害保険事件・東京地判平成28・6・15ジャーナル55号20頁）や，労働者が訴訟を提起した場合につき，労働審判における調停において「その余の請求を放棄する」旨を合意していたところ，本訴の訴訟物（地位確認請求）は「その余の請求」に当たらないとして，上記請求に当たるとする使用者側主張を斥けた例（エコシステム事件・東京地判令和3・8・3労経速2468号22頁）等がある。

を終了させることができる（労審24条1項）。この場合，労働審判に対して適法な異議の申立てがあった場合と同様，当該申立てに係る請求については，申立てのときに訴えの提起があったものとみなされる（同条2項）。労働契約紛争の迅速な解決を旨とする労働審判制度においては，長期間にわたる審理を要する複雑な事件は適していないことから，そうした事案が係属することを予想して設けた規定である。

(2) 労働契約紛争処理法の役割分担

労働審判法の施行によって，労働契約紛争処理システムとしては，①企業内紛争処理システム，②裁判外紛争処理（個別労働紛争解決促進法，労働委員会あっせん等），③司法的紛争処理（民事通常訴訟，労働審判）が併存し，選択肢が増大するとともに，司法手続の重みが格段に増すことになった。

とはいえ，労働審判手続は，3回以内の審理の終結という枠を課されており，この迅速性の要請を生命線とするため，長期の審理を要する複雑な事案（差別事件，複雑な労働条件変更の事案等）は適していない（むしろ通常訴訟に適している）と考えられる。一方，裁判外紛争処理は，判定的要素（強制力）に乏しい反面，厳密な手続に縛られない簡易・迅速な処理が可能であることや，労働相談と結びついたワンストップ・サービスを提供することから，内容が単純で係争利益が小さい紛争の解決に適した制度である。こうして，労働審判法は，通常訴訟と裁判外紛争処理の中間にある，「比較的内容が単純ではあるが係争利益は必ずしも小さくない事件」を主たる対象とするものと考えられる[*21]。

> **【14-1】 審判内容の限界**　労働審判については，審判内容の具体的限界として，①労働審判委員会は，労働実体法の要件を踏まえて，審判内容としては当該要件に対応する法律効果にこだわることなく審判内容を定めうるか，また，②実体法上の要件自体を適用する必要もなく，条理を考慮した柔軟なルールを適用して内容を定めてもよいかが問題となる。①の例としては，前述した解雇無効の場合の金銭補償の解決が挙げられるが，これは紛争の実情に即した解決の要請から肯定されよう。問題は②であり，上記とは逆に，解雇の有効を前提に一定の金銭の支払を使用者に命じたり，退職金をめぐる紛争について，退職金請求権を認めつつ，労働者に一定の非違行為があることから退職金の減額支払を命じうるか（ま

[*21] 菅野ほか・労働審判制度48頁。労働審判の対象となる紛争については，鴨田＝君和田＝棗・前掲書（*13）50頁以下の詳細な検討も参照。

た逆に, 退職金請求権を否定しつつ, それに代わる一定の金銭の支払を命じうるか) が問題となる。この点については, 迅速かつ簡易な紛争解決という趣旨から, 原則として実体法のルールを適用しつつ, それらルールと合理的関連性が認められる範囲で修正を認めることが適切と説く肯定説が有力である[22]。

しかし, ②のような紛争処理を野放図に認めると,「当事者の権利義務関係を踏まえた法的ルールに基づく司法手続」という労働審判制度の基本的枠組みを動揺させ, 同制度を裁判外紛争処理 (ADR) 化するとともに, 市民の信頼感を揺るがせる結果とならないであろうか。労働審判は非訟手続とはいえ, 争訟的非訟手続として司法的紛争処理システムである以上, あくまで実体的権利関係を基礎とすべきであり, ②のような処理方法には疑問がある。前記のとおり, 労働審判委員会は, 実体的権利関係から乖離する審判を行う裁量権を有していないと考えるべきであろう。

【14-2】 **労働審判における口外禁止条項**　労働審判に関する裁判例として, 労働審判に付された口外禁止条項について労働審判法20条違反および国家賠償責任の成否が争われた例がある[23]。判決は, 労働審判法20条2項の趣旨によれば, 労働審判は事案の解決のために相当なものでなければならないとの相当性の要件を満たす必要があり, 相当性要件については, 申立対象である権利関係との合理的関連性の有無, 手続の経過における当事者にとっての受容可能性および予測可能性の有無によるべきであるが, 法20条1項・2項等に照らせば, 審判内容は必ずしも実体法上の権利を実現するものには限らず, 労働審判委員会が柔軟に定めうるから, 権利関係との合理的関連性を厳格に見るべきではなく, 事案の実情に即した解決に資するかという点も考慮に入れて判断すべきものとした上, 本件労働審判に付され, 審判以前の調停案にも付されて労働者が拒絶した口外禁止条項につき, ①審判の対象となった地位確認との合理的関連性がないとはいえず, また②当事者にとっての予測可能性も認められる一方, ③労働者の心情と併せ見れば, 同人に過大な負担を強いるものとして受容可能性がなく, 手続の経過を踏まえないものとして相当性を欠き, 法20条1項・2項に違反すると判断している。ただし, 国の国家賠償責任については, 本件労働審判に違法または不当な目的があったと認めることはできないとして請求を棄却した。

---

[22]　菅野ほか・労働審判制度41頁。

[23]　国［口外禁止条項］事件・長崎地判令和2・12・1労判1240号35頁。労働審判に係る国家賠償責任について, 判決は, 国家賠償責任に関する判例（最判昭和57・3・12民集36巻3号329頁）を踏まえて, 労働審判において国家賠償法1条1項所定の違法な行為があったものとして国の損害賠償責任を肯定するためには, 労働審判委員会または労働審判官・労働審判員が違法または不当な目的をもって審判をしたなど, その付与された権限の趣旨に明らかに背いて行使したものと認めうるような特別の事情があることを要すると判断した上, 特別の事情を否定した。

本判決中，③は先例性が高い判断であるが，①の判断には疑問がある。判旨は，口外禁止条項につき，本件労働審判の経過・結果が会社関係者等の第三者に口外されることで不正確な情報が伝わることにより，原告・会社双方が無用な紛争等に巻き込まれうることを未然に防ぐ点で紛争の実情に即した解決に資することを合理的関連性の理由としているが，審判対象紛争に関する口外の有無は紛争の権利関係とは無関係であり，また，発生するか否かも不明確な将来の別紛争の発生可能性を理由に実情に即した解決に資すると判断する根拠は明確でなく，権利関係との合理的関連性を軽視し，ひいては労働審判手続の争訟的非訟手続としての性格を軽視する判断であると解される*24。

第5節　司法的紛争処理(2)——労働訴訟法上の諸問題

労働審判法制定後も，司法的解決システムの主柱として民事通常訴訟が存在している。本節では，労働契約法の観点から特に重要と思われる制度上・解釈上の論点について概説する*25。

1　裁判管轄

労働契約紛争に関する裁判所の管轄は，職分管轄，事物管轄，土地管轄に分かれる。職分管轄については，日本では，ヨーロッパ諸国のような労働裁判所が存在しないため，通常裁判所において一般の民事訴訟手続に従って審理される。労働事件専門部は東京地裁に（民事11部・19部・36部），集中部は大阪地裁，横浜地裁等に置かれている。事物管轄（第1審裁判所としての権限に関する管轄）については，通常は地方裁判所が第1審となり，訴額が140万円以下の民事事件のみ簡易裁判所が第1審となる。

土地管轄は，民事訴訟法4条以下の普通裁判籍規定によって定められる。労働契約紛争については，会社の本店所在地（会社4条）等の被告の普通裁判籍所在地（民訴4条1項）や，義務履行地（同5条1号），紛争が生じた事務所また

＊24　同旨，竹内（奥野）寿［判解］ジュリ1558号（2021）5頁参照。本判決については，山川隆一［判解］令和3年度重判解202頁等参照。
＊25　労働訴訟法については，山川・紛争処理法が必読文献である。なお，労働仮処分手続についても同書166頁以下の詳細な解説に譲り，本書では省略する。山口幸雄＝三代川三千代＝難波孝一編『労働事件審理ノート〔第3版〕』（判例タイムズ社・2016）（以下，本章で「審理ノート」と略称）179頁以下，類型別実務Ⅱ401頁以下も参照。

は営業所の所在地（同条5号），不法行為地（同条9号）などが管轄裁判所となることが多い。もっとも，普通裁判籍所在地と，紛争が生じた事務所・営業所の所在地が遠隔地にあるような場合は，前者の裁判籍を厳格に適用すると，訴訟追行上，労働者に不当に不利となるため，当事者の公平や裁判の適正という観点から実質的に判断する必要がある[*26]。なお，労働契約の国際裁判管轄については，第13章（1135頁）を参照されたい。

2 別訴（前訴）との関係・不当訴訟等

(1) 別訴（前訴）との関係

民事訴訟における本訴・別訴（前訴）との関係については，訴訟において原告が提示した権利義務関係に関する請求（訴訟物）が同一の場合，本訴は別訴の蒸し返しに当たるものとして不適法と判断される。労働事件では，パワー・ハラスメントに係る上司の対応に関する安全配慮義務違反の主張が別訴の訴訟物と実質的に同一である場合について訴訟上の信義則違反と判断した例[*27]や，退職後の競業避止義務違反を理由とする損害賠償請求につき，別訴において同一の訴訟物を前提に被告（退職従業員）の債務不履行を認める判決が言い渡され，同判決が控訴されていることから，本訴について審理することは別訴の判断内容との矛盾抵触を生じさせる可能性があると述べ，民訴法142条（二重起訴の禁止）の法意を類推して不適法な訴えと判断した例がある[*28]。

一方，労働者が使用者に対して未払割増賃金を請求した後，元代表取締役に対して会社法429条に基づく損害賠償を請求した事案では，当事者も訴訟物も異なるとして適法な訴えとされ[*29]，有期契約労働者・無期契約労働者間の労

[*26] 裁判例では，労働者が配転先で就労する義務がないことを仮に定める仮処分を申し立てたのに対し，会社が配転先事業所を管轄する裁判所への移送を申し立てたことにつき，配転命令における業務上の必要性には，配転前の事業所における業務上の必要性も含まれるとして事業所所在地の裁判所の管轄権を認め，移送申立てを却下した例がある（カワカミ事件・東京高決平成14・9・11労判838号24頁）。他方，労働者が未払割増賃金請求訴訟を大阪地裁に提起したのに対し，使用者が同人の就労先であった東京本社を管轄する東京地裁への移送を申し立てたことにつき，本件については同人の就労実態が争点となることが予想される等として東京地裁の管轄権を認め，申立てを認容した例もある（サンレレホン事件・大阪地決平成27・3・25労判1124号67頁。ほぼ同旨，コンチネンタル・オートモーティブ事件・広島高決平成27・3・17労経速2249号9頁）。

[*27] コンチネンタル・オートモーティブ事件・横浜地判平成29・6・6労判1196号68頁。

[*28] 東京地判令和3・4・20判時2510号61頁。長谷川製作所事件・東京地判令和4・11・4ジャーナル136号52頁も参照。

働条件相違の不合理性（旧労契20条）を主張して一部勝訴した労働者が，労契法18条に基づく無期労働契約転換後の労働条件について正社員と同一の労働条件を主張して正社員就業規則の適用を求めた事案では，もとより訴訟物が異なることから，原告の主張に別訴と類似する趣旨があるとしても，別訴の蒸し返しには当たらないとして適法と判断される[*30][*30a]。

(2) 不当訴訟等

労働事件においても，本訴提起や反訴提起が不当訴訟として提起した当事者の不法行為責任（民709条）を発生させるか否かが争われる事案が見られる。不当訴訟については判例があり，訴えの提起は提訴者が当該訴訟において主張した権利または法律関係が事実的，法律的根拠を欠くものである上，同人がそのことを知りながらまたは通常人であれば容易にそのことを知りえたのにあえて提起したなど，裁判制度の趣旨目的に照らして著しく相当性を欠く場合に限り違法な行為となると判断している[*31]。

労働事件では，使用者による訴訟提起について，使用者が元従業員に対し，うつ病という虚偽の事実をねつ造しつつ引継ぎを行わないまま退職した等として不法行為に基づく巨額の損害賠償を請求したことにつき，元従業員の不法行為を否定した上，使用者による損害賠償請求訴訟は事実的・法律的根拠を欠くものであり，使用者主張の損害が生じえないことは，通常人であれば容易にそ

---

*29　エイシントラスト元代表取締役事件・宇都宮地判令和2・6・5労判1253号138頁。

*30　ハマキョウレックス事件・大阪地判令和2・11・25労判1237号5頁。従業員が健康保険の届出・納付義務違反により被った損害について債務不履行を理由に賠償請求した場合，事実および損害が前訴（不法行為に基づく損害賠償請求）と同一であっても，訴訟上の信義則違反に当たらないと判断した例もある（ジャパンレンタカー事件・津地判平成31・4・12労判1202号58頁）。

*30a　仲裁合意と本案訴訟の関係について，仲裁法14条1項は，「仲裁合意の対象となる民事上の紛争について訴えが提起されたときは，受訴裁判所は，被告の申立てにより，訴えを却下しなければならない」と規定する。この点，最近の裁判例は，米国航空会社が行った客室乗務員の解雇に係る地位確認訴訟につき，雇用条件に係る米国会社の紛争解決条項が仲裁合意に該当すると判断した上，本件解雇紛争が当該紛争解決条項の対象となると判断し，仲裁法14条1項に基づいて地位確認の訴えを却下している（ユナイテッド・エアーラインズ・インク事件・東京地判令和6・2・26ジャーナル150号20頁。第13章*3参照）。米国会社の雇用条件紛争解決条項の仲裁合意該当性をやや安易に肯定しており，地位確認訴訟における労働者の訴権の実質的剥奪となりかねない判断として疑問があるが，紙幅の制約上，詳細な検討は後日の課題としたい。

*31　最判昭和63・1・26民集42巻1号1頁。

のことを知りえたと述べ，使用者の訴訟提起は裁判制度の趣旨目的に照らして著しく相当性を欠き，不当訴訟に当たるとして違法と解し，慰謝料の支払を命じた例がある*32。労働者が懲戒解雇の無効を争う本訴を提起したことに対し，使用者が原告労働者の暴行を理由とする損害賠償請求等を反訴提起したことについて，不当訴訟として違法と判断した例もある*33。他方，労働者による訴訟提起について不当訴訟を肯定した例として，派遣労働者に対する著しく悪質なわいせつ行為を理由とする従業員の懲戒解雇に係る地位確認の訴えにつき，本件懲戒解雇が合理性を有し雇用契約に基づく権利が事実的・法律的根拠を欠くことを知りながら敢えて訴えを提起した場合に当たると判断し，使用者に対する不法行為の成立を肯定した例がある*33a。

一方，不当訴訟の否定例としては，労働者による訴訟につき，大学准教授が教授によるパワー・ハラスメントについて損害賠償請求訴訟を提起したことについて違法性を否定しつつ，准教授が大学法人内部のハラスメント防止委員会ではなく訴訟による解決を希望して本訴を提起したことについても訴権の濫用を否定して違法性を否定した例*34があり，使用者による訴訟につき，労働契約を締結したことを前提に未払賃金を請求した原告の本訴に対して会社が行った先行労働審判申立ての違法を主張する反訴につき，原告の本訴請求は理由がなく，会社は，かかる理由のない請求に対して反訴を提起したものであるとして不当な目的を否定し，違法性を否定した例*35がある*36。

*32 プロシード事件・横浜地判平成29・3・30労判1159号5頁。労働者の横領を理由とする使用者の損害賠償請求につき同旨，近畿機械工業事件・広島高判平成25・12・24労判1089号17頁。
*33 横浜A皮膚科経営者事件・横浜地判平成30・8・23労判1201号68頁。
*33a 富士通エフサス事件・東京地判平成22・12・27判時2116号130頁。他の肯定例として，損害賠償等請求事件・東京地判平成30・12・5ジャーナル87号101頁。
*34 国立大学法人金沢大学元教授ほか事件・金沢地判平成29・3・30労判1165号21頁。
*35 前掲・臺灣新聞社事件（＊16）。使用者が過払給与の存在を主張して不当利得返還請求を行ったことについて訴権の濫用を否定した例として，エコシステム事件・東京地判令和元・11・27ジャーナル97号26頁。
*36 労働者の提訴に係る不当訴訟の否定例として，日本ワールドエンタープライズ事件・東京地判平成28・9・23ジャーナル57号16頁，学校法人Y事件・千葉地木更津支判平成28・4・25判時2369号78頁，協同組合グローブ事件・熊本地判令和4・5・17労経速2495号9頁，ネクスト・セキュリティ事件・東京地判令和4・10・7［LEX/DB25594776］，リアルデザイン事件・東京地判令和4・12・9ジャーナル135号56頁，使用者の提訴に係る不当訴訟の否定例として，フレンチ・エフ・アンド・ビー・ジャパン事件・東京地判令和4・8・31ジャーナル134号36頁（労働審判についても同旨を判断），コード事件・京都地判令和4・9・21労判

3 訴訟要件——訴えの利益

(1) 確認の訴え

　労働契約紛争のうち，解雇・人事異動・懲戒事件では，労働者が不利益のない地位や使用者の命令・処分の無効確認の訴えを提起することが多いため，確認の訴えの利益が問題となる。もともと確認の訴えは，原告の権利または法律的地位に不安・危険が現存し，その不安を除去するために確認判決をすることが必要かつ適切である場合に認められる。そして，その要件は，確認対象選択の有効適切性（現在の法律関係を対象とすることが原則となる），即時確定の必要性（紛争としての成熟性），確認の訴えによることの有効適切性（他の訴えに対する有効適切性）の3点に整理される[37]。

　このうち，確認対象選択の有効適切性に関しては，過去の法律関係の確認の利益が問題となるが，判例は，この種の訴えを原則不適法としつつ，それが現に存在する法律上の紛争の抜本的解決のため有効と認められる場合に例外的に許されると判断しており[38]，労働事件においても，これに即した判断が行われている。

　(ア)　**解雇ほか**　解雇事件においては，労働者は通常，労働契約上の権利を有する地位（従業員たる地位）にあることの確認を求める訴えを提起する。この訴えは，上記どの要件から見ても問題はなく，裁判所は，解雇を無効と判断すれば，労働者が労働契約上の地位にあることを確認する判決を下す[39]。ただ

　　1289号38頁。
* [37]　兼子一（原著）松浦馨＝新堂幸司＝竹下守夫＝高橋宏志＝加藤新太郎＝上原敏夫＝高田裕成『条解民事訴訟法〔第2版〕』（弘文堂・2011）768頁以下［竹下守夫］，山川・紛争処理法133頁以下参照。
* [38]　最判昭和47・11・9民集26巻9号1513頁。
* [39]　使用者が従業員による地位確認訴訟の提起前に解雇を撤回していたとしても，撤回までは有効であったことを主張し，解雇撤回後も従業員の健康保険被保険者資格喪失の取消手続をとっていない場合は，労働契約上の権利を有する地位の存否に関する争いが再燃する危険が消滅したとはいえないことから，地位確認の利益が肯定される（前掲・日本ワールドエンタープライズ事件［*36］）。これに対し，解雇の無効確認の訴えは，過去の法律関係の確認を求める訴えであることから，原則として確認の利益がないものとして不適法とされ，却下される（京都エステート事件・京都地判平成15・6・30労判857号26頁，ビー・エヌ・ピー・パリバ・エス・ジェイ・リミテッド・BNPパリバ証券事件・東京地判平成24・1・13ジャーナル2号17頁，スカイマーク事件・東京地判平成24・11・14労判1066号5頁等）。雇止めの無効確認の訴えにつき同旨，理化学研究所事件・東京高判平成30・10・24労判1221号89頁。訴訟の口頭弁論終結時時点で終了した労働契約上の地位確認請求についても同様である（アルパイン事

し，労働契約上の地位を確認する利益は，労働者に労務提供の意思があってはじめて意味をもつ利益であるため，労働者が訴訟係属中に転職するなどして労務提供の意思を喪失した場合は，地位確認の利益も失われる[*40]。

また，内定取消紛争，退職合意の存否をめぐる紛争，定年後再雇用拒否をめぐる紛争，休職終了後の退職扱いをめぐる紛争，企業組織の変動をめぐる紛争（事業譲渡における労働契約承継排除紛争・会社分割における労働契約承継排除・承継強制紛争），有期労働契約の更新拒絶（雇止め）をめぐる紛争，懲戒解雇・諭旨解雇をめぐる紛争等においても，労働契約上の地位確認の訴えが肯定される。また，最近の重要テーマである無期労働契約への転換をめぐる紛争[*41]，育児休業後の無期労働契約から有期労働契約への転換の違法性をめぐる紛争[*42]，派遣労働者の直接雇用申込みをめぐる紛争[*43]においても，労働契約上の地位確認の訴えが行われる。

(イ) **人事異動** まず，配転に関しては，配転が労働契約上の根拠を欠く場合・権利濫用と評価される場合（労契3条5項）の双方について，配転先での就労義務の不存在確認を求める訴えが多く，その適法性に異論はない[*44]。一

件・東京地判令和元・5・21労判1235号88頁，日本ビュッヒ事件・大阪地判令和5・2・7ジャーナル137号30頁）。懲戒解雇につき，スルガ銀行事件・東京地判令和4・6・23労経速2503号3頁。

[*40] 朋栄事件・東京地判平成9・2・4労判713号62頁，前掲・理化学研究所事件（[*39]）。なお解雇事件において，使用者が労働者との間に労働契約関係がないことの確認を求めた場合は，労働者が反訴として労働契約上の権利を有する地位にあることの確認請求を行えば，当該反訴に吸収されて確認の利益を否定される（済生会事件・東京地判平成11・8・24労判777号61頁）。

[*41] 専修大学事件・東京高判令和4・7・6労判1273号19頁，ケイ・エル・エム・ローヤルダッチエアーラインズ事件・東京地判令和4・1・17労判1261号19頁等。

[*42] フーズシステム事件・東京地判平成30・7・5労判1200号48頁，ジャパンビジネスラボ事件・東京高判令和元・11・28労判1215号5頁。無期労働契約から有期労働契約への転換の違法性（雇均9条3項違反，育介10条または23条の2違反）が争われることから，期間の定めのない労働契約（無期労働契約）上の権利を有する地位にあることの確認の訴えが行われている。

[*43] 日本貨物検数協会［日興サービス］事件・名古屋地判令和2・7・20労判1228号33頁，東リ事件・大阪高判令和3・11・4労判1253号60頁等。

[*44] 最近では，オリンパス事件・東京高判平成23・8・31労判1035号42頁，新和産業事件・大阪高判平成25・4・25労判1076号19頁，大王製紙事件・東京地判平成28・1・14労判1140号68頁，学校法人原田学園事件・広島高岡山支判平成30・3・29労判1185号27頁，安藤運輸事件・名古屋高判令和3・1・20労判1240号5頁，日本赤十字社事件・東京地判令和3・5・27ジャーナル114号2頁など多数。

方，配転命令自体の無効確認の訴えや，配転前の職場（旧職種・勤務地）で勤務する労働契約上の地位の確認の訴えについては，裁判例は従来，配転命令の法的性質について，職種または勤務場所（労働契約内容）を一方的に変更する措置として形成的法律行為に当たると解し，ここから上記確認の訴えを認めてきた*45・*46。また，これらの請求を被保全権利とする仮処分申請（配転命令の効力停止の仮処分等）も許容されてきた。

しかし，近年には，配転先における就労義務の不存在確認の訴えという形式が用いられることが多い。これは，訴訟法上，①配転命令の無効確認の訴えは過去の法律関係の確認を求めるものとして訴えの利益を否定され，②ⓐ配転前の職種・勤務地で就労すべき地位にあることの確認の訴えも，義務の確認に関する訴えの利益が消極に解されるとともに，ⓑ当該請求が特定の旧部署における就労請求を前提とする場合，労働者は原則として就労請求権を認められないこと（190頁）から，不適法と解される傾向にあるからである*47。しかし，労働者が職種・勤務地限定の合意を主張する場合は，労働者は契約上限定された職種・勤務地を超えた就労を拒む利益を有しているため，配転前の職種・勤務地で就労すべき地位にあることの確認の訴えを肯定すべきであろう*48。これ

---

*45 よみうり事件・名古屋高判平成7・8・23労判689号68頁，JR東日本［水戸機関区］事件・東京高判平成9・1・31労判718号48頁，ソフィアシステムズ事件・東京地判平成11・7・13労判773号22頁など。541頁。

*46 関連して，配転命令の無効確認等の訴えが継続している間に解雇が行われ，労働者が解雇に関して労働契約上の地位確認を求める別訴を提起していない場合に，配転無効確認の訴えを追行する利益を喪失したか否かという問題が生ずる。判例は，労働者が地位確認の訴えを提起していないからといって，直ちに配転無効確認の訴えについて判決を求める利益がないとはいえないと判断している（日本電信電話事件・最判平成3・2・5判時1390号135頁）。

*47 審理ノート78頁，類型別実務Ⅰ285頁，渡辺弘『労働関係訴訟Ⅰ〔改訂版〕』（青林書院・2021）245頁。①につき，太平洋セメント・クレオ事件・東京地判平成17・2・25労判895号76頁，JTBベネフィット事件・東京地判平成29・5・26ジャーナル71号46頁，②ⓐにつき，フジクラ事件・東京地判平成31・3・28労経速2388号3頁，アボットジャパン事件・東京地判令和3・9・29ジャーナル120号46頁，②ⓑにつき，アメリカン・エキスプレス・インターナショナル・インコーポレイテッド事件・東京地判令和元・11・13労判1224号72頁，全国重症心身障害児(者)を守る会事件・東京地判平成27・10・2労判1138号57頁，前掲・学校法人原田学園事件（＊44［特定の授業をする地位にあることの確認請求却下］），前掲・アボットジャパン事件，梅光学院事件・広島高判平成31・4・18労判1204号5頁も参照。なお，使用者が特定の勤務（メール室勤務）を内容とする配転後に再度配転を行い，当該勤務を義務づけていない場合に，当該勤務をする労働契約上の地位の不存在確認請求は，確認の利益を否定され却下される（ELCジャパン事件・東京地判令和2・12・18労判1249号71頁）。

*48 山川・紛争処理法133頁以下。東京海上日動火災保険事件（東京地判平成19・3・26労判

に対し，労働者が配転命令権の濫用を争う場合は，配転先における就労義務の不存在確認の訴えを提起すべきことになる。

　出向についても，出向が労働契約上の根拠を欠く場合・権利濫用と評価される場合（労契14条）の双方について，労働者は，出向命令の無効確認の訴えや，出向元において就労すべき地位にあることの確認の訴えを提起できると解されてきた（580頁）。しかし，近年には，配転命令と同様，出向命令の無効確認の訴え・出向元で就労すべき地位にあることの訴えともに不適法と解されることから，出向先における就労義務の不存在確認の訴えが用いられることが多い*49。しかし，これも配転と同様，労働者が労働契約における出向命令の根拠の欠如を主張する場合は，労働者は出向元における就労以外の就労を拒む利益を有しているため，出向元において就労すべき地位にあることの確認の訴えを肯定すべきである*50。

　一方，労働者・出向先の関係については，両者間に部分的契約関係（出向労働関係）が存在するため，両者間の紛争については，出向労働者としての権利を有する地位にあることの確認または義務の不存在確認の訴えを提起すること

941号33頁）は，職種限定の合意の存否が争われた事案において，一定の職種の地位にあることの確認の訴えを認めている。また，大学教員や専門医については，事案に鑑み，当該地位にあることの確認の訴えを認める例が多い（國學院大學事件・東京地判平成31・1・24ジャーナル89号50頁［大学教員］，日通学園事件・千葉地判令和2・3・25労判1243号101頁［大学教員］，国際医療福祉大学事件・宇都宮地決令和2・12・10労判1240号23頁［大学教員］，東大阪医療センター事件・大阪地決令和4・11・10労判1283号27頁［救急専門医］。第6章＊69参照）。また，労働者がコース別雇用管理における総合職の地位にあることの確認の訴えについては，当該確認によって労働者の法的地位の危険や不安定を除去するために有効かつ適切といえるとして確認の利益が認められる（巴機械サービス事件・東京高判令和4・3・9労判1275号92頁）。

*49　リコー事件・東京地判平成25・11・12労判1085号19頁，前掲・大王製紙事件（＊44），JR東日本事件・東京地判平成29・10・10労経速2330号3頁など。山川・紛争処理法261頁参照。JR東海事件（東京地判平成26・4・15ジャーナル28号25頁）は，労務の提供場所が出向元であることの確認を求める訴えにつき，就労請求権が認められないことを理由に確認の利益を否定して不適法として却下し，全国共済農業協同組合連合会事件（東京地判平成30・2・23ジャーナル75号32頁）は，出向命令の無効確認を求める訴えにつき，過去の法律行為の効力の確認を求めるものとして不適法と判断している。一方，相鉄ホールディングス事件（東京高判令和2・2・20労判1241号87頁）は，出向元への復帰に際し，バス運転士以外の業務に従事する義務がないことの確認の訴えを認めている。

*50　肯定裁判例として，藍野学院事件・大阪地決平成11・1・25労判759号41頁があり，出向命令無効確認の訴えを許容する裁判例として，新日本製鐵［日鐵運輸］事件・福岡地小倉支判平成8・3・26労判703号80頁がある。

が可能と解される*51。裁判例では，労働者が出向元から解雇された事案につき，出向先との包括的契約関係を否定しつつ，出向労働者としての権利を有する地位にあることの確認を求める限度で認容した例がある*52。

　降格のうち，職位の引下げとしての降格については，降格前の職位にあることの確認請求の適法性が問題となるが，この種の降格は使用者の広範な裁量権によるものであり，また，義務の確認について，過去の法律関係の確認を求める訴えとして訴えの利益が消極視されることから不適法と解される*53。ただし最近では，管理職としての職位が役職手当等の待遇に直結していることを理由に，降格前の職位にあることの確認の訴えを適法と判断する例も少なくない*54。一方，職能資格の引下げとしての降格については，賃金の減額をもたらすため，義務というより権利の存在が問題となるとして，降格前の地位にあることの確認請求を適法と解する見解が有力である*55。

　休職については，休職命令の無効確認の訴えが提起されるところ，この訴えも，過去の法律関係の確認を求める訴えに該当するが，紛争の直接かつ抜本的な解決のために必要と認められる場合は適法と解される*56。他方，傷病休職終了後の自動退職扱いをめぐる紛争では，労働契約上の地位の存否が争点とな

---

*51　山川・紛争処理法 262 頁。出向の法律関係については，580 頁以下参照。

*52　栃木合同輸送事件・名古屋高判昭和 62・4・27 労判 498 号 36 頁。

*53　ダイビル・ファシリティ・マネジメント事件・大阪地判平成 26・9・25 ジャーナル 35 号 30 頁，PwC あらた有限責任監査法人事件・東京地判令和 2・7・2 労経速 2444 号 13 頁。休職事案であるが，一定の職位にあることの確認の訴えを不適法と判断した例として，ライフ事件・大阪地判平成 23・5・25 労判 1045 号 53 頁。

*54　北おおさか信用金庫事件・大阪地判平成 28・8・9 ジャーナル 57 号 44 頁，大東建託事件・東京地判平成 30・4・26 ジャーナル 78 号 32 頁，広島精研工業事件・広島高判令和 4・3・29 ジャーナル 126 号 36 頁，ビジネスパートナーほか事件・東京地判令和 4・3・22 労判 1269 号 47 頁。特に，前掲・広島精研工業事件は，降格前の職位（課長）にあることの確認請求に対し，役職手当の支払を求める給付の訴えで足りるとする使用者側主張に対し，役職手当のうち将来給付の訴えに当たる部分については，後記のとおり給付の訴えの利益を欠くこと（1168 頁）から，紛争の抜本的解決のためには課長としての地位確認の利益が認められると判示しており，説得力がある。

*55　同旨，山川・紛争処理法 134 頁。裁判例として，マッキャンエリクソン［控訴］事件・東京高判平成 19・2・22 労判 937 号 175 頁，前掲・大王製紙事件（*44），ファイザー事件・東京高判平成 28・11・16 労経速 2298 号 22 頁，トーマツ事件・東京地判平成 30・10・18 労経速 2375 号 14 頁，ノーリツ事件・神戸地判令和元・11・27 ジャーナル 96 号 80 頁，国士舘ほか事件・東京地判令和 2・10・15 労判 1252 号 56 頁，前掲・ELC ジャパン事件（*47）。

*56　裁判例として，クレディ・スイス証券事件・東京地判平成 24・1・23 労判 1047 号 74 頁，全日本海員組合事件・東京地判平成 25・9・13 労判 1083 号 37 頁。

るため，労働契約上の地位確認の訴えによるべきものとされる*57。

(ウ) 懲　戒　懲戒については，懲戒処分の無効確認の訴えや，懲戒処分が付着しない地位にあることの確認の訴えが提起されうる。このうち，懲戒処分の無効確認の訴えについては，それが過去の法律関係の確認を求めるものであることから，確認対象選択の有効適切性の要件との関係が問題となる。

まず，在職中（労働契約継続中）の訴えについては，懲戒処分が就業規則により昇給延伸等の具体的効果に結びつく場合はもとより，処分が人事考課に悪影響を与えるなど法律上の地位の不安・危険をもたらしたり，さらなる処分の可能性がある場合は，紛争の抜本的解決の上で有効適切とされ，無効確認の訴えが認められる（618頁参照）*58。懲戒処分の前提として行われる自宅待機命令についても，無効確認の利益を肯定する裁判例が多い*59。これに対し，退職後

*57　日本ヒューレット・パッカード事件・東京地判平成27・5・28労経速2254号3頁，綜企画設計事件・東京地判平成28・9・28労判1189号84頁，日本漁船保険組合事件・東京地判令和2・8・27労経速2434号20頁，日東電工事件・大阪高判令和3・7・30労判1253号84頁，シャープNECディスプレイソリューションズ事件・横浜地判令和3・12・23労経速2483号3頁。起訴休職につき，国立大学法人O大学事件・大阪地判平成29・9・25労経速2327号3頁。プルデンシャル生命保険事件・大阪地判令和5・6・8ジャーナル139号24頁も参照。

*58　銀装事件・大阪地判平成9・1・27労判711号23頁（譴責），JR東海事件・東京地判平成25・1・23労判1069号5頁（減給），天使学園事件・札幌高判平成27・10・2労判1132号35頁（減給），日本経済新聞社［記者HP］事件・東京地判平成14・3・25労判827号91頁（出勤停止），M社事件・東京地判平成27・8・7労経速2263号3頁（降格），岡山県立大学事件・岡山地判平成29・3・29労判1164号54頁（出勤停止），国立長寿医療研究センター事件・名古屋高判平成29・6・15ジャーナル67号22頁（出勤停止・戒告），大阪産業大学事件・大阪地判平成30・7・18ジャーナル80号44頁，A大学事件・東京地判平成31・4・24労経速2399号3頁（減給），関西外国語大学事件・大阪地判令和2・1・29労判1234号52頁（譴責），目白学園事件・東京地判令和2・7・16労判1248号82頁（出勤停止），長崎自動車事件・福岡高判令和2・11・19労判1238号5頁（出勤停止），クニエ事件・東京地判令和3・3・26ジャーナル116号54頁（訓告），国士舘ほか事件・東京高判令和3・7・28ジャーナル118号58頁（戒告），神社本庁［控訴］事件・東京高判令和3・9・16ジャーナル119号54頁（降格），ネイルパートナー事件・東京地判令和4・1・25ジャーナル123号14頁（降格），全国建設労働組合総連合事件・東京地判令和4・12・7労経速2521号16頁，東和産業事件・東京地判令和6・5・30ジャーナル149号36頁（譴責）など多数。

　　一方，懲戒処分の無効確認請求と同時に，当該処分が違法であるとして損害賠償請求を行っている場合は，確認の訴えによることの有効適切性が否定され，不適法とされる（WOWOW事件・東京地判平成30・12・26ジャーナル86号40頁，辻・本郷税理士法人事件・東京地判令和元・11・7労経速2412号3頁，Apple Japan事件・大阪地判令和5・3・24ジャーナル140号42頁，オハラ樹脂工業事件・名古屋高判令和5・11・30労経速2542号3頁）。

*59　全日本海員組合事件・東京高判平成24・1・25労経速2135号3頁等。関西大学事件（大阪地決平成29・3・31ジャーナル65号36頁）は，自宅待機命令の効力停止仮処分申立てにつき，申立て自体は適法としつつ，被保全権利を否定して却下している。

の訴えについては，確認の利益を厳密に解し，否定する裁判例が多い。たとえば，譴責処分の無効確認の訴えにつき，譴責処分の法的効果である始末書提出義務が退職によって消滅していることや，譴責に伴う労働者の名誉侵害の救済は不法行為に基づく損害賠償請求訴訟によるべきであることから確認の利益を否定する例[*60]や，出勤停止処分の無効確認の訴えにつき，出勤停止に伴う賃金不支給・退職金算定上の不利益は給付の訴えによるべきとして不適法とする例[*61]が典型である。

なお近年には，在職中・退職後を問わず，懲戒処分の無効確認の訴えが過去の法律関係の確認を求めるものであることを重視して，懲戒処分が付着しない地位の確認の訴えによるべきものと解する見解も有力である[*62]。また，懲戒解雇・諭旨解雇については，労働契約上の地位の存否が争点となるため，労働契約上の地位確認の訴えによるべきものとされる。

(エ) **就業規則・労働協約**　就業規則についても，その変更によって労働者に現実に不利益が生じていれば，給付の訴え（差額賃金請求等）によるのが原則である[*63]。しかし，定年年齢の引下げなど，当該年齢に到達していない労働者が原告である場合は，例外的に過去の法律関係である就業規則変更の無効確

[*60] 立川バス事件・東京高判平成2・7・19労判580号29頁。同旨，モリクロ事件・大阪地判平成23・3・4労判1030号46頁。

[*61] 勧業不動産販売・勧業不動産事件・東京地判平成4・12・25労判650号87頁，伊藤忠テクノサイエンス事件・東京地判平成17・11・22労判910号46頁，京王電鉄バス事件・東京地判平成29・3・10ジャーナル70号52頁，前掲・大阪産業大学事件（[*58]），明海大学事件・東京地立川支判平成31・3・27ジャーナル88号23頁，前掲・国士舘ほか事件（[*58]）。土田道夫［判批］労判651号（1994）9頁参照。ただし，退職後の無効確認の訴えといえども，賃金・退職金請求等の紛争を抜本的に解決する上で適切有効とされれば，確認の利益を肯定されうる（前掲・日本経済新聞社［記者HP］事件［[*58]］，島根大学事件・松江地判令元・6・17ジャーナル91号32頁）。なお，前掲・国士舘ほか事件（[*58]）の原審（東京地判令2・11・12労判1238号30頁）は，大学教員による戒告無効確認の訴えにつき，在職中・退職後を問わず，名誉感情という法的利益を侵害されていること等を理由に訴えの利益を肯定していたが，退職後教員については，前掲・国士舘ほか事件（[*58]）により取り消された。

[*62] 山川・紛争処理法287頁。裁判例として，昭和薬科大学事件・東京地判平成25・1・29労判1071号5頁，岡山大学事件・岡山地判令元・5・31ジャーナル90号22頁，埼玉医科大学事件・千葉地判令3・5・26労判1279号74頁，東京三協信用金庫事件・東京地判令4・4・28労判1291号45頁。懲戒解雇の無効確認の訴えについて確認の利益を否定した例として，伊藤忠商事事件・東京地判令5・11・27労経速2554号14頁。

[*63] ハクスイテック事件・大阪高判平成13・8・30労判816号23頁，トライグループ事件・東京地判平成30・2・22労経速2349号24頁，国立精神・神経医療研究センター事件・東京地立川支判令5・2・1労判1301号31頁。

認を求めることが許容されうる（750頁）[*64]ほか，就業規則変更の無効の確認によって労働条件紛争の抜本的解決に資すると判断される場合は，確認の利益が肯定されることがある[*65]。このほか，有期契約労働者から無期契約労働者に転換した原告らが，正社員に適用される就業規則に基づく権利を有することの確認請求について訴えの利益を認めた例がある[*66]。労働協約については，規範的部分の確認訴訟について訴えの利益をめぐる論点がある（241頁）。

(オ) **その他** 以上のほか，確認訴訟における訴えの利益が肯定され，確認の訴えが認容されるケースとしては，差別紛争において昇格した地位にあることの確認請求が実体法上の要件（957頁）を充足する場合[*67]，労働者が年休権の内容（日数等。労基39条1項～3項）の確認を求める訴えを提起する場合[*68]，障害を有する労働者が一定内容のシフト外の勤務シフトによって勤務する義務のないことの確認を求める場合[*69]，教員が過去に担当していた授業（日本史授業）を担当する地位にあることの確認の訴えが，職種限定の合意に係る検討を通して紛争解決手段として有効かつ適切と評価できる場合[*70]，コース別人事制度の適用を受ける女性労働者が総合職の地位にあることの確認を求める訴え[*71]等の例が登場している[*72]。

[*64] 大阪府精神薄弱者コロニー事業団事件・大阪地堺支判平成7・7・12労判682号64頁。山川・紛争処理法135頁参照。

[*65] X銀行事件・東京地判平成25・2・26労経速2185号14頁。

[*66] ハマキョウレックス事件・大阪高判令和3・7・9労判1274号82頁。

[*67] 女性労働者の昇格請求につき，芝信用金庫事件・東京地判平成8・11・27労判704号21頁（課長職の地位にあることの確認請求），野村證券事件・東京地判平成14・2・20労判822号13頁（総合職掌「指導職一級」にあるものとして取り扱われる地位にあることの確認請求）。ただし，芝信用金庫事件では，昇格が労使当事者間の契約内容となっているとの理由で女性労働者の昇格請求が認容されたのに対し，野村證券事件では，昇格基準が契約内容となっていたとは認められないとして請求が棄却されている。957頁，962頁参照。

[*68] 八千代交通事件・最判平成25・6・6民集67巻5号1187頁，前掲・フーズシステム事件（[*42]）。

[*69] 阪神バス事件・神戸地尼崎支判平成26・4・22労判1096号44頁。815頁参照。

[*70] 須磨学園ほか事件・神戸地判平成28・5・26労判1142号22頁。梅檀学園事件・仙台地判平成9・7・15労判724号34頁も参照。

[*71] 前掲・巴機械サービス事件（[*48]）。

[*72] このほか，過去の一定期間における労働契約上の地位確認請求につき，当該確認によって年金事務所による健康保険等の資格喪失処分が取り消されることが認められる場合も確認の利益が肯定される（前掲・エコシステム事件［[*20]］）。昇給が法人の個別モデルケースのとおりであることの確認を求める訴えにつき，沖縄産業振興センター事件・福岡高那覇支判令和6・2・29ジャーナル147号14頁。

一方，訴えの利益に係る否定例としては，会社の業務命令に従う義務がないことの確認請求[73]，研究室を排他的に使用する地位にあることの確認請求[74]，ハラスメント防止委員会の決定（事実行為）の取消しを求める訴え[75]，パワー・ハラスメントに係る安全配慮義務違反や謝罪文交付義務の不存在確認請求について請求内容が特定されていない場合[76]等が挙げられる。

(2)　給付の訴え──賃金請求事件

　賃金・賞与・退職金請求訴訟における訴えは，給付の訴えとなる。まず，現在の給付の訴えは，原告が給付を請求できる地位にあるのに現に給付を受けていないと主張する場合であるから，紛争解決の必要性・適切性があり，当然に訴えの利益が認められる。この点は，就業規則による賃金・退職金の不利益変更や，降格に伴う賃金減額[77]のように労働契約が現存する場合も，また解雇・懲戒解雇無効の場合の賃金請求のように，使用者が労働者との法律関係を争っている場合も同じである[78]。

　これに対し，将来の給付の訴え（期限未到来であるなど口頭弁論終結時に履行を求めうる状態にない給付に関する訴え）については，民事訴訟法 135 条が，あらか

---

[73]　スクウェア・エニックス事件・東京地判令和 4・3・29 ジャーナル 129 号 54 頁。

[74]　前掲・学校法人原田学園事件（[44]）。

[75]　A 大学ハラスメント防止委員会委員長ら事件・札幌地判令和 3・8・19 労判 1250 号 5 頁。

[76]　ユーコーコミュニティー事件・横浜地相模原支判令和 4・2・10 労判 1268 号 68 頁。

[77]　最近の例として，大阪トヨタ商事事件・大阪地判令和元・5・30 ジャーナル 91 号 38 頁，ニチイ学館事件・大阪地判令和 2・2・27 労判 1224 号 92 頁，ビジネクスト事件・東京地判令和 2・2・26 労経速 2421 号 31 頁，シーエーシー事件・東京地判令和 3・8・17 ジャーナル 118 号 48 頁，あんしん財団事件・東京地判令和 4・1・31 労判 1265 号 20 頁。なお，類型別実務 I 76 頁以下は，原告労働者が降格前の職位等地位確認の訴えにおいて降格時から口頭弁論終結時までの期間全体に係る確認を求めている場合は，口頭弁論終結時前日までの期間に係る部分は過去の法律関係の確認を求めるものとして確認の利益が認められないことから，降格に伴う差額賃金請求（給付の訴え）について判断すれば足りるとしている。

[78]　一方，このように給付の訴えが可能である以上，賃金減額以前の賃金請求権を有する労働契約上の地位にあることの確認請求は訴えの利益を否定され（東京アメリカンクラブ事件・東京地判平成 11・11・26 労判 778 号 40 頁，大沢生コン事件・東京地判平成 25・8・6 ジャーナル 19 号 8 頁，京王電鉄ほか 1 社事件・東京地判平成 30・9・20 労判 1215 号 66 頁，山佐産業事件・東京地判平成 30・9・25 ジャーナル 84 号 46 頁，明泉学園事件・東京地判令和元・12・12 労経速 2417 号 3 頁，メイト事件・東京地判令和 3・9・7 ジャーナル 120 号 58 頁），退職金規程の支給基準等の確認請求も，退職金支払請求の給付訴訟が可能であることから，即時確定の利益を否定される（大阪労働衛生センター第一病院事件・大阪地判平成 10・8・31 労判 751 号 38 頁，ハクスイテック事件・大阪地判平成 12・2・28 労判 781 号 43 頁）。

じめその請求をする必要がある場合にのみこれを認めている。労働事件においても，解雇事件等において，労働者が判決確定日の翌日以降の賃金請求について将来の給付の訴えを提起することがあるが，裁判例は，労働者の地位確認訴訟の勝訴判決の確定後は賃金支払義務の履行が期待できるとして必要性を否定し，将来の給付の訴えを却下する例が多い[79][80]。

4 立　　証

労働契約関係訴訟における主張立証責任の配分については，要件事実論の観点から多くの優れた研究が公刊されているので，屋上屋を重ねる観があるが，特に重要な論点について要約しておく[81]。

---

[79] 前掲・済生会事件（[40]），カジマ・リノベイト事件・東京地判平成13・12・25労判824号36頁，近畿建設協会事件・京都地判平成18・4・13労判917号59頁，京阪バス事件・京都地判平成22・12・15労判1020号35頁，ヴイテックプロダクト事件・名古屋高判平成26・9・25労判1104号14頁，海空運健康保険組合事件・東京高判平成27・4・16労判1122号40頁，尚美学園事件・東京地判平成28・5・10労判1152号51頁，ソクハイ事件・東京地判平成28・11・25ジャーナル59号14頁，日本コクレア事件・東京地判平成29・4・19ジャーナル70号38頁，滋賀医科大学事件・大阪地判平成30・5・16ジャーナル79号24頁，前掲・ジャパンビジネスラボ事件（[42]），追手門学院事件・大阪地判令和2・3・25労判1232号59頁，日本通運事件・東京地判令和2・10・1労判1236号16頁，A学園事件・徳島地判令和3・10・25労経速2472号3頁，丙川商店事件・京都地判令和3・8・6労判1252号33頁，前掲・日本ビュッヒ事件（[39]），日本大学事件・東京地判令和6・1・30ジャーナル150号30頁など多数。

使用者の応訴態度を理由に将来給付の訴えを例外的に認容した例として，サン石油事件・札幌高判平成18・5・11労判938号68頁，キムラフーズ事件・福岡地判平成31・4・15労判1205号5頁がある。また，将来給付請求を却下しつつ，口頭弁論終結日から本判決確定の日まで月額賃金の支払を求める部分は，将来の給付請求であるものの，労働契約上の地位を確認する判決の確定前のものであるとして一部訴えの利益があると判断した例として，みんなで伊勢を良くし本気で日本と世界を変える人達が集まる事件・名古屋高判令和元・10・25労判1222号71頁。

[80] 訴訟における判断の遺脱に関して，判例（朝日建物管理事件・最判令和元・11・7労経速2403号3頁）は，有期労働契約を締結していた労働者が契約期間中途解雇（労契17条1項）の無効を主張して労働契約上の地位の確認および賃金支払を求めた訴訟において，当該解雇が無効であると判断するのみで，当該契約の契約期間が満了した事実をしんしゃくせず，当該契約期間の満了により契約終了の効果が発生するか否かを判断することなく契約期間の満了後である原審口頭弁論終結時における地位確認請求等を認容した原判決には判断遺脱の違法があるとして破棄し差し戻している。類型別実務Ⅱ451頁参照。

[81] 労働契約紛争における要件事実・立証責任については，山川・紛争処理法191頁以下，審理ノート，類型別実務Ⅰ・類型別実務Ⅱ，渡辺・前掲書（[47]），大江忠『要件事実労働法』（第一法規・2003）など参照。

(1) 解雇・高齢者雇用・雇止め

(ア) 解雇　解雇については，解雇権濫用法理が確立し，労契法16条に継受されている。解雇権濫用の主張立証責任に関しては，権利濫用論の性格上，解雇権濫用を基礎づける事実を，権利濫用を主張する側である労働者側が主張立証するのが本来の姿である。

しかし，実際には，解雇の合理的理由が解雇の要件となるに伴い，解雇権濫用の否定を基礎づける事実（解雇の合理的理由）を使用者側に主張立証させる取扱いがなされている。より厳密には，まず使用者が解雇による労働契約の終了抗弁として主張立証し，解雇権濫用の評価根拠事実について労働者側が再抗弁として主張立証責任を負い，解雇権濫用の評価を妨げる事実（評価障害事実）について使用者が再々抗弁として主張立証責任を負うが，解雇権濫用規制における権利濫用の範囲は広く解されるため，労働者が解雇権濫用の根拠事実を詳細に主張立証する必要はなく，平素の勤務状況が通常のものであったことの立証で足りるものと解される。この結果，解雇の合理的理由を基礎づける具体的事実を使用者側において主張立証すべきことになる（856頁）*82。

以上に対し，裁判例の中には，解雇権濫用の評価根拠事実として，「解雇が理由らしい理由もないのにされたこと」を挙げる例*83や，その具体的内容として，「原告には解雇に値するような行為や落ち度は何もないことを前提に被告らの経済的事情に照らしても原告を解雇する必要性はなかったこと」の主張立証を労働者側に求める例*84がある。しかし，この判断は，上記のような立証責任ルールと整合しないと批判されている*85。

整理解雇についても，その4要件（4要素）を基礎づける事実の主張立証責

---

*82　山川隆一「労働法における要件事実」井原宏＝庄司良男＝渡辺章編集代表『現代企業法学の研究』（信山社・2001）622頁。山川・紛争処理法206頁以下，白石哲「労働契約上の地位確認訴訟の運営」労働関係訴訟Ⅱ 746頁，類型別実務Ⅱ 392頁。渡辺・前掲書（*47）14頁も参照。これによれば，就業規則上の解雇事由について限定列挙説（851頁）に立つ限り，同事由に該当する事実の主張立証責任も，再々抗弁として使用者が主張立証すべきことになる。これに対しては，この事実は，就業規則による解雇事由の制限の効果の発生を直接阻害するものではないとして，予備的抗弁に位置づける見解もある（大江・前掲書［*81］129頁。山川・紛争処理法210頁は，この解釈の妥当性を示唆している）。例示列挙説に立つ場合については，審理ノート18頁以下参照。

*83　角川文化振興財団事件・東京地判平成11・11・29労判780号67頁。

*84　東京魚商業協同組合事件・東京地判平成12・1・31労判793号78頁。

*85　山川隆一「解雇訴訟における主張立証責任」季労196号（2001）50頁，同・前掲論文（*82）622頁，642頁。

任は，解雇権濫用（労契16条）の評価障害事実として使用者側が再々抗弁として負うと解されてきた。もっとも，近年には，裁判例・学説上，整理解雇の4要件（4要素）のうち，人員削減の必要性，解雇回避努力および人選の相当性については，解雇権濫用の評価障害事実として使用者が抗弁において主張立証責任を負うのに対し，解雇手続の相当性については，権利濫用の評価根拠事実として，労働者側が再抗弁において主張立証責任を負うと説く見解が有力となっている（903頁参照）[*86]。

(ｲ) **高齢者雇用** 高年齢者雇用安定法9条1項は，65歳までの継続雇用制度の対象者を希望者全員としつつ，解雇事由・退職事由と同一の継続雇用拒否事由（年齢に係るものを除く）を定めることを可能としており，同法の指針は，「心身の故障のため業務に堪えられないと認められること」や「勤務状況が著しく不良で引き続き従業員としての職責を果たし得ないこと」を挙げている（第2の2）。再雇用制度の場合，上記継続雇用拒否事由に基づく再雇用拒否については，客観的合理的理由および社会通念上の相当性を要すること（835頁）から，再雇用労働契約締結の申込みに対する使用者側の抗弁は，再雇用申込みの拒絶が客観的合理的理由および社会通念上の相当性を欠くことの評価障害事実（上記指針が掲げる事由）となり，その点を主張立証することによって再雇用労働契約が成立しないとの効果が発生する[*87]。

(ｳ) **雇止め** 雇止めについては，2012年改正労契法19条において雇止め規制が立法化されている。ここでは，まず，使用者側が抗弁として労働契約における期間の定めの存在および期間満了の事実について主張立証し，これに対して労働者側が再抗弁として，当該雇止めが①労契法19条1号（雇止めが解雇と社会通念上同視できること）または2号（有期労働契約の更新について合理的期待が認められること）に該当すること，および②雇止めに合理的理由がないこと（労契19条柱書）を基礎づける事実について主張立証する責任を負う。このうち，②の事実については，解雇権濫用の場合と同様，平素の勤務状況に特に問題がなかったことの主張立証で足りると解される[*88]。そこで，雇止めに合理

[*86] 山川・紛争処理法213頁，大江・前掲書（[*81]）51頁以下，審理ノート39頁参照。類型別実務Ⅱ397頁は，裁判実務では，解雇手続の相当性についても労働者の主張を待たずに使用者側が主張立証しており，この点に関する紛議は少ないと述べる。

[*87] 類型別実務Ⅱ497頁。

[*88] 山川・紛争処理法〔初版〕223頁。類型別実務Ⅱ422頁は，労契法19条1号について，雇止めが解雇と同視できることの評価障害事実および雇止めに合理的理由があることを使用者

的理由があることを基礎づける具体的事実は，使用者側が再々抗弁として主張立証すべきことになる。

(エ) 有期労働契約の期間中途解雇　期間の定めのある労働契約（有期労働契約）の期間中途解雇については，「やむを得ない事由」が要件となる（労契17条1項。1027頁）。そこで，期間中途解雇の有効性を争う訴訟においては，使用者側は，抗弁として，解雇の意思表示に加え，「やむを得ない事由」を基礎づける事実を主張立証する必要がある[*89]。

(2) 人　　事

(ア) 配　転　配転に関する配転先での就労義務不存在確認の訴えについては，配転命令の法的根拠に関する契約説（540頁）に立つ限り，使用者側が抗弁として，就業規則・労働協約上の配転命令の根拠規定の存在を主張立証する責任を負う。就業規則上の配転条項については，使用者は，当該規定が合理性要件・周知要件（労契7条）を充足することの評価根拠事実を立証する必要がある。これに対して労働者側は，再抗弁として，労働契約による職種・勤務地限定の事実を主張立証すべきことになる。

　また，配転命令権の濫用（労契3条5項）が争われる場合は，労働者が配転命令権の濫用を基礎づける事実（業務上の必要性の欠如，配転による不利益等）を再抗弁として主張立証するのに対し，その評価障害事実（業務上の必要性，人選の相当性，一定の配慮措置等）については，使用者側が再々抗弁として主張立証責任を負うことになる[*90]。配転における不当な動機・目的の存在，手続の不当性，配転命令の強行法規（労基3条，雇均6条，労組7条等）違反該当性については，労働者側がそれらを基礎づける事実を主張立証すべきものと解される。

(イ) 出向・転籍　出向についても，基本的には配転と同様であり，出向先における就労義務の不存在確認の訴えを前提に，使用者側が抗弁として就業規則・労働協約上の出向の根拠規定の存在を主張立証する責任を負うが，出向命令権の法的根拠に関する具体的合意説（574頁）によれば，使用者は，それら

　　側の抗弁に位置づけ，また，19条2号について，有期契約更新に関する労働者の合理的期待に係る評価障害事実および雇止めに合理的理由があることを使用者側の抗弁に位置づけている。同旨，審理ノート52頁。

[*89]　渡辺・前掲書（*47）93頁，山川・紛争処理法218頁。

[*90]　山川・紛争処理法259頁以下，審理ノート80頁以下，大江・前掲書（*81）82頁，類型別実務Ⅰ299頁。

出向条項において出向労働条件等が労働者の利益に配慮する内容で整備されていることについての主張立証責任を負うものと解される（就業規則の場合，労契7条の要件［合理性要件・周知要件］充足に関する立証となる）。また，出向命令権の濫用が争われる場合は，労働者側が出向命令権の濫用を基礎づける事実（業務上の必要性の欠如）を再抗弁として主張立証するのに対し，その評価障害事実（業務上の必要性，人選の相当性，配慮措置等）については，使用者側が再々抗弁として主張立証責任を負う[*91]。

転籍については，その根拠として労使間の個別的合意が求められるため，使用者側は，労働者による同意の事実を抗弁として主張立証する責任を負う[*92]。私見のように，労働者の同意はその自由意思に基づいて行われたものと客観的に認められることを要すると考える立場（590頁）からは，使用者は，労働者の同意がその自由意思に基づくものと認められる合理的理由が存在することを基礎づける事実を抗弁として主張立証すべきものと解される。

(ウ) **降格** 降格のうち，職能資格制度における資格引下げとしての降格（534頁）は，基本給を引き下げる措置として就業規則上の根拠規定を要し，また，降格事由該当性を要することから，使用者側は，抗弁として降格の根拠規定の存在および降格事由該当性（従来の資格等級への不該当性）を基礎づける事実を主張立証する責任を負う。これに対して労働者側は，人事権濫用（労契3条5項）の主張として，自身の能力が降格事由に該当しない事実を再々抗弁として主張立証すべきことになる[*93]。

(エ) **休職** 休職のうち，傷病休職期間満了後，使用者から自動退職扱いされた労働者が使用者に対して地位確認請求を行うケースでは，使用者側が抗弁として労働者による傷病休職の利用と休職期間満了の事実を主張立証し，これに対して労働者側は，傷病の治癒によって復職が可能となったことを再抗弁として主張立証する責任を負う。再抗弁事実としての「治癒」については，原則として従前の職務を支障なく遂行できることを意味するが，使用者が信義則上，より軽度の職務に配置する配慮義務を負うと解すべき場合もあるので，その場合は，当該軽度の職務に係る労務の提供が可能であることを基礎づける事実を労働者側において主張立証することになる（598頁参照）[*94]。

[*91] 山川・紛争処理法261頁以下，類型別実務Ⅰ284頁。
[*92] 大江・前掲書（[*81]）88頁，類型別実務Ⅰ284頁。
[*93] 山川・紛争処理法236頁，類型別実務Ⅰ91頁。

(3) 企業組織の変動

企業組織の変動事案中の主要な紛争のみ取り上げる[*95]。まず，事業譲渡において譲受会社への労働契約承継を排除された労働者が承継を主張して地位確認を求める訴訟では，使用者側が抗弁として特定労働者の承継を排除する合意（譲受会社の採用専権条項等）の存在を主張立証し，これに対して労働者側は，当該合意が公序に反すること（差別禁止規定違反等）を主張立証する責任を負う。また私見によれば，承継排除合意は，客観的合理的理由を欠く場合は例外的に違法と評価されること（799頁）から，この場合，労働者側は客観的合理的理由の欠如を主張立証すべきことになる。

一方，会社分割において承継会社への労働契約承継を強制された労働者が分割会社に対して承継の効果不発生を主張して地位確認を求める訴訟（労働承継3条参照）では，使用者側が分割会社との労働契約の終了（会社分割の効力の発生，分割計画書・分割契約書に労働者が記載されたこと）を主張立証し，これに対して労働者側は，①異議申出権を行使したこと（同5条）または②分割会社が5条協議義務（商法等改正法附則5条。811頁）に違反したことを主張立証すべきことになり，このうち①に対しては，使用者は，対象労働者が分割事業に主として従事していたことを，また②に対しては，5条協議義務違反の評価障害事実を再々抗弁として主張立証することになる（5条協議義務違反の評価根拠事実は労働者側が主張立証責任を負う）。

(4) 懲　　戒

懲戒については，労働契約上の特別の根拠を要する（契約説）ことを前提に懲戒権濫用規定が立法化されている（労契15条）。まず，懲戒権の存在については，懲戒権が契約上の根拠を要するとともに，労働者の法的利益を侵害する可能性をもつことから，使用者側が抗弁として主張立証責任を負う。その際，

[*94] 大江・前掲書（*81）121頁，渡辺・前掲書（*47）189頁，審理ノート63頁。この立証が行われれば，休職事由の消滅について事実上の推認が働き，これに対して使用者が労働者を配置できる可能性のある職務の不存在について反証を挙げない限り，休職事由の消滅が推認される（第一興商事件・東京地判平成24・12・25労判1068号5頁）。

[*95] 詳細な検討として，山川隆一「会社分割・事業譲渡をめぐる労働訴訟における要件事実」野川忍＝土田道夫＝水島郁子編『企業変動における雇用の課題』（有斐閣・2015）132頁。本文に述べたとおり，事業譲渡における労働者の承継排除合意の客観的合理的理由の欠如に係る箇所は私見である。

使用者は，就業規則上の懲戒規定が合理性要件・周知要件（労契7条）を充足することの評価根拠事実を立証する必要がある。また，労働者の非違行為等が懲戒事由に該当する事実の存在（懲戒事由該当性。労契15条）についても，使用者側が主張立証責任を負うが，これが果たされた場合も，当該行為が正当とされ，懲戒事由該当性を否定される場合（正当な内部告発［648頁］等）は，労働者側は，当該正当性を基礎づける事実を再抗弁として主張できる[*96]。

さらに，懲戒事由該当事実が立証された場合も，懲戒処分が過酷に過ぎたり，懲戒手続を遵守していない場合は懲戒権の濫用と評価されるが（労契15条），それを基礎づける事実（評価根拠事実）は労働者側が再抗弁として主張立証する責任を負い，これに対して使用者がその評価障害事実を再々抗弁として立証すべきことになる[*97]。

(5) 労働条件の不利益変更

(ア) 就業規則による労働条件の不利益変更　労契法10条によれば，就業規則による労働条件の不利益変更については，変更内容の合理性と周知が要件となる（735頁）。この場合，労働者による差額賃金請求等の給付訴訟が提起されるが，これに対して使用者は，就業規則の変更によって労働条件を変更したことのほか，労契法10条の要件に即して，変更後の就業規則を労働者に周知させたことと，当該変更が合理的であることを抗弁として主張立証する責任を負う。このうち，変更の合理性については，使用者側がこれを基礎づける事実を評価根拠事実として主張立証するのに対し，労働者側は，変更の合理性に対する評価障害事実を再抗弁として主張立証すべきことになる[*98]。

また，労契法10条但書所定の特約優先規定（751頁）の適用が問題となるケースでは，使用者の上記抗弁に対し，労働者側は，問題となる労働条件が「労働者および使用者が就業規則の変更によっては変更されない労働条件として」合意していたことを基礎づける事実を再抗弁として主張立証することになる。

労使間合意に基づく就業規則の変更が争われる場合（就業規則変更合意。760頁）は，裁判例上有力な合意基準説によれば，労使間合意それ自体が就業規則

[*96] 山川・紛争処理法288頁以下，類型別実務Ⅰ85頁。
[*97] 山川・紛争処理法292頁以下，大江・前掲書（*81）162頁，渡辺・前掲（*47）141頁。
[*98] 山川・紛争処理法248頁以下，大江・前掲書（*81）116頁，渡辺・前掲（*47）157頁。審理ノート146頁，類型別実務Ⅰ96頁も同旨。

による労働条件変更の根拠となり，合理性要件は不要となるため，上記変更に対する労働者の同意という事実が使用者側の独自の抗弁となりうる（ただし，同意については慎重な認定を要する）と解されている*99。

この点，近年の判例*100 は，就業規則変更合意について，当該変更を受け入れる旨の労働者の行為の有無のみならず，当該行為が労働者の自由な意思に基づいてされたと認めるに足りる合理的な理由が客観的に存在するか否かという観点からも判断すべきものと判断しているため，使用者側は，同意の意思表示の存在に加え，それが労働者の自由意思に基づく同意であることを基礎づける事実についても抗弁として主張立証すべきものと解される*101。もっとも，これに対しては，上記の立場は，労働者の自由意思に基づいてされたと認めるに足りる合理的理由の客観的存在を主要事実に位置づける立場であるところ，本来の合意基準説によれば，使用者側の抗弁は労働条件変更に係る使用者の申込みおよび労働者の同意で足り，合理的理由の客観的存在は，労働者の効果意思を推認させる間接事実にとどまる（ただし使用者からの主張を要する）との指摘が行われている*102。

(イ) **個別的合意による労働条件の変更**　労使間の個別的合意による労働条件の変更についても，労働者の同意はその自由意思に基づいて行われたものと認められることを要する（776頁）ので，使用者側は，同意の意思表示に加え，それが労働者の自由意思に基づくと認められる合理的理由が存在することを基礎づける事実を抗弁として主張立証する必要があるが*103，ここでも，合理的理由の客観的存在を労働者の効果意思に係る間接事実に位置づける立場からの批判がありうる*104。労働者による賃金債権の放棄についても同様の問題がある*105。

---

*99　山川・紛争処理法251頁。
*100　山梨県民信用組合事件・最判平成28・2・19民集70巻2号123頁。761頁参照。
*101　私見によれば，①就業規則変更合意は，労働者の同意がその自由意思に基づいて行われたものと客観的に認められることを要するものと解し，また，②同合意が成立した場合も，著しく不合理な変更については例外的内容審査（合理性審査）を肯定するので（764頁），①については使用者が抗弁として主張立証責任を負い，②については，労働者側が再抗弁として主張立証すべきものと解される。
*102　類型別実務Ⅰ100頁以下。
*103　類型別実務Ⅰ100頁参照。
*104　類型別実務Ⅰ100頁以下。
*105　賃金債権の放棄につき，山川・紛争処理法234頁，審理ノート91頁，大江・前掲書（*81）46頁。

(ウ) **変更解約告知** 変更解約告知は，労働条件変更手段であると同時に，解雇としての法的性質を有する（783頁参照）。したがって，その主張立証責任は，解雇権濫用の要件事実に準じて考えるべきことになる。この点，変更解約告知については，①労働条件変更の必要性があること，②変更の必要性が労働者の不利益を上回り，労働条件変更の申込みに応じない労働者の解雇がやむをえないものと認められること，③使用者が解雇回避努力義務を尽くしていることを要すると解されている[106]ところ，これら3要素を基礎づける事実については，解雇の合理的理由を基礎づける具体的事実として使用者側が主張立証すべきものとなる[107]。

変更解約告知については，留保付き承諾の可否が問題となるが，要件事実論の観点からは，使用者は留保付き承諾につき協議を行うことを信義則上求められるとの立場を前提に，使用者が同承諾を顧慮することなく解雇に踏み切ったことは，解雇に至る手続的相当性の欠如を基礎づける評価根拠事実となり，労働者側がこの点を立証すれば，解雇権濫用の判断に影響を及ぼしうるものと解されている[108]。

(6) 賃金・退職金

(ア) **不就労と賃金** 使用者の帰責事由によって労働義務が履行不能となった場合は，危険負担規定（民536条2項）によって賃金請求権が肯定される（321頁）。この場合，労働者が債務の本旨に従った労働の提供をしていることが前提となるため，労働者側は，そうした履行の提供をしているにもかかわらず，使用者がこれを拒絶した事実を主張立証する必要がある[109]。また，使用者が労働の受領拒絶の意思を明確に示している場合も，就労の意思と能力を有していることの主張立証が求められることがある。問題は，いかなる場合に就労の意思と能力があるといえるかであるが，原則として，労働義務の履行不能と使用者の帰責事由を基礎づける事実が立証されれば足りると解すべきである[110]。

---

[106] スカンジナビア航空事件・東京地決平成7・4・13労判675号13頁。

[107] 山川・紛争処理法215頁以下。より詳細な検討として，山川隆一「労働契約における変更解約告知――要件事実論からみた覚書」中嶋還暦『労働関係法の現代的展開』（信山社・2004）315頁。

[108] 山川・紛争処理法217頁。私見によれば，使用者は，労働者の留保付き承諾を応諾すべき信義則上の義務を負うので（788頁），要件事実論としては，山川説と同一の解釈となる。

[109] 山川・紛争処理法232頁，審理ノート87頁。

(イ) **退職金の不支給・減額**　退職金の不支給・減額については，労働者の長年の労働の価値を抹消（全額不支給の場合）または減殺（減額支給の場合）するほどの著しい背信行為が存在することを要件と解する判例法理が確立している（366頁）。そこで，労働者が退職金支払を求める給付訴訟においては，使用者側は，退職金請求権の不発生の抗弁において，退職金不支給・減額条項の存在（就業規則条項の場合は，それが合理性および周知要件を満たすこと〔労契7条〕）および労働者の行為（懲戒解雇事由該当行為，退職後の競業行為等）が不支給・減額事由（著しい背信行為）に該当する事実を主張立証する責任を負う。これに対して労働者側は，その行為が不支給事由に該当するとの評価を妨げる事実（評価障害事実）を再抗弁として主張立証すべきことになる*111。

　なお，退職後の競業行為を理由とする退職金の不支給・減額については，学説上，これを退職後の競業避止義務の問題と解し，職業選択の自由（憲22条1項）を基礎とする公序（民90条）違反の有無の問題と把握した上，競業行為を退職金不支給事由とする定めが公序に違反することが退職金不支給・減額規定による退職金請求権の不発生という効果を妨げる再抗弁となると説く見解が有力である*112。しかし，退職金不支給・減額条項が就業規則で規定されている場合は，まずは上述した不支給・減額事由該当事実が抗弁となり，不支給・減額事由該当性に関する限定解釈が困難な場合に公序違反が再抗弁となると考えるべきであろう*113。これに対し，前使用者が退職労働者に対して，競業避止義務違反を理由に損害賠償や競業行為の差止めを求めるケース（942頁参照）では，退職労働者側は，まさに当該競業避止義務の合意や就業規則規定が公序（民90条）に違反する事実を抗弁として主張立証することになる*114。

 (ウ) **短時間・有期雇用労働者の待遇相違の不合理性**　この点については，

---

*110　山川・前掲論文（*82）627頁，山川・紛争処理法233頁。本書325頁参照。
*111　山川・紛争処理法241頁以下，渡辺弘『労働関係訴訟Ⅱ〔改訂版〕』（青林書院・2023）272頁，審理ノート137頁，類型別実務Ⅱ588頁。また，本文のように労働者の著しい背信行為の存在を要件とする限定解釈の余地がないほど合理性を欠く退職金不支給条項（退職手続規定違反を理由とする退職金不支給条項等）については，当該条項が就業規則としての合理性（労契7条）を欠くとして不支給条項存在の抗弁を否認し，または，不支給条項の公序良俗違反を再抗弁として主張できるものと解される（類型別実務Ⅱ582頁。後者につき，審理ノート137頁）。
*112　山川・紛争処理法243頁以下。
*113　審理ノート137頁参照。
*114　山川・紛争処理法244頁以下。

旧労契法20条に関する判例が，労働条件相違の不合理性に係る判断は規範的評価を伴うことから，当該相違が不合理なものであることを基礎づける事実（評価根拠事実）については労働者が主張立証責任を負い，不合理性の評価を妨げる事実（評価障害事実）については使用者が主張立証責任を負うと判示している[115]。パート・有期法8条が定める待遇相違の不合理性についても同様に解される。

(7) 労働時間

(ア) 割増賃金請求訴訟　割増賃金請求訴訟において使用者が提出する抗弁は，①時間外労働不該当を基礎づける事実（変形労働時間制［労基32条の3以下］，裁量労働のみなし制［同38条の3・4］の適用等），②労働者が管理監督者に該当する事実（労基41条2号）または③割増賃金を支払った事実（労基37条）であるが，このうち③については，労基法所定の計算方法以外の方法（手当制・定額給制）で支払うことが許容されているため，割増賃金をこれら方法で支払った旨の抗弁を行うことが考えられる。もっとも，これらの支払方法については，手当制の場合は当該手当が割増賃金に代わりうる性格のものであることを要し，また，手当制・定額給制ともに，通常賃金と割増賃金相当部分を明確に区別しておく必要がある（431頁）ため，使用者側は，抗弁として，これら要件の充足を基礎づける事実についても主張立証する必要がある[116]。

(イ) 時間外労働命令　時間外労働命令については，同命令の拒否を理由とする懲戒処分・解雇の効力の前提としてその効力が争われることから，使用者側の抗弁として，①就業規則上，時間外労働命令の根拠規定があることのほか，②それが合理性を有し，労働者に周知されている事実を労契法7条に即して主張立証するとともに，③時間外労働命令の事由の存在を主張立証する必要があると解されている。これに対して労働者側は，就業規則時間外労働命令規定の合理性に関する評価障害事実（私見によれば，法定時間外労働については，時間外労働の時間的上限が合理的範囲にあること。425頁）および時間外労働命令権の濫用を基礎づける事実を再抗弁として主張立証することになる[117]。

---

[115] ハマキョウレックス事件・最判平成30・6・1民集72巻2号88頁。類型別実務Ⅱ 342頁参照。

[116] 山川・紛争処理法275頁，審理ノート127頁以下，類型別実務Ⅰ 107頁。

[117] 山川・紛争処理法280頁以下。

(8) 安全配慮義務

安全配慮義務（労契5条）に基づく損害賠償請求訴訟においては，①当該事案における具体的義務の内容（使用者が具体的に講ずるべき措置）および義務違反の事実を主張立証する責任は原告労働者・遺族側が負い，②義務違反について帰責事由がないことを基礎づける事実（事故の予見不可能性，回避方法の欠如）の主張立証責任は，抗弁として被告使用者側に課される[118]。

このこと自体はオーソドックスな立証責任論であるが，①については，事故原因の特定が困難なケースでは原告による立証がきわめて困難となるため，学説では，間接反証を用いた立証責任ルールが提案されている（718頁参照）。なお，過失相殺を基礎づける事実や消滅時効の援用も，被告使用者側の抗弁事由となり，これに対して，過失相殺の評価障害事実や時効中断等については，原告側が再抗弁として主張立証することになる。

(9) 労働者性

労基法・労契法上の労働者性については，労務供給者の側が，労働者性を基礎づける事実を主張立証する責任を負う。具体的には，各紛争類型（専門業務従事者，個人請負・業務委託等）に即して，使用従属性（指揮監督下の労働・報酬の労務対償性［62頁］）の各要素を基礎づける事実について主張立証することになる。この主張立証を受けて，使用者側は，労働者性を減殺する事実に係る主張立証を行うが，ここでも，各紛争類型に即して，事業者性の要素を含めて使用従属性を減殺する要素に該当する事実について主張立証することになる[119]。

(10) 差別事件

(ア) **男女雇用差別紛争** まず，男女同一賃金の原則（労基4条）違反をめぐる訴訟においては，本来，女性労働者側が，賃金格差が「女性であることを理由として」の差別であることの主張立証責任を負うが，裁判例では，当該格差が性別によるものと推認し，使用者側において当該格差が性別以外の合理的理由に基づくものであることを立証して推認を覆さない限り，「女性であることを理由として」の要件充足を認める取扱いが行われている（951頁）。

雇用機会均等法をめぐる訴訟のうち，配置・昇進・降格・教育訓練上の差別

---

[118] 山川・紛争処理法337頁以下。
[119] 光岡弘志「労働者性」労働関係訴訟の実務15頁以下。

(雇均6条1号)については，女性または男性労働者が，当該性を理由として合理的理由なく他方の性より不利に取り扱われていることが同条違反の成立要件となる(964頁)。労働者が同条違反による不法行為(民709条)に当たることを理由とする損害賠償を請求する場合は，上記成立要件に加え，当該差別につき使用者に故意・過失があることと，法違反と損害の間の因果関係を主張立証する必要がある。ただし，上記取扱いに合理的理由がないことについては，労働者が平均的な成績を上げているにもかかわらず，他の性と比較してその配置・昇進・昇格者が著しく少ない場合，使用者側はその正当化理由を立証する責任を負い，立証できない場合は差別を推認される*120【14-3】。

　また，女性労働者の妊娠・出産等を理由とする不利益取扱い(雇均9条3項)について，判例は，①均等法9条3項を強行規定と解し，女性労働者の妊娠・出産等を理由とする不利益取扱いを原則として違法・無効と解した上，妊娠中の軽易業務転換を契機として行われた降格につき，原則として9条3項所定の不利益取扱い(軽易業務転換を理由とする不利益取扱い)に当たると判断している*121。これによれば，女性労働者側は，不利益取扱いが軽易業務への転換を「契機として」行われたことを立証すれば足り，使用者側において，不利益取扱いを正当化する事情を抗弁として主張立証すべきものと解される。

　(イ) 賃金差別と間接反証　　思想・信条等を理由とする賃金上の差別を不法行為(民709条)として争い，差額賃金相当額の損害賠償を請求する訴訟の場合，労働者側は差別の事実と，差別的取扱いがなかったならば得られたであろう差額相当額の損害額を主張立証しなければならない。特に，賃金決定が人事考課を経由して行われる場合，勤務成績が標準的であるにもかかわらず，差別的取扱いによって賃金格差が生じていること(因果関係)を主張立証する必要がある。しかし実際には，人事考課や賃金データは使用者側が掌握しているため，この種の立証は困難を伴う。そこでここでは，間接反証の法理を用い，①原告が，その賃金が同職種の従業員より低いことと，使用者の差別意思(差別的言動の存在等)を立証すれば，②差別的取扱いの存在を一応推認し，③賃金格差の合理性(労働者の能力・成績に基づくものであること)の主張立証責任を使用者側に課すという取扱いが行われることが多い*122。

---

*120　山川・紛争処理法302頁以下。
*121　広島中央保健生活協同組合事件・最判平成26・10・23民集68巻8号1270頁。971頁参照。
*122　東京電力[群馬]事件・前橋地判平成5・8・24判時1470号3頁など。122頁参照。

【14-3】 **文書提出命令**　男女雇用差別紛争等における主張立証活動をめぐっては、証拠（賃金データ等）を使用者側が掌握し、労働者側の立証活動に支障を来すことが多いため、差別的取扱いを受けたと主張する労働者が、比較可能な労働者の賃金・人事考課データの提出を求めることが少なくない。この点については、1998年の民事訴訟法改正によって文書提出義務規定が改正され（220条）、裁判所の文書提出命令が規定された（223条）ことから、これらデータが同法220条3号に定める「利益文書」および「法律関係文書」に該当するか否か、また同条4号ニに定める「自己利用文書」（専ら文書の所持者の利用に供するための文書）に該当するか否かが問題となる。

　裁判例は分かれていたが、近年には、「自己利用文書」につき、当該文書の開示が個人のプライバシーや個人・団体の自由な意思形成を侵害し、所持者側に看過し難い不利益を生じさせるおそれがある場合に同文書該当性を認める判例[*123]が出されたのを受けて、文書提出義務を積極的に認める傾向にある。たとえば、人事考課表につき、人事考課制度の公正な運用を担保する目的で作成され、昇給昇格要件と密接に結びついていることから、労働契約と密接に関連する事項を記載した文書であるとして「法律関係文書」への該当性を認めつつ、当該事案において社内公開が予定されていたことから「自己利用文書」性を否定して提出を命じた例[*124]や、社員の「資格歴」につき、会社固有の内部情報ではなく、基本的労働条件を含む各労働者に帰属する個人情報であること、会社が各労働者につき決定した結果を示した人事情報であり、会社の意思形成過程自体を反映しているわけではないこと等から「自己利用文書」性を否定して提出を命じた例[*125]がある[*126]。民事訴訟法220条の改正趣旨は、証拠偏在問題に対応するために文書提出義務を拡大した点にあり、特に法人が保持する「自己利用文書」の範囲は厳格に解する必要があるため、妥当な判断と評しうる。一方、予備校講師の担当コマ数減を伴う契約更新事案（1012頁参照）につき、一定期間中に契約を非更改とされた講師や担当コマ数を減らされた講師に係る情報を記載した書面については「自己利用文書」性を否定して提出を命じつつ、申立人講師本人に係る評価基準および資料については、予備校は厳しい競争関係にあり、講師の良否やその評価

[*123]　最決平成11・11・12民集53巻8号1787頁。
[*124]　住友生命保険事件・大阪地決平成11・1・11労判760号33頁。
[*125]　藤沢薬品工業事件・大阪高決平成17・4・12労判894号14頁。
[*126]　文書提出義務の肯定例として、賃金台帳・履歴台帳（京ガス事件・京都地決平成11・3・1労判760号30頁、石山事件・東京高決平成17・12・28労判915号107頁）、労災認定に係る労基署長所有の聴取書（神戸東労基署長事件・神戸地決平成14・6・6労判832号24頁）、就業規則変更の効力を争う訴訟における法人税申告書の添付書類（全日本検数協会事件・神戸地決平成16・1・14労判868号5頁）、JYU-KEN事件・東京高決令和4・12・23労経速2512号18頁（タイムカード）、對馬事件・東京地決令和5・8・4労経速2530号20頁（出退勤時刻記録文書）等がある。

が生徒数および予備校の利益に直結する等の事情によれば，講師の人事評価基準は予備校の利益に直結する重要な内部情報であり，その詳細が開示されることは，競争関係にある予備校に有益な情報を提供し，相手方予備校の事業に大きな不利益を生ずるおそれがあると判断し，看過し難い不利益の発生可能性を認めて文書提出申立てを却下した例もある[127]。本件のようなケースでは，「自己利用文書」該当性の判断は相当微妙となろう[128]。

---

[127] 河合塾事件・東京高決令和元・8・21労判1214号68頁。文書提出義務の一部否定例として，国立大学法人におけるハラスメント調査文書につき，その一部について「自己利用文書」「法律関係文書」該当性を否定して使用者に提出を命じつつ，一部について「公務員の職務上の秘密に関する文書」（民訴220条4号ロ）該当性を認めて提出義務を否定した例（茨城大学事件・最決平成25・12・19労判1102号5頁），医療法人におけるハラスメント調査文書中，ヒアリング対象者等識別情報に係る記載について「自己利用文書」性を認めて提出命令申立を却下しつつ，その余の部分について文書提出義務を認めた例（徳洲会事件・東京高決令和5・12・26ジャーナル144号14頁）がある。

[128] 使用者が行った秘密保護のための閲覧等制限の申立て（民訴92条1項2号）につき，当該訴訟記録中の事項の不正競争防止法上の営業秘密（2条6項[155頁]）該当性を否定して却下した事例として，西村あさひ法律事務所・外国法共同事業事件・東京地決令和6・3・1ジャーナル147号12頁がある。

判 例 索 引

最高裁判所

最判昭和29・1・21民集8巻1号123頁（池貝鉄工事件）……………………………………886
最決昭和30・10・4刑集9巻11号2150頁……………………………………………………269
最判昭和31・11・2民集10巻11号1413頁（関西精機事件）………………………………346
最判昭和32・4・30民集11巻4号646頁（大阪小型自動車事件）…………………………258
最判昭和35・3・11民集14巻3号403頁（細谷服装事件）……………………………105, 850
最判昭和35・7・14刑集14巻9号1139頁（小島撚糸事件）…………………………………429
最判昭和36・4・27民集15巻4号974頁（八幡製鉄事件）…………………………………824
最大判昭和36・5・31民集15巻5号1482頁（日本勧業経済会事件）………………………346
最判昭和38・6・21民集17巻5号754頁（十和田観光電鉄事件）…………………………110
最判昭和39・12・11民集18巻10号2143頁（名古屋鉄道事件）……………………………372
最判昭和40・2・5民集19巻1号52頁（明治生命保険事件）………………………………319
最判昭和43・3・12民集22巻3号562頁（小倉電報電話局事件）…………………………344
最判昭和43・5・28判時519号89頁（伊予相互金融事件）…………………………314, 344
最判昭和43・8・2民集22巻8号1603頁（西日本鉄道事件）………………………………642
最判昭和43・12・24民集22巻13号3050頁（電電公社千代田丸事件）……………137, 681, 1122
最大判昭和43・12・25民集22巻13号3459頁（秋北バス事件）………………18, 219, 732, 745, 748, 749
最判昭和44・2・27民集23巻2号511頁……………………………………………………96
最判昭和44・9・2民集23巻9号1641頁（江戸川製作所事件）……………………………353
最判昭和44・12・18民集23巻12号2495頁（福島県教組事件）……………………………349
最判昭和45・7・28民集24巻7号1220頁（横浜ゴム事件）…………………………………646
最判昭和45・10・30民集24巻11号1693頁（群馬県教組事件）……………………………349
最判昭和47・11・9民集26巻9号1513頁……………………………………………………1159
最判昭和47・12・22民集26巻10号1991頁…………………………………………………198
最判昭和48・1・19民集27巻1号27頁（シンガー・ソーイング・メシーン事件）……347, 348, 365
最判昭和48・3・2民集27巻2号191頁（林野庁白石営林署事件）……………………495, 515
最判昭和48・10・19労判189号53頁（日東タイヤ事件）……………………………………575
最判昭和48・10・26民集27巻9号1240頁……………………………………………………96
最大判昭和48・12・12民集27巻11号1536頁（三菱樹脂事件）………………121, 271, 273, 274, 297, 299
最判昭和49・2・28民集28巻1号66頁（国鉄中国支社事件）………………………………612
最判昭和49・3・15民集28巻2号265頁（日本鋼管事件）…………………………………646
最判昭和49・7・22民集28巻5号927頁（東芝柳町工場事件）……………………………1000
最判昭和50・2・25民集29巻2号143頁（自衛隊八戸車輌整備工場事件）……683, 684, 686, 691, 722, 728
最判昭和50・4・25民集29巻4号456頁（日本食塩製造事件）……………………………854
最判昭和50・11・28民集29巻10号1554頁…………………………………………………1134
最判昭和51・7・8民集30巻7号689頁（茨石事件）…………………………………259, 264
最判昭和51・7・9判時819号91頁（新井工務店事件）………………………………103, 105
最判昭和52・1・31労判268号17頁（高知放送事件）………………630, 855, 859, 873, 883, 884
最判昭和52・6・20民集31巻4号449頁（岐阜商工信用組合事件）……………………941, 946
最判昭和52・12・13民集31巻7号974頁（電電公社目黒電報電話局事件）………142, 415, 645
最判昭和52・12・13民集31巻7号1037頁（富士重工業事件）…………138, 139, 612, 613, 614
最判昭和52・12・20民集31巻7号1101頁（神戸税関事件）……………………368, 669, 671
最判昭和54・7・20民集33巻5号582頁（大日本印刷事件）………………278, 279, 280, 282, 284

最判昭和 54・10・30 民集 33 巻 6 号 647 頁（国鉄札幌運転区事件）……………………………612, 616
最判昭和 54・11・13 判タ 402 号 64 頁（住友化学事件）………………………………………………415
最判昭和 55・5・30 民集 34 巻 3 号 464 頁（電電公社近畿電通局事件）……………278, 279, 281, 284
最判昭和 55・7・10 労判 345 号 20 頁（下関商業高校事件）……………………………………………827
最判昭和 55・12・18 民集 34 巻 7 号 888 頁（鹿島建設・大石塗装事件）………………722, 723, 726
最判昭和 56・2・16 民集 35 巻 1 号 56 頁（航空自衛隊芦屋分遣隊事件）…………………689, 717
最判昭和 56・3・24 民集 35 巻 2 号 300 頁（日産自動車事件）………………………………………956
最判昭和 56・4・24 民集 35 巻 3 号 672 頁………………………………………………………………316
最判昭和 56・5・11 判時 1009 号 124 頁（前田製菓事件）……………………………………………372
最判昭和 56・9・18 民集 35 巻 6 号 1028 頁（三菱重工業事件）………………………………………252
最判昭和 57・3・12 民集 36 巻 3 号 329 頁………………………………………………………………1154
最判昭和 57・3・18 民集 36 巻 3 号 366 頁（電電公社此花電報電話局事件）……499, 501, 505, 517
最決昭和 57・4・2 刑集 36 巻 4 号 538 頁（日本求人協会事件）……………………………………269
最判昭和 57・4・13 民集 36 巻 4 号 659 頁（大成観光事件）……………………………………142, 143
最判昭和 57・5・27 民集 36 巻 5 号 777 頁（東京都建設局事件）……………………………………279
最判昭和 57・10・7 労判 399 号 11 頁（大和銀行事件）………………………………………………359
最判昭和 57・10・8 労経速 1143 号 8 頁（石川島播磨重工業事件）………………………594, 596
最判昭和 58・5・27 民集 37 巻 4 号 477 頁（陸上自衛隊 331 会計隊事件）……………688, 689, 690
最判昭和 58・7・15 労判 425 号 75 頁（御国ハイヤー事件）…………………………………………742
最判昭和 58・9・8 判時 1094 号 121 頁（関西電力事件）………………………612, 616, 618, 623, 646
最判昭和 58・9・16 判時 1093 号 135 頁（ダイハツ工業事件）………………………………………133
最判昭和 58・9・30 民集 37 巻 7 号 993 頁（高知郵便局事件）………………………………………515
最判昭和 58・10・27 労判 427 号 63 頁（あさひ保育園事件）…………………………………………908
最判昭和 58・11・1 労判 417 号 21 頁（明治乳業事件）………………………………………………645
最判昭和 59・3・29 労判 427 号 17 頁（清心会事件）…………………………………………………891
最判昭和 59・4・10 民集 38 巻 6 号 557 頁（川義事件）…………………685, 686, 688, 689, 699, 716
最判昭和 59・10・18 労判 458 号 4 頁（日野自動車工業事件）………………………………………402
最判昭和 60・3・7 労判 449 号 49 頁（水道機工事件）……………………………131, 138, 323, 324
最判昭和 60・3・26 判時 1159 号 150 頁（シチズン時計事件）………………………………………372
最判昭和 60・4・5 民集 39 巻 3 号 675 頁（古河電気工業事件）………………………………571, 587
最判昭和 60・7・16 民集 39 巻 5 号 1023 頁（エヌ・ビー・シー工業事件）………………………603
最判昭和 60・11・28 労判 469 号 6 頁（京都新聞社局事件）……………………………252, 254, 360
最判昭和 61・3・13 労判 470 号 6 頁（電電公社帯広局事件）………………………131, 146, 148, 219, 682
最判昭和 61・7・14 労判 477 号 6 頁（東亜ペイント事件）
　　　　　　　　　………………………………244, 251, 540, 542, 553, 554, 555, 556, 557, 560, 561, 568, 569
最判昭和 61・12・4 労判 486 号 6 頁（日立メディコ事件）………………………………911, 1001, 1006
最判昭和 62・4・2 労判 500 号 14 頁（あけぼのタクシー事件）……………………………………894
最判昭和 62・7・10 民集 41 巻 5 号 1229 頁（弘前電報電話局事件）……………495, 502, 503, 516, 517
最判昭和 62・7・17 民集 41 巻 5 号 1283 頁（ノース・ウエスト航空［A］事件）…………………327
最判昭和 62・7・17 民集 41 巻 5 号 1350 頁（ノース・ウエスト航空［B］事件）…………………328
最判昭和 62・9・18 労判 504 号 6 頁（大隈鉄工所事件）…………………………………………820, 824
最判昭和 62・9・22 労判 503 号 6 頁（横手統制電話中継所事件）………………………………503, 504
最判昭和 63・1・26 民集 42 巻 1 号 1 頁………………………………………………………………1157
最判昭和 63・2・5 労判 512 号 12 頁（東京電力事件）………………………………………………167
最判昭和 63・2・16 民集 42 巻 2 号 60 頁（大曲市農業協同組合事件）………………………739, 793
最判昭和 63・3・15 民集 42 巻 3 号 170 頁（宝運輸事件）……………………………………………318
最判昭和 63・7・1 民集 42 巻 6 号 451 頁（ギオン自動車事件）……………………………………258

最判昭和 63・7・14 労判 523 号 6 頁（小里機材事件）………………………………432, 438, 442
最判平成元・7・4 民集 43 巻 7 号 767 頁（電電公社関東電気通信局事件）……………503, 504
最判平成元・9・7 労判 546 号 6 頁（香港上海銀行事件）……………………………243, 249, 767
最判平成元・12・7 労判 554 号 6 頁（日産自動車事件）……………………………………543, 555
最判平成元・12・14 民集 43 巻 12 号 1895 頁（日本シェーリング事件）……………………242, 603
最判平成 2・4・20 労判 561 号 6 頁（林野庁高知営林局事件）………………………………………716
最判平成 2・6・5 民集 44 巻 4 号 668 頁（神戸弘陵学園事件）……………………………297, 305
最判平成 2・11・26 民集 44 巻 8 号 1085 頁（日新製鋼事件）………………………345, 347, 348
最判平成 3・2・5 判時 1390 号 135 頁（日本電信電話事件）………………………………………1161
最判平成 3・4・11 判時 1391 号 3 頁（三菱重工業［難聴 1 次・2 次訴訟］事件）………727, 728
最判平成 3・9・19 労判 615 号 16 頁（炭研精工事件）………………………………………………636
最判平成 3・11・28 民集 45 巻 8 号 1270 頁（日立製作所事件）……………18, 219, 220, 225, 424, 425
最判平成 4・2・18 労判 609 号 12 頁（エス・ウント・エー事件）…………………………492, 494
最判平成 4・6・23 民集 46 巻 4 号 306 頁（時事通信社事件）……………………………………505
最判平成 4・7・13 判時 1434 号 133 頁（第一小型ハイヤー事件）…………………………………743
最判平成 4・10・20 労判 618 号 6 頁（川崎重工業事件）…………………………………………555
最判平成 5・3・26 民集 47 巻 4 号 3201 頁（京都広告事件）………………………………………342
最判平成 5・6・11 労判 632 号 10 頁（国鉄鹿児島自動車営業所事件）……………………133, 135
最判平成 5・6・25 民集 47 巻 6 号 4585 頁（沼津交通事件）………………………………………518
最判平成 6・2・22 民集 48 巻 2 号 441 頁（日鉄鉱業事件）…………………………722, 723, 724
最判平成 6・3・22 労判 652 号 6 頁（日鉄鉱業松尾採石所事件）…………………………………724
最判平成 6・4・22 民集 48 巻 3 号 944 頁（東京エグゼクティブ・サーチ事件）………………269
最判平成 6・6・13 労判 653 号 12 頁（高知県観光事件）…………………………………431, 432
最判平成 6・9・8 労判 657 号 12 頁（敬愛学園事件）………………………………………881, 885
最判平成 6・12・20 民集 48 巻 8 号 1496 頁（倉田学園事件）……………………………………645
最判平成 7・2・9 判時 1523 号 149 頁（興栄社事件）………………………………………79, 372
最判平成 7・2・28 民集 49 巻 2 号 559 頁（朝日放送事件）…………………………………97, 790
最判平成 7・3・9 労判 679 号 30 頁（商大八戸ノ里ドライビングスクール［上告］事件）……251
最判平成 7・9・5 労判 680 号 28 頁（関西電力事件）………………………………………………167
最判平成 8・2・23 労判 690 号 12 頁（JR 東日本［本荘保線区］事件）…………………………135
最判平成 8・3・26 民集 50 巻 4 号 1008 頁（朝日火災海上保険事件）………243, 245, 364, 365, 738, 745, 767, 773
最判平成 8・9・26 労判 708 号 31 頁（山口観光事件）……………………………………………665
最判平成 8・11・28 判時 1589 号 136 頁（横浜南労基署長事件）…………………………………70, 76
最判平成 9・1・28 民集 51 巻 1 号 78 頁（改進社事件）…………………………………………1131
最判平成 9・2・28 民集 51 巻 2 号 705 頁（第四銀行事件）……18, 19, 732, 736, 740, 741, 743, 745, 746, 753, 1058
最判平成 9・3・27 労判 713 号 27 頁（朝日火災海上保険事件）………………………767, 771, 772, 773, 793
最判平成 9・11・11 民集 51 巻 10 号 4055 頁………………………………………………………1134
最判平成 9・11・28 労判 727 号 14 頁（横浜市立保育園事件）……………………………………715
最判平成 10・4・9 労判 736 号 15 頁（片山組事件）………………………………………324, 599
最判平成 10・9・8 労判 745 号 7 頁（安田病院事件）………………………………………………92
最判平成 10・9・10 労判 757 号 20 頁（九州朝日放送事件）………………………………544, 546
最判平成 11・3・25 集民 192 号 499 頁………………………………………………………………171
最判平成 11・6・11 労判 762 号 18 頁（生活協同組合メセタ事件）………………………………353
最判平成 11・7・16 労判 767 号 14 頁（金沢事件）…………………………………………………983
最決平成 11・11・12 民集 53 巻 8 号 1787 頁………………………………………………………1181
最決平成 11・12・24 労判 775 号 14 頁（徳島南海タクシー事件）………………………………432
最判平成 12・1・28 労判 774 号 7 頁（ケンウッド事件）……………………………540, 555, 560

最決平成 12・2・18 労判 776 号 6 頁（時事通信社［年休・懲戒解雇］事件）……………………………………508
最判平成 12・3・9 民集 54 巻 3 号 801 頁（三菱重工業事件）……………………………………403, 404, 405, 406
最判平成 12・3・9 労判 778 号 14 頁（三菱重工業［2 次訴訟］事件）……………………………………405
最判平成 12・3・24 民集 54 巻 3 号 1155 頁（電通事件）…………474, 679, 692, 695, 697, 700, 708, 711, 714, 721
最判平成 12・3・31 労判 781 号 18 頁（日本電信電話事件）……………………………………505
最決平成 12・6・27 労判 795 号 13 頁（東加古川幼稚園事件）……………………………………714
最判平成 12・7・7 民集 54 巻 6 号 1767 頁（野村證券損失補塡株主代表訴訟）……………………………………702, 704
最判平成 12・9・7 民集 54 巻 7 号 2075 頁（みちのく銀行事件）……………………732, 737, 741, 743, 744, 753, 754, 765
最判平成 12・9・12 労判 788 号 23 頁（羽後銀行事件）……………………………………740
最判平成 12・9・22 労判 788 号 17 頁（函館信用金庫事件）……………………………………740, 745, 753
最決平成 12・11・28 労判 797 号 12 頁（中根製作所事件）……………………………………768
最判平成 13・3・13 民集 55 巻 2 号 395 頁（都南自動車教習所事件）……………………………………235, 334
最判平成 13・4・26 労判 804 号 15 頁（愛知県教育委員会事件）……………………………………682
最判平成 13・6・22 労判 808 号 11 頁（トーコロ事件）……………………………………421
最判平成 14・1・22 労判 823 号 12 頁（崇徳学園事件）……………………………………644
最判平成 14・2・28 民集 56 巻 2 号 361 頁（大星ビル管理事件）………407, 412, 414, 431, 441, 442, 443, 450, 452
最判平成 15・4・11 判時 1822 号 133 頁（RGB アドベンチャー事件）……………………………………209
最判平成 15・4・18 労判 847 号 14 頁（新日本製鐵［日鐵運輸第 2］事件）……………225, 244, 572, 573, 574, 578, 588
最判平成 15・4・22 民集 57 巻 4 号 477 頁（オリンパス光学工業事件）……………………………………202, 206
最判平成 15・10・10 労判 861 号 5 頁（フジ興産事件）……………………………………220, 227, 228, 616, 735
最判平成 15・12・4 労判 862 号 14 頁（東朋学園事件）……………………………………602, 603, 604
最判平成 15・12・18 労判 866 号 14 頁（北海道国際航空事件）……………………217, 340, 341, 590, 745, 767, 776
最判平成 15・12・22 民集 57 巻 11 号 2335 頁（JR 北海道・日本貨物鉄道事件）……………………………………272
最判平成 16・7・12 労判 875 号 5 頁（京都市交通局事件）……………………………………528
最判平成 17・1・25 民集 59 巻 1 号 64 頁（荒川税務署長事件）……………………………………316
最大判平成 17・1・26 民集 59 巻 1 号 128 頁（東京都事件）……………………………………120, 1128
最判平成 17・6・3 民集 59 巻 5 号 938 頁（関西医科大学［未払賃金］事件）……………………………………75, 332
最判平成 18・2・7 民集 60 巻 2 号 401 頁……………………………………182
最判平成 18・3・28 労判 933 号 12 頁（社会福祉法人いずみ福祉会事件）……………………………………894
最判平成 18・10・6 労判 925 号 11 頁（ネスレ日本事件）……………………………………617, 622, 634, 662, 663
最判平成 19・6・28 労判 940 号 11 頁（藤沢労基署長事件）……………………………………77
最判平成 19・7・13 判時 1982 号 152 頁（朝日学園事件）……………………………………619, 624, 648
最判平成 19・10・19 民集 61 巻 7 号 2555 頁（大林ファシリティーズ事件）……………………………………407, 410
最判平成 19・11・16 労判 952 号 5 頁（三菱自動車工業事件）……………………………………373
最判平成 19・12・18 労判 951 号 5 頁（福岡雙葉学園事件）……………………………………357
最判平成 20・3・27 労判 958 号 5 頁（NTT 東日本事件）……………………………………719
最判平成 21・10・16 民集 63 巻 8 号 1799 頁（米国ジョージア州［解雇］事件）……………………………………1137
最判平成 21・12・18 民集 63 巻 10 号 2754 頁（パナソニックプラズマディスプレイ事件）
……………………………………92, 93, 94, 1000, 1006, 1095
最判平成 21・12・18 労判 1000 号 5 頁（ことぶき［上告］事件）……………………………………481, 485, 945
最判平成 22・3・25 民集 64 巻 2 号 562 頁（サクセスほか［三佳テック］事件）……………………………………944, 945
最判平成 22・5・25 労判 1018 号 5 頁（小野リース事件）……………………………………873, 874, 1152
最判平成 22・7・12 労判 64 巻 5 号 1333 頁（日本アイ・ビー・エム事件）……………………………………811, 812, 813
最判平成 22・7・15 判時 2091 号 90 頁（アパマンショップ HD 株主代表訴訟事件）……………………………………706
最判平成 23・4・12 労判 1026 号 27 頁（INAX メンテナンス事件）……………………………………66, 72, 73, 240
最判平成 23・7・12 判時 2130 号 139 頁（京都市事件）……………………………………694
最判平成 24・1・16 判時 2147 号 127 頁（東京都国旗国歌訴訟）……………………………………671

判例索引（最高裁・平成 24 年 - 令和 2 年）　*1187*

最判平成 24・2・21 民集 66 巻 3 号 955 頁（ビクターサービスエンジニアリング事件）……………………67, 73
最判平成 24・3・8 労判 1060 号 5 頁（テックジャパン事件）…………………………………………431, 437, 438
最判平成 24・4・27 労判 1055 号 5 頁（日本ヒューレット・パッカード事件）……………………619, 638, 862
最判平成 24・11・29 労判 1064 号 13 頁（津田電気計器事件）………………………………………………836, 840
最決平成 25・2・12 ジャーナル 13 号 1 頁（奈良県事件）……………………………………………………………408
最決平成 25・4・9 労経速 2182 号 34 頁（本田技研工業事件）……………………………………………………1018
最判平成 25・6・6 民集 67 巻 5 号 1187 頁（八千代交通事件）………………………………………………495, 1166
最判平成 25・10・22 労経速 2194 号 11 頁（日本航空事件）………………………………………………………1009
最決平成 25・12・19 労判 1102 号 5 頁（茨城大学事件）…………………………………………………………1182
最判平成 26・1・24 労判 1088 号 5 頁（阪急トラベルサポート［第 2・上告］事件）…………………456, 457
最判平成 26・3・6 判時 2219 号 136 頁（ホッタ晴信堂薬局事件）…………………………………………………105
最判平成 26・3・24 労判 1094 号 22 頁（東芝事件）………………………………………695, 700, 720, 721
最判平成 26・10・23 民集 68 巻 8 号 1270 頁（広島中央保健生活協同組合事件）
　……………………………………………………………607, 608, 609, 782, 971, 974, 976, 1180
最決平成 27・2・4LEX/DB25505801（日本航空［客室乗務員］事件）………………………………………921
最決平成 27・2・5LEX/DB25505802（日本航空［運航乗務員］事件）………………………………………921
最判平成 27・2・26 労判 1109 号 5 頁（L 館事件）……………………………………626, 641, 984, 985, 988
最判平成 27・3・5 判時 2265 号 120 頁（クレディ・スイス証券事件）……………………………………………331
最決平成 27・5・19 民集 69 巻 4 号 635 頁 ………………………………………………………………………103
最判平成 27・6・8 民集 69 巻 4 号 1047 頁（専修大学［上告］事件）……………………………………………848
最決平成 27・6・23LEX/DB25447370（社会福祉法人大磯恒道会事件）………………………………626, 667
最判平成 28・2・19 民集 70 巻 2 号 123 頁（山梨県民信用組合事件）
　……21, 196, 199, 211, 212, 291, 335, 336, 762, 763, 764, 765, 768, 771, 776, 780, 781, 793, 931, 1020, 1021, 1175
最決平成 28・6・16 ジャーナル 54 号 32 頁（カンリ事件）…………………………………………………………184
最判平成 28・12・1 労判 1156 号 5 頁（福原学園事件）……………………………………………………………305
最判平成 29・2・28 労判 1152 号 5 頁（国際自動車［第 1 次上告審］事件）………………431, 433, 434, 435, 436
最判平成 29・7・7 判判 1168 号 49 頁（康心会事件）………………………………428, 431, 432, 434, 435, 437
最判平成 30・2・15 労判 1181 号 5 頁（イビデン事件）………………………………………34, 168, 661, 992
最決平成 30・3・1 労判 1175 号 96 頁（九州惣菜事件）………………………………………………………838
最判平成 30・6・1 民集 72 巻 2 号 88 頁（ハマキョウレックス事件）
　…………………………………………………1040, 1041, 1042, 1043, 1047, 1050, 1052, 1053, 1054, 1178
最判平成 30・6・1 民集 72 巻 2 号 202 頁（長澤運輸事件）……356, 839, 1041, 1048, 1049, 1060, 1061, 1062, 1063
最判平成 30・7・19 労判 1186 号 5 頁（日本ケミカル事件）………………………………428, 431, 433, 435, 439
最判平成 30・9・14 労判 1194 号 5 頁（日本郵便事件）……………………………………………224, 226, 1022
最判平成 30・11・6 判時号 22 頁（A 市事件）……………………………………………………………………669
最判平成 31・4・25 労判 1208 号 5 頁（平尾事件）………………………………………………………244, 341
最判令和元・11・7 労経速 2403 号 3 頁（朝日建物管理事件）……………………………………………………1168
最判令和 2・2・28 民集 74 巻 2 号 106 頁（福山通運事件）………………………………………258, 259, 262
最判令和 2・3・30 民集 74 巻 3 号 549 頁（国際自動車［第 2 次上告審］事件）………………428, 431, 436
最判令和 2・7・6 判時 2472 号 3 頁 ………………………………………………………………………………670
最判令和 2・10・13 民集 74 巻 7 号 1901 頁（メトロコマース事件）
　………………………………………………365, 1041, 1044, 1046, 1048, 1050, 1056, 1057, 1059, 1064, 1065
最判令和 2・10・13 労判 1229 号 77 頁（大阪医科薬科大学事件）………356, 1041, 1044, 1046, 1050, 1056
最判令和 2・10・15 労判 1229 号 5 頁（日本郵便［佐賀］事件）………508, 1041, 1044, 1046, 1049, 1050, 1053
最判令和 2・10・15 労判 1229 号 58 頁（日本郵便［東京］事件）………508, 1041, 1044, 1046, 1050, 1053
最判令和 2・10・15 労判 1229 号 67 頁（日本郵便［大阪］事件）…508, 1041, 1044, 1046, 1050, 1053, 1055, 1057
最決令和 2・10・29LEX/DB25567993（相鉄ホールディングス事件）……………………………………………587

最判令和3・5・17民集75巻5号1359頁（建設アスベスト訴訟［神奈川］事件）…………………677, 692
最判令和3・5・17労判1259号33頁（建設アスベスト訴訟［京都］事件）……………………………677
最判令和3・5・17労判1268号5頁（建設アスベスト訴訟［大阪］事件）……………………677, 692
最決令和3・12・9ジャーナル122号40頁（サンセイほか事件）……………………………………694
最決令和4・4・21LEX/DB25593066（神社本庁事件）…………………………………………………620
最判令和4・6・14労経速2496号3頁（氷見市消防職員事件）……………………………………670
最決令和4・9・7ジャーナル131号31頁（Hプロジェクト事件）………………………………………78
最判令和4・9・13ジャーナル128号2頁（長門市事件）………………………………………………875
最判令和5・3・10労判1284号5頁（熊本総合運輸事件）…………………………………435, 436, 439
最判令和5・6・27民集77巻5号1049頁（宮城県・県教委事件）…………………………………368, 670
最判令和5・7・11民集77巻5号1171頁（国・人事院［経産省職員］事件）……………………………180
最判令和5・7・20労判1292号5頁（名古屋自動車学校事件上告審）……………………………1064
最決令和5・8・3労経速2525号24頁（クレディ・スイス証券事件）………………………………903
最判令和6・4・16労判1309号5頁（協同組合グローブ事件）………………………………………458
最判令和6・4・26労判1308号5頁（滋賀県社会福祉協議会事件）………………………548, 550, 551
最判令和6・7・8LEX/DB25573635（テレビ宮崎事件）………………………………………………372

高等裁判所

広島高岡山支判昭和30・6・20労民6巻3号359頁（両備バス事件）………………………………795
東京高決昭和33・8・2労民9巻5号831頁（読売新聞社事件）……………………………………190
大阪高判昭和37・5・14労民13巻3号618頁（神戸製鋼所事件）……………………………………636
東京高決昭和37・12・4労民13巻6号1172頁（三協紙器製作所事件）………………………98, 791
大阪高判昭和38・3・26労民14巻2号439頁（播磨鉄鋼事件）……………………………795, 803
東京高判昭和43・8・9労民19巻4号940頁（日立製作所事件）……………………………………572
高松高判昭和46・2・25労民22巻1号87頁（丸住製紙事件）………………………………………624
東京高判昭和49・8・27労判218号58頁（日本ルセル事件）………………………………………357
東京高判昭和50・10・28判時794号50頁（日本貨物検数協会事件）………………………………319
東京高判昭和50・12・22労民26巻6号1116頁（慶應大学付属病院事件）…………………………273
東京高判昭和51・7・19労判258号39頁（東亜石油事件）…………………………………………558
東京高判昭和52・1・26労民28巻1＝2号1頁（国鉄事件）………………………………………524
東京高判昭和53・6・20労判309号50頁（寿建築研究所事件）……………………………………851
東京高判昭和53・7・18判時900号68頁（池袋労基署事件）………………………………………106
東京高判昭和54・10・29判労330号71頁（東洋酸素事件）…………………901, 903, 905, 906, 914
福岡高判昭和55・1・17労判334号12頁（西日本アルミニウム工業事件）…………………………892
東京高判昭和55・2・18労民31巻1号49頁（古河鉱業事件）…………………………………161, 647
大阪高判昭和55・3・28判時967号121頁（日本製麻事件）…………………………………………584
大阪高判昭和55・4・24労民31巻2号524頁（佐野安船渠事件）……………………………………241
名古屋高判昭和56・4・30労民32巻2号250頁（足立学園事件）……………………………………342
札幌高判昭和56・7・16労民32巻3＝4号502頁（旭川大学事件）……………………………………113
東京高判昭和56・7・16労判458号15頁（日野自動車工業事件）……………………………………402
大阪高判昭和57・9・30労判398号38頁（高田製鋼所事件）………………………………………908
東京高判昭和57・10・12判タ480号95頁（航空自衛隊実験航空隊事件）……………………………689
東京高判昭和58・4・26労民34巻2号263頁（社会保険新報社事件）………………………………110
福岡高判昭和58・6・7判時1084号126頁（サガテレビ事件）……………………………………91, 92
東京高判昭和58・12・19労民34巻5＝6号924頁（八州事件）………………………………………291
東京高判昭和59・3・30労判437号41頁（フォード自動車［日本］事件）…………………531, 869, 870

判例索引（高裁・昭和 59 年 – 平成 8 年） *1189*

大阪高判昭和 59・3・30 判時 1122 号 164 頁（布施自動車教習所・長尾商事事件）……………………97, 98
大阪高判昭和 59・5・30 労判 437 号 34 頁（黒川乳業事件）………………………………………………241
東京高判昭和 59・8・28 労判 437 号 25 頁（ニプロ医工事件）……………………………………………357, 361
東京高判昭和 59・9・27 労判 440 号 33 頁（ヤマト科学事件）……………………………………………360
大阪高判昭和 59・11・29 判時 453 号 156 頁（日本高圧瓦斯事件）………………………………………370, 822
大阪高判昭和 60・12・23 判時 1178 号 27 頁（大東マンガン事件）………………………………………106
東京高判昭和 61・3・27 労判 472 号 28 頁（日立製作所事件）……………………………………………244
東京高判昭和 61・5・29 労判 489 号 89 頁（洋書センター事件）…………………………………………617, 849
東京高判昭和 61・10・14 金判 767 号 21 頁（かなざわ総本舗事件）………………………………………293, 294
名古屋高判昭和 62・4・27 労判 498 号 36 頁（栃木合同輸送事件）………………………………………581, 1163
名古屋高判昭和 62・12・9 労判 511 号 59 頁（大隈鉄工所事件）…………………………………………344
仙台高判昭和 62・12・15 判時 509 号 12 頁（仙台中央電報局事件）………………………………………504
大阪高判昭和 63・3・28 判タ 676 号 85 頁（ネッスル事件）………………………………………………243
東京高判昭和 63・12・19 労判 531 号 22 頁（時事通信社事件）……………………………………………505
東京高判平成元・2・27 労判 541 号 84 頁（日本航空事件）………………………………………………669
東京高判平成元・3・16 労判 538 号 58 頁（前橋信用金庫事件）……………………………………………643
東京高判平成元・5・30 労民 40 巻 2 = 3 号 388 頁（三葉興業事件）………………………………………628
大阪高判平成 2・3・8 判タ 737 号 141 頁（千代田工業事件）………………………………………………290
東京高判平成 2・7・19 労判 580 号 29 頁（立川バス事件）…………………………………………………664, 1165
大阪高判平成 2・7・26 労判 572 号 114 頁（ゴールド・マリタイム事件）…………………………………574, 578
名古屋高判平成 2・8・31 判時 569 号 37 頁（中部日本広告社事件）………………………………………225, 943
東京高判平成 2・12・10 判タ 768 号 124 頁（大成クレジット事件）………………………………………349
大阪高判平成 3・1・16 労判 581 号 36 頁（龍神タクシー事件）……………………………………………1004
東京高判平成 3・1・30 労判 580 号 6 頁（東京市外電話局事件）…………………………………………504
大阪高判平成 3・12・25 労判 621 号 80 頁（京都広告事件）………………………………………………335, 337
仙台高判平成 4・1・10 労民 43 巻 1 号 1 頁（岩手銀行事件）………………………………………………953
東京高判平成 4・2・10 労判 644 号 73 頁（JR 東日本［高崎西部分会］事件）……………………………635
仙台高秋田支判平成 4・10・19 判タ 811 号 132 頁（JR 東日本［秋田支店］事件）………………………662
東京高判平成 5・3・31 労判 629 号 19 頁（千代田化工建設事件）…………………………………901, 905, 907, 910, 918
大阪高判平成 5・6・25 労判 679 号 32 頁（商大八戸ノ里ドライビングスクール事件）…………………251, 253
大阪高判平成 6・2・25 労判 673 号 158 頁（京都コンピュータ学院洛北校事件）…………………………637
福岡高判平成 6・3・24 労民 45 巻 1 = 2 号 123 頁（三菱重工業［計画年休］事件）………………………515
東京高判平成 6・3・24 労判 670 号 83 頁（東京貯金事務センター事件）…………………………………500
東京高判平成 6・6・17 労判 654 号 25 頁（西武バス事件）…………………………………………………883, 884
東京高判平成 6・7・20 知的裁集 26 巻 2 号 717 頁（FM 信号復調装置事件）………………………………205
東京高判平成 6・12・26 労判 1357 号 60 頁（上尾タクシー事件）…………………………………………357
東京高判平成 7・2・28 判時 678 号 69 頁（ケイエム観光事件）……………………………………………880
福岡高判平成 7・3・15 労判 672 号 17 頁（三菱重工業［2 次訴訟］事件控訴審）………………………405
東京高判平成 7・6・22 労判 685 号 66 頁（松蔭学園事件）…………………………………………………863, 887
東京高判平成 7・6・28 労判 686 号 55 頁（東京中央郵便局事件）…………………………………………253
名古屋高判平成 7・7・19 労判 700 号 95 頁（名古屋学院事件）……………………………………………374
名古屋高判平成 7・8・23 労判 689 号 68 頁（よみうり事件）………………………………………541, 564, 803, 1161
東京高判平成 7・8・30 労判 684 号 39 頁（富国生命保険事件）……………………………………………593
東京高判平成 7・12・6 LEX/DB28031905（フリーラン［控訴］事件）……………………………………945
東京高判平成 8・3・27 判時 1567 号 140 頁（シャネル事件）………………………………………………890
福岡高判平成 8・7・30 労判 757 号 21 頁（九州朝日放送事件）……………………………………………191
名古屋高金沢支判平成 8・10・30 労判 707 号 37 頁（金沢事件）…………………………………………983, 985

東京高判平成 8・12・5 労判 706 号 26 頁（大星ビル管理事件）……………………………431
東京高判平成 9・1・31 労判 718 号 48 頁（JR 東日本［水戸機関区］事件）………………1161
東京高判平成 9・11・17 労判 729 号 44 頁（トーコロ事件）………………………250, 421, 424
東京高判平成 9・11・20 労判 728 号 12 頁（横浜事件）………………582, 585, 982, 983, 986, 988
大阪高決平成 9・12・16 労判 729 号 18 頁（丸島アクアシステム事件）…………………1009
大阪高判平成 10・2・18 労判 744 号 63 頁（安田病院事件）……………………………………92
東京高判平成 10・2・26 労判 732 号 14 頁（東京海上火災保険・海上ビル診療所事件）……709
名古屋高金沢支判平成 10・3・16 労判 738 号 32 頁（西日本ジェイアールバス事件）……503, 505, 508
大阪高判平成 10・5・29 労判 745 号 42 頁（日本コンベンションサービス事件）………163, 164, 369, 647, 943
大阪高判平成 10・7・22 労判 748 号 98 頁（駸々堂事件）………………………………338, 779
大阪高判平成 10・8・27 労判 744 号 17 頁（東加古川幼稚園事件）…………………714, 715, 721
大阪高判平成 10・9・10 労判 753 号 76 頁（東灘郵便局事件）…………………………499, 504
大阪高判平成 10・11・26 労判 757 号 59 頁（甲南学園事件）……………………………………651
東京高判平成 10・12・10 労判 761 号 118 頁（直源会相模原南病院事件）…………358, 548, 564
大阪高判平成 11・3・30 労判 771 号 62 頁（三菱重工業［振動障害］事件）………679, 718, 725
東京高判平成 11・3・31 労判 758 号 7 頁（丸子警報器［雇止め・本訴］事件）……1002, 1007, 1008
東京高判平成 11・4・20 判時 1682 号 135 頁（日本交通事件）…………………………499, 516
札幌高判平成 11・7・9 労判 764 号 17 頁（北海道龍谷学園事件）……………………………862
東京高判平成 11・7・28 労判 770 号 58 頁（システムコンサルタント事件）……474, 695, 697, 701, 713, 716, 719
東京高判平成 11・8・17 労判 772 号 35 頁（ユニ・フレックス事件）…………………………493
大阪高判平成 11・9・1 労判 862 号 94 頁（大阪労働衛生センター第一病院事件）……………784
東京高判平成 11・9・30 労判 780 号 80 頁（日本中央競馬会事件）……………………………494
東京高判平成 11・10・19 労判 774 号 23 頁（京王自動車事件）………………………………640
福岡高判平成 11・11・2 労判 790 号 76 頁（古賀タクシー事件）……………………………544
福岡高判平成 12・2・16 労判 784 号 73 頁（新日本製鐵［三島光産・出向］事件）……573, 574
東京高判平成 12・4・19 労判 787 号 35 頁（日新火災海上保険事件）…………………292, 293
東京高判平成 12・5・24 労判 785 号 22 頁（エフピコ事件）……………………………………544
東京高判平成 12・7・26 労判 789 号 6 頁（中根製作所事件）…………………235, 768, 771, 772
東京高判平成 12・8・31 労判 795 号 28 頁（JR 東日本［高崎車両区・年休］事件）……501, 504
福岡高判平成 12・11・28 労判 806 号 58 頁（新日本製鐵［日鐵運輸］事件）……573, 575, 576, 578
東京高判平成 12・11・28 労判 815 号 77 頁（ユナイテッド航空事件）……………1134, 1135
東京高判平成 12・11・29 労判 799 号 17 頁（メレスグリオ事件）……………………………640
東京高判平成 12・12・22 労判 796 号 5 頁（芝信用金庫［控訴］事件）………………528, 957
東京高判平成 12・12・27 労判 809 号 82 頁（更生会社三井埠頭事件）……335, 336, 337, 776, 777
札幌高判平成 13・1・31 労判 801 号 13 頁（旭川大学事件）…………………………………1005
大阪高判平成 13・3・6 労判 818 号 73 頁（わいわいランド事件）………………293, 294, 897
大阪高判平成 13・3・14 労判 809 号 61 頁（全日本空輸［退職強要］事件）……………601, 862
東京高判平成 13・3・29 労判 831 号 78 頁（セイシン企業事件）………………………………689
大阪高判平成 13・4・11 労判 825 号 79 頁（K 興業事件）……………………………………259
広島高判平成 13・5・23 労判 811 号 21 頁（マナック事件）……………379, 380, 381, 383, 535, 625
東京高判平成 13・6・27 労判 810 号 21 頁（カンタス航空事件）…………………………1001, 1007
福岡高判平成 13・8・21 労判 819 号 57 頁（新日本製鐵事件）………………………555, 560, 561
仙台高判平成 13・8・29 労判 810 号 11 頁（岩手第一事件）……………………………………450
大阪高判平成 13・8・30 労判 816 号 23 頁（ハクスイテック事件）………………757, 759, 1165
東京高判平成 13・9・12 労判 816 号 11 頁（富士見交通事件）………………………………666
札幌高判平成 13・11・21 労判 823 号 31 頁（渡島信用金庫［懲戒解雇］事件）……………664
福岡高那覇支判平成 13・12・6 労判 825 号 72 頁（M 運輸事件）……………………………261

東京高判平成 13・12・11 労判 821 号 9 頁（八王子信用金庫事件）······················ 738, 742
東京高判平成 14・2・27 労判 824 号 17 頁（青山会事件）·························· 796, 797, 799
東京高判平成 14・4・17 労判 831 号 65 頁（群英学園事件）····························· 631, 651
大阪高判平成 14・5・9 労判 831 号 28 頁（関西医科大学［未払賃金］事件）············· 63, 75
大阪高判平成 14・5・10 労判 836 号 127 頁（関西医科大学［損害賠償］事件）················· 75
東京高判平成 14・5・23 労判 834 号 56 頁（つばさ証券事件）························· 133, 262
大阪高判平成 14・6・19 労判 839 号 47 頁（カントラ事件）·························· 325, 600
広島高判平成 14・6・25 労判 835 号 43 頁（JR 西日本事件）······························ 451
東京高判平成 14・7・2 労判 836 号 114 頁（コンチネンタル・ミクロネシア・インク事件）·········· 1005, 1022
福岡高宮崎支判平成 14・7・2 判時 1804 号 131 頁（宮崎信用金庫事件）·················· 652
東京高判平成 14・7・11 労判 832 号 13 頁（新宿労基署長事件）···················· 62, 63, 71
東京高判平成 14・7・23 労判 852 号 73 頁（三洋電機サービス事件）········ 697, 714, 716, 720
大阪高判平成 14・8・29 労判 837 号 47 頁（アジア航測事件）···························· 873
東京高決平成 14・9・11 労判 838 号 24 頁（カワカミ事件）····························· 1156
福岡高決平成 14・9・18 労判 840 号 52 頁（安川電機事件）························ 1027, 1028
東京高判平成 14・9・24 労判 844 号 87 頁（日本経済新聞社［記者HP・控訴］事件）········ 647
東京高判平成 14・9・30 労判 849 号 129 頁（カジマ・リノベイト事件）·············· 873, 893
大阪高判平成 14・10・30 労判 847 号 69 頁（京都信用金庫事件）···················· 590, 591
東京高判平成 14・11・26 労判 843 号 20 頁（日本ヒルトンホテル事件）········ 787, 788, 1012
大阪高判平成 14・11・26 労判 849 号 157 頁（創栄コンサルタント事件）················· 495
福岡高判平成 14・12・13 労判 848 号 68 頁（明治学園事件）····························· 595
大阪高判平成 15・1・30 労判 845 号 5 頁（大阪空港事業事件）············ 91, 92, 96, 97, 98
仙台高決平成 15・1・31 労判 844 号 5 頁（秋保温泉タクシー［一時金仮払保全異議］事件）········· 235
東京高判平成 15・2・6 労判 849 号 107 頁（県南交通事件）························· 744, 759
東京高判平成 15・2・25 労判 849 号 99 頁（日本工業新聞社事件）················· 637, 662
東京高判平成 15・4・24 労判 851 号 48 頁（キョーイクソフト事件）················ 759, 760
大阪高判平成 15・5・29 労判 858 号 93 頁（榎並工務店事件）······· 695, 697, 713, 715, 719
大阪高判平成 15・6・26 労判 858 号 69 頁（大阪証券取引所事件）······················ 96, 97
東京高判平成 15・8・27 労判 868 号 75 頁（NIK 西東京営業センター事件）··············· 74
東京高判平成 15・9・24 労判 864 号 34 頁（東京サレジオ学園事件）················ 544, 546
大阪高判平成 15・11・13 労判 886 号 75 頁（大森陸運ほか事件）···················· 791, 792
東京高判平成 15・12・11 労判 867 号 5 頁（小田急電鉄事件）········ 225, 369, 632, 646, 667
東京高判平成 16・1・22 労経速 1876 号 24 頁（新日本製鐵事件）······················ 286
東京高判平成 16・1・29 判時 1848 号 25 頁（日立製作所事件）························· 206
東京高判平成 16・3・17 労判 873 号 90 頁（日本オラクル事件）························ 844
大阪高決平成 16・3・30 労判 872 号 24 頁（ピー・アンド・ジー事件）············· 824, 825
広島高判平成 16・4・15 労判 879 号 82 頁（鞆鉄道事件）··························· 768, 771
大阪高判平成 16・5・19 労判 877 号 41 頁（NTT 西日本事件）····················· 737, 742
東京高判平成 16・6・16 労判 886 号 93 頁（千代田学園事件）······················ 666, 667
大阪高判平成 16・7・15 労判 879 号 22 頁（関西医科大学事件）···· 695, 713, 715, 719
広島高判平成 16・9・2 労判 881 号 29 頁（下関事件）····························· 989, 992
仙台高判平成 16・9・29 労判 881 号 15 頁（NHK 盛岡放送局事件）··················· 62, 74
東京高判平成 16・10・14 労判 885 号 26 頁（海外漁業協力財団事件）·············· 626, 666
広島高岡山支判平成 16・10・28 労判 884 号 13 頁（内山工業事件）················ 951, 954
東京高判平成 16・11・16 労判 909 号 77 頁（エーシーニールセン・コーポレーション事件）······ 388, 802
東京高判平成 16・11・24 労判 891 号 78 頁（オークビルサービス事件）············ 407, 410
東京高判平成 17・1・19 労判 889 号 12 頁（ハネウェルジャパン事件）············ 532, 533

東京高判平成17・1・19 労判890号58頁（横浜市学校保健会事件）・・・・・・・・・・・・・・・・・・・・・・・・・・・・・・・・・126, 862
東京高判平成17・1・20 労判886号10頁（ミサワリゾート事件）・・・715
大阪高判平成17・1・25 労判890号27頁（日本レストランシステム事件）・・・・・・・・・533, 549, 560, 561, 564, 574
広島高判平成17・2・16 労判2413＝2414号59頁（広島県ほか事件）・・・・・・・・・・・・・・・・・・・・・・・・・・・・・・499, 507
名古屋高判平成17・2・23 労判909号67頁（O法律事務所事件）・・・・・・・・・・・・・・・・・・・・・・・・・・・・880, 895, 897
東京高判平成17・3・23 労判893号42頁（労働政策研究・研修機構事件）・・・・・・・・・・・・・・・・・・・138, 144, 185
東京高判平成17・3・30 労判905号72頁（神代学園事件）・・・・・・・・・・・・・・・・・・・・・・411, 430, 432, 482, 483
東京高判平成17・3・30 労判911号76頁（高見澤電機製作所事件）・・・・・・・・・・・・・・・・・・・・・・・・・・・・・・・・・・333
大阪高決平成17・3・30 労判896号64頁（第一交通産業事件）・・・・・・・・・・・・・・・・・・・・・・・・96, 98, 99, 793
大阪高決平成17・4・12 労判894号14頁（藤沢薬品工業事件）・・・・・・・・・・・・・・・・・・・・・・・・・・・・・・・・・・・・・1181
福岡高判平成17・4・13 労判891号89頁（九州日誠電気事件）・・・・・・・・・・・・・・・・・・・・・・・・・・・・・・・・・・・・・915
東京高判平成17・4・20 労判914号82頁（A保険会社上司事件）・・・・・・・・・・・・・・・・・・・・・・・・・・・・・166, 524
東京高判平成17・4・27 労判896号19頁（静岡フジカラーほか2社事件）・・・・・・・・・・・・・・・・・・・・・・・・・・793
東京高判平成17・4・27 労判896号86頁（グリーンキャブ事件）・・・・・・・・・・・・・・・・・・・・・・・・・・・・・・・・・・597
東京高判平成17・4・27 労判897号19頁（関西保温工業事件）・・・・・・・・・・・・・・・・・・・・・・・・・・・・・・・691, 715
名古屋高金沢支判平成17・5・18 労判905号52頁（JT乳業事件）・・・・・・・・・・・・・・・・・・・・・・・・・・・・・・・・792
東京高判平成17・5・31 労判898号16頁（勝英自動車学校［大船自動車興業］事件）・・・・・・・・・・42, 797, 803
名古屋高判平成17・6・23 労判951号74頁（名古屋国際芸術文化交流財団事件）・・・・・・・・・・・・・・・・738, 765
東京高判平成17・7・13 労判899号19頁（東京日新学園［控訴］事件）・・・・・・・・・・・・・796, 798, 799, 800
大阪高判平成17・9・8 労判903号73頁（相互信用金庫事件）・・・・・・・・・・・・・・・・・・・・・・・・・・・・・・・・・・・・357
福岡高判平成17・9・14 労判903号68頁（K工業技術専門学校事件）・・・・・・・・・・・・・・・・・・・・・・・・・144, 642
東京高判平成17・9・29 労判903号17頁（箱根登山鉄道事件）・・・・・・・・・・・・・・・・・・・・・・・・・・・・・・・・・・769
札幌高判平成17・11・30 労判904号93頁（恵和会宮の森病院事件）・・・・・・・・・・・・・1001, 1010, 1011, 1017
福岡高宮崎支判平成17・11・30 労判953号71頁（牛根漁業協同組合事件）・・・・・・・・・・・・・・・742, 745, 832
東京高決平成17・12・28 労判915号107頁（石山事件）・・・1181
名古屋高判平成18・1・17 労判909号5頁（山田紡績事件）・・・・・・・・・・・・・・・・・・・・・・・・・・902, 905, 915, 919
東京高判平成18・1・25 労判911号17頁（マニュライフ生命保険事件）・・・・・・・・・・・・・・・・・・・・・・・・・・・560
東京高判平成18・1・26 労判912号32頁（大成学園事件）・・・・・・・・・・・・・・・・・・・・・・・・・・・・・・・・・・・・・・883
大阪高判平成18・2・10 労判924号124頁（黒川乳業［労働協約解約］事件）・・・・・・・・・・・・・・・・・241, 247
大阪高判平成18・2・17 労判922号68頁（熊谷組事件）・・・・・・・・・・・・・・・・・・・・・・・・・・・・・・・・・・・1018, 1021
大阪高判平成18・4・14 労判915号60頁（ネスレ日本事件）・・・・・・・・・・・・・・・・・・・・・・・・・・・・557, 560, 566
札幌高判平成18・5・11 労判938号68頁（サン石油事件）・・・・・・・・・・・・・・・・852, 861, 891, 892, 893, 1168
東京高判平成18・5・17 労判935号59頁（高橋塗装工業所事件）・・・・・・・・・・・・・・・・・・・・・・・・・・・・・・・・727
高松高判平成18・5・18 労判921号33頁（伊予銀行・いよぎんスタッフサービス事件）・・・・・・・・・・・・・1093
福岡高判平成18・5・18 労判950号73頁（栄光福祉会事件）・・・・・・・・・・・・・・・・・・・・・・・・・・・・・・・742, 745
名古屋高金沢支判平成18・5・31 労判920号33頁（ホクエツ福井事件）・・・・・・・・892, 893, 894, 905, 909, 910
東京高判平成18・6・22 労判920号5頁（ノイズ研究所事件）・・・・・・・・・・・・・・・・・383, 385, 756, 757, 758, 759
東京高判平成18・6・27 労判926号64頁（NHK千葉放送局事件）・・・・・・・・・・・・・・・・・・・・・・・・・・・・・・・・74
東京高判平成18・6・29 労判921号5頁（マイスタッフ［一橋出版］事件）・・・・・・・・・・・・・・・・・・・・91, 1094
札幌高判平成18・7・20 労判922号5頁（NTT東日本事件）・・・・・・・・・・・・・・・・・・・・・・・・・・・692, 716, 719
大阪高決平成18・10・5 労判927号23頁（A特許事務所事件）・・・・・・・・・・・・・・・・・・・・929, 935, 937, 938, 939
大阪高判平成18・11・24 労判931号51頁（JR西日本事件）・・・・・・・・・・・・・・・・・・・・・・・・・・・・・・・・・・・・717
大阪高判平成18・11・28 労判930号26頁（松下電器産業［大阪・控訴］事件）・・・・・・・・・・・・・・・・374, 375
東京高判平成18・12・26 労判931号30頁（CSFB セキュリティーズ・ジャパン・リミテッド事件）
・・910, 913
大阪高判平成19・1・18 労判940号58頁（おかざき事件）・・・・・・・・・・・・・・・・・・・・・・・・・・・・・703, 705, 728
大阪高判平成19・1・19 労判937号135頁（クリスタル観光バス事件）・・・・・・・・・・・・・・・・・・・・・・・・42, 760

東京高判平成 19・2・22 労判 937 号 175 頁（マッキャンエリクソン［控訴］事件）……………381, 385, 537, 1163
東京高判平成 19・4・26 労判 940 号 33 頁（オリエンタルモーター事件）…………………………………559
東京高判平成 19・5・16 労判 944 号 52 頁（新国立劇場運営財団事件）……………………………62, 63, 78
大阪高判平成 19・5・17 労判 943 号 5 頁（関西金属工業事件）……………………………………784, 787
福岡高那覇支判平成 19・5・17 労判 945 号 24 頁（O 技術事件）………………………………………727
東京高判平成 19・6・28 労判 946 号 76 頁（昭和シェル石油事件）……………………38, 952, 954, 956, 966
広島高判平成 19・9・4 労判 952 号 33 頁（杉本商事事件）………………………………428, 430, 446
福岡高判平成 19・10・25 労判 955 号 59 頁（山田製作所事件）………………685, 693, 696, 697, 714, 716
大阪高判平成 19・10・26 労判 975 号 50 頁（第一交通産業［佐野第一交通］事件）……………………99
東京高判平成 19・10・30 労判 963 号 54 頁（協和出版販売事件）…………………………………225, 838
東京高判平成 19・10・30 労判 964 号 72 頁（中部カラー事件）……………………………………228, 735
東京高判平成 19・11・7 労判 955 号 13 頁（磐田労基署長事件）……………………………………………63
東京高判平成 20・1・24 労経速 1994 号 29 頁（新日本製鐵［長期教育措置］事件）………………………524
東京高判平成 20・1・31 労判 959 号 85 頁（兼松事件）……………………………951, 952, 954, 956, 967
東京高判平成 20・3・25 労判 959 号 61 頁（東武スポーツ事件）……………………………………547, 776
東京高判平成 20・3・26 労判 959 号 48 頁（NTT 東日本［首都圏配転］事件）………………………553, 555
東京高判平成 20・3・27 労判 959 号 18 頁（ノース・ウエスト航空［FA 配転］事件）
……………………………………………………………………………………239, 544, 558, 563, 564, 565
東京高判平成 20・4・9 労判 959 号 6 頁（日本システム開発研究所事件）………………………393, 394
東京高判平成 20・4・23 労判 960 号 25 頁（中央建設国民健康保険組合事件）………………767, 769, 771
大阪高判平成 20・4・25 労判 960 号 5 頁（パナソニックプラズマディスプレイ事件）……………………93
大阪高判平成 20・6・26 労判 970 号 32 頁（パナホーム事件）……………………………………796, 803
東京高判平成 20・6・26 労判 978 号 93 頁（インフォーマテック事件）……………………………………897
大阪高判平成 20・7・18LEX/DB28142001（サンモト事件）……………………………………………156
仙台高判平成 20・7・25 労判 968 号 29 頁（A ラーメン事件）……………………………………………796
大阪高判平成 20・7・30 労判 980 号 81 頁（H 工務店事件）……………………………………………689
東京高判平成 20・10・22 労経速 2023 号 7 頁（立正佼成会事件）……………………………………685, 717
東京高判平成 20・11・11 労判 1000 号 10 頁（ことぶき事件）……………………………………483, 485
広島高判平成 20・11・28 労判 994 号 69 頁（鞆鉄道［第 2］事件）……………………738, 739, 742, 768
東京高判平成 20・12・25 労判 975 号 5 頁（ショウ・コーポレーション事件）……………………797, 802
大阪高判平成 21・1・15 労判 977 号 5 頁（NTT 西日本事件）………………553, 555, 556, 561, 562, 565, 566
札幌高判平成 21・1・30 労判 976 号 5 頁（NTT 東日本事件）……………………………………………719
東京高判平成 21・3・25 労判 985 号 58 頁（りそな企業年金基金・りそな銀行事件）…………………376
東京高判平成 21・3・25 労判 1060 号 11 頁（テックジャパン事件）…………………………………437
札幌高判平成 21・3・26 労判 982 号 44 頁（NTT 東日本［北海道・配転］事件）……………556, 561, 566
東京高判平成 21・3・26 労判 994 号 52 頁（モルガン・スタンレー証券事件）………………315, 357, 1130
高松高判平成 21・4・23 労判 990 号 134 頁（前田道路事件）……………………………………………174
福岡高判平成 21・5・19 労判 989 号 39 頁（河合塾事件）……………………………………………………61
広島高松江支判平成 21・5・22 労判 987 号 29 頁（三洋電機コンシューマエレクトロニクス事件）………174
広島高松江支判平成 21・6・5 労判 990 号 100 頁（オーク建設事件）……………………………………695
仙台高判平成 21・6・25 労判 992 号 70 頁（アルプス電気事件）………………………736, 738, 750, 751
東京高判平成 21・7・28 労判 990 号 50 頁（アテスト［ニコン熊谷製作所］事件）………692, 714, 715, 721, 727
東京高判平成 21・9・15 労判 991 号 153 頁（ニュース証券事件）………………………………………301
東京高判平成 21・10・21 労判 995 号 39 頁（ライドウェーブコンサルティング事件）…………………163
東京高判平成 21・10・28 労判 999 号 43 頁（バイエル薬品・ランクセス事件）…………………………374
東京高判平成 21・10・29 労判 995 号 5 頁（早稲田大学［年金減額］事件）……………………374, 375, 376
東京高判平成 21・11・4 労判 996 号 13 頁（東京都自動車整備振興会事件）……………………531, 533

大阪高判平成 21・11・27 労判 1004 号 112 頁（NTT 西日本［高齢者雇用・第 1］事件）·················834
大阪高判平成 21・12・16 労判 997 号 14 頁（日本通運［日通淀川運輸］事件）·················243, 736
東京高決平成 21・12・21 労判 1000 号 24 頁（アンフィニ事件）·················1028
東京高判平成 21・12・25 労判 998 号 5 頁（東和システム［控訴］事件）·················483
東京高判平成 22・1・20 判時 2078 号 158 頁（甲野事件）·················644, 1133
東京高判平成 22・1・21 労経速 2065 号 32 頁（T 社事件）·················873, 874, 879, 883, 889
大阪高判平成 22・2・12 労判 1062 号 71 頁（報徳学園［控訴］事件）·················1007, 1020
大阪高判平成 22・3・18 労判 1015 号 83 頁（協愛［控訴］事件）·················761
仙台高判平成 22・3・19 労判 1009 号 61 頁（東奥学園事件）·················1003, 1005, 1010
名古屋高判平成 22・3・25 労判 1003 号 5 頁（三和サービス事件）·················1123
東京高判平成 22・4・27 労判 1005 号 21 頁（三田エンジニアリング事件）·················935, 938, 939
東京高判平成 22・5・27 労判 1011 号 20 頁（藍澤證券事件）·················126, 291
大阪高判平成 22・8・26 労判 1016 号 18 頁（京都市事件）·················988
大阪高判平成 22・9・14 労経速 2091 号 7 頁（X 運輸事件）·················834
東京高判平成 22・9・16 判タ 1347 号 153 頁（アールインベストメントアンドデザイン事件）·················846, 847
札幌高判平成 22・9・30 労判 1013 号 160 頁（日本ニューホランド事件）·················836
東京高判平成 22・10・19 労判 1014 号 5 頁（賛育会事件）·················745, 760
東京高判平成 22・10・21 労経速 2089 号 27 頁（スカイマーク事件）·················1010
大阪高判平成 22・10・27 労判 1020 号 87 頁（郵便事業［身だしなみ基準］事件）·················136, 225
大阪高判平成 22・11・16 労判 1026 号 144 頁（奈良県事件）·················106, 408, 410, 487
東京高判平成 22・12・22 労経速 2095 号 3 頁（NTT 東日本事件）·················834
東京高判平成 23・1・20 労経速 2099 号 3 頁（郵便事業事件）·················698, 714
東京高判平成 23・2・15 判時 2119 号 135 頁（JAL メンテナンスサービス事件）·················252
広島高判岡山支判平成 23・2・17 労判 1026 号 94 頁（郵便事業事件）·················1026
東京高判平成 23・2・23 労判 1022 号 5 頁（東芝事件）·················720, 846
福岡高判平成 23・3・10 労判 1020 号 82 頁（コーセーアールイー［第 2・控訴］事件）·················286, 287, 293
大阪高判平成 23・3・25 労判 1026 号 49 頁（津田電気計器事件）·················836
大阪高判平成 23・5・25 労判 1033 号 24 頁（大庄ほか事件）·················702, 703, 704, 705, 712, 716
大阪高判平成 23・7・15 労判 1035 号 124 頁（泉州学園事件）·················902, 905, 907, 915
東京高判平成 23・8・2 労判 1034 号 5 頁（ジェイアール総研サービス事件）·················403, 408, 414
東京高判平成 23・8・31 労判 1035 号 42 頁（オリンパス事件）·················177, 544, 558, 565, 653, 654, 658, 660, 1160
東京高判平成 23・9・14 労判 1036 号 14 頁（阪急トラベルサポート［第 1・控訴］事件）
·················408, 414, 456, 457, 748
大阪高判平成 23・9・30 労判 1039 号 20 頁（日本トムソン事件）·················93, 95
東京高判平成 23・10・18 労判 1037 号 82 頁（メディスコーポレーション事件）·················696, 716, 721
東京高判平成 23・10・26 労判 1049 号 71 頁（日本言語研究所ほか事件）·················99
東京高判平成 23・12・27 労判 1042 号 15 頁（コナミデジタルエンタテインメント［控訴］事件）
·················384, 477, 538, 569, 607, 608
仙台高秋田支判平成 24・1・25 労判 1046 号 22 頁（学校法人東奥義塾事件）·················1028
東京高判平成 24・1・25 労経速 2135 号 3 頁（全日本海員組合事件）·················628, 1164
大阪高判平成 24・2・10 労判 1045 号 5 頁（日本基礎技術事件）·················299, 300, 867
名古屋高判平成 24・2・10 労判 1054 号 76 頁（パナソニックエコシステムズ事件）·················93, 95
東京高判平成 24・2・22 労判 1049 号 27 頁（加茂暁星学園事件）·················1005
東京高判平成 24・3・7 労判 1048 号 6 頁（阪急トラベルサポート［第 2・控訴］事件）·················432, 457
東京高判平成 24・3・7 労判 1048 号 26 頁（阪急トラベルサポート［第 3・控訴］事件）·················457
東京高判平成 24・3・14 労判 1057 号 114 頁（エクソンモービル事件）·················251
東京高判平成 24・3・22 労判 1051 号 40 頁（フォーカスシステムズ事件）·················692, 695, 713, 719

東京高判平成 24・3・26 労判 1065 号 74 頁（日本ベリサイン事件）・・・・・・・・・・・・・625, 867, 868, 869, 881, 885
大阪高判平成 24・4・6 労判 1055 号 28 頁（日能研関西事件）・・・・・・・・・・・・・・・・・・・・・・・・・・・・・・・496, 497
大阪高判平成 24・4・12 労判 1050 号 5 頁（日本郵便輸送事件）・・・・・・・・・・・・・・・・・・・・・442, 736, 738
大阪高判平成 24・6・8 労判 1061 号 71 頁（DNP メディアテクノ関西事件）・・・・・・・・・・・・714, 727
東京高判平成 24・6・13 ジャーナル 8 号 9 頁（メットライフアリコ生命保険事件）・・・・・・・933, 936, 937
大阪高判平成 24・6・15 ジャーナル 8 号 10 頁（日本マクドナルド事件）・・・・・・・・・・・・・・・・・・・・・・660
広島高判平成 24・7・19 労判 1100 号 15 頁（広島中央保健生活協同組合事件）・・・・・・・・・・・・・・・・・971
大阪高判平成 24・7・27 労判 1062 号 63 頁（エーディーディー事件）・・・・・・・259, 261, 466, 692, 698
東京高判平成 24・9・20 労経速 2162 号 3 頁（本田技研工業［控訴］事件）・・・・・・・・・・・・・・・・・1018
東京高判平成 24・9・28 労判 1063 号 20 頁（NTT 東日本事件）・・・・・・・・・・・・・・・・・・・・・・・・・・・369
札幌高判平成 24・10・19 労判 1064 号 37 頁（ザ・ウィンザー・ホテルズインターナショナル事件）
・・336, 338, 420, 425, 434, 441, 777
東京高判平成 24・10・31 労経速 2172 号 3 頁（日本アイ・ビー・エム事件）・・・・・・・・・・・・827, 828
東京高判平成 24・11・29 労判 1074 号 88 頁（日本航空事件）・・・・・・・・・・・・・・・・・・・・・・・1003, 1009
名古屋高判平成 25・1・25 労判 1084 号 63 頁（三菱電機事件）・・・・・・・・・・・・・・・・・・・・・・・91, 93, 95
仙台高判平成 25・2・13 労判 1113 号 57 頁（ビソー工業事件）・・・・・・・・・・・・・・・・・・・・・・・・・・・・・409
東京高判平成 25・2・27 労判 1072 号 5 頁（ザ・ウィンザー・ホテルズインターナショナル事件）
・・・173, 174, 175, 177, 597
福岡高判平成 25・2・28 判時 2214 号 111 頁（大阪西公共職業安定所長事件）・・・・・・62, 63, 64, 65, 68, 71, 75
東京高判平成 25・3・21 労判 1073 号 5 頁（日本ヒューレット・パッカード事件）・・・・・・・866, 874, 877
東京高判平成 25・4・24 労判 1074 号 75 頁（ブルームバーグ・エル・ピー事件）・・・・・863, 864, 865, 868, 890
大阪高判平成 25・4・25 労判 1076 号 19 頁（新和産業事件）・・・・・・・532, 553, 556, 557, 558, 565, 1160
東京高判平成 25・4・25 労判 1079 号 79 頁（広島経済技術協同組合事件）・・・・・・・・・・・・・・・・・・・1123
東京高判平成 25・4・25 労経速 2177 号 16 頁（淀川海運［控訴］事件）・・・・・・・・902, 906, 909, 913
名古屋高金沢支判平成 25・5・22 労判 1118 号 62 頁（パナソニック［旧 PEDJ］ほか 1 社事件）・・・・・・・93, 95
東京高判平成 25・7・10 労判 1076 号 93 頁（専修大学［控訴］事件）・・・・・・・・・・・・・・・・・・・・・・847
福岡高判平成 25・7・17 ジャーナル 18 号 24 頁（日鉄鉱業事件）・・・・・・・・・・・・・・・・・・・・・・・679, 691
東京高判平成 25・8・7 判時 2246 号 106 頁（JR 東海事件）・・・・・・・・・・・・・・・・・・・・・・・・・・625, 662
東京高判平成 25・8・29 労判 1136 号 15 頁（山梨県民信用組合事件）・・・・・・・・・・・・・・・・・・・・・・・763
大阪高判平成 25・10・9 労判 1083 号 24 頁（アークレイファクトリー事件）・・・・・・・・174, 175, 1092
東京高判平成 25・10・10 労判 1111 号 53 頁（とうかつ中央農協事件）・・・・・・・・・・・・・・・・・・・・・647
広島高松江支判平成 25・10・23 ジャーナル 22 号 1 頁（全日本自治体労働者共済生活協同組合事件）・・・・・・879
東京高判平成 25・10・24 労判 1116 号 76 頁（日本精工［控訴］事件）・・・・・・・・・・・・・・・・・・・・93, 95
東京高判平成 25・11・13 労判 1090 号 68 頁（ザ・キザン・ヒロ事件）・・・・・・・・・905, 909, 910, 915
東京高判平成 25・11・13 労判 1101 号 122 頁（国立大学法人 B 大学事件）・・・・・・・・・・626, 627, 641
札幌高判平成 25・11・21 労判 1086 号 22 頁（医療法人雄心会事件）・・・・・・・・・・・・・・・693, 695, 716
東京高判平成 25・11・21 労判 1086 号 52 頁（オリエンタルモーター事件）・・・・・・・・・・・・・・・・・410
大阪高判平成 25・12・20 労判 1090 号 21 頁（東レエンタープライズ事件）・・・・・・・・・・・・・989, 1091
広島高判平成 25・12・24 労判 1089 号 17 頁（近畿機械工業事件）・・・・・・・・・・・・・・・・・・・・・・・・1158
札幌高判平成 26・2・14 労判 1093 号 74 頁（日本郵便［A 雇止め］事件）・・・・・・・・・・・・・・・・・1008
札幌高判平成 26・2・20 労判 1099 号 78 頁（北海道大学事件）・・・・・・・・・・・・・・・・・・・・・・・・・・1022
東京高判平成 26・2・20 労判 1100 号 48 頁（A 式国語教育研究所事件）・・・・・・・・・・・・・・・・・・・898
東京高判平成 26・2・26 労判 1098 号 46 頁（シオン学園事件）・・・・・・・・・・・・・・・・・・・・・・・736, 739
東京高判平成 26・2・27 労判 1086 号 5 頁（レガシィほか 1 社事件）・・・・・・・・104, 355, 416, 466
札幌高判平成 26・3・13 労判 1093 号 5 頁（日本郵便［B 雇止め］事件）・・・・・・・・1003, 1007, 1009
大阪高判平成 26・3・28 労判 1099 号 33 頁（L 館事件）・・・・・・・・・・・・・・・・・・・・・・・・・・・・・・・641
東京高判平成 26・4・23 労経速 2214 号 3 頁（K 社事件）・・・・・・・・・・・・・・・・・・・・・・・・・・・・・・695

東京高判平成26・5・21労判1123号83頁（ソクハイ事件）……………………………………77
東京高判平成26・6・3労経速2221号3頁（日本航空［客室乗務員・控訴］事件）……902, 907, 912, 919, 920
東京高判平成26・6・4労経速2217号16頁（J社事件）………………………………………1006
東京高判平成26・6・5労経速2223号3頁（日本航空［運航乗務員・控訴］事件）……907, 912, 919, 920, 921
東京高判平成26・6・12労判1127号43頁（石川タクシー富士宮ほか事件）……………………791
仙台高判平成26・6・27労判1100号26頁（岡山県貨物運送事件）………………174, 175, 693, 696, 714, 715
名古屋高判平成26・7・4労判1101号65頁（越原学園事件）………………………………557
大阪高判平成26・7・17労判1108号13頁（日本政策金融公庫事件）………………………714, 717
東京高判平成26・8・6ジャーナル33号40頁（社会福祉法人大磯恒道会事件）…………………626
大阪高判平成26・9・11労判1107号23頁（同志社事件）…………………………………254
広島高判平成26・9・24労判1114号76頁（三菱重工業事件）……………………………727
名古屋高判平成26・9・25労判1104号14頁（ヴィテックプロダクト事件）…324, 597, 874, 882, 892, 905, 1168
大阪高判平成26・10・7労判1106号88頁（金蘭会学園事件）……………………………892, 907
東京高判平成26・11・26労判1110号46頁（マーケティングインフォメーションコミュニティ事件）
………………………………………………………………………………………433, 434, 435
福岡高判平成26・12・12労判1122号75頁（福原学園事件）…………………1004, 1010, 1016
福岡高判平成27・1・15労判1115号23頁（西日本鉄道事件）……………………………552, 781
東京高判平成27・1・28労経速2284号7頁（サントリーホールディングスほか事件）…………174, 175, 816
福岡高判平成27・1・29労判1112号5頁（社会医療法人A会事件）………………135, 185, 187, 188, 189
東京高判平成27・2・26労判1117号5頁（ティー・エム・イーほか事件）…………714, 717, 727, 1091, 1092
名古屋高判平成27・2・27労経速2253号10頁（S社［障害者］事件）………………………126, 530
広島高決平成27・3・17労経速2249号9頁（コンチネンタル・オートモーティブ事件）……………1156
広島高松江支判平成27・3・18労判1118号25頁（公立八鹿病院組合ほか事件）
………………………………………………………………………694, 695, 700, 714, 715, 716, 721
東京高判平成27・3・25労判1130号78頁（公益財団法人えどがわ環境財団事件）………556, 557, 565
東京高判平成27・3・26労判1121号52頁（いすゞ自動車事件）……………………1003, 1007, 1008
東京高判平成27・4・16労判1122号40頁（海空運健康保険組合事件）……………………863, 866, 1168
仙台高判平成27・4・22労判1123号48頁（七十七銀行事件）……………………………717, 727
札幌高判平成27・4・24ジャーナル42号52頁（学校法人専修大学事件）……………902, 906, 910, 915
東京高判平成27・5・21ジャーナル42号40頁（東京電力ほか3社事件）……………………………727
広島高松江支判平成27・5・27労判1130号33頁（矢谷学園事件）………………………………651
東京高判平成27・6・24労判1132号51頁（A農協事件）…………………………………1006
東京高判平成27・6・24労経速2255号24頁（日本レストランエンタプライズ事件）………1003, 1009
大阪高判平成27・7・7判例集未登載（JR西日本事件）……………………………………725
東京高判平成27・7・16労判1132号82頁（国際自動車［第1次上告審］事件原審）………………434
知財高判平成27・7・30LEX/DB25447416（野村證券事件）……………………………204, 207
東京高判平成27・8・26労判1122号5頁（神奈川SR経営労務センター事件）……………………177
東京高判平成27・9・10労判1135号68頁（日産自動車ほか事件）………………………………93
大阪高判平成27・9・11労判1130号22頁（NHK神戸放送局事件控訴審）………………………74
名古屋高金沢支判平成27・9・16ジャーナル45号24頁（暁産業事件）…………………………173
大阪高判平成27・9・29労判1126号18頁（ANA大阪空港事件）……………………217, 253, 364
札幌高判平成27・10・2労判1132号35頁（天使学園事件）……………………………639, 1164
東京高判平成27・10・7労判1168号55頁（康心会事件）……………………………………437
東京高判平成27・10・7判時2287号118頁（医療法人社団Y事件）………………………444, 874
東京高判平成27・10・14ジャーナル47号43頁（カンリ事件）……………………………………184
仙台高秋田支判平成27・10・28労判1139号49頁（北秋田［米内沢病院職員］事件）……………800
東京高判平成27・10・28労経速2268号3頁（T大学事件）…………………………………756

高松高判平成 27・10・30 労判 1133 号 47 頁（四国化工機ほか 1 社事件）·····················584, 696, 714, 727
東京高判平成 27・11・5 労経速 2266 号 17 頁（日本郵便事件）··836
高松高判平成 27・11・6 ジャーナル 49 号 42 頁（医療法人精華園事件）······················533, 557, 559
東京高判平成 27・11・11 労判 1129 号 5 頁（DNP ファインオプトロニクスほか事件）·········93, 1081
名古屋高判平成 27・11・13 労経速 2289 号 3 頁（アイシン機工事件）·······································1103
広島高判平成 27・11・17 労判 1127 号 5 頁（広島中央保健生活協同組合事件差戻審）········972, 973
大阪高判平成 27・11・19 労判 1144 号 49 頁（テーエス運輸事件）··323
大阪高判平成 27・12・11 労判 1135 号 29 頁（生コン販売会社社長ら事件）······························817
東京高判平成 27・12・24 労判 1137 号 42 頁（富士運輸事件）··442
東京高判平成 28・1・27 労経速 2296 号 3 頁（X 社事件）··415, 420
福岡高判平成 28・2・9 労判 1143 号 67 頁（サカキ運輸ほか事件）·················96, 793, 797, 801
東京高判平成 28・2・17 労判 1139 号 37 頁（一般財団法人厚生年金事業振興団事件）····791, 831
大阪高判平成 28・3・24 労経速 2320 号 3 頁（日本航空事件）·····························902, 912, 914
広島高松江支判平成 28・4・13 ジャーナル 52 号 31 頁（三洋電機事件）···························1003, 1008
東京高判平成 28・4・14 ジャーナル 55 号 35 頁（オリンパス事件）··477
東京高判平成 28・4・27 労判 1146 号 46 頁（中央労働基準監督署長事件）······························1119
名古屋高金沢支判平成 28・4・27 労経速 2319 号 19 頁（東和工業事件）················952, 954, 967
東京高判平成 28・6・8 労経速 2282 号 11 頁（学究社事件）···841, 842
東京高決平成 28・7・7 労判 1151 号 60 頁（コンチネンタル・オートモーティブ事件）·····864, 866, 870
名古屋高判平成 28・7・20 労判 1157 号 63 頁（イビケン事件）········168, 661, 984, 986, 987, 988, 989, 992
大阪高判平成 28・7・29 労判 1154 号 67 頁（NHK 堺営業センター事件控訴審）························74
東京高判平成 28・8・3 労判 1145 号 21 頁（空調服事件）···302
東京高判平成 28・8・24 ジャーナル 57 号 35 頁（大王製紙事件）··650
名古屋高判平成 28・9・28 労判 1146 号 22 頁（トヨタ自動車事件）································838, 840, 841
東京高判平成 28・10・5 労判 1153 号 25 頁（日本郵便［控訴］事件）······································224
福岡高判平成 28・10・14 労判 1155 号 37 頁（広告代理店 A 社事件）······································257
福岡高判平成 28・10・25 ジャーナル 58 号 30 頁（日本郵便事件）··722
大阪高判平成 28・10・26 労判 1188 号 77 頁（永尾運送事件）············218, 227, 238, 240, 253, 736
東京高判平成 28・11・16 労経速 2298 号 22 頁（ファイザー事件）······························745, 1163
東京高判平成 28・11・24 労判 1158 号 140 頁（ネギシ事件）·····························877, 977, 1103
東京高判平成 28・11・30 労経速 2310 号 3 頁（ケー・アイ・エス事件）···································846
東京高判平成 28・12・7 判時 2369 号 61 頁（学校法人 Y 事件）·····························620, 656, 882
名古屋高決平成 29・1・11 労判 1156 号 18 頁（ゴールドチル事件）···846
東京高判平成 29・2・1 労判 1186 号 11 頁（日本ケミカル［控訴］事件）·······························434
大阪高判平成 29・3・3 ジャーナル 68 号 67 頁（鳥伸事件）··105
名古屋高判平成 29・3・9 労判 1159 号 16 頁（ジブラルタ生命事件）··········540, 547, 551, 564, 565
東京高判平成 29・3・9 労判 1160 号 28 頁（野村證券事件）··631
東京高判平成 29・3・21 判タ 1443 号 80 頁（IT サービス会社社員（顧客情報漏えい）刑事事件）······155, 156
東京高判平成 29・4・12 労判 1162 号 9 頁（航空自衛隊自衛官事件）······························983, 988
東京高判平成 29・4・26 労判 1170 号 53 頁（ホンダ開発事件）································553, 555, 556
大阪高判平成 29・4・26 労判 1227 号 27 頁（A 市事件）··670
東京高判平成 29・5・17 労判 1181 号 54 頁（武相学園事件）···846
名古屋高判平成 29・5・18 労判 1160 号 5 頁（ジャパンレンタカー事件）······195, 432, 438, 439, 440, 450, 1001
名古屋高判平成 29・6・15 ジャーナル 67 号 22 頁（国立長寿医療研究センター事件）·······627, 643, 1164
広島高判平成 29・7・14 労判 1170 号 5 頁（A 不動産事件）································849, 881, 882
広島高判平成 29・9・6 労判 1202 号 163 頁（杏祐会事件）··116, 118
福岡高判平成 29・9・7 労判 1167 号 49 頁（九州惣菜事件）·······························838, 839, 840, 841

1198　判例索引（高裁・平成 29 年 - 平成 31 年）

東京高判平成 29・9・7 判タ 1444 号 119 頁（Y 大学事件）……………………………………663
東京高判平成 29・9・13 ジャーナル 69 号 38 頁（朝日新聞厚生文化事業団事件）………………642, 663
大阪高判平成 29・9・26 労経速 2351 号 3 頁（南海バス事件）………………………………407, 409
札幌高判平成 29・10・4 労判 1174 号 5 頁（学校法人札幌大学事件）…………………738, 740, 742, 745
東京高判平成 29・10・18 労判 1176 号 18 頁（D 学園事件）　………………859, 863, 866, 874, 876, 877
東京高判平成 29・10・18 労判 1179 号 47 頁（A 社長野販売事件）　………174, 176, 381, 384, 620, 629, 662, 667
東京高判平成 29・10・26 労判 1172 号 26 頁（さいたま市事件）……………………………167, 171
東京高判平成 29・11・15 労経速 2354 号 3 頁（コンチネンタル・オートモーティブ事件）………………599
名古屋高判平成 29・11・30 労経速 2336 号 3 頁（加野青果事件）………………………171, 174, 175
東京高判平成 29・12・13 労判 1200 号 86 頁（JR 東日本事件）…………………………360, 361
福岡高判平成 30・1・19 労判 1178 号 21 頁（NPO 法人 B 会ほか事件）……………………128, 987
福岡高判平成 30・1・25 労判 1223 号 11 頁（朝日建物管理事件）……………………………1028
東京高判平成 30・1・25 ジャーナル 75 号 44 頁（蓬莱の会事件）……………877, 892, 893, 896, 897
東京高判平成 30・2・7 労判 1183 号 39 頁（凸版物流ほか 1 社事件）…………………………200
東京高判平成 30・2・15 労判 1173 号 34 頁（国際自動車［第 1 次上告審］事件差戻審）…………434
大阪高判平成 30・2・27 労経速 2349 号 9 頁（紀北川上農業協同組合事件）………………………739
広島高岡山支判平成 30・3・29 労判 1185 号 27 頁（学校法人原田学園事件）……127, 135, 190, 1160, 1161, 1167
名古屋高判平成 30・4・18 労判 1186 号 20 頁（ケンタープライズ事件）………………………433, 440
東京高判平成 30・4・26 労判 1206 号 46 頁（日本総合住生活ほか事件）…………679, 685, 689, 707, 718, 727
大阪高判平成 30・4・27 労判 1224 号 12 頁（福山通運［控訴］事件）……………………………262
東京高判平成 30・5・9 労経速 350 号 30 頁（シンワ運輸東京事件）………………………433, 440
福岡高判平成 30・5・24 労判 1229 号 12 頁（日本郵便［佐賀］事件控訴審）……………………1053
東京高判平成 30・6・21 労経速 2369 号 28 頁（ナック事件）………………………………264, 458
名古屋高判平成 30・6・26 労判 1189 号 51 頁（NHK［名古屋放送局］事件）………………598, 599, 711
大阪高判平成 30・7・2 ジャーナル 80 号 48 頁（帝産湖南交通事件）………………………649, 650
福岡高判平成 30・8・9 労判 1192 号 17 頁（佐世保配車センター協同組合事件）…………79, 347, 372
東京高判平成 30・8・29 労経速 2380 号 3 頁（K 社事件）……………………………………409
名古屋高判平成 30・9・13 労判 1202 号 138 頁（後藤報恩会事件）……………………………176
福岡高判平成 30・9・20 ジャーナル 82 号 36 頁（九水運輸商事事件）……………………………1054
東京高判平成 30・10・4 労判 1190 号 5 頁（イクヌーザ事件）…………………………105, 435, 441
東京高判平成 30・10・17 労判 1202 号 121 頁（ミヤイチ本舗事件）………………8, 63, 64, 77, 81, 355
東京高判平成 30・10・24 労判 1221 号 89 頁（理化学研究所事件）……………1109, 1117, 1135, 1159, 1160
高松高判平成 30・10・31 ジャーナル 83 号 36 頁（高知県立大学後援会事件）……………………1024
東京高判平成 30・11・8 ジャーナル 84 号 32 頁（KDDI 事件）……………………………368, 643
大阪高判平成 30・11・9 判自 466 号 59 頁……………………………………………………670
東京高判平成 30・11・14LEX/DB25569095（ハンターダグラスジャパン事件）…………………562
東京高判平成 30・11・15 労判 1194 号 13 頁（阪急トラベルサポート事件）……………739, 744, 747
東京高判平成 30・11・22 労判 1202 号 70 頁（コナミスポーツクラブ事件）……………104, 482, 484
福岡高判平成 30・11・29 労経速 2370 号 3 頁（産業医科大学事件）…………………………1055
東京高判平成 30・12・13 労判 1198 号 45 頁（日本郵便［東京］事件控訴審）…………356, 1049, 1053, 1055
高松高判平成 30・12・17 ジャーナル 85 号 38 頁（国・愛媛社会保険事務局長事件）…………………902
広島高岡山支決平成 31・1・10 労判 1201 号 5 頁（岡山市立総合医療センター事件）………176, 540, 547, 553
大阪高判平成 31・1・31 労判 1210 号 32 頁（松原興産事件）………………………………173, 175
東京高判平成 31・2・13 労判 1199 号 25 頁（国際自動車事件）………………………………841
大阪高判平成 31・2・15 労判 1199 号 5 頁（大阪医科薬科大学［控訴］事件）…………………1048, 1056
東京高判平成 31・2・20 労判 1198 号 5 頁（メトロコマース事件控訴審）…………356, 1055, 1056, 1057
広島高判平成 31・3・7 労判 1211 号 137 頁（太陽家具百貨店事件）……………………………693

東京高判平成31・3・14 労判1205号28頁（あんしん財団事件）……………………………………567
東京高判平成31・3・14 労判1218号49頁（コーダ・ジャパン事件）
　　　　　　　　　　　　　………………………………104, 252, 254, 325, 777, 863, 865, 877, 879, 891, 894
福岡高判平成31・3・26 労経速2393号24頁（大島産業事件）
　　　　　　　　　　　　　……………………………………173, 261, 336, 407, 409, 414, 440, 446, 447, 448
大阪高判平成31・4・11 労判1212号24頁（洛陽交運事件）………………………432, 433, 440, 441, 442
広島高判平成31・4・18 労判1204号5頁（梅光学院事件）……………190, 192, 193, 1003, 1022, 1024, 1161
東京高判令和元・5・8 労判1216号52頁（協同組合つばさ事件）…………………………878, 1125, 1130
広島高松江支判令和元・5・20 ジャーナル90号34頁（鳥取大学事件）……………………………………669
東京高判令和元・6・4 労判1207号38頁（ワーカーズ・コレクティブ轍・東村山事件）…………………63, 88
福岡高判令和元・6・27 労判1212号5頁（大島産業ほか事件）………………………104, 217, 230, 347, 355
高松高判令和元・7・8 労判1208号25頁（井関松山製造所事件）…………………………1038, 1054, 1055
高松高判令和元・7・8 労判1208号38頁（井関松山ファクトリー事件）……………………1038, 1054, 1055
福岡高判令和元・7・18 労判1223号95頁（フルカワほか事件）
　　　　　　　　　　　　　………………………………685, 694, 696, 700, 703, 704, 705, 708, 713, 716, 719
東京高決令和元・8・21 労判1214号68頁（河合塾事件）……………………………………………382, 1182
広島高松江支判令和元・9・4 ジャーナル93号2頁（島根県水産振興協会事件）……………………553, 557
大阪高判令和元・9・6 労判1214号29頁（大阪市事件）……………………………………………………136, 385
東京高判令和元・10・2 労判1219号21頁（東芝総合人材開発事件）……………………133, 135, 136, 175, 878
東京高判令和元・10・9 労判1213号5頁（シェーンコーポレーション事件）………………………491, 492, 514
東京高判令和元・10・24 労判1244号118頁（京王電鉄ほか1社事件）……………………………………382, 383
名古屋高判令和元・10・25 労判1222号71頁（みんなで伊勢を良くし本気で日本と世界を変える人達が集
　まる事件）………………………………………………………………………………………………………1168
東京高判令和元・11・28 労判1215号5頁（ジャパンビジネスラボ事件）……………294, 609, 975, 1160, 1168
札幌高判令和元・12・19 労判1222号49頁（北海道二十一世紀総合研究所事件）……………699, 708, 717
東京高判令和元・12・24 労判1235号40頁（母子愛育会事件）………………………………………105, 483
名古屋高判令和2・1・23 労判1224号98頁（南山学園事件）……………………………624, 647, 664, 836
大阪高判令和2・1・24 労判1228号87頁（P興産事件）………………………………………………116
仙台高判令和2・1・28 労判1297号147頁（青森三菱ふそう自動車販売事件）………693, 696, 700, 716
東京高判令和2・1・30 労判1239号77頁（新日本建設運輸事件）………………………325, 875, 891, 894
大阪高判令和2・1・31 労経速2431号35頁（学校法人A事件）………………………………………1054
東京高判令和2・2・20 労判1241号87頁（相鉄ホールディングス事件）…………………………587, 1162
広島高岡山支判令和2・3・19 ジャーナル100号36頁（岡山大学事件）…………………………………881
札幌高判令和2・4・15 労判1226号5頁（東京キタイチ事件）………………861, 885, 888, 892, 893, 895
大阪高判令和2・6・19 労判1230号56頁（京都市事件）……………………………………………652, 671
東京高判令和2・6・24 労経速2429号17頁（中央学院事件）……………………………………1054, 1055
大阪高判令和2・8・5 ジャーナル105号32頁（京都大学事件）………………………………………620, 638
東京高判令和2・9・3 労判1236号35頁（エアースタジオ事件）………………………62, 63, 65, 78, 80
福岡高判令和2・9・17 ジャーナル106号30頁（北九州市事件）……………………………………409
大阪高判令和2・10・1 ジャーナル108号32頁（奈良市事件）………………………………………983
名古屋高判令和2・10・23 労判1237号18頁（NOVA事件）………………………………65, 71, 75, 76, 80
福岡高判令和2・11・11 労判1241号70頁（レジェンド事件）……………………………929, 933, 938
東京高判令和2・11・12 ジャーナル121号44頁（バンダイ事件）…………………………1003, 1008, 1024
大阪高判令和2・11・13 労判1242号33頁（マツヤデンキ事件）……………………………………699, 717
福岡高判令和2・11・19 労判1238号5頁（長崎自動車事件）………………556, 627, 662, 663, 664, 1164
仙台高判令和2・12・10 ジャーナル110号38頁（仙台市社会福祉協議会事件）………………………1024
高松高判令和2・12・24 判時2509号63頁（池一菜果園事件）………173, 176, 694, 700, 704, 705, 706, 714, 716

広島高判令和2・12・25労判1286号68頁（Y社事件）……………………………………842, 1012
名古屋高判令和3・1・20労判1240号5頁（安藤運輸事件）………………540, 544, 545, 559, 1160
東京高判令和3・1・21判例1239号28頁（サンセイほか事件）………694, 696, 704, 706, 713, 719, 722
仙台高判令和3・2・10ジャーナル111号36頁（北海道事件）………683, 694, 696, 700, 714, 716, 721
東京高判令和3・2・24判例1254号57頁（みずほ銀行事件）…………………367, 620, 633, 647
名古屋高金沢支判令和3・2・24労経速2496号7頁（氷見市消防職員事件）…………………670
東京高判令和3・2・25労経速2445号3頁（トーカロ事件）……………1047, 1048, 1054, 1055
東京高判令和3・3・4判時2516号111頁（緑友会事件）………………………………………976
東京高判令和3・3・24判判1250号76頁（アートコーポレーション事件）………104, 198, 405, 406, 1053
広島高判令和3・3・26労判1248号5頁（千鳥ほか事件）……………………………………1125
高松高判令和3・4・2ジャーナル112号36頁（高知県公立大学法人［控訴］事件）
……………………………………………………………………………1006, 1008, 1009, 1024, 1034
札幌高判令和3・4・28労判1254号28頁（ネオユニット事件）………342, 897, 898, 903, 906, 907, 911, 912, 915
東京高判令和3・5・13ジャーナル115号48頁（海外需要開拓支援機構事件）………………984, 991
東京高判令和3・5・27判例1254号5頁（国・人事院［経産省職員］事件控訴審）……………180
東京高判令和3・6・16労判1260号5頁（東武バス日光ほか事件）………173, 175, 176, 827, 828
大阪高判令和3・6・29判判1263号46頁（奈良県猟友会事件）…………………………875, 905
東京高判令和3・7・7労判1270号54頁（栗田運輸事件）………………………738, 740, 744
大阪高判令和3・7・9労判1274号82頁（ハマキョウレックス事件）…………1037, 1038, 1166
東京高判令和3・7・14労経速2461号3頁（PwCあらた有限責任監査法人事件）
………………………………………………………616, 622, 635, 646, 663, 864, 866, 867, 882
東京高判令和3・7・28ジャーナル118号58頁（国士舘ほか事件）………624, 650, 653, 667, 668, 1164, 1165
大阪高判令和3・7・30判例1253号84頁（日東電工事件）…………………………127, 600, 1164
東京高判令和3・9・16ジャーナル119号54頁（神社本庁［控訴］事件）……………620, 622, 1164
名古屋高判令和3・10・12判例1258号46頁（日本貨物検数協会［日興サービス］事件）……244, 1097, 1098
大阪高判令和3・11・4労判1253号60頁（東リ事件）……………………………1081, 1097, 1160
札幌高判令和3・11・17労判1267号74頁（日本郵便事件）……………………632, 643, 662, 663
大阪高判令和3・11・18労判1281号58頁（フジ住宅事件）…………………120, 121, 168, 170
札幌高判令和3・11・19ジャーナル121号38頁（旭川公証人合同役場事件）………826, 983, 984
福岡高宮崎支判令和3・12・8労判1284号78頁（宮崎学園事件）……………………738, 740, 745
大阪高判令和3・12・9ジャーナル122号42頁（モリモト物流ほか2社事件）……………689, 707, 718
東京高判令和3・12・22労判1261号37頁（ユナイテッド・エアーラインズ事件）
………………………………………………903, 905, 906, 907, 912, 915, 916, 922, 923, 1103, 1134
東京高判令和4・1・26判時2560号78頁（株式会社Y事件）………………572, 826, 880, 896
東京高判令和4・2・10ジャーナル125号36頁（ローカスト事件）………………………984, 986
東京高判令和4・2・16LEX/DB25593268（Hプロジェクト事件）……………………………78
名古屋高判令和4・2・18労経速2479号13頁（三菱重工業事件）……………598, 600, 710, 863
札幌高判令和4・2・25労判1267号36頁（システムメンテナンス事件）………104, 105, 405, 408, 410
福岡高判令和4・2・25ジャーナル125号26頁（協同組合アーバンプランニングほか1社事件）…………1125
東京高判令和4・3・2労判1294号61頁（三井住友トラスト・アセットマネジメント事件）
……………………………………………………………………………………104, 405, 411, 482, 486
福岡高判令和4・3・4金法2190号94頁（肥後銀行事件）………………………703, 704, 705, 707
札幌高判令和4・3・8労判1268号39頁（A病院事件）…………………………………823, 826
東京高判令和4・3・9労判1275号92頁（巴機械サービス事件）………952, 953, 957, 963, 968, 969, 1162, 1166
大阪高判令和4・3・15労経速2483号29頁（リクルートスタッフィング事件）………………1087
名古屋高判令和4・3・25ジャーナル126号38頁（名古屋自動車学校事件）………1050, 1062, 1063
広島高判令和4・3・29ジャーナル126号36頁（広島精研工業事件）………171, 531, 532, 533, 698, 722, 1163

大阪高判令和 4・4・15 ジャーナル 127 号 24 頁（京都府事件）……………………………350
高松高判令和 4・4・22 判自 509 号 63 頁（みよし広域連合事件）……………………………671
仙台高判令和 4・5・19 ジャーナル 126 号 20 頁（東京電力ほか 1 社事件）
……………………………………………………406, 414, 694, 696, 704, 705, 712, 716, 719, 728
高松高判令和 4・5・25 ジャーナル 126 号 12 頁（ファミーユ高知事件）………358, 642, 667, 668
東京高判令和 4・5・26 労判 1284 号 71 頁（龍生自動車事件）…………………………791, 792
仙台高判令和 4・5・26 労判 1297 号 98 頁（宮城県・県教委事件）……………………………670
東京高判令和 4・5・31 労判 1311 号 59 頁（医療法人社団 A 事件）……………………………988
広島高判令和 4・6・22 ジャーナル 131 号 40 頁（日東電工［控訴］事件）………820, 823, 824
東京高判令和 4・6・29 労判 1291 号 5 頁（インテリム事件）……………………………225, 393
東京高判令和 4・6・29 判タ 1510 号 176 頁（第一興商事件）……………………………689
東京高判令和 4・7・6 労判 1273 号 19 頁（専修大学事件）……………1030, 1033, 1036, 1160
東京高判令和 4・7・7 労判 1276 号 21 頁（リバーサイド事件）……………………………322
東京高決令和 4・7・14 労経速 2493 号 31 頁（プロバンク事件）……………………………289
高松高判令和 4・8・10 ジャーナル 129 号 26 頁（せとうち周桑バス事件）……………………………846
仙台高判秋田支判令和 4・8・31 ジャーナル 131 号 34 頁（櫛引福寿会事件）…………555, 558
東京高判令和 4・9・6 判時 2570 号 87 頁（株式会社 Y 事件）………………859, 874, 884
東京高判令和 4・9・14 労判 1281 号 14 頁（日本通運［川崎］事件）……782, 1004, 1016, 1020, 1021, 1022, 1024
東京高判令和 4・9・22 労判 1304 号 52 頁（セントラルインターナショナル事件）………638, 642, 696, 697
福岡高那覇支判令和 4・9・29 労経速 2501 号 3 頁（沖縄科学技術大学院大学事件）……………………………1004
大阪高判令和 4・10・14 労判 1283 号 44 頁（大器キャリアキャスティングほか 1 社事件）………698, 712, 720
東京高判令和 4・11・1 労判 1281 号 5 頁（日本通運［控訴］事件）………1016, 1019, 1021, 1024
福岡高判令和 4・11・10 労判 1309 号 23 頁（協同組合グローブ事件）……………………………458, 484
東京高判令和 4・11・16 労判 1288 号 81 頁（セルトリオン・ヘルスケア・ジャパン事件）………455, 457, 458
東京高判令和 4・11・16 労判 1293 号 66 頁（日本クリーン事件）…………161, 634, 647, 663
東京高判令和 4・11・22 ジャーナル 133 号 36 頁（NHK サービスセンター事件）……………………………836
大阪高判令和 4・11・24 労判 1308 号 16 頁（滋賀県社会福祉協議会事件）……………………………548, 551
福岡高那覇支判令和 4・11・24 ジャーナル 132 号 38 頁（琉球大学事件）………1008, 1009, 1021
大阪高判令和 4・12・20 ジャーナル 133 号 28 頁（神戸市事件）……………………………342
福岡高判令和 4・12・21 ジャーナル 133 号 26 頁（日本郵便事件）……………………………168
東京高決令和 4・12・23 労経速 2512 号 18 頁（JYU-KEN 事件）……………………………1181
大阪高判令和 5・1・18 労判 1285 号 18 頁（羽衣学園事件）……………………………1036
東京高判令和 5・1・18 労判 1295 号 43 頁（アンスティチュ・フランセ日本［控訴］事件）……788, 1012, 1016
大阪高判令和 5・1・19 労判 1289 号 10 頁（エヌアイケイほか事件）………97, 104, 329, 428
仙台高判令和 5・1・25 労判 1286 号 17 頁（東北大学事件）…………………1004, 1022, 1023
東京高判令和 5・1・25 労判 1300 号 29 頁（伊藤忠商事ほか事件）……581, 584, 717, 727, 1102, 1103, 1108, 1135
東京高判令和 5・1・25 労経速 2525 号 26 頁（クレディ・スイス証券事件）………903, 906, 910, 912, 916
東京高判令和 5・2・2 労判 1293 号 59 頁（グッドパートナーズ事件）………1004, 1006, 1010, 1017
東京高判令和 5・2・8LEX/DB25594837（損害賠償請求事件）……………………………176, 180
広島高判令和 5・2・17 ジャーナル 136 号 30 頁（静岡県事件）……………683, 694, 696, 713, 721
名古屋高判金沢支判令和 5・2・22 労判 1294 号 39 頁（そらふね元代表取締役事件）………428, 446, 484
福岡高判令和 5・3・9 ジャーナル 137 号 24 頁（させぼバス事件）……………………………407
東京高判令和 5・3・23 労判 1306 号 52 頁（司法書士法人はたの法律事務所事件）……………………………291
大阪高判令和 5・4・20 労判 1295 号 5 頁（竹中工務店ほか 2 社事件）……………………………1098
仙台高判令和 5・4・20 ジャーナル 139 号 30 頁（青森市事件）……………………………696
東京高判令和 5・4・27 労判 1292 号 40 頁（アメリカン・エキスプレス・インターナショナル・インコーポレイテッド事件）……………………………608, 974

福岡高判令和 5・6・8 ジャーナル 139 号 26 頁（糸島市事件）……………………………………875
名古屋高金沢支判令和 5・6・14 ジャーナル 140 号 30 頁（フジタ技研事件）……………875, 893, 894
名古屋高判令和 5・6・22 労経速 2531 号 27 頁（日本マクドナルド事件）………………450, 824, 826
知財高判令和 5・6・22LEX/DB25572923（サンシード・コギトケミカル事件）………………204, 205
東京高判令和 5・6・28 労経速 2555 号 3 頁（甲社事件）……………………………………171, 175
大阪高判令和 5・6・29 労判 1299 号 12 頁（阪神電気鉄道事件）……………………………………504
札幌高判令和 5・7・6 労経速 2529 号 7 頁（Z 営業秘密侵害罪被告事件）…………………………156
大阪高判令和 5・7・20 労経速 2532 号 3 頁（JP ロジスティクス事件）……………………………432
名古屋高判令和 5・8・3 ジャーナル 141 号 24 頁（東海交通機械事件）………………171, 174, 175, 176
札幌高判令和 5・8・22 ジャーナル 140 号 16 頁（函館バス事件）…………………………………836
東京高判令和 5・8・31 労経速 2531 号 3 頁（秀峰会事件）………………………553, 555, 558, 559
大阪高判令和 5・9・6 ジャーナル 142 号 54 頁（国・陸上自衛隊事件）………………696, 714, 722
東京高判令和 5・9・7 労経速 2539 号 3 頁（警視セクハラ損害賠償事件）…………………………985
名古屋高金沢支判令和 5・9・13LEX/DB25596102（西日本旅客鉄道事件）…………………………646
名古屋高判令和 5・9・28 ジャーナル 147 号 34 頁（未払割増賃金等支払請求事件）……432, 439, 440
東京高判令和 5・10・11 労判 1312 号 24 頁（社会福祉法人紫雲会事件）
………………………………………………………………1041, 1045, 1054, 1061, 1062, 1063, 1072
東京高判令和 5・10・25 労判 1303 号 39 頁（医療法人社団 B テラス事件）………………………610
広島高判令和 5・11・17 ジャーナル 145 号 24 頁（山口放送事件）…………………………………372
名古屋高金沢支判令和 5・11・29 ジャーナル 145 号 14 頁（日本郵便事件）………………365, 369, 638
福岡高判令和 5・11・30 労判 1310 号 29 頁（宇城市事件）…………………………………………875
東京高判令和 5・11・30 労判 1312 号 5 頁（日本産業パートナーズ事件）
………………………………………………………………358, 363, 371, 931, 933, 936, 937, 938, 939, 940
名古屋高判令和 5・11・30 労経速 2542 号 3 頁（オハラ樹脂工業事件）…………625, 641, 662, 667, 1164
札幌高判令和 5・12・26LEX/DB25596756（ロイヤル通商［控訴］事件）……………935, 937, 938, 939, 945
東京高決令和 5・12・26 ジャーナル 144 号 14 頁（徳洲会事件）…………………………………1182
大阪高判令和 6・1・24 ジャーナル 146 号 34 頁（大阪市事件）……………………………………142
東京高判令和 6・1・25 ジャーナル 147 号 22 頁（クレディ・スイス証券事件）……903, 906, 910, 912, 916
福岡高判令和 6・2・7 ジャーナル 148 号 28 頁（長崎県・県教委事件）……………………………671
仙台高判令和 6・2・20 ジャーナル 146 号 26 頁（しのぶ福祉会事件）…………174, 175, 762, 820, 824, 846, 891
東京高判令和 6・2・21 判例集未登載（日本郵便［控訴］事件）…………………………………1054
東京高判令和 6・2・22 ジャーナル 148 号 24 頁（東京税理士会神田支部事件）……………983, 986, 988, 990
東京高判令和 6・2・28 労判 1311 号 5 頁（JR 東海事件）…………496, 499, 500, 501, 502, 503, 504, 506, 507
福岡高那覇支判令和 6・2・29 ジャーナル 147 号 14 頁（沖縄産業振興センター事件）……………333, 1166
名古屋高判令和 6・2・29LEX/DB25599372（聖和福祉会事件）……………………446, 447, 448, 639, 668
福岡高判令和 6・3・21LEX/DB25599360（学校法人 A 学園事件）………………544, 553, 556, 557, 796
札幌高判令和 6・4・19 ジャーナル 148 号 8 頁（函館バス事件）……………………………642, 668
東京高判令和 6・4・25 ジャーナル 149 号 50 頁（函館バス事件）…………………………………564
東京高判令和 6・5・15LEX/DB25620518（サカイ引越センター［控訴］事件）…………104, 351, 453
大阪高判令和 6・5・16LEX/DB25620210（住友生命保険事件）……………………197, 199, 346, 348
大阪高判令和 6・5・16LEX/DB25620059（JR 東海［大阪］事件）…………496, 499, 500, 502, 504, 506, 507
東京高判令和 6・7・4 判例集未登載（社会福祉法人さざんか会事件）…………………104, 412, 442
札幌高判令和 6・9・13 判例集未登載（京王プラザホテル札幌事件）………………………………517

地方裁判所等

浦和地判昭和 40・12・16 労民 16 巻 6 号 1113 頁（平仙レース事件）………………………152, 596, 598

判例索引（地裁・昭和 41 年 – 昭和 58 年）　*1203*

東京地判昭和 41・3・31 労民 17 巻 2 号 368 頁（日立電子事件）……………………………254, 573
東京地判昭和 41・12・20 労民 17 巻 6 号 1407 頁（住友セメント事件）……………………………955
東京地判昭和 43・7・16 判タ 226 号 127 頁（三朝電機製作所事件）……………………………161
東京地判昭和 44・1・28 労民 20 巻 1 号 28 頁（日本軽金属事件）……………………………300
東京地判昭和 44・7・1 労民 20 巻 4 号 715 頁（東急機関工業事件）……………………………955
東京地判昭和 45・2・16 判タ 247 号 251 頁（日放サービス事件）……………………………861, 862
東京地判昭和 45・6・23 労民 21 巻 3 号 980 頁（日本経済新聞社事件）……………………………630
名古屋地判昭和 45・9・7 労経速 731 号 7 頁（レストラン・スイス事件）……………………………191
奈良地判昭和 45・10・23 判時 624 号 78 頁（フォセコ・ジャパン・リミティッド事件）……………………………929, 932
名古屋地判昭和 47・4・28 判時 680 号 88 頁（橋元運輸事件）……………………………153
東京地判昭和 48・2・6 労判 179 号 74 頁（大塚印刷事件）……………………………63
福岡地小倉支判昭和 48・11・27 判時 733 号 108 頁（安川電気事件）……………………………571
福島地判昭和 49・3・25 判時 744 号 105 頁（新興工業・大成建設事件）……………………………727
横浜地判昭和 49・6・19 労民 25 巻 3 号 277 頁（日立製作所［採用取消］事件）……………………………119, 280, 1128
福岡地小倉支判昭和 50・2・25 判時 777 号 93 頁（九州電力事件）……………………………74
福島地いわき支決昭和 50・3・7 判時 782 号 98 頁（常磐生コン事件）……………………………301
札幌地室蘭支判昭和 50・3・14 労民 26 巻 2 号 148 頁（新日本製鐵事件）……………………………624, 625
秋田地判昭和 50・4・10 労民 26 巻 2 号 388 頁（秋田相互銀行事件）……………………………951, 954
岐阜地大垣支判昭和 50・5・29 労民 26 巻 3 号 545 頁（大日金属工業事件）……………………………575
東京地決昭和 50・9・12 判時 789 号 17 頁（コバル事件）……………………………970
長崎地大村支判昭和 50・12・24 労判 242 号 14 頁（大村野上事件）……………………………904
東京地判昭和 51・3・24 労判 248 号 34 頁（モービル石油事件）……………………………300
東京地決昭和 51・7・23 判時 820 号 54 頁（日本テレビ放送網事件）……………………………547
東京地判昭和 51・10・29 労判 264 号 35 頁（高野メリヤス事件）……………………………822
東京地判昭和 52・8・10 労民 28 巻 4 号 366 頁（石川島播磨重工業事件）……………………………254
静岡地判昭和 52・12・23 労判 295 号 60 頁（河合楽器製作所事件）……………………………115
東京地判昭和 53・2・23 労判 293 号 52 頁（ジャード事件）……………………………315
静岡地判昭和 53・3・28 労判 297 号 39 頁（静岡銀行事件）……………………………483
札幌地判昭和 53・3・30 判時 923 号 104 頁（大成建設・柏倉建設事件）……………………………689
高知地判昭和 53・4・20 労判 306 号 48 頁（ミロク製作所事件）……………………………588
神戸地判昭和 54・9・21 判時 955 号 118 頁（中本商事事件）……………………………96, 97
水戸地龍ケ崎支判昭和 55・1・18 労民 31 巻 1 号 14 頁（東洋特殊土木事件）……………………………846
東京地判昭和 55・2・15 労判 335 号 23 頁（スーパーバッグ事件）……………………………636
名古屋地判昭和 55・3・26 労民 31 巻 2 号 372 頁（興和事件）……………………………574, 575, 578
横浜地判昭和 55・3・28 労判 339 号 20 頁（三菱重工業［休日振替］事件）……………………………418
大阪地判昭和 55・12・19 労判 356 号 9 頁（北港タクシー事件）……………………………244
横浜地判昭和 56・2・24 労判 369 号 68 頁（全労災事件）……………………………795
千葉地判昭和 56・5・25 労判 372 号 49 頁（日立精機事件）……………………………589
奈良地判昭和 56・6・26 労判 372 号 41 頁（壺阪観光事件）……………………………442
静岡地判昭和 57・7・16 労判 392 号 25 頁（赤阪鉄工所事件）……………………………914
東京地判昭和 57・11・12 労判 398 号 18 頁（岩崎通信機事件）……………………………594
東京地決昭和 57・11・19 労判 397 号 30 頁（小川建設事件）……………………………152
名古屋地判昭和 57・12・20 判時 1077 号 105 頁（名古屋鋳鋼所事件）……………………………727
東京地判昭和 57・12・24 労判 403 号 68 頁（新聞輸送事件）……………………………137, 322
東京地決昭和 57・12・26 労判 399 号 32 頁（日本ブリタニカ事件）……………………………357
神戸地尼崎支判昭和 58・3・17 労判 412 号 76 頁（甲山福祉センター事件）……………………………665
大津地判昭和 58・7・18 労判 417 号 70 頁（森下製薬事件）……………………………596

東京地決昭和58・12・14 労判426号44頁（リオ・テイント・ジンク事件）……………………………866
福岡地判昭和59・1・20 労判429号64頁（国際タクシー事件）……………………………………152
東京地判昭和59・1・27 労判423号23頁（エール・フランス事件）………………………………598
名古屋地判昭和59・3・23 労判439号64頁（ブラザー工業事件）…………………………………303
東京地判昭和59・6・3 労判433号15頁（扶桑電機工業・東欧電機事件）………………………372
名古屋地判昭和59・6・8 労判447号71頁（高蔵工業事件）…………………………………369, 372
東京地判昭和59・6・26 労判434号38頁（ジェフ事件）……………………………………………347
神戸地判昭和59・7・20 労判440号75頁（三菱重工業［難聴1次・2次訴訟］事件）……………679
東京地判昭和59・9・13 労判439号30頁（東京商工リサーチ事件）………………………………773
大阪地判昭和59・9・19 労判441号33頁（森工機事件）……………………………………………372
大阪地判昭和59・10・31 労判443号55頁（大鉄工業事件）…………………………………………343
名古屋地判昭和60・1・18 労判457号77頁（日本トラック事件）…………………………………767
神戸地判昭和60・3・14 労判452号60頁（日本運送事件）…………………………………………239
那覇地判昭和60・3・20 労判455号71頁（アメリカン・エキスプレス・インターナショナル事件）…804, 910
長崎地判昭和60・6・26 労民36巻3号494頁（三菱重工業長崎造船所事件）……………………238
東京地判昭和60・8・26 労民36巻4＝5号558頁（東京急行電鉄事件）……………………………143
大阪地決昭和60・9・10 労判459号49頁（長谷川工機事件）………………………………………590
仙台地判昭和60・9・19 労判459号40頁（マルヤタクシー事件）……………………………889, 891
東京地判昭和60・11・20 労判464号17頁（雅叙園事件）……………………………………………304
東京地判昭和61・1・31 労判470号53頁（東京銀行事件）…………………………………………623
大阪地判昭和61・2・26 労判471号44頁（ミニジューク大阪事件）………………………………369
長野地判昭和61・6・27 判時1198号3頁（平和石綿・朝日石綿工業事件）………………………727
大阪地判昭和61・7・30 労判481号51頁（レストラン「ビュッフェ」事件）………………482, 483
東京地判昭和61・9・26 労判482号20頁（東京コンピューター用品事件）………………………361
東京地判昭和61・9・29 労判482号6頁（日本冶金工業事件）……………………………………594
名古屋地判昭和61・9・29 判時1224号66頁（美濃窯業事件）…………………………………159, 161
大阪地決昭和61・10・17 労判486号83頁（ニシムラ事件）…………………………………………825
大阪地判昭和61・11・28 労判487号47頁（廣崎会事件）……………………………………………138
東京地判昭和61・12・4 労判486号28頁（日本鉄鋼連盟事件）……………………951, 952, 955, 966
東京地決昭和61・12・23 判時489号26頁（インタープレス事件）…………………………………915
東京地判昭和62・1・30 労判523号10頁（小里機材事件）…………………………………………438
大阪地決昭和62・2・13 労判497号133頁（都島自動車商会事件）…………………………………636
福井地判昭和62・3・27 労判494号54頁（金井学園福井工大事件）………………………………547
東京地判昭和62・3・27 労判495号16頁（安部一級土木施工監理事務所事件）…………………290
松山地西条支判昭和62・5・6 労判496号17頁（住友重機械工業事件）………………………912, 915
名古屋地判昭和62・7・27 判時1250号8頁（大隈鉄工所事件）…………………………………259, 261
東京地判昭和62・7・31 労判503号45頁（日本テレビ放送網事件）………………………………873
横浜地判昭和62・10・15 労判506号44頁（池貝鉄工事件）…………………………………905, 913, 915
大阪地決昭和62・10・21 労判506号41頁（ミザール事件）…………………………………………915
金沢地判昭和62・11・27 労判520号75頁（北浜土木砕石事件）……………………………………77
大阪地判昭和62・11・30 労判507号22頁（JR東海事件）……………………………………574, 578
東京地判昭和63・2・24 労民39巻1号21頁（国鉄池袋・蒲田電車区事件）………………………253
東京地判昭和63・4・27 労判517号18頁（日本プレジデントクラブ事件）………………………485
新潟地判昭和63・6・6 労判519号41頁（第四銀行事件）…………………………………………773
山形地酒田支判昭和63・6・27 労判524号54頁（清風会事件）………………………………333, 334
仙台地判昭和63・7・1 労判526号38頁（東北造船事件）…………………………………………793
東京地決昭和63・8・4 労判522号11頁（エヴェレット汽船事件）…………………………909, 912

大阪地決昭和63・9・5 労判530号62頁（四天王寺学園事件）・・・・・・・・・・・・・・・・・・・・・・・・・・・・・・・・・191
東京地判昭和63・11・25 労判532号63頁（亜細亜大学事件）・・・・・・・・・・・・・・・・・・・・・・・・・・・・・・・・1005
大津地決平成元・1・10 労判550号130頁（滋賀交通事件）・・・・・・・・・・・・・・・・・・・・・・・・・・・・・・・・・・880
東京地判平成元・1・26 労判533号45頁（日産自動車［家族手当請求］事件）・・・・・・・・・・・・・314, 953
長野地松本支判平成元・2・3 労判538号69頁（新日本ハイパック事件）・・・・・・・・・・・・・・・・・・・・・・578
名古屋地判平成元・6・26 労判553号81頁（中部日本広告社事件）・・・・・・・・・・・・・・・・・・・・・・358, 370
大阪地決平成元・6・27 労判545号15頁（大阪造船所事件）・・・・・・・・・・・・・・・・・・・・・・・・・・・・・・・・918
大阪地判平成元・6・29 労判544号44頁（大阪フィルハーモニー交響楽団事件）・・・・・・・・・・・・・886
名古屋地判平成元・7・28 労判567号64頁（光洋運輸事件）・・・・・・・・・・・・・・・・・・・・・・・・・・・・・・・847
横浜地小田原支判平成元・9・19 労判547号15頁（日産車体事件）・・・・・・・・・・・・・・・・・・・・・・・・555
東京地八王子支判平成2・2・1 判時1339号140頁（東芝事件）・・・・・・・・・・・・・・・・・・・・・・・・・・・133
東京地判平成2・3・23 労判559号15頁（ナショナルシューズ事件）・・・・・・・・・・・・・・・・・・・・・・・644
静岡地判平成2・3・23 労判567号47頁（ネッスル事件）・・・・・・・・・・・・・・・・・・・・・・・・・・・・・・・・・627
東京地判平成2・4・17 労判581号70頁（東京学習協力会事件）・・・・・・・・・・・・・・・・・・・・・・・・・・・942
高松地判平成2・5・10 労判579号44頁（倉田学園事件）・・・・・・・・・・・・・・・・・・・・・・・・・・・617, 629
横浜地判平成2・5・29 労判579号35頁（ダイエー事件）・・・・・・・・・・・・・・・・・・・・・・・・・・・・・・・・388
神戸地姫路支判平成2・6・25 労判565号35頁（日新工機事件）・・・・・・・・・・・・・・・・・・・・・・・・・・918
東京地判平成2・7・4 労判565号7頁（社会保険診療報酬支払基金事件）・・・・・・・・・・・529, 955, 956
東京地判平成2・7・27 労判568号61頁（三菱重工業［相模原製作所］事件）・・・・・・・・・・・・・・・630
東京地判平成2・9・11 労判569号33頁（三和プラント工業事件）・・・・・・・・・・・・・・・・・・・・・・・・429
東京地判平成2・9・25 労判569号28頁（東京芝浦食肉事業公社事件）・・・・・・・・・・・・・・・・・・・・494
東京地判平成2・9・25 労判570号36頁（前出工機事件）・・・・・・・・・・・・・・・・・・・・・・・・・・・・・・・913
横浜地判平成2・10・16 労判572号48頁（新清社事件）・・・・・・・・・・・・・・・・・・・・・・・・・・・・・・・・322
東京地判平成2・10・26 労判574号41頁（アイ・ビイ・アイ事件）・・・・・・・・・・・・・・・・・・・・・・・・584
大阪地判平成2・11・28 労経速1413号3頁（高島屋工作所事件）・・・・・・・・・・・・・・・・・・・・・・・・・724
神戸地判平成2・12・27 労判タ764号165頁（内外ゴム事件）・・・・・・・・・・・・・・・・・・・・・・・・・・・679
仙台地判平成3・1・22 労民42巻1号1頁（塩釜缶詰事件）・・・・・・・・・・・・・・・・・・・・・・・・・・・・・584
大阪地判平成3・1・22 労判584号69頁（小川重事件）・・・・・・・・・・・・・・・・・・・・・・・・・・・・・・・・257
浦和地判平成3・1・25 労判581号27頁（日産ディーゼル工業事件）・・・・・・・・・・・・・・・・・・・・・909
大阪地決平成3・2・4 労判585号124頁（大阪海運事件）・・・・・・・・・・・・・・・・・・・・・・・・・・・・・・・555
東京地判平成3・2・25 労判588号74頁（ラクソン等事件）・・・・・・・・・・・・・・・・・・・・・・150, 947, 948
神戸地判平成3・3・14 労判584号61頁（星電社事件）・・・・・・・・・・・・・・・・・・・・・・・・・・・・・・・・627
名古屋地判平成3・3・29 労判588号30頁（ブラザー陸運事件）・・・・・・・・・・・・・・・・・・・・・・・・・442
大阪地決平成3・4・12 労判588号6頁（チェース・マンハッタン銀行事件）・・・・・・・・・・・・・・・・544
名古屋地判平成3・7・22 労判608号59頁（日通名古屋製鉄作業員事件）・・・・・・・・・・・・・・・・・・・628
高松地丸亀支判平成3・8・12 労判596号33頁（恵城保育園事件）・・・・・・・・・・・・・・・・・・・・・・・896
大阪地判平成3・8・20 労判602号93頁（大阪屋事件）・・・・・・・・・・・・・・・・・・・・・・・・・・・・・・・・826
大阪地判平成3・8・27 労経速1440号3頁（蒲商事件）・・・・・・・・・・・・・・・・・・・・・・・・・・・・257, 260
大阪地判平成3・10・22 労判595号9頁（三洋電機事件）・・・・・・・・・・・・・・・・・・・・・1002, 1007, 1008
岡山地判平成3・11・19 労判613号70頁（岡山電気軌道事件）・・・・・・・・・・・・・・・・・・・・・・824, 825
浦和地判平成3・11・22 判タ794号121頁（日立物流事件）・・・・・・・・・・・・・・・・・・・・・・・・・・・・642
東京地決平成4・1・31 判時1416号130頁（三和機材事件）・・・・・・・・・・・・・・・・・・・・・・・・・・・・588
京都地判平成4・2・4 労判606号24頁（弥栄自動車事件）・・・・・・・・・・・・・・・・・・・・・・・・・482, 483
東京地決平成4・2・6 労判610号72頁（昭和女子大学事件）・・・・・・・・・・・・・・・・・・・・・・・・・・・826
福岡地判平成4・2・26 労判608号35頁（九州航空事件）・・・・・・・・・・・・・・・・・・・・・・・・・・・・・・259
大阪地判平成4・2・26 労判630号83頁（明野住宅事件）・・・・・・・・・・・・・・・・・・・・・・・・・・・・・・331
東京地判平成4・3・23 労判618号42頁（ワールド証券事件）・・・・・・・・・・・・・・・・・・・・・・・・・・・261

判例索引（地裁・平成4年－平成6年）

東京地判平成4・3・27判時1425号131頁（チェース・マンハッタン・バンク事件）……………904
大阪地決平成4・3・31労判611号32頁（大阪郵便輸送事件）……………………………………1009
福岡地判平成4・4・16労判607号6頁（福岡事件）…………………………………982, 984, 989
東京地決平成4・4・27労判565号79頁（エクイタブル生命保険事件）………………………531
大阪地決平成4・6・1労判623号63頁（栄大事件）……………………………………………846
東京地判平成4・6・11労判612号6頁（松蔭学園事件）………………………………………166
東京地判平成4・8・27労判611号10頁（日ソ図書事件）…………………………………951, 955
東京地判平成4・9・24労判618号15頁（改進社事件）…………………………………………690
東京地判平成4・9・28労判617号31頁（吉村など事件）………………………………………897
東京地判平成4・9・30労判616号10頁（ケイズインターナショナル事件）……………………822
福岡地判平成4・11・25労判621号33頁（三井石炭鉱業事件）…………………………………906
大阪地判平成4・12・21労判624号29頁（大池市場協同組合事件）……………………………504
東京地判平成4・12・25労判650号87頁（勧業不動産販売・勧業不動産事件）………582, 1165
東京地判平成5・1・28判時1469号93頁（チェスコム秘書センター事件）……………………582
大阪地決平成5・3・22労判628号12頁（茨木消費者クラブ事件）……………………………851
広島地判平成5・4・14労判634号53頁（広島西郵便局事件）…………………………………504
浦和地判平成5・5・28労判650号76頁（三広梱包事件）………………………………………728
東京地判平成5・6・11労民44巻3号515頁（生協イーコープ・下馬生協事件）……………572
名古屋地判平成5・7・7労判651号155頁（名古屋近鉄タクシー事件）………………501, 504
東京地判平成5・7・23労判638号53頁（パピルス事件）………………………………………75
大阪地判平成5・7・28労判642号47頁（池中運送事件）………………………………………442
前橋地判平成5・8・24判時1470号3頁（東京電力［群馬］事件）…………………123, 1180
東京地判平成5・9・10労判643号52頁（日本情報企画事件）…………………………………372
千葉地判平成5・9・24労判638号32頁（ノース・ウエスト航空事件）………………628, 875
東京地判平成5・9・29労判636号19頁（帝国臓器製薬事件）……………554, 555, 556, 560, 561, 562
東京地決平成5・10・4金判929号11頁（フレンチ・エフ・アンド・ビー・ジャパン事件）……939
広島地判平成5・10・12労判643号19頁（JR西日本事件）……………………………………358
東京地決平成5・10・13労判648号65頁（日本メタルゲゼルシャフト事件）……………………630
東京地判平成5・12・7労判648号44頁（日本消費者協会事件）………………………………637
大阪地決平成5・12・24労判648号35頁（日本周遊観光バス事件）……………………………663
東京地判平成6・3・2労判654号60頁（JR東日本［高田馬場駅］事件）…………………643
東京地判平成6・3・11労判666号61頁（ユニスコープ事件）………………………………391, 876
東京地決平成6・3・17労判662号74頁（日鐵商事事件）…………………………………572, 589
横浜地判平成6・3・24労判664号71頁（大申興業事件）………………………………………908
東京地決平成6・3・29労判655号49頁（ソニー事件）…………………………………………247
東京地判平成6・3・30労判649号6頁（環境サービス事件）…………………………………849
大阪地決平成6・3・30労判668号54頁（シンコーエンジニアリング事件）……………………804
福岡地小倉支判平成6・4・19労旬1360号48頁（西部商事事件）………………………926, 935
大阪地判平成6・4・28判時1542号115頁（象印マホービン事件）……………………………205
千葉地判平成6・5・23判時1507号53頁（東京電力［千葉］事件）…………………………123
大阪地判平成6・5・30労判652号30頁（カーマン事件）………………………………………884
名古屋地判平成6・6・3労判680号92頁（中部ロワイヤル事件）……………………313, 330
東京地判平成6・6・16労判651号15頁（三陽物産事件）………………………………953, 955
東京地判平成6・6・30労判661号18頁（アサヒ三教事件）……………………………………849
大阪地決平成6・7・11労判659号58頁（源吉兆庵事件）………………………………877, 884
大阪地決平成6・8・5労判668号48頁（新関西通信システムズ事件）……………………………793
大阪地決平成6・8・10労判658号56頁（JR東海［出向命令］事件）………………576, 578

東京地判平成6・9・7判時1541号104頁（丸山宝飾事件）·····259
東京地判平成6・9・14労判656号17頁（チェース・マンハッタン銀行事件）·····339
奈良地葛城支決平成6・10・18判タ881号151頁（マルコ事件）·····803
東京地判平成6・10・25労判662号43頁（トーコロ事件）·····895
大阪地決平成6・11・8労判664号14頁（湯川胃腸病院事件）·····887
東京地決平成6・11・10労経速1550号23頁（三井リース事業事件）·····867, 887
東京地判平成6・11・25判時1524号62頁（フリーラン事件）·····945, 948
大阪地決平成6・11・30労判670号36頁（長野油機事件）·····666
名古屋地判平成6・12・9労経速1550号3頁（三菱自動車工業事件）·····625
東京地判平成6・12・12労判673号79頁（タビックスジャパン事件）·····372
岡山地判平成6・12・20労判672号42頁（真備学園事件）·····679, 700, 720
横浜地判平成7・2・23労判676号71頁（浜岳製作所事件）·····716
長野地判平成7・3・23労判678号57頁（川中島バス事件）·····643, 666
名古屋地判平成7・3・24判判678号47頁（ダイフク事件）·····1000
東京地判平成7・3・30労判667号14頁（HIV感染者解雇事件）·····184, 883, 896
東京地決平成7・4・13労判675号13頁（スカンジナビア航空事件）·····784, 786, 787, 1176
東京地判平成7・5・17労判677号17頁（安田生命保険事件）·····238, 240, 243
大阪地判平成7・5・29労判688号87頁（弁天堂事件）·····364
大阪地判平成7・6・28労判686号71頁（山口観光事件）·····636
大阪地堺支判平成7・7・12労判682号64頁（大阪府精神薄弱者コロニー事業団事件）·····1166
東京地判平成7・8・15労判683号93頁（イーストウエストコンサルティング事件）·····330
大阪地判平成7・9・27労判688号48頁（トヨシマ事件）·····582
東京地判平成7・9・29労判687号69頁（ベニス事件）·····370
東京地判平成7・10・4労判680号34頁（大輝交通事件）·····246
東京地決平成7・10・16労判690号75頁（東京リーガルマインド事件）·····936, 942, 944
大阪地決平成7・10・20労判685号49頁（大阪暁明館事件）·····905, 906
大阪地判平成7・10・24労判692号67頁（大阪相互タクシー事件）·····663
横浜地決平成7・11・8労判701号70頁（徳心学園事件）·····825
大津地判平成7・11・20労判688号37頁（聖パウロ学園事件）·····305
東京地判平成7・11・21労判687号36頁（東京コンピュータサービス事件）·····369
東京地判平成7・11・27労判683号17頁（思誠会事件）·····651, 880
東京地判平成7・12・4労判685号17頁（バンク・オブ・アメリカ・イリノイ事件）·····166, 531, 532, 533
東京地判平成7・12・25労判689号31頁（三和機材事件）·····333
大阪地決平成8・1・29労判689号21頁（情報技術開発事件）·····1001, 1008
大阪地判平成8・2・26労判699号84頁（池本自動車商会事件）·····163, 372
京都地判平成8・2・27労判713号86頁（よしとよ事件）·····915
名古屋地判平成8・3・13判時1579号3頁（中部電力事件）·····123
長野地上田支判平成8・3・15労判690号32頁（丸子警報器事件）·····1068
大阪地決平成8・3・15労判692号30頁（関西フェルトファブリック事件）·····639
東京地判平成8・3・25労経速1592号25頁（三菱電機事件）·····120, 1128
福岡地小倉支判平成8・3・26労判703号80頁（新日本製鐵［日鐵運輸］事件）·····576, 1162
東京地判平成8・3・28労判694号34頁（富士保安警備事件）·····695, 707
徳島地判平成8・3・29労判702号64頁（城南タクシー事件）·····430
長野地松本支判平成8・3・29労判702号74頁（住建事件）·····79
長野地松本支判平成8・3・29労判719号77頁（芙蓉ビジネスサービス事件）·····1002, 1008
盛岡地一関支判平成8・4・17労判703号71頁（岩手県交通事件）·····418, 627
東京地判平成8・4・26労判697号57頁（東京ゼネラル事件）·····368, 369

大阪地判平成 8・4・26 判時 1589 号 92 頁（大阪事件）……………………………………………983
札幌地判平成 8・5・16 判タ 933 号 172 頁（札幌事件）……………………………………………986
神戸地決平成 8・6・11 労判 697 号 33 頁（三州海陸運輸事件）……………………………………886
東京地判平成 8・6・17 労判 701 号 45 頁（テラメーション事件）…………………………………329
東京地判平成 8・6・24 判時 1601 号 125 頁（パソナ事件）…………………………………………1092
東京地判平成 8・6・28 労判 696 号 17 頁（ベネッセコーポレーション事件）……………………361
大阪地判平成 8・7・1 労判 701 号 37 頁（西井運送事件）……………………………………133, 878
千葉地判平成 8・7・19 労判 725 号 78 頁（旺文社事件）……………………………………………698
東京地判平成 8・7・26 労判 699 号 22 頁（中央林間病院事件）……………………………………667
大阪地判平成 8・7・31 労判 708 号 81 頁（日本電信電話事件）………………………………634, 640
東京地決平成 8・7・31 労判 712 号 85 頁（ロイヤル・インシュアランス・パブリック事件）…886
広島地判平成 8・8・7 労判 701 号 22 頁（石﨑本店事件）…………………………………951, 952, 955
浦和地越谷支決平成 8・8・16 労判 703 号 39 頁（草加ダイヤモンド交通事件）…………………878
大阪地判平成 8・9・11 労判 710 号 51 頁（東栄精機事件）…………………………………………877
東京地判平成 8・9・27 労判 707 号 74 頁（日本テレコム事件）……………………………………361
大阪地判平成 8・9・27 労判 717 号 95 頁（錦タクシー事件）………………………………………518
大阪地判平成 8・10・2 労判 706 号 45 頁（共立メンテナンス事件）………………………………432
東京地判平成 8・10・30 労判 705 号 45 頁（日本電信電話事件）…………………………………847
東京地判平成 8・11・27 労判 704 号 21 頁（芝信用金庫事件）………………………529, 957, 1166
東京地決平成 8・12・11 労判 711 号 57 頁（アーク証券事件）……………………………335, 534
東京地判平成 8・12・20 労判 711 号 52 頁（東京ゼネラル事件）…………………………………822
東京地判平成 8・12・25 労判 707 号 20 頁（東京［Ａ社］事件）……………………………983, 988
大阪地判平成 8・12・25 労判 712 号 32 頁（日本コンベンションサービス事件）………………429
東京地判平成 8・12・27 判時 1619 号 85 頁（東京コンピュータサービス事件）………………1090
大阪地判平成 9・1・24 労判 712 号 26 頁（日本圧着端子製造事件）………………………………358
東京地決平成 9・1・24 判時 1592 号 137 頁（デイエフアイ西友事件）…………………391, 563
大阪地判平成 9・1・27 労判 711 号 23 頁（銀装事件）……………………………………………1164
東京地判平成 9・1・31 労判 712 号 17 頁（本位田建築事務所事件）……………………………803
東京地判平成 9・2・4 労判 712 号 12 頁（日本自転車振興会事件）………………………………190
東京地判平成 9・2・4 労判 713 号 62 頁（朋栄事件）………………………………………824, 1160
福岡地判平成 9・2・12 労判 714 号 56 頁（中央スポーツクラブ事件）…………………………665
旭川地判平成 9・3・18 労判 717 号 42 頁（旭川事件）………………………………983, 985, 988
大阪地判平成 9・3・24 労判 715 号 42 頁（新日本通信事件）……………………………………549
東京地判平成 9・3・25 労判 716 号 82 頁（三洋機械商事事件）…………………………………663
大阪地判平成 9・3・28 労判 717 号 37 頁（佐川ワールドエクスプレス事件）…………………372
佐賀地武雄支判平成 9・3・28 労判 719 号 38 頁（センエイ企業事件）……………………………92
京都地判平成 9・4・17 労判 716 号 49 頁（京都事件）………………………………984, 987, 988, 989
大阪地判平成 9・4・25 労経速 1638 号 15 頁（日本電信電話事件）………………………………367
大阪地判平成 9・5・2 労判 740 号 63 頁（富士シャリング事件）…………………………………337
東京地判平成 9・5・22 労判 718 号 17 頁（首都高速道路公団事件）………626, 646, 649, 650, 662
東京地判平成 9・5・26 労判 717 号 14 頁（長谷工コーポレーション事件）……………………116, 118
大阪地判平成 9・5・28 労経速 1641 号 22 頁（ティーエム事件）…………………………………338
大阪地決平成 9・6・5 労判 720 号 67 頁（相模ハム事件）…………………………………………578
徳島地判平成 9・6・6 労判 727 号 77 頁（中央タクシー事件）……………………………………624
大阪地決平成 9・6・10 労判 720 号 55 頁（ヤマトセキュリティ事件）…………………………547
静岡地判平成 9・6・20 労判 721 号 37 頁（ヤマト運輸事件）……………………………………530
大阪地決平成 9・7・11 労判 723 号 68 頁（バイエル薬品事件）…………………………………644

東京地判平成 9・7・14 労判 736 号 87 頁（國武事件）・・・・・・・・・・・・・・・・・・・・・・・・・・・・・・・・・・・・588
仙台地判平成 9・7・15 労判 724 号 34 頁（梅檀学園事件）・・・・・・・・・・・・・・・・・・・・・・191, 192, 894, 1166
京都地判平成 9・7・16 労判 731 号 60 頁（岩倉自動車教習所事件）・・・・・・・・・・・・・・・・・・・・・・・1000, 1007
札幌地決平成 9・7・23 労判 723 号 62 頁（北海道コカ・コーラボトリング事件）・・・・・・・・・・・・・560
神戸地判平成 9・7・29 労判 726 号 100 頁（兵庫事件）・・・・・・・・・・・・・・・・・・・・・・・・・・・・・・・984, 986
名古屋地決平成 9・7・30 労判 724 号 25 頁（重光事件）・・・・・・・・・・・・・・・・・・・・・・・・・・・・・・・・・877
東京地判平成 9・8・1 労判 722 号 62 頁（ほるぷ事件）・・・・・・・・・・・・・・・・・・・・418, 430, 442, 457, 483
東京地判平成 9・8・26 労判 725 号 48 頁（オスロー商会事件）・・・・・・・・・・・・・・・・・・・・・・・・・・・・325
東京地判平成 9・8・26 労判 734 号 75 頁（ペンション経営研究所事件）・・・・・・・・・・・・・・・・・・・325
大阪地判平成 9・8・29 労判 725 号 40 頁（白頭学院事件）・・・・・・・・・・・・・・・・・・・・・・・・・・・・・・・824
東京地決平成 9・9・11 労判 739 号 145 頁（上田事件）・・・・・・・・・・・・・・・・・・・・・879, 883, 886, 889
東京地判平成 9・10・1 労判 726 号 70 頁（ドイッチェ・ルフトハンザ・アクチェンゲゼルシャフト事件）
・・1102, 1110, 1134
東京地判平成 9・10・28 労判 748 号 145 頁（千代田生命保険事件）・・・・・・・・・・・・・・・・・・・・・・・885
長野地上田支判平成 9・10・29 労判 727 号 32 頁（丸子警報器［雇止め・本訴］事件）・・・・・・・1025
東京地決平成 9・10・31 労判 726 号 37 頁（インフォミックス事件）・・・・・・・・・・・・・281, 282, 283
大阪地決平成 9・11・4 労判 738 号 55 頁（ヤマゲンパッケージ事件）・・・・・・・・・・・・・・・・・・・・・337
津地判平成 9・11・5 労判 729 号 54 頁（三重事件）・・・・・・・・・・・・・・・・・・・・・・・・・・983, 987, 988
大阪地判平成 9・11・5 労判 744 号 73 頁（ユアーズゼネラルサービス事件）・・・・・・・・・・・341, 507
東京地判平成 9・11・26 判時 1646 号 106 頁（ホクトエンジニアリング事件）・・・・・・・・・・・・・1094
東京地判平成 9・12・1 労判 729 号 26 頁（国際協力事業団事件）・・・・・・・・・・・・・・・・・・・494, 495
大阪地判平成 9・12・22 労判 738 号 43 頁（三洋電機事件）・・・・・・・・・・・・・・・・・・・・・・・・・・・・・832
福岡地小倉支判平成 9・12・25 労判 732 号 53 頁（東谷山家事件）・・・・・・・・・・・・・・・・・・・136, 144
大阪地判平成 10・1・28 労判 733 号 72 頁（ダイエー事件）・・・・・・・・・・・・・・・・・・・・・・・・582, 643
東京地判平成 10・2・2 労判 735 号 52 頁（美浜観光事件）・・・・・・・・・・・・・・・・・・・・・・・・・・・・・・・79
東京地決平成 10・2・6 労判 735 号 47 頁（平和自動車交通事件）・・・・・・・・・・・・・・・・・・・・・・・・664
横浜地判平成 10・2・9 労判 735 号 37 頁（聖仁会事件）・・・・・・・・・・・・・・・・・・・・・・・・・・・・・・・885
岡山地倉敷支判平成 10・2・23 労判 733 号 13 頁（川崎製鉄事件）・・・・・・・・・・・・・696, 697, 714
東京地判平成 10・3・17 労判 734 号 15 頁（富士重工業事件）・・・・・・・・・・・・・・・・・・・・・・・・・・・117
大阪地判平成 10・3・25 労判 742 号 61 頁（JR 東海［大阪第三車両所］事件）・・・・・・・・・・・・・426
千葉地判平成 10・3・26 労判 748 号 153 頁（千葉事件）・・・・・・・・・・・・・・・・・・・・・・983, 985, 988
大阪地判平成 10・4・13 労判 744 号 54 頁（幸福銀行［年金減額］事件）・・・・・・・・・・・・・・・・・375
盛岡地判平成 10・4・24 労判 741 号 36 頁（協栄テックス事件）・・・・・・・・・・・・・・・・・・・・・・・1011
大阪地判平成 10・5・13 労判 740 号 25 頁（黒川乳業事件）・・・・・・・・・・・・・・・・・・・・・・・・・・・・877
広島地決平成 10・5・22 労判 752 号 79 頁（広島第一交通事件）・・・・・・・・・・・・・・・・・・・・・・・・803
釧路地判平成 10・5・29 労判 745 号 32 頁（厚岸町森林組合事件）・・・・・・・・・・・・・・・・・259, 260
東京地判平成 10・6・5 労判 748 号 117 頁（ユニ・フレックス事件）・・・・・・・・・・・・・・・・・・・325
東京地判平成 10・6・12 労判 745 号 16 頁（日本貨物鉄道事件）・・・・・・・・・・・・・・・・・・・・・・・409
大阪地決平成 10・7・7 労判 747 号 50 頁（グリン製菓事件）・・・・・・・・・・・・・・・・・・・・・・・・・・915
札幌地判平成 10・7・16 労判 744 号 29 頁（協成建設工業ほか事件）・・・・・・・・・・・・・・・・・・・727
大阪地判平成 10・7・17 労判 750 号 79 頁（大通事件）・・・・・・・・・・・・・・・・・・・・・・820, 876, 884
東京地判平成 10・7・27 労判 748 号 91 頁（オーク事件）・・・・・・・・・・・・・・・・・・・・・・・・・・・・・318
大阪地判平成 10・8・31 労判 751 号 23 頁（インチケープマーケティングジャパン事件）・・・・・873
大阪地判平成 10・8・31 労判 751 号 38 頁（大阪労働衛生センター第一病院事件）・・・251, 317, 784, 1167
東京地八王子支判平成 10・9・17 労判 752 号 37 頁（桐朋学園事件）・・・・・・・・・・・・・・・・・・・449
東京地判平成 10・9・21 労判 753 号 53 頁（東邦大学事件）・・・・・・・・・・・・・・・・・・・・・・・・・・・547
東京地判平成 10・9・22 労判 752 号 31 頁（東京電力事件）・・・・・・・・・・・・・・・・・・・・・・・・・・・862

東京地判平成10・9・25 労判746号7頁（新日本証券事件）･････････････････････････････････116
大阪地判平成10・9・30 労判748号80頁（全日本空輸事件）･････････････････････････････508, 515
浦和地判平成10・10・2 判タ1008号145頁（与野市社会福祉協議会事件）･････････････････662
大阪地判平成10・10・30 労判750号29頁（丸一商店事件）･････････････････････････････290
東京地判平成10・11・16 労判758号63頁（高栄建設事件）･････････････････････････････429, 500
横浜地判平成10・11・17 労判754号22頁（七葉会事件）･･･････････････････････････････625, 663
大阪地判平成10・12・21 労判758号18頁（JR東海事件）･･･････････････････････････････625
大阪地判平成10・12・22 知的裁集30巻4号1000頁（岩城硝子ほか事件）
　･･156, 926, 933, 934, 936, 937, 938, 939, 943
福岡地久留米支決平成10・12・24 労判758号11頁（北原ウエルテック事件）･････････････909, 915
大阪地判平成10・12・25 労経速1702号6頁（東久事件）･･･････････････････････････････428
奈良地決平成11・1・11 労判753号15頁（日進工機事件）･･･････････････････････････････793
大阪地判平成11・1・11 労判760号33頁（住友生命保険事件）･･･････････････････････････1181
大阪地判平成11・1・25 労判763号62頁（昭和アルミニウム事件）･･･････････････････････878
大阪地決平成11・1・25 労判759号41頁（藍野学院事件）･････････････････････254, 575, 1162
福島地いわき支判平成11・1・27 判タ1006号173頁（北日本自転車競技会事件）･･･････････334
東京地判平成11・1・29 労判760号54頁（ロイター・ジャパン事件）････････････････････1005
大阪地判平成11・1・29 労判765号68頁（高島屋工作所事件）･･･････････････････････････910
大阪地判平成11・2・12 労判764号86頁（太平ビルサービス大阪事件）･･･････････････････1009
東京地判平成11・2・15 労判755号15頁（千代田生命保険事件）･････････････････････161, 650
東京地判平成11・2・15 労判760号46頁（全日本空輸事件）････････････････････594, 595, 597
東京地判平成11・2・16 労判761号101頁（植樹園ほか事件）･････････････････････727, 1131
東京地判平成11・2・17 労判756号6頁（東京国際郵便局事件）･････････････････････503, 508
東京地判平成11・2・23 労判763号46頁（東北ツアーズ協同組合事件）･････････････････364, 366
静岡地沼津支判平成11・2・26 労判760号38頁（沼津事件）････････････････････983, 988, 989
京都地決平成11・3・1 労判760号30頁（京ガス事件）･････････････････････････････････1181
東京地判平成11・3・12 労判760号23頁（東京[M商事]事件）･･･････････････････････988, 989
大阪地決平成11・3・12 労経速1701号24頁（ヤマト運輸事件）･･････････････････････････663
東京地判平成11・3・16 労判766号53頁（ニシデン事件）････････････････････････････583, 584
大阪地判平成11・3・31 労判767号60頁（アサヒコーポレーション事件）････････････････643, 668
神戸地姫路支判平成11・3・31 判時1699号114頁（山陽カンツリー事件）･････････････････690
東京地判平成11・5・14 労経速1709号25頁（カルティエジャパン事件）･･･････････････････636
東京地判平成11・5・25 労判776号69頁（筑波大学事件）･････････････････････････････1128
東京地判平成11・5・28 判時1727号108頁（協立物産事件）･･･････････････153, 162, 163, 164
大阪地判平成11・5・31 労判772号60頁（千里山生活協同組合事件）･･･････････429, 430, 449
東京地判平成11・7・13 労判770号120頁（リンガラマ・エグゼクティブ・ラングージ・サービス事件）
　･･･355
東京地判平成11・7・13 労判773号22頁（ソフィアシステムズ事件）･････････････････････1161
長野地佐久支判平成11・7・14 労判770号98頁（日本セキュリティシステム事件）･･････････342
大阪地判平成11・7・28 労判770号81頁（塩野義製薬事件）･････････････････････････952, 954
東京地判平成11・8・24 労判777号61頁（済生会事件）･････････････････････････1160, 1168
大阪地判平成11・9・3 労判775号56頁（京都ヤマト運輸事件）･･････････････････････････304
横浜地判平成11・9・30 労判779号61頁（ヘルスケアセンター事件）･････････････････････1008
大阪地判平成11・10・4 労判771号25頁（JR東海[退職]事件）･･････････････････････597, 598
東京地決平成11・10・15 労判770号34頁（セガ・エンタープライゼス事件）･････385, 388, 853, 864, 867
大阪地判平成11・11・17 労判786号56頁（浅井運送事件）････････････････････････････792
静岡地判平成11・11・25 労判786号46頁（三菱電機事件）･･･････････････････698, 717, 727

| 東京地判平成 11・11・26 労判 778 号 40 頁（東京アメリカンクラブ事件）……………………563, 1167
東京地決平成 11・11・29 労判 780 号 67 頁（角川文化振興財団事件）……………………………1169
東京地判平成 11・11・30 労判 782 号 51 頁（北辰商品事件）…………………………………………330
東京地判平成 11・11・30 労判 789 号 54 頁（バベル事件）………………………………………………79
大阪地判平成 11・12・8 労判 777 号 25 頁（タジマヤ事件）………………………………………796, 799
東京地判平成 11・12・15 労経速 1759 号 3 頁（日本エマソン事件）…………………………………888
東京地判平成 11・12・17 労判 778 号 28 頁（日本交通事業社事件）………………582, 639, 664, 759
東京地判平成 11・12・24 労経速 1753 号 3 頁（丸和證券事件）………………………………………368
名古屋地判平成 11・12・27 労判 780 号 45 頁（日本貨物鉄道事件）…………………………………746
東京地決平成 12・1・21 労判 782 号 23 頁（ナショナル・ウエストミンスター銀行［第 3 次仮処分］事件）
　　　　　　　　　　　　　　　　　　　　　　　　　　　　　　　　　　851, 902, 906, 911, 917
大阪地判平成 12・1・28 労判 786 号 41 頁（朝日新聞社事件）…………………………………………374
東京地判平成 12・1・31 労判 785 号 45 頁（アーク証券［本訴］事件）……………………335, 337
東京地判平成 12・1・31 労判 793 号 78 頁（東京魚商業協同組合事件）…………………………1169
東京地判平成 12・2・8 労判 787 号 58 頁（シーエーアイ事件）……………………………………392
東京地判平成 12・2・14 労判 780 号 9 頁（須賀工業事件）……………………………………357, 361
大阪地判平成 12・2・23 労判 783 号 71 頁（シャープエレクトロニクスマーケティング事件）…956
大阪地判平成 12・2・28 労判 781 号 43 頁（ハクスイテック事件）………………………………1167
東京地判平成 12・3・3 労判 799 号 74 頁（ブイアイエフ事件）………………………………………668
東京地判平成 12・3・22 労経速 1733 号 27 頁（中田建材事件）……………………………………304
大阪地判平成 12・4・17 労判 790 号 44 頁（三和銀行事件）………………624, 649, 650, 668
札幌地判平成 12・4・25 労判 805 号 123 頁（北海道交通事業協同組合事件）……………………906
東京地判平成 12・4・26 労判 789 号 21 頁（プラウドフットジャパン事件）……868, 872, 885, 888
東京地判平成 12・4・27 労判 782 号 6 頁（JR 東日本事件）……………………………………349, 452
大阪地判平成 12・4・28 労判 787 号 30 頁（キャスコ事件）………………………………432, 483
大阪地判平成 12・5・8 労判 787 号 18 頁（マルマン事件）………………………………………534, 909
広島地判平成 12・5・18 労判 783 号 15 頁（オタフクソース事件）…………696, 700, 710, 714, 715, 716
千葉地判平成 12・6・12 労判 785 号 10 頁（T 工業［HIV 解雇］事件）……………………………184
大阪地判平成 12・6・19 労判 791 号 8 頁（キョウシステム事件）………………………………933, 936
大阪地判平成 12・6・23 労判 786 号 16 頁（シンガポール・デベロップメント銀行事件）…909, 910, 922
東京地判平成 12・7・13 労判 709 号 15 頁（アール・エフ・ラジオ日本事件）……………………831
横浜地判平成 12・7・17 労判 792 号 74 頁（日本鋼管事件）………………………………………767, 768
東京地判平成 12・7・28 労判 797 号 65 頁（東京海上火災保険事件）……………………………873
東京地判平成 12・7・31 労判 792 号 48 頁（住友電気工業事件）………………………………965, 966
東京地判平成 12・8・7 労判 804 号 81 頁（ザ・スポーツコネクション事件）……………417, 418
大阪地判平成 12・8・18 労判 793 号 25 頁（新光美術事件）…………………………………………300
東京地判平成 12・8・25 労判 794 号 51 頁（アリアス事件）…………………………………………324
東京地判平成 12・8・28 労判 793 号 13 頁（フジシール事件）………………534, 535, 556, 557
大阪地判平成 12・9・1 労経速 1764 号 3 頁（日本臓器製薬事件）…………………………………366
長崎地判平成 12・9・20 労判 798 号 34 頁（中央タクシー事件）……………………………………190
浦和地川越支決平成 12・9・27 労判 802 号 63 頁（雪印ビジネスサービス事件）………………1005
東京地判平成 12・10・16 労判 798 号 9 頁（わかしお銀行事件）……………………………………644
東京地判平成 12・10・25 労判 798 号 85 頁（ジャパンシステム事件）……………………………650
東京地八王子支判平成 12・11・9 労判 805 号 95 頁（富国生命保険事件）…………………………699
東京地判平成 12・11・10 労判 807 号 69 頁（東京貨物社［解雇］事件）………………………371, 896
東京地判平成 12・11・14 労判 802 号 52 頁（NTT 東日本［東京情報案内］事件）…134, 135, 136, 166
大阪地判平成 12・12・1 労判 808 号 77 頁（ワキタ事件）………………………………902, 903, 917

横浜地判平成 12・12・14 労判 802 号 27 頁（池貝鉄工事件）……………………………………322
東京地判平成 12・12・18 労判 803 号 74 頁（アイビ・プロテック事件）…………………………368
東京地判平成 12・12・18 労判 807 号 32 頁（東京貨物社事件）…………………………………934, 938
大阪地判平成 12・12・20 労判 801 号 21 頁（幸福銀行［年金打切り］事件）…………………314, 374
東京地判平成 12・12・22 労判 809 号 89 頁（マハラジャ事件）…………………………………1102
東京地判平成 13・1・29 労判 805 号 71 頁（ユナイテッド航空事件）……………………………314
盛岡地判平成 13・2・2 労判 803 号 26 頁（滝澤学館事件）………………………………………305
東京地判平成 13・2・15 労判 812 号 48 頁（共同都心住宅販売事件）……………………………1133
東京地判平成 13・2・27 労判 804 号 33 頁（山一證券破産管財人事件）…………………………347
東京地判平成 13・2・27 労判 809 号 74 頁（テーダブルジェー事件）……………………………300, 897
和歌山地判平成 13・3・6 労判 809 号 67 頁（阪和銀行事件）……………………………………240
東京地判平成 13・3・15 労判 818 号 55 頁（東京国際学園事件）………………………120, 325, 1128
仙台地判平成 13・3・26 労判 808 号 13 頁（仙台事件）……………………………984, 987, 988, 989
大阪地判平成 13・3・26 労判 810 号 41 頁（風月荘事件）………………………………………483
東京地判平成 13・5・14 労判 806 号 18 頁（鳥井電器事件）……………………………………1130
岡山地判平成 13・5・16 労判 821 号 54 頁（チボリ・ジャパン事件）……………………78, 1002, 1010
東京地判平成 13・6・5 労経速 1779 号 3 頁（十和田運輸事件）………………………………152, 617
東京地判平成 13・6・26 労判 816 号 75 頁（江戸川会計事務所事件）……………………………365
大阪地判平成 13・6・27 労判 809 号 5 頁（住友生命保険事件）………………334, 378, 379, 380, 384, 530, 957
東京地判平成 13・7・2 労経速 1784 号 3 頁（三井倉庫事件）……………………………………300
東京地判平成 13・7・6 労判 814 号 53 頁（ティアール建材・エルゴテック事件）……………910, 1007
東京地判平成 13・7・17 労判 816 号 63 頁（月島サマリア病院事件）…………………………739, 802
東京地判平成 13・7・25 労判 813 号 15 頁（黒川建設事件）……………………………………96, 329
大阪地判平成 13・7・27 労経速 1790 号 19 頁（井上金属工業事件）……………………………133
大阪地決平成 13・7・27 労判 815 号 84 頁（オクト事件）………………………………………905
福岡地小倉支判平成 13・8・9 労判 822 号 78 頁（九州自動車学校事件）…………………………740
東京地決平成 13・8・10 労判 820 号 74 頁（エース損害保険事件）……………………863, 865, 867
札幌地判平成 13・8・23 労判 815 号 46 頁（日本ニューホランド事件）…………………………337
大阪地判平成 13・9・3 労判 823 号 66 頁（北錦会事件）…………………………………………342
京都地判平成 13・9・10 労判 818 号 35 頁（全国社会保険協会連合会事件）……………………1003
大阪地判平成 13・10・19 労判 820 号 15 頁（松山石油事件）……………………………………104
東京地判平成 13・12・3 労判 826 号 76 頁（F 社 Z 事業部件）…………………………………144, 185
松山地宇和島支判平成 13・12・18 労判 839 号 68 頁（正光会宇和島病院事件）…………………1011
東京地判平成 13・12・19 労判 817 号 5 頁（ヴァリグ事件）……………………………………905, 912
大阪地判平成 13・12・21 労判 817 号 80 頁（破産者清和金網工業事件）…………………………353
東京地判平成 13・12・25 労判 824 号 36 頁（カジマ・リノベイト事件）…………………………1168
東京地判平成 13・12・25 労経速 1789 号 22 頁（ブレーンベース事件）…………………………300
東京地判平成 14・1・31 労判 825 号 88 頁（上野労基署長事件）………………………………849
和歌山地判平成 14・2・19 労判 826 号 67 頁（みくまの農協事件）………………………………693
東京地判平成 14・2・20 労判 822 号 13 頁（野村證券事件）………………………965, 966, 967, 968, 1166
東京地判平成 14・2・26 労判 825 号 50 頁（日経クイック情報事件）…………………133, 138, 144, 185, 642
東京地判平成 14・2・28 労判 824 号 5 頁（東京急行電鉄事件）…………………………………406
東京地判平成 14・2・28 労判 826 号 24 頁（甲野・S 社事件）…………………………………344, 364
大阪地判平成 14・3・6 労判 824 号 92 頁（NTT 西日本［業績手当］事件）……………………331
大阪地判平成 14・3・20 労判 829 号 79 頁（塚本庄太郎商店事件）………………………………905
大阪地判平成 14・3・22 労判 832 号 76 頁（森下仁丹事件）……………………………………865
東京地判平成 14・3・25 労判 827 号 91 頁（日本経済新聞社［記者HP］事件）……………626, 1164, 1165

東京地判平成 14・3・29 労判 827 号 51 頁（全国信用不動産事件）··358, 742
大阪地判平成 14・3・29 労判 829 号 91 頁（中央情報システム事件）··································335, 383, 534
東京地判平成 14・4・9 労判 829 号 56 頁（ソニー事件）··825, 844
東京地判平成 14・4・16 労判 827 号 40 頁（野村證券事件）··116
札幌地判平成 14・4・18 労判 839 号 58 頁（育英舎事件）··483
東京地判平成 14・4・22 労判 830 号 52 頁（日経ビーピー事件）····································555, 637, 668
東京地判平成 14・4・23LEX/DB28070858（プロスティほか事件）··156
東京地判平成 14・4・24 労判 828 号 22 頁（岡田運送事件）··862
東京地判平成 14・5・14 労経速 1819 号 7 頁（テレビ朝日サービス事件）···················867, 873, 876
岡山地判平成 14・5・15 労判 832 号 54 頁（岡山事件）······················829, 982, 983, 984, 987, 988, 989
大阪地判平成 14・5・17 労判 828 号 14 頁（創栄コンサルタント事件）··444
大阪地判平成 14・5・22 労判 830 号 22 頁（日本郵便逓送事件）··121
神戸地決平成 14・6・6 労判 832 号 24 頁（神戸東労基署長事件）··1181
東京地決平成 14・6・20 労判 830 号 13 頁（S 社［性同一性障害者解雇］事件）·························885
東京地決平成 14・6・21 労判 835 号 60 頁（西東社事件）··563
東京地判平成 14・7・17 労経速 1834 号 3 頁（パーソンズ等事件）···1083
大阪地判平成 14・7・19 労判 833 号 22 頁（光和商事事件）··457
東京地決平成 14・7・31 労判 835 号 25 頁（杉本石油ガス事件）··737
東京地判平成 14・8・9 労判 836 号 94 頁（オープンタイドジャパン事件）··································302
神戸地判平成 14・8・23 労判 836 号 65 頁（全日本検数協会事件）··742
東京地判平成 14・8・30 労判 838 号 32 頁（ダイオーズサービシーズ事件）·····928, 933, 936, 939, 942
東京地判平成 14・9・3 労判 839 号 32 頁（エスエイピー・ジャパン事件）···································368
大阪地判平成 14・9・11 労判 840 号 62 頁（フレックスジャパン・アドバンテック事件）········947, 1090
大阪地岸和田支決平成 14・9・13 労判 837 号 19 頁（佐野第一交通事件）································248
東京地中間判平成 14・9・19 労判 834 号 14 頁（日亜化学工業事件）································205, 206
東京地判平成 14・9・30 労経速 1826 号 3 頁（目黒電機製造事件）··557
東京地判平成 14・10・16 労経速 1820 号 15 頁（殖産住宅事件）···313
東京地判平成 14・10・22 労判 838 号 15 頁（ヒロセ電機事件）···869, 870
神戸地判平成 14・10・25 労判 843 号 39 頁（明石運輸事件）··215
大阪地判平成 14・10・25 労判 844 号 79 頁（システムワークス事件）···444
神戸地姫路支判平成 14・10・28 労判 844 号 67 頁（社会福祉法人さくら事件）···················887, 892
東京地判平成 14・11・5 労判 844 号 58 頁（東芝事件）··367
岡山地判平成 14・11・6 労判 845 号 73 頁（岡山［A 社］事件）···983, 986, 987, 988
福島地郡山支判平成 14・11・7 労判 844 号 45 頁（NTT 東日本［配転請求等］事件）············191
仙台地決平成 14・11・14 労判 842 号 56 頁（日本ガイダント事件）·······························533, 536, 556
千葉地決平成 14・11・19 労判 841 号 15 頁（ノース・ウエスト航空事件）····························236, 359
大阪地決平成 14・12・13 労判 844 号 18 頁（三陽商会事件）··1003, 1009
東京地判平成 14・12・17 労判 846 号 49 頁（労働大学事件）·······································902, 903, 913
東京地判平成 14・12・20 労判 845 号 44 頁（日本リーバ事件）····································633, 647, 662
東京地判平成 14・12・25 労判 845 号 33 頁（日本大学事件）·······················251, 252, 253, 254
東京地判平成 14・12・27 労判 861 号 69 頁（明治図書出版事件）···566
京都地判平成 15・1・21 労判 852 号 38 頁（京都簡易保険事務センター事件）·························724
大阪地判平成 15・1・22 労判 846 号 39 頁（新日本科学事件）·································933, 937, 939
札幌地決平成 15・2・4 労判 846 号 89 頁（NTT 東日本［北海道支店］事件）························566
神戸地判平成 15・2・12 労判 853 号 80 頁（コープこうべ事件）··361
東京地判平成 15・2・21 労判 847 号 45 頁（中央労基署長事件）······································106, 487
名古屋地判平成 15・2・28 労判 853 号 72 頁（日本アイビック事件）··330

大阪地判平成 15・3・12 労判 851 号 74 頁（上野製薬事件）･･････････････････････････258, 260, 366
広島地判平成 15・3・25 労判 850 号 64 頁（日赤益田赤十字病院事件）･･････････････693, 698, 701, 710
大阪地堺支判平成 15・4・4 労判 854 号 64 頁（南大阪マイホームサービス事件）･･････693, 703, 713, 720
大阪地決平成 15・4・7 労判 853 号 42 頁（NTT 西日本［配転等差止仮処分］事件）･･････････････541
大阪地決平成 15・4・16 労判 849 号 35 頁（大建工業事件）･･･････････････････････598, 599, 601
大阪地判平成 15・4・25 労判 849 号 151 頁（徳洲会事件）･･････････････････････････････････430
大阪地判平成 15・4・25 労判 850 号 27 頁（愛徳姉妹会事件）･･････････････････････････297, 305
東京地判平成 15・4・25 労判 853 号 22 頁（エープライ事件）･･････････････････139, 159, 161, 163, 164
東京地判平成 15・4・28 労判 851 号 35 頁（京王電鉄事件）･････････････････････････････････240
東京地判平成 15・4・28 労判 854 号 49 頁（モーブッサンジャパン事件）･････････････････････1027
東京地判平成 15・5・6 労判 857 号 64 頁（東京貨物社［解雇・退職金］事件）････････････366, 369, 371
東京地判平成 15・5・9 労判 858 号 117 頁（金融経済新聞社事件）･････････････････339, 380, 381, 384
大阪地判平成 15・5・14 労判 859 号 69 頁（倉敷紡績事件）･･･････････････････････････120, 122
東京地判平成 15・5・23 労判 854 号 30 頁（山九事件）･････････････････････････････････････595
東京地判平成 15・5・28 労判 852 号 11 頁（東京都［HIV 検査］事件）････････････････････････184
東京地八王子支判平成 15・6・9 労判 861 号 56 頁（京王電鉄事件）･･････････････････････････643
大阪地堺支判平成 15・6・18 労判 855 号 22 頁（大阪いずみ市民生協事件）････649, 650, 651, 652, 668
東京地判平成 15・6・20 労判 854 号 5 頁（B 金融公庫［B 型肝炎ウイルス感染検査］事件）･･････184
東京地判平成 15・6・30 労判 851 号 90 頁（プロトコーポレーション事件）････････････････････283
京都地判平成 15・6・30 労判 857 号 26 頁（京都エステート事件）･･････････････････････909, 1159
大阪地判平成 15・7・4 労判 856 号 36 頁（幸福銀行事件）･････････････････････････････572, 591
東京地判平成 15・7・7 労判 860 号 64 頁（東京セクシュアル・ハラスメント事件）･･････････････986
東京地判平成 15・7・7 労判 862 号 78 頁（カテリーナビルディング事件）･････････････････582, 897
東京地決平成 15・7・10 労判 862 号 66 頁（ジャパンエナジー事件）････････････････････588, 902, 913
東京地判平成 15・7・15 労判 865 号 57 頁（東京女子医科大学事件）･････････････････････････827
大阪地判平成 15・7・16 労判 857 号 13 頁（大阪第一信用金庫事件）･･････････････････････744, 746
東京地判平成 15・7・25 労判 862 号 58 頁（パワーテクノロジー事件）････････････････････626, 640
東京地判平成 15・8・27 労判 865 号 47 頁（ゼネラル・セミコンダクター・ジャパン事件）････903, 904, 906
名古屋地判平成 15・8・29 労判 863 号 51 頁（中島興業・中島スチール事件）･･････････････････690
大阪地判平成 15・9・3 労判 867 号 74 頁（東豊観光事件）･････････････････････････････････339
大阪地判平成 15・9・12 労判 864 号 63 頁（NTT 西日本［出向者退職］事件）･････････････････585
東京地判平成 15・9・17 労判 858 号 57 頁（メリルリンチ・インベストメント・マネージャーズ事件）
･･159, 160, 631, 647
東京地判平成 15・9・22 労判 870 号 83 頁（グレイワールドワイド事件）･･････････････････144, 878, 883
東京地判平成 15・9・25 労判 863 号 19 頁（PwC フィナンシャル・アドバイザリー・サービス事件）
･･867, 909, 911, 913, 917
名古屋地判平成 15・9・30 労判 871 号 168 頁（トヨタ車体事件）･････････････････････････････367
東京地判平成 15・10・17 労経速 1861 号 14 頁（消防試験協会事件）･････････････････････････932
東京地判平成 15・10・22 労判 874 号 71 頁（テンプロス・ベルシステム 24 事件）･････････････1092
東京地判平成 15・10・28 労経速 1856 号 19 頁（ジャパンフィルムセンター・ウィズワークス事件）･･････948
大阪地判平成 15・10・29 労判 866 号 58 頁（大阪中央労基署長事件）･････････････････････････79
東京地判平成 15・10・29 労判 867 号 46 頁（N 興業事件）････････････････････････259, 261, 357, 358
東京地八王子支判平成 15・10・30 労判 866 号 20 頁（日本ドナルドソン事件）･･････････････････339
東京地判平成 15・10・31 労判 862 号 24 頁（日欧産業協力センター事件）･････････････････････605
東京地判平成 15・11・10 労判 870 号 72 頁（自警会東京警察病院事件）･･････････････････113, 868
東京地判平成 15・12・1 労判 868 号 36 頁（JR 東日本［大宮支社］事件）････････････････････134
東京地八王子支判平成 15・12・10 労判 870 号 50 頁（A サプライ事件）･･････････････････････689

東京地判平成 15・12・12 労判 869 号 35 頁（イセキ開発工機事件）……………………379, 384, 530
東京地判平成 15・12・12 労判 870 号 42 頁（株式会社 G 事件）………………………………259, 260, 262
東京地判平成 15・12・22 労判 870 号 28 頁（イセキ開発工機事件）……………907, 910, 913, 915, 919
東京地判平成 15・12・22 労判 871 号 91 頁（日水コン事件）……………………………866, 867, 876
東京地判平成 15・12・24 労判 881 号 88 頁（明治生命保険［留学費用返還請求第 2］事件）………116
神戸地決平成 16・1・14 労判 868 号 5 頁（全日本検数協会事件）………………………………………1181
東京地判平成 16・1・26 労判 872 号 46 頁（明治生命保険事件）…………………………………116, 118
和歌山地判平成 16・2・9 労判 874 号 64 頁（和歌の海運送事件）……………………………………727
東京地判平成 16・2・23 労判 870 号 93 頁（NTT 東日本事件）………………………………………379
東京地判平成 16・2・24 労判 871 号 35 頁（味の素事件）………………………………………………206
名古屋地決平成 16・2・25 労判 872 号 33 頁（名古屋セクシュアル・ハラスメント事件）…………640
神戸地判平成 16・2・27 労判 874 号 40 頁（マンナ運輸事件）………………………………………878
東京地判平成 16・3・1 労判 885 号 75 頁（トーコロ事件）……………………………529, 893, 894
広島地判平成 16・3・9 労判 875 号 50 頁（A 鉄道事件）……………………………584, 696, 727
東京地判平成 16・3・9 労判 876 号 67 頁（千代田学園事件）……………………………………913
大阪地判平成 16・3・11 労判 869 号 84 頁（ケイズ事件）……………………………………………880
大阪地判平成 16・3・22 労判 883 号 58 頁（喜楽鉱業事件）……………………………679, 681, 691
東京地判平成 16・3・26 労判 876 号 56 頁（独立行政法人 N 事件）…………………598, 599, 600
東京地判平成 16・3・30 労判 876 号 87 頁（千葉事件）………………………………………………982
鳥取地判平成 16・3・30 労判 877 号 74 頁（鳥取県・米子市事件）…………………………………711
東京地判平成 16・3・31 労判 873 号 33 頁（エーシーニールセン・コーポレーション事件）
…………………………………………………………………………………………380, 382, 385, 388, 802
大阪地判平成 16・3・31 労判 876 号 82 頁（関西警備保障事件）…………………………………407, 414
東京地判平成 16・4・13 判時 1862 号 168 頁（ノックスエンタテインメント事件）………………156
東京地判平成 16・4・21 労判 880 号 139 頁（ジ・アソシエーテッド・プレス事件）………………906
大阪地判平成 16・4・28 労判 877 号 90 頁（日本郵便逓送事件）……………………………………407
福岡地小倉支判平成 16・5・11 労判 879 号 71 頁（安川電機［本訴］事件）…………1001, 1007, 1008, 1027
東京地判平成 16・5・14 労判 878 号 49 頁（海外漁業協力財団事件）………………………………649
東京地判平成 16・5・14 判タ 1185 号 225 頁（長野事件）……………………………………984, 986
東京地判平成 16・5・28 労判 874 号 13 頁（ブライト証券・実栄事件）……………………………591
横浜地川崎支判平成 16・5・28 労判 878 号 40 頁（昭和電線事件）……………………825, 863, 865
大阪地判平成 16・6・9 労判 878 号 20 頁（パソナ事件）……………………………………281, 293
東京地判平成 16・6・23 労判 877 号 13 頁（オプトエレクトロニクス事件）………………282, 284
京都地判平成 16・7・8 労判 884 号 79 頁（塚腰運送事件）…………………………………………564
東京地判平成 16・7・12 労判 890 号 93 頁（マップ・インターナショナル事件）…………………581
東京地判平成 16・7・29 労判 882 号 75 頁（日本メール・オーダー事件）…………………………692
東京地判平成 16・8・6 労判 881 号 62 頁（ユタカサービス事件）………………………1003, 1010
大阪地判平成 16・8・30 労判 881 号 39 頁（ジェイ・シー・エム事件）……………………………693
神戸地判平成 16・8・31 労判 880 号 52 頁（プロクター・アンド・ギャンブル・ファー・イースト・インク事件）………………………………………………………………………………557, 560, 565, 569
東京地判平成 16・9・1 労判 882 号 59 頁（エフ・エフ・シー事件）…………145, 236, 252, 385, 535
東京地判平成 16・9・3 労判 886 号 63 頁（東京医療生協中野総合病院事件）……………629, 662
東京地判平成 16・9・10 労判 886 号 89 頁（日本システムワープ事件）………………………984, 988
東京地決平成 16・9・22 労判 882 号 19 頁（トーレラザールコミュニケーションズ事件）…933, 939, 942
東京地判平成 16・9・28 労判 885 号 49 頁（大塚製薬事件）………………………………………591, 826
東京地判平成 16・9・29 労判 882 号 5 頁（三井住友海上火災保険事件）……………………382, 535
津地判平成 16・10・28 労判 883 号 5 頁（第三銀行事件）……………………………………………743, 744

東京地判平成16・10・29 労判884号5頁（オリエント信販事件）・・・・・・・・・・・・・・・・・・・・・・・・・・・・・・・331
名古屋地判平成16・12・15 労判888号76頁（JR東海［中津川運転区］事件）・・・・・・・・・・・・・・・578
東京地判平成16・12・17 労判889号52頁（グラバス事件）・・・・・・・・・・・・・・・・・・・・・・・・・・・・・・・・・636
大阪地判平成16・12・17 労判890号73頁（箕面自動車教習所事件）・・・・・・・・・・・・・・・・・・1003, 1011
さいたま地判平成16・12・22 労判888号13頁（東京日新学園事件）・・・・・・・・・・・・・794, 797, 798, 800
名古屋地判平成16・12・22 労判888号28頁（岡谷鋼機事件）・・・・・・・・・・・・・・・・・・・・965, 966, 967
東京地判平成16・12・24 労判886号86頁（ネオ・コミュニケーションズ・オムニメディア事件）・・・・・759
青森地判平成16・12・24 労判889号19頁（青森事件）・・・・・・・・・・・・・・・・・・・・・・・982, 986, 987, 989
東京地判平成16・12・27 労判887号22頁（名糖健康保険組合事件）・・・・・・・・・・・・・・・・・・・・・・・954
東京地判平成16・12・27 労判888号5頁（練馬交通事件）・・・・・・・・・・・・・・・・・・・・・・・・・・・・・・・518
静岡地判平成17・1・18 労判893号135頁（静岡第一テレビ事件）・・・・・・・・・・・・・・・662, 668, 895
札幌地判平成17・1・20 労判889号89頁（北海道銀行事件）・・・・・・・・・・・・・・・・・・・・・・・・・・・・・699
東京地判平成17・1・25 労判890号42頁（S社［派遣添乗員］事件）・・・・・・・・・・・・・・・・・・・・・875
鹿児島地判平成17・1・25 労判891号62頁（宝林福祉会事件）・・・・・・・・・・・・・・・・・・・・・・・・・・・902
東京地判平成17・1・28 労判890号5頁（宣伝会議事件）・・・・・・・・・・・・・・・・・・・・・・・・・・・282, 285
東京地判平成17・2・18 労判892号80頁（K社事件）・・・・・・・・・・・・・・・・・・・・・・・・・・・・・・・・・・・862
富山地判平成17・2・23 労判891号12頁（トナミ運輸事件）・・・・・・・・・・・・・・・・・・・・・・・・・・・・・651
東京地判平成17・2・23 労判902号106頁（アートネイチャー事件）・・・・・・・・・・・・・・・・・・・935, 936
東京地判平成17・2・25 労判893号113頁（ビル代行事件）・・・・・・・・・・・・・・・406, 407, 409, 412, 414
東京地判平成17・2・25 労判895号76頁（太平洋セメント・クレオ事件）・・・・・・・・・・・・・・・581, 1161
東京地判平成17・2・25 判時1897号98頁（わかば事件）・・・・・・・・・・・・・・・・・・・・・・・・・・・156, 158
大阪地判平成17・3・11 労判898号77頁（互光建物管理事件）・・・・・・・・・・・・・・・・・・・・・・・・・・・409
東京地八王子支判平成17・3・16 労判893号65頁（ジャムコ事件）・・・・・・・152, 596, 647, 662, 679, 681, 692
大阪地判平成17・3・18 労判895号62頁（新阪神タクシー事件）・・・・・・・・・・・・・・・・・・・・・・・・・・324
京都地判平成17・3・25 労判893号18頁（エージーフーズ事件）・・・・・・・・・・・・・・・・・・・・・693, 696
大阪地判平成17・3・28 労判898号40頁（住友金属工業事件）・・・・・・・・・・・・・・・・・・・・・・・965, 966
東京地判平成17・3・29 労判897号81頁（ジャパンタイムズ事件）・・・・・・・・・・・・・・・・・・・・120, 1128
大阪地判平成17・3・30 労判892号5頁（ネスレコンフェクショナリー事件）・・・・・・・・・・・・1003, 1027
和歌山地判平成17・4・12 労判896号28頁（中の島事件）・・・・・・・・・・・・・・・・・・・・695, 696, 703, 713
高知地判平成17・4・12 労判896号49頁（マルナカ興業事件）・・・・・・・・・・・・・・・・・・・875, 905, 908
神戸地判平成17・5・20 労判897号5頁（港湾労働安定協会事件）・・・・・・・・・・・・・・・・・・・・・・・・・374
札幌地判平成17・5・26 労判929号66頁（全国建設工事業国民健康保険組合北海道支部事件）・・・・・・・625, 629
東京地判平成17・6・27 ［2005WLJPCA06270005］（富士ゼロックス事件）・・・・・・・・・・・・・・・・939
東京地判平成17・7・12 労判899号47頁（株式会社T事件）・・・・・・・・・・・・・・・・・・・・・・・・257, 261
東京地判平成17・7・20 労判901号85頁（リクルートスタッフィング事件）・・・・・・・・・・・・1081, 1083
東京地判平成17・7・25 労判901号5頁（東急エージェンシー事件）・・・・・・・・・・・・・・・・・・・370, 634
京都地判平成17・7・27 労判900号13頁（洛陽総合学院事件）・・・・・・・・・・・・・・・・・・・・・・・370, 739
名古屋地判平成17・8・5 労判902号72頁（オンテック・サカイ創建事件）・・・・・・・・・・・・・・・・・432
東京地判平成17・8・30 労判902号41頁（井之頭病院事件）・・・・・・・・・・・・・・・・・407, 412, 414, 739
大阪地判平成17・9・1 労判906号70頁（大阪医科大学事件）・・・・・・・・・・・・・・・・・・・・・・・・・・・544
大阪地判平成17・9・9 労判906号60頁（ユタカ精工事件）・・・・・・・・・・・・・・・・・・・・・・・・・・・・・293
大阪地判平成17・9・21 労判906号36頁（日本郵便逓送事件）・・・・・・・・・・・・・・・・・・・・・・・767, 769
神戸地尼崎支判平成17・9・22 労判906号25頁（A社事件）・・・・・・・・・・・・・・・・・・・・・・・・・・・・・992
大阪地判平成17・9・26 労判904号60頁（松下電器産業［大阪］事件）・・・・・・・・・・・・・・・・・374, 375
甲府地判平成17・9・27 労判904号41頁（社会保険庁事件）・・・・・・・・・・・・・・・・・・・・・・・・・・・・696
東京地判平成17・9・27 労判909号56頁（アイメックス事件）・・・・・・・・・・・・・159, 928, 935, 942, 947
東京地判平成17・10・3 労判907号16頁（富士通事件）・・・・・・・・・・・・・・・・・・・・・・・・・・・・・・・844

東京地判平成17・10・4 労判904号5頁（ヨドバシカメラ事件）	1092
大阪地判平成17・10・6 労判907号5頁（ピーエムコンサルタント事件）	430, 444
東京地判平成17・10・19 労判905号5頁（モルガン・スタンレー・ジャパン事件）	437
大阪地決平成17・10・27 労判908号57頁（A特許事務所事件）	939
大阪地判平成17・11・4 労経速1935号3頁（アイビーエス石井スポーツ事件）	822, 947
大阪地判平成17・11・16 労判910号55頁（NTT西日本［D評価査定］事件）	379, 385, 386
東京地判平成17・11・22 労判910号46頁（伊藤忠テクノサイエンス事件）	632, 1165
仙台地決平成17・12・15 労判915号152頁（三陸ハーネス事件）	791
東京地判平成17・12・28 労判910号36頁（松屋フーズ事件）	530
大阪地判平成18・1・6 労判913号49頁（三都企画建設事件）	1085
東京地判平成18・1・13 労判910号91頁（日本アムウェイ事件）	557, 558
東京地決平成18・1・13 判時1935号168頁（コマキ事件）	902, 903, 904, 913
名古屋地判平成18・1・18 労判918号65頁（富士電機E&C事件）	711
東京地判平成18・1・23 労判912号87頁（本庄ひまわり福祉会事件）	877, 893
東京地判平成18・1・25 労判911号24頁（文化学園事件）	334
東京地判平成18・1・25 労判912号63頁（日音事件）	367, 641, 822
東京地判平成18・1・31 労判912号5頁（りそな銀行事件）	634, 639
東京地判平成18・2・3 労判916号64頁（新日本管財事件）	409
東京地判平成18・2・27 労判914号32頁（住友スリーエム事件）	385
東京地判平成18・3・14 労経速1934号12頁（日本ストレージ・テクノロジー事件）	866
京都地判平成18・4・13 労判917号59頁（近畿建設協会事件）	1168
那覇地沖縄支判平成18・4・20 労判921号75頁（おきぎんビジネスサービス事件）	679
東京地判平成18・4・26 労判930号79頁（協和エンタープライズほか事件）	690
東京地判平成18・4・28 労判917号30頁（廣川書店事件）	385
東京地決平成18・5・17 労判916号12頁（丸林運輸事件）	616
東京地判平成18・5・18 労判919号92頁（米国ジョージア州事件）	1102
東京地判平成18・5・26 労判918号5頁（岡部製作所事件）	335
京都地判平成18・5・29 労判920号57頁（ドワンゴ事件）	418, 467
大分地判平成18・6・15 労判921号21頁（KYOWA事件）	693, 716
大阪地判平成18・6・15 労判924号72頁（大虎運輸事件）	409
東京地判平成18・7・26 労判923号25頁（千代田ビル管財事件）	400
東京地判平成18・8・7 労判926号53頁（日本ビル・メンテナンス事件）	407
東京地判平成18・8・30 労判925号80頁（アンダーソンテクノロジー事件）	79, 650
東京地判平成18・8・30 労判929号51頁（光輪モータース事件）	535, 563
東京地判平成18・9・13 労判931号75頁（損害保険ジャパンほか事件）	383
横浜地判平成18・9・26 労判930号68頁（アイレックス事件）	911
名古屋地判平成18・9・29 労判926号5頁（ファーストリテイリング事件）	173, 175
札幌地判平成18・9・29 労判928号37頁（NTT東日本［北海道・配転］事件）	556
東京地判平成18・9・29 労判930号56頁（明治ドレスナー・アセットマネジメント事件）	532, 879, 893
大阪地判平成18・10・12 労判928号24頁（アサヒ急配事件）	77
東京地判平成18・10・25 労判928号5頁（マッキャンエリクソン事件）	384
静岡地浜松支判平成18・10・30 労判927号5頁（スズキ事件）	693
東京地八王子支判平成18・10・30 労判934号46頁（みずほトラストシステムズ事件）	698, 717
東京地判平成18・11・22 労経速1966号3頁（シティバンク，エヌ・エイ事件）	638
東京地判平成18・11・29 労判935号35頁（東京自転車健康保険組合事件）	896, 897, 902, 903, 907
横浜地判平成19・1・23 労判938号54頁（日本オートマチックマシン事件）	954
静岡地判平成19・1・24 労判939号50頁（矢崎部品ほか1社事件）	690, 727

名古屋地判平成19・1・24 労判939号61頁（ボーダフォン事件）······696, 710, 717
宇都宮地判平成19・2・1 労判937号80頁（東武スポーツ事件）······779
東京地判平成19・2・14 労判938号39頁（住友重機械工業事件）······744
福岡地判平成19・2・28 労判938号27頁（社会福祉法人仁風会事件）······909, 917
東京地判平成19・3・5 労判939号25頁（独立行政法人理化学研究所事件）······1005
東京地判平成19・3・9 労判938号14頁（日産センチュリー証券事件）······160, 647
東京地判平成19・3・26 労判937号54頁（日本航空インターナショナル事件）······324
東京地判平成19・3・26 労判941号33頁（東京海上日動火災保険事件）······551, 565, 1161
東京地判平成19・3・26 労判943号41頁（中山書店事件）······392
岡山地判平成19・3・27 労判941号23頁（セントラル・パーク事件）······449, 450, 483
東京地判平成19・3・30 労判942号52頁（日本瓦斯・日本瓦斯運輸整備事件）······583, 588
東京地判平成19・4・24 労判942号39頁（ヤマダ電機事件）······932, 933, 934, 936, 937, 942
福岡地判平成19・4・26 労判948号41頁（姪浜タクシー事件）······485
東京地判平成19・4・27 労経速1979号3頁（X社事件）······646, 667
東京地判平成19・5・17 労判949号66頁（国際観光振興機構事件）······384, 535
東京地判平成19・5・25 労判949号55頁（日刊工業新聞社事件）······753
大阪地判平成19・5・28 労判942号25頁（積善会事件）······696
東京地判平成19・6・15 労判944号42頁（山本デザイン事務所事件）······432
大阪地判平成19・7・26 労判953号57頁（英光電設ほか事件）······878
大阪地判平成19・8・30 労判957号65頁（豊中市不動産事業協同組合事件）······849
名古屋地判平成19・9・12 労判957号52頁（ビル代行事件）······407
東京地判平成19・9・14 労判947号35頁（セコム損害保険事件）······876
東京地判平成19・9・18 労判947号23頁（北沢産業事件）······878
東京地判平成19・10・5 労判950号19頁（中央建設国民健康保険組合事件）······771
福岡地判平成19・10・5 労判956号91頁（アサヒプリテック事件）······936, 937
東京地判平成19・11・21 判時1994号59頁（AR株式会社事件）······658
東京地判平成19・11・30 労判960号63頁（阪急交通社事件）······954
東京地判平成20・1・9 労判954号5頁（富士火災海上保険事件）······200, 346
大阪地判平成20・1・25 労判960号49頁（キヤノンソフト情報システム事件）······598, 601
東京地判平成20・1・25 労判961号56頁（日本構造技術事件）······337, 338
東京地判平成20・1・28 労判953号10頁（日本マクドナルド事件）······482, 483, 484, 485
大阪地判平成20・2・8 労経速1998号3頁（日本ファースト証券事件）······485
東京地判平成20・2・27 労判967号48頁（国・中労委［モリタほか］事件）······812
大阪地判平成20・3・6 労判968号105頁（住之江A病院事件）······367, 497
東京地判平成20・3・24 労判963号47頁（全日本空輸事件）······345, 347
東京地判平成20・3・27 労判964号25頁（大道工業事件）······405, 410
横浜地判平成20・3・27 労判1000号17頁（ことぶき事件）······945
神戸地判平成20・4・10 労判974号68頁（ホテル日航大阪事件）······693, 695, 713, 719
千葉地判平成20・5・21 労判967号19頁（学校法人実務学園ほか事件）······342, 383, 736, 749, 760
東京地判平成20・6・10 労判972号51頁（第一化成事件）······630
大阪地判平成20・6・19 労判972号37頁（平野屋事件）······318, 355
東京地判平成20・7・24 労判977号86頁（エーディーアンドパートナーズ事件）······945
東京地判平成20・7・29 労判971号90頁（JWT事件）······823
神戸地尼崎支判平成20・7・29 労判976号74頁（名神タクシーほか事件）······693, 695, 703
大阪地判平成20・8・28 労判975号21頁（旭運輸事件）······849
東京地判平成20・9・2 労経速2016号11頁（産業能率大学事件）······379
東京地判平成20・9・9 労経速2015号21頁（浜野マネキン紹介所事件）······1085

東京地判平成20・9・10 労判969号5頁（東京［T菓子店］事件）················984, 988
大阪地判平成20・9・17 労判976号60頁（新生ビルテクノ事件）·······················1029
東京地判平成20・9・30 労判975号12頁（東京エムケイ事件）··················872, 892
東京地判平成20・9・30 労判977号74頁（ゲートウェイ21事件）·······················485
東京地判平成20・10・7 労判975号88頁（アップガレージ事件）·······················433
神戸地尼崎支判平成20・10・14 労判974号25頁（報徳学園事件）····················1020
那覇地判平成20・10・22 労判979号68頁（宮古島市社会福祉協議会事件）·······737, 745, 751, 793
さいたま地川越支判平成20・10・23 労判972号5頁（初雁交通事件）···············739, 744
大阪地判平成20・10・31 労判979号55頁（大阪運輸振興事件）···········825, 1003, 1010
大阪地判平成20・11・6 労判979号44頁（医療法人光愛会事件）······················634
東京地判平成20・11・11 労判982号81頁（美研事件）···································290
大阪地判平成20・11・14 労経速2036号14頁（アイマージ事件）······················849
東京地判平成20・11・18 労判980号56頁（トータルサービス事件）······933, 936, 939, 942
東京地判平成20・11・26 判時2040号126頁（ダンス・ミュージック・レコード事件）······926, 929, 935, 936
神戸地姫路支判平成20・11・27 労判979号26頁（相生市農協事件）···················625
東京地判平成20・11・28 労判974号87頁（ソニー・ミュージックエンタテインメント事件）····369
東京地判平成20・12・8 労判981号76頁（JFEスチール［JFEシステムズ］事件）·······584, 696, 720, 727
東京地判平成20・12・25 労判981号63頁（学校法人立教女学院事件）·········1003, 1020
大阪地判平成21・1・15 労判979号16頁（昭和観光事件）·······················428, 702
大阪地判平成21・1・15 労判985号72頁（南海大阪ゴルフクラブ事件）···············796
東京地判平成21・1・16 労判976号94頁（あずさ監査法人事件）·······················334
神戸地判平成21・1・30 労判984号74頁（三菱電機エンジニアリング事件）·······874, 877, 881, 883
東京地判平成21・2・9 労経速2036号24頁（プレゼンス事件）·························430
東京地判平成21・2・16 労判983号51頁（日本インシュアランスサービス事件）·······458
東京地判平成21・3・9 労判981号21頁（東和システム事件）····················483, 485
東京地判平成21・3・10 労経速2042号20頁（ジェイエスキューブ事件）··············1091
東京地判平成21・3・16 労判988号66頁（淀川海運事件）···············242, 768, 771
大阪地判平成21・3・30 労判987号60頁（ピアス事件）··············368, 491, 927, 948
福井地判平成21・4・22 労判985号23頁（A病院事件）·····················867, 868, 874
仙台地判平成21・4・23 労判988号53頁（京電工事件）································445
東京地判平成21・4・27 労判986号28頁（学校法人聖望学園ほか事件）·········534, 536
宇都宮地栃木支決平成21・4・28 労判982号5頁（プレミアライン事件）········1028, 1085
宇都宮地栃木支決平成21・5・12 労判984号5頁（いすゞ自動車事件）···············322
東京地判平成21・5・18 労判991号120頁（郵便事業事件）······················768, 772
東京地判平成21・5・19 判タ1314号218頁（ベルシステム24事件）··················933
福岡地小倉支判平成21・6・11 労判989号20頁（ワイケーサービス［九州定温輸送］事件）·······97, 98, 100
東京地判平成21・6・12 労判991号64頁（骨髄移植推進財団事件）··········653, 663, 896
大阪地判平成21・6・19 労経速2057号27頁（北九州空調事件）························96
東京地判平成21・6・29 労判992号39頁（昭和シェル石油事件）·······951, 954, 955, 957
秋田地決平成21・7・16 労判988号20頁（江崎グリコ事件）··························1008
名古屋地一宮支判平成21・8・4 労経速2052号29頁（三洋アクア事件）·············1095
東京地判平成21・8・24 労判991号18頁（日本板硝子事件）···························844
東京地判平成21・8・31 労判995号80頁（アクサ生命保険ほか事件）·················302
大阪地判平成21・9・24 労判994号20頁（大阪エムケイ事件）·················736, 745
大阪地判平成21・10・8 労判999号69頁（日本レストランシステム事件）·······379, 380, 385
東京地判平成21・10・15 労判999号54頁（医療法人財団健和会事件）·················175
大阪地判平成21・10・16 労判1001号66頁（新日本交通事件）·························184

大阪地決平成21・10・23 労判1000号50頁（モリクロ［仮処分］事件）……………………………930
東京地判平成21・10・28 労判997号55頁（キャンシステム事件）……………………………943, 948
東京地判平成21・11・4 労判1001号48頁（UBSセキュリティーズ・ジャパン事件）……………357
東京地判平成21・11・13 労判997号44頁（舞台美術乙山組事件）……………………………372
東京地判平成21・11・16 労判1001号39頁（不二タクシー事件）……………………………346
広島地判平成21・11・20 労判998号35頁（キャリアセンター中国事件）……………………………1085
福岡地判平成21・12・2 労判999号14頁（九電工事件）………………………693, 712, 715, 716
大阪地判平成21・12・21 労判1003号16頁（グルメ杵屋事件）………………695, 712, 713, 719
静岡地判平成22・1・15 労判999号5頁（EMIミュージック・ジャパン事件）……………………812
大阪地判平成22・2・3 労判1014号47頁（大阪京阪タクシー事件）……………………738, 740, 744
東京地判平成22・2・8 労判1003号84頁（エルメスジャポン事件）…………544, 556, 558, 564, 565
鹿児島地判平成22・2・16 労判1004号77頁（康正産業事件）…………………679, 713, 719, 721
大津地判平成22・2・25 労判1008号73頁（東レリサーチセンターほか事件）……………………93
東京地判平成22・3・9 労経速2073号15頁（ヤマガタ事件）……………………………370, 943
大阪地判平成22・3・18 労判1005号79頁（古河運輸事件）……………………………314
千葉地判平成22・3・19 労判1008号50頁（三和機材事件）……………………………334, 529
東京地判平成22・3・26 労経速2073号27頁（東京コムウェル事件）……………………………371
東京地判平成22・3・26 労経速2079号10頁（東京地下鉄事件）……………………………1006
東京地判平成22・3・29 労判1008号22頁（妙應寺事件）……………………………75
東京地判平成22・3・30 労判1010号51頁（ドコモ・サービス事件）……………………1011, 1012
東京地判平成22・4・7 判時2118号142頁（日本レストランシステム事件）……………………450
東京地判平成22・4・20 労経速2079号26頁（X社事件）……………………………984, 991
大阪地判平成22・4・21 労判1016号59頁（渡辺工業事件）……………………………691
大阪地判平成22・4・23 労判1009号31頁（NTT西日本ほか事件）……………………………410, 583
東京地判平成22・4・28 労判1010号25頁（ソクハイ事件）………………63, 71, 77, 153, 163, 164
東京地判平成22・5・14 労経速2081号23頁（テレビ朝日事件）……………………………728
京都地判平成22・5・18 労判1004号160頁（京都新聞COM事件）………………1008, 1021, 1026
大阪地判平成22・5・21 労判1015号48頁（大阪府板金工業組合事件）……………………………357
京都地判平成22・5・25 労判1011号35頁（大庄ほか事件［1審］）……………………………703
東京地判平成22・5・25 労判1017号68頁（GEヘルスケア事件）……………………………553, 555
東京地判平成22・5・28 労判1012号60頁（東京都人事委員会事件）……………………………385
東京地判平成22・5・28 労判1013号69頁（ジョブアクセスほか事件）……………………………75
福岡地判平成22・6・2 労判1008号5頁（コーセーアールイー［第2］事件）……………………287
札幌地判平成22・6・3 労判1012号43頁（ウップスほか事件）……………………………92
大阪地判平成22・6・25 労判1011号84頁（ビー・エム・シー・ソフトウェア事件）…………903, 906, 908
東京地判平成22・6・25 労判1016号46頁（芝電化事件）……………………………364, 736, 749
東京地判平成22・6・29 労判1012号13頁（通販新聞社事件）………………160, 619, 647, 669
東京地判平成22・6・29 判時2092号155頁（スガツネ工業事件）……………………………826
東京地判平成22・6・30 労判1013号37頁（H会計事務所事件）………………105, 430, 482, 849, 851
東京地判平成22・7・2 労判1011号5頁（阪急トラベルサポート［第2］事件）……………458, 459
東京地決平成22・7・23 労判1013号25頁（ビーアンドブィ事件）………………618, 619, 620, 662, 666
東京地判平成22・7・27 労判1016号35頁（日本ファンド事件）……………………………173, 175
東京地決平成22・7・30 労判1014号83頁（明石書店事件）……………………………1018, 1019
東京地判平成22・8・26 労判1013号15頁（東京大学出版会事件）……………………………836
東京地判平成22・8・27 労経速2085号25頁（マイルストーン事件）……………………………1094
東京地判平成22・9・7 労判1020号66頁（デンタルリサーチ社事件）……………………………430
東京地判平成22・9・8 労判1025号64頁（日鯨商事事件）…………………875, 895, 896, 897

東京地判平成 22・9・10 労判 1018 号 64 頁（学校法人 B 事件）············617, 618, 621, 635, 662, 663
神戸地判平成 22・9・17 労判 1015 号 34 頁（国・西脇労基署長事件）······························62, 77
大阪地判平成 22・9・24 労判 1018 号 87 頁（石原産業事件）················240, 886, 891, 893, 894
東京地判平成 22・9・29 労判 1015 号 5 頁（阪急トラベルサポート［第 3］事件）············458, 459
東京地決平成 22・9・30 労判 1024 号 86 頁（アフラック事件）····································942
東京地判平成 22・10・27 労判 1021 号 39 頁（レイズ事件）·······················430, 457, 895
東京地判平成 22・10・27 労判時 2105 号 136 頁（パワフルヴォイス事件）·············936, 937
東京地判平成 22・10・29 労判 1018 号 18 頁（新聞輸送事件）····································392
津地判平成 22・11・5 労判 1016 号 5 頁（アウトソーシング事件）·······························1028
東京地判平成 22・11・10 労判 1019 号 13 頁（メッセ事件）······························275, 636
札幌地判平成 22・11・12 労判 1023 号 43 頁（Y 大学事件）·····································663
京都地判平成 22・11・26 労判 1022 号 35 頁（エフプロダクト事件）····························842
東京地判平成 22・11・26 労経速 2096 号 25 頁（アクティス事件）································134
東京地判平成 22・12・1 労経速 2104 号 3 頁（S 特許事務所事件）································76
京都地判平成 22・12・15 労判 1020 号 35 頁（京阪バス事件）··································1168
東京地判平成 22・12・27 労経速 2094 号 8 頁（日経スタッフ事件）····························1094
東京地判平成 22・12・27 労判時 2116 号 130 頁（富士通エフサス事件）·········264, 641, 1158
神戸地姫路支判平成 23・1・19 労経速 2098 号 24 頁（日本化薬事件）···························93
東京地判平成 23・1・20 労経速 2104 号 15 頁（さいたま労基署長事件）··························76
東京地決平成 23・1・21 労判 1023 号 22 頁（セイビ事件）······································667
大阪地判平成 23・1・26 労判 1025 号 24 頁（積水ハウスほか事件）···························91, 93
東京地判平成 23・1・26 労経速 2103 号 17 頁（首都高トールサービス西東京事件）····739, 743, 744
東京地判平成 23・1・28 労判 1029 号 59 頁（学校法人田中千代学園事件）·····621, 649, 650, 651
東京地判平成 23・2・9 労経速 2107 号 7 頁（日本電信電話事件）································588
大阪地判平成 23・2・18 労判 1030 号 90 頁（奈良観光バス事件）······················1027, 1028
東京地決平成 23・2・21 労判 1030 号 72 頁（セネック事件）·····································865
東京地判平成 23・2・25 労判 1028 号 56 頁（日本通運事件）·······························593, 597
東京地決平成 23・2・25 労判 1029 号 86 頁（日本相撲協会事件）·····················8, 63, 64, 76
神戸地姫路支判平成 23・2・28 労判 1026 号 64 頁（マツダ事件）·······693, 700, 712, 714, 715, 716
大阪地判平成 23・3・4 労判 1030 号 46 頁（モリクロ事件）············371, 928, 933, 937, 938, 1165
東京地判平成 23・3・17 労判 1027 号 27 頁（コナミデジタルエンタテインメント事件）····384, 477, 607
東京地判平成 23・3・18 労判 1031 号 48 頁（クレディ・スイス証券事件）·······················895
東京地判平成 23・3・23 労経速 2111 号 23 頁（岡畑興産事件）·····························874, 885
東京地判平成 23・3・25 労判 1032 号 91 頁（NTT 東日本事件）·································667
名古屋地岡崎支判平成 23・3・28 労経速 2106 号 3 頁（イナテック事件）······················1095
東京地判平成 23・3・28 労経速 2115 号 25 頁（インフォプリント ソリューションズ ジャパン事件）
···134, 139, 448
東京地判平成 23・3・30 労判 1028 号 5 頁（富士ゼロックス事件）································825
札幌地判平成 23・4・25 労判 1032 号 52 頁（萬世閣事件）···································79, 80
東京地判平成 23・4・28 労判 1037 号 86 頁（医療法人共生会事件）······························339
東京地判平成 23・4・28 労判 1040 号 58 頁（E グラフィックスコミュニケーションズ事件）····1005
横浜地判平成 23・4・28 労経速 2111 号 3 頁（JFE エンジニアリング事件）·····················723
東京地判平成 23・5・12 労判 1032 号 5 頁（ソフトウエア興業事件）······················367, 947
東京地判平成 23・5・17 労判 1033 号 42 頁（技術翻訳事件）······························338, 776
東京地判平成 23・5・19 労判 1034 号 62 頁（船橋労基署長［マルカキカイ］事件）·······62, 63, 80
大阪地判平成 23・5・25 労判 1045 号 53 頁（ライフ事件）································846, 1163
東京地判平成 23・5・30 労判 1033 号 5 頁（エコスタッフ（エムズワーカース）事件）············240

東京地立川支判平成23・5・31労判1030号5頁（九九プラス事件）··················700, 713
東京地判平成23・6・15労判1034号29頁（カナッツコミュニティほか事件）··········159, 162, 582
福岡地決平成23・7・13労判1031号5頁（トーホーサッシ事件）··························842
岐阜地判平成23・7・14労経速2112号33頁（日通岐阜運輸事件）·······················834
東京地判平成23・7・15労判1035号105頁（全日本手をつなぐ育成会事件）·······111, 223, 740, 745
横浜地判平成23・7・26労判1035号88頁（大谷学園事件）·······················820, 825
東京地判平成23・7・26労判1037号59頁（河野臨牀医学研究所事件）···········617, 641, 662
神戸地判平成23・8・4労判1037号37頁（港湾労働安定協会［未払年金］事件）··········374
東京地判平成23・8・9労経速2123号20頁（国立大学法人乙大学事件）·················665
大阪地判平成23・8・12労経速2121号3頁（フジタ事件）··································835
東京地判平成23・8・17労経速2123号27頁（フェイス事件）······························924
京都地判平成23・9・5労判1044号89頁（仲田コーティング事件）··········540, 541, 549, 550
東京地判平成23・9・6労経速2177号22頁（淀川海運事件）··························907, 917
東京地判平成23・9・9労判1038号53頁（十象舎事件）··························355, 405, 411
大阪地判平成23・9・16労判1040号30頁（サノヤス・ヒシノ明昌事件）··················727
東京地判平成23・9・21労判1038号39頁（ジェイ・ウォルター・トンプソン・ジャパン事件）
···863, 868, 887, 896, 904
東京地判平成23・9・21労経速2126号14頁（郵便事業・ゆうちょ銀行事件）·········136, 187
長野地諏訪支判平成23・9・29労判1038号5頁（みくに工業事件）········894, 902, 904, 905, 907, 909, 913, 915
大阪地判平成23・9・29労判1038号27頁（エヌ・ティ・ティ・コムチェオ事件）·······1010, 1017, 1026
東京地判平成23・10・14労判1045号89頁（マッシュアップほか事件）·················438
東京地判平成23・10・25労判1041号62頁（スタジオツインク事件）·················445
大阪地判平成23・10・25労経速2128号3頁（産業医賠償命令事件）······················675
東京地判平成23・10・31労判1041号20頁（日本航空事件）······························828
東京地判平成23・11・8労判1044号71頁（リンゲージ事件）·····················1011, 1025
東京地判平成23・11・11労判1061号94頁（朝日自動車事件）····························768
東京地判平成23・11・25労判1045号39頁（三枝商事事件）············879, 895, 896, 897
大分地判平成23・11・30労判1043号54頁（中央タクシー事件）··················403, 407
東京地判平成23・12・6労判1044号21頁（デーバー加工サービス事件）······119, 120, 1129
東京地判平成23・12・13ジャーナル1号6頁（nuts事件）····························849
札幌地判平成23・12・14労判1046号85頁（北海道宅地建物取引業協会事件）··········1010
東京地判平成23・12・15ジャーナル1号14頁（丸紅情報システムズ事件）······341, 382, 383
大阪地判平成23・12・16労判1043号15頁（C株式会社事件）··········544, 553, 556, 557
東京地判平成23・12・26ジャーナル1号5頁（山忠建設事件）·····························193
東京地判平成23・12・27労判1044号5頁（HSBCサービシーズ・ジャパン・リミテッド事件）
···416, 432, 444, 482, 483, 485
東京地判平成24・1・13労判1041号82頁（アメリカン・ライフ・インシュアランス・カンパニー事件）
···80, 933, 937, 938
東京地判平成24・1・13ジャーナル2号17頁（ビー・エヌ・ピー・パリバ・エス・ジェイ・リミテッド・BNPパリバ証券事件）··796, 1159
東京地判平成24・1・17LEX/DB25491225（リーフラス事件）············936, 937, 938, 942
東京地判平成24・1・23労判1047号74頁（クレディ・スイス証券事件）
···357, 595, 865, 868, 882, 891, 896, 1163
東京地判平成24・1・27労判1047号5頁（学校法人尚美学園事件）···············275, 896
大阪地判平成24・2・15労判1048号105頁（建設技術研究所事件）······679, 693, 711, 712, 713
東京地判平成24・2・17労経速2140号3頁（本田技研工業事件）················1018, 1019
大阪地判平成24・2・24ジャーナル3号18頁（日本熱源システム事件）··················368

東京地判平成 24・2・27 労判 1048 号 72 頁（NEXX 事件）……………………………335, 336, 337, 339, 776, 777
東京地判平成 24・2・27 ジャーナル 3 号 9 頁（タタコンサルタンシーサービシズジャパン事件）…………544
東京地判平成 24・2・28 ジャーナル 3 号 8 頁（ロイヤルバンク・オブ・スコットランド・ピーエルシー事件）
　……866
東京地判平成 24・2・29 労判 1048 号 45 頁（日本通信事件）………902, 903, 905, 906, 907, 908, 909, 910, 911, 912
大阪地判平成 24・3・9 労判 1052 号 70 頁（日本機電事件）……………………………………………………749
東京地判平成 24・3・13 労判 1050 号 48 頁（ヒューマントラスト事件）………………159, 633, 647, 665, 667
東京地判平成 24・3・13 労経速 2144 号 23 頁（関東工業事件）………………………161, 927, 934, 936, 938
東京地判平成 24・3・21 労判 1051 号 71 頁（フェデラルエクスプレスコーポレーション事件）
　……………………………………………………………………………………………736, 738, 742, 745, 750
静岡地判平成 24・3・23 労判 1052 号 42 頁（中部電力ほか事件）……………………………………685, 727
東京地判平成 24・3・23 ジャーナル 5 号 10 頁（日本テレビ放送網事件）…………………………………134
東京地判平成 24・3・27 労判 1055 号 85 頁（クラブメッド事件）……………………………………865, 893
東京地立川支判平成 24・3・28 労判 1119 号 12 頁（甲野堂薬局事件）…………………………………………874
京都地判平成 24・3・29 労判 1053 号 38 頁（立命館事件）……………………………………251, 253, 756
横浜地判平成 24・3・29 労判 1056 号 81 頁（シーテック事件）……………………………………………1093
東京地判平成 24・3・29 労経速 2144 号 3 頁（日本航空［運航乗務員］事件）……………………………920
東京地判平成 24・3・30 労経速 2143 号 3 頁（日本航空［客室乗務員］事件）……………………………920
東京地判平成 24・4・10 労判 1055 号 8 頁（リーマン・ブラザーズ証券事件）
　…………………………………………………………315, 316, 330, 340, 343, 349, 355, 360, 361, 1130
東京地判平成 24・4・16 労判 1054 号 5 頁（いすゞ自動車事件）…………………………………………1085
京都地判平成 24・4・17 労判 1058 号 69 頁（セントラルスポーツ事件）……………………………485, 486
東京地判平成 24・4・17 労経速 2150 号 20 頁（X 学園事件）………………………………………………1028
東京地判平成 24・4・26 労経速 2151 号 3 頁（北里研究所事件）……………………………………………629
東京地判平成 24・5・16 判タ 1405 号 163 頁（日本政策金融公庫事件）……………………………………379
千葉地松戸支判平成 24・5・24 労経速 2150 号 3 頁（エバークリーン事件）………………………………544
東京地判平成 24・5・25 労判 1056 号 41 頁（ジャストリース事件）
　……………………………………………………………64, 79, 892, 897, 903, 904, 905, 907, 908, 912, 917
大阪地判平成 24・5・25 労判 1057 号 78 頁（エヌ・ティ・ティ・ネオメイトなど事件）…………………582
東京地判平成 24・6・13 労経速 2153 号 3 頁（X 社事件）……………………………………983, 986, 991
東京地判平成 24・6・29 ジャーナル 7 号 10 頁（アクティリンク事件）……………………………………105
京都地判平成 24・7・13 労判 1058 号 21 頁（マンナ運輸事件）………………………………………152, 153
東京地判平成 24・7・17 労判 1057 号 38 頁（コアズ事件）……………………………339, 340, 384, 389
東京地判平成 24・7・25 労判 1060 号 87 頁（学校法人村上学園事件）…………………………282, 301, 895
東京地判平成 24・7・27 労判 1059 号 26 頁（ロア・アドバタイジング事件）……405, 406, 409, 458, 483, 485
東京地判平成 24・7・30 労判 1057 号 160 頁（World LSK 事件）…………………………………282, 284
東京地判平成 24・8・17 ジャーナル 9 号 12 頁（JP モルガン証券事件）………………………581, 583, 1130
名古屋地判平成 24・8・21 労経速 2159 号 27 頁（名古屋商工会議所事件）……………………………70, 76
東京地判平成 24・8・23 労判 1061 号 28 頁（ライトスタッフ事件）……………………………299, 301, 596
東京地判平成 24・8・28 労判 1058 号 5 頁（アクティリンク事件）………………………………………438, 483
東京地立川支判平成 24・8・29 ジャーナル 14 号 1 頁（ベネッセコーポレーション事件）…………535, 560
東京地判平成 24・8・30 ジャーナル 9 号 10 頁（SBS スタッフ事件）……………………………………1026
東京地判平成 24・8・31 労判 1059 号 5 頁（日本精工事件）…………………………………………………95
東京地判平成 24・9・4 労判 1063 号 65 頁（ワークフロンティア事件）…………………432, 438, 439, 441, 442
札幌地判平成 24・9・5 労判 1061 号 5 頁（NTT 東日本―北海道ほか 1 社事件）……………………………590
前橋地判平成 24・9・7 労判 1062 号 32 頁（萬屋建設事件）……………………………693, 695, 701, 714, 721
大阪地判平成 24・9・14 ジャーナル 10 号 13 頁（JR 西日本事件）………………………………………1006

大阪地判平成24・9・27 ジャーナル10号22頁（アイティフォース事件）……………………948
大阪地判平成24・9・28 労判1063号5頁（末棟工務店事件）……………………………………77
甲府地判平成24・10・2 労判1064号53頁（日本赤十字社［山梨赤十字病院］事件）……………714, 716, 721
盛岡地判平成24・10・5 労判1066号72頁（岩手県事件）……………………………………683
東京地判平成24・10・11 労判1067号63頁（ニューロング事件）………………………647, 666
東京地判平成24・10・23 ジャーナル11号7頁（東京ブリエ事件）………………………………79
東京地判平成24・10・25 ジャーナル11号17頁（松研薬品工業・松岡科学研究所事件）………495
東京地判平成24・10・26 判時2223号112頁（プラダジャパン事件）……………………650, 664
神戸地姫路支判平成24・10・29 労判1066号28頁（兵庫県商工会連合会事件）……578, 579, 580, 827
東京地判平成24・10・30 労判1090号87頁（ワールドビジョン事件）……………………………457
大阪地判平成24・11・1 労判1070号142頁（ダイキン工業事件）…………1019, 1022, 1024, 1026
大阪地判平成24・11・2 労経速2170号3頁（宮坂産業事件）………………………………………161
東京地判平成24・11・14 労判1066号5頁（スカイマーク事件）………………581, 1134, 1159
大阪地判平成24・11・16 労判1068号72頁（医療法人清恵会事件）……………………1003, 1010
東京地判平成24・11・16 労判1069号81頁（アクセルリス事件）…………902, 905, 909, 917
東京地判平成24・11・16 ジャーナル12号11頁（まんだらけ事件）…………………………417
東京地判平成24・11・27 労判1063号87頁（コロプラスト事件）……………………553, 555
東京地判平成24・11・30 労判1069号36頁（日本通信事件）……617, 618, 620, 621, 630, 631, 635, 640, 662, 666
東京地判平成24・12・5 労判1068号38頁（トルコ航空ほか1社事件）………………1084, 1094
東京地判平成24・12・14 労経速2168号20頁（サンランドリー事件）…………………79, 372
長野地判平成24・12・21 労判1071号26頁（アールエフ事件）……………………………557
東京地判平成24・12・25 労判1068号5頁（第一興商事件）…………………………598, 1173
東京地判平成24・12・27 労判1069号21頁（プロッズ事件）…………………335, 358, 445
東京地判平成24・12・28 労経速2175号3頁（X社事件）……………………………284, 285
東京地判平成25・1・10 ジャーナル14号7頁（あいおいニッセイ同和損害保険事件）…………874
東京地判平成25・1・17 労判1070号104頁（音楽之友社事件）………………236, 238, 241, 766
東京地判平成25・1・18 労経速2168号26頁（HSBCサービシーズ事件）…………………849
東京地判平成25・1・22 労経速2179号7頁（東和エンジニアリング事件）………………624, 668
東京地判平成25・1・22 ジャーナル13号9頁（東京急行電鉄・東急バス事件）…………236, 357
東京地判平成25・1・23 労判1069号5頁（JR東海事件）……………………………………1164
東京地判平成25・1・25 労判1070号72頁（全国建設厚生年金基金事件）……………643, 662
東京地判平成25・1・29 労判1071号5頁（昭和薬科大学事件）……………………663, 1165
東京地判平成25・1・31 労経速2180号3頁（リーディング証券事件）…………………304, 305
東京地判平成25・1・31 労経速2185号3頁（伊藤忠商事事件）……………………………598
大阪地判平成25・2・1 労判1080号87頁（CFJ合同会社事件）………………532, 534, 536
名古屋地判平成25・2・7 労判1070号38頁（ナルコ事件）…………………………………1131
東京地立川支判平成25・2・13 労判1074号62頁（福生ふれあいの友事件）……………62, 75
大阪地判平成25・2・15 労判1072号38頁（大阪経済法律学園事件）……………742, 746, 750
東京地判平成25・2・26 労経速2185号14頁（X銀行事件）………………………744, 753, 1166
神戸地判平成25・2・27 労判1072号20頁（東亜外業事件）……893, 902, 903, 904, 905, 906, 907, 909, 912
東京地判平成25・2・28 労判1074号47頁（イーライフ事件）………162, 164, 368, 371, 432, 438
東京地判平成25・3・5 ジャーナル15号17頁（医療法人徳洲会事件）……………………883, 893
東京地判平成25・3・6 労経速2186号11頁（ヒタチ事件）……………………………………544
東京地判平成25・3・8 労判1075号77頁（J社ほか1社事件）…………………………78, 332
山口地判平成25・3・13 労判1070号6頁（マツダ防府工場事件）……………………………93
東京地判平成25・3・19 ジャーナル16号19頁（新日本有限責任監査法人事件）…………385
奈良地判平成25・3・26 労判1076号54頁（帝産キャブ奈良事件）…………………………332

判例索引（地裁・平成 25 年 - 平成 26 年）　*1225*

東京地判平成 25・3・26 労経速 2179 号 14 頁（ボッシュ事件）……………………………653, 655, 877, 881
千葉地松戸支判平成 25・3・29 労判 1078 号 48 頁（秋本製作所事件）……………………………………531
東京地判平成 25・3・29 ジャーナル 16 号 9 頁（アシスト事件）………………………………………823
横浜地判平成 25・4・25 労判 1075 号 14 頁（東芝ライテック事件）………………………1007, 1008, 1021
東京地判平成 25・4・30 労判 1075 号 90 頁（社会福祉法人新島はまゆう会事件）…………………1008
東京地判平成 25・5・22 労判 1095 号 63 頁（ヒロセ電機事件）…………………………414, 430, 450, 458
大阪地判平成 25・5・30 ジャーナル 17 号 13 頁（上新電機事件）……………………………………634
東京地判平成 25・6・5 労経速 2191 号 3 頁（プレナス事件）…………………………………………826
大阪地判平成 25・6・7 ジャーナル 18 号 5 頁（協親交通事件）………………………………………893
大阪地判平成 25・6・21 労判 1081 号 19 頁（乙山商会事件）……………………………619, 630, 631
東京地判平成 25・7・2 労判 1088 号 86 頁（コモンズ事件）…………………………………………372
大阪地判平成 25・7・4 ジャーナル 19 号 23 頁（マンスール興業 K.I.M 事件）…………………1129
神戸地尼崎支判平成 25・7・16 労経速 2203 号 3 頁（Y1［機構］ほか事件）……………………1006, 1018
東京地判平成 25・7・17 労判 1081 号 5 頁（キュリオステーション事件）………………8, 63, 64, 75, 442
東京地判平成 25・7・23 労判 1080 号 5 頁（ファニメディック事件）………………………………300
東京地判平成 25・8・6 ジャーナル 19 号 8 頁（大沢生コン事件）…………………………………1167
福島地郡山支判平成 25・8・16 ジャーナル 20 号 6 頁（社会福祉法人和事件）……………………167
新潟地判平成 25・8・20 ジャーナル 20 号 12 頁（東日本福祉経営サービス事件）…………………322
名古屋地半田支判平成 25・9・10 労経速 2192 号 3 頁（なか卯事件）…………………………698, 714
大阪地判平成 25・9・12 ジャーナル 21 号 28 頁（阪急阪神ビルマネジメント事件）…379, 383, 385, 389
東京地判平成 25・9・13 労判 1083 号 37 頁（全日本海員組合事件）………………………593, 1163
福岡地判平成 25・9・19 労判 1086 号 87 頁（社会保険労務士法人パートナーズ事件）……………301
大阪地判平成 25・9・27 ジャーナル 21 号 10 頁（マツイ事件）………………928, 929, 933, 935, 937, 938
東京地判平成 25・10・4 労判 1085 号 50 頁（カール・ハンセン＆サンジャパン事件）…………862, 885
東京地判平成 25・10・11 労経速 2195 号 17 頁（パソナ事件）………………………………………110
東京地判平成 25・10・24 労判 1084 号 5 頁（東陽ガス事件）………………………………63, 77, 350
大阪地判平成 25・10・29 ジャーナル 22 号 10 頁（社会福祉法人健心会事件）……………………228, 364
大阪地判平成 25・11・8 労判 1085 号 36 頁（学校法人 A 学院ほか事件）…………………………641, 668
大阪地判平成 25・11・8 ジャーナル 23 号 20 頁（昭栄運輸事件）……………………………………77
東京地判平成 25・11・12 労判 1085 号 19 頁（リコー事件）……………573, 574, 578, 580, 827, 1162
福岡地判平成 25・11・13 労判 1090 号 84 頁（種広商店事件）………………………………………690
大阪地判平成 25・11・19 労判 1088 号 51 頁（乙山株式会社事件）………370, 644, 663, 665, 738, 742
東京地判平成 25・11・19 ジャーナル 23 号 7 頁（日本 CATV 技術協会事件）……………………1007
東京地判平成 25・11・21 労判 1091 号 74 頁（芝ソフト事件）………………………………869, 884, 896
東京地判平成 25・12・5 労判 1091 号 14 頁（国・中労委［阪急交通社］事件）…………………817
大分地判平成 25・12・10 労判 1090 号 44 頁（ニヤクコーポレーション事件）……1002, 1007, 1010, 1072
東京地判平成 25・12・18 ジャーナル 24 号 6 頁（Tulett Prebon［Hong Kong］Limited［Tulett Prebon Europe Limited］事件）…………………………………………………………1029, 1103, 1133
東京地判平成 25・12・25 労判 1088 号 11 頁（八重椿本舗事件）……………………411, 1003, 1009
名古屋地判平成 26・1・15 労判 1096 号 76 頁（メイコウアドヴァンス事件）………………………173
東京地判平成 26・1・17 労判 1092 号 98 頁（ベスト FAM 事件）………………………………849, 865
東京地判平成 26・1・21 労判 1097 号 87 頁（ジャコス事件）………………………………………301
東京地判平成 26・1・22 ジャーナル 26 号 41 頁（トリンプ・インターナショナル事件）…………644
熊本地判平成 26・1・24 労判 1092 号 62 頁（熊本信用金庫事件）………………736, 740, 742, 751, 765
高松地判平成 26・1・27 ジャーナル 25 号 17 頁（香川県事件）……………………………………385
東京地判平成 26・1・30 労判 1097 号 75 頁（トライコー事件）………………………850, 866, 869, 885
大阪地判平成 26・2・20 ジャーナル 27 号 13 頁（JR 西日本事件）…………………………………634

東京地判平成 26・2・25 労判 1101 号 62 頁（一般財団法人年金住宅福祉協会事件）················667
東京地判平成 26・2・26 ジャーナル 26 号 44 頁（ビーファクトリー事件）························433
京都地判平成 26・2・27 労判 1092 号 6 頁（エム・シー・アンド・ピー事件）············600, 827, 828
東京地判平成 26・3・5 労経速 2212 号 3 頁（U 社事件）···150, 948
東京地判平成 26・3・5 ジャーナル 29 号 49 頁（フロントサイドコミュニティー事件）········483
金沢地小松支判平成 26・3・7 労判 1094 号 32 頁（北日本電子事件）··································342
東京地判平成 26・3・14 労経速 2211 号 3 頁（富士ゼロックス事件）···························866, 874
横浜地判平成 26・3・25 労判 1097 号 5 頁（日産自動車事件）···1094
大阪地堺支判平成 26・3・25 労経速 2209 号 21 頁（F 社事件）·························144, 1007, 1009
大阪地判平成 26・3・25 ジャーナル 29 号 44 頁（貴光事件）··290
大阪地決平成 26・3・27 ジャーナル 29 号 43 頁（ユーグロップ事件）·································302
京都地判平成 26・3・31 ジャーナル 27 号 14 頁（ジヤトコ事件）·······································126
東京地判平成 26・4・4 労判 1094 号 5 頁（DIPS［旧アクティリンク］事件）···············414, 483
名古屋地一宮支判平成 26・4・11 労判 1101 号 85 頁（ベストマン事件）·····························792
大阪地判平成 26・4・11 ジャーナル 29 号 2 頁（大裕事件）···············171, 174, 175, 176, 593, 597
東京地判平成 26・4・15 ジャーナル 28 号 25 頁（JR 東海事件）···················191, 574, 588, 1162
東京地判平成 26・4・16 労経速 2218 号 3 頁（東豊商事事件）··································518, 1010
神戸地尼崎支判平成 26・4・22 労判 1096 号 44 頁（阪神バス事件）····························815, 1166
さいたま地判平成 26・4・22 労経速 2209 号 15 頁（X 学園事件）································1009, 1028
名古屋地判平成 26・4・23 労判 1098 号 29 頁（市邨学園事件）·································324, 333
横浜地相模原支判平成 26・4・24 判時 2233 号 141 頁（田口運送事件）··················105, 407, 432
福井地判平成 26・5・2 判時 2239 号 141 頁（乙山事件）···282
東京地判平成 26・5・13 労経速 2220 号 3 頁（日本テレビ放送網事件）·································597
名古屋地判平成 26・5・14 労経速 2216 号 3 頁（S 社［思想信条］事件）····························530
東京地判平成 26・5・29 ジャーナル 30 号 37 頁（ダイオーズ事件）····································555
東京地判平成 26・6・2 労経速 2218 号 24 頁（日本郵便事件）······································841, 842
東京地判平成 26・6・4 労経速 2225 号 19 頁（X 協会事件）···322
神戸地判平成 26・6・5 労判 1098 号 5 頁（NHK 神戸放送局事件）·····················60, 64, 65, 67, 74
大阪地判平成 26・6・13 ジャーナル 31 号 55 頁（森田運送事件）·······································372
佐賀地判平成 26・6・17 ジャーナル 30 号 2 頁（東明館学園事件）·····································571
東京地判平成 26・7・4 判判 1109 号 66 頁（ザ・トーカイ事件）·······································665
横浜地判平成 26・7・10 労判 1103 号 23 頁（資生堂［アンフィニ］事件）·····················93, 1094
東京地判平成 26・7・16 ジャーナル 31 号 31 頁（セルティ事件）··77
奈良地判平成 26・7・17 労判 1102 号 18 頁（帝産キャブ奈良事件）·································915
東京地判平成 26・7・17 労判 1103 号 5 頁（社団法人東京都医師会［A 病院］事件）········618, 627, 663, 668
東京地判平成 26・7・17 ジャーナル 32 号 34 頁（栄興樹脂事件）·······································339
東京地判平成 26・7・18 労経速 2227 号 9 頁（フジスター事件）·································952, 953
東京地判平成 26・7・18 ジャーナル 32 号 24 頁（グローリ企画事件）································442
東京地判平成 26・7・18 ジャーナル 32 号 26 頁（ティ・エム・ラボラトリー事件）···········643
大阪地判平成 26・7・18 ジャーナル 32 号 31 頁（帝人ファーマ事件）························599, 600
大阪地判平成 26・7・25 ジャーナル 32 号 20 頁（大津コンピュータ事件）························802
東京地判平成 26・7・29 労判 1105 号 49 頁（東京医科歯科大学事件）····························1010
横浜地相模原支判平成 26・8・8 ジャーナル 33 号 37 頁（医療法人社団明照会事件）·········690
東京地判平成 26・8・13 労経速 2237 号 24 頁（N 社事件）·······································293, 295
横浜地判平成 26・8・27 労判 1114 号 143 頁（ヒューマンコンサルティング事件）···············99
千葉地松戸支判平成 26・8・29 労判 1113 号 32 頁（住友電工ツールネット事件）···696, 700, 713, 714, 716, 719
大阪地判平成 26・9・4 ジャーナル 35 号 34 頁（アクアクララ事件）································824

東京地判平成26・9・19 労経速2224号17頁（日本雇用創出機構事件）………………………574, 578
東京地判平成26・9・22 労経速2228号3頁（日本航空・JALエンジニアリング事件）……………………96
横浜地判平成26・9・25 ジャーナル34号47頁（テクノハカルエンジニアリング事件）……705, 706, 715, 716
大阪地判平成26・9・25 ジャーナル35号30頁（ダイビル・ファシリティ・マネジメント事件）………531, 1163
大阪地判平成26・10・10 労判1111号17頁（WILLER EXPRESS西日本事件）………………………664, 668
東京地判平成26・10・15 ジャーナル35号2頁（TBCグループ事件）……………335, 385, 388, 531, 538
さいたま地判平成26・10・24 判時2256号94頁（文化シヤッター事件）………………………………62, 77
大阪地判平成26・10・24 ジャーナル36号41頁（ハウス食品事件）……………………………………627
東京地判平成26・10・31 労判1110号60頁（錦城学園事件）………………………1003, 1005, 1021
東京地判平成26・11・4 労判1109号34頁（サン・チャレンジほか事件）………176, 693, 704, 705, 706, 714
東京地判平成26・11・7 ジャーナル36号35頁（すみれ介護事件）………………153, 163, 937, 938
東京地判平成26・11・7 ジャーナル36号37頁（アイテック事件）…………………………………………161
大阪地判平成26・11・7 ジャーナル37号44頁（村中医療器事件）……………………………………826
大阪地判平成26・11・7 ジャーナル37号46頁（キヤノンライフケアソリューションズ事件）………644, 662
東京地判平成26・11・12 労判1115号72頁（東京エムケイ事件）……………325, 823, 875, 882, 886, 892, 894
東京地判平成26・11・14 ジャーナル36号32頁（中日本ハイウェイ・パトロール東京事件）……………367
東京地判平成26・11・21 ジャーナル36号27頁（みずほ証券事件）…………………………………1006
東京地判平成26・11・26 労判1112号47頁（アメックス事件）………………………596, 597, 598, 741
京都地判平成26・11・27 労判1124号84頁（中野運送店事件）………………………………………737
東京地判平成26・11・27 ジャーナル36号21頁（横倉運送事件）……………………………1003, 1008
福井地判平成26・11・28 労判1110号34頁（暁産業事件）…………………………………………174, 175
大阪地判平成26・12・3 労旬1844号78頁（JR西日本事件）………………………………………685, 725
東京地判平成26・12・9 労経速2236号20頁（メルセデス・ベンツ・ファイナンス事件）………868, 876, 884
長野地佐久支判平成26・12・10 ジャーナル37号35頁（シナノ出版印刷事件）………………………556
静岡地浜松支判平成26・12・12 労経速2235号15頁（ゆうちょ銀行事件）……………………555, 561
東京地判平成26・12・18 ジャーナル37号29頁（KDDIエボルバ事件）……………1003, 1008, 1009
東京地判平成26・12・24 労経速2235号23頁（アズコムデータセキュリティ事件）……………………698
東京地判平成26・12・24 労経速2238号3頁（X大学事件）……………………………260, 874, 883
東京地判平成26・12・24 労経速2238号11頁（プロッズ事件）…………………………………………194
甲府地判平成27・1・13 労判1129号67頁（クレイン農協ほか事件）……………………………………721
東京地判平成27・1・13 判時2255号90頁（乙法律事務所事件）………………………………………875
東京地判平成27・1・14 労経速2242号3頁（甲社事件）………………………………………………649
東京地判平成27・1・16 労経速2237号11頁（リバース東京事件）………………………………………76
大阪地判平成27・1・19 労判1124号33頁（泉北環境整備施設組合事件）……………………………670
札幌地判平成27・1・20 労判1120号90頁（オクダソカベ事件）………………………………823, 915
東京地判平成27・1・23 労判1117号50頁（日本ボクシングコミッション事件）
　　　　　　　　　　　　　　　　　　　　　　　　　　　　……………357, 620, 638, 647, 649, 653, 666
大阪地判平成27・1・27 ジャーナル38号26頁（エムズコーポレーション事件）……………………738, 751
東京地判平成27・1・28 労経速2241号19頁（X設計事件）……………………………………297, 301
大阪地判平成27・1・29 労判1116号5頁（医療法人一心会事件）……………………60, 62, 75, 403
東京地判平成27・1・29 労経速2249号13頁（F社事件）………………………………………………828
大阪地判平成27・1・30 ジャーナル39号39頁（フレイア事件）…………………………403, 406, 484
横浜地判平成27・2・17 ジャーナル39号35頁（友愛会事件）……………………………………………691
東京地判平成27・2・18 労判1130号83頁（出水商事事件）……………………496, 497, 508, 515
東京地判平成27・2・18 労経速2245号3頁（甲商事事件）……………………………………………342
東京地判平成27・2・18 労経速2245号15頁（X高等学校事件）………………………………………880
大阪地判平成27・2・20 ジャーナル39号27頁（フューチャーインフィニティ事件）……………………467

大阪地判平成 27・2・23 労経速 2248 号 3 頁（積水ハウス事件）·················699
東京地判平成 27・2・24 労経速 2246 号 12 頁（ジョンソン・エンド・ジョンソン事件）·················828
東京地判平成 27・2・24 ジャーナル 39 号 25 頁（PCS 事件）·················619
福岡地小倉支判平成 27・2・25 労判 1134 号 87 頁（国家公務員共済組合連合会ほか［C 病院］事件）
 ·················175, 497
東京地判平成 27・2・27 労経速 2240 号 13 頁（甲総合研究所取締役事件）·················428, 445, 895, 897, 898
東京地判平成 27・2・27 ジャーナル 40 号 31 頁（リンクスタッフ事件）·················434, 447, 584
東京地判平成 27・3・6 ジャーナル 40 号 24 頁（マックインターナショナル・ニューマテリアル事件）
 ·················338, 583
東京地判平成 27・3・6 ジャーナル 40 号 26 頁（グリーンベル事件）·················450
東京地判平成 27・3・10 ジャーナル 41 号 86 頁（クレーンインターナショナル事件）·················194
東京地判平成 27・3・12 労判 1131 号 87 頁（トミテック事件）·················1003, 1010
静岡地沼津支判平成 27・3・13 労判 1119 号 24 頁（I 社事件）·················601
東京地判平成 27・3・13 労判 1128 号 84 頁（出水商事事件）·················608
東京地判平成 27・3・13 ジャーナル 41 号 82 頁（プロポライフ事件）·················335
札幌地判平成 27・3・18 ジャーナル 39 号 13 頁（東京海上日動火災保険事件）·················379, 383, 385, 386, 388, 389
東京地判平成 27・3・18 ジャーナル 40 号 19 頁（京成不動産事件）·················385
東京地判平成 27・3・18 ジャーナル 40 号 20 頁（B・pro 事件）·················105, 335, 337, 338, 776
横浜地判平成 27・3・19 ジャーナル 41 号 77 頁（大紀工業事件）·················874, 875
大阪地判平成 27・3・20 ジャーナル 40 号 17 頁（西日本旅客鉄道事件）·················695, 707, 712
東京地判平成 27・3・24LEX/DB25540152（磯野国際特許商標事務所事件）·················863
大阪地判平成 27・3・25 ジャーナル 41 号 2 頁（社会保険庁事件）·················902
大阪地決平成 27・3・25 労判 1124 号 67 頁（サンテレホン事件）·················1156
東京地判平成 27・3・26 ジャーナル 41 号 73 頁（岡崎事務所事件）·················865
東京地判平成 27・3・27 労経速 2246 号 3 頁（レガシィ事件）·················159, 160, 927
東京地判平成 27・3・27 労経速 2251 号 12 頁（アンシス・ジャパン事件）·················175, 696
大阪地判平成 27・3・30 ジャーナル 41 号 64 頁（ゴール事件）·················532, 533
東京地判平成 27・3・31 ジャーナル 40 号 10 頁（A's Verite 事件）·················985
大阪地判平成 27・3・31 ジャーナル 41 号 62 頁（東芝メディカルシステムズ事件）·················264, 644
大阪地判平成 27・4・14 ジャーナル 42 号 59 頁（エリゼ事件）·················136
東京地判平成 27・4・17 ジャーナル 42 号 55 頁（日立製作所ほか事件）·················264, 643
大阪地判平成 27・4・24 ジャーナル 42 号 2 頁（大和証券・日の出証券事件）·················177, 588, 589, 590, 782
福岡地判平成 27・5・20 労判 1124 号 23 頁（北九州市・市交通局事件）·················407
東京地判平成 27・5・28 労判 1121 号 38 頁（ブルームバーグ・エル・ピー事件）·················890
東京地判平成 27・5・28 労経速 2254 号 3 頁（日本ヒューレット・パッカード事件）·················324, 594, 599, 600, 1164
大阪地判平成 27・5・29 ジャーナル 44 号 41 頁（大阪メトロサービス事件）·················1029
東京地判平成 27・6・2 労経速 2257 号 3 頁（KPI ソリューションズ事件）·················275, 871, 881, 883
東京地判平成 27・6・23 労経速 2258 号 3 頁（槇町ビルヂング事件）·················252, 253
宇都宮地判平成 27・6・24 労経速 2256 号 3 頁（ホンダエンジニアリング事件）·················637, 666
東京地判平成 27・6・24 ジャーナル 44 号 35 頁（学生情報センター事件）·················484
東京地判平成 27・6・30 労判 1134 号 17 頁（市進事件）·················1010, 1023
東京地判平成 27・7・15 労判 1131 号 52 頁（日産自動車事件）·················95
東京地判平成 27・7・15 労判 1145 号 136 頁（ビジョン事件）·················560, 714, 825, 826, 894
東京地判平成 27・7・15 ジャーナル 44 号 26 頁（ジャコス事件）·················190, 890
東京地判平成 27・7・17 労判 1153 号 43 頁（日本郵便事件）·················224, 244, 741, 767
東京地判平成 27・7・22 ジャーナル 43 号 25 頁（モリソン・フォースター・アジア・サービス・LLP 事件）
 ·················866, 883

判例索引（地裁・平成 27 年） *1229*

東京地判平成 27・7・29 労判 1124 号 5 頁（日本電気事件）………………………………	127, 598, 599, 600
福岡地判平成 27・7・29 ジャーナル 45 号 44 頁（学校法人杉森学園事件）………	897, 902, 908, 909, 917
東京地判平成 27・7・31 労判 1121 号 5 頁（シャノアール事件）…………………………	1003, 1023
京都地判平成 27・7・31 労判 1128 号 52 頁（類設計室事件）……………………………………	60
大阪地判平成 27・8・3 LEX/DB25541202（リンクスタッフ事件）……	152, 153, 163, 933, 937, 938, 939
東京地判平成 27・8・7 労経速 2263 号 3 頁（M 社事件）………………………………………	641, 1164
和歌山地判平成 27・8・10 労判 1136 号 109 頁（社会福祉法人和歌山ひまわり会事件）………	693
大阪地判平成 27・8・10 労経速 2281 号 9 頁（阪急バス事件）…………………………………	409, 446
東京地判平成 27・8・18 労経速 2261 号 26 頁（エスケーサービス事件）……………………	228
東京地判平成 27・8・19 ジャーナル 45 号 31 頁（永和・長谷川製作所事件）……………………	879, 897
東京地判平成 27・8・25 ジャーナル 44 号 15 頁（講談社・講談社エディトリアル事件）……	638
大阪地判平成 27・9・4 ジャーナル 48 号 42 頁（カプコン事件）………………………………	600, 714
東京地判平成 27・9・8 労経速 2263 号 21 頁（宮城交通事件）……………………………………	518
東京地判平成 27・9・9 労経速 2266 号 3 頁（T 社事件）……………………………	553, 555, 627, 646
東京地判平成 27・9・10 ジャーナル 47 号 64 頁（旭オリエント事件）………………………	890
佐賀地判平成 27・9・11 労判 1172 号 81 頁（信州フーズ事件）………………………………	262
東京地判平成 27・9・11 労経速 2256 号 25 頁（中外臨床研究センター事件）………………	1009
東京地判平成 27・9・18 ジャーナル 45 号 2 頁（落合事件）……………………………………	457
東京地判平成 27・9・18 ジャーナル 46 号 35 頁（弁護士法人法律事務所 MIRAIO 事件）……	906, 915
東京地判平成 27・9・18 ジャーナル 46 号 39 頁（南日本運輸倉庫事件）……………………	414, 434
東京地判平成 27・9・25 労経速 2260 号 13 頁（東京理科大学事件）……………………	626, 641, 663
東京地判平成 27・9・25 ジャーナル 47 号 51 頁（スタンダード＆プアーズ・レーティング・ジャパン事件）	
………………………………………………………………………………………………………	879, 883
横浜地川崎支判平成 27・9・30 労判 1125 号 16 頁（アールエス興業事件）…………………	494
東京地判平成 27・10・2 労判 1138 号 57 頁（全国重症心身障害児（者）を守る会事件）……	191, 608, 1161
東京地判平成 27・10・2 ジャーナル 46 号 26 頁（セゾン情報システムズ事件）……………	175
東京地判平成 27・10・9 労経速 2270 号 17 頁（キングスオート事件）………………………	302, 867
横浜地判平成 27・10・15 労判 1126 号 5 頁（エヌ・ティ・ティ・ソルコ事件）……………	1001, 1008
岐阜地判平成 27・10・22 労判 1127 号 29 頁（穂波事件）………………………………………	484
東京地判平成 27・10・30 労判 1132 号 20 頁（L 産業事件）………………………………	538, 553, 569
東京地判平成 27・10・30 労経速 2268 号 20 頁（甲社事件）……………………………………	933, 937
東京地判平成 27・10・30 ジャーナル 48 号 37 頁（東京薬品事件）……………………………	457
福岡地判平成 27・11・11 労判 1152 号 69 頁（住吉神社事件）…………………………………	76
東京地判平成 27・11・11 労経速 2275 号 3 頁（甲社事件）………………………………	649, 650, 651, 667
東京地判平成 27・11・16 労判 1134 号 57 頁（NHK［フランス語担当者］事件）…………	76, 1029
大阪地判平成 27・11・26 ジャーナル 48 号 23 頁（神戸事件）…………………………………	824, 825
横浜地判平成 27・11・26 ジャーナル 48 号 25 頁（公益財団法人神奈川フィルハーモニー管弦楽団事件）	
………………………………………………………………………………………………………	865, 885
大阪地判平成 27・11・30 労判 1137 号 61 頁（NHK 堺営業センター事件） ……	62, 63, 67, 74, 1010, 1028, 1029
大阪地判平成 27・12・10 ジャーナル 49 号 40 頁（ネットドリーム事件）……………	163, 945, 947
東京地判平成 27・12・11 ジャーナル 50 号 38 頁（バッファロー事件）……………………	450
大阪地判平成 27・12・15 ジャーナル 50 号 33 頁（医療法人山室会事件）…………………	643
東京地判平成 27・12・15 ジャーナル 50 号 35 頁（エクレ事件）……………………………	637
東京地判平成 27・12・16 ジャーナル 50 号 31 頁（リバティジャパン事件）………………	200
東京地判平成 27・12・22 労経速 2271 号 23 頁（税理士事務所地位確認請求事件）………	823
福岡地判平成 27・12・22 ジャーナル 49 号 36 頁（福岡トヨペット事件）…………………	986
東京地判平成 27・12・25 労判 1133 号 5 頁（東京メトロ事件）…………………	618, 634, 646, 662, 663

東京地判平成 27・12・25 ジャーナル 48 号 15 頁（東京ビッグサイト事件）……………380, 383, 385, 389
大阪地判平成 27・12・25 ジャーナル 49 号 28 頁（INSOU 西日本事件）………………………………485
東京地判平成 27・12・25 ジャーナル 50 号 26 頁（三益興業事件）………………………………………883
大分地中津支判平成 28・1・12 労経速 2276 号 3 頁（B 市事件）…………………………………………494
大阪地判平成 28・1・13 ジャーナル 51 号 34 頁（学校法人桃山学院事件）………………………………247
東京地判平成 28・1・14 労判 1140 号 68 頁（大王製紙事件）………………………578, 1160, 1162, 1163
福井地判平成 28・1・15 労判 1132 号 5 頁（ナカヤマ事件）………………………………324, 326, 442, 557
東京地判平成 28・1・15 労経速 2276 号 12 頁（第一紙業事件）……………163, 164, 933, 936, 939, 942
東京地判平成 28・1・18 労判 1139 号 82 頁（元アイドルほか事件）……………………………1029
大阪地判平成 28・1・25 ジャーナル 50 号 23 頁（JR 東海事件）…………………………………………358
東京地判平成 28・1・27 ジャーナル 51 号 27 頁（一本堂事件）……………………………………………1003
大阪地判平成 28・1・28 ジャーナル 50 号 19 頁（昆日食品事件）………………………………………690
東京地判平成 28・1・29 労判 1136 号 72 頁（全日本海員組合事件）……………………………………1010
東京地判平成 28・1・29 ジャーナル 49 号 13 頁（ポッカサッポロフード＆ビバレッジ事件）………866, 878
東京地判平成 28・1・29 ジャーナル 49 号 14 頁（大東建託事件）………………………………………330
東京地判平成 28・1・29 ジャーナル 50 号 18 頁（新生銀行事件）………………………………………866
東京地判平成 28・2・5 労経速 2274 号 19 頁（甲化工事件）………………………………………………643
東京地判平成 28・2・19 労判 1136 号 58 頁（シンワ運輸東京事件）……………………………………842
東京地判平成 28・2・19 ジャーナル 51 号 17 頁（ティーディーアイ事件）………484, 620, 631, 636, 666, 668
東京地判平成 28・2・19 ジャーナル 51 号 19 頁（ラボ国際交流センター事件）…………………………1003
東京地判平成 28・2・22 労判 1141 号 56 頁（国立精神・神経医療研究センターほか事件）………379, 388, 759
京都地判平成 28・2・23 ジャーナル 51 号 13 頁（ワコール事件）…………………………………………710
大阪地判平成 28・2・25 労経速 2282 号 3 頁（阪急バス事件）……………………………………………1074
東京地判平成 28・2・26 労判 1136 号 32 頁（野村證券事件）………………………632, 647, 664, 666, 667, 668
東京地判平成 28・3・9 労経速 2281 号 25 頁（社会福祉法人奉優会事件）………………………………574, 578
津地決平成 28・3・14 労判 1152 号 33 頁（ジーエル［仮処分］事件）…………………………………1028
大阪地堺支判平成 28・3・17 判例集未登載 ………………………………………………………………1135
東京地判平成 28・3・28 労経速 2286 号 3 頁（日本アイ・ビー・エム［1］事件）…863, 864, 867, 892, 893, 896
東京地判平成 28・3・28 労経速 2287 号 3 頁（日本アイ・ビー・エム［2］事件）…863, 864, 867, 892, 893, 896
京都地判平成 28・3・29 労判 1146 号 65 頁（O 公立大学法人事件）……………………………………127
東京地判平成 28・3・29 ジャーナル 52 号 45 頁（OB ネットワーク事件）……………………………228, 664
福井地判平成 28・3・30 ジャーナル 52 号 37 頁（福井信用金庫事件）…………………………………652
東京地判平成 28・3・31 労経速 2283 号 3 頁（野村證券事件）……………………………………………371
東京地判平成 28・3・31 ジャーナル 55 号 37 頁（アド装飾事件）……………………………………………75
東京地判平成 28・4・11 ジャーナル 53 号 53 頁（ジェー・ピー・モルガン・チェース・バンク・ナショナル・アソシエーション事件）……………………………………………………………865, 891, 893
京都地判平成 28・4・12 労判 1139 号 5 頁（仁和寺事件）………………………104, 694, 714, 716, 721
京都地判平成 28・4・15 労判 1143 号 52 頁（メルファインほか事件）……………………………………99
東京地判平成 28・4・15 ジャーナル 53 号 47 頁（EVOLUTION JAPAN 事件）………………370, 433
東京地判平成 28・4・20 ジャーナル 53 号 35 頁（あじあ行政書士法人事件）……………………301, 302
東京地判平成 28・4・20 ジャーナル 53 号 37 頁（長谷川ホールディングス事件）……533, 536, 574, 578, 580
千葉地木更津支判平成 28・4・25 労時 2369 号 78 頁（学校法人 Y 事件）……………………………1158
東京地判平成 28・4・26 ジャーナル 53 号 31 頁（サノフィ事件）………………………………696, 714, 721
東京地判平成 28・4・27 ジャーナル 52 号 23 頁（千曲食品事件）………………………………………842
東京地判平成 28・4・27 ジャーナル 52 号 25 頁（カンティーヌ・ドール事件）…………………………484
東京地判平成 28・4・27 ジャーナル 53 号 29 頁（東京アメリカンクラブ事件）………………………113, 1028
大阪地判平成 28・4・28 ジャーナル 53 号 23 頁（南大阪センコー運輸整備事件）……………………228, 439

東京地判平成28・5・10労判1152号51頁（尚美学園事件）··836, 1168
大阪地判平成28・5・17ジャーナル54号56頁（新生フィナンシャル事件）································878, 893
前橋地高崎支判平成28・5・19労経速2285号3頁（ヤマダ電機事件）···698
東京地判平成28・5・19労経速2285号21頁（セコム事件）···184, 317
神戸地判平成28・5・26労判1142号22頁（須磨学園ほか事件）···135, 1166
大阪地判平成28・5・27ジャーナル54号47頁（ハンワ事件）··336, 403
東京地判平成28・5・30労判1149号72頁（無洲事件）···616, 701, 722
東京地判平成28・5・31労判1275号127頁（バイオスほか［サハラシステムズ］事件）·············1094
東京地判平成28・5・31ジャーナル54号42頁（ファイザー事件）···535
東京地判平成28・6・1ジャーナル54号39頁（ドイツ証券事件）····················866, 869, 870, 884
富山地判平成28・6・1ジャーナル54号40頁（一般財団法人滑川市文化・スポーツ振興財団事件）
···1003, 1010
東京地判平成28・6・3ジャーナル54号37頁（夢現舎事件）···166
富山地判平成28・6・15ジャーナル54号33頁（中部薬品（さくら医薬品・さくら薬品）事件）·······156
東京地判平成28・6・15ジャーナル55号20頁（エース損害保険事件）·······························316, 1152
東京地判平成28・6・21ジャーナル54号29頁（朝日生命保険事件）·······································826, 828
東京地判平成28・7・7労判1148号69頁（元アイドル事件）···78, 80
東京地判平成28・7・8労経速2307号3頁（ドコモCS事件）···138, 643
東京地判平成28・7・13ジャーナル56号35頁（マクサス事件）··439
さいたま地判平成28・7・14ジャーナル56号33頁（リゾートソリューション事件）·······················728
横浜地判平成28・7・15ジャーナル55号7頁（愛永事件）···346
東京地判平成28・7・19労判1150号16頁（クレディ・スイス証券事件）·········620, 632, 664, 668
東京地判平成28・7・20労判1156号82頁（ユニデンホールディングス事件）································292
津地決平成28・7・25労判1152号26頁（ジーエル事件）···1028
東京地判平成28・7・26LEX/DB25543675（倉庫会社M事件）··388
大阪地判平成28・8・9ジャーナル57号44頁（北おおさか信用金庫事件）·······························531, 1163
東京地決平成28・8・9労判1149号5頁（国際自動車事件）··1011
東京地判平成28・8・19ジャーナル57号40頁（AGORA TECHNO事件）·································61, 77
東京地判平成28・8・24ジャーナル57号37頁（医療法人社団市橋会事件）·······································76
東京地判平成28・8・25労判1144号25頁（L社事件）···1061
東京地判平成28・8・26ジャーナル56号24頁（アネックス事件）···300, 302
宇都宮地判平成28・9・15ジャーナル57号19頁（戸田建設事件）···63, 75
東京地判平成28・9・16ジャーナル58号49頁（日本総業事件）···409, 450
東京地判平成28・9・21労経速2305号13頁（まぐまぐ事件）···303
東京地判平成28・9・23ジャーナル57号16頁（日本ワールドエンタープライズ事件）······896, 1158, 1159
東京地判平成28・9・26LEX/DB25543877（BGCキャピタルマーケッツジャパンLLCほか事件）
··1101, 1105, 1106, 1107, 1110, 1115
東京地判平成28・9・27ジャーナル58号45頁（あおき事件）···738, 745
東京地判平成28・9・28労判1189号84頁（綜企画設計事件）··598, 711, 1164
神戸地姫路支判平成28・9・29労経速2303号3頁（福星堂事件）··411, 445
大阪地判平成28・9・29ジャーナル58号41頁（テクノサイエンス事件）·······································350
東京地判平成28・10・6ジャーナル58号37頁（美容院A事件）···75, 79
大阪地判平成28・10・6ジャーナル59号39頁（パナソニック事件）································540, 544, 553
東京地判平成28・10・7労判1155号54頁（日立コンサルティング事件）
···106, 138, 469, 475, 476, 477, 640, 877
東京地判平成28・10・14労判1157号59頁（損保ジャパン日本興亜事件）·································103, 105
大阪地判平成28・10・25労判1155号21頁（学校法人早稲田大阪学園事件）···················739, 740, 743, 744

東京地判平成28・10・26 ジャーナル58号29頁（エビス企画事件）・・・・・・・・・・・・・・・・・・・・・・・・・・・・・・・・・77
東京地判平成28・10・27 ジャーナル59号30頁（柚木商事事件）・・・・・・・・・・・・・・・・・・・・・・・・・・・・・・・・260
東京地判平成28・10・28 ジャーナル58号25頁（麻雀ネットワークサービス事件）・・・・・・・・・・・・・336, 485
東京地判平成28・10・28 ジャーナル58号27頁（エコファースト事件）・・・・・・・・・・・・・・・・・・・・・・・・61, 690
東京地判平成28・10・31 ジャーナル59号28頁（フソー化成事件）・・・・・・・・・・・・・・・・・・・・・・・・338, 347
大阪地判平成28・11・11 ジャーナル60号90頁（Premier事件）・・・・・・・・・・・・・・・・・・・・・・・・・・・・・・・・77
東京地判平成28・11・16 労経速2299号12頁（Y社事件）・・・・・・・・・・・・・・・・・・・・・・・・・・・・・・・641, 665
東京地判平成28・11・24 ジャーナル59号16頁（丸相建設工業事件）・・・・・・・・・・・・・・・・・・・・・・・・・・・77
大阪地判平成28・11・24 ジャーナル61号34頁（フロンティア事件）・・・・・・・・・・・・・・・・・・・・・・・・・・・77
大阪地判平成28・11・25 労判1156号50頁（山元事件）・・・・・・・・・・・・・・・・・・・・・・・・・・・694, 696, 713
東京地判平成28・11・25 ジャーナル59号14頁（ソクハイ事件）・・・・・・・・・・・・・・・・・・・・・・・・・・・・1168
東京地判平成28・11・29 ジャーナル59号11頁（日本造船工業会事件）・・・・・・・・・・・・・・・553, 555, 558
東京地判平成28・11・30 労判1152号13頁（尚美学園事件）・・・・・・・・・・・・・・・・・・・・・・・・・・・・・・・・836
東京地判平成28・12・6 ジャーナル60号68頁（コネクレーンズ事件）・・・・・・・・・・・・・・・・・・・・865, 894
甲府地判平成28・12・6 ジャーナル61号29頁（長坂自動車教習所事件）・・・・・・・・・・・・・・892, 893, 894
大阪地判平成28・12・9 ジャーナル61号27頁（貴医会事件）・・・・・・・・・・・・・・・・・・・・・・・・・・・・・・・368
大阪地判平成28・12・13 ジャーナル61号24頁（美庵事件）・・・・・・・・・・・・・・・・・・・・・・・・・・・・・・・・822
大阪地判平成28・12・15 ジャーナル61号22頁（ほけんの窓口グループ事件）・・・・・・・・322, 349, 628, 633
東京地判平成28・12・19 ジャーナル61号21頁（デジタルパワーステーション事件）・・・・・・936, 938, 942
東京地判平成28・12・20 労判1156号28頁（コンビニエース事件）・・・・・・・・・・・・・・・・・・・・・・173, 175
東京地判平成28・12・21 ジャーナル60号64頁（損害賠償等支払請求事件）・・・・・・・・・・・・984, 986, 989
東京地判平成28・12・22 ジャーナル61号14頁（エリクソン・ジャパン事件）・・・・・・・・・・・・・・・・・1006
東京地判平成28・12・26 ジャーナル61号9頁（川崎陸送事件）・・・・・・・・・・・・・・・・・・・・・・・・・・・・738
東京地判平成28・12・28 労判1161号66頁（ドリームエクスチェンジ事件）・・・145, 405, 411, 430, 482, 483, 637
東京地判平成29・1・18 ジャーナル62号66頁（華為技術日本事件）・・・・・・・・・・・・・・・・・・・・・827, 829
静岡地判平成29・1・20 労判1155号77頁（常葉学園事件）・・・・・・・・・・・・・・・・・・・・620, 650, 665, 667
東京地判平成29・1・23 ジャーナル62号56頁（電源開発事件）・・・・・・・・・・・・・・・・・・・・633, 636, 647
津地判平成29・1・30 労判1160号72頁（竹屋ほか事件）・・・・・・・・・・・・・・・482, 483, 694, 696, 704, 706, 713
東京地立川支判平成29・1・31 労判1156号11頁（TRUST事件）・・・・・・・・・・・・・・・・・・・・・・・・・・・・782
大阪地判平成29・1・31 ジャーナル62号44頁（日本クリーンシステム事件）・・・・・・・・・・・・・・928, 936
大阪地判平成29・2・16 ジャーナル63号43頁（ケイエムティコーポレーション事件）・・・・・・・・738, 762
静岡地判平成29・2・17 労判1158号76頁（ブレナス［元店長A］事件）・・・・・・・・・・・・・・・・・・・・・484
長崎地判平成29・2・21 労判1165号65頁（NPO法人B会ほか事件）・・・・・・・・・・・・・・・・・・・・・・・987
東京地判平成29・2・21 労判1170号77頁（代々木自動車事件）・・・・・・・・・・・・・・・・・・・・217, 246, 507
東京地判平成29・2・22 労判1163号77頁（NECソリューションイノベータ事件）・・・・・・・・・・864, 866
東京地判平成29・2・23 労判1180号99頁（国立A医療研究センター事件）・・・・・・・・・・・・・・・887, 1028
東京地判平成29・2・23 ジャーナル72号57頁（レコフ事件）・・・・・・・・・・・・・・・・・・・・・・383, 385, 640
東京地判平成29・2・24 労判1191号84頁（テクノマセマティカル事件）・・・・・・・・・・・・・・・・476, 477
東京地判平成29・3・3 ジャーナル72号55頁（川崎陸送事件）・・・・・・・・・・・・・・・・・・・・330, 351, 352
大阪地判平成29・3・6 ジャーナル63号31頁（デルタ・エアー・ラインズ・インク事件）・・・1003, 1009, 1028
東京地判平成29・3・10 ジャーナル70号52頁（京王電鉄バス事件）・・・・・・・・・・・・137, 629, 637, 662, 669, 1165
大阪地判平成29・3・14 ジャーナル65号46頁（播磨殖産事件）・・・・・・・・・・・・・・・・・・・・928, 936, 938
甲府地判平成29・3・14 ジャーナル65号47頁（河口湖チーズケーキガーデン事件）・・・・・・・227, 228, 616
東京地判平成29・3・21 労判1158号48頁（廣川書店事件）・・・・・・・・・・・・・・・・・・・・・・・・543, 556, 565
大阪地判平成29・3・21 ジャーナル64号36頁（ネクスト・プレシャス事件）・・・・・・・・・・・・407, 414, 445
大阪地判平成29・3・24 労判1163号40頁（NPO法人H事件）・・・・・・・・・・・・・・・・・・・・・・・・・・877, 886
東京地判平成29・3・28 労判1164号71頁（エイボン・プロダクツ事件）・・・・・・・・・・・・・・・・・358, 813

東京地判平成29・3・28 労判1180号73頁（ジブラルタ生命労組事件）·······················793
札幌地判平成29・3・28 労経速2315号7頁（札幌交通事件）·······························1010
大阪地判平成29・3・28 ジャーナル66号60頁（ミツモリ事件）·······················616, 630
東京地判平成29・3・28 ジャーナル73号48頁（アイディーティージャパン事件）·········340
岡山地判平成29・3・29 労判1164号54頁（岡山県立大学事件）······················650, 1164
大阪地判平成29・3・29 ジャーナル64号20頁（ツカ・カナモノ事件）···············217, 252
福岡地判平成29・3・29 ジャーナル65号40頁（西日本鉄道事件）···················369, 620
仙台地判平成29・3・30 労判1158号18頁（ヤマト運輸事件）······························1055
大分地判平成29・3・30 労判1158号32頁（プレナス［元店長B］事件）······428, 482, 484
横浜地判平成29・3・30 労判1159号5頁（プロシード事件）································1158
金沢地判平成29・3・30 労判1165号21頁（国立大学法人金沢大学元教授ほか事件）····168, 173, 175, 1158
京都地判平成29・3・30 ジャーナル64号2頁（デイサービスA社事件）·····290, 291, 781
大阪地判平成29・3・30 ジャーナル66号55頁（JR東海事件）······················357, 381
名古屋地判平成29・3・30 判自436号24頁（名古屋市事件）·······························670
大阪地決平成29・3・31 ジャーナル65号36頁（関西大学事件）···················628, 1164
山口地判平成29・4・19 ジャーナル67号28頁（防府市事件）·····························670
東京地判平成29・4・19 ジャーナル70号38頁（日本コクレア事件）··············882, 1168
東京地判平成29・4・21 労経速2316号17頁（甲学園事件）··························283, 294
東京地判平成29・4・24 ジャーナル71号48頁（アットイット事件）·····················616
神戸地判平成29・4・26 判自433号27頁（宝塚市事件）······································671
京都地判平成29・4・27 ジャーナル68号64頁（京彩色中嶋事件）··········104, 467, 484
東京地判平成29・5・8 労判1187号70頁（東京商工会議所事件）············757, 758, 759
東京地判平成29・5・15 労判1184号50頁（東京エムケイ事件）·······227, 228, 432, 440, 442
千葉地判平成29・5・17 労判1161号5頁（イオンディライトセキュリティ事件）····405, 407, 408
東京地判平成29・5・19 労判1184号37頁（東京港運送事件）······104, 289, 290, 291, 355, 439
東京地判平成29・5・19 労経速2322号7頁（K社事件）·····································1028
東京地判平成29・5・25 ジャーナル73号42頁（SEEDS事件）·····························892
東京地判平成29・5・26 ジャーナル71号46頁（JTBベネフィット事件）········640, 1161
京都地判平成29・5・29 判タ1464号162頁（Z社事件）················371, 933, 935, 936, 938, 939
東京地判平成29・5・29 ジャーナル72号48頁（クリエイト・ジャパン事件）············79
東京地判平成29・5・31 労判1166号42頁（Chubb損害保険事件）······················537, 782
東京地判平成29・5・31 労判1167号64頁（ビーエムホールディングス事件）············346
横浜地判平成29・6・6 労判1196号68頁（コンチネンタル・オートモーティブ事件）····1156
東京地判平成29・6・9 ジャーナル73号40頁（萬作事件）··························323, 1029
東京地判平成29・6・16 ジャーナル71号39頁（ドリーム事件）···························891
東京地判平成29・6・29 労判1164号36頁（JR東日本事件）·······························360
東京地判平成29・6・30 労判1166号23頁（医療法人社団E会事件）······400, 408, 414, 487
東京地判平成29・7・3 労判1178号70頁（シュプリンガー・ジャパン事件）····895, 896, 975
東京地判平成29・7・6 判時2351号99頁（Y大学事件）··375
東京地判平成29・7・7 ジャーナル70号30頁（東日本高速道路事件）···················535
東京地判平成29・7・19 ジャーナル71号36頁（HGホールディングス事件）··········105
大阪地判平成29・7・20 ジャーナル67号10頁（テーエス運輸事件）··············482, 485
東京地判平成29・8・3 ジャーナル70号27頁（杉繁運輸事件）···························874
東京地判平成29・8・10 労経速2334号3頁（全日本手をつなぐ育成会事件）····791, 906, 909, 912, 916
東京地判平成29・8・25 労経速2333号3頁（グレースウィット事件）·······229, 439, 440
東京地判平成29・8・29 ジャーナル71号30頁（住友林業ホームテック事件）·····641, 665
東京地判平成29・8・30 ジャーナル71号29頁（アスリーエイチ事件）·····866, 870, 884

東京地判平成29・9・14 労判1164号5頁（日本郵便［東京］事件第1審）……………………1048, 1050, 1051
長崎地判平成29・9・14 労判1173号51頁（サンフリード事件）…………………………………………136, 449
東京地判平成29・9・14 労判1183号54頁（日本アイ・ビー・エム［5］事件）……863, 864, 865, 867, 892, 893
京都地判平成29・9・20 労判1167号34頁（京都市立浴場運営財団事件）…………………………………1072
大阪地判平成29・9・25 労経速2327号3頁（国立大学法人O大学事件）…………………225, 595, 1164
大阪地判平成29・9・29 労判1224号15頁（福山通運事件）……………………………………………………262
前橋地判平成29・10・4 労判1175号71頁（群馬大学事件）…………………………………635, 665, 666, 668
東京地判平成29・10・10 労経速2330号3頁（JR東日本事件）………………………………574, 578, 1162
東京地判平成29・10・11 ジャーナル72号36頁（ドラッグマガジン事件）………………357, 535, 878, 896
東京地判平成29・10・13 ジャーナル72号34頁（プルデンシャル生命保険事件）…………………637, 892
東京地判平成29・10・23 労経速2340号3頁（日本通運事件）………………………………………………369
東京地判平成29・10・25LEX/DB25449017（エイシン・フーズ事件）……………………………160, 927
東京地判平成29・10・27 ジャーナル72号30頁（アストラゼネカ事件）…………………642, 663, 664, 893
東京地判平成29・11・10 労経速2339号3頁（都市再生機構事件）…………………………………407, 409
大阪地判平成29・11・15 ジャーナル73号26頁（日本圧着端子製造事件）………………370, 371, 943
横浜地判平成29・11・28 労判1184号21頁（東京横浜独逸学園事件）……………………323, 358, 1002
東京地判平成29・11・30 労判1192号67頁（いなげや事件）………………………………………168, 173, 174
東京地判平成29・11・30 労経速2337号3頁（東京電力パワーグリッド事件）……………………………599
東京地判平成29・11・30 労経速2337号16頁（幻冬舎コミックス事件）……………………………………599
東京地判平成29・12・15 労判1182号54頁（日本マイクロソフト事件）……………………846, 866, 874, 878
東京地判平成29・12・22 労判1188号56頁（医療法人社団充友会事件）…………325, 357, 358, 605, 823
岐阜地判平成29・12・25 労判1185号38頁（エヌ・ティ・ティマーケティングアクト事件）………1003, 1008
東京地判平成30・1・19 ジャーナル75号46頁（エムティーアイ事件）………………………………863, 874
東京地立川支判平成30・1・29 労判1176号5頁（学究社事件）……………………………………………1061
東京地判平成30・1・30 労経速2345号27頁（富士保安警備事件）…………………………………………408
名古屋地判平成30・1・31 労判1182号38頁（名港陸運事件）………………………………………………598
大阪地判平成30・1・31 労経速2346号60頁（済生会事件）……………………………………………………91
東京地判平成30・2・2 ジャーナル74号56頁（解雇無効地位確認等請求事件）……853, 864, 866, 867, 874
福岡地判平成30・2・14 ジャーナル78号46頁（ハヤト運輸事件）……………………………………694, 696
熊本地判平成30・2・20 労判1193号52頁（佳徳会事件）…………………………………291, 304, 781, 794, 796
広島地福山支判平成30・2・22 労判1183号29頁（サニックス事件）…………………………………690, 713
東京地判平成30・2・22 労経速2349号24頁（トライグループ事件）……………379, 383, 388, 751, 759, 1165
東京地判平成30・2・23 ジャーナル75号32頁（全国共済農業協同組合連合会事件）………574, 578, 1162
東京地判平成30・2・26 労判1177号29頁（あんしん財団事件）……540, 544, 555, 561, 562, 564, 565, 566, 567
東京地判平成30・2・26 ジャーナル75号28頁（セント・ジュード・メディカル事件）……………863, 865, 893
京都地判平成30・2・28 労判1177号19頁（KSAインターナショナル事件）
　　　　　　　　　　　　　　　　　　　　　　　　　　　…………544, 545, 547, 551, 553, 556, 563, 565, 569
東京地判平成30・2・28 労経速2348号12頁（ニチネン事件）………………………………………336, 337, 777
東京地判平成30・2・28 ジャーナル75号22頁（アーシィア事件）……………………………………………406
大阪地判平成30・3・7 労判1177号5頁（国立研究開発法人国立循環器病研究センター事件）………588
東京地判平成30・3・9 労経速2359号26頁（Apocalypse事件）……………………………………………290, 291
新潟地判平成30・3・15 労経速2347号36頁（医療法人A会事件）………………………………………1055
東京地判平成30・3・16 労経速2355号12頁（JR東日本事件）……………………………………………360
東京地判平成30・3・16 労経速2357号3頁（クルーガーグループ事件）…………105, 432, 433, 440, 485
東京地判平成30・3・19 労経速2358号28頁（三栄製薬事件）………………………………………………175
東京地判平成30・3・22 労経速2356号3頁（阪急トラベルサポート事件）……………………………1091
大阪地判平成30・3・23 ジャーナル76号54頁（JR東海事件）……………………………………………388

東京地判平成 30・3・28 労経速 2357 号 14 頁（クロスインデックス事件）･･････････････････411, 430
大阪地判平成 30・3・28 ジャーナル 76 号 50 頁（ワコール事件）･･････････････････････････････599
東京地判平成 30・3・29 労判 1184 号 5 頁（A 住宅福祉協会理事らほか事件）･･････173, 175, 176
東京地判平成 30・3・29 労経速 2357 号 22 頁（新井鉄工所事件）･･････903, 905, 906, 909, 910, 915, 916, 917
大阪地判平成 30・3・29 ジャーナル 76 号 38 頁（桜希会事件）･･････････････････････････････75
大阪地判平成 30・3・29 ジャーナル 76 号 40 頁（ビーピー・カストロール事件）･････････････601
大阪地判平成 30・3・29 ジャーナル 76 号 42 頁（三井倉庫ロジスティクス事件）･････359, 863, 865, 893
大阪地判平成 30・3・29 ジャーナル 76 号 44 頁（オンテックス事件）･･････････････････264, 276
東京地判平成 30・4・11 労経速 2355 号 3 頁（五島育英会事件）･･････････････････････1061, 1062
東京地判平成 30・4・12 ジャーナル 79 号 36 頁（東北大学事件）･･････････････････････283, 294
京都地判平成 30・4・13 労判 1210 号 66 頁（尾崎織マーク事件）･･････837, 892, 902, 903, 905, 907, 909
東京地判平成 30・4・18 労判 1190 号 39 頁（PMK メディカルラボ事件）･･････227, 228, 440, 441
さいたま地判平成 30・4・20 ジャーナル 77 号 30 頁（埼玉県森林組合連合会事件）･･････････642
東京地判平成 30・4・26 ジャーナル 78 号 32 頁（大東建託事件）･･････････････････････････1163
名古屋地岡崎支判平成 30・4・27 判時 2407 号 97 頁（Y 社事件）･･････････････････380, 383, 389
横浜地判平成 30・5・10 労判 1187 号 39 頁（神奈川 SR 経営労務センター事件）･････････････358
大阪地判平成 30・5・16 ジャーナル 79 号 24 頁（滋賀医科大学事件）･････････････････････1168
東京地判平成 30・5・22 ジャーナル 79 号 22 頁（日本リージャス事件）････････････････････826
山口地周南支判平成 30・5・28 ジャーナル 78 号 22 頁（周南市医療公社事件）･･････････････827
東京地判平成 30・5・29 ジャーナル 79 号 18 頁（ココカラファイン事件）･･････････････644, 667
東京地判平成 30・5・30 ジャーナル 80 号 54 頁（ビーダッシュ事件）･･････････････････336, 432
大阪地判平成 30・5・30 ジャーナル 80 号 58 頁（阪急田園バス事件）････････409, 414, 442, 449
大阪地判平成 30・5・30 ジャーナル 80 号 60 頁（阪急バス事件）････････････409, 414, 442, 449
東京地判平成 30・5・31 ジャーナル 80 号 52 頁（国・瀬峰労基署長事件）･･･････････････････101
東京地判平成 30・6・12 労経速 2362 号 20 頁（エボニック・ジャパン事件）････････････････836
静岡地浜松支判平成 30・6・18 ジャーナル 78 号 2 頁（富士機工事件）･････････････････････717
東京地判平成 30・6・20 ジャーナル 81 号 2 頁（ラフマ・ミレー事件）･･････････････300, 301, 303
東京地判平成 30・7・5 労判 1200 号 48 頁（フーズシステム事件）･･････････････607, 609, 1160, 1166
徳島地判平成 30・7・9 ジャーナル 80 号 46 頁（ゆうちょ銀行事件）････････694, 696, 700, 716
東京地判平成 30・7・9 ジャーナル 83 号 66 頁（日本助産師会事件）････････････････････875, 895
東京地判平成 30・7・10 ジャーナル 81 号 38 頁（システムディ事件）･･････････････････････339
東京地判平成 30・7・10 ジャーナル 83 号 64 頁（KUNEN 事件）･･････････････････104, 432, 440
大阪地判平成 30・7・18 ジャーナル 80 号 44 頁（大阪産業大学事件）･･･････････････1164, 1165
東京地判平成 30・7・18 ジャーナル 82 号 52 頁（損害保険料算出機構事件）････････････････841
神戸地判平成 30・7・20 労経速 2359 号 16 頁（F 社事件）････････････････････････････････304
東京地判平成 30・7・27 ジャーナル 81 号 28 頁（ダイワリゾート事件）････････････････････485
東京地判平成 30・7・27 ジャーナル 81 号 30 頁（一心屋事件）････････････････････････････322
東京地判平成 30・8・15 ジャーナル 85 号 58 頁（関東食研事件）････････620, 638, 663, 664, 668
東京地判平成 30・8・22 ジャーナル 85 号 56 頁（損害賠償等請求事件）･････････････････827, 829
横浜地判平成 30・8・23 労判 1201 号 68 頁（横浜 A 皮膚科経営者事件）･･････････････････1158
東京地判平成 30・8・29 ジャーナル 83 号 60 頁（シンワ運輸東京事件）････････････････････432
大阪地判平成 30・9・7 ジャーナル 82 号 44 頁（ナカガワ事件）･･････････････････････････261
東京地判平成 30・9・10 労経速 2368 号 3 頁（Y 大学事件）･････････････････････････････669
東京地判平成 30・9・11 労判 1195 号 28 頁（ジャパンビジネスラボ事件）･･････････････294, 975
大阪地判平成 30・9・12 労判 1203 号 44 頁（パナソニックアドバンストテクノロジー事件）･･････877, 896, 897
福岡地判平成 30・9・14 労経速 2367 号 10 頁（大島産業事件）････････････････････････････446
大阪地判平成 30・9・14 ジャーナル 82 号 40 頁（近畿大学事件）････････････････････････1128

東京地判平成 30・9・20 労判 1215 号 66 頁（京王電鉄ほか 1 社事件）……………………………1167
東京地判平成 30・9・20 労経速 2368 号 15 頁（WIN at QUALITY 事件）………………………432, 440
大阪地判平成 30・9・20 ジャーナル 82 号 34 頁（医療法人錦秀会事件）…………………………………1028
東京地判平成 30・9・20 ジャーナル 84 号 48 頁（メディカルプロジェクト事件）……………………76, 411
東京地判平成 30・9・25 ジャーナル 84 号 46 頁（山佐産業事件）………………………532, 536, 563, 1167
東京地判平成 30・9・26 ジャーナル 84 号 44 頁（Ascent Business Consulting 事件）…………301, 303
東京地判平成 30・9・27 労経速 2367 号 30 頁（アクセンチュア事件）…………………………874, 876, 884
東京地判平成 30・9・27 ジャーナル 83 号 54 頁（アイドママーケティングコミュニケーション事件）
　　　　　　　　　　　　　　　　　　　　　　　　　　　　　　　　　　　　　　　………………865, 871, 891
札幌地判平成 30・9・28 労判 1188 号 5 頁（ベルコ事件）…………………………………………………………77
東京地判平成 30・9・28 ジャーナル 84 号 40 頁（日比谷 Bar 事件）……………………………………………484
東京地判平成 30・9・28 ジャーナル 84 号 42 頁（マネジメントサービスセンター事件）……578, 620, 629, 642
東京地判平成 30・10・16 ジャーナル 85 号 50 頁（インサイド・アウト事件）………………………105, 432, 466
東京地判平成 30・10・18 労経速 2375 号 14 頁（トーマツ事件）………………………………383, 388, 759, 1163
東京地判平成 30・10・24 判タ 1475 号 125 頁（Y 株式会社事件）……………………………………………329
大阪地判平成 30・10・30 ジャーナル 83 号 42 頁（なかま福祉会事件）………………………………264, 643
東京地判平成 30・10・31 労経速 2373 号 24 頁（マイラン製薬事件）………………………906, 910, 912, 913
東京地判平成 30・11・2 労判 1201 号 55 頁（文際学園事件）……………………………………………494, 1127
甲府地判平成 30・11・13 労判 1202 号 95 頁（甲府市・山梨県事件）…………………………………173, 175
福岡地判平成 30・11・16 LEX/DB25562367（大島産業事件）……………………………………………259, 261
東京地判平成 30・11・21 労判 1197 号 55 頁（日本ビューホテル事件）…………………………………1061
大阪地判平成 30・11・22 ジャーナル 84 号 22 頁（解雇無効地位確認請求事件）………………………878, 895
東京地判平成 30・11・29 ジャーナル 85 号 40 頁（クレディ・スイス証券事件）………………544, 555, 557
東京地判平成 30・12・5 ジャーナル 86 号 50 頁（ネクスト・イット事件）……336, 337, 338, 864, 866, 882, 888
東京地判平成 30・12・5 ジャーナル 87 号 101 頁（損害賠償等請求事件）……………………………………1158
長崎地判平成 30・12・7 労判 1195 号 5 頁（プラネットシーアール事件）………………………173, 175, 176
福岡地判平成 30・12・11 労経速 2382 号 12 頁（ディーソル NSP 事件）……………695, 716, 719, 721, 727
富山地判平成 30・12・19 ジャーナル 84 号 2 頁（北日本放送事件）………………………………1061, 1062
大阪地判平成 30・12・20 ジャーナル 86 号 44 頁（港製器工業事件）………………………………………166
大阪地判平成 30・12・20 ジャーナル 87 号 99 頁（沢井製薬事件）……………………………………………1010
札幌地判平成 30・12・25 労判 1197 号 25 頁（ベルコ事件）……………………………………………………70, 77
佐賀地判平成 30・12・25 ジャーナル 86 号 42 頁（佐賀県農協事件）………………………………………717
東京地判平成 30・12・26 ジャーナル 86 号 40 頁（WOWOW 事件）…………………………623, 637, 1164
東京地判平成 30・12・26 ジャーナル 87 号 89 頁（ピーエーピースタジオトリア事件）
　　　　　　　　　　　　　　　　　　　　　　　　　　　　　　　　　　　……………336, 337, 827, 863, 865, 867
東京地判平成 31・1・11 労判 1204 号 62 頁（どろんこ会事件）……………………………………………302
大阪地判平成 31・1・17 ジャーナル 86 号 38 頁（YRK and 事件）…………………………………………175
大阪地判平成 31・1・22 ジャーナル 86 号 36 頁（高槻ライフケア協会事件）……………………………841
東京地判平成 31・1・23 ジャーナル 89 号 52 頁（ナニワ企業事件）………………………432, 433, 440, 442
東京地判平成 31・1・23 ジャーナル 89 号 54 頁（ヒサゴサービス事件）…………………105, 432, 439, 440
東京地判平成 31・1・24 ジャーナル 89 号 50 頁（國學院大學事件）……………………………………1162
東京地判平成 31・1・25 ジャーナル 89 号 48 頁（BGC ショウケンカイシャリミテッド事件）………1003, 1010
大阪地判平成 31・1・31 ジャーナル 86 号 28 頁（エムスリーキャリア事件）………………………………357
東京地判平成 31・1・31 ジャーナル 89 号 44 頁（ラオックス事件）………………………………620, 626, 642
大阪地判平成 31・2・7 ジャーナル 88 号 44 頁（ヤマト運輸事件）…………………………………264, 641
東京地判平成 31・2・8 労経速 2387 号 17 頁（愛育会事件）……………………………………432, 433, 440
名古屋地判平成 31・2・14 労経速 2395 号 7 頁（桑名市事件）…………………………………………318, 345

大阪地判平成31・2・14 ジャーナル88号40頁（ウェーブライン事件）……………………………432, 441, 442
東京地判平成31・2・25 労判1212号69頁（ゴールドマン・サックス・ジャパン・ホールディングス事件）
　……302, 303
大阪地判平成31・2・26 労判1205号81頁（ダイヤモンドほか事件）………………………………693, 706
東京地判平成31・2・27 ジャーナル90号54頁（ノキアソリューションズ＆ネットワークス事件）
　…………………………………………………………………………………………………863, 865, 891, 892
大阪地判平成31・2・28 ジャーナル88号38頁（天理交通事件）……………………………………432, 440
東京地判平成31・3・1 労判1213号12頁（シェーンコーポレーション事件）……………………………492
大阪地判平成31・3・7 ジャーナル88号35頁（トーア事件）………………………………………………666
東京地判平成31・3・7 ジャーナル89号42頁（三宅島あじさいの会事件）……………………………874, 876
東京地判平成31・3・8 労判1237号100頁（東京現代事件）………………………………………………153
東京地判平成31・3・8 労経速2389号23頁（シロノクリニック事件）……………………………………295
大阪地判平成31・3・13 ジャーナル89号40頁（大阪市事件）……………………………………………671
神戸地姫路支判平成31・3・18 労判1211号81頁（アルパック販売事件）
　……………………………………………………384, 544, 553, 555, 557, 759, 863, 865, 874, 876, 884, 892
徳島地判平成31・3・18 ジャーナル88号28頁（藍住町事件）……………………………………………128
東京地判平成31・3・25 労経速2388号19頁（アクトプラス事件）…………………………929, 936, 938, 942
横浜地判平成31・3・26 労経速2381号3頁（日産自動車事件）………………………………482, 484, 486
東京地立川支判平成31・3・27 ジャーナル88号23頁（明海大学事件）……………………………667, 1165
宇都宮地栃木支判平成31・3・28 労判1212号49頁（国立大学法人筑波大学ほか事件）……………174, 175
東京地判平成31・3・28 労経速2388号3頁（フジクラ事件）……………………339, 357, 383, 385, 578, 1161
東京地判平成31・3・28 ジャーナル90号38頁（アトラス産業事件）………………………………432, 440
津地判平成31・4・12 労判1202号58頁（ジャパンレンタカー事件）…………………540, 549, 561, 1157
福岡地判平成31・4・15 労判1205号5頁（キムラフーズ事件）………………173, 175, 176, 335, 358, 1168
岐阜地判平成31・4・19 労判1203号20頁（岐阜県厚生農協連事件）……………………695, 696, 721
東京地判平成31・4・19 労経速2394号3頁（N商会事件）………………………………………………990
大阪地判平成31・4・24 労判1202号39頁（近畿大学事件）………………………………………………608
大阪地判平成31・4・24 労判1221号67頁（近畿大学事件）………………240, 336, 337, 739, 744, 769, 771, 777
東京地判平成31・4・24 労経速2399号3頁（A大学事件）……………………………………………1164
東京地判平成31・4・26 労判1207号56頁（国・茂原労基署長事件）……………………………………440
東京地判平成31・4・26 ジャーナル93号42頁（ズッカ事件）……………………………………257, 877, 894
東京地判平成31・4・26 ジャーナル93号44頁（飯島企画事件）…………………………………………339
東京地判令和元・5・21 労判1235号88頁（アルパイン事件）………………………………………840, 1159
大阪地判令和元・5・21 ジャーナル90号32頁（日東精機事件）………………………………878, 890, 892
東京地判令和元・5・23 ジャーナル89号20頁（大乗淑徳学園事件）
　………………………………………………………………893, 903, 905, 907, 909, 910, 915, 917, 922
長崎地判令和元・5・27 労判1235号67頁（長崎市立病院事件）………………408, 410, 694, 696, 713, 721
東京地判令和元・5・28 ジャーナル92号44頁（共栄セキュリティーサービス事件）…………………555
大阪地判令和元・5・30 ジャーナル90号24頁（類設計室事件）…………………………62, 63, 76, 79, 105
大阪地判令和元・5・30 ジャーナル91号38頁（大阪トヨタ商事事件）………………………………535, 1167
大阪地判令和元・5・30 ジャーナル91号40頁（KSP・WEST事件）……………405, 409, 414, 483, 486
東京地判令和元・5・30 ジャーナル92号40頁（中央学院事件）…………………………………………294
東京地判令和元・5・31 労経速2397号9頁（三村運送事件）………………………………………104, 105
岡山地判令和元・5・31 ジャーナル90号22頁（岡山大学事件）……………………………………882, 1165
大阪地判令和元・6・6 ジャーナル92号36頁（ユニオン事件）…………………………………………1010
大阪地判令和元・6・6 ジャーナル92号38頁（Vet'sコンサルティング事件）………………………894, 908
長崎地判令和元・6・11 ジャーナル92号34頁（長崎県事件）……………………………………………670

大阪地判令元・6・12 労判 1215 号 46 頁（学校法人追手門学院事件）……………380, 383, 535
松江地判令元・6・17 ジャーナル 91 号 32 頁（島根大学事件）………………………641, 1165
大阪地判令元・6・18 ジャーナル 92 号 30 頁（ナカムラ・マネージメントオフィス事件）…………300, 849
札幌地判令元・6・19 労判 1209 号 64 頁（食品会社 A 社事件）………………128, 176, 696
大阪地判令元・6・20 ジャーナル 92 号 28 頁（プライベートコミュニティー事件）…………1003, 1010
福島地いわき支判令元・6・26 ジャーナル 91 号 28 頁（東京電力ほか 2 社事件）………………727
東京地判令元・6・26 ジャーナル 93 号 36 頁（マルハン事件）………………………667, 668
横浜地判令元・6・27 労判 1216 号 38 頁（しんわコンビ事件）………………102, 104, 396
京都地判令元・6・28 ジャーナル 92 号 26 頁（つくば開成学園事件）…………983, 986, 988
東京地判令和元・7・3 ジャーナル 93 号 34 頁（えびす自動車事件）………………322, 891
大阪地判令和元・7・4 ジャーナル 92 号 24 頁（東洋テック事件）………………………454
福井地判令和元・7・10 ジャーナル 90 号 2 頁（福井県・若狭町事件）…………683, 694, 696, 708, 714
金沢地判令和元・7・12 ジャーナル 92 号 22 頁（石川県事件）………………………683, 699
大阪地判令和元・7・16 ジャーナル 92 号 20 頁（メディカルマネージメントコンサルタンツ事件）…432, 440
東京地判令和元・7・24 労経速 2401 号 19 頁（新栄不動産ビジネス事件）………104, 407, 450
東京地判令和元・8・1 労経速 2406 号 3 頁（ビックカメラ事件）………………………862
東京地判令和元・8・7 労経速 2405 号 13 頁（ドリームエクスチェンジ事件）……279, 280, 283
大阪地判令和元・8・22 ジャーナル 93 号 22 頁（清和プラメタル事件）………………440
大阪地判令和元・8・29 ジャーナル 93 号 18 頁（医療法人明成会事件）…………………1010
大阪地判令和元・9・2 ジャーナル 94 号 82 頁（トモエタクシー事件）…………259, 261
東京地判令和元・9・5 労経速 2404 号 27 頁（エーザイ事件）………………………844
福岡地判令和元・9・10 労経速 2402 号 12 頁（社会福祉法人千草会事件）……104, 173, 174, 175, 370, 428, 446
札幌地判令和元・9・17 労判 1214 号 18 頁（北海道社会事業協会事件）………187, 189, 274, 280
大阪地判令和元・9・17 ジャーナル 94 号 72 頁（GWG 事件）………………………450
東京地判令和元・9・18 労経速 2405 号 3 頁（ヤマダコーポレーション事件）……300, 302, 303
福岡地判令和元・9・20 労経速 2397 号 19 頁（北九州市営バス事件）………………104
長崎地大村支判令元・9・26 労判 1217 号 56 頁（狩野ジャパン事件）……104, 432, 440, 442, 712, 714, 722
横浜地判令和元・9・26 労経速 2397 号 30 頁（すみれ交通事件）………………841
東京地判令和元・9・26 ジャーナル 95 号 36 頁（グローバルコミュニケーションズ事件）……846
東京地判令和元・9・27 労経速 2409 号 13 頁（インタアクト事件）………………360, 370
名古屋地判令和元・9・27 ジャーナル 94 号 64 頁（豊田中央研究所事件）…………874, 876
名古屋地判令和元・9・30 ジャーナル 94 号 60 頁（愛知県公立大学法人事件）…………641, 664, 668
横浜地判令和元・10・10 労判 1216 号 5 頁（ロピア事件）…………484, 663, 667, 669
大阪地判令和元・10・15 ジャーナル 95 号 26 頁（JFS 事件）………………………617
東京地判令和元・10・17 ジャーナル 97 号 38 頁（芝海事件）………………………370
東京地判令和元・10・23 労経速 2416 号 30 頁（有限会社スイス事件）………………339
大阪地判令和元・10・24 労判 1218 号 80 頁（イヤシス事件）………63, 76, 104, 332
東京地判令和元・10・29 労経速 2412 号 10 頁（甲信用金庫事件）………………175
札幌地判令和元・10・30 労判 1214 号 5 頁（北海道カトリック学園事件）…………842
東京地判令和元・10・30 ジャーナル 97 号 34 頁（VERDAD 事件）………………892
東京地判令和元・11・7 労経速 2412 号 3 頁（辻・本郷税理士法人事件）…………623, 1164
東京地判令和元・11・13 労判 1224 号 72 頁（アメリカン・エキスプレス・インターナショナル・インコーポレイテッド事件）………………………974, 1161
那覇地決令和元・11・18 労経速 2407 号 3 頁（A 学園事件）………………………302
大阪地判令和元・11・27 ジャーナル 96 号 78 頁（京都市事件）………………683, 698, 699
神戸地判令和元・11・27 ジャーナル 96 号 80 頁（ノーリツ事件）……………………1163
東京地判令和元・11・27 ジャーナル 97 号 26 頁（エコシステム事件）………………1158

東京地判令和元・11・27 ジャーナル 97 号 28 頁（幻冬舎メディアコンサルティング事件）·················846
大津地判彦根支判令和元・11・29 労判 1218 号 17 頁（豊榮建設従業員事件）·················896
東京地判令和元・12・2 労経速 2414 号 8 頁（東京都事件）·················499, 501, 503, 506
東京地判令和元・12・4 ジャーナル 99 号 40 頁（白井グループ事件）·················449, 482, 485
東京地判令和元・12・5 ジャーナル 100 号 54 頁（本多通信工業事件）·················134
東京地判令和元・12・11 ジャーナル 99 号 38 頁（日鉄ケミカル＆マテリアル事件）·················195
東京地判令和元・12・12 労判 1223 号 52 頁（国・人事院［経産省職員］事件）·················180
東京地判令和元・12・12 労経速 2417 号 3 頁（明泉学園事件）·················254, 334, 1167
大阪地判令和元・12・12 ジャーナル 96 号 74 頁（富士化学工業事件）·················663, 668
大阪地判令和元・12・16 ジャーナル 96 号 72 頁（ダイナス製靴事件）·················329
東京地判令和元・12・17 ジャーナル 100 号 48 頁（PRESTIGE 事件）·················337, 762, 875
大阪地判令和元・12・20 ジャーナル 96 号 64 頁（はなまる事件）·················430
大阪地判令和元・12・20 ジャーナル 96 号 66 頁（伊東商事事件）·················895
東京地判令和元・12・20 ジャーナル 100 号 46 頁（MAIN SOURCE 事件）·················168, 300, 302
東京地判令和元・12・26 判タ 1493 号 176 頁（ソースコード引渡請求反訴事件）·················134, 260, 663, 1010
大阪地判令和元・12・27 ジャーナル 96 号 56 頁（税経コンサルティング事件）·················332
東京地判令和 2・1・15 労経速 2419 号 23 頁（岡地事件）·················62, 74
大阪地判令和 2・1・16 ジャーナル 97 号 22 頁（貴生会事件）·················826
徳島地判令和 2・1・20 ジャーナル 96 号 54 頁（日本郵便事件）·················985, 986
大阪地判令和 2・1・24 労判 1226 号 84 頁（加賀金属事件）·················372
東京地判令和 2・1・24 ジャーナル 100 号 44 頁（MASATOMO 事件）·················336, 337
大阪地判令和 2・1・29 労判 1234 号 52 頁（関西外国語大学事件）·················623, 640, 1164
東京地判令和 2・1・29 ジャーナル 99 号 32 頁（みずほ銀行事件）·················367
東京地判令和 2・1・29 ジャーナル 99 号 34 頁（岡部保全事件）·················337
大阪地判令和 2・1・31 ジャーナル 97 号 10 頁（日本郵便事件）·················368, 644
東京地判令和 2・2・4 労判 1233 号 92 頁（O・S・I 事件）·················336, 337
横浜地判令和 2・2・13 労判 1222 号 38 頁（社会福祉法人青い鳥事件）·················1054
宇都宮地判令和 2・2・19 労判 1225 号 57 頁（木の花ホームほか 1 社事件）·················173, 177, 336, 337
山口地判令和 2・2・19 労判 1225 号 91 頁（山口県立病院機構事件）·················383, 567, 1003, 1023
東京地判令和 2・2・19 労経速 2420 号 23 頁（日本エイ・ティー・エム事件）·················500
大阪地判令和 2・2・21 労判 1221 号 47 頁（La Tortuga 事件）·················693, 696, 713, 715, 716
大阪地判令和 2・2・21 労判 1233 号 66 頁（P 社ほか事件）·················983, 986, 987, 988, 989
東京地判令和 2・2・25 労判 1242 号 91 頁（伊藤忠商事・シーアイマテックス事件）·················584
静岡地沼津支判令和 2・2・25 労判 1244 号 94 頁（山崎工業事件）·················411, 445, 679, 685, 690, 875, 884, 888
甲府地判令和 2・2・25 ジャーナル 98 号 16 頁（山梨大学事件）·················185, 866
東京地判令和 2・2・26 労判 1222 号 28 頁（日本学園事件）·················553, 556
東京地判令和 2・2・26 労経速 2421 号 31 頁（ビジネクスト事件）·················336, 386, 533, 866, 870, 1167
大阪地判令和 2・2・27 労判 1224 号 92 頁（ニチイ学館事件）·················386, 532, 533, 1167
横浜地判令和 2・2・27 労判 1226 号 57 頁（信愛学園事件）·················76, 1003, 1034
東京地判令和 2・2・27 労経速 2427 号 31 頁（野村不動産アーバンネット事件）·················756, 760
大阪地判令和 2・2・28 ジャーナル 99 号 26 頁（アクアライン事件）·················218, 336, 337
大阪地判令和 2・3・3 労判 1233 号 47 頁（前原鎔断事件）·················410
東京地判令和 2・3・3 労判 1242 号 72 頁（海外需要開拓支援機構事件）·················984
東京地判令和 2・3・3 ジャーナル 102 号 42 頁（ベルリッツ・ジャパン事件）·················323
東京地判令和 2・3・4 労判 1225 号 5 頁（緑友会事件）·················823, 976
大阪地判令和 2・3・4 ジャーナル 101 号 36 頁（豊和事件）·················696, 713
東京地判令和 2・3・11 判時 2486 号 89 頁（加藤美蜂園本舗事件）·················79, 372

福岡地判令2・3・17 労判 1226 号 23 頁（博報堂事件）……………………………… 1002, 1008, 1019, 1020
高知地判令2・3・17 労経速 2415 号 14 頁（高知県公立大学法人事件）……………………………………… 1024
福岡地判令2・3・19 労判 1230 号 87 頁（テヅカ事件）……………………………………………………… 842
大分地判令2・3・19 労判 1231 号 143 頁（鑑定ソリュート大分事件）……………………………………… 79
東京地判令2・3・23 労判 1239 号 63 頁（ドリームスタイラー事件）……………………………………… 105, 995
横浜地判令2・3・24 ジャーナル 99 号 2 頁（日立製作所事件）…………………………………… 385, 827, 828
東京地判令2・3・24 ジャーナル 104 号 46 頁（AIG 損害保険事件）……………………………………… 300, 304
東京地判令2・3・25 労判 1228 号 63 頁（アルゴグラフィックス事件）……… 411, 694, 696, 712, 713, 716, 719
大阪地判令2・3・25 労判 1232 号 59 頁（追手門学院事件）………………………………… 160, 647, 663, 1168
東京地判令2・3・25 労判 1239 号 50 頁（ワイアクシス事件）……………………………… 62, 63, 65, 75, 81
千葉地判令2・3・25 労判 1243 号 101 頁（日通学園事件）………………………… 546, 551, 596, 600, 1162
東京地判令2・3・25 労判 1247 号 76 頁（東菱薬品工業事件）……………………………………… 176, 629, 637
横浜地判令2・3・26 労判 1236 号 91 頁（ホームケア事件）………………………………………………… 323
大阪地判令2・3・26 ジャーナル 101 号 24 頁（明浄学院事件）…………………… 892, 893, 903, 905, 907, 908
千葉地判令2・3・27 労判 1232 号 46 頁（フェデラルエクスプレス事件）………………………… 357, 358, 383
大阪地判令2・3・27 労判 1238 号 93 頁（太平洋ディエムサービス事件）……………………………… 861, 875
東京地判令2・3・27 労経速 2443 号 24 頁（DHL グローバルフォワーディングジャパン事件）………… 168
東京地判令2・4・3 労経速 2426 号 3 頁（三菱 UFJ モルガン・スタンレー証券事件）………… 605, 881, 888
東京地判令2・5・22 労判 1228 号 54 頁（日の丸交通足立事件）…………………………………………… 842
札幌地判令2・5・26 労判 1232 号 32 頁（日成産業事件）………………………………………………… 668
大阪地判令2・5・28 労判 1244 号 136 頁（近畿中央ヤクルト販売事件）…………………………… 276, 643
大阪地判令2・5・29 ジャーナル 102 号 28 頁（津山労基署長事件）……………………… 62, 63, 75, 76, 81
宇都宮地判令2・6・5 労判 1253 号 138 頁（エイシントラスト元代表取締役事件）………… 428, 446, 1157
東京地判令2・6・10 労判 1230 号 71 頁（アクサ生命保険事件）………………………………………… 481, 641
宇都宮地判令2・6・10 労判 1240 号 83 頁（公益財団法人グリーントラストうつのみや事件）
………………………………………………………………………………… 1003, 1008, 1009, 1023, 1034
東京地判令2・6・10 ジャーナル 103 号 48 頁（アクサ生命保険事件）………………………………… 714, 722
東京地判令2・6・10 ジャーナル 105 号 52 頁（パタゴニア・インターナショナル・インク事件）
………………………………………………………………………………… 864, 866, 870, 876, 884, 889
東京地判令2・6・11 労経速 2431 号 18 頁（AQ ソリューションズ事件）……………………… 1029, 1098
仙台地判令2・6・19 労経速 2423 号 3 頁（仙台市社会福祉協議会事件）……………………………… 1022
東京地判令2・6・19 ジャーナル 106 号 50 頁（パーソルテンプスタッフ事件）……………………… 743
東京地判令2・6・23 ジャーナル 105 号 50 頁（電通オンデマンドグラフィック事件）……………… 1005
東京地判令2・6・25 ジャーナル 105 号 46 頁（まるやま事件）……………………………… 620, 643, 667
東京地立川支判令2・7・1 労判 1230 号 5 頁（福生病院企業団事件）………………………………… 173
東京地判令2・7・2 労経速 2444 号 13 頁（PwC あらた有限責任監査法人事件）…………………… 1163
東京地判令2・7・8 労経速 2446 号 20 頁（ヘイズ・スペシャリスト・リクルートメント・ジャパン事件）
…… 1085
大阪地判令2・7・9 労判 1245 号 50 頁（タカゾノテクノロジー事件）………………………… 893, 985
大阪地判令2・7・16 労判 1239 号 95 頁（石田商会事件）………………………………………………… 486
東京地判令2・7・16 労判 1248 号 82 頁（目白学園事件）………………………… 358, 627, 642, 662, 663, 1164
名古屋地判令2・7・20 労判 1228 号 33 頁（日本貨物検数協会［日興サービス］事件）…… 1096, 1097, 1160
大阪地決令2・7・20 労経速 2431 号 9 頁（Y 交通事件）………………………………………………… 183
奈良地判令2・7・21 労判 1231 号 56 頁（奈良学園事件）
…………………… 891, 892, 893, 894, 903, 905, 907, 908, 910, 911, 913, 914, 915, 916, 917, 922
大阪地判令2・8・6 労判 1234 号 5 頁（福屋不動産販売事件）………………………………… 163, 647, 947
仙台地決令2・8・21 労判 1236 号 63 頁（センバ流通事件）……………………………………………… 918

東京地判令和 2・8・27 労経速 2434 号 20 頁（日本漁船保険組合事件）···599, 1164
旭川地判令和 2・8・31 労判 1247 号 71 頁（製麺会社 A 社事件）··690, 718
大阪地判令和 2・9・3 労判 1240 号 70 頁（ブレイントレジャー事件）···405, 408, 409, 414
大阪地判令和 2・9・4 労判 1251 号 89 頁（サンフィールド事件）··62, 74
大阪地判令和 2・9・10 ジャーナル 106 号 34 頁（大阪市北区医師会事件）··865, 892, 893, 906, 910, 912
東京地判令和 2・9・16 労判 1238 号 56 頁（みずほビジネスパートナー事件）···863, 865, 867, 882, 892
東京地判令和 2・9・17 労判 1262 号 73 頁（ルーチェほか事件）···168, 408, 410
東京地判令和 2・9・25 ジャーナル 106 号 26 頁（メディアスウィッチ事件）··336, 337, 446, 662, 782
東京地判令和 2・9・28 ジャーナル 105 号 2 頁（明治機械事件）···304, 827, 828
東京地判令和 2・10・1 労判 1236 号 16 頁（日本通運事件）··1020, 1021, 1035, 1168
大津地判令和 2・10・6 ジャーナル 107 号 30 頁（甲賀市事件）··628
福井地判令和 2・10・7 ジャーナル 107 号 26 頁（公立小浜病院組合事件）···670
東京地判令和 2・10・8 労経速 2438 号 20 頁（多摩市事件）···675
東京地判令和 2・10・15 労判 1252 号 56 頁（国士舘ほか事件）··1163
大阪地判令和 2・10・19 労判 1233 号 103 頁（キャバクラ運営 A 社従業員事件）·······································117, 167
名古屋地判令和 2・10・26 ジャーナル 107 号 20 頁（梅村学園事件）···663
名古屋地判令和 2・10・28 労判 1233 号 5 頁（名古屋自動車学校事件原審）··1050, 1064
大阪地判令和 2・10・28 ジャーナル 107 号 16 頁（大阪市事件）··671
東京地判令和 2・10・28 ジャーナル 108 号 26 頁（国立病院機構事件）···347
大阪地判令和 2・10・29 労判 1245 号 41 頁（東神金商事件）··336, 337
東京地判令和 2・11・6 労判 1259 号 73 頁（ラッキーほか事件）···410, 428, 440
東京地判令和 2・11・6 労判 1263 号 84 頁（ライフデザインほか事件）··104, 428, 440
熊本地判令和 2・11・11 ジャーナル 108 号 22 頁（熊本県事件）··670
東京地判令和 2・11・12 労判 1238 号 30 頁（国士舘事件）··1165
札幌地判令和 2・11・16 労判 1244 号 73 頁（国・陸上自衛隊第 11 旅団長事件）··671
徳島地判令和 2・11・18 ジャーナル 108 号 20 頁（柏濤会事件）··875, 891, 892, 895
大阪地判令和 2・11・19 ジャーナル 108 号 16 頁（中央自動車工業事件）···846
名古屋地判令和 2・11・24 ジャーナル 108 号 14 頁（豊田中央研究所事件）···477, 874, 876
東京地判令和 2・11・24 ジャーナル 110 号 40 頁（メガカリオン事件）···904
大阪地判令和 2・11・25 労判 1237 号 5 頁（ハマキョウレックス事件）··226, 1037, 1157
東京地判令和 2・11・25 労経速 2443 号 3 頁（シルバーハート事件）···134, 135, 323
東京地判令和 2・11・26 ジャーナル 109 号 36 頁（ヤマトボックスチャーター事件）······································332
長崎地判令和 2・12・1 労判 1240 号 35 頁（国［口外禁止条項］事件）···1154
東京地判令和 2・12・4 労経速 2446 号 3 頁（東京都就労支援事業者機構事件）··533, 1010
和歌山地判令和 2・12・4 労経速 2453 号 14 頁（南陵学園事件）··411, 1004
名古屋地判令和 2・12・7 ジャーナル 109 号 28 頁（名古屋市ほか事件）···693, 698, 714, 716
宇都宮地決令和 2・12・10 労判 1240 号 23 頁（国際医療福祉大学事件）···191, 545, 547, 548, 551, 781, 1162
大阪地判令和 2・12・11 労判 1243 号 51 頁（日本代行事件）··63, 77
東京地判令和 2・12・16LEX/DB25568686（T&C メディカルサイエンス事件）··329
大阪地判令和 2・12・17 ジャーナル 109 号 22 頁（福屋不動産販売事件）··449, 482, 486
東京地判令和 2・12・18 労判 1249 号 71 頁（ELC ジャパン事件）
···358, 385, 538, 540, 544, 547, 555, 569, 1161, 1163
東京地判令和 2・12・21 ジャーナル 109 号 20 頁（スマートグリッドホーム事件）··104, 302, 897
大阪地判令和 2・12・22 ジャーナル 109 号 18 頁（東雲事件）···410
東京地判令和 2・12・22 ジャーナル 110 号 26 頁（東京身体療法研究所事件）··173, 176, 449
大阪地判令和 2・12・23 ジャーナル 109 号 16 頁（大阪市事件）···137
大阪地判令和 3・1・12 労判 1255 号 90 頁（フーリッシュ事件）··433, 440

東京地判令和3・1・13 ジャーナル111号46頁（andeat事件）……………………………………104, 484
名古屋地中間判令和3・1・14 労経速2443号15頁（Z社事件）……………………………………150
東京地判令和3・1・15 ジャーナル111号44頁（IHI事件）……………………………………878, 884
長崎地判令和3・1・19 ジャーナル110号22頁（むつみ福祉会事件）
　　　　　　　　　　　　　　　　　　　　　　　……………694, 696, 697, 700, 712, 714, 716, 719, 720
東京地判令和3・1・20 労判1252号53頁（GCA事件）……………………………………314
東京地判令和3・1・21 労判1249号57頁（日本スポーツ振興センター事件）……………1041, 1054
熊本地判令和3・1・29 判時2510号33頁（協同組合アーバンプランニングほか1社事件）……1125
大阪地判令和3・1・29 ジャーナル110号18頁（近畿車輛事件）……………135, 874, 876, 884
山口地下関支判令和3・2・2 労判1249号5頁（梅光学院事件）……………………738, 742, 744, 756
東京地判令和3・2・4 労判1253号117頁（グッドウイン事件）………………………………195
東京地判令和3・2・10 労判1246号82頁（みずほ証券事件）……………………………116, 118
大阪地決令和3・2・12 ジャーナル111号34頁（インテリジェントヘルスケア事件）……553, 556
東京地判令和3・2・15 労判1264号77頁（シナジー・コンサルティング事件）……133, 227, 616, 622, 641
東京地判令和3・2・17 労経速2454号26頁（F-LINE事件）……………………………553, 555, 640
横浜地判令和3・2・18 労判1270号32頁（アルデバラン事件）………………104, 105, 342, 408, 418, 442, 484
名古屋地岡崎支判令和3・2・24 ジャーナル110号2頁（トヨタ自動車事件）……………………1011
大阪地判令和3・2・25 ジャーナル111号22頁（幸福会事件）……………………………698, 714
長崎地判令和3・2・26 労判1241号16頁（ダイレックス事件）…………………………116, 410, 449
東京地判令和3・2・26 労判1256号78頁（清流出版事件）…………………………………878
名古屋地判令和3・2・26 ジャーナル111号20頁（日本郵便事件）……………685, 689, 718, 721
東京地判令和3・2・26 ジャーナル112号60頁（フォーザウィン事件）…………………………257
長崎地判令和3・3・9 労経速2456号27頁（長崎市事件）……………………………………683, 699
福岡地決令和3・3・9 判判1244号31頁（森山事件）……………………………………915, 918
福井地判令和3・3・10 ジャーナル112号54頁（オーイング事件）………………405, 406, 414
東京地判令和3・3・10 ジャーナル113号58頁（遊楽事件）……………………………647, 667
東京地判令和3・3・16 ジャーナル113号56頁（SOMPOケア事件）……………………………302
東京地判令和3・3・17 ジャーナル113号54頁（カーチスホールディングス事件）……………482, 486
東京地判令和3・3・18 労判1260号50頁（神社本庁事件）…………………620, 622, 649, 651, 655, 662
東京地判令和3・3・18 労判1270号78頁（帝京大学事件）……………………620, 634, 643, 662
神戸地姫路支判令和3・3・22 労判1242号5頁（科学飼料研究所事件）…………………………1055
横浜地判令和3・3・23 労判1243号5頁（巴機械サービス事件）………………………………529, 952
東京地判令和3・3・23 労判1244号15頁（ソニー生命保険ほか事件）…………………………175
徳島地判令和3・3・24 ジャーナル112号46頁（徳島市事件）…………………………………671
仙台地判令和3・3・25 ジャーナル112号44頁（仙台市事件）…………………………………670
大阪地判令和3・3・26 労判1245号13頁（ヴィディヤコーヒー事件）………………………797, 802
大阪地判令和3・3・26 労判1259号55頁（摂津産業開発事件）……………………………875, 896
東京地判令和3・3・26 ジャーナル116号54頁（クニエ事件）…………………………………1164
大阪地判令和3・3・29 労判1273号32頁（阪神高速トール大阪事件）……………409, 623, 641, 666
横浜地川崎支判令和3・3・30 労判1255号76頁（日本通運［川崎］事件）……………………1022
東京地判令和3・3・30 労判1258号68頁（医療法人偕行会事件）……………………………325
福島地いわき支判令和3・3・30 ジャーナル112号38頁（いわきオールほか2社事件）………694
東京地判令和3・3・30 ジャーナル114号48頁（ユフ精器事件）…………………156, 163, 369
東京地判令和3・3・30 ジャーナル114号50頁（偕行会事件）………………………………644, 655
東京地判令和3・3・31 労判1256号63頁（悠翔会事件）………………………1003, 1005, 1010
東京地判令和3・4・8 労判1282号62頁（大陸交通事件）………………………199, 200, 231
東京地判令和3・4・13 労経速2457号14頁（JTB事件）………………618, 620, 633, 643, 665, 666

| 東京地判令和3・4・13 ジャーナル114号40頁（小市モータース事件）……………………………………896
| 東京地判令和3・4・14 ジャーナル116号50頁（レスメド事件）………………………………175, 884, 897
| 宮崎地都城支判令和3・4・16 労判1260号34頁（スタッフメイト南九州元従業員ほか事件）………947, 948
| 福岡地判令和3・4・16 ジャーナル112号34頁（エヌ・ティ・ティ・コムウェア事件）……………1003, 1008
| 東京地判令和3・4・20 判時2510号61頁…………………………………………………………………1156
| 大阪地判令和3・4・21 ジャーナル114号36頁（ハルメク事件）……………………………………………175
| さいたま地判令和3・4・23 ジャーナル112号2頁（公益財団法人埼玉県公園緑地協会事件）………1003, 1010
| 東京地判令和3・4・23 ジャーナル114号30頁（白鵬ビル事件）………………………………………360, 699
| 東京地判令和3・4・23 ジャーナル114号32頁（慰謝料等請求事件）……………………………………653
| 東京地判令和3・4・26 ジャーナル114号28頁（ストーンエックスフィナンシャル事件）
………………………………………………………………357, 891, 893, 903, 906, 908, 909, 913, 917
| 横浜地川崎支判令和3・4・27 労判1280号57頁（弁護士法人甲野法律事務所事件）…………………………76
| 東京地判令和3・4・28 労判1251号74頁（まつりほか事件）……………………694, 696, 703, 713, 719, 722
| 福井地判令和3・5・11 ジャーナル113号28頁（三星化学工業事件）………………685, 692, 714, 722
| 大阪地判令和3・5・11 ジャーナル114号22頁（ダイヤモンド電機事件）………322, 544, 559, 563, 565
| 東京地判令和3・5・17 労経速2459号3頁（Y大学事件）……………………………………………………134
| 札幌地判令和3・5・25 ジャーナル116号44頁（岸良海産興業事件）………………………………………1133
| 千葉地判令和3・5・26 労判1279号74頁（埼玉医科大学事件）………133, 228, 616, 627, 637, 667, 1165
| 東京地判令和3・5・26 ジャーナル115号42頁（社会福祉事業団事件）……………………………………1017
| 東京地判令和3・5・27 ジャーナル114号2頁（日本赤十字社事件）…………544, 548, 553, 555, 557, 559, 1160
| 東京地判令和3・5・27 ジャーナル115号36頁（FIME JAPAN事件）………………………………698, 847
| 東京地判令和3・5・27 ジャーナル115号38頁（ティアラクリエイト事件）……………………………318, 324
| 東京地判令和3・5・28 ジャーナル115号34頁（ウィンアイコ・ジャパン事件）…………………………595
| 東京地判令和3・6・2 ジャーナル117号58頁（エイブル保証事件）………………………………………369
| 福岡地小倉支判令和3・6・11 労経速2465号9頁（岡本土木・日鉄パイプライン&エンジニアリング事件）
………………………………………………………………………………………………………728
| 東京地判令和3・6・16 ジャーナル115号2頁（ドコモ・サポート事件）……………………………1022, 1024
| 東京地判令和3・6・17 ジャーナル117号54頁（東京福祉バス事件）……………………………599, 699
| 札幌地判令和3・6・23 労判1256号22頁（人材派遣業A社事件）
……………………………………………………………167, 170, 180, 322, 982, 984, 986, 987, 988, 989
| 東京地判令和3・6・23 ジャーナル117号52頁（ディーエイチシー事件）………………………………629, 666
| 札幌地判令和3・6・25 労判1253号93頁（日和住設ほか事件）……………………693, 696, 700, 707, 714
| 東京地判令和3・6・25 ジャーナル117号50頁（日本カニゼン事件）………………358, 640, 668, 827
| 大阪地判令和3・6・28 ジャーナル115号28頁（ジグス事件）……………………………156, 336, 337
| 東京地判令和3・6・29 労経速2466号21頁（フォビジャパン事件）…………………………………283, 294
| 東京地判令和3・6・30 労判1272号77頁（しまむら事件）……………………………………173, 175, 177
| 大阪地判令和3・6・30 ジャーナル115号26頁（大阪府事件）………………………………………………670
| 東京地判令和3・6・30 ジャーナル116号40頁（三誠産業事件）…………………104, 411, 414, 485, 496, 500
| 松山地判令和3・7・1 ジャーナル116号36頁（宇和島市事件）……………………………………………1009
| 東京地判令和3・7・6 労判1275号120頁（スタッフマーケティング事件）…………………1003, 1010, 1094
| 東京地判令和3・7・8 ジャーナル116号2頁（Zemax Japan事件）………………853, 866, 885, 889
| 東京地判令和3・7・14 ジャーナル116号28頁（米八グループ事件）………………………………………80
| 東京地判令和3・7・14 ジャーナル117号42頁（スター・ジャパン事件）…………………………104, 486
| 松山地判令和3・7・15 ジャーナル115号20頁（せとうち周桑バス事件）……………………………………322
| 札幌地判令和3・7・16 労判1250号40頁（弘恵会事件）…………………322, 324, 553, 555, 557, 565
| 東京地判令和3・7・19 ジャーナル116号24頁（リコオテクノ事件）………………………………62, 63, 80
| 東京地判令和3・7・19 ジャーナル117号36頁（CoinBest事件）……………………………299, 300, 302

東京地判令和 3・7・28 ジャーナル 117 号 32 頁（ローデンストック・ジャパン事件）……………655, 656, 1029
東京地判令和 3・7・29 労経速 2465 号 19 頁（春秋航空日本事件）………………………………322, 339, 1012
東京地判令和 3・7・30 ジャーナル 117 号 28 頁（関東経営協同組合事件）………………………………358
東京地判令和 3・8・3 労経速 2468 号 22 頁（エコシステム事件）………………………………………1152, 1166
東京地判令和 3・8・4 ジャーナル 118 号 56 頁（小寺工務店事件）………………………………………302
東京地判令和 3・8・5 労判 1250 号 13 頁（河合塾事件）………………………………1003, 1012, 1014
東京地判令和 3・8・5 労判 1271 号 76 頁（上野学園事件）………………………………218, 224, 738
京都地判令和 3・8・6 労判 1252 号 33 頁（丙川商店事件）………………………………324, 598, 1168
東京地判令和 3・8・17 ジャーナル 118 号 48 頁（シーエーシー事件）……………………532, 533, 1167
東京地判令和 3・8・17 ジャーナル 118 号 50 頁（R アイディア事件）………………………………318
札幌地判令和 3・8・19 労判 1250 号 5 頁（A 大学ハラスメント防止委員会委員長ら事件） ……………166, 1167
東京地判令和 3・8・19 ジャーナル 118 号 44 頁（シャプラ・インターナショナル事件）………………104, 324
東京地判令和 3・8・19 ジャーナル 118 号 46 頁（臺灣新聞社事件）………………………76, 1150, 1158
福岡地小倉支判令和 3・8・24 労経速 2467 号 3 頁（グローバル事件）………………………………408
長崎地判令和 3・8・25 労判 1251 号 5 頁（長崎県ほか事件）………………………………………984
横浜地横須賀支判令和 3・8・30 労判 1255 号 39 頁（日立パワーソリューションズ事件）……………685, 691, 716
東京地判令和 3・9・7 労経速 2464 号 31 頁（テトラ・コミュニケーションズ事件）………………666, 668
東京地判令和 3・9・7 ジャーナル 120 号 58 頁（メイト事件）………………………………337, 339, 1167
大阪地判令和 3・9・9 ジャーナル 118 号 30 頁（グローバルサイエンス事件）………………336, 337, 338
大阪地判令和 3・9・9 ジャーナル 118 号 32 頁（関西電力事件）………………………………385, 417
東京地判令和 3・9・10 ジャーナル 119 号 56 頁（エム・テックス事件）………………………………404, 410
東京地判令和 3・9・16 ジャーナル 120 号 56 頁（東京税務協会事件）……………………………824, 826
東京地判令和 3・9・17 ジャーナル 119 号 48 頁（新潟運輸事件）………………………………1004, 1010
東京地判令和 3・9・21 ジャーナル 119 号 46 頁（ロシア旅行社事件）………………………………365
大阪地判令和 3・9・22 ジャーナル 119 号 44 頁（JR 東海事件）………………………………501
東京地判令和 3・9・24 ジャーナル 120 号 54 頁（産業と経済・やまびこ投資顧問事件）
　……………………………………………………………………………………873, 877, 882, 884, 888
東京地判令和 3・9・28 労判 1257 号 52 頁（ロバート・ウォルターズ・ジャパン事件）……141, 699, 1004, 1091
大阪地判令和 3・9・28 ジャーナル 119 号 42 頁（タイムズサービス事件）………………………………823
東京地判令和 3・9・29 労判 1261 号 70 頁（エスツー事件）………………………………278, 281, 282, 1127
東京地判令和 3・9・29 ジャーナル 119 号 40 頁（ライフコーポレーション事件）…………………166, 984
東京地判令和 3・9・29 ジャーナル 120 号 46 頁（アボットジャパン事件）………………………………1161
大阪地判令和 3・9・29 ジャーナル 120 号 48 頁（エヌアイケイ事件）………………………318, 325, 875, 892
神戸地判令和 3・9・30 ジャーナル 120 号 44 頁（神戸市・代表者交通事業管理者事件）……………………174
宮崎地延岡支判令和 3・10・13 ジャーナル 120 号 40 頁（順正学園事件）………………………………984, 986
東京地判令和 3・10・14 労判 1264 号 42 頁（グローバルマーケティングほか事件）
　……………………………………………………………………………336, 338, 776, 777, 782, 824, 874, 875, 891
大津地判令和 3・10・14 ジャーナル 119 号 34 頁（大津市事件）………………………………………670
大阪地判令和 3・10・15 ジャーナル 120 号 36 頁（Unity 事件）………………………………………948
東京地判令和 3・10・18 ジャーナル 121 号 52 頁（イオンフィナンシャルサービス事件）……………………661
東京地判令和 3・10・19 労経速 2539 号 9 頁（警視セクハラ損害賠償事件）………………………………985
福岡地判令和 3・10・22 ジャーナル 119 号 30 頁（損害賠償等請求事件）………………………………167
徳島地判令和 3・10・25 労経速 2472 号 3 頁（A 学園事件）　……………1003, 1008, 1023, 1024, 1034, 1168
長崎地判令和 3・10・26 ジャーナル 121 号 48 頁（西海市事件）………………………………………671
東京地判令和 3・10・26 ジャーナル 121 号 50 頁（アジアスター事件）………………………………1028, 1029
東京地判令和 3・10・27 労判 1291 号 83 頁（ツキネコほか事件）………………………597, 711, 828, 873
大阪地判令和 3・10・28 労判 1257 号 17 頁（大器キャリアキャスティングほか 1 社事件）………400, 720, 1004

| 東京地判令和 3・10・28 労判 1263 号 16 頁（龍生自動車事件）………………………………………791
| 横浜地判令和 3・10・28 労経速 2475 号 26 頁（医療法人社団 A 事件）………………………878, 888
| 東京地判令和 3・11・5 ジャーナル 122 号 54 頁（解雇無効地位確認等請求事件）………336, 338, 777, 882
| 東京地判令和 3・11・11 ジャーナル 122 号 50 頁（東京 FD 事件）…………………………………76
| 東京地判令和 3・11・12 労経速 2478 号 18 頁（日本オラクル事件）………………………299, 302
| 大阪地判令和 3・11・15 ジャーナル 121 号 42 頁（一栄会事件）……………………………………825
| 大阪地判令和 3・11・16 ジャーナル 121 号 40 頁（アネビー事件）…………………………………457
| 東京地判令和 3・11・22 労判 1258 号 5 頁（国［在日米軍厚木基地航空施設］事件）……………175
| 大阪地判令和 3・11・24 ジャーナル 121 号 36 頁（阪本商会事件）……………………………259, 261
| 東京地判令和 3・11・25 労経速 2473 号 16 頁（工学院大学事件）……………………………594, 597
| 東京地判令和 3・11・29 労判 1263 号 5 頁（ホテルステーショングループ事件）……405, 406, 408, 414
| 大阪地判令和 3・11・29 労経速 2474 号 3 頁（NEC ソリューションイノベータ事件）
| ………………………………………………………………………………553, 555, 557, 560, 640, 667
| 広島地判令和 3・11・30 労判 1257 号 5 頁（社会福祉法人希望の丘事件）…………………………529
| 東京地判令和 3・12・2 労経速 2487 号 3 頁（独立行政法人製品評価技術基盤機構事件）…115, 116, 118
| 京都地判令和 3・12・9 ジャーナル 122 号 2 頁（洛東タクシー事件）………406, 408, 411, 433, 440, 442
| 東京地判令和 3・12・13 労経速 2478 号 3 頁（バークレイズ証券事件）……865, 868, 905, 906, 907, 909, 913
| 東京地判令和 3・12・13 ジャーナル 124 号 70 頁（春江事件）………………………………………873
| 東京地判令和 3・12・15 ジャーナル 124 号 68 頁（RK コンサルティング事件）…………………331
| 佐賀地判令和 3・12・17 ジャーナル 122 号 34 頁（佐賀大学事件）……………………………627, 641
| 東京地判令和 3・12・21 労判 1266 号 44 頁（新拓会事件）……………………………………396, 777
| 東京地判令和 3・12・21 労判 1266 号 56 頁（日立製作所［退職勧奨］事件）…………531, 537, 828
| 東京地判令和 3・12・21 労判 1266 号 74 頁（アンドモワ事件）………895, 903, 907, 910, 912, 914, 915, 918
| 横浜地川崎支判令和 3・12・21 ジャーナル 122 号 30 頁（アクティオ事件）……………………1004
| 東京地判令和 3・12・21 ジャーナル 123 号 38 頁（新拓会事件）…………………………………322
| 東京地判令和 3・12・22 ジャーナル 124 号 62 頁（TO 事件）……………………………862, 884
| 東京地判令和 3・12・23 労判 1270 号 48 頁（パイボックス・ジャパン事件）…………………322, 327
| 広島地福山支判令和 3・12・23 労経速 2474 号 32 頁（日東電工事件）……………………………820
| 横浜地判令和 3・12・23 労経速 2483 号 3 頁（シャープ NEC ディスプレイソリューションズ事件）
| ………………………………………………………………………………………………………599, 1164
| 東京地判令和 3・12・23 ジャーナル 123 号 34 頁（三井住友信託銀行事件）…………………1004, 1010
| 東京地判令和 3・12・23 ジャーナル 124 号 60 頁（SRA 事件）………357, 529, 533, 555, 557, 622, 625, 637, 665
| 東京地判令和 3・12・24 ジャーナル 123 号 32 頁（山九事件）………………………………………175
| 大阪地堺支判令和 3・12・27 労判 1267 号 60 頁（浜田事件）……………406, 432, 433, 438, 439, 441
| 大阪地判令和 3・12・27 ジャーナル 122 号 26 頁（東大阪市事件）………………………………134
| 東京地判令和 4・1・5 ジャーナル 123 号 30 頁（ハピネスファクトリー事件）……………336, 338
| 大阪地判令和 4・1・13 ジャーナル 124 号 54 頁（新時代産業事件）………825, 891, 894, 1029, 1085
| 東京地判令和 4・1・17 労判 1261 号 19 頁（ケイ・エル・エム・ローヤルダッチエアーラインズ事件）
| ………………………………………………………………………………………………63, 75, 1033, 1160
| 大阪地判令和 4・1・18 ジャーナル 124 号 50 頁（オークラ事件）……………………………104, 442
| 東京地判令和 4・1・19 ジャーナル 123 号 20 頁（未払賃金等支払請求事件）………………………104
| 東京地判令和 4・1・19 ジャーナル 123 号 22 頁（全国育児介護福祉協議会事件）…………………365
| 東京地判令和 4・1・20 労経速 2480 号 3 頁（A 大学事件）………………………………641, 664, 665
| 東京地判令和 4・1・21 ジャーナル 123 号 16 頁（メイホーアティーボ事件）…………419, 429, 438
| 東京地判令和 4・1・25 ジャーナル 123 号 14 頁（ネイルパートナー事件）…………………533, 1164
| 東京地判令和 4・1・27 労判 1268 号 76 頁（茶屋四郎次郎記念学園事件）……1004, 1010, 1033, 1036
| 大阪地判令和 4・1・28 労判 1272 号 72 頁（デンタルシステムズ事件）……………………………865

東京地判令和 4・1・28 LEX/DB25572316（ナスタ事件）··156
東京地判令和 4・1・31 労判 1265 号 20 頁（あんしん財団事件）······················357, 385, 389, 535, 1167
東京地判令和 4・2・2 労経速 2485 号 23 頁（欧州連合事件）··································870, 878, 885, 888
東京地判令和 4・2・2 ジャーナル 125 号 50 頁（日本品質保証機構事件）······································300, 357
東京地判令和 4・2・3 ジャーナル 125 号 44 頁（イーレックス事件）··824, 826
東京地判令和 4・2・4 ジャーナル 125 号 42 頁（トラストスリー事件）··························300, 302, 304, 305
東京地判令和 4・2・8 労判 1265 号 5 頁（学究社事件）··339, 340, 393, 394, 776
東京地判令和 4・2・9 労判 1264 号 32 頁（高島事件）··496, 499, 597, 600
横浜地相模原支判令和 4・2・10 労判 1268 号 68 頁（ユーコーコミュニティー事件）··············1167
東京地判令和 4・2・10 ジャーナル 125 号 32 頁（国士舘事件）······················624, 629, 643, 665, 667
東京地判令和 4・2・10 ジャーナル 125 号 34 頁（アドバネット事件）·······························877, 882, 884
大阪地判令和 4・2・10 ジャーナル 125 号 38 頁（在日本南プレスビテリアンミッション事件）·····190
東京地判令和 4・2・17 ジャーナル 125 号 30 頁（葵宝石事件）···597, 696
大阪地判令和 4・2・18 ジャーナル 128 号 38 頁（ライフマティックス事件）···························984, 985
東京地判令和 4・2・22 ジャーナル 125 号 28 頁（リリカラ事件）··302, 303
札幌地判令和 4・2・25 労判 1266 号 6 頁（ベルコほか事件）·····················92, 97, 1080, 1096, 1098
東京地判令和 4・2・25 労経速 2487 号 24 頁（アンスティチュ・フランセ日本事件）·········113, 788
東京地判令和 4・2・25 ジャーナル 125 号 24 頁（阪神協同作業事件）·····················336, 338, 777
東京地判令和 4・2・25 ジャーナル 127 号 48 頁（グラビティ事件）···640
東京地判令和 4・2・25 ジャーナル 127 号 50 頁（DRP ネットワーク事件）··········565, 1028, 1035
東京地判令和 4・2・28 労判 1267 号 5 頁（マーベラス事件）·······················340, 380, 383, 385, 386, 389
東京地判令和 4・3・2 ジャーナル 126 号 40 頁（コスモバイタル事件）·················903, 909, 912, 916
東京地判令和 4・3・2 ジャーナル 127 号 44 頁（インターメディア事件）··········228, 433, 738, 762, 777
東京地判令和 4・3・9 労判 1272 号 66 頁（ビジネスパートナー事件）················224, 345, 349, 567
東京地判令和 4・3・15 ジャーナル 128 号 36 頁（地位確認等請求事件）·······380, 385, 535, 553, 555, 560
横浜地判決令和 4・3・15 労経速 2480 号 18 頁（X 事件）···929
東京地判令和 4・3・16 ジャーナル 127 号 42 頁（ニューアート・テクノロジー事件）·······484, 905, 908, 915
東京地判令和 4・3・16 ジャーナル 128 号 34 頁（伊藤忠商事事件）···································535, 865, 882
東京地判令和 4・3・17 ジャーナル 127 号 40 頁（日本生命保険事件）···866, 924
東京地判令和 4・3・22 労判 1269 号 47 頁（ビジネスパートナーほか事件）··························532, 1163
那覇地判令和 4・3・23 労経速 2486 号 3 頁（沖縄科学技術大学院大学学園事件）·······1004, 1005, 1006
東京地判令和 4・3・23 労経速 2490 号 19 頁（ハル登記測量事務所事件）···············482, 485, 878
東京地判令和 4・3・23 労経速 2494 号 12 頁（ダイワクリエイト事件）·····················322, 873, 891
東京地判令和 4・3・23 労経速 2507 号 28 頁（TWS Advisors 事件）··77
那覇地判令和 4・3・23 ジャーナル 127 号 38 頁（沖縄医療生活協同組合労働組合事件）······173, 175, 185
東京地判令和 4・3・23 ジャーナル 128 号 32 頁（イノベークス事件）····················433, 457, 484
福岡地判令和 4・3・24 ジャーナル 127 号 32 頁（九電ハイテック事件）···690
東京地判令和 4・3・25 労判 1269 号 73 頁（テイケイ事件）··825
札幌地苫小牧支判令和 4・3・25 労経速 2482 号 26 頁（A 病院事件）·································827, 828
新潟地判令和 4・3・25 ジャーナル 127 号 30 頁（新潟市事件）···············683, 694, 700, 712, 716
東京地判令和 4・3・28 労経速 2491 号 17 頁（目白学園事件）··319, 1016
東京地判令和 4・3・28 労経速 2498 号 3 頁（東京芸術大学事件）···76
新潟地判令和 4・3・28 ジャーナル 127 号 26 頁（新潟科学技術学園事件）······················878, 885
大阪地判令和 4・3・28 ジャーナル 127 号 28 頁（シークス事件）···································264, 643, 665
千葉地判令和 4・3・29 労経速 2502 号 3 頁（Y 社事件）··171
東京地判令和 4・3・29 ジャーナル 129 号 54 頁（スクウェア・エニックス事件）············134, 1167
大阪地判令和 4・3・30 労判 1274 号 5 頁（竹中工務店ほか 2 社事件）···91, 92

| 東京地判令4・3・30 ジャーナル126号34頁（セルトリオン・ヘルスケア・ジャパン事件）…………339
| 東京地判令4・3・30 ジャーナル128号24頁（ビーチャイニーズ事件）……………………………484
| 東京地判令4・3・30 ジャーナル128号26頁（Sparkle事件）………………………162, 878, 894
| 東京地判令4・4・7 労判1275号72頁（茶屋四郎次郎記念学園事件）……………168, 180, 190, 191, 193
| 東京地判令4・4・12 労判1276号54頁（酔心開発事件）…………………………………………104
| 大阪地判令4・4・12 労判1278号31頁（スミヨシ事件）………………………865, 876, 892, 893, 894, 896
| 東京地判令4・4・12 労経速2492号3頁（クレディ・スイス証券事件）……………………………357
| 東京地判令4・4・13 労判1289号52頁（国・広島中央労基署長事件）……………………………485
| 横浜地判令4・4・14 労判1299号38頁（パチンコ店経営会社A社事件）
| …………………………………………………………79, 536, 655, 656, 657, 880, 892, 908
| 岡山地判令4・4・19 労判1275号61頁（JR西日本事件）…………………………………………324
| 東京地判令4・4・19 労経速2494号3頁（A社事件）……………………………………161, 947
| さいたま地判令4・4・19 労経速2494号24頁（柏書房事件）………………………………………302
| 東京地判令4・4・20 ジャーナル129号50頁（大成建設事件）……………………116, 117, 118
| 東京地判令4・4・22 労判1286号26頁（Ciel Bleuほか事件）…………………336, 338, 339, 556
| 静岡地判令4・4・22 労経速2495号3頁（全日警事件）………………………………409, 415
| 東京地判令4・4・22 ジャーナル128号18頁（PASS-I-ONE事件）………………849, 891, 894
| 横浜地判令4・4・27 ジャーナル125号2頁（セーフティ事件）……………………………694, 696
| 大阪地判令4・4・28 労判1285号93頁（吉永自動車工業事件）……………………………332
| 東京地判令4・4・28 労判1291号45頁（東京三協信用金庫事件）………………641, 667, 1165
| 東京地判令4・4・28 労判1298号70頁（ゆうちょ銀行事件）………………………………388
| 大阪地判令4・4・28 ジャーナル126号22頁（辻中事件）……………………………453, 484
| 京都地判令4・5・11 労判1268号22頁（セヴァ福祉会事件）………195, 217, 411, 428, 442, 449, 484, 676, 677
| 東京地判令4・5・12 ジャーナル129号48頁（早稲田大学事件）……………………………189, 294
| 東京地判令4・5・13 労判1278号20頁（REI元従業員事件）…………931, 933, 937, 938, 945
| 東京地判令4・5・13 労経速2499号36頁（フジアール事件）……………………………………145
| 東京地判令4・5・13 労経速2507号14頁（インジェヴィティ・ジャパン合同会社事件）………867, 874, 876
| 熊本地判令4・5・17 労判1309号30頁（協同組合グローブ事件）…………173, 175, 231, 1158
| 東京地判令4・5・17 労経速2500号29頁（シティグループ証券事件）……………………300, 302
| 大阪地判令4・5・20 ジャーナル126号14頁（GT-WORKS事件）…………………76, 104, 195
| 大阪地判令4・5・20 ジャーナル126号16頁（千田事件）…………………336, 347, 364, 366
| 東京地判令4・5・25 労判1269号15頁（アムール事件）………………………722, 728, 984, 987
| 大阪地判令4・5・26 ジャーナル128号16頁（三井物産インシュアランス事件）………553, 555
| 大阪地判令4・5・27 労判1289号23頁（エヌアイケイほか事件）………………200, 433, 439
| 奈良地判令4・5・31 ジャーナル128号12頁（奈良県事件）………683, 694, 696, 697, 700, 714, 721
| 東京地判令4・6・1 労経速2502号28頁（テイケイ事件）…………………………………………404
| 東京地判令4・6・10 労経速2504号27頁（ジブラルタ生命保険事件）……………………………370
| 大阪地判令4・6・17 ジャーナル130号38頁（日本振興事件）……………………………………282
| 神戸地判令4・6・22 労経速2493号3頁（兵庫県警察事件）………………………………174, 714
| 大阪地判令4・6・23 労判1282号48頁（関西新幹線サービック事件）……………………………141
| 東京地判令4・6・23 労経速2503号3頁（スルガ銀行事件）………………555, 622, 639, 1160
| 大阪地判令4・6・28 労経速2500号3頁（大阪府事件）…………………683, 694, 696, 698, 700
| 大津地判令4・6・30 ジャーナル128号8頁（滋賀学園事件）……………………875, 893, 896
| 東京地判令4・7・5 ジャーナル133号40頁（メガカリオン事件）………322, 546, 553, 556, 625
| 東京地判令4・7・11 ジャーナル133号38頁（国・陸上幕僚長事件）……………………………671
| 大阪地堺支判令4・7・12 労判1287号62頁（大陽液送事件）……………………………………1098
| 富山地判令4・7・20 労判1273号5頁（ヤマサン食品工業事件）……………………………835, 836

福岡地判令和 4・7・29 労判 1279 号 5 頁（糸島市事件）……………………………………………671
東京地判令和 4・8・17 ジャーナル 134 号 46 頁（マスダ学院事件）…………………………………876
東京地判令和 4・8・19 ジャーナル 134 号 44 頁（ゼリクス事件）………………326, 894, 897, 903, 905, 907, 908
東京地判令和 4・8・22 ジャーナル 134 号 42 頁（暁星学園事件）……………………………………1029
福岡地判令和 4・8・26 ジャーナル 130 号 28 頁（日本郵便事件）……………………………171, 174, 714
名古屋地判令和 4・8・26 ジャーナル 130 号 30 頁（MARUWA 事件）………………694, 696, 713, 716, 721
大阪地判令和 4・8・29 ジャーナル 130 号 26 頁（F.TEN 事件）………………………442, 481, 482, 485
東京地判令和 4・8・30 ジャーナル 134 号 38 頁（双日事件）……………………………………115, 118
京都地判令和 4・8・31 ジャーナル 130 号 22 頁（巖本金属事件）………………………………693, 719
東京地判令和 4・8・31 ジャーナル 134 号 36 頁（フレンチ・エフ・アンド・ビー・ジャパン事件）………1158
東京地判令和 4・9・2 労経速 2513 号 19 頁（トヨタモビリティ事件）………………………………663
大阪地判令和 4・9・7 ジャーナル 131 号 32 頁（森友学園管財人事件）……………………………912, 919
大阪地判令和 4・9・9 ジャーナル 130 号 18 頁（伊藤忠商事事件）……………………………823, 824, 828
東京地判令和 4・9・12 労経速 2515 号 8 頁（郵船ロジスティクス事件）………………………1028, 1029
東京地判令和 4・9・15 労経速 2514 号 3 頁（ブルーベル・ジャパン事件）……………………141, 823, 824
水戸地判令和 4・9・15 判時 2565 号 86 頁（常磐大学事件）……………………………………627, 664
大阪地判令和 4・9・15 ジャーナル 131 号 26 頁（高松テクノサービス事件）…………………………880
大阪地判令和 4・9・16 ジャーナル 131 号 24 頁（キョーリツコーポレーション事件）…………………873
京都地判令和 4・9・21 労判 1289 号 38 頁（コード事件）……………………………………1004, 1158
東京地判令和 4・9・21 労経速 2514 号 26 頁（兼松アドバンスド・マテリアルズ事件）……………279, 283
東京地判令和 4・9・29 労判 1285 号 59 頁（国・渋谷労基署長事件）………………………………101
名古屋地判令和 4・9・29 ジャーナル 130 号 12 頁（東横イン事件）……………………694, 696, 713, 716
大阪地判令和 4・9・29 ジャーナル 131 号 20 頁（大尊製薬事件）………………………879, 892, 896
東京地判令和 4・10・7 LEX/DB25594776（ネクスト・セキュリティ事件）……………………99, 796, 1158
大阪地判令和 4・10・13 ジャーナル 132 号 52 頁（住吉運輸事件）…………………………………439, 440
大阪地判令和 4・10・27 ジャーナル 132 号 47 頁（メットライフ生命保険事件）……………867, 868, 924
大阪地判令和 4・10・28 ジャーナル 132 号 44 頁（タイガー魔法瓶事件）……………………………175
松山地判令和 4・11・2 労判 1294 号 53 頁（佐藤循環器科内科事件）………………………………356, 360
東京地判令和 4・11・2 ジャーナル 136 号 54 頁（データサービス事件）……………………………993
東京地判令和 4・11・4 ジャーナル 136 号 52 頁（長谷川製作所事件）………………………………1156
大阪地判令和 4・11・7 ジャーナル 132 号 54 頁（大阪府・大阪府教委事件）…………………………670
大阪地決令和 4・11・10 労判 1283 号 27 頁（東大阪医療センター事件）
　　　　　　　　　　　　　　　　　　　　　……………191, 193, 546, 547, 549, 553, 556, 560, 565, 1162
東京地判令和 4・11・16 労判 1287 号 52 頁（アイ・ディ・エイチ事件）……………………………141, 322
長崎地判令和 4・11・16 労判 1290 号 32 頁（不動技研工業事件）……………163, 620, 634, 647, 663, 664, 948
東京地判令和 4・11・16 ジャーナル 138 号 42 頁（大央事件）………………………………823, 892
東京地判令和 4・11・17 ジャーナル 136 号 50 頁（専修大学事件）……………………………629, 638, 668
東京地判令和 4・11・18 ジャーナル 135 号 48 頁（ジョイナス事件）………………………………1004
東京地判令和 4・11・18 ジャーナル 138 号 40 頁（ライクスタッフィング事件）………………………1004
東京地判令和 4・11・22 ジャーナル 136 号 46 頁（あんしん財団事件）……………………850, 862, 865
新潟地判令和 4・11・24 労判 1290 号 18 頁（新潟市事件）………………………………………697, 720
東京地判令和 4・11・25 ジャーナル 136 号 44 頁（Y デザイン事件）………………………164, 930, 945
東京地判令和 4・11・30 ジャーナル 138 号 36 頁（海外商事事件）……………………………339, 777
東京地判令和 4・11・30 ジャーナル 138 号 38 頁（東京精密事件）……………………175, 433, 457
東京地判令和 4・12・2 労経速 2512 号 3 頁（桜美林学園事件）………………………………1041, 1054
東京地判令和 4・12・2 労経速 2520 号 30 頁（エスプリ事件）………………………………………368
東京地判令和 4・12・2 ジャーナル 134 号 30 頁（足立通信工業事件）…………676, 694, 696, 706, 846

大阪地判令和4・12・5 労判1283号13頁（近鉄住宅管理事件）……………………565, 823, 879, 884, 896
東京地判令和4・12・7 労経速2521号16頁（全国建設労働組合総連合事件）…………624, 638, 663, 664, 1164
東京地判令和4・12・7 ジャーナル135号58頁（三菱商事事件）……………………………………363
東京地判令和4・12・7 ジャーナル135号60頁（HES事件）………………………903, 904, 906, 909, 911
東京地判令和4・12・7 ジャーナル135号62頁（坂口事件）……………………………………………646
札幌地判令和4・12・8 労経速2511号3頁（日本郵便事件）……………………………………………638
東京地判令和4・12・9 ジャーナル135号56頁（リアルデザイン事件）……………………………347, 1158
大阪地判令和4・12・15 ジャーナル133号34頁（ジャパンホリデートラベル事件）
　…………………………………………………………………………………906, 907, 909, 912, 915, 919
大阪地判令和4・12・21 ジャーナル133号24頁（国・横浜西労基署長事件）……………………………77
横浜地判令和4・12・22 ジャーナル133号20頁（橘学苑事件）……………………………………634, 645
大阪地判令和4・12・22 ジャーナル133号22頁（タイムズ物流事件）……………………………………341
東京地判令和4・12・23 ジャーナル135号50頁（TSK事件）……………………………………………406
東京地判令和4・12・23 ジャーナル135号52頁（ビットウェア事件）……………79, 104, 342, 481, 485
東京地判令和4・12・23 ジャーナル135号54頁（医療法人社団たいな事件）………………………135, 600
東京地判令和4・12・26 労経速2513号3頁（伊藤忠商事ほか事件）………156, 160, 161, 368, 621, 633, 634, 647
大阪地判令和4・12・26 ジャーナル133号16頁（ユニオンリサーチ事件）…………………………629, 641
東京地判令和4・12・26 ジャーナル135号46頁（菅沼会事件）…………………………………………421
東京地判令和5・1・13 ジャーナル139号38頁（ジブラルタ生命保険事件）……………………………555
東京地判令和5・1・16 労経速2522号26頁（ISS事件）………………………………………………305, 1005
横浜地判令和5・1・17 労判1288号62頁（横浜山手中華学園事件）……………………………………608
大阪地判令和5・1・18 労経速2510号29頁（トールエクスプレスジャパン事件）……………………432
大阪地判令和5・1・24 ジャーナル134号16頁（ジェイネット事件）……………………………………826
東京地判令和5・1・25 労経速2524号3頁（早稲田大学事件）……………………………127, 598, 599, 601
京都地判令和5・1・26 労判1282号19頁（住友生命保険事件）…………………………………………197
大阪地判令和5・1・26 労判1304号18頁（ふたば産業事件）………………………………………1101, 1112
東京地判令和5・1・26 労経速2524号19頁（国・渋谷労基署長事件）……………………………435, 436
大阪地判令和5・1・27 ジャーナル135号38頁（G.Oホールディングス事件）…………………………283
東京地判令和5・1・27 ジャーナル139号36頁（帝都葛飾交通ほか1社事件）……………………300, 305
東京地判令和5・1・30 労経速2524号28頁（ちふれホールディングス事件）……………………623, 641
長崎地判令和5・1・30 ジャーナル135号34頁（長崎大学事件）………………1004, 1008, 1024, 1033
神戸地姫路支判令和5・1・30 ジャーナル135号36頁（姫路合同貨物自動車事件）…………693, 706, 713
東京地立川支判令和5・2・1 労判1301号31頁（国立精神・神経医療研究センター事件）………739, 1165
東京地判令和5・2・3 労経速2527号21頁（ウインダム事件）……………………………66, 76, 81, 877
大阪地判令和5・2・3 ジャーナル138号34頁（リビングエース事件）………………………903, 905, 908, 914
熊本地判令和5・2・7 ジャーナル136号38頁（国・法務大臣事件）………………………683, 693, 698, 722
大阪地判令和5・2・7 ジャーナル137号30頁（日本ビュッセ事件）……………………828, 896, 1160, 1168
東京地判令和5・2・8 労経速2515号3頁（明治安田生命保険事件）……………………………………305
水戸地判令和5・2・8 ジャーナル140号2頁（ビッグモーター事件）…………………………………896
名古屋地判令和5・2・10 ジャーナル136号36頁（住友不動産事件）……………………………………174
東京地判令和5・2・10 ジャーナル141号42頁（医療法人財団健貢会事件）………………………1010, 1016
札幌地判令和5・2・16 労判1293号34頁（札幌国際大学事件）………………………………………668, 836
東京地判令和5・2・16 労経速2529号21頁（東京女子醫科大学事件）……………548, 553, 555, 557, 558
東京地判令和5・2・16 ジャーナル141号40頁（ティ・オーオー事件）………………555, 637, 640, 664
旭川地判令和5・2・17 労経速2518号40頁（国立大学法人A大学事件）………………………………175
東京地判令和5・2・17 ジャーナル141号38頁（大洋建設事件）…………………………………………174
東京地判令和5・2・20 ジャーナル141号34頁（根岸倶楽部事件）…………………………853, 904, 905

大津地判令和5・2・21 ジャーナル136号28頁（国・陸上自衛隊事件）･･････････････････････････････････722
千葉地判令和5・2・22 労判1295号24頁（誠馨会事件）･･･････････････････408, 409, 414, 432, 439, 696, 713
東京地判令和5・2・22 労経速2530号22頁（学校法人A事件）･････････････････････････････････627, 641
東京地判令和5・2・22 ジャーナル140号46頁（大宇宙ジャパン事件）･･････････････････････････300, 302
さいたま地判令和5・3・1 労経速2513号25頁（東急トランセ事件）･･･････････････････････････････116
広島地判令和5・3・1 ジャーナル137号26頁（中亜国際協同組合事件）････････････････････････････1125
東京地判令和5・3・2 労経速2538号3頁（アイグラフィックサービス事件）･････････････････70, 77, 87
横浜地判令和5・3・3 労判1304号5頁（向島運送ほか事件）･････････････････････････････････････166
東京地判令和5・3・3 労経速2535号3頁（日本レストランシステム事件）･････････････････････482, 484
京都地判令和5・3・9 労判1297号124頁（中倉陸運事件）･･････････････････････････････････824, 827
札幌地判令和5・3・14 労経速2519号23頁（日本郵便事件）･･････････････････････････････････････638
東京地判令和5・3・15 労経速2518号7頁（医療法人社団A事件）･････････････････････････････････322
津地判令和5・3・16 労経速2519号3頁（日東電工事件）･････････････････････････1053, 1054, 1056
大阪地判令和5・3・16 ジャーナル138号28頁（茨木市事件）････････････････････････････････････670
大阪地判令和5・3・17 ジャーナル140号44頁（ハウス食品事件）･･････････････････････････246, 627
大阪地判令和5・3・22 ジャーナル138号24頁（イタリア共和国外務・国際協力省事件）
･･61, 298, 406, 1118, 1138
札幌地判令和5・3・22 ジャーナル138号26頁（慈昂会事件）････････････････････････････････････174
大阪地判令和5・3・23 ジャーナル138号18頁（永芳会事件）････････････････････････････････････642
水戸地判令和5・3・24 ジャーナル137号22頁（日本郵便事件）･･････････････････････322, 357, 638
大阪地判令和5・3・24 ジャーナル140号42頁（Apple Japan事件）･････････････････････････････1164
東京地判令和5・3・27 労判1287号17頁（ケイ・エル・エム・ローヤルダッチエアーラインズ事件）
･･1024, 1033, 1105, 1110, 1117, 1128
東京地判令和5・3・27 労判1288号18頁（JR東海事件）･････････････････････502, 503, 506, 507, 509
大阪地判令和5・3・27 ジャーナル140号40頁（三栄事件）･････････････････････････････432, 441, 484
東京地判令和5・3・28 労経速2538号29頁（永信商事事件）･････････････････････････････････････823
宇都宮地判令和5・3・29 労判1293号23頁（栃木県事件）･･･826
東京地判令和5・3・29 労経速2536号28頁（染谷梱包事件）････････････････････337, 338, 433, 435, 439
札幌地判令和5・3・31 労判1302号5頁（久日本流通事件）････････････････････352, 408, 411, 435, 439
大阪地判令和5・3・31 ジャーナル138号14頁（摂津金属工業事件）･･････････････544, 553, 555, 560, 561
札幌地判令和5・4・7 ジャーナル137号16頁（宮田自動車商会事件）･･････････････････228, 616, 820, 892
東京地判令和5・4・10 労経速2549号3頁（ホープネット事件）･････････････････････････････598, 599
東京地判令和5・4・12 ジャーナル145号38頁（アイエスビーサービス事件）･･･････････････････483, 484
東京地判令和5・4・14 労経速2549号24頁（大成事件）･･408
水戸地判令和5・4・14 ジャーナル139号32頁（ゆうちょ銀行事件）･･････････････････････････168, 829
大阪地判令和5・4・17LEX/DB25572852（GTキャピタルファンド事件）･･･････････････････････････156
大阪地判令和5・4・21 判タ1514号176頁（違約金請求事件）･･･････････････････････････････65, 78, 80
那覇地判令和5・4・25 ジャーナル140号38頁（海援隊沖縄事件）･･･････････････694, 695, 701, 707, 714, 720
京都地判令和5・4・27 ジャーナル141号30頁（京都市事件）････････････････････････････････････652
東京地判令和5・5・16 労経速2546号27頁（日本空調衛生工事業協会事件）･･････251, 253, 739, 745, 1061, 1062
東京地判令和5・5・17 ジャーナル146号46頁（エル・シー・アール国土利用研究所事件）･･･････77, 300, 302
東京地判令和5・5・18 労経速2545号22頁（星薬科大学事件）････････････････････････････････････1005
京都地判令和5・5・19 労経速2533号19頁（玉手山学園事件）････････････････････････1004, 1010, 1017
大阪地判令和5・5・22 ジャーナル140号34頁（日本郵政事件）････････････････････････134, 175, 596
山口地判令和5・5・24 労判1293号5頁（社会福祉法人恩賜財団済生会事件）････････････････････739, 746
東京地判令和5・5・24 ジャーナル143号2頁（スカイコート事件）･･･159, 160, 228, 231, 368, 619, 628, 647, 669
さいたま地判令和5・5・26 ジャーナル137号10頁（埼玉新聞社事件）･････････････････････････････433

東京地判令和 5・5・29 労経速 2545 号 3 頁（カーニバル・ジャパン事件）
　………………………………………………………903, 906, 909, 912, 915, 916, 917, 919
東京地判令和 5・5・29 労経速 2546 号 3 頁（A 社事件）……………………983, 984, 986, 990
釧路地帯広支判令和 5・6・2 ジャーナル 140 号 32 頁（未払賃金等請求事件）………105, 421, 453
札幌地判令和 5・6・7LEX/DB25596758（ロイヤル通商事件）………………………933, 935, 938
大阪地判令和 5・6・8 労経速 2525 号 10 頁（A ホテル事件）……………………………………1056
大阪地判令和 5・6・8 ジャーナル 139 号 24 頁（プルデンシャル生命保険事件）……595, 646, 1164
東京地判令和 5・6・8 ジャーナル 143 号 54 頁（ブレア事件）……………………………………174
千葉地判令和 5・6・9 労判 1299 号 29 頁（社会福祉法人 A 事件）……………………408, 442
東京地判令和 5・6・9 労判 1306 号 42 頁（日本 HP 事件）……………………………………534
東京地判令和 5・6・14 ジャーナル 143 号 52 頁（ロート製薬事件）…………………………302
東京地判令和 5・6・16 ジャーナル 143 号 48 頁（創育事件）………………933, 936, 937, 939, 945
大阪地判令和 5・6・23 ジャーナル 139 号 18 頁（PEEES 事件）………………104, 432, 439
東京地判令和 5・6・28 労経速 2539 号 20 頁（キヤノン事件）………………………842, 1061, 1062
東京地判令和 5・6・29 労判 1305 号 29 頁（アメリカン・エアラインズ・インコーポレイテッド事件）
　………………………………………………………………………………………………836, 837
東京地判令和 5・6・29 労経速 2540 号 24 頁（学究社事件）………………………79, 369, 372
大阪地判令和 5・6・29 ジャーナル 139 号 14 頁（ツヤデンタル事件）………229, 338, 433, 439, 441
東京地判令和 5・6・29 ジャーナル 144 号 42 頁（テレビ東京制作事件）
　………………………………………103, 104, 385, 388, 411, 429, 457, 555, 640, 667, 707, 762
東京地判令和 5・6・30 ジャーナル 144 号 38 頁（テイケイ事件）………………………406, 410
富山地判令和 5・7・5 労経速 2530 号 3 頁（滑川市事件）……………683, 694, 696, 713, 716, 721, 722
東京地判令和 5・7・12 ジャーナル 144 号 36 頁（富士通商事件）……………………200, 665
東京地判令和 5・7・14 ジャーナル 144 号 34 頁（新日本技術事件）…………544, 553, 556, 565
東京地判令和 5・7・19 労経速 2542 号 21 頁（野村ホールディングスほか事件）…………1098
東京地判令和 5・7・19 ジャーナル 144 号 32 頁（ネクサスジャパン事件）……………………330
東京地判令和 5・7・20 労判 1301 号 13 頁（日本郵便事件）……………………………………1054
東京地判令和 5・7・28 ジャーナル 144 号 28 頁（日本郵便事件）……………………623, 636
東京地判令和 5・7・28 ジャーナル 144 号 30 頁（解雇無効地位確認等請求事件）……274, 302, 303
東京地判令和 5・7・28 ジャーナル 147 号 38 頁（ドール事件）………………553, 555, 557, 558, 599
東京地決令和 5・8・4 労経速 2530 号 20 頁（對馬事件）…………………………………………1181
東京地立川支判令和 5・8・9 労判 1305 号 5 頁（サカイ引越センター事件）…………………351
東京地立川支判令和 5・8・24 労判 1310 号 92 頁（健医会ほか事件）……………………………134
大阪地判令和 5・8・24 ジャーナル 141 号 22 頁（ネットスパイス事件）………………………865
大阪地判令和 5・8・25 ジャーナル 141 号 20 頁（阪急バス事件）………………………………134
東京地判令和 5・8・28 労経速 2543 号 25 頁（中日新聞社事件）………………251, 252, 253
大阪地判令和 5・8・31 ジャーナル 141 号 18 頁（SEC 事件）…………………544, 555, 557
大阪地決令和 5・8・31 ジャーナル 141 号 16 頁（東大阪医療センター事件保全異議事件）………191, 547
大阪地判令和 5・9・12 ジャーナル 142 号 50 頁（パンデホテルズ事件）………825, 892, 894
横浜地判令和 5・9・13 労経速 2540 号 3 頁（神奈川県事件）………………………368, 670, 671
大阪地判令和 5・9・14 ジャーナル 142 号 46 頁（堀川化成事件）……………………………557
東京地判令和 5・9・21 ジャーナル 146 号 40 頁（アスパーク事件）…………………………326
東京地判令和 5・9・21 ジャーナル 147 号 36 頁（福住不動産事件）……………620, 647, 669
東京地判令和 5・9・22 ジャーナル 142 号 40 頁（内藤証券事件）……………………………1004
東京地判令和 5・9・25 ジャーナル 146 号 38 頁（共愛舘ほか事件）…………………………877
名古屋地判令和 5・9・28 労経速 2535 号 13 頁（Z 社事件）……………………150, 163, 945
大阪地判令和 5・9・28 ジャーナル 142 号 32 頁（大阪府事件）………………………………670

大阪地判令和5・9・28 ジャーナル142号34頁（佐山鉄筋工業・海外事業サポート協同組合事件）………1125
大阪地判令和5・9・28 ジャーナル143号40頁（ディーンモルガン訴訟承継人リンクアカデミー事件）
……………………………………………………………………………………………383, 534, 535
大阪地判令和5・10・3 ジャーナル143号36頁（Isono事件）………………………………………176
甲府地判令和5・10・3 ジャーナル143号38頁（富士吉田市事件）………………………………559
大阪地決令和5・10・5 ジャーナル143号34頁（スマット事件）…………………………………231
大阪地判令和5・10・6 ジャーナル143号32頁（NPO法人関西七福神グループ事件）……874, 892, 894
大阪地判令和5・10・12 ジャーナル143号30頁（カウカウフードシステム事件）……………329, 628
大阪地判令和5・10・19 ジャーナル143号28頁（中央建物事件）……………………………879, 882
東京地判令和5・10・25 ジャーナル147号32頁（サザビーズジャパン事件）………………866, 876
東京地判令和5・10・26 労経速2554号31頁（勝英自動車学校事件）……………………………116
大阪地判令和5・10・26 ジャーナル143号24頁（ハイスタンダードほか1社事件）……62, 63, 74, 366, 370
東京地判令和5・10・27 労経速2555号21頁（PAGインベストメント・マネジメント事件）……871
大阪地判令和5・10・27 ジャーナル144号24頁（建設会社S事件）…………………………877, 884
東京地判令和5・10・30 労経速2543号18頁（学校法人I学園事件）……………251, 252, 253, 333
山形地判令和5・11・7 ジャーナル144号22頁（山形県・県教委事件）…………………………368
大阪地判令和5・11・10 ジャーナル145号36頁（ナワショウ事件）……………………………495
横浜地判令和5・11・15 ジャーナル144号20頁（川久保企画事件）……………………………115
大阪地判令和5・11・15 ジャーナル145号32頁（豊中市事件）…………………………………385
東京地判令和5・11・15 ジャーナル148号38頁（日経BPアド・パートナーズ事件）……136, 640, 878, 884
東京地判令和5・11・16 労経速2555号35頁（シービーアールイーCMソリューションズ事件）……300
大阪地判令和5・11・16 ジャーナル145号26頁（フォーバンス事件）…………………………264
札幌地判令和5・11・22 労経速2545号35頁（日本郵便事件）………………………………1054
東京地判令和5・11・27 労経速2554号14頁（伊藤忠商事事件）………156, 368, 634, 647, 663, 667, 1165
富山地高岡支判令和5・11・29 ジャーナル145号16頁（丸福石油産業事件）……………693, 707, 714, 721
東京地判令和5・12・1 労経速2556号23頁（R&L事件）……………………………………302, 892
さいたま地越谷支判令和5・12・5 ジャーナル145号12頁（獨協学園事件）……………………176
横浜地判令和5・12・12 ジャーナル144号16頁（M幼稚園事件）……………………………879, 882
福岡地判令和5・12・12 ジャーナル147号30頁（佐賀大学事件）………………358, 892, 1005, 1024, 1029, 1033
東京地判令和5・12・14 ジャーナル148号36頁（住友不動産ベルサール事件）………339, 532, 533
東京地判令和5・12・15 ジャーナル149号64頁（大東建託事件）…………………………629, 641, 665
東京地判令和5・12・18 ジャーナル149号62頁（FIRST DEVELOP事件）………………281, 284, 322
東京地判令和5・12・19 労判1311号46頁（小田急電鉄事件）…………………………………368
松山地判令和5・12・20 労経速2544号3頁（松山大学事件）…………………………………467, 484
札幌地判令和5・12・22 労判1311号26頁（京王プラザホテル札幌事件）…………………507, 517
大阪地判令和5・12・22 労経速2544号34頁（倉敷紡績事件）………………………………174, 175
東京地判令和5・12・22 ジャーナル149号60頁（解雇無効地位確認等請求事件）………849, 877
東京地判令和5・12・22 LEX/DB25599751（大塚ウエルネスベンディングほか事件）…339, 640, 667, 985, 986
神戸地判令和5・12・22 LEX/DB25597004（日本郵便事件）…………………………………406
大阪地判令和5・12・25 ジャーナル147号26頁（みどり会事件）………………………………408
東京地判令和5・12・25 ジャーナル148号32頁（三菱UFJ信託銀行ほか1社事件）…983, 984, 986, 988, 990
千葉地判令和5・12・26 ジャーナル146号2頁（オリエンタルランド事件）………………679, 690
大阪地判令和6・1・11 労経速2541号18頁（関西大学事件）…………………………………637
大阪地判令和6・1・16 ジャーナル146号36頁（キャロットカンパニー事件）…………………826
東京地判令和6・1・17 ジャーナル150号38頁（つばめ交通事件）……………………………134
福岡地判令和6・1・19 ジャーナル145号2頁（西南学院事件）……………………………903, 910
大阪地判令和6・1・19 ジャーナル147号24頁（戎屋化学工業事件）…………………………300

熊本地判令和 6・1・19 ジャーナル 148 号 30 頁（国・陸上自衛隊事件）……………………………174, 175
東京地判令和 6・1・25 ジャーナル 150 号 36 頁（ぱぱす事件）…………………………………………644, 667
東京地判令和 6・1・26 ジャーナル 150 号 34 頁（イトキン事件）……………………………………………586
東京地判令和 6・1・29 ジャーナル 150 号 32 頁（東京醫科大学事件）………………………………366, 369
東京地判令和 6・1・30 ジャーナル 150 号 30 頁（日本大学事件）…………1022, 1041, 1042, 1054, 1056, 1168
大阪地判令和 6・1・31 ジャーナル 147 号 20 頁（原田産業事件）……………………………………………951
東京地判令和 6・2・1 ジャーナル 150 号 28 頁（アイエスエフネット事件）………………………142, 174
熊本地判令和 6・2・2 労経速 2551 号 26 頁（上益城消防組合事件）………………………………174, 175
横浜地判令和 6・2・8 ジャーナル 145 号 10 頁（横浜国立大学事件）………………………………637, 667
大阪地判令和 6・2・8 ジャーナル 146 号 32 頁（岡崎機械工業事件）……………………863, 892, 894
東京地立川支判令和 6・2・9 ジャーナル 150 号 26 頁（JYU-KEN 事件）…………………………………339
水戸地下妻支判令和 6・2・14 労経速 2547 号 3 頁（古河市事件）………………………694, 696, 720
鳥取地判令和 6・2・16 労経速 2551 号 3 頁（エヌ・エル・エヌ事件）……………983, 984, 986, 988, 990, 991
大阪地判令和 6・2・16 ジャーナル 146 号 28 頁（KANADENKO 事件）……………………………………406
大阪地判令和 6・2・16 ジャーナル 147 号 18 頁（パナソニックホールディングス事件）………555, 557
東京地判令和 6・2・19LEX/DB25620505（ビーラインロジ事件）……………………………………745, 777
東京地判令和 6・2・21 ジャーナル 150 号 22 頁（全日本吹奏楽連盟事件）………………………264, 643
大阪地判令和 6・2・22 ジャーナル 147 号 16 頁（青葉メディカル事件）………………………302, 304
東京地判令和 6・2・26 ジャーナル 150 号 20 頁（ユナイテッド・エアーラインズ・インク事件）…1100, 1157
京都地判令和 6・2・27 ジャーナル 148 号 22 頁（任天堂事件）…………………………174, 175, 1098
東京地判令和 6・2・28 ジャーナル 150 号 16 頁（リンクスタッフ事件）……………………………………821
東京地判令和 6・2・29 ジャーナル 150 号 10 頁（全日本空輸事件）…………………………………………552
東京地判令和 6・2・29 ジャーナル 150 号 12 頁（全国共済水産業協同組合連合会事件）……………639
東京地決令和 6・3・1 ジャーナル 147 号 12 頁（西村あさひ法律事務所・外国法共同事業事件）………1182
鳥取地判令和 6・3・8 ジャーナル 148 号 18 頁（鳥取県・県教委事件）……………………………………671
大阪地判令和 6・3・8 ジャーナル 149 号 58 頁（トーコー事件）………………………………406, 1004
横浜地判令和 6・3・12 労経速 2550 号 13 頁（慶應義塾大学事件）………………………………………1036
大阪地判令和 6・3・14 ジャーナル 148 号 14 頁（日生米穀事件）……………………………………79, 617
水戸地判令和 6・3・14 ジャーナル 148 号 16 頁（日本原子力研究開発機構事件）………………………123
大阪地判令和 6・3・27 労判 1310 号 6 頁（警和会事件）……………………………496, 501, 507, 510
大阪地判令和 6・3・27 ジャーナル 148 号 10 頁（JR 東海事件）……………………………………………450
名古屋地判令和 6・4・10 ジャーナル 149 号 56 頁（愛知県健康づくり振興事業団事件）………699, 714
大分地判令和 6・4・12 ジャーナル 149 号 54 頁（中津市事件）………………………………………………368
東京地判令和 6・4・25 労経速 2553 号 21 頁（国・静岡刑務所長事件）……………………………………671
横浜地判令和 6・4・25 労旬 2063 号 47 頁（パスポート不返還損害賠償請求事件）………114, 200, 1129
東京地判令和 6・4・25 判例集未登載（みずほ銀行事件）……………………………………………628, 637
水戸地判令和 6・4・26 労経速 2556 号 3 頁（水産業協同組合 A 事件）………357, 861, 880, 891, 892, 894
東京地判令和 6・5・13 ジャーナル 149 号 2 頁（AGC グリーンテック事件）………………950, 978, 979
京都地判令和 6・5・14 ジャーナル 149 号 44 頁（京都大学事件）……………………………173, 175, 647
宮崎地判令和 6・5・15 ジャーナル 148 号 6 頁（宮交ショップアンドレストラン承継人宮崎交通事件）
………………………………………………………………………………………………694, 696, 713, 721
大阪地判令和 6・5・21 ジャーナル 149 号 38 頁（阪神高速技研事件）………………………………597, 598
静岡地判令和 6・5・23 ジャーナル 149 号 42 頁（焼津漁業協同組合事件）…………………………………368
東京地判令和 6・5・30 ジャーナル 149 号 36 頁（東和産業事件）………………………640, 668, 669, 1164
大阪地判令和 6・5・31 ジャーナル 149 号 34 頁（水工エンジニアリング事件）……………………………344

東京都労委令和 4・10・4 労判 1280 号 19 頁（Uber Japan ほか 1 社事件）……………………65, 73, 82

事項索引

あ

与える債務 …………………………………… 132
あっせん ……………………………………… 1146
安全衛生管理体制 ………………………… 674～
安全衛生教育 ………………………………… 675
安全配慮義務 … 165, 474, 584, 678～, **682**～, 1090, 1092, 1131, 1179
── 〔慰謝料請求〕 ………………………… 721
── 〔一般的危険〕 ………………………… 700
── 〔過重労働〕 …………………………… 699
── 〔業務処理請負〕 ……………………… 727
── 〔損害賠償請求権の消滅時効〕 ……… 683, 722～
── 〔特別な危険〕 ……………………… **699**～
── 〔労契法における立法化〕 …………… 687
── 〔労務給付拒絶権〕 …………………… 723
── と不法行為構成 ……………………… 711
── と履行補助者 ………………………… 690
── の効果 ……………………………… **718**～
── の主体 ……………………………… **727**～
── の内容 ……………………………… **688**～
── の法的根拠・性質 ……………………… 684
── の履行請求権 …………………… 712, 724～
── の履行としての人事措置 …………… 709
裁量労働制と── ………………………… 474
出向先の── …………………………… 584, 727
派遣先の── ……………………………… 727
労安衛法と──の関係 ………………… 679～
安全配慮義務違反 ………… 682～, 717, 1108
── 〔因果関係〕 ………………………… 713～
── 〔過失相殺〕 ………………………… 718～
── 〔帰責事由〕 …………………………… 715
── 〔素因減額〕 …………………………… 721
── 〔相当因果関係〕 …………………… 713～
── 〔損害賠償請求権〕 ………………… 718～
── の立証責任 ………… 715, 717～, 1179
安全配慮義務履行体制構築義務 ………… **704**～

い

依願退職 ……………………………………… 820
異議申出〔労働契約承継法〕 …………… 807～

育児・介護休業の権利 ……………………… 604
育児・介護休業法 ………………… 565, 604～
──上の配慮義務 → 転勤時における育児・介護従事者に対する配慮義務
育児休業 …………………………… 604～, 974
── 〔権利の性格〕 ………………………… 604
── 〔権利の内容〕 ………………………… 605
── と不利益取扱いの禁止 ……… 606～, 974
育児休業給付 ………………………………… 606
育児時間 ……………………………………… 995
育成就労制度 ……………………………… 1123
意見聴取義務〔就業規則〕 ……… 214, 231, 749
医師選択の自由 ………………………… 677, 682
一事不再理の原則 …………………………… 664
1か月単位の変形労働時間制 ………… **449**～
1週間単位の変形労働時間制 …………… 454
1年以内の期間の変形労働時間制 …… **452**～
一斉休憩の原則 ……………………………… 413
一般雇用原則 …………………………… 130, 195
一般的拘束力 …………………… **245**～, **772**～
一方的相殺〔賃金〕 ………………………… 346
一方的退職〔辞職〕 …………………… **820**～
委 任 …………………… 8, 47, 61, 131, 371, 577
委任契約 ……………………………………… 198
違法派遣 ……………………………………… 1096
違約金 ………………………………………… 114
インセンティブ報酬 ………………………… 315

う

請 負 ………………… 8, 47, 61, 131, 269, 387
打切補償 ……………………………………… 847
訴えの利益 ……………………………… **1159**～
うつ病自殺 …………………………………… 695

え

営業譲渡 → 事業譲渡
営業の自由 ……………………………… 98, 790
営業秘密 ……………… 155～, 160, 926, 927, 943
営業秘密管理指針 …………………………… 158
HIV感染検査 ………………………………… 184
越境リモートワーク ……………………… 1120
M&A（企業買収） …………………… 789, 790

遠隔地転勤・転居を伴う転勤の見直し…539, **566**
エンゲージメント …………………………29

お

OJT ……………………298〜, 523〜, 964
Off-JT ……………………………523, 524, 964

か

海外勤務の法的根拠 …………………1121
海外勤務労働者………………**1106**〜, **1116**〜
外勤勤務者 ……………………………73
解　雇……10, 58, 98, 161, 255, 298, 600, 617, 656, 752, 786, 791, 816, 844〜, 999, 1085, 1132, 1159, 1169
　　──〔主張立証責任〕………856, **1169**〜
　　──〔停止条件付き解雇の合意〕………**923**〜
　　──と賃金………………………**891**〜
　　──と不法行為…………………**895**〜
　　──の金銭救済…………………**898**〜
　　──の承認………………………890
　　──の無効………………………**889**〜
　　管理職・専門職の──…………867
　　休職と──………………………862
　　ジョブ型中途採用者の──……868
　　人事考課と──……………387, 867
　　年俸制と──……………………394
解雇回避努力義務…786, **861**, 864, 869, 884, **908**〜, 922, 1009, 1028
　　──〔指導・教育〕………864, 865, 869
介護休業…………………………**604**〜
　　──と不利益取扱いの禁止……**606**〜
介護休業給付……………………606
戒　告……………………………623
外国人技能実習生 ……………281, 1123
外国人技能実習法 ……………………1123
外国人研修制度 ………………119, 1123
外国人の就労 …………………………**1122**〜
外国人労働者 …………………119, **1122**〜
　　──〔解雇〕……………………1132
　　──〔均等待遇原則〕…………**1127**〜
　　──〔雇用期間〕………………1132
　　──〔採用内定〕………………1128
　　──〔就業規則〕………………1127
　　──〔守秘義務・競業避止義務〕………1131
　　──〔賃金〕……………………1129
　　──〔配転〕……………………1130
　　──〔募集・採用・労働条件の明示〕……1126
　　──〔労働契約〕………………**1122**〜
　　──〔労働災害の民事責任〕……1130
　　──〔労働条件〕………………1129
解雇権濫用規制……10, 58, 279, 298, 752, 786, 797, 835, **854**〜, **860**〜, 883, 890, 902, 1000, 1015, 1028, 1085
　　──の構造………………………**859**〜
　　──の法的評価…………………**856**〜
解雇権濫用規制の類推適用………**278**, 800, **999**〜
解雇権濫用法理……………**854**〜, 856, 999
解雇事由該当性………………859, **860**〜, 902
解雇事由の列挙 ………………851, 1169
解雇制限期間……………………**846**〜
　　──〔打切補償〕………………847
解雇手続………………………**886**〜
　　──〔弁明の機会の付与〕……887
解雇の金銭救済制度……………**898**〜
　　──の正当化根拠………………899
　　──の制度設計…………………**899**〜
解雇の効果………………………**889**〜
解雇の合理的理由………………854, 859, **860**〜
　　──〔協調性の欠如〕…………875
　　──〔業務妨害〕………………877
　　──〔業務命令違反〕…………878
　　──〔勤務状況・態度の不良〕……873
　　──〔欠勤・遅刻・早退〕……873
　　──〔傷病・健康状態〕………861
　　──〔職場規律違反〕…………**876**〜
　　──〔職務懈怠〕………………872
　　──〔信頼関係の破壊〕………881
　　──〔内部告発〕………………880
　　──〔能力不足・成績不良・適格性の欠如〕
　　　……………………………**863**〜
　　──〔不正行為〕………………879
解雇の自由………………821, 845, 851, 854, 858
解雇の相当性……………854, 859, **883**〜
　　──〔軽度の措置・処分〕……884
　　──〔使用者の対応〕…………885
　　──〔平等扱いのルール〕……884
　　──〔不当な動機・目的〕……883
　　──〔労働者の情状〕…………883
解雇予告制度……………………299, **848**〜
　　──違反の解雇の効力…………850

――の除外事由……………………849
有期労働契約と――……………850
解雇理由
　――の証明………………………888
　――の追加主張…………………889～
会社解散……………………………**790**～
　――を理由とする解雇…………791
会社更生法…………………354, 794, 919
会社批判行為………………………880
会社分割………………789, **804**～, 1025, 1032
　――〔労組法上の論点〕………817
　――〔労働契約承継手続〕……**810**～
会社法 ……………**39**～, 428, **702**～, 790, 804
外部規律説……………………238, 248
解約権留保付労働契約………**278**～, **298**～
解約自由の原則 …………2, 10, 820, 844, 854
確認の訴え ………………………241, **1159**～
　――〔就業規則・労働協約〕…………1165
　――〔懲戒〕……………………1164～
　――〔配転先・出向先における就労義務不存在〕…………………………1160～
　――〔労働契約上の地位〕……………**1159**～
過失相殺……………………………**718**～
化体説………………216, 238, 240, 248, 766
合　併………………………793, 1025, 1032
過半数組合・過半数代表者……………**249**～
株式取得型M&A…………………789
株式の付与…………………………315
仮眠時間………………**407**～, 412, 430
過労死・過労自殺…………………692
監視・断続的労働…………………487
閑職配転……………………………559
間接雇用……………………………1079
間接差別……………………………**978**～
間接反証の法理 …………………718, 1180
管理監督者…………………………390, **481**～
　――〔自由裁量基準〕…………482～
　――〔処遇基準〕………………483～
　――〔職務権限・責任基準〕……**483**～, 485
　――〔立法論〕…………………486
関連労働条件の改善〔労働条件の変更〕……733, 740

き

機会の平等…………………………958

企画業務型裁量労働制……………**470**～
　――〔労働契約上の問題〕……473
　――〔労働者の同意〕…………472, 477
期間の定めのある労働契約 ……111, **304**～, 850, **998**～, 1132, 1170
期間の定めのない労働契約 ……111, **304**～, 391, 844, 1000
企業外の行動………………611, **645**～, 879
企業業績連動型賞与………………**362**～
企業人事……………………………6, **519**～
企業組織の変動……………………**789**～
企業秩序………………130, 415, 582, **611**～
　――の限界………………………614
企業秩序遵守義務…………613, 640, 642, 645
企業秩序定立・維持権限…………612, 616
企業秩序の侵害……………618, **620**, 635, 636, 645
企業内組合活動・政治活動………644
企業内紛争処理システム…………**1143**～, 1153
企業ネットワークの私的利用……144, 185, 642
企業年金……………………………314, **373**～
　――の減額・廃止………………**373**～
企業の社会的責任　→　CSR
企業秘密の漏洩……159, **162**～, 632, 646, **927**～
企業別協約…………………………234
企業法（ビジネス・ロー）………**38**～, 520
企業法と労働法……………………44
企業法務……………………………6, **38**～, 520
危険責任原則………………………195, 258, 261
危険な労働……………136, 681, 723, 1122
危険負担……………………49, **321**～, 891
危険有害業務の就業禁止…………994
偽装請負 ……………………**92**～, 1081, 1095
偽装解散……………………**98**～, 792, 801
起訴休職……………………………594, 596
期待可能性の原則……858, 859, **861**, 866, 908, 910
技能実習制度………………………1123
規範的解釈論………………………94
規範的効力　→　労働協約の規範的効力
希望退職者の募集…………………909, 917
基本給…………………**308**～, 740, 951, **1054**～
基本給・賞与・退職金に関する法的介入のあり方…………………………**1057**～
機密事務取扱者……………………486
逆求償…………………………………**262**～
キャリア形成の利益 ……28, 166, 521, 525, 558

休業……………………………326, **601**〜
　——と不利益取扱い………………**602**〜
　——と労働契約…………………**601**〜
休業期間中の賃金…………………602
休業手当………………………326〜, 894
　　派遣労働者の——………………1085
休　憩…………………………396, 413〜
休憩自由利用の原則………………415, 645
休　日…………………………396, 415〜
休日振替……………………………417
休日労働………………417, **419**〜, 426, 428
休日労働義務………………**423**〜, 426
吸収分割……………………………805
求償権………………………………**258**〜, 263
休　職…………**592**〜, 697, 710, 862, 1163, 1172
　——と解雇・自然退職………………600
　——の終了………………………**596**〜
　——の成立…………………………593
　——メンタルヘルス・マネジメント………710
休職期間中の賃金・法律関係…………596
休職命令権………………………593, 710
求人メディア………………………268
給付の訴え…………………**241**, 1167, 1177
教育訓練…………298, **522**〜, 1073, 1086〜
　——を受ける権利…………………524
　——を命ずる権利…………………523
協議・同意条項
　→ 労働協約における協議・同意条項
競業と不法行為……………………944
競業避止義務 ……152, **162**〜, 491, 516, 602, 646,
　929〜, 1115, 1131, 1177
　——〔競業制限の範囲〕……………**934**〜
　——〔効果〕………………………942
　——〔前使用者の正当な利益〕………936
　——〔代償〕…………………**932**〜, 938
　——〔労働者の地位・職務〕…………936
　——と独占禁止法………………940, **945**〜
　——と不正競争防止法………………943
　　在職中の——………………………162〜
　　退職後の——………………226, 929〜
競業避止義務の根拠〔個別特約〕………**930**〜
競業避止義務の要件………………**162**〜, **932**〜
強制労働の禁止…………………………109
業績賞与………………………………391
業績賞与併用型確定年俸制……………390

業績手当……………………………330
競争法………………………………**84**〜
協調性の欠如………………………**875**〜
強　迫………………………………825
業務委託契約………………………**76**〜
業務起因性…………………………713
業務軽減措置〔安全配慮義務〕…696, **697**〜, 700,
　709
業務処理請負………………76, 110, 269, 727, 1078
　——における労働契約………………1080
業務妨害行為………………………640, 877
業務命令……………146, 148, 639, 681, 723
　——〔フレックスタイム制〕…………462
業務命令違反……………………**639**〜, 878
業務命令権…………………………148
協約自治……………………………238, 243, 769
　——の限界………………**243**〜, 575, 589, 767
協約締結権限…………………234, 243, 768, 771
既履行分の報酬請求権の保障………**319**〜, 361
均衡考慮の原則……………………58
均衡待遇ルール……………………1040, 1050
　——契約社員類型…………………**1041**〜
　——再雇用社員類型………………**1060**〜
均衡の理念…………………………**1066**, 1068
均等待遇原則 ……119〜, 281, 950, 1040, **1071**〜,
　1127〜
　——違反の効果……………………122
勤務間インターバル制度……………**427**〜, 489
勤務時間短縮措置……………606, 607, 610
勤務状況・態度の不良〔解雇〕………873
勤務地限定社員………………548, 858, **922**〜, 953
勤務地の限定………229, 542, **543**〜, 548, 909
　——の合意………………………**548**〜
勤労権………………………………267

く

クーリング期間……………………1030
苦情処理 …………………………467, 472, 1145
苦情の自主的解決〔雇用機会均等法〕………993
グループ企業における継続雇用……………**842**〜

け

軽易業務への転換〔女性保護〕……………995
経営障害……………………………**326**〜
計画年休……………………………250, 514〜

経過措置〔労働条件の変更〕……741〜, 757, 759, 765, 772
経済的従属性…………………………47, 68
経済的補償・再就職支援措置〔整理解雇〕…911, 917
芸術・芸能関係者 ………………………77〜
継続雇用後の雇止め……………………841〜
継続雇用制度……………………………832〜
――〔対象者選定〕……………………835
継続雇用制度と労働条件………………837〜
――〔労働条件の合理性〕……………838〜
継続性の要請 …………………10, 752, 857
継続的契約 ……………………………10, 131
契約期間の制限…………………………111〜
契約期間の長さの下限 ………………1026
契約自由の原則 ………2, 15, 108, 271, 799
契約準拠法への附従的連結 …………1108
契約上の地位の移転……………………52, 796
契約締結上の過失…………………293, 294
契約締結の自由……271, 274, 276, 799, 1031, 1096
契約内容の一方的決定 …………………73
契約内容変更効〔就業規則〕……734〜, 750, 760, 1038
契約内容補充効〔就業規則〕……220〜, 339, 364, 424, 439, 542, 575, 616, 1038
経歴詐称……………………275, 280, 635, 871
結果債務…………………………………132, 688
欠 勤………………………………637, 873
結婚退職制………………………………955
減額条項……………………………339, 365
減 給………………………………………624〜
健康情報……………………………184, 708
健康診断………………………676, 680, 681, 697
――受診費用負担義務………………195, 676
――の受診義務…………………………681
研修医……………………………………75
研修等への参加…………………………410
研修費用返還制度………………………114〜
兼 職……………………151〜, 162, 400, 646, 696
兼職許可義務……………………………153
兼職許可制………………………………151, 153
兼職避止義務……………………………151〜
兼職・副業の解禁と促進………………153
譴 責………………………………………623
権利濫用規制………17, 22, 57, 135, 147, 148, 247, 393, 418, 426, 531, 553, 577, 724

こ

コアタイム………………………………460
合意解約……………………………820, 843
合意原則……13, 20〜, 56, 211, 222, 227, 230, 232, 295, 335, 380, 542, 545, 575, 579, 590, 592, 618, 752, 754, **762**, 764, **776**, 779, 785, 787, 802, 933
――の機能 ……………………………20〜
行為債務 → なす債務
更衣時間…………………………………405
合意相殺…………………………………347
公益通報者保護法………………654〜, 1085
――〔改正〕……………………………654
――〔外部通報〕………………………656
――〔行政機関通報〕…………………656
――〔公益通報者の保護〕……………655
――〔真実相当性〕……………………656
――〔内部通報〕………………………657
公益通報対応体制整備義務……………658〜
公益通報を理由とする損害賠償義務の免責…658
口外禁止条項……………………………1154
降 格………335, 340, **530**〜, 563, 629, 971, 1163, 1172
――前の資格にあることの確認請求………534, 1163
人事考課と――…………………………387
懲戒処分としての――…………………629〜
公共職業安定所（ハローワーク）……266
公 序 ……152, 303, 360, 518, 932, 942, 955, 967, 975, 1068
交渉促進規範…………………………19, 23
交渉力・情報格差 ……12, 47, 211, 238, 258, 336, 579, 590, 763, 764, 778, 1111, 1141, 1145
更新拒絶 → 雇止め
更新限度条項……………………………1021〜
公正代表義務……………………………770, 772
公正な評価……………378〜, 522, 534, 757, 867
――の法的構成…………………………378〜
――法的枠組み…………………………381〜
高度プロフェッショナル制度…………487, 707
――〔労働契約法上の効果〕…………488
坑内業務の就業制限……………………996
高年齢者雇用安定法……………………831〜
――の効果………………………………833

高年齢者雇用確保措置……………………832〜
高年齢者就業確保措置……………………832
公民権行使の保障……………………110, 740
公務員の懲戒処分……………………669〜
合理的限定解釈……………………136, 225, 367
合理的配慮……………………124〜
コース別雇用管理……………………952, 966〜
コーポレート・ガバナンス ……5, 40〜, 234, 961
　　――と労働契約法 ……………………40〜
コーポレートガバナンス・コード …41, 653, 961
国際裁判管轄〔労働契約〕……………………1133〜
　　――海外勤務労働者 ……………………1137
　　――日本国内で就業する労働者 ………1135〜
国際的労働契約 ……………………1099〜
　　――〔準拠法〕……………………1099〜
　　――〔当事者自治の限界〕……………………1111〜
国籍による差別……………………119
5条協議……………………811〜
　　――具体的判断……………………812
個人請負・業務委託契約者……………………76
個人情報……………………183〜, 708
　　――〔要配慮個人情報の取得〕……………………187
　　――〔利用目的による制限〕……………………187
　　――の取得……………………186
　　――の第三者提供の制限……………………187
　　――の保護……………………183〜
　　――の本人開示……………………188
個人情報保護義務……………………190, 1090
個人情報保護法……………………185〜, 708
　　――の私法的効果……………………189
固定残業代制……………………431〜
個別的合意……46, 209〜, 210, 329, 336, 392, 424,
　　475, 572, 579, 588, 591, 775, 803
　　――による労働条件の変更 ………775〜, 1175
個別労働関係民事紛争〔労働審判法〕………1149
個別労働紛争……………………4, 7, 1139, 1146
個別労働紛争解決促進法……………………1145〜, 1153
雇用延長制度……………………834〜
雇用管理地法 ……………………1101, 1110, 1117
雇用機会均等法 ……………………949, 958〜, 993, 1113
　　――〔解雇〕……………………969
　　――〔教育訓練〕……………………964〜
　　――〔婚姻・妊娠・出産等を理由とする不利益取扱いの禁止〕……………………970〜
　　――〔職種の変更・雇用形態の変更〕……968
　　――〔セクシュアル・ハラスメント〕
　　　……………………991〜
　　――〔退職推奨〕……………………969
　　――〔定年〕……………………969
　　――〔配置・昇進・降格〕……………………964〜
　　――〔紛争処理・行政救済システム〕
　　　……………………993〜
　　――〔募集・採用〕……………………266, 272, 963〜
　　――〔労働契約の更新〕……………………969
雇用期間と試用期間……………………304
雇用継続の期待利益……………………999〜, 1025
　　――の判断基準時……………………1015
雇用契約……………………8, 47〜
雇用契約規定……………………46, 49
雇用社会の変化と労働契約法 ……………………24〜
雇用対策法……………………270
雇用の多様化……………………5, 63, 997〜, 1015
雇用の流動化……5, 29, 162, 163, 267, 301, 868, 925
雇用平等……………………377, 949〜
雇用保障の要請 ……10, 15, 28, 58, 755, 857, 1143
雇用保障法……………………3
コンプライアンス ……27, 31〜, 39, 40, 102, 650,
　　656, 961, 1143, 1144

さ

債権契約……………………9
債権法改正……………………48〜, 223, 232〜
最後の手段の原則……631, 786, 857, 858, 860, 861,
　　863, 908
再雇用制度 ……………………834〜, 1060
最低基準効 → 就業規則の最低基準効
最低賃金法 ……………………331〜, 1113
裁判外紛争処理（ADR）……………………1139, 1145〜
裁判管轄……………………1133〜, 1155〜
最密接関係地法 ……………………1100〜, 1111, 1116
　　――の適用範囲 ……………………1110
債務の本旨に従った労務の提供……………131, 323
債務引受……………………52, 583, 585
　　併存的――……………………329, 585
採　用……………………271〜, 1138
採用強制……………………274, 1031
採用拒否……………………273〜
採用専権条項〔事業譲渡〕……………………796, 802
採用内定……………………276〜

事項索引（さい―しっ） 1261

――中の法律関係……………………………284
――の法的性質…………………………277～
採用内定取消……………………………279～
採用内内定………………………………285～
採用の自由………121, 271～, 276, 799, 1031, 1096
在留資格 ……………………1122, 1130, 1132
裁量権尊重の要請…………………9, 10, 37, 146
裁量労働のみなし制……………………464～
　――〔業務遂行手段に関する決定〕………466
　――〔時間配分の決定〕……………………466
　――と安全配慮義務………………474, 707
　――と労働契約…………………………468～
　――の効果…………………………468, 473
　――の適用除外（解除）……………475～
　企画業務型――………………………470～
　専門業務型――………………………465～
先取特権……………………………………352
錯　誤………………………………………825
三六協定…………………………………420～
　――の効果………………………………423
差別禁止規定 ……119～, 123, 134, 384, 542, 796, 963～
差別的解雇………………………………845～
差別的言動禁止・差別的思想醸成避止義務…169
差別的取扱い…………122, 950～, 1071, 1084
　――の立証………………………………1179
　――の理由………………………………119
産業医………………………………………674
産業別協約……………………………234, 242
産前産後休業…………………………601, 995～
三位一体の労働市場改革の指針 ……27, 526, 550

し

CSR ……………………………31～, 39, 1143, 1144
自営的就労者………………………65, 80, 83
ジェンダー・ハラスメント発言……………985
資格の引下げ…………………………335, 534～
　職位の引下げによる――……………………535
時間外・休日労働の実情……………………419
時間外労働 ……225, 244, 419～, 445, 452, 1178
　――の上限規制…………………………420～
時間外労働義務…………………………423～
指揮監督下の労働………………62, 63～, 68, 82
指揮監督のツール………………………65, 83
時季指定勧奨義務…………………………498

時季指定権……………………………496, 498～
　――の効果………………………………500
　――の濫用……………………………499, 516
時季指定付与義務………………………511～
時季変更権………………………………500～
　――〔事業の正常な運営を妨げる場合〕………………………………500～
　――〔状況に応じた配慮〕………502～, 509
　――の効果………………………………508
　――の行使時期・方法…………………507
指揮命令〔明示・黙示の〕……………410, 430
指揮命令下………………………403, 408, 430
指揮命令関係……………90, 571, 580, 1079
支給日在籍要件……………………330, 359～, 363
事　業…………………………………100, 1118
　――の実質的同一性……………796, 799, 800
事業取得型 M&A………………………789～
事業場外労働のみなし制……………455～, 480
　――〔効果〕……………………………459
　――〔通常必要時間みなし制〕…………458
事業譲渡……………789, 793～, 804, 1025, 1032
　――〔一部譲渡〕………………………794
　――と労働契約の承継…………………795～
　――と労働者の同意……………………803
　――と労働条件…………………………802
　――に関する立法政策…………………803
事業遂行費用の使用者負担原則………195～
事業遂行費用負担・償還義務………195～, 198
事業組織への組入れ ……………………71～
事業主…………………………………89, 674
事故欠勤休職………………………………594
自己申告……………………………444, 479
仕事と生活の調和………25, 28, 58, 398, 404, 420, 427, 460, 521, 560, 604, 961
　――への配慮の原則 ……………………58
自己利用文書……………………………1181
事実たる慣習……………………………219, 251
自社株式……………………………………315
辞　職（一方的退職）……………………820
施設管理権…………………………………144, 613
思想・信条…………………………167, 273
　――を理由とする採用拒否……………273
下請業者……………………………………76
自宅待機命令……………………………627～
執行役員…………………………………79, 933

実労働時間算定原則…………400, 444, 447, 457
私的自治の原則……………………………2, 108
シフト制………………………………134, 323
始末書提出命令……………………………624
社会的身分による差別……………………121
社会保険手続履行義務…………………194〜
社外労働者受入れ ………………90, 97, 1078
社内FA制………………………………386, 552
社内公募制…………………………386, 552, 558
自由意思に基づく同意………118, 196, 211〜, 233, 335, 336〜, 347, 349, 469, 474, 476, 590, 761〜, 763, 764, 776〜, 779〜, 971, 972, 976, 1019, 1021, 1022, 1175
　──〔競業避止義務〕…………………930, 940
　──〔射程〕…………………………………780〜
　──〔労働条件の決定〕……………………211〜
　──〔労働条件の変更〕……………761〜, 776
従業員兼務取締役 ……………………………78〜
就業環境相談対応義務 ……………34, 661, 992
就業規則………46, 151, 158, 212〜, 261, 339, 357, 359, 373, 393, 449, 461, 468, 475, 499, 523, 543, 573, 582, 664, 730〜, 851〜, 859, 860, 902, 929, 1127, 1165
　──〔契約内容変更効〕………734〜, 750, 760, 1038
　──〔契約内容補充効〕………220〜, 339, 359, 364, 424, 439, 542, 575, 616, 1038
　──〔特約優先規定〕……229, 545, 751〜, 1174
　──〔届出義務〕………………………213, 231, 765
　──〔立法論的検討〕…………………………222
　──と法令・労働協約との関係……………215
　──と労働契約の関係……………………217〜
　──の意義……………………………………212
　──の意見聴取義務 …………19, 214, 231, 765
　──の記載事項………………………………213
　──の強行的・自律的効力…………………216
　──の合理性………223〜, 567, 619, 736〜, 749
　──の効力発生要件…………………………231
　──の最低基準効 ………………56, 216, 231
　──の周知…………………215, 220, 227〜, 231, 731
　──の配転・出向条項…………………543, 573
　──の法的性質……………………218〜, 221〜, 731
　契約のひな形としての──……………231〜, 837
就業規則による労働条件の変更 ……216, 730〜, 793, 1174〜

　──〔関連労働条件の改善〕…………733, 739
　──〔基本的枠組み〕………………………737
　──〔経過措置〕…………741〜, 757, 765, 772
　──〔効果〕……………………………………750〜
　──〔合理性判断〕……………733, 736〜, 764, 774
　──〔代償措置〕……………………733, 739, 765
　──〔多数組合との交渉・合意〕…743〜, 753
　──〔登録型派遣労働者〕…………………747
　──〔の意義〕…………………………………748
　──〔非典型労働者の待遇改善〕…………746〜
　──〔変更後の就業規則の内容の相当性〕
　　……………………………………………739〜
　──〔変更の必要性〕………………………737〜
　──〔利益・リスクの公平な配分〕……741〜, 753
　──〔立証責任〕……………………………1174
　──〔立法論的検討〕………………………754
　──〔労働者の不利益〕……………………737
　──〔労働条件の柔軟な変更の要請〕……15, 28, 58, 752, 755
　労使間合意による── ………760〜, 778, 1174
就業規則変更合意 …………………760〜, 778, 1174
就業の場所及び従事すべき業務…………288, 546
集団的労使自治 ……………36, 238, 308, 753, 770
集団的労働法 …………………………………3, 17
周　知……………………215, 220, 227〜, 231, 731
自由な退職意思の形成……………………826〜
柔軟性の要請………………………10, 752, 857
就労義務不存在の確認の訴え〔出向先〕……580, 1162, 1171
就労義務不存在の確認の訴え〔配転先〕……565, 1161, 1171
就労請求権〔労働受領義務〕……………190〜, 890
手段債務……………8, 132, 257, 387, 688, 704, 709
出勤停止………………………………………626〜
出　向 ……90〜, 224, 244, 329, 570〜, 909, 1032, 1080, 1108, 1162, 1171
　──〔安全配慮義務〕…………………584, 727
　──〔守秘義務・競業避止義務〕…………582
　──〔懲戒〕……………………………………582
　──〔賃金支払義務〕…………………583, 585
　──〔労働義務〕……………………………581
　──〔労働保護法上の責任主体〕…………586
　──後の労働関係・労働条件………580〜, 585
　──と転籍の区別……………………………572

——の延長	588
——の拒否と解雇	918
出向期間	575, 587
出向協定	580, 581, 585
出向合意の法的規律	579
出向先労働条件の合理性	585〜
出向手続	578
出向命令権	573〜
——の効果	579
——の法的根拠	573〜
——の要件	576〜
出向命令権の濫用	577〜
——〔業務上の必要性〕	578
——〔労働条件面の不利益〕	577
出向元への復帰	587〜
出向労働関係	580〜, 586, 1162
出産後1年未経過等の女性労働者の解雇の禁止	976
出社命令権	140〜
出　張	138, 571
守秘義務	154〜, 491, 516, 602, 631, 646, 648, 926〜, 943, 1090, 1131
在職中の——	154〜
退職後の——	926〜
受領遅滞	328
準解雇	829
準拠法 → 労働契約の準拠法	
準備作業〔労働時間〕	405
障害者雇用促進法	123〜, 272
——〔合理的配慮〕	124〜
——〔差別禁止〕	123
——〔労働契約法上の論点〕	125〜
障害者の雇用平等	123
紹介予定派遣	1098
昇　格	526〜
昇格差別	122, 528, 956〜, 965
昇格請求権	528, 956, 965
昇格・昇進命令権	528
試用期間	296〜, 1138
——〔中途採用者〕	301〜
——中の解雇	298〜
——と雇用期間	304〜
——の延長	304
——の法的性質	296
——本採用の拒否	298〜
昇　給	333〜
昇給差別	122, 334
昇給請求権	333
承継強制の不利益	793, 794, 809
承継排除特約〔事業譲渡〕	796, 797
承継排除の不利益	793, 794, 795, 804, 808
使用者	56, 57, 89〜, 203, 1025, 1032
——の帰責事由に基づく労働義務の履行不能	321〜
——の義務	164〜
——の配慮義務	164〜, 193
——の名誉・信用を毀損しない義務	150, 614, 645
労基法上の——	89, 101
労契法上の——	89〜
使用者概念の拡張	90〜, 95〜
——支配会社・分社化における	95〜
——社外労働者受入れにおける	90〜
使用者責任	175, 256, 985, 987, 1092
使用従属関係	61, 68, 80〜
使用従属性	62〜, 68, 80〜
昇　進	526〜
昇進差別	528, 956〜, 966
少数組合員への拡張適用	246
傷病休職	593〜, 862
——における治癒の意義	597〜
傷病・健康状態〔解雇〕	861
私用メール	144, 185, 642
消滅時効〔賃金〕	341〜, 495
消滅時効規定の改正	341〜
賞　与	309, 314, 356〜, 603, 893, 1055〜
——〔既履行分の報酬請求権の保障〕	362
——支給日在籍要件	359〜, 363
賞与請求権	236, 357〜
将来の給付の訴え	1167
将来予測の原則	864, 865
職位の引下げ	531〜, 535, 538, 973
職業安定法	266〜
職業紹介	266〜, 1126
職業生活設計の理念	523, 558
職業選択の自由	150, 151, 266, 821, 927, 929, 942, 947
職業能力開発促進法	523, 558
職種・勤務地限定社員の配転	550〜
職種限定社員	547, 550, 922

職種転換……………………………………967
職種の限定………229, 324, **543**～, **547**～, 868, 909
　──の合意……………**545**～, 550, 568, 785
職種保持の利益……………………………558
職能給………………………………………309
職能資格制度………311, 521, **526**, 531, 534, 539
職場環境配慮義務………37, **165**～, 167, 192, 828, 829, 986, **989**～, 992, 1091
職場規律違反………………………**640**～, **876**～
職場離脱……………………………………873
職務給……………………………309, 312, 536
職務懈怠……………………………**636**, 872
職務専念義務……………………………**142**～
職務著作……………………………………208～
職務等級制度………………………………312
　──における降格…………………………536
　──における職位引下げ…………………538
　──における配転…………………………568
職務等級の引下げ………………………**536**～
　──配転に伴う……………………………537
職務内容同一短時間労働者 ………………1069
職務内容同一短時間・有期雇用労働者 ……1071
職務の内容……………1040, **1042**, 1048, 1060
職務発明……………………………………**200**～
　──〔権利帰属の要件〕…………………205
　──〔相当の利益〕………………………**206**～
　──〔要件〕………………………………205
　──〔労働法上の概念との異同〕………204
助言・指導・勧告〔雇用機会均等法〕………993
所持品検査…………………………………642
女性活躍推進法………………………962, 981
女性差別撤廃条約…………………………958
女性版骨太の方針…………………………962
女性保護……………………………………**994**～
所定労働時間 …………395, 412, 468, 1065
　──の特定・変更………………………**450**～
所得保障〔賃金〕…………308, 313, 345, 365, 378
ジョブ型雇用………………521, 547, **549**～, 868～
ジョブ型社員・勤務地限定社員〔整理解雇〕
　………………………………………………922
ジョブ型人事 ……………………………27, 550
ジョブ型正社員……………………………549～
ジョブ型中途採用社員の解雇……………**868**～
ジョブ・ローテーション…………………539
書面による確認の責務……………………295

人員削減の必要性………………………**904**～
　──の判断基準時………………………907
　──の判断対象…………………………907
人格的利益　→　労働者の人格的利益
人格的利益尊重義務……………………**165**～
信義則（信義誠実の原則）………24, **57**, 130, 149, 150, 159, 162, 165, 193, 196, 236, 258, 263, 293, 335, 359, 447, 563, 578, 590, 613, 685, 778, 787, 802, 887, 914, 926, 933, 1126
人権デュー・ディリジェンス ………………33
人材活用の仕組み………1040, **1042**, 1048, 1060
人　事……………………………………**519**～
人事権……10, 130, 147, **520**～, 528, 531, 541, 553, 973
　──行使としての降格…………………**530**～
　──濫用………**531**～, 534, 536, **553**～, 577
人事考課 ……189, 334, 358, **378**～, 522, 528, 529, 534, 758
　──〔能力・職務行動の評価〕…………387
　──と解雇・降格………………………387, 867
　──に関する裁判例……………………**388**～
　──の手続……………………………**381**～
人事考課権…………………………37, **379**～
　──の濫用………………………………380
人事考課制度……………………378, 382, 758
真実解散…………………………**97**～, **790**～, 803
真実告知義務………………………275, 636, 871
信条による差別……………………………120
人事・労務デュー・ディリジェンス………790
新設分割……………………………………805
人的従属性……………………………………47
深夜労働……………………………………429
信頼関係の破壊…………………………**881**～
心裡留保……………………………………825

す

ストック・オプション……………………**315**～
ストレス──脆弱性理論…………………715
ストレスチェック制度…………676, 678, 700, 705

せ

成果主義賃金・人事……188, 311, **376**～, 464, 469, 474, 521, 531, 756, 867, 957
成果主義賃金制度の導入………………**756**～
　──〔経過措置〕…………………………757

事項索引（せい―たい）　1265

――〔制度設計〕・・・・・・・・・・・・・・・・・・・・758
――〔労使協議〕・・・・・・・・・・・・・・・・・・・・758
生活手当・・・・・・・・・・・・・・・・309, 313, 1054, 1063
制裁罰・・・・・・・・・・・・・・・・・・・・・・・・・・・・・・・・618
清算期間・・・・・・・・・・・・・・・・・・・・・・・・461, 463
誠実義務 ・・・・・・**150～**, 159, 162, 491, 643, 645, 646, 648, 880, 947
誠実・配慮の関係 ・・・・・・・・・・・・10, 130, 149
誠実労働義務・・・・・・・・・・・・・・132, 139, 142, 873
成績不良〔解雇〕・・・・・・・・・・・・・・・・・・**863～**
性中立基準を用いた差別・・・・・・・・・・・・953
生命・身体の侵害による損害賠償請求権の消滅時効 ・・・・・・・・・・・・・・・・・49, 684, 712
整理解雇 ・・・・・・・・・・・・**901～**, 1006, 1028, 1169
――〔解雇回避努力義務〕・・・・・・・・**908～**, 917
――〔希望退職者募集〕・・・・・・・・・・・・909
――〔経済的補償・再就職支援措置〕・・・・・・911, 917
――〔人員削減の必要性〕・・・・・・**904～**, 907, 920
――〔説明・協議義務〕・・・・・・・・・・・・914
――〔配転・出向・転籍〕・・・・・・・・・・・909
――〔被解雇者選定の相当性〕・・・・・・・・911
――〔有期契約労働者の雇止め〕・・・・・・・910
――の4要素・・・・・・・・・・・・**904～**, 908, 916
再建型手続における――・・・・・・・・・・**919～**
ジョブ型社員・勤務地限定社員の――・**922～**
新型コロナ禍における――・・・・・・・・・・918
生理日の休暇・・・・・・・・・・・・・・・・・・・・・・・・996
責任軽減・・・・・・・・・・・・・・・・・・・・・・・・718, 721
責任制限法理・・・・・・・・・・・・・・・・・・・・・・・・257～
セクシュアル・ハラスメント・・・・・・641, 961, **982～**, 1091
――〔雇用機会均等法の規律〕・・・・・・・**991～**
――〔使用者の責任〕・・・・・・・・・・・・985
――〔職場環境配慮義務〕・・・・・・・・・・989
――の法的責任・・・・・・・・・・・・・・・・**982～**
出向先における――・・・・・・・・・・・584, 986
セクシュアル・ハラスメント防止措置義務・・・・・・・・・・・・・・・・・・・・・・**991～**
絶対的強行法規 ・・・・・・・・・・**1112**, 1118, 1132
――と「特定の強行規定」の関係 ・・・・・1117
説明・情報提供〔使用者〕・・・19, 23, 117, 211, 228, 233, 295, 336, 438, 473, 764, 776, 787, 802, 933, 1013, 1076, 1126
全額払の原則・・・・・・・・・・・・・**345～**, 360, 365, 895

善管注意義務・・・・・・・・・・・・・・428, 704, 705, 792
専属的管轄合意・・・・・・・・・・・・・・・・1134, 1135
選択定年制・・・・・・・・・・・・・・・・・・・・・・・・・・843
選択の自由・・・・・・・・・・・・・・・・・・・・・・・・272～
専門業務型裁量労働制・・・・・・・・・・・・・**465～**
――〔労働者の同意〕・・・・・・・・・468, 469, 477
――と労働契約上の問題・・・・・・・・・・**468～**
専門業務従事者・・・・・・・・・・・・・・・・64, 71, 74
全労働日・・・・・・・・・・・・・・・・・・・・・・・・・・・・493

そ

素因減額・・・・・・・・・・・・・・・・・・・・・・・・・・・**721**
早期退職者優遇制度・・・・・・・・・・・・・・・**843～**
相　殺〔賃金〕・・・・・・・・・・・・・・・・・・・**346～**
相当の対価〔職務発明〕・・・・・・・・・・・・・201
相当の利益〔職務発明〕・・・・・・・・・201, **206～**
金銭以外の――・・・・・・・・・・・・・・・・207
即時解雇・・・・・・・・・・・・・・・・・・・・・・630, **849～**
属地主義・・・・・・・・・・・・・・・・・・・・・・・・・・・1118
訴権の濫用・・・・・・・・・・・・・・・・・・・・・・**1157～**
組織的契約・・・・・・・・・・・・・・・・・・・・・・11, 520
その他の事情 ・・・・・・1040, **1042**, **1043**, 1048, 1060
ソフトロー・・・・・・・・・・・・・・・・・・・・・・・・・・37～
損害賠償額の予定・・・・・・・・・・・・・・・・・・・114
損害賠償責任の制限・・・・・・・・・・・・・・・・**257～**

た

対外国民事裁判権法・・・・・・・・・・・・・・・・1137
待機時間・・・・・・・・・・・・・・・・・・・・・・・・・・・407
代　休・・・・・・・・・・・・・・・・・・・・・・・・・・・・・418
代　償〔競業避止義務〕・・・・・・・・・**932～**, **938～**
代償措置〔労働条件の変更〕・・・・・・733, 739, 765
退　職・・・・・・・・・・・・・・・・・・・・・・・・・・・**819～**
――と損害賠償・・・・・・・・・・・・・・・・**826～**
――の意思表示の瑕疵・・・・・・・・・・・・825
――の意思表示の撤回・・・・・・・・・・・・824
――の意思表示の明確性・・・・・・・・・・823
――の自由　→　労働者の退職の自由
――の予告期間 ・・・・・・・・・・・・・・49, 821
自己都合・会社都合・・・・・・・・・・・・・・・367
退職慰労金・・・・・・・・・・・・・・・・・・・・・・・・・371
退職勧奨・・・・・・・・・・・・・・・・・・・・・・・・**826～**
退職許可制・・・・・・・・・・・・・・・・・・・・・・・・・822
退職金・・・・・・・・・309, 314, **364～**, 591, 763, 942, 1055, 1176

——の不支給・減額 ……164, 225, 365～, 630, 942, 1177
退職金請求権……………………………364～
　　——の濫用……………………369, 371, 943
退職後の競業避止義務と独占禁止法 ………940, 945～
退職後の守秘義務と独占禁止法………………945
退職手続違反……………………………………370
退職の意思表示の瑕疵………………………823, 825
ダイバーシティ人事……………………………39
多元主義モデル…………………………………43
多数組合との交渉・合意〔労働条件の変更〕
　　………………………………………743～, 753
試し出勤制度……………………………………710
短時間勤務制度…………………………………610
短時間労働者法 → パートタイム労働法
短時間労働者・有期雇用労働者 ……121, 213, 1065～
　　——〔教育訓練・福利厚生〕……………1073
　　——〔均等待遇・均衡処遇〕……………1067
　　——〔人事異動〕…………………………1073
　　——〔正社員転換措置〕…………………1074
　　——〔賃金・待遇〕………………………1067～
　　——〔に対する説明義務〕………………1074～
　　——〔紛争処理システム〕………………1076
　　——〔雇止め・解雇〕……………………1074
　　——〔労働時間・年次有給休暇〕………1073
　　——〔労働条件の明示・就業規則〕……1067
　　——の労働契約……………………………1067～
男女間賃金格差…………………………………962
男女雇用平等の法理………………………955～
男女同一賃金の原則 ………………950～, 1179
　　——の効果…………………………………953～
男女の雇用平等…………………………………949～
　　成果主義人事と——………………………377
単身赴任……………………………………561～, 566

ち

地域別最低賃金………………………………331
遅刻・早退……………………………………636, 873
知的財産法 ………………………………40, 154, 925
中間搾取…………………………………268, 344
中間収入の控除…………………………………894
中途解雇…………………………………850, 1027～
中途解約……………………………850, 1026～, 1171

労働者による——………………………………1029
懲　戒………………161, 164, 255, 614～, 1164, 1173
　　——の種類……………………………………623～
　　出向における——……………………………582
懲戒解雇………………………367～, 630, 662, 825
　　——と普通解雇………………………………630
　　——の適法性審査……………………………631～
懲戒権……………………………………………615～
　　——の法的根拠………………………………615～
　　——の法的性格………………………………618
　　——の要件・効果……………………………618～
懲戒権濫用規制…………615, 621～, 631, 634, 661
懲戒事由……………………………………635～
　　——〔企業外の行動〕………………………645～
　　——〔業務命令違反〕………………………639～
　　——〔経歴詐称〕……………………………635
　　——〔職場規律違反〕………………………640～
　　——〔職務懈怠〕……………………………636～
　　——〔内部告発・内部通報〕………………648～
　　——〔犯罪行為〕……………………………646
　　——〔不正行為〕……………………………643～
懲戒事由該当性……………………619, 631, 635～, 648
懲戒処分……………………………582, 614～, 1164
　　——〔公務員〕………………………………669～
　　——〔弁明の機会の付与〕…………………666
　　——と人事措置の関係………………………622
　　——における非違行為の追加主張…………665
　　——の制裁罰たる性格に基づく規制………664～
　　——の相当性………………………620, 631, 661～
　　——の無効確認の訴え………………………1164
懲戒処分の効果………………………………621, 667
　　——〔不法行為〕……………………………668
懲戒手続………………………………………621, 666～
長期休暇…………………………………………499, 505
長期雇用制度（システム）………4, 310, 520, 539, 558, 830, 831, 856～, 889, 925, 997
調査協力義務……………………………………137
調査の自由………………………………………274
調整的相殺〔賃金〕…………………………319, 349
調　停……………………………………………993, 1151
直接雇用申込みみなし制度 ……………………1095～
直接払の原則……………………………………344
賃　金………307～, 312～, 373, 577, 596, 1048, 1067, 1090, 1129, 1176
　　——の安定性・確定性の保護………………308

事項索引（ちん―とく） 1267

──の支給条件…………………………330〜
──の引上げ……………………………333
──の引下げ………334〜, 340, 562, 568, 577, 583, 761〜, 767〜
解雇と──………………………………891〜
休業期間中の──………………………602
休職期間中の──………………………596
不就労と──……………………………321〜
労働時間と──…………………………412〜
賃金カット…………………319〜, 392, 624, 625
賃金債権
──の差押え……………………………344
──の保護………………………………352〜
賃金差別……………………………………951〜
──の立証責任………………122, 951, 1179〜
賃金支払義務………129, 307, 317〜, 380, 447, 583, 1085
──の主体………………………………329
賃金支払の4原則…………………………343〜
──〔全額払の原則〕………345, 360, 365, 895
──〔直接払の原則〕……………………344
──〔通貨払の原則〕……………………343
──〔毎月1回以上定期払の原則〕………350, 390
賃金請求権……97, 256, 293, 307, 317〜, 412, 447, 955
──〔給付の訴え〕……………………1167
──〔賃金支払期間〕……………………319
──の決定………………………………329
──の消滅時効…………………………341〜
──の発生………………………………317
──の変動………………………………333〜
──の放棄…………………………340, 347
解雇期間中の──………………………892
スト不参加者の──……………………328
賃金制度……………………………………308〜
──の変化………………………………310
賃金の支払の確保等に関する法律（賃確法）
…………………………………………355〜

つ

通貨払の原則〔賃金〕……………………343
通常の労働者〔正社員〕………1066, 1069, 1071
通常の労働者と同視すべき短時間・有期雇用労働者………………………………1069, 1071

通常必要時間みなし制…………………………458
つながらない権利………………………………480

て

手当制〔割増賃金〕…………………………431〜
定額給制〔割増賃金〕…………………431〜, 441
定期昇給………………………………309, 333〜
定型約款 ………………………50〜, 223, 232, 755
停止条件付解雇の合意………………………923〜
定年制……………………………………………830〜
──の法的性格……………………………830
適格性欠如〔解雇〕……………………………863
的確表示義務……………………………………268
適正契約規範………………………………19, 22
出来高払賃金…………………………………350〜
出来高払の保障給……………………………350〜, 386
手待時間………………………………………407〜, 414
テレワーク……………………………139〜, 478〜, 566
──における労働時間管理………………478〜
テレワーク請求権………………………………142
テレワーク命令権………………………………139〜
転　勤…………………………………………539〜, 560
転勤時における育児・介護従事者に対する配慮義務…………………………………………565〜, 610
転　籍……………570, 571, 572, 588〜, 815, 1032, 1124
──後の労働条件・法律関係……………590〜
──と出向の区別…………………………572
──の法的根拠……………………………588〜
転籍合意の法的規律……………………………591

と

同一価値労働同一賃金原則 ……………950, 1068
同一の使用者 ………………………………1032
倒　産………………………………………………352
──賃金債権の保護………………………352〜
倒産労働法…………………………………40, 352〜
登録型派遣…………………………………………1093
独占禁止法…………………………………84, 945
特定高度専門業務・成果型労働時間制……487〜
特定受託事業者取引適正化法 …………………85〜
特定承継………………………………794, 798, 805
特定の強行規定 …………………………………1111〜
──〔多国間経由就労労働者〕…………1117
──と絶対的強行法規 ……………………1117
特約優先規定〔就業規則〕………229〜, 545, 577,

751～, 1174
特許法‥‥‥‥‥‥‥‥‥‥‥‥‥‥‥‥‥‥201
届出義務〔就業規則〕‥‥‥‥213, 231, 749, 765
トランスジェンダーの人格的利益‥‥‥‥**180**～
図利加害目的‥‥‥‥‥‥‥‥‥‥157, 160, 655
取締役‥‥‥‥‥‥‥‥‥‥78, 428, **702**～, 792
　　　――の善管注意義務‥‥‥‥‥‥‥**702**～
　　　――の損害賠償責任‥‥‥‥‥‥‥‥329
　　　――の対第三者責任規定‥‥‥39, 43, 428, **702**～, 897
努力義務‥‥‥‥37, 38, 564, 956, 966, 1070, 1086, 1095

な

内　定　→　採用内定
内定辞退‥‥‥‥‥‥‥‥‥‥‥‥‥‥‥284
内定中の法律関係‥‥‥‥‥‥‥‥‥‥**284**～
内定取消‥‥‥‥‥‥‥‥‥‥‥‥‥‥**279**～
　　　――〔効果〕‥‥‥‥‥‥‥‥‥‥281
　　　中途採用者の――‥‥‥‥‥‥‥‥282
内部告発‥‥‥‥‥‥‥‥‥‥‥‥**648**～, 880
　　　――〔手段・態様の相当性〕‥‥‥651
　　　――〔真実性・真実相当性〕‥‥‥650
　　　――〔内部通報前置〕‥‥‥‥‥‥651
　　　――〔目的の公益性〕‥‥‥‥‥‥649
内部通報‥‥‥‥‥‥‥‥‥‥‥‥**652**～, 881
内部通報制度‥‥‥‥‥‥‥‥‥‥**659**～, 1145
内部統制システム構築義務‥‥‥‥43, 654, 706
内容規制‥‥‥**18**, 22, 24, 223, 233, 579, 591, 764～, 772, 778～, **782**～
なす債務‥‥‥‥‥‥‥‥‥‥‥132, 256, 686
7条措置‥‥‥‥‥‥‥‥‥‥‥‥‥‥‥810

に

二重処分の禁止‥‥‥‥‥‥‥‥‥‥623, 664
二重の労働契約‥‥‥‥‥‥‥‥‥‥‥‥580
入管法‥‥‥‥‥‥‥‥‥‥‥‥‥‥‥1122
妊産婦‥‥‥‥‥‥‥‥‥‥‥‥‥‥‥‥994

ね

年休権‥‥‥‥‥‥‥‥‥‥‥‥‥491, **492**～
　　　――の効果‥‥‥‥‥‥‥‥‥‥‥500
　　　――の消滅‥‥‥‥‥‥‥‥‥‥‥494
　　　――の法的構造‥‥‥‥‥‥‥**495**～, 498
年休自由利用の原則‥‥‥‥‥‥‥‥‥**515**～

年休取得と不利益取扱い‥‥‥‥‥‥‥‥518
年休取得を妨げてはならない不作為義務‥‥497, 518
年休手当請求権‥‥‥‥‥‥‥‥‥‥‥‥500
年休に関する配慮義務‥‥‥‥37, 491, 497, 502, 508～
年休付与義務‥‥‥‥‥‥‥‥‥491, 497, 502
年金受給権‥‥‥‥‥‥‥‥‥‥‥‥‥‥374
年功賃金‥‥‥‥‥‥‥‥‥‥‥‥‥310, 830
年次有給休暇（年休）‥‥‥‥‥‥‥**490**～, 1073
　　　――〔恒常的な人員不足との関係〕‥‥**505**～
　　　――〔状況に応じた配慮〕‥‥‥‥**502**～
　　　――〔通常の配慮〕‥‥‥‥‥‥‥504
　　　――〔年休の完全消化に向けた長期的配慮義務〕‥‥‥‥‥‥‥‥‥‥‥‥**508**～
　　　――と労働契約‥‥‥‥‥‥‥491, 502
　　　――の利用目的‥‥‥‥‥‥‥‥**515**～
　　　短時間・有期雇用労働者の――‥‥1073
年俸額決定権‥‥‥‥‥‥‥‥‥‥225, 393
年俸額の決定・減額‥‥‥‥‥‥‥‥‥**392**～
年俸制‥‥‥‥‥‥‥‥‥‥‥‥319, **390**～, 444
　　　――と退職・解雇‥‥‥‥‥‥‥‥394
　　　――と割増賃金‥‥‥‥‥‥‥390, **443**～
年齢給‥‥‥‥‥‥‥‥‥‥‥‥‥‥‥309

の

能力開発‥‥‥‥‥‥‥‥‥‥298, 386, **522**～, 867
　　　――を受ける権利‥‥‥‥‥‥‥**524**～
　　　――を命ずる権利‥‥‥‥‥‥‥‥523
能力不足〔解雇〕‥‥‥‥‥‥‥‥‥‥**863**～
ノーワーク・ノーペイの原則‥‥‥256, **317**～, 325, 345, 392, 602, 624

は

パート・有期法‥‥‥‥‥‥‥‥‥1040, **1065**～
賠償予定の禁止‥‥‥‥‥‥‥‥‥‥‥**113**～
配置転換（配転）‥‥‥‥‥147, 537, **538**～, 575, 909, 918, 1160, 1171
　　　――と賃金‥‥‥‥‥‥‥‥‥**562**～, 568
　　　――の内示‥‥‥‥‥‥‥‥‥‥‥567
　　　閑職――‥‥‥‥‥‥‥‥‥‥‥‥559
　　　職種・勤務地限定社員の――‥‥**550**～
　　　職務等級制度における――‥‥‥‥568
配置の変更の範囲‥‥‥‥‥1040, 1042, 1048, 1060
配転・出向義務〔整理解雇〕‥‥‥‥‥‥922

事項索引（はい―ふず） 1269

配転条項 …………………542, 543〜, 1171
配転手続…………………………563〜, 569
　　──の拒否と解雇…………………918
配転命令権……………………539〜, 553
　　──の限界……………………542〜, 553
　　──の効果………………………564〜
　　──の法的根拠…………………539〜
　　──の法的性質……………………540
　　──の無効確認の訴え …541, 565, 1161
配転命令権の濫用………………553〜
　　──〔業務上の必要性〕………555〜, 568
　　──〔私生活・家庭生活上の不利益〕…560〜
　　──〔不当な動機・目的〕…………557〜
　　──〔労働者の不利益〕…………558〜
　　──〔労働条件面の不利益〕……562〜
配慮義務〔使用者〕……149, 165, 193, 508, 561, 565
派遣期間 …………………………1083〜
派遣先の義務 ……………………1089
派遣終了後の直接雇用 …………1094〜
派遣元企業の義務 ………………1086〜
派遣元指針・派遣先指針…………1082, 1086
派遣労働者 ………………………1078〜
　　──〔差別的取扱いの禁止〕……1087
　　──〔説明義務〕…………………1088
　　──〔派遣先との関係〕…………1091
　　──〔派遣元企業との関係〕……1089〜
　　──〔不合理な待遇の禁止〕……1087
　　──の個人情報保護 ……………1090
　　──の労働義務………………1089, 1092
　　──の労働契約 …………………1078〜
派遣労働の終了 …………………1093〜
派遣労働の展開 …………………1086〜
破産手続……………………………353
働き方改革推進法 ………6, 26, 420, 427
発明のインセンティヴ ……………202
早出・居残り時間…………………411
ハラスメント ………………………167
パワー・ハラスメント ………171〜, 177
パワー・ハラスメント防止措置義務………177〜
　　──の私法的意義…………………179

ひ

引抜き………………………………162, 947〜
非公知性〔営業秘密〕………………156

ビジネスと人権 ………………32〜, 169, 180
非自発的退職………………………823〜
　　──と損害賠償…………………828
非訟事件手続 ……………………1150
秘密管理規定………………………926
秘密管理性〔営業秘密〕………155, 160
秘密情報の保護ハンドブック……158
秘密保持義務　→　守秘義務
日雇派遣 …………………………1082
費用償還請求権……………………195〜
平等取扱いのルール………………664, 884
表明・保証条項……………………790

ふ

歩合給………………………………330
付加金………………………………103〜
副　業 ……………………151〜, 400, 698
福利厚生給付 ………………310, 314, 978
不更新条項 ………………………1018〜
不合理な待遇相違の禁止 ………1069〜
　　──〔基本給・賞与・退職金〕…1054〜
　　──〔職務の内容〕………………1042
　　──〔諸手当〕……………………1052〜
　　──〔その他の事情〕……………1042
　　──〔配置の変更の範囲〕………1042
　　──〔比較対象者〕………………1046
　　──〔不合理性の判断〕…………1070
　　──〔労使自治〕…………………1057〜, 1062
不合理な労働条件相違の禁止 …1039〜
　　──〔基本給・賞与・退職金〕…1054〜
　　──〔効果〕………………………1049〜
　　──〔職務の内容〕………………1042
　　──〔諸手当〕……………………1052〜
　　──〔その他の事情〕……………1042
　　──〔損害賠償請求〕……………1049〜
　　──〔直律的効力〕………………1052
　　──〔配置の変更の範囲〕………1042
　　──〔比較対象者〕………………1046
　　──〔不合理性の判断〕…………1052〜
　　──〔「不合理と認められるものであってはならない」の意義〕…………………1047〜
　　──〔労使自治〕…………………1057〜, 1062
不就労と賃金請求権………………321〜, 1176
付随義務 ……148〜, 164〜, 264, 447, 491, 613〜, 682, 685

不正競争······························**155**, 926
不正競争防止法················**154**〜, 160, 926, 943
　　競業避止義務と························943〜
不正行為······················632, 639, **643**〜, 879
不遡及の原則······························664
不当条項規制······················**50**〜, 224, 232
不当訴訟································1157
不特定債務······························131
部分的包括承継··························805
部門限定社員··························547
プライバシー ······135, 136, 165, 166, **183**〜, 646, 694
プラットフォームワーカー··············65, **81**〜
フリーランス··························65, **80**〜
フリーランス・ガイドライン ················84
フルタイムパート ····················1066
フレックスタイム制···········**460**〜, 464, 479
　　──〔フレキシブルタイム〕········460
　　──〔労働義務〕··················**462**〜
　　──〔労働時間の貸借制〕········464
　　──における業務命令権··········462
分割計画・分割契約··························805
文書提出命令························**1181**〜
紛争処理制度
　　──〔雇用機会均等法〕················993
　　──〔人事考課〕··················382, 389
　　──〔短時間・有期雇用労働者〕·······1076
　　──〔派遣労働者〕··················1092
紛争調整委員会 ····················993, 1076
　　──によるあっせん ··············1146

へ

平均賃金································316
ヘイトスピーチ························169
ヘイト文書······················121, 169
ベース・アップ······················309, 334
別訴（前訴）との関係 ················1156
変形週休制······························416
変形労働時間制······················**448**〜
　　──〔時間外労働〕··················452
　　──〔労働義務〕··················451
　　──の効果··························451, 454
　　──の適用制限······················454
　　1年以内の期間の──··········**452**〜
　　1か月単位の──··················**449**〜
　　1週間単位の──······················454
変更解約告知············551, **783**〜, 1011, 1176
　　──〔留保付き承諾〕················788
　　──の効果····························787
　　──の要件··························**785**〜
弁明の機会の付与····················666, 887

ほ

包括承継······················793, 805, 815
包括的合意··········210, 232, 424, 540, 573
報告義務································138
報酬の労務対償性······················62, 82
報償責任原則··················195, 258, 261
法人格の形骸化··························96
法人格の濫用······················**96**〜, 790, 792
法人格否認の法理················**95**〜, 792, 801
　　──の効果··························97
　　──の要件··························95
法定外休日労働······················419, 427
法定外健診······························682
法定外年休························491, 495
法定休日労働························419, 426
法定更新··························1001, 1017
法定時間外労働······················**419**〜
法定内時間外労働··················419, 427
法定労働時間··························396
法の支配············5, 27, 28, 55, 1015, 1142, 1148
法の適用に関する通則法 ············**1100**〜
　　──〔強行規定〕··················**1112**〜
　　──〔最密接関係地法〕············1100
　　──〔事業所所在地法〕············**1100**〜
　　──〔適用関係〕··················**1112**〜
　　──〔当事者自治の限界〕········**1111**〜
　　──〔当事者自治の原則〕········1100
　　──〔労務提供地法〕··············**1100**〜
　　──上の公序 ······················1106
法律関係文書··························1181
法　例··························1100, 1101
保護義務··················148, **685**〜, 726
ポジティブ・アクション··············961, 980
募　集··························266, 1126
募集・採用時の年齢制限················270
母性保護······················970, **994**〜
ホワイトカラー・エグゼンプション ········487
本採用の拒否··························**298**〜

事項索引（まい―りっ）　*1271*

ま

毎月1回以上定期払の原則……………350, 390
前借金相殺の禁止……………………………118
マタニティ・ハラスメント…………………609
マタニティ・ハラスメント防止措置義務……**609**, 977

み

未成年者……………………………………344
身元保証契約………………………………275
民事再生法…………………………355, 794, 919

む

無期契約転換回避目的の雇止め ……1023～
無期契約転換制度 ………………………**1029**～
　　――の雇用保障…………………………1039
　　――の労働条件…………………………1036
無期雇用派遣労働者………………1083, 1093
無期転換5年ルールの特例 ……………1035
無期転換申込権 ………………………**1033**～
　　――の発生・行使・効果 ………**1033**～
　　――の放棄……………………………1034
無期労働契約への転換……………1023, **1029**
無効行為の転換の法理……………………630

め

メール等の監視と個人情報保護法…………186
免除特約付消費貸借契約………………115, 226
メンタルヘルス・マネジメント…………**708**～

も

黙示の更新…………………………………113
黙示の法選択………………………1103, 1107
黙示の労働契約 …………92～, 581, 1093, 1095
目標管理制度………………………………378
持ち帰り残業………………………………410
専ら派遣…………………………………1082

や

役員兼務従業員の退職金…………………371～
役員出向……………………………………576
役割等級制度………………………………537
約　款 ………………50, 219, 223, 233, 755
約款規制………………………………50, 223

雇入事業所所在地法………1100, 1102, 1110, 1117
雇止め ………797, 836, 841, 851, 910, 970, **999**～, 1030, 1093, 1132
　　――〔期待利益保護タイプ〕……1001～, 1014
　　――〔実質無期契約タイプ〕……1000～, 1014
　　――〔手続的規律〕…………………………1012
　　――〔当然終了タイプ〕………………………1004
　　――〔不更新条項・更新限度条項〕…**1018**～
　　――の回避措置………………………………1007
　　――の効果………………………1017, **1025**～
　　――の適法性 …………………**1006**～, 1015
　　――の適法性の判断基準時 ………………1016
　　――の法的性質………………………………1025
雇用調整以外の理由に基づく―― ………1009
雇用調整目的の―― ……………………**1006**～
使用者の変更と―― ……………………**1025**～
短時間・有期雇用労働者の―― ……………1074
無期契約転換回避目的の―― ……………1023～
労働条件変更を伴う―― ………………**1011**～
やむを得ない事由………………………**1026**～, 1085

ゆ

有期契約労働者……………………910, **998**～
　　――の均衡処遇………………………………1039
有期雇用派遣労働者………………………1083
有期労働契約………111, 850, **998**～, 1018, 1132
　　――の中途解約 ……………**1026**～, 1084, 1085
　　――の締結、更新及び雇止めに関する基準
　　　…………………………………………1012
　　――の反復・更新…………………112, **999**～
有期労働契約法制 ………………**998**～, 1030
有用性〔営業秘密〕………………………………156
有利原則……………………………………242～, 766
諭旨解雇……………………………**634**～, 637, 662

よ

傭車運転手……………………………………70, 76
余後効　→　労働協約の余後効

り

利益・リスクの公平な配分……………**741**～, 753
リ・スキリング……………………………27, **525**～
立証責任 ………………………………**1168**～
　　――〔安全配慮義務〕……………**717**～, **1179**～
　　――〔解雇・整理解雇〕………856, 903, 1169

1272　事項索引（りっ―ろう）

　　――〔企業組織の変動〕……………………1173
　　――〔休職・降格〕……………………………1172
　　――〔競業避止義務〕…………………………1177
　　――〔差別的取扱い〕…………………………1179
　　――〔時間外労働義務〕………………………1178
　　――〔配転・出向・転籍〕……………………1171
　　――〔懲戒〕……………………………………1173
　　――〔賃金・退職金〕………………………1176～
　　――〔変更解約告知〕…………………………1176
　　――〔雇止め・中途解約〕…………………1170～
　　――〔労働者性〕………………………………1179
　　――〔労働条件・就業規則の不利益変更〕
　　　　………………………………………………1174～
　　――〔割増賃金〕………………………………1178
リハビリ就労制度………………………………710
リボン・プレート等の着用……………142, 644
リモート勤務制度………………………………567
留学費用返還制度………………………………114～
留置権……………………………………………353
留保解約権………………………………279, 298～
留保付き承諾……………………………………788～

ろ

労契法 → 労働契約法（立法としての）（労契法）
労使委員会………………………59, 471, 474, 488
労使慣行……………………251～, 334, 359, 756, 957
　　――の根拠・要件・効果…………………251～
　　――の破棄・変更……………………………756
労使協定………249～, 345, 449, 452, 459, 461, 467
　　――の要件・効果………………………249～, 423
　　――の終了……………………………………251
　　――の承継〔労働契約承継法〕……………817
労使自治の原則………………6, 15, 307, 398, 837
労働安全衛生法……………673～, 687, 692, 723, 724, 1113
　　――〔実効性確保措置〕……………………677
　　――違反の業務命令…………………………681
　　――と安全配慮義務の関係…………………679～
　　――と労働契約………………………………678
労働移動の円滑化………………………………27
労働基準監督制度………………………………105～
労働基準法…………45, 100～, 107～, 287～, 343, 390, 397～, 586～, 624, 845～, 950, 1112～, 1118, 1127～

　　――上の労働時間……………………………402～
　　――の規制システム…………………………100～
　　――の公法的効力……………………………102
　　――の私法的効力……………………………101
　　――の適用除外………………………………101
　　――の適用単位………………………………100
労働義務……129, 131～, 137, 142, 395, 415, 426, 462, 467, 491, 494, 496, 523, 524, 601, 681, 822
　　――違反と賃金請求権………………………256
　　――の意義……………………………………131
　　――の規律……………………………………133～
　　――の限界……………………………………133～
　　――の性質……………………………………131
　　――の内容……………………………………132～
　　――の履行の強制……………………………256
労働義務の履行不能…………………………321～, 891
　使用者の帰責事由に基づく――…321～, 626, 628, 891
　当事者双方の責めに帰すことのできない事由に基づく――……………………………325
労働協約……46, 215, 234～, 424, 468, 589, 766～, 816, 853, 886, 1114
　　――終了後の権利義務……………………248～
　　――における協議・同意条項……239, 564, 886
　　――の解約……………………………………247～
　　――の拡張適用〔一般的拘束力〕…………245～
　　――の期間……………………………………236
　　――の規範的部分…………………………238～, 816
　　――の義務づけ条項…………………………244～
　　――の自動延長条項・自動更新条項………247
　　――の承継〔労働契約承継法〕……………816～
　　――の人的範囲………………………………240
　　――の締結権限………………………234, 243, 768
　　――の当事者…………………………………234
　　――の法的性質………………………………236
　　――の有利原則……………………………242～, 766
　　――の余後効…………………………………248
労働協約による労働条件の変更……………766～
　　――〔拡張適用（一般的拘束力）〕………772～
　　――〔規範的効力〕………………………766～, 770
　　――〔実体的規制〕…………………………771
　　――〔締結過程の手続審査〕………………768～
労働協約の規範的効力………237～, 575, 589, 766～
　　――の限界………………………………241～, 766～
　　――の範囲……………………………………238

事項索引（ろう） *1273*

――の履行の確保……………………241
労働協約の変更と確認の利益 ……………1166
労働局長による助言・指導 ………………1146
労働組合 ………17, 234～, 743, 753, 766～, 886, 914
労働契約……1, 7～, 20～, 56, 57, 60～, 129～, 686, 775～
　　――と雇用契約 ……………………47～
　　――と就業規則の関係 ……………56, 217～
　　――における権利義務…………………129～
　　――に関する基本原則………………107～
　　――の一身専属性…………573, 575, 808, 813
　　――の概念 …………………………7～, 60～
　　――の継続的性格………10, 15, 686, 1141, 1143
　　――の権利義務構成………………………36～
　　――の合意解約…………………………820, 843
　　――の終了…………………………………925
　　――の承継〔事業譲渡・会社分割〕……795～, 805～
　　――の人格的性格 …………………12, 686
　　――の組織的性格 …………11, 15, 147, 520, 1141
　　――の存在意義 …………………………12～
　　――の当事者……………………………60～
　　――の特色…………………………………9～
　　労組法上の――……………………………240
労働契約更新の申込み・締結の申込み ……1016
労働契約終了後の権利義務………………925～
労働契約承継法………………806～, 815, 1113
　　――〔異議申出〕………………………807～
　　――〔解雇・労働条件〕………………815～
　　――〔「主として」の判断〕……………809～
　　――〔通知義務〕………………………813～
　　――〔労働協約の承継〕………………816～
　　――〔労働契約承継のルール〕………807～
　　――〔労働者との協議手続〕…………811～
労働契約上の地位確認の訴え……………1159～
　　――〔解雇〕……………………890, 1159～
　　――〔休職〕……………………………1163
　　――〔降格〕……………………………1163
　　――〔出向〕……………………………1162
　　――〔配転〕……………………………1160
労働契約内容の理解促進……19, 294～, 335, 563, 578, 590, 778, 787, 802, 887, 914, 933, 1013, 1126
労働契約の準拠法………………………1099～, 1131
　　――〔越境リモートワーク〕…………1120～

　　――〔海外勤務労働者〕………1106～, 1116～
　　――〔雇用管理地法〕………1101, 1104, 1107
　　――〔最密接関係地法〕………………1100～
　　――〔事業所所在地法〕………………1100, 1117
　　――〔準拠法決定のルール〕…………1099～
　　――〔多国間経由就労労働者〕………1110
　　――〔当事者自治の原則〕……………1099
　　――〔特定の強行規定〕……1111～, 1119, 1131
　　――〔日本国内で就労する労働者〕……1102, 1114
　　――〔不正競争防止法〕………………1132
　　――〔不法行為〕…………………1108, 1132
　　――〔黙示の法選択〕…………………1107
　　――〔労働災害の取扱い〕……………1131
　　――〔労務提供地法〕……1100, 1102～, 1107, 1111, 1116
労働契約の成立…………………………265～
労働契約紛争………………………………4, 1140
労働契約紛争処理の基本的条件 …………1142
労働契約紛争処理法……………………1139～
　　――の役割分担…………………………1153
労働契約法
　　――と合意原則…………………………20～
　　――の意義…………………………………1～
　　――の機能…………………………………19
　　――の規律手法……………………………35～
　　――の性格………………………………34～, 38～
　　――の体系…………………………………45
　　――の方向性………………………………27～
　　――の目的 …………………7, 14～, 24～, 31～
　　コーポレート・ガバナンスと――………40～
　　雇用社会の変化と――……………………24～
　　債権法改正と――…………………………48
　　労働時間法と――………………………398～
労働契約法（立法としての）〔労契法〕……2, 6, 11, 18～, 53～, 60, 90, 220～, 294～, 335, 398, 577～, 621～, 687～, 734～, 776～, 855～, 1013～, 1113
　　――の基本的内容………………………54～
　　――の将来…………………………………59
　　――の性格…………………………………56
　　――の理念・目的…………………………55
労働契約法制報告書……53, 59, 222, 303, 590, 755, 789
労働憲章……………………………………107～

労働災害 ……………………………… 674, 1130
　　──と損害賠償 ………………………… 683〜
　　過重労働による── …………………… 692〜
　　事故・災害性の── …………………… 689〜
　　職業性疾病による── ………………… 691〜
労働時間 …………………………………… 395〜
　　──と賃金 …………………………… 412〜
　　──と労働契約 ……………………… 395〜
　　──の概念 …………………………… 402〜
　　──の貸借制 …………………………… 463
　　──の通算制 ………………………… 400〜
　　──の適用除外・特例 ……………… 481〜
　　──を算定し難いとき ……………… 456〜
　　労基法上の── ……………………… 402〜, 412
　　労働契約上の── ……………………… 412
労働時間管理・把握義務 …… 444〜, 456, 478, 584, 707
　　──の法的構成 ………………………… 446
労働時間軽減措置〔安全配慮義務〕…… 696, 700, 707, 709
労働時間短縮措置 …………………… 606, 607
労働時間法 ………………………………… 395〜
労働施策総合推進法 ………………… 177〜, 270
労働者 ………………………… 1〜, 56, 57, 60〜
　　──の義務 …………………………… 131〜
　　──の義務違反 ……………………… 256〜
　　──のグレーゾーンの法的処理 ……… 80
　　──の経済的利益保護義務 ……… 194〜, 263
　　──の人格的利益 …… 135, 138, 165, 172, 524, 533, 614, 686
　　──の損害賠償責任 ……… 163, 256〜, 346, 942
　　──の退職の自由 ……… 111, 114, 370, 821, 844
　　──の判断基準 ……………………… 61〜
　　──の引抜き ………………… 162, 947〜
　　労基法・労契法上の── …………… 60〜, 88
　　労組法上の── ……………… 66〜, 72, 88
労働者供給 …………………………… 269, 1081
労働者協同組合法 ………………………… 87〜
労働者災害補償保険法 ……… 683, 847, 1113
労働者特定行為の規制 …………………… 1082
労働者の自由意思に基づく同意 → 自由意思に基づく同意
労働者派遣 ……………………… 110, 1078〜
　　──〔安全配慮義務〕………………… 727
　　──〔雇用制限の禁止〕……………… 1094
　　──〔待遇に関する説明義務〕……… 1088
　　──〔段階的・体系的な教育訓練〕…… 1086〜
　　──〔直接雇用申込みみなし制度〕… 1095〜
　　──〔労働契約〕…………………… 1089〜
労働者派遣契約 ……………………… 1082〜
　　──の中途解除 ……………… 657, 1084〜
労働者派遣事業 …………………………… 1081
労働者派遣法 ………………………… 1078〜
　　──〔紛争処理・実効性確保措置〕… 1092〜
労働受領義務（就労請求権）………… 190〜, 890
　　一般的── ……………………………… 193
　　特別的── ……………………………… 193
労働障害 ……………………………… 325, 328
労働条件 …… 107, 108〜, 204, 226, 287〜, 585, 749, 837, 930, 1038, 1042
　　──に関する基本原則 ……………… 107〜
　　──の集団的規律の要請 …… 213, 230, 731, 732, 762, 764
　　──の集団的変更 …………………… 729〜
　　──の柔軟な変更の要請 …… 10, 15, 28, 58, 752, 755, 857
　　──の不利益変更の意義 ……………… 745〜
労働条件対等決定の原則 ……… 10, 13〜, 107〜, 230, 380, 785, 857
労働条件の変更 …… 730〜, 749, 756, 766〜, 775〜, 785, 815, 1011
　　──の意義 …………………………… 749
　　就業規則による── → 就業規則による労働条件の変更
　　労働協約による── → 労働協約による労働条件の変更
労働条件変更合意 …………………… 775〜
労働条件明示義務 …… 19, 267, 287〜, 546, 579, 591, 998, 1013, 1126
　　──の効果 …………………………… 288
　　──の範囲 …………………………… 289
　　──の内容・方法・時期 ……………… 287
　　──履行請求 ………………………… 290
労働審判委員会 …………………………… 1150
労働審判員 ………………………………… 1150
労働審判制度 ………………………… 1147〜
労働審判法 …………………………… 1147〜
　　──〔異議申立て〕…………………… 1151
　　──〔迅速な手続〕…………………… 1149
　　──〔審判・審理〕…………………… 1150

事項索引（ろう—わり）　1275

---〔審判内容の限界〕..................1153
---〔訴訟への移行〕..................1151
---〔調停〕..................1151
---〔当事者の自主的解決〕..................1151
---〔非訟事件手続〕..................1150
---〔紛争の実情に即した解決〕..................1150
---〔労働審判の効力・終了〕..................1152
労働訴訟法 ....**1155〜**
労働の対価..................313
労働の他人決定性 **8, 11, 47, 61, 63, 132, 258, 686, 763**
労働法の域外適用 ....**1118〜**
労働保護法..................3, 16, 45
労務指揮権........**8, 11, 130, 132, 145〜, 467, 474, 531, 539, 581, 627, 724, 1090**
---の限界..................146〜
---の譲渡 1090
---の法的根拠・性質..................146
労務提供地法 ....1100〜, 1111, 1116
労務の管理支配性..................686, 690, 728

わ

ワーク・ライフ・バランス → 仕事と生活の調和
割合的認定..................1050, 1051
割増賃金 ....350, 412, **428〜**, 445, 1178
---〔労働契約法上の論点〕..................437
---の計算方法..................430
---の算定基礎..................441
年俸制と---..................390, 443〜
割増賃金支払義務..................416, **428〜**, 447
割増賃金請求権の放棄..................438

労働契約法〔第 3 版〕
Contract of Employment Law, 3rd ed.

2008 年 8 月 5 日 初　版第 1 刷発行　　2024 年 12 月 25 日 第 3 版第 1 刷発行
2016 年 12 月 25 日 第 2 版第 1 刷発行

著　者　　土田道夫
発行者　　江草貞治
発行所　　株式会社有斐閣
　　　　　〒101-0051 東京都千代田区神田神保町 2-17
　　　　　https://www.yuhikaku.co.jp/
装　丁　　高須賀優
印　刷　　株式会社理想社
製　本　　牧製本印刷株式会社
装丁印刷　株式会社亨有堂印刷所

落丁・乱丁本はお取替えいたします。定価はカバーに表示してあります。
©2024, Michio Tsuchida.
Printed in Japan　ISBN 978-4-641-24367-5

本書のコピー，スキャン，デジタル化等の無断複製は著作権法上での例外を除き禁じられています。本書を代行業者等の第三者に依頼してスキャンやデジタル化することは，たとえ個人や家庭内の利用でも著作権法違反です。

JCOPY　本書の無断複写（コピー）は，著作権法上での例外を除き，禁じられています。複写される場合は，そのつど事前に，(一社)出版者著作権管理機構（電話03-5244-5088，FAX03-5244-5089，e-mail:info@jcopy.or.jp)の許諾を得てください。